개정5판

전문가를 위한 C++

wrox

한빛미디어 Hanbit Media, Inc.

전문가를 위한 C++(개정5판)

C++20, 병렬 알고리즘, 파일시스템, 제네릭 람다, 디자인 패턴, 객체지향의 원리를 익히는 확실한 방법

초판 1쇄 발행 2023년 3월 30일

지은이 마크 그레고리 / **옮긴이** 남기혁 / **펴낸이** 김태헌
펴낸곳 한빛미디어(주) / **주소** 서울시 서대문구 연희로2길 62 한빛미디어(주) IT출판2부
전화 02-325-5544 / **팩스** 02-336-7124
등록 1999년 6월 24일 제25100-2017-000058호 / **ISBN** 979-11-6921-089-8 93000

총괄 송경석 / **책임편집** 서현 / **기획** 서현 / **편집** 박지영, 서현 / **교정·전산편집** 김철수
디자인 표지 박정화 내지 박정화
영업 김형진, 장경환, 조유미 / **마케팅** 박상용, 한종진, 이행은, 고광일, 성화정 / **제작** 박성우, 김정우

이 책에 대한 의견이나 오탈자 및 잘못된 내용에 대한 수정 정보는 한빛미디어(주)의 홈페이지나 아래 이메일로 알려주십시오. 잘못된 책은 구입하신 서점에서 교환해드립니다. 책값은 뒤표지에 표시되어 있습니다.
한빛미디어 홈페이지 www.hanbit.co.kr / 이메일 ask@hanbit.co.kr

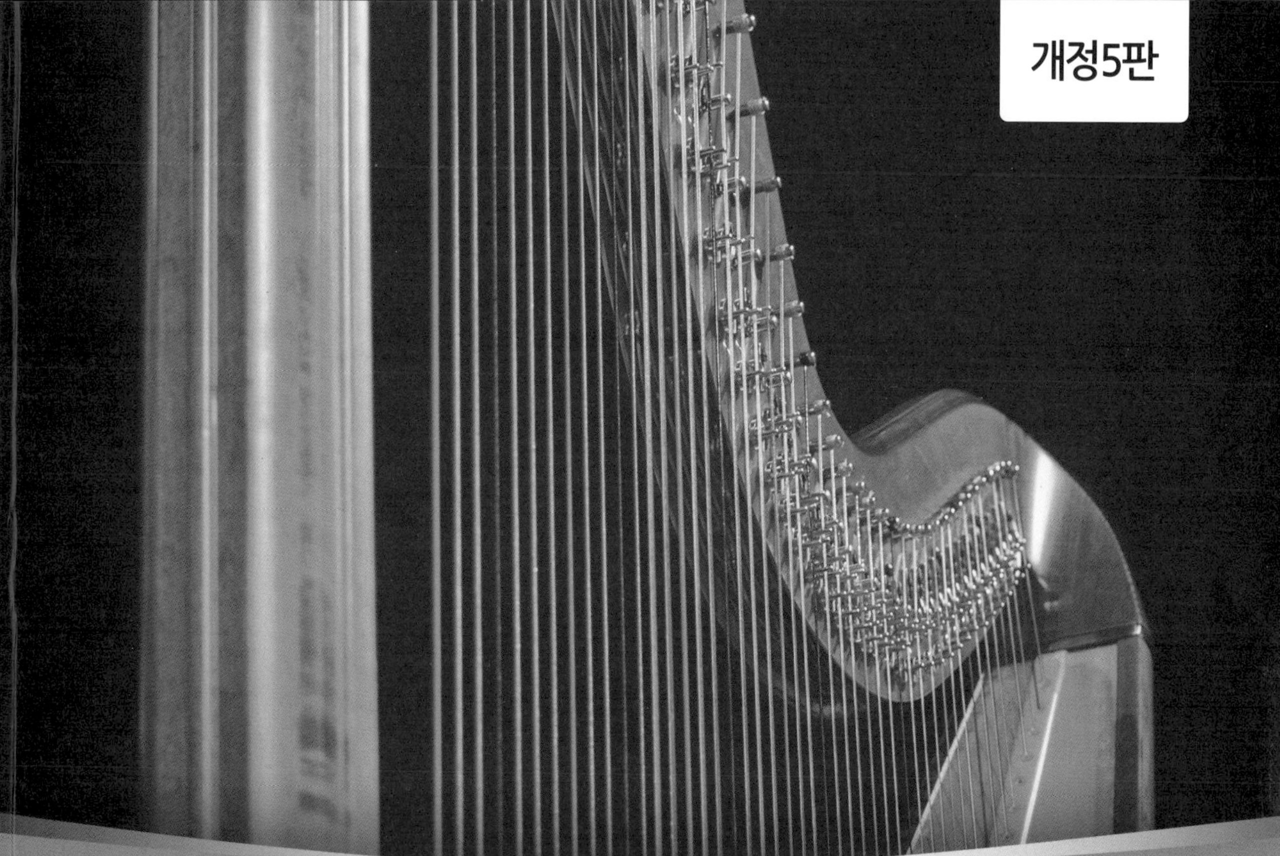

개정5판

Professional C++

5th Edition

전문가를 위한 C++

C++20, 병렬 알고리즘, 파일시스템, 제네릭 람다,
디자인 패턴, 객체지향의 원리를 익히는 확실한 방법

Marc Gregoire 지음 남기혁 옮김

wrox 한빛미디어 Hanbit Media, Inc.

나를 위해 항상 그 자리에 계시는 부모님과 형제에게 이 책을 바칩니다.
그들의 지지와 배려 덕분에 이 책을 무사히 마무리할 수 있었습니다.

– 마크 그레고리

지은이 소개

마크 그레고리 MARC GREGOIRE

벨기에 출신 소프트웨어 아키텍트로서 루벤 대학교에서 컴퓨터 과학과 인공지능 분야의 석사 과정을 우수한 성적으로 졸업했다. 소프트웨어 컨설팅 회사인 오디나 벨지움Ordina Belgium에서 컨설턴트로 근무하면서 지멘스와 노키아 지멘스 네트웍스에서 통신 시스템 운영자를 위한 솔라리스 기반 2G 및 3G 관련 소프트웨어 업무를 담당했다. 이 과정에서 남미, 미국, 유럽, 중동, 아프리카, 아시아를 비롯한 전 세계 출신의 개발자와 협업하는 경험을 했다. 현재 3D 형상 검사용 정밀 광학 장비와 메트롤로지 솔루션을 공급하는 니콘 메트롤로지Nikon Metrology(www.nikonmetrology.com)에서 소프트웨어 아키텍트로 근무한다.

전문 분야는 C/C++이며 마이크로소프트 VC++와 MFC 프레임워크 경험이 풍부하다. 이와 관련하여 윈도우와 리눅스 플랫폼에서 하루 24시간, 7일 동안 구동하는 KNX/EIB 홈오토메이션 소프트웨어를 C++로 개발한 경험이 있다. C/C++ 외에도 C#과 PHP를 이용한 웹 페이지 제작을 즐긴다.

VC++에 대한 전문성을 인정받아 2007년 4월부터 현재까지 매년 마이크로소프트 MVPMost Valuable Professional로 선정됐다.

벨기에 C++ 사용자 그룹(www.becpp.org) 창립자, 『C++ Standard Library Quick Reference』(Apress, 2016) 공저자, 여러 출판사의 기술 편집자, CppCon C++ 콘퍼런스의 단골 연사이기도 하다. 개인 블로그(www.nuonsoft.com/blog/)도 운영하고 있으며, 여행과 맛집 탐방을 즐긴다.

옮긴이 소개

남기혁 kihyuk.nam@gmail.com

고려대학교 컴퓨터학과에서 학부와 석사 과정을 마친 후 한국전자통신연구원에서 선임 연구원으로 재직하고 있다. 한빛미디어에서 『Make: 센서』(2015), 『메이커 매뉴얼』(2016), 『이펙티브 디버깅』(2017), 『리팩터링 2판』(2020), 『전문가를 위한 C++(개정 4판)』(2019)을, 길벗에서 『핵심 C++ 표준 라이브러리(2판)』(2021), 『모던 C』(2022)를, 에이콘출판사에서 『Go 마스터하기』(2018), 『자율주행 자동차 만들기』(2019, 2022), 『스콧 애론슨의 양자 컴퓨팅 강의』(2021) 등을 번역했다.

기술 편집자 소개

피터 반 베이르트 PETER VAN WEERT

벨기에 출신 소프트웨어 엔지니어로서 주 관심사는 C++, 프로그래밍 언어, 알고리즘, 데이터 구조다.

벨기에 루벤 대학에서 컴퓨터 과학 석사 과정을 최우수summa cum laude 졸업(상위 5%)했다. 2010년에는 같은 대학에서 '규칙 기반 프로그래밍 언어의 효율적인 컴파일 방법'에 대한 연구로 박사 학위를 취득했다. 박사 과정 동안 객체지향 분석 및 설계, 자바 프로그래밍, 선언형 프로그래밍 언어 수업의 조교를 맡은 경험도 있다.

졸업 후 니콘 메트롤로지에 입사하여 3D 레이저 스캐닝과 포인트 클라우드 검사를 위한 대규모 산업용 소프트웨어를 개발했다. 현재는 Envista Holdings의 디지털 치기공 소프트웨어 R&D 조직인 Medicim에서 시니어 C++ 엔지니어 및 스크럼 팀 리더로 근무하고 있다. Medicim에서 근무하면서 광범위한 하드웨어로부터 환자 데이터를 캡처하며 고급 진단 기능을 갖추고 임플란트 계획 및 보철 설계를 지원하는 치과 전문가용 애플리케이션을 공동 개발했다.

지금까지 일하면서 고급 데스크톱 애플리케이션 개발, 방대한 C++ 코드 베이스의 리팩터링 작업, 3D 데이터의 고성능 실시간 처리, 동시성 지원, 알고리즘과 데이터 구조, 최신 하드웨어를 위한 인터페이스 개발, 애자일 개발팀 리더 등을 수행했다.

벨기에 C++ 사용자 그룹의 이사회 멤버로서 정기적으로 강연하고 있다. Apress에서 출간한 『C++ Standard Library Quick Reference』와 『Beginning C++ (5th edition)』의 공저자이기도 하다.

기술 편집자 소개

오케르트 뒤 프리즈 OCKERT J. DU PREEZ

QBasic 시절부터 독학으로 개발자가 되었으며 수년간 개발 관련 칼럼을 수백 건 이상 기고하면서 프로그래밍 경력을 쌓아 왔다. 코드구루(codeguru.com), 디벨로퍼닷컴(developer.com), 데브엑스(devx.com), 데이터베이스 저널(databasejournal.com) 등에서 그의 글을 확인할 수 있다. 아내와 자녀 다음으로 소프트웨어 개발을 사랑한다.

C++, C#, VB.NET, 자바스크립트, HTML 등 다양한 개발 언어를 구사하며, 『Visual Studio 2019 In-Depth』와 『JavaScript for Gurus』(이상 BPB Publications)를 집필했다.

2008년부터 2017년까지 닷넷 분야의 마이크로소프트 MVP로 활동했다.

옮긴이의 말

C++는 기능이 풍부한 강력한 언어이지만, 오래전부터 지금까지 발전하면서 구문이 상당히 복잡해서 레퍼런스의 의존도가 높은 편입니다. 하지만 컴파일 시간에 할 수 있는 일의 끝을 보여줄 정도로 성능에 최적화된 언어인 만큼 일정 영역에서 확고한 입지를 확보하고 있으며 사용자들의 수준이 상당히 높은 만큼 번역의 부담도 큰 편입니다. 이번 5판에는 C++20과 관련하여 많은 부분이 업데이트되었고, 구성도 4판과 크게 바뀐 부분이 꽤 있습니다. 이 기회를 통해 뒤늦게 발견된 지난 4판의 실수도 최대한 바로잡으려고 했지만, 마감을 앞둔 지금에도 불안함은 가시지 않습니다. 다른 번역 작업과 마찬가지로 빠른 이해와 개발자의 익숙함을 우선으로 번역했지만, 미처 걸러내지 못하고 인쇄되어버릴 아쉬운 부분에 대해 미리 양해를 구합니다. 엄청난 인내심으로 원고 마감까지 기다려주신 박지영 책임님과 서현 팀장님을 비롯하여 매번 좋은 책을 번역할 기회를 주신 한빛미디어 관계자분께 감사의 말을 남깁니다.

남기혁

이 책에 대하여

C++는 덴마크 출신 컴퓨터 과학자인 비야네 스트롭스트룹이 C에 클래스를 추가한 버전으로 1982년부터 개발하기 시작했다. 1985년에는 『C++ 프로그래밍 언어C++ Programming Language』 책의 초판이 출간되었으며, 1998년에는 C++98이라 부르는 첫 번째 표준화 버전이 제정되었다. 몇 가지 자잘한 부분이 업데이트된 C++03 버전이 발표된 2003년 후로 한동안 뜸하다가 다시 발전에 탄력이 붙으면서 상당 부분 개선된 C++11 버전이 2011년에 발표되었다. 그 후 C++ 표준화 위원회는 3년 주기로 업데이트 버전을 내놓으면서 C++14, C++17, C++20으로 이어지고 있다. 2020년에 C++20이 발표되면서 거의 40년 가까이 굳건한 입지를 자랑하고 있다. 2023년 기준으로 프로그래밍 언어 순위에서 4위 안에 들어 있다. 임베디드 마이크로프로세서가 장착된 소형 기기부터 멀티랙 슈퍼컴퓨터에 이르기까지 굉장히 다양한 하드웨어에서 사용되고 있다. C++는 이러한 하드웨어 지원에 국한되지 않고 모바일 플랫폼, 성능에 민감한 인공 지능artificial intelligence(AI) 및 머신러닝machine learning(ML) 소프트웨어, 실시간 3D 그래픽 엔진, 로우레벨 하드웨어 드라이버, 운영체제 전반 등을 비롯한 거의 모든 프로그래밍 작업을 처리할 수 있다. C++ 프로그램의 성능은 다른 언어가 감히 따라잡기 힘든 수준이므로 빠르고 강력한 엔터프라이즈급 객체지향 프로그래밍의 사실상 표준 언어로 자리 잡았다. C++의 높아진 인기만큼이나 구문도 복잡해졌다. 하지만 다른 책에서는 볼 수 없는 전문 C++ 프로그래머들이 사용하는 간결하면서도 강력한 기법을 소개하고, 숙련된 C++ 프로그래머에게조차 미지의 영역으로 남아 있는 유용한 기능도 소개한다.

프로그래밍 언어를 소개할 때는 실전 활용법보다 언어 문법 설명에 치우치기 쉽다. 장마다 언어의 주요 기능을 소개한 뒤 문법을 예제와 함께 소개하는 책은 많다. 이 책은 다르게 접근한다. 구체적인 문맥 없이 언어의 기본 구성 요소만 나열하지 않고, 실전에서 C++를 사용하는 관점에서 소개한다. 널리 알려져 있지 않지만 업무 효율을 크게 높이는 기능도 소개하고, 초보 프로그래머와 전문 프로그래머를 구분하는 고급 프로그래밍 기법도 소개한다.

이 책의 독자

C++를 수년 동안 사용한 경험이 있더라도 C++의 고급 기능 중에서 익숙하지 않거나 사용한

적이 없는 것들이 얼마든지 있을 수 있다. C++ 코딩에는 자신 있지만 C++로 설계하는 방법이나 바람직한 프로그래밍 스타일을 자세히 알고 싶은 사람도 있다. 또한 C++ 경험은 부족하지만 처음부터 올바르게 배우고 싶은 사람도 있다. 이처럼 다양한 요구를 반영하여 독자의 C++ 실력을 전문가 수준으로 끌어올리기 위해 이 책을 집필했다. 이 책의 목적은 C++의 초급부터 중급 수준의 실력을 전문 C++ 프로그래머 수준으로 끌어올리는 데 있다. 따라서 프로그래밍 기초는 어느 정도 갖췄다고 가정했다.

1장에서 C++의 기초를 소개하지만 정식 입문 강좌가 아니라 오래된 기억을 되살리는 데 주안점을 두었다. C++ 경험은 없지만 C, 자바, C#을 비롯한 다른 언어로 프로그래밍한 경험이 있는 독자는 1장만으로도 C++의 기초를 다지는 데 충분하다.

독자의 수준과 관계없이 프로그래밍 기초는 갖추고 있어야 이 책을 읽을 수 있다. 반복문, 함수, 변수와 같은 개념은 당연히 알고 있어야 하고, 프로그램 구성 방법과 재귀 호출과 같은 기법도 쓸 줄 알아야 한다. 또한 큐와 같은 데이터 구조나 정렬과 탐색 같은 알고리즘의 기본 개념도 알고 있어야 한다. 객체지향 프로그래밍은 5장에서 자세히 설명하므로 몰라도 괜찮다.

컴파일러를 사용할 줄 알아야 한다. 이 책에서는 마이크로소프트 비주얼 C++와 GCC를 주로 사용하며 기본 사용법은 뒤에서 간단히 소개한다. 다른 컴파일러는 해당 문서를 참고하기 바란다.

이 책에서 다루는 내용

이 책은 코드 품질과 프로그래밍 효율을 동시에 향상시킬 수 있는 C++ 프로그래밍 기법을 소개한다. C++20부터 새로 추가된 기능을 이 책 전반에 걸쳐 소개한다. 이러한 기능은 별도 장이나 절로 따로 빼서 한꺼번에 소개하지 않고, 각 장에서 관련된 부분이 있을 때마다 하나씩 소개하고 이 책 전반에 나온 예제도 새 기능을 활용하도록 업데이트했다.

이 책은 단순히 언어의 문법과 기능만 소개하는 데 머물지 않는다. 프로그래밍 방법론, 재사용 가능한 디자인 패턴, 바람직한 프로그래밍 스타일도 함께 소개한다. 코드를 설계하고 작성하는 단계부터 디버깅하고 협업하는 단계에 이르는 전반적인 소프트웨어 개발 프로세스에 따라 설명한다. 따라서 C++ 언어 자체의 기능과 특이한 점을 마스터할 수 있을 뿐만 아니라 대규모 소프트웨어 개발을 위한 강력한 기법도 익힐 수 있다.

실제로 작동하는 예제 없이 C++의 문법만 배우면 굉장히 위험하다. 프로그램 코드를 모두 `main()` 함수 안에 집어넣거나 변수를 모두 글로벌로 선언하는 식으로 작성하기 쉽다. 이런 코드는 바람직한 프로그래밍 기법을 따른다고 보기 어렵다.

전문 C++ 프로그래머라면 단순히 C++ 문법을 아는 데 그치지 않고 C++를 올바르게 사용할 줄도 알아야 한다. 바람직한 설계의 중요성과 객체지향 프로그래밍 이론, 기존에 나온 라이브러리를 최대한 활용하는 방법을 제대로 이해해야 한다. 또한 유용한 코드와 재사용 가능한 기능을 개발한 경험도 풍부해야 한다.

이 책을 제대로 읽었다면 C++ 실력을 전문 프로그래머 수준으로 높일 수 있다. 잘 알려지지 않았거나 잘못 이해하기 쉬운 기능을 제대로 파악함으로써 C++에 대한 지식의 폭을 넓힐 수 있다. 또한 객체지향 설계 방식을 이해하고 최신 디버깅 기술도 익힐 수 있다. 무엇보다도 일상 개발 업무에 당장 적용할 수 있는 재사용성에 관련된 기법을 풍부하게 갖출 수 있다.

단순히 C++를 아는 프로그래머가 아닌 전문 C++ 프로그래머가 되기 위해 노력해야 한다. 그 이유는 다양하다. C++의 실제 작동 원리를 이해하면 코드의 품질을 높일 수 있다. 다양한 프로그래밍 방법론과 프로세스를 배워두면 팀 단위 프로젝트에 도움이 된다. 재사용 가능한 라이브러리와 흔히 사용하는 디자인 패턴을 알아두면 개발 효율을 높일 수 있을 뿐만 아니라 이미 있는 것을 다시 만드는 실수를 방지할 수 있다. 이 모든 사항을 제대로 갖추면 프로그래머와 회사 구성원으로 지금보다 훨씬 뛰어난 수준에 도달할 수 있다. 이렇게 하면 회사에서 승진한다고 장담할 수는 없지만 어떻게든 도움이 된다는 것은 확실하다.

이 책의 구성

이 책은 부록을 포함해 6개 부로 구성되어 있다.

1부 '전문가를 향한 C++ 첫걸음'에서는 먼저 C++ 기초를 다지는 초단기 속성 코스부터 시작한다. 이어서 스트링과 스트링 뷰를 다루는 방법을 깊이 있게 살펴본다. 스트링은 이 책의 거의 모든 예제에서 사용하기 때문이다. 1부의 마지막 장은 C++ 코드를 이해하기 쉽게 작성하는 방법을 소개한다.

2부 '전문가다운 C++ 소프트웨어 설계 방법'에서는 C++ 설계 방법론을 소개한다. 설계의 중요성, 객체지향 방법론, 코드 재사용의 중요성 등을 설명한다.

3부 '전문가답게 C++ 코딩하기'에서는 전문가처럼 C++를 다루는 기법을 소개한다. C++에서 메모리를 관리하기 위한 바람직한 방법, 재사용 가능한 클래스 작성법, 상속과 같이 언어의 주요 기능을 최대한 활용하는 방법 등을 소개한다. 또한 C++의 까다롭고 미묘한 기능, 입력과 출력을 다루는 방법, 에러 처리 방법, 스트링 현지화 방법, 정규 표현식 사용법 등도 소개한다. 연산자 오버로딩, 템플릿 작성법도 설명한다. 컨테이너, 반복자, 범위, 알고리즘 등을 제공하는 C++ 표준 라이브러리도 소개한다. 표준 라이브러리에서 제공하는 시간, 날짜, 타임존, 무작위수, 파일시스템 등과 관련된 기능도 살펴본다.

4부 'C++ 고급 기능 마스터하기'에서는 C++를 최대한 활용하는 방법을 제시한다. C++에서 잘 알려지지 않은 기능을 소개하고, 고급 수준에 해당하는 기능을 사용하는 방법을 설명한다. 필요에 따라 C++ 표준 라이브러리를 커스터마이즈하고 확장하는 방법, 템플릿 메타프로그래밍을 비롯한 고급 템플릿 프로그래밍 기법, 멀티프로세서 및 멀티코어 시스템을 최대한 활용하기 위한 멀티스레드 프로그래밍 방법도 다룬다.

5부 'C++ 소프트웨어 공학'에서는 엔터프라이즈급 소프트웨어를 작성하는 방법을 소개한다. 최근 소프트웨어 회사에서 흔히 사용하는 소프트웨어 공학 기법을 소개하고, 효율적인 C++ 코드를 작성하는 방법, 단위 테스트나 회귀 테스트를 비롯한 다양한 테스트 방법론, C++ 프로그램 디버깅 기법을 설명한다. 또한 디자인 기법, 프레임워크, 객체지향 패턴을 한데 엮는 방법을 설명하며, 크로스 언어 및 크로스 플랫폼에 알맞은 코드 작성 방법을 소개한다.

6부 '부록'에서는 기술 면접에서 나올 법한 C++ 예상 질문을 장별로 소개하고, 다양한 참고 문헌을 부연 설명과 함께 제시한다. 또한 표준에서 정의한 C++ 헤더 파일을 간략히 정리하고, UML을 가볍게 소개하는 것으로 이 책을 마무리한다.

이 책은 C++ 클래스, 메서드, 함수를 빠짐없이 소개하는 레퍼런스가 아니다. 레퍼런스를 원하는 독자는 피터 반 베이르트와 마크 그레고리가 쓴 『C++ Standard Library Quick Reference』(Apress, 2016)를 참고하기 바란다. 그 책에서는 C++ 표준 라이브러리에서 제공하는 핵심 데이터 구조, 알고리즘, 함수를 간결하게 정리했다. 부록 B에서는 몇 가지 레퍼런스를 소개했는데, 그중 유용한 온라인 레퍼런스 두 가지를 꼽으면 다음과 같다.

- cppreference.com: 이 레퍼런스는 온라인으로 참고할 수도 있고, 인터넷 연결이 없을 때도 볼 수 있도록 오프라인 버전을 다운로드해서 볼 수도 있다.
- cplusplus.com/reference/

이 책에서 말하는 '표준 라이브러리 레퍼런스'는 위 두 자료를 가리킨다.

온라인으로 제공하는 다음 자료도 좋다.

- github.com/isocpp/CppCoreGuidelines: 「C++ 코어 가이드라인」은 C++를 만든 비야네 스트롭스트룹 주도로 여러 전문가가 협력해서 만든 문서다. 수년간의 토론과 여러 기관을 거친 설계 결과물이다. 이 가이드라인의 목적은 최신 C++를 제대로 사용할 수 있도록 도와주는 데 있다. 이 가이드라인은 인터페이스, 리소스 관리, 메모리 관리, 동시성과 같은 고급 주제를 다룬다.
- github.com/Microsoft/GSL: 마이크로소프트에서 구현한 가이드라인 서포트 라이브러리(Guideline Support Library, GSL)로서 C++ 코어 가이드라인에서 사용하도록 제시하는 함수와 타입을 담고 있다. 헤더만으로 구성된 라이브러리다.
- isocpp.org/faq: C++에 관련된 자주 나오는 질문을 모아놓았다.
- stackoverflow.com: 프로그래밍 관련 질문에 대한 답을 찾아보거나 직접 질문을 올릴 수 있다.

준비물

컴퓨터 한 대와 C++ 컴파일러만 있으면 충분하다. 이 책은 C++ 중에서도 표준에 나온 내용만 다루며, 벤더에서 나름대로 구현한 컴파일러 확장 기능은 다루지 않는다.

C++ 컴파일러

컴파일러는 원하는 것을 마음대로 골라서 사용하면 된다. 아직 없다면 무료로 제공되는 것을 다운로드한다. 예를 들어 윈도우 시스템 사용자라면 비주얼 C++가 포함된 무료 버전인 마이크로소프트 비주얼 스튜디오 커뮤니티 에디션을 설치한다. 리눅스 사용자라면 GCC나 Clang을 사용하면 된다. 모두 무료다.

이어지는 두 절에서는 비주얼 C++와 GCC의 사용법을 간략히 소개한다. 각 컴파일러에 대한 자세한 사항은 해당 문서를 참고하기 바란다.

컴파일러의 C++ 지원 수준

이 책은 C++20부터 도입된 새로운 기능을 다룬다. 이 책을 집필하던 2020년쯤에는 C++20을 완벽하게 지원하는 컴파일러가 없었다. 일부 기능은 몇몇 컴파일러만 지원했고, 어떤 기능은 지원하는 컴파일러가 하나도 없었다. 컴파일러 벤더는 새로운 기능을 열심히 따라가고 있는 만큼 C++20을 완벽히 지원하는 컴파일러가 금세 나타날 것이다. 현재 컴파일러마다 지원되는 수준을 확인하려면 `en.cppreference.com/w/cpp/compiler_support`를 참고한다.

컴파일러의 C++20 모듈 지원

이 책을 집필할 당시에는 C++20 모듈을 완벽히 지원하는 컴파일러가 없었다. 일부 컴파일러에서 실험적으로 제공하긴 했지만 완벽하지 않았다. 이 책은 모듈을 기본으로 사용한다. 모듈을 완벽히 지원하는 컴파일러가 나오면 제대로 실행할 수 있도록 이 책의 예제 코드를 신경 써서 작성했다. 하지만 집필 당시에는 실제로 컴파일해볼 수 없어서 부득이 에러가 발생할 수 있다. 모듈을 지원하는 컴파일러를 사용하면서 예제 코드에서 문제점을 발견했다면 이 책의 정오표(`www.wiley.com/go/proc++5e`)를 확인해보기 바란다. 모듈을 지원하지 않는 컴파일러를 사용한다면 모듈화를 하지 않은 코드로 변환한 다음에 실행한다. 이에 대해서는 11장에서 간략히 소개하고 있다.

마이크로소프트 비주얼 C++ 2019

먼저 프로젝트를 새로 만든다. 비주얼 C++를 시작하고 상단 메뉴에서 파일File → 새로 만들기New → 프로젝트Project를 클릭한다. 새 프로젝트 창Create A New Project이 뜨면 C++용 콘솔 애플리케이션 프로젝트 템플릿을 선택한 후 다음Next을 클릭한다. 프로젝트 이름과 저장할 위치를 지정한 후 생성Create을 클릭한다.

새로 만든 프로젝트를 불러오면 솔루션 탐색기Solution Explorer에 프로젝트 파일 목록이 나타난다. 이 창이 보이지 않으면 상단 메뉴에서 보기View → 솔루션 탐색기Solution Explorer를 선택해서 창을 띄운다. 새로 생성된 프로젝트라면 <프로젝트이름>.cpp란 파일이 있을 것이다. 그 파일에서 C++ 코드를 작성하면 된다. 만약 이 책의 예제 코드를 컴파일하려면 솔루션 탐색기에서 <프로젝트이름>.cpp 파일을 삭제한다. 새 파일을 추가하고 싶으면 이 창에서 프로젝트 이름을 마우스 오른쪽 버튼으로 클릭한 뒤 추가Add → 새 항목New Item을 선택하고, 기존 파일을 추가하고 싶다면 추가Add → 기존 항목Existing Item을 선택한다.

이 책을 집필하는 시점에는 비주얼 C++ 2019에서 C++20 기능이 자동으로 선택되지 않았다. C++20 기능을 사용하려면 솔루션 탐색기 창에서 프로젝트 이름을 마우스 오른쪽 버튼으로 클릭하고 속성Properties을 선택한다. 속성 창에서 구성 속성Configuration Properties → C/C++ → 언어Language를 선택한 다음 C++ 언어 표준C++ Language Standard 옵션값을 'ISO C++20 표준ISO C++20 Standard' 또는 '미리 보기 – 최신 C++ 초안의 기능Preview – Features from the Latest C++ Working Draft' 중에서 현재 사용하는 비주얼 C++ 버전에서 제공하는 것을 선택한다. 참고로 현재 프로젝트에 .cpp 파일이 하나라도 있어야 이 옵션에 접근할 수 있다.

코드를 컴파일하려면 빌드Build → 솔루션 빌드Build Solution를 선택한다. 아무런 에러 없이 컴파일되었다면 디버그Debug → 디버깅 시작Start Debugging을 선택해서 프로그램을 실행한다.

모듈 지원

이 책을 집필하던 당시 비주얼 C++ 2019는 모듈을 완벽하게 지원하지 않았다. 모듈 코드를 작성하거나 다른 모듈을 사용할 수는 있지만 다음과 같은 표준 라이브러리 헤더를 임포트할 수 없었다.

```
import <iostream>;
```

모듈을 완벽히 지원하지 않는다면 프로젝트에 별도 헤더 파일(예: HeaderUnits.h)을 만든 다음 추가할 표준 라이브러리 임포트문을 이 헤더 파일에 작성해야 한다. 예를 들면 다음과 같다.

```
// HeaderUnits.h
#pragma once
import <iostream>;
import <vector>;
import <optional>;
import <utility>;
// ...
```

그러고 나서 솔루션 탐색기에서 HeaderUnits.h 파일을 마우스 오른쪽 클릭한 후 속성Properties을 선택한다. 구성 속성Configuration Properties → 일반General을 클릭한 후 항목 유형Item Type을 C/C++ 컴파일러C/C++ Compiler로 지정하고 적용Apply을 클릭한다. 그러고 나서 구성 속성Configuration Properties → C/C++ → 고급Advanced을 클릭한 후 컴파일 옵션Compile As을 C++ 헤더 단위로 컴파일Compile as C++ Header Unit (/exportHeader)로 선택하고 OK를 클릭한다.

이제 프로젝트를 다시 컴파일하면 HeaderUnits.h에 들어 있는 임포트문이 정상적으로 컴파일된다.

11장에서 설명한 모듈 구현 파티션(내부 파티션)을 사용한다면 관련 코드가 담긴 모든 파일을 마우스 오른쪽 클릭한 뒤 속성Properties을 클릭한다. 구성 속성Configuration Properties → C/C++ → 고급Advanced을 선택한 후 컴파일 옵션Compile As을 C++ 모듈 내부 파티션 단위로 컴파일Compile as C++ Module Internal Partition (/internalPartition)로 선택하고 OK를 클릭한다.

GCC

원하는 텍스트 에디터로 코드를 작성한 후 디렉터리에 저장한다. 작성한 코드를 컴파일하려면 터미널에서 다음과 같이 컴파일하려는 .cpp 파일을 모두 지정한 후 실행한다.

```
g++ -std=c++2a -o <executable_name> <source1.cpp> [source2.cpp ...]
```

GCC에서 C++20을 사용하려면 -std=C++20 옵션을 지정해야 한다. C++20을 완벽히 지원하지 않는 이전 버전(GCC 9 이하)에서는 -std=c++2a를 지정한다.

모듈 지원

이 책을 집필하던 당시에는 GCC를 GCC 특수 버전(devel/c++-module 브랜치)에서 실험적으로만 제공했다. 이 버전을 사용한다면 -fmodules-ts 옵션을 지정한다. 나중에 -fmodules으로 변경될 예정이다.

불행하게도 다음과 같은 표준 라이브러리 헤더의 임포트문은 아직 제대로 지원되지 않았다.

```
import <iostream>;
```

이 기능을 지원하지 않는 컴파일러에서는 다음과 같이 #include 디렉티브로 대체한다.

```
#include <iostream>
```

예를 들어 1장의 AirlineTicket 예제에서 모듈을 사용할 때 표준 라이브러리 헤더의 임포트문을 모두 #include 문으로 바꾼 다음, 코드가 담긴 디렉터리로 이동해서 다음과 같은 명령을 실행한다.

```
g++ -std=c++2a -fmodules-ts -o AirlineTicket AirlineTicket.cppm AirlineTicket.cpp
AirlineTicketTest.cpp
```

에러 없이 컴파일되었다면 다음과 같이 실행한다.

```
./AirlineTicket
```

std::format 지원

이 책의 코드 예제는 1장에서 소개한 `std::format()`을 자주 사용한다. 이 책을 집필할 당시에는 `std::format()`을 제대로 지원하는 컴파일러가 없었다. 현재 사용하는 컴파일러가 이를 지원하지 않는다면 무료로 제공되는 {fmt} 라이브러리를 사용한다.

1 `https://fmt.dev/`에서 {fmt} 라이브러리 최신 버전을 다운로드하고 압축을 푼다.

2 `include/fmt`와 `src` 디렉터리를 현재 프로젝트 디렉터리 아래에 복제한 다음, `fmt/core.h`, `fmt/format.h`, `fmt/format-inl.h`, `src/format.cc`를 프로젝트에 추가한다.

3 `format` 파일(확장자 없음)을 프로젝트 루트 디렉터리에 추가하고, 다음 코드를 작성한다.

```
#pragma once
#define FMT_HEADER_ONLY
#include "fmt/format.h"
namespace std
{
    using fmt::format;
    using fmt::format_error;
    using fmt::formatter;
}
```

4 마지막으로 (`format` 파일이 담긴) 프로젝트 루트 디렉터리를 인클루드 디렉터리로 추가한다. 예를 들어 비주얼 C++라면 솔루션 탐색기에서 프로젝트를 마우스 오른쪽 클릭한 후 속성을 클릭하고, '구성 속성Configuration Properties → C/C++ → 일반General'으로 가서 추가 포함 디렉터리Additional Include Directories 옵션값의 맨 앞에 $(ProjectDir);을 추가한다.

NOTE_ `std::format()`을 지원하는 컴파일러라면 방금 설명한 설정을 하지 않는다.

소스 코드

이 책에 나온 예제를 실행할 때 코드를 일일이 입력해도 좋지만, 한빛미디어 웹 페이지와 원서 출판사에서 제공하는 소스 코드를 다운로드하면 곧바로 실행할 수 있다. 물론 학습 효과를 높이기 위해서는 코드를 직접 작성하는 것이 좋다.

- www.hanbit.co.kr/src/11089
- www.wiley.com/go/proc++5e
- https://media.wiley.com/product_ancillary/06/11196954/DOWNLOAD/Code.zip
- https://media.wiley.com/product_ancillary/06/11196954/DOWNLOAD/ProC++%20Final%20Exercise%20Solutions.zip

감사의 글

이 책을 집필하는 데 도움을 준 와일리John Wiley & Sons와 록스Wrox 출판사의 편집 및 제작팀에 감사드립니다. 5판을 집필할 기회를 준 와일리의 짐 미나텔Jim Minatel 편집장께도 특별히 감사드립니다. 5판의 프로젝트 에디터 켈리 탤벗Kelly Talbot과 원고의 가독성과 일관성을 높여주고 문법 오류를 바로 잡아준 카피 에디터 킴 윔프셋Kim Wimpsett에게도 감사드립니다.

이 책의 기술적 정확도를 높여준 기술 편집자 한네스 뒤 프리즈Hannes Du Preez께도 감사드립니다. 덕분에 품질을 크게 높일 수 있었습니다.

기술 감수를 훌륭하게 해준 기술 편집자 피터 반 베이르트Peter Van Weert에게 특별히 감사드립니다. 그가 제시한 건설적인 지적과 아이디어 덕분에 이 책이 더 나아질 수 있었습니다.

물론 부모님과 형제의 지지와 배려 덕분에 무사히 마무리할 수 있었습니다. 이 프로젝트를 진행하도록 배려해주신 니콘 메트롤로지 관계자 분께도 진심어린 감사를 드립니다.

마지막으로 전문가다운 C++ 소프트웨어 개발의 세계로 들어가는 여정에 이 책을 선택해준 독자에게도 감사드립니다.

마크 그레고리

CONTENTS

CONTENTS

CHAPTER 2 스트링과 스트링 뷰 다루기

CHAPTER 3 코딩 스타일

Part 2 전문가다운 C++ 소프트웨어 설계 방법

CHAPTER 4 전문가답게 C++ 프로그램 설계하기

CONTENTS

CHAPTER 6 재사용을 고려한 설계

Part 3 전문가답게 C++ 코딩하기

CHAPTER 7 메모리 관리

CONTENTS

CHAPTER 9 클래스와 객체 완전 정복

CONTENTS

CHAPTER 10 상속 활용하기

CONTENTS

CHAPTER 11 C++의 까다롭고 유별난 부분

CHAPTER 12 템플릿으로 제네릭 코드 만들기

CONTENTS

CHAPTER 13 C++ I/O 심층 분석

CHAPTER 14 에러 처리

CONTENTS

CHAPTER 16 C++ 표준 라이브러리 둘러보기

CONTENTS

CONTENTS

CHAPTER 20 표준 라이브러리 알고리즘 완전 정복

CONTENTS

CHAPTER 22 날짜와 시간 유틸리티

CHAPTER 23 무작위수 기능

CHAPTER 24 기타 라이브러리 유틸리티

CONTENTS

CONTENTS

Part 5 C++ 소프트웨어 공학

CHAPTER 28 소프트웨어 공학 기법

CONTENTS

CHAPTER 30 테스트 숙달하기

CHAPTER 31 디버깅 완전 정복

CONTENTS

CHAPTER 33 디자인 패턴

CONTENTS

CHAPTER 34 크로스 플랫폼과 크로스 언어 애플리케이션 개발 방법

Part 6 부록

CONTENTS

Part I

전문가를 향한 C++ 첫걸음

C++ 기초를 다지기 위한 초단기 속성 코스부터 시작하여 스트링과 스트링 뷰를 다루는 방법을 깊이 있게 살펴본다. 또한 C++ 코드를 읽기 쉽게 작성하는 방법을 소개한다.

Part I

전문가를 향한 C++ 첫걸음

CHAPTER 1

C++와 표준 라이브러리 초단기 속성 코스

이 장의 내용

- C++ 언어와 표준 라이브러리의 핵심 요소와 문법 가볍게 둘러보기
- 클래스 작성 방법 기초
- 스코프 지정 방식
- 균일 초기화
- const 사용법
- 포인터, 레퍼런스, 익셉션, 타입 앨리어스
- 타입 추론 기초

이 장의 목표는 C++에 대해 깊이 들어가기 전에 기초를 다질 수 있도록 C++의 가장 핵심적인 요소를 빠르게 소개하는 것이다. 따라서 여기에서는 C++ 언어나 표준 라이브러리는 깊이 다루지 않는다. 프로그램과 재귀 호출에 대한 정의처럼 기본적인 개념도 소개하지 않고, union이나 volatile 키워드처럼 지엽적인 주제도 생략한다. 또한 C 언어 중에서도 C++와 관련이 적은 부분도 제외했는데, 이 내용은 이 책 후반부에서 자세히 다룬다.

이 장에서는 C++ 프로그래머라면 누구나 매일 사용하는 내용을 중심으로 소개한다. 예를 들어 C++를 이제 막 배우기 시작해서 레퍼런스 변수가 뭔지 모르는 독자를 위해 자세히 설명한다. 또한 표준 라이브러리에서 제공하는 vector 컨테이너, optional 값, string 객체 등과 같은 기능의 기본적인 사용법도 소개한다.

C++를 사용해본 경험이 많은 독자라도 이 장을 훑어보면서 C++의 핵심 내용을 다시 한 번 짚고 넘어가면 좋다. C++를 처음 접하는 독자라면 이 장을 꼼꼼히 읽고 예제도 확실히 이해하고 넘어간다. C++의 기초를 다루는 다른 자료를 알고 싶다면 부록 B에서 소개하는 참고 문헌을 살펴본다.

1.1 C++의 기초

C++는 흔히 'C의 개선판[better C]' 또는 'C의 상위 집합[superset of C]'으로 알려져 있다. C++는 원래 C에 객체지향 개념을 추가하려는 목적으로 설계했기 때문에 '클래스가 추가된 C'라고도 부른다. 또한 C 언어에서 불편하거나 어색한 부분도 개선했다. C++는 C 언어에 기반을 두고 있기 때문에 이 절에서 소개하는 문법 중 상당 부분은 숙련된 C 프로그래머라면 익숙할 것이다. 그럼에도 불구하고 두 언어는 분명한 차이가 있다. C++를 만든 비야네 스트롭스트룹[Bjarne Stroustrup]의 『The C++ Programming Languages』(4th Edition, Addison-Wesley Professional, 2013)가 무려 1,368쪽에 달하는 데 반해, 브라이언 커니핸[Brian Kernighan]과 데니스 리치[Dennis Ritchie]가 쓴 『The C Programming Language』(2nd Edition, Prentice Hall, 1988)는 겨우 274쪽에 불과하다. 따라서 C 프로그래머는 처음 보는 문법이나 개념이 많을 것이다.

1.1.1 프로그래밍 언어의 공식 예제 'Hello, World!'

다음 코드는 우리가 흔히 보는 가장 간단한 C++ 프로그램이다.

```
// helloworld.cpp
import <iostream>; // C++20 이전 버전에서는 #include <iostream>

int main()
{
    std::cout << "Hello, World!" << std::endl;
    return 0;
}
```

NOTE_ 현재 사용하고 있는 컴파일러가 아직 C++20 모듈 기능을 지원하지 않는다면 앞의 `import` 선언문(예: `import <iostream>;`)을 다음과 같이 `include` 전처리 지시자로 변경해야 한다.

```
#include <iostream>
```

Apple Clang 12.0.0(또는 C++20 지원 수준이 이와 비슷한 버전의 GCC)에서는 다음과 같이 `-std=c++2a -fmodules-ts` 옵션을 추가한다.

```
>> clang++  -std=c++2a -fmodules-ts helloworld.cpp
```

쉽게 예상할 수 있듯이 이 코드를 실행하면 화면에 'Hello, World!'란 메시지를 출력한다. 너무 단순해서 자랑거리가 될 순 없겠지만, C++ 형식에 대한 다음과 같은 중요한 개념이 담겨 있다.

- 주석
- 모듈 임포트
- `main()` 함수
- I/O 스트림

각각에 대해 간략히 살펴보자(여러분이 사용하는 컴파일러가 아직 C++20을 제대로 지원하지 않을 경우를 대비해서 모듈 대신 사용할 수 있는 헤더 파일도 함께 제공한다).

1 주석

앞에 나온 예제에서 첫 번째 줄은 **주석**comment이다. 주석은 프로그래머에게 전달하는 메시지며 컴파일러는 이 부분을 무시한다. C++는 두 가지 방식의 주석을 사용한다. 하나는 앞에서 본 예제와 다음 예제처럼 슬래시 두 개를 연달아 적으면 그 지점부터 그 줄 끝까지 나오는 모든 문자를 주석으로 처리한다.

```
// helloworld.cpp
```

또 다른 방식으로 **여러 줄 주석**multiline comment이 있다. 여러 줄 주석은 /*로 시작해서 */로 끝나며, 그 사이의 모든 문자를 주석으로 처리한다. 예를 들면 다음과 같다.

```
/* 여러 줄 주석의 예.
   컴파일러는 이 부분을 완전히 무시한다.
 */
```

주석은 3장에서 자세히 설명한다.

C++20

2 모듈 임포트

C++20부터 새롭게 추가된 대표적인 기능 중 하나는 **모듈**module이다. 모듈은 예전에 **헤더 파일**header file이라 부르던 메커니즘을 완전히 대체한다. 어떤 모듈에 담긴 기능을 사용하고 싶다면 그 모듈을 import 문으로 불러오면 된다. 'Hello World' 애플리케이션의 첫 줄은 <iostream>이란 모듈을 가져온다. 이 모듈에는 C++에서 제공하는 입력과 출력 메커니즘에 대한 선언문이 담겨 있다.

```
import <iostream>;
```

프로그램에서 이 모듈을 임포트하지 않으면 텍스트를 출력하는 작업을 수행할 수 없다.

이 책은 C++20 버전을 소개하고 있으므로 모든 예제에서 모듈을 사용할 것이다. C++ 표준 라이브러리에서 제공하는 모든 기능은 잘 정의된 모듈로 제공된다. 여러분이 원하는 타입이나 기능도 모듈을 직접 정의해서 추가할 수 있으며, 구체적인 방법은 이 책 전반에 걸쳐 여러 차례 보게 될 것이다. 현재 사용하는 컴파일러에서 모듈을 지원하지 않는다면 다음 절에서 소개하는 것처럼 import라고 적힌 문장을 모두 #include 전처리기 지시자로 바꾼다.

3 전처리 지시자

앞서 NOTE에서 설명했듯이 현재 사용하는 컴파일러가 아직 C++20 모듈 기능을 지원하지 않는다면 import 선언문(예: import <iostream>;)을 다음과 같이 include 전처리 지시자로 변경해야 한다.

```
#include <iostream>
```

C++로 작성된 소스 코드를 프로그램으로 만드는 **빌드**build 작업은 세 단계를 거친다. 먼저 **전처리**preprocess 단계에서는 소스 코드에 담긴 메타 정보를 처리한다. 이어서 **컴파일**compile 단계에서는 소스 코드를 머신이 읽을 수 있는 객체 파일로 변환한다. 마지막으로 **링크**link 단계에서는 앞에서 변환한 여러 객체 파일을 애플리케이션으로 엮는다.

지시자(**디렉티브**directive)는 전처리기에 전달할 사항을 표현하며, 앞에 나온 예제의 `#include <iostream>`처럼 `#` 문자로 시작한다. 여기서 `#include` 지시자는 `<iostream>` 헤더 파일에 있는 내용을 현재 파일에서 사용할 수 있게 모두 가져오도록 전처리기에 지시한다. `<iostream>` 헤더는 C++에서 제공하는 입력과 출력 메커니즘을 선언한다.

헤더 파일의 주 용도는 소스 파일에서 정의할 함수를 선언하는 것이다. 이러한 함수 **선언**declaration은 그 함수의 호출 방식, 매개변수의 개수와 타입, 리턴 타입 등을 컴파일러에 알려준다. 함수 **정의**definition(**구현**)는 실제로 수행할 동작을 작성한다. C++20의 모듈이 등장하기 전에는 선언문을 주로 확장자가 `.h`인 **헤더 파일**header file에 작성하고, 정의는 확장자가 `.cpp`인 **소스 파일**source file에 작성했다. 하지만 모듈이 추가되면서 더 이상 선언과 정의를 분리할 필요가 없게 되었다. 물론 예전처럼 분리하는 것도 가능하다.

> **NOTE_** C에서는 표준 라이브러리(Standard Library)의 헤더 파일을 표현할 때 대부분 `.h` 확장자로 표기하며(예: `<stdio.h>`), 네임스페이스(namespace)는 사용하지 않는다.
>
> 반면 C++에서 표준 라이브러리 헤더를 불러올 때는 확장자(`.h`)를 생략하며(예: `<iostream>`), 모든 항목을 `std` 네임스페이스 또는 `std`의 하위 네임스페이스(sub-namespace)에 정의한다.
>
> C 표준 라이브러리 헤더를 C++에서도 사용할 수 있는데, 다음 두 가지 형태로 제공된다.
>
> - 공식적으로 권장하는 새로운 방식: `.h` 확장자 대신 `c` 접두어가 붙는다(예: `<cstdio>`).
> - 기존 방식: `.h` 확장자로 표기하고 네임스페이스를 사용하지 않는다(예: `<stdio.h>`).
>
> 이러한 C 표준 라이브러리 헤더는 `import` 선언문으로 불러오지 못할 수도 있다. 확실히 하려면 `import <cxyz>;` 대신 `#include <cxyz>`와 같이 작성한다.

다음 표에 자주 사용하는 전처리 지시자를 정리했다.

전처리 지시자	기능	사용 예
#include [파일]	지정한 '파일'의 내용을 지시자 위치에 넣는다.	다른 곳에 정의된 함수를 사용할 목적으로 해당 함수의 선언문이 담긴 헤더 파일을 가져온다.
#define [키] [값]	코드에서 '키'에 해당하는 부분을 모두 '값'으로 지정한 내용으로 바꾼다.	C에서는 주로 상숫값이나 매크로를 정의하는 데 사용했다. C++는 상수 및 매크로 정의에 대해 좀 더 개선된 메커니즘을 제공한다. 매크로는 자칫 위험할 수 있어서 사용할 때 주의해야 한다. 자세한 사항은 11장을 참조한다.
#ifdef [키] #endif	ifdef(if defined)는 지정한 '키'가 #define 문으로 정의되어 있으면 ifdef로 묶인 코드 블록을 포함시키고, 정의되어 있지 않으면 포함시키지 않는다.	주로 인클루드 문장이 중복해서 추가되는 것을 막는 용도로 사용한다. #ifndef로 헤더 파일을 불러오면 먼저 '키' 값이 정의되어 있는지 확인한 뒤, 없다면 #define 지시자로 그 '키'를 정의한다. 그리고 #endif 지시자로 헤더 파일 추가 구문을 닫는다. 이렇게 하면 같은 파일이 여러 번 추가되는 일을 방지할 수 있다. 이 표 바로 다음에 나온 예제를 참조한다.
#ifndef [키] #endif	ifndef(if not defined)는 지정한 '키'가 #define 문으로 정의되어 있지 않으면 ifndef로 묶인 코드 블록을 포함시키고, 정의되어 있으면 포함시키지 않는다.	
#pragma [xyz]	xyz에 대한 구체적인 동작은 컴파일러마다 다르다. 대부분의 컴파일러가 #pragma를 지원하며, 주로 전처리 과정에서 이 지시자에 도달할 때 경고나 에러 메시지를 화면에 표시하는 용도로 사용한다.	이 표 바로 다음에 나오는 예제를 참조한다.

중복 인클루드를 막는 용도로 전처리 지시자를 사용하는 예는 다음과 같다.

```
#ifndef MYHEADER_H
#define MYHEADER_H
// 헤더 파일의 내용
#endif
```

현재 사용하는 컴파일러에서 #pragma once 지시자를 지원한다면(최신 컴파일러는 대부분 지원한다) 다음과 같이 좀 더 간결하게 표현할 수 있다.

```
#pragma once
// 헤더 파일의 내용
```

자세한 사항은 11장에서 다룬다. 앞서 언급했듯이 이 책은 예전 방식의 헤더 파일 대신 C++20부터 도입된 모듈을 사용한다.

4 main() 함수

프로그램은 항상 main() 함수에서 시작한다. main() 함수는 int 타입의 값을 리턴하는데, 이 값으로 프로그램의 실행 상태를 표시한다. main() 함수 안에서는 리턴 문장을 생략해도 되는데, 그러면 자동으로 0을 리턴한다. main() 함수는 매개변수를 받지 않거나 다음과 같이 두 개를 받도록 작성할 수 있다.

```
int main(int argc, char* argv[])
```

argc는 프로그램에 전달할 인수의 개수를 지정하고, argv는 전달할 인수의 값을 담는다. argv[0]에는 프로그램 이름이 담기는데, 공백 스트링으로 지정될 수도 있어서 프로그램 이름을 참조하려면 이 값보다는 플랫폼에서 제공하는 기능을 사용하는 것이 좋다. 여기서 명심할 점은 실제 매개변수는 인덱스 1부터 시작한다는 것이다.

5 I/O 스트림

I/O 스트림I/O stream (입출력 스트림)은 13장에서 자세히 다룬다. 입력과 출력에 대한 기본 원리는 굉장히 간단하다. 출력 스트림은 데이터를 나르는 컨베이어 벨트에 비유할 수 있다. 컨베이어 벨트는 여러 종류가 있는데, 성격에 맞는 컨베이어 벨트에 데이터를 올려두기만 하면 그대로 출력된다. 예를 들어 std::cout이라는 컨베이어 벨트는 **표준 출력**standard out이라고 부르는 사용자 콘솔에 출력한다. 또한 std::cerr이라는 컨베이어 벨트는 에러 콘솔에 출력한다. 여기서 데이터를 컨베이어 벨트에 올리는 작업은 << 연산자로 표현한다. 앞선 'hello, world!' 예제에서는 인용 부호로 묶은 스트링을 표준 출력으로 보냈다. 다양한 타입의 데이터를 출력 스트림으로 보내는 작업을 단 한 줄의 코드로 표현할 수도 있다. 예를 들어 텍스트를 출력한 뒤, 숫자를 출력하고, 다시 텍스트를 출력하려면 다음과 같이 작성한다.

```
std::cout << "There are " << 219 << " ways I love you." << std::endl;
```

그런데 C++20부터는 스트링 포맷은 <format>에 정의된 std::format()으로 지정하는 방식을 권장한다. format() 함수는 2장에서 자세히 소개하겠지만, 기본적인 사용법은 다음과 같다.

```
std::cout << std::format("There are {} ways I love you.", 219) << std::endl;
```

std::endl은 문장이 끝났다는 것을 의미한다. 출력 스트림에서 std::endl이 나타나면 지금까지 전달한 내용을 모두 출력하고 다음 줄로 넘어간다. 문장의 끝은 \n 문자로도 표현할 수 있다. \n은 줄바꿈을 의미하며, 이러한 형태의 문자를 **이스케이프 시퀀스** escape sequence (탈출/이탈 문자열)라 부른다. 인용 부호로 묶은 텍스트 스트링 안의 모든 지점에 이스케이프 시퀀스를 넣을 수 있다. 흔히 사용하는 이스케이프 시퀀스를 몇 가지 소개하면 다음과 같다.

이스케이프 시퀀스	설명
\n	줄바꿈. 커서를 다음 라인의 맨 앞으로 이동시킨다.
\r	캐리지 리턴. 커서를 현재 라인의 맨 앞으로 이동시킨다.
\t	탭
\\	역슬래시(\)
\"	따옴표

CAUTION_ endl은 스트림에 줄바꿈 문자를 추가한 뒤 현재 버퍼에 있는 내용을 출력 장치로 내보낸다. endl은 성능에 영향을 미치기 때문에 특히 루프와 같은 문장에서 남용하면 좋지 않다. 반면 \n도 스트림에 줄바꿈 문자를 추가하지만 버퍼를 자동으로 비우지 않는다.

스트림은 사용자로부터 입력을 받을 때도 사용한다. 가장 간단한 방법은 입력 스트림에 >> 연산자를 사용하는 것이다. std::cin 입력 스트림은 사용자가 키보드로 입력한 값을 받는다. 예를 들면 다음과 같다.

```
int value;
std::cin >> value;
```

사용자 입력을 처리하는 방법은 다소 까다롭다. 사용자가 어떤 값을 입력할지 알 수 없기 때문이다. 입력 스트림을 처리하는 방법은 13장에서 자세히 설명한다.

C++를 처음 접하는 C 프로그래머는 자주 쓰던 printf()나 scanf() 함수가 안 보여 당황할 수 있다. C++에서도 이 함수를 그대로 사용할 수 있지만 format()과 스트림 라이브러리를 사용하는 것이 바람직하다. printf()나 scanf()는 타입 안전성 type safety 을 보장하지 않기 때문이다.

1.1.2 네임스페이스

네임스페이스namespace는 코드에서 이름이 서로 충돌하는 문제를 해결하기 위해 나온 개념이다. 예를 들어 foo( ) 함수를 정의해서 코드를 작성하다가 외부 라이브러리가 필요해서 추가했더니 거기에도 foo( ) 함수가 있을 수 있다. 이때 컴파일러는 foo( )란 이름만 보고서는 어느 함수를 가리키는지 알 수 없다. 외부 라이브러리에 정의된 함수의 이름은 바꿀 수 없고, 내가 작성한 코드를 고치기엔 일이 너무 커져서 진퇴양난에 빠질 수 있다.

이럴 때는 네임스페이스로 해결하면 된다. 네임스페이스는 이름이 속할 문맥을 정의한다. 코드를 네임스페이스 안에 담으려면 먼저 코드를 네임스페이스 블록으로 감싼다.

```
namespace mycode {
    void foo()
    {
        std::cout << "foo() called in the mycode namespace" << std::endl;
    }
}
```

이처럼 foo( )를 mycode 네임스페이스 아래에 두면 외부 라이브러리에 foo( )가 있더라도 서로 구분할 수 있다. 네임스페이스를 적용한 foo( )를 호출하려면 **스코프 지정 연산자**scope resolution operator(::)를 이용하여 함수 이름 앞에 네임스페이스를 붙인다.

```
mycode::foo(); // mycode 네임스페이스에 정의된 foo() 함수를 호출한다.
```

mycode 네임스페이스 블록 안에서 접근할 때는 네임스페이스 접두어를 붙이지 않아도 된다. 이렇게 네임스페이스를 생략하면 코드의 가독성을 좀 더 높일 수 있다. 또한 using 지시자로 네임스페이스 접두어를 생략할 수도 있다. 컴파일러는 using 지시자를 보면 그 뒤에 나오는 문장부터는 using에 지정된 네임스페이스에 속한다고 처리한다. 예를 들면 다음과 같다.

```
using namespace mycode;

int main()
{
    foo(); // mycode::foo();와 같다.
}
```

한 소스 파일에 using 지시자를 여러 개 지정할 수 있다. 하지만 이 기능은 남용하지 않도록 주의한다. 극단적인 예로 인류에게 알려진 모든 네임스페이스를 사용한다고 선언하면 사실상 네임스페이스를 완전히 제거하는 셈이다! 동일한 이름을 포함하는 두 개의 네임스페이스를 사용하는 경우에는 이름 충돌이 다시 발생할 것이다. 또한 실수로 엉뚱한 함수를 호출하지 않으려면 현재 코드에서 사용하는 네임스페이스를 명확히 파악해야 한다.

네임스페이스는 이미 앞에 나온 'hello, world!' 예제에서 사용했다. 여기에 나온 cout과 endl은 사실 std 네임스페이스에 정의된 이름이다. 이 예제를 다음과 같이 using 지시자를 사용하는 방식으로 작성해도 된다.

```
import <iostream>;

using namespace std;

int main()
{
    cout << "Hello, World!" << endl;
}
```

> **NOTE_** 이 책에 나온 코드는 대부분 std 네임스페이스에 대해 using 디렉티브를 적용한다. 따라서 C++ 표준 라이브러리의 내용을 참조할 때 std::를 붙이지 않는다.

네임스페이스 안에 있는 특정한 항목만 가리키도록 using 문을 작성할 수도 있다. 예를 들어 std 네임스페이스에서 cout만 사용하고 싶다면 다음과 같이 작성한다.

```
using std::cout;
```

그다음 코드부터는 cout 앞에 네임스페이스 접두어를 생략해도 된다. 하지만 cout이 아닌 std 네임스페이스의 다른 항목을 사용하려면 네임스페이스 접두어를 붙여야 한다.

```
using std::cout;
cout << "Hello, World!" << std::endl;
```

CAUTION_ 헤더 파일 안에서는 절대로 using 문을 작성하면 안 된다. 그러면 그 헤더 파일을 인클루드하는 모든 파일에서 using 문으로 지정한 방식으로 호출해야 하기 때문이다. 네임스페이스나 클래스 스코프와 같은 작은 스코프에서는 그렇게 해도 상관없다. 모듈 인터페이스 파일에서도 익스포트하지 않는다면 using 디렉티브나 선언문을 작성해도 아무 문제 없다. 하지만 이 책에서는 인터페이스를 더 쉽게 이해할 수 있게 해주기 때문에 모듈 인터페이스 파일의 모든 타입을 항상 완전하게 입력한다.

1 중첩 네임스페이스

중첩 네임스페이스nested namespace는 다른 네임스페이스 안에 있는 네임스페이스를 말한다. 이때 각 네임스페이스는 더블 콜론(::)으로 구분한다. 예를 들면 다음과 같다.

```
namespace MyLibraries::Networking::FTP {
    /* ... */
}
```

C++17 이전에는 이러한 간결한 문법을 지원하지 않아서 다음과 같이 작성했다.

```
namespace MyLibraries {
    namespace Networking {
        namespace FTP {
            /* ... */
        }
    }
}
```

2 네임스페이스 앨리어스

네임스페이스 앨리어스namespace alias를 사용하면 네임스페이스의 이름을 다르게 만들거나 또는 더 짧게 만들 수 있다. 예를 들면 다음과 같다.

```
namespace MyFTP = MyLibraries::Networking::FTP;
```

1.1.3 리터럴

리터럴[literal]은 코드에 표시한 숫자나 스트링과 같은 값을 의미한다. C++는 다양한 표준 리터럴을 제공한다. 숫자는 다음과 같은 리터럴로 표현할 수 있다(여기에 나온 값은 모두 숫자 123을 가리킨다).

- 십진수 리터럴: `123`
- 8진수 리터럴: `0173`
- 16진수 리터럴: `0x7B`
- 이진수 리터럴: `0b1111011`

또한 C++에서는 다음과 같은 리터럴도 지원한다.

- 부동소수점(floating-point) 값(예: `3.14f`)
- 배정도(double) 부동소수점 값(예: `3.14`)
- 16진수 부동소수점 리터럴(예: `0x3.ABCp-10`, `0Xb.cp121`)
- 단일 문자(예: `'a'`)
- 0으로 끝나는 문자 배열(예: `"character array"`)

리터럴 타입을 직접 정의할 수도 있다. 이러한 고급 기능은 15장에서 설명한다.

숫자 리터럴에서는 자릿수 구분자[digits separator]를 사용할 수 있다. 자릿수 구분자는 작은따옴표로 표현한다. 예를 들면 다음과 같다.

- `23'456'789`
- `0.123'456f`

1.1.4 변수

C++에서 **변수**[variable]는 코드 안 어디에서나 선언할 수 있으며, 현재 블록 안에서 변수를 선언한 줄 다음부터 어디에서나 그 변수에 접근할 수 있다. 변수를 선언할 때 반드시 값을 대입(초기화)할 필요는 없다. 하지만 초기화하지 않은 변수는 선언할 시점의 메모리 값을 기반으로 무작위 값이 대입될 수 있는데, 그냥 사용하면 버그가 발생할 수 있다. 이를 위해 C++에서는 변수의 선언과 동시에 초깃값을 대입하는 기능을 제공한다. 다음에 나오는 코드는 정숫값을 표현하는 int 타입 변수를 선언하는 두 가지 방식을 보여주고 있다.

```
int uninitializedInt;
int initializedInt { 7 };
cout << format("{} is a random value", uninitializedInt) << endl;
cout << format("{} was assigned an initial value", initializedInt) << endl;
```

NOTE_ 대다수의 컴파일러는 선언할 때 초기화하지 않은 변수를 발견하면 경고 또는 에러 메시지를 발생시킨다. 어떤 컴파일러는 실행 시간에 에러가 발생하는 코드를 생성하기도 한다.

위 코드에서 initializedInt 변수를 초기화하는 구문은 **균일 초기화** uniform initialization (유니폼 초기화) 문법에 따라 작성했다. 다음과 같이 기존의 대입 문법으로 작성해도 된다.

```
int initializedInt = 7;
```

균일 초기화는 2011년 C++11 버전부터 도입되었다. 기존 대입 문법 대신 균일 초기화를 사용하는 것이 바람직하다. 따라서 이 책의 예제 코드는 균일 초기화 방식으로 작성했다. 이 방식의 장점과 이렇게 작성하는 것이 바람직한 이유는 1.1.25절 '균일 초기화'에서 자세히 설명한다.

C++는 강타입 strongly typed 언어다. 그러므로 항상 타입을 구체적으로 지정해야 한다. C++에서는 곧바로 사용할 수 있는 다양한 타입을 기본으로 제공한다. 다음 표에 C++에서 자주 사용하는 타입을 정리했다.

타입	설명	사용 예
(signed) int signed	부호가 있는 정수(양수와 음수)를 표현하며, 값의 범위는 컴파일러마다 다르다(대부분 4바이트로 표현).	int i { -7 }; signed int i { -6 }; signed i { -5 };
(signed) short (int)	작은 범위의 정수(대부분 2바이트로 표현)	short s { 13 }; short int s { 14 }; signed short s { 15 }; signed short int s { 16 };
(signed) long (int)	큰 범위의 정수(대부분 4바이트로 표현)	long l { -7L };
(signed) long long (int)	아주 큰 범위의 정수. 구체적인 범위는 컴파일러마다 다르나 최소한 long 타입보다는 크다(주로 8바이트로 표현).	long long ll { 14LL };

타입	설명	사용 예
unsigned (int) unsigned short (int) unsigned long (int) unsigned long long (int)	앞에 나온 정수 타입의 범위를 >= 0으로 제한한다.	unsigned int i { 2U }; unsigned j { 5U }; unsigned short s { 23U }; unsigned long l { 5400UL }; unsigned long long ll {140ULL };
float	단정도(single) 부동소수점수	float f { 7.2f };
double	배정도(double) 부동소수점수. 정밀도가 최소한 float보다 크다.	double d { 7.2 };
long double	확장 배정도(long double) 부동소수점수. 정밀도가 최소한 double보다 크다.	long double d { 16.98L };
char unsigned char signed char	단일 문자	char ch { 'm' };
char8_t (C++20부터) char16_t char32_t	단일 *n*비트 UTF *n* 인코딩을 적용한 유니코드 문자(*n*은 8, 16, 32 중 하나)	char8_t c8 { u8'm' }; char16_t c16 { u'm' }; char32_t c32 { U'm' };
wchar_t	단일 확장(single wide) 문자. 구체적인 크기는 컴파일러마다 다르다.	wchar_t w { L'm' };
bool	부울 타입으로 true나 false 중 하나를 값으로 가진다.	bool b { true };

char 타입은 signed char나 unsigned char와 다른 타입이다. 이 타입은 문자만 표현해야 한다. 컴파일러의 종류에 따라 signed로 처리할 수도 있고, unsigned로 처리할 수도 있으므로 어느 하나라고 단정하면 안 된다.

char를 위해 단일 타입을 표현하는 std::byte 타입을 <cstddef> 헤더에서 제공한다. C++17 이전에는 바이트를 char나 unsigned char로 표현했는데, 그러면 문자를 다룬다고 착각하기 쉽다. 반면 std::byte를 사용하면 메모리의 한 바이트를 다룬다는 사실을 분명하게 표현할 수 있다. 바이트는 다음과 같이 초기화한다.

```
std::byte b { 42 };
```

NOTE_ C++에는 스트링에 대한 기본 타입이 정의되어 있지 않으며, 표준 라이브러리에서 스트링에 대한 표준 구현을 제공한다. 자세한 내용은 이 장 뒷부분과 2장에서 소개한다.

1 숫자 경곗값

C++는 현재 플랫폼에서 지원하는 숫자의 경곗값(예: 정수의 양의 최댓값)을 알아내는 표준 방법을 제공한다. C에서는 INT_MAX처럼 #define 문으로 정의된 값을 구했다. C++에서도 여전히 이 방식을 사용할 수 있지만, <limits>에서 제공하는 std::numeric_limits 클래스 템플릿을 사용하는 것이 바람직하다. 클래스 템플릿은 이 책 뒷부분에서 다루며, 자세히 몰라도 numeric_limits의 사용법을 익히는 데는 문제가 없다. 일단 클래스 템플릿을 사용하려면 꺾쇠괄호 사이에 원하는 타입을 지정해야 한다는 정도만 알아두자. 예를 들면 다음과 같다.

```
cout << "int:\n";
cout << format("Max int value: {}\n", numeric_limits<int>::max());
cout << format("Min int value: {}\n", numeric_limits<int>::min());
cout << format("Lowest int value: {}\n", numeric_limits<int>::lowest());

cout << "\ndouble:\n";
cout << format("Max double value: {}\n", numeric_limits<double>::max());
cout << format("Min double value: {}\n", numeric_limits<double>::min());
cout << format("Lowest double value: {}\n", numeric_limits<double>::lowest());
```

이 코드를 실행한 결과는 다음과 같다.

```
int:
Max int value: 2147483647
Min int value: -2147483648
Lowest int value: -2147483648

double:
Max double value: 1.79769e+308
Min double value: 2.22507e-308
Lowest double value: -1.79769e+308
```

여기서 min()과 lowest()가 다르다는 사실에 주목할 필요가 있다. 정수에서는 최솟값minimum value과 최젓값lowest value이 같지만, 부동소수점수에서는 최솟값은 표현 가능한 가장 작은 양의 값인 반면, 최젓값은 표현 가능한 가장 작은 음수(-max())다.

2 영 초기화

변수는 유니폼 초기자uniform initializer(균일 초기자) {0}을 이용하여 0으로 초기화할 수 있다. 이때 0은 생략해도 된다. 이처럼 빈 중괄호 {}로 표기한 유니폼 초기자를 **영 초기자**zero initializer라고 부른다. 영 초기화zero initialization는 기본 정수 타입(char, int 등)을 0으로, 기본 부동소수점 타입을 0.0으로, 포인터 타입을 nullptr로, 객체를 (뒤에서 설명할) 디폴트 생성자로 초기화한다.

다음은 float와 int를 영 초기화하는 예다.

```
float myFloat {};
int myInt {};
```

3 캐스트

변수의 타입은 실행 중에 바꿀 수 있다. 이를 **캐스트**cast라 한다. 예를 들어 float로 지정된 변수의 타입을 int로 캐스트할 수 있다. C++에서 변수의 타입을 **명시적으로** 변환하는 방법은 세 가지다. 첫 번째 방법은 C 언어에서 사용하던 것으로 C++에서는 피해야 할 방식이지만 여전히 많이 사용하고 있다. 두 번째 방법은 거의 사용하지 않는다. 세 번째 방법은 좀 길지만 가장 명확해서 권장하는 방식이다.

```
float myFloat { 3.14f };
int i1 { (int)myFloat };                  // 첫 번째 방법
int i2 { int(myFloat) };                  // 두 번째 방법
int i3 { static_cast<int>(myFloat) };  // 세 번째 방법
```

이렇게 캐스트하면 부동소수점수에서 소수점 아랫부분을 잘라낸 나머지 정수 부분만 남게 된다. 다양한 캐스트 방법에 대해서는 10장에서 자세히 다룬다. 문맥에 따라 변수의 타입이 강제로 캐스트(**강제 형변환**coerce, coercion)될 때도 있다. 예를 들어 long 타입 변수에 short 타입 값을 대입하면 short 타입이 long 타입으로 자동 변환된다. long 타입의 정밀도(표현 범위)가 short 타입보다 넓기 때문이다.

```
long someLong { someShort }; // 명시적으로 캐스트할 필요가 없다.
```

변수를 자동으로 캐스트할 때 데이터가 손실될 수 있다는 점에 주의한다. 예를 들어 float를 int로 변환하면 소수점 아래 숫자가 사라진다. 대다수의 컴파일러는 int 변수에 float 값을 대입할 때 명시적으로 캐스트하지 않으면 경고 또는 에러 메시지를 발생시킨다. 왼쪽에 나온 타입이 오른쪽에 나온 타입과 완전히 호환된다고 확신할 때만 자동 캐스트를 사용한다.

4 부동소수점수

부동소수점수를 다루는 방법은 정수보다 복잡하며, 반드시 알아둬야 할 몇 가지 사항이 있다. 소수점 자리가 다른 부동소수점수끼리 연산할 때 에러가 발생할 가능성이 있다. 또한 거의 동일한 부동소수점수끼리 뺄셈을 할 때 정밀도 손실이 발생할 수 있다. 부동소수점수를 다룰 때 발생하는 문제나 부동소수점에 대한 수치 처리 알고리즘을 구현하는 방법은 그 자체만으로도 책 한 권을 쓸 만큼 방대한 주제이므로 이 책에서는 다루지 않는다.

부동소수점수 중에는 다음과 같이 특별한 값이 있다.

- **+/−무한**: 예를 들어 0을 0으로 나눈 결과와 같이 양의 무한과 음의 무한을 나타낸다.
- **NaN**: Not a Number(숫자가 아님)의 줄임말이다. 예를 들어 0이 아닌 수를 0으로 나눈 결과처럼 수학에서 정의되지 않은 값이 여기에 해당한다.

주어진 부동소수점수가 NaN인지 확인하려면 `std::isnan()`을 사용한다. 무한인지 검사하려면 `std::isinf()`를 사용한다. 둘 다 <cmath>에 정의되어 있다.

이처럼 특별한 부동소수점수를 구하려면 `numeric_limits`를 활용한다. 예를 들면 `numeric_limits<double>::infinity`.

1.1.5 연산자

변수의 값을 변경할 수 없다면 변수를 사용할 이유가 없다. 다음 표는 C++에서 변숫값 변경에 가장 흔히 사용하는 **연산자**operator와 사용 예를 보여주고 있다. C++ 연산자는 표현식expression 두 개를 계산하는 **이항**binary **연산자**, 표현식 하나만 계산하는 **단항**unary **연산자**, 표현식 세 개를 계산하는 **삼항**ternary **연산자**로 분류할 수 있다. C++에서 삼항 연산자는 딱 하나뿐인데, 자세한 내용은 1.1.9절 '조건 연산자'에서 소개한다. 또한 15장에서는 여러분이 직접 정의한 타입에 대해 이런 연산자를 적용하는 방법을 소개한다.

연산자	설명	사용 예

=	오른쪽의 값을 왼쪽의 표현식에 대입하는 이항 연산자	`int i;`
		`i = 3;`
		`int j;`
		`j = i;`

!	표현식의 참/거짓(또는 0이 아닌 값/0)을 반전시키는 단항 연산자	`bool b { !true };` `bool b2 { !b };`

연산자	설명	사용 예

+	덧셈을 나타내는 이항 연산자	`int i { 3 + 2 };`
		`int j { i + 5 };`
		`int k { i + j };`

-
*
/
	뺄셈, 곱셈, 나눗셈을 나타내는 이항 연산자	`int i { 5 - 1 };`
		`int j { 5 * 2 };`
		`int k { j / i };`

%	나눗셈의 나머지를 계산하는 이항 연산자. **모드**(mod), **모듈로**(modulo) 또는 **나머지 연산자**라 부른다. 예를 들어 5 % 2 = 1이다.	`int remainder { 5 % 2 };`
++	표현식의 값을 1만큼 증가시키는 단항 연산자. 표현식 뒤에 이 연산자를 붙이면 표현식의 결과는 바뀌지 않고 다음 문장부터 1이 더해진 값이 적용된다(**후행 증가**, post-increment). 반면 이 연산자를 표현식 앞에 붙이면 표현식의 결과에 1을 더한 값이 반영된다(**선행 증가**, pre-increment).	`i++;` `++i;`
--	표현식의 값을 1만큼 감소시키는 단항 연산자. 표현식의 앞에 붙거나(**선행 감소**, pre-decrement) 뒤에 붙을 때(**후행 감소**, post-decrement)의 동작은 ++와 비슷하다.	`i--;` `--i;`

+=
-=
*=
/=
%=
	각각 다음 문장에 대한 축약 표현이다.
	`i = i + j;`
	`i = i - j;`
	`i = i * j;`
	`i = i / j;`
	`i = i % j;`
		`i += j;`
		`i -= j;`
		`i *= j;`
		`i /= j;`
		`i %= j;`

& &=	양쪽에 나온 표현식끼리 비트 단위(bitwise) AND 연산을 수행한다.	`i = j & k;` `j &= k;`
| |=	양쪽에 나온 표현식끼리 비트 단위 OR 연산을 수행한다.	`i = j | k;` `j |= k;`

<<
>>
<<=
>>=
	왼쪽에 나온 표현식의 비트값을 오른쪽에 나온 수만큼 왼쪽(<<) 또는 오른쪽(>>)으로 **시프트**(shift, 이동)한다.	`i = i << 1;`
		`i = i >> 4;`
		`i <<= 1;`
		`i >>= 4;`

^ ^=	양쪽 표현식에 대해 비트 단위 **XOR**(exclusive or, **배타적 논리합**) 연산을 수행한다.	`i = i ^ j;` `i ^= j;`

다음 코드는 흔히 사용하는 변수 타입과 연산자의 예를 보여주고 있다. 변수나 연산자의 작동 과정을 확실히 파악하고 싶다면 먼저 각각의 예상 결과를 머릿속으로 계산해본 뒤 실제로 코드를 실행한 결과와 비교한다.

```
int someInteger { 256 };
short someShort;
```

```
long someLong;
float someFloat;
double someDouble;

someInteger++;
someInteger *= 2;
someShort = static_cast<short>(someInteger);
someLong = someShort * 10000;
someFloat = someLong + 0.785f;
someDouble = static_cast<double>(someFloat) / 100000;
cout << someDouble << endl;
```

C++ 컴파일러는 일정한 순서에 따라 표현식을 평가evaluate한다(표현식의 값을 계산한다). 여러 가지 연산자가 복잡하게 뒤엉켜 있는 표현식은 연산 순서를 가늠하기 힘들다. 이럴 때는 복잡한 표현식을 작은 표현식으로 나누거나 소괄호로 묶어서 표현하는 것이 좋다. 예를 들어 C++ 연산자의 우선순위를 완벽히 암기하지 않는 한 다음과 같이 작성된 코드의 결과를 눈으로 계산하기는 힘들다.

```
int i { 34 + 8 * 2 + 21 / 7 % 2 };
```

여기에 소괄호를 추가하면 연산의 실행 순서를 명확히 드러낼 수 있다.

```
int i { 34 + (8 * 2) + ((21 / 7) % 2) };
```

코드를 직접 실행해보면 두 표현식 모두 i 값이 51이란 것을 알 수 있다. 단순히 왼쪽에서 오른쪽 순서로 평가한다고 생각했다면 1이라고 예상했을 것이다. C++에서는 /, *, %를 가장 먼저 계산하고, 그다음으로 덧셈과 뺄셈을 계산하고, 마지막으로 비트 연산을 계산한다(우선순위가 같을 때는 왼쪽에서 오른쪽 순서로 계산한다). 표현식에 소괄호를 넣어주면 컴파일러에 평가 순서를 명확히 알려줄 수 있다.

구체적으로 설명하면 연산자는 **우선순위**에 따라 평가된다. 우선순위가 높은 연산자는 우선순위가 낮은 연산자보다 먼저 실행된다. 다음은 앞에 나온 연산자를 우선순위 순으로 나열한 것이다. 첫 줄의 연산자의 우선순위가 가장 높고, 아래로 내려갈수록 우선순위가 낮아진다.

- ++ -- (사후 증가/감소)
- ! ++ -- (사전 증가/감소)
- * / %
- + -
- << >>
- &
- ^
- |
- = += -= *= /= %= &= |= ^= <<= >>=

C++에는 이것 말고도 연산자가 많이 있다. 15장에서는 우선순위를 포함하여 사용 가능한 모든 연산자를 소개한다.

1.1.6 열거 타입

정수는 사실 연속적으로 나열한 숫자 중 하나를 표현한 것이다. **열거 타입** enumerated type, enum 을 사용하면 숫자를 나열하는 방식과 범위를 마음대로 정의해서 변수를 선언하는 데 활용할 수 있다. 예를 들어 체스 프로그램을 작성할 때 각 말의 종류를 다음과 같이 int 타입의 상수로 표현한다고 하자. 이때 말의 종류를 나타내는 정수 타입의 변수 앞에 const란 키워드를 붙이면 그 값이 변하지 않게 만들 수 있다.

```
const int PieceTypeKing { 0 };
const int PieceTypeQueen { 1 };
const int PieceTypeRook { 2 };
const int PieceTypePawn { 3 };
// 기타
int myPiece { PieceTypeKing };
```

이렇게 표현해도 되지만 자칫 위험한 상황이 발생할 수 있다. 말을 표현하는 myPiece를 일반 int 값으로 표현했기 때문에 다른 프로그래머가 myPiece 값을 증가시키는 코드를 추가하면 어떻게 될까? 킹을 나타내는 값에 1을 더하면 퀸이 되어버려서 체스 게임이 망가진다. 심지어 누군가 갑자기 말을 나타내는 값을 앞서 정의한 상수에 나오지 않은 -1과 같은 값으로 지정하면 더 심각한 문제가 발생할 수 있다.

강타입 열거 타입strongly typed enumeration type을 적용하면 변수에 지정할 수 있는 값의 범위를 엄격하게 제한하기 때문에 이러한 문제를 방지할 수 있다. 예를 들어 체스의 말을 표현하는 변수가 네 가지 말에 해당하는 값만 가지도록 제한하고 싶다면 다음과 같이 PieceType라는 enum 타입을 새로 정의한다.

```
enum class PieceType { King, Queen, Rook, Pawn };
```

이 새로운 타입은 다음과 같이 사용할 수 있다.

```
PieceType piece { PieceType::King };
```

enum 타입을 구성하는 멤버는 내부적으로 정숫값으로 표현된다. King, Queen, Rook, Pawn에 실제로 할당된 값은 각각 0, 1, 2, 3이다. 이때 각 멤버마다 할당되는 값의 범위를 별도로 지정할 수도 있다. 예를 들면 다음과 같다.

```
enum class PieceType
{
    King = 1,
    Queen,
    Rook = 10,
    Pawn
};
```

열거 타입의 멤버에 값을 따로 할당하지 않으면 컴파일러는 이전 멤버의 값에 1을 더한 값으로 알아서 할당한다. 첫 번째 멤버 값을 지정하지 않았다면 컴파일러는 0으로 설정한다. 위 예제에서는 King의 값을 1로 지정했으므로 Queen의 값은 컴파일러가 2로 할당하고, Rook은 10이라고 지정했으므로 Pawn의 값은 컴파일러가 11로 할당한다.

참고로 열거 타입의 값이 내부적으로 정수로 표현된다고 해서 자동으로 정수로 변환되지 않는다. 예를 들어 다음과 같이 작성하면 에러가 발생한다.[1]

```
if (PieceType::Queen == 2) {...}
```

---

1 옮긴이_ static_cast<int>(PieceType::Queen)과 같이 명시적으로 형변환해야 한다.

기본적으로 열거 타입의 값은 정수 타입(int)으로 저장되지만 다음과 같이 내부 표현 타입을 다른 타입(예: unsigned long)으로 바꿀 수 있다.

```
enum class PieceType : unsigned long
{
    King = 1,
    Queen,
    Rook = 10,
    Pawn
};
```

enum class로 정의한 열거 타입 값의 스코프scope(유효 범위)는 자동으로 확장되지 않는다. 다시 말해 상위 스코프에 똑같은 이름이 있더라도 충돌되지 않는다. 따라서 서로 다른 열거 타입에 동일한 이름의 멤버가 존재할 수 있다. 예를 들어 다음과 같이 얼마든지 작성해도 된다.

```
enum class State { Unknown, Started, Finished };
enum class Error { None, BadInput, DiskFull, Unknown };
```

이런 원칙의 가장 큰 장점은 열거 타입의 값 이름을 짧게 지정할 수 있다는 것이다. 예를 들어 UnknownError나 UnknownState 대신 그냥 Unknown이라고 지정할 수 있다.

하지만 열거값을 길게 풀어 쓰거나 using enum 또는 using 선언문을 적어줘야 한다.

C++20 C++20부터는 using enum으로 선언하면 열거값을 길게 풀어 쓰지 않아도 된다. 예를 들면 다음과 같다.

```
using enum PieceType;
PieceType piece { King };
```

또한 using 선언문을 사용해도 열거값을 길게 풀어 쓰지 않아도 된다. 예를 들어 다음과 같이 선언하면 King을 짧게 쓸 수 있다. 다른 값(Queen 등)은 길게 풀어 써야 한다.

```
using PieceType::King;
PieceType piece { King };
piece = PieceType::Queen;
```

CAUTION_ C++20부터 열겻값을 짧게 쓰도록 지원하지만 이 기능은 조심해서 사용해야 한다. 사용하더라도 using enum 또는 using 선언문의 스코프를 최소화하기 바란다. 스코프가 너무 크면 이름이 충돌하는 현상이 발생할 수 있다. 이 장 뒷부분에서 switch 문을 설명할 때 using enum 선언문의 스코프를 적절히 지정하는 방법을 알아보겠다.

1 예전 방식의 열거 타입

새로운 버전에 맞게 코드를 작성할 때는 앞 절에서 소개한 강타입 열거를 사용해야 한다. 하지만 예전에 작성된 레거시 코드에서는 enum class가 아닌 enum으로 선언된 것을 알 수 있다. 다음은 PieceType을 예전 방식으로 작성한 것이다.

```
enum PieceType { PieceTypeKing, PieceTypeQueen, PieceTypeRook, PieceTypePawn };
```

이런 예전 방식 열거 타입의 값은 스코프가 자동으로 확장된다. 다시 말해 상위 스코프에서 열거 타입 멤버의 이름을 그대로 사용할 수 있다. 예를 들면 다음과 같다.

```
PieceType myPiece { PieceTypeQueen };
```

이렇게 되면 다음과 같이 상위 스코프에 같은 이름이 있으면 컴파일 에러가 발생한다.

```
bool ok { false };
enum Status { error, ok };
```

여기서 ok란 이름을 부울 타입 변수로 정의한 뒤 같은 이름을 Status 열거 타입의 멤버로 정의했다. Visual C++ 2019에서 컴파일하면 다음과 같은 에러 메시지가 출력된다.

```
error C2365: 'ok': redefinition; previous definition was 'data variable'
```

따라서 예전 방식으로 열거 타입을 정의할 때는 멤버 이름을 고유한 이름으로 지정해야 한다. 예를 들어 그냥 Queen이라 하지 말고 PieceTypeQueen과 같이 지정해야 한다.

이처럼 예전 방식의 열거 타입은 강타입이 아니기 때문에 **타입에 안전하지 않다**. 값이 항상 정수로 해석되기 때문에 본의 아니게 열겻값을 전혀 다른 열거 타입과 비교할 수도 있고, 함수를 호출할 때 엉뚱한 열거 타입 값을 전달하는 오류가 발생할 수 있다.

> **CAUTION_** 열거 타입을 사용할 때는 타입에 안전하지 않은, 즉 타입 언세이프(type-unsafe)한 예전 방식의 enum보다는 강타입 버전인 `enum class`로 작성하는 것이 좋다.

1.1.7 구조체

구조체struct를 사용하면 기존에 정의된 타입을 한 개 이상 묶어서 새로운 타입으로 정의할 수 있다. 구조체의 대표적인 예로 데이터베이스 레코드가 있다. 직원 정보 관리 시스템을 구축하려면 각 직원의 성, 이름, 직원 번호, 급여 정보 등을 저장해야 한다. 이러한 정보는 다음과 같이 employee.cppm이란 **모듈 인터페이스 파일**에 구조체로 정의할 수 있다. 이 파일이 이 책에서 처음으로 직접 작성한 모듈이다. 모듈 인터페이스 파일의 확장자는 일반적으로 .cppm이다.[2] 이 모듈 파일에서 처음 나오는 문장은 **모듈 선언문**module declaration으로서, employee라는 이름의 모듈을 새로 정의한다는 뜻이다. 모듈은 명시적으로 **익스포트**export해야 한다. 다시 말해 다른 곳에서 이 모듈을 임포트import할 수 있도록 드러내야 한다. 모듈에 있는 타입을 익스포트하려면 그 대상(예: 구조체(struct)) 앞에 export란 키워드를 붙인다.

```
export module employee;

export struct Employee {
    char firstInitial;
    char lastInitial;
    int employeeNumber;
    int salary;
};
```

Employee 타입으로 선언한 변수는 이 구조체에 있는 모든 **필드**field를 가진다. 구조체를 구성하는 각 필드는 도트(.) 연산자로 접근한다. 다음 코드는 직원에 대한 레코드를 생성한 뒤 그 결과를 화면에 출력하는 예다.

---

2 저자가 이 책을 집필하던 당시에는 모듈 인터페이스 파일에 대한 공식 명칭이 표준에 없었다. 또한 그 당시 모듈 인터페이스 유닛에 대한 확장자는 주로 .cppm(C++ module)으로 사용했다. 참고로 MSVC는 .ixx를, Clang은 .cppm을 주로 사용하고, GCC는 별도 확장자를 사용하지 않지만, Clang이라도 그냥 .cpp를 쓰거나 .ixx도 허용하는 등 구현에 종속적인 사항이라 정확한 표기법은 사용하는 컴파일러 매뉴얼을 확인한다. 옮긴이_ 현재는 모듈 인터페이스 유닛(module interface unit)이라 부른다. 구현을 따로 분리할 때는 모듈 구현 유닛(module implementation unit)이라 한다.

```
import <iostream>;
import <format>;
import employee;

using namespace std;

int main()
{
    // 직원 레코드 생성 및 값 채우기
    Employee anEmployee;
    anEmployee.firstInitial = 'J';
    anEmployee.lastInitial = 'D';
    anEmployee.employeeNumber = 42;
    anEmployee.salary = 80000;
    // 직원 레코드에 저장된 값 출력하기
    cout << format("Employee: {} {}", anEmployee.firstInitial,
        anEmployee.lastInitial) << endl;
    cout << format("Number: {}", anEmployee.employeeNumber) << endl;
    cout << format("Salary: ${}", anEmployee.salary) << endl;
}
```

1.1.8 조건문

조건문conditional statement을 사용하면 어떤 값이 참 또는 거짓인지에 따라 주어진 코드를 실행할지 결정할 수 있다. 이 절에서는 C++의 두 가지 주요 조건문인 if/else 문과 switch 문을 소개한다.

1 if/else 문

if 문은 가장 흔히 사용하는 조건문이며, else 문과 함께 쓸 수 있다. if 문의 조건이 참이면 if 문에 속한 코드를 실행한다. 조건이 참이 아니면 if 블록을 빠져나와 그다음 문장을 실행하거나, else 문이 있다면 해당 코드를 실행한다. 다음 코드는 **연속 if 문**cascading if statement의 예를 보여주고 있는데, 이렇게 하면 if 문 뒤에 이어지는 else 문에 다시 if 문이 이어지는 문장을 깔끔하게 표현할 수 있다.

```
if (i > 4) {
    // 뭔가 작업한다.
} else if (i > 2) {
    // 다른 일을 한다.
```

```
} else {
    // 다른 일을 한다.
}
```

if 문 뒤 소괄호 안에는 반드시 부울 타입의 값을 지정하거나 평가 결과가 부울값인 표현식을 지정해야 한다. 여기서 0은 false를 의미하고, 0이 아닌 값은 true로 간주한다. 예를 들어 if(0)은 if(false)와 같다. 뒤에서 설명할 논리 연산자를 사용하면 표현식의 결과를 true나 false인 부울값으로 나타낼 수 있다.

if의 초기자

if 문 안에 초기자를 넣을 수 있다. 문법은 다음과 같다.

```
if (<초기자>; <조건문>) {
    <if의 본문>
} else if (<else if의 조건문>) {
    <else if의 본문>
} else {
    <else의 본문>
}
```

if 문의 <초기자>에서 정의한 변수는 <조건문>과 <if의 본문>, <else if의 조건문>과 <else if의 본문>, <else의 본문> 안에서만 사용할 수 있고 if 문 밖에서는 사용할 수 없다.

이 기능을 활용한 예제를 구체적으로 설명하기는 좀 이르고, 개략적인 형태만 보여주면 다음과 같다.

```
if (Employee employee { getEmployee() }; employee.salary > 1000) { ... }
```

여기에서는 <초기자>에서 직원 정보를 가져와서 조건문으로 그 직원의 급여가 1000 이상인지 확인하고, 이를 만족하면 본문에 나온 코드를 실행한다. 더 구체적인 예제는 이 책에서 여러 차례 볼 수 있다.

2 switch 문

또 다른 조건문으로 switch 문이 있다. if 문과 마찬가지로 조건으로 지정한 표현식의 결과에 따라 수행할 동작을 선택한다. C++에서 switch 문에 지정할 수 있는 표현식은 결괏값이 반드시 정수 타입이거나, 정수 타입으로 변환할 수 있는 타입이거나, 열거 타입이거나, 강타입 열거 타입이어야 하며, 상수와 비교할 수 있어야 한다. 이 표현식의 결과에 해당하는 상숫값마다 특정한 경우를 case 문으로 표현할 수 있다. switch 문의 표현식 결과와 일치하는 case가 있으면 그 아래에 나오는 코드를 실행하다가 break 문이 나오면 멈춘다. 또한 default란 키워드로 표현하는 case 문은 앞에 나온 case 문 중에서 일치하는 것이 하나도 없을 때 실행된다. 다음 코드는 switch 문의 대표적인 활용 예를 의사코드로 표현한 것이다.

```
switch (menuItem) {
    case OpenMenuItem:
        // 파일을 여는 코드
        break;
    case SaveMenuItem:
        // 파일을 저장하는 코드
        break;
    default:
        // 에러 메시지를 출력하는 코드
        break;
}
```

switch 문은 모두 if/else 문으로 변환할 수 있다. 예를 들어 위 코드를 if/else 문으로 변환하면 다음과 같다.

```
if (menuItem == OpenMenuItem) {
    // 파일을 여는 코드
} else if (menuItem == SaveMenuItem) {
    // 파일을 저장하는 코드
} else {
    // 에러 메시지를 출력하는 코드
}
```

switch 문은 표현식의 만족 여부가 아닌 표현식의 다양한 결괏값마다 수행할 동작을 결정하는데 주로 사용한다. 이럴 때는 if/else 문을 연달아 쓰기 보다는 switch 문으로 작성하는 것이 훨씬 더 깔끔하다. 동작을 나눌 기준값이 하나뿐일 때는 if나 if/else 문이 낫다.

switch 문의 조건과 일치하는 case 문이 있다면 그 아래 문장을 break 문이 나타날 때까지 실행한다. 이때 break 문이 없다면 다음에 나오는 case 문도 계속해서 실행하는데, 이렇게 실행되는 것을 **폴스루**fallthrough(**흘려보내기**)라 부른다. 예를 들어 다음 코드는 Mode::Standard인 경우와 Mode::Default인 경우 모두에 대해 동일한 코드 블록을 실행한다. mode가 Custom이면 value 값을 42에서 84로 바꾸고, 이어서 Standard와 Default에 해당하는 코드도 실행한다. 다시 말해 Custom 케이스부터 Standard와 Default까지 폴스루 방식으로 실행된다. 또한 이 코드는 using enum 선언문을 이용하여 case 레이블로 지정할 Mode::Custom이나 Mode::Standard, Mode::Default 등을 짧게 쓰는 예를 잘 보여준다.

```
enum class Mode { Default, Custom, Standard };

int value { 42 };
Mode mode { /* ... */ };
switch (mode) {
    using enum Mode;
    case Custom:
        value = 84;
    case Standard:
    case Default:
        // 작업을 수행한다.
        break;
}
```

폴스루 방식 코드에서 버그가 발생하는 경우가 많다. 예를 들어 중간에 넣어야 할 break 문을 깜박 잊고 빠뜨리는 경우가 많다. 컴파일러는 switch 문에서 폴스루 구문을 발견했는데 해당 케이스가 비어 있지 않으면 경고 메시지를 발생한다. 앞에 나온 코드에서 Standard 케이스에서 Default 케이스로 넘어가는 부분에 대해서는 경고 메시지를 발생하지 않지만, Custom 케이스에 대해서는 컴파일러에 따라 경고 메시지를 발생할 수도 있다. 폴스루에 대한 경고 메시지를 출력하지 않게 하려면 다음과 같이 [[fallthrough]] 어트리뷰트를 지정해서 의도적으로 폴스루 방식으로 작성했다고 컴파일러에 알려준다.

```
switch (mode) {
    using enum Mode;

    case Custom:
        value = 84;
        [[fallthrough]];
    case Standard:
```

```
    case Default:
        // 작업을 수행한다.
        break;
}
```

switch 문의 초기자

if 문처럼 switch 문도 초기자를 지정할 수 있다. 문법은 다음과 같다.

```
switch (<초기자>; <표현식>) { <본문> }
```

<초기자>에서 선언한 변수는 <표현식>과 <본문> 안에서만 사용할 수 있고, switch 문 밖에서는 사용할 수 없다.

1.1.9 조건 연산자

조건 연산자conditional operator (?:)는 C++에서 인수 세 개를 받는 유일한 **삼항 연산자**ternary operator로 ?와 :로 표현한다. 이 연산자는 '[조건]을 만족하면 [동작 1]을 수행하고, 그렇지 않으면 [동작 2]를 수행한다'를 '[조건] ? [동작 1] : [동작 2]' 형식으로 간략히 표현한다. 예를 들어 변수 i의 값이 2보다 크면 'yes'를, 그렇지 않으면 'no'를 출력하는 코드를 다음과 같이 작성할 수 있다.

```
std::cout << ((i > 2) ? "yes" : "no");
```

i > 2를 소괄호로 묶는 것은 선택사항이다. 즉, 다음과 같이 작성해도 된다.

```
std::cout << (i > 2 ? "yes" : "no");
```

조건 연산자는 if나 switch 문과 달리 문장이 아니라 표현식이기 때문에 코드 안에서 원하는 곳에 간편히 추가할 수 있다는 것이 장점이다. 앞에 나온 코드는 결과를 화면에 출력하는 문장 안에서 조건 연산자를 사용했다. 조건 연산자에서 물음표 앞에 나오는 부분을 의문문이라 생각하면 외우기 쉽다. 예를 들어 "i가 2보다 큰가? 그렇다면 결과는 'yes' : 그렇지 않으면 'no'"라고 생각하면 된다.

1.1.10 논리 연산자

논리 연산자logical evaluation operator는 앞 절에서 이미 사용해봤다. 앞서 사용한 > 연산자가 바로 논리 연산자다. 이 연산자는 두 값을 비교해서 왼쪽 값이 오른쪽 값보다 크면 '참'이란 결과를 낸다. 다른 논리 연산자도 모두 이런 패턴을 따르며 최종 결과는 언제나 true나 false다.

다음 표에 C++에서 주로 사용하는 논리 연산자를 정리했다.

연산자	설명	사용 예

`<`
`<=`
`>`
`>=`
	왼쪽 값이 오른쪽 값보다 작은지(<), 작거나 같은지(<=), 큰지(>), 크거나 같은지(>=) 비교한다.	`if (i < 0) {`
		`    cout << "i is negative";`
		`}`

`==`	왼쪽 값이 오른쪽 값과 같은지 판단한다. 대입 연산자인 =과 헷갈리지 않도록 주의한다.	`if (i == 3) {`
		`    cout << "i is 3";`
		`}`

`!=`	왼쪽 값이 오른쪽 값과 다른지 검사한다.	`if (i != 3) {`
		`    cout << "i is not 3";`
		`}`

C++20 `<=>`	3방향 비교 연산자. 일명 우주선 연산자라고도 부른다. 자세한 사항은 다음 절에서 소개한다.	`result = i <=> 0;`

`!`	논리부정(NOT)에 대한 단항 연산자로서, 부울 표현식의 결과(true/false)를 반전시킨다.	`if (!someBoolean) {`
		`    cout << "someBoolean is false";`
		`}`

`&&`	논리곱(AND)에 대한 연산자로서, 양쪽에 나온 표현식이 모두 true여야 전체 결과가 true가 된다.	`if (someBoolean && someOtherBoolean) {`
		`    cout << "both are true";`
		`}`

`||`	논리합(OR)에 대한 연산자로서, 양쪽에 나온 표현식 중에서 어느 하나가 true면 전체가 true다.	`if (someBoolean || someOtherBoolean) {`
		`    cout << "at least one is true";`
		`}`

C++는 논리 표현식을 평가할 때 **단락 논리**short-circuit logic(**축약 논리**)를 사용한다. 다시 말해 표현식을 평가하는 도중에 최종 결과가 나오면 나머지 부분은 평가하지 않는다. 예를 들어 다음 코드처럼 여러 부울 표현식에 대한 논리 OR 연산을 평가할 때 결과가 true인 표현식을 발견하는 즉시 나머지 부분은 평가하지 않고 끝낸다.

```
bool result { bool1 || bool2 || (i > 7) || (27 / 13 % i + 1) < 2 };
```

여기서 bool1의 결과가 true면 표현식 전체가 true일 수밖에 없으므로 나머지 부분은 평가하지 않는다. 이처럼 C++는 불필요한 작업을 생략한다. 하지만 그 뒤에 프로그램의 상태에 어떤 식으로든 영향을 미치는 표현식을 작성했는데(예를 들어 다른 함수를 호출했는데) 여기서 버그가 발생한다면 상당히 찾기 힘들다. 다음 코드는 &&를 사용하는 문장을 보여주는데, &&의 두 번째 항 이후는 단락된다. 0은 항상 false가 되기 때문이다.

```
bool result { bool1 && 0 && (i > 7) && !done };
```

이처럼 단락 기능은 프로그램 성능을 높이는 데 도움이 된다. 단락되는 논리식을 작성할 때는 가볍게 검사할 수 있는 부분을 앞에 적고, 시간이 좀 걸리는 부분은 뒤에 둔다. 또한 포인터값이 올바르지 않으면 그 포인터를 사용하는 표현식이 실행되지 않게 할 때도 단락을 활용하면 좋다. 포인터와 포인터에 대한 단락 기능은 이 장 뒷부분에서 자세히 설명한다.

C++20 1.1.11 3방향 비교 연산자

3방향 비교 연산자three-way comparison operator는 두 값의 순서를 결정하는 데 사용된다. 이 연산자는 **우주선 연산자**spaceship operator라고도 부르는데, 연산자 기호인 <=>가 우주선처럼 생겼기 때문이다. 이 연산자는 주어진 표현식의 평가 결과가 비교 대상이 되는 값과 같은지 아니면 그보다 크거나 작은지 알려준다. 이 연산자는 true나 false가 아닌 세 가지 결과 중 하나를 알려줘야 하기 때문에 부울 타입을 리턴할 수 없다. 그러므로 <compare>에 정의되고 std 네임스페이스에 속한 열거 타입으로 리턴한다.[3] 피연산자가 정수 타입이면 **강한 순서**strong ordering라고 부르며, 다음 세 가지 중 하나가 된다.

- strong_ordering::less: 첫 번째 피연산자가 두 번째 피연산자보다 작다.
- strong_ordering::greater: 첫 번째 피연산자가 두 번째 피연산자보다 크다.
- strong_ordering::equal: 두 피연산자가 같다.

피연산자가 부동소수점 타입이라면 결과는 **부분 순서**partial ordering다.

- partial_ordering::less: 첫 번째 피연산자가 두 번째 피연산자보다 작다.
- partial_ordering::greater: 첫 번째 피연산자가 두 번째 피연산자보다 크다.

3 엄밀히 말해서 열거 타입은 아니다. 이러한 순서를 타나내는 타입은 switch 문이나 using enum 선언문에 사용할 수 없다.

- partial_ordering::equivalent: 두 피연산자가 같다.
- partial_ordering::unordered: 두 피연산자 중 하나는 숫자가 아니다.

몇 가지 예를 들면 다음과 같다.

```
int i { 11 };
strong_ordering result { i <=> 0 };
if (result == strong_ordering::less) { cout << "less" << endl; };
if (result == strong_ordering::greater) { cout << "greater" << endl; };
if (result == strong_ordering::equal) { cout << "equal" << endl; };
```

또한 **약한 순서**weak ordering도 있다. 자신이 직접 정의한 타입에 대해 3방향 비교 연산을 구현할 때 이 타입을 활용할 수 있다.

- weak_ordering::less: 첫 번째 피연산자가 두 번째 피연산자보다 작다.
- weak_ordering::greater: 첫 번째 피연산자가 두 번째 피연산자보다 크다.
- weak_ordering::equivalent: 두 피연산자가 같다.

기본 타입primitive type에 대해서는 3방향 비교 연산자를 사용해도 기존 비교 연산자인 ==, <, >를 사용하는 것보다 좋은 점은 없다. 하지만 비교 작업이 복잡한 객체에서는 상당히 유용하다. 이런 객체의 순서를 비교할 때 다소 무거운 기존 비교 연산자를 두 번 호출할 필요 없이 3방향 비교 연산자 하나만으로 결정할 수 있기 때문이다. 사용자 정의 타입에 대해 3항 비교 연산자를 정의하는 방법은 9장에서 자세히 설명한다.

마지막으로 <compare>에서는 순서의 결과를 해석해주는 **이름 있는 비교 함수**named comparison function인 std::is_eq(), is_neq(), is_lt(), is_lteq(), is_gt(), is_gteq()를 제공한다. 각각은 ==, !=, <, <=, >, >=로 비교한 결과를 true나 false로 리턴한다. 예를 들면 다음과 같다.

```
int i { 11 };
strong_ordering result { i <=> 0 };
if (is_lt(result)) { cout << "less" << endl; };
if (is_gt(result)) { cout << "greater" << endl; };
if (is_eq(result)) { cout << "equal" << endl; };
```

1.1.12 함수

규모가 큰 프로그램에서 모든 코드를 main( ) 안에 담으면 관리하기 힘들다. 프로그램의 가독성을 높이려면 코드를 간결하고 명확한 함수 단위로 나눠야 한다.

C++에서 함수를 사용하려면 먼저 선언해야 한다. 특정한 파일 안에서만 사용할 함수는 선언과 구현(정의)을 모두 소스 파일 안에 작성한다. 반면 함수를 다른 모듈이나 파일에서도 사용한다면 선언은 모듈 인터페이스 파일로부터 익스포트하고, 정의는 모듈 인터페이스 파일이나 (뒤에서 소개할) 모듈 구현 파일에 작성한다.

> **NOTE_** 함수를 선언하는 문장을 함수 프로토타입(function prototype, 함수 원형) 또는 함수 헤더(function header)라 부른다. 함수의 구체적인 내용은 보지 않고, 그 함수에 접근하는 방식만 표현한다는 의미가 강하다. 또한 함수의 리턴 타입을 제외한 함수 이름과 매개변수 목록을 함수 시그니처(function signature, 함수 서명)라 부른다.

함수를 선언하는 방법은 다음과 같다. 예제에서는 리턴 타입을 void로 지정했는데, 이는 함수가 호출한 측으로 결과를 제공하지 않음을 의미한다. 또한 이 함수를 호출하려면 반드시 두 개의 인수(정수 타입 인수와 문자 타입 인수)를 지정해야 한다.

```
void myFunction(int i, char c);
```

이렇게 함수를 선언만하고 구체적인 동작은 구현하지 않은 채 이 함수를 호출한 문장이 담긴 코드를 컴파일하면 실제로 코드가 존재하지 않는 함수를 호출하기 때문에 링크 과정에서 에러가 발생한다. 앞에서 선언한 함수를 구현하는 방법은 다음과 같다. 이 함수는 매개변숫값 두 개를 화면에 출력한다.

```
void myFunction(int i, char c)
{
    std::cout << format("the value of i is {}", i) << std::endl;
    std::cout << format("the value of c is {}", c) << std::endl;
}
```

이제 다른 코드에서 인수 두 개를 지정하여 myFunction( )을 호출할 수 있다. 예를 들면 다음과 같다.

```
myFunction(8, 'a');
myFunction(someInt, 'b');
myFunction(5, someChar);
```

> **NOTE_** C 언어에서는 컴파일러에 따라 매개변수를 받지 않는 함수를 작성할 때 매개변수 자리에 void를 적어야 할 수도 있다. 이와 달리 C++에서는 함수의 매개변수 리스트 자리에 void 대신 그냥 비워두면 된다. 하지만 리턴값이 없다는 것을 표시할 때는 C 언어와 마찬가지로 리턴 타입 자리에 반드시 void라고 적어야 한다.

함수는 당연히 호출한 측으로 값을 **리턴**할 수 있다. 예를 들어 두 수를 더한 결과를 리턴하려면 다음과 같이 작성한다.

```
int addNumbers(int number1, int number2)
{
    return number1 + number2;
}
```

이 함수를 호출하는 코드는 다음과 같이 작성한다.

```
int sum { addNumbers(5, 3) };
```

1 함수 리턴 타입 추론

함수의 리턴 타입을 컴파일러가 알아서 지정할 수 있다. 다음과 같이 리턴 타입 자리에 auto 키워드만 적으면 된다.

```
auto addNumbers(int number1, int number2)
{
    return number1 + number2;
}
```

그러면 컴파일러는 return 문에 나온 표현식의 타입에 따라 리턴 타입을 추론한다. 함수 안에 return 문이 여러 개가 있다면 모두 타입이 같아야 한다. 리턴값이 재귀 호출recursive call (자기 자신에 대한 호출)일 수도 있는데, 이때는 재귀 호출이 아닌non-recursive return 문도 반드시 함께 있어야 한다.

2 현재 함수 이름

모든 함수는 내부적으로 __func__라는 로컬 변수가 정의되어 있다. 이 변수의 값은 현재 함수의 이름이며, 주로 로그를 남기는 데 활용한다.

```
int addNumbers(int number1, int number2)
{
    cout << "Entering function " << __func__ << std::endl;
    return number1 + number2;
}
```

3 함수 오버로딩

함수를 오버로딩overloading한다는 말은 이름은 같지만 매개변수 구성은 다른 함수를 여러 개 제공한다는 뜻이다. 리턴 타입만 달라서는 안 된다. 매개변수의 타입이나 개수도 달라야 한다. 예를 들어 다음 코드는 addNumbers( )라는 함수를 int 타입 인수를 받는 버전과 double 타입 인수를 받는 버전으로 정의한다.

```
int addNumbers(int a, int b) { return a + b; }
double addNumbers(double a, double b) { return a + b; }
```

addNumbers( )를 호출할 때 컴파일러는 주어진 인수를 기반으로 두 가지 오버로딩된 함수 중에서 적합한 버전을 선택한다.

```
cout << addNumbers(1, 2) << endl;        // int 버전을 호출한다.
cout << addNumbers(1.11, 2.22) << endl; // double 버전을 호출한다.
```

1.1.13 어트리뷰트

어트리뷰트attribute는 소스 코드에 벤더에서 제공하는 정보나 옵션을 추가하는 메커니즘이다. C++ 표준에 어트리뷰트가 추가되기 전에는 벤더마다 이런 정보를 지정하는 방법이 달랐다. 예를 들어 __attribute__, __declspec 등을 사용했다. C++11부터 [[어트리뷰트]]와 같이 대괄호를 이용한 형식을 사용하도록 표준화되기 시작했다.

이 장 앞부분에서는 switch case 문에서 의도적으로 폴스루 방식으로 작성했을 때 컴파일러에 경고 메시지를 출력하지 말라고 알려주기 위해 [[fallthrough]] 어트리뷰트를 사용한 적이 있다. C++ 표준에서는 함수 문맥에서 유용하게 사용할 수 있는 표준 어트리뷰트를 몇 가지 정의하고 있다.

1 [[nodiscard]]

[[nodiscard]] 어트리뷰트는 어떤 값을 리턴하는 함수에 대해 지정할 수 있다. 그러면 컴파일러는 이 함수가 호출될 때 리턴값에 아무런 작업을 하지 않으면 경고 메시지를 출력한다. 예를 들면 다음과 같다.

```
[[nodiscard]] int func()
{
    return 42;
}

int main()
{
    func();
}
```

이 코드를 실행하면 컴파일러는 다음과 같은 경고 메시지를 출력한다.

```
warning C4834: discarding return value of function with 'nodiscard' attribute
```

이 기능은 에러 코드를 리턴하는 함수 등에 활용할 수 있다. 그런 함수에 [[nodiscard]] 어트리뷰트를 붙이면 에러 코드를 무시하지 않는다.

일반적으로 [[nodiscard]] 어트리뷰트는 클래스, 함수, 열거형에 적용할 수 있다.

C++20 C++20부터 [[nodiscard]] 어트리뷰트에 이유를 설명하는 스트링을 추가할 수 있다. 예를 들면 다음과 같다.

```
[[nodiscard("Some explanation")]] int func();
```

2 [[maybe_unused]]

[[maybe_unused]] 어트리뷰트는 뭔가 사용하지 않았을 때 컴파일러가 경고 메시지를 출력하지 않도록 설정하는 데 사용된다. 예를 들어 다음 코드를 보자.

```
int func(int param1, int param2)
{
    return 42;
}
```

컴파일러 경고 수준을 높게 설정하고 위와 같이 함수를 정의하면 두 가지 컴파일 경고를 출력한다. 예를 들어 마이크로소프트 비주얼 C++는 다음과 같은 경고를 출력한다.

```
warning C4100: 'param2': unreferenced formal parameter
warning C4100: 'param1': unreferenced formal parameter
```

이때 다음과 같이 [[maybe_unused]] 어트리뷰트를 지정할 수 있다.

```
int func(int param1, [[maybe_unused]] int param2)
{
    return 42;
}
```

그러면 이 어트리뷰트가 지정된 두 번째 매개변수에 대해서는 경고 메시지를 출력하지 않고, param1에 대한 경고만 출력한다.

```
warning C4100: 'param1': unreferenced formal parameter
```

[[maybe_unused]] 어트리뷰트는 클래스, 구조체, 비 static(static이 아닌) 데이터 멤버, 유니온, typedef, 타입 앨리어스, 변수, 함수, 열거형, 열것값 등에 대해 지정할 수 있다. 이 중에서 처음 보는 용어도 있겠지만 뒤에서 자세히 배울 것이다.

3 [[noreturn]]

함수에 [[noreturn]] 어트리뷰트를 지정하면 호출 지점으로 다시 돌아가지 않는다. 주로 프로세스나 스레드 종료와 같이 뭔가가 끝나게 만들거나, 익셉션을 던지는 함수가 여기에 해당한다. 이 어트리뷰트를 이용하면 컴파일러가 특정한 경고나 에러 메시지를 출력하지 않게 만들 수 있다. 이 어트리뷰트를 지정하고 나면 그 함수의 용도에 대해 자세히 알게 되기 때문이다. 예를 들어 다음 코드를 보자.

```
[[noreturn]] void forceProgramTermination()
{
    std::exit(1); // <cstdlib>에 정의됨
}

bool isDongleAvailable()
{
    bool isAvailable { false };
    // 라이선싱 동글을 사용할 수 있는지 확인
    return isAvailable;
}

bool isFeatureLicensed(int featureId)
{
    if (!isDongleAvailable()) {
        // 사용 가능한 라이선싱 동글이 없다면 프로그램을 중단한다.
        forceProgramTermination();
    } else {
        bool isLicensed { featureId == 42 };
        // 동글이 있다면 주어진 기능에 대한 라이선스 검사를 한다.
        return isLicensed;
    }
}

int main()
{
    bool isLicensed { isFeatureLicensed(42) };
}
```

이 코드를 컴파일하면 아무런 경고나 에러 메시지가 출력되지 않는다. 하지만 [[noreturn]] 어트리뷰트를 제거하고 컴파일하면 다음과 같은 경고를 출력한다(비주얼 C++의 경우).

```
warning C4715: 'isFeatureLicensed': not all control paths return a value
```

4 [[deprecated]]

[[deprecated]] 어트리뷰트는 지원 중단된deprecated 대상임을 지정하는 데 사용된다. 즉, 현재 사용할 수는 있지만 권장하지 않는 대상임을 표시한다. 이 어트리뷰트는 지원 중단되는 이유를 표현하는 인수를 옵션으로 지정할 수 있다. 예를 들면 다음과 같다.

```
[[deprecated("Unsafe method, please use xyz")]] void func();
```

이렇게 지정한 함수를 사용하면 컴파일 에러 또는 경고 메시지를 출력한다. 예를 들어 GCC는 다음과 같이 경고 메시지를 출력한다.

```
warning: 'void func()' is deprecated: Unsafe method, please use xyz
```

C++20

5 [[likely]]와 [[unlikely]]

[[likely]]와 [[unlikely]] 어트리뷰트를 지정하면 컴파일러가 최적화 작업을 수행하는 데 도움을 줄 수 있다. 예를 들어 이 어트리뷰트를 이용하여 if와 switch 문에서 수행될 가능성이 높은 브랜치를 표시할 수 있다. 하지만 이 어트리뷰트가 필요한 경우는 드물다. 최신 컴파일러와 하드웨어는 브랜치 예측 능력이 상당히 뛰어나기 때문에 이런 어트리뷰트를 지정하지 않아도 알아서 잘 처리하지만, 성능에 민감한 부분 등과 같이 특정한 경우에는 컴파일러에 도움을 줄 수 있다. 사용법은 다음과 같다.

```
int value { /* ... */ };
if (value > 11) [[unlikely]] { /* 필요한 작업을 수행한다. */ }
else { /* 필요한 작업을 수행한다. */ }

switch (value)
{
    [[likely]] case 1:
        // 필요한 작업을 수행한다.
        break;
    case 2:
        // 필요한 작업을 수행한다.
        break;
    [[unlikely]] case 12:
        // 필요한 작업을 수행한다.
        break;
}
```

1.1.14 C 스타일 배열

배열array은 같은 타입의 값을 연달아 저장하며, 각 값은 배열에서 해당 위치를 이용해 접근한다. C++에서 배열을 선언할 때는 반드시 배열의 크기를 지정해야 하는데, 변수로 지정할 수는 없고 반드시 상수 또는 **상수 표현식**constant expression(constexpr)으로 지정해야 한다. 상수 표현식은 이 장 뒤에서 설명한다. 예를 들어 정숫값을 세 개 가진 배열을 선언하려면 다음과 같이 작성한다. 여기에서는 배열을 선언한 문장 뒤에 각 원소를 0으로 초기화하는 문장을 한 줄씩 적었다.

```
int myArray[3];
myArray[0] = 0;
myArray[1] = 0;
myArray[2] = 0;
```

CAUTION_ C++에서 배열의 첫 번째 원소 위치는 1이 아닌 0이다. 또한 배열의 마지막 원소 위치는 항상 배열의 크기에서 1을 뺀 값이다.

이렇게 각 원소마다 초기화하지 않고 다음 절에서 설명할 반복문loop(루프)을 활용해도 된다. 그런데 앞에 나온 방법이나 반복문 말고도 다음과 같이 **영 초기화** 구문으로 한 번에 초기화하는 방법도 있다.

```
int myArray[3] = {0};
```

여기서 0은 생략해도 된다.

```
int myArray[3] = {};
```

다음과 같이 등호(=)도 생략할 수 있다.

```
int myArray[3] {};
```

이 장 뒤에서 설명하는 초기자 리스트initializer list를 사용해도 된다. 그러면 배열의 크기를 컴파일러가 알아서 결정한다. 예를 들면 다음과 같다.

```
int myArray[] { 1, 2, 3, 4 }; // 컴파일러는 원소 네 개로 구성된 배열을 생성한다.
```

초기자 리스트에 나온 원소의 개수가 배열의 크기로 지정한 수보다 적으면 나머지 원소는 0으로 초기화된다. 예를 들어 다음과 같이 배열의 첫 번째 원소의 값만 2로 지정하면 나머지 원소는 모두 0으로 초기화된다.

```
int myArray[3] { 2 };
```

스택 기반의 C 스타일 배열의 크기는 `std::size()` 함수로 구할 수 있다 (이 함수를 사용하려면 `<array>` 헤더를 인클루드해야 한다). 이 함수는 `<cstddef>`에 정의된 부호 없는 정수 타입인 `size_t` 값을 리턴한다. 예를 들면 다음과 같다.

```
size_t arraySize { std::size(myArray) };
```

예전에는 스택 기반 C 스타일 배열의 크기를 구할 때 `sizeof` 연산자를 활용했다. `sizeof` 연산자는 인수로 지정한 대상의 크기를 바이트 단위로 리턴한다. 스택 기반 배열에 담긴 원소의 개수를 알아내려면 이 연산자가 리턴한 값을 첫 번째 원소의 크기로 나눠야 한다. 예를 들면 다음과 같다.

```
size_t arraySize { sizeof(myArray) / sizeof(myArray[0]) };
```

이 코드는 일차원 배열에 대한 예를 보여주고 있다. 이 배열은 각각 번호가 매겨진 칸마다 정수가 일렬로 담겨 있다고 볼 수 있다. C++는 다차원 배열도 지원한다. 이차원 배열은 바둑판에 비유할 수 있다. 여기서 각 원소의 위치는 x축의 위치와 y축의 위치의 조합으로 표현한다(삼차원 이상의 배열은 머릿속에 떠올리기 쉽지 않아 잘 사용하지 않는다). 예를 들어 틱택토Tic-Tac-Toe 보드를 다음과 같이 문자 타입의 이차원 배열로 표현할 수 있다. 여기에서는 보드 한가운데 있는 칸에 'o' 문자를 대입했다.

```
char ticTacToeBoard[3][3];
ticTacToeBoard[1][1] = 'o';
```

방금 정의한 틱택토 보드에 대한 배열을 그림으로 표현하면 [그림 1-1]와 같다.

ticTacToeBoard[0][0]	ticTacToeBoard[0][1]	ticTacToeBoard[0][2]
ticTacToeBoard[1][0]	ticTacToeBoard[1][1]	ticTacToeBoard[1][2]
ticTacToeBoard[2][0]	ticTacToeBoard[2][1]	ticTacToeBoard[2][2]

그림 1-1

NOTE_ C++에서 배열을 표현할 때 이 절에서 소개한 C 스타일 배열보다는 표준 라이브러리에서 제공하는 `std::array`나 `std::vector`를 사용하는 것이 좋다. 각각에 대해서는 이어지는 절에서 소개한다.

1.1.15 std::array

앞 절에서 설명한 배열은 C 언어에서 사용하던 것이다. 물론 C++에서 계속 사용해도 되지만 C++는 `std::array`라는 고정 크기 컨테이너를 제공한다. 이 타입은 `<array>` 헤더 파일에 정의되어 있다. 사실 C 스타일 배열 위에 한꺼풀 덮어쓴 것에 불과하다.

`std::array`는 C 스타일 배열에 비해 장점이 많다. 항상 크기를 정확히 알 수 있고, 자동으로 포인터를 캐스트(동적 형변환)하지 않아서 특정한 종류의 버그를 방지할 수 있고, 반복자(이터레이터 iterator)로 배열에 대한 반복문을 쉽게 작성할 수 있다. 반복자는 17장에서 자세히 소개한다.

다음 예제는 `array` 컨테이너를 사용하는 방법을 보여주고 있다. `array<int, 3>`과 같이 `array` 뒤에 나오는 꺾쇠괄호 표기법은 템플릿을 소개하는 12장에서 자세히 설명한다. 여기에서는 일단 꺾쇠괄호에 두 개의 매개변수를 지정해야 한다는 정도만 알고 넘어가자. 첫 번째 매개변수는 배열에 담길 원소의 타입을, 두 번째 매개변수는 배열의 크기를 나타낸다.

```
array<int, 3> arr { 9, 8, 7 };
cout << format("Array size = {}", arr.size()) << endl;
cout << format("2nd element = {}", arr[1]) << endl;
```

C++는 **CTAD**class template argument deduction(**클래스 템플릿 인수 추론**)이라는 기능을 제공한다. 자세한 내용은 12장에서 소개하고, 일단 지금은 꺾쇠괄호 사이에 템플릿 타입을 지정하지 않아도 된다는 정도만 알고 넘어가자. CTAD는 초기자를 사용할 때만 작동한다. 컴파일러가 템플릿 타입을 자동으로 추론하는 데 이 초기자를 사용하기 때문이다. `std::array`에서 이 기능을 적용하면 앞에 나온 배열을 다음과 같이 정의할 수 있다.

```
array arr { 9, 8, 7 };
```

> **NOTE_** C 스타일 배열과 `std::array`는 둘 다 크기가 컴파일 시간(compile time)에 결정되어야 하며, 실행 시간(run time)에 늘어나거나 줄어들 수는 없다.

크기가 동적으로 변하는 배열을 사용하고 싶다면 다음 절에서 소개하는 `std::vector`를 사용한다. `vector`는 원소를 새로 추가할 때마다 크기가 자동으로 늘어난다.

1.1.16 std::vector

C++ 표준 라이브러리는 크기가 고정되지 않은 컨테이너를 다양하게 제공한다. 대표적인 예로 `<vector>` 헤더 파일에 선언된 `std::vector`가 있다. `vector`는 C 스타일의 배열 대신 사용할 수 있고 훨씬 유연하고 안전하다. 프로그래머는 메모리 관리를 신경 쓸 필요가 없다. 원소를 모두 담을 수 있도록 메모리를 확보하는 작업은 `vector`가 알아서 처리하기 때문이다. `vector`는 동적이다. 다시 말해 실행 시간에 원소를 추가하거나 삭제할 수 있다. 컨테이너에 대해서는 18장에서 자세히 설명하겠지만, `vector`의 기본 사용법은 이 책의 첫 장에서 소개할 수 있을 정도로 간단하다. 다음 코드는 `vector`의 기본 기능을 보여주고 있다.

```
// 정수 타입 벡터를 생성한다.
vector<int> myVector { 11, 22 };

// push_back()을 이용하여 생성한 벡터에 정숫값을 몇 개 더 추가한다.
myVector.push_back(33);
myVector.push_back(44);

// 원소에 접근한다.
cout << format("1st element: {}", myVector[0]) << endl;
```

myVector를 vector<int>로 선언했다. 여기서 std::array와 마찬가지로 꺾쇠괄호 안에 템플릿 매개변수를 지정해야 한다. vector는 제네릭 컨테이너generic container다. 거의 모든 종류의 객체를 담을 수 있다. 그러므로 vector를 사용할 때는 반드시 꺾쇠괄호 안에 원하는 객체 타입을 명시해야 한다. 템플릿은 12장과 26장에서 자세히 설명한다.

std::array와 마찬가지로 vector도 CTAD를 지원한다. 그러므로 앞에서 본 myVector를 다음과 같이 정의할 수 있다.

```
vector myVector { 11, 22 };
```

그리고 여기서도 마찬가지로 초기자를 지정해야 CTAD가 작동한다. 다음과 같이 작성하면 안 된다.

```
vector myVector;
```

vector에 원소를 추가하려면 push_back() 메서드를 사용한다. 벡터에 담긴 원소는 배열 문법(예: myVector[0])으로 접근할 수 있다.

1.1.17 std::pair

<utility> 헤더에 정의된 std::pair 클래스 템플릿은 두 값을 하나로 묶는다. 각 값은 public 데이터 멤버인 first와 second로 접근할 수 있다. 예를 들면 다음과 같다.

```
pair<double, int> myPair { 1.23, 5 };
cout << format("{} {}", myPair.first, myPair.second);
```

pair도 CTAD를 지원한다. 따라서 myPair를 다음과 같이 정의할 수 있다.

```
pair myPair { 1.23, 5 };
```

1.1.18 std::optional

<optional>에 정의된 std::optional은 특정한 타입의 값을 가질 수도 있고, 아무 값도 가지

지 않을 수도 있다. 앞에서 말했듯이 이 책 전반에 걸쳐 예제를 작성하는 데 유용하게 사용할 것이다.

optional은 기본적으로 함수 매개변수에 전달된 값이 없을 수도 있는 상황에 사용된다. 또한 값을 리턴할 수도 있고, 그렇지 않을 수도 있는 함수의 리턴 타입으로 사용하기도 한다. 기존에 리턴 값이 없는 경우를 표현하기 위한 nullptr, end(), -1, EOF와 같은 특수한 값을 사용하지 않아도 된다. 또한 함수의 리턴값은 수행 결과의 성공 여부를 나타내는 부울 타입으로 표현하고, 실제 결과는 출력용 매개변수를 이용하여 함수의 인수에 전달하는 식으로 작성하지 않아도 된다(이런 매개변수는 비 const 대상을 가리키는 레퍼런스 타입으로 선언하는데 이 장 뒷부분에서 자세히 설명한다).

optional 타입은 클래스 템플릿이므로 optional<int>와 같이 실제 타입을 꺾쇠괄호 안에 반드시 지정해야 한다. 형식은 앞에서 본 vector와 같다.

optional 타입을 리턴하는 함수의 예를 살펴보자.

```
optional<int> getData(bool giveIt)
{
    if (giveIt) {
        return 42;
    }
    return nullopt; // 또는 그냥 {};
}
```

이렇게 작성한 함수는 다음과 같이 호출한다.

```
optional<int> data1 { getData(true) };
optional<int> data2 { getData(false) };
```

optional에 값이 있는지 확인하려면 has_value() 메서드를 사용하거나, 간단히 다음과 같이 if 문을 사용한다.

```
cout << "data1.has_value = " << data1.has_value() << endl;
if (data2) {
    cout << "data2 has a value." << endl;
}
```

optional에 값이 있을 때는 value()나 역참조 연산자로 그 값을 가져올 수 있다.

```
cout << "data1.value = " << data1.value() << endl;
cout << "data1.value = " << *data1 << endl;
```

값이 없는 optional에 대해 value()를 호출하면 std::bad_optional_access 익셉션이 발생한다. 익셉션은 이 장 뒷부분에서 소개한다.

value_or()을 사용하면 optional에 값이 있을 때는 그 값을 리턴하고, 값이 없을 때는 다른 값을 리턴한다.

```
cout << "data2.value = " << data2.value_or(0) << endl;
```

이때 레퍼런스는 optional에 담을 수 없다(레퍼런스는 이 장 뒷부분에서 소개한다). 따라서 optional<T&>와 같이 작성할 수 없다. 대신 optional에 포인터를 저장할 수는 있다.

1.1.19 구조적 바인딩

구조적 바인딩structured binding을 이용하면 여러 변수를 선언할 때 array, struct, pair 등에 담긴 원소들을 이용하여 변숫값을 한꺼번에 초기화할 수 있다.

예를 들어 다음과 같이 배열이 정의되어 있다고 하자.

```
array values { 11, 22, 33 };
```

이 상태에서 x, y, z 변수를 선언할 때 각 초깃값을 values 배열에 담아서 초기화할 수 있다. 구조적 바인딩을 적용하려면 반드시 auto 키워드를 붙여야 한다. 예를 들어 auto 자리에 int를 지정하면 안 된다.

```
auto [x, y, z] { values };
```

구조적 바인딩에서 왼쪽에 나온 선언할 변수 개수와 오른쪽에 나온 표현식에 담긴 값의 개수는 반드시 일치해야 한다.

구조적 바인딩은 배열뿐만 아니라 비 static 멤버가 모두 public으로 선언된 구조체에도 적용할 수 있다. 예를 들면 다음과 같다.

```
struct Point { double m_x, m_y, m_z; };
Point point;
point.m_x = 1.0; point.m_y = 2.0; point.m_z = 3.0;
auto [x, y, z] { point };
```

마지막으로 다음 예를 보자. 이 코드는 pair의 원소를 여러 변수로 나누고 있다.

```
pair myPair { "hello", 5 };
auto [theString, theInt] { myPair }; // 구조적 바인딩을 이용해 나누기
cout << format("theString: {}", theString) << endl;
cout << format("theInt: {}", theInt) << endl;
```

이때 그냥 auto라 쓰지 않고 auto&나 const auto&를 이용하여 구조적 바인딩으로 비 const에 대한 레퍼런스나 const에 대한 레퍼런스를 생성할 수도 있다. 이 두 가지 종류의 레퍼런스는 이 장 뒷부분에서 소개한다.

1.1.20 반복문

컴퓨터는 같은 작업을 반복하는 데 아주 뛰어나다. C++는 while, do/while, for, **범위 기반** range-based for 등 네 가지 반복 메커니즘을 제공한다.

1 while 문

while 문은 주어진 표현식이 true인 동안 주어진 코드 블록을 계속해서 반복한다. 예를 들어 다음 코드는 'This is silly.'란 문장을 다섯 번 출력한다.

```
int i { 0 };
while (i < 5) {
    cout << "This is silly." << endl;
    ++i;
}
```

break 키워드를 사용하면 반복문(루프loop)을 즉시 빠져나와 프로그램을 계속 진행한다. 또한 continue 키워드를 사용하면 즉시 반복문의 첫 문장으로 돌아가서 while 문에 지정한 표현식을 다시 평가한다. 하지만 반복문 안에서 continue를 자주 사용하는 것은 바람직하지 않다. 프로그램의 실행 흐름이 갑작스레 건너뛰기 때문이다. 따라서 꼭 필요할 때만 사용하는 것이 좋다.

2 do/while 문

C++는 while 문을 약간 변형한 do/while 문도 제공한다. 동작은 while 문과 비슷하지만, 먼저 코드 블록부터 실행한 뒤 조건을 검사하고, 그 결과에 따라 루프를 계속 진행할지 결정하는 점이 다르다. 이 구문을 활용하면 코드 블록을 최소 한 번 실행하고, 그 뒤에 더 실행할지 여부는 주어진 조건에 따라 결정할 수 있다. 예를 들어 다음 코드는 while 조건이 false라도 'This is silly.'란 문장이 최소한 한 번은 출력한다.

```
int i { 100 };
do {
    cout << "This is silly." << endl;
    ++i;
} while (i < 5);
```

3 for 문

반복문을 작성하기 위한 또 다른 구문으로 for 문이 있다. for 문으로 작성한 코드는 모두 while 문으로 변환할 수 있고, 그 반대도 가능하다. 하지만 for의 문법이 좀 더 편할 때가 많다. 초기 표현식과 종료 조건, 매번 반복이 끝날 때마다 실행할 문장으로 반복문을 구성할 수 있기 때문이다. 예를 들어 다음 코드는 i를 0으로 초기화한 뒤, i가 5보다 작을 동안 반복문을 실행하고, 매번 반복할 때마다 i값을 1만큼 증가시킨다. 다음 코드는 앞에서 본 while 문 예제와 동작은 같다. 하지만 초깃값, 종료 조건, 반복할 때마다 실행할 문장을 모두 한 줄에 표현해서 좀 더 이해하기 쉽다.

```
for (int i { 0 }; i < 5; ++i) {
    cout << "This is silly." << endl;
}
```

4 범위 기반 for 문

네 번째로 소개할 반복문은 **범위 기반** for 문이다. 이 구문은 컨테이너에 담긴 원소에 대해 반복문을 실행하는 데 편하다. C 스타일의 루프, 초기자 리스트(이 장 뒷부분에서 설명), 그리고 std::array, std::vector, 표준 라이브러리에서 제공하는 모든 컨테이너처럼 반복자(17장 참조)를 리턴하는 begin()과 end() 메서드가 정의된 모든 타입과 18장에서 소개하는 표준 라이브러리에서 제공하는 모든 컨테이너에 적용할 수 있다.

다음 예제는 먼저 정숫값 네 개로 구성된 배열을 정의한다. 그런 다음 범위 기반 for 문으로 이 배열의 모든 원소에 대한 **복제본**을 화면에 출력한다. 이렇게 원소를 일일이 **복제하지 않고** 반복문을 실행하려면 뒤에서 설명할 레퍼런스 변수를 활용하면 된다.

```
array arr { 1, 2, 3, 4 };
for (int i : arr) { cout << i << endl;}
```

C++20 범위 기반 for 문의 초기자

C++20부터는 범위 기반 for 문에서도 if 문이나 switch 문처럼 초기자를 사용할 수 있다. 문법은 다음과 같다.

```
for (<초기자>; <for-범위-선언> : <for-범위-초기자>) { <본문> }
```

<초기자>에 지정한 변수는 모두 <for-범위-초기자>와 <본문>에서 사용할 수 있지만, 범위 기반 for 문 밖에서는 사용할 수 없다. 예를 들면 다음과 같다.

```
for (array arr { 1, 2, 3, 4 }; int i : arr) { cout << i << endl; }
```

1.1.21 초기자 리스트

초기자 리스트는 <initializer_list> 헤더 파일에 정의되어 있으며, 이를 활용하면 여러 인수를 받는 함수를 쉽게 작성할 수 있다. std::initializer_list 타입은 클래스 템플릿이다. 그러므로 vector에 저장할 객체의 타입은 지정할 때처럼 원소 타입에 대한 리스트를 꺾쇠괄호로 묶어서 지정해야 한다. 다음 예제를 통해 구체적인 방법을 살펴보자.

```
#include <initializer_list>

using namespace std;

int makeSum(initializer_list<int> values)
{
    int total { 0 };
    for (int value : values) {
        total += value;
    }
    return total;
}
```

여기서 makeSum() 함수는 정수에 대한 초기자 리스트를 인수로 받는다. 그리고 함수 안에서 범위 기반 for 문을 사용해서 인수로 주어진 정수들을 모두 더한다. 이 함수는 다음과 같이 호출한다.

```
int a { makeSum({ 1, 2, 3 }) };
int b { makeSum({ 10, 20, 30, 40, 50, 60 }) };
```

초기자 리스트는 타입에 안전type safe하다. 그러므로 초기자 리스트를 정의할 때 지정한 타입만 허용한다. 앞에서 makeSum() 함수를 정의할 때 초기자 리스트에 정수 타입의 원소만 들어가도록 지정했다. 그러므로 다음과 같이 인수로 double 타입 값을 지정하면 컴파일 에러 또는 경고 메시지가 출력된다.

```
int c { makeSum({ 1, 2, 3.0 }) };
```

1.1.22 C++의 스트링

C++에서 스트링을 다루는 방법은 두 가지다.

- **C 스타일:** 스트링을 문자 배열로 표현
- **C++ 스타일:** C 스타일로 표현된 스트링을 쉽고 안전하게 사용할 수 있도록 스트링 타입으로 감싼 방식

자세한 내용은 2장에서 살펴보기로 하고, 여기에서는 C++의 std::string 타입은 <string>

헤더 파일에 정의되어 있고, 기본 타입처럼 사용할 수 있다는 정도만 알아두자. 다음 예를 보면 string을 문자 배열처럼 다룰 수 있는 것을 알 수 있다.

```
string myString { "Hello, World" };
cout << format("The value of myString is {}", myString) << endl;
cout << format("The second letter is {}", myString[1]) << endl;
```

1.1.23 C++의 객체지향 언어 특성

C 프로그래머가 볼 때 지금까지 소개한 기능은 단지 C 언어의 기능을 좀 더 편하게 개선했다고만 생각할 수 있다. C++란 이름에서 풍기듯이 그저 'C를 개선한better C' 언어에 불과하다고 볼 수도 있다. 하지만 이렇게 단정하기 힘든 중요한 이유가 하나 있다. 바로 C와 달리 C++는 객체지향 언어라는 점이다.

객체지향 프로그래밍object-oriented programming(OOP)에서는 코드 작성 방식이 기존과 달리 훨씬 직관적이다. C나 파스칼 같은 절차형 언어에만 익숙하더라도 걱정할 필요 없다. 객체지향 패러다임에 적응하는 데 필요한 배경 지식은 5장에서 자세히 소개한다. 이미 OOP에 익숙하다면 C++의 OOP 관련 문법에 대한 부분을 빠르게 읽고 넘어가거나, 차근차근 읽으며 예전 기억을 다시 떠올려도 좋다.

1 클래스 정의

클래스class는 객체의 특성을 정의한 것이다. C++에서 클래스를 정의하는 코드는 주로 모듈 인터페이스 파일(.cppm)에 작성하고, 이를 구현하는 코드는 .cppm에 함께 적거나 소스 파일(.cpp)에 작성한다. 모듈은 11장에서 자세히 다룬다.

클래스를 정의하는 방법을 구체적으로 이해하기 위해 항공기 티켓에 대한 클래스를 정의해보자. 이 클래스는 비행 마일리지에 따라 티켓의 가격을 계산하며, 우수 등급 회원인지 확인하는 기능도 있다.

클래스를 정의할 때는 먼저 클래스 이름부터 적는다. 그리고 중괄호 안에 이 클래스를 구성하는 **데이터 멤버**data member(속성)와 **메서드**method(동작)를 선언한다. 각각의 데이터 멤버와 메서드마다 public, protected, private 등으로 접근 수준을 지정한다. 이러한 레이블을 나열하는 순서는 따로 없고 중복되어도 상관없다. public으로 지정한 멤버는 클래스 밖에서 접근할 수 있는 반면 private으로 지정한 멤버는 클래스 외부에서 접근할 수 없다. 대체로 데이터 멤버는 모두 private으로 지정하고, 이에 대한 게터getter나 세터setter를 public으로 지정한다. protected는 5장과 10장에서 상속을 설명할 때 자세히 소개한다.

이때 명심할 것은 모듈 인터페이스 파일을 작성할 때는 작성하려는 모듈을 반드시 export module 선언문으로 시작해야 한다는 것이다. 또한 그 모듈을 사용하는 이들에게 제공할 타입을 명시적으로 익스포트하는 것도 잊어선 안 된다.

```
export module airline_ticket;

import <string>;

export class AirlineTicket
{
    public:
        AirlineTicket();
        ~AirlineTicket();

        double calculatePriceInDollars();

        std::string getPassengerName();
        void setPassengerName(std::string name);

        int getNumberOfMiles();
        void setNumberOfMiles(int miles);

        bool hasEliteSuperRewardsStatus();
        void setHasEliteSuperRewardsStatus(bool status);
    private:
        std::string m_passengerName;
        int m_numberOfMiles;
        bool m_hasEliteSuperRewardsStatus;
};
```

이 책에서는 클래스의 데이터 멤버 이름 앞에 항상 소문자 m과 밑줄 문자(_)를 붙이는 관례를 따른다(예: m_passengerName).

클래스와 이름이 같고 리턴 타입이 없는 메서드를 **생성자**constructor라 부른다. 이 메서드는 해당 클래스의 객체를 생성할 때 자동으로 호출된다. 생성자와 형태는 같지만 앞에 틸드(~)를 붙인 메서드를 **소멸자**destructor라 부른다. 이 메서드는 객체가 제거될 때 자동으로 호출된다.

클래스를 정의하는 코드는 모듈 인터페이스 파일(.cppm)에 작성한다. 이 예제에서 클래스를 구현하는 코드는 소스 파일(.cpp)에 작성한다. 소스 파일은 첫 머리에 다음과 같이 모듈 선언문이 나온다. 컴파일러는 이 문장을 보고 현재 소스 파일이 airline_ticket 모듈임을 알게 된다.

```
module airline_ticket;
```

생성자로 데이터 멤버를 초기화하는 방법은 여러 가지가 있다. 하나는 **생성자 초기자**constructor initializer를 사용하는 것으로, 생성자 이름 뒤에 콜론(:)을 붙여서 표현한다. 예를 들어 생성자 초기자를 사용해서 다음과 같이 AirlineTicket 생성자를 작성할 수 있다.

```
AirlineTicket::AirlineTicket()
    : m_passengerName { "Unknown Passenger" }
    , m_numberOfMiles { 0 }
    , m_hasEliteSuperRewardsStatus { false }
{
}
```

두 번째 방법은 다음과 같이 생성자의 본문에서 초기화하는 것이다.

```
AirlineTicket::AirlineTicket()
{
    // 데이터 멤버 초기화
    m_passengerName = "Unknown Passenger";
    m_numberOfMiles = 0;
    m_hasEliteSuperRewardsStatus = false;
}
```

생성자에서 다른 일은 하지 않고 데이터 멤버를 초기화하는 일만 한다면 굳이 생성자를 따로 정의할 필요가 없다. 클래스를 정의하는 코드 안에서 곧바로 데이터 멤버를 초기화할 수 있기 때문이다(이를 **클래스 내부 초기자**in-class initializer라고 부른다). 예를 들어 데이터 멤버를 초기화하는 코드를 AirlineTicket 생성자에 작성하지 않고, 클래스 정의에서 처리하려면 다음과 같이 수정한다.

```
    private:
        std::string m_passengerName { "Unknown Passenger" };
        int m_numberOfMiles { 0 };
        bool m_hasEliteSuperRewardsStatus { false };
```

클래스에서 파일을 열거나 메모리를 할당하는 것처럼 다른 타입에 대한 초기화 작업은 생성자에서 처리해야 한다.

이번에는 AirlineTicket 클래스에 대한 소멸자를 살펴보자.

```
AirlineTicket::~AirlineTicket()
{
    // 소멸에 관해서는 따로 할 일이 없다.
}
```

이렇게 실제로 할 일이 없을 때는 클래스에서 소멸자 코드를 생략해도 된다. 여기에서는 단지 소멸자의 문법을 보여주기 위해 작성했다. 파일을 닫거나 메모리를 해제하는 등의 정리 작업이 필요하다면 소멸자를 작성해야 한다. 소멸자에 대해서는 8장과 9장에서 좀 더 자세히 설명한다.

AirlineTicket 클래스에 정의된 메서드는 다음과 같다.

```
double AirlineTicket::calculatePriceInDollars()
{
    if (hasEliteSuperRewardsStatus()) {
        // 우수 등급(Elite Super Rewards) 회원에게는 무료 티켓을 제공한다.
        return 0;
    }
    // 티켓 가격은 비행 거리에 0.1을 곱한 값이다.
    // 실제로 항공사에서 적용하는 공식은 이보다 복잡하다.
    return getNumberOfMiles() * 0.1;
}

string& AirlineTicket::getPassengerName() {  return m_passengerName; }
void AirlineTicket::setPassengerName(string& name) { m_passengerName = name; }
// 그 밖에 get 및 set 메서드도 있는데 여기선 생략했다.
```

이 절을 시작할 때 언급했듯이 메서드 구현 코드를 모듈 인터페이스 파일에 함께 작성해도 된다. 방법은 다음과 같다.

```
export class AirlineTicket
{
    public:
        double calculatePriceInDollars()
        {
            if (hasEliteSuperRewardsStatus()) { return 0; }
            return getNumberOfMiles() * 0.1;
        }
        std::string getPassengerName() { return m_passengerName; }
        void setPassengerName(std::string name) { m_passengerName = name; }

        int getNumberOfMiles() { return m_numberOfMiles; }
        void setNumberOfMiles(int miles) { m_numberOfMiles = miles; }

        bool hasEliteSuperRewardsStatus() { return m_hasEliteSuperRewardsStatus; }
        void setHasEliteSuperRewardsStatus(bool status)
        {
            m_hasEliteSuperRewardsStatus = status;
        }
    private:
        std::string m_passengerName { "Unknown Passenger" };
        int m_numberOfMiles { 0 };
        bool m_hasEliteSuperRewardsStatus { false };
};
```

2 클래스 사용

AirlineTicket 클래스를 사용하려면 먼저 모듈을 임포트해야 한다.

```
import airline_ticket;
```

AirlineTicket 클래스를 사용하는 코드는 다음과 같다. 여기에서는 스택 기반으로 생성한다.

```
AirlineTicket myTicket;
myTicket.setPassengerName("Sherman T. Socketwrench");
myTicket.setNumberOfMiles(700);
double cost { myTicket.calculatePriceInDollars() };
cout << format("This ticket will cost ${}", cost) << endl;
```

이 예제를 통해 객체를 생성하고 클래스를 사용하는 문법을 볼 수 있다. 물론 그 외에도 다양한 방법과 기능이 있다. 8장, 9장, 10장에서는 클래스를 C++에 특화된 방식으로 정의하는 방법을 보다 자세히 소개한다.

1.1.24 스코프 지정

C++ 프로그래머라면 **스코프**scope의 개념을 잘 알아야 한다. 변수, 함수, 클래스명과 같이 프로그램에 나오는 모든 이름은 저마다 스코프가 있다. 스코프는 네임스페이스, 함수 정의, 중괄호로 묶은 블록, 클래스 정의 등으로 생성한다. for 문이나 범위 기반 for 문의 초기화 문장에서 초기화되는 변수의 스코프는 해당 for 문 안으로 한정되며 for 문 밖에서는 보이지 않는다. 마찬가지로 if나 switch 문의 초기자에서 초기화된 변수도 스코프가 해당 if나 switch 문 안으로 한정되며 밖에서는 보이지 않게 된다. 변수나 함수, 클래스 등에 접근할 때는 가장 안쪽 스코프에 있는 이름부터 검색하고, 거기에 없으면 바로 다음 바깥의 스코프를 검색하는 등 **글로벌 스코프**global scope에 이르기까지 계속 진행한다. 네임스페이스나 함수, 중괄호로 묶은 블록, 클래스 등에 없는 이름은 모두 글로벌 스코프에 있다고 간주한다. 그 이름이 글로벌 스코프에도 없다면 컴파일러는 알 수 없는 기호 에러undefined symbol error를 발생시킨다.

때로는 스코프 안에 있는 이름이 바깥 스코프에 있는 동일 이름에 가려질 수도 있다. 또한 현재 다루려는 스코프가 프로그램의 해당 라인에서 디폴트 스코프 지정 범위에 없는 경우도 있다. 어떤 이름이 디폴트 스코프 지정 범위에 적용되지 않게 하려면 그 이름 앞에 **스코프 지정 연산자**인 ::를 이용하여 원하는 스코프를 지정하면 된다. 예를 들면 다음과 같다. 여기서 Demo 클래스에 get() 메서드를 정의했는데, 글로벌 스코프에 get()이란 함수가 있고, NS 네임스페이스에도 get() 함수가 있다고 하자.

```
class Demo
{
    public:
        int get() { return 5; }
};

int get() { return 10; }

namespace NS
{
    int get() { return 20; }
}
```

글로벌 스코프에는 스코프 이름이 없지만 (접두어 없이) 스코프 지정 연산자만 작성해서 글로벌 스코프에 직접 접근할 수 있다. 여기 나온 세 가지 get() 함수는 다음과 같이 호출할 수 있다. 여기서 코드는 main() 함수에 있으며 이 함수는 항상 글로벌 스코프에 속한다.

```
int main()
{
    Demo d;
    cout << d.get() << endl;    // 5를 출력한다.
    cout << NS::get() << endl; // 20을 출력한다.
    cout << ::get() << endl;    // 10을 출력한다.
    cout << get() << endl;      // 10을 출력한다.
}
```

여기서 NS 네임스페이스를 정의할 때 별도로 이름을 지정하지 않으면 다음 문장에서 이름이 모호하게 지정되었다는 컴파일 에러가 발생한다. get()이 글로벌 스코프에 정의되어 있는데, 이름 없는 네임스페이스에 get()이 또 있기 때문이다.

```
cout << get() << endl;
```

다음과 같이 main() 함수 바로 앞에 using 디렉티브를 지정해도 똑같은 에러가 발생한다.

```
using namespace NS;
```

1.1.25 균일 초기화

C++11 이전에는 타입의 초기화 방식이 일정하지 않았다. 예를 들어 원을 구조체로 정의한 경우와 클래스로 작성한 경우를 살펴보자.

```
struct CircleStruct
{
    int x, y;
    double radius;
};

class CircleClass
{
```

```
    public:
        CircleClass(int x, int y, double radius)
            : m_x { x }, m_y { y }, m_radius { radius } {}
    private:
        int m_x, m_y;
        double m_radius;
};
```

C++11 이전에는 CircleStruct 타입 변수와 CircleClass 타입 변수를 초기화하는 방법이 서로 달랐다.

```
CircleStruct myCircle1 = { 10, 10, 2.5 };
CircleClass myCircle2(10, 10, 2.5);
```

구조체에 대해서는 {...} 문법을 적용한 반면 클래스에 대해서는 함수 표기법인 (...)로 생성자를 호출했다.

그런데 C++11부터 타입을 초기화할 때 다음과 같이 {...} 문법을 사용하는 균일 초기화 uniform initialization (중괄호 초기화, 유니폼 초기화)로 통일되었다.

```
CircleStruct myCircle3 = { 10, 10, 2.5 };
CircleClass myCircle4 = { 10, 10, 2.5 };
```

myCircle4를 정의하는 문장이 실행될 때 CircleClass의 생성자가 자동으로 호출된다. 또한 다음과 같이 등호(=)를 생략해도 된다.

```
CircleStruct myCircle5 { 10, 10, 2.5 };
CircleClass myCircle6 { 10, 10, 2.5 };
```

또 다른 예로, 앞서 1.1.7절 '구조체'에서 본 Employee 구조체를 다음과 같이 초기화했다.

```
Employee anEmployee;
anEmployee.firstInitial = 'J';
anEmployee.lastInitial = 'D';
anEmployee.employeeNumber = 42;
anEmployee.salary = 80'000;
```

균일 초기화를 이용하면 다음과 같이 한 줄로 초기화할 수 있다.

```
Employee anEmployee { 'J', 'D', 42, 80'000 };
```

이러한 균일 초기화 구문은 구조체나 클래스뿐만 아니라 C++에 있는 모든 대상을 초기화하는 데 적용된다. 예를 들어 다음 코드는 네 변수를 모두 3이란 값으로 초기화한다.

```
int a = 3;
int b(3);
int c = { 3 }; // 균일 초기화
int d { 3 };   // 균일 초기화
```

균일 초기화는 변수를 영 초기화zero initialization(제로 초기화)[4]할 때도 적용할 수 있다. 다음과 같이 중괄호로 빈 집합 표시만 해주면 된다.

```
int e { }; // 균일 초기화, e는 0이 된다.
```

균일 초기화를 사용하면 **축소 변환**narrowing(**좁히기**)을 방지할 수 있다. C++에서는 다음과 같이 암묵적으로 축소 변환될 때가 있다.

```
void func(int i) { /* ... */ }

int main()
{
    int x = 3.14;
    func(3.14);
}
```

main()의 두 줄 모두에 대해 C++는 x에 값을 대입하거나 func()를 호출할 때 3.14를 3으로 잘라낸다. 컴파일러에 따라 이렇게 축소할 때 경고 메시지를 생성하기도 하고 그렇지 않을 수도 있다. 어떤 경우에도 균일 초기화를 사용하면 축소 변환으로 인한 미묘하거나 그다지 미묘

4 **영 초기화**란 주어진 객체를 디폴트 생성자로 초기화하는 것으로, 기본 정수 타입(char, int 등)은 0으로, 기본 부동소수점 타입은 0.0으로, 포인터 타입은 nullptr로 초기화한다.

하지 않은 버그가 발생할 수 있으므로 무시해서는 안 된다. 균일 초기화를 사용할 때 C++11 표준을 완전히 지원하는 컴파일러를 사용한다면 x에 값을 대입하거나 func()를 호출하는 문장이 담긴 코드에 대해 에러 메시지가 생성된다.

```
int x { 3.14 }; // 축소 변환으로 인한 에러 발생
func({ 3.14 }); // 축소 변환으로 인한 에러 발생
```

축소 변환 캐스트를 하려면 GSL Guideline Support Library[5]에서 제공하는 gsl::narrow_cast() 함수를 사용하기 바란다.

균일 초기화는 동적으로 할당되는 배열을 초기화할 때도 적용할 수 있다. 예를 들면 다음과 같다.

```
int* pArray = new int[4] { 0, 1, 2, 3 };
```

C++20부터 배열의 크기를 생략할 수 있다.

```
int* pArray = new int[] { 0, 1, 2, 3 };
```

또한 생성자의 초기자에서 클래스 멤버로 정의한 배열을 초기화할 때도 사용할 수 있다.

```
class MyClass
{
    public:
        MyClass() : m_array { 0, 1, 2, 3 } {}
    private:
        int m_array[4];
};
```

균일 초기화는 std::vector와 같은 표준 라이브러리 컨테이너에도 적용할 수 있다. 이에 대한 예는 이 장 앞부분에서 소개했다.

5 GSL의 헤더만 구현된 버전은 github.com/Microsoft/GSL에서 볼 수 있다.

NOTE_ 이 모든 장점을 감안할 때 변수 초기화에 대입 구문을 이용하기보다는 균일 초기화를 사용하는 것이 바람직하다. 따라서 이 책에서는 가능한 모든 곳에서 균일 초기화를 사용한다.

C++20

1 지정 초기자

C++20부터 **지정 초기자**designated initializer가 도입되었다. 이 초기자는 묶음 타입의 데이터 멤버를 초기화하는 데 사용된다. **묶음 타입**aggregate type이란 public 데이터 멤버만 갖고, 사용자 정의 생성자나 상속된 생성자가 없고, virtual 함수(10장)도 없으며, virtual, private, protected 베이스 클래스(10장)도 없는 배열 타입 객체나 구조체 객체, 클래스 객체를 말한다. 지정 초기자는 점 뒤에 데이터 멤버의 이름을 적는 방식으로 표기한다. 지정 초기자에 나오는 데이터 멤버는 반드시 데이터 멤버가 선언된 순서를 따라야 한다. 지정 초기자와 비지정 초기자를 섞어 쓸 수는 없다. 지정 초기자로 초기화되지 않은 데이터 멤버는 모두 디폴트값으로 초기화된다. 즉, 다음과 같다.

- 클래스 내부 초기자를 가진 데이터 멤버는 거기서 지정된 값을 갖게 된다.
- 클래스 내부 초기자가 없는 데이터 멤버는 0으로 초기화된다.

다음과 같이 살짝 수정된 Employee 구조체를 살펴보자. 이번에는 salary 데이터 멤버의 디폴트값이 75,000이다.

```
struct Employee {
    char firstInitial;
    char lastInitial;
    int employeeNumber;
    int salary { 75'000 }
};
```

앞에서는 이런 구조체를 균일 초기자로 초기화했다.

```
Employee anEmployee { 'J', 'D', 42, 80'000 };
```

지정 초기자로 초기화하면 다음과 같이 작성할 수 있다.

```cpp
Employee anEmployee {
    .firstInitial = 'J',
    .lastInitial = 'D',
    .employeeNumber = 42,
    .salary = 80'000
};
```

이렇게 지정 초기자를 사용하면 균일 초기자를 사용할 때보다 초기화할 대상을 훨씬 쉽게 파악할 수 있다.

지정 초기자를 사용할 때 주어진 디폴트값을 사용하고 싶은 멤버에 대해 초기화를 생략할 수 있다. 예를 들어 Employee 객체를 생성할 때 employeeNumber에 대한 초기화를 생략할 수 있다. 이 멤버는 클래스 내부 초기자가 없기 때문에 0으로 초기화된다.

```cpp
Employee anEmployee {
    .firstInitial = 'J',
    .lastInitial = 'D',
    .salary = 80'000
};
```

균일 초기자 구문을 사용할 때는 이렇게 생략할 수 없고, 다음과 같이 employeeNumber 자리에 0을 지정해야 한다.

```cpp
Employee anEmployee { 'J', 'D', 0, 80'000 };
```

salary 데이터 멤버를 다음과 같이 초기화하면 salary는 디폴트값을 갖게 된다. 이 멤버의 클래스 내부 초기화값에 의해 75,000이 된다.

```cpp
Employee anEmployee {
    .firstInitial = 'J',
    .lastInitial = 'D'
};
```

지정 초기자의 마지막 장점은 구조체에 멤버를 추가하더라도 지정 초기자를 이용한 기존 코드는 그대로 작동한다는 것이다. 새로 추가된 데이터 멤버는 디폴트값으로 초기화된다.

1.1.26 포인터와 동적 메모리

동적 메모리를 이용하면 컴파일 시간에 크기를 확정할 수 없는 데이터를 다룰 수 있다. 아주 단순한 프로그램이 아니라면 대부분 어떤 형태로든 동적 메모리를 사용한다.

1 스택과 프리스토어

C++ 애플리케이션에서 사용하는 메모리는 크게 **스택**stack과 **프리스토어**free store로 나뉜다. 스택은 테이블에 쌓아둔 접시에 비유할 수 있다. 제일 위에 놓인 접시는 프로그램의 현재 스코프를 표현하며, 주로 현재 실행 중인 함수를 가리킨다. 현재 실행 중인 함수에 선언된 변수는 모두 최상단의 접시에 해당하는 최상단 스택 프레임의 메모리 공간에 담긴다. 현재 foo()라는 함수가 실행되는 상태에서 bar()라는 다른 함수를 호출하면 최상단 접시 위에 bar()라는 함수에 대한 접시, 즉 **스택 프레임**stack frame이 올라온다. foo()에서 bar()로 전달되는 매개변수는 모두 foo()의 스택 프레임에서 bar()의 스택 프레임으로 복제된다. [그림 1-2]는 두 정숫값이 선언된 foo() 함수가 실행되는 동안의 스택 프레임 상태를 보여주고 있다.

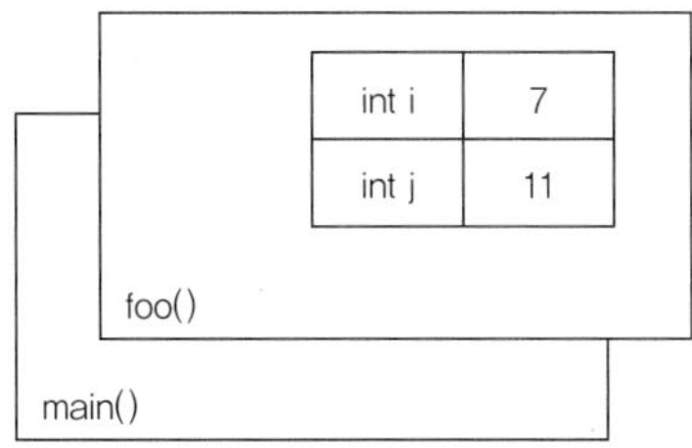

그림 1-2

스택 프레임은 각 함수마다 독립적인 메모리 공간을 제공한다는 점에서 굉장히 유용하다. 어떤 변수가 foo() 함수에 대한 스택 프레임 안에 선언되어 있다면 bar() 함수를 호출하더라도 특별히 수정하지 않는 한 그 변수는 그대로 유지된다. 또한 foo() 함수의 실행이 끝나면 해당 스택 프레임이 삭제되기 때문에 그 함수 안에 선언된 변수가 더 이상 메모리 공간을 차지하지 않는다. 스택에 할당된 변수는 프로그래머가 직접 할당 해제deallocate(삭제)할 필요 없이 자동으로 처리된다.

프리스토어free store는 현재 함수 또는 스택 프레임과는 완전히 독립적인 메모리 공간이다. 함수가 끝난 후에도 그 안에서 사용하던 변수를 계속 유지하고 싶다면 프리스토어에 저장한다. 프리스토어는 스택보다 구조가 간결하다. 마치 비트 더미와 같다. 프로그램에서 원하는 시점에 언제든지 이 비트 더미에 새로운 비트를 추가하거나 기존에 있던 비트를 수정할 수 있다. 프리스토어에 할당된 메모리 공간은 직접 할당 해제(삭제)해야 한다. 프리스토어는 스마트 포인터를 사용하지 않는 한 자동으로 할당 해제되지 않기 때문이다. 스마트 포인터는 7장에서 자세히 소개한다.

> **CAUTION_** 포인터를 여기에서 소개하는 이유는 특히 레거시 코드 베이스에서 많이 볼 수 있기 때문이다. 하지만 새로운 코드에서는 소유권과 관련이 없는 경우에만 이런 저수준의 포인터가 허용된다. 나머지 경우는 7장에서 소개하는 스마트 포인터를 사용해야 한다.

2 포인터 사용법

메모리 공간을 적당히 할당하기만 하면 어떠한 값이라도 프리스토어에 저장할 수 있다. 예를 들어 정숫값을 프리스토어에 저장하려면 정수 타입에 맞는 메모리 공간을 할당해야 하는데, 이때 다음과 같이 **포인터**pointer를 선언해야 한다.

```
int* myIntegerPointer;
```

int 타입 뒤에 붙은 별표(*)는 이 변수가 정수 타입에 대한 메모리 공간을 가리킨다는 것을 의미한다. 이때 포인터는 동적으로 할당된 프리스토어 메모리를 가리키는 화살표와 같다. 아직 값을 할당하지 않았기 때문에 포인터가 구체적으로 가리키는 대상은 없다. 이를 **초기화되지 않은 변수**uninitialized variable라 부른다. 변수를 선언한 후에는 반드시 초기화해야 한다. 특히 포인터 변수를 초기화하지 않으면 어느 메모리를 가리키는지 알 수 없기 때문에 반드시 초기화해야 한다. 포인터를 초기화하지 않고 사용하면 거의 대부분 프로그램이 뻗어버린다(크래시crash). 그러므로 포인터 변수는 항상 선언하자마자 초기화한다. 포인터 변수에 메모리를 당장 할당하고 싶지 않다면 널 포인터null pointer(nullptr)로 초기화한다. 널 포인터에 대해서는 이 절의 '[4] 널 포인터 상수'에서 자세히 설명한다.

```
int* myIntegerPointer { nullptr };
```

널 포인터란 정상적인 포인터라면 절대로 가지지 않을 특수한 값이며, 부울 표현식에서는 false로 취급한다. 예를 들면 다음과 같다.

```
if (!myIntegerPointer) { /* myIntegerPointer는 널 포인터다. */ }
```

포인터 변수에 메모리를 동적으로 할당할 때는 new 연산자를 사용한다.

```
myIntegerPointer = new int;
```

이렇게 하면 정숫값 하나에 대한 메모리 주소를 가리킨다. 이 포인터가 가리키는 값에 접근하려면 포인터를 **역참조**dereference(**참조 해제**)해야 한다. 역참조란 포인터가 프리스토어에 있는 실제 값을 가리키는 화살표를 따라간다는 뜻이다. 앞에서 프리스토어에 새로 할당한 공간에 정숫값을 넣으려면 다음과 같이 작성한다.

```
*myIntegerPointer = 8;
```

한 가지 주의할 점은 이 문장은 myIntegerPointer = 8;과 전혀 다르다는 것이다. 이 문장에서 변경하는 값은 포인터(메모리 주소)가 아니라 이 포인터가 가리키는 메모리에 있는 값이다. 만약 변수 앞에 나온 *가 없으면 메모리 주소가 8인 지점을 가리키는데, 거기에 의미 없는 값이 담겨 있어서 이렇게 실행하면 프로그램이 뻗어버릴 가능성이 높다.

동적으로 할당한 메모리를 다 쓰고 나면 delete 연산자로 그 공간을 해제해야 한다. 메모리를 해제한 포인터를 다시 사용하지 않도록 다음과 같이 곧바로 포인터 변수의 값을 nullptr로 초기화하는 것이 좋다.

```
delete myIntegerPointer;
myIntegerPointer = nullptr;
```

NOTE_ 포인터를 역참조하려면 반드시 메모리가 할당되어 있어야 한다. 널 포인터나 초기화하지 않은 포인터를 역참조하면 프로그램의 동작을 예측할 수 없게 된다. 프로그램이 곧바로 멈출 수도 있고, 계속 실행되지만 이상한 결과가 나올 수도 있다.

포인터는 프리스토어뿐만 아니라 스택과 같은 다른 종류의 메모리를 가리킬 수도 있다. 원하는 변수의 포인터값을 알고 싶다면 레퍼런스(참조) 연산자인 &를 사용한다.

```
int i { 8 };
int* myIntegerPointer { &i }; // 8이란 값을 가진 변수 i의 주소를 가리키는 포인터
```

C++는 구조체의 포인터를 다루는 부분을 좀 다르게 표현한다. 다시 말해 먼저 * 연산자로 역참조해서 구조체 자체(시작 지점)에 접근한 뒤 필드에 접근할 때는 . 연산자로 표기한다. 예를 들면 다음 코드와 같다. 여기에서는 getEmployee() 함수가 Employee 구조체를 리턴한다고 가정한다.

```
Employee* anEmployee { getEmployee() };
cout << (*anEmployee).salary << endl;
```

코드가 좀 복잡해 보이는데, 좀 더 간결하게 표현하고 싶다면 ->(화살표) 연산자로 구조체를 역참조해서 필드에 접근하는 작업을 한 단계로 표현할 수 있다. 다음 코드는 앞에 나온 문장과 같지만 좀 더 읽기 쉽다.

```
Employee* anEmployee { getEmployee() };
cout << anEmployee->salary << endl;
```

포인터를 다룰 때 앞에서 소개한 단락 논리short-circuiting logic를 적용하면 잘못된 포인터에 접근하지 않게 할 수 있다. 예를 들면 다음과 같다.

```
bool isValidSalary { (anEmployee && anEmployee->salary > 0) };
```

이 문장을 좀 더 길게 표현하면 다음과 같다.

```
bool isValidSalary { (anEmployee != nullptr && anEmployee->salary > 0) };
```

anEmployee의 포인터값이 올바를 때만 역참조해서 급여 정보를 가져온다. 이 값이 널 포인터면 단락 논리에 의해 연산을 중간에 멈추기 때문에 anEmployee 포인터를 역참조하지 않는다.

3 동적으로 배열 할당하기

배열을 동적으로 할당할 때도 프리스토어를 활용한다. 이때 new[] 연산자를 사용한다.

```
int arraySize { 8 };
int* myVariableSizedArray { new int[arraySize] };
```

이렇게 하면 정수 타입 원소에 대해 arraySize 변수로 지정한 개수만큼 메모리가 할당된다. [그림 1-3]은 이 코드를 실행한 직후의 스택과 프리스토어의 상태를 보여주고 있다. 그림을 보면 포인터 변수는 여전히 스택 안에 있지만, 동적으로 생성된 배열은 프리스토어에 있다.

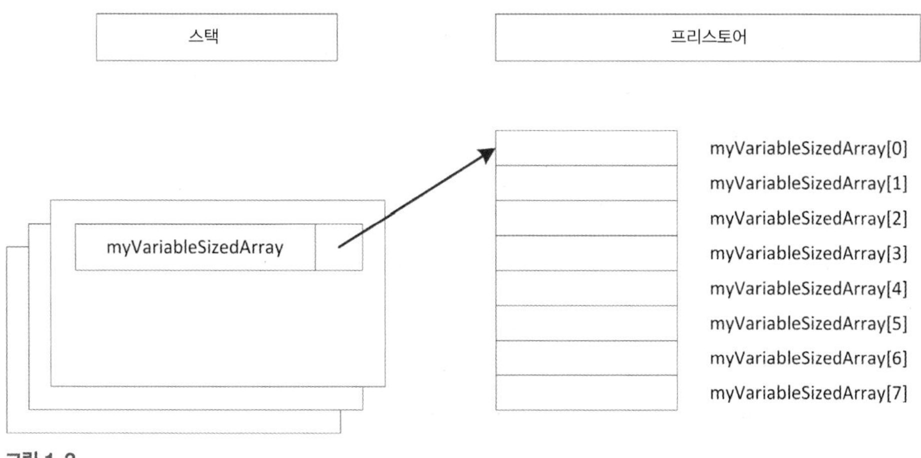

그림 1-3

이렇게 메모리를 할당한 뒤에는 myVariableSizedArray를 일반 스택 기반 배열처럼 다룰 수 있다.

```
myVariableSizedArray[3] = 2;
```

배열을 이용한 작업이 끝나면 다른 변수가 프리스토어의 메모리 공간을 쓸 수 있도록 이 배열을 프리스토어에서 제거한다. C++에서 이 작업은 delete[] 연산자로 처리한다.

```
delete[] myVariableSizedArray;
myVariableSizedArray = nullptr;
```

여기서 delete 뒤에 붙은 대괄호는 배열을 삭제한다는 것을 의미한다.

NOTE_ C에서 사용하던 malloc()이나 free()는 사용하지 말고, new와 delete 또는 new[]와 delete[]를 사용한다.

CAUTION_ 메모리 누수가 발생하지 않도록 new를 호출할 때마다 delete도 쌍을 이루도록 호출한다. new[ ]와 delete[ ]도 마찬가지다. delete나 delete[ ]를 빼먹거나, 두 연산자가 쌍을 이루지 않으면 메모리 누수가 발생한다. 메모리 누수는 7장에서 자세히 설명한다.

4 널 포인터 상수

C++11 이전에는 NULL이란 상수로 널 포인터를 표현했다. NULL은 실제로 상수 0과 같아서 문제가 발생할 여지가 있다. 다음 코드를 살펴보자.

```
void func(int i) { cout << "func(int)" << endl; }

int main()
{
    func(NULL);
}
```

func( ) 함수는 정수 매개변수 하나를 받도록 정의되었다. main( ) 함수를 보면 func( )를 호출할 때 매개변수로 널 포인터 상수인 NULL을 지정했다. 그런데 NULL은 포인터가 아니라 정수 0에 해당하기 때문에 의도와 달리 func(int)가 호출된다. 그러므로 컴파일러는 이 문장에 대해 경고 메시지를 출력한다.

이럴 때는 실제 **널 포인터 상수**인 nullptr을 사용하면 해결할 수 있다. 예를 들어 다음 코드는 실제 널 포인터 상수를 사용하며 포인터를 인수로 받는 버전의 func( )가 없기 때문에 컴파일 에러를 발생시킨다.

```
func(nullptr);
```

1.1.27 const의 다양한 용도

C++에서 const 키워드는 다양하게 사용된다. 각각의 용도가 서로 관련되어 있지만 미묘한 차이가 있다. 그러므로 면접 때 물어보기에 딱 좋다.

const 키워드는 상수를 의미하는 'constant'의 줄임말로서 변경되면 안 될 대상을 선언할 때 사용한다. 컴파일러는 const로 지정한 대상을 변경하는 코드를 발견하면 에러를 발생시킨다. 또한 const로 지정한 대상을 최적화할 때 효율을 더욱 높일 수 있다.

1 const 상수

const는 이름에서 알 수 있듯이 상수로도 사용된다. C 언어에서는 버전 번호처럼 프로그램을 실행하는 동안 변경되지 않을 값에 이름을 붙일 때 전처리 구문인 #define을 주로 사용했다. C++에서는 상수를 #define 대신 const로 정의하는 것이 바람직하다.[6] const로 상수를 정의하는 방법은 변수를 정의할 때와 거의 같고, 값이 변경되지 않도록 보장하는 작업은 컴파일러가 처리한다는 점만 다르다. 예를 들면 다음과 같다.

```
const int versionNumberMajor { 2 };
const int versionNumberMinor { 1 };
const std::string productName { "Super Hyper Net Modulator" };
const double PI { 3.141592653589793238462 };
```

const는 글로벌 변수나 클래스 데이터 멤버를 비롯한 거의 모든 변수에 붙일 수 있다.

const 포인터

여러 단계의 간접 참조를 거치는 포인터 변수에 대해 const를 적용하는 것은 쉽지 않다. 다음 코드를 보자.

```
int* ip;
ip = new int[10];
ip[4] = 5;
```

여기서 ip를 const로 지정하고 싶다고 하자. 실전에서 이렇게 할 경우는 거의 없겠지만 일단 구현 과정만 살펴보자. 먼저 const로 지정할 대상이 ip 변수인지 아니면 이 변수가 가리키는 값인지부터 구분해야 한다. 다시 말해 위 코드에서 const로 보호할 대상이 두 번째 줄과 세 번째 줄 중에서 어느 것인지 정해야 한다.

(세 번째 문장처럼) 포인터로 가리키는 값이 수정되지 않게 하려면 다음과 같이 const 키워드를 포인터 타입 변수(* ip)의 선언문에 붙인다.

6 옮긴이_ #define은 전처리기(preprocessor)가 처리하고, const는 컴파일러가 처리한다. 즉, define 문은 코드를 메타 수준으로 처리해서 언어의 구문과 의미에 대해 신경 쓰지 않고 워드프로세서의 찾아 바꾸기처럼 단순히 텍스트 매칭 작업을 수행한다. 반면 const는 메타 수준이 아닌 C++ 코드 문맥 안에서 컴파일러가 평가한다. 그러므로 const로 정의할 대상에 타입이나 스코프를 적용할 수 있다는 장점이 있다.

```
const int* ip;
ip = new int[10];
ip[4] = 5; // 컴파일 에러 발생
```

그러면 ip가 가리키는 값을 변경할 수 없게 된다. 이때 const를 int 앞이나 뒤에 붙여도 상관없다. 따라서 다음과 같이 작성해도 효과는 같다.

```
int const* ip;
ip = new int[10];
ip[4] = 5; // 컴파일 에러 발생
```

반면 변경하지 않게 하려는 대상이 ip가 가리키는 값이 아니라 ip 자체라면 다음과 같이 const를 ip 변수에 바로 붙인다.

```
int* const ip { nullptr };
ip = new int[10]; // 컴파일 에러 발생
ip[4] = 5;         // 에러: 널포인터 역참조
```

이렇게 하면 ip 자체를 변경할 수 없게 되기 때문에 이 변수를 선언과 동시에 초기화해야 한다. 초기화할 값은 앞에 나온 코드처럼 nullptr로 정해도 되고, 다음과 같이 메모리를 새로 할당해도 된다.

```
int* const ip { new int[10] };
ip[4] = 5;
```

물론 다음과 같이 포인터(ip)와 포인터가 가리키는 값을 모두 const로 지정할 수 있다.

```
int const* const ip { nullptr };
```

이 문장을 다음과 같이 작성해도 된다.

```
const int* const ip { nullptr };
```

문법이 좀 헷갈리지만 규칙은 간단하다. const 키워드는 항상 바로 왼쪽에 나온 대상에 적용된다. 다음 문장을 자세히 살펴보자.

```
int const* const ip { nullptr };
```

왼쪽에서 오른쪽으로 향할 때 첫 번째 const는 int의 바로 오른쪽에 있기 때문에 ip가 가리키는 int 값에 적용된다. 따라서 ip가 가리키는 값을 변경할 수 없게 된다. 두 번째 const는 * 연산의 바로 오른쪽에 있기 때문에 앞에 나온 int를 가리키는 포인터, 즉 ip 변수에 적용된다. 따라서 두 번째 const는 ip 자체를 변경할 수 없게 만든다.

이 규칙이 헷갈리는 이유는 예외 문법이 있기 때문이다. 다시 말해 위 코드에서 첫 번째로 나온 const가 다음과 같이 변수 앞에 나올 수 있다.

```
const int* const ip { nullptr };
```

그런데 이런 '예외' 문법을 사용하는 경우가 훨씬 많다.

방금 설명한 규칙은 포인터의 단계가 얼마든지 늘어나도 똑같이 적용된다.

```
const int* const* const* const ip { nullptr };
```

> **NOTE_** const 변수가 복잡하게 선언되었을 때 이 규칙을 쉽게 떠올리는 방법은 오른쪽부터 왼쪽으로 읽는 것이다. 예를 들어 int* const ip라고 선언한 문장을 오른쪽부터 읽으면 ip는 int에 대한 포인터에 const를 적용한 것(int에 대한 const 포인터)이 되고, int const* ip란 문장은 ip는 const가 적용된 int(int 상수)에 대한 포인터가 된다.

const 매개변수

C++에서는 비 const 변수를 const 변수로 캐스트할 수 있다. 이렇게 하면 다른 코드에서 변수를 변경하지 못하게 보호할 수 있다. 동료가 작성한 함수를 호출할 때 여러분이 전달한 매개변수가 변경되지 않도록 보장하고 싶다면 동료에게 const 매개변수를 받도록 함수를 작성해달라고 말하면 된다. 이렇게 작성한 함수 안에서 매개변수의 값을 변경하면 컴파일 에러가 발생한다.

다음 코드는 mysteryFunction( )을 호출할 때 string*을 const string*으로 자동으로 캐스트한다. 그러면 mysteryFunction( ) 안에서 매개변수로 전달된 스트링의 값을 변경하면 컴파일 에러가 발생한다. 하지만 매개변수를 변경할 방법은 얼마든지 있으므로 구현할 때 특별히 주의를 기울여야 한다. C++에서는 실수로 변경하는 경우만 보호해준다.

```
void mysteryFunction(const string* someString)
{
    *someString = "Test"; // 이 부분에서 컴파일 에러가 발생한다.
}

int main()
{
    std::string myString { "The string" };
    mysteryFunction(&myString);
}
```

const는 기본 타입 매개변수에도 붙일 수 있다. 그러면 함수 본문에서 매개변수를 변경하지 못하게 할 수 있다. 예를 들어 다음 코드는 const int 매개변수를 받는다. 이 함수의 본문에서 param으로 받은 정수를 변경할 수 없다. 만약 수정하는 코드를 작성하면 컴파일 에러가 발생한다.

```
void func(const int param) { /* param을 변경할 수 없다. */ }
```

2 const 메서드

const는 클래스 메서드에도 지정할 수 있다. 그러면 해당 클래스의 데이터 멤버를 수정할 수 없게 만든다. 앞에서 본 AirlineTicket 클래스에서 읽기 전용 메서드를 모두 const로 지정할 수 있다. 이렇게 만든 const 메서드 중에서 어느 하나라도 AirlineTicket의 데이터 멤버를 수정하려고 하면 컴파일 에러가 발생한다.

```
export class AirlineTicket
{
    public:
        double calculatePriceInDollors() const;
```

```
        std::string getPassengerName() const;
        void setPassengerName(std::string name);

        int getNumberOfMiles() const;
        void setNumberOfMiles(int miles);

        bool hasEliteSuperRewardsStatus() const;
        void setHasEliteSuperRewardsStatus(bool status);
    private:
        std::string m_passengerName { "Unknown Passenger" };
        int m_numberOfMiles { 0 };
        bool m_hasEliteSuperRewardsStatus { false };
};

string AirlineTicket::getPassengerName() const
{
    return m_passengerName;
}
// 나머지 메서드 코드 생략
```

> **NOTE_** const-정확성 원칙(const-correctness principle)에 따르기 위해서는 객체의 데이터 멤버를 변경하지 않는 멤버 함수를 const로 선언하는 것이 좋다. 이런 멤버 함수를 '인스펙터(inspector)'라고 부른다. 참고로 비 const 멤버 함수를 '뮤테이터(mutator)'라고 부른다.

1.1.28 constexpr 키워드

C++는 **상수 표현식**constant expression이란 것도 제공한다. 상수 표현식이란 컴파일 시간에 평가되는 표현식이다. 상수 표현식이 꼭 필요한 경우가 있다. 예를 들어 배열을 정의할 때는 크기를 상수 표현식으로 지정해야 한다. 다음과 같이 작성하면 에러가 발생한다.

```
const int getArraySize() { return 32; }

int main()
{
    int myArray[getArraySize()]; // C++에서 허용하지 않는 표현
}
```

constexpr 키워드를 사용하면 앞에 나온 getArraySize() 함수를 상수 표현식에서 호출되게 만들 수 있다.

```
constexpr int getArraySize() { return 32; }

int main()
{
    int myArray[getArraySize()]; // OK
}
```

심지어 다음과 같이 작성할 수도 있다.

```
int myArray[getArraySize() + 1]; // OK
```

함수에 constexpr을 적용하면 그 함수에 상당히 많은 제약사항이 적용된다. 컴파일러가 그 함수를 컴파일 시간에 평가해야 하기 때문이다. 예를 들어 constexpr 함수는 다른 constexpr 함수를 호출할 수 있지만, constexpr이 아닌 함수는 호출할 수 없다. 이런 함수는 부작용side effect이 발생해서도 안 되고 익셉션을 던질 수도 없기 때문이다. constexpr 함수는 C++의 고급 기능에 해당한다. 따라서 이 책에서는 더 이상 자세히 다루지 않겠다.

constexpr 생성자를 정의하면 사용자 정의 타입에 대한 상수 표현식 변수를 만들 수 있다. constexpr 함수와 마찬가지로 constexpr 클래스를 적용하면 상당히 많은 제약사항이 적용된다. 여기에 대한 자세한 사항은 이 책에서 다루지 않으며, 어떤 것을 할 수 있는지 간략히 소개만 하고 넘어가겠다. 예를 들어 다음 코드에 나오는 Rect 클래스는 constexpr 생성자를 정의했다. 또한 몇 가지 계산을 수행하도록 constexpr getArea() 메서드도 정의했다.

```
class Rect
{
    public:
        constexpr Rect(size_t width, size_t height)
            : m_width { width }, m_height { height } {}

        constexpr size_t getArea() const { return m_width * m_height; }
    private:
        size_t m_width { 0 }, m_height { 0 };
};
```

이렇게 클래스를 정의하면 다음과 같이 constexpr 객체를 간단히 선언할 수 있다.

```
constexpr Rect r { 8, 2 };
int myArray[r.getArea()]; // OK
```

C++20 1.1.29 consteval 키워드

방금 소개한 constexpr 키워드는 함수가 컴파일 시간에 실행될 수도 있다고 지정할 뿐 반드시 컴파일 시간에 실행되도록 보장하는 것은 아니다. 다음에 나온 constexpr 함수를 살펴보자.

```
constexpr double inchToMm(double inch) { return inch * 25.4; }
```

다음과 같이 호출하면 의도한 대로 컴파일 시간에 평가된다.

```
constexpr double const_inch { 6.0 };
constexpr double mm1 { inchToMm(const_inch) }; // 컴파일 시간에 평가됨
```

하지만 다음과 같이 호출하면 컴파일 시간이 아닌 실행 시간에 평가된다.

```
double dynamic_inch { 8.0 };
double mm2 { inchToMm(dynamic_inch) }; // 실행 시간에 평가됨
```

함수가 항상 컴파일 시간에 평가되도록 보장하고 싶다면 C++20부터 제공하는 consteval 키워드로 해당 함수를 **즉시 실행 함수**immediate function로 만든다. 예를 들어 앞에 나온 inchToMm() 함수를 다음과 같이 바꿀 수 있다.

```
consteval double inchToMm(double inch) { return inch * 25.4; }
```

그러면 이전의 inchToMm() 함수에 대한 첫 번째 호출은 아무런 에러 메시지 없이 컴파일 시간에 평가된다. 하지만 두 번째 호출문은 컴파일 시간에 평가될 수 없기 때문에 에러가 발생한다.

1.1.30 레퍼런스

전문 C++ 프로그래머가 작성한 코드는 레퍼런스reference (참조)를 상당히 많이 사용한다. 이 책에 나온 예제도 마찬가지다. C++에서 말하는 **레퍼런스**란 변수에 대한 **앨리어스**alias 다. 레퍼런스에 대해 수정한 내용은 그 레퍼런스가 가리키는 변수의 값에 그대로 반영된다. 레퍼런스는 변수의 주소를 가져오거나 변수에 대한 역참조 연산을 수행하는 작업을 자동으로 처리해주는 특수한 포인터라고 볼 수 있다. 또는 변수에 대한 다른 이름(별칭)이라고 생각해도 된다. 변수를 레퍼런스로 만들 수 있고, 클래스의 데이터 멤버를 레퍼런스로 만들 수 있으며, 함수나 메서드가 레퍼런스를 매개변수로 받거나 레퍼런스를 리턴하게 만들 수 있다.

1 레퍼런스 변수

레퍼런스 변수는 반드시 생성하자마자 초기화해야 한다. 예를 들면 다음과 같다.

```
int x { 3 };
int& xRef { x };
```

변수의 타입 뒤에 &를 붙이면 그 변수는 레퍼런스가 된다. 코드에서 다루는 방법은 일반 변수와 같지만 내부적으로는 원본 변수에 대한 포인터로 취급한다. 앞에 나온 예에서 일반 변수 x와 레퍼런스 변수 xRef는 모두 같은 값을 가리킨다. 한마디로 xRef는 x의 또 다른 이름이다. 둘 중 한 변수에서 값을 변경하면 그 결과가 다른 변수에서도 반영된다. 예를 들어 다음 코드는 xRef를 이용하여 x에 10을 대입한다.

```
xRef = 10;
```

레퍼런스 변수를 클래스 밖에서 선언만 하고 초기화하지 않으면 컴파일 에러가 발생한다.

```
int& emptyRef; // 컴파일 에러 발생
```

CAUTION_ 레퍼런스 변수는 반드시 생성 즉시 초기화해야 한다.

레퍼런스 대상 변경하기

레퍼런스는 처음 초기화할 때 지정한 변수만 가리킨다. 레퍼런스는 한 번 생성되고 나면 가리키는 대상을 바꿀 수 없다. 이 규칙 때문에 C++를 처음 입문하는 프로그래머는 문법이 좀 헷갈릴 수 있다. 레퍼런스를 선언할 때 어떤 변수를 '대입'하면 레퍼런스는 그 변수를 가리킨다. 하지만 이렇게 한 번 선언된 레퍼런스에 다른 변수를 대입하면 레퍼런스가 가리키는 대상이 바뀌는 것이 아니라 레퍼런스가 원래 가리키던 변수의 값이 새로 대입한 변수의 값으로 바뀌게 된다. 예를 들면 다음과 같다.

```
int x { 3 }, y { 4 };
int& xRef { x };
xRef = y; // xRef가 가리키는 대상이 y로 변경되지 않고 x의 값이 4로 바뀐다.
```

여기서 y의 주소를 대입하면 가리키는 대상이 바뀐다고 생각하는 사람도 있다.

```
xRef = &y; // 컴파일 에러 발생
```

하지만 이렇게 작성하면 컴파일 에러가 발생한다. y의 주소는 포인터지만 xRef는 포인터에 대한 레퍼런스가 아닌 int에 대한 레퍼런스이기 때문이다.

간혹 다음과 같이 레퍼런스에 레퍼런스를 대입하는 방식으로 방금 설명한 문법의 한계를 극복하려는 프로그래머도 있다. 값 타입 변수를 대입할 수 없으니 레퍼런스 타입 변수를 사용하면 해결할 수 있다고 생각하기 때문이다. 하지만 이렇게 작성하면 안 된다.

```
int x { 3 }, z { 5 };
int& xRef { x };
int& zRef { z };
zRef = xRef; // 레퍼런스가 아닌 값이 대입된다.
```

마지막 줄을 보면 zRef가 가리키는 대상이 바뀌지 않고, z 값이 3으로 변경된다. xRef가 가리키는 x의 값이 3이기 때문이다.

> **CAUTION_** 레퍼런스를 초기화하고 나면 그 레퍼런스가 가리키는 대상을 다른 변수로 변경할 수 없고, 그 레퍼런스가 가리키는 변수의 값만 바꿀 수 있다.

const 레퍼런스

레퍼런스에 const를 적용하는 것은 포인터에 const를 적용하는 것보다 대체로 쉬운데 그 이유는 크게 두 가지다. 첫째, 레퍼런스는 가리키는 대상을 변경할 수 없기 때문에 기본적으로 const 속성을 갖는다. 그러므로 명시적으로 const로 지정할 필요가 없다. 둘째, 레퍼런스에 대한 레퍼런스를 만들 수 없기 때문에 참조가 한 단계뿐이다. 여러 단계로 참조하려면 포인터에 대한 레퍼런스를 만들 수밖에 없다.

따라서 C++에서 'const 레퍼런스'라고 부르는 것은 대부분 다음과 같은 경우를 의미한다.

```
int z;
const int& zRef { z };
zRef = 4; // 컴파일 에러 발생
```

int&에 const를 지정하면 zRef에 다른 값을 대입할 수 없다. const 포인터와 마찬가지로 const int& zRef는 int const& zRef와 같다. 하지만 여기서 주의할 점은 zRef를 const라고 지정한 것은 z에 영향을 미치지 않는다. 그러므로 zRef를 거치지 않고 z에 곧바로 접근하면 값을 변경할 수 있다.

정수 리터럴처럼 이름 없는 값에 대해서는 레퍼런스를 생성할 수 없다. 단, const 값에 대해서는 레퍼런스를 생성할 수 있다. 다음 코드에서는 unnamedRef1을 대입하는 문장에 컴파일 에러가 발생한다. 비 const 상수를 레퍼런스로 만들기 때문이다. 생각해보면 말이 안 되는 문장이다. 5라는 상수를 레퍼런스로 수정하겠다는 뜻이기 때문이다. 반면 unnamedRef2는 const 레퍼런스로 선언했기 때문에 문제없이 컴파일된다. const로 선언했기 때문에 애초에 unnamedRef2 = 7처럼 값을 변경할 일이 없기 때문이다.

```
int& unnamedRef1 { 5 };        // 컴파일 에러 발생
const int& unnamedRef2 { 5 }; // 정상 작동
```

임시 객체도 마찬가지다. 임시 객체에 대해 비 const 레퍼런스는 만들 수 없지만 const 레퍼런스는 얼마든지 만들 수 있다. 예를 들어 다음과 같이 std::string 객체를 리턴하는 함수를 살펴보자.

```
string getString() { return "Hello world!"; }
```

getString()을 호출한 결과에 대해 const 레퍼런스를 만들 수 있다. 그러면 이 레퍼런스가 스코프를 벗어나기 전까지 std::string 객체를 계속 가리킨다.

```
string& string1 { getString() };        // 컴파일 에러 발생
const string& string2 { getString() }; // 정상 작동
```

포인터에 대한 레퍼런스와 레퍼런스에 대한 포인터

레퍼런스는 모든 타입에 대해 만들 수 있다. 심지어 포인터 타입에 대한 레퍼런스도 만들 수 있다. 예를 들어 int 포인터를 가리키는 레퍼런스를 다음과 같이 만들 수 있다.

```
int* intP { nullptr };
int*& ptrRef { intP };
ptrRef = new int;
*ptrRef = 5;
```

이렇게 *와 &가 연달아 붙은 표현이 좀 생소하겠지만 의미는 간단하다. ptrRef는 intP에 대한 레퍼런스고, intP는 int에 대한 포인터다. ptrRef를 수정하면 intP가 바뀐다. 포인터에 대한 레퍼런스가 필요한 경우는 드물지만 간혹 유용한 경우가 있는데 다음 쪽의 '[3] 레퍼런스 매개변수'에서 설명한다.

레퍼런스가 가져온 주소는 그 레퍼런스가 가리키는 변수의 주소와 같다. 예를 들면 다음과 같다.

```
int x { 3 };
int& xRef { x };
int* xPtr { &xRef }; // 레퍼런스의 주소는 값에 대한 포인터와 같다.
*xPtr = 100;
```

이 코드는 x에 대한 레퍼런스의 주소를 가져와서 xPtr이 x를 가리키도록(xPtr을 x에 대한 포인터로) 설정한다. 그러므로 *xPtr에 100을 대입하면 x의 값이 100으로 바뀐다. 그런데 xPtr == xRef라는 비교 연산을 수행하면 서로 타입이 다르다는 컴파일 에러가 발생한다. xPtr은 int에 대한 포인터 타입이고, xRef는 int에 대한 레퍼런스 타입이기 때문이다. 따라서 xPtr == &xRef나 xPtr == &x와 같이 작성해야 된다. 참고로 두 비교 연산의 결과는 모두 true다.

마지막으로 한 가지 주의할 점은 레퍼런스에 대한 레퍼런스를 선언할 수 없다는 것이다. 예를 들어 int& &나 int&*와 같이 선언할 수 없다.

구조적 바인딩과 레퍼런스

앞에서 구조적 바인딩을 소개한 적 있다. 예를 들면 다음과 같다.

```
pair myPair { "hello", 5 };
auto [theString, theInt] { myPair }; // 구조적 바인딩으로 분해
```

이제 const 변수와 레퍼런스에 대해 배웠으니, 두 개념을 구조적 바인딩에 적용해보자. 예를 들면 다음과 같다.

```
auto& [theString, theInt] { myPair };       // 비 const 레퍼런스로 분해
const auto& [theString, theInt] { myPair }; // const 레퍼런스로 분해
```

2 레퍼런스 데이터 멤버

클래스의 데이터 멤버도 레퍼런스 타입으로 정의할 수 있다. 앞에서 설명했듯이 레퍼런스는 가리키는 대상이 되는 변수 없이는 존재할 수 없다. 따라서 레퍼런스 데이터 멤버는 반드시 생성자의 본문이 아닌 **생성자 초기자**에서 초기화해야 한다. 문법을 보면 생성자 초기자는 생성자 헤더 바로 뒤에 콜론(:)을 붙이는 식으로 작성한다. 간단히 예를 들면 다음과 같다. 자세한 사항은 9장에서 설명한다.

```
class MyClass
{
    public:
        MyClass(int& ref) : m_ref { ref } { /* 생성자 본문 */ }
    private:
        int& m_ref;
};
```

CAUTION_ 레퍼런스는 반드시 생성할 때 초기화해야 한다. 일반적으로 레퍼런스는 선언과 동시에 생성되지만 레퍼런스 데이터 멤버는 소속 클래스의 생성자 초기자에서 초기화해주어야 한다.

3 레퍼런스 매개변수

레퍼런스 변수나 레퍼런스 데이터 멤버를 별도로 선언해서 사용하는 일은 많지 않다. 레퍼런스

는 주로 함수나 메서드의 매개변수로 많이 사용한다. 앞에서 설명했듯이 매개변수는 값 전달 방식pass-by-value을 따르기 때문에 함수는 인수의 복사본을 받는다. 따라서 전달받은 인수를 함수 안에서 수정하더라도 인수의 원본은 변하지 않는다. C에서는 다른 스택 프레임에 있는 변수를 수정하는 함수를 만들기 위해 스택 변수에 대한 포인터를 자주 사용한다. 그러므로 함수 안에서 이런 포인터를 역참조하면 해당 변수가 현재 스택 프레임에 없더라도 메모리를 변경할 수 있다. 그런데 이 방식은 포인터 연산이 많아져서 간단한 작업이라도 코드도 복잡해진다.

C++에서는 값 전달 방식보다 뛰어난 레퍼런스 전달 방식pass-by-reference을 제공한다. 이 방식을 사용하면 매개변수가 포인터값이 아닌 레퍼런스로 전달된다. 예를 들어 다음과 같이 addOne() 함수를 구현하는 두 가지 방식을 비교해보자. 첫 번째 함수는 매개변수가 값으로 전달되어 함수 안에서는 그 값의 복제본을 조작하기 때문에 원본 변수는 변하지 않는다. 두 번째 함수는 레퍼런스로 전달되기 때문에 원본 변수의 값도 변경된다.

```
void addOne(int i)
{
    i++; // 복제본이 전달되었기 때문에 원본에는 아무런 영향을 미치지 않는다.
}

void addOne(int& i)
{
    i++; // 원본 변수가 변경된다.
}
```

정수 타입에 대한 레퍼런스를 받는 addOne() 함수를 호출하는 문장의 작성 방식은 그냥 정숫값을 받는 함수를 호출하는 방식과 같다.

```
int myInt { 7 };
addOne(myInt);
```

NOTE_ 앞에 나온 두 가지 addOne() 함수는 미묘한 차이가 있다. 값으로 전달한 매개변수에 리터럴을 지정해도 문제가 없다. 예를 들어 addOne(3)과 같이 작성해도 된다. 하지만 레퍼런스로 전달하는 매개변수에 리터럴을 지정하면 컴파일 에러가 발생한다. 이럴 때는 다음 절에서 설명할 const 레퍼런스로 전달한다.

레퍼런스로 전달하는 또 다른 예를 살펴보자. 다음 함수는 두 int 값을 서로 맞바꾼다.

```
void swap(int& first, int& second)
{
    int temp { first };
    first = second;
    second = temp;
}
```

이 함수는 다음과 같이 호출할 수 있다.

```
int x { 5 }, y { 6 };
swap(x, y);
```

swap()을 호출할 때 위와 같이 초기화된 x와 y를 인수로 지정하면 first 매개변수는 x를 가리키도록 초기화되고, second 매개변수는 y를 가리키도록 초기화된다. 그러므로 swap()에서 first와 second의 값을 변경하면 x와 y 값도 변경된다.

매개변수가 레퍼런스인 함수나 메서드에 포인터를 전달하려면 좀 난감해진다. 이럴 때는 포인터를 역참조해서 레퍼런스로 변환할 수 있다. 이렇게 하면 포인터가 가리키는 값을 알아낼 수 있고, 컴파일러는 이 값을 이용하여 레퍼런스 매개변수를 초기화할 수 있기 때문이다. 예를 들어 swap()을 호출할 때 포인터를 전달하는 방법은 다음과 같다.

```
int x { 5 }, y { 6 };
int *xp { &x }, *yp { &y };
swap(*xp, *yp);
```

마지막으로 어떤 클래스의 객체를 리턴해야 하는 함수가 있는데, 이를 복제하는 방식으로 처리하기에는 오버헤드가 커서 비 const 레퍼런스 타입의 출력 매개변수를 받도록 함수를 정의하는 경우가 많다. 이렇게 작성된 함수는 객체를 직접 리턴하지 않고 함수 내부에서 원본 객체를 직접 수정하는 방식으로 처리할 수 있다. 개발자의 관점에서 볼 때 이렇게 하면 객체를 리턴하는 함수에서 복제로 인한 성능 저하를 줄일 수 있어서 바람직하다고 생각하기 쉽다. 하지만 컴파일러는 이미 예전부터 이렇게 불필요한 복제 작업을 제거해왔다. 따라서 다음과 같은 원칙을 따른다.

CAUTION_ 함수에서 객체를 리턴하는 바람직한 방법은 출력 매개변수를 사용하는 것이 아니라 값으로 리턴하는 것이다.

const 레퍼런스 전달 방식

const 레퍼런스 매개변수의 가장 큰 장점은 성능이다. 함수에 매개변수를 값으로 전달하면 그 값 전체가 복제된다. 하지만 레퍼런스로 전달하면 원본에 대한 포인터만 전달되기 때문에 원본 전체를 복제할 필요가 없다. 또한 const 레퍼런스로 전달하면 복제되지도 않고 원본 변수가 변경되지도 않는 장점을 모두 취할 수 있다. const 레퍼런스는 특히 객체를 다룰 때 유용하다. 객체는 대체로 크고 복제하는 동안 의도하지 않은 부작용이 발생할 수 있기 때문이다. 다음 코드는 std::string을 const 레퍼런스로 함수에 전달하는 예를 보여주고 있다.

```
void printString(const string& myString)
{
    cout << myString << endl;
}

int main()
{
    string someString { "Hello World" };
    printString(someString);
    printString("Hello World"); // 리터럴을 전달해도 된다.
}
```

레퍼런스 전달 방식과 값 전달 방식

레퍼런스 전달 방식은 함수나 메서드 안에서 인수로 전달한 값을 수정하면 그 결과가 원본 변수에도 반영되게 만들고 싶을 때 필요하다. 하지만 이 경우 말고도 레퍼런스 전달 방식이 필요한 경우가 얼마든지 있다. 레퍼런스로 전달하면 인수에 대한 복제본을 만들지 않기 때문에 다음 두 가지 장점이 있다.

- **효율:** 큰 객체는 복제하는 데 시간이 오래 걸릴 수 있다. 하지만 레퍼런스 전달 방식은 객체에 대한 레퍼런스만 함수에 전달한다.
- **지원:** 값 전달 방식을 허용하지 않는 클래스가 있다.

이런 장점을 최대한 활용하면서 원본 객체를 수정할 수 없게도 만들고 싶다면 매개변수를 const 레퍼런스로 선언하면 된다.

> **NOTE_** 레퍼런스 전달 방식의 장점을 고려하면 값 전달 방식은 인수가 int나 double과 같이 함수 안에서 따로 수정할 일이 없는 기본 타입일 때만 사용하는 것이 좋다. 함수에 객체를 전달할 때는 값으로 전달하기보다는 const 레퍼런스로 전달하는 것이 좋다. 그러면 불필요한 복제 작업을 피할 수 있다. 전달할 객체를 함수 안에서 수정해야 할 때는 비 const 레퍼런스로 전달한다. 단, 9장에서 소개하는 이동 의미론을 이용한다면 객체를 값으로 전달해도 효율적으로 처리된다.

4 레퍼런스 리턴값

함수나 메서드의 리턴값도 레퍼런스 타입으로 지정할 수 있다. 물론 함수 종료 후에도 계속 남아 있는 객체에 대해서만 레퍼런스로 리턴할 수 있다.

> **CAUTION_** 스코프가 함수를 벗어나지 않는 로컬 변수(예: 함수 호출시 스택에 자동으로 할당되었다가 함수 종료와 동시에 자동으로 제거되는 변수)는 레퍼런스로 리턴하면 안 된다.

레퍼런스를 리턴해야 하는 주된 경우는 리턴값을 대입문의 왼쪽에 나오는 **lvalue**(좌측값)에 직접 대입할 때다. =, += 등을 오버로딩했을 때는 레퍼런스를 리턴하는 경우가 많다. 연산자 오버로딩은 15장에서 자세히 소개한다.

5 레퍼런스와 포인터의 선택 기준

레퍼런스로 할 수 있는 일을 모두 포인터로 처리할 수 있으니 C++에서 굳이 레퍼런스를 제공할 이유가 없다고 생각할 수도 있다. 예를 들어 앞에서 본 swap() 함수를 다음과 같이 포인터로도 구현해도 된다.

```
void swap(int* first, int* second)
{
    int temp { *first };
    *first = *second;
    *second = temp;
}
```

하지만 이렇게 하면 코드가 더 복잡해진다. 레퍼런스를 사용하면 코드를 깔끔하고 읽기 쉽게 작성할 수 있다. 게다가 포인터보다 훨씬 안전하다. 레퍼런스의 값은 널이 될 수 없고, 레퍼런스를 명시적으로 역참조할 수도 없다. 그러므로 포인터처럼 역참조 과정에서 에러가 발생할 가능성도 없다. 단, 포인터가 하나도 없을 때만 레퍼런스가 더 안전하다고 말할 수 있다. 예를 들어 다음과 같이 int에 대한 레퍼런스를 인수로 받는 함수를 살펴보자.

```
void refcall(int& t) { ++t; }
```

임의의 메모리를 가리키도록 초기화한 포인터를 하나 만들었다고 해보자. 그러고 나서 다음 코드처럼 이 포인터를 역참조해서 refcall()에 레퍼런스 인수로 전달해보자. 그러면 컴파일 에러는 발생하지 않지만 실행 과정에서 무슨 일이 벌어질지 예측할 수 없다. 실행하자마자 프로그램이 뻗어버릴 수도 있다.

```
int* ptr { (int*)8 };
refcall(*ptr);
```

포인터를 사용한 코드는 거의 대부분 레퍼런스로 표현할 수 있다. 심지어 객체에 대한 레퍼런스는 10장에서 소개하는 다형성(폴리모피즘 polymorphism)도 지원하며, 그 방식도 객체에 대한 포인터와 같다. 하지만 반드시 포인터를 써야 하는 경우가 있다. 대표적인 예로 가리키는 위치를 변경해야 하는 경우를 들 수 있다. 앞에서 설명했듯이 레퍼런스 타입 변수는 한 번 초기화되고 나면 그 변수가 가리키는 주솟값을 바꿀 수 없다. 예를 들어 동적 할당 메모리의 주소는 레퍼런스가 아닌 포인터에 저장해야 한다. 또 다른 예로 주솟값이 nullptr이 될 수도 있는 optional 타입은 반드시 포인터를 사용해야 한다. 또한 컨테이너에 다형성 타입(10장에서 소개)을 저장할 때도 포인터를 사용해야 한다.

아주 오래 전 레거시 코드에서 매개변수나 리턴값을 포인터와 레퍼런스 중 어느 것으로 표현하는 것이 적합한지는 메모리의 **소유권**이 어디에 있는지 따져보고 결정했다. 메모리의 소유권이 변수를 받는 코드에 있으면 객체에 대한 메모리를 해제하는 책임은 그 코드에 있다. 따라서 객체를 포인터로 표현한다. 반면 메모리의 소유권이 변수를 받는 코드에 없어서 메모리를 해제할 일이 없다면 레퍼런스로 전달한다. 하지만 최근에는 소유권을 이전해야 할 때 일반 포인터보다 **스마트 포인터** smart pointer(7장에서 소개)를 사용하는 것이 바람직하다.

NOTE 포인터보다 레퍼런스를 사용하는 것이 좋다. 레퍼런스로 충분하지 않을 때만 포인터를 사용한다.

int 타입 배열을 두 개(하나는 짝수, 하나는 홀수)로 나누는 함수가 있다고 하자. 이 함수는 원본 배열에 있는 원소의 개수가 짝수인지 홀수인지 모른다고 하자. 그러므로 원본 배열을 살펴보고 배열을 나누는 데 필요한 만큼의 메모리를 동적으로 할당해야 한다. 이때 새로 만든 두 배열의 크기도 리턴하려고 한다. 그러면 새로 만든 두 배열에 대한 포인터와 각각의 크기 등 총 네 가지 값을 리턴해야 한다. 이때는 당연히 레퍼런스로 전달해야 한다. 이를 전형적인 C 스타일로 표현하면 다음과 같다.

```
void separateOddsAndEvens(const int arr[], size_t size, int** odds,
    size_t* numOdds, int** evens, size_t* numEvens)
{
    // 짝수와 홀수의 개수를 센다.
    *numOdds = *numEvens = 0;
    for (size_t i = 0; i < size; ++i) {
        if (arr[i] % 2 == 1) {
            ++(*numOdds);
        } else {
            ++(*numEvens);
        }
    }

    // 새로 만들 두 배열의 크기에 맞게 공간을 할당한다.
    *odds = new int[*numOdds];
    *evens = new int[*numEvens];

    // 원본 배열에 담긴 홀수와 짝수 원소를 새로 만들 배열에 복사한다.
    size_t oddsPos = 0, evensPos = 0;
    for (size_t i = 0; i < size; ++i) {
        if (arr[i] % 2 == 1) {
            (*odds)[oddsPos++] = arr[i];
        } else {
            (*evens)[evensPos++] = arr[i];
        }
    }
}
```

함수에 전달할 마지막 네 매개변수는 모두 '레퍼런스'다. 그러므로 이 변수가 가리키는 값을 변경하려면 separateOddsAndEvens() 본문 안에서 매개변수를 역참조해야 하는데, 그러면 코드가 지저분해진다. 또한 separateOddsAndEvens()를 호출할 때 두 포인터와 두 size_t 값에 대한 주소도 함께 전달해야 한다. 그래야 함수 안에서 두 포인터와 두 size_t 값 주소가 가리키는 값을 변경할 수 있다. 또한 separateOddsAndEvens()로 생성한 두 배열을 삭제하는 작업도 이 함수를 호출한 코드에서 처리해야 한다. 예를 들면 다음과 같다.

```
int unSplit[] { 1, 2, 3, 4, 5, 6, 7, 8, 9, 10 };
int* oddNums { nullptr };
int* evenNums { nullptr };
size_t numOdds { 0 }, numEvens { 0 };

separateOddsAndEvens(unSplit, std::size(unSplit),
    &oddNums, &numOdds, &evenNums, &numEvens);

// 생성된 배열을 사용하는 코드

delete[] oddNums; oddNums = nullptr;
delete[] evenNums; evenNums = nullptr;
```

코드가 지저분해지는 것이 싫다면 다음과 같이 레퍼런스 전달 방식으로 구현한다.

```
void separateOddsAndEvens(const int arr[], size_t size, int*& odds,
    size_t& numOdds, int*& evens, size_t& numEvens)
{
    numOdds = numEvens = 0;
    for (size_t i { 0 }; i < size; ++i) {
        if (arr[i] % 2 == 1) {
            ++numOdds;
        } else {
            ++numEvens;
        }
    }

        odds = new int[numOdds];
        evens = new int[numEvens];

        size_t oddsPos { 0 }, evensPos { 0 };
        for (size_t i { 0 }; i < size; ++i) {
            if (arr[i] % 2 == 1) {
                odds[oddsPos++] = arr[i];
            } else {
                evens[evensPos++] = arr[i];
        }
    }
}
```

이 경우 odds와 evens 매개변수는 int*에 대한 레퍼런스다. 따라서 separateOddsAndEvens() 함수에 레퍼런스 타입 인수로 전달된 int*를 명시적으로 역참조하지 않고도 함수 안에서 인수가 가리키는 값을 변경할 수 있다. int에 대한 레퍼런스인 numOdds와 numEvens도 마찬가지다. 이렇게 하면 두 포인터나 두 size_t의 주소를 넘기지 않아도 레퍼런스 매개변수에 의해 자동으로 전달된다.

```
separateOddsAndEvens(unSplit, std::size(unSplit),
    oddNums, numOdds, evenNums, numEvens);
```

매개변수를 포인터 대신 레퍼런스로 지정하면 코드를 훨씬 깔끔하게 작성할 수 있지만 가능하면 배열을 동적으로 할당하는 식으로 작성하지 않는 것이 좋다. 예를 들어 표준 라이브러리에서 제공하는 vector 컨테이너를 사용하면 separateOddsAndEvens()를 앞에 나온 것보다 훨씬 안전하고, 세련되고, 이해하기 쉽게 구현할 수 있다. 메모리 할당 및 해제 작업을 컨테이너가 자동으로 처리해주기 때문이다.

```
void separateOddsAndEvens(const vector<int>& arr,
    vector<int>& odds, vector<int>& evens)
{
    for (int i : arr) {
        if (i % 2 == 1) {
            odds.push_back(i);
        } else {
            evens.push_back(i);
        }
    }
}
```

이렇게 작성하면 다음과 같이 호출할 수 있다.

```
vector<int> vecUnSplit { 1, 2, 3, 4, 5, 6, 7, 8, 9, 10 };
vector<int> odds, evens;
separateOddsAndEvens(vecUnSplit, odds, evens);
```

이렇게 컨테이너로 구현하면 odds와 evens를 명시적으로 해제할 필요가 없다. vector 클래스가 알아서 처리해준다. 그러므로 포인터나 레퍼런스로 구현한 버전보다 훨씬 사용하기 쉽다.

이렇게 vector를 사용하도록 수정한 버전은 분명히 포인터나 레퍼런스로 구현한 버전보다 훨씬 낫다. 하지만 앞에서 설명했듯이 결과를 매개변수로 전달하는 방식은 가급적 사용하지 않는 것이 좋다. 함수가 어떤 값을 리턴해야 한다면 출력 매개변수가 아닌 리턴문을 사용한다. return object;와 같이 작성하면 object가 로컬 변수거나, 함수에 대한 매개변수거나, 임싯값일 때 **리턴값 최적화**return value optimization(**RVO**)가 적용된다. 또한 object가 로컬 변수라면 **이름 있는 리턴값 최적화**named return value optimization(**NRVO**)도 적용된다. RVO와 NRVO 둘 다 **복제 생략**copy elision의 한 종류로서, 함수에서 객체를 리턴하는 과정을 굉장히 효율적으로 처리해준다. 복제 생략을 사용하면 컴파일러는 함수에서 리턴하는 객체를 복제하지 않는다. 이를 통해 **복제 없는 값 전달 방식**zero-copy pass-by-value을 구현한다.

다음 separateOddsAndEvens() 함수는 두 vector를 출력 매개변수로 보내지 않고, 두 vector를 묶은 struct 하나로 리턴한다. 또한 C++20부터 추가된 초기자도 사용하고 있다.

```
struct OddsAndEvens { vector<int> odds, evens; };

OddsAndEvens separateOddsAndEvens(const vector<int>& arr)
{
    vector<int> odds, evens;
    for (int i : arr) {
        if (i % 2 == 1) {
            odds.push_back(i);
        } else {
            evens.push_back(i);
        }
    }
    return OddsAndEvens { .odds = odds, .evens = evens };
}
```

이렇게 하면 separateOddsAndEvens()를 호출하는 코드를 다음과 같이 굉장히 간결하고 이해하기 쉽게 작성할 수 있다.

```
vector<int> vecUnSplit { 1, 2, 3, 4, 5, 6, 7, 8, 9, 10 };
auto oddsAndEvens { separateOddsAndEvens(vecUnSplit) };
// oddsAndEvens.odds와 oddsAndEvens.evens로 원하는 작업을 수행한다.
```

NOTE_ 출력 매개변수는 사용하지 않는다. 함수에서 리턴해야 할 때는 그냥 값으로 리턴한다.

1.1.31 const_cast()

C++에서 모든 변수는 항상 특정한 타입을 따른다. 경우에 따라서 특정한 타입으로 정의된 변수를 다른 타입으로 캐스트할 때가 있다. 이를 위해 C++는 const_cast(), static_cast(), reinterpret_cast(), dynamic_cast() 그리고 C++20부터 추가된 std::bit_cast()라는 다섯 가지 캐스트 방법을 제공한다. 이 절에서는 const_cast()를 소개한다. static_cast()는 앞에서 간단히 살펴봤으며, 자세한 사항은 다른 캐스트 방법과 함께 10장에서 소개한다.

const_cast()는 변수에 const 속성을 추가하거나 제거하는 다섯 가지 캐스트 방법 중에서 가장 이해하기 쉬우며, 유일하게 const 속성을 제거하는 기능을 제공한다. 사실 기본 정의를 생각하면 const_cast()를 사용할 일이 없어야 한다. 변수를 const로 지정했다는 말은 const 상태를 유지하겠다는 뜻이기 때문이다. 하지만 실전에서 함수를 작성할 때는 const 매개변수를 받도록 정의했는데, 그 값을 다시 비 const 매개변수를 받는 함수에 전달해야 하는 경우가 생길 수 있으며 그 함수는 비 const 인수를 수정하지 않는다는 것을 보장할 수 있다고 하자. 정석대로 처리하려면 프로그램 전체에서 일관되게 const로 지정해야 하지만 서드파티 라이브러리처럼 수정할 수 없는 경우에는 부득이 const 속성을 일시적으로 제거할 수밖에 없다. 물론 호출할 함수가 객체를 변경하지 않는다고 보장될 때만 이렇게 처리해야 한다. 그렇지 않으면 작성한 프로그램을 수정하는 수밖에 없다. 예를 들면 다음과 같다.

```
void ThirdPartyLibraryMethod(char* str);

void f(const char* str)
{
    ThirdPartyLibraryMethod(const_cast<char*>(str));
}
```

또한 표준 라이브러리는 std::as_const()란 헬퍼 메서드를 제공한다. 이 메서드는 <utility> 헤더에 정의되어 있으며, 레퍼런스 매개변수를 const 레퍼런스 버전으로 변환해준다. 기본적으로 as_const(obj)는 const_cast<const T&>(obj)와 같다. 여기서 T는 obj의 타입이다. 다음 코드에서 볼 수 있듯이 비 const를 const로 캐스트할 때는 const_cast()보다 as_ const()를 사용하는 것이 훨씬 간결하다. as_const()에 대한 구체적인 활용 사례는 뒤에서 자세히 다루겠지만, 간단히 소개하면 다음과 같다.

```
std::string str { "C++" };
const std::string& constStr { as_const(str) };
```

1.1.32 익셉션

C++는 굉장히 유연한 반면 안전한 편은 아니다. 메모리 공간을 무작위로 접근하거나 (컴퓨터로 무한을 다룰 수 없음에도 불구하고) 0으로 나누는 연산을 수행하는 코드를 작성해도 컴파일러는 내버려둔다. 그러므로 C++의 안전성을 좀 더 높이기 위해 **익셉션**exception(**예외**)이라는 기능을 제공한다.

익셉션이란 예상하지 못한 상황을 말한다. 예를 들어 웹 페이지를 조회하는 함수에서는 다양한 문제가 발생할 수 있다. 그 페이지를 제공하는 서버가 다운될 수도 있고, 빈 페이지만 전달될 수도 있고, 인터넷 연결이 끊어질 수도 있다. 이렇게 예상하지 못한 상황을 적절히 처리하기 위해 그 함수에서 nullptr이나 에러 코드와 같은 특수한 값을 리턴하게 작성할 수도 있다. 하지만 익셉션을 활용하면 문제가 발생했을 때 좀 더 융통성 있게 대처할 수 있다.

익셉션과 관련하여 몇 가지 새로운 용어가 등장한다. 코드에서 특정한 조건을 만족해서 익셉션을 발생시키는 것을 **익셉션을 던진다**throw고 표현하고, throw 구문으로 작성한다. 또한 이렇게 발생된 익셉션에 대해 적절한 동작을 수행하는 것을 **익셉션을 잡는다**catch고 표현하고, catch 문으로 작성한다. 다음에 나오는 divideNumbers()란 함수를 사용해 익셉션을 던지고 잡는 예를 살펴보자. 이 함수에 전달된 분모에 대한 인수가 0이면 익셉션을 발생시킨다. 여기에서는 <stdexcept>에 정의된 std::invalid_argument란 익셉션을 사용했다.

```
double divideNumbers(double numerator, double denominator)
{
    if (denominator == 0) {
        throw invalid_argument("Denominator cannot be 0.");
    }
    return numerator / denominator;
}
```

이 함수에서 throw 문장이 실행되면 값을 리턴하지 않고 즉시 실행을 중단한다. 이처럼 익셉션이 발생하는 함수를 호출할 때는 다음 코드처럼 try/catch 블록으로 감싼다. 그러면 함수에서 익셉션이 발생할 때 적절히 대처할 수 있다. 익셉션을 처리하는 방법은 14장에서 자세히 살펴보기로 하고, 일단 여기에서는 다음 코드에 나온 const invalid_argument&와 같이 const 레퍼런스로 익셉션을 잡는 것이 바람직하다는 것만 기억하고 넘어가자. 또한 표준 라이브러리의 익셉션 클래스는 what()이란 메서드를 제공한다. 이 메서드는 발생한 익셉션에 대한 간략한 설명을 담은 스트링을 리턴한다.

```
try {
    cout << divideNumbers(2.5, 0.5) << endl;
    cout << divideNumbers(2.3, 0) << endl;
    cout << divideNumbers(4.5, 2.5) << endl;
} catch (const invalid_argument& exception) {
    cout << "Exception caught: {} ", exception.what() << endl;
}
```

divideNumbers()를 처음 호출할 때는 정상적으로 실행되어 결과가 화면에 출력된다. 두 번째로 호출할 때는 익셉션이 발생한다. 아무런 값도 리턴되지 않기 때문에 익셉션을 잡았다는 에러 메시지만 화면에 출력된다. 세 번째로 호출하는 문장은 실행되지 않는다. 두 번째 호출에서 익셉션이 발생해서 프로그램의 실행 흐름이 곧바로 catch 블록으로 건너뛰었기 때문이다. 앞에 나온 코드를 실행한 결과는 다음과 같다.

```
5
An exception was caught: Denominator cannot be 0.
```

C++에서 익셉션을 다루기가 쉽지 않을 수도 있다. 익셉션을 제대로 활용하려면 익셉션을 던질 시점에 스택 변수에서 어떤 일이 일어나는지 파악해야 한다. 그리고 발생한 익셉션 중에서 꼭 처리해야 할 것만 잡아서 적절히 대처해야 한다. 또한 익셉션을 발생시킨 에러에 대한 구체적인 정보를 제공하고 싶다면 익셉션 타입을 직접 정의한다. 마지막으로 C++ 컴파일러는 발생 가능한 모든 익셉션을 꼭 잡도록 강제하지 않는다. 익셉션을 처리하는 코드를 따로 작성하지 않으면 프로그램 자체에서 처리하는데, 그러면 프로그램이 그냥 종료된다. 익셉션과 관련된 미묘한 이슈는 14장에서 자세히 설명한다.

1.1.33 타입 앨리어스

타입 앨리어스type alias란 기존에 선언된 타입에 다른 이름을 붙이는 것이다. 타입을 새로 정의하지 않고 기존 타입 선언에 대한 동의어를 선언하는 문법이라 생각할 수 있다. 예를 들어 다음 문장은 int*라는 타입 선언을 IntPtr이란 새 이름으로 부르게 만든다.

```
using IntPtr = int*;
```

이렇게 정의한 앨리어스는 기존 타입 표현 대신 쓸 수 있게 된다. 예를 들어 다음 두 문장은 같다.

```
int* p1;
IntPtr p2;
```

새로 정의한 타입 이름으로 생성한 변수는 기존 타입 표현으로 생성한 변수와 완벽히 호환된다. 따라서 위와 같이 정의한 상태에서 다음과 같이 작성해도 아무런 문제가 없다. 단순히 호환되는 게 아니라 두 타입이 완전히 똑같기 때문이다.

```
p1 = p2;
p2 = p1;
```

타입 앨리어스는 너무 복잡하게 선언된 타입 표현을 좀 더 간편하게 만들기 위한 용도로 많이 사용한다. 흔히 템플릿을 이용할 때 이런 경우가 많다. 예를 들어 표준 라이브러리에서 제공하는 스트링은 std::basic_string<T>와 같이 작성해야 한다. 이 표현은 템플릿 클래스로서, 여기 나온 T는 스트링을 구성하는 각 문자의 타입(예: char)을 가리킨다. 이런 타입을 언급할 때마다 반드시 템플릿 매개변수도 함께 지정해야 한다. 템플릿은 12장에서 자세히 설명한다. 변수를 선언할 때뿐만 아니라 함수 매개변수나 리턴 타입을 지정할 때도 basic_string<char>와 같이 적어줘야 한다.

```
void processVector(const vector<basic_string<char>>& vec) { /* 코드 생략 */ }

int main()
{
    vector<basic_string<char>> myVector;
    processVector(myVector);
}
```

이처럼 basic_string<char>를 사용할 일이 많기 때문에 표준 라이브러리는 다음과 같이 간결하고 의미가 분명히 드러나는 타입 앨리어스를 제공한다.

```
using string = basic_string<char>;
```

이렇게 타입 앨리어스를 이용하면 앞에 나온 코드를 다음과 같이 보다 세련되게 작성할 수 있다.

```
void processVector(const vector<string>& vec) { /* 코드 생략 */ }

int main()
{
    vector<string> myVector;
    processVector(myVector);
}
```

1.1.34 typedef

타입 앨리어스는 C++11부터 도입되었다. 그전에는 타입 앨리어스로 하는 일을 typedef로 구현해야 했는데 코드가 다소 복잡했다. 오래된 방식이긴 하지만 아직까지 레거시 코드에서 종종 볼 수 있기 때문에 여기서 간략히 소개한다.

typedef도 타입 앨리어스와 마찬가지로 기존에 선언된 타입에 다른 이름을 붙여준다. 예를 들어 지금은 다음과 같이 타입 앨리어스를 정의한다.

```
using IntPtr = int*;
```

이 타입 앨리어스 정의를 typedef로 표현하면 다음과 같다.

```
typedef int* IntPtr;
```

보면 알겠지만 가독성이 훨씬 떨어진다. 선언하는 순서가 반대라서 전문 C++ 프로그래머도 헷갈리기 쉽다. 코드가 좀 더 지저분해진다는 점을 제외하면 typedef는 기본적으로 타입 앨리어스와 같다. 예를 들어 이렇게 typedef 문을 선언한 뒤에는 다음과 같이 활용할 수 있다.

```
IntPtr p;
```

타입 앨리어스와 typedef가 완전히 똑같은 것은 아니다. 템플릿에 활용할 때는 typedef보다 타입 앨리어스를 사용하는 것이 훨씬 유리하다. 구체적인 이유는 템플릿을 자세히 알아야 하기 때문에 12장에서 설명한다.

> **CAUTION_** typedef보다는 타입 앨리어스를 사용하기 바란다.

1.1.35 타입 추론

타입 추론type inference은 표현식의 타입을 컴파일러가 스스로 알아내는 기능이다. 타입 추론과 관련된 키워드로 auto와 decltype이 있다.

1 auto 키워드

auto 키워드는 다음과 같이 다양한 상황에 사용한다.

- 앞에서 설명한 것처럼 함수의 리턴 타입을 추론한다.
- 앞에서 설명한 것처럼 구조적 바인딩에 사용한다.
- 이 절 뒤에서 설명하겠지만, 표현식의 타입을 추론하는 데도 사용한다.
- 비타입(non-type, 타입이 아닌) 템플릿 매개변수의 타입을 추론하는 데 사용한다(12장 참조).
- 축약 함수 템플릿(abbreviated function template) 구문(12장 참조).
- decltype(auto)에서 사용한다(12장 참조).
- 함수에 대한 또 다른 문법으로 사용한다(12장 참조).
- 제네릭 람다 표현식에서 사용한다(18장 참조).

auto 키워드는 컴파일 시간에 타입을 자동으로 추론할 변수 앞에 붙인다. 이러한 용도에 대한 가장 간단한 예는 다음과 같다.

```
auto x { 123 }; // x는 int 타입으로 결정된다.
```

이 예제처럼 int 대신 auto로 쓸 때는 이점이 없지만, 이보다 복잡한 타입에 적용할 때는 편리하다. 예를 들어 복잡한 타입의 값을 리턴하는 getFoo()라는 함수가 있다고 하자. getFoo()를 호출한 결과를 변수에 저장할 때 그 타입을 직접 나열해도 되지만 다음과 같이 간단히 auto를 붙이면 그 작업을 컴파일러가 대신 처리해준다.

```
auto result { getFoo() };
```

또한 이렇게 하면 나중에 이 함수의 리턴 타입을 변경하더라도 코드에서 그 함수가 나온 모든 지점을 일일이 찾아서 고칠 필요 없이 간단히 수정할 수 있다.

auto&

auto를 표현식 타입을 추론하는 데 사용하면 레퍼런스와 const가 제거된다. 예를 들어 다음과 같이 정의된 상황을 생각해보자.

```
const string message { "Test" };
const string& foo() { return message; }
```

foo()를 호출해서 나온 결과를 auto 타입으로 지정한 변수에 저장하려면 다음과 같이 작성한다.

```
auto f1 { foo() };
```

auto를 지정하면 레퍼런스와 const 한정자가 사라지기 때문에 f1은 string 타입이 된다. 따라서 값이 **복제**되어버린다. const 레퍼런스 타입으로 지정하려면 다음과 같이 auto 키워드 앞뒤에 레퍼런스 타입과 const 키워드를 붙인다.

```
const auto& f2 { foo() };
```

앞에서 as_count() 유틸리티 함수를 소개한 적이 있다. 이 함수는 레퍼런스 매개변수에 대해 const 레퍼런스를 리턴한다. 그런데 as_count()와 auto를 조합할 때 주의할 필요가 있다. auto는 레퍼런스와 const를 제거하기 때문에 다음에 나오는 result 변수의 타입은 const string&이 아니라 string이 된다. 따라서 복제되어버린다.

```
string str { "C++" };
auto result { as_const(str) };
```

CAUTION_ auto를 지정하면 레퍼런스와 const 지정자가 사라져서 값이 복제된다는 점에 주의한다. 복제 방식으로 전달되지 않게 하려면 auto&나 const auto&로 지정한다.

auto*

auto 키워드는 포인터에도 적용할 수 있다. 예를 들면 다음과 같다.

```
int i { 123 };
auto p { &i };
```

p의 타입은 int*다. 여기에서는 앞에서 본 레퍼런스와 달리 복제가 되어버리는 경우가 발생하지 않는다. 하지만 포인터를 다룰 때는 auto* 구문을 사용하는 것이 바람직하다. 대상이 포인터임을 명시적으로 드러내기 때문이다. 예를 들면 다음과 같다.

```
auto* p { &i };
```

또한 그냥 auto를 사용하지 않고 auto*를 사용하면 auto, const 그리고 포인터를 함께 쓸 때 발생하는 이상한 동작도 방지할 수 있다. 예를 들어 다음과 같이 작성했다고 하자.

```
const auto p1 { &i };
```

이렇게 하면 대부분의 경우 의도와 다르게 작동할 것이다.

일반적으로 포인터가 가리키는 대상을 보호해야 하는 경우 const를 사용한다. 여기서 p1이 const int*라고 생각하겠지만 사실 int* const다. 즉, 비 const 정수에 대한 const 포인터인 것이다. 다음과 같이 const를 auto 뒤에 붙이면 아무런 소용이 없다. 여전히 int* const 타입이다.

```
auto const p2 { &i };
```

auto*와 const를 함께 쓰면 의도한 대로 작동한다. 예를 들면 다음과 같다.

```
const auto* p3 { &i };
```

이렇게 하면 p3의 타입은 const int*가 된다. const int 대신 const 포인터를 꼭 써야 한다면 const를 끝에 붙인다.

```
auto* const p4 { &i };
```

여기서 p4의 타입은 `int* const`가 된다.

지금까지 살펴본 구문을 활용하면 `const` 포인터와 `const int`를 동시에 만들 수 있다.

```
const auto* const p5 { &i };
```

여기서 p5의 타입은 `const int* const`다. 여기서 *를 생략하면 이 작업을 수행할 수 없다.

복제 리스트 초기화와 직접 리스트 초기화

초기화 구문은 다음 두 가지가 있으며, 초기자 리스트를 중괄호로 묶어서 표현한다.

- **복제 리스트 초기화(copy list initialization):** `T obj = { arg1, arg2, ... };`
- **직접 리스트 초기화(direct list initialization):** `T obj { arg1, arg2, ... };`

C++17부터는 `auto` 타입 추론 기능과 관련하여 복제 리스트 초기화와 직접 리스트 초기화의 차이가 커졌다.

C++17부터는 다음과 같다(`<initializer_list>`를 인클루드해야 한다).

```
// 복제 리스트 초기화
auto a = { 11 };       // initializer_list<int>
auto b = { 11, 22 }; // initializer_list<int>

// 직접 리스트 초기화
auto c { 11 };         // initializer_list<int>
auto d { 11, 22 };    // initializer_list<int>
```

이때 복제 리스트 초기화에서 중괄호 안에 나온 원소는 반드시 타입이 모두 같아야 한다. 예를 들어 다음과 같이 작성하면 컴파일 에러가 발생한다.

```
auto b = { 11, 22.33 }; // 컴파일 에러
```

이전 버전(C++11/14)에서는 복제 리스트 초기화와 직접 리스트초기화 둘 다 `initializer_list<>`로 처리했다.

```
// 복제 리스트 초기화
auto a = { 11 };       // initializer_list<int>
auto b = { 11, 22 }; // initializer_list<int>

// 직접 리스트 초기화
auto c { 11 };         // initializer_list<int>
auto d { 11, 22 };    // initializer_list<int>
```

2 decltype 키워드

decltype 키워드는 인수로 전달한 표현식의 타입을 알아낸다. 예를 들면 다음과 같다.

```
int x { 123 };
decltype(x) y { 456 };
```

이렇게 작성하면 컴파일러는 y의 타입이 x의 타입인 int라고 추론한다.

decltype은 레퍼런스나 const 지정자를 삭제하지 않는다는 점에서 auto와 다르다. 여기서 다시 string을 가리키는 const 레퍼런스를 리턴하는 함수 foo( )를 살펴보자. f2를 다음과 같이 decltype으로 정의하면 const string& 타입이 되어 복제 방식으로 처리하지 않는다.

```
decltype(foo()) f2 { foo() };
```

얼핏 보면 decltype을 사용한다고 해서 특별히 나아질 게 없다고 생각할 수 있지만 템플릿을 사용할 때 상당히 강력한 효과를 발휘한다. 자세한 사항은 12장과 26장에서 소개한다.

1.1.36 표준 라이브러리

C++는 표준 라이브러리를 제공한다. 여기에는 코드에서 쉽게 가져다 쓸 수 있도록 구성된 유용한 클래스가 다양하게 정의되어 있다. 이러한 클래스를 활용하면 클래스를 처음부터 새로 구현하느라 시간을 낭비할 필요 없이 누군가 만든 것을 곧바로 쓸 수 있어서 좋다. 또한 표준 라이브러리에서 제공하는 클래스는 수많은 사용자에 의해 엄청난 테스트와 검증 과정을 거친 것이다. 표준 라이브러리에서 제공하는 클래스는 고성능으로 튜닝된 것으로 여러분이 직접 구현하는 것보다 훨씬 성능이 뛰어날 가능성이 높다.

표준 라이브러리에서 제공하는 기능은 상당히 풍부하다. 자세한 내용은 16장과 24장에서 소개한다. C++를 처음 시작하는 입장에서, 특히 C 프로그래머라면 표준 라이브러리로 어떤 것을 할 수 있는지 간략히 알아두면 도움이 된다. C 프로그래머는 흔히 C++에서도 C에서 쓰던 방식을 그대로 적용하는 경향이 있다. 하지만 C++를 사용할 때 표준 라이브러리를 활용하면 C 방식보다 훨씬 쉽고 안전하게 구현할 수 있다.

그래서 이 장의 앞부분에서 `std::string`, `std::array`, `std::vector`, `std::pair`, `std::optional`과 같은 표준 라이브러리에서 제공하는 클래스를 살펴봤다. 이 클래스는 표준 라이브러리 클래스를 사용하는 버릇을 들이기 위한 목적으로 책 전반에 걸쳐 자주 사용한다. 16장과 24장에서 더 많은 클래스를 소개한다.

1.2 어느 정도 규모 있는 첫 C++ 프로그램

이제 앞에서 구조체에 대해 설명할 때 살펴본 직원 정보 관리 시스템 예제를 확장해보자. 이번에는 이 장에서 소개한 클래스, 익셉션, 스트림, 벡터, 네임스페이스, 레퍼런스를 비롯한 다양한 기능을 활용하여 좀 더 완전하고 실전에서 쓸 만한 C++ 프로그램으로 만들어본다.

1.2.1 직원 정보 관리 시스템

회사 직원의 정보를 관리하는 프로그램은 구조가 유연하고 편리한 기능도 많이 갖춰야 한다. 이 프로그램에서 제공할 기능은 다음과 같다.

- 직원 채용과 해고
- 직원 승진과 좌천
- 과거와 현재의 직원 모두 조회
- 현재 직원 모두 조회
- 과거 직원 모두 조회

이 프로그램은 크게 세 부분으로 설계한다. `Employee` 클래스는 직원 한 명에 대한 정보를 표현한다. `Database` 클래스는 회사에 속한 모든 직원을 관리한다. 또한 이 프로그램을 다루는 기능은 `UserInterface`로 정의한다.

1.2.2 Employee 클래스

`Employee` 클래스는 직원 한 명에 대한 모든 정보를 관리한다. 이러한 정보는 이 클래스에 정

의한 메서드로 조회하거나 변경한다. 또한 이 클래스는 콘솔에 정보를 출력하는 기능도 제공한다. 그리고 직원의 급여와 고용 상태 정보를 수정하는 메서드도 있다.

1 Employee.cppm

Employee.cppm 모듈 인터페이스 파일은 Employee 클래스를 정의한다. 이 파일에 들어 있는 코드 영역을 하나씩 살펴보자. 첫 번째 부분은 다음과 같다.

```
export module employee;
import <string>;
namespace Records {
```

첫 번째 줄은 모듈 선언문으로서 이 파일이 employee라는 모듈을 익스포트export한다(내보낸다)고 선언한다. 그러고 나서 string에서 제공하는 기능을 임포트import한다(불러온다). 이 코드는 이어서 Records란 네임스페이스에 중괄호로 묶은 영역에 나오는 내용도 선언한다. Records는 이 프로그램 전체에서 사용하는 네임스페이스로서, 애플리케이션에 특화된 코드에 대한 것이다.

그 뒤에 상수 두 개에 대한 정의가 나온다. 참고로 이 책은 상수 앞에 특수 문자를 붙이지 않는다.

```
    const int DefaultStartingSalary { 30'000 };
    export const int DefaultRaiseAndDemeritAmount { 1'000 };
```

첫 번째 상수(DefaultStartingSalary)는 신입 직원에 대한 기본 급여를 정의한다. 이 상수는 내보내지 않는데, 모듈 밖에 있는 코드가 이 값에 접근할 일이 없기 때문이다. employee 모듈 안에서는 Records::DefaultStartingSalary로 접근해야 한다.

두 번째 상수(DefaultRaiseAndDemeritAmount)는 직원 승진과 좌천시 적용할 기본 액수를 정의한다. 이 상수는 모듈 외부에서 접근하기 때문에 익스포트한다. 예를 들어 어떤 직원을 승진시킬 때 기본 액수의 두 배를 적용하는 데 사용할 수 있다.

다음으로 Employee 클래스를 정의한다. 먼저 공용public 메서드를 정의한다.

```
    export class Employee
    {
```

```
public:
    Employee(const std::string& firstName,
             const std::string& lastName);

    void promote(int raiseAmount = DefaultRaiseAndDemeritAmount);
    void demote(int demeritAmount = DefaultRaiseAndDemeritAmount);
    void hire(); // 직원을 채용하거나 재고용한다.
    void fire(); // 직원을 해고한다.
    void display() const; // 직원 정보를 콘솔에 출력한다.

    // 게터와 세터
    void setFirstName(const std::string& firstName);
    const std::string& getFirstName() const;

    void setLastName(const std::string& lastName);
    const std::string& getLastName() const;

    void setEmployeeNumber(int employeeNumber);
    int getEmployeeNumber() const;

    void setSalary(int newSalary);
    int getSalary() const;

    bool isHired() const;
```

성과 이름을 받는 생성자를 하나 정의했다. promote()와 demote() 메서드는 둘 다 정수 타입 매개변수를 받는데, 디폴트값을 DefaultRaiseAndDemeritAmount로 지정했다. 이렇게 하면 다른 코드에서 이 메서드를 호출할 때 정수 매개변수를 빠뜨려도 기본값이 자동으로 적용된다. 고용과 해고에 대한 메서드도 추가했고, 특정 직원의 정보를 화면에 출력하는 메서드도 정의했다. 직원에 대한 정보를 변경하거나 조회할 수 있도록 여러 가지 세터와 게터를 정의했다.

데이터 멤버는 다른 코드에서 직접 수정할 수 없도록 private으로 선언했다.

```
    private:
        std::string m_firstName;
        std::string m_lastName;
        int m_employeeNumber { -1 };
        int m_salary { DefaultStartingSalary };
        bool m_hired { false };
    };
}
```

여기 나온 데이터 멤버의 값을 외부에서 조회하거나 수정하려면 게터와 세터를 사용해야 한다. 또한 데이터 멤버의 초깃값을 생성자로 지정하지 않고 여기서 곧바로 초기화했다. 신입 직원에 대해 기본적으로 이름은 지정하지 않고, 직원 번호는 -1이고, 급여는 기본 액수로 설정하고, 채용되지 않은 상태로 설정했다.

2 Employee.cpp

모듈 구현 코드의 앞부분은 다음과 같다.

```
module employee;
import <iostream>;
import <format>;
using namespace std;
```

첫 번째 줄은 이 소스 파일이 구현할 모듈을 명시한다. 그러고 나서 <iostream>과 <format>을 임포트하는 문장과 using 디렉티브 문장이 나온다.

생성자는 인수로 전달받은 성과 이름을 해당 데이터 멤버에 그대로 설정한다.

```
namespace Records {
    Employee::Employee(const string& firstName, const string& lastName)
        : m_firstName { firstName }, m_lastName { lastName }
    {
    }
```

promote( )와 demote( ) 메서드는 setSalary( ) 메서드에 새로운 값을 인수로 넘겨서 호출하기만 한다. 그런데 코드를 보면 정수 타입 매개변수에 대한 기본값이 소스 파일에 나와 있지 않다. 이러한 기본값은 함수를 구현(정의)하는 코드가 아닌 선언하는 코드에서만 지정할 수 있기 때문이다.

```
    void Employee::promote(int raiseAmount)
    {
        setSalary(getSalary() + raiseAmount);
    }

    void Employee::demote(int demeritAmount)
    {
        setSalary(getSalary() - demeritAmount);
    }
```

hire()와 fire() 메서드는 m_hired 데이터 멤버를 적절히 설정한다.

```
void Employee::hire() { m_hired = true; }
void Employee::fire() { m_hired = false; }
```

display() 메서드는 콘솔 출력 스트림을 이용하여 현재 직원에 대한 정보를 화면에 표시한다. 이 코드는 Employee 클래스의 일부분이기 때문에 m_salary와 같은 데이터 멤버에 접근할 때 getSalary()와 같은 게터를 사용할 필요 없이 직접 접근해도 된다. 하지만 게터와 세터가 정의되어 있다면 같은 클래스 안이라도 가급적 이를 활용하는 것이 스타일 측면에서 바람직하다.

```
void Employee::display() const
{
    cout << format("Employee: {}, {}", getLastName(), getFirstName()) << endl;
    cout << "-------------------------" << endl;
    cout << (isHired() ? "Current Employee" : "Former Employee") << endl;
    cout << format("Employee Number: {}", getEmployeeNumber()) << endl;
    cout << format("Salary: ${}", getSalary()) << endl;
    cout << endl;
}
```

값을 가져오거나 설정하는 작업은 여러 가지 게터와 세터로 처리한다.

```
    // 게터와 세터
    void Employee::setFirstName(const string& firstName)
    {
        m_firstName = firstName;
    }

    const string& Employee::getFirstName() const
    {
        return m_firstName;
    }
    // 공간 절약을 위해 다른 게터와 세터는 생략함
}
```

코드가 아무리 단순하더라도 데이터 멤버를 public으로 선언하는 것보다 이렇게 게터와 세터를 구현하는 것이 낫다. 예를 들어 나중에 setSalary() 메서드에서 경곗값 검사를 하는 경우를 생각해보자. 게터와 세터가 있다면 여기에 중단점[breakpoint]을 설정해서 급여를 조회하거나 설정하는 시점의 값을 확인할 수 있기 때문에 디버깅하기 훨씬 쉽다. 또한 클래스에서 데이터를 저장하는 방식을 변경할 때 다른 코드는 건드릴 필요 없이 게터와 세터만 수정하면 된다.

3 EmployeeTest.cpp

작성한 클래스마다 테스트하는 코드도 함께 작성하면 좋다. 다음 코드는 main() 함수에서 Employee 클래스의 연산을 간단히 테스트하는 예를 보여주고 있다. Employee 클래스를 충분히 테스트한 후 제대로 작동한다는 확신이 들면 이 부분을 삭제하거나 주석 처리한다. 그래야 코드에 main() 함수가 중복되어 컴파일 에러가 발생하는 일을 피할 수 있다.

```
import <iostream>;
import employee;

using namespace std;
using namespace Records;

int main()
{
    cout << "Testing the Employee class." << endl;
    Employee emp { "Jane", "Doe" };
    emp.setFirstName("John");
    emp.setLastName("Doe");
    emp.setEmployeeNumber(71);
    emp.setSalary(50'000);
    emp.promote();
    emp.promote(50);
    emp.hire();
    emp.display();
}
```

클래스 단위로 테스트하는 또 다른 방법으로 **단위 테스트**[unit test]가 있는데, 30장에서 설명한다.

1.2.3 Database 클래스

Database 클래스는 표준 라이브러리에서 제공하는 std::vector 클래스를 이용하여 Employee 객체를 저장한다.

1 Database.cppm

database.cppm 모듈 인터페이스 파일의 첫 부분은 다음과 같다.

```
export module database;
import <string>;
import <vector>;
import employee;

namespace Records {
    const int FirstEmployeeNumber { 1'000 };
```

새로 채용한 직원에 대한 직원 번호를 데이터베이스에서 자동으로 할당하기 위해 직원 번호의 시작값을 상수로 정의한다.

이제 Database 클래스를 다음과 같이 정의해서 익스포트한다.

```
    export class Database
    {
        public:
            Employee& addEmployee(const std::string& firstName,
                                  const std::string& lastName);
            Employee& getEmployee(int employeeNumber);
            Employee& getEmployee(const std::string& firstName,
                                  const std::string& lastName);
```

이 데이터베이스는 성과 이름을 입력하는 것만으로 신입 직원에 대한 정보를 쉽게 추가하는 기능을 제공한다. 사용하기 편하도록 이 메서드는 신입 직원 객체에 대한 레퍼런스를 리턴한다. 외부 코드에서도 getEmployee( ) 메서드를 호출해서 직원 객체에 대한 레퍼런스를 구할 수 있다. 이 메서드는 두 가지 버전으로 선언한다. 하나는 직원 번호로 조회하고, 다른 하나는 성과 이름으로 조회한다.

이 데이터베이스는 모든 직원에 대한 중앙 저장소이기 때문에 전체 직원 정보, 현재 재직 중인 직원 정보, 퇴사한 직원 정보를 출력하는 메서드를 제공한다.

```
            void displayAll() const;
            void displayCurrent() const;
            void displayFormer() const;
```

마지막으로 다음과 같이 private 데이터 멤버를 정의한다.

```
        private:
            std::vector<Employee> m_employees;
            int m_nextEmployeeNumber { FirstEmployeeNumber };
    };
}
```

m_employees는 Employee 객체를 가지고 있는 반면 m_nextEmployeeNumber 데이터 멤버는 신입 직원에 할당된 직원 번호를 기록하며, FirstEmployeeNumber 상수로 초기화한다.

2 Database.cpp

addEmployee() 메서드는 다음과 같이 구현한다.

```
module database;
import <stdexcept>;

using namespace std;

namespace Records {
    Employee& Database::addEmployee(const string& firstName,
                                    const string& lastName)
    {
        Employee theEmployee { firstName, lastName };
        theEmployee.setEmployeeNumber(m_nextEmployeeNumber++);
        theEmployee.hire();
        m_employees.push_back(theEmployee);
        return m_employees.back();
    }
```

addEmployee() 메서드는 새로운 Employee 객체를 생성해서 정보를 알맞게 채우고, 이를 vector에 추가한다. m_nextEmployeeNumber 데이터 멤버는 한 번 사용하면 값을 하나 증가시켜서 다음 직원에 대해서는 새 번호를 받게 만든다. vector의 back() 메서드는 그 vector에 담긴 마지막 원소에 대한 레퍼런스를 리턴한다. 즉, 새로 추가한 직원 객체를 리턴한다.

여러 가지 getEmployee() 버전 중 하나만 보면 다음과 같다. 다른 버전도 이와 마찬가지로 범위 기반 for 문을 사용해서 m_employees에 있는 모든 직원에 대해 루프를 돌면서 메서드에 전달된 정보와 일치하는 Employee가 있는지 확인한다. 이 과정에서 일치하는 직원이 없으면 익셉션을 던진다.

```
    Employee& Database::getEmployee(int employeeNumber)
    {
        for (auto& employee : m_employees) {
            if (employee.getEmployeeNumber() == employeeNumber) {
                return employee;
            }
        }
        throw logic_error { "No employee found." };
    }
```

display 메서드들에서 사용하는 알고리즘은 모두 비슷하다. 모든 직원에 대해 루프를 돌면서 일정한 조건에 만족한 직원의 정보를 콘솔에 출력한다. displayFormer()는 displayCurrent()와 비슷하다.

```
    void Database::displayAll() const
    {
        for (const auto& employee : m_employees) { employee.display(); }
    }

    void Database::displayCurrent() const
    {
        for (const auto& employee : m_employees) {
            if (employee.isHired()) { employee.display() };
        }
    }
}
```

3 DatabaseTest.cpp

지금까지 정의한 데이터베이스에 대한 기본 기능을 테스트하는 코드는 다음과 같다.

```
import <iostream>;
import database;

using namespace std;
using namespace Records;
```

```
int main()
{
    Database myDB;
    Employee& emp1 { myDB.addEmployee("Greg", "Wallis") };
    emp1.fire();

    Employee& emp2 { myDB.addEmployee("Marc", "White") };
    emp2.setSalary(100'000);

    Employee& emp3 { myDB.addEmployee("John", "Doe") };
    emp3.setSalary(10'000);
    emp3.promote();

    cout << "all employees: " << endl << endl;
    myDB.displayAll();

    cout << endl << "current employees: " << endl << endl;
    myDB.displayCurrent();

    cout << endl << "former employees: " << endl << endl;
    myDB.displayFormer();
}
```

1.2.4 사용자 인터페이스

마지막으로 사용자 인터페이스를 구현한다. 사용자가 직원 데이터베이스를 쉽게 사용할 수 있도록 메뉴 기반으로 구현한다.

main() 함수는 화면에 메뉴를 출력하고, 여기서 선택한 동작을 수행하는 과정을 무한히 반복한다. 각 동작은 대부분 별도의 함수로 정의한다. 직원 정보를 화면에 출력하는 것과 같은 간단한 동작은 case에 직접 구현한다.

```
import <iostream>;
import <stdexcept>;
import <exception>;
import <format>;
import <string>;
import database;
import employee;

using namespace std;
```

```
using namespace Records;

int displayMenu();
void doHire(Database& db);
void doFire(Database& db);
void doPromote(Database& db);

int main()
{
    Database employeeDB;
    bool done { false };
    while (!done) {
        int selection { displayMenu() };
        switch (selection) {
        case 0:
            done = true;
            break;
        case 1:
            doHire(employeeDB);
            break;
        case 2:
            doFire(employeeDB);
            break;
        case 3:
            doPromote(employeeDB);
            break;
        case 4:
            employeeDB.displayAll();
            break;
        case 5:
            employeeDB.displayCurrent();
            break;
        case 6:
            employeeDB.displayFormer();
            break;
        default:
            cerr << "Unknown command." << endl;
            break;
        }
    }
}
```

displayMenu() 함수는 메뉴를 화면에 출력하고, 사용자로부터 입력을 받는다. 이 코드는 사용자가 이상한 행동을 하지 않으며, 숫자를 요청하면 숫자를 입력한다고 가정했다. 잘못된 입력이 들어올 때 대처하는 방법은 I/O에 대해 설명하는 13장에서 자세히 다룬다.

```
int displayMenu()
{
    int selection;
    cout << endl;
    cout << "Employee Database" << endl;
    cout << "-----------------" << endl;
    cout << "1) Hire a new employee" << endl;
    cout << "2) Fire an employee" << endl;
    cout << "3) Promote an employee" << endl;
    cout << "4) List all employees" << endl;
    cout << "5) List all current employees" << endl;
    cout << "6) List all former employees" << endl;
    cout << "0) Quit" << endl;
    cout << endl;
    cout << "---> ";
    cin >> selection;
    return selection;
}
```

doHire() 함수는 사용자로부터 신입 직원의 이름을 입력받아서 데이터베이스에 그 직원에 대한 정보를 추가하도록 요청한다.

```
void doHire(Database& db)
{
    string firstName;
    string lastName;

    cout << "First name? ";
    cin >> firstName;

    cout << "Last name? ";
    cin >> lastName;

    auto& employee { db.addEmployee(firstName, lastName) };
    cout << format("Hired employee {} {} with employee number {}.",
        firstName, lastName, employee.getEmployeeNumber()) << endl;
}
```

doFire()와 doPromote()는 둘 다 직원 번호를 이용하여 데이터베이스에서 그 직원에 대한 정보를 조회해서 Employee 객체의 공용 메서드를 사용하여 항목을 적절히 변경한다.

```
void doFire(Database& db)
{
    int employeeNumber;
    cout << "Employee number? ";
    cin >> employeeNumber;

    try {
        auto& emp { db.getEmployee(employeeNumber) };
        emp.fire();
        cout << "Employee {} terminated.", employeeNumber) << endl;
    } catch (const std::logic_error& exception) {
        cerr << "Unable to terminate employee: {}",
            exception.what()) << endl;
    }
}

void doPromote(Database& db)
{
    int employeeNumber;
    cout << "Employee number? ";
    cin >> employeeNumber;

    int raiseAmount;
    cout << "How much of a raise? ";
    cin >> raiseAmount;

    try {
        auto& emp { db.getEmployee(employeeNumber) };
        emp.promote(raiseAmount);
    } catch (const std::logic_error& exception) {
        cerr << format("Unable to promote employee: {}", exception.what()) << endl;
    }
}
```

1.2.5 프로그램 평가하기

지금까지 작성한 프로그램은 굉장히 단순한 주제부터 다소 복잡한 주제까지 다양하게 다루고 있다. 이 프로그램은 다양한 형태로 확장할 수 있다. 예를 들어 앞에 나온 사용자 인터페이스는

Database나 Employee 클래스에서 제공하는 기능을 모두 드러내지 않고 있는데, 사용자 인터페이스 코드를 약간 수정하여 숨겨진 기능을 드러낼 수 있다. 또한 두 클래스에 적합한 다른 기능도 추가해보면 이 장에서 설명한 내용을 제대로 이해했는지 확인할 수 있다.

이 프로그램에서 잘 이해가지 않는 부분이 있다면 앞서 설명한 내용을 다시 한 번 읽어보기 바란다. 그래도 잘 모르겠다면 직접 코드를 이리저리 수정해가며 실험해보기 바란다. 예를 들어 조건 연산자의 사용법이 잘 와 닿지 않는다면 이를 사용하는 문장을 main() 함수 안에 간략히 구현해본다.

1.3 정리

지금까지 소개한 C++와 표준 라이브러리의 기초를 제대로 익혔다면 전문가 수준의 C++ 프로그래머로 넘어갈 준비가 되었다. 이 책 후반부에서 C++에 대해 깊이 있는 내용을 배우다가 다시 확인하고 싶은 부분이 떠오른다면 언제든지 이 장으로 돌아와서 복습하기 바란다. 이 장의 예제 코드만 다시 봐도 잊었던 개념이 떠오를 것이다.

다음 장에서는 C++에서 스트링을 처리하는 방법을 좀 더 깊이 있게 살펴본다. 여러분이 프로그램을 작성하면서 어떤 형태로든 스트링을 다룰 일이 항상 있기 때문이다.

1.4 연습 문제

이 장에서 소개한 내용을 직접 써보기 위해 다음 연습 문제를 풀어보자. 연습 문제에 대한 정답은 이 책의 웹사이트(www.wiley.com/go/proc++5e)에서 다운로드할 수 있다. 문제를 풀다가 막히면 정답부터 찾지 말고 먼저 앞에서 설명한 부분을 다시 읽고 직접 답을 찾아보려고 애쓰기 바란다.

연습 문제 1-1 이 장에서 처음 나온 Employee 구조체가 HR이란 네임스페이스에 속하도록 수정한다. 이렇게 했을 때 main()에 있는 코드는 어떻게 바뀌야 할까? 또한 C++20부터 추가된 지정 초기자를 사용하도록 코드를 수정해보자.

연습 문제 1-2 [연습 문제 1-1]에서 수정한 코드를 토대로 Employee에 열거 타입 멤버인 title을 추가해보자. 이 멤버는 해당 직원이 관리자인지, 선임 엔지니어인지, 일반 엔지니어인지 지정한다. 어떤 열거 타입이 적합할까? 이때 모든 추가 사항은 HR 네임스페이스 안에 둔다. 새로 추가한 Employee 데이터 멤버를 main() 함수에서 테스트해보자. title의 값을 사람이 보기 좋게 string 타입으로 화면에 출력하는 부분은 switch 문으로 작성한다.

연습 문제 1-3 [연습 문제 1-2]에서 수정한 코드에서 Employee 인스턴스 세 개를 데이터 종류에 따라 std::array에 저장하도록 작성한다. 또한 범위 기반 for 문으로 이 배열에 담긴 직원들을 출력한다.

연습 문제 1-4 [연습 문제 1-3]과 똑같은 작업을 이번에는 std::vector로 구현한다. vector에 원소를 추가할 때는 push_back()을 사용한다.

연습 문제 1-5 앞에서 배운 const와 레퍼런스를 이용하여 AirlineTicket 클래스에서 최대한 레퍼런스를 사용하도록 그리고 const를 제대로 사용하도록 수정해보자.

연습 문제 1-6 [연습 문제 1-5]에서 수정한 AirlineTicket 클래스에서 우수 회원 번호를 옵션으로 받도록 수정해보자. 이런 옵션 데이터 멤버를 표현하기 위한 가장 좋은 방법은 뭘까? 우수 회원 번호를 가져오거나 설정하는 게터와 세터를 추가하자. 이렇게 구현한 내용은 main() 함수에서 테스트한다.

CHAPTER 2

스트링과 스트링 뷰 다루기

이 장의 내용

- 스트링에 대한 C와 C++의 차이
- C++의 `std::string` 클래스 자세히 들여다보기
- `std::string_view`의 용도
- 로 스트링 리터럴
- 스트링 포맷 지정 방법

프로그램을 작성하다 보면 스트링을 사용할 일이 생기기 마련이다. C 언어를 사용하던 시절에는 단순히 널null로 끝나는 문자 배열로 스트링을 표현했다. 하지만 이렇게 하면 버퍼 오버플로buffer overflow를 비롯한 다양한 문제 때문에 보안 취약점이 드러날 수 있다. C++ 표준 라이브러리는 이러한 문제를 방지하기 위해 보다 안전하고 사용하기 쉬운 `std::string` 클래스를 제공한다.

스트링은 굉장히 중요한 기능이므로 자세히 알아볼 것이다.

2.1 동적 스트링

스트링을 주요 객체로 제공하는 프로그래밍 언어를 보면 대체로 스트링의 크기를 임의로 확장하거나, 서브스트링substring(부분 문자열)을 추출하거나 교체하는 것과 같은 고급 기능을 제공한다. 반면 C와 같은 언어는 스트링을 부가 기능처럼 취급한다. 그러므로 스트링을 언어의 정식 데이터 타입으로 제공하지 않고, 단순히 고정된 크기의 바이트 배열로 처리했다. C 언어의 '스트링 라이브러리'는 기본적인 함수로만 구성되어 있고, 경곗값 검사bounds checking 기능조차 없다. 반면 C++는 스트링을 핵심 데이터 타입으로 제공한다.

2.1.1 C 스타일 스트링

C 언어는 스트링을 문자 배열로 표현했다. 스트링의 마지막에 널 문자(`\0`)를 붙여서 스트링이 끝났음을 표현했다. 이러한 널 문자에 대한 공식 기호는 `NUL`이다. 여기에서는 L이 두 개가 아니라 하나며, 포인터에 쓰는 `NULL`과는 다른 값이다. C++에서 제공하는 스트링이 훨씬 뛰어나지만, C 언어에서 스트링을 다루는 방법도 알아둘 필요가 있다. 아직도 C 스타일 스트링을 쓰는 C++ 프로그램이 많기 때문이다. 대표적인 예로 인터페이스를 C 기반으로 구현한 외부 라이브러리나 운영체제와 연동하는 C++ 코드를 들 수 있다.

C 스트링을 다룰 때 `\0` 문자를 담을 공간을 깜박하고 할당하지 않는 실수를 저지르기 쉽다. 예를 들어 'hello' 스트링은 문자 다섯 개로 구성되지만, 실제 메모리에 저장될 때는 문자 여섯 개만큼의 공간이 필요하다(그림 2-1).

myString	'h'	'e'	'l'	'l'	'o'	'\0'

그림 2-1

C++는 C 언어에서 사용하던 스트링 연산에 대한 함수도 제공한다. 이러한 함수는 <cstring> 헤더 파일에 정의되어 있다. 이런 함수는 대체로 메모리 할당 기능을 제공하지 않는다. 예를 들어 strcpy() 함수는 스트링 타입 매개변수를 두 개 받아서 두 번째 스트링을 첫 번째 스트링에 복사한다. 이때 두 스트링의 길이가 같은지 확인하지 않는다. 다음 코드는 이미 메모리에 할당된 스트링을 매개변수로 받지 않고, 주어진 스트링에 딱 맞게 메모리를 할당한 결과를 리턴하는 함수를 strcpy()에 대한 래퍼wrapper 함수 형태로 구현했다. 하지만 이렇게 하면 문제가 발생한다. 여기서 스트링의 길이는 strlen() 함수로 구한다. copyString()에서 할당한 메모리는 이 함수를 호출한 측에서 해제해야 한다.

```
char* copyString(const char* str)
{
    char* result { new char[strlen(str)] }; // 버그! 한 칸 부족하다.
    strcpy(result, str);
    return result;
}
```

위 copyString() 함수 코드에는 오류가 있다. strlen() 함수는 스트링을 저장하는 데 필요한 메모리 크기가 아니라 스트링의 길이를 리턴한다. 따라서 strlen()은 'hello'란 스트링에 대해 6이 아닌 5를 리턴한다. 따라서 스트링을 저장하는 데 필요한 메모리를 제대로 할당하려면 문자 수에 1을 더한 크기로 지정해야 한다. 항상 +1이 붙어서 지저분하지만 어쩔 수 없다. C 스타일의 스트링을 다룰 때는 항상 이 점을 명심해야 한다. 앞에 나온 함수를 제대로 작성하면 다음과 같다.

```
char* copyString(const char* str)
{
    char* result { new char[strlen(str) + 1] };
    strcpy(result, str);
    return result;
}
```

여러 스트링을 조합해서 만든 스트링을 할당하는 경우를 생각해보면 왜 strlen() 함수가 스트링에 담긴 실제 문자 수만 리턴하도록 구현되었는지 이해할 수 있다. 예를 들어 인수로 받은 스트링 세 개를 하나로 합쳐서 리턴하는 함수를 생각해보자. 이때 결과로 나오는 스트링에 대한 메모리 공간은 얼마가 필요할까? 스트링에 딱 맞게 공간을 할당하려면 세 스트링의 길이를

strlen() 함수로 구해서 모두 더한 값에 마지막 \0 문자에 대한 공간 하나를 추가해야 한다. 만약 strlen() 함수가 \0을 포함한 길이를 리턴하도록 구현되었다면 메모리 공간에 딱 맞게 계산하기가 번거롭다. 다음 코드는 방금 설명한 작업을 strcpy()와 strcat() 함수로 처리하는 예를 보여주고 있다. 참고로 strcat()에서 cat은 concatenate에서 따온 것이다.

```
char* appendStrings(const char* str1, const char* str2, const char* str3)
{
    char* result { new char[strlen(str1) + strlen(str2) + strlen(str3) + 1] };
    strcpy(result, str1);
    strcat(result, str2);
    strcat(result, str3);
    return result;
}
```

C와 C++에서 제공하는 sizeof() 연산자는 데이터 타입이나 변수의 크기를 구하는 데 사용된다. 예를 들어 sizeof(char)는 1을 리턴하는데, char의 크기가 1바이트이기 때문이다. 하지만 C 스트링에 적용할 때는 sizeof()와 strlen()의 결과가 전혀 다르다. 따라서 스트링의 크기를 구할 때는 절대로 sizeof()를 사용하면 안 된다. sizeof()의 리턴값은 C 스트링이 저장된 방식에 따라 다르기 때문이다. 예를 들어 다음과 같이 스트링을 char[]로 저장하면 sizeof()는 \0을 포함하여 그 스트링에 대해 실제로 할당된 메모리 크기를 리턴한다.

```
char text1[] { "abcdef" };
size_t s1 { sizeof(text1) }; // 7이다.
size_t s2 { strlen(text1) }; // 6이다.
```

반면 C 스타일 스트링을 char*로 저장했다면 sizeof()는 포인터의 크기를 리턴한다.

```
const char* text2 { "abcdef" };
size_t s3 { sizeof(text2) }; // 플랫폼마다 다르다.
size_t s4 { strlen(text2) }; // 6이다.
```

이 코드를 32비트 모드에서 컴파일하면 s3의 값은 4고, 64비트 모드에서 컴파일하면 8이다. sizeof()가 포인터 타입인 const char*의 크기를 리턴하기 때문이다.

C 스트링 연산에 관련된 함수는 모두 <cstring> 헤더 파일에 정의되어 있다.

CAUTION_ 마이크로소프트 비주얼 스튜디오에서 C 스타일 스트링 함수를 사용하면 컴파일러에서 보안 관련 경고나, 이 함수가 폐기되었다는(deprecated) 에러 메시지가 출력될 수 있다. 이러한 경고가 나오지 않게 하려면 `strcpy_s()`나 `strcat_s()`와 같은 다른 C 표준 라이브러리 함수를 사용하면 된다.[1] 이 함수는 '보안(secure) C 라이브러리' 표준(ISO/IEC TR 24731)에 정의되어 있다. 하지만 가장 좋은 방법은 C++ 표준 라이브러리에서 제공하는 `std::string` 클래스를 사용하는 것이다. 자세한 내용은 2.1.3절 'C++ `std::string` 클래스'에서 설명한다.

2.1.2 스트링 리터럴

C++ 프로그램에서 스트링을 인용 부호로 묶은 것을 본 적이 있을 것이다. 예를 들어 다음 코드는 `hello`란 스트링을 변수에 담지 않고 스트링값을 곧바로 화면에 출력한다.

```
cout << "hello" << endl;
```

여기 나온 `"hello"`처럼 변수에 담지 않고 곧바로 값으로 표현한 스트링을 **스트링 리터럴**string literal이라 부른다. 스트링 리터럴은 내부적으로 메모리의 읽기 전용 영역에 저장된다. 그러므로 컴파일러는 같은 스트링 리터럴이 코드에 여러 번 나오면 이에 대한 레퍼런스를 재활용하는 방

---

1 옮긴이_ `strcpy_s()`와 strcat_s()의 프로토타입은 다음과 같다.

```
errno_t strcpy_s(
    char *strDestination,      // 복제 결과
    size_t numberOfElements, // 복제할 길이
    const char *strSource      // 복제 대상
);

errno_t strcat_s(
    char *strDestination,      // 뒤쪽 스트링 및 연결 결과가 담길 버퍼
    size_t numberOfElements, // 버퍼 크기
    const char *strSource      // 앞쪽 스트링
);
// 앞쪽과 뒤쪽 스트링 길이를 더한 값에서 1을 뺀 값이 버퍼 크기보다 작으면
// 버퍼 오버플로가 발생해서 개선 버전으로 나온 함수다.
```

또한 안전하지 않지만 가장 간단한 방법은 VS 2017 Community 버전 기준으로 솔루션 탐색기 창에서 프로젝트 이름을 마우스 오른쪽 버튼으로 클릭하고 속성(Properties)을 선택해서 나오는 속성 창에서 다음을 수행한다.

1) 구성 속성(Configuration Properties) → C/C++ → 일반(General)에서 'SDL 검사(SDL Checks)'를 '아니요(No)'로 바꾸면 컴파일 에러가 아닌 경고로만 뜬다.

2) 구성 속성(Configuration Properties) → C/C++ → 언어(Language) → 전처리기(Preprocessor)에서 전처리기 정의(Preprocessor Definitions) 값의 끝에 '`;_CRT_SECURE_NO_WARNINGS`'를 추가하면 `strcpy()`나 `strcat()`가 있어도 컴파일 메시지 없이 빌드된다.

식으로 메모리를 절약한다. 다시 말해 코드에서 "hello"란 스트링 리터럴을 500번 넘게 작성해도 컴파일러는 hello에 대한 실제 메모리 공간은 딱 하나만 할당한다. 이를 **리터럴 풀링** literal pooling이라 부른다.

스트링 리터럴을 변수에 **대입**할 수는 있지만 스트링 리터럴은 메모리의 읽기 전용 영역뿐만 아니라 동일한 리터럴을 여러 곳에서 공유할 수 있기 때문에 변수에 저장하면 위험하다. C++ 표준에서는 스트링 리터럴을 'const char가 *n*개인 배열' 타입으로 정의하고 있다. 하지만 비 const 시절에 작성된 레거시 코드의 하위 호환성을 보장하도록 스트링 리터럴을 const char* 타입 변수에 저장하지 않는 컴파일러가 많다. const 없이 char* 타입 변수에 스트링 리터럴을 대입하더라도 그 값을 변경하지 않는 한 프로그램 실행에는 아무런 문제가 없다. 스트링 리터럴을 수정하는 동작에 대해서는 명확히 정의되어 있지 않다. 따라서 프로그램이 갑자기 뻗어버릴 수도 있고, 실행은 되지만 겉으로 드러나지 않는 부작용이 발생할 수도 있고, 수정 작업을 그냥 무시할 수도 있고, 의도한 대로 작동할 수도 있다. 구체적인 동작은 컴파일러마다 다르다. 예를 들어 다음과 같이 코드를 작성하면 결과를 예측할 수 없다.

```
char* ptr { "hello" }; // 변수에 스트링 리터럴을 대입한다.
ptr[1] = 'a';          // 결과를 예측할 수 없다.
```

스트링 리터럴을 참조할 때는 const 문자에 대한 포인터를 사용하는 것이 훨씬 안전하다. 다음 코드도 위와 똑같은 버그를 담고 있지만 스트링 리터럴을 const char* 타입 변수에 대입했기 때문에 컴파일러는 읽기 전용 메모리에 쓰기 작업을 실행하는 것을 걸러낼 수 있다.

```
const char* ptr { "hello" }; // 변수에 스트링 리터럴을 대입한다.
ptr[1] = 'a';                // 읽기 전용 메모리에 값을 쓰기 때문에 에러가 발생한다.
```

문자 배열(char[])의 초깃값을 설정할 때도 스트링 리터럴을 사용한다. 이때 컴파일러는 주어진 스트링을 충분히 담을 정도로 큰 배열을 생성한 뒤 여기에 실제 스트링값을 복사한다. 컴파일러는 이렇게 만든 스트링 리터럴을 읽기 전용 메모리에 넣지 않으며 재활용하지도 않는다.

```
char arr[] { "hello" }; // 컴파일러는 적절한 크기의 문자 배열 arr을 생성한다.
arr[1] = 'a';           // 이제 스트링을 수정할 수 있다.
```

1 로 스트링 리터럴

로 스트링 리터럴raw string literal은 여러 줄에 걸쳐 작성하는 스트링 리터럴으로서, 그 안에 나오는 인용 부호를 이스케이프 시퀀스로 표현할 필요가 없고, \t나 \n 같은 이스케이프 시퀀스(1장 참고)를 일반 텍스트로 취급한다. 예를 들어 다음과 같이 스트링 리터럴을 작성하면 스트링 안에 있는 큰따옴표를 이스케이프 시퀀스로 표현하지 않았기 때문에 컴파일 에러가 발생한다.

```
const char* str { "Hello "World"!" }; // 에러가 발생한다.
```

이럴 때는 큰따옴표를 다음과 같이 이스케이프 시퀀스로 표현한다.

```
const char* str { "Hello \"World\"!" };
```

하지만 로 스트링 리터럴을 사용하면 인용 부호를 이스케이프 시퀀스로 표현하지 않아도 된다. 로 스트링 리터럴은 R"(로 시작해서)"로 끝난다.

```
const char* str { R"(Hello "World"!)" };
```

로 스트링 리터럴을 사용하지 않고 여러 줄에 걸친 스트링을 표현하려면 스트링 안에서 줄이 바뀌는 지점에 \n을 넣어야 한다. 예를 들면 다음과 같다.

```
const char* str { "Line 1\nLine 2" };
```

이 스트링을 콘솔에 출력하면 다음과 같이 나온다.

```
Line 1
Line 2
```

로 스트링 리터럴로 표현할 때는 다음과 같이 소스 코드에서 줄바꿈을 할 지점에 \n 이스케이프 시퀀스를 입력하지 말고 그냥 엔터키를 누르면 된다. 그러면 앞에서 \n을 지정했을 때와 똑같이 출력된다.

```
const char* str { R"(Line 1
Line 2)" };
```

로 스트링 리터럴에서는 이스케이프 시퀀스를 무시한다. 예를 들어 다음과 같이 로 스트링 리터럴을 작성하면 \t 이스케이프 시퀀스가 탭 문자로 바뀌지 않고 백슬래시 뒤에 t라는 문자가 나온 것으로 표현한다.

```
const char* str { R"(Is the following a tab character? \t)" };
```

따라서 이 스트링을 콘솔에 출력하면 다음과 같이 나온다.

```
Is the following a tab character? \t
```

로 스트링 리터럴은)"로 끝나기 때문에 이 구문을 사용하는 스트링 안에)"를 넣을 수 없다. 예를 들어 다음과 같이 스트링 중간에)"가 들어가면 에러가 발생한다.

```
const char* str { R"(Embedded )" characters)" }; // 에러가 발생한다.
```

)" 문자를 추가하려면 다음과 같이 확장 로 스트링 리터럴extended raw string literal 구문으로 표현해야 한다.

```
R"d-char-sequence(r-char-sequence)d-char-sequence"
```

여기서 r-char-sequence에 해당하는 부분이 실제 로 스트링이다. d-char-sequence라고 표현한 부분은 구분자 시퀀스delimiter sequence로서, 반드시 로 스트링 리터럴의 시작과 끝에 똑같이 나와야 한다. 이 구분자 시퀀스는 최대 16개의 문자를 가질 수 있다. 이때 구분자 시퀀스는 로 스트링 리터럴 안에 나오지 않는 값으로 지정해야 한다.

앞에 나온 스트링에서 고유한 구분자 시퀀스를 사용하도록 수정하면 다음과 같다.

```
const char* str { R"-(Embedded )" characters)-" };
```

로 스트링 리터럴을 사용하면 데이터베이스 쿼리 스트링이나 정규 표현식, 파일 경로 등을 쉽게 표현할 수 있다. 정규 표현식은 21장에서 자세히 설명한다.

2.1.3 C++ std::string 클래스

C++ 표준 라이브러리는 C 스트링보다 훨씬 뛰어난 std::string 클래스를 제공한다. 엄밀히 말해 std::string은 basic_string이라는 클래스 템플릿의 인스턴스로서, <cstring>의 함수와 기능은 비슷하지만 메모리 할당 작업을 처리해주는 기능이 더 들어 있다. string 클래스는 std 네임스페이스에 속하며 <string> 헤더에 정의되어 있다. 앞 장에서 이미 본 적이 있지만 여기서 좀 더 자세히 살펴보자.

1 C 스타일 스트링의 문제점

C 스타일 스트링의 장단점을 살펴보면 C++의 string 클래스가 왜 필요한지 확실히 알 수 있다.

장점

- 간단하다. 내부적으로 기본 문자 타입과 배열 구조체로 처리한다.
- 가볍다. 제대로 사용하면 메모리를 꼭 필요한 만큼만 사용한다.
- 로우 레벨이다. 따라서 메모리의 실제 상태를 조작하거나 복사하기 쉽다.
- C 프로그래머에게 익숙하다. 새로 배울 필요가 없다.

단점

- 스트링 데이터 타입에 대한 고차원 기능을 구현하려면 상당한 노력이 필요하다.
- 찾기 힘든 메모리 버그가 발생하기 쉽다.
- C++의 객체지향적인 특성을 제대로 활용하지 못한다.
- 프로그래머가 내부 표현 방식을 이해해야 한다.

방금 나열한 장단점을 보면 분명 이보다 더 나은 방식이 있겠다는 생각이 들 것이다. 앞으로 배우겠지만 C++의 string은 C 스타일의 스트링이 가진 장점은 그대로 남기고 단점은 없앴다.

2 string 클래스 사용법

string은 실제로는 클래스지만 마치 기본 타입인 것처럼 사용한다. 그러므로 코드를 작성할 때 기본 타입처럼 취급하면 된다. C++ string의 연산자 오버로딩 덕분에 C 스트링보다 훨씬 쓰기 편하다. 예를 들어 다음과 같이 + 연산자를 string에 적용하면 스트링 결합string concatenation 연산을 수행할 수 있다. 다음 코드에서 변수 c의 값은 1234가 된다.

```
string a { "12" };
string b { "34" };
string c;
c = a + b; // c는 "1234"
```

마찬가지로 += 연산자도 스트링 뒤에 덧붙이는append 연산을 수행하도록 오버로딩되어 있다.

```
a += b; // a는 "1234"
```

스트링 비교

C 스트링은 == 연산자로 비교할 수 없다는 단점이 있다. 예를 들어 다음과 같이 스트링 두 개가 있다고 하자.

```
char* a { "12" };
char b[] { "12" };
```

두 스트링을 비교하는 문장을 다음과 같은 작성하면 스트링의 내용이 아닌 포인터값을 비교하기 때문에 항상 false가 리턴된다.

```
if (a == b) { /* ... */ }
```

C 언어에서는 배열과 포인터가 밀접하게 얽혀 있다. 앞에 나온 배열 b는 사실 그 배열의 첫 번째 원소를 가리키는 포인터다. 배열과 포인터의 관계는 7장에서 자세히 설명한다.

C 언어에서 스트링을 비교하려면 다음과 같이 작성한다.

```
if (strcmp(a, b) == 0) { /* ... */ }
```

또한 C 스트링은 <, <=, >=, >로 비교할 수 없기 때문에 주어진 스트링을 사전식 나열 순서에 따라 비교해서 0보다 작은 값, 0, 0보다 큰 값을 리턴하는 strcmp()를 사용했다. 따라서 코드가 지저분하고 읽기 힘들게 될 뿐만 아니라 에러가 발생하기 쉽다.

C++에서 제공하는 string에서는 ==, !=, <와 같은 연산자를 스트링에 적용할 수 있도록 오버로딩되어 있다. 물론 C처럼 각각의 문자를 [ ]로 접근할 수도 있다.

C++ string 클래스는 compare( ) 메서드도 제공한다. 이 메서드는 strcmp( )와 동작 및 리턴 타입이 비슷하다. 예를 들면 다음과 같다.

```
string a { "12" };
string b { "34" };

auto result { a.compare(b) };
if (result < 0) { cout << "less" << endl; }
if (result > 0) { cout << "greater" << endl; }
if (result == 0) { cout << "equal" << endl; }
```

strcmp( )처럼 사용하기 좀 번거롭다. 여기서 리턴값의 의미를 정확히 알아야 한다. 이 리턴값은 정숫값에 불과하므로 그 의미를 까먹기 쉽다. 그러므로 다음과 같이 잘못 비교하는 코드를 작성하는 실수를 저지르기 쉽다.

```
if (a.compare(b)) { cout << "equal" << endl; }
```

compare( )는 값이 같은 경우에는 0을 리턴하고 다른 경우에는 0이 아닌 값을 리턴한다. 따라서 이 코드는 의도와 정반대로 작동한다. 즉, 서로 다른 스트링에 대해 'equal'이라고 출력한다. 두 스트링이 같은지 확인하고 싶다면 compare( )가 아닌 ==을 사용해야 한다.

C++20부터는 1장에서 소개한 3방향 비교 연산자를 사용하도록 개선되었다. string 클래스는 이 연산자를 정식으로 지원한다. 예를 들면 다음과 같다.

```
auto result { a <=> b };
if (is_lt(result)) { cout << "less" << endl; }
if (is_gt(result)) { cout << "greater" << endl; }
if (is_eq(result)) { cout << "equal" << endl; }
```

메모리 처리

다음 코드를 보면 연산자 오버로딩으로 string을 확장해도 메모리 관련 작업은 string 클래스가 알아서 처리해준다는 것을 알 수 있다. 따라서 메모리 오버런memory overrun이 발생할 걱정을 할 필요가 없다.

```
string myString { "hello" };
myString += ", there";
string myOtherString { myString };
if (myString == myOtherString) {
    myOtherString[0] = 'H';
}
cout << myString << endl;
cout << myOtherString << endl;
```

이 코드의 실행 결과는 다음과 같다.

```
hello, there
Hello, there
```

이 예제에서 몇 가지 짚고 넘어갈 점이 있다. 하나는 스트링을 할당하거나 크기를 조절하는 코드가 여러 군데 흩어져 있어도 메모리 누수가 발생하지 않는다는 것이다. string 객체는 모두 스택 변수로 생성되기 때문이다. string 클래스를 사용하면 메모리를 할당하거나 크기를 조절할 일이 상당히 많긴 하지만 string 객체가 스코프를 벗어나자마자 여기에 할당된 메모리를 string 소멸자가 모두 정리한다. 소멸자의 구체적인 작동 방식은 8장에서 자세히 소개한다.

또한 연산자를 원하는 방식으로 작동하게 할 수 있다. 예를 들어 = 연산자를 스트링을 복사하는 데 사용하면 상당히 편하다. 배열 방식으로 스트링을 다루는 데 익숙하다면 이 기능이 굉장히 편하긴 하지만 좀 헷갈릴 수도 있다. 그래도 걱정할 필요는 없다. 일단 string 클래스의 처리 방식이 좋다는 것을 깨닫는 순간 금세 적응하게 된다.

C 스트링과 호환

string 클래스에서 제공하는 c_str() 메서드를 사용하면 C 언어에 대한 호환성을 보장할 수 있다. 이 메서드는 C 스트링을 표현하는 const 포인터를 리턴한다. 하지만 string에 대한 메모리를 다시 할당하거나 해당 string 객체를 제거하면 이 메서드가 리턴한 const 포인터를 더 이상 사용할 수 없게 된다. 따라서 현재 string에 담긴 내용을 정확히 사용하려면 이 메서드를 호출한 직후에 리턴된 포인터를 활용하도록 코드를 작성하는 것이 좋다. 또한 함수 안에 생성된 스택 기반 string 객체에 대해서는 c_str()을 호출한 결과를 절대로 리턴값으로 전달하면 안 된다.

또한 string에서 제공하는 data() 메서드는 C++14까지만 해도 c_str()처럼 const char* 타입으로 값을 리턴했다. 그러나 C++17부터는 비 const 스트링에 대해 호출하면 char*를 리턴하도록 변경되었다.

스트링 연산

string 클래스는 다음과 같은 몇 가지 연산을 추가로 제공한다.

- substr(pos, len): 인수로 지정한 시작 위치와 길이에 맞는 서브스트링을 리턴한다.
- find(str): 인수로 지정한 서브스트링이 있는 지점을 리턴한다. 없다면 string::npos를 리턴한다.
- replace(pos, len, str): 스트링에서 인수로 지정한 위치와 길이에 해당하는 부분을 str로 지정한 값으로 교체한다.
- C++20 starts_with(str)/ends_with(str): 인수로 지정한 서브스트링으로 시작하거나 끝나면 true를 리턴한다.

다음은 이러한 연산의 일부를 보여주는 간단한 예다.

```
string strHello { "Hello!!" };
string strWorld { "The World..." };
auto position { strHello.find("!!") };
if (position != string::npos) {
    // "!!" 서브스트링 발견. 이 값을 교체한다.
    strHello.replace(position, 2, strWorld.substr(3, 6));
}
cout << strHello << endl;
```

그러면 다음과 같은 결과가 나온다.

```
Hello World
```

string 객체에 대해 적용할 수 있는 모든 연산은 표준 라이브러리 레퍼런스를 참고하기 바란다.

NOTE_ C++20부터 std::string은 1장에서 소개한 constexpr 클래스다. 즉, string은 컴파일 시간에 연산을 수행하는 데 사용할 수 있으며, constexpr 함수와 클래스 구현에 활용할 수 있다.

3 std::string 리터럴

소스 코드에 나온 스트링 리터럴은 주로 const char*로 처리한다. 표준 사용자 정의 리터럴 s를 사용하면 스트링 리터럴을 std::string으로 만들 수 있다.

```
auto string1 { "Hello World" };  // string1의 타입은 const char*다.
auto string2 { "Hello World"s }; // string2의 타입은 std::string이다.
```

표준 사용자 정의 리터럴 s를 사용하려면 std::literals::string_literals 네임스페이스를 추가한다. 그런데 string_literals와 literals 네임스페이스는 **인라인 네임스페이스**inline namespace다. 따라서 다음 문장 중 하나로 작성해도 된다.

```
using namespace std;
using namespace std::literals;
using namespace std::string_literals;
using namespace std::literals::string_literals;
```

기본적으로 인라인 네임스페이스에 선언된 것은 모두 자동으로 부모 네임스페이스에도 추가된다. 인라인 네임스페이스를 직접 정의하려면 inline 키워드를 사용한다. 예를 들어 string_literals 인라인 네임스페이스를 정의하려면 다음과 같이 작성하면 된다.

```
namespace std {
    inline namespace literals {
        inline namespace string_literals {
            // ...
        }
    }
}
```

4 std::vector와 스트링의 CTAD

1장에서 std::vector는 CTAD를 지원하므로 컴파일러는 초기자 리스트를 보고 vector의 타입을 자동으로 추론한다고 설명했다. 그런데 스트링 vector에 대해 CTAD를 적용할 때는 주의해야 한다. 예를 들어 vector를 다음과 같이 선언한 경우를 살펴보자.

```
vector names { "John", "Sam", "Joe" };
```

그러면 이 벡터의 타입을 vector<string>이 아닌 vector<const char*>로 추론한다. 이런 실수는 저지르기 쉬운데 코드가 정상적으로 작동하지 않거나 심하면 뻗어버린다.

vector<string>으로 만들고 싶다면 앞 절에서 설명했듯이 std::string 리터럴로 지정해야 한다. 이때 각 스트링 리터럴 끝에 s를 붙인다.

```
vector names { "John"s, "Sam"s, "Joe"s };
```

2.1.4 숫자 변환

C++ 표준 라이브러리는 숫자 변환에 대한 하이레벨 함수와 로우레벨 함수를 모두 제공한다.

1 하이레벨 숫자 변환

std 네임스페이스는 <string>에 정의되어 있으며, 숫자를 string으로 변환하거나 string을 숫자로 쉽게 변환할 수 있는 다양한 헬퍼helper(편의) 함수를 제공한다.

숫자를 string으로 변환

숫자 타입을 string으로 변환하는 함수는 다음과 같다. 여기서 *T* 자리에 (unsigned) int, (unsigned) long, (unsigned) long long, float, double, long double 등이 올 수 있다. 이런 함수는 string 객체를 새로 생성해서 리턴하며, 메모리 할당 작업도 처리해준다.

```
string to_string(T val);
```

이들 함수는 따로 설명하지 않아도 쉽게 이해할 수 있다. 예를 들어 long double 값을 string으로 변환하려면 다음과 같이 작성한다.

```
long double d { 3.14L };
string s { to_string(d) };
```

string을 숫자로 변환

이와 반대로 변환하는 함수도 다음과 같이 std 네임스페이스에 정의되어 있다. 이 함수의 프로토타입function prototype(함수 원형)에서 str은 변환하려는 string 값을 의미하고, idx는 아직 변환되지 않은 부분의 맨 앞에 있는 문자의 인덱스를 가리키는 포인터고, base는 변환할 수의 밑base(기수, 기저)이다. idx 포인터를 널 포인터로 지정하면 이 값을 무시한다. 여기 나온 변환 함수들은 제일 앞에 나온 공백 문자를 무시하고, 변환에 실패하면 invalid_argument 익셉션을 던지고, 변환된 값이 리턴 타입의 범위를 벗어나면 out_of_range 익셉션을 던진다.

- int stoi(const string& str, size_t *idx=0, int base=10);
- long stol(const string& str, size_t *idx=0, int base=10);
- unsigned long stoul(const string& str, size_t *idx=0, int base=10);
- long long stoll(const string& str, size_t *idx=0, int base=10);
- unsigned long long stoull(const string& str, size_t *idx=0, int base=10);
- float stof(const string& str, size_t *idx=0);
- double stod(const string& str, size_t *idx=0);
- long double stold(const string& str, size_t *idx=0);

예를 들면 다음과 같다.

```
const string toParse { " 123USD" };
size_t index { 0 };
int value { stoi(toParse, &index) };
cout << format("Parsed value: {}", value) << endl;
cout << format("First non-parsed character: '{}'", toParse[index]) << endl;
```

이 코드의 실행 결과는 다음과 같다.

```
Parsed value: 123
First non-parsed character: 'U'
```

stoi(), stol(), stoul(), stoll(), stoull()은 정숫값을 받으며, base란 매개변수를 통해 주어진 정숫값의 밑base을 지정할 수 있다. 밑의 디폴트값은 10진수를 의미하는 10이며, 16을 지정하면 16진수가 된다. 밑을 0으로 지정하면 다음과 같은 규칙에 따라 주어진 숫자의 밑을 알아낸다.

- 숫자가 0x나 0X로 시작하면 16진수로 처리한다.
- 숫자가 0으로 시작하면 8진수로 처리한다.
- 나머지 경우에는 10진수로 처리한다.

2 로우 레벨 숫자 변환

로우 레벨 숫자 변환에 대한 함수도 다양하게 제공되며 <charconv> 헤더에 정의되어 있다. 이 함수는 메모리 할당에 관련된 작업은 전혀 해주지 않고 std::string도 직접 다루지 않기 때문에 호출한 측에서 로 버퍼raw buffer(원시 버퍼)를 할당하는 방식으로 사용해야 한다. 또한 고성능과 로케일 독립성locale-independent에 최적화되었다(현지화localization에 대해서는 21장 참조). 그러므로 하이레벨 숫자 변환 함수에 비해 처리 속도가 엄청나게 빠르다. 또한 **퍼펙트 라운드 트리핑**perfect round tripping 방식으로 설계되었다. 즉, 숫잣값을 스트링 형태로 직렬화한 뒤, 그 결과로 나온 스트링을 다시 숫잣값으로 역직렬화하면 원래 값이 나온다.

숫자 데이터와 사람이 읽기 좋은 포맷(예: JSON, XML 등) 사이의 변환 작업을 로케일에 독립적이고 퍼펙트 라운드 트리핑을 지원하면서 빠른 속도로 처리하고 싶다면 이러한 로우레벨 함수를 사용한다.

숫자를 스트링으로 변환

정수를 문자로 변환하려면 다음과 같은 함수를 사용한다.

```
to_chars_result to_chars(char* first, char* last, IntegerT value, int base = 10);
```

여기서 *IntegerT*는 부호가 있는 정수나 부호 없는 정수 또는 char가 될 수 있다. 결과는 to_chars_result 타입으로 리턴되며, 다음과 같이 정의되어 있다.

```
struct to_chars_result {
    char* ptr;
    errc ec;
};
```

정상적으로 변환되었다면 ptr 멤버는 끝에서 두 번째 문자를 가리키고, 그렇지 않으면 last 값과 같다(이때 ec == errc::value_too_large다).

예를 들면 다음과 같다.

```
const size_t BufferSize { 50 };
std::string out(BufferSize, ' '); // BufferSize만큼의 문자로 구성된 스트링
auto result { to_chars(out.data(), out.data() + out.size(), 12345) };
if (result.ec == errc{}) { cout << out << endl; /* 제대로 변환된 경우 */ }
```

1장에서 소개한 구조적 바인딩을 적용하면 다음과 같이 표현할 수 있다.

```
string out(BufferSize, ' '); // BufferSize만큼의 문자로 구성된 스트링
auto [ptr, error] { to_chars(out.data(), out.data() + out.size(), 12345) };
if (error == errc{}) { cout << out << endl; /* 제대로 변환된 경우 */ }
```

또한 다음과 같이 부동소수점 타입에 대한 변환 함수도 제공한다.

```
to_chars_result to_chars(char* first, char* last, FloatT value);
to_chars_result to_chars(char* first, char* last, FloatT value,
                         chars_format format);
to_chars_result to_chars(char* first, char* last, FloatT value,
                         chars_format format, int precision);
```

여기서 *FloatT* 자리에 float, double, long double이 나올 수 있다. 구체적인 포맷은 다음과 같이 정의된 chars_format 플래그를 조합해서 지정할 수 있다.

```
enum class chars_format {
    scientific,                 // 스타일: (-)d.ddde±dd
    fixed,                      // 스타일: (-)ddd.ddd
    hex,                        // 스타일: (-)h.hhhp±d(주의: 0x는 적지 않는다!)
    general = fixed | scientific // 다음 문단 참조
};
```

기본 포맷인 chars_format::general을 적용하면 to_chars()는 부동소수점값을 십진수 표기법인 *(-)ddd.ddd*와 십진수 지수 표기법인 *(-)d.ddde±dd* 중에서 소수점 왼쪽에 나오는 숫자를 표기할 때 전체 길이가 가장 짧은 형태로 변환된다. 포맷에 정밀도precision를 지정하지 않으면 주어진 포맷에서 가장 짧게 표현할 수 있는 형태로 결정된다. 참고로 정밀도의 최댓값은 여섯 자리다. 예를 들면 다음과 같다.

```
double value { 0.314 };
string out(BufferSize, ' '); // BufferSize만큼의 문자로 구성된 스트링
auto [ptr, error] { to_chars(out.data(), out.data() + out.size(), value) };
if (error == errc{}) { cout << out << endl; /* 제대로 변환된 경우 */ }
```

스트링을 숫자로 변환

반대 방향, 즉 문자 시퀀스를 숫잣값으로 변환하는 함수도 있다.

```
from_chars_result from_chars(const char* first, const char* last,
                             IntegerT& value, int base = 10);
from_chars_result from_chars(const char* first, const char* last,
                             FloatT& value,
                             chars_format format = chars_format::general);
```

from_chars_result 타입은 다음과 같이 정의되어 있다.

```
struct from_chars_result {
    const char* ptr;
    errc ec;
};
```

여기서 결과 타입의 ptr 멤버는 변환에 실패할 경우 첫 번째 문자에 대한 포인터가 되고, 제대로 변환될 때는 last와 같다. 변환된 문자가 하나도 없다면 ptr은 first와 같으며, 에러 코드는 errc::invalid_argument가 된다. 파싱된 값이 너무 커서 지정된 타입으로 표현할 수 없다면 에러 코드의 값은 errc::result_out_of_range가 된다. 참고로 from_chars()는 앞에 나온 공백 문자를 무시하지 않는다.

to_chars()와 from_chars()의 퍼펙트 라운드 트리핑 기능에 대한 예는 다음과 같다.

```
double value1 { 0.314 };
string out(BufferSize, ' '); // BufferSize만큼의 문자로 구성된 스트링
auto [ptr1, error1] { to_chars(out.data(), out.data() + out.size(), value1) };
if (error1 == errc{}) { cout << out << endl; /* 제대로 변환된 경우 */ }

double vlaue2;
auto [ptr2, error2] { from_chars(out.data(), out.data() + out.size(), value2) };
if (error2 == errc{}) {
    if (value1 == value2) {
        cout << "Perfect roundtrip" << endl;
    } else {
        cout << "No perfect roundtrip?!?" << endl;
    }
}
```

2.1.5 std::string_view 클래스

C++17 이전에는 읽기 전용 스트링을 받는 함수의 매개변수 타입을 쉽게 결정할 수 없었다. const char*로 지정하면 클라이언트에서 std::string을 사용할 때 c_str()이나 data()로 const char*를 구해야 한다. 더 심각한 문제는 이렇게 하면 std::string의 객체지향 속성과 여기서 제공하는 뛰어난 헬퍼 메서드를 제대로 활용할 수 없다. 그렇다면 매개변수를 const std::string&로 지정하면 될까? 그렇게 하면 항상 std::string만 사용해야 한다. 예를 들어 스트링 리터럴을 전달하면 컴파일러는 그 스트링 리터럴의 복사본이 담긴 string 객체를 생성해서 함수로 전달하기 때문에 오버헤드가 발생한다. 간혹 이러한 함수에 대해 오버로딩 버전을 여러 개 만들기도 하는데(예를 들면 어떤 버전은 const char*를 받고, 또 어떤 버전은 const string&를 받도록), 그리 세련된 방법은 아니다.

C++17부터 추가된 std::string_view 클래스를 사용하면 이러한 고민을 해결할 수 있다. 이 클래스는 std::basic_string_view 클래스 템플릿의 인스턴스로서 <string_view> 헤더에 정의되어 있다. string_view는 실제로 const string& 대신 사용할 수 있으며 오버헤드도 없다. 다시 말해 스트링을 복사하지 않는다. string_view의 인터페이스는 c_str()이 없다는 점을 제외하면 std::string과 같다. data()는 똑같이 제공된다. string_view는 remove_prefix(size_t)와 remove_suffix(size_t)라는 메서드도 추가로 제공하는데, 지정한 오프셋만큼 스트링의 시작 포인터를 뒤로 미루거나 끝 포인터를 앞으로 당겨서 스트링을 축소하는 기능을 제공한다.

다음 코드를 보면 알겠지만 std::string을 사용할 줄 안다면 string_view의 사용법을 따로 배우지 않고도 곧바로 쓸 수 있다. 다음에 나온 extractExtension() 함수는 주어진 파일명에서 확장자만 뽑아서 리턴한다. 참고로 string_view는 대부분 값으로 전달pass-by-value한다. 스트링에 대한 포인터와 길이만 갖고 있어서 복사하는 데 오버헤드가 적기 때문이다.

```
string_view extractExtension(string_view filename)
{
    return filename.substr(filename.rfind('.'));
}
```

이 함수는 모든 종류의 스트링에 적용할 수 있다.

```
string filename { R"(c:\temp\my file.ext)" };
cout << format("C++ string: {}", extractExtension(filename)) << endl;

const char* cString { R"(c:\temp\my file.ext)" };
cout << format("C string: {}", extractExtension(cString)) << endl;

cout << format("Literal: {}", extractExtension(R"(c:\temp\my file.ext)")) << endl;
```

여기서 extractExtension()을 호출하는 부분에서 복제 연산이 하나도 발생하지 않는다. extractExtension() 함수의 매개변수와 리턴 타입은 단지 포인터와 길이만 나타낸다. 그러므로 굉장히 효율적이다.

string_view 생성자 중에서 로 버퍼와 길이를 매개변수로 받는 것도 있다. 이러한 생성자는 NUL로 끝나지 않는 스트링 버퍼로 string_view를 생성할 때 사용한다. 또한 NUL로 끝나는 스트링 버퍼를 사용할 때도 유용하다. 하지만 스트링의 길이를 이미 알고 있기 때문에 생성자에서 문자 수를 따로 셀 필요는 없다. 예를 들면 다음과 같다.

```
const char* raw { /* ... */ };
size_t length { /* ... */ };
cout << format("Raw: {}" << extractExtension({ raw, length })) << endl;
```

마지막 문장은 다음과 같이 작성해도 된다.

```
cout << format("Raw: {}" << extractExtension(string_view { raw, length })) << endl;
```

NOTE_ 함수의 매개변수로 읽기 전용 스트링을 받을 때는 const string&나 const char* 대신 std::string_view를 사용한다.

string_view를 사용하는 것만으로는 string이 생성되지는 않는다. string 생성자를 직접 호출하거나 string_view::data() 멤버로 생성해야 한다. 예를 들어 다음과 같이 const string&를 매개변수로 받는 함수가 있다고 하자.

```
void handleExtension(const string& extension) { /* ... */ }
```

이 함수를 다음과 같이 호출하면 제대로 작동하지 않는다.

```
handleExtension(extractExtension("my file.ext"));
```

제대로 호출하려면 다음 두 가지 방식 중 하나를 적용한다.

```
handleExtension(extractExtension("my file.ext").data());      // data() 메서드
handleExtension(string { extractExtension("my file.ext") }); // 명시적 ctor
```

이와 같은 이유로 string과 string_view를 서로 결합concatenate할 수 없다. 예를 들어 다음과 같이 작성하면 컴파일 에러가 발생한다.

```
string str { "Hello" };
string_view sv { " world" };
auto result { str + sv };
```

제대로 컴파일하려면 string_view에 대해 data() 메서드를 호출해야 한다.

```
auto result1 { str + sv.data() };
```

또는 다음과 같이 append()를 사용해도 된다.

```
string result2 { str };
result2.append(sv.data(), sv.size());
```

CAUTION_ 스트링을 리턴하는 함수는 반드시 `const string&`나 `string` 타입으로 리턴해야 한다. `string_view`로 리턴하면 안 된다. `string_view`로 리턴하면 이것이 가리키던 본래 스트링을 다시 할당할 경우 `string_view`가 무효로 될 위험이 있기 때문이다.

CAUTION_ 클래스의 데이터 멤버를 `const string&`나 `string_view`로 저장하려면 이들이 가리키는 스트링이 객체의 수명 동안 살아 있도록 보장해야 한다. 따라서 `std::string`으로 저장하는 것이 안전하다.

1 std::string_view와 임시 스트링

string_view는 임시 스트링에 대한 뷰를 저장하는 용도로 사용하면 안 된다. 예를 들어 다음 경우를 살펴보자.

```
string s { "Hello" };
string_view sv { s + " World!" };
cout << sv;
```

이렇게 작성하면 비정상적으로 작동할 수 있다. 구체적인 동작은 컴파일러의 종류와 설정에 따라 다르다. 그냥 뻗어버리거나 'ello World!'와 같이 맨 앞의 대문자 H 없이 출력될 수도 있다. 이렇게 실행되는 이유는 string_view인 sv에 대한 초기자 표현식으로부터 'Hello World!'란 임시 스트링이 생성되기 때문이다. 이 string_view는 생성된 임시 스트링에 대한 포인터를 저장한다. 그러므로 두 번째 문장을 실행하고 나서 이 임시 스트링이 삭제되고 나면 string_view는 댕글링 포인터dangling pointer가 되어버린다.

CAUTION_ 임시 스트링에 대한 뷰를 절대로 std::string_view로 저장하면 안 된다.

2 std::string_view 리터럴

표준 사용자 정의 리터럴인 sv를 사용하면 스트링 리터럴을 std::string_view로 만들 수 있다. 예를 들면 다음과 같다.

```
auto sv { "My string_view"sv };
```

표준 사용자 정의 리터럴인 sv를 사용하려면 다음 using 구문 중 하나를 적어줘야 한다.

```
using namespace std::literals::string_view_literals;
using namespace std::string_view_literals;
using namespace std::literals;
using namespace std;
```

2.1.6 비표준 스트링

C++ 프로그래머 상당수가 C++ 타입 스트링을 잘 사용하지 않는 데는 여러 가지 이유가 있다. C++ 규격에 명확히 나오지 않기 때문에 string이라는 타입이 있는 줄도 모르는 이도 있다. 또 수년 동안 C++ string을 사용하다가 자신이 원하는 기능이 없거나 std::string이 문자 인코딩을 완전히 무시한다는 사실이 마음에 들지 않아서 스트링 타입을 직접 정의해서 쓰는 프로그래머도 있다. 문자 인코딩에 대한 사항은 21장에서 다시 언급한다.

무엇보다도 가장 큰 이유는 마이크로소프트 MFC의 CString 클래스처럼 개발 프레임워크나 운영체제에서 나름대로 정의한 스트링을 제공하기 때문이다. 주로 하위 호환성이나 레거시 문제를 해결하기 위해 이렇게 제공한다. C++로 프로젝트를 시작할 때 구성원이 사용할 스트링을 미리 결정하는 것은 굉장히 중요하다. 그중에서도 다음 사항은 반드시 명심해야 한다.

- C 스트링은 사용하지 않는다.
- MFC나 Qt 등에서 기본적으로 제공하는 스트링처럼 현재 사용하는 프레임워크에서 제공하는 스트링을 프로젝트의 표준 스트링으로 삼는다.
- std::string으로 스트링을 표현한다면 함수의 매개변수로 전달할 읽기 전용 스트링은 std::string_view로 지정한다. 스트링을 다른 방식으로 표현한다면 현재 프레임워크에서 제공하는 string_view와 유사한 기능을 활용한다.

C++20 2.2 스트링 포맷 지정

C++20 이전에는 printf()와 같은 C 함수를 사용하거나 C++ I/O 스트림으로 스트링의 포맷을 지정했다.

C 함수

- 안전하지 않고 커스텀 타입을 지원하도록 확장할 수 없기 때문에 권장하지 않는다.
- 포맷 스트링과 인수가 분리되어 있어서 읽기 쉽다. 따라서 다른 언어로 변환하기도 좋다.
- 예: `printf("x has value %d and y has value %d.\n", x, y);`

C++ I/O 스트림

- 타입에 안전하고 확장할 수 있어서 (C++20 이전 버전에서) 권장하는 방법이다.
- 스트링과 인수가 섞여 있어서 읽기 힘들다. 따라서 변환하기도 어렵다.
- 예: `cout << "x has value " << x << " and y has value " << y << endl;`

C++20부터 <format>에 정의된 std::format()으로 스트링의 포맷을 지정할 수 있다. 이 함수는 C 함수의 장점과 C++ I/O 스트림의 장점을 모두 합친 것이다. 기본 형태와 예제는 이전 장에서 소개했다. 이 장에서는 format()이 얼마나 강력한지 자세히 살펴본다.

format()의 첫 번째 인수는 포맷 지정 스트링formatting string이다. 그 뒤에 나오는 인수는 포맷 지정 스트링에 있는 빈 칸placeholder에 채워질 값이다. 지금까지는 format()에서 빈 칸을 항상 빈 중괄호({})로 표기했다. 중괄호 안에 들어갈 스트링은 [index][:specifier] 형식으로 지정한다. 이때 모든 빈 칸에 index를 생략해도 되고, 모든 빈 칸에 대해 0부터 시작하는 인덱스 값을 두 번째 인수부터 필요한 만큼 지정할 수도 있다. 인덱스를 생략하면 format()의 두 번째 인수부터 나오는 값을 빈 칸에 순서대로 집어넣는다. 또한 specifier는 주어진 값을 출력할 때 따를 형식을 변경하는 포맷 지정자format specifier다. 이에 대해서는 다음 절에서 자세히 설명한다. {나 } 문자를 출력해야 할 때는 {{나 }}와 같이 이스케이프 표기법으로 지정한다.

먼저 index를 지정하는 방법부터 살펴보자. 다음 코드는 format()에서 빈 칸에 대한 인덱스를 지정하지 않고 호출했다.

```
auto s1 { format("Read {} bytes from {}", n, "file1.txt") };
```

또는 다음과 같이 인덱스를 직접 지정할 수도 있다.

```
auto s2 { format("Read {0} bytes from {1}", n, "file1.txt") };
```

위와 같이 인덱스를 직접 지정하는 방법과 자동으로 인덱스를 지정하는 방법을 혼용할 수는 없다. 예를 들어 다음과 같이 작성하면 안 된다.

```
auto s2 { format("Read {0} bytes from {}", n, "file1.txt") };
```

출력 스트링에 포맷이 적용되어 나오는 순서는 format()에 인수를 전달하는 순서를 변경하지 않고도 바꿀 수 있다. 이 기능은 특히 스트링을 변환하는 기능을 구현하는 데 유용하다. 언어마다 문장 순서가 다른데, 위와 같이 지정한 것을 중국어로 변환한다고 생각해보자. 중국어에서는 문장에 나오는 빈 칸의 순서를 반대로 바꿔야 하는데, 포맷 스트링에 나오는 빈 칸의 위치 지정

기능 덕분에 format()에 전달하는 인수의 순서는 건드리지 않고 그대로 유지할 수 있다.[2]

```
auto s3 { format(L"从{1}中读取{0}个字节。", n, L"file1.txt") };
```

다음 절에서 포맷 지정자로 출력 방식을 제어하는 방법을 자세히 알아보자.

2.2.1 포맷 지정자

포맷 지정자format specifier는 값을 출력할 때 적용할 포맷을 설정한다. 포맷 지정자는 앞에 콜론(:)이 붙으며, 일반적으로 다음과 같은 형식으로 표기한다.[3]

```
[[fill]align][sign][#][0][width][.precision][type]
```

대괄호 안에 나오는 부분은 모두 선택사항이다. 각 지정자에 대해서는 이어지는 절에서 하나씩 소개한다.

1 width

width 지정자는 주어진 값의 포맷을 적용할 필드의 최소 폭(예: 5)을 정한다. 이 값을 중괄호 집합으로 표기해도 되는데, 이를 **동적 폭**dynamic width이라 부른다. 예를 들어 {3}처럼 중괄호 안에 인덱스를 지정하면 동적 폭에 적용할 값을 format()에 지정한 인수 중에서 주어진 인덱스에 해당하는 것을 가져온다. 반면 예를 들어 {}처럼 인덱스를 지정하지 않으면 format()에 지정한 인수 목록 중에서 다음번 인수를 가져온다. 예를 들면 다음과 같다.

```
int i { 42 };
cout << format("|{:5}|", i) << endl;      // |   42|
cout << format("|{:{}}|", i, 7) << endl; // |     42|
```

2 [fill]align

[fill]align은 채울 문자fill character와 해당 필드에 값이 정렬되는 방식을 지정한다.

---

2 L 접두어는 21장에서 자세히 설명한다.

3 엄밀히 말해서 precision과 type 사이에 L을 옵션으로 전달할 수 있다. 이는 로케일에 특화된 포맷 지정 방식이므로 여기서 더 이상 설명하지 않는다.

- <: 왼쪽 정렬(정수나 부동소수점수가 아닌 값에 기본 적용)
- >: 오른쪽 정렬(정수나 부동소수점수에 기본 적용)
- ^: 가운데 정렬

출력될 때 [width]로 지정한 최소 폭에 맞게 채울 문자가 적용된다. [width]를 지정하지 않았다면 [fill]align이 적용되지 않는다. 예를 들면 다음과 같다.

```
int i { 42 };
cout << format("|{:7}|", i) << endl;    // |     42|
cout << format("|{:<7}|", i) << endl;   // |42     |
cout << format("|{:_>7}|", i) << endl;  // |_____42|
cout << format("|{:_^7}|", i) << endl;  // |__42___|
```

3 sign

sign은 다음 중 하나로 지정한다.

- -: 음수에만 부호를 붙인다(디폴트).
- +: 음수와 양수 모두에 부호를 붙인다.
- space: 음수에는 마이너스 기호를 붙이고, 양수에는 빈 칸을 적용한다.

예를 들면 다음과 같다.

```
int i { 42 };
cout << format("|{:<5}|", i) << endl;    // |42   |
cout << format("|{:<+5}|", i) << endl;   // |+42  |
cout << format("|{:< 5}|", i) << endl;   // | 42  |
cout << format("|{:< 5}|", -i) << endl;  // |-42  |
```

4

#은 **얼티네이트 포매팅**alternate formatting 규칙을 제공한다. 정수 타입과 16진수, 2진수, 8진수 숫자 포맷 지정에 대해 적용할 경우 0x, 0X, 0b, 0B, 0 등을 숫자 앞에 붙인다. 부동소수점 타입에 적용할 경우 뒤에 나오는 숫자가 없더라도 10진 구분자를 출력한다.

이어지는 두 절에서 얼티네이트 포매팅의 예를 제공한다.

5 type

type은 주어진 값을 반드시 따라야 할 타입을 지정한다. 다음과 같은 옵션이 있다.

- 정수 타입 : b(2진수), B(2진수, #을 지정했다면 0b 대신 0B 적용), d(10진수), o(8진수), x(16진수. 소문자 a, b, c, d, e, f 사용), X(16진수, A, B, C, D, E, F 사용, #을 지정했다면 0x 대신 0X 적용). 타입을 지정하지 않으면 정수에 대해 d를 적용한다.
- 부동소수점 타입 : 다음과 같은 부동소수점 포맷을 제공한다. 과학 계산, 고정, 일반, 16진수 포맷은 이 장 앞부분에서 소개한 std::chars_format::scientific, fixed, general, hex에 대한 결과와 같다.
  - e, E : 소문자 e 또는 대문자 E로 지수를 표현하는 과학 표기법으로서 특별히 지정한 정밀도가 없으면 6을 적용한다.
  - f, F : 고정 표기법으로서 특별히 지정한 정밀도가 없으면 6을 적용한다.
  - g, G : 소문자 e 또는 대문자 E로 지수를 표현하는 일반 표기법으로서 특별히 지정한 정밀도가 없으면 6을 적용한다.
  - a, A : 소문자(a)나 대문자(A)로 16진수를 표현한다.
  - 타입을 지정하지 않으면 부동소수점 타입에 대해 g가 적용된다.
- 부울 타입 : s(텍스트 형식에서는 true나 false 출력), b, B, c, d, o, x, X(정수 형식에서는 1이나 0 출력). 타입을 지정하지 않으면 부울 타입에 대해 s가 적용된다.
- 문자 타입 : c(출력할 때 문자가 복제됨), b, B, d, o, x, X(정수 표현). 타입을 지정하지 않으면 문자 타입에 대해 c가 적용된다.
- 스트링 타입 : s(출력할 때 스트링이 복제됨). 타입을 지정하지 않으면 스트링 타입에 대해 s가 적용된다.
- 포인터 타입 : p(0x로 시작하는 16진수 표기법). 타입을 지정하지 않으면 포인터 타입에 대해 p가 적용된다.

정수 타입에 대한 예는 다음과 같다.

```
int i { 42 };
cout << format("|{:10d}|", i) << endl;  // |        42|
cout << format("|{:10b}|", i) << endl;  // |    101010|
cout << format("|{:#10b}|", i) << endl; // |  0b101010|
cout << format("|{:10X}|", i) << endl;  // |        2A|
cout << format("|{:#10X}|", i) << endl; // |      0X2A|
```

스트링 타입에 대한 예는 다음과 같다.

```
string s { "ProCpp" };
cout << format("|{:_^10}|", s) << endl; // |__ProCpp__|
```

부동소수점 타입에 대한 예는 다음 절에서 소개한다.

6 precision

precision은 부동소수점과 스트링 타입에만 적용된다. 부동소수점 타입을 표기할 때는 점(.)을 먼저 붙이고 그 뒤에 10진수 숫자를 적고, 스트링을 표기할 때는 점 뒤에 문자 개수를 적는다. width와 마찬가지로 중괄호로 표기할 수 있으며, 이를 **동적 정밀도**dynamic precision라고 한다. 이렇게 지정한 정밀도는 format()에 지정한 인수 목록에서 다음 번째 인수를 적용하거나 별도로 지정한 인덱스가 있다면 해당 인수를 적용한다. 부동소수점 타입에 대한 예는 다음과 같다.

```
double d { 3.1415 / 2.3 };
cout << format("|{:12g}|", d) << endl;                          // |     1.365870|
cout << format("|{:12.2}|", d) << endl;                         // |         1.37|
cout << format("|{:12e}|", d) << endl;                          // |1.365870e+00|

int width { 12 };
int precision { 3 };
cout << format("|{2:{0}.{1}f}|", width, precision, d) << endl; // |       1.366|
```

7 0

0은 숫잣값에 대해 적용할 때 [width]로 지정한 최소 폭에 맞게 0을 집어넣는다. 이때 0은 해당 숫잣값의 앞에 추가된다. 부호나 0x, 0X, 0b, 0B가 있다면 그 뒤에 나온다. 정렬 방식을 지정하지 않으면 무시한다. 몇 가지 예를 들면 다음과 같다.

```
int i { 42 };
cout << format("|{:06d}|", i) << endl;  // |000042|
cout << format("|{:+06d}|", i) << endl; // |+00042|
cout << format("|{:06X}|", i) << endl;  // |00002A|
cout << format("|{:#06X}|", i) << endl; // |0X002A|
```

2.2.2 포맷 지정자 에러

지금까지 본 것처럼 포맷 지정자는 주어진 규칙을 반드시 따라야 한다. 포맷 지정자에 에러가 있으면 std::format_error 익셉션을 던진다.

```
try {
    cout << format("An integer: {:.}", 5);
} catch (const format_error& caught_exception) {
    cout << caught_exception.what(); // "missing precision specifier"
}
```

2.2.3 커스텀 타입 지원

C++20 포맷 지정 라이브러리는 커스텀 타입에 대해 확장할 수 있다. 그러기 위해서는 std::formatter 클래스 템플릿을 특수화해야 한다. 이 템플릿은 parse()와 format()이라는 두 가지 메서드 템플릿을 제공한다. 템플릿 특수화와 메서드 템플릿은 12장에서 자세히 소개한다. 일단 여기에서는 템플릿 특수화를 안다고 가정하고 커스텀 formatter를 구현하는 방법을 소개한다. 물론 지금 수준으로는 여기 나온 문법을 이해하지 못할 수 있다. 구체적인 사항은 12장에서 배우기로 하고, 일단 어떤 식으로 사용하는지 맛만 보고 뒤에서 자세히 설명할 때 이 예제를 다시 살펴보기로 하자.

다음과 같은 키-값 쌍을 저장하는 클래스가 있다고 하자.

```
class KeyValue
{
    public:
        KeyValue(string_view key, int value) : m_key { key }, m_value { value } {}

        const string& getKey() const { return m_key; }
        int getValue() const { return m_value; }

    private:
        string m_key;
        int m_value;
};
```

KeyValue 객체의 커스텀 formatter는 다음과 같은 클래스 템플릿 특수화를 통해 구현할 수 있다. 여기 나온 커스텀 formatter는 다음과 같은 커스텀 포맷 지정자도 제공한다.

- {:a}는 키만 출력
- {:b}는 값만 출력
- {:c}와 {}는 키와 값 모두 출력

```
template<>
class formatter<KeyValue>
{
    public:
        constexpr auto parse(auto& context)
        {
            auto iter { context.begin() };
            const auto end { context.end() };
            if (iter == end || *iter == '}') { // {} 포맷 지정자
                m_outputType = OutputType::KeyAndValue;
                return iter;
            }

            switch (*iter) {
                case 'a': // {:a} 포맷 지정자
                    m_outputType = OutputType::KeyOnly;
                    break;
                case 'b': // {:b} 포맷 지정자
                    m_outputType = OutputType::ValueOnly;
                    break;
                case 'c': // {:c} 포맷 지정자
                    m_outputType = OutputType::KeyAndValue;
                    break;
                default:
                    throw format_error { "Invalid KeyValue format specifier." };
            }

            ++iter;
            if (iter != end && *iter != '}') {
                throw format_error { "Invalid KeyValue format specifier." };
            }
            return iter;
        }

        auto format(const KeyValue& kv, auto& context)
        {
            switch (m_outputType) {
                using enum OutputType;

                case KeyOnly:
                    return format_to(context.out(), "{}", kv.getKey());
                case ValueOnly:
                    return format_to(context.out(), "{}", kv.getValue());
```

```
                default:
                    return format_to(context.out(), "{} - {}",
                        kv.getKey(), kv.getValue());
            }
        }
    private:
        enum class OutputType
        {
            KeyOnly,
            ValueOnly,
            KeyAndValue
        };
        OutputType m_outputType { OutputType::KeyAndValue };
};
```

여기서 parse() 메서드는 문자 구간(context.begin(), context.end())으로 주어진 포맷 지정자를 파싱(구문 분석)한 뒤 그 결과를 formatter 클래스의 데이터 멤버에 저장하고, 파싱한 포맷 지정자 스트링 뒤에 나오는 문자를 가리키는 반복자를 리턴한다.

format() 메서드는 parse()로 파싱한 포맷 지정자에 따라 첫 번째 인수로 주어진 값의 포맷을 지정하고, 그 결과를 context.out()에 쓴 다음, 출력 끝을 가리키는 반복자를 리턴한다. 이 예제에서 실제로 포맷을 적용하는 작업은 std::format_to()에 맡겼다. format_to() 함수는 사전에 할당된 버퍼를 첫 번째 인수로 받으며, 여기에 결과 스트링을 쓴다. 반면 format()은 스트링 객체를 새로 만들어서 리턴한다.

이렇게 만든 커스텀 formatter는 다음과 같이 테스트해볼 수 있다.

```
KeyValue keyValue { "Key1", 11 };
cout << format("{}", keyValue) << endl;
cout << format("{:a}", keyValue) << endl;
cout << format("{:b}", keyValue) << endl;
cout << format("{:c}", keyValue) << endl;
try { cout << format("{:cd}", keyValue) << endl; }
catch (const format_error& caught_exception) { cout << caught_exception.what(); }
```

이 코드를 실행한 결과는 다음과 같다.

```
Key1 - 11
Key1
11
Key1 - 11
Invalid KeyValue format specifier.
```

연습삼아 키와 값을 구분하는 기호도 별도로 지정해보자. 커스텀 formatter로 할 수 있는 일은 무궁무진하다. 어떻게 하더라도 타입에 안전하게 만들 수 있다.

2.3 정리

이 장에서는 C++에서 제공하는 string과 string_view 클래스를 소개했고, 기존 C 언어의 문자 배열에 비해 어떤 장점이 있는지 살펴봤다. 또한 숫자와 string을 쉽게 변환하는 여러 가지 헬퍼 함수도 살펴봤고, 로 스트링 리터럴 개념도 배웠다.

마지막으로 C++20부터 추가된 스트링 포매팅 라이브러리도 소개했다. 이 라이브러리는 이 책에 나온 예제에서 자주 사용한다. 스트링의 출력 포맷을 세밀하게 제어할 수 있는 강력한 메커니즘이다.

다음 장에서는 코드 문서화, 코드 분할, 명명 규칙, 코드 포매팅을 포함하여 바람직한 코딩 스타일 가이드라인을 소개한다.

2.4 연습 문제

이 장에서 소개한 내용을 직접 써보기 위해 다음 연습 문제를 풀어보자. 연습 문제에 대한 정답은 이 책의 웹사이트(www.wiley.com/go/proc++5e)에서 다운로드할 수 있다. 문제를 풀다가 막히면 정답부터 찾지 말고 먼저 앞에서 설명한 부분을 다시 읽고 직접 답을 찾아보려고 애쓰기 바란다.

연습 문제 2-1 사용자로부터 스트링 두 개를 받아서 알파벳 순서로 출력하는 프로그램을 3방향 비교 연산자를 사용하여 작성해보자. 사용자로부터 스트링을 입력받는 기능은 1장에서 간략히 소개한 std::cin 스트림을 사용한다. 입력과 출력에 대한 자세한 사항은 13장에서 설명하는데, 일단 여기에서는 다음 코드를 이용하여 스트링 입력 부분을 콘솔 환경에서 처리한다. 다 입력했으면 엔터키를 누른다.

```
std::string s;
getline(cin, s1);
```

연습 문제 2-2 사용자로부터 원본 스트링과 그 안에서 찾을 부분과 이를 대체할 스트링을 입력받는 프로그램을 작성한다. 그러고 나서 이 세 스트링을 매개변수로 받아서 검색 대상을 원하는 값으로 교체한 스트링을 리턴하는 함수를 만든다. 이때 string_view는 쓰지 않고 std::string만으로 구현한다. 매개변수 타입으로 어떤 것을 지정하고 그 이유를 설명한다. 이렇게 정의한 함수를 main()에서 호출한 뒤 모든 스트링을 화면에 출력한다.

연습 문제 2-3 [연습 문제 2-2]에서 작성한 프로그램에서 std::string_view를 최대한 많이 사용하도록 수정해보자.

연습 문제 2-4 사용자로부터 부동소수점수를 원하는 만큼 입력받아서 모두 vector에 저장하는 프로그램을 작성한다. 숫자 하나를 입력할 때마다 엔터키를 누른다. 사용자가 0을 입력하면 더 이상 입력을 받지 않는다. 콘솔에서 부동소수점수를 읽는 부분은 1장에서 정수 입력에 사용한 cin을 똑같은 방식으로 구현할 수 있다. 저장된 숫자마다 다른 포맷을 지정할 수 있게 해보자.

CHAPTER 3

코딩 스타일

이 장의 내용

- 코드 문서화의 중요성과 다양한 주석 스타일
- 코드 분해의 의미와 적용 방법
- 명명 규칙
- 포매팅 규칙

매일 키보드를 두드리며 코드를 작성하는 데 오랜 시간을 보내는 것만으로 뿌듯해하는 프로그래머가 많다. 하지만 코드가 제대로 작동하게 만드는 것만이 프로그래머가 할 일의 전부가 아니다. 기본적인 프로그래밍은 누구나 배우면 할 수 있다. 진정한 실력은 코드를 얼마나 세련되게 작성하느냐에 따라 드러난다.

이 장에서는 코드를 작성하는 바람직한 방법을 소개한다. 이 과정에서 다양한 C++ 코드 작성 스타일을 살펴본다. 배우고 나면 알겠지만 단순히 코딩 스타일만 바꾸는 것만으로도 코드가 크게 달라 보일 수 있다. 예를 들어 윈도우 프로그래머는 윈도우 관례에 맞는 스타일로 C++ 코드를 작성한다. 맥OS 프로그래머가 작성한 C++ 코드와 비교하면 전혀 다른 언어인 것처럼 보인다. 여러 가지 스타일을 알아두면 자신과 전혀 다른 스타일로 작성된 C++ 소스 파일을 읽을 때 드는 거부감을 좀 덜 수 있다.

3.1 코딩 스타일의 중요성

세련된 코드를 작성하는 데는 시간이 많이 걸린다. XML 파일을 파싱하는 프로그램을 스타일에 신경 쓰지 않고 만들면 금방 끝낼 수 있다. 하지만 기능별로 분해하고, 주석도 적절히 달고, 구조도 깔끔하게 정리하면서 작성하면 시간이 훨씬 오래 걸린다. 그렇다면 코딩 스타일에 시간을 많이 투자할 가치가 있을까?

3.1.1 가늠해보기

여러분이 작성한 코드를 갓 입사한 프로그래머가 이어받아 작업할 때 얼마나 자신 있게 보여줄 수 있을까? 필자의 친구는 팀에서 작성하는 웹 애플리케이션 코드가 날이 갈수록 지저분해지는 것을 보고 팀원들에게 이 코드를 인턴사원에게 넘겨준다는 생각을 갖고 코드를 작성해달라고 부탁한 적이 있다. 그러자 팀원들은 문서가 전혀 없고 함수 하나가 여러 페이지에 걸쳐 있는 끔찍한 코드를 넘겨받은 불쌍한 인턴사원 앞에 고생길이 펼쳐지는 모습이 쉽게 떠올랐다고 했다. 내가 작성하는 코드를 누군가 넘겨받는다는 상상을 해보자. 나 자신도 나중에 봤을 때 기본 로직조차 기억나지 않을 수 있다. 게다가 내가 회사를 떠나면 후임자가 코드에 대해 직접 물어볼 수 없는 상황에 처할 수도 있다. 코드를 이해하기 쉽게 작성하면 이렇게 곤란한 상황은 피할 수 있다.

3.1.2 바람직한 스타일의 기준

바람직한 코드 작성 스타일의 기준을 정확히 제시하기는 쉽지 않다. 시간이 갈수록 자신만의 선호하는 스타일이 생기고, 다른 사람이 작성한 코드를 보다가 좋은 스타일을 발견할 때도 있기 때문이다. 게다가 직접 겪어봐야 어떤 코드가 정말 형편없는지 확실히 알 수 있다. 그럼에도 불구하고 잘 작성된 코드에서 볼 수 있는 공통적인 속성을 다음과 같이 골라낼 수 있다. 이 장에서 하나씩 살펴보자.

- 문서화
- 코드 분해
- 명명 규칙
- 언어 사용
- 코드 서식(포매팅)

3.2 코드 문서화

프로그래밍에서 말하는 문서화documentation란 주로 소스 파일에 주석을 다는 것을 의미한다. 주석comment은 여러분이 코드를 작성할 당시 가졌던 생각을 다른 이에게 전할 수 있는 좋은 기회다. 코드만 봐서는 뚜렷이 드러나지 않는 사항을 표현하기 좋다.

3.2.1 주석을 작성하는 이유

주석을 작성하면 좋다는 것은 알지만 그 이유에 대해 진지하게 생각해본 적은 별로 없을 것이다. 주석의 필요성을 제대로 파악하지 않은 채 그저 주석이란 마땅히 달아야 한다고만 알고 있는 프로그래머도 많다. 이 장에서는 주석을 작성해야 하는 여러 가지 이유를 하나씩 살펴보자.

1 사용법을 알려주는 주석

주석을 작성하는 한 가지 이유는 클라이언트에서 코드를 사용하는 방법을 알려주기 위해서다. 일반적으로 개발자는 함수 이름, 리턴 타입, 매개변수 이름과 타입만 보고도 그 함수의 기능을 쉽게 파악할 수 있어야 한다. 하지만 모든 것을 코드로만 표현할 수 없다. 때로는 함수를 호출하기 전과 후에 특정 조건[1]을 만족해야 하는데, 이러한 사항은 주석 외에는 표현할 방법이 없

1 **선행 조건**(precondition)은 클라이언트 코드에서 함수를 호출하기 전에 반드시 만족해야 하는 조건이다. **후행 조건**(postcondition)은 그 함수가 실행을 마치고 나서 만족해야 할 조건이다.

다. 함수가 던지는 익셉션도 주석으로 남겨야 한다. 이때 꼭 필요한 정보만 주석으로 남겨야 한다. 함수에 주석을 달지 결정하는 것은 개발자의 몫이다. 경험이 풍부한 개발자는 이런 결정을 잘 내리지만, 경험이 부족한 개발자는 실수할 때가 많다. 그래서 헤더 파일에 정의된 공용 함수나 메서드만큼은 반드시 주석을 달도록 규칙으로 정해두는 조직도 있다. 어떤 조직은 각 메서드의 목적, 인수, 리턴값, 발생 가능한 익셉션에 대한 주석을 달 때 반드시 따라야 할 형식을 엄격하게 정하기도 한다.

주석은 코드로 직접 표현하기 힘든 내용을 자연어로 표현하기 좋은 기회다. 예를 들어 데이터베이스 객체를 다룰 때 openDatabase()를 호출하지 않은 상태에서 saveRecord() 메서드를 호출하면 익셉션이 발생한다는 사실을 C++ 코드만으로 표현할 수 없다. 이러한 제약사항은 다음과 같이 주석으로 전달하기에 딱 맞다.

```
// 익셉션 발생:
// openDatabase()를 먼저 호출하지 않은 상태에서
// 이 메서드를 호출하면 DatabaseNotOpenedException 익셉션이 발생한다.
int saveRecord(Record& record);
```

saveRecord() 메서드는 Record 객체를 비 const 레퍼런스 타입으로 받는다. 이를 본 사용자는 const 레퍼런스를 사용하지 않은 이유가 궁금할 수 있다. 이런 사항은 다음과 같이 주석으로 전달한다.

```
// 매개변수:
//      record: 주어진 레코드에 데이터베이스 ID가 없다면
//      데이터베이스로부터 할당된 ID를 저장하도록 레코드 객체를 수정한다.
// 익셉션 발생:
//      openDatabase()를 먼저 호출하지 않은 상태에서
//      이 메서드를 호출하면 DatabaseNotOpenedException 익셉션이 발생한다.
int saveRecord(Record& record);
```

C++에서는 메서드를 선언할 때 반드시 리턴 타입을 지정해야 한다. 하지만 리턴값이 구체적으로 무엇을 가리키는지 표현할 방법은 제공하지 않는다. 예를 들어 saveRecord() 메서드를 선언할 때 int 값을 리턴한다는 사실은 표현할 수 있지만(이 절 뒤에서 설명하겠지만 바람직하지 않은 설계 방식이다), 이 선언문만 보고 int 값이 구체적으로 무엇을 의미하는지 정확히 알 수 없다. 이때 다음과 같이 주석으로 표현하면 된다.

```
// 주어진 레코드를 데이터베이스에 저장한다.
//
// 매개변수:
//      record: 주어진 레코드에 데이터베이스 ID가 없다면
//      데이터베이스로부터 할당된 ID를 저장하도록 레코드 객체를 수정한다.
// 리턴: int
//      저장된 레코드의 ID를 표현하는 정수
// 익셉션 발생:
//      openDatabase()를 먼저 호출하지 않은 상태에서
//      이 메서드를 호출하면 DatabaseNotOpenedException 익셉션이 발생한다.
int saveRecord(Record& record);
```

이렇게 주석을 달면 saveRecord() 메서드가 하는 일을 비롯한 모든 사항을 문서화할 수 있다. 회사에 따라 이렇게 구체적인 형식을 따르도록 정해두기도 하지만 개인적으로는 매번 이런 식으로 작성하는 것을 추천하지 않는다. 예를 들어 첫 번째 줄은 생략할 수 있다. 함수 이름만 봐도 알 수 있기 때문이다. 매개변수에 대한 설명은 익셉션에 대한 주석만큼 중요하다. 따라서 이 부분은 생략하면 안 된다.

하지만 이 버전의 saveRecord()는 int라는 범용 타입을 리턴하기 때문에 이 타입이 구체적으로 어떤 값을 표현하는지에 대해 문서에 남기는 것이 좋다. 참고로 int와 같은 광범위한 타입보다는 RecordID 타입으로 리턴하도록 설계하는 것이 좋다. 그러면 리턴 타입에 대한 주석을 따로 달 필요가 없다. RecordID는 int 타입 데이터 멤버 하나만 가진 단순한 클래스로 만들 수도 있지만 나중에 필요에 따라 데이터 멤버를 추가해서 정보를 더 많이 담을 수 있다. 필자가 권장하는 방식으로 주석을 수정하면 다음과 같다.

```
// 매개변수:
//      record: 주어진 레코드에 데이터베이스 ID가 없다면
//      데이터베이스로부터 할당된 ID를 저장하도록 레코드 객체를 수정한다.
// 익셉션 발생:
//      openDatabase()를 먼저 호출하지 않은 상태에서
//      이 메서드를 호출하면 DatabaseNotOpenedException 익셉션이 발생한다.
RecordID saveRecord(Record& record);
```

NOTE_ 회사의 코딩 가이드라인에 함수 주석 방식을 따로 정해두지 않았다면 상식적으로 판단해서 작성한다. 이때 함수의 이름, 리턴값의 타입, 매개변수의 이름 및 타입으로 분명히 드러나지 않는 정보만 주석으로 남긴다.

때로는 함수에 전달할 매개변수나 함수가 리턴하는 값이 거의 모든 종류의 정보를 전달할 수 있을 정도로 너무 광범위한 경우도 있다. 이때는 구체적으로 어떤 값을 전달하는지 문서에 남겨야 한다. 예를 들어 윈도우의 메시지 핸들러는 LPARAM과 WPARAM이라는 두 매개변수를 받아서 LRESULT를 리턴한다. 이들 세 타입이 전달할 수 있는 값에는 제한이 없지만 타입은 변경할 수 없다. 그러므로 간단한 정숫값이나 특정한 객체에 대한 포인터를 전달하려면 타입 캐스팅type casting(형변환)을 해야 한다. 바로 이런 사항을 다음과 같이 주석에 남긴다.

```
// 매개변수:
//    WPARAM wParam: (WPARAM)(int): ...를 표현하는 정수
//    LPARAM lParam: (LPARAM)(string*): ...를 표현하는 스트링 포인터
// Returns: (LRESULT)(Record*)
//    에러가 발생하면 nullptr을, 그렇지 않으면 ...를 표현하는
//    Record object에 대한 포인터를 리턴함
LRESULT handleMessage(WPARAM wParam, LPARAM lParam);
```

공식 문서에는 구현에 대한 설명이 아니라 코드의 동작에 대한 설명만 나와야 한다. 여기서 동작이란 입력, 출력, 에러 상태와 에러 처리, 용법, 성능 보장 등을 말한다. 예를 들어 무작위수 하나를 생성하는 함수에 대한 공식 문서는 매개변수를 받지 않으며 미리 지정된 범위에 속한 정수 하나를 리턴하고, 작동 과정에 문제가 발생하면 발생하는 익셉션을 모조리 나열해야 한다. 이때 무작위수를 실제로 생성하는 데 사용된 선형 합동 알고리즘을 자세히 설명하는 문장이 들어가면 안 된다. 공개 주석을 작성할 때 가장 많이 하는 실수는 코드 사용자를 배려한다는 생각으로 주석에 구현 세부사항을 너무 많이 제공하는 것이다.

2 복잡한 코드를 설명하는 주석

코드 중간에 주석을 잘 다는 것도 중요하다. 사용자가 입력한 값을 받아서 처리한 결과를 콘솔에 출력하는 간단한 프로그램이라면 코드만 봐도 쉽게 이해할 수 있다. 하지만 실전에서 개발하는 코드는 알고리즘 자체가 복잡하거나 너무 난해해서 코드만 봐서는 이해하기 힘들 때가 많다.

예를 들어 다음 코드를 살펴보자. 구현 자체에는 문제가 없지만 코드만 봐서는 구체적으로 무슨 일을 하는지 한눈에 드러나지 않는다. 여기서 사용한 알고리즘을 예전에 본 적이 있다면 금세 이해하겠지만 처음 보는 사람은 이 코드의 작동 방식을 이해하지 못할 수 있다.

```
void sort(int data[], size_t size)
{
    for (int i { 1 }; i < size; i++) {
        int element { data[i] };
        int j { i };
        while (j > 0 && data[j - 1] > element) {
            data[j] = data[j - 1];
            j--;
        }
        data[j] = element;
    }
}
```

이럴 때는 코드에서 사용하는 알고리즘과 (반복문의) 불변 속성에 대한 주석을 추가하면 좋다. 여기서 불변 속성invariant이란 루프와 같은 일정한 코드 영역을 실행하는 동안 반드시 만족해야 할 조건을 말한다. 예를 들어 앞에 나온 코드에 다음과 같이 주석을 추가할 수 있다. 먼저 코드에 적용된 알고리즘에 대해 개략적으로 설명하는 주석을 함수 앞에 달고, 코드 중간에 이해하기 힘든 부분마다 문장 속에 인라인 주석inline comment을 달았다.

```
// 삽입 정렬 알고리즘을 구현한다. 이 알고리즘은 주어진 배열을 두 부분으로 나눈다.
// 하나는 정렬된 부분이고, 다른 하나는 정렬되지 않은 부분이다. 각 원소의 위치는
// 1부터 시작하며 모든 원소를 차례대로 검사한다. 이 배열의 앞부분은 모두 정렬된
// 부분이므로 현재 원소를 삽입할 정확한 지점을 찾을 때까지 각 원소를 하나씩 검사한다.
// 마지막 원소까지 알고리즘을 수행하고 나면 전체 배열이 정렬된다.
void sort(int data[], size_t size)
{
    // 위치 1부터 시작해서 모든 원소를 하나씩 검사한다.
    for (int i { 1 }; i < size; i++) {
        // 불변 속성:
        //     0부터 i-1 사이에 있는 원소(경곗값 포함)는 모두 정렬된 상태다.

        int element { data[i] };
        // j는 정렬된 부분의 마지막 지점을 가리키며, 그 뒤에 원소를 추가한다.
        int j { i };
        // 정렬된 배열에서 현재 위치가 이 원소보다 높다면 오른쪽 자리에 원소를 삽입할
        // 자리를 확보하도록 값을 오른쪽으로 이동한다.
        // (그러므로 삽입 정렬이라 부른다.)
        while (j > 0 && data[j - 1] > element) {
            // 불변 속성: j+1부터 i 사이의 원소는 > 원소다.
            data[j] = data[j - 1];
```

```
            // 불변 속성: j부터 i 사이의 원소는 > 원소다.
            j--;
        }
        // 이 시점에서 정렬된 배열의 현재 위치는 현재 원소보다 크지 않다.
        // 따라서 이 자리가 원소의 새 위치가 된다.
        data[j] = element;
    }
}
```

이렇게 하면 이전보다 좀 장황해지지만 정렬 알고리즘을 모르는 사람도 주석만 보고 쉽게 이해할 수 있다.

3 메타 정보를 제공하는 주석

코드 내용과는 다른 차원의 정보를 제공하기 위한 목적으로도 주석을 단다. 이러한 **메타 정보** meta-information는 코드의 구체적인 동작에 대해서는 표현하지 않고, 코드 생성에 대한 세부사항만 표현한다. 예를 들어 현재 팀에서 코드 작성자를 메타 정보에 담아 관리할 수 있다. 또한 코드에서 인용하는 외부 문서나 다른 코드도 메타 정보로 표현할 수 있다.

다음 코드는 저자, 작성 일자, 주요 기능을 메타 정보로 표현하는 예를 보여주고 있다. 또한 코드 중간에 발생한 버그 번호나 문제 발생의 여지가 있어서 나중에 검토한다는 메모를 인라인 주석으로 남겼다.

```
// 작성자: marcg
// 작성일: 110412
// 기능:   PRD 버전 3, 기능 5.10
RecordID saveRecord(Record& record)
{
    if (!mDatabaseOpen) { throw DatabaseNotOpenedException { }; }
    RecordID id { getDB()->saveRecord(record) };
    if (id == -1) return -1; // 버그 #142를 해결하도록 추가한 문장 - jsmith 110428
    record.setId(id);
    // TODO: setId()에서 익셉션이 발생할 때 대처하기 - akshayr 110501
    return id;
}
```

각 파일의 앞부분에 변경 내역change-log을 추가할 수도 있다. 예를 들면 다음과 같다.

```
// 날짜       | 변경 내역
//----------+------------------------------------------
// 110413   | REQ #005: <marcg> 값을 정규화하지 말 것.
// 110417   | REQ #006: <marcg> NULL 대신 nullptr을 사용할 것.
```

CAUTION_ 28장에서 자세히 설명하겠지만 소스 코드 관리 솔루션을 사용할 때는 앞의 예제에서 주석으로 표현한 모든 메타 정보(TODO 제외)를 표현하지 않는 것이 좋다(참고로 소스 코드 관리 솔루션은 반드시 사용하기 바란다). 이러한 솔루션은 리비전 날짜와 작성자에 대한 주석을 달아줄 뿐만 아니라 제대로 사용한다면 매번 수정할 때마다 변경 요청 및 버그 리포트를 인용하는 주석도 달 수 있다. 또한 변경 요청 또는 버그 픽스가 발생해서 체크인하거나 커밋할 때마다 작업한 내용을 설명하는 주석을 별도로 작성해야 한다. 이런 시스템을 활용할 때는 메타 정보를 직접 관리할 필요가 없다.

저작권 문구도 메타 정보로 표현한다. 소스 파일마다 항상 맨 앞에 저작권 문구를 적도록 정해둔 회사도 있다.

주석에 너무 신경쓰다 보면 정도를 넘어서기 쉽다. 따라서 팀에서 규칙으로 삼기에 가장 적합한 주석의 종류는 반드시 팀원과 상의해서 결정한다. 예를 들어 어떤 팀원이 'TODO' 주석을 사용하여 보완이 필요한 코드를 표시했는데, 다른 사람은 이러한 관례를 몰라서 주의 깊게 살펴봐야 할 코드를 그냥 지나칠 위험이 있다.

3.2.2 주석 스타일

코드에 주석을 다는 방식은 조직마다 다르다. 코드 문서화에 대한 공통 표준에 특정한 스타일을 반드시 따르도록 명시하는 조직도 있고, 주석의 스타일이나 양을 프로그래머가 알아서 정하도록 내버려두는 곳도 있다. 이 절에서는 코드에 주석을 다는 다양한 방식을 예제와 함께 살펴본다.

1 문장 단위 주석

문서화에 소홀하지 않는 한 가지 방법은 모든 문장에 주석을 작성하는 것이다. 이렇게 문장마다 주석을 작성하면 자연스레 꼭 필요한 코드만 작성하게 된다. 하지만 코드 전체를 이렇게 주석으로 도배하면 복잡하고 지저분해보일 뿐만 아니라 프로그래밍이 단순 노동으로 전락해버릴 수 있다. 다음 예를 보면 주석으로 작성하지 않아도 될 내용까지 주석에 넣었다.

```
int result;                     // 결과를 저장할 정수 타입의 변수를 선언한다.
result = doodad.getResult();  // doodad에 저장된 결과를 가져온다.
if (result % 2 == 0) {         // 결과에 대한 모듈로 2의 결과가 0이면
    logError();                // 에러에 대해 로그를 남긴다.
} else {                       // 그렇지 않으면...
    logSuccess();              // 제대로 처리되었다는 로그를 남긴다.
}                              // if/else 구문 끝
return result;                 // 결과를 리턴한다.
```

이 코드의 주석을 보면 각 라인이 무엇을 하는지 이야기하듯 쉽게 설명한다. 하지만 이 주석은 전혀 쓸모없다. C++의 기본을 갖춘 사람이라면 굳이 이렇게 설명하지 않아도 쉽게 알 수 있기 때문이다. 예를 들어 다음 문장을 보자.

```
if (result % 2 == 0) {         // result에 대한 모듈로 2의 결과가 0이면
```

이 문장은 단지 코드를 풀어쓰기만 했다. result 값에 모듈로 2 연산을 적용한 이유에 대해서는 한마디도 없다. 이를 좀 더 개선하면 다음과 같다.

```
if (result % 2 == 0) {         // 결과가 짝수면
```

2에 대한 모듈로 연산을 사용한 이유가 결과가 짝수인지 검사하기 위해서라는 정보가 추가로 들어갔다. 물론 프로그래머라면 대부분 굳이 주석을 보지 않아도 충분히 알 수 있는 내용이다.

더 나은 방법은 한눈에 들어오지 않는 표현식을 그대로 적지 말고 이해하기 쉬운 이름으로 된 함수로 바꾸면 좋다. 그러면 코드 자체가 문서의 역할을 하기 때문에 그 함수에 대한 주석을 따로 달 필요가 없고, 코드 재사용성도 높아진다. 예를 들어 다음과 같이 isEven()이란 이름으로 함수를 정의할 수 있다.

```
bool isEven(int value) { return value % 2 == 0; }
```

그리고 나서 앞에 나온 코드를 다음과 같이 주석 없이 작성할 수 있다.

```
if (isEven(result)) {
```

코드가 난해하다면 장황하더라도 주석을 많이 다는 것이 코드를 이해하지 못하는 것보다는 낫다. 다음 코드는 모든 문장마다 주석을 달았지만 앞의 예와 달리 상당히 도움이 된다.

```
// doodad 값을 계산한다. 시작값과 끝값과 오프셋값은 "Doodad API v1.6"의
// 96페이지에 있는 테이블에 나와 있다.
result = doodad.calculate(Start, End, Offset);
// 계산이 제대로 되었는지 확인하기 위해 결괏값을 현재 프로세서에 맞는 마스크값으로
// 비트 단위 AND 연산을 수행한다("Doodad API v1.6", 201페이지 참조).
result &= getProcessorMask();
// 사용자 필드값은 "Marigold Formula"에 따라 설정한다.
// ("Doodad API v1.6", 136페이지 참조)
setUserField((result + kMarigoldOffset) / MarigoldConstant + MarigoldConstant);
```

구체적인 문맥 없이 발췌한 코드의 일부분임에도 불구하고 각 문장마다 나온 주석만 봐도 대략 어떤 일을 하는지 파악할 수 있다. 주석이 없다면 &가 달린 문장과 'Marigold Formula'가 무엇을 의미하는지 알 수 없을 것이다.

NOTE_ 모든 문장마다 주석을 다는 방식이 바람직하지 않을 때가 많지만, 코드가 굉장히 복잡하고 난해해서 굳이 이 방식을 적용해야 한다면 코드를 그대로 번역하지 말고 앞선 예제처럼 코드의 작성 의도를 설명한다.

2 머리말 주석

소스 파일의 첫머리를 항상 표준 주석으로 시작하도록 정하는 방법도 있다. 작성할 프로그램이나 파일 관련 주요 사항을 여기에 남기면 좋다. 이처럼 소스 파일의 첫머리에 남기면 좋은 정보는 다음과 같다.

- 저작권 정보
- 파일과 클래스에 대한 간략한 설명
- 최종 수정 일자*
- 최초 작성자*
- (앞에서 언급한) 변경 내역*
- 파일에서 구현한 기능의 ID*
- 미완성 기능**
- 발견된 버그**

* 이 항목들은 대부분 소스 코드 관리 시스템이 자동으로 생성해준다(28장 참조).
** 이 항목들은 버그 및 기능 추적 시스템이 처리해준다(30장 참조).

또한 파일을 새로 생성할 때 자동으로 머리말 주석이 제일 먼저 나오는 템플릿을 작성하게 하는 개발 환경도 있다. 서브버전Subversion(SVN)을 비롯한 몇몇 소스 관리 시스템은 메타데이터를 추가하는 기능도 제공한다. 예를 들어 주석에 Id란 스트링을 적어두면 그 자리에 작성자, 파일명, 리비전 번호 그리고 작성 일자를 SVN이 넣어준다.

머리말 주석의 예는 다음과 같다.

```
// $Id: Watermelon.cpp,123 2004/03/10 12:52:33 marcg $
//
// 수박의 기본 기능을 구현한다. 모든 단위는 세제곱 센티미터당 씨앗의 수로 표현한다.
// 여기서 적용한 수박 이론은 '수박 처리에 대한 알고리즘'이란 백서에 나온 내용을 따른다.
//
// 이 코드의 저작권: (c) copyright 2017, FruitSoft, Inc. ALL RIGHTS RESERVED
```

3 고정 양식 주석

최근에는 주석을 외부 문서화 도구로 처리할 수 있도록 표준 양식에 따라 작성하는 사례가 늘고 있다. 자바 프로그래머는 주석을 프로젝트에 대한 문서를 하이퍼링크 기반으로 자동으로 생성해주는 JavaDoc이란 도구에서 정한 표준 양식에 따라 작성한다. C++ 프로그래머는 HTML 기반 문서, 클래스 다이어그램, 유닉스 맨페이지man page를 비롯한 여러 가지 유용한 문서를 자동으로 생성해주는 Doxygen(www.doxygen.org)이란 무료 툴을 많이 사용한다. Doxygen은 C++ 코드에 JavaDoc 스타일로 작성된 주석도 인식해서 파싱해준다. 다음 코드는 Doxygen에서 처리할 수 있는 JavaDoc 스타일 주석의 예를 보여주고 있다.

```
/**
* 수박에 대한 기본 기능을 구현한다.
* TODO: 개선된 알고리즘 반영할 것.
*/
export class Watermelon
{
    public:
        /**
         * @param initialSeeds 씨앗의 시작 번호, 반드시 > 5이어야 함.
         * @throws initialSeeds <= 5면 invalid_argument를 던진다.
         */
        Watermelon(int initialSeeds);
```

```
        /**
         * 메리골드(Marigold, 금잔화) 알고리즘으로 씨앗의 비율을 계산한다.
         * @param slow 긴(느린) 계산법의 적용 여부
         * @return 메리골드 비율
         */
        double calcSeedRatio(bool slow);
};
```

Doxygen은 C++ 문법을 인식할 수 있을 뿐만 아니라 `@param`, `@return` 그리고 `@throws`와 같은 특수한 주석 지시자comment directive를 이용하여 출력 형태를 원하는 형태로 꾸밀 수 있다. [그림 3-1]은 Doxygen으로 생성된 HTML 클래스 레퍼런스의 예를 보여주고 있다.

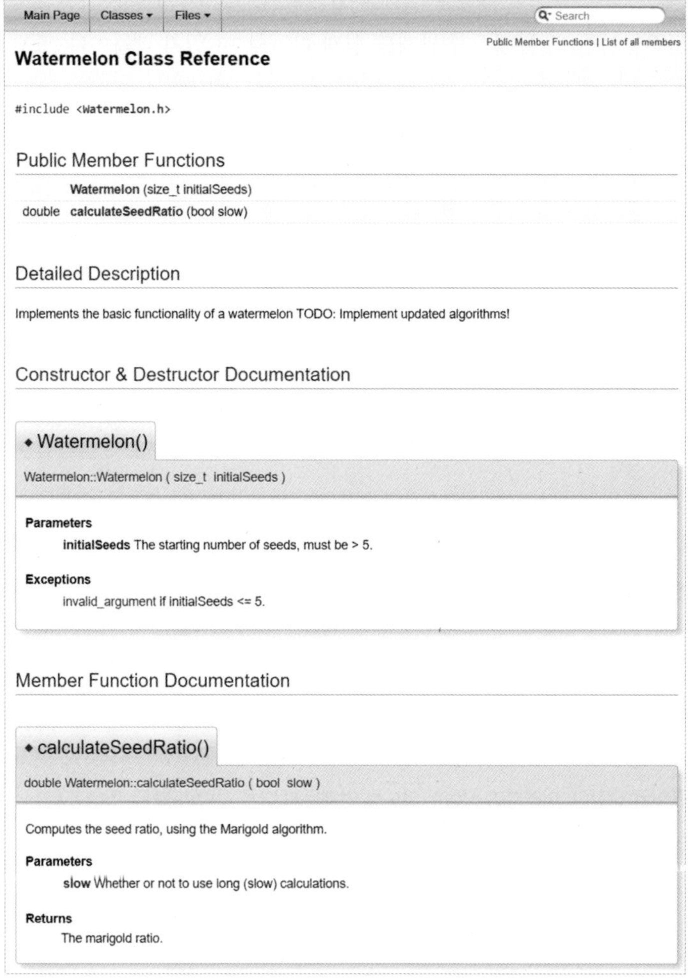

그림 3-1

이렇게 자동으로 문서를 생성하는 도구를 사용하더라도 의미 없는 주석이 담기지 않도록 주의한다. 앞의 코드에서 Watermelon 클래스의 생성자를 보면 매개변수와 익셉션에 대한 주석만 적었다. 여기에 다음과 같이 생성자에 대한 설명을 추가하면 쓸데없이 문장만 늘어난다.

```
/**
 * Watermelon 생성자
 * @param initialSeeds 씨앗의 시작 번호, 반드시 > 5이어야 함.
 * @throws initialSeeds <= 5면 invalid_argument를 던진다.
 */
Watermelon(size_t initialSeeds);
```

[그림 3-1]과 같이 자동으로 생성된 문서는 개발 과정에도 유용하다. 클래스마다 하이레벨 관점의 설명을 제공하면 개발자들이 여러 클래스의 관계를 쉽게 파악할 수 있기 때문이다. 또한 Doxygen과 같은 도구에서 팀에서 정한 스타일로 주석을 생성하도록 설정할 수 있다. 여기에 매일 문서를 생성하는 머신을 별도로 구축해두면 금상첨화다.

4 임의 주석

정해진 형식과 관계없이 필요할 때마다 주석을 달 때가 있다. 이런 주석을 작성할 때는 다음과 같은 가이드라인을 따른다.

- 주석을 작성하기 전에 굳이 주석을 달 필요가 없도록 코드를 수정할 수 없는지 검토한다. 예를 들어 변수, 함수, 클래스의 이름을 변경하거나, 코드의 처리 순서를 변경하거나, 변수의 이름을 잘 짓는 것만으로도 도움이 될 때가 많다.
- 누군가 여러분이 작성한 코드를 읽고 있다고 생각하면서 쉽게 이해할 수 없는 부분마다 주석을 남긴다.
- 코드에 자기 이름을 남기지 않는다. 이러한 정보는 소스 코드 관리 시스템에서 자동으로 관리해준다.
- API를 사용하는 과정이 명확하지 않다면 사용한 API에 대한 참고 문헌을 남긴다.
- 코드를 업데이트할 때 반드시 주석도 함께 업데이트한다. 주석이 정확하지 않은 코드만큼 이해하기 힘든 것도 없다.
- 한 함수의 주석을 여러 부분으로 나눠서 작성할 때 그 함수를 더 작은 단위의 함수로 나눌 수 없는지 검토한다.
- 공격적이거나 무시하는 표현은 삼간다. 여러분이 작성한 코드를 언제든지 다른 사람이 볼 수 있다.
- 팀원끼리만 이해하는 농담을 적어도 문제되진 않지만, 관리자의 검토를 받는 것이 좋다.

5 코드가 곧 문서인 코드

잘 작성된 코드는 대체로 주석이 적고 쉽게 이해할 수 있다. 모든 문장마다 주석을 달아야 한다면 코드를 주석 내용과 최대한 가깝게 수정할 수 없는지 검토한다. 예를 들어 함수, 매개변수, 변수, 클래스의 역할이 잘 드러나도록 이름을 고친다. `const`도 적절히 활용한다. 다시 말해 수정되면 안 되는 변수를 `const`로 지정한다. 함수 안에서 작업을 처리하는 순서도 내부 과정이 명확히 드러나도록 조정한다. 알고리즘을 좀 더 이해하기 쉽도록 이름을 잘 정한 중간 단계의 변수를 추가한다. C++는 일종의 언어다. 주 목적은 컴퓨터가 처리할 일을 알려주는 데 있지만, 코드를 읽는 이에게 어떤 내용을 전달하는 역할도 한다.

코드가 문서 역할을 하도록 작성하는 또 다른 방법은 코드를 더 작은 단위로 **코드 분해**하는 것이다. 코드 분해는 다음 절에서 자세히 설명한다.

> **NOTE_** 술술 읽히면서 꼭 필요한 정보만 주석으로 단 코드가 좋은 코드다.

3.3 코드 분해

코드 분해decomposition란 코드를 더 작은 단위로 나눠서 작성하는 방식이다. 소스 코드 파일을 열어보니 수백 줄에 달하는 함수들로 가득 차 있고, 수많은 블록이 복잡하게 중첩되어 있다면 가슴이 꽉 막힌 기분이 들 것이다. 가장 바람직한 형태는 함수나 메서드마다 한 가지 작업만 하는 것이다. 한 가지 작업을 처리하는 데 필요한 일도 복잡하다면 별도의 함수나 메서드로 분해한다. 예를 들어 누가 여러분이 작성한 메서드에 대해 물어볼 때 '먼저 A를 하고, B를 처리한 다음, C라는 조건을 만족하면 D를 수행하고, 아니면 E를 수행한다'라는 식으로 대답한다면 A, B, C, D, E에 해당하는 작업을 헬퍼 메서드로 분리한다.

분해의 기준을 명확히 정의하기란 쉽지 않다. 함수는 프린터로 뽑아볼 때 한 페이지를 넘지 않아야 한다는 의견도 있다. 나름 합리적이지만 1/4페이지 분량이더라도 반드시 분해해야 하는 경우도 있다. 또한 눈을 가늘게 떠서 코드의 개략적인 형태만 봤을 때 너무 빽빽하게 작성된 부분이 없어야 한다는 기준도 있다. 예를 들어 두 코드에 대해 구체적인 내용이 보이지 않도록 의도적으로 흐릿하게 처리한 다음 두 그림([그림 3-2]와 [그림 3-3])을 비교해보면 [그림 3-3]의 코드가 훨씬 잘 분해되었다는 것을 쉽게 알 수 있다.

```
void someFunction(int arg1, char arg2, Structure *arg3)
{
    egregx_efaef(arg1, arg3);
    deff    dfdf;
    int     efefef;

    if (efa & fewff && arg2 || arg3->efef) {
        dfadf df = dfefd;
        arg3->wefefwef(df);
        cout << arg3;
        cerr << "wefef dafadf d dfdf " << endl;
    } else {
        dfadadf ad fadfadf;
        cout << arg3->wefefe;
        cerr << "werer" << endl;
    }

    // now do something else
    cout << "thing: " << arg3->efwefe << endl;
    cout << "thing2: " << arg3->wefef << endl;
    cout << "thing3: " << arg3->f3f3ef << endl;
}
```

그림 3-2

```
void someFunction(int arg1, char arg2, Structure *arg3)
{
    egregx_efaef(arg1, arg3);

    if (adfadf()) {
        thing1();
    } else {
        thing2();
    }

    thing3();
}

bool adfadf()
{
    return efa & fewff && arg2 || arg3->efef;
}

void thing1()
{
    dfadf df = dfefd;
    arg3->wefefwef(df);
    cout << arg3;
    cerr << "wefef dafadf d dfdf " << endl;
}

void thing2()
{
    dfadadf ad fadfadf;
    cout << arg3->wefefe;
    cerr << "werer" << endl;
}

void thing3()
{
    cout << "thing: " << arg3->efwefe << endl;
    cout << "thing2: " << arg3->wefef << endl;
    cout << "thing3: " << arg3->f3f3ef << endl;
}
```

그림 3-3

3.3.1 리팩터링을 통한 코드 분해

프로그래밍을 하다 보면 카페인 음료의 힘을 빌려 최대 몰입 상태에 빠진 채 엄청난 속도로 코드를 작성할 때가 있다. 그런데 이렇게 작업한 결과를 보면 의도한 대로 작동하지만 코드의 스타일은 형편없는 경우가 많다. 프로그래머라면 누구나 한 번쯤 이런 경험을 해봤을 것이다. 이렇게 짧은 시간에 엄청난 양의 코드를 작성할 때가 전체 프로젝트 기간 중에서도 가장 생산성이 높은 시점이기도 하다. 하지만 이렇게 작성된 코드를 바탕으로 수정 작업을 하다 보면 금세 코드가 복잡해진다. 여기에 새로운 요구사항이나 버그 픽스가 들어오면 기존 코드에 자잘하게 덧붙이는 부분이 늘어난다. 이렇게 자잘한 코드가 누적되면서 원래 세련되었던 코드가 패치나 특수한 경우를 처리하는 코드로 뒤덮이게 되는 것을 흔히 누더기cruft(크러프트)가 되었다고 표현한다.

리팩터링refactoring이란 코드의 구조를 재조정하는 작업이다. 코드를 리팩터링하는 데 사용하는 기법의 예로 다음과 같은 것들이 있다. 여기서 설명하지 않은 다른 기법은 부록 B에서 소개하는 리팩터링 관련 서적을 참고하기 바란다.

- 추상화 수준을 높이는 기법
  - **필드 캡슐화:** 필드를 private으로 설정하고, 게터(접근자)나 세터(설정자) 메서드로 접근하게 만든다.
  - **타입 일반화:** 코드를 공유하기 좋게 좀 더 일반적인 타입을 사용한다.
- 코드를 좀 더 논리적으로 분해하는 기법
  - **메서드 추출:** 거대한 메서드를 좀 더 이해하기 쉽도록 일부를 뽑아내서 새로운 메서드로 정의한다.
  - **클래스 추출:** 기존 클래스에 있는 코드 중 일부를 새 클래스로 옮긴다.
- 명칭과 위치를 개선하는 기법
  - **메서드 및 필드 옮기기:** 좀 더 적합한 클래스나 소스 파일로 이동한다.
  - **메서드 및 필드 이름 바꾸기:** 목적이 잘 드러나도록 이름을 바꾼다.
  - **올리기:** OOP에서 기본(베이스, base) 클래스로 옮기는 기법
  - **내리기:** OOP에서 상속(확장, derived) 클래스로 옮기는 기법

코드를 처음부터 읽기 힘든 누더기로 작성했거나 원래는 깔끔했는데 갈수록 누더기로 변했다면 주기적으로 리팩터링해서 대충 작성한 코드를 제거한다. 리팩터링할 때 기존 코드를 다시 검토해서 이해하고 유지하기 쉬운 형태로 변환한다. 리팩터링은 코드를 분해하기 좋은 기회이기도 하다. 코드의 목적이 달라졌거나 지금껏 한 번도 분해한 적이 없다면 눈을 가늘게 뜨고 코드의 개략적인 모양새를 훑어보면서 더 작은 단위로 분해할 부분이 없는지 검토한다.

리팩터링할 때는 테스팅 프레임워크를 활용하는 것이 좋다. 리팩터링 과정에서 본의 아니게 버그가 발생하지 않도록 막을 수 있기 때문이다. 그중에서도 특히 30장에서 소개하는 단위 테스트(유닛 테스트)는 리팩터링 과정에서 발생한 실수를 걸러내는 데 적합하다.

3.3.2 설계 기준으로 코드 분해하기

프로그램을 구현할 때 모든 기능을 빠짐없이 코드로 작성하지 말고, 코드 분해 기법을 적용해서 나중에 모듈, 메서드, 함수에서 구현할 부분을 따로 빼놓는 방식으로 작성하면 코드의 복잡도를 낮추고 구조를 좀 더 체계적으로 만들 수 있다.

그리고 당연한 말이지만 먼저 프로그램 설계부터 하고 나서 코드 작성에 들어가야 한다.

3.3.3 이 책에 나온 코드 분해 사례

이 책에 나온 예제 코드는 모두 코드 분해 기법이 적용되었다. 그중에는 구현 코드가 나와 있지 않은 메서드를 참조하는 경우가 많은데, 예제와 큰 관련이 없거나 페이지를 너무 많이 차지해서 생략했다.

3.4 명명 규칙

C++ 컴파일러는 다음과 같은 명명 규칙을 따른다.

- 이름의 첫 글자로 숫자가 나올 수 없다.
  예: 9to5
- 더블 언더스코어는 특정한 용도로 사용되기 때문에 이름에 넣을 수 없다.
  예: my__name
- 언더스코어가 나온 다음 대문자로 시작하는 것도 특수한 용도로 정해져 있기 때문에 사용하면 안 된다.
  예: _Name
- 글로벌 네임스페이스에서 언더스코어로 시작하는 이름은 용도가 따로 있기 때문에 사용할 수 없다.
  예: _name

이 외에도 다양한 규칙이 있지만 이름의 목적은 본인뿐만 아니라 동료 프로그래머가 프로그램의 구성 요소를 쉽게 다루는 데 있다는 점을 명심한다. 이런 관점에서 코드를 살펴보면 모호하거나 부적합한 이름을 짓는 사례가 의외로 많다는 것을 알 수 있다.

3.4.1 좋은 이름과 나쁜 이름

변수, 메서드, 함수, 매개변수, 클래스, 네임스페이스 등에 대한 가장 좋은 이름은 그 용도가 명확히 드러나는 것이다. 또한 타입이나 구체적인 용도와 같은 부가 정보도 이름에 담을 수 있다. 이름을 얼마나 잘 지었는지 평가하는 확실한 방법은 다른 프로그래머가 그 이름의 의미를 쉽게 파악하는지 살펴보는 것이다.

명명 규칙에 대해 확실히 정해진 것은 없다. 조직에서 정하기 나름이다. 하지만 적절하다고 보기 힘든 이름은 분명 존재한다. 이름의 좋고 나쁨의 정도를 직선 축에 나열할 때 양극단에 해당하는 예를 몇 가지 제시하면 다음과 같다.

좋은 이름	나쁜 이름
sourceName, destinationName 두 객체를 명확히 구분할 수 있다.	thing1, thing2 너무 광범위하다.
g_settings 글로벌(전역) 상태란 뉘앙스가 풍긴다.	globalUserSpecificSettingsAndPreferences 너무 길다.
m_nameCounter 데이터 멤버의 상태란 뉘앙스가 풍긴다.	m_NC 너무 짧고 암호같다.
calculateMarigoldOffset() 간결하고 정확하다.	doAction() 너무 광범위하고 불분명하다.

좋은 이름	나쁜 이름
m_typeString 보기 좋다.	typeSTR256 컴퓨터나 좋아할 만한 형태다.
	m_IHateLarry 너무 장난 같다.
errorMessage 용도가 명확히 드러난다.	string 용도를 알 수 없다.
sourceFile, destinationFile 준말이 없다.	srcFile, dstFile 준말이 있다.

3.4.2 명명 규칙

이름 하나 지을 때마다 창의력을 발휘하면서 시간을 너무 많이 쏟을 필요는 없다. 흔히 사용하는 명명 규칙을 따르는 것만으로도 좋은 이름을 쉽게 지을 수 있다. 이 절에서는 이름을 잘 짓는 데 흔히 적용하는 몇 가지 관례를 소개한다.

1 카운터

프로그래밍을 처음 배울 때 카운터로 사용할 변수를 i로 표현한 코드를 본 적이 있을 것이다. 중첩된 반복문에서 최상위 카운터를 i로 쓰고, 그 안에 있는 반복문의 카운터를 j로 표기하는 것이 거의 관행으로 굳어졌다. 하지만 이런 식으로 중첩된 반복문을 작성할 때는 조심해야 한다. 'j번째' 원소를 가리킬 부분을 'i번째' 원소로 표기하는 실수를 저지르기 쉽기 때문이다. 2D 데이터를 다룬다면 행과 열에 대한 인덱스로 i와 j보다는 row와 column으로 표현하는 것이 좋다. 중첩된 반복문의 카운터로 i와 j 대신 outerLoopIndex와 innerLoopIndex로 써야 한다는 프로그래머도 있고, 극단적으로 반복문의 카운터로 i와 j를 쓰는 것만 봐도 눈살을 찌푸리는 이도 있다.

2 접두어

변수 이름 앞에 그 변수의 타입이나 용도를 암시하는 문자를 붙이는 프로그래머가 많다. 반면 이렇게 표현하면 시간이 갈수록 코드를 관리하기 힘들어지기 때문에 이런 접두어의 사용을 반대하는 프로그래머도 많다. 예를 들어 static으로 지정했던 멤버 변수를 비 static으로 변경했을 경우 이름도 적절히 변경해야 한다. 그렇지 않으면 static의 뉘앙스가 계속 남아서 코드를 읽는 사람이 오해할 수 있다.

하지만 회사에서 규칙을 따로 정해둬서 선택의 여지가 없을 때도 많다. 흔히 사용하는 접두어의 예를 몇 가지 제시하면 다음 표와 같다.

접두어	예	본래 단어	용도
m m_	mData m_data	member	클래스의 데이터 멤버
s ms ms_	sLookupTable msLookupTable ms_lookupTable	static	정적 변수 또는 데이터 멤버
k	kMaximumLength	konstant (constant의 독일어)	상숫값. 접두어를 붙이지 않고 모든 문자를 대문자로 표기하기도 한다.
b is	bCompleted isCompleted	Boolean	부울값을 의미한다.

3 헝가리안 표기법

헝가리안 표기법Hungarian Notation은 마이크로소프트 윈도우 프로그래머 사이에서 변수와 데이터 멤버 이름을 짓는 데 널리 사용되던 명명 규칙이다. 기본 개념은 m과 같이 한 글자로 된 접두어 대신 정보를 좀 더 담도록 접두어를 좀 더 길게 쓰는 것이다. 예를 들면 다음과 같다.

```
char* pszName; // psz는 '널null로 끝나는(z) 스트링(s)에 대한 포인터(p)'를 의미한다.
```

헝가리안 표기법이라고 부르는 이유는 이 표기법을 만든 찰스 시모니Charles Simonyi가 헝가리 출신이기 때문이다. 헝가리안 표기법으로 작성된 프로그램은 마치 외국어로 작성한 글처럼 보여서 싫어하는 프로그래머도 많다. 헝가리안 표기법이란 이름 자체가 이런 특성을 정말 잘 드러난다고 말하는 이도 있다. 이 책에서도 접두어를 사용하지만 헝가리안 표기법은 따르지 않는다. 변수의 이름을 잘 지으면 접두어에 부가 정보를 따로 추가할 필요가 없다. 예를 들어 m_name이란 이름만으로도 데이터 멤버임을 충분히 드러낼 수 있다.

NOTE_ 코드의 가독성을 해치지 않으면서 용도가 명확히 드러나는 이름을 짓는 게 좋다.

4 게터와 세터

클래스에 m_status라고 정의된 데이터 멤버에 접근할 때는 주로 getStatus( )와 같은 게터나 setStatus( )와 같은 세터를 사용한다. 부울 타입의 데이터 멤버에 접근할 때는 get 대신 is란 접두어를 붙일 때가 많다(예: isRunning( )). C++ 언어에서는 이런 메서드 명명 규칙을 따로 정해두지 않았지만 팀 단위로 개발할 때는 이런 규칙을 도입할 필요가 있다.

5 대소문자 활용

코드에 나온 이름에 대소문자를 표기하는 방법은 여러 가지다. 코딩 스타일에 관련된 다른 규칙과 마찬가지로 대소문자도 모든 팀원이 똑같은 방식으로 표기하도록 표준을 정한다. 어떤 프로그래머는 클래스 이름을 모두 소문자와 언더스코어만으로 표현하고(예: `priority_queue`), 또 어떤 프로그래머는 단어의 첫 글자를 대문자로 표기하는 방식으로 작성하면(예: `PriorityQueue`) 코드가 금세 지저분해진다. 변수나 데이터 멤버의 이름을 표기할 때는 소문자로 시작하고 단어 사이는 언더스코어(예: `my_queue`)나 대문자(예: `myQueue`)로 연결하는 방식을 주로 사용한다. C++에서는 전통적으로 함수나 메서드의 이름을 대문자로 표기했지만, 앞에서 본 것처럼 이 책에서는 클래스 이름과 구분하기 위해 함수나 메서드 이름을 소문자로 표기한다. 또한 클래스나 데이터 멤버 이름을 구성하는 단어 사이를 연결할 때도 이와 비슷한 대소문자 표기법을 따른다.

6 네임스페이스를 적용한 상수

GUI를 갖춘 프로그램을 작성하는 경우를 생각해보자. GUI는 일반적으로 File(파일), Edit(편집), Help(도움말)와 같은 다양한 메뉴로 구성하는데, 각 메뉴에 대한 ID를 상수로 표현할 때가 많다. 이렇게 메뉴 ID에 대한 상수 이름은 `Help`와 같이 표기하는 것이 바람직하다.

`Help`란 이름도 나름 괜찮지만 메인 윈도우에서 Help라는 이름의 버튼을 추가하면 곤란해진다. 버튼 형태의 Help에 대한 ID를 가리키는 상수 이름도 정해야 하는데, `Help`란 이름은 이미 Help 메뉴가 찜해서 사용할 수 없다.

이럴 때는 두 상수를 서로 다른 네임스페이스에 속하게 만들면 된다. 네임스페이스를 지정하는 방법은 1장에서 소개한 바 있다. 먼저 `Menu`와 `Button`이라는 두 개의 네임스페이스를 생성한다. 그런 다음 두 상수의 이름을 모두 `Help`로 짓고, 코드에서 사용할 때는 `Menu::Help`와 `Button::Help`라고 표기함으로써 서로 구분한다. 이보다 더 좋은 방법은 열거 타입을 사용하는 것인데, 이에 대해서는 1장에서 소개했다.

3.5 언어의 기능에 스타일 적용하기

C++에서는 가독성이 굉장히 나쁜 코드도 얼마든지 작성할 수 있다. 예를 들어 다음과 같이 엽기적으로 작성해도 된다.

```
i++ + ++i;
```

이 코드는 이해하기 힘들 뿐만 아니라 이 문장의 구체적인 동작을 알 수 없다는 더 심각한 문제가 있다. i++에서 i를 사용할 때마다 값이 하나씩 증가하는 부작용이 발생하는데, C++ 표준에는 ;이 나온 후 (값이 하나 증가하는) 효과가 발생한다고만 나와 있을 뿐 구체적으로 어느 시점에 값이 증가하는지에 대한 설명은 전혀 없다. 따라서 컴파일러마다 동작이 다를 수 있어서 소스 코드만 보고 ++i에 적용될 i 값을 가늠할 수 없다. 이 코드를 다른 컴파일러와 플랫폼에서 실행하면 i 값도 달라진다.

다음과 같은 코드도 반드시 피한다.

```
a[i] = ++i;
```

C++17부터는 대입 연산의 오른쪽에 나온 연산을 모두 마치고 나서야 왼쪽을 평가하도록 보장하기 때문에 이 코드의 동작을 명확하게 알 수 있지만, 다른 버전에서는 그렇지 않을 수 있다. C++17부터는 이 문장을 처리할 때 먼저 i 값을 증가시키고 나서 그 결과를 a[i]의 인덱스로 사용한다.

C++에서 제공하는 강력한 기능을 제대로 활용하려면 언어의 기능을 어떻게 활용해야 바람직한 스타일로 작성할 수 있는지 잘 생각하면서 사용해야 한다.

3.5.1 상수 사용법

나쁜 코드는 대부분 매직 넘버magic number를 남발하는 경향이 있다. 어떤 함수에서 대뜸 2.71828이란 값을 사용하기만 하고, 왜 2.171828을 사용하는지, 그 값이 무엇을 의미하는지에 대해서는 아무 말이 없을 수 있다. 수학을 잘 아는 사람이라면 이 값이 초월수 *e*(자연로그의 밑, 오일러 수)의 근삿값인 것을 알지만, 대부분 사람은 모른다. C++에서 제공하는 상수constant 기능을 활용하면 2.71828과 같이 변하지 않는 값에 대해 의미 있는 이름을 붙일 수 있다.

```
const double ApproximationForE { 2.718281828459045235360 };
const int HoursPerDay { 24 };
const int SecondsPerHour { 3'600 };
```

> **NOTE_** C++20부터 표준 라이브러리에 수학 상수가 추가되었으며, 이는 <numbers>에 `std::numbers`라는 네임스페이스로 정의되어 있다. 예를 들면 `std::numbers::e`, `pi`, `sqrt`, `phi` 등이 있다.

3.5.2 포인터 대신 레퍼런스 사용하기

C++ 프로그래머는 C 언어를 쓰다가 넘어온 경우가 많다. C에서는 레퍼런스 전달 방식을 사용하려면 포인터를 사용하는 수밖에 없었다. 이것만으로도 그 동안 문제없이 프로그램을 작성했다. C++에서는 반드시 포인터를 사용해야 하는 경우가 있지만 대부분 레퍼런스로 처리할 수 있다. C 언어부터 배운 독자라면 레퍼런스가 추가되었다고 해서 특별히 달라질 것이 없어 보일 수 있다. 그저 포인터가 제공하던 기능에 새로운 문법만 추가된 것이라 여기기 쉽다.

포인터 대신 레퍼런스를 사용하면 좋은 점이 많다. 첫째, 포인터보다 레퍼런스가 더 안전하다. 메모리 주소를 직접 다루지 않고, `nullptr`이 될 수 없기 때문이다. 둘째, 코딩 스타일 측면에서 포인터보다 레퍼런스를 사용하는 것이 더 낫다. 스택 변수와 문법이 같아서 `*`나 `&`와 같은 기호를 쓸 필요가 없기 때문이다. 또한 사용법도 간단해서 레퍼런스에 관련된 스타일 규칙을 따로 마련할 필요가 없다. 그럼에도 불구하고 아직까지도 함수를 호출할 때 `&`를 붙이면 함수 안에서 해당 객체를 변경하고, `&`가 없으면 값으로만 전달한다고 여기는 프로그래머가 꽤 있다. 레퍼런스를 사용하면 함수 프로토타입을 보지 않고서는 그 함수에 전달된 객체가 변경되는지 알 수 없다고 주장하는데 그렇지 않다. 포인터를 전달한다고 해서 그 객체가 항상 수정되는 것은 아니다. 예를 들어 매개변수를 `const T*`로 지정하는 경우도 있다. 포인터와 레퍼런스를 모두 전달하더라도 그 객체를 수정할 수도 있고, 그렇지 않을 수도 있다. 함수 프로토타입에서 `const T*`, `T*`, `const T&`, `T&` 중 어느 것으로 지정하느냐에 따라 결정된다. 따라서 함수에서 객체를 수정하는지 알아내려면 어차피 함수 프로토타입을 봐야 한다.

레퍼런스의 또 다른 장점은 메모리의 소유권을 명확히 표현할 수 있다는 것이다. 다른 프로그래머가 전달한 객체를 레퍼런스로 받도록 메서드를 작성하면 그 객체를 읽거나 수정하는 작업은 마음껏 할 수 있지만, 전달된 객체에 할당된 메모리를 해제하기는 쉽지 않다. 하지만 포인터로 전달하면 그렇지 않다. 객체를 삭제해서 메모리를 해제하는 코드를 메서드 안에 넣어야 할지 아니면 이 작업은 호출한 측에서 처리할지 명확히 정해진 바가 없다. 참고로 모던 C++에서 메모리를 다룰 때는 7장에서 소개하는 스마트 포인터를 사용하는 것이 좋다.

3.5.3 사용자 정의 익셉션

C++에서는 익셉션을 무시하기 쉽다. C++에는 익셉션을 반드시 처리하라는 규칙이 없을 뿐만 아니라 `nullptr`을 리턴하거나 에러 플래그를 설정하는 기존 방식으로도 얼마든지 에러에 대처할 수 있기 때문이다.

익셉션[exception]은 에러 처리에 관련된 기능을 풍부하게 제공하는 메커니즘으로서, 자신의 용도에 맞게 사용할 수 있도록 익셉션를 직접 정의하는 기능도 제공한다. 예를 들어 웹 브라우저에 관련된 익셉션 타입을 정의할 때 에러가 발생한 웹 페이지와 그 당시 네트워크 상태 그리고 다른 부가적인 문맥 정보에 대한 필드를 추가할 수 있다.

C++에서 제공하는 익셉션은 14장에서 자세히 살펴본다.

> **NOTE_** 언어에서 제공하는 기능은 어디까지나 프로그래머에게 도움을 주기 위한 것이다. 프로그래밍 스타일을 해치지 않도록 이러한 기능을 제대로 이해해서 활용한다.

3.6 코드 서식

코드 서식[formatting]에 대한 논쟁으로 팀원끼리 싸우는 일은 다반사다. 대학시절 필자의 친구는 `if` 문에서 공백을 넣는 위치 문제에 대해 너무나 격렬하게 논쟁을 벌인 나머지 사람들이 싸움난 줄 알고 말리러 온 적도 있다고 했다.

팀에서 코드 서식에 대한 표준을 이미 마련해뒀다면 감사해야 한다. 정해둔 표준이 마음에 들지 않더라도 최소한 싸움날 일은 없기 때문이다.

아직 코드 서식에 대한 규정이 없다면 반드시 정하는 것이 좋다. 코딩 가이드라인을 표준으로 정해두면 같은 팀에 있는 프로그래머들이 모두 똑같은 명명 규칙과 서식을 따르기 때문에 코드의 통일성과 가독성을 높일 수 있다.

코드 서식을 자동으로 맞춰주는 툴도 있다. 소스 코드 관리 시스템에 커밋하기 전에 미리 정해둔 규칙에 맞는지 검사해준다. 어떤 IDE는 이런 기능을 기본으로 제공하기도 한다. 예를 들어 파일을 저장하기 전에 자동으로 서식에 맞춰준다.

팀원마다 제각각의 방식으로 코드를 작성한다면 최대한 인내심을 발휘한다. 어떤 규칙은 단순히 취향의 문제인 것도 있고, 어떤 규칙은 팀 내에서 의견을 일치하기 정말 힘든 것도 있기 때문이다.

3.6.1 중괄호 정렬 문제

가장 흔한 논쟁거리 중 하나는 코드 블록을 표시하는 중괄호에 대한 것이다. 중괄호 표기법과 관련된 스타일은 다양하다. 이 책에서는 함수, 클래스, 메서드 이름을 제외한 나머지 모든 경우는 첫 문장과 같은 줄에 적는다. 예를 들면 다음과 같다.

```
void someFunction()
{
    if (condition()) {
        cout << "condition was true" << endl;
    } else {
        cout << "condition was false" << endl;
    }
}
```

이 스타일은 줄간격은 최소화하면서 들여쓰기로 코드 블록을 표현한다. 이렇게 위아래 공간을 절약하는 것이 실전에서 큰 의미가 없다고 주장하는 프로그래머도 있다. 이 의견에 따라 좀 더 늘어뜨리면 다음과 같다.

```
void someFunction()
{
    if (condition())
    {
        cout << "condition was true" << endl;
    }
    else
    {
        cout << "condition was false" << endl;
    }
}
```

여기서 더 나아가 좌우 간격도 넓게 띄우는 프로그래머도 있다. 예를 들면 다음과 같다.

```
void someFunction()
{
    if (condition())
        {
            cout << "condition was true" << endl;
        }
    else
        {
            cout << "condition was false" << endl;
        }
}
```

또한 한 문장만으로 구성된 블록에 중괄호를 적을지에 대한 문제도 흔한 논쟁거리다. 예를 들면 다음과 같다.

```
void someFunction()
{
    if (condition())
        cout << "condition was true" << endl;
    else
        cout << "condition was false" << endl;
}
```

이 책에서는 어떤 스타일이 좋은지에 대한 의견은 밝히지 않는다. 이런 문제로 항의 메일을 받고 싶지 않기 때문이다. 필자는 항상 중괄호를 붙이는 편이다. 그러므로 위와 같이 한 문장짜리 블록에도 중괄호를 쓴다. 이렇게 하는 것이 잘못된 방식으로 작성된 C 스타일 매크로(11장)로부터 보호할 수도 있고, 나중에 문장을 더 추가할 때도 안전하기 때문이다.

NOTE_ 코드 블록에 대한 서식을 정할 때 가장 중요한 기준은 코드 블록이 속한 조건문을 얼마나 쉽게 파악하는 가다.

3.6.2 스페이스와 소괄호에 대한 논쟁

문장 단위에 적용되는 코드 서식도 흔한 논쟁거리다. 여기에 대해서도 어느 것이 좋다는 의견은 밝히지 않겠지만, 여기 나온 스타일 중 몇 가지를 예제에서 사용한다는 것을 눈치챌 수 있을 것이다.

이 책에서는 키워드 뒤에 항상 한 칸 띄운다. 또한 연산자 앞과 뒤에도 한 칸씩 띄운다. 매개변수 리스트나 함수 호출에 나온 콤마 뒤에도 한 칸 띄운다. 그리고 연산의 순서가 명확히 드러나도록 소괄호를 사용한다. 예를 들면 다음과 같다.

```
if (i == 2) {
    j = i + (k / m);
}
```

또는 다음과 같이 if 문에 함수 서식을 적용해서 키워드와 왼쪽 소괄호 사이를 띄우지 않을 수도 있다. 그리고 if 문 안에서는 연산자의 우선순위를 굳이 구분할 필요가 없기 때문에 소괄호를 생략할 수도 있다.

```
if( i == 2 ) {
    j = i + k / m;
}
```

둘 중 어느 것이 나은지에 대한 판단은 독자에게 맡긴다. 단지 if는 함수가 아니라는 것만 지적하고 싶다.

3.6.3 스페이스, 탭, 줄바꿈

스페이스와 탭에 대한 서식은 단순히 스타일에 대한 취향 문제로 보기 힘들다. 팀에서 스페이스와 탭에 대한 합의가 이뤄지지 않으면 협업에 심각한 문제가 발생한다. 가장 대표적인 예로 어떤 프로그래머는 코드를 들여쓸 때 네 칸 탭을 사용했고, 또 어떤 프로그래머는 다섯 칸 탭을 사용했다고 하자. 두 코드를 한 파일에 합쳐보면 지저분해 보인다. 여기에 A라는 프로그래머가 코드를 수정하는 동안 B라는 프로그래머가 모든 들여쓰기를 탭으로 바꾸면 상당히 심각한 문제가 발생한다. 이 경우 소스 코드 관리 시스템은 A의 수정사항을 제대로 머지(병합)하지 못하기 때문이다.

대부분의 에디터(코드 편집기)는 스페이스와 탭을 설정하는 기능을 제공한다. 어떤 에디터는 소스 파일을 불러와 띄울 때 코드에 적용된 스타일을 따르기도 하고, 어떤 에디터는 코드를 저장할 때 탭 키로 들여쓴 부분을 모두 스페이스로 변환하기도 한다. 서식을 유연하게 처리하는 환경을 사용하면 다른 사람이 작성한 코드를 다루기 편하다. 한 가지 명심할 점은 탭과 스페이스는 서로 다르다는 것이다. 탭은 길이에 제한이 없지만 스페이스는 언제나 한 칸이기 때문이다.

줄바꿈line break도 신경써야 한다. 플랫폼마다 줄바꿈을 표현하는 방식이 다를 수 있기 때문이다. 예를 들어 윈도우에서는 \r\n으로 표현하고, 리눅스 계열은 \n만 쓰기 때문이다. 회사에서 사용하는 플랫폼이 다양하다면 줄바꿈 방식도 통일해야 한다. 이 경우에도 IDE에서 제공하는 스타일 지정 기능을 활용할 수 있다. 또한 소스 코드 관리 시스템에서 코드를 커밋하기 전에 줄바꿈 서식을 자동으로 바꿔주는 경우도 있다.

3.7 스타일과 관련하여 해결할 문제

개발자들이 프로젝트를 새로 시작할 때마다 이번만큼은 반드시 제대로 해보자고 맹세를 한다. 변경하면 안 되는 변수나 매개변수는 반드시 const로 지정하고, 변수 이름은 항상 명확하고, 간결하고, 이해하기 쉽게 짓겠다고 결심한다. 모든 개발자가 왼쪽 중괄호를 반드시 다음 줄에 쓰고, 표준 텍스트 에디터를 정해서 여기에 탭과 스페이스에 대한 규칙을 적용하겠다고 다짐한다.

하지만 스타일에 대한 일관성을 이 정도 수준으로 유지하기란 쉽지 않은데, 그 이유는 다양하다. 먼저 const 사용법을 제대로 이해하지 못한 프로그래머가 종종 있다. 그러므로 const를 제대로 활용하지 못한 라이브러리 함수나 예전 코드를 마주치게 된다. 예를 들어 const 매개변수를 받는 함수를 작성하는 과정에서 비 const 매개변수를 받는 레거시 함수를 호출해야 한다고 생각해보자. 레거시 코드에서 const를 처리하도록 수정할 수는 없다. 이 상황에서 레거시 코드가 비 const 인수를 함부로 건드리지 않는다고 확신할 수 있을 때 실력 있는 프로그래머라면 변수의 const 속성을 잠시 적용하지 않을 부분을 const_cast()로 처리하지만, 경험이 부족한 프로그래머는 함수를 호출할 때 const로 지정한 부분을 완전히 제거해버려 결국 const를 전혀 사용하지 않은 프로그램처럼 만들어버린다.

때로는 코드 서식 표준이 프로그래머의 취향과 기준에 맞지 않은 경우도 있다. 팀 문화가 코드 서식 가이드라인을 강제하기 힘든 경우도 있다. 이럴 때는 반드시 표준화해야 할 요소(변수 이름, 탭 등)와 각자 마음대로 정해도 상관없는 요소(스페이스, 주석 스타일 등)를 적절히 구분하는 게 좋다. 심지어 스타일 오류를 자동으로 수정하거나 코드 에러와 함께 스타일에 관련된 문제도 알려주는 스크립트를 활용할 수도 있다. 마이크로소프트 비주얼 C++처럼 사용자가 지정한 규칙에 따라 코드 서식을 자동으로 맞춰주는 기능을 개발 환경에서 제공해주기도 한다. 이러한 도구를 잘 활용하면 항상 일정한 규칙에 따르게 만들기 쉽다.

3.8 정리

C++는 스타일에 관련된 기능을 다양하게 지원하지만 구체적인 적용 방법에 대해서는 특별히 정해둔 가이드라인이 없다. 결국 코드에 적용할 스타일은 그것이 얼마나 널리 적용되고 있는지 그리고 코드의 가독성을 높이는 데 얼마나 도움이 되는지에 따라 선정해야 한다. 팀 단위로 코드를 작성할 때 스타일에 관련된 이슈는 프로젝트에서 사용할 언어와 도구를 선정하는 초기 단계에 결정해야 한다.

무엇보다도 스타일은 프로그래밍에서 굉장히 중요한 요소라고 확실히 인식하는 것이 중요하다. 자신이 작성한 코드를 다른 사람과 공유하기 전에 반드시 스타일에 따라 작성했는지 검토하는 습관을 들인다. 코드를 보다가 본인뿐만 아니라 다른 팀원도 따르면 좋다고 생각되는 스타일을 발견하면 적극적으로 도입한다.

이 장을 마지막으로 이 책의 1부를 마무리한다. 2부에서는 소프트웨어 설계를 좀 더 하이레벨 관점에서 살펴본다.

3.9 연습 문제

이 장에서 소개한 내용을 직접 써보기 위해 다음 연습 문제를 풀어보자. 연습 문제에 대한 정답은 이 책의 웹사이트(www.wiley.com/go/proc++5e)에서 다운로드할 수 있다. 문제를 풀다가 막히면 정답부터 찾지 말고 먼저 앞에서 설명한 부분을 다시 읽고 직접 답을 찾아보려고 애쓰기 바란다.

코드 주석과 서식은 주관적인 영역이다. 다음 연습 문제는 어느 한 가지 방식이 정답이라고 보지 않는다. 웹사이트에 있는 정답은 여러 가지 바람직한 방식 중 하나를 적용한 것이다.

연습 문제 3-1 1장에서 본 직원 정보 관리 시스템은 데이터베이스를 사용한다. 이 데이터베이스에 관련된 메서드 중 하나로 displayCurrent( )가 있다. 이 메서드를 다음과 같이 작성했다고 하자.

```
void Database::displayCurrent() const             // displayCurrent() 메서드
{
    for (const auto& employee : m_employees) {  // 모든 직원에 대해 루프를 돈다.
        if (employee.isHired()) {               // 현재 직원이 고용 상태라면
```

```
            employee.display();                    // 그 직원 정보를 화면에 출력한다.
        }
    }
}
```

여기 나온 주석에 문제가 있는가? 그렇다면 이유는 뭘까? 더 나은 방법이 있다면 제시해보자.

연습 문제 3-2 1장에서 본 직원 정보 관리 시스템에는 Database라는 클래스가 있다. 다음 코드는 이 클래스의 일부분으로서 메서드가 세 개만 나와 있다. 이 코드에 대해 JavaDoc 스타일에 맞게 주석을 추가해보자. 각 메서드가 하는 일이 가물가물하다면 1장을 다시 찾아보자.

```
class Database
{
    public:
        Employee& addEmployee(const std::string& firstName,
            const std::string& lastName);
        Employee& getEmployee(int employeeNumber);
        Employee& getEmployee(const std::string& firstName,
            const std::string& lastName);
    // 나머지 코드는 생략
};
```

연습 문제 3-3 다음 클래스에는 명명 규칙에 관련된 문제가 몇 가지 있다. 모두 찾아서 적합한 이름을 지어보자.

```
class xrayController
{
    public:
        // 능동 엑스레이 전류를 μA 단위로 가져온다.
        double getCurrent() const;

        // 엑스레이의 전류를 인수로 지정한 μA 단위 값으로 설정한다.
        void setIt(double Val);

        // 전류를 0μA로 설정한다.
        void 0Current();

        // 엑스레이 소스 타입을 가져온다.
        const std::string& getSourceType() const;
```

```
        // 엑스레이 소스 타입을 설정한다.
        void setSourceType(std::string_view _Type);

    private:
        double d;                    // μA 단위의 엑스레이 전류
        std::string m_src__type; // 엑스레이 소스 타입
};
```

연습 문제 3-4 다음 코드에서 서식과 관련하여 세 가지 부분을 수정해보자. 첫째, 중괄호를 별도 라인에 작성한다. 둘째, 중괄호를 적절히 들여쓴다. 셋째, 한 줄짜리 코드 블록의 중괄호를 삭제한다. 이 예제를 통해 다양한 코드 서식을 직접 느껴보고 코드 서식이 가독성에 어떤 영향을 미치는지 확인해보자.

```
Employee& Database::getEmployee(int employeeNumber)
{
    for (auto& employee : m_employees) {
        if (employee.getEmployeeNumber() == employeeNumber) {
            return employee;
        }
    }
    throw logic_error { "No employee found." };
}
```

Part II

전문가다운 C++ 소프트웨어 설계 방법

C++ 디자인 방법론을 소개한다. 디자인의 중요성, 객체지향 방법론, 코드 재사용의 중요성 등을 설명한다.

Part II

전문가다운 C++ 소프트웨어 설계 방법

CHAPTER 4

전문가답게 C++ 프로그램 설계하기

이 장의 내용

- 프로그램 설계의 정의
- 프로그램 설계의 중요성
- C++ 고유의 설계 고려사항
- 효과적인 C++ 설계를 위한 두 가지 핵심 개념: 추상화와 재사용성
- 재사용 가능한 코드의 여러 가지 형태
- 코드 재사용의 장단점
- 코드 재사용을 위한 기본 전략과 길잡이
- 오픈소스 라이브러리
- C++ 표준 라이브러리

본격적으로 코드를 작성하기 전에 반드시 프로그램 설계부터 해야 한다. 특히 팀 단위로 프로그램을 작성할 때는 사용할 데이터 구조나 클래스에 대한 분석 작업부터 먼저 한다. 프로그램을 함께 작성하는 동료와 논의하지 않고 계획 없이 무작정 코드부터 작성하면 곤란하다. 이 장에서는 C++ 프로그램을 전문가답게 설계하는 방법을 소개한다.

소프트웨어 공학 프로세스에서 설계는 굉장히 중요한 역할을 한다. 하지만 실전에서 가볍게 보거나 오해하는 사람이 많다. 그러므로 계획 단계를 건너뛰고 무작정 코드 작성부터 시작하고 설계는 그 뒤에 하는 프로그래머가 너무나 많다. 이렇게 접근하면 설계가 필요 이상으로 복잡해지기 쉽다. 그러므로 구현과 디버깅, 유지 보수가 굉장히 힘들어진다. 본능을 거스르는 기분이 들더라도 프로젝트 시작 단계에 시간을 충분히 들여서 제대로 설계하면 오히려 프로젝트 완료 시점을 앞당길 수 있다.

4.1 프로그램 설계의 정의

프로젝트를 새로 시작하거나 기존 프로그램에 기능을 추가하는 작업에 들어가기 전에 가장 먼저 할 일은 요구사항을 분석하는 것이다. 그러기 위해서는 **이해 당사자**stakeholder와 함께 논의해야 한다. 요구사항 분석 단계의 핵심 결과물은 **기능 요구사항**functional requirement 문서다. 이 문서는 작성할 코드가 정확히 할 일만 표현하고, 이를 달성하는 방법은 생략한다. 또한 이 단계에서 최종 시스템의 동작이 아닌 속성을 표현하는 **비기능 요구사항**non-functional requirement 문서도 나올 수 있다. 예를 들어 시스템이 보안에 뛰어나고, 확장성도 높고, 일정한 성능 기준을 만족해야 한다는 표현을 여기에 적는다.

요구사항을 모두 수집했다면 프로그램 설계 단계로 넘어갈 수 있다. **프로그램 설계**(또는 **소프트웨어 설계**)란 앞 단계에서 도출한 (기능 및 비기능) 요구사항을 모두 만족하는 프로그램을 구현하기 위한 명세서specification다. 쉽게 말해 설계란 프로그램의 구현 계획을 정리한 것이다. 설계는 일반적으로 문서 형태로 작성한다. 설계 문서의 포맷은 회사나 프로젝트마다 다르겠지만 대부분 다음과 같이 크게 두 부분으로 구성된다.

- **프로그램을 구성하는 서브시스템:** 인터페이스와 서브시스템 사이의 의존성, 서브시스템 사이의 데이터 흐름, 서브시스템에 대한 입력과 출력, 기본 스레드 활용 모델
- **서브시스템 세부사항:** 클래스 구성, 클래스 계층도, 데이터 구조, 알고리즘, 개별 스레드 활용 모델, 에러 처리 방법

설계 문서는 대체로 서브시스템 사이의 상호 작용과 클래스 계층을 보여주는 다이어그램이나 표로 구성된다. 이 장과 다음 장에서는 이런 다이어그램에 대한 업계 표준인 UML Unified Modelling Language(통합 모델링 언어)을 사용한다(UML 사용법은 부록 D에서 소개한다). 물론 구체적인 포맷보다는 설계 자체가 중요하다.

> **NOTE_** 설계 과정의 핵심은 프로그램 작성 전에 먼저 생각해보는 데 있다.

코드 작성에 들어가기 전에 최대한 설계를 잘해야 한다. 설계는 프로그램에 대한 지도 역할을 한다. 설계는 평균 수준의 프로그래머라면 누구나 애플리케이션 구현에 참고할 수 있도록 이해하기 쉬워야 한다. 물론 코드 작성 단계로 넘어간 뒤에도 미처 예상하지 못한 문제가 드러나서 설계를 변경하는 경우도 흔하다. 이러한 변화에 유연하게 대처하도록 구성된 소프트웨어 공학 프로세스도 많이 있다. 대표적인 예로 스크럼scrum이라는 애자일 소프트웨어 개발 방법론agile software development methodology이 있다. 스크럼에서는 **스프린트**sprint라는 순환 주기에 따라 애플리케이션 개발 과정을 반복한다. 각 스프린트마다 설계가 변경될 수 있고, 새로운 요구사항이 추가될 수 있다. 여러 가지 소프트웨어 공학 프로세스 모델은 28장에서 자세히 소개한다.

4.2 프로그램 설계의 중요성

요구사항 분석과 설계 과정을 건너뛰거나 가볍게 넘기고 빨리 프로그래밍 단계로 넘어가려는 유혹에 빠지기 쉽다. 코드를 컴파일해서 실행하면 일이 진행된다는 느낌이 확실히 들기 때문이다. 프로그램의 구성 방안이 어느 정도 머릿속에 잡힌 상태라면 기능 요구사항이나 설계에 대한 문서를 따로 작성하는 것이 시간 낭비처럼 여겨지기도 한다. 게다가 설계 문서 작성은 코드 작성에 비해 따분한 면도 있다. 하루 종일 문서나 작성하려고 프로그래머가 된 게 아니라고 생각할 수도 있다. 필자도 프로그래머이기에 당장 코딩에 들어가고 싶다는 마음을 누구보다도 잘 알고, 때로는 그런 유혹에 넘어가기도 한다. 하지만 이렇게 하면 아주 간단한 프로젝트라도 문제가 발생하기 마련이다. 설계 과정을 거치지 않고도 제대로 구현하려면 프로그래밍 경험이 풍부하고, 주요 설계 패턴도 자유자재로 적용할 수 있어야 하고, C++뿐만 아니라 주어진 문제의 배경과 요구사항을 깊이 이해해야 하기 때문이다.

프로젝트를 여러 팀원이 나눠서 진행하려면 모든 팀원이 공통적으로 따르는 설계를 반드시 문서 형태로 마련해야 한다. 이 문서는 신입 팀원이 프로젝트를 쉽게 파악하는 데도 유용하다.

회사에 따라서 기능 요구사항 분석을 전담하는 분석가와 소프트웨어 설계를 담당하는 아키텍트가 따로 있을 수도 있다. 그런 회사라면 개발자는 프로젝트의 프로그래밍 측면만 집중할 수 있다. 또 어떤 회사는 요구사항을 수집해서 설계하는 일을 개발자가 다 해야 한다. 이런 양 극단의 중간에 해당하는 회사도 많다. 예를 들어 아키텍트는 구조에 관련된 큰 결정만 내리고, 세부 설계는 개발자가 담당하는 식으로 일할 수 있다.

프로그램 설계가 얼마나 중요한지 확실히 느낄 수 있도록 빈 땅에 집을 짓는다고 생각해보자. 건축주가 시공업자에게 설계도를 보여 달라고 물어보니, "설계도요? 제 실력을 확실히 믿으셔도 됩니다. 굳이 사소한 부분까지 계획을 세울 필요 없어요. 이층집이죠? 문제없어요. 바로 지난 달에 1층 주택을 완공했는데, 그 모델을 토대로 곧바로 작업에 들어가면 됩니다."라고 답했다고 하자.

건축주는 시공업자를 믿고 진행하기로 했다. 몇 달이 지나 건설 현장에 가보니 배관이 벽체 밖에 드러난 것을 발견했다. 이상해서 시공업자에게 물어보니, "아, 벽에 배관 공간을 남겨두는 걸 깜빡했네요. 최신 벽체 공법을 적용하는 작업이 너무 흥미진진해서 몰두하다보니 깜빡 놓쳤습니다. 그런데 배관이 노출되어도 문제는 없어요. 제대로 작동하기만 하면 되잖아요."라고 답했다. 이 시점에서 시공업자의 작업 방식이 슬슬 불안해질 것이다. 건축주의 생각이 맞는 것 같지만 시공업자를 좀 더 믿어보기로 했다.

집이 완성되었다는 말에 확인하러 갔더니 부엌에 싱크대가 없었다. 그래서 물어보니 시공 담당자는 다음과 같이 변명했다. "부엌 공사를 2/3 이상 진행한 시점이 지나서야 싱크대 놓을 자리가 없다는 걸 알았어요. 다시 짓느니 부엌 바로 옆에 싱크대 방을 따로 만들기로 했어요. 그래도 사용하는 데 문제는 없잖아요?"

시공업자의 변명을 소프트웨어 문맥으로 바꿔보면 익숙할 것이다. 배관이 벽체 밖에 드러난 것처럼 문제를 어설프게 해결한 경험이 한 번쯤 있을 것이다. 예를 들어 여러 스레드가 공유하는 큐에 잠금lock(락) 기능을 깜박하고 구현하지 않았는데, 이미 구현이 상당히 진행된 상태였기 때문에 그냥 큐를 사용할 때마다 직접 잠금/해제 작업을 수행하도록 코드를 작성할 수도 있다. 좀 어설프지만 실행에는 문제없다고 주장할 것이다. 하지만 프로젝트에 새로 합류한 프로그래머가 큐에 당연히 잠금 기능이 있을 거라고 여기고 한참 작업했는데, 어느 날 공유 데이터에 접근할 때 상호 배제mutual exclusion(뮤텍스)를 보장하지 못해서 경쟁 상태race condition가 나타나는 버그가 발생했다. 3주에 걸쳐 원인을 분석한 뒤에야 애초에 잠금 기능이 없었다는 것을 발견할 수도 있다. 물론 이 사례는 어설픈 땜질 방식으로 구현할 때 발생할 수 있는 수많은 문제 중 하나에 불과하다. 전문 C++ 프로그래머라면 큐에 접근할 때마다 직접 잠금/해제 작업을 수행하도록 구현하지 않고, 큐 클래스 내부에 잠금 기능을 제공하거나, 잠금 기능 없이도 큐 클래스가 스레드에 안전하게 작동하도록 구현한다.

코드를 작성하기 전에 공식적인 설계 단계를 거치면 프로그램의 전반적인 구조를 제대로 구성할 수 있다. 주택의 요구사항을 만족하기 위한 각 방의 배치와 동선을 설계도로 표현하듯이 프로그램도 마찬가지로 요구사항을 만족하기 위해 서브시스템을 구성하고 상호 작용하는 방식을 프로그램 설계도로 표현한다. 설계 단계를 거치지 않으면 서브시스템 사이의 관계와 재사용 가능성, 공유 정보, 그리고 주어진 작업을 처리하기 위한 가장 쉬운 방법 등을 놓치기 쉽다. 이렇게 설계를 통해 '큰 그림'을 보는 과정이 없으면 사소한 구현 세부사항에 빠져 전체 구조와 목적을 놓치기 쉽다. 게다가 설계는 모든 프로젝트 팀원이 참조할 수 있는 문서를 제공한다. 특히 앞서 언급한 애자일 스크럼 방법론과 같은 반복적인 프로세스를 적용하려면 프로세스의 매 주기마다 최신 설계를 반영하도록 항상 문서를 최신 상태로 유지해야 한다. 애자일 방법론의 핵심 중 하나는 '완전한 문서보다는 작동하는 소프트웨어'다. 프로젝트의 주요 구성 요소가 서로 어떻게 맞물리는지에 대한 설계 문서 정도는 있어야 하지만, 세부 설계 문서를 만들어서 관리할지 여부는 나중에 도움이 될지 여부에 따라 팀마다 알아서 결정하는 것이 좋다. 최신 문서가 아니라면 지워버리거나 지난 버전임을 명시해야 한다.

방금 소개한 비유를 보고 나서도 코드를 작성하기 전에 설계부터 해야 하는 이유가 잘 와닿지 않는 이들을 위해 사례 하나를 더 소개한다. 이번에는 체스 프로그램을 만들 때 곧바로 코딩부터 시작해서 최적의 설계를 도출하지 못하는 경우를 살펴보자. 체스 프로그램 전반에 대한 설계 작업을 생략하고 가장 구현하기 쉬운 부분부터 시작해서 차츰 어려운 부분의 코드를 작성하기로 했다고 하자. 1장에서 소개하고 5장에서 자세히 다룰 객체지향 원칙에 따라 체스 말을 클래스로 표현한다. 가장 간단한 폰pawn부터 구현하기로 하고, 폰의 속성과 동작을 분석한 뒤 폰에 대한 클래스를 작성했다. 이를 UML 클래스 다이어그램으로 표현하면 [그림 4-1]과 같다.

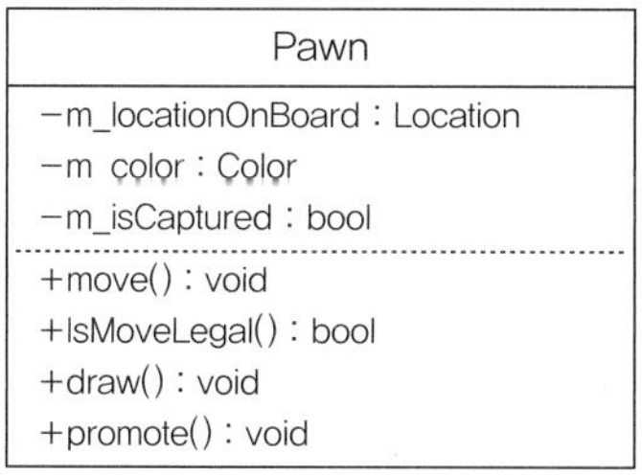

Pawn
−m_locationOnBoard : Location −m_color : Color −m_isCaptured : bool
+move() : void +IsMoveLegal() : bool +draw() : void +promote() : void

그림 4-1

이 다이어그램을 보면 m_color 속성은 폰이 검은색인지 흰색인지 표현한다. promote() 메서드는 보드에서 상대편 진영에 들어설 때 실행된다.

그런데 이렇게 클래스 다이어그램으로 표현하지 않고 곧바로 구현 단계로 들어갔다고 생각해보자. 완성한 폰 클래스 코드에 만족하고, 그다음으로 간단한 말인 비숍bishop 클래스를 작성했다. 비숍의 속성과 기능을 머릿속으로 분석한 뒤 속성과 메서드를 적절히 구현해서 클래스를 완성했다. 그 결과를 클래스 다이어그램으로 표현하면 [그림 4-2]와 같다.

Bishop
−m_locationOnBoard : Location −m_color : Color −m_isCaptured : bool
+move() : void +IsMoveLegal() : bool +draw() : void

그림 4-2

이번에도 역시 클래스 다이어그램부터 작성하지 않고 곧바로 코딩 단계로 들어갔다. 그런데 이 시점에서 뭔가 잘못되었다는 생각이 들기 시작했다. 비숍과 폰은 서로 비슷하다. 실제로 속성은 똑같고 메서드도 겹친다. move() 메서드의 구체적인 동작은 좀 다르지만, 두 말 모두 움직일 수 있다는 점은 같다. 만일 코드를 작성하기 전에 설계 단계를 거쳤다면 여러 말 사이에 공통점이 있다는 것을 알아냈을 것이고, 이러한 공통부분을 단 한 번만 구현했을 것이다. 이 과정에서 적용할 수 있는 객체지향 설계 기법은 5장에서 자세히 설명한다.

문제가 또 있다. 체스 말의 속성은 프로그램의 서브시스템에 따라 달라진다. 예를 들어 보드 모델을 먼저 정확히 정의하지 않고서는 체스 말이 보드에 놓이는 위치를 클래스에 정확히 표현할 수 없다. 반대로 각 말의 정확한 위치는 보드에서 알아서 처리하도록 프로그램을 설계할 수도 있다. 어떤 방식으로 설계하더라도 보드를 설계하기 전에는 각 말의 위치를 클래스에서 표현하는 데 문제가 발생한다. 또한 프로그램의 사용자 인터페이스를 정하지 않으면 각 말을 그리는 메서드를 결정할 수 없다는 문제도 있다. 이 프로그램이 그래픽 기반인지 아니면 텍스트 기반인지도 모르고, 보드의 형태도 정의되지 않았다. 하지만 프로그램을 구성하는 서브시스템들이 완전히 별개로 존재하지 않고 상호 연동되기 때문에 이 상태로 진행하면 문제가 발생할 수밖에 없다. 이러한 상호 관계는 대부분 설계 단계를 거쳐야만 결정할 수 있기 때문이다.

4.3 C++에 적합한 설계 방법

C++ 프로그램을 설계할 때 다음과 같은 C++ 언어의 특성을 반드시 명심한다.

- **C++에서 제공하는 기능은 방대하다.** 기존 C 언어에서 제공하던 기능에 클래스와 객체, 연산자 오버로딩, 익셉션, 템플릿 등을 비롯하여 다양한 기능이 추가되었다. 언어 자체의 규모만 고려해도 설계 작업이 벅차다.
- **C++는 객체지향 언어다.** 따라서 설계 단계에서 클래스 계층과 클래스 인터페이스, 객체의 상호 작용을 결정해야 한다. C 언어와 같은 절차형 언어로 '예전' 방식에 따라 설계할 때와는 방식 자체가 완전히 다르다. C++로 객체지향적으로 설계하는 방법은 5장에서 자세히 소개한다.
- **C++는 코드의 범용성과 재사용성을 높이는 데 필요한 기능을 다양하게 제공한다.** 클래스나 상속과 같은 기본 기능뿐만 아니라 효과적으로 설계하는 데 도움이 되는 템플릿이나 연산자 오버로딩과 같은 기능도 제공한다. 코드 재사용을 위한 설계 기법은 이 장 뒷부분과 6장에서 자세히 다룬다.
- **C++는** 스트링 클래스, I/O 기능, 흔히 사용하는 데이터 구조와 알고리즘을 포함하여 **여러 가지 유용한 표준 라이브러리를 제공한다.** 이 모든 기능을 C++ 프로그래밍에서 간편하게 활용할 수 있다.
- **C++는 다양한 설계 패턴**(design pattern), 즉 널리 알려진 문제 해결 기법**을 곧바로 적용하기 좋다.**

설계 작업은 만만치 않다. 필자는 하루 종일 설계안을 고민하며 종이에 끄적였다가 지우고, 새로운 아이디어를 추가했다가 지우는 과정을 수없이 반복한다. 이런 작업 과정은 꽤 효과적이다. 며칠 또는 몇 주가 지나면 마침내 명확하고 효율적인 설계가 나온다. 물론 시간이 흘러도 도무지 답은 보이지 않고 고통만 늘어날 때도 있다. 그렇다고 헛수고는 아니다. 한참 지나서야 설계가 잘못되었다는 것을 깨닫고 처음부터 다시 구현하는 것보다는 훨씬 많은 시간을 절약할 수 있다. 이 과정에서 반드시 작업이 진행되고 있는지 가늠해야 한다. 중간에 막혀서 진척이 없다면 다음과 같은 방법을 취한다.

- **도움을 요청한다.** 동료나 멘토, 책, 뉴스그룹, 웹 페이지 등에서 조언을 구한다.
- **잠시 다른 일에 몰두한다.** 나중에 다시 설계 작업을 이어서 한다.
- **일단 결정을 내리고 다음 단계로 나아간다.** 차선책이더라도 결정을 내리고 그 방식으로 밀어붙여 본다. 결정이 잘못되었다면 금세 드러나기 마련이다. 하지만 막상 해보니 의외로 좋은 방식일 수도 있다. 어쩌면 완벽한 설계란 없을지도 모른다. 당장 요구사항을 만족하면서 실제로 적용할 수도 있는 최적의 방법이 아무리 머리를 쥐어짜도 떠오르지 않는다면 '어설픈' 솔루션이라도 적용한다. 이때 다른 사람뿐만 아니라 본인도 이러한 결정을 내린 이유를 알 수 있도록 구체적인 내용을 문서에 기록해둔다. 생각해봤지만 채택하지 않은 설계에 대해서도 그 이유와 함께 문서에 남긴다.

NOTE_ 제대로 설계하려면 상당한 노력이 들 뿐만 아니라 그 수준에 이르기까지 수많은 훈련이 필요하다. 하룻밤 사이에 전문가가 되겠다는 기대는 일찌감치 접기 바란다. 놀랍게도 C++ 코딩보다 C++ 설계가 훨씬 마스터하기 어렵다는 사실을 깨닫게 될 것이다.

4.4 C++ 설계에 관련된 두 가지 원칙

C++ 설계에서 가장 핵심적인 규칙은 **추상화**와 **재사용**이다. 이 규칙은 이 책의 핵심 주제로 삼아도 될 정도로 굉장히 중요하다. 이 책뿐만 아니라 거의 모든 자료에서 C++ 프로그램을 효과적으로 설계하는 방법을 소개할 때마다 항상 등장하는 주제다.

4.4.1 추상화

추상화abstraction 원칙은 현실 상황에 비유하면 이해하기 쉽다. 요즘은 집집마다 TV가 한 대씩 있어서 TV를 켜거나 끄는 방법, 채널을 변경하는 방법, 볼륨을 조절하는 방법, 스피커, DVR, 블루레이 플레이어 등과 TV를 연결하는 방법과 같은 TV 기능은 누구나 잘 알 것이다. 하지만 TV 상자 내부에서 벌어지는 구체적인 작동 원리에 대해 설명하기는 쉽지 않다. 다시 말해 공중파나 케이블로 전달된 신호를 받아서 적절히 변환한 뒤 화면에 표시하는 과정을 구체적으로 아는 사람은 많지 않다. 하지만 TV의 구체적인 작동 원리를 몰라도 사용하는 데는 아무런 문제 없다. TV의 내부 **구현**과 외부 **인터페이스**가 명확히 분리되어 있기 때문이다. TV를 사용하려면 전원 버튼, 채널 버튼, 볼륨 컨트롤과 같은 TV의 인터페이스만 알아도 된다. 이 과정에서 내부 작동 원리를 알 필요는 없다. TV에 화면을 표시하는 데 브라운관을 사용하는지, 어떤 최신 기술을 사용하는지는 인터페이스에 아무런 영향을 미치지 않기 때문에 전혀 신경 쓸 필요 없다.

1 추상화의 장점

소프트웨어에 적용되는 추상화 원칙도 이와 비슷하다. 내부 구현 방식을 몰라도 코드를 사용할 수 있다. 간단한 예로 <cmath> 헤더 파일에 선언된 `sqrt()` 함수를 호출하는 경우를 들 수 있다. 이 함수가 내부적으로 어떤 알고리즘을 이용해서 제곱근을 구하는지는 몰라도 된다. 실제로 제곱근 계산에 대한 내부 구현은 라이브러리 버전마다 다를 수 있는데, 인터페이스만 그대로 유지된다면 예전 버전을 호출한 코드에 아무런 영향을 미치지 않는다. 추상화 원칙은 클래스에도 적용된다. 1장에서 설명한 것처럼 데이터를 표준 출력으로 보낼 때 ostream 클래스의 객체인 cout을 사용한다.

```
cout << "This call will display this line of text" << endl;
```

위 문장은 cout의 인터페이스 문서에 나온 대로 추가 연산자insertion operator(<<)에 문자 배열을 지정하는 방식으로 작성했다. 이때 cout이 주어진 문자 배열을 사용자의 화면에 출력하는 과정은 몰라도 된다. 문서에 공개된 인터페이스만 잘 따르면 그만이다. 겉으로 드러나는 인터페이스와 동작이 그대로 유지되는 한 cout의 내부 구현은 얼마든지 변경할 수 있다.

2 추상화를 적용하여 설계하기

함수와 클래스를 설계할 때는 작성자 자신뿐만 아니라 다른 프로그래머가 내부 구현사항을 몰라도 쉽게 사용할 수 있게 구성해야 한다. 구현사항을 드러내는 설계와 이를 인터페이스 뒤로 숨기는 설계의 차이를 확실히 보기 위해 앞에서 소개한 체스 프로그램을 다시 살펴보자. 체스보드는 대부분 ChessPiece 객체를 2차원 포인터 배열로 구현한다. 그러므로 보드를 다음과 같이 선언했다.

```
ChessPiece* chessBoard[8][8]{}; // 영 초기화된 배열
...
chessBoard[0][0] = new Rook{};
```

하지만 이렇게 하면 추상화 원칙에 어긋난다. 체스보드를 사용하는 프로그래머는 항상 체스보드가 2차원 배열로 구현되었다는 사실을 알아야 한다. 예를 들어 체스보드 구조를 크기가 64인 1차원 vector로 바꾸면 문제가 발생한다. 프로그램 코드 전체를 뒤져서 체스보드를 사용한 부분을 일일이 수정해야 하기 때문이다. 또한 체스보드를 사용하는 측에서 메모리 조작 과정에 문제가 발생하지 않도록 직접 관리해야 한다. 이렇게 되면 인터페이스와 구현이 확실히 분리되었다고 볼 수 없다.

이보다 나은 방법은 체스보드 모델을 클래스로 작성하는 것이다. 그런 다음 인터페이스를 공개하고, 그 뒤에 구현에 대한 세부사항을 숨긴다. 예를 들어 다음과 같이 ChessBoard 클래스를 정의할 수 있다.

```
class ChessBoard
{
    public:
        void setPieceAt(size_t x, size_t y, ChessPiece* piece);
        ChessPiece* getPieceAt(size_t x, size_t y) const;
        bool isEmpty(size_t x, size_t y) const;
    private:
        // 데이터 멤버 코드 생략
};
```

이 인터페이스를 보면 내부 구현에 대한 코드는 한 줄도 없다. ChessBoard를 2차원 배열로 구현하더라도 인터페이스에 전혀 어긋나지 않는다. 구현 방식이 바뀌더라도 인터페이스를 그대로 유지할 수 있다. 게다가 구현 코드에서 경계 검사와 같은 기능도 추가로 제공할 수 있다.

이 예제를 통해 C++ 프로그래밍에서 추상화가 얼마나 중요한지 확실히 느낄 수 있다. 추상화와 객체지향 설계 방법에 대한 설명은 5장에서, 추상화 원칙에 대한 보다 자세한 설명은 6장에서 한다. 클래스를 직접 정의하는 구체적인 방법은 8장, 9장, 10장에서 소개한다.

4.4.2 재사용

C++ 설계에서 두 번째로 중요한 원칙은 **재사용**reuse이다. 이 원칙도 현실 세계에 비유하면 이해하기 쉽다. 프로그래머를 그만두고 빵집에서 일하기로 결심했다고 생각해보자. 출근 첫날 수석제빵사가 쿠키를 굽는 작업을 맡겼다. 임무를 완수하기 위해 초콜릿 칩 쿠키에 대한 레시피를 찾아보고, 재료를 잘 조합하여 쿠키 시트에 쿠키 모양을 만들어서 오븐에 집어넣었다. 그랬더니 수석제빵사가 흡족해했다.

그런데 여기서 당연하지만 지나치기 쉬운 사실이 하나 있다. 바로 쿠키를 구울 오븐은 직접 만들지 않았다는 것이다. 쿠키에 들어갈 버터나 밀가루, 초콜릿 칩도 직접 만들지 않았다. 당연하다고 생각할 수도 있다. 물론 실제로 요리할 때는 맞는 말이긴 하다. 하지만 빵굽기 시뮬레이션 게임을 작성하는 프로그래머가 그랬다면 얘기가 좀 달라진다. 초콜릿 칩부터 오븐에 이르기까지 프로그램의 구성 요소를 모두 제공해야 한다. 직접 구현하지 않으려면 이러한 기능을 제공하는 코드를 적절히 골라서 현재 프로그램에서 재사용해야 한다. 마침 회사 동료가 만든 요리 시뮬레이션 게임에 사용된 오븐 코드가 공개되어 있다 하자. 그러면 여러분이 원하는 바를 완벽히 만족하지 않더라도 약간 수정만 하면 원하는 기능을 구현할 수 있다.

쿠키 레시피 역시 직접 만들지 않고 어디서 만들어둔 것을 그냥 가져다 썼다. 이것도 당연하다고 생각할 것이다. 하지만 C++ 프로그래밍 세계에서는 그렇지 않다. C++ 프로그래밍에서 흔히 겪는 문제에 대해 어느 정도 공통적으로 적용할 수 있는 기법이 나와 있긴 하지만 아직도 여전히 중복 구현하는 C++ 프로그래머들이 많은 것이 현실이다.

기존 코드를 활용한다는 개념은 새로운 것이 아니다. 앞서 cout으로 무언가를 화면에 출력한 첫 날부터 코드를 재사용한 것이다. 화면에 데이터를 출력하는 코드를 직접 작성하지 않고, 이 동작을 수행하도록 기존에 만든 cout 코드를 가져다 쓴 것이다.

안타깝게도 기존 코드를 제대로 활용하지 않는 프로그래머가 많다. 설계할 때 기존 코드가 있다면 이를 재사용할 수 있는지 반드시 검토하기 바란다.

1 재사용 가능한 코드 만들기

재사용 원칙은 직접 작성한 코드뿐만 아니라 가져다 쓰는 코드에도 똑같이 적용된다. 프로그램을 설계할 때는 항상 클래스나 알고리즘, 데이터 구조를 재사용할 수 있도록 구성해야 한다. 그러므로 프로그램을 작성한 자신뿐만 아니라 다른 동료도 이렇게 작성된 컴포넌트를 현재 프로젝트나 향후 프로젝트에서 활용할 수 있어야 한다. 즉, 당장 주어진 문제에만 적용할 수 있도록 너무 특화된 형태로 설계하지 않는 것이 좋다.

C++는 이렇게 코드를 범용으로 만들 수 있도록 **템플릿**template이라는 기능을 제공한다. 앞에 나온 예제에서 ChessPiece를 저장하는 ChessBoard를 너무 구체적으로 작성하지 말고, 체스나 체커와 같이 2차원 보드를 사용하는 게임이라면 언제든지 적용할 수 있도록 GameBoard라는 제네릭generic(범용) 클래스 템플릿으로 정의한다. 게임에 사용할 말을 인터페이스에 고정시키지 말고 PieceType이란 타입의 템플릿 매개변수로 지정하도록 클래스 선언을 변경하기만 하면 된다. 이렇게 작성한 코드는 다음과 같다. 여기 나온 문법이 생소하더라도 신경 쓸 필요 없다. 자세한 문법은 12장에서 소개한다.

```
template <typename PieceType>
class GameBoard
{
    public:
        void setPieceAt(size_t x, size_t y, PieceType* piece);
        PieceType* getPieceAt(size_t x, size_t y) const;
        bool isEmpty(size_t x, size_t y) const;
```

```
    private:
        // 코드 생략
};
```

이렇게 인터페이스만 살짝 변경하는 것만으로도 2차원 보드를 사용하는 게임이라면 어디서나 적용할 수 있는 범용 게임 보드 클래스를 만들 수 있다. 여기에서는 수정된 코드의 양은 많지 않지만, 이런 결정은 설계 단계에서 내리는 것이 중요하다. 그래야 코드를 효과적이면서 효율적으로 구현할 수 있다.

재사용할 수 있도록 코드를 설계하는 방법은 6장에서 자세히 설명한다.

2 설계 재사용

C++ 언어를 익히는 것과 뛰어난 C++ 프로그래머가 되는 것은 전혀 별개다. 자리에 앉아 C++ 표준을 읽고 세세한 사항을 암기하는 것은 누구나 할 수 있다. 하지만 코드를 읽고 프로그램을 직접 작성해본 경험이 어느 정도 쌓이기 전에는 결코 뛰어난 프로그래머가 될 수 없다. C++ 언어 자체는 다양한 기능을 제공하기만 할 뿐 이를 잘 활용하는 방법을 알려주지는 않기 때문이다.

앞서 소개한 제빵사의 예를 다시 들면 빵을 만들 때마다 매번 레시피를 새로 개발할 필요가 없다. 하지만 프로그램을 설계할 때 이러한 실수를 저지르는 프로그래머가 많다. 기존에 개발된 레시피, 즉 **패턴**pattern을 활용하여 프로그램을 설계하지 않고 비슷한 테크닉을 매번 새로 개발하는 것이다.

C++ 언어에 대한 경험이 쌓일수록 언어에서 제공하는 기능에 대한 자신만의 활용법을 터득하게 된다. 언어의 표준 활용 기법 중에는 C++ 커뮤니티에서 개발한 것도 있다. 그중 어떤 것은 공식 표준에 반영되었고, 어떤 것은 공식 표준은 아니지만 널리 사용되고 있다. 이 책에서는 **설계 기법**design technique과 **설계 패턴**design pattern(**디자인 패턴**)이라고 부르는 언어의 재사용 기법을 여러 차례 강조한다. 설계 기법과 설계 패턴은 32장과 33장에서 집중적으로 소개한다. 그중 일부는 당연한 솔루션을 공식화한 것에 불과하기 때문에 당연하게 여길 수도 있다. 그리고 예전에 접했던 문제를 독창적인 방식으로 접근하는 것도 있고, 여러분의 생각과는 전혀 다르게 접근하는 방식도 있다.

예를 들어 여러분이 체스 프로그램을 설계할 때 여러 컴포넌트에서 발생하는 에러를 `ErrorLogger` 객체 하나만으로 로그 파일에 기록(직렬화serialize)한다고 가정보자. 이렇게 하려면 프로그램에서 `ErrorLogger` 클래스의 인스턴스를 단 한 개만 만들도록 클래스를 구성해야 한다. 그런데 프로그램에 있는 다른 컴포넌트도 이 `ErrorLogger` 인스턴스를 사용해야 한다. 다시 말해 모든 컴포넌트가 동일한 `ErrorLogger` 서비스를 사용하게 만들어야 한다. 이러한 서비스 메커니즘을 구현하기 위한 표준 접근 방식은 **의존성 주입**dependency injection 패턴을 적용하는 것이다. 이 패턴은 서비스마다 인터페이스를 만들어서 이 서비스를 사용하는 컴포넌트에 집어넣는다. 따라서 체스 프로그램도 의존성 주입 패턴을 적용해서 설계하는 것이 바람직하다.

주어진 설계 문제에 어떤 해결책을 적용할지 판단하려면 여러 가지 패턴과 기법을 잘 익혀둬야 한다. C++에서 적용할 수 있는 패턴과 기법은 이 책에서 소개한 것보다 훨씬 다양하다. 이 책에서는 예제에 가장 적합한 패턴만 소개하지만 부록 B에서 소개하는 설계 패턴 관련 전문 서적을 참고하면 보다 다양하고 자세한 정보를 볼 수 있다.

4.5 코드 재사용

경험이 풍부한 C++ 프로그래머라면 프로젝트를 구성하는 코드를 무작정 처음부터 새로 만들지 않는다. 표준 라이브러리, 오픈소스 라이브러리, 회사에서 구매한 상용 코드, 예전 프로젝트에서 작성했던 코드를 비롯한 다양한 소스를 최대한 활용한다. 그러기 위해서는 코드를 프로젝트에 맞게 자유자재로 활용할 수 있어야 한다. 이 원칙을 극대화하려면 재사용 가능한 코드의 형태와 코드 재사용의 장단점을 명확히 이해해야 한다.

NOTE_ 코드 재사용이란 단순히 기존 코드를 복사해서 붙이는 것이 아니다. 일일이 복제하지 않고도 코드를 재사용할 수 있어야 한다.

4.5.1 용어 정리

코드 재사용의 장단점을 살펴보기 전에 몇 가지 용어와 재사용 가능한 코드 유형을 짚고 넘어가자. 재사용 가능한 코드는 다음과 같이 세 가지로 구분할 수 있다.

- 예전에 자신이 작성했던 코드
- 동료가 작성한 코드
- 현재 소속 회사나 조직 외의 서드파티에서 작성한 코드

재사용할 코드의 형태도 다음과 같이 다양하다.

- **독립 함수 또는 클래스:** 자신 또는 동료가 작성한 코드는 대부분 이런 형태로 재사용한다.
- **라이브러리:** XML 파싱이나 암호화 같은 특정한 작업을 처리하는 데 필요한 코드를 한데 묶은 것이다. 스레드와 동기화를 지원하거나 네트워킹이나 그래픽 작업에 특화된 기능도 라이브러리로 구성하는 경우가 많다.
- **프레임워크:** 설계할 프로그램의 기반이 되는 코드를 모아둔 것이다. 예를 들어 MFC(Microsoft Foundation Class) 라이브러리는 마이크로소프트 윈도우용 GUI(Graphical User Interface) 애플리케이션을 개발하기 위한 프레임워크다. 프레임워크에 따라 프로그램의 구성 방법까지 제시하기도 한다.
- **애플리케이션:** 프로젝트를 구성하는 애플리케이션은 여러 개일 수 있다. 새로운 이커머스 인프라스트럭처를 제공하기 위해 웹 서버 프런트엔드를 제공해야 할 수도 있다. 웹서버와 같은 서드파티 애플리케이션 전체를 번들로 제공할 수도 있다. 이 방식은 애플리케이션 전체를 재사용하는 코드 재사용의 가장 극단적인 형태다.

NOTE_ 프로그램은 라이브러리를 활용하고, 프레임워크에 맞게 작성한다. 다시 말해 라이브러리는 특정한 기능을 제공하는 반면 프레임워크는 프로그램의 설계와 구조에 대한 토대를 제공한다.

APIApplication Programming Interface란 용어도 자주 사용한다. API는 특정한 기능을 수행하는 코드나 라이브러리에 대한 인터페이스를 말한다. 네트워크 프로그래밍에서 많이 사용하는 소켓socket API를 예로 들 수 있는데, 이 API는 소켓 라이브러리를 직접 제공하지 않고 이를 사용하기 위한 인터페이스만 제공한다.

NOTE_ API와 라이브러리를 혼용하는 경우가 많은데, 둘은 서로 다른 개념이다. 라이브러리는 구현을 의미하는 반면 API는 이러한 라이브러리를 외부에 제공하기 위한 인터페이스를 의미한다.

이 장에서는 간결한 표현을 위해 라이브러리, 프레임워크, 동료가 만든 함수의 묶음 등을 비롯한 재사용 가능한 코드를 모두 **라이브러리**라고 표현한다.

4.5.2 코드 재사용의 판단 기준

코드 재사용의 원칙은 말로는 쉽게 이해되지만 실제로 적용하다 보면 모호한 점이 많다. 어느 시점에 코드를 재사용하는 것이 적합한지 그리고 어느 코드를 재사용해야 할지는 상황에 맞게 결정해야 한다. 항상 장단점이 존재하기 때문에 구체적인 상황에 따라 판단해야겠지만 일반적으로 다음과 같은 장단점이 있다.

1 코드 재사용 장점

코드 재사용은 개발자뿐만 아니라 프로젝트 입장에서 다음과 같은 엄청난 장점이 있다.

- 필요한 코드를 작성하는 방법을 모르거나 작성에 걸리는 시간을 가늠하기 힘들 때가 있다. 서식이 적용된 입력과 출력을 처리하는 코드마저 직접 작성할 필요는 없다. C++에서 제공하는 표준 I/O 스트림이나 `std::format()`을 사용하면 된다.
- 재사용한 코드로 구현할 컴포넌트에 대한 설계가 필요 없기 때문에 프로그램 전체에 대한 설계 과정이 간결해진다.
- 재사용한 코드는 대부분 디버깅할 필요가 없다. 이미 충분한 테스트와 검증 과정을 거쳤기 때문에 버그가 없다고 봐도 무방하다.
- 라이브러리는 다양한 에러 상황에 대응하는 능력이 여러분이 직접 처음부터 작성한 코드보다 훨씬 뛰어나다. 프로젝트 초반에는 미묘한 에러나 특이한 상황을 고려하기 쉽지 않다. 그러므로 나중에 문제가 발생한 뒤 이를 해결하느라 시간을 낭비할 가능성이 높다. 재사용 가능한 라이브러리는 대부분 엄격한 테스트를 거치고 수많은 프로그래머가 검증했기 때문에 실행 중 발생하는 에러는 대부분 잘 처리한다고 봐도 된다.
- 라이브러리는 다양한 플랫폼(하드웨어 종류, OS 종류와 버전, 그래픽 카드 종류 등)에 대해 테스트를 거친 것이 많다. 혼자서 이처럼 다양한 환경에서 직접 테스트하기란 쉽지 않다. 때로는 특정 플랫폼에서 제대로 작동하기 위한 우회 기법을 제공하기도 한다.
- 라이브러리는 대체로 사용자가 값을 잘못 입력할 때도 적절히 대처한다. 잘못된 요청이나 상황에 맞지 않은 요청이 들어오면 에러가 발생한다고 경고한다. 예를 들어 데이터베이스에 존재하지 않는 레코드를 검색하는 요청이 들어오거나 아직 데이터베이스에 연결하지 않은 상태에서 레코드를 읽는 요청이 들어오면 이에 잘 대처하도록 라이브러리에 작성된 코드를 수행한다.
- 자신이 직접 작성한 코드보다 해당 분야의 전문가가 작성한 코드를 사용하는 것이 훨씬 안전하다. 예를 들어 보안 전문가가 아니라면 보안 코드를 직접 작성하지 않는 것이 좋다. 프로그램에 보안 또는 암호화 기능이 필요하다면 이러한 기능을 제공하는 라이브러리를 활용한다. 얼핏 보기에 사소한 부분이더라도 제대로 처리하지 않으면 그 프로그램뿐만 아니라 시스템 전체에 보안 취약점이 발생할 수 있다.
- 라이브러리는 지속적으로 개선된다. 이러한 코드를 재사용하면 구현 시간도 절약할 수 있을 뿐만 아니라 개선된 효과를 그대로 누릴 수 있다. 특히 라이브러리에서 인터페이스와 구현이 확실히 분리되어 있다면 그 라이브러리를 사용하는 코드를 수정하지 않고도 라이브러리 버전을 업그레이드할 수 있다. 이상적인 업그레이드 형태는 인터페이스를 변경하지 않고 내부 구현만 수정하는 것이다.

2 코드 재사용 단점

아쉽게도 코드를 재사용할 때 다음과 같이 몇 가지 단점도 있다.

- 프로그램의 모든 부분을 자신이 직접 작성했다면 작동 방법과 원리를 정확히 파악하고 있을 것이다. 하지만 다른 사람이 작성한 라이브러리를 사용하면 먼저 그 라이브러리에서 제공하는 인터페이스를 파악하고 올바른 사용법을 익히는 데 시간이 걸린다. 이러한 학습 오버헤드로 인해 프로젝트 초반에 설계와 코딩 속도가 떨어질 수 있다.

- 코드를 직접 작성하면 자신이 원하는 동작에 딱 맞게 구현할 수 있다. 반면 라이브러리에서 제공하는 기능은 자신이 원하는 바와 정확히 일치하지 않을 수도 있다.
- 라이브러리에서 자신이 원하는 기능을 정확히 제공하더라도 원하는 만큼 성능이 나오지 않을 수 있다. 성능이 전반적으로 나쁠 수 있고, 특정한 상황에서만 안 좋게 나올 수 있고, 성능을 전혀 예측할 수 없을 수도 있다.
- 라이브러리 코드를 사용하면 유지 보수에 문제가 발생할 수 있다. 라이브러리의 소스 코드에 접근할 수 없는 경우가 많은데, 그런 라이브러리에서 버그가 발생하면 직접 고치고 싶어도 고칠 수 없다. 그 라이브러리의 인터페이스를 파악하고 사용법을 익히는 데 상당한 시간을 투자한 상황에서 라이브러리를 버릴 수도 없고, 라이브러리 작성자가 내 일정에 맞게 버그를 해결해준다는 보장도 없다. 또한 현재 제품에 대한 지원을 중단하기도 전에 그 제품에서 상당히 의존하는 라이브러리에 대한 지원이 갑자기 중단되면 난감해질 수 있다. 따라서 소스 코드가 제공되지 않는 라이브러리를 사용할 때는 이러한 사항을 면밀히 검토해야 한다.
- 라이브러리를 사용하면 유지 보수 문제뿐만 아니라 라이선스 문제도 발생할 수 있다. 라이브러리 코드를 사용한 것만으로 여러분이 작성한 코드까지 공개해야 하거나, 재배포 비용(일명 바이너리 라이선스 비용)이 발생하거나, 라이브러리 저작자를 표기해야 하거나, 개발용 라이선스를 구매해야 할 수 있다. 따라서 라이브러리를 사용하기 전에 라이선스 문제를 면밀히 검토해야 한다. 예를 들어 오픈소스 라이브러리 중에는 여러분이 작성하는 코드까지 공개하도록 요구하는 것도 있다.
- 재사용할 코드를 신뢰할 수 있어야 한다. 사용하려는 라이브러리의 원작자가 악의 없이 제대로 구현했다고 믿고 쓸 수밖에 없다. 간혹 프로젝트를 구성하는 소스 코드의 모든 부분을 완벽히 통제하고 싶어 하는 사람도 있다.
- 라이브러리를 새 버전으로 업그레이드할 때 문제가 발생하기도 한다. 업그레이드된 버전에 있는 버그로 인해 여러분 제품에 치명적인 영향을 미칠 수 있다. 특정한 부분은 성능이 크게 향상되었지만 여러분이 사용하는 부분은 오히려 성능이 나빠질 수도 있다.
- 바이너리 형태로만 제공되는 라이브러리를 사용하는 상태에서 현재 사용하는 컴파일러를 새 버전으로 업그레이드하면 문제가 발생할 수 있다. 이럴 때는 라이브러리의 바이너리와 호환되는 컴파일러 버전으로만 업그레이드해야 한다.

3 판단 기준 정리

지금까지 살펴본 코드 재사용에 관련된 용어와 코드 재사용의 장단점을 살펴보면서 언제 코드를 재사용해야 할지에 대한 기준이 어느 정도 생겼을 것이다. 대부분은 고민할 것도 없이 쉽게 결정할 수 있다. 예를 들어 마이크로소프트 윈도우 환경을 위한 GUI 프로그램을 C++로 작성할 때는 MFC나 Qt와 같은 프레임워크를 사용할 수밖에 없다. 윈도우 환경에서 GUI를 구현하는 데 필요한 내부 메커니즘을 파악하기 쉽지 않을 뿐만 아니라 무엇보다도 여기에 시간을 낭비하는 것은 바람직하지 않다. 이럴 때는 프레임워크를 이용하는 것이 개발 시간을 크게 절약할 수 있다.

간혹 뚜렷하게 판단하기가 힘든 때가 있다. 예를 들어 사용할 라이브러리나 프레임워크에 대해 잘 모르는 상태에서 간단한 데이터 구조 하나만 사용하거나 며칠이면 충분히 구현할 수 있는 컴포넌트를 재사용하기 위해 라이브러리 또는 프레임워크 전체를 파악하는 것은 비효율적이다.

결국 코드 재사용 여부는 주어진 상황과 목적에 따라 판단해야 한다. 흔히 직접 작성하는 데 걸리는 시간과 주어진 문제에 적절한 라이브러리를 찾아서 사용법을 익히는 데 걸리는 시간을 잘 비교해서 결정해야 하는 경우가 많다. 앞에서 설명한 장단점을 여러분 상황과 잘 비교해서 가장 결정적인 요인이 무엇인지 골라내야 한다. 마지막으로 명심할 점은 언제든지 결정을 뒤집어도 된다는 것이다. 프로그램을 제대로 추상화했다면 결정을 바꾸더라도 큰 부담 없이 대응할 수 있다.

4.5.3 코드 재사용 전략

재사용하려는 코드가 라이브러리든, 프레임워크든, 동료가 작성한 것이든, 본인이 직접 작성한 것이든 관계없이 공통적으로 고려할 사항이 몇 가지 있다.

1 기능과 제약사항 파악하기

사용할 코드를 충분히 분석한다. 이때 코드의 기능뿐만 아니라 제약사항도 파악한다. 먼저 코드에 대한 문서와 공개된 인터페이스 또는 API부터 살펴본다. 사실 이것만으로 코드를 파악할 수 있어야 한다. 하지만 사용하려는 라이브러리에서 인터페이스와 구현이 제대로 분리되어 있지 않으면 소스 코드를 직접 뒤져봐야 한다. 또한 그 코드를 사용해본 경험이 있어서 세부사항을 설명해줄 수 있는 사람이 있다면 직접 물어본다. 먼저 기본 기능부터 파악한다. 재사용 대상이 라이브러리라면 어떤 함수가 제공되는지 파악한다. 프레임워크를 재사용한다면 코드 작성 방식부터 익히고, 어떤 클래스를 상속해야 할지, 직접 작성할 부분은 무엇인지 파악한다. 또한 코드의 성격에 따라 세부사항까지 고려한다.

라이브러리를 선정할 때 명심할 사항을 몇 가지 제시하면 다음과 같다.

- 멀티스레드 프로그램에서 사용해도 안전한지 파악한다.
- 라이브러리를 사용하는 코드에 대해 특별히 컴파일러에 설정해야 할 사항이 있는지, 만약 그렇다면 프로젝트 전체에 적용해도 문제가 없는지 확인한다.
- 사용할 라이브러리나 프레임워크에서 의존하는 라이브러리가 있는지 확인한다.

또한 라이브러리에 따라 다음과 같이 좀 더 구체적인 특성을 확인해야 할 수 있다.

- 초기화나 종료 시 반드시 수행할 작업이 있는지 확인한다.
- 클래스를 상속할 때 어떤 생성자를 호출해야 하고, 어떤 가상 메서드를 오버라이드해야 하는지 파악한다.

- 함수가 메모리 포인터를 리턴할 때 그 메모리를 해제하는 작업을 호출한 코드와 라이브러리 중에서 어느 쪽이 책임져야 하는지 파악한다. 라이브러리에서 처리해준다면 메모리가 해제되는 시점을 파악한다. 또한 라이브러리에서 할당한 메모리를 관리하는 데 스마트 포인터(7장 참조)를 사용할 수 있는지 여부도 반드시 파악한다.
- 함수에서 리턴하는 값이나 레퍼런스를 모두 파악한다.
- 함수에서 던지는 익셉션을 모두 파악한다.
- 라이브러리를 호출할 때 어떤 에러 조건을 확인해야 하는지, 이때 어떤 상황을 가정하는지 파악한다. 또한 에러를 처리하는 방식과 발생한 에러를 클라이언트 프로그램에 알려주는 방식도 확인한다. 에러를 팝업 메시지를 띄워 알려주거나, `stderrr/cerr`이나 `stdout/cout`으로 전달하거나, 그냥 프로그램을 종료시켜 버리는 라이브러리는 피한다.

2 학습 비용 파악하기

학습 비용learning cost은 사용하려는 라이브러리를 익히는 데 걸리는 시간을 말한다. 이는 해당 라이브러리를 처음 사용하기 시작할 때의 초기 비용뿐만 아니라 시간이 지남에 따라 반복되는 비용까지 포함한다. 프로젝트에 새 멤버가 합류할 때마다 라이브러리 사용법을 익혀야 한다.

라이브러리에 따라 학습에 걸리는 시간이 상당할 수 있다. 그러므로 널리 알려진 라이브러리에 원하는 기능이 있다면 처음 보는 라이브러리를 사용하기보다는 기존 라이브러리를 활용하는 것이 낫다. 예를 들어 C++ 표준 라이브러리가 필요한 데이터 구조와 알고리즘을 제공한다면 다른 라이브러리를 사용하기보다는 여기 있는 것을 먼저 사용한다.

3 성능 파악하기

재사용하려는 코드의 성능이 어느 수준까지 보장되는지 파악하는 것도 중요하다. 개발하려는 프로그램이 성능에 민감하지 않더라도 재사용하려는 코드의 성능이 특정 상황에서 문제가 발생할 정도로 나쁘지 않은지 반드시 확인해야 한다.

빅오 표기법

알고리즘이나 라이브러리의 성능에 대해 얘기할 때 흔히 **빅오 표기법**Big-O notation을 사용한다. 이 절에서는 알고리즘 복잡도 분석과 빅오 표기법에 대한 수학적 지식은 최소한으로 언급한다. 빅오 표기법을 잘 아는 독자는 이 절을 건너뛰어도 좋다.

빅오 표기법은 성능을 **절대적**으로 표현하지 않고 **상대적**으로 표현한다. 예를 들어 어떤 알고리즘의 실행 시간을 300ms와 같은 구체적인 값으로 표현하지 않고, 입력 크기에 따른 성능 변화로 표현한다. 입력 크기에 대한 예로 정렬 알고리즘에서 정렬할 항목 수, 해시 테이블에서 주어진 키로 검색할 원소 수, 디스크에서 복사하는 파일 크기 등이 있다.

NOTE_ 빅오 표기법은 입력에 따라 속도가 변하는 알고리즘에만 적용된다. 입력을 받지 않거나 실행 시간이 무작위인 알고리즘에는 적용할 수 없다. 실전에서 주로 사용하는 알고리즘은 거의 다 입력에 따라 실행 시간이 달라진다. 따라서 여기에 해당하는 경우가 아닌지 크게 신경 쓸 필요 없다.

좀 더 엄격히 표현하면 빅오 표기법은 알고리즘의 실행 시간을 입력 크기에 대한 함수로 표현한다. 이를 알고리즘의 **복잡도**complexity라 부른다. 이름은 거창하지만 개념은 간단하다. 예를 들어 주어진 작업을 처리하는 데 걸리는 시간이 두 배인 알고리즘을 생각해보자. 400개의 원소를 처리하는 데 2초가 걸린다면, 800개의 원소는 4초가 걸린다. 이를 그래프로 표현하면 [그림 4-3]과 같다. 이 알고리즘은 선형 복잡도를 갖는다고 표현하는데, 그래프에 표현할 때 입력 크기에 대한 선형 함수인 직선으로 표현되기 때문이다.

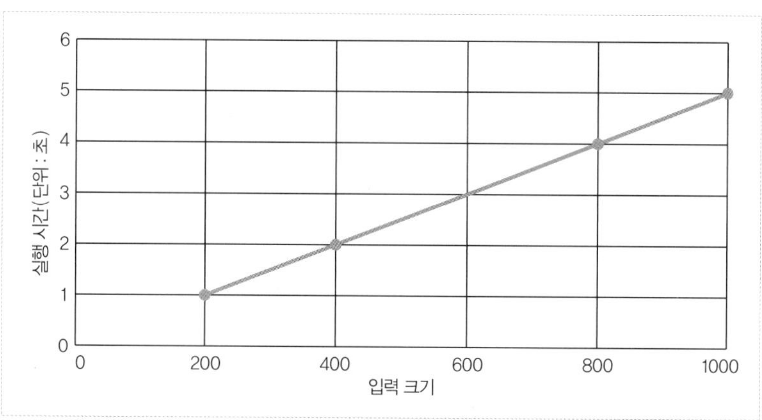

그림 4-3

이러한 선형 성능을 가지는 알고리즘을 빅오 표기법으로 $O(n)$이라고 표현한다. 여기서 O는 빅오 표기법을 의미하고, n은 입력의 크기를 의미한다. 알고리즘의 속도가 $O(n)$이란 말은 입력 크기에 정비례하는 함수란 뜻이다.

당연히 모든 알고리즘의 성능이 입력 크기에 선형적으로 변하는 것은 아니다. 흔히 표현하는 복잡도를 가장 성능이 좋은 것부터 가장 나쁜 것 순으로 나열하면 다음 표와 같다.

알고리즘 복잡도	빅오 표기법	설명	알고리즘 예
상수 (constant)	$O(1)$	실행 시간이 입력 크기와 관련 없다.	배열의 원소에 접근하기
로그 (logarithmic)	$O(\log n)$	실행 시간이 입력 크기에 대해 밑이 2인 로그 함수로 결정된다.	이진 탐색으로 정렬된 리스트에서 원소 찾기
선형 (linear)	$O(n)$	실행 시간이 입력 크기에 정비례한다.	정렬되지 않은 리스트에서 원소 찾기
선형 로그 (linear logarithmic)	$O(n \log n)$	실행 시간은 입력 크기에 대한 로그 함수의 선형 배수다.	병합 정렬
제곱 (quadratic)	$O(n^2)$	실행 시간은 입력 크기의 제곱인 함수다.	선택 정렬과 같은 느린 정렬 알고리즘
지수 (exponential)	$O(2^n)$	실행 시간은 입력 크기의 지수 함수다.	최적화된 버전의 TSP(Traveling Salesman Problem, 외판원 문제)

성능을 절대적인 수치가 아닌 입력 크기에 대한 함수로 표현하면 다음 두 가지 장점이 있다.

- 플랫폼 독립적으로 표현할 수 있다. 어떤 컴퓨터에서 실행하는 데 200ms가 걸린다고 해서 다른 컴퓨터에서도 이 정도의 시간이 걸리는 것은 아니다. 또한 두 알고리즘을 동일한 작업량으로 같은 컴퓨터에서 실행하지 않고서는 서로 정확히 비교하기 힘들다. 반면 성능을 입력 크기에 대한 함수로 표현하면 모든 플랫폼에 적용할 수 있다.
- 성능을 입력 크기에 대한 함수로 표현하면 그 알고리즘에 대해 주어질 수 있는 모든 입력값을 한마디로 표현할 수 있다. 알고리즘이 실행하는 데 걸리는 초 단위의 구체적인 시간은 입력값마다 결정되며 다른 입력값과는 별개다.

성능 분석 관련 팁

빅오 표기법이 무엇인지 알았다면 문서에 나오는 성능에 대한 표현을 대부분 이해할 수 있다. 특히 C++ 표준 라이브러리 문서를 보면 알고리즘과 데이터 구조의 성능을 빅오 표기법으로 설명한다. 그런데 빅오 표기법만으로는 충분히 설명할 수 없거나 자칫 오해하는 경우가 있다. 빅오 표기법으로 표현한 성능 자료를 볼 때 다음과 같은 점에 주의한다.

- 입력 데이터가 두 배가 되면 알고리즘의 실행 시간도 두 배가 된다는 말은 알고리즘의 실제 실행 시간을 나타내는 표현이 아니다. 실행 속도는 굉장히 느리지만 확장성은 좋은 알고리즘도 입력이 두 배면 실행 시간이 두 배가 되지만 실전에 사용하기에는 맞지 않다. 예를 들어 필요 이상으로 디스크에 많이 접근하도록 알고리즘을 구현했다고 생각해보자. 빅오 표기법에는 드러나지 않지만 실제 성능은 형편없을 것이다.
- 이와 비슷한 맥락으로 빅오 표기법으로 실행 시간이 똑같은 알고리즘끼리 비교하는 것은 힘들다. 예를 들어 두 가지 정렬 알고리즘의 실행 시간을 빅오 표기법으로 표현하면 똑같이 $O(n \log n)$이지만 직접 실행해 보면 실제 속도는 얼마든지 다를 수 있다.

- 빅오 표기법은 입력 크기가 무한히 커질 때의 점근 속성(asymptotic)에 따라 시간 복잡도를 표현한다. 그러므로 입력 크기가 작을 때는 빅오 표기법으로 정확히 표현할 수 없다. 예를 들어 입력 크기가 작을 때는 $O(n^2)$ 알고리즘이 $O(\log n)$ 알고리즘보다 실제 성능이 더 나을 수 있다. 따라서 알고리즘을 선정하기 전에 프로그램에서 다룰 입력 크기부터 가늠해봐야 한다.

빅오 표기법 자체의 속성과 더불어 다음과 같은 사항도 반드시 고려한다.

- 사용할 라이브러리 코드의 실행 빈도를 고려한다. 이때 어떤 사람은 90/10 법칙이 도움이 된다고 생각한다. 대부분 프로그램 실행 시간의 90%는 프로그램 코드의 10%가 차지한다는 것이다.[1] 사용하려는 라이브러리 코드가 90/10 법칙에서 말하는 10%에 해당한다면 그 부분에 대한 성능을 면밀히 분석한다. 반면 무시해도 되는 90%에 해당한다면 그 부분에 대한 성능 분석에 시간을 많이 들일 필요가 없다. 프로그램 전체의 성능에 큰 영향을 미치지 않기 때문이다. 29장에서 설명하는 프로파일러와 여러 가지 도구를 활용하면 여러분이 작성한 코드에서 성능 개선이 필요한 부분을 쉽게 찾을 수 있다.
- 문서를 너무 믿지 않는다. 사용할 라이브러리의 성능이 충분한지는 반드시 직접 성능 테스트를 해보고 판단한다.

4 플랫폼 제약사항 파악하기

라이브러리 코드를 사용하기 전에 그 코드를 실행할 플랫폼부터 확실히 파악한다. 예를 들어 크로스 플랫폼을 지원하는 애플리케이션을 개발한다면 사용하려는 라이브러리도 크로스 플랫폼을 지원해야 한다. 당연한 말이지만 크로스 플랫폼을 지원한다고 표방하는 라이브러리조차 플랫폼마다 미묘한 차이가 날 수 있다.

여기서 플랫폼이란 OS의 종류뿐만 아니라 같은 OS라도 버전마다 구분한다. 솔라리스 8, 솔라리스 9, 솔라리스 10에서 구동되는 애플리케이션을 개발한다면 사용하려는 라이브러리가 이 버전을 모두 지원하는지 확인한다. OS에서 상위 또는 하위 호환성을 보장한다고 섣불리 가정하면 안 된다. 다시 말해 솔라리스 9에서 제대로 구동된다고 해서 솔라리스 8이나 10에서도 잘 구동된다고 볼 수 없다.

5 라이선스와 기술 지원 파악하기

서드파티 라이브러리를 사용하면 복잡한 라이선스 문제가 발생하기 쉽다. 서드파티 라이브러리 벤더에게 라이선스 비용을 지불해야 할 수도 있다. 또한 수출 금지와 같은 부가적인 제약사항이 뒤따를 수도 있다. 오픈소스 라이브러리 중에는 자신을 링크한 코드를 반드시 오픈소스로

---

1 데이비드 패터슨, 존 테네시 공저 『Computer Architecture: A Quantitative Approach, Fifth Edition』(Morgan Kaufmann, 2006). 번역서는 『컴퓨터 구조 및 설계』(비제이 퍼블릭, 2010)

제공해야 하는 것도 있다. 오픈소스 라이브러리에서 흔히 사용하는 라이선스에 대해서는 '[8] 오픈소스 라이브러리'에서 자세히 소개한다.

> **CAUTION_** 배포하거나 판매할 목적으로 개발하는 프로그램에서 서드파티 라이브러리를 사용할 때는 반드시 라이선스 제약사항을 파악한다. 불안하면 법률 전문가에게 상담을 받는다.

6 기술 지원 및 도움을 받을 수 있는 곳 파악하기

서드파티 라이브러리를 사용할 때는 기술 지원 문제도 검토해야 한다. 라이브러리를 사용하기 전에 버그 리포트 절차나 버그 수정이 완료될 때까지 걸리는 기간 등도 반드시 파악한다. 가능하면 라이브러리에 대한 기술 지원을 언제까지 받을 수 있는지 확인해서 적절히 대비한다.

흥미롭게도 같은 조직 안에서 개발한 라이브러리를 사용하더라도 기술 지원 문제가 발생한다. 같은 회사의 다른 부서에서 일하는 동료가 만든 라이브러리의 버그 수정을 요청하기가 외부 업체보다 힘들 수 있다. 외부 업체와 달리 회사 동료는 그 작업에 대한 비용을 따로 청구할 수 없기 때문이다. 조직 내부에서 제작한 라이브러리를 사용하기 전에 이러한 현실적인 여건부터 살펴본 뒤 결정한다.

애플리케이션 전체를 재사용할 경우 기술 지원 문제가 훨씬 복잡해질 수 있다. 고객에게 발생한 문제가 번들로 제공한 웹 서버에 대한 것이라면 누가 그 문제에 대응해야 할지 모호할 수 있다. 이런 문제는 반드시 명확히 정해두고 나서 소프트웨어를 배포해야 한다.

처음에는 라이브러리나 프레임워크를 사용하기 힘들 수 있다. 다행히 도움받을 방법은 많다. 먼저 라이브러리와 함께 제공되는 문서부터 살펴본다. 표준 라이브러리나 MFC 같이 널리 사용되는 라이브러리라면 여기에 대해 잘 설명하고 있는 책을 쉽게 찾을 수 있다. 표준 라이브러리에 대해서는 이 책의 16장부터 25장을 참고한다. 책이나 제품의 문서에 나오지 않은 부분은 웹에서 검색한다. 주로 사용하는 검색 엔진에 궁금한 점을 입력하면 원하는 라이브러리에 대한 문서를 쉽게 찾을 수 있다. 예를 들어 'C++ 표준 라이브러리 소개'라고 입력하면 C++와 표준 라이브러리 관련 웹사이트가 수백 개나 검색된다. 또한 특정한 주제만 집중적으로 다루는 사설 뉴스그룹이나 포럼도 많은데, 원하는 곳에 가입해서 궁금증을 해결한다.

> **CAUTION_** 한 가지 주의할 점은 웹에 나온 자료를 무조건 믿으면 안 된다는 것이다. 웹에서 검색한 자료는 출판된 책이나 공식 문서처럼 엄격한 검증 절차를 거치지 않은 것도 많아서 잘못된 정보가 담겨 있을 수 있다.

7 프로토타입

라이브러리나 프레임워크를 처음 사용할 때 간단히 프로토타입을 구현해보면 도움이 된다. 라이브러리에서 제공하는 기능을 익히는 가장 좋은 방법은 직접 코드를 작성해보는 것이다. 프로그램 설계에 들어가기 전에 라이브러리 기능을 직접 다뤄보면 그 라이브러리의 기능과 제약사항을 쉽게 파악할 수 있다. 이렇게 직접 실험해보면 라이브러리의 성능도 파악할 수 있다.

이 과정에서 만든 프로토타입이 최종 결과물과 거리가 멀더라도 결코 시간 낭비가 아니다. 실제로 개발할 애플리케이션에 가깝게 프로토타입을 구현하지 않아도 된다. 라이브러리에서 사용하려는 기능만 간단히 테스트할 수 있는 정도면 충분하다. 프로토타입을 만드는 이유는 어디까지나 라이브러리 기능을 파악하는 데 있다.

CAUTION_ 시간에 쫓기다 보면 프로토타입으로 만든 코드를 최종 결과물에 반영하는 경우도 있다. 이렇게 최종 결과물의 기반으로 삼기에는 부족한 프로토타입을 개조하여 구현할 때는 라이브러리를 테스트하는 용도로 작성했던 코드가 그대로 남아 있지 않도록 주의한다.

8 오픈소스 라이브러리

소프트웨어를 개발할 때 오픈소스 라이브러리를 활용하는 사례가 늘고 있다. 여기서 **오픈소스** open source란 일반적으로 누구나 코드를 들여다 볼 수 있다는 것을 의미한다. 소프트웨어를 배포할 때 소스 코드도 함께 제공해야 하는지에 관련된 공식 절차와 법적 규정이 별도로 정해져 있지만, 오픈소스 소프트웨어에서 가장 중요한 부분은 누구나 소스 코드를 볼 수 있어야 한다는 점이다. 여기서 주의할 점은 오픈소스는 단순히 라이브러리에만 적용되지 않는다. 오픈소스 제품의 대표적인 예로 안드로이드 OS와 리눅스 OS를 들 수 있다. 웹 브라우저 중에는 구글 크롬Google Chrome과 모질라 파이어폭스Mozilla Firefox가 있다.

오픈소스 운동

아쉽게도 오픈소스 커뮤니티 안에서조차 오픈소스에 대한 표현이 다양하다. 무엇보다도 오픈소스 운동을 가리키는 이름도 두 가지다(서로 별개지만 비슷한 목적을 갖고 있다고 보는 이도 있다). 리처드 스톨만Richard Stallman이 시작한 GNU 프로젝트에서는 **자유 소프트웨어** free software란 용어를 사용한다. 여기서 자유는 최종 결과물의 사용료가 공짜라는 뜻이 아니다. 개발자는 얼마든지 원하는 만큼 가격을 정해도 된다. 여기서 말하는 자유free란 소스 코드를 보고, 수정하고, 재배포할 자유를 의미한다. 프리 스피치free speech(표현의 자유)에서 말하는 free와 프리웨어[freeware](무료 소프트웨어)의 free는 엄연히 뜻이 다르다. 리처드 스톨만과 GNU 프로젝트에 대한 자세한 사항은 www.gnu.org를 참고하기 바란다.

또 다른 오픈소스 운동인 오픈소스 이니셔티브[Open Source Initiative](OSI)에서 말하는 **오픈소스 소프트웨어**[open-source software]란 용어는 소스 코드가 반드시 제공되는 소프트웨어를 가리킨다. 자유 소프트웨어와 마찬가지로 오픈소스 소프트웨어도 반드시 무료일 필요는 없다. 하지만 오픈소스 소프트웨어는 소스 코드를 사용하고, 수정하고, 재배포할 자유를 반드시 보장할 필요가 없다는 점에서 자유 소프트웨어와 차이가 있다. 오픈소스 이니셔티브를 좀 더 알고 싶다면 www.opensource.org를 참고한다.

오픈소스 프로젝트마다 적용하는 라이선스도 다양하다. 대표적인 예로 GPL[GNU Public Licence](GNU 일반 공중 사용 허가서)이 있다. 그런데 GPL로 된 라이브러리를 사용하면 최종 결과물도 GPL 라이선스에 따라야 한다. 그러므로 결과물에 대한 소스 코드도 공개해야 한다. 반면 부스트 소프트웨어 라이선스[Boost Software License], BSD[Berkeley Software Distribution] 라이선스, MIT 라이선스, 아파치 라이선스[Apache License] 등은 클로즈드 소스 제품에서 오픈소스 프로젝트를 사용하는 것을 허용한다. 이런 라이선스 중에서 버전이 다양한 것도 있다. BSD는 네 가지 버전이 존재한다. 또 다른 방법은 크리에이티브 커먼즈[Creative Commons](CC) 라이선스를 적용하는 것이다. 이 라이선스에서 제공하는 여섯 가지 중 하나를 선택할 수 있다.

어떤 라이선스는 해당 라이선스로 작성된 라이브러리를 최종 제품에 포함할 때 그 라이선스의 원문을 추가하도록 규정한 것도 있다. 또 어떤 라이선스는 해당 라이브러리를 사용할 때마다 출처를 밝혀야 하는 것도 있다. 어떤 라이선스든지 클로즈드 프로젝트에 사용할 때 지켜야 할 세부 규정이 존재한다. 이런 사항은 반드시 이해하고 사용해야 한다. 현재 알려진 공식 오픈소스 라이선스의 개요는 opensource.org/licenses를 참고한다.

'자유 소프트웨어'보다는 '오픈소스'란 명칭이 좀 더 명확하므로 이 책에서는 소스 코드가 제공되는 제품이나 라이브러리를 '오픈소스'라고 표현한다. 그렇다고 자유 소프트웨어 철학보다 오픈소스 철학을 특별히 지지한다는 뜻은 결코 아니다. 단지 오픈소스란 용어가 좀 더 이해하기 쉽기 때문이다.

오픈소스 라이브러리 찾기

오픈소스 소프트웨어를 사용하면 엄청난 장점이 있다. 무엇보다도 기능 구현에 도움이 된다. XML 파싱부터 크로스 플랫폼 에러 로그 처리, 그리고 인공 신경망을 이용한 딥러닝과 데이터

마이닝에 이르기까지 다양한 기능을 제공하는 오픈소스 C++ 라이브러리가 엄청나게 많이 나와 있다.

오픈소스 라이브러리라고 해서 반드시 무료로 배포하거나 라이선스 비용이 없는 것은 아니지만 상당수의 오픈소스 라이브러리가 무료로 제공되고 있다. 이러한 오픈소스 라이브러리는 라이선스 비용을 지불하지 않아도 활용할 수 있다.

모든 오픈소스 라이브러리가 그런 것은 아니지만 대부분 코드를 마음껏 수정할 수 있다.

오픈소스 라이브러리는 대부분 웹에서 제공한다. 인터넷에서 '오픈소스 C++ 라이브러리 XML 파싱'으로 검색하면 C와 C++로 구현된 XML 라이브러리들을 볼 수 있다. 또한 다음과 같은 오픈소스 포탈을 이용하면 오픈소스 소프트웨어를 좀 더 쉽게 검색할 수 있다.

- `www.boost.org`
- `www.gnu.org`
- `github.com/open-source`
- `www.sourceforge.net`

오픈소스 코드 활용 방법

오픈소스 라이브러리를 사용할 때는 몇 가지 이슈를 고려해야 할 뿐만 아니라 상용 제품과 접근 방식이 다르다. 무엇보다도 오픈소스 라이브러리는 여가 시간을 활용해서 개발한 것이 많다. 누구나 개발하거나 기여하거나 버그를 수정할 수 있도록 소스 코드를 수정하는 권한도 대부분 열려 있다. 오픈소스 라이브러리로부터 혜택을 받은 만큼 오픈소스 프로젝트에 기여하는 것이 바람직하다. 회사에 속한 프로그래머라면 오픈소스 활동이 쉽지 않을 수 있다. 회사 입장에서 오픈소스 활동은 매출과 직접적인 관련이 없기 때문이다. 하지만 오픈소스 활동을 함으로써 회사 이름을 널리 알릴 수 있고, 그 회사가 오픈소스 운동을 지지한다는 이미지를 줄 수 있다는 간접적인 효과를 근거로 설득하면 회사에서 이러한 활동을 허락하거나 지원해줄 수 있다.

오픈소스 라이브러리를 활용할 때 고려해야 할 또 다른 사항은 오픈소스 특성상 공동으로 개발하고 책임지는 사람도 따로 없기 때문에 기술 지원에 관련된 문제가 자주 발생한다는 것이다. 당장 수정해야 할 버그가 있다면 오픈소스 커뮤니티에서 누군가 수정해주길 기다리는 것보다 본인이 직접 수정하는 것이 빠를 때가 많다. 이렇게 직접 버그를 수정한 부분은 공식 소스 베이스에도 반드시 반영한다. 이를 의무로 정한 라이선스도 있다. 발견한 버그를 직접 수정까지 못하더라도 최소한 그런 문제가 있다는 것만 알려줘도 다른 프로그래머가 똑같은 문제로 낭비하는 시간을 줄일 수 있다.

9 C++ 표준 라이브러리

C++ 프로그래머에게 가장 중요한 라이브러리는 C++ 표준 라이브러리다. 표준이란 명칭에서 예상할 수 있듯이 C++ 표준의 일부다. 따라서 표준을 준수하는 컴파일러라면 반드시 제공하는 라이브러리다. 표준 라이브러리는 한 덩어리가 아니라 여러 개의 독립적인 컴포넌트로 구성되어 있다. 그중 일부는 앞에서 이미 사용해봤다. 이를 언어에서 직접 제공하는 것이라고 생각한 사람도 있을 것이다. 표준 라이브러리에 대한 자세한 내용은 16장부터 25장까지 소개한다.

C 표준 라이브러리

C++는 C의 기능을 대부분 포함하고 있다. 따라서 C 표준 라이브러리도 그대로 사용할 수 있다. C 라이브러리에서 제공하는 기능의 예로 `abs()`, `sqrt()`, `pow()` 같은 수학 함수와 `assert()`, `errno` 같은 에러 처리 도구가 있다. 또한 문자 배열을 스트링처럼 다루게 해주는 `strlen()`, `strcpy()` 같은 함수와 `printf()`, `scanf()` 같은 C 스타일의 I/O 함수도 C++에서 그대로 사용할 수 있다.

> **NOTE_** C++는 C 언어보다 향상된 스트링 및 I/O 기능을 제공한다. C++에서 스트링과 I/O를 C 스타일로 처리해도 되지만, 그보다는 C++에서 제공하는 스트링(2장)과 I/O 스트림(13장)을 활용하는 것이 바람직하다.

1장에서 C++에서는 C 헤더 파일의 이름을 다르게 표현한다고 배웠다. C에서 사용하던 라이브러리 이름 대신 C++에서 정한 이름을 따라야 한다. 그래야 이름이 충돌할 가능성이 적다. 예를 들어 C 라이브러리의 `<stdio.h>`에 있는 기능이 필요하다면 `<stdio.h>`가 아닌 `<cstdio>`를 인클루드해야 한다. C 라이브러리에 대한 자세한 사항은 부록 B에서 소개한 표준 라이브러리 레퍼런스를 참고한다.

표준 라이브러리의 사용 여부 판단 기준

표준 라이브러리는 기능과 성능, 직교성orthogonality 위주로 설계되었다. 따라서 이를 활용함으로써 얻을 수 있는 효과는 상당하다. 연결 리스트나 균형 이진 트리를 구현하는 과정에서 발생하는 포인터 에러를 해결하거나, 제대로 작동하지 않는 정렬 알고리즘을 디버깅하느라 고생한 경험을 떠올리면 이해하기 쉽다. 표준 라이브러리를 제대로 활용하면 이런 고생을 겪을 일이 거의 없다. 또한 C++ 개발자는 대부분 표준 라이브러리에서 제공하는 기능을 활용할 줄 안다. 그러므로 표준 라이브러리로 개발한 프로젝트는 새로운 멤버가 들어와도 학습에 걸리는 시간이 서드파티 라이브러리를 사용할 때보다 훨씬 적다. 표준 라이브러리에서 제공하는 기능은 16장부터 25장까지에 걸쳐 자세히 소개한다.

4.6 체스 프로그램 설계

이 절에서는 간단한 체스 게임 예제를 통해 C++ 프로그램을 체계적으로 설계하는 방법을 소개한다. 구체적으로 표현하기 위해 설계 과정에서 뒷장에서 소개할 개념 중 일부를 사용한다. 전반적인 설계 프로세스를 파악하기 위해서는 여기서 소개하는 예제를 반드시 읽고 넘어가는 것이 좋다. 물론 나중에 뒷장을 읽고 나서 언제든지 이 절을 다시 참조해도 좋다.

4.6.1 요구사항

본격적인 설계 작업에 들어가기 전에 만들려는 프로그램의 기능과 성능에 대한 요구사항을 명확히 정리해야 한다. 이러한 요구사항은 요구사항 명세서requirement specification라는 문서 형태로 정리하는 것이 가장 바람직하다. 이 절에서 살펴볼 체스 프로그램의 요구사항은 대략 다음과 같다. 물론 실전에서는 이보다 구체적이고 다양하게 작성해야 한다.

- 표준 체스 규칙을 준수한다.
- 두 명의 플레이어를 지원해야 한다. 컴퓨터가 조작하는 플레이어는 제공하지 않는다.
- 인터페이스는 텍스트 기반으로 제공한다.
  - 체스보드와 말은 일반 텍스트로 표현한다.
  - 플레이어는 체스보드의 위치를 숫자로 입력하는 방식으로 말을 움직인다.

이렇게 요구사항을 정의해두면 사용자가 원하는 방식으로 작동하도록 프로그램을 설계할 수 있다.

4.6.2 설계 단계

프로그램을 설계할 때는 일반적인 부분에서 시작해서 점차 구체적인 부분으로 진행한다. 이 절에서 소개하는 단계가 모든 프로그램에 들어맞지 않을 수 있지만 개략적인 방법을 파악하는 데는 충분하다. 필요하다면 다이어그램과 표도 작성한다. 이러한 다이어그램에 대한 산업 표준으로 UMLUnified Modeling Language이란 것도 있다. 부록 D에서 UML을 간략히 소개하고 있지만, 여기서 한마디로 설명하면 UML은 클래스 다이어그램, 시퀀스 다이어그램 등 소프트웨어 설계를 문서화하는 데 사용할 수 있는 여러 가지 다이어그램을 표준화한 것이다. 물론 반드시 UML로 작성해야 한다는 뜻은 아니다. 이 언어의 문법을 정확히 따르는 것보다 설계를 명확하고 이해하기 쉽게 작성하는 것이 가장 중요하다.

1 프로그램을 서브시스템으로 분할하기

먼저 프로그램을 기능에 따라 서브시스템 단위로 분할하고 각각에 대한 인터페이스와 연동 방식을 정의한다. 이때 데이터 구조나 알고리즘, 심지어 클래스에 대해서는 신경쓰지 않는다. 프로그램의 전반적인 구성과 각 요소의 연동 방식을 구상하는 데만 집중한다. 이렇게 분할한 서브시스템을 표로 만들어 각각 하이레벨 관점의 동작과 기능 그리고 다른 서브시스템에 제공할 인터페이스와 다른 시스템을 사용하는 데 필요한 인터페이스 등을 정리한다. 여기서 살펴볼 체스 프로그램을 설계할 때는 **모델-뷰-컨트롤러**model-view-controller(MVC) 패러다임을 적용해서 데이터를 저장하는 부분과 데이터를 화면에 표시하는 부분을 확실히 구분하면 좋다. 이 패러다임은 여러 애플리케이션에서 흔히 다루는 데이터 집합, 이러한 데이터에 대한 하나 이상의 표현(뷰), 이러한 데이터를 조작하는 부분으로 나눠서 모델로 만든다. MVC에서는 데이터 집합을 **모델**model, 이 모델을 특정한 방식에 따라 시각적으로 표현하는 것을 **뷰**view, 발생하는 이벤트에 따라 이러한 모델을 조작하는 코드를 **컨트롤러**controller라 부른다. MVC를 구성하는 이러한 세 가지 요소는 피드백 루프를 기반으로 연동된다. 동작(액션action)은 컨트롤러가 처리하고, 컨트롤러는 모델을 조작하고, 그 결과가 하나 이상의 뷰에 반영된다. 컨트롤러가 UI 요소와 같은 뷰를 직접 수정할 수도 있다. [그림 4-4]는 이런 관계를 그림으로 표현한 것이다. 이 패러다임에 따라 설계하면 다양한 컴포넌트를 명확히 구분할 수 있고, 각각을 다른 것에 영향을 미치지 않고 독립적으로 수정할 수도 있다. 예를 들어 내부 데이터 모델이나 로직을 건드리지 않고도 텍스트 기반 인터페이스와 그래픽 기반 인터페이스를 서로 맞바꾸거나, 데스크톱 PC용 인터페이스와 모바일 앱 인터페이스를 맞바꿀 수 있다.

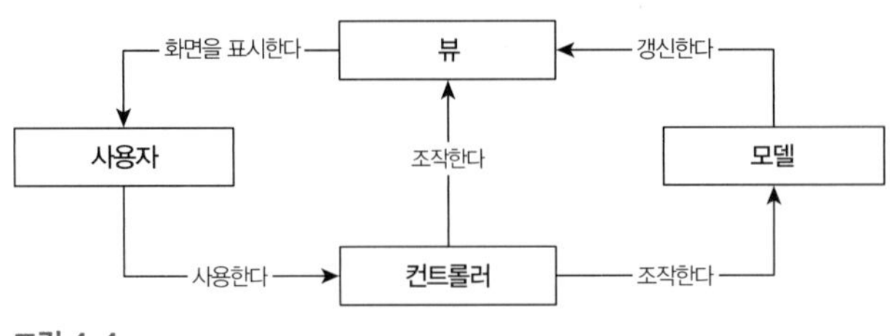

그림 4-4

체스 프로그램을 구성하는 서브시스템을 표로 정리하면 다음과 같다.

서브시스템 이름	인스턴스 수	기능	제공하는 인터페이스	사용하는 인터페이스
GamePlay	1	게임을 시작한다. 게임 흐름을 제어한다. 화면을 제어한다. 승자를 결정한다. 게임을 종료한다.	게임 종료	차례 바꾸기(Player), 그리기 (ChessBoardView)
ChessBoard	1	체스 말을 저장한다. 무승부나 체크메이트를 검사한다.	말 위치 확인하기, 말 위치 지정하기	게임 종료(GamePlay)
ChessBoardView	1	현재 상태에 맞게 체스보드를 그린다.	그리기	그리기 (ChessPieceView)
ChessPiece	32	말을 움직인다. 규칙에 맞게 움직였는지 확인한다.	이동, 이동 확인	말 위치 확인하기 (ChessBoard), 말 위치 설정하기 (ChessBoard)
ChessPieceView	32	현재 상태에 맞게 체스 말을 그린다.	그리기	없음
Player	2	사용자에게 이동할 위치를 물어보고, 이에 대한 입력을 받는다. 말을 움직인다.	차례 바꾸기	말 위치 확인하기 (ChessBoard), 이동(ChessPiece), 이동 확인(ChessPiece)
ErrorLogger	1	에러 메시지를 로그 파일에 기록한다.	에러 기록	없음

이 표를 보면 체스 프로그램은 기능에 따라 GamePlay, ChessBoard, ChessBoardView, ChessPiece 32개, ChessPieceView, Player 2개, ErrorLogger 등으로 구성된다. 반드시 이렇게 구성할 필요는 없다. 소프트웨어 설계도 프로그래밍과 마찬가지로 하나의 목적을 달성하는 데 적용할 수 있는 방법이 다양하고 각 방법마다 효과도 다르다. 그럼에도 불구하고 몇 가지 공통적으로 적용할 수 있는 올바른 방법이 있다.

서브시스템으로 잘 구성하면 프로그램을 기본 기능에 따라 분리할 수 있다. 예를 들어 Player는 ChessBoard나 ChessPiece, GamePlay와는 구분되는 하나의 서브시스템이다. Player를 GamePlay 서브시스템과 합치면 서로 논리적으로 구분되지 않아서 바람직하지 않다. 다른 것과 합쳐도 마찬가지다.

이렇게 MVC 패턴을 적용하면 ChessBoard와 ChessPiece 서브시스템은 모델에 속한다. ChessBoardView와 ChessPieceView는 뷰에 속하고, Player는 컨트롤러에 해당한다.

서브시스템의 관계를 표로 표현하기 힘들 때가 많다. 그러므로 프로그램을 구성하는 서브시스템을 다이어그램으로 표현해서 각각의 호출 관계를 선으로 표현하면 한눈에 파악하기 쉽다. 체스 게임의 서브시스템 관계를 UML로 표현하면 [그림 4-5]와 같다.

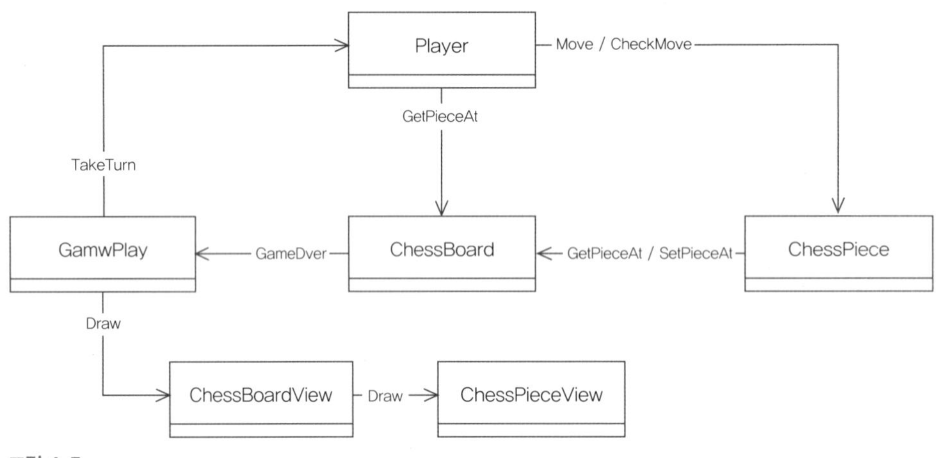

그림 4-5

2 스레드 모델 선택하기

루프에 스레드를 적용하는 방식처럼 알고리즘 구현 단계에서 고려해야 할 사항을 설계 단계부터 고민할 필요는 없다. 하지만 프로그램에서 사용할 최상위 스레드 수와 각각의 상호 작용 방식 정도는 정해두는 것이 좋다. 이러한 최상위 스레드에 대한 예로 UI 스레드, 오디오 재생 스레드, 네트워크 통신 스레드 등이 있다.

멀티스레드 기반으로 설계할 때 데이터를 공유하는 부분을 최대한 피하는 것이 간결성과 안전성 측면에서 좋다. 굳이 공유해야 한다면 잠금(락) 방식을 정한다.

멀티스레드 프로그램에 익숙하지 않거나 사용하는 플랫폼에서 멀티스레드를 지원하지 않는다면 프로그램을 싱글스레드로 만든다. 반면 프로그램에서 서로 뚜렷이 구분되는 작업이 여러 개고, 각각 동시에 실행할 수 있다면 멀티스레드로 구성한다. 예를 들어 GUI 애플리케이션은 애플리케이션의 주 작업을 하나의 스레드로 처리하고, 사용자가 버튼을 누르거나 메뉴를 선택하는 작업은 별도의 스레드로 처리하도록 구성한다. 멀티스레드 프로그래밍은 27장에서 자세히 다룬다.

이 절에서 살펴보는 체스 프로그램은 게임 흐름을 제어하는 데 스레드 하나면 충분하다.

3 서브시스템의 클래스 계층 구성하기

이 단계에서는 프로그램에 구현할 클래스 계층을 결정한다. 이 절에서 살펴보는 체스 프로그램에서 체스 말을 표현하려면 클래스 계층을 정해야 한다. 예를 들어 [그림 4-6]과 같이 구성할 수 있다. 여기서 제네릭 `ChessPiece` 클래스는 추상 베이스 클래스 역할을 한다. `ChessPieceView` 클래스도 이와 비슷한 방식으로 계층도를 구성한다.

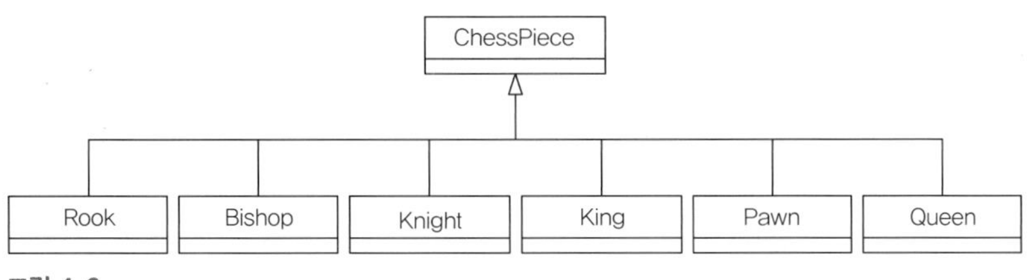

그림 4-6

`ChessBoardView` 클래스에는 다른 클래스 계층을 사용하여 텍스트 기반 인터페이스 또는 그래픽 기반 인터페이스를 게임에 사용할 수 있다. [그림 4-7]은 체스보드를 콘솔에서 텍스트 기반으로 표현하거나 2D 또는 3D 그래픽 기반 인터페이스로 표현하도록 구성한 계층도의 예를 보여주고 있다. `ChessPieceView` 계층에 속한 각 클래스에 대한 계층도도 이와 비슷하게 구성한다.

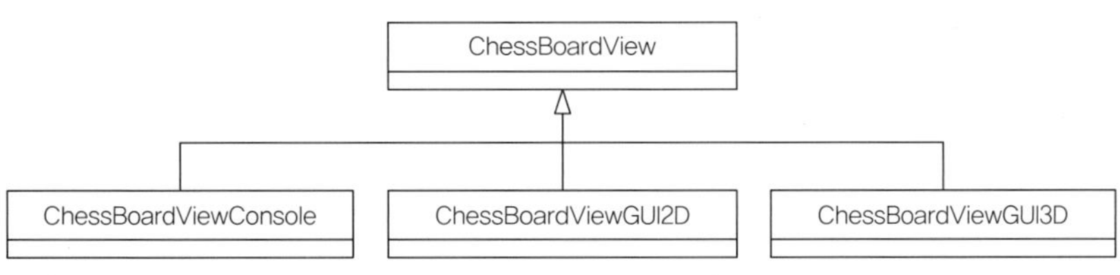

그림 4-7

클래스와 클래스 계층을 설계하는 방법은 5장에서 자세히 설명한다.

4 서브시스템의 클래스, 데이터 구조, 알고리즘, 패턴 지정하기

이 단계에서는 좀 더 세부적으로 들어가서 각 서브시스템에 구현할 구체적인 클래스와 같이 서브시스템에 대한 세부사항을 지정한다. 서브시스템을 곧바로 클래스로 표현할 가능성도 있다. 이러한 결정사항도 다음과 같이 표로 정리할 수 있다.

서브시스템	클래스	데이터 구조	알고리즘	패턴
GamePlay	GamePlay 클래스	GamePlay 객체는 ChessBoard 객체 한 개와 Player 객체 두 개를 가진다.	플레이어는 말을 번갈아 움직인다.	없음
ChessBoard	ChessBoard 클래스	ChessBoard 객체는 ChessPiece를 최대 32개 가질 수 있는 2차원 8x8 그리드 구조로 저장한다.	매번 말을 움직일 때마다 우승 또는 무승부 여부를 검사한다.	없음
ChessBoardView	ChessBoardView 추상 베이스 클래스 ChessBoardViewConsole, ChessBoardViewGUI2D 등의 파생 구현 클래스	체스보드를 그릴 방법에 대한 정보를 저장한다.	체스보드를 그린다.	관찰자(옵저버, Observer) 패턴
ChessPiece	ChessPiece 추상 베이스 클래스 Rook, Bishop, Knight, King, Pawn, Queen 파생 구현 클래스	각 말마다 체스보드 위의 위치를 저장한다.	체스보드 위에 놓인 말의 위치가 규칙에 맞게 이동했는지 검사한다.	없음
ChessPieceView	ChessPieceView 추상 베이스 클래스 RookView, BishopView 등의 파생 클래스 RookViewConsole, RookViewGUI2D 등의 파생 구현 클래스	체스 말을 그리는 방법에 대한 정보를 저장한다.	체스 말을 그린다.	관찰자(옵저버) 패턴
Player	Player 추상 베이스 클래스 PlayerConsole, PlayerGUI2D 등의 파생 구현 클래스	없음	사용자에게 이동할 위치를 물어보고, 그 움직임이 규칙에 맞는지 확인한 뒤 말을 이동시킨다.	중재자(Meditator) 패턴
ErrorLogger	ErrorLogger 클래스	로그에 기록할 메시지에 대한 큐	메시지를 버퍼에 담았다가 로그 파일에 쓴다.	의존성 주입(Dependency Injection) 패턴

이 표에는 소프트웨어 설계에 담긴 다양한 클래스에 대한 정보를 간략히 정리했지만 각 클래스의 상호 작용을 담고 있진 않다. 이런 상호 작용은 **UML 시퀀스 다이어그램** UML sequence diagram

으로 표현한다. [그림 4-8]은 이 표에 나온 일부 클래스 사이의 상호 작용을 시각적으로 표현한 것이다.

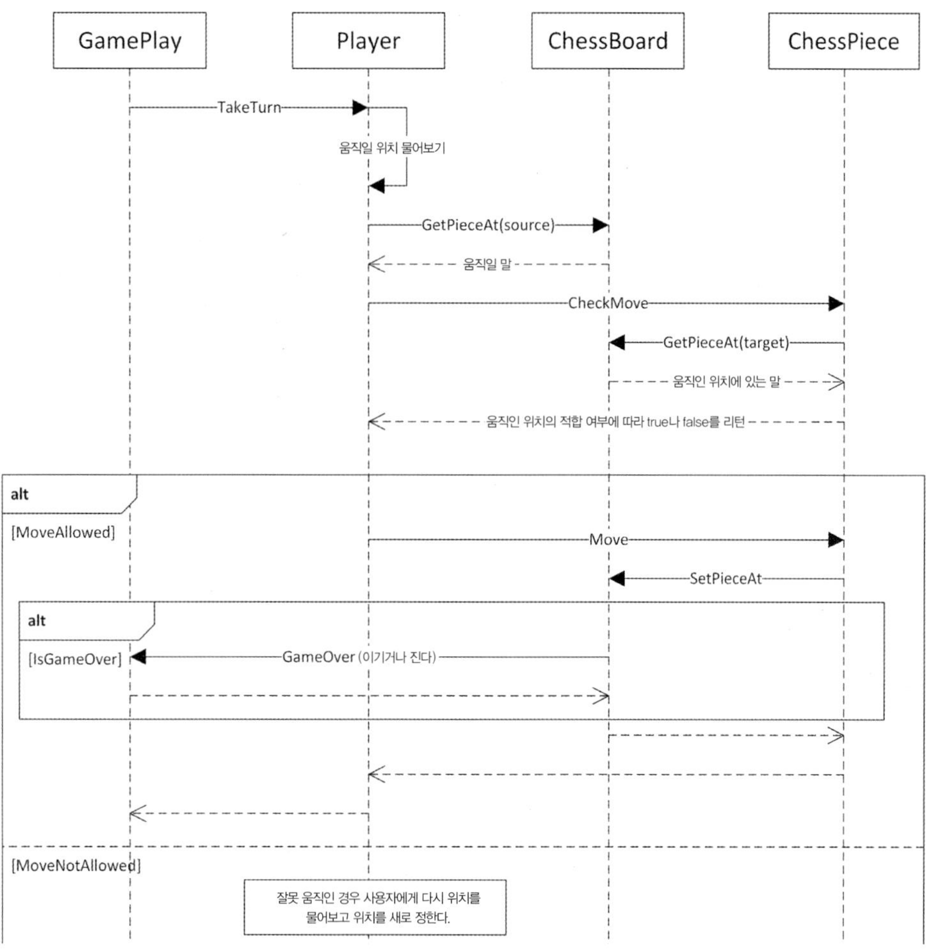

그림 4-8

여기에서는 간단히 정의했지만 일반적으로 이 단계에서 설계 문서를 작성할 때는 각 클래스에 대한 실제 인터페이스까지 구체적으로 표현한다.

클래스를 정의하고 데이터 구조와 알고리즘과 패턴을 적용하는 과정은 간단하지 않다. 이때 앞에서 설명한 추상화와 재사용성의 원칙을 최대한 적용한다. 추상화의 핵심은 인터페이스와 구현을 따로 구분하는 데 있다. 컴포넌트가 할 일부터 정한 다음 적절한 데이터 구조와 알고리즘을 선택해서 그 일을 처리하는 방법을 결정한다. 재사용성을 높이기 위해 표준 데이터 구조와 알고리즘, 패턴 등을 잘 익혀둔다. 또한 C++의 표준 라이브러리뿐만 아니라 조직에서 사용하는 상용 코드도 파악해둔다.

5 서브시스템의 에러 처리 방법 정하기

이 단계에서는 각 서브시스템에 적용할 에러 처리 방법을 나열한다. 에러 처리error handling(에러 핸들링) 방식을 정할 때 반드시 메모리 할당 오류와 같은 시스템 에러뿐만 아니라 잘못된 입력과 같은 사용자 에러도 고려한다. 서브시스템에서 익셉션exception을 사용하는지도 지정한다. 이러한 정보도 마찬가지로 다음과 같이 표로 정리한다.

서브시스템	시스템 에러 처리	사용자 에러 처리
GamePlay	`ErrorLogger`로 에러를 로그에 기록하고, 사용자에게 메시지를 출력하고, 예기치 않은 에러가 발생하면 프로그램을 안전하게 종료시킨다.	해당 사항 없음(사용자가 직접 다루는 인터페이스 없음)
ChessBoard ChessPiece	메모리 할당에 실패하면 `ErrorLogger`로 에러를 로그에 기록한 뒤 익셉션을 발생시킨다.	해당 사항 없음(사용자가 직접 다루는 인터페이스 없음)
ChessBoardView ChessPieceView	렌더링(그리기) 과정에서 문제가 발생하면 `ErrorLogger`로 에러를 로그에 기록한 뒤 익셉션을 발생시킨다.	해당 사항 없음(사용자가 직접 다루는 인터페이스 없음)
Player	메모리 할당에 실패하면 `ErrorLogger`로 에러를 로그에 기록한 뒤 익셉션을 발생시킨다.	사용자가 이동한 말이 체스보드를 벗어나지 않았는지 검사한다. 벗어나면 다시 입력하도록 요청한다. 이 서브시스템은 말을 매번 움직일 때마다 규칙에 맞는지 검사한다. 규칙에 어긋나면 사용자에게 재입력을 요청한다.
ErrorLogger	메모리 할당에 실패하면 로그에 에러를 기록하고, 사용자에게 이 사실을 알려주고, 프로그램을 안전하게 종료시킨다.	해당 사항 없음(사용자가 직접 다루는 인터페이스 없음)

에러 처리의 기본 원칙은 모든 에러를 처리하는 것이다. 따라서 발생 가능한 경우의 수를 면밀히 검토한다. 어느 하나라도 빠뜨리면 언젠가 버그가 발생한다. 어떤 경우도 '예상치 못한' 에러로 이어지면 안 된다. 메모리 할당 실패, 잘못된 사용자 입력, 디스크 및 네트워크 장애 등을 비롯한 모든 가능성을 철저히 따져본다. 하지만 앞의 표에서 본 것처럼 말의 이동 위치를 잘못 입력한다고 해서 체스 프로그램이 멈춰서는 안 된다. 에러 처리 방법은 14장에서 자세히 다룬다.

4.7 정리

이 장에서는 C++ 프로그램을 전문가답게 설계하는 방법을 배웠다. 이제 어떤 프로젝트를 진행하더라도 가장 먼저 소프트웨어 설계 작업부터 해야 한다고 깨달았을 것이다. C++ 언어에서 제공하는 객체지향 기능과 표준 라이브러리와 제네릭 코드 작성에 관련된 기능처럼 설계 작업을 힘들게 하는 C++의 특성도 살펴봤다. 이러한 내용을 잘 익혀두면 C++ 프로그램을 설계하는 데 크게 도움이 된다.

이 장에서는 두 가지 설계 개념을 소개했다. 하나는 인터페이스와 구현을 분리하는 추상화 원칙이다. 이 원칙은 설계할 때 반드시 적용해야 하며, 이 책에 나온 예제도 모두 이 원칙에 따라 작성했다.

두 번째 원칙은 재사용이다. 재사용 원칙은 코드 작성 단계뿐만 아니라 설계 단계에도 적용되며, 실전 프로젝트에서 흔히 고려하는 사항이다. C++ 프로그램을 설계할 때 라이브러리나 프레임워크를 이용한 코드 재사용뿐만 아니라 개념 및 설계에 대한 재사용도 반드시 고려해야 한다. 코드를 작성할 때는 최대한 재사용할 수 있게 만든다. 또한 기능과 제약사항, 성능, 라이선스 및 지원 모델, 플랫폼 제약사항, 프로토타이핑, 도움을 얻는 방법과 같은 코드 재사용에 대한 구체적인 가이드라인과 코드 재사용의 장단점도 잘 알아둔다. 마지막으로 성능 분석 기법과 빅오 표기법도 소개했다. 이제 설계의 중요성과 기본 개념은 충분히 이해했으니 2부에서 설명할 주제의 기초를 닦은 셈이다. 다음 5장에서는 C++의 객체지향 특성을 설계에 활용하는 방법을 소개한다.

4.8 연습 문제

이 장에서 소개한 내용을 직접 써보기 위해 다음 연습 문제를 풀어보자. 연습 문제에 대한 정답은 이 책의 웹사이트(`www.wiley.com/go/proc++5e`)에서 다운로드할 수 있다. 문제를 풀다가 막히면 정답부터 찾지 말고 먼저 앞에서 설명한 부분을 다시 읽고 직접 답을 찾아보려고 애쓰기 바란다.

연습 문제 4-1 C++ 설계를 직접 할 때 지켜야 할 두 가지 핵심 원칙은?

연습 문제 4-2 다음과 같이 정의된 `Card` 클래스가 있다고 하자. 이 클래스는 카드 덱에 있는 정상 카드만 지원하고, 조커 카드는 지원하지 않는다.

```
class Card
{
    public:
        enum class Number { Ace, Two, Three, Four, Five, Six, Seven, Eight,
                            Nine, Ten, Jack, Queen, King };
        enum class Figure { Diamond, Heart, Spade, Club };

        Card() {};
        Card(Number number, Figure figure)
            : m_number { number }, m_figure { figure } {}
    private:
        Number m_number { Number::Ace };
        Figure m_figure { Figure::Diamond };
};
```

이렇게 정의한 Card 클래스를 카드 한 벌[deck]을 표현하기 위해 다음과 같이 사용하는 것은 어떨까? 좀 더 개선할 방법은 없을까?

```
int main()
{
    Card deck[52];
    // ...
}
```

연습 문제 4-3 친구와 함께 모바일 기기용 3D 게임에 대한 좋은 아이디어를 구상했다고 하자. 현재 내 기기는 안드로이드고 친구는 애플 아이폰을 사용한다고 하자. 당연히 두 기기 모두 지원하려고 한다. 그렇다면 두 가지 모바일 플랫폼에 대해 적절히 처리하는 구조와 게임 개발을 시작하기 앞서 준비해야 할 사항은 무엇인지 하이레벨 관점에서 설명해보자.

연습 문제 4-4 다음과 같은 빅오 표기법의 순서 관계를 복잡도가 커지는 순서로 나열해보자.

$O(n)$, $O(n^2)$, $O(\log n)$, $O(1)$

각각의 이름을 적어보고, 여기 나온 것보다 더 높은 복잡도가 있는지 생각해보자.

CHAPTER 5

객체지향 설계

이 장의 내용

- 객체지향 프로그램 설계의 개념
- 클래스, 객체, 속성, 동작
- 다양한 객체 사이의 관계를 정의하는 방법

4장을 읽었다면 소프트웨어를 제대로 설계하는 방법에 대해 어느 정도 감을 잡았을 것이다. 이번에는 객체 개념을 설계에 적용하는 방법을 알아보자. 코드를 작성할 때 객체를 단순히 이용할 줄만 아는 프로그래머와 객체지향 프로그래밍의 개념을 제대로 이해하는 프로그래머의 차이는 객체 사이의 관계를 설정하는 방식뿐만 아니라 프로그램의 전반적인 설계를 보면 뚜렷하게 드러난다.

이 장에서는 먼저 C 언어에서 따르던 절차형 프로그래밍procedural programming부터 간략히 살펴보고 나서 객체지향 프로그래밍을 자세히 살펴본다. 지금껏 객체를 사용했더라도 이 장을 읽고 객체를 바라보는 관점을 다시 정리하기 바란다. 객체지향 프로그램을 개발할 때 흔히 저지르는 실수와 객체 사이의 다양한 관계를 자세히 설명할 것이다. 또한 객체와 관련된 추상화 원칙도 살펴본다.

절차형 프로그래밍과 객체지향 프로그래밍은 프로그램의 실행 과정을 표현한 방식만 다르다는 점을 명심한다. 흔히 프로그래머들은 객체가 무엇인지 제대로 이해하지 않은 채 객체지향 프로그래밍의 용어나 문법에만 집착하는 경향이 많다. 이 장에서는 코드보다는 개념을 중심으로 소개한다. C++의 객체지향 프로그래밍 관련 문법은 8, 9, 10장에서 자세히 다룬다.

5.1 절차형 사고방식

C와 같은 절차형 언어는 단 하나의 작업만 담당하는 프로시저procedure라 부르는 작은 단위로 코드를 구성한다. C 언어에 프로시저 기능이 없다면 코드 전체를 `main()` 함수 안에 넣어야 한다. 그러면 가독성이 떨어져 동료와 협업하기 힘들다.

컴퓨터는 코드가 모두 `main()`에 있든 아니면 작업에 맞게 이름과 주석을 붙인 프로시저로 나뉘어 있든 전혀 신경쓰지 않는다. 프로시저는 프로그래머가 코드를 읽고 관리하기 쉽도록 추상화한 것이다. 프로시저는 **프로그램이 하는 일**을 중심으로 만든 개념이다. 작성하려는 프로그램이 하는 일을 정리해보면 자연스레 절차적으로 표현된다. 예를 들어 주식종목을 선정하는 프로그램을 설계하는 과정을 생각해보자. 먼저 이 프로그램은 인터넷에서 주식시세 정보를 가져온다. 그리고 데이터를 일정한 기준으로 정렬한 뒤 분석 작업을 수행한다. 마지막으로 분석 결과로 나온 추천 종목을 화면에 출력한다. 코드를 작성할 때 이렇게 머릿속에서 구상한 과정을 `retrieveQuotes()`, `sortQuotes()`, `analyzeQuotes()`, `outputRecommendations()`와 같은 C 함수로 곧바로 표현할 수 있을 것이다.

> **NOTE_** C 언어에서 프로시저를 함수라 부르지만 C는 함수형 언어가 아니다. 리습(Lisp) 같은 함수형 언어에서 말하는 함수와 절차형 언어의 함수(프로시저)는 차이가 있으며 추상화 방식도 완전히 다르다.

절차형 접근 방식은 일정한 단계에 따라 진행하는 프로그램에 적합하다. 반면 최신 대규모 애플리케이션에서는 여러 이벤트가 일정한 순서 없이 발생한다. 또한 사용자가 언제든지 원하는 명령을 수행할 수도 있다. 반면 절차형 접근 방식에서는 데이터의 표현 방식을 우선시하지 않는다. 앞에서 예로 든 주식종목 선정 프로그램을 설명할 때 주식종목의 구체적인 형태에 대해서는 한마디도 하지 않았다.

절차형 사고방식에만 익숙하더라도 걱정할 필요 없다. 객체지향 프로그래밍은 소프트웨어를 보다 유연하게 표현하는 수단이라는 점만 이해하면 쉽게 익힐 수 있다.

5.2 객체지향 철학

절차형 접근 방식은 '프로그램이 하는 일'을 중심으로 접근하는데 반해 객체지향 접근 방식은 '모델링하려는 현실 세계의 대상'이라는 관점에서 접근한다. 객체지향 프로그래밍Object-Oriented Programming(OOP)에서는 프로그램을 작업(태스크task) 단위가 아니라 실제 대상에 대한 모델 단위로 구성한다. 이 말을 처음 들으면 다소 추상적일 수 있지만, 물리적인 대상을 **클래스**, **컴포넌트**, **속성**, **동작**의 관점에서 분석하다 보면 구체적으로 와 닿게 된다.

5.2.1 클래스

클래스class란 개념을 적용하면 구체적인 대상과 그 대상에 대한 정의를 구분할 수 있다. 예를 들어 오렌지를 생각해보자. 나무에서 열리는 맛있는 과일로서 오렌지를 말할 때와 현재 키보드에 과즙을 뚝뚝 흘리며 내가 먹고 있는 오렌지를 가리킬 때는 그 의미가 엄연히 다르다.

누가 '오렌지가 뭐냐'고 물어보면 오렌지는 나무에서 자라고 주황색을 띄고 독특한 향과 맛을 내는 과일의 한 종류(**클래스**)라고 답할 수 있다. 이처럼 클래스는 어떤 대상의 유형을 정의하는 속성을 정리한 것이다.

반면 어떤 특정한 오렌지를 가리킬 때는 구체적인 대상(**객체**object)을 의미한다. 모든 객체는 특정 클래스에 속한다. 내 책상에 놓인 주황색 과일이란 객체는 오렌지의 한 종류이므로 오렌지 클래스에 속한다고 말할 수 있다. 따라서 이 과일은 나무에서 자라며, 진한 주황색을 띠면 맛있게 익었다는 사실도 알 수 있다. 객체는 어떤 클래스에 속하는 구체적인 예(**인스턴스**instance)라고도 볼 수 있다. 다시 말해 같은 클래스에 속한 객체끼리도 나름 구분되는 특징이 있다.

좀 더 구체적인 예로, 앞에서 언급한 주식종목 추천 애플리케이션을 생각해보자. OOP 관점에서 '주식시세'는 클래스로 볼 수 있다. 시세라는 추상적인 개념을 정의하기 때문이다. 그리고 '마이크로소프트사의 현재 주식시세'는 '시세'라는 클래스에 속하는 구체적인 인스턴스(객체)가 된다.

C 언어 관점에서 볼 때 타입과 변수를 클래스와 객체에 비유할 수 있다. 8장에서 소개하겠지만 실제로 클래스 문법은 C의 구조체와 비슷하다.

5.2.2 컴포넌트

비행기처럼 현실에 존재하는 복잡한 대상도 작은 부품(**컴포넌트**component)으로 구성되어 있다. 비행기는 동체와 제어판, 랜딩기어, 엔진을 비롯한 수많은 요소로 구성된다. 절차형 프로그래밍에서 복잡한 작업을 프로시저procedure(절차)라는 작은 단위로 쪼개는 것이 중요한 것처럼 OOP에서는 객체를 작은 컴포넌트 단위로 나누는 사고방식이 굉장히 중요하다.

컴포넌트는 본질적으로 클래스와 같다. 클래스보다 작고 구체적이라는 점만 다르다. OOP 방식을 제대로 적용했다면 `Airplane`이란 클래스가 있을 것이다. 하지만 `Airplane` 클래스에 비행기의 모든 부분을 다 표현하면 클래스가 너무 커지게 된다. 그러므로 `Airplane` 클래스를 작고 관리하기 쉬운 컴포넌트 단위로 나눈다. 각각의 컴포넌트는 좀 더 세분화해서 하위 컴포넌트를 구성할 수 있다. 예를 들어 랜딩기어는 비행기의 컴포넌트이면서 동시에 바퀴라는 하위 컴포넌트를 가진다.

5.2.3 속성

객체는 **속성**(프로퍼티property)으로 구분한다. 앞에서 '오렌지' 클래스를 설명할 때 주황색을 띠고 독특한 맛을 내는 과일을 오렌지 클래스로 정의했다. 여기서 주황색과 독특한 맛이란 두 가지 특징이 바로 속성이다. 오렌지를 구성하는 속성의 종류는 같지만 그 값은 다르다. 내가 들고 있는 오렌지는 굉장히 맛있지만, 다른 사람이 가진 오렌지는 맛이 형편없을 수도 있다.

속성을 클래스 관점에서 볼 수도 있다. 앞서 설명한 바와 같이 오렌지란 일종의 과일이고 모두 나무에서 자란다. 이러한 속성은 '과일' 클래스에도 있지만 오렌지가 가지는 독특한 주황색이란 속성은 다른 과일 객체와 구분되는 속성이다. 클래스 속성의 값은 그 클래스에 속한 모든 객체에서 똑같지만 객체 속성의 값은 그 클래스에 속한 객체마다 다를 수 있다.

주식종목 추천 애플리케이션의 예에서 주식시세란 클래스는 회사 이름, 종목 번호, 현재 가격을 비롯한 여러 가지 통계 정보에 대한 객체 속성을 가진다.

속성은 객체의 특성을 표현한다. 다시 말해 속성으로 객체끼리 구분할 수 있다.

5.2.4 동작

동작behavior(행위)은 객체가 직접 하거나 그 객체로 할 수 있는 일을 표현한다. 오렌지의 경우 직접 하는 일은 별로 없지만, 오렌지로 할 수 있는 일은 많다. 대표적인 예로 '먹기'가 있다. 속성과 마찬가지로 동작도 클래스 관점과 객체 관점으로 구분된다. 오렌지를 먹는 방식은 서로 비슷하지만 경사면에 굴려보면 완벽히 둥근 오렌지와 납작한 오렌지의 동작이 다르다.

주식종목 추천 애플리케이션을 보면 동작이 좀 더 구체적으로 드러난다. 절차형 접근 방식에서는 주식시세 분석 기능을 이 프로그램의 함수로 본다. 반면 OOP에서는 주식시세 객체가 수행하는 동작으로 표현한다.

OOP에서는 어떤 기능을 수행하는 코드를 프로시저가 아닌 클래스 단위로 묶는다. 클래스가 여러 가지 동작을 수행하고, 서로 상호 작용하는 방식을 정의함으로써 데이터를 조작하는 코드를 훨씬 다양하게 제공할 수 있다. 이러한 클래스의 동작은 메서드method로 구현한다.

5.2.5 중간 정리

지금까지 설명한 개념을 바탕으로 앞서 소개한 주식종목 추천 프로그램을 OOP 방식으로 다시 설계해보자.

앞에서도 설명했듯이 '주식시세'에 대한 클래스를 먼저 정의한다. 시세 정보를 수집하려면 각각의 주식시세를 그룹 단위로 묶어야 한다. 이를 흔히 컬렉션collection이라 부른다. 따라서 제대로 설계하려면 '주식시세 컬렉션'을 표현하는 클래스를 먼저 정의하고, 그 안에 한 종목의 '주식시세'를 표현하는 작은 컴포넌트를 담는다.

다음으로 속성을 정의한다. 주식시세 컬렉션 클래스에는 최소한 '수집한 시세 목록'이란 속성이 있어야 한다. 가장 최근에 조회한 날짜와 시각에 대한 속성도 있으면 좋다. 그리고 '주식시세 컬렉션'이 서버와 통신해서 시세 정보를 가져와서 정렬된 리스트로 제공하는 동작을 정의한다.

여기서 '시세 정보 가져오기', '시세 정보 정렬하기'가 바로 동작이다.

주식시세 클래스는 앞 절에서 언급한 회사 이름, 종목 번호, 현재 가격과 같은 속성을 가질 수 있다. 또한 분석이란 동작도 가진다. 그 외에도 주식 매도나 매수와 같은 동작도 정의할 수 있다.

컴포넌트 사이의 관계는 다이어그램으로 표현하면 이해하기 쉽다. [그림 5-1]은 부록 D에서 소개하는 UML 클래스 다이어그램으로 표현한 것이다. 여기서 `StockQuoteCollection`(주식시세 컬렉션)은 0개 이상의 `StockQuote`(주식시세) 객체를 가질 수 있고, `StockQuote` 객체는 단 하나의 `StockQuoteCollection`에 속한다.

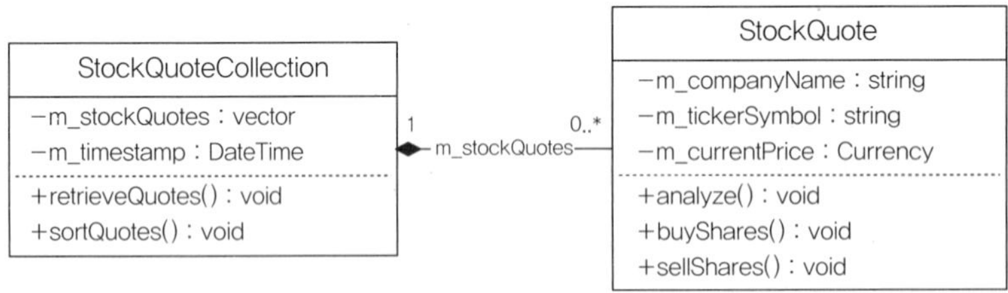

그림 5-1

[그림 5-2]는 오렌지 클래스를 UML 클래스 다이어그램으로 표현한 것이다.

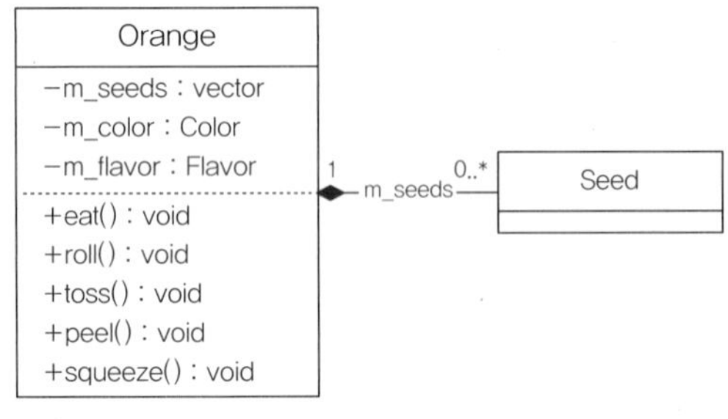

그림 5-2

5.3 클래스 세상에 살기

절차형 패러다임에 익숙하던 프로그래머가 객체지향 패러다임을 새로 배워가는 과정에서 흔히 겪는 것들이 있다. 어떤 프로그래머는 프로그램을 작성하다가 다시 설계 단계로 돌아가서 코드의 일부를 클래스로 고치고, 또 어떤 프로그래머는 코드를 모두 버리고 완벽한 OOP 방식으로 새로 만들고 싶어 한다.

소프트웨어를 클래스 관점으로 개발하는 데 적용할 수 있는 접근 방식은 크게 두 가지가 있다. 하나는 클래스를 단순히 데이터와 기능을 잘 묶어주는 수단으로만 여기고 프로그램 전반에 걸쳐 사용해서 가독성과 유지 보수성을 높이는 것이다. 이러한 방식으로 접근하는 프로그래머는 마치 외과의사가 심장질환 환자에게 심박 조절기를 심는 수술을 집도하듯이 코드에서 독립된 부분을 골라내서 클래스로 전환한다. 이렇게 접근하는 것이 완전히 잘못된 것은 아니다. 클래스를 일종의 도구로 여기고 여러 상황에 유리하게 활용할 뿐이다. 프로그램에서 주식시세처럼 클래스로 만들면 좋겠다고 생각되는 부분이 눈에 띄면 따로 분리해서 OOP 방식으로 표현한다.

또 다른 방식은 OOP 패러다임을 완벽히 적용해서 처음부터 모든 것을 클래스로 표현하는 것이다. 이 과정에서 오렌지나 주식시세처럼 클래스를 현실 세계에 직접 대응시킬 수 있는 경우도 있고, 정렬이나 되돌리기처럼 다소 추상적인 개념을 표현해야 하는 경우도 있다.

가장 바람직한 방법은 이러한 두 가지 접근 방식을 적절히 조합하는 것이다. OOP 방식을 처음 적용할 때는 절차형 프로그램에 클래스가 가미된 것처럼 보일 수 있다. 아니면 반대로 극단적으로 OOP를 추구해서 메인 애플리케이션뿐만 아니라 int 마저도 클래스로 표현해버릴 수 있다. 결국 경험이 쌓이다 보면 적절한 타협점을 찾게 된다.

5.3.1 과도한 클래스화

객체지향 시스템을 창의적으로 설계하는 것과 사소한 것까지 클래스로 만들어 팀원들을 불편하게 만드는 것은 분명 다르다. 프로이트의 표현을 응용하면 변수는 변수일 뿐이다.[1]

차기 대작이 될 틱택토Tic-Tac-Toe 게임을 만든다고 생각해보자. 이 프로그램을 처음부터 완벽히 OOP 방식으로 만들기로 결심하고, 책상에 커피 한 잔을 놓고 종이에 열심히 클래스와 객체를 그려볼 것이다. 이런 게임은 대부분 게임 전체를 관리하면서 승자를 결정하는 클래스가 하나씩 있다. 게임 보드는 X나 O를 표시할 위치를 추적하는 격자(Grid) 클래스로 표현할 수 있다. 사실 이러한 격자는 X나 O를 표현하는 말(Piece) 클래스로 구성하도록 표현해도 된다.

그런데 이렇게 하면 X와 O를 표현하는 클래스를 정의해야 하는데, 그러면 클래스를 너무 남발하게 된다. char 타입만으로도 X와 O를 충분히 표현할 수 있다. 더 좋은 방법은 Grid에서 그냥 열거 타입에 대한 2차원 배열을 사용하도록 구성하는 것이다. 괜히 Piece 클래스를 정의하면 코드만 복잡해질 수 있다. 이러한 관점을 표로 정리하면 다음과 같다.

1 옮긴이_ 지그문트 프로이트(Sigmund Freud), 담배는 담배일 뿐(Sometimes a cigar is just a cigar) – 지독한 애연가인 본인의 흡연 성향에 대한 과도한 해석을 경계하기 위해 한 말

클래스	관련 컴포넌트	속성	동작
Piece	없음	X 또는 O	없음

표를 보면 뭔가 휑하다. 완전한 기능을 갖춘 클래스로 만들기에는 너무 깊이 파고들었다는 것을 눈치챌 수 있다.

한편 나중을 생각하면 지금은 Piece 클래스가 빈약하지만 일단 클래스로 만들어두면 나중에 확장하는 데 비용이 적게 든다고 생각할 수도 있다. 프로그램을 개선하다 보면 언젠가 그래픽 기반으로 만들 수 있는데, 그때 Piece 클래스를 통해 그리기 동작을 손쉽게 추가할 수 있을 지도 모른다. Piece의 색상과 최근 이동 위치와 같은 속성도 쉽게 추가할 수 있다.

또 다른 방법으로 격자를 말이 아닌 격자의 **상태**state로 표현할 수 있다. 격자의 상태는 공백Empty, X, O 중 하나의 값을 가진다. 나중에 그래픽 기반으로 개선할 것을 대비해서 상위 추상 클래스abstract base class인 State를 정의해두고, 구체적인 렌더링 방식은 이를 상속하는 하위 구현 클래스concrete derived class인 StateEmpty, StateX, StateO 등으로 구현하도록 설계해도 된다.

절대적인 정답은 없다. 핵심은 애플리케이션을 설계할 때 이러한 고민을 반드시 거쳐야 한다는 것이다. 클래스는 어디까지나 프로그래머가 코드를 관리하는 데 도움을 주기 위한 것임을 명심한다. 구체적인 이유 없이 단지 좀 더 객체지향적으로 보이기 위해 클래스를 사용하는 것은 바람직하지 않다.

5.3.2 지나치게 일반화한 클래스

클래스로 정의할 필요가 없는 것까지 클래스로 만드는 것보다 더 나쁜 것은 클래스를 지나치게 일반화하는 것이다. OOP를 처음 배우는 사람들은 '오렌지'처럼 클래스로 쉽게 표현할 수 있는 예에서 출발한다. 하지만 실전에서 다루는 클래스는 다소 추상적이다. 상당수의 OOP 프로그램은 '애플리케이션 클래스'를 가지고 있는데, 이러한 애플리케이션은 물리적인 대상으로 표현하기 쉽지 않다. 하지만 애플리케이션을 클래스로 표현하면 특정한 속성이나 동작을 정의하는 데 유용하다.

클래스를 과도하게 일반화하면 구체적인 대상을 표현하기 힘들다. 클래스를 유연하고 재활용하기 좋게 만들고 싶은 의도로 작성한 것이 오히려 혼란만 가중시킬 뿐이다. 예를 들어 미디어 데이터를 관리하면서 화면에 보여주는 프로그램을 생각해보자. 사진을 정리하고 디지털 음악 앨범을 보관하고 일기장으로도 활용할 수 있다. 그런데 여기서 과도한 일반화 방식으로 접근해서 모든 대상을 '미디어' 객체로 생각하고 클래스 하나만으로 모든 포맷을 표현한다고 생각해보자. 이 클래스에 '데이터'란 속성을 정의해서 사진, 음악, 일기를 비롯한 다양한 종류의 바이너리 데이터를 모두 담는다. '실행'이란 동작도 정의해서 미디어 타입이 사진이라면 화면에 그리고, 음악이라면 사운드를 재생하고, 일기라면 텍스트를 편집하는 화면을 띄운다.

이 클래스의 속성과 동작에 대한 이름만 봐도 클래스가 지나치게 일반화되었다는 것을 알 수 있다. **데이터**란 단어 자체만으로 정확한 의미를 담지 못한다. 애초에 클래스가 서로 성격이 너무 다른 세 가지 미디어 데이터를 모두 포괄하도록 설계했기 때문에 이렇게 표현할 수밖에 없었던 것이다. 마찬가지로 **실행**이란 동작도 미디어 타입마다 너무 차이가 있다. 이 클래스는 너무 많은 일을 한다는 것을 알 수 있다.

그렇지만 미디어를 구성하는 프로그램을 설계할 때 미디어(`Media`)란 클래스만큼은 분명히 존재할 것이다. 이 클래스는 모든 종류의 미디어에 공통적으로 존재하는 이름, 미리보기, 미디어 파일에 대한 링크 등으로 구성된다. 하지만 특정 미디어를 다루는 데 관련된 구체적인 내용은 여기에 담겨 있으면 안 된다. 이미지를 화면에 표시하거나, 노래나 영상을 재생하는 코드도 있으면 안 된다. 이런 동작은 `Picture`나 `Movie`와 같은 클래스를 따로 만들어서 정의해야 한다. 이런 세부 클래스는 그림을 표시하거나 영화를 재생하는 것과 같은 구체적인 미디어 처리 동작을 정의한다. 당연히 구체적인 미디어에 대한 클래스는 `Media` 클래스와 관련 있다. 이러한 클래스 관계는 이어지는 절에서 자세히 살펴보자.

5.4 클래스 관계

프로그래밍을 하다 보면 서로 다른 클래스가 공통적인 속성을 가지거나, 최소한 두 개가 서로 관련된 경우가 있다. 객체지향 언어는 이러한 클래스 사이의 관계를 표현하기 위해 몇 가지 메커니즘을 지원한다. 하지만 클래스 관계를 정확히 파악하기 쉽지 않다. 클래스 관계에는 **has-a 관계**와 **is-a 관계** 두 가지가 있다.

5.4.1 has-a 관계

A는 B를 가진다 혹은 A에 B가 있다고 표현되는 클래스 관계를 has-a 관계(집계 관계, 포함 관계, 소유 관계)라 한다. 한 클래스가 다른 클래스의 일부라고 상상하면 이해하기 쉽다. 앞서 정의한 컴포넌트는 다른 클래스로 구성된 클래스를 설명하므로 일반적으로 has-a 관계로 나타낸다.

has-a 관계에 대한 현실 세계의 예로 동물원과 원숭이의 관계를 들 수 있다. 우리는 동물원에는 원숭이가 있다 또는 동물원은 원숭이를 가지고 있다고 표현할 수 있다. 이를 코드로 표현하면 원숭이라는 컴포넌트를 가진 동물원 클래스가 될 것이다.

클래스 관계는 사용자 인터페이스를 살펴보면 이해하기 쉽다. UI를 완전히 OOP로 구현하지 않더라도 화면에 나타나는 시각적인 요소를 클래스로 표현하는 것은 어렵지 않다. UI에서 볼 수 있는 has-a 관계에 대한 대표적인 예로 버튼을 가진 창을 들 수 있다. 버튼과 창은 분명히 서로 다른 클래스지만, 일정한 관계를 맺고 있다. 버튼은 창 안에 있기 때문에 창은 버튼을 갖고 있다고 표현할 수 있다.

[그림 5-3]은 현실 세계와 사용자 인터페이스에서 볼 수 있는 has-a 관계의 예를 보여주고 있다.

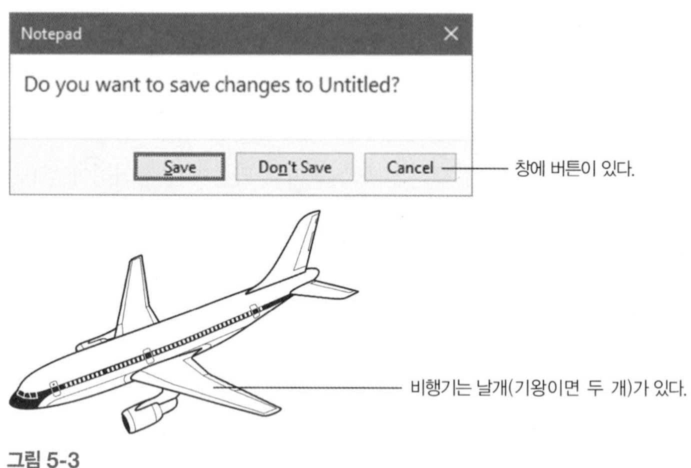

그림 5-3

has-a 관계에는 두 가지 유형이 있다.

- **집계(aggregation)**: 집계된 객체(컴포넌트)는 집계를 수행한 대상이 제거되더라도 남아 있다. 예를 들어 동물원 객체는 여러 동물 객체로 구성되어 있는데, 동물원 객체가 사라지더라도 동물 객체는 사라지지 않고, 다른 동물원으로 옮겨질 것이다.
- **합성(composition)**: 여러 객체로 구성된 객체가 제거되면 포함된 객체도 함께 사라진다. 예를 들어 여러 버튼이 담긴 창 객체가 제거되면 그 안에 담긴 버튼 객체도 함께 제거된다.

5.4.2 is-a 관계(상속)

is-a 관계는 OOP의 핵심 개념이다. 그러므로 **파생**deriving, **서브클래싱**subclassing, **확장**extending,

상속inheriting 등으로 다양하게 표현한다. 클래스는 현실 세계가 여러 가지 속성과 동작을 가진 객체로 구성된다는 점에 근거를 두고 모델링하는 것이고, 상속은 이러한 객체가 주로 계층 구조를 형성한다는 관점에서 모델링하는 것이다. 이러한 계층 구조가 바로 is-a 관계(상속 관계)다.

기본적으로 상속은 'A는 일종의 B다' 또는 'A는 B를 상당히 많이 닮았다'로 표현한다. 이러한 관계는 간혹 애매할 때도 있다. 간결한 설명을 위해 다시 동물원 예를 살펴보자. 이번에는 원숭이 말고 다른 동물도 있다고 하자. 여기까지만 표현해도 벌써 '원숭이는 일종의 동물이다'란 관계가 형성된다. 마찬가지로 기린도 일종의 동물이고, 캥거루도 일종의 동물이고, 펭귄도 일종의 동물이다. 그렇다면 이들 관계가 어떻게 상속으로 연결될까? 핵심은 바로 원숭이, 기린, 캥거루, 펭귄이 가진 공통점에 있다.

이를 프로그램으로 표현하면 모든 동물이 공통적으로 가지는 크기, 위치, 사료 등과 같은 모든 속성과 이동하기, 먹기, 잠자기 등과 같은 모든 동작을 `Animal`이란 클래스로 묶어서 정의할 수 있다. 원숭이와 같은 구체적인 동물에 대한 클래스는 `Animal`의 파생 클래스derived class로 정의한다. 원숭이도 동물의 특징을 모두 가지고 있기 때문이다. 여기서 원숭이는 동물이 공통적으로 가지는 특징에 원숭이만의 독특한 특성이 추가된 것이다. [그림 5-4]는 각 동물의 상속 관계를 표현한 것이다. 여기서 화살표는 is-a 관계의 방향을 나타낸다.

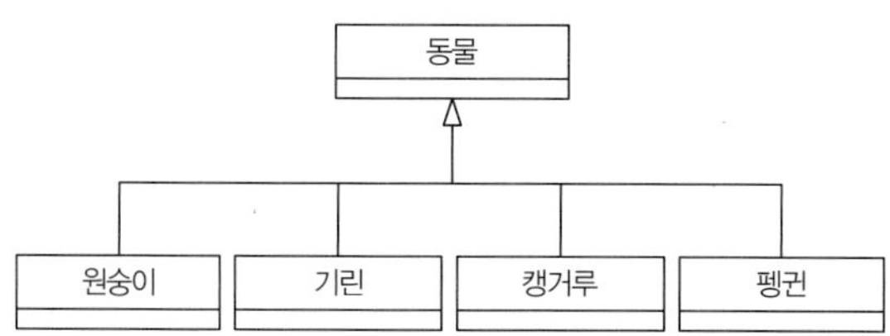

그림 5-4

원숭이와 기린이 서로 다른 동물인 것처럼 사용자 인터페이스도 다양한 종류의 버튼으로 구성될 때가 많다. 예를 들어 체크박스checkbox도 일종의 버튼이다. 버튼을 단순히 클릭하면 특정한 동작을 수행하는 UI 요소라고만 가정하면 `Button` 클래스에 박스의 체크 상태를 추가해서 `Button` 클래스를 확장하는 방식으로 `Checkbox` 클래스를 정의할 수 있다.

클래스를 is-a 관계로 엮으려면 공통 기능을 **베이스 클래스**base class(상위 클래스)로 묶어서 다른 클래스가 확장할 수 있게 만들어야 한다. 여러 클래스의 코드가 상당 부분 겹치거나 완전히 똑같다면 그 부분을 상위 클래스로 묶어서 빼내는 게 좋다. 그래야 공통적인 부분에서 변경사항이 발생할 때 상위 클래스만 고쳐도 다른 하위 클래스에 수정사항을 똑같이 반영할 수 있다.

1 상속 기법

앞의 예제에서는 구체적인 설명 없이 상속을 소개했다. 다른 클래스를 상속한 파생(하위) 클래스를 **부모 클래스**parent class(상위 클래스, **베이스 클래스**base class, **슈퍼 클래스**superclass)와 구분하는 몇 가지 방법이 있다. 파생 클래스는 이러한 기법들 중 한 개 혹은 여러 개를 조합해서 만든다. 이러한 관계를 'A는 일종의 B로서...라는 특성이 있다'고 표현한다.

기능 추가

파생 클래스는 기능을 더 추가해서 부모 클래스를 확장할 수 있다. 예를 들어 원숭이는 일종의 동물로서 나무에 매달릴 수 있다. 원숭이(`Monkey`) 클래스는 동물(`Animal`) 클래스에 정의된 모든 메서드뿐만 아니라 원숭이 클래스만 가지고 있는 `swingFromTrees()`라는 메서드도 있다.

기능 변경

파생 클래스는 부모 클래스가 가진 메서드를 변경하거나 무시(오버라이드override)할 수 있다. 예를 들어 동물은 대부분 걸어서 이동하므로 `Animal` 클래스에 `move()`란 메서드를 정의한다. 그렇다 할지라도 캥거루도 일종의 동물이지만 걷지 않고 뛰어서 이동한다. 이때 파생 클래스인 캥거루(`Kangaroo`) 클래스는 베이스 클래스인 `Animal` 클래스에 있는 모든 속성과 메서드는 그대로 유지하고 `move()` 메서드의 구현 방식만 변경하면 된다. 물론 상위 클래스에 있는 속성과 메서드를 모두 바꿔야 한다는 것은 상위 클래스가 **추상 클래스**abstract class가 아닌 이상 애초에 설계가 잘못되었다는 뜻이다. 베이스 클래스를 추상 클래스로 정의하면 이를 상속하는 모든 파생 클래스는 베이스 클래스에 구현되지 않은 메서드를 모두 구현해야 한다. 추상 베이스 클래스에 대한 인스턴스는 생성할 수 없다. 추상 베이스 클래스는 10장에서 자세히 설명한다.

속성 추가

베이스 클래스를 상속한 파생 클래스는 새로운 속성을 추가할 수도 있다. 예를 들어 펭귄은 동물이 가진 모든 속성과 더불어 부리 크기beak size란 속성도 가진다.

속성 변경

C++는 메서드를 오버라이드하는 것처럼 속성도 오버라이드할 수 있다. 하지만 이렇게 하는 것이 바람직하지 않을 때가 많다. 베이스 클래스의 속성을 가리기 때문이다. 다시 말해 베이스 클래스는 특정한 이름의 속성에 어떤 값을 가지고 있는 상태에서 파생 클래스가 그 속성과 같은 이름을 정의해서 다른 값을 표현할 수 있다. 이러한 은닉hiding 메커니즘은 10장에서 자세히 소개

한다. 여기서 속성을 변경하는 것과 파생 클래스의 속성값이 다른 것은 완전히 다른 개념이다. 예를 들어 모든 동물은 먹이(diet)라는 속성으로 각자 먹는 먹이를 표현한다. 원숭이는 바나나를 먹고(diet 속성의 값이 banana), 펭귄은 생선을 먹는데(diet 속성의 값이 fish), 이렇게 단순히 속성값만 다른 것과 diet란 속성 자체를 바꾸는 것은 완전 별개다.

2 다형성

다형성(**폴리모피즘**polymorphism)이란 일정한 속성과 메서드를 표준으로 정해두면 그 형식에 맞는 객체라면 어느 것이든 서로 바꿔서 적용할 수 있다는 개념이다. 클래스 정의는 객체와 그 객체를 다루는 코드가 서로 맺는 계약과 같다. 따라서 모든 Monkey 객체는 Monkey 클래스에 정의된 속성과 메서드를 반드시 제공해야 한다.

이 개념은 베이스 클래스에도 그대로 적용된다. 모든 원숭이는 동물이기 때문에 Monkey 객체는 Animal 클래스에 정의된 속성과 메서드를 모두 제공해야 한다.

다형성은 OOP에서 가장 멋진 부분이다. 상속이 제공하는 장점을 제대로 살리기 때문이다. 동물원 예에서 동물원에 있는 모든 동물에 대해 루프를 돌며 각각을 한 번씩 움직인다고 생각해보자. 모든 동물은 Animal 클래스에 속하기 때문에 각자 이동이란 동작을 수행할 수 있다. 어떤 동물은 이동하는 동작에 대한 move 메서드를 오버라이드했을 수도 있는데, 이때 바로 다형성의 진가가 발휘된다. 즉, 구체적인 동물의 종류를 따질 필요 없이 그냥 move 메서드만 실행하는 방식으로 모든 동물을 이동시킬 수 있다.

5.4.3 has-a 관계와 is-a 관계 구분하기

현실에서는 객체에 대한 has-a 관계와 is-a 관계를 쉽게 구분할 수 있다. 오렌지는 과일의 한 종류임이 당연해서(is-a), 오렌지가 과일을 가진다고(has-a) 주장하는 사람은 없을 것이다. 하지만 프로그래밍 세계에서는 이 관계가 분명하지 않을 때가 많다.

키key와 값value을 효율적으로 매핑하는 데이터 구조인 연관 배열associative array을 표현하는 클래스를 생각해보자. 예를 들어 보험회사에서 사용자 ID만으로 간편히 이름을 검색하고 싶다면 ID와 이름을 매핑하는 AssociativeArray 클래스를 만들면 된다. 이때 사용자 ID가 **키**이고, 이름은 **값**이다.

연관 배열의 표준 구현 방식에 따르면 키에 연결된 값은 단 하나다. 예를 들어 ID가 14534인 키가 '스콧 클래퍼'란 이름에 매핑되어 있다면 같은 키로 '마르니 클래퍼'란 이름에는 매핑할 수 없다. 이미 값이 지정된 키에 또 다른 값을 추가하면 기존 값을 덮어쓰도록 구현하는 경우가 많다. 다시 말해 ID 14534에 '스콧 클래퍼'가 매핑된 상태에서 같은 ID의 값을 '마르니 클래퍼'로 할당하면 '스콧 클래퍼'에 대한 정보를 삭제하는 효과가 발생한다. 이를 코드로 표현하면 다음과 같다. 여기에서는 연관 배열에 대한 insert( ) 메서드를 두 번 호출하고, 각각에 대한 연관 배열의 값을 보여주고 있다.

```
myArray.insert(14534, "스콧 클래퍼");
```

키	값
14534	"스콧 클래퍼"[string]

```
myArray.insert(14534, "마르니 클래퍼");
```

키	값
14534	"마르니 클래퍼"[string]

연관 배열과 비슷하면서 키 하나에 여러 값을 매핑할 수 있는 데이터 구조를 얼마든지 만들 수 있다. 앞에서 든 보험회사의 예에서 가족 정보를 저장하는 데이터 구조에서 ID 하나에 여러 이름이 매핑되도록 만든다고 생각해보자. 이러한 데이터 구조는 연관 배열과 비슷하기 때문에 연관 배열에서 제공하는 기능을 최대한 활용하면 좋다. 연관 배열은 키 하나가 단 한 개의 값만 가질 수 있지만, 값을 표현하는 타입에는 제한이 없다. 따라서 값을 스트링 대신 배열이나 리스트와 같은 컬렉션으로 표현해서 한 키로 여러 값을 담게 만들면 된다. 그러므로 이미 있는 ID에 구성원을 추가하려면 값을 표현하는 컬렉션에 이름을 추가하면 된다. 이를 코드로 표현하면 다음과 같다.

```
Collection collection;              // 컬렉션을 새로 만든다.
collection.insert("스콧 클래퍼");    // 컬렉션에 새 항목을 추가한다.
myArray.insert(14534, collection); // 이 컬렉션을 테이블에 추가한다.
```

키	값
14534	{"스콧 클래퍼"}[collection]

```
Collection collection = myArray.get(14534); // 앞서 저장한 컬렉션을 가져온다.
collection.insert("마르니 클래퍼");             // 이 컬렉션에 새 항목을 추가한다.
myArray.insert(14534, collection);             // 수정된 컬렉션을 테이블에 반영한다.
```

키	값
14534	{"스콧 클래퍼", "마르니 클래퍼"}[collection]

스트링 대신 컬렉션 타입으로 값을 다루다 보면 중복되는 코드가 많아지고 작업이 번거로울 수 있다. 따라서 이렇게 여러 값을 저장하는 기능을 MultiAssociativeArray란 이름의 클래스로 빼내면 좋다. MultiAssociativeArray 클래스는 AssociativeArray와 비슷하지만 내부적으로 키에 대한 값을 스트링 하나가 아닌 여러 스트링에 대한 컬렉션으로 저장한다. MultiAssociativeArray는 데이터를 저장할 때 연관 배열을 사용한다는 점에서 분명히 AssociativeArray와 관련 있다. 하지만 그 관계를 is-a로 구현할지 아니면 has-a로 구현할지 불분명하다.

먼저 is-a 관계로 구현해보자. MultiAssociativeArray를 AssociativeArray의 파생 클래스로 정의한다. 그러면 배열에 항목을 추가하는 insert() 메서드가 컬렉션을 새로 만들어서 원소를 추가하거나, 기존 컬렉션을 조회해서 새 원소를 추가하도록 오버라이드한다. 또한 값을 조회하는 get() 메서드도 오버라이드한다. 그런데 좀 복잡한 문제가 있다. 오버라이드한 get() 메서드는 컬렉션이 아닌 값 하나를 리턴한다. 그렇다면 MultiAssociativeArray는 어떤 값을 리턴해야 할까? 한 가지 방법은 주어진 키에 연관된 첫 번째 값을 리턴하는 것이다. getAll() 메서드도 추가해서 주어진 키에 연관된 모든 값을 가져오게 만든다. 나름 괜찮은 방법이다. 베이스 클래스의 메서드를 모두 오버라이드하긴 했지만 여전히 파생 클래스 안에서 기존 메서드를 사용하기 때문에 베이스 클래스의 메서드를 활용한다고 볼 수 있다. 지금까지 설명한 방식을 UML 클래스 다이어그램으로 표현하면 [그림 5-5]와 같다.

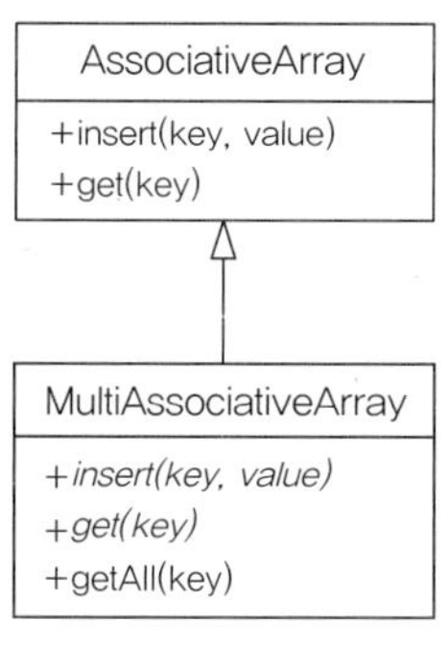

그림 5-5

이번에는 has-a 관계로 만들어보자. MultiAssociativeArray 클래스는 AssociativeArray 클래스와는 별개지만 그 안에 MultiAssociativeArray 객체를 가지고 있다(has-a 관계). 인터페이스는 AssociativeArray와 비슷해도 되지만 반드시 똑같이 구성할 필요는 없다. 내부 동작을 살펴보면 사용자가 MultiAssociativeArray에 항목을 추가하면 이를 컬렉션에 담아서 AssociativeArray 객체에 추가한다. 이 방식도 나름 합리적이다. [그림 5-6]은 이 방식으로 구성한 결과를 UML 클래스 다이어그램으로 보여주고 있다.

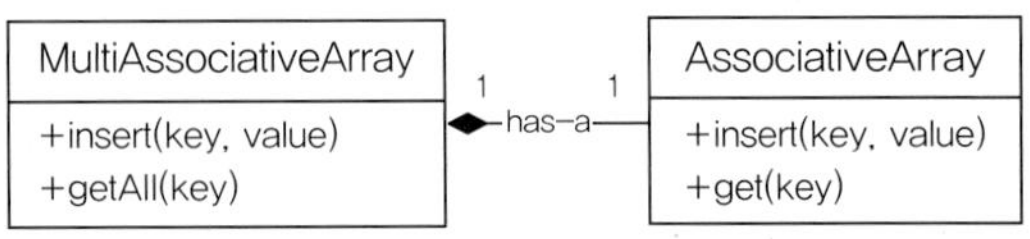

그림 5-6

그렇다면 둘 중 어느 방식이 더 바람직할까? 사실 어느 하나가 뚜렷이 낫다고 말하기 힘들다. 실전용 코드를 작성하던 친구는 MultiAssociativeArray 클래스를 has-a 관계로 구현할 수 있다. 주된 이유는 연관 배열 기능 구현을 건드리지 않고도 외부에 공개된 인터페이스를 수정하기 쉽기 때문이다. 예를 들어 [그림 5-6]을 보면 AssociativeArray의 get( ) 메서드가 MultiAssociativeArray에서는 getAll( )로 변경되었는데, 주어진 키에 대한 모든 값을 가져오기 위해서다. 또한 has-a 관계로 구현하면 연관 배열 기능이 변형될 걱정을 할 필요가 없다. 예를 들어 기존 연관 배열 클래스에 모든 키에 대한 값의 총 개수를 리턴하는 메서드가 있다면 MultiAssociativeArray에서 명시적으로 수정하지 않는 한 예상한 개수만큼 컬렉션을 리턴할 것이다.

이와 달리 MultiAssociativeArray는 기능이 더 추가된 일종의 AssociativeArray이므로 is-a 관계로 봐야 한다고 주장할 수도 있다. 여기서 핵심은 두 관계를 구분하는 기준이 확실하지 않을 때가 많다는 데 있다. 따라서 구현할 클래스의 용도를 분석하고, 기존 클래스에 있는 기능을 단순히 이용하기만 하는지 아니면 기존 기능을 변경하거나 새 기능을 추가하는지 확실히 파악해야 한다.

MultiAssociativeArray 클래스를 is-a로 만들어야 할지 아니면 has-a로 만들어야 할지에 대한 이유를 정리하면 다음 표와 같다.

	is-a	has-a
지지 이유	속성만 다를 뿐 추상화 방식은 근본적으로 같다. MultiAssociativeArray에서 제공하는 메서드는 AssociativeArray와 별 차이 없다.	MultiAssociativeArray는 AssociativeArray에서 제공하는 메서드에 구애받지 않고 마음껏 원하는 메서드를 추가할 수 있다. 외부에 드러난 메서드를 변경하지 않고도 AssociativeArray와는 다른 방식으로 얼마든지 변경할 수 있다.
반대 이유	연관 배열의 정의에 따르면 반드시 키 하나에 값도 하나만 가져야 한다. 따라서 MultiAssociativeArray는 연관 배열이라 볼 수 없다. MultiAssociativeArray는 AssociativeArray에서 제공하는 두 메서드를 모두 오버라이드하는데, 이것만 봐도 설계가 잘못되었다는 것을 알 수 있다. AssociativeArray에서 잘못된 속성이나 메서드가 MultiAssociativeArray에 악영향을 미칠 수 있다.	MultiAssociativeArray는 메서드만 새로 고칠 뿐 실질적으로는 기존에 있는 것을 다시 만드는 것이다. 부족한 속성이나 메서드는 AssociativeArray에 추가해도 충분하다.

위 표를 보면 이 경우에는 is-a를 반대하는 이유가 꽤 설득력 있다. 이때 '동작을 바꾸지 않고도 베이스 클래스 대신 파생 클래스를 사용할 수 있어야 한다'는 **LSP** Liskov Substitution Principle (**리스코프 치환 원칙**)를 적용하면 is-a 관계와 has-a 관계를 쉽게 구분할 수 있다. 이 원칙을 적용하면 앞에서 본 예제는 has-a 관계로 봐야 한다. 기존에 AssociativeArray를 사용하던 곳에 곧바로 MultiAssociativeArray를 사용할 수 없기 때문이다. 그렇게 하려면 동작을 변경해야 한다. 예를 들어 AssociativeArray의 insert( ) 메서드는 값이 매핑된 키에 다른 값을 추가하면 기존 값을 삭제하는 반면 MultiAssociativeArray는 같은 상황에서 값을 삭제하지 않는다.

이 절에서 자세히 소개하고 있는 두 가지 방식 외에도 다른 방식으로 구성할 수 있다. 예를 들어 AssociativeArray가 MultiAssociativeArray를 상속할 수도 있고, AssociativeArray 안에 MultiAssociativeArray가 있을 수도 있고, 둘 다 공통 베이스 클래스를 상속하도록 구성할 수도 있다. 일반적으로 설계 방법은 여러 가지인 경우가 많다.

앞서 소개한 두 가지 방법 중 굳이 하나를 선택하라고 한다면 필자의 오랜 경험에 비춰볼 때 is-a보다는 has-a를 선택하는 것이 좋다.

여기서 소개한 AssociativeArray와 MultiAssociativeArray는 단지 is-a와 has-a 관계의 차이를 보여주기 위한 것이다. 실전에서는 연관 배열을 직접 구현하지 말고 표준 라이브러리에서 제공하는 클래스를 사용하는 것이 바람직하다. C++ 표준 라이브러리에서는 앞서 소개한

AssociativeArray와 MultiAssociativeArray에 해당하는 클래스를 각각 map과 multimap이라는 이름으로 제공하고 있다. 이 두 클래스는 18장에서 자세히 소개한다.

5.4.4 not-a 관계

두 클래스 관계 중 어느 것이 적합한지 따지기 전에 먼저 그런 관계가 성립할 수 있는지부터 살펴봐야 한다. OOP에 대한 의욕이 넘친 나머지 불필요한 클래스 및 파생 클래스 관계를 쏟아내지 않도록 주의한다.

현실에서는 이런 관계가 분명히 드러나지만 코드로 옮기면 관계가 불분명해지는 대상을 표현할 때 이런 실수를 저지르기 쉽다. 객체지향 방식으로 계층을 구성하려면 억지로 관계를 형성하지 말고 **기능** 관점에서 관계를 표현해야 한다. [그림 5-7]에 나온 관계는 계층이나 존재론ontology의 관점에서는 의미가 있을지 몰라도 실제 코드에서는 중요하지 않다.

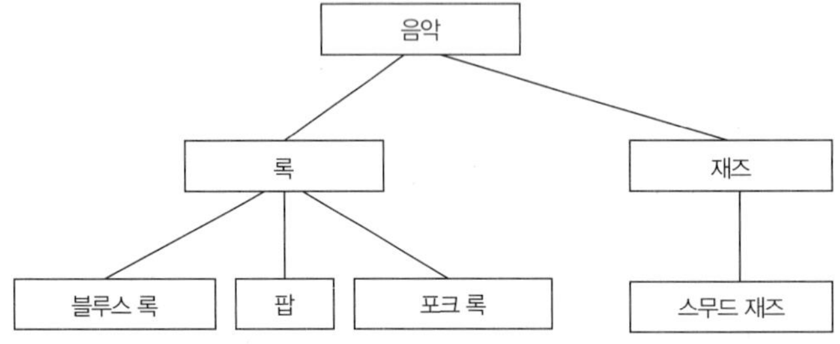

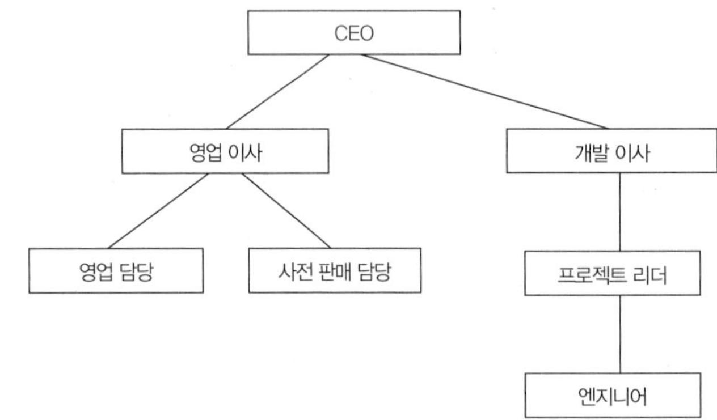

그림 5-7

이렇게 불필요한 상속 관계를 만들지 않으려면 먼저 설계 초안부터 그려보면 좋다. 모든 클래스와 파생 클래스마다 어떤 속성과 메서드를 넣으면 좋을지 적는다. 특별히 속성이나 메서드를 갖지 않는 클래스가 있거나 추상 베이스 클래스가 아닌 클래스의 속성과 메서드를 다른 파생 클래스에서 모두 오버라이드한다면 설계를 바꾸는 것이 좋다.

5.4.5 클래스 계층

A 클래스가 B 클래스의 베이스 클래스가 될 수 있듯이 B 클래스도 C 클래스의 베이스 클래스가 될 수 있다. 객체지향 계층은 클래스 관계를 이렇게 여러 계층으로 표현한다. 예를 들어 [그림 5-8]처럼 동물원에 있는 각 동물에 대한 클래스가 모두 `Animal` 클래스를 상속하는 파생 클래스로 설계할 수 있다.

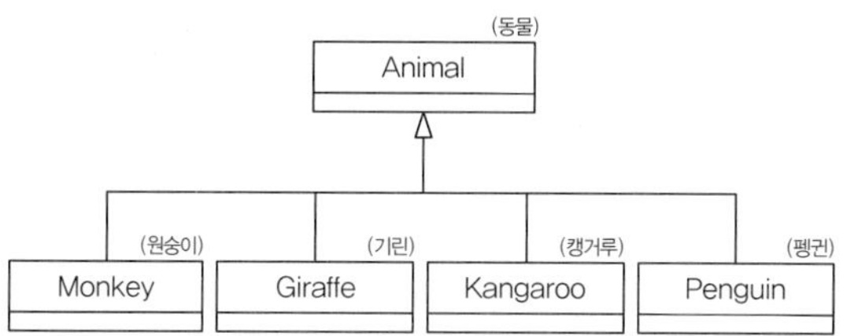

그림 5-8

각 파생 클래스를 구현하다 보면 여러 가지 공통점을 발견할 수 있다. 그렇다면 이런 부분은 부모 클래스로 옮기는 게 좋다. 사자와 표범의 이동 방식과 먹이가 같다면 `Lion` 클래스와 `Panther` 클래스를 포괄하는 `BigCat` 클래스를 만드는 것이 바람직하다. 좀 더 세분화해서 `Animal` 클래스를 물에 사는 동물에 대한 `WaterAnimal` 클래스와 유대동물(주머니에 새끼를 넣어 키우는 동물)에 대한 `Marsupial` 클래스로 나눠도 좋다. 이렇게 클래스 사이의 공통점을 토대로 좀 더 계층화하면 [그림 5-9]과 같다.

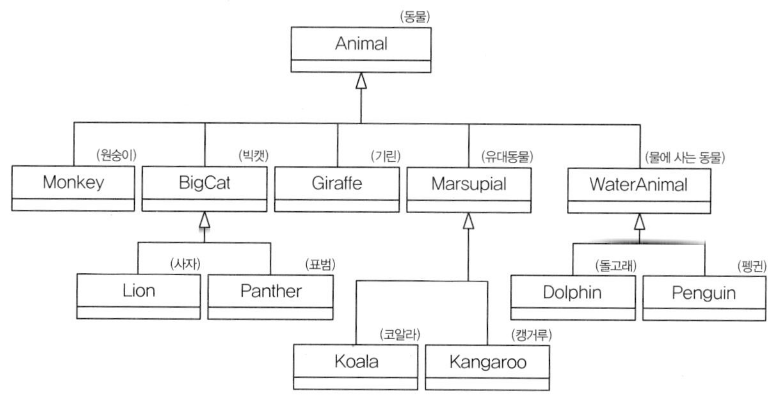

그림 5-9

물론 생물학자 관점에서 보면 부족한 점이 많다. 사실 펭귄과 돌고래는 서로 다른 과科에 속한다. 그래도 코드로 표현하는 데는 충분하다. 구현할 때는 현실 세계에서 볼 수 있는 관계와 공통 기능 관점으로 분류한 관계 사이의 균형을 적절히 조절할 필요가 있다. 현실에서는 서로 밀접한 관계에 있더라도 코드에서는 기능면에서 아무런 관계가 없을 수도 있다. 현실 관점에서 보면 동물을 먼저 포유류와 어류로 나눠야겠지만 베이스 클래스를 구현하는 입장에서는 둘 사이에서 뽑아낼 공통점이 없다.

또 한 가지 명심할 점은 계층을 얼마든지 다르게 구성할 수 있다는 것이다. 앞에서 본 계층은 주로 동물의 이동 방식의 관점에서 분류했다. 이렇게 하지 않고 먹이나 키와 같은 다른 기준에 따라 얼마든지 구성할 수 있다. 결국 핵심은 클래스의 활용 방법에 있다. 구체적인 요구사항에 따라 객체 계층을 설계한다.

제대로 구성된 객체지향 계층은 다음과 같은 특성을 갖는다.

- 기능적으로 의미 있는 관계에 따라 클래스를 구성한다.
- 공통 기능을 베이스 클래스로 뽑아냈기 때문에 코드를 재활용하기 쉽다.
- 부모가 추상 클래스가 아닌 이상 부모의 기능을 과도하게 오버라이딩하는 파생 클래스가 없다.

5.4.6 다중 상속

지금까지 살펴본 예제는 모두 단일 상속으로 구성했다. 다시 말해 파생 클래스의 바로 위 부모 클래스는 하나뿐이다. 그런데 반드시 이렇게 할 필요는 없다. 다중 상속을 통해 베이스 클래스를 여러 개 둘 수 있다.

[그림 5-10]은 다중 상속을 적용한 예다.

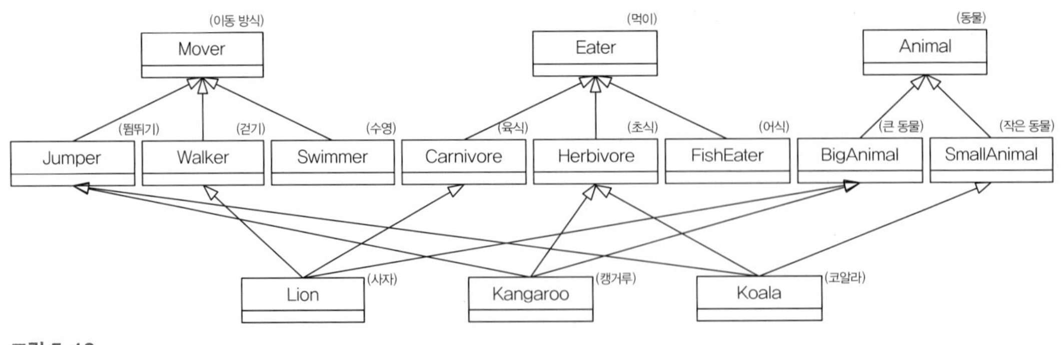

그림 5-10

이전처럼 Animal이라는 베이스 클래스가 있지만 여기에서는 크기에 따라 세분화했다. 또한 먹이와 이동 방식에 따라 구성한 계층도 있다. 따라서 구체적인 동물의 종류는 이러한 세 가지 베이스 클래스를 상속한 파생 클래스로 표현된다.

이번에는 사용자가 클릭할 수 있는 이미지로 사용자 인터페이스를 구성한다고 생각해보자. 이 객체는 버튼이기도 하고 이미지기도 하다. 따라서 [그림 5-11]과 같이 Button 클래스와 Image 클래스를 모두 상속해야 한다.

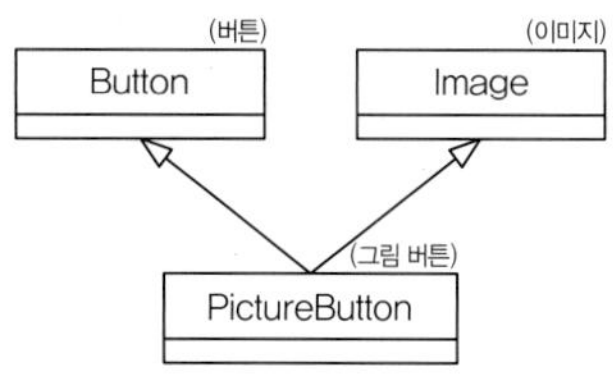

그림 5-11

다중 상속이 꼭 필요할 때가 있긴 하지만 단점도 많기 때문에 사용할 때 각별히 주의해야 한다. 다중 상속을 싫어하는 개발자도 많다. C++에서는 다중 상속을 직접 지원하지만 자바는 인터페이스와 추상 베이스 클래스에 대해서만 다중 상속을 지원하고 일반 클래스에 대해서는 지원하지 않는다. 다중 상속을 반대하는 이유는 다음과 같이 여러 가지가 있다.

첫째, 다중 상속 관계는 시각적으로 표현하기 복잡하다. [그림 5-10]에서 보듯이 다중 상속 관계를 표현하는 선분이 엇갈려서 굉장히 간단한 클래스임에도 불구하고 상당히 복잡해 보인다. 본래 클래스 계층은 코드에 반영된 클래스 관계를 프로그래머가 쉽게 이해할 수 있어야 한다. 그런데 다중 상속으로 인해 클래스의 부모가 여러 개라서 각 클래스의 관계를 명확히 파악하기 힘들다. 코드에서 이런 클래스를 많이 사용할수록 구조를 파악하는 것이 불가능해질 수 있다.

둘째, 다중 상속 때문에 구조의 명확성이 깨질 수 있다. 동물원 예를 다중 상속을 적용하도록 설계를 변경하면 Animal이란 베이스 클래스의 역할이 줄어든다. 동물에 관련된 코드가 세 가지 서로 다른 계층으로 갈라지기 때문이다. [그림 5-10]을 보면 세 계층이 명확히 드러나지만, 실제로 코드로 구현하다 보면 금세 복잡해진다. 예를 들어 뛰어다니는 동물마다 뛰는 방식이 다를 뿐만 아니라 먹이도 다르다는 것을 발견해서 이동과 먹이라는 개념을 합치고 싶은데, 두 개념이 서로 별개의 계층으로 구성되어 또 다른 파생 클래스를 추가할 수밖에 없다.

셋째, 다중 상속은 구현하기 힘들다. 여러 베이스 클래스 중에서 두 개가 서로 이름은 같은데 동작은 다르게 구현되어 있다면 어떻게 될까? 서로 다른 두 베이스 클래스를 하나의 공통 베이스 클래스의 파생 클래스로 만들 수 있을까? 이러한 문제로 인해 구현이 복잡해진다. 이렇게 복잡한 관계는 코드로 표현하기 힘들 뿐만 아니라 그 코드를 이해하기도 어려워진다.

다른 언어에서 다중 상속을 지원하지 않는 주된 이유는 다중 상속을 사용할 일이 많지 않기 때문이다. 프로젝트 설계에 대한 결정 권한이 있다면 다중 상속을 피하도록 얼마든지 계층을 재구성할 수 있다.

5.4.7 믹스인 클래스

믹스인 클래스mixin class (첨가 클래스)는 지금까지 소개한 것과 다른 종류의 클래스 관계를 표현한다. C++에서 믹스인의 문법은 다중 상속과 같지만 의미는 전혀 다르다. 믹스인 클래스는 '이 클래스가 할 수 있는 일이 또 뭐가 있나?'라는 질문에 '~도 할 수 있다'라는 답을 제시한다. 믹스인 클래스는 is-a 관계를 완전히 구현하지 않고도 기능을 추가할 때 사용한다. 일종의 **공유** 관계라고 볼 수 있다.

다시 동물원의 예를 들어보자. 여기 있는 동물 중에서 쓰다듬어도 되는 동물을 표현하고 싶다고 하자. 다시 말해 관람객을 물거나 상처 입힐 걱정 없이 누구나 쓰다듬을 수 있도록 이러한 동물에 '쓰다듬기'란 동작을 추가하려는 것이다. 쓰다듬을 수 있는 동물끼리 서로 공통점이 전혀 없을 수도 있다. 또 하나 기존에 만든 계층을 깨뜨리면 안 된다. 따라서 쓰다듬는 동작을 Pettable 이란 믹스인 클래스로 만드는 것이 바람직하다.

믹스인 클래스는 사용자 인터페이스 코드에서 흔히 볼 수 있다. PictureButton 클래스가 모두 Image와 Button을 상속한다고 표현하는 대신 클릭할 수 있는(Clickable을 구현한) Image라고 표현할 수 있다. 예를 들어 데스크톱에 있는 폴더 아이콘은 Draggable과 Clickable을 구현한(드래그할 수 있고 클릭할 수 있는) Image로 표현할 수 있다. 개발자들은 믹스인 클래스 이름을 재밌게 잘 짓는다.

믹스인 클래스와 베이스 클래스의 차이점은 코드보다는 생각하는 방식에 있다. 일반적으로 믹스인 클래스는 상당히 제한된 용도로만 사용하기 때문에 다중 상속보다 이해하기 훨씬 쉽다. Pettable 믹스인 클래스는 기존 클래스에 동작 하나만 추가한다. Clickable 믹스인 클래스는 'mouse down'과 'mouse up'이란 두 가지 동작만 추가할 뿐이다. 또한 믹스인 클래스는 거대한 계층 구조를 형성할 일이 드물어서 기능이 서로 충돌할 가능성도 낮다. 믹스인 클래스는 32장에서 자세히 소개한다.

5.5 정리

이 장에서는 OOP 설계에 대한 개념을 최소한의 코드 예제만으로 살펴봤다. 여기서 배운 개념은 거의 모든 객체지향 언어에 적용할 수 있다. 그중 일부는 이미 알고 있을 수도 있고, 또 어떤 것은 예전에 알던 것을 새로운 시각으로 보게 되었을 수도 있다. 이 과정에서 기존에 겪은 문제에 당장 적용해보고 싶은 것도 있을 수 있고, 팀원에게 항상 주장하던 바를 뒷받침할 만한 내용도 건졌을 것이다. 객체지향 프로그래밍을 처음 해보거나, 경험이 많지 않더라도 이 장에서 설명한 내용을 이해했다면 OOP 설계 방법에 대해 경험이 풍부한 C++ 프로그래머보다 더 많은 것을 알고 있는 셈이다.

객체 사이의 관계는 반드시 이해하고 넘어가야 한다. 객체 사이의 관계를 잘 설정하면 단순히 코드의 재활용성이나 간결성에 도움이 될 뿐만 아니라 팀 단위로 협업을 하는 데도 도움이 된다. 의미가 잘 반영된 객체 관계는 이해하기도 쉽고 유지 보수하기도 편하다. 나중에 프로그램을 설계할 때 5.4절 '클래스 관계'에서 설명한 내용을 명심하고 작업하면 도움이 될 것이다.

다음 장에서는 재활용을 고려한 코드 설계 방법을 소개하면서 설계와 관련된 주제를 이어나간다.

5.6 연습 문제

이 장에서 소개한 내용을 직접 써보기 위해 다음 연습 문제를 풀어보자. 연습 문제에 대한 정답은 이 책의 웹사이트(www.wiley.com/go/proc++5e)에서 다운로드할 수 있다. 문제를 풀다가 막히면 정답부터 찾지 말고 먼저 앞에서 설명한 부분을 다시 읽고 직접 답을 찾아보려고 애쓰기 바란다.

여기서 소개하는 연습 문제에는 정답이 하나만 있는 것이 아니다. 이 장에서 배운 내용을 실제로 설계할 때 다양한 방법으로 할 수 있고 각각 장단점이 존재한다. 연습 문제에 대한 모범 답안은 여러 방법 중 하나를 제시할 뿐이며, 여러분이 얼마든지 더 나은 방법을 제시할 수 있다.

연습 문제 5-1 자동차 레이싱 게임을 만든다고 하자. 우선 자동차에 대한 모델링부터 해야 한다. 여기에서는 자동차 종류가 단 하나라고 가정한다. 자동차의 인스턴스마다 엔진의 현재 출력, 현재 연비, 타이어 공기압, 전조등 On/Off, 와이퍼 작동 여부 등과 같은 속성을 관리해야 한다. 플레이어는 자기 차의 엔진과 타이어와 전조등, 와이퍼 등을 얼마든지 원하는 대로 설정할 수 있어야 한다. 이를 만족하는 자동차 설계를 제시하고 그 이유를 설명해보자.

연습 문제 5-2 [연습 문제 5-1]에서 설계한 자동차 모델을 토대로, 사람이 직접 운전할 수도 있고, 인공 지능에 의한 자율주행도 지원하도록 개선한 모델을 제시해보자.

연습 문제 5-3 인사팀 애플리케이션에 다음과 같은 세 가지 클래스가 있다고 하자.

- `Employee`: 직원 ID, 연봉, 입사일 등의 정보를 관리한다.
- `Person`: 이름과 주소를 관리한다.
- `Manager`: 팀원을 관리한다.

이를 [그림 5-12]와 같이 구성했을 때 수정할 부분은 없을까? 이 다이어그램은 [연습 문제 5-4]에서 다시 사용하기 때문에 각 클래스의 속성과 동작은 보여주지 않았다.

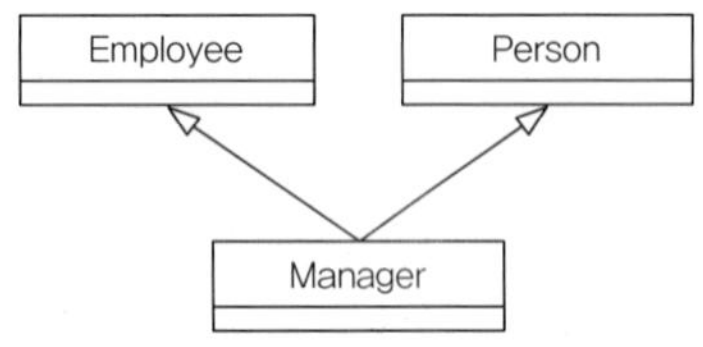

그림 5-12

연습 문제 5-4 [연습 문제 5-3]에서 완성한 클래스 다이어그램을 토대로 몇 가지 동작과 속성을 추가해보자. 그리고 매니저가 팀원을 관리한다는 사실도 반영해보자.

CHAPTER 6

재사용을 고려한 설계

이 장의 내용

- 재사용 철학: 코드를 재사용하도록 설계해야 하는 이유
- 재사용 가능한 코드 설계 방법
- 추상화 활용 방법
- 재사용을 위한 코드 구조화 전략
- 사용성 높은 인터페이스를 위한 6가지 설계 전략
- 범용성과 사용 편의성 사이의 타협점을 찾는 방법
- SOLID 원칙

4장에서 설명했듯이 프로그램을 구성하는 코드나 라이브러리를 재사용할 수 있도록 설계하는 것은 전략적으로 중요하다. 하지만 다른 사람이 작성한 코드를 재사용할 줄 아는 것으로는 충분하지 않다. 재사용 가능한 코드를 직접 설계하고 작성할 수 있어야 한다. 한 번쯤 경험해봤겠지만 설계가 잘된 라이브러리와 그렇지 않은 라이브러리의 차이는 상당하다. 설계가 잘된 라이브러리는 사용하기 편하지만, 잘못 설계된 라이브러리는 버리고 그냥 직접 만들고 싶은 마음이 들게 한다. 라이브러리를 구현할 때 다른 프로그래머가 사용할 목적으로 만드는 것이든 아니면 그저 클래스 계층을 구성하기 위한 것이든 항상 재사용 가능성을 염두에 두고 코드를 설계해야 한다. 그래야 나중에 다른 프로젝트에서 비슷한 기능이 필요할 때 다시 구현하지 않아도 된다.

4장에서는 다른 사람이 작성한 코드나 라이브러리를 내 프로그램에 통합하는 관점으로 재사용에 대해 살펴봤을 뿐 재사용 가능한 코드를 작성하는 방법은 설명하지 않았다. 이 장에서는 그 방법을 소개한다. 참고로 이 방법은 5장에서 소개한 객체지향 설계 원칙에 바탕을 두고 있다.

6.1 재사용 철학

코드는 반드시 작성자나 다른 프로그래머가 재사용할 수 있게 설계해야 한다. 이 원칙은 다른 프로그래머에게 제공할 라이브러리나 프레임워크를 만들 때뿐만 아니라 자신이 작성하는 프로그램에서 사용할 클래스나 서브시스템, 컴포넌트 등을 설계할 때도 똑같이 적용된다. 항상 다음 원칙을 명심한다.

- 작성은 한 번, 사용은 여러 번
- 무슨 수를 쓰더라도 코드 중복은 피한다.
- 같은 일을 반복하지 않는다(DRY – Don't Repeat Yourself).

이에 대한 근거는 다음과 같다.

- **코드를 한 프로그램에서만 사용하는 경우는 극히 드물다.** 언젠가 다른 곳에서 사용할 일이 얼마든지 있다. 따라서 처음부터 제대로 설계한다.
- **재사용할 수 있게 설계하면 시간과 비용을 절약할 수 있다.** 재사용할 수 없게 설계하면 나중에 자신뿐만 아니라 동료가 비슷한 기능이 필요할 때 똑같은 코드를 다시 구현하느라 시간을 허비할 수 있다.
- **팀 내 다른 프로그래머도 활용할 수 있도록 작성한다.** 프로젝트를 혼자서 진행하는 경우는 거의 없다. 잘 설계해서 기능이 알찬 라이브러리와 코드를 제공하면 팀원에게 도움이 된다. 재사용을 고려한 설계를 **협력 코딩**(cooperative coding)이라고도 부른다.

- **재사용성이 낮으면 코드 중복이 늘어난다.** 중복된 코드가 많으면 유지 보수하기 힘들어진다. 중복된 코드에서 버그가 발생하면 그 코드를 모두 찾아서 고쳐야 한다. '복사하여 붙여넣기' 작업이 많다 싶으면 헬퍼 함수나 클래스로 따로 빼는 것이 좋다.
- **재사용하기 좋은 코드의 첫 번째 수혜자는 바로 작성자 자신이다.** 경험이 풍부한 프로그래머는 작성한 코드를 함부로 버리지 않고 개인용 라이브러리 형태로 구축한다. 비슷한 기능이 나중에 언제 필요하게 될지 알 수 없기 때문이다.

CAUTION_ 회사 소속으로 설계하고 작성한 코드의 지적재산권은 일반적으로 회사에 귀속된다. 퇴직 후에도 그 코드를 계속 보유하면 법을 위반하게 되는 경우가 많다. 프리랜서가 클라이언트에게 줄 코드를 작성할 때도 마찬가지다.

6.2 코드를 재사용할 수 있도록 설계하는 방법

코드를 재사용할 수 있게 만드는 방법은 크게 두 가지다.

- 첫째, 용도나 분야가 약간 달라도 충분히 사용할 수 있도록 범용성을 갖춰야 한다. 특정한 용도에 너무 특화된 프로그램 컴포넌트는 다른 프로그램에서 재사용하기 힘들다.
- 둘째, 재사용 가능한 코드는 사용하기 쉽게 만들어야 한다. 인터페이스와 기능을 금방 이해해서 자신이 만드는 애플리케이션에 즉시 적용할 수 있어야 한다.

코드를 클라이언트에 전달하는 방식도 중요하다. 프로젝트 코드에 즉시 통합할 수 있도록 소스 코드 상태로 전달할 수도 있다. 또는 애플리케이션에 링크할 수 있도록 정적 라이브러리로 제공하거나, 윈도우의 DLL^Dynamic Link Library^(`.dll`)이나 리눅스의 공유 객체^shared object^(`.so`)와 같은 동적 라이브러리로 전달할 수 있다. 코드 전달 방식에 따라 설계 제약사항도 달라진다.

NOTE_ 이 장에서 말하는 '클라이언트(client)'란 여러분이 작성한 인터페이스를 사용하는 프로그래머를 말한다. 프로그램을 실행하는 '사용자(유저)'가 아니다. 또한 이 장에서 말하는 '클라이언트 코드'는 여러분이 작성한 인터페이스를 사용하도록 작성된 코드를 말한다.

재사용할 수 있는 코드를 설계하는 데 가장 중요한 부분은 **추상화**^abstraction^다.

6.2.1 추상화 방법

추상화의 핵심은 **인터페이스**interface와 **구현**implementation을 실질적으로 분리하는 데 있다. 여기서 구현은 원하는 작업을 달성하기 위해 작성한 코드를 뜻하고, 인터페이스는 이렇게 작성한 코드를 다른 사람들이 사용하기 위한 수단이다. C에서는 라이브러리에 있는 함수를 담은 헤더 파일이 인터페이스 역할을 담당했다. OOP에서 인터페이스란 외부에서 접근할 수 있는 클래스의 속성과 메서드로 구성된다. 잘 정의한 인터페이스는 공용public 메서드만 가지고 있다. 클래스의 속성은 절대로 공개하면(즉, public으로 지정하면) 안 되고, **게터**getter(접근자)와 **세터**setter(설정자)라 부르는 공용 메서드를 통해서 접근하도록 구성해야 한다.

4장에서 이에 대한 현실 세계의 비유로 TV에 대한 예를 들면서 내부 작동 방식을 알 필요 없이 인터페이스만으로 사용한다는 개념을 설명한 바 있다. 코드를 설계할 때도 이와 마찬가지로 인터페이스와 구현을 분명히 구분해야 한다. 그러면 코드를 더 쉽게 사용할 수 있게 되는데, 가장 큰 이유는 클라이언트가 그 기능을 사용하는 데 있어 내부 구현은 구체적으로 몰라도 되기 때문이다.

추상화를 적용하면 코드를 작성한 자신뿐만 아니라 그 코드를 사용하는 클라이언트에게도 도움이 된다. 클라이언트에게 도움이 되는 이유는 구체적인 구현사항에 신경쓰지 않아도 되기 때문이다. 그러므로 코드의 구체적인 작동 방식을 이해하지 않고도 그 기능을 이용할 수 있다. 코드 작성자에게 도움이 되는 이유는 인터페이스를 변경하지 않고도 내부 구현 코드를 쉽게 수정할 수 있기 때문이다. 따라서 클라이언트의 코드 사용 방식을 바꾸지 않고도 업그레이드나 버그 픽스를 진행할 수 있다. 동적 링크 라이브러리를 활용하면 클라이언트가 실행 파일을 다시 빌드할 필요도 없다. 마지막으로 라이브러리 작성자 입장에서 그 라이브러리의 주요 기능과 이에 대한 바람직한 사용법을 명시할 수 있다는 것도 장점이다. 문서화 방법은 3장을 참조한다. 인터페이스와 구현을 명확히 분리하면 해당 라이브러리를 사용하는 클라이언트가 작성자의 의도와는 다르게 코드를 활용하면서 예상치 못한 동작이나 버그가 발생하는 상황을 막을 수 있다.

CAUTION_ 인터페이스를 설계할 때는 구현 세부사항을 클라이언트에 드러내지 않는다.

어떤 라이브러리는 한 인터페이스에서 리턴한 정보를 다른 곳에 전달하기 위해 클라이언트 코드에서 보관한다. 이렇게 보관하는 정보를 **핸들**handle이라 부르는데, 라이브러리에서 여러 함수나 메서드를 호출하는 과정에서 특정 인스턴스의 상태를 유지하는 데 주로 사용한다. 라이브러리에서 핸들을 사용하도록 설계할 때는 내부 구현사항을 드러내면 안 된다. 이러한 핸들은 불투명 클래스로 구현한다. **불투명**opaque 클래스란 내부 데이터 멤버를 직접 접근하지 못하게 하거나 게터나 세터로 간접적으로 접근하게 만든 클래스다. 절대 핸들 내부의 변수를 클라이언트 코드가 직접 조작할 수 없게 만든다. 잘못 설계된 예로 불투명해야 할 핸들에서 에러 로그 저장 기능을 켜기 위해 구조체의 특정한 멤버를 클라이언트가 직접 설정하게 만든 경우를 들 수 있다.

> **NOTE_** 아쉽게도 C++는 바람직한 추상화 원칙을 적용해서 클래스를 작성하기가 근본적으로 힘들게 되어 있다. C++ 문법에 따르면 `public` 인터페이스와 비 `public`(`private` 또는 `protected`) 데이터 멤버 및 메서드를 모두 한 클래스 정의에서 작성할 수밖에 없기 때문에 클래스의 내부 구현사항이 클라이언트에게 어느 정도 노출될 수밖에 없다. 깔끔한 인터페이스를 구성하도록 이를 보완하는 기법은 9장에서 소개한다.

추상화 원칙은 너무나 중요해서 설계 과정 전반에 적용해야 한다. 이 과정에서 필요한 결정을 내릴 때마다 자신이 작성한 코드가 추상화 원칙을 따르는지 확인한다. 클라이언트 입장에서 이 인터페이스를 사용하려면 내부 구현사항을 알아야 하는지 검토해본다. 이 원칙을 벗어나는 경우는 거의 없어야 한다.

추상화를 통해 재사용할 수 있는 코드를 설계할 때는 다음 두 가지 사항에 주안점을 두어야 한다.

- 첫째, **코드를 적절하게 구성**해야 한다. 클래스 계층 구조와 템플릿 사용 여부, 서브시스템으로 나누는 방식 등을 고려한다.
- 둘째, 여러분이 작성한 라이브러리나 코드의 기능을 사용하는 데 '진입점' 역할을 하는 **인터페이스를 설계**한다.

이 두 가지 주제는 이어지는 절에서 자세히 설명한다.

6.2.2 재사용에 최적화된 코드 구조화

코드를 재사용할 수 있게 만들기 위해서는 설계를 시작할 때부터 함수와 이를 구성한 클래스부터 라이브러리나 프레임워크 전체에 이르기까지 모든 계층을 전반적으로 고려해야 한다. 이러한 다양한 계층을 **컴포넌트**component라 부른다. 여기서 소개하는 전략을 따르면 코드의 구조를 제대로 구성할 수 있다. 이러한 전략은 모두 코드의 범용성을 높이기 위한 것이다. 또한 재사용 가능한 코드 설계를 위해서는 사용하기 쉬워야 한다. 이 부분은 6.2.3절 '사용성 높은 인터페이스 설계'에서 자세히 설명한다.

1 서로 관련 없거나 논리적으로 구분되는 개념을 합치지 않기

컴포넌트는 반드시 한 작업만 처리하거나 여러 작업이라도 서로 성격이 같은 것들만 처리하도록 설계해야 한다. 다시 말해 **응집도**cohesion를 높이는 데 주력해야 한다. 이를 **단일 책임 원칙** Single Responsibility Principle (**SRP**)이라고도 부른다. 무작위수(난수) 생성기random number generator와 XML 파서처럼 서로 관련 없는 것들을 하나로 합치면 안 된다.

특별히 재사용에 신경 쓰지 않고 설계하더라도 이 원칙을 따르면 좋다. 프로그램을 통째로 재사용하는 경우는 거의 없다. 그보다는 프로그램의 일부분이나 서브시스템을 다른 애플리케이션에서 그대로 가져다 쓰거나 약간 변경해서 적용한다. 따라서 프로그램을 설계할 때 기능을 논리적으로 구분해서 별도의 컴포넌트로 구현해야 다른 프로그램에서 재사용하기 좋다. 이때 컴포넌트마다 담당하는 기능을 명확히 정의한다.

이 원칙은 현실에서 서로 호환되는 부품을 교체할 수 있게 만드는 원칙에서 따온 것이다. 예를 들어 자동차를 나타내는 `Car` 클래스를 작성할 때 엔진에 관련된 모든 속성과 동작을 정의한다고 생각해보자. 사실 엔진은 자동차의 특정 모델과는 어느 정도 구분되는 독립 컴포넌트다. 어떤 차에 있던 엔진을 떼서 다른 차에 장착할 수도 있다. 따라서 `Engine`이란 클래스를 따로 만들어서 엔진에 관련된 모든 기능을 여기에 구현하는 것이 좋다. 그러면 `Car` 인스턴스는 `Engine` 인스턴스를 단순히 포함하면 된다.

프로그램을 서브시스템 단위로 논리적으로 나누기

서브시스템을 설계할 때 반드시 독립적으로 재사용할 수 있는 컴포넌트로 만들어야 한다. 다시 말해 최대한 **결합도**coupling가 낮게 만든다. 예를 들어 네트워크 게임을 만들 때 네트워킹 부분과 GUI 부분을 서로 다른 서브시스템으로 만들어야 한다. 그래야 둘 중 한 부분을 재사용할 때 다른 부분까지 가져와야 하는 일을 피할 수 있다. 예를 들어 네트워크를 사용하지 않는 게임을 만들 때는 네트워킹 부분은 필요 없고 GUI 서브시스템만 재사용하면 된다. 마찬가지로 P2P 파일 공유 프로그램을 만들 때 GUI 기능은 빼고 네트워킹 서브시스템만 재사용할 수 있다.

이렇게 서브시스템에 대해서도 추상화 원칙을 따라야 한다. 각 서브시스템을 응집도가 높고 사용하기 쉬운 인터페이스를 제공하는 라이브러리의 축소판처럼 만든다. 이러한 축소판 라이브러리를 혼자서만 사용하더라도 잘 설계된 인터페이스와 기능을 논리적으로 명확히 구분해서 구현하면 크게 도움이 된다.

클래스 계층을 사용해서 논리적으로 나누기

프로그램을 논리적으로 나눌 때 서브시스템 관점뿐만 아니라 클래스 관점에서도 서로 관련 없는 개념이 한데 섞이지 않도록 주의해야 한다. 예를 들어 자율주행 자동차에 대한 클래스를 작성한다고 생각해보자. 먼저 자동차의 기본 기능을 표현하는 클래스부터 작성한다. 그런데 자율주행 로직을 여기에 몽땅 집어넣어 버렸다고 하자. 그러면 자율주행 기능을 사용하지 않는 자동차 구현에 필요 없는 비전vision, 라이다LIDAR 등과 같은 자율주행 자동차에서나 필요한 라이브러리까지 프로그램에 링크되어 버린다. 이럴 때는 (5장에서 소개한) 클래스 계층을 구성해서 자율주행 자동차(SelfDrivingCar)를 일반 자동차(Car)의 파생 클래스로 만든다. 그러면 자율주행 기능이 없는 자동차를 구현하는 프로그램은 베이스 클래스만 사용할 수 있어서 불필요한 연산을 수행하지 않아도 된다. [그림 6-1]은 이렇게 정의한 계층을 보여주고 있다.

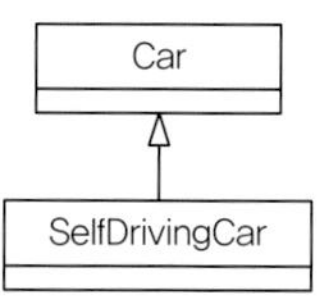

그림 6-1

이 기법은 자율주행 자동차와 일반 자동차처럼 두 개념이 서로 논리적으로 구분될 때 잘 맞다. 개념이 세 개 이상일 때는 이보다 복잡해진다. 예를 들어 트럭과 승용차가 있고, 각각은 다시 자율주행 기능이 있을 수도 있고 없을 수도 있다. 논리적으로 볼 때 트럭(Truck)과 승용차(Car)는 모두 운송수단의 한 종류를 의미하는 Vehicle 클래스의 파생 클래스로 표현할 수 있다(그림 6-2).

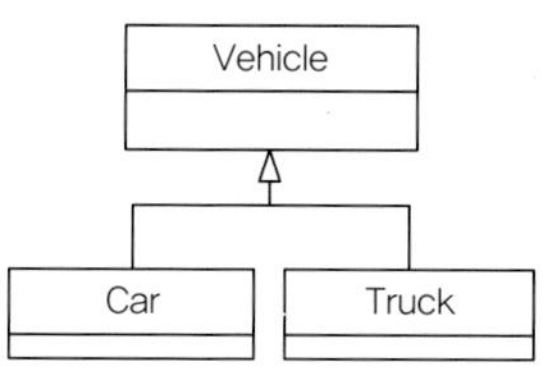

그림 6-2

마찬가지로 자율주행에 대한 클래스도 일반 자동차 클래스의 파생 클래스로 만들 수 있다. 이러한 관계는 일렬로 나열할 수 없다. 한 가지 방법은 자율주행 특성을 믹스인 클래스로 표현하는 것이다. 앞 장에서 믹스인을 구현하는 방법 중 하나로 다중 상속을 활용하는 방법을 소개했다. 예를 들어 PictureButton 클래스는 Image 클래스와 Clickable 믹스인 클래스를 동시에 상속할 수 있다. 하지만 자율주행 자동차를 설계할 때는 클래스 템플릿을 이용하는 다른 방식으로 믹스인을 구현하는 게 낫다. 예를 들면 SelfDriveable 믹스인 클래스는 다음과 같이 구현할 수 있다. 여기서 12장에서 소개하는 클래스 템플릿 문법이 잠시 등장하는데, 자세한 사항은 무시하고 큰 줄기만 이해하기 바란다.

```
template <typename T>
class SelfDrivable : public T
{
};
```

SelfDrivable 믹스인 클래스는 자율주행 기능 구현에 필요한 모든 알고리즘을 제공한다. 이렇게 마련해두면 다음과 같이 승용차나 트럭에 대한 인스턴스를 생성할 수 있다.

```
SelfDrivable<Car> selfDrivableCar;
SelfDrivable<Truck> selfDrivableTruck;
```

컴파일러가 이 두 문장을 만나면 SelfDrivable 믹스인 클래스 템플릿을 이용하여 클래스 템플릿의 모든 T가 나오는 부분을 Car로 교체해서 이를 상속하는 인스턴스를 하나 만들고, T가 Truck으로 교체되어 이를 상속하는 인스턴스를 하나 만든다. 믹스인 클래스는 32장에서 자세히 소개한다.

지금까지 설명한 방법을 적용하면 클래스를 네 개나 작성해야 한다. 하지만 명확한 기능 분리로 인한 장점이 훨씬 크기 때문에 이런 노력을 충분히 쏟을 만하다.

이때 서로 관련 없는 개념을 하나로 합치면 안 된다. 다시 말해 클래스 관점뿐만 아니라 전체 설계 관점에서 응집도를 높여야 한다. 예를 들어 메서드만 보더라도 한 메서드에 변경^mutation^(set)과 확인^inspection^(get)처럼 논리적으로 서로 다른 작업을 한데 담으면 안 된다.

집계 방식으로 논리적 개념 나누기

집계^aggregation^란 5장에서 설명한 has-a 관계를 말한다. 이는 객체가 제공하는 기능의 일부분을 수행하는 객체를 따로 두는 것이다. 이러한 집계 관계를 이용하면 서로 관련 없거나, 관련은 있지만 상속만으로 분리하기 힘든 기능을 구분할 수 있다.

예를 들어 가족 구성원의 정보를 저장할 Family 클래스를 만든다고 생각해보자. 당연히 이런 정보는 트리 구조가 적합하다. 이러한 트리 구조를 Family 클래스에 직접 구현하지 말고 Tree라는 클래스를 별도로 정의한다. 그리고 Family 클래스가 Tree 인스턴스를 가지도록 트리 구조를 활용하는 방식으로 정의한다. 객체지향 용어로 Family와 Tree는 has-a 관계에 있다고 표현한다. 이렇게 하면 트리 구조를 다른 프로그램에서도 쉽게 재사용할 수 있다.

사용자 인터페이스에 대한 종속성 제거하기

데이터를 관리하는 라이브러리를 만들 때는 데이터 조작 부분과 사용자 인터페이스 부분을 분리해야 한다. 다시 말해 이런 종류의 라이브러리는 특정한 사용자 인터페이스의 타입에 종속되면 안 된다. 따라서 cout, cerr, cin, stdout, stderr, stdin과 같은 것은 사용하지 말아야 한다. 이 라이브러리를 GUI에서 사용하는 것은 적합하지 않기 때문이다. 예를 들어 윈도우 GUI 애플리케이션에서는 콘솔 기반의 I/O를 전혀 사용하지 않는다. 라이브러리를 GUI 기반 애플리케이션에서만 사용하도록 만들더라도 최종 사용자에게 어떤 메시지를 전달하는 데 팝업 창이나 메시지 박스를 사용하면 안 된다. 이러한 부분은 클라이언트 코드에서 담당해야 한다. 사용자에게 메시지를 표현하는 방식은 클라이언트에서 결정한다. 이 부분에 종속성이 발생하면 재사용성이 떨어질 뿐만 아니라 (예를 들어 에러를 알아서 처리해야 하는) 클라이언트 코드에서 에러에 제대로 대처하지 못하는 상황이 발생할 수 있다.

데이터를 저장하는 부분과 그 데이터를 시각적으로 표현하는 부분을 분리하는 데 적용하기 좋은 대표적인 설계 패턴으로 MVC[Model-View-Controller] (모델-뷰-컨트롤러) 패턴(4장에서 소개)이 있다. 이 패턴을 적용하면 모델은 라이브러리에 구현하고 뷰와 컨트롤러는 클라이언트 코드에서 제공할 수 있다.

2 범용 데이터 구조와 알고리즘을 템플릿으로 구현하기

C++에서 제공하는 **템플릿**[template]을 이용하면 범용[generic] 구조체를 타입 또는 클래스 형태로 생성할 수 있다. 예를 들어 int 값에 대한 배열을 다루는 코드가 작성된 상태에서 double 값에 대한 배열도 만들어야 한다면 기존 배열 코드를 복사해서 double 타입에 맞게 고치는 방식으로 작성할 것이다. 그런데 템플릿은 원하는 타입을 매개변수로 지정하는 방식으로 모든 타입에 적용할 수 있는 코드를 하나로 만들 수 있게 해준다. 그러므로 템플릿을 이용하면 임의의 타입에 대한 데이터 구조와 알고리즘을 구현할 수 있다.

템플릿에 대한 가장 간단한 예로 1장에서 소개한 C++ 표준 라이브러리의 std::vector 클래스가 있다. int 값에 대한 vector를 생성하려면 std::vector<int>라고 적으면 된다. double

값에 대한 vector를 생성하려면 std::vector<double>이라고 적으면 된다. 템플릿을 활용하면 굉장히 편하지만 코드가 복잡해질 수도 있다. 다행히 타입을 매개변수로 받는 템플릿을 간단히 사용하게 만드는 방법이 있다. 템플릿을 직접 정의하는 방법은 12장과 26장에서 살펴보기로 하고, 여기에서는 설계 관점에서 중요한 사항만 몇 가지 살펴본다.

가능하면 데이터 구조와 알고리즘을 프로그램에 특화된 방식으로 만들지 말고, 범용적으로 설계하는 것이 좋다. 균형 이진 트리에서 특정한 타입(예: 책 객체)만 저장하도록 만들지 말고, 어떤 타입의 객체라도 저장할 수 있도록 최대한 범용적으로 만든다. 그래야 서점을 구현할 때뿐만 아니라 음반 가게, 운영체제를 비롯한 균형 이진트리가 필요한 모든 곳에서 활용할 수 있다. 표준 라이브러리는 이러한 원칙에 따라 만들었다. 그러므로 모든 타입에 적용되는 범용 데이터 구조와 알고리즘을 제공할 수 있는 것이다.

템플릿이 다른 제네릭 프로그래밍 테크닉보다 나은 이유

템플릿 말고도 범용 데이터 구조를 얼마든지 만들 수 있다. 좀 구식이지만 C와 C++에서 범용 데이터 구조를 만드는 또 다른 방법으로 void* 포인터를 사용하는 방법이 있다. 클라이언트는 저장하고 싶은 모든 대상을 void*로 캐스팅하는 식으로 사용할 수 있다. 하지만 이 방법은 타입 안전성이 떨어지는, 즉 **타입 세이프**type-safe하지 않은 단점이 있다. 컨테이너가 저장된 원소의 타입을 검사하거나 특정한 타입의 원소만 받아들이게 만들 수 없다. 데이터 구조에 원소를 저장할 때는 그 원소의 타입을 void*로 캐스팅하고, 그 원소를 데이터 구조에서 꺼낼 때는 다시 원래 타입으로 캐스팅해야 한다. 이 과정에서 어떠한 검사도 하지 않기 때문에 잘못 캐스팅하면 심각한 문제가 발생한다. 예를 들어 한 프로그래머가 int에 대한 포인터를 void*로 캐스팅해서 데이터 구조에 저장했는데, 다른 프로그래머는 그 포인터가 Process 객체라고 잘못 알고 void*를 Process* 포인터로 캐스팅한 뒤 Process* 객체에 접근하듯이 사용할 가능성이 얼마든지 있다. 당연히 이렇게 하면 의도한 대로 작동하지 않게 된다.

템플릿을 사용하지 않는 범용 데이터 구조에 void* 포인터를 직접 사용하지 않고 C++17부터 제공하는 std::any 클래스를 사용할 수도 있다. 이 클래스에 대한 자세한 내용은 24장에서 소개하기로 하고, 여기에서는 객체의 타입이 무엇이든 any 클래스에 저장할 수 있다는 정도만 알면 된다. std::any는 내부 구현에서 void* 포인터를 사용하기도 하지만 내부적으로 원래 타입을 저장해두기 때문에 타입 안전성을 보장한다.

템플릿을 사용하지 않고 범용 데이터 구조를 만드는 또 다른 방법은 데이터 구조를 특정한 클래스에 맞게 정의하는 것이다. 그리고 다형성을 이용하여 이 클래스를 상속한 모든 파생 클래스를 이 데이터 구조에 저장할 수 있게 만든다. 자바에서는 이 방식을 최대한 활용하고 있다. 모든 클래스가 직접적으로든 간접적으로든 Object 클래스를 상속한다. 자바 초기 버전의 컨테이너는 Object 객체를 저장하도록 구성되었기 때문에 모든 타입의 객체를 저장할 수 있다. 하지만 이 방식도 타입 안전성을 보장하지 않는다. 컨테이너에서 객체를 꺼낼 때 캐스팅하기 전의 원래 타입을 알고 있다가 그 타입에 맞게 다운 캐스팅해야 하기 때문이다. 여기서 다운 캐스팅 down casting이란 클래스 계층에서 아래쪽에 위치한 좀 더 구체적인 클래스로 캐스팅하는 것을 말한다.

반면 템플릿은 제대로만 사용하면 타입 안전성을 보장한다. 템플릿 인스턴스는 항상 한 가지 타입만 저장한다. 동일한 템플릿 인스턴스에 다른 타입을 저장하면 컴파일 에러가 발생한다. 또한 템플릿을 이용하면 컴파일러가 각 템플릿 인스턴스에 맞게 고도로 최적화된 코드를 생성할 수 있다. std::any와 void*를 이용한 데이터 구조와 달리 템플릿은 저장 공간에 할당하는 작업이 필요 없다. 따라서 성능이 더 좋다. 최근에는 자바도 C++ 템플릿처럼 타입 안전성을 보장하는 제네릭generics이란 개념을 지원한다.

템플릿의 단점

템플릿이라고 완벽한 것은 아니다. 무엇보다도 문법이 복잡하다. 특히 처음 보는 사람에게는 더욱 그렇다. 또한 동형homogeneous 데이터 구조만 지원한다. 다시 말해 데이터 구조마다 한 가지 타입으로 된 객체만 저장할 수 있다. 따라서 균형 이진 트리를 템플릿으로 구현할 때는 Process 객체를 저장하는 트리 객체와 int를 저장하는 트리 객체를 따로 만들어야 한다. int와 Process 객체를 한 트리에 저장할 수 없다. 타입 안전성을 보장하려는 템플릿의 어쩔 수 없는 제약사항인 것이다. C++17부터는 이러한 동형성의 제약을 정식으로 우회하는 방법을 제공한다. 즉, 데이터 구조를 만들 때 std::variant나 std::any 객체로 저장하도록 정의하면 된다. std::variant와 std::any는 24장에서 자세히 소개한다.

템플릿의 또 다른 단점은 최종 바이너리 코드의 크기가 커지는 코드 비대code bloat 현상이 발생한다는 것이다. 각 템플릿 인스턴스에 고도로 특화된 코드는 그보다 느리지만 범용적인 코드보다 길어지는 경향이 있다. 하지만 요즘은 코드 비대 현상이 그리 큰 문제가 되지 않는다.

템플릿과 상속

간혹 템플릿과 상속 중 어느 것을 사용할지 결정하기 힘들 때가 있다. 이러한 결정을 내리는 데 도움이 될 만한 몇 가지 팁을 제시하면 다음과 같다.

동일한 기능을 다양한 타입에 제공할 때는 템플릿을 사용한다. 예를 들어 모든 타입에 적용할 수 있는 범용 정렬 알고리즘을 구현할 때는 템플릿을 사용한다. 모든 타입을 저장하는 컨테이너를 만들 때도 템플릿을 사용한다. 여기서 핵심은 템플릿 기반의 데이터 구조나 알고리즘은 모든 타입에 대해 똑같이 처리한다는 것이다. 하지만 요구사항에 따라 특정한 타입을 다르게 처리하도록 특화된 템플릿을 만들 수 있다. 이러한 특화된 템플릿을 만드는 방법(템플릿 특수화template specialization)은 12장에서 소개한다.

반면 특정 타입마다 동작을 다르게 제공할 때는 상속을 이용한다. 예를 들어 도형 그리기 프로그램에서 원, 정사각형, 직선 등과 같은 도형의 타입은 상속으로 구현한다. 즉, 각 도형은 Shape 베이스 클래스를 상속하는 방식으로 만든다.

참고로 템플릿과 상속을 동시에 적용해도 된다. 베이스 클래스 템플릿을 상속하는 클래스 템플릿을 만들 수 있다. 템플릿 문법은 12장에서 자세히 소개한다.

3 적절한 검사 기능과 안전장치 제공하기

안전한 코드를 작성하기 위해 적용할 수 있는 스타일이 두 가지 있는데 서로 성격이 정반대다. 가장 좋은 방법은 두 스타일을 적절히 혼용하는 것이다. 첫 번째 스타일은 **계약에 따른 설계**design by contract로서, 함수나 클래스에 대한 문서는 클라이언트 코드에서 해야 할 일과 이 클래스나 함수가 제공할 것을 명시한 일종의 계약서와 같다. 계약 설계 방식은 사전 조건, 사후 조건, 불변 조건이라는 세 가지 관점에서 바라본다. **선행 조건**precondition(사전 조건)은 함수나 메서드를 호출하기 전에 클라이언트 코드에서 반드시 만족해야 할 조건이다. **후행 조건**postcondition(사후 조건)은 함수나 메서드의 실행이 끝날 때 반드시 만족해야 할 조건이다. **불변 조건**invariant은 함수나 메서드의 전체 실행 과정에 항상 만족해야 할 조건이다.

계약에 따른 설계 방식은 표준 라이브러리에서 흔히 사용한다. 예를 들어 std::vector는 벡터에 담긴 특정한 원소를 가져올 때 배열 표기법을 사용하도록 계약을 정의한다. 이 계약에 따르면 경곗값 검사는 라이브러리가 하지 않고 클라이언트 코드에서 처리해야 한다고 나와 있다. 다시 말해 vector에서 배열 표기법으로 원소를 가져오는 구문에서 주어진 인덱스가 유효하다는 선행 조건을 클라이언트에서 검사해야 한다. 인덱스의 범위는 클라이언트 코드가 알고 있기 때문에 이렇게 처리하는 것이 성능 면에서 유리하다.

두 번째 스타일은 함수나 클래스를 최대한 안전하게 설계하는 것이다. 이때 가장 중요한 부분은 에러 검사를 수행하는 것이다. 예를 들어 무작위수 발생기는 특정 구간에 있는 시드가 필요하다. 이때 사용자가 지정하는 시드가 반드시 올바른 값이라고 가정할 수 없다. 주어진 값을 확인해서 올바르지 않으면 호출을 취소해야 한다. 또 다른 예로 계약에 따른 설계 방식에 따라 배열 표기법으로 벡터에서 원소를 가져오는 기능뿐만 아니라 특정 원소를 가져올 때 경곗값 검사를 수행하는 at() 메서드도 함께 정의한다. 이 메서드는 사용자가 잘못된 인덱스를 지정하면 익셉션을 던진다. 그러면 클라이언트 코드는 경곗값 검사를 제공하지 않는 배열 표기법과 경곗값 검사를 제공하는 at() 메서드 중에서 편한 것을 선택할 수 있다.

현실 세계에 대한 비유로 세금 환급 업무를 담당할 회계사를 고용하는 경우를 생각해보자. 회계사는 지난 한 해의 재무 정보를 받아서 국세청 양식에 맞게 세무 신고를 한다. 이때 회계사는 이러한 정보를 양식에 입력할 때 기계적으로 처리하지 않고 그 정보가 맞는지부터 확인한다. 예를 들어 여러분이 집을 구매할 때의 매수금액이 빠져 있다면 이 정보를 물어볼 것이다. 또한 연간 총수입은 1,500만원인데 주택담보대출 이자만 1,200만원을 지출했다면 이 값이 정말 맞는지 확인할 것이다(또는 좀 더 형편에 맞는 집을 알아보라고 조언할 것이다).

여기서 회계사는 '프로그램', 여러분의 재무 정보는 '입력', 환급 세액은 '출력'이라 볼 수 있다. 그런데 회계사의 역할은 이러한 값을 단순히 양식에 맞게 입력하는 데 그치지 않는다. 여러분이 제공한 정보가 맞는지 확인하고 세금 신고 과정에서 오류가 없는지 확인하는 역할도 한다. 프로그래밍할 때도 이처럼 구현 코드에서 발생할 수 있는 문제를 최대한 검사해서 오류가 나오지 않게 만든다.

안전한 코드를 작성하고 여러 가지 검사와 안전장치를 추가하기 위해 C++는 다양한 기능을 제공한다. 클라이언트 코드에 에러를 알려줄 때 예를 들어 에러 코드, false나 nullptr과 같은 고윳값, 1장에서 소개한 std::optional과 같은 특별한 값을 리턴할 수 있다. 아니면 익셉션을 던지는 방식으로 클라이언트 코드에 에러가 발생했다고 알려줄 수 있다. 익셉션은 14장에서 자세히 설명한다.

4 확장성을 고려한 설계

클래스를 설계할 때는 항상 다른 클래스가 상속해서 확장할 수 있도록 개방적인 동시에, 수정할 수 없게 폐쇄적이어야 한다. 다시 말해 구현을 수정하지 않고도 동작을 확장할 수 있어야 한다. 이러한 원칙을 **개방/폐쇄 원칙**Open/Closed Principle(**OCP**)이라 부른다.

예를 들어 드로잉 애플리케이션을 구현하는 경우를 생각해보자. 초기 버전은 사각형만 지원한다. 이를 위해 Square와 Renderer라는 두 클래스를 설계한다. Square는 각 변의 길이와 같은 정사각형을 정의한다. Renderer는 이러한 사각형을 실제로 그리는 일을 담당한다. 코드로 표현하면 다음과 같다.

```
class Square { /* 구체적인 내용은 생략한다. */ };

class Renderer
{
    public:
        void render(const vector<Square>& squares)
        {
            for (auto& square : squares) { /* square 객체를 렌더링한다. */ }
        }
};
```

그런 다음 원 그리기 기능을 추가한다. 이를 위해 Circle 클래스를 정의한다.

```
class Circle { /* 구체적인 내용은 생략한다. */ };
```

원을 렌더링하려면 Renderer 클래스의 render() 메서드를 수정해야 한다. 예를 들어 다음과 같이 수정하기로 결정했다고 하자.

```
void Renderer::render(const vector<Square>& squares,
                      const vector<Circle>& circles)
{
    for (auto& square : squares) { /* square 객체를 렌더링한다. */ }
    for (auto& circle : circles) { /* circle 객체를 렌더링한다. */ }
}
```

여기서 뭔가 이상한 점이 있다. 원 그리기를 추가하도록 클래스를 확장하려면 render() 메서드의 기존 구현 코드를 수정해야 하는데, 그러면 수정에 폐쇄적인 방식이라고 볼 수 없다.

수정에 폐쇄적인 방식으로 클래스를 확장하려면 상속을 이용해야 한다. 이 예제에 나오는 구체적인 상속 문법은 10장에서 자세히 소개하므로 신경 쓸 필요 없다. 일단 다음과 같이 작성하면 Shape 클래스로부터 Square라는 파생 클래스를 만들 수 있다는 정도만 알고 넘어가자.

```
class Square : public Shape {};
```

상속을 적용해서 다시 설계하면 다음과 같다.

```
class Shape
{
    public:
        virtual void render() = 0;
};

class Square : public Shape
{
    public:
        virtual void render() override { /* 사각형을 렌더링한다. */ }
    // 다른 멤버는 생략한다.
};

class Circle : public Shape
{
    public:
        void render() override { /* 원을 렌더링한다. */ }
    // 다른 멤버는 생략한다.
};

class Renderer
{
    public:
        void render(const vector<Shape*>& objects)
        {
            for (auto& object : objects) { object->render(); }
        }
};
```

이렇게 설계하면 또 다른 도형을 추가하더라도 Shape를 상속하고 render() 메서드를 구현하는 클래스만 새로 정의하면 된다. Renderer 클래스는 전혀 건드릴 필요가 없다. 따라서 이 설계는 기존 코드를 수정하지 않고도 확장할 수 있다. 다시 말해 확장에는 개방적이고, 수정에는 폐쇄적이다.

6.2.3 사용성 높은 인터페이스 설계

재사용성을 높이도록 설계할 때 추상화나 구조화와 더불어 신경써야 할 부분은 바로 프로그래머가 다루는 **인터페이스**다. 아무리 세련되고 효율적으로 구현했더라도 인터페이스가 형편없으면 아무런 소용이 없다.

프로그램을 구성하는 컴포넌트를 다른 프로그램에서 사용하지 않더라도 인터페이스는 항상 제대로 구성해야 한다. 가장 큰 이유는 언젠가 재사용할 수도 있기 때문이다. 또 다른 이유는 처음 사용할 때조차도 인터페이스가 훌륭해야 하는데, 특히 팀 단위로 프로그래밍을 하거나 여러분이 설계해서 구현한 코드를 다른 프로그래머가 사용해야 할 때는 더욱 중요하다.

C++에서는 클래스의 속성과 메서드를 public, protected, private 중 하나로 지정할 수 있다. 속성이나 메서드를 public으로 지정하면 다른 코드에서 접근할 수 있다. protected로 지정하면 다른 코드에서는 접근할 수 없고 이 클래스를 상속한 파생 클래스만 속성이나 메서드에 접근할 수 있다. private은 가장 제약이 심하며, private으로 지정한 속성이나 메서드는 다른 코드뿐만 아니라 파생 클래스조차 접근할 수 없다. 여기서 주의할 점은 이러한 접근 제한자access modifier (또는 접근 지정자access specifier)는 객체가 아닌 클래스에 대해 적용된다는 것이다. 따라서 클래스 메서드는 같은 클래스에 대한 객체의 private 속성이나 private 메서드에 접근할 수 있다.

인터페이스를 외부에 공개하는 방식은 결국 어떤 항목을 public으로 지정하는 가에 따라 결정된다. 여러 프로그래머가 참여하는 대규모 프로젝트라면 이러한 인터페이스 결정을 정식 개발 절차로 처리해야 한다.

1 사용자 고려하기

외부 인터페이스를 설계할 때는 가장 먼저 그 인터페이스를 사용할 사람을 분석해야 한다. 사용자가 같은 팀에 있는 동료인지, 클래스 작성자만 사용할 것인지, 외부 소속 프로그래머가 사용할 것인지, 고객 또는 해외 협력 업체인지 등을 고려해야 한다. 이때 인터페이스의 사용법을 물어볼 사람이 누군지 생각해보면 설계의 주안점을 어디에 둘지 파악하기 쉽다.

개인적으로만 사용한다면 설계를 여러 차례 변경해도 문제가 없다. 인터페이스를 사용하다가 입맛에 맞게 얼마든지 수정하면 된다. 하지만 언제든지 다른 업무를 맡게 될 가능성이 있다는 점을 감안하면 혼자만 사용하던 인터페이스도 언젠가 다른 사람이 사용할 가능성이 높다.

다른 프로그래머가 사용할 인터페이스를 설계할 때는 이와 좀 다르게 접근해야 한다. 여러분이 작성한 인터페이스는 일종의 계약서인 셈이다. 예를 들어 프로그램의 데이터 스토어 컴포넌트를 구현하는데, 다른 팀원이 모두 이 클래스를 활용하여 각자 맡은 부분을 구현한다고 생각해보자. 이럴 때는 다른 이들이 필요로 하는 기능을 모두 반영하도록 구현해야 한다. 버전 관리가 필요한지, 저장하는 데이터의 타입으로 어떤 것이 있는지 등을 고려해야 한다. 계약서란 관점에서 보면 인터페이스를 마음대로 변경할 수 없다. 코드를 작성하기 전에 정해둔 인터페이스와 다르게 구현하면 동료들로부터 불만이 쏟아질 것이다.

상대가 외부 고객이라면 요구사항이 상당히 달라진다. 가장 바람직한 방법은 타깃 고객이 참여해서 외부에 공개할 기능을 함께 정하는 것이다. 고객이 원하는 구체적인 기능뿐만 아니라 향후에 필요할 가능성이 있는 부분도 함께 고려해야 한다. 인터페이스에 사용할 용어는 고객이 익숙한 표현으로 정한다. 문서를 작성할 때도 이처럼 읽는 이를 고려해서 작성한다. 조직 내부 사람만 아는 표현이나 코드네임, 개발자만 쓰는 비속어 등을 사용하면 안 된다.

설계할 인터페이스를 누가 사용하는지는 설계에 할애할 시간을 결정하는 데도 큰 영향을 미친다. 예를 들어 몇몇 사용자가 일부 코드에서만 사용하는 두어 개의 메서드에 대한 인터페이스는 나중에 직접 수정하게 만들어도 괜찮다. 하지만 여러 사용자가 사용하거나 복잡한 인터페이스는 시간을 좀 들여서라도 나중에 수정할 일이 없도록 신경 써서 정의하는 것이 좋다.

2 용도 고려하기

인터페이스를 작성하는 목적은 다양하다. 코드를 문서화하거나 외부에 노출할 기능을 결정하기 전에 먼저 인터페이스의 용도부터 확실히 파악해야 한다.

API

API[Application Programming Interface]는 제품의 기능을 다양한 용도로 활용하거나 그 제품의 기능을 확장하기 위해 외부에 제공하는 인터페이스다. 내부 인터페이스가 일반 계약서라면 API는 법전에 명시된 법률에 가깝다. 일단 외부 사람이 여러분이 제공한 API를 사용하기 시작하면 특별히 도움이 되는 기능을 새로 추가하지 않는 한 변경하지 않는 것이 좋다. 따라서 API를 결정하기 전에 신중하게 설계하고 고객이 원하는 바를 최대한 반영하도록 여러 의견을 충분히 수렴해야 한다.

API를 설계할 때 가장 고민해야 할 사항은 사용성과 유연성의 절충점을 찾는 것이다. 인터페이스를 사용하는 이들은 내부 작동 방식에 대해 모르기 때문에 API의 사용법을 쉽게 익히도록 구성해야 한다. 애초에 API를 외부에 공개하는 목적은 여러 고객이 사용하게 하는 데 있다. 사용하기 어렵다면 그 API는 실패한 것이다. 유연성은 사용성과 반비례하는 속성이다. 제품의 적용 범위를 최대한 넓히고, 제공하는 기능을 고객이 최대한 활용하게 만들다 보면 API가 너무 복잡해질 수 있다.

유명한 프로그래밍 관련 격언에 따르면 '잘 만든 API는 쉬운 일은 쉽게, 복잡하거나 어려운 일은 가능하게' 하는 것이다. 다시 말해 API의 사용법을 금방 익힐 수 있어야 한다. 대다수의 프로그래머가 원하는 기능을 쉽게 사용하도록 구성해야 하는 것이다. 하지만 이와 동시에 API에서 고급 기능도 제공해야 한다. 따라서 흔히 사용하는 기능은 최대한 쉽게 만들고, 드물게 필요한 복잡한 기능은 어렵게나마 사용할 수 있게 균형점을 잘 조절할 필요가 있다. 이와 관련된 구체적인 팁은 잠시 후 '[3] 인터페이스를 사용하기 쉽게 설계하기'에서 소개한다.

유틸리티 클래스와 라이브러리

간혹 로깅 클래스와 같은 특정한 기능을 애플리케이션에서 범용적으로 사용할 수 있도록 만들어야 할 때가 있다. 어떤 것이든지 인터페이스는 쉽게 결정할 수 있다. 주로 사용하는 기능 또는 전체 기능에 대한 인터페이스를 외부에 공개하면 되기 때문이다. 이때 기왕이면 구현사항이 드러나지 않으면 좋다. 여기서 가장 핵심적으로 고려할 점은 범용성generality이다. 클래스나 라이브러리는 다양한 문맥에서 사용하기 때문에 구체적인 활용 범위를 최대한 고려해서 설계에 반영해야 한다.

서브시스템 인터페이스

데이터베이스 접근 메커니즘과 같이 애플리케이션을 구성하는 주요 서브시스템끼리 서로 연동하는 인터페이스를 설계해야 할 때도 있다. 이때 인터페이스와 구현을 명확히 분리하는 것이 무엇보다도 중요하다.

가장 대표적인 이유는 **모형성**mockability을 위해서다. 테스트할 때 인터페이스 구현에서 특정 부분을 동일한 인터페이스의 다른 구현으로 교체할 수 있어야 한다. 예를 들어 실제 데이터베이스에 연결하지 않고도 데이터베이스 인터페이스에 대한 테스트 코드를 작성할 수 있어야 한다. 실제 데이터베이스에 접근하는 인터페이스 구현 코드는 모든 종류의 데이터베이스 접근을 시뮬레이션하는 코드로 대체할 수 있다.

또 다른 이유는 **유연성**flexibility 때문이다. 테스트하는 경우가 아니더라도 특정 인터페이스에 대해 다양한 구현 코드를 제공해서 서로 교체할 수 있게 만들어야 할 때가 있다. 예를 들어 MySQL에 대한 인터페이스를 SQL Server에 접근하는 구현으로 교체해야 하는 경우가 있다. 뿐만 아니라 이러한 구현 코드를 실행 시간에 교체하게 만들어야할 수도 있다.

그보다 덜 중요하지만 다른 프로그래머들은 여러분이 그 기능을 다 구현하기도 전에 앞서 정해둔 인터페이스를 바탕으로 각자 맡은 부분을 구현하고 있을 가능성이 높은 이유도 있다.

서브시스템을 다룰 때 가장 먼저 고려할 점은 그 서브시스템의 핵심 목적을 분명히 하는 것이다. 여러분이 만들 서브시스템에서 반드시 해야 할 일을 파악했다면 구체적인 활용 사례를 따져보고 다른 이들에게 어떤 형태로 제공할지 결정한다. 이때 상대방의 입장에서 바라보고, 구현의 세부 사항에 너무 빠지지 않도록 주의한다.

컴포넌트 인터페이스

여러분이 정의하는 인터페이스는 대부분 서브시스템 인터페이스나 API보다는 가벼운 것일 가능성이 높다. 아무래도 기존에 자신이 작성했던 코드에서 사용하기 위한 용도가 많을 것이다. 그렇다 하더라도 인터페이스를 점점 개선할수록 통제할 수 없는 지경에 이르게 될 수 있다. 혼자서만 사용하는 인터페이스라도 다른 이들이 사용한다는 생각으로 설계해야 한다. 서브시스템 인터페이스와 마찬가지로 각 클래스의 주 목적을 염두에 두고 이에 벗어난 기능을 외부에 노출하지 않도록 주의한다.

3 인터페이스를 사용하기 쉽게 설계하기

인터페이스는 사용하기 쉬워야 한다. 이 말은 쉬운 기능만으로 구성해야 한다는 뜻이 아니라 주어진 기능을 최대한 간결하고 직관적으로 사용하게 만들어야 한다는 뜻이다. 여러분이 만든 라이브러리를 사용하는 데 필요한 간단한 데이터 구조 하나를 적용하기 위해 소스 코드를 뒤져야 하거나, 원하는 기능을 구현하는 코드가 너무 복잡해지면 곤란하다. 이 절에서는 사용하기 쉬운 인터페이스를 설계하기 위한 네 가지 원칙을 소개한다.

익숙한 방식 따르기

사용하기 쉬운 인터페이스를 개발하기 위한 가장 좋은 방법은 사용자에게 익숙한 표준 방식을 따르는 것이다. 예전에 사용한 것과 비슷한 인터페이스는 파악하기 쉽고 즉시 적응할 수 있으며 잘못 사용할 가능성도 낮다.

예를 들어 자동차 조향 장치를 설계한다고 생각해보자. 방향을 표시하는 인터페이스는 다양하다. 조이스틱을 이용할 수도 있고, 버튼 두 개로 왼쪽과 오른쪽으로 이동하게 할 수도 있고, 슬라이딩 버튼을 활용할 수도 있고, 예전부터 사용하던 스티어링 휠을 활용할 수도 있다. 어떤 방식이 가장 사용하기 쉽고 판매에도 유리할까? 사용자는 스티어링 휠 방식이 가장 익숙하다. 따라서 당연히 스티어링 휠 방식을 적용하는 것이 바람직하다. 다른 방식이 성능이나 안전 면에서 훨씬 뛰어나더라도 사용자가 그 방식에 적응하는 데 시간이 오래 걸릴 뿐만 아니라 그런 방식을 채용한 자동차는 잘 안 팔릴 것이다. 표준 인터페이스를 따르는 방식과 완전히 새로운 방식 중에서 사람들이 익숙한 인터페이스를 따르는 것이 대체로 바람직하다.

물론 혁신도 중요하다. 하지만 혁신은 인터페이스가 아닌 내부 구현 기술에서 추구해야 한다. 예를 들어 소비자는 일부 자동차에서 채용하고 있는 완전히 전기로만 구동하는 엔진과 같은 혁신적인 기술에 열광한다. 이런 차의 인터페이스는 기존 가솔린 엔진을 채용한 자동차와 똑같아서 판매하는 데도 문제없다.

이러한 원칙을 C++에 적용할 수 있다. 다시 말해 C++ 프로그래머에게 익숙한 표준 인터페이스에 따라 설계한다. 예를 들어 C++ 프로그래머는 흔히 클래스의 생성자와 소멸자는 객체를 초기화하고 제거한다고 생각한다. 클래스를 설계할 때 반드시 이러한 관례를 따르는 것이 좋다. 초기화와 제거 작업을 생성자와 소멸자가 아닌 `initialize()`와 `cleanup()`이란 별도의 메서드를 호출하도록 구성하면 이 클래스를 사용하는 이들이 선뜻 받아들이기 힘들 수 있다. 다른 C++ 클래스와 작동 방식이 다르기 때문에 사용법을 익히는 데 더 오래 걸릴 뿐만 아니라 `initialize()`나 `cleanup()`을 호출하는 것을 깜빡 잊을 가능성도 높다.

> **NOTE_** 항상 사용자의 입장에서 인터페이스를 고려해야 한다. 상식에 맞는지, 사용자가 충분히 예상할 수 있는지 따져본다.

C++에서 제공하는 **연산자 오버로딩** operator overloading을 사용하면 객체에 대해 인터페이스를 사용하기 쉽게 만들 수 있다. 연산자 오버로딩은 자신이 정의한 클래스 인스턴스를 `int`나 `double`과 같은 기본 데이터 타입의 연산자를 사용하듯이 다룰 수 있다. 예를 들어 `Fraction` 클래스를 다음과 같이 덧셈, 뺄셈, 스트림 출력 연산자로 조작하게 만들 수 있다.

```
Fraction f1 { 3, 4 };
Fraction f2 { 1, 2 };
Fraction sum { f1 + f2 };
Fraction diff { f1 - f2 };
cout << f1 << " " << f2 << endl;
```

연산자 오버로딩을 적용하지 않고 기존 메서드 호출 방식으로 구현하면 다음과 같이 해야 한다.

```
Fraction f1 { 3, 4 };
Fraction f2 { 1, 2 };
Fraction sum { f1.add(f2) };
Fraction diff { f1.subtract(f2) };
f1.print(cout);
cout << " ";
f2.print(cout);
cout << endl;
```

이처럼 연산자 오버로딩을 적용하면 자신이 정의한 클래스의 인터페이스를 훨씬 쉽게 만들 수 있다. 하지만 연산자 오버로딩을 남용하면 안 된다. + 연산자로 뺄셈을 구현하고, - 연산자로 곱셈을 구현하도록 오버로딩할 수도 있다. 이렇게 하면 직관에 어긋난다. 물론 기존 연산자의 의미와 반드시 일치하도록 오버로딩해야 한다는 법은 없다. 예를 들어 string 클래스에서 string 객체를 이어 붙이는[concatenate] 데 + 연산자를 적용하면 인터페이스를 직관적으로 구성할 수 있다. 연산자 오버로딩은 9장과 15장에서 자세히 설명한다.

필요한 기능 빼먹지 않기

이 원칙은 두 단계로 적용한다. 첫 번째 단계는 클라이언트가 필요로 하는 동작을 모두 인터페이스에 추가하는 것이다. 당연한 말처럼 들릴 수 있다. 현실 세계의 예로, 자동차를 만들 때 운전자가 속도를 확인하는 데 필요한 속도계를 빼먹으면 안 된다. 마찬가지로 Fraction 클래스에서 클라이언트가 분못값과 분잣값에 접근하는 방법을 제공하지 않으면 안 된다.

간혹 포함시켜야 할지 불분명한 기능도 있다. 이럴 때는 자신이 작성한 코드를 클라이언트가 이용하는 방법에 대한 경우의 수를 모두 따져봐야 한다. 인터페이스를 설계할 때 한 가지 관점만 고려하면 다른 방식으로 바라보는 클라이언트에 필요한 기능을 놓칠 수 있다. 예를 들어 게임보드 클래스를 설계할 때 체스나 바둑만 생각하고 보드의 한 칸에 최대 한 개의 말만 놓도록 만들면 윷놀이처럼 한 칸에 여러 말이 들어가는 게임은 지원하지 못할 수 있다.

물론 모든 가능한 경우를 완벽히 지원하는 라이브러리를 만든다는 것은 불가능에 가깝다. 인터페이스를 너무 완벽하게 설계하려는 마음에 향후 발생할 수 있는 활용 사례를 모두 지원하려고 애쓸 필요는 없다. 최대한 고민해서 결정한 범위를 지원하면 충분하다.

두 번째 단계는 인터페이스에 최대한 많은 기능을 구현하는 것이다. 라이브러리에서 해결할 수 있거나 인터페이스를 다르게 설계하면 알 수 있는 정보를 클라이언트 코드에서 지정하도록 요구하면 안 된다. 예를 들어 라이브러리에서 임시 파일을 사용할 때 클라이언트가 그 파일의 경로를 지정하도록 구성하면 안 된다. 클라이언트 코드 입장에서는 구체적으로 어떤 임시 파일을 사용하는지 관심 없다. 적절한 방법으로 임시 파일 경로를 결정한다.

또한 라이브러리의 결과를 합치는 데 필요한 일을 클라이언트에 떠넘기면 안 된다. 예를 들어 무작위수 라이브러리를 만들 때 숫자의 상위 비트와 하위 비트를 따로 계산해서 클라이언트에서 두 값에 대한 비트 연산을 하게 만들지 말고, 두 값을 합친 결과를 사용자에게 넘겨준다.

군더더기 없는 인터페이스 제공하기

인터페이스에 빠진 기능이 없게 만드는 데 몰두한 나머지 상상할 수 있는 온갖 기능을 모두 구현했지만 프로그래머가 볼 때 인터페이스가 너무 산만해서 사용법을 파악하기 힘들고 정작 원하는 작업을 처리할 수 없는 경우가 있다.

쓸데없는 기능은 인터페이스에서 빼는 것이 좋다. 인터페이스는 최대한 간결하고 깔끔하게 구성한다. 이 원칙은 앞에서 본 필요한 기능을 최대한 많이 구현하라는 원칙과 상반되는 것처럼 보일 수 있다. 물론 상상할 수 있는 모든 기능을 포함하는 것도 필요한 기능을 빼먹지 않기 위한 한 가지 방법이다. 하지만 바람직한 방법이라 볼 수는 없다. 꼭 필요한 기능만 포함하고 필요 없거나 생산성을 떨어뜨리는 기능은 과감히 뺀다.

자동차의 예를 다시 들면 자동차를 운전할 때 필요한 컴포넌트는 많지 않다. 스티어링 휠, 브레이크 및 가속 페달, 변속 레버, 룸미러 및 사이드미러, 속도계, 대시보드에 달린 몇 가지 버튼이나 다이얼 등만 사용한다. 그런데 자동차의 대시보드가 비행기 조종석처럼 수백 개의 버튼, 다이얼, 모니터, 레버로 복잡하게 구성되었다면 제대로 사용하기 힘들 것이다. 자동차는 비행기에 비해 조종 방법이 간단하므로 인터페이스를 훨씬 간결하게 만들 수 있다. 고도를 확인하거나 관제탑과 통신할 일도 없고, 날개나 엔진, 랜딩기어 등을 조작할 필요도 없다.

또한 라이브러리 개발 관점에서 보면 라이브러리를 작게 만들수록 유지 보수하기 편하다. 모두를 만족시키려다 보면 실수할 여지가 많아진다. 또한 구현이 복잡하면 서로 얽힌 부분이 늘어나서 작은 실수만으로 라이브러리 전체를 쓸 수 없게 만들 수 있다.

물론 인터페이스를 간결하게 만들어야 한다고 말하기는 쉽지만 실제로 그렇게 구현하기는 상당히 힘들다. 이 원칙은 근본적으로 주관적이기 때문이다. 인터페이스를 만드는 사람이 필요한 부분과 그렇지 않은 부분을 판단해야 한다. 이 과정에서 잘못된 부분이 있다면 클라이언트가 지적할 것이다.

문서와 주석 제공하기

아무리 인터페이스를 쉽게 만들더라도 사용법을 알려주는 문서는 제공해야 한다. 구체적인 사용법을 알려주지 않고서 프로그래머가 라이브러리를 제대로 사용할거라 기대하면 안 된다. 제공하는 라이브러리나 코드를 다른 프로그래머가 사용할 제품이라 생각하고, 사용법을 설명하는 문서를 반드시 제공한다.

인터페이스에 대한 문서를 제공하는 방법은 두 가지다. 하나는 인터페이스 코드 안에 주석을 다는 것이고, 다른 하나는 별도로 문서를 제공하는 것이다. 두 가지 방식 모두 제공하면 좋다. 공용 API는 대부분 문서를 따로 제공한다. 표준 유닉스나 윈도우 헤더 파일을 주석만으로 설명하는 경우는 거의 없다. 유닉스는 문서를 주로 **맨 페이지**man page라는 온라인 매뉴얼 형태로 제공한다. 윈도우에 대한 문서는 흔히 통합 개발 환경(IDE)의 도움말 형태로 제공된다.

API나 라이브러리에서는 인터페이스에 대한 주석을 제공하지 않는 것이 흔하지만, 개인적으로는 주석 방식의 문서화가 매우 중요하다고 생각한다. 헤더 파일에 주석 한 줄 없이 코드만 담아서 제공하면 안 된다. 주석에 담긴 내용이 별도 문서에 담긴 것과 똑같더라도 헤더 파일에 주석이 잘 달려 있으면 한결 보기 편하다. 실력이 뛰어난 프로그래머도 이렇게 주석이 담긴 코드를 선호한다. 주석으로부터 문서를 자동으로 생성하는 도구를 이용할 수도 있다. 이에 대해서는 3장을 참조한다.

4 범용 인터페이스 설계

인터페이스는 최대한 다양한 작업에 적용할 수 있도록 범용general-purpose으로 구성해야 한다. 범용성을 가져야 할 인터페이스에 특정한 애플리케이션에만 적용되는 코드가 있으면 다른 용도로 활용할 수 없다. 이와 관련하여 명심해야 할 원칙을 살펴보자.

하나의 기능을 다양한 방식으로 실행하게 만들기

때로는 모든 '고객'을 만족시키기 위해 하나의 기능을 수행하는 방식을 다양하게 제공해야 할 때가 있다. 하지만 이 원칙을 남용하면 인터페이스가 산만해질 수 있으니 주의한다.

이번에도 자동차에 비유해보자. 요즘 나오는 최신 자동차는 대부분 리모컨에 달린 버튼을 눌러 차문을 잠그는 스마트 키 기능을 제공한다. 그런데 이 기능이 장착된 자동차도 배터리 방전으로 인해 스마트 키 기능이 작동하지 않을 것을 대비해서 수동으로 잠글 수 있도록 기존 방식의 키도 함께 제공한다. 두 가지 키를 모두 제공하는 것이 중복된 것 같지만 대부분의 고객은 두 가지 방식이 함께 제공되는 것을 선호한다.

프로그램의 인터페이스를 설계할 때도 이와 비슷한 경우가 있다. 예를 들어 std::vector는 주어진 인덱스에 담긴 원소를 접근하기 위한 두 가지 메서드를 제공한다. 경곗값 검사를 하는 at() 메서드를 사용해도 되고, 경곗값 검사를 하지 않지만 좀 더 속도가 빠른 배열 표기법으로 접근해도 된다. 인덱스가 정확하다고 보장할 수 있다면 배열 표기법을 사용하고, 경곗값 검사를 반드시 해야 한다면 어느 정도 오버헤드를 감수하고 at() 메서드를 사용하면 된다.

이 원칙은 인터페이스를 군더더기 없이 설계해야 한다는 원칙의 예외로 봐야 한다. 이렇게 예외를 적용하더라도 나머지 부분은 반드시 군더더기 없게 설계해야 한다.

커스터마이즈 지원하기

인터페이스를 프로그래머가 원하는 형태로 커스터마이즈할 수 있게 제공하면 인터페이스의 유연성을 높일 수 있다. 커스터마이즈 지원customizability은 에러 로그 기록을 껐다 켜는 것처럼 최대한 간결하게 제공한다. 커스터마이즈 지원의 취지는 기본적으로 모든 클라이언트에 핵심 기능을 똑같이 제공하되, 클라이언트의 능력에 따라 약간 변형해서 사용할 수 있는 선택권을 제공하는 데 있다.

이를 위한 한 가지 방법은 의존성 관계를 역전시키는 데 인터페이스를 사용하는 것이다. 이를 **의존성 역전 원칙**Dependency Inversion Principle (DIP)이라 부른다. 이 원칙의 구현 방법 중 하나로 의존성 주입dependency injection이 있다. 4장에서 ErrorLogger 서비스 예를 간단히 소개한 적이 있다. ErrorLogger 인터페이스를 정의한 뒤 의존성 주입 패턴을 적용해서 ErrorLogger 서비스를 사용하려는 모든 컴포넌트에 이 인터페이스를 주입하는 식으로 구현하는 것이다.

콜백이나 템플릿 매개변수를 이용해서 커스터마이즈의 범위를 넓힐 수 있다. 예를 들어 에러 처리 콜백을 클라이언트가 직접 정의하게 할 수도 있다. 콜백에 대한 자세한 내용은 19장에서 소개한다.

표준 라이브러리는 이러한 커스터마이즈 지원 원칙을 최대한 적용하고 있다. 따라서 클라이언트는 컨테이너에 대한 메모리 할당자도 직접 지정할 수 있다. 이 기능을 사용할 때는 반드시 메모리 할당자 객체를 표준 라이브러리에서 제시하는 기준과 인터페이스에 따라 만들어야 한다. 표준 라이브러리에서 제공하는 컨테이너는 할당자를 템플릿 매개변수로 받는다. 이에 대해서는 25장에서 자세히 설명한다.

5 범용성과 사용성의 조화

범용성과 사용성이 서로 충돌할 때가 있다. 종종 범용성을 높이다보면 인터페이스가 복잡해진다. 예를 들어 지도 프로그램에서 도시 정보를 저장하기 위해 그래프 구조를 사용하는 경우를 생각해보자. 범용성을 높이려면 도시뿐만 아니라 모든 타입을 저장할 수 있도록 템플릿으로 범용 맵 구조체를 구현하는 것이 좋다. 그러면 네트워크 시뮬레이터를 만드는 프로젝트에서 네트워크에 있는 라우터를 저장하는 데 이 그래프 구조를 그대로 사용할 수 있다. 하지만 템플릿을 사용하면 인터페이스가 좀 복잡해지고 사용하기 힘들어진다. 특히 템플릿에 익숙하지 않은 클라이언트는 더욱 어렵게 느낀다.

그렇다고 범용성과 사용성이 항상 배치되는 것은 아니다. 범용성을 높이다 보면 사용성이 떨어지는 경우가 있긴 하지만, 범용성과 사용성이 모두 좋은 인터페이스를 설계하는 방법은 얼마든지 있다. 이와 관련하여 두 가지 원칙을 제시하면 다음과 같다.

기능을 충분히 제공하는 동시에 인터페이스의 복잡도를 낮추려면 인터페이스를 다양하게 제공하면 된다. 이를 **인터페이스 분리 원칙** Interface Segregation Principle (ISP)이라 부른다. 예를 들어 범용 네트워킹 라이브러리에 대한 인터페이스를 두 가지 방식으로 제공한다. 하나는 게임 제작에 유용한 네트워킹 기능을 제공하고, 다른 하나는 HTTP로 웹에 접근하는 데 유용한 인터페이스를 제공한다. 인터페이스를 다양하게 제공하면 공통적으로 사용되는 기능을 더욱 쉽게 만들 수 있는 동시에 고급 기능에 대한 옵션도 제공할 수 있다. 앞에서 예로 든 지도 프로그램에서 각 도시의 이름을 다양한 언어로 표시하는 옵션을 제공한다고 생각해보자. 영어 사용자가 압도적으로 많은 만큼 영어를 기본값으로 제공하고, 다른 언어는 옵션에서 변경할 수 있게 만들 수 있다. 이렇게 하면 영어를 쓰는 대다수의 사용자는 언어를 따로 설정하지 않아도 되는 동시에 다른 언어 사용자는 원하는 언어를 선택할 수 있다.

6.2.4 바람직한 추상화 설계

추상화를 잘하기 위해서는 다양한 경험이 필수다. 완벽한 인터페이스는 수년간 다양한 방식으로 추상화하고 구현한 경험의 결과로 나오는 것이다. 표준 설계 패턴 형태로 제공되는 기존에 잘 설계된 추상화 기법을 재활용하는 방식으로 다른 사람의 수년간의 경험을 이용해도 좋다. 다른 방식으로 추상화한 사례를 발견하면 어떤 점이 좋고 나쁜지 잘 기억해둔다. 예를 들어 지난주에 사용한 윈도우 파일시스템 API에서 부족한 부분을 떠올려본다. 동료가 작성한 네트워크 인터페이스에서 어떤 점을 개선하고 싶은지도 생각해본다. 처음 떠올린 인터페이스가 최상의 결과가 될 가능성은 거의 없다. 따라서 끊임없이 개선한다. 자신이 설계한 내용을 동료에게 보여주고 의견을 구한다. 회사에서 코드 리뷰 절차를 수행한다면 구현에 들어가기 전에 인터페이스 명세서에 대한 리뷰부터 수행한다. 이미 코드 작성에 들어간 추상화 설계를 변경하는 것도 주저하지 않는다. 심지어 다른 프로그래머들의 저항을 받더라도 말이다. 그들도 결국 추상화를 잘하는 것이 장기적으로 유리하다는 것을 깨닫게 될 것이다.

때로는 자신이 설계한 내용을 다른 프로그래머에게 적극적으로 홍보해야 할 필요가 있다. 다른 팀원은 기존 설계에 문제가 없다고 생각하거나 여러분이 생각한 방안이 자신의 업무에 부담이 된다고 여길 수 있다. 이럴 때는 자신의 설계안을 정당화하는 방안을 마련하는 동시에 다른 사람들의 의견도 적절히 수용한다.

추상화가 잘된 인터페이스는 public 메서드로만 구성된다. 모든 코드는 구현 파일에 있고 클래스 정의 파일에는 없어야 한다. 다시 말해 클래스 정의가 있는 인터페이스 파일은 변경할 일이 없어야 한다. 이와 관련하여 **핌플 패턴**pimpl idiom, private implementation idiom이란 기법이 있는데 9장에서 자세히 소개한다.

클래스 하나만으로 추상화할 때는 각별히 주의한다. 작성하는 코드의 계층 구조가 너무 깊다면 주 인터페이스를 보조할 다른 클래스를 도입하는 것이 좋다. 예를 들어 데이터 처리 작업에 대한 인터페이스를 정의할 때 작업 결과를 쉽게 보고 사용할 수 있도록 결과에 대한 객체를 따로 만들어주면 좋다.

속성은 모두 메서드로 변환한다. 다시 말해 외부 코드에서 클래스에 직접 접근해서 데이터를 조작하면 안 된다. 부주의하거나 악의적인 프로그래머가 물건의 크기를 나타내는 속성값을 음수로 지정해버리는 일이 발생하면 안 된다. 이럴 때는 `setHight()`라는 메서드를 제공하고 여기서 값을 설정하기 전에 그 값이 정상 범위에 있는지 확인한다.

반복은 너무나도 중요해서 다시 언급할 가치가 있다. 자신이 설계한 내용에 대해 반드시 조언을 구해서 수정사항을 반영하고, 예전에 저지른 실수로부터 교훈을 얻는 과정을 끊임없이 반복한다.

6.2.5 솔리드 원칙

객체지향 설계의 기본 원칙을 기억하기 쉽도록 흔히 **SOLID**(솔리드)란 약어로 표현한다. 이러한 솔리드 원칙은 다음 표와 같이 다섯 가지가 있다. 대부분 이 장에서 소개했는데, 다른 장을 참고할 필요가 있는 원칙은 해당 장도 명시했다.

SOLID	설명
S	**SRP(Single Responsibility Principle, 단일 책임 원칙)** 컴포넌트마다 한 가지 책임을 잘 정의하고 관련없는 기능을 합치지 않는다.
O	**OCP(Open/Closed Principle, 개방/폐쇄 원칙)** 클래스는 (상속을 통해) 확장에는 개방적이고, 수정에는 폐쇄적이어야 한다.
L	**LSP(Liskov Substitution Principle, 리스코프 치환 원칙)** 어떤 객체의 인스턴스를 그 객체의 서브타입 인스턴스로 치환(대체)할 수 있어야 한다. 5.4.3절 'has-a 관계와 is-a 관계 구분하기'에서 `AssociativeArray`와 `MultiAssociativeArray`의 관계를 has-a로 봐야할지 is-a로 봐야할지 예제를 통해 소개했다.
I	**ISP(Interface Segregation Principle, 인터페이스 분리 원칙)** 인터페이스는 깔끔하고 간결해야 한다. 거대한 범용 인터페이스보다는 작지만 한 가지 책임이라도 잘 정의된 인터페이스를 여러 개로 구성하는 것이 낫다.
D	**DIP(Dependency Inversion Principle, 의존성 역전 원칙)** 인터페이스로 의존 관계를 역전시킨다. 한 가지 방법으로 앞에서 언급한 의존성 주입 원칙이 있다. 보다 자세한 사항은 33장에서 설명한다.

6.3 정리

이 장에서는 코드를 재사용하도록 설계해야 하는 이유와 방법을 살펴봤다. '작성은 한 번, 사용은 여러 번'이라는 한마디로 표현되는 재사용 철학을 소개했고, 코드를 재사용할 수 있게 작성하려면 범용성과 사용성을 모두 갖춰야 한다고 배웠다. 또한 재사용할 수 있게 코드를 설계하려면 추상화를 적용하고, 코드의 구조를 적절히 구성하고, 인터페이스도 잘 정의해야 한다.

이 장에서는 코드의 구조화에 대한 네 가지 팁도 소개했다. 서로 관련 없거나 논리적으로 구분되는 개념은 합치지 않고, 범용 데이터 구조나 알고리즘은 템플릿을 이용해서 만들고, 오류 검사와 안전장치를 적절히 제공하며, 확장성을 지원하도록 설계한다.

또한 인터페이스 설계에 대한 여섯 가지 원칙도 소개했다. 흔히 사용하는 방식을 따르고, 필요한 기능을 빠뜨리지 않고, 군더더기 없는 인터페이스를 제공하고, 문서와 주석을 제공하고, 한 기능을 다양하게 사용할 수 있도록 제공하고, 커스터마이즈를 지원해야 한다. 또한 서로 충돌하기 쉬운 범용성과 사용성을 잘 조합하기 위한 두 가지 팁도 소개했다. 다양한 인터페이스를 제공하고, 자주 사용하는 기능은 쉽게 만든다.

마지막으로 이 장과 다른 장에서 소개한 객체지향 설계 원칙을 기억하기 좋도록 약어로 표현한 SOLID 원칙도 정리했다.

이 장은 2부의 마지막 장으로, 설계 관련 주제를 하이레벨 관점에서 살펴봤다. 3부에서는 C++ 코딩 기법을 자세히 살펴보면서 소프트웨어 공학 프로세스의 구현 단계와 관련된 주제를 생각해보자.

6.4 연습 문제

이 장에서 소개한 내용을 직접 써보기 위해 다음 연습 문제를 풀어보자. 연습 문제에 대한 정답은 이 책의 웹사이트(`www.wiley.com/go/proc++5e`)에서 다운로드할 수 있다. 문제를 풀다가 막히면 정답부터 찾지 말고 먼저 앞에서 설명한 부분을 다시 읽고 직접 답을 찾아보려고 애쓰기 바란다.

연습 문제 6-1 공통적으로 사용되는 기능을 더욱 쉽게 만들고, 동시에 고급 기능에 대한 옵션도 제공한다는 말이 무슨 뜻인지 설명해보자.

연습 문제 6-2 재사용 가능한 코드 설계를 위한 최선의 전략은?

연습 문제 6-3 사람에 대한 정보를 다루는 애플리케이션을 작성한다고 하자. 이 애플리케이션의 한 부분은 최근 주문 목록, 우수 회원 번호 등과 같은 데이터와 연계된 고객 리스트를 유지해야 한다. 애플리케이션의 다른 부분은 직원 ID, 직함 등과 같은 정보로 직원 기록을 관리해야 한다. 이를 위해 이름, 전화번호, 주소, 최근 주문 목록, 우수 회원 번호, 연봉, 직원 ID, 직함(예: 엔지니어, 선임 엔지니어 등)으로 구성된 `Person`이란 클래스를 설계했다고 하자. 문제점을 분석하고 개선 방안을 설명해보자.

연습 문제 6-4 앞 페이지를 보지 말고 SOLID에 대해 설명해보자.

Part III

전문가답게 C++ 코딩하기

전문가답게 C++를 다루는 기법을 소개한다. C++에서 메모리를 관리하기 위한 바람직한 방법, 재사용 가능한 클래스 작성 방법, 상속과 같이 언어의 주요 기능을 최대한 활용하는 방법 등을 소개한다. 또한 C ++의 까다롭고 미묘한 기능, 입력과 출력을 다루는 방법, 에러 처리 방법, 스트링 현지화 방법, 정규 표현식 사용법 등도 소개한다.

Part III

전문가답게 C++ 코딩하기

CHAPTER 7

메모리 관리

이 장의 내용

- 메모리 사용 및 관리를 위한 다양한 방법
- 헷갈리기 쉬운 배열과 포인터의 관계
- 메모리의 내부 동작 방식
- 메모리 관련 흔한 실수
- 스마트 포인터의 개념과 사용 방법

C++ 프로그래밍은 마치 도로가 없는 곳을 운전하는 것과 같다. 원하는 곳을 마음껏 갈 수 있지만 신호등이나 차선을 비롯한 안전장치가 없어서 각별히 주의를 기울이지 않으면 위험한 상황에 빠질 수 있다. C++는 C처럼 프로그래머가 모든 상황을 잘 알고 있다고 여기고 자유를 최대한 보장한다. 언어 자체가 굉장히 유연하고 안전성보다는 성능을 추구하기 때문에 심각한 문제가 발생할 가능성도 높다.

메모리 할당과 관리는 C++ 프로그래밍에서 특히 문제가 발생하기 쉬운 영역이다. 품질이 뛰어난 C++ 프로그램을 작성할 수준에 이르기 위해서는 메모리 관리의 내부 작동 방식을 확실히 이해하고 있어야 한다. 이 장에서는 메모리 관리에 대해 구석구석 살펴본다. 또한 동적 메모리를 다루는 과정에서 어떠한 위험에 빠지기 쉬운지 그리고 이러한 상황을 해결하거나 애초에 방지하기 위한 기법으로 어떤 것들이 있는지 소개한다.

이 장에서는 메모리의 내부 처리 과정을 자세히 소개한다. 전문 C++ 프로그래머라면 메모리를 다루는 코드를 작성할 일이 최소 한 번은 있기 때문이다. 하지만 모던 C++에서는 이러한 로우레벨[low-level] 메모리 연산을 최대한 피하는 추세다. 예를 들어 C 스타일 배열을 동적으로 할당하지 않고 표준 라이브러리에서 제공하는 `vector`처럼 메모리를 알아서 관리해주는 컨테이너를 이용하는 것을 선호한다. 또한 포인터도 기존에 사용하던 일반 포인터 대신 메모리와 같은 리소스를 더 이상 사용하지 않으면 자동으로 해제해주는 `unique_ptr`이나 `shared_ptr`과 같은 스마트 포인터를 사용한다. 쉽게 말해 `new`/`new[]`나 `delete`/`delete[]`와 같은 메모리 할당 및 해제 기능을 직접 사용할 일이 없는 것이 좋다. 물론 이렇게 하는 것이 쉽지 않을 때도 있다. 특히 예전에 작성한 코드를 다룰 때는 더더욱 힘들다. 따라서 실력 있는 C++ 프로그래머가 되려면 여전히 메모리의 내부 처리 과정을 알아둘 필요가 있다.

> **CAUTION_** 모던 C++ 코드에서는 로우레벨 메모리 연산은 가급적 피하고 컨테이너나 스마트 포인터와 같은 최신 기능을 활용하는 추세다.

7.1 동적 메모리 다루기

메모리는 컴퓨터의 로우레벨 구성 요소에 속하지만, 가끔 C++와 같은 고수준 프로그래밍 언어에서 반갑지 않게 사용할 때가 있다. 실력 있는 C++ 프로그래머가 되기 위해서는 C++에서 동적 메모리의 작동 과정을 확실히 이해하고 넘어가야 한다.

7.1.1 메모리의 작동 과정 살펴보기

객체가 메모리에 표현되는 방식을 머릿속으로 그릴 수 있다면 동적 메모리의 작동 과정을 한결 이해하기 쉽다. 이 책에서는 메모리 한 칸을 레이블이 달린 상자로 표현한다. 여기서 레이블은 그 메모리를 가리키는 일종의 변수 이름이다. 그리고 상자에 담긴 데이터는 그 메모리에 현재 저장된 값이다.

예를 들어 [그림 7-1]은 다음 코드를 실행한 후의 메모리 상태를 표현한 것이다. 여기서 i는 함수 안에 있는 로컬 변수다.

```
int i { 7 };
```

여기서 로컬 변수 i를 **자동 변수**automatic variable라고 부르며 스택에 저장된다. 프로그램의 실행 흐름이 이 변수가 선언된 스코프scope (유효 범위)를 벗어나면 할당된 메모리가 자동으로 해제된다.

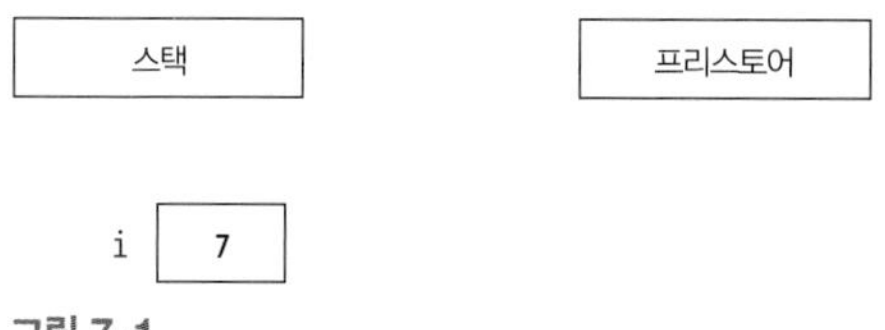

그림 7-1

new 키워드를 사용하면 **프리스토어**free store (자유 공간)에 메모리가 할당된다. 다음 코드는 ptr 변수를 스택에 생성하고 nullptr로 초기화한 뒤 프리스토어에 할당된 메모리를 ptr이 가리키도록 설정한다.

```
int* ptr { nullptr };
ptr = new int;
```

이를 좀 더 간단히 한 줄 코드one-liner (원라이너)로 표현하면 다음과 같다.

```
int* ptr { new int };
```

[그림 7-2]는 앞에 나온 코드를 실행한 후의 메모리 상태를 표현한 것이다. 여기서 ptr 변수가 여전히 스택에 있지만 프리스토어의 메모리를 가리키고 있다. 포인터 역시 일종의 변수이기 때문에 스택이나 프리스토어에 존재하는데, 종종 이 사실을 잊기 쉽다. 반면 동적 메모리는 항상 프리스토어에 할당된다.

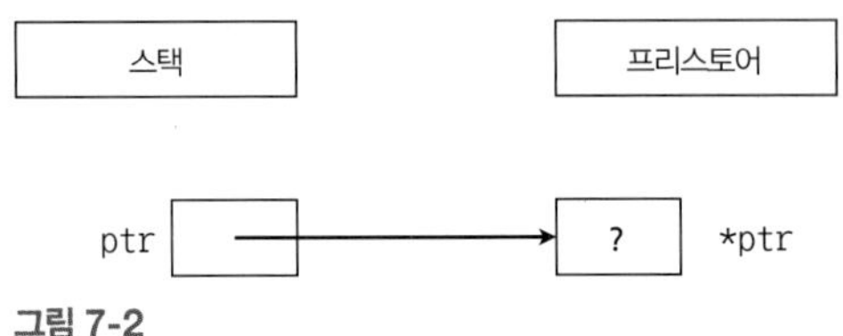

그림 7-2

> **CAUTION_** 항상 포인터 변수를 선언하자마자 nullptr이나 적절한 포인터로 초기화해야 한다. 절대로 초기화하지 않은 상태로 내버려두지 말자.

다음 코드는 포인터가 스택과 프리스토어에 모두 있는 예를 보여준다.

```
int** handle { nullptr };
handle = new int*;
*handle = new int;
```

여기에서는 먼저 정수 포인터에 대한 포인터를 handle이란 변수로 선언했다. 그런 다음 정수 포인터를 담는 데 충분한 크기로 메모리를 할당한 뒤 그 메모리에 대한 포인터를 handle에 저장했다. 이어서 이 메모리(*handle)에 정수를 담기 충분한 크기의 메모리를 동적으로 할당한다. [그림 7-3]은 이렇게 두 포인터 중 하나(handle)는 스택에 있고, 다른 하나(*handle)는 프리스토어에 있도록 두 단계로 구성한 상태를 보여준다.

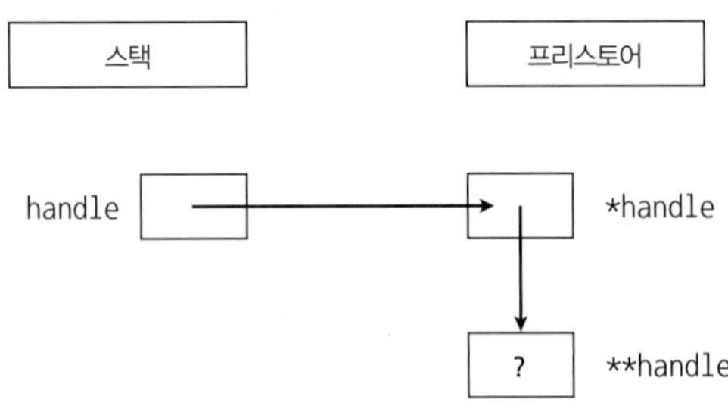

그림 7-3

7.1.2 메모리 할당과 해제

변수가 사용할 공간은 new 키워드로 생성한다. 다 사용했다면 이 공간을 프로그램의 다른 영역에서 사용할 수 있도록 delete 키워드로 해제한다. 물론 C++에서 new와 delete가 이렇게 간단할 리 없다.

1 new와 delete 사용법

변수에 필요한 메모리 블록을 할당하려면 new에 그 변수의 타입을 지정해서 호출한다. 그러면 할당된 메모리에 대한 포인터가 리턴된다. 물론 이 포인터를 변수에 저장하는 작업은 프로그래머의 몫이다. new의 리턴값을 무시하거나 그 포인터를 담았던 변수가 스코프를 벗어나게 되면 할당된 메모리에 접근할 수 없게 된다(**미아**orphan가 된다). 이를 **메모리 누수**(**메모리 릭**memory leak)라 부른다.

예를 들어 다음 코드는 int를 담을 공간만큼의 메모리 누수가 발생한다. [그림 7-4]는 다음 코드를 실행한 후의 메모리 상태를 보여준다. 스택에서 직접적으로든 간접적으로든 프리스토어의 데이터 블록에 더 이상 접근할 수 없게 되면 메모리 누수가 발생하거나 그 메모리는 미아가 된다.

```
void leaky()
{
    new int; // 버그다. 메모리 누수가 발생한다.
    cout << "방금 int 하나를 잃어버렸다." << endl;
}
```

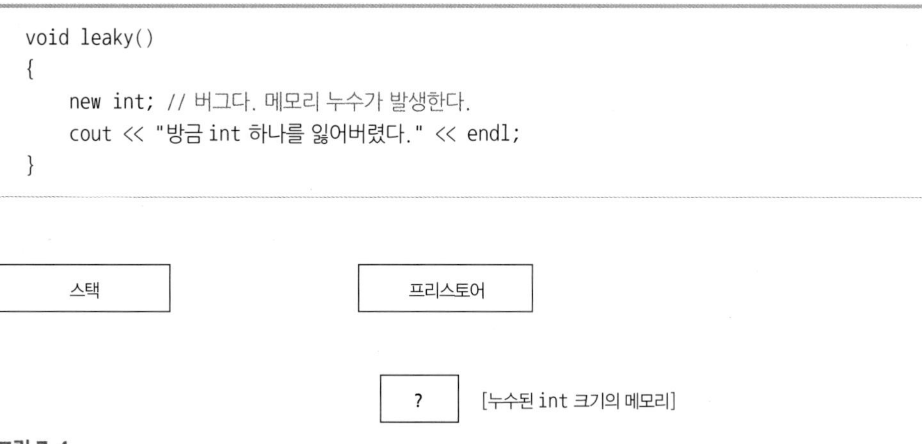

그림 7-4

속도가 빠른 메모리를 무한 공급하지 않는 한 객체에 할당했던 메모리를 해제해야 다른 용도로 사용할 수 있다. 프리스토어 메모리를 해제하려면 다음과 같이 delete 키워드에 해제할 메모리를 가리키는 포인터를 지정한다.

```
int* ptr { new int };
delete ptr;
ptr = nullptr;
```

> **CAUTION_** new로 메모리를 할당할 때 스마트 포인터가 아닌 일반 포인터로 저장했다면 반드시 그 메모리를 해제하는 delete 문을 new와 짝을 이루도록 작성해야 한다.

> **NOTE_** 메모리를 해제한 포인터는 nullptr로 초기화한다. 그래야 이미 해제된 메모리를 가리키는 포인터를 모르고 다시 사용하는 실수를 방지할 수 있다. 참고로 nullptr로 초기화한 포인터에 대해 delete를 호출해도 문제가 발생하지 않는다. 그저 아무 일도 일어나지 않을 뿐이다.

2 malloc()

C++를 처음 접하는 C 프로그래머는 malloc()이 왜 안 보이는지 궁금할 것이다. C에서 malloc()은 인수로 지정한 바이트 수만큼 메모리를 할당한다. 일반적으로 malloc()을 이용하는 것이 훨씬 간편하고 이해하기도 쉽다. C++에서도 malloc()을 지원하지만 malloc() 대신 new를 사용하는 것이 바람직하다. new는 단순히 메모리를 할당하는 데 그치지 않고 객체까지 만들기 때문이다.

예를 들어 다음과 같이 Foo라는 클래스의 객체를 생성하는 코드를 살펴보자.

```
Foo* myFoo { (Foo*)malloc(sizeof(Foo)) };
Foo* myOtherFoo { new Foo() };
```

이 코드는 Foo 객체를 저장하는 데 충분한 크기로 프리스토어 영역을 할당해서 이를 가리키는 포인터를 myFoo와 myOtherFoo에 저장한다. 이 두 포인터를 통해 Foo의 데이터 멤버와 메서드에 접근할 수 있지만, myFoo가 가리키는 Foo 객체는 아직 생성되지 않았기 때문에 정식 객체는 아니다. malloc() 함수는 메모리에서 일정한 영역만 따로 빼놓을 뿐 객체에 대해 알지도 못하고 관심도 없다. 반면 new를 호출한 문장은 적절한 크기의 메모리 공간이 할당될 뿐만 아니라 Foo의 생성자를 호출해서 객체를 생성한다.

free()와 delete의 관계도 이와 비슷하다. free()는 객체의 소멸자를 호출하지 않는 반면 delete는 소멸자를 호출해서 객체를 정상적으로 제거한다.

CAUTION_ C++에서는 malloc()과 free()를 절대 사용하지 말고 new와 delete만 사용한다.

3 메모리 할당에 실패한 경우

new는 항상 제대로 처리된다고 생각하는 프로그래머가 꽤 있다. 그 이유는 메모리가 부족해서 상황이 무지무지 좋지 않을 때만 new가 실패하기 때문이다. 이런 상황이 발생하면 프로그램에서 할 수 있는 일이 불분명하기 때문에 정확한 상태를 가늠하기 힘들다.

기본적으로 new가 실패하면 익셉션을 던진다. 예를 들어 요청한 만큼 메모리가 없을 때 그렇다. 이때 발생한 익셉션을 잡지 않으면 프로그램이 종료된다. 대부분의 경우는 이렇게 해도 괜찮다. 14장에서는 이렇게 메모리가 부족한 상황에서 프로그램이 정상적으로 실행되도록 처리하는 방법을 소개한다.

익셉션을 던지지 않는 버전의 new도 있다. 이 버전은 익셉션 대신 nullptr을 리턴한다. 마치 C에서 malloc()을 호출할 때와 같다. 문법은 다음과 같다.

```
int* ptr { new(nothrow) int };
```

문법이 좀 생소할 것이다. nothrow가 마치 new의 인수인 것처럼 적었다(실제로 그렇다).

물론 익셉션을 던지는 버전과 똑같은 문제가 발생한다. 메모리가 부족해서 nullptr을 리턴한다면 어떻게 해야 할까? 이 값을 검사하지 않더라도 컴파일 에러가 발생하지 않는다. 그러므로 익셉션을 던지는 버전보다 nothrow 버전을 사용할 때 버그가 발생할 가능성이 높다. 이러한 이유로 nothrow 버전보다는 표준 버전의 new를 사용하는 것이 바람직하다. 프로그램을 작성할 때는 항상 메모리가 부족한 상황에 대비해야 한다. 구체적인 방법은 14장에서 소개한다.

7.1.3 배열

배열 array 은 타입이 같은 원소들을 변수 하나에 담아서 각각을 인덱스로 구분한다. 배열은 번호가 붙은 칸막이에 값을 넣는다고 생각할 수 있어서 초보 프로그래머도 금세 익혀서 사용할 수 있다. 실제로 내부적으로 메모리에 배열을 저장하는 방식도 이와 크게 다르지 않다.

1 기본 타입 배열

프로그램에서 배열에 대해 할당한 메모리는 실제로도 연달아 붙어 있다. 이때 메모리 한 칸의 크기는 배열을 구성하는 원소 하나를 담을 수 있는 크기다. 예를 들어 int 값 다섯 개로 구성된 배열을 다음과 같이 로컬 변수로 선언하면 스택에 메모리가 할당된다.

```
int myArray[5];
```

[그림 7-5]는 이 배열을 생성한 직후의 메모리 상태를 보여준다. 아직은 개별 원서가 초기화되지 않은 상태다. 이렇게 선언할 때는 스택에 생성할 배열의 크기를 컴파일 시간에 결정할 수 있도록 상숫값으로 지정해야 한다.

> **NOTE_** 간혹 스택에 가변 크기 배열을 생성하는 기능을 지원하는 컴파일러도 있다. 하지만 C++ 표준 기능이 아니므로 가능하면 사용하지 않는 것이 좋다.

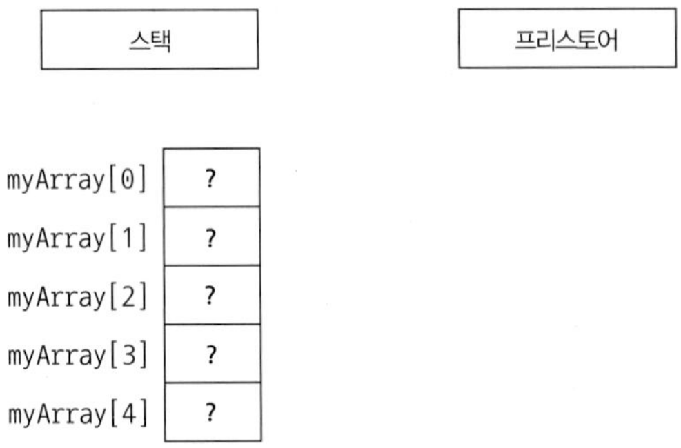

스택		프리스토어
myArray[0]	?	
myArray[1]	?	
myArray[2]	?	
myArray[3]	?	
myArray[4]	?	

그림 7-5

배열을 스택에 생성하면서 각 원소를 초기화하는 데 초기자 리스트를 사용할 수 있다.

```
int myArray[5] { 1, 2, 3, 4, 5 };
```

이때 초기자에 담긴 원소 개수가 배열의 크기보다 적다면 나머지는 0으로 초기화된다.

```
int myArray[5] { 1, 2 }; // 1, 2, 0, 0, 0
```

다음과 같이 작성하면 원소 전체를 한 번에 모두 0으로 초기화할 수 있다.

```
int myArray[5] { 0 }; // 0, 0, 0, 0, 0
```

이때 0을 생략해도 된다. 1장에서 본 것처럼 다음과 같이 작성하면 모든 원소를 영으로 초기화할 수 있다.

```
int myArray[5] { }; // 0, 0, 0, 0, 0
```

초기자 리스트를 사용하면 원소 개수를 컴파일러가 알아내기 때문에 배열 선언에 크기를 명시적으로 적지 않아도 된다.

```
int myArray[] { 1, 2, 3, 4, 5 };
```

배열을 프리스토어에 선언할 때도 마찬가지다. 배열의 위치를 가리키는 포인터를 사용한다는 점만 다르다. 다음 코드는 초기화되지 않은 int 값 다섯 개에 대한 메모리를 할당해서 그 공간을 가리키는 포인터를 myArrayPtr란 변수에 저장한다.

```
int* myArrayPtr { new int[5] };
```

[그림 7-6]에서 볼 수 있듯이 프리스토어에 저장한 배열은 원소가 저장된 위치만 다를 뿐 스택에 저장한 배열과 거의 같다. myArrayPtr 변수는 배열의 0번째 원소를 가리킨다.

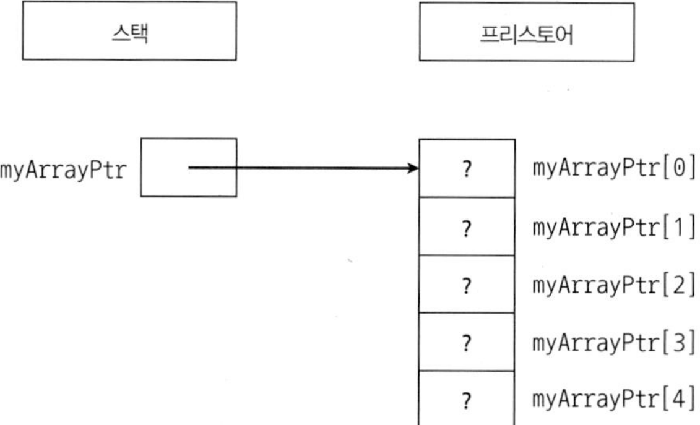

그림 7-6

여기서 new[]의 인수로 nothrow를 지정하면 실제로 메모리 할당에 실패할 때 익셉션을 던지지 않고 nullptr을 리턴한다. 예를 들면 다음과 같다.

```
int* myArrayPtr { new(nothrow) int[5] };
```

프리스토어에 동적으로 생성된 배열도 초기자 리스트로 초기화할 수 있다. 예를 들면 다음과 같다.

```
int* myArrayPtr { new int[] { 1, 2, 3, 4, 5 } };
```

new[]를 호출한 횟수만큼 delete[]를 호출해야 배열에 할당했던 메모리가 제대로 해제된다. 예를 들면 다음과 같다.

```
delete [] myArrayPtr;
myArrayPtr = nullptr;
```

배열을 프리스토어에 할당하면 배열의 크기를 실행 시간에 정할 수 있다는 장점이 있다. 예를 들어 다음 코드를 보면 askUserForNumberOfDocuments()란 함수로부터 받은 문서 개수만큼의 크기를 가진 Document 객체 배열을 생성한다.

```
Document* createDocArray()
{
    size_t numDocs { askUserForNumberOfDocuments() };
    Document* docArray { new Document[numDocs] };
    return docArray;
}
```

여기서 명심할 점은 new[]를 호출한 만큼 delete[]도 호출해야 한다는 것이다. 따라서 이 예제에서 createDocArray()를 호출한 측에서 배열을 다 쓰고 나면 delete[]를 호출해서 리턴받은 메모리를 해제해야 한다. C 스타일 배열을 사용할 때 발생할 수 있는 또 다른 문제는 크기를 정확히 알 수 없다는 것이다. 따라서 리턴된 배열에 담긴 원소 개수를 createDocArray()를 호출한 측에서 알 수 없다.

앞에 나온 코드에서 docArray는 **동적으로 할당된 배열**dynamically allocated array이다. 이는 **동적 배열**dynamic array과 다르다. 배열을 할당하고 나면 원소 개수가 변하지 않기 때문에 동적이지 않다. 동적 메모리는 할당된 블록의 크기를 실행 시간에 지정할 수는 있지만 더 많은 데이터를 담을 수 있게 크기를 자동으로 조절할 수는 없다.

NOTE_ 표준 라이브러리 컨테이너처럼 크기가 동적으로 조절될 뿐만 아니라 실제 크기도 알아낼 수 있는 데이터 구조도 있다. C 스타일 배열 대신 이런 컨테이너를 이용하는 것이 훨씬 안전하다.

C++는 realloc()이란 함수도 지원한다. 이 함수 역시 C 언어로부터 물려받은 것이다. 따라서 절대 사용하지 말기 바란다. C에서 realloc()은 새로 지정한 크기에 맞게 메모리 블록을 새로 할당하는 방식으로 배열의 크기를 동적으로 조절한다. 이 과정에서 기존 데이터를 새 블록으로 복사하고, 원래 블록은 삭제한다. C++에서 이렇게 처리하면 굉장히 위험하다. 사용자가 정의한 객체는 비트 단위 복사 작업에 맞지 않기 때문이다.

CAUTION_ C++에서 realloc()은 위험하므로 사용하지 말기 바란다.

2 객체 배열

객체 배열도 기본 타입 배열과 비슷하다. 원소를 초기화하는 방식만 다를 뿐이다. new[N]으로 객체 *N*개를 할당하면 연속된 블록 *N*개를 충분히 담을 수 있는 공간이 할당된다. 이때 각 블록의 크기도 객체 하나를 충분히 담을 정도다. 객체 배열에서 new[]를 호출하면 배열을 구성하는 각 객체마다 영 인수zero-argument(디폴트) 생성자가 호출된다. 디폴트로 원소를 초기화하지 않는 기본 타입 배열과 대조적이다. 이처럼 객체 배열을 new[]로 할당하면 형식에 맞게 초기화된 객체 배열을 가리키는 포인터가 리턴된다.

예를 들어 다음 클래스를 보자.

```
class Simple
{
    public:
        Simple() { cout << "Simple constructor called!" << endl; }
        ~Simple() { cout << "Simple destructor called!" << endl; }
};
```

Simple 객체 네 개로 구성된 배열을 할당하면 앞에 나온 Simple 생성자가 네 번 호출된다.

```
Simple* mySimpleArray { new Simple[4] };
```

이 배열의 메모리 상태를 표현한 [그림 7-7]을 보면 기본 타입 배열과 다르지 않다는 것을 알 수 있다.

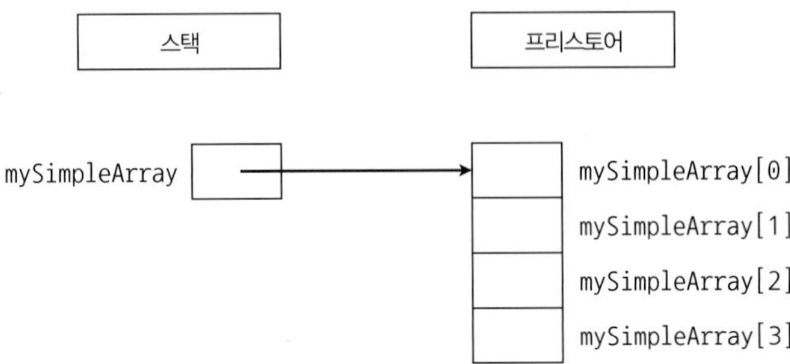

그림 7-7

3 배열 삭제하기

앞서 설명했듯이 배열에 대한 메모리를 new[]로 할당하면 반드시 new[]를 호출한 수만큼 delete[]를 호출해서 메모리를 해제해야 한다. 그러면 할당된 메모리를 해제할 뿐만 아니라 각 원소의 객체마다 소멸자를 호출한다.

```
Simple* mySimpleArray { new Simple[4] };
// mySimpleArray 사용
delete [] mySimpleArray;
mySimpleArray = nullptr;
```

배열 버전인 delete[]를 사용하지 않으면 프로그램이 이상하게 동작할 수 있다. 어떤 컴파일러는 객체를 가리키는 포인터만 삭제한다고 여기고 배열의 첫 번째 원소에 대한 소멸자만 호출해서 나머지 원소는 미아가 되어버린다. 또 어떤 컴파일러는 new와 new[]의 메모리 할당 방식이 서로 전혀 달라서 메모리 손상memory corruption이 발생하기도 한다.

> **CAUTION_** new로 할당한 것을 해제할 때는 반드시 delete를 사용하고, new[]로 할당한 것을 해제할 때는 반드시 delete[]를 사용한다.

물론 배열의 원소가 객체일 때만 소멸자가 호출된다. 포인터 배열에 대해 delete[]를 호출할 때는 각 원소가 가리키는 객체를 일일이 해제해야 한다. 예를 들면 다음과 같다.

```
const size_t size { 4 };
Simple** mySimplePtrArray { new Simple*[size] };

// 포인터마다 객체를 할당한다.
for (size_t i { 0 }; i < size; i++) { mySimplePtrArray[i] = new Simple{}; }

// mySimplePtrArray 사용

// 할당된 객체를 삭제한다.
for (size_t i { 0 }; i < size; i++) {
    delete mySimplePtrArray[i];
    mySimplePtrArray[i] = nullptr;
}

// 배열을 삭제한다.
delete [] mySimplePtrArray;
mySimplePtrArray = nullptr;
```

CAUTION_ 모던 C++에서는 C 스타일 포인터를 사용하면 안 된다. C 스타일 배열에 일반 포인터를 저장하는 식으로 작성하지 말고, 최신 표준 라이브러리 컨테이너(예: `std::vector`)에 스마트 포인터를 저장하는 방식으로 구현한다. 이 장 뒤에서 소개하겠지만 스마트 포인터는 할당된 메모리를 적절한 시점에 알아서 해제해준다.

4 다차원 배열

다차원 배열이란 인덱스를 여러 개 사용하도록 확장한 배열이다. 예를 들어 틱택토 게임을 위한 3×3 격자는 이차원 배열로 구현할 수 있다. 다음 코드는 이 배열을 스택에 생성하고 0으로 초기화한 뒤 테스트 코드로 접근하는 예를 보여주고 있다.

```
char board[3][3] {};
// 테스트 코드
board[0][0] = 'X'; // (0,0) 지점에 X를 둔다.
board[2][1] = 'O'; // (2,1) 지점에 O를 둔다.
```

여기서 첫 번째 인덱스가 x축을 가리키는지 아니면 y축을 가리키는지 헷갈릴 수 있다. 사실 일관성만 유지한다면 순서는 상관없다. 4×7 격자를 char board[4][7]로 선언해도 되고 char board[7][4]로 선언해도 된다. 물론 대부분 이해하기 쉽도록 첫 번째 인덱스를 x축으로, 두 번째 인덱스를 y축으로 사용한다.

다차원 스택 배열

스택에 생성한 3×3 이차원 배열의 메모리 상태는 [그림 7-8]와 같다. 실제로 메모리는 두 개의 축을 사용하지 않고 일차원 배열처럼 나열되어 있다. 배열의 크기와 이를 접근하는 방식만 다르다.

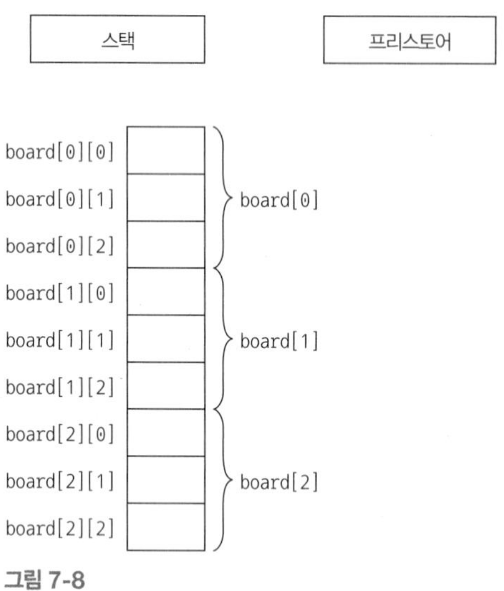

그림 7-8

다차원 배열의 크기는 각 차원의 크기를 서로 곱한 값에 한 원소의 메모리 크기를 곱한 값과 같다. [그림 7-8]에 나온 3×3 보드를 표현한 배열의 크기는 3×3×1 = 9바이트다. 여기서 문자 하나는 1바이트라 가정했다. 4×7 보드를 표현한 문자 배열의 크기는 4×7×1 = 28바이트가 된다.

다차원 배열의 한 원소에 접근할 때 각 인덱스는 다차원 배열 안의 하위 배열에 접근할 인덱스로 사용한다. 예를 들어 3×3 격자를 표현하는 배열에서 board[0]은 실제로 [그림 7-9]에 회색으로 표시한 하위 배열을 가리킨다. 여기에 두 번째 인덱스(board[0][2])를 지정하면 [그림 7-10]처럼 앞서 가리킨 하위 배열에서 두 번째 인덱스(2)에 해당하는 원소를 가리킨다.

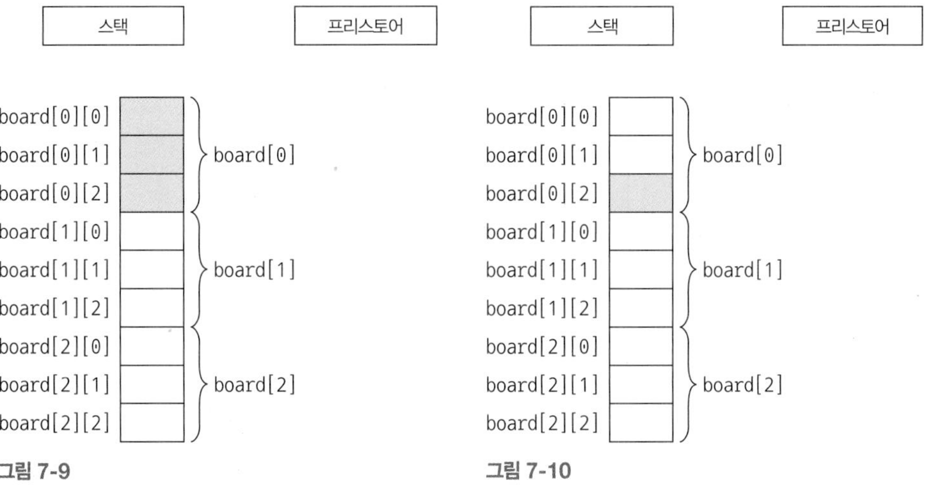

그림 7-9 **그림 7-10**

이와 같은 방식으로 *N*차원 배열을 처리한다. 단, 삼차원을 넘어가면 머릿속으로 떠올리기 힘들어서 잘 사용하지 않는다.

다차원 프리스토어 배열

다차원 배열에서 차원 수를 실행 시간에 결정하고 싶다면 프리스토어 배열로 생성한다. 동적으로 할당한 일차원 배열을 포인터로 접근하듯이 동적으로 할당한 다차원 배열도 포인터로 접근한다. 단지 이차원 배열의 경우 포인터에 대한 포인터로 원소에 접근하는 반면 *N*차원 배열은 *N*단계의 포인터로 접근한다는 점만 다르다. 얼핏 생각하면 다차원 배열을 동적으로 할당할 때 다음과 같이 작성해야 한다고 생각하기 쉽다.

```
char** board { new char[i][j] }; // 버그! 컴파일 에러가 발생한다.
```

프리스토어 배열에 대한 메모리 할당 방식은 스택 배열과 다르기 때문에 이렇게 작성하면 컴파일 에러가 발생한다. 프리스토어에서는 메모리 공간이 연속적으로 할당되지 않기 때문에 스택 방식의 다차원 배열처럼 메모리를 할당하면 안 된다. 이럴 때는 프리스토어 배열의 첫 번째 인덱스에 해당하는 차원의 배열을 연속적인 공간에 먼저 할당한다. 그런 다음 이 배열의 각 원소에 두 번째 인덱스에 해당하는 차원의 배열을 가리키는 포인터를 저장한다. [그림 7-11]은 2×2 보드의 배열을 동적으로 할당하는 예를 보여준다.

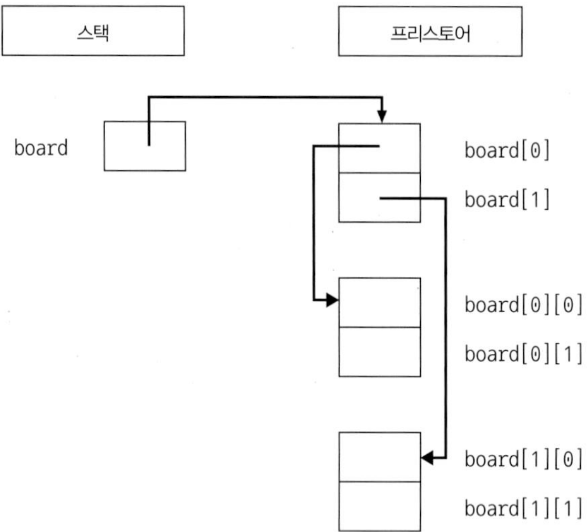

그림 7-11

아쉽지만 여기서 하위 배열을 할당하는 작업은 컴파일러가 자동으로 처리해주지 않는다. 첫 번째 차원의 배열이 가리키는 각 원소(하위 배열)에 대한 메모리는 마치 일차원 프리스토어 배열을 할당하듯이 직접 하나씩 할당해야 한다. 다음 코드는 이차원 배열을 동적으로 할당하는 예를 보여주고 있다.

```
char** allocateCharacterBoard(size_t xDimension, size_t yDimension)
{
    char** myArray { new char*[xDimension] }; // 첫 번째 차원의 배열을 할당한다.
    for (size_t i { 0 }; i < xDimension; i++) {
        myArray[i] = new char[yDimension];    // i번째 하위 배열을 할당한다.
    }
    return myArray;
}
```

다차원 프리스토어 배열에 할당된 메모리를 해제할 때도 마찬가지다. delete[]가 하위 배열까지 해제해주지 않기 때문에 직접 해제해야 한다. 다차원 프리스토어 배열을 해제하는 코드는 할당하는 코드와 방향만 다를 뿐 형태는 거의 비슷하다.

```
void releaseCharacterBoard(char**& myArray, size_t xDimension)
{
    for (size_t i { 0 }; i < xDimension; i++) {
```

```
        delete [] myArray[i]; // i번째 하위 배열을 해제한다.
        myArray[i] = nullptr;
    }
    delete [] myArray;          // 첫 번째 차원의 배열을 해제한다.
    myArray = nullptr;
}
```

NOTE_ 방금 본 다차원 배열 할당 예는 효율적인 방법이라고 볼 수 없다. 여기에서는 먼저 첫 번째 차원에 대한 메모리를 할당하고 나서 하위 배열에 대한 메모리를 할당했다. 이렇게 하면 메모리 블록이 여러 곳에 흩어지게 되므로 데이터 구조를 처리하는 알고리즘의 성능에 영향을 미치게 된다. 알고리즘의 성능은 연속된 메모리를 처리할 때가 더 좋다. 한 가지 해결 방법은 `xDimension * yDimension * elementSize` 만큼의 거대한 메모리 블록 하나를 할당하고, `x * yDimension + y`와 같은 수식으로 각 원소를 접근하는 것이다.

지금까지 배열을 다루는 방법에 관련된 모든 사항을 살펴봤다. 기존 C 스타일 배열은 메모리 안전성이 떨어지므로 가급적 사용하지 않는 것이 좋다. 여기서 C 스타일 배열도 소개한 이유는 기존에 작성한 레거시 코드를 볼 줄 알면 좋기 때문이다. 코드를 새로 작성할 때는 `std::array`나 `std::vector`와 같은 C++ 표준 라이브러리에서 제공하는 컨테이너를 사용하기 바란다. 예를 들어 일차원 동적 배열은 `vector<T>`로, 이차원 동적 배열은 `vector<vector<T>>`로 작성한다. 물론 `vector<vector<T>>`와 같이 데이터 구조를 직접 다루는 작업도 번거롭긴 마찬가지다. 특히 처음 생성할 때는 더 귀찮다. *N*차원 동적 배열이 필요하다면 헬퍼 클래스를 만들어서 다루면 편하다. 예를 들어 행의 길이가 모두 같은 이차원 데이터를 다루고 싶다면 `Matrix<T>`나 `Table<T>` 클래스 템플릿을 이용한다. 이 템플릿은 내부적으로 `vector<vector<T>>` 데이터 구조를 사용한다. 클래스 템플릿을 다루는 방법은 12장에서 자세히 설명한다.

CAUTION_ C 스타일 배열 대신 `std::array`나 `std::vector`와 같은 C++ 표준 라이브러리에서 제공하는 컨테이너를 사용한다.

7.1.4 포인터 다루기

포인터는 남용하기 쉽기로 악명 높다. 포인터는 메모리 주소일 뿐 그 주소를 얼마든지 변경할 수 있고, 심지어 다음과 같이 위험한 일도 할 수 있다.

```
char* scaryPointer { (char*)7 };
```

이 코드는 메모리 주소 7에 대한 포인터를 만든다. 이 포인터는 어떤 값을 가리키거나 애플리케이션의 다른 영역에서 사용하는 공간일 가능성이 높다. new를 호출하거나 스택에 생성된 것처럼 별도로 할당한 것이 아닌 메모리 공간을 사용하면 객체를 저장하거나 프리스토어 관리에 사용되는 메모리가 손상되어 프로그램이 제대로 작동하지 않게 된다. 이러한 현상은 다양한 형태로 나타난다. 예를 들어 데이터가 손상되어 잘못된 결과를 나타내거나, 존재하지 않거나 금지된 메모리에 접근해서 하드웨어 익셉션exception이 발생할 수 있다. OS나 C++ 런타임 라이브러리에 의해 프로그램이 중단될 정도로 에러가 발생하면 그나마 다행이다. 오히려 별다른 반응 없이 잘못된 값을 사용할 때 심각한 문제가 발생한다.

1 포인터의 작동 방식

포인터는 두 가지 관점으로 이해할 수 있다. 수학적 사고에 익숙한 사람은 포인터를 주소로 본다. 이런 사람은 이 장 뒤에서 설명하는 포인터 연산pointer arithmetic을 쉽게 이해한다. 포인터는 메모리를 알 수 없는 방식으로 돌아다니는 통로가 아니다. 메모리의 한 지점을 가리키는 숫자에 불과하다. [그림 7-12]는 2×2 격자가 메모리 주소로 어떻게 표현되는지 보여준다.

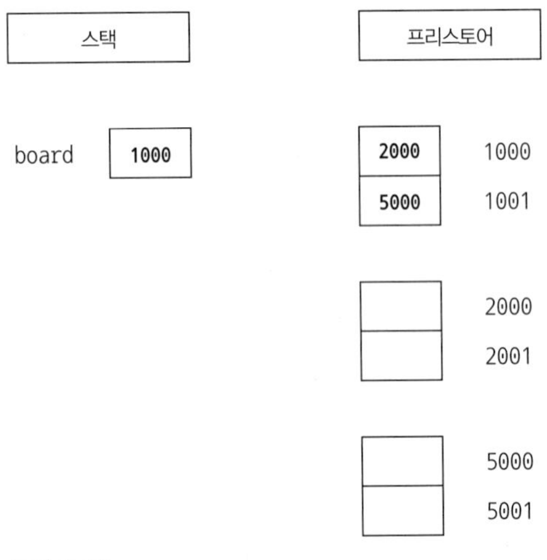

그림 7-12

> **NOTE_** [그림 7-12]에 나온 주소는 어디까지나 개념 설명을 위한 것일 뿐 실제 시스템에서 사용하는 주소는 하드웨어나 OS마다 다르다.

공간적 사고에 익숙한 사람은 포인터를 화살표로 생각하면 이해하기 쉽다. 포인터는 손가락으로 가리키는 것처럼 참조 단계를 표현한다. 이 관점에서 보면 여러 단계로 구성된 포인터에서 각 단계는 데이터에 이르는 경로라고 볼 수 있다. [그림 7-11]은 메모리에 있는 포인터를 개념적으로 표현한 것이다.

* 연산자로 포인터를 **역참조**dereference하면 메모리에서 한 단계 더 들어가 볼 수 있다. 포인터를 주소 관점에서 보면 역참조는 포인터가 가리키는 주소로 점프하는 것과 같다. 역참조를 하는 부분을 그림으로 표현하면 출발 지점에서 목적지로 향하는 화살표로 나타낼 수 있다.

& 연산자를 사용하여 특정 지점의 주소를 구하면 메모리에 대한 참조 단계가 하나 더 늘어난다. 이 연산자를 주소 관점으로 보면 특정 지점을 숫자로 표현한 주소로 본다. 공간 관점에서 보면 & 연산자는 표현식으로 지정한 지점을 가리키는 화살표를 생성한다고 볼 수 있다. 그리고 이 화살표가 시작하는 지점을 포인터로 저장할 수 있다.

2 포인터에 대한 타입 캐스팅

포인터는 단지 메모리 주소(또는 어떤 지점을 가리키는 화살표)에 불과해서 타입을 엄격히 따지지 않는다. XML 문서를 가리키는 포인터와 정수를 가리키는 포인터는 크기가 서로 같다. 포인터의 타입은 **C 스타일 캐스팅**으로 얼마든지 바꿀 수 있다.

```
Document* documentPtr { getDocument() };
char* myCharPtr { (char*)documentPtr };
```

정적 캐스팅static cast을 사용하면 좀 더 안전하다. 관련 없는 데이터 타입으로 포인터를 캐스팅하면 컴파일 에러가 발생하기 때문이다.

```
Document* documentPtr { getDocument() };
char* myCharPtr { static_cast<char*>(documentPtr) }; // 버그! 컴파일 에러 발생
```

정적 캐스팅하려는 포인터와 캐스팅 결과에 대한 포인터가 가리키는 객체가 서로 상속 관계에 있다면 컴파일 에러가 발생하지 않는다. 하지만 상속 관계에 있는 대상끼리 캐스팅할 때는 **동적 캐스팅**dynamic cast을 사용하는 것이 더 안전하다. 10장에서 상속에 대해 설명하면서 C++ 스타일의 캐스팅 방법도 함께 소개한다.

7.2 배열과 포인터의 두 얼굴

앞에서 배열과 포인터가 서로 비슷하다고 설명한 적이 있다. 프리스토어에 할당된 배열은 첫 번째 원소를 가리키는 포인터로 참조한다. 스택에 할당된 배열은 배열 문법([ ])으로 참조한다. 이 부분만 빼면 일반 변수 선언과 같다. 그런데 좀 더 자세히 살펴보면 포인터와 배열의 공통점이 더 있다. 둘 사이의 관계는 꽤 복잡하게 얽혀 있다.

7.2.1 배열 = 포인터

프리스토어 배열을 참조할 때만 포인터를 사용하는 것은 아니다. 스택 배열에 접근할 때도 포인터를 사용할 수 있다. 배열의 주소는 사실 (인덱스 0인) 첫 번째 원소에 대한 주소다. 컴파일러는 배열의 변수 이름을 보고 배열 전체를 가리키는 것으로 알지만, 실제로는 배열의 첫 번째 원소에 대한 주소만 가리킬 뿐이다. 그러므로 프리스토어 배열과 똑같은 방식으로 포인터를 사용할 수 있다. 다음 코드는 0으로 초기화한 스택 배열을 만들고 포인터로 접근하는 예를 보여준다.

```
int myIntArray[10] {};
int* myIntPtr { myIntArray };
// 포인터로 배열 접근하기
myIntPtr[4] = 5;
```

스택 배열을 포인터로 접근하는 기능은 배열을 함수에 넘길 때 특히 유용하다. 다음 함수는 정수 배열을 포인터로 받는다. 여기서 함수를 호출할 때 배열의 크기를 지정해야 한다. 포인터에는 배열의 크기가 나와 있지 않기 때문이다. 사실 C++에서 배열은 원소의 타입이 포인터가 아니더라도 원래부터 크기란 개념이 없다. 표준 라이브러리에서 제공하는 컨테이너를 사용해야 하는 또 다른 이유이기도 하다.

```
void doubleInts(int* theArray, size_t size)
{
    for (size_t i { 0 }; i < size; i++) { theArray[i] *= 2; }
}
```

이 함수를 호출할 때 스택 배열을 전달해도 되고 프리스토어 배열을 전달해도 된다. 프리스토어 배열을 전달하면 이미 포인터가 있어서 함수에 값으로 전달된다. 스택 배열의 경우 호출하는 측에서 배열 변수를 전달하면 컴파일러가 알아서 배열에 대한 포인터로 변환한다. 또는 직접 첫 번째 배열의 주소로 넘겨도 된다. 세 가지 경우를 코드로 표현하면 다음과 같다.

```
size_t arrSize { 4 };
int* freeStoreArray { new int[arrSize]{1, 5, 3, 4} };
doubleInts(freeStoreArray, arrSize);
delete [] freeStoreArray;
freeStoreArray = nullptr;

int stackArray[] { 5, 7, 9, 11 };
arrSize = std::size(stackArray);     // C++17부터 <array>를 사용한다.
//arrSize = sizeof(stackArray) / sizeof(stackArray[0]); // C++17 이전, 1장 참조
doubleInts(stackArray, arrSize);
doubleInts(&stackArray[0], arrSize);
```

배열을 매개변수로 전달하는 과정은 포인터를 매개변수로 전달하는 과정과 놀라울 정도로 비슷하다. 컴파일러는 배열을 함수로 전달하는 부분을 포인터로 취급한다. 배열을 인수로 받아서 그 안에 담긴 값을 변경하는 함수는 복사본이 아닌 원본을 직접 수정한다. 포인터와 마찬가지로 배열을 전달하면 실제로 레퍼런스 전달 방식pass-by-reference의 효과가 나타난다. 함수에 전달한 값이 배열의 복사본이 아닌 원본을 가리키는 주소이기 때문이다. 다음 doubleInts() 코드는 포인터가 아닌 배열 매개변수를 받더라도 원본 배열이 변경되는 것을 보여준다.

```
void doubleInts(int theArray[], size_t size)
{
    for (size_t i { 0 }; i < size; i++) { theArray[i] *= 2; }
}
```

컴파일러는 이 함수의 프로토타입에서 theArray 뒤의 대괄호([]) 사이에 나온 숫자를 무시한다. 그러므로 다음과 같이 세 가지 방식으로 표현한 문장은 모두 같다.

```
void doubleInts(int* theArray, size_t inSize);
void doubleInts(int theArray[], size_t inSize);
void doubleInts(int theArray[2], size_t inSize);
```

왜 이렇게 처리하는지 이해가지 않을 수도 있다. 함수 정의 부분에 배열 문법을 사용하면 컴파일러가 그 배열을 복사해야 한다고 생각할 수도 있다. 하지만 그렇게 하지 않는 이유는 성능 때문이다. 배열에 담긴 원소를 모두 복사하는 데 시간이 걸릴 뿐만 아니라 메모리 공간도 상당히

차지한다. 이처럼 항상 포인터를 전달하기 때문에 컴파일러가 배열을 복사하는 코드를 추가할 필요가 없다.

길이를 아는 스택 배열을 참조 전달 방식으로 함수에 전달하는 방법도 있는데, 문법이 깔끔하지 않을 뿐만 아니라 프리스토어 배열에 적용할 수 없다. 예를 들어 다음 코드는 크기가 4인 스택 배열만 인수로 받는다.

```
void doubleIntsStack(int (&theArray)[4]);
```

12장에서 자세히 설명할 함수 템플릿을 사용하면 스택 배열의 크기를 컴파일러가 알아낼 수 있다.

```
template<size_t N>
void doubleIntsStack(int (&theArray)[N])
{
    for (size_t i { 0 }; i < N; i++) { theArray[i] *= 2; }
}
```

정리하면 배열 문법으로 선언한 배열은 포인터로도 접근할 수 있다. 그리고 컴파일러는 함수로 전달하는 배열을 항상 포인터로 취급한다.

NOTE_ C++20부터는 함수에 C 스타일 배열을 전달할 때 직접 C 스타일 배열로 전달하지 말고, 18장에서 설명하는 `std::span` 타입 매개변수로 전달하는 것이 좋다. 이 타입은 배열에 대한 포인터와 배열 크기를 감싸준다.

7.2.2 포인터가 모두 배열은 아니다!

앞 절에서 본 `doubleInts()`처럼 함수를 호출할 때 포인터 자리에 배열을 넣어도 된다고 해서 포인터와 배열이 같다고 생각하면 안 된다. 사실 미묘하지만 중요한 차이가 있다. 포인터와 배열은 비슷한 점이 많아서 앞에서 본 예제처럼 서로 바꿔 쓸 수 있지만 그렇다고 똑같은 것은 아니다.

포인터 자체만으로는 아무런 의미가 없다. 임의의 메모리를 가리킬 수도 있고 객체나 배열을 가리킬 수도 있다. 언제든지 포인터에 배열 문법을 적용해도 되지만 실제로 포인터가 배열은 아니기 때문에 말이 안 되는 경우도 있다. 예를 들면 다음과 같다.

```
int* ptr { new int };
```

ptr이란 포인터는 정상적인 포인터지만 배열은 아니다. 이 포인터가 가리키는 값을 배열 문법(ptr[0])으로 표현할 수는 있지만 바람직한 작성 방식이 아닐 뿐만 아니라 그러므로 좋은 점도 없다. 오히려 이렇게 배열이 아닌 포인터를 배열 문법으로 표현하면 버그가 발생하기 쉽다. ptr[1]에 있는 메모리에 어떤 값이 있을지 모르기 때문이다.

CAUTION_ 모든 배열은 포인터로 참조할 수 있지만, 그렇다고 포인터가 배열인 것은 아니다.

7.3 로우레벨 메모리 연산

C++이 C보다 훨씬 뛰어난 점 중 하나는 메모리에 대해 신경 쓸 일이 적다는 것이다. 객체를 이용한다면 각 클래스마다 메모리를 제대로 관리해주면 된다. 메모리 관리가 필요한 시점을 생성자와 소멸자를 통해 알려주기만 하면 나머지는 컴파일러가 처리해준다. 이렇게 메모리 관리 작업을 클래스 내부에서 처리하도록 숨기면 사용성이 크게 높아진다. 표준 라이브러리에서 제공하는 클래스만 봐도 쉽게 알 수 있다. 하지만 일부 애플리케이션이나 레거시 코드를 사용할 경우 메모리를 낮은 수준으로 사용해야 할 수도 있다. 레거시, 효율, 디버깅 또는 호기심에 관계없이 원시 바이트를 사용하는 몇 가지 테크닉을 알아두면 여러모로 도움이 된다.

7.3.1 포인터 연산

C++ 컴파일러는 **포인터 연산**pointer arithmetic을 수행할 때 포인터에 선언된 타입을 적용한다. 포인터를 int로 선언하고 그 값을 1만큼 증가시키면 포인터는 메모리에서 한 바이트가 아닌 int 크기만큼 이동한다. 이 연산은 주로 배열을 다루는 데 유용하다. 배열에 담긴 데이터는 모두 타입이 같을 뿐만 아니라 메모리에 연속적으로 저장되어 있기 때문이다. 예를 들어 다음과 같이 int 타입의 프리스토어 배열을 선언한 경우를 살펴보자.

```
int* myArray { new int[8] };
```

앞서 배웠듯이 이 배열의 인덱스 2에 해당하는 지점에 값을 넣는 방법은 다음과 같다.

```
myArray[2] = 33;
```

방금 작성한 문장을 포인터 연산으로도 표현할 수 있다. 다시 말해 myArray가 시작하는 지점으로부터 두 int 값만큼 건너뛴 지점의 값을 역참조하면 된다.

```
*(myArray + 2) = 33;
```

개별 원소를 접근하는 용도로 포인터 연산이 적합하다고 보긴 힘들다. 포인터 연산의 강점은 myArray + 2와 같은 표현식에서도 여전히 포인터이기 때문에 더 작은 정수 배열을 표현할 수 있다는 것이다.

와이드 스트링을 예로 살펴보자. 와이드 스트링wide string은 21장에서 자세히 설명하므로 세부 사항은 신경 쓸 필요 없다. 여기에서는 와이드 스트링은 유니코드 문자를 지원해서 한국어와 같은 다국어를 표현할 수 있다는 정도만 알면 된다. wchar_t 타입은 유니코드 문자를 지원하는 문자 타입 중 하나로, 대체로 char 타입보다 크다(즉, 한 바이트보다 크다). 주어진 스트링 리터럴이 와이드 스트링임을 컴파일러에 알려주려면 그 앞에 L을 붙인다.

```
const wchar_t* myString { L"Hello, World" };
```

다음과 같이 인수로 받은 와이드 스트링을 대문자로 변환해서 리턴하는 함수가 있다고 하자.[1]

```
wchar_t* toCaps(const wchar_t* text);
```

이 함수에 myString을 전달해서 대문자로 변환할 수 있다. 이때 myString의 일부분만 대문자로 변환하려면 원하는 시작점을 포인터 연산으로 표현한다. 예를 들어 다음 코드는 myString에서 World만 대문자로 바꾸기 위해 스트링의 시작점을 가리키는 포인터에 7을 더한 값을 toCaps()로 전달한다. 물론 문자가 wchar_t 타입이라면 1바이트보다 클 수도 있다.

1 2장에서 C 스타일 스트링은 0으로 끝난다고(즉, 마지막 원소가 \0이라고) 설명했다. 따라서 입력 스트링의 길이를 알려주는 매개변수를 이 함수에 추가할 필요가 없다. 이 함수는 스트링을 구성하는 문자에 대해 루프를 돌다가 \0 문자를 만나면 끝낸다.

```
toCaps(myString + 7);
```

포인터 연산에서는 뺄셈도 유용하다. 예를 들어 타입이 같은 두 포인터에 대해 뺄셈을 하면 두 포인터 사이에 몇 바이트가 있는지가 아니라 포인터에 지정한 타입의 원소가 몇 개 있는지 알 수 있다.

7.3.2 커스텀 메모리 관리

99%의 경우 C++에서 기본으로 제공하는 메모리 할당 기능만으로도 충분하다(100% 처리할 수 있다는 사람도 있다). new와 delete의 내부 처리 과정을 살펴보면 메모리를 적절한 크기로 잘라서 전달하고, 현재 메모리에서 사용할 수 있는 공간을 관리하고, 다 쓴 메모리를 해제하는 작업을 수행한다.

리소스가 상당히 부족하거나 공유 메모리 관리나 커스텀 메모리 구현과 같은 특수한 작업을 수행할 때는 메모리를 직접 다뤄야 한다. 그런데 생각보다 어렵지 않다. 핵심은 클래스에 큰 덩어리의 메모리를 할당해놓고 필요할 때마다 잘라 쓰는 것이다.

그렇다면 이렇게 직접 관리하면 뭐가 좋을까? 오버헤드를 좀 더 줄일 수 있다. new로 메모리를 할당하면 현재 프로그램에서 얼마나 할당했는지 기록할 공간이 필요하다. 이렇게 기록해둬야 delete를 호출할 때 정확한 크기만큼 해제할 수 있다. 객체는 대부분 실제 사용 공간에 비해 오버헤드가 아주 작아서 문제가 되지 않는다. 하지만 객체가 작거나 객체 수가 엄청나게 많을 때는 이러한 오버헤드가 상당한 영향을 미친다.

메모리를 직접 다룰 때 객체 크기를 사전에 알고 있다면 이러한 오버헤드를 줄일 수 있다. 크기가 작은 객체가 아주 많을수록 오버헤드 절약 효과가 크다. 메모리를 직접 관리하기 위해 new와 delete를 오버로딩하는 방법은 15장에서 자세히 소개한다.

7.3.3 가비지 컬렉션

가비지 컬렉션garbage collection을 제공하는 환경이라면 프로그래머가 객체에 할당된 메모리를 직접 해제할 일이 거의 없다. 더 이상 참조하지 않는 객체는 런타임 라이브러리가 일정한 시점에 제거해준다

C++는 자바나 C#과 달리 가비지 컬렉션을 제공하지 않는다. 모던 C++에서는 스마트 포인터로 메모리를 관리할 수 있도록 개선되었지만 예전에는 new와 delete를 이용하여 객체 수준에

서 직접 메모리를 관리해야 했다. 뒤에서 설명하는 shared_ptr과 같은 스마트 포인터는 가비지 컬렉션과 상당히 비슷한 방식으로 메모리를 관리한다. 다시 말해 어떤 리소스를 참조하든 shared_ptr이 삭제되면 그 포인터가 가리키던 리소스도 조만간 제거된다. C++에서 가비지 컬렉션을 제대로 구현하는 것은 가능하다. 하지만 프로그래머가 메모리 해제에 대해 전혀 신경 쓰지 않을 정도로 제공하기란 상당히 까다롭다.

가비지 컬렉션을 구현하는 기법 중에 **표시 후 쓸기**mark and sweep란 알고리즘이 있다. 이 방식에 따르면 가비지 컬렉터가 프로그램에 있는 모든 포인터를 주기적으로 검사해서 참조하는 메모리를 계속 사용하는지 여부를 표시한다. 한 주기가 끝날 시점에 아무런 표시가 없는 메모리는 더 이상 사용하지 않는 것으로 간주하고 해제한다. 이 알고리즘을 C++로 구현하기는 쉽지 않다. 자칫 잘못하면 delete를 사용하는 것보다 에러 발생 가능성이 더 높아진다.

그동안 C++에서 안전하고 간편한 가비지 컬렉션을 제공하려는 시도가 있었다. C++에서 가비지 컬렉션을 제아무리 완벽하게 구현하더라도 모든 애플리케이션에 적합하게 만들 수는 없다. 가비지 컬렉션의 단점은 다음과 같다.

- 가비지 컬렉터가 작동하는 동안 프로그램이 응답하지 않을 수 있다.
- 가비지 컬렉터는 비결정적 소멸자(non-deterministic destructor)를 사용한다. 객체는 가비지 컬렉션 되기 전에는 제거되지 않는다. 그러므로 객체가 스코프를 벗어나더라도 소멸자가 즉시 구동되지 않는다. 다시 말해 소멸자가 처리하는 리소스 정리 작업(파일 닫기, 락 해제 등)이 언제 수행될지 정확히 알 수 없다.

가비지 컬렉션 메커니즘을 직접 구현하는 것은 굉장히 어렵다. 잘못 구현하거나 에러가 발생할 가능성도 높고, 무엇보다도 성능이 나쁠 수 있다. 따라서 가비지 컬렉션을 제공하는 메모리를 사용하고 싶다면 기존에 잘 구현된 가비지 컬렉션 라이브러리를 찾아서 활용할 것을 권장한다.

7.3.4 객체 풀

가비지 컬렉션은 마치 뷔페식당에서 음식을 먹으면서 다 쓴 접시를 테이블 위에 그냥 내버려두면 웨이터가 알아서 치워주는 것과 같다. 그런데 이보다 좀 더 효율적인 방법이 있다.

객체 풀은 접시를 재활용하는 것에 비유할 수 있다. 사용할 접시 수를 미리 정해놓고, 음식을 먹고 난 빈 접시에 다시 음식을 담아오는 것이다. 객체 풀은 타입이 같은 객체 여러 개를 지속적으로 사용해야 하며, 객체 생성 오버헤드가 상당히 큰 상황에 적용하기 좋다.

성능 효율을 높이기 위해 객체 풀을 사용하는 방법은 29장에서 자세히 설명한다.

7.4 흔히 발생하는 메모리 관련 문제

new/delete/new[]/delete[] 등으로 메모리를 동적으로 관리하거나 로우레벨 연산을 수행하다보면 에러가 발생하기 쉽다. 메모리 관련 버그가 발생하는 상황을 명확히 집어내기란 쉽지 않다. 메모리 누수나 잘못된 포인터가 발생하는 원인과 배경은 굉장히 다양하다. 이런 문제를 모두 해결하는 만능 해결책은 없다. 이 절에서는 흔히 발생하는 메모리 관련 문제의 유형을 살펴보고 이런 문제를 발견하고 해결하는 도구를 소개한다.

7.4.1 데이터 버퍼 과소 할당과 경계를 벗어난 메모리 접근

C 스타일 스트링에서 가장 흔히 발생하는 문제로 과소 할당underallocation이 있다. 주로 프로그래머가 스트링의 끝을 나타내는 널 문자(\0)가 들어갈 공간을 깜박하고 할당하지 않을 때 발생한다. 또한 프로그래머가 스트링의 최대 크기를 미리 정해둔 경우에도 발생한다. 기본으로 제공되는 C 스타일 스트링 함수는 크기 제한이 없기 때문에 스트링에 할당된 메모리 공간을 얼마든지 넘어갈 수 있다.

과소 할당 문제에 대한 예로 다음 코드를 살펴보자. 이 코드는 먼저 루프문을 통해 네트워크에서 읽은 데이터를 C 스타일 스트링에 저장한다. 네트워크를 통해 한 번에 받을 수 있는 데이터 양은 제한되어 있기 때문이다. 루프를 한 번 돌 때마다 getMoreData()를 호출한다. 이 함수는 동적으로 할당한 메모리에 대한 포인터를 리턴한다. 데이터를 다 받았다면 getMoreData()는 nullptr을 리턴한다. C 함수인 strcat()은 C 스타일 스트링 인수 두 개를 받아서 첫 번째 스트링 뒤에 두 번째 스트링을 이어 붙인다. 이 과정에서 버퍼의 크기가 결과로 나올 스트링의 크기보다 커야 한다.

```
char buffer[1024] {0}; // 버퍼 공간 확보
while (true) {
    char* nextChunk { getMoreData() };
    if (nextChunk == nullptr) {
        break;
    } else {
        strcat(buffer, nextChunk); // 버그! 버퍼 공간이 넘칠 수 있음
        delete [] nextChunk;
    }
}
```

이 예제에서 발생 가능한 과소 할당 문제를 해결하는 방법은 세 가지다. 가장 바람직한 방법 순으로 나열하면 다음과 같다.

1 C++ 스타일 스트링을 사용한다. 그러면 스트링을 연결하는 작업에 필요한 메모리를 알아서 관리해준다.

2 버퍼를 글로벌 변수나 스택(로컬) 변수로 만들지 말고 프리스토어 공간에 할당한다. 공간이 부족하면 현재 스트링보다 큰 공간을 추가로 할당하고, 원본 버퍼를 새 버퍼로 복사한 뒤, 두 스트링을 연결하고 나서 원본 버퍼를 삭제한다.

3 최대 문자 수(`\0` 포함)를 입력받아서 그 길이를 넘어선 부분은 리턴하지 않고, 현재 버퍼에 남은 공간과 현재 위치를 항상 추적하도록 `getMoreData()`를 만든다.

데이터 버퍼에 대한 과소 할당 문제가 발생하면 경계를 벗어난 메모리 지점에 접근하는 문제가 발생하기 쉽다. 예를 들어 메모리 버퍼에 데이터를 채울 때 버퍼가 실제 공간보다 크다고 생각하여 원래 할당된 영역을 벗어난 지점에 쓰기 작업을 수행할 수 있다. 이렇게 되면 머지않아 시스템에서 중요한 영역을 덮어써서 프로그램이 뻗어버리게 된다. 프로그램에서 사용하는 객체에 대한 메모리를 덮어쓰면 끔찍한 현상이 발생할 수 있다.

경계를 벗어난 메모리 지점에 접근하는 문제는 C 스타일 스트링을 사용하는 과정에서 어쩌다가 끝을 가리키는 `\0` 문자가 사라진 경우에 발생한다. 예를 들어 다음 함수에게 제대로 끝나지 않은 스트링이 전달되면 스트링을 `m` 문자로 채우는 작업을 본래 영역을 벗어나서도 계속 쓰게 되는 현상이 발생한다(루프의 종료 조건을 영원히 만족하지 않기 때문에).

```
void fillWithM(char* text)
{
    int i { 0 };
    while (text[i] != '\0') {
        text[i] = 'm';
        i++;
    }
}
```

이처럼 배열의 경계를 벗어난 메모리 영역에 쓰게 되는 버그를 **버퍼 오버플로 에러** buffer overflow error라 부른다. 지금까지 알려진 악명 높은 바이러스나 웜 중 상당수는 이 버그를 악용해서 경계를 벗어난 메모리 영역을 덮어쓰는 과정에 악의적인 코드를 주입했다.

> **CAUTION_** 아무런 보호 장치도 제공하지 않는 기존 C 스타일 스트링이나 배열을 사용하지 말고, string이나 vector처럼 메모리 관리 기능을 제공하는 안전한 모던 C++ 기능을 활용한다.

7.4.2 메모리 누수

메모리 누수memory leak는 C/C++ 프로그래밍에서 가장 까다로운 문제 중 하다. 작성한 프로그램이 의도한 대로 결과를 내다가 실행 횟수가 늘어날수록 메모리 공간을 잡아먹는다면 메모리 누수 현상이 발생한 것이다.

메모리 누수 현상은 할당했던 메모리를 제때 해제하지 않을 때 발생한다. 얼핏 보면 조금만 신경 쓰면 쉽게 해결될 문제라고 생각하기 쉽다. 하지만 new에 대응하는 delete를 빠짐없이 작성하더라도 누수 현상이 발생하는 경우가 있다. 다음에 나온 Simple 클래스 코드를 보면 할당한 메모리를 적절히 해제하도록 작성했다. 그런데 doSomething()을 보면 outSimplePtr 포인터가 다른 Simple 객체를 가리키도록 변경하고 나서 기존에 가리키던 객체를 삭제하지 않아서 메모리 누수가 발생했다. 객체를 가리키고 있던 포인터를 놓치면 그 객체를 삭제할 방법이 없다.

```
class Simple
{
    public:
        Simple() { mIntPtr = new Int{}; }
        ~Simple() { delete m_intPtr; }
        void setValue(int value) { *m_intPtr = value; }
    private:
        int* m_intPtr;
};

void doSomething(Simple*& outSimplePtr)
{
    outSimplePtr = new Simple{}; // 버그! 원본 객체를 삭제하지 않았다.
}

int main()
{
    Simple* simplePtr { new Simple{} }; // Simple 객체 하나를 할당한다.
    doSomething(simplePtr);
    delete simplePtr; // 두 번째 객체만 해제한다.
}
```

> **CAUTION_** 이 코드는 메모리 누수 현상을 재현하기 위한 목적으로 작성한 것이다. 실전에서는 `m_intPtr`과 `simplePtr`을 일반 포인터로 구현하면 안 되고, 대신 뒤에서 설명할 스마트 포인터를 사용해야 한다.

이 예제처럼 메모리 누수 현상이 발생한 원인은 프로그래머 사이의 커뮤니케이션에 문제가 있거나 문서화가 잘못되었기 때문일 가능성이 높다. doSomething()을 호출할 때 포인터 변수가 레퍼런스로 전달된다는 사실을 눈치채지 못해서, 포인터에 다른 값을 할당할 수 있다는 사실을 예상하지 못했기 때문이다. 포인터에 대한 레퍼런스인 매개변수가 const 타입이 아니란 것을 알았다면 문제가 발생할 수 있다고 의심했을 것이다. 하지만 doSomething()의 주석에 이 사실을 명시하지 않았기 때문에 이런 문제가 발생했다.

1 비주얼 C++를 이용한 윈도우 애플리케이션의 메모리 누수 탐지 및 수정 방법

메모리 누수 현상을 찾기 굉장히 어려운 이유는 현재 할당되었지만 사용하지 않는 객체를 메모리만 보고서 찾기 힘들기 때문이다. 물론 이런 작업을 처리해주는 도구가 무료 다운로드 제품부터 고가의 전문 소프트웨어 패키지까지 다양하게 나와 있다. 마이크로소프트 비주얼 C++[2]를 사용하고 있다면 디버그 라이브러리에서 기본으로 제공하는 메모리 누수 감지 기능을 활용할 수 있다. MFC 프로젝트를 생성하지 않는 한 이 기능은 기본적으로 꺼져 있다. 따라서 MFC 프로젝트가 아닌 경우에 이 기능을 사용하려면 코드의 첫머리에 다음 세 문장을 추가한다.

```
#define _CRTDBG_MAP_ALLOC
#include <cstdlib>
#include <crtdbg.h>
```

반드시 이 순서대로 작성해야 한다. 또한 new 연산자를 다음과 같이 새로 정의한다.

```
#ifdef _DEBUG
    #ifndef DBG_NEW
        #define DBG_NEW new ( _NORMAL_BLOCK , __FILE__ , __LINE__ )
        #define new DBG_NEW
    #endif
#endif // _DEBUG
```

2 현재 마이크로소프트 비주얼 C++의 무료 버전이 커뮤니티 에디션(Community Edition)이란 이름으로 제공된다.

이때 new 연산자를 #ifndef DBG_NEW 구문 안에 정의했다. 따라서 애플리케이션을 디버그 모드로 컴파일할 때만 새로 정의한 new가 적용된다. 릴리즈 버전에서는 성능 저하 때문에 메모리 누수 검사를 하지 않기 때문에 이렇게 설정하면 좋다.

마지막으로 main() 함수의 첫 부분에 다음 문장을 작성한다.

```
_CrtSetDbgFlag(_CRTDBG_ALLOC_MEM_DF | _CRTDBG_LEAK_CHECK_DF);
```

그러면 애플리케이션이 종료할 때 비주얼 C++의 CRT^C RunTime^ 라이브러리는 현재 감지된 모든 메모리 누수 현상을 디버그 콘솔에 출력한다. 이렇게 설정한 상태에서 앞에서 본 메모리 누수 현상이 발생하는 코드를 실행하면 디버그 콘솔에 다음과 같은 메시지가 출력된다.

```
Detected memory leaks!
Dumping objects ->
c:\leaky\leaky.cpp(15) : {147} normal block at 0x014FABF8, 4 bytes long.
 Data: < > 00 00 00 00
c:\leaky\leaky.cpp(33) : {146} normal block at 0x014F5048, 4 bytes long.
 Data: <Pa > 50 61 20 01
Object dump complete.
```

이 결과를 보면 메모리가 할당되었지만 해제되지 않은 부분이 어느 파일의 어느 줄에 있는지 확실히 알 수 있다. 줄 번호는 파일 이름 뒤에 소괄호로 묶여 있다. 중괄호로 묶인 숫자는 메모리 할당 횟수다. 예를 들어 {147}은 현재 프로그램이 구동된 후 147번째 할당되었다는 것을 의미한다. VC++에서 제공하는 _CrtSetBreakAlloc() 함수를 호출하면 메모리가 할당되는 순간 실행을 중단하고 디버거를 구동하도록 VC++ 디버그 런타임을 설정할 수 있다. 예를 들어 main() 함수의 시작 부분에 다음 문장을 작성하면 메모리를 147번째 할당하는 시점에 실행을 중단하고 디버거를 구동한다.

```
_CrtSetBreakAlloc(147);
```

앞에서 본 Simple 클래스 예제에서 메모리 누수 현상이 발생하는 지점은 두 군데다. 하나는 Simple 객체를 삭제하지 않은 33번 줄이고, 다른 하나는 이 객체가 정수를 프리스토어에 할당하는 15번 줄이다. 비주얼 C++ 디버거의 출력 윈도우에서 메모리 누수 현상을 가리키는 항목을 더블 클릭하면 해당 코드로 곧바로 이동한다.

물론 이 절에서 소개한 비주얼 C++나 다음 절에서 소개할 밸그린드Valgrind와 같은 도구는 아쉽게도 메모리 누수 문제를 찾기만 할 뿐 고쳐주지는 않는다. 이런 도구는 문제의 원인을 찾는 데 도움이 되는 정보만 제공한다. 실제로 문제를 수정할 때는 코드를 한 단계씩 실행하면서 객체를 가리키는 포인터가 원본 객체를 삭제하지 않고 다른 값으로 변경하는 부분을 찾는 식으로 진행한다. 대부분의 디버거는 문제가 발생하는 순간 실행을 중단하는 왓치 포인트watch point(조사식) 기능을 제공한다.

2 밸그린드를 이용한 리눅스 애플리케이션의 메모리 누수 탐지 및 해결 방법

밸그린드는 무료로 제공되는 리눅스용 오픈소스 도구로, 누수 객체에 대한 메모리 할당 지점을 줄 단위로 정확히 찾아준다.

앞에서 본 Simple 클래스 예제를 밸그린드로 분석한 결과는 다음과 같다. 출력된 문장을 보면 할당된 메모리가 해제되지 않은 지점을 정확히 알 수 있다. 밸그린드는 다음과 같이 두 가지 메모리 누수 문제(삭제되지 않은 Simple 객체와 이 객체가 프리스토어에 생성한 정수)를 정확히 찾았다.

```
==15606== ERROR SUMMARY: 0 errors from 0 contexts (suppressed: 0 from 0)
==15606== malloc/free: in use at exit: 8 bytes in 2 blocks.
==15606== malloc/free: 4 allocs, 2 frees, 16 bytes allocated.
==15606== For counts of detected errors, rerun with: -v
==15606== searching for pointers to 2 not-freed blocks.
==15606== checked 4455600 bytes.
==15606==
==15606== 4 bytes in 1 blocks are still reachable in loss record 1 of 2
==15606==    at 0x4002978F: __builtin_new (vg_replace_malloc.c:172)
==15606==    by 0x400297E6: operator new(unsigned) (vg_replace_malloc.c:185)
==15606==    by 0x804875B: Simple::Simple() (leaky.cpp:4)
==15606==    by 0x8048648: main (leaky.cpp:24)
==15606==
==15606==
==15606== 4 bytes in 1 blocks are definitely lost in loss record 2 of 2
==15606==    at 0x4002978F: __builtin_new (vg_replace_malloc.c:172)
==15606==    by 0x400297E6: operator new(unsigned) (vg_replace_malloc.c:185)
==15606==    by 0x8048633: main (leaky.cpp:20)
==15606==    by 0x4031FA46: __libc_start_main (in /lib/libc-2.3.2.so)
==15606==
==15606== LEAK SUMMARY:
==15606==    definitely lost: 4 bytes in 1 blocks.
```

```
==15606==      possibly lost: 0 bytes in 0 blocks.
==15606==    still reachable: 4 bytes in 1 blocks.
==15606==         suppressed: 0 bytes in 0 blocks.
```

CAUTION_ 메모리 누수 현상이 발생하지 않도록 std::vector, array, string, 스마트 포인터를 비롯한 모던 C++ 구문을 활용한다.

7.4.3 중복 삭제와 잘못된 포인터

포인터에 할당된 메모리를 delete로 해제하면 그 메모리를 프로그램의 다른 부분에서 사용할 수 있다. 하지만 이 상태에서도 여전히 그 포인터를 계속 사용할 수 있는데, 이를 **댕글링 포인터** dangling pointer라 부른다. 이때 중복 삭제하면 문제가 발생한다. 첫 번째 delete 후 할당된 다른 객체가 두 번째 delete에서 해제되어버리기 때문이다.

중복 삭제와 해제한 메모리의 재사용으로 인해 발생하는 문제를 사전에 차단하기란 굉장히 힘들다. 짧은 시간 동안 메모리를 삭제하는 연산이 두 번 실행되면 그 사이에 같은 메모리를 재활용할 가능성이 적기 때문에 프로그램이 계속해서 정상적으로 실행될 수 있다. 마찬가지로 객체를 삭제한 직후에 곧바로 다시 사용하더라도 그 영역이 삭제 전 상태로 계속 남아 있을 가능성이 많기 때문에 문제가 생기지 않을 수 있다.

그렇지만 문제를 원천적으로 막는 방법은 아니다. 메모리를 할당할 때 삭제된 객체를 보존하지 않기 때문이다. 설사 제대로 작동하더라도 삭제된 객체를 이용하는 것은 바람직한 코드 작성 방식이 아니다.

중복 삭제와 해제된 메모리의 재사용을 방지하려면 메모리를 해제한 후에는 항상 포인터값을 nullptr로 초기화한다.

메모리 누수를 감지하는 도구는 대부분 중복 삭제와 해제된 객체 사용을 감지하는 기능도 제공한다.

7.5 스마트 포인터

C++에서 메모리 관리는 에러와 버그가 끊임없이 샘솟는 원천이다. 메모리 관리와 관련된 버그

중 상당수는 동적 메모리 할당과 포인터에서 발생한다. 메모리를 동적으로 할당하는 일이 많아서 객체끼리 포인터를 수없이 주고받다 보면 각 포인터에 대해 정확한 시점에 delete를 단 한 번만 호출해야 하는 것을 잊어버리는 실수가 발생하기 쉽다. 이런 실수는 심각한 문제를 발생시킨다. 동적으로 할당한 메모리를 여러 번 해제하면 메모리 상태가 손상되거나 치명적인 런타임 에러가 발생한다. 또한 동적으로 할당한 메모리를 깜박 잊고 해제하지 않으면 메모리 누수 현상이 발생한다.

스마트 포인터smart pointer를 사용하면 동적으로 할당한 메모리를 쉽게 관리할 수 있으므로 메모리 누수를 방지하기 위해 이를 적극 활용하는 것이 좋다. 기본적으로 스마트 포인터는 메모리뿐만 아니라 동적으로 할당한 모든 리소스를 가리킨다. 스마트 포인터가 스코프를 벗어나거나 리셋되면 할당된 리소스가 자동으로 해제된다. 스마트 포인터는 함수 스코프 안에서 동적으로 할당된 리소스를 관리하는 데 사용할 수도 있고, 클래스의 데이터 멤버로 사용할 수도 있다. 동적으로 할당된 리소스의 소유권을 함수의 인수로 넘겨줄 때도 스마트 포인터를 활용한다.

C++는 스마트 포인터를 지원하는 기능을 언어 차원에서 다양하게 제공한다. 첫째, 템플릿을 이용하면 모든 포인터 타입에 대해 타입에 안전한type-safe 스마트 포인터 클래스를 작성할 수 있다. 이에 대해서는 12장에서 소개한다. 둘째, 연산자 오버로딩을 이용하여 스마트 포인터 객체에 대한 인터페이스를 제공해서 스마트 포인터 객체를 일반 포인터처럼 활용할 수 있다. 이에 대해서는 15장에서 설명한다. 특히 *와 -> 연산자를 오버로딩하면 스마트 포인터 객체를 일반 포인터처럼 역참조할 수 있다.

스마트 포인터의 종류는 다양하다. 가장 간단한 것은 리소스에 대한 단독 소유권을 가지는 것이다. 그러면 스마트 포인터가 스코프를 벗어나거나 리셋되면 참조하던 리소스를 자동으로 해제한다. 표준 라이브러리에서 제공하는 std::unique_ptr이 바로 이러한 **단독 소유권**unique ownership을 제공한다.

한 리소스를 여러 스마트 포인터가 가리키는 **공동 소유권**shared ownership을 제공하는 고급 기능도 있다. 이런 스마트 포인터는 스코프를 벗어나거나 리셋될 때 리소스를 마지막으로 가리키는 스마트 포인터만 그 리소스를 해제할 수 있다. 표준 라이브러리에서 제공하는 std::shared_ptr이 바로 이러한 공동 소유권을 제공한다.

방금 소개한 unique_ptr과 shared_ptr은 <memory>에 정의되어 있으며, 이어지는 절에서 자세히 소개한다.

NOTE_ 주로 unique_ptr을 사용한다. shared_ptr은 리소스를 공유할 때만 사용한다.

CAUTION_ 리소스를 할당한 결과를 절대로 일반 포인터로 표현하면 안 된다. 어떤 방식으로 리소스를 할당했든지 반드시 그 결과를 곧바로 unique_ptr이나 shared_ptr과 같은 스마트 포인터에 저장하거나, RAII 클래스를 사용한다. RAII는 Resource Acquisition Is Initialization(리소스 획득이 곧 초기화)의 줄임말이다. RAII 클래스는 어떤 리소스의 소유권을 받아서 이를 적절한 시점에 해제하는 작업을 수행한다. 설계 기법 중 하나이며, 32장에서 자세히 설명한다.

7.5.1 unique_ptr

unique_ptr은 단독 소유권을 제공한다. unique_ptr이 제거되거나 리셋되면 이 포인터가 가리키던 리소스가 자동으로 해제된다. 이 포인터의 장점은 메모리나 리소스를 반드시 해제시킬 수 있다는 것이다. return 문을 실행하거나 익셉션이 발생했을 때도 해제된다. 특히 return 문이 여러 개인 함수 코드를 간결하게 작성할 수 있다. return 직전에 해제할 리소스를 신경 쓰지 않아도 되기 때문이다.

일반적으로 동적으로 할당한 리소스는 unique_ptr 인스턴스에 저장하는 것이 바람직하다.

1 unique_ptr 생성 방법

다음과 같이 Simple 객체를 프리스토어에 할당한 뒤 이를 해제하지 않고 끝내서 메모리 누수 현상이 발생하는 경우를 살펴보자.

```
void leaky()
{
    Simple* mySimplePtr { new Simple{} }; // 버그! 메모리를 해제하지 않았다.
    mySimplePtr->go();
}
```

코드를 작성할 때마다 항상 동적으로 할당한 메모리를 제대로 해제한다고 여기기 쉽다. 하지만 그렇지 않을 가능성이 훨씬 높다. 다음 함수를 보자.

```
void couldBeLeaky()
{
    Simple* mySimplePtr { new Simple{} };
    mySimplePtr->go();
    delete mySimplePtr;
}
```

이 함수는 Simple 객체를 동적으로 할당해서 사용하고 나서 delete를 호출한다. 이렇게 해도 메모리 누수가 발생할 가능성은 남아 있다. go() 메서드에 익셉션을 던지면 delete가 실행되지 않기 때문이다.

앞에서 본 두 코드 모두 unique_ptr을 사용하도록 구현해야 한다. unique_ptr은 std::make_unique() 헬퍼 함수로 생성할 수 있다. unique_ptr은 모든 종류의 메모리를 가리킬 수 있는 범용 스마트 포인터다. 그러므로 클래스 템플릿으로 구현되었고, make_unique()가 함수 템플릿으로 되어 있는 것이다. 둘 다 꺾쇠괄호 사이에 템플릿 매개변수로 메모리 타입을 지정해야 한다. 템플릿은 12장에서 자세히 설명하므로 여기에서는 스마트 포인터를 사용하는 부분만 주목한다.

다음 함수는 일반 포인터 대신 unique_ptr을 사용한다. Simple 객체를 명시적으로 삭제하지 않았는데, unique_ptr 인스턴스가 스코프를 벗어나면(함수 끝 또는 익셉션이 발생한 경우) 소멸자가 호출되면서 자동으로 해제된다.

```
void notLeaky()
{
    auto mySimpleSmartPtr { make_unique<Simple>() };
    mySimpleSmartPtr->go();
}
```

이 코드는 make_unique()와 auto 키워드를 동시에 적용했다. 그래서 Simple이라는 포인터 타입만 지정했다. 이는 unique_ptr을 생성하는 바람직한 방법이다. Simple 생성자에서 매개변수를 받으려면 make_unique() 호출문의 소괄호 사이에 지정하면 된다(예: Simple(int, int)라면 make_unique<Simple>(1, 2);와 같이 작성한다).

make_unique()는 값 초기화value initialization를 사용한다. 예를 들어 기본 타입은 0으로 초기화되고, 객체는 디폴트로 생성된다. 성능에 민감한 코드 등에서 이러한 값 초기화 방식을 사용하고 싶지 않다면 C++20부터 추가된 make_unique_for_overwrite() 함수를 사용하면 된다. 이 함수는 디폴트 초기화default initialization를 사용한다. 기본 타입의 경우 초기화되지 않고 그 메모리 지점에 있던 값이 그대로 남아 있다. 반면 객체는 디폴트로 생성된다.

다음과 같이 생성자를 호출하는 방식으로도 unique_ptr을 생성할 수 있다. 여기서 Simple이 두 번 나오는 점에 주의한다.

```
unique_ptr<Simple> mySimpleSmartPtr { new Simple{} };
```

1장과 2장에서 설명했듯이 컴파일러가 클래스 템플릿의 타입을 클래스 템플릿 생성자로 전달된 인수를 보고 추론할 수 있도록 CTADclass template argument deduction(클래스 템플릿 인수 추론)가 주로 적용된다. 예를 들어 vector<int> v{1, 2} 대신 vector v{1, 2}와 같이 작성해도 된다. unique_ptr에서는 CTAD를 사용할 수 없으므로 템플릿 타입을 생략하면 안 된다.

C++17 이전에는 타입을 단 한 번만 지정하기 위한 목적뿐만 아니라 안전을 이유로 반드시 make_unique()를 사용해야 했다. 예를 들어 다음과 같이 foo() 함수를 호출하는 예를 살펴보자.

```
foo(unique_ptr<Simple> { new Simple{} }, unique_ptr<Bar> { new Bar {data()} });
```

Simple이나 Bar의 생성자 또는 data() 함수에서 익셉션을 던지면 Simple이나 Bar 객체에 메모리 누수가 발생할 가능성이 매우 높다. 물론 현재 사용하는 컴파일러의 최적화 기법에 따라 차이가 있을 수는 있다. 하지만 make_unique()를 사용하면 누수가 발생하지 않는다.

```
foo(make_unique<Simple>(), make_unique<Bar>(data()))
```

C++17부터는 앞에 나온 두 코드 중 어느 방식으로 작성해도 안전하게 처리된다. 그래도 가독성을 감안하면 make_unique()를 사용하는 것이 낫다.

> **NOTE_** unique_ptr을 생성할 때는 항상 make_unique()를 사용한다.

2 unique_ptr 사용 방법

표준 스마트 포인터의 대표적인 장점은 문법을 새로 익히지 않고도 향상된 기능을 누릴 수 있다는 것이다. 스마트 포인터는 일반 포인터와 똑같이 *나 ->로 역참조한다. 예를 들어 앞에서 본 예제에서 go() 메서드를 호출할 때 -> 연산자를 사용했다.

```
mySimpleSmartPtr->go();
```

다음과 같이 일반 포인터처럼 작성해도 된다.

```
(*mySimpleSmartPtr).go();
```

get() 메서드를 이용하면 내부 포인터에 직접 접근할 수 있다. 이는 일반 포인터만 전달할 수 있는 함수에 스마트 포인터를 전달할 때 유용하다. 예를 들어 다음과 같은 함수가 있다고 하자.

```
void processData(Simple* simple) { /* 스마트 포인터를 사용하는 코드 */ }
```

그러면 이 함수를 다음과 같이 호출할 수 있다.

```
processData(mySimpleSmartPtr.get());
```

reset()을 이용하면 unique_ptr의 내부 포인터를 해제하고, 필요하다면 이를 다른 포인터로 변경할 수 있다. 예를 들면 다음과 같다.

```
mySimpleSmartPtr.reset();              // 리소스 해제 후 nullptr로 초기화
mySimpleSmartPtr.reset(new Simple{}); // 리소스 해제 후 새로운 Simple 인스턴스로 설정
```

release()를 이용하면 unique_ptr과 내부 포인터의 관계를 끊을 수 있다. release() 메서드는 리소스에 대한 내부 포인터를 리턴한 뒤 스마트 포인터를 nullptr로 설정한다. 그러면 스마트 포인터는 그 리소스에 대한 소유권을 잃으며, 리소스를 다 쓴 뒤 반드시 직접 해제해야 한다. 예를 들면 다음과 같다.

```
Simple* simple { mySimpleSmartPtr.release() }; // 소유권을 해제한다.
// simple 포인터를 사용하는 코드
delete simple;
simple = nullptr;
```

unique_ptr은 단독 소유권을 표현하기 때문에 **복사**할 수 없다. 하지만 9장에서 소개하는 std::move() 유틸리티 함수를 사용하면 이동 의미론을 적용하여 unique_ptr을 다른 곳으로 이동시킬 수 있다. 예를 들면 다음과 같다. 여기 나온 문법은 9장에서 설명하므로 신경 쓸 필요 없다.

```
class Foo
{
    public:
        Foo(unique_ptr<int> data) : m_data { move(data) } { }
    private:
        unique_ptr<int> m_data;
};

auto myIntSmartPtr { make_unique<int>(42) };
Foo f { move(myIntSmartPtr) };
```

3 unique_ptr과 C 스타일 배열

unique_ptr은 C 스타일의 동적 할당 배열을 저장하는 데 적합하다. 예를 들어 정수 10개를 가진 C 스타일의 동적 할당 배열을 다음과 같이 표현할 수 있다.

```
auto myVariableSizedArray { make_unique<int[]>(10) };
```

myVariableSizedArray의 타입은 unique_ptr<int[]>다. 이 타입은 배열 표기법으로 원소에 접근하는 기능을 제공한다. 예를 들면 다음과 같다.

```
myVariableSizedArray[1] = 123;
```

make_unique()는 배열이 아닐 때와 마찬가지로 배열의 모든 원소에 대해 값 초기화를 사용한다(std::vector와 비슷하다). 기본 타입의 경우 0으로 초기화된다. C++20부터는 디폴트 초깃값으로 배열을 생성할 때 make_unique_for_overwrite() 함수를 대신 사용할 수 있다. 이는 기본 타입에 대해서는 초기화하지 않는다는 것을 의미한다. 하지만 초기화되지 않은 데이터는 최대한 피하는 것이 바람직하므로 이 기능은 주의해서 사용해야 한다.

unique_ptr로 C 스타일의 동적 할당 배열을 저장할 수는 있지만 std::array나 std::vector와 같은 표준 라이브러리 컨테이너를 사용하는 것이 바람직하다.

4 커스텀 제거자

기본적으로 unique_ptr은 new와 delete로 메모리를 할당하거나 해제한다. 하지만 다음과 같이 방식을 변경할 수 있다.

```
int* my_alloc(int value) { return new int { value }; }
void my_free(int* p) { delete p; }

int main()
{
    unique_ptr<int, decltype(&my_free)*> myIntSmartPtr(my_alloc(42), my_free);
}
```

이 코드는 my_alloc()으로 정수에 대한 메모리를 할당한다. unique_ptr은 메모리를 표준 my_free() 함수로 해제한다. 이 기능은 메모리가 아닌 다른 리소스에도 적용할 수 있다. 예를 들어 파일이나 네트워크 소켓 등을 가리키던 unique_ptr이 스코프를 벗어날 때 이러한 리소스를 자동으로 닫는 데 활용할 수 있다.

아쉽게도 unique_ptr로 커스텀 제거자custom deleter를 작성하는 문법은 좀 지저분하다. 작성하는 커스텀 제거자의 타입을 템플릿 타입 매개변수로 지정하기 때문이다. 앞의 예에서 my_free()의 타입을 알아내기 위해 decltype(&my_free)와 같이 작성했다. shared_ptr로 커스텀 제거자를 작성하는 문장은 이보다 간단하다. shared_ptr을 설명하는 다음 절에서 파일을 가리키던 shared_ptr이 스코프를 벗어날 때 자동으로 파일을 닫게 만드는 방법을 소개한다.

7.5.2 shared_ptr

때로는 포인터 하나를 여러 객체나 코드에서 복제해서 사용할 때가 있다. unique_ptr은 복제할 수 없기 때문에 이런 용도로 사용할 수 없다. 대신 std::shared_ptr이란 스마트 포인터를 통해 복제 가능한 공유 소유권을 제공한다. 하지만 동일한 리소스를 가리키는 shared_ptr 인스턴스가 여러 개일 때 해당 리소스를 해제할 시점을 어떻게 알아낼 수 있을까? 이는 레퍼런스 카운팅reference counting(참조 횟수 계산)이란 기법을 통해 해결할 수 있다. 이에 대해서는 뒷 절에서 소개하기로 하고, 먼저 shared_ptr을 생성해서 사용하는 방법부터 살펴보자.

1 shared_ptr을 생성해서 사용하기

shared_ptr의 사용법은 unique_ptr과 비슷하다. shared_ptr은 make_shared( )로 생성한다. 이렇게 하는 것이 shared_ptr을 직접 생성하는 것보다 훨씬 효율적이다. 예를 들면 다음과 같다.

```
auto mySimpleSmartPtr { make_shared<Simple>() };
```

CAUTION_ shared_ptr을 생성할 때는 반드시 make_shared( )를 사용한다.

참고로 unique_ptr과 마찬가지로 shared_ptr도 CTAD을 사용할 수 없다. 따라서 반드시 템플릿 타입을 명시해야 한다.

make_shared( )도 mak_unique( )처럼 값 초기화를 사용한다. 값 초기화를 사용하고 싶지 않다면 C++20부터 제공하는 make_shared_for_overwrite( )로 디폴트 초기화를 할 수 있다. make_unique_for_overwrite( )와 원리는 비슷하다.

C++17부터 shared_ptr도 unique_ptr과 마찬가지로 기존 C 스타일 동적 할당 배열에 대한 포인터를 저장할 수 있다. 또한 C++20부터 (make_unique( )처럼) make_shared( )도 사용할 수 있게 되었다. 하지만 shared_ptr에 C 스타일 배열을 저장할 수 있다 해도 표준 라이브러리 컨테이너를 사용하는 것이 바람직하다.

shared_ptr도 unique_ptr처럼 get( )과 reset( ) 메서드를 제공한다. 다만 reset( )을 호출하면 레퍼런스 카운팅 메커니즘에 따라 마지막 shared_ptr이 제거되거나 리셋될 때 리소스가 해제된다는 점이 다르다. 참고로 shared_ptr은 release( )를 지원하지 않는다. 현재 동일한 리소스를 공유하는 shared_ptr의 개수는 use_count( )로 알아낼 수 있다.

shared_ptr도 unique_ptr처럼 C 스타일 배열을 저장할 때 new/new[]와 delete/delete[] 연산자로 메모리를 할당하거나 해제할 수 있다. 이 동작은 다음과 같이 변경할 수 있다.

```
// 앞에서 구현한 my_alloc()과 my_free() 활용
shared_ptr<int> myIntSmartPtr { my_alloc(42), my_free) };
```

여기서 볼 수 있듯이 커스텀 제거자의 타입을 템플릿 타입 매개변수로 지정하지 않아도 된다. 그러므로 unique_ptr로 커스텀 제거자를 작성할 때보다 훨씬 간편하다.

다음 코드는 shared_ptr로 파일 포인터를 저장하는 예를 보여준다. shared_ptr이 리셋되면 (여기에서는 스코프를 벗어나면) close()가 호출되면서 파일 포인터가 자동으로 닫힌다. 참고로 C++는 파일을 다루는 객체지향 스타일의 클래스를 별도로 제공한다(13장 참조). 이 클래스도 파일을 자동으로 닫는다. 다음 예제는 shared_ptr을 메모리가 아닌 다른 리소스에도 사용할 수 있다는 것을 보여주기 위해 기본 C 함수인 fopen()과 fclose()를 사용했다.

```
void close(FILE* filePtr)
{
    if (filePtr == nullptr) { return; }
    fclose(filePtr);
    cout << "File closed." << endl;
}

int main()
{
    FILE* f { fopen("data.txt", "w") };
    shared_ptr<FILE> filePtr { f, close };
    if (filePtr == nullptr) {
        cerr << "Error opening file." << endl;
    } else {
        cout << "File opened." << endl;
        // filePtr을 사용하는 코드
    }
}
```

2 레퍼런스 카운팅이 필요한 이유

앞에서 설명했듯이 공동 소유권을 제공하는 shared_ptr과 같은 스마트 포인터가 스코프를 벗어나거나 리셋되면 해당 리소스를 마지막으로 참조하는 스마트 포인터만 그 리소스를 해제할 수 있다. 어떻게 하면 이렇게 만들 수 있을까? 한 가지 방법은 표준 라이브러리 스마트 포인터에서 사용하는 **레퍼런스 카운팅** reference counting을 이용하는 것이다.

일반적으로 **레퍼런스 카운팅**은 클래스의 인스턴스 수나 현재 사용 중인 특정 객체를 추적하는 메커니즘이다. 레퍼런스 카운팅을 지원하는 스마트 포인터는 실제 포인터를 참조하는 스마트 포인터의 개수를 추적한다. 레퍼런스 카운팅을 지원하는 스마트 포인터가 복제될 때마다 동일한 리소스를 가리키는 인스턴스가 새로 생성되면서 레퍼런스 카운터가 하나 증가한다. 이런 스마트 포인터 인스턴스가 스코프를 벗어나거나 리셋되면 레퍼런스 카운터가 하나 감소한다. 레퍼런스 카운터가 0에 다다르면 해당 리소스를 아무도 갖고 있지 않다는 뜻이므로 마지막 남은 스마트 포인터가 그 리소스를 해제한다.

리소스 카운팅을 지원하는 스마트 포인터는 중복 삭제를 비롯한 메모리 관리 문제를 크게 줄여준다. 예를 들어 동일한 메모리를 가리키는 일반 포인터가 다음과 같이 두 개 있다고 하자. Simple 클래스는 이전 예제와 같으며, 인스턴스가 생성되거나 제거될 때마다 메시지를 출력한다.

```
Simple* mySimple1 { new Simple{} };
Simple* mySimple2 { mySimple1 }; // 포인터를 복제한다.
```

이 두 포인터를 삭제하면 중복 삭제가 발생한다.

```
delete mySimple2;
delete mySimple1;
```

물론 이런 코드를 사용하지 않는 것이 가장 좋지만, 여러 계층에 거쳐 함수를 호출하는 과정에서 얼마든지 이런 일이 발생할 수 있다. 즉, 다른 함수가 이미 메모리를 삭제했는데 다음 함수가 그 메모리를 삭제하는 것이다.

이럴 때는 레퍼런스 카운팅을 적용한 shared_ptr을 사용하면 중복 제거 문제를 피할 수 있다.

```
auto smartPtr1 { make_shared<Simple>() };
auto smartPtr2 { smartPtr1 }; // 포인터를 복제한다.
```

이렇게 하면 두 스마트 포인터가 모두 스코프를 벗어나거나 리셋되더라도 Simple 인스턴스가 단 한 번만 해제된다.

지금까지 설명한 내용은 일반 포인터가 하나도 없을 때만 제대로 작동한다. 예를 들어 new로 메모리를 할당한 뒤 동일한 일반 포인터를 참조하는 shared_ptr 인스턴스 두 개를 생성한 경우를 생각해보자.

```
Simple* mySimple { new Simple{} };
shared_ptr<Simple> smartPtr1 { mySimple };
shared_ptr<Simple> smartPtr2 { mySimple };
```

두 스마트 포인터 모두 동일한 객체를 제거하려고 한다. 사용하는 컴파일러의 종류에 따라 이 부분에서 프로그램이 뻗어버릴 수 있다. 실행 결과는 다음과 같다.

```
Simple constructor called!
Simple destructor called!
Simple destructor called!
```

생성자는 한 번만 호출되었는데 소멸자는 두 번이나 호출되어버렸다. unique_ptr을 사용할 때도 이런 문제가 발생할 수 있다. 레퍼런스 카운팅을 지원하는 shared_ptr 클래스로도 이런 일이 발생해서 의아할 수 있지만, C++ 표준에 따른 정상적인 동작이다. 여러 shared_ptr 인스턴스가 동일한 메모리를 가리키게 하기 위한 안전한 방법은 shared_ptr 인스턴스를 그냥 복제하는 것뿐이다.

3 shared_ptr 캐스팅하기

일반 포인터에서 다른 타입으로 캐스팅할 수 있듯이 shared_ptr도 지정된 것과 다른 타입으로 캐스팅할 수 있다. 물론 캐스팅할 수 있는 타입의 종류에 제약이 있다. 모든 타입을 지원하는 것은 아니다. shared_ptr에 대한 캐스팅을 지원하는 함수로 const_pointer_cast(), dynamic_pointer_cast(), static_pointer_cast(), reinterpret_pointer_cast()가 있다. 이 함수들은 10장에서 소개할 일반 캐스팅 함수인 const_cast(), dynamic_cast(), static_cast(), reinterpret_cast()와 작동 방식이 비슷하다. 참고로 이 캐스팅 함수는 shared_ptr에만 적용되고, unique_ptr에서는 사용할 수 없다.

4 앨리어싱

shared_ptr은 **앨리어싱**aliasing을 지원한다. 즉, 한 포인터(**소유한 포인터**owned pointer)를 다른 shared_ptr과 공유하면서 다른 객체(**저장된 포인터**stored pointer)를 가리킬 수 있다. 예를 들어

shared_ptr이 어떤 객체를 소유하는 동시에 그 객체의 멤버도 가리키게 할 수 있다. 코드로 표현하면 다음과 같다.

```
class Foo
{
    public:
        Foo(int value) : m_data { value } {}
        int m_data;
};

auto foo { make_shared<Foo>(42) };
auto aliasing { shared_ptr<int> { foo, &foo->m_data } };
```

여기서 두 shared_ptr(foo와 aliasing)이 모두 삭제될 때만 Foo 객체가 삭제된다.

소유한 포인터는 레퍼런스 카운팅에 사용되지만, 저장된 포인터는 역참조하거나 get( )을 호출하면 리턴된다. 저장된 포인터는 비교 연산을 비롯한 대부분의 연산에 적용할 수 있다.

> **CAUTION_** 모던 C++에서는 소유권과 상관없는 대상에 대해서만 일반 포인터를 사용한다. 만약 소유권에 관련이 있다면 기본적으로 unique_ptr을 사용하고, 이를 공유한다면 shared_ptr을 사용한다. 또한 이런 포인터를 생성할 때는 make_unique( )와 make_shared( )를 사용한다. 그러므로 new와 delete 연산자를 직접 호출할 일이 없다.

7.5.3 weak_ptr

shared_ptr과 관련하여 C++에서 제공하는 또 다른 클래스로 weak_ptr이 있다. weak_ptr은 shared_ptr이 관리하는 리소스에 대한 레퍼런스를 가질 수 있다. weak_ptr은 리소스를 직접 소유하지 않기 때문에 shared_ptr이 해당 리소스를 해제하는 데 아무런 영향을 미치지 않는다. weak_ptr은 삭제될 때(예를 들어 스코프를 벗어날 때) 가리키던 리소스를 삭제하지 않지만, shared_ptr이 그 리소스를 해제했는지 여부를 확인하는 데 사용할 수 있다. weak_ptr의 생성자는 shared_ptr이나 다른 weak_ptr을 인수로 받는다. weak_ptr에 저장된 포인터에 접근하려면 shared_ptr로 변환해야 한다. 변환 방법은 다음 두 가지다.

- weak_ptr 인스턴스의 lock( ) 메서드를 이용하여 shared_ptr을 리턴받는다. 이때 shared_ptr에 연결된 weak_ptr이 해제되면 shared_ptr의 값은 nullptr이 된다.

- shared_ptr의 생성자에 weak_ptr을 인수로 전달해서 생성한다. 이때 shared_ptr에 연결된 weak_ptr이 해제되면 std::bad_weak_ptr 익셉션을 던진다.

weak_ptr을 사용하는 예는 다음과 같다.

```
void useResource(weak_ptr<Simple>& weakSimple)
{
    auto resource { weakSimple.lock() };
    if (resource) {
        cout << "Resource still alive." << endl;
    } else {
        cout << "Resource has been freed!" << endl;
    }
}

int main()
{
    auto sharedSimple { make_shared<Simple>() };
    weak_ptr<Simple> weakSimple { sharedSimple };

    // weak_ptr을 사용한다.
    useResource(weakSimple);

    // shared_ptr을 리셋한다.
    // Simple 리소스에 대한 shared_ptr은 하나뿐이므로
    // weak_ptr이 살아 있더라도 리소스가 해제된다.
    sharedSimple.reset();

    // weak_ptr을 한 번 더 사용한다.
    useResource(weakSimple);
}
```

이 코드를 실행한 결과는 다음과 같다.

```
Simple constructor called!
Resource still alive.
Simple destructor called!
Resource has been freed!
```

C++17부터 weak_ptr도 shared_ptr과 마찬가지로 C 스타일 배열을 지원한다.

7.5.4 함수에 전달하기

매개변수에서 포인터를 받는 함수는 소유권을 전달하거나 공유할 경우에만 스마트 포인터를 사용해야 한다. shared_ptr의 소유권을 공유하려면 shared_ptr을 값으로 전달받으면 된다. 마찬가지로 unique_ptr의 소유권을 전달하려면 unique_ptr을 값으로 받으면 된다. 후자의 경우 이동 의미론이 필요한데, 이에 대해서는 9장에서 자세히 설명한다.

소유권 전달과 공유가 전혀 없다면 비 const 대상에 대한 레퍼런스나 const에 대한 레퍼런스로 매개변수를 정의해야 한다. 또는 매개변수에 nullptr을 가지는 것이 적합하다면 일반 포인터로 정의한다. 매개변수 타입을 const shared_ptr<T>&나 const unique_ptr<T>&로 정의하는 것은 큰 의미가 없다.

7.5.5 함수에서 리턴하기

표준 스마트 포인터인 shared_ptr, unique_ptr, weak_ptr은 함수에서 값으로 리턴하는 것을 쉽고 효율적으로 처리한다. 이는 1장에서 소개한 리턴값 최적화return value optimization(RVO)와 이름 있는 리턴값 최적화named return value optimization(NRVO), 9장에서 소개할 이동 의미론 덕분이다. 지금은 이동 의미론에 대해 잘 몰라도 괜찮다. 함수에서 스마트 포인터를 효율적으로 리턴한다는 사실만 기억하면 충분하다. 예를 들어 다음과 같이 create() 함수를 정의할 수 있다.

```
unique_ptr<Simple> create()
{
    auto ptr { make_unique<Simple>() };
    // 원하는 작업을 수행한다.
    return ptr;
}

int main()
{
    unique_ptr<Simple> mySmartPtr1 { create() };
    auto mySmartPtr2 { create() };
}
```

7.5.6 enable_shared_from_this

std::enable_shared_from_this를 상속해서 클래스를 만들면 객체에 대해 호출한 메서드가 자신에게 shared_ptr이나 weak_ptr을 안전하게 리턴할 수 있다. 이 클래스 없이 올바른 shared_ptr이나 weak_ptr을 리턴하는 방법은 weak_ptr을 이 클래스의 멤버로 추가한 뒤 이를 복제해서 리턴하거나, 이를 이용하여 생성한 shared_ptr을 리턴하는 것이다. enable_shared_from_this 클래스를 상속하면 다음과 같은 두 메서드가 추가된다.

- shared_from_this(): 객체의 소유권을 공유하는 shared_ptr을 리턴한다.
- weak_from_this(): 객체의 소유권을 추적하는 weak_ptr을 리턴한다.

이는 자세히 설명하지 않은 고급 기능으로서 간단히 사용 방법을 소개하면 다음과 같다. 여기서 shared_from_this()와 weak_from_this()는 모두 public 메서드다. 그런데 public 인터페이스에서 from_this라는 부분이 좀 이상할 것이다. 그러므로 다음과 같이 정의된 Foo 클래스에 있는 getPointer() 메서드를 호출하는 과정을 살펴보자.

```
class Foo : public enable_shared_from_this<Foo>
{
    public:
        shared_ptr<Foo> getPointer() {
            return shared_from_this();
        }
};

int main()
{
    auto ptr1 { make_shared<Foo>() };
    auto ptr2 { ptr1->getPointer() };
}
```

객체의 포인터가 이미 shared_ptr에 저장된 경우에만 객체에 shared_from_this()을 사용할 수 있다는 점에 주목한다. 다른 경우에는 bad_weak_ptr 익셉션이 발생한다. 예제에서 main()을 보면 make_shared()로 Foo 인스턴스를 담은 shared_ptr인 ptr1을 생성했다. 그래야 Foo 인스턴스에 대한 shared_from_this()를 호출할 수 있다. 한편 weak_from_this()는 언제나 호출할 수 있지만, 포인터가 shared_ptr에 저장되지 않은 객체에 대해 호출할 경우에는 빈 weak_ptr이 리턴될 수 있다.

getPointer() 메서드를 잘못 구현한 예는 다음과 같다.

```
class Foo
{
    public:
        shared_ptr<Foo> getPointer() {
            return shared_ptr<Foo>(this);
        }
};
```

Foo 클래스를 이렇게 구현한 상태에서 앞에 나온 main() 코드처럼 작성하면 중복 삭제가 발생한다. 두 개의 shared_ptr(ptr1과 ptr2)이 동일한 객체를 가리키고 있어서 스코프를 벗어나면 서로 이 객체를 삭제하려 하기 때문이다.

7.5.7 현재는 폐기된 auto_ptr

C++11 이전에는 표준 라이브러리에서 스마트 포인터를 간단히 구현한 auto_ptr을 제공했는데, 아쉽게도 몇 가지 심각한 단점이 있었다. 그중 하나는 vector와 같은 표준 라이브러리 컨테이너 안에서는 제대로 작동하지 않는다는 점이다. C++11과 C++14부터는 auto_ptr을 공식적으로 폐기했고, C++17부터 완전히 삭제되면서 그 빈자리를 unique_ptr과 shared_ptr이 대체했다. 여기서 auto_ptr을 소개하는 이유는 이를 절대 사용하면 안 된다는 것을 강조하기 위해서다.

CAUTION_ 기존에 제공되던 스마트 포인터인 auto_ptr을 사용하지 말고 unique_ptr이나 shared_ptr을 사용한다.

7.6 정리

이 장에서는 동적 메모리에 관련된 모든 주제를 살펴봤다. 메모리 검사 도구를 사용해서 신중하게 코드를 작성하는 것뿐만 아니라 동적 메모리에 관련된 문제를 방지하기 위해 다음 두 가지 사항을 명심한다.

첫째, 포인터의 내부 작동 방식을 이해한다. 포인터에 대한 두 가지 개념 모델(주소와 ->)을 이해했다면 이제 컴파일러가 메모리를 다루는 방식을 파악했을 것이다.

둘째, 소유권과 관련된 부분을 일반 포인터로 구현하지 말고, C 스타일 구문과 함수도 사용하지 않는다. 그 대신 string 클래스나 vector 컨테이너나 스마트 포인터처럼 메모리를 자동으로 관리하는 객체를 사용한다.

7.7 연습 문제

이 장에서 소개한 내용을 직접 써보기 위해 다음 연습 문제를 풀어보자. 연습 문제에 대한 정답은 이 책의 웹사이트(www.wiley.com/go/proc++5e)에서 다운로드할 수 있다. 문제를 풀다가 막히면 정답부터 찾지 말고 먼저 앞에서 설명한 부분을 다시 읽고 직접 답을 찾아보려고 애쓰기 바란다.

연습 문제 7-1 다음 코드를 분석해서 문제점을 찾아보자. 수정 방안은 다음 문제(7-2)에서 적용해본다.

```
const size_t numberOfElements { 10 };
int* values { new int[numberOfElements] };
// 각 인덱스에 대해 값을 설정한다.
for (int index { 0 }; index < numberOfElements; ++index) {
    values[index] = index;
}
// 마지막 값을 99로 설정한다.
values[10] = 99;
// 값을 모두 출력한다.
for (int index { 0 }; index <= numberOfElements; ++index) {
    cout << values[index] << " ";
}
```

연습 문제 7-2 [연습 문제 7-1]에 나온 코드를 안전하고 모던 C++ 구문에 맞게 고쳐보자.

연습 문제 7-3 3D 좌표 (x, y, z)를 저장하는 클래스를 정의하자. 이때 x, y, z 인수를 받는 생성자를 정의한다. 또한 3D 좌표를 받아서 std::format()으로 좌표를 출력하는 함수도 만든다. main() 함수에서 이 클래스의 인스턴스를 동적으로 할당한 뒤 정의한 함수를 호출해보자.

연습 문제 7-4 이 장의 앞부분에서 경계를 벗어난 메모리 영역에 접근하기를 설명하면서 다음 함수를 소개한 적 있다. 이 함수를 안전한 C++ 구문을 사용하도록 수정하고 main() 함수에서 테스트해보자.

```
void fillWithM(char* text)
{
    int i { 0 };
    while (text[i] != '\0') {
        text[i] = 'm';
        i++;
    }
}
```

CHAPTER 8

클래스와 객체 이해

이 장의 내용

- 원하는 메서드와 데이터 멤버로 구성된 나만의 클래스 작성 방법
- 메서드와 데이터 멤버에 대한 접근 권한 지정 방법
- 스택이나 프리스토어에 객체를 생성하는 방법
- 객체의 라이프 사이클
- 객체가 생성되거나 제거될 때 실행할 코드 작성 방법
- 객체를 복사하거나 대입하는 코드 작성 방법

객체지향 언어인 C++는 객체를 정의하거나 사용할 수 있도록 **클래스**class를 제공한다. 물론 클래스나 객체를 사용하지 않고도 C++ 프로그램을 얼마든지 작성할 수 있지만 C++에서 가장 핵심적이면서 유용한 기능을 활용하지 않는 셈이다. 클래스 하나 없이 C++ 프로그램을 작성하는 것은 마치 파리 여행 가서 맥도날드에서 식사하는 것과 같다. 클래스와 객체를 효과적으로 활용하려면 기본 문법과 기능부터 확실히 이해해야 한다.

클래스를 정의하는 기본 문법은 1장에서 소개했다. 또한 5장에서는 C++ 프로그래밍에 대한 객체지향 접근 방식과 클래스와 객체에 대한 구체적인 설계 전략을 소개했다. 이 장에서는 클래스 정의, 메서드 정의, 스택과 프리스토어에서 객체를 생성해서 사용하는 방법, 생성자 작성 방법, 디폴트 생성자, 컴파일러가 생성하는 생성자, 생성자 초기자, 복제 생성자, 초기자 리스트 생성자, 소멸자, 대입 연산자 등을 비롯한 클래스와 객체의 핵심 개념을 소개한다. 클래스와 객체에 대해 잘 알고 있더라도 이 장에서 소개하는 내용을 한 번 읽고 넘어가기 바란다. 혹시라도 모르던 내용이 얼마든지 있을 수 있기 때문이다.

8.1 스프레드시트 예제

이 장과 다음 장에서는 실제로 실행할 수 있는 간단한 스프레드시트 예제를 이용하여 여러 가지 개념을 소개한다. 여기서 만들 스프레드시트는 2차원 격자인 셀cell 단위로 구성되며, 각 셀은 숫자나 스트링을 담을 수 있다. 마이크로소프트 엑셀과 같은 상용 스프레드시트 프로그램은 다양한 수학 연산(예: 일정한 셀 영역의 값 모두 더하기 등)을 제공한다. 이 장과 다음 장에서 소개하는 스프레드시트 예제는 그런 전문 스프레드시트와 비교할 수 없을 정도로 기능이 빈약하지만 클래스와 객체에 관련된 개념을 설명하는 데는 충분하다.

스프레드시트 예제 애플리케이션은 `Spreadsheet`와 `SpreadsheetCell`이란 베이스 클래스를 사용하는데, 각 `Spreadsheet` 객체는 `SpreadsheetCell` 객체가 포함되어 있다. 그리고 이러한 `Spreadsheet` 객체들을 관리하는 `SpreadsheetApplication`이란 클래스도 정의한다. 이 장에서는 `SpreadsheetCell`을 중심으로 소개한다. `Spreadsheet`와 `SpreadsheetApplication` 클래스는 다음 장에서 자세히 설명한다.

NOTE_ 이 장에서는 여러 개념을 하나씩 소개하기 위해 SpreadsheetCell 클래스를 조금씩 업그레이드하는 방식으로 설명한다. 따라서 각 버전에 적용된 기법이 완벽하지 않을 수 있다. 특히 초기 버전은 흔히 사용하는 주요 기능도 정식으로 소개하기 전까지는 의도적으로 적용하지 않았다. 예제 코드의 최종 버전은 이 책의 깃허브 링크에서 다운로드할 수 있다.

8.2 클래스 작성 방법

클래스를 작성하려면 그 클래스의 모든 객체에 대한 동작(**메서드**)과 각 객체의 속성(**데이터 멤버**)을 지정한다.

클래스 작성 과정은 클래스 정의 단계와 메서드 정의 단계로 구성된다.[1]

8.2.1 클래스 정의

SpreadsheetCell 클래스의 첫 버전을 spreadsheet_cell 모듈로 작성해보자. 여기에서는 각 셀마다 숫자 하나만 저장한다.

```
export module spreadsheet_cell;

export class SpreadsheetCell
{
    public:
        void setValue(double value);
        double getValue() const;
    private:
        double m_value;
};
```

1장에서 설명했듯이 첫 번째 줄은 spreadsheet_cell이란 모듈을 정의한다. 클래스 정의는 항상 class 키워드와 클래스 이름으로 시작한다. 클래스를 모듈로 정의했고 그 모듈을 임포트하는

1 옮긴이_ 선언(declaration)과 정의(definition), 구현(implementation)의 경계가 겹쳐 보일 수도 있지만, 선언은 변수의 타입이나 함수의 프로토타입 등을 컴파일러에 미리 알려주는 의미가 강하다. 반면 정의는 변수나 메서드의 선언뿐만 아니라 메서드의 구현이란 의미도 포함한다.

클라이언트가 그 클래스를 볼 수 있게 하려면 class 키워드 앞에 export를 붙인다. C++에서 클래스 정의class definition는 일종의 선언문이므로 반드시 끝에 세미콜론(;)을 붙인다.

클래스 정의를 작성한 파일의 이름은 일반적으로 클래스의 이름과 똑같이 짓는다. 예를 들어 SpreadsheetCell 클래스 정의는 SpreadsheetCell.cppm 파일에 저장한다. 컴파일러의 종류에 따라 반드시 이렇게 이름을 맞춰야 할 수도 있고, 원하는 이름으로 지정할 수도 있다.

1 클래스 멤버

클래스는 **멤버**member를 가질 수 있다. 멤버는 **메서드**, **생성자**, **소멸자**와 같은 함수(**멤버 함수**member function)일 수도 있고, 열거형, 타입 앨리어스, 중첩 클래스 등과 같은 변수(**멤버 변수**member variable, **데이터 멤버**data member라고도 부른다)일 수도 있다.

SpreadsheetCell 클래스의 메서드는 다음과 같다. 형식은 함수 프로토타입 선언과 같다.

```
void setValue(double value);
double getValue() const;
```

1장에서 설명했듯이 객체를 변경하지 않는 멤버 함수는 앞에 나온 getValue()처럼 항상 const로 선언하는 것이 바람직하다.

SpreadsheetCell 클래스의 데이터 멤버 선언문은 다음과 같다. 형식은 변수 선언과 같다.

```
double m_value;
```

클래스는 멤버 함수와 함수에서 사용할 데이터 멤버를 정의한다. 기본적으로 멤버는 클래스의 **인스턴스**instance인 **객체**object에만 적용된다. 이 규칙에 대한 유일한 예외는 9장에서 설명하는 정적 멤버static member다. 클래스는 개념을 정의하고 객체는 실체를 표현한다. 그러므로 m_value 변숫값은 객체마다 따로 갖는다. 멤버 함수의 구현 코드는 모든 객체가 공유한다. 클래스가 가질 수 있는 멤버 함수와 데이터 멤버의 개수에는 제한 없다. 또한 데이터 멤버의 이름과 멤버 함수의 이름이 같으면 안 된다.

2 접근 제어

클래스의 각 멤버는 항상 세 가지 **접근 제한자**access modifier(**접근 지정자**access specifier)인 public, private, protected 중 하나로 지정한다. 한 번 지정된 접근 제한자는 다른 제한자로 변경하기 전까지 모든 멤버에 적용된다. SpreadsheetCell 클래스에서 setValue()와 getValue() 메서드는 public으로 지정한 반면 데이터 멤버인 m_value는 private으로 제한했다.

클래스에 접근 제한자를 따로 명시하지 않으면 private이 적용된다. 즉, 접근 제한자를 따로 지정하지 않고 선언한 멤버의 접근 범위는 private이 적용된다. 예를 들어 public 접근 제한자를 setValue() 메서드 선언문 뒤로 옮기면 setValue() 메서드의 접근 범위는 private으로 바뀐다.

```
export class SpreadsheetCell
{
        void setValue(double value); // 이렇게 하면 private이 적용된다.
    public:
        double getValue() const;
    private:
        double m_value;
};
```

C++에서는 struct도 class처럼 메서드를 가질 수 있다. 사실 struct의 디폴트 접근 제한자가 public이란 점을 제외하면 class와 같다.[2] 예를 들어 앞서 작성한 SpreadsheetCell 클래스를 struct로 다시 작성하면 다음과 같다.

```
export struct SpreadsheetCell
{
        void setValue(double value);
        double getValue() const;
    private:
        double m_value;
};
```

데이터 멤버는 누구나 접근할 수 있으며, 메서드가 없거나 개수가 적다면 class보다는 주로 struct로 정의하는 것이 관례다. 예를 들어 다음과 같이 간단히 좌표를 표현할 때는 struct를 사용한다.

2 엄밀히 말해서 다른 점이 더 있다. struct는 디폴트 베이스 클래스 접근도 public인 반면 class는 디폴트 베이스 클래스 접근이 private이다. 베이스 클래스 접근에 대해서는 10장에서 다룬다.

```
export struct Point
{
    double x;
    double y;
};
```

3 선언 순서

C++에서는 멤버와 접근 제한자를 선언하는 순서를 따로 정해두지 않았다. 멤버 함수를 선언한 뒤 데이터 멤버를 선언해도 되고, private 뒤에 public을 선언해도 된다. 게다가 접근 제한자를 반복해서 지정해도 된다. 예를 들어 SpreadsheetCell 클래스를 다음과 같이 정의해도 된다.

```
export class SpreadsheetCell
{
    public:
        void setValue(double value);
    private:
        void m_value;
    public:
        double getValue() const;
};
```

물론 가독성을 위해 public, private, protected 멤버끼리 묶고, 그 안에서 멤버 함수와 데이터 멤버끼리 묶어서 선언하는 것이 좋다.

4 클래스 내부의 멤버 초기자

데이터 멤버는 클래스 정의와 동시에 초기화할 수 있다. 예를 들어 SpreadsheetCell 클래스는 다음과 같이 클래스 정의에서 m_value 멤버의 기본값을 0으로 초기화할 수 있다.

```
class SpreadsheetCell
{
    // 클래스 정의의 나머지 부분은 생략
    private:
        double m_value { 0 };
};
```

NOTE_ 클래스의 데이터 멤버는 항상 초기화할 것을 권장한다.

8.2.2 메서드 정의 방법

앞서 정의한 SpreadsheetCell 클래스만으로도 이 클래스의 객체를 충분히 생성할 수 있다. 하지만 이렇게 생성한 객체에 대해 setValue()나 getValue() 메서드를 호출하면 메서드가 정의되지 않았다는 링커 에러가 출력된다. 클래스 정의에서 메서드의 프로토타입만 선언했을 뿐 구현 코드를 작성하지 않았기 때문이다. 일반적으로 클래스 정의는 모듈 인터페이스 파일에 작성한다. 메서드 정의는 이 모듈 인터페이스 파일(.cppm)에 작성해도 되고, **모듈 구현 파일**(.cpp)에 작성해도 된다.

SpreadsheetCell 클래스의 두 메서드를 다음과 같이 정의한다.

```
export module spreadsheet_cell;

export class SpreadsheetCell
{
    public:
        void setValue(double value) { m_value = value; }
        double getValue() const { return m_value; }
    private:
        double m_value { 0 };
};
```

C++20부터 도입된 모듈에서는 예전에 헤더 파일을 사용할 때와 달리 메서드를 모듈 인터페이스 파일에서 정의해도 문제없다. 이에 대해서는 11장에서 자세히 설명한다. 참고로 이 책에서는 모듈 인터페이스 파일을 세부 구현 사항 없이 깔끔하게 유지하도록 메서드 정의 코드는 모듈 구현 파일에 작성한다.

모듈 구현 파일의 첫 라인에는 구현할 메서드가 속할 모듈을 지정한다. 다음은 spreadsheet_cell 모듈의 SpreadsheetCell 클래스의 두 메서드에 대한 정의이다.

```
module spreadsheet_cell;

void SpreadsheetCell::setValue(double value)
```

```
{
    m_value = value;
}

double SpreadsheetCell::getValue() const
{
    return m_value;
}
```

이 코드를 잘 보면 메서드 이름 앞에 클래스 이름과 콜론 두 개가 붙었다.

```
void SpreadsheetCell::setValue(double value)
```

여기서 ::를 **스코프 지정 연산자**라 부른다. 컴파일러는 이 표현을 보고 여기 나온 setValue() 메서드 정의는 SpreadsheetCell 클래스에 속한다고 알 수 있다. 참고로 메서드를 정의(구현)할 때는 접근 제한자를 생략해도 된다.

1 데이터 멤버 접근 방법

SpreadsheetCell 클래스에 정의한 setValue()나 getValue()처럼 비 static 멤버 메서드는 항상 객체에 대해 실행된다. 메서드 본문 안에서는 자신이 속한 객체에 있는 모든 데이터 멤버에 접근할 수 있다. 예를 들어 본문에 다음과 같이 작성된 setValue() 메서드를 어떤 객체에 대해 호출하더라도 자신이 속한 객체에 있는 m_value 변수의 값을 변경한다.

```
m_value = value;
```

서로 다른 두 객체에 대해 각각 한 번씩 setValue()를 호출하면 실행되는 코드는 같지만 각 객체에 있는 변수가 변경된다.

2 다른 메서드 호출하기

클래스에 정의된 메서드끼리 서로 호출할 수도 있다. 예를 들어 셀 안에 숫자뿐만 아니라 텍스트 데이터도 넣을 수 있도록 SpreadsheetCell 클래스를 확장한다고 하자. 텍스트 셀을 숫자로 해석해야 할 때는 텍스트를 숫자로 변환한다. 이때 텍스트로 표현된 숫자가 올바른 값이 아니면 값을 무시한다. 이 프로그램에서는 숫자를 표현하지 않는 스트링은 0으로 처리한다.

SpreadsheetCell 클래스를 정의하는 코드의 첫 부분인 텍스트 데이터 지원 관련 코드는 다음과 같다.

```
export module spreadsheet_cell;
import <string>;
import <string_view>;
export class SpreadsheetCell
{
    public:
        void setValue(double value);
        double getValue() const;

        void setString(std::string_view inString);
        std::string getString() const;
    private:
        std::string doubleToString(double value) const;
        double stringToDouble(std::string_view inString) const;
        double m_value { 0 };
};
```

이렇게 하면 데이터를 double로만 저장한다. 클라이언트가 데이터 멤버를 string으로 설정하면 double로 변환된다. 텍스트가 유효한 숫자가 아닌 경우 double 값은 0으로 설정된다. 다음 버전의 클래스 코드에는 셀에 텍스트값을 설정하고 가져오는 메서드 두 개, double과 string 값을 상호 변환하는 private **헬퍼 메서드** 두 개를 추가로 정의했다. 모든 메서드를 구현한 코드는 다음과 같다.

```
module spreadsheet_cell;
import <charconv>;
using namespace std;

void SpreadsheetCell::setValue(double value)
{
    m_value = value;
}

double SpreadsheetCell::getValue() const
{
    return m_value;
}
```

```
void SpreadsheetCell::setString(string_view value)
{
    m_value = stringToDouble(value);
}

string SpreadsheetCell::getString() const
{
    return doubleToString(m_value);
}

string SpreadsheetCell::doubleToString(double value) const
{
    return to_string(value);
}

double SpreadsheetCell::stringToDouble(string_view value) const
{
    double number { 0 };
    from_chars(value.data(), value.data() + value.size(), number);
    return number;
}
```

std::to_string()과 from_chars() 함수는 2장에서 설명했다.

여기서 doubleToString() 메서드는 6.1과 같은 값을 6.100000이란 스트링으로 변환한다. 그런데 private 헬퍼 메서드로 구현했기 때문에 클라이언트 코드를 수정하지 않고도 구현 코드를 얼마든지 바꿀 수 있다.

3 this 포인터

메서드를 호출하면 메서드가 속한 객체의 포인터가 숨겨진 매개변수 형태로 전달되는데, 이 포인터의 이름은 this다. 이 포인터로 해당 객체의 데이터 멤버나 메서드에 접근할 수 있으며, 다른 메서드나 함수에 매개변수로 전달할 수도 있다. 때로는 이름을 명확히 구분하는 용도로도 사용된다. 예를 들어 m_value가 아닌 value란 이름의 데이터 멤버를 사용하여 SpreadsheetCell 클래스를 정의할 수 있다. 이 경우 setValue() 메서드는 다음과 같다.

```
void SpreadsheetCell::setValue(double value)
{
    value = value; // 모호한 문장
}
```

이렇게 작성하면 value가 this 포인터로 전달된 값인지 객체의 멤버의 값인지 구분할 수 없다.

> **NOTE_** 컴파일러의 종류나 설정에 따라 앞의 코드처럼 작성해도 아무런 경고나 에러 메시지가 출력되지 않을 수 있지만 결과로 생성되는 코드가 의도와 달라질 수 있다.

이 문장에서 이름을 명확히 구분하려면 다음과 같이 this 포인터를 적으면 된다.

```
void SpreadsheetCell::setValue(double value)
{
    this->value = value;
}
```

그런데 3장에서 설명한 명명 규칙을 따르면 이렇게 이름이 충돌하는 문제가 발생하지 않는다.

어떤 객체의 메서드 안에서 다른 메서드나 함수를 호출할 때 그 객체의 포인터를 전달하는 용도로 this 포인터를 사용할 수도 있다. 예를 들어 다음과 같이 printCell()이라는 함수를 만드는 경우를 생각해보자.

```
void printCell(const SpreadsheetCell& cell)
{
    cout << cell.getString() << endl;
}
```

앞에서 정의한 setValue() 메서드에서 printCell() 함수를 호출할 때 *this를 인수로 전달해야 printCell() 안에서 setValue()가 속한 SpreadsheetCell 멤버를 접근할 수 있다.

```
void SpreadsheetCell::setValue(double value)
{
    this->value = value;
    printCell(*this);
}
```

> **NOTE_** printCell() 함수를 작성할 때 15장에서 설명하는 방법에 따라 << 연산자를 오버로딩하면 좀 더 편하다. 그러면 SpreadsheetCell의 내용을 출력하는 문장을 다음과 같이 간단히 작성할 수 있다.
>
> ```
> cout << *this << endl;
> ```

8.2.3 객체 사용법

앞에서 SpreadsheetCell를 정의할 때 데이터 멤버 하나, public 메서드 네 개, private 메서드 두 개를 작성했다. 그런데 이렇게 클래스를 정의한다고 해서 곧바로 SpreadsheetCell 객체가 생성되지 않는다. 단지 형태와 동작만 표현한 것이다. 이런 점에서 클래스는 건축 설계도와 같다. 건축 설계도는 집의 형태를 표현할 뿐 실제로 집이 생긴 것은 아니다. 이러한 설계도에 따라 집을 직접 지어야 한다.

C++도 마찬가지로 SpreadsheetCell 클래스 정의에 따라 SpreadsheetCell 객체를 생성하려면 SpreadsheetCell 타입의 변수를 따로 선언해야 한다. 작성된 설계도로 집을 여러 채 지을 수 있듯이 SpreadsheetCell 클래스 하나로 SpreadsheetCell 객체를 여러 개 만들 수 있다. 객체를 생성해서 사용하는 방법은 크게 두 가지다. 하나는 스택에 생성하는 것이고 다른 하나는 프리스토어에 생성하는 것이다.

1 스택에 생성한 객체

SpreadsheetCell 객체를 스택에 생성해서 사용하는 예를 살펴보자.

```
SpreadsheetCell myCell, anotherCell;
myCell.setValue(6);
anotherCell.setString("3.2");
cout << "cell 1: " << myCell.getValue() << endl;
cout << "cell 2: " << anotherCell.getValue() << endl;
```

객체는 단순 변수를 선언하는 것처럼 생성한다. 타입이 클래스 이름이라는 점만 다를 뿐이다. myCell.setValue(6);에 나온 .을 도트dot 연산자라 부른다. 이 연산자로 객체에 속한 메서드를 호출한다. 객체의 public 데이터 멤버도 이 연산자로 접근할 수 있다. 참고로 데이터 멤버를 public으로 선언하는 것은 바람직하지 않다.

이 코드를 실행한 결과는 다음과 같다.

```
cell 1: 6
cell 2: 3.2
```

2 프리스토어에 생성한 객체

다음과 같이 new를 사용해서 객체를 동적으로 생성할 수도 있다.

```
SpreadsheetCell* myCellp { new SpreadsheetCell { } };
myCellp->setValue(3.7);
cout << "cell 1: " << myCellp->getValue() <<
        " " << myCellp->getString() << endl;
delete myCellp;
myCellp = nullptr;
```

프리스토어에 생성한 객체는 화살표 연산자(->)로 멤버에 접근한다. 화살표 연산자는 역참조 연산자(*)와 멤버 접근 연산자(.)를 합친 것이다. 화살표 대신 두 연산자가 드러나도록 작성해도 되지만 다음과 같이 코드가 복잡해진다.

```
SpreadsheetCell* myCellp { new SpreadsheetCell { } };
(*myCellp).setValue(3.7);
cout << "cell 1: " << (*myCellp).getValue() <<
        " " << (*myCellp).getString() << endl;
delete myCellp;
myCellp = nullptr;
```

프리스토어에 할당한 메모리를 항상 해제해야 하듯이 프리스토어에 할당한 객체 메모리도 반드시 delete로 해제해야 한다. 메모리 관련 문제가 발생하지 않게 하려면 다음과 같이 반드시 스마트 포인터를 사용한다.

```
auto myCellp { make_unique<SpreadsheetCell>() };
// 다음과 같이 작성해도 된다.
// unique_ptr<SpreadsheetCell> myCellp { new SpreadsheetCell { } };
myCellp->setValue(3.7);
cout << "cell 1: " << myCellp->getValue() <<
        " " << myCellp->getString() << endl;
```

스마트 포인터를 사용하면 메모리가 자동으로 해제되므로 직접 해제할 필요가 없다.

> **CAUTION_** new로 할당한 객체는 다 쓰고 나서 delete로 해제해야 한다. 하지만 스마트 포인터를 사용하면 메모리를 자동으로 관리해준다.

> **NOTE_** 스마트 포인터를 사용하지 않는다면 포인터가 가리키는 객체를 삭제한 후 포인터값을 nullptr로 리셋하는 것이 좋다. 반드시 지켜야 할 규칙은 아니지만 이렇게 하면 객체를 삭제한 후 실수로 그 포인터에 접근하더라도 문제를 쉽게 찾을 수 있다.

8.3 객체의 라이프 사이클

객체의 라이프 사이클은 **생성**creation, **소멸**destruction, **대입**assignment의 세 단계로 구성된다. 객체를 생성하고 소멸하고 대입하는 시점과 방법뿐만 아니라 이러한 동작을 커스터마이즈하는 방법도 정확히 이해할 필요가 있다.

8.3.1 객체 생성

스택에 생성될 객체는 선언하는 시점에 생성되고, 스마트 포인터나 new, new[]를 사용할 때는 직접 공간을 할당해서 생성한다. 객체가 생성될 때 그 객체에 포함된 객체도 함께 생성된다. 예를 들면 다음과 같다.

```
import <string>;

class MyClass
{
    private:
        std::string m_name;
};

int main()
{
    MyClass obj;
}
```

MyClass 안에 있는 string 객체(m_name)는 main() 함수에서 MyClass 객체가 생성될 때 함께 생성되고, MyClass 객체가 소멸될 때 함께 소멸된다.

변수는 선언과 동시에 초깃값을 설정하는 것이 좋다. 예를 들면 다음과 같다.

```
int x { 0 };
```

마찬가지로 객체도 선언과 동시에 초깃값을 설정할 수 있다. 이 작업은 **생성자**constructor라 부르는 특수한 메서드에 객체를 초기화하는 코드를 작성하는 방식으로 처리할 수 있다. 객체가 생성될 때마다 클래스에 정의된 생성자 중에서 적합한 것이 실행된다.

> **NOTE_** C++ 프로그래머는 생성자를 간단히 **ctor**(see-tor라고 읽음)라고 부르기도 한다.

1 생성자 작성 방법

생성자는 클래스 이름과 똑같은 메서드 이름으로 지정된다. 생성자는 리턴 타입이 없고 매개변수는 옵션이다. 아무런 인수 없이 호출할 수 있는 생성자를 **디폴트 생성자**default constructor라 부른다. 아무런 매개변수를 받지 않는 생성자일 수도 있고, 모든 매개변수가 디폴트값으로 설정된 생성자일 수도 있다. 때에 따라 디폴트 생성자를 작성하지 않으면 컴파일 에러가 발생할 수 있다. 디폴트 생성자는 이 장 뒷부분에서 자세히 소개한다.

SpreadsheetCell 클래스 생성자의 첫 번째 버전을 만들어보자.

```
export class SpreadsheetCell
{
    public:
        SpreadsheetCell(double initialValue);
        // 클래스 정의의 나머지 코드는 생략
};
```

일반 메서드와 마찬가지로 생성자도 구현 코드를 작성해야 한다.

```
SpreadsheetCell::SpreadsheetCell(double initialValue)
{
    setValue(initialValue);
}
```

SpreadsheetCell 생성자도 일종의 SpreadsheetCell 클래스 멤버다. 따라서 C++에서는 생성자 이름 앞에 SpreadsheetCell::이라는 스코프 지정 연산자를 붙여야 한다. 또한 생성자 이름도 SpreadsheetCell이다. 따라서 규칙에 따라 작성하고 나면 SpreadsheetCell::SpreadsheetCell과 같이 좀 우스꽝스러운 형태가 된다. 여기에서는 단순히 setValue()만 호출하도록 구현했다.

2 생성자 사용법

객체는 생성자를 통해 생성되고 그 값을 초기화할 수 있다. 스택 객체와 프리스토어 객체 모두 생성자를 사용할 수 있다.

스택 객체 생성자

스택에 할당한 SpreadsheetCell 객체의 생성자를 호출하는 방법은 다음과 같다.

```
SpreadsheetCell myCell(5), anotherCell(4);
cout << "cell 1: " << myCell.getValue() << endl;
cout << "cell 2: " << anotherCell.getValue() << endl;
```

또는 다음과 같이 유니폼 초기자로 작성해도 된다.

```
SpreadsheetCell myCell { 5 }, anotherCell { 4 };
```

이때 SpreadsheetCell 생성자를 다음과 같이 직접 호출하면 안 된다.

```
SpreadsheetCell myCell.SpreadsheetCell(5); // 컴파일 에러가 발생한다.
```

마찬가지로 다음과 같이 선언문과 분리해도 안 된다.

```
SpreadsheetCell myCell;
myCell.SpreadsheetCell(5); // 컴파일 에러가 발생한다.
```

프리스토어 객체 생성자

동적으로 할당할 SpreadsheetCell 객체의 생성자를 호출하는 방법은 다음과 같다.

```
auto smartCellp { make_unique<SpreadsheetCell>(4) };
// 셀을 다루는 코드를 작성한다. 스마트포인터라면 직접 삭제하지 않아도 된다.

// 일반 포인터를 사용해도 되지만 권장하지 않는다.
SpreadsheetCell* myCellp { new SpreadsheetCell { 5 } };
// 또는 다음과 같이 작성해도 된다.
// SpreadsheetCell* myCellp { new SpreadsheetCell (5) };
```

```
SpreadsheetCell* anotherCellp { nullptr };
anotherCellp = new SpreadsheetCell { 4 };
// 셀을 다루는 코드를 작성한다.
delete myCellp;            myCellp = nullptr;
delete anotherCellp;       anotherCellp = nullptr;
```

코드를 보면 SpreadsheetCell 객체에 대한 포인터를 선언할 때 곧바로 생성자를 호출하지 않았다. 스택 객체를 선언할 때 생성자를 동시에 호출하던 것과 대조적이다.

포인터는 반드시 적절한 값이나 nullptr로 초기화해야 한다는 사실을 명심하기 바란다.

3 생성자 여러 개 제공하기

한 클래스에 생성자를 여러 개 만들 수 있다. 이때 모든 생성자는 똑같은 이름(클래스 이름)으로 정하며, 인수의 개수나 타입은 서로 달라야 한다. C++ 코드에 이름이 같은 함수가 여러 개 있으면 컴파일러는 호출하는 시점에 매개변수 타입이 일치하는 함수를 선정한다. 이를 **오버로딩** overloading이라 부르며 9장에서 자세히 설명한다.

앞에서 본 SpreadsheetCell 클래스에 생성자를 두 개 갖도록 수정해보자. 하나는 double 타입의 초깃값을 받고, 다른 하나는 string 타입의 초깃값을 받는다. 코드는 다음과 같다.

```
export class SpreadsheetCell
{
    public:
        SpreadsheetCell(double initialValue);
        SpreadsheetCell(std::string_view initialValue);
        // 나머지 코드는 생략한다.
};
```

두 번째 생성자의 구현 코드는 다음과 같다.

```
SpreadsheetCell::SpreadsheetCell(string_view initialValue)
{
    setString(initialValue);
}
```

이렇게 정의한 생성자를 사용하는 예는 다음과 같다.

```
SpreadsheetCell aThirdCell { "test" }; // string 타입 인수를 받는 생성자
SpreadsheetCell aFourthCell { 4.4 };   // double 타입 인수를 받는 생성자
auto aFifthCellp { make_unique<SpreadsheetCell>("5.5") }; // string 인수를 받는 생성자
cout << "aThirdCell: " << aThirdCell.getValue() << endl;
cout << "aFourthCell: " << aFourthCell.getValue() << endl;
cout << "aFifthCellp: " << aFifthCellp->getValue() << endl;
```

생성자가 여러 개면 다른 생성자를 호출하는 방식으로 생성자를 정의하고 싶어질 수 있다. 예를 들어 다음과 같이 string 타입 인수를 받는 생성자에서 double 타입 인수를 받는 생성자를 호출하게 작성하는 경우가 있다.

```
SpreadsheetCell::SpreadsheetCell(string_view initialValue)
{
    SpreadsheetCell(stringToDouble(initialValue));
}
```

일반 메서드와 마찬가지로 이렇게 하여 다른 메서드를 호출해도 문제없어 보인다. 하지만 생성자를 이렇게 작성하면 컴파일, 링크, 실행 과정에서 아무런 에러가 발생하지 않더라도 **의도한 대로 실행되지 않는다**. SpreadsheetCell 생성자를 이렇게 직접 호출하면 내부적으로 이름 없는 SpreadsheetCell 타입의 임시 객체가 생성되어서 원래 초기화하려는 객체의 생성자가 호출되지 않기 때문이다.

단, 같은 클래스에서 생성자끼리 호출할 수 있도록 C++에서 제공하는 **위임 생성자**delegating constructor를 이용하면 가능하다. 자세한 내용은 '[8] 위임 생성자'에서 설명한다.

4 디폴트 생성자

디폴트 생성자default constructor는 아무런 인수도 받지 않는 생성자다. **영인수 생성자**0-argument constructor (**제로 인수 생성자**)라고도 부른다.

디폴트 생성자가 필요한 경우

객체 배열을 생각해보자. 객체 배열을 생성하는 과정은 두 단계로 나뉜다. 먼저 배열에 있는 객체를 모두 담을 정도로 충분한 공간에 메모리를 연속으로 할당한다. 그러고 나서 각 객체마다 디폴트 생성자를 호출한다. C++에서는 배열을 생성할 때 다른 생성자를 직접 호출할 수 없다. 예를 들어 SpreadsheetCell 클래스에 디폴트 생성자를 정의하지 않으면 다음과 같은 코드를 컴파일할 때 에러가 발생한다.

```
SpreadsheetCell cells[3]; // 디폴트 생성자가 없어서 컴파일 에러가 발생한다.
SpreadsheetCell* myCellp { new SpreadsheetCell[10] }; // 여기서도 오류가 발생한다.
```

이런 한계는 다음과 같이 초기자를 제공하는 방식으로 해결할 수 있다.

```
SpreadsheetCell cells[3] { SpreadsheetCell { 0 }, SpreadsheetCell { 23 },
    SpreadsheetCell { 41 } };
```

하지만 배열로 생성할 클래스를 정의할 때는 디폴트 생성자를 만들어주는 것이 대체로 편하다. 생성자를 직접 정의하지 않으면 컴파일러가 디폴트 생성자를 대신 만들어준다. 컴파일러가 만든 생성자에 대해서는 다음 절에서 소개한다.

디폴트 생성자 작성 방법

앞에서 본 SpreadsheetCell 클래스에 디폴트 생성자를 정의하는 방법은 다음과 같다.

```
export class SpreadsheetCell
{
    public:
        SpreadsheetCell();
        // 나머지 코드는 생략
};
```

이렇게 정의한 디폴트 생성자의 구현 코드에 대한 첫 번째 버전은 다음과 같다.

```
SpreadsheetCell::SpreadsheetCell()
{
    m_value = 0;
}
```

m_value에 클래스 내부 멤버 초기자를 적용하면 앞서 생성자 구현 코드에 작성한 유일한 문장마저 없애버릴 수 있다.

```
SpreadsheetCell::SpreadsheetCell()
{
}
```

스택 객체의 디폴트 생성자를 호출하는 방법은 다음과 같다.

```
SpreadsheetCell myCell;
myCell.setValue(6);
cout << "cell 1: " << myCell.getValue() << endl;
```

여기에서는 myCell이란 이름으로 SpreadsheetCell 객체를 새로 생성한 뒤 원하는 값을 설정하고 그 값을 화면에 출력한다. 스택 객체의 다른 생성자와 달리 디폴트 생성자는 함수 호출 형식을 따르지 않는다. 그러므로 다음과 같이 기존 함수 호출 형식에 따라 호출하는 실수를 저지르기 쉽다.

```
SpreadsheetCell myCell(); // 잘못된 문장이지만 컴파일 에러가 발생하지 않는다.
myCell.setValue(6);        // 그러나 이 문장에서는 컴파일 에러가 발생한다.
cout << "cell 1: " << myCell.getValue() << endl;
```

어이없게도 디폴트 생성자를 호출하는 문장에서 컴파일 에러가 발생하지 않고, 그다음 문장에서 에러가 발생한다. 이런 유형의 에러를 **가장 짜증나는 파싱**most vexing parse 에러라고 부른다. 즉, 컴파일러는 첫 문장이 인수를 받지 않고 리턴 타입이 SpreadsheetCell인 myCell이란 이름의 함수를 선언한다고 여긴다. 그런 다음 두 번째 문장을 보고 함수 이름을 객체처럼 사용하는 실수를 저질렀다고 착각하기 때문에 이런 현상이 발생하는 것이다.

물론 함수 호출 형식의 소괄호 대신 다음과 같이 균일 초기화 구문으로 작성해도 된다.

```
SpreadsheetCell myCell { }; // 디폴트 생성자를 호출한다.
```

CAUTION_ 스택 객체를 생성할 때는 디폴트 생성자 이름 뒤에 중괄호를 적거나(균일 초기화) 소괄호를 생략한다.

프리스토어 객체의 디폴트 생성자를 호출하는 방법은 다음과 같다.

```
auto smartCellp { make_unique<SpreadsheetCell>() };
// 일반 포인터를 사용해도 되지만 권장하지 않는다.
SpreadsheetCell* myCellp { new SpreadsheetCell { } };
```

```
// 다음과 같이 작성해도 된다.
// SpreadsheetCell* myCellp { new SpreadsheetCell };
// SpreadsheetCell* myCellp { new SpreadsheetCell() };
// myCellp를 사용하는 코드
delete myCellp;    myCellp = nullptr;
```

컴파일러에서 생성한 디폴트 생성자

앞에서 SpreadsheetCell 클래스의 첫 번째 버전을 다음과 같이 작성했었다.

```
export class SpreadsheetCell
{
    public:
        void setValue(double value);
        double getValue() const;
    private:
        double m_value;
};
```

여기에서는 디폴트 생성자를 정의하지 않았지만 다음과 같이 코드를 작성해도 컴파일 에러가 발생하지 않는다.

```
SpreadsheetCell myCell;
myCell.setValue(6);
```

다음 코드는 double 값을 명시적으로 받는 부분을 제외하면 이전 버전과 본질적으로 같다. 여기서도 디폴트 생성자를 직접 선언하지 않았다.

```
export class SpreadsheetCell
{
    public:
        SpreadsheetCell(double initialValue); // 디폴트 생성자가 없다.
        // 나머지 코드 생략
};
```

하지만 이렇게 정의한 상태에서 다음과 같이 코드를 작성하면 컴파일 에러가 발생한다.

```
SpreadsheetCell myCell;
myCell.setValue(6);
```

생성자를 하나도 지정하지 않아야 인수를 받지 않는 디폴트 생성자를 컴파일러가 대신 만들어주기 때문이다. 이렇게 **컴파일러에서 생성한 디폴트 생성자**compiler-generated default constructor는 해당 클래스의 객체 멤버에 대해서도 디폴트 생성자를 호출해준다. 하지만 int나 double과 같은 기본 타입에 대해서는 초기화하지 않는다. 이렇게 해서 클래스의 객체를 생성할 수는 있지만 디폴트 생성자나 다른 생성자를 하나라도 선언하면 컴파일러가 디폴트 생성자를 자동으로 만들어주지 않는다.

NOTE_ 디폴트 생성자는 영인수 생성자와 같다. **디폴트 생성자**란 용어는 생성자를 하나도 선언하지 않아서 자동으로 생성되는 생성자라는 의미뿐만 아니라 인수가 없어서 기본으로 호출되는 생성자란 뜻도 있다.

명시적 디폴트 생성자

C++11 이전에는 인수를 받는 생성자를 여러 개 정의할 때 앞에서 본 것처럼 할 일이 없더라도 빈 디폴트 생성자를 반드시 정의해야 했다.

이렇게 빈껍데기 디폴트 생성자를 일일이 적는 수고를 덜어주기 위해 C++에서는 **명시적 디폴트 생성자**explicitly defaulted constructor를 제공한다. 이를 이용하면 다음과 같이 클래스 정의에서 빈껍데기 디폴트 생성자의 구현 코드를 작성하지 않아도 된다.

```
explicit class SpreadsheetCell
{
    public:
        SpreadsheetCell() = default;
        SpreadsheetCell(double initialValue);
        SpreadsheetCell(std::string_view initialValue);
        // 나머지 코드 생략
};
```

SpreadsheetCell 코드를 보면 두 생성자를 직접 정의했다. 그런데 여기서 default란 키워드를 사용했기 때문에 생성자를 따로 정의했음에도 불구하고 컴파일러는 디폴트 생성자를 자동으로 생성한다.

참고로 = default 구문은 클래스 정의 코드에 적어도 되고, 구현 파일에 적어도 된다.

명시적으로 삭제된 생성자

C++는 명시적 디폴트 생성자와 반대되는 개념인 **명시적 삭제 생성자**explicitly deleted constructor란 것도 지원한다. 예를 들어 정적(스태틱static) 메서드(9장 참조)로만 구성된 클래스는 생성자 코드를 작성할 필요가 없을 뿐만 아니라 컴파일러가 자동으로 디폴트 생성자를 만들게 놔둬서도 안 된다. 이럴 때는 다음과 같이 디폴트 생성자를 명시적으로 삭제해야 한다.

```
export class MyClass
{
    public:
        MyClass() = delete;
};
```

> **NOTE_** 클래스에 디폴트 생성자를 삭제한 데이터 멤버가 있다면 그 클래스의 디폴트 생성자도 자동으로 삭제된다.

5 생성자 초기자

지금까지 살펴본 코드는 다음과 같이 데이터 멤버를 생성자 안에서만 초기화했다.

```
SpreadsheetCell::SpreadsheetCell(double initialValue)
{
    setValue(initialValue);
}
```

C++는 생성자에서 데이터 멤버를 초기화하기 위한 또 다른 방법으로 **생성자 초기자**constructor initializer(**ctor-initializer** 또는 **멤버 초기자 리스트**member initializer list라고도 함)를 제공한다. 앞에서 본 SpreadsheetCell을 이 방식을 적용해서 다시 작성하면 다음과 같다.

```
SpreadsheetCell::SpreadsheetCell(double initialValue)
    : m_value { initialValue }
{
}
```

이 코드를 보면 생성자 초기자는 생성자 인수 리스트와 생성자 본문을 시작하는 첫 중괄호 사이에 나오며, 콜론으로 시작하며, 각 항목을 쉼표로 구분한다. 여기에 나올 수 있는 항목으로는 함수 호출 형식이나 유니폼 초기자로 표현한 데이터 멤버 초기화 문장, 베이스 클래스 생성자를 호출하는 구문(10장 참고), 이 장 뒤에서 설명할 위임 생성자를 호출하는 구문 등이 있다.

생성자 초기자로 데이터 멤버를 초기화하는 방식은 생성자 안에서 데이터 멤버를 초기화할 때와는 다르다. C++에서 객체를 생성하기 위해서는 그 객체를 구성하는 데이터 멤버를 모두 생성하고 나서 생성자를 호출한다. 이때 데이터 멤버를 생성하는 과정에서 각 멤버가 다른 객체로 구성되었다면 해당 생성자를 호출한다. 생성자 안에서 어떤 객체에 값을 할당하는 시점에는 객체가 이미 생성된 상태로서 단지 값만 바꾸는 것이다. 생성자 초기자를 이용하면 데이터 멤버를 생성하는 과정에서 초깃값을 설정할 수 있는데, 이렇게 하는 것이 나중에 따로 값을 대입하는 것보다 훨씬 효율적이다.

클래스에 디폴트 생성자가 정의된 객체가 데이터 멤버로 있는 경우 생성자 초기자에서 객체를 명시적으로 초기화하지 않아도 된다. 예를 들어 `std::string` 타입의 데이터 멤버는 디폴트 생성자에 의해 공백 스트링으로 초기화되기 때문에 초기자에서 " "를 지정하면 코드 중복이 발생한다.

반면 클래스에 디폴트 생성자가 정의되어 있지 않은 데이터 멤버는 생성자 초기자로 적절히 초기화해야 한다. 예를 들어 `SpreadsheetCell` 클래스를 다음과 같이 정의할 수 있다.

```
export class SpreadsheetCell
{
    public:
        SpreadsheetCell(double d);
};
```

이 클래스는 `double` 타입의 값을 받는 명시적 생성자만 있고 디폴트 생성자는 없다. 이렇게 정의된 `SpreadsheetCell` 객체를 다음과 같이 다른 클래스의 데이터 멤버로 정의하는 경우를 생각해보자.

```
export class SomeClass
{
    public:
```

```
        SomeClass();
    private:
        SpreadsheetCell m_cell;
};
```

그러고 나서 SomeClass 생성자를 구현하는 코드를 다음과 같이 작성했다고 하자.

```
SomeClass::SomeClass() { }
```

그런데 구현 코드를 이렇게 작성하면 컴파일 에러가 발생한다. SomeClass의 데이터 멤버인 m_cell에 대해 디폴트 생성자가 없기 때문에 컴파일러는 m_cell을 초기화할 방법을 알 수 없다.

따라서 m_cell을 초기화하려면 다음과 같이 생성자 초기자를 작성해야 한다.

```
SomeClass::SomeClass() : m_cell { 1.0 } { }
```

NOTE_ 생성자 초기자를 이용하면 객체를 생성하는 시점에 데이터 멤버를 초기화할 수 있다.

한편 생성자 안에서 초깃값을 대입하는 방식을 선호하는 프로그래머도 있다. 물론 이렇게 하면 효율이 좀 떨어진다. 하지만 다음과 같은 데이터 타입은 반드시 생성자 초기자나 클래스 내부 초기자로 초기화해야 한다.

데이터 타입	설명
const 데이터 멤버	const 변수가 생성된 후에는 원칙적으로 다른 값을 대입할 수 없다. 반드시 생성 시점에 값을 지정해야 한다.
레퍼런스 데이터 멤버	가리키는 대상 없이는 레퍼런스(reference)가 존재할 수 없다. 또한 일단 생성된 후에는 다른 대상을 가리키도록 수정할 수 없다.
디폴트 생성자가 정의되지 않은 객체 데이터 멤버	C++에서는 객체 멤버를 디폴트 생성자로 초기화한다. 디폴트 생성자가 없으면 이 객체를 초기화할 수 없으며, 호출할 생성자를 명시적으로 지정해야 한다.
디폴트 생성자가 없는 베이스 클래스	10장에서 자세히 설명한다.

생성자 초기자에서 한 가지 주의할 점이 있다. 여기서 나열한 데이터 멤버가 초기화되는 순서는 초기자에 나열한 순서가 아닌 클래스 정의에 나온 순서를 따른다는 것이다. 예를 들어 다음과 같이 정의된 Foo 클래스를 살펴보자. 여기에 있는 생성자는 단순히 double 값을 저장한 뒤 콘솔에 출력한다.

```
class Foo
{
    public:
        Foo(double value);
    private:
        double m_value { 0 };
};

Foo::Foo(double value) : m_value { value }
{
    cout << "Foo::m_value = " << m_value << endl;
}
```

여기에 Foo 객체를 데이터 멤버로 가지는 MyClass란 클래스가 있다고 하자.

```
class MyClass
{
    public:
        MyClass(double value);
    private:
        double m_value { 0 };
        Foo m_foo;
};
```

이 클래스의 생성자를 다음과 같이 구현했다.

```
MyClass::MyClass(double value) : m_value { value }, m_foo { m_value }
{
    cout << "MyClass::m_value = " << m_value << endl;
}
```

그러면 생성자 초기자는 먼저 m_value에 value로 지정한 값을 저장하고 나서 Foo 생성자에 m_value를 인수로 전달해서 호출한다. MyClass의 인스턴스는 다음과 같이 생성한다.

```
MyClass instance { 1.2 };
```

이렇게 작성한 프로그램을 실행한 결과는 다음과 같다.

```
Foo::m_value = 1.2
MyClass::m_value = 1.2
```

지금까지는 문제없어 보인다. 이번에는 MyClass 클래스 정의에서 m_value와 m_foo의 위치만 살짝 바꿔보자.

```
class MyClass
{
    public:
        MyClass(double value);
    private:
        Foo m_foo;
        double m_value { 0 };
};
```

그러면 실행 결과가 다음과 같이 나온다. 구체적인 값은 시스템마다 다르다.

```
Foo::m_value = -9.25596e+61
MyClass::m_value = 1.2
```

의도와 전혀 다른 결과가 나온다. 생성자 초기자에 나온 것처럼 m_value부터 초기화하고 나서 Foo 생성자에서 m_value를 사용할 거라고 생각하기 쉽지만 그렇지 않다. C++에서 데이터 멤버는 생성자 초기자에 나온 순서가 아니라 클래스 정의에 나온 순서대로 초기화되기 때문이다. 따라서 앞에 나온 코드처럼 작성하면 Foo 생성자가 호출될 때 m_value가 초기화되지 않은 상태로 전달된다.

참고로 이렇게 클래스 정의에 나온 순서와 생성자 초기자에 나온 순서가 다르면 경고 메시지를 출력해주는 컴파일러도 있다.

이 예제의 경우 쉬운 해결 방법이 있다. m_value를 Foo 생성자에 전달하지 말고 value 매개변수를 전달하면 된다.

```
MyClass::MyClass(double value) : m_value { value }, m_foo { value }
{
    cout << "MyClass::m_value = " << m_value << endl;
}
```

CAUTION_ 생성자 초기자는 데이터 멤버를 생성자 초기자에 있는 순서가 아니라 클래스 정의에 선언된 순서대로 초기화한다.

6 복제 생성자

C++는 다른 객체와 똑같은 객체를 생성하는 특수 생성자인 **복제 생성자**copy constructor를 제공한다. SpreadsheetCell 클래스에 복제 생성자를 추가하면 다음과 같다.

```
export class SpreadsheetCell
{
    public:
        SpreadsheetCell(const SpreadsheetCell& src);
        // 나머지 코드 생략
};
```

복제 생성자는 원본 객체에 대한 const 레퍼런스를 인수로 받는다. 다른 생성자와 마찬가지로 리턴값은 없다. 복제 생성자는 주어진 원본 객체에 있는 데이터 멤버를 모두 복사한다. 물론 복제 생성자 내부에서 구체적인 동작을 원하는 대로 바꿀 수는 있지만 관례를 벗어나지 않는 것이 바람직하므로 새로 만들 객체의 데이터 멤버를 모두 기존 객체의 데이터 멤버와 똑같이 초기화한다. 이렇게 작성한 SpreadsheetCell의 복제 생성자는 다음과 같다. 특히 생성자 초기자에 주목한다.

```
SpreadsheetCell::SpreadsheetCell(const SpreadsheetCell& src)
    : m_value { src.m_value }
{
}
```

복제 생성자를 명시적으로 작성하지 않으면 C++ 컴파일러는 원본 객체의 데이터 멤버와 똑같은 객체로 초기화하는 복제 생성자를 대신 만들어준다. 예를 들어 데이터 멤버가 m1, m2, ..., mn과 같이 선언되어 있다면 컴파일러는 다음과 같이 복제 생성자를 만들어준다.

```
classname::classname(const classname& src)
    : m1 { src.m1 }, m2 { src.m2 }, ... mn { src.mn } { }
```

따라서 대부분은 복제 생성자를 직접 작성할 필요가 없다.

NOTE_ 여기서 작성한 SpreadsheetCell 복제 생성자는 단순히 예를 보여주기 위한 것이다. 사실 이 생성자 코드는 생략해도 된다. 컴파일러가 생성해주는 것만으로도 충분하기 때문이다. 하지만 컴파일러가 생성해주는 것만으로는 부족한 경우가 있는데, 구체적인 예는 9장에서 소개한다.

복제 생성자가 호출되는 경우

C++에서 함수에 인수를 전달할 때는 기본적으로 **값 전달 방식**pass-by-value을 따른다. 다시 말해 함수나 메서드는 값이나 객체의 복사본을 받는다. 따라서 함수나 메서드에 객체를 전달하면 컴파일러는 그 객체의 복제 생성자를 호출하도록 처리한다. 예를 들어 다음과 같이 string 매개변수를 값으로 받는 printString() 함수가 있다고 하자.

```
void printString(string value)
{
    cout << value << endl;
}
```

C++에서 제공하는 string은 사실 기본 타입이 아니라 클래스다. 그러므로 printString()에 string 매개변수를 전달해서 호출하면 string 매개변수인 value는 이 클래스의 복제 생성자를 호출하는 방식으로 초기화된다. 이 복제 생성자의 인수가 바로 printString()에 전달한 string이다. 다음과 같이 printString()에서 매개변수를 name으로 지정해서 호출하면 value 객체를 초기화할 때 string의 복제 생성자가 실행된다.

```
string name { "heading one" };
printString(name); // name을 복제한다.
```

printString() 메서드가 실행을 마치면 value는 삭제된다. 이 값은 실제로 name의 복사본이므로 name은 원래 값 그대로 남는다. 물론 복제 생성자에 매개변수를 const 레퍼런스로 전달하면 복제 오버헤드를 줄일 수 있다.

함수에서 객체를 값으로 리턴할 때도 복제 생성자가 호출된다. 이에 대해서는 8.3.5절의 '[1] 리턴값이 객체인 경우'에서 자세히 소개한다.

복제 생성자 명시적으로 호출하기

복제 생성자를 명시적으로 호출할 수도 있다. 다른 객체를 똑같이 복사하는 방식으로 객체를 만들 때 주로 사용하는 방식이다. 예를 들어 SpreadsheetCell 객체의 복사본을 만들려면 다음과 같이 작성한다.

```
SpreadsheetCell myCell1 { 4 };
SpreadsheetCell myCell2 { myCell1 }; // mCell2는 mCell1과 같다.
```

레퍼런스(참조) 방식으로 객체 전달하기

함수나 메서드에 객체를 **레퍼런스**reference(참조값)로 전달하면 복제 연산으로 인한 오버헤드를 줄일 수 있다. 객체를 레퍼런스로 전달하는 것이 값으로 전달하는 것보다 대체로 효율적이다. 객체에 있는 내용 전체가 아닌 객체의 주소만 복사하기 때문이다. 또한 **레퍼런스 전달 방식** pass-by-reference(참조 전달 방식)을 사용하면 객체의 동적 메모리 할당에 관련된 문제도 피할 수 있다. 자세한 내용은 9장에서 설명한다.

객체를 레퍼런스로 전달하면 그 값을 사용하는 함수나 메서드는 원본 객체를 변경할 수 있게 된다. 그러므로 성능 향상을 위한 목적으로 레퍼런스 전달 방식을 사용할 때는 객체가 변경되지 않도록 앞에 const를 붙여야 한다. 이를 const 레퍼런스로 객체를 전달한다고 표현하며, 이 책의 예제에서는 이렇게 작성한 경우가 많다.

> **NOTE_** 성능을 높이려면 객체를 값이 아닌 const 레퍼런스로 전달하는 것이 가장 좋다. 9장에서는 이 원칙을 살짝 벗어나서, 특정한 경우에 값 전달 방식으로 객체를 전달하게 해주는 이동 의미론(move semantics)을 소개한다.

참고로 SpreadsheetCell 클래스를 보면 std::string_view를 매개변수로 받는 메서드가 몇 개 있다. 2장에서 설명한 것처럼 string_view는 포인터와 길이만 가지고 있다. 그러므로 복제 오버헤드가 적기 때문에 주로 값 전달 방식으로 작성한다.

int, double과 같은 기본 타입은 반드시 값으로 전달해야 한다. 이런 타입을 const 레퍼런스로 전달한다고 해서 좋아지는 점은 없다.

SpreadsheetCell 클래스의 doubleToString() 메서드는 마지막에서 로컬 string 객체를 생성해서 리턴하는 값 전달 방식을 적용했다. 이 string을 레퍼런스로 리턴하면 제대로 작동하지 않는다. 레퍼런스가 참조하는 string은 함수가 끝나는 시점에 삭제되기 때문이다.

명시적으로 디폴트로 만든 복제 생성자와 명시적으로 삭제된 복제 생성자

컴파일러에 의해 생성된 디폴트 생성자를 명시적으로 디폴트로 만들거나 삭제할 수 있듯이 컴파일러에 의해 생성된 복제 생성자도 명시적으로 디폴트로 만들거나 삭제할 수 있다.

```
SpreadsheetCell(const SpreadsheetCell& src) = default;
// 또는
SpreadsheetCell(const SpreadsheetCell& src) = delete;
```

복제 생성자를 삭제하면 더 이상 객체가 복제되지 않는다. 객체를 값으로 전달하지 않게 할 때 이 방법을 사용할 수 있다. 자세한 내용은 9장에서 설명한다.

> **NOTE_** 클래스의 데이터 멤버에 대해 복제 생성자가 삭제되었다면 그 클래스의 복제 생성자도 자동으로 삭제된다.

7 초기자 리스트 생성자

초기자 리스트 생성자initializer list constructor란 std::initializer_list<T>를 첫 번째 매개변수로 받고, 다른 매개변수는 없거나 디폴트값을 가진 매개변수를 추가로 받는 생성자를 말한다. std::initializer_list<T> 템플릿은 <initilizer_list>에 정의되어 있다. 사용법은 다음과 같다. EvenSequence 클래스는 원소가 짝수 개인 initializer_list<T>만 매개변수로 받는다. 짝수가 아니면 익셉션을 던진다. 익셉션은 1장에서 설명했다.

```
class EvenSequence
{
    public:
        EvenSequence(initializer_list<double> args)
        {
            if (args.size() % 2 != 0) {
                throw invalid_argument { "initializer_list should "
                    "contain even number of elements." };
            }
            m_sequence.reserve(args.size());
            for (const auto& value : args) {
                m_sequence.push_back(value);
            }
        }

        void dump() const
        {
            for (const auto& value : m_sequence) {
                cout << value << ", ";
            }
            cout << endl;
        }
    private:
        vector<double> m_sequence;
};
```

초기자 리스트 생성자 안에서 각 원소에 접근하는 부분을 범위 지정 for 문으로 구현할 수 있다. 초기자 리스트의 원소 개수는 size() 메서드로 알아낼 수 있다.

EvenSequence 클래스에 정의한 초기자 리스트 생성자는 범위 지정 for 문을 이용해서 initializer_list<T>의 원소를 복사한다. 이렇게 하지 않고 vector의 assign() 메서드를 사용해도 된다. vector에서 제공하는 여러 가지 메서드에 대해서는 18장에서 자세히 설명한다. vector가 얼마나 강력한지 살짝 맛만 보기 위해 다음과 같이 assign()으로 초기자 리스트 생성자를 작성하는 예를 살펴보자.

```
EvenSequence(initializer_list<double> args)
{
    if (args.size() % 2 != 0) {
        throw invalid_argument { "initializer_list should "
```

```
            "contain even number of elements." };
    }
    m_sequence.assign(args);
}
```

EvenSequence 객체는 다음과 같이 생성한다.

```
EvenSequence p1 { 1.0, 2.0, 3.0, 4.0, 5.0, 6.0 };
p1.dump();

try {
    EvenSequence p2 { 1.0, 2.0, 3.0 };
} catch (const invalid_argument& e) {
    cout << e.what() << endl;
}
```

초기자 리스트에 있는 원소 개수가 홀수이기 때문에 p2 생성자에서 익셉션이 발생한다.

표준 라이브러리에 나온 클래스는 모두 초기자 리스트 생성자를 지원한다. 예를 들어 std::vector 컨테이너를 다음과 같이 초기자 리스트로 초기화할 수 있다.

```
std::vector<std::string> myVec {"String 1", "String 2", "String 3"};
```

초기자 리스트 생성자 없이 vector를 초기화하는 한 가지 방법은 다음과 같이 push_back( )을 여러 번 호출하는 것이다.

```
vector<string> myVec;
myVec.push_back("String 1");
myVec.push_back("String 2");
myVec.push_back("String 3");
```

1장에서 설명했듯이 초기자 리스트는 생성자뿐만 아니라 일반 함수에서도 사용할 수 있다.

8 위임 생성자

위임 생성자delegating constructor를 사용하면 같은 클래스의 생성자끼리 서로 호출할 수 있다. 단, 생성자 본문 안에서 다른 생성자를 직접 호출할 수는 없다. 반드시 생성자 초기자에서 호출해야 하며, 리스트 안에 멤버 초기자만 적어야 한다. 예를 들면 다음과 같다.

```
SpreadsheetCell::SpreadsheetCell(string_view initialValue)
    : SpreadsheetCell { stringToDouble(initialValue) }
{
}
```

여기서 string_view 타입 생성자(위임 생성자)가 호출되면 요청된 작업을 대상 생성자(여기에서는 double 타입 생성자)에 위임한다. 위임 생성자의 코드는 대상 생성자가 리턴하고 나서 실행된다.

위임 생성자를 사용할 때 다음과 같이 생성자가 재귀적으로 호출되지 않게 주의한다.

```
class MyClass
{
    MyClass(char c) : MyClass { 1.2 } { }
    MyClass(double d) : MyClass { 'm' } { }
};
```

첫 번째 생성자는 두 번째 생성자에 위임하고, 두 번째 생성자는 다시 첫 번째 생성자에 위임한다. C++ 표준에서는 이런 동작에 대해 명확히 정해둔 것이 없기 때문에 컴파일러마다 구체적인 처리 방식이 다르다.

9 명시적 생성자로 변환하기

지금까지 SpreadsheetCell에 정의된 생성자는 다음과 같다.

```
export class SpreadsheetCell
{
    public:
        SpreadsheetCell() = default;
        SpreadsheetCell(double initialValue);
        SpreadsheetCell(std::string_view initialValue);
        SpreadsheetCell(const SpreadsheetCell& src);
    // 나머지 코드 생략
};
```

double과 string_view만 받는 단일 매개변수 생성자는 double이나 string_view로 주어진 값을 SpreadsheetCell로 변환하는 데 사용된다. 이런 생성자를 **변환 생성자**converting constructor 라 부른다. 컴파일러는 암묵적 변환을 수행하는 데 이런 생성자를 활용한다. 예를 들면 다음과 같다.

```
SpreadsheetCell myCell { 4 };
myCell = 5;
myCell = "6"sv; // string_view 리터럴(2장 참조)
```

이처럼 암묵적으로 변환되지 않아야 할 때도 있다. 그럴 때는 생성자 앞에 explicit 키워드를 붙이면 된다. 이 키워드는 클래스 정의 앞에만 적을 수 있다. 예를 들면 다음과 같다.

```
export class SpreadsheetCell
{
    public:
        SpreadsheetCell() = default;
        SpreadsheetCell(double initialValue);
        explicit SpreadsheetCell(std::string_view initialValue);
        SpreadsheetCell(const SpreadsheetCell& src);
    // 나머지 코드 생략
};
```

이렇게 하면 다음과 같은 문장에서 컴파일 에러가 발생한다.

```
myCell = "6"sv; // string_view 리터럴(2장 참조)
```

NOTE_ 암묵적 변환이 꼭 필요한 경우가 아니라면 단일 매개변수를 받는 생성자는 모두 explicit으로 지정하는 것이 좋다.

C++11 이전에는 SpreadsheetCell 예제에서 본 것처럼 변환 생성자가 단일 매개변수만 받을 수 있었다. C++11부터는 변환 생성자도 매개변수를 여러 개 받아서 리스트 초기화를 할 수 있게 되었다. 예를 들어 보자. 다음과 같이 MyClass란 클래스를 정의했다고 하자.

```
class MyClass
{
    public:
        MyClass(int) { }
        MyClass(int, int) { }
```

이 클래스는 생성자가 두 개 있다. C++11부터는 둘 다 변환 생성자다. 다음 코드와 같이 인수로 1, {1}, {1,2}가 주어졌을 때 컴파일러는 변환 생성자를 이용해서 이를 MyClass 인스턴스로 변환해준다.

```
void process(const MyClass& c) { }

int main()
{
    process(1);
    process({ 1 });
    process({ 1, 2 });
}
```

컴파일러가 암묵적으로 변환하지 않게 하려면 두 변환 생성자 앞에 explicit을 붙인다.

```
class MyClass
{
    public:
        explicit MyClass(int) { }
        explicit MyClass(int, int) { }
};
```

이렇게 하면 변환이 필요할 때 명시적으로 처리해야 한다. 예를 들면 다음과 같다.

```
process(MyClass{ 1 });
process(MyClass{ 1, 2 });
```

C++20 C++20부터 explicit으로 부울 타입 인수를 전달해서 켜고 끌 수 있게 되었다. 문법은 다음과 같다.

```
explicit(true) MyClass(int);
```

물론 explicit(true)는 그냥 explicit만 적은 것과 같다. 하지만 타입 트레이트type traits를 사용하는 제네릭 템플릿 코드에서는 이 기능이 훨씬 유용하다. 타입 트레이트를 사용하면 주어진 타입에 대한 속성을 알아낼 수 있다. 예를 들어 원하는 타입으로 변환할 수 있는지 물어볼 수 있다. 따라서 이런 질의 결과를 explicit의 인수로 지정할 수 있다. 타입 트레이트를 사용하면 고급 제네릭 코드를 작성할 수 있는데, 자세한 내용은 26장에서 소개한다.

10 컴파일러가 생성하는 생성자에 대한 정리

컴파일러는 모든 클래스에 대해 디폴트 생성자와 복제 생성자를 자동으로 만들어준다. 그런데 프로그래머가 생성자를 어떻게 정의했느냐에 따라 컴파일러에 의해 자동 생성된 생성자의 형태가 달라질 수 있다. 이때 적용되는 규칙은 다음과 같다.

직접 정의한 생성자	컴파일러가 만들어주는 생성자	객체 생성 방법

없음	디폴트 생성자
	복제 생성자
		인수가 없는 경우:
		`SpreadsheetCell a;`
		다른 객체를 복제하는 경우:
		`SpreadsheetCell b { a };`

디폴트 생성자만 정의한 경우	복제 생성자	인수가 없는 경우:
		`SpreadsheetCell a;`
		다른 객체를 복제하는 경우:
		`SpreadsheetCell b { a };`

복제 생성자만 정의한 경우	없음	이론적으로는 다른 객체를 복제할 수 있지만, 실제로는 어떠한 객체도 생성할 수 없다. 복제 방식을 사용하지 않는 생성자가 없기 때문이다.

인수를 하나 또는 여러 개 받는 비복제 생성자만 정의한 경우	복제 생성자	인수가 있는 경우:
		`SpreadsheetCell a { 6 };`
		다른 객체를 복제하는 경우:
		`SpreadsheetCell b { a };`

인수를 하나 또는 여러 개 받는 비복제 생성자 또는 디폴트 생성자 하나만 정의한 경우	복제 생성자	인수가 없는 경우:
		`SpreadsheetCell a;`
		인수가 있는 경우:
		`SpreadsheetCell b { 5 };`
		다른 객체를 복제하는 경우:
		`SpreadsheetCell c { a };`

디폴트 생성자와 복제 생성자 사이에 일정한 패턴이 없다는 것을 알 수 있다. 복제 생성자를 명시적으로 정의하지 않으면 컴파일러는 무조건 복제 생성자를 만든다. 반면 어떤 생성자라도 정의했다면 컴파일러는 디폴트 생성자를 만들지 않는다.

이 장 앞에서 설명했듯이 디폴트 생성자와 디폴트 복제 생성자는 명시적으로 디폴트로 만들거나 삭제했는가에 따라 자동 생성 여부가 결정된다.

> **NOTE_** 또 다른 종류의 생성자로 이동 의미론을 구현하는 데 필요한 **이동 생성자**(move constructor)가 있다. **이동 의미론**(move semantics)은 특정한 상황에서 성능을 높이기 위한 목적으로 사용하는데, 자세한 사항은 9장에서 설명한다.

8.3.2 객체 제거

객체가 제거되는 과정은 두 단계로 구성된다. 먼저 객체의 **소멸자**[destructor]를 호출한 다음 할당받은 메모리를 반환한다. 소멸자는 객체를 정리하는 작업을 구체적으로 지정할 수 있다. 예를 들어 동적 메모리를 해제하거나 파일 핸들을 닫는 작업을 여기서 처리할 수 있다. 프로그래머가 소멸자를 직접 정의하지 않으면 컴파일러가 만들어주는데, 이를 이용해 멤버마다 소멸자를 재귀적으로 호출하면서 객체를 제거할 수 있다. 클래스 소멸자는 클래스 이름과 같은 이름에 틸드(~)를 붙인 메서드로서 리턴값은 없다. 예를 들어 표준 출력으로 문장 하나를 출력하도록 정의된 소멸자는 다음과 같다.

```
export class SpreadsheetCell
{
    public:
        ~SpreadsheetCell(); // 소멸자
        // 나머지 코드 생략
};

SpreadsheetCell::~SpreadsheetCell()
{
    cout << "Destructor called." << endl;
}
```

스택 객체는 현재 실행하던 함수, 메서드 또는 코드 **블록**이 끝날 때와 같이 **스코프**(**유효 범위**)를 벗어날 때 자동으로 제거된다. 다시 말해 코드가 닫는 중괄호를 만날 때마다 중괄호로 묶인 코드에 대한 스택 객체를 모두 제거한다. 예를 들면 다음과 같다.

```
int main()
{
    SpreadsheetCell myCell { 5 };
    if (myCell.getValue() == 5) {
        SpreadsheetCell anotherCell { 6 };
    } // 이 블록이 끝날 때 anotherCell이 제거된다.

    cout << "myCell: " << myCell.getValue() << endl;
} // 이 블록이 끝날 때 myCell이 제거된다.
```

스택 객체가 제거되는 순서는 선언 및 생성 순서와 반대다. 예를 들어 다음 코드는 myCell2를 먼저 생성한 뒤 anotherCell2를 생성했기 때문에 anotherCell2를 먼저 제거한 뒤 myCell2를 제거한다. 참고로 코드 안에서 언제든지 중괄호를 열면서 새 코드 블록을 만들 수 있다.

```
{
    SpreadsheetCell myCell2 { 4 };
    SpreadsheetCell anotherCell2 { 5 }; // myCell2 다음에 anotherCell2를 생성했다.
} // anotherCell2부터 제거하고 myCell2를 제거한다.
```

이러한 순서는 객체로 된 데이터 멤버에 대해서도 똑같이 적용된다. 앞에서 데이터 멤버는 클래스에 선언된 순서대로 초기화된다고 설명했다. 따라서 객체의 생성 순서와 반대로 제거된다는 규칙을 적용하면, 데이터 멤버 객체는 클래스에 선언된 순서와 반대로 제거된다.

스마트 포인터를 사용하지 않은 프리스토어 객체는 자동으로 제거되지 않는다. 객체 포인터에 대해 delete를 명시적으로 호출해서 그 객체의 소멸자를 호출하고 메모리를 해제해야 한다. 예를 들면 다음과 같다.

```
int main()
{
    SpreadsheetCell* cellPtr1 { new SpreadsheetCell { 5 } };
    SpreadsheetCell* cellPtr2 { new SpreadsheetCell { 6 } };
    cout << "cellPtr1: " << cellPtr1->getValue() << endl;
    delete cellPtr1; // cellPtr1을 제거한다.
    cellPtr1 = nullptr;
} // cellPtr2에 대해 delete를 직접 호출하지 않았기 때문에 제거되지 않는다.
```

CAUTION_ 코드를 작성할 때 앞에 나온 예제처럼 포인터(cellPtr2)를 삭제하지 않고 남겨두면 안 된다. 메모리가 new 또는 new[]를 사용하여 할당되었는지 여부에 따라 delete나 delete[]를 호출해서 동적으로 할당된 메모리를 해제해야 한다. 더 좋은 방법은 앞에서 설명한 스마트 포인터를 사용하는 것이다.

8.3.3 객체에 대입하기

C++ 코드에서 int 값을 다른 곳에 대입할 수 있듯이 객체의 값을 다른 객체에 대입할 수 있다. 예를 들어 anotherCell 객체에 myCell의 값을 대입하려면 다음과 같이 작성한다.

```
SpreadsheetCell myCell { 5 }, anotherCell;
anotherCell = myCell;
```

myCell이 anotherCell에 복제된다고 표현하기 쉬운데, C++에서 복제copy는 객체를 초기화할 때만 적용된다. 이미 값이 할당된 객체를 덮어쓸 때는 대입assign한다고 표현한다. 참고로 C++에서 복제 기능은 복제 생성자에서 제공한다. 일종의 생성자이기 때문에 객체를 생성하는 데만 사용할 수 있고, 생성된 객체에 다른 값을 대입하는 데는 사용할 수 없다.

이 때문에 C++는 클래스마다 대입을 수행하는 메서드를 따로 제공한다. 이 메서드를 **대입 연산자**assignment operator라고 부른다. 이 연산자는 클래스에 있는 = 연산자를 오버로딩한 것이기 때문에 operator=이라 부른다. 앞에서 본 예제에서 anotherCell의 대입 연산자는 myCell이란 인수를 전달해서 호출된다.

NOTE_ 이 절에서 설명한 대입 연산자는 **복제 대입 연산자**(copy assignment operator)라고도 부른다. 왼쪽과 오른쪽에 있는 객체가 대입 후에도 남아 있기 때문이다. 이렇게 표현하는 이유는 성능상의 이유로 대입 후 오른쪽 객체가 삭제되는 **이동 대입 연산자**(move assignment operator)와 구분하기 위해서다. 이동 대입 연산자는 성능이 중요한 특수한 경우에 사용되는데, 자세한 사항은 9장에서 설명한다.

대입 연산자 역시 명시적으로 정의하지 않으면 객체끼리 서로 대입할 수 있도록 컴파일러가 자동으로 만들어준다. 이렇게 자동 생성된 디폴트 대입 연산자는 디폴트 복제 동작과 거의 같다. 즉, 원본 데이터 멤버를 대상 객체로 대입하는 작업을 재귀적으로 수행한다.

1 대입 연산자 선언 방법

SpreadsheetCell 클래스의 대입 연산자는 다음과 같다.

```
export class SpreadsheetCell
{
    public:
        SpreadsheetCell& operator=(const SpreadsheetCell& rhs);
        // 나머지 코드 생략
};
```

대입 연산자는 복제 생성자처럼 원본 객체에 대한 const 레퍼런스를 받을 때가 많다. 앞에 나온 코드에서 소스 객체를 rhs로 표현했는데, 등호의 오른쪽right-hand side (우변, 우항)의 줄임말이다. 물론 이름은 마음대로 정해도 된다. 대입 연산자가 호출되는 객체는 등호의 왼쪽left-hand side (좌변, 좌항)에 있는 객체다.

그런데 대입 연산자는 복제 연산자와 달리 SpreadsheetCell 객체에 대한 레퍼런스를 리턴한다. 다음과 같이 여러 개의 대입 연산이 연달아 쓰는 경우가 있기 때문이다.

```
myCell = anotherCell = aThirdCell;
```

이 문장이 실행되면 가장 먼저 anotherCell의 오른쪽에 있는 aThirdCell을 대입하는 연산자가 호출된다. 그다음으로 myCell에 대한 대입 연산자가 호출된다. 그런데 이 연산자의 매개변수는 anotherCell이 아니다. aThirdCell을 anotherCell에 대입한 결과가 이 연산의 오른쪽 값이 된다. 여기 나온 등호 기호는 실제로 메서드 호출을 간략히 표현한 것에 불과하기 때문이다. 이 문장을 완전히 풀어쓰면 이 관계가 명확히 드러난다.

```
myCell.operator=(anotherCell.operator=(aThirdCell));
```

이렇게 표현하고 보면 anotherCell에서 호출하는 operator=은 반드시 어떤 값을 리턴해야 한다. 그래야 myCell에 대한 operator=에 그 값을 전달할 수 있다. 정상적이라면 anotherCell이 리턴되어야 한다. myCell에 대입할 원본 객체이기 때문이다. 여기서 anotherCell을 직접 리턴하면 성능이 떨어지므로 anotherCell에 대한 레퍼런스를 리턴한다.

CAUTION_ 사실 대입 연산자의 리턴 타입을 void뿐만 아니라 원하는 타입으로 정할 수 있다. 하지만 리턴 값을 받는 부분에서는 대체로 객체의 레퍼런스를 리턴하는 관례에 익숙하므로 이를 따르는 것이 좋다.

2 대입 연산자 정의 방법

대입 연산자를 구현하는 방법은 복제 생성자와 비슷하지만 몇 가지 중요한 차이점이 있다. 첫째, 복제 생성자는 초기화할 때 단 한 번만 호출된다. 이때 대상 객체는 유효한 값을 갖고 있지 않다. 또한 대입 연산자는 객체에 이미 할당된 값을 덮어쓸 수 있다. 그러므로 객체에서 메모리를 동적으로 할당하지 않는 한 이 차이점은 크게 드러나지 않는다. 자세한 사항은 9장에서 설명한다.

둘째, C++는 객체에 자기 자신을 대입할 수 있다. 예를 들어 다음과 같이 작성해도 컴파일 에러가 발생하지 않는다.

```
SpreadsheetCell cell { 4 };
cell = cell; // 자기 자신을 대입
```

대입 연산자를 구현할 때는 자신을 대입하는 경우도 반드시 고려해야 하지만 SpreadsheetCell 클래스에서는 그럴 필요 없다. 데이터 멤버가 double이란 기본 타입으로 정의된 멤버 하나뿐이기 때문이다. 하지만 클래스에 동적으로 할당한 메모리나 다른 리소스가 있다면 자기 자신을 대입하는 작업을 처리하기 쉽지 않다. 이에 대해서는 9장에서 자세히 설명한다. 이런 문제를 피하려면 대입 연산자를 시작하는 부분에서 자기 자신을 대입하는지 확인해서 그렇다면 곧바로 리턴하게 만든다.

SpreadsheetCell 클래스에 정의한 대입 연산자의 앞부분은 다음과 같다.

```
SpreadsheetCell& SpreadsheetCell::operator=(const SpreadsheetCell& rhs)
{
    if (this == &rhs) {
```

첫 번째 줄은 자기 자신을 대입하는지 확인한다. 그런데 코드가 좀 복잡하다. 자기 자신을 대입하는 동작은 왼쪽과 오른쪽이 서로 같을 때 성립한다. 두 객체가 서로 같은지 알아내는 방법 중 하나는 서로 똑같은 메모리 공간에 있는지 확인하는 것이다. 좀 더 구체적으로 표현하면 두 객체에 대한 포인터가 똑같은지 알아보면 된다. 앞에서 this라는 포인터로 현재 객체에서 호출할 수 있는 모든 메서드에 접근할 수 있다고 설명한 적이 있다. 그러므로 this를 왼쪽 객체로 지정했다. 마찬가지로 &rhs는 오른쪽 객체를 가리키는 포인터다. 두 포인터의 값이 같으면 자기 자신을 대입한다고 볼 수 있다. 그런데 리턴 타입이 SpreadsheetCell&이기 때문에 값을 정확히 리턴해야 한다. 대입 연산자는 항상 *this를 리턴한다. 자기 자신을 대입할 때도 마찬가지다.

```
        return *this;
    }
```

this는 현재 메서드가 속한 객체를 가리키는 포인터다. 따라서 *this는 해당 객체를 가리킨다. 컴파일러는 선언된 리턴값과 일치하는 객체에 대한 레퍼런스를 리턴한다. 반면 자기 대입이 아닌 경우에는 다음과 같이 모든 멤버에 대해 대입 연산을 수행해야 한다.

```
    m_value = rhs.m_value;
    return *this;
}
```

이 메서드는 값을 복사하고 나서 *this를 리턴한다.

> **NOTE_** SpreadsheetCell의 대입 연산자는 단순히 예를 보여주기 위해 구현한 것이다. 사실 이 연산자는 생략해도 된다. 여기에서는 모든 데이터 멤버에 대해 대입 작업만 하기 때문에 컴파일러가 생성해주는 것만으로도 충분하다. 하지만 경우에 따라 디폴트 대입 연산자만으로 충분하지 않을 수 있다. 이에 대해서는 9장에서 자세히 설명한다.

3 명시적으로 디폴트로 만들거나 삭제한 대입 연산자

컴파일러가 자동으로 생성한 대입 연산자를 다음과 같이 명시적으로 디폴트로 만들거나 삭제할 수 있다.

```
SpreadsheetCell& operator=(const SpreadsheetCell& rhs) = default;
// 또는
SpreadsheetCell& operator=(const SpreadsheetCell& rhs) = delete;
```

8.3.4 컴파일러가 만들어주는 복제 생성자와 복제 대입 연산자

C++11부터는 클래스에 사용자가 선언한 복제 대입 연산자나 소멸자가 있으면 복제 생성자를 생성해주는 기능을 지원하지 않는다. 이 기능을 계속 사용하고 싶다면 다음과 같이 명시적으로 디폴트로 지정한다.

```
MyClass(const MyClass& src) = default;
```

C++11부터는 클래스에 사용자가 선언한 복제 생성자나 소멸자가 있으면 복제 대입 연산자를 생성해주는 기능 역시 지원하지 않는다. 이 기능을 계속 사용하고 싶다면 다음과 같이 명시적으로 디폴트로 지정한다.

```
MyClass& operator=(const MyClass& rhs) = default;
```

8.3.5 복제와 대입 구분하기

때로는 대입 연산자로 대입하지 않고 복제 생성자로 초기화해야 하는 경우를 판단하기 힘든 경우가 있다. 기본적으로 선언에 가까우면 복제 생성자를 사용하고, 대입에 가까우면 대입 연산자로 처리한다. 예를 들어 다음 코드를 보자.

```
SpreadsheetCell myCell { 5 };
SpreadsheetCell anotherCell { myCell };
```

anotherCell은 복제 생성자를 이용하여 만든다.

```
SpreadsheetCell aThirdCell = myCell;
```

aThirdCell도 선언에 해당하므로 복제 생성자로 만든다. 이때는 operator=이 호출되지 않는다. SpreadsheetCell aThirdCell { myCell };의 다른 표현에 불과하다. 하지만 다음과 같이 작성하면 anotherCell이 이미 생성되었기 때문에 컴파일러는 operator=을 호출한다.

```
anotherCell = myCell; // anotherCell의 operator=을 호출한다.
```

1 리턴값이 객체인 경우

함수나 메서드에서 객체를 리턴할 때 복제와 대입 중 어느 방식이 적용되는지 판단하기 힘들 때가 있다. 예를 들어 다음과 같이 구현된 SpreadsheetCell::getString() 코드를 살펴보자.

```
string SpreadsheetCell::getString() const
{
    return doubleToString(m_value);
}
```

그리고 이 메서드를 다음과 같이 호출하는 경우를 보자.

```
SpreadsheetCell myCell2 { 5 };
string s1;
s1 = myCell2.getString();
```

getString()이 스트링을 리턴할 때 컴파일러는 string의 복제 생성자를 호출해서 이름 없는 임시 string 객체를 생성한다. 이 객체를 s1에 대입하면 s1의 대입 연산자가 호출되는데 방금 만든 임시 string 객체를 이 연산자의 매개변수로 전달한다. 그런 다음 임시로 생성한 string 객체를 삭제한다. 따라서 이 한 줄의 코드 안에서 (서로 다른 두 객체에 대해) 복제 생성자와 대입 연산자가 모두 호출된다. 하지만 컴파일러마다 얼마든지 다르게 처리할 수 있으며, 값을 리턴할 때 복제 생성자의 오버헤드가 크다면 복제 생략copy elision을 적용해서 최적화하기도 한다(1장 참조).

좀 더 복잡한 예를 살펴보자.

```
SpreadsheetCell myCell3 { 5 };
string s2 = myCell3.getString();
```

여기서도 getString()은 리턴할 때 이름 없는 임시 string 객체를 생성한다. 하지만 이번에는 s2에서 대입 연산자가 아닌 복제 생성자가 호출된다.

이동 의미론move semantics을 적용하면 getString()에서 스트링값을 리턴할 때 컴파일러는 복제 생성자 대신 **이동 생성자**move constructor를 사용한다. 이렇게 하는 편이 더 효율적인데 자세한 내용은 9장에서 설명한다.

이런 상황에서 어떤 순서로 실행되는지 또는 어느 생성자나 연산자가 호출되는지 잘 모를 때는 코드에 디버그용 메시지를 출력하는 문장을 임시로 추가해서 디버거로 한 단계씩 실행해보면 쉽게 확인할 수 있다.

2 복제 생성자와 객체 멤버

생성자에서 대입 연산자를 호출할 때와 복제 생성자를 호출할 때의 차이점도 잘 알아둘 필요가 있다. 어떤 객체에 다른 객체가 담겨 있다면 컴파일러에서 만들어준 복제 생성자는 객체에 담긴 객체의 복제 생성자를 재귀적으로 호출한다. 복제 생성자를 직접 정의했다면 앞에서 본 생성자 초기자를 이용하여 이러한 메커니즘을 직접 구현한다. 이때 생성자 초기자에서 데이터 멤버를 생략하면 생성자 본문에 작성한 코드를 실행하기 전에 컴파일러가 그 멤버에 대해 (디폴트 생성자를 호출해서) 초기화해준다. 따라서 생성자의 본문을 실행할 시점에는 데이터 멤버가 모두 초기화된 상태다.

예를 들어 다음과 같이 복제 생성자를 작성한 경우를 보자.

```
SpreadsheetCell::SpreadsheetCell(const SpreadsheetCell& src)
{
    m_value = src.m_value;
}
```

그런데 복제 생성자 본문 안에서 데이터 멤버에 값을 대입하면 복제 생성자가 아닌 대입 연산자가 적용된다. 앞서 설명했듯이 데이터 멤버가 이미 초기화된 상태이기 때문이다.

복제 생성자를 다음과 같이 작성하면 m_value는 복제 생성자를 사용해서 초기화된다.

```
SpreadsheetCell::SpreadsheetCell(const SpreadsheetCell& src)
    : m_value { src.m_value }
{
}
```

8.4 정리

이 장에서는 C++에서 제공하는 객체지향 프로그램(OOP)의 가장 핵심적인 기능인 클래스와 객체를 살펴봤다. 먼저 클래스를 정의하고 객체를 사용하는 기본 문법과 접근 제어 방법을 소개했다. 그런 다음 객체의 생성과 소멸과 대입으로 구성되는 객체의 라이프 사이클과 이러한 동작을 발생시키는 메서드를 살펴봤다. 또한 생성자 초기자, 초기자 리스트 생성자를 비롯한 생성자 관련 문법을 자세히 살펴봤고, 복제 대입 연산자의 개념도 소개했다. 그리고 컴파일러가 자동으로 만들어주는 생성자의 종류와 어떤 상황에서 컴파일러가 자동으로 생성자를 만들어주는지 설명했고, 인수를 받지 않는 디폴트 생성자의 개념도 알아봤다.

이 장에서 소개하는 내용 중 상당수는 이미 알고 있는 것일 수도 있고, 이 장을 통해 C++의 객체지향 프로그램 세계를 처음 접한 독자도 있을 것이다. 어떤 경우든 이제 객체와 클래스의 개념을 확실히 이해했을 것이다. 다음 장에서는 객체와 클래스에 관련된 보다 자세한 사항과 활용 기법을 소개한다.

8.5 연습 문제

이 장에서 소개한 내용을 직접 써보기 위해 다음 연습 문제를 풀어보자. 연습 문제에 대한 정답은 이 책의 웹사이트(www.wiley.com/go/proc++5e)에서 다운로드할 수 있다. 문제를 풀다가 막히면 정답부터 찾지 말고 먼저 앞에서 설명한 부분을 다시 읽고 직접 답을 찾아보려고 애쓰기 바란다.

연습 문제 8-1 성과 이름을 데이터 멤버로 저장하는 Person 클래스를 구현해보자. 여기에 성과 이름에 대한 매개변수 두 개를 갖는 생성자도 하나 추가한다. 게터와 세터도 적절히 정의한다. 이렇게 구현한 Person 클래스가 제대로 작동하는지 간단히 테스트하도록 스택과 프리스토어에 Person 객체를 생성하는 main() 함수를 작성해보자.

연습 문제 8-2 [연습 문제 8-1]에서 구현한 멤버 함수만으로는 다음 문장에서 컴파일 에러가 발생한다.

```
Person phoneBook[3];
```

왜 그런지 이유를 설명하고, 에러가 발생하지 않도록 Person 클래스 코드를 수정해보자.

연습 문제 8-3 앞서 구현한 Person 클래스에 복제 생성자, 대입 연산자, 소멸자를 구현해보자.

이 모든 메서드에 반드시 필요한 부분을 구현하고, 추가로 현재 실행한 내용을 설명하는 문장을 콘솔에 출력하자. 이렇게 구현한 내용을 테스트하는 코드를 main() 함수에 추가하자. 참고로 지금 추가하는 메서드는 Person 클래스에 꼭 필요한 것은 아니다. 컴파일러가 자동으로 만들어주는 것만으로도 충분하기 때문이다. 하지만 여기에서는 연습 삼아 작성해본다.

연습 문제 8-4 앞서 작성한 복제 생성자와 대입 연산자, 소멸자를 삭제하자. 현재 정의된 클래스 수준에서는 컴파일러가 자동으로 생성해주는 디폴트 버전만으로도 충분하기 때문이다. 그러고 나서 이니셜을 저장하는 데이터 멤버 하나를 새로 추가하고, 이에 대한 게터와 세터도 적절히 정의한다. 또한 성, 이름, 이니셜 등 세 가지 매개변수를 사용하는 생성자를 새로 추가한다. 매개변수 두 개로만 구성한 기존 생성자는 주어진 성과 이름으로 이니셜을 자동으로 만들어주고, 실제 생성 작업은 방금 추가한 매개변수 세 개짜리 생성자로 위임하도록 수정한다.

CHAPTER 9

클래스와 객체 완전 정복

이 장의 내용

- 프렌드로 클래스 연결하기
- 객체에 동적 메모리를 할당하는 방법
- 복제 후 맞바꾸기 구문
- 우측값과 우측값 레퍼런스
- 이동 의미론을 이용한 성능 향상
- 영의 규칙
- 데이터 멤버 종류(static, const, 레퍼런스)
- 메서드 종류(static, const, inline)
- 메서드 오버로딩 관련 세부사항
- 디폴트 인수 활용 방법
- 중첩 클래스 사용법
- 연산자 오버로딩
- 인터페이스와 구현 클래스를 구분하는 방법

앞 장에서는 클래스와 객체의 기본 개념을 살펴봤다. 이 장에서는 클래스와 객체를 최대한 활용할 수 있도록 세부사항까지 완벽히 살펴보자. C++에서 가장 강력한 기능들을 최대한 활용해서 클래스를 안전하고 효과적이며 유용하게 만드는 방법을 소개한다.

이 장에서 소개하는 많은 개념은 고급 C++ 프로그래밍 기법에 해당하며, C++ 표준 라이브러리에서도 자주 사용된다.

9.1 프렌드

C++는 클래스 안에서 다른 클래스, 다른 클래스의 멤버member 함수 또는 비 멤버non-member 함수를 **프렌드**friend로 선언하는 기능을 제공한다. 프렌드로 선언한 대상은 이 클래스의 protected나 private 데이터 멤버와 메서드에 접근할 수 있다. 예를 들어 Foo와 Bar라는 두 클래스가 있다고 해보자. 그리고 다음과 같이 friend 키워드를 이용하여 Bar 클래스를 Foo의 프렌드로 지정한다.

```
class Foo
{
    friend class Bar;
    // ...
};
```

그러면 Bar에 있는 모든 메서드는 Foo의 private이나 protected 데이터 멤버 및 메서드에 접근할 수 있다.

Bar에 있는 메서드 중에서 특정한 메서드만 프렌드로 만들 수도 있다. 예를 들어 Bar 클래스에 있는 processFoo(const Foo&) 메서드를 Foo의 프렌드로 만들려면 다음과 같이 작성한다.

```
class Foo
{
    friend void Bar::processFoo(const Foo&);
    // ...
};
```

(멤버가 아닌) 독립 함수standalone function도 클래스의 프렌드가 될 수 있다. 예를 들어 Foo 객체에 있는 데이터를 콘솔에 출력하는 함수를 만든다고 하자. 출력 기능은 Foo 클래스의 핵심 기능은 아니므로 이 함수를 클래스 밖에 두어야 하는데, 제대로 출력하려면 Foo 객체의 내부 데이터 멤버의 값에 접근해야 한다. 이럴 때는 Foo 클래스 정의에 다음과 같이 printFoo() 함수를 프렌드로 지정한다.

```
class Foo
{
    friend void printFoo(const Foo&);
    // ...
};
```

이 클래스에서 friend 선언문은 함수 프로토타입(원형) 역할을 한다. 이렇게 지정한 프로토타입은 다른 곳에서 따로 선언하지 않아도 된다(물론 그렇게 해도 문제는 발생하지 않는다).

이 함수의 정의는 다음과 같다.

```
void printFoo(const Foo& foo)
{
    // private 및 protected 데이터 멤버를 비롯한
    // foo의 데이터를 모두 콘솔에 출력한다.
}
```

이 함수를 작성하는 방법은 다른 함수와 같다. Foo의 private과 protected 데이터 멤버에 직접 접근할 수 있다는 점만 다르다. 함수 정의 코드에서는 friend 키워드를 생략해도 된다.

프렌드로 지정할 클래스, 메서드, 함수는 반드시 접근을 허용할 클래스에서 지정해야 한다. 이들을 대상 클래스가 아닌 다른 곳에서 프렌드라고 선언해서 그 클래스의 private이나 protected 멤버에 접근하게 할 수는 없다.

클래스나 메서드를 프렌드로 지정하는 기능을 남용하지 않도록 주의한다. 프렌드 기능은 클래스 내부를 다른 클래스나 함수에 드러내기 때문에 캡슐화 원칙에 위배될 수 있다. 따라서 꼭 필요한 경우에만 사용한다. 이 장에서는 몇 가지 대표적인 활용 사례를 소개한다.

9.2 객체에 동적 메모리 할당하기

프로그램을 직접 실행해보지 않고서는 얼마나 많은 메모리가 필요한지 알 수 없는 경우가 있다. 7장에서 설명했듯이 이럴 때는 프로그램 실행 과정에 필요한 만큼 메모리를 동적으로 할당하면 된다. 클래스도 마찬가지다. 클래스 코드를 작성할 시점에는 객체에 필요한 메모리의 양을 가늠하기 힘든 경우가 있다. 이럴 때는 객체에서 메모리를 동적으로 할당해야 한다. 객체에서 동적으로 할당한 메모리는 메모리 해제, 객체 복제 처리, 객체 대입 연산 처리 등과 같은 점에 주의해야 한다.

9.2.1 Spreadsheet 클래스

이 장에서는 8장에서 정의한 SpreadsheetCell 클래스를 바탕으로 Spreadsheet 클래스를 정의한다. 이 장에서는 SpreadsheetCell 클래스를 정의하던 방식과 마찬가지로 Spreadsheet 클래스를 단계별로 업그레이드하는 방식으로 소개한다. 따라서 이 과정에서 바람직하지 않은 클래스 작성 방식이 나올 수 있다. 첫 번째 작업으로 Spreadsheet를 SpreadsheetCell 타입의 2차원 배열로 만든다. Spreadsheet에서 특정 위치에 있는 셀을 설정하거나 조회하는 메서드도 정의한다. 상용 스프레드시트 애플리케이션은 셀의 위치를 표시할 때 한 축은 문자로 표시하고, 다른 축은 숫자로 표시하는 경우가 많다. 하지만 여기서 소개할 Spreadsheet는 두 축 모두 숫자로 표시한다.

Spreadsheet 클래스는 size_t 타입을 사용한다. 이 타입은 C 헤더인 <cstddef>에 정의되어 있다. 1장에서 설명했듯이 C 헤더는 임포트 가능하다고 보장할 수 없기 때문에 항상 인클루드해주는 것이 좋다. 이런 헤더는 반드시 **글로벌 모듈 프래그먼트**global module fragment에 인클루드해야 한다. 작성 방법은 Spreadsheet.cppm 파일에 다음과 같이 몇 줄만 추가하면 된다.

```
module;
#include <cstddef>
```

그러고 나서 이 모듈의 이름을 정의한다.

```
export module spreadsheet;
```

Spreadsheet 클래스는 SpreadsheetCell 클래스에 접근해야 한다. 따라서 spreadsheet_ cell 모듈을 임포트해야 한다. 또한 spreadsheet 모듈 사용자가 SpreadsheetCell 클래스를 볼 수 있도록 spreadsheet_cell 모듈을 다음과 같이 독특한 문법에 따라 임포트하고 익스포트해야 한다.

```
export import spreadsheet_cell;
```

Spreadsheet의 첫 번째 버전은 다음과 같다.

```
export class Spreadsheet
{
    public:
        Spreadsheet(size_t width, size_t height);
        void setCellAt(size_t x, size_t y, const SpreadsheetCell& cell);
        SpreadsheetCell& getCellAt(size_t x, size_t y);
    private:
        bool inRange(size_t value, size_t upper) const;
        size_t m_width { 0 };
        size_t m_height { 0 };
        SpreadsheetCell** m_cells { nullptr };
};
```

NOTE_ Spreadsheet 클래스는 일반 포인터로 m_cells 배열을 정의했다. 이렇게 작성한 이유는 이 장에서 동적 메모리와 같은 클래스 리소스를 다루는 방법을 설명하기 위해서다. 실전에서는 std::vector와 같은 표준 C++ 컨테이너를 사용하여 Spreadsheet를 훨씬 간결하게 구현하는 것이 바람직한데, 예제에서 그렇게 구현하면 일반 포인터로 동적 메모리를 다루는 방법은 살펴볼 수 없어서 부득이 이렇게 작성했다. 참고로 모던 C++에서는 절대로 일반 포인터를 사용하면 안 된다. 하지만 기존 코드에서 일반 포인터를 사용하는 경우가 종종 있기 때문에 이 장을 통해 일반 포인터의 사용 방법을 확실히 알아두면 좋다.

여기서 Spreadsheet 클래스를 보면 멤버의 타입이 SpreadsheetCell 타입의 2차원 배열이 아닌 SpreadsheetCell** 타입으로 정의했다. 이렇게 한 이유는 Spreadsheet 객체마다 크기가 다를 수 있기 때문에 이 클래스의 생성자에서 클라이언트가 지정한 높이와 너비에 맞게 2차원 배열을 동적으로 할당해야 하기 때문이다. 이를 위해 다음과 같이 코드를 작성해야 한다. 이때 C++는 자바와 달리 new SpreadsheetCell[m_width][m_height]와 같이 간단히 작성할 수 없다.

```
Spreadsheet::Spreadsheet(size_t width, size_t height)
    : m_width { width }, m_height { height }
{
    m_cells = new SpreadsheetCell*[m_width];
    for (size_t i { 0 }; i < m_width; i++) {
        m_cells[i] = new SpreadsheetCell[m_height];
    }
}
```

[그림 9-1]은 너비 4, 높이 3의 크기를 가진 Spreadsheet 객체가 s1이란 이름으로 스택에 할당된 모습을 보여준다.

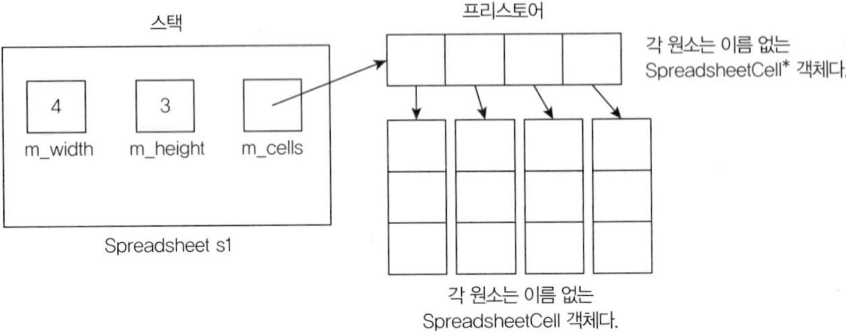

그림 9-1

셀 하나를 읽고 쓰는 메서드를 구현하는 코드는 다음과 같다.

```
void Spreadsheet::setCellAt(size_t x, size_t y, const SpreadsheetCell& cell)
{
    if (!inRange(x, m_width)) {
        throw out_of_range { format("{} must be less than {}.", x, m_width) };
    }
    if (!inRange(y, m_height)) {
        throw out_of_range { format("{} must be less than {}.", y, m_height) };
    }
    m_cells[x][y] = cell;
}

SpreadsheetCell& Spreadsheet::getCellAt(size_t x, size_t y)
{
    if (!inRange(x, m_width)) {
```

```
        throw out_of_range { format("{} must be less than {}.", x, m_width) };
    }
    if (!inRange(y, m_height)) {
        throw out_of_range { format("{} must be less than {}.", y, m_height) };
    }
    return m_cells[x][y];
}
```

두 메서드 코드를 보면 inRange()라는 헬퍼 메서드를 이용하여 x와 y가 스프레드시트에 실제 존재하는 좌표인지 확인했다. 배열의 인덱스가 지정된 범위를 벗어나면 프로그램 실행에 문제가 생길 수 있다. 여기에서는 1장에서 소개한 익셉션을 사용했다. 익셉션은 14장에서 자세히 설명한다.

setCellAt()과 getCellAt() 메서드를 보면 코드가 중복된 것을 알 수 있다. 6장에서 소개한 코드 중복을 반드시 피하라는 원칙을 따르기 위해 inRange()란 헬퍼 메서드를 사용하지 말고, 다음과 같이 verifyCoordinate() 메서드를 이 클래스에 별도로 정의한다.

```
void verifyCoordinate(size_t x, size_t y) const;
```

이 메서드는 다음과 같이 주어진 좌표를 검사해서 정상적인 범위를 벗어나면 익셉션을 던지도록 구현한다.

```
void Spreadsheet::verifyCoordinate(size_t x, size_t y) const
{
    if (x >= m_width) {
        throw out_of_range { format("{} must be less than {}.", x, m_width) };
    }
    if (y >= m_height) {
        throw out_of_range { format("{} must be less than {}.", y, m_height) };
    }
}
```

그러면 setCellAt()과 getCellAt() 메서드가 다음과 같이 간결해진다.

```
void Spreadsheet::setCellAt(size_t x, size_t y, const SpreadsheetCell& cell)
{
    verifyCoordinate(x, y);
    m_cells[x][y] = cell;
}

SpreadsheetCell& Spreadsheet::getCellAt(size_t x, size_t y)
{
    verifyCoordinate(x, y);
    return m_cells[x][y];
}
```

9.2.2 소멸자로 메모리 해제하기

동적으로 할당한 메모리를 다 썼다면 반드시 해제해야 한다. 객체 안에서 동적으로 할당한 메모리를 해제하는 작업은 그 객체의 **소멸자**destructor에서 처리하도록 작성한다. 그러면 컴파일러는 객체가 제거될 때 소멸자를 호출하게 해준다. Spreadsheet 클래스에 다음과 같이 소멸자를 선언한다.

```
export class Spreadsheet
{
    public:
        Spreadsheet(size_t width, size_t height);
        ~Spreadsheet();
        // 나머지 코드 생략
};
```

소멸자는 클래스(생성자)와 이름이 같고 틸드(~) 기호가 앞에 붙는다. 소멸자는 인수를 받지 않으며 생성자와 달리 단 하나만 존재한다. 소멸자는 익셉션을 던지면 안 된다(그 이유는 14장에서 설명함).

Spreadsheet 클래스의 소멸자는 다음과 같이 구현한다.

```
Spreadsheet::~Spreadsheet()
{
    for (size_t i { 0 }; i < m_width; i++) {
        delete [] m_cells[i];
```

```
    }
    delete [] m_cells;
    m_cells = nullptr;
}
```

이렇게 정의한 소멸자는 생성자에서 할당한 메모리를 해제한다. 소멸자에서 메모리를 해제하는 과정은 정해진 규칙이 없다. 각자 원하는 방식으로 메모리를 해제하면 된다. 단, 소멸자에서는 메모리를 해제하거나 다른 리소스를 반환하는 코드만 작성하는 것이 바람직하다.

9.2.3 복제와 대입 처리하기

8장에서 설명했듯이 복제 생성자나 대입 연산자를 직접 정의하지 않으면 컴파일러가 자동으로 만들어준다. 이렇게 컴파일러에서 생성된 메서드는 객체 타입 데이터 멤버에 대해 복제 생성자나 대입 연산자를 재귀적으로 호출한다. 하지만 int, double, 포인터와 같은 기본 타입에 대해서는 **비트 단위 복제**bitwise copy (또는 **얕은 복제**shallow copy)나 대입assignment이 적용된다. 즉, 원본 객체의 데이터 멤버를 대상 객체로 단순히 복제하거나 대입하기만 한다. 그런데 객체에 동적으로 할당한 메모리가 있으면 문제가 발생한다. 예를 들어 다음 코드를 보자. 여기 나온 printSpreadsheet( ) 함수는 스프레드시트 객체인 s1을 받으면 이를 복제하는 방식으로 매개변수 s를 초기화하도록 작성했다.

```
import spreadsheet;

void printSpreadsheet(Spreadsheet s) { /* 나머지 코드 생략 */ }

int main()
{
    Spreadsheet s1 { 4, 3 };
    printSpreadsheet(s1);
}
```

Spreadsheet에는 m_cells라는 포인터 변수가 있다. 얕은 복제를 적용하면 대상 객체는 m_cells에 담긴 데이터가 아닌 m_cells 포인터의 복제본만 받는다. 따라서 [그림 9-2]처럼 s와 s1의 m_cells는 동일한 데이터를 가리키는 포인터가 되어버린다.

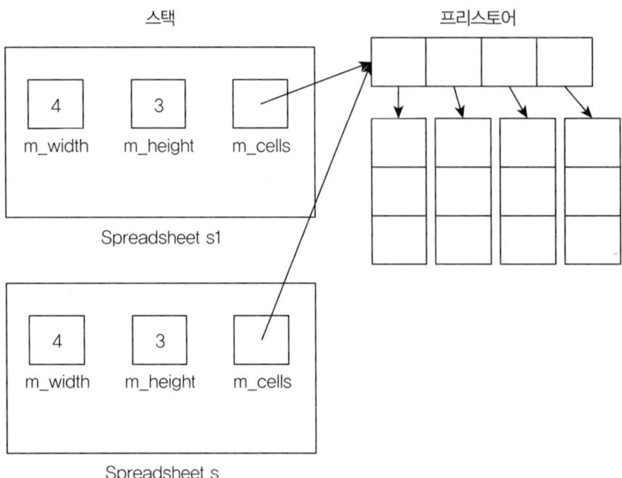

그림 9-2

이렇게 되면 m_cells가 가리키는 대상을 s에서 변경하면 그 결과를 s1에서도 볼 수 있다. 더 심각한 문제는 printSpreadsheet() 함수가 리턴할 때 s의 소멸자가 호출되면서 m_cells가 가리키던 메모리를 해제해버린다. 그러면 [그림 9-3]과 같은 결과가 나온다.

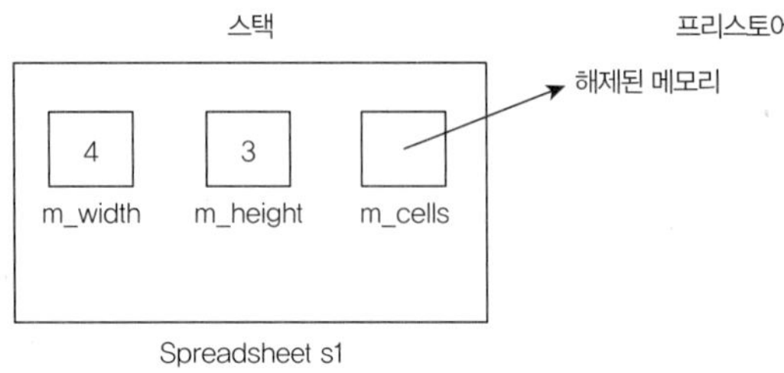

그림 9-3

이렇게 되면 s1의 m_cells 포인터는 더 이상 올바른 메모리를 가리키지 않게 된다. 이런 포인터를 **댕글링 포인터** dangling pointer라 부른다.

대입 연산을 수행할 때는 이보다 더 심각한 문제가 발생한다. 예를 들어 다음과 같이 코드를 작성했다고 하자.

```
Spreadsheet s1 { 2, 2 }, s2 { 4, 3 };
s1 = s2;
```

첫 번째 줄만 실행했을 때 두 객체가 생성된 상태는 [그림 9-4]와 같다.

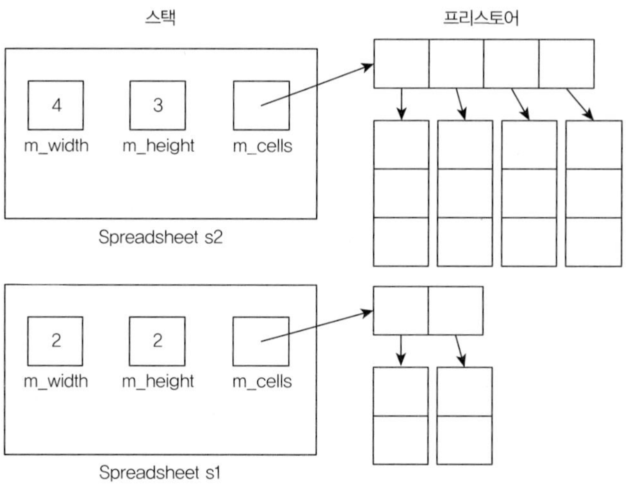

그림 9-4

이어서 두 번째 줄에 나온 대입 문장을 실행한 결과는 [그림 9-5]와 같다.

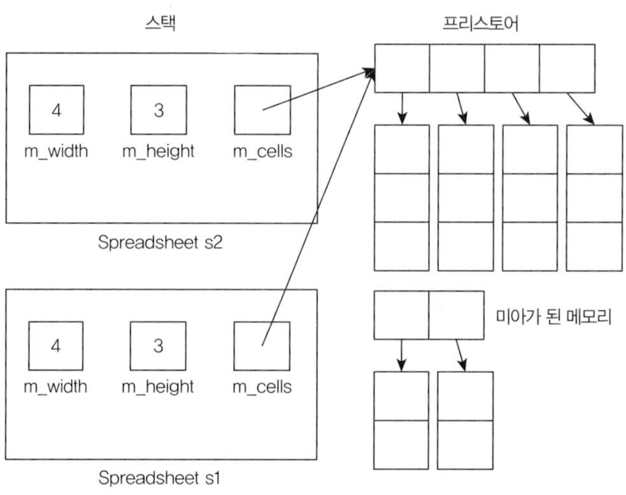

그림 9-5

이 상태를 보면 s1과 s2의 m_cells 포인터가 가리키는 메모리가 똑같을 뿐만 아니라 s1의 m_cells가 가리키던 메모리는 미아orphan가 된다. 이런 상황을 **메모리 누수**memory leak라 한다.

그러므로 복제 생성자와 대입 연산자는 반드시 **깊은 복제**deep copy를 적용해야 한다. 즉, 복사 포인터 데이터 멤버뿐만 아니라 이러한 포인터가 가리키는 실제 데이터를 복사해야 한다.

이처럼 C++ 컴파일러가 자동으로 생성하는 디폴트 복제 생성자나 대입 연산자를 그대로 사용하면 위험할 수도 있다.

CAUTION_ 클래스에 동적 할당 메모리가 있다면 이를 깊은 복제로 처리하도록 복제 생성자와 대입 연산자를 직접 정의해야 한다.

1 Spreadsheet 복제 생성자

Spreadsheet 클래스에 다음과 같이 복제 생성자를 선언한다.

```
export class Spreadsheet
{
    public:
        Spreadsheet(const Spreadsheet& src);
        // 나머지 코드 생략
};
```

이 복제 생성자를 다음과 같이 정의한다.

```
Spreadsheet::Spreadsheet(const Spreadsheet& src)
    : Spreadsheet { src.m_width, src.m_height }
{
    for (size_t i { 0 }; i < m_width; i++) {
        for (size_t j { 0 }; j < m_height; j++) {
            m_cells[i][j] = src.m_cells[i][j];
        }
    }
}
```

이 코드는 위임 생성자를 사용했다. 이 복제 생성자의 생성자 초기자를 보면 메모리를 필요한 양만큼 할당하는 작업을 비복제 버전의 생성자에 위임한다. 그러고 나서 실제 값을 복제하는 작업을 수행한다. 이런 식으로 동적으로 할당된 2차원 배열인 m_cells에 대한 깊은 복제를 구현한다.

여기에서는 기존 m_cells를 삭제하는 작업을 할 필요가 없다. 이 코드는 복제 생성자이기 때문에 기존에 생성된 m_cells가 현재(this) 객체에 남아 있지 않기 때문이다.

2 Spreadsheet 대입 연산자

이번에는 Spreadsheet 클래스에 대입 연산자를 선언한다.

```
export class Spreadsheet
{
    public:
        Spreadsheet& operator=(const Spreadsheet& rhs);
        // 나머지 코드 생략
};
```

이 연산자를 단순히 구현하면 다음과 같다.

```
Spreadsheet& Spreadsheet::operator=(const Spreadsheet& rhs)
{
    // 자신을 대입하는지 확인한다.
    if (this == &rhs) {
        return *this;
    }

    // 기존 메모리를 해제한다.
    for (size_t i { 0 }; i < m_width; i++) {
        delete[] m_cells[i];
    }
    delete[] m_cells;
    m_cells = nullptr;

    // 메모리를 새로 할당한다.
    m_width = rhs.m_width;
    m_height = rhs.m_height;

    m_cells = new SpreadsheetCell*[m_width];
    for (size_t i { 0 }; i < m_width; i++) {
        m_cells[i] = new SpreadsheetCell[m_height];
    }

    // 데이터를 복제한다.
    for (size_t i { 0 }; i < m_width; i++) {
```

```
        for (size_t j { 0 }; j < m_height; j++) {
            m_cells[i][j] = rhs.m_cells[i][j];
        }
    }

    return *this;
}
```

이 코드는 가장 먼저 자기 자신을 대입하는지 검사한 뒤 this 객체에 할당된 현재 메모리를 해제한다. 그러고 나서 메모리를 새로 할당하고, 마지막으로 개별 원소를 복제한다. 이 메서드는 하는 일이 상당히 많은 만큼 문제가 발생할 여지도 많다. 즉, this 객체가 비정상적인 상태가 될 수 있다.

예를 들어 메모리를 정상적으로 해제해서 m_width와 m_height는 제대로 설정되었지만 메모리를 할당하는 루프문에서 익셉션이 발생했다고 하자. 그러면 이 메서드의 나머지 코드를 건너뛰고 리턴해버린다. 이렇게 Spreadsheet 인스턴스가 비정상적인 상태가 된다. 즉, 여기에 있는 m_width와 m_height 데이터 멤버는 일정한 크기를 갖는다고 선언했지만 실제로는 m_cells 데이터 멤버에 필요한 만큼 메모리를 갖고 있지 않게 된다. 이 코드는 익셉션에 안전하지 않게 구현한 것이다.

문제를 바로 잡으려면 완벽히 정상적으로 처리하거나 this 객체를 건드리지 않도록 작성해야 한다. 익셉션이 발생해도 문제가 발생하지 않도록 대입 연산자를 구현하려면 **복제 후 맞바꾸기 구문**copy-and-swap idiom을 적용하는 것이 좋다. 이를 위해 Spreadsheet 클래스에 비 멤버 함수인 swap()을 추가한다. 그래야 다양한 표준 라이브러리 알고리즘에서 활용할 수 있기 때문이다. 방금 설명한 방식에 따라 Spreadsheet 클래스에 대입 연산자와 swap() 함수를 추가하면 다음과 같다.

```
export class Spreadsheet
{
    public:
        Spreadsheet& operator=(const Spreadsheet& rhs);
        void swap(Spreadsheet& other) noexcept;
        // 나머지 코드 생략
};
export void swap(Spreadsheet& first, Spreadsheet& second) noexcept;
```

복제 후 맞바꾸기 구문을 익셉션에 안전하게 구현하려면 swap( ) 함수에서 절대로 익셉션을 던지면 안 된다. 따라서 noexcept로 지정한다.

> **NOTE_** 아무런 익셉션도 던지지 않는 함수 앞에는 noexcept 키워드를 붙인다.
>
> ```
> void myNonThrowingFunction() noexcept { /* ... */ }
> ```
>
> noexcept로 지정한 함수에서 익셉션을 던지면 프로그램이 멈춘다. noexcept에 대한 자세한 사항은 14장에서 설명한다. 참고로 이 장에서는 자세히 몰라도 된다.

그리고 swap( ) 함수에서 실제로 데이터 멤버를 교체하는 작업은 표준 라이브러리의 <utility>에서 제공하는 유틸리티 함수인 std::swap( )으로 처리한다.

```
void Spreadsheet::swap(Spreadsheet& other) noexcept
{
    std::swap(m_width, other.m_width);
    std::swap(m_height, other.m_height);
    std::swap(m_cells, other.m_cells);
}
```

비 멤버 버전의 swap( ) 함수는 다음과 같이 주어진 인수를 단순히 앞에 나온 버전의 swap( )으로 전달하기만 한다.

```
void swap(Spreadsheet& first, Spreadsheet& second) noexcept
{
    first.swap(second);
}
```

이제 익셉션에 안전하게 만든 swap( ) 함수를 이용하여 다음과 같이 대입 연산자를 구현한다.

```
Spreadsheet& Spreadsheet::operator=(const Spreadsheet& rhs)
{
    Spreadsheet temp { rhs }; // 모든 작업을 임시 인스턴스에서 처리한다.
    swap(temp);               // 익셉션을 던지지 않는 연산에서만 작업을 처리한다.
    return *this;
}
```

이 코드에서는 복제 후 맞바꾸기 구문을 적용했다. 먼저 오른쪽 항의 **복제** 버전인 temp를 만든 뒤 현재 객체와 맞바꾼다. 대입 연산자를 구현할 때는 이 패턴에 따르는 것이 바람직하다. 그래야 **익셉션에 대한 안전성을 높일 수 있다**. 다시 말해 익셉션이 발생하더라도 Spreadsheet 객체는 변하지 않는다. 이렇게 구현하는 과정은 다음 세 단계로 구성된다.

- 1단계: 임시 복제본을 만든다. 이렇게 해도 현재 Spreadsheet 객체의 상태가 변경되지 않는다. 따라서 이 과정에서 익셉션이 발생해도 문제가 되지 않는다.
- 2단계: swap() 함수를 이용하여 현재 객체를 생성된 임시 복제본으로 교체한다. swap() 함수는 익셉션을 전혀 던지지 않는다.
- 3단계: swap()으로 인해 원본 객체를 담고 있는 임시 객체를 제거하여 메모리를 정리한다.

복제 후 맞바꾸기 구문을 적용하지 않고 대입 연산자를 구현한다면 효율과 정확성을 위해 대입 연산자의 첫 줄에서 자기 자신을 대입하는지 검사하는 코드를 작성한다. 예를 들면 다음과 같다.

```
Spreadsheet& Spreadsheet::operator=(const Spreadsheet& rhs)
{
    // 자기 자신을 대입하는지 검사한다.
    if (this == &rhs) { return *this; }
    // ...
    return *this;
}
```

복제 후 맞바꾸기 구문을 적용하면 자기 자신을 대입하는지 검사하는 코드를 작성하지 않아도 된다.

CAUTION_ 대입 연산자를 구현할 때 코드 중복을 방지하고 익셉션 안전성을 높이도록 복제 후 맞바꾸기 구문을 적용한다.

NOTE_ 복제 후 맞바꾸기 구문은 대입 연산자 외에도 적용 가능하다. 연산이 여러 단계로 구성되어 있을 때 모두 정상적으로 처리하거나 중간에 문제가 생기면 아무 것도 하지 않아야 하는 연산이라면 어디든지 적용할 수 있다.

3 대입과 값 전달 방식 금지

때로는 클래스에서 메모리를 동적으로 할당할 때 아무도 그 클래스의 객체에 복제나 대입을 할 수 없게 만드는 게 가장 간편한 경우가 있다. 이렇게 하려면 operator=과 복제 생성자를 명시적으로 삭제하면 된다. 그러면 이 객체를 값으로 전달하거나, 함수나 메서드에서 이 객체를 리턴하거나, 이 객체에 뭔가를 대입할 때 컴파일 에러가 발생한다. 이런 식으로 대입과 값 전달 방식을 금지하려면 Spreadsheet 클래스를 다음과 같이 정의한다.

```
export class Spreadsheet
{
    public:
        Spreadsheet(size_t width, size_t height);
        Spreadsheet(const Spreadsheet& src) = delete;
        ~Spreadsheet();
        Spreadsheet& operator=(const Spreadsheet& rhs) = delete;
        // 나머지 코드 생략
};
```

delete로 지정한 메서드는 구현할 필요 없다. 컴파일러는 이러한 메서드를 호출하는 것을 허용하지 않기 때문에 링커는 이렇게 지정된 메서드를 전혀 참조하지 않는다. 만약 이렇게 작성한 Spreadsheet 객체를 복제하거나 어떤 값을 대입하면 다음과 같은 컴파일 에러가 발생한다.

```
'Spreadsheet &Spreadsheet::operator =(const Spreadsheet &)' : attempting to
reference a deleted function
```

9.2.4 이동 의미론으로 이동 처리하기

객체에 **이동 의미론**move semantics을 적용하려면 **이동 생성자**move constructor와 **이동 대입 연산자**move assignment operator를 정의해야 한다. 그러면 컴파일러는 원본 객체가 임시 객체로 되어 있어서 연산을 수행한 후 자동으로 제거되거나 사용자가 명시적으로 std::move()를 호출하여 삭제될 때 앞서 정의한 이동 생성자와 이동 대입 연산자를 이용한다. 즉, 메모리를 비롯한 리소스의 **소유권**을 다른 객체로 **이동**시킨다. 이 과정은 멤버 변수에 대한 **얕은 복제**와 비슷하다. 또한 할당된 메모리나 다른 리소스에 대한 소유권을 전환함으로써 댕글링 포인터나 메모리 누수를 방지한다.

이동 생성자와 이동 대입 연산자는 원본 객체에 있는 데이터 멤버를 새 객체로 이동시키기 때문에 그 후 원본 객체는 정상이긴 하나 미확정된 상태로 남게 된다. 흔히 이러한 원본 객체의 데이터 멤버를 널값으로 초기화하지만 꼭 그래야 하는 것은 아니다. 안전을 생각하면 이동되고 남은 객체를 사용하지 않는 것이 좋다. 예측하지 못한 동작이 발생할 수 있기 때문이다. 단, std::unique_ptr과 std::shared_ptr은 예외다. 표준 라이브러리는 이러한 스마트 포인터를 이동하고 나서 반드시 내부적으로 nullptr로 초기화하도록 명시하고 있다. 이동 후에 남은 스마트 포인터를 다시 사용하는 일을 막기 위해서다.

이동 의미론을 구현하는 방법을 배우기 전에 먼저 우측값rvalue과 우측값rvalue 레퍼런스부터 알 필요가 있다.

1 우측값 레퍼런스

C++에서 말하는 **좌측값**(엘밸류lvalue)이란 이름 있는 변수처럼 주소를 가질 수 있는 대상을 가리킨다. 좌측값이라고 부르는 이유는 대입문의 왼쪽에 나오기 때문이다. 반면 **우측값**(알밸류rvalue)은 리터럴, 임시 객체, 값처럼 좌측값이 아닌 나머지를 가리킨다. 일반적으로 우측값은 대입문의 오른쪽에 나온다. 예를 들면 다음과 같다.

```
int a { 4 * 2 };
```

이 문장에서 a는 좌측값이며 이름을 갖고 있으며 &a로 주소를 가져올 수 있다. 반면 4 * 2라는 표현식의 결과는 우측값이다. 우측값은 임싯값이라서 이 문장을 실행하고 나면 제거된다. 여기에서는 임싯값의 복사본을 a란 이름의 변수에 저장한다.

우측값 레퍼런스rvalue reference란 개념도 있다. 말 그대로 우측값에 대한 레퍼런스다. 특히 우측값이 임시 객체이거나 std::move()로 명시적으로 이동된 객체일 때 적용된다. 우측값 레퍼런스는 오버로딩된 여러 함수 중에서 우측값에 대해 적용할 대상을 결정하는 데 사용된다. 우측값 레퍼런스로 구현하면 크기가 큰 값(객체)을 복사하는 연산이 나오더라도 이 값이 나중에 삭제될 임시 객체라는 점을 이용하여 그 값에 우측값에 대한 포인터를 복사하는 방식으로 처리할 수 있다.

함수의 매개변수에 &&를 붙여서 우측값 레퍼런스로 만들 수 있다(예: type&& name). 일반적으로 임시 객체는 const type&로 취급하지만 함수의 오버로딩 버전 중에서 우측값 레퍼런스를 사용하는 것이 있다면 그 버전으로 임시 객체를 처리한다. 예를 들면 다음 코드와 같다. 여기에서는 먼저 handleMessage() 함수를 두 버전으로 정의한다. 하나는 좌측값 레퍼런스를 받고, 다른 하나는 우측값 레퍼런스를 받는다.

```
void handleMessage(string& message)  // 좌측값 레퍼런스 매개변수
{
    cout << format("handleMessage with lvalue reference: {}", message) << endl;
}

void handleMessage(string&& message) // 우측값 레퍼런스 매개변수
{
    cout << format("handleMessage with rvalue reference: {}", message) << endl;
}
```

다음과 같이 이름 있는 변수를 인수로 전달해서 handleMessage()를 호출할 수 있다.

```
string a { "Hello " };
handleMessage(a);      // handleMessage(string& value)를 호출
```

전달한 인수가 a라는 이름을 가진 변수이므로 handleMessage() 함수 중에서 좌측값 레퍼런스를 받는 버전이 호출된다. 이 함수 안에서 매개변수로 받은 레퍼런스로 변경한 사항은 a 값에도 똑같이 반영된다.

이번에는 handleMessage() 함수를 다음과 같이 표현식을 인수로 전달해서 호출해보자.

```
string b { "World" };
handleMessage(a + b); // handleMessage(string&& value)를 호출
```

이때는 좌측값 레퍼런스를 인수로 받는 버전의 handleMessage()를 적용할 수 없다. a + b란 표현식의 결과로 생성되는 임시 객체는 좌측값이 아니기 때문이다. 따라서 우측값 레퍼런스 버전의 handleMessage()가 호출된다. 전달된 인수는 임시 객체이므로 함수 안에서 매개변수의 레퍼런스로 변경한 사항들은 함수가 리턴된 후에는 사라진다.

handleMessage() 함수의 인수로 리터럴을 전달할 수도 있다. 리터럴도 좌측값이 아니기 때문에 이때도 우측값 레퍼런스 버전이 호출된다(물론 리터럴을 const 레퍼런스 매개변수에 대한 인수로 전달할 수는 있다).

```
handleMessage("Hello World"); // handleMessage(string&& value)를 호출
```

여기서 좌측값 레퍼런스를 받는 handleMessage() 함수를 삭제하고 나서 handleMessage(b)와 같이 이름 있는 변수로 호출하면 컴파일 에러가 발생한다. 좌측값(b) 인수와 우측값 레퍼런스 타입의 매개변수(string&& message)를 바인딩할 수 없기 때문이다. 이럴 때는 std::move()를 사용하여 컴파일러에 강제로 우측값 레퍼런스 버전의 handleMessage()를 호출하도록 만들 수 있다. move()는 좌측값을 우측값 레퍼런스로 캐스트해주기만 한다. 다시 말해 실제로 이동시키는 작업은 전혀 하지 않는다. 하지만 우측값 레퍼런스로 리턴하게 되면 컴파일러는 handleMessage()에 대한 여러 가지 오버로드 버전 중에서도 이동 작업을 처리할 수 있는, 우측값 레퍼런스를 인수로 받는 것을 찾는다. move()를 사용하는 예는 다음과 같다.

```
handleMessage(std::move(b)); // handleMessage(string&& value)를 호출
```

다시 한 번 강조하면, **이름 있는 변수는 좌측값**이다. 따라서 handleMessage() 함수 안에 있는 우측값 레퍼런스 타입인 message 매개변수도 이름이 있으므로 좌측값이다. 이처럼 타입이 우측값 레퍼런스인 매개변수(즉, 좌측값인 message)를 다른 함수에 우측값으로 전달하려면 std::move()를 이용하여 좌측값을 우측값 레퍼런스로 캐스팅해야 한다. 예를 들어 다음과 같이 우측값 레퍼런스 매개변수를 받는 함수를 추가한 경우를 생각해보자.

```
void helper(std::string&& message) { }
```

이 함수를 다음과 같이 호출하면 컴파일 에러가 발생한다.

```
void handleMessage(std::string&& message) { helper(message); }
```

helper() 함수는 우측값 레퍼런스를 받는데 handleMessage()가 전달하는 message는 좌측값(이름 있는 변수)이기 때문에 컴파일 에러가 발생한다. 이를 해결하려면 다음과 같이 std::move()로 좌측값을 우측값으로 캐스팅해서 전달해야 한다.

```
void handleMessage(std::string&& message) { helper(std::move(message)); }
```

> **CAUTION_** 우측값 레퍼런스 매개변수와 같이 이름 있는 우측값 레퍼런스는 타입이 우측값 레퍼런스일 뿐 이름이 있으므로 매개변수 자체는 좌측값인 점에 주의한다.

우측값 레퍼런스는 함수의 매개변수 외에도 다양한 곳에서 사용한다. 예를 들어 변수를 우측값 레퍼런스 타입으로 선언한 뒤 값을 할당할 수도 있다. 물론 이런 경우는 흔치 않다. C++에서는 다음과 같이 작성할 수 없다.

```
int& i { 2 };           // 에러: 상수에 대한 레퍼런스
int a { 2 }, b { 3 };
int& j { a + b };       // 에러: 임시 객체에 대한 레퍼런스
```

이때는 다음과 같이 우측값 레퍼런스를 사용한다.

```
int&& i { 2 };
int a { 2 }, b { 3 };
int&& j { a + b };
```

하지만 이렇게 우측값 레퍼런스를 단독으로 사용하는 사례는 거의 없다.

> **NOTE_** 우측값 레퍼런스에 임싯값을 대입하면 우측값 레퍼런스가 스코프에 있는 동안 계속 존재할 수 있다. 즉, 수명이 연장되는 효과가 발생한다.

2 이동 의미론 구현 방법

이동 의미론은 우측값 레퍼런스로 구현한다. 클래스에 이동 의미론을 추가하려면 **이동 생성자**와 **이동 대입 연산자**를 구현해야 한다. 이때 이동 생성자와 이동 대입 연산자를 noexcept로 지정해서 두 메서드에서 익셉션을 절대로 던지지 않는다고 컴파일러에 알려줘야 한다. 특히 표준 라이브러리와 호환성을 유지하려면 반드시 이렇게 해야 한다. 예를 들어 표준 라이브러리 컨테이너의 완벽한 호환성 구현은 이동 의미론을 구현하고 익셉션도 던지지 않는다고 보장해야 저장된 객체를 이동시키기 때문이다. 다음과 같이 Spreadsheet 클래스에 이동 생성자와 이동 대입 연산자를 추가한 코드를 살펴보자. 여기에 헬퍼 메서드 두 개도 추가했다. 먼저 cleanup()은 소멸자와 이동 대입 연산자에서 사용하고, moveFrom()은 원본 객체의 멤버 변수를 대상 객체로 이동시킨 뒤 원본 객체를 리셋한다.

```
export class Spreadsheet
{
    public:
        Spreadsheet(Spreadsheet&& src) noexcept; // 이동 생성자
        Spreadsheet& operator=(Spreadsheet&& rhs) noexcept; // 이동 대입 연산자
        // 나머지 코드 생략
    private:
        void cleanup() noexcept;
        void moveFrom(Spreadsheet& src) noexcept;
        // 나머지 코드 생략
};
```

구현 코드는 다음과 같다.

```
void Spreadsheet::cleanup() noexcept
{
    for (size_t i { 0 }; i < m_width; i++) {
        delete[] m_cells[i];
    }
    delete[] m_cells;
    m_cells = nullptr;
    m_width = m_height = 0;
}

void Spreadsheet::moveFrom(Spreadsheet& src) noexcept
{
    // 데이터에 대한 얕은 복제
    m_width = src.m_width;
    m_height = src.m_height;
    m_cells = src.m_cells;

    // 소유권이 이전되었기 때문에 소스 객체를 리셋한다.
    src.m_width = 0;
    src.m_height = 0;
    src.m_cells = nullptr;
}

// 이동 생성자
Spreadsheet::Spreadsheet(Spreadsheet&& src) noexcept
{
    moveFrom(src);
}
```

```
// 이동 대입 연산자
Spreadsheet& Spreadsheet::operator=(Spreadsheet&& rhs) noexcept
{
    // 자기 자신을 대입하는지 확인한다.
    if (this == &rhs) {
        return *this;
    }

    // 예전 메모리를 해제한다.
    cleanup();
    moveFrom(rhs);
    return *this;
}
```

이동 생성자와 이동 대입 연산자는 모두 m_cells에 대한 메모리 소유권을 원본 객체에서 새로운 객체로 이동시킨다. 그리고 원본 객체의 소멸자가 이 메모리를 해제하지 않도록 원본 객체의 m_cells 포인터를 널 포인터로 리셋한다. 이 시점에는 그 메모리에 대한 소유권이 새 객체로 이동한 상태이기 때문이다.

당연한 말이지만 이동 의미론은 원본 객체가 더 이상 필요 없어서 삭제할 때만 유용하다.

참고로 방금 구현한 코드를 보면 이동 대입 연산자 안에서 자기 자신을 대입하는지 검사한다. 이러한 검사는 현재 클래스의 종류나 그 클래스의 인스턴스를 다른 인스턴스로 이동시키는 방법에 따라서 필요 없을 수도 있다. 하지만 필자는 다음과 같이 작성된 코드로 인해 프로그램이 실행 중에 갑자기 뻗어버리지 않도록 자기 자신을 대입하는지 검사하는 코드를 항상 작성하는 편이다.

```
sheet1 = std::move(sheet1);
```

이동 생성자와 이동 대입 연산자도 8장에서 소개한 일반 생성자나 복제 대입 연산자와 마찬가지로 명시적으로 삭제하거나 디폴트로 만들 수 있다.

사용자가 클래스에 복제 생성자, 복제 대입 연산자, 이동 대입 연산자, 소멸자를 직접 선언하지 않았다면 컴파일러가 디폴트 이동 생성자를 만들어준다. 또한 사용자가 클래스에 복제 생성자, 이동 생성자, 복제 대입 연산자, 소멸자를 직접 선언하지 않았다면 컴파일러는 디폴트 이동 대입 연산자를 만들어준다.

NOTE_ 클래스에 소멸자, 복제 생성자, 이동 생성자, 복제 대입 연산자, 이동 대입 연산자 등과 같은 특수 멤버 함수를 하나 이상 선언했다면 일반적으로 이들 모두를 선언해야 한다. 이를 **5의 법칙**(Rule of Five)이라 부른다. 또한 이들 모두를 구현하거나 =default나 =delete로 명시적으로 디폴트로 만들거나 삭제해야 한다.

std::exchange()

<utility>에 정의된 std::exchange()는 기존 값을 새 값으로 교체한 후 기존 값을 리턴한다. 예를 들면 다음과 같다.

```
int a { 11 };
int b { 22 };
cout << format("Before exchange(): a = {}, b = {}", a, b) << endl;
int returnedValue { exchange(a, b) };
cout << format("After exchange():  a = {}, b = {}", a, b) << endl;
cout << format("exchange() returned: {}", returnedValue) << endl;
```

이 코드를 실행한 결과는 다음과 같다.

```
Before exchange(): a = 11, b = 22
After exchange():  a = 22, b = 22
exchange() returned: 11
```

exchange()는 이동 대입 연산자를 구현할 때 유용하다. 이동 대입 연산자는 원본 객체에서 대상 객체로 데이터를 이동해야 한다. 이동 후에는 대부분 원본 객체에 있던 데이터를 널[null]로 만든다. 앞에서는 다음과 같이 처리했었다.

```
void Spreadsheet::moveFrom(Spreadsheet& src) noexcept
{
    // 데이터에 대한 얕은 복제
    m_width = src.m_width;
    m_height = src.m_height;
    m_cells = src.m_cells;

    // 소유권이 이전되었기 때문에 소스 객체를 리셋한다.
    src.m_width = 0;
    src.m_height = 0;
```

```
    src.m_cells = nullptr;
}
```

이 메서드는 원본 객체의 데이터 멤버인 m_width, m_height, m_cells를 복제한 뒤 소유권이 이전되었기 때문에 0이나 nullptr로 설정했다. 이때 exchange( )를 이용하면 다음과 같이 훨씬 간결하게 구현할 수 있다.

```
void Spreadsheet::moveFrom(Spreadsheet& src) noexcept
{
    m_width = exchange(src.m_width, 0);
    m_height = exchange(src.m_height, 0);
    m_cells = exchange(src.m_cells, nullptr);
}
```

객체 데이터 멤버 이동하기

moveFrom( ) 메서드는 주어진 데이터 멤버가 모두 기본 타입으로 되어 있으므로 세 멤버를 직접 대입하는 방식으로 처리했다. 하지만 데이터 멤버가 객체일 때는 std::move( )로 이동시켜야 한다. Spreadsheet 클래스에 m_name이란 이름의 std::string 타입 데이터 멤버가 있다고 하자. 그러면 moveFrom( ) 메서드를 다음과 같이 구현한다.

```
void Spreadsheet::moveFrom(Spreadsheet& src) noexcept
{
    // 객체 데이터 멤버를 이동시킨다.
    m_name = std::move(src.m_name);

    // 기본 타입 멤버 이동시키기
    m_width = exchange(src.m_width, 0);
    m_height = exchange(src.m_height, 0);
    m_cells = exchange(src.m_cells, nullptr);
}
```

swap( ) 함수로 구현한 이동 생성자와 이동 대입 연산자

앞에서는 데이터 멤버를 모두 얕은 복제로 이동시키는 moveFrom( ) 헬퍼 메서드를 이용하여 이동 생성자와 이동 대입 연산자를 구현했다. 그렇게 하면 Spreadsheet 클래스에 데이터 멤버를 새로 추가할 때 swap( ) 함수와 moveFrom( ) 메서드를 동시에 수정해야 한다. 만약 둘 중 어느 하나라도 깜박 잊고 수정하지 않으면 버그가 발생한다. 이런 버그가 발생하지 않게 하려면 이동 생성자와 이동 대입 연산자를 swap() 함수로 구현한다.

우선 cleanup()과 moveFrom() 헬퍼 메서드를 삭제한다. cleanup() 메서드에 있던 코드는 소멸자로 옮긴다. 그러고 나서 이동 생성자와 이동 대입 연산자를 다음과 같이 작성한다.

```
Spreadsheet::Spreadsheet(Spreadsheet&& src) noexcept
{
    swap(*this, src);
}

Spreadsheet& Spreadsheet::operator=(Spreadsheet&& rhs) noexcept
{
    swap(*this, rhs);
    return *this;
}
```

이동 생성자는 디폴트 생성자가 만든 *this를 원본 객체와 맞바꾼다. 마찬가지로 이동 대입 연산자도 *this와 rhs 객체를 맞바꾼다.

NOTE_ 이동 생성자와 이동 대입 연산자를 swap() 함수로 구현하면 코드가 줄어든다. 또한 데이터 멤버를 새로 추가할 때 swap()만 수정하면 되기 때문에 버그 발생 가능성이 줄어든다.

3 Spreadsheet의 이동 연산자 테스트하기

앞에서 작성한 Spreadsheet의 이동 생성자와 이동 대입 연산자를 다음과 같이 테스트해보자.

```
Spreadsheet createObject()
{
    return Spreadsheet { 3, 2 };
}

int main()
{
    vector<Spreadsheet> vec;
    for (size_t i { 0 }; i < 2; ++i) {
        cout << "Iteration " << i << endl;
        vec.push_back(Spreadsheet { 100, 100 });
```

```
        cout << endl;
    }

    Spreadsheet s { 2, 3 };
    s = createObject();

    Spreadsheet s2 { 5, 6 };
    s2 = s;
}
```

vector는 1장에서 소개했다. vector는 객체를 추가할 때마다 동적으로 커진다. 이렇게 할 수 있는 이유는 실행 중에 필요한 만큼 메모리를 추가로 할당해서 여기에 기존 vector에 있던 객체를 복제하거나 이동하기 때문이다. 이때 이동 생성자가 정의되어 있으면 컴파일러는 해당 객체를 복제하지 않고 이동시킨다. 이처럼 이동 방식으로 옮기기 때문에 깊은 복제를 수행할 필요가 없어서 훨씬 효율적이다.

Spreadsheet의 모든 생성자와 대입 연산자에 출력 문장을 추가하면 다음과 같은 결과를 볼 수 있다. 이 결과와 그 뒤에 나오는 예제는 모두 마이크로소프트 비주얼 C++ 2019로 실행했다. C++ 표준은 vector의 초기 용량capacity이나 확장 방식growth strategy을 따로 지정하지 않기 때문에 사용하는 컴파일러의 종류마다 출력 결과가 달라질 수 있다.

```
Iteration 0
Normal constructor              (1)
Move constructor                (2)

Iteration 1
Normal constructor              (3)
Move constructor                (4)
Move constructor                (5)

Normal constructor              (6)
Normal constructor              (7)
Move assignment operator        (8)
Normal constructor              (9)
Copy assignment operator       (10)
Normal constructor             (11)
Copy constructor               (12)
```

반복문을 처음 실행할 때는 아직 vector가 비어 있는 상태다. 반복문에 나온 다음 코드를 살펴보자.

```
vec.push_back(Spreadsheet { 100, 100 });
```

이 문장에서 일반 생성자(1)를 호출하여 Spreadsheet 객체를 새로 생성한다. 그리고 새로 들어온 객체를 담을 수 있도록 이 vector의 공간을 적절히 조정한다. 그런 다음 이동 생성자(2)를 호출해서 방금 생성한 Spreadsheet 객체를 vector로 이동시킨다.

반복문을 두 번째 실행할 때도 일반 생성자(3)를 호출하여 Spreadsheet 객체(두 번째 객체)를 생성한다. 이 시점에서 vector의 공간은 원소 하나만 저장할 수 있으므로 두 번째 객체를 담을 수 있도록 공간을 다시 조정한다. vector의 크기가 변했기 때문에 이전에 추가했던 원소를 새로 크기를 조정한 vector로 이동시켜야 한다. 그러므로 이전에 추가한 원소마다 이동 생성자가 호출된다. 현재는 vector에 원소가 하나뿐이어서 이동 생성자(4)도 한 번만 호출된다. 마지막으로 새로 생성한 Spreadsheet 객체를 이 객체의 이동 생성자(5)를 통해 vector로 이동시킨다.

다음 문장으로 넘어가서 일반 생성자(6)를 이용하여 Spreadsheet 객체 s를 생성한다. createObject() 함수는 일반 생성자(7)로 임시 Spreadsheet 객체를 생성해서 리턴하며, 그 결과를 변수 s에 대입한다. 이렇게 대입한 뒤에는 createObject() 함수로 생성한 임시 객체가 사라지기 때문에 컴파일러는 일반 복제 대입 연산자가 아닌 이동 대입 연산자(8)를 호출한다. 이어서 s2라는 이름으로 Spreadsheet 객체를 하나 더 만든다. 이번에도 일반 생성자(9)가 호출된다. s2 = s라는 대입문에서는 복제 대입 연산자(10)가 호출된다. 오른쪽 객체는 임시 객체가 아니라 이름 있는 객체이기 때문이다. 이 복제 대입 연산자는 임시 복제본을 생성하는데, 여기서 복제 생성자를 호출한다. 호출된 복제 생성자는 먼저 일반 생성자를 호출하고 나서 복제 작업을 수행한다(11, 12).

Spreadsheet 클래스에 이동 의미론을 구현하지 않으면 이동 생성자와 이동 대입 연산자를 호출하는 부분은 모두 복제 생성자와 복제 대입 연산자로 대체된다. 앞의 예제에서 반복문에 있는 Spreadsheet 객체에 담긴 원소는 10,000(100×100)개다. Spreadsheet의 이동 생성자와 이동 대입 연산자를 구현할 때는 메모리를 할당할 필요가 없지만 복제 생성자와 복제 대입 연산자를 구현할 때는 각각 101개를 할당한다. 이처럼 경우에 따라 이동 의미론을 적용하면 성능을 크게 향상시킬 수 있다.

4 이동 의미론으로 swap 함수 구현하기

이동 의미론으로 성능을 향상시킬 수 있는 또 다른 예로 두 객체를 스왑swap(맞바꾸기)하는 함수 템플릿을 살펴보자. 다음에 나온 swapCopy() 함수는 이동 의미론을 적용하지 않았다.

```
template <typename T>
void swapCopy(T& a, T& b)
{
    T temp { a };
    a = b;
    b = temp;
}
```

먼저 a를 temp에 복제한 뒤, b를 a에 복제하고, 마지막으로 temp를 b에 복제했다. 그런데 만약 T가 복제하기에 상당히 무거우면 성능이 크게 떨어진다. 이럴 때는 다음과 같이 이동 의미론을 적용해서 복제가 발생하지 않도록 구현한다.

```
template <typename T>
void swapMove(T& a, T& b)
{
    T temp { std::move(a) };
    a = std::move(b);
    b = std::move(temp);
}
```

표준 라이브러리의 std::swap()이 이런 식으로 구현되었다.

5 return 문에서 std::move() 사용하기

return object; 형식의 문장은 주어진 object가 로컬 변수거나, 함수에 대한 매개변수거나, 임싯값이라면 우측값 표현식으로 취급하면서 **리턴값 최적화**return value optimization(**RVO**)가 적용된다. 또한 object가 로컬 변수일 때 **이름 있는 리턴값 최적화**named return value optimization(**NRVO**)가 적용된다. RVO와 NRVO 둘 다 일종의 복제 생략copy elision으로서 함수에서 객체를 리턴하는 과정을 굉장히 효율적으로 처리한다. 복제 생략을 적용하면 컴파일러는 함수에서 리턴하는 객체를 복제하거나 이동시킬 필요가 없다. 이를 통해 **영복제 값 전달 의미론**zero-copy pass-by-value semantics을 구현할 수 있다.

그렇다면 객체를 리턴하는 데 std::move()를 사용하면 어떻게 될까? 리턴문을 return object; 와 같이 작성할 때나 return std::move(object);로 작성할 때 모두 컴파일러는 우측값 표현식으로 취급한다. 하지만 std::move()를 사용하면 컴파일러는 RVO나 NRVO를 적용하지 않는다. return object; 형식의 문장에만 적용되는 것이기 때문이다. 따라서 객체가 이동 의미론을 지원할 경우에는 컴파일러는 차선책으로 이동 의미론을 적용하고, 그렇지 않으면 복제 의미론을 적용하는데, 이렇게 되면 성능에 큰 타격을 입게 된다. 따라서 다음과 같은 규칙을 명심한다.

> **CAUTION_** 함수에서 로컬 변수나 매개변수를 리턴할 때는 std::move()를 사용하지 말고 그냥 return object;로 작성한다.

RVO나 NRVO는 로컬 변수나 함수 매개변수에만 적용된다는 사실을 명심한다. 따라서 객체의 데이터 멤버를 리턴할 때는 RVO나 NRVO가 적용되지 않는다. 또한 다음과 같은 형식의 표현식에 주의한다.

```
return condition ? object1 : object2;
```

return object; 형식의 문장은 아니므로 컴파일러는 RVO나 NRVO를 적용하지 않고 복제 생성자를 이용하여 object1이나 object2 중에서 하나를 리턴한다. RVO나 NRVO를 적용할 수 있는 컴파일러에 맞게 이 문장을 고쳐 쓰면 다음과 같다.

```
if (condition) {
    return object1;
} else {
    return object2;
}
```

조건 연산자를 꼭 써야 한다면 다음과 같이 작성할 수 있지만 이때는 RVO나 NRVO가 적용되지 않고 이동 의미론이나 복제 의미론만 적용된다는 사실을 명심한다.

```
return condition ? std::move(object1) : std::move(object2);
```

6 함수에 인수를 전달하는 최적의 방법

지금까지는 함수 매개변수가 기본 타입이 아닐 경우에는 함수로 전달하는 인수가 불필요하게 복제되지 않도록 const 레퍼런스를 사용한다고 했다. 하지만 우측값이 섞인 경우에는 좀 다르다. 예를 들어 여러 매개변수 중에서 어느 한 인수를 복제하는 함수를 생각해보자.

```
class DataHolder
{
    public:
        void setData(const std::vector<int>& data) { m_data = data; }
    private:
        std::vector<int> m_data;
};
```

setData( ) 메서드는 인수로 전달된 데이터를 복제한다. 앞에서 우측값과 우측값 레퍼런스에 대해 배운 바에 따라 우측값이 주어졌을 때는 복제하지 않는 setData( )의 오버로드 버전을 다음과 같이 추가하고 싶을 것이다.

```
class DataHolder
{
    public:
        void setData(const std::vector<int>& data) { m_data = data; }
        void setData(std::vector<int>&& data) { m_data = std::move(data); }
    private:
        std::vector<int> m_data;
};
```

setData( )에 임싯값을 주고 호출하면 복제가 발생하지 않고 데이터를 이동시킨다.

다음 코드는 const 레퍼런스 버전의 setData( )를 호출한다. 따라서 데이터가 복제된다.

```
DataHolder wrapper;
std::vector myData { 11, 22, 33 };
wrapper.setData(myData);
```

반면 다음 코드는 setData( )에 임싯값을 주고 호출하면 우측값 레퍼런스 버전이 호출된다. 이때 데이터는 복제되지 않고 이동하게 된다.

```
wrapper.setData({ 22, 33, 44 });
```

아쉽게도 이런 식으로 우측값과 좌측값 둘 다에 대해 setData()를 최적화하려면 오버로드 버전을 두 개 만들어야 한다. 다행히 메서드 하나만으로 해결하는 방법이 있다. 게다가 값 전달 방식이다. 지금까지는 불필요한 복제가 발생하지 않도록 항상 const 레퍼런스로 전달하는 것을 권장했다. 그렇다면 이 말을 좀 더 정확하게 정리해보자. 복제되지 않을 매개변수에 대해서는 여전히 const 레퍼런스로 전달해야 한다. 값 전달 방식은 함수 안에서 어차피 복제하게 될 매개변수에만 적합하다. 이럴 때는 값 전달 방식을 적용하는 것이 좌측값과 우측값 모두에 대해 가장 효율적이다. 좌측값이 전달되면 const 레퍼런스 매개변수와 마찬가지로 단 한 번만 복제된다. 또한 우측값이 전달될 경우에는 우측값 레퍼런스 매개변수처럼 복제가 전혀 발생하지 않는다. 다음 코드를 보자.

```
class DataHolder
{
    public:
        void setData(std::vector<int> data) { m_data = std::move(data); }
    private:
        std::vector<int> m_data;
};
```

setData()에 좌측값이 전달되면 data 매개변수로 복제된 후 m_data로 이동한다. setData()에 우측값이 전달되면 data 매개변수로 이동한 후 다시 m_data로 이동한다.

> **NOTE_** 내부적으로 복제하는 함수에 대해서는 매개변수를 값 전달 방식으로 처리하지만 해당 매개변수는 이동 의미론을 지원하는 경우에만 그렇게 한다. 나머지 경우는 const 레퍼런스 매개변수를 사용한다.

9.2.5 영의 규칙

앞서 5의 법칙을 설명하면서 다섯 가지 특수 멤버 함수(소멸자, 복제 생성자, 이동 생성자, 복제 대입 연산자, 이동 대입 연산자)를 구현하는 방법을 살펴봤다. 그런데 모던 C++에서는 **영의 규칙**Rule of Zero (**0의 규칙**)이란 것도 추가되었다.

영의 규칙이란 앞서 언급한 다섯 가지 특수 멤버 함수를 구현할 필요가 없도록 클래스를 디자인해야 한다는 것이다. 그렇게 하려면 먼저 예전처럼 메모리를 동적으로 할당하지 말고 표준 라이브러리 컨테이너와 같은 최신 구문을 활용해야 한다. 예를 들어 Spreadsheet 클래스에서 SpreadsheetCell** 데이터 멤버 대신 vector<vector<SpreadsheetCell>>을 사용한다. 벡터는 메모리를 자동으로 관리하기 때문에 앞서 언급한 다섯 가지 특수 멤버 함수가 필요 없다.

> **CAUTION_** 모던 C++에서는 영의 규칙을 따른다.

5의 법칙은 커스텀 RAII 클래스에만 적용해야 한다. RAII 클래스는 리소스에 대한 소유권을 받으며, 그 리소스를 해제하는 것도 적절한 시점에 처리한다. 예를 들어 이러한 설계 기법은 vector나 unique_ptr 등에 적용되며, 32장에서 자세히 설명한다.

9.3 메서드의 종류

C++에서 제공하는 메서드의 종류는 다양하다. 이 절에서는 이와 관련된 까다로운 부분을 자세히 살펴본다.

9.3.1 static 메서드

데이터 멤버에서 그랬던 것처럼 메서드도 객체 단위가 아닌 클래스 단위로 적용되는 것이 있다. 이를 static(정적, 스태틱) 메서드라 부르며 데이터 멤버를 정의하는 단계에 함께 작성한다. 예를 들어 8장에서 정의한 SpreadsheetCell 클래스에는 stringToDouble()과 doubleToString() 두 개의 헬퍼 메서드가 있다. 이들 메서드는 특정 객체에 대한 정보에 접근하지 않는다. 따라서 다음과 같이 static으로 정의할 수 있다.

```
export class SpreadsheetCell
{
    // 이전 코드 생략
    private:
        static std::string doubleToString(double value);
        static double stringToDouble(std::string_view value);
        // 나머지 코드 생략
};
```

메서드를 정의하는 구현 코드는 이전에 구현한 것과 같고, 메서드 정의 앞부분에 static 키워드를 생략해도 된다. 하지만 static 메서드는 특정 객체에 대해 호출되지 않기 때문에 this 포인터를 가질 수 없으며 어떤 객체의 비 static 멤버에 접근하는 용도로 호출할 수 없다는 점을 명심해야 한다. static 메서드는 근본적으로 일반 함수와 비슷하지만 유일한 차이점은 클래스의 private static이나 protected static 멤버에 접근할 수 있다는 것이다. 참고로 타입이 같은 객체의 private 비 static이나 protected 비 static 멤버를 static 메서드에서 접근하게 하는 방법은 있다. 예를 들어 객체를 포인터나 레퍼런스 타입의 매개변수로 전달하면 된다.

같은 클래스에 있는 메서드끼리는 static 메서드를 일반 함수처럼 호출할 수 있다. 따라서 SpreadsheetCell에 있는 메서드의 구현 코드는 고치지 않고 그대로 사용할 수 있다.

클래스 밖에서 호출할 때는 메서드 이름 앞에 스코프 지정 연산자(::)를 이용하여 클래스 이름을 붙여야 한다. 접근 제한 방식도 일반 메서드와 똑같다. 예를 들어 Foo라는 클래스에 bar()라는 public static 메서드를 정의했다면 이 클래스 밖에서는 다음과 같은 형태로 호출한다.

```
Foo::bar();
```

9.3.2 const 메서드

const 객체란 값이 바뀌지 않는 객체를 말한다. 객체나 객체의 레퍼런스 또는 포인터에 const를 붙이면 그 객체의 데이터 멤버를 절대 변경하지 않는다고 보장하는 메서드만 호출할 수 있다. 그렇지 않은 메서드를 호출하면 컴파일 에러가 발생한다. 이처럼 어떤 메서드가 데이터 멤버를 변경하지 않는다고 보장하는 표시를 하려면 해당 메서드 앞에 const 키워드를 붙인다. 예를 들어 데이터 멤버를 변경하지 않는 메서드를 SpreadsheetCell 클래스에 추가하려면 다음과 같이 메서드를 const로 선언한다.

```
export class SpreadsheetCell
{
    public:
        // 이전 코드 생략
        double getValue() const;
        std::string getString() const;
        // 나머지 코드 생략
};
```

const는 메서드 프로토타입의 일부분이기 때문에 다음과 같이 메서드를 정의하는 구현 코드에서도 반드시 적어야 한다.

```
double SpreadsheetCell::getValue() const
{
    return m_value;
}

std::string SpreadsheetCell::getString() const
{
    return doubleToString(m_value);
}
```

메서드를 const로 선언하면 이 메서드 안에서 객체의 내부 값을 변경하지 않겠다고 클라이언트 코드와 계약을 맺는 것과 같다. 데이터 멤버를 수정하는 메서드를 const로 선언하면 컴파일 에러가 발생한다. 메서드에 const 키워드를 붙이면 그 메서드 안에서 각 데이터 멤버에 대한 const 레퍼런스를 가진 것처럼 작동한다. 따라서 데이터 멤버를 변경하는 코드가 나오면 컴파일 에러가 발생하는 것이다.

static 메서드는 const로 선언할 수 없다. 동어반복에 해당하기 때문이다. static 메서드는 애초에 클래스의 인스턴스를 가질 수 없으므로 인스턴스 내부의 값을 변경한다는 것 자체가 말이 안 된다.

const로 선언하지 않은 객체에 대해서는 const 메서드와 비 const 메서드 둘 다 호출할 수 있다. 반면 객체를 const로 선언했다면 const 메서드만 호출할 수 있다. 예를 들면 다음과 같다.

```
SpreadsheetCell myCell { 5 };
cout << myCell.getValue() << endl;          // OK
myCell.setString("6");                      // OK

const SpreadsheetCell& myCellConstRef { myCell };
cout << myCellConstRef.getValue() << endl; // OK
myCellConstRef.setString("6");              // 컴파일 에러가 발생한다.
```

코드를 작성할 때 객체를 수정하지 않는 메서드는 모두 const로 선언하는 습관을 들이면 좋다. 그러면 const 객체에 대한 레퍼런스를 사용할 수 있기 때문이다.

참고로 const 객체도 제거할 수 있으므로 소멸자도 호출될 수 있다. 하지만 소멸자를 const로 선언할 수는 없다.

1 mutable 데이터 멤버

때로는 const로 정의한 메서드에서 객체의 데이터 멤버를 변경하는 경우가 있다. 변경하는 데이터가 사용자에게는 드러나지 않더라도 엄연히 수정 동작이기 때문에 이런 메서드를 const로 선언하면 컴파일 에러가 발생한다. 예를 들어 스프레드시트 애플리케이션에서 데이터를 읽는 빈도를 프로파일링하는 경우를 생각해보자. 가장 단순한 방법은 SpreadsheetCell 클래스에 카운터를 추가하고 getValue()나 getString()이 호출될 때마다 카운터를 업데이트하는 식으로 호출 횟수를 기록하는 것이다. 하지만 이렇게 하면 컴파일러 입장에서 볼 때 비 const 메서드가 되어버려서 const 객체로 만들 수 없게 된다. 이럴 때는 횟수를 세는 카운터 변수의 값을 수정할 수 있도록 mutable로 선언하면 const 메서드에서 변경해도 컴파일 에러가 발생하지 않는다. 이렇게 SpreadsheetCell 클래스를 수정하면 다음과 같다.

```
export class SpreadsheetCell
{
    // 코드 생략
    private:
        double m_value { 0 };
        mutable size_t m_numAccesses { 0 };
};
```

그리고 getValue()와 getString()을 다음과 같이 정의한다.

```
double SpreadsheetCell::getValue() const
{
    m_numAccesses++;
    return m_value;
}

std::string SpreadsheetCell::getString() const
{
    m_numAccesses++;
    return doubleToString(m_value);
}
```

9.3.3 메서드 오버로딩

앞에서 한 클래스에 생성자를 여러 개 정의할 수 있다고 배웠다. 이렇게 정의한 생성자는 모두 이름은 같고 매개변수 타입이나 개수만 다르다. 생성자가 아닌 메서드나 함수도 같은 이름으로 여러 개 정의할 수 있다. 이를 **오버로딩**overloading이라 부른다. 물론 이때도 마찬가지로 매개변수 타입이나 매개변수 개수는 서로 달라야 한다. 예를 들어 다음과 같이 SpreadsheetCell 클래스에서 setString()과 setValue()를 모두 set()으로 통일할 수 있다.

```
export class SpreadsheetCell
{
    public:
        void set(double value);
        void set(std::string_view value);
        // 나머지 코드 생략
};
```

set() 메서드의 구현 코드는 수정할 필요 없다. 컴파일러는 set()을 호출하는 코드를 발견하면 매개변수 정보를 참고하여 어느 버전의 set()을 호출할지 결정한다. 매개변수가 string_view 타입이면 string_view 버전의 set()을 호출하고, 매개변수가 double 타입이면 double 버전의 set()을 호출한다. 이를 **오버로딩 결정**overload resolution이라 부른다.

getValue()와 getString() 메서드도 마찬가지로 get()으로 통일하고 싶을 수도 있다. 하지만 여기에서는 오버로딩을 적용할 수 없다. C++에서는 메서드의 리턴 타입만 다른 형식의 오버로딩은 지원하지 않는다. 그 정보만으로는 호출할 메서드의 버전을 정확히 결정할 수 없는 경우가 많기 때문이다. 예를 들어 메서드의 리턴값이 드러나는 문장이 하나도 없으면 컴파일러 입장에서는 어느 버전을 호출하는지 알 방법이 없다.

1 const 기반 오버로딩

const를 기준으로 메서드를 오버로딩할 수도 있다. 예를 들어 두 메서드를 정의할 때 이름과 매개변수는 같지만 하나는 const로 선언하고 다른 하나는 const를 붙이지 않는다. 그러면 컴파일러는 const 객체에 대해서는 const 버전 메서드를 호출하고, 비 const 객체에 대해서는 비 const 버전 메서드를 호출한다.

종종 const 오버로딩과 비 const 오버로딩의 구현 코드가 똑같은 경우가 많다. 이러한 코드 중복을 피하려면 스콧 메이어Scott Meyer가 제안한 const_cast() 패턴을 적용한다. 예를 들어

SpreadsheetCell에 대한 레퍼런스를 비 const 버전으로 리턴하는 getCellAt() 메서드가 Spreadsheet 클래스에 있을 때 먼저 다음과 같이 SpreadsheetCell 레퍼런스를 const 버전으로 리턴하는 const 버전의 getCellAt() 메서드를 오버로딩한다.

```
export class Spreadsheet
{
    public:
        SpreadsheetCell& getCellAt(size_t x, size_t y);
        const SpreadsheetCell& getCellAt(size_t x, size_t y) const;
        // 나머지 코드 생략
};
```

스콧 메이어의 const_cast() 패턴에 따르면 다음과 같이 const 버전은 예전과 똑같이 구현하고, 비 const 버전은 const 버전을 적절히 캐스팅해서 호출하는 방식으로 구현한다. 예를 들면 다음과 같다.

```
const SpreadsheetCell& Spreadsheet::getCellAt(size_t x, size_t y) const
{
    verifyCoordinate(x, y);
    return m_cells[x][y];
}

SpreadsheetCell& Spreadsheet::getCellAt(size_t x, size_t y)
{
    return const_cast<SpreadsheetCell&>(as_const(*this).getCellAt(x, y));
}
```

코드를 보면 기본적으로 먼저 (<utility>에 정의된) std::as_const()를 이용하여 *this를 const Spreadsheet&로 캐스팅한다. 그러고 나서 const 버전의 getCellAt()을 호출한다. 그러면 const SpreadsheetCell&가 리턴되는데, const_cast()를 이용하여 리턴값을 비 const SpreadsheetCell&로 캐스팅한다.

이렇게 getCellAt() 메서드를 두 가지 버전으로 오버로딩하면 const로 지정한 Spreadsheet 객체와 비 const로 지정한 Spreadsheet 객체가 getCellAt() 메서드를 호출하는 방식을 하나로 통일할 수 있다.

```
Spreadsheet sheet1 { 5, 6 };
SpreadsheetCell& cell1 { sheet1.getCellAt(1, 1) };

const Spreadsheet sheet2 { 5, 6 };
const SpreadsheetCell& cell2 { sheet2.getCellAt(1, 1) };
```

이 예제에서 const 버전의 getCellAt()은 실제로 하는 일이 적기 때문에 const_cast() 패턴을 적용하더라도 크게 나아지지 않는다. 하지만 const 버전의 getCellAt()이 하는 일이 여기 나온 것보다 훨씬 많을 때는 비 const 버전에서 const 버전을 호출하는 방식으로 구현하는 것이 코드 중복을 크게 줄일 수 있다.

2 명시적으로 오버로딩 제거하기

오버로딩된 메서드를 명시적으로 삭제해서 특정한 인수에 대해서는 메서드를 호출하지 못하게 만들 수 있다. 예를 들어 SpreadsheetCell 클래스에 정의된 setValue(double)은 다음과 같이 호출할 수 있다.

```
SpreadsheetCell cell;
cell.setValue(1.23);
cell.setValue(123);
```

컴파일러는 세 번째 줄을 처리할 때 정수 123을 double로 변환한 뒤 setValue(double)을 호출한다. 그런데 setValue()를 정수로 호출되지 않게 하려면 setValue()의 정수 오버로드를 명시적으로 삭제하면 된다.

```
export class SpreadsheetCell
{
    public:
        void setValue(double value);
        void setValue(int) = delete;
};
```

이렇게 하면 setValue()에 정수를 넘겨서 호출하면 컴파일 에러가 발생한다.

3 참조 한정 메서드(ref-qualified method)

일반 클래스 메서드는 그 클래스의 임시temporary 인스턴스나 정식non-temporary 인스턴스에 대해 호출할 수 있다. 예를 들어 다음과 같이 정의된 클래스를 보자.

```
class TextHolder
{
    public:
        TextHolder(string text) : m_text { move(text) } {}
        const string& getText() const { return m_text; }
    private:
        string m_text;
};
```

당연히 TextHolder의 정식 인스턴스에 대해 getText( ) 메서드를 얼마든지 호출할 수 있다.

```
TextHolder textHolder { "Hello World!" };
cout << textHolder.getText() << endl;
```

그런데 getText( )는 임시 인스턴스에 대해서도 호출할 수 있다.

```
cout << TextHolder{ "Hello World!" }.getText() << endl;
cout << move(textHolder).getText() << endl;
```

특정한 메서드를 호출할 수 있는 인스턴스의 종류(임시 인스턴스 또는 정식 인스턴스)를 명시적으로 지정할 수 있다. 해당 메서드에 **참조 한정자**ref-qualifier를 붙이면 된다. 메서드를 정식 인스턴스에 대해서만 호출할 수 있게 만들려면 메서드 헤더 뒤에 & 한정자를 붙인다. 마찬가지로 임시 인스턴스에 대해서만 호출할 수 있게 만들려면 && 한정자를 붙인다.

다음 코드에 나온 TextHolder 클래스에서 & 한정자를 붙인 getText( )는 m_text에 대한 const 레퍼런스를 리턴하도록 구현했다. 반면 && 한정자가 붙은 getText( )는 m_text에 대한 우측값 레퍼런스를 리턴하게 만들어서 m_text를 TextHolder에서 이동시킬 수 있다. 임시 TextHolder 인스턴스에서 텍스트를 가져올 때와 같은 경우에는 이 버전을 사용하는 것이 더 효율적이다.

```
class TextHolder
{
```

```
    public:
        TextHolder(string text) : m_text { move(text) } {}
        const string& getText() const { return m_text; }
        string&& getText() && { return move(m_text); }
    private:
        string m_text;
};
```

예를 들어 다음과 같이 호출해보자.

```
TextHolder textHolder { "Hello World!" };
cout << textHolder.getText() << endl;
cout << TextHolder{ "Hello World!" }.getText() << endl;
cout << move(textHolder).getText() << endl;
```

첫 번째 getText() 호출문은 & 한정자가 붙은 버전을 호출하는 반면 두 번째와 세 번째 호출문은 && 한정자가 붙은 버전을 호출한다.

9.3.4 인라인 메서드

C++는 메서드(또는 함수)를 호출하는 구문에서 실제로 코드 블록을 호출하도록 구현하지 않고, 해당 메서드(함수)를 호출하는 자리에 메서드 본문을 집어 넣도록 추천하는 기능을 제공한다. 이를 **인라이닝** inlining 이라 부르며, 이렇게 구현하도록 설정한 메서드를 **인라인 메서드** inline method 라 부른다.

인라인 메서드는 메서드 정의 코드에서 이름 앞에 inline 키워드를 붙이는 방식으로 지정한다. 예를 들어 SpreadsheetCell 클래스의 접근자 메서드 accessor method 를 인라인 메서드로 만들고 싶으면 다음과 같이 정의한다.

```
inline double SpreadsheetCell::getValue() const
{
    m_numAccesses++;
    return m_value;
}

inline std::string SpreadsheetCell::getString() const
{
```

```
    m_numAccesses++;
    return doubleToString(m_value);
}
```

그러면 컴파일러는 getValue()와 getString()을 호출하는 부분을 함수 호출 구문으로 생성하지 않고 각 메서드의 본문이 곧바로 실행되도록 코드를 생성하도록 선택할 수 있다. 여기서 주의할 점은 inline 키워드는 컴파일러에 단지 힌트를 주기만 할 뿐, 컴파일러가 볼 때 인라이닝하면 성능이 더 나빠질 것 같으면 그냥 무시할 수 있다.

한 가지 제약사항이 있다. 인라인 메서드(또는 함수)에 대한 정의는 이를 호출하는 소스 코드 파일에 있어야 한다. 생각해보면 당연한 말이다. 메서드 정의 코드를 볼 수 없으면 메서드 호출 부분을 본문에 나온 코드로 대체할 방법이 없기 때문이다. 따라서 인라인 메서드를 정의할 때는 그 메서드가 속한 클래스 정의가 있는 파일에 작성한다.

NOTE_ 고급 C++ 컴파일러를 사용한다면 인라인 메서드 정의를 클래스 정의와 같은 파일에 작성하지 않아도 된다. 예를 들어 마이크로소프트 비주얼 C++는 링크 타임 코드 생성(link-time code generation, LTCG) 기능을 지원하므로 inline으로 선언하지 않거나 헤더 파일에 정의하지 않아도 함수나 메서드의 크기가 작으면 자동으로 인라인으로 처리한다. GCC와 Clang도 비슷한 기능을 제공한다.

C++20 모듈 밖에서는 메서드 정의 코드를 클래스 정의 코드에 직접 작성하면 그 메서드에 직접 inline 키워드를 붙이지 않더라도 내부적으로 인라인 메서드로 지정한다. C++20에서 모듈로부터 익스포트한 클래스는 그렇지 않다. 이런 메서드는 inline 키워드를 직접 붙여야 한다. 예를 들면 다음과 같다.

```
export class SpreadsheetCell
{
    public:
        inline double getValue() const { m_numAccesses++; return m_value; }

        inline std::string getString() const
        {
            m_numAccesses++;
            return doubleToString(m_value);
        }
        // 나머지 코드 생략
};
```

NOTE_ 일부 고급 C++ 디버거는 한 단계씩 실행(싱글 스텝, single-step)하는 과정에서 인라이닝된 함수 호출문을 만날 때 해당 인라인 함수가 정의된 실제 소스 코드로 점프하기 때문에 인라이닝하지 않은 일반 함수 호출 구문처럼 보일 수 있다.

메서드에 inline 키워드를 붙일 때 내부적으로 처리되는 과정을 제대로 이해하지 않은 채 무작정 인라인 메서드로 정의하는 C++ 프로그래머가 상당히 많다. 컴파일러는 메서드나 함수가 인라인으로 지정되었다고 해서 무조건 인라이닝하지 않는다. 작고 간단한 함수나 메서드만 인라인으로 처리하고, 인라인으로 처리하는 것이 바람직하지 않다고 판단되면 인라이닝하지 않는다. 최신 컴파일러는 코드 블롯code bloat과 같은 몇 가지 기준에 따라 주어진 메서드나 함수에 대한 인라이닝 여부를 평가해서 효과가 적다면 인라이닝하지 않는다.

9.3.5 디폴트 인수

메서드 오버로딩과 비슷한 기능으로 **디폴트 인수**default argument가 있다. 함수나 메서드의 프로토타입에 매개변수의 디폴트값(기본값)을 지정하는 기능이다. 디폴트 인수가 지정된 매개변수에 대해 사용자가 원하는 인수를 직접 지정하면 디폴트값을 무시한다. 반면 사용자가 인수를 지정하지 않으면 디폴트값을 적용한다. 하지만 한 가지 제약사항이 있다. 매개변수의 디폴트값을 지정할 때는 반드시 **오른쪽 끝에 있는 매개변수**부터 시작해서 중간에 건너뛰지 않고 연속적으로 나열해야 한다. 이렇게 하지 않으면 컴파일러가 중간에 빠진 인수에 대해 디폴트값을 맞출 수 없기 때문이다. 디폴트 인수는 함수, 메서드, 생성자에서 지정할 수 있다. 예를 들어 Spreadsheet 생성자에 높이와 너비에 대한 디폴트값을 다음과 같이 지정할 수 있다.

```
export class Spreadsheet
{
    public:
        Spreadsheet(size_t width = 100, size_t height = 100);
        // 나머지 코드 생략
};
```

Spreadsheet 생성자의 구현 코드는 변경할 필요 없다. 디폴트 인수는 메서드를 정의하는 코드가 아니라 메서드를 선언하는 코드에서 시정한나.

이렇게 선언하면 Spreadsheet에 비복제 생성자non-copy constructor가 하나만 있더라도 다음과 같이 인수를 0개, 1개, 2개 지정해서 호출할 수 있다.

```
Spreadsheet s1;
Spreadsheet s2 { 5 };
Spreadsheet s3 { 5, 6 };
```

모든 매개변수에 대해 디폴트값이 지정된 생성자는 디폴트 생성자처럼 쓸 수 있다. 다시 말해 객체를 생성할 때 인수를 지정하지 않아도 된다. 디폴트 생성자도 정의하고, 모든 매개변수에 디폴트값이 지정된 생성자도 정의하면 컴파일 에러가 발생한다. 생성자에 인수를 지정하지 않으면 어느 생성자를 호출할지 컴파일러가 결정할 수 없기 때문이다.

참고로 디폴트 인수로 할 수 있는 것은 모두 메서드 오버로딩에서도 할 수 있다. 예를 들어 매개변수 개수만 다르게 지정한 생성자를 세 가지 버전으로 정의할 수 있다. 하지만 디폴트 인수를 사용하면 이러한 세 가지 경우를 생성자 하나로 작성할 수 있다. 둘 중 가장 편한 방법을 선택해서 사용하면 된다.

9.4 데이터 멤버의 종류

C++는 데이터 멤버도 다양하게 제공한다. 클래스에 간단한 데이터 멤버를 선언할 수도 있고, 주어진 클래스로 생성된 모든 객체에서 공유하는 static 데이터 멤버를 만들 수도 있으며 const 멤버, 레퍼런스 멤버, const 레퍼런스 멤버 등도 지정할 수 있다. 이처럼 다양한 데이터 멤버의 종류에 대해 자세히 살펴보자.

9.4.1 static 데이터 멤버

클래스의 모든 객체마다 똑같은 변수를 매번 정의하는 것은 비효율적이거나 문제가 생길 수 있다. 데이터 멤버의 성격이 객체보다 클래스에 가깝다면 객체마다 그 멤버의 복사본을 두는 것은 바람직하지 않다. 예를 들어 각각의 스프레드시트마다 숫자로 된 고유 ID를 부여한다고 해보자. 그러면 객체를 새로 생성할 때마다 0번부터 시작해서 차례대로 ID 값을 할당해야 한다. 여기서 스프레드시트 수를 저장하는 카운터는 사실 Spreadsheet 클래스에 속한다. 이 값을 Spreadsheet 객체마다 가지면 각 객체마다 저장된 값을 동기화해야 하기 때문이다. C++에서 제공하는 **static 데이터 멤버**를 이용하면 이 문제를 해결할 수 있다. static 데이터 멤버는 객체가 아닌 클래스에 속한다. static 데이터 멤버는 자신이 속한 클래스 범위를 벗어날 수 없다는 점만 빼면 글로벌 변수와 비슷하다. 이렇게 static 데이터 멤버로 카운터를 구현하도록

Spreadsheet 클래스를 정의하면 다음과 같다.

```
export class Spreadsheet
{
    // 코드 생략
    private:
        static size_t ms_counter;
};
```

이렇게 static 클래스 멤버를 정의하면 이 멤버에 대한 공간을 할당하는 코드를 소스 파일에 작성해야 한다. 일반적으로 클래스 메서드는 소스 파일에 정의한다. 이때 선언과 동시에 곧바로 초기화해도 된다. 초기화하지 않으면 일반 변수나 데이터 멤버와 달리 디폴트값인 0으로 초기화된다. static 포인터는 nullptr로 초기화된다. ms_counter 멤버의 공간을 할당하고 0으로 초기화하는 코드는 다음과 같다.

```
size_t Spreadsheet::ms_counter;
```

static 데이터 멤버는 기본적으로 0으로 초기화된다. 물론 다음과 같이 명시적으로 0으로 초기화해도 된다.

```
size_t Spreadsheet::ms_ounter { 0 };
```

이 코드는 다른 함수나 메서드 밖에 작성한다. Spreadsheet 클래스에 속하도록 스코프 지정 연산자로 Spreadsheet::를 붙인 점을 제외하면 글로벌 변수를 선언할 때와 같다.

1 인라인 변수

C++17부터 static 데이터 멤버도 **인라인**(inline)으로 선언할 수 있다. 그러면 소스 파일에 공간을 따로 할당하지 않아도 된다. 예를 들면 다음과 같다.

```
export class Spreadsheet
{
    // 코드 생략
    private:
        static inline size_t ms_counter { 0 };
};
```

이전과 달리 inline이란 키워드가 붙었다. 클래스에 이렇게 선언했다면 소스 파일에 공간을 할당하는 다음 문장은 생략해도 된다.

```
size_t Spreadsheet::ms_counter;
```

2 클래스 메서드에서 static 데이터 멤버 접근하기

클래스 메서드 안에서는 static 데이터 멤버를 일반 데이터 멤버처럼 사용해도 된다. 예를 들어 Spreadsheet에 m_id란 데이터 멤버를 만들고, 이 값을 Spreadsheet 생성자에서 ms_counter의 값으로 초기화하는 경우를 살펴보자. Spreadsheet 클래스에 m_id 멤버를 다음과 같이 정의한다.

```
export class Spreadsheet
{
    public:
        // 코드 생략
        size_t getId() const;
    private:
        // 코드 생략
        static size_t ms_counter { 0 };
        size_t m_id { 0 };
};
```

ID의 초깃값을 할당하도록 Spreadsheet 생성자를 구현하면 다음과 같다.

```
Spreadsheet::Spreadsheet(size_t width, size_t height)
    : m_id(ms_counter++), m_width(width), m_height(height)
{
    // 코드 생략
}
```

생성자 코드에서 볼 수 있듯이 ms_counter를 일반 멤버처럼 접근한다. 복제 생성자도 새로운 ID를 할당하는데, Spreadsheet 복제 생성자는 비복제 생성자에 새 ID를 생성하는 작업을 위임하기 때문에 이 과정은 자동으로 처리된다.

이 예제에서 객체에 대해 ID가 할당되고 나면 변경되지 않는다고 가정하자. 그러면 복제 대입 연산자에서 ID를 복제하면 안 된다. 따라서 m_id를 const 데이터 멤버로 만드는 것이 바람직하다.

```
export class Spreadsheet
{
    private:
        // 코드 생략
        const size_t m_id { 0 };
};
```

const 데이터 멤버는 한 번 생성된 후에는 변경할 수 없기 때문에 생성자 본문 안에서 초기화하는 것과 같은 동작을 할 수 없다. 이런 데이터 멤버는 반드시 클래스 정의 코드나 생성자 초기자에서 초기화해야 한다. 이 말은 대입 연산자로 새 값을 할당할 수 없다는 뜻이다. m_id는 상관없다. Spreadsheet에 대해 ID가 부여된 후에는 변경할 일이 없기 때문이다. 하지만 필요에 따라 클래스에 대입할 수 없게 만들었다면 대입 연산자를 명시적으로 삭제하는 것이 일반적이다.

3 메서드 밖에서 static 데이터 멤버 접근하기

static 데이터 멤버에 대해서도 접근 제한자를 적용할 수 있다. ms_counter를 private으로 선언하면 클래스 메서드 밖에서 접근할 수 없다. ms_counter를 public으로 선언하면 클래스 메서드 밖에서 접근할 수 있는데, 이때 변수 앞에 Spreadsheet::라는 스코프 지정 연산자를 붙여야 한다.

```
int c { Spreadsheet::ms_counter };
```

하지만 데이터 멤버를 public으로 선언하는 것은 바람직하지 않다(const static 멤버는 예외인데, 이에 대해서는 다음 절에서 자세히 설명한다). 데이터 멤버는 public으로 선언한 게터나 세터로 접근하게 만들어야 한다. static 데이터 멤버를 외부에서 접근하려면 static get/set 메서드를 사용하는 방식으로 구현한다.

9.4.2 const static 데이터 멤버

클래스에 정의된 데이터 멤버를 const로 선언하면 데이터 멤버가 생성되어 초기화된 후에는 변경할 수 없다. 특정 클래스에만 적용되는 상수(**클래스 상수**class constant)를 정의할 때는 글로벌 상수로 선언하지 말고 반드시 static const(또는 const static) 데이터 멤버로 선언한다. 정수 및 열거 타입 static const 데이터 멤버는 인라인 변수로 지정하지 않아도 클래스 정의 코드에서 정의하고 초기화할 수 있다. 예를 들어 스프레드시트의 높이와 폭에 대한 최댓값을 지정한다고 하자. 사용자가 그보다 높거나 넓게 지정하면 사용자 입력값을 무시하고 미리 지정된 최댓값을 적용한다. 이럴 때는 높이와 폭의 최댓값을 Spreadsheet 클래스의 static const 멤버로 정의하면 된다.

```
class Spreadsheet
{
    public:
        // 코드 생략
        static const size_t MaxHeight { 100 };
        static const size_t MaxWidth { 100 };
};
```

이렇게 선언한 상수를 생성자에서 다음과 같이 활용할 수 있다.

```
Spreadsheet::Spreadsheet(size_t width, size_t height)
    : m_id { ms_counter++ }
    , m_width { min(width, MaxWidth) } // std::min()는 <algorithm>에 있다.
    , m_height { min(height, MaxHeight) }
{
    // 코드 생략
}
```

NOTE_ 높이와 폭을 강제로 최댓값에 맞추는 대신 범위를 벗어난 값이 들어오면 익셉션을 던지도록 구현할 수도 있다. 하지만 생성자에서 익셉션을 던지면 소멸자가 호출되지 않는다는 점을 주의한다. 이에 대해서는 에러 처리를 다루는 14장에서 자세히 설명한다.

이렇게 정의한 상수는 매개변수의 디폴트값으로 사용해도 된다. 단, 오른쪽 끝에 있는 매개변수부터 시작해서 중간에 빠짐없이 연달아 지정해야 한다는 점에 주의한다. 예를 들면 다음과 같다.

```
export class Spreadsheet
{
    public:
        Spreadsheet(size_t width = MaxWidth, size_t height = MaxHeight);
        // 코드 생략
};
```

9.4.3 레퍼런스 데이터 멤버

이제 Spreadsheet와 SpreadsheetCell의 기능이 꽤 풍부해졌다. 하지만 이것만으로는 쓸 만한 애플리케이션을 만들 수 없다. 스프레드시트 애플리케이션 전체를 제어하는 기능도 구현해야 한다. 이를 SpreadsheetApplication 클래스에 작성한다. 또한 Spreadsheet마다 애플리케이션 객체에 대한 레퍼런스를 저장하게 만들어야 한다. 지금은 SpreadsheetApplication 클래스의 구체적인 구현 방식은 중요하지 않기 때문에 일단 빈 클래스로 정의한다. 앞서 만든 Spreadsheet에 m_theApp이란 레퍼런스 데이터 멤버를 추가해보자.

```
export class SpreadsheetApplication { };

export class Spreadsheet
{
    public:
        Spreadsheet(size_t width, size_t height,
            SpreadsheetApplication& theApp);
        // 코드 생략
    private:
        // 코드 생략
        SpreadsheetApplication& m_theApp;
};
```

이렇게 SpreadsheetApplication 레퍼런스를 데이터 멤버로 추가했다. 여기에서는 포인터보다 레퍼런스를 사용하는 것이 바람직하다. Spreadsheet는 항상 SpreadsheetApplication을 참조하기 때문이다. 포인터를 사용하면 이런 관계를 보장할 수 없다.

여기서 애플리케이션에 대한 레퍼런스를 저장한 이유는 레퍼런스를 데이터 멤버로 사용할 수 있다는 것을 보여주기 위해서다. 사실 Spreadsheet와 SpreadsheetApplication 클래스를 이렇게 묶기보다는 4장에서 소개한 MVC[Model-View-Controller] 패러다임에 따라 구성하는 것이 바람직하다.

애플리케이션 레퍼런스는 Spreadsheet 생성자마다 전달된다. 레퍼런스는 실제로 가리키는 대상 없이는 존재할 수 없으므로 생성자 초기자에서 m_theApp 값을 반드시 지정해야 한다.

```
Spreadsheet::Spreadsheet(size_t width, size_t height,
    SpreadsheetApplication& theApp)
    : m_id { ms_counter++ }
    , m_width { std::min(width, MaxWidth) }
    , m_height { std::min(height, MaxHeight) }
    , m_theApp { theApp }
{
    // 코드 생략
}
```

이 레퍼런스 멤버를 반드시 복제 생성자에서도 초기화해야 한다. 이 작업은 자동으로 처리된다. Spreadsheet 복제 생성자는 이 레퍼런스 멤버를 초기화하는 작업을 다른 비복제 생성자에 위임하기 때문이다.

여기서 명심할 점은 레퍼런스는 한 번 초기화하고 나면 레퍼런스가 가리키는 객체를 변경할 수 없다는 것이다. 대입 연산자로 레퍼런스에 값을 대입할 수 없다. 때로는 현재 클래스에서 레퍼런스 데이터 멤버에 대해 대입 연산자를 제공할 수 없을 수도 있다. 이때는 대입 연산자를 deleted로 지정한다.

마지막으로 레퍼런스 데이터 멤버도 const로 지정할 수 있다. 예를 들어 Spreadsheet가 애플리케이션 객체에 대한 const 레퍼런스만 가지게 하려면 m_theApp을 const 레퍼런스로 선언하도록 클래스 정의를 다음과 같이 수정하면 된다.

```
export class Spreadsheet
{
    public:
        Spreadsheet(size_t width, size_t height,
            const SpreadsheetApplication& theApp);
        // 코드 생략
    private:
        // 코드 생략
        const SpreadsheetApplication& m_theApp;
};
```

9.5 중첩 클래스

클래스 정의에는 데이터 멤버와 멤버 함수뿐만 아니라 중첩 클래스, 구조체(struct), 타입 앨리어스type alias(typedef), 열거 타입(enum)도 선언할 수 있다. 클래스 안에서 선언한 모든 것은 해당 클래스의 스코프scope로 제한된다. public으로 선언한 멤버를 클래스 외부에서 접근할 때는 ClassName::과 같이 스코프 지정 연산자를 붙여야 한다.

클래스 정의 안에서 다른 클래스를 정의할 수도 있다. 예를 들어 SpreadsheetCell 클래스를 Spreadsheet 클래스 안에서 정의할 수 있다. 그러면 Spreadsheet 클래스의 일부분이 되기 때문에 이름을 간단히 Cell이라고 붙여도 된다. 예를 들면 다음과 같다.

```
export class Spreadsheet
{
    public:
        class Cell
        {
            public:
                Cell() = default;
                Cell(double initialValue);
                // 코드 생략
        };

        Spreadsheet(size_t width, size_t height,
            const SpreadsheetApplication& theApp);
        // 코드 생략
};
```

Spreadsheet 클래스 안에 Cell 클래스를 정의했기 때문에 Spreadsheet 클래스 밖에서 Cell을 얼마든지 참조할 수 있다. 물론 그 앞에 Spreadsheet::라고 스코프를 지정해야 한다. 이 규칙은 메서드 정의에도 똑같이 적용된다. 예를 들어 Cell의 생성자 중에서 double 타입 인수를 받는 버전을 다음과 같이 정의할 수 있다.

```
Spreadsheet::Cell::Cell(double initialValue)
    : m_value { initialValue }
{
}
```

이렇게 스코프 지정 연산자를 붙이는 규칙은 Spreadsheet 클래스 안에 있는 메서드의 리턴 타입에도 적용된다. 단, 매개변수에는 적용되지 않는다.

```
Spreadsheet::Cell& Spreadsheet::getCellAt(size_t x, size_t y)
{
    verifyCoordinate(x, y);
    return m_cells[x][y];
}
```

Cell 정의 전체를 Spreadsheet 클래스 안에서 중첩 클래스로 작성하면 Spreadsheet 클래스 정의 코드가 너무 길어진다. 이럴 때는 다음과 같이 Spreadsheet 클래스에서는 Cell을 선언만 하고(전방 선언문만 적고) 구체적인 정의 코드는 따로 작성할 수도 있다.

```
export class Spreadsheet
{
    public:
        class Cell;

        Spreadsheet(size_t width, size_t height,
            const SpreadsheetApplication& theApp);
        // 코드 생략
};

class Spreadsheet::Cell
{
    public:
        Cell() = default;
        Cell(double initialValue);
        // 코드 생략
};
```

중첩 클래스도 일반 클래스와 똑같은 접근 제어 규칙이 적용된다. 중첩 클래스를 private이나 protected로 선언하면 중첩 클래스를 담고 있는 클래스에서만 접근할 수 있다. 중첩 클래스는 이를 담고 있는 클래스의 protected와 private 멤버를 모두 접근할 수 있는 반면 중첩 클래스를 담고 있는 클래스는 중첩 클래스의 public 멤버만 접근할 수 있다.

9.6 클래스에 열거 타입 정의하기

열거 타입도 데이터 멤버로 만들 수 있다. 예를 들어 SpreadsheetCell 클래스에 다음과 같이 셀 컬러를 지정하는 기능을 추가할 수 있다.

```
export class SpreadsheetCell
{
    public:
        // 코드 생략
        enum class Color { Red = 1, Green, Blue, Yellow };
        void setColor(Color color);
        Color getColor() const;
    private:
        // 코드 생략
        Color m_color { Color::Red };
};
```

그러면 setColor()와 getColor() 메서드의 구현 코드를 다음과 같이 간단히 정의할 수 있다.

```
void SpreadsheetCell::setColor(Color color) { m_color = color; }
SpreadsheetCell::Color SpreadsheetCell::getColor() const { return m_color; }
```

이렇게 추가한 메서드의 사용법은 다음과 같다.

```
SpreadsheetCell myCell { 5 };
myCell.setColor(SpreadsheetCell::Color::Blue);
auto color { myCell.getColor() };
```

9.7 연산자 오버로딩

객체에 대해 연산을 수행할 때가 많다. 객체끼리 더하거나 비교하거나 파일에 객체를 스트림으로 전달하거나 반대로 가져올 수도 있다. 스프레드시트 애플리케이션의 경우 행 전체를 합산하는 산술 연산 기능도 반드시 제공해야 한다.

9.7.1 예제: SpreadsheetCell의 덧셈 구현

SpreadsheetCell의 덧셈 기능을 진정한 객체지향 방식으로 구현하려면 SpreadsheetCell 객체를 다른 SpreadsheetCell 객체에 더할 수 있어야 한다. 한 셀을 다른 셀에 더한 결과로 제3의 셀이 나오는 것이다. 이렇게 더해도 기존 셀은 변하지 않는다. SpreadsheetCell에서 덧셈이란 셀에 담긴 값을 더한다는 것을 의미한다.

1 첫 번째 버전: add 메서드

먼저 SpreadsheetCell 클래스에 다음과 같이 add( ) 메서드를 선언해서 정의한다.

```
export class SpreadsheetCell
{
    public:
        SpreadsheetCell add(const SpreadsheetCell& cell) const;
        // 코드 생략
};
```

이 메서드는 두 셀을 더한 뒤 그 결과를 담은 제3의 셀을 리턴한다. 원본 셀을 변경하지 않기 때문에 add( ) 메서드를 const로 선언하고 const SpreadsheetCell에 대한 레퍼런스를 인수로 받도록 선언한다. 구현 코드는 다음과 같다.

```
SpreadsheetCell SpreadsheetCell::add(const SpreadsheetCell& cell) const
{
    return SpreadsheetCell { getValue() + cell.getValue() };
}
```

이렇게 정의한 add( ) 메서드는 다음과 같이 사용한다.

```
SpreadsheetCell myCell { 4 }, anotherCell { 5 };
SpreadsheetCell aThirdCell { myCell.add(anotherCell) };
auto aFourthCell { aThirdCell.add(anotherCell) };
```

작동에는 문제없지만 좀 지저분하다. 개선할 필요가 있다.

2 두 번째 버전: operator+ 오버로딩

두 셀의 덧셈도 int나 double 값을 더할 때처럼 + 기호로 표현하면 훨씬 편하다. 예를 들면 다음과 같다.

```
SpreadsheetCell myCell { 4 }, anotherCell { 5 };
SpreadsheetCell aThirdCell { myCell + anotherCell };
auto aFourthCell { aThirdCell + anotherCell };
```

C++는 덧셈 기호(+)를 자신이 정의한 클래스의 의미에 맞게 정의하는 **덧셈 연산자** addition operator를 지원한다. 다음과 같이 operator+란 이름으로 메서드를 정의하면 된다.

```
export class SpreadsheetCell
{
    public:
        SpreadsheetCell operator+(const SpreadsheetCell& cell) const;
        // 코드 생략
};
```

> **NOTE_** operator+에서 operator와 + 사이에 공백을 넣어도 된다. 그러므로 operator+를 쓰는 대신 operator +를 써도 된다. 다른 연산자도 마찬가지다. 이 책에서는 공백을 넣지 않는 스타일을 따른다.

이 메서드의 구현 코드는 앞에서 정의한 add() 메서드와 같다.

```
SpreadsheetCell SpreadsheetCell::operator+(const SpreadsheetCell& cell) const
{
    return SpreadsheetCell { getValue() + cell.getValue() };
}
```

이제 두 셀을 더할 때 + 기호로 표현할 수 있다.

이 방식에 익숙해지려면 어느 정도 시간이 필요하다. operator+라는 이상한 메서드 이름이 좀 거슬릴 수 있지만 foo나 add처럼 그저 이름일 뿐이다. 이런 구문을 이해하려면 내부 작동 과정을 살펴볼 필요가 있다. C++ 컴파일러가 프로그램을 파싱할 때 +, -, =, <<와 같은 연산자를 발견하면 함수나 메서드 중에서 이름이 operator+, operator-, operator=, operator<<와 같

고 피연산자에 대한 매개변수가 정의된 것을 찾는다. 예를 들어 컴파일러가 다음과 같이 작성된 문장을 발견하면 다른 SpreadsheetCell 객체를 인수로 받는 operator+란 메서드가 있는지 아니면 SpreadsheetCell 객체 두 개를 인수로 받는 operator+란 이름의 글로벌 함수가 있는지 찾는다.

```
SpreadsheetCell aThirdCell { myCell + anotherCell };
```

SpreadsheetCell 클래스에 operator+ 메서드가 있다는 것을 컴파일러가 발견하면 위 문장을 다음과 같이 변환한다.

```
SpreadsheetCell aThirdCell { myCell.operator+(anotherCell) };
```

단, 여기서 operator+의 매개변수 타입이 반드시 이 메서드가 속한 클래스와 같을 필요는 없다. SpreadsheetCell에서 operator+를 정의할 때 Spreadsheet 매개변수를 받아서 SpreadsheetCell에 더하도록 작성해도 된다. 프로그래머가 볼 때 좀 이상하지만 컴파일러는 문제없이 처리한다.

또한 operator+의 리턴 타입도 마음껏 정할 수 있다. 하지만 놀람 최소화의 원칙principle of least astonishment (최소 놀람 원칙)[1]에 따라 의미상 자연스러운 타입으로 지정하는 것이 좋다.

암묵적 변환

놀랍게도 operator+를 이렇게 정의하면 셀끼리 더할 수 있을 뿐만 아니라 셀에 string_view, double, int와 같은 값도 더할 수 있다.

```
SpreadsheetCell myCell { 4 }, aThirdCell;
string str { "hello" };
aThirdCell = myCell + string_view{ str };
aThirdCell = myCell + 5.6;
aThirdCell = myCell + 4;
```

이렇게 할 수 있는 이유는 컴파일러가 주어진 타입과 정확히 일치하는 operator+만 찾지 않고

1 옮긴이_ 기능에 깜짝 놀랄만한 요소가 있다면 다시 설계할 필요가 있다는 소프트웨어 및 UI 설계 원칙

적합한 타입에 대한 operator+를 찾으려 하기 때문이다. 또한 operator+를 찾을 수 있도록 적합한 타입으로 변환한다. 예제에서는 SpreadsheetCell 클래스에 변환 생성자(8장 참조)를 정의했다. 이를 통해 double이나 string_view를 SpreadsheetCell로 변환한다. 그러므로 컴파일 과정에서 double 값을 더하는 SpreadsheetCell을 발견하면 double 타입의 인수를 받는 SpreadsheetCell 생성자를 찾아서 임시 SpreadsheetCell 객체를 생성한 뒤 operator+로 전달한다. SpreadsheetCell에 string_view를 더하는 문장도 이와 비슷하게 처리한다. string_view 타입 인수를 받는 SpreadsheetCell 생성자를 호출하여 SpreadsheetCell 객체를 임시로 생성하고 나서 operator+로 전달한다.

암묵적 변환을 위해 생성자를 선택하는 과정에서 성능이 떨어질 수 있다. 항상 임시 객체를 생성하기 때문이다. double 값을 더할 때 이렇게 임시 객체가 생성되지 않게 하려면 다음과 같은 operator+도 함께 정의한다.

```
SpreadsheetCell SpreadsheetCell::operator+(double rhs) const
{
    return SpreadsheetCell { getValue() + rhs };
}
```

3 세 번째 버전: operator+를 글로벌 함수로 구현하기

두 번째 버전은 암묵적 변환을 활용하면 SpreadsheetCell 객체에 int나 double을 더하도록 operator+를 정의했다. 하지만 다음과 같이 교환 법칙이 성립하지 않는다.

```
aThirdCell = myCell + 5.6; // 정상 작동
aThirdCell = myCell + 4;   // 정상 작동
aThirdCell = 5.6 + myCell; // 컴파일 에러
aThirdCell = 4 + myCell;   // 컴파일 에러
```

암묵적 변환은 SpreadsheetCell 객체가 연산자의 왼쪽에 있을 때만 적용되고, 오른쪽에 있을 때는 적용할 수 없다. 덧셈은 원래 교환 법칙이 성립해야 하는데 뭔가 어색한 느낌이다. operator+를 반드시 SpreadsheetCell 객체에 대해 호출해야 하고, 이 객체가 항상 operator+의 왼쪽에 나와야 한다는 것은 분명 문제가 있지만 C++의 문법이 원래 이렇게 정의되어 어쩔 수 없다. 따라서 이 상태로는 operator+를 일반 덧셈처럼 교환 법칙이 성립하게 만들 방법이 없다.

하지만 클래스에 정의했던 operator+를 글로벌 함수로 만들면 가능하다. 글로벌 함수는 특정 객체에 종속되지 않기 때문이다. 예를 들면 다음과 같다.

```
SpreadsheetCell operator+(const SpreadsheetCell& lhs,
    const SpreadsheetCell& rhs)
{
    return SpreadsheetCell { lhs.getValue() + rhs.getValue() };
}
```

글로벌 함수로 정의하려면 먼저 연산자를 모듈 인터페이스 파일에서 선언하고 익스포트해야 한다.

```
export class SpreadsheetCell { /* 코드 생략 */ }

export SpreadsheetCell operator+(const SpreadsheetCell& lhs,
    const SpreadsheetCell& rhs);
```

이제 다음과 같이 덧셈을 적용할 수 있다.

```
aThirdCell = myCell + 5.6; // 정상 작동
aThirdCell = myCell + 4;   // 정상 작동
aThirdCell = 5.6 + myCell; // 정상 작동
aThirdCell = 4 + myCell;   // 정상 작동
```

그렇다면 다음과 같이 작성해도 될까?

```
aThirdCell = 4.5 + 5.5;
```

컴파일 에러가 발생하지 않고 결과도 제대로 나오지만 앞에서 정의한 operator+가 호출되지 않고 double 타입에 대한 기존 덧셈 연산이 적용되어 컴파일 과정에서 중간 코드가 다음과 같이 변환된다.

```
aThirdCell = 10;
```

이 대입문을 셀에 대해 처리하게 하려면 SpreadsheetCell 객체가 오른쪽에 있어야 한다. 따라서 컴파일러는 SpreadsheetCell 클래스에서 explicit이 지정되지 않았으면서 double 타입 인수를 받는 사용자 정의 생성자를 찾아서 double 값을 임시 SpreadsheetCell 객체로 변환한 뒤에 대입 연산자를 호출한다.

NOTE_ C++에서는 연산자 우선순위를 바꿀 수 없다. 예를 들어 *와 /는 +나 -보다 우선순위가 높다. 사용자 정의 연산자는 연산자 우선순위를 결정하고 나서 수행할 구체적인 동작만 정의할 수 있다. 또한 새로운 연산자 기호를 정의하거나 연산자의 인수 개수를 변경할 수 없다.

9.7.2 산술 연산자 오버로딩

다른 산술 연산자를 오버로딩하는 방법도 operator+와 비슷하다. 다음 코드에 나온 선언문에서 <*op*> 자리에 +, -, *, / 중 하나를 적으면 된다. %도 오버로딩할 수 있지만 SpreadsheetCell에 저장된 double 값에 적용하는 것은 의미가 없다.

```
export class SpreadsheetCell { /* 코드 생략 */ };

export SpreadsheetCell operator<op>(const SpreadsheetCell& lhs,
    const SpreadsheetCell& rhs);
```

operator-와 operator*의 구현 코드는 operator+와 거의 같아서 생략한다. operator/를 처리할 때는 0으로 나누지 않도록 주의한다. 다음 코드는 0으로 나누면 익셉션을 던지도록 작성했다.

```
SpreadsheetCell operator/(const SpreadsheetCell& lhs,
    const SpreadsheetCell& rhs)
{
    if (rhs.getValue() == 0) {
        throw invalid_argument { "Divide by zero." };
    }
    return SpreadsheetCell { lhs.getValue() / rhs.getValue() };
}
```

반드시 operator*에서 곱셈을 구현하고 operator/에서 나눗셈을 구현해야 한다는 법은 없다.

operator/에서 곱셈을 구현해도 되고, operator+에서 나눗셈을 구현해도 된다. 하지만 이렇게 하면 헷갈리기 때문에 바람직하지 않은 방식이다. 가능하면 기존 연산자의 의미를 최대한 따르는 것이 좋다.

1 축약형 산술 연산자의 오버로딩

C++는 기본 산술 연산자뿐만 아니라 축약형 연산자(+=, -= 등)도 제공한다. 클래스에 operator+가 있다면 당연히 +=도 지원한다고 생각하기 쉽다. 하지만 그렇다는 법은 없다. 축약형 산술 연산자에 대한 오버로딩은 별도로 구현해야 한다. 축약형 연산자는 왼쪽에 나오는 객체를 새로 생성하지 않고 기존 객체를 변경한다는 점에서 기본 연산자 오버로딩과 다르다. 또한 일반 대입 연산자처럼 수정된 객체에 대한 레퍼런스를 생성한다는 미묘한 차이가 있다.

축약형 산술 연산자의 왼쪽에는 반드시 객체가 나와야 한다. 따라서 글로벌 함수가 아닌 메서드로 구현해야 한다. 예를 들어 SpreadsheetCell 클래스에 축약형 산술 연산자를 선언하는 방법은 다음과 같다.

```
export class SpreadsheetCell
{
    public:
        SpreadsheetCell& operator+=(const SpreadsheetCell& rhs);
        SpreadsheetCell& operator-=(const SpreadsheetCell& rhs);
        SpreadsheetCell& operator*=(const SpreadsheetCell& rhs);
        SpreadsheetCell& operator/=(const SpreadsheetCell& rhs);
        // 코드 생략
};
```

operator+=의 구현 코드는 다음과 같다. 다른 연산자도 이와 비슷하다.

```
SpreadsheetCell& SpreadsheetCell::operator+=(const SpreadsheetCell& rhs)
{
    set(getValue() + rhs.getValue());
    return *this;
}
```

축약형 산술 연산자는 기본 산술 연산자와 대입 연산자를 합친 것이다. 앞에 나온 코드처럼 정의하면 다음과 같이 사용할 수 있다.

```
SpreadsheetCell myCell { 4 }, aThirdCell { 2 };
aThirdCell -= myCell;
aThirdCell += 5.4;
```

하지만 다음과 같이 작성하면 참 좋겠지만 불가능하다.

```
5.4 += aThirdCell;
```

연산자에 대한 일반 버전과 축약 버전을 모두 정의할 때는 코드 중복을 피하도록 다음과 같이 축약형 버전을 기준으로 일반 버전을 구현하는 것이 좋다.

```
SpreadsheetCell operator+(const SpreadsheetCell& lhs,
    const SpreadsheetCell& rhs)
{
    auto result { lhs }; // 로컬 복사본
    result += rhs;       // +=() 버전으로 전달
    return result;
}
```

9.7.3 비교 연산자 오버로딩

>, <, <=, >=, ==, !=과 같은 비교 연산자도 클래스에서 직접 정의하면 편하다. C++20부터 이런 연산자에 대해 변경된 사항이 있으며, 1장에서 소개한 삼항 비교 연산자(<=>, 우주선 연산자)도 추가되었다. C++20에서 제공하는 기능을 제대로 이해하려면 C++20 이전 방식부터 볼 필요가 있다. 또한 현재 사용하는 컴파일러가 삼항 비교 연산자를 지원하지 않을 때 처리하는 방법도 알아보자.

C++20 이전의 비교 연산자도 기본 산술 연산자와 마찬가지로 연산자의 왼쪽과 오른쪽 인수 모두에 대해 암묵적으로 변환하게 만들려면 글로벌 함수로 구현해야 한다. 비교 연산자는 항상 bool 타입 값을 리턴한다. 물론 다른 타입으로 리턴하게 바꿀 수 있지만 바람직하지 않다.

다음과 같이 <*op*> 자리에 ==, <, >, !=, <=, >=라는 여섯 개 연산자가 적용되도록 선언한다.

```
export class SpreadsheetCell { /* 코드 생략 */ };

export bool operator<op>(const SpreadsheetCell& lhs, const SpreadsheetCell& rhs);
```

operator==의 정의는 다음과 같다. 다른 연산자도 이와 비슷하다.

```
bool operator==(const SpreadsheetCell& lhs, const SpreadsheetCell& rhs)
{
    return (lhs.getValue() == rhs.getValue());
}
```

NOTE_ 앞에서 비교 연산자를 오버로딩할 때 double 값을 비교했다. 그런데 부동소수점수끼리 서로 같은지 판단하거나 크기를 비교하는 것이 적합하지 않은 경우가 많다. 이럴 때는 **입실론 테스트**(epsilon test)로 구현해야 하는데, 이에 대한 설명은 이 책의 범위를 벗어나므로 생략한다.

클래스에 데이터 멤버가 많을 때는 데이터 멤버마다 비교 연산자를 구현하기가 번거로울 수 있다. 하지만 ==과 <를 구현했다면 이를 바탕으로 나머지 비교 연산자를 구현할 수 있다. 예를 들어 다음과 같이 operator>=을 operator<로 정의할 수 있다.

```
bool operator>=(const SpreadsheetCell& lhs, const SpreadsheetCell& rhs)
{
    return !(lhs < rhs);
}
```

이렇게 정의한 비교 연산자로 SpreadsheetCell을 다른 SpreadsheetCell과 비교할 수 있을 뿐만 아니라 double이나 int 값도 비교할 수 있다.

```
if (myCell > aThirdCell || myCell < 10) {
    cout << myCell.getValue() << endl;
}
```

비교 연산자 여섯 개를 제공하려면 함수 여섯 개를 구현해야 하며, 이는 단지 SpreadsheetCell 두 개를 서로 비교하기 위한 것이다. 함수 여섯 개를 구현하면 double에 대한 SpreadsheetCell도 비교할 수 있다. double 인수는 암묵적으로 SpreadsheetCell로 변환되기 때문이다. 앞에서 설명했듯이 이런 암묵적 변환의 성능이 떨어질 경우에는 임시 객체를 생성해야 한다. 앞에서 본 operator+와 마찬가지로 double끼리 비교하는 함수를 명시적으로 구현하면 된다. 방법은 다음과 같이 세 가지 오버로딩을 구현하면 된다.

```
bool operator<op>(const SpreadsheetCell& lhs, const SpreadsheetCell& rhs);
bool operator<op>(double lhs, const SpreadsheetCell& rhs);
bool operator<op>(const SpreadsheetCell& lhs, double rhs);
```

모든 비교 연산자를 제공하려면 코드 중복이 상당히 많아질 것이다.

C++20 잠시 분위기를 바꿔서 C++20에서 새로 도입된 기능을 살펴보자. C++20부터는 클래스에 비교 연산자를 지원하는 과정이 상당히 간결해졌다. 먼저 operator==을 글로벌 함수가 아닌 클래스의 멤버 함수로 구현하는 것을 권장한다. 또한 그 연산자의 결과를 무시하지 않도록 [[nodiscard]] 어트리뷰트를 붙여주는 것이 좋다. 예를 들면 다음과 같다.

```
[[nodiscard]] bool operator== (const SpreadsheetCell& rhs) const;
```

C++20부터는 이렇게 작성한 operator== 하나만으로 다음과 같은 비교 연산을 수행할 수 있다.

```
if (myCell == 10) { cout << "myCell == 10\n"; }
if (10 == myCell) { cout << "10 == myCell\n"; }
```

C++20 컴파일러는 10 == myCell과 같이 작성된 표현식을 myCell == 10으로 고쳐 쓰며, 이 부분에 대해 operator== 멤버 함수를 호출한다. 또한 C++20부터는 operator==을 구현하면 != 버전도 자동으로 만들어준다.

다음으로 C++20에서는 모든 비교 연산자를 구현할 때 오버로드 연산자 operator<=> 하나만 추가로 구현하면 된다. 클래스에 operator==과 operator<=>를 구현했다면 C++20 컴파일러는 여섯 가지 비교 연산자를 자동으로 만들어준다. SpreadsheetCell 클래스에 대한 operator<=>는 다음과 같다.

```
[[nodiscard]] std::partial_ordering operator<=>(const SpreadsheetCell& rhs) const;
```

NOTE C++20 컴파일러는 ==이나 != 비교 연산에 대해서는 <=>를 기준으로 변환하지 않는다. 이렇게 하는 이유는 성능 문제를 피하기 위해서인데, operator==을 명시적으로 구현하는 것이 <=>를 사용하는 것보다 훨씬 효율적인 경우가 많다.

SpreadsheetCell에 저장된 값은 double이다. 1장에서 설명했듯이 부동소수점 타입은 부분 순서 관계만 갖기 때문에 오버로드 함수가 std::partial_ordering 타입으로 리턴하는 것이다. 구현 코드는 간단하다.

```
partial_ordering SpreadsheetCell::operator<=>(const SpreadsheetCell& rhs) const
{
    return getValue() <=> rhs.getValue();
}
```

C++20부터는 operator<=>를 구현하면 >, <, <=, >=에 대한 표현식을 <=>를 사용하도록 변환하는 방식으로 자동으로 지원한다. 예를 들어 myCell < aThirdCell이란 표현식을 보면 std::is_lt(myCell<=>aThirdCell)과 같은 형태로 변환해준다. 여기서 is_lt()는 이름 있는 비교 함수로서 1장에서 설명했다.

따라서 SpreadsheetCell 클래스에 operator==과 operator<=>만 구현해도 다음과 같이 모든 종류의 비교 연산자를 제공할 수 있다.

```
if (myCell < aThirdCell) { cout << "myCell < aThirdCell\n"; }
if (aThirdCell < myCell) { cout << "aThirdCell < myCell\n"; }

if (myCell <= aThirdCell) { cout << "myCell <= aThirdCell\n"; }
if (aThirdCell <= myCell) { cout << "aThirdCell <= myCell\n"; }

if (myCell > aThirdCell) { cout << "myCell > aThirdCell\n"; }
if (aThirdCell > myCell) { cout << "aThirdCell > myCell\n"; }

if (myCell >= aThirdCell) { cout << "myCell >= aThirdCell\n"; }
if (aThirdCell >= myCell) { cout << "aThirdCell >= myCell\n"; }

if (myCell == aThirdCell) { cout << "myCell == aThirdCell\n"; }
if (aThirdCell == myCell) { cout << "aThirdCell == myCell\n"; }

if (myCell != aThirdCell) { cout << "myCell != aThirdCell\n"; }
if (aThirdCell != myCell) { cout << "aThirdCell != myCell\n"; }
```

SpreadsheetCell 클래스는 double을 SpreadsheetCell로 암묵적으로 변환해주기 때문에 다음과 같은 비교 연산도 제공된다.

```
if (myCell < 10) { cout << "myCell < 10\n"; }
if (10 < myCell) { cout << "10 < myCell\n"; }
if (10 != myCell) { cout << "10 != myCell\n"; }
```

두 SpreadsheetCell 객체를 비교할 때와 같이 컴파일러는 이런 표현식을 보면 operator==과 operator<=>를 이용하도록 변환한다. 또한 옵션으로 인수의 순서도 맞바꾼다. 예를 들어 10 < myCell이란 표현식을 먼저 is_lt(10<=>myCell)로 변환한다. 이 상태로는 제대로 실행되지 않는데, 멤버에 <=>에 대한 오버로드 함수만 있어서 SpreadsheetCell이 반드시 왼쪽에 있어야 하기 때문이다. 컴파일러는 이런 점을 발견하면 위 표현식을 is_gt(myCell<=>10)과 같은 형태로 변환한다. 그러면 제대로 실행된다.

앞에서 말했듯이 암묵적 변환에 의해 성능이 떨어진다면 double에 대한 오버로드 함수를 직접 구현할 수 있다. 다행히 C++20부터는 구현 과정이 아주 간단해졌다. 다음과 같이 두 가지 오버로드 연산자에 대한 메서드만 추가하면 된다.

```
[[nodiscard]] bool operator==(double rhs) const;
[[nodiscard]] std::partial_ordering operator<=>(double rhs) const;
```

이 메서드의 구현 코드는 다음과 같다.

```
bool SpreadsheetCell::operator==(double rhs) const
{
    return getValue() == rhs;
}

std::partial_ordering SpreadsheetCell::operator<=>(double rhs) const
{
    return getValue() <=> rhs;
}
```

1 컴파일러가 생성한 비교 연산자

SpreadsheetCell에 대한 operator==과 operator<=>의 구현 코드를 보면 단순히 데이터 멤버를 모두 비교하기만 한다. 이럴 때는 C++20의 자동 생성 기능을 이용하여 코드를 더 줄일 수 있다. 예를 들어 복제 생성자를 명시적으로 디폴트로 만들 수 있듯이 operator==과 operator<=>

도 디폴트로 만들 수 있다. 그러면 컴파일러가 각 데이터 멤버를 차례대로 비교하는 코드를 자동으로 만들어준다. 또한 operator<=>를 명시적으로 디폴트로 만들면 디폴트 operator==도 컴파일러가 자동으로 만들어준다. 따라서 double에 대해 operator==과 operator<=>를 명시적으로 정의하지 않은 SpreadsheetCell의 경우 다음과 같이 **한 줄**만 적어주면 두 SpreadsheetCell끼리 비교하는 여섯 가지 연산자를 한 번에 만들 수 있다.

```
[[nodiscard]] std::partial_ordering operator<=>(
    const SpreadsheetCell&) const = default;
```

심지어 operator<=>의 리턴 타입으로 auto를 지정할 수도 있다. 그러면 컴파일러는 데이터 멤버에 대한 <=> 연산 결과를 기반으로 리턴 타입을 추론한다. 클래스에 operator<=>를 지원하지 않는 데이터 멤버가 있다면 리턴 타입을 추론할 수 없기 때문에 리턴 타입을 strong_ordering, partial_ordering, weak_ordering 등으로 명시적으로 지정해야 한다. 컴파일러가 디폴트로 지정된 <=> 연산자를 생성할 수 있으려면 클래스에 있는 데이터 멤버가 모두 operator<=>를 지원하거나(이 경우에는 리턴 타입을 auto로 지정할 수 있다) operator<나 operator==을 제공해야 한다(이 경우에는 리턴 타입을 auto로 지정할 수 없다). SpreadsheetCell에는 double 타입 데이터 멤버가 하나뿐이므로 컴파일러는 리턴 타입을 partial_ordering으로 추론한다.

```
[[nodiscard]] auto operator<=>(const SpreadsheetCell&) const = default;
```

이 절을 시작하면서 단 하나뿐인 명시적으로 디폴트로 만든 operator<=>는 double에 대해 명시적으로 선언된 operator==이나 operator<=>가 없는 SpreadsheetCell에도 적용된다고 설명했다. 이런 명시적 double 버전을 추가하면 사용자가 선언한 operator==(double)을 추가하는 효과가 발생한다. 그러면 컴파일러는 더 이상 operator==(const SpreadsheetCell&)를 자동으로 생성할 수 없다. 따라서 디폴트로 지정한 버전을 다음과 같이 직접 명시적으로 추가해야 한다.

```
export class SpreadsheetCell
{
    public:
        // 코드 생략
        [[nodiscard]] auto operator<=>(const SpreadsheetCell&) const = default;
```

```
        [[nodiscard]] bool operator==(const SpreadsheetCell&) const = default;

        [[nodiscard]] bool operator==(double rhs) const;
        [[nodiscard]] std::partial_ordering operator<=>(double rhs) const;
        // 코드 생략
};
```

클래스에서 operator<=>를 명시적으로 디폴트로 지정할 수 있다면 직접 구현하기보다는 그렇게 하는 것을 권장한다. 컴파일러가 대신 만들도록 작성하면 데이터 멤버를 추가하거나 수정해도 그에 맞게 항상 최신 상태로 유지할 수 있기 때문이다. 만약 연산자를 직접 구현하면 데이터 멤버가 추가되거나 변경될 때마다 operator<=> 구현 코드도 수정해야 한다. 컴파일러가 자동으로 생성하지 않은 operator==도 마찬가지다.

operator==과 operator<=>는 연산자 정의에서 지원하는 클래스 타입에 대한 const 레퍼런스를 매개변수로 가지는 경우에만 명시적으로 디폴트로 지정할 수 있다. 예를 들면 다음과 같이 할 수 없다.

```
[[nodiscard]] auto operator<=>(double) const = default; // 작동하지 않는다.
```

NOTE_ C++20에서 원하는 클래스에 대해 여섯 가지 비교 연산자를 모두 제공하려면 다음과 같이 한다.

- 클래스에서 operator<=>를 디폴트로 지정할 수 있다면 그렇게 만드는 코드 한 줄만 적으면 된다. 경우에 따라 operator==도 명시적으로 디폴트로 지정해야 한다.
- 클래스에서 operator<=>를 디폴트로 지정할 수 없다면 operator==과 operator<=>를 오버로드하는 버전을 메서드로 구현한다.

나머지 비교 연산자는 직접 구현할 필요 없다.

9.7.4 연산자 오버로딩을 지원하는 타입 정의하기

연산자 오버로딩 코드를 작성하는 방법이 복잡하고 헷갈린다고 여기는 사람이 많다. 특히 처음 접할 때 더 그렇다. 아이러니하게도 연산자 오버로딩은 원래 복잡한 일을 간편하게 만들기 위해 제공하는 기능이다. 지금까지 본 것처럼 클래스를 작성하는 작업을 간편하게 해주는 것이 아니라 클래스를 사용하는 사람을 편하게 해주는 기능이다. 이때 핵심은 클래스를 최대한 int나

double과 같은 기본 타입처럼 정의하는 데 있다. 객체를 추가하기 위한 메서드가 add()인지 아니면 sum()인지 일일이 기억하기보다는 +로 통일시켜주면 사용하기 훨씬 쉽다.

NOTE_ 여러분의 클래스를 사용하는 사람의 편의를 위해 연산자 오버로딩을 제공하라.

그렇다면 오버로딩할 수 있는 연산자의 종류가 궁금할 것이다. 사실 거의 모든 연산자를 오버로딩할 수 있다. 지금까지 한 번도 보지 못한 연산자도 있을 정도다. 지금까지 소개한 대입 연산자, 기본 산술 연산자, 축약형 산술 연산자, 비교 연산자는 빙산의 일각이다. 스트림 추가^stream insertion 및 추출^stream extraction 연산자도 오버로딩하면 편하다. 또한 조금 복잡하지만 연산자 오버로딩으로 할 수 있다고 전혀 생각하지 못했던 흥미로운 기능도 구현할 수 있다. 참고로 표준 라이브러리는 이러한 연산자 오버로딩 기능을 상당히 많이 사용하고 있다. 다른 연산자에 대한 오버로딩 방법은 15장에서 자세히 설명한다. 표준 라이브러리는 16~24장에서 설명한다.

9.8 안정된 인터페이스 만들기

지금까지 C++로 클래스를 작성하는 방법을 배웠다. 이 시점에서 5장과 6장에서 설명한 설계 원칙을 간단히 복습해보자. 클래스는 C++의 기본 추상화 단위다. 클래스를 작성할 때 추상화 원칙을 적용하여 인터페이스와 구현을 최대한 분리하는 것이 좋다. 특히 데이터 멤버를 모두 private으로 지정하고 게터와 세터를 제공하는 것이 바람직하다. SpreadsheetCell 클래스를 바로 이런 식으로 구현했다. m_value는 private이고, 공용 set() 메서드는 값을 설정하고, getValue()와 getString()은 값을 자져온다.

9.8.1 인터페이스 클래스와 구현 클래스

앞서 설명한 기준과 바람직한 설계 원칙을 적용하더라도 C++ 언어와 추상화 원칙에 잘 맞지 않는 부분이 있다. C++에서는 public 인터페이스와 private(또는 protected) 데이터 멤버 및 메서드를 모두 클래스 정의에 작성하기 때문에 클래스 내부 구현사항이 클라이언트에 어느 정도 노출될 수밖에 없다. 그러므로 비 public 메서드나 데이터 멤버를 클래스에 추가할 때마다 이 클래스를 사용하는 클라이언트 코드를 매번 다시 컴파일해야 하는 단점이 있다. 프로젝트가 클수록 이 작업에 대한 부담이 커진다.

다행히 인터페이스를 보다 간결하게 구성하고 구현 세부사항을 모두 숨겨서 인터페이스를 안정적으로 유지하는 방법이 있다. 대신 작성할 코드가 좀 늘어난다. 기본 원칙은 작성할 클래스마다 **인터페이스 클래스**와 **구현 클래스**를 따로 정의하는 것이다. 구현 클래스는 우리가 흔히 작성하는 클래스 코드를 말한다. 인터페이스 클래스는 구현 클래스와 똑같이 public 메서드를 제공하되 구현 클래스 객체에 대한 포인터를 갖는 데이터 멤버 하나만 정의한다. 이를 **핌플 이디엄** pimpl (private implementation) idiom (**핌플 구문**) 또는 **브릿지 패턴** bridge pattern 이라 부른다. 인터페이스 클래스 메서드는 단순히 구현 클래스 객체에 있는 동일한 메서드를 호출하기만 한다. 그러면 구현 코드가 변해도 public 메서드로 구성된 인터페이스 클래스는 영향을 받지 않는다. 따라서 다시 컴파일할 일이 줄어든다. 이렇게 정의된 인터페이스 클래스를 사용하는 클라이언트는 구현 코드만 변경되었을 때 소스를 다시 컴파일할 필요가 없다. 여기서 주의할 점은 인터페이스 클래스에 존재하는 유일한 데이터 멤버를 구현 클래스에 대한 포인터로 정의해야 제대로 효과를 발휘한다는 것이다. 데이터 멤버가 포인터가 아닌 값 타입이면 구현 클래스가 변경될 때마다 다시 컴파일해야 한다.

Spreadsheet 클래스에 이 방식을 적용하려면 먼저 다음과 같이 Spreadsheet 클래스를 public 인터페이스 클래스로 정의한다.

```
module;
#include <cstddef>

export module spreadsheet;

export import spreadsheet_cell;
import <memory>;

export class SpreadsheetApplication { };

export class Spreadsheet
{
    public:
        Spreadsheet(const SpreadsheetApplication& theApp,
            size_t width = MaxWidth, size_t height = MaxHeight);
        Spreadsheet(const Spreadsheet& src);
        Spreadsheet(Spreadsheet&&) noexcept;
        ~Spreadsheet();
```

```
        Spreadsheet& operator=(const Spreadsheet& rhs);
        Spreadsheet& operator=(Spreadsheet&&) noexcept;

        void setCellAt(size_t x, size_t y, const SpreadsheetCell& cell);
        SpreadsheetCell& getCellAt(size_t x, size_t y);

        size_t getId() const;

        static const size_t MaxHeight { 100 };
        static const size_t MaxWidth { 100 };

        void swap(Spreadsheet& other) noexcept;

    private:
        class Impl;
        std::unique_ptr<Impl> m_impl;
};
export void swap(Spreadsheet& first, Spreadsheet& second) noexcept;
```

구현 코드는 Impl이란 이름의 private 중첩 클래스로 정의한다. Spreadsheet 클래스 말고는 구현 클래스에 대해 알 필요가 없기 때문이다. 이렇게 하면 Spreadsheet 클래스는 Impl 인스턴스에 대한 포인터인 데이터 멤버 하나만 갖게 된다. public 메서드는 기존 Spreadsheet 클래스에 있던 것과 같다.

중첩 클래스인 Spreadsheet::Impl은 spreadsheet 모듈 구현 파일에 정의했다. 이 코드는 클라이언트가 볼 수 없게 만들어야 하므로 Impl 클래스를 익스포트하지 않았다. Spreadsheet.cpp 모듈 구현 파일은 다음과 같다.

```
module;
#include <cstddef>

module spreadsheet;

import <utility>;
import <stdexcept>;
import <format>;
import <algorithm>;

using namespace std;
```

```
// Spreadsheet::Impl 클래스 정의
class Spreadsheet::Impl { /* 코드 생략 */ };

// Spreadsheet::Impl 메서드 정의
Spreadsheet::Impl::Impl(const SpreadsheetApplication& theApp,
    size_t width, size_t height)
    : m_id { ms_counter++ }
    , m_width { min(width, Spreadsheet::MaxWidth) }
    , m_height { min(height, Spreadsheet::MaxHeight) }
    , m_theApp { theApp }
{
    m_cells = new SpreadsheetCell*[m_width];
    for (size_t i{ 0 }; i < m_width; i++) {
        m_cells[i] = new SpreadsheetCell[m_height];
    }
}
// 나머지 코드 생략
```

Impl 클래스의 인터페이스는 기존 Spreadsheet 클래스와 거의 같다. 하지만 메서드를 구현할 때는 Impl 클래스가 중첩 클래스임을 명심해야 한다. 따라서 스코프를 Spreadsheet::Impl로 지정해야 한다. 생성자의 경우 Spreadsheet::Impl::Impl(...)과 같이 표현한다.

Spreadsheet 클래스는 구현 클래스를 가리키는 unique_ptr을 가지고 있기 때문에 사용자 선언 소멸자가 있어야 한다. 이 소멸자에서는 특별히 할 일이 없기 때문에 구현 파일에 다음과 같이 디폴트로 지정한다.

```
Spreadsheet::~Spreadsheet() = default;
```

사실 이 코드는 클래스 정의에 직접 적지 말고 구현 파일에 적어야 한다. 그 이유는 Impl 클래스는 Spreadsheet 클래스 정의에서 단순히 전방forward 선언만 하기 때문이다. 다시 말해 컴파일러는 Spreadsheet::Imple 클래스가 어딘가에 있다는 사실만 알고, 아직까지는 이를 정의하는 코드는 모른다. 따라서 클래스 정의에서 소멸자를 디폴트로 지정할 수 없다. 컴파일러는 구현 코드를 아직 모르는 Impl 클래스의 소멸자를 사용하려 하게 되기 때문이다. 다른 이동 생성자나 이동 대입 연산자와 같은 메서드를 디폴트로 지정하는 경우도 마찬가지다.

setCellAt()이나 getCellAt()과 같은 Spreadsheet의 메서드에 대한 구현 코드를 작성할 때는 주어진 요청을 내부 Impl 객체로 단순히 전달만 하도록 작성하면 된다.

```
void Spreadsheet::setCellAt(size_t x, size_t y, const SpreadsheetCell& cell)
{
    m_impl->setCellAt(x, y, cell);
}

SpreadsheetCell& Spreadsheet::getCellAt(size_t x, size_t y)
{
    return m_impl->getCellAt(x, y);
}
```

이렇게 하려면 Spreadsheet의 생성자에서 반드시 Impl 객체를 생성하도록 구현해야 한다.

```
Spreadsheet::Spreadsheet(const SpreadsheetApplication& theApp,
    size_t width, size_t height)
{
    m_impl = std::make_unique<Impl>(theApp, width, height);
}

Spreadsheet::Spreadsheet(const Spreadsheet& src)
{
    m_impl = std::make_unique<Impl>(*src.m_impl);
}
```

복제 생성자 코드가 좀 이상하게 보일 수 있다. 원본 스프레드시트(src)에서 내부 Impl 객체를 복제해야 하기 때문이다. 복제 생성자는 Impl에 대한 포인터가 아닌 레퍼런스를 인수로 받는다. 따라서 m_impl 포인터를 역참조해서 객체 자체에 접근해야 생성자를 호출할 때 이 레퍼런스를 받을 수 있다.

Spreadsheet의 대입 연산자도 마찬가지로 내부 Impl의 대입 연산자로 전달한다.

```
Spreadsheet& Spreadsheet::operator=(const Spreadsheet& rhs)
{
    *m_impl = *rhs.m_impl;
    return *this;
}
```

대입 연산자의 첫 번째 줄이 좀 이상하게 보일 수 있다. Spreadsheet 대입 연산자는 현재 호출을 Impl의 대입 연산자로 포워딩해야 하는데, 이 연산자는 객체를 직접 복제할 때만 구동된다.

m_impl 포인터를 역참조하면 강제로 직접 객체 대입 방식을 적용하기 때문에 Impl의 대입 연산자를 호출할 수 있다.

swap( ) 함수는 다음과 같이 단순히 데이터 멤버를 맞바꾸기만 한다.

```
void Spreadsheet::swap(Spreadsheet& other) noexcept
{
    std::swap(m_impl, other.m_impl);
}
```

이렇게 인터페이스와 구현을 확실히 나누면 엄청난 효과를 얻을 수 있다. 처음에는 좀 번거롭지만 일단 익숙해지면 자연스레 이런 스타일로 작성할 수 있다. 하지만 누구나 흔히 사용하는 기법이 아니기 때문에 처음에는 동료의 저항에 부딪힐 수 있다. 여기서 소개한 기법의 가장 큰 장점은 인터페이스와 구현을 분리하면 단순히 스타일 측면만 좋아지는 것이 아니라 구현 클래스를 변경할 일이 많아져도 빌드 시간을 절약할 수 있다는 것이다. 핌플 이디엄을 적용하지 않고 클래스를 작성하면 구현 코드가 조금이라도 변경되면 빌드 시간이 길어질 수 있다. 예를 들어 클래스 정의에 데이터 멤버를 새로 추가하면 이 클래스 정의를 인클루드하는 모든 소스 파일을 다시 빌드해야 한다. 반면 핌플 이디엄을 적용하면 인터페이스 클래스를 건드리지 않는 한 구현 클래스의 코드를 변경해도 빌드 시간에 영향을 받지 않는다.

NOTE_ 인터페이스 클래스를 안정적으로 구현하면 빌드 시간을 단축할 수 있다.

여기서 설명한 것처럼 인터페이스와 구현을 분리하는 대신 추상 인터페이스abstract interface, 즉 가상 메서드로만 구성된 인터페이스를 정의한 뒤 이를 구현하는 클래스를 따로 작성해도 된다. 추상 인터페이스는 10장에서 자세히 설명한다.

9.9 정리

이 장은 8장에 이어서 클래스를 견고하고 바람직하게 설계하고, 객체를 효과적으로 사용하는 데 필요한 모든 도구와 기법을 소개했다.

객체에서 동적 메모리를 사용하면 여러 가지 까다로운 문제가 발생한다는 것도 살펴봤다. 즉,

메모리 복제, 이동, 해제를 제대로 처리하도록 소멸자, 복제 생성자, 복제 대입 연산자, 이동 생성자, 이동 대입 연산자를 구현해야 한다. 또한 대입과 값 전달이 발생하지 않도록 복제 생성자와 대입 연산자를 명시적으로 삭제하는 방법도 소개했다. 그리고 복제 후 맞바꾸기 구문으로 복제 대입 연산자를 구현하는 방법과 영의 규칙도 배웠다.

static, const, const 레퍼런스, mutable 멤버와 같은 다양한 종류의 데이터 멤버도 소개했다. static, inline, const 메서드와 메서드 오버로딩, 디폴트 인수도 살펴봤다. 그리고 중첩 클래스를 정의하는 방법과 friend 클래스, 함수, 메서드도 설명했다.

연산자 오버로딩을 소개하면서 산술 및 비교 연산자를 글로벌 함수나 클래스 메서드 형태로 오버로딩하는 방법도 설명했다. 또한 C++20부터 새로 추가된 삼항 비교 연산자를 클래스에 직접 추가하는 방법도 살펴봤다.

마지막으로 인터페이스 클래스와 구현 클래스를 분리함으로써 추상화를 극대화하는 방법도 소개했다.

이제 C++에서 객체지향 프로그래밍에 관련된 기능을 모두 익혔다. 다음 장에서는 상속을 깊이 파헤쳐보자.

9.10 연습 문제

이 장에서 소개한 내용을 직접 써보기 위해 다음 연습 문제를 풀어보자. 연습 문제에 대한 정답은 이 책의 웹사이트(www.wiley.com/go/proc++5e)에서 다운로드할 수 있다. 문제를 풀다가 막히면 정답부터 찾지 말고 먼저 앞에서 설명한 부분을 다시 읽고 직접 답을 찾아보려고 애쓰기 바란다.

연습 문제 9-1 [연습 문제 8-3]에서 구현한 Person 클래스를 가져와서 스트링을 전달하도록 수정해보자. 이때 여러분이 떠올릴 수 있는 가장 최적의 방법으로 작성한다. 또한 이동 생성자와 이동 대입 연산자도 추가해보자. 두 메서드가 호출될 때 콘솔에 메시지를 출력하게 만든다. 이동 메서드를 구현하거나 [연습 문제 8-3]에서 작성했던 메서드에서 코드 중복을 줄이도록 개선하는 과정에서 추가할 메서드가 있다면 함께 구현한다. 이렇게 만든 메서드를 테스트하도록 main() 코드를 수정한다.

연습 문제 9-2 [연습 문제 8-4]에서 구현한 Person 클래스를 바탕으로 두 Person 객체를 비교하는 여섯 가지 비교 연산자를 모두 지원하도록 작성해보자. 이때 코드 양을 최소화하는 방향으로 구현한다. 작성한 비교 연산자는 main()에서 모두 테스트해보고 Person 객체들이 어떻게 정렬되는지 살펴본다. 이름을 기준으로 정렬되는지, 아니면 성을 기준으로 정렬되는지, 아니면 둘의 조합으로 정렬되는지 확인해보자.

연습 문제 9-3 C++20 이전에는 여섯 가지 비교 연산자를 모두 지원하려면 작성해야 할 코드가 많았다. [연습 문제 9-2]에서 구현한 Person 클래스를 바탕으로 operator<=>를 제거하고, <=>를 사용하지 않고 두 Person 객체를 비교하는 여섯 가지 비교 연산자를 모두 제공하기 위해 필요한 코드를 추가해보자. [연습 문제 9-2]에서 작성한 테스트 코드를 그대로 활용해서 테스트해보자.

연습 문제 9-4 이번에는 안정적인 인터페이스를 작성해보자. [연습 문제 8-4]에서 작성한 Person 클래스를 안정적인 public 인터페이스 클래스와 구현 클래스로 나눠보자.

CHAPTER 10

상속 활용하기

이 장의 내용

- 상속을 이용한 클래스 확장 방법
- 상속을 이용한 코드 재사용 방법
- 베이스 클래스와 파생 클래스의 상호 연동 방법
- 상속을 이용한 다형성 구현 방법
- 다중 상속
- 상속에 관련된 문제 해결 방법

클래스에 상속이 없다면 구조체에 동작만 추가한 것에 불과하다. 그것만으로도 절차형 언어에 비해 엄청난 발전이지만, 상속은 새로운 차원의 기능이 추가된 것이다. 상속을 활용하면 기존 클래스를 바탕으로 새 클래스를 정의할 수 있다. 따라서 클래스는 재사용하거나 확장 가능한 컴포넌트인 것이다. 이 장에서는 상속의 강력함을 최대한 활용하기 위한 여러 가지 방법을 소개한다. 상속에 관련된 구체적인 문법뿐만 아니라 상속을 최대한 활용하기 위한 고급 테크닉도 소개한다.

이 장에서 다형성을 소개할 때 8장과 9장에서 소개한 스프레드시트 예제를 적극 활용할 것이다. 또한 5장에서 소개한 객체지향 방법론도 적용한다. 아직 읽지 않았거나 상속의 밑바탕이 되는 개념을 제대로 이해하지 않았다면 먼저 5장부터 읽기 바란다.

10.1 상속을 이용한 클래스 구현

5장에서 is-a 관계를 소개하면서 현실에 존재하는 대상은 대부분 계층 구조에 속한다고 설명한 적이 있다. 프로그래밍에서도 마찬가지로 클래스를 수정하거나 다른 클래스를 바탕으로 새 클래스를 정의할 때 이러한 관계를 분명히 볼 수 있다. 코드에서 이런 관계를 다루는 한 가지 방법은 기존 클래스를 복사하여 다른 클래스에 붙여넣는 것이다. 그러면 원본과는 약간 다르게 원하는 형태로 수정하는 방식으로 새로운 클래스를 정의할 수 있다. 하지만 이런 방식은 OOP 프로그래머 입장에서 볼 때 지치거나 짜증날 수 있는데 그 이유는 다음과 같다.

- 나중에 원본 클래스의 버그를 수정해도 새 클래스에 반영되지 않는다. 두 코드가 완전히 별개이기 때문이다.
- 컴파일러는 두 클래스의 관계를 모른다. 따라서 동일한 대상을 바탕으로 서로 다르게 변형한 다형성 관계를 이룰 수 없다(5장 참조).
- 진정한 is-a 관계가 아니다. 새 클래스의 코드 중 상당 부분이 원본과 같아서 서로 비슷하지만, 타입이 같은 것은 아니다.
- 간혹 원본 클래스의 소스 코드에 접근할 수 없거나 컴파일된 바이너리 버전만 있어서 소스 코드를 직접 복사할 수 없을 수도 있다.

당연히 C++는 진정한 is-a 관계를 정의하는 기능을 기본으로 제공한다. 다음 절에서는 C++에서 제공하는 is-a 관계의 특성을 자세히 살펴본다.

10.1.1 클래스 확장하기

C++에서 클래스를 정의할 때 컴파일러에 기존 클래스를 **상속**inherit, **파생**derive, **확장**extend한다고 선언할 수 있다. 이렇게 하면 새로 만들 클래스에 기존 클래스의 데이터 멤버와 메서드를 자동으로 가져올 수 있다. 이때 원본 클래스를 **부모 클래스**parent class (**베이스 클래스**base class 또는 **슈퍼 클래스**super class)라 부른다. 그러면 기존 클래스를 확장한 **자식 클래스**child class (**파생 클래스**derived class 또는 **서브 클래스**subclass)는 부모 클래스와 다른 부분만 구현하면 된다.

C++에서 어떤 클래스를 확장하려면 그 클래스를 정의할 때 다른 클래스를 확장한 것임을 표시해야 한다. 다음과 같이 정의한 Base 클래스와 Derived 클래스를 이용하여 상속을 표현하는 문법을 알아보자. 코드가 너무 간단하다고 아쉬워할 필요 없다. 뒤에서 좀 더 흥미로운 예제를 소개할 것이다. 먼저 Base 클래스를 다음과 같이 정의한다.

```
class Base
{
    public:
        void someMethod() {}
    protected:
        int m_protectedInt { 0 };
    private:
        int m_privateInt { 0 };
};
```

이제 Derived 클래스라는 새로운 클래스를 Base 클래스를 상속하는 방식으로 만들어보자. 이를 위해 다음과 같이 작성한다.

```
class Derived : public Base
{
    public:
        void someOtherMethod() {}
};
```

Derived 클래스는 Base 클래스가 가진 특성을 그대로 물려받은 완전한 형태의 클래스다. 여기 나온 public의 의미는 뒤에서 설명할 것이니 일단 넘어가자. [그림 10-1]은 Derived와 Base 클래스의 관계를 보여주고 있다.

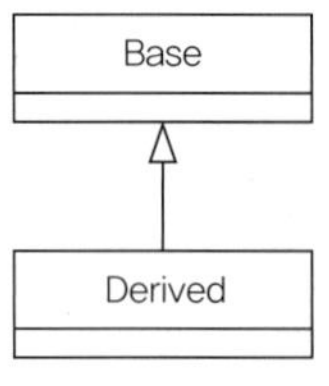

그림 10-1

Derived 타입 객체도 다른 객체처럼 얼마든지 선언할 수 있다. 심지어 Derived 클래스를 상속하는 클래스를 정의할 수도 있다. 그러면 [그림 10-2]와 같이 체인 형태의 관계가 형성된다.

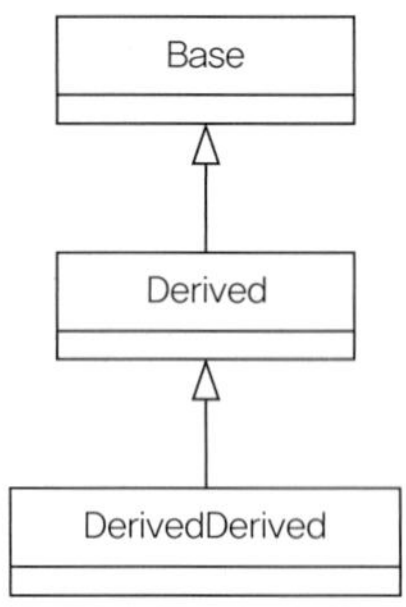

그림 10-2

Derived만 Base를 상속하라는 법은 없다. [그림 10-3]처럼 다른 클래스도 얼마든지 Base를 상속해서 Derived와 형제 관계를 이룰 수 있다.

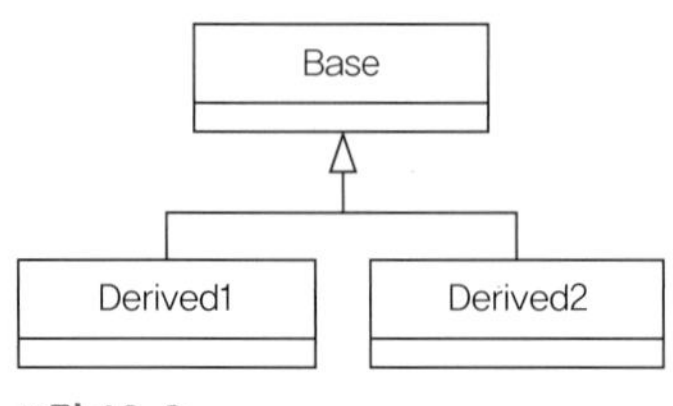

그림 10-3

1 클라이언트 입장에서 본 상속

다른 코드에서 볼 때 Derived 타입 객체는 Base 타입 객체이기도 하다. Derived는 Base를 상속한 것이기 때문이다. 따라서 Base에 있는 public 메서드나 데이터 멤버뿐만 아니라 Derived의 public 메서드와 데이터 멤버도 사용할 수 있다.

파생 클래스의 메서드를 호출할 때는 그 메서드가 동일한 상속 계층에 있는 클래스 중에서 실제로 어디에 정의된 것인지 몰라도 된다. 예를 들어 다음 코드는 Derived 객체에 있는 두 메서드를 호출하는데, 그중 하나는 Base 클래스에 정의된 것이다.

```
Derived myDerived;
myDerived.someMethod();
myDerived.someOtherMethod();
```

상속은 반드시 한 방향으로만 진행된다는 점을 명심한다. Derived 클래스는 Base 클래스가 부모라는 사실이 명확히 드러나 있지만 Base 클래스 입장에서는 Derived 클래스의 존재를 알 수 없다. 따라서 Base 타입 객체는 Derived 객체의 메서드나 데이터 멤버를 사용할 수 없다. Derived는 Base 타입이지만 Base는 Derived 타입이 아니기 때문이다.

다음 코드는 컴파일 에러가 발생한다. Base 클래스에 someOtherMethod()라는 public 메서드가 없기 때문이다.

```
Base myBase;
myBase.someOtherMethod(); // 컴파일 에러! Base에 someOtherMethod()가 없다.
```

NOTE_ 다른 코드에서 볼 때 객체는 그것이 정의된 클래스뿐만 아니라 그 클래스의 모든 베이스 클래스에도 속한다.

객체에 대한 포인터나 레퍼런스의 타입은 그 객체의 선언문에 나온 클래스뿐만 아니라 그 클래스의 파생 클래스 타입으로도 지정할 수 있다. 자세한 사항은 뒤에서 설명하기로 하고, 일단 Base 포인터로 Derived 객체도 가리킬 수 있다는 정도만 알고 넘어가자. 레퍼런스도 마찬가지다. 클라이언트는 기본적으로 Base에 있는 데이터 멤버나 메서드만 접근할 수 있지만 상속을 통해 Base에 적용되는 코드를 Derived에도 적용할 수 있다.

예를 들어 다음 코드는 얼핏 보면 타입이 맞지 않은 것처럼 보이지만 정상적으로 컴파일된다.

```
Base* base { new Derived{} }; // Derived 객체를 생성해서 Base 포인터에 저장한다.
```

하지만 Base 포인터로 Derived 클래스의 메서드를 호출할 수는 없다. 예를 들어 다음과 같이 작성하면 작동하지 않는다.

```
base->someOtherMethod();
```

객체 타입이 Derived이고, 실제로 someOtherMethod()도 정의되어 있지만, 선언을 Base 타입으로 했기 때문에 컴파일 에러가 발생한다. 컴파일러는 이 객체의 타입이 someOtherMethod()가 없는 Base로 생각할 수 있기 때문이다.

2 파생 클래스 입장에서 본 상속

파생 클래스를 작성하는 방법이나 동작 관점에서 보면 일반 클래스와 다른 점은 없다. 일반 클래스와 마찬가지로 메서드와 데이터 멤버를 정의할 수 있다. 앞에서 Derived 클래스를 정의할 때 someOtherMethod()란 메서드를 선언했다. Derived 클래스는 메서드를 하나 더 추가하는 방식으로 Base를 보완한 셈이다.

파생 클래스는 베이스 클래스에 선언된 public 및 protected 메서드나 데이터 멤버를 자기 것처럼 사용할 수 있다. 실제로 파생 클래스 안에 담겨 있기도 하다. 예를 들어 다음 코드처럼 Derived의 someOtherMethod()를 구현하는 코드에서 Base에 선언된 m_protectedInt라는 데이터 멤버를 사용할 수 있다. 다음 코드는 베이스 클래스에 있는 데이터 멤버나 메서드를 마치 파생 클래스에 있는 것처럼 사용한다.

```
void Derived::someOtherMethod()
{
    cout << "I can access base class data member m_protectedInt." << endl;
    cout << "Its value is " << m_protectedInt << endl;
}
```

클래스에서 데이터 멤버나 메서드를 protected로 선언하면 파생 클래스에서도 접근할 수 있다. 반면 private으로 선언하면 파생 클래스에서 접근할 수 없다. someOtherMethod()를 다음과 같이 구현하면 컴파일 에러가 발생한다. 파생 클래스는 베이스 클래스의 private 데이터 멤버에 접근할 수 없기 때문이다.

```
void Derived::someOtherMethod()
{
    cout << "I can access base class data member m_protectedInt." << endl;
    cout << "Its value is " << m_protectedInt << endl;
    cout << "The value of m_privateInt is " << m_privateInt << endl; // 에러
}
```

private 접근 제한자는 나중에 정의될 파생 클래스에서 현재 클래스에 접근하는 수준을 제어하는 데 활용할 수 있다. 기본적으로 데이터 멤버를 모두 private으로 선언하는 것이 바람직하다. 그러고 나서 아무 코드나 이 데이터 멤버를 접근하게 하고 싶다면 public으로 선언한 게터나 세터를 만들고, 파생 클래스만 접근하게 하려면 protected로 선언한다. 이렇게 데이터 멤버를 기본적으로 private으로 선언하는 이유는 캡슐화 수준을 최대한 높이기 위해서다. 이렇게 하면 public이나 protected로 선언된 인터페이스는 그대로 유지하면서 데이터의 내부 표현 방식을 마음껏 바꿀 수 있다. 또한 데이터 멤버를 직접 접근할 수 없게 만들고 public 또는 protected로 선언된 세터를 제공하면 입력값을 검사하는 기능을 추가하기도 쉽다. 메서드도 기본적으로 private으로 선언하고, 외부에 공개할 메서드만 별도로 public으로 선언한다. 물론 파생 클래스만 접근하게 하려면 protected로 선언한다.

NOTE_ 파생 클래스의 입장에서 베이스 클래스에 있는 public과 protected 데이터 멤버 및 메서드를 모두 마음껏 사용할 수 있다.

세 가지 접근 제한자의 의미와 용도를 정리하면 다음 표와 같다.

접근 제한자	의미	용도
public	객체의 public 멤버 함수나 데이터 멤버는 누구나 접근할 수 있다.	클라이언트가 사용할 동작(메서드). private 또는 protected 데이터 멤버에 대한 접근 메서드(게터와 세터)
protected	protected 멤버 함수나 데이터 멤버는 같은 클래스로 된 객체의 멤버 함수로 접근할 수 있다. 또한 파생 클래스의 멤버 함수는 베이스 클래스의 protected 멤버에 접근할 수 있다.	외부 클라이언트가 사용하면 안 되는 헬퍼 메서드에 적용한다.
private	private 멤버 함수나 데이터 멤버는 같은 클래스의 멤버 함수로만 접근할 수 있다. 파생 클래스의 멤버 함수는 베이스 클래스의 private 멤버에 접근할 수 없다.	기본적으로 모두 private으로 지정한다. 특히 데이터 멤버라면 반드시 private으로 지정한다. 파생 클래스만 게터나 세터에 접근하게 하려면 protected로 지정하고, 외부 클라이언트도 접근하게 하려면 public으로 지정한다.

3 상속 방지

C++에서 클래스를 정의할 때 final 키워드를 붙이면 다른 클래스가 이 클래스를 상속할 수 없다. final로 선언한 클래스를 상속하면 컴파일 에러가 발생한다. final 키워드는 클래스 이름 오른쪽에 작성한다. 예를 들어 Base 클래스를 final로 선언하면 다음과 같다.

```
class Base final { };
```

10.1.2 메서드 오버라이딩

클래스를 상속하는 이유는 주로 클래스에 기능을 추가하거나 바꾸기 위해서다. Derived 클래스는 베이스 클래스에 someOtherMethod( )라는 메서드를 추가하는 방식으로 새로운 기능을 정의한다. 이와 달리 someMethod( )는 Base에 있던 것을 상속한 것이어서 베이스 클래스와 똑같다. 하지만 베이스 클래스에 정의된 메서드의 동작을 변경할 일이 많은데, 이를 **메서드 오버라이딩** method overriding이라 부른다.

1 virtual 키워드

C++에서는 베이스 클래스에서 virtual 키워드로 선언된 메서드만 파생 클래스에서 오버라이드할 수 있다는 제약사항이 있다. 이 키워드는 다음과 같이 메서드 선언문 맨 앞에 적는다.

```
class Base
{
    public:
        virtual void someMethod() {}
    protected:
        int m_protectedInt { 0 };
    private:
        int m_privateInt { 0 };
};
```

Derived 클래스도 마찬가지로 자기 자식들이 오버라이드하도록 허용하는 메서드를 모두 virtual로 선언한다.

```
class Derived : public Base
{
```

```
    public:
        virtual void someOtherMethod();
};
```

2 메서드 오버라이딩 문법

파생 클래스에서 베이스 클래스의 메서드를 오버라이드하려면 그 메서드를 베이스 클래스에 나온 것과 똑같이 선언하고 맨 뒤에 virtual 대신 override 키워드를 붙인다. 그러고 나서 메서드 본문에 파생 클래스에서 구현하려는 방식으로 코드를 작성한다.

예를 들어 Base 클래스에 선언된 someMethod( ) 메서드가 다음과 같이 정의되어 있다고 하자.

```
void Base::someMethod()
{
    cout << "This is Base's version of someMethod()." << endl;
}
```

참고로 메서드를 정의(구현)할 때는 virtual 키워드를 생략한다.

Derived 클래스에서 someMethod( )를 새로 정의하려면 Derived 클래스를 정의하는 코드에서 이 메서드의 선언문을 다음과 같이 고쳐야 한다. virtual을 지우고 override를 붙인 것을 볼 수 있다.

```
class Derived : public Base
{
    public:
        void someMethod() override; // Base의 someMethod() 오버라이딩하기
        virtual void someOtherMethod();
};
```

새로 정의할 someMethod( )는 기존 메서드와 나란히 작성한다.

```
void Derived::someMethod()
{
    cout << "This is Derived's version of someMethod()." << endl;
}
```

오버라이드한 메서드에 virtual 키워드를 붙여도 되지만, 이렇게 하면 중복 코드가 된다.

```
class Derived : public Base
{
    public:
        virtual void someMethod() override; // Base의 someMethod() 오버라이딩하기
};
```

메서드나 소멸자를 한 번 virtual로 지정하면 그 후 정의하는 모든 파생 클래스에서도 virtual 상태를 유지한다. 심지어 파생 클래스에서 virtual 키워드를 제거해도 그렇다.

3 클라이언트 관점에서 본 오버라이드한 메서드

앞서 본 것처럼 수정하더라도 someMethod()를 예전과 똑같은 방식으로 호출할 수 있다. 즉, Base 클래스의 객체로 호출할 수도 있고 Derived 클래스의 객체로 호출할 수도 있다. 하지만 someMethod()의 실제 동작은 객체가 속한 클래스에 따라 달라진다.

예를 들어 다음 코드는 이전과 마찬가지로 Base에 정의된 someMethod()를 호출한다.

```
Base myBase;
myBase.someMethod(); // Base에 정의된 someMethod()를 호출한다.
```

이 코드를 실행하면 다음과 같이 출력된다.

```
This is Base's version of someMethod().
```

그런데 다음과 같이 Derived 클래스로 선언하면 Derived 버전의 someMethod()가 호출된다.

```
Derived myDerived;
myDerived.someMethod(); // Derived 버전의 someMethod()를 호출한다.
```

이 코드를 실행하면 다음과 같이 출력된다.

```
This is Derived's version of someMethod().
```

Derived 객체에 있는 다른 부분은 이전과 같다. Base를 상속한 다른 메서드도 Derived에서 따로 오버라이드하지 않았다면 Base에 정의된 내용이 그대로 유지된다.

앞에서 설명한 것처럼 포인터나 레퍼런스는 해당 클래스뿐만 아니라 파생 클래스 객체까지 가리킬 수 있다. 객체 자신은 멤버가 어느 클래스에 속하는지 알기 때문에 virtual로 선언되었다면 가장 적합한 메서드를 호출한다. 예를 들어 다음과 같이 Derived 객체를 가리키는 레퍼런스를 Base 타입으로 선언한 상태에서 someMethod()를 호출하면 파생 클래스 버전이 호출된다. 하지만 베이스 클래스에 virtual이란 키워드를 적지 않았다면 오버라이드한 버전이 호출되지 않는다.

```
Derived myDerived;
Base& ref { myDerived };
ref.someMethod(); // Derived 버전의 someMethod()가 호출된다.
```

이때 베이스 클래스 타입의 레퍼런스나 포인터가 실제로 파생 클래스 타입 객체를 가리킨다 해도 베이스 클래스에 정의되지 않은 파생 클래스의 데이터 멤버나 메서드는 접근할 수 없다는 점에 주의한다. 다음 코드는 Base 레퍼런스에 someOtherMethod()가 없기 때문에 컴파일 에러가 발생한다.

```
Derived myDerived;
Base& ref { myDerived };
myDerived.someOtherMethod(); // 정상 작동
ref.someOtherMethod();       // 에러
```

이렇게 파생 클래스를 인식해서 적합한 메서드를 호출하는 기능은 포인터나 레퍼런스 객체에만 적용된다. Derived 타입은 일종의 Base 타입이기 때문에 Derived를 Base로 캐스트하거나 대입할 수는 있다. 하지만 이렇게 하는 순간 파생 클래스 정보가 사라진다.

```
Derived myDerived;
Base assignedObject { myDerived }; // Base 변수에 Derived 객체를 대입한다.
assignedObject.someMethod();       // Base 버전의 someMethod()를 호출한다.
```

이런 메커니즘이 헷갈린다면 객체가 메모리에 저장된 상태를 떠올리면 기억하기 쉽다. Base

객체가 메모리의 일정 영역을 차지하고 있고, Derived 객체는 Base 객체의 내용에 몇 가지 사항이 추가된 더 큰 영역에 있다고 생각할 수 있다. 이 상태에서 포인터나 레퍼런스라면 타입이 Derived일 때와 Base일 때는 차이가 없다. 단지 새로운 접근 방식만 있을 뿐이다. 하지만 Derived를 Base로 캐스트하면 메모리 영역이 축소되어 Derived 클래스에서 추가된 정보가 사라진다.

NOTE_ 파생 클래스에서 오버라이드한 메서드를 베이스 클래스 포인터나 레퍼런스로 참조할 때는 기존 데이터 멤버와 메서드를 모두 그대로 유지한다. 파생 클래스 객체를 베이스 클래스 타입으로 캐스트할 때만 파생 클래스 고유의 정보가 사라진다. 이처럼 파생 클래스의 데이터 멤버나 오버라이드된 메서드가 삭제되는 것을 **슬라이싱**(slicing)이라 부른다.

4 override 키워드

override 키워드는 생략해도 되지만 작성하는 것을 권장한다. 이 키워드가 없으면 베이스 클래스에 있는 메서드를 오버라이드하지 않고 virtual 메서드를 새로 정의하는 실수를 저지를 위험이 있기 때문이다. 예를 들어 다음과 같이 작성된 Base와 Derived 클래스 정의를 살펴보자. 여기서 Derived는 실제로 someMethod( )를 오버라이드하려고 했지만 override 키워드를 적지 않았다.

```
class Base
{
    public:
        virtual void someMethod(double d);
};

class Derived : public Base
{
    public:
        virtual void someMethod(double d);
};
```

이 상태에서는 다음과 같이 someMethod( )를 레퍼런스로 호출할 수 있다.

```
Derived myDerived;
Base& ref { myDerived };
ref.someMethod(1.1); // Derived 버전의 someMethod()를 호출한다.
```

이렇게 해도 Derived 클래스에서 오버라이드한 버전의 someMethod()가 제대로 호출된다. 그런데 someMethod()를 오버라이드할 때 실수로 매개변수의 타입을 double이 아닌 int로 지정한 경우를 살펴보자.

```
class Derived : public Base
{
    public:
        virtual void someMethod(int i);
};
```

그러면 Base의 someMethod()를 오버라이드하는 것이 아니라 새로운 virtual 메서드가 생성된다. 이 상태에서 다음 코드처럼 Base 레퍼런스로 someMethod()를 호출하면 Derived 버전이 아닌 Base 버전의 someMethod()가 호출된다.

```
Derived myDerived;
Base& ref { myDerived };
ref.someMethod(1.1); // Base 버전의 someMethod()가 호출된다.
```

Base 클래스를 수정하다가 이를 상속한 모든 파생 클래스를 업데이트하는 것을 깜박 잊을 때 이런 문제가 발생한다. 예를 들어 Base 클래스를 처음 작성할 때 정숫값을 받는 someMethod()를 선언했다고 하자. 그러고 나서 이 정숫값을 받는 someMethod()를 오버라이드하는 Derived 클래스를 작성했다. 그런데 나중에 Base 클래스의 someMethod()에서 int 대신 double 값을 받도록 수정했는데, 파생 클래스의 someMethod()도 double 값을 받도록 수정하는 것을 깜박 잊었다고 하자. 그러면 베이스 클래스의 메서드를 오버라이드한 것이 아니라 새로운 virtual 메서드를 정의한 것처럼 처리된다.

이런 문제를 방지하려면 다음과 같이 override 키워드를 적는다.

```
class Derived : public Base
{
    public:
        virtual void someMethod(int i) override;
};
```

이렇게 Derived 정의에 override를 붙여주면 컴파일 에러가 발생한다. someMethod()에 붙은 override 키워드를 보고 베이스 클래스의 메서드를 오버라이드하려고 Base 클래스에 있는 someMethod()를 보니 int 값을 받는 버전은 없고 double 값을 받는 버전만 있기 때문이다.

이처럼 원래 오버라이드하려던 메서드가 없을 때 새로운 메서드가 생성되는 문제는 베이스 클래스에 있는 메서드를 변경하고 나서 파생 클래스에 있는 오버라이드 메서드 이름을 이에 맞게 바꿔주지 않을 때도 발생한다.

NOTE_ 베이스 클래스의 메서드를 오버라이드할 때는 항상 override 키워드를 붙인다.

5 virtual 메서드

virtual로 선언하지 않은 메서드를 오버라이드하면 몇 가지 미묘한 문제가 발생한다.

오버라이드하지 않고 숨기기

다음 코드에 나온 베이스 클래스와 파생 클래스는 각자 메서드를 하나씩 갖고 있다. 파생 클래스에서 베이스 클래스의 메서드를 오버라이드하려 하는데, 그 메서드가 베이스 클래스에서 virtual로 선언되지 않았다.

```
class Base
{
    public:
        void go() { cout << "go() called on Base" << endl; }
};

class Derived : public Base
{
    public:
        void go() { cout << "go() called on Derived" << endl; }
};
```

이 상태에서 Derived 객체로 go() 메서드를 호출해보자.

```
Derived myDerived;
myDerived.go();
```

그러면 예상대로 'go() called on Derived'가 출력된다. 하지만 이 메서드는 virtual로 선언하지 않았기 때문에 실제로 오버라이드된 것이 아니라 Derived 클래스에 go()란 이름으로 새로 생성된 것이다. 이는 Base 클래스의 go()와는 전혀 별개다. 다음과 같이 Base 포인터 또는 레퍼런스로 이 메서드를 호출해보면 정말 다른지 확인할 수 있다.

```
Derived myDerived;
Base& ref { myDerived };
ref.go();
```

그러면 'go() called on Derived'가 아닌 'go() called on Base'가 출력된다. ref 변수는 Base 타입 레퍼런스인데 Base 클래스 안에서 virtual 키워드를 지정하지 않았기 때문에 이 메서드가 파생 클래스에도 있는지 찾아보지 않는다. 그러므로 그냥 Base의 go() 메서드를 호출한다.

CAUTION_ virtual로 선언하지 않은 메서드를 오버라이드하면 베이스 클래스에 있는 메서드를 가려버려서 파생 클래스 문맥에서만 사용할 수 있게 된다.

virtual 메서드의 내부 작동 방식

앞에서 본 것처럼 메서드를 가리는 일을 방지하려면 먼저 virtual 키워드가 내부적으로 처리되는 과정을 이해할 필요가 있다. C++에서 클래스를 컴파일하면 그 클래스에 있는 메서드를 모두 담은 바이너리 객체가 생성된다. 그런데 컴파일러는 virtual로 선언하지 않은 메서드를 호출하는 부분을 컴파일 시간에 결정된 타입의 코드로 교체한다. 이를 **정적 바인딩** static binding 또는 **이른 바인딩** early binding 이라 부른다.

메서드를 virtual로 선언하면 vtable(가상 테이블)이라 부르는 특수 메모리 영역을 활용해서 가장 적합한 구현 코드를 호출한다. virtual 메서드가 하나라도 정의된 클래스에는 vtable이 하나씩 있는데, 이 클래스로 생성한 객체마다 vtable에 대한 포인터를 갖게 된다. 바로 이 vtable에 virtual 메서드의 구현 코드에 대한 포인터가 담겨 있다. 그러므로 객체에 대해 메서드를 호출하면 vtable을 보고 그 시점에 적합한 버전의 메서드를 실행한다. 이를 **동적 바인딩** dynamic binding 또는 **늦은 바인딩** late binding 이라 부른다.

좀 더 확실히 이해하기 위해 다음과 같이 정의된 Base와 Derived 클래스를 통해 vtable로 메서드 오버라이드를 처리하는 과정을 살펴보자.

```
class Base
{
    public:
        virtual void func1();
        virtual void func2();
        void nonVirtualFunc();
};

class Derived : public Base
{
    public:
        virtual void func2() override;
        void nonVirtualFunc();
};
```

이 상태에서 다음과 같이 인스턴스 두 개가 있다고 하자.

```
Base myBase;
Derived myDerived;
```

[그림 10-4]는 두 인스턴스가 사용하는 vtable의 구성을 개략적으로 표현한 것이다. myBase 객체가 가지고 있는 vtable 포인터를 따라가 보면 vtable에 func1()과 func2()에 대한 항목이 있다. 각 항목은 Base::func1()과 Base::func2()의 구현 코드를 가리킨다.

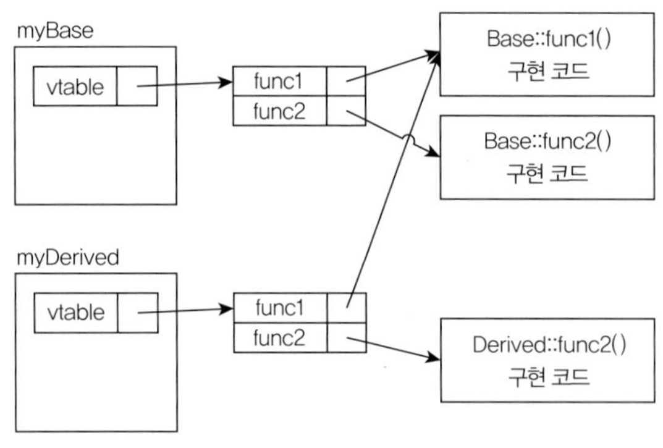

그림 10-4

myDerived도 마찬가지로 vtable에 대한 포인터가 있으며 func1()과 func2()에 대한 항목이 있다. 그런데 Derived가 func1()을 오버라이드하지 않았기 때문에 func1()에 대한 항목은 Base::func1()을 가리킨다. 반면 func2()에 대한 항목은 Derived::func2()를 가리킨다.

그런데 nonVirtualFunc() 메서드는 virtual로 선언하지 않았기 때문에 두 vtable 모두 이 메서드에 대한 항목이 없다.

virtual 키워드가 필요한 이유

자바와 같은 언어는 메서드를 기본적으로 virtual로 만들기 때문에 올바르게 오버라이드할 수 있다. 하지만 C++에서는 그렇지 않다. C++에서 virtual과 같은 키워드를 따로 만들어서 명시적으로 붙이도록 정해둔 이유는 vtable의 오버헤드를 줄이기 위해서다. virtual 메서드를 호출하려면 실행에 적합한 코드를 찾기 위해 포인터를 역참조해야 한다. 이 연산이 전체 성능에 큰 영향을 미치지 않는 경우가 대부분이겠지만 C++를 만든 사람은 (적어도 그 당시에는) 프로그래머가 이런 성능 오버헤드 효과 여부를 결정할 수 있게 만드는 것이 좋다고 판단했다. 오버라이드할 일이 없는 메서드라면 굳이 virtual로 만들어서 오버헤드를 발생시킬 필요가 없다고 본 것이다. 하지만 요즘 나온 CPU에서는 이런 오버헤드의 효과는 나노초 수준으로 미미하다. 게다가 CPU 성능이 계속 발전하는 것을 감안하면 virtual 메서드를 사용할 때와 그렇지 않을 때의 성능이 눈에 띄게 달라지는 경우는 거의 없다.

그러나 특정 사례의 경우 성능 오버헤드가 너무 클 수 있으므로 문제를 방지하기 위한 옵션이 필요할 수도 있다. 예를 들어 virtual 메서드를 가진 Point 클래스로 수백만 또는 수십억 개의 객체를 만들어서 저장한다면 Point 객체마다 virtual 메서드를 호출할 때 엄청난 오버헤드가 발생한다. 이럴 때는 Point 클래스에서 메서드를 virtual로 지정하지 않는 것이 바람직하다.

또한 객체마다 메모리 오버헤드도 발생한다. 메서드 구현 코드뿐만 아니라 객체마다 vtable에 대한 포인터를 가져야 하기 때문에 작게나마 메모리 공간을 더 차지한다. 대부분은 문제없지만 간혹 이로 인한 영향이 클 때가 있다. 앞서 언급한 Point 클래스를 다시 예로 들면 수십억 개의 Point 객체를 저장하는 컨테이너가 있을 때 각 객체마다 가지는 포인터 공간의 크기는 무시할 수 없는 수준이다.

virtual 소멸자의 필요성

메서드를 모두 virtual로 선언하는 방식에 반대하는 프로그래머도 소멸자만큼은 항상 virtual로 선언해야 한다고 생각한다. 소멸자를 virtual로 선언하지 않으면 객체가 소멸할 때 메모리가 해제되지 않을 수 있기 때문이다. 클래스를 final로 선언할 때를 제외한 나머지 경우는 항상 소멸자를 virtual로 선언하는 것이 좋다.

예를 들어 파생 클래스의 생성자에서 동적으로 할당한 메모리를 사용하다가 소멸자에서 삭제하도록 작성했을 때 소멸자가 호출되지 않으면 메모리가 해제되지 않는다. 마찬가지로 std::unique_ptr처럼 파생 클래스에 자동으로 삭제되는 멤버가 있을 때 그 클래스의 인스턴스가 삭제될 때 소멸자가 호출되지 않으면 이런 멤버가 삭제되지 않고 남게 된다.

다음 코드는 소멸자를 virtual로 선언하지 않으면 소멸자가 호출되지 않는 일이 얼마나 쉽게 발생하는지 보여준다.

```
class Base
{
    public:
        Base() {}
        ~Base() {}
};

class Derived : public Base
{
    public:
        Derived()
        {
            m_string = new char[30];
            cout << "m_string allocated" << endl;
        }

        ~Derived()
        {
            delete[] m_string;
            cout << "m_string deallocated" << endl;
        }
    private:
        char* m_string;
};

int main()
{
    Base* ptr { new Derived() }; // m_string이 여기서 할당된다.
    delete ptr; // ~Base는 호출되지만 ~Derived는 호출되지 않는다.
                // 소멸자를 virtual로 선언하지 않았기 때문이다.
}
```

이 코드를 실행하면 다음과 같이 Derived 객체의 소멸자가 호출되지 않은 것을 확인할 수 있다.

```
m_string allocated
```

실제로 앞에 나온 코드에서 delete를 호출하는 동작은 표준에 정의되어 있지 않고 C++ 컴파일러마다 나름대로 구현하고 있다. 그런데 대부분의 컴파일러는 파생 클래스의 소멸자가 아닌 베이스 클래스의 소멸자를 호출하도록 처리한다.

NOTE_ 소멸자에서 따로 처리할 일은 없는데 virtual로만 설정하고 싶다면 다음과 같이 명시적으로 디폴트로 지정한다.

```
class Base
{
    public:
        virtual ~Base() = default;
};
```

참고로 C++11부터는 클래스에 사용자가 선언한 소멸자가 있을 때 복제 생성자와 복제 대입 연산자를 생성해주는 기능이 폐기[deprecated]되었다. 기본적으로 사용자가 선언한 소멸자가 있다면 5의 법칙이 적용된다. 다시 말해 복제 생성자, 복제 대입 연산자, 이동 생성자, 이동 대입 연산자를 반드시 선언하고, 가능하다면 명시적으로 디폴트로 지정해야 한다는 뜻이다. 예제에서는 설명할 내용만 간단히 표현하기 위해 코드에서 이런 과정을 생략했다.

CAUTION_ 특별한 이유가 없거나 클래스를 final로 선언하지 않았다면 소멸자를 포함한 모든 메서드를 virtual로 선언한다. 단, 생성자는 virtual로 선언할 수 없고 그럴 필요도 없다. 객체를 생성할 때 항상 정확한 클래스를 지정하기 때문이다.

6 오버라이드 방지하기

C++는 클래스 전체를 final로 지정하는 기능뿐만 아니라 개별 메서드 단위로 final로 지정하는 기능도 제공한다. 이렇게 지정한 메서드는 나중에 새로 만든 파생 클래스에서 오버라이드할 수 없다. 예를 들어 다음과 같이 final 메서드를 오버라이드하면 컴파일 에러가 발생한다.

```
class Base
{
    public:
        virtual ~Base() = default;
        virtual void someMethod();
};
class Derived : public Base
{
    public:
        void someMethod() override final;
};
class DerivedDerived : public Derived
{
    public:
        void someMethod() override; // 컴파일 에러
};
```

10.2 코드 재사용을 위한 상속

이제 상속에 대한 문법을 익혔으니 C++에서 상속이 중요한 이유 중 하나인 코드 재사용에 대해 알아보자. 상속은 기존에 작성된 코드를 활용하는 수단이다. 이 절에서는 코드 재사용의 관점에서 상속을 활용하는 예제를 소개한다.

10.2.1 WeatherPrediction 클래스

간단한 일기예보 프로그램을 작성한다고 하자. 이때 온도 단위로 섭씨와 화씨를 모두 사용한다고 가정한다. 일기예보 관련 기능을 직접 구현하기에는 전문 지식이 부족해서 현재 온도, 목성과 화성 사이의 현재 거리 정보를 기반으로 날씨를 예측하는 서드파티 클래스 라이브러리를 이용하기로 했다. 이 패키지는 날씨 예측 알고리즘에 대한 지적재산권 보호를 위해 바이너리 버전으로 배포되지만 WeatherPrediction 클래스의 정의는 다음과 같다.

```
// 현재 온도, 목성과 화성 사이의 거리를 기반으로 날씨를 예측하는 검증된 최첨단 기술을 구현한다.
// 이런 값이 제공되지 않아도 날씨를 예측할 수 있지만 정확도는 99%에 불과하다.
export class WeatherPrediction
{
```

```
    public:
        // virtual 소멸자
        virtual ~WeatherPrediction();
        // 현재 온도를 화씨 단위로 설정한다.
        virtual void setCurrentTempFahrenheit(int temp);
        // 목성과 화성 사이의 현재 거리를 설정한다.
        virtual void setPositionOfJupiter(int distanceFromMars);
        // 내일 온도에 대한 예측값을 가져온다.
        virtual int getTomorrowTempFahrenheit() const;
        // 내일 비가 올 확률을 가져온다. 값이 1이면 확실히 비가 오고,
        // 0이면 비가 오지 않는다는 것을 의미한다.
        virtual double getChanceOfRain() const;
        // 사용자에게 다음과 같은 포맷으로 결과를 출력한다.
        // Result: x.xx chance. Temp. xx
        virtual void showResult() const;
        // 현재 온도를 스트링값으로 리턴한다.
        virtual std::string getTemperature() const;
    private:
        int m_currentTempFahrenheit { 0 };
        int m_distanceFromMars { 0 };
};
```

이 클래스 정의를 보면 파생 클래스에서 이 메서드를 오버라이드할 수 있도록 모두 virtual로 선언한 것을 볼 수 있다.

일기예보 프로그램에 필요한 작업은 대부분 이 클래스로 처리한다. 하지만 항상 그렇듯이 외부에서 가져온 코드는 내 입맛에 딱 맞지 않기 마련이다. 우선 우리가 작성할 프로그램은 섭씨로도 표현하려고 하는데 이 코드는 온도를 모두 화씨 단위로 표현하고 있다. 또한 showResult() 메서드는 사용자가 원하는 방식으로 결과를 표시하지 않을 수 있다.

10.2.2 파생 클래스에 기능 추가하기

5장에서 상속에 대해 설명할 때 기능을 추가하는 방법을 가장 먼저 배웠다. 지금 작성하는 프로그램은 WeatherPrediction 클래스에 몇 가지 기능만 추가하면 된다. 이럴 때는 상속으로 코드를 재사용하면 좋다. 먼저 WeatherPrediction을 상속하는 MyWeatherPrediction 클래스를 다음과 같이 새로 정의한다.

```
import weather_prediction;

export class MyWeatherPrediction : public WeatherPrediction
{
};
```

클래스를 이렇게만 작성해도 정상적으로 컴파일된다. 이 상태에서 WeatherPrediction 자리에 MyWeatherPrediction을 바꿔 넣어도 된다. 아직은 아무런 차이 없이 서로 똑같다. 가장 먼저 수정할 부분은 섭씨 단위를 추가하는 것이다. 그런데 기존 클래스 내부를 볼 수 없다는 문제가 있다. 내부적으로 화씨 단위 계산만 지원되는 상태에서 어떻게 섭씨 단위를 지원할 수 있을까? 한 가지 방법은 섭씨와 화씨 단위를 모두 사용하는 파생 클래스(MyWeatherPrediction)와 화씨만 사용하는 베이스 클래스(WeatherPrediction) 사이를 중계하는 인터페이스를 추가하는 것이다.

섭씨 단위를 지원하기 위한 첫 단계는 현재 온도를 화씨 대신 섭씨로 설정하는 메서드와 내일 온도 예측값도 화씨 대신 섭씨 단위로 구하는 메서드를 추가하는 것이다. 또한 섭씨와 화씨를 양방향으로 변환하는 private 헬퍼 메서드도 정의한다. 이런 변환 메서드는 모든 객체에 대해 동일하기 때문에 static으로 지정한다.

```
export class MyWeatherPrediction : public WeatherPrediction
{
    public:
        virtual void setCurrentTempCelsius(int temp);
        virtual int getTomorrowTempCelsius() const;
    private:
        static int convertCelsiusToFahrenheit(int celsius);
        static int convertFahrenheitToCelsius(int fahrenheit);
};
```

이렇게 새로 정의한 메서드는 부모 클래스의 명명 규칙을 그대로 따른다. 여기서 명심해야 할 점은 다른 코드에서 볼 때 MyWeatherPrediction 객체는 MyWeatherPrediction 클래스와 WeatherPrediction 클래스에 정의된 기능을 모두 가지고 있다는 것이다. 따라서 부모 클래스의 명명 규칙을 그대로 따르면 인터페이스를 일관성 있게 유지할 수 있다.

섭씨/화씨 변환 메서드는 연습 문제 삼아 직접 구현해보기 바란다. 나름 재미가 쏠쏠할 것이다.

다른 두 메서드는 더 재미있다. 현재 온도를 섭씨 단위로 설정하려면 현재 온도를 부모 클래스가 이해할 수 있는 단위로 변환해서 전달해야 한다.

```
void MyWeatherPrediction::setCurrentTempCelsius(int temp)
{
    int fahrenheitTemp { convertCelsiusToFahrenheit(temp) };
    setCurrentTempFahrenheit(fahrenheitTemp);
}
```

코드를 보면 알 수 있듯이 일단 온도를 변환했다면 베이스 클래스의 메서드를 그대로 호출할 수 있다. 마찬가지로 getTomorrowTempCelsius()의 구현 코드에서도 부모 클래스의 기능을 이용하여 현재 온도를 화씨 단위로 가져온 다음 이를 섭씨로 변환해서 리턴한다.

```
int MyWeatherPrediction::getTomorrowTempCelsius() const
{
    int fahrenheitTemp { getTomorrowTempFahrenheit() };
    return convertFahrenheitToCelsius(fahrenheitTemp);
}
```

방금 작성한 두 메서드는 실제로 부모 클래스의 코드를 재사용하고 있다. 실제 동작은 기존 메서드로 처리하고, 새 인터페이스는 기존 메서드를 감싸기만 하기 때문이다.

물론 부모 클래스와 전혀 다른 기능을 추가해도 된다. 예를 들어 인터넷에서 날씨 예측 정보를 가져오거나, 예측된 날씨에 적합한 활동을 추천해주는 기능을 추가할 수 있다.

10.2.3 파생 클래스에서 기존 기능 변경하기

상속의 또 다른 목적은 기존 기능을 변경하는 데 있다. 결과를 좀 더 예쁘게 출력하도록 WeatherPrediction 클래스의 showResult() 메서드를 수정할 필요가 있다. 이 작업은 MyWeatherPrediction에서 showResult()를 오버라이드해서 원하는 형태로 동작을 바꾸면 된다.

이렇게 새로 정의한 MyWeatherPrediction 클래스 코드는 다음과 같다.

```
export class MyWeatherPrediction : public WeatherPrediction
{
    public:
        virtual void setCurrentTempCelsius(int temp);
        virtual int getTomorrowTempCelsius() const;
        void showResult() const override;
    private:
        static int convertCelsiusToFahrenheit(int celsius);
        static int convertFahrenheitToCelsius(int fahrenheit);
};
```

showResult()에서 결과를 좀 더 예쁘게 출력하도록 다음과 같이 구현한다.

```
void MyWeatherPrediction::showResult() const
{
    cout << format("Tomorrow will be {} degrees Celsius ({} degrees Fahrenheit)",
        getTomorrowTempCelsius(), getTomorrowTempFahrenheit()) << endl;
    cout << format("Chance of rain is {}%", getChanceOfRain() * 100) << endl;
    if (getChanceOfRain() > 0.5) { cout << "Bring an umbrella!" << endl; }
}
```

이 클래스를 사용하는 코드에서 보면 마치 기존 버전의 showResult()가 없는 것 같다. 이렇게 객체를 MyWeatherPrediction 타입으로 생성하면 새로 구현한 메서드가 호출된다. 이런 식으로 수정하면 MyWeatherPrediction은 좀 더 구체적인 목적에 맞게 기능을 딱 맞춘 새로운 클래스라고 볼 수 있다. 하지만 기존 클래스의 기능을 바탕으로 만들었기 때문에 실제로 수정한 코드는 많지 않다.

10.3 부모를 공경하라

파생 클래스를 작성할 때는 반드시 부모 클래스와 자식 클래스의 상호 작용에 주의해야 한다. 생성 순서, 생성자 체이닝, 캐스트 등과 관련하여 버그가 많이 발생하는 경향이 있기 때문이다.

10.3.1 부모 클래스의 생성자

객체는 한 번에 생성되지 않는다. 부모와 함께 생성되고, 부모 객체와 그 안에 담긴 객체부터 생성되어야 한다. C++에 정의된 객체 생성 과정은 다음과 같다.

1 베이스(부모) 클래스가 있다면 그 클래스의 디폴트 생성자를 실행한다. 단, 생성자 초기자가 있다면 디폴트 생성자 대신 초기자를 호출한다.

2 현재 클래스에서 비 static으로 선언한 데이터 멤버를 생성한다. 이때 코드에 선언된 순서를 따른다.

3 현재 클래스에 있는 생성자의 본문을 실행한다.

이 규칙은 재귀적으로 적용된다. 클래스의 부모 클래스에 또 부모가 있다면 부모의 부모 클래스를 먼저 초기화하고 부모 클래스를 초기화한다. 다음 코드는 이러한 생성 순서를 보여준다. 정상적으로 실행된다면 123을 출력한다.

```
class Something
{
    public:
        Something() { cout << "2"; }
};

class Base
{
    public:
        Base() { cout << "1"; }
};

class Derived : public Base
{
    public:
        Derived() { cout << "3"; }
    private:
        Something m_dataMember;
};

int main()
{
    Derived myDerived;
}
```

myDerived 객체가 생성되면 가장 먼저 Base 생성자가 호출되면서 '1'을 출력한다. 다음으로 m_dataMember를 초기화하도록 Something 생성자가 호출된다. 그러면 '2'란 스트링이 출력된다. 마지막으로 Derived 생성자가 호출되면서 '3'을 출력한다.

여기서 Base 생성자가 자동으로 호출되었다. C++는 부모 클래스에 디폴트 생성자가 있으면 자동으로 호출해준다. 부모 클래스에 디폴트 생성자가 없거나, 있더라도 다른 생성자를 사용하고 싶을 때는 생성자 초기자로 데이터 멤버를 초기화할 때와 같은 방법으로 생성자를 **체인**으로 엮을 수 있다. 예를 들어 다음 코드는 디폴트 생성자 없이 Base 클래스를 정의했다. 이를 상속한 Derived는 반드시 컴파일러에 Base 생성자를 호출하는 방법을 알려줘야 한다. 그렇지 않으면 컴파일 에러가 발생한다.

```
class Base
{
    public:
        Base(int i) {};
};

class Derived : public Base
{
    public:
        Derived() : Base { 7 } { /* Derived의 다른 초기화 구문을 여기서 실행한다. */ }
};
```

여기 나온 Derived 생성자는 Base 생성자에 고정된 값(7)을 전달한다. 물론 다음과 같이 Derived 클래스에서 Base 생성자로 변수를 전달할 수도 있다.

```
Derived::Derived(int i) : Base { i } {}
```

파생 클래스에서 베이스 클래스로 생성자 인수를 전달해도 전혀 문제가 없을 뿐만 아니라 지극히 정상적인 처리 방식이다. 하지만 데이터 멤버를 전달할 수는 없다. 그렇게 해도 컴파일 에러가 발생하지 않지만 데이터 멤버는 베이스 클래스 생성자가 실행된 후에야 초기화된다. 따라서 부모 생성자에 데이터 멤버를 인수로 전달하면 초기화되지 않는다.

> **CAUTION_** 생성자 안에서는 `virtual` 메서드의 작동 방식이 다르다. 파생 클래스에서 베이스 클래스의 `virtual` 메서드를 오버라이드하고 그 메서드를 베이스 클래스 생성자에서 호출하면 파생 클래스에서 오버라이드한 버전이 아닌 베이스 클래스에 구현한 `virtual` 메서드가 호출된다.

10.3.2 부모 클래스의 소멸자

소멸자는 인수를 받지 않기 때문에 부모 클래스의 소멸자는 언제나 자동으로 호출할 수 있다. 소멸자의 호출 과정은 다음과 같이 생성자와 반대다.

1 현재 클래스에 있는 소멸자의 본문을 실행한다.
2 현재 클래스의 데이터 멤버를 생성할 때와 반대 순서로 제거한다.
3 부모 클래스가 있다면 제거한다.

이 규칙도 생성자와 마찬가지로 재귀적으로 적용된다. 가장 먼저 상속 체인의 맨 아래 멤버부터 제거한다. 다음 코드는 앞에서 작성한 예제에 소멸자를 추가한 것이다. 소멸자는 모두 virtual로 선언했다. 코드를 실행하면 "123321"이 출력된다.

```
class Something
{
    public:
        Something() { cout << "2"; }
        virtual ~Something() { cout << "2"; }
};

class Base
{
    public:
        Base() { cout << "1"; }
        virtual ~Base() { cout << "1"; }
};

class Derived : public Base
{
    public:
        Derived() { cout << "3"; }
        virtual ~Derived() { cout << "3"; }
    private:
        Something m_dataMember;
};
```

여기서 소멸자를 virtual로 선언하지 않아도 코드 실행에는 문제없다. 하지만 파생 클래스를 가리키는 베이스 클래스 타입 포인터에 대해 delete를 호출하면 소멸자 실행 순서가 뒤바뀐다. 예를 들어 앞선 코드에서 소멸자 앞에 있는 virtual 키워드를 모두 삭제하고 나서 다음과 같이 Derived 객체를 Base 타입 포인터로 접근한 뒤 삭제하면 문제가 발생한다.

```
Base* ptr { new Derived{} };
delete ptr;
```

이 코드를 실행하면 놀랍게도 "1231"과 같이 짧게 출력된다. ptr 변수를 삭제하면 소멸자를 virtual로 지정하지 않았기 때문에 Base 소멸자만 호출된다. 결국 Derived 소멸자가 호출되지 않아 Derived의 데이터 멤버에 대한 소멸자도 호출되지 않았다.

사실 Base 소멸자 앞에 virtual이란 키워드만 추가해도 문제를 해결할 수 있다. virtual 속성은 모든 자식 클래스에 대해 자동으로 적용되기 때문이다. 하지만 애초에 이런 문제를 걱정할 일이 없도록 항상 모든 소멸자를 virtual로 선언하는 것이 바람직하다.

CAUTION_ 소멸자 앞에는 항상 virtual을 붙인다. 컴파일러가 생성한 디폴트 소멸자는 virtual이 아니므로 최소한 부모 클래스에서만이라도 virtual 소멸자를 따로 정의하거나 명시적으로 default로 지정한다.

CAUTION_ 생성자와 마찬가지로 소멸자 안에서도 virtual 메서드의 동작이 달라진다. 파생 클래스에서 베이스 클래스의 virtual 메서드를 오버라이드했을 때 이 메서드를 베이스 클래스 소멸자에서 호출하면 그 메서드에 대한 파생 클래스의 구현 코드가 아닌 베이스 클래스의 구현 코드가 호출된다.

10.3.3 부모 클래스 참조하기

파생 클래스에서 메서드를 오버라이드하면 다른 코드가 볼 때 원본 코드가 바뀌는 것처럼 보인다. 하지만 그 메서드의 부모 버전은 그대로 남아 있기 때문에 얼마든지 실행할 수 있다. 예를 들어 오버라이드한 메서드에서 베이스 클래스의 구현 코드를 똑같이 하면서 다른 작업을 추가로 수행할 수 있다. 다음 코드에서 WeatherPrediction 클래스의 getTemperature() 메서드는 현재 온도를 string으로 표현한 값을 리턴하도록 정의했다.

```
export class WeatherPrediction
{
    public:
        virtual std::string getTemperature() const;
        // 코드 생략
};
```

이 메서드를 MyWeatherPrediction 클래스에서 다음과 같이 오버라이드한다.

```
export class MyWeatherPrediction : public WeatherPrediction
{
    public:
        std::string getTemperature() const override;
        // 코드 생략
};
```

파생 클래스에서는 결괏값에 화씨 기호(°F)를 붙여서 출력하도록 다음과 같이 베이스 클래스의 getTemperature() 메서드를 호출한 뒤 그 결과로 나온 string에 °F를 추가한다.

```
string MyWeatherPrediction::getTemperature() const
{
    // 참고: \u00B0은 ISO/IEC 10646 표준의 온도 기호다.
    return getTemperature() + "\u00B0F"; // 버그
}
```

하지만 이렇게 작성하면 의도와 다르게 실행된다. C++는 이름을 처리할 때 로컬 스코프부터 살펴보고 나서 클래스 스코프를 검색한다. 따라서 이렇게 하면 MyWeatherPrediction::getTemperature()가 호출된다. 그러면 스택 공간이 꽉 찰 때까지 무한히 재귀 호출된다(이런 에러를 미리 감지해서 알려주는 컴파일러도 있다).

제대로 작성하려면 다음과 같이 스코프 지정 연산자를 추가한다.

```
string MyWeatherPrediction::getTemperature() const
{
    // 참고: \u00B0은 ISO/IEC 10646 표준의 온도 기호다.
    return WeatherPrediction::getTemperature() + "\u00B0F";
}
```

NOTE_ 마이크로소프트 비주얼 C++는 표준에 없는 (언더스코어 두 개가 연달아 붙은) __super 키워드를 제공한다. 이 키워드를 이용하면 다음과 같이 작성할 수 있다.

```
return __super::getTemperature() + "\u00B0F";
```

C++ 프로그래밍을 할 때는 일반적으로 현재 메서드의 부모 버전을 호출하는 패턴을 사용한다. 파생 클래스를 체인처럼 구성하면 각 클래스마다 베이스 클래스에 정의된 연산을 그대로 실행하되 원하는 기능을 추가로 수행하게 만들 수 있다.

또 다른 예로 책(Book)을 [그림 10-5]와 같이 클래스 계층으로 분류한 경우를 생각해보자.

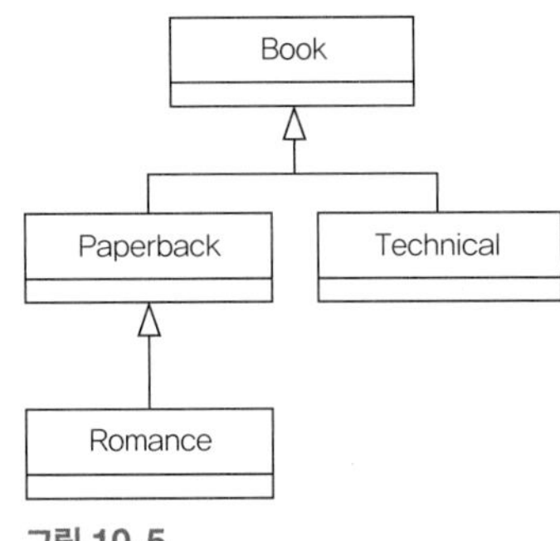

그림 10-5

이 계층을 보면 아래쪽으로 갈수록 책 종류가 구체적이다. 그러므로 어떤 책에 대한 정보를 가져오려면 베이스 클래스부터 현재 클래스까지 담긴 내용을 모두 고려해야 한다. 이렇게 하려면 부모 메서드를 체인처럼 연결하면 된다. 코드로 표현하면 다음과 같다.

```
class Book
{
    public:
        virtual ~Book() = default;
        virtual string getDescription() const { return "Book"; }
        virtual int getHeight() const { return 120; }
};

class Paperback : public Book
{
    public:
        string getDescription() const override {
            return "Paperback " + Book::getDescription();
        }
};

class Romance : public Book
{
    public:
```

```
        string getDescription() const override {
            return "Romance " + Paperback::getDescription();
        }
        int getHeight() const override { return Paperback::getHeight() / 2; }
};

class Technical : public Book
{
    public:
        string getDescription() const override {
            return "Technical " + Book::getDescription();
        }
};

int main()
{
    Romance novel;
    Book book;
    cout << novel.getDescription() << endl; // 결과: "Romance Paperback Book"
    cout << book.getDescription() << endl;  // 결과: "Book"
    cout << novel.getHeight() << endl;      // 결과: "60"
    cout << book.getHeight() << endl;       // 결과: "120"
}
```

베이스 클래스인 Book은 getDescription()과 getHeight()라는 virtual 메서드를 가지고 있다. 파생 클래스는 모두 getDescription() 메서드만 오버라이드하는데, Romance 클래스는 getHeight()도 오버라이드하며, 부모 클래스(Paperback)의 getHeight()를 호출한 뒤 결과를 2로 나누는 방식으로 구현한다. Paperback은 getHeight()를 오버라이드하지 않기 때문에 C++는 getHeight()의 구현 코드를 찾기 위해 클래스 계층을 거슬러 올라가며 탐색한다. 따라서 이 예제에서 Paperback::getHeight()를 호출한 부분은 Book::getHeight()로 처리된다.

10.3.4 업캐스트와 다운캐스트

앞에서 본 것처럼 객체를 부모 클래스 타입으로 캐스트하거나 대입할 수 있다. 예를 들면 다음과 같다.

```
Base myBase { myDerived }; // 슬라이싱이 발생한다.
```

이렇게 하면 슬라이싱이 발생한다. Derived 클래스에 정의된 부가 기능이 없는 Base 객체로 최종 결과가 나오기 때문이다. 하지만 파생 클래스 타입의 객체를 베이스 클래스 타입의 포인터나 레퍼런스에 대입할 때는 슬라이싱이 발생하지 않는다.

```
Base& myBase { myDerived }; // 슬라이싱이 발생하지 않는다.
```

이렇게 베이스 클래스 타입으로 파생 클래스를 참조하는 것을 **업캐스트** upcast 라 부른다. 대체로 이런 식으로 참조하는 것이 바람직하다. 그러므로 메서드나 함수에서 해당 클래스 타입의 객체를 직접 받지 말고 해당 클래스에 대한 레퍼런스를 받도록 구성하는 것이 바람직하다. 이렇게 레퍼런스를 활용하면 슬라이싱 없이 파생 클래스를 전달할 수 있다.

CAUTION_ 업캐스트할 때 슬라이싱이 발생하지 않게 하려면 베이스 클래스 타입의 포인터나 레퍼런스로 접근한다.

반면 베이스 클래스를 파생 클래스로 캐스트하는 것을 **다운캐스트** downcast 라 부른다. 하지만 이렇게 하면 해당 객체가 반드시 캐스트한 파생 클래스에 속한다고 보장할 수 없으며, 다운캐스트가 있다는 것은 설계가 잘못된 것을 의미하기 때문에 전문 C++ 프로그래머는 다운캐스트를 부정적으로 본다. 예를 들어 다음 코드를 보자.

```
void presumptuous(Base* base)
{
    Derived* myDerived { static_cast<Derived*>(base) };
    // myDerived로 Derived의 메서드에 접근하는 코드를 작성한다.
}
```

presumptuous( )를 작성한 사람과 이를 호출하는 사람이 같다면 문제가 발생할 일이 없다. 이 함수가 인수를 Derived* 타입으로 받는다는 것을 알고 있기 때문이다. 하지만 다른 프로그래머가 이 메서드를 호출할 때는 인수를 Base* 타입으로 전달할 가능성이 있다. 인수의 구체적인 타입을 컴파일 시간에 결정할 수 없기 때문에 이 함수는 막연히 base가 Derived에 대한 포인터라고 간주한다.

간혹 다운캐스트가 필요할 때도 있다. 단, 완벽히 통제할 수 있는 상황에서만 사용해야 한다.

다운캐스트를 할 때는 반드시 dynamic_cast()를 호출해야 한다. 이 함수는 객체 내부에 저장된 타입 정보를 보고 캐스트가 잘못되었을 때는 처리하지 않는다. 이러한 타입 정보는 vtable에 담겨 있기 때문에 dynamic_cast()는 vtable이 있는, 다시 말해 virtual 멤버가 하나라도 있는 객체에만 적용할 수 있다. 포인터 변수에 대해 dynamic_cast()가 실패하면 포인터의 값이 임의의 객체가 아닌 nullptr이 된다. 또한 객체 레퍼런스에 대해 dynamic_cast()가 실패하면 std::bad_cast 익셉션을 던진다. 다양한 캐스트 방법은 이 장 마지막 절에서 자세히 설명한다.

앞에 나온 예제를 다음과 같이 고칠 수 있다.

```
void lessPresumptuous(Base* base)
{
    Derived* myDerived { dynamic_cast<Derived*>(base) };
    if (myDerived != nullptr) {
        // myDerived로 Derived의 메서드에 접근하는 코드를 작성한다.
    }
}
```

하지만 설계가 잘못되었을 때 다운캐스트하는 코드가 나올 가능성이 높다. 이럴 때는 다운캐스트 없이 코드를 작성할 수 없는지 검토한다. 예를 들어 앞에 나온 lessPresumptuous() 함수는 실제로 Derived 객체만 다루기 때문에 인수를 Base 포인터로 받지 말고 곧바로 Derived 포인터를 받도록 수정한다. 그러면 다운캐스트 코드를 제거할 수 있다. 이 함수에서 Base를 상속한 다른 파생 클래스를 사용해야 한다면 다음 절에서 소개하는 다형성을 활용하는 것이 좋다.

CAUTION_ 다운캐스트는 꼭 필요할 때만 사용하고, 반드시 dynamic_cast()를 활용한다.

10.4 다형성을 위한 상속

이제 파생 클래스와 부모 클래스의 관계를 이해했으니, 상속의 가장 강력한 기능인 다형성을 살펴보자. 5장에서 다형성을 이용하여 같은 부모로부터 파생된 여러 타입을 마음껏 교체할 수 있도록 구현하는 예를 소개한 적이 있다.

10.4.1 스프레드시트 예제 다시 보기

8장과 9장에서 객체지향 설계 기법을 설명하면서 스프레드시트 애플리케이션 예제를 만들었다. SpreadsheetCell은 데이터를 구성하는 원소 하나를 표현한다. 지금까지는 이 원소를 double 값 하나로만 저장했다. 이렇게 정의한 SpreadsheetCell 코드를 간략히 표현하면 다음과 같다. 여기서 셀을 double이나 string_view로 지정해도 되지만 내부적으로는 항상 double로 저장한다. 하지만 현재 셀의 값을 리턴할 때는 항상 string으로 표현한다.

```
class SpreadsheetCell
{
    public:
        virtual void set(double value);
        virtual void set(std::string_view value);
        virtual std::string getString() const;
    private:
        static std::string doubleToString(double value);
        static double stringToDouble(std::string_view value);
        double m_value;
};
```

스프레드시트 애플리케이션을 실제로 쓸 만하게 만들려면 셀에 지정할 수 있는 값의 타입이 다양해야 한다. double 값뿐만 아니라 문장도 저장하고, 수식이나 날짜와 같은 특수한 타입도 표현할 수 있어야 한다. 이렇게 다양한 타입을 지원하려면 어떻게 해야 할까?

10.4.2 다형성을 지원하는 스프레드시트 셀 설계하기

지금 상태의 SpreadsheetCell 클래스는 너무 비대해서 계층화를 할 필요가 있다. 한 가지 방법은 SpreadsheetCell이 string만 담을 수 있도록 축소하는 것이다. 이렇게 한다면 이름을 StringSpreadsheetCell로 변경하는 것이 적합하다. 또한 double을 저장할 수 있도록 DoubleSpreadsheetCell 클래스도 새로 정의한다. 이 클래스는 StringSpreadsheetCell을 상속하면서 double 값을 다루는 데 필요한 기능을 추가하는 방식으로 만든다. [그림 10-6]은 이렇게 설계한 계층 구조를 보여주고 있다. 이 모델은 재사용을 위한 상속을 표현한 것이다. DoubleSpreadsheetCell은 StringSpreadsheetCell에 있는 기능을 사용하기 위해 상속했기 때문이다.

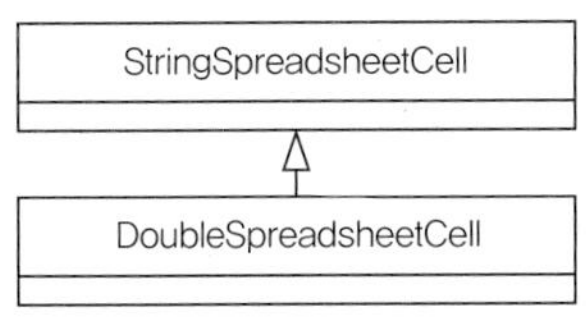

그림 10-6

[그림 10-6]과 같은 설계를 구현하다 보면 베이스 클래스의 기능 중 전부는 아니지만 대부분을 파생 클래스에서 오버라이드하게 된다. double과 string의 처리 방식이 처음 예상과 달리 상당히 다르기 때문이다. 그래도 두 타입 셀 사이에 어느 정도 관계가 있긴 하다. 이럴 때는 [그림 10-6]처럼 DoubleSpreadsheetCell과 StringSpreadsheetCell을 is-a 관계로 보지 말고 SpreadsheetCell이란 공통의 부모를 가진 동기 관계로 보는 것이 바람직하다. 이렇게 수정하면 [그림 10-7]과 같다.

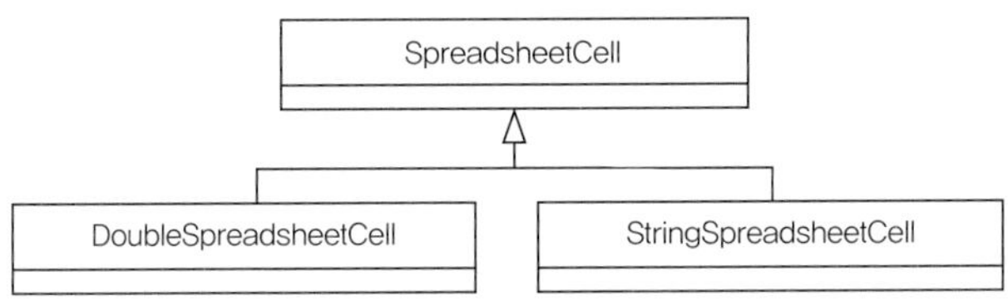

그림 10-7

[그림 10-7]은 SpreadsheetCell의 계층 구조를 다형성을 활용하도록 설계한 것이다. DoubleSpreadsheetCell과 StringSpreadsheetCell은 모두 SpreadsheetCell이란 부모를 상속하기 때문에 다른 코드에서 얼마든지 교체해서 사용할 수 있다. 이 설계의 특성을 구체적으로 살펴보면 다음과 같다.

- 두 파생 클래스 모두 베이스 클래스와 똑같은 인터페이스(메서드 집합)를 제공한다.
- SpreadsheetCell 객체를 사용하는 코드는 현재 셀 객체의 타입이 DoubleSpreadsheetCell인지 아니면 StringSpreadsheetCell인지 신경 쓸 필요 없이 SpreadsheetCell에 정의된 인터페이스를 마음껏 호출할 수 있다.
- virtual 메커니즘을 통해 공통 인터페이스의 메서드 중에서 가장 적합한 버전을 호출한다.
- 9장에서 본 Spreadsheet 클래스처럼 다른 데이터 구조도 타입이 다른 셀을 공통 부모 타입으로 가질 수 있다.

10.4.3 SpreadsheetCell 베이스 클래스

스프레드시트를 구성하는 셀은 모두 베이스 클래스인 SpreadsheetCell을 상속하므로 이 클래스부터 정의하는 것이 좋다. 베이스 클래스를 설계할 때는 이를 상속하는 여러 파생 클래스 사이의 관계부터 분석한다. 여기서 도출된 공통 정보를 토대로 부모 클래스의 구성 요소를 결정한다. 예를 들어 string 타입의 셀과 double 타입의 셀은 모두 데이터 항목 하나를 표현한다는 공통점이 있다. 이 데이터를 사용자로부터 받아서 다시 사용자에게 출력하기 때문에 값을 string 타입으로 저장하고 불러오는 것이 적합하다. 이 동작은 모든 클래스에서 동일하므로 베이스 클래스에 두면 좋다.

1 첫 번째 버전

베이스 클래스인 SpreadsheetCell은 이 클래스를 상속하는 모든 파생 클래스에서 공통적으로 제공할 동작을 정의한다. 예제에서는 모든 셀이 값을 string 타입으로 저장하고, 현재 저장된 값을 리턴할 때도 string으로 표현한다. 베이스 클래스를 정의하는 코드는 이런 메서드뿐만 아니라 명시적으로 디폴트로 선언한 virtual 소멸자도 선언해야 한다. 참고로 여기에서는 데이터 멤버를 정의하지 않았다. spreadsheet_cell 모듈에 이 클래스를 정의하면 다음과 같다.

```
export module spreadsheet_cell;
import <string>;
import <string_view>;

export class SpreadsheetCell
{
    public:
        virtual ~SpreadsheetCell() = default;
        virtual void set(std::string_view value);
        virtual std::string getString() const;
};
```

이 클래스에 대한 .cpp 파일을 작성하려는 시점에 문제가 발생한다. 베이스 클래스에 double이나 string 타입의 데이터 멤버가 없는데 어떻게 구현해야 할까? 좀 더 일반적으로 표현하면 파생 클래스에서 제공할 동작을 실제로 구현하지 않고도 부모 클래스에서 선언하는 방법을 찾아야 한다.

한 가지 가능한 접근 방법은 이러한 동작에 대해 아무 일도 하지 않도록 구현하는 것이다. 예를 들어 SpreadsheetCell 베이스 클래스의 set( ) 메서드를 호출하더라도 아무 일도 일어나지 않는다. 실제로 구현된 코드가 없기 때문이다. 하지만 뭔가 어색하다. 가장 좋은 방법은 베이스 클래스의 인스턴스를 아예 만들 수 없게 하는 것이다. set() 메서드는 항상 DoubleSpreadsheetCell이나 StringSpreadsheetCell 중 하나에 대해 호출되기 때문에 항상 실제로 동작을 수행한다. 따라서 이러한 제약사항을 공식적으로 지원하도록 구현하는 것이 바람직하다.

2 순수 가상 메서드와 추상 베이스 클래스

순수 가상 메서드 pure virtual method 란 클래스 정의 코드에서 명시적으로 정의하지 않는 메서드다. 메서드를 순수 가상 메서드로 만들면 컴파일러는 이 메서드에 대한 정의가 현재 클래스에 없다고 판단한다. 순수 가상 메서드가 하나라도 정의된 클래스를 **추상 클래스** abstract class 라 부른다. 추상 클래스는 다른 코드에서 인스턴스를 생성할 수 없다. 클래스에 순수 가상 메서드가 하나라도 있으면 컴파일러는 이 클래스가 객체를 생성하는 데 사용되지 않는다고 판단한다.

순수 가상 메서드를 지정하려면 메서드 선언 뒤에 =0을 붙인다. 그리고 구현 코드는 작성하지 않는다.

```
export class SpreadsheetCell
{
    public:
        virtual ~SpreadsheetCell() = default;
        virtual void set(std::string_view value) = 0;
        virtual std::string getString() const = 0;
};
```

이제 베이스 클래스인 SpreadsheetCell이 추상 클래스가 되기 때문에 SpreadsheetCell 객체를 생성할 수 없다. 따라서 다음과 같이 작성하면 "'SpreadsheetCell': cannot instantiate abstract class"라는 컴파일 에러가 발생한다.

```
SpreadsheetCell cell; // 추상 클래스의 인스턴스를 생성하도록 작성하면 에러가 발생한다.
```

하지만 StringSpreadsheetCell 클래스를 구현한 후 다음과 같이 작성하면 컴파일 에러가 발생하지 않는다. 객체를 추상 베이스 클래스가 아닌 파생 클래스 타입으로 생성하기 때문이다.

```
unique_ptr<SpreadsheetCell> cell  { new StringSpreadsheetCell{} };
```

NOTE_ 클래스를 파생 클래스가 아닌 다른 코드에서 직접 인스턴스를 생성하지 못하게 하려면 추상 클래스로 만든다.

여기서 주의할 점은 SpreadsheetCell.cpp 소스 파일을 작성할 필요가 없다는 것이다. 메서드가 모두 순수 가상 메서드고, 소멸자는 명시적으로 디폴트로 선언했기 때문이다.

10.4.4 파생 클래스 구현하기

StringSpreadsheetCell과 DoubleSpreadsheetCell 클래스를 정의할 때는 부모 클래스에 정의된 기능을 그대로 구현하면 된다. 클라이언트가 string이나 double 타입 셀에 대한 객체를 생성할 수 있어야 하므로 두 타입을 추상 클래스로 정의할 수 없다. 즉, 부모 클래스로부터 받은 순수 가상 메서드를 하나도 빠짐없이 구현해야 한다. 베이스 클래스에서 순수 가상으로 정의된 메서드 중에서 파생 클래스에 구현하지 않은 것이 하나라도 있으면 파생 클래스도 추상 클래스가 된다. 그러면 클라이언트가 이 파생 클래스로 객체를 생성할 수 없게 된다.

1 StringSpreadsheetCell 클래스 정의

StringSpreadsheetCell 클래스는 string_spreadsheet_cell이란 별도 모듈에 정의한다. StringSpreadsheetCell 정의에서 가장 먼저 작성할 부분은 SpreadsheetCell을 상속하는 것이다. 이를 위해 spreadsheet_cell 모듈을 임포트한다.

그러고 나서 상속한 순수 가상 메서드를 오버라이드한다. 이번에는 이 메서드를 =0으로 지정하지 않는다.

마지막으로 string 타입의 셀을 정의하는 클래스에 m_value라는 데이터 멤버를 추가하고 private으로 지정한다. 실제 셀 데이터를 여기에 저장할 것이다. 이 멤버의 타입을 1장에서 소개한 std::optional로 지정한다. optional 타입으로 지정하면 셀에 값이 설정되지 않거나 공백 스트링으로 설정되었는지 쉽게 알아낼 수 있다.

```
export module string_spreadsheet_cell;
import spreadsheet_cell;
import <string>;
import <string_view>;
import <optional>;
```

```
export class StringSpreadsheetCell : public SpreadsheetCell
{
    public:
        void set(std::string_view value) override;
        std::string getString() const override;
    private:
        std::optional<std::string> m_value;
};
```

2 StringSpreadsheetCell 구현하기

set() 메서드 코드는 내부에서 이미 스트링으로 표현하기 때문에 매우 간단하다. m_value가 optional 타입이므로 값이 없을 수 있다. 따라서 getString() 메서드를 구현할 때는 m_value에 값이 없다면 공백 스트링을 리턴하게 만든다. std::optional의 value_or() 메서드로 쉽게 구현할 수 있다. m_value.value_or("")과 같이 작성하면 m_value에 실제 값이 있으면 그 값을 리턴하고, 그렇지 않으면 공백 스트링을 리턴한다.

```
void set(std::string_view value) override { m_value = value; }
std::string getString() const override { return m_value.value_or(""); }
```

3 DoubleSpreadsheetCell 클래스 정의 및 구현

double 버전을 정의하는 방법도 세부 로직을 제외하면 거의 비슷하다. 베이스 클래스에 정의된 string_view 타입의 인수를 받는 set() 메서드뿐만 아니라 double 타입의 인수를 받는 set()도 추가한다. 이렇게 새로 추가한 두 private 메서드는 string과 double 타입의 값을 상호 변환할 때 사용한다. StringSpreadsheetCell과 마찬가지로 여기서도 m_value란 데이터 멤버를 추가한다. 이번에는 optional<double>로 지정한다.

```
export module double_spreadsheet_cell;
import spreadsheet_cell;
import <string>;
import <string_view>;
import <optional>;

class DoubleSpreadsheetCell : public SpreadsheetCell
{
    public:
```

```
        virtual void set(double value);
        void set(std::string_view value) override;
        std::string getString() const override;
    private:
        static std::string doubleToString(double value);
        static double stringToDouble(std::string_view value);
        std::optional<double> m_value;
};
```

double 타입의 인수를 받는 set( ) 메서드의 구현 코드는 간단하다. string_view 타입을 받는 버전은 private static 메서드인 stringToDouble( )로 구현한다. getString( ) 메서드는 double 타입으로 저장된 값을 string으로 리턴하거나, 호출 시점에 저장된 값이 없으면 공백 스트링을 리턴한다. 이때 optional에 실제 값이 있는지는 std::optional에서 제공하는 has_value( ) 메서드로 알아낸다. 값이 있으면 value( ) 메서드로 그 값을 가져온다.

```
virtual void set(double value) { m_value = value; }
void set(string_view value) override { m_value = stringToDouble(value); }

std::string getString() const override
{
    return (m_value.has_value() ? doubleToString(m_value.value()) : "");
}
```

앞에서 이미 본 적이 있지만 이렇게 스프레드시트 셀을 표현하는 클래스를 계층화하면 코드가 훨씬 간결해진다. 그러면 각 타입에 관련된 기능에만 집중할 수 있다.

여기서 doubleToString( )과 stringToDouble( )의 구현 코드는 8장에서 소개한 것과 똑같아서 생략했다.

10.4.5 다형성 최대로 활용하기

지금까지 다형성을 지원하도록 SpreadsheetCell 클래스를 계층화했다. 이렇게 하면 클라이언트 코드는 다형성의 장점을 충분히 활용할 수 있다. 구체적으로 어떤 장점이 있는지는 테스트 프로그램을 작성하면서 살펴보자.

다형성의 효과를 코드로 표현하기 위해 먼저 SpreadsheetCell 포인터 타입 원소 세 개를 담을 수 있는 vector를 선언한다. SpreadsheetCell은 추상 클래스이므로 이 클래스로 곧바로 객체를 생성할 수 없지만 SpreadsheetCell에 대한 포인터나 레퍼런스는 실제로 모든 파생 클래스 객체를 가리킬 수는 있다. 그러므로 다음과 같이 vector를 부모 클래스인 SpreadsheetCell 타입으로 선언하면 파생 클래스인 StringSpreadsheetCell과 DoubleSpreadsheetCell 타입으로 된 원소를 모두 담을 수 있다.

```
vector<unique_ptr<SpreadsheetCell>> cellArray;
```

vector의 첫 번째와 두 번째 원소를 StringSpreadsheetCell 객체로 설정하고, 세 번째 원소는 DoubleSpreadsheetCell 객체로 설정한다.

```
cellArray.push_back(make_unique<StringSpreadsheetCell>());
cellArray.push_back(make_unique<StringSpreadsheetCell>());
cellArray.push_back(make_unique<DoubleSpreadsheetCell>());
```

이렇게 하면 vector에 여러 타입의 데이터가 저장되므로 베이스 클래스에서 선언한 모든 메서드를 이 vector의 객체에 적용할 수 있다. 코드에서는 원소의 타입을 SpreadsheetCell 포인터로만 표현했다. 이 포인터가 실제로 어떤 타입의 객체를 가리키는지는 컴파일 시간에 알 수 없다. 하지만 실행 시간에 포인터가 실제로 가리키는 객체는 모두 SpreadsheetCell을 상속한 것이기 때문에 SpreadsheetCell에 정의된 메서드만큼은 확실히 사용할 수 있다.

```
cellArray[0]->set("hello");
cellArray[1]->set("10");
cellArray[2]->set("18");
```

getString() 메서드를 호출하면 값을 객체의 타입에 맞게 표현한 string으로 리턴한다. 여기서 한 가지 중요하면서도 좀 놀라운 부분은 객체마다 string으로 변환하는 방식이 다르다는 것이다. StringSpreadsheetCell은 저장된 값을 그대로 리턴하거나 공백 스트링을 리턴한다. DoubleSpreadsheetCell은 저장된 값이 있으면 string으로 변환해서 리턴하고, 그렇지 않으면 공백 스트링을 리턴한다. 프로그래머는 객체가 구체적으로 어떻게 처리하는지는 몰라도 된다. 모든 객체의 타입이 SpreadsheetCell 타입이기 때문에 SpreadsheetCell에 정의된 동작을 수행할 수 있다는 사실만 알면 된다.

```
cout << "Vector: [{},{},{}]", cellArray[0]->getString(),
                              cellArray[1]->getString(),
                              cellArray[2]->getString()) << endl;
```

10.4.6 나중을 대비하기

이렇게 계층화하도록 구현한 SpreadsheetCell은 객체지향 설계 관점에서 볼 때 확실히 더 좋다. 하지만 몇 가지 이유로 인해 실전에서 사용하기에는 부족한 면이 있다.

첫째, 설계는 개선되었지만 아직 빠진 기능이 있다. 바로 셀 타입끼리 상호 변환하는 기능이다. 앞에서 두 클래스를 별도로 정의했기 때문에 셀을 표현하는 타입이 두 가지로 갈라졌다. 그러므로 타입을 변환하는 기능을 별도로 제공해야 한다. DoubleSpreadsheetCell을 StringSpreadsheetCell 타입으로 변환하는 기능은 **변환 생성자**converting constructor (또는 **타입 생성자**typed constructor)를 추가하는 방식으로 구현할 수 있다. 형태는 복제 생성자와 비슷하지만 인수를 동일한 클래스로 받지 않고 형제 클래스 객체에 대한 레퍼런스로 받게 만들면 된다. 그런데 이렇게 생성자를 직접 작성하면 컴파일러가 디폴트 생성자를 자동으로 만들어주지 않기 때문에 디폴트 생성자를 반드시 선언해야 한다.

```
export class StringSpreadsheetCell : public SpreadsheetCell
{
    public:
        StringSpreadsheetCell() = default;
        StringSpreadsheetCell(const DoubleSpreadsheetCell& cell)
            : m_value { cell.getString() }
        { }
        // 코드 생략
};
```

이렇게 변환 생성자를 제공하면 DoubleSpreadsheetCell을 기반으로 StringSpreadsheetCell을 쉽게 생성할 수 있다. 그런데 이는 포인터나 레퍼런스로 캐스트하는 것과는 다르다는 사실에 주의한다. 15장에서 설명하는 캐스트 연산자를 오버로드하지 않으면 형제 타입 포인터 또는 레퍼런스끼리 캐스트할 수 없다.

> **CAUTION_** 업캐스트는 언제나 할 수 있다. 간혹 다운캐스트도 할 수 있다. 캐스트 연산자의 동작을 변경하거나 reinterpret_cast( )를 이용하면 계층 구조에서 형제 관계끼리도 캐스트할 수 있지만 바람직한 방법은 아니다.

둘째, 셀마다 연산자를 오버로드해야 하며 몇 가지 구현 방법이 있다. 하나는 모든 셀 타입 조합에 대해 연산자를 일일이 구현하는 것이다. 파생 클래스가 두 개뿐이라면 이렇게 해도 부담 없다. double 타입 셀끼리 더하는 연산, string 타입 셀끼리 더하는 연산, double 타입 셀과 string 타입 셀을 더하는 연산, 이렇게 세 가지 경우에 대해 operator+ 함수를 일일이 정의하면 된다. 다른 방법은 공통 표현 방식을 정해두는 것이다. 앞에서 본 예제는 이미 string 타입을 공통 표현 방식으로 사용하고 있다. 이렇게 정해둔 공통 표현에 대해 정의한 operator+ 연산자로 모든 조합의 연산을 구현할 수 있다. 예를 들어 다음과 같이 두 셀을 더한 값이 항상 string 타입이라고 가정하고 코드를 작성해서 string_spreadsheet_cell 모듈에 추가하면 된다.

```
export StringSpreadsheetCell operator+(const StringSpreadsheetCell& lhs,
                                       const StringSpreadsheetCell& rhs)
{
    StringSpreadsheetCell newCell;
    newCell.set(lhs.getString() + rhs.getString());
    return newCell;
}
```

컴파일러 입장에서 볼 때 주어진 셀을 항상 StringSpreadsheetCell로 변환할 수만 있다면 제대로 작동한다. 앞에서 정의한 것처럼 DoubleSpreadsheetCell을 인수로 받는 StringSpreadsheetCell 생성자가 있을 때 컴파일러 입장에서 operator+를 실행하기 위한 다른 방법을 찾지 못하면 이 생성자를 이용하여 타입을 변환해준다. 따라서 operator+를 StringSpreadsheetCell에 대해서만 구현했더라도 다음 코드가 실행된다.

```
DoubleSpreadsheetCell myDbl;
myDbl.set(8.4);
StringSpreadsheetCell result { myDbl + myDbl };
```

당연히 이렇게 더한 결과는 두 수를 더한 것과 다르다. double 값 두 개를 모두 string 타입으로 변환해서 서로 이어 붙인 것이다. 따라서 result는 8.4000008.400000이 된다.

아직 다형성을 완벽하게 이해하지 못했다면 이 예제 코드를 이용해서 이리저리 실험해보기 바란다. 앞에서 본 main() 함수에서 클래스의 다양한 속성을 시험해보면 좋다.

10.5 다중 상속

5장에서 설명했듯이 객체지향 프로그래밍에서 다중 상속은 쓸데없이 복잡하기만 한 개념이라고 여기는 사람이 많다. 다중 상속이 얼마나 실용적인지는 각자 판단에 맡기기로 하고, 이 절에서는 C++의 다중 상속 메커니즘을 자세히 소개한다.

10.5.1 여러 클래스 상속하기

문법만 보면 다중 상속을 정의하는 방법은 간단하다. 클래스를 선언할 때 이름 뒤에 상속할 베이스 클래스를 나열하기만 하면 된다.

```
class Baz : public Foo, public Bar { /* 클래스 선언 코드 */ };
```

이렇게 Baz가 여러 부모를 동시에 상속하면 다음과 같은 속성을 갖게 된다.

- Baz 객체는 Foo와 Bar에 있는 데이터 멤버와 public 메서드를 가진다.
- Baz 객체에 있는 메서드는 Foo와 Bar에 있는 protected 데이터 멤버와 메서드에 접근할 수 있다.
- Baz 객체를 Foo나 Bar로 업캐스트할 수 있다.
- Baz 객체를 생성하면 Foo와 Bar의 디폴트 생성자가 호출된다. 이때 클래스 정의에 나열한 순서에 따라 호출된다.
- Baz 객체를 삭제하면 Foo와 Bar의 소멸자가 자동으로 호출된다. 이때 클래스 정의에 나열한 순서와 반대로 호출된다.

다음 코드에 나온 DogBird 클래스는 Dog 클래스와 Bird 클래스를 동시에 상속한다(그림 10-8). 다중 상속을 폄하하려고 DogBird라는 이상한 이름을 지었다고 오해하지 말기 바란다. 앞에서도 말했지만 다중 상속에 대한 판단은 전적으로 독자에게 맡긴다.

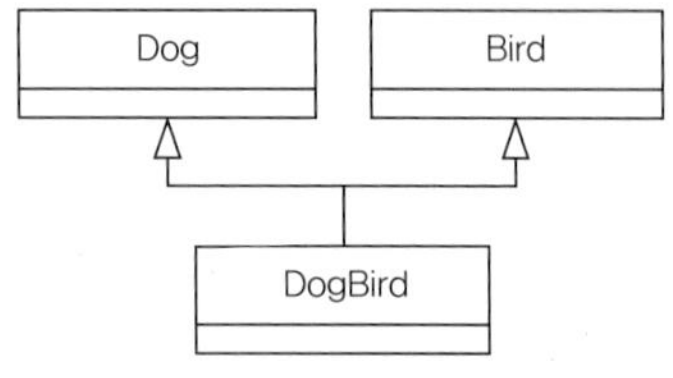

그림 10-8

```
class Dog
{
    public:
        virtual void bark() { cout << "Woof!" << endl; }
};

class Bird
{
    public:
        virtual void chirp() { cout << "Chirp!" << endl; }
};

class DogBird : public Dog, public Bird
{
};
```

다중 상속 클래스의 객체는 단일 상속 클래스의 객체와 크게 다르지 않다. 게다가 주어진 클래스의 부모가 둘이라는 사실을 클라이언트 코드에서 알 필요도 없다. 그보다는 이 클래스가 어떤 속성과 메서드를 제공하는지 아는 것이 중요하다. 예제에서 DogBird 객체는 Dog와 Bird에 있는 public 메서드를 모두 제공한다.

```
DogBird myConfusedAnimal;
myConfusedAnimal.bark();
myConfusedAnimal.chirp();
```

이 코드를 실행한 결과는 다음과 같다.

```
Woof!
Chirp!
```

10.5.2 이름 충돌과 모호한 베이스 클래스

다중 상속 때문에 문제가 발생하는 사례를 만드는 것은 어렵지 않다. 다음 예제는 반드시 주의해야 할 특수한 상황을 보여준다.

1 모호한 이름

Dog 클래스와 Bird 클래스 둘 다 eat( ) 메서드를 가지고 있다고 하자. Dog와 Bird는 서로 관련이 없기 때문에 어느 한쪽이 다른 쪽의 메서드를 오버라이드할 수 없다. 따라서 DogBird라는 파생 클래스에서도 그대로 유지된다.

클라이언트 코드가 eat() 메서드를 호출하지 않는 한 아무런 문제가 발생하지 않는다. 이렇게 eat() 메서드가 두 가지 버전이 동시에 있더라도 DogBird 클래스가 정상적으로 컴파일된다. 하지만 클라이언트 코드에서 DogBird의 eat() 메서드를 호출하도록 작성하면 컴파일러는 eat() 호출문이 모호하다는 에러를 발생한다. 컴파일러의 입장에서 어느 버전의 eat()를 호출해야 하는지 판단할 수 없기 때문이다. 예를 들어 다음과 같이 코드를 작성하면 모호하다는 에러가 발생한다.

```
class Dog
{
    public:
        virtual void bark() { cout << "Woof!" << endl; }
        virtual void eat() { cout << "The dog ate." << endl; }
};

class Bird
{
    public:
        virtual void chirp() { cout << "Chirp!" << endl; }
        virtual void eat() { cout << "The bird ate." << endl; }
};

class DogBird : public Dog, public Bird
{
};

int main()
{
    DogBird myConfusedAnimal;
    myConfusedAnimal.eat(); // 에러! eat() 메서드의 소속이 모호하다.
}
```

이런 모호한 상황을 방지하려면 dynamic_cast()로 객체를 명시적으로 업캐스트해서 원하지 않는 버전을 컴파일러가 볼 수 없게 가리거나, 스코프 지정 연산자를 이용하여 원하는 버전을 구체적으로 지정한다. 예를 들어 Dog 버전의 eat()를 호출하는 방법은 다음과 같이 두 가지가 있다.

```
dynamic_cast<Dog&>(myConfusedAnimal).eat(); // Dog::eat()를 호출한다.
myConfusedAnimal.Dog::eat();                // Dog::eat()를 호출한다.
```

파생 클래스의 메서드 중에서 이름이 같은 것이 있을 때 부모 메서드를 접근하는 데 사용했던 것처럼 스코프 지정 연산자(::)를 이용하여 원하는 메서드를 명확히 지정할 수 있다. 예를 들어 DogBird 클래스는 이렇게 모호한 상황이 발생하지 않도록 다음과 같이 eat() 메서드를 별도로 정의한다. 실제로 어느 부모의 메서드를 호출할지는 이 메서드 안에서 결정한다.

```
class DogBird : public Dog, public Bird
{
    public:
        void eat() override
        {
            Dog::eat(); // Dog 버전의 eat()를 호출한다.
        }
};
```

또 다른 방법은 using 문으로 DogBird가 상속할 eat() 버전을 구체적으로 지정하는 것이다.

```
class DogBird : public Dog, public Bird
{
    public:
        using Dog::eat; // Dog 버전의 eat()를 상속한다.
};
```

2 모호한 베이스 클래스

같은 클래스를 두 번 상속할 때도 모호한 상황이 발생한다. 예를 들어 Bird 클래스가 Dog를 상속하면 DogBird 코드에서 컴파일 에러가 발생한다. 베이스 클래스가 모호하기 때문이다.

```
class Dog {};
class Bird : public Dog {};
class DogBird : public Bird, public Dog {}; // 에러가 발생한다.
```

베이스 클래스가 모호한 경우는 방금처럼 상속 관계가 이상하거나 클래스 계층이 꼬였을 때 주로 발생한다. 앞에서 본 예제의 상속 관계를 [그림 10-9]와 같이 클래스 다이어그램으로 그려보면 모호하다는 것을 알 수 있다.

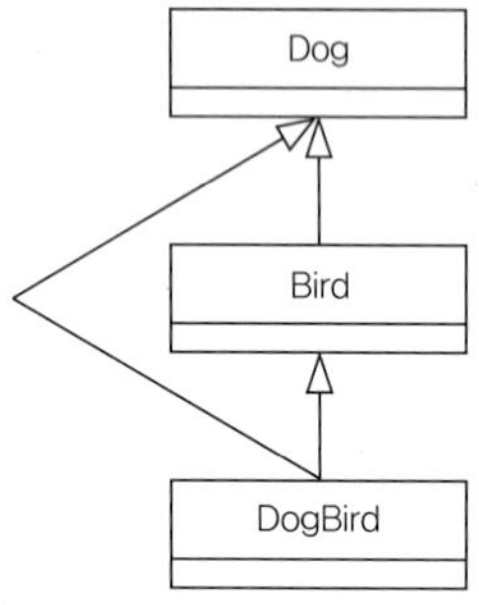

그림 10-9

데이터 멤버가 모호할 때도 있다. Dog와 Bird의 데이터 멤버 중에 이름이 같은 것이 있을 때 클라이언트 코드가 그 멤버에 접근하면 에러가 발생한다.

가장 흔한 사례는 부모가 겹칠 때다. 예를 들어 [그림 10-10]처럼 Bird와 Dog가 모두 Animal 클래스를 상속한 경우를 보자.

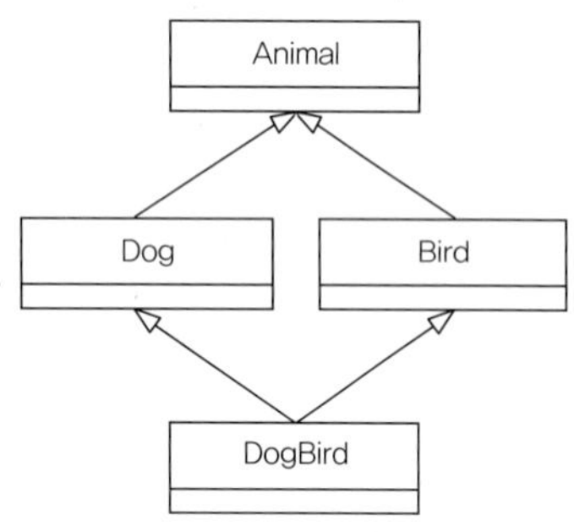

그림 10-10

이렇게 하면 이름이 모호해지지만 얼마든지 이렇게 클래스 계층을 구성하도록 C++에서 허용한다. 예를 들어 Animal 클래스에 있는 sleep()이란 public 메서드는 DogBird 객체에서 호출할 수 없다. 컴파일러는 Dog와 Bird 중 어디에 있는 sleep()을 호출할지 판단할 수 없기 때문이다.

클래스 계층이 이렇게 다이아몬드 형태로 구성되었을 때는 최상단의 클래스를 순수 가상 메서드로만 구성된 추상 클래스로 만들면 된다. 메서드를 선언만하고 정의하지는 않았기 때문에 베이스 클래스에서 호출할 메서드가 없어서 그 수준에서는 모호함이 발생하지 않는다.

다음 예제는 이 방법에 따라 eat()를 순수 가상 메서드로 선언해서 Animal을 추상 베이스 클래스로 만들었다. 이 클래스를 상속하는 모든 파생 클래스는 반드시 eat() 메서드를 구현해야 한다. DogBird 클래스도 어느 부모의 eat() 메서드를 사용할지 명확히 밝혀야 한다. 하지만 Dog와 Bird 사이에서 모호함이 발생하는 근본 원인은 같은 클래스를 상속하기 때문이 아니라 메서드 이름이 같기 때문이다.

```
class Animal
{
    public:
        virtual void eat() = 0;
};

class Dog : public Animal
{
    public:
        virtual void bark() { cout << "Woof!" << endl; }
        void eat() override { cout << "The dog ate." << endl; }
};

class Bird : public Animal
{
    public:
        virtual void chirp() { cout << "Chirp!" << endl; }
        void eat() override { cout << "The bird ate." << endl; }
};

class DogBird : public Dog, public Bird
{
    public:
        using Dog::eat;
};
```

이렇게 계층이 다이아몬드 형태로 구성되었을 때는 최상단에 있는 베이스 클래스를 이 장의 마지막 절에서 소개할 **가상 베이스 클래스**virtual base class로 만드는 것이 가장 좋다.

3 다중 상속 활용 사례

지금까지 설명한 내용을 보면 다중 상속을 도대체 왜 쓰는지 궁금할 것이다. 다중 상속을 활용하는 가장 간단한 예는 is-a 관계를 맺는 대상이 여러 개인 객체를 정의하기 위해서다. 5장에서 설명했듯이 현실에서 이런 관계를 가진 객체는 코드로 표현하기 쉽지 않다.

다중 상속의 가장 적합하면서 간단한 예는 믹스인 클래스를 구현할 때다. 믹스인 클래스는 5장에서 설명했고, 32장에서 좀 더 자세히 다룬다.

컴포넌트 기반으로 클래스를 모델링할 때도 다중 상속을 사용한다. 예를 들어 5장에서 본 비행기 시뮬레이션 예제가 여기에 해당한다. `Airplane` 클래스는 엔진, 동체, 제어장치 등의 컴포넌트로 구성된다. 이렇게 정의한 `Airplane` 클래스는 주로 각 컴포넌트를 데이터 멤버로 만드는 방식으로 구현하는데, 이때 다중 상속을 활용할 수 있다. 즉, `Airplane` 클래스가 엔진, 동체, 제어장치에 대한 클래스를 상속해서 각각의 동작과 속성을 물려받는 것이다. 하지만 has-a 관계가 복잡해지기 때문에 이 방식으로 구현하지 않는 것이 좋다. 바람직한 방법은 `Airplane` 클래스에 `Engine`, `Fuselage`, `Controls`란 이름으로 데이터 멤버를 정의하는 것이다.

10.6 상속에 관련된 미묘하면서 흥미로운 문제들

상속 기능을 활용하려면 다양한 이슈를 고려해야 한다. 클래스의 속성 중 변경 가능한 것과 변경 불가능한 것은 무엇인지, 비 `public` 상속이 무엇인지, 가상 베이스 클래스가 무엇인지 등을 확실히 파악해야 한다. 이 절에서는 이렇게 상속으로 인해 발생하는 여러 가지 의문점을 하나씩 살펴보자.

10.6.1 오버라이드한 메서드의 리턴 타입 변경하기

대부분의 경우 메서드를 오버라이드(재정의)하는 이유는 해당 메서드의 구현을 변경하기 위해서다. 하지만 때로는 동작뿐만 아니라 리턴 타입과 같은 속성을 변경하고 싶을 때가 있다.

오버라이드할 메서드는 베이스 클래스에 나온 선언문, 즉 베이스 클래스의 **메서드 프로토타입** method prototype과 똑같이 작성하는 것이 원칙이다. 구현 코드는 달라지더라도 프로토타입은 그대로 유지해야 한다.

하지만 예외도 있다. C++에서는 오버라이드한 메서드의 리턴 타입을 바꿀 수 있다. 단, 원래 리턴 타입이 클래스에 대한 포인터나 레퍼런스 타입이고, 리턴 타입은 그 클래스의 파생 클래스에 대한 포인터나 레퍼런스여야 한다. 이런 타입을 **공변 리턴 타입**covariant return type이라 부른다. 베이스 클래스와 파생 클래스가 **병렬 계층**parallel hierarchy을 이룰 때, 다시 말해 두 계층이 따로 존재하지만 어느 한쪽에 관련이 있을 때 이 기능이 유용할 수도 있다.

예를 들어 가상의 체리 과수원 시뮬레이터가 있다고 하자. 서로 다른 실제 객체를 모델링하지만 명백히 관련이 있는 두 개의 클래스 계층이 있을 수 있다. 첫 번째 계층은 Cherry란 베이스 클래스와 BingCherry란 파생 클래스로 구성한다. 두 번째 계층은 CherryTree란 베이스 클래스와 BingCherryTree란 파생 클래스로 구성한다. [그림 10-11]은 두 체인을 보여준다.

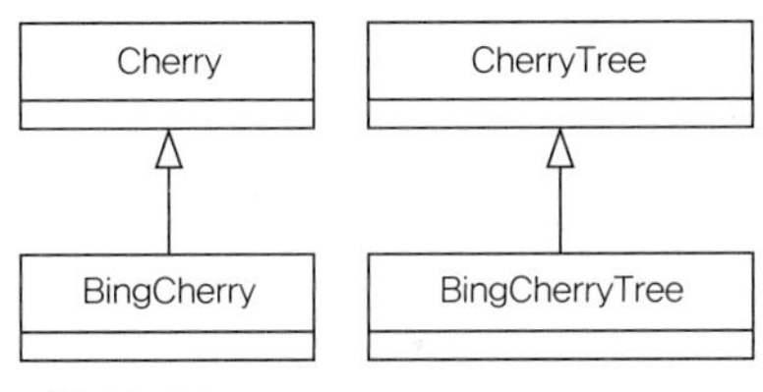

그림 10-11

이제 CherryTree 클래스에 체리 하나를 따는 pick()이란 가상 메서드를 정의한다.

```
Cherry* CherryTree::pick() { return new Cherry(); }
```

> **NOTE_** 여기에서는 리턴 타입을 변경하는 예를 보여주기 위해 스마트 포인터가 아닌 일반 포인터로 리턴했다. 이렇게 한 이유는 이 절 마지막에서 설명한다. 물론 호출한 측에서는 리턴된 결과를 일반 포인터 상태로 남겨두지 말고 즉시 스마트 포인터로 저장하는 것이 좋다.

파생 클래스인 BingCherryTree에서 이 메서드를 오버라이드해보자. 예를 들어 BingCherry를 딸 때 깨끗이 닦는 동작을 추가할 수 있다. BingCherry도 일종의 Cherry이기 때문에 메서드 프로토타입은 그대로 유지하고 메서드의 구현 코드만 다음과 같이 수정한다. BingCherry 포인터는 Cherry 포인터로 자동으로 캐스트된다. 참고로 polish()에서 익셉션을 던지더라도 메모리 누수가 일어나지 않도록 unique_ptr로 구현했다.

```
Cherry* BingCherryTree::pick()
{
    auto theCherry { make_unique<BingCherry>() };
    theCherry->polish();
    return theCherry.release();
}
```

이렇게 구현해도 문제없이 실행된다. 그런데 BingCherryTree는 항상 BingCherry 객체를 리턴한다. 그러므로 이 사실을 사용자에게 알려주도록 다음과 같이 리턴 타입을 변경한다.

```
BingCherry* BingCherryTree::pick()
{
    auto theCherry { make_unique<BingCherry>() };
    theCherry->polish();
    return theCherry.release();
}
```

이렇게 구현하면 BingCherryTree::pick() 메서드를 다음과 같이 호출할 수 있다. 여기서 printType() 메서드는 Cherry의 virtual 메서드이며, BingCherry에서 오버라이드했으며, 체리 종류를 출력하기만 한다.

```
BingCherryTree theTree;
unique_ptr<Cherry> theCherry { theTree.pick() };
theCherry->printType();
```

오버라이드하는 과정에서 원본 메서드의 리턴 타입을 변경해도 되는지 알아보기 위한 좋은 방법은 이렇게 바꿔도 기존 코드가 제대로 작동하는지 확인하는 것이다. 이를 **리스코프 치환 원칙** Liskov Substitution Principle (**LSP**)이라 부른다. 모든 코드에서 pick() 메서드가 항상 Cherry*를 리턴한다고 가정한 코드는 모두 문제없이 컴파일되고 실행된다. 그러므로 앞에 나온 코드에서 리턴 타입을 변경해도 문제가 발생하지 않았다. BingCherry도 일종의 Cherry이기 때문에 CherryTree 버전의 pick()이 리턴한 값에 대해 호출할 수 있는 메서드는 모두 BingCherryTree 버전의 pick()이 리턴한 값에 대해서도 호출할 수 있다.

하지만 리턴 타입을 void*와 같이 전혀 관련 없는 타입으로 **변경할 수는 없다**. 예를 들어 다음과 같이 작성하면 컴파일 에러가 발생한다.

```
void* BingCherryTree::pick() { /* 코드 생략 */ } // 컴파일 에러 발생
```

컴파일 에러 메시지는 다음과 같다.

```
'BingCherryTree::pick': overriding virtual function return type differs and is
not covariant from 'CherryTree::pick'.
```

앞에서 설명했듯이 여기에서는 스마트 포인터가 아닌 일반 포인터를 사용했다. 따라서 리턴 타입을 unique_ptr로 지정하면 작동하지 않는다. CherryTree::pick() 메서드가 다음과 같이 unique_ptr<Cherry>를 리턴하도록 작성했다고 하자.

```
unique_ptr<Cherry> CherryTree::pick() { return make_unique<Cherry>(); }
```

그러면 BingCherryTree::pick() 메서드의 리턴 타입을 unique_ptr<BingCherry>로 변경할 수 없게 된다. 다시 말해 다음과 같이 작성하면 컴파일 에러가 발생한다.

```
unique_ptr<BingCherry> BingCherryTree::pick() override { /* 코드 생략 */ }
```

그 이유는 바로 unique_ptr이 클래스 템플릿이기 때문이다. unique_ptr 클래스 템플릿은 unique_ptr<Cherry>와 unique_ptr<BingCherry>라는 두 가지 인스턴스로 생성된다. 두 인스턴스는 타입이 전혀 다르고 서로 아무런 관련도 없다. 따라서 오버라이드할 때 리턴 타입을 완전히 다른 타입으로 변경할 수 없다.

10.6.2 파생 클래스에 virtual 베이스 클래스 메서드에 대한 오버로드 메서드 추가하기

파생 클래스에서 베이스 클래스의 virtual 메서드에 대한 새로운 오버로드 메서드를 추가할 수 있다. 다시 말해 베이스 클래스를 계속 상속하되 완전히 새로운 프로토타입으로 파생 클래스에 virtual 메서드에 대한 오버로드 버전을 추가할 수 있다. 이때 using 선언문을 이용하여 해당 메서드에 대한 베이스 클래스의 정의를 파생 클래스에 명시적으로 포함시킨다. 예를 들면 다음과 같다.

```
class Base
{
    public:
        virtual void someMethod();
};

class Derived : public Base
{
    public:
        using Base::someMethod;           // 베이스 클래스의 버전을 명시적으로 '상속'한다.
        virtual void someMethod(int i); // 새 버전을 추가한다.
        virtual void someOtherMethod();
};
```

NOTE_ 베이스 클래스와 이름은 같고 매개변수만 다른 메서드를 파생 클래스에서 만드는 경우는 거의 없다.

10.6.3 생성자 상속

앞 절에서 using 키워드로 베이스 클래스에 정의된 메서드를 파생 클래스에 명시적으로 지정하는 방법을 소개했다. 그런데 이 기법은 일반 클래스 메서드뿐만 아니라 생성자에도 적용할 수 있다. 그러면 베이스 클래스의 생성자도 상속할 수 있다. 다음과 같이 정의된 Base와 Derived 클래스를 살펴보자.

```
class Base
{
    public:
        virtual ~Base() = default;
        Base() = default;
        Base(std::string_view str);
};

class Derived : public Base
{
    public:
        Derived(int i);
};
```

Base 객체는 이렇게 제공된 Base 생성자로만 만들 수 있다. 즉, 디폴트 생성자나 string_view 매개변수를 받는 생성자 중 하나를 사용한다. 반면 Derived 객체는 여기서 선언한 int 타입 인수를 받는 생성자로만 만들 수 있다. Base 클래스에 정의된 string_view 인수를 받는 생성자나 디폴트 생성자로는 Derived 객체를 만들 수 없다. 예를 들면 다음과 같다.

```
Base base { "Hello" };          // string_view 인수를 받는 Base 생성자 호출
Derived derived1 { 1 };         // int 인수를 받는 Derived 생성자 호출
Derived derived2 { "Hello" }; // 에러! Derived는 string_view 생성자를 상속하지 않는다.
Derived derived3;               // 에러! Derived는 디폴트 생성자가 없다.
```

string_view 인수를 받는 Base 생성자로 Derived 객체를 만들고 싶다면 다음과 같이 Derived 클래스에서 Base 생성자를 명시적으로 상속해야 한다.

```
class Derived : public Base
{
    public:
        using Base::Base;
        Derived(int i);
};
```

using 키워드를 지정하면 부모 클래스의 모든 생성자를 상속한다. 따라서 위와 같이 작성하면 Derived 객체를 다음과 같은 방식으로 생성할 수 있다.

```
Derived derived1 { 1 };         // OK, int 인수를 받는 Derived 생성자 호출
Derived derived2 { "Hello" }; // OK, string_view 인수를 받는 Base 생성자 호출
Derived derived3;               // OK, 디폴트 Base 생성자 호출
```

여기서 Derived 클래스에 생성자를 추가하지 않더라도 Base에 있는 생성자를 모두 상속할 수 있다. 다음은 이러한 예다.

```
class Base
{
    public:
        virtual ~Base() = default;
        Base() = default;
        Base(std::string_view str);
```

```
        Base(float f);
};

class Derived : public Base
{
    public:
        using Base::Base;
};
```

Derived 인스턴스는 다음과 같이 생성할 수 있다.

```
Derived derived1 { "Hello" }; // Base의 string_view 버전의 생성자가 호출된다.
Derived derived2 { 1.23f };   // Base의 float 버전의 생성자가 호출된다.
Derived derived3;             // Base의 디폴트 생성자가 호출된다.
```

1 상속한 생성자 가리기

Derived 클래스는 Base 클래스에서 상속한 생성자와 똑같은 매개변수 리스트를 가진 생성자를 정의할 수 있다. 이렇게 만든 Derived 클래스 생성자는 우선순위가 Base의 생성자보다 높다. 다음 예제는 Derived 클래스에서 using 키워드를 이용해서 Base 클래스의 모든 생성자를 상속한다. 그런데 Derived 클래스에 float 타입의 매개변수 하나만 받는 생성자를 정의했기 때문에 Base 클래스에 있는 float 타입 버전의 생성자는 가려진다.

```
class Base
{
    public:
        virtual ~Base() = default;
        Base() = default;
        Base(std::string_view str);
        Base(float f);
};

class Derived : public Base
{
    public:
        using Base::Base;
        Derived(float f); // float 버전 Base 생성자를 가린다.
};
```

이렇게 정의하면 Derived 객체를 다음과 같이 생성할 수 있다.

```
Derived derived1 { "Hello" }; // 상속한 string_view 버전의 Base 생성자가 호출된다.
Derived derived2 { 1.23f };   // Derived에서 정의한 float 버전의 생성자가 호출된다.
Derived derived3;             // 상속한 디폴트 Base 생성자
```

using 구문으로 베이스 클래스의 생성자를 상속할 때는 몇 가지 제약사항이 있다.

- 베이스 클래스의 생성자를 상속하면 모든 생성자를 한꺼번에 상속한다. 베이스 클래스 생성자 중 일부만 상속할 수는 없다.
- 상속한 생성자는 베이스 클래스와 똑같은 접근 권한을 가진다. using 선언문에 적용된 접근 권한과 관계 없다.

2 생성자 상속과 다중 상속

다중 상속과 관련된 제약사항도 있다. 여러 베이스 클래스에서 매개변수 목록이 똑같은 생성자는 상속할 수 없다. 어느 부모에 있는 것을 호출할지 알 수 없기 때문이다. 이런 모호함을 해결하려면 똑같이 생긴 생성자를 Derived 클래스에서 명시적으로 정의한다. 예를 들어 다음과 같이 Derived 클래스에서 Base1과 Base2에 있는 생성자를 모두 상속하려고 using 키워드로 선언하면 float 인수를 받는 생성자가 Base1과 Base2에 동시에 있기 때문에 컴파일 에러가 발생한다.

```
class Base1
{
    public:
        virtual ~Base1() = default;
        Base1() = default;
        Base1(float f);
};

class Base2
{
    public:
        virtual ~Base2() = default;
        Base2() = default;
        Base2(std::string_view str);
        Base2(float f);
};

class Derived : public Base1, public Base2
```

```
{
    public:
        using Base1::Base1;
        using Base2::Base2;
        Derived(char c);
};

int main()
{
    Derived d { 1.2f }; // 에러, 모호함
}
```

Derived에서 가장 먼저 작성한 using 문은 Base1에 있는 생성자를 모두 상속한다. 따라서 Derived에 다음과 같은 생성자가 생긴다.

```
Derived(float f); // Base1에서 받은 것이다.
```

Derived에서 두 번째로 작성한 using 문은 Base2에 있는 생성자를 모두 상속하려고 한다. 그런데 여기서 컴파일 에러가 발생한다. 이미 Derived(float f)란 생성자가 있기 때문이다. 이럴 때는 다음과 같이 충돌이 발생한 생성자를 명시적으로 선언하면 된다.

```
class Derived : public Base1, public Base2
{
    public:
        using Base1::Base1;
        using Base2::Base2;
        Derived(char c);
        Derived(float f);
};
```

이렇게 하면 Derived 클래스는 float 타입 매개변수 하나를 받는 생성자를 명시적으로 선언해서 모호함이 발생하지 않게 만든다. 원한다면 이렇게 선언한 float 타입 생성자를 다음과 같이 Base1과 Base2의 생성자 초기자를 통해 각 생성자를 호출하게 만들 수도 있다.

```
Derived::Derived(float f) : Basel { f }, Base2 { f } {}
```

3 데이터 멤버 초기화

이렇게 상속한 생성자를 활용할 때는 모든 변수가 제대로 초기화되는지 확인해야 한다. 예를 들어 Base와 Derived 클래스를 다음과 같이 새로 정의했다고 하자. 이렇게 작성하면 m_int 데이터 멤버가 제대로 초기화되지 않아서 심각한 에러가 발생할 가능성이 있다.

```
class Base
{
    public:
        virtual ~Base() = default;
        Base(std::string_view str) : m_str { str } {}
    private:
        std::string m_str;
};

class Derived : public Base
{
    public:
        using Base::Base;
        Derived(int i) : Base { "" }, m_int { i } {}
    private:
        int m_int;
};
```

Derived 객체를 다음과 같이 생성할 수 있다.

```
Derived s1 { 2 };
```

이 문장이 실행되면 Derived(int) 생성자가 호출되면서 m_int 데이터 멤버를 초기화하고, 공백 스트링 인수를 전달하는 Base 생성자가 호출되면서 m_str 데이터 멤버를 초기화한다.

이때 호출되는 Base 생성자를 Derived 클래스가 상속했기 때문에 Derived 객체를 다음과 같은 방법으로도 만들 수 있다.

```
Derived s2 { "Hello World" };
```

그러면 Base로부터 물려 받은 생성자가 호출된다. 그런데 이 Base 생성자는 Base 클래스의 m_

str만 초기화하고 Derived의 m_int는 초기화하지 않는다. 이처럼 m_int가 초기화되지 않은 상태로 남게 되면 나중에 문제가 발생할 수 있다.

이 문제는 8장에서 설명한 클래스 내부 멤버 초기자로 해결할 수 있다. 다음 코드는 클래스 내부 멤버 초기자로 m_int를 0으로 초기화한다. 이렇게 작성하더라도 Derived(int) 생성자가 나중에 이 값을 바꿀 수 있고, 생성자 매개변수로 전달한 i 값으로 m_int를 초기화할 수도 있다.

```
class Derived : public Base
{
    public:
        using Base::Base;
        Derived(int i) : Base { "" }, m_int { i } {}
    private:
        int m_int { 0 };
};
```

10.6.4 메서드 오버라이딩의 특수한 경우

메서드를 오버라이드할 때 특별히 주의를 기울여야 하는 경우가 있다. 이 절에서는 그중에서도 특히 자주 겪는 경우를 몇 가지 소개한다.

1 베이스 클래스가 static인 경우

C++에서는 static 메서드를 오버라이드할 수 없다. 대부분의 경우 이 정도만 알아도 충분하지만, 다음과 같은 사항도 알아두면 좋다.

먼저 메서드에 static과 virtual을 동시에 지정할 수 없다. 이것만 봐도 static 메서드를 오버라이드하면 원래 의도와 다른 효과가 발생한다는 것을 예상할 수 있다. 베이스 클래스의 static 메서드와 똑같은 이름으로 파생 클래스에 만든 static 메서드는 서로 전혀 다르다.

다음 코드를 보면 두 클래스 모두 beStatic()이란 이름의 static 메서드를 갖고 있다. 그런데 두 메서드는 서로 별개다.

```
class BaseStatic
{
    public:
        static void beStatic() {
```

```
            cout << "BaseStatic being static." << endl; }
};

class DerivedStatic : public BaseStatic
{
    public:
        static void beStatic() {
            cout << "DerivedStatic keepin' it static." << endl; }
};
```

static 메서드는 클래스에 속하기 때문에 동일한 이름의 메서드를 호출하면 각 클래스에 있는 메서드가 호출된다.

```
BaseStatic::beStatic();
DerivedStatic::beStatic();
```

이 코드의 실행 결과는 다음과 같다.

```
BaseStatic being static.
DerivedStatic keepin' it static.
```

이렇게 클래스 이름을 명시적으로 지정해서 호출할 때는 문제가 발생할 일이 없다. 하지만 이 메서드를 객체를 통해서 호출할 때는 헷갈리기 쉽다. C++에서는 static 메서드를 객체 이름으로 호출해도 되지만 static이기 때문에 this 포인터도 없고 객체에 접근할 수도 없다. 그러므로 객체 이름으로 호출하더라도 실질적으로 클래스 이름으로 호출하는 문장과 같다. 앞에서 정의한 클래스 메서드를 다음과 같이 호출하면 예상과 전혀 다른 결과가 나온다.

```
DerivedStatic myDerivedStatic;
BaseStatic& ref { myDerivedStatic };
myDerivedStatic.beStatic();
ref.beStatic();
```

첫 번째 beStatic() 호출문은 DerivedStatic 타입으로 선언한 객체로 호출했기 때문에 당연히 DerivedStatic으로 선언한 객체에 있는 beStatic()이 호출된다. 하지만 두 번째 호출문은 좀 다르다. ref 변수를 BaseStatic 타입 레퍼런스로 선언했지만 이 변수가 실제로 가리키는 대상은 DerivedStatic 객체다. 이 경우 BaseStatic에 있는 beStatic()이 호출된다. C++는 static 메서드를 호출할 때는 실제로 속한 객체가 아닌 컴파일 시간에 지정된 타입을 따른다. 여기서 컴파일 시간에 결정된 타입은 BaseStatic 레퍼런스이기 때문에 BaseStatic의 beStatic()이 호출되는 것이다.

이 코드를 실행한 결과는 다음과 같다.

```
DerivedStatic keepin' it static.
BaseStatic being static.
```

NOTE_ static 메서드의 스코프는 메서드를 정의한 클래스의 이름에 따라 결정된다. static 메서드는 본래 객체에는 적용되지 않는다. static 메서드를 호출할 때는 C++의 이름 결정 과정(name resolution)에 따라 선택된 버전이 실행된다. static 메서드를 객체를 통해 호출하는 기능은 순전히 문법적으로만 제공되는 것이다. 여기서 지정한 객체는 컴파일 시간에 결정된 타입의 종류를 컴파일러에 알려주는 역할만 하고, 실제로 static 메서드가 호출되는 과정과는 전혀 관련이 없다.

2 베이스 클래스 메서드가 오버로드된 경우

베이스 클래스에 다양한 버전으로 오버로드된 메서드가 여러 개 있는데 그중 한 버전만 오버라이드하면 컴파일러는 베이스 클래스에 있는 다른 버전의 메서드도 함께 가려버린다. 어느 한 버전만 오버라이드하더라도 컴파일러 입장에서 볼 때는 같은 이름을 가진 모든 메서드를 오버라이드하려는데 깜박 잊고 하나만 적었다고 판단하기 때문이다. 이대로 놔두면 에러가 발생할 수 있으므로 나머지 메서드를 모두 가려주는 것이다. 생각해보면 나름 합리적인 처리 방식이다. 여러 버전 중에서 일부만 수정할 일은 거의 없기 때문이다. 예를 들어 다음 코드를 살펴보자. 여기서 Derived 클래스는 Base 클래스에서 오버로딩된 여러 메서드 중에서 하나만 오버라이드했다.

```
class Base
{
    public:
        virtual ~Base() = default;
        virtual void overload() { cout << "Base's overload()" << endl; }
        virtual void overload(int i) {
            cout << "Base's overload(int i)" << endl; }
};
```

```
class Derived : public Base
{
    public:
        virtual void overload() override {
            cout << "Derived's overload()" << endl; }
};
```

이렇게 정의한 상태에서 Derived 객체로 int 버전의 overload() 메서드를 호출하면 컴파일 에러가 발생한다. 이 버전의 메서드를 명시적으로 오버라이드하지 않았기 때문이다.

```
Derived myDerived;
myDerived.overload(2); // 에러! Derived 객체에는 overload(int)란 메서드가 없다.
```

그런데 Derived 객체를 통해 이 버전의 메서드에 접근할 방법은 있다. Derived 객체를 가리킬 변수를 Base 포인터나 Base 레퍼런스로 만들면 된다.

```
Derived myDerived;
Base& ref { myDerived };
ref.overload(7);
```

이렇게 부모 클래스에서 구현되지 않은 오버로딩 메서드를 숨겨주는 것은 사실 C++에서 편의상 제공하는 기능일 뿐이다. 객체의 타입을 명시적으로 파생 클래스로 지정해버리면 이런 메서드가 가려지지만 언제든지 베이스 클래스로 캐스트해서 가려진 메서드에 접근할 수 있다.

실제로 수정(오버라이드)하고 싶은 버전은 하나뿐인데 그거 하나를 사용하려고 모든 버전을 오버로드하는 것은 너무 번거롭다. 이럴 때는 using 키워드를 사용해서 간편하게 처리할 수 있다. 다음 코드는 Base에 있는 overload() 중에서 단 한 버전만 오버라이드하고, 나머지는 Base에 있는 것을 명시적으로 오버로드한다.

```
class Derived : public Base
{
    public:
        using Base::overload;
        void overload() override {
            cout << "Derived's overload()" << endl; }
};
```

이렇게 using 키워드를 사용할 때 한 가지 주의할 점이 있다. 예를 들어 원래 Derived에서 오버라이드해야 하는 overload( ) 메서드를 Base에 추가했다고 하자. 이렇게 해도 using을 사용했기 때문에 에러가 발생하지는 않는다. Derived 클래스를 만든 사람이 '이 메서드에 대한 나머지 모든 오버로드 메서드를 부모 클래스로부터 얼마든지 받겠다'고 선언한 것으로 취급하기 때문이다.

> **CAUTION_** 이런 찾기 힘든 버그를 방지하려면 오버로드된 메서드를 모두 명시적으로 오버라이드해야 한다.

3 베이스 클래스 메서드는 private이다

private 메서드도 얼마든지 오버라이드할 수 있다. 메서드에 대한 접근 제한자는 그 메서드를 **호출**할 수 있는 대상만 제한한다. 파생 클래스에서 부모 클래스의 private 메서드를 호출할 수 없다고 해서 오버라이드도 할 수 없는 것은 아니다. 실제로 private 메서드를 오버라이드하는 **템플릿 메서드 패턴**은 C++에서 굉장히 자주 볼 수 있다. 이 패턴을 이용하면 파생 클래스만의 고유한 버전을 정의할 수 있을 뿐만 아니라 이 메서드를 베이스 클래스에서도 참조할 수 있다. 참고로 자바와 C#에서는 public과 protected 메서드는 오버라이드할 수 있고, private 메서드는 오버라이드할 수 없다.

예를 들어 다음 클래스는 자동차 시뮬레이터의 일부분으로서 현재 남은 연료량과 연비를 이용하여 자동차가 이동한 거리를 추정한다. getMilesLeft( ) 메서드는 **템플릿 메서드**다. 템플릿 메서드는 대부분 virtual이 아니며, 알고리즘에 대한 골격을 베이스 클래스에 정의하는 데 주로 활용되고 정보를 조회하는 데 virtual 메서드를 사용한다. 파생 클래스는 이런 virtual 메서드를 오버라이드해서 베이스 클래스에 있는 알고리즘을 건드리지 않고도 알고리즘의 특성을 바꾼다.

```
export class MilesEstimator
{
    public:
        virtual ~MilesEstimator() = default;
        int getMilesLeft() const { return getMIlesPerGallon() * getGallonsLeft(); }
        virtual void setGallonsLeft(int gallons) { m_gallonsLeft = gallons; }
        virtual int getGallonsLeft() const { return m_gallonsLeft; }
    private:
        int m_gallonsLeft { 0 };
        virtual int getMilesPerGallon() const { return 20; }
};
```

getMilesLeft() 메서드는 다른 두 메서드를 호출한 결과를 토대로 계산한다. 다음 코드는 이렇게 정의한 MilesEstimator를 이용하여 자동차가 연료 2갤런으로 이동할 수 있는 거리를 추정한다.

```
MilesEstimator myMilesEstimator;
myMilesEstimator.setGallonsLeft(2);
cout << format("Normal estimator can go {} more miles.",
        myMilesEstimator.getMilesLeft()) << endl;
```

이 코드를 실행한 결과는 다음과 같다.

```
Normal estimator can go 40 more miles.
```

시뮬레이터 프로그램을 좀 더 흥미롭게 구성하기 위해 자동차의 종류를 늘려보자. 기왕이면 앞에서 정의한 것보다 연비가 더 좋은 차를 추가하자. 현재 정의된 MilesEstimator는 모든 자동차가 항상 마일당 20갤런을 소비한다고 가정했지만 이 값을 별도 메서드로 받아오도록 정의했기 때문에 파생 클래스에서 이 메서드를 오버라이드하면 얼마든지 바꿀 수 있다. 예를 들어 다음과 같이 파생 클래스를 정의해서 기존 동작을 변경할 수 있다.

```
export class EfficientCarMilesEstimator : public MilesEstimator
{
    private:
        int getMilesPerGallon() const override { return 35; }
};
```

기존 클래스의 public 메서드를 건드리지 않고 이렇게 새로 정의한 클래스에서 private 메서드 하나만 오버라이드해도 동작을 이전과 완전히 다르게 변경할 수 있다. 이렇게 하면 베이스 클래스에 있는 getMilesLeft() 메서드는 오버라이드한 버전인 private getMilesPerGallon() 메서드를 호출한다. 방금 정의한 클래스의 사용법은 다음과 같다.

```
EfficientCarMilesEstimator myEstimator;
myEstimator.setGallonsLeft(2);
cout << format("Efficient estimator can go {} more miles.",
        myEstimator.getMilesLeft()) << endl;
```

그러면 다음과 같이 오버라이드한 버전의 결과가 나온다.

```
Efficient estimator can go 70 more miles.
```

> **NOTE_** 기존 클래스의 전반적인 골격은 그대로 유지한 채 특정한 기능만 변경할 때는 private과 protected 메서드를 오버라이드하는 것이 좋다.

4 베이스 클래스 메서드에 디폴트 인수가 지정된 경우

파생 클래스와 베이스 클래스에서 지정한 디폴트 인수가 서로 다를 수 있다. 그런데 실행할 때 적용되는 인수의 타입은 실제 내부에 있는 객체가 아닌 변수에 대해 선언된 타입에 따라 결정된다. 예를 들어 다음과 같이 파생 클래스에서 메서드를 오버라이드할 때 디폴트 인수를 다르게 지정한 경우를 보자.

```
class Base
{
    public:
        virtual ~Base() = default;
        virtual void go(int i = 2) {
            cout << "Base's go with i=" << i << endl; }
};

class Derived : public Base
{
    public:
        void go(int i = 7) override {
            cout << "Derived's go with i=" << i << endl; }
};
```

Derived 객체를 통해 go()를 호출하면 Derived에 정의된 버전의 go() 메서드가 실행되고 디폴트 인수는 7이 적용된다. 또한 Base 객체를 통해 go()를 호출하면 Base 버전의 go()가 호출되고 디폴트 인수는 2가 적용된다. 그런데 특이하게도 실제로는 Derived 객체를 가리키지만 Base 포인터나 Base 레퍼런스로 선언된 변수로 go()를 호출하면 Derived 버전의 go() 코드가 실행되지만 디폴트 인수는 Base에 지정된 2가 적용된다. 예를 들면 다음과 같다.

```
Base myBase;
Derived myDerived;
Base& myBaseReferenceToDerived { myDerived };
myBase.go();
myDerived.go();
myBaseReferenceToDerived.go();
```

이 코드를 실행하면 다음과 같이 결과가 나온다.

```
Base's go with i=2
Derived's go with i=7
Derived's go with i=2
```

이렇게 실행되는 이유는 C++에서는 실행 시간이 아닌 컴파일 시간에 결정된 타입에 따라 디폴트 인수를 결정하기 때문이다. C++에서 디폴트 인수는 상속되지 않는다. 그러므로 부모에서 지정한 디폴트 인수가 Derived 클래스로 전달되지 않고, 완전히 새로운 0이 아닌 인수를 가진 버전으로 go() 메서드를 오버로드한다.

NOTE_ 디폴트 인수가 지정된 메서드를 오버라이드할 때는 파생 클래스에서도 반드시 디폴트 인수를 지정하고 기왕이면 값도 똑같이 지정하는 것이 좋다. 이때 디폴트값을 이름 있는 상수로 표현하는 것이 좋다. 그러면 파생 클래스에서도 똑같은 상수로 표현할 수 있다.

5 베이스 클래스 메서드와 접근 범위를 다르게 지정하는 경우

메서드를 오버라이드할 때 접근 권한을 넓히거나 좁힐 수 있다. 흔한 경우는 아니지만 C++ 프로그래밍을 할 때 이렇게 해야 할 때가 있다.

메서드나 데이터 멤버에 대한 접근 권한을 좀 더 제한하는 방법은 두 가지다. 하나는 베이스 클래스 전체에 대한 접근 제한자를 변경하는 것이다. 이에 대해서는 뒤에서 자세히 설명한다. 또 다른 방법은 다음 코드에 나온 Shy 클래스처럼 파생 클래스에서 접근 권한을 새로 지정하는 것이다.

```
class Gregarious
{
    public:
        virtual void talk() {
```

```
            cout << "Gregarious says hi!" << endl; }
};

class Shy : public Gregarious
{
    protected:
        void talk() override {
            cout << "Shy reluctantly says hello." << endl; }
};
```

Shy 클래스는 Gregarious::talk() 메서드를 protected로 오버라이드한다. 적합한 방식이므로 외부에서 다음과 같이 Shy 객체에 대해 talk()를 호출하면 컴파일 에러가 발생한다.

```
Shy myShy;
myShy.talk(); // protected 메서드를 접근하면 컴파일 에러가 발생한다.
```

그런데 접근이 완전히 막힌 것은 아니다. Gregarious 타입의 레퍼런스나 포인터를 이용하면 얼마든지 이 메서드에 접근할 수 있다.

```
Shy myShy;
Gregarious& ref { myShy };
ref.talk();
```

이 코드를 실행한 결과는 다음과 같다.

```
Shy reluctantly says hello.
```

이처럼 파생 클래스의 메서드가 제대로 호출되는 것을 보면 해당 메서드를 protected로 지정하는 것만으로도 실제로는 오버라이드하는 효과가 발생할 뿐만 아니라 베이스 클래스에서 public으로 선언된 것을 파생 클래스에서 protected로 권한을 줄이더라도 베이스 클래스에서 public으로 선언했기 때문에 접근을 완벽하게 제한할 수는 없다는 것을 알 수 있다.

NOTE_ public으로 선언한 베이스 클래스 메서드의 접근 범위는 완벽히 좁힐 수 없고, 그럴 이유도 없다.

NOTE_ 이전 예제에서는 파생 클래스에서 메시지를 다르게 출력하기 위해 메서드를 다시 정의했다. 하지만 이처럼 구현 코드를 변경하는 것이 아니라 메서드의 접근 권한만 변경하고 싶다면 그냥 간단히 using 문을 이용하여 파생 클래스 정의에서 접근 권한만 원하는 범위로 바꾸는 것이 낫다.

파생 클래스에서 접근 범위를 좁히는 것보다 넓히는 것이 더 쉬울 뿐만 아니라 바람직하다. 가장 간단한 방법은 파생 클래스에 public 메서드를 정의하고, 그 안에서 베이스 클래스의 protected 메서드를 호출하게 만드는 것이다. 예를 들면 다음과 같다.

```
class Secret
{
    protected:
        virtual void dontTell() { cout << "I'll never tell." << endl; }
};

class Blabber : public Secret
{
    public:
        virtual void tell() { dontTell(); }
};
```

Blabber 객체의 public tell() 메서드를 호출하면 실제로는 Secret 클래스의 protected 메서드에 접근하게 된다. 그렇다고 해서 dontTell() 메서드의 접근 범위가 변경되는 것은 아니다. 다만 이 메서드를 public 권한으로 접근하는 경로만 제공하는 것이다.

또 다른 방법은 Blabber에서 dontTell() 메서드를 오버라이드하면서 접근 범위를 public으로 변경하는 것이다. 접근 범위를 축소하는 것보다 이렇게 넓히는 것이 훨씬 바람직하다. 베이스 클래스 타입의 레퍼런스나 포인터의 처리 과정이 명확히 드러나기 때문이다. 예를 들어 Blabber 클래스에서 다음과 같이 dontTell() 메서드를 public으로 변경해보자.

```
class Blabber : public Secret
{
    public:
        void dontTell() override { cout << "I'll tell all!" << endl; }
};
```

이제 클라이언트에서 Blabber 객체로 dontTell() 메서드를 호출할 수 있다.

```
myBlabber.dontTell(); // 'I'll tell all!'이 출력된다.
```

오버라이드한 메서드의 구현 코드는 기존 그대로 두고 접근 범위만 변경하고 싶을 때는 다음과 같이 using 문을 사용한다.

```
class Blabber : public Secret
{
    public:
        using Secret::dontTell;
};
```

이렇게 하면 Blabber 객체로 dontTell() 메서드를 호출할 때 'I'll never tell.'이 출력된다.

```
myBlabber.dontTell(); // 'I'll never tell.'이 출력된다.
```

방금 소개한 두 경우 모두 베이스 클래스 메서드의 접근 범위는 여전히 protected다. 그러므로 Secret 타입의 포인터나 레퍼런스로 Secret 버전의 dontTell() 메서드를 호출하면 컴파일 에러가 발생한다.

```
Blabber myBlabber;
Secret& ref { myBlabber };
Secret* ptr { &myBlabber };
ref.dontTell();  // protected 메서드에 접근하면 컴파일 에러가 발생한다.
ptr->dontTell(); // protected 메서드에 접근하면 컴파일 에러가 발생한다.
```

NOTE_ 지금까지 살펴본 메서드의 접근 범위 변경 사례 중 현실적으로 유용한 것은 protected 메서드의 접근 범위를 넓히는 경우뿐이다.

10.6.5 파생 클래스의 복제 생성자와 대입 연산자

9장에서 설명했듯이 클래스에서 동적 할당 메모리를 사용한다면 복제 생성자와 대입 연산자

(operator=)를 제공하는 것이 바람직하다. 그런데 파생 클래스에서 정의할 때 복제 생성자와 대입 연산자와 관련하여 몇 가지 주의할 점이 있다.

파생 클래스에 디폴트가 아닌 복제 생성자나 대입 연산자가 필요한 포인터 같은 특수한 데이터(주로 포인터)가 없다면 베이스 클래스에 복제 생성자나 대입 연산자가 있더라도 파생 클래스에서 다시 정의할 필요가 없다. 파생 클래스에서 복제 생성자나 대입 연산자를 명시적으로 정의하지 않으면 파생 클래스의 데이터 멤버에 대해 디폴트 복제 생성자나 대입 연산자가 자동으로 생성되고, 베이스 클래스의 데이터 멤버에 대해서는 베이스 클래스의 복제 생성자나 대입 연산자를 사용하게 된다.

반면 파생 클래스에서 복제 생성자를 명시적으로 정의하면 다음 코드처럼 반드시 부모 클래스의 복제 생성자를 호출해야 한다. 그렇지 않으면 객체에서 부모 부분에 대해 복제 생성자가 아닌 디폴트 생성자가 사용된다.

```
class Base
{
    public:
        virtual ~Base() = default;
        Base() = default;
        Base(const Base& src) { }
};

class Derived : public Base
{
    public:
        Derived() = default;
        Derived(const Derived& src) : Base { src } { }
};
```

마찬가지로 파생 클래스에서 대입 연산자(operator=)를 오버라이드하면 부모 버전의 대입 연산자도 함께 호출해야 하는 경우가 대부분이다. 그러지 않아도 되는 경우는 객체의 일부분만 대입 연산을 적용해야 하는 특이한 경우뿐이다. 다음 코드는 파생 클래스에서 부모 클래스의 대입 연산자를 호출하는 방법을 보여준다.

```
Derived& Derived::operator=(const Derived& rhs)
{
```

```
    if (&rhs == this) {
        return *this;
    }
    Base::operator=(rhs); // 부모의 대입 연산자를 호출한다.
    // 파생 클래스의 대입 연산 수행
    return *this;
}
```

CAUTION_ 파생 클래스에서 복제 생성자나 operator=을 지정하지 않으면 베이스 클래스의 기능이 그대로 적용된다. 하지만 파생 클래스에서 복제 생성자나 operator=을 별도로 정의했다면 베이스 클래스에 있는 것을 명시적으로 호출해야 사용할 수 있다.

CAUTION_ 전문 C++ 프로그래머는 상속 계층에서 복제 기능을 구현할 때 다형성 버전의 clone() 메서드를 구현하는 기법을 주로 사용한다. 표준 복제 생성자나 복제 대입 연산자만으로는 부족하기 때문이다. 다형성 버전의 clone() 기법은 12장에서 자세히 설명한다.

10.6.6 실행 시간 타입 정보

C++는 다른 객체지향 언어에 비해 컴파일 시간에 결정하려는 성향이 강하다. 앞서 설명했듯이 메서드 오버라이드는 객체 내부에 있는 클래스 정보가 아닌 메서드 선언과 구현의 연결 관계를 보고 작동한다.

물론 C++도 실행 시간에 객체를 들여다보는 기능을 제공한다. 이를 한데 묶어 **RTTI**Run-Time Type Information(**실행 시간 타입 정보**)라 부른다. RTTI는 객체가 속한 클래스 정보를 다루는 데 필요한 기능을 다양하게 제공한다. 대표적인 예로 dynamic_cast()가 있다. 앞에서 설명했듯이 클래스 계층 안의 타입으로 안전하게 변환해준다. vtable이 없는, 다시 말해 virtual 메서드가 없는 클래스에 대해 dynamic_cast()를 호출하면 컴파일 에러가 발생한다.

RTTI에서 제공하는 또 다른 기능으로 typeid 연산자가 있다. 이 연산자를 이용하면 실행 시간에 객체의 타입 정보를 조회할 수 있다. 현실적으로 typeid를 사용할 일은 거의 없다. 객체의 타입에 따라 다르게 실행되는 코드는 virtual 메서드로 구현하는 것이 바람직하기 때문이다.

다음 코드는 typeid를 이용하여 객체의 타입에 따라 메시지를 다르게 출력하는 예를 보여준다.

```
import <typeinfo>;

class Animal { public: virtual ~Animal() = default; };
class Dog : public Animal {};
class Bird : public Animal {};

void speak(const Animal& animal)
{
    if (typeid(animal) == typeid(Dog)) {
        cout << "Woof!" << endl;
    } else if (typeid(animal) == typeid(Bird)) {
        cout << "Chirp!" << endl;
    }
}
```

이런 코드를 발견하면 virtual 메서드를 이용하도록 코드를 수정해야 한다고 생각하기 쉽다. 이 예제의 경우 speak()을 Animal 클래스에 virtual 메서드로 선언하는 것이 낫다. 그러고 나서 Dog에서는"Woof!"를, Bird에서는 "Chirp!"을 출력하도록 speak()을 오버라이드한다. 이렇게 객체에 대한 기능은 최대한 객체 안에 두는 것이 보다 객체지향적이다.

CAUTION_ typeid 연산자는 클래스에 virtual 메서드가 최소 하나 이상 있을 때, 다시 말해 클래스에 vtable이 있을 때만 올바르게 작동한다. 또한 typeid 연산자에 주어진 인수에서 레퍼런스나 const를 제거해버린다.

typeid 연산자는 주로 로깅 및 디버깅 용도로 활용한다. 다음 코드는 typeid로 로깅을 구현한 예를 보여준다. logObject() 함수는 Loggable 객체를 매개변수로 받는다. 로그에 남길 객체는 모두 Loggable을 상속해서 getLogMessage() 메서드를 제공하도록 설계했다.

```
class Loggable
{
    public:
        virtual ~Loggable() = default;
        virtual std::string getLogMessage() const = 0;
};

class Foo : public Loggable
{
```

```
    public:
        std::string getLogMessage() const override { return "Hello logger."; }
};

void logObject(const Loggable& loggableObject)
{
    cout << typeid(loggableObject).name() << ": ";
    cout << loggableObject.getLogMessage() << endl;
}
```

logObject() 함수는 로그 메시지 앞에 객체의 클래스 이름을 넣는다. 이렇게 하면 나중에 로그 파일을 읽을 때 각 메시지가 어느 객체에 대한 것인지 알기 쉽다. 예를 들어 마이크로소프트 비주얼 C++ 2019에서는 Foo의 인스턴스에서 logObject() 함수를 호출하면 다음과 같이 출력된다.

```
class Foo: Hello logger.
```

여기서 볼 수 있듯이 typeid 연산자는 'class Foo'란 이름을 리턴한다. 하지만 구체적인 형태는 컴파일러마다 다르다. 예를 들어 같은 코드를 GCC로 컴파일하면 다음과 같이 출력된다.

```
3Foo: Hello logger.
```

NOTE_ 로깅이나 디버깅 용도가 아니라면 typeid보다는 virtual 메서드로 구현하는 것이 좋다.

10.6.7 비 public 클래스 상속

지금까지는 부모 클래스를 선언할 때 항상 public 키워드를 붙였다. 그렇다면 부모를 private이나 protected로 지정할 수 없을까? 가능하긴 하지만 흔하지 않다. 부모 클래스에 접근 제한자를 붙이지 않으면 class를 상속할 때는 private이, struct를 상속할 때는 public이 적용된다.

부모 클래스가 protected면 베이스 클래스의 public 메서드와 데이터 멤버가 파생 클래스에서 protected가 된다. 마찬가지로 부모 클래스가 private이면 베이스 클래스의 public 및 protected 메서드와 데이터 멤버가 파생 클래스에서 private가 된다.

이렇게 부모에 대한 접근 범위를 통째로 축소하는 이유는 다양하겠지만 상속 관계를 잘못 설계했기 때문인 경우가 많다. 간혹 이 기능을 남용해서 클래스의 컴포넌트를 구현하는 데 사용하는 프로그래머도 있다. 이때 다중 상속과 함께 사용하는 경우가 많다. 예를 들어 엔진과 동체로 구성된 비행기를 표현하는 Airplane 클래스를 정의할 때 엔진에 대한 데이터 멤버와 동체에 대한 데이터 멤버를 별도로 정의하지 않고, 엔진과 동체를 protected로 만드는 것이다. 그런데 이렇게 하면 전부 protected이기 때문에 클라이언트 코드 입장에서는 Airplane에 엔진이나 동체가 없는 것처럼 보이지만 내부적으로는 두 기능을 모두 사용할 수 있게 된다.

NOTE_ 클래스를 public이 아닌 권한으로 상속하는 경우는 매우 드물다. 따라서 굳이 이렇게 해야 한다면 구현할 때 각별히 주의한다. 이런 방식에 익숙하지 않은 프로그래머가 많다.

10.6.8 가상 베이스 클래스

앞에서 다중 상속을 설명하면서 여러 부모가 동일한 클래스를 상속할 때 발생하는 모호함에 대해 설명했다(그림 10-12). 이런 모호함은 공통 부모 클래스에 자체 기능을 정의하지 않으면 해결된다고 설명했다. 그래야 공통 부모에 있는 메서드를 호출할 수 없어서 모호함이 발생할 일이 없기 때문이다.

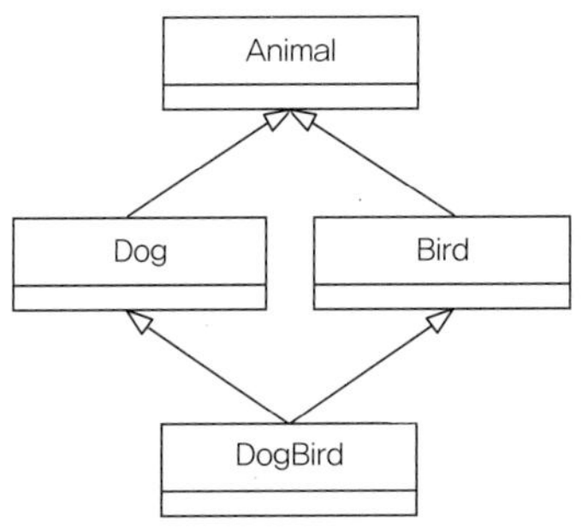

그림 10-12

그런데 C++에서는 이처럼 공통 부모가 존재하는 경우에 모호함이 발생하지 않으면서 자체 기능을 제공할 수 있도록 **가상 베이스 클래스** virtual base class라는 기능을 제공한다. 공통 부모가 가상 베이스 클래스라면 모호한 상황이 발생할 일이 없다. 다음 코드는 Animal 베이스 클래스에 sleep() 메서드를 추가하고, Dog와 Bird 클래스가 Animal을 가상 베이스 클래스로 상속하도록 수정했다. 만약 가상 베이스 클래스로 만들지 않았다면 DogBird 객체에 대해 sleep()을 호출할 때 모호함이 발생해서 컴파일 에러가 발생한다. DogBird 입장에서 볼 때 Animal의 하위 타입이 두 개(Dog와 Bird)나 있기 때문이다. 하지만 Animal을 가상으로 상속하면 Animal의 하위 타입이 하나만 생성되기 때문에 sleep( )을 호출할 때 모호한 상황이 발생하지 않는다.

```
class Animal
{
    public:
        virtual void eat() = 0;
        virtual void sleep() { cout << "zzzzz...." << endl; }
};

class Dog : public virtual Animal
{
    public:
        virtual void bark() { cout << "Woof!" << endl; }
        void eat() override { cout << "The dog ate." << endl; }
};

class Bird : public virtual Animal
{
    public:
        virtual void chirp() { cout << "Chirp!" << endl; }
        void eat() override { cout << "The bird ate." << endl; }
};

class DogBird : public Dog, public Bird
{
    public:
        virtual void eat() override { Dog::eat(); }
};

int main()
{
    DogBird myConfusedAnimal;
    myConfusedAnimal.sleep(); // 베이스 클래스를 virtual로 선언해서 모호함이 발생하지 않음
}
```

NOTE_ 클래스 계층의 모호함을 방지하기 위한 좋은 방법은 가상 베이스 클래스를 사용하는 것이다. 유일한 단점은 이 개념을 모르는 C++ 프로그래머가 많다는 것이다.

10.7 캐스트

C++의 기본 타입은 1장에서 살펴봤다. 또한 클래스를 이용하여 타입을 직접 정의하는 방법은 8장부터 10장까지 소개했다. 이번에는 기존 타입을 다른 타입으로 변환하는 캐스트라는 다소 어려운 주제에 대해 살펴보자.

C++에서는 const_cast(), static_cast(), reinterpret_cast(), dynamic_cast() 그리고 C++20부터 추가된 std::bit_cast()라는 다섯 가지 캐스트 방법을 제공한다. const_cast()는 1장에서 설명했다. 그러면서 static_cast()로 특정한 기본 타입끼리 캐스트하는 방법을 소개했는데, 상속과 관련하여 몇 가지 추가로 살펴볼 부분이 있다. 이제 클래스를 정의할 줄 알고, 상속에 대해서도 어느 정도 익혔으니 캐스트하는 방법도 자세히 알아볼 때가 되었다.

()를 이용하는 C 스타일 캐스트(예: (int)myFloat)도 C++에서 계속 지원하고 있으며, 현재까지도 여러 C++ 프로젝트에서 많이 사용하고 있다. C 스타일 캐스트 방법도 네 개의 C++ 캐스트 기능을 모두 포함하지만 의도가 분명히 드러나지 않아서 에러가 발생하기 쉽고 예상과 다른 결과가 나올 수 있다. 따라서 C++ 코드를 처음부터 새로 작성할 때는 반드시 C++ 스타일로 캐스트하는 것이 좋다. C 스타일보다 훨씬 안전할 뿐만 아니라 문법도 훨씬 깔끔하기 때문이다.

10.7.1 static_cast()

static_cast()는 언어에서 제공하는 명시적 변환을 수행한다. 예를 들어 다음 코드처럼 나눗셈을 정수에 대해 수행하지 않도록 int를 double로 변환해야 할 때가 있다. 이럴 때 static_cast()를 사용하면 된다. 참고로 이 코드에서는 i에 대해서만 static_cast()를 적용해도 된다. C++에서는 피연산자 중 하나라도 double이면 부동소수점 나눗셈을 적용하기 때문이다.

```
int i { 3 };
int j { 4 };
double result { static_cast<double>(i) / j };
```

사용자 정의 생성자나 변환 루틴에서 허용하는 명시적 변환을 수행할 때도 static_cast()를 사용할 수 있다. 예를 들어 A 클래스의 생성자 중에 B 클래스 객체를 인수로 받는 버전이 있을 때 그 안에서 static_cast()를 이용하여 B 객체를 A 객체로 변환할 수 있다. 그런데 이런 변환은 대부분 컴파일러가 알아서 처리해준다.

상속 계층에서 하위 타입으로 다운캐스트할 때도 static_cast()를 사용한다. 예를 들면 다음과 같다.

```
class Base
{
    public:
        virtual ~Base() = default;
};

class Derived : public Base
{
    public:
        virtual ~Derived() = default;
};

int main()
{
    Base* b { nullptr };
    Derived* d { new Derived{} };
    b = d; // 상속 계층의 상위 타입으로 업캐스트할 필요 없다.
    d = static_cast<Derived*>(b); // 상속 계층의 하위 타입으로 다운캐스트해야 한다.

    Base base;
    Derived derived;
    Base& br { derived };
    Derived& dr { static_cast<Derived&>(br) };
}
```

이러한 캐스트는 포인터나 레퍼런스에 적용할 수 있고, 객체에 직접 적용할 수 없다.

static_cast()를 이용한 캐스트에 대해 실행 시간에 타입을 검사하지 않는다는 점에 주의한다. 실행 시간에 실제로 Base 포인터나 레퍼런스가 Derived를 가리키지 않더라도 Base 포인터나 레퍼런스를 모두 Derived 포인터나 레퍼런스로 캐스트할 수 있다. 예를 들어 다음과 같이 작성하면 컴파일 과정과 실행 과정에 아무런 문제가 발생하지 않지만 포인터 d를 사용하다가 예상치 못한 결과(예: 객체의 범위를 벗어난 영역의 메모리를 덮어쓰기)가 발생할 수 있다.

```
Base* b { new Base{} };
Derived* d { static_cast<Derived*>(b) };
```

타입을 안전하게 캐스트하도록 실행 시간에 타입 검사를 적용하려면 뒤에서 설명하는 dynamic_cast( )를 사용한다.

static_cast( )는 생각만큼 강력하지 않다. 서로 관련이 없는 타입의 포인터끼리는 static_cast( )를 적용할 수 없다. 또한 변환 생성자가 제공되지 않는 타입의 객체끼리도 static_cast( )로 변환할 수 없다. 그리고 const 타입을 비 const 타입으로 변환할 수도 없고, int에 대한 포인터도 static_cast( )를 적용할 수 없다. 기본적으로 C++의 타입 규칙에서 허용하지 않는 것은 모두 할 수 없다고 보면 된다.

10.7.2 reinterpret_cast()

reinterpret_cast( )는 static_cast( )보다 강력하지만 안전성은 좀 떨어진다. C++ 타입 규칙에서 허용하지 않더라도 상황에 따라 적합하다면 캐스트할 수 있다. 예를 들어 서로 관련이 없는 타입에 대한 레퍼런스끼리 변환할 수도 있다. 마찬가지로 상속 계층에서 아무런 관련이 없는 타입에 대한 포인터도 변환할 수 있다. 이때 흔히 void* 타입으로 캐스트한다. 이 작업은 내부적으로 처리되기 때문에 명시적으로 캐스트하지 않아도 된다. 하지만 이렇게 void*로 변환한 것을 다시 원래 타입으로 캐스트할 때는 reinterpret_cast( )를 사용해야 한다. void* 포인터는 메모리의 특정 지점을 가리키는 포인터일 뿐 void* 포인터 자체에는 아무런 타입 정보가 없기 때문이다. 예를 들면 다음과 같다.

```
class X {};
class Y {};

int main()
{
    X x;
    Y y;
    X* xp { &x };
    Y* yp { &y };
    // 서로 관련 없는 클래스 타입의 포인터를 변환할 때는 reinterpret_cast()를 사용해야 한다.
    // static_cast()는 작동하지 않는다.
    xp = reinterpret_cast<X*>(yp);
    // 포인터를 void*로 변환할 때는 캐스트하지 않아도 된다.
    void* p { xp };
    // 변환된 void*를 다시 원래 포인터로 복원할 때는 static_cast()를 사용해야 한다.
    xp = static_cast<X*>(p);
    // 서로 관련 없는 클래스 타입의 레퍼런스를 변환할 때는 reinterpret_cast()를 사용해야 한다.
```

```
    // static_cast()는 작동하지 않는다.
    X& xr { x };
    Y& yr { reinterpret_cast<Y&>(x) };
}
```

reinterpret_cast() 역시 만능은 아니다. 캐스트할 수 있는 대상에 대한 제약사항이 있기 때문이다. 이에 대해 자세히 설명하지 않겠지만 reinterpret_cast()를 사용할 때는 주의하기 바란다. 타입 검사를 하지 않고 변환할 수 있기 때문이다.

> **CAUTION_** 포인터를 int 타입으로 변환하거나 그 반대로 변환할 때도 reinterpret_cast()를 사용할 수 있다. 단, 이때 int의 크기가 포인터를 담을 정도로 충분히 커야 한다. 예를 들어 64비트 포인터를 32비트 int로 변환하는 작업을 reinterpret_cast()로 처리하면 컴파일 에러가 발생한다.

C++20 10.7.3 std::bit_cast()

C++20부터 std::bit_cast()가 추가되었으며 <bit>에 정의되어 있다. 표준 라이브러리에 속한 유일한 캐스트다. 다른 캐스트는 C++ 언어의 일부다. bit_cast()는 reinterpret_cast()와 비슷하지만 주어진 타깃 타입으로 객체를 새로 만들어서 원본 객체에 있는 비트를 새 객체로 복제한다는 점이 다르다. 실제로 원본 객체의 비트가 대상 객체에 있는 비트인 것처럼 해석하는 것이다. bit_cast()를 사용할 때 원본 객체와 대상 객체의 크기가 서로 같으며 쉽게 복제할 수 있는 타입이어야 한다. 예를 들면 다음과 같다.

```
float asFloat { 1.23f };
auto asUint { bit_cast<unsigned int>(asFloat) };
if (bit_cast<float>(asUint) == asFloat) { cout <<"Roundtrip success."<< endl; }
```

> **NOTE_** 쉽게 복제할 수 있는 타입(trivially copyable type)이란 객체를 구성하는 바이트를 char 등과 같은 타입의 배열로 복제할 수 있어야 한다는 뜻이다. 이런 배열의 데이터를 다시 객체로 복제하면 그 객체는 원래 값을 유지하게 된다.

bit_cast()는 쉽게 복제할 수 있는 타입에 대한 바이너리 I/O에 사용된다. 예를 들어 쉽게 복제할 수 있는 타입으로 된 바이트를 파일에 쓸 수 있다. 이렇게 기록한 파일을 다시 메모리로 불러올 때 bit_cast()를 이용하여 파일에서 읽은 바이트를 본래대로 해석할 수 있다.

10.7.4 dynamic_cast()

dynamic_cast()는 같은 상속 계층 내부에서 캐스트에 대한 실행 시간 검사를 제공한다. 포인터나 레퍼런스를 캐스트할 때 이를 이용할 수 있다. dynamic_cast()는 내부 객체의 타입 정보를 실행 시간에 검사한다. 그러므로 캐스트하는 것이 적합하지 않다고 판단하면 포인터에 대해서는 널 포인터를 리턴하고, 레퍼런스에 대해서는 std::bad_cast 익셉션을 발생시킨다.

예를 들어 다음과 같이 클래스 계층이 구성된 경우를 살펴보자.

```
class Base
{
    public:
        virtual ~Base() = default;
};

class Derived : public Base
{
    public:
        virtual ~Derived() = default;
};
```

이때 dynamic_cast()에 대한 올바른 사용 예는 다음과 같다.

```
Base* b;
Derived* d { new Derived{} };
b = d;
d = dynamic_cast<Derived*>(b);
```

반면 레퍼런스에 대해 다음과 같이 dynamic_cast()를 적용하면 예외가 발생한다.

```
Base base;
Derived derived;
Base& br { base };
try {
    Derived& dr { dynamic_cast<Derived&>(br) };
} catch (const bad_cast&) {
    cout << "Bad cast!" << endl;
}
```

참고로 static_cast()나 reinterpret_cast()로도 같은 상속 계층의 하위 타입으로 캐스트할 수 있다. 차이점은 dynamic_cast()는 런타임에 타입 검사를 수행하지만 static_cast()나 reinterpret_cast()는 문제가 되는 타입도 그냥 캐스트해버린다는 것이다.

앞서 설명했듯이 실행 시간의 타입 정보는 객체의 vtable에 저장된다. 따라서 dynamic_cast()를 적용하려면 클래스에 하나 이상의 virtual 메서드가 있어야 한다. 그렇지 않은 객체에 대해 dynamic_cast()를 적용하면 컴파일 에러가 발생한다. 예를 들어 마이크로소프트 VC++는 이런 상황에서 다음과 같은 에러를 발생한다.

```
error C2683: 'dynamic_cast' : 'MyClass' is not a polymorphic type.
```

10.7.5 캐스트 정리

지금까지 설명한 캐스트 방법과 각각에 적합한 상황을 정리하면 다음 표와 같다.

상황	캐스트 방법
const 속성 제거	const_cast()
언어에서 허용하는 명시적 변환(예: int를 double로, int를 bool로)	static_cast()
사용자 정의 생성자나 변환 연산자에서 지원하는 명시적 변환	static_cast()
서로 관련 없는 타입의 객체끼리 변환	bit_cast()
같은 상속 계층에 있는 클래스 타입의 객체 포인터 사이의 변환	dynamic_cast() 권장. static_cast()도 가능
같은 상속 계층에 있는 클래스 타입의 객체 레퍼런스 사이의 변환	dynamic_cast() 권장. static_cast()도 가능
서로 관련 없는 타입의 포인터 사이의 변환	reinterpret_cast()
서로 관련 없는 타입의 레퍼런스 사이의 변환	reinterpret_cast()
함수 포인터 사이의 변환	reinterpret_cast()

10.8 정리

이 장에서는 상속에 관련된 다양한 주제를 깊이 있게 살펴봤다. 코드 재사용이나 다형성을 포함하여 상속의 다양한 활용 사례를 소개했다. 또한 어설픈 다중 상속처럼 상속을 잘못 활용하는 사례도 살펴봤다. 이와 함께 특별히 주의해야 할 상황도 소개했다.

상속은 분명 C++의 강력한 도구지만 숙달하기까지 시간이 좀 걸린다. 이 장에서 소개한 예제를 확실히 이해하고 이리저리 코드를 수정해보면 객체지향 설계의 필수 도구인 상속을 마스터할 수 있다.

10.9 연습 문제

이 장에서 소개한 내용을 직접 써보기 위해 다음 연습 문제를 풀어보자. 연습 문제에 대한 정답은 이 책의 웹사이트(www.wiley.com/go/proc++5e)에서 다운로드할 수 있다. 문제를 풀다가 막히면 정답부터 찾지 말고 먼저 앞에서 설명한 부분을 다시 읽고 직접 답을 찾아보려고 애쓰기 바란다.

연습 문제 10-1 [연습 문제 9-2]의 Person 클래스를 상속하는 Employee 클래스를 추가해보자. [연습 문제 9-2]에 나온 operator<=>의 오버로드는 생략한다. Employee 클래스에 사원 ID에 해당하는 데이터 멤버를 추가한다. 이에 맞는 생성자도 추가한다. 이렇게 작성한 Employee 클래스를 상속하는 Manger와 Director 클래스도 정의한다.

Person을 비롯한 모든 파생 클래스를 HR이란 네임스페이스 아래에 둔다. 참고로 네임스페이스에 속한 대상은 다음과 같은 방법으로 익스포트할 수 있다.

```
export namespace HR { /* ... */ }
```

연습 문제 10-2 [연습 문제 10-1]에 이어서 사람을 표현하는 스트링을 리턴하는 toString() 메서드를 Person 클래스에 추가하자. 그러고 나서 Employee, Manager, Director 클래스에서 이 메서드를 오버라이드한다. 이때 완전한 스트링 표현을 만드는 작업을 각 부모 클래스의 메서드에 위임하는 방식으로 구현한다.

연습 문제 10-3 [연습 문제 10-2]에서 완성한 Person 계층에서 다형성을 구현하는 연습을 해보자. Employee, Manager, Director 타입을 모두 담을 수 있는 vector를 정의해서 테스트용 데이터를 몇 개 추가하자. 그러고 나서 범위 기반 for 루프로 vector에 담긴 모든 원소에 대해 toString()을 호출해보자.

연습 문제 10-4 현실 세계에서 사원은 부장이나 이사로 승진할 수 있다. [연습 문제 10-3]의 클래스 계층에 이런 기능을 지원할 수 있는 방법이 있을까?

CHAPTER 11

C++의 까다롭고 유별난 부분

이 장의 내용

- 모듈의 개념과 작성 및 사용 방법
- 헤더 파일의 세부사항
- `static` 키워드의 다양한 용도
- C 스타일 가변 길이 인수 리스트와 전처리 매크로

이 장에서는 다른 장에서 다루지 않은 C++ 기능을 소개한다. 먼저 모듈을 이용하여 재사용 가능한 컴포넌트를 만드는 방법을 살펴보고, 기존 헤더 파일을 이용한 방법과 비교한다. 또한 static과 extern 키워드의 다양한 용도도 알아본다. 마지막으로 가변 길이 인수 리스트와 전처리 매크로라는 C 스타일 유틸리티를 소개한다.

C++20 11.1 모듈

모듈module은 1장에서 소개했으며, 그 후 간단한 모듈을 작성해서 사용해보았다. 하지만 모듈에 대해 설명하지 않은 몇 가지 부분이 있다. C++20에 모듈이 추가되기 전에는 헤더 파일을 이용하여 재사용 가능한 인터페이스를 제공했다. 헤더 파일은 이 장의 뒤에서 소개한다. 그런데 헤더 파일은 몇 가지 문제가 있다. 예를 들어 같은 헤더 파일을 여러 번 인클루드하지 않게 하거나 인클루드되는 순서를 정확히 지정하기 힘들다. 또한 #include <iostream>과 같이 인클루드문 한 줄만 적어도 컴파일 과정에서 수천 라인의 코드가 포함되어버린다. 이런 인클루드문을 적은 소스 파일이 늘어날수록 생성되는 바이너리 코드의 크기는 폭발적으로 커지게 된다. 그것도 헤더 파일 하나만 인클루드했을 때 얘기다. 만약 <iostream>뿐만 아니라 <vector>, <format> 등도 함께 인클루드한다면 끔찍한 결과가 나오게 된다.

모듈을 이용하면 이런 문제를 해결할 수 있다. 모듈은 임포트하는 순서가 중요하지 않다. 모듈은 매번 컴파일하는 헤더 파일과 달리 단 한 번만 컴파일한다. 따라서 컴파일 시간도 크게 단축된다. 예를 들어 모듈 인터페이스 파일에 익스포트한 함수의 구현 코드를 수정하는 것처럼 모듈의 일부분을 변경하더라도 이를 사용하는 코드를 다시 컴파일하지 않아도 된다(이에 대해서는 이 장 뒷부분에서 자세히 설명한다). 모듈은 외부에서 정의한 매크로에 영향을 받지 않으며, 모듈 안에 정의된 매크로는 모듈 밖에서 하나도 보이지 않는다.

이 모든 장점을 감안할 때 컴파일러에서 모듈을 지원한다면 처음부터 작성하는 코드에서는 무조건 모듈을 사용하는 것이 좋다.

> **NOTE_** 모듈을 컴파일하는 방법은 컴파일러마다 다르다. 구체적인 모듈 사용법은 각자 사용하는 컴파일러의 문서를 참고한다.

NOTE_ 이 책을 집필하는 시점에는 모듈을 완벽하게 지원하는 컴파일러가 나오지 않았다. 일부 컴파일러가 실험적으로 제공하고 있지만 완전하지는 않다. 이 책은 거의 모든 코드에서 모듈을 사용한다. 모듈을 완벽히 지원하는 컴파일러라면 이 책에 나온 예제를 제대로 컴파일할 수 있도록 최선을 다해 작성했지만 실제로 컴파일해서 테스트해볼 수 없었기 때문에 몇몇 예제에서는 에러가 발생할 수 있다. 모듈을 지원하는 컴파일러가 있고, 이 책의 예제 코드를 컴파일할 때 문제가 발생한다면 먼저 `www.wiley.com/go/proc++5e`에 있는 정오표를 확인해보기 바란다. 만약 현재 사용하는 컴파일러가 모듈을 제대로 지원하지 않는다면 모듈화된 예제 코드를 모두 모듈이 없는 형태로 변환하면 된다. 구체적인 방법은 이어지는 글에서 소개한다.

모듈을 지원하지 않는 컴파일러로 이 책에 나온 코드 예제를 컴파일하려면 다음과 같은 방법으로 모듈을 사용하지 않도록 고친다.

- `.cppm`으로 된 모듈 인터페이스 파일을 확장자가 `.h`인 헤더 파일로 바꾼다.
- 확장자가 `.h`인 각 헤더 파일의 맨 앞에 `#pragma once`를 추가한다.
- `export module xyz`와 같은 형태의 선언문을 제거한다.
- `module xyz`와 같이 적힌 선언문을 `#include`에 헤더 파일을 지정하는 방식으로 바꾼다.
- `import`와 `export import` 선언문을 `#include` 지시자로 교체한다.
- `export` 키워드를 모두 제거한다.
- 글로벌 모듈 부분의 시작을 나타내는 `module` 키워드를 모두 제거한다.
- `.h` 헤더 파일에 함수 정의나 변수 정의가 있다면 그 앞에 `inline` 키워드를 붙인다.

11.1.1 모듈 인터페이스 파일

모듈 인터페이스 파일module interface file은 모듈에서 제공하는 기능에 대한 인터페이스를 정의한다. 모듈 인터페이스 파일은 대부분 `.cppm`이란 확장자를 붙인다. 모듈 인터페이스 파일은 지정한 이름으로 된 모듈을 정의하는 파일임을 선언하는 **모듈 선언문**module declaration으로 시작한다. 모듈 이름은 C++에서 허용하는 식별자 형식을 따르는 모든 값으로 지정할 수 있다. 이름 중간에 점을 포함할 수는 있지만 맨 앞이나 맨 끝에는 넣을 수 없으며, 여러 개의 점을 연달아 적을 수도 없다. 올바른 모듈 이름의 예로 `datamodel`, `mycompany.datamodel`, `mycompany.datamodel.core`, `datamodel_core` 등을 들 수 있다.

NOTE_ 현재 모듈 인터페이스 파일에 대한 확장자는 표준으로 정해져 있지 않다. 하지만 `.cppm`을 사용하는 컴파일러가 많으므로 이 책도 그대로 따른다. 현재 사용하는 컴파일러에서 지원하는 확장자는 공식 문서에서 직접 확인하기 바란다.

모듈은 익스포트할 대상, 즉 클라이언트 코드에서 그 모듈을 임포트할 때 볼 수 있는 부분을 명시적으로 지정해야 한다. 예를 들어 클래스, 함수, 상수, 다른 모듈 등이 있다. 이런 익스포트 대상은 export 키워드로 지정한다. 이렇게 명시적으로 익스포트하지 않은 대상은 해당 모듈 내부에서만 볼 수 있다. 익스포트한 모든 대상을 **모듈 인터페이스** module interface 라 부른다.

예를 들어 다음과 같이 작성된 Person.cppm 모듈 인터페이스 파일을 살펴보자. 모듈 이름은 person이고 Person 클래스를 익스포트하도록 정의했다. 이 모듈은 또한 <string>에서 제공하는 기능을 사용하도록 임포트하고 있다.

```
export module person;  // 모듈 선언문

import <string>;        // 임포트 선언문

export class Person     // 익스포트 선언문
{
    public:
        Person(std::string firstName, std::string lastName)
            : m_firstName { std::move(firstName) }
            , m_lastName { std::move(lastName) } {}
        const std::string& getFirstName() const { return m_firstName; }
        const std::string& getLastName() const { return m_lastName; }
    private:
        std::string m_firstName;
        std::string m_lastName;
};
```

이렇게 정의한 Person 클래스를 사용하려면 다음과 같이 person 모듈을 임포트하면 된다.

```
import person;      // person 모듈에 대한 임포트 선언문
import <iostream>;
import <string>;    // std::string에 대한 operator<<를 사용하기 위해 추가

using namespace std;

int main()
{
    Person person { "Kole", "Webb" };
    cout << person.getLastName() << ", " << person.getFirstName() << endl;
}
```

<iostream>, <vector>, <string> 등과 같은 C++ 헤더는 모두 **임포트 가능한 헤더** importable headers라고 부르며, 임포트 선언문을 통해 임포트할 수 있다. 1장에서 설명했듯이 C++에서 C 헤더를 사용할 수 있지만 항상 임포트할 수 있다고 보장할 수는 없다. C 헤더를 확실히 임포트하려면 임포트 선언문보다는 #include 문을 사용하는 것이 좋다. 이런 #include 디렉티브는 **글로벌 모듈 프래그먼트** global module fragment라고 부르는 곳에 둬야 한다. 이 문장은 반드시 이름을 지정한 **명명 모듈** named module 선언문 앞에 나와야 하며, 이름을 지정하지 않은 **무명 모듈** nameless module 선언문으로 시작해야 한다. 글로벌 모듈 프래그먼트는 #include와 같은 전처리 지시자만 담을 수 있다. 이런 글로벌 모듈 프래그먼트나 주석만 명명 모듈 선언문 앞에 나올 수 있다. 예를 들어 C 헤더 파일인 <cstddef>에서 제공하는 기능을 사용하려면 다음과 같이 작성한다.

```
module;                     // 글로벌 모듈 프래그먼트 시작
#include <cstddef>          // 레거시 헤더 파일 추가

export module person;  // 명명 모듈 선언문

import <string>;

export class Person { /* ... */ };
```

명명 모듈 선언문부터 파일의 끝 사이에 나오는 모든 것을 표준 용어로 **모듈 퍼뷰** module purview 라고 부른다.

모듈에서 익스포트할 수 있는 것이라면 거의 대부분 이름이 있다. 예를 들면 클래스 정의, 함수 프로토타입, 클래스 열거 타입, using 선언문, 디렉티브, 네임스페이스 등이 있다. 네임스페이스를 export 키워드로 명시적으로 익스포트했다면 그 네임스페이스 안에 있는 대상은 모두 자동으로 익스포트된다. 예를 들어 다음 코드는 DataModel 네임스페이스 전체를 익스포트한다. 그러므로 클래스나 타입 앨리어스를 별도로 익스포트하지 않아도 된다.

```
export module datamodel;
import <vector>;
export namespace DataModel
{
    class Person  { /* ... */ };
    class Address { /* ... */ };
    using Persons = std::vector<Person>;
}
```

익스포트 블록export block 으로 여러 선언문을 통째로 익스포트할 수도 있다. 예를 들면 다음과 같다.

```
export
{
    namespace DataModel
    {
        class Person { /* ... */ };
        class Address { /* ... */ };
        using Persons = std::vector<Person>;
    }
}
```

11.1.2 모듈 구현 파일

모듈은 모듈 인터페이스 파일 하나와 **모듈 구현 파일**module implementation file 여러 개로 나눌 수 있다. 모듈 구현 파일은 주로 .cpp라는 확장자를 사용한다. 구현 코드의 어느 부분을 모듈 구현 파일로 옮기고, 어느 부분을 모듈 인터페이스 파일에 남길지는 작성자 마음이다. 한 가지 방법은 함수나 메서드 구현은 모두 모듈 구현 파일로 옮기고, 함수 프로토타입과 클래스 정의와 같은 것들은 모듈 인터페이스 파일에 남길 수 있다. 또는 자잘한 함수나 메서드 구현은 인터페이스 파일에 놔두고, 나머지 함수나 메서드에 대한 구현 코드만 구현 파일로 옮기는 방법도 있다. 어떤 방법을 사용하든 재량껏 결정하면 된다.

모듈 구현 파일도 현재 파일에서 구현하는 대상 모듈에 대한 선언문을 담을 수 있는데, 이때 export 키워드는 사용하지 않는다. 예를 들어 앞에서 본 person 모듈은 다음과 같이 인터페이스 파일 하나와 구현 파일 하나로 나눌 수 있다. 먼저 모듈 인터페이스 파일은 다음과 같다.

```
export module person;     // 모듈 선언문

import <string>;

export class Person
{
    public:
        Person(std::string firstName, std::string lastName);
        const std::string& getFirstName() const;
        const std::string& getLastName() const;
```

```
    private:
        std::string m_firstName;
        std::string m_lastName;
};
```

그러고 나서 구현 코드를 다음과 같이 Person.cpp라는 모듈 구현 파일에 작성한다.

```
module person;     // 모듈 선언문. 이때 export 키워드는 생략한다.

using namespace std;

Person::Person(string firstName, string lastName)
    : m_firstName { move(firstName) }, m_lastName { move(lastName) }
{
}

const string& Person::getFirstName() const { return m_firstName; }
const string& Person::getLastName() const { return m_lastName; }
```

여기서 구현 파일을 보면 person 모듈에 대한 임포트 선언문이 없다. module person 선언문은 암묵적으로 import person 선언문을 담고 있다. 또한 이 구현 파일에서 <string>에 대한 임포트 선언문도 적지 않았다. 여기 나온 메서드에서 std::string을 사용하고 있는데도 말이다. 이것 역시 암묵적인 import person 선언문 때문이다. 또한 이 구현 파일은 동일한 person 모듈의 일부분이기 때문에 앞에 나온 모듈 인터페이스 파일에 있는 <string> 임포트 선언문을 암묵적으로 물려받는다. 이에 반해 import person 선언문은 test.cpp 파일에 명시적으로 적었다. test.cpp는 person 모듈의 일부분이 아니기 때문에 <string> 임포트 선언문을 암묵적으로 물려받지 않기 때문이다. 이와 관련된 구체적인 사항은 11.1.4절 '가시성과 도달성'에서 설명한다.

NOTE_ 모듈 인터페이스와 모듈 구현에 나오는 모든 import 선언문은 반드시 파일 맨 앞에 나와야 한다. 이때 명명 모듈 선언문보다는 뒤에 나와야 하고, 그 외 다른 선언문보다는 앞에 나와야 한다.

모듈 인터페이스 파일과 마찬가지로 모듈 구현 파일도 레거시 헤더 파일에 대한 #include 지시자는 반드시 글로벌 모듈 프래그먼트에 적어야 한다. 문법은 모듈 인터페이스 파일과 동일하다.

> **CAUTION_** 모듈 구현 파일은 아무것도 익스포트할 수 없다. 익스포트는 모듈 인터페이스 파일만 할 수 있다.

11.1.3 인터페이스와 구현 분리하기

모듈 대신 헤더 파일을 사용한다면 헤더 파일(.h)에는 선언 코드만 넣고, 구현 코드는 모두 소스 파일(.cpp)에 담는 방식을 강력 추천한다. 그래야 컴파일 시간을 절약할 수 있다. 헤더 파일에 구현 코드를 넣으면 나중에 조금이라도 변경했을 때(극단적인 예로 주석의 한 글자라도 고치면) 그 헤더를 인클루드한 소스 파일을 모조리 다시 컴파일해야 하기 때문이다. 헤더 파일의 성격에 따라 코드 베이스 전체에 영향을 미쳐서 결국 프로그램을 통째로 다시 컴파일하는 결과를 초래할 수 있다. 구현 코드를 소스 파일에 모아두었을 경우 헤더 파일을 건드리지 않는다면 수정한 소스 파일만 다시 컴파일하면 된다.

모듈은 좀 다르게 처리된다. **모듈 인터페이스**module interface는 클래스 정의, 함수 프로토타입과 같은 것들만 담을 수 있다. 함수나 메서드 구현 코드는 담을 수 없다. 설사 구현 코드가 모듈 인터페이스 파일에 직접 담겨 있더라도 그렇다. 따라서 모듈 인터페이스 파일 안에 있는 함수나 메서드에 대한 구현 코드를 수정하더라도 그 모듈을 사용하는 코드는 다시 컴파일하지 않아도 된다. 물론 인터페이스 자체(예: 함수 이름, 매개변수 리스트, 리턴 타입과 같은 함수 헤더)를 변경하면 다시 컴파일해야 한다. 그런데 `inline` 키워드가 붙은 함수/메서드와 템플릿 정의는 예외다. 이 두 가지 대상은 컴파일러가 사용하는 클라이언트 코드를 컴파일하는 시점에 전체 구현 코드를 컴파일러가 알아야 한다.

> **NOTE_** 헤더 파일에 작성한 클래스 정의에 메서드 구현 코드도 있다면 그 메서드는 `inline` 키워드를 명시적으로 붙이지 않더라도 인라인으로 처리된다. 하지만 모듈 인터페이스 파일에 작성한 클래스 정의에 메서드 구현 코드가 있을 때는 그렇지 않다. 이렇게 작성된 메서드는 명시적으로 `inline`을 붙여야 인라인으로 처리된다.

인터페이스와 구현을 분리하지 않아도 문법에 어긋나는 것은 아니지만 그렇게 하는 것이 바람직한 경우가 있다. 이렇게 하는 목적은 인터페이스를 깔끔하고 이해하기 쉽게 만들기 위해서다. 함수 구현 코드를 인터페이스 파일과 함께 둘 때 인터페이스를 모호하게 만들지 않고 함수에서 제공하는 `public` 인터페이스를 신속하게 파악하기 힘들어지지 않는다면 인터페이스에 넣어도 된다. 예를 들어 모듈에서 제공하는 `public` 인터페이스가 방대하다면 그 인터페이스가 제공하는 기능을 개략적으로 파악하기 쉽도록 구현 코드를 인터페이스와 분리하는 것이 좋다. 하지만 코드가 다소 간단한 게터나 세터 함수는 가독성을 해치지 않기 때문에 인터페이스에 넣어도 상관없다.

인터페이스와 구현 코드를 구분하는 방법은 여러 가지다. 하나는 앞 절에서 설명한 것처럼 모듈을 인터페이스 파일과 구현 파일로 나누는 것이다. 또 다른 방법은 한 모듈 인터페이스 파일 안에서 인터페이스와 구현을 구분하는 것이다. 예를 들어 다음 코드에 나온 Person 클래스는 모듈 인터페이스 파일(person.cppm)에 정의했는데, 구현 코드는 인터페이스와 분리해서 작성했다.

```
export module person;
import <string>;
// 클래스 정의
export class Person
{
    public:
        Person(std::string firstName, std::string lastName);
        const std::string& getFirstName() const;
        const std::string& getLastName() const;
    private:
        std::string m_firstName;
        std::string m_lastName;
};
// 구현 코드
Person::Person(std::string firstName, std::string lastName)
    : m_firstName { std::move(firstName) },  m_lastName { std::move(lastName) } { }
const std::string& Person::getFirstName() const { return m_firstName; }
const std::string& Person::getLastName() const { return m_lastName; }
```

11.1.4 가시성과 도달성

앞에서 설명했듯이 person 모듈에 속하지 않은 다른 소스 파일(예: test.cpp)에서 person 모듈을 임포트하면 person 모듈 인터페이스 파일에서 선언한 <string>을 임포트하는 문장은 상속하지 않는다. 따라서 test.cpp 파일에서 <string>에 대한 임포트문을 명시적으로 작성하지 않으면 std::string이란 이름을 알 수 없게 되어 다음 코드에서 굵게 표시한 부분에서 컴파일 에러가 발생한다.

```
import person;
int main()
{
    std::string str;
    Person person { "Kole", "Webb" };
    const std::string& lastName { person.getLastName() };
}
```

하지만 <string>을 임포트하는 문장을 test.cpp에 추가하지 않아도 다음 코드는 문제없이 처리된다.

```
const auto& lastName { person.getLastName() };
auto length { lastName.length() };
```

왜 문제없이 처리될까? C++에서 엔티티의 **가시성**visibility과 **도달성**reachability(**도달 가능성**) 사이에는 차이가 있다. person 모듈을 임포트하면 <string>에서 제공하는 기능에 접근할 수는 있지만(도달성 있음) 보이지는 않는다(가시성 없음). 그런데 도달 가능한 클래스에 속한 멤버 함수는 자동으로 보이게 된다. 따라서 getLastName()의 결과를 auto 타입 변수에 저장하거나 length()와 같이 메서드를 호출하는 것처럼 <string>에서 제공하는 기능 중 일부는 사용할 수 있게 된다.

std::string을 test.cpp에서 볼 수 있게 하려면 <string>을 명시적으로 임포트해야 한다. 다음 코드에 나온 것처럼 operator<<와 같은 기능을 사용할 때도 이렇게 명시적으로 임포트해야 한다. perator<<는 std::string의 메서드가 아니라 <string>을 임포트해야만 볼 수 있는 비멤버 함수이기 때문이다.

```
cout << person.getLastName() << endl;
```

11.1.5 서브모듈

C++ 표준에는 **서브모듈**submodule에 대한 설명이 따로 없지만 모듈 이름에 점(.)을 사용하는 것이 허용되며, 점을 사용해서 원하는 계층 구조를 만들 수 있다. 예를 들어 다음과 같이 정의된 DataModel 네임스페이스를 보자.

```cpp
export module datamodel;
import <vector>;
export namespace DataModel
{
    class Person { /* ... */ };
    class Address { /* ... */ };
    using Persons = std::vector<Person>;
}
```

Person과 Address 클래스는 둘 다 DataModel 네임스페이스와 datamodel 모듈에 속한다. 이를 datamodel.person과 datamodel.address란 두 개의 서브모듈로 정의해서 재구성할 수 있다. datamodel.person 서브모듈에 대한 모듈 인터페이스 파일은 다음과 같다.

```cpp
export module datamodel.person; // datamodel.person 서브모듈
export namespace DataModel { class Person { /* ... */ }; }
```

datamodel.address에 대한 모듈 인터페이스 파일은 다음과 같다.

```cpp
export module datamodel.address; // datamodel.address 서브모듈
export namespace DataModel { class Address { /* ... */ }; }
```

마지막으로 앞서 정의한 두 서브모듈을 임포트하고 곧바로 익스포트하도록 다음과 같이 datamodel 모듈을 정의한다.

```cpp
export module datamodel;           // datamodel 모듈
export import datamodel.person;    // person 서브모듈 임포트하고 익스포트하기
export import datamodel.address; // address 서브모듈 임포트하고 익스포트하기
import <vector>;
export namespace DataModel { using Persons = std::vector<Person>; }
```

서브모듈에 있는 클래스의 메서드 구현을 모듈 구현 파일에서 작성하는 것도 당연히 가능하다. 예를 들어 Address 클래스에 표준 출력으로 문장을 출력만 하는 디폴트 생성자가 있을 때 구현 코드를 datamodel.address.cpp란 파일에 담을 수 있다.

```
module datamodel.address; // datamodel.address 서브모듈
import <iostream>;
using namespace std;
DataModel::Address::Address() { cout << "Address::Address()" << endl; }
```

서브모듈을 이용하여 코드를 구성하면 클라이언트가 모듈 전체를 가져올 필요 없이 일부분만 골라서 임포트할 수 있어서 좋다. 예를 들어 Address 클래스만 필요하다면 다음과 같이 임포트하면 된다.

```
import datamodel.address;
```

반면 datamodel 모듈에 있는 모든 대상에 접근해야 할 때는 다음과 같이 임포트문을 작성한다.

```
import datamodel;
```

11.1.6 모듈 파티션

모듈을 구성하는 또 다른 방법은 여러 **파티션**partition으로 나누는 것이다. 서브모듈은 사용자가 원하는 것만 골라 쓰도록 서브모듈의 구조를 드러내는 반면, 파티션은 모듈의 구조를 내부적으로 정의하기 때문에 모듈 사용자는 볼 수 없다. 파티션을 **모듈 인터페이스 파티션 파일**module interface partition file에 선언했다면 반드시 **기본 모듈 인터페이스 파일**primary module interface file에서 익스포트해야 한다. 기본 모듈 인터페이스 파일은 모듈마다 하나만 있어야 하며, export module name 선언을 작성한다.

모듈 파티션은 모듈 이름과 파티션 이름을 콜론(:)으로 연결하는 방식으로 선언한다. 파티션 이름은 C++의 식별자 형식을 따르는 값으로 지정할 수 있다. 예를 들어 앞에서 서브모듈로 정의한 DataModel 모듈을 다음과 같이 파티션으로 구성되도록 변경할 수 있다. datamodel.person.cppm 모듈 인터페이스 파티션 파일에 선언한 person 파티션은 다음과 같다.

```
export module datamodel:person; // datamodel:person 파티션
export namespace DataModel { class Person { /* ... */ }; }
```

디폴트 생성자가 정의된 address 파티션은 다음과 같다.

```
export module datamodel:address; // datamodel:address 파티션
export namespace DataModel
{
    class Address
    {
        public:
            Address();
            /* ... */
    };
}
```

안타깝게도 구현 파일에서 파티션을 사용할 때는 파티션 이름 하나에 파일 하나만 존재할 수 있다는 제약사항이 있다. 그러므로 구현 파일 첫 부분에 다음과 같이 선언할 수 없다.

```
module datamodel:address;
```

그대신 datamodel 모듈의 구현 파일에 다음과 같이 주소 파티션 구현을 추가한다.

```
module datamodel; // datamodel:address가 아니다.
import <iostream>;
using namespace std;
DataModel::Address::Address() { cout << "Address::Address()" << endl; }
```

> **CAUTION_** 파티션 이름 하나를 여러 파일에 쓸 수 없다. 그러므로 파티션 이름 하나에 대해 모듈 인터페이스 파티션 파일을 여러 개로 만들 수 없고, 모듈 인터페이스 파티션 파일에서 선언한 것들을 구현하는 코드도 동일한 파티션 이름으로 된 구현 파일에 작성할 수 없다. 이런 구현 파일은 해당 모듈에 대한 모듈 구현 파일에 작성한다.

모듈을 파티션으로 구성할 때 모든 모듈 인터페이스 파티션은 반드시 기본 모듈 인터페이스 파일에서 직접적이든 간접적이든 반드시 익스포트해야 한다는 것을 명심한다. 파티션을 임포트하려면 파티션 이름 앞에 콜론을 붙이기만 하면 된다(예: import :person). import datamodel:person처럼 작성하면 안 된다. 또한 파티션은 모듈 사용자에게 보이지 않는다는 점

도 잊지 말기 바란다. 파티션은 모듈을 내부적으로 구성한다. 따라서 사용자가 특정 파티션만 골라서 임포트할 수 없고, 모듈 전체를 임포트해야 한다. 파티션은 소속 모듈 안에서만 임포트할 수 있다. 따라서 콜론 앞에 모듈 이름을 적으면 중복 표기일 뿐만 아니라 문법에도 어긋난다. 이렇게 구성한 datamodel 모듈에 대한 기본 모듈 인터페이스 파일은 다음과 같다.

```
export module datamodel; // datamodel 모듈(기본 모듈 인터페이스 파일)
export import :person;   // person 파티션을 임포트하고 익스포트한다.
export import :address;  // address 파티션을 임포트하고 익스포트한다.
import <vector>;
export namespace DataModel { using Persons = std::vector<Person>; }
```

이렇게 파티션으로 구성한 datamodel 모듈은 다음과 같은 방법으로 사용할 수 있다.

```
import datamodel;
int main() { DataModel::Address a; }
```

NOTE_ 파티션은 모듈의 내부 구조를 구성하는 데 사용된다. 파티션은 모듈 밖에서 볼 수 없다. 그러므로 모듈 사용자는 특정 파티션을 임포트할 수 없고, 모듈 전체를 임포트해야 한다.

앞에서 module name과 같은 형식의 선언문은 내부적으로 import name 선언문을 포함한다고 설명한 적 있다. 하지만 파티션은 이렇게 처리되지 않는다.

예를 들어 datamodel :person 파티션에는 내부적으로 import datamodel 선언문이 없다. 이 예제에서 import datamodel이란 선언문을 datamodel :person 인터페이스 파티션 파일에 명시적으로 추가할 수도 없다. 그렇게 하면 datamodel 인터페이스 파일에 import :person 선언문이 있고, datamodel :person 인터페이스 파티션 파일에 import datamodel 선언문이 있는 순환 의존이 발생하기 때문이다.

이런 순환 의존 관계를 없애려면 datamodel :person 파티션에 필요한 기능을 datamodel 인터페이스 파일에서 다른 파티션으로 옮겨야 한다. 그러면 datamodel :person 인터페이스 파티션 파일과 datamodel 인터페이스 파일 모두 임포트할 수 있게 된다.

1 파티션 구현

파티션은 모듈 인터페이스 파티션 파일에서만 선언할 필요 없다. **모듈 구현 파티션 파일**module implementation partition file과 일반 소스 코드 파일(.cpp 파일)에서도 선언할 수 있으며, 이 경우 **내부 파티션**internal partition 또는 **구현 파티션**implementation partition이라고 부른다. 이런 파티션은 기본 모듈 인터페이스 파일에 익스포트되지 않는다.

예를 들어 다음과 같이 작성된 math라는 기본 모듈 인터페이스 파일(math.cppm)이 있다고 가정하자.

```
export module math; // math 모듈 선언문
export namespace Math
{
    double superLog(double z, double b);
    double lerchZeta(double lambda, double alpha, double s);
}
```

여기서 더 나아가 math 함수 구현에 필요한 몇 가지 헬퍼 함수가 필요한데, 이를 모듈에서 익스포트할 수 없다고 하자. 이런 헬퍼 함수는 구현 파티션에 작성하면 좋다. 다음은 math_helpers.cpp 파일에 이러한 구현 파티션을 정의한 예다.

```
module math:details; // math:details 구현 파티션
double someHelperFunction(double a) { return /* ... */ ; }
```

다른 math 모듈 구현 파일은 이 구현 파티션을 임포트하는 방식으로 여기 나온 헬퍼 함수를 사용할 수 있다. 예를 들어 math.cpp라는 math 모듈 구현 파일은 다음과 같다.

```
module math;
import :details;
double Math::superLog(double z, double b) { return /* ... */ ; }
double Math::lerchZeta(double lambda, double alpha, double s) { return /* ... */ ; }
```

물론 여러 소스 파일에서 헬퍼 함수를 사용할 때만 이러한 구현 파티션을 사용한다.

11.1.7 헤더 단위

모듈을 임포트하려면 다음과 같이 임포트 선언문을 작성한다.

```
import person;
```

레거시 코드에서 person.h라는 헤더 파일에 Person 클래스를 정의했다면 person.cppm과 같은 적절한 모듈로 변환해서 모듈화부터 한 다음 클라이언트 코드에서 사용할 때는 이에 대한 선언문을 임포트하는 방식으로 사용할 수 있다. 하지만 이렇게 헤더를 모듈화할 수 없는 경우도 있다. 예를 들어 아직 모듈 기능을 지원하지 않는 컴파일러에서 Person 클래스를 처리할 수 있게 만들어야 하는 경우가 있다. 또는 person.h가 서드파티 라이브러리에 있어서 마음대로 수정할 수 없을 수도 있다. 이럴 때는 다음과 같이 헤더 파일을 직접 임포트하면 된다.

```
import "person.h"; // 상대 경로와 절대 경로 모두 사용할 수 있다.
```

이렇게 선언하면 person.h 헤더 파일에 담긴 모든 내용이 암묵적으로 익스포트된다. 또한 모듈을 사용할 때와 달리, 이 헤더에 정의된 매크로도 클라이언트 코드에서 볼 수 있다.

헤더 파일을 #include로 인클루드할 때와 달리 임포트로 처리하면 빌드 속도가 향상된다. person.h 헤더가 내부적으로 모듈로 변환되어 모든 소스 파일에 인클루드하지 않아서 단 한 번만 컴파일되기 때문이다. 따라서 **미리 컴파일된 헤더 파일**precompiled header file이라 부르는 기능을 컴파일러에 종속적인 방식이 아닌 표준 방식으로 적용할 수 있다.

컴파일러는 헤더 파일 이름을 지정하는 임포트 선언마다 헤더 파일에서 정의한 것과 비슷한 내용의 모듈을 익스포트된 인터페이스로 생성해야 한다. 이를 **헤더 단위**header unit(**헤더 유닛**)라 부른다. 구체적인 방법은 컴파일러마다 다르기 때문에 헤더 단위를 다루는 방법은 각자 사용하는 컴파일러의 문서를 참조하기 바란다.

11.2 헤더 파일

C++20에서 모듈이 도입되기 전에는 **헤더 파일**header file(또는 줄여서 **헤더**)이라는 메커니즘을 이용하여 서브시스템이나 코드에 대한 추상 인터페이스를 제공했다. 헤더 파일은 1장에서 간

략히 소개한 적 있다. 헤더는 다른 곳에서 정의할 함수를 선언하는 용도로 흔히 사용된다. 컴파일러는 이런 함수 선언문에 나온 매개변수의 개수와 타입, 리턴 타입 등을 보고 그 함수를 호출하는 방식을 파악한다. 함수 정의는 그 함수의 실제 동작에 대한 코드를 담고 있다. C++에서 함수 선언은 주로 헤더 파일(.h)에 작성하고, 함수 정의는 소스 파일(.cpp)에 작성하는 것이 일반적이다. 이 책에 나온 예제는 모두 C++20부터 추가된 모듈을 사용하지만, 레거시 코드를 보면 헤더가 자주 나오기 때문에 이 절에서 헤더 파일 사용할 때 까다로운 부분(예: 중복 정의나 순환 의존 피하기)을 간략히 살펴보고 넘어가자.

11.2.1 중복 정의

예를 들어 A.h에 Logger 클래스를 정의하는 Logger.h란 헤더가 있고, B.h에도 Logger.h가 담겨 있다고 하자. App.cpp란 소스 파일에서 A.h와 B.h 둘 다 인클루드include하면 Logger 클래스에 대한 정의가 중복된다. 이 클래스에 대한 정의가 A.h에도 있고 B.h에도 있기 때문이다.

이때 **인클루드 가드**include guard라는 메커니즘을 이용하면 중복 정의를 피할 수 있다. 다음 코드는 Logger.h에서 인클루드 가드를 적용한 예를 보여주고 있다. 헤더 파일을 시작할 때 #ifndef 지시자를 이용하여 특정한 키가 정의된 적이 있는지 검사한다. 그 키가 정의된 곳이 있다면 컴파일러는 #endif 다음으로 건너뛴다. 참고로 #endif는 주로 파일 끝에 나와 있다. 반면 그 키를 정의한 적이 없다면 바로 다음 문장에서 정의해서 나중에 같은 내용을 인클루드할 때 건너뛰게 만들 수 있다.

```
#ifndef LOGGER_H
#define LOGGER_H

class Logger { /* ... */ };

#endif // LOGGER_H
```

요즘 나온 컴파일러는 거의 모두 #pragma once 지시자를 제공하기 때문에 이렇게 인클루드 가드를 작성하지 않아도 된다. 헤더 파일 맨 앞에 #pragma once를 적으면 헤더 파일이 단 한 번만 임포트되도록 보장하기 때문에 헤더를 여러 차례 인클루드하면서 발생하는 중복 정의를 피할 수 있다. 예를 들면 다음과 같다.

```
#pragma once

class Logger { /* ... */ };
```

11.2.2 순환 의존

헤더 파일에 관련된 문제를 방지하기 위한 또 다른 기능으로 **전방 선언**forward declaration(**포워드 선언**)이란 것도 있다. 클래스를 참조해야 하지만 헤더 파일을 포함할 수 없는 경우(예: 작성 중인 클래스에 크게 의존하기 때문에) #include 메커니즘을 이용하여 정식으로 정의하지 않더라도 그 클래스가 있다는 사실을 컴파일러에 알려줄 수 있다. 물론 컴파일러는 그런 클래스가 존재한다는 사실만 알 뿐 구현사항은 전혀 모르기 때문에 그 클래스를 실제로 사용할 수는 없다. 반면 코드에서 전방 선언한 클래스에 대해 포인터나 레퍼런스를 만들어 쓸 수는 있다. 그리고 이렇게 전방 선언된 클래스를 값 전달 방식의 함수 매개변수나 리턴값의 타입으로 지정할 수도 있다. 물론 이런 함수를 정의하는 코드뿐만 아니라 이를 호출하는 코드도 전방 선언된 클래스를 정의하는 헤더 파일을 정확히 인클루드해야 한다.

예를 들어 Logger 클래스에서 사용자 설정사항을 관리하는 Preferences란 클래스를 사용한다고 생각해보자. 그런데 Preferences 클래스는 다시 Logger 클래스를 이용해서 **순환 의존**circular dependency이 발생한다. 이런 상황은 인클루드 가드로는 해결할 수 없고, 전방 선언을 이용해야 한다. 다음 코드를 보면 헤더 파일을 인클루드하지 않고도 Preferences 클래스를 사용하도록 Logger.h 헤더 파일에 Preferences 클래스를 전방 선언한다.

```
#pragma once

#include <string_view>

class Preferences; // 전방 선언

class Logger
{
    public:
        static void setPreferences(const Preferences& prefs);
        static void logError(std::string_view error);
};
```

헤더 파일에 다른 헤더 파일을 인클루드하기보다는 전방 선언을 적용하는 것이 바람직하다. 그러면 작성한 헤더 파일이 다른 헤더 파일을 의존하는 것을 제거해서 컴파일 시간을 크게 줄일 수 있다. 물론 전방 선언한 타입을 선언한 헤더 파일을 구현 파일에서 정확히 인클루드해야 한다. 그렇지 않으면 컴파일 에러가 발생한다.

11.2.3 헤더 존재 확인

특정한 헤더 파일이 존재하는지 확인하려면 전처리 상수 표현식preprocessor constant expression인 `__has_include("파일명")` 또는 `__has_include(<파일명>)`을 사용해야 한다. 이 표현식은 해당 헤더 파일이 존재하면 1, 그렇지 않으면 0이 된다. 예를 들어 `<optional>` 헤더 파일이 정식으로 지원되기 전에 C++17에서 `<experimental/optional>`이란 초기 버전의 헤더 파일이 제공되었다. 이때 `__has_include()`를 이용하면 현재 시스템에서 둘 중 어느 헤더 파일을 지원하는지 확인할 수 있다.

```
#if __has_include(<optional>)
    #include <optional>
#elif __has_include(<experimental/optional>)
    #include <experimental/optional>
#endif
```

C++20 11.3 언어 핵심 기능에 대한 테스트 매크로

C++20부터 **기능 테스트 매크로**feature test macro가 추가되었다. 이를 이용하면 코어 언어 기능 중에서 현재 컴파일러가 지원하는 것들을 확인할 수 있다. 기능 테스트 매크로는 모두 `__cpp_`나 `__has_cpp_`로 시작한다. 예를 들면 다음과 같다.

- `__cpp_range_based_for`
- `__cpp_binary_literals`
- `__cpp_char8_t`
- `__cpp_generic_lambdas`
- `__cpp_consteval`
- `__cpp_coroutines`
- `__has_cpp_attribute(fallthrough)`
- ...

이런 매크로의 값은 해당 기능이 추가되거나 업데이트된 연과 월을 나타내는 숫자로 구성된다. 날짜는 YYYYMM 형식을 따른다. 예를 들어 __has_cpp_attribute(nodiscard)는 [[nodiscard]] 어트리뷰트가 처음 도입된 2016년 3월을 의미하는 201603일 수 있다. 이 값 대신 2019년 7월을 의미하는 201907을 가질 수도 있는데, 이 날짜는 어트리뷰트가 [[nodiscard("Reason")]]과 같이 이유를 지정할 수 있도록 업데이트된 날짜다.

16장에서 소개하겠지만 표준 라이브러리 기능에 대해서도 이와 비슷한 기능 테스트 매크로를 제공한다.

NOTE_ 방금 소개한 기능 테스트 매크로는 굉장히 범용적인 크로스 플랫폼과 크로스 컴파일러 라이브러리를 작성할 때를 제외하면 사용할 일이 거의 없다. 크로스 플랫폼 개발 방법은 34장에서 자세히 소개한다.

11.4 static 키워드

C++ 코드에서 static 키워드의 용도는 다양한데, 얼핏 보면 서로 관련 없어 보인다. 이렇게 static 키워드를 다양한 문맥에서 사용하게 만든 이유는 각 용도마다 키워드를 따로 추가하지 않기 위해서다.

11.4.1 static 데이터 멤버와 메서드

클래스의 데이터 멤버와 메서드를 static으로 선언할 수 있다. static 데이터 멤버는 static으로 지정하지 않은 멤버와 달리 객체에 속하지 않는다. 다시 말해 static 데이터 멤버는 객체의 외부에 단 하나만 존재한다.

static 메서드도 객체가 아닌 클래스에 속한다는 점은 같다. static 메서드는 특정 객체에 대해 실행할 수 없다. 그러므로 내부적으로 this 포인터도 없다. 비슷한 이유로 static 메서드를 const로 지정할 수 없다.

static 데이터 멤버와 메서드는 9장에서 자세히 설명한다.

11.4.2 static 링크

static 링크를 설명하기 전에 먼저 C++에서 링크를 처리하는 과정을 이해할 필요가 있다. C++는 코드를 소스 파일 단위로 컴파일해서 생성된 객체 파일을 링크 단계에서 서로 연결한다.

함수나 글로벌(전역) 변수처럼 C++ 소스 파일마다 정의된 이름은 외부 링크나 내부 링크를 통해 서로 연결된다. **외부 링크**external linkage로 연결되면 다른 소스 파일에서 이름을 사용할 수 있고, **내부 링크**internal linkage(또는 **정적 링크**static linkage)로 연결되면 같은 파일에서만 사용할 수 있다. 함수나 글로벌 변수는 기본적으로 외부 링크가 적용된다. 하지만 선언문 앞에 static 키워드를 붙이면 내부 링크(정적 링크)가 적용된다. 예를 들어 FirstFile.cpp와 AnotherFile.cpp란 소스 파일이 있다고 하자. FirstFile.cpp는 다음과 같다.

```
void f();

int main()
{
    f();
}
```

이 파일은 f()의 프로토타입만 있고(f()를 선언만 하고) 이를 정의하는 코드는 없다. AnotherFile.cpp는 다음과 같다.

```
import <iostream>;

void f();

void f()
{
    std::cout << "f\n";
}
```

이 파일에는 f()를 선언하는 코드와 정의하는 코드가 모두 있다. 이렇게 같은 함수에 대한 프로토타입을 두 파일에 나눠서 작성해도 된다. 원래 전처리기가 하는 일이 바로 이 작업이다. 전처리기는 소스 파일에 있는 #include 파일을 보고 헤더 파일에 나온 프로토타입을 소스 파일에 추가한다. 하지만 이 예제에서는 헤더 파일을 사용하지 않는다. 헤더 파일을 사용하는 이유는 프로토타입을 여러 파일에서 일관성 있게 유지하기 위해서다. 하지만 C++20부터는 헤더 파일보다는 새로 도입된 모듈을 사용하는 것이 좋다.

앞에 나온 소스 파일은 모두 아무런 에러 없이 컴파일되고 링크된다. f()가 외부 링크로 처리되고 main()은 다른 파일에 있는 함수를 호출할 수 있기 때문이다.

이번에는 AnotherFile.cpp에서 f()의 선언문 앞에 static을 붙여보자. 참고로 f()를 정의하는 코드에서는 static 키워드를 생략해도 된다. 단, 함수 선언문이 함수를 정의하는 코드보다 앞에 나와야 한다.

```
import <iostream>;

static void f();

void f()
{
    std::cout << "f\n";
}
```

이렇게 수정해도 컴파일 단계에서는 아무런 에러가 발생하지 않지만 링크 단계에서 에러가 발생한다. f()를 static으로 지정했으므로 내부 링크로 변경되어 FirstFile.cpp에서 찾을 수 없기 때문이다. 어떤 컴파일러는 이렇게 메서드를 static으로 정의했지만 실제로 소스 파일에서 사용하지 않으면 경고 메시지를 출력한다(정의 코드만 있다는 것은 다른 파일에서 사용할 수도 있다는, 즉 static이 아니라는 것을 의미하기 때문이다).

static 대신 **익명 네임스페이스**anonymous namespace를 이용하여 내부 링크가 적용되게 할 수도 있다. 예를 들어 변수나 함수를 static으로 지정하지 말고 다음과 같이 이름 없는 네임스페이스로 감싸면 된다.

```
import <iostream>;

namespace
{
    void f();

    void f()
    {
        std::cout << "f\n";
    }
}
```

익명 네임스페이스에 속한 항목은 이를 선언한 소스 파일 안에서는 어디서든 접근할 수 있지만 다른 소스 파일에서는 접근할 수 없다. 그러므로 static 키워드로 선언할 때와 효과와 같다.

CAUTION_ 내부 링크로 지정할 때는 static 키워드보다는 익명 네임스페이스를 사용하는 것이 바람직하다.

1 extern 키워드

static과 관련된 키워드로 extern이 있다. 이름만 보면 static과 정반대로 외부 링크를 지정하는 것이라고 생각하기 쉽다. 실제로 그런 기능도 있다. 예를 들어 기본적으로 내부 링크로 처리되는 const와 typedef에 extern을 붙이면 외부 링크가 적용된다. 하지만 실제로는 그보다 좀 더 복잡하다. 어떤 이름을 extern으로 지정하면 컴파일러는 이를 정의가 아닌 선언으로 취급한다. 변수를 extern으로 지정하면 컴파일러는 그 변수에 대해 메모리를 할당하지 않는다. 따라서 그 변수를 정의하는 문장을 따로 작성해야 한다. 예를 들어 AnotherFile.cpp에 나온 다음 문장이 그렇다.

```
extern int x;
int x { 3 };
```

아니면 다음과 같이 extern으로 선언하는 동시에 x를 초기화해도 된다. 그러면 선언과 정의를 한 문장에서 처리할 수 있다.

```
extern int x { 3 };
```

이 경우는 굳이 extern이란 키워드를 적을 필요가 없다. extern을 붙이지 않아도 x는 기본적으로 외부 링크로 처리되기 때문이다. extern이 반드시 필요한 경우는 다음에 나온 FirstFile.cpp처럼 x를 다른 소스 파일에서 접근하게 만들 때다.

```
import <iostream>;

extern int x;

int main()
{
    std::cout << x << std::endl;
}
```

FirstFile.cpp는 x를 사용할 수 있도록 extern 선언문을 사용했다. main()에서 x를 사용하려면 컴파일러가 x의 선언문을 알아야 한다. x를 선언하는 문장에 extern을 붙이지 않으면 이 문장이 x를 선언하는 것이 아니라 정의한다고 판단해서 메모리를 할당해버린다. 그러면 링크 단계에서 에러가 발생한다(글로벌 스코프에 x라는 변수가 두 개나 있기 때문이다). 이럴 때는 extern을 붙여서 글로벌 변수로 만들면 여러 소스 파일에서 접근할 수 있다.

CAUTION_ 글로벌 변수는 사용하지 않는 것이 좋다. 코드가 늘어날수록 미묘한 에러가 발생하기 쉽기 때문이다. 이 점을 주의하며 사용하기 바란다.

11.4.3 함수 안의 static 변수

마지막으로 소개할 static 키워드의 용도는 특정한 스코프 안에서만 값을 유지하는 로컬(지역) 변수를 만들 때다. 함수 안에서 static으로 지정한 변수는 그 함수 안에서만 접근할 수 있는 글로벌 변수와 같다. 주로 어떤 함수에서 초기화 작업을 수행했는지 기억하는 용도로 많이 사용된다. 예를 들면 다음과 같다.

```
void performTask()
{
    static bool initialized { false };
    if (!initialized) {
        cout << "initializing" << endl;
        // 초기화 수행
        initialized = true;
    }
    // 원하는 작업을 수행한다.
}
```

그런데 이렇게 static 변수를 사용하면 헷갈리기 쉽다. 이런 식으로 처리할 일이 없도록 코드의 구조를 변경하는 것이 바람직하다. 이 예제의 경우 특수한 초기화 작업을 수행하는 생성자를 가진 클래스를 별도로 정의한다.

NOTE_ static 변수를 따로 만들어서 상태를 관리하지 말고, 상태를 객체 안에서 관리하게 만든다.

하지만 때로는 이렇게 static 변수를 사용하는 것이 좋을 때가 있다. 대표적인 예로 메이어 Meyer의 싱글턴singleton 패턴이 있다. 자세한 사항은 33장에서 설명한다.

> **NOTE_** 여기 나온 performTask()는 스레드에 안전(thread-safe)하지 않다. 즉, 경쟁 상태(race condition)가 발생한다. 멀티스레드 환경에서 실행하려면 아토믹(atomic)과 같은 스레드 동기화 메커니즘을 적용해야 한다. 멀티스레딩은 27장에서 자세히 설명한다.

11.4.4 비 로컬 변수의 초기화 순서

다음 주제로 넘어가기 전에 static 데이터 멤버와 글로벌 변수에 대한 초기화 순서를 살펴보자. 글로벌 변수와 static 클래스 데이터 멤버는 모두 main()이 시작하기 전에 초기화된다. 이러한 변수는 소스 파일에 작성된 순서대로 초기화된다. 예를 들어 다음과 같이 작성했다면 Demo::x는 y보다 먼저 초기화된다.

```
class Demo
{
    public:
        static int x;
};
int Demo::x { 3 };
int y { 4 };
```

그런데 비 로컬nonlocal 변수가 여러 소스 파일에 선언된 경우의 초기화 순서는 C++ 표준에서 따로 정해두지 않았다. 어떤 소스 파일에 x란 글로벌 변수가 있고, 다른 파일에는 y란 글로벌 변수가 있을 때 어느 것이 먼저 초기화될지 알 수 없다. 어느 것이 먼저 초기화되든 상관없는 경우가 대부분이지만 간혹 글로벌 변수나 static 변수가 서로 의존 관계에 있을 때는 문제가 발생할 수 있다. 앞에서 설명했듯이 객체를 초기화한다는 말은 생성자가 실행된다는 것을 의미한다. 어떤 글로벌 객체의 생성자 안에서 다른 글로벌 객체에 접근할 수 있는데, 이렇게 하기 위해서는 접근할 객체가 이미 생성되어 있어야 한다. 두 소스 파일에 정의된 글로벌 객체 중 어느 것이 먼저 생성될지 알 수 없고, 초기화되는 순서도 제어할 수 없다. 게다가 컴파일러 종류마다, 심지어 같은 컴파일러라도 버전에 따라 순서가 달라질 수 있다. 또한 프로젝트에 다른 파일을 추가하면 순서가 바뀌기도 한다.

CAUTION_ 여러 소스 파일에 선언된 비 로컬 변수의 초기화 순서는 C++ 표준에 정의되어 있지 않다.

11.4.5 비 로컬 변수의 소멸 순서

비 로컬 변수는 생성된 순서와 반대로 소멸된다. 그런데 여러 소스 파일에 있는 비 로컬 변수의 초기화 순서는 생성 순서와 마찬가지로 표준에 정해져 있지 않아서 정확한 소멸 순서를 알 수 없다.

11.5 C 유틸리티

C++에서 제공하는 C 언어의 기능 중에서 잘 알려지지 않은 유용한 기능이 몇 가지 있다. 이 절에서는 그중 **가변 길이 인수 리스트**variable-length argument list와 **전처리 매크로**preprocessor macro라는 두 가지 기능을 소개한다.

11.5.1 가변 길이 인수 리스트

기존 C 언어의 기능인 가변 길이 인수 리스트를 살펴보자. 간혹 레거시 코드에서 사용하기 때문에 알아둘 필요가 있다. 물론 새로 작성하는 코드에서는 타입에 안전한 가변 길이 인수 리스트를 제공하는 가변 인수 템플릿variadic template을 사용하는 것이 바람직하다. 이에 대해서는 26장에서 자세히 설명한다.

`<cstudio>`에서 제공하는 C 함수인 `printf()`를 예로 들어 살펴보자. 이 함수를 호출할 때 전달할 수 있는 인수는 다음과 같이 다양하다.

```
printf("int %d\n", 5);
printf("String %s and int %d\n", "hello", 5);
printf("Many ints: %d, %d, %d, %d, %d\n", 1, 2, 3, 4, 5);
```

C/C++는 가변 길이 인수를 가진 함수를 직접 정의하는 데 필요한 문법과 유틸리티 매크로를 제공한다. 이렇게 정의한 함수는 앞에 나온 `printf()`와 형태가 비슷하다. 물론 이 기능이 필요한 경우가 많지 않지만, 간혹 이 기능을 사용하면 편할 때가 있다. 예를 들어 디버그 플래그가 설정되었다면 `stderr`로 스트링을 출력하고, 그렇지 않으면 아무 일도 하지 않는 디버깅 함수를 구

현한다고 생각해보자. printf()처럼 이 함수도 인수의 개수와 타입을 임의로 지정할 수 있다면 편할 것이다. 다음은 간단한 구현 예다.

```
#include <cstdio>
#include <cstdarg>

bool debug { false };

void debugOut(const char* str, ...)
{
    va_list ap;
    if (debug) {
        va_start(ap, str);
        vfprintf(stderr, str, ap);
        va_end(ap);
    }
}
```

코드에서 가장 먼저 주목할 부분은 debugOut()에 대한 프로토타입이다. 이 부분을 보면 이름과 타입이 지정된 str이라는 매개변수 뒤에 생략 부호(...)가 있다. 이는 인수의 개수와 타입이 다양하다는 것을 의미한다. 이렇게 선언된 인수는 반드시 <cstdarg>에 정의된 매크로로 접근해야 한다. 함수 본문을 보면 va_list 타입의 변수를 선언한 뒤 va_start를 호출해서 초기화했다. va_start()의 두 번째 매개변수는 반드시 매개변수 리스트의 이름 있는 변수 중에서 오른쪽 끝에 있는 것이어야 한다. 가변 길이 인수 리스트를 가진 함수라면 반드시 **이름 있는** 매개변수가 한 개 이상 있어야 한다. 여기서 정의한 debugOut() 함수는 인수 리스트를 곧바로 <cstudio>에 있는 표준 함수인 vfprintf()로 전달한다. vfprintf()를 호출한 결과가 리턴되면 va_end()를 호출해서 가변 길이 인수 리스트에 대한 접근을 종료한다. va_start()를 호출했다면 반드시 이에 대응하는 va_end()를 호출해서 함수의 스택 상태를 일관성 있게 유지해야 한다.

이렇게 정의한 debugOut() 함수를 사용하는 방법은 다음과 같다.

```
debug = true;
debugOut("int %d\n", 5);
debugOut("String %s and int %d\n", "hello", 5);
debugOut("Many ints: %d, %d, %d, %d, %d\n", 1, 2, 3, 4, 5);
```

1 인수에 접근하기

실제 인수에 직접 접근하고 싶다면 va_arg( )를 사용한다. 이 매크로는 va_list와 이를 해석할 타입을 인수로 받는다. 하지만 아쉽게도 인수 리스트의 끝은 명시적으로 지정하지 않고서는 알아낼 방법이 없다. 예를 들어 첫 번째 매개변수를 매개변수의 개수로 지정할 수 있다. 또는 포인터가 여러 개 있을 때 마지막 포인터를 nullptr로 지정하는 방법도 있다. 이 외에도 다양한 방법이 있지만 모두 프로그래머 입장에서 번거롭다.

다음 코드는 함수를 호출한 측에서 첫 번째 이름 있는 매개변수에서 제공하는 인수의 개수를 지정하도록 구현하는 예를 보여주고 있다. 이 함수는 임의 개수의 int 값을 받아서 출력한다.

```
void printInts(size_t num, ...)
{
    va_list ap;
    va_start(ap, num);
    for (size_t i { 0 }; i < num; ++i) {
        int temp { va_arg(ap, int) };
        cout << temp << " ";
    }
    va_end(ap);
    cout << endl;
}
```

이렇게 정의한 printInts( )를 호출하는 방법은 다음과 같다. 이 문장을 보면 첫 번째 매개변수는 뒤에 나올 정수 인수의 개수를 지정한다.

```
printInts(5, 5, 4, 3, 2, 1);
```

2 C 스타일 가변 길이 인수 리스트를 사용하면 안 되는 이유

C 스타일 가변 길이 인수 리스트는 그리 안전하지 않다. printInts( ) 함수 예제에서 알 수 있듯이 다음과 같은 문제가 있다.

- 매개변수 개수를 알 수 없다. printInts( )의 예를 보면 호출한 측이 첫 번째 인수에 정확한 개수를 입력하길 믿는 수밖에 없다. debugOut( )의 경우 문자 배열 뒤에 나올 인수의 개수가 스트링에 담긴 포매팅 코드의 개수와 일치한다고 믿는 수밖에 없다.

- 인수의 타입을 알 수 없다. va_arg( ) 매크로는 전달된 타입을 이용하여 현재 시점의 값을 해석한다. 그런데 va_arg( )를 통해 얼마든지 그 값이 다른 타입으로 해석될 수도 있다. 따라서 타입이 정확한지 검증할 방법이 없다.

CAUTION_ C 스타일 가변 길이 인수 리스트는 가능하면 사용하지 않는 것이 좋다. 그 대신 값을 std::array나 vector에 담아서 전달하고, 1장에서 설명한 것처럼 그 값을 초기자 리스트로 초기화하거나, 22장에서 설명하는 타입에 안전한 가변 길이 인수 리스트에 대한 가변 인수 템플릿을 사용한다.

11.5.2 전처리 매크로

C++ 전처리기로 간단한 함수 형태의 **매크로** macro를 정의할 수 있다. 예를 들면 다음과 같다.

```
#define SQUARE(x) ((x) * (x)) // 매크로 뒤에는 세미콜론을 붙이지 않는다.

int main()
{
    cout << SQUARE(5) << endl;
}
```

매크로는 C 언어에서 물려받은 기능으로, 타입 검사를 하지 않고 이를 호출한 모든 부분을 전처리기가 텍스트 바꾸기를 하듯 교체한다는 점을 제외하면 inline 함수와 비슷하다. 이때 전처리기는 실제 함수 호출 메커니즘을 적용하지 않는다. 그러므로 의도하지 않은 결과가 발생할 수도 있다. 예를 들어 다음과 같이 SQUARE 매크로에 5가 아닌 2 + 3이란 인수를 지정하는 경우를 생각해보자.

```
cout << SQUARE(2 + 3) << endl;
```

SQUARE의 계산 결과로 25가 나오길 기대하고 이렇게 작성할 것이다. 그런데 다음에 나온 SQUARE 매크로 정의에서 소괄호가 없다면 어떤 일이 발생할까?

```
#define SQUARE(x) (x * x)
```

그러면 SQUARE(2 + 3)의 결과는 25가 아닌 11이 된다. 앞에서 말했듯이 매크로는 함수 호출 메커니즘이 아닌 단순 텍스트 바꾸기만 한다. 따라서 매크로 바디의 x는 모두 2 + 3으로 대체되기 때문에 앞에서 매크로를 사용한 문장은 실제로 다음과 같다.

```
cout << (2 + 3 * 2 + 3) << endl;
```

C++의 연산 우선순위에 따르면 곱셈부터 처리한 뒤 덧셈을 수행하므로 25가 아닌 11이 나오는 것이다.

매크로를 잘못 사용하면 성능에 지장을 줄 수 있다. 예를 들어 SQUARE를 다음과 같이 호출한 경우를 생각해보자.

```
cout << SQUARE(veryExpensiveFunctionCallToComputeNumber()) << endl;
```

전처리기는 이 문장을 다음과 같이 바꾼다.

```
cout << ((veryExpensiveFunctionCallToComputeNumber()) *
         (veryExpensiveFunctionCallToComputeNumber())) << endl;
```

그러면 굉장히 오래 걸리는 함수를 두 번이나 호출하게 된다. 매크로를 사용하면 안 되는 또 다른 이유다.

매크로는 디버깅할 때도 문제가 된다. 전처리기는 찾아서 바꾸는 방식으로 처리하기 때문에 프로그래머가 볼 때와 컴파일러나 디버거가 볼 때의 코드 형태가 서로 다르다. 그러므로 매크로 대신 인라인 함수를 사용하는 것이 바람직하다. 이러한 세부사항을 소개하는 이유는 상당수의 C++ 코드에서 여전히 매크로를 사용하기 때문이다. 따라서 기존에 작성된 코드를 읽고 관리하려면 개념을 정확히 이해할 필요가 있다.

NOTE_ 컴파일러는 대부분 전처리기를 거친 소스 코드를 다른 파일이나 표준 출력으로 출력하는 기능을 제공한다. 이 결과를 이용해 전처리기의 코드 처리 방식을 파악할 수 있다. 마이크로소프트 VC++에서는 /P 옵션을 설정하고, GCC에서는 -E 옵션을 설정하면 된다.

11.6 정리

이 장에서는 C++20부터 추가된 모듈을 작성하고 사용하는 방법과 기존 헤더 파일을 사용하는 몇 가지 기법을 살펴봤다. 또한 static과 extern 키워드를 사용하는 방법도 소개했다.

마지막으로 C 스타일 가변 길이 인수 리스트 정의 방법, 전처리 매크로 작성법 등은 자주 사용하는 기능은 아니지만 레거시 코드에서 종종 사용하기 때문에 알아둘 필요가 있다. 물론 새로 작성하는 코드에서는 이런 기능을 사용하지 않는 것이 좋다.

다음 장에서는 제네릭 코드를 작성하는 데 필요한 템플릿에 대해 알아본다.

11.7 연습 문제

이 장에서 소개한 내용을 직접 써보기 위해 다음 연습 문제를 풀어보자. 연습 문제에 대한 정답은 이 책의 웹사이트(www.wiley.com/go/proc++5e)에서 다운로드할 수 있다. 문제를 풀다가 막히면 정답부터 찾지 말고 먼저 앞에서 설명한 부분을 다시 읽고 직접 답을 찾아보려고 애쓰기 바란다.

연습 문제 11-1 Simulator란 네임스페이스 아래에 CarSimulator와 BikeSimulator란 이름의 두 클래스를 정의하는 파일 하나짜리 모듈인 simulator를 만들어보자. 구체적인 클래스 내용은 생략하고, 표준 출력으로 메시지를 출력하는 디폴트 생성자만 만든다. 작성된 코드는 main() 함수에서 테스트한다.

연습 문제 11-2 [연습 문제 11-1]에서 작성한 모듈을 여러 파일로 나눈다. 구현 코드 없는 모듈 인터페이스 파일을 하나 만들고, CarSimulator 클래스와 BikeSimulator 클래스를 구현하는 파일을 각각 하나씩 만든다.

연습 문제 11-3 [연습 문제 11-2]에서 작성한 모듈을 바탕으로 모듈 인터페이스 파일 하나와 모듈 인터페이스 파티션 파일 두 개(하나는 CarSimulator 클래스를 담은 simulator:car 파티션, 다른 하나는 BikeSimulator 클래스를 담은 simulator:bike 파티션)를 사용하도록 바꿔보자.

연습 문제 11-4 [연습 문제 11-3]에서 작성한 코드를 바탕으로 internals란 이름의 구현 파티션을 추가한다. 이 파티션은 convertMilesToKm(double miles)라는 헬퍼 메서드를 담고 있으며 Simulator 네임스페이스에 속해 있다. 1마일은 1.6킬로미터다. CarSimulator 클래스와 BikeSimulator 클래스에 setOdometer(double miles)란 메서드를 추가한다. 이 메서드는 convertMilesToKm() 헬퍼 메서드를 이용하여 인수로 지정한 마일 값을 킬로미터 값으로 바꿔서 표준 출력에 출력한다. main() 함수에서 setOdometer()가 두 클래스에 대해 제대로 작동하는지 확인해보자. 또한 main()이 convertMilesToKm()을 호출할 수 없는지 확인해보자.

CHAPTER 12

템플릿으로 제네릭 코드 만들기

이 장의 내용

- 클래스 템플릿 작성 방법
- 컴파일러가 템플릿을 처리하는 과정
- 템플릿 소스 코드 구성 방법
- 비타입 템플릿 매개변수 사용법
- 클래스 메서드 단위로 템플릿을 작성하는 방법
- 기존에 작성된 클래스 템플릿을 특정한 타입에 맞게 커스터마이즈하는 방법
- 템플릿과 상속을 연계하는 방법
- 앨리어스 템플릿 작성 방법
- 함수 템플릿 작성 방법
- 함수 템플릿을 클래스 템플릿의 friend로 선언하는 방법
- 축약 함수 템플릿 문법 사용법
- 변수 템플릿 사용 방법
- 콘셉트를 사용하여 템플릿 인수에 대한 요구사항을 지정하는 방법

C++는 객체지향 프로그래밍뿐만 아니라 **제네릭 프로그래밍**generic programming도 지원한다. 6장에서 설명했듯이 제네릭 프로그래밍의 목적은 재사용 가능한 코드를 작성하는 것이다. C++에서 제네릭 프로그래밍을 지원하기 위한 핵심 요소는 **템플릿**template이다. 엄밀히 말해 템플릿은 객체지향 기법은 아니지만 객체지향 프로그래밍과 결합하면 강력한 효과를 발휘한다. C++에서 가장 어려운 기능으로 생각하여 잘 사용하지 않는 경향이 있는데, 전문 C++ 프로그래머라면 알아두는 것이 좋다.

이 장에서는 6장에서 설명한 범용 설계 원칙design principle of generality에 맞게 템플릿 코드를 작성하는 방법을 구체적으로 소개한다. 여기서 설명하지 않은 고급 템플릿 기능은 26장에서 자세히 다룬다.

12.1 템플릿 소개

절차형 프로그래밍 패러다임에 따르면 **프로시저**procedure나 **함수**function 단위로 프로그램을 작성한다. 그중에서도 특히 함수를 많이 사용하는데, 알고리즘을 작성할 때 특정한 값에 종속되지 않게 실행되도록 구현해두면 나중에 다른 값에 대해 얼마든지 재사용할 수 있기 때문이다. 예를 들어 C++의 `sqrt()` 함수는 요청한 값에 대한 제곱근square root을 구한다. 만약 제곱근을 구하는 함수를 4와 같은 특정한 값에 대해서만 처리하도록 만들었다면 활용도가 크게 떨어질 것이다. 그러므로 `sqrt()` 함수는 사용자가 **매개변수**parameter에 지정한 모든 값에 대해 실행하도록 구현했다. 컴퓨터 과학자는 함수를 이렇게 작성하는 것을 **매개변수화**parameterize라고 표현한다.

객체지향 프로그래밍 패러다임은 **객체**object란 개념도 도입했다. 객체란 데이터와 동작을 하나로 묶은 것으로, 함수나 메서드에서 값을 매개변수화하는 방식과는 별개다.

값value에 대한 매개변수화를 확장해서 **타입**type에 대해서도 매개변수화할 수 있게 만든 것이 **템플릿**template이다. C++에서 기본으로 제공하는 `int`, `double` 같은 기본 타입primitive뿐만 아니라 `SpreadsheetCell`이나 `CherryTree`와 같은 사용자 정의 클래스에 대해서도 매개변수화할 수 있다. 템플릿을 이용하면 주어진 값뿐만 아니라 그 값의 타입에 대해서도 독립적인 코드를 작성할 수 있다. 예를 들어 `int`, `Car`, `SpreadsheetCell` 등을 별도의 클래스로 정의하지 않고, 스택 클래스 하나로 이 모든 타입을 적용할 수 있도록 작성할 수 있다.

템플릿은 정말 뛰어난 기능이지만 문법이 워낙 복잡해서 사용하길 꺼리는 프로그래머가 상당히 많다. 그래도 C++ 프로그래머라면 최소한 템플릿 사용법 정도는 익혀둘 필요가 있다. C++ 표준 라이브러리를 비롯한 여러 라이브러리에서 템플릿을 상당히 많이 사용하기 때문이다.

이 장에서는 표준 라이브러리 관점에서 C++의 템플릿을 소개한다. 그러면서 표준 라이브러리를 사용하지 않을 때도 적용하면 도움이 되는 템플릿 기능도 소개한다.

12.2 클래스 템플릿

클래스 템플릿 class template 은 멤버 변수의 타입, 메서드의 리턴 타입, 메서드의 매개변수 타입 등을 매개변수로 받아서 클래스를 정의한다. 클래스 템플릿은 주로 객체를 저장하는 컨테이너나 데이터 구조에서 많이 사용한다. 이 절에서는 `Grid` 컨테이너를 구현해보면서 클래스 템플릿에 대해 설명한다. 각각의 주요 기능을 설명하는 절마다 해당 기능만 `Grid` 컨테이너에 들어가도록 코드 길이를 조절하면서 설명한다.

12.2.1 클래스 템플릿 작성법

체스, 체커, 틱택토와 같은 이차원 게임에서 공통적으로 사용할 수 있는 범용 게임 보드를 만드는 경우를 생각해보자. 최대한 범용적으로 구성하려면 게임의 종류에 상관없이 게임의 말을 저장할 수 있어야 한다.

1 템플릿 없이 구현한 GameBoard 클래스

템플릿을 사용하지 않고 범용 게임 보드를 구현하는 가장 좋은 방법은 범용 `GamePiece` 객체를 저장하는 데 다형성을 이용하는 것이다. 그러면 게임마다 `GamePiece` 클래스를 상속해서 적절히 구현하면 된다. 예를 들어 체스 게임이라면 `GamePiece`의 파생 클래스로 `ChessPiece`를 구현한다. 다형성 덕분에 `GamePiece`를 저장하도록 정의한 `GameBoard`를 `ChessPiece` 저장에도 활용할 수 있다. 이때 `GameBoard`를 복제할 수 있어야 하기 때문에 `GameBoard`에서 `GamePiece`를 복사하는 기능도 구현해야 한다. 이렇게 다형성을 적용하기 위해 다음과 같이 `GamePiece` 베이스 클래스에 `clone()`이라는 순수 가상 메서드를 추가한다. `GamePiece`의 기본 인터페이스는 다음과 같다.

```
export class GamePiece
{
    public:
        virtual ~GamePiece() = default;
        virtual std::unique_ptr<GamePiece> clone() const = 0;
};
```

GamePiece는 추상 베이스 클래스다. ChessPiece와 같은 구체적인 클래스는 GamePiece를 상속해서 clone() 메서드를 구현해야 한다.

```
class ChessPiece : public GamePiece
{
    public:
        std::unique_ptr<GamePiece> clone() const override
        {
            // 복제 생성자로 이 인스턴스를 복제한다.
            return std::make_unique<ChessPiece>(*this);
        }
};
```

GameBoard 클래스를 구현할 때 GamePiece를 저장하는 부분을 unique_ptr에 대한 vector의 vector로 작성한다.

```
export class GameBoard
{
    public:
        explicit GameBoard(size_t width = DefaultWidth,
            size_t height = DefaultHeight);
        GameBoard(const GameBoard& src); // 복제 생성자
        virtual ~GameBoard() = default;  // 가상 디폴트 소멸자
        GameBoard& operator=(const GameBoard& rhs); // 대입 연산자

        // 이동 생성자와 대입 연산자를 명시적으로 디폴트로 지정한다.
        GameBoard(GameBoard&& src) = default;
        GameBoard& operator=(GameBoard&& src) = default;

        std::unique_ptr<GamePiece>& at(size_t x, size_t y);
        const std::unique_ptr<GamePiece>& at(size_t x, size_t y) const;

        size_t getHeight() const { return m_height; }
```

```
    size_t getWidth() const { return m_width; }

    static const size_t DefaultWidth { 10 };
    static const size_t DefaultHeight { 10 };

    void swap(GameBoard& other) noexcept;
  private:
    void verifyCoordinate(size_t x, size_t y) const;

    std::vector<std::vector<std::unique_ptr<GamePiece>>> m_cells;
    size_t m_width { 0 }, m_height { 0 };
};
export void swap(GameBoard& first, GameBoard& second) noexcept;
```

이 코드에서 at() 메서드는 인수로 지정한 지점에 있는 말을 복제하지 않고 레퍼런스로 리턴한다. GameBoard는 이차원 배열로 추상화하므로 인덱스로 지정한 객체의 복사본이 아닌 실제 객체를 제공하는 방식으로 배열에 접근하게 만들어야 한다. 이렇게 구한 객체 레퍼런스는 나중에 유효하지 않게 될 수 있기 때문에 리턴된 레퍼런스를 저장했다가 다시 쓸 수 없고, 이 레퍼런스가 필요할 때마다 at()을 호출해서 리턴된 레퍼런스를 곧바로 사용해야 한다. 표준 라이브러리의 std::vector 클래스가 바로 이런 식으로 구현되었다.

> **NOTE_** 여기에서는 at() 메서드를 두 가지 버전으로 제공한다. 하나는 비 const 레퍼런스를 리턴하고, 다른 하나는 const 레퍼런스를 리턴한다.

이 클래스의 메서드를 정의하는 코드는 다음과 같다. 여기서 대입 연산자를 복제 후 맞바꾸기 구문으로 구현한 점에 주목하기 바란다. 또한 코드 중복을 피하도록 스콧 메이어Scott Meyer의 const_cast() 패턴을 적용했다. 두 패턴 모두 9장에서 설명했다.

```
GameBoard::GameBoard(size_t width, size_t height)
    : m_width { width }, m_height { height }
{
    m_cells.resize(m_width);
    for (auto& column : m_cells) {
        column.resize(m_height);
    }
}
```

```
GameBoard::GameBoard(const GameBoard& src)
    : GameBoard { src.m_width, src.m_height }
{
    // 여기 나온 생성자 초기자는 메모리를 적절한 크기로 할당하는 작업을
    // 비복제 생성자에 위임한다.

    // 그러고 나서 데이터를 복제한다.
    for (size_t i { 0 }; i < m_width; i++) {
        for (size_t j { 0 }; j < m_height; j++) {
            if (src.m_cells[i][j])
                m_cells[i][j] = src.m_cells[i][j]->clone();
        }
    }
}

void GameBoard::verifyCoordinate(size_t x, size_t y) const
{
    if (x >= m_width) {
        throw out_of_range { format("{} must be less than {}.", x, m_width) };
    }
    if (y >= m_height) {
        throw out_of_range { format("{} must be less than {}.", x, m_height) };
    }
}

void ameBoard::swap(GameBoard& other) noexcept
{
    std::swap(m_width, other.m_width);
    std::swap(m_height, other.m_height);
    std::swap(m_cells, other.m_cells);
}

void swap(GameBoard& first, GameBoard& second) noexcept
{
    first.swap(second);
}

GameBoard& GameBoard::operator=(const GameBoard& rhs)
{
    // 복제 후 맞바꾸기
    GameBoard temp { rhs }; // 모든 작업을 임시 인스턴스로 처리한다.
    swap(temp);             // non-throwing 연산으로만 작업 결과를 반영한다.
    return *this;
}
```

```
const unique_ptr<GamePiece>& GameBoard::at(size_t x, size_t y) const
{
    verifyCoordinate(x, y);
    return m_cells[x][y];
}

unique_ptr<GamePiece>& GameBoard::at(size_t x, size_t y)
{
    return const_cast<unique_ptr<GamePiece>&>(as_const(*this).at(x, y));
}
```

이렇게 작성한 GameBoard를 사용하는 방법은 다음과 같다.

```
GameBoard chessBoard { 8, 8 };
auto pawn { std::make_unique<ChessPiece>() };
chessBoard.at(0, 0) = std::move(pawn);
chessBoard.at(0, 1) = std::make_unique<ChessPiece>();
chessBoard.at(0, 1) = nullptr;
```

2 템플릿으로 구현한 Grid 클래스

GameBoard 클래스를 앞 절과 같이 구현해도 문제는 없지만 몇 가지 아쉬운 점이 있다. 첫째, GameBoard는 원소를 값으로 저장할 수 없고 항상 포인터로 저장해야 한다. 둘째, 타입 안전성이 떨어진다. 이는 첫 번째보다 심각한 문제다. GameBoard는 각 셀을 unique_ptr<GamePiece>로 저장한다. ChessPiece로 저장하더라도 at( )으로 불러올 때는 unique_ptr<GamePiece>로 리턴된다. 따라서 GamePiece를 ChessPiece로 다운캐스트해야 ChessPiece의 고유 기능을 활용할 수 있다. 셋째, int나 double과 같은 기본 타입으로 저장할 수 없다. 셀은 GamePiece를 상속한 타입만 저장할 수 있기 때문이다.

따라서 ChessPiece나 SpreadsheetCell뿐만 아니라 int와 double 같은 타입도 모두 수용하는 Grid라는 제네릭 클래스를 만들면 훨씬 좋다. C++에서 제공하는 **클래스 템플릿**class template을 이용하면 클래스가 특정한 타입에 종속되지 않게 만들 수 있다. 그러면 클라이언트는 이런 템플릿을 이용하여 저마다 원하는 타입에 맞게 클래스를 **인스턴스화**해서 사용할 수 있다. 이를 **제네릭 프로그래밍**generic programming이라고 한다. 제네릭 프로그래밍의 가장 큰 장점은 타입 안전성type safety이다. 앞 절처럼 다형성을 이용하면 추상 베이스 클래스로 정의해야 한다. 하지만 이렇게 클래스 템플릿을 활용하면 클래스 안에 있는 메서드를 비롯한 멤버의 타입을 모두 구체적으로 정의할 수 있다. 예를 들어 ChessPiece뿐만 아니라 TicTacToePiece도 있다고 하자.

```
class TicTacToePiece : public GamePiece
{
    public:
        std::unique_ptr<GamePiece> clone() const override
        {
            // 복제 생성자를 호출해서 이 인스턴스를 복제한다.
            return std::make_unique<TicTacToePiece>(*this);
        }
};
```

앞 절에서 본 다형성 방식으로 구현하면 체스보드 객체에 ChessPiece와 TicTacToePiece를 섞어서 저장해버릴 가능성이 있다.

```
GameBoard chessBoard { 8, 8 };
chessBoard.at(0, 0) = std::make_unique<ChessPiece>();
chessBoard.at(0, 1) = std::make_unique<TicTacToePiece>();
```

이렇게 구현하면 저장할 시점에 말의 타입을 기억해두지 않으면 나중에 at() 메서드로 저장된 셀을 가져올 때 정확한 타입으로 다운캐스트를 할 수 없다는 심각한 단점이 있다.

Grid 클래스 정의

클래스 템플릿을 제대로 이해하려면 문법부터 살펴보는 것이 좋다. 이를 위해 GameBoard 클래스에서 템플릿 기반으로 만든 Grid 클래스를 사용하도록 수정해보자. 구체적인 문법은 코드 뒤에 설명한다. 우선 클래스 이름을 GameBoard에서 Grid로 바꾼다. 또한 Grid 클래스가 int나 double과 같은 기본 타입도 지원하려면 앞에서 GameBoard를 구현했던 것처럼 다형성을 이용하여 포인터 전달 방식pointer semantics으로 구현하는 것보다 값 전달 방식value semantics으로 구현하는 것이 유리하다. 다시 말해 m_cells 컨테이너는 포인터가 아닌 실제 객체를 저장하게 만든다. 하지만 값 전달 방식을 사용하면 한 가지 단점이 있다. 포인터 방식과 달리 값 전달 방식을 적용하면 셀에 항상 어떤 값이 들어 있어야 하기 때문에 완전히 빈 셀을 만들 수 없다. 이에 반해 포인터 기반으로 구현하면 nullptr로 초기화하는 방식으로 빈 셀을 만들 수 있다. 다행히 1장에서 소개한 std::optional을 이용하면 값 전달 방식을 사용하면서 완전히 빈 셀도 표현할 수 있다.

```
export template <typename T>
class Grid
{
    public:
        explicit Grid(size_t width = DefaultWidth,
            size_t height = DefaultHeight);
        virtual ~Grid() = default;

        // 복제 생성자와 대입 연산자를 명시적으로 디폴트로 지정한다.
        Grid(const Grid& src) = default;
        Grid& operator=(const Grid& rhs) = default;

        // 이동 생성자와 대입 연산자를 명시적으로 디폴트로 지정한다.
        Grid(Grid&& src) = default;
        Grid& operator=(Grid&& rhs) = default;

        std::optional<T>& at(size_t x, size_t y);
        const std::optional<T>& at(size_t x, size_t y) const;

        size_t getHeight() const { return m_height; }
        size_t getWidth() const { return m_width; }

        static const size_t DefaultWidth { 10 };
        static const size_t DefaultHeight { 10 };

    private:
        void verifyCoordinate(size_t x, size_t y) const;

        std::vector<std::vector<std::optional<T>>> m_cells;
        size_t m_width { 0 }, m_height { 0 };
};
```

이제 앞에 나온 코드를 한 줄씩 자세히 살펴보자.

```
export template <typename T>
```

첫 줄은 뒤에 나올 클래스 정의가 T로 지정한 특정한 타입에 적용할 수 있는 템플릿이라고 선언한다. 여기서 template과 typename은 모두 C++에 정의된 키워드다. 앞에서 설명했듯이 함수가 매개변수를 통해 값을 받는 것처럼 템플릿도 타입을 매개변수로 받는다(이를 매개변수화parameterize한다고 표현한다). 함수를 호출할 때 넘기는 인수를 매개변수 이름으로 표현하듯이,

호출자가 **템플릿 타입 인수**로 전달할 타입도 **템플릿 매개변수 이름**(예: 앞에 나온 코드의 T)으로 표현한다. 여기서 T에는 특별한 의미가 없으며 얼마든지 다른 이름으로 정해도 된다. 마치 배열의 인덱스를 표현할 정수 타입 변수를 i와 j로 표기하는 것처럼 T라는 이름은 순전히 프로그래밍 관례일 뿐이다. 템플릿 지정자template specifier(template <typename T>)는 문장 전체에 적용되며, 위 예제에서는 Grid 클래스 정의 코드 전체에 적용된다.

> **NOTE_** 템플릿 타입 매개변수를 typename 대신 class 키워드로 표기해도 된다. 그러므로 다른 코드나 책에서 template <class T>라고 표기하는 사례를 볼 수 있다. 하지만 템플릿 매개변수를 표현할 때 class란 키워드를 사용하면 타입을 반드시 클래스로 지정해야 한다고 오해할 수 있다. 사실 클래스뿐만 아니라 구조체(struct), 유니온(union), int나 double 같은 언어의 기본 타입도 얼마든지 지정할 수 있다.

앞 절에서 본 GameBoard 클래스는 m_cells란 데이터 멤버를 **포인터**에 대한 vector의 vector로 구현했다. 그러므로 복제 작업에 특수한 코드(복제 생성자와 복제 대입 연산자)가 필요했다. 하지만 템플릿을 이용한 Grid 클래스는 m_cells의 타입을 optional **값**에 대한 vector의 vector로 정의했기 때문에 컴파일러가 생성해주는 복제 생성자와 대입 연산자로도 충분하다. 하지만 8장에서 설명했듯이 사용자가 직접 소멸자를 정의하면 복제 생성자나 복제 대입 연산자가 자동으로 생성되지 않는다. 그러므로 Grid 클래스 템플릿에서 복제 생성자와 복제 대입 연산자가 자동 생성되도록 명시적으로 디폴트로 지정했다. 마찬가지로 이동 생성자와 이동 대입 연산자도 명시적으로 디폴트로 선언했다. 복제 대입 연산자를 명시적으로 디폴트로 선언하는 문장은 다음과 같다.

```
Grid& operator= (const Grid& rhs) = default;
```

이 문장을 보면 앞 절에서 const GameBoard& 타입으로 선언했던 rhs 매개변수를 const Grid& 타입으로 변경했다. 컴파일러는 이 문장에 나온 Grid를 Grid<T>로 처리하지만, 원한다면 명시적으로 Grid<T>라고 적어도 된다.

```
Grid<T>& operator= (const Grid<T>& rhs) = default;
```

하지만 클래스 정의 밖에서는 반드시 Grid<T>라고 적어야 한다. 클래스 템플릿을 작성할 때는 Grid가 클래스 이름처럼 보이지만 엄밀히 말해서 Grid는 **템플릿 이름**이다. 따라서 Grid 클래스 템플릿으로 **인스턴스화**한 실제 클래스(즉, int, SpreadsheetCell, ChessPiece처럼 구체적인 타입에 대해 Grid 템플릿을 인스턴스화한 이름)을 가리킬 때는 **템플릿 ID**인 Grid<T>로 표현해야 한다.

이제 m_cells는 더 이상 포인터가 아닌 optional 값으로 저장하므로 at( ) 메서드의 리턴 타입을 unique_ptr에서 optional<T>&(또는 const optional<T>&)로 바꾼다.

```
std::optional<T>& at(size_t x, size_t y);
const std::optional<T>& at(size_t x, size_t y) const;
```

Grid 클래스 메서드 정의

Grid 템플릿에서 메서드를 정의할 때는 반드시 템플릿 지정자인 template <typename T>를 앞에 적어야 한다. 예를 들어 생성자를 정의하는 코드는 다음과 같다.

```
template <typename T>
Grid<T>::Grid(size_t width, size_t height)
    : m_width { width }, m_height { height }
{
    m_cells.resize(m_width);
    for (auto& column : m_cells) {
        column.resize(m_height);
    }
}
```

NOTE_ 클래스 템플릿의 메서드 정의는 그 템플릿을 사용하는 모든 클라이언트 코드에서 볼 수 있어야 한다. 그러므로 클래스 템플릿의 메서드 정의는 아무데나 적을 수 없다. 일반적으로 클래스 템플릿 정의와 같은 파일에 적는다. 참고로 이러한 제약을 우회하는 방법도 있는데 12.2.3절 '템플릿 코드를 여러 파일로 나누기'에서 소개한다.

여기서 주의할 점은 :: 기호 앞에 클래스 이름을 Grid가 아닌 Grid<T>로 적어야 한다는 것이다. 메서드나 static 데이터 멤버를 정의하는 코드는 반드시 클래스 이름을 Grid<T>와 같이 표기해야 한다. 생성자의 본문은 GameBoard 생성자와 동일하다

나머지 메서드 정의 코드는 템플릿 지정자와 Grid<T>를 제외하면 GameBoard와 같다.

```
template <typename T>
void Grid<T>::verifyCoordinate(size_t x, size_t y) const
{
    if (x >= m_width) {
        throw std::out_of_range {
            std::format("{} must be less than {}.", x, m_width) };
    }
    if (y >= m_height) {
        throw std::out_of_range {
            std::format("{} must be less than {}.", y, m_height) };
    }
}

template <typename T>
const std::optional<T>& Grid<T>::at(size_t x, size_t y) const
{
    verifyCoordinate(x, y);
    return m_cells[x][y];
}

template <typename T>
std::optional<T>& Grid<T>::at(size_t x, size_t y)
{
    return const_cast<std::optional<T>&>(std::as_const(*this).at(x, y));
}
```

NOTE_ 클래스 템플릿 메서드의 구현 코드를 작성할 때 특정한 템플릿 타입 매개변수 T에 대해 디폴트값을 지정하려면 T{}와 같은 문법에 따라 작성해야 한다. T가 클래스 타입이면 T{}는 해당 객체의 디폴트 생성자를 호출하고, T가 기본 타입이면 T{}는 0을 생성한다. 이렇게 표기하는 방식을 **영 초기화** 구문이라고 부르며, 구체적인 타입을 모르는 변수에 디폴트값을 지정하는 데 유용하다.

3 Grid 템플릿 사용법

Grid 템플릿으로 Grid 객체를 생성할 때는 타입에 Grid만 적으면 안 되고, Grid에 저장할 대상 타입도 함께 지정해야 한다. 이렇게 클래스 템플릿에 특정한 타입을 지정해서 구체적인 클래스를 만드는 것을 **템플릿 인스턴스화**template instantiation라고 한다. 템플릿 인스턴스화는 다음과 같이 객체를 선언하는 과정에 적용할 수 있다.

```
Grid<int> myIntGrid; // int 값을 저장할 Grid 객체를 선언한다.
                     // 이때 생성자에 디폴트 인수를 적용한다.
Grid<double> myDoubleGrid { 11, 11 }; // double 값에 대한 11x11 Grid 선언

myIntGrid.at(0, 0) = 10;
int x { myIntGrid.at(0, 0).value_or(0) };

Grid<int> grid2 { myIntGrid }; // 복제 생성자
Grid<int> anotherIntGrid;
anotherIntGrid = grid2;          // 대입 연산자
```

여기 나온 myIntGrid, grid2, anotherIntGrid는 모두 Grid<int> 타입이다. 이렇게 만든 Grid 객체에 SpreadsheetCell이나 ChessPiece 객체를 저장하는 코드를 작성하면 컴파일 에러가 발생한다.

또한 value_or()을 사용하는 부분도 주목할 필요가 있다. at() 메서드는 std::optional 레퍼런스를 리턴하는데, optional에는 값이 없을 수도 있다. 그러므로 optional에 대해 value_or() 메서드를 호출하면 값이 있을 때는 본래 값을 리턴하고, 값이 없을 때는 value_or()에 전달한 인수를 리턴한다.

이때 타입을 지정하는 문법이 중요하다. 잘못된 형식에 대한 예는 다음과 같다.

```
Grid test;    // 컴파일 에러 발생
Grid<> test; // 컴파일 에러 발생
```

컴파일러가 첫 번째 문장을 발견하면 '클래스 템플릿을 사용하려면 템플릿 인수 목록을 지정해야 한다use of class template requires template argument list'는 에러 메시지가 발생한다. 두 번째 문장에 대해서는 '템플릿 인수의 수가 너무 적다too few template arguments'는 에러 메시지가 발생한다.

Grid 객체를 받는 함수나 메서드를 선언할 때도 Grid에 저장할 항목의 타입을 구체적으로 지정해야 한다.

```
void processIntGrid(Grid<int>& grid) { /* 코드 생략 */ }
```

아니면 12.3절 '함수 템플릿'에서 설명하는 함수 템플릿을 이용해서 Grid의 원소 타입을 매개변수로 표현한 함수로 작성한다.

NOTE_ Grid<int>처럼 매번 Grid 타입에 대한 정식 표기법으로 작성하기가 번거롭다면 다음과 같이 타입 앨리어스로 이름을 간단히 표현할 수 있다.

```
using IntGrid = Grid<int>;
```

이렇게 선언한 뒤에는 다음과 같이 표현할 수 있다.

```
void processIntGrid(IntGrid& grid) { }
```

Grid 템플릿은 int 외에도 얼마든지 다른 타입으로 저장할 수 있다. 예를 들어 다음과 같이 SpreadsheetCell 객체를 저장하도록 Grid를 인스턴스화할 수 있다.

```
Grid<SpreadsheetCell> mySpreadsheet;
SpreadsheetCell myCell { 1.234 };
mySpreadsheet.at(3, 4) = myCell;
```

다음처럼 포인터 타입 객체도 저장할 수 있다.

```
Grid<const char*> myStringGrid;
myStringGrid.at(2, 2) = "hello";
```

심지어 다른 템플릿 타입을 지정할 수도 있다.

```
Grid<vector<int>> gridOfVectors;
vector<int> myVector { 1, 2, 3, 4 };
gridOfVectors.at(5, 6) = myVector;
```

Grid 템플릿 인스턴스화를 통해 객체를 프리스토어에 동적으로 생성할 수도 있다.

```
auto myGridOnHeap { make_unique<Grid<int>>(2, 2) }; // 프리스토어에 2x2 Grid 생성
myGridOnHeap->at(0, 0) = 10;
int x { myGridOnHeap->at(0, 0).value_or(0) };
```

12.2.2 컴파일러에서 템플릿을 처리하는 방식

템플릿을 제대로 이해하려면 컴파일러에서 템플릿 코드를 처리하는 방식을 알아둘 필요가 있

다. 컴파일러는 템플릿 메서드 정의 코드를 발견하면 컴파일하지 않고 문법 검사만 한다. 템플릿 정의만 보고서는 실제로 어떤 타입으로 사용될지 알 수 없기 때문이다. 이는 x = y란 문장에서 x와 y의 타입을 모르면 컴파일 할 수 없는 것과 마찬가지다.

컴파일러가 템플릿을 인스턴스화하는 코드를 발견하면 주어진 타입에 대한 인스턴스를 생성한다. 예를 들어 Grid<int>라는 문장을 발견하면 Grid 템플릿의 매개변수 T에 int를 대입해서 int 버전의 Grid 클래스를 생성한다. 또한 Grid<SpreadsheetCell>처럼 다른 타입에 대한 템플릿 인스턴스화 코드를 발견하면 SpreadsheetCell 타입에 대한 Grid 클래스를 추가로 생성한다. 템플릿 지원 기능이 없다면 원하는 원소 타입에 대해 일일이 클래스를 정의해야 한다. 템플릿을 사용하면 이런 작업을 컴파일러가 대신 해준다. 사실 템플릿 처리 과정 자체는 단순하다. '복사해서 붙여넣기'와 '단어 바꾸기' 작업을 자동화한 것에 불과하다. 클래스 템플릿 정의 코드는 있는데 특정한 타입에 대한 인스턴스화를 전혀 하지 않으면 그 코드는 컴파일되지 않는다.

이처럼 컴파일러가 내부적으로 인스턴스화하는 과정을 알면 구현 코드에서 Grid<T>와 같이 표기하는 이유를 이해할 수 있다. 컴파일러는 특정한 타입(예: int)에 대해 템플릿을 인스턴스화하는 코드를 볼 때마다 T 자리에 주어진 타입을 대입해서 구체적인 타입(Grid<int>)으로 만든다.

1 선택적 인스턴스화

컴파일러는 다음과 같은 **암묵적인 클래스 템플릿 인스턴스화**implicit class template instantiation 코드를 보면 그 클래스 템플릿에 있는 가상 메서드에 대한 코드를 생성한다.

```
Grid<int> myIntGrid;
```

하지만 virtual로 선언하지 않은 메서드는 코드에서 실제로 호출하는 것만 컴파일한다. 예를 들어 앞에 나온 Grid 클래스 템플릿을 이용하는 코드를 다음과 같이 main() 함수에서만 사용한다고 하자.

```
Grid<int> myIntGrid;
myIntGrid.at(0, 0) = 10;
```

그러면 컴파일러는 int 버전의 Grid에서 제로 인수 생성자zero-argument constructor(영인수 생성자), 소멸자, 비 const at() 메서드만 컴파일하고, 복제 생성자나 대입 연산자, getHeight() 등에 대한 코드는 생성하지 않는다. 이를 **선택적 인스턴스화**selective instantiation라 부른다.

그런데 컴파일 에러가 담긴 클래스 템플릿 메서드를 발견하지 못하고 지나칠 위험이 있다. 클래스 템플릿에 있는 메서드에 구문 오류가 있더라도 실제로 사용하는 코드가 없으면 그 메서드는 컴파일되지 않기 때문이다. 그러므로 코드에 구문 오류가 없는지 완벽히 테스트하기 힘들다. **명시적 템플릿 인스턴스화**explicit template instantiation를 적용하여 virtual 메서드와 비 virtual 메서드 모두에 대해 무조건 코드를 생성하게 만들 수는 있다. 예를 들면 다음과 같다.

```
template class Grid<int>;
```

NOTE_ 명시적 템플릿 인스턴스화를 적용하면 실제로 사용하지 않는 클래스 템플릿 메서드도 컴파일하기 때문에 구문 오류를 찾는 데 도움이 된다.

명시적 템플릿 인스턴스화를 적용할 때 클래스 템플릿을 int와 같은 기본 타입으로 인스턴스화하지 말고, string과 같은 좀 더 복잡한 타입으로 인스턴스화하는 것이 좋다.

2 템플릿에 사용할 타입의 요건

타입에 독립적인 코드를 작성하려면 여기에 적용할 타입에 대해 어느 정도 고려해야 한다. 예를 들어 Grid 템플릿을 작성할 때 T에 지정한 타입의 원소는 언제든지 소멸될 수 있고, 복제/이동 생성할 수 있고, 복제/이동 대입할 수 있다고 간주한다.

어떤 클래스 템플릿을 인스턴스화할 때 그 템플릿에 있는 연산을 모두 지원하지 않으면 컴파일 에러가 발생하며, 출력되는 에러 메시지도 이해하기 힘들게 표현된다. 하지만 인스턴스화할 타입이 클래스 템플릿의 모든 메서드에서 사용하는 연산을 완전히 지원하지 않더라도 앞에서 설명한 선택적 인스턴스화를 이용하여 특정 메서드만 사용하게 만드는 식으로 처리할 수 있다.

C++20부터 **콘셉트**concepts라는 기능이 추가되었는데, 이를 이용하면 템플릿 매개변수에 대한 요구사항을 컴파일러가 해석하고 검증할 수 있도록 작성할 수 있다. 컴파일러는 템플릿을 인스턴스화하기 위해 전달한 템플릿 인수가 콘셉트에 명시된 요구사항을 만족하지 못하면 에러를 발생시키는데, 이때 출력되는 메시지는 기존보다 이해하기 쉽다. 콘셉트는 이 장의 뒤에서 자세히 설명한다.

12.2.3 템플릿 코드를 여러 파일로 나누기

컴파일러는 소스 파일을 컴파일하는 과정에서 클래스 템플릿과 메서드를 사용하는 부분이 나올 때마다 이에 대한 정의 코드를 반드시 참조해야 한다. C++에서는 이를 위해 다음과 같은 메커니즘을 제공한다.

1 클래스 템플릿 정의에 메서드 정의 함께 적기

메서드 정의 코드를 클래스 템플릿을 정의하는 모듈 인터페이스 파일에 직접 작성할 수 있다. 이렇게 하면 템플릿을 사용하는 다른 소스 파일에서 이 모듈을 임포트하면 컴파일러는 이에 관련된 모든 코드를 참조하게 된다. 앞에서 본 Grid가 바로 이렇게 처리된다.

2 메서드 정의를 다른 파일에 적기

또 다른 방법은 클래스 템플릿의 메서드 정의 코드를 다른 모듈 인터페이스 파티션 파일에 적는 것이다. 그러면 이 클래스 템플릿 정의를 별도 파티션에 둬야 한다. 예를 들어 Grid 클래스 템플릿에 대한 기본 모듈 인터페이스 파일은 다음과 같다.

```
export module grid;

export import :definition;
export import :implementation;
```

이렇게 하면 두 모듈 파티션(definition과 implementation)을 임포트하고 익스포트한다. 이 클래스 템플릿 정의는 definition 파티션에 정의된다.

```
export module grid:definition;

import <vector>;
import <optional>;

export template <typename T> class Grid { ... };
```

이 메서드의 구현 코드는 implementation 파티션에 있으며, 여기서도 마찬가지로 Grid 클래스 템플릿 정의를 참조해야 하므로 definition 파티션을 임포트해야 한다.

```
export module grid:implementation;

import :definition;
import <vector>;
...
export template <typename T>
Grid<T>::Grid(size_t width, size_t height) : m_width { width }, m_height { height }
{ ... }
```

12.2.4 템플릿 매개변수

앞에서 본 Grid 예제에서는 Grid에 저장될 타입 하나에 대해서만 **템플릿 매개변수**를 지정했다. 클래스 템플릿에 지정할 매개변수 리스트는 다음과 같이 꺾쇠괄호 안에 나열한다.

```
template <typename T>
```

여기서 매개변수 리스트를 지정하는 방식은 함수나 메서드의 매개변수 리스트를 지정한 방식과 비슷하다. 함수나 메서드처럼 클래스 템플릿의 매개변수도 원하는 만큼 지정할 수 있다. 이때 매개변수 자리에 타입 대신 디폴트값을 지정해도 된다.

1 비타입 템플릿 매개변수

비타입 매개변수non-type parameter란 int나 포인터처럼 함수나 메서드에서 흔히 사용하는 종류의 매개변수를 말한다. 하지만 정수 계열의 타입(char, int, long 등), 열거 타입, 포인터, 레퍼런스, std::nullptr_t, auto, auto&, auto* 등만 비타입 매개변수로 사용할 수 있다. 참고로 C++20부터 부동소수점 타입과 클래스 타입도 비타입 매개변수로 쓸 수 있게 되었는데, 제약 사항이 좀 많은 편이다. 이에 대한 자세한 내용은 이 책에서 다루지 않는다.

앞에서 본 Grid 클래스 템플릿 예에서 그리드의 높이와 너비를 생성자에서 지정하지 않고 비타입 템플릿 매개변수로 표현할 수 있다. 이렇게 생성자 대신 템플릿 목록에서 비타입 매개변수를 사용하면 코드를 컴파일하기 전에 값을 알 수 있다는 장점이 있다. 앞에서 설명했듯이 템플릿 메서드를 컴파일하기 전에 먼저 주어진 매개변수를 템플릿에 대입하는 작업부터 한다. 따라서 코드에서 이차원 배열을 vector에 대한 vector로 만들지 않고 기존 정적 배열로 만들더라도 크기를 동적으로 조절할 수 있다. Grid 클래스 템플릿 코드를 이렇게 수정하면 다음과 같다.

```
export template <typename T, size_t WIDTH, size_t HEIGHT>
class Grid
{
    public:
        Grid() = default;
        virtual ~Grid() = default;

        // 복제 생성자와 대입 연산자를 명시적으로 디폴트로 지정한다.
        Grid(const Grid& src) = default;
        Grid& operator=(const Grid& rhs) = default;

        std::optional<T>& at(size_t x, size_t y);
        const std::optional<T>& at(size_t x, size_t y) const;

        size_t getHeight() const { return HEIGHT; }
        size_t getWidth() const { return WIDTH; }

    private:
        void verifyCoordinate(size_t x, size_t y) const;

        std::optional<T> m_cells[WIDTH][HEIGHT];
};
```

이번에는 이동 생성자와 이동 대입 연산자를 명시적으로 디폴트로 지정하지 않았다. C 스타일 배열은 어차피 이동 의미론을 지원하지 않기 때문이다. 연습 삼아 직접 이동 의미론을 구현해봐도 좋다.

여기서 템플릿 매개변수로 Grid에 저장할 객체의 타입, 그리드의 너비와 높이를 지정해야 한다. 너비와 높이는 객체를 저장할 이차원 배열을 생성하는 데 필요하다. 메서드를 정의하는 코드는 다음과 같다.

```
template <typename T, size_t WIDTH, size_t HEIGHT>
void Grid<T, WIDTH, HEIGHT>::verifyCoordinate(size_t x, size_t y) const
{
    if (x >= WIDTH) {
        throw std::out_of_range {
            std::format("{} must be less than {}.", x, WIDTH) };
    }
    if (y >= HEIGHT) {
        throw std::out_of_range {
```

```
            std::format("{} must be less than {}.", y, HEIGHT) };
    }
}

template <typename T, size_t WIDTH, size_t HEIGHT>
const std::optional<T>& Grid<T, WIDTH, HEIGHT>::at(size_t x, size_t y) const
{
    verifyCoordinate(x, y);
    return m_cells[x][y];
}

template <typename T, size_t WIDTH, size_t HEIGHT>
std::optional<T>& Grid<T, WIDTH, HEIGHT>::at(size_t x, size_t y)
{
    return const_cast<std::optional<T>&>(std::as_const(*this).at(x, y));
}
```

수정한 코드를 보면 이전에 Grid<T>로 표기했던 부분을 Grid<T, WIDTH, HEIGHT>와 같이 템플릿 매개변수를 세 개 받도록 변경했다.

이렇게 변경한 템플릿은 다음과 같이 인스턴스화해서 사용할 수 있다.

```
Grid<int, 10, 10> myGrid;
Grid<int, 10, 10> anotherGrid;
myGrid.at(2, 3) = 42;
anotherGrid = myGrid;
cout << anotherGrid.at(2, 3).value_or(0);
```

얼핏 보면 코드가 간결해서 이전보다 개선된 것 같지만 아쉽게도 의도와 달리 제약사항이 더 많아졌다. 첫 번째 제약은 높이와 너비로 사용할 정수를 상수로 지정해야 한다는 것이다. 다음과 같이 작성하면 컴파일 에러가 발생한다.

```
size_t height { 10 };
Grid<int, 10, height> testGrid; // 컴파일 에러 발생
```

그러나 height를 상수로 정의하면 문제없이 컴파일된다.

```
const size_t height { 10 };
Grid<int, 10, height> testGrid; // 컴파일 성공
```

리턴 타입을 정확히 지정한 constexpr 함수로 표현해도 된다. 예를 들어 size_t 타입의 값을 리턴하는 constexpr 함수로 높이에 대한 템플릿 매개변수를 초기화할 수 있다.

```
constexpr size_t getHeight() { return 10; }
...
Grid<double, 2, getHeight()> myDoubleGrid;
```

두 번째 제약은 첫 번째보다 더 심각하다. 수정된 템플릿에서는 높이와 너비가 템플릿 매개변수라서 두 값이 그리드 타입의 일부가 된다. 다시 말해 Grid<int, 10, 10>과 Grid<int, 10, 11>은 서로 다른 타입이다. 그러므로 두 타입의 객체는 서로 대입할 수 없고, 함수나 메서드에 전달할 때도 호환되지 않는다.

> **NOTE_** 비타입 템플릿 매개변수는 인스턴스화된 객체의 타입 명세의 일부분이다.

2 타입 매개변수의 디폴트값

너비와 높이를 비타입 템플릿 매개변수로 지정할 때도 앞에서 Grid<T> 클래스의 생성자에서 했던 것처럼 디폴트값을 지정할 수 있다. 템플릿 매개변수의 디폴트값을 지정하는 문법은 생성자와 비슷하다. 또한 타입 매개변수 T도 디폴트값을 지정할 수 있다. 예를 들면 다음과 같다.

```
export template <typename T = int, size_t WIDTH = 10, size_t HEIGHT = 10>
class Grid
{
    // 나머지 코드는 이전과 같다.
};
```

이때 메서드를 정의하는 코드에서는 템플릿 선언문에 T, WIDTH, HEIGHT의 디폴트값을 생략해도 된다. 예를 들어 at( ) 메서드를 다음과 같이 구현할 수 있다.

```
template <typename T, size_t WIDTH, size_t HEIGHT>
const std::optional<T>& Grid<T, WIDTH, HEIGHT>::at(size_t x, size_t y) const
{
    verifyCoordinate(x, y);
    return m_cells[x][y];
}
```

이렇게 작성하면 다음과 같이 템플릿 매개변수 없이 원소 타입만 지정하거나, 원소 타입과 너비만 지정하거나, 원소 타입과 너비와 높이만 지정하는 방식으로 인스턴스화할 수 있다.

```
Grid<> myIntGrid;
Grid<int> myGrid;
Grid<int, 5> anotherGrid;
Grid<int, 5, 5> aFourthGrid;
```

참고로 클래스 템플릿 매개변수를 모두 생략하더라도 꺾쇠괄호는 반드시 적어야 한다. 예를 들어 다음과 같이 작성하면 컴파일 에러가 발생한다.

```
Grid myIntGrid;
```

클래스 템플릿 매개변수의 디폴트 인수를 지정하는 데 적용되는 규칙은 함수나 메서드에 디폴트 인수를 지정할 때와 똑같다. 다시 말해 매개변수 목록에서 오른쪽 끝에서 왼쪽 방향으로 중간에 건너뛰지 않고 디폴트값을 지정해야 한다.

3 생성자에 대한 템플릿 매개변수 유추 과정

컴파일러는 CTAD[class template argument deduction](클래스 템플릿 인수 추론)를 이용하여 클래스 템플릿 생성자에 전달된 인수를 보고 템플릿 매개변수를 알아낸다.

예를 들어 1장에서 본 것처럼 표준 라이브러리에는 `<utility>` 헤더에 정의된 `std::pair`란 클래스 템플릿이 있다. `pair`는 값 두 개로만 구성되며 각각의 타입을 다르게 지정할 수 있는데, 흔히 템플릿 매개변수로 지정한다. 예를 들면 다음과 같다.

```
pair<int, double> pair1 { 1, 2.3 };
```

C++는 템플릿 매개변수를 일일이 적는 번거로움을 덜어주기 위해 `std::make_pair()`라는 헬퍼 함수 템플릿을 제공한다. 함수 템플릿을 직접 정의하는 방법은 12.3절 '함수 템플릿'에서 자세히 설명한다. 함수 템플릿은 항상 전달된 인수를 보고 템플릿 매개변수를 알아서 결정한다. 따라서 `make_pair()`도 전달된 값을 보고 템플릿 타입 매개변수를 스스로 알아낸다. 예를 들어 다음과 같이 호출하면 컴파일러는 템플릿 매개변수가 `pair<int, double>`이라고 유추한다.

```
auto pair2 { std::make_pair(1, 2.3) };
```

그런데 클래스 템플릿 인수 추론 기능을 이용하면 앞에 나온 헬퍼 함수 템플릿이 필요 없다. 생성자에 전달된 인수를 보고 템플릿의 타입 매개변수를 알아내기 때문이다. 따라서 pair 클래스 템플릿을 다음과 같이 간단히 작성할 수 있다.

```
pair pair3 { 1, 2.3 }; // pair3의 타입은 pair<int, double>이다.
```

물론 이런 추론 기능은 클래스 템플릿에 매개변수의 디폴트값을 모두 지정했거나 생성자에서 모든 매개변수를 사용하도록 작성된 경우에만 적용된다.

CTAD가 작동하려면 초기자가 필요하다. 다음은 잘못된 표현이다.

```
pair pair4;
```

벡터, 배열 등과 같은 많은 표준 라이브러리 클래스가 CTAD를 지원한다.

NOTE_ std::unique_ptr과 shared_ptr에 대해서는 타입 추론 기능이 꺼져 있다. std::unique_ptr이나 shared_ptr의 생성자에 T*를 전달하면 컴파일러는 <T>나 <T[]> 중 하나를 선택해야 하는데, 잘못 결정하면 치명적인 결과가 발생할 수 있다. 따라서 unique_ptr과 shared_ptr은 각각 make_unique()와 make_shared()를 사용하도록 작성하는 것이 바람직하다.

사용자 정의 유추 방식

템플릿 매개변수를 추론하는 방식을 사용자가 직접 정할 수도 있다. 고급 주제에 해당하므로 자세한 설명은 생략하고, 간단한 예를 통해 이 기능의 강력함을 맛만 보고 넘어간다.

다음과 같이 작성된 SpreadsheetCell 클래스 템플릿이 있다고 하자.

```
template<typename T>
class SpreadsheetCell
{
    public:
        SpreadsheetCell(T t) : m_content { move(t) } { }
        const T& getContent() const { return m_content; }
    private:
        T m_content;
};
```

자동 템플릿 매개변수 추론 기능을 이용하면 std::string 타입에 대한 SpreadsheetCell을 생성하는 코드를 다음과 같이 작성할 수 있다.

```
string myString { "Hello World!" };
SpreadsheetCell cell { myString };
```

이때 SpreadsheetCell 생성자에 스트링을 const char* 타입으로 전달하면 원래 의도와 달리 T의 타입을 const char*로 결정해버린다. 이럴 때는 다음과 같이 규칙을 직접 지정해서 생성자의 인수를 const char* 타입으로 전달할 때 T를 std::string으로 추론하게 만들 수 있다.

```
SpreadsheetCell(const char*) -> SpreadsheetCell<std::string>;
```

이 문장은 반드시 클래스 정의 밖에 적어야 한다. 단, 네임스페이스는 SpreadsheetCell 클래스와 같아야 한다.

기본 문법은 다음과 같다. explicit 키워드는 생략해도 된다. 효과는 생성자에 대해 explicit을 지정할 때와 같다. 이런 추론 가이드도 템플릿으로 만드는 경우가 많다.

```
explicit 템플릿_이름(매개변수_목록) -> 유추된_템플릿;
```

12.2.5 메서드 템플릿

템플릿은 메서드 단위로도 만들 수 있다. 이러한 **메서드 템플릿**method template은 클래스 템플릿 안에 정의해도 되고, 일반 클래스 안에 정의해도 된다. 메서드 템플릿을 이용하면 한 메서드를 다양한 타입 버전으로 만들 수 있다. 메서드 템플릿은 클래스 템플릿에 복제 생성자와 대입 연산자를 정의하는 데 특히 유용하다.

> **CAUTION_** 가상 메서드와 소멸자는 메서드 템플릿으로 만들 수 없다.

원소 타입에 대한 템플릿 매개변수 하나만 받는 Grid 템플릿을 생각해보자. 이 템플릿은 int와 double을 비롯한 여러 가지 타입에 대해 Grid를 인스턴스화할 수 있다.

```
Grid<int> myIntGrid;
Grid<double> myDoubleGrid;
```

그런데 Grid<int>와 Grid<double>은 타입이 서로 다르다. Grid<double> 객체를 받는 함수는 Grid<int> 객체를 인수로 받을 수 없다. int를 double로 강제 형변환해서 int 원소를 double 원소로 복제할 수는 있지만, Grid<int> 타입 객체를 Grid<double> 타입 객체에 대입하거나 Grid<int>로 Grid<double> 객체를 만들 수는 없다. 따라서 다음과 같이 작성하면 컴파일 에러가 발생한다.

```
myDoubleGrid = myIntGrid;                   // 컴파일 에러 발생
Grid<double> newDoubleGrid { myIntGrid }; // 컴파일 에러 발생
```

문제는 Grid 템플릿에 대한 복제 생성자와 대입 연산자가 다음과 같이 정의되었다는 것이다.

```
Grid(const Grid& src);
Grid& operator=(const Grid& rhs);
```

이를 정확히 표현하면 다음과 같다.

```
Grid(const Grid<T>& src);
Grid<T>& operator=(const Grid<T>& rhs);
```

복제 생성자인 Grid와 대입 연산자인 operator=은 모두 const Grid<T> 레퍼런스를 인수로 받는다. 그러므로 Grid<double>을 인스턴스화해서 Grid 복제 생성자와 operator= 대입 연산자를 호출하면 컴파일러는 각각에 대한 프로토타입을 다음과 같이 생성한다.

```
Grid(const Grid<double>& src);
Grid<double>& operator=(const Grid<double>& rhs);
```

생성된 Grid<double> 클래스 코드를 보면 Grid<int>를 받는 생성자나 operator=이 없다.

다행히 이 문제를 해결할 방법이 있다. Grid 클래스의 복제 생성자와 대입 연산자를 메서드 템플릿으로 만들면 두 타입을 상호 변환하는 메서드를 생성할 수 있다. 이렇게 수정한 Grid 클래스 정의 코드는 다음과 같다.

```
export template <typename T>
class Grid
{
    public:
        template <typename E>
        Grid(const Grid<E>& src);

        template <typename E>
        Grid<T>& operator=(const Grid<E>& rhs);

        void swap(Grid& other) noexcept;

        // 코드 생략
};
```

원본 복제 생성자와 복제 대입 연산자는 삭제할 수 없다. 컴파일러는 E와 T가 같은 경우에는 이렇게 새로 템플릿화된 복제 생성자와 복제 대입 연산자를 호출할 수 없다.

먼저 템플릿 버전으로 수정한 복제 생성자부터 살펴보자.

```
template <typename E>
Grid(const Grid<E>& src);
```

코드를 보면 E(element의 줄임말)라는 다른 이름으로 타입을 지정한 템플릿 선언문도 있다. 클래스는 T라는 타입에 대해 템플릿화되고, 방금 수정한 복제 생성자는 E라는 다른 타입에 대해 템플릿화된다. 이렇게 두 타입에 대해 템플릿화하면 한 타입의 Grid 객체를 다른 타입의 Grid으로 복제할 수 있다. 이렇게 수정한 복제 생성자를 정의하는 코드는 다음과 같다.

```
template <typename T>
template <typename E>
Grid<T>::Grid(const Grid<E>& src)
    : Grid { src.getWidth(), src.getHeight() }
{
    // 이 생성자 초기자는 가장 먼저 메모리를 적절히 할당하는 작업을
    // 비복제 생성자에 위임한다.

    // 그러고 나서 데이터를 복제한다.
    for (size_t i { 0 }; i < m_width; i++) {
```

```
        for (size_t j { 0 }; j < m_height; j++) {
            m_cells[i][j] = src.at(i, j);
        }
    }
}
```

코드에서 볼 수 있듯이 (T 매개변수를 가진) 클래스 템플릿 선언문을 먼저 적고, 그 뒤에 (E 매개변수를 가진) 멤버 템플릿을 선언하는 문장을 따로 작성해야 한다. 두 문장을 다음과 같이 합칠 수 없다.

```
template <typename T, typename E> // 중첩된 템플릿 생성자를 이렇게 적으면 안 된다.
Grid<T>::Grid(const Grid<E>& src)
```

이렇게 생성자 정의 코드 앞에 템플릿 매개변수를 선언하는 문장을 하나 더 추가해야 할 뿐만 아니라 src의 원소에 접근할 때는 반드시 getWidth(), getHeight(), at()과 같은 public 접근자 메서드를 사용해야 한다. 복제할 원본 객체의 타입은 Grid<E>이고, 복제될 대상 객체의 타입은 Grid<T>이기 때문이다. 두 타입은 서로 다르기 때문에 반드시 public 메서드로 다뤄야 한다.

swap() 메서드는 다음과 같이 구현한다.

```
template <typename T>
void Grid<T>::swap(Grid<T>& other) noexcept
{
    std::swap(m_width, other.m_width);
    std::swap(m_height, other.m_height);
    std::swap(m_cells, other.m_cells);
}
```

이렇게 템플릿화한 대입 연산자는 const Grid<E>& 타입의 인수를 받아서 Grid<T>& 타입을 리턴한다.

```
template <typename T>
template <typename E>
Grid<T>& Grid<T>::operator=(const Grid<E>& rhs)
{
```

```
    // 복제 후 맞바꾸기 구문
    Grid<T> temp { rhs }; // 모든 작업을 임시 인스턴스에서 처리한다.
    swap(temp);            // 예외가 발생하지 않는 연산에 대해서만 맞바꾼다.
    return *this;
}
```

템플릿 버전의 대입 연산자는 9장에서 소개한 복제 후 맞바꾸기 구문으로 구현했다. swap() 메서드는 같은 타입에 대한 Grid 객체끼리만 맞바꿀 수 있다는 한계가 있다. 그래도 문제가 되지 않는다. 템플릿화한 대입 연산자는 먼저 템플릿화한 복제 생성자를 이용하여 Grid<E> 객체를 Grid<T> 객체(temp)로 변환하기 때문이다. 그러고 나서 swap() 메서드로 Grid<T> 타입인 temp를 this와 맞바꾼다. 물론 this의 타입도 Grid<T>다.

1 비타입 매개변수를 사용하는 메서드 템플릿

앞에서 본 예제처럼 HEIGHT와 WIDTH를 정수 타입 템플릿 매개변수로 지정하면 높이와 너비가 타입의 일부분이 되어버려서 높이와 너비가 다른 그리드에 대입할 수 없게 되는 심각한 문제가 발생한다. 그런데 간혹 크기가 다른 그리드끼리 대입하거나 복제해야 할 경우가 있다. 이럴 때는 대상 객체를 원본 객체와 완전히 똑같지 않더라도 원본 배열의 높이와 너비 둘 다 대상 배열보다 작다면 서로 겹치는 부분만 복제하고 나머지 부분은 디폴트값으로 채워 넣는 방식으로 구현할 수 있다. 대입 연산자와 복제 생성자를 메서드 템플릿으로 만들면 이처럼 크기가 다른 그리드끼리 대입하거나 복제하게 만들 수 있다. 따라서 클래스 정의를 다음과 같이 수정한다.

```
export template <typename T, size_t WIDTH = 10, size_t HEIGHT = 10>
class Grid
{
    public:
        Grid() = default;
        virtual ~Grid() = default;

        // 복제 생성자와 대입 연산자를 명시적으로 디폴트로 지정한다.
        Grid(const Grid& src) = default;
        Grid<T, WIDTH, HEIGHT>& operator=(const Grid& rhs) = default;

        template <typename E, size_t WIDTH2, size_t HEIGHT2>
        Grid(const Grid<E, WIDTH2, HEIGHT2>& src);

        template <typename E, size_t WIDTH2, size_t HEIGHT2>
        Grid& operator=(const Grid<E, WIDTH2, HEIGHT2>& rhs);
```

```
        void swap(Grid& other) noexcept;

        std::optional<T>& at(size_t x, size_t y);
        const std::optional<T>& at(size_t x, size_t y) const;

        size_t getHeight() const { return HEIGHT; }
        size_t getWidth() const { return WIDTH; }

    private:
        void verifyCoordinate(size_t x, size_t y) const;

        std::optional<T> m_cells[WIDTH][HEIGHT];
};
```

이렇게 수정한 클래스 정의를 보면 복제 생성자와 대입 연산자에 대한 메서드 템플릿과 swap()이란 헬퍼 메서드를 갖고 있다. 참고로 템플릿 버전이 아닌 기존 복제 생성자와 대입 연산자를 명시적으로 디폴트로 지정했다(소멸자를 직접 정의했기 때문에). 두 메서드는 단순히 m_cells만 복제하거나 대입하는데, 서로 크기가 같은 그리드끼리 대입하거나 복제할 때는 이렇게 처리해야 하기 때문이다.

템플릿화한 복제 생성자를 정의하는 코드는 다음과 같다.

```
template <typename T, size_t WIDTH, size_t HEIGHT>
template <typename E, size_t WIDTH2, size_t HEIGHT2>
Grid<T, WIDTH, HEIGHT>::Grid(const Grid<E, WIDTH2, HEIGHT2>& src)
{
    for (size_t i { 0 }; i < WIDTH; i++) {
        for (size_t j { 0 }; j < HEIGHT; j++) {
            if (i < WIDTH2 && j < HEIGHT2) {
                m_cells[i][j] = src.at(i, j);
            } else {
                m_cells[i][j].reset();
            }
        }
    }
}
```

이 복제 생성자는 src가 더 크더라도 x와 y축에서 각각 WIDTH와 HEIGHT로 지정된 크기만큼만 원소를 복제한다. 두 축 중 어느 하나가 src보다 작다면 나머지 영역에 있는 std::optional 객체들은 reset() 메서드로 리셋된다.

swap()과 operator=의 구현 코드는 다음과 같다.

```
template <typename T, size_t WIDTH, size_t HEIGHT>
void Grid<T, WIDTH, HEIGHT>::swap(Grid& other) noexcept
{
    std::swap(m_cells, other.m_cells);
}

template <typename T, size_t WIDTH, size_t HEIGHT>
template <typename E, size_t WIDTH2, size_t HEIGHT2>
Grid<T, WIDTH, HEIGHT>& Grid<T, WIDTH, HEIGHT>::operator=(
    const Grid<E, WIDTH2, HEIGHT2>& rhs)
{
    // 복제 후 맞바꾸기 구문
    Grid<T, WIDTH, HEIGHT> temp { rhs }; // 모든 작업을 임시 인스턴스에서 처리한다.
    swap(temp); // 예외가 발생하지 않는 연산에 대해서만 맞바꾼다.
    return *this;
}
```

12.2.6 클래스 템플릿의 특수화

특정한 타입에 대해서는 다른 방식으로 구현한 버전의 클래스 템플릿을 제공할 수도 있다. 예를 들어 기존 C 스타일 스트링인 const char*에 대해서는 Grid 동작이 의미가 없다고 결정할 수 있다. 예를 들어 Grid<const char*>로 인스턴스화하면 원소가 vector<vector<optional<const char*>>>에 저장된다. 그러면 복제 생성자와 대입 연산자에서 const char* 포인터 타입에 얕은 복제shallow copy가 적용된다. 하지만 const char* 스트링은 깊은 복제deep copy로 처리하는 것이 바람직하다. 이 문제를 쉽게 해결하는 방법은 const char*에 대해서만 다르게 처리도록 구현하는 것이다. 즉, C 스타일 스트링을 C++ string으로 변환해서 vector<vector<optional<string>>>에 저장하게 만든다.

이렇게 특정한 경우에 대해서만 템플릿을 다르게 구현하는 것을 **템플릿 특수화**template specialization라고 한다. 템플릿 특수화 관련 구문이 좀 어색할 수도 있다. 클래스 템플릿 특수화 코드를 작성할 때는 그 코드가 템플릿이라는 사실임을 알려야 할 뿐만 아니라 이 템플릿이 특정한 타입에 특화된 버전이라는 것도 반드시 명시해야 한다. 예를 들어 Grid를 const char*에 대해 특수화하는 방법은 다음과 같다. 이 구현을 위해 원본 Grid 클래스 템플릿을 main이란 이름의 모듈 인터페이스 파티션으로 옮겼고, 특수화 버전은 string이라는 이름의 모듈 인터페이스 파티션으로 옮겼다.

```
export module grid:string;
// 템플릿 특수화를 적용할 때 원본 템플릿도 반드시 참조할 수 있어야 한다.
import :main;

export template <>
class Grid<const char*>
{
    public:
        explicit Grid(size_t width = DefaultWidth,
            size_t height = DefaultHeight);
        virtual ~Grid() = default;

        // 복제 생성자와 대입 연산자를 명시적으로 디폴트로 선언한다.
        Grid(const Grid& src) = default;
        Grid& operator=(const Grid& rhs) = default;

        // 이동 생성자와 대입 연산자를 명시적으로 디폴트로 선언한다.
        Grid(Grid&& src) = default;
        Grid& operator=(Grid&& rhs) = default;

        std::optional<std::string>& at(size_t x, size_t y);
        const std::optional<std::string>& at(size_t x, size_t y) const;

        size_t getHeight() const { return m_height; }
        size_t getWidth() const { return m_width; }

        static const size_t DefaultWidth { 10 };
        static const size_t DefaultHeight { 10 };

    private:
        void verifyCoordinate(size_t x, size_t y) const;

        std::vector<std::vector<std::optional<std::string>>> m_cells;
        size_t m_width { 0 }, m_height { 0 };
};
```

특수화할 때는 T와 같은 타입 매개변수를 적지 않고 곧바로 const char*와 string을 지정한다. 이렇게 해도 템플릿으로 취급하는 이유가 궁금할 수 있다. 다시 말해 다음과 같이 작성하면 뭐가 좋은지 궁금할 것이다.

```
template <>
class Grid<const char*>
```

이렇게 작성하면 컴파일러는 const char*에 대해 특수화한 Grid 클래스라고 판단한다. 하지만 다음과 같이 작성하면 Grid란 이름의 원본 클래스 템플릿이 이미 있기 때문에 그렇게 처리할 수 없다.

```
class Grid
```

클래스 이름은 특수화할 때만 중복해서 사용할 수 있다. 이렇게 특수화되었다는 사실이 사용자에게 드러나지 않는다는 점은 특수화의 주된 장점이다. 이렇게 특수화를 하고 나서 Grid를 int나 SpreadsheetCell에 대해 인스턴스화하면 컴파일러는 원본 Grid 템플릿을 이용하여 코드를 생성하고, const char*에 대해 인스턴스화할 때는 const char*에 대한 특수화한 버전을 사용한다. 이 과정은 사용자에게 드러나지 않고 모두 내부적으로 처리된다.

기본 모듈 인터페이스 파일은 단순히 모듈 인터페이스 파티션을 임포트하고 익스포트하기만 한다.

```
export module grid;

export import :main;
export import :string;
```

특수화를 테스트하는 코드는 다음과 같다.

```
Grid<int> myIntGrid;                    // 원본 Grid 템플릿을 사용한다.
Grid<const char*> stringGrid1 { 2, 2 }; // const char*에 대한 특수화 버전을 적용한다.

const char* dummy { "dummy" };
stringGrid1.at(0, 0) = "hello";
stringGrid1.at(0, 1) = dummy;
stringGrid1.at(1, 0) = dummy;
stringGrid1.at(1, 1) = "there";

Grid<const char*> stringGrid2 { stringGrid1 };
```

템플릿 특수화는 상속(파생)과 다르다. 물려받는 코드 없이 클래스 전체를 완전히 새로 구현해야 한다. 그러므로 상속할 때와 달리 메서드 이름과 동작을 일치시킬 필요가 없다. 예를 들어 Grid를 const char*에 대해 특수화한 코드를 보면 at() 메서드가 std::optional<const

char*>가 아닌 std::optional<std::string> 타입을 리턴한다. 사실 원본 클래스와는 전혀 다르게 작성해도 된다. 물론 특별한 이유 없이 템플릿 특수화 기능을 본래 목적과 다르게 남용하면 안 된다. const char*에 대한 특수화 버전의 메서드는 다음과 같이 구현한다. 템플릿 정의 코드와 달리 여기에서는 메서드 앞에 template<> 구문을 적지 않아도 된다.

```
Grid<const char*>::Grid(size_t width, size_t height)
    : m_width { width }, m_height { height }
{
    m_cells.resize(m_width);
    for (auto& column : m_cells) {
        column.resize(m_height);
    }
}

void Grid<const char*>::verifyCoordinate(size_t x, size_t y) const
{
    if (x >= m_width) {
        throw std::out_of_range {
            std::format("{} must be less than {}.", x, m_width) };
    }
    if (y >= m_height) {
        throw std::out_of_range{
            std::format("{} must be less than {}.", y, m_height) };
    }
}

const std::optional<std::string>& Grid<const char*>::at(size_t x, size_t y) const
{
    verifyCoordinate(x, y);
    return m_cells[x][y];
}

std::optional<std::string>& Grid<const char*>::at(size_t x, size_t y)
{
    return const_cast<std::optional<std::string>&>(
        std::as_const(*this).at(x, y));
}
```

이 절에서는 클래스 템플릿을 특수화하는 방법을 살펴봤다. 템플릿 특수화를 적용하면 템플릿 타입 매개변수에 지정한 타입에 대해서는 템플릿을 다르게 구현할 수 있다. 26장에서는 특수화의 고급 기능인 **부분 특수화**partial specialization를 소개한다.

12.2.7 클래스 템플릿 상속하기

클래스 템플릿도 상속할 수 있다. 이때 템플릿을 상속한 파생 클래스도 템플릿이어야 한다. 반면 클래스 템플릿을 특정한 타입으로 인스턴스한 클래스를 상속할 때는 파생 클래스가 템플릿이 아니어도 된다. 두 경우 중 전자(파생 클래스도 템플릿인 경우)를 살펴보자. 예제에서 제네릭 클래스 Grid는 게임보드로 활용하기에는 기능이 부족하다. 그러므로 move() 메서드를 추가해서 게임보드의 한 지점에서 다른 지점으로 말을 옮길 수 있게 만들어 보자. 이렇게 만든 GameBoard 클래스 템플릿의 정의는 다음과 같다.

```
import grid;

export template <typename T>
class GameBoard : public Grid<T>
{
    public:
        explicit GameBoard(size_t width = Grid<T>::DefaultWidth,
            size_t height = Grid<T>::DefaultHeight);
        void move(size_t xSrc, size_t ySrc, size_t xDest, size_t yDest);
};
```

GameBoard 템플릿은 Grid 템플릿을 상속한다. 따라서 Grid 템플릿에 있던 기능을 모두 물려받는다. at(), getHeight()와 같은 메서드를 다시 작성하지 않아도 된다. 또한 복제 생성자, operator=, 소멸자도 추가할 필요 없다. GameBoard는 동적 할당 메모리를 사용하지 않기 때문이다.

템플릿을 상속하는 구문은 베이스 클래스가 Grid가 아닌 Grid<T>라는 점만 빼면 기존 상속 구문과 차이가 없어 보인다. 사실 GameBoard 템플릿은 제네릭 템플릿인 Grid를 곧바로 상속하는 것이 아니라 각 타입에 대한 GameBoard의 인스턴스마다 해당 타입에 대한 Grid 인스턴스를 상속한다. 그래서 템플릿 상속 문법이 일반 클래스 상속과 같은 것이다. 예를 들어 GameBoard를 ChessPiece 타입에 대해 인스턴스화하면 컴파일러는 Grid<ChessPiece>에 대한 코드도 함께 생성한다. 그리고 앞에 나온 코드에서 : public Grid<T>라고 적은 부분을 발견하면 Grid 인스턴스에서 T 타입에 적합한 것들을 모두 상속하게 처리한다. 참고로 템플릿 상속에 대한 이름 조회 규칙name lookup rule에 따르면 베이스 클래스 템플릿에 있는 데이터 멤버나 메서드를 가리킬 때 this 포인터나 Grid<T>::를 붙여야 한다(이렇게 하지 않아도 되는 컴파일러도 있다). 그러므로 DefaultWidth와 DefaultHeight 앞에 Grid<T>::를 붙인다.

이번에는 생성자와 move() 메서드 구현 코드를 살펴보자.

```
template <typename T>
GameBoard<T>::GameBoard(size_t width, size_t height)
    : Grid<T> { width, height }
{
}

template <typename T>
void GameBoard<T>::move(size_t xSrc, size_t ySrc, size_t xDest, size_t yDest)
{
    Grid<T>::at(xDest, yDest) = std::move(Grid<T>::at(xSrc, ySrc));
    Grid<T>::at(xSrc, ySrc).reset(); // 원본 셀을 리셋한다.
    // 이 부분을 다음과 같이 구현해도 된다.
    // this->at(xDest, yDest) = std::move(this->at(xSrc, ySrc));
    // this->at(xSrc, ySrc).reset();
}
```

이렇게 정의한 GameBoard 템플릿의 사용법은 다음과 같다.

```
GameBoard<ChessPiece> chessboard { 8, 8 };
ChessPiece pawn;
chessBoard.at(0, 0) = pawn;
chessBoard.move(0, 0, 0, 1);
```

NOTE_ Grid의 메서드를 오버라이드할 때도 Grid 클래스 템플릿에서 virtual로 지정해야 한다.

12.2.8 상속과 특수화 비교

템플릿 상속과 템플릿 특수화의 차이점을 간략히 정리하면 다음과 같다.

	상속	특수화
코드 재사용	O: 파생 클래스는 베이스 클래스에 있는 데이터 멤버와 메서드를 모두 받는다.	X: 특수화를 할 때는 필요한 코드를 모두 다시 작성해야 한다.
이름 재사용	X: 파생 클래스의 이름은 반드시 베이스 클래스와 다르게 지어야 한다.	O: 특수화 템플릿 클래스의 이름은 반드시 원본과 같아야 한다.
다형성 지원	O: 파생 클래스의 객체를 베이스 클래스의 객체로 표현할 수 있다.	X: 템플릿을 인스턴스화한 결과마다 타입이 다르다.

NOTE_ 구현을 확장하거나 다형성을 지원하고 싶다면 상속을 사용하고, 특정한 타입에 대한 템플릿 구현을 커스터마이즈하고 싶다면 특수화를 사용한다.

12.2.9 앨리어스 템플릿

1장에서 소개한 타입 앨리어스와 typedef의 개념을 이용하면 특정한 타입을 다른 이름으로 부를 수 있다. 기억을 되살리기 위한 예로 다음 코드와 같이 선언하면 int 대신 MyInt로 표현할 수 있다.

```
using MyInt = int;
```

클래스 템플릿에 대해서도 이렇게 타입 앨리어스를 적용할 수 있다. 예를 들어 다음과 같은 클래스 템플릿이 있다고 하자.

```
template <typename T1, typename T2>
class MyClassTemplate { /* ... */ };
```

그러면 다음과 같이 두 클래스 템플릿 타입 매개변수를 모두 지정하는 타입 앨리어스를 정의할 수 있다.

```
using OtherName = MyClassTemplate<int, double>;
```

여기서 타입 앨리어스 대신 typedef를 사용해도 된다.

또한 타입 매개변수 중에서 일부만 지정하고, 나머지 타입은 템플릿 타입 매개변수 그대로 남겨 둘 수 있다. 이를 **앨리어스 템플릿** alias template이라 부른다. 예를 들면 다음과 같다.

```
template <typename T1>
using OtherName = MyTemplateClass<T1, double>;
```

이런 문장은 typedef로 표현할 수 없다.

12.3 함수 템플릿

함수도 템플릿화할 수 있다. 예를 들어 배열에서 특정한 값을 가진 원소를 찾아서 해당 인덱스를 리턴하는 제네릭 함수를 작성해보자.

```
static const size_t NOT_FOUND { static_cast<size_t>(-1) };

template <typename T>
size_t Find(const T& value, const T* arr, size_t size)
{
    for (size_t i { 0 }; i < size; i++) {
        if (arr[i] == value) {
            return i; // 값을 찾으면 인덱스를 리턴한다.
        }
    }
    return NOT_FOUND; // 값을 찾지 못하면 NOT_FOUND를 리턴한다.
}
```

NOTE_ 물론 원하는 원소를 찾지 못하면 위 코드에서처럼 NOT_FOUND와 같은 특수한 값을 리턴하는 대신 `std::optional<size_t>` 타입의 값을 리턴하도록 작성해도 된다. `std::optional` 사용법을 익히기 좋은 기회니 한 번 바꿔보기 바란다.

이렇게 함수 템플릿으로 작성한 `Find()`는 다른 타입 배열에 대해서도 적용할 수 있다. 예를 들어 이 템플릿으로 `int` 배열에서 주어진 정숫값을 가진 원소의 인덱스를 찾을 수도 있고, `SpreadsheetCell` 배열에서 `SpreadsheetCell` 원소를 찾을 수도 있다.

이 함수는 두 가지 방식으로 호출할 수 있다. 하나는 꺾쇠괄호 안에 타입 매개변수를 명시적으로 지정하는 것이고, 다른 하나는 타입 매개변수를 생략하고 주어진 인수를 바탕으로 컴파일러가 타입 매개변수를 추론하는 것이다. 예를 들면 다음과 같다.

```
int myInt { 3 }, intArray[] {1, 2, 3, 4};
const size_t sizeIntArray { size(intArray) };

size_t res;
res = Find(myInt, intArray, sizeIntArray);       // 추론해서 Find<int>를 호출한다.
res = Find<int>(myInt, intArray, sizeIntArray); // Find<int>를 명시적으로 호출한다.
```

```
if (res != NOT_FOUND) { cout << res << endl; }
else { cout << "Not found" << endl; }

double myDouble { 5.6 }, doubleArray[] {1.2, 3.4, 5.7, 7.5};
const size_t sizeDoubleArray { size(doubleArray) };

// 타입을 추론해서 Find<double>을 호출한다.
res = Find(myDouble, doubleArray, sizeDoubleArray);
// Find<double>을 명시적으로 호출한다.
res = Find<double>(myDouble, doubleArray, sizeDoubleArray);
if (res != NOT_FOUND) { cout << res << endl; }
else { cout << "Not found" << endl; }

//res = Find(myInt, doubleArray, sizeDoubleArray);
// 위와 같이 작성하면 컴파일 에러가 발생한다. 인수의 타입이 서로 다르기 때문이다.
// myInt가 있더라도 명시적으로 Find<double>을 호출한다.
res = Find<double>(myInt, doubleArray, sizeDoubleArray);

SpreadsheetCell cell1 { 10 }
SpreadsheetCell cellArray[] { SpreadsheetCell { 4 }, SpreadsheetCell { 10 } };
const size_t sizeCellArray { size(cellArray) };

res = Find(cell1, cellArray, sizeCellArray);
res = Find<SpreadsheetCell>(cell1, cellArray, sizeCellArray);
```

앞에서 구현한 Find( ) 함수는 매개변수 중 하나에 배열 크기를 반드시 지정해야 한다. 간혹 컴파일러가 배열 크기를 정확히 아는 경우가 있다. 대표적인 예로 스택 기반 배열을 사용할 때다. 이러한 배열에 대해 Find( )를 호출할 때는 배열 크기에 대한 인수를 생략할 수 있다면 편할 것이다. 이럴 때는 다음과 같이 함수 템플릿을 이용하면 된다. 이 코드는 Find( )에 대한 호출을 단순히 이전 Find( ) 함수 템플릿으로 포워딩하기만 한다. 또한 코드에 나온 것처럼 함수 템플릿도 클래스 템플릿처럼 비타입 매개변수를 받게 만들 수 있다.

```
template <typename T, size_t N>
size_t Find(const T& value, const T(&arr)[N])
{
    return Find(value, arr, N);
}
```

이렇게 구현한 Find( )는 구문이 좀 복잡하지만 사용법은 다음과 같이 간단하다.

```
int myInt { 3 }, intArray[] {1, 2, 3, 4};
size_t res { Find(myInt, intArray) };
```

클래스 템플릿 메서드 정의와 마찬가지로 함수 템플릿을 사용하는 코드는 이 템플릿의 프로토타입뿐만 아니라 정의 코드에도 접근할 수 있어야 한다. 따라서 함수 템플릿을 여러 소스 파일에서 사용한다면 함수 템플릿을 정의하는 코드를 모듈 인터페이스 파일에 넣어두고 익스포트해서 쓰는 것이 바람직하다.

함수 템플릿의 매개변수도 클래스 템플릿처럼 디폴트값을 지정할 수 있다.

NOTE_ C++ 표준 라이브러리에서 제공하는 함수 템플릿인 `std::find()`는 앞에서 본 `Find()` 함수 템플릿보다 훨씬 강력하다. 자세한 사항은 20장을 참조한다.

12.3.1 함수 템플릿 오버로딩

함수 템플릿도 클래스 템플릿처럼 특수화할 수 있다. 하지만 그렇게 사용할 일은 거의 없다. 함수 템플릿 특수화를 하면 오버로딩 결정 과정에 포함되지 않기 때문에 예상치 못한 동작이 발생할 수 있기 때문이다.

그대신 함수 템플릿을 비템플릿non-template 함수로 오버로드할 수 있다. 예를 들어 operator== 대신 strcmp()로 비교할 수 있는 C 스타일 스트링인 const char*에 대해 Find()를 오버로드해야 할 때가 있다. ==은 실제 스트링이 아닌 포인터만 비교할 수 있기 때문이다. 예를 들면 다음과 같다.

```
size_t Find(const char* value, const char** arr, size_t size)
{
    for (size_t i { 0 }; i < size; i++) {
        if (strcmp(arr[i], value) == 0) {
            return i; // 값을 찾으면 인덱스를 리턴한다.
        }
    }
    return NOT_FOUND; // 찾지 못하면 NOT_FOUND를 리턴한다.
}
```

이렇게 작성한 함수를 사용하는 방법은 다음과 같다.

```
const char* word { "two" };
const char* words[] { "one", "two", "three", "four" };
const size_t sizeWords { size(words) };
size_t res { Find(word, words, sizeWords) }; // 템플릿이 아닌 일반 Find() 호출
```

템플릿 타입 매개변수를 다음과 같이 명시적으로 지정하면 함수 템플릿은 `const char*`에 대해 오버로드한 버전이 아닌 `T=const char*`에 대해 호출된다.

```
res = Find<const char*>(word, words, sizeWords);
```

12.3.2 클래스 템플릿의 프렌드 함수 템플릿

함수 템플릿은 클래스 템플릿에서 연산자를 오버로드할 때 유용하다. 예를 들어 Grid 클래스 템플릿에 두 그리드를 더하는 기능을 추가하도록 덧셈 연산자(operator+)를 오버로드하고 싶을 수 있다. 덧셈의 결과로 나오는 Grid의 크기는 두 피연산자 중 작은 Grid의 크기를 따른다. 그리고 두 셀 모두 실제 값이 들어 있을 때만 더한다. 그럼 이런 기능을 제공하는 operator+를 함수 템플릿으로 만드는 경우를 생각해보자. 모듈 인터페이스 파일(Grid.cppm)에 들어갈 정의 코드는 다음과 같다. 이 코드는 <algorithm>에 정의된 std::min()을 사용한다. 이 함수는 주어진 두 인수 중 작은 값을 리턴한다.

```
export template <typename T>
Grid<T> operator+(const Grid<T>& lhs, const Grid<T>& rhs)
{
    size_t minWidth { std::min(lhs.getWidth(), rhs.getWidth() };
    size_t minHeight { std::min(lhs.getHeight(), rhs.getHeight() };

    Grid<T> result { minWidth, minHeight };
    for (size_t y { 0 }; y < minHeight; ++y) {
        for (size_t x { 0 }; x < minWidth; ++x) {
            const auto& leftElement { lhs.m_cells[x][y] };
            const auto& rightElement { rhs.m_cells[x][y] };
            if (leftElement.has_value() && rightElement.has_value()) {
                result.at(x, y) = leftElement.value() + rightElement.value();
            }
```

```
        }
    }
    return result;
}
```

optional에 실제 값이 들어 있는지 확인하고 싶다면 has_value() 메서드를 사용하고, 그 값을 가져올 때는 value() 메서드를 호출한다.

이 함수 템플릿은 여러 가지 타입의 Grid에 적용할 수 있다. 단, 그리드에 저장할 원소의 타입이 덧셈 연산을 지원해야 한다. 이렇게 구현하면 Grid 클래스의 private 멤버인 m_cells에 접근한다는 문제가 있다. 물론 public at() 메서드를 사용하면 해결되지만, 여기에서는 함수 템플릿을 클래스 템플릿의 friend로 만드는 방법을 소개한다. 이를 위해 덧셈 연산자를 Grid 클래스의 friend로 만든다. 그런데 Grid 클래스와 operator+가 모두 템플릿이다. 실제로 원하는 바는 operator+를 특정한 타입 T에 대해 인스턴스화한 것이 T 타입에 대한 Grid 템플릿 인스턴스의 프렌드가 되게 만드는 것이다. 이를 위한 구문은 다음과 같다.

```
// Grid 템플릿에 대한 전방 선언
export template <typename T> class Grid;

// 템플릿화한 operator+에 대한 프로토타입
export template <typename T>
Grid<T> operator+(const Grid<T>& lhs, const Grid<T>& rhs);

export template <typename T>
class Grid
{
    public:
        friend Grid operator+<T>(const Grid<T>& lhs, const Grid<T>& rhs);
        // 코드 생략
};
```

이렇게 friend로 선언한 구문은 좀 복잡하다. 이 템플릿을 T 타입에 대해 인스턴스화한 것은 operator+를 T 타입으로 인스턴스화한 것과 프렌드라고 선언했다. 다시 말해 클래스 인스턴스와 함수 인스턴스 사이의 프렌드 관계가 1:1 대응된다. 이때 operator+에 명시적으로 <T>를 지정한 부분이 중요하다(참고로 operator+와 <T> 사이를 띄우지 않아도 된다). 그래야 컴파일러가 operator+를 템플릿으로 취급한다.

12.3.3 템플릿 매개변수 유추에 대한 보충 설명

컴파일러는 함수 템플릿에 전달된 인수를 보고 템플릿 매개변수의 타입을 추론한다. 추론할 수 없는 템플릿 매개변수는 명시적으로 지정해야 한다.

예를 들어 다음 코드에 나온 add( ) 함수 템플릿은 템플릿 매개변수를 세 개(리턴값의 타입, 피연산자 두 개에 대한 타입) 받는다.

```
template<typename RetType, typename T1, typename T2>
RetType add(const T1& t1, const T2& t2) { return t1 + t2; }
```

이렇게 작성한 함수 템플릿에 매개변수 세 개를 모두 지정하는 예는 다음과 같다.

```
auto result { add<long long, int, int>(1, 2) };
```

그런데 템플릿 매개변수인 T1과 T2는 이 함수의 매개변수이기 때문에 컴파일러는 T1과 T2의 타입을 추론한다. 그러므로 add( )를 호출할 때는 리턴값에 대한 타입만 지정해도 된다.

```
auto result { add<long long>(1, 2) };
```

물론 매개변수 리스트에서 마지막에 있는 매개변수만 추론할 수 있다. 예를 들어 함수 템플릿에 다음과 같이 정의된 경우를 살펴보자.

```
template <typename T1, typename RetType, typename T2>
RetType add(const T1& t1, const T2& t2) { return t1 + t2; }
```

여기에서는 RetType을 자동으로 추론할 수 없기 때문에 명시적으로 지정해야 한다. 그런데 RetType이 두 번째 매개변수에 있기 때문에 T1도 명시적으로 지정해야 한다.

```
auto result { add<int, long long>(1, 2) };
```

리턴 타입에 대한 템플릿 매개변수에도 디폴트값을 지정할 수 있다. 그러면 add( )를 호출할 때 타입을 하나도 지정하지 않아도 된다.

```
template <typename RetType = long long, typename T1, typename T2>
RetType add(const T1& t1, const T2& t2) { return t1 + t2; }
...
auto result { add(1, 2) };
```

12.3.4 함수 템플릿의 리턴 타입

add( ) 함수 템플릿에서 리턴값의 타입도 컴파일러가 추론할 수 있다면 참 편할 것이다. 실제로 그렇게 할 수도 있다. 하지만 리턴 타입은 템플릿 타입 매개변수에 따라 결정된다. 이 문제를 어떻게 해결할 수 있을까? 예를 들어 다음과 같이 템플릿화된 함수가 있다고 하자.

```
template <typename T1, typename T2>
RetType add(const T1& t1, const T2& t2) { return t1 + t2; }
```

여기서 *RetType*은 반드시 `t1 + t2` 표현식의 타입으로 지정해야 한다. 그런데 T1과 T2를 모르기 때문에 이 표현식의 타입도 모른다.

1장에서 설명했듯이 C++14부터 컴파일러가 함수의 리턴 타입을 추론하는 옵션이 추가되었다. 따라서 add( )를 그냥 다음과 같이 구현하면 된다.

```
template <typename T1, typename T2>
auto add(const T1& t1, const T2& t2) { return t1 + t2; }
```

여기서 auto로 표현식의 타입을 유추하면 레퍼런스와 const 지정자가 사라진다. 반면 decltype을 사용하면 그렇지 않다. 여기 나온 add( ) 함수 템플릿의 경우 operator+는 새로운 객체를 리턴하는 경우가 많기 때문에 레퍼런스나 const가 사라져도 괜찮다. 하지만 이렇게 되면 안 되는 함수 템플릿에 대해서는 바람직하지 않을 수도 있으므로 이를 해결하는 방법을 알아보자. 여기에 대해 본격적으로 설명하기 전에 먼저 템플릿을 사용하지 않는 예를 통해 auto와 decltype의 차이점부터 알아보자. 예를 들어 다음과 같이 템플릿이 아닌 일반 함수가 있다고 하자.

```
const std::string message { "Test" };

const std::string& getString() { return message; }
```

getString()을 호출한 결과를 auto 타입 변수에 저장할 수 있다.

```
auto s1 { getString() };
```

auto에 의해 레퍼런스와 const 지시자가 사라지기 때문에 s1은 string이 되면서 복제 연산이 발생하게 된다. const 레퍼런스를 사용하려면 다음과 같이 이 타입이 레퍼런스와 const라는 것을 명시적으로 지정해야 한다.

```
const auto& s2 { getString() };
```

또 다른 방법은 decltype을 사용하는 것이다. 그러면 const나 레퍼런스가 제거되지 않는다.

```
decltype(getString()) s3 { getString() };
```

이렇게 하면 s3의 타입은 const string&가 된다. 그런데 getString()을 두 번이나 작성해서 코드 중복이 발생한다. 만약 getString() 대신 좀 더 복잡한 형태의 표현이라면 코드가 상당히 지저분해진다.

이 문제는 다음과 같이 decltype(auto)로 해결할 수 있다.

```
decltype(auto) s4 { getString() };
```

s4 역시 const string& 타입이다.

이제 auto와 decltype에 대해 알았으니 앞서 설명하던 add() 함수 템플릿으로 돌아가자. 이번에는 add()에서 const와 레퍼런스 지시자가 사라지지 않도록 decltype(auto)로 지정한다.

```
template <typename T1, typename T2>
decltype(auto) add(const T1& t1, const T2& t2) { return t1 + t2; }
```

C++14 이전에는, 다시 말해 함수의 리턴 타입 유추 기능과 decltype(auto)가 지원되기 전에는 C++11부터 추가된 decltype(표현식) 구문으로 해결했다. 예를 들면 다음과 같이 작성한다.

```
template <typename T1, typename T2>
decltype(t1+t2) add(const T1& t1, const T2& t2) { return t1 + t2; }
```

그런데 이렇게 작성하면 안 된다. t1과 t2를 프로토타입의 시작 부분에 적었는데, t1과 t2의 타입은 현재로선 모른다. 컴파일러의 의미 분석기가 매개변수 리스트를 끝까지 훑어본 뒤에야 t1과 t2의 타입을 정확히 알 수 있다.

이 문제는 **대체 함수 구문**alternative function syntax으로 해결할 수 있다. 여기서 auto는 프로토타입의 맨 앞에 적고, 실제 리턴 타입은 매개변수 리스트 뒤에 지정했다(이를 **후행 리턴 타입**trailing return type이라 부른다). 그러면 매개변수의 이름과 각각의 타입 그리고 t1 + t2의 타입을 알 수 있다.

```
template <typename T1, typename T2>
auto add(const T1& t1, const T2& t2) -> decltype(t1+t2)
{
    return t1 + t2;
}
```

> **NOTE_** 최신 버전의 C++에서는 auto 리턴 타입 추론 기능과 decltype(auto)를 지원하므로 앞에서 본 대체 함수 구문보다는 이들 기능 중 하나를 활용하는 것이 좋다.

C++20 12.3.5 축약 함수 템플릿 구문

C++20부터 **축약 함수 템플릿 구문**abbreviated function template syntax이 추가되었다. 구체적인 예로 앞 절에서 본 add() 함수 템플릿을 살펴보자. 바람직한 버전은 다음과 같다.

```
template <typename T1, typename T2>
decltype(auto) add(const T1& t1, const T2& t2) { return t1 + t2; }
```

이 문장을 보면 간단한 함수 템플릿을 표현하기에는 다소 장황하다. 이럴 때 축약 함수 템플릿 구문을 이용하면 다음과 같이 간결하게 표현할 수 있다.

```
decltype(auto) add(const auto& t1, const auto& t2) { return t1 + t2; }
```

이 문장을 보면 템플릿 매개변수를 지정하는 template<>이란 표현이 없다. 그 대신 이전에 함수 매개변수 타입으로 사용했던 T1과 T2 타입 대신 auto를 지정했다. 이런 축약 표현은 편의 구문syntactic sugar일 뿐이다. 컴파일러는 이렇게 축약된 표현을 앞에서 본 본래 형태인 긴 코드로 변환한다. 기본적으로 auto로 지정한 함수 매개변수는 템플릿 타입 매개변수가 된다.

여기서 두 가지 사항을 명심할 필요가 있다. 하나는 auto로 지정한 매개변수마다 서로 다른 템플릿 매개변수가 된다는 것이다. 예를 들어 다음과 같은 함수 템플릿이 있다고 하자.

```
template <typename T>
decltype(auto) add(const T& t1, const T& t2) { return t1 + t2; }
```

이 템플릿은 템플릿 타입 매개변수가 단 하나만 있다. 또한 함수 매개변수로 지정한 t1과 t2는 모두 const T& 타입이다. 이런 함수 템플릿에 대해서는 축약 구문을 적용할 수 없다. 그랬다간 템플릿 타입 매개변수가 서로 다른 함수 템플릿으로 변환되기 때문이다.

두 번째로 명심할 점은 추론된 타입을 함수 템플릿 구현에서 명시적으로 사용할 수 없다는 것이다. 자동으로 추론된 타입은 이름이 없기 때문이다. 꼭 그렇게 해야 한다면 일반 함수 템플릿 구문을 계속 사용하거나 decltype()으로 타입을 알아내면 된다.

12.4 변수 템플릿

클래스 템플릿, 메서드 템플릿, 함수 템플릿뿐만 아니라 **변수 템플릿**variable template이란 것도 있다. 문법은 다음과 같다.

```
template <typename T>
constexpr T pi { T { 3.141592653589793238462643383279502884 } };
```

이 코드는 파이pi값에 대한 변수 템플릿이다. 특정한 타입의 파이 변수를 생성하려면 다음과 같이 작성한다.

```
float piFloat { pi<float> };
auto piLongDouble { pi<long double> };
```

그러면 지정한 타입으로 표현할 수 있는 범위에 가장 가까운 파이값을 구할 수 있다. 다른 템플릿과 마찬가지로 변수 템플릿도 특수화할 수 있다.

> **NOTE_** C++20부터 pi(`std::numbers::pi`)를 포함하여 일반적으로 사용되는 다양한 상수가 정의되어 있는 `<numbers>`가 추가되었다.

C++20 12.5 콘셉트

C++20부터 **콘셉트**concept가 추가되었다. 콘셉트는 클래스 템플릿이나 함수 템플릿의 비타입 매개변수와 템플릿 타입을 제한하는 데 사용되는 요구사항이다. 콘셉트는 프레디케이트 형태로 표현하며 컴파일 시간에 평가되면서 템플릿에 전달된 인수를 검증한다. 콘셉트의 주된 용도는 템플릿에 관련된 컴파일 에러를 읽기 쉽게 만드는 데 있다. 누구나 한 번쯤 클래스 템플릿이나 함수 템플릿에 인수를 잘못 지정해서 수백 줄의 컴파일 에러를 만난 적이 있을 것이다. 이런 에러는 근본 원인을 찾기 힘든 경우가 있다.

콘셉트를 이용하면 특정한 타입 제약사항을 만족하지 못할 때 컴파일 에러 메시지를 읽기 쉬운 형태로 출력해준다. 그러므로 에러의 의미를 이해하기 쉬운 형태로 출력하려면 콘셉트를 이용하여 의미에 대한 요구사항을 모델링하는 것이 좋다. 프로그램의 의미에 관련 없이 단순히 구문 검증만 수행하는 콘셉트는 지양한다. 그런 콘셉트는 타입에서 `operator+`를 지원하는지 정도만 검사하기 때문이다. 다시 말해 구문만 검사하고 의미는 검사하지 않는다. `std::string`은 `operator+`를 지원하는데, 당연한 말이지만 정수에 대한 `operator+`와는 의미가 전혀 다르다. 반면 정렬 가능하고 맞바꾸기 할 수 있는 콘셉트는 의미를 모델링하는 좋은 예다.

> **NOTE_** 콘셉트를 작성할 때 구문이 아닌 의미를 모델링하도록 주의한다.

그럼 콘셉트를 작성하기 위한 문법부터 살펴보자.

12.5.1 문법

콘셉트 정의는 다음 문법을 따른다.

```
template <parameter-list>
concept concept-name = constraints-expression;
```

우선 템플릿 문법에서 보던 익숙한 template<> 지정자로 시작하지만 클래스 템플릿이나 함수 템플릿과 달리 콘셉트는 인스턴스화되지 않는다. 이어서 concept라는 새로운 키워드가 나오고 그 뒤에 정의할 콘셉트의 이름을 적는다. 이름은 원하는 값으로 마음껏 지정해도 된다. constraints-expression 자리에는 상수 표현식을 적을 수 있다. 즉, 컴파일 시간에 평가될 수 있는 모든 표현식을 지정할 수 있다. 이 표현식의 결과는 반드시 부울값이어야 하며, 실행 시간에는 평가되지 않는다. 제약 표현식constraints expression은 다음 절에서 자세히 설명한다.

콘셉트 표현식concept expression의 문법은 다음과 같다.

```
concept-name<argument-list>
```

콘셉트 표현식은 true나 false로 평가된다. true로 평가되면 주어진 템플릿 인수가 **콘셉트 모델**과 일치한다는 뜻이다.

12.5.2 제약 표현식

부울값으로 평가되는 **제약 표현식**constraints expression은 콘셉트 정의에 대한 제약사항으로 직접 활용할 수 있다. 이 표현식은 타입 변환 없이 정확히 부울값으로 평가되어야 한다. 예를 들면 다음과 같다.

```
template <typename T>
concept C = sizeof(T) == 4;
```

콘셉트가 도입되면서 **요구 표현식**requires expression이라고 하는 상수 표현식에 대한 새로운 타입이 도입되었다.

1 요구 표현식

요구 표현식의 문법은 다음과 같다.

```
requires (parameter-list) { requirements; }
```

여기서 parameter-list는 생략해도 된다. requirements마다 세미콜론으로 구분해야 한다.

요구사항의 타입은 단순simple, 타입type, 복합compound, 중첩nested 등 네 가지가 있다.

단순 요구사항

단순 요구사항simple requirement은 requires로 시작하지 않는 표현식이다. 변수 선언문, 루프문, 조건문 등은 사용할 수 없다. 이 표현식은 평가되지 않는다. 컴파일러는 단순히 검증하는 데만 활용한다.

예를 들어 다음과 같이 정의한 콘셉트는 T로 지정한 타입이 반드시 증가할 수 있어야 한다고 명시하고 있다. 다시 말해 T 타입은 선행 증가나 후행 증가 연산자(++)를 지원해야 한다.

```
template <typename T>
concept Incrementable = requires(T x) { x++; ++x; };
```

requires 표현식의 매개변수 리스트는 requires 표현식의 본문 안에 있는 로컬 변수를 추가하는 데 사용된다. requires 표현식의 본문 안에서는 일반 변수를 선언할 수 없다.

타입 요구사항

타입 요구사항type requirement은 주어진 타입이 올바른지 검증한다. 예를 들어 다음 콘셉트가 성립하려면 T로 주어진 타입에 value_type이란 멤버가 있어야 한다.

```
template <typename T>
concept C = requires { typename: T::value_type; };
```

타입 요구사항은 템플릿을 주어진 타입으로 인스턴스화할 수 있는지 검증하는 데도 사용된다. 예를 들면 다음과 같다.

```
template <typename T>
concept C = requires { typename SomeTemplate<T>; };
```

복합 요구사항

복합 요구사항compound requirement은 익셉션을 제대로 던지는지 또는 메서드가 주어진 타입에 맞게 리턴하는지 검증하는 데 사용된다. 문법은 다음과 같다.

```
{ expression } noexcept -> type-constraint;
```

noexcept와 -> type-constraint는 둘 다 옵션이다. 예를 들어 다음과 같이 작성한 콘셉트는 주어진 타입에 swap()이란 메서드가 있으며 noexcept로 지정되었는지 검사한다.

```
template <typename T>
concept C = requires (T x, T y) {
    { x.swap(y) } noexcept;
};
```

type-constraint는 **타입 제약 조건**type constraint이라면 어떤 것으로도 지정할 수 있다. 타입 제약 조건은 템플릿 타입 인수가 0개 이상인 콘셉트의 이름을 말한다. 화살표 왼편의 표현식 타입은 타입 제약 조건의 첫 번째 템플릿 타입 요구사항으로 자동으로 전달된다. 따라서 타입 제약 조건의 인수의 개수는 항상 해당 콘셉트 정의에 대한 템플릿 타입 매개변수보다 하나 적다. 예를 들어 템플릿 타입 하나만 지정한 콘셉트 정의에 대한 타입 제약 조건은 템플릿 인수가 하나도 없다. 이럴 때는 빈 꺾쇠괄호를 적거나(<>) 아예 생략해도 된다. 좀 복잡하게 들리겠지만 예제를 보면 쉽게 이해할 수 있다. 다음 콘셉트는 주어진 타입에 size()란 메서드가 있는데, 이 메서드는 size_t로 변환할 수 있는 타입으로 리턴하는지 검증한다.

```
template <typename T>
concept C = requires (const T x) {
    { x.size() } -> convertible_to<size_t>;
};
```

std::convertible_to<From, To>는 표준 라이브러리의 <concepts>에 정의된 콘셉트로서 템플릿 타입 매개변수가 두 개다. 화살표 왼쪽에 있는 표현식의 타입은 convertible_to 타입 제약 조건에 대한 첫 번째 템플릿 타입 인수로 자동으로 전달된다. 따라서 여기에서는 템플릿 타입 인수인 size_t만 지정해도 된다.

requires 표현식은 매개변수를 여러 개 가질 수 있으며 여러 요구사항을 연달아 지정할 수 있다. 예를 들어 다음 콘셉트는 T 타입 인스턴스끼리 비교할 수 있다는 것을 명시하고 있다.

```
template <typename T>
concept Comparable = requires(const T a, const T b) {
```

```
    { a == b } -> convertible_to<bool>;
    { a < b } -> convertible_to<bool>;
    // 다른 비교 연산자에 대해서도 비슷하게 명시한다.
};
```

중첩 요구사항

requires 표현식은 **중첩 요구사항**nested requirement을 가질 수 있다. 즉, 요구사항을 중첩해서 지정할 수 있다. 예를 들어 다음 콘셉트는 타입 크기가 4바이트고, 선행/후행 증가/감소 연산을 지원해야 한다고 지정하고 있다.

```
template <typename T>
concept C = requires (T t) {
    requires sizeof(t) == 4;
    ++t; --t, t++, t--;
};
```

2 콘셉트 표현식 조합하기

기존에 있던 콘셉트 표현식을 &&(논리곱)나 ||(논리합)로 합칠 수 있다. 예를 들어 예전에 작성한 Incrementable과 비슷한 Decrementable이란 콘셉트가 있다면 다음과 같이 두 가지 모두 만족하는 타입을 명시하는 콘셉트를 작성할 수 있다.

```
template <typename T>
concept IncrementableAndDecrementable = Incrementable<T> && Decrementable<T>;
```

12.5.3 미리 정의된 표준 콘셉트

표준 라이브러리는 미리 정의된 콘셉트를 다양하게 제공하며, 다음과 같은 카테고리로 구분할 수 있다. 예를 들어 std 네임스페이스로 <concepts>에 정의된 콘셉트는 다음과 같다.

- **코어 언어 콘셉트:** same_as, derived_from, convertible_to, integral, floating_point, copy_constructible 등
- **비교 콘셉트:** equality_comparable, totally_ordered 등
- **객체 콘셉트:** movable, copyable 등
- **콜러블 콘셉트:** invocable, predicate 등

<iterator>는 반복자와 관련된 콘셉트(예: random_access_iterator, forward_iterator)를 정의한다. 여기에는 mergeable, sortable, permutable 등과 같은 알고리즘 요구사항도 정의하고 있다. C++20부터는 range 라이브러리에서도 여러 가지 표준 콘셉트를 제공하고 있다. 반복자와 범위에 대해서는 17장에서 자세히 설명하며, 표준 라이브러리에서 제공하는 알고리즘에 대해서는 20장에서 자세히 소개한다. 현재 제공되는 표준 콘셉트에 대한 전체 목록을 보고 싶다면 여러 가지 표준 라이브러리 레퍼런스 중에서 마음에 드는 것을 참고하면 된다.

필요한 것이 표준 콘셉트에 있다면 직접 구현하지 말고 이를 직접 활용하면 된다. 예를 들어 다음 콘셉트는 T 타입이 Foo 클래스를 상속한 것이어야 한다고 명시하고 있다.

```
template <typename T>
concept IsDerivedFromFoo = derived_from<T, Foo>;
```

다음 콘셉트는 T 타입을 bool로 변환할 수 있다고 정의하고 있다.

```
template <typename T>
concept IsConvertibleToBool = convertible_to<T, bool>;
```

보다 구체적인 예는 다음 절에서 소개한다.

이런 표준 콘셉트도 마찬가지로 다른 콘셉트와 조합할 수 있다. 예를 들어 다음 콘셉트는 T 타입은 디폴트 생성 가능한 동시에 복제 생성도 가능해야 한다고 명시하고 있다.

```
template <typename T>
concept DefaultAndCopyConstructible =
    default_initializable<T> && copy_constructible<T>;
```

NOTE_ 콘셉트를 오류 없이 모든 것을 포함하게 작성하기란 쉽지 않다. 가능하다면 기존에 제공되는 표준 콘셉트 중에서 하나를 고르거나 여러 개를 조합해서 작성하기 바란다.

12.5.4 auto에 타입 제약 조건 지정하기

타입 제약 조건은 auto 타입 추론을 적용하도록 정의된 변수, 함수 리턴 타입 추론을 적용한 리턴 타입, 축약 함수 템플릿과 제네릭 람다 표현식에서 사용하는 매개변수 등에도 적용할 수 있다.

예를 들어 다음 코드는 타입 int로 추론되어 Incrementable 콘셉트를 만족하므로 정상적으로 컴파일된다.

```
Incrementable auto value1 { 1 };
```

하지만 다음 코드는 컴파일 에러가 발생한다. 여기서 타입이 std::string으로 추론되는데(표준 사용자 정의 리터럴을 가리키는 s를 붙였기 때문), string은 Incrementable을 만족하지 않기 때문이다.

```
Incrementable auto value { "abc"s };
```

12.5.5 타입 제약 조건과 함수 템플릿

함수 템플릿에서 타입 제약 조건을 적용하는 구문을 작성하는 방법은 다양하다. 첫 번째 방법은 흔히 사용하는 template<> 문법을 따르는 것이다. 이때 typename(또는 class) 자리에 타입 제약 조건을 적으면 된다. 예를 들면 다음과 같다.

```
template <convertible_to<bool> T>
void handle(const T& t);

template <Incrementable T>
void process(const T& t);
```

process()에 int 타입 인수를 지정해서 호출하면 정상적으로 실행된다. 하지만 std::string으로 지정하면 제약 조건을 만족하지 않기 때문에 컴파일 에러가 발생한다. 예를 들어 클랭Clang 컴파일러에서는 다음과 같은 에러가 출력된다. 얼핏 보면 굉장히 복잡하지만, 자세히 들여다보면 쉽게 설명되어 있다.

```
<source>:17:2: error: no matching function for call to 'process'
        process(str);
        ^~~~~~~
<source>:9:6: note: candidate template ignored: constraints not satisfied [with T =
std::__cxx11::basic_string<char, std::char_traits<char>, std::allocator<char>>]
void process(const T& t)
     ^
<source>:8:11: note: because 'std::__cxx11::basic_string<char, std::char_
traits<char>,
std::allocator<char>>' does not satisfy 'Incrementable'
template <Incrementable T>
          ^
<source>:6:42: note: because 'x++' would be invalid: cannot increment value of type
'std::__cxx11::basic_string<char, std::char_traits<char>, std::allocator<char>>'
concept Incrementable = requires(T x) { x++; ++x; };
                                         ^
```

두 번째 방법은 다음과 같이 **requires 구문**을 작성하는 것이다.

```
template <typename T> requires 상수_표현식
void process(const T& t);
```

여기서 상수_표현식은 평가 결과가 부울 타입인 상수 표현식이라면 어떤 것으로도 지정할 수 있다. 예를 들어 다음과 같이 콘셉트 표현식을 지정해도 된다.

```
template <typename T> requires Incrementable<T>
void process(const T& t);
```

또는 다음과 같이 미리 정의된 표준 콘셉트를 사용해도 된다.

```
template <typename T> requires convertible_to<T, bool>
void process(const T& t);
```

또는 다음과 같이 requires 표현식을 사용할 수도 있다(여기서 requires 키워드가 두 번 나온다).

```
template <typename T> requires requires(T, x) { x++; ++x; }
void process(const T& t);
```

또는 다음과 같이 부울값으로 평가되는 상수 표현식을 지정해도 된다.

```
template <typename T> requires (sizeof(T) == 4)
void process(const T& t);
```

또는 다음과 같이 논리곱과 논리합을 조합한 식으로 표현할 수도 있다.

```
template <typename T> requires Incrementable<T> && Decrementable<T>
void process(const T& t);
```

또는 26장에서 설명하는 타입 트레이트type trait를 지정해도 된다.

```
template <typename T> requires is_arithmetic_v<T>
void process(const T& t);
```

requires 구문은 함수 헤더 뒤에 지정할 수도 있다. 이를 후행 requires 구문이라 부른다.

```
template <typename T>
void process(const T& t) requires Incrementable<T>;
```

타입 제약 조건을 앞에서 설명한 축약 함수 템플릿 구문과 조합하면 깔끔하고 세련되게 표현할 수 있다. 단, template<> 지정자가 없더라도 process()는 엄연히 함수 템플릿이란 사실을 명심하기 바란다.

```
void process(const Incrementable auto& t);
```

NOTE 타입 제약 조건이 도입되면서 함수 템플릿과 클래스 템플릿에 대한 제약이 없는 템플릿 타입 매개변수는 구시대의 유물이 되었다. 템플릿 타입은 반드시 구현에서 다루는 타입과 식과 관련 있는 대상에 대해 특정한 제약 조건을 만족해야 한다. 따라서 타입 제약 조건을 지정해야 컴파일 시간에 만족 여부를 검증할 수 있다.

1 제약 조건 포함 관계

함수 템플릿을 다양한 타입 제약 조건에 대해 오버로드할 수 있다. 컴파일러는 주어진 제약 조건 중에서 가장 구체적인 것을 적용한다. 구체적인 제약 조건이 덜 구체적인 제약 조건을 포함하기 때문이다. 예를 들면 다음과 같다.

```
template <typename T> requires integral<T>
void process(const T& t) { cout << "integral<T>" << endl; }

template <typename T> requires (integral<T> && sizeof(T) == 4)
void process(const T& t) { cout << "integral<T> && sizeof(T) == 4" << endl; }
```

process( ) 호출문이 다음과 같이 두 개 있다고 하자.

```
process(int { 1 });
process(short { 2 });
```

그러면 int가 32비트고 short가 16비트인 시스템에서는 다음과 같이 출력된다.

```
integral<T> && sizeof(T) == 4
integral<T>
```

컴파일러는 이런 제약 조건에 대한 표현식을 정규화하면서 포함 관계를 결정한다. 제약 조건 표현식을 정규화하는 동안 부울 타입 상수 표현식에 대한 논리곱과 논리합으로 구성된 단일 상수 표현식이 나올 때까지 모든 콘셉트 표현식을 재귀적으로 펼치게 된다. 그러고 나서 이렇게 정규화된 제약 조건 표현식의 포함 관계를 검사해서 결정하게 된다. 포함 관계를 검증할 때는 논리곱이나 논리합으로만 고려한다. 부정문은 취급하지 않는다.

이러한 포함 관계 추론 과정은 구문 수준으로만 다루고 의미 수준으로는 다루지 않는다. 예를 들어 sizeof(T)>4는 sizeof(T)>=4보다 의미상으로는 더 구체적이지만, 구문상으로는 sizeof(T)>4가 sizeof(T)>=4를 포함하지 않는다.

한 가지 주의할 점은 std::is_arithmetic과 같은 타입 트레이트는 정규화 과정에 펼쳐지지 않는다는 것이다. 따라서 미리 정의된 콘셉트나 타입 트레이트가 모두 있다면 타입 트레이트를 사용하지 말고 콘셉트를 사용해야 한다. 예를 들어 std::is_integral 타입 트레이트보다는 std::integral 콘셉트를 사용한다.

12.5.6 타입 제약 조건과 클래스 템플릿

지금까지 본 타입 제약 조건 예는 모두 함수 템플릿을 사용했다. 타입 제약 조건은 클래스 템플릿에 대해서도 사용할 수 있으며 문법은 비슷하다. 예를 들어 앞에서 본 GameBoard 클래스 템플릿을 살펴보자. 다음 코드는 GameBoard에 새로운 정의를 추가하는데, 템플릿 타입 매개변수로 GamePiece를 상속한 클래스를 사용하도록 지정했다.

```
template <std::derived_from<GamePiece> T>
class GameBoard : public Grid<T>
{
    public:
        explicit GameBoard(size_t width = Grid<T>::DefaultWidth,
            size_t height = Grid<T>::DefaultHeight);
        void move(size_t xSrc, size_t ySrc, size_t xDest, size_t yDest);
};
```

그러면 메서드 구현 코드도 다음과 같이 고쳐야 한다.

```
template <std::derived_from<GamePiece> T>
void GameBoard<T>::move(size_t xSrc, size_t ySrc, size_t xDest, size_t yDest)
{ ... }
```

아니면 다음과 같이 requires 구문으로 작성해도 된다.

```
template <typename T> requires std::derived_from<T, GamePiece>
class GameBoard : public Grid<T> { ... };
```

12.5.7 타입 제약 조건과 클래스 메서드

클래스 템플릿의 특정 메서드에 대해 제약 조건을 추가할 수도 있다. 예를 들어 GameBoard 클래스 템플릿의 move( ) 메서드는 다음과 같이 T 타입이 이동할 수 있어야 한다는 제약 조건을 더 추가할 수 있다.

```
template <std::derived_from<GamePiece> T>
class GameBoard : public Grid<T>
{
```

```
    public:
        explicit GameBoard(size_t width = Grid<T>::DefaultWidth,
            size_t height = Grid<T>::DefaultHeight);
        void move(size_t xSrc, size_t ySrc, size_t xDest, size_t yDest)
            requires std::movable<T>;
};
```

이렇게 추가된 requires 구문은 메서드 정의에도 적어야 한다.

```
template <std::derived_from<GamePiece> T>
void GameBoard<T>::move(size_t xSrc, size_t ySrc, size_t xDest, size_t yDest)
    requires std::movable<T>
{ ... }
```

앞에서 설명한 선택적 인스턴스화 기능 덕분에 GameBoard 클래스 템플릿에서 이동 가능하지 않은 타입에 대해서도 사용할 수 있다. 단, move()는 호출하면 안 된다.

12.5.8 타입 제약 조건과 템플릿 특수화

앞에서 설명했듯이 클래스 템플릿에 대해 특수화하거나 함수 템플릿에 대해 오버로드해서 타입마다 다르게 구현할 수 있다. 또한 특정한 제약 조건을 만족하는 타입들에 대해 특수화할 수도 있다.

기억을 떠올리기 위해 앞에서 작성한 Find() 함수 템플릿을 다시 한 번 보자.

```
template <typename T>
size_t Find(const T& value, const T* arr, size_t size)
{
    for (size_t i { 0 }; i < size; i++) {
        if (arr[i] == value) {
            return i; // 원소를 찾으면 인덱스를 리턴한다.
        }
    }
    return NOT_FOUND; // 찾지 못하면 NOT_FOUND를 리턴한다.
}
```

이 구현 코드는 == 연산자로 값을 비교한다. 하지만 부동소수점 타입에 대해서는 동등성 검사를 ==로 하는 것은 바람직하지 않고 입실론 검사^epsilon test^로 해야 한다. 다음에 나온 부동소수점 타입에 대해 특수화한 Find()는 operator== 대신 입실론 검사를 구현한 AreEqual() 헬퍼 함수를 사용한다.

```
template <std::floating_point T>
size_t Find(const T& value, const T* arr, size_t size)
{
    for (size_t i { 0 }; i < size; i++) {
        if (AreEqual(arr[i], value)) {
            return i; // 원소를 찾으면 인덱스를 리턴한다.
        }
    }
    return NOT_FOUND; // 찾지 못하면 NOT_FOUND를 리턴한다.
}
```

AreEqual()은 다음과 같이 타입 제약 조건을 이용하여 정의한다. 입실론 검사에 대한 수학적 배경은 현재 주제와 관련이 적기 때문에 이 책에서는 다루지 않는다.

```
template <std::floating_point T>
bool AreEqual(T x, T y, int precision = 2)
{
    // 입실론을 주어진 값의 크기만큼 확대하고, 원하는 정밀도만큼 곱한다.
    return fabs(x - y) <= numeric_limits<T>::epsilon() * fabs(x + y) * precision
        || fabs(x - y) < numeric_limits<T>::min(); // 결과는 준정규(subnormal)다.
}
```

12.6 정리

이 장에서는 먼저 템플릿을 이용한 제네릭 프로그래밍의 개념을 살펴봤다. 템플릿을 작성하는 방법을 배우고 템플릿의 유용함을 예제를 통해 확인했다. 클래스 템플릿을 작성하는 방법, 코드를 여러 파일에 나눠서 관리하는 방법, 템플릿 매개변수를 사용하는 방법 그리고 메서드를 템플릿화하는 방법을 살펴봤다. 템플릿에 대해 좀 더 구체적으로 들어가서 클래스 템플릿을 특수화하는 방법도 소개했다. 이 기능을 이용하면 템플릿 매개변수의 인수로 지정한 타입에 특화된 템플릿을 구현할 수 있다.

그리고 변수 템플릿, 함수 템플릿 그리고 C++20부터 도입된 세련된 구문인 축약 함수 템플릿에 대해서도 배웠다. 마지막으로 C++20에서 추가된 콘셉트에 대한 설명으로 이 장을 마무리했다. 콘셉트를 이용하면 템플릿 매개변수에 제약 조건을 지정할 수 있다.

클래스 템플릿 부분 특수화, 가변 인수 템플릿, 메타프로그래밍을 비롯한 템플릿 관련 고급 기능은 26장에서 자세히 다룬다.

12.7 연습 문제

이 장에서 소개한 내용을 직접 써보기 위해 다음 연습 문제를 풀어보자. 연습 문제에 대한 정답은 이 책의 웹사이트(www.wiley.com/go/proc++5e)에서 다운로드할 수 있다. 문제를 풀다가 막히면 정답부터 찾지 말고 먼저 앞에서 설명한 부분을 다시 읽고 직접 답을 찾아보려고 애쓰기 바란다.

연습 문제 12-1 Key와 Value라는 템플릿 타입 매개변수 두 개를 받는 KeyValuePair 클래스 템플릿을 작성한다. 이 클래스는 키와 값을 저장하는 private 데이터 멤버 두 개를 가지고 있다. 키와 값을 인수로 받는 생성자를 하나 만들고, 두 값에 대한 게터와 세터도 추가한다. main() 함수에서 작성한 클래스로 인스턴스를 몇 가지 만들어보고 클래스 템플릿 인수 추론도 테스트해보자.

연습 문제 12-2 [연습 문제 12-1]에서 작성한 KeyValuePair 클래스 템플릿은 키와 값에 대한 템플릿 타입 매개변수로 주어진 데이터 타입에 대해서는 모두 지원한다. 예를 들어 이 클래스 템플릿을 키와 값의 타입으로 std::string을 사용하도록 인스턴스를 만드는 코드는 다음과 같다.

```
KeyValuePair<std::string, std::string> kv {"John Doe", "New York" };
```

하지만 const char* 타입을 지정하면 원래 의도와 다른 const char* 타입 데이터 멤버가 생성된다.

주어진 스트링을 std::string 타입으로 변환하는 const char* 타입 키와 값에 대한 클래스 템플릿 특수화 코드를 작성해보자.

연습 문제 12-3 [연습 문제 12-1]에서 작성한 코드를 토대로 키에 대해서는 정수 타입만 허용하고, 값에 대해서는 부동소수점 타입만 허용하도록 코드를 수정해보자.

연습 문제 12-4 템플릿 타입 매개변수 두 개와 함수 매개변수 t1과 t2를 받는 concat()이라는 함수 템플릿을 작성해보자. 이 함수는 주어진 t1과 t2를 스트링으로 변환해서 둘을 결합한 결과를 리턴한다. 여기에서는 입력이 std::to_string()이 지원되는 정수나 부동소수점 숫자 타입으로 주어진 경우만 생각한다. 이 함수 템플릿 사용자가 지원되지 않은 타입을 사용하지 않도록 검사하는 콘셉트를 작성해서 테스트해보자. 이때 함수 템플릿은 template 키워드를 사용하지 않고 작성해보자.

연습 문제 12-5 [연습 문제 12-4]에서 작성한 concat() 함수 템플릿은 숫자 타입만 지원한다. 이번에는 두 인수 모두를 스트링 타입으로 지정한 경우와 하나는 숫자 타입이고 다른 하나는 스트링 타입으로 지정된 경우를 지원하도록 코드를 수정해보자.

연습 문제 12-6 이 장의 앞부분에서 본 Find() 함수 템플릿을 바탕으로 T 타입에 대해 적절한 제약 조건을 추가해보자.

CHAPTER 13

C++ I/O 심층 분석

이 장의 내용

- 스트림의 개념
- 스트림을 이용한 데이터 입출력
- 표준 라이브러리에서 제공하는 스트림
- 파일시스템 지원 라이브러리 사용법

프로그램의 주된 목적은 입력을 받아서 처리한 뒤 결과를 출력하는 것이다. 프로그램이 아무 것도 출력하지 않는다면 그리 쓸모없을 것이다. 프로그래밍 언어마다 나름대로 I/O를 처리하기 위한 메커니즘을 제공하는데, 언어에서 직접 지원하거나 OS에 특화된 API를 이용한다. I/O 시스템은 유연하고 사용하기 쉬워야 한다. I/O 시스템이 유연하다는 말은 파일이나 콘솔을 비롯한 다양한 디바이스에 대해 입력과 출력을 지원한다는 뜻이다. 읽고 쓸 수 있는 데이터의 타입도 다양하게 지원해야 한다. 사용자가 값을 잘못 입력하거나 내부 파일시스템과 같은 데이터 소스에 접근할 수 없으면 I/O 에러가 발생하기 쉽다. 그러므로 뛰어난 I/O 시스템은 에러에 대처하는 기능도 제공한다.

C 프로그래밍을 해본 사람이라면 누구나 `printf()`와 `scanf()`를 사용한 적이 있을 것이다. I/O 메커니즘 관점에서 볼 때 `printf()`와 `scanf()`는 굉장히 유연하다. 이스케이프 코드와 가변 플레이스홀더variable placeholder(2장에서 소개한 `std::format()`용 서식 지정자나 플레이스홀더와 비슷함)를 이용하면 특정한 서식으로 구성된 데이터를 읽거나, 서식 코드가 지원하는 모든 종류의 값을 출력하도록 커스터마이즈할 수 있다. 하지만 `printf()`와 `scanf()`는 뛰어난 I/O 시스템이라 보기에는 아쉬운 점이 몇 가지 있다. 정수나 문자 타입, 부동소수점 타입, 스트링 타입만 지원한다는 한계가 있을 뿐만 아니라 무엇보다도 에러 처리 기능을 제대로 지원하지 않는다. 예를 들어 부동소수점수를 정수로 해석하게 만들어도 아무런 에러가 발생하지 않는다. 게다가 커스텀 데이터 타입을 처리할 수 없고, 타입에 안전하지 않으며, C++에서 제공하는 것마저도 전혀 객체지향적이지 않다.

C++는 **스트림**stream이라는 고급 입출력 메커니즘을 제공한다. 스트림은 I/O를 유연하고 객체지향 스타일로 처리한다. 이 장에서는 스트림으로 데이터를 입출력하는 방법을 소개한다. 또한 이러한 스트림 메커니즘으로 사용자 콘솔, 파일, 스트링과 같은 다양한 소스에서 데이터를 읽고 쓰는 방법도 살펴본다. 이 장에서는 실전에서 흔히 사용하는 I/O 기능을 소개한다.

마지막으로 C++ 표준 라이브러리에서 제공하는 파일시스템 지원 라이브러리를 소개한다. 이 라이브러리를 이용하면 경로, 디렉터리, 파일 등을 다룰 수 있고, 스트림을 이용한 I/O 메커니즘의 부족한 부분을 완벽히 보완할 수 있다.

13.1 스트림 사용법

먼저 I/O를 스트림에 비유하는 개념부터 이해할 필요가 있다. 처음에는 스트림이란 개념이

printf()를 비롯한 C 언어 스타일의 I/O와 비교했을 때 다소 복잡해 보일 수 있다. 실제로 처음 접하면 좀 어렵게 느껴지는데, printf()에 비해 많은 개념이 담겨 있기 때문이다. 하지만 걱정할 필요 없다. 몇 가지 예제를 보고 나면 printf()로 돌아가고 싶은 마음이 사라질 것이다.

13.1.1 스트림의 정체

1장에서 cout 스트림을 소개할 때 공장의 컨베이어 벨트에 비유했다. 스트림에 변수를 올려 보내면 사용자 화면(**콘솔**console)에 표시된다. 이를 일반화해서 모든 종류의 스트림을 컨베이어 벨트로 표현할 수 있다. 스트림마다 방향과 출발지source(소스) 또는 목적지destination를 지정할 수 있다. 예를 들어 앞 장에서 본 cout 스트림은 출력 스트림이다. 그러므로 나가는out 방향이다. cout은 데이터를 콘솔에 쓴다. 따라서 목적지는 '콘솔'이다. 참고로 cout의 c는 '콘솔console'이 아니라, '문자character'를 의미한다. 즉, cout은 문자 기반 스트림이다. 이와 반대로 사용자의 입력을 받는 cin이란 스트림도 있다. cout과 cin은 C++의 std 네임스페이스에 정의된 스트림 인스턴스다. <iostream>에 정의된 스트림을 간략히 정리하면 다음 표와 같다.

스트림	설명
cin	입력 스트림. '입력 콘솔'에 들어온 데이터를 읽는다.
cout	버퍼를 사용하는 출력 스트림. 데이터를 '출력 콘솔'에 쓴다.
cerr	버퍼를 사용하지 않는 출력 스트림. 데이터를 '에러 콘솔'에 쓴다. '에러 콘솔'과 '출력 콘솔'이 같을 때가 많다.
clog	버퍼를 사용하는 cerr

여기서 **버퍼를 사용하는 스트림**buffered stream(**버퍼 스트림**)은 받은 데이터를 버퍼에 저장했다가 블록 단위로 목적지로 보내고, **버퍼를 사용하지 않는 스트림**unbuffered stream(**비버퍼 스트림**)은 데이터가 들어오자마자 목적지로 보낸다. 이렇게 버퍼에 잠시 저장(**버퍼링**buffering)하는 이유는 파일과 같은 대상에 입출력을 수행할 때는 블록 단위로 묶어서 보내는 것이 효율적이기 때문이다. 참고로 버퍼를 사용하는 스트림은 flush() 메서드를 이용하여 현재 버퍼에 담긴 데이터를 목적지로 내보낸다(**플러싱**flushing). 버퍼링과 플러싱은 이 장의 뒤에서 자세히 설명한다.

앞에서 본 입출력 스트림에 대한 **와이드 문자**wide character(**확장 문자**) 버전(wcin, wcout, wcerr, wclog)도 있다. 와이드 문자는 중국어처럼 영어 알파벳보다 문자 수가 많은 언어에서 사용할 수 있다. 와이드 문자는 21장에서 자세히 소개한다.

NOTE_ 입력 스트림은 항상 입력 장치와 연결되어 있다. 마찬가지로 출력 스트림은 항상 출력 장치와 연결되어 있다.

스트림에서 중요한 또 다른 점은 데이터에 **현재 위치**current position가 함께 담겨 있다는 것이다. 스트림에서 현재 위치는 다음 차례에 읽거나 쓸 위치를 가리킨다.

NOTE_ 참고로 GUI 애플리케이션은 콘솔을 잘 사용하지 않는다. 그러므로 `cout`으로 출력하더라도 사용자가 그 내용을 볼 수 없다. 라이브러리를 작성할 때는 항상 `cout`, `cin`, `cerr`, `clog`가 없다고 가정하는 것이 좋다. 그 라이브러리를 사용하는 애플리케이션이 콘솔에서 실행될지 아니면 GUI에서 실행될지 알 수 없기 때문이다.

13.1.2 스트림의 소스와 목적지

스트림이란 개념은 데이터를 입력받거나 출력하는 모든 객체에 적용할 수 있다. 네트워크 관련 클래스를 스트림 기반으로 작성할 수 있고, MIDI 장치에 접근하는 부분도 스트림으로 구현할 수 있다. C++에서는 콘솔, 파일, 스트링을 스트림의 소스(출발지)와 목적지로 많이 사용한다.

콘솔에서 사용자가 입력한 내용을 스트림으로 처리하는 예제는 앞에서 많이 봤다. 콘솔 입력 스트림을 이용하면 실행 시간에 사용자로부터 입력을 받을 수 있어서 프로그램을 대화형(인터랙티브)으로 만들 수 있다. 콘솔 출력 스트림을 이용하면 사용자에게 처리 결과를 출력하거나 피드백을 제공할 수 있다.

파일 스트림file stream은 이름 그대로 파일시스템의 데이터를 읽고 쓰는 스트림이다. 파일 입력 스트림은 설정 파일이나 저장된 데이터 파일을 읽거나 파일 형태의 데이터를 배치 방식으로 처리하는 데 유용하다. 파일 출력 스트림은 프로그램의 상태를 저장하거나 결과를 출력하는 데 유용하다. 파일 스트림은 C 언어의 `fprintf()`, `fwrite()`, `fputs()`와 같은 출력 함수와 `fscanf()`, `fread()`, `fgets()`와 같은 입력 함수의 기능을 모두 포함한다.

스트링 스트림string stream은 스트링 타입에 스트림 개념을 적용한 것이다. 스트링 스트림을 이용하면 문자 데이터도 스트림처럼 다룰 수 있다. 스트링 스트림은 주로 `string` 클래스에 있는 메서드의 기능을 쉽게 사용하는 역할을 하지만 `string` 클래스를 직접 사용할 때보다 훨씬 편하고 효율적이며 최적화할 여지도 많다. 스트링 스트림은 C 언어의 `sprintf()`, `sprintf_s()`, sscanf()뿐만 아니라 여러 가지 C 스트링 서식 함수를 제공하지만 이 책에서는 소개하지 않는다.

이어지는 절에서는 콘솔 스트림(cin과 cout) 위주로 설명한다. 스트링 스트림과 파일 스트림에 대한 예제는 13.2절 '스트링 스트림'과 13.3절 '파일 스트림'에서 소개한다. 프린터 출력과 네트워크 I/O와 같은 스트림은 플랫폼마다 다르기 때문에 이 책에서는 다루지 않는다.

13.1.3 스트림을 이용한 출력

스트림으로 출력하는 방법은 1장에서 이미 소개했고 이 책의 거의 모든 장에서 사용하고 있다. 이 절에서는 출력 스트림의 고급 기능을 소개하기 전에 기초를 간략히 복습한다.

1 출력 스트림의 기초

출력 스트림은 <ostream> 헤더 파일에 정의되어 있다. 프로그램을 작성할 때 흔히 인클루드하는 <iostream> 헤더에는 입력과 출력 스트림이 모두 정의되어 있다. <iostream>에는 미리 정의된 스트림 인스턴스인 cout, cin, cerr, clog와 각각에 대한 와이드 문자 버전도 있다.

출력 스트림을 사용하는 가장 간편한 방법은 << 연산자를 이용하는 것이다. int, 포인터, double, char를 비롯한 C++ 기본 타입은 모두 <<로 출력할 수 있다. 또한 C++의 string 클래스뿐만 아니라 C 스타일 스트링도 <<로 처리할 수 있다. <<의 사용 예를 몇 가지 들면 다음과 같다.

```
int i { 7 };
cout << i << endl;

char ch { 'a' };
cout << ch << endl;

string myString { "Hello World." };
cout << myString << endl;
```

이 코드를 실행하면 다음과 같이 출력된다.

```
7
a
Hello World.
```

cout 스트림은 C++에서 기본으로 제공하는 내장built-in 스트림으로 콘솔(**표준 출력**standard output)에 값을 쓴다. 여러 조각으로 된 데이터를 하나로 합쳐서 출력할 때도 << 연산자를 사용한다. << 연산자는 스트림에 대한 레퍼런스를 리턴하기 때문에 그 결과를 동일한 스트림의 << 연산자에 연달아 적용할 수 있다. 예를 들면 다음과 같다.

```
int j { 11 };
cout << "The value of j is " << j << "!" << endl;
```

이 코드를 실행하면 다음과 같이 출력된다.

```
The value of j is 11!
```

C++ 스트림은 C 스타일의 스트링에 담긴 \n과 같은 이스케이프 시퀀스escape sequence(탈출/이탈 문자열)도 정확히 처리한다. 이때 줄바꿈하는 부분을 \n 대신 std::endl로 표현해도 된다. \n은 단순히 새 줄을 시작하는 데 반해 endl은 버퍼를 내보내는(플러시flush) 연산도 수행한다. 단, 플러시 연산이 너무 많으면 성능이 떨어질 수 있으니 endl을 조심해서 사용하기 바란다. 예를 들어 endl을 사용하려 텍스트를 여러 줄에 걸쳐서 출력하면서 매번 버퍼를 내보내는 작업을 한 문장으로 표현하면 다음과 같다.

```
cout << "Line 1" << endl << "Line 2" << endl << "Line 3" << endl;
```

이 문장을 실행하면 다음과 같이 출력된다.

```
Line 1
Line 2
Line 3
```

CAUTION_ endl은 목적지 버퍼를 내보낸다. 따라서 복잡한 루프문과 같이 성능에 민감한 코드에서는 주의해서 사용한다.

2 출력 스트림에서 제공하는 메서드

출력 스트림에서 가장 대표적인 연산자는 <<다. 그런데 이 연산자는 출력 기능 외에도 다양한

기능을 제공한다. <ostream> 헤더 파일에서 << 연산자를 오버로딩으로 정의한 코드를 보면 온갖 종류의 데이터 타입에 대한 출력 기능을 제공하는 것을 알 수 있다. 그중에서 유용한 public 메서드 몇 가지만 살펴보면 다음과 같다.

put()과 write()

put()과 write()는 **저수준 출력 메서드**로서 출력 동작을 갖춘 객체나 변수를 인수로 받지 않고, 문자 하나를 받거나(put()의 경우), 문자 배열 하나를 인수로 받는다(write()의 경우). 이 메서드는 전달된 데이터에 특정한 포맷을 적용하거나 데이터의 내용을 가공하지 않고 본래 상태 그대로 출력한다. 예를 들어 << 연산자를 사용하지 않고 C 스타일 스트링을 콘솔에 출력하면 다음과 같이 작성한다.

```
const char* test { "hello there\n" };
cout.write(test, strlen(test));
```

put() 메서드로 문자 하나를 콘솔에 출력하는 방법은 다음과 같다.

```
cout.put('a');
```

flush()

출력 스트림에 데이터를 쓰면 목적지에 즉시 전달되지 않을 수도 있다. 일반적으로 출력 스트림은 들어온 데이터를 곧바로 쓰지 않고 **버퍼**buffer에 잠시 쌓아두는데, 이렇게 하면 대체로 성능을 높일 수 있다. 목적지가 파일과 같은 스트림일 때는 한 문자씩 처리하기보다는 블록 단위로 묶어서 처리하는 것이 훨씬 효율적이다. 그러다가 다음과 같은 조건을 만족하면 그동안 쌓아둔 데이터를 모두 내보내서 **버퍼를 비운다**. 이 동작을 제공하는 메서드가 바로 flush()다.

- endl과 같은 경곗값에 도달할 때
- 스트림이 스코프를 벗어나 소멸될 때
- 스트림 버퍼가 가득 찼을 때
- flush()를 호출해서 스트림 버퍼를 명시적으로 비울 때
- 출력 스트림에 대응되는 입력 스트림으로부터 요청이 들어올 때(예를 들어 cin으로 입력받으면 cout의 버퍼를 비움). 파일 스트림에서 입력과 출력을 연결하는 방법에 대해서는 13.3절 '파일 스트림'에서 자세히 소개한다.

flush() 메서드를 호출해서 스트림 버퍼의 내용을 명시적으로 내보내려면 다음과 같이 작성한다.

```
cout << "abc";
cout.flush(); // 콘솔에 abc가 출력된다.
cout << "def";
cout << endl; // 콘솔에 def가 출력된다.
```

NOTE_ 출력 스트림이라고 해서 모두 버퍼를 사용하는 것은 아니다. 예를 들어 cerr 스트림은 버퍼를 사용하지 않고 출력한다.

3 출력 에러 처리하기

출력 에러output error가 발생하는 경우는 다양하다. 예를 들어 존재하지 않는 파일을 열려고 하거나 디스크가 꽉 차서 쓰기 연산을 처리할 수 없으면 에러가 발생한다. 지금까지 살펴본 스트림 예제는 코드를 간결하게 구성하기 위해 이러한 에러 상황을 신경 쓰지 않았다. 하지만 발생 가능한 모든 에러에 항상 대처하도록 코드를 작성하는 것이 바람직하다.

good() 메서드는 스트림을 정상적으로 사용할 수 있는 상태인지 확인한다. 사용법은 다음과 같이 스트림에 대해 곧바로 호출하면 된다.

```
if (cout.good()) {
    cout << "All good" << endl;
}
```

good() 메서드를 이용하면 스트림의 상태 정보를 조회할 수 있다. 하지만 사용할 수 없는 상태일 때는 그 원인을 구체적으로 알려주지 않는다. 이런 정보는 bad() 메서드로 자세히 볼 수 있다. bad() 메서드가 true를 리턴한다는 말은 심각한 에러가 발생했다는 뜻이다(반면 파일의 끝에 도달했는지 확인하는 eof()가 true라는 것은 심각한 상태가 아니다). 또한 fail() 메서드를 사용하면 최근 수행한 연산에 오류가 발생했는지 확인할 수 있다. 그러나 그 뒤에 일어날 연산의 상태는 알려주지 않기 때문에 fail()의 리턴값에 관계없이 후속 연산이 성공적으로 수행할 수도 있고 아닐 수도 있다. 예를 들어 출력 스트림에 대해 flush()를 호출한 뒤 fail()을 호출하면 바로 직전의 flush() 연산이 성공했는지 확인할 수 있다.

```
cout.flush();
if (cout.fail()) {
    cerr << "Unable to flush to standard out" << endl;
}
```

스트림을 bool 타입으로 변환하는 연산자도 있다. 이 연산자는 !fail()을 호출할 때와 똑같은 결과를 리턴한다. 따라서 앞에 나온 코드를 다음과 같이 작성해도 된다.

```
cout.flush();
if (!cout) {
    cerr << "Unable to flush to standard out" << endl;
}
```

여기서 주의할 점은 good()과 fail()은 스트림이 파일 끝에 도달할 때도 false를 리턴한다는 것이다. 이 관계를 코드로 표현하면 다음과 같다.

```
good() == (!fail() && !eof())
```

스트림에 문제가 있으면 익셉션을 던지도록 만들 수도 있다. ios_base::failure 익셉션을 처리하도록 catch 문을 작성하면 된다. 이 익셉션에 대해 what() 메서드를 호출하면 현재 발생한 에러에 대한 정보를 볼 수 있고, code()를 호출하면 에러 코드를 볼 수 있다. 하지만 얼마나 쓸모 있는 정보를 제공하는지는 표준 라이브러리의 구현에 따라 달라진다.

```
cout.exceptions(ios::failbit | ios::badbit | ios::eofbit);
try {
    cout << "Hello World." << endl;
} catch (const ios_base::failure& ex) {
    cerr << "Caught exception: " << ex.what()
         << ", error code = " << ex.code() << endl;
}
```

스트림의 에러 상태를 초기화하려면 clear() 메서드를 호출한다.

```
cout.clear();
```

콘솔 출력 스트림은 파일 입출력 스트림에 비해 에러를 검사할 일이 적다. 여기서 소개한 메서드는 다른 종류의 스트림에 대해서도 적용할 수 있다. 그리고 각 스트림 타입에 대한 에러 검사 방법은 해당 타입을 설명할 때 함께 소개한다.

4 출력 매니퓰레이터

C++의 스트림은 단순히 데이터만 전달하는 데 그치지 않고 **매니퓰레이터**manipulator라는 객체를 받아서 스트림의 동작을 변경할 수도 있다. 이때 스트림의 동작을 변경하는 작업만 할 수도 있고, 스트림에 데이터를 전달하면서 동작도 변경할 수 있다.

앞에서 본 endl이 바로 매니퓰레이터다. endl은 데이터와 동작을 모두 담고 있다. 그러므로 스트림에 전달될 때 줄끝end-of-line(EOL) 문자를 출력하고 버퍼를 비운다. 몇 가지 유용한 매니퓰레이터를 소개하면 다음과 같다. 대부분 <ios>나 <iomanip> 표준 헤더 파일에 정의되어 있다. 구체적인 사용법은 다음 절에서 소개한다.

- boolalpha와 noboolalpha : 스트림에 bool 값을 true나 false로 출력하거나(boolalpha), 1이나 0으로 출력하도록(noboolalpha) 설정한다. 기본값은 noboolalpha다.
- hex, oct, dec : 각각 숫자를 16진수, 8진수, 10진수로 출력한다.
- setprecision : 분숫값을 표현할 때 적용할 소수점 자릿수를 지정한다. 이를 위해 자릿수를 표현하는 인수를 받는다.
- setw : 숫자 데이터를 출력할 필드의 너비를 지정한다. 이 매니퓰레이터도 인수를 받는다.
- setfill : 지정된 너비보다 숫자가 작을 때 빈 공간을 채울 문자를 지정한다. 이 매니퓰레이터도 인수를 받는다.
- showpoint와 noshowpoint : 스트림에서 분수 부분이 없는 부동소수점수를 표현할 때 소수점 표시 여부를 설정한다.
- put_money : 스트림에서 화폐 금액을 일정한 형식에 맞게 표현할 때 사용한다. 이 매니퓰레이터도 인수를 받는다.
- put_time : 스트림에서 시간을 일정한 형식에 맞게 표현할 때 사용한다. 이 매니퓰레이터도 인수를 받는다.
- quoted : 주어진 문자열을 인용 부호(따옴표)로 감싸고, 문자열 안에 있던 인용 부호를 이스케이프 문자로 변환한다. 이 매니퓰레이터도 인수를 받는다.

여기서 소개한 매니퓰레이터는 모두 한 번 설정되면 명시적으로 리셋하기 전까지 다음 출력에 계속 반영된다. 단, setw는 바로 다음 출력에만 적용된다. 방금 소개한 매니퓰레이터로 출력 형태를 커스터마이즈하는 예는 다음과 같다.

```
// 부울값
bool myBool { true };
cout << "This is the default: " << myBool << endl;
cout << "This should be true: " << boolalpha << myBool << endl;
cout << "This should be 1: " << noboolalpha << myBool << endl;

// "%6d"와 같은 효과를 스트림에 적용하는 방법
int i { 123 };
printf("This should be '   123': %6d\n", i);
cout << "This should be '   123': " << setw(6) << i << endl;

// "%06d"와 같은 효과를 스트림에 적용하는 방법
printf("This should be '000123': %06d\n", i);
cout << "This should be '000123': " << setfill('0') << setw(6) << i << endl;

// *로 채우기
cout << "This should be '***123': " << setfill('*') << setw(6) << i << endl;
// 빈칸 채우기 문자 리셋
cout << setfill(' ');

// 부동소수점수
double dbl { 1.452 };
double dbl2 { 5 };
cout << "This should be ' 5': " << setw(2) << noshowpoint << dbl2 << endl;
cout << "This should be @@1.452: " << setw(7) << setfill('@') << dbl << endl;
// 빈칸 채우기 문자 리셋
cout << setfill(' ');

// cout에서 숫자 포맷을 지역(국가)에 맞게 설정한다.
// imbue() 메서드와 locale 객체는 19장에서 자세히 설명한다.
cout.imbue(locale(""));

// 현재 지역(국가)에 맞게 숫자를 표현한다.
cout << "This is 1234567 formatted according to your location: " << 1234567
    << endl;

// 화폐 금액을 표현한다. 정확한 액수는 현재 지역(국가)에 맞게 표현한다.
// 예를 들어 미국이라면 120000은 120000 센트를 의미한다.
// 이를 달러 단위로 표현하면 1200.00이다.
cout << "This should be a monetary value of 120000, "
    << "formatted according to your location: "
    << put_money("120000") << endl;
```

```
// 날짜와 시간
time_t t_t { time(nullptr) }; // 현재 시스템 시각
tm* t { localtime(&t_t) };     // 현지 시각으로 변환
cout << "This should be the current date and time "
     << "formatted according to your location: "
     << put_time(t, "%c") << endl;

// 인용 부호로 묶은 스트링
cout << "This should be: \"Quoted string with \\\"embedded quotes\\\".\": "
     << quoted("Quoted string with \"embedded quotes\".") << endl;
```

NOTE_ 이 예제에서 localtime()을 호출할 때 보안 에러나 경고가 발생할 수 있다. 마이크로소프트 비주얼 C++는 좀 더 안전한 버전인 localtime_s()를 제공한다. 리눅스에는 localtime_r()이 있다.

매니퓰레이터를 쓰고 싶지 않다면 같은 효과를 내는 다른 방법이 있다. 스트림에서 제공하는 매니퓰레이터와 동등한 메서드(예: precision())를 사용하면 된다. 예를 들어 다음과 같은 문장이 있다고 하자.

```
cout << "This should be '1.2346': " << setprecision(5) << 1.23456789 << endl;
```

이 문장 대신 다음과 같이 precision()을 호출하도록 작성해도 된다. 이 메서드는 이전에 설정된 값을 리턴하기 때문에 그 값을 저장해두면 언제든지 이전 상태로 되돌릴 수 있다.

```
cout.precision(5);
cout << "This should be '1.2346': " << 1.23456789 << endl;
```

스트림 메서드와 매니퓰레이터에 대한 자세한 설명은 여러분이 선호하는 표준 라이브러리 레퍼런스를 참고한다.

13.1.4 스트림을 이용한 입력

입력 스트림을 이용하면 정형 데이터structured data(구조화된 데이터)뿐만 아니라 비정형 데이터unstructured data(구조화되지 않은 데이터)도 쉽게 읽을 수 있다. 이 절에서는 콘솔 입력 스트림인 cin으로 입력을 처리하는 방법을 소개한다.

1 입력 스트림의 기초

입력 스트림으로부터 데이터를 읽는 두 가지 방법이 있다. 하나는 입력 연산자 >>를 사용하는 것이다. 방법은 출력 연산자 <<로 데이터를 출력하는 것과 비슷하다. 이때 >> 연산자로 입력 스트림에서 읽은 데이터를 변수에 저장할 수 있다. 예를 들어 사용자로부터 단어 하나를 받아서 스트링에 저장한 뒤 이를 콘솔에 출력하려면 다음과 같이 작성한다.

```
string userInput;
cin >> userInput;
cout << "User input was " << userInput << endl;
```

>> 연산자의 기본 설정에 따르면 공백을 기준으로 입력된 값을 토큰 단위로 나눈다. 예를 들어 앞에 나온 코드를 실행한 뒤 콘솔에서 `hello there`를 입력하면 첫 번째 공백 문자(여기에서는 스페이스) 앞에 나온 것만 `userInput` 변수에 담긴다. 출력 결과는 다음과 같다.

```
User input was hello
```

또 다른 방법은 `get()`을 사용하는 것이다. 그러면 입력값에 공백을 담을 수 있다. 자세한 방법은 뒤에서 소개한다.

NOTE_ C++에서 제공하는 공백 문자로는 스페이스(`' '`), 폼 피드(`'\f'`), 라인 피드(`'\n'`, 줄바꿈), 캐리지 리턴(`'\r'`), 수평 탭(`'\t'`), 수직 탭(`'\v'`) 등이 있다.

>> 연산자는 <<와 마찬가지로 다양한 타입을 지원한다. 예를 들어 정숫값을 읽으려면 다음처럼 변수 타입만 바꾸면 된다.

```
int userInput;
cin >> userInput;
cout << "User input was " << userInput << endl;
```

또한 다양한 타입으로 된 값을 함께 받아서 적절히 저장할 수 있다. 예를 들어 다음 코드는 레스토랑 예약 시스템에서 사용하는 함수를 표현한 것인데, 예약자의 성과 참석 인원을 사용자로부터 입력받는다.

```
void getReservationData()
{
    string guestName;
    int partySize;
    cout << "Name and number of guests: ";
    cin >> guestName >> partySize;
    cout << "Thank you, " << guestName << "." << endl;
    if (partySize > 10) {
        cout << "An extra gratuity will apply." << endl;
    }
}
```

앞서 설명했듯이 >> 연산자는 공백을 기준으로 값을 토큰 단위로 나눈다. 따라서 getReservationData() 함수는 공백이 들어간 이름을 입력받지 못한다. 이를 해결하려면 unget()을 활용하는데 자세한 방법은 뒤에서 설명한다. 여기서 cout은 endl이나 flush()로 버퍼를 명시적으로 내보내지 않아도 전달한 텍스트가 콘솔에 표시된다. 바로 뒤에 cin을 사용해서 cout 버퍼를 즉시 비우기 때문이다. cin과 cout은 이런 식으로 연결되어 있다.

NOTE_ <<와 >> 중 어느 것이 입력이고 어느 것이 출력인지 헷갈릴 수 있는데, 꺽쇠괄호가 목적지를 향하는 화살표라고 생각하면 기억하기 쉽다. 출력 스트림에서 <<는 스트림을 가리키므로 데이터가 스트림으로 나가고, 입력 스트림에서 >>는 변수를 향하므로 데이터를 읽어서 저장한다고 생각하면 기억하기 쉽다.

2 입력 에러 처리하기

입력 스트림은 비정상적인 상황을 감지하는 여러 가지 메서드를 제공한다. 입력 스트림의 에러는 대부분 읽을 데이터가 없을 때 발생한다. 예를 들어 스트림의 끝(파일 끝end-of-file)에 도달할 때가 있다. 이에 대처하는 가장 흔한 방법은 입력 스트림에 접근하기 전에 조건문으로 스트림의 상태를 확인하는 것이다. 예를 들어 다음 반복문은 cin이 정상 상태일 때만 진행한다. 이 패턴의 장점은 입력 스트림을 조건문 안에서 평가해서 아무런 에러가 없는 true 상태에서만 진행시킬 수 있다는 것이다. 에러가 발생했다면 스트림은 false로 평가된다. 이러한 변환 연산의 구체적인 구현 방법은 15장에서 설명하는 내용을 참고하기 바란다.

```
while (cin) { ... }
```

이때 데이터를 입력받아도 된다.

```
while (cin >> ch) { ... }
```

출력 스트림과 마찬가지로 입력 스트림에 대해서도 good( ), bad( ), fail( ) 메서드를 호출할 수 있다. 또한 스트림이 끝에 도달하면 true를 리턴하는 eof( ) 메서드도 사용할 수 있다. 입력 스트림의 good( )과 fail( )은 출력 스트림과 마찬가지로 파일 끝(EOF)에 도달하면 false를 리턴하며, 다음과 같은 관계도 출력 스트림과 똑같다.

```
good() == (!fail() && !eof())
```

따라서 데이터를 읽을 때마다 항상 스트림 상태를 검사하는 습관을 들인다. 그래야 잘못된 값이 입력될 때 적절히 대처할 수 있다.

다음 예는 스트림에서 데이터를 읽는 과정에 발생하는 에러에 대처하기 위해 흔히 사용하는 패턴을 보여준다. 이 프로그램은 표준 입력으로 주어진 숫자를 읽어서 스트림이 EOF에 도달할 때까지 합산한 결과를 화면에 표시한다. 여기서 커맨드 라인 환경에서 사용자가 EOF를 입력하는 방법에 주의한다. 유닉스와 리눅스에서는 Ctrl+D를 사용하지만, 윈도우에서는 Ctrl+Z를 사용한다. 구체적인 문자는 OS마다 다르다. 따라서 코드를 실행할 OS 환경에 맞게 지정한다.

```
cout << "Enter numbers on separate lines to add.\n"
     << "Use Control+D followed by Enter to finish (Control+Z in Windows).\n";
int sum { 0 };

if (!cin.good()) {
    cerr << "Standard input is in a bad state!" << endl;
    return 1;
}

while (!cin.bad()) {
    int number;
    cin >> number;
    if (cin.good()) {
        sum += number;
    } else if (cin.eof()) {
        break; // 파일의 끝에 도달했다.
```

```
    } else if (cin.fail()) {
        // 문제 발생!
        cin.clear(); // 에러 상태를 제거한다.
        string badToken;
        cin >> badToken; // 잘못된 입력값을 가져온다.
        cerr << "WARNING: Bad input encountered: " << badToken << endl;
    }
}
cout << "The sum is " << sum << endl;
```

이 코드를 실행한 결과는 다음과 같다.

```
Enter numbers on separate lines to add.
Use Control+D followed by Enter to finish (Control+Z in Windows).
1
2
test
WARNING: Bad input encountered: test
3
^Z
The sum is 6
```

3 입력 메서드

출력 스트림과 마찬가지로 입력 스트림도 >> 연산자보다 저수준으로 접근하는 메서드를 제공한다.

get()

get() 메서드는 스트림 데이터를 저수준으로 읽는다. get()의 가장 간단한 버전은 스트림의 다음 문자를 리턴한다. 물론 여러 문자를 한 번에 읽는 버전도 있다. >> 연산자를 사용할 때 자동으로 토큰 단위로 잘리는 문제를 피하고 싶을 때 주로 get()을 사용한다. 예를 들어 다음 함수는 입력 스트림에서 이름 하나를 받는다. 이때 이름이 여러 단어로 구성될 수도 있으므로 스트림의 끝에 도달할 때까지 이름을 계속 읽는다.

```
string readName(istream& stream)
{
    string name;
    while (stream) { // 또는 while (!stream.fail()) {
```

```
        int next { stream.get() };
        if (!stream || next == std::char_traits<char>::eof())
            break;
        name += static_cast<char>(next); // 문자 이어 붙이기
    }
    return name;
}
```

readName() 함수를 구현하는 과정에서 몇 가지 주목할 점이 있다.

- 매개변수의 타입은 비 const istream 레퍼런스다. 스트림에서 데이터를 읽는 메서드는 실제 스트림을(그 중에서도 특히 위치를) 변경하기 때문에 const로 지정하지 않았다. 따라서 const 레퍼런스에 대해 호출할 수 없다.
- get()의 리턴값을 char가 아닌 int 타입 변수에 저장했다. get()은 EOF에 해당하는 std::char_traits<char>::eof()와 같이 문자가 아닌 특수한 값을 리턴할 수 있기 때문이다.

여기 나온 readName() 코드는 반복문을 끝내는 방법이 두 가지라는 점에서 좀 특이하다. 하나는 스트림이 에러 상태에 빠질 때고, 다른 하나는 스트림의 끝에 도달할 때다. 일반적으로 스트림에서 데이터를 읽는 부분을 구현할 때는 여기 나온 방식보다는 문자에 대한 레퍼런스를 받아서 스트림에 대한 레퍼런스를 리턴하는 버전의 get()을 이용하는 방식을 많이 사용한다. 이렇게 작성하면 입력 스트림이 에러 상태가 아닐 때만 조건문에서 true를 리턴한다는 점을 활용할 수 있다. 즉, 스트림에 에러가 발생하면 조건문으로 적은 표현식의 결과는 false가 된다. 이렇게 하면 코드를 다음과 같이 훨씬 간결하게 작성할 수 있다.

```
string readName(istream& stream)
{
    string name;
    char next;
    while (stream.get(next)) {
        name += next;
    }
    return name;
}
```

unget()

일반적으로 입력 스트림은 한 방향으로만 진행하는 컨베이어 벨트와 같다. 여기에 올린 데이터는 변수로 전달된다. 그런데 unget() 메서드는 데이터를 다시 입력 소스 방향으로 보낼 수 있다는 점에서 이 모델을 따르지 않는다.

unget()을 호출하면 스트림이 한 칸 앞으로 거슬러 올라간다. 그러므로 이전에 읽은 문자를 스트림으로 되돌린다. unget() 연산의 성공 여부는 fail() 메서드로 확인한다. 예를 들어 현재 위치가 스트림의 시작점이면 unget()에 대한 fail()의 리턴값은 false다.

앞 절에서 본 getReservationData() 함수는 공백이 담긴 이름을 입력받을 수 없었다. 다음과 같이 unget()을 이용하면 이름에 공백을 담을 수 있다. 이 코드는 문자를 하나씩 읽어서 그 문자가 숫자인지 확인한다. 숫자가 아니면 guestName에 추가하고, 숫자면 unget()으로 스트림을 되돌린 후 반복문을 빠져나와서 >> 연산자로 partySize에 정수를 입력한다. 그러고 나서 입력 매니퓰레이터인 noskipws로 스트림이 공백을 건너뛰지 말고 일반 문자처럼 취급하도록 설정한다.

```
void getReservationData()
{
    string guestName;
    int partySize { 0 };
    // 숫자가 나올 때까지 문자를 읽는다.
    char ch;
    cin >> noskipws;
    while (cin >> ch) {
        if (isdigit(ch)) {
            cin.unget();
            if (cin.fail())
                cout << "unget() failed" << endl;
            break;
        }
        guestName += ch;
    }
    // 스트림이 에러 상태가 아니면 partysize 값을 읽는다.
    if (cin)
        cin >> partySize;
    if (!cin) {
        cerr << "Error getting party size." << endl;
        return;
```

```
    }

    cout << format("Thank you '{}', party of {}",
         guestName, partySize) << endl;
    if (partySize > 10) {
        cout << "An extra gratuity will apply." << endl;
    }
}
```

putback()

putback() 메서드도 unget()과 마찬가지로 입력 스트림을 한 문자만큼 되돌린다. unget()과 달리 putback()은 스트림에 되돌릴 문자를 인수로 받는다.

```
char c;
cin >> c;
cout << format("Retrieved {} before putback('e').", c) << endl;

cin.putback('e'); // 이 스트림에서 다음번에 읽어올 문자는 'e'가 된다.
cin >> c;
cout << format("Retrieved {} after putback('e').", c) << endl;
```

출력 결과는 다음과 같다.

```
w
Retrieved w before putback('e').
Retrieved e after putback('e').
```

peek()

peek()은 '힐끗 본다'는 영어 단어의 의미대로 get()을 호출할 때 리턴될 값을 미리 보여준다. 컨베이어 벨트에 다시 비유하면 현재 처리할 지점에 있는 물건을 건드리지 않고 눈으로 확인만 하는 것이다.

peek()은 값을 버퍼에서 가져와서 읽기 전에 먼저 봐야 할 상황에 유용하다. 예를 들어 다음 코드에서 getReservationData() 함수는 이름에 공백을 넣을 수 있도록 구현하기 위해 unget() 대신 peek()을 이용한다.

```
void getReservationData()
{
    string guestName;
    int partySize { 0 };
    // 숫자가 나올 때까지 문자를 읽는다.
    cin >> noskipws;
    while (true) {
        // peek()으로 다음 문자를 들여다 본다.
        char ch { static_cast<char>(cin.peek()) };
        if (!cin)
            break;
        if (isdigit(ch)) {
            // 다음 문자가 숫자라면 반복문을 종료한다.
            break;
        }
        // 다음 문자가 숫자가 아니라면 계속 읽는다.
        cin >> ch;
        if (!cin)
            break;
        guestName += ch;
    }
    // 스트림에 에러가 발생하지 않았다면 partySize를 읽는다.
    if (cin)
         cin >> partySize;
    if (!cin) {
        cerr << "Error getting party size." << endl;
        return;
    }

    cout << format("Thank you '{}', party of {}",
        guestName, partySize) << endl;
    if (partySize > 10) {
        cout << "An extra gratuity will apply." << endl;
    }
}
```

getline()

프로그램을 작성하다 보면 입력 스트림에서 데이터를 한 줄씩 읽을 일이 아주 많아서 getline() 이란 전용 메서드를 제공한다. 이 메서드는 한 줄 크기만큼 미리 설정한 버퍼가 가득 채워질 때까지 문자를 읽는다. 이때 한 줄의 끝을 나타내는 \0(EOL end-of-line) 문자도 버퍼의 크기에 포함된다. 따라서 다음 코드는 cin으로부터 BufferSize-1개의 문자를 읽거나, EOL 문자가 나올 때까지 읽기 연산을 수행한다.

```
char buffer[kBufferSize] { 0 };
cin.getline(buffer, kBufferSize);
```

getline()이 호출되면 입력 스트림에서 EOL이 나올 때까지 한 줄에 해당하는 문자들을 읽는다. 그런데 EOL 문자는 스트링에 담기지 않는다. 참고로 EOL 문자는 플랫폼마다 다를 수 있다. 어떤 플랫폼은 \r\n을 사용하고, 또 어떤 플랫폼은 \n이나 \n\r을 사용한다.

get() 함수 중에서 getline()과 똑같이 작동하는 버전도 있다. 단, 이 함수는 입력 스트림에서 줄바꿈 문자[newline sequence]를 가져오지 않는다.

또한 C++의 string에서 사용할 수 있는 std::getline()이란 함수도 있다. 이 함수는 <string> 헤더 파일의 std 네임스페이스 아래에 정의되어 있다. 이 함수는 스트림과 string 레퍼런스를 받는다. std::getline()을 사용하면 버퍼의 크기를 지정하지 않아도 된다는 장점이 있다.

```
string myString;
getline(cin, myString);
```

getline() 메서드와 std::getline() 함수는 둘 다 마지막 매개변수로 구분자를 지정할 수 있다. 디폴트 구분자는 \n다. 다른 구분자를 지정하면 여러 문장을 읽을 때 그 구분자가 나올 때까지 한 줄로 취급한다. 예를 들어 다음 코드는 @가 나오면 줄을 바꾼다.

```
cout << "Enter multiple lines of text. "
     << "Use an @ character to signal the end of the text.\n> ";
string myString;
getline(cin, myString, '@');
cout << format("Read text: \"{}\"", myString) << endl;
```

코드를 실행한 결과는 다음과 같다.

```
Enter multiple lines of text. Use an @ character to signal the end of the text.
> This is some
text on multiple
lines.@
Read text: "This is some
text on multiple
lines."
```

4 입력 매니퓰레이터

C++는 다음과 같은 입력 매니퓰레이터를 기본으로 제공한다. 이를 입력 스트림에 적절히 지정하면 데이터를 읽는 방식을 원하는 대로 설정할 수 있다.

- boolalpha와 noboolalpha : boolalpha를 지정하면 false란 스트링값을 부울 타입인 false로 해석하고, 나머지 스트링을 true로 처리한다. noboolalpha를 지정하면 0을 부울값 false로 해석하고 0이 아닌 나머지 값을 true로 처리한다. 기본적으로 noboolalpha로 설정되어 있다.
- hex, oct, dec : 각각 숫자를 16진수, 8진수, 10진수로 읽도록 지정한다.
- skipws와 noskipws : skipws를 지정하면 토큰화할 때 공백을 건너뛰고, noskipws를 지정하면 공백을 하나의 토큰으로 취급한다. 기본적으로 skipws로 지정되어 있다.
- ws : 스트림의 현재 위치부터 연달아 나온 공백 문자를 건너뛴다.
- get_money : 스트림에서 화폐 금액을 표현한 값을 읽는 매개변수 방식의 매니퓰레이터(parametrized manipulator)다.
- get_time : 스트림에서 일정한 형식으로 표현된 시각 정보를 읽는 매개변수 방식의 매니퓰레이터다.
- quoted : 인용부호(따옴표)로 묶은 스트링을 읽는 매니퓰레이터로서 인수를 받는다. 이스케이프 문자로 입력된 따옴표는 스트링에 포함된다.

입력은 로케일 설정에 영향을 받는다. 예를 들어 다음 코드처럼 cin에 시스템 로케일을 적용할 수 있다. 로케일은 21장에서 자세히 설명한다.

```
cin.imbue(locale { "" });
int i;
cin >> i;
```

예를 들어 시스템 로케일이 U.S. English일 때 1,000을 입력하면 1000으로 읽고, 1.000을 입력하면 1로 읽는다. 반면 시스템 로케일이 Dutch Belgium일 때 1.000을 입력하면 1000으로 읽고, 1,000을 입력하면 1로 읽는다. 자릿수를 표시하는 콤마(,) 없이 1000만 입력하면 1000이란 값으로 읽는 점은 똑같다.

13.1.5 객체 입출력

string은 C++ 언어의 기본 타입은 아니지만 << 연산자로 출력할 수 있다. C++에서는 객체의 입출력 방식을 정의할 수 있다. 원하는 타입이나 클래스를 처리하도록 <<나 >>를 **오버로딩**하면 된다.

그렇다면 어떤 경우에 이렇게 <<나 >>를 오버로딩할까? 예를 들어 C 언어의 printf() 함수를 생각해보자. 이 함수는 유연성이 좀 떨어진다. 몇 가지 타입을 지원하지만 정보를 더 추가할 수는 없다. 예를 들어 다음 클래스를 살펴보자.

```
class Muffin
{
    public:
        virtual ~Muffin() = default;

        const string& getDescription() const { return m_description; }
        void setDescription(string description)
        {
            m_description = std::move(description);
        }

        int getSize() const { return m_size; }
        void setSize(int size) { m_size = size; }

        bool hasChocolateChips() const { return m_hasChocolateChips; }
        void setHasChocolateChips(bool hasChips)
        {
            m_hasChocolateChips = hasChips;
        }
    private:
        string m_description;
        int m_size { 0 };
        bool m_hasChocolateChips { false };
};
```

이렇게 정의된 Muffin 객체를 printf()로 출력할 때 printf()에 %m과 같은 서식 지정자로 객체를 직접 인수로 지정할 수 있다면 훨씬 편할 것이다.

```
printf("Muffin: %m\n", myMuffin); // 버그! printf는 Muffin 객체를 인식할 수 없다.
```

하지만 아쉽게도 printf() 함수는 Muffin이란 타입을 인식할 수 없을 뿐만 아니라 Muffin 타입의 객체를 출력할 수도 없다. 더 심각한 문제는 printf() 함수의 선언 방식 때문에 컴파일 시간이 아닌 실행 시간에 에러가 발생한다는 것이다(물론 컴파일 시간에 경고 메시지를 출력하는 컴파일러도 있긴 하다).

이럴 때는 다음과 같이 printf()를 사용하는 output() 메서드를 Muffin 클래스에 추가하면 된다.

```
class Muffin
{
    public:
        void output() const
        {
            printf("%s, Size is %d, %s\n", getDescription().data(), getSize(),
                (hasChocolateChips() ? "has chips" : "no chips"));
        }
        // 나머지 코드 생략
};
```

그런데 이 방식은 상당히 번거롭다. 예를 들어 문장 중에 Muffin 객체를 출력하려면 한 줄을 출력하는 printf()를 두 개로 나누고, 그 사이에 Muffin::output()을 넣어야 한다.

```
printf("The muffin is ");
myMuffin.output();
printf(" -- yummy!\n");
```

따라서 << 연산자가 Muffin 객체를 인수로 받아서 이 값을 string처럼 출력하도록 오버로딩하는 것이 훨씬 편하다. <<와 >> 연산자를 오버로딩하는 방법은 15장에서 자세히 설명한다.

13.1.6 커스텀 매니퓰레이터

표준 라이브러리에서 기본으로 제공하는 스트림 매니퓰레이터가 몇 가지 있긴 하지만 필요하다면 매니퓰레이터를 직접 정의할 수도 있다. ios_base에서 제공하는 기능, 예를 들어 xalloc(), iword(), pword(), register_callback() 등을 활용하면 된다. 커스텀 매니퓰레이터가 필요한 경우는 드물기 때문에 이 책에서는 더 이상 자세히 설명하지 않는다. 관심 있는 독자는 표준 라이브러리 레퍼런스를 참고하기 바란다.

13.2 스트링 스트림

스트링 스트림string stream은 string에 스트림 개념을 추가한 것이다. 이렇게 하면 텍스트 데이터를 메모리에서 스트림 형태로 표현하는 **인메모리 스트림**in-memory stream을 만들 수 있다. 예를 들어 GUI 애플리케이션에서 콘솔이나 파일이 아닌 스트림으로부터 텍스트 데이터를 구성한 뒤 메시지 박스나 편집 컨트롤과 같은 GUI 요소로 출력할 수 있다. 또 다른 예로 스트링 스트림을 현재 위치에 대한 정보와 함께 여러 함수에 전달해서 다양한 작업을 연속적으로 처리할 수 있다. 스트링 스트림은 기본적으로 토큰화tokenizing 기능을 제공하기 때문에 텍스트를 구문 분석(파싱parsing)하기도 편하다.

string에 데이터를 쓸 때는 std::ostringstream 클래스를, 반대로 string에서 데이터를 읽을 때는 std::istringstream 클래스를 사용한다. 둘 다 <sstream> 헤더 파일에 정의되어 있다. ostringstream과 istringstream은 각각 ostream과 istream을 상속하므로 기존 입출력 스트림처럼 다룰 수 있다.

다음 코드는 사용자로부터 받은 단어들을 탭 문자로 구분해서 ostringstream에 쓴다. 다 쓰고 나면 str() 메서드를 이용하여 스트림 전체를 string 객체로 변환한 뒤 콘솔에 쓴다. 입력값은 done이란 단어를 입력할 때까지 토큰 단위로 입력받거나, 유닉스라면 Ctrl+D를, 윈도우라면 Ctrl+Z를 입력해서 입력 스트림을 닫기 전까지 입력받는다.

```
cout << "Enter tokens. "
     << "Control+D (Unix) or Control+Z (Windows) followed by Enter to end."
     << endl;
ostringstream outStream;
while (cin) {
    string nextToken;
    cout << "Next token: ";
    cin >> nextToken;
    if (!cin || nextToken == "done")
        break;
    outStream << nextToken << "\t";
}
cout << "The end result is: " << outStream.str();
```

스트링 스트림에서 데이터를 읽는 방법도 비슷하다. 다음 함수는 스트링 입력 스트림으로부터 Muffin 객체를 생성한 뒤 속성을 설정한다. 이때 받은 스트림 데이터는 일정한 포맷을 따르기 때문에 이 함수는 Muffin의 세터를 호출하는 방식으로 입력된 값을 간단히 변환할 수 있다.

```
Muffin createMuffin(istringstream& stream)
{
    Muffin muffin;
    // 데이터가 다음과 같은 형식에 맞게 들어온다고 가정한다.
    // Description(설명) size(크기) chips(초콜릿칩 존재 여부)

    string description;
    int size;
    bool hasChips;

    // 세 값 모두 읽는다.
    // 이때 chips는 "true"나 "false"란 스트링으로 표현한다.
    stream >> description >> size >> boolalpha >> hasChips;
    if (stream) { // 읽기 연산 성공
        muffin.setSize(size);
        muffin.setDescription(description);
        muffin.setHasChocolateChips(hasChips);
    }
    return muffin;
}
```

> **NOTE_** 객체를 스트링처럼 일렬로 나열하는 것을 마셜링(marshalling)이라 부른다. 마셜링은 객체를 디스크에 저장하거나 네트워크로 전송할 때 유용하다.

스트링 스트림이 표준 C++ string보다 좋은 점은 데이터를 읽거나 쓸 지점(**현재 위치** current position)을 알 수 있다는 것이다. 또한 스트링 스트림은 매니퓰레이터와 로케일을 다양하게 지원하므로 string보다 포맷을 보다 융통성 있게 다룰 수 있다. 마지막으로 조그만 스트링을 연결하는 방식으로 스트링을 만들 때 스트링 스트림을 사용하는 것이 string 객체를 직접 연결하는 것보다 훨씬 성능이 좋다.

13.3 파일 스트림

파일은 스트림 추상화에 딱 맞다. 파일을 읽고 쓸 때 항상 현재 위치를 추적하기 때문이다. C++는 파일 출력과 입력을 위해 std::ofstream과 std::ifstream 클래스를 제공한다. 둘 다 <fstream> 헤더 파일에 정의되어 있다.

파일시스템을 다룰 때는 에러 처리가 특히 중요하다. 네트워크로 연결된 저장소에 있던 파일을 다루던 중에 갑자기 네트워크 연결이 끊길 수도 있고, 로컬 디스크에 파일을 쓰다가 디스크가 가득 찰 수도 있다. 또는 현재 사용자에게 권한이 없는 파일을 열 수도 있다. 이런 에러 상황을 제때 감지해서 적절히 처리하려면 앞서 소개한 표준 에러 처리 메커니즘을 이용하면 된다.

파일 출력 스트림과 다른 출력 스트림의 가장 큰 차이점은 파일 스트림 생성자는 파일의 이름과 파일을 열 때 적용할 모드에 대한 인수를 받는 데 있다. 출력 스트림의 디폴트 모드는 파일을 시작 지점부터 쓰는 ios_base::out이다. 이때 기존 데이터가 있으면 덮어쓴다. 또는 파일 스트림 생성자의 두 번째 인수로 ios_base::app(추가 모드)을 지정하면 파일 스트림을 기존 데이터 뒤에 추가할 수 있다. 파일 스트림의 모드로 지정할 수 있는 값은 다음과 같다.

상수	설명
ios_base::app	파일을 열고, 쓰기 연산을 수행하기 전에 파일 끝으로 간다.
ios_base::ate	파일을 열고, 즉시 파일 끝으로 간다.
ios_base::binary	입력 또는 출력을 텍스트가 아닌 바이너리 모드로 처리한다. 자세한 사항은 다음 13.3.1절 '텍스트 모드와 바이너리 모드'에서 설명한다.
ios_base::in	입력할 파일을 열고 시작 지점부터 읽는다.
ios_base::out	출력할 파일을 열고 시작 지점부터 쓴다. 기존 데이터를 덮어 쓴다.
ios_base::trunc	출력할 파일을 열고 기존 데이터를 모두 삭제한다(truncate).

참고로 여기 나온 모드를 조합해서 지정할 수도 있다. 예를 들어 출력할 파일을 바이너리 모드로 열고, 기존 데이터를 모두 삭제하고 싶다면 다음과 같이 지정한다.

```
ios_base::out | ios_base::binary | ios_base::trunc
```

ifstream에 in을 명시적으로 지정하지 않아도 기본적으로 ios_base::in이 설정된다. ofstream도 마찬가지로 명시적으로 out을 지정하지 않아도 기본적으로 ios_base::out 모드가 지정된다.

다음 코드는 test.txt 파일을 열고, 프로그램의 인수로 주어진 값을 출력한다. ifstream과 ofstream 소멸자는 자동으로 연 파일을 닫는다. 따라서 close()를 직접 호출하지 않아도 된다.

```
int main(int argc, char* argv[])
{
```

```
    ofstream outFile { "test.txt", ios_base::trunc };
    if (!outFile.good()) {
        cerr << "Error while opening output file!" << endl;
        return -1;
    }
    outFile << "There were " << argc << " arguments to this program." << endl;
    outFile << "They are: " << endl;
    for (int i { 0 }; i < argc; i++) {
        outFile << argv[i] << endl;
    }
}
```

13.3.1 텍스트 모드와 바이너리 모드

파일 스트림은 기본적으로 **텍스트 모드**text mode로 연다. 파일 스트림을 생성할 때 ios_base::binary 플래그를 지정하면 파일을 **바이너리 모드**binary mode로 연다.

바이너리 모드로 열면 정확히 바이트 단위로 지정한 만큼만 파일에 쓴다. 파일을 읽을 때는 파일에서 읽은 바이트 수를 리턴한다.

텍스트 모드로 열면 파일에서 \n이 나올 때마다 한 줄씩 읽거나 쓴다. 이때 파일에서 줄의 끝(EOL)을 나타내는 문자는 OS마다 다르다. 예를 들어 윈도우에서는 \n이 아닌 \r\n으로 줄의 끝을 표현한다. 그러므로 파일을 텍스트 모드로 열고 각 줄이 \n으로 끝나도록 작성해도 파일에 저장할 때는 자동으로 \n을 모두 \r\n으로 변환한다. 마찬가지로 파일을 읽을 때도 \r\n으로 표현된 부분을 모두 \n으로 자동으로 변환한다.

13.3.2 seek()과 tell() 메서드로 랜덤 액세스하기

입력과 출력 스트림은 모두 seek()과 tell() 메서드를 갖고 있다.

seek() 메서드는 입력 또는 출력 스트림에서 현재 위치를 원하는 지점으로 옮긴다. seek()은 여러 가지 버전이 있다. 입력 스트림에 대한 seek() 메서드를 seekg()라 부른다. 여기서 g는 'get'을 의미한다. 그리고 출력 스트림에 대한 seek()을 seekp()라 부른다. 여기서 p는 'put'을 의미한다. 여기서 seek() 하나로 표현하지 않고 seekg()와 seekp()로 구분한 이유는 파일 스트림처럼 입력과 출력을 모두 가질 때가 있기 때문이다. 이럴 때는 읽는 위치와 쓰는 위치를 별도로 관리해야 한다. 이를 양방향bidirectional I/O라 부르며 13.4절 '양방향 I/O'에서 자세히 설명한다.

seekg()와 seekp()는 각각 두 버전이 있다. 하나는 절대 위치를 나타내는 인수 하나만 받아서 그 위치로 이동한다. 다른 하나는 오프셋offset과 위치에 대한 인수를 받아서 지정한 위치를 기준으로 떨어진 거리(오프셋)로 이동한다. 이때 위치는 std::streampos로, 오프셋은 std::streamoff로 표현한다. C++에 미리 정의된 위치는 다음과 같다.

위치	설명
ios_base::beg	스트림의 시작점
ios_base::end	스트림의 끝점
ios_base::cur	스트림의 현재 위치

예를 들어 다음과 같이 매개변수가 하나인 seekp()에 ios_base::beg 상수를 지정하면 출력 스트림의 위치를 절대 위치로 지정할 수 있다.

```
outStream.seekp(ios_base::beg);
```

입력 스트림의 위치를 지정하는 방법도 seekp()가 아닌 seekg()라는 점만 빼면 같다.

```
inStream.seekg(ios_base::beg);
```

인수가 두 개인 버전은 스트림의 위치를 상대적으로 지정한다. 첫 번째 인수는 몇 개의 위치를 이동할 것인지 지정하고, 두 번째 인수는 시작 지점을 지정한다. 파일의 시작점을 기준으로 위치를 이동하려면 ios_base::beg 상수를 지정한다. ios_base::end를 사용하면 파일의 끝점을 기준으로 위치를 이동할 수 있다. 또한 현재 위치를 기준으로 이동하고 싶다면 ios_base::cur를 사용한다. 예를 들어 다음 코드는 스트림의 시작점에서 두 바이트만큼 이동한다. 여기서 인수로 지정한 정숫값은 자동으로 streampos나 streamoff로 변환된다.

```
outStream.seekp(2, ios_base::beg);
```

다음 코드는 입력 스트림의 끝에서 세 번째 바이트로 이동한다.

```
isStream.seekg(-3, ios_base::end);
```

tell*x*( ) 메서드를 이용하면 스트림의 현재 위치를 알아낼 수 있다. 이 메서드는 현재 위치를 streampos 타입의 값으로 리턴한다. seek*x*( )를 호출하거나 tell*x*( )를 다시 호출하기 전에 현재 위치를 기억하고 싶다면 앞서 tell*x*( )에서 리턴한 값을 저장해둔다. seek*x*( )와 마찬가지로 tell*x*( )도 입력과 출력에 대해 서로 다른 버전(tellg( )와 tellp( ))을 제공한다.

다음 코드는 입력 스트림의 위치가 스트림의 시작점인지 확인한다.

```
streampos curPos { inStream.tellg() };
if (ios_base::beg == curPos) {
    cout << "We're at the beginning." << endl;
}
```

지금까지 설명한 메서드를 모두 사용하는 예제를 살펴보자. 이 프로그램은 다음과 같은 테스트를 수행하면서 test.out에 데이터를 쓴다.

1. 54321이란 스트링을 파일에 출력한다.
2. 스트림의 현재 위치가 5인지 확인한다.
3. 출력 스트림의 위치를 2로 옮긴다.
4. 위치가 2인 지점에 0을 쓴 뒤 출력 스트림을 닫는다.
5. test.out 파일에 대한 입력 스트림을 연다.
6. 첫 번째 토큰을 정수 타입의 값으로 읽는다.
7. 읽은 값이 54021인지 확인한다.

```
ofstream fout { "test.out" };
if (!fout) {
    cerr << "Error opening test.out for writing" << endl;
    return 1;
}

// 1. "54321"란 스트링을 출력한다.
fout << "54321";

// 2. 현재 위치가 5인지 확인한다.
streampos curPos { fout.tellp() };
if (5 == curPos) {
    cout << "Test passed: Currently at position 5" << endl;
} else {
```

```
        cout << "Test failed: Not at position 5" << endl;
    }

    // 3. 스트림의 현재 위치를 2로 옮긴다.
    fout.seekp(2, ios_base::beg);

    // 4. 위치 2에 0을 쓰고 스트림을 닫는다.
    fout << 0;
    fout.close();

    // 5. test.out에 대한 입력 스트림을 연다.
    ifstream fin { "test.out" };
    if (!fin) {
        cerr << "Error opening test.out for reading" << endl;
        return 1;
    }

    // 6. 첫 번째 토큰을 정수 타입의 값으로 읽는다.
    int testVal;
    fin >> testVal;
    if (!fin) {
        cerr << "Error reading from file" << endl;
        return 1;
    }

    // 7. 읽은 값이 12045인지 확인한다.
    const int expected { 54021 };
    if (testVal == expected) {
        cout << format("Test passed: Value is {}", expected) << endl;
    } else {
        cout << format("Test failed: Value is not {} (it was {})",
            expected, testVal) << endl;
    }
```

13.3.3 스트림끼리 서로 연결하기

입력 스트림과 출력 스트림은 언제든지 **접근할 때 내보내기**flush-on-access 방식으로 서로 연결될 수 있다. 다시 말해 입력 스트림을 출력 스트림에 연결한 뒤 입력 스트림에서 데이터를 읽으면 즉시 출력 스트림으로 내보낸다. 이러한 동작은 모든 종류의 스트림에 가능하며 파일 스트림끼리 연결할 때 특히 유용하다.

스트림을 연결하는 작업은 tie( ) 메서드로 처리한다. 출력 스트림을 입력 스트림에 연결하려면 입력 스트림에 대해 tie( )를 호출한다. 이때 연결할 출력 스트림의 주소를 인수로 전달한다. 연결을 끊으려면 tie( )에 nullptr을 전달해서 호출한다.

다음 코드는 한 파일의 입력 스트림을 다른 파일의 출력 스트림에 연결하는 예를 보여준다. 이때 같은 파일에 대한 출력 스트림을 연결해도 되지만, 이렇게 같은 파일에 대해 읽고 쓸 때는 다음 절에서 설명하는 양방향 I/O를 이용하는 것이 낫다.

```
ifstream inFile { "input.txt" }; // 주의: input.txt이 반드시 있어야 한다.
ofstream outFile { "output.txt" };
// inFile과 outFile을 연결한다.
inFile.tie(&outFile);
// outFile에 텍스트를 쓴다. std::endl이 입력되기 전까지는 내보내지 않는다.
outFile << "Hello there!";
// outFile을 아직 내보내지 않은 상태다.
// inFile에서 텍스트를 읽는다. 그러면 outFile에 대해 flush()가 호출된다.
string nextToken;
inFile >> nextToken;
// 이제 outFile이 내보내졌다.
```

여기서 사용한 flush( ) 메서드는 ostream 베이스 클래스에 정의되어 있다. 따라서 다음과 같이 출력 스트림을 다른 출력 스트림에 연결할 수도 있다.

```
outFile.tie(&anotherOutputFile);
```

이렇게 하면 한 파일에 뭔가 쓸 때마다 버퍼에 저장된 데이터를 다른 파일로 내보낸다. 그러면 서로 관련된 두 파일을 동기화시킬 수 있다.

스트림 연결의 대표적인 예로 cout과 cin을 연결해서 cin에 데이터를 입력할 때마다 cout을 자동으로 내보내게 만드는 경우다. cerr과 cout도 서로 연결할 수 있다. 다시 말해 cerr에 출력할 때마다 cout을 내보낼 수 있다. 반면 clog 스트림은 cout에 연결될 수 없다. 와이드 문자 버전의 스트림도 같은 방식으로 연결한다.

13.4 양방향 I/O

지금까지 살펴본 입력과 출력 스트림은 기능상 서로 관련이 있지만 별도의 클래스로 존재한다. 이와 달리 입력과 출력을 모두 처리하는 스트림도 있다. 이를 **양방향 스트림**bidirectional stream이라 부른다.

양방향 스트림은 iostream을 상속한다. 다시 말해 istream과 ostream을 동시에 상속하기 때문에 다중 상속의 대표적인 예이기도 하다. 당연한 얘기지만 양방향 스트림은 입력과 출력 스트림의 메서드뿐만 아니라 >>와 << 연산자를 동시에 제공한다.

fstream 클래스는 양방향 파일시스템을 표현한다. fstream은 파일 안에서 데이터를 교체할 때 유용하다. 정확한 위치를 발견할 때까지 데이터를 읽다가 필요한 시점에 즉시 쓰기 모드로 전환할 수 있기 때문이다. 예를 들어 ID와 전화번호의 매핑 정보를 관리하는 프로그램을 보자. 이때 데이터는 다음과 같은 포맷으로 파일에 저장된다고 가정한다.

```
123 408-555-0394
124 415-555-3422
263 585-555-3490
100 650-555-3434
```

파일을 열고 데이터 전체를 읽고 나서 적절히 내용을 수정한 뒤 프로그램을 종료하기 전에 파일 전체를 다시 쓰는 방식으로 구현하는 경우가 많다. 그런데 데이터의 양이 엄청나게 많다면 모든 내용을 메모리에 담을 수 없다. iostream을 이용하면 이런 문제를 피할 수 있다. 파일에서 데이터를 검색하다가 적절한 지점을 발견하면 파일을 추가 모드append mode로 열고 원하는 내용을 추가하면 된다. 다음 예는 특정한 ID에 대한 전화번호를 변경하는데, 이렇게 기존 데이터를 수정할 때는 양방향 스트림을 활용한다.

```
bool changeNumberForID(string_view filename, int id, string_view newNumber)
{
    fstream ioData { filename.data() };
    if (!ioData) {
        cerr << "Error while opening file " << filename << endl;
        return false;
    }
```

```
        // 파일 끝까지 반복한다.
        while (ioData) {
            // 다음 ID를 읽는다.
            int idRead;
            ioData >> idRead;
            if (!ioData)
                break;

            // 현재 레코드가 수정할 대상인지 확인한다.
            if (idRead == id) {
                // 쓰기 위치를 현재 읽기 위치로 이동한다.
                ioData.seekp(ioData.tellg());
                // 한 칸 띄운 뒤 새 번호를 쓴다.
                ioData << " " << newNumber;
                break;
            }

            // 현재 위치에서 숫자를 읽어서 스트림의 위치를 다음 레코드로 이동한다.
            string number;
            ioData >> number;
        }
        return true;
    }
```

물론 이 방법은 데이터의 크기가 고정된 경우에만 적용할 수 있다. 앞의 예제에서 읽기 모드를 쓰기 모드로 전환하는 순간 기존 파일에 있던 데이터를 덮어쓴다. 파일 포맷을 그대로 유지하면서 다음 레코드를 덮어쓰지 않게 하려면 데이터(레코드)의 크기가 모두 같아야 한다.

stringstream 클래스로도 스트링 스트림을 양방향으로 다룰 수 있다.

> **NOTE_** 양방향 스트림은 읽기 위치와 쓰기 위치에 대한 포인터를 별도로 사용한다. 읽기와 쓰기 모드를 전환할 때마다 seek() 메서드로 각각의 위치를 적절히 설정해야 한다.

13.5 파일시스템 지원 라이브러리

C++ 표준 라이브러리는 파일시스템 지원 라이브러리도 제공한다. <filesystem> 헤더 파일의 std::filesystem 네임스페이스 아래에 정의되어 있다. 이 라이브러리를 활용하면 파일시스템

을 다루는 코드를 이식(포팅)하기 좋게 작성할 수 있다. 주어진 대상이 디렉터리와 파일 중 어느 것인지 확인하거나, 디렉터리에 담긴 항목을 기준으로 반복문을 작성하거나, 경로를 조작하거나, 크기와 확장자, 생성 시각을 비롯한 파일에 대한 정보를 조회하는 작업을 이 라이브러리로 처리할 수 있다. 이 절에서는 파일시스템 지원 라이브러리에서 가장 중요한 부분인 경로와 디렉터리에 대한 기능을 중심으로 소개한다.

13.5.1 path

path는 파일시스템 지원 라이브러리의 기본 구성 요소인 경로를 표현한다. path는 절대 경로와 상대 경로를 표현할 수 있으며, 파일 이름이 포함될 수도 있고 빠질 수도 있다. 예를 들어 다음 코드는 다양한 path 생성 예를 보여준다. 여기에서는 백슬래시로 이스케이프하는 번거로움을 피하기 위해 로 스트링 리터럴을 사용했다.

```
path p1 { R"(D:\Foo\Bar)" };
path p2 { "D:/Foo/Bar" };
path p3 { "D:/Foo/Bar/MyFile.txt" };
path p4 { R"(..\SomeFolder)" };
path p5 { "/usr/lib/X11" };
```

c_str()이나 native()를 호출하거나 스트림에 추가해서 path를 현재 시스템의 네이티브 포맷으로 변환할 수도 있다. 예를 들면 다음과 같다.

```
path p1 { R"(D:\Foo\Bar)" };
path p2 { "D:/Foo/Bar" };
cout << p1 << endl;
cout << p2 << endl;
```

이 코드를 윈도우에서 실행하면 다음과 같이 출력한다.

```
"D:\\Foo\\Bar"
"D:/Foo/Bar"
```

append() 메서드나 operator/=을 이용하면 path에 다른 항목을 추가할 수 있다. 이때 경로 구분자path separator가 자동으로 추가된다. 예를 들면 다음과 같다.

```
path p { "D:\\Foo" };
p.append("Bar");
p /= "Bar";
cout << p << endl;
```

이 코드를 윈도우에서 실행하면 다음과 같이 출력한다.

```
"D:\\Foo\\Bar\\Bar"
```

concat()이나 operator+=을 사용하면 path에 다른 스트링을 연결할 수 있다. 그런데 이번에는 append()와 달리 경로 구분자가 추가되지 않는다. 예를 들면 다음과 같다.

```
path p { "D:\\Foo" };
p.concat("Bar");
p += "Bar";
cout << p << endl;
```

이 코드를 윈도우에서 실행하면 다음과 같이 출력한다.

```
"D:\\FooBarBar"
```

CAUTION_ append()와 operator/=은 현재 시스템에서 사용하는 경로 구분자를 자동으로 추가하지만, concat()과 operator+=은 그렇지 않다.

path는 경로 구성 요소에 대해 반복문을 수행할 수 있도록 반복자도 제공한다. 예를 들면 다음과 같다.

```
path p { R"(C:\Foo\Bar)" };
for (const auto& component : p) {
    cout << component << endl;
}
```

이 코드를 윈도우에서 실행하면 다음과 같이 출력한다.

```
"C:"
"\\"
"Foo"
"Bar"
```

path 인터페이스는 remove_filename(), replace_filename(), replace_extension(), root_name(), parent_path(), extension(), stem(), filename(), has_extension(), is_absolute(), is_relative() 등과 같은 연산도 제공한다. 몇 가지 사용 예를 들면 다음과 같다.

```
path p { R"(C:\Foo\Bar\file.txt)" };
cout << p.root_name() << endl;
cout << p.filename() << endl;
cout << p.stem() << endl;
cout << p.extension() << endl;
```

이 코드를 윈도우에서 실행하면 다음과 같이 출력한다.

```
"C:"
"file.txt"
"file"
".txt"
```

path에 정의된 전체 기능을 보고 싶다면 표준 라이브러리 레퍼런스를 참고하기 바란다.

13.5.2 directory_entry

path는 파일시스템에 존재하는 디렉터리나 파일을 표현하기만 한다. 그러므로 path가 표현하는 디렉터리나 파일이 실제로는 시스템에 없을 수 있다. 파일시스템에 디렉터리나 파일이 실제로 존재하는지 확인하려면 path로부터 directory_entry를 생성해야 한다. 인수로 지정한 디렉터리나 파일이 시스템에 존재하지 않으면 directory_entry가 생성되지 않는다. directory_entry 인터페이스는 exists(), is_directory(), is_regular_file(), file_size(), last_write_time()을 비롯한 다양한 연산을 제공한다.

다음 코드는 파일 크기를 조회하기 위해 path에서 directory_entry를 생성하는 예를 보여준다.

```
path myPath { "c:/windows/win.ini" };
directory_entry dirEntry { myPath };
if (dirEntry.exists() && dirEntry.is_regular_file()) {
    cout << "File size: " << dirEntry.file_size() << endl;
}
```

13.5.3 헬퍼 함수

헬퍼 함수도 다양하게 제공된다. 예를 들어 파일이나 디렉터리를 복제하는 copy(), 파일시스템에 디렉터리를 새로 만드는 create_directory(), 주어진 디렉터리나 파일이 실제로 존재하는지 조회하는 exists(), 파일의 크기를 알아내는 file_size(), 파일의 최종 수정 시각을 알아내는 last_write_time(), 파일을 삭제하는 remove(), 임시 파일을 저장하기 위한 디렉터리를 구하는 temp_directory_path(), 파일시스템의 여유 공간을 조회하는 space() 등이 있다. 전체 목록을 보고 싶다면 표준 라이브러리 레퍼런스를 참고하기 바란다.

다음 코드는 파일시스템의 전체 공간과 여유 공간을 화면에 출력한다.

```
space_info s { space("c:\\") };
cout << "Capacity: " << s.capacity << endl;
cout << "Free: " << s.free << endl;
```

이러한 헬퍼 함수를 사용하는 예는 다음 절에서 디렉터리에 대한 반복문을 작성하는 방법을 설명하면서 소개한다.

13.5.4 디렉터리에 대한 반복문

주어진 디렉터리에 속한 파일이나 하위 디렉터리(서브디렉터리subdirectory)에 대해 재귀적으로 반복하는 코드를 작성하려면 다음과 같이 recursive_directory_iterator를 사용하면 된다. 반복문을 시작하려면 첫 번째 directory_entry에 대한 반복자가 필요하다. 반복을 멈추는 시점을 알려면 종료 반복자end iterator가 필요하다. 시작 반복자start iterator를 만들려면 recursive_directory_iterator를 생성한다. 이때 반복 대상이 되는 디렉터리 경로를 인수로 전달한다. 종료 반복자를 생성하려면 디폴트로 recursive_directory_iterator를 생성한다. 반복 대상이 되는 directory_entry에 접근하려면 역참조 연산자인 *를 사용한다. 컬렉션에 담긴 원소를 모두 조회하려면 종료 반복자에 도달할 때까지 ++ 연산자로 반복자를 증가시키면 된다. 참고로 종료 반복자는 컬렉션에 포함되지 않기 때문에 directory_entry로 참조할 수 없고 역참조할 수도 없다.

```
void printDirectoryStructure(const path& p)
{
    if (!exists(p)) {
        return;
    }

    recursive_directory_iterator begin { p };
    recursive_directory_iterator end { };
    for (auto iter { begin }; iter != end; ++iter) {
        const string spacer(iter.depth() * 2, ' ');

        auto& entry { *iter }; // iter를 역참조해서 directory_entry에 접근한다.

        if (is_regular_file(entry)) {
            cout << format("{}File: {} ({} bytes)",
                spacer, entry.path().string(), file_size(entry) << endl;
        } else if (is_directory(entry)) {
            cout << format("{}Dir: {}", spacer, entry.path().string()) << endl;
        }
    }
}
```

이 함수는 다음과 같이 호출한다.

```
path p { R"(D:\Foo\Bar)" };
printDirectoryStructure(p);
```

directory_iterator를 사용해도 위와 같이 디렉터리의 내용에 대해 반복하게 만들 수 있다. 이때 재귀 호출 부분은 직접 구현한다. 예를 들어 앞에 나온 코드와 똑같이 작동하는 코드를 recursive_directory_iterator 대신 directory_iterator를 사용해서 구현해보자.

```
void printDirectoryStructure(const path& p, size_t level = 0)
{
    if (!exists(p)) {
        return;
    }
```

```
    const string spacer(level * 2, ' ');

    if (is_regular_file(p)) {
        cout << format("{}File: {} ({} bytes)",
            spacer, p.string(), file_size(p) << endl;
    } else if (is_directory(p)) {
        cout << format("{}Dir: {}", spacer, p.string()) << endl;
        for (auto& entry : directory_iterator { p }) {
            printDirectoryStructure(entry, level + 1);
        }
    }
}
```

13.6 정리

스트림을 이용하면 입력과 출력을 유연하고 객체지향 스타일로 다룰 수 있다. 이 장에서 소개한 내용 중에서 가장 중요한 것은 스트림을 사용하는 방법보다 스트림 개념을 이해하는 것이다. OS마다 제공하는 최신 파일 접근 및 I/O 기능을 제대로 활용하려면 스트림 또는 스트림과 유사한 라이브러리의 작동 원리를 반드시 이해할 필요가 있다.

마지막으로 파일시스템 지원 라이브러리를 간략히 살펴봤다. 이를 통해 현재 시스템에 맞게 파일과 디렉터리를 조작할 수 있다.

13.7 연습 문제

이 장에서 소개한 내용을 직접 써보기 위해 다음 연습 문제를 풀어보자. 연습 문제에 대한 정답은 이 책의 웹사이트(www.wiley.com/go/proc++5e)에서 다운로드할 수 있다. 문제를 풀다가 막히면 정답부터 찾지 말고 먼저 앞에서 설명한 부분을 다시 읽고 직접 답을 찾아보려고 애쓰기 바란다.

연습 문제 13-1 [연습 문제 9-2]에서 작성한 Person 클래스에 지정한 사람의 상세 정보를 표준 출력 콘솔에 쓰는 output( ) 메서드를 추가해보자.

연습 문제 13-2 [연습 문제 13-1]에서 작성한 output( ) 메서드는 사람의 상세 정보를 항상 표준 출력 콘솔에 쓴다. 이렇게 하지 말고 원하는 출력 스트림을 매개변수로 받도록 output( ) 메서드를 수정해보자. 그러고 나서 구현한 메서드를 main()에서 테스트해보자. 지정한 사람의 정보를 표준 출력 콘솔, 스트링 스트림 그리고 파일에 써보자. 같은 정보를 다양한 타깃(출력 콘솔, 스트링 스트림, 파일 등)에 출력할 수 있다는 점에 주목하자.

연습 문제 13-3 [연습 문제 13-2]에서 만든 Person을 std::vector에 저장하는 Database 클래스를 만들어보자. 이 데이터베이스에 사람을 추가하는 add() 메서드도 추가하자. 또한 데이터베이스에 있는 모든 사람의 정보를 파일에 저장하는 save() 메서드도 만들자. 이 메서드는 저장할 파일 이름을 매개변수로 받는다. 이 메서드를 호출하면 기존에 파일에 저장된 내용은 사라진다. 그리고 파일에 저장된 사람의 정보를 불러와서 데이터베이스에 올리는 load() 메서드도 만든다. 그리고 데이터베이스에 저장된 모든 사람을 삭제하는 clear() 메서드도 추가한다. 마지막으로 데이터베이스에 담긴 모든 사람에 대해 output()을 호출하는 outputAll() 메서드를 추가한다. 작성한 코드가 제대로 작동하는지 확인해보자. 성과 이름 사이에 공백을 넣어도 제대로 실행되는지도 확인해본다.

연습 문제 13-4 [연습 문제 13-3]에서 작성한 Database 클래스는 모든 사람의 정보를 파일 하나에 저장한다. 파일시스템 지원 라이브러리를 연습해보기 위해 각 사람을 별도 파일에 저장하도록 수정해보자. save()와 load()는 저장하거나 불러올 파일 이름을 인수로 받도록 수정한다. save() 메서드는 데이터베이스에 있는 사람의 이니셜을 파일 이름으로 사용하고, 확장자를 .person으로 지정하여 저장한다. 파일이 있다면 덮어 쓴다. load() 함수는 지정한 디렉터리에 있는 모든 .person 파일에 대해 반복하면서 그 안에 담긴 사람들의 정보를 불러온다.

CHAPTER 14

에러 처리

이 장의 내용

- C++에서 에러를 처리하는 방법
- 익셉션의 장단점
- 익셉션 관련 문법
- Exception 클래스 계층 구조와 다형성
- 스택 풀기와 스택 청소
- 에러 처리의 대표적인 사례

프로그래밍을 하다 보면 에러가 발생하기 마련이다. 파일을 열 수 없거나, 네트워크 연결이 끊겼거나, 사용자가 잘못된 값을 입력했기 때문일 수 있다. C++는 이렇게 **예상치 못한 예외적인 상황**에 대처하도록 **익셉션**exception (**예외**)이라는 기능을 제공한다.

지금까지 소개한 예제에서는 코드를 간결하게 구성하기 위해 에러 처리 구문을 생략했다. 이 장에서는 그동안 소홀했던 에러 처리를 반영하여 프로그램을 작성하는 방법을 소개한다. 그중에서도 C++의 익셉션 기능을 중심으로 관련 문법의 세부사항뿐만 아니라 에러 처리 기능을 반영하여 프로그램을 제대로 설계하는 방법을 살펴본다.

14.1 에러와 예외

완전히 독립적으로 실행되는 프로그램은 없다. OS나 네트워크, 파일시스템, 서드파티 라이브러리, 사용자 입력을 비롯한 여러 가지 외부 환경에 어떻게든 의존하기 마련이다. 이런 대상과 프로그램이 상호 작용하다 보면 여러 가지 문제가 발생하게 된다. 이처럼 프로그램에서 발생할 가능성이 있는 잠재적인 문제들을 통틀어서 **예외 상황**exceptional situation이라 부른다. 프로그램을 아무리 완벽하게 작성하려고 해도 에러나 예외 상황이 발생하는 것은 피할 수 없다. 따라서 프로그램을 작성할 때는 반드시 에러 처리 기능도 함께 제공해야 한다. C와 같은 언어는 에러 처리 기능을 직접 제공하지 않는다. 이런 언어를 사용할 때는 함수의 리턴값을 확인하는 등 여러 가지 프로그래밍 기법을 활용해서 예외 상황에 대처하는 기능을 프로그래머가 직접 구현해야 한다. 반면 자바처럼 언어에서 제공하는 익셉션 메커니즘을 반드시 활용해서 프로그래밍하도록 강제하는 언어도 있다. C++는 이러한 두 극단의 중간쯤에 있다. 언어에서 익셉션 메커니즘을 제공하지만 반드시 사용할 필요는 없다. 하지만 메모리 할당 루틴을 비롯한 몇몇 기본 기능은 익셉션을 활용하고 있기 때문에 완전히 무시할 수는 없다.

14.1.1 익셉션의 정체

익셉션이란 코드에서 발생한 '예외' 상황이나 에러를 알려주는 메커니즘으로서 코드의 정상적인 실행 흐름과는 별도로 실행된다. 익셉션 메커니즘을 적용한 코드에서 에러가 발생하면 익셉션을 **던지고**throw, 이를 처리하는 코드는 발생한 익셉션을 **받아서**catch 처리하는 식으로 작동한다. 익셉션을 처리하는 과정은 기존 프로그램과 달리 순차적으로 실행되지 않는다. 어떤 코드가 익셉션을 던지면 프로그램의 정상 실행 흐름을 잠시 멈추고 **익셉션 핸들러**exception handler (**예외 처리기)로 제어권을 넘긴다. 이때 핸들러의 위치는 다양하다. 함수 바로 뒤에 나올 수도 있고, 함수 호출 흐름(스택 프레임)을 거슬러 올라가야 나올 수도 있다. 야구에 비유하면 익셉션을 던지는 코드가 외야수라면, 익셉션이라는 공을 받는 사람은 외야수와 가장 가까이 있는 내야수(익셉션 핸들러)다. 예를 들어 [그림 14-1]처럼 세 함수가 연달아 호출된 상태의 스택을 살펴보자. 익셉션 핸들러가 있는 A()를 호출한 다음 B()를 호출하고, B()는 다시 C()를 호출했는데, C()에서 익셉션이 발생했다고 하자.

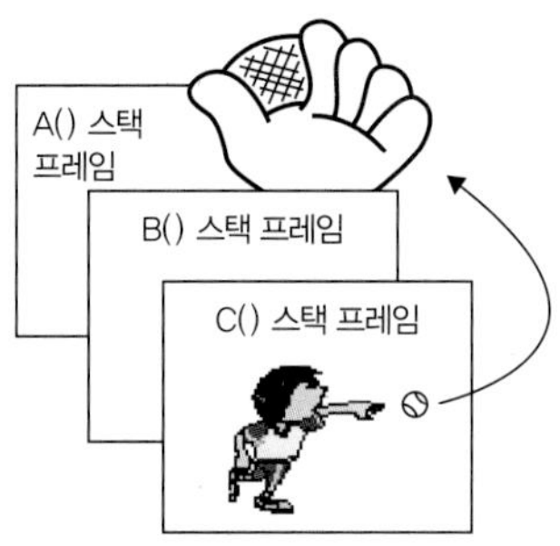

그림 14-1

[그림 14-2]는 핸들러가 익셉션을 받는 상황을 보여준다. 이 상태를 보면 C()와 B()에 대한 스택 프레임은 삭제되었고 A()에 대한 스택 프레임만 남았다.

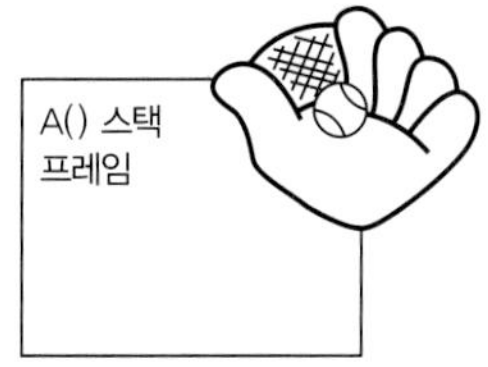

그림 14-2

C#이나 자바를 비롯한 최신 프로그래밍 언어는 익셉션 메커니즘을 지원한다. C++도 강력한 익셉션 메커니즘을 제공한다. C 언어에 익숙한 프로그래머는 익셉션이란 개념이 생소하겠지만, 한 번 익혀두면 익셉션 메커니즘이 없는 언어로 돌아가고 싶지 않을 것이다.

14.1.2 C++에서 익셉션이 필요한 이유

앞서 설명했듯이 프로그램을 실행하다 보면 에러가 발생하기 마련이다. 하지만 기존에 작성된 C 또는 C++ 프로그램을 보면 에러를 처리하는 방식이 제각각이고 체계가 없는 경우가 많다. 함수에서 정수 코드를 리턴하거나, errno 매크로로 에러를 표시하는 것처럼 C 프로그래밍에서 표준처럼 굳어진 방식을 C++에서도 그대로 적용한 사례도 많다. 스레드마다 로컬 정수 변수인 errno를 하나씩 만들어두고 함수를 호출한 측에 에러를 알려주는 데 활용하기도 한다.

하지만 이렇게 정수 타입 리턴 코드나 errno를 사용하는 방식으로 구현하면 에러를 일관성 있게 처리하기 힘들다. 예를 들어 어떤 함수는 정상일 때는 0을, 에러가 발생하면 −1을 리턴한다. −1을 리턴할 때는 errno에 에러 코드도 설정한다. 또 어떤 함수는 정상일 때는 0을, 에러가 발생하면 0이 아닌 값을 리턴하고, 그 값으로 에러 코드를 표현해서 errno를 따로 사용하지 않는다. 심지어 어떤 함수는 C나 C++에서 0을 false로 처리한다는 이유로 에러가 발생할 때 0을 리턴하기도 한다.

이처럼 일관성 없는 방식으로 구현한 함수들이 뒤섞이면 문제가 발생할 수 있다. 호출한 함수가 예상과 다른 코드를 리턴하기 때문이다. 예를 들어 솔라리스 9는 동기화 객체 라이브러리를 두 가지 버전으로 제공한다. 하나는 포직스Portable Operating System Interface (POSIX) 표준을 따르는 버전이고 다른 하나는 솔라리스 버전이다. 포직스 버전은 세마포어semaphore를 초기화할 때 sem_init()을 호출하지만, 솔라리스 버전은 sema_init()을 호출한다. 문제는 함수 이름뿐만 아니라 에러 코드마저 전혀 다르다는 것이다. sem_init()은 에러가 발생할 때 errno를 설정하고 −1을 리턴하지만, sema_init()은 에러 코드를 errno가 아닌 양의 정수인 리턴값으로 전달한다.

또 다른 문제는 C++ 함수는 리턴 타입을 하나만 지정할 수 있다는 점이다. 그러므로 에러와 결과를 모두 리턴하려면 다른 수단을 마련해야 한다. 한 가지 방법은 값을 두 개 이상 저장할 수 있는 std::pair나 std::tuple에 결과와 에러를 하나로 묶어서 리턴하는 것이다. pair 클래스는 1장에서 이미 살펴봤으며, tuple은 뒷장에서 표준 라이브러리를 설명할 때 소개한다. 또 다른 방법은 여러 값을 담도록 직접 정의한 struct나 클래스로 함수의 결과와 에러 상태를 리턴하는 것이다. 에러나 리턴값을 레퍼런스 매개변수로 전달하거나 특정한 리턴값(예: nullptr 포인터)로 표현하는 방법도 있다. 어떤 방식을 사용하더라도 함수를 호출한 측에서 리턴값과 에러 발생 여부를 직접 확인해야 한다. 직접 처리하지 않는다면 상위 함수로 전달해야 하는데, 이렇게 하다 보면 에러에 대한 중요한 세부사항을 놓치기 쉽다.

C 프로그래머라면 setjmp()/longjmp() 메커니즘에 익숙할 것이다. 이 메커니즘은 C++와 어울리지 않는다. 스택의 스코프에 있는 소멸자를 거치지 않기 때문에 스택에 저장된 내용을

정상적으로 제거할 수 없기 때문이다. 이 메커니즘은 C++뿐만 아니라 C에서도 바람직하지 않은 방식이므로 이 책에서는 다루지 않는다.

익셉션 메커니즘을 활용하면 에러를 쉽고 일관성 있고 안전하게 처리할 수 있다. 기존에 C나 C++에서 활용하던 비공식 에러 처리 기법에 비해 익셉션 메커니즘이 뛰어난 점은 다음과 같다.

- 에러를 리턴값으로 표현하면 호출한 측에서 깜박하고 리턴값을 검사하지 않거나 상위 함수로 전달하지 못할 수 있다. 1장에서 소개한 `[[nodiscard]]` 어트리뷰트를 활용하면 리턴 코드를 무시하지 못하게 설정할 수 있긴 하지만 완벽한 해결책이라고 볼 수 없다. 반면 익셉션은 깜박 잊고 처리하지 않거나 무시할 수 없다. 발생한 익셉션을 처리하지 않으면 프로그램이 즉시 멈추기 때문이다.
- 에러를 정수 타입 리턴 코드로 표현하면 구체적인 정보를 담기 힘들다. 반면 익셉션은 에러를 처리하는 데 필요한 정보를 마음껏 담을 수 있다. 또한 익셉션은 에러뿐만 아니라 다른 부가 정보도 담을 수 있다. 물론 익셉션 메커니즘을 남용한다고 보는 프로그래머도 많다.
- 익셉션 메커니즘은 콜 스택의 중간 단계를 건너뛸 수 있다. 다시 말해 여러 함수가 연속적으로 호출되었을 때 중간에 호출된 함수에서 에러를 처리하지 않고 콜 스택의 최상위 함수에서 에러를 처리하게 만들 수 있다. 반면 리턴 코드를 활용하면 함수 호출의 각 단계마다 반드시 에러 코드를 다음 단계로 전달하도록 작성해야 한다.

요즘은 드물지만 예전 컴파일러에서는 익셉션 핸들러가 있는 함수에 약간의 오버헤드가 발생하는 경우가 많았다. 최신 컴파일러는 익셉션이 발생하지 않으면 오버헤드가 거의 없고, 익셉션이 실제로 발생했을 때만 약간의 오버헤드가 발생하도록 잘 타협하고 있다. 익셉션은 말 그대로 예외적인 상황에만 발생하기 때문에 오버헤드가 있더라도 전반적인 성능에는 큰 영향을 미치지 않기 때문이다.

자바와 달리 C++는 익셉션을 처리하지 않아도 된다. 예를 들어 자바는 메서드에 미리 지정해두지 않은 익셉션을 던질 수 없다. C++는 이와 반대로 `noexcept` 키워드로 익셉션이 절대 발생하지 않는다고 명시하지 않는 한 원하는 익셉션을 마음껏 던질 수 있다.

14.1.3 바람직한 에러 처리 방식

익셉션을 에러를 효과적으로 처리하는 기법으로 적극 활용하기 바란다. 에러 처리 기능을 익셉션을 활용하여 체계적으로 구현하면 단점보다 장점이 많다. 이 장에서는 익셉션 메커니즘을 구체적으로 살펴본다. 표준 라이브러리나 부스트Boost 같은 유명한 라이브러리는 익셉션을 적극 활용하고 있다. 이런 라이브러리를 사용하려면 익셉션을 다루는 방법을 익혀둬야 한다.

14.2 익셉션 처리 방법

예외 상황은 파일 입출력 과정에서 자주 발생한다. 다음 코드는 파일을 열고, 그 파일에 담긴 정수 목록을 읽어서 std::vector에 담아 리턴하는 함수다. 이 함수에 에러 처리 코드가 없다는 것이 눈에 띌 것이다.

```
vector<int> readIntegerFile(string_view filename)
{
    ifstream inputStream { filename.data() };
    // 파일에 담긴 정숫값을 하나씩 읽어서 벡터에 추가한다.
    vector<int> integers;
    int temp;
    while (inputStream >> temp) {
        integers.push_back(temp);
    }
    return integers;
}
```

위 코드에서 다음 라인은 파일 끝에 도달하거나 에러가 발생하기 전까지 ifstream에서 읽은 값을 저장한다.

```
while (inputStream >> temp) {
```

>> 연산을 수행할 때 에러가 발생하면 ifstream 객체에 에러 플래그[fail bit]가 설정된다. 그러면 bool() 변환 연산자가 false를 리턴하면서 while 루프가 종료된다. 스트림에 대한 자세한 사항은 13장을 참조한다.

앞서 정의한 readIntegerFile() 함수를 사용하는 방법은 다음과 같다.

```
const string filename { "IntegerFile.txt" };
vector<int> myInts { readIntegerFile(filename) };
for (const auto& element : myInts) {
    cout << element << " ";
}
cout << endl;
```

이 절의 나머지 부분에서는 익셉션을 포함한 오류 처리 코드를 추가하는 방법을 알아본다. 먼저 예외를 던지고 받는 방법부터 자세히 살펴보자.

14.2.1 익셉션 던지고 받기

익셉션을 구현하는 코드는 두 부분으로 나뉜다. 하나는 익셉션을 받아서 처리하는 try/catch 문이고, 다른 하나는 익셉션을 던지는 throw 문이다. 둘 다 반드시 지정된 형식에 맞게 작성해야 한다. 하지만 throw 문이 실행되는 지점은 대부분 C++ 런타임이나 특정 라이브러리의 깊숙한 곳에 있어서 프로그래머가 직접 볼 수 없을 때가 많다. 그렇다 하더라도 try/catch 문으로 반드시 처리해줘야 한다.

try/catch 문은 다음과 같이 작성한다.

```
try {
    // 익셉션이 발생할 수 있는 코드
} catch (익셉션_타입1 익셉션_이름) {
    // 익셉션_타입1 익셉션을 처리하는 코드
} catch (익셉션_타입2 익셉션_이름) {
    // 익셉션_타입2 익셉션을 처리하는 코드
}
// 나머지 코드 생략
```

예외 상황이 발생하는 코드에 throw 문으로 익셉션을 직접 던져도 된다. 또한 익셉션을 던지는 함수를 호출해도 된다. 이때 이 함수 역시 throw 문으로 익셉션을 직접 던질 수도 있고 익셉션을 던지는 다른 함수를 호출할 수도 있다. 후자의 경우 여러 단계의 호출 과정을 거칠 수도 있다.

익셉션이 발생하지 않으면 catch 블록은 실행되지 않고, try 문의 마지막 문장을 실행하고 나서 try/catch 문을 빠져나와 바로 다음 문장을 실행한다.

반면 익셉션이 발생하면 throw 또는 throw 문이 담긴 함수를 호출하는 문장의 바로 뒤에 있는 코드는 실행되지 않고, 발생한 익셉션의 타입에 맞는 catch 블록으로 실행 흐름이 바뀐다.

catch 블록에서 더 이상 실행 흐름이 바뀌지 않는다면, 다시 말해 어떤 값을 리턴하거나, 다른 익셉션을 던지거나, 받은 익셉션을 그대로 전달하는 등의 작업이 없다면 방금 실행한 catch 블록의 마지막 문장을 끝낸 후 try/catch 문을 빠져나와 그다음 코드를 실행한다.

익셉션 처리 방법을 구체적으로 살펴보기 위해 다음과 같이 0으로 나누는 상황을 감시하는 함수를 만들어보자. 이 코드는 <stdexcept>에 정의된 std::invalid_argument 익셉션을 던진다.

```
double SafeDivide(double num, double den)
{
    if (den == 0)
        throw invalid_argument { "Divide by zero" };
    return num / den;
}

int main()
{
    try {
        cout << SafeDivide(5, 2) << endl;
        cout << SafeDivide(10, 0) << endl;
        cout << SafeDivide(3, 3) << endl;
    } catch (const invalid_argument& e) {
        cout << "Caught exception: " << e.what() << endl;
    }
}
```

이 코드를 실행한 결과는 다음과 같다.

```
2.5
Caught exception: Divide by zero
```

throw는 C++에 정의된 키워드로서, 익셉션을 던지려면 반드시 이 키워드를 사용해야 한다. 앞의 코드에서는 C++ 표준 라이브러리에서 제공하는 표준 익셉션 중 하나인 invalid_argument의 인스턴스를 생성해서 던졌다. 표준 라이브러리에 정의된 익셉션은 일정한 계층을 형성하고 있다. 이 계층 구조에 속한 클래스마다 what() 메서드가 있는데, 이 메서드는 익셉션을 표현하는 const char* 스트링을 리턴한다. 익셉션 생성자에 이 값을 인수로 전달한다.

NOTE_ what()의 리턴 타입은 const char*이지만 이 스트링을 UTF-8로 인코딩하면 유니코드(Unicode)도 지원할 수 있다. 유니코드 스트링은 21장에서 자세히 설명한다.

앞 절에서 본 readIntegerFile() 함수를 다시 살펴보자. 파일과 관련하여 가장 흔히 발생하는 문제는 파일 열기에 실패하는 것이다. 따라서 익셉션을 던지기 딱 좋은 지점이다. 다음 코드는 <exception>에 정의된 std::exception 타입으로 익셉션을 발생시킨다.

```
vector<int> readIntegerFile(string filename)
{
    ifstream inputStream { filename.data() };
    if (inputStream.fail()) {
        // 파일 열기에 실패한 경우 익셉션을 던진다.
        throw exception {};
    }

    // 파일에 담긴 정숫값을 하나씩 읽어서 벡터에 추가한다.
    vector<int> integers;
    int temp;
    while (inputStream >> temp) {
        integers.push_back(temp);
    }
    return integers;
}
```

NOTE_ 작성한 함수에서 던질 가능성이 있는 익셉션을 모두 문서로 남긴다. 함수 사용자가 익셉션을 제대로 처리하려면 그 함수에서 던지는 익셉션을 모두 알아야 하기 때문이다.

이 함수에서 파일 열기에 실패하면 throw exception() 문장이 실행되면서 함수의 나머지 코드를 건너뛰고 가장 가까운 핸들러 코드로 실행 흐름이 바뀐다.

익셉션을 던지는 코드와 이를 처리하는 코드는 항상 나란히 작성하는 것이 좋다. 익셉션 처리 과정을 다르게 표현하면 어떤 코드 블록을 실행하다가 문제가 발생하면 다른 코드 블록으로 대처한다고 볼 수 있다. 다음 main() 함수에서 catch 문은 try 블록에서 던진 exception 타입의 익셉션 대해 에러 메시지를 출력하는 방식으로 처리한다. 여기 나온 try 블록에서 익셉션이 하나도 발생하지 않으면 catch 블록은 실행되지 않는다. try/catch 블록을 거대한 if 문으로 봐도 된다. try 블록에서 익셉션이 발생하면 catch 블록을 실행하고, 그렇지 않으면 정상적인 실행 흐름에 따라 진행한다.

```
int main()
{
    const string filename { "IntegerFile.txt" };
    vector<int> myInts;
    try {
        myInts = readIntegerFile(filename);
    } catch (const exception& e) {
        cerr << "Unable to open file " << filename << endl;
        return 1;
    }
    for (const auto& element : myInts) {
        cout << element << " ";
    }
    cout << endl;
}
```

NOTE_ 스트림은 기본적으로 익셉션을 던지지 않도록 설정되어 있지만 exceptions() 메서드를 호출하면 에러가 발생할 때 익셉션을 던지게 설정할 수 있다. 하지만 스트림에서 익셉션을 던질 때 컴파일러가 제공하는 정보가 도움이 되지 않는 경우가 많다. 이럴 때는 익셉션을 사용하지 말고 스트림 상태를 직접 다루는 편이 낫다. 그러므로 이 책에서는 스트림 익셉션을 사용하지 않는다.

14.2.2 익셉션 타입

던질 수 있는 익셉션의 타입에는 제한이 없다. 앞에서 본 예제는 std::exception 타입 객체로 던졌지만, 익셉션은 객체가 아니어도 된다. 다음과 같이 간단히 int 값을 던져도 된다.

```
vector<int> readIntegerFile(string filename)
{
    ifstream inputStream { filename.data() };
    if (inputStream.fail()) {
        // 파일 열기에 실패한 경우: 익셉션을 던진다.
        throw 5;
    }
    // 나머지 코드 생략
}
```

catch 문도 다음과 같이 변경한다.

```
try {
    myInts = readIntegerFile(filename);
} catch (int e) {
    cerr << format("Unable to open file {} (Error Code {})", filename, e) << endl;
    return 1;
}
```

또는 다음과 같이 const char* 타입 C 스타일 스트링으로 던져도 된다. 스트링에 예외 상황에 대한 정보를 포함할 수 있기 때문에 유용한 기법이다.

```
vector<int> readIntegerFile(string filename)
{
    ifstream inputStream { filename.data() };
    if (inputStream.fail()) {
        // 파일 열기에 실패한 경우: 익셉션을 던진다.
        throw "Unable to open file";
    }
    // 나머지 코드 생략
}
```

const char* 타입의 익셉션을 받는 부분에서 다음과 같이 그 내용을 출력할 수 있다.

```
try {
    myInts = readIntegerFile(filename);
} catch (const char* e) {
    cerr << e << endl;
    return 1;
}
```

하지만 방금 본 두 예제처럼 기본 타입을 사용하기보다는 타입을 새로 정의하는 것이 바람직한데 그 이유는 다음과 같다.

- 객체는 클래스 이름에 예외 상황에 대한 정보를 드러낼 수 있다.
- 객체는 예외 상황의 종류뿐만 아니라 다른 정보도 담을 수 있다.

C++ 표준 라이브러리에 정의되어 있는 익셉션 클래스를 활용할 수도 있고, 익셉션 클래스를 직접 정의할 수도 있다. 구체적인 방법은 뒤에서 소개한다.

14.2.3 익셉션 객체를 const 레퍼런스로 받기

앞에 나온 readIntegerFile()에서 exception 객체를 던질 때 catch 문을 다음과 같이 작성했다.

```
} catch (const exception& e) {
```

그런데 익셉션 객체를 꼭 const 레퍼런스로 받아야 한다는 법은 없다. 다음과 같이 그냥 값으로 받아도 된다.

```
} catch (exception e) {
```

또는 비 const 레퍼런스로 받아도 된다.

```
} catch (exception& e) {
```

또한 const char* 예에서 본 것처럼 포인터로 던진 익셉션은 포인터로 받을 수 있다.

> **NOTE_** 익셉션 객체는 항상 const 레퍼런스로 받는 것이 좋다. 익셉션 객체를 값으로 받으면 객체 슬라이싱(10장 참조)이 발생한다.

14.2.4 여러 가지 익셉션 던지고 받기

readIntegerFile()에서는 파일 열기 실패 말고도 다른 문제가 얼마든지 발생할 수 있다. 파일에서 데이터를 읽는 도중 포맷에 문제가 있어서 에러가 발생할 수도 있다. 이처럼 파일 열기에 실패하거나 데이터 읽기에 오류가 발생할 때 익셉션을 던지도록 readIntegerFile()을 다음과 같이 수정할 수 있다. 이번에는 exception을 상속한 runtime_error로 구현한다. 이 타입은 생성자를 호출할 때 익셉션에 대한 설명을 지정할 수 있다. runtime_error 익셉션 클래스는 <stdexcept>에 정의되어 있다.

```
vector<int> readIntegerFile(string filename)
{
    ifstream inputStream { filename.data() };
```

```
    if (inputStream.fail()) {
        // 파일 열기에 실패한 경우: 익셉션을 던진다.
        throw runtime_error { "Unable to open the file." };
    }

    // 파일에서 정수를 하나씩 읽어 벡터에 추가한다.
    vector<int> integers;
    int temp;
    while (inputStream >> temp) {
        integers.push_back(temp);
    }

    if (!inputStream.eof()) {
        // 파일 끝(EOF)에 도달하지 않았다.
        // 다시 말해 파일을 읽는 도중 에러가 발생했다.
        // 따라서 익셉션을 던진다.
        throw runtime_error { "Error reading the file." };
    }
    return integers;
}
```

앞에서 main() 함수를 작성할 때 catch 문이 runtime_error의 베이스 클래스인 exception 타입을 받도록 지정했기 때문에 여기에서는 크게 변경할 필요 없다. 하지만 이렇게 하면 익셉션이 두 가지 다른 상황에서 던져질 수 있으므로 다음과 같이 what() 메서드를 이용하여 받은 익셉션에 대한 정보를 확인한다.

```
try {
    myInts = readIntegerFile(filename);
} catch (const exception& e) {
    cerr << e.what() << endl;
    return 1;
}
```

이렇게 하지 않고 readIntegerFile()에서 익셉션을 두 가지 타입으로 따로 나눠서 던져도 된다. 다음 코드를 보면 파일을 열 수 없으면 invalid_argument 익셉션을 던지고, 정수를 읽을 수 없으면 runtime_error 익셉션을 던진다. invalid_argument와 runtime_error는 둘 다 C++ 표준 라이브러리인 <stdexcept>에 정의되어 있다.

```
vector<int> readIntegerFile(string filename)
{
    ifstream inputStream { filename.data() };
    if (inputStream.fail()) {
        // 파일 열기에 실패한 경우: 익셉션을 던진다.
        throw invalid_argument { "Unable to open the file." };
    }

    // 파일에서 정수를 하나씩 읽어 벡터에 추가한다.
    vector<int> integers;
    int temp;
    while (inputStream >> temp) {
        integers.push_back(temp);
    }

    if (!inputStream.eof()) {
        // 파일 끝(EOF)에 도달하지 않았다.
        // 다시 말해 파일을 읽는 도중 에러가 발생했다.
        // 따라서 익셉션을 던진다.
        throw runtime_error { "Error reading the file." };
    }
    return integers;
}
```

invalid_argument와 runtime_error에는 public 디폴트 생성자가 없고 string 인수를 받는 생성자만 있다.

이제 main()에 invalid_argument를 받는 catch 문과 runtime_error를 받는 catch 문을 따로 작성한다.

```
try {
    myInts = readIntegerFile(filename);
} catch (const invalid_argument& e) {
    cerr << e.what() << endl;
    return 1;
} catch (const runtime_error& e) {
    cerr << e.what() << endl;
    return 2;
}
```

try 블록에서 익셉션이 발생하면 컴파일러는 그 익셉션 타입과 일치하는 catch 문(핸들러)을 선택한다. 예를 들어 readIntegerFile()에서 파일을 열 수 없으면 invalid_argument 객체를 던지고, main()의 첫 번째 catch 문에서 받아서 처리한다. 반면 readIntegerFile()에서 파일을 읽는 데 문제가 발생하면 runtime_error를 던지고, main()의 두 번째 catch 문에서 받아서 처리한다.

1 익셉션 타입 매칭과 const

처리하려는 익셉션 타입에 대한 const 지정 여부는 매칭 과정에 영향을 미치지 않는다. 다시 말해 다음 문장은 runtime_error 타입에 속하는 모든 익셉션을 매칭한다.

```
} catch (const runtime_error& e) {
```

다음 문장도 마찬가지로 runtime_error 타입에 속하는 모든 익셉션을 매칭한다.

```
} catch (runtime_error& e) {
```

2 모든 익셉션 매칭하기

catch 문에서 모든 종류의 익셉션에 매칭하려면 다음과 같이 특수한 문법으로 작성한다.

```
try {
    myInts = readIntegerFile(filename);
} catch (...) {
    cerr << "Error reading or opening file " << filename << endl;
    return 1;
}
```

점 세 개를 연달아 쓴 부분(...)은 오타가 아니다. 모든 익셉션 타입에 매칭하라는 와일드카드다. 호출하는 함수에서 던지는 익셉션 타입이 문서에 정확히 나와 있지 않아서 모든 익셉션을 받게 만들 때 유용하다. 하지만 발생 가능한 익셉션을 확실히 알 수 있다면 이렇게 구현하지 않는 것이 좋다. 필요 없는 익셉션까지 처리하기 때문이다. 항상 익셉션 타입을 구체적으로 지정해서 꼭 필요한 익셉션만 받도록 작성하는 것이 바람직하다.

모든 종류의 익셉션을 매칭하는 catch (...) 블록은 디폴트 캐치 핸들러를 구현할 때도 유용하다. 익셉션이 발생하면 캐치 핸들러가 코드에 나열된 순서대로 하나씩 조건을 검사하면서 매칭되는 것을 실행한다. 예를 들어 다음과 같이 invalid_argument와 runtime_error만 catch 문을 별도로 작성하고, 나머지 익셉션은 디폴트 캐치 핸들러로 처리하도록 작성할 수 있다.

```
try {
    // 익셉션이 발생할 수 있는 코드
} catch (const invalid_argument& e) {
    // invalid_argument 익셉션을 처리하는 핸들러 코드
} catch (const runtime_error& e) {
    // runtime_error 익셉션을 처리하는 핸들러 코드
} catch (...) {
    // 나머지 모든 익셉션을 처리하는 핸들러 코드
}
```

14.2.5 처리하지 못한 익셉션

프로그램에서 발생한 익셉션을 처리하는 곳이 하나도 없으면 프로그램이 종료된다. 그러므로 미처 처리하지 못한 익셉션을 모두 잡도록 main() 함수 전체를 try/catch 문으로 감싸는 패턴을 많이 사용한다. 예를 들면 다음과 같다.

```
try {
    main(argc, argv);
} catch (...) {
    // 에러 메시지를 출력한 뒤 프로그램을 종료한다.
}
// 정상 종료 코드
```

그런데 이렇게 하면 뭔가 아쉬운 점이 있다. 애초에 익셉션을 사용하는 이유는 바람직하지 않은 예외 상황이 발생했을 때 대처할 기회를 얻는 데 있기 때문이다.

CAUTION_ 프로그램에서 발생할 수 있는 모든 익셉션을 잡아서 처리해야 한다.

catch 문으로 처리하지 못한 익셉션이 남아 있다면 프로그램을 다르게 실행하도록 구현하는 방법도 있다. 예를 들어 잡지 못한 익셉션이 있다면 terminate() 함수를 호출하게 만들 수 있다. 이 함수는 C++에서 기본으로 제공하며, 내부적으로 <cstdlib>에 정의된 abort() 함수

를 호출해서 프로그램을 뻗게 만든다. 또는 set_terminate()에 인수를 받지 않고 리턴값도 없는 콜백 함수를 포인터로 지정하는 방식으로 terminate_handler를 직접 구현해도 된다. terminate(), set_terminate(), terminate_handler는 모두 <exception>에 선언되어 있다. 사용법은 다음과 같다.

```
try {
    main(argc, argv);
} catch (...) {
    if (terminate_handler != nullptr) {
        terminate_handler();
    } else {
        terminate();
    }
}
// 정상 종료 코드
```

아쉽지만 여기서 지정한 콜백 함수도 결국 에러를 무시하지 못하고 abort()나 _Exit()로 프로그램을 종료시켜야 한다. abort()와 _Exit()는 <cstdlib>에 정의되어 있으며 프로그램을 종료할 때 리소스를 정리하지 않는다. 예를 들어 객체의 소멸자가 호출되지 않는다. _Exit() 함수는 OS로 리턴할 정숫값을 인수로 받으며 프로세스의 종료 방식을 정하는 데 사용된다. 이 값이 0이나 EXIT_SUCCESS면 프로그램이 에러 없이 정상적으로 종료했다는 것을 의미한다. 다른 값이면 비정상 종료를 의미한다. abort() 함수는 인수를 받지 않는다. 참고로 OS로 리턴할 값을 인수로 받는 exit()란 함수도 있는데, _Exit()와 달리 소멸자를 호출해서 리소스를 정리한다. 하지만 terminate_handler에서 exit()를 호출하지 않는 것이 좋다.

terminate_handler는 종료 직전에 에러 메시지를 출력하는 데 사용된다. 예를 들어 다음 코드를 보면 readIntegerFile()이 던지는 익셉션을 main() 함수에서 제대로 처리하지 않고 terminate_handler에 커스텀 콜백을 설정하기만 한다. 이 콜백은 에러 메시지를 출력한 뒤 _Exit()를 호출해서 프로세스를 종료한다.

```
[[noreturn]] void myTerminate()
{
    cout << "Uncaught exception!" << endl;
    _Exit(1);
}
```

```cpp
int main()
{
    set_terminate(myTerminate);

    const string filename { "IntegerFile.txt" };
    vector<int> myInts { readIntegerFile(filename) };

    for (const auto& element : myInts) {
        cout << element << " ";
    }
    cout << endl;
}
```

여기에는 나오지 않지만 set_terminate() 함수로 새로운 terminate_handler를 지정하면 기존에 설정된 핸들러를 리턴한다. terminate_handler는 프로그램 전체에서 접근할 수 있기 때문에 처리할 일이 끝나면 리셋하는 것이 바람직하다. 이 예제에서는 프로그램 전체에서 새로운 terminate_handler만 사용하기 때문에 리셋하지 않았다.

set_terminate()는 반드시 알아둘 필요는 있지만, 에러 처리에 가장 효과적인 수단은 아니다. 에러를 보다 정확하게 처리하려면 각 익셉션을 try/catch 문으로 개별적으로 파악하여 처리하는 것이 좋다.

NOTE_ 상용 소프트웨어를 구현할 때는 프로그램이 종료되기 전에 메모리 덤프를 생성하기 위해 terminate_handler를 설정하는 경우가 많다. 이렇게 생성된 메모리 덤프를 디버거에 입력하면 프로그램에서 놓친 익셉션이나 문제의 발생 원인을 알아낼 수 있다. 단, 덤프를 생성하는 방법은 플랫폼마다 다르기 때문에 이 책에서는 구체적인 방법을 다루지 않는다.

14.2.6 noexcept 지정자

기본적으로 함수가 던질 수 있는 익셉션의 종류에는 제한이 없다. 하지만 함수에 noexcept 키워드를 지정해서 어떠한 익셉션도 던지지 않는다고 선언할 수는 있다. 예를 들어 앞에서 본 readIntegerFile() 함수에 noexcept를 지정하면 익셉션을 던질 수 없다.

```cpp
void printValues(const vector<int>& values) noexcept;
```

> **NOTE_** noexcept 키워드가 지정된 함수에서 익셉션을 던지면 안 된다.

noexcept 키워드가 지정된 함수에 익셉션을 던지는 코드가 있으면 C++ 런타임은 terminate( )을 호출해서 프로그램을 종료시킨다.

파생 클래스에서 virtual 메서드를 오버라이드할 때 noexcept를 지정할 수 있다. 이때 베이스 클래스에 정의된 메서드에 noexcept가 지정되지 않아도 되지만, 반대로는 할 수 없다.

14.2.7 noexcept(표현식) 지정자

함수에 noexcept(표현식) 지정자를 이용하면 이 표현식이 true를 리턴할 때만 noexcept가 적용된다. 다시 말해 표현식 없는 noexcept는 noexcept(true)와 같고, noexcept(false)가 붙은 메서드는 익셉션을 던질 수 있다.

14.2.8 noexcept(표현식) 연산자

noexcept(표현식) 연산자는 주어진 표현식이 noexcept 지정자나 noexcept(표현식) 지정자로 설정되어 있으면 true를 리턴한다. 이 연산은 컴파일 시간에 실행된다.

예를 들어 다음 코드를 보자.

```
void f1() noexcept {}
void f2() noexcept(false) {}
void f3() noexcept(noexcept(f1())) {}
void f4() noexcept(noexcept(f2())) {}

int main()
{
    std::cout << noexcept(f1())
              << noexcept(f2())
              << noexcept(f3())
              << noexcept(f4());
}
```

이 코드를 실행하면 1010이란 값이 출력된다

- noexcept(f1( ))은 true다. f1( )에 noexcept 지정자가 붙어 있기 때문이다.

- noexcept(f2())는 false다. f2()에 noexcept(false) 지정자가 붙어 있기 때문이다.
- noexcept(f3())는 true다. f3()에 noexcept(noexcept(f1()))가 붙어 있는데, f1()에 noexcept가 붙어 있어야 true라는 뜻이다. 그런데 f1()에 noexcept가 붙어 있으므로 결과적으로 true다.
- noexcept(f4())는 false다. f4()도 f3()처럼 중첩된 noexcept가 붙어 있는데, f2()에는 noexcept(false)가 붙어 있으므로 false가 된다.

14.2.9 throw 리스트

이전 버전의 C++에서는 함수나 메서드에서 던질 수 있는 익셉션을 지정할 수 있다. 이를 **throw 리스트** throw list 또는 **익셉션 명세** exception specification 라 부른다.

> **CAUTION_** C++11에서는 익셉션 명세 기능에 대한 지원이 중단되었고, C++17부터는 완전히 삭제되었으며, noexcept와 (실질적으로 noexcept와 같은) throw()는 남았는데, C++20에서는 throw()도 완전히 삭제되었다.

C++17부터 익셉션 명세 기능이 완전히 삭제되었기 때문에 이 책에서는 설명하지 않는다.

14.3 익셉션과 다형성

앞에서 설명했듯이 익셉션은 어떠한 타입으로 만들어도 상관없다. 물론 대부분 클래스로 정의한다. 익셉션 클래스는 대체로 계층 구조를 형성하기 때문에 익셉션을 받아서 처리하는 코드에서 다형성을 활용할 수 있다.

14.3.1 표준 익셉션 클래스의 계층 구조

앞에서 본 exception, runtime_error, invalid_argument는 모두 C++ 표준 익셉션 클래스다. [그림 14-3]은 표준 익셉션 클래스의 계층 구조를 보여주고 있다. 여기에 표준 익셉션 클래스가 모두 담겨 있다. 그중 일부는 표준 라이브러리에서 던지는데 자세한 내용은 16장에서 소개한다.

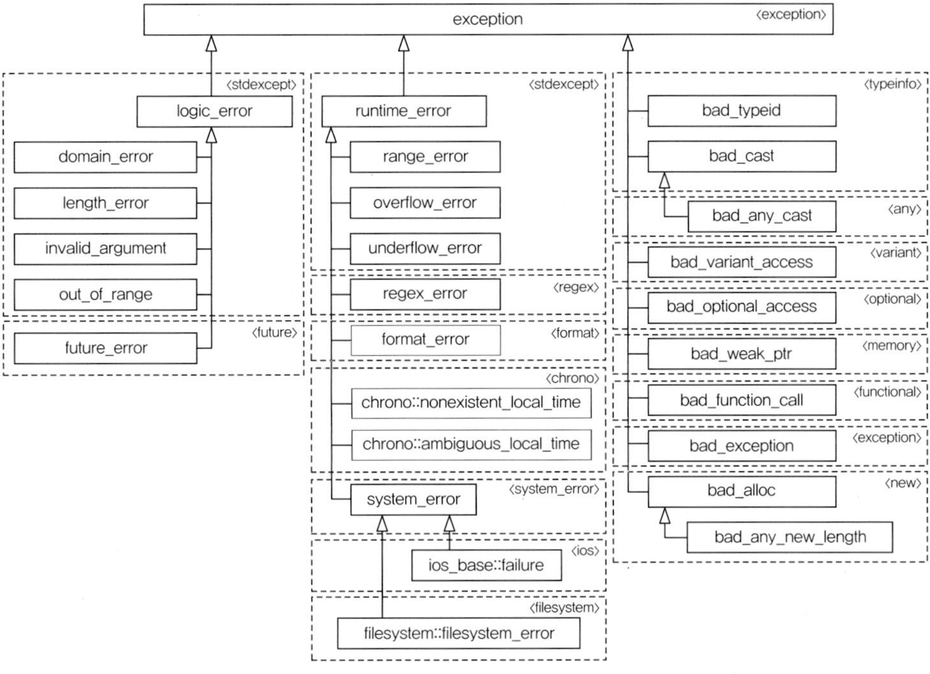

그림 14-3

C++ 표준 라이브러리에서 던지는 익셉션 객체의 클래스는 모두 이 계층 구조에 속한다. 여기 나온 클래스는 모두 what() 메서드를 가지고 있다. 이 메서드는 익셉션을 표현하는 const char* 타입의 스트링을 리턴하며, 에러 메시지 출력에 활용할 수 있다.

익셉션 클래스 중 일부는 생성자의 인수로 what() 메서드가 리턴할 스트링을 지정해야 한다. 그러므로 앞에 나온 예제에서 runtime_error나 invalid_argument를 생성할 때 스트링 인수를 지정했다. 이번에는 readIntegerFile()에서 에러 메시지를 만들 때 파일 이름도 함께 표시하도록 수정해보자.

```
vector<int> readIntegerFile(string filename)
{
    ifstream inputStream { filename.data() };
    if (inputStream.fail()) {
        // 파일 열기에 실패한 경우: 익셉션을 던진다.
        const string error { format("Unable to open file {}.", filename.data()) };
        throw invalid_argument { error };
    }
```

```
    // 정수를 하나씩 읽어서 벡터에 추가한다.
    vector<int> integers;
    int temp;
    while (inputStream >> temp) {
        integers.push_back(temp);
    }

    if (!inputStream.eof()) {
        // 파일 끝(EOF)에 도달하지 않았다.
        // 다시 말해 파일을 읽는 도중 에러가 발생했다.
        // 따라서 익셉션을 던진다.
        const string error { format("Unable to read file {}.", filename.data()) };
        throw runtime_error { error };
    }
    return integers;
}
```

14.3.2 클래스 계층 구조에서 정확한 익셉션 타입 선택하기

익셉션 계층을 구성하면 catch 문에서 다형성을 활용할 수 있다. 예를 들어 다음에 나온 두 catch 문을 보면 인수 타입만 다르고 동작은 똑같다.

```
    try {
        myInts = readIntegerFile(filename);
    } catch (const invalid_argument& e) {
        cerr << e.what() << endl;
        return 1;
    } catch (const runtime_error& e) {
        cerr << e.what() << endl;
        return 1;
    }
```

invalid_argument와 runtime_error는 모두 exception의 파생 클래스이므로 두 catch 문을 다음과 같이 exception 타입 인수 하나만 받는 catch 문으로 합칠 수 있다.

```
    try {
        myInts = readIntegerFile(filename);
    } catch (const exception& e) {
        cerr << e.what() << endl;
        return 1;
    }
```

이렇게 catch 문이 인수를 exception 레퍼런스로 받으면 invalid_argument와 runtime_error뿐만 아니라 exception을 상속한 모든 파생 클래스를 인수로 받을 수 있다. 단, 익셉션 계층에서 베이스를 향해 올라갈수록 에러를 구체적으로 처리하기 힘들어진다. 일반적으로 catch 문에서 처리할 추상화 수준에 가장 가까운 익셉션 타입을 지정하는 것이 바람직하다.

CAUTION_ catch 문에 다형성을 적용하려면 반드시 인수를 레퍼런스 타입으로 받아야 한다. 값으로 받으면 슬라이싱이 발생해서 객체 정보가 손상될 수 있다. 슬라이싱에 관한 자세한 내용은 10장을 참조한다.

catch 문이 여러 개라면 코드에 나온 순서대로 매칭된다. 다시 말해 가장 먼저 매칭되는 구문으로 결정된다. 앞에 나온 catch 문이 뒤에 나온 것보다 포괄적이라면(클래스 계층에서 위쪽에 있다면) 앞의 것이 선택되고 뒤에 나온 구체적인 타입은 영원히 실행되지 않는다. 예를 들어 readIntegerFile( )에서 던지는 invalid_argument를 꼭 잡아야 하는데, 다른 익셉션도 놓치지 않고 싶어서 가장 포괄적인 exception을 받는 catch 문도 넣어야 한다면 다음과 같이 구체적인 익셉션(invalid_argument)에 대한 catch 문을 앞에 적는다.

```
try {
    myInts = readIntegerFile(filename);
} catch (const invalid_argument& e) { // 먼저 파생 클래스를 적는다.
    // 파일 이름이 잘못된 경우를 처리한다.
} catch (const exception& e) { // 이제 exception 타입을 처리하는 코드를 적는다.
    cerr << e.what() << endl;
    return 1;
}
```

첫 번째 catch 문은 invalid_argument 타입을 처리하고, 두 번째 catch 문은 exception 타입에 속한 모든 익셉션을 잡는다. 그런데 다음과 같이 두 catch 문의 순서를 바꾸면 실행 결과가 달라진다.

```
try {
    myInts = readIntegerFile(filename);
} catch (const exception& e) { // 버그. 베이스 클래스를 먼저 잡으면 의도와 달리 실행된다.
    cerr << e.what() << endl;
    return 1;
} catch (const invalid_argument& e) {
    // 파일 이름이 잘못된 경우를 처리한다.
}
```

이렇게 하면 exception을 상속한 클래스의 익셉션을 모두 첫 번째 catch 문에서 처리하기 때문에 두 번째 catch 문은 한 번도 실행되지 않는다. 이렇게 작성하면 경고 메시지를 출력하는 컴파일러도 있지만, 완전히 믿을 수 없으니 작성할 때 주의한다.

14.3.3 익셉션 클래스 직접 정의하기

익셉션 클래스를 직접 정의하면 다음 두 가지 장점이 있다.

- C++ 표준 라이브러리의 익셉션 개수에는 제한이 있다. runtime_error처럼 일반적인 이름을 가진 익셉션 클래스를 사용하는 대신 프로그램의 특정 에러에 더 의미 있는 이름을 가진 클래스를 만들 수 있다.
- 익셉션에 원하는 정보를 얼마든지 추가할 수 있다. 표준 라이브러리에서 제공하는 익셉션에는 에러 스트링만 넣을 수 있다.

익셉션을 직접 정의할 때는 반드시 표준 exception 클래스를 직접 또는 간접적으로 상속하는 것이 좋다. 프로젝트 구성원이 모두 이 원칙을 따르면(그리고 이 원칙을 따르지 않는 서드파티 라이브러리가 없다면) 프로그램에서 발생하는 익셉션이 모두 exception을 상속하게 만들 수 있다. 이렇게 하면 에러 처리 코드에서 다형성을 이용하기 훨씬 쉽다.

예를 들어 invalid_argument와 runtime_error는 readIntegerFile()에서 발생하는 파일 열기와 읽기 에러를 정확히 표현하지 못한다. 따라서 다음과 같이 구체적인 상황을 표현하는 FileError 클래스를 만들고, 이 클래스가 exception을 상속하도록 정의해서 파일 에러에 대한 클래스 계층을 구성할 수 있다.

```
class FileError : public exception
{
    public:
        FileError(string filename) : m_filename { move(filename) } {}
        const char* what() const noexcept override { return m_message.c_str(); }
        virtual const string& getFilename() const noexcept { return m_filename; }
    protected:
        virtual void setMessage(string message) { m_message = move(message); }
    private:
        string m_filename;
        string m_message;
};
```

직접 정의한 FileError를 표준 익셉션 계층에 속하도록 exception의 하위 클래스로 정의하면 좋다. exception을 상속할 때 what() 메서드를 오버라이드할 수 있는데, 반드시 앞에 나온 것과 동일한 프로토타입을 따르고, 익셉션 객체가 소멸되기 전까지 사용할 수 있도록 const char* 타입의 스트링을 리턴해야 한다. FileError의 경우에는 m_message 데이터 멤버 값을 리턴하도록 작성한다. FileError의 파생 클래스는 protected setMessage() 메서드를 이용하여 다른 메시지를 리턴하도록 설정할 수 있다. 이때 FileError 클래스에는 파일 이름을 담는 데이터 멤버와 이 값에 대한 public 접근자도 정의한다.

readIntegerFile()의 실행 과정에서 파일이 열리지 않는 경우가 발생할 수 있다. 이를 위해 다음과 같이 FileError를 상속하는 FileOpenError 익셉션을 정의한다.

```
class FileOpenError : public FileError
{
    public:
        FileOpenError(string filename) : FileError { move(filename) }
        {
            setMessage(format("Unable to open {}." getFilename()));
        }
};
```

FileOpenError 익셉션은 파일 열기 에러를 표현하는 값을 m_message 스트링에 지정한다.

readIntegerFile()에서 발생할 수 있는 또 다른 에러는 파일을 읽을 수 없는 경우다. 이럴 때는 what() 메서드가 반환한 에러 메시지에 에러가 발생한 파일 이름과 줄 번호도 함께 알려주면 좋다. 따라서 FileError를 상속하는 FileReadError를 다음과 같이 정의한다.

```
class FileReadError : public FileError
{
    public:
        FileReadError(string filename, size_t lineNumber)
            : FileError { move(filename) }, m_lineNumber { lineNumber }
        {
            setMessage(format("Error reading {} at line {}.",
                 getFilename(), lineNumber));
        }
        virtual size_t getLineNumber() const noexcept { return m_lineNumber; }
    private:
        size_t m_lineNumber { 0 };
};
```

줄 번호를 정확히 표시하려면 readIntegerFile() 함수에서 정수를 읽을 때 현재 줄 번호도 기록하도록 수정해야 한다. 새로 정의한 익셉션을 던지도록 코드를 수정하면 다음과 같다.

```
vector<int> readIntegerFile(string_view filename)
{
    ifstream inputStream { filename.data() };
    if (inputStream.fail()) {
        // 파일 열기에 실패한 경우: 익셉션을 던진다.
        throw FileOpenError { filename };
    }

    vector<int> integers;
    size_t lineNumber { 0 };
    while (!inputStream.eof()) {
        // 파일에서 한 줄을 읽는다.
        string line;
        getline(inputStream, line);
        ++lineNumber;

        // 방금 읽은 한 줄에 대한 스트링 스트림을 생성한다.
        istringstream lineStream { line };

        // 파일에서 정수를 하나씩 읽어 벡터에 추가한다.
        int temp;
        while (lineStream >> temp) {
            integers.push_back(temp);
        }

        if (!lineStream.eof()) {
            // 스트링 스트림의 끝에 도달하지 않았다.
            // 다시 말해 한 줄을 읽는 도중 에러가 발생했다.
            // 따라서 익셉션을 던진다.
            throw FileReadError { filename, lineNumber };
        }
    }
    return integers;
}
```

이제 readIntegerFile()을 호출할 때 FileError의 다형성을 이용하여 익셉션을 처리하도록 catch 문을 다음과 같이 작성할 수 있다.

```
try {
    myInts = readIntegerFile(filename);
} catch (const FileError& e) {
    cerr << e.what() << endl;
    return 1;
}
```

익셉션으로 사용할 클래스를 정의할 때 신경 쓸 점이 하나 있다. 코드 어디선가 던진 익셉션 객체나 값은 이동 생성자에 의해 이동하거나 복제 생성자로 복제된다. 따라서 익셉션으로 사용할 클래스를 정의할 때는 반드시 객체를 복제하거나 이동할 수 있게 만들어야 한다. 다시 말해 동적 할당 메모리를 사용한다면 9장에서 설명한 방법대로 클래스에 소멸자뿐만 아니라 복제 생성자와 복제 대입 연산자 그리고 이동 생성자와 이동 대입 연산자도 함께 정의한다.

CAUTION_ 익셉션 객체는 최소 한 번 이상 이동하거나 복제된다.

익셉션을 레퍼런스로 받지 않고 값으로 받으면 여러 번 복제될 수 있다.

NOTE_ 익셉션 객체를 레퍼런스(기왕이면 `const` 레퍼런스)로 받으면 쓸데없는 복제 연산을 방지할 수 있다.

C++20 1 소스 위치

C++20 이전 버전에서는 소스 코드의 위치를 알아낼 때 다음과 같은 전처리기 매크로를 사용했다.

매크로	설명
`__FILE__`	현재 소스 코드 파일 이름으로 교체된다.
`__LINE__`	현재 소스 코드의 줄 번호로 교체된다.

또한 함수마다 `__func__`라는 `static` 문자 배열이 있다. 여기에 함수 이름이 담겨 있다.

C++20부터 `__func__`나 C 스타일의 전처리기 매크로를 대체할 객체지향적인 `std::source_location` 클래스가 추가되었다. 이 클래스는 `<source_location>`에 정의되어 있으며 다음과 같은 `public` 접근자를 제공한다.

접근자	설명
file_name()	현재 소스 코드의 파일 이름을 리턴한다.
function_name()	현재 위치가 함수 안이라면 함수 이름을 리턴한다.
line()	현재 소스 코드의 줄 번호를 리턴한다.
column()	현재 소스 코드의 열 번호를 리턴한다.

static 메서드인 current()는 이 메서드가 호출된 소스 코드의 위치를 기반으로 하여 source_location 인스턴스를 생성한다.

로그에 소스 위치 남기기

source_location 클래스는 로그를 남기는 데도 유용하다. 예전에는 현재 파일 이름, 함수 이름, 줄 번호 등을 자동으로 수집하는 데 C 스타일 매크로를 이용했다. 이제는 source_location을 이용하면 위치 정보를 자동으로 수집해서 로그에 남기는 기능을 C++ 스타일로 작성할 수 있게 되었다. 이를 위한 좋은 방법은 logMessage() 함수를 다음과 같이 정의하는 것이다. 여기에서는 진행 과정을 이해하기 쉽게 설명하기 위해 코드 앞에 줄 번호를 붙였다.

```
 8. void logMessage(string_view message,
 9.     const source_location& location = source_location::current())
10. {
11.     cout << format("{}({}): {}: {}", location.file_name(),
12.         location.line(), location.function_name(), message) << endl;
13. }
14.
15. void foo()
16. {
17.     logMessage("Starting execution of foo().");
18. }
19.
20. int main()
21. {
22.     foo();
23. }
```

logMessage()의 두 번째 매개변수는 디폴트값으로 static 메서드인 current()의 리턴값을 지정했다. 여기서 주의할 점은 current()가 호출되는 시점은 9번 줄이 아니라 logMessage()가 실제로 호출되는 지점(17번 줄)이다. 이 지점이 바로 로그로 남겨야 할 지점이다.

이 코드를 실행하면 다음과 같은 결과가 출력된다.

```
./01_Logging.cpp(17): foo: Starting execution of foo().
```

17번 줄이 바로 실제로 logMessage()가 호출된 곳이다.

익셉션에 소스 위치 담기

source_location의 또 다른 유용한 용도로 자신이 정의한 익셉션 클래스에서 그 익셉션이 발생한 지점을 표시하는 것이다. 예를 들면 다음과 같다.

```
class MyException : public exception
{
    public:
        MyException(string message,
            source_location location = source_location::current())
            : m_message { move(message) }
            , m_location { move(location) }
        { }

        const char* what() const noexcept override { return m_message.c_str(); }
        virtual const source_location& where() const noexcept { return m_location; }
    private:
        string m_message;
        source_location m_location;
};

void doSomething()
{
    throw MyException { "Throwing MyException." };
}

int main()
{
    try {
        doSomething();
    } catch (const MyException& e) {
        const auto& location { e.where() };
        cerr << format("Caught: '{}' at line {} in {}.",
            e.what(), location.line(), location.function_name()) << endl;
    }
}
```

실행 결과는 다음과 같다.

```
Caught: 'Throwing MyException.' at line 30 in doSomething.
```

14.3.4 중첩 익셉션

앞서 발생한 익셉션을 처리하는 도중에 또 다른 에러가 발생해서 새로운 익셉션이 전달될 수 있다. 그런데 이렇게 중간에 던져진 익셉션 때문에 앞서 처리하던 익셉션 정보가 사라진다. 이를 해결하기 위해 C++에서는 먼저 잡은 익셉션을 새로 발생한 익셉션의 문맥 안에 포함시키는 **중첩 익셉션**nested exception이라는 기능을 제공한다. 예를 들어 A 타입의 익셉션을 던지는 서드파티 라이브러리의 함수를 사용하는데, 현재 작성하는 프로그램에서는 B 타입의 익셉션만 처리하게 만들고 싶다면 서드파티 라이브러리에서 던지는 익셉션을 모두 B 타입 안에 중첩시키면 된다.

std::throw_with_nested()를 사용하면 어떤 익셉션 안에 다른 익셉션을 중첩시켜 던질 수 있다. 익셉션을 처리하는 catch 문에서 (현재 익셉션에 중첩된) 먼저 발생한 익셉션을 표현하는 std::nested_exception을 지정해서 dynamic_cast()를 호출하면 첫 번째 익셉션에 접근할 수 있다. 구체적인 예제를 통해 살펴보기 위해 다음과 같이 exception을 상속하고, 생성자에서 스트링을 인수로 받는 MyException 클래스를 정의하자.

```
class MyException : public exception
{
    public:
        MyException(string_view message) : m_message { move(message) } {}
        const char* what() const noexcept override { return m_message.c_str(); }
    private:
        string m_message;
};
```

다음 doSomething() 함수는 runtime_error를 던지는데, 아래 나오는 캐치 핸들러에서 이 익셉션을 곧바로 잡는다. 여기에서는 메시지를 출력한 뒤 throw_with_nested() 함수를 이용하여 앞서 발생한 익셉션을 담은 익셉션을 만들어서 던진다. 이때 익셉션을 중첩시키는 작업은 자동으로 처리된다.

```
void doSomething()
{
    try {
        throw runtime_error { "Throwing a runtime_error exception" };
    } catch (const runtime_error& e) {
        cout << format("{} caught a runtime_error", __func__) << endl;
        cout << format("{} throwing MyException", __func__) << endl;
        throw_with_nested(
            MyException { "MyException with nested runtime_error" });
    }
}
```

throw_with_nested() 함수는 nested_exception과 이 예제에서 만든 MyException을 상속하여 컴파일러가 생성한 새로운 익명 타입을 던지는 방식으로 작동한다. C++의 다중 상속이 유용하게 쓰이는 또 다른 예다. 베이스 클래스인 nested_exception의 디폴트 생성자는 std::current_exception()을 호출해서 현재 처리되고 있는 익셉션을 자동으로 캡처한 뒤 std::exception_ptr에 저장한다. exception_ptr은 포인터와 비슷한 타입으로서, 현재 발생해서 current_exception()으로 캡처한 익셉션 객체에 대한 포인터나 널 포인터를 저장할 수 있다. expression_ptr의 인스턴스는 함수에 전달할 수 있고(일반적으로 값으로) 다른 스레드에도 전달할 수 있다.

마지막으로 살펴볼 코드는 중첩 익셉션을 처리하는 방법을 보여준다. 여기서 doSomething() 함수를 호출하고, 그 아래 정의된 캐치 핸들러는 MyException 타입으로 된 익셉션을 처리한다. 이 핸들러가 익셉션을 잡으면 메시지를 작성한 뒤 dynamic_cast()를 이용하여 현재 익셉션에 중첩된 익셉션에 접근한다. 그 안에 중첩된 익셉션이 없다면 널 포인터를 리턴한다. 중첩된 익셉션이 있다면 다른 try/catch 문에서 처리할 수 있도록 그 익셉션의 rethrow_nested() 메서드를 호출해서 다시 던진다.

```
try {
    doSomething();
} catch (const MyException& e) {
    cout << format("{} caught MyException: {}", __func__, e.what()) << endl;

    const auto* nested { dynamic_cast<const nested_exception*>(&e) };
    if (nested) {
        try {
```

```
            nested->rethrow_nested();
        } catch (const runtime_error& e) {
            // 중첩된 익셉션을 처리한다.
            cout << format(" Nested exception: {}", e.what() << endl;
        }
    }
}
```

이 코드를 실행한 결과는 다음과 같다.

```
doSomething caught a runtime_error
doSomething throwing MyException
main caught MyException: MyException with nested runtime_error
  Nested exception: Throwing a runtime_error exception
```

앞에 나온 main() 함수는 dynamic_cast()를 이용하여 중첩 익셉션이 있는지 확인했다. 이 함수로 중첩 익셉션을 확인할 일이 많기 때문에 표준에서는 std::rethrow_if_nested()란 간편한 헬퍼 함수를 제공한다. 이 헬퍼 함수의 사용법은 다음과 같다.

```
try {
    doSomething();
} catch (const MyException& e) {
    cout << format("{} caught MyException: {}", __func__, e.what()) << endl;
    try {
        rethrow_if_nested(e);
    } catch (const runtime_error& e) {
        // 중첩된 익셉션을 처리한다.
        cout << format(" Nested exception: {}", e.what()) << endl;
    }
}
```

throw_with_nested(), nested_exception, rethrow_if_nested(), current_exception(), exception_ptr은 모두 <exception>에 정의되어 있다.

14.4 익셉션 다시 던지기

throw 키워드는 현재 발생한 익셉션을 다시 던지는 용도로도 사용한다. 예를 들면 다음과 같다.

```
void g() { throw invalid_argument { "Some exception" }; }

void f()
{
    try {
        g();
    } catch (const invalid_argument& e) {
        cout << "caught in f: " << e.what() << endl;
        throw; // 다시 던지기
    }
}

int main()
{
    try {
        f();
    } catch (const invalid_argument& e) {
        cout << "caught in main: " << e.what() << endl;
    }
}
```

이 코드를 실행한 결과는 다음과 같다.

```
caught in f: Some exception
caught in main: Some exception
```

여기서 throw e; 문으로 현재 잡은 익셉션을 다시 던지면 된다고 생각하기 쉽지만 그렇지 않다. 익셉션 객체에 대한 슬라이싱이 발생하기 때문이다. 예를 들어 f()에서 std::exception을 잡고, main()에서 exception과 invalid_argument 익셉션을 모두 잡도록 다음과 같이 수정해 보자.

```
void g() { throw invalid_argument { "Some exception" }; }

void f()
{
    try {
        g();
    } catch (const exception& e) {
        cout << "caught in f: " << e.what() << endl;
```

```
        throw; // 다시 던지기
    }
}

int main()
{
    try {
        f();
    } catch (const invalid_argument& e) {
        cout << "invalid_argument caught in main: " << e.what() << endl;
    } catch (const exception& e) {
        cout << "exception caught in main: " << e.what() << endl;
    }
}
```

그런데 invalid_argument는 exception을 상속한 것이다. 그러므로 이 코드를 실행하면 예상대로 다음과 같이 출력된다.

```
caught in f: Some exception
invalid_argument caught in main: Some exception
```

이번에는 f()에 나온 throw;를 throw e;로 바꿔보자. 그러면 다음과 같이 출력된다.

```
caught in f: Some exception
exception caught in main: Some exception
```

이렇게 하면 main()이 invalid_argument 객체가 아닌 exception 객체를 잡는다. throw e;에서 슬라이싱이 발생해서 invalid_argument가 exception로 되어버렸기 때문이다.

CAUTION_ 익셉션을 다시 던질 때는 항상 throw;로 적어야 한다. throw e;와 같이 e란 익셉션을 다시 던지도록 작성하면 안 된다.

14.5 스택 풀기와 정리

코드에서 익셉션을 던지면 이를 받아서 처리할 핸들러를 스택에서 찾는다. 이때 캐치 핸들러는 현재 스택 프레임에 있을 수도 있고, 함수 호출 스택을 몇 단계 거슬러 올라가야 할 수도 있다.

어떻게든 캐치 핸들러를 발견하면 그 핸들러가 정의된 스택 단계로 돌아가는데, 이 과정에서 중간 단계의 스택 프레임을 모두 풀어버리는 **스택 풀기**stack unwinding 과정을 거친다. 이때 스코프가 로컬인 소멸자가 모두 호출되면서 각 함수에서 미처 실행하지 못한 코드는 건너뛴다.

그런데 스택 풀기가 발생할 때 포인터 변수를 해제하고 리소스를 정리하는 작업은 실행되지 않는다. 그러므로 다음과 같은 경우 문제가 발생할 수 있다.

```
void funcOne();
void funcTwo();

int main()
{
    try {
        funcOne();
    } catch (const exception& e) {
        cerr << "Exception caught!" << endl;
        return 1;
    }
}

void funcOne()
{
    string str1;
    string* str2 { new string {} };
    funcTwo();
    delete str2;
}

void funcTwo()
{
    ifstream fileStream;
    fileStream.open("filename");
    throw exception {};
    fileStream.close();
}
```

funcTwo()에서 익셉션을 던질 때 가장 가까운 핸들러는 main()에 있다. 그러므로 실행 흐름은 즉시 funcTwo()에 있던 다음 라인에서

```
throw exception {};
```

main()의 다음 라인으로 건너뛴다.

```
cerr << "Exception caught!" << endl;
```

익셉션을 던지고 나서는 실행 흐름이 funcTwo()를 떠나버리기 때문에 다음 문장은 영원히 실행되지 않는다.

```
fileStream.close();
```

다행히 fileStream이 스택에 있는 로컬 변수여서 ifstream 소멸자가 호출되면서 파일을 닫아주기 때문에 리소스 누수는 발생하지 않는다. 만약 fileStream을 동적으로 할당했다면 자동으로 제거되지 않기 때문에 파일은 닫히지 않은 채 그대로 남게 된다.

한편 funcTwo()를 호출하고 나서 실행 흐름이 funcOne()을 떠나기 때문에 그 뒤에 나온 문장(delete str2;)은 실행되지 않는다. 그런데 이번에는 스택 풀기 과정에서 str2에 대해 delete를 자동으로 호출해주지 않기 때문에 메모리 누수가 발생한다. 하지만 str1이 스택에 있는 로컬 변수이기 때문에 적절히 해제된다. 스택 풀기 과정에서 로컬에 있는 변수를 모두 제거하기 때문이다.

CAUTION_ 익셉션 처리 구문을 작성할 때 메모리나 리소스 누수가 발생하지 않도록 주의한다.

바로 이 때문에 C 언어에서 사용하던 할당 모델과 익셉션 같은 최신 프로그래밍 기법을 섞어 쓰면 안 된다(new를 호출해서 C++처럼 보이게 만들어도 마찬가지다). C++로 코드를 작성할 때는 반드시 스택 기반 할당 방식을 적용해야 한다. 그게 힘들면 다음 두 절에 나온 기법 중 하나를 활용한다.

14.5.1 스마트 포인터 활용

스택 기반으로 할당할 수 없다면 스마트 포인터를 활용한다. 그러면 익셉션 처리 과정에 메모리나 리소스 누수 방지 작업을 자동으로 처리할 수 있다. 스마트 포인터 객체가 제거될 때마다 그 포인터에 할당된 리소스도 함께 해제된다. 예를 들어 <memory>에 정의된 그리고 7장에서 소개한 스마트 포인터인 unique_ptr을 사용하도록 앞에서 본 funcOne() 함수를 수정해보자.

```
void funcOne()
{
    string str1;
    auto str2 { make_unique<string>("hello") };
    funcTwo();
}
```

여기서 str2 포인터는 funcOne()을 호출한 후 리턴하거나 그 안에서 익셉션을 던지면 자동으로 제거된다.

물론 동적 할당은 꼭 필요한 경우에만 해야 한다. 예를 들어 앞에 나온 funcOne에서 굳이 str2를 동적으로 할당할 필요는 없다. 스택 기반 string 변수가 적합하다. 여기에서는 단지 익셉션을 던진 후 일어나는 일을 간단히 보여주기 위해 동적으로 할당한 것이다.

NOTE_ 스마트 포인터 또는 RAII 객체를 사용할 때는 리소스 해제를 신경쓰지 않아도 된다. 익셉션을 던지든 정상적으로 종료되든 RAII 객체의 소멸자가 대신 처리해주기 때문이다. 이는 32장에서 소개하는 설계 기법 중 하나이기도 하다.

14.5.2 잡고, 정리하고, 다시 던지기

메모리 및 리소스 누수를 방지하기 위한 또 다른 기법은 각 함수마다 발생 가능한 익셉션을 모두 잡아서 리소스를 제대로 정리한 뒤 그 익셉션을 다시 상위 스택의 핸들러로 던지는 것이다. 예를 들어 funcOne()을 다음과 같이 수정할 수 있다.

```
void funcOne()
{
    string str1;
    string* str2 { new string {} };
    try {
        funcTwo();
    } catch (...) {
        delete str2;
        throw; // 잡은 익셉션을 다시 위로 던진다.
    }
    delete str2;
}
```

이 함수는 funcTwo()를 호출하는 문장과 여기서 발생하는 익셉션을 처리하는 핸들러를 정의하고 있다. 핸들러는 리소스를 정리(str2에 대해 delete를 호출해서)하고 나서 잡았던 익셉션을 다시 던진다. 이처럼 가장 최근에 잡은 익셉션을 다시 던질 때는 throw란 키워드만 적으면 된다. 참고로 catch 문에서 모든 종류의 익셉션을 잡고 싶다면 위 코드처럼 ...을 지정한다.

위 코드는 좀 지저분하지만 익셉션을 처리하는 데는 문제가 없다. 여기서 delete str2;라는 똑같은 문장이 두 번 나온다. 하나는 익셉션을 처리하는 catch 문에서 실행되고, 다른 하나는 함수가 정상적으로 종료할 때 실행된다.

> **CAUTION_** 익셉션을 잡고, 리소스를 정리한 후 익셉션을 다시 던지기보다는 스마트 포인터를 비롯한 RAII 클래스를 사용하는 방법이 더 좋다.

14.6 익셉션 처리 과정에서 흔히 발생하는 문제

프로그램에서 익셉션 메커니즘을 사용할지 말지는 각자 결정하면 되지만, 익셉션 사용 여부와 관계없이 에러 처리 방식을 공식적으로 정해두는 것이 좋다. 익셉션을 사용하면 이러한 에러 처리 방식을 일관성 있게 정리하기 쉽지만 익셉션을 사용하지 않더라도 불가능한 것은 아니다. 여기서 핵심은 프로그램을 구성하는 모든 모듈이 일관된 에러 처리 기법을 적용하는 데 있다. 프로젝트에 참여한 모든 프로그래머는 이렇게 정해둔 에러 처리 규칙을 정확히 이해하고 지켜야 한다.

이 절에서는 익셉션 메커니즘을 이용해 에러 처리를 할 때 흔히 발생하는 문제를 소개한다. 물론 여기서 소개하는 문제들은 익셉션 메커니즘을 사용하지 않을 때도 얼마든지 발생할 수 있다.

14.6.1 메모리 할당 에러

지금까지 소개한 예제에서는 메모리 할당 과정에서 에러가 발생하지 않는다고 가정했다. 요즘 사용하는 64비트 플랫폼에서는 극히 드물지만 모바일 시스템이나 레거시 시스템에서는 메모리 할당에 실패하는 경우가 얼마든지 발생할 수 있다. 이런 시스템에 대한 코드를 작성할 때는 반드시 메모리 할당 에러에 대처해야 한다. C++에서 메모리 할당 에러를 처리하기 위한 방법은 여러 가지다.

new나 new[]에서 메모리를 할당할 수 없을 때 기본적으로 수행하는 동작은 <new> 헤더 파일에 정의된 bad_alloc 익셉션을 던지는 것이다. 따라서 이 익셉션을 처리하는 catch 문을 작성한다.

new나 new[]를 호출할 때마다 try/catch 문으로 감싸도 되지만 할당하려는 메모리 블록의 크기가 클 때만 이렇게 하는 것이 좋다. 메모리 할당 익셉션을 잡는 방법은 다음과 같다.

```
int* ptr { nullptr };
size_t integerCount { numeric_limits<size_t>::max() };
cout << format("Trying to allocate memory for {} integers.", integerCount) << endl;
try {
    ptr = new int[integerCount];
} catch (const bad_alloc& e) {
    auto location { source_location::current() };
    cerr << format("{}({}): Unable to allocate memory: {}",
        location.file_name(), location.line(), e.what() << endl;
    // 메모리 할당 에러를 처리한다.
    return;
}
// 메모리 할당에 성공했다면 함수를 정상적으로 진행한다.
```

여기서는 source_location을 이용하여 에러 메시지에 현재 줄 번호와 파일 이름을 표시했다. 이렇게 하면 디버깅하기 편하다.

물론 구현하는 프로그램에서 가능하다면 프로그램의 최상위 코드에서 try/catch 블록 하나만으로 발생 가능한 모든 에러를 처리해도 된다.

한 가지 주의할 점은 에러 로깅 과정에 메모리 할당이 발생할 수 있는데, new 과정에 에러가 발생했다면 에러 메시지를 로깅하는 데 필요한 메모리도 없을 가능성이 높다.

1 익셉션을 던지지 않는 new

익셉션 메커니즘을 좋아하지 않는다면, 예전 C 방식처럼 메모리 할당에 실패하면 널 포인터를 리턴하도록 작성하는 방법도 있다. C++는 익셉션을 던지지 않는 nothrow 버전의 new와 new[]도 제공한다. 이 버전은 메모리 할당에 실패하면 익셉션을 던지지 않고 nullptr을 리턴한다. 이렇게 하려면 new 대신 new(nothrow) 구문을 사용한다. 예를 들면 다음과 같다.

```
int* ptr { new(nothrow) int[integerCount] };
if (ptr == nullptr) {
```

```
    auto location { source_location::current() };
    cerr << format("{}({}): Unable to allocate memory!",
        location.file_name(), location.line()) << endl;
    // 메모리 할당 에러를 처리한다.
    return;
}
// 메모리 할당에 성공했다면 함수를 정상적으로 진행한다.
```

NOTE_ 개인적으로 익셉션을 던지지 않는 버전의 new를 권장하지 않고, 익셉션을 던지는 디폴트 동작을 선호한다. 할당에 실패할 때 던져진 익셉션은 무시할 수 없는 반면 익셉션을 던지지 않는 new에서 리턴하는 nullptr은 깜박 잊기 쉽기 때문이다.

2 메모리 할당 에러 처리 방식 커스터마이즈하기

C++에서는 **new 핸들러** 콜백 함수를 커스터마이즈할 수 있다. 기본적으로 new나 new[]는 new 핸들러를 따로 사용하지 않고 bad_alloc 익셉션을 던지기만 한다. 그런데 new 핸들러를 정의하면 메모리 할당 루틴에서 에러가 발생했을 때 익셉션을 던지지 않고, 앞서 정의한 new 핸들러를 호출한다. new 핸들러가 리턴할 때 메모리 할당 루틴은 메모리를 다시 할당하려고 시도하는데, 이때 실패해도 다시 new 핸들러를 호출한다. 따라서 new 핸들러에서 다음과 같은 세 가지 방식 중 하나로 구현하지 않으면 무한 루프가 발생할 수 있다. 이 중 몇 가지 방식은 다른 방식보다 낫다. 각각을 하나씩 살펴보자.

- **메모리 추가하기:** 공간을 확보하기 위한 한 가지 방법은 프로그램을 구동할 때 메모리를 큰 덩어리로 할당했다가 new 핸들러로 해제하는 것이다. 구체적인 활용 예로 메모리 할당 에러가 발생할 때 현재 사용자의 상태가 사라지지 않도록 저장해야 할 때가 있다. 여기서 핵심은 프로그램을 구동할 때 상태(예: 워드프로세서라면 문서 전체)를 저장할 수 있을 정도로 메모리를 충분히 할당하는 데 있다. new 핸들러가 호출되면 이 블록을 해제한 뒤 상태(예: 문서)를 저장하고 프로그램을 다시 구동해서 저장된 상태를 불러오면 된다.
- **익셉션 던지기:** C++ 표준에서는 new 핸들러에서 익셉션을 던질 때 반드시 bad_alloc이나 이를 상속한 익셉션을 던지도록 명시하고 있다. 예를 들면 다음과 같다.
  - bad_alloc을 상속한 document_recovery_alloc을 던진다. 이 익셉션을 catch 문으로 잡아서 문서를 저장하는 작업을 수행한 뒤 애플리케이션을 다시 구동한다.
  - 또는 please_terminate_me 익셉션을 던진다. 이 익셉션도 bad_alloc을 상속한 것이다. 최상위 함수(예: main())에서 이 익셉션을 잡아서 리턴하도록 처리한다. 이때 exit()를 호출하지 말고 최상위 함수에서 리턴해서 프로그램을 종료시키는 것이 바람직하다.
- **다른 new 핸들러 지정하기:** 이론적으로 new 핸들러를 여러 개 만들어서 각각 메모리를 생성하고 문제가 발생하면 다른 new 핸들러를 설정할 수 있다. 하지만 실제 효과에 비해 코드가 복잡하다는 단점이 있다.

여기 나온 세 가지 방식 중 어느 하나로 구현하지 않으면 메모리 할당 에러가 발생할 때 무한 루프가 발생한다.

메모리 할당 에러가 발생할 때 new 핸들러를 호출하지 않게 하고 싶다면 new를 호출하기 전에 new 핸들러의 디폴트값인 nullptr로 잠시 되돌려둔다.

new 핸들러는 <new> 헤더 파일에 선언된 set_new_handler()를 호출해서 설정한다. 예를 들어 에러 메시지를 로그에 기록하고 익셉션을 던지도록 new 핸들러를 작성하면 다음과 같다.

```
class please_terminate_me : public bad_alloc { };

void myNewHandler()
{
    cerr << "Unable to allocate memory." << endl;
    throw please_terminate_me {};
}
```

new 핸들러에는 반드시 인수와 리턴값이 없어야 한다. 이렇게 하면 앞에서 설명한 세 가지 처리 방식 중 두 번째처럼 please_terminate_me가 발생한다. 이렇게 작성한 new 핸들러의 작동 예는 다음과 같다.

```
int main()
{
    try {
        // 새로 만든 new_handler를 설정하고 예전 것은 저장해둔다.
        new_handler oldHandler { set_new_handler(myNewHandler) };

        // 할당 에러를 발생시킨다.
        size_t numInts { numeric_limits<size_t>::max() };
        int* ptr { new int[numInts] };

        // 예전 new_handler로 되돌린다.
        set_new_handler(oldHandler);
    } catch (const please_terminate_me&) {
        auto location { source_location::current() };
        cerr << format("{}({}). Terminating program.",
            location.file_name(), location.line()) << endl;
        return 1;
    }
}
```

여기서 new_handler는 set_new_handler()가 인수로 받는 함수 포인터 타입에 대한 타입 앨리어스다.

14.6.2 생성자에서 발생하는 에러

생성자에서 객체를 생성하는 과정에 에러가 발생하면 어떻게 해야 할까? 생성자는 원래 리턴값이 없기 때문에 익셉션 메커니즘이 없던 시절에 사용하던 에러 처리 메커니즘은 적용할 수 없다. 익셉션을 사용하지 않고서 할 수 있는 최선의 방법은 객체의 정상 생성 여부를 표시하는 플래그를 객체 안에 설정하는 것이다. 그리고 클라이언트가 생성자의 처리 상태를 확인할 수 있도록 플래그값을 리턴하는 메서드를 checkConstructionStatus()와 같은 이름으로 만들면 된다.

물론 익셉션 메커니즘을 활용하는 것이 훨씬 좋다. 생성자가 값을 리턴하지 못해도 익셉션을 던질 수 있기 때문이다. 익셉션을 활용하면 클라이언트가 객체의 정상 생성 여부를 쉽게 알 수 있다. 하지만 한 가지 심각한 문제가 있다. 익셉션이 발생해서 생성자가 정상 종료되지 않고 중간에 실행을 멈추고 빠져나와버리면 나중에 그 객체의 소멸자가 호출될 수 없다. 따라서 익셉션이 발생해서 생성자를 빠져나올 때는 반드시 생성자에서 할당했던 메모리와 리소스를 정리해야 한다. 생성자가 아닌 일반 함수도 이 점에 주의해야 하는 것은 마찬가지지만 생성자에 대해서는 할당했던 메모리나 리소스를 소멸자가 알아서 해제해준다고 생각하기 쉽기 때문에 더욱 주의해야 한다.

Matrix 클래스 템플릿 코드를 통해 생성자에서 발생하는 익셉션을 처리하는 방법을 구체적으로 알아보자. 참고로 여기에서는 생성자에서 익셉션이 발생할 때의 문제점을 보여주기 위해 m_matrix라는 일반 포인터[raw pointer]를 사용했지만, 실전에서는 이렇게 일반 포인터를 사용하면 안 되고, 표준 라이브러리에서 제공하는 컨테이너와 같은 안전한 방법으로 구현해야 한다. Matrix 클래스 템플릿은 다음과 같이 정의한다.

```
export template <typename T>
class Matrix
{
    public:
        Matrix(size_t width, size_t height);
        virtual ~Matrix();
    private:
        void cleanup();
```

```
        size_t m_width { 0 };
        size_t m_height { 0 };
        T** m_matrix { nullptr };
};
```

Matrix 클래스의 구현 코드는 다음과 같다. 여기서 첫 번째 new 호출은 try/catch 문으로 묶여 있지 않다. 이 생성자는 나중에 해제할 리소스를 할당하지 않기 때문에 익셉션이 발생해도 문제없다. 하지만 그 뒤에 나오는 new 호출문은 생성자에서 메모리를 할당하기 때문에 익셉션이 발생할 때 반드시 메모리를 해제해야 한다. 그런데 T 생성자에서 발생할 익셉션이 뭔지 알 수 없다. 그러므로 catch 문이 모든 익셉션을 잡도록 ...를 지정했다. 참고로 첫 번째 new 호출로 할당된 배열은 {} 구문을 이용하여 영으로 초기화했다. 다시 말해 모든 원소가 nullptr이란 값을 가진다. 이렇게 하면 cleanup() 메서드에서 처리하기 편하다. nullptr에 대해 delete를 호출할 수 있기 때문이다.

```
template <typename T>
Matrix<T>::Matrix(size_t width, size_t height)
{
    m_matrix = new T*[width] {}; // 배열을 영으로 초기화한다.

    // m_width와 m_height 멤버를 생성자 초기자로 초기화하면 안 된다.
    // 앞에 나온 m_matrix를 성공적으로 할당했을 때만 초기화해야 하기 때문이다.
    m_width = width;
    m_height = height;

    try {
        for (size_t i { 0 }; i < width; ++i) {
            m_matrix[i] = new T[height];
        }
    } catch (...) {
        std::cerr << "Exception caught in constructor, cleaning up..."
            << std::endl;
        cleanup();
        // 발생한 익셉션을 모두 bad_alloc 익셉션 안에 중첩시킨다.
        std::throw_with_nested(std::bad_alloc {});
    }
}

template <typename T>
Matrix<T>::~Matrix()
```

```
{
    cleanup();
}

template <typename T>
void Matrix<T>::cleanup()
{
    for (size_t i { 0 }; i < m_width; ++i) {
        delete[] m_matrix[i];
    }
    delete[] m_matrix;
    m_matrix = nullptr;
    m_width = m_height = 0;
}
```

CAUTION_ 익셉션이 발생해서 생성자를 벗어나면 그 객체에 대한 소멸자가 호출되지 않는다는 점을 반드시 명심한다.

앞에서 정의한 Matrix 클래스 템플릿을 다음과 같이 테스트해보자.

```
class Element
{
    // 코드가 최대한 간결하면서 최소한의 기능만 갖추도록
    // Element 클래스의 생성자에서 익셉션을 던질 수 있도록 작성한다.
    private:
        int m_value;
};

int main()
{
    Matrix<Element> m { 10, 10 };
}
```

여기에 상속을 적용하면 어떻게 되는지 궁금할 것이다. 파생 클래스 생성자보다 베이스 클래스 생성자가 먼저 실행된다. 그러므로 파생 클래스 생성자에서 익셉션이 발생하면 C++ 런타임은 생성자를 정상적으로 실행했던 베이스 클래스의 소멸자를 호출한다.

> **NOTE_** C++는 생성자 실행을 정상적으로 마친 객체에 대해 소멸자가 실행되도록 보장한다. 따라서 생성자에서 익셉션 없이 정상 처리된 객체는 소멸자가 반드시 호출된다.

14.6.3 생성자를 위한 함수 try 블록

지금까지 소개한 익셉션 기능만으로도 함수에서 발생한 익셉션을 처리하는 데 충분하다. 그렇다면 생성자 초기자에서 발생한 익셉션은 어떻게 처리해야 할까? 이 절에서는 **함수 try 블록** function-try-block 이란 기능으로 이런 익셉션을 처리하는 방법을 소개한다. 함수 try 블록은 일반 함수뿐만 아니라 생성자에도 적용할 수 있다. 이 절에서는 생성자에 적용하는 방법 위주로 소개한다. 참고로 이 기능은 상당히 오래 전부터 제공되던 것이었지만 숙련된 C++ 프로그래머조차 이 기능을 모르는 경우가 많다.

생성자에 대한 함수 try 블록을 작성하는 방법을 의사코드로 표현하면 다음과 같다.

```
MyClass::MyClass()
try
    : <ctor-initializer>
{
    /* ... 생성자 본문 ... */
}
catch (const exception& e)
{
    /* ... */
}
```

try 키워드를 생성자 초기자 바로 앞에 적었다. catch 문은 반드시 생성자를 닫는 중괄호 뒤에 나와야 한다. 그러므로 실질적으로 생성자 밖에 놓인다. 함수 try 블록을 생성자에 적용할 때는 다음과 같은 점에 주의한다.

- catch 문은 생성자 초기자나 생성자 본문에서 직접 또는 간접적으로 발생한 익셉션을 잡아서 처리한다.
- catch 문은 반드시 현재 발생한 익셉션을 다시 던지거나 새 익셉션을 만들어 던져야 한다. catch 문에서 이렇게 처리하지 않으면 런타임이 자동으로 현재 익셉션을 다시 던진다.
- catch 문은 생성자에 전달된 인수에 접근할 수 있다.
- catch 문이 함수 try 블록에서 익셉션을 잡으면 생성자의 실행을 정상적으로 마친 베이스 클래스나 그 객체로 된 멤버는 catch 문을 시작하기 전에 소멸된다.

- catch 문 안에서는 객체로 된 멤버 변수에 접근하면 안 된다. 바로 앞에 설명한 것처럼 catch 문이 실행되기 전에 소멸되기 때문이다. 그런데 익셉션이 발생하기 전에 그 객체에 클래스 타입이 아닌(예: 일반 포인터 타입) 데이터 멤버를 초기화했다면 여기에 접근할 수 있다. 단, 이런 리소스를 정리하는 작업은 catch 문에서 처리해야 한다. 뒤에 나온 코드가 이렇게 처리한다.
- 함수 try 블록에 있는 catch 문은 그 안에 담긴 함수에서 값을 리턴할 때 return 키워드를 사용할 수 없다. 생성자는 원래 아무것도 리턴하지 않기 때문이다.

앞에서 나열한 제약사항을 감안하면 생성자에 대한 함수 try 블록은 다음과 같은 제한된 상황에만 적합하다.

- 생성자 초기자에서 던진 익셉션을 다른 익셉션으로 변환할 때
- 메시지를 로그 파일에 기록할 때
- 생성자 초기자에서 할당된 리소스를 익셉션을 던지기 전에 해제할 때

다음 예는 함수 try 블록을 구현하는 방법을 보여준다. 여기서 SubObject 클래스는 runtime_error 익셉션을 던지는 생성자 하나만 갖고 있다.

```
class SubObject
{
    public:
        SubObject(int i){ throw runtime_error { "Exception by SubObject ctor" }; }
};
```

다음에 나온 MyClass는 int* 타입의 멤버 변수 하나와 SubObject 타입의 멤버 변수 하나를 갖고 있다.

```
class MyClass
{
    public:
        MyClass();
    private:
        int* m_data { nullptr };
        SubObject m_subObject;
};
```

SubObject 클래스에는 디폴트 생성자가 없다. 다시 말해 m_subObject를 MyClass의 생성자 초기자로 초기화해야 한다. MyClass 생성자는 함수 try 블록을 이용하여 생성자 초기자에서

발생한 익셉션을 처리한다.

```
MyClass::MyClass()
try
    : m_data { new int[42]{ 1, 2, 3 } }, m_subObject { 42 }
{
    /* 생성자 본문 */
}
catch (const exception& e)
{
    // 메모리 정리
    delete[] m_data;
    m_data = nullptr;
    cout << format("function-try-block caught: '{}'", e.what()) << endl;
}
```

여기서 명심할 점은 생성자에 대한 함수 try 블록 안에 있는 catch 문은 반드시 현재 익셉션을 다시 던지거나 새 익셉션을 생성해서 던져야 한다는 것이다. 앞에 나온 catch 문을 보면 아무 익셉션도 던지지 않는데, 그러면 C++ 런타임이 현재 익셉션을 대신 던진다. 다음은 MyClass 클래스를 사용하는 간단한 예다.

```
int main()
{
    try {
        MyClass m;
    } catch (const exception& e) {
        cout << format("main() caught: '{}'", e.what()) << endl;
    }
}
```

이 코드를 실행하면 다음과 같이 출력된다.

```
function-try-block caught: 'Exception by SubObject ctor'
main() caught: 'Exception by SubObject ctor'
```

참고로 이 예제처럼 코드를 작성하면 에러가 발생하기 쉬우며 권장되지 않는다. 이렇게 하지 말고 m_data를 std::vector와 같은 컨테이너나 unique_ptr과 같은 스마트 포인터로 만들고, 함수 try 블록을 제거하는 것이 좋다.

> **CAUTION_** 함수 try 블록은 사용하지 않는 것이 좋다!
>
> 함수 try 블록은 주로 일반 포인터 타입 리소스에 대한 데이터 멤버가 있을 때만 유용하다. std::vector나 unique_ptr과 같은 RAII 클래스를 이용하면 리소스를 이렇게 표현하지 않게 할 수 있다. RAII 클래스는 32장에서 자세히 설명한다.

함수 try 블록은 생성자뿐만 아니라 일반 함수에도 적용할 수 있다. 하지만 일반 함수에서 이를 사용해서 나아질 것이 없다. 함수 본문 안에서 간단히 try/catch 문으로 표현해도 되기 때문이다. 단, 함수 try 블록을 생성자에서 사용할 때와 달리 일반 함수에서 사용하면 현재 익셉션을 다시 던지거나 catch 문에서 새 익셉션을 만들어서 던질 필요 없고, C++ 런타임에서 대신 던져주지도 않는다.

14.6.4 소멸자에서 익셉션을 처리하는 방법

소멸자에서 발생하는 에러는 반드시 소멸자 안에서 처리해야 한다. 소멸자에서 익셉션을 다른 곳으로 던지면 안 된다. 그 이유는 다음과 같다.

1 소멸자에 명시적으로 noexcept(false)를 지정하지 않거나 클래스에 noexcept(false) 소멸자가 있는 하위 객체가 없다면 내부적으로 noexcept로 선언된 것으로 취급한다. noexcept 소멸자에서 익셉션을 던지면 C++ 런타임은 std::terminate()를 호출해서 프로그램을 종료한다.

2 소멸자는 이미 다른 익셉션이 발생해서 스택 풀기(stack unwinding)가 실행되는 과정에서도 호출된다. 스택 풀기를 하는 도중에 소멸자에서 익셉션을 던지면 C++ 런타임은 std::terminate()를 호출해서 애플리케이션을 종료한다. 실험 정신이 투철한 독자를 위해 부연 설명하면 C++는 소멸자가 호출되는 원인이 일반 함수의 정상적인 종료 때문인지 아니면 delete를 호출했기 때문인지 아니면 스택 풀기 때문인지 알아내는 기능을 제공한다. <exception> 헤더 파일에 선언된 uncaught_exceptions() 함수를 호출하면 아직 잡지 않은 익셉션, 즉 이미 발생했지만 아직 catch 문에는 매칭되지 않은 익셉션 수를 리턴한다. uncaught_exceptions()의 리턴값이 0보다 크면 스택 풀기 과정에 있다는 뜻이다. 하지만 이 함수를 제대로 활용하기 힘들고 코드도 지저분해져서 사용하지 않는 것이 좋다. 참고로 C++17 이전에는 이 함수의 이름이 단수형인 uncaught_exception()이었고, bool 타입의 값을 리턴했다. 즉, true를 리턴하면 현재 스택 풀기 중에 있다는 뜻이다. 이 버전은 C++17부터 폐기되었고, C++20에서 완전히 삭제되었다.

3 그렇다면 클라이언트는 어떻게 해야 할까? 클라이언트는 소멸자를 직접 호출하지 않고 delete를 이용하여 간접적으로 호출한다. 그런데 소멸자에서 익셉션을 던지면 클라이언트는 어떻게 대응해야 할까? 이미 delete를 호출한 객체에 다시 delete를 호출할 수도 없고, 소멸자를 직접 호출할 수도 없다. 이처럼 클라이언트가 할 수 있는 일이 없기 때문에 굳이 익셉션 처리의 부담을 줄 이유가 없다.

4 소멸자는 객체에서 사용할 메모리나 리소스를 해제할 마지막 기회다. 함수 실행 도중에 익셉션을 던져 이 기회를 놓쳐버리면 다시 돌아가 메모리나 리소스를 해제할 수 없다.

CAUTION_ 소멸자에서 호출한 함수나 메서드에서 발생한 익셉션을 잡아서 처리할 때는 조심하기 바란다.

14.7 정리

이 장에서는 C++ 프로그램에서 에러 처리와 관련한 다양한 주제를 살펴봤다. 그리고 프로그램을 설계하고 구현할 때 에러 처리 방안을 마련하는 것이 굉장히 중요하다고 강조했다. 이제 C++에서 제공하는 익셉션 메커니즘의 정의와 처리 방식을 제대로 이해했을 것이다. 이 장에서는 I/O 스트림, 메모리 할당, 생성자, 소멸자 등과 같이 에러 처리가 중요한 부분도 자세히 살펴봤다.

14.8 연습 문제

이 장에서 소개한 내용을 직접 써보기 위해 다음 연습 문제를 풀어보자. 연습 문제에 대한 정답은 이 책의 웹사이트(www.wiley.com/go/proc++5e)에서 다운로드할 수 있다. 문제를 풀다가 막히면 정답부터 찾지 말고 먼저 앞에서 설명한 부분을 다시 읽고 직접 답을 찾아보려고 애쓰기 바란다.

연습 문제 14-1 다음 코드를 컴파일하거나 실행하지 말고 에러를 찾아서 수정해보자.

```
// 주어진 데이터셋의 원소가 짝수 개가 아니면 logic_error 익셉션을 던진다.
void verifyDataSize(const vector& data)
{
    if (data.size() % 2 != 0)
        throw logic_error { "Number of data points must be even." };
}

// 주어진 데이터셋의 원소가 짝수 개가 아니면 logic_error 익셉션을 던진다.
// 음수인 데이터 포인트를 발견하면 domain_error 익셉션을 던진다.
void processData(const vector& data)
{
    // 주어진 데이터셋의 크기를 검사한다.
    try {
        verifyDataSize(data);
    } catch (const logic_error& caughtException) {
```

```
        // 표준 출력에 메시지를 쓴다.
        cerr << "Invalid number of data points in dataset. Aborting." << endl;
        // 그러고 나서 잡은 익셉션을 다시 던진다.
        throw caughtException;
    }
    // 데이터포인트가 음수인지 검사한다.
    for (auto& value : data) {
        if (value < 0)
            throw domain_error { "Negative datapoints not allowed." };
    }
    // 데이터 처리 코드
}

int main()
{
    try {
        vector data { 1, 2, 3, -5, 6, 9 };
        processData(data);
    } catch (const logic_error& caughtException) {
        cerr << "logic_error: " << caughtException.what() << endl;
    } catch (const domain_error& caughtException) {
        cerr << "domain_error: " << caughtException.what() << endl;
    }
}
```

연습 문제 14-2 13장에서 본 양방향 I/O 예제를 다시 보자. 다운로드한 소스 코드의 c13_code/19_Bidirectional 폴더에 있다. 이 예제는 changeNumberForID() 함수를 구현하고 있는데, 적절한 곳에 익셉션을 던지도록 수정해보자. 이렇게 익셉션을 사용하도록 만들었을 때 changeNumberForID() 함수의 헤더를 수정할 부분이 있을까?

연습 문제 14-3 [연습 문제 13-3]에서 작성한 개인용 데이터베이스 솔루션에서 익셉션을 이용하여 에러 처리를 하는 기능을 추가해보자.

연습 문제 14-4 9장의 Spreadsheet 예제에서 swap()으로 이동 의미론을 지원하는 부분을 살펴보자. 이 책에서 제공하는 소스 코드의 c09_code/07_SpreadsheetMoveSemanticsWithSwap 폴더에 전체 코드가 들어 있다. 여기에 메모리 할당 실패 에러를 적절히 처리하는 코드를 추가해보자. 또한 최대 폭과 높이도 추가하고 값이 올바른지 검사하는 코드도 구현하자. 좌푯값이 잘못되었거나 허용 범위를 벗어난 경우에 대한 익셉션 클래스인 InvalidCoordinate도 새로 정의하자. 그러고 나서 verifyCoordinate() 메서드에서 이 익셉션을 사용하도록 작성해보자. 마지막으로 main()에서 다양한 에러 상황에 대해 테스트해보자.

CHAPTER 15

C++ 연산자 오버로딩

이 장의 내용

- 연산자 오버로딩의 개념
- 연산자 오버로딩의 필요성
- 연산자 오버로딩의 한계, 주의사항, 결정사항
- 오버로드할 수 있는 연산자, 오버로드할 수 없는 연산자, 오버로드하면 안 되는 연산자
- +, -, ++, -- 연산자 오버로딩
- I/O 스트림 연산자(operator<<와 operator>>) 오버로딩
- 배열 인덱스 연산자 오버로딩
- 함수 호출 연산자 오버로딩
- 역참조(*와 ->) 연산자 오버로딩
- 변환 연산자 작성 방법
- 메모리 할당과 해제 연산자 오버로딩
- 사용자 정의 리터럴 연산자 정의하기
- 표준에서 제공하는 사용자 정의 리터럴 연산자

C++에서는 +, -, =과 같은 연산자의 의미를 클래스에서 새로 정의할 수 있다. 객체지향 언어 중에서 이러한 연산자 오버로딩 기능을 제공하는 언어가 많지 않아서 C++에서 이 기능이 얼마나 유용한지 잘 알려지지 않은 경향이 있다. 연산자 오버로딩을 활용하면 자신이 정의한 클래스를 int나 double과 같은 기본 타입처럼 다룰 수 있다. 심지어 클래스를 배열이나 함수, 포인터처럼 만들 수 있다.

객체지향 설계와 연산자 오버로딩의 기본 개념은 이미 5장과 6장에서 소개했다. 또한 8장과 9장에서 객체와 기본 연산자 오버로딩에 대한 문법도 자세히 살펴봤다. 이 장에서는 9장에서 미처 설명하지 못한 연산자 오버로딩에 대해 설명한다.

15.1 연산자 오버로딩 개요

1장에서 설명했듯이 C++는 +, <, *, <<와 같은 기호 형태의 연산자를 제공한다. 이러한 연산자는 int나 double 같은 기본 타입built-in type에 대해 산술 연산이나 논리 연산을 비롯한 다양한 연산을 수행한다. 또한 ->나 *처럼 포인터를 역참조하기도 한다. C++에서 말하는 연산자는 그 의미가 상당히 광범위하다. 배열 인덱스인 []와 함수 호출을 나타내는 (), 캐스팅, 메모리 할당 및 해제 등도 일종의 연산자다. 연산자 오버로딩을 활용하면 언어에서 기본으로 제공하는 연산자의 동작을 자신이 정의하는 클래스에 맞게 변경할 수 있다. 하지만 정해진 규칙과 한계를 벗어날 수 없고 몇 가지 결정사항도 있다.

15.1.1 연산자 오버로딩의 용도

연산자를 오버로드하는 방법을 살펴보기 전에 왜 연산자 오버로딩이 필요한지부터 알 필요가 있다. 구체적인 이유는 연산자마다 다르지만 일반적으로 자신이 정의할 클래스를 기본 타입처럼 다루기 위해서다. 정의한 클래스가 기본 타입에 가까울수록 클라이언트 입장에서는 사용하기 쉽다. 예를 들어 분수를 표현하는 클래스를 작성하려는 경우 해당 클래스의 개체에 적용할 때 +, -, *, /와 같은 기본 연산자로 다루면 편리하다.

연산자를 오버로드하는 또 다른 이유는 프로그램을 좀 더 세밀하게 제어하기 위해서다. 예를 들어 직접 정의한 클래스의 객체를 새로 만들어서 분배하고 수거하는 과정을 원하는 방식으로 정의할 때 메모리 할당과 해제 연산자를 오버로드할 수 있다.

이때 연산자 오버로딩의 혜택을 받을 대상은 클래스 작성자보다는 클래스 사용자다.

15.1.2 연산자 오버로딩의 한계

연산자 오버로딩을 할 때 다음과 같은 작업은 수행할 수 없다.

- 연산자 기호를 새로 추가할 수 없다. C++에 이미 정의된 연산자에 대해 의미만 변경할 수 있다. 즉, 15.1.5절 '오버로드할 수 있는 연산자'에서 정리한 표에 나온 연산자만 오버로드할 수 있다.
- `.`와 `.*`(객체 멤버 액세스), `::`(스코프 지정 연산자), `sizeof`, `?:`(조건 연산자)를 비롯한 일부 연산자는 오버로드할 수 없다. 15.1.5절의 표에 나온 연산자만 오버로드할 수 있다. 오버로드할 수 없는 연산자는 대부분 오버로드할 일이 없기 때문이므로 제약사항은 아니다.
- **애리티**(arity)는 연산자의 인수 또는 **피연산자**(operand)의 개수다. 함수 호출, `new`, `delete` 연산자에 대해서만 애리티를 변경할 수 있다. 다른 연산자는 애러티를 변경할 수 없다. ++와 같은 단항(유너리, unary) 연산자는 피연산자를 하나만 받는다. /와 같은 이항(바이너리, binary)) 연산자는 피연산자를 두 개 받는다. 이러한 제약사항은 배열 인덱스를 나타내는 [ ] 연산자를 오버로드할 때 문제가 된다. 이에 대해서는 뒤에서 자세히 설명한다.
- 연산자의 평가(evaluation) 순서를 결정하는 **우선순위**(precedence)와 **결합순위**(associativity)는 바꿀 수 없다. 우선순위는 연산자들이 실행되는 순서를 결정하는 반면, 결합순위는 우선순위가 같은 연산자 중에서 결합 순서가 왼쪽에서 오른쪽인지 아니면 오른쪽에서 왼쪽인지 결정한다. 그런데 평가 순서를 변경해서 나아질 점이 거의 없기 때문에 이것 역시 문제될 일은 없다.
- 기본 타입 연산자의 의미는 바꿀 수 없다. 연산자가 클래스의 메서드거나, 오버로드하려는 글로벌 함수의 인수 중 적어도 하나가 사용자 정의 타입(예: 클래스)이어야 한다. 다시 말해 `int` 타입의 +를 뺄셈으로 재정의하는 것처럼 엉뚱한 의미로 변경할 수는 없다(물론 클래스를 직접 정의할 때는 가능하다). 단, 메모리 할당과 해제 연산자(할당자와 소멸자)는 예외다. 프로그램에 나온 메모리 할당 연산자는 모두 교체할 수 있다.

기본 연산자 중에는 원래부터 두 가지 의미를 가진 것도 있다. 예를 들어 - 연산자는 `x = y - z;`처럼 이항 연산자로 사용할 수도 있고, `x = -y;`처럼 단항 연산자로 사용할 수도 있다. * 연산자도 곱셈과 포인터 역참조라는 두 가지 역할을 한다. << 연산자도 문맥에 따라 스트림 추가 연산과 왼쪽 시프트 연산이라는 두 가지 의미가 있다. 이처럼 두 가지 의미를 가진 연산자도 오버로드할 수 있다.

15.1.3 연산자 오버로딩에 관련된 결정사항

연산자를 오버로드할 때 메서드나 함수 이름을 `operatorX`와 같이 `X` 자리에 대상 연산자를 적는 형식으로 정한다. 이때 `operator`와 `X` 사이에 공백을 넣어도 된다. 예를 들어 9장에서 본 `SpreadsheetCell`은 `operator+` 연산자를 다음과 같이 선언했다.

```
SpreadsheetCell operator+(const SpreadsheetCell& lhs, const SpreadsheetCell& rhs);
```

연산자를 오버로드하는 함수나 메서드를 작성할 때 몇 가지 결정할 사항이 있는데 이 절에서 하나씩 살펴보자.

1 메서드와 글로벌 함수

가장 먼저 오버로드할 연산자를 클래스의 메서드로 정의할지, 글로벌 함수(또는 클래스의 friend)로 정의할지 선택해야 한다. 그러기 위해서는 먼저 두 방식의 차이점부터 알아야 한다. 연산자가 클래스의 메서드일 때는 연산자를 사용한 표현식의 왼쪽에 반드시 그 클래스의 객체가 나와야 한다. 반면 글로벌 변수로 정의할 때는 왼쪽에 다른 타입으로 된 객체를 적을 수 있다.

연산자는 크게 세 가지로 구분할 수 있다.

- **반드시 메서드로 정의해야 하는 연산자:** 클래스 문맥을 벗어나면 의미가 없는 연산자는 반드시 클래스에 속한 메서드로 정의해야 한다. 예를 들어 operator=은 소속 클래스와 밀접한 관계에 있어서 클래스와 별개로 존재할 수 없다. 15.1.5절 '오버로드할 수 있는 연산자'에 나온 표를 보면 반드시 메서드로 정의해야 하는 연산자를 볼 수 있다. 다른 연산자는 이런 제약이 없다.
- **반드시 글로벌 함수로 정의해야 하는 연산자:** 연산자의 왼쪽에 소속 클래스와 다른 타입의 변수도 나와야 한다면 연산자를 글로벌 함수로 만들어야 한다. 대표적인 예로 operator<<와 operator>>가 있다. 이 연산자는 왼쪽에 연산자가 속한 클래스의 객체가 아닌 iostream 객체가 나와야 한다. 또한 이항 연산자인 +나 -처럼 교환 법칙을 따르는 연산자는 반드시 왼쪽에 연산자가 속한 클래스가 아닌 다른 타입으로 된 변수가 나와야 한다. 여기에 대한 자세한 사항은 9장에서 설명한다.
- **메서드와 글로벌 함수 둘 다 가능한 연산자:** 현재 C++ 프로그래머 사이에서 연산자를 오버로드할 때 메서드와 글로벌 함수 중에서 어떤 형태로 만드는 것이 좋은지에 대한 의견이 분분하다. 필자는 앞에서 설명한 것처럼 글로벌 함수로 만들어야 할 특별한 이유가 없다면 무조건 메서드로 만드는 것이 좋다고 생각한다. 메서드로 만들면 virtual로 선언할 수 있지만 글로벌 함수는 그럴 수 없기 때문이다. 따라서 여러 연산자를 같은 상속 계층에 속하도록 오버로드하려면 메서드로 만드는 것이 좋다.

메서드로 오버로드한 연산자가 객체를 변경하지 않는다면 const로 선언한다. 그래야 const 객체에 대해서도 연산자를 호출할 수 있다.

글로벌 함수로 오버로드한 연산자의 네임스페이스는 연산자가 정의된 클래스의 네임스페이스를 따른다.

2 인수 타입

인수 타입에 대한 선택사항은 많지 않다. 앞에서 설명했듯이 인수의 개수를 변경할 일이 거의 없기 때문이다. 예를 들어 operator/는 글로벌 함수인 경우 인수가 반드시 두 개여야 하고, 메서드인 경우 인수를 한 개만 받을 수 있다. 이 규칙에 어긋나면 컴파일 에러가 발생한다. 이런 점에서 연산자 함수는 일반 함수와 다르다. 일반 함수를 오버로드할 때는 매개변수의 개수에 대한 제한이 없다. 또한 오버로드할 연산자의 타입을 마음껏 정할 수 있지만 실제로는 연산자가 속한 클래스에 따라 그 범위가 제한된다. 예를 들어 T라는 클래스에 덧셈을 구현할 때 operator+가 string을 두 개 받도록 정의하지는 않을 것이다. 그보다는 매개변수를 값으로 받을지 레퍼런스로 받을지, const로 받을지 아닌지 결정하는 것이 더 중요하다.

값으로 받을지 아니면 레퍼런스로 받을지 결정하는 기준은 간단하다. 기본 타입이 아닌 매개변수는 모두 레퍼런스로 받게 만들면 된다. 단, 전달된 객체의 복사본을 만드는 함수는 예외다. 자세한 사항은 9장을 참조한다.

const 지정 여부도 쉽게 결정할 수 있다. 변경할 일이 없다면 무조건 const로 지정한다. 15.1.5절 '오버로드할 수 있는 연산자'의 표에 나온 예를 보면 인수를 const와 레퍼런스 중에서 어떤 것으로 지정하는 알 수 있다.

3 리턴 타입

C++의 오버로딩 처리 과정에서 리턴 타입은 고려하지 않는다. 이 때문에 연산자를 오버로드할 때 리턴 타입을 마음껏 지정할 수 있다. 하지만 반드시 그렇게 할 필요는 없다. 비교 연산자가 포인터를 리턴하거나, 산술 연산자가 bool 타입을 리턴하는 것처럼 원칙적으로 얼마든지 마음대로 정의할 수는 있지만 바람직한 방식은 아니다. 그보다는 오버로드한 연산자도 기본 타입 연산자와 동일한 타입을 리턴하는 것이 좋다. 예를 들어 비교 연산자의 리턴 타입을 bool로 정의하고, 산술 연산자는 결과를 담은 객체를 리턴하게 정의한다. 간혹 리턴 타입을 정하기 힘들 때가 있다. 예를 들어 8장에서 설명한 것처럼 operator=이 중첩된 대입을 지원하려면 반드시 이 연산자를 호출한 객체의 레퍼런스를 리턴해야 한다. 이렇게 리턴 타입이 불분명한 다른 연산자에 대해서는 15.1.5절 '오버로드할 수 있는 연산자'에 나온 표를 참고한다.

레퍼런스와 const에 대한 결정 원칙은 리턴 타입에도 똑같이 적용된다. 그런데 값을 리턴할 때는 결정하기 쉽지 않다. 일반적으로 레퍼런스로 리턴할 수 있으면 레퍼런스로 리턴하고, 그렇지 않으면 값으로 리턴하는 원칙을 적용한다. 그렇다면 레퍼런스로 리턴할 수 있다는 것은 어떻게 알 수 있을까? 이 문제는 객체를 리턴하는 연산자에서만 발생한다. bool을 리턴하는 비교 연산자, 리턴값이 없는 변환 연산자, 아무 타입이나 리턴할 수 있는 함수 호출 연산자는 이런 고민을 할 일이 없다. 연산자에서 객체를 새로 생성한다면 반드시 값으로 리턴한다. 그렇지 않으면 연산자를 호출한 객체나 연산자의 인수에 대한 레퍼런스를 리턴한다. 15.1.5절 '오버로드할 수 있는 연산자'에 나온 표에 몇 가지 예가 있다.

좌측값lvalue(대입 표현식의 왼쪽)으로 변경될 가능성이 있는 리턴값은 const로 지정하지 않는다. 나머지 경우는 const로 지정한다. operator=, operator+=, operator-=과 같은 대입 연산자 외에도 좌측값을 리턴하는 연산자가 생각보다 많이 있다.

4 동작

연산자를 오버로드할 때는 동작을 원하는 방식으로 마음껏 변경할 수 있다. 예를 들어 operator+ 연산자로 다른 프로그램을 구동하도록 오버로드할 수 있다. 단, 6장에서 설명했듯이 클라이언트의 예상에 어긋나지 않게 구현해야 한다. 예를 들어 operator+를 오버로드할 때는 덧셈 성격의 동작(스트링 결합처럼)을 수행해야 한다. 이 절에서는 연산자 오버로딩 구현 과정에서 따라야 할 원칙을 소개한다. 특수한 경우를 제외하면 대부분 이 원칙을 따르는 것이 좋다.

15.1.4 오버로드하면 안 되는 연산자

C++에서 오버로딩을 허용하지만 실제로는 하지 않는 것이 좋은 연산자도 있다. 그중에서도 특히 주소 연산자(operator&)는 오버로딩해서 좋은 점은 거의 없고, 오히려 더 헷갈리게 된다. 대부분의 사용자는 변수의 주소를 가져온다는 기본 동작을 기대하기 때문이다. 연산자 오버로딩을 극단적으로 많이 사용하는 표준 라이브러리도 주소 연산자만큼은 오버로드하지 않는다.

이항 부울 연산자인 operator&&와 operator||도 오버로드하지 않는 것이 좋다. 의미가 달라지면 C++의 단락 평가 규칙short-circuit evaluation rule[1]을 적용할 수 없기 때문이다.

콤마 연산자(operator,)도 오버로드하지 않는 것이 좋다. 처음 보는 사람은 장난처럼 들리겠지만 실제로 C++에 정의된 연산자다. **순차 연산자**sequencing operator라고도 부르며, 한 문장에 나온 표현식을 두 개로 분리하며, 왼쪽에서 오른쪽 순서로 평가된다. 예를 들면 다음과 같다.

```
int x { 1 };
cout << (++x, 2 * x); // x를 2로 설정하고 4를 출력한다.
```

1 옮긴이_ 예를 들어 A | B에서 A가 true면 B의 값에 상관없이 전체 표현식이 true이므로 B에 대한 평가를 생략한다.

15.1.5 오버로드할 수 있는 연산자

다음 표는 C++에서 오버로딩을 허용하는 연산자를 종류별로 정리한 것이다. 이 표를 보면 연산자마다 클래스의 메서드와 글로벌 함수 중 어떤 형태로 만들어야 할지, 그리고 오버로드할 때의 제약사항과 프로토타입(매개변수와 리턴 타입)의 예도 제공한다. ., .*, ::, ?: 등과 같이 오버로드할 수 없는 연산자는 이 표에 담지 않았다.

이 표는 연산자 오버로딩을 구현할 때 참조하기 좋다. 어떤 리턴 타입을 사용해야 하는지, 함수가 메서드여야 하는지 여부 등과 같은 사항은 일일이 기억하기 힘들기 때문이다.

이 표에서는 오버로드할 연산자가 속한 클래스의 이름을 T로 표현하고, 이 클래스가 아닌 다른 타입은 E로 표현한다. 참고로 여기서 제시한 프로토타입은 한 예에 불과하다. 연산자마다 T와 E를 얼마든지 다양하게 조합해서 선언할 수 있다.

연산자	종류	메서드 또는 글로벌 함수	오버로딩 용도	프로토타입 예
operator+ operator- operator* operator/ operator%	이항 산술 연산자	글로벌 함수 권장	클래스에 이런 연산이 필요할 때	T operator+(const T&, const T&); T operator+(const T&, const E&);
operator+ operator- operator~	단항 산술 및 비트 연산자	메서드 권장	클래스에 이런 연산이 필요할 때	T operator-() const;
operator++ operator--	선행 증가, 선행 감소	메서드 권장	산술 인수(int, long, ...)를 받는 +=이나 -=을 오버로드할 때	T& operator++();
operator++ operator--	후행 증가, 후행 감소	메서드 권장	산술 인수(int, long, ...)를 받는 +=이나 -=을 오버로드할 때	T operator++(int);
operator=	대입 연산자	메서드	클래스에 동적으로 할당한 메모리나 리소스 또는 레퍼런스 멤버가 있을 때	T& operator=(const T&);
operator+= operator-= operator*= operator/= operator%=	축약 산술 대입 연산자	메서드 권장	불변형이 아닌 클래스에서 이항 산술 연산자를 오버로드할 때	T& operator+=(const T&); T& operator+=(const E&);

연산자	종류	메서드 또는 글로벌 함수	오버로딩 용도	프로토타입 예
operator<< operator>> operator& operator| operator^	이항 비트 연산자	글로벌 함수 권장	이런 연산이 필요할 때	T operator<<(const T&, const T&); T operator<<(const T&, const E&);
operator<<= operator>>= operator&= operator|= operator^=	이항 비트 대입 연산자	메서드 권장	불변형으로 설계되지 않은 클래스에서 이항 비트 연산을 오버로드할 때	T& operator<<=(const T&); T& operator<<=(const E&);
C++20 operator<=>	삼항 비교 연산자	메서드 권장	클래스에 비교 연산을 제공할 때	auto operator<=>(const T&) const; partial_ordering operator<=>(const E&) const;

operator==	이항 동등 연산자	C++20: 메서드 권장
		C++20 이전 버전: 글로벌 함수 권장
			클래스에 비교 연산을 제공할 때	bool operator==(const T&) const;
				bool operator==(const E&) const;
				bool operator==(const T&, const T&);
				bool operator==(const T&, const E&);

operator!=	이항 부등 연산자	C++20: 메서드 권장
		C++20 이전 버전: 글로벌 함수 권장
			C++20: ==을 제공할 때 컴파일러에서 자동으로 !=을 제공하므로 필요 없다.
			C++20 이전 버전: 클래스에 비교 연산을 제공할 때
				bool operator!=(const T&) const;
				bool operator!=(const E&) const;
				bool operator!=(const T&, const T&);
				bool operator!=(const T&, const E&);

operator< operator> operator<= operator>=	이항 비교 연산자	글로벌 함수 권장	이런 연산이 필요할 때	bool operator<(const T&, const T&); bool operator<(const T&, const E&);
operator<< operator>>	I/O 스트림 연산자(추가와 추출)	글로벌 함수	이런 연산이 필요할 때	ostream& operator<<(ostream&, const T&); istream& operator>>(istream&, T&);

연산자	종류	메서드 또는 글로벌 함수	오버로딩 용도	프로토타입 예
operator!	부울 부정 연산자	메서드 권장	사용할 일이 거의 없다. 이 연산자보다는 bool 또는 void* 변환을 주로 사용한다.	bool operator!( ) const;
operator&& operator||	이항 부울 연산자	글로벌 함수 권장	사용할 일이 거의 없다. 있더라도 단락 평가를 적용할 수 없다. 차라리 단락 평가가 적용되지 않는 &와 |를 오버로드하는 것이 좋다.	bool operator&&(const T&, const T&);
operator[]	배열 인덱스 연산자	메서드	배열 인덱스를 지원할 때	E& operator[](size_t) const E& operator[](size_t) const;
operator( )	함수 호출 연산자	메서드	객체를 함수 포인터처럼 만들고 싶을 때 또는 다차원 배열을 접근할 때 또는 [ ]에서 인덱스 하나만 지정할 수 있는 제약을 벗어나고 싶을 때	리턴 타입과 매개변수를 다양하게 지정할 수 있다. 이 장에 나온 다른 예제 참조.
operator type( )	변환 또는 캐스팅 연산자 (타입마다 연산자를 따로 정의)	메서드	작성한 클래스를 다른 타입으로 변환하는 기능을 제공할 때	operator double( ) const;
operator ""_x	사용자 정의 리터럴 연산자	글로벌 함수 권장	사용자 정의 리터럴을 지원하려는 경우	T operator""_i(long double d);
operator new operator new[]	메모리 할당 루틴	메서드 권장	작성할 클래스에서 메모리 할당을 제어할 때(사용할 일이 거의 없음)	void* operator new(size_t size); void* operator new[](size_t size);
operator delete operator delete[]	메모리 해제 루틴	메서드 권장	메모리 할당 루틴을 오버로드할 때(사용할 일이 거의 없음)	void operator delete(void* ptr) noexcept; void operator delete[](void* ptr) noexcept;

연산자	종류	메서드 또는 글로벌 함수	오버로딩 용도	프로토타입 예
operator* operator->	역참조 연산자	operator*는 메서드 권장, operator->는 반드시 메서드로	스마트 포인터를 사용할 때 유용하다.	E& operator*() const; E* operator->() const;
operator&	주소 연산자	해당 사항 없음	사용할 일 없음	해당 사항 없음
operator->*	멤버 포인터 역참조	해당 사항 없음	사용할 일 없음	해당 사항 없음
operator,	콤마 연산자	해당 사항 없음	사용할 일 없음	해당 사항 없음

15.1.6 우측값 레퍼런스

9장에서 이동 의미론move semantics과 우측값 레퍼런스rvalue reference에 대해 설명한 적 있다. 이동 대입 연산자move assignment operator를 정의하면 직접 확인할 수 있는데, 원본 객체가 대입 후 제거되는 임시 객체이거나 std::move()를 이용하여 명시적으로 객체를 이동할 때 컴파일러가 이 연산자를 활용한다. 앞의 표에 나온 일반 대입 연산자의 프로토타입은 다음과 같다.

```
T& operator=(const T&);
```

이동 대입 연산자의 프로토타입도 우측값 레퍼런스를 사용한다는 점을 제외하면 일반 대입 연산자와 같다. 이동 대입 연산자는 인수를 변경하므로 const로 전달할 수 없다. 자세한 사항은 9장을 참조한다.

```
T& operator=(T&&);
```

앞에 나온 표에는 우측값 레퍼런스를 적용한 프로토타입 예가 없다. 하지만 대부분의 연산자는 좌측값 레퍼런스를 사용하는 일반 버전과 우측값 레퍼런스를 사용하는 버전을 둘 다 구현할 수 있다. 어느 버전이 적합한지는 소속 클래스의 구현 방식에 따라 다르다. 예를 들어 9장에서 소개한 operator=이 있고, 불필요한 메모리 할당을 방지하는 operator+도 있다. 표준 라이브러리에서 제공하는 std::string 클래스의 경우 우측값 레퍼런스를 사용하는 operator+를 다음과 같이 구현했다.

```
string operator+(string&& lhs, string&& rhs);
```

이 연산자는 두 인수가 우측값 레퍼런스로 전달되기 때문에 둘 중 하나에 대한 메모리를 재활용할 수 있다. operator+ 연산이 끝나면 두 임시 객체는 제거된다. 이렇게 구현된 operator+는 두 인수의 크기와 용량에 따라 다음 두 가지 동작을 수행할 수 있다.

```
return move(lhs.append(rhs));
// 또는
return move(rhs.insert(0, lhs));
```

실제로 string에서 제공하는 operator+에 대한 여러 가지 오버로딩 버전 중에서 string 두 개를 인수로 받는 연산자는 다음과 같이 좌측값 레퍼런스와 우측값 레퍼런스를 다양하게 조합한 버전을 제공하고 있다.

```
string operator+(const string& lhs, const string& rhs); // 메모리 재사용 없음
string operator+(string&& lhs, const string& rhs);      // lhs 메모리 재사용 가능
string operator+(const string& lhs, string&& rhs);      // rhs 메모리 재사용 가능
string operator+(string&& lhs, string&& rhs); // lhs와 rhs 메모리 모두 재사용 가능
```

우측값 레퍼런스로 받은 인수 중 하나에 대한 메모리를 재사용하는 방법은 9장에서 설명한 이동 대입 연산자 구현 방법과 같다.

15.1.7 우선순위와 결합순위

한 문장에 연산자가 여러 개 나올 때 각 연산자가 실행되는 순서는 미리 정해진 **우선순위**precedence에 따라 결정된다. 예를 들어 *와 /는 항상 +나 -보다 먼저 실행된다.

결합순위associativity는 우선순위가 같은 연산자 사이에서 어느 것이 먼저 실행될지 결정하며 왼쪽에서 오른쪽 순서로 적용되거나 오른쪽에서 왼쪽 순서로 적용된다.

다음 표는 C++에서 제공하는 모든 연산자를 보여주고 있다. 이 중에는 오버로드할 수 없는 것도 있다. 각 연산자의 우선순위와 결합순위를 기준으로 나열했다. 우선순위 값이 작을수록 먼저 실행된다. 표에서 T는 타입을, x, y, z는 객체를 가리킨다.

우선순위	연산자	결합순위
1	::	왼쪽에서 오른쪽
2	x++ x-- x() x[] T() T{} . ->	왼쪽에서 오른쪽
3	++x --x +x -x ! ~ *x &x (T) sizeof co_await new delete new[] delete[]	오른쪽에서 왼쪽

우선순위	연산자	결합순위
4	.* ->*	왼쪽에서 오른쪽
5	x*y x/y x%y	왼쪽에서 오른쪽
6	x+y x-y	왼쪽에서 오른쪽
7	<< >>	왼쪽에서 오른쪽
8	<=>	왼쪽에서 오른쪽
9	< <= > >=	왼쪽에서 오른쪽
10	== !=	왼쪽에서 오른쪽
11	&	왼쪽에서 오른쪽
12	^	왼쪽에서 오른쪽
13	|	왼쪽에서 오른쪽
14	&&	왼쪽에서 오른쪽
15	||	왼쪽에서 오른쪽
16	x?y:z throw co_yield = += -= *= /= %= <<= >>= &= ^= |=	오른쪽에서 왼쪽
17	,	왼쪽에서 오른쪽

15.1.8 관계 연산자

다음과 같은 관계 연산자relational operator에 대한 함수 템플릿은 <utility>의 std::rel_ops 네임스페이스 아래에 정의된 것이다.

```
template<class T> bool operator!=(const T& a, const T& b); // operator== 정의 필요
template<class T> bool operator>(const T& a, const T& b);  // operator< 정의 필요
template<class T> bool operator<=(const T& a, const T& b); // operator< 정의 필요
template<class T> bool operator>=(const T& a, const T& b); // operator< 정의 필요
```

이러한 함수 템플릿은 다른 클래스에 있는 ==, < 연산자를 기준으로 !=, >, <=, >= 연산자를 정의한다. 그러므로 operator==과 operator<만 구현해도 이 템플릿을 이용하면 다른 관계 연산자도 덩달아 제공할 수 있다.

하지만 이렇게 할 때 여러 가지 문제가 발생할 수 있다. 무엇보다도 자신이 정의한 클래스뿐만 아니라 관계 연산에서 사용하는 모든 클래스에 대해 이 연산자가 생성될 수 있다는 것이다.

또한 std::greater<T>(19장에서 설명)와 같은 유틸리티 템플릿에서는 이렇게 자동으로 생성된 관계 연산자를 적용할 수 없다는 문제가 있다.

게다가 암묵적 변환도 적용되지 않는다.

마지막으로 C++20부터 제공되는 삼항 비교 연산자와 C++20부터 std::rel_ops 네임스페이스를 폐기시켰다는 것만 보더라도 더 이상 이 기법을 사용하는 의미가 없다는 것을 알 수 있다. 삼항 비교 연산자인 <=>를 명시적으로 디폴트로 지정하는 코드 한 줄만으로도 여섯 가지 비교 연산자를 모두 지원하게 만들 수 있다. 자세한 사항은 9장을 참고한다.

NOTE_ 더 이상 std::rel_ops를 사용하지 말고, 관계 연산자를 디폴트로 지정하거나, operator<=>를 구현하자.

15.2 산술 연산자 오버로딩

9장에서는 이항 산술 연산자와 축약 이항 산술 대입 연산자를 만드는 방법을 알아봤다. 이번에는 그때 다루지 않은 다른 연산자를 오버로드하는 방법을 살펴보자.

15.2.1 단항 뺄셈 연산자와 단항 덧셈 연산자 오버로딩

C++는 다양한 단항 산술 연산자를 제공한다. 그중에서 뺄셈과 덧셈에 대한 단항 연산자를 살펴보자. int 값에 적용한 예는 다음과 같다.

```
int i, j { 4 };
i = -j;     // 단항 뺄셈 연산자
i = +i;     // 단항 덧셈 연산자
j = +(-i); // i에 대한 단항 뺄셈 연산의 결과에 단항 덧셈 연산자를 적용한 예
j = -(-i); // i에 대한 단항 뺄셈 연산의 결과에 단항 뺄셈 연산자를 적용한 예
```

단항 뺄셈 연산자는 피연산자의 부호를 반대로 바꾸는 반면 단항 덧셈 연산자는 피연산자를 그대로 리턴한다. 여기서 주목할 점은 단항 덧셈 또는 뺄셈 연산자를 적용한 결과에 다시 단항 덧셈이나 뺄셈 연산을 적용할 수 있다는 것이다. 단항 연산자는 객체를 변경하지 않기 때문에 const로 선언해야 한다.

단항 operator- 연산자를 SpreadsheetCell 클래스의 멤버 함수로 정의하는 예를 살펴보자. 단항 덧셈은 일반적으로 항등 연산[identity operation]이므로 이 클래스는 단항 덧셈을 오버로드하지 않는다.

```
SpreadsheetCell SpreadsheetCell::operator-() const
{
    return SpreadsheetCell { -getValue() };
}
```

operator-는 피연산자를 변경하지 않기 때문에 음수를 갖는 SpreadsheetCell 객체를 새로 만들어 리턴해야 한다. 다시 말해 레퍼런스로 리턴할 수 없다. 이렇게 오버로딩한 연산자의 사용법은 다음과 같다.

```
SpreadsheetCell c1 { 4 };
SpreadsheetCell c3 { -c1 };
```

15.2.2 증가와 감소 연산자 오버로딩

변수에 1을 더하는 방법은 다음 네 가지다.

```
i = i + 1;
i += 1;
++i;
i++;
```

이 중에서 마지막 두 문장에 나온 연산자를 **증가 연산자**increment operator라 부른다. 세 번째 문장에 나온 연산자는 **선행 증가**prefix increment(**사전 증가**) 연산자다. 선행 증가 연산자를 적용한 변수가 나오면 변수에 1을 더한 결과를 표현식에 사용한다. 네 번째 문장에 나온 연산자는 **후행 증가**postfix increment(**사후 증가**) 연산자다. 이 연산은 변수에 1을 더하기 전에 값을 표현식에 적용해서 리턴한 뒤 변수에 1을 더한다. **선행 감소**prefix decrement(**사전 감소**)와 **후행 감소**postfix decremen)(**사후 감소**) 연산자도 똑같은 방식으로 작동한다.

operator++와 operator--의 의미가 두 가지라는 점은 이 연산자를 오버로드할 때 문제가 될 수 있다. 예를 들어 operator++를 오버로드할 때 대상이 선행 증가인지 아니면 후행 증가인지 명확히 표현할 방법이 없다. 이를 위해 C++는 꼼수에 가까운 방법을 제공한다. operator++나 operator--의 선행 연산 버전은 인수를 받지 않고, 후행 연산 버전은 int 타입의 인수를 하나만 받는 것이다.

SpreadsheetCell에서 operator++와 operator--를 오버로딩한 예는 다음과 같다.

```
SpreadsheetCell& operator++();    // 선행 증가
SpreadsheetCell operator++(int); // 후행 증가
SpreadsheetCell& operator--();    // 선행 감소
SpreadsheetCell operator--(int); // 후행 감소
```

선행 연산 버전의 리턴값은 피연산자의 최종 결과와 같다. 따라서 선행 증가 및 감소 연산의 호출 대상 객체는 레퍼런스로 리턴된다. 하지만 후행 증가 및 감소 연산의 리턴값은 피연산자의 최종 상태와 다르기 때문에 레퍼런스로 리턴할 수 없다.

operator++를 구현한 예를 살펴보자.

```
SpreadsheetCell& SpreadsheetCell::operator++()
{
    set(getValue() + 1);
    return *this;
}

SpreadsheetCell SpreadsheetCell::operator++(int)
{
    auto oldCell { *this }; // 증가 전의 값을 저장한다.
    ++(*this);              // 선행 증가 연산으로 값을 증가시킨다.
    return oldCell;         // 증가 전의 값을 리턴한다.
}
```

operator--에 대한 구현도 이와 비슷하다. 이렇게 구현한 오버로딩 연산자를 SpreadsheetCell 객체에 다음과 같이 적용할 수 있다.

```
SpreadsheetCell c1 { 4 };
SpreadsheetCell c2 { 4 };
c1++;
++c2;
```

증가와 감소 연산자는 포인터에도 적용할 수 있다. 스마트 포인터로 사용할 클래스를 작성할 때 operator++와 operator--를 오버로딩해서 포인터 증가와 감소 연산을 제공할 수 있다.

15.3 비트 연산자와 논리 연산자 오버로딩

비트 연산자bitwise operator는 산술 연산자arithmetic operator와 비슷하고, 축약 비트 대입 연산자bitwise shorthand assignment operator는 축약 산술 대입 연산자arithmetic shorthand assignment operator와 비슷하다. 하지만 실제 활용 사례가 극히 드물기 때문에 구체적인 예제는 생략한다. 15.1.5절 '오버로드할 수 있는 연산자'에 나온 표를 보면 이 연산자에 대한 프로토타입 예가 나와 있다. 필요할 때 이 예만 보고도 충분히 오버로드할 수 있다.

논리 연산자를 오버로드하는 과정은 조금 복잡하다. &&나 ||는 오버로드하지 않는 것이 좋다. 이 연산자는 개별 타입에 적용되지 않고 부울 표현식의 결과를 취합하기만 한다. 게다가 단락 평가 규칙도 적용할 수 없다. 오버로드한 &&나 || 연산자의 매개변수에 바인딩하기 전에 좌변과 우변을 모두 평가해야 하기 때문이다. 따라서 혹시라도 오버로드해야 한다면 구체적인 타입에 대해 오버로드한다.

15.4 스트림 입력과 출력 연산자 오버로딩

C++ 연산자는 산술 연산뿐만 아니라 스트림 입출력 연산에도 적용할 수 있다. 예를 들어 cout에 int나 string 값을 쓸 때는 다음과 같이 추가(삽입insertion) 연산자인 <<를 스트림 출력 연산자로 사용한다.

```
int number { 10 };
cout << "The number is " << number << endl;
```

스트림에서 데이터를 읽을 때는 다음과 같이 추출extraction 연산자인 >>를 스트림 입력 연산자로 사용한다.

```
int number;
string str;
cin >> number >> str;
```

클래스를 정의할 때 스트림 입력과 출력 연산자를 오버로드해서 다음과 같이 스트림 입출력을 표현할 수도 있다.

```
SpreadsheetCell myCell, anotherCell, aThirdCell;
cin >> myCell >> anotherCell >> aThirdCell;
cout << myCell << " " << anotherCell << " " << aThirdCell << endl;
```

스트림 입력과 출력 연산자를 오버로드하기 전에 먼저 자신이 정의할 클래스에서 스트림 입력과 출력을 처리하는 방법부터 정해야 한다. 여기에서는 SpreadsheetCell에서 단순히 double 값 하나만 읽고 쓰도록 정의했다.

스트림 입력이나 출력 연산자의 왼쪽에는 SpreadsheetCell 객체가 아닌 istream나 ostream 객체(예: cin이나 cout)가 나와야 한다. istream이나 ostream 클래스에 메서드를 직접 추가할 수 없기 때문에 스트림 입력과 출력 연산자를 글로벌 함수로 만들어서 오버로드해야 한다. 예를 들면 다음과 같다.

```
export std::ostream& operator<<(std::ostream& ostr, const SpreadsheetCell& cell);
export std::istream& operator>>(std::istream& istr, SpreadsheetCell& cell);
```

스트림 출력 연산자에서 첫 번째 매개변수로 ostream에 대한 레퍼런스를 받도록 정의하면 파일 출력 스트림, 스트링 출력 스트림, cout, cerr, clog 등에 적용할 수 있다. 스트림에 대한 자세한 사항은 13장을 참고한다. 스트림 입력 연산자도 이와 마찬가지로 istream에 대한 레퍼런스를 매개변수로 받으면 파일 입력 스트림, 스트링 입력 스트림, cin 등에 적용할 수 있다.

operator<<와 operator>>의 두 번째 매개변수는 스트림에 쓰거나 읽을 SpreadsheetCell 객체에 대한 레퍼런스다. 추가 연산자는 SpreadsheetCell 객체를 변경하지 않기 때문에 레퍼런스를 const로 지정해도 된다. 하지만 추출 연산자는 SpreadsheetCell 객체를 수정하기 때문에 매개변수를 비 const 레퍼런스로 지정해야 한다.

두 연산자 모두 첫 번째 인수로 받은 스트림을 레퍼런스로 리턴한다. 그러므로 이 연산자를 중첩해서 사용할 수 있다. 한 가지 기억할 점은 연산자 구문은 실제로 글로벌 함수인 operator>>나 operator<<를 호출하는 구문의 축약형이란 것이다. 예를 들어 다음 문장을 살펴보자.

```
cin >> myCell >> anotherCell >> aThirdCell;
```

이 문장은 실제로 다음 문장을 축약한 것이다.

```
operator>>(operator>>(operator>>(cin, myCell), anotherCell), aThirdCell);
```

이 문장을 보면 첫 번째 operator>> 호출의 리턴값이 다음 호출의 입력으로 사용된다. 따라서 스트림을 반드시 레퍼런스로 리턴해서 다음 호출에 사용할 수 있도록 해야 한다. 레퍼런스로 리턴하지 않는데 이렇게 중첩된 구문을 작성하면 컴파일 에러가 발생한다.

SpreadsheetCell 클래스에서 operator<<와 operator>>를 구현한 예는 다음과 같다.

```
ostream& operator<<(ostream& ostr, const SpreadsheetCell& cell)
{
    ostr << cell.getValue();
    return ostr;
}

istream& operator>>(istream& istr, SpreadsheetCell& cell)
{
    double value;
    istr >> value;
    cell.set(value);
    return istr;
}
```

15.5 인덱스 연산자 오버로드하기

여기서 잠시 표준 라이브러리의 vector나 array와 같은 클래스 템플릿이 없다고 하자. 그러면 동적 할당 배열에 대한 클래스를 직접 구현해야 한다. 이 클래스는 특정한 인덱스에 있는 원소를 설정하거나 읽는 기능을 제공해야 한다. 이와 동시에 메모리 할당 작업도 관리해야 한다. 동적 할당 배열에 대한 클래스의 초기 버전을 다음과 같이 정의할 수 있다.

```
export template <typename T>
class Array
{
    public:
        // 필요에 따라 디폴트값만큼 커지는 배열을 생성한다.
        Array();
        virtual ~Array();
```

```
        // 대입과 값 전달 방식을 허용하지 않는다.
        Array& operator=(const Array& rhs) = delete;
        Array(const Array& src) = delete;

        // 이동 생성자와 이동 대입 연산자
        Array(Array&& src) noexcept;
        Array& operator=(Array&& rhs) noexcept;

        // 인덱스 x에 있는 값을 리턴한다. 인덱스 x 지점에 원소가 없으면
        // out_of_range 익셉션을 던진다.
        const T& getElementAt(size_t x) const;

        // 인덱스 x 지점에 값을 설정한다. 인덱스 x가 현재 배열의 크기를 벗어나면
        // 공간을 더 할당한다.
        void setElementAt(size_t x, const T& value);

        // 배열에 담긴 원소 개수를 리턴한다.
        size_t getSize() const noexcept;
    private:
        static const size_t AllocSize { 4 };
        void resize(size_t newSize);
        T* m_elements { nullptr };
        size_t m_size { 0 };
};
```

이 코드를 보면 원소를 설정하거나 가져오는 인터페이스를 정의했다. 따라서 랜덤 액세스random-access)(임의 접근) 기능을 제공한다. 다시 말해 클라이언트가 배열을 생성한 뒤 원소를 설정할 때 메모리 관리 걱정 없이 인덱스 순서와 무관하게 원하는 지점의 값을 설정할 수 있다.

앞에서 선언한 메서드를 다음과 같이 구현한다.

```
template <typename T> Array<T>::Array()
{
    m_size = AllocSize;
    m_elements = new T[m_size] {}; // 원소를 0으로 초기화한다.
}

template <typename T> Array<T>::~Array()
{
    delete [] m_elements;
    m_elements = nullptr;
}
```

```
template <typename T> Array<T>::Array<Array&& src) noexcept
    : m_elements { std::exchange(src.m_elements, nullptr) }
    , m_size { std::exchange(src.m_size, 0) }
{
}

template <typename T> Array<T>& Array<T>::operator=(Array<T>&& rhs) noexcept
{
    if (this == &rhs) { return *this; }
    delete[] m_elements;
    m_elements = std::exchange(rhs.m_elements, nullptr);
    m_size = std::exchange(rhs.m_size, 0);
    return *this;
}

template <typename T> void Array<T>::resize(size_t newSize)
{
    // 더 큰 배열을 생성한다. 값은 0으로 초기화한다.
    auto newArray { std::make_unique<T[]>(newSize) };

    // 새로 생성할 배열은 반드시 이전(m_size)보다 커야 한다.
    for (size_t i { 0 }; i < m_size; i++) {
        // 이전 배열의 원소를 모두 새 배열로 복사한다.
        newArray[i] = std::move(m_elements[i]);
    }

    // 이전 배열을 삭제하고 새 배열을 설정한다.
    delete[] m_elements;
    m_size = newSize;
    m_elements = newArray.release();
}

template <typename T> const T& Array<T>::getElementAt(size_t x) const
{
    if (x >= m_size) { throw std::out_of_range { "" }; }
    return m_elements[x];
}

template <typename T> void Array<T>::setElementAt(size_t x, const T& val)
{
    if (x >= m_size) {
        // 클라이언트가 요청한 원소 뒤로 AllocSize만큼 공간을 할당한다.
        resize(x + AllocSize);
    }
```

```
    m_elements[x] = val;
}

template <typename T> size_t Array<T>::getSize() const noexcept
{
    return m_size;
}
```

여기서 잠시 resize() 메서드를 익셉션에 안전하게 구현한 과정을 살펴보자. 우선 이 메서드는 적당한 크기로 배열을 새로 만들어서 unique_ptr에 저장한다. 그런 다음 이전 배열에 담긴 원소를 모두 새 배열로 복제한다. 복제 과정에 문제가 발생하면 unique_ptr에 의해 메모리가 자동으로 해제된다. 마지막으로 새 배열을 할당하는 작업과 기존 배열의 원소를 복제하는 작업이 모두 문제없이 끝날 때만, 다시 말해 그 과정에서 익셉션이 발생하지 않을 때만 m_elements에 저장된 기존 배열을 삭제하고 새 배열을 여기에 대입한다. 마지막 줄을 보면 새 배열에 대한 소유권을 unique_ptr로부터 해제하도록 release()를 호출했다. 이렇게 하지 않으면 unique_ptr의 소멸자가 호출될 때 배열이 삭제된다.

이렇게 정의한 클래스를 사용하는 방법은 다음과 같다.

```
Array<int> myArray;
for (size_t i { 0 }; i < 10; i++) {
    myArray.setElementAt(i, 100);
}
for (size_t i { 0 }; i < 10; i++) {
    cout << myArray.getElementAt(i) << " ";
}
```

여기서 볼 수 있듯이 배열을 사용할 때 공간을 얼마나 차지할지 미리 설정할 필요 없다. 입력한 원소를 저장하는 데 필요한 만큼 알아서 할당한다.

> **NOTE_** 이 방식은 메모리를 효율적으로 관리하지 않는다. 배열을 생성해서 인덱스 4000 지점에 값 하나만 저장하면 원소 4000개 분량의 메모리를 할당해버린다. 인덱스 4000에 해당하는 원소 빼고는 모두 0으로 초기화된다.

그런데 매번 setElementAt()이나 getElementAt() 메서드를 호출하자니 좀 번거롭다. 게다가 두 메서드를 구현한 방식은 다차원 배열을 처리하기에 불편하다.

이럴 때 인덱스 연산자를 오버로딩하면 좋다. 따라서 다음과 같이 operator[]를 추가해보자.

```
template <typename T> T& Array<T>::operator[](size_t x)
{
    if (x >= m_size) {
        // 클라이언트가 요청한 원소 뒤로 AllocSize만큼 공간을 할당한다.
        resize(x + AllocSize);
    }
    return m_elements[x];
}
```

그러면 다음과 같이 기존 배열 인덱스 표기법을 사용할 수 있다.

```
Array<int> myArray;
for (size_t i { 0 }; i < 10; i++) {
    myArray[i] = 100;
}
for (size_t i { 0 }; i < 10; i++) {
    cout << myArray[i] << " ";
}
```

operator[]는 x 지점의 원소를 레퍼런스로 리턴하기 때문에 원소를 설정하거나 가져오는 데 모두 활용할 수 있다. 이렇게 리턴된 레퍼런스는 원소를 대입할 때도 활용할 수 있다. operator[]가 대입문의 왼쪽에 있으면 m_element 배열의 x 지점의 원솟값이 실제로 변경된다.

이렇게 operator[]를 오버로드했다면 다음과 같이 다차원 배열도 쉽게 사용할 수 있다.

```
Array<Array<int>> a;
a[2][4] = 24;
cout << a[2][4] << endl;
```

15.5.1 읽기 전용 operator[] 만들기

operator[]에서 원소를 좌측값lvalue으로 리턴하면 편할 때도 있지만, 그렇지 않을 때도 있다. 경우에 따라 배열을 읽기 전용으로 접근하도록 원소를 const 레퍼런스로 리턴하면 더 좋을 수 있다. 따라서 operator[]를 두 버전으로 만들고 하나는 비 const 레퍼런스를, 다른 하나는 const 레퍼런스를 리턴하게 만들면 두 경우 모두 지원할 수 있다.

```
T& operator[](size_t x);
const T& operator[](size_t x) const;
```

리턴 타입만을 기준으로 메서드나 연산자를 오버로드할 수 없으므로 const 레퍼런스를 리턴하는 두 번째 오버로드 버전은 const로 지정한다.

const operator[]를 구현하는 코드는 다음과 같다. 인덱스가 배열의 범위를 벗어나면 새 공간을 할당하지 않고 익셉션을 던진다. 원솟값만 읽으려고 할 때 새로운 공간을 할당하는 것은 의미가 없기 때문이다.

```
template <typename T> const T& Array<T>::operator[](size_t x) const
{
    if (x >= m_size) { throw std::out_of_range { "" }; }
    return m_elements[x];
}
```

이렇게 정의한 두 가지 버전의 operator[]를 사용하는 예는 다음과 같다.

```
void printArray(const Array<int>& arr)
{
    for (size_t i { 0 }; i < arr.getSize(); i++) {
        cout << arr[i] << " "; // arr은 const 객체이므로
                               // const 버전의 operator[]를 호출한다.
    }
    cout << endl;
}

int main()
{
    Array<int> myArray;
    for (size_t i { 0 }; i < 10; i++) {
        myArray[i] = 100; // myArray는 비 const 객체이므로
                          // 비 const 버전의 operator[]를 호출한다.
    }
    printArray(myArray);
}
```

이 코드를 보면 printArray()를 호출할 때 매개변수 arr이 const이므로 인수로 전달할 때만 const operator[]가 호출된다. arr이 비 const라면 결과를 수정하지 않고 읽기만 하더라도 비 const 버전의 operator[]가 호출된다.

const operator[]는 const 객체에 대해서만 호출되므로 배열의 크기를 늘릴 수 없다. 앞서 구현한 코드는 주어진 인덱스가 범위를 벗어나면 익셉션을 던진다. 이렇게 익셉션을 던지지 않고 영으로 초기화된 배열을 리턴해도 된다. 예를 들면 다음과 같다.

```
template <typename T> const T& Array<T>::operator[](size_t x) const
{
    if (x >= m_size) {
        static T nullValue { T{} };
        return nullValue;
    }
    return m_elements[x];
}
```

여기 나온 nullValue라는 static 변수는 **영 초기화** 구문인 T{}로 초기화된다. 익셉션을 던지는 방식과 널값을 리턴하는 방식 중 어느 것으로 구현할지는 전적으로 개발자의 성향과 프로그램의 요구사항에 따라 결정한다.

NOTE_ 제로 초기화 구문은 디폴트 생성자로 객체를 생성하고, 기본 정수 타입(char, int 등)은 0으로, 부동소수점 타입은 0.0으로, 포인터 타입은 nullptr로 초기화한다.

15.5.2 배열의 인덱스가 정수가 아닐 때

배열의 인덱스를 컬렉션에 대해 확장해서 일종의 키를 제공할 수도 있다. 예를 들어 vector를 비롯한 선형 배열은 키 값이 배열의 위치로만 사용하는 특수한 예로 볼 수 있다. operator[]의 인수는 두 도메인, 즉 키에 대한 도메인과 값에 대한 도메인을 매핑한다고 볼 수 있다. 따라서 operator[]의 인덱스에 대한 타입을 원하는 대로 지정할 수 있다. 반드시 정수로만 표현할 필요는 없다. 대표적인 예로 18장에서 소개하는 표준 라이브러리의 std::map과 같은 연관 컨테이너associative container가 있다.

예를 들어 다음과 같이 정수가 아닌 string으로 키 값을 지정하는 **연관 배열**associative array을 만들 수 있다. 이런 클래스에 대한 operator[]는 인수를 string 또는 그보다 바람직한 string_view로 받게 할 수 있다. 이에 대한 구현은 이 장 마지막에 소개한다.

> **NOTE_** 인덱스 연산자는 매개변수를 여러 개 받도록 오버로드할 수 없다. 인덱스를 두 개 이상 지정하게 만들고 싶다면 다음 절에서 소개하는 함수 호출 연산자를 활용한다.

15.6 함수 호출 연산자 오버로드하기

함수 호출 연산자(operator())도 오버로드할 수 있다. 클래스에 operator()를 정의하면 객체를 함수 포인터처럼 사용할 수 있다. 함수 호출 연산자가 정의된 클래스의 객체를 **함수 객체** function object 또는 간단히 **펑터** functor (**모듈 함수**)라고 부른다. 이 연산자는 비 static 메서드로만 오버로드할 수 있다. operator()를 오버로드하는 예를 간단히 살펴보기 위해 다음과 같이 클래스 메서드와 똑같은 동작을 함수 호출 연산자를 정의해보자.

```
class FunctionObject
{
    public:
        int operator() (int param); // 함수 호출 연산자
        int doSquare(int param);    // 일반 메서드
};

// 오버로드할 함수 호출 연산자의 구현 코드
int FunctionObject::operator() (int param)
{
    return doSquare(param);
}

// 일반 메서드의 구현 코드
int FunctionObject::doSquare(int param)
{
    return param * param;
}
```

이렇게 정의한 함수 호출 연산자를 사용하는 방법은 다음과 같다. 이 코드에서 오버로딩 연산자 버전과 일반 메서드 버전을 비교할 수 있다.

```
int x { 3 }, xSquared, xSquaredAgain;
FunctionObject square;
xSquared = square(x);              // 함수 호출 연산자를 호출한다.
xSquaredAgain = square.doSquare(x); // 일반 메서드를 호출한다.
```

얼핏 보면 함수 호출 연산자를 사용하는 코드가 좀 어색하다. 클래스의 객체를 만드는 특수한 메서드를 굳이 이렇게 함수 포인터처럼 만들 필요가 있을까? 그냥 일반 메서드나 함수로 구현하면 되지 않을까? 하지만 일반 메서드 대신 함수 객체로 만들면 다른 함수에 콜백 함수로 전달할 때 함수 포인터처럼 취급할 수 있다는 장점이 있다. 자세한 사항은 19장에서 설명한다.

또한 글로벌 함수보다 함수 객체로 만들 때의 장점은 좀 더 미묘하다. 대표적으로 다음과 같은 두 가지 장점이 있다.

- 함수 호출 연산자를 여러 번 호출하더라도 객체의 데이터 멤버를 통해 정보를 지속적으로 유지할 수 있다. 예를 들어 함수 호출 연산자를 호출할 때마다 누적된 숫자의 합을 함수 객체에 유지할 수 있다.
- 데이터 멤버를 설정하는 방식으로 함수 객체의 동작을 변경할 수 있다. 예를 들어 함수 호출 연산자에 지정한 인수를 데이터 멤버의 값과 비교하는 함수 객체를 정의했을 때 데이터 멤버를 원하는 값으로 설정하는 방식으로 비교 동작을 변경할 수 있다.

물론 글로벌 변수나 static 변수로도 얼마든지 이러한 동작을 구현할 수 있다. 하지만 함수 객체를 활용하면 훨씬 깔끔하다. 게다가 글로벌 변수나 static 변수는 멀티스레드 애플리케이션에서 문제를 발생시킬 수 있다. 함수 객체의 진정한 장점은 20장에서 표준 라이브러리를 소개할 때 구체적으로 설명한다.

메서드 오버로딩 규칙에 따르면 클래스에 operator()를 얼마든지 많이 추가할 수 있다. 예를 들어 다음과 같이 FunctionObject 클래스에 std::string_view 타입의 인수를 받는 operator()를 추가할 수 있다.

```
int operator() (int param);
void operator() (string_view str);
```

다차원 배열의 인덱스를 지정할 때도 함수 호출 연산자를 활용할 수 있다. operator()를 단순히 operator[]처럼 작동하도록 작성하되 인덱스를 하나 이상 받도록 만들면 된다. 하지만 이 기법을 적용하면 인덱스를 []가 아닌 ()로 묶어야 한다는 사소하지만 번거로운 점이 있다(예: myArray(3, 4) = 6;).

15.7 역참조 연산자 오버로드하기

*, ->, ->*와 같은 역참조 연산자dereferencing operator도 오버로드할 수 있다. ->* 연산자는 나중에 살펴보기로 하고, *와 -> 연산자의 기본 의미부터 살펴보자. *는 포인터가 가리키는 값에 직접 접근하는 역참조 연산자다. 반면 ->는 * 뒤에 멤버를 지정하는 . 연산자를 붙인 연산의 축약 표현이다. 예를 들어 다음 두 문장은 서로 의미가 같다.

```
SpreadsheetCell* cell { new SpreadsheetCell };
(*cell).set(5); // 역참조 연산자와 멤버 지정 연산자를 따로 쓴 경우
cell->set(5);   // 역참조 연산자(화살표)와 멤버 지정 연산자를 합친 축약 표현
```

클래스의 역참조 연산자를 오버로드하면 클래스의 객체를 포인터처럼 다룰 수 있다. 이 기능은 7장에서 소개한 스마트 포인터를 구현하는 데 주로 사용한다. 또한 반복자를 다룰 때도 유용하다. 그러므로 표준 라이브러리는 이 기능을 상당히 많이 활용한다. 반복자는 17장에서 자세히 설명한다. 이 장에서는 간단한 스마트 포인터 클래스 템플릿에서 역참조 연산자를 오버로드하는 기본 메커니즘을 소개한다.

> **CAUTION_** C++는 std::unique_ptr과 std::shared_ptr이라는 두 가지 표준 스마트 포인터를 제공한다. 스마트 포인터를 직접 정의하는 것보다 이런 표준 스마트 포인터 클래스를 활용하는 것이 바람직하다. 여기 나온 예제는 오로지 역참조 연산을 오버로드하는 방법을 보여주기 위해 이렇게 작성했다.

예제에서 활용할 스마트 포인터 클래스 템플릿의 정의는 다음과 같다. 아직은 역참조 연산자를 작성하지 않았다.

```
export template <typename T> class Pointer
{
    public:
        Pointer(T* ptr) : m_ptr { ptr } {};
        virtual ~Pointer()
        {
            delete m_ptr;
            m_ptr = nullptr;
        }
        // 대입과 값 전달을 막는다.
        Pointer(const Pointer<T>& src) = delete;
```

```
        Pointer& operator=(const Pointer& rhs) = delete;

        // 여기에 역참조 연산자를 적는다.
    private:
        T* m_ptr { nullptr };
};
```

여기에서는 스마트 포인터를 최대한 간단히 정의했다. 더미 일반 포인터 하나를 저장했다가 스마트 포인터가 소멸될 때 이 포인터가 가리키던 공간을 해제하기만 한다. 구현 코드도 간단하다. 생성자에서 일반 포인터를 받아서 클래스의 유일한 데이터 멤버로 저장한다. 소멸자는 포인터가 참조하던 공간을 해제한다.

이렇게 정의한 스마트 포인터 클래스 템플릿을 사용하는 방법은 다음과 같다.

```
Pointer<int> smartInt { new int };
*smartInt = 5; // 스마트 포인터를 역참조한다.
cout << *smartInt << endl;

Pointer<SpreadsheetCell> smartCell { new SpreadsheetCell };
smartCell->set(5); // smartCell을 역참조해서 set 메서드라는 멤버를 선택한다.
cout << smartCell->getValue() << endl;
```

예제에서 볼 수 있듯이 이 클래스에 대해 operator*와 operator-> 연산자를 구현해야 한다. 이에 대해서는 15.7.1절 'operator* 구현 방법'과 15.7.2절 'operator-> 구현 방법'에서 설명한다.

CAUTION_ 흔치 않지만 operator*와 operator-> 중 하나만 구현해야 할 때도 있다. 그 외에는 항상 두 연산자를 모두 구현해야 한다. 둘 중 하나가 없으면 사용자가 어색하게 생각할 수 있다.

15.7.1 operator* 구현 방법

포인터를 역참조하면 포인터가 가리키는 메모리에 접근한다. 포인터가 가리키는 메모리가 int와 같은 기본 타입 값을 담고 있다면 그 값을 직접 변경할 수 있다. 반면 포인터가 가리키는 메모리가 객체와 같이 복합 타입으로 된 대상을 담고 있다면 . 연산자로 그 안에 있는 데이터 멤버나 메서드에 접근할 수 있어야 한다.

이렇게 작동하게 만들려면 operator*가 레퍼런스를 리턴해야 한다. 따라서 Pointer 클래스에 다음과 같이 정의한다.

```
export template <typename T> class Pointer
{
    public:
        // 코드 생략
        T& operator*() { return *m_ptr; }
        const T& operator*() const { return *m_ptr; }
        // 코드 생략
};
```

여기서 볼 수 있듯이 operator*는 내부에 있는 일반 포인터가 가리키던 객체나 변수에 대한 레퍼런스를 리턴한다. 인덱스 연산자를 오버로드할 때처럼 이 메서드를 const와 비 const 버전을 모두 제공해서 const 레퍼런스와 비 const 레퍼런스를 리턴하도록 정의하면 좋다.

15.7.2 operator-> 구현 방법

화살표 연산자(->)는 좀 복잡하다. 화살표 연산자를 적용한 결과는 반드시 객체의 멤버나 메서드여야 한다. 그런데 이렇게 구현하려면 operator*를 실행한 뒤 곧바로 operator.를 호출하게 만들어야 한다. 하지만 C++에서는 operator.를 오버로드할 수 없다. 이렇게 제한하는 데는 나름 이유가 있다. 프로토타입 하나만으로 임의의 멤버나 메서드를 선택하게 만들 수 없기 때문이다. 그러므로 C++는 operator->를 예외로 취급한다. 예를 들어 다음 문장을 보자.

```
smartCell->set(5);
```

C++는 이 문장을 다음과 같이 해석한다.

```
(smartCell.operator->())->set(5);
```

이처럼 C++는 오버로딩한 operator->에서 리턴한 값에 다른 operator->를 적용한다. 그러므로 다음과 같이 반드시 포인터로 리턴하게 오버로드해야 한다.

```
export template <typename T> class Pointer
{
    public:
        // 코드 생략
        T* operator->() { return m_ptr; }
        const T* operator->() const { return m_ptr; }
        // 코드 생략
};
```

이처럼 operator*와 operator->가 서로 좀 달라서 헷갈릴 수 있지만, 여러 번 써보면 금세 익숙해진다.

15.7.3 operator.*와 operator->*

C++에서는 클래스의 데이터 멤버와 메서드에 대한 주소를 받아서 포인터를 만들 수 있다. 하지만 비 static 메서드를 호출하거나 데이터 멤버에 접근하려면 반드시 객체를 거쳐야 한다. 클래스에서 데이터 멤버와 메서드를 제공하는 목적은 객체마다 데이터 멤버와 메서드를 따로 갖게 하기 위해서다. 따라서 포인터를 통해 데이터 멤버에 접근하거나 메서드를 호출하려면 반드시 객체의 문맥 안에서 포인터를 역참조해야 한다. operator.*나 operator->*의 정확한 문법은 함수 포인터를 정의할 줄 알아야 하므로 19장에서 소개한다.

C++에서는 operator.와 마찬가지로 operator.*도 오버로드할 수 없다. operator->*는 오버로드할 수 있지만 구현 방법이 복잡할 뿐만 아니라 이렇게 포인터로 데이터 멤버나 메서드를 접근할 수 있다는 사실을 아는 C++ 프로그래머도 거의 없기 때문에 굳이 이렇게 작성할 필요 없다. 예를 들어 표준 라이브러리에서 제공하는 std::shared_ptr 스마트 포인터는 operator->*를 오버로드하지 않는다.

15.8 변환 연산자 구현하기

다시 SpreadsheetCell 예제로 돌아가서 다음 두 문장을 살펴보자.

```
SpreadsheetCell cell { 1.23 };
double d1 { cell }; // 여기서 컴파일 에러가 발생한다.
```

SpreadsheetCell은 double로 표현할 수 있으므로 double 타입 변수에 대입해도 문제가 없다고 생각할 수 있다. 하지만 그렇지 않다. 컴파일러는 SpreadsheetCell을 double로 변환하는 방법을 모른다며 에러를 발생한다. 이때 다음과 같이 수정하면 해결할 수 있다고 생각하기 쉽다.

```
double d1 { (double)cell }; // 그래도 컴파일 에러가 발생한다.
```

이렇게 해도 컴파일러가 SpreadsheetCell을 double로 변환하는 방법을 모르는 것은 마찬가지다. 첫 줄에 의도가 명확히 드러나 있어서 앞의 두 방법이 가능할 거라고 생각하기 쉽다. 게다가 생략해도 되는 캐스팅 구문을 굳이 추가하는 것은 바람직한 코드 작성법이 아니다.

앞에 나온 문장처럼 대입할 수 있게 만들고 싶다면 컴파일러에 구체적인 방법을 알려주어야 한다. 다시 말해 SpreadsheetCell을 double로 변환하는 변환 연산자를 구현해야 한다. 프로토타입은 다음과 같다.

```
operator double() const;
```

이 함수의 이름은 operator double이다. 함수 이름에 double이라는 리턴 타입이 있으므로 리턴 타입을 따로 지정할 필요는 없다. 그리고 이 연산자가 속한 객체는 변경되지 않기 때문에 const로 지정했다. 이 연산자의 구현 코드는 다음과 같다.

```
SpreadsheetCell::operator double() const
{
    return getValue();
}
```

이렇게만 해도 SpreadsheetCell을 double로 변환하는 연산자를 구현할 수 있다. 이제 다음과 같이 작성해도 컴파일 에러 없이 정상적으로 실행된다.

```
SpreadsheetCell cell { 1.23 };
double d1 { cell }; // 이제 의도대로 실행된다.
```

다른 타입에 대한 변환 연산자도 이와 똑같은 방식으로 작성한다. 예를 들어 SpreadsheetCell에 대한 std::string 변환 연산자를 다음과 같이 구현할 수 있다.

```
SpreadsheetCell::operator std::string() const
{
    return doubleToString(getValue());
}
```

그러면 SpreadsheetCell을 string으로 변환할 수 있다. 하지만 string에서 제공하는 생성자 때문에 다음과 같이 코드를 작성할 수 없다.

```
string str { cell };
```

이럴 때는 균일 초기화보다는 일반 대입문을 사용하거나 명시적으로 static_cast()를 사용해야 한다.

```
string str1 = cell;
string str2 { static_cast<string>(cell) };
```

15.8.1 auto 연산자

변환 연산자가 리턴하는 타입을 명시적으로 지정하지 않고, auto를 지정해서 컴파일러가 알아서 추론하게 만들 수도 있다. 예를 들어 앞에서 본 SpreadsheetCell의 double 변환 연산자를 다음과 같이 구현할 수 있다.

```
operator auto() const { return getValue(); }
```

그런데 auto를 이용한 리턴 타입 추론 기법은 해당 클래스의 사용자가 볼 수 있게 구현해야 한다는 제약사항이 있다. 그러므로 이 예는 구현을 클래스 정의에 직접 포함시킨다.

또한 auto는 레퍼런스 및 const 한정자를 제거한다. 그러므로 operator auto가 T 타입에 대한 레퍼런스를 리턴하면 추론된 타입은 T를 값으로 리턴해서 복사본이 생성된다. 필요하다면 레퍼런스 및 const 한정자를 명시적으로 지정해도 된다. 예를 들면 다음과 같다.

```
operator const auto&() const { /* ... */ }
```

15.8.2 명시적 변환 연산자로 모호한 문제 해결하기

SpreadsheetCell 객체에 대한 double 변환 연산자를 추가하면 모호함이 발생할 수 있다. 예를 들어 다음 코드를 보자.

```
SpreadsheetCell cell { 6.6 };
double d1 { cell + 3.3 }; // operator double()을 정의했다면 컴파일 에러가 발생한다.
```

이 라인은 컴파일 에러가 발생한다. operator double()을 구현하기 전에는 문제없이 컴파일되었는데 왜 지금은 문제가 발생할까? 그 이유는 컴파일러가 cell을 operator double()에 적용해서 double 덧셈으로 처리할지, 아니면 3.3을 double 생성자에 적용해서 SpreadsheetCell로 변환한 뒤 SpreadsheetCell 덧셈으로 처리할지 결정할 수 없기 때문이다. operator double()을 구현하기 전에는 고민할 일이 없었다. 그냥 3.3을 double 생성자로 전달해서 SpreadsheetCell로 변환한 뒤 SpreadsheetCell 덧셈으로 처리하면 되었다. 하지만 operator double()이 추가된 후에는 두 가지 옵션이 있는데, 어느 것이 좋은지 판단할 수 없어서 그냥 포기해버린 것이다.

C++11 이전에는 이런 모호함이 발생하면 생성자 앞에 explicit 키워드를 지정해서 자동 변환할 때 이 생성자를 사용하지 않게 할 수 있었다(8장 참조). 하지만 일반적으로 double을 SpreadsheetCell로 자동으로 변환하는 기능을 대체로 선호하기 때문에 이 생성자를 explicit으로 지정하는 것을 원하지 않을 수 있다. C++11부터는 생성자 대신 double 변환 연산자를 explicit으로 선언하는 방식으로 해결할 수 있다.

```
explicit operator double() const;
```

이렇게 정의한 연산자는 다음과 같이 사용한다.

```
double d1 { cell + 3.3 }; // 9.9
```

15.8.3 부울 표현식으로 변환하기

때로는 객체를 부울 표현식에서 사용하면 좋을 때가 있다. 대표적인 예로 다음과 같이 조건문에서 포인터를 사용할 때가 있다.

```
if (ptr != nullptr) { /* 역참조 연산을 수행한다. */ }
```

또는 이 문장을 다음과 같이 축약 조건문으로 작성할 수 있다.

```
if (ptr) { /* 역참조 연산을 수행한다. */ }
```

아니면 다음과 같이 조건을 반대로 설정하기도 한다.

```
if (!ptr) { /* 원하는 작업을 수행한다. */ }
```

앞에서 정의한 스마트 포인터 클래스 템플릿인 Pointer를 이렇게 사용하면 컴파일 에러가 발생한다. 단, Pointer에 포인터 타입으로 변환하는 연산자를 추가하면 문제없이 사용할 수 있다. 그러므로 if 문의 조건에 nullptr과 비교하는 문장을 적을 때뿐만 아니라 그냥 객체만 적어도 자동으로 포인터 타입으로 변환된다. 이러한 변환 연산자는 주로 void* 타입을 사용한다. 이 포인터 타입을 사용하면 부울 표현식에서 테스트하는 용도 외에는 다르게 활용할 수 없기 때문이다. 포인터 변환 연산자의 구현 예는 다음과 같다.

```
operator void*() const { return m_ptr; }
```

이제 다음과 같이 코드를 작성해도 문제없이 컴파일될 뿐만 아니라 의도한 대로 실행된다.

```
void process(Pointer<SpreadsheetCell>& p)
{
    if (p != nullptr) { cout << "not nullptr" << endl; }
    if (p != NULL) { cout << "not NULL" << endl; }
    if (p) { cout << "not nullptr" << endl; }
    if (!p) { cout << "nullptr" << endl; }
}

int main()
{
    Pointer<SpreadsheetCell> smartCell { nullptr };
    process(smartCell);
    cout << endl;
```

```
    Pointer<SpreadsheetCell> anotherSmartCell { new SpreadsheetCell { 5.0 } };
    process(anotherSmartCell);
}
```

이 코드의 실행 결과는 다음과 같다.

```
nullptr

not nullptr
not NULL
not nullptr
```

또 다른 방법으로 operator void*( ) 대신 다음과 같이 operator bool( )을 오버로드해도 된다. 어차피 객체를 부울 표현식에서 사용할 것이기 때문에 직접 bool로 변환하는 것이 낫다.

```
operator bool() const { return m_ptr != nullptr; }
```

다음과 같은 기존 비교 연산도 문제없이 실행된다.

```
if (p != NULL) { cout << "not NULL" << endl; }
if (p) { cout << "not nullptr" << endl; }
if (!p) { cout << "nullptr" << endl; }
```

그런데 operator bool( )을 이용할 때 다음과 같이 nullptr과 비교하는 문장에서 컴파일 에러가 발생한다.

```
if (p != nullptr) { cout << "not nullptr" << endl; } // 에러
```

nullptr의 타입은 nullptr_t이고 자동으로 0(false)으로 변환되지 않기 때문에 당연히 에러가 발생한다. Pointer 객체와 nullptr_t 객체를 인수로 받는 operator!= 연산자를 컴파일러가 찾지 못하기 때문이다. operator!=과 같은 연산자를 Pointer 클래스의 friend로 구현해도 된다.

```
export template <typename T>
class Pointer
{
    public:
        // 코드 생략
        template <typename T>
        friend bool operator!=(const Pointer<T>& lhs, std::nullptr_t rhs);
        // 코드 생략
};

export template <typename T>
bool operator!=(const Pointer<T>& lhs, std::nullptr_t rhs)
{
    return lhs.m_ptr != rhs;
}
```

그런데 operator!=을 이렇게 구현하면 다음과 같은 비교는 할 수 없게 된다. 어느 operator!=을 사용할지 컴파일러가 결정할 수 없기 때문이다.

```
if (p != NULL) { cout << "not NULL" << endl; }
```

이 예제를 보면 포인터를 표현하지 않는 객체를 사용할 때와 이렇게 포인터 타입으로 변환하는 것이 맞지 않을 때만 operator bool()을 추가하는 방식으로 구현해야 한다고 생각하기 쉽다. 아쉽게도 bool로 변환하는 연산자를 추가하면 이 문제뿐만 아니라 다른 예상치 못한 문제도 발생한다. 이런 경우가 발생하면 C++는 bool을 int로 자동으로 변환하는 **프로모션**promotion(승격) 규칙을 적용한다. 따라서 operator bool()이 정의되었을 때 다음과 같이 작성하면 문제없이 컴파일해서 실행할 수 있다.

```
Pointer<SpreadsheetCell> anotherSmartCell { new SpreadsheetCell { 5.0 } };
int i { anotherSmartCell }; // Pointer를 bool로, 다시 int로 변환한다.
```

그런데 이는 의도한 동작이 아니고 바람직하지도 않다. 대입문이 이렇게 처리되지 않게 하려면 int, long, long long 등에 대한 변환 연산자를 명시적으로 delete해야 한다. 하지만 코드가 지저분해진다. 그러므로 대부분 operator bool() 대신 operator void*()를 선호한다.

지금까지 살펴본 바와 같이 연산자를 오버로드할 때 설계 측면에서 고려할 사항이 많다. 어떤 연산자를 오버로드하느냐에 따라 여러분이 작성한 클래스의 사용법이 달라진다.

15.9 메모리 할당 및 해제 연산자 오버로딩

C++는 메모리 할당과 해제 작업을 원하는 형태로 정의하는 기능을 제공한다. 이러한 커스터마이즈 작업은 글로벌 단위뿐만 아니라 클래스 단위로도 적용하게 만들 수 있다. 이 기능은 조그만 객체들을 여러 차례 할당하고 해제하는 과정에서 발생하기 쉬운 메모리 파편화memory fragmentation(메모리 단편화)를 방지하는 데 유용하다. 예를 들어 메모리가 필요할 때마다 디폴트로 제공되는 C++ 메모리 할당 기능 대신 미리 할당해둔 고정 크기 메모리 영역으로 메모리 풀 할당자memory pool allocator를 만들어서 메모리를 재사용할 수 있다. 이 절에서는 이렇게 메모리 할당과 해제 루틴을 커스터마이즈는 방법과 이 과정에서 발생하는 여러 가지 이슈를 소개한다. 이 기법을 익혀두면 나중에 메모리 할당자를 직접 만들어 쓸 수 있다.

> **CAUTION_** 다양한 메모리 할당 전략을 잘 모른다면 힘들여 메모리 할당 루틴을 오버로딩해도 큰 효과를 보기 힘들다. 뭔가 있어 보인다는 이유만으로 메모리 할당 및 해제 루틴을 오버로드하지 말자. 정말 필요하고 관련 지식도 갖추고 있을 때만 사용한다.

15.9.1 new와 delete의 구체적인 작동 방식

C++에서 new와 delete의 세부 작동 과정은 좀 복잡하다. 예를 들어 다음 코드를 살펴보자.

```
SpreadsheetCell* cell { new SpreadsheetCell{} };
```

여기서 new SpreadsheetCell()을 **new 표현식**new-expression이라 부른다. 이 문장은 두 가지 일을 한다. 먼저 operator new를 호출해서 SpreadsheetCell 객체에 대한 메모리 공간을 할당한다. 그러고 나서 객체의 생성자를 호출한다. 생성자의 실행을 마치고서야 객체에 대한 포인터가 리턴된다.

delete의 작동 방식도 비슷하다. 예를 들어 다음 코드를 살펴보자.

```
delete cell;
```

이렇게 작성한 문장을 **delete 표현식**delete-expression이라 부른다. 이 문장을 실행하면 먼저 cell의 소멸자를 호출한 다음 operator delete를 호출해서 (cell에 할당된) 메모리를 해제한다.

operator new와 operator delete를 오버로드하면 메모리 할당과 해제 과정을 직접 제어할 수 있다. 그런데 new 표현식과 delete 표현식 자체를 오버로드할 수는 없다. 다시 말해 실제로 메모리를 할당하고 해제되는 과정은 커스터마이즈할 수 있지만 생성자와 소멸자를 호출하는 동작은 변경할 수 없다.

1 new 표현식과 operator new

new 표현식은 여섯 가지 종류가 있다. 각 버전마다 적용되는 operator new가 따로 있다. 그중 new, new[], new(nothrow), new(nothrow)[] 네 가지는 이미 앞에서 본 적이 있다. 이러한 네 가지 형태에 대응되는 operator new는 다음과 같으며 모두 <new> 헤더 파일에 정의되어 있다.

```
void* operator new(size_t size);
void* operator new[](size_t size);
void* operator new(size_t size, const std::nothrow_t&) noexcept;
void* operator new[](size_t size, const std::nothrow_t&) noexcept;
```

나머지 두 개는 할당 작업 없이 기존에 할당된 객체의 생성자만 호출하는 특수한 형태의 new 표현식이다. 이를 **배치 new 연산자** placement new operator라 부르며, 일반 변수 버전과 배열 버전이 있다. 이 연산자를 이용하면 다음과 같이 기존에 확보된 메모리에서 객체를 생성할 수 있다.

```
void* ptr { allocateMemorySomehow() };
SpreadsheetCell* cell { new (ptr) SpreadsheetCell{} };
```

두 가지 버전의 배치 new 연산자에 대응되는 operator new는 다음과 같다. 참고로 C++ 표준에서는 두 가지 operator new에 대한 오버로딩을 금지하고 있다.

```
void* operator new(size_t size, void* p) noexcept;
void* operator new[](size_t size, void* p) noexcept;
```

구문이 좀 어색하지만 이런 기능이 있다는 사실은 반드시 알아둘 필요가 있다. 매번 메모리를 해제하지 않고 재사용할 수 있도록 메모리 풀을 구현할 때 유용하기 때문이다. 이 기능을 이용하면 새 인스턴스에 대한 메모리를 다시 할당하지 않고도 객체 인스턴스를 생성하거나 제거할 수 있다. 29장에서 메모리 풀을 구현하는 예를 살펴본다.

2 delete 표현식과 operator delete

직접 호출할 수 있는 **delete 표현식**은 delete와 delete[]다. nothrow나 배치 버전은 없다. 하지만 operator delete는 여섯 가지나 있다. delete 표현식과 operator delete의 짝이 맞지 않는 이유는 nothrow 버전 두 개와 배치 버전 두 개는 생성자에서 익셉션이 발생할 때만 사용되기 때문이다. 이렇게 익셉션이 발생하면 생성자를 호출하기 전에 메모리를 할당하는 데 사용했던 operator new에 대응되는 operator delete가 호출된다. 그런데 기존 방식대로 포인터를 delete로 삭제하면 (nothrow나 배치 버전이 아닌) operator delete나 operator delete[]가 호출된다. 실제로 이로 인해 문제가 발생하지는 않는다. C++ 표준에는 delete에서 익셉션을 던질 때의 동작이 명확히 정의되어 있지 않아서 실행 결과를 예측할 수 없다. 다시 말해 delete에서 절대로 예외를 던지면 안 되기 때문에 nothrow 버전의 operator delete를 따로 둘 필요가 없다. 배치 버전의 delete도 아무런 작업을 하지 않아야 한다. 배치 버전의 new로는 메모리가 할당되지 않기 때문에 해제할 대상이 없다. 여섯 가지 버전의 operator delete의 프로토타입은 다음과 같다.

```
void operator delete(void* ptr) noexcept;
void operator delete[](void* ptr) noexcept;
void operator delete(void* ptr, const std::nothrow_t&) noexcept;
void operator delete[](void* ptr, const std::nothrow_t&) noexcept;
void operator delete(void* p, void*) noexcept;
void operator delete[](void* p, void*) noexcept;
```

15.9.2 operator new와 operator delete 오버로딩

글로벌 함수 버전인 operator new와 operator delete는 필요에 따라 바꿀 수 있다. 이 함수는 프로그램에 new 표현식이나 delete 표현식이 나올 때마다 호출된다. 단, 클래스마다 이보다 구체적인 루틴이 정의되어 있다면 호출되지 않는다. 그런데 C++를 만든 비야네 스트롭스트룹 Bjarne StroupStrup은 『The C++ Programming Language, 3판』(Addison-Wesley, 1997)에서 '간이 크지 않다면 글로벌 operator new와 operator delete를 바꾸지 말라'고 했다. 필자도 같은 생각이다.

CAUTION_ 이렇게 경고했음에도 불구하고 글로벌 operator new를 교체했다면 최소한 그 연산자 코드에 new를 호출하는 문장을 절대 넣지 말기 바란다. 여기에 new를 호출하는 코드를 넣어버리면 무한 재귀 호출이 발생해서 cout으로 메시지를 콘솔에 출력하는 것조차 못하게 된다.

더 유용한 기법은 특정한 클래스에 대해서만 operator new와 operator delete를 오버로드하는 것이다. 이렇게 오버로드하면 해당 클래스의 객체를 할당하거나 해제할 때만 그 연산자가 호출되게 할 수 있다. 배치 버전이 아닌 네 가지 operator new와 operator delete를 클래스에 대해 오버로드하는 예를 살펴보자.

```
export class MemoryDemo
{
    public:
        virtual ~MemoryDemo() = default;

        void* operator new(size_t size);
        void operator delete(void* ptr) noexcept;

        void* operator new[](size_t size);
        void operator delete[](void* ptr) noexcept;

        void* operator new(size_t size, const std::nothrow_t&) noexcept;
        void operator delete(void* ptr, const std::nothrow_t&) noexcept;

        void* operator new[](size_t size, const std::nothrow_t&) noexcept;
        void operator delete[](void* ptr, const std::nothrow_t&) noexcept;
};
```

다음 코드는 표준 출력으로 메시지를 쓰기만 하고, 주어진 인수를 글로벌 버전 연산자로 전달해서 호출하도록 구현한 예를 보여주고 있다. 여기서 nothrow는 실제로 nothrow_t 타입의 변수다.

```
void* MemoryDemo::operator new(size_t size)
{
    cout << "operator new" << endl;
    return ::operator new(size);
}
void MemoryDemo::operator delete(void* ptr) noexcept
{
    cout << "operator delete" << endl;
    ::operator delete(ptr);
}
void* MemoryDemo::operator new[](size_t size)
{
```

```
    cout << "operator new[]" << endl;
    return ::operator new[](size);
}
void MemoryDemo::operator delete[](void* ptr) noexcept
{
    cout << "operator delete[]" << endl;
    ::operator delete[](ptr);
}
void* MemoryDemo::operator new(size_t size, const nothrow_t&) noexcept
{
    cout << "operator new nothrow" << endl;
    return ::operator new(size, nothrow);
}
void MemoryDemo::operator delete(void* ptr, const nothrow_t&) noexcept
{
    cout << "operator delete nothrow" << endl;
    ::operator delete(ptr, nothrow);
}
void* MemoryDemo::operator new[](size_t size, const nothrow_t&) noexcept
{
    cout << "operator new[] nothrow" << endl;
    return ::operator new[](size, nothrow);
}
void MemoryDemo::operator delete[](void* ptr, const nothrow_t&) noexcept
{
    cout << "operator delete[] nothrow" << endl;
    ::operator delete[](ptr, nothrow);
}
```

이렇게 정의한 MemoryDemo 클래스에 대해 객체를 할당하고 해제하는 방법은 다음과 같다.

```
MemoryDemo* mem { new MemoryDemo{} };
delete mem;
mem = new MemoryDemo[10];
delete [] mem;
mem = new (nothrow) MemoryDemo{};
delete mem;
mem = new (nothrow) MemoryDemo[10];
delete [] mem;
```

이 코드를 실행한 결과는 다음과 같다.

```
operator new
operator delete
operator new[]
operator delete[]
operator new nothrow
operator delete
operator new[] nothrow
operator delete[]
```

여기 나온 operator new와 operator delete 구현 방식은 너무 간단해서 실전에 쓸 가능성은 없다. 나중에 실전에서 operator new와 operator delete를 구현할 때 코드를 어떻게 작성하는지 보여주기 위해 이렇게 작성했다.

> **CAUTION_** operator new을 오버로드할 때 반드시 이에 대응되는 operator delete도 오버로드해야 한다. 그렇지 않으면 메모리 할당은 앞서 지정한 방식대로 처리되는 반면 메모리 해제는 C++의 기본 동작에 따라 처리되기 때문에 할당 로직과 맞지 않을 수 있다.

모든 버전의 operator new를 오버로드하는 것은 지나치다고 생각하기 쉽다. 하지만 이렇게 하는 것이 메모리 할당 방식의 일관성을 유지하는 데 도움이 된다. 일부 버전에 대한 구현을 생략하고 싶다면 =delete로 명시적으로 삭제한다. 자세한 사항은 다음 절에서 설명한다.

> **CAUTION_** operator new의 모든 버전을 오버로드하거나, 일부만 오버로드할 때는 사용하지 않을 버전에 명시적으로 delete를 지정해서 삭제한다. 그래야 메모리 할당 방식의 일관성을 유지할 수 있다.

15.9.3 operator new와 operator delete를 명시적으로 삭제하거나 디폴트로 만드는 방법

8장에서 생성자와 대입 연산자에 delete나 default를 지정해서 명시적으로 삭제하거나 디폴트로 설정하는 방법을 소개했다. 이렇게 명시적으로 삭제하거나 디폴트로 만드는 기능은 생성자와 대입 연산자만 적용할 수 있는 것은 아니다. 예를 들어 다음 클래스 코드처럼 operator new와 operator new[]도 명시적으로 삭제해서 new나 new[]로 이 클래스 객체를 동적으로 생성할 수 없게 만들 수 있다.

```
class MyClass
{
    public:
        void* operator new(size_t size) = delete;
        void* operator new[](size_t size) = delete;
};
```

이렇게 정의한 상태에서 다음과 같이 코드를 작성하면 컴파일 에러가 발생한다.

```
MyClass* p1 { new MyClass };
MyClass* p2 { new MyClass[2] };
```

15.9.4 operator new와 operator delete에 매개변수를 추가하도록 오버로드하기

operator new를 오버로드할 때 표준 형태를 그대로 따를 수도 있고, 매개변수를 원하는 형태로 추가할 수도 있다. 이렇게 매개변수를 추가하면 다양한 플래그나 카운터를 자신이 정의한 메모리 할당 루틴으로 전달할 수 있다. 예를 들어 런타임 라이브러리에서 이 기능을 디버그 모드에 활용하는 경우도 있다. 다시 말해 추가된 매개변수로 객체가 할당된 지점의 파일 이름과 줄 번호를 받아뒀다가 메모리 누수가 발생하면 해당 지점을 알려준다.

예를 들어 MemoryDemo 클래스에서 정수 매개변수를 추가한 버전의 operator new와 operator delete 프로토타입은 다음과 같다.

```
void* operator new(size_t size, int extra);
void operator delete(void* ptr, int extra) noexcept;
```

이 연산자를 구현한 예는 다음과 같다.

```
void* MemoryDemo::operator new(size_t size, int extra)
{
    cout << "operator new with extra int: " << extra << endl;
    return ::operator new(size);
}
void MemoryDemo::operator delete(void* ptr, int extra) noexcept
{
```

```
    cout << "operator delete with extra int: " << extra << endl;
    return ::operator delete(ptr);
}
```

매개변수를 추가해서 operator new를 오버로드하면 컴파일러는 이에 대응되는 new 표현식을 알아서 찾아준다. new에 추가한 매개변수는 함수 호출 문법에 따라 전달된다(nothrow 버전도 마찬가지다). 이렇게 작성한 연산자를 활용하는 방법은 다음과 같다.

```
MemoryDemo* memp { new(5) MemoryDemo{} };
delete memp;
```

이 코드를 실행하면 다음과 같은 결과가 나온다.

```
operator new with extra int: 5
operator delete
```

이렇게 operator new에 매개변수를 추가해서 정의할 때 이에 대응되는 operator delete도 반드시 똑같이 매개변수를 추가해서 정의해야 한다. 단, 매개변수가 추가된 버전의 operator delete를 직접 호출할 수는 없고, 매개변수를 추가한 버전의 operator new를 호출할 때 그 객체의 생성자에서 예외를 던져야 호출된다.

15.9.5 operator delete에 메모리 크기를 매개변수로 전달하도록 오버로드하기

operator delete를 오버로드할 때 해제할 대상을 가리키는 포인터와 해제할 메모리 크기를 함께 전달할 수도 있다. 문법은 간단하다. operator delete의 프로토타입에 메모리 크기에 대한 매개변수를 추가해서 선언하면 된다.

CAUTION_ 클래스에 매개변수로 메모리 크기를 받는 operator delete와 이 매개변수를 받지 않는 operator delete를 동시에 선언하면 항상 매개변수가 없는 버전이 먼저 호출된다. 따라서 크기에 대한 매개변수가 있는 버전을 사용하려면 그 버전만 정의한다.

여섯 가지 operator delete를 모두 매개변수로 크기를 받는 버전으로 만들 수 있다. 다음 예는 첫 번째 버전의 operator delete를 삭제할 메모리의 크기를 매개변수로 받는 버전으로 정의한 MemoryDemo 클래스를 보여주고 있다.

```
export class MemoryDemo
{
    public:
        // 코드 생략
        void* operator new(size_t size);
        void operator delete(void* ptr, size_t size) noexcept;
        // 코드 생략
};
```

이렇게 수정한 operator delete를 구현할 때 다음과 같이 크기 매개변수를 받지 않는 글로벌 operator delete를 호출한다. 글로벌 operator delete 중에는 크기를 받는 버전이 없기 때문이다.

```
void MemoryDemo::operator delete(void* ptr, size_t size) noexcept
{
    cout << "operator delete with size " << size << endl;
    ::operator delete(ptr);
}
```

이 기법은 복잡한 메모리 할당 및 해제 메커니즘을 클래스에 직접 정의할 때 유용하다.

15.10 사용자 정의 리터럴 연산자 오버로딩

C++는 다음과 같은 표준 리터럴을 제공한다.

- 'a' : 문자
- "문자 배열" : 0으로 끝나는 문자 배열. C 스타일 스트링
- 3.14f : 단정도 부동소수점수(float)
- 0xabc : 16진숫값

그런데 C++에서는 이런 리터럴도 직접 정의할 수 있다. 사용자 정의 리터럴user-defined literal은 언더스코어(_)로 시작한다. 언더스코어 다음에 나오는 첫 문자는 반드시 소문자여야 한다. 예를 들어 _i, _s, _km, _miles 등이 있다.

사용자 정의 리터럴은 **리터럴 연산자**literal operator로 구현한다. 리터럴 연산자는 **로 모드**raw mode(**미가공 모드**)와 **쿡 모드**cooked mode(**가공 모드**)로 작동한다. 로 모드에서 리터럴 연산자는 일

련의 문자를 받지만 쿡 모드에서는 특정한 해석 타입을 받는다. 예를 들어 C++ 리터럴 123에 대해 로 모드에서는 '1', '2', '3'이라는 일련의 문자로 받는 반면 쿡 모드에서는 정수 123으로 받는다. 리터럴 0x23의 경우 로 모드 연산자는 '0', 'x', '2', '3'으로 받는 반면 쿡 모드 연산자는 정수 35로 받는다. 3.14와 같은 리터럴은 로 모드에서 '3', '.', '1', '4'로 받는 반면 쿡 모드 연산자는 부동소수점 값 3.14로 받는다.

15.10.1 쿡 모드 리터럴 연산자

쿡 모드 리터럴 연산자cooked-mode literal operator는 다음 두 가지 중 하나다

- **숫잣값 처리 :** unsigned long long, long double, char, wchar_t, char8_t, char16_t, char32_t 타입의 매개변수를 하나 받는다.
- **스트링 처리 :** 문자 배열 매개변수와 그 문자 배열의 길이를 가리키는 매개변수를 받는다(예: const char* str, size_t len).

예를 들어 다음 코드는 복소수 리터럴을 정의하는 사용자 정의 리터럴 연산자인 _i를 쿡 모드로 구현한 것이다.

```
complex<long double> operator"" _i(long double d)
{
    return complex<long double> { 0, d };
}
```

이렇게 만든 _i 리터럴 연산자를 사용하는 방법은 다음과 같다.

```
complex<long double> c1 { 9.634_i };
auto c2 { 1.23_i }; // c2 타입은 complex<long double>이다.
```

다음 코드는 std::string 리터럴을 정의하는 사용자 정의 리터럴 연산자인 _s를 쿡 모드로 구현한 것이다.

```
string operator"" _s(const char* str, size_t len)
{
    return string(str, len);
}
```

이렇게 정의한 리터럴 연산자는 다음과 같이 사용한다.

```
string str1 { "Hello World"_s };
auto str2 { "Hello World"_s }; // str2 타입은 string이다.
```

_s 리터럴 연산자를 생략하면 auto 타입 추론 결과는 const char*가 된다.

```
auto str3 { "Hello World" }; // str3 타입은 const char*다.
```

15.10.2 로 모드 리터럴 연산자

로 모드 리터럴 연산자raw-mode literal operator는 0으로 끝나는 C 스타일 스트링인 const char* 타입 매개변수 하나를 지정해야 한다. 예를 들어 리터럴 연산자 _i를 로 모드로 정의하면 다음과 같다.

```
complex<long double> operator"" _i(const char* p)
{
    // 구현 코드 생략. C 스타일 스트링을 파싱해서 복소수로 변환해야 한다.
}
```

이렇게 정의한 로 모드 리터럴 연산자의 사용법은 쿡 모드 연산자와 같다.

NOTE_ 로 모드 리터럴 연산자는 스트링이 아닌 리터럴에 대해서만 작동한다. 예를 들어 1.23_i는 로 모드 리터럴 연산자로 구현할 수 있지만 "1.23"_i는 그럴 수 없다. 후자는 0으로 끝나는 스트링과 그 길이에 대한 매개변수 두 개를 받는 쿡 모드 리터럴로 만들어야 한다.

15.10.3 표준 사용자 정의 리터럴

C++에서는 다음과 같은 표준 사용자 정의 리터럴을 제공한다. 참고로 이 리터럴은 언더스코어로 시작하지 않는다.

리터럴	인스턴스 타입	예	소속 네임스페이스
s	string	auto myString { "Hello"s };	string_literals
sv	string_view	auto myStringView { "Hello"sv };	string_view_literals
h, min, s, ms, us, ns	chrono::duration (22장에서 설명)	auto myDuration { 42min };	chrono_literals
C++20 y, d	chrono::year, day (22장에서 설명)	auto thisYear { 2020y };	chrono_literals
i, il, if	complex<T> 여기서 T는 double, long double, float과 같다.	auto myComplexNumber { 1.3i }	complex_literals

엄밀히 말해 이 리터럴은 모두 std::literals의 하위 네임스페이스에 정의되어 있다(예: std::literals::string_literals). 그런데 string_literals와 literals는 모두 인라인 네임스페이스라서 부모 네임스페이스에 그 내용이 제공되어 있다. 따라서 s 스트링 리터럴을 사용하려면 다음과 같은 using 디렉티브 중에서 아무거나 사용해도 된다.

```
using namespace std;
using namespace std::literals;
using namespace std::string_literals;
using namespace std::literals::string_literals;
```

15.11 정리

이 장에서는 연산자 오버로딩이 필요한 이유와 다양한 종류의 연산자를 오버로드하는 방법을 구체적인 예제와 함께 소개했다. 아무쪼록 이 장에서 연산자 오버로딩의 강력함을 확실히 이해했길 바란다. 연산자 오버로딩은 클래스 인터페이스를 사용하기 쉽게 추상화하며, 이 책 전반에 걸쳐 자주 활용한다.

이제 C++ 표준 라이브러리를 깊이 살펴볼 준비가 끝났다. 다음 장에서는 C++ 표준 라이브러리에서 제공하는 기능을 전반적으로 훑어보고, 세부 기능은 이어지는 장에서 하나씩 소개한다.

15.12 연습 문제

이 장에서 소개한 내용을 직접 써보기 위해 다음 연습 문제를 풀어보자. 연습 문제에 대한 정답은 이 책의 웹사이트(www.wiley.com/go/proc++5e)에서 다운로드할 수 있다. 문제를 풀다가 막히면 정답부터 찾지 말고 먼저 앞에서 설명한 부분을 다시 읽고 직접 답을 찾아보려고 애쓰기 바란다.

연습 문제 15-1 AssociativeArray 클래스를 구현해보자. 이 클래스는 여러 원소를 vector에 저장하며, 각 원소는 키와 값으로 구성된다. 키는 반드시 string으로 표현해야 하지만 값은 템플릿 타입 매개변수로 지정된 값으로 표현할 수 있다. 각 원소를 키로 검색할 수 있도록 인덱스 연산자의 오버로딩 버전도 제공하자. 이렇게 만든 클래스를 main() 함수에서 테스트해보자. 주의: 이 연습 문제의 목적은 인덱스 연산자에서 정수가 아닌 인덱스를 사용하도록 구현하는 연습을 하는 데 있다. 실전에서는 표준 라이브러리에서 제공하는 std::map 클래스 템플릿을 주로 사용한다. map을 비롯한 연관 배열에 대해서는 18장에서 자세히 소개한다.

연습 문제 15-2 [연습 문제 13-2]에서 만든 Person 클래스에 추가 및 추출 연산자를 구현해보자. 추출 연산자를 구현할 때 추가 연산자로 쓴 내용을 다시 읽게 만든다.

연습 문제 15-3 [연습 문제 15-2]의 결과에 스트링 변환 연산자를 추가하자. 이 연산자는 성과 이름으로부터 만든 스트링을 리턴하기만 한다.

연습 문제 15-4 [연습 문제 15-3]의 결과에 스트링 리터럴로부터 Person 객체를 생성하는 사용자 정의 연산자인 _p를 추가하자. 이 연산자는 성에는 공백을 넣을 수 있지만 이름에는 공백이 없어야 한다. 예를 들어 "Peter Van Weert"_p는 이름이 Peter고 성이 Van Weert인 Person 객체가 되어야 한다.

CHAPTER 16

C++ 표준 라이브러리 둘러보기

이 장의 내용

- 표준 라이브러리에 적용된 코드 작성 원칙
- 표준 라이브러리에서 제공하는 기능

C++ 프로그래머에게 가장 중요한 라이브러리는 C++ 표준 라이브러리다. 이름에서 풍기듯이 이 라이브러리는 C++ 표준이다. 그러므로 표준 컴파일러라면 반드시 지원해야 한다. 표준 라이브러리는 한 덩어리가 아닌 여러 독립적인 컴포넌트로 이루어져 있다. 그중 일부는 이미 앞에서 사용한 적이 있으며 마치 C++ 언어의 일부분인 것처럼 취급했다. 표준 라이브러리에서 제공하는 클래스와 함수는 std 네임스페이스 또는 그 하위 네임스페이스에 속한다.

C++ 표준 라이브러리 중에서도 가장 핵심은 **제네릭 컨테이너**generic container(**범용 컨테이너**)와 **제네릭 알고리즘**generic algorithm(**범용 알고리즘**)이다. 이 라이브러리는 원래 **표준 템플릿 라이브러리**Standard Template Library(**STL**)라는 이름의 서드파티 라이브러리였다. 그러므로 아직도 표준 라이브러리를 STL이라 부르는 사람이 많다. 하지만 STL은 C++ 표준 용어가 아니다. 따라서 이 책에서는 STL이라고 부르지 않는다. 표준 라이브러리의 강력함은 표준 라이브러리에서 제공하는 대다수의 알고리즘과 컨테이너가 상호 호환될 뿐만 아니라 컨테이너에 담긴 데이터 타입의 종류에 무관하게 작동하는 범용성에서 나온다. 게다가 성능도 뛰어나다. 프로그래머가 직접 정의한 것보다 더 빠른 컨테이너와 알고리즘을 제공하도록 구현한 것이다.

C++ 표준 라이브러리는 C11 표준에서 정한 C 헤더 파일도 대부분 포함하고 있다. 단, 이름은 다르다. 또한 C의 <stdio.h> 헤더 파일은 모두 std 네임스페이스 아래에 <cstudio>란 이름으로 들어 있다. C11 헤더 중에서 <stdatomic.h>, <stdnoreturn.h>, <threads.h>와 이에 대응하는 <c...> 헤더는 모두 표준에서 제외되었다. 또한 다음 C 헤더는 C++17부터 폐기되었고 C++20부터 완전히 제외되었다.

- <ccomplex>, <ctgmath>: 이 헤더 대신 <complex>나 <cmath>를 사용한다.
- <ciso646>, <cstdalign>, <cstdbool>: 이 헤더는 비어 있거나 C++에서 키워드로 제공되는 것에 대한 매크로를 정의하고 있기 때문에 C++에서 쓸모없게 되었다.

C 헤더는 임포트하지 못할 수 있다. C 헤더에 정의된 기능에 접근하려면 import 대신 #include를 사용한다.

NOTE_ C 헤더에서 제공하는 기능보다는 순수 C++ 기능을 사용하는 것이 바람직하다.

C++ 전문가가 되고 싶다면 표준 라이브러리를 잘 알아둘 필요가 있다. 프로그램을 작성할 때 컨테이너나 알고리즘을 직접 구현하지 말고 표준 라이브러리에서 제공하는 것을 잘 활용하면

엄청난 시간과 노력을 절약할 수 있다. 그럼 지금부터 본격적으로 표준 라이브러리를 마스터해 보자.

표준 라이브러리에 대한 첫 장인 16장은 표준 라이브러리에서 제공하는 기능을 전반적으로 훑어본다. 이어지는 장에서는 표준 라이브러리에서 제공하는 구체적인 기능을 보다 상세하게 소개한다. 다음 장부터 소개할 내용을 몇 가지만 나열하면 컨테이너, 반복자, 제네릭 알고리즘, 사전 정의 함수 객체 클래스predefined function object class, 정규 표현식, 파일시스템 지원 기능, 무작위수 생성 등이 있다. 또한 25장에서는 표준 라이브러리를 커스터마이즈하고 확장하는 방법을 소개한다.

이 장과 이어지는 장에서는 표준 라이브러리를 최대한 깊이 있게 소개하지만, 표준 라이브러리 자체가 워낙 방대하기 때문에 이 책에서 모두 다루기란 불가능하다. 이 장과 이어지는 장에서 소개하는 표준 라이브러리의 클래스와 각각의 메서드나 데이터 멤버 그리고 표준 라이브러리 알고리즘의 프로토타입은 수많은 것 중 일부분에 불과하다는 점을 명심한다. 표준 라이브러리에 속한 모든 헤더 파일에 대한 요약 정보는 부록 C를 참조한다. C++ 표준 라이브러리의 상세한 내용은 다양한 C++ 표준 라이브러리 관련 서적이나 온라인 자료(`http://www.cppreference.com` 또는 `http://cplusplus.com/reference`)를 참고한다.

16.1 코드 작성 원칙

표준 라이브러리는 C++의 **템플릿**template과 **연산자 오버로딩**operator overloading 기능을 상당히 많이 사용한다.

16.1.1 템플릿 활용

템플릿을 활용하면 **제네릭 프로그래밍**generic programming을 할 수 있다. 다시 말해 모든 종류의 객체를 다룰 수 있을 뿐만 아니라 코드 작성 시점에는 모르던 객체도 처리할 수 있게 만들 수 있다. 템플릿 코드를 만드는 프로그래머는 객체 생성에 필요한 클래스 요구사항을 명시해야 한다. 비교 연산자나 복제 생성자 등과 같은 해당 템플릿을 사용하는 데 필요한 기능을 명시한다. 그리고 템플릿 코드를 사용할 때 이러한 필수 기능만 사용하도록 한다. 한편 템플릿으로 객체를 만드는 프로그래머는 템플릿에서 요구하는 연산자나 메서드를 구현한다.

안타깝게도 C++에서 템플릿을 가장 어렵게 느끼는 프로그래머가 많다. 그래서 사용하기 꺼리는 경향이 있다. 하지만 템플릿을 직접 정의하지 않더라도 표준 라이브러리를 활용할 만큼의 문법과 기능은 알아둘 필요가 있다. 템플릿은 12장에서 자세히 설명했다. 12장을 읽지 않았거나 아직 템플릿을 완전히 이해하지 못한 독자는 먼저 12장부터 읽고 나서 이 장을 비롯한 표준 라이브러리에 대한 장을 읽기 바란다.

16.1.2 연산자 오버로딩 활용

연산자 오버로딩도 C++ 표준 라이브러리에서 상당히 많이 사용한다. 연산자 오버로딩은 9.7절 '연산자 오버로딩'에서 자세히 설명했다. 이 장을 비롯한 표준 라이브러리에 대한 장을 읽기 전에 9.7절에서 설명하는 내용을 완전히 이해하기 바란다. 또한 15장에서도 연산자 오버로딩과 관련된 많은 내용을 다뤘다. 거기서 설명하는 세부사항은 잘 몰라도 표준 라이브러리에 대한 장을 이해하는 데 문제가 없다.

16.2 C++ 표준 라이브러리 둘러보기

이 절에서는 표준 라이브러리를 구성하는 다양한 컴포넌트를 설계 관점에서 살펴본다. 하지만 표준 라이브러리에서 제공하는 다양한 기능을 소개만 할 뿐 구체적인 작성 방법은 여기서 다루지 않고 다른 장에서 설명한다.

16.2.1 스트링

C++는 `string`이란 클래스를 기본으로 제공한다. 이 클래스는 `<string>`에 정의되어 있다. C++에서 C 스타일의 문자 배열로 스트링을 표현해도 되지만 C++의 `string` 클래스를 활용하는 것이 여러 모로 유리하다. 메모리를 관리해줄 뿐만 아니라 인덱스 경계 검사, 대입과 비교 기능, 스트링 결합, 스트링 추출, 부분 스트링 만들기, 문자 치환 등과 같은 다양한 기능도 제공한다.

NOTE_ 엄밀히 말하면 `std::string`은 `std::basic_string` 템플릿을 `char` 타입에 대해 인스턴스화한 것의 타입 앨리어스다. 하지만 사용할 때는 이런 세부사항에 대해 알 필요는 없고, 그냥 일반 클래스처럼 취급해도 된다.

표준 라이브러리는 string_view 클래스도 제공한다. 이 클래스는 <string_view>에 정의되어 있다. string_view는 스트링을 읽기 전용으로 표현한다. 또한 const string& 대신 사용할 수 있고 오버헤드도 발생하지 않는다. 스트링을 복제하지 않기 때문이다.

C++는 **유니코드**Unicode와 **현지화**localization도 지원한다. 그러므로 한국어, 중국어, 일본어, 아랍어를 비롯한 다양한 언어를 다룰 수 있다. <locale>에 정의된 Locale 클래스를 이용하면 숫자나 날짜를 특정 국가나 지역에 맞게 표현할 수 있다.

C++20 C++20부터 타입에 안전한 강력한 스트링 코드 서식 라이브러리가 추가되었다. 이 라이브러리는 <format>에 정의된 std::format()을 통해 사용할 수 있으며 각자 정의한 타입을 지원하도록 확장할 수도 있다.

참고로 string과 string_view는 2장에서 자세히 다루었고, 유니코드와 현지화는 21장에서 설명한다.

16.2.2 정규 표현식

정규 표현식regular expression은 <regex>에 정의되어 있다. 여기서 제공하는 기능을 활용하면 텍스트를 다룰 때 흔히 사용하는 **패턴 매칭**pattern matching을 쉽게 구현할 수 있다. 패턴 매칭은 스트링에서 특정한 패턴을 찾거나 새 패턴으로 교체하는 데 사용된다. 정규 표현식은 21장에서 설명한다.

16.2.3 I/O 스트림

C++는 **스트림**stream이라 부르는 입력과 출력에 대한 모델을 제공한다. C++ 라이브러리는 기본 타입 데이터를 파일이나 키보드, 콘솔, 스트링에 읽고 쓰는 루틴을 제공한다. 또한 자신이 직접 정의한 객체를 읽고 쓰는 루틴도 직접 정의하는 기능도 제공한다. I/O 기능을 정의한 헤더 파일은 <fstream>, <iomanip>, <ios>, <iosfwd>, <iostream>, <istream>, <ostream>, <sstream>, <streambuf>, <strstream> 등 다양하다. I/O 스트림의 기초는 1장에서, 다양한 세부 기능은 13장에서 설명한다.

16.2.4 스마트 포인터

프로그램의 안정성에 걸림돌이 되는 부분 중 하나는 객체를 삭제하는 시점을 알아내는 것이다. 이와 관련하여 발생할 수 있는 문제는 다양하다. 대표적으로 **메모리 누수**memory leak가 있다. 사용되지 않은 객체가 계속 쌓여 공간만 잡아먹을 수 있다. 코드에서 포인터로 가리키고 있는 부분을 다른 코드 부분에서 삭제해버려서 포인터가 가리키는 값이 더 이상 유효하지 않거나 그 영역이 이미 다른 용도로 재할당되어버릴 수 있다. 이렇게 된 포인터를 **댕글링 포인터**dangling pointer라 부른다. 객체 삭제와 관련된 또 다른 문제로, 서로 다른 지점에서 특정 공간을 동시에 해제하는 **이중 해제**double-freeing가 있다. 이런 문제가 발생하면 대부분 프로그램이 뻗어버린다. 프로그램이 뻗어버려 오류가 금세 드러날 수도 있지만, 정상적으로 실행되고 결과값만 이상하게 나올 수도 있다. 이런 오류는 대체로 찾아서 고치기 쉽지 않다.

C++는 이런 문제를 방지하기 위해 unique_ptr, shared_ptr, weak_ptr과 같은 스마트 포인터를 제공한다. 모두 <memory>에 정의되어 있다. 스마트 포인터는 7장에서 자세히 설명했다.

16.2.5 익셉션

C++는 익셉션exception(예외) 메커니즘을 제공한다. 그러므로 함수나 메서드에서 발생한 다양한 에러를 상위 함수나 메서드로 전달할 수 있다. C++ 표준 라이브러리는 익셉션에 대한 클래스 계층을 제공하며, 제공되는 형태 그대로 사용하거나 상속해서 원하는 형태로 커스터마이즈할 수 있다. 익셉션 관련 기능은 대부분 <exception>, <stdexcept>, <system_error>에 정의되어 있다. 익셉션 메커니즘과 표준 익셉션 클래스의 자세한 사항은 14장에서 설명했다.

16.2.6 수학 연산 관련 유틸리티

C++ 표준 라이브러리는 수학 연산에 관련된 다양한 클래스와 함수도 제공한다.

abs(), remainder(), fma(), exp(), log(), pow(), sqrt(), sin(), atan2(), sinh(), erf(), tgamma(), ceil(), floor()를 비롯한 주요 수학 연산을 제공한다. C++17부터는 여기에 르장드르 다항식Legendre polynomial, 베타 함수beta function, 타원 적분elliptic integral, 베셀 함수Bessel function, 원기둥 함수인 노이만 함수cylindrical Neumann function와 같은 특수한 수학 함수도 추가되었다. 이런 특수 함수는 별도로 정해진 이름과 표기법이 있으며 주로 수치해석이나 함수해석, 기하, 물리 등과 같은 응용에서 자주 사용된다. C++20부터는 선형 보간법linear interpolation 또는 선형 보외법linear extrapolation(외삽)을 제공하는 lerp() 함수를 제공한다. lerp(a, b, t)는 $a+t(b-a)$를 계산한다. 선형 보간은 주어진 데이터 포인트 사이의 특정한 값을 계산하는 반면 선형 외삽은 최대 또는 최소 데이터 포인트보다 더 크거나 더 작은 값을 계산한다. 관련 함수는 모두 <cmath> 헤더에 정의되어 있다.

<numeric>은 주어진 두 정수에 대한 **최대 공약수**greatest common divisor(**gcd**)와 **최소 공배수**least common multiple(**lcm**)를 계산하는 gcd()와 lcm() 함수를 제공한다. C++20부터는 두 값(정수, 부동소수점수, 포인터)의 중간 지점을 계산하는 midpoint()도 제공한다.

또한 complex란 이름의 복소수 클래스도 <complex>에 정의되어 있다. 이 클래스는 실수부와 허수부로 구성된 복소수를 다루는 기능을 제공한다.

컴파일 시간 유리수 연산 라이브러리는 ratio 클래스 템플릿을 제공한다(헤더는 <ratio>). 이 클래스 템플릿을 이용하면 분자와 분모로 정의할 수 있는 모든 유한 유리수를 표현할 수 있다. 이 라이브러리는 22장에서 설명한다.

표준 라이브러리는 valarray란 클래스도 제공한다(헤더는 <valarray>). 이 클래스는 vector와 비슷하지만 고성능 수치 연산에 최적화한 것이다. 이 라이브러리는 벡터 슬라이스vector slice를 표현하는 클래스를 다양하게 제공한다. 이러한 기본 요소로 행렬 연산을 수행하는 클래스를 정의할 수 있다. 표준 라이브러리는 행렬 클래스를 제공하지 않지만 부스트Boost와 같은 서드파티 라이브러리를 이용하면 행렬 연산에 관련된 클래스를 사용할 수 있다. valarray는 이 책에서 자세히 다루지 않는다.

C++20 C++20부터 다양한 상수가 추가되었다. 모두 <numbers>에 정의되어 있으며 std::numbers 네임스페이스에 속한다. 몇 가지 예를 들면 다음과 같다.

상수	설명	근삿값
pi	파이(π)값	3.141593
inv_pi	파이의 역수	0.318310
sqrt2	2의 제곱근	1.414214
e	오일러 수	2.718282
phi	황금률	1.618034

C++20 C++20부터 다음과 같은 비트 관련 함수도 추가되었다. 모두 <bit>에 정의되어 있다. 이 함수의 첫 번째 인수는 부호 없는 정수 타입으로 지정해야 한다.

함수	설명
has_single_bit()	주어진 값에 비트가 하나만 있으면, 즉 2의 제곱인 값이면 true다.
bit_ceil()	주어진 값보다 크거나 같은 2의 제곱 중 가장 작은 값을 리턴한다.
bit_floor()	주어진 값보다 작거나 같은 2의 제곱 중 가장 큰 값을 리턴한다.
bit_width()	주어진 값을 저장하는 데 필요한 비트 수를 리턴한다.

함수	설명
rotl() rotr()	주어진 값에 대한 비트를 왼쪽(rotl()) 또는 오른쪽으로(rotr()) 주어진 값만큼 이동시킨다.
countl_zero() countl_one()	주어진 값에서 왼쪽 끝, 즉 최상위 비트(most significant bit)에서 시작해서 연속된 0(countl_zero()) 또는 1(countl_one())의 개수를 리턴한다.
countr_zero() countr_one()	주어진 값에서 오른쪽 끝, 즉 최하위 비트(least significant bit)에서 시작해서 연속된 0(countl_zero()) 또는 1(countl_one())의 개수를 리턴한다.
popcount()	주어진 값에서 1비트의 개수를 리턴한다.

몇 가지 예를 들면 다음과 같다.

```
cout << popcount(0b10101010u) << endl;              // 4

uint8_t value { 0b11101011u };
cout << countl_one(value) << endl;                  // 3
cout << countr_one(value) << endl;                  // 2

value = 0b10001000u;
cout << format("{:08b}", rotl(value, 2)) << endl; // 00100010

value = 0b00001011u;
cout << format("bit_ceil({0:08b} = {0}) = {1:08b} = {1}",
    value, bit_ceil(value)) << endl;     // bit_ceil(00001011 = 11) = 00010000 = 16
cout << format("bit_floor({0:08b} = {0}) = {1:08b} = {1}",
    value, bit_floor(value)) << endl;    // bit_floor(00001011 = 11) = 00001000 = 8
```

C++20 C++20부터 std::cmp_equal(), cmp_not_equal(), cmp_less(), cmp_less_equal(), cmp_greater(), cmp_greater_equal() 등과 같은 비교 함수도 추가되었다. 모두 <utility>에 정의되어 있다. 이 함수는 주어진 두 정수를 비교하며, 부호 있는 비교와 부호 없는 비교를 섞어서 사용해도 된다.

예를 들어 부호 있는 값인 -1과 부호 없는 값인 0u을 비교하는 코드를 다음과 같이 작성했다고 하자. 그러면 1(= true)란 결과가 나오는데, -1은 먼저 부호 없는 정수로 변환되고 그 결과로 4,294,967,295라는 큰 숫자가 되어버려서 0보다 커지기 때문이다.

```
cout << (-1 > 0u) << endl; // 1 (= true)
```

이럴 때는 cmp_greater()를 사용하면 의도한 결과를 얻을 수 있다.

```
cout << cmp_greater(-1, 0u) << endl; // 0 (= false)
```

16.2.7 시간과 날짜 관련 유틸리티

C++는 시간에 관련된 크로노 라이브러리chrono library도 제공하며 <chrono>에 정의되어 있다. 이 라이브러리를 이용하면 시간에 관련된 데이터를 쉽게 다룰 수 있다. 예를 들어 작업의 소요 시간을 측정하거나 시간을 기준으로 동작을 수행하는 것이 가능하다. C++20부터는 타임존time zone(시간대)에 대한 지원도 추가되어 서로 다른 타임존의 시각을 변환하는 등의 기능을 수행할 수 있으며, 캘린더도 추가되어 날짜를 다룰 수 있게 되었다. 또한 <ctime> 헤더를 통해 여러 가지 C 스타일 시간 및 날짜 기능을 제공한다.

16.2.8 무작위수

C++는 예전부터 srand()와 rand() 함수를 통해 유사 무작위수(난수) 생성pseudo random number generation 기능을 제공했다. 하지만 이 함수는 기본 기능만 제공했다. 예를 들어 생성된 무작위수의 분포를 변경할 수 없다.

C++11 버전부터 이보다 훨씬 강력한 무작위수 라이브러리가 표준에 추가되었다. 이 라이브러리는 <random>에 정의되어 있으며 **무작위수 엔진**random number engine, **무작위수 엔진 어댑터**random number engine adaptor, **무작위수 분포**random number distribution 등도 함께 제공하여 다루고자 하는 문제 영역에 맞게 정규 분포, 역지수 분포 등으로 무작위수를 생성할 수 있다.

무작위수 생성 라이브러리는 23장에서 자세히 다룬다.

16.2.9 초기자 리스트

<initializer_list>에 정의된 초기자 리스트를 사용하면 인수의 개수를 다양하게 받는 함수를 쉽게 작성할 수 있다고 1장에서 설명한 적 있다. 예를 들어 다음과 같다.

```
int makeSum(initializer_list<int> values)
{
    int total { 0 };
    for (int value: values) { total += value; }
    return total;
}
int a { makeSum({ 1, 2, 3 }) };
int b { makeSum({ 10, 20, 30, 40, 50, 60 }) };
```

16.2.10 페어와 튜플

<utility>에 정의된 pair 클래스 템플릿은 타입이 서로 다른 두 원소를 하나로 묶어서 저장한다. 즉, **이형**heterogeneous 원소를 저장할 수 있다. 이 장에서 소개하는 표준 라이브러리 컨테이너는 모두 **동형**homogeneous 원소를 저장한다. 즉, 컨테이너에 담긴 원소의 타입은 모두 같아야 한다. pair 템플릿을 이용하면 서로 타입이 전혀 다른 두 원소를 한 객체에 담을 수 있다. pair 클래스 템플릿은 1장에서 소개했다.

<tuple>에 정의된 tuple은 pair를 일반화한 것이다. 크기가 고정된 수열로서 서로 타입이 다른 원소를 저장할 수 있다. tuple에 담긴 원소의 개수와 타입은 tuple 인스턴스를 생성하는 컴파일 시간에 결정된다. 튜플은 24장에서 자세히 설명한다.

16.2.11 어휘 타입

C++는 다음과 같은 **어휘 타입**vocabulary type을 제공한다.

- optional : <optional>에 정의되어 있으며 특정한 타입의 값을 갖거나 그렇지 않을 수 있다. 클래스 데이터 멤버나 함수 매개변수, 함수의 리턴 타입 등과 같이 값이 없을 수도 있는 곳에 사용할 수 있다. 이에 대해서는 1장에서 설명한 적 있다.
- variant : <variant>에 정의되어 있으며, 지정한 타입 집합 중 하나로 된 값을 담는다. 자세한 내용은 24장에서 설명한다.
- any : <any>에 정의되어 있으며, 모든 타입의 값을 단 하나만 가진다. 자세한 내용은 24장에서 설명한다.

16.2.12 함수 객체

함수 호출 연산자를 구현하는 클래스를 **함수 객체**function object라 부른다. 함수 객체는 표준 라이브러리 알고리즘에서 조건식(프레디케이트predicate)[1]을 구현하는 데 활용된다. <functional> 헤더 파일을 보면 미리 정의된 다양한 함수 객체가 있으며, 기존 함수 객체를 바탕으로 함수 객체를 새로 생성할 수도 있다.

함수 객체는 19장에서 자세히 소개한다.

---

1 옮긴이_ 프레디케이트(predicate)란 조건문처럼 부울(true/false)값을 결과로 내는 함수(또는 함수 객체)를 의미하며, 수리논리에서 말하는 명제 함수(술어 함수)와 개념이 같아서 술어 함수라고 표현하는 문헌도 있다. 이 장에서는 간단히 조건식이라 하겠다.

16.2.13 파일시스템

<filesystem>을 보면 파일시스템에 관련된 모든 기능이 std::filesystem이란 네임스페이스로 정의되어 있다. 이 기능을 이용하면 파일시스템을 다루는 코드를 이식(포팅)하기 쉬운 형태로 만들 수 있다. 이 라이브러리로 디렉터리나 파일을 조회하거나, 디렉터리에 담긴 항목에 대해 반복문을 수행하거나, 경로를 다루거나, 파일 크기나 확장자, 생성 시각 등과 같은 파일에 대한 정보를 조회하는 기능을 제공한다. 파일시스템 지원 라이브러리는 13장에서 자세히 설명한다.

16.2.14 멀티스레딩

요즘 나온 주요 CPU는 대부분 코어가 여러 개다. 이러한 멀티코어 프로세서는 서버부터 일반 사용자용 컴퓨터와 스마트폰에 이르기까지 다양하게 활용된다. 소프트웨어가 멀티코어를 최대한 활용하게 하려면 여러 스레드를 사용하도록 작성해야 한다. 표준 라이브러리는 멀티스레딩을 지원하는 데 필요한 다양한 기본 기능을 제공한다. <thread>에 정의된 thread 클래스를 이용하면 스레드를 하나씩 생성할 수 있다. C++20부터 표준 라이브러리에 추가된 jthread를 사용하면 취소할 수 있고 제거될 시점에 조인 연산을 자동으로 수행하는 스레드를 만들 수 있다.

멀티스레드 코드를 작성할 때는 여러 스레드가 같은 데이터를 동시에 읽고 쓰지 않도록 조심해야 한다. 이때 <atomic>에 정의된 atomic을 사용하면 데이터를 스레드에 안전하고 아토믹[atomic]하게(여러 스레드가 동시에 접근하지 않게) 만들 수 있다. <condition_variable>과 <mutex> 헤더 파일에서도 다양한 스레드 동기화 메커니즘을 제공한다.

C++20부터는 세마포어(<semaphore>에 정의됨), 래치(<latch>에 정의됨), 배리어(<barrier>에 정의됨) 등과 같은 동기화 요소가 추가되었다.

여러 스레드로 뭔가 계산해서 적절히 익셉션을 처리하도록 정의해서 결과를 받기만 한다면 async와 future를 활용한다. 둘 다 <future>에 정의되어 있으며 thread 클래스를 직접 다루는 것보다 훨씬 쉽다.

멀티스레드 코드 작성법은 27장에서 자세히 다룬다.

16.2.15 타입 트레이트

타입 트레이트[type traits](타입 특성/속성) 기능은 <type_traits>에 정의되어 있으며, 컴파일 시간에 타입 정보를 조회할 수 있다. 이 기능은 고급 템플릿을 작성할 때 유용하며 26장에서 자세히 설명한다.

16.2.16 표준 정수 타입

<cstdint> 헤더 파일에서는 다양한 표준 정수 타입(int8_t, int64_t 등)을 정의하고 있다. 또한 이러한 타입의 최댓값과 최솟값을 지정하는 매크로도 제공한다. 이러한 정수 타입에 대한 자세한 사항은 크로스 플랫폼 코드 작성법을 설명하는 34장에서 다룬다.

C++20 16.2.17 표준 라이브러리 기능 테스트 매크로

C++20부터 추가된 **기능 테스트 매크로**feature test macro를 이용하면 현재 사용하는 표준 라이브러리 구현에 특정한 기능이 제공되는지 검사할 수 있다. 이 매크로는 모두 __cpp_lib_로 시작한다. 예를 들면 다음과 같다.

- __cpp_lib_concepts
- __cpp_lib_ranges
- __cpp_lib_scoped_lock
- __cpp_lib_atomic_float
- __cpp_lib_constexpr_vector
- __cpp_lib_constexpr_tuple
- __cpp_lib_filesystem
- __cpp_lib_three_way_comparison
- ...

이 매크로는 해당 기능이 추가되거나 업데이트된 연/월을 나타내는 YYYYMM 형식의 숫잣값을 나타낸다. 예를 들어 __cpp_lib_filesystem의 값이 2017년 3월을 의미하는 201703일 수 있다.

> **NOTE_** 크로스 플랫폼 및 크로스 컴파일러 라이브러리와 같은 범용적인 것을 개발하지 않는 한 기능 테스트 매크로를 사용할 일은 거의 없다.

C++20 16.2.18 <version>

<version>은 현재 사용하는 표준 라이브러리의 구현에 종속적인 정보를 조회하는 데 사용된다. <version>이 제공하는 구체적인 정보는 표준 라이브러리 구현마다 다르다. 예를 들어 다음과 같은 정보를 담을 수 있다.

- 버전 번호
- 릴리즈 날짜
- 저작권 정보

추가로 <version>은 앞에서 소개한 표준 라이브러리 기능 테스트 매크로 정보를 제공할 수도 있다.

C++20 16.2.19 소스 위치

C++20부터 std::source_location이란 클래스가 추가되었으며 <source_location>에 정의되어 있다. 이 클래스는 소스 코드에 대한 정보(예: 파일 이름, 함수 이름, 줄 번호, 열 번호 등)를 조회하는 데 사용되며, 기존 C 스타일 매크로인 __FILE__, __LINE__ 대신 사용할 수 있다. 대표적인 사용 예로 로그 메시지나 익셉션에 소스 코드 정보를 표시하는 경우를 들 수 있다. 자세한 사항은 14장을 참조한다.

16.2.20 컨테이너

표준 라이브러리는 연결 리스트linked list (링크드 리스트)나 큐queue와 같이 흔히 사용되는 데이터 구조를 제공한다. C++로 프로그래밍할 때는 이러한 데이터 구조를 직접 구현할 필요가 없다. 이러한 데이터 구조는 정보를 원소element 단위로 저장하는 **컨테이너**container 개념을 토대로 구현되었으며, 연결 리스트나 큐와 같은 구체적인 데이터 구조의 특성에 따라 다양하게 제공된다. 데이터 구조의 종류마다 추가, 삭제, 접근 연산의 처리 방식과 성능이 다르다. 따라서 C++에서 제공하는 각 데이터 구조의 특성을 잘 파악해야 주어진 목적에 가장 적합한 것을 선택할 수 있다.

표준 라이브러리에서 제공하는 컨테이너는 모두 클래스 템플릿이다. 그러므로 int나 double 같은 기본 타입뿐만 아니라 타입이 사용자가 정의한 클래스 데이터도 담을 수 있다. 컨테이너 인스턴스마다 단 한 가지 타입의 객체만 저장할 수 있다. 다시 말해 **동형 컬렉션**homogeneous collection이다. 크기가 고정되지 않은 동형 컬렉션이 필요하다면 각각의 원소를 std::any 인스턴스로 만들어서 컨테이너에 저장한다. 아니면 std::variant 인스턴스로 저장해도 된다. 지원할 타입의 범위가 작고 컴파일 시간에 결정할 수 있다면 variant로 만든다. any와 variant는 모두 C++17부터 추가되었으며 24장에서 자세히 설명한다. C++17 이전 버전에서 이형 컬렉션heterogeneous collection이 필요하다면 베이스 클래스를 하나 정의하고 각 타입마다 파생 클래스를 만드는 방식으로 구현한다.

> **NOTE_** C++ 표준 라이브러리 컨테이너는 동형 컨테이너다. 다시 말해 컨테이너의 원소는 모두 타입이 같다.

참고로 C++ 표준에서는 컨테이너나 알고리즘에 대한 **인터페이스**interface만 정해두고 있다. **구현**implementation은 벤더마다 얼마든지 달라질 수 있다. 하지만 표준에서 인터페이스와 함께 성능 요구사항도 정해두고 있어서 모든 구현은 반드시 이를 만족해야 한다.

이 절에서는 표준 라이브러리에서 제공하는 다양한 컨테이너를 간략히 훑어본다.

1 vector

`vector`는 `<vector>`에 정의되어 있다. `vector`는 일련의 원소를 저장하고 각 원소를 임의로 접근(랜덤 액세스random access)할 수 있다. 원소를 추가할 때마다 크기가 동적으로 증가하고, 경곗값 검사 기능도 제공하는 배열이라고 볼 수 있다. `vector`도 배열처럼 원소를 메모리 공간에 연달아 저장된다.

> **NOTE_** C++의 `vector`는 동적 배열이다. 다시 말해 `vector`에 저장된 원소 수에 따라 크기가 자동으로 늘거나 줄어든다.

`vector`는 마지막 항목을 추가하거나 삭제하는 연산을 매우 빠르게 처리한다. 정확히 말해서 연산이 분할 상환 상수 시간amortized constant time[2]에 처리된다. 원소를 추가하는 시간이 분할 상환 상수 시간이란 말은 추가 연산을 수행하는 데 걸리는 시간이 대체로 상수 시간인 $O(1)$이란 뜻이다(빅오 표기법은 4장에서 설명했다). 그런데 `vector`는 원소가 추가될 때마다 크기도 늘어나야 한다. 따라서 공간 복잡도space complexity는 $O(N)$이다. 전체 복잡도의 평균은 $O(1)$, 즉 분할 상환 상수 시간이다. 자세한 사항은 18장에서 설명한다. `vector`에서 끝이 아닌 다른 지점에 원소를 추가하거나 삭제하는 연산은 그보다 느린 선형 시간linear time[3]이 걸린다. 새 원소를 추가하거나 삭제하려면 공간을 확보하거나 채우기 위해 모든 원소를 한 칸씩 이동해야 하기 때문이다. `vector`에서 모든 지점의 원소를 조회하는 데 걸리는 시간은 배열처럼 상수 시간으로 상당히 빠르다.

---

2 옮긴이_ 분할 상환 상수 시간이란 알고리즘의 성능 중에서도 속도(시간 복잡도, time complexity)에 대해 분할 상환 분석(amortized analysis)을 한 결과, 입력에 관계없이 알고리즘의 실행 시간이 상수처럼 항상 일정하다는 뜻이다.

3 옮긴이_ 실행 시간이 입력 개수 N에 비례한다.

vector 중간에 원소를 추가하거나 삭제하려면 다른 원소를 이동해서 시간이 좀 걸리긴 해도 다른 컨테이너보다 vector를 기본으로 사용하는 것이 좋다. 원소를 중간에 추가하거나 삭제하는 연산만 비교해 봐도 연결 리스트와 같은 다른 데이터 구조보다 vector가 대체로 빠른데, vector는 연속된 메모리 공간에 저장하는 반면 연결 리스트는 여러 지점에 흩어져 있기 때문이다. 컴퓨터는 연속된 공간에 저장된 데이터를 굉장히 효율적으로 처리한다. 그러므로 vector 연산이 빠른 것이다. 따라서 성능 프로파일러가 vector보다 우수하다고 분석한 경우에만 연결 리스트와 같은 다른 데이터 구조를 사용한다. 이에 대해서는 29장에서 자세히 다룬다.

> **NOTE_** 기본 컨테이너로 vector 컨테이너를 사용하는 것이 좋다.

vector 중에서도 부울^bool^ 타입 값을 저장하는 템플릿 특수화^template specialization^ 버전인 vector<bool>도 있다. vector<bool>은 부울 타입 원소에 대한 공간 할당 작업에 최적화되었다. 그러나 vector<bool>이 공간을 어떻게 최적화하는지에 대해서는 표준에 명시되어 있지 않다. '[13] bitset'에서 설명하겠지만 필요에 따라 공간이 늘어나거나 줄어드는 vector<bool>과 달리 bitset 컨테이너는 크기가 고정되어 있다.

2 list

표준 라이브러리에서 제공하는 list(리스트)는 **이중 연결 리스트**^doubly linked list^로서 <list>에 정의되어 있다. 배열이나 vector와 마찬가지로 원소를 연달아 저장하지만 실제 메모리 공간은 떨어져 있을 수 있다. list의 각 원소에는 앞뒤에 있는 원소에 대한 위치 정보가 저장되어 있다(주로 포인터를 이용하여). 그러므로 이중(양방향) 연결 리스트라 부른다.

list의 성능은 vector와 정반대다. 조회 연산은 다소 느린 선형 시간이 걸리고, 추가와 삭제 연산은 그 위치를 정확히 안다면 상수 시간에 처리한다. 그럼에도 불구하고 list보다는 앞 절에서 소개한 vector가 대체로 빠르다. 의심스러우면 프로파일러(29장에서 설명)로 확인해보기 바란다.

3 forward_list

forward_list(정방향 리스트, 포워드 리스트)는 <forward_list>에 정의된 **단일(단방향) 연결 리스트**^singly linked list^로서 이중 연결 리스트인 list와는 다르다. forward_list는 정방향 반복^forward iteration^만 지원한다. 그러므로 list보다 메모리를 적게 쓴다. 또한 list와 마찬가지로 forward_list도 원하는 지점을 찾았다면 추가와 삭제하는 연산을 상수 시간에 처리한다. 임의 접근(랜덤 액세스random access) 기능은 지원하지 않는다.

4 deque

deque(덱)은 **양방향 큐**double-ended queue의 줄임말로서 <deque>에 정의되어 있다. deque은 원소 접근 속도가 상수 시간으로 빠른 편이며, 양쪽 끝에 원소를 추가하거나 삭제하는 연산도 상수 시간에 처리한다. 하지만 중간에 추가하거나 삭제하는 연산은 다소 느린 선형 시간에 처리한다. deque의 원소는 메모리 공간에 연달아 저장되지 않는다. 그러므로 vector보다 느릴 수 있다.

양쪽 끝에 원소를 추가하거나 삭제하는 연산, 원소를 조회하는 연산을 모두 빠르게 처리하고 싶다면 vector 대신 deque을 사용한다. 하지만 이런 기능이 필요한 경우는 흔치 않다. 따라서 웬만하면 vector를 쓰는 것이 좋다.

5 array

array는 <array>에 정의되어 있으며 표준 C 스타일 배열을 구현한 것이다. 주어진 컨테이너에 담긴 원소의 개수를 정확히 알고 있고, vector나 list처럼 원소를 추가할 때마다 공간을 동적으로 늘리는 유연함이 필요 없다면 크기가 고정된 array를 쓰는 게 좋다. vector에 비해 오버헤드도 적은데, 사실 array는 표준 C 스타일 배열을 단순히 감싼 래퍼wrapper이기 때문이다. 크기도 항상 정해져 있고, 특정한 종류의 버그를 방지하도록 포인터로 자동으로 캐스팅하지 않는다. 또한 array는 추가 및 삭제 연산을 제공하지 않아서 항상 크기가 일정하다. 이처럼 크기가 정해져 있기 때문에 array를 스택에 할당할 수도 있다. 이는 항상 프리스토어 영역을 사용해야 하는 vector와 대조적이다. array의 원소를 조회하는 속도는 vector처럼 굉장히 빠른 상수 시간이다.

> **NOTE_** vector, list, forward_list, deque, array 컨테이너는 모두 원소를 순차적으로 나열된 형태로 저장하기 때문에 **순차 컨테이너**(sequential container)라 부른다.

C++20

6 span

C++20부터 추가된 span(스팬)은 <span>에 정의되어 있으며 연속된 데이터에 대한 뷰를 제공한다. 이 뷰는 읽기 전용일 수도 있고, 내부 원소를 읽거나 쓸 수 있는 뷰일 수도 있다. span은 vector, array, C 스타일 배열 등에 담긴 데이터를 다루는 함수를 작성할 수 있다. 자세한 내용은 18장에서 설명한다.

> **NOTE_** const vector<T>&와 같은 타입을 입력받는 함수를 작성할 때 span<const T>를 받도록 작성하는 것이 좋다. 그래야 vector, array, C 스타일 배열 등에서 나오는 데이터 시퀀스에 대한 뷰를 다룰 수 있다.

7 queue

queue(큐)는 사람이나 물체가 한 줄로 서 있다는 뜻의 영어 단어 queue와 같다. queue 컨테이너는 <queue>에 정의되어 있으며 **FIFO** First-In, First-Out (**선입 선출**) 방식으로 작동한다. queue 컨테이너는 항상 한쪽 끝에서만 원소를 추가하고, 다른 쪽 끝에서는 꺼내기만 한다. 추가와 삭제 연산의 속도는 모두 분할 상환 상수 시간으로 상당히 빠르다.

queue는 현실에서 볼 수 있는 FIFO 동작을 구현하는 데 적합하다. 예를 들어 은행 창구에는 먼저 온 고객 순서대로 일을 처리한다. 이러한 은행 업무를 소프트웨어로 표현할 때 고객 객체를 queue에 저장하도록 구현할 수 있다. 다시 말해 고객이 은행에 도착하면 queue의 끝에 추가하고, 창구 직원이 고객 업무를 처리할 때는 queue의 앞에 있는 고객부터 차례대로 처리한다.

8 priority_queue

<queue>에 정의된 또 다른 큐인 priority_queue는 원소마다 우선순위를 정할 수 있다. priority_queue에서 원소를 제거할 때 우선순위에 따라 처리한다. 우선순위가 같은 원소끼리는 어느 것이 먼저 제거될지 모른다. priority_queue의 추가와 삭제 연산은 일반 queue보다 대체로 느리다. 우선순위에 따라 원소를 정렬해야 하기 때문이다.

priority_queue를 이용하면 '예외가 있는 큐'를 표현할 수 있다. 예를 들어 앞에서 본 은행 예에서 사업자 고객은 일반 고객보다 우선순위가 높다고 하자. 실제 많은 은행에서는 사업자 고객과 일반 고객 창구가 대기하는 줄을 구분하고 있다. 이렇게 구분된 상태에서 사업자 고객의 줄에서 대기하던 고객을 일반 고객보다 먼저 처리할 수도 있다. 경우에 따라 줄을 따로 만들지 않고 한 줄로 서게 한 상태에서 사업자 고객을 항상 맨 앞에 서게 할 수도 있다. 이를 프로그램에서 표현할 때 priority_queue로 사업자 고객과 일반 고객에 대해 우선순위를 달리해서 구현할 수 있다. 그러면 사업자 고객이 일반 고객보다 항상 먼저 업무를 처리하도록 만들 수 있다.

9 stack

stack(스택)은 **LIFO** Last-In, First-Out (**후입 선출**) 또는 **FILO** First-In, Last-Out (**선입 후출**) 동작을 구현한 클래스로서 <stack>에 정의되어 있다. queue와 마찬가지로 원소를 추가하거나 삭제

할 수 있지만, 가장 늦게 추가한 원소부터 제거한다는 점이 다르다. stack이란 이름은 접시 같은 물건을 최상단에 있는 것만 보이도록 바닥부터 차곡차곡 쌓는다는 stack이란 단어에서 따온 것이다. 스택에 객체를 추가하면 아래쪽에 놓인 객체들은 겉에 드러나지 않는다.

stack 컨테이너에서 원소를 추가하거나 삭제하는 속도는 상수 시간으로 상당히 빠르다. FILO나 LIFO 동작이 필요할 때 stack을 사용하면 좋다. 예를 들어 에러 처리 모듈을 구현할 때 발생한 에러를 stack에 저장하면 가장 최근에 발생한 에러부터 볼 수 있게 만들 수 있다. 에러를 처리할 때는 발생한 순서대로 보기보다는 가장 최근에 발생한 순서대로 처리하는 것이 유용할 때가 많기 때문이다.

> **NOTE_** 엄밀히 말해 queue, priority_queue, stack은 컨테이너가 아닌 컨테이너 어댑터다. 즉, vector, list, deque과 같은 표준 순차 컨테이너 위에 인터페이스만 추가한 것이다.

10 set과 multiset

set(집합, 셋)은 이름 그대로 원소로 구성된 집합을 표현하는 클래스 템플릿으로서 <set>에 정의되어 있다. 수학의 집합처럼 원소가 중복될 수 없고 원소의 인스턴스가 최소한 한 개 이상 있어야 한다. 반면 표준 라이브러리에 구현된 set은 원소에 순서가 정해져 있다는 점에서 수학의 집합 개념과 차이가 있다. 이렇게 순서를 둔 이유는 클라이언트가 특정 원소가 집합에 들어 있는지 확인하는 데 훨씬 빠르기 때문이다. 클라이언트가 원소를 나열할 때 원소 타입에 지정된 operator< 연산자나 사용자가 직접 정의한 비교 연산자에 의해 정해진 순서로 나온다. set에서 원소를 추가하거나 삭제하거나 조회하는 연산은 로그 시간에 처리한다. 따라서 추가와 삭제는 vector보다 빠르고 list보다 느리지만, 조회 연산은 list보다 빠르고 vector보다 느리다. 다른 데이터 구조와 마찬가지로 자신이 구현할 프로그램에서 실제로 어느 것이 빠른지는 프로파일러로 확인해서 판단하는 것이 정확하다.

원소에 순서를 유지해야 하고, 추가/삭제/조회 연산을 골고루 사용하고, 각 연산의 성능도 서로 비슷한 수준으로 최적화하고 싶다면 set을 사용하는 것이 좋다. 예를 들어 입고와 판매가 빈번한 서점의 재고 관리 프로그램을 구현할 때 책 객체를 set에 저장하면 좋다. 책이 판매되거나 새로 입고될 때마다 재고 목록을 업데이트하려면 추가나 삭제 연산이 모두 빨라야 한다. 또한 고객이 특정한 책을 검색해야 하므로 조회 연산도 빨라야 한다.

> **NOTE_** 원소에 순서를 정하고 추가, 삭제, 조회 연산을 모두 비슷한 수준으로 빠르게 처리하고 싶다면 vector나 list보다 set이 나을 수도 있다. 또한 원소의 중복을 허용하지 않고 싶을 때도 set이 적합하다.

set은 원소의 중복을 허용하지 않는다는 점을 명심한다. 다시 말해 set에 담긴 각 원소는 반드시 고유해야 한다. set에 중복된 원소를 추가하려면 multiset(멀티셋, 중복집합, 다중집합)을 사용한다. multiset도 <set>에 정의되어 있다.

11 map과 multimap

map(맵)은 **연관 배열**associative array을 표현한 클래스 템플릿으로 <map>에 정의되어 있다. map은 인덱스를 원하는 타입(예: string)으로 지정할 수 있는 배열이다. map은 키/값 쌍key/value pair으로 저장하며 원소를 (값이 아닌) 키를 기준으로 정렬한 상태를 유지한다. 또한 set과 달리 operator[]도 제공한다. 나머지 속성은 set과 같다. 키와 값의 쌍으로 원소를 저장할 때 map을 이용하면 좋다. 예를 들어 앞에서 본 서점 재고 관리 예에서 책을 저장할 때 ISBN을 키로 사용하고, 책에 대한 세부 정보를 담은 Book 객체를 값으로 저장할 수 있다.

<map>에는 multimap(멀티맵)도 정의되어 있다. map과 multimap의 관계는 set과 multiset의 관계와 같다. 다시 말해 multimap은 키의 중복을 허용하는 map이다.

> **NOTE_** set, map과 같은 컨테이너를 **연관 컨테이너**(associative container)라 부른다. 키와 값이 서로 연관되기 때문이다. 그런데 이 표현을 set에 적용하면 오해를 불러일으킬 수 있다. set은 키가 곧 값이기 때문이다. set과 map은 모두 원소를 정렬한 상태로 유지한다. 그러므로 정렬(sorted) 연관 컨테이너 또는 순서(ordered) 연관 컨테이너라 부르기도 한다.

12 비정렬 연결 컨테이너와 해시 테이블

표준 라이브러리는 다음 네 가지 종류의 **해시 테이블**hash table도 제공한다. 이를 **비정렬 연관 컨테이너**unordered associative container라고도 부른다.

- unordered_map
- unordered_multimap
- unordered_set
- unordered_multiset

unordered_map과 unordered_multimap은 <unordered_map>에 정의되어 있고, unordered_set과 unordered_multiset은 <unordered_set>에 정의되어 있다. 이름이 hash_map이나 hash_set이면 훨씬 좋겠지만 아쉽게도 C++11 버전에서 해시 테이블이 표준 라이브러리에 추가되었기 때문에 이미 hash_map을 비롯한 'hash'로 시작하는 이름을 사용하는 서드파티 라이브러리가 많다. 그러므로 C++ 표준 위원회는 이름 충돌을 피하도록 'hash' 대신 'unordered'란 접두어를 사용하기로 결정했다.

비정렬 연관 컨테이너의 동작은 정렬 버전과 비슷하다. unordered_map은 원소를 정렬하지 않는다는 점을 제외하면 표준 map과 똑같다.

비정렬 연관 컨테이너에서 원소를 추가하고 삭제하고 조회하는 연산의 속도는 대체로 상수 시간이다. 최악의 경우라도 선형 시간에 처리된다. 비정렬 연관 컨테이너에서 원소를 조회하는 속도는 일반 map이나 set보다 훨씬 빠르다. 특히 컨테이너에 담긴 원소가 많을수록 성능 차이는 두드러진다.

여기서 언급한 비정렬 연관 컨테이너를 사용하는 방법과 이를 해시 테이블이라 부르는 이유는 18장에서 설명한다.

13 bitset

C나 C++ 프로그래머는 일반적으로 플래그 집합을 하나의 int나 long에 저장하며, 각 플래그에 대해 하나의 비트를 사용한다. 각 비트를 읽거나 설정할 때는 비트 연산자(&, |, ^, ~, <<, >>)를 이용한다. C++ 표준 라이브러리는 이렇게 비트 단위로 다루는 작업을 추상화한 bitset(비트셋) 클래스를 제공한다. 따라서 비트 연산으로 일일이 처리하지 않아도 된다.

bitset 컨테이너는 <bitset>에 정의되어 있지만, 우리가 흔히 알고 있는 컨테이너와 달리 원소를 추가하거나 삭제할 수 있는 데이터 구조가 아니다. bitset의 크기는 고정되어 있으며 반복자를 제공하지 않는다. 마치 부울값을 읽고 쓸 수 있게 한 줄로 나열한 것과 같다. 하지만 C 언어의 비트 연산과 달리 bitset은 int를 비롯한 원소의 타입에 크기 제한이 없다. 따라서 bitset이 40비트로 구성될 수도 있고 213비트로 구성될 수도 있다. bitset<N>이란 선언문에서 *N*비트 만큼 공간을 할당한다.

14 표준 라이브러리 컨테이너 요약

표준 라이브러리에서 제공하는 컨테이너를 한데 정리하면 다음 표와 같다. 컨테이너의 성능은

4장에서 소개한 빅오 표기법(N은 원소의 개수)으로 표현했다. N/A라고 표시된 항목은 그 컨테이너에서 해당 연산을 지원하지 않는다는 뜻이다.

컨테이너 클래스 이름	컨테이너 타입	추가 연산 성능	삭제 연산 성능	조회 연산 성능
vector	순차 컨테이너	끝에서는 분할 상환 성능이 $O(1)$, 나머지는 $O(N)$	끝에서는 $O(1)$, 나머지는 $O(N)$	$O(1)$
	기본 컨테이너로 사용한다. 다른 컨테이너를 사용하려면 프로파일러로 분석해서 더 낫다고 판단된 것만 사용한다.			
list	순차	시작과 끝점, 그리고 추가할 위치가 정확히 결정된 상태에는 $O(1)$	시작과 끝점, 그리고 삭제할 위치가 정확히 결정된 상태에는 $O(1)$	첫 번째와 마지막 원소를 조회할 때는 $O(1)$, 나머지는 $O(N)$
	사용할 일이 거의 없다. 프로파일로 분석한 결과 list가 vector보다 낫다고 판단되지 않는 한 웬만하면 vector를 쓴다.			
forward_list	순차	추가할 지점이 시작점이거나 정확한 위치를 안다면 $O(1)$	삭제할 지점이 시작점이거나 정확한 위치를 안다면 $O(1)$	첫 번째 원소를 조회할 때는 $O(1)$, 나머지는 $O(N)$
	거의 사용할 일이 없다. 프로파일러로 분석한 결과 forward_list가 vector보다 낫다고 판단되지 않는 한 웬만하면 vector를 사용한다.			
deque	순차	시작과 끝에서는 $O(1)$, 나머지는 $O(N)$	시작과 끝에서는 $O(1)$, 나머지는 $O(N)$	$O(1)$
	사용할 일이 많지 않다. 주로 vector를 쓴다.			
array	순차	N/A	N/A	N/A
	표준 C 스타일 배열 대신 고정 크기 배열이 필요할 때 사용한다.			
queue	컨테이너 어댑터	내부 컨테이너의 종류에 따라 다르다. list나 deque으로 구현할 때는 $O(1)$이다.	내부 컨테이너의 종류에 따라 다르다. list나 deque으로 구현할 때는 $O(1)$이다.	N/A
	FIFO 구조가 필요할 때 사용한다.			
priority_queue	컨테이너 어댑터	내부 컨테이너에 따라 다르다. vector를 사용할 때는 분할 상환 성능이 $O(\log(N))$이고, deque을 사용할 때는 $O(\log(N))$이다.	내부 컨테이너에 따라 다르다. vector나 deque을 사용할 때는 $O(\log(N))$이다.	N/A
	우선순위가 있는 큐를 구현하고 싶을 때 사용한다.			

컨테이너 클래스 이름	컨테이너 타입	추가 연산 성능	삭제 연산 성능	조회 연산 성능
stack	컨테이너 어댑터	내부 컨테이너에 따라 다르다. list나 deque을 사용하면 $O(1)$, vector를 사용하면 분할 상환 성능으로 $O(1)$이다.	내부 컨테이너에 따라 다르다. list, vector, deque일 때 $O(1)$이다.	N/A
	FILO나 LIFO 구조를 구현하고 싶을 때 사용한다.			
set multiset	정렬 연관	$O(\log(N))$	$O(\log(N))$	$O(\log(N))$
	원소를 정렬된 묶음에 담고 조회, 추가, 삭제 성능도 모두 같게 만들고 싶을 때 사용한다. 원소의 중복을 허용하지 않으려면 set을 이용한다.			
map multimap	정렬 연관	$O(\log(N))$	$O(\log(N))$	$O(\log(N))$
	원소를 키와 값이 연관된 순서쌍으로 키 값에 대해 정렬된 상태, 즉 연관 배열로 저장하면서 조회, 추가, 삭제 성능도 모두 같게 만들고 싶을 때 사용한다.			
unordered_map unordered_multimap	비정렬 연관 또는 해시 테이블	평균 $O(1)$, 최악 $O(N)$	평균 $O(1)$, 최악 $O(N)$	평균 $O(1)$, 최악 $O(N)$
	키와 값을 묶어서 저장하고 조회, 추가, 삭제 성능이 모두 같게 만들고 싶으면서 원소를 정렬하지 않아도 될 때 사용한다. 일반 map보다 성능이 좋지만 원소의 종류에 따라 달라질 수 있다.			
unordered_set unordered_multiset	비정렬 연관 또는 해시 테이블	평균 $O(1)$, 최악 $O(N)$	평균 $O(1)$, 최악 $O(N)$	평균 $O(1)$, 최악 $O(N)$
	조회, 추가, 삭제 성능이 모두 같게 만들고 싶으면서 원소를 정렬하지 않아도 될 때 사용한다. 일반 set보다 성능이 좋지만 원소의 종류에 따라 달라질 수 있다.			
bitset	특수	N/A	N/A	N/A
	플래그 묶음을 표현하고 싶을 때 사용한다.			

참고로 string도 엄밀히 말해 컨테이너다. 따라서 다음 절에서 소개하는 알고리즘 중 일부는 string에 대해서도 똑같이 적용된다.

NOTE_ 반드시 vector를 기본 컨테이너로 사용하기 바란다. 실전에서 list나 forward_list를 사용하는 것보다 vector로 구현하는 것이 추가나 삭제 연산이 훨씬 빠르다. 그 이유는 최신 CPU에서 메모리와 캐시를 처리하는 방식 때문이기도 하고, list나 forward_list를 사용할 때는 추가나 삭제할 지점까지 탐색하는 오버헤드가 있기 때문이다. list나 forward_list는 메모리 공간에 연속적으로 저장되지 않을 수 있다. 그러므로 vector보다 반복문의 성능이 떨어질 수 있다.

16.2.21 알고리즘

표준 라이브러리는 컨테이너뿐만 아니라 다양한 제네릭 알고리즘도 제공한다. 여기서 **알고리즘**

algorithm이란 정렬이나 탐색과 같은 특정한 작업을 처리하는 전략을 말한다. 표준 라이브러리에서 제공하는 알고리즘은 함수 템플릿으로 구현되어 있어서 다양한 타입의 컨테이너에 적용할 수 있다. 참고로 알고리즘은 컨테이너에 속하지 않는다는 점을 주의한다. 표준 라이브러리는 **데이터**(컨테이너)와 **기능**(알고리즘)을 엄격히 구분한다. 얼핏 생각하면 객체지향 프로그래밍 정신에 어긋나 보이지만 표준 라이브러리의 범용성을 유지하기 위해서는 중요한 원칙이다. 이러한 **직교성**orthogonality **원칙**에 따라 컨테이너와 알고리즘을 서로 독립적으로 관리한다. 그러므로 거의 모든 종류의 알고리즘과 컨테이너를 서로 조합해서 사용할 수 있다.

> **NOTE_** 알고리즘과 컨테이너가 이론상 구분되어 있지만 어떤 컨테이너는 클래스 메서드 형태로 알고리즘을 제공하기도 하다. 이렇게 하는 이유는 컨테이너의 성격에 따라 제네릭 알고리즘으로 처리하면 성능이 떨어지기 때문이다. 예를 들어 `set`에서 제공하는 `find()` 메서드에 적용된 알고리즘은 제네릭 버전의 `find()` 알고리즘보다 더 빠르다. 가능하다면 컨테이너에 최적화된 알고리즘이 구현된 메서드를 사용하는 것이 좋다. 해당 컨테이너를 처리할 때 훨씬 성능이 뛰어날 뿐만 아니라 더 잘 어울리기 때문이다.

여기서 제네릭 알고리즘을 곧바로 컨테이너에 적용할 수 없다는 점에 주의한다. 대부분 **반복자**나 범위range와 같은 중간 매체를 거친다. 이에 대해서는 17장에서 자세히 설명한다.

이 절에서는 표준 라이브러리에서 제공하는 알고리즘을 주요 기능을 중심으로 간략히 살펴본다. 알고리즘 선택 기준과 코드 작성 예제는 20장에서 자세히 소개한다. 알고리즘의 정확한 프로토타입은 표준 라이브러리 레퍼런스 자료를 참고한다.

표준 라이브러리에서 제공하는 알고리즘은 100개가 넘는다. 여기에서는 성격에 따라 묶어서 소개한다. 표준 라이브러리의 알고리즘은 특별히 명시하지 않는 한 모두 `<algorithm>`에 정의되어 있다. 참고로 '원소를 순차적으로 처리한다' 또는 '원소 시퀀스sequence of elements를 처리한다'고 명시된 알고리즘은 항상 반복자를 지원한다.

> **NOTE_** 표준 라이브러리 알고리즘은 범용성(generality, 일반화)에 주안점을 두고 설계한 것이다. 그러므로 얼핏 쓸데없어 보이지만 범용성을 위해서는 반드시 필요한 기능과 구조가 반영되어 있다. 모든 알고리즘을 사용할 필요도 없고, 범용성을 위해 추가된 난해한 매개변수에 겁먹을 필요도 없다. 나중에 필요할 때 쉽게 찾아 쓸 수 있도록 각 알고리즘의 역할과 기능을 중심으로 살펴보면 된다.

1 불변형 순차 알고리즘

불변형 순차 알고리즘non-modifying sequence algorithm이란 원소를 순차적으로 조회하여 각 원소에 대한 정보를 리턴하는 알고리즘을 말한다. '불변형'이란 표현에서 눈치챌 수 있듯이 원소의 값이나 순서를 변경하지 않는다. 여기에 속한 알고리즘을 크게 세 가지로 구분할 수 있다. 세 가지 알고리즘에 대한 요약 정보를 표로 정리했다. 이들 알고리즘을 사용하면 반복문으로 원소를 순차적으로 탐색할 때 for 문을 작성할 일이 거의 없다.

탐색 알고리즘

탐색 알고리즘search algorithm은 원소가 정렬되어 있지 않아도 사용할 수 있다. 여기서 N은 탐색할 대상의 크기를 의미하고, M은 탐색할 패턴의 크기를 의미한다.

알고리즘 이름	설명	복잡도
adjacent_find()	조건으로 입력한 값과 같거나 조건식에 대입한 결과가 같은 연속된 두 원소 중 처음 나온 것을 찾는다.	$O(N)$
find() find_if()	조건으로 입력한 값과 같거나 조건식의 결과가 true인 원소 중 첫 번째 원소를 찾는다.	$O(N)$
find_first_of()	find()와 비슷하지만 여러 원소를 동시에 찾는다.	$O(N*M)$
find_if_not()	조건식의 결과가 false인 원소 중 첫 번째 원소를 찾는다.	$O(N)$
find_end()	입력한 시퀀스나 조건식에 맞는 시퀀스 중에서 마지막 부분을 찾는다.	$O(M*(N-M))$
search()	입력된 시퀀스와 일치하거나 입력한 조건식을 기준으로 같다고 판단되는 시퀀스 중에서 첫 번째 항목을 찾는다.*	$O(N*M)$*
search_n()	입력한 값과 같거나 입력한 조건식을 기준으로 같다고 판단되는 원소 중 n번 연속해서 일치하는 결과 중 첫 번째 결과를 찾는다.	$O(N)$

* C++17부터 search()는 optional 매개변수를 이용해서 default_searcher, boyer_moore_searcher, boyer_moore_horsepool_searcher 등과 같은 탐색 알고리즘을 지정할 수 있다. 보이어-무어(boyer-moore) 탐색 알고리즘을 이용하면 패턴을 찾지 못했을 때(최악의 경우)는 복잡도가 $O(N+M)$이고, 패턴을 찾았을 때는 $O(N*M)$이다.

비교 알고리즘

다음 표는 비교 알고리즘comparison algorithm을 정리한 것이다. 여기 나온 알고리즘은 입력값이 정렬되지 않아도 사용할 수 있다. 모두 최악의 경우에 선형 복잡도를 갖는다.

알고리즘 이름	설명
equal()	입력한 두 시퀀스가 서로 같거나, 입력한 조건식을 모두 만족하는지 검사한다.
mismatch()	입력한 시퀀스와 일치하지 않는 지점의 첫 번째 원소를 리턴한다.

알고리즘 이름	설명
lexicographical_compare()	입력한 두 시퀀스를 사전 나열 순서대로 비교한다. 이 알고리즘은 첫 번째 인수와 두 번째 인수로 입력한 시퀀스의 모든 항목을 하나씩 비교한다. 각 원소를 비교할 때마다 어느 하나가 사전 순으로 더 작다고 판단되면 그 시퀀스가 먼저다. 두 원소가 같으면 그다음 번째의 원소를 비교한다.
C++20 lexicographical_compare_three_way()	입력한 두 시퀀스를 사전 나열 순서대로 비교한다. 이때 C++20부터 추가된 3방향 비교 연산을 적용한다. 비교 결과는 strong_ordering, weak_ordering, partial_ordering로 리턴한다.

집계 알고리즘(counting algorithm)

알고리즘 이름	설명
all_of()	입력 시퀀스에 있는 모든 원소에 대해 조건식이 true를 리턴하거나 입력 시퀀스가 공백이면 true를 리턴한다. 나머지는 false를 리턴한다.
any_of()	입력 시퀀스에 있는 원소 중 최소 하나에 대해 조건식이 true를 리턴하면 true를 리턴한다. 나머지는 false를 리턴한다.
none_of()	입력 시퀀스에 있는 모든 원소에 대해 조건식이 false를 리턴하거나 입력 시퀀스가 공백이면 true를 리턴한다. 나머지는 false를 리턴한다.
count() count_if()	입력한 값과 일치하는 원소나 입력한 조건식의 결과가 true가 되는 원소의 개수를 센다.

2 가변형 순차 알고리즘

가변형 순차 알고리즘modifying sequence algorithm은 시퀀스의 모든 원소나 일부 원소를 수정하는 알고리즘이다. 어떤 알고리즘은 원소가 있는 자리에서 바로 수정하기 때문에 순서가 바뀔 수 있다. 또 어떤 알고리즘은 결과를 별도의 시퀀스로 복사하기 때문에 원래 순서가 그대로 유지된다. 두 가지 알고리즘 모두 최악의 경우 선형 복잡도의 성능을 낸다. 다음 표에 가변형 알고리즘을 정리했다.

알고리즘 이름	설명
copy() copy_backward()	원본 시퀀스를 대상 시퀀스로 복제한다.
copy_if()	원본 시퀀스에서 조건식이 true를 리턴하는 원소를 대상 시퀀스로 복제한다.
copy_n()	원본 시퀀스에서 *n*개의 원소를 대상 시퀀스로 복제한다.
fill()	시퀀스의 원소를 모두 새 값으로 설정한다.
fill_n()	시퀀스에서 *n*개의 원소를 새 값으로 설정한다.
generate()	지정한 함수를 호출해서 시퀀스의 원소에 채울 새 값을 생성한다.

알고리즘 이름	설명
generate_n()	지정한 함수를 호출해서 시퀀스의 앞부터 *n*개의 원소에 채울 새 값을 생성한다.
move() move_backward()	원본 시퀀스의 원소를 대상 시퀀스로 옮긴다. 효율적으로 옮기도록 이동 의미론(9장 참조)을 적용한다.
remove() remove_if() remove_copy() remove_copy_if()	지정한 값과 일치하거나 지정한 조건식이 true가 되는 원소를 바로 그 자리에서 삭제하거나 다른 시퀀스로 복제해서 삭제한다.
replace() replace_if() replace_copy() replace_copy_if()	지정한 값과 일치하거나 지정한 조건식이 true가 되는 원소를 모두 그 자리에서 새 원소로 교체하거나 다른 시퀀스로 복제해서 교체한다.
reverse() reverse_copy()	원본 시퀀스에 나열된 원소의 순서를 그 자리에서 반대로 바꾸거나 다른 시퀀스에 복제해서 바꾼다.
rotate() rotate_copy()	주어진 시퀀스를 두 개로 나눠서 앞부분과 뒷부분의 위치를 그 자리에서 바꾸거나 결과를 다른 시퀀스에 복제한다. 이때 두 시퀀스의 길이는 서로 달라도 된다.
sample()	주어진 시퀀스에서 *n*개의 원소를 무작위로 선택한다.
C++20 shift_left() shift_right()	시퀀스에서 원소를 주어진 개수만큼 왼쪽 또는 오른쪽으로 시프트한다. 이동한 원소는 새로운 자리를 차지한다. 시퀀스 끝을 넘어서는 원소는 제거된다. shift_left()는 결과로 나온 새 시퀀스의 끝을 가리키는 반복자를, shift_right()는 결과로 나온 새 시퀀스의 시작점을 가리키는 반복자를 리턴한다.
shuffle() random_shuffle()	주어진 시퀀스에 담긴 원소의 순서를 무작위로 바꾼다. 이때 사용할 무작위수 생성기를 직접 지정할 수 있다. random_shuffle()은 C++14부터 폐기되었고, C++17부터 완전히 삭제되었다.
transform()	주어진 시퀀스의 각 원소에 대해 단항 함수를 호출하거나 두 시퀀스에서 위치가 같은 원소에 대해 이항 함수를 호출한다. 변환은 그 자리에서 수행한다.
unique() unique_copy()	주어진 시퀀스에서 연속적으로 중복되는 항목을 그 자리에서 제거하거나 다른 시퀀스로 복제해서 제거한다.

3 작업 알고리즘

작업 알고리즘operational algorithm은 시퀀스의 원소마다 함수를 실행한다. 표준 라이브러리에서 제공하는 작업 알고리즘은 두 가지다. 둘 다 선형 복잡도를 가지며 원본 시퀀스를 정렬하지 않아도 사용할 수 있다.

알고리즘 이름	설명
for_each()	주어진 시퀀스에 담긴 원소마다 함수를 실행한다. 시퀀스는 시작 반복자와 끝 반복자로 지정한다.
for_each_n()	for_each()와 비슷하지만 주어진 시퀀스에서 첫 *n*개의 원소만 처리한다. 시퀀스는 시작 반복자와 원소 수(*n*)로 지정한다.

4 교환 알고리즘

C++ 표준 라이브러리는 다음과 같은 교환 알고리즘swap/exchange algorithm을 제공한다.

알고리즘 이름	설명
iter_swap() swap_ranges()	두 원소 또는 시퀀스를 맞바꾼다.

5 분할 알고리즘

주어진 조건식predicate에 시퀀스를 적용했을 때 true를 리턴하는 원소가 false를 리턴하는 원소보다 앞에 있으면 그 시퀀스를 분할partition한다. 시퀀스에서 조건식을 만족하지 않는 첫 원소를 **분할 지점**(**파티션 포인트**partition point)이라 부른다. 표준 라이브러리는 다음과 같은 분할 알고리즘(파티션 알고리즘partition algorithm)을 제공한다.

알고리즘 이름	설명	복잡도
is_partitioned()	조건식이 true가 되는 원소가 모두 조건식이 false가 되는 원소보다 앞에 있다면 true를 리턴한다.	선형
partition()	조건식이 true가 되는 원소가 모두 조건식이 false가 되는 원소보다 앞에 있도록 시퀀스를 정렬한다. 각 파티션의 원소는 원본 순서를 유지하지 않는다.	선형
stable_partition()	조건식이 true가 되는 원소가 모두 조건식이 false가 되는 원소보다 앞에 있도록 시퀀스를 정렬한다. 각 파티션의 원소는 원본 순서를 유지한다.	선형 로그
partition_copy()	원본 시퀀스에 있는 원소를 서로 다른 두 시퀀스로 복제한다. 대상 시퀀스는 조건식의 결과가 true인지 false인지에 따라 결정한다.	선형
partition_point()	반복자 앞에 나온 원소가 모두 조건식에 대해 true가 되고, 반복자 뒤에 나온 원소가 모두 조건식에 대해 false가 되는 반복자를 리턴한다.	로그

6 정렬 알고리즘

표준 라이브러리는 다음과 같이 다양한 정렬 알고리즘sorting algorithm을 제공한다. 각 알고리즘마다 성능이 다르다.

알고리즘 이름	설명	복잡도
is_sorted() is_sorted_until()	시퀀스 또는 부분 시퀀스가 정렬된 상태인지 검사한다.	선형
nth_element()	시퀀스를 정렬했을 때 인수로 지정한 원소가 *n*번째 원소가 되도록 위치를 이동하고, 그 앞에 나온 원소가 모두 *n*번째 원소보다 작고, 그 뒤에 나온 원소가 *n*번째 원소보다 크도록 정렬한다.	선형

알고리즘 이름	설명	복잡도
partial_sort() partial_sort_copy()	시퀀스의 일부분, 즉 첫 *n*개 원소만 정렬한다(지정한 반복자를 기준으로). 나머지는 그대로 둔다. 그 자리에서 곧바로 정렬하거나 새 시퀀스에 복제해서 정렬한다.	선형 로그
sort() stable_sort()	원소를 그 자리에서 곧바로 정렬한다. 중복된 원소는 순서가 바뀔 수도 있고(sort()), 유지될 수도 있다(stable_sort()).	선형 로그

7 이진 탐색 알고리즘

여기서 소개할 이진 탐색 알고리즘binary search algorithm은 주로 정렬된 시퀀스에 적용한다. 구체적으로 설명하면 대상 시퀀스가 최소한 탐색할 원소를 기준으로 분할된 상태여야 한다. 대상 시퀀스는 std::partition() 등으로 분할할 수 있다. 정렬된 시퀀스도 마찬가지로 이 조건을 만족해야 한다. 여기서 소개하는 알고리즘의 복잡도는 모두 로그다.

알고리즘 이름	설명
lower_bound()	주어진 값보다 작지 않은(크거나 같은) 첫 번째 원소를 시퀀스에서 찾는다.
upper_bound()	주어진 값보다 큰 첫 번째 원소를 시퀀스에서 찾는다.
equal_range()	lower_bound()와 upper_bound()의 결과를 모두 담은 pair를 리턴한다.
binary_search()	지정한 값이 시퀀스에 있으면 true, 아니면 false를 리턴한다.

8 집합 알고리즘

집합 알고리즘set algorithm은 시퀀스에 대해 집합 연산을 수행하는 특수한 형태의 가변 알고리즘modifying algorithm이다. set 컨테이너에 있는 시퀀스에 가장 적합하지만 다른 컨테이너의 정렬된 시퀀스에도 대부분 적용할 수 있다.

알고리즘 이름	설명	복잡도
inplace_merge()	정렬된 시퀀스 두 개를 그 자리에서 병합한다.	선형 로그
merge()	정렬된 시퀀스 두 개를 새 시퀀스에 복제해서 병합한다.	선형
includes()	어떤 정렬된 시퀀스가 다른 정렬된 시퀀스에 완전히 포함되는지 검사한다.	선형
set_union() set_intersection() set_difference() set_symmetric_difference()	정렬된 시퀀스 두 개에 대해 합집합, 교집합, 차집합, 대칭 차집합 연산을 수행해서 제3의 정렬된 시퀀스로 복제한다.	선형

9 힙 알고리즘

힙heap은 최상단(톱top)에 있는 원소를 빨리 찾도록 적절히 정렬된 상태를 유지하는 배열이나 시퀀스에 대한 데이터 구조다. 대표적인 예로 priority_queue를 구현할 때 힙을 사용한다. 힙을 다루는 알고리즘은 다음과 같이 여섯 가지다.

알고리즘 이름	설명	복잡도
is_heap( )	주어진 범위의 원소가 힙을 만족하는지 검사한다.	선형
is_heap_until( )	주어진 범위의 원소에서 힙을 만족하는 최대 범위를 찾는다.	선형
make_heap( )	주어진 범위의 원소에서 힙을 생성한다.	선형
push_heap( ) pop_heap( )	힙에 원소를 추가하거나 힙에서 원소를 삭제한다.	로그
sort_heap( )	힙을 오름차순으로 정렬된 시퀀스로 변환한다.	선형 로그

10 최대/최소 알고리즘

다음은 가장 작거나 가장 큰 원소를 찾는 알고리즘이다.

알고리즘 이름	설명
clamp( )	주어진 값 *v*가 최솟값(*lo*)과 최댓값(*hi*) 사이에 있는지 확인한다. *v* < *lo*면 *v*에 대한 레퍼런스를 리턴하고, *v* > *hi*면 *hi*에 대한 레퍼런스를 리턴하고, 둘 다 아니면 *v*에 대한 레퍼런스를 리턴한다.
min( ) max( )	주어진 두 개 이상의 값 중에서 최댓값 또는 최솟값을 리턴한다.
minmax( )	주어진 두 개 이상의 값 중에서 최댓값과 최솟값을 pair로 묶어서 리턴한다.
min_element( ) max_element( )	주어진 시퀀스에서 최대 원소 또는 최소 원소를 리턴한다.
minmax_element( )	주어진 시퀀스에서 최대 원소와 최소 원소를 pair로 묶어서 리턴한다.

11 수치 처리 알고리즘

<numeric> 헤더 파일에는 다음과 같은 수치 처리 알고리즘numerical processing algorithm이 정의되어 있다. 모두 정렬되지 않은 시퀀스에 대해 적용할 수 있으며 선형 복잡도의 성능을 낸다.

알고리즘 이름	설명
iota( )	시퀀스를 주어진 값에서 시작해서 연속적으로 증가하는 값으로 채운다.
adjacent_difference( )	주어진 시퀀스에서 인접한 두 원소를 골라서 뒤쪽 원소에서 앞쪽 원소를 뺀(또는 다른 바이너리 연산을 적용한) 결과가 원소가 되는 시퀀스를 생성한다
partial_sum( )	주어진 시퀀스의 각 원소를 그 앞에 나온 모든 원소와 더한(또는 다른 바이너리 연산을 적용한) 결과가 원소가 되는 시퀀스를 생성한다.

알고리즘 이름	설명
exclusive_scan() inclusive_scan()	기본 기능은 partial_sum()과 같지만, inclusive_scan()은 주어진 합 연산이 결합법칙을 만족할 때만 partial_sum()과 같다. 그런데 inclusive_sum()을 더하는 순서는 일정하지 않은 반면 partial_sum은 항상 왼쪽에서 오른쪽 순서로 더한다. 따라서 결합법칙을 만족하지 않는 합 연산을 적용하면 결과가 일정하지 않다. exclusive_scan() 알고리즘도 합 연산의 순서가 일정하지 않다. inclusive_scan()을 수행할 때 *i*번째 원소는 *i*번째 합에 포함된다. 이는 partial_sum()과 같다. 반면 exclusive_scan()에서는 *i*번째 원소가 *i*번째 합에 포함되지 않는다.
transform_exclusive_scan() transform_inclusive_scan()	주어진 시퀀스의 각 원소마다 변환을 적용한 다음 exclusive_scan() 또는 inclusive_scan()을 적용한다.
accumulate()	주어진 시퀀스의 모든 원솟값을 누적한다. 기본적으로 원소의 합을 구하지만, 얼마든지 다른 이항 함수를 지정할 수 있다.
inner_product()	accumulate()와 비슷하지만 두 개의 시퀀스에 대해 적용한다. 이 알고리즘은 두 시퀀스에서 위치가 같은 원소를 이항 함수(디폴트 함수는 곱셈)에 적용한 뒤 그 결과를 다른 이항 함수(디폴트 함수는 덧셈)에 적용해서 결과를 누적한다. 주어진 시퀀스가 수학의 벡터라면 두 벡터의 내적(dot product)을 구한다.
reduce()	accumulate()와 비슷하지만 병렬 실행을 지원한다. reduce() 연산의 실행 순서는 일정하지 않지만 accumulate()는 항상 왼쪽에서 오른쪽 순으로 처리한다. 따라서 reduce()에 주어진 이항 함수가 결합법칙이나 교환법칙을 만족하지 않으면 결과가 일정하지 않다.
transform_reduce()	주어진 시퀀스에 있는 각 원소를 변환한 다음 reduce()를 수행한다.

12 순열 알고리즘

순열permutation이란 시퀀스에 담긴 원소를 다양한 순서로 나열하는 것이다. 이러한 순열 연산을 제공하는 순열 알고리즘은 다음과 같다.

알고리즘 이름	설명	복잡도
is_permutation()	두 시퀀스 중 하나가 다른 시퀀스의 순열이면 true를 리턴한다.	제곱
next_permutation() prev_permutation()	주어진 시퀀스를 사전순으로 다음 또는 이전에 나오는 순열로 변환한다. 어느 하나에 대해 연속적으로 호출하면 모든 경우의 순열을 구할 수 있다. 단, 제대로 정렬된 시퀀스로 호출하기 시작해야 한다. 더 이상 나올 수 있는 순열이 없으면 false를 리턴한다.	선형

13 알고리즘 선택 기준

표준 라이브러리에서 제공하는 알고리즘의 종류와 각각의 기능이 너무 많아 주눅이 들 수도 있다. 게다가 어느 알고리즘을 사용해야 할지 파악하기도 쉽지 않다. 하지만 이 장에서 어떤 알고리즘이 있는지 개략적으로 파악했으니, 주어진 프로그램을 효율적으로 디자인하는 데 어떤 알고리즘이 적합한지 어느 정도 기준이 섰을 것이다. 이어지는 장에서는 여기서 소개한 알고리즘을 실제로 코드에서 사용하는 방법을 항목별로 자세히 소개한다.

C++20 16.2.22 범위 라이브러리

C++20부터 원소 시퀀스를 보다 쉽고 세련되게 처리할 수 있도록 범위 라이브러리range library가 추가되었다. 앞에서 소개한 라이브러리는 대부분 반복자 대신 범위range를 사용할 수 있다. 범위를 표현하는 구문은 보기 좋고 이해하기 쉬울 뿐만 아니라 시작과 끝 반복자가 맞지 않을 가능성을 줄여준다. 또한 범위 어댑터를 사용하면 내부 시퀀스를 나중에 변환하거나 필터를 적용할 수 있다. 또한 범위를 만들 수 있도록 범위 팩토리를 제공한다.

범위 라이브러리는 `<ranges>`에 정의되어 있으며 `std::ranges` 네임스페이스에 속해 있다. 자세한 사항은 17장에서 설명한다.

16.2.23 표준 라이브러리에서 제공하지 않는 기능

표준 라이브러리에서 제공하는 기능은 상당히 강력하지만 모든 기능을 제공하는 것은 아니다. 예를 들어 다음과 같은 기능은 표준 라이브러리에 없다.

- 여러 스레드가 컨테이너에 동시에 접근할 때 스레드 안전성을 보장하지 않는다.
- 표준 라이브러리는 범용 트리나 그래프 구조를 제공하지 않는다. `map`과 `set`이 균형 이진 트리(balanced binary tree)로 구현되어 있지만, 이를 직접 사용하도록 인터페이스를 제공하지 않는다. 파서 등을 구현하기 위해 트리나 그래프 구조가 필요하다면 직접 만들거나 다른 라이브러리를 활용한다.

표준 라이브러리는 얼마든지 확장할 수 있다는 점을 명심하기 바란다. 표준 라이브러리에서 제공하는 컨테이너나 알고리즘을 바탕으로 원하는 알고리즘이나 컨테이너를 직접 구현할 수 있다. 따라서 원하는 기능이 표준 라이브러리에 없더라도 기존에 제공된 기능을 활용해서 원하는 형태로 만드는 방법을 찾아보기 바란다. 이렇게 표준 라이브러리를 커스터마이즈하거나 확장하는 방법은 25장에서 자세히 소개한다.

16.3 정리

이 장에서는 C++ 프로그래밍에서 가장 중요한 라이브러리인 표준 라이브러리를 전반적으로 살펴봤다. C++ 표준 라이브러리는 C 라이브러리의 기능뿐만 아니라 스트링, I/O, 에러 처리를 비롯한 다양한 작업에 필요한 기능을 추가로 제공한다. 또한 제네릭 컨테이너, 알고리즘, 범위 라이브러리도 제공한다. 다음 장에서는 표준 라이브러리를 자세히 설명한다.

16.4 연습 문제

이 장에서 소개한 내용을 직접 써보기 위해 다음 연습 문제를 풀어보자. 연습 문제에 대한 정답은 이 책의 웹사이트(`www.wiley.com/go/proc++5e`)에서 다운로드할 수 있다. 문제를 풀다가 막히면 정답부터 찾지 말고 먼저 앞에서 설명한 부분을 다시 읽고 직접 답을 찾아보려고 애쓰기 바란다.

연습 문제 16-1 C++ 표준 라이브러리는 프로그래머가 골라 쓸 수 있도록 거의 모든 종류의 컨테이너를 제공한다. 여러분이 가장 많이 사용할 컨테이너는 무엇이고, 그 이유를 설명해보자.

연습 문제 16-2 `map`과 `unordered_map`의 차이점을 설명해보자.

연습 문제 16-3 C++ 표준 라이브러리에서 제공하는 어휘 타입은 무엇이고, 각각의 차이점은 무엇인지 설명해보자.

연습 문제 16-4 뷔페식당에 가면 접시가 한 줄로 쌓여 있다. 각자 최상단에 있는 접시를 가져간다. 설거지가 끝난 접시는 기존 접시 위에 쌓이게 된다. 이를 C++로 어떻게 표현할 수 있을까?

연습 문제 16-5 분할partition에 대해 설명해보자.

CHAPTER 17

반복자와 범위 라이브러리

이 장의 내용

- 반복자의 세부사항
- 스트림 반복자 사용법
- 반복자 어댑터의 개념과 사용법
- 범위 라이브러리의 강력한 기능: 범위, 범위 기반 알고리즘, 프로젝션, 뷰, 팩토리

앞 장에서는 표준 라이브러리의 기본 철학부터 주요 기능까지 전반적으로 살펴봤다. 이 장부터는 표준 라이브러리에서 제공하는 기능을 좀 더 자세히 들여다본다. 먼저 표준 라이브러리에서 상당히 많이 사용하고 있는 반복자를 설명한다. 이와 함께 스트림 반복자와 반복자 어댑터도 살펴본다. 이 장의 후반부는 C++20부터 추가된 강력한 기능인 범위 라이브러리를 소개한다. 범위 라이브러리를 이용하면 함수형 프로그래밍을 할 수 있다. 다시 말해 방법보다는 대상을 중심으로 코드를 작성할 수 있다.

17.1 반복자

표준 라이브러리는 컨테이너의 원소에 접근하는 기능을 일반화한 반복자 패턴을 사용한다. 컨테이너마다 원소에 대한 반복문을 지원하는 특수한 스마트 포인터인 반복자가 정의되어 있다. 컨테이너의 종류마다 반복자의 동작은 차이가 있지만 인터페이스는 모두 C++ 표준을 따른다. 그러므로 구체적인 동작은 달라도 컨테이너의 원소에 대해 반복문을 작성하는 방식은 똑같다.

반복자는 컨테이너의 특정 원소를 가리키는 포인터로 생각할 수 있다. 배열에서 원소를 가리키는 것처럼 operator++ 연산자를 이용하여 반복자가 다음 원소를 가리키도록 변경할 수 있다. 비슷하게 operator*나 operator->로 원소의 필드나 원소 자체에 접근할 수 있다. operator=이나 operator!=로 비교하거나 operator--로 이전 원소로 이동하는 기능을 제공하는 반복자도 있다.

반복자는 반드시 복제 생성자, 복제 대입 연산자 그리고 소멸자를 제공해야 한다. 반복자의 엘밸류lvalue(좌측값)는 반드시 맞바꾸기swap를 지원해야 한다. 반복자의 기능은 컨테이너마다 다르다. 표준에서는 다음 표와 같이 반복자를 여섯 가지로 분류하고 있다.

반복자 종류	필수 연산자	설명
입력(또는 읽기)	operator++ operator* operator-> 복제 생성자 operator= operator== operator!=	읽기 전용이며, 정방향(forward)으로만 사용할 수 있다(역방향으로 이동하는 operator--는 없다). 반복자에 대한 대입, 복제, 동등 비교를 지원한다.

반복자 종류	필수 연산자	설명
출력(또는 쓰기)	operator++ operator* 복제 생성자 operator=	쓰기 전용이며, 정방향으로만 접근할 수 있다. 대입은 가능지만 동등 비교는 지원하지 않는다. 출력 반복자는 *iter = value도 할 수 있다. operator->는 없다. operator++는 전위 연산과 후위 연산을 모두 제공한다.
정방향	입력 반복자의 기능에 디폴트 생성자 추가	읽기 및 정방향 전용이다. 대입, 복제, 동등 비교를 지원한다.
양방향	정방향 반복자에 operator-- 추가	정방향 반복자에서 제공하는 기능을 모두 제공한다. 이전 원소에 접근하도록 역방향 이동이 가능하다. operator--는 전위 연산과 후위 연산을 모두 제공한다.
랜덤 액세스 (임의 접근)	양방향 반복자에 다음 연산자 추가 operator+ operator- operator+= operator-= operator< operator> operator<= operator>= operator[]	일반 포인터와 같다. 포인터 산술 연산, 배열 인덱스 구문 그리고 모든 종류의 비교 연산을 지원한다.
연속	랜덤 액세스를 지원한다. 컨테이너에서 논리적으로 인접한 원소는 반드시 물리적으로도 인접해야 한다.	예를 들어 std::array, vector(vector<bool>은 제외), string, string_view 등이 있다.

이 표를 보면 반복자는 입력, 출력, 정방향, 양방향, 임의 접근(랜덤 액세스), 연속 등의 여섯 가지로 분류할 수 있다. 이들 반복자에 대한 공식적인 클래스 계층 구조는 없지만, 필수 제공 기능을 기준으로 계층 관계를 유추할 수는 있다. 특히 연속 반복자는 모두 임의 접근 반복자고, 임의 접근 반복자는 모두 양방향 반복자고, 양방향 반복자는 모두 정방향 반복자고, 정방향 반복자는 모두 입력 반복자다. 또한 출력 반복자의 요구사항을 만족하는 반복자를 **가변 반복자**mutable iterator라 부르고, 그렇지 않은 반복자를 **상수(불변) 반복자**constant iterator라 부른다. [그림 17-1]은 이러한 계층 구조를 보여주고 있다. 실제 클래스 계층은 아니므로 점선으로 표시했다.

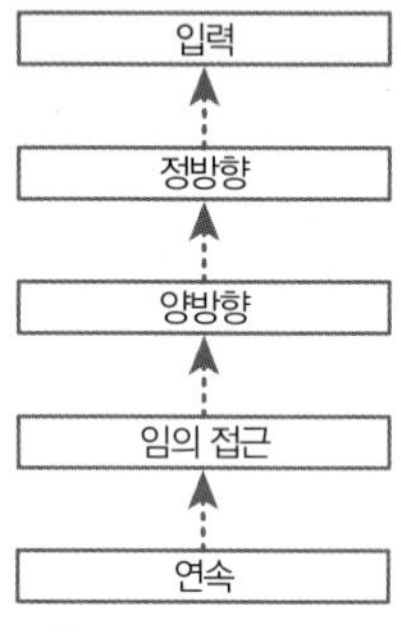

그림 17-1

알고리즘마다 필요한 반복자를 지정하는 표준 방식(20장에서 설명)은 반복자 템플릿 타입 인수에 InputIterator, OutputIterator, ForwardIterator, BidirectionalIterator, RandomAccessIterator, ContiguousIterator 등의 이름을 사용하는 것이다. 이들 이름은 단지 이름일 뿐 타입 검사 기능은 제공하지 않는다. 따라서 RandomAccessIterator를 사용하는 알고리즘을 호출할 때 양방향 반복자를 지정해도 에러가 발생하지 않는다. 템플릿은 타입 검사를 하지 않기 때문에 얼마든지 인스턴스화할 수 있다. 하지만 임의 접근 반복자를 사용하는 함수 코드에서 양방향 반복자에 대해 컴파일 에러가 발생할 수 있다. 따라서 전혀 예상하지 못한 곳에서 에러가 발생하고, 메시지도 이해하기 힘들게 된다. 예를 들어 임의 접근 반복자가 필요한 제네릭 sort() 알고리즘을 양방향 반복자만 제공하는 list에 사용하면 알 수 없는 에러가 발생한다. 예를 들어 비주얼 C++ 2019에서는 다음과 같이 에러가 발생한다.

```
...\VC\Tools\MSVC\14.27.29109\include\algorithm(4138,45): error C2676:
binary '-': 'const std::_List_unchecked_iterator<std::_List_val<std::_List_simple_
types<_Ty>>>' does not define this operator or a conversion to a type acceptable
to the predefined operator
        with
        [
            _Ty=int
        ]
```

이 장 후반부에서 소개하는 C++20부터 추가된 범위 라이브러리는 대부분의 표준 라이브러리 알고리즘에 대한 범위 기반 버전을 제공하는데, 각 알고리즘마다 템플릿 타입 매개변수에 대한 타입 제약 조건이 정해져 있다(12장 참조). 따라서 이 알고리즘에서 컨테이너에 대한 반복자 타입을 잘못 지정하면 컴파일 에러 메시지에서 이에 대해 정확히 알려줄 수 있다.

NOTE_ 반복자는 알고리즘과 컨테이너를 중계한다. 반복자는 컨테이너의 원소를 순차적으로 탐색하는 표준 인터페이스를 제공한다. 따라서 알고리즘에 필요한 반복자를 제공하는 컨테이너라면 모두 다룰 수 있다.

반복자는 특정한 연산자만 오버로딩한다는 점에서 스마트 포인터 클래스와 구현 방식이 비슷하다. 연산자 오버로딩은 15장에서 자세히 설명했다.

반복자의 기본 연산은 일반 포인터와 비슷하다. 그러므로 일반 포인터를 얼마든지 특정한 컨테이너에 대한 반복자로 쓸 수 있다. 실제로 vector의 반복자를 일반 포인터로 구현할 수 있다. 하지만 컨테이너를 사용하는 클라이언트는 이러한 구현에 대한 세부사항을 알 필요 없이 그저 반복자 인터페이스만 따라서 작성하면 된다.

NOTE_ 반복자는 내부적으로 포인터로 구현되었을 수도 있고, 그렇지 않을 수도 있다. 그러므로 이 책에서는 반복자로 접근할 수 있는 원소를 표현할 때 '포인터로 가리킨다'고 표현하지 않고 '참조한다'고 표현한다.

17.1.1 컨테이너에서 반복자 받기

반복자를 지원하는 표준 라이브러리의 컨테이너 클래스는 모두 반복자 타입에 대해 public 타입 앨리어스type alias인 iterator와 const_iterator를 제공한다. 예를 들어 int 타입 원소에 대한 vector의 const 반복자의 타입은 std::vector<int>::const_iterator다. 역방향 반복을 지원하는 컨테이너는 reverse_iterator와 const_reverse_iterator란 이름의 public 타입 앨리어스도 제공한다. 그러므로 이러한 컨테이너 반복자를 사용하는 코드는 구체적인 타입에 신경 쓰지 않고 반복자를 작성할 수 있다.

NOTE_ const_iterator와 const_reverse_iterator는 컨테이너의 원소를 읽기 전용으로 접근한다.

컨테이너는 반복자를 리턴하는 begin()과 end() 메서드를 제공한다. begin()은 첫 번째 항목을 참조하는 반복자를 리턴하고, end()는 마지막 항목의 바로 다음 원소에 해당하는 지점을 가리키는 반복자를 리턴한다. 다시 말해 end()는 마지막 원소를 가리키는 반복자에 operator++를 적용한 결과를 리턴한다. begin()과 end()는 모두 첫 번째 원소는 포함하지만 마지막 원소는 포함하지 않는 **반개방 범위**half-open range를 지원한다. 이렇게 복잡하게 구성된 이유는 빈 구간을 지원하기 위해서다. 다시 말해 구간이 비어 있을 때는 begin()과 end()의 결과가 같다. begin()과 end() 반복자로 묶인 반개방 범위를 수학 기호로 [begin, end)라고 표현하기도 한다.

또한 다음과 같은 메서드도 제공한다.

- const 반복자를 리턴하는 cbegin()과 cend() 메서드
- 역방향 반복자를 리턴하는 rbegin()과 rend() 메서드
- const 역방향 반복자를 리턴하는 crbegin()과 crend() 메서드

또한 <iterator>에서는 컨테이너의 특정 반복자를 리턴하는 다음과 같은 글로벌 비 멤버 함수도 제공한다.

함수 이름	설명
begin() end()	첫 번째 원소와 마지막 원소 바로 다음 원소를 가리키는 비 const 반복자를 리턴한다.
cbegin() cend()	첫 번째 원소와 마지막 원소 바로 다음 원소를 가리키는 const 반복자를 리턴한다.
rbegin() rend()	마지막 원소와 첫 번째 원소 바로 전 원소를 가리키는 비 const 역방향 반복자를 리턴한다.
crbegin() crend()	마지막 원소와 첫 번째 원소 바로 전 원소를 가리키는 const 역방향 반복자를 리턴한다.

NOTE_ 멤버 함수보다는 비 멤버 함수를 사용하는 것이 좋다.

비 멤버 함수는 std 네임스페이스에 정의되어 있다. 하지만 클래스와 함수 템플릿에 대한 제네릭 코드를 작성할 때는 다음과 같이 비 멤버 함수를 사용하는 것이 좋다.

```
using std::begin;
begin(...);
```

std::를 붙이지 않으면 begin()이 호출된다는 점에 주의한다. 인수 의존 검색argument-dependent lookup(ADL)이 적용되기 때문이다. 이러한 비 멤버 함수 중 하나를 사용자 정의 타입에 대해 특수화하려면 특수화도 std 네임스페이스에 넣거나 특수화하려는 타입과 같은 네임스페이스에 넣으면 된다. 그러면 컴파일러는 특수화된 함수 템플릿에 전달된 타입을 토대로 주어진 네임스페

이스에서 특수화를 정확히 찾을 수 있기 때문에 네임스페이스 지정자를 붙이지 않고도 특수화를 호출할 수 있다. 컴파일러가 ADL을 통해 오버로드를 찾을 수 없다면 using std::begin 선언문에 의해 std 네임스페이스에서 적절한 오버로드를 찾게 된다. using 없이 begin()만 호출하면 ADL을 통해 사용자 정의 오버로드를 호출하기만 한다. 또한 std::begin()만 호출하면 std 네임스페이스에서만 찾게 된다.

NOTE_ 일반적으로 std 네임스페이스에는 아무것도 추가해서는 안 된다. 하지만 표준 라이브러리 템플릿의 특수화는 std 네임스페이스에 얼마든지 넣을 수 있다.

std::distance()는 컨테이너의 두 반복자 사이의 거리를 계산하는 데 사용된다.

17.1.2 iterator_traits

일부 알고리즘 구현에서는 반복자에 대한 정보가 필요한 경우가 있다. 예를 들어 임싯값을 저장하기 위해 반복자가 참조하는 원소의 타입을 알아야 하는 경우도 있고, 반복자가 양방향 접근 방식인지 아니면 임의 접근 방식인지 알아야 할 수도 있다.

C++는 이러한 정보를 찾을 수 있도록 iterator_traits라는 클래스 템플릿을 제공한다. iterator_traits 클래스 템플릿에 원하는 반복자의 타입을 지정해서 인스턴스를 만들고, 다음 다섯 가지 타입 앨리어스 중 하나로 접근하면 된다.

- value_type: 참조하는 원소의 타입
- difference_type: 두 반복자 사이의 거리, 즉 원소 개수를 표현하는 타입
- iterator_category: 반복자 타입: input_iterator_tag, output_iterator_tag, forward_iterator_tag, bidirectional_iterator_tag, random_access_iterator_tag, contiguous_iterator_tag(C++20)
- pointer: 원소에 대한 포인터 타입
- reference: 원소에 대한 레퍼런스 타입

예를 들어 다음에 나온 함수 템플릿은 IteratorType 타입의 반복자가 참조하는 타입으로 임시 변수를 선언한다. 여기서 iterator_traits가 나온 문장 앞에 typename 키워드를 적었다. 한 개 이상의 템플릿 매개변수에 기반한 타입에 접근할 때는 반드시 typename 키워드를 명시적으로 지정해야 한다. 이 예제에서는 템플릿 매개변수인 IteratorType으로 value_type이란 타입에 접근한다.

```
template <typename IteratorType>
void iteratorTraitsTest(IteratorType it)
{
    typename iterator_traits<IteratorType>::value_type temp;
    temp = *it;
    cout << temp << endl;
}
```

이 함수를 다음과 같이 테스트한다.

```
vector v { 5 };
iteratorTraitsTest(cbegin(v));
```

여기서 iteratorTraitsTest() 안에 있는 temp 변수의 타입은 int가 된다. 그러므로 5가 출력된다.

앞에 나온 코드에서 auto 키워드를 사용하면 훨씬 간결하게 표현할 수 있지만 iterator_traits의 사용법을 볼 수는 없다.

17.1.3 예제

첫 번째 예제는 for 문과 반복자로 vector에 담긴 모든 원소를 화면에 출력한다.

```
vector values { 1, 2, 3, 4, 5, 6, 7, 8, 9, 10 };
for (auto iter { cbegin(values) }; iter != cend(values); ++iter) {
    cout << *iter << " ";
}
```

범위의 끝을 < 연산자로 검사하고 싶을 수도 있다(예: iter<cend(values)). 하지만 이렇게 하지 않는 것이 좋다. 범위의 끝을 검사하는 표준 방법은 !=을 사용하는 것이다(예: iter!=cend(values)). 그 이유는 != 연산자가 모든 타입의 반복자에 대해 적용할 수 있는 반면 < 연산자는 양방향 반복자와 정방향 반복자에는 적용할 수 없기 때문이다.

begin과 end 반복자로 주어진 원소 범위를 받아서 그 안에 있는 원소를 모두 화면에 출력하는 헬퍼 메서드를 다음과 같이 구현할 수 있다.

```
template <typename Iter>
void myPrint(Iter begin, Iter end)
{
    for (auto iter { begin }; iter != end; ++iter) { cout << *iter << " "; }
}
```

그러면 다음과 같이 사용할 수 있다.

```
myPrint(cbegin(values), cend(values));
```

두 번째 예제는 주어진 범위에서 원하는 값을 찾는 myFind( ) 함수 템플릿이다. 원하는 값을 찾을 수 없으면 주어진 범위의 끝 반복자가 리턴된다. 이때 value 매개변수의 타입이 iterator_traits라는 특수한 타입으로 되어 있다. 이렇게 하면 주어진 반복자가 가리키는 값의 타입을 구할 수 있다.

```
template <typename Iter>
auto myFind(Iter begin, Iter end,
    const typename iterator_traits<Iter>::value_type& value)
{
    for (auto iter { begin }; iter != end; ++iter) {
        if (*iter == value) { return iter; }
    }
    return end;
}
```

그러면 다음과 같이 사용할 수 있다.

```
vector values { 11, 22, 33, 44 };
auto result { myFind(cbegin(values), cend(values), 22) };
if (result != cend(values)) {
    cout << format("Found value at position {}", distance(cbegin(values), result));
}
```

이 외에도 반복자를 사용하는 다양한 예제를 이 책 전반에 걸쳐 소개하겠다.

17.2 스트림 반복자

표준 라이브러리는 네 가지 **스트림 반복자**stream iterator를 제공한다. 스트림 반복자란 반복자처럼 생긴 클래스 템플릿으로서, 입출력 스트림을 입출력 반복자처럼 사용할 수 있다. 이러한 스트림 반복자를 활용하면 입력과 출력 스트림을 다양한 표준 라이브러리 알고리즘의 입력(원본source)과 출력(대상destination)으로 활용할 수 있다. 표준 라이브러리에서 제공하는 스트림 반복자는 다음과 같다.

- ostream_iterator: 출력 스트림 반복자
- istream_iterator: 입력 스트림 반복자

ostreambuf_iterator와 istreambuf_iterator도 있지만 거의 사용하지 않으므로 설명은 생략한다.

17.2.1 ostream_iterator

ostream_iterator는 일종의 **출력 스트림 반복자**output stream iterator로서 원소의 타입을 매개변수로 받는 클래스 템플릿이다. 생성자는 출력 스트림과 이 스트림의 원소 끝마다 붙일 string 타입의 구분자delimiter를 인수로 받는다. ostream_iterator 클래스는 스트림에 원소를 쓸 때 operator<<를 사용한다.

예를 들어 다음과 같이 시작 반복자와 끝 반복자로 주어진 범위를 시작 반복자로 주어진 범위로 복제하는 myCopy() 함수 템플릿을 보자.

```
template <typename InputIter, typename OutputIter>
void myCopy(InputIter begin, InputIter end, OutputIter target)
{
    for (auto iter { begin }; iter != end; ++iter, ++target) { *target = *iter; }
}
```

이렇게 정의한 myCopy() 함수 템플릿을 이용하면 어떤 vector에 담긴 원소를 다른 벡터로 옮기는 작업을 쉽게 처리할 수 있다. myCopy()의 첫 번째와 두 번째 매개변수는 복제할 범위를 가리키는 begin과 end 반복자고, 세 번째 매개변수는 복제할 대상의 범위를 가리키는 반복자다. 복제를 제대로 처리하려면 대상 범위를 충분히 넓게 지정해야 한다.

```
vector myVector { 1, 2, 3, 4, 5, 6, 7, 8, 9, 10 };
// myCopy()를 이용하여 myVector를 vectorCopy로 복제한다.
vector<int> vectorCopy(myVector.size());
myCopy(cbegin(myVector), cend(myVector), begin(vectorCopy));
```

ostream_iterator를 이용하면 myCopy() 함수 템플릿이 컨테이너에 담긴 원소를 화면에 출력하는 동작을 코드 한 줄로 처리할 수 있다. 다음 코드는 myVector와 vectorCopy에 담긴 내용을 화면에 출력한다.

```
// myCopy()는 두 벡터의 내용을 화면에 출력하는 데 사용할 수도 있다.
myCopy(cbegin(myVector), cend(myVector), ostream_iterator<int> { cout, " " });
cout << endl;
myCopy(cbegin(vectorCopy), cend(vectorCopy), ostream_iterator<int> { cout, " " });
cout << endl;
```

실행 결과는 다음과 같다.

```
1 2 3 4 5 6 7 8 9 10
1 2 3 4 5 6 7 8 9 10
```

17.2.2 istream_iterator

입력 스트림 반복자input stream iterator인 istream_iterator를 이용하면 입력 스트림으로부터 값을 읽는 작업을 반복자를 사용하는 방식으로 처리할 수 있다. istream_iterator 역시 클래스 템플릿이므로 원소의 타입을 타입 매개변수로 받는다. 원소를 읽을 때는 operator>>를 사용한다. istream_iterator는 알고리즘이나 컨테이너 메서드의 원본(입력)으로 사용할 수 있다.

주어진 범위에 있는 원소를 모두 더하는 sum()이라는 함수 템플릿을 다음과 같이 정의했다고 하자.

```
template <typename InputIter>
auto sum(InputIter begin, InputIter end)
{
    auto sum { *begin };
    for (auto iter { ++begin }; iter != end; ++iter) { sum += *iter; }
    return sum;
}
```

이제 스트림 끝에 도달할 때까지 콘솔로부터 정수를 읽는 데 istream_iterator를 사용해보자. 윈도우 시스템의 경우 스트림을 끝내려면 Ctrl+Z를 누른 뒤 엔터키를 누르고, 리눅스 시스템에서는 엔터키를 누른 뒤 Ctrl+D를 누른다. 입력한 정수를 모두 더하는 작업은 sum( ) 함수로 처리한다. 여기서 istream_iterator의 디폴트 생성자로 끝 반복자를 생성한다.

```
cout << "Enter numbers separated by white space." << endl;
cout << "Press Ctrl+Z followed by Enter to stop." << endl;
istream_iterator<int> numbersIter { cin };
istream_iterator<int> endIter;
int result { sum(numbersIter, endIter) };
cout << "Sum: " << result << endl;
```

이 코드를 좀 더 살펴보자. 여기서 출력 문장과 변수 선언문을 제외하면 sum( )을 호출하는 문장밖에 없다. 이처럼 알고리즘에 입력 스트림 반복자를 적용하면 콘솔에서 입력받은 정수들을 읽어서 모두 더하는 기능을 루프문 없이 단 한 문장으로 구현할 수 있다.

17.3 반복자 어댑터

표준 라이브러리는 특수 반복자인 **반복자 어댑터** iterator adaptor를 다섯 가지 버전으로 제공한다. 모두 <iterator> 헤더에 정의되어 있으며 크게 두 그룹으로 나눌 수 있다. 첫 번째 그룹은 컨테이너에서 생성되며 출력 반복자로 주로 사용된다.

- back_insert_iterator: push_back( )으로 원소를 컨테이너에 추가한다.
- front_insert_iterator: push_front( )로 원소를 컨테이너에 추가한다.
- insert_iterator: insert( )로 원소를 컨테이너에 추가한다.

또 다른 그룹에 속한 두 가지 어댑터는 컨테이너가 아닌 다른 반복자에서 생성되며, 주로 입력 반복자로 사용된다.

- reverse_iterator: 다른 반복자의 반복 순서를 반대로 전환한다.
- move_iterator: move_iterator에 대한 역참조 연산자는 주어진 값을 자동으로 알밸류 레퍼런스로 변환한다. 따라서 새로운 곳으로 이동시킬 수 있다.

반복자 어댑터를 직접 정의할 수도 있다. 하지만 구체적인 방법은 이 책에서 다루지 않는다. 궁금한 독자는 부록 B에서 소개하는 표준 라이브러리 관련 문헌을 참고하기 바란다.

17.3.1 추가 반복자

앞에서 구현한 myCopy( ) 함수 템플릿은 컨테이너에 원소를 추가하지 않고, 지정한 범위에 있던 원소를 새 원소로 교체하기만 한다. 이 함수를 좀 더 쓸모 있게 만들려면 표준 라이브러리에서 제공하는 세 가지 **추가 반복자 어댑터**insert iterator adaptor인 insert_iterator, back_insert_iterator, front_insert_iterator를 이용하여 컨테이너에 원소를 추가하는 기능을 구현할 수 있다. 세 어댑터 모두 컨테이너 타입에 대한 템플릿으로 제공되며, 생성자의 인수로 실제 컨테이너에 대한 레퍼런스를 지정하면 된다. 이러한 추가 반복자 어댑터는 필수 반복자 인터페이스를 제공하므로 myCopy( )와 같은 알고리즘에서 대상 반복자로 사용할 수 있다. 이런 어댑터를 이용하면 컨테이너 원소를 교체하지 않고 해당 컨테이너를 호출하여 새 원소를 추가하게 된다.

기본 버전인 insert_iterator는 컨테이너의 insert(position, element)를 호출하고, back_insert_iterator는 push_back(element)를 호출하고, front_insert_iterator는 push_front(element)를 호출한다.

예를 들어 myCopy( )에서 back_insert_iterator를 이용하여 vectorOne에 있는 모든 원소를 복제하여 vectorTwo에 채우게 만들 수 있다. 이때 vectorTwo의 공간을 충분히 키우는 작업을 할 필요가 없다. 추가 반복자가 알아서 처리한다.

```
vector vectorOne { 1, 2, 3, 4, 5, 6, 7, 8, 9, 10 };
vector<int> vectorTwo;
back_insert_iterator<vector<int>> inserter { vectorTwo };
myCopy(cbegin(vectorOne), cend(vectorOne), inserter);

myCopy(cbegin(vectorTwo), cend(vectorTwo), ostream_iterator<int> { cout, " " });
```

이처럼 추가 반복자를 사용하면 대상 컨테이너의 크기를 미리 계산하지 않아도 된다.

유틸리티 함수인 std::back_inserter( )로도 back_insert_iterator를 생성할 수 있다. 앞에 나온 코드에서 inserter 변수를 정의하는 문장을 지우고, myCopy( )를 호출하는 문장을 다음과 같이 수정하면 이전 예제와 똑같이 작동한다.

```
myCopy(cbegin(vectorOne), cend(vectorOne), back_iterater(vectorTwo));
```

CTADclass template argument deduction(클래스 템플릿 인수 추론) 기능을 활용하면 다음과 같이 표현할 수 있다.

```
myCopy(cbegin(vectorOne), cend(vectorOne), back_insert_iterator { vectorTwo });
```

front_insert_iterator와 insert_iterator도 작동 방식은 비슷하다. 단, insert_iterator는 생성자에서 초기 반복자 위치도 인수로 받아서 처음 insert(position, element)를 호출할 때 전달한다는 점만 다르다. 그 후의 반복자 위치는 insert()를 호출한 결과로 알아낼 수 있다.

insert_iterator를 이용하면 연관 컨테이너를 변경 알고리즘modifying algorithm의 대상destination으로 사용할 수 있다. 연관 컨테이너는 반복하는 동안 원소를 수정할 수 없다는 한계가 있는데(20장에서 설명), insert_iterator를 사용하면 원소를 추가하게 만들 수 있다. 실제로 연관 컨테이너는 반복자 위치를 인수로 받는 insert() 메서드를 제공하고 있다. 이 위치는 단순히 참고용으로만 사용하고 무시할 수 있다. 연관 컨테이너에 대해 insert_iterator를 사용할 때 사용할 컨테이너의 begin()과 end() 반복자를 힌트로 사용하도록 전달할 수 있다. 그러면 insert_iterator는 insert() 호출이 끝날 때마다 방금 추가한 원소의 바로 다음 지점을 가리키도록 반복자 힌트를 수정한다.

앞에서 본 예제를 vector 대신 set을 대상 컨테이너로 사용하도록 수정하면 다음과 같다.

```
vector vectorOne { 1, 2, 3, 4, 5, 6, 7, 8, 9, 10 };
set<int> setOne;

insert_iterator<set<int>> inserter { setOne, begin(setOne) };
myCopy(cbegin(vectorOne), cend(vectorOne), inserter);

myCopy(cbegin(setOne), cend(setOne), ostream_iterator<int> { cout, " " });
```

back_insert_iterator 예제와 유사하게 std::inserter() 유틸리티 함수를 사용하여 insert_iterator를 생성할 수 있다.

```
myCopy(cbegin(vectorOne), cend(vectorOne), inserter(setOne, begin(setOne)));
```

또는 CTAD(클래스 템플릿 인수 추론)를 적용해서 다음과 같이 작성할 수도 있다.

```
myCopy(cbegin(vectorOne), cend(vectorOne),
    insert_iterator { setOne, begin(setOne) });
```

17.3.2 역방향 반복자

표준 라이브러리는 양방향 또는 임의 접근(랜덤 액세스) 반복자로 역방향 탐색하게 해주는 std::reverse_iterator 클래스 템플릿을 제공한다. 표준 라이브러리에서 제공하는 컨테이너 중에서 역방향 탐색을 지원하는 것들은 모두 reverse_iterator 타입 앨리어스와 rbegin()/rend() 메서드를 제공한다. 참고로 forward_list와 비정렬 연관 컨테이너를 제외한 나머지 표준 컨테이너가 모두 이를 지원한다. reverse_iterator 타입 앨리어스가 가리키는 타입은 std::reverse_iterator<T>이며, T는 컨테이너의 iterator 타입 앨리어스와 같다. rbegin()은 컨테이너의 마지막 원소를 가리키는 reverse_iterator를 리턴하고, rend()는 컨테이너의 첫 번째 원소 바로 앞 지점을 가리키는 reverse_iterator를 리턴한다. reverse_iterator에 operator++를 적용하면 내부 컨테이너 반복자에 operator--가 적용되고, operator--를 적용하면 내부 컨테이너 반복자에 operator++가 적용된다. 예를 들어 컨테이너의 시작부터 끝까지 정방향으로 반복하는 코드를 다음과 같이 작성할 수 있다.

```
for (auto iter { begin(collection) }; iter != end(collection); ++iter) {}
```

컨테이너의 끝부터 시작까지 반복하려면 다음과 같이 reverse_iterator를 이용하여 rbegin()과 rend()를 호출하도록 작성하면 된다. 여기서도 정방향 반복문과 마찬가지로 ++iter를 호출한다.

```
for (auto iter { rbegin(collection) }; iter != rend(collection); ++iter) {}
```

std::reverse_iterator는 표준 라이브러리 알고리즘이나 역방향 실행을 지원하지 않는 사용자 정의 함수에서 유용하게 사용된다. 예를 들어 앞에서 정의한 myFind() 함수는 시퀀스의 첫 번째 원소를 탐색한다. 반대로 시퀀스의 마지막 원소를 탐색하고 싶다면 reverse_iterator를 사용하면 된다. 참고로 reverse_iterator로 myFind()와 같은 알고리즘을 호출하면 리턴값도 reverse_iterator가 된다. 내부에서 사용하는 원본 반복자는 reverse_iterator의 base() 메서드를 호출하면 구할 수 있다. 그런데 reverse_iterator의 구현 방식으로 인해 base()가 리턴한 반복자는 항상 reverse_iterator가 참조하는 원소의 바로 다음 지점을 가리킨다. 따라서 대상 원소를 구하려면 반드시 1을 빼야 한다.

myFind()에 reverse_iterator를 적용하는 예는 다음과 같다.

```
vector myVector { 11, 22, 33, 44 };
auto it1 { myFind(begin(myVector), end(myVector), 22) };
auto it2 { myFind(rbegin(myVector), rend(myVector), 22) };
if (it1 != end(myVector) && it2 != rend(myVector)) {
    cout << format("Found at position {} going forward.",
                   distance(begin(myVector), it1)) << endl;
    cout << format("Found at position {} going backward.",
                   distance(begin(myVector), --it2.base())) << endl;
} else {
    cout << "Failed to find " << endl;
}
```

이 코드의 실행 결과는 다음과 같다.

```
Found at position 1 going forward.
Found at position 3 going backward.
```

17.3.3 이동 반복자

9장에서 **이동 의미론**move semantics은 대입 연산이나 복제 생성을 수행하거나 명시적으로 std::move( )를 호출한 뒤에 어차피 제거될 원본 객체에 대해 쓸데없이 복제 연산을 수행하지 않게 만드는 데 사용된다고 설명했다. C++는 반복자 어댑터에 대해서도 이동 의미론을 지원하도록 std::move_iterator를 제공한다. move_iterator의 역참조 연산자는 값을 자동으로 **알밸류 레퍼런스**rvalue reference (**우측값 참조**)로 변환한다. 그러므로 복제하지 않고도 대상 지점으로 값을 이동시킬 수 있다. 단, 이동 의미론을 적용하기 전에 반드시 해당 객체가 이를 지원하는지 확인해야 한다. 다음에 나온 MoveableClass 클래스는 이동 의미론을 지원하도록 정의한 것이다. 이 코드에 대한 자세한 설명은 9장을 참고한다.

```
class MoveableClass
{
    public:
        MoveableClass() {
            cout << "Default constructor" << endl;
        }
        MoveableClass(const MoveableClass& src) {
            cout << "Copy constructor" << endl;
        }
```

```
        MoveableClass(MoveableClass&& src) noexcept {
            cout << "Move constructor" << endl;
        }
        MoveableClass& operator=(const MoveableClass& rhs) {
            cout << "Copy assignment operator" << endl;
            return *this;
        }
        MoveableClass& operator=(MoveableClass&& rhs) noexcept {
            cout << "Move assignment operator" << endl;
            return *this;
        }
};
```

이 클래스에서 생성자와 대입 연산자가 특별히 하는 일은 없다. 그저 호출 대상을 쉽게 볼 수 있도록 콘솔에 메시지를 출력하기만 한다. 이제 vector에 MoveableClass 인스턴스를 몇 개 넣어 보자.

```
vector<MoveableClass> vecSource;
MoveableClass mc;
vecSource.push_back(mc);
vecSource.push_back(mc);
```

이 코드를 실행한 결과는 다음과 같다.

```
Default constructor // [1]
Copy constructor    // [2]
Copy constructor    // [3]
Move constructor    // [4]
```

코드의 두 번째 줄은 디폴트 생성자를 사용해서 MoveableClass 인스턴스를 생성한다(결과의 [1]). 첫 번째 push_back()이 호출되면 복제 생성자를 불러서 mc를 vector에 복제한다(결과의 [2]). 그러면 이 벡터에 mc에 대한 첫 번째 복제본만큼 공간이 생긴다. 참고로 여기에서는 마이크로소프트 비주얼 C++ 2019에 구현된 벡터 증가 방식과 vector의 초깃값을 적용한 결과를 바탕으로 설명한다. C++ 표준에는 vector의 초기 용량과 증가 방식이 명확히 정의되어 있지 않다. 따라서 이 코드의 출력 결과는 컴파일러마다 다를 수 있다.

두 번째로 push_back()이 호출되면 두 번째로 추가할 원소에 대한 공간을 확보하도록 vector

의 크기를 조정한다. 이때 크기가 변경된 새 vector에 기존 vector의 원소를 이동시키기 위해 이동 생성자가 호출된다(결과의 [4]). 그리고 나서 mc를 vector에 두 번째로 복제하도록 복제 생성자가 호출된다(결과의 [3]). 이동 생성자와 복제 생성자의 호출 순서는 일정하지 않다. 따라서 결과에서 [3]과 [4]에 해당하는 문장이 출력되는 순서는 얼마든지 바뀔 수 있다.

vecSource의 원소를 복제해서 vecOne이란 이름으로 vector를 새로 생성하려면 다음과 같이 작성한다.

```
vector<MoveableClass> vecOne { cbegin(vecSource), cend(vecSource) };
```

이 코드에서 move_iterator를 사용하지 않으면 vecSource에 담긴 원소마다 한 번씩 복제 생성자가 호출된다. 그러므로 복제 생성자가 다음과 같이 두 번 호출된다.

```
Copy constructor
Copy constructor
```

std::make_move_iterator()를 사용해서 move_iterator를 생성하면 복제 생성자 대신 MoveableClass의 이동 생성자가 호출된다.

```
vector<MoveableClass> vecTwo { make_move_iterator(begin(vecSource)),
                               make_move_iterator(end(vecSource)) };
```

그러면 결과가 다음과 같이 나온다.

```
Move constructor
Move constructor
```

또한 클래스 템플릿 인수 추론(CTAD)도 적용할 수 있다.

```
vector<MoveableClass> vecTwo { move_iterator { begin(vecSource) },
                             { move_iterator { end(vecSource) } };
```

CAUTION_ 다른 객체로 이동시킨 객체는 더 이상 사용하지 않아야 한다.

C++20 17.4 범위

C++ 표준 라이브러리에서 제공하는 반복자는 컨테이너의 원소를 탐색하는 메커니즘을 추상화하여 알고리즘이 특정 컨테이너와 독립적으로 작동하게 해준다. 지금까지 살펴본 반복자 예제를 보면 알고리즘은 시퀀스의 첫 번째 원소를 가리키는 시작 반복자와 시퀀스의 마지막 원소 바로 다음 지점을 가리키는 끝 반복자로 구성된 쌍을 이용한다. 알고리즘은 이 두 가지 반복자만으로 거의 모든 종류의 컨테이너를 다룰 수 있다는 장점은 있지만 원소의 시퀀스를 지정하는 두 반복자를 제공하거나 반복자가 일치하지 않게 보장하기 힘든 경우가 있다. **range 라이브러리**에서 제공하는 **범위**range (레인지)는 반복자 위에 추상화를 한 단계 더해서 반복자가 일치하지 않는 에러를 제거하고, 범위 어댑터를 통해 원소 시퀀스를 변환하거나 필터링하는 부가 기능도 제공한다. range 라이브러리는 <ranges>에 정의되어 있으며 다음과 같은 컴포넌트로 구성된다.

- **범위(range):** 원소에 대해 반복하는 타입 요구사항을 정의하는 콘셉트(12장 참고)다. `begin()`과 `end()`를 제공하는 데이터 구조라면 모두 범위라고 볼 수 있다. 예를 들어 `std::array`, `vector`, `string_view`, `span`, 고정 크기 C 스타일 배열 등이 범위다.
- **범위 기반 알고리즘(range-based algorithm):** 16장에서 20장에 걸쳐 설명하는 표준 라이브러리 알고리즘은 반복자 쌍을 받아서 작업을 수행한다. 이 알고리즘 대부분에 대해 반복자 대신 범위를 받는 버전도 제공한다.
- **프로젝션(projection):** 범위 기반 알고리즘 중 상당수는 프로젝션 콜백(projection callback)을 받는다. 이 콜백은 범위 안에 있는 각 원소에 대해 호출되며 원소를 알고리즘에 넘기기 전에 다른 값으로 변환할 수 있다.
- **뷰(view):** 내부 범위에 있는 원소를 변환하거나 필터링하는 데 사용한다. 뷰를 조합하여 연산 파이프라인을 형성해서 범위에 적용하게 만들 수 있다.
- **팩토리(factories):** 범위 팩토리는 값을 온디맨드 방식으로 생성하는 뷰를 만드는 데 사용된다.

범위 안의 원소에 대한 반복은 `ranges::begin()`, `end()`, `rbegin()` 등과 같은 접근자로 구한 반복자를 이용해서 처리할 수 있다. 범위는 `ranges::empty()`, `data()`, `cdata()`, `size()` 등도 제공한다. `ranges::size()`는 범위 안에 있는 원소의 개수를 리턴하는데, 크기를 상수 시간에 구할 수 있을 때만 작동한다. 그렇지 않은 경우에는 `std::distance()`를 이용하여 주어진 범위의 시작 반복자와 끝 반복자 사이의 원소 개수를 계산해야 한다. 이런 접근자는 모두 멤버 함수가 아닌 독립 자유 함수로 되어 있으며 범위를 인수로 받는다.

17.4.1 범위 기반 알고리즘

원소 시퀀스를 시작 및 끝 반복자로 지정하는 알고리즘의 예로 std::sort()가 있다. 알고리즘에 대해서는 16장에서 전반적으로 소개하고 20장에서 세부사항을 다룬다. sort() 알고리즘은 사용법이 직관적이다. 예를 들어 다음 코드는 vector에 담긴 원소를 정렬한다.

```
vector data { 33, 11, 22 }
sort(begin(data), end(data));
```

이 코드는 data 컨테이너에 담긴 모든 원소를 정렬한다. 단, 시퀀스를 반드시 시작/끝 반복자로 지정해야 한다. 그런데 원하는 동작을 코드에 이보다 구체적으로 표현할 수 있으면 더 좋을 것이다. 그러므로 **범위 기반 알고리즘**range-based algorithm이 범위 라이브러리에 추가된 것이다. 이 알고리즘은 std::ranges 네임스페이스에 속하며 동일한 기능의 범위 기반이 아닌 알고리즘과 동일한 헤더 파일에 정의되어 있다. 그러므로 다음과 같이 간단히 작성할 수 있다.

```
ranges::sort(data);
```

이 코드는 data 컨테이너에 있는 모든 원소를 정렬한다는 프로그래머의 의도를 명확히 드러내고 있다. 범위 기반 알고리즘은 반복자가 필요 없기 때문에 시작 반복자와 끝 반복자가 본의 아니게 일치하지 않는 오류가 발생할 일이 없다. 범위 기반 알고리즘은 템플릿 타입 매개변수마다 타입 제약 조건(12장 참조)이 있다. 그러므로 범위 기반 알고리즘에 적합하지 않은 타입의 반복자가 정의된 컨테이너가 제공될 경우 컴파일러는 에러 메시지를 좀 더 정확하게 출력할 수 있다. 예를 들어 ranges::sort() 알고리즘은 임의 접근을 지원하는 범위를 지정해야 하는데 이를 제공하지 않는 std::list에 대해 호출되면 에러 메시지를 구체적으로 출력한다. 반복자와 마찬가지로 입력 범위, 출력 범위, 정방향 범위, 양방향 범위, 임의 접근 범위, 연속 범위 등에 대해서도 콘셉트가 적절히 제공된다(예: ranges::contiguous_range, ranges::random_access_range 등).

> **NOTE_** 16장에서 소개하고 20장에서 자세히 설명하는 표준 라이브러리 알고리즘은 대부분 std::ranges 네임스페이스 아래에 범위 기반 버전도 함께 제공된다.

1 프로젝션

범위 기반 알고리즘 중 상당수는 원소를 알고리즘에 넘기기 전에 변환하는 콜백인 **프로젝션**projection 매개변수를 받는다. 다음과 같이 사람을 표현하도록 간단히 정의된 클래스 코드를 통해 살펴보자.

```
class Person
{
    public:
        Person(string first, string last)
            : m_firstName { move(first) }, m_lastName { move(last) } { }
        const string& getFirstName() const { return m_firstName; }
        const string& getLastName() const { return m_lastName; }
    private:
        string m_firstName;
        string m_lastName;
};
```

vector에 Person 객체를 저장하는 예는 다음과 같다.

```
vector persons { Person { "John", "White"}, Person { "Chris", "Blue"} };
```

Person 클래스는 operator<를 구현하지 않았기 때문에 이 벡터를 std::sort() 알고리즘으로 정렬할 수 없다. 이 알고리즘은 원소를 operator<로 비교하기 때문이다. 따라서 다음과 같이 작성하면 컴파일 에러가 발생한다.

```
sort(begin(persons), end(persons)); // 컴파일 에러가 발생한다.
```

범위 기반 ranges::sort() 알고리즘으로 바꿔도 도움이 되지 않는다. 다음과 같이 작성해도 여전히 컴파일 에러가 발생한다. 범위에 있는 원소를 비교할 방법이 없기 때문이다.

```
ranges::sort(persons); // 컴파일 에러가 발생한다.
```

그러나 이름first name을 기준으로 정렬하고 싶다면 정렬 알고리즘에 프로젝션 함수를 지정하여 각 사람의 이름을 투영시킬 수 있다. 프로젝션 매개변수는 세 번째로 지정하므로 원소를 비교하는 데 사용되는 두 번째 매개변수를 반드시 지정해야 한다. 디폴트로 std::ranges::less를 사용한다. 다음 코드는 프로젝션 함수를 **람다 표현식**lambda expression으로 지정했다.

```
ranges::sort(persons, {},
    [](const Person& person) { return person.getFirstName(); });
```

또는 다음과 같이 더 짧게 작성할 수도 있다.

```
ranges::sort(persons, {}, &Persion::getFirstName);
```

NOTE_ 이 장에서 범위에 대해 설명하면서 간단한 람다 표현식을 사용하고 있다. **람다 표현식**(lambda expression)은 19장에서 자세히 소개하며, 여기에서는 기본적인 사용법만 알아도 된다. 이 장에서는 다음과 같은 구문으로 람다 표현식을 작성한다.

```
[](const Person& person) { return person.getFirstName(); }
```

여기서 [ ]는 람다 표현식이 시작된다는 것을 표시한다. 이어서 나오는 매개변수 목록은 콤마로 구분하며 함수와 문법이 같다. 마지막으로 나오는 람다 표현식의 바디(body, 본문)는 중괄호로 감싼다.

람다 표현식을 사용하면 이름 없는 간단한 인라인 함수를 원하는 지점에 작성할 수 있다. 앞에 나온 람다 표현식을 독립 함수로 작성하면 다음과 같다.

```
auto getFirstName(const Person& person) {
    return person.getFirstName(); }
```

람다 표현식 매개변수의 타입을 auto로 지정해도 된다. 예를 들면 다음과 같다.

```
[](const auto& person) { return person.getFirstName(); });
```

17.4.2 뷰

뷰view를 이용하면 범위에 있는 원소에 대해 연산을 수행할 수 있다. 뷰를 여러 개 연결하거나 조합해서 주어진 범위에 있는 원소에 대해 여러 연산을 수행하는 파이프라인을 구성할 수 있다. 뷰를 조합하는 방법은 쉽다. 비트 단위 OR 연산자인 operator|로 여러 연산을 그냥 합치면 된다. 예를 들어 범위에 있는 원소에 대해 필터 연산을 수행하고 나서 나머지 원소를 변환하는 작업도 쉽게 구성할 수 있다. 반면 범위 기반이 아닌 알고리즘으로 이와 비슷한 작업(필터링 후 변환)을 처리하는 코드는 가독성이 떨어지고 성능도 좋지 않을 수 있다. 중간 결과를 저장하는 임시 컨테이너를 사용해야 하기 때문이다.

뷰는 다음과 같은 중요한 속성이 있다.

- **지연 평가(lazily evaluated)**: 뷰만 구성해서는 내부 범위에 대해 연산을 수행할 수 없다. 뷰의 연산은 뷰의 원소에 대해 반복하고 반복자를 역참조하는 순간에만 적용된다.
- **비소유(nonowning)**: 뷰는 어떤 원소도 소유하지 않는다. 이름에서 알 수 있듯이 일부 컨테이너에 저장될 수 있는 범위 원소에 대한 뷰이며, 그 컨테이너가 데이터를 소유한다. 뷰는 데이터를 다양한 방식으로 볼 수 있게 해준다. 따라서 뷰에 있는 원소의 개수는 뷰의 복제, 이동, 제거 비용에 영향을 미치지 않는다. 이점에서 2장에서 본 `std::string_view`와 18장에서 소개하는 `std::span`과 비슷하다.
- **비변경(nonmutating)**: 뷰는 범위에 있는 데이터를 절대 변경하지 않는다.

뷰 자체는 일종의 범위[range]다. 하지만 모든 범위가 뷰는 아니다. 컨테이너도 범위지만 뷰는 아니다. 원소를 소유하기 때문이다.

뷰는 **범위 어댑터**[range adapter]로 생성할 수 있다. 범위 어댑터는 범위를 인수로 받는데 이것 역시 뷰일 수 있다. 추가로 다른 인수도 받을 수 있으며 새로운 뷰를 리턴한다. 다음 표에 표준 라이브러리에서 제공하는 주요 범위 어댑터를 정리했다.

범위 어댑터	설명
`views::all`	범위에 있는 원소를 모두 포함하는 뷰를 생성한다.
`filter_view` `views::filter`	주어진 프레디케이트를 기준으로 범위에 있는 원소를 필터링한다. 주어진 프레디케이트가 `true`를 리턴하면 해당 원소는 유지되고, 그렇지 않은 원소는 건너뛴다.
`transform_view` `views::transform`	범위에 있는 원소에 대해 콜백을 적용해서 다른 값으로 변환한다. 타입이 달라질 수도 있다.
`take_view` `views::take`	범위의 첫 원소부터 *N*번째 원소까지에 대한 뷰를 생성한다.
`take_while_view` `views::take_while`	범위에서 주어진 프레디케이트가 `false`를 리턴하기 전까지의 초기 원소에 대한 뷰를 생성한다.
`drop_view` `views::drop`	범위에서 첫 원소부터 *N*번째 원소까지를 제거한 뷰를 생성한다.
`drop_while_view` `views::drop_while`	범위에서 주어진 프레디케이트가 `false`를 리턴하기 전까지의 초기 원소를 삭제한 뷰를 생성한다.
`reverse_view` `views::reverse`	주어진 범위의 원소를 역순으로 반복하는 뷰를 생성한다. 이때 범위는 반드시 양방향 범위여야 한다.
`elements_view` `views::elements`	튜플 형태의 원소에 대한 범위를 받아서 *N*번째 원소에 대한 뷰를 생성한다.
`keys_view` `views::elements`	페어 형태의 원소에 대한 범위를 받아서 페어의 첫 번째 원소에 대한 뷰를 생성한다.
`values_view` `views::values`	페어 형태의 원소에 대한 범위를 받아서 페어의 두 번째 원소에 대한 뷰를 생성한다.

범위 어댑터	설명
common_viewe views::common	범위의 타입에 따라 begin( )과 end( )가 서로 다른 타입(예: 시작 반복자와 센티널)을 리턴할 수도 있다. 즉, 동일한 타입으로 된 반복자 쌍을 받는 함수에 타입이 다른 반복자 쌍을 함수로 전달할 수 없다. 이럴 때는 begin( )과 end( )의 리턴 타입이 같은 **공통 범위**(common range)로 변환하는 common_view를 사용하면 된다. 이 장의 연습 문제에서 이러한 범위 어댑터를 사용할 것이다.

표에서 첫 번째 열에 있는 범위 어댑터range adapter는 std::ranges 네임스페이스의 클래스 이름과 std::ranges::views 네임스페이스의 범위 어댑터 객체를 모두 표시한다. 표준 라이브러리는 std::ranges::views에 대한 네임스페이스 앨리어스인 std::views를 제공한다.

범위 어댑터는 생성자를 호출하고 필요한 인수를 전달하는 방식으로 만들 수 있다. 첫 번째 인수는 항상 연산의 대상이 되는 범위를 지정하고, 그 뒤에 나오는 인수는 옵션이다.

```
std::ranges::연산_view { 범위, 인수... }
```

범위 어댑터는 생성자로 만들기보다는 std::ranges::views 네임스페이스에 있는 범위 어댑터 객체와 비트 단위 OR 연산자인 |로 조합하는 방식으로 만든다.

```
range | std::ranges::views::연산(인수...)
```

그럼 몇 가지 범위 어댑터를 사용하는 방법을 살펴보자. 다음 코드는 메시지를 출력한 후 주어진 범위의 원소를 출력하는 축약 함수 템플릿인 printRange( )를 정의한다. 그러고 나서 main( ) 함수에서 1부터 10까지 정수로 구성된 vector를 생성해서 몇 가지 범위 어댑터를 적용한 뒤 printRange( )를 호출해서 결과를 출력한다.

```
void printRange(string_view message, auto& range)
{
    cout << message;
    for (const auto& value : range) { cout << value << " "; }
    cout << endl;
}

int main()
{
```

```
vector values { 1, 2, 3, 4, 5, 6, 7, 8, 9, 10 };
printRange("Original sequence: ", values);

// 홀수를 모두 제거해서 짝수만 남긴다.
auto result1 { values
    | views::filter([](const auto& vlaue) { return value % 2 == 0; }) };
printRange("Only even values: ", result1);

// 값을 모두 double 타입으로 변환한다.
auto result2 { values
    | views::transform([](const auto& vlaue) { return value * 2.0; }) };
printRange("Values doubled: ", result2);

// 첫 두 원소를 제거한다.
auto result3 { result2 | views::drop(2) };
printRange("First two dropped: ", result3);

// 뷰를 역순으로 만든다.
auto result4 { result3 | views::reverse };
printRange("Sequence reversed: ", result4);
```

이 코드를 실행한 결과는 다음과 같다.

```
Original sequence: 1 2 3 4 5 6 7 8 9 10
Only even values: 2 4 6 8 10
Values doubled: 4 8 12 16 20
First two dropped: 12 16 20
Sequence reversed: 20 16 12
```

뷰를 지연 평가하는 과정을 반복할 필요가 있다. 예제에서는 result1 뷰를 생성할 때 아무런 필터링을 하지 않는다. 필터링은 printRange() 함수가 result1의 원소에 대해 반복하는 시점에 작동한다.

여기 나온 코드는 std::ranges::views의 범위 어댑터 오브젝트를 사용한다. 생성자를 통해 범위 어댑터를 만들어도 된다. 예를 들어 result1 뷰를 다음과 같이 생성할 수 있다.

```
auto result1 { ranges::filter_view { values,
    [](const auto& value) { return value % 2 == 0; } } };
```

예제에서는 각 단계의 진행 상태를 쉽게 추적할 수 있도록 원소를 출력하기 위해 중간 단계 뷰를 여러 개 만든다. 이러한 중간 단계 뷰가 필요 없다면 다음과 같이 하나의 파이프라인으로 모두 체인으로 묶어도 된다.

```
vector values { 1, 2, 3, 4, 5, 6, 7, 8, 9, 10 };
printRange("Original sequence: ", values);

auto result { values
    | views::filter([](const auto& value) { return value % 2 == 0; })
    | views::transform([](const auto& value) { return value * 2.0; })
    | views::drop(2)
    | views::reverse };
printRange("Final sequence: ", result);
```

실행 결과는 다음과 같다. 마지막 줄을 보면 최종 시퀀스가 초기 result4 뷰와 같다는 것을 알 수 있다.

```
Original sequence: 1 2 3 4 5 6 7 8 9 10
Final sequence: 20 16 12
```

1 뷰를 통한 원소 수정

범위가 읽기 전용이 아니면 그 안에 속한 원소를 수정할 수 있다. 예를 들어 views::transform은 읽기 전용 뷰다. 변환된 원소에 대한 뷰를 제공하지만 원래 범위의 실제 값은 변환하지 않기 때문이다.

다음 예는 원소 열 개로 구성된 vector를 생성한다. 그러고 나서 짝수에 대한 뷰를 생성해서 첫 번째와 두 번째 원소를 제거한 뒤 원소의 순서를 반전시킨다. 이어서 범위 기반 for 루프로 뷰에 남은 원소에 10을 곱한다. 마지막 줄은 values 벡터에 담긴 원소가 실제로 변경되었음을 보여주기 위해 화면에 출력한다.

```
vector values { 1, 2, 3, 4, 5, 6, 7, 8, 9, 10 };
printRange("Original sequence: ", values);

// 홀수를 모두 제거해서 짝수만 남긴다.
auto result1 { values
    | views::filter([](const auto& value) { return value % 2 == 0; }) };
```

```
printRange("Only even values: ", result1);

// 첫 번째와 두 번째 원소를 제거한다.
auto result2 { result1 | views::drop(2) };
printRange("First two dropped: ", result2);

// 뷰의 순서를 반전시킨다.
auto result3 { result2 | views::reverse };
printRange("Sequence reversed: ", result3);

// 범위 기반 for 루프로 원소를 수정한다.
for (auto& value : result3) { value *= 10; }
printRange("After modifying elements through a view, vector contains: ", values);
```

코드를 실행한 결과는 다음과 같다.

```
Original sequence: 1 2 3 4 5 6 7 8 9 10
Only even values: 2 4 6 8 10
First two dropped: 6 8 10
Sequence reversed: 10 8 6
After modifying elements through a view, vector contains: 1 2 3 4 5 60 7 80 9 100
```

2 원소 매핑하기

범위의 원소를 변환하면 동일한 타입의 원소가 있는 범위가 될 필요는 없다. 이럴 때는 원소를 원하는 타입으로 **매핑** mapping할 수 있다. 다음 예는 정수 범위에서 홀수 원소를 제거한 뒤 첫 번째부터 세 번째 짝숫값만 남기고 std::format()을 이용하여 인용 부호로 감싼 스트링으로 변환해서 로 스트링 리터럴 raw string literal (2장 참조)로 만든다.

```
vector values { 1, 2, 3, 4, 5, 6, 7, 8, 9, 10 };
printRange("Original sequence: ", values);

auto result { values
    | views::filter([](const auto& value) { return value % 2 == 0; })
    | views::take(3)
    | views::transform([](const auto& v) { return format(R"("{}")", v); }) };
printRange("Result: ", result);
```

실행 결과는 다음과 같다.

```
Original sequence: 1 2 3 4 5 6 7 8 9 10
Result: "2" "4" "6"
```

17.4.3 범위 팩토리

범위 라이브러리는 원소가 필요한 시점에 온디맨드 방식으로 지연 생성하는 뷰를 만드는 다음과 같은 **범위 팩토리**range factory도 제공한다.

범위 팩토리	설명
empty_view	공백 뷰를 생성한다.
single_view	주어진 원소 하나만 가진 뷰를 생성한다.
iota_view	초깃값 하나로 시작하는 원소를 담은 무한 뷰(infinite view) 또는 유한 뷰(bounded view)를 생성한다. 이때 첫 원소 뒤에 나오는 원소의 값은 이전 원소의 값에 1을 증가한 값이다.
basic_istream_view istream_view	내부 입력 스트림에 대해 추출 연산자 operator>>를 호출해서 구한 원소로 구성된 뷰를 생성한다.

앞 절에서 본 범위 어댑터와 마찬가지로 범위 팩토리 테이블에 있는 이름도 std::ranges 네임스페이스에 속한 클래스 이름이며, 각각의 생성자로 직접 생성할 수 있다. 또는 std::ranges::views 네임스페이스에 있는 팩토리 함수를 사용해도 된다. 예를 들어 다음 두 문장 모두 10, 11, 12 등으로 구성된 무한 뷰를 생성한다.

```
std::ranges::iota_view { 10 }
std::ranges::views::iota(10)
```

범위 팩토리를 실제로 사용하는 방법을 알아보자. 다음 예는 앞의 예와 비슷하지만 vector에 원소 열 개를 담지 않고 iota 범위 팩토리를 이용하여 10부터 시작해서 지연 생성되는 무한 수열을 만든다. 이어서 홀수를 모두 제거한 뒤 남은 원소에 2.0를 곱하고 처음부터 열 번째 원소까지만 남긴 후 printRange()로 결과를 화면에 출력한다.

```
// 10, 11, 12, ... 등으로 구성된 무한 수열을 생성한다.
auto values { views::iota(10) };
// 홀수를 모두 제거해서 짝수만 남긴다.
auto result1 { values
    | views::filter([](const auto& vlaue) { return value % 2 == 0; }) };
```

```
// 값을 모두 double 타입으로 변환한다.
auto result2 { values
    | views::transform([](const auto& vlaue) { return value * 2.0; }) };
// 첫 번째부터 열 번째 원소만 남긴다.
auto result3 { result2 | views::take(10) };
printRange("Result: ", result3);
```

실행 결과는 다음과 같다.

```
Result: 20 24 28 32 36 40 44 48 52 56
```

values는 무한 범위를 나타내며, 이후 필터링과 변환을 거친다. 여기서 사용하는 연산들은 printRange()가 뷰의 원소에 대해 반복하는 시점에 지연 평가되기 때문에 이렇게 무한 범위를 다룰 수 있는 것이다. 다르게 표현하면 printRange()를 호출해서 values나 result1, result2의 내용을 출력할 수 없다. 무한 범위이기 때문에 for 루프에서 printRange()를 호출하면 끝나지 않기 때문이다.

물론 중간 결과로 나온 뷰를 제거하고 그냥 큰 파이프라인 하나로 만들어도 된다.

```
auto result { views::iota(10)
    | views::filter([](const auto& value) { return value % 2 == 0; })
    | views::transform([](const auto& value) { return value * 2.0; })
    | views::take(10) };
printRange("Result: ", result);
```

1 입력 스트림을 뷰로

범위 팩토리인 basic_istream_view, istream_view를 사용하면 표준 입력과 같은 입력 스트림에서 읽은 원소로 뷰를 만들 수 있다. 원소는 operator>>로 읽는다.

예를 들어 다음 코드는 표준 입력에서 정수를 받아서 5보다 작은 값을 두 배로 만들어서 표준 출력으로 보낸다. 입력한 값이 5 이상이면 루프를 중단한다.

```
for (auto value : ranges::istream_view<int>(cin)
    | views::take_while([](const auto& v) { return v < 5; })
    | views::transform([](const auto& v) { return v * 2; })) {
    cout << format("> {}\n", value);
```

```
}
cout << "Terminating..." << endl;
```

다음은 프로그램을 실행한 예다.

```
1
> 2
3
> 6
4
> 8
5
Terminating...
```

17.5 정리

이 장에서는 반복자를 바탕으로 추상화한 메커니즘에 대해 알아봤다. 이를 통해 컨테이너의 구조를 몰라도 원소를 탐색할 수 있다. 출력 스트림 반복자는 표준 출력을 반복자 기반 알고리즘의 대상으로 사용할 수 있다. 마찬가지로 입력 스트림 반복자도 표준 입력을 알고리즘의 원본 데이터로 사용할 수 있다. 또한 추가 어댑터, 역방향 어댑터, 이동 어댑터 등으로 다른 반복자와 연결할 수 있다.

마지막으로 C++20부터 추가된 범위 라이브러리도 살펴봤다. 이 라이브러리를 이용하면 방법보다는 의도와 대상을 중심으로 표현하는 함수형 프로그래밍 스타일로 코드를 작성할 수 있다. 또한 여러 연산을 조합해서 파이프라인을 구성해서 범위의 원소를 처리할 수도 있다. 이런 파이프라인은 지연 실행되기 때문에 결과 뷰에 대한 반복문을 실행하기 전까지는 아무 작업도 하지 않는다.

17.6 연습 문제

이 장에서 소개한 내용을 직접 써보기 위해 다음 연습 문제를 풀어보자. 연습 문제에 대한 정답은 이 책의 웹사이트(www.wiley.com/go/proc++5e)에서 다운로드할 수 있다. 문제를 풀다가 막히면 정답부터 찾지 말고 먼저 앞에서 설명한 부분을 다시 읽고 직접 답을 찾아보려고 애쓰기 바란다.

연습 문제 17-1 10부터 100까지의 원소를 지연 생성하는 프로그램을 작성해보자. 이렇게 생성된 원소를 제곱한 뒤 5로 나눠떨어지는 수를 모두 제거하고 남은 값은 std::to_string()을 이용하여 스트링으로 변환한다.

연습 문제 17-2 pair로 구성된 벡터를 생성한다. 각 pair마다 앞에서 본 Person 클래스의 인스턴스와 나이를 담는다. 그러고 나서 범위 라이브러리를 이용하여 vector에 담긴 모든 사람에 대한 파이프라인을 하나 구성한다. 먼저 나이를 추출해서 12세 이하와 65세 이상을 제거하고, sum() 알고리즘을 이용하여 남은 이들의 평균 나이를 계산한다. sum() 알고리즘으로 범위를 전달할 때 공통 범위로 작업해야 한다.

연습 문제 17-3 [연습 문제 17-2]에서 만든 결과를 토대로 Person 클래스에 operator<< 연산을 구현한다. 그러고 나서 pair 벡터의 각 pair에 담긴 Person을 추출해서 첫 번째부터 네 번째 Person만 남긴 뒤 앞에서 본 myCopy() 알고리즘을 이용하여 네 사람의 이름을 표준 출력에 출력하는 파이프라인을 구성한다. 이름은 한 줄에 하나씩 출력한다. 마지막으로 이 파이프라인과 비슷하지만 필터링을 거친 모든 Person을 각자의 성[last name]으로 프로젝션하는 작업을 추가한 파이프라인을 만든다. 여기서도 성을 표준 출력으로 보내는 데 myCopy()를 이용한다.

연습 문제 17-4 범위 기반 for 루프와 ranges::istream_view()를 이용하여 표준 입력에서 -1을 입력할 때까지 정수를 읽어서 vector에 저장한 후 myCopy()로 그 안에 담긴 값이 올바른지 검사하는 프로그램을 작성해보자.

보너스 연습 문제 [연습 문제 17-4]에서 만든 프로그램에서 루프를 사용하지 않는 방법을 제시해보자. 힌트: std::ranges::copy() 알고리즘으로 범위를 원본에서 대상으로 복사하게 만들 수 있다. 이 알고리즘은 첫 번째 인수로 범위를, 두 번째 인수로 출력 반복자를 사용하여 호출할 수 있다.

CHAPTER 18

표준 라이브러리 컨테이너

이 장의 내용

- 컨테이너 개요: 원소와 에러 처리에 대한 요구사항
- 순차 컨테이너: vector, deque, list, forward_list, array
- span 클래스 사용법
- 컨테이너 어댑터: queue, priority_queue, stack
- 연관 컨테이너: pair, map, multimap, set, multiset
- 비정렬 연관 컨테이너(해시 테이블): unordered_map, unordered_multimap, unordered_set, unordered_multiset
- 기타 컨테이너: 표준 C 스타일 배열, string, 스트림, bitset

이 장에서는 표준 라이브러리에서 제공하는 컨테이너를 자세히 소개한다. 먼저 다양한 컨테이너에 대해 종류별로 살펴보고 각각의 장단점을 살펴본다. 그중에서도 몇 가지 컨테이너는 좀 더 자세히 소개할 것이다. 컨테이너를 각 종류별로 하나씩만 알아두면 다른 컨테이너도 사용법은 비슷하기 때문에 쉽게 다룰 수 있다. 여기서 다루지 않은 세부사항은 표준 라이브러리 레퍼런스를 참고하기 바란다.

18.1 컨테이너 개요

표준 라이브러리에서 제공하는 컨테이너는 범용 데이터 구조로서 다양한 종류의 데이터를 묶어서 저장할 수 있다. 표준 라이브러리를 이용하면 표준 C 스타일 배열을 사용하거나 연결 리스트를 작성하거나 스택을 설계할 필요가 거의 없다. 표준 라이브러리에서 제공하는 컨테이너는 클래스 템플릿으로 구현되었기 때문에 다음 절에서 소개하는 기본 조건만 만족한다면 거의 모든 타입에 대해 인스턴스화해서 사용할 수 있다. array와 bitset을 제외한 표준 라이브러리 컨테이너는 모두 크기를 조절할 수 있고 원소의 추가나 삭제에 따라 자동으로 늘어나거나 줄어든다. 기존 C 스타일 배열을 사용할 때는 경곗값을 벗어나 메모리 공간을 오염시켜서 프로그램이 뻗어버리거나 보안 허점이 드러나는 위험이 있었던 점과 비교하면 상당히 뛰어난 기능이다. 표준 라이브러리 컨테이너를 사용하면 이러한 위험을 줄일 수 있다.

16장에서는 표준 라이브러리에서 제공하는 다양한 컨테이너에 대해 하이레벨 관점에서 살펴봤다. 모두 16가지 컨테이너가 제공되는데 크게 네 가지로 범주로 나눌 수 있다.

순차 컨테이너

- vector(동적 배열)
- deque
- list
- forward_list
- array

연관 컨테이너

- map
- multimap
- set
- multiset

비정렬 연관 컨테이너(해시 테이블)

- unordered_map
- unordered_multimap
- unordered_set
- unordered_multiset

컨테이너 어댑터

- queue
- priority_queue
- stack

C++ string과 스트림도 표준 라이브러리 컨테이너처럼 사용할 수 있으며, bitset으로 고정된 수의 비트를 저장할 수 있다.

표준 라이브러리에 있는 것은 모두 std 네임스페이스에 속한다. 이 책에 나온 예제 코드는 대부분 using namespace std;라고 선언한다(이 문장을 절대로 헤더 파일에 넣으면 안 된다). 이렇게 하지 않고 코드에서 실제로 사용하는 것만 골라서 지정해도 된다(예: using std::vector;).

18.1.1 원소에 대한 요구사항

표준 라이브러리 컨테이너는 원소를 값으로 처리한다(값 의미론value semantics). 다시 말해 원소의 복제본을 저장하고, 대입 연산자로 대입하고, 소멸자로 원소를 삭제한다. 그러므로 표준 라이브러리를 사용하는 클래스를 작성할 때는 반드시 복제할 수 있게copyable 만들어야 한다. 표준 라이브러리 컨테이너에서 원소를 요청하면 저장된 복제본에 대한 레퍼런스를 리턴한다.

원소를 레퍼런스로 처리하고 싶다면(레퍼런스 의미론reference semantics) 원소를 그대로 넣지 않고 원소에 대한 포인터를 저장한다. 그러면 컨테이너에서 복제하는 대상이 포인터지만 복제된 값도 결국 똑같은 원소를 가리킨다. 아니면 컨테이너에 std::reference_wrapper를 저장해도 된다. reference_wrapper는 std::ref()나 std::cref()로 생성하며, 결과로 나온 레퍼런스를 복제할 수 있게 만든다. 클래스 템플릿인 reference_wrapper와 함수 템플릿인 ref()와 cref()는 <functional> 헤더 파일에 정의되어 있다. 이를 이용한 예는 905쪽 'vector에 레퍼런스 저장하기'에서 소개한다.

이동 전용move-only 타입, 즉 복제할 수 없는non-copyable 타입도 컨테이너에 저장할 수 있지만, 이때 컨테이너의 연산 중 일부는 컴파일 에러를 발생시킬 수 있다. 이동 전용 타입의 대표적인 예로 std::unique_ptr이 있다.

CAUTION_ 컨테이너에 포인터를 저장하려면 unique_ptr이나 shared_ptr을 사용한다. 포인터가 가리키는 객체를 컨테이너가 소유한다면 unique_ptr을 사용하고, 객체의 소유권을 다른 컨테이너와 공유한다면 shared_ptr을 사용한다. 이미 폐기되어 삭제된 auto_ptr 클래스는 복제 연산이 제대로 구현되어 있지 않기 때문에 사용하면 안 된다.

표준 라이브러리 컨테이너에 대한 템플릿 타입 매개변수 중에는 할당자allocator라는 것이 있다. 컨테이너는 이 할당자를 이용하여 원소에 대한 메모리를 할당하거나 해제할 수 있다. 할당자 타입 매개변수는 디폴트값이 정해져 있어서 거의 대부분 그냥 써도 된다. 예를 들어 vector 클래스 템플릿은 다음과 같이 생겼다.

```
template <class T, class Allocator = std::allocator<T>> class vector;
```

map과 같은 일부 컨테이너는 템플릿 타입 매개변수로 비교자comparator도 받는다. 비교자는 원소를 정렬하는 데 사용된다. 비교자도 디폴트값이 정해져 있어서 매번 값을 지정할 필요가 없다. 예를 들어 map 클래스 템플릿은 다음과 같이 생겼다.

```
template <class Key, class T, class Compare = std::less<Key>,
    class Allocator = std::allocator<std::pair<const Key, T>>> class map;
```

디폴트 할당자와 비교자를 사용하는 컨테이너의 원소가 만족해야 할 요구사항은 다음과 같다.

메서드	설명	노트
복제 생성자	기존 원소와 '똑같은' 원소를 새로 생성하며, 기존 원소에 아무런 영향을 미치지 않고 안전하게 제거할 수 있다.	원소를 추가할 때마다 호출된다. 단 뒤에서 설명할 emplace 메서드를 사용할 때는 호출되지 않는다.
이동 생성자	원본 원소에 있는 내용을 모두 새 원소로 이동하는 방식으로 원소를 새로 만든다.	원본 원소가 우측값(rvalue)일 때 호출되며 새 원소가 생성된 후에는 제거된다. 또한 vector의 크기가 늘어날 때도 호출된다. 이동 생성자는 반드시 noexcept로 지정해야 한다. 그렇지 않으면 호출되지 않는다.
대입 연산자	원소의 내용을 원본의 복제본으로 교체한다.	원소를 수정할 때마다 호출된다.
이동 대입 연산자	원소의 내용을 원본 원소의 모든 내용으로 교체한다.	원본 원소가 우측값(rvalue)일 때 호출되며, 대입 연산자의 실행이 끝나면 제거된다. 이동 대입 연산자는 반드시 noexcept로 지정해야 한다. 그렇지 않으면 호출되지 않는다.
소멸자	원소를 삭제한다.	원소를 제거할 때 또는 vector의 크기가 증가할 때 호출된다.
디폴트 생성자	아무런 인수 없이 원소를 생성한다.	인수가 하나뿐인 vector::resize()나 map::operator[]와 같은 특정한 연산에서만 필요하다.
operator==	두 원소가 같은지 비교한다.	비순차(비정렬) 연관 컨테이너의 키를 비교하거나, 두 컨테이너를 operator==과 같은 특정한 연산으로 비교할 때 필요하다.

메서드	설명	노트
operator<	두 원소의 크기를 비교한다.	순차(정렬) 연관 컨테이너의 키를 비교하거나, 두 컨테이너를 operator<와 같은 특정한 연산으로 비교할 때 필요하다.

이들 메서드를 구현하는 방법과 이동 의미론에 대해서는 9장에서 설명한다.

CAUTION_ 표준 라이브러리 컨테이너는 원소를 복제하거나 이동시킬 일이 많다. 따라서 성능을 최대한 높이기 위해서는 컨테이너에 저장하는 객체 타입이 이동 의미론을 지원해야 한다(9장 참조). 이동 의미론을 지원할 수 없다면 복제 생성자와 복제 대입 연산자를 최대한 효율적으로 구현한다.

18.1.2 익셉션과 에러 검사

표준 라이브러리 컨테이너는 제한적이지만 에러 검사 기능을 제공한다. 클라이언트는 컨테이너 동작의 정확성을 보장해줄 거라고 기대하겠지만, 일부 컨테이너 메서드나 함수는 인덱스 범위를 벗어날 때와 같은 특정한 조건에서 익셉션을 던지기도 한다. 물론 이런 메서드가 던지는 익셉션을 모두 나열하는 것은 현실적으로 불가능하다. 사용자 정의 타입에서 발생하는 익셉션을 미리 알 수 없기 때문이다. 이 장에서는 어떤 익셉션이 발생할 수 있는지 최대한 소개한다. 메서드마다 던질 수 있는 익셉션의 종류는 표준 라이브러리 레퍼런스를 참고한다.

18.2 순차 컨테이너

vector, deque, list, forward_list, array 등을 **순차 컨테이너**sequential container라 부른다. 순차 컨테이너의 개념과 사용법을 파악하기 가장 좋은 방법은 vector를 직접 사용해보는 것이다. 대부분 vector를 기본 컨테이너로 사용할 가능성이 매우 높다. vector 컨테이너를 자세히 살펴본 뒤 deque, list, forward_list, array 등도 간략히 소개한다. 일단 순차 컨테이너 중에서 어느 하나를 잘 익혀두면 다른 순차 컨테이너도 쉽게 사용할 수 있다.

18.2.1 vector

표준 라이브러리에서 제공하는 vector 컨테이너는 표준 C 스타일 배열과 비슷하다. 원소 하나에 한 칸씩, 연속된 메모리 공간에 저장된다. vector의 원소는 인덱스로 접근할 수 있고, 새 원소를 vector의 끝이나 원하는 지점에 추가할 수 있다. vector에 원소를 추가하거나 vector에서 원소를 삭제하는 작업은 선형 시간이 걸린다. 반면 원소의 추가와 삭제 연산을 vector의 끝에서 처리할 때는 **분할 상환 상수 시간**amortized constant time이 걸린다. 이에 대해서는 911쪽 'vector의 메모리 할당 방식'에서 자세히 설명한다. 개별 원소에 대한 랜덤 액세스(임의 접근) 연산은 상수 시간이 걸린다.

1 vector 개요

vector는 <vector>에 클래스 템플릿으로 정의되어 있으며 저장할 원소의 타입과 **할당자**allocator 타입을 매개변수로 받는다.

```
template <class T, class Allocator = allocator<T>> class vector;
```

Allocator 매개변수에 원하는 메모리 할당자 객체의 타입을 지정할 수 있다. 이는 클라이언트가 메모리 할당 방식을 커스터마이즈하는 데 사용된다. 이 매개변수는 디폴트값이 정해져 있다.

> **NOTE_** 대부분 Allocator 타입 매개변수에 설정된 디폴트값만 사용해도 충분하다. 이 장에서는 항상 디폴트 할당자를 사용한다고 가정한다. 커스텀 할당자를 자세히 알고 싶다면 25장을 참조한다.

C++20부터 std::vector는 std::string처럼 constexpr이다. 다시 말해 vector로 컴파일 시간에 연산을 수행할 수 있으며 constexpr 함수와 클래스를 구현하는 데 사용할 수 있다. 이 책을 집필하는 시점에 constexpr인 표준 라이브러리 컨테이너로 vector와 string이 유일하다.

고정 크기 vector

vector를 사용하는 가장 쉬운 방법은 고정 크기 배열처럼 사용하는 것이다. vector의 생성자에 원소의 개수를 지정할 수 있으며, 원소에 쉽게 접근할 수 있도록 operator[] 연산자를 오버로딩해서 제공한다. 그런데 operator[]에서 vector의 범위를 벗어난 원소에 접근할 때의 동작은 C++ 표준에 명확히 정의되어 있지 않다. 따라서 구체적인 동작은 컴파일러마다 달라질 수 있다. 예를 들어 마이크로소프트 비주얼 C++에서 프로그램을 디버그 모드로 컴파일할 때는 런타임 에러 메시지를 출력하고, 릴리스 모드로 컴파일할 때는 성능을 높이기 위해 경계 검사를 수행하지 않도록 디폴트로 설정되어 있다. 물론 옵션을 지정해서 디폴트 동작을 바꿀 수 있다.

CAUTION_ 기존 배열과 마찬가지로 vector에 operator[] 연산을 적용해도 경계 검사를 하지 않는다.

vector의 원소에 접근하는 방법은 operator[] 외에도 at(), front(), back() 메서드를 사용할 수 있다. at() 메서드는 기본적으로 operator[]와 같지만 경계 검사bound checking를 수행해서 인덱스가 범위를 벗어나면 out_of_range 익셉션을 던진다. front()와 back()은 각각 vector의 첫 번째와 마지막 원소에 대한 레퍼런스를 리턴한다. front()와 back()을 공백 컨테이너에 대해 호출할 때의 동작은 명확히 정의되어 있지 않다.

NOTE_ vector의 원소를 접근하는 연산의 복잡도는 모두 상수 시간이다.

vector를 사용하는 방법을 살펴보기 위해 최곳점이 100이 되도록 시험 점수를 정규화하는 프로그램을 만들어보자. 이 프로그램은 double 타입 원소 10개를 담을 수 있는 vector를 만든 다음 사용자로부터 점수 열 개를 입력받아서 각 점수를 최곳점(100)으로 나눈 뒤 출력한다. 예제를 간략히 구성하기 위해 에러 검사 코드는 생략했다.

```
vector<double> doubleVector(10); // double 값 열 개를 담을 vector를 생성한다.

// 최댓값(max)을 double의 최솟값으로 초기화한다.
double max { -numeric_limits<double>::infinity() };

for (size_t i { 0 }; i < doubleVector.size(); i++) {
    cout << format("Enter score {}: " i + 1);
    cin >> doubleVector[i];
    if (doubleVector[i] > max) {
        max = doubleVector[i];
    }
}

max /= 100.0;
for (auto& element : doubleVector) {
    element /= max;
    cout << element << " ";
}
```

이 예제에서 볼 수 있듯이 vector를 기존 C 스타일 배열처럼 사용할 수 있다. 여기서 첫 번째 for 문을 보면 size() 메서드로 컨테이너에 담긴 원소의 개수를 알아낸다. 또한 vector에 대해 범위 기반 for 문을 작성하는 방법도 보여주고 있다. 그 과정에서 auto가 아닌 auto&로 표현했는데, 반복할 때마다 원소를 수정하려면 레퍼런스로 지정해야 하기 때문이다.

> **NOTE_** vector에서 operator[]를 호출하면 원소에 대한 레퍼런스를 리턴하기 때문에 이 값을 대입문의 좌측에서 사용할 수 있다. const vector에 대해 operator[]를 호출하면 const 원소에 대한 레퍼런스를 리턴하므로 대입문의 좌측에 두고 대입의 결과를 저장할 수 없다. 이 동작에 대한 자세한 설명은 15장을 참조한다.

동적 크기 vector

vector의 진가는 동적 크기 조절에 있다. 예를 들어 앞에서 본 점수 정규화 프로그램에서 입력받는 점수의 개수 제한이 없게 고쳐보자.

```
vector<double> doubleVector; // 빈 vector를 생성한다.

// 최댓값(max)을 double의 최솟값으로 초기화한다.
double max { -numeric_limits<double>::infinity() };

for (size_t i { 1 }; true; i++) {
    cout << format("Enter score {} (-1 to stop): ", i);
    cin >> temp;
    if (temp == -1) {
        break;
    }
    doubleVector.push_back(temp);
    if (temp > max) {
        max = temp;
    }
}

max /= 100.0;
for (auto& element : doubleVector) {
    element /= max;
    cout << element << " ";
}
```

이 버전에서는 디폴트 생성자로 원소가 없는 vector를 생성했다. 그러고 나서 점수를 하나씩 읽을 때마다 push_back() 메서드로 vector에 추가한다. 새로 추가한 원소에 대한 메모리는 vector가 알아서 할당한다. 범위 기반 for 문은 변경할 필요 없다.

2 vector의 세부 기능

vector의 기본 동작을 알았으니 이제 좀 더 깊이 들어가 보자.

생성자와 소멸자

디폴트 생성자는 빈 vector를 생성한다.

```
vector<int> intVector; // int 타입 빈 vector를 생성한다.
```

원한다면 원소 개수와 각각의 초깃값을 지정할 수 있다.

```
vector<int> intVector(10, 100); // 초깃값이 100인 int 원소 열 개를 담은 vector 생성
```

여기서 디폴트값을 지정하지 않으면 모두 0으로 초기화된다. **영 초기화** 구문은 디폴트 생성자로 객체를 만든 뒤 기본 타입(char, int 등)에 대해서는 0으로 초기화하고, 부동소수점 타입은 0.0으로 초기화하고, 포인터 타입은 nullptr로 초기화한다.

C++ 기본 타입 원소에 대한 vector는 다음과 같이 만들 수 있다.

```
vector<string> stringVector(10, "hello");
```

사용자 정의 타입 원소에 대한 vector도 만들 수 있다.

```
class Element
{
    public:
        Element() {}
        virtual ~Element() = default;
};
...
vector<Element> elementVector;
```

vector를 생성할 때 초기자 리스트(initializer_list)를 적용할 수도 있다.

```
vector<int> intVector({ 1, 2, 3, 4, 5, 6 });
```

표준 라이브러리의 컨테이너는 대부분 1장에서 소개한 균일 초기화uniform initialization를 지원한다. 예를 들면 다음과 같다.

```
vector<int> intVector = { 1, 2, 3, 4, 5, 6 };
vector<int> intVector { 1, 2, 3, 4, 5, 6 };
```

CTAD(클래스 템플릿 인수 추론) 덕분에 템플릿 타입 매개변수를 생략해도 된다. 예를 들면 다음과 같다.

```
vector intVector { 1, 2, 3, 4, 5, 6 };
```

하지만 균일 초기화를 사용할 때 주의할 점이 있다. 일반적으로 객체의 생성자를 호출할 때 균일 초기화 구문으로 작성할 수 있다. 예를 들면 다음과 같다.

```
string text { "Hello World." };
```

vector를 사용할 때는 주의해야 한다. 예를 들어 다음 코드는 값이 100인 정수 10개로 구성된 vector를 만들도록 생성자를 호출한다.

```
vector<int> intVector(10, 100); // 값이 100인 int 원소 열 개로 구성된 vector
```

여기서 균일 초기화를 사용하도록 작성하면 정수 10개가 아니라 10과 100이란 값을 갖는 원소 두 개만 담은 vector가 생성된다.

```
vector<int> intVector { 10, 100 }; // 원소 두 개(10과 100)로 구성된 vector
```

vector를 프리스토어에 할당할 수도 있다.

```
auto elementVector { make_unique<vector<Element>>(10) };
```

vector의 복제와 대입

vector는 원소 객체의 복제본을 저장한다. vector의 소멸자는 각 원소 객체의 소멸자를 호출한다. vector 클래스의 복제 생성자와 대입 연산자는 vector의 원소를 복제할 때 깊은 복제 deep copy를 수행한다. 따라서 성능을 높이려면 함수나 메서드에 vector를 전달할 때 값보다는 비 const 레퍼런스나 const 레퍼런스로 전달하는 것이 좋다.

vector는 일반 복제와 대입 연산뿐만 아니라 현재 저장된 원소를 모두 삭제한 뒤 원소를 원하는 수만큼 추가하는 assign() 메서드도 제공한다. 이 메서드는 vector를 재사용할 때 유용하다. 다음의 간단한 예는 intVector를 디폴트값이 0인 열 개 원소로 생성한다. 그런 다음 assign()으로 원소 열 개를 모두 제거하고 값이 100인 원소 다섯 개로 대체한다.

```
vector<int> intVector(10);
...
intVector.assign(5, 100);
```

다음과 같이 assign() 메서드에 initializer_list를 지정하면 intVector는 네 개의 원소를 갖게 된다.

```
intVector.assign({ 1, 2, 3, 4 });
```

두 vector의 내용을 상수 시간에 맞바꾸는 swap() 메서드도 다음과 같이 사용할 수 있다.

```
vector<int> vectorOne(10);
vector<int> vectorTwo(5, 100);
vectorOne.swap(vectorTwo);
// vectorOne은 값이 100인 원소 다섯 개를 갖고,
// vectorTwo는 값이 0인 원소 열 개를 갖게 된다.
```

vector 비교

표준 라이브러리에서 제공하는 vector는 자주 사용하는 여섯 개의 비교 연산자(==, !=, <, >, <=, >=)를 오버로딩한 버전을 제공한다. 두 vector가 똑같기 위해서는 원소 개수가 같을 뿐만 아니라 각각의 원소도 같아야 한다. vector를 사전 순으로 비교할 수도 있다. 다시 말해 A 벡터가 0번 원소부터 i-1번 원소까지는 B 벡터와 같지만, A 벡터의 i번 원소가 B 벡터의 i번 원소

보다 작으면 A 벡터는 B보다 작다고 판단한다. 이때 i는 0부터 n 사이의 범위에 있어야 하고, n은 두 벡터에 대해 size( )를 호출한 결과 중 최솟값보다 작아야 한다.

> **NOTE_** 두 vector를 operator==이나 operator!=로 비교하려면 각각의 원소를 operator==로 비교할 수 있어야 한다. 두 vector를 operator<, operator>, operator<= 또는 operator>=로 비교하려면 각각의 원소를 operator<로 비교할 수 있어야 한다. 커스텀 클래스의 객체를 저장한 vector를 비교하려면 반드시 커스텀 클래스에 위 연산자가 구현되어 있어야 한다.

int 타입 vector를 비교하는 예를 살펴보자.

```
vector<int> vectorOne(10);
vector<int> vectorTwo(10);

if (vectorOne == vectorTwo) {
    cout << "equal!" << endl;
} else {
    cout << "not equal!" << endl;
}

vectorOne[3] = 50;

if (vectorOne < vectorTwo) {
    cout << "vectorOne is less than vectorTwo" << endl;
} else {
    cout << "vectorOne is not less than vectorTwo" << endl;
}
```

이 코드를 실행하면 다음과 같이 결과가 나온다.

```
equal!
vectorOne is not less than vectorTwo
```

vector 반복자

17장에서는 컨테이너 반복자의 개념만 소개했다. 이번에는 코드 예제와 함께 실제 사용법을 살펴보자. 앞 절에서 소개한 점수 정규화 프로그램에서 마지막 for 문을 범위 기반 for 문이 아닌 반복자를 사용하는 버전으로 수정하면 다음과 같다.

```
for (vector<double>::iterator iter { begin(doubleVector) };
    iter != end(doubleVector); ++iter) {
    *iter /= max;
    cout << *iter << " ";
}
```

먼저 for 문의 초기화 부분을 살펴보자.

```
vector<double>::iterator iter { begin(doubleVector) };
```

앞서 설명했듯이 컨테이너마다 컨테이너 타입에 대한 반복자가 iterator란 타입 이름으로 정의되어 있다. begin()은 컨테이너의 첫 번째 원소를 참조하는 반복자를 리턴한다. 그러므로 앞에 나온 초기화 문장을 실행하면 doubleVector의 첫 번째 원소를 참조하는 반복자가 iter 변수에 대입된다. 다음으로 for 문의 비교 부분을 살펴보자.

```
iter != end(doubleVector);
```

이 문장은 반복자가 참조하는 지점이 doubleVector의 마지막 원소를 지났는지 검사한다. 그러므로 마지막 원소를 지나쳤다면 루프를 종료한다. 증가 연산문(++iter)은 반복자가 vector의 다음번 원소를 참조하도록 위치를 증가시킨다.

> **NOTE_** 가능하면 후행 증가(post-increment)보다는 선행 증가(pre-increment)를 지정하는 것이 좋다. 선행 증가가 대체로 성능이 좋기 때문이다. iter++는 반드시 새로운 반복자 객체를 리턴하는 반면 ++iter는 iter에 대한 레퍼런스만 리턴한다. operator++의 선행 버전과 후행 버전의 자세한 사항은 15장을 참조한다.

for 문의 본문은 다음과 같이 두 문장으로 구성된다.

```
*iter /= max;
cout << *iter << " ";
```

여기서 볼 수 있듯이 반복할 때마다 원소를 읽고 수정하는 작업을 모두 수행한다. 첫 줄은 * 연산자로 iter를 역참조해서 iter가 참조하는 원소를 가져온 뒤 새 원소를 대입한다. 둘째 줄도 iter를 역참조하지만 이번에는 원소를 cout 스트림으로 내보내기만 한다.

앞에 나온 반복자를 이용하는 for 루프문에서 auto 키워드를 사용하면 한결 간결하게 표현할 수 있다.

```
for (auto iter { begin(doubleVector) };
    iter != end(doubleVector); ++iter) {
    *iter /= max;
    cout << *iter << " ";
}
```

auto를 사용하면 컴파일러가 초기화 문장의 우측 타입을 보고 iter 변수의 타입을 추론한다. 위 코드에서 우측 타입은 begin()을 호출한 결과다.

vector는 다음 메서드도 제공한다.

- (c)begin()과 (c)end(): 각각 첫 번째 원소를 가리키는 (const) 반복자와 마지막 바로 다음 지점을 가리키는 (const) 반복자를 리턴한다.
- (c)rbegin()과 (c)rend(): 각각 마지막 원소를 가리키는 (const) 역방향 반복자와 첫 번째 바로 앞 지점을 가리키는 (const) 역방향 반복자를 리턴한다.

원소 객체의 필드에 접근하기

컨테이너의 원소가 객체면 반복자에 대해 -> 연산자를 적용해서 그 객체의 메서드를 호출하거나 데이터 멤버에 접근할 수 있다. 예를 들어 다음 코드를 보면 string 객체 열 개를 담은 vector를 만든 다음 반복자로 원소를 모두 조회한 뒤 하나로 합쳐서 string 객체를 새로 만든다.

```
vector<string> stringVector(10, "hello");
for (auto it { begin(stringVector) }; it != end(stringVector); ++it) {
    it->append(" there");
}
```

이런 코드는 다음과 같이 범위 기반 for 문으로 작성하면 훨씬 깔끔할 때가 많다.

```
for (auto& str : stringVector) {
    str.append(" there");
}
```

const_iterator

일반 반복자(iterator)는 읽기와 쓰기를 모두 할 수 있다. 하지만 const 객체에 대해 begin()이나 end()를 호출하거나, 비 const 객체에 대해 cbegin()이나 cend()를 호출하면 const_iterator가 리턴된다. const_iterator는 읽기 전용이다. 따라서 이 반복자가 참조하는 원소를 수정할 수 없다. iterator는 언제든지 const_iterator로 변환할 수 있다. 그러므로 다음과 같이 작성하는 것이 안전성 측면에서 바람직하다.

```
vector<type>::const_iterator it { begin(myVector) };
```

하지만 반대로 const_iterator를 iterator로 변환할 수는 없다. myVector가 const일 때 다음과 같이 작성하면 컴파일 에러가 발생한다.

```
vector<type>iterator it { begin(myVector) };
```

> **NOTE_** vector의 원소를 수정할 필요가 없다면 const_iterator를 사용하기 바란다. 그러면 코드의 정확성을 보장하기 쉽고, 컴파일러가 코드 성능을 최적화하는 데도 도움이 된다.

auto 키워드를 사용할 때는 const_iterator를 좀 다르게 작성해야 한다. 예를 들어 다음 코드를 살펴보자.

```
vector<string> stringVector(10, "hello");
for (auto iter { begin(stringVector) }; iter != end(stringVector); ++iter) {
    cout << *iter << endl;
}
```

여기서 auto 키워드를 사용했기 때문에 컴파일러는 iter 변수의 타입을 자동으로 추론한다. 그런데 이 과정에서 stringVector는 const가 아니기 때문에 일반 iterator로 바뀐다. 따라서 읽기 전용 const_iterator를 auto와 함께 사용할 때는 begin()과 end() 대신 다음과 같이 cbegin()과 cend()를 호출해야 한다.

```
for (auto iter { cbegin(stringVector) }; iter != cend(stringVector); ++iter) {
    cout << *iter << endl;
}
```

이렇게 하면 컴파일러는 iter의 타입으로 const_iterator를 사용한다. cbegin()이 const_iterator를 리턴하기 때문이다.

범위 기반 for 문에서도 다음과 같이 항상 const 반복자를 사용하도록 작성할 수 있다.

```
for (const auto& element : stringVector) {
    cout << element << endl;
}
```

반복자의 안전성

일반적으로 반복자의 안전성은 포인터 수준이다. 한마디로 위험하다. 예를 들어 다음 코드를 보자.

```
vector<int> intVector;
auto iter { end(intVector) };
*iter = 10; // 버그! iter가 벡터 원소를 가리키지 않고 있다.
```

앞에서 설명했듯이 end()가 리턴하는 반복자는 vector의 마지막 원소를 가리키지 않고 그다음 지점을 가리킨다. 따라서 end()의 리턴값을 역참조하면 알 수 없는 결과가 나온다. 반복자는 어떠한 검증 작업도 거치지 않는다.

반복자가 서로 일치하지 않을 때도 문제가 발생한다. 예를 들어 다음 코드에 나온 for 문을 보면 vectorTwo의 begin()이 리턴한 반복자로 iter를 초기화해놓고, 비교 작업은 vectorOne의 end()가 리턴한 반복자로 했다. 이렇게 작성하면 당연히 의도와 다르게 작동할 뿐만 아니라 무한 루프에 빠질 수도 있다. 이런 루프문에서 반복자를 역참조하면 알 수 없는 결과가 발생한다.

```
vector<int> vectorOne(10);
vector<int> vectorTwo(10);

// 벡터에 원소를 채운다.

// 버그! 무한 루프에 빠질 수 있다.
for (auto iter { begin(vectorTwo) }; iter != end(vectorOne); ++iter) {
    // 루프 본문
}
```

NOTE_ 마이크로소프트 비주얼 C++는 디버그 모드로 빌드할 때 위와 같은 문제를 발견하면 어서션 에러(assertion error)를 발생시키도록 디폴트로 설정되어 있다. 릴리스 모드로 빌드하면 아무런 검증 작업도 수행하지 않는다. 이러한 디폴트 설정은 얼마든지 변경할 수 있지만 검증 작업을 추가하면 성능이 좀 떨어진다.

반복자의 다른 연산

vector 반복자는 랜덤 액세스를 지원한다. 다시 말해 앞뒤로 이동하거나 원하는 원소로 건너뛸 수 있다. 다음 코드는 다섯 번째(인덱스가 4인) 원소의 값을 4로 바꾸는 예를 보여주고 있다.

```
vector<int> intVector(10);
auto it { begin(intVector) };
it += 5;
--it;
*it = 4;
```

반복자와 인덱싱

vector의 원소에 대해 반복하는 for 문을 작성할 때 굳이 반복자를 사용하지 않고, 인덱스 변수와 size() 메서드만으로도 쉽게 작성할 수 있다. 그렇다면 반복자가 필요한 이유가 뭘까? 대표적인 예로 다음 세 경우를 들 수 있다.

- 반복자를 사용하면 컨테이너의 원하는 지점에 원소를 추가하거나 삭제하기 쉽다. 자세한 내용은 906쪽 '원소의 추가와 삭제'를 참조한다.
- 반복자를 사용하면 표준 라이브러리의 알고리즘을 사용하기 좋다. 자세한 내용은 20장에서 설명한다.
- 컨테이너를 순차적으로 접근할 때는 인덱스로 원소를 하나씩 조회하는 것보다 반복자를 사용하는 것이 더 빠르다. vector에서는 항상 그런 것은 아니지만 list, map, set에 대해서는 반복자를 사용하는 것이 무조건 빠르다.

vector에 레퍼런스 저장하기

이 장을 시작하면서 설명했듯이 vector를 비롯한 컨테이너는 레퍼런스를 저장할 수도 있다. 원소를 std::reference_wrapper로 감싸서 저장하면 된다. std::ref()와 std::cref() 함수 템플릿을 이용하면 비 const reference_wrapper 인스턴스와 const reference_wrapper 인스턴스를 만들 수 있다. reference_wrapper로 감싼 객체에 접근하려면 get() 메서드를 사용한다. 방금 설명한 것들은 모두 <functional>에 정의되어 있다. 사용법은 다음과 같다.

```
string str1 { "Hello" };
string str2 { "World" };

// 스트링에 대한 레퍼런스를 담는 vector를 생성한다.
vector<reference_wrapper<string>> vec{ ref(str1) };
vec.push_back(ref(str2)); // push_back()을 호출할 때도 ref()를 사용할 수 있다.

// 앞에서 만든 vector의 두 번째 원소(레퍼런스)가 참조하는 스트링값을 변경한다.
vec[1].get() += "!";

// 최종 결과(변경된 str2 값)를 출력한다.
cout << str1 << " " << str2 << endl;
```

원소의 추가와 삭제

앞에서 설명했듯이 vector에 원소를 추가하는 작업은 push_back() 메서드로 해도 된다. 반대로 원소를 삭제할 때는 pop_back()을 사용하면 된다.

> **CAUTION_** pop_back() 메서드는 삭제한 원소를 리턴하지 않는다. 삭제한 원소를 리턴받고 싶다면 back() 메서드로 미리 받아두어야 한다.

vector에서 제공하는 insert() 메서드를 이용하면 원하는 지점에 원소를 추가할 수 있다. 이때 반복자로 지정한 위치에 원소를 한 개 이상 추가하면 그 뒤에 나오는 원소들은 모두 뒤로 밀려나서 새 원소를 담을 공간을 확보한다. insert()는 다음과 같은 각 기능에 대해 오버로딩된 다섯 가지 버전이 있다.

- 원소 하나를 추가한다.
- 원소 하나에 대한 복제본 *n*개를 추가한다.
- 반복자의 범위로 지정된 원소들을 추가한다. 앞에서 반복자의 범위가 반개방 범위라고 설명했다. 다시 말해 시작 반복자가 참조하는 원소는 포함되고, 끝 반복자가 참조하는 원소는 제외된다.
- 지정한 원소를 이동 의미론에 따라 추가한다.
- 원소 리스트를 initializer_list로 추가한다.

> **NOTE_** push_back()과 insert()는 좌측값(lvalue)이나 우측값(rvalue)을 매개변수로 받는 버전도 있다. 두 버전 모두 추가할 원소만큼 메모리 공간을 할당한다. 좌측값 버전은 지정한 원소의 복제본을 저장하는 반면 우측값 버전은 원소를 복제하지 않고 이동 의미론을 적용해서 지정한 원소의 소유권을 vector로 넘긴다.

erase() 메서드를 이용하면 vector에 담긴 원소 중 원하는 것을 삭제할 수 있다. 원소를 모두 삭제하려면 clear()를 사용한다. erase()는 두 가지 버전이 있다. 하나는 반복자 하나를 받아서 원소 하나만 삭제하고, 다른 하나는 삭제할 원소의 범위를 지정하는 반복자 두 개를 인수로 받는다.

원소를 추가하고 삭제하는 예를 간단히 살펴보자. 다음 코드는 printVector()라는 헬퍼 함수 템플릿으로 vector에 담긴 원소를 cout에 출력한다. 함수 템플릿을 구현하는 방법은 12장을 참조한다.

```
template<typename T>
void printVector(const vector<T>& v)
{
    for (auto& element : v) { cout << element << " "; }
    cout << endl;
}
```

뒤에서 소개할 예제 코드는 인수를 두 개 받는 erase()와 다음 세 가지 insert()를 사용하는 예를 보여준다.

- insert(const_iterator pos, const T& x): pos로 지정한 지점에 x라는 값을 추가한다.
- insert(const_iterator pos, size_type n, const T& x): pos로 지정한 지점에 x라는 값을 n번 추가한다.
- insert(const_iterator pos, InputIterator first, InputIterator last): [first, last) 구간에 있는 원소를 pos로 지정한 지점에 추가한다.

코드는 다음과 같다.

```
vector<int> vectorOne { 1, 2, 3, 5 };
vector<int> vectorTwo;

// 초기화할 때 4를 빼먹었다. 제 위치에 4를 추가한다.
vectorOne.insert(cbegin(vectorOne) + 3, 4);

// vectorTwo에 6부터 10까지의 원소를 추가한다.
for (int i { 6 }; i <= 10; i++) {
    vectorTwo.push_back(i);
}
```

```
printVector(vectorOne);
printVector(vectorTwo);

// vectorTwo의 원소를 모두 vectorOne 뒤에 추가한다.
vectorOne.insert(cend(vectorOne), cbegin(vectorTwo), cend(vectorTwo));
printVector(vectorOne);

// vectorOne에서 2부터 5까지 삭제한다.
vectorOne.erase(cbegin(vectorOne) + 1, cbegin(vectorOne) + 5);
printVector(vectorOne);

// vectorTwo를 완전히 비운다.
vectorTwo.clear();

// 100에 대한 복제본 10개를 추가한다.
vectorTwo.insert(cbegin(vectorTwo), 10, 100);

// 마지막 원소를 삭제해서 원소를 9개만 남긴다.
vectorTwo.pop_back();
printVector(vectorTwo);
```

위 코드를 실행한 결과는 다음과 같다.

```
1 2 3 4 5
6 7 8 9 10
1 2 3 4 5 6 7 8 9 10
1 6 7 8 9 10
100 100 100 100 100 100 100 100 100
```

앞서 설명했듯이 반복자 쌍은 반개방 범위를 표현한다. 그리고 insert()는 지정한 반복자가 가리키는 위치 바로 앞에 원소를 추가한다. 따라서 vectorTwo에 있는 모든 원소를 vectorOne 뒤에 추가하려면 다음과 같이 호출해야 한다.

```
vectorOne.insert(cend(vectorOne), cbegin(vectorTwo), cend(vectorTwo));
```

CAUTION_ insert()나 erase()처럼 vector의 범위를 인수로 받는 메서드는 begin()과 end() 반복자가 가리키는 원소가 동일한 컨테이너에 속하고, 마지막 end() 반복자는 begin() 반복자가 가리키는 항목 또는 그다음 항목을 가리킨다고 가정한다. 이런 조건을 만족하지 못하면 제대로 작동하지 않는다.

특정한 조건을 만족하는 원소들만 삭제하고 싶다면 모든 원소에 대해 루프를 돌면서 조건에 만족하는 원소를 발견할 때마다 삭제하도록 구현하면 된다. 하지만 이렇게 작성하면 제곱(이차함수) 복잡도를 갖게 된다. 성능을 평가할 때 제곱 복잡도는 굉장히 나쁜 것으로 분류된다. 성능을 높이려면 선형 복잡도를 갖는 제거 후 삭제 패턴remove-erase-idiom을 적용하면 된다. 이 패턴은 20장에서 설명한다.

C++20 C++20부터 모든 표준 라이브러리 컨테이너에 대해 정의된 std::erase()와 std::erase_if()라는 비 멤버 함수를 이용하면 코드를 좀 더 세련되게 작성할 수 있다. 예를 들면 다음과 같다.

```
vector values { 1, 2, 3, 2, 1, 2, 4, 5 }
printVector(values);

erase(values, 2); // 값이 2인 것들을 모두 제거한다.
printVector(values);
```

실행 결과는 다음과 같다.

```
1 2 3 2 1 2 4 5
1 3 1 4 5
```

erase_if()도 이와 비슷하다. 두 번째 인수로 값을 지정하지 않고, 제거할 원소에 대해 true를 리턴하고 유지할 원소에 대해서는 false를 리턴하는 프레디케이트를 지정한다는 점만 다르다. 이때 프레디케이트는 함수 포인터, 함수 객체 또는 람다 표현식 형태로 지정한다. 이에 대해서는 19장에서 자세히 설명한다.

이동 의미론

표준 라이브러리에서 제공하는 컨테이너는 모두 이동 의미론move semantics을 적용하여 특정한 상황에서 성능을 높일 수 있다. 예를 들어 다음과 같은 string 타입의 vector가 있다고 하자.

```
vector<string> vec;
```

이 vector에 다음과 같이 원소를 추가해보자.

```
string myElement(5, 'a'); // "aaaaa"란 스트링을 만든다.
vec.push_back(myElement);
```

myElement는 임시 객체가 아니기 때문에 push_back()을 실행하면 myElement의 복제본을 만들어서 vector에 추가한다.

vector 클래스는 push_back(const T&)의 이동 의미론 버전인 push_back(T&&)도 지원한다. 그러므로 push_back() 메서드를 다음과 같이 호출해도 복제 연산이 발생하지 않는다.

```
vec.push_back(move(myElement));
```

이렇게 하면 myElement를 vector로 이동시키도록 명시적으로 표현할 수 있다. 참고로 이 문장을 실행한 뒤에는 myElement 값이 유효하지만 그 외에는 상태가 불분명할 수 있다. clear()를 호출하거나 다른 작업으로 상태를 명확히 설정하기 전까지는 myElement를 더 이상 사용하면 안 된다. push_back()을 다음과 같이 호출할 수도 있다.

```
vec.push_back(string(5, 'a'));
```

이렇게 push_back()을 호출하면 이동 의미론 버전이 호출된다. 여기서 호출한 string 생성자는 임시 객체가 생성하기 때문이다. push_back() 메서드는 이렇게 생성된 임시 string 객체를 vector로 복제하지 않고 이동시킨다.

임플레이스 연산

C++는 vector를 비롯한 대부분의 표준 라이브러리 컨테이너에 대해 **임플레이스 연산**emplace operation을 지원한다. 임플레이스란 '특정한 지점에 설치'한다는 뜻이다. 예를 들면 vector에서 제공하는 emplace_back() 메서드가 있다. 이 메서드는 복제나 이동 작업을 수행하지 않고, 컨테이너에 공간을 마련해서 객체를 그 자리에 바로 생성한다. 예를 들면 다음과 같다.

```
vec.emplace_back(5, 'a');
```

emplace 메서드는 인수를 가변 인수 템플릿variadic template으로 받기 때문에 인수의 개수를 다양하게 지정할 수 있다. 가변 인수 템플릿을 몰라도 emplace_back()을 사용하는 데는 문제없다.

참고로 가변 인수 템플릿은 26장에서 설명한다. 이동 의미론 버전의 push_back()과 emplace_back()의 성능 차이는 컴파일러의 구현 방식에 따라 다르다. 대부분 두 가지 중에서 마음에 드는 방식으로 작성하면 된다.

```
vec.push_back(string(5, 'a'));
// 또는
vec.emplace_back(5, 'a');
```

C++17부터 emplace_back() 메서드는 추가된 원소에 대한 레퍼런스를 리턴한다. 그전에는 void 타입을 리턴했다.

vector는 emplace() 메서드도 제공한다. 이 메서드는 vector의 특정 지점에 객체를 바로 생성한 뒤 그 원소를 가리키는 반복자를 리턴한다.

알고리즘 복잡도와 반복자 무효화

vector에 원소를 추가하거나 삭제하면 공간을 확보하거나 채우기 위해 남은 원소를 적절히 이동시킨다. 이와 같이 원소를 추가하거나 삭제하는 연산의 복잡도는 선형 시간이다. 또한 추가나 삭제 지점을 참조하는 반복자는 그 연산이 끝난 뒤에는 사용할 수 없다. vector의 원소가 변경된 결과에 따라 반복자를 자동으로 조정해주지 않기 때문이다. 따라서 프로그래머가 적절히 대응해야 한다.

또한 vector의 내부에서 공간 재할당이 발생하면 추가나 삭제 대상이 되는 원소를 가리키는 반복자뿐만 아니라 다른 지점에 대한 기존 반복자들도 모두 무효가 된다. 다음 절에서 자세히 살펴보자.

vector의 메모리 할당 방식

vector에 원소를 추가하면 메모리가 자동으로 할당된다. 앞에서 설명했듯이 vector는 표준 C 스타일 배열처럼 원소를 연속된 메모리 공간에 저장한다. vector에 현재 할당된 메모리 공간 바로 뒤에 새 메모리를 요청할 수 없기 때문에 vector에 원소를 추가하다가 공간이 모자라면 더 큰 공간을 새로 할당받아서 기존 원소를 모두 새 공간으로 이동하거나 복제해야 한다. 이 작업은 시간이 오래 걸리기 때문에 매번 할당받지 않도록 현재 필요한 양보다 더 많이 받아두게 vector를 구현한다.

그렇다면 vector 사용자도 이러한 내부 메모리 관리 메커니즘에 신경 써야 하는 이유가 궁금할 것이다. 추상화 원칙에 따르면 vector의 내부 메모리 할당 방식을 알 필요가 없어야 한다. 하지만 아쉽게도 다음 두 가지 이유 때문에 이러한 메커니즘을 알아둘 필요가 있다.

- **효율**: vector의 메모리 할당 방식은 원소의 추가 연산에 대해 **분할 상환 상수 시간**(amortized constant time)의 복잡도를 보장한다. 다시 말해 대다수의 추가 연산은 상수 시간에 처리되지만 간혹 재할당과 같은 일이 발생하면 선형 시간이 걸릴 수 있다. 효율이 중요하다면 vector의 재할당 방식을 직접 관리한다.
- **반복자 무효화(iterator invalidation)**: 메모리 재할당이 발생하면 vector의 원소를 참조하던 기존의 반복자들이 모두 무효화된다.

이러한 이유로 vector는 재할당 상태를 조회하거나 직접 제어하는 인터페이스도 제공한다. 이어지는 절에서 자세히 살펴보자.

CAUTION_ 재할당 방식을 직접 제어하고 싶지 않다면 추가 연산으로 인해 재할당이 발생하여 기존 반복자가 모두 무효가 될 수 있다는 점을 염두에 두고 코드를 작성하는 것이 좋다.

크기와 용량

vector는 size()와 capacity() 메서드를 통해 크기에 대한 정보를 두 종류로 제공한다. size() 메서드는 vector에 담긴 원소의 개수(벡터의 크기)를 리턴하는 반면 capacity()는 재할당 없이 담을 수 있는 원소의 개수(벡터의 용량)를 리턴한다. 따라서 현재 상태에서 재할당 없이 추가할 수 있는 원소의 개수는 capacity() - size()다.

NOTE_ empty() 메서드를 이용하면 현재 vector가 비어 있는지 확인할 수 있다. vector가 비어 있어도 capacity()의 리턴값은 0이 아니다.

글로벌 함수인 std::size()와 std::empty()도 있다. 이 함수는 std::begin()과 std::end()가 반복자에 대한 글로벌 함수 버전인 것과 비슷하다. 글로벌 함수 버전의 size()와 empty()는 모든 컨테이너에 대해 호출할 수 있다. 또한 포인터로 접근하지 않는 C 스타일 정적 할당 배열에도 적용할 수 있고, initializer_list에도 적용할 수 있다. 이러한 글로벌 함수를 vector에 대해 사용하는 예는 다음과 같다.

```
vector vec { 1, 2, 3 };
cout << size(vec)  << endl;
cout << empty(vec) << endl;
```

C++20 C++20부터 글로벌 비 멤버 헬퍼 함수인 std::ssize()가 추가되었다. 이 함수는 크기를 부호 있는 정수 타입으로 리턴한다. 예를 들면 다음과 같다.

```
auto s1 { size(vec) };  // (부호 없는) size_t 타입
auto s2 { ssize(vec) }; // (부호 있는) long long 타입
```

예비 용량

효율이나 반복자 무효화에 신경 쓸 필요가 없다면 vector의 메모리 할당 방식을 직접 관리할 필요가 없다. 그렇지 않고 프로그램을 최대한 효율적으로 만들거나 반복자가 무효화되지 않게 만들고 싶다면 vector에서 모든 원소를 확실히 담을 수 있도록 미리 공간을 충분히 할당해야 한다. 물론 이렇게 하려면 vector에 담길 원소 개수를 미리 알아야 하는데, 경우에 따라 예측하기 힘들 수 있다.

공간을 미리 확보하기 위한 한 가지 방법은 reserve()를 호출하는 것이다. 이 메서드는 지정한 개수의 원소를 충분히 담을 만큼의 공간을 할당한다. 잠시 후 reserve() 메서드를 사용하는 예를 소개한다.

CAUTION_ 원소에 대한 예비 공간을 확보하면 컨테이너의 크기(size())가 아닌 용량(capacity())이 커진다. 다시 말해 실제로 원소가 추가되는 것이 아니다. vector의 크기(size())를 넘은 지점에 대해 접근하면 안 된다.

공간을 미리 확보하는 또 다른 방법은 vector에 담길 원소의 개수를 vector의 생성자나 resize() 또는 assign() 메서드로 지정하는 것이다. 이렇게 하면 vector를 원하는 크기로 생성할 수 있으며 용량도 그에 맞게 설정된다.

메모리 회수

벡터는 메모리를 필요한 만큼 알아서 할당한다. 하지만 해제는 벡터 전체를 제거할 때까지 자동으로 처리하지 않는다. 벡터에서 원소 하나를 제거하면 벡터의 크기가 감소하지만, 용량은 그대

로다. 그렇다면 메모리를 회수하려면 어떻게 해야 할까? 한 가지 방법은 벡터의 메모리 전체를 빈 것으로 교체하는 것이다. 다음 코드는 values란 벡터의 메모리를 원소 하나로 회수하는 과정을 보여준다. 세 번째 줄은 디폴트 생성자로 만든 빈 임시 벡터를 values와 동일한 타입으로 만든다. values에 대해 할당된 메모리는 모두 이 임시 벡터에 속하게 된다. 그래서 전체 메모리를 해제하는 문장이 끝나면 이것도 자동으로 제거된다. 최종적으로 values에 대해 할당된 메모리 전체가 회수되고, values는 용량이 0인 상태로 남게 된다.

```
vector<int> values;
// values 메모리 임시 벡터에 거주
vector<int>().swap(values);
```

데이터에 직접 접근하기

vector는 데이터를 연속된 메모리 공간에 저장한다. data() 메서드를 호출하면 vector에서 데이터가 있는 메모리 블록에 대한 포인터를 구할 수 있다.

데이터에 대한 포인터를 구하는 데 사용되는 비 멤버 글로벌 함수인 std::data()도 있다. 이 함수는 array나 vector 컨테이너, string, 포인터로 접근하지 않는 정적 할당 C 스타일 배열 그리고 initializer_list에 대해 호출할 수 있다. vector에 대해 호출하는 예는 다음과 같다.

```
vector vec { 1, 2, 3 };
int* data1 { vec.data() };
int* data2 { data(vec) };
```

vector의 메모리 블록에 접근하는 또 다른 방법은 첫 번째 원소의 주소를 이용하는 것이다(예: &vec[0]). 레거시 코드 베이스를 보면 이렇게 작성한 경우가 있다. 하지만 빈 vector에 대해서는 안전하지 않은 방법이므로 이렇게 하지 말고 data()를 사용하기 바란다.

3 이동 의미론

모든 표준 라이브러리 컨테이너는 이동 의미론을 지원하기 위해 이동 생성자와 이동 대입 연산자를 제공한다. 이동 의미론에 대한 자세한 사항은 9장을 참조한다. 이동 의미론을 적용하면 표준 라이브러리 컨테이너를 함수에서 값으로 리턴해도 성능 오버헤드를 최소화할 수 있다. 예를 들어 다음 함수를 보자.

```
vector<int> createVectorOfSize(size_t size)
{
    vector<int> vec(size);
    for (int contents { 0 }; auto& i : vec) { i = contents++; }
    return vec;
}
...
vector<int> myVector;
myVector = createVectorOfSize(123);
```

이동 의미론이 지원되지 않았다면 createVectorOfSize()의 결과를 myVector에 대입할 때 복제 대입 연산자가 호출된다. 하지만 표준 라이브러리의 컨테이너는 이동 의미론을 지원하기 때문에 vector에 대해 복제 연산이 발생하지 않고, myVector에 대입할 때 이동 대입 연산자를 호출하게 된다.

여기서 명심할 점이 있다. 표준 라이브러리 컨테이너에서 이동 의미론이 제대로 작동하려면 컨테이너에 저장된 타입에 대한 이동 생성자와 이동 대입 연산자를 반드시 noexcept로 지정해야 한다. 이런 이동 메서드에서 익셉션을 던질 수 없는 이유는 뭘까? 만약 익셉션을 던질 수 있다면 vector에 새 원소를 추가할 때 vector의 용량이 부족해서 더 큰 메모리 블록을 할당해야 할 수 있다. 그러고 나서 vector는 원본 메모리 블록에 있던 데이터를 모두 더 큰 메모리 블록으로 복제하거나 이동시켜야 한다. 예외를 던질 가능성이 있는 이동 메서드로 구현하게 되면 데이터 중 일부가 이미 새로운 메모리 블록으로 이동한 상태라면 익셉션을 던지게 된다. 이때 할 수 있는 일은 별로 없다. 따라서 표준 라이브러리는 이런 문제를 방지하기 위해 익셉션을 하나도 던지지 않는다고 보장할 수 있는 경우에만 이동 메서드를 사용한다. noexcept가 지정되지 않았다면 익셉션 안전성을 보장하기 위해 복제 메서드를 대신 사용한다.

컨테이너를 표준 라이브러리 스타일로 직접 만들었다면 <utility>에 정의된 std::move_if_noexcept()라는 유용한 헬퍼 함수를 사용할 수 있다. 이 함수는 이동 생성자가 noexcept로 지정되었는지 여부에 따라 이동 생성자와 복제 생성자 중 하나를 호출한다. move_if_noexcept() 자체는 하는 일이 별로 없다. 매개변수로 레퍼런스 하나를 받아서 이동 생성자가 noexcept로 지정되었다면 우측값 레퍼런스로 변환하고, 그렇지 않으면 const 레퍼런스로 변환한다. 이렇게 간단한 기법만으로도 호출 한 번으로 올바른 생성자를 호출하게 만들 수 있다.

표준 라이브러리는 이동 대입 연산자에 noexcept가 지정되었는지 여부에 따라 이동 대입 연산자와 복제 대입 연산자 중 하나를 호출하는 헬퍼 함수를 제공하지 않는다. 이런 함수를 직접 구현할 수는 있지만 템플릿 메타 프로그래밍 테크닉과 타입 트레이트를 이용하여 타입 속성을 알아낼 수 있어야 한다. 이 두 가지 주제는 26장에서 자세히 설명하며, 또한 move_assign_if_noexcept()를 직접 구현하는 예도 소개한다.

4 vector 사용 예제: 라운드-로빈 클래스

유한한 리소스에 대한 요청을 잘 분배하는 유형의 문제는 전산학에서 흔히 볼 수 있다. 대표적인 예로 OS의 프로세스 스케줄러가 있다. OS는 주어진 프로세스 목록에서 특정 프로세스에 대해 타임 슬라이스time slice(예: 100ms)를 할당하여 그 프로세스가 일을 처리할 수 있도록 관리한다. 타임 슬라이스가 만료되면 OS는 그 프로세스를 잠시 중단시키고, 목록에서 다음 차례 프로세스에 타임 슬라이스를 할당해서 실행하게 한다. 이 문제에 대한 가장 간단한 방법은 **라운드 로빈 스케줄링**round-robin scheduling 알고리즘을 사용하는 것이다. 즉, 프로세스 목록에 나온 순서대로 하나씩 시간을 할당하다가 마지막 프로세스의 실행이 끝나면 다시 첫 번째 프로세스로 돌아가서 시간을 할당하는 식으로 처리한다. 예를 들어 프로세스가 세 개 있을 때 가장 먼저 첫 번째 타임 슬라이스는 첫 번째 프로세스에 할당하고, 두 번째 타임 슬라이스는 두 번째 프로세스에 할당하고, 세 번째 타임 슬라이스는 세 번째 프로세스에 할당하고, 네 번째 타임 슬라이스는 다시 한 바퀴 돌아서 첫 번째 프로세스에 할당한다. 이런 식으로 무한히 반복할 수 있다.

모든 종류의 리소스에 적용할 수 있는 범용 라운드 로빈 스케줄링 클래스를 구현하는 경우를 생각해보자. 그러기 위해서는 리소스를 추가하고 삭제하는 메서드를 클래스에 추가해야 한다. 또한 리소스 목록을 순서대로 돌면서 다음번 리소스를 가져오는 메서드도 필요하다. 그냥 vector로 구현해도 되지만 요구사항에 좀 더 가까운 형태를 가진 래퍼 클래스로 구현하는 것이 편할 때가 많다. 다음 코드는 방금 설명한 내용을 RoundRobin이라는 이름의 클래스 템플릿으로 구현한 것이다. 자세한 설명은 주석으로 달았다. 먼저 클래스 정의부터 살펴보자. 이 클래스는 round_robin이란 모듈에서 익스포트했다.

```
module;
#include <cstddef>
export module round_robin;
import <stdexcept>;
import <vector>;

// RoundRobin 클래스 템플릿
// 리스트에 담긴 원소에 대해 라운드 로빈 스케줄링을 구현한다.
export template <typename T>
```

```
class RoundRobin
{
    public:
        // 효율을 높이기 위해 예상 원소 개수를 클라이언트로부터 받는다.
        explicit RoundRobin(size_t numExpected = 0);
        virtual ~RoundRobin() = default;

        // 대입과 값 전달은 삭제한다.
        RoundRobin(const RoundRobin& src) = delete;
        RoundRobin& operator=(const RoundRobin& rhs) = delete;

        // 이동 생성자와 이동 대입 연산자를 명시적으로 디폴트로 지정한다.
        RoundRobin(RoundRobin&& src) noexcept = default;
        RoundRobin& operator=(RoundRobin&& rhs) noexcept = default;

        // 리스트의 끝에 원소를 추가한다.
        // getNext() 사이에 호출될 수 있다.
        void add(const T& element);

        // operator== 연산자를 호출한 결과,
        // 똑같다고 판단된 첫 번째 원소만 삭제한다.
        // getNext() 사이에 호출될 수 있다.
        void remove(const T& element);

        // 리스트의 다음번 원소를 리턴한다. 첫 번째 원소부터 시작해서 마지막
        // 원소에 다다르면 다시 첫 번째 원소로 돌아온다. 이때 중간에 추가되거나
        // 삭제된 원소도 반영한다.
        T& getNext();
    private:
        std::vector<T> m_elements;
        typename std::vector<T>::iterator m_nextElement;
};
```

public 인터페이스는 코드만 봐도 쉽게 이해할 수 있다. 생성자와 소멸자를 제외하면 메서드가 세 개만 있다. 리소스는 m_elements란 이름의 vector에 저장한다. m_nextElement 반복자는 항상 다음번 getNext() 호출 때 리턴할 원소를 참조한다. getNext()를 한 번도 호출하지 않았다면 m_nextElement는 begin(m_elements)와 같다. 여기서 m_nextElement를 선언한 문장의 앞에 typename 키워드를 사용한 부분에 주의한다. 지금까지는 이 키워드를 템플릿 매개변수에서만 사용했는데, 사실 다른 용도로 사용할 수 있다. 템플릿 매개변수를 하나 이상 정의한 타입에 접근할 때는 항상 typename 키워드를 지정해야 한다. 템플릿 매개변수 T는 이

코드에서 접근하는 iterator의 타입을 지정한다. 따라서 typename을 반드시 지정해야 한다. C++ 구문의 난해함을 보여주는 또 다른 예이기도 하다.

이 클래스는 m_nextElement 데이터 멤버 때문에 대입 연산과 값 전달 방식을 사용할 수 없다. 대입 연산과 값 전달 방식을 사용하려면 대입 연산자와 복제 생성자를 구현하고, m_nextElement가 그 연산의 대상 객체에서도 유효하도록 보장해야 한다.

이렇게 정의한 RoundRobin 클래스의 구현 코드는 다음과 같다. 이번에도 자세한 설명은 주석에 달았다. 여기서 생성자에 reserve()를 사용하고, add(), remove(), getNext()를 구현하는 데 반복자를 상당히 많이 사용한 점을 주목한다. add()와 remove() 메서드에서 m_nextElement를 처리하는 부분이 가장 까다롭다.

```
template <typename T> RoundRobin<T>::RoundRobin(size_t numExpected)
{
    // 클라이언트가 알려준 만큼의 공간을 확보한다.
    m_elements.reserve(numExpected);

    // 원소가 최소 하나 있을 때까지 사용하지 않겠지만,
    // 일단 m_nextElements를 초기화해둔다.
    m_nextElements = begin(m_elements);
}

// 새 원소는 항상 마지막에 추가한다.
template <typename T> void RoundRobin<T>::add(const T& element)
{
    // 원소를 마지막에 추가하더라도 push_back()을 호출한 결과로 vector를
    // 재할당되어 m_nextElements 반복자가 무효화될 수 있다.
    // 공간을 절약하려면 반복자의 랜덤 액세스 기능을 최대한 활용한다.
    ptrdiff_t pos { m_nextElements - begin(m_elements) };

    // 원소를 추가한다.
    m_elements.push_back(element);

    // 반복자를 항상 유효한 상태로 유지하도록 리셋한다.
    m_nextElements = begin(m_elements) + pos;
}

template <typename T> void RoundRobin<T>::remove(const T& element)
{
    for (auto it { begin(m_elements) }; it != end(m_elements); ++it) {
        if (*it == element) {
```

```
                // m_nextElements 반복자가 참조하는 원소가 삭제할 대상의 다음 원소를
                // 가리키고 있을 때 원소를 삭제하면 m_nextElements 반복자가 무효화된다.
                // 삭제 후 현재 원소의 위치를 관리하려면
                // 반복자의 랜덤 액세스 기능을 최대한 활용한다.
                ptrdiff_t newPos;

                if (m_nextElements == end(m_elements) - 1 &&
                    m_nextElements == it) {
                    // m_nextElements는 리스트의 마지막 원소를 가리킨 상태에서
                    // 그 원소를 삭제하려 하므로 다시 첫 번째 원소로 위치를 이동한다.
                    newPos = 0;
                } else if (m_nextElements <= it) {
                    // 그렇지 않고 m_nextElements가 삭제하려는 원소나
                    // 그 앞의 원소를 가리키고 있다면 위치는 변하지 않는다.
                    newPos = m_nextElements - begin(m_elements);
                } else {
                    // 두 경우 모두에 해당되지 않는다면
                    // 한 칸 앞이 새 위치가 된다.
                    newPos = m_nextElements - begin(m_elements) - 1;
                }

                // 원소를 삭제한다(리턴값은 무시한다).
                m_elements.erase(it);

                // 반복자가 유효한 상태를 유지하도록 리셋한다.
                m_nextElements = begin(m_elements) + newPos;

                return;
            }
        }
    }

template <typename T> T& RoundRobin<T>::getNext()
{
    // 가장 먼저 원소가 담겨 있는지부터 확인한다.
    if (m_elements.empty()) {
        throw std::out_of_range { "No elements in the list" };
    }

    // 현재 원소(삭제할 원소)를 리턴하도록 저장해둔다.
    auto& toReturn { *m_nextElements };

    // 반복자를 원소의 개수에 대한 모듈로(modulo, 나머지) 연산을 이용하여 증가시킨다.
    ++m_nextElements;
    if (m_nextElements == end(m_elements)) { m_nextElements = begin(m_elements); }
```

```
        // 원소에 대한 레퍼런스를 리턴한다.
        return toReturn;
    }
```

이렇게 정의한 RoundRobin 클래스 템플릿으로 스케줄러를 만들면 다음과 같다. 이번에도 자세한 설명은 주석에 달았다.

```
// 간단한 Process 클래스
class Process final
{
    public:
        // 프로세스 이름을 인수로 받는 생성자
        explicit Process(string name) : m_name { move(name) } {}

        // 프로세스마다 주어진 시간 동안만 실행될 동작을 구현한다.
        void doWorkDuringTimeSlice()
        {
            cout << "Process " << m_name
                << " performing work during time slice." << endl;
            // 실제 구현 코드는 생략한다.
        }

        // RoundRobin::remove() 메서드에 필요한 연산자
        bool operator==(const Process&) const = default; // C++20부터 디폴트
    private:
        string m_name;
};

// 간단한 라운드 로빈 방식 프로세스 스케줄러
class Scheduler final
{
    public:
        // 생성자에서 프로세스에 대한 벡터를 받는다.
        explicit Scheduler(const vector<Process>& processes)
        {
            // 프로세스를 추가한다.
            for (auto& process : processes) { m_processes.add(process); }
        }

        // 라운드 로빈 스케줄링 알고리즘에 따라 다음 프로세스를 선택해서 그 프로세스에
        // 할당된 타임 슬라이스 동안 주어진 작업을 수행한다.
        void scheduleTimeSlice()
```

```
        {
            try {
                m_processes.getNext().doWorkDuringTimeSlice();
            } catch (const out_of_range&) {
                cerr << "No more processes to schedule." << endl;
            }
        }

        // 인수로 지정한 프로세스를 리스트에서 삭제한다.
        void removeProcess(const Process& process)
        {
            m_processes.remove(process);
        }
    private:
        RoundRobin<Process> m_processes;
};

int main()
{
    vector processes { Process { "1" }, Process { "2" }, Process { "3" } };

    Scheduler scheduler { processes };
    for (size_t i { 0 }; i < 4; ++i) { scheduler.scheduleTimeSlice(); }

    scheduler.removeProcess(processes[1]);
    cout << "Removed second process" << endl;

    for (size_t i { 0 }; i < 4; ++i){ scheduler.scheduleTimeSlice(); }
}
```

이 코드를 실행한 결과는 다음과 같다.

```
Process 1 performing work during time slice.
Process 2 performing work during time slice.
Process 3 performing work during time slice.
Process 1 performing work during time slice.
Removed second process
Process 3 performing work during time slice.
Process 1 performing work during time slice.
Process 3 performing work during time slice.
Process 1 performing work during time slice.
```

18.2.2 vector<bool> 특수화

C++ 표준에 따르면 bool 타입 vector를 구현할 때 공간 효율을 최적화하도록 여러 부울 타입 값을 묶어서(패킹[packing]) 처리하도록 명시하고 있다. 앞서 설명했듯이 bool 값은 true나 false 중 하나를 갖는데, 두 값을 한 비트로 표현할 수 있다. 그런데 C++의 기본 타입에는 비트 하나만 표현하는 것이 없다. 그러므로 어떤 컴파일러는 부울값을 char로 처리하고, 또 어떤 컴파일러는 int를 활용한다. 따라서 vector<bool>은 한 비트짜리 bool 값들을 배열로 저장하는 방식으로 공간을 절약한다.

> **NOTE_** vector<bool>은 vector보다는 비트 필드(bit-field)에 가깝다. 비트 필드의 구현 관점에서 볼 때 vector<bool>보다는 18.6.4절 'bitset'에서 설명하는 bitset 컨테이너가 뛰어나다. 하지만 vector<bool>은 크기를 동적으로 조절할 수 있다는 장점이 있다.

완벽한 방법은 아니지만 vector<bool>을 위한 비트 필드 루틴을 구현하기 위해 flip() 메서드를 제공하고 있다. 이 메서드를 컨테이너에 대해 호출하면 그 컨테이너에 담긴 원소를 모두 반전[complement]시키고, operator[]와 같은 메서드가 리턴한 레퍼런스에 대해 호출하면 해당 원소만 반전시킨다.

그런데 bool 타입 레퍼런스에 대해 메서드를 호출할 방법이 없다. vector<bool>은 내부적으로 bool 타입(비트)을 표현하는(bool에 대한 프록시[proxy]인) reference 클래스를 정의하는 방식으로 구현한다. operator[], at()과 같은 메서드를 호출하면 vector<bool>은 reference 타입의 객체를 리턴하며, 실제 bool 값 대신 이 객체를 사용한다.

> **CAUTION_** vector<bool>에서 리턴한 reference 객체는 사실 일종의 프록시라서 컨테이너에 담긴 원소에 대한 포인터(주소)를 구하는 데 사용할 수 없다.

프로그래머 입장에서 볼 때 bool 값을 패킹함으로써 얻을 수 있는 공간 절약 효과보다 이를 구현하는 데 드는 노력이 훨씬 크다. 게다가 vector<bool>의 원소를 조회하거나 수정하는 속도는 vector<int>처럼 특정 타입에 대한 vector보다 훨씬 느리다. 그러므로 C++ 전문가는 대부분 vector<bool>보다는 bitset을 쓰도록 권장한다. 크기를 동적으로 조절할 수 있는 비트 필드가 필요하다면 vector<std::int_fast8_t>나 vector<unsigned char>를 쓰는 게 낫다.

std::int_fast8_t 타입은 <cstdint> 헤더에 정의되어 있다. 부호 있는 정수 타입이므로 컴파일러에서 이를 처리할 때 최소 8비트 이상인 정수 타입 중에서 가장 빠른 것을 적용해야 한다.

18.2.3 deque

deque[double-ended queue](덱)은 vector와 거의 같지만 vector보다 활용도는 낮다. deque은 <deque> 헤더 파일에 정의되어 있다. vector와 deque의 대표적인 차이점은 다음과 같다.

- 원소를 메모리에 연속적으로 저장하지 않는다.
- deque은 양쪽 끝에 원소를 추가하거나 삭제하는 연산을 완벽히 상수 시간에 처리한다(이에 반해 vector는 끝에 추가/삭제할 때만 분할 상환 상수 시간에 처리한다).
- deque은 vector에는 없는 push_front(), pop_front(), emplace_front() 메서드를 제공한다.
  - push_front(): 원소를 맨 앞에 추가한다.
  - pop_front(): 첫 원소를 제거한다.
  - emplace_front(): 맨 앞자리에 새 원소를 생성한다. C++17부터 emplace_front()는 void 대신 추가한 원소의 레퍼런스를 리턴하도록 변경되었다.
- deque은 앞이나 뒤에 원소를 추가해도 반복자가 무효화되지 않는다.
- deque은 reserve()나 capacity()와 같은 메모리 관리 기능에 대한 메서드를 제공하지 않는다.

deque은 vector에 비해 거의 사용하지 않기 때문에 더 이상 자세히 설명하지 않는다. 구체적인 기능은 표준 라이브러리 레퍼런스를 참고한다.

18.2.4 list

list(리스트)는 이중 연결 리스트[doubly linked list]를 구현한 표준 라이브러리 클래스 템플릿으로서 <list> 헤더 파일에 정의되어 있다. 리스트의 모든 지점에 원소를 추가하거나 삭제하는 속도는 상수 시간이지만 각각의 원소를 조회하는 작업은 다소 느린 선형 시간에 처리한다. 사실 list는 operator[]처럼 랜덤 액세스 연산을 제공하지 않는다. 반복자로만 개별 원소에 접근할 수 있다.

생성자, 소멸자, 복제 연산자, 대입 연산자, 비교 연산자를 비롯한 list에서 제공하는 연산은 대부분 vector와 같다. 이 절에서는 vector와 다른 연산만 소개한다.

1 원소 접근 연산

list에서 원소에 접근하는 용도로 제공하는 메서드는 front()와 back()뿐이다. 둘 다 상수 시간에 처리한다. 이 메서드는 각각 list에 담긴 첫 번째와 마지막 원소에 대한 레퍼런스를 리턴한다. 나머지 원소는 반복자로만 접근할 수 있다.

list는 첫 번째 원소를 참조하는 반복자를 리턴하는 begin() 메서드와 list의 마지막 원소 바로 다음 항목을 참조하는 반복자를 리턴하는 end() 메서드를 제공한다. 또한 vector와 마찬가지로 cbegin(), cend(), rbegin(), rend(), crbegin(), crend()도 제공한다.

CAUTION_ list는 랜덤 액세스를 지원하지 않는다.

2 반복자

list의 반복자는 양방향으로 작동한다. vector의 반복자와 달리 랜덤 액세스는 지원하지 않는다. 그러므로 list 반복자끼리 더하거나 뺄 수 없고, 반복자를 가리키는 포인터에 대해 산술 연산을 할 수 없다. 예를 들어 list 반복자에 대한 포인터 p가 있을 때 ++p나 --p와 같은 연산으로 list의 원소를 탐색할 수는 있지만 p+n이나 p-n과 같이 덧셈이나 뺄셈 연산자를 적용할 수는 없다.

3 원소 추가와 삭제 연산

list도 vector처럼 원소를 추가하고 삭제하는 메서드를 제공한다. 이러한 메서드로 push_back(), pop_back(), emplace(), emplace_back(), 다섯 가지 버전의 insert(), 두 가지 버전의 erase(), clear() 등이 있다. deque과 마찬가지로 push_front(), emplace_front(), pop_front()도 제공한다. clear()를 제외한 모든 메서드는 정확한 위치를 지정할 수 있다면 상수 시간에 처리된다. 따라서 list는 데이터 구조에 추가나 삭제 연산이 빈번하지만 원소를 인덱스로 빠르게 접근할 일은 없는 애플리케이션에 적합하다. 그렇다 해도 vector가 훨씬 빠르다. 정확한 속도는 성능 프로파일러로 직접 확인한다.

4 list의 크기 연산

list는 deque처럼(그리고 vector와 다르게) 내부 메모리 모델에 관련된 메서드가 없다. 그러므로 size(), empty(), resize()는 제공하지만 reserve(), capacity()와 같은 메서드는 제공하지 않는다. 참고로 list에 대한 size() 메서드의 성능 복잡도는 상수 시간이다.

5 list의 특수 연산

list는 원소의 빠른 추가와 삭제 성능을 활용한 몇 가지 특수 연산을 제공한다. 이 절에서는 각각에 대한 예제를 중심으로 가볍게 살펴본다. 다른 메서드에 대해서는 표준 라이브러리 레퍼런스를 참고한다.

splice()

list는 기본적으로 연결 리스트이기 때문에 한 리스트를 통째로 다른 리스트에 **이어 붙이기**(**스플라이스**splice)할 수 있다. 이 연산은 상수 시간에 처리된다. 간단한 예를 소개하면 다음과 같다.

```
// a로 시작하는 단어를 저장한 리스트를 만든다.
list<string> dictionary { "aardvark", "ambulance" };
// b로 시작하는 단어를 저장한 리스트를 만든다.
list<string> bWords { "bathos", "balderdash" };
// 첫 번째 리스트에 c로 시작하는 단어를 추가한다.
dictionary.push_back("canticle");
dictionary.push_back("consumerism");

// b로 시작하는 단어를 저장한 리스트를 첫 번째 리스트에 이어 붙인다.
if (!bWords.empty()) {
    // b로 시작하는 원소 중 마지막 항목을 참조하는 반복자를 구한다.
    auto iterLastB { --(cend(bWords)) };
    // b로 시작하는 단어를 넣을 위치까지 반복한다.
    auto it { cbegin(dictionary) };
    for (; it != cend(dictionary); ++it) {
        if (*it > *iterLastB)
            break;
    }
    // b로 시작하는 단어를 추가한다. 그러면 bWords에 있던 원소가 삭제된다.
    dictionary.splice(it, bWords);
}

// 결과를 화면에 출력한다.
for (const auto& word : dictionary) {
    cout << word << endl;
}
```

이 코드를 실행하면 다음과 같이 출력된다.

```
aardvark
ambulance
bathos
balderdash
canticle
consumerism
```

splice()는 두 가지 버전이 더 있다. 하나는 다른 list에 있는 원소 하나를 추가하는 것이고, 또 하나는 다른 list에서 특정한 범위에 있는 원소를 통째로 추가하는 것이다. 또한 splice() 의 모든 버전은 원본 list에 대한 일반 레퍼런스나 우측값rvalue 레퍼런스를 받을 수 있다.

CAUTION_ 인수로 전달한 list에 splice() 연산을 적용하면 원본 list가 변경된다. 다른 list에 추가하면 원본 list에 있던 원소는 삭제되기 때문이다.

좀 더 효율적인 버전의 알고리즘

list는 splice() 외에도 표준 라이브러리의 제네릭 알고리즘을 특화시킨 버전을 제공한다. 제네릭 알고리즘은 20장에서 자세히 살펴보기로 하고, 여기에서는 list에 관련된 버전만 소개한다.

NOTE_ 가능하면 표준 라이브러리에서 제공하는 제네릭 알고리즘보다 list에 특화된 메서드를 사용하는 것이 좋다. 후자가 훨씬 효율적이기 때문이다. 때로는 어쩔 수 없이 list에 특화된 메서드를 사용해야 하는 경우가 있다. 예를 들어 제네릭 std::sort() 알고리즘을 사용하려면 RandomAccessIterators를 써야 한다. list에서는 sort()를 제공하지 않기 때문이다.

list에 특화된 알고리즘으로 구현된 메서드를 정리하면 다음 표와 같다. 각 알고리즘에 대한 자세한 설명은 20장에서 소개한다.

메서드	설명
remove() remove_if()	list에서 특정한 조건을 만족하는 원소를 리스트에서 제거한다. C++20부터 제거된 원소의 개수를 size_t 타입 값으로 리턴한다. 그전에는 아무 것도 리턴하지 않는다.
unique()	list에서 같은 원소가 연달아 나온 부분을 제거한다. 이때 operator==이나 사용자가 지정한 이항 프레디케이트(binary predicate, 인수 두 개를 받아서 bool 값을 리턴하는 함수 객체)를 활용한다. C++20부터는 제거된 원소의 개수를 size_t 타입으로 리턴한다. 그전에는 아무 것도 리턴하지 않는다.

메서드	설명
merge()	두 list를 합친다. 둘 다 operator<나 사용자가 지정한 비교 연산자로 정렬된 상태여야 한다. splice()와 마찬가지로 merge()도 인수로 전달된 list를 변경한다.
sort()	list를 정렬한다. 순위가 같은 원소는 그대로 놔둔다(안정 정렬, stable sort).
reverse()	list의 순서를 반대로 바꾼다.

6 list 활용 예제: 학적 관리 프로그램

대학 학적 관리 시스템을 구현한다고 생각해보자. 한 가지 기능으로 각 과목에 등록된 학생 목록을 통해 대학에 등록된 전체 학생 목록을 뽑아낼 수 있어야 한다. 예제를 간결하게 구성하기 위해 (string 타입의) 학생 이름 목록을 담은 vector와 등록금을 내지 않아서 등록이 취소된 학생 목록을 인수로 받는 함수 하나만 작성한다고 가정한다. 이 메서드는 모든 과목에 등록된 전체 학생 목록을 생성해야 하고, 중복을 허용하지 않고, 등록을 취소한 학생도 나오면 안 된다. 단, 한 학생이 여러 과목을 신청할 수는 있다.

방금 설명한 메서드는 다음과 같이 구현할 수 있다. 자세한 설명은 주석에 달았다. 표준 라이브러리의 강력한 list 덕분에 실제 코드는 앞에서 말로 설명한 것보다 훨씬 짧다. 참고로 표준 라이브러리 컨테이너는 중첩해서 사용할 수 있다. 여기에서는 list에 대한 vector로 만들었다.

```
// courseStudents는 list에 대한 vector다. 각 list는 과목을 의미한다.
// 즉, list의 원소는 그 과목에 등록된 학생이다. 정렬된 상태는 아니다.
//
// droppedStudents는 등록금을 내지 않아 등록되지 않은 학생에 대한 list다.
//
// 이 함수는 모든 과정에 현재 등록된(등록이 취소되지 않은) 학생에 대한 list를 리턴한다.
list<string> getTotalEnrollment(const vector<list<string>>& courseStudents,
                                const list<string>& droppedStudents)
{
    list<string> allStudents;

    // 각 과목에 대한 리스트를 모두 마스터 리스트에 합친다.
    for (auto& lst : courseStudents) {
        allStudents.insert(cend(allStudents), cbegin(lst), cend(lst));
    }

    // 마스터 리스트를 정렬한다.
    allStudents.sort();
```

```
    // 이름이 중복된 학생(여러 과목에 동시에 등록된 학생)을 제거한다.
    allStudents.unique();

    // 등록이 취소된 리스트에 속한 학생을 제거한다.
    // droppedStudent 리스트에 대해 반복하면서
    // 여기 나온 학생에 대해 마스터 리스트의 remove()를 호출한다.
    for (auto& str : droppedStudents) {
        allStudents.remove(str);
    }

    // 작업 끝!
    return allStudents;
}
```

NOTE_ 이 예제는 list에 특화된 알고리즘을 보여준 것이다. 여러 차례 설명했지만 list보다는 대체로 vector가 빠르다. 따라서 실전에서 앞에 나온 학생 등록 시스템과 같은 코드를 구현할 때는 list보다는 vector를 사용하고, 알고리즘도 다음 장에서 설명하는 표준 라이브러리의 제네릭 알고리즘을 이용하는 것이 좋다.

18.2.5 forward_list

forward_list는 <forward_list> 헤더 파일에 정의되어 있으며, 단방향 연결 리스트란 점을 제외하면 양방향 연결 리스트인 list와 비슷하다. 이름에서 알 수 있듯이 forward_list는 한 방향으로만 반복할 수 있다. 그러므로 범위를 지정하는 방식도 list와 다르다. 리스트를 변경하려면 대상 원소가 처음 나오는 지점의 바로 전 원소에 접근해야 한다. 하지만 forward_list의 반복자는 역방향으로 이동할 수 없기 때문에 바로 전 원소를 구하기 쉽지 않다. 그러므로 수정할 대상을 가리키는 범위(예: erase()나 splice()에 지정할 범위)의 시작 부분은 반드시 열려 있어야 한다. 앞에서 살펴본 begin() 함수는 첫 번째 원소를 참조하는 반복자를 리턴한다. 그러므로 시작이 닫힌 범위를 만들 때만 사용할 수 있다. 그러므로 forward_list 클래스는 before_begin()이란 메서드를 제공한다. 이 메서드는 리스트의 시작 원소의 바로 전에 있는 가상의 원소를 가리킨다. 말 그대로 가상의 데이터를 가리키기 때문에 이 반복자를 역참조할 수는 없다. 하지만 이 반복자를 하나 증가시키면 begin()이 리턴한 반복자와 같아진다. 따라서 시작이 열린 범위를 만드는 데 사용할 수는 있다.

list와 forward_list의 생성자와 대입 연산자는 서로 비슷하다. C++ 표준에 따르면 forward_list는 반드시 공간을 최소한으로 사용해야 한다. 그러므로 size() 메서드가 없다. size()가 없으면 리스트의 크기를 저장하지 않아도 되기 때문이다.

다음 표는 list와 forward_list의 차이점을 정리한 것이다. 속이 채워진 네모(■)는 해당 연산을 지원한다는 뜻이고, 속이 빈 네모(□)는 그렇지 않다는 뜻이다.

연산	list	forward_list
assign()	■	■
back()	■	□
before_begin()	□	■
begin()	■	■
cbefore_begin()	□	■
cbegin()	■	■
cend()	■	■
clear()	■	■
crbegin()	■	□
crend()	■	□
emplace()	■	□
emplace_after()	□	■
emplace_back()	■	□
emplace_front()	■	■
empty()	■	■
end()	■	■
erase()	■	□
erase_after()	□	■
front()	■	■
insert()	■	□
insert_after()	□	■
iterator / const_iterator	■	■
max_size()	■	■
merge()	■	■
pop_back()	■	□
pop_front()	■	■
push_back()	■	□
push_front()	■	■
rbegin()	■	□

연산	list	forward_list
remove()	■	■
remove_if()	■	■
rend()	■	□
resize()	■	■
reverse()	■	■
reverse_iterator / const_reverse_iterator	■	□
size()	■	□
sort()	■	■
splice()	■	□
splice_after()	□	■
swap()	■	■
unique()	■	■

다음은 forward_list를 사용하는 예를 보여준다.

```
// forward_list 3개를 생성한다.
// 이때 원소는 initializer_list로 초기화한다(균일 초기화).
forward_list<int> list1 { 5, 6 };
forward_list list2 { 1, 2, 3, 4 }; // CTAD가 지원된다.
forward_list list3 { 7, 8, 9 };

// splice 연산으로 list1 앞에 list2를 추가한다.
list1.splice_after(list1.before_begin(), list2);

// list1의 맨 앞에 숫자 0을 추가한다.
list1.push_front(0);

// list1 뒤에 list3를 추가한다.
// 이를 위해 먼저 마지막 원소에 대한 반복자를 구한다.
auto iter { list1.before_begin() };
auto iterTemp { iter };
while (++iterTemp != end(list1)) { ++iter; }
list1.insert_after(iter, cbegin(list3), cend(list3));

// list1의 내용을 화면에 출력한다.
for (auto& i : list1) { cout << i << ' '; }
```

list3을 추가하려면 이 리스트의 마지막 원소에 대한 반복자를 구해야 한다. 하지만 forward_

list이기 때문에 --end(list1)과 같이 표현할 수 없다. 따라서 리스트의 시작 지점부터 반복하다가 마지막 원소가 나올 때 멈춰야 한다. 이 예제를 실행한 결과는 다음과 같다.

```
0 1 2 3 4 5 6 7 8 9
```

18.2.6 array

array는 <array>에 정의되어 있으며, 크기가 고정된 점을 제외하면 vector와 같다. 다시 말해 크기를 늘리거나 줄일 수 없다. 크기를 고정시키는 이유는 vector처럼 항상 프리스토어에 저장해서 접근하지 않고 원소를 스택에 할당하기 위해서다.

원소가 기본 타입(정수, 부동소수점수, 문자, 부울 등)으로 된 array는 vector, list 등과 같은 컨테이너와는 초기화 방식이 다르다. array를 생성할 때 초기화하지 않으면 원소가 초기화되지 않은 상태로 남아 있다. 즉, 쓰레깃값이 들어 있게 된다. vector나 list와 같은 컨테이너는 항상 초기화된다. 원하는 값을 지정하지 않았다면 0으로 초기화된다. 따라서 array는 C 스타일 배열과 거의 같다.

vector와 마찬가지로 array의 반복자도 랜덤 액세스를 지원하고, 원소를 메모리에 연속적으로 저장한다. array는 front(), back(), at(), operator[]를 제공한다. array를 특정 원소로 채우는 fill()도 지원한다. 크기가 고정되어 있기 때문에 push_back(), pop_back(), insert(), erase(), clear(), resize(), reserve(), capacity() 등은 지원하지 않는다. vector에 비해 아쉬운 점은 array의 swap() 메서드의 성능이 선형 시간이라는 점이다. vector는 이 연산을 상수 시간에 처리한다. 또한 array는 vector와 달리 상수 시간에 이동할 수 없다. array는 size() 메서드를 제공하기 때문에 C 스타일 배열보다 훨씬 좋다. 다음 예는 array 클래스의 사용법을 보여준다. 여기서 array를 선언할 때 두 가지 템플릿 매개변수가 필요하다는 점에 주의한다. 하나는 원소의 타입을, 다른 하나는 array가 가질 수 있는 원소의 개수를 지정한다.

```
// 정수 세 개를 가진 배열을 생성하고,
// 지정된 initializer list로 값을 초기화한다(균일 초기화).
array<int, 3> arr { 9, 8, 7 };
// 배열의 크기를 화면에 출력한다.
cout << "Array size = " << arr.size() << endl; // 또는 std::size(arr);
```

```
// 범위 기반 for 문으로 배열의 내용을 화면에 출력한다.
for (const auto& i : arr) {
    cout << i << endl;
}

cout << "Performing arr.fill(3)..." << endl;
// fill 메서드로 배열의 내용을 변경한다.
arr.fill(3);
// 반복자로 배열의 원소를 모두 출력한다.
for (auto iter { cbegin(arr) }; iter != cend(arr); ++iter) {
    cout << *iter << endl;
}
```

이 코드를 실행한 결과는 다음과 같다.

```
Array size = 3
9
8
7
Performing arr.fill(3)...
3
3
3
```

std::get<n>( ) 함수 템플릿을 이용하면 std::array의 *n*번 인덱스에 있는 원소를 가져올 수 있다. 여기서 인덱스를 반드시 상수 표현식으로 지정해야 한다. 따라서 반복문에서 사용하는 변수를 여기에 지정할 수 없다. 컴파일러는 컴파일 시간에 std::get<n>( )에 지정된 인덱스를 검사한다. 따라서 다음과 같이 작성하면 컴파일 에러가 발생한다.

```
array<int, 3> myArray{ 11, 22, 33 };
cout << std::get<1>(myArray) << endl;
cout << std::get<10>(myArray) << endl; // 컴파일 에러
```

C++20 C++20부터 std::to_array( )라는 비 멤버 함수가 새로 추가되었다. <array>에 정의되어 있으며, C 스타일 배열을 std::array로 변환하며, 원소에 대해 복제 초기화를 적용한다. 이 함수는 1차원 배열에만 적용할 수 있다. 예를 들면 다음과 같다.

```
auto arr1 { to_array({ 11, 22, 33 }) }; // 타입은 array<int, 3>

double carray[] { 9, 8, 7, 6 };
auto arr2 { to_array(carray) };          // 타입은 array<double, 4>
```

C++20 18.2.7 span

vector의 내용을 화면에 출력하는 함수가 다음과 같이 작성되어 있다고 하자.

```
void print(const vector<int>& values)
{
    for (const auto& value : values) { cout << value << "  "; }
    cout << endl;
}
```

여기에 C 스타일 배열의 내용도 화면에 출력하고 싶다고 하자. 한 가지 방법은 print() 함수를 오버로드해서 배열의 첫 번째 원소에 대한 포인터와 원소 개수를 인수로 받게 만드는 것이다.

```
void print(const int values[], size_t count)
{
    for (size_t i { 0 }; i < count; ++i) { cout << values[i] << "  "; }
    cout << endl;
}
```

std::array도 출력하고 싶다면 또 다른 오버로드 버전을 만들면 되지만 이때 함수 매개변수 타입을 어떻게 지정해야 할까? std::array의 경우 원소의 타입과 개수를 템플릿 매개변수로 지정해야 한다. 그러므로 상당히 복잡해진다.

이때 C++20부터 추가되어 <span>에 정의된 std::span을 이용하면 쉽게 처리할 수 있다. 이를 사용하면 vector, C 스타일 배열, std::array 등을 다루는 함수 하나를 만들 수 있다. span으로 print() 함수를 구현하는 예는 다음과 같다.

```
void print(span<int> values)
{
    for (const auto& value : values) { cout << value << "  "; }
    cout << endl;
}
```

참고로 2장에서 소개한 string_view와 마찬가지로 span도 복제를 효율적으로 처리한다. 실제로 첫 번째 원소에 대한 포인터와 원소 개수만 담고 있다. span은 데이터를 전혀 복제하지 않는다. 그러므로 대부분 값 전달 방식을 사용한다.

span 생성자는 다양하게 제공된다. 예를 들어 인수로 주어진 vector나 std::array나 C 스타일 배열 등의 원소를 모두 담은 span을 생성하는 것도 있다. 또는 주어진 컨테이너의 일부분만 담은 것을 만들 수도 있다. 이때 span에 담을 첫 번째 원소의 주소와 개수를 전달하면 된다.

subspan() 메서드를 이용하면 기존 span으로부터 서브뷰를 생성할 수 있다. 이때 첫 번째 인수로 span에 대한 오프셋을 지정하고, 두 번째 인수로 서브뷰에 포함시킬 원소의 개수를 지정한다. span의 앞에서부터 n개 원소를 담은 서브뷰를 리턴하는 first()와 마지막 n개 원소를 담은 서브뷰를 리턴하는 last()라는 메서드도 제공한다.

span은 begin(), end(), rbegin(), rend(), front(), back(), operator[], data(), size(), empty() 등과 같이 vector와 array에서 제공되던 메서드도 몇 가지 제공한다.

다음 코드는 print(span) 함수를 호출하는 몇 가지 방법을 보여준다.

```
vector v { 11, 22, 33, 44, 55, 66 }
// 벡터를 통째로 전달한다. 내부적으로 span으로 변환된다.
print(v);
// 명시적으로 생성한 span을 전달한다.
span mySpan { v };
print(mySpan);
// 서브뷰를 생성해서 전달한다.
span subspan { mySpan.subspan(2,3) };
print(subspan);
// 서브뷰를 인라인 방식으로 생성해서 전달한다.
print({ v.data() + 2, 3 });

// std::array를 전달한다.
array<int, 5> arr { 5, 4, 3, 2, 1 }
print(arr);
print({ arr.data() + 2, 3 });

// C 스타일 배열을 전달한다.
int carr[] { 9, 8, 7, 6, 5 };
print(carr);            // C 스타일 배열 전체
print({ carr + 2, 3 }); // C 스타일 배열의 서브뷰
```

이 코드를 실행한 결과는 다음과 같다.

```
11 22 33 44 55 66
11 22 33 44 55 66
33 44 55
33 44 55
5 4 3 2 1
3 2 1
9 8 7 6 5
7 6 5
```

string에 대한 읽기 전용 뷰를 제공하는 string_view와 달리 span은 내부 원소에 대한 읽기/쓰기가 가능하다. 명심할 점은 span은 첫 번째 원소에 대한 포인터와 원소 개수만 갖고 있다는 것이다. 다시 말해 span은 데이터 복제를 전혀 하지 않는다. 따라서 span에 있는 원소를 수정하면 내부 시퀀스에 있는 원소를 실제로 수정하게 된다. 이렇게 작동하는 게 싫다면 const 원소에 대한 span을 생성하면 된다. 예를 들어 print() 함수는 주어진 span에 있는 원소를 수정할 일이 없다. 이럴 때는 실수로라도 수정하지 않도록 다음과 같이 작성할 수 있다.

```
void print(span<const int> values)
{
    for (const auto& value : values) { cout << value << "  "; }
    cout << endl;
}
```

NOTE_ const vector<T>& 타입 인수를 받는 함수를 작성할 때 span<const T>를 받도록 구현하는 방법도 고려한다. 이렇게 하면 vector나 array, C 스타일 배열 등에 담긴 배열에 대한 뷰 또는 서브뷰를 다룰 수 있다.

18.3 컨테이너 어댑터

표준 라이브러리는 지금까지 살펴본 순차 컨테이너뿐만 아니라 queue, priority_queue, stack 등 세 가지 컨테이너 어댑터container adaptor도 제공한다. 각각은 순차 컨테이너를 감싼 래퍼다. 그러므로 내부 컨테이너를 교체하더라도 어댑터를 사용하는 코드에 아무런 영향을 주지 않는다. 이렇게 어댑터를 제공하는 목적은 인터페이스를 간결하게 제공할 뿐만 아니라 stack이나 queue와 같은 추상 개념에 적합한 부분만 외부에 노출하기 위해서다. 그러므로 여러 원소를 동시에 추가/삭제하는 기능이나 반복자는 제공하지 않는다.

18.3.1 queue

queue는 <queue>에 정의된 컨테이너 어댑터로서 FIFO First-In First-Out (선입 선출) 방식을 구현한 것이다. queue도 클래스 템플릿으로 구현되었으며 다음과 같이 선언한다.

```
template <class T, class Container = deque<T>> class queue;
```

템플릿 매개변수 T는 queue에 저장할 타입을 지정한다. 두 번째 템플릿 매개변수는 queue의 내부에 사용할 컨테이너를 지정한다. 그런데 queue에서 push_back()과 pop_front()를 모두 지원하려면 순차 컨테이너를 지정해야 한다. 기본으로 제공되는 컨테이너 중에서는 deque이나 list 중 하나만 쓸 수 있다. 대부분 디폴트값인 deque을 그대로 쓴다.

1 queue 연산

queue 인터페이스는 굉장히 간단하다. 메서드 여덟 개와 생성자, 일반 비교 연산자가 전부다. push()와 emplace() 메서드는 큐의 끝tail에 원소를 추가하는 반면 pop()은 큐의 맨 앞head에서 원소를 제거한다. front()와 back()을 이용하면 원소를 제거하지 않고도 맨 앞과 맨 뒤의 원소에 대한 레퍼런스를 구할 수 있다. 또한 다른 메서드처럼 const 객체에 대해 호출하면 const 레퍼런스를 리턴하고, 비 const 객체에 대해 호출하면 읽기/쓰기 가능하며 비 const 레퍼런스를 리턴한다.

> **CAUTION_** pop()은 꺼낸 원소를 리턴하지 않는다. 복제본을 유지하고 싶다면 먼저 front()로 원소를 받아둔 후 pop()을 호출한다.

queue는 size(), empty(), swap()도 제공한다.

2 queue 사용 예제: 네트워크 패킷 버퍼

두 컴퓨터가 네트워크를 통해 정보를 주고받을 때 데이터를 **패킷**packet이라는 단위로 나눠서 보낸다. 컴퓨터에 있는 OS의 네트워크 계층은 패킷 단위로 도착한 데이터들을 한데 모아야 한다.

그런데 상황에 따라 컴퓨터가 수신한 패킷을 모두 처리하지 못할 수도 있다. 이를 위해 상위 계층에서 패킷들을 처리할 여유가 생길 때까지 네트워크 계층의 **버퍼**buffer에 저장해둔다. 패킷은 반드시 도착한 순서대로 처리되어야 한다. 그러므로 이런 작업을 구현하는 데 queue가 적합하다. 다음에 나오는 PacketBuffer 클래스는 수신한 패킷을 처리할 때까지 queue에 저장한다. 자세한 설명은 주석에 달았다. 일종의 클래스 템플릿이기 때문에 네트워크의 여러 계층에서 패킷의 종류(예: IP 패킷이나 TCP 패킷)에 맞게 커스터마이즈할 수 있다. OS는 대부분 메모리를 너무 잡아먹지 않도록 큐에 저장할 패킷 수를 제한하기 때문에 클라이언트가 큐의 최대 크기를 지정할 수 있도록 구성했다. 버퍼가 가득차면 그 뒤에 도착한 패킷은 무시한다.

```
export template <typename T>
class PacketBuffer
{
    public:
        // maxSize가 0이면 크기에 제한이 없다. 버퍼의 크기는 0일 수 없기 때문이다.
        // 0이 아닌 다른 값으로 지정하면 그 수만큼만 저장할 수 있다.
        explicit PacketBuffer(size_t maxSize = 0);

        virtual ~PacketBuffer() = default;

        // 버퍼에 패킷을 저장한다.
        // 버퍼에 공간이 없어서 패킷을 무시할 때는 false를 리턴하고,
        // 나머지 경우는 true를 리턴한다.
        bool bufferPacket(const T& packet);

        // 다음번 패킷을 리턴한다. 버퍼가 비었다면 out_of_range 익셉션을 던진다.
        [[nodiscard]] T getNextPacket();
    private:
        std::queue<T> m_packets;
        size_t m_maxSize;
};

template <typename T> PacketBuffer<T>::PacketBuffer(size_t maxSize/*= 0*/)
    : m_maxSize { maxSize }
{
}

template <typename T> bool PacketBuffer<T>::bufferPacket(const T& packet)
{
    if (m_maxSize > 0 && m_packets.size() == m_maxSize) {
        // 더 이상 공간이 없으므로 패킷을 버린다.
        return false;
```

```
    }
    mPacket.push(packet);
    return true;
}

template <typename T> T PacketBuffer<T>::getNextPacket()
{
    if (m_packets.empty()) {
        throw std::out_of_range { "Buffer is empty" };
    }
    // 맨 앞(head) 원소를 가져온다.
    T temp { m_packets.front() };
    // 맨 앞 원소를 제거한다(Pop).
    m_packets.pop();
    // 맨 앞 원소를 리턴한다.
    return temp;
}
```

실전에서는 대체로 이런 클래스를 멀티스레드로 만든다. C++는 객체를 스레드에 안전하게 공유할 수 있도록 동기화 클래스를 제공한다. 명시적으로 동기화 기능을 구현하지 않으면 표준 라이브러리 객체를 여러 스레드가 안전하게 접근하도록 보장할 수 없다. 동기화는 27장에서 자세히 설명한다. 이 예제에서는 queue 클래스의 기능만 살펴볼 것이므로 단일 스레드를 사용한다고 가정한다.

```
class IPPacket final
{
    public:
        explicit IPPacket(int id) : m_id { id } {}
        int getID() const { return m_id; }
    private:
        int m_id;
};

int main()
{
    PacketBuffer<IPPacket> ipPackets { 3 };

    // 패킷을 4개 더 추가한다.
    for (int i { 1 }; i <= 4; ++i) {
        if (!ipPackets.bufferPacket(IPPacket { i })) {
            cout << "Packet " << i << " dropped (queue is full)." << endl;
```

```
        }
    }

    while (true) {
        try {
            IPPacket packet { ipPackets.getNextPacket() };
            cout << "Processing packet " << packet.getID() << endl;
        } catch (const out_of_range&) {
            cout << "Queue is empty." << endl;
            break;
        }
    }
}
```

이 코드를 실행한 결과는 다음과 같다.

```
Packet 4 dropped (queue is full).
Processing packet 1
Processing packet 2
Processing packet 3
Queue is empty.
```

18.3.2 priority_queue

priority_queue(**우선순위 큐**)는 원소를 정렬된 상태로 저장하는 큐다. 엄격한 FIFO 순서 대신 맨 앞에 있는 원소의 우선순위가 가장 높다. 큐에 가장 오랫동안 저장된 것일 수도 있고, 가장 최근에 추가된 것일 수도 있다. 우선순위가 같은 원소 중 어느 것을 먼저 처리할지는 명확히 정해져 있지 않다.

priority_queue 컨테이너 어댑터도 <queue>에 정의되어 있다. 템플릿 정의를 간단히 표현하면 다음과 같다.

```
template <class T, class Container = vector<T>,
          class Compare = less<T>>;
```

보기보다 간단하다. 첫 번째와 두 번째 매개변수는 앞에서도 봤다. T는 priority_queue에 저장될 원소의 타입이고, Container는 priority_queue가 내부적으로 사용할 컨테이너다.

priority_queue는 디폴트 컨테이너로 vector를 사용하는데, deque을 사용할 수도 있다. list는 사용할 수 없다. priority_queue는 원소에 대해 랜덤 액세스를 지원하기 때문이다. 세 번째 매개변수인 Compare는 좀 복잡하다. 자세한 내용은 19장에서 설명하기로 하고, 여기에서는 less가 일종의 클래스 템플릿으로서 operator< 연산으로 T 타입의 객체끼리 비교한다는 정도만 알아두자. 이 말은 결국 priority_queue에 있는 원소의 우선순위는 operator<에 의해 결정된다는 뜻이다. 비교 연산을 원하는 방식으로 변경할 수 있는데, 이에 대해서는 19장에서 설명한다. 일단 디폴트 연산인 operator<가 priority_queue에 저장할 원소의 타입에 맞게 정의하는 데만 신경 쓴다. C++20부터 operator<=>를 제공하므로 operator<도 자동으로 제공된다.

> **NOTE_** priority_queue에서는 맨 앞에 있는 원소의 우선순위가 가장 높다. 디폴트 설정에 따르면 이 순서는 operator< 연산에 따라 작은 쪽이 낮은 우선순위를 갖도록 정한다.

1 priority_queue 연산

priority_queue에서 제공하는 연산의 종류는 queue보다 훨씬 적다. push()와 emplace() 메서드는 원소를 추가하고, pop() 메서드는 원소를 제거하고, top() 메서드는 맨 앞의 원소에 대한 const 레퍼런스를 리턴한다.

> **CAUTION_** 비 const 객체에 대해 top()을 호출해도 const 레퍼런스를 리턴한다. 원소를 수정하면 순서가 바뀔 수 있기 때문이다. priority_queue는 맨 끝 원소를 구하는 메서드를 제공하지 않는다.

> **CAUTION_** pop()은 꺼낸 원소를 리턴하지 않는다. 복제본이 필요하다면 pop()하기 전에 top()으로 구한다.

queue와 마찬가지로, priority_queue도 size(), empty(), swap()을 지원한다. 하지만 비교 연산자는 전혀 제공하지 않는다.

2 priority_queue 사용 예제: 에러 상관관계 첫 번째 버전(ErrorCorrelator V1)

시스템의 한 에러가 여러 컴포넌트에 에러를 발생시키는 경우가 많다. 에러 처리를 잘하는 시스템은 이러한 **에러 상관관계**error correlation를 고려해서 가장 중요한 에러부터 먼저 처리한다.

이러한 에러 상관관계를 priority_queue로 구현할 수 있다. 여기에서는 에러 상황마다 우선순위가 정해졌다고 가정한다. 에러 상관관계란 결국 에러 상황을 우선순위에 따라 정렬한 것이다. 그러므로 우선순위가 가장 높은 에러를 제일 먼저 처리한다. 클래스 정의는 다음과 같다.

```
// 에러의 우선순위와 에러에 대한 설명만 필드로 갖도록 간단히 정의한 Error 클래스
export class Error final
{
    public:
       Error(int priority, std::string errorString)
            : m_priority { priority }, m_errorString { std::move(errorString) } { }
        int getPriority() const { return m_priority; }
        const std::string& getErrorString() const { return m_errorString; }
        // 우선순위를 기준으로 Error끼리 비교한다(C++20의 operator<=>).
        auto operator<=>(const Error& rhs) const {
            return getPriority() <=> rhs.getPriority(); }
    private:
        int m_priority;
        std::string m_errorString;
};

// 스트림 추가에 대한 Error 오버로딩
export std::ostream& operator<<(std::ostream& os, const Error& err)
{
    os << std::format("{} (priority {})", err.getErrorString(), err.getPriority());
    return os;
}

// 우선순위가 가장 높은 에러를 먼저 리턴하도록 간단히 구현한 ErrorCorrelator 클래스
class ErrorCorrelator final
{
    public:
        // 상관관계가 있는 에러를 추가한다.
        void addError(const Error& error) { m_errors.push(error); }
        // 다음번에 처리할 에러를 가져온다.
        [[nodiscard]] Error getError()
        {
            // 더 이상 에러가 없다면 익셉션을 던진다.
            if (m_errors.empty()) {
                throw std::out_of_range { "No more errors." };
            }
            // 최상단(top) 원소를 저장한다.
            Error top { m_errors.top() };
```

```
            // 최상단 원소를 제거한다.
            m_errors.pop();
            // 저장해둔 최상단 원소를 리턴한다.
            return top;
        }
    private:
        std::priority_queue<Error> m_errors;
};
```

이렇게 구현한 ErrorCorrelator의 사용법을 살펴보기 위해 다음과 같이 간단히 작성된 단위 테스트(유닛 테스트unit test) 코드를 보자. 실전에서는 멀티스레드를 사용해서 한 스레드가 에러를 추가하면 다른 스레드가 이를 처리하도록 구현하는 것이 일반적이다. 앞에서 본 queue 예제와 마찬가지로 멀티스레드를 사용하려면 명시적으로 동기화를 처리해야 한다. 이에 대해서는 27장에서 소개한다.

```
ErrorCorrelator ec;
ec.addError(Error { 3, "Unable to read file" });
ec.addError(Error { 1, "Incorrect entry from user" });
ec.addError(Error { 10, "Unable to allocate memory!" });

while (true) {
    try {
        Error e { ec.getError() };
        cout << e << endl;
    } catch (const out_of_range&) {
        cout << "Finished processing errors" << endl;
        break;
    }
}
```

이 코드를 실행한 결과는 다음과 같다.

```
Unable to allocate memory! (priority 10)
Unable to read file (priority 3)
Incorrect entry from user (priority 1)
Finished processing errors
```

18.3.3 stack

stack은 queue와 거의 같다. FIFO가 아닌 FILO First-In, Last-Out (선입 후출) 또는 LIFO Last-In, First-Out (후입 선출)란 점만 다르다. stack 템플릿은 <stack>에 다음과 같이 정의되어 있다.

```
template <class T, class Container = deque<T>> class stack;
```

stack의 내부 컨테이너로 vector, list 또는 deque을 사용할 수 있다.

1 stack 연산

queue와 마찬가지로 stack도 push( ), emplace( ), pop( ) 메서드를 제공한다. 하지만 queue와 달리 push( )는 stack의 최상단top에 원소를 추가하고, 그전에 추가되었던 원소를 모두 아래로 밀어낸다. 또한 pop( )은 stack에 가장 최근에 추가한 최상단 원소를 제거한다. top( ) 메서드를 const 객체에 대해 호출하면 최상단 원소에 대한 const 레퍼런스를 리턴하고, 비 const 객체에 대해 호출하면 비 const 레퍼런스를 리턴한다.

> **CAUTION_** pop( )은 꺼낸 원소를 리턴하지 않는다. 복제본이 필요하면 top( ) 메서드로 미리 받아둔다.

stack은 empty( ), size( ), swap( )과 표준 비교 연산자도 지원한다.

2 stack 사용 예제: 에러 상관관계 두 번째 버전(ErrorCorrelator V2)

앞서 정의한 ErrorCorrelator 클래스를 우선순위가 가장 높은 에러가 아닌 가장 최근에 추가된 에러를 리턴하도록 수정해보자. 이를 위해 m_errors를 priority_queue가 아닌 stack으로 바꾸기만 하면 된다. 이렇게 수정하면 에러는 우선순위가 아닌 LIFO 순서로 전달된다. push( ), pop( ), top( ), empty( )는 priority_queue와 stack에 모두 있는 것이므로 메서드 정의를 변경할 필요는 없다.

18.4 정렬 연관 컨테이너

정렬 연관 컨테이너ordered associative container는 순차 컨테이너와 달리 원소를 한 줄로 저장하지 않고 키와 값의 쌍으로 저장한다. 연관 컨테이너에서 제공하는 추가, 삭제, 조회 연산의 성능은 대체로 비슷하다.

표준 라이브러리는 map, multimap, set, multiset이라는 네 종류의 정렬 연관 컨테이너를 저장한다. 각각 원소를 트리 형태의 데이터 구조에 **정렬된 상태**로 저장한다. 또한 unordered_map, unordered_multimap, unordered_set, unordered_multiset이라는 비정렬 연관 컨테이너unordered associative container도 제공한다. 비정렬 연관 컨테이너는 18.5절 '비정렬 연관 컨테이너 – 해시 테이블'에서 자세히 소개한다.

18.4.1 pair 유틸리티 클래스

정렬 연관 컨테이너를 살펴보기 전에 먼저 <utility>에 정의된 pair 클래스(std::pair 클래스 템플릿)를 알아보자. pair는 두 값을 그룹으로 묶는 클래스 템플릿이다. 두 값의 타입은 서로 다르게 지정할 수 있다. pair에 담긴 두 값은 각각 first와 second라는 public 데이터 멤버로 접근한다. first와 second 원소를 비교하는 데 모든 종류의 비교 연산자를 사용할 수 있다. 예를 들면 다음과 같다.

```
// 인수가 두 개인 생성자와 디폴트 생성자
pair<string, int> myPair { "hello", 5 };
pair<string, int> myOtherPair;

// first와 second에 직접 대입할 수 있다.
myOtherPair.first = "hello";
myOtherPair.second = 6;

// 복제 생성자
pair<string, int> myThirdPair { myOtherPair };

// operator<
if (myPair < myOtherPair) {
    cout << "myPair is less than myOtherPair" << endl;
} else {
    cout << "myPair is greater than or equal to myOtherPair" << endl;
}

// operator==
if (myOtherPair == myThirdPair) {
    cout << "myOtherPair is equal to myThirdPair" << endl;
} else {
    cout << "myOtherPair is not equal to myThirdPair" << endl;
}
```

코드를 실행한 결과는 다음과 같다.

```
myPair is less than myOtherPair
myOtherPair is equal to myThirdPair
```

CTAD(클래스 템플릿 인수 추론)를 사용하면 다음과 같이 템플릿 타입 인수를 생략하고 작성할 수 있다. 여기서 표준 사용자 정의 스트링 리터럴에 s를 붙였다.

```
pair myPair { "hello"s, 5 }; // 타입은 pair<string, int>
```

CTAD가 지원되기 전인 C++17 이전 버전에서는 두 값으로 pair를 만들어주는 std::make_pair()라는 유틸리티 함수 템플릿을 제공했다. 예를 들어 int와 double 원소로 구성된 pair를 만드는 방법은 다음 세 가지다.

```
pair<int, double> pair1 { make_pair(5, 10.10) };
auto pair2 { make_pair(5, 10.10) };
pair pair3 { 5, 10.10 }; // CTAD
```

18.4.2 map

map은 <map>에 정의되어 있으며, 단일 값 대신 키와 값의 쌍으로 저장한다. 추가, 조회, 삭제 연산도 모두 키를 기준으로 수행한다. 값은 단지 키에 딸린 것일 뿐이다. **맵**map이란 용어는 이 컨테이너가 키를 값에 매핑mapping(대응)한다는 개념에서 따온 것이다.

map은 원소를 키 값을 기준으로 정렬된 상태로 유지한다. 그러므로 추가, 삭제, 조회 연산의 성능이 모두 로그 시간이다. 순서가 있기 때문에 원소의 타입에 대한 operator< 연산이나 사용자가 정의한 비교자comparator를 적용한 순서대로 나열된다. 대체로 레드-블랙 트리red-black tree와 같은 균형 트리balanced tree 형태로 구현한다. 물론 트리 구조는 클라이언트에 드러나지 않는다.

'키'를 이용하여 원소를 저장하거나 조회하면서 일정한 순서를 유지하고 싶다면 map을 사용한다.

1 map 생성하기

map 클래스 템플릿은 키 타입, 값 타입, 비교 타입, 할당자 타입이라는 네 가지 타입을 매개변수로 받는다. 항상 그랬듯이 이 장에서도 할당자에 대한 설명은 생략한다. 비교 타입은 앞에서 설명한 priority_queue의 비교 타입과 비슷하다. 디폴트로 제공되는 것 외에 다른 비교 타입을 지정해도 된다. 하지만 이 장에서는 디폴트로 지정된 less만 사용한다. less를 사용하려면 키를 모두 operator< 연산에 적용할 수 있어야 한다. 좀 더 자세한 사항은 비교 타입을 직접 정의하는 방법을 소개하는 19장을 참조한다.

map을 생성할 때 키와 값에 대한 타입만 지정하고, 비교 타입과 할당자 매개변수를 지정하지 않으면 vector나 list와 같은 형태로 생성된다. 예를 들어 다음 코드는 키를 int로, 값은 Data 클래스의 객체로 저장하도록 선언했다.

```
class Data final
{
    public:
        explicit Data(int value = 0) : m_value { value } { }
        int getValue() const { return m_value; }
        void setValue(int value) { m_value = value; }
    private:
        int m_value;
};
...
map<int, Data> dataMap;
```

내부적으로 dataMap은 map의 각 원소를 pair<int, Data>로 저장한다.

map은 다음과 같이 균일 초기화도 지원한다. 다음 map은 내부적으로 pair<string, int> 인스턴스로 저장한다.

```
map<string, int> m {
    { "Marc G.", 123 },
    { "Warren B.", 456 },
    { "Peter V.W.", 789 }
};
```

여기에서는 CTAD(클래스 템플릿 인수 추론)가 작동하지 않는다. 예를 들어 다음과 같이 작성하면 컴파일 에러가 발생한다.

```
map m {
    { "Marc G.", 123 },
```

```
    { "Warren B.", 456 },
    { "Peter V.W.", 789 }
};
```

컴파일러는 { "Marc G.", 123 }과 같은 구문을 보고 pair<string, int>를 추론할 수 없기 때문이다. 굳이 원한다면 다음과 같이 작성할 수는 있다(여기서 스트링 리터럴에 s를 붙였다).

```
map m {
    pair { "Marc G."s, 123 },
    pair { "Warren B."s, 456 },
    pair { "Peter V.W."s, 789 }
};
```

2 원소 추가하기

vector나 list와 같은 순차 컨테이너에 원소를 추가하려면 항상 추가할 위치를 지정해야 한다. 하지만 map은 다른 정렬 연관 컨테이너와 마찬가지로 위치를 지정할 필요가 없다. map은 새로 추가할 원소의 위치를 내부적으로 알아서 결정하기 때문에 키와 값만 지정하면 된다.

NOTE_ map을 비롯한 정렬 연관 컨테이너는 반복자 위치를 인수로 받는 버전의 insert() 메서드도 제공한다. 하지만 여기서 지정하는 위치는 단지 '힌트'에 불과할 뿐 컨테이너가 반드시 그 위치에 원소를 추가한다는 보장은 없다.

원소를 추가할 때 map에 있는 키가 중복되면 안 된다. 다시 말해 map에 있는 키는 고유한 값이어야 한다. 키 하나에 원소를 여러 개 넣으려면 두 가지 방법을 사용할 수 있다. 하나는 map에서 어떤 키에 대한 값을 vector나 array와 같은 다른 컨테이너로 저장하는 것이고, 다른 하나는 18.4.3절 'multimap'에서 설명할 multimap을 사용하는 것이다.

insert() 메서드

insert() 메서드로 map에 원소를 추가하면 키가 이미 존재하는지 검사할 수 있다는 장점이 있다. 이 메서드로 추가할 키/값 쌍은 반드시 pair 객체나 initializer_list로 지정해야 한다. insert() 메서드의 기본 버전은 iterator와 bool에 대한 pair를 리턴한다. 이처럼 리턴 타입이 복잡한 이유는 지정된 키가 이미 존재할 때 insert()가 그 원소의 값을 덮어쓰지 않기 때문이다. 리턴된 pair의 bool 원소는 insert()가 실제로 키/값 쌍을 추가했는지 알려준다.

iterator 원소는 map에서 지정한 키에 대한 값을 가리킨다(추가 연산의 성공 여부에 따라 새 값일 수도 있고 기존 값일 수도 있다). map의 반복자는 다음 절에서 자세히 설명한다. 앞에서 본 map 예제에 이어서 insert( )를 사용하는 코드를 추가하면 다음과 같다.

```
map<int, Data> dataMap;

auto ret { dataMap.insert({ 1, Data{ 4 } }) }; // initializer_list 사용
if (ret.second) {
    cout << "Insert succeeded!" << endl;
} else {
    cout << "Insert failed!" << endl;
}

ret = dataMap.insert(make_pair(1, Data { 6 })); // pair 객체 사용
if (ret.second) {
    cout << "Insert succeeded!" << endl;
} else {
    cout << "Insert failed!" << endl;
}
```

ret 변수의 타입은 다음과 같이 선언된 pair다.

```
pair<map<int, Data>::iterator, bool> ret;
```

pair의 첫 번째 원소는 map의 반복자로서 int 타입 키와 Data 타입 값으로 구성된 map의 원소를 가리킨다. pair의 두 번째 원소는 부울값이다.

코드를 실행한 결과는 다음과 같다.

```
Insert succeeded!
Insert failed!
```

C++17부터는 if의 초기화 구문에서 map에 데이터를 추가하고 그 결과를 확인하는 문장을 다음과 같이 한 문장으로 표현할 수 있다.

```
if (auto result { dataMap.insert({ 1, Data(4) }) }; result.second) {
    cout << "Insert succeeded!" << endl;
```

```
} else {
    cout << "Insert failed!" << endl;
}
```

C++17부터 제공되는 구조적 바인딩을 적용하면 다음과 같다.

```
if (auto [iter, success] { dataMap.insert({ 1, Data(4) }) }; success) {
    cout << "Insert succeeded!" << endl;
} else {
    cout << "Insert failed!" << endl;
}
```

insert_or_assign( ) 메서드

insert_or_assign()의 리턴 타입은 insert()와 비슷하다. 하지만 지정한 키의 원소가 이미 존재할 때 insert_or_assign()은 기존 값을 새 값으로 덮어쓰는 반면 insert()는 그렇지 않다는 점이 다르다. 또한 insert_or_assign()은 키와 값에 대한 매개변수를 따로 받는다. 예를 들면 다음과 같다.

```
ret = dataMap.insert_or_assign(1, Data { 7 });
if (ret.second) {
    cout << "Inserted." << endl;
} else {
    cout << "Overwritten." << endl;
}
```

operator[]

operator[]의 오버로딩 버전으로도 map에 원소를 추가할 수 있다. 키와 값을 구분해서 지정하는 문법적인 차이 말고는 비슷하다. 또한 operator[] 연산은 항상 성공한다. 지정한 키에 대한 값이 없다면 그 키와 값으로 원소를 새로 추가한다. 지정한 키가 이미 존재하면 기존 값을 새로 지정한 값으로 바꿔버린다. 앞에서 본 예제에서 insert() 대신 operator[]를 사용하도록 변경하면 다음과 같다.

```
map<int, Data> dataMap;
dataMap[1] = Data { 4 };
dataMap[1] = Data { 6 }; // 키가 1인 원소의 값이 바뀐다.
```

하지만 operator[]를 사용할 때 한 가지 주의할 점이 있다. operator[]는 값에 대한 객체를 항상 새로 만든다. 설사 그 값을 사용할 일이 없어도 그렇다. 그러므로 값(원소)에 대해 디폴트 생성자가 반드시 있어야 한다. 그러므로 insert()보다 효율이 떨어진다.

지정한 원소가 map에 존재하지 않는 경우 operator[]가 새로 만든다는 것은 operator[]를 const로 선언하지 않았다는 의미다. 당연한 말 같지만 경우에 따라 부자연스럽게 느낄 수 있다. 예를 들어 다음 함수를 보자.

```
void func(const map<int, int>& m)
{
    cout << m[1] << endl; // 에러
}
```

이 코드는 컴파일 에러가 발생한다. 단순히 m[1]을 읽기만 하지만 m이란 변수가 map에 대한 const 레퍼런스인데 operator[]는 const가 아니기 때문이다. 이때는 951쪽 '[4] 원소 조회하기'에서 소개하는 find() 메서드를 사용해야 한다.

emplace()

map은 원소를 그 자리에서 곧바로 생성하도록 emplace()와 emplace_hint() 메서드를 제공한다. 기능은 vector의 emplace()와 비슷하다. 또한 try_emplace() 메서드도 있는데, 지정한 키가 map에 존재하지 않으면 원소를 새로 만들어서 추가하고, 키가 존재하면 아무 일도 하지 않는다.

3 map의 반복자

map의 반복자는 순차 컨테이너의 반복자와 비슷하게 작동한다. 다른 반복자와 가장 큰 차이점은 하나의 값이 아닌 키/값으로 구성된 pair를 가리킨다는 점이다. 값에 접근하려면 반드시 pair 객체의 second 필드를 조회해야 한다. map의 반복자는 양방향으로 작동한다. 그러므로 앞이나 뒤로 탐색할 수 있다. 앞에서 본 예제의 map을 반복자로 탐색하는 방법은 다음과 같다.

```
for (auto iter { cbegin(dataMap) }; iter != cend(dataMap); ++iter) {
    cout << iter->second.getValue() << endl;
}
```

여기서 값에 접근하는 부분을 살펴보자.

```
iter->second.getValue()
```

iter는 키/값 pair를 가리킨다. 그러므로 pair의 second 필드인 Data 객체에 접근할 때 -> 연산자를 사용했다. 그러고 나서 Data 객체의 getValue() 메서드를 호출해서 값을 구했다.

참고로 다음과 같이 작성해도 된다.

```
(*iter).second.getValue()
```

범위 기반 for 문으로 작성하면 다음과 같이 좀 더 직관적으로 표현할 수 있다.

```
for (const auto& p : dataMap) {
    cout << p.second.getValue() << endl;
}
```

구조적 바인딩을 적용하면 훨씬 세련되게 표현할 수 있다.

```
for (const auto& [key, data] : dataMap) {
    cout << data.getValue() << endl;
}
```

CAUTION_ 비 const 반복자로도 원소의 값을 변경할 수 있지만, 원소의 키를 변경하면 컴파일 에러가 발생한다. 키가 달라지면 map에 담긴 원소의 정렬 순서가 바뀔 수 있기 때문이다.

4 원소 조회하기

map에서 주어진 키로 원소를 조회하는 연산의 성능은 로그 시간이다. map에서 지정한 키로 원소를 조회하는 방법은 앞에서 살펴봤다. 가장 간단한 방법은 operator[]로 조회하는 것이다. 단, 이 연산은 비 const map에 대해 호출하거나 map에 대한 비 const 레퍼런스에 대해 호출해야 한다. operator[]가 좋은 점은 원소에 대한 레퍼런스를 리턴하기 때문에 pair 객체에서 값을 빼오지 않고도 그 자리에서 값을 직접 수정하거나 활용할 수 있다는 것이다. 앞에서 본 예제에서 키가 1인 Data 객체에 대해 setValue()를 호출하도록 수정하는 코드를 추가하면 다음과 같다.

```
map<int, Data> dataMap;
dataMap[1] = Data { 4 };
dataMap[1] = Data { 6 };
dataMap[1].setValue(100);
```

그런데 이 원소가 이미 있는지 모르는 상태에서 operator[]를 호출하면 안 된다. 지정한 키에 대해 원소가 없다면 원소를 새로 만들어서 추가할 수 있기 때문이다. 이렇게 하지 않고 map에서 제공하는 find() 메서드로 원하는 키에 대한 원소를 참조하는 iterator를 리턴받거나, 주어진 키에 대해 값이 없다면 end() 반복자를 활용해도 된다. 앞에서 키가 1인 Data 객체를 수정하는 코드를 find() 메서드로 작성하면 다음과 같다.

```
auto it { dataMap.find(1) };
if (it != end(dataMap)) {
    it->second.setValue(100);
}
```

이처럼 find() 메서드를 사용하면 코드가 약간 지저분해진다. 하지만 반드시 이렇게 작성해야 할 때도 있다.

주어진 키에 대한 원소가 map에 존재하는지만 알고 싶다면 count() 메서드를 활용한다. 이 메서드는 지정한 키에 대해 map에 담긴 원소의 개수를 리턴한다. map에 대해 이 메서드를 호출하면 항상 0 아니면 1을 리턴한다. 같은 키를 가진 원소가 여러 개 있을 수 없기 때문이다.

C++20 C++20부터 (정렬 및 비정렬) 연관 컨테이너는 모두 contains()라는 메서드를 갖는다. 컨테이너에 주어진 키가 존재하면 true를, 그렇지 않으면 false를 리턴한다. 이 메서드 덕분에 더 이상 연관 컨테이너에서 특정 키가 존재하는지 확인하는 데 count()를 호출하는 방식으로 작성하지 않아도 된다. 예를 들면 다음과 같다.

```
auto isKeyInMap { dataMap.contains(1) };
```

5 원소 삭제하기

map은 반복자가 가리키는 특정한 지점에 있는 원소를 삭제하거나 반복자로 지정한 범위에 있는 원소를 모두 삭제하는 기능을 제공한다. 각각에 대한 성능은 분할 상환 상수 시간과 로그 시간이다. 클라이언트 입장에서 볼 때 map에서 제공하는 두 가지 버전의 erase( ) 메서드는 순차 컨테이너에서 제공하는 erase( )와 차이가 없다. 하지만 map은 주어진 키와 일치하는 원소를 삭제하는 버전의 erase( )를 제공한다는 점에서 좀 더 뛰어나다. 예를 들면 다음과 같다.

```
map<int, Data> dataMap;
dataMap[1] = Data { 4 };
cout << format("There are {} elements with key 1.", dataMap.count(1)) << endl;
dataMap.erase(1);
cout << format("There are {} elements with key 1.", dataMap.count(1)) << endl;
```

이 코드의 실행 결과는 다음과 같다.

```
There are 1 elements with key 1
There are 0 elements with key 1
```

6 노드

정렬 및 비정렬 연관 컨테이너를 흔히 **노드 기반**node-based 데이터 구조라 부른다. C++17부터 표준 라이브러리에서 **노드**node를 **노드 핸들**node handle의 형태로 직접 접근하는 기능이 추가되었다. 정확한 타입이 정해져 있지 않지만 컨테이너마다 노드 핸들 타입을 가리키는 node_type이란 타입 앨리어스가 있다. 노드 핸들은 이동시킬 수만 있고, 노드에 저장된 원소를 소유하고 있다. 키와 값 모두에 대해 읽기/쓰기 권한이 있다.

extract( ) 메서드에 반복자 위치나 키를 지정해서 호출하면 연관 컨테이너에서 노드를 노드 핸들로 가져올 수 있다. extract( )로 컨테이너에서 노드를 가져오면 그 노드는 컨테이너에서 삭제된다. 리턴된 노드 핸들만 그 원소를 소유하기 때문이다.

노드 핸들을 컨테이너에 추가할 수 있도록 insert( )를 오버로딩한 메서드도 새로 추가되었다.

extract( )로 노드 핸들을 가져와서 insert( )로 노드 핸들을 추가하면 복제나 이동 연산을 수행하지 않고도 한쪽 연관 컨테이너에 있는 데이터를 다른 쪽 연관 컨테이너로 옮기는 효과를 볼 수 있다. 심지어 노드를 map에서 multimap으로, set에서 multiset으로 이동시킬 수도 있다.

앞에서 본 예제에 이어서 키가 1인 노드를 두 번째 map으로 이동시키는 부분을 추가하면 다음과 같다.

```
map<int, Data> dataMap2;
auto extractedNode { dataMap.extract(1) };
dataMap2.insert(move(extractedNode));
```

마지막 두 문장을 다음과 같이 하나로 합칠 수 있다.

```
dataMap2.insert(dataMap.extract(1));
```

또한 merge()를 이용하면 한쪽 연관 컨테이너에 있는 노드를 모두 다른 쪽으로 이동시킬 수 있다. 대상 컨테이너의 노드와 중복되거나 다른 이유로 이동시킬 수 없는 노드는 원본 컨테이너에 남는다. 예를 들면 다음과 같다.

```
map<int, int> src { {1, 11}, {2, 22} };
map<int, int> dst { {2, 22}, {3, 33}, {4, 44}, {5, 55} };
dst.merge(src);
```

이렇게 merge() 연산을 실행하고 나면 src에 여전히 {2, 22}란 원소가 남게 된다. 대상 컨테이너에 이미 {2, 22}가 있어서 이동시킬 수 없기 때문이다. 이 연산을 실행하면 dst는 {1, 11}, {2, 22}, {3, 33}, {4, 44}, {5, 55}란 원소를 갖게 된다.

7 map 사용 예제: 은행 계좌

map으로 간단한 은행 계좌 데이터베이스를 만들어보자. 흔히 map에 저장할 class나 struct의 한 필드를 키로 사용한다. 여기에서는 계좌 번호를 키로 사용한다. 이렇게 작성한 BankAccount와 BankDB 클래스는 다음과 같다.

```
export class BankAccount final
{
    public:
        BankAccount(int accountNumber, std::string name)
            : m_accountNumber { accountNumber }, m_clientName { std::move(name) } {}
```

```
        void setaccountNumber(int accountNumber) {
            m_accountNumber = accountNumber; }
        int getaccountNumber() const { return m_accountNumber; }

        void setClientName(std::string name) { m_clientName = std::move(name); }
        const std::string& getClientName() const { return m_clientName; }
    private:
        int m_accountNumber;
        std::string m_clientName;
};

export class BankDB final
{
    public:
        // 은행 데이터베이스에 계좌를 추가한다. 같은 계좌가 이미 있다면 추가하지 않는다.
        // 계좌를 추가했다면 true를 리턴하고, 그렇지 않으면 false를 리턴한다.
        bool addAccount(const BankAccount& account);

        // accountNumber로 지정한 계좌를 데이터베이스에서 삭제한다.
        void deleteAccount(int accountNumber);

        // 번호나 클라이언트 이름으로 지정한 계좌에 대한 레퍼런스를 리턴한다.
        // 지정한 계좌가 없다면 out_of_range 익셉션을 던진다.
        BankAccount& findAccount(int accountNumber);
        BankAccount& findAccount(std::string_view name);

        // db에 있는 계좌를 모두 이 데이터베이스에 추가한다.
        // 그런 다음 db에 있는 계좌를 모두 삭제한다.
        void mergeDatabase(BankDB& db);
    private:
        std::map<int, BankAccount> m_accounts;
};
```

BankDB 메서드의 구현 코드는 다음과 같다. 자세한 설명은 주석으로 달았다.

```
bool BankDB::addAccount(const BankAccount& account)
{
    // 지정된 계좌 번호를 키로 사용해서 실제로 추가하는 연산을 수행한다.
    auto res [ m_accounts.emplace(account.getaccountNumber(), account) ];
    // 또는 다음과 같이 작성해도 된다.
    // auto res { m_accounts.insert(
    //     pair { account.getaccountNumber(), account }) };
```

```
    // 연산의 성공과 실패 여부를 표현하는 pair의 bool 필드를 리턴한다.
    return res.second;
}

void BankDB::deleteAccount(int accountNumber)
{
    m_accounts.erase(accountNumber);
}

BankAccount& BankDB::findAccount(int accountNumber)
{
    // find()에 지정한 키로 원소를 찾는다.
    auto it { m_accounts.find(accountNumber) };
    if (it == end(m_accounts)) {
        throw out_of_range { "No account with that number." };
    }

    // map에 대한 반복자는 키/값 pair를 가리킨다는 점을 명심한다.
    return it->second;
}

BankAccount& BankDB::findAccount(string_view name)
{
    // 키 없이 원소를 찾으려면 원소를 순차적으로 탐색해야 한다.
    // 이때 C++17부터 추가된 구조적 바인딩을 활용한다.
    for (auto& [accountNumber, account] : m_accounts) {
        if (account.getClientName() == name) {
            return account; // 원소를 찾았으면 리턴한다.
        }
    }
    throw out_of_range { "No account with that name." };
}

void BankDB::mergeDatabase(BankDB& db)
{
    // C++17에 추가된 merge()를 사용한다.
    m_accounts.merge(db.m_accounts);
    // 또는 다음과 같이 작성한다.
    // m_accounts.insert(begin(db.m_accounts), end(db.m_accounts));

    // 이제 원본 데이터베이스를 삭제한다.
    db.m_accounts.clear();
}
```

이제 앞서 정의한 BankDB 클래스를 사용해보자.

```
BankDB db;
db.addAccount(BankAccount { 100, "Nicholas Solter" });
db.addAccount(BankAccount { 200, "Scott Kleper" });

try {
    auto& account { db.findAccount(100) };
    cout << "Found account 100" << endl;
    account.setClientName("Nicholas A Solter");

    auto& account2 { db.findAccount("Scott Kleper") };
    cout << "Found account of Scott Kleper" << endl;

    auto& account3 { db.findAccount(1000) };
} catch (const out_of_range& caughtException) {
    cout << "Unable to find account: " << caughtException.what() << endl;
}
```

이 코드를 실행한 결과는 다음과 같다.

```
Found account 100
Found account of Scott Kleper
Unable to find account: No account with that number.
```

18.4.3 multimap

multimap은 한 키에 여러 값을 담을 수 있는 map이다. map과 마찬가지로 multimap도 균일 초기화를 지원한다. multimap의 인터페이스는 다음과 같은 점을 제외하면 map의 인터이스와 같다.

- multimap은 operator[]와 at()을 제공하지 않는다. 한 키에 여러 원소가 있는 상황과 어울리지 않기 때문이다.
- multimap에 원소를 추가하는 연산은 항상 성공한다. 원소를 하나만 추가하는 multimap::insert() 메서드는 pair가 아닌 iterator만 리턴한다.
- map에서 제공하던 insert_or_assign()과 try_emplace() 메서드는 multimap에서 제공하지 않는다.

NOTE_ multimap을 이용하면 키/값 쌍을 중복해서 추가할 수 있다. 중복되지 않게 하려면 원소를 추가할 때마다 매번 중복 검사를 해야 한다.

multimap을 사용할 때 까다로운 부분은 원소를 조회하는 것이다. operator[]를 제공하지 않기 때문에 이를 사용할 수 없다. find()도 지정한 키에 해당하는 모든 원소를 참조하는 iterator를 리턴하기 때문에(그러므로 주어진 키에 대해 첫 번째 원소가 아닐 수 있기 때문에) 그리 도움이 되지 않는다.

하지만 multimap은 한 키에 모든 원소를 저장할 수 있고, 컨테이너에서 같은 키에 속한 원소의 범위를 가리키는 iterator를 리턴하는 메서드를 제공한다. lower_bound()와 upper_bound() 메서드는 주어진 키에 일치하는 원소 중에서 각각 첫 번째와 마지막의 바로 뒤에 있는 원소를 가리키는 iterator를 리턴한다. 키에 매칭되는 원소가 없다면 lower_bound()와 upper_bound()가 리턴하는 iterator가 서로 같다.

주어진 키에 대한 원소의 양쪽 경계를 가리키는 iterator를 구하고 싶다면 lower_bound()를 호출한 뒤 upper_bound()를 호출하는 것보다 equal_range()를 호출하는 것이 좀 더 효율적이다. equal_range() 메서드는 lower_bound()와 upper_bound()가 각각 리턴하는 두 가지 iterator를 pair로 묶어서 리턴한다.

NOTE_ lower_bound(), upper_bound(), equal_range() 메서드는 map에서도 제공한다. 하지만 map은 같은 키를 가진 원소가 여러 개 있을 수 없기 때문에 이 메서드의 활용도가 떨어진다.

1 multimap 사용 예제: 친구 목록(BuddyList)

현재 나와 있는 온라인 채팅 프로그램은 대부분 친구 목록을 관리하는 기능을 제공한다. 이런 프로그램은 친구 목록에 있는 사용자에게 특별한 권한을 제공한다. 예를 들어 목록에 있는 사용자끼리 메시지를 제한 없이 보낼 수 있다.

multimap을 이용하면 온라인 채팅 프로그램을 위한 친구 목록을 구현할 수 있다. 다시 말해 사용자마다 친구 목록을 multimap으로 저장하면 된다. multimap의 각 항목마다 사용자의 친구를 한 명씩 저장한다. 사용자를 키로, 친구를 값으로 저장하면 된다. 예를 들어 해리 포터와 론 위즐리가 서로 상대방을 친구 목록에 추가했다면, 한쪽은 '해리 포터' 키에 '론 위즐리'란 값이 매핑된 항목으로, 다른 쪽은 '론 위즐리' 키에 '해리 포터'란 값이 매핑된 항목으로 생성할 수 있다. multimap은 같은 키로 여러 값을 저장할 수 있기 때문에 한 사용자에 대해 여러 친구를 저장할 수 있다. 이렇게 정의한 BuddyList 클래스는 다음과 같다.

```
export class BuddyList final
{
    public:
        // name으로 지정한 사람의 친구를 buddy로 추가한다.
        void addBuddy(const std::string& name, const std::string& buddy);
        // name으로 지정한 사람의 친구인 buddy를 제거한다.
        void removeBuddy(const std::string& name, const std::string& buddy);
        // buddy가 name으로 지정한 사람의 친구라면 true를, 아니면 false를 리턴한다.
        bool isBuddy(const std::string& name, const std::string& buddy) const;
        // name으로 지정한 사람의 친구 목록을 가져온다.
        std::vector<std::string> getBuddies(const std::string& name) const;
    private:
        std::multimap<std::string, std::string> m_buddies;
};
```

BuddyList의 구현 코드는 다음과 같다. 자세한 설명은 주석으로 달았다. 이 코드는 lower_bound( ), upper_bound( ), equal_range( )의 사용법을 보여준다.

```
void BuddyList::addBuddy(const string& name, const string& buddy)
{
    // 여기에 전달된 buddy가 중복되지 않도록 확인한다.
    if (!isBuddy(name, buddy)) {
        m_buddies.insert({ name, buddy }); // initializer_list 사용
    }
}

void BuddyList::removeBuddy(const string& name, const string& buddy)
{
    // 'name' 키로 구한 원소의 범위(시작과 끝)를 구한다.
    // lower_bound()와 upper_bound()를 사용하는 방식으로 작성했지만
    // 실전에서는 equal_range()를 쓰는 게 훨씬 빠르다.
    auto begin { m_buddies.lower_bound(name) }; // 범위의 시작
    auto end { m_buddies.upper_bound(name) };   // 범위의 끝

    // 키가 'name'인 원소에 대해 반복하면서 값이 'buddy'인 원소를 찾는다.
    // 키가 'name'인 원소가 없다면 begin과 end가 같으므로 루프가 실행되지 않는다.
    for (auto iter { begin }; iter != end; ++iter) {
        if (iter->second == buddy) {
            // 일치하는 원소를 찾았다. 이 원소를 맵에서 제거한다.
            m_buddies.erase(iter);
            break;
        }
```

```
    }
}

bool BuddyList::isBuddy(const string& name, const string& buddy) const
{
    // equal_range()로 'name' 키에 대한 원소 범위의 시작과 끝을 구한다.
    // 그리고 C++17에 추가된 구조적 바인딩을 적용한다.
    auto [begin, end] { m_buddies.equal_range(name) };

    // 'name' 키에 대한 원소에 대해 반복하며 값이 'buddy'인 원소를 찾는다.
    for (auto iter { begin }; iter != end; ++iter) {
        if (iter->second == buddy) {
            // 원소 발견
            return true;
        }
    }
    // 발견하지 못한 경우
    return false;
}

vector<string> BuddyList::getBuddies(const string& name) const
{
    // equal_range()로 'name' 키에 대한 원소 범위의 시작과 끝을 구한다.
    // 그리고 C++17에 추가된 구조적 바인딩을 적용한다.
    auto [begin, end] { m_buddies.equal_range(name) };

    // 앞에서 구한 범위에 속한 이름을 모두 담은 vector를 생성한다.
    vector<string> buddies;
    for (auto iter { begin }; iter != end; ++iter) {
        buddies.push_back(iter->second);
    }
    return buddies;
}
```

여기서 removeBuddy()를 구현할 때 지정한 키로 모든 원소를 삭제하는 버전의 erase()는 사용할 수 없다. 지정한 키에 해당하는 모든 원소가 아닌 한 원소만 삭제해야 하기 때문이다. 또한 getBuddies()에서 equal_range()에서 리턴한 범위에 원소를 추가할 때 vector의 insert()를 호출할 수 없다. multimap의 iterator가 참조하는 원소는 string이 아닌 키/값 pair 객체이기 때문이다. getBuddies() 메서드에서 주어진 범위에 대해 루프를 돌 때 반드시 각각의 키/값 pair에서 string을 추출한 다음 그 값을 추가한 vector를 새로 만들어서 리턴해야 한다.

이렇게 구현한 BuddyList를 사용하는 코드는 다음과 같다.

```
BuddyList buddies;
buddies.addBuddy("Harry Potter", "Ron Weasley");
buddies.addBuddy("Harry Potter", "Hermione Granger");
buddies.addBuddy("Harry Potter", "Hagrid");
buddies.addBuddy("Harry Potter", "Draco Malfoy");

// 실수로 추가한 드라코 말포이를 삭제한다.
buddies.removeBuddy("Harry Potter", "Draco Malfoy");

buddies.addBuddy("Hagrid", "Harry Potter");
buddies.addBuddy("Hagrid", "Ron Weasley");
buddies.addBuddy("Hagrid", "Hermione Granger");

auto harrysFriends { buddies.getBuddies("Harry Potter") };

cout << "Harry's friends: " << endl;
for (const auto& name : harrysFriends) {
    cout << "\t" << name << endl;
}
```

이 코드를 실행한 결과는 다음과 같다.

```
Harry's friends:
        Ron Weasley
        Hermione Granger
        Hagrid
```

18.4.4 set

set은 <set> 헤더 파일에 정의되어 있으며 map과 상당히 비슷하다. map과 다른 점은 키/값 쌍으로 저장하지 않고, 키가 곧 값이라는 점이다. set은 키가 없고 정보를 중복되지 않게 정렬해서 저장하고, 추가, 조회, 삭제 연산도 빠르게 처리하고 싶을 때 적합하다.

set에서 제공하는 인터페이스는 map과 거의 같다. 가장 큰 차이점은 set은 operator[], insert_or_assign(), try_emplace()를 제공하지 않는다는 것이다.

set에 있는 원소의 키/값은 변경할 수 없다. set의 원소를 변경하면 순서가 바뀔 수 있기 때문이다.

1 set 사용 예제: 접근 권한 관리(AccessList)

컴퓨터 시스템 보안을 위한 기본 방법은 접근 권한을 정해두는 것이다. 파일이나 장치를 비롯한 시스템에 존재하는 개체마다 접근할 수 있는 사용자 목록을 마련해두는 것이다. 그러므로 특별한 권한을 가진 사용자만 시스템의 개체에 대한 접근 권한 리스트를 추가하거나 삭제할 수 있다. 이러한 접근 권한 리스트는 내부적으로 set으로 구현하면 좋다. 시스템의 개체에 대한 set을 하나 만들고, 그 개체에 접근할 수 있는 사용자 이름(유저네임[username])을 저장한다. 이를 정의한 클래스 코드는 다음과 같다.

```
export class AccessList final
{
    public:
        // 디폴트 생성자
        AccessList() = default;
        // 균일 초기화를 지원하는 생성자
        AccessList(std::initializer_list<std::string_view> users)
        {
            m_allowed.insert(begin(users), end(users));
        }
        // 접근 권한 리스트에 사용자를 추가하는 메서드
        void addUser(std::string user)
        {
            m_allowed.emplace(std::move(user));
        }
        // 접근 권한 리스트에서 사용자를 삭제하는 메서드
        void removeUser(const std::string& user)
        {
            m_allowed_erase(user);
        }
        // 접근 권한 리스트에 사용자가 있다면 true를 리턴한다.
        bool isAllowed(const std::string& user) const
        {
            return (m_allowed.const(user) != 0);
        }
        // 접근 권한을 가진 사용자를 모두 vector에 담아서 리턴한다.
        std::vector<std::string> getAllUsers() const
        {
            return { begin(m_allowed), end(m_allowed) };
        }
    private:
        std::set<std::string> m_allowed;
};
```

여기서 getAllUsers( )를 단 한 줄로 구현한 부분을 살펴보자. m_allowed에 대한 시작과 끝 반복자를 vector의 생성자로 전달해서 getAllUsers가 리턴할 vector<string>을 생성하는 작업을 단 한 문장으로 처리했다. 자세히 풀어쓰고 싶다면 다음과 같이 작성해도 된다.

```
std::vector<std::string> users(begin(m_allowed), end(m_allowed));
return users;
```

지금까지 작성한 코드를 직접 사용해보자.

```
AccessList fileX { "mgregoire", "baduser" };
fileX.addUser("pvw");
fileX.removeUser("baduser");

if (fileX.isAllowed("mgregoire")) {
    cout << "mgregoire has permissions" << endl;
}

if (fileX.isAllowed("baduser")) {
    cout << "baduser has permissions" << endl;
}

auto users { fileX.getAllUsers() };
for (const auto& user : users) {
    cout << user << " ";
}
```

AccessList의 생성자 중에서 initializer_list를 매개변수로 받는 버전이 있다. 따라서 앞에서 fileX를 초기화하는 문장처럼 균일 초기화를 적용할 수 있다.

이 코드를 실행한 결과는 다음과 같다.

```
mgregoire has permissions
mgregoire  pvw
```

여기서 m_allowed 데이터 멤버는 string_view가 아닌 std::string에 대한 set이어야 한다. string_view에 대한 set으로 바꾸면 댕글링 포인터 문제가 발생할 수 있다. 예를 들어 다음 코드를 보자.

```
AccessList fileX;
{
    string user { "someuser" };
    fileX.addUser(user);
}
```

이렇게 하면 string 객체인 user를 생성한 뒤 fileX의 접근 제어 리스트에 추가한다. 그런데 string 생성문과 addUser( ) 호출문이 모두 중괄호에 담겨 있다. 그러므로 string의 수명은 fileX보다 짧다. 닫는 중괄호에 다다르면 string은 스코프를 벗어나서 제거된다. 그러므로 fileX에 있는 string_view는 이미 삭제되어버린 string을 가리키게 된다. 즉, 댕글링 포인터가 발생한다.

18.4.5 multiset

multiset과 set의 관계는 multimap과 map의 관계와 같다. multiset은 set에서 제공하는 연산을 모두 제공한다. 하지만 똑같은 원소를 중복해서 가질 수 있다. multiset의 사용법은 set이나 multimap과 비슷하기 때문에 구체적인 예제는 생략한다.

18.5 비정렬 연관 컨테이너 - 해시 테이블

표준 라이브러리는 흔히 **해시 테이블**이라 부르는 **비정렬 연관 컨테이너**unordered associative container도 제공한다. 크게 네 종류(unordered_map, unordered_multimap, unordered_set, unordered_multiset)가 있다. 앞에서 살펴본 map, multimap, set, multiset 컨테이너는 원소를 정렬하지만, 여기서 소개하는 컨테이너는 원소를 정렬하지 않는다.

18.5.1 해시 함수

비정렬 연관 컨테이너를 흔히 **해시 테이블**hash table이라 부른다. **해시 함수**hash function로 구현하기 때문이다. 해시 테이블은 **버킷**bucket이라 부르는 배열 형태로 원소를 저장한다. 버킷마다 처음부터 마지막 버킷까지 0, 1, 2와 같이 숫자 인덱스가 붙어 있다. 해시 함수는 키를 **해시값**hash value으로 변환하는데, 이 값은 다시 **버킷 인덱스**bucket index로 변환된다. 그러므로 이렇게 버킷 인덱스로 표현된 키에 대응되는 값을 해당 버킷에 저장한다.

해시 함수의 결과는 중복될 수 있다. 같은 버킷 인덱스를 가리키는 키가 두 개 이상인 상황을 **(해시) 충돌**collision이라 부른다. 서로 다른 키의 해시값이 같거나, 서로 다른 해시값이 동일한 버킷 인덱스로 변환될 때 충돌이 발생한다. 이러한 충돌을 해결하기 위해 이차 함수 재해싱quadratic re-hashing, 리니어 체이닝linear chaining과 같은 다양한 방법이 나와 있다. 관심 있는 독자는 B.3절 '알고리즘과 데이터 구조'를 참조하기 바란다. 표준 라이브러리는 충돌 처리 알고리즘을 특별히 정해두지 않았지만, 최근 구현된 라이브러리는 대부분 리니어 체이닝을 적용하고 있다. 리니어 체이닝은 키에 대응되는 데이터값을 버킷에 직접 저장하지 않고, 연결 리스트에 대한 포인터를 저장한다. 이 연결 리스트에 해당 버킷에 대한 데이터값을 모두 담고 있다. 이를 그림으로 표현하면 [그림 18-1]과 같다.

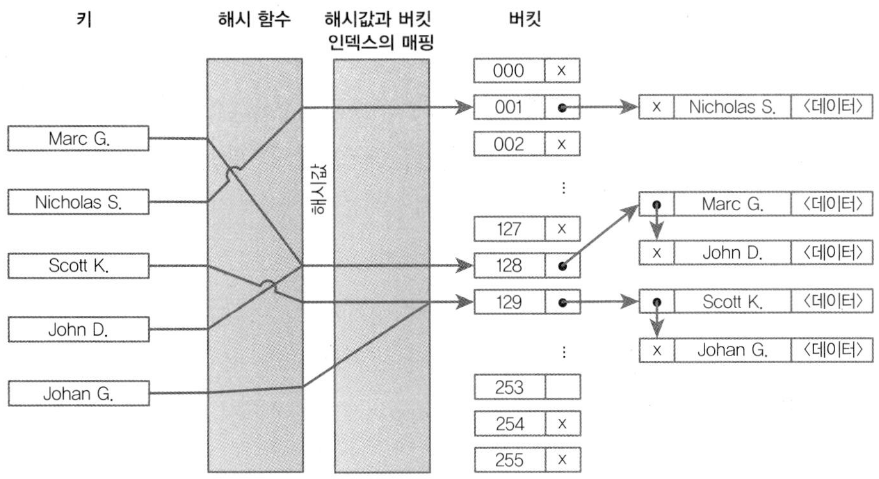

그림 18-1

[그림 18-1]을 보면 충돌이 두 번 발생한다. 첫 번째 충돌은 'Mark G.'와 'John D.'라는 키의 해시 함수 결과가 모두 버킷 인덱스 128에 대응되는 해시값으로 나와서 발생한다. 이 버킷은 'Mark G.'와 'John D.'라는 키와 각각에 해당하는 데이터값을 담은 연결 리스트에 대한 포인터값을 갖고 있다. 두 번째 충돌은 'Scott K.'와 'Johan G.'에 대한 해시값이 모두 버킷 인덱스 129번에 대응되기 때문에 발생한다.

또한 [그림 18-1]을 보면 키로 값을 조회(룩업lookup)하는 과정과 이를 수행하는 데 발생하는 복잡도도 알 수 있다. 조회 연산은 먼저 해시값을 계산하는 해시 함수를 한 번 호출해서 해시값을 구한 뒤 이를 버킷 인덱스로 변환한다. 버킷 인덱스를 구했다면 한 개 이상의 등호equality 연산을 이용해서 연결 리스트에서 적합한 키를 찾는다. 그러므로 기존 map에 비해 해시 테이블에 대한 조회 연산이 굉장히 빠르다. 하지만 충돌 발생 횟수에 따라 성능이 달라질 수 있다.

적용하는 해시 함수의 종류도 중요하다. 충돌이 전혀 없는 해시 함수를 완전 해시perfect hash라 부른다. 완전 해시의 조회 연산에 대한 복잡도는 상수 시간이다. 일반 해시의 조회 시간은 원소 개수에 관계없이 평균적으로 1에 가깝다. 충돌 횟수가 많아질수록 조회 시간은 늘어나서 성능이 떨어진다. 기본 해시 테이블의 크기를 늘리면 충돌을 줄일 수 있지만 캐시 크기도 함께 고려해서 결정해야 한다.

C++ 표준에서는 bool, char, int, float, double과 같은 기본 타입과 포인터 타입에 대한 해시 함수를 제공한다. 또한 error_code, error_condition, optional, variant, bitset, unique_ptr, shared_ptr, type_index, string, string_view, vector<bool>, thread::id에 대해서도 해시 함수를 제공한다. 원하는 키 타입을 제공하는 해시 함수가 표준에 없다면 직접 구현해야 한다. 완전 해시는 만들기 쉽지 않다. 키의 수와 종류가 정해져 있더라도 그렇다. 수학적으로 깊이 있게 분석해야 하기 때문이다. 그런데 완전 해시가 아니더라도 충분한 성능을 내는 해시를 만드는 것도 쉽지 않다. 해시 함수에 대한 수학 이론은 이 책에서 자세히 다루지 않고, 아주 간단한 해시 함수를 만드는 예제만 소개하고 넘어간다.

다음 코드는 해시 함수를 직접 만드는 방법을 보여준다. 여기에서는 요청된 사항을 표준 해시 함수 중 하나로 전달하기만 한다. 여기서 정의한 IntWrapper 클래스는 정숫값 하나를 감싸기만 한다. 비정렬 연관 컨테이너에서는 키에 대한 operator== 연산을 반드시 제공해야 한다.

```
class IntWrapper
{
    public:
        IntWrapper(int i) : m_wrappedInt { i } {}
        int getValue() const { return m_wrappedInt; }
        bool operator==(const IntWrapper&) const = default; // C++20부터 디폴트다.
    private:
        int m_wrappedInt;
};
```

IntWrapper에 대한 해시 함수는 std::hash 템플릿을 IntWrapper에 대해 특수화하는 방식으로 구현한다. std::hash 템플릿은 <functional>에 정의되어 있다. 이렇게 특수화하려면 주어진 IntWrapper 인스턴스에 대한 해시를 계산해서 리턴하는 함수 호출 연산자를 구현해야 한다. 예제에서는 주어진 요청을 단순히 정수 타입에 대한 표준 해시 함수로 전달하는 방식으로 처리한다.

```
namespace std
{
    template<> struct hash<IntWrapper>
    {
        size_t operator()(const IntWrapper& x) const {
            return std::hash<int>{}(x.getValue());
        }
    };
}
```

일반적으로 std 네임스페이스에 새로운 것을 추가하면 안 된다. 하지만 std 클래스 템플릿을 특수화할 때는 예외적으로 이를 허용한다. hash 클래스 템플릿을 특수화하려면 두 가지 타입을 정의해야 한다. 함수 호출 연산자는 단 한 줄로 구현했는데, 정수에 대한 표준 해시 함수인 std::hash<int>{}의 인스턴스를 생성한 뒤 이 인스턴스의 함수 호출 연산자에 x.getValue()를 인수로 지정해서 호출한다. 여기에서는 IntWrapper에 정수에 대한 데이터 멤버 하나만 있기 때문에 이런 식으로 요청을 전달할 수 있다. 하지만 클래스에 데이터 멤버가 여러 개면 해시값을 계산할 때 여기 나온 데이터 멤버를 모두 반영해야 한다. 이 책에서는 구체적인 방법은 다루지 않는다.

18.5.2 unordered_map

unordered_map 컨테이너는 <unordered_map>에 다음과 같이 클래스 템플릿으로 정의되어 있다.

```
template <class Key,
          class T,
          class Hash = hash<Key>,
          class Pred = std::equal_to<Key>,
          class Alloc = std::allocator<std::pair<const Key, T>>>
    class unordered_map;
```

템플릿 매개변수는 키 타입, 값 타입, 해시 타입, 등호 비교 타입, 할당자 타입 등 다섯 가지며, 마지막 세 가지 매개변수를 이용해서 해시 함수, 등호 비교 함수, 할당자 함수를 커스터마이즈할 수 있다. 하지만 대부분 디폴트값을 사용하기 때문에 이 세 가지 매개변수는 따로 지정하지 않는다. 참고로 특별히 다른 이유가 없다면 디폴트값을 사용하는 것이 좋다. 따라서 첫 번째와 두 번째 매개변수가 중요하다. map과 마찬가지로 unordered_map도 균일 초기화를 적용할 수 있다. 예를 들면 다음과 같다.

```
unordered_map<int, string> m {
    {1, "Item 1"},
    {2, "Item 2"},
    {3, "Item 3"},
    {4, "Item 4"}
};

// C++17부터 추가된 구조적 바인딩을 적용한다.
for (const auto& [key, value] : m) {
    cout << format("{} = {}", key, value) << endl;
}

// 구조적 바인딩을 적용하지 않는다.
for (const auto& p : m) {
    cout << format("{} = {}", p.first, p.second) << endl;
}
```

map과 unordered_map의 차이점을 표로 정리하면 다음과 같다. 속이 채워진 네모(■)는 해당 연산을 지원한다는 뜻이고, 속이 빈 네모(□)는 그렇지 않다는 뜻이다.

연산	map	unordered_map
at()	■	■
begin()	■	■
begin(n)	□	■
bucket()	□	■
bucket_count()	□	■
bucket_size()	□	■
cbegin()	■	■
cbegin(n)	□	■
cend()	■	■
cend(n)	□	■
clear()	■	■
C++20 contains()	■	■
count()	■	■

연산	map	unordered_map
crbegin()	■	□
crend()	■	□
emplace()	■	■
emplace_hint()	■	■
empty()	■	■
end()	■	■
end(n)	□	■
equal_range()	■	■
erase()	■	■
extract()	■	■
find()	■	■
insert()	■	■
insert_or_assign()	■	■
iterator / const_iterator	■	■
load_factor()	□	■
local_iterator / const_local_iterator	□	■
lower_bound()	■	□
max_bucket_count()	□	■
max_load_factor()	□	■
max_size()	■	■
merge()	■	■
operator[]	■	■
rbegin()	■	□
rehash()	□	■
rend()	■	□
reserve()	□	■
reverse_iterator / const_reverse_iterator	■	□
size()	■	■
swap()	■	■
try_emplace()	■	■
upper_bound()	■	□

map과 마찬가지로 unordered_map도 키가 중복될 수 없다. 앞에 나온 표를 보면 해시 관련 메서드가 여러 개 있다. 예를 들어 load_factor()는 버킷당 평균 원소 수를 리턴하는데, 이 값으로 충돌 횟수를 알 수 있다. bucket_count() 메서드는 컨테이너에 있는 버킷 수를 리턴한다.

또한 한 버킷에 담긴 원소에 대해 루프를 돌도록 local_iterator와 const_local_iterator도 제공한다. 하지만 이 반복자는 다른 버킷에 대해서는 적용할 수 없다. bucket(key) 메서드는 인수로 지정한 키의 버킷 인덱스를 리턴한다. begin(n)은 인덱스가 n인 버킷에 있는 첫 번째 원소를 가리키는 local_iterator를 리턴하고, end(n)은 인덱스가 n인 버킷에 있는 마지막 바로 다음번 원소를 가리키는 local_iterator를 리턴한다. 이러한 메서드를 실제로 사용하는 방법은 다음 절에 나온 예제에서 소개한다.

1 unordered_map 사용 예제: 전화번호부(phoneBook)

unordered_map으로 전화번호부를 구현해보자. 사람 이름을 키로 사용하고, 전화번호를 그 키에 대응되는 값으로 사용한다.

```
void printMap(const auto& m) // C++20 축약 함수 템플릿
{
    for (auto& [key, value] : m) {
        cout << format("{} (Phone: {}", key, value) << endl;
    }
    cout << "-------" << endl;
}

int main()
{
    // 해시 테이블을 생성한다.
    unordered_map<string, string> phoneBook {
        { "Marc G.", "123-456789" },
        { "Scott K.", "654-987321" } };
    printMap(phoneBook);

    // 전화번호를 추가/삭제한다.
    phoneBook.insert(make_pair("John D.", "321-987654"));
    phoneBook["Johan G."] = "963-258147";
    phoneBook["Freddy K."] = "999-256256";
    phoneBook.erase("Freddy K.");
    printMap(phoneBook);

    // 주어진 키의 버킷 인덱스를 검색한다.
    const size_t bucket { phoneBook.bucket("Marc G.") };
    cout <<format("Marc G. is in bucket {} containing the following {} names:",
        bucket, phoneBook.bucket_size(bucket)) << endl;
    // 버킷에 있는 원소에 대한 begin과 end 반복자를 가져온다.
```

```
    // 여기에서는 타입을 'auto'로 지정했다. 컴파일러는 두 반복자의 타입을
    // unordered_map<string, string>::const_local_iterator로 추론한다.
    auto localBegin { phoneBook.cbegin(bucket) };
    auto localEnd { phoneBook.cend(bucket) };
    for (auto iter { localBegin }; iter != localEnd; ++iter) {
        cout << format("\t{} (Phone: {})", iter->first, iter->second) << endl;
    }
    cout << "-------" << endl;

    // 해시 테이블에 대한 통계를 화면에 출력한다.
    cout << format("There are {} buckets.", phoneBook.bucket_count()) << endl;
    cout << format("Average number of elements in a bucket is {}.",
        phoneBook.load_factor()) << endl;
}
```

위 코드를 실행한 결과는 다음과 같다. 참고로 시스템마다 결과가 다르게 나올 수 있다. 해시 함수뿐만 아니라 unordered_map의 구현 방식이 다를 수 있기 때문이다.

```
Scott K. (Phone: 654-987321)
Marc G. (Phone: 123-456789)
-------
Scott K. (Phone: 654-987321)
Marc G. (Phone: 123-456789)
Johan G. (Phone: 963-258147)
John D. (Phone: 321-987654)
-------
Marc G. is in bucket 1 which contains the following 2 elements:
        Scott K. (Phone: 654-987321)
        Marc G. (Phone: 123-456789)
-------
There are 8 buckets.
Average number of elements in a bucket is 0.5
```

18.5.3 unordered_multimap

unordered_multimap은 같은 키로 여러 원소를 대응시킬 수 있는 unordered_map이다. 다음과 같은 차이점을 제외하면 인터페이스는 똑같다.

- unordered_multimap은 operator[]와 at()을 제공하지 않는다. 한 키가 여러 원소를 가리키는 상황에서 두 메서드의 의미가 맞지 않기 때문이다.

- unordered_multimap에 대한 추가 연산은 항상 성공한다. 그러므로 원소 하나를 추가하는 unordered_multimap::insert() 메서드는 두 값을 pair로 묶지 않고 iterator 하나만 리턴한다.
- unordered_map과 달리 unordered_multimap은 insert_or_assign()과 try_emplace() 메서드를 제공하지 않는다.

NOTE_ unordered_multimap을 이용하면 키/값 쌍을 중복해서 저장할 수 있다. 중복을 허용하고 싶지 않다면 원소를 추가할 때마다 직접 중복 여부를 검사해야 한다.

앞에서 multimap에 대해 설명했듯이 unordered_multimap은 원소를 operator[]로 조회할 수 없다. 이 연산을 제공하지 않기 때문이다. find()로 조회해도 되지만 지정한 키에 대응되는 원소 중에서 첫 번째가 아닌 다른 원소를 가리키는 반복자를 리턴할 수 있다. 따라서 주어진 키에 대응되는 첫 번째 원소와 마지막 바로 다음번 원소를 가리키는 원소를 가리키는 반복자를 pair로 묶어서 리턴하는 equal_range() 메서드로 조회하는 것이 좋다. equal_range() 메서드의 사용법은 multimap과 같다. 따라서 구체적인 사용법은 18.4.3절의 '[1] multimap 사용 예제'를 참조한다.

18.5.4 unordered_set과 unordered_multiset

<unordered_set>을 보면 unordered_set과 unordered_multiset이 정의되어 있다. 각각 키를 정렬하지 않고 해시 함수를 사용한다는 점만 빼면 set과 multiset과 상당히 유사하다. unordered_set과 unordered_map의 차이점은 앞에서 설명한 set과 map의 차이점과 같다. 따라서 이에 대한 자세한 설명은 생략한다. unordered_set과 unordered_multiset의 연산을 자세히 알고 싶다면 표준 라이브러리 레퍼런스를 참고한다.

18.6 기타 컨테이너

C++ 언어는 표준 라이브러리와 함께 사용할 수 있는 컨테이너를 다양하게 제공한다. 대표적인 예로 표준 C 스타일 배열, string, 스트림, bitset 등이 있다.

18.6.1 표준 C 스타일 배열

앞에서 일반 포인터도 일종의 반복자라고 설명한 적이 있다. 반복자와 관련된 연산을 제공하기 때문이다. 이 점을 가볍게 볼 수 없는 이유는 원소에 대한 포인터를 반복자로 사용하면 표준 C

스타일 배열을 표준 라이브러리 컨테이너처럼 사용할 수 있기 때문이다. 표준 C 스타일 배열은 당연히 size(), empty(), insert(), erase()와 같은 메서드를 제공하지 않기 때문에 정식 표준 라이브러리 컨테이너는 아니다. 하지만 포인터를 이용한 반복자를 제공하기 때문에 20장에서 소개하는 표준 라이브러리의 알고리즘과 이 장에서 소개하는 몇 가지 메서드에 적용할 수 있다.

예를 들어 모든 컨테이너의 반복자 범위를 인수로 받는 vector의 insert() 메서드로 표준 C 스타일 배열에 담긴 원소를 모두 vector로 복제할 수 있다. 이 버전의 insert() 메서드의 프로토타입은 다음과 같다.

```
template <class InputIterator> iterator insert(const_iterator position,
    InputIterator first, InputIterator last);
```

원본이 int 타입에 대한 표준 C 스타일 배열일 때 InputIterator를 템플릿화한 타입은 int*가 된다. 예를 들면 다음과 같다.

```
const size_t count { 10 };
int values[count]; // 표준 C 스타일 배열
// 배열의 원소를 모두 인덱스값으로 초기화한다.
for (int i { 0 }; i < count; i++) { values[i] = i; }

// 배열에 담긴 내용을 vector 뒤에 추가한다.
vector<int> vec;
vec.insert(end(vec), values, values + count);

// vector의 내용을 화면에 출력한다.
for (const auto& i : vec) { cout << i << " "; }
```

여기서 배열의 첫 번째 원소를 가리키는 반복자는 첫 번째 원소(values)의 주소다. 그러므로 배열의 이름은 첫 번째 원소에 대한 주소처럼 쓸 수 있다. 마지막 원소를 가리키는 반복자는 반드시 마지막에서 바로 다음번 째 원소를 가리켜야 한다. 그러므로 첫 번째 원소의 주소에 count를 더한 values+count의 주소가 된다.

std::begin()이나 std::cbegin()을 이용하면 포인터로 접근하지 않는 정적 할당 C 스타일 배열의 첫 번째 원소에 대한 반복자를 쉽게 구할 수 있다. 또한 std::end()나 std::cend()를

사용하면 이 배열의 마지막에서 바로 다음번 원소에 대한 반복자를 얻을 수 있다. 예를 들어 앞에 나온 코드에서 insert( )를 호출하는 부분을 다음과 같이 표현할 수 있다.

```
vec.insert(end(vec), cbegin(values), cend(values));
```

CAUTION_ std::begin( )과 std::end( ) 같은 함수는 포인터로 접근하지 않는 정적 할당 C 스타일 배열에 대해서만 사용할 수 있다. 포인터를 사용하거나 동적으로 할당된 C 스타일 배열에는 적용할 수 없다.

18.6.2 string

string을 문자에 대한 순차 컨테이너로 볼 수 있다. 실제로도 C++의 string은 정식 순차 컨테이너다. 반복자를 리턴하는 begin( ), end( ) 메서드와 insert( ), push_back( ), erase( ), size( ), empty( )를 비롯한 순차 컨테이너에서 기본적으로 제공하는 메서드를 모두 갖추고 있다. 기본적으로 vector와 상당히 비슷하다. 심지어 reserve( )와 capacity( ) 같은 메서드도 제공한다.

string을 표준 라이브러리의 vector 컨테이너처럼 쓸 수 있다. 예를 들면 다음과 같다.

```
string myString;
myString.insert(cend(myString), 'h');
myString.insert(cend(myString), 'e');
myString.push_back('l');
myString.push_back('l');
myString.push_back('o');

for (const auto& letter : myString) {
    cout << letter;
}
cout << endl;

for (auto it { cbegin(myString) }; it != cend(myString); ++it) {
    cout << *it;
}
cout << endl;
```

string은 표준 라이브러리의 순차 컨테이너에서 제공하는 메서드뿐만 아니라 여러 가지 유틸리티 메서드와 friend 함수도 제공한다. string의 인터페이스는 좀 지저분하다. 6장에서 설명한 잘못된 설계의 대표적인 예다. string 클래스는 2장에서 자세히 설명했다.

18.6.3 스트림

전통적인 분류에 따르면 입력과 출력 스트림은 컨테이너가 아니다. 원소를 저장하지 않기 때문이다. 하지만 원소를 순차적으로 다룬다는 점에서 표준 라이브러리의 컨테이너와 공통점이 많다. C++ 스트림은 표준 라이브러리 관련 메서드를 하나도 제공하지 않지만, 표준 라이브러리에서 istream_iterator와 ostream_iterator라는 특수 반복자를 제공한다. 그러므로 입력과 출력 스트림에 대해 반복할 수 있다. 이에 대한 자세한 내용은 17장에서 소개한다.

18.6.4 bitset

bitset은 고정된 크기의 비트열을 추상화한 것이다. 한 비트는 0과 1이라는 두 가지 값만 가질 수 있으며, 흔히 참/거짓[true/false], 켜기/끄기[on/off](온/오프)와 같은 속성을 표현한다. bitset은 셋[set](설정)과 언셋[unset](해제)이란 용어를 사용한다. 값을 **반전**(**토글**[toggle] 또는 **플립**[flip]) 시킬 수도 있다.

bitset은 정식 표준 라이브러리 컨테이너가 아니다. 크기가 고정되었고, 원소 타입에 대해 템플릿화할 수 없고, 반복자를 제공하지 않기 때문이다. 하지만 컨테이너와 함께 사용하는 일이 많을 정도로 유용하기 때문에 여기서 잠시 살펴보고 넘어간다. bitset에서 제공하는 연산의 자세한 사항은 표준 라이브러리 레퍼런스를 참고한다.

1 bitset의 기본 기능

bitset은 <bitset>에 정의되어 있으며 저장할 비트 수에 대해 템플릿화할 수 있다. 디폴트 생성자는 bitset의 모든 필드를 0으로 초기화한다. 0과 1이란 문자로 구성된 string을 bitset으로 만드는 생성자도 있다.

각각의 비트값은 set(), unset(), flip() 메서드로 설정할 수 있고, bitset에 대해 오버로딩된 operator[] 연산으로 각 필드값을 조회하거나 설정할 수도 있다. 참고로 비 const 객체에 대해 operator[] 연산을 수행하면 flip()을 호출하거나 operator~ 연산으로 부울값을 할당할 수 있는 프록시 객체를 리턴한다. 또한 test() 메서드로 개별 필드에 접근할 수도 있다. 그리고 추가 및 추출 연산으로 bitset을 스트림으로 처리할 수도 있다. bitset을 스트림으로 처리하면 0과 1이란 문자로 구성된 string으로 표현된다.

bitset을 사용하는 예를 간단히 살펴보자.

```
bitset<10> myBitset;

myBitset.set(3);
myBitset.set(6);
myBitset[8] = true;
myBitset[9] = myBitset[3];

if (myBitset.test(3)) {
    cout << "Bit 3 is set!"<< endl;
}
cout << myBitset << endl;
```

이 코드를 실행한 결과는 다음과 같다.

```
Bit 3 is set!
1101001000
```

string의 출력 결과를 보면 가장 왼쪽에 나온 문자가 최상위 비트다. 우리가 흔히 이진수를 표현할 때 가장 낮은 자리 비트인 $2^0 = 1$을 가장 오른쪽에 표현하는 방식과 일치한다.

2 비트 연산

bitset은 기본적인 비트 조작 메서드뿐만 아니라 &, |, ^, ~, <<, >>, &=, |=, ^=, <<=, >>=과 같은 비트 연산자도 제공한다. 이들 연산자는 실제 비트열에 적용할 때와 똑같이 작동한다. 예를 들면 다음과 같다.

```
auto str1 { "0011001100" };
auto str2 { "0000111100" };
bitset<10> bitsOne { str1 };
bitset<10> bitsTwo { str2 };

auto bitsThree { bitsOne & bitsTwo };
cout << bitsThree << endl;
bitsThree <<= 4;
cout << bitsThree << endl;
```

이 코드를 실행한 결과는 다음과 같다.

```
0000001100
0011000000
```

3 bitset 사용 예제: 케이블 채널 관리(CableCompany)

케이블 TV 가입자의 채널을 bitset으로 관리할 수 있다. 가입자가 신청한 채널을 bitset으로 표현하고, 현재 신청된 채널을 표현하는 비트를 1로 설정한다. 또한 흔히 선택하는 채널을 묶은 패키지형 채널도 bitset으로 표현할 수 있다.

다음에 나온 CableCompany 클래스는 이 모델을 구현한 예를 보여준다. 여기에서는 string과 bitset 타입의 map을 사용하는데, 하나는 패키지형 채널을, 다른 하나는 가입자 정보를 저장한다.

```
export class CableCompany final
{
    public:
        // 제공되는 채널 수
        static const size_t NumChannels { 10 };
        // 지정한 채널에 대한 패키지 상품을 데이터베이스에 저장한다.
        void addPackage(std::string_view packageName,
            const std::bitset<NumChannels>& channels);
        // 채널이 문자열로 지정된 패키지를 데이터베이스에 추가한다.
        void addPackage(std::string_view packageName, std::string_view channels);
        // 지정한 패키지를 데이터베이스에서 삭제한다.
        void removePackage(std::string_view packageName);
        // 지정한 패키지의 채널을 조회한다.
        // 패키지 이름이 잘못되었으면 out_of_range 익셉션을 던진다.
        const std::bitset<NumChannels>& getPackage(
            std::string_view packageName) const;
        // 가입자 정보를 패키지에 담긴 채널로 초기화해서 데이터베이스에 추가한다.
        // 패키지 이름이 잘못되면 out_of_range 익셉션을 던진다.
        // 이미 저장된 가입자를 지정하면 invalid_argument 익셉션을 던진다.
        void newCustomer(std::string_view name, std::string_view package);
        // 가입자 정보를 패키지에 담긴 채널로 초기화해서 데이터베이스에 추가한다.
        // 이미 저장된 가입자를 지정하면 invalid_argument 익셉션을 던진다.
        void newCustomer(std::string_view name,
            const std::bitset<NumChannels>& channels);
        // 채널을 가입자 프로파일에 추가한다.
        // 모르는 가입자를 지정하면 invalid_argument 익셉션을 던진다.
        void addChannel(std::string_view name, int channel);
```

```
        // 지정한 채널을 가입자 프로파일에서 삭제한다.
        // 모르는 가입자를 지정하면 invalid_argument 익셉션을 던진다.
        void removeChannel(std::string_view name, int channel);
        // 지정한 패키지를 가입자 프로파일에 추가한다.
        // 패키지 이름이 잘못되면 out_of_range 익셉션을 던진다.
        // 모르는 가입자를 지정하면 invalid_argument 익셉션을 던진다.
        void addPackageToCustomer(std::string_view name,
            std::string_view package);
        // 지정한 가입자를 데이터베이스에서 삭제한다.
        void deleteCustomer(std::string_view name);
        // 가입자가 신청한 채널을 조회한다.
        // 모르는 가입자를 지정하면 invalid_argument 익셉션을 던진다.
        const std::bitset<NumChannels>& getCustomerChannels(
            std::string_view name) const;
    private:
        // 가입자가 신청한 채널을 조회한다(비 const).
        // 모르는 가입자를 지정하면 invalid_argument 익셉션을 던진다.
        std::bitset<NumChannels>& getCustomerChannelsHelper(
            std::string_view name);

        using MapType = std::map<std::string, std::bitset<NumChannels>>;
        MapType m_packages, m_customers;
};
```

이 클래스에서 정의한 메서드의 구현 코드는 다음과 같다. 자세한 설명은 주석에 달았다.

```
void CableCompany::addPackage(string_view packageName,
    const bitset<NumChannels>& channels)
{
    m_packages.emplace(packageName, channels);
}

void CableCompany::addPackage(string_view packageName, string_view channels)
{
    addPackage(packageName, bitset<NumChannels> { channels.data() });
}

void CableCompany::removePackage(string_view packageName)
{
    m_packages.erase(packageName.data());
}

const bitset<CableCompany::NumChannels>& CableCompany::getPackage(
```

```
    string_view packageName) const
{
    // 지정한 패키지에 대한 레퍼런스를 구한다.
    if (auto it { m_packages.find(packageName.data()) }; it == end(m_packages)) {
        // 패키지를 찾은 경우. 여기서 'it'는 name/bitset 쌍에 대한 레퍼런스다.
        // bitset은 두 번째 필드다.
        return it->second;
  }
  throw out_of_range { "Invalid package" };
}

void CableCompany::newCustomer(string_view name, string_view package)
{
    // 지정한 패키지에 속한 채널을 가져온다.
    auto& packageChannels { getPackage(package) };
    // 가입자가 선택한 패키지가 표현된 bitset으로 설정된 계정을 생성한다.
    newCustomer(name, packageChannels);
}

void CableCompany::newCustomer(string_view name,
    const bitset<NumChannels>& channels)
{
    // 가입자 맵에 가입자를 추가한다.
    if (auto [iter, success]{ m_customers.emplace(name, channels) };!success) {
        // 가입자가 이미 데이터베이스에 존재하는 경우 변경하지 않는다.
        throw invalid_argument { "Duplicate customer" };
    }
}

void CableCompany::addChannel(string_view name, int channel)
{
    // 지정한 가입자가 현재 가입한 채널을 조회한다.
    auto& customerChannels { getCustomerChannelsHelper(name) };
    // 가입자를 찾았다면 채널을 설정한다.
    customerChannels.set(channel);
}

void CableCompany::removeChannel(string_view name, int channel)
{
    // 지정한 가입자가 현재 신청한 채널을 가져온다.
    auto& customerChannels { getCustomerChannelsHelper(name) };
    // 가입자를 찾았다면 채널을 삭제한다.
    customerChannels.reset(channel);
}
```

```
void CableCompany::addPackageToCustomer(string_view name, string_view package)
{
    // 지정한 패키지에 속한 채널을 가져온다.
    auto& packageChannels { getPackage(package) };
    // 지정한 가입자가 선택한 채널을 가져온다.
    auto& customerChannels { getCustomerChannelsHelper(name) };
    // 현재 가입자가 신청한 채널에 패키지 채널을 or 연산으로 추가한다.
    customerChannels |= packageChannels;
}

void CableCompany::deleteCustomer(string_view name)
{
    m_customers.erase(name.data());
}

const bitset<CableCompany::NumChannels>& CableCompany::getCustomerChannels(
    string_view name) const
{
    // 가입자에 대한 레퍼런스를 찾는다.
    if (auto it { m_customers.find(name.data()) }; it != end(m_customers)) {
        // 가입자를 찾은 경우. 여기서 'it'는 name/bitset 쌍에 대한 레퍼런스다.
        // bitset은 두 번째 필드다.
        return it->second;
  }
  throw invalid_argument { "Unknown customer" };
}

bitset<CableCompany::NumChannels>& CableCompany::getCustomerChannelsHelper(
    string_view name)
{
    // 코드 중복을 피하도록 const getCustomerChannels()로 전달한다.
    return  const_cast<bitset<NumChannels>&>(
        as_const(*this).getCustomerChannels(name));
}
```

이렇게 구현한 CableCompany 클래스를 사용하는 방법은 다음과 같다.

```
CableCompany myCC;
myCC.addPackage("basic", "1111000000");
myCC.addPackage("premium", "1111111111");
myCC.addPackage("sports", "0000100111");

myCC.newCustomer("Marc G.", "basic");
```

```
myCC.addPackageToCustomer("Marc G.", "sports");
cout << myCC.getCustomerChannels("Marc G.") << endl;
```

이 코드를 실행한 결과는 다음과 같다.

```
1111100111
```

18.7 정리

이 장에서는 표준 라이브러리에서 제공하는 컨테이너 중에서 vector, deque, list, forward_list, array, stack, queue, priority_queue, map, multimap, set, multiset, unordered_map, unordered_multimap, unordered_set, unordered_multiset, string, bitset을 살펴봤다. 이 과정에서 각 컨테이너를 사용하는 방법에 대한 예제도 소개했다. 아무쪼록 이 장에서 표준 라이브러리 컨테이너의 강력함을 제대로 느꼈길 바란다. 여기 나온 컨테이너를 당장 쓸 일이 없더라도 잘 익혀두면 나중에 프로젝트를 진행할 때 분명 도움이 될 것이다.

이제 컨테이너를 어느 정도 파악했으니 표준 라이브러리의 핵심인 제네릭 알고리즘을 알아볼 차례다. 그전에 함수 포인터, 함수 객체, 람다 표현식에 대해 알아야 한다. 다음 장에서 이런 기초 지식을 소개한다.

18.8 연습 문제

이 장에서 소개한 내용을 직접 써보기 위해 다음 연습 문제를 풀어보자. 연습 문제에 대한 정답은 이 책의 웹사이트(www.wiley.com/go/proc++5e)에서 다운로드할 수 있다. 문제를 풀다가 막히면 정답부터 찾지 말고 먼저 앞에서 설명한 부분을 다시 읽고 직접 답을 찾아보려고 애쓰기 바란다.

연습 문제 18-1 vector를 다루는 연습을 해보기 위해 int에 대한 vector인 values를 만들고 숫자 2와 5로 초기화한다. 그러고 나서 다음 연산을 구현한다.

1. insert(): 숫자 3과 4를 values의 적절한 위치에 추가한다.
2. int에 대한 vector를 하나 더 만들고 숫자 0과 1로 초기화한 후 values의 앞부분에 방금 새로 만든 vector의 내용을 추가한다.

3 int에 대한 vector를 또 만들고 values의 원소에 대해 역방향으로 루프를 돌면서 그 내용을 방금 만든 세 번째 vector에 추가한다.

4 세 번째 vector의 내용을 범위 기반 for 문으로 출력한다.

연습 문제 18-2 [연습 문제 15-4]에서 만든 Person 클래스를 바탕으로 phone_book이란 이름의 모듈을 새로 추가한다. 이 모듈은 사람의 전화번호를 string 타입으로 저장하는 PhoneBook 클래스를 정의한다. 전화번호부에서 전화번호를 추가하고 삭제하는 메서드를 추가한다. 또한 주어진 사람의 모든 전화번호를 담은 vector를 리턴하는 메서드도 추가한다. 구현한 내용을 main() 함수에서 테스트해보자. 이때 [연습 문제 15-4]에서 만든 사용자 정의 person 리터럴을 사용한다.

연습 문제 18-3 [연습 문제 15-1]에서 AssociativeArray를 만든 적이 있다. 그때 작성했던 main()의 테스트 코드에서 이 배열 대신 표준 라이브러리 컨테이너를 사용하도록 고쳐보자.

연습 문제 18-4 주어진 double 값에 대한 시퀀스의 평균값을 계산하는 average() 함수(함수 템플릿 아님!)를 만들어보자. vector나 array로부터 주어진 시퀀스나 서브시퀀스를 처리할 수 있어야 한다. main() 함수에서 vector와 array로부터 제대로 계산되는지 테스트해보자.

보너스 연습 문제 방금 구현한 average() 함수를 함수 템플릿으로 바꿀 수 있는가? 함수 템플릿은 반드시 정수나 부동소수점 타입에 대해서만 인스턴스화되어야 한다. 이렇게 바꾸면 앞서 작성한 main()의 테스트 코드에는 어떤 영향을 미치는지 설명해보자.

CHAPTER 19

함수 포인터, 함수 객체, 람다 표현식

이 장의 내용

- 함수 포인터
- 클래스 메서드에 대한 포인터 사용법
- 다형 함수 래퍼 사용법
- 함수 객체 개념 및 작성 방법
- 람다 표현식 세부사항

C++의 함수는 **일급 함수**first-class function라고 부른다. 함수를 일반 변수처럼 다른 함수의 인수로 전달하거나, 다른 함수에서 리턴하거나, 변수에 대입할 수 있기 때문이다. 이렇게 사용하는 함수를 **콜백**callback이라고도 부른다. 호출될 수 있는 대상임을 표현하는 용어다. 오버로드한 operator()나 인라인 람다 표현식처럼 함수 포인터일 수도 있고 함수 포인터처럼 동작하는 것일 수도 있다. operator()를 오버로드한 것을 **함수 객체**function object, 또는 간단히 **펑터**functor라고 부른다. 표준 라이브러리는 편의를 위해 콜백 객체를 생성하는 데 사용되는 클래스와 기존 콜백 객체에 연결할 수 있는 클래스를 제공한다. 지금부터는 콜백에 대해 좀 더 자세히 살펴본다. 다음 장에서 설명할 알고리즘 중 상당수는 콜백을 통해 동작을 커스터마이즈하기 때문이다.

19.1 함수 포인터

함수의 메모리상의 위치를 알아야 하는 경우는 많지 않다. 하지만 함수도 엄연히 주소가 부여되어 있다. C++에서는 함수를 데이터처럼 사용할 수 있다. 다시 말해 C++는 일급 함수를 지원한다. 이런 함수의 주소를 구해서 변수처럼 사용할 수 있다.

함수 포인터function pointer라는 타입이 있다. 함수 포인터 타입은 매개변수 타입과 리턴 타입에 따라 결정된다. 함수 포인터를 다루는 한 가지 방법은 타입 앨리어스를 이용하는 것이다. 타입 앨리어스를 이용하면 특정한 속성을 가진 함수들을 타입 이름 하나로 부를 수 있다. 예를 들어 int 매개변수 두 개와 bool 리턴값 하나를 가진 함수의 타입을 Matcher란 이름으로 정의하면 다음과 같다.

```
using Matcher = bool(*)(int, int);
```

다음은 size_t와 두 개의 int를 받아서 아무 것도 리턴하지 않는 함수에 대한 타입 앨리어스인 MatchHandler를 정의한다.

```
using MatchHandler = void(*)(size_t, int, int);
```

이제 이들 타입이 정의되었으므로 Matcher와 MatchHandler라는 두 콜백을 매개변수로 받는 함수를 작성할 수 있다. 다른 함수를 매개변수로 받는 함수 또는 함수를 리턴하는 함수를 **고차 함수**higher-order function라 부른다. 예를 들어 다음 함수는 int 타입 span 두 개와 Matcher 및

MatchHandler를 매개변수로 받는다. 이렇게 받은 두 span에 대해 루프를 돌면서 각 원소에 대해 Matcher를 호출한다. Matcher가 true를 리턴하면 매치된 지점을 MatchHandler의 첫 번째 인수로 지정하고, 두 번째와 세 번째 인수로 Matcher가 true를 리턴하게 만든 값들을 지정해서 호출한다. 이때 Matcher와 MatchHandler가 변수로 전달되지만 일반 함수처럼 호출된다.

```
void findMatches(span<const int> values1, span<const int> values2,
    Matcher matcher, MatchHandler handler)
{
    if (values1.size() != values2.size()) { return; } // 크기가 같아야 함

    for (size_t i { 0 }; i < values1.size(); ++i) {
        if (matcher(values1[i], values2[i])) {
            handler(i, values1[i], values2[i]);
        }
    }
}
```

참고로 이렇게 구현하려면 두 span의 원소 개수가 같아야 한다. 또한 findMatches() 함수를 호출하려면 앞서 정의한 Matcher 타입을 따르는 함수만 있으면 된다. 다시 말해 int 두 개를 받아서 bool을 리턴하는 타입이면 모두 가능하다. 그리고 MatchHandler 타입을 따르는 함수 하나가 있으면 된다. Matcher로 쓸 수 있는 함수의 예를 들면 다음과 같다. 이 함수는 두 매개변수가 같으면 true를 리턴한다.

```
bool intEqual(int item1, int item2) { return item1 == item2; }
```

다음은 매치된 원소를 단순히 출력만하는 MatchHandler의 예를 보여준다.

```
void printMatch(size_t position, int value1, int value2)
{
    cout << format("Match found at position {} ({}, {})",
        position, value1, value2) << endl;
}
```

intEqual() 함수와 printMatch() 함수는 다음과 같이 findMatches()의 인수로 전달할 수 있다.

```
vector values1 { 2, 5, 6, 9, 10, 1, 1 };
vector values2 { 4, 4, 2, 9, 0, 3, 1 };
cout << "Calling findMatches() using intEqual():" << endl;
findMatches(values1, values2, &intEqual, &printMatch);
```

여기서 콜백 함수 두 개를 findMatches() 함수에 포인터로 전달했다. 문법을 정확히 따지면 & 문자는 생략하도 되고, 함수 이름만 적어도 된다. 그러면 컴파일러는 그 값이 주소라고 판단한다. 이 코드의 실행 결과는 다음과 같다.

```
Calling findMatches() using intEqual():
Match found at position 3 (9, 9)
Match found at position 6 (1, 1)
```

이 예제에서는 findMatches()가 두 벡터의 값을 동시에 비교하는 제네릭 함수이기 때문에 함수 포인터를 사용하면 유리하다. 앞의 예제처럼 두 값의 동등 여부를 기준으로 비교했는데, 함수 포인터를 인수로 받기 때문에 얼마든지 다른 기준으로 비교할 수 있다. 예를 들어 다음 함수도 Matcher의 타입을 따르기 때문에 얼마든지 사용할 수 있다.

```
bool bothOdd(int item1, int item2) { return item1 % 2 == 1 && item2 % 2 == 1; }
```

따라서 다음과 같이 bothOdd를 findMatches()의 인수로 전달할 수 있다.

```
cout << "Calling findMatches() using bothOdd():" << endl;
findMatches(values1, values2, bothOdd, printMatch);
```

이 코드의 실행 결과는 다음과 같다.

```
Calling findMatches() using bothOdd():
Match found at position 3 (9, 9)
Match found at position 5 (1, 3)
Match found at position 6 (1, 1)
```

함수 포인터를 사용하면 인수로 전달된 함수로 커스터마이즈할 수 있어서 findMatches()란 함수 하나를 다양한 용도로 활용할 수 있다.

NOTE_ 뒤에서 설명할 std::function을 활용하는 방법도 있다. 예전 스타일인 함수 포인터를 사용하는 것보다 바람직한 방식이다.

함수 포인터는 주로 동적 링크 라이브러리에 있는 함수에 대한 포인터를 구할 때 사용한다. 다음 코드는 마이크로소프트 윈도우의 동적 링크 라이브러리인 DLL 파일에 있는 함수의 포인터를 구하는 방법을 보여주고 있다. DLL은 코드와 데이터로 구성된 라이브러리로서 모든 프로그램에서 사용할 수 있다. 예를 들어 Comdlg32 DLL은 다이얼로그 박스에 관련된 함수를 제공한다. C++는 특정 플랫폼에 독립적이므로 윈도우 DLL에 대한 사항은 다루지 않는다. 그래도 윈도우 프로그래머 입장에서는 중요하기도 하고 함수 포인터에 대한 좋은 예이기 때문에 간략히 소개하고 넘어간다.

hardware.dll에 있는 Connect()란 함수를 호출하려면 먼저 이 DLL을 불러와야 한다. 윈도우 시스템에서는 다음과 같이 LoadLibrary()란 커널 함수를 이용하여 DLL을 실행 시간에 불러올 수 있다.

```
HMODULE lib { ::LoadLibrary("hardware.dll") };
```

이렇게 호출해서 리턴된 결과를 **라이브러리 핸들**library handle이라 부른다. 호출 과정에서 에러가 발생하면 NULL이 리턴된다. 라이브러리에서 함수를 불러오려면 그 함수의 프로토타입을 알아야 한다. Connect()의 프로토타입이 다음과 같이 매개변수 세 개(bool, int, C 스타일 스트링)를 받아서 int 값 하나를 리턴한다고 하자.

```
int __stdcall Connect(bool b, int n, const char* p);
```

여기서 __stdcall은 마이크로소프트에서 정의한 지시자(디렉티브directive)로서 함수에 매개변수가 전달되는 방식과 메모리를 해제하는 방법을 지정한다.

이제 타입 앨리어스를 이용해서 앞에 나온 프로토타입을 가진 함수에 대한 포인터의 이름(ConnectFunction)을 정의할 수 있다.

```
using ConnectFunction = int(__stdcall*)(bool, int, const char*);
```

DLL을 불러오는 과정에 문제가 없고 함수 포인터에 대한 이름도 정의했다면 DLL에 있는 함수에 대한 포인터를 다음과 같이 구할 수 있다.

```
ConnectFunction connect { (ConnectFunction)::GetProcAddress(lib, "Connect"); }
```

이 과정에서 에러가 발생하면 connect의 값은 nullptr이 된다. 정상적으로 처리되었다면 다음과 같이 호출할 수 있다.

```
connect(true, 3, "Hello world");
```

19.2 메서드 및 데이터 멤버를 가리키는 포인터

지금까지 설명한 것처럼 변수와 함수에 대한 포인터를 생성해서 사용할 수 있다. 그렇다면 클래스의 데이터 멤버와 메서드도 이렇게 쓸 수 있을까? C++에서는 클래스의 데이터 멤버와 메서드에 대한 주소를 가져오는 기능을 제공하므로 얼마든지 가능하다. 하지만 비 static 데이터 멤버나 메서드는 반드시 객체를 통해 접근해야 한다. 데이터 멤버와 메서드는 본래 객체에 제공하기 위한 것이다. 따라서 메서드나 데이터 멤버를 포인터로 접근하려면 반드시 해당 객체 문맥에서 포인터를 역참조해야 한다. 1장에서 소개한 Employee 클래스의 예를 다시 살펴보자.

```
int (Employee::*methodPtr) () const { &Employee::getSalary };
Employee employee { "John", "Doe" };
cout << (employee.*methodPtr)() << endl;
```

구문이 좀 복잡하지만 겁먹을 필요 없다. 첫 번째 줄에서 선언하는 methodPtr 변수는 Employee에 있는 비 static const 메서드를 가리키는 포인터다. 이 메서드는 인수를 받지 않고 int 값을 리턴한다. 여기에서는 선언과 동시에 변수의 값을 Employee 클래스의 getSalary() 메서드에 대한 포인터로 초기화했다. 이는 *methodPtr 앞에 Employee::가 붙은 점만 빼면 함수 포인터를 정의하는 문법과 같다. 참고로 여기에서는 &를 반드시 붙여야 한다.

세 번째 줄은 employee 객체를 통해 methodPtr 포인터로 getSalary() 메서드를 호출한다. 여기서 소괄호로 감싼 부분에 주목한다. operator()는 *보다 우선순위가 높기 때문에 employee.*methodPtr을 소괄호로 묶어서 이 부분을 먼저 처리하게 만들어야 한다.

객체를 가리키는 포인터는 다음과 같이 .* 대신 ->*로 표기해야 한다.

```
int (Employee::*methodPtr) () const { &Employee::getSalary };
Employee* employee { new Employee { "John", "Doe" } };
cout << (employee->*methodPtr)() << endl;
```

타입 앨리어스를 활용하면 methodPtr을 정의하는 문장을 다음과 같이 좀 더 읽기 쉽게 작성할 수 있다.

```
using PtrToGet = int (Employee::*) () const;
PtrToGet methodPtr { &Employee::getSalary };
Employee employee { "John", "Doe" };
cout << (employee.*methodPtr)() << endl;
```

auto를 이용하면 훨씬 더 간결해진다.

```
auto methodPtr { &Employee::getSalary };
Employee employee { "John", "Doe" };
cout << (employee.*methodPtr)() << endl;
```

NOTE_ std::mem_fn()을 이용하면 .*나 ->*와 같은 문법을 사용할 필요가 없다. 자세한 사항은 이 장 뒤에서 소개하는 함수 객체에서 설명한다.

프로그램을 작성할 때 메서드나 데이터 멤버에 대한 포인터를 사용할 일은 많다. 혹시 사용한다면 비 static 메서드나 데이터 멤버에 대한 포인터는 객체를 거치지 않고서는 역참조할 수 없다는 사실을 명심한다. 프로그래밍을 하다 보면 qsort()처럼 함수 포인터를 인수로 받는 함수에 비 static 메서드의 포인터를 전달하는 실수를 저지르기 쉬운데, 이렇게 작성하면 당연히 작동하지 않는다.

NOTE_ C++에서 static 데이터 멤버나 static 메서드에 대한 포인터는 객체를 거치지 않고서도 역참조할 수 있다.

19.3 std::function

<functional> 헤더 파일에 정의된 std::function 함수 템플릿을 이용하면 함수를 가리키는 타입, 함수 객체, 람다 표현식을 비롯한 호출 가능한 모든 대상을 가리키는 타입을 생성할 수 있다. std::function을 **다형성 함수 래퍼** polymorphic function wrapper라고도 부르며, 함수 포인터로 사용할 수도 있고, 콜백을 구현하는 함수를 나타내는 매개변수로 사용할 수 있으며 저장, 복사, 이동 그리고 실행할 수 있다. std::function의 템플릿 매개변수는 다른 템플릿 매개변수와 모양이 좀 다르다. 문법은 다음과 같다.

```
std::function<R(ArgTypes...)>
```

여기서 R은 이 함수의 리턴 타입이고, ArgTypes는 이 함수의 매개변수 타입 목록으로서 각각을 콤마로 구분한다.

std::function으로 함수 포인터를 구현하는 방법은 다음과 같다. 여기에서는 func()를 가리키는 f1이란 함수 포인터를 생성한다. f1을 정의한 뒤에는 func나 f1이란 이름으로 func()를 호출할 수 있다.

```
void func(int num, string_view str)
{
    cout << format("func({}, {})", num, str) << endl;
}

int main()
{
    function<void(int, string_view)> f1 { func };
    f1(1, "test");
}
```

클래스 템플릿 인수 추론 덕분에 다음과 같이 f1을 간단히 생성할 수 있다.

```
function f1 { func };
```

물론 이 예제에서 auto 키워드를 사용하면 f1 앞에 굳이 타입을 구체적으로 지정하지 않아도 된다. 다시 말해 f1을 다음과 같이 정의하면 앞의 코드와 같은 기능을 훨씬 간결하게 표현할 수 있다. 하지만 이렇게 하면 컴파일러는 f1의 타입이 std::function이 아니라 함수 포인터라고 판단한다. 그러므로 std::function을 void (*f1) (int, string_view)라고 변환해버린다.

```
auto f1 { func };
```

std::function 타입은 함수 포인터처럼 작동하므로 콜백을 받는 함수에 전달할 수 있다. 앞서 살펴본 findMatches() 예제에서 std::function을 사용하도록 바꿀 수 있다. 그러기 위해서는 다음과 같이 두 가지 타입 앨리어스만 수정하면 된다.

```
// 정수 두 개를 받는 함수에 대한 타입 앨리어스
// 두 값이 일치하면 true를, 그렇지 않으면 false를 리턴한다.
using Matcher = function<bool(int, int)>;

// 일치하는 경우를 처리하는 타입 앨리어스
// 첫 번째 매개변수는 일치하는 위치를 가리키고,
// 두 번째와 세 번째 매개변수는 일치한 값을 가리킨다.
using MatchHandler = function<void(size_t, int, int)>;
```

20장에서 설명하겠지만, 표준 라이브러리 알고리즘에는 이러한 콜백을 사용하는 것들이 많다.

그런데 엄밀히 말해서 findMatches()가 콜백 매개변수를 받게 하기 위해 굳이 std::function 매개변수를 사용하지 않고 함수 템플릿을 이용해도 된다. 그러므로 Matcher와 MatchHandler 타입 앨리어스를 제거하고 함수 템플릿으로 만들기만 하면 된다. 수정 부분을 굵게 표시하면 다음과 같다.

```
template<typename Matcher, typename MatchHandler>
void findMatches(span<const int> values1, span<const int> values2,
    Matcher matcher, MatchHandler handler)
{ /* ... */ }
```

이렇게 구현한 findMatches()는 템플릿 타입 매개변수를 두 개(Matcher 타입과 MatchHandler 콜백 하나) 받는다. 함수 템플릿 인수 추론 기능 덕분에 이 버전의 호출 방법은 이전과 똑같다.

C++20부터 추가된 축약 함수 템플릿 구문을 이용하면 findMatches() 함수 템플릿을 다음과 같이 작성할 수 있다.

```
void findMatches(span<const int> values1, span<const int> values2,
    auto matcher, auto handler)
{ /* ... */ }
```

실제로 구현할 때도 여기서 소개한 findMatches() 함수 템플릿(또는 축약 함수 템플릿) 방식으로 작성하는 것이 바람직하다. 지금까지 살펴본 예제를 보면 std::function은 그리 유용하지 않아 보일 수 있다. 하지만 std::function은 콜백을 클래스의 멤버로 저장하는 상황에 그 진가를 발휘한다. 여기에 대해서는 이 장의 마지막에 나오는 연습 문제에서 다룬다.

19.4 함수 객체

어떤 클래스의 함수 호출 연산자를 오버로드해서 그 클래스의 객체를 함수 포인터처럼 사용하게 만들 수 있다. 이렇게 사용하는 객체를 **함수 객체** function object 또는 **펑터** functor라 부른다. 일반 함수 대신 함수 객체를 사용하면 호출 사이에 상태를 유지할 수 있다는 장점이 있다.

19.4.1 간단한 예제

클래스를 함수 객체로 만들고 싶다면 함수 호출 연산자를 오버로드하면 된다. 예를 들면 다음과 같다.

```
class IsLargerThan
{
    public:
        explicit IsLargerThan(int value) : m_value { value } {}
        bool operator()(int value1, int value2) const {
            return value1 > m_value && value2 > m_value;
        }
    private:
        int m_value;
};

int main()
{
```

```
    vector values1 { 2, 500, 6, 9, 10, 101, 1 };
    vector values2 { 4, 4, 2, 9, 0, 300, 1 };

    findMatches(values1, values2, IsLargerThan { 100 }, printMatch);
}
```

IsLargerThan 클래스에서 오버로드한 호출 연산자는 const로 지정해야 한다. 이 예제에서는 반드시 그럴 필요는 없지만, 다음 장에서 설명하는 표준 라이브러리 알고리즘 중 대다수는 프레디케이트의 함수 호출 연산자는 반드시 const여야 한다.

19.4.2 표준 라이브러리의 함수 객체

다음 장에서 설명할 표준 라이브러리 알고리즘 중에서 find_if()와 accumulateData()를 비롯한 여러 알고리즘은 함수 포인터나 펑터 등과 같은 콜백 형태의 매개변수를 통해 알고리즘의 동작을 변경할 수 있다. C++는 이를 위해 여러 가지 펑터 클래스를 <functional>에 정의해두었다. 이러한 것들은 주로 콜백 연산에 사용된다. 이 절에서는 이렇게 미리 정의된 펑터에 대해 개략적으로 살펴본다.

<functional>에는 bind1st(), bind2nd(), mem_fun(), mem_fun_ref(), ptr_fun()과 같은 함수도 정의되어 있다. 이 함수는 C++17부터 공식적으로 삭제되었기 때문에 이 책에서는 다루지 않는다. 프로그래밍할 때는 이들 함수를 사용하지 않는 것이 좋다.

1 산술 함수 객체

C++는 다섯 가지 이항 산술 연산자인 plus, minus, multiplies, divides, modulus에 대한 펑터 클래스 템플릿을 제공한다. 여기에 추가로 단항 negate도 제공한다. 이러한 클래스 템플릿을 피연산자의 타입으로 템플릿화해서 클래스를 만들면 실제 연산자에 대한 래퍼로 사용할 수 있다. 이들은 템플릿 타입의 매개변수를 한 개 또는 두 개 받아서 연산을 수행한 뒤 결과를 리턴한다. plus 클래스 템플릿을 사용하는 방법은 다음과 같다.

```
plus<int> myPlus;
int res { myPlus(4, 5) };
cout << res << endl;
```

물론 실전에서는 지금처럼 작성할 일이 거의 없다. plus 클래스 템플릿을 사용하지 않고 그냥 operator+를 사용해도 된다. 하지만 이렇게 산술 함수 객체로 만들면 다른 함수에 콜백 형태로 전달하기 좋다. 산술 연산자를 직접 사용할 때는 이렇게 할 수 없다. 예를 들어 다음 코드는 Operation을 매개변수로 받는 accumulateData( )라는 함수 템플릿을 정의한다. geometricMean( )의 구현 코드는 미리 정의된 multiplies 함수 객체의 인스턴스로 accumulateData( )를 호출한다.

```
template <typename Iter, typename StartValue, typename Operation>
auto accumulateData(Iter begin, Iter end, StartValue startValue, Operation op)
{
    auto accumulated { startValue };
    for (Iter iter { begin }; iter != end; ++iter) {
        accumulated = op(accumulated, *iter);
    }
    return accumulated;
}

double geometricMean(span<const int> values)
{
    auto mult { accumulateData(cbegin(values), cend(values), 1, multiplies<int>{}) };
    return pow(mult, 1.0 / nums.size()); // pow()는 <cmath>에 정의되어 있다.
}
```

multiplies<int>( )라는 표현식은 multiplies 펑터 클래스 템플릿으로부터 int 타입에 대한 인스턴스를 새로 만든다.

다른 산술 함수 객체의 기능과 사용법도 이와 비슷하다.

CAUTION_ 산술 함수 객체는 산술 연산자에 대한 래퍼에 불과하다. 알고리즘에서 함수 객체를 콜백으로 사용하려면 반드시 컨테이너에 담긴 객체가 해당 연산(예: operator*나 operator+ 등)을 구현해야 한다.

투명 연산자 펑터

C++는 투명 연산자[transparent operator] 형태의 펑터도 제공한다. 이 펑터를 이용하면 템플릿 타입 인수를 생략해도 된다. 예를 들어 multiplies<int>( ) 대신 multiplies<void>( )의 축약 표현인 multiplies<>{}라고 적어도 된다.

```
double geometricMeanTransparent(span<const int> values)
{
    auto mult { accumulateData(cbegin(values), cend(values), 1, multiplies<>{}) };
    return pow(mult, 1.0 / values.size());
}
```

투명 연산자의 중요한 특징은 이종 타입을 지원한다는 점이다. 다시 말해 비투명 펑터보다 간결할 뿐만 아니라 실제 기능도 더 뛰어나다. 예를 들어 다음 코드는 투명 연산자 펑터인 multiplies<>{}와 1.1이라는 double 값을 초깃값으로 사용하도록 지정했다. 한편 vector는 정수를 담고 있다. 그러면 accumulateData( )는 결과를 double로 계산해서 6.6을 리턴한다.

```
vector<int> values { 1, 2, 3 };
double result { accumulateData(cbegin(values), cend(values), 1.1, multiplies<>{}) };
```

이를 다음과 같이 비투명 연산자 펑터인 multiplies<int>{}로 작성하면 accumulateData( )는 결과를 정수로 계산해서 6을 리턴한다. 이 코드를 컴파일하면 데이터 손실이 발생할 수 있다는 경고 메시지가 출력된다.

```
vector<int> values { 1, 2, 3 };
double result {
     accumulateData(cbegin(values), cend(values), 1.1, multiplies<int>{}) };
```

다음 절 예제에서 보겠지만 비투명 연산자 대신 투명 연산자를 사용하면 성능을 높일 수 있다.

NOTE_ 항상 투명 연산자 펑터를 사용하는 것이 좋다.

2 비교 함수 객체

산술 함수 객체 클래스 외에도 모든 표준 비교 연산(equal_to, not_equal_to, less, greater, less_equal, greater_equal)을 펑터로 사용할 수 있다. 이 중에서 less를 사용하는 방법은 18장에서 priority_queue와 연관 컨테이너의 원소를 비교할 때 디폴트 연산자로 지정하는 과정에서 살펴본 적이 있다. 이번에는 priority_queue의 비교 기준을 변경하는 방법을 소개한다. 먼저 std::less를 디폴트 비교 연산자로 사용하는 priority_queue를 이용하는 방법은 다음과 같다.

```
priority_queue<int> myQueue;
myQueue.push(3);
myQueue.push(4);
myQueue.push(2);
myQueue.push(1);
while (!myQueue.empty()) {
    cout << myQueue.top() << " ";
    myQueue.pop();
}
```

이 코드를 실행한 결과는 다음과 같다.

```
4 3 2 1
```

여기서 볼 수 있듯이 less로 비교하기 때문에 큐에 담긴 원소가 내림차순으로 삭제된다. 템플릿 인수에 greater를 지정해서 비교 연산자를 변경할 수 있다. priority_queue 템플릿은 다음과 같이 정의되어 있다.

```
template <class T, class Container = vector<T>, class Compare = less<T>>;
```

그런데 Compare 타입 매개변수가 마지막에 있다. 그러므로 이 값을 지정하려면 컨테이너 타입 매개변수도 지정해야 한다. 앞에서 본 priority_queue가 greater를 기준으로 원소를 오름차순으로 정렬하게 만들려면 priority_queue를 다음과 같이 선언한다.

```
priority_queue<int, vector<int>, greater<>> myQueue;
```

그러면 앞에 나온 예제의 실행 결과는 다음과 같이 바뀐다.

```
1 2 3 4
```

여기서 myQueue를 투명 연산자인 greater<>로 정의했다. 비교자comparator(비교 함수) 타입을 인수로 받는 표준 라이브러리 컨테이너를 사용할 때는 항상 투명 연산자를 사용하는 것이 좋다. 투명 연산자가 대체로 비투명 연산자보다 성능이 좋다. 예를 들어 set<string>에서 스트링 리터럴로 주어진 키로 조회 연산을 수행할 때 비투명 연산자를 이용하면 불필요한 복제 연산이 발생할 수 있다. 스트링 리터럴로부터 string 인스턴스를 생성하기 때문이다. 투명 연산자로 된 비교자를 사용하면 이러한 복제 연산을 피할 수 있다.

```
set<string> mySet;
auto i1 { mySet.find("Key") };       // 스트링이 생성되며 메모리를 할당한다.
//auto i2 { mySet.find("Key"sv) }; // 이렇게 하면 컴파일 에러가 발생한다.
```

투명 비교자를 사용하면 복제 연산을 피할 수 있다. 이를 **이종 룩업**heterogeneous lookup이라 부른다. 예를 들면 다음과 같다.

```
set<string, less<>> mySet;
auto i1 { mySet.find("Key") };    // 스트링이 생성되지 않고 메모리도 할당되지 않는다.
auto i2 { mySet.find("Key"sv) }; // 스트링이 생성되지 않고 메모리도 할당되지 않는다.
```

C++20 C++20부터 unordered_map이나 unordered_set과 같은 비정렬 연관 컨테이너에 대한 투명 연산자가 추가되었다. 비정렬 연관 컨테이너에 대한 투명 연산자를 이용하는 방법은 정렬 연관 컨테이너에 비해 좀 복잡하다. 기본적으로 is_transparent 타입 앨리어스를 담은 커스텀 해시 펑터를 void로 정의해서 구현해야 한다.

```
class Hasher
{
    public:
        using is_transparent = void;
        size_t operator()(string_view sv) const { return hash<string_view>{}(sv); }
};
```

이렇게 정의한 커스텀 해시를 사용할 때 키에 대한 동등 탭플릿 타입 매개변수 타입으로 투명 펑터인 equal_to<>도 지정해야 한다. 예를 들면 다음과 같다.

```
unordered_set<string, Hasher, equal_to<>> mySet;
auto i1 { mySet.find("Key") };    // 스트링이 생성되지 않고 메모리도 할당되지 않는다.
auto i2 { mySet.find("Key"sv) }; // 스트링이 생성되지 않고 메모리도 할당되지 않는다.
```

3 논리 함수 객체

C++는 !, &&, ||라는 세 가지 논리 비교 연산자에 대해 함수 객체 클래스인 logical_not, logical_and, logical_or을 제공한다. 논리 연산은 true와 false만 다룬다. 비트 함수 객체는 다음 절에서 설명한다.

예를 들어 컨테이너에 있는 부울 타입 플래그가 모두 true인지 검사하는 allTrue() 함수를 구현하는 데 논리 연산 펑터를 활용할 수 있다.

```
bool allTrue(const vector<bool>& flags)
{
    return accumulateData(begin(flags), end(flags), true, logical_and<>{});
}
```

마찬가지로 컨테이너의 부울 타입 플래그 중에서 하나라도 true면 true를 리턴하는 anyTrue() 함수를 logical_or 펑터로 구현할 수 있다.

```
bool anyTrue(const vector<bool>& flags)
{
    return accumulateData(begin(flags), end(flags), false, logical_or<>{});
}
```

NOTE_ 여기서 소개한 allTrue()와 anyTrue() 함수는 예를 보여주기 위해 구현했다. 실전에서는 표준 라이브러리에서 제공하는 std::all_of()와 std::any_of()를 사용한다(20장 참조). 단락 평가(short-circuiting, 축약 평가)도 지원하기 때문에 성능이 훨씬 뛰어나다.

4 비트 연산 함수 객체

C++는 &, |, ^, ~와 같은 비트 연산자에 대해서도 함수 객체인 bit_and, bit_or, bit_xor, bit_not을 제공한다. 비트 연산에 대한 펑터는 컨테이너에 담긴 모든 원소에 대해 비트 연산을 수행하는 transform() 같은 알고리즘(20.2.2절의 '[2] transform' 참조)에서 사용할 수 있다.

5 어댑터 함수 객체

표준에서 제공하는 함수 객체가 내 요구사항에 딱 맞지 않을 수 있다. 이럴 때는 **어댑터 함수 객체**adaptor function object를 이용하여 둘 사이의 간극을 줄일 수 있다. 어댑터 함수 객체는 함수 객체, 람다 표현식, 함수 포인터를 비롯한 모든 호출 가능 타입(콜러블callable)에 적용할 수 있다. 이러한 어댑터는 미약하게나마 **함수 합성**functional composition을 지원한다. 다시 말해 여러 함수를 하나로 합쳐서 원하는 기능을 구현할 수 있다.

바인더

바인더binder를 이용하면 콜러블의 매개변수를 일정한 값으로 묶을(**바인딩**binding) 수 있다. <functional>에 정의된 std::bind()를 이용하면 콜러블의 매개변수를 원하는 방식으로 바인딩할 수 있다. 이때 매개변수를 고정된 값에 바인딩할 수도 있고, 매개변수의 순서를 바꿀 수도 있다. 예제를 보면 확실히 이해될 것이다. 다음과 같이 인수 두 개를 받는 func() 함수가 있다고 하자.

```
void func(int num, string_view str)
{
    cout << format("func({}, {})", num, str) << endl;
}
```

다음 코드는 bind()를 사용하여 func()의 두 번째 인수를 myString이란 고정된 값으로 바인딩하는 방법을 보여주고 있다. 결과는 f1()에 저장된다. 여기서 auto 키워드를 사용했는데, C++ 표준에 bind()의 리턴 타입이 명확히 정의되어 있지 않기 때문이다. 따라서 구현마다 다를 수 있다. 특정한 값에 바인딩하지 않은 인수는 반드시 std::placeholders 네임스페이스에 정의된 _1, _2, _3 등으로 지정해야 한다. f1()의 정의에서 _1은 func()를 호출할 때 f1()의 첫 번째 인수가 들어갈 지점을 지정한다. 그러면 다음과 같이 f1()에 정수 타입 인수 하나만 지정해서 호출할 수 있다.

```
string myString { "abc" };
auto f1 { bind(func, placeholders::_1, myString) };
f1(16);
```

이 코드를 실행한 결과는 다음과 같다.

```
func(16, abc)
```

bind()로 인수의 순서를 바꿀 수도 있다. 예를 들면 다음 코드와 같다. 여기서 _2는 func()를 호출할 때 f2()의 두 번째 인수가 들어갈 지점을 지정한다. 다시 말해 f2()의 첫 번째 인수는 func()의 두 번째 인수가 되고, f2()의 두 번째 인수는 func()의 첫 번째 인수가 된다.

```
auto f2 { bind(func, placeholders::_2, placeholders::_1) };
f2("Test", 32);
```

결과는 다음과 같다.

```
func(32, Test)
```

18장에서 설명했듯이 <functional>에 정의된 std::ref()와 std::cref() 헬퍼 템플릿 함수를 사용하면 레퍼런스나 const 레퍼런스를 바인딩할 수 있다. 예를 들어 다음과 같은 함수를 살펴보자.

```
void increment(int& value) { ++value; }
```

이 함수를 다음과 같이 호출하면 index 값이 1이 된다.

```
int index { 0 };
increment(index);
```

이 함수를 다음과 같이 bind()로 호출하면 index 값이 증가하지 않는다. increment() 함수의 첫 번째 매개변수에 index의 복제본에 대한 레퍼런스가 바인딩되기 때문이다.

```
auto incr { bind(increment, index) };
incr();
```

다음과 같이 std::ref()로 레퍼런스를 제대로 지정하면 index 값이 증가한다.

```
auto incr { bind(increment, ref(index)) };
incr();
```

바인딩 매개변수를 오버로딩된 함수와 함께 사용할 때 사소한 문제가 발생할 수 있다. 예를 들어 다음과 같이 정수를 받는 overloaded()와 부동소수점수를 받는 overloaded()가 있다고 하자.

```
void overloaded(int num) {}
void overloaded(float f) {}
```

이렇게 오버로딩된 함수에 대해 bind()를 사용하려면 둘 중 어느 함수에 바인딩할지 명시적으로 지정해야 한다. 예를 들어 다음과 같이 작성하면 컴파일 에러가 발생한다.

```
auto f3 { bind(overloaded, placeholders::_1) }; // 에러 발생
```

부동소수점 인수를 받는 오버로딩 함수에 매개변수를 바인딩하고 싶다면 다음과 같이 작성한다.

```
auto f4 { bind((void(*)(float))overloaded, placeholders::_1) }; // OK
```

bind()의 또 다른 활용 예는 이 장의 앞에서 정의한 findMatches()에서 클래스의 메서드를 MatchHandler로 사용하는 것이다. 예를 들어 다음과 같이 Handler 클래스가 있다고 하자.

```
class Handler
{
    public:
        void handleMatch(size_t position, int value1, int value2)
        {
            cout << format("Match found at position {} ({}, {})",
                position, value1, value2) << endl;
        }
};
```

여기서 findMatches()의 마지막 인수로 handleMatch() 메서드를 어떻게 전달할 수 있을까? 메서드는 반드시 객체 문맥에서 호출되어야 한다는 점이 걸린다. 엄밀히 말해 클래스에 있는 모든 메서드는 암묵적으로 첫 번째 매개변수로 객체 인스턴스에 대한 포인터를 받으며, 메서드 바디에서 this란 이름으로 접근할 수 있다. 따라서 시그니처가 일치하지 않게 된다. MatchHandler는 size_t 하나와 int 두 개만 인수로 받기 때문이다. 이럴 때는 암묵적인 첫 번째 매개변수를 다음과 같이 바인딩하면 된다.

```
Handler handler;
findMatches(values1, values2, intEqual, bind(&Handler::handleMatch, &handler,
            placeholders::_1, placeholders::_2, placeholders::_3));
```

bind( )를 이용하여 표준 함수 객체의 매개변수를 바인딩할 수도 있다. 예를 들어 greatger_equal의 두 번째 매개변수를 항상 고정값과 비교하도록 바인딩할 수 있다.

```
auto greaterEqualTo100 { bind(greater_equal<>{}, placeholders::_1, 100) };
```

CAUTION_ C++11 이전에는 bind2nd( )와 bind1st( )가 제공되었으며, 둘 다 C++17부터 표준에서 완전히 삭제되었다. 이 함수 대신 람다 표현식이나 bind( )를 사용하기 바란다.

부정 연산자

부정 연산자negator인 not_fn( )은 바인더와 비슷하지만 콜러블의 결과를 반전complement시킨다는 점이 다르다. 예를 들어 findMatches( )로 서로 다른 값으로 묶인 쌍을 찾고 싶다면 다음과 같이 intEqual( )의 결과에 not_fn( ) 부정 연산자 어댑터를 적용하면 된다.

```
findMatches(values1, values2, not_fn(intEqual), printMatch);
```

not_fn( ) 펑터는 매개변수로 받은 콜러블(intEqual)이 호출될 때마다 결과를 반전시킨다.

여기서 볼 수 있듯이 펑터와 어댑터를 사용하는 방법이 좀 복잡하다. 따라서 가능하다면 펑터보다는 이 장 뒤에서 소개하는 람다 표현식을 사용하기 바란다. 람다 표현식을 사용하면 펑터를 사용할 때보다 코드를 좀 더 쉽게 작성할 수 있다.

NOTE_ std::not_fn( ) 어댑터는 C++17부터 제공되었다. 그전에는 std::not1( )과 std::not2( ) 어댑터를 사용했다. 그런데 C++17부터 not1( )과 not2( )가 폐기되었고, C++20부터 완전히 삭제되었다. 따라서 두 어댑터에 대한 설명은 생략한다. 물론 프로그래밍할 때는 사용하지 말기 바란다.

멤버 함수 호출하기

클래스 메서드에 대한 포인터를 알고리즘의 콜백으로 전달할 때가 있다. 예를 들어 다음과 같이 컨테이너에 담긴 string 중에서 특정 조건을 만족하는 것만 화면에 출력하는 알고리즘을 작성한다고 하자.

```
template <typename Matcher>
void printMatchingStrings(const vector<string>& strings, Matcher matcher)
{
    for (const auto& string : strings) {
        if (matcher(string)) { cout << string << " "; }
    }
}
```

이 알고리즘을 이용하여 vector에 담긴 string 원소마다 empty()를 호출해서 공백이 아닌 string을 모두 찾는다고 하자. 그런데 printMatchingStrings()의 두 번째 인수로 string::empty()에 대한 포인터만 전달하면 알고리즘 입장에서는 그 포인터가 일반 함수 포인터나 펑터가 아닌 메서드에 대한 포인터라는 사실을 알 수 없다. 메서드 포인터를 호출하는 코드는 일반 함수 포인터를 호출할 때와 달리 반드시 객체의 문맥에서 호출해야 한다.

이를 위해 C++에서는 mem_fn()이라는 변환 함수를 제공한다. 알고리즘의 콜백으로 메서드 포인터를 전달할 때 이 함수로 변환한 결과를 알고리즘의 콜백으로 전달하면 된다. 예를 들어 다음 코드에서 &string::empty라고 메서드 포인터를 지정한 부분과 같다. 여기서 &string:: 부분은 생략하면 안 된다.

```
vector<string> values { "Hello", "", "", "World", "!" };
printMatchingStrings(values, not_fn(mem_fn(&string::empty)));
```

> **NOTE_** 원하는 동작을 mem_fn()으로 구현하는 방법은 그리 직관적이지 않다. 다음 절에서 소개하는 람다 표현식으로 구현하는 것이 훨씬 직관적이다.

19.5 람다 표현식

함수나 펑터 클래스를 사용하면서 다른 이름과 충돌하지 않게 만들다보면 코드가 지저분해지고, 본래 간단했던 개념이 상당히 복잡해진다. 이럴 때는 **람다 표현식**lambda expression을 이용한 익명 함수로 작성하면 훨씬 간편하다. 람다 표현식을 사용하면 익명 함수를 코드 중간에 만들어 사용할 수 있다. 구문이 훨씬 간편해서 코드가 깔끔하고 이해하기 쉬워진다. 람다 표현식은 다른 함수로 전달할 간단한 콜백을 코드 중간에 정의하는 데 유용하다. 다른 곳에 함수 객체를 제대로 정의하고 그 안에 함수 호출 연산자를 오버로드해서 콜백 로직을 구현할 필요가 없기 때문이다. 이처럼 람다 표현식을 사용하면 모든 로직을 한 곳에 모아둘 수 있어서 코드를 이해하고 관리하기 쉬워진다. 람다 표현식은 매개변수를 받아서 값을 리턴하며, 템플릿으로 만들 수 있고, 상위 스코프에 있는 변수에 값 방식^by value 또는 레퍼런스 방식^by reference 으로 접근할 수 있는 등 유연성이 상당히 뛰어나다. 우선 람다 표현식 문법부터 살펴보자.

19.5.1 문법

간단한 람다 표현식부터 살펴보자. 다음 코드는 콘솔에 스트링을 출력하는 람다 표현식을 정의하고 있다. 람다 표현식은 **람다 선언자**^lambda introducer(**람다 소개자**)라 부르는 대괄호 []로 시작하고, 그 뒤에 람다 표현식의 본문을 담는 중괄호 {}가 나온다. 람다 표현식은 auto 타입 변수인 basicLambda에 대입된다. 두 번째 줄은 이렇게 정의한 람다 표현식을 일반 함수를 호출하듯이 사용할 수 있음을 보여준다.

```
auto basicLambda { []{ cout << "Hello from Lambda" << endl; } };
basicLambda();
```

이 코드의 실행 결과는 다음과 같다.

```
Hello from Lambda
```

컴파일러는 모든 람다 표현식을 자동으로 함수 객체로 변환한다. 이를 **람다 클로저**^lambda closure 라 부르며, 컴파일러가 생성한 고유 이름을 갖는다. 이때 람다 표현식은 다음과 같이 작동하는 함수 객체로 변환된다. 여기서 함수 호출 연산자는 const 메서드이며, 리턴 타입이 auto여서 컴파일러가 메서드 바디를 보고 리턴 타입을 추론할 수 있다.

```
class CompilerGeneratedName
{
    public:
        auto operator()() const { cout << "Hello from Lambda" << endl; }
};
```

컴파일러가 생성한 람다 클로저의 이름은 __Lambda_17Za와 같이 의미를 알 수 없는 형태로 정해진다. 다행인 건 이 이름을 알 필요가 없다는 것이다.

람다 표현식도 매개변수를 받을 수 있다. 람다 표현식의 매개변수는 일반 함수와 마찬가지로 소괄호 ( )로 묶어서 표현한다. 매개변수가 여러 개라면 각각을 콤마로 구분한다. 매개변수가 하나일 때는 다음과 같이 작성한다.

```
auto parametersLambda {
    [](int value){ cout << "The value is " << value << endl; } };
parametersLambda(42);
```

람다 표현식에서 매개변수를 받지 않을 때는 빈 소괄호만 적거나 소괄호를 생략한다.

이 람다 표현식에 대해 컴파일러가 생성한 함수 객체에서 매개변수는 다음과 같이 오버로드한 함수 호출 연산자의 매개변수로 변환된다.

```
class CompilerGeneratedName
{
    public:
        auto operator()(int value) const {
           cout << "Hello from Lambda" << endl; }
};
```

람다 표현식은 값을 리턴할 수도 있다. 리턴 타입은 **트레일링 리턴 타입**trailing return type이라 부르는 화살표(->)로 표기한다. 다음 예는 매개변수로 받은 두 값을 더한 결과를 리턴하는 람다 표현식을 정의한 것이다.

```
auto returningLambda { [](int a, int b) -> int { return a + b; } };
int sum { returningLambda(11, 22) };
```

리턴 타입은 생략해도 된다. 그러면 컴파일러는 일반 함수의 리턴 타입 추론 규칙(1장 참조)에 따라 람다 표현식의 리턴 타입을 추론한다. 앞에 나온 코드에서 다음과 같이 리턴 타입을 생략해도 된다.

```
auto returningLambda { [](int a, int b){ return a + b; } };
int sum { returningLambda(11, 22) };
```

이 람다 표현식에 대한 람다 클로저는 다음과 같이 작동한다.

```
class CompilerGeneratedName
{
    public:
        auto operator()(int a, int b) const { return a + b; }
};
```

리턴 타입 추론을 거치면 레퍼런스와 const 한정자가 제거된다. 예를 들어 다음과 같이 정의된 Person 클래스가 있다고 하자.

```
class Person
{
    public:
        Person(std::string name) : m_name { std::move(name) } { }
        const std::string& getName() const { return m_name; }
    private:
        std::string m_name;
};
```

그러면 다음과 같은 람다 표현식의 리턴 타입은 string으로 추론된다. 따라서 getName()이 const string& 타입으로 리턴하더라도 person의 이름에 대해 복제본이 생성된다.

```
[](const Person& person) { return person.getName(); }
```

트레일링 리턴 타입과 decltype(auto)를 함께 사용해서 추론된 타입이 getName()의 리턴 타입과 같은 const string&으로 만들 수 있다.

```
[](const Person& person) -> decltype(auto) { return person.getName(); }
```

지금까지 살펴본 람다 표현식은 **상태가 없다**stateless. 상위 스코프enclosing scope에서 아무것도 캡처하지 않기 때문이다. 반면 상위 스코프에 있는 변수를 캡처하면 **상태가 있게**stateful 된다. 예를 들어 다음 코드는 람다 표현식의 본문에서 사용할 수 있도록 data라는 변수를 캡처한다.

```
double data { 1.23 };
auto capturingLambda { [data]{ cout << "Data = " << data << endl; } };
```

대괄호 부분을 람다 **캡처 블록**capture block이라 부른다. 변수를 **캡처**capture한다는 말은 그 변수를 람다 표현식의 본문에서 사용할 수 있게 만든다는 뜻이다. 캡처 블록을 [ ]와 같이 비워두면 람다 표현식이 속한 상위 스코프에 있는 변수를 캡처하지 않는다. 캡처하고 싶은 변수가 있다면 앞에 나온 코드처럼 캡처 블록에 변수 이름만 쓰면 된다. 그러면 값 방식으로 캡처된다.

캡처된 변수는 람다 표현식으로부터 변환된 펑터의 데이터 멤버가 된다. 값 방식으로 캡처한 변수는 이 펑터의 데이터 멤버에 복제된다. 이렇게 복제된 데이터 멤버는 캡처한 변수의 const 속성을 그대로 이어받는다. 앞에서 본 capturingLambda 예제에서 펑터는 비 const 데이터 멤버(data)를 갖게 된다. 캡처한 변수인 data가 비 const이기 때문이다. 컴파일러가 생성한 펑터는 다음과 같이 작동한다.

```
class CompilerGeneratedName
{
    public:
        CompilerGeneratedName(const double& d) : data { d } {}
        auto operator()() const { cout << "Data = " << data << endl; }
    private:
        double data;
};
```

반면 다음 코드에서는 캡처한 변수가 const이기 때문에 펑터의 데이터 멤버(data)는 const가 된다.

```
const double data { 1.23 };
auto capturingLambda { [data]{ cout << "Data = " << data << endl; } };
```

앞에서 설명했듯이 람다 클로저는 오버로드한 함수 호출 연산자를 가지며 디폴트로 const다. 이 말은 람다 표현식에서 비 const 변수를 값 방식으로 캡처하더라도 람다 표현식에서 이 복제본을 수정할 수 없다는 뜻이다. 다음과 같이 람다 표현식을 mutable로 지정하면 함수 호출 연산자를 비 const로 만들 수 있다.

```
double data { 1.23 };
auto capturingLambda {
    [data] () mutable { data *= 2; cout << "Data = " << data << endl; } };
```

여기에서는 비 const data 변수를 값으로 캡처했다. 따라서 data의 복제본으로 생성되는 펑터의 데이터 멤버는 비 const다. 여기서 mutable 키워드를 지정했기 때문에 함수 호출 연산자도 비 const다. 따라서 람다 표현식의 본문에서 data의 복제본을 수정할 수 있다. 참고로 mutable을 지정할 때는 매개변수가 없더라도 소괄호를 반드시 적어야 한다.

변수 이름 앞에 &를 붙이면 레퍼런스로 캡처한다. 다음 코드는 data 변수를 레퍼런스로 캡처해서 람다 표현식 안에서 data를 직접 수정하는 예를 보여주고 있다.

```
double data { 1.23 };
auto capturingLambda { [&data]{ data *= 2; } };
```

변수를 레퍼런스로 캡처하려면 람다 표현식을 실행하는 시점에 레퍼런스가 유효한지 반드시 확인해야 한다.

람다 표현식이 속한 상위 스코프의 변수를 모두 캡처하는 방법은 다음 두 가지다. 이를 **캡처 디폴트** capture default 라 부른다.

- **[=]** : 스코프에 있는 변수를 모두 값으로 캡처한다.
- **[&]** : 스코프에 있는 변수를 모두 레퍼런스로 캡처한다.

NOTE_ 캡처 디폴트를 지정할 때는 람다 표현식의 본문에서 실제로 쓸 것만 값(=) 또는 레퍼런스(&)로 캡처해야 한다. 사용하지 않을 변수는 캡처하지 않는다.

캡처할 변수를 골라서 지정할 수도 있다. 또한 **캡처 디폴트**(선택사항) 옵션으로 **캡처 리스트** capture list 를 지정하면 캡처 방식을 선택할 수도 있다. 앞에 &가 붙은 변수는 레퍼런스로 캡처한다. &가 없는 변수는 값으로 캡처한다. 변수 이름 앞에 &나 =을 붙이려면 반드시 캡처 리스트의 첫 번째 원소를 캡처 디폴트로 지정해야 한다. 캡처 블록에 대한 예를 몇 가지 들면 다음과 같다.

- **[&x]** : 변수 x만 레퍼런스로 캡처한다.
- **[x]** : 변수 x만 값으로 캡처한다.

- **[=, &x, &y]**: x와 y는 레퍼런스로 캡처하고, 나머지는 값으로 캡처한다.
- **[&, x]**: x만 값으로 캡처하고, 나머지는 레퍼런스로 캡처한다.
- **[&x, &x]**: 식별자(변수 이름 등)를 중복해서 지정할 수 없으므로 잘못된 표현이다.
- **[this]**: 현재 객체를 캡처한다. 람다 표현식의 본문 안에서 이 객체에 접근할 때는 this->를 붙이지 않아도 된다. 이때 람다 표현식을 마지막으로 실행할 때까지 여기서 가리키는 객체가 반드시 살아 있어야 제대로 작동한다.
- **[*this]**: 현재 객체의 복제본을 캡처한다. 람다 표현식을 실행하는 시점에 객체가 살아 있지 않을 때 유용하다.

C++20

- **[=, this]**: 모두 값으로 캡처하며 명시적으로 this 포인터도 캡처한다. C++20 이전에는 [=]가 this 포인터를 암묵적으로 캡처했다. C++20부터는 이 기능이 폐기되었으며 this를 명시적으로 캡처하면 된다.

캡처 블록에서 주의할 점을 몇 가지 정리하면 다음과 같다.

- 값 방식 캡처 디폴트(=)나 레퍼런스 방식 캡처 디폴트(&)를 지정했다면 특정한 변수를 값 방식 또는 레퍼런스 방식으로 추가로 캡처할 수 없다. 예를 들어 [=, x]와 [&, &x] 둘 다 에러다.
- 객체의 데이터 멤버는 뒤에서 설명할 람다 캡처 표현식을 사용하지 않고서는 캡처할 수 없다.
- this를 this 포인터 [this]를 복제하거나 현재 객체 [*this]를 복제하는 방식으로 캡처하면 람다 표현식은 캡처한 객체의 모든 public, protected, private 데이터 멤버에 접근할 수 있다.

CAUTION_ 람다 표현식 바디에서 실제로 사용하는 변수만 캡처하더라도 캡처 디폴트를 사용하지 않는 것이 좋다. = 캡처 디폴트를 사용하면 자칫 복제 연산이 발생할 수 있는데 그러면 성능에 지장을 준다. & 캡처 디폴트를 사용할 때는 스코프에 있는 변수를 실수로 수정해버릴 수 있다. 가능하면 캡처할 변수를 직접 지정하기 바란다.

CAUTION_ 글로벌 변수는 값을 기준으로 캡처하라는 요청이 있더라도 항상 레퍼런스 방식으로 캡처한다. 예를 들어 다음 코드에서는 캡처 디폴트를 이용하여 모든 것을 값으로 캡처한다. 하지만 글로벌 변수인 global은 레퍼런스로 캡처되어 람다 표현식을 실행하고 나면 값이 바뀐다.

```
int global { 42 };
int main()
{
    auto lambda { [=] { global = 2; } };
    lambda();
    // global 값은 2로 바뀐다.
}
```

또한 글로벌 변수를 다음과 같이 명시적으로 캡처할 수 없다. 이렇게 작성하면 컴파일 에러가 발생한다.

```
auto lambda { [global] { global = 2; } };
```

이런 부분을 모두 고려하더라도 글로벌 변수를 캡처하는 것은 바람직하지 않다.

람다 표현식의 문법을 정리하면 다음과 같다.

```
[캡처_블록] <템플릿_매개변수> (매개변수) mutable constexpr
    noexcept_지정자 속성
    -> 리턴_타입 requires {본문}
```

람다 표현식의 구성 요소는 다음과 같다.

- **캡처_블록**: 스코프에 있는 변수를 캡처하는 방식을 지정하고, 람다 표현식의 본문에서 그 변수에 접근할 수 있게 만든다.
- **템플릿_매개변수**(C++20): 뒤에서 설명할 람다 표현식 템플릿(templatized lambda expression)을 작성할 수 있다.
- **매개변수**: 람다 표현식에 대한 매개변수 목록. 매개변수를 받지 않고 mutable, constexpr, noexcept_지정자, 속성, 리턴_타입을 지정하지 않는다면 생략해도 된다. 매개변수 목록을 지정하는 방식은 일반 함수와 같다.
- **mutable**: 람다 표현식을 mutable로 지정한다. 자세한 사항은 앞에 나온 예제를 참조한다.
- **constexpr**: 람다 표현식을 constexpr로 지정한다. 그러면 컴파일 시간에 평가된다. 명시적으로 지정하지 않더라도 람다 표현식이 일정한 요건을 충족하면 내부적으로 constexpr로 처리된다.
- **noexcept_지정자**: noexcept 구문을 지정할 때 사용한다. 기능은 일반 함수에 대한 noexcept와 같다.
- **속성**: 람다 표현식에 대한 속성을 지정한다. 속성은 1장에서 설명했다.
- **리턴_타입**: 리턴값의 타입을 지정한다. 생략하면 컴파일러가 추론한다. 방법은 일반 함수의 리턴 타입을 추론할 때와 같다. 자세한 내용은 1장을 참조한다.
- **requires**(C++20): 람다 클로저의 함수 호출 연산자에 대한 템플릿 타입 제약 조건을 추가한다. 구체적인 방법은 12장을 참조한다.

NOTE_ 컴파일러는 아무것도 캡처하지 않는 람다 표현식을 위해 람다 표현식을 함수 포인터로 변환하는 연산자를 제공한다. 이런 람다 표현식은 함수 포인터를 인수로 받는 함수를 전달하는 것과 같은 용도로 사용할 수 있다.

19.5.2 람다 표현식을 매개변수로 사용하기

람다 표현식을 함수의 인수로 전달하는 방법은 두 가지다. 하나는 람다 표현식과 시그니처를 똑같이 지정한 std::function 타입 함수 매개변수를 사용하는 것이고, 다른 하나는 템플릿 타입 매개변수를 사용하는 것이다.

예를 들어 다음과 같은 방식으로 람다 표현식을 앞에서 본 findMatches() 함수로 전달할 수 있다.

```
vector values1 { 2, 5, 6, 9, 10, 1, 1 };
vector values2 { 4, 4, 2, 9, 0, 3, 1 };
findMatches(values1, values2,
    [](int value1, int value2){ return value1 == value2; },
    printMatch);
```

19.5.3 제네릭 람다 표현식

람다 표현식의 매개변수의 타입을 명시적으로 지정하지 않고 auto 타입 추론을 적용할 수 있다. 매개변수에 auto 타입 추론을 적용하려면 타입 자리에 auto라고 쓰면 된다. 이때 적용되는 타입 추론 규칙은 템플릿 인수 추론과 같다.

다음 코드는 areEqual이란 이름의 제네릭 람다 표현식을 정의하고 있다. 그러고 나서 이 람다 표현식을 앞에서 정의한 findMatches() 함수에서 콜백으로 사용한다.

```
// 같은 값을 찾는 제네릭 람다 표현식 정의
auto areEqual { [](const auto& value1, const auto& value2) {
    return value1 == value2; } };
// 위에서 정의한 제네릭 람다 표현식을 findMatches()에 적용한다.
vector values1 { 2, 5, 6, 9, 10, 1, 1 };
vector values2 { 4, 4, 2, 9, 0, 3, 1 };
findMatches(values1, values2, areEqual, printMatch);
```

이 제네릭 람다 표현식에 대해 컴파일러가 생성한 펑터는 다음과 같이 작동한다.

```
class CompilerGeneratedName
{
    public:
```

```
        template <typename T1, typename T2>
        auto operator()(const T1& value1, const T2& value2) const
        { return value1 == value2; }
};
```

findMatches() 함수가 int에 대한 span뿐만 아니라 다른 타입에 대해서도 사용할 수 있도록 수정된 경우에도 areEqual 제네릭 람다 표현식을 변경할 필요 없이 그대로 사용할 수 있다.

19.5.4 람다 캡처 표현식

람다 캡처 표현식 lambda capture expression 을 이용하면 캡처 변수를 원하는 표현식으로 초기화할 수 있다. 또한 상위 스코프에 있는 변수 중에서 캡처하지 않았던 것을 람다 표현식에 가져오는 데 사용할 수 있다. 예를 들어 다음 코드에 있는 람다 표현식을 보면 myCapture와 pi란 변수가 있다. myCapture는 'Pi: '로 초기화하고, pi는 상위 스코프에서 값 방식으로 캡처한다. 참고로 myCapture처럼 레퍼런스가 아닌 캡처 변수를 캡처 초기자 capture initializer 로 초기화하면 복제 방식으로 생성된다. 다시 말해 const 지정자가 제거된다.

```
double pi { 3.1415 };
auto myLambda { [myCapture = "Pi: ", pi]{ cout << myCapture << pi; } };
```

람다 캡처 변수는 std::move()를 비롯한 모든 종류의 표현식으로 초기화할 수 있다. unique_ptr처럼 복제할 수 없고 이동만 가능한 객체를 다룰 때 이 점을 반드시 명심해야 한다. 기본적으로 값으로 캡처하면 복제 방식이 적용된다. 그러므로 unique_ptr을 람다 표현식에 값으로 캡처할 수 없다. 하지만 람다 캡처 표현식을 사용하면 다음과 같이 이동 방식으로 복제할 수 있다.

```
auto myPtr { make_unique<double>(3.1415) };
auto myLambda { [p = move(myPtr)]{ cout << *p; } };
```

권장하는 방법은 아니지만 캡처 변수 이름을 상위 스코프에 있는 것과 똑같이 정할 수 있다. 예를 들어 위 코드를 다음과 같이 작성할 수도 있다.

```
auto myPtr { make_unique<double>(3.1415) };
auto myLambda { [myPtr = move(myPtr)]{ cout << *myPtr; } };
```

C++20 19.5.5 람다 표현식 템플릿

C++20부터 **템플릿 람다 표현식**template lambda expression을 지원한다. 그러므로 제네릭 람다 표현식의 매개변수에 대한 타입 정보를 쉽게 알아낼 수 있다. 예를 들어 인수로 vector를 전달해야 하는 람다 표현식이 있다고 가정하자. 그런데 vector의 원소를 모든 타입으로 지정할 수 있게 만들고 싶다. 따라서 매개변수를 auto로 지정해서 제네릭 람다 표현식으로 만들었다. 이 람다 표현식의 본문에서 vector의 원소 타입을 알아내려고 한다. C++20 이전에는 decltype()과 타입 트레이트인 std::decay_t를 사용해야 했다. 타입 트레이트는 26장에서 자세히 설명하며 여기에서는 자세히 몰라도 된다. decay_t는 다른 것보다 const와 레퍼런스를 제거한다는 것만 알면 된다. 이렇게 정의한 제네릭 람다 표현식은 다음과 같다.

```
auto lambda { [](const auto& values) {
    using V = decay_t<decltype(values)>; // 이 벡터의 실제 타입
    using T = typename V::value_type;    // 이 벡터의 원소 타입
    T someValue { };
    T::some_static_function();
} };
```

이렇게 정의한 람다 표현식을 다음과 같이 사용할 수 있다.

```
vector values { 1, 2, 100, 5, 6 };
lambda(values);
```

decltype()과 decay_t를 사용하면 코드가 다소 복잡해진다. 람다 표현식 템플릿을 사용하면 훨씬 쉽게 작성할 수 있다. 다음 람다 표현식은 매개변수가 반드시 vector여야 하지만 vector의 원소 타입은 템플릿 타입 매개변수를 사용할 수 있다.

```
[] <typename T> (const vector<T>& values) {
    T someValue { };
    T::some_static_function();
}
```

람다 표현식 템플릿의 또 다른 용도는 제네릭 람다 표현식에 대한 제약사항을 추가하는 경우다. 예를 들어 다음과 같은 제네릭 람다 표현식이 있다고 하자.

```
[](const auto& value1, const auto& value2) { /* ... */ }
```

이 람다 표현식은 매개변수를 두 개 받는다. 컴파일러는 각 매개변수 타입을 추론한다. 두 매개변수 타입은 별도로 추론되기 때문에 value1과 value2의 타입이 달라질 수 있다. 이렇게 되지 않고 항상 같은 타입을 갖게 제약사항을 추가하려면 다음과 같이 람다 표현식 템플릿으로 작성한다.

```
[] <typename T>(const T& value1, const T& value2) { /* ... */ }
```

또는 12장에서 설명한 requires 구문으로 템플릿 타입에 대한 제약사항을 지정할 수 있다.

```
[] <typename T>(const T& value1, const T& value2) requires integral<T> { /* ... */ }
```

19.5.6 람다 표현식을 리턴 타입으로 사용하기

앞에서 설명했듯이 std::function을 이용하면 함수가 람다 표현식을 리턴하게 만들 수 있다. 예를 들어 다음 코드를 살펴보자.

```
function<int(void)> multiplyBy2Lambda(int x)
{
    return [x]{ return 2 * x; };
}
```

이 함수의 본문을 보면 스코프에 있는 x라는 변수를 값으로 캡처하고 multiplyBy2Lambda의 인수에 2를 곱한 정숫값을 리턴하는 람다 표현식을 생성한다. 이 함수의 리턴 타입은 인수를 받지 않고 정수를 리턴하는 함수인 function<int(void)>다. 이 함수의 본문에서 정의한 람다 표현식은 함수 프로토타입과 정확히 일치한다. 변수 x는 값으로 캡처하기 때문에 이 함수가 람다 표현식을 리턴하기 전에 람다 표현식 안의 x는 x 값의 복제본에 바인딩된다. 이 함수를 호출하는 방법은 다음과 같다.

```
function<int(void)> fn { multiplyBy2Lambda(5) };
cout << fn() << endl;
```

auto 키워드를 사용하면 더 간단히 표현할 수 있다.

```
auto fn { multiplyBy2Lambda(5) };
cout << fn() << endl;
```

이 코드를 실행하면 10이란 결과가 나온다.

함수 리턴 타입 추론(1장 참조)을 활용하면 multiplyBy2Lambda() 함수를 다음과 같이 좀 더 세련되게 표현할 수 있다.

```
auto multiplyBy2Lambda(int x)
{
    return [x]{ return 2 * x; };
}
```

multiplyBy2Lambda() 함수는 변수 x를 값으로 캡처한다([x]). 만약 다음과 같이 x를 레퍼런스로 캡처하면([&x]) 문제가 생긴다. 여기서 리턴한 람다 표현식은 대부분 이 함수가 끝난 뒤에 사용된다. 그러므로 multiplyBy2Lambda() 함수의 스코프는 더 이상 존재하지 않기 때문에 x에 대한 레퍼런스는 이상한 값을 가리키게 된다.

```
auto multiplyBy2Lambda(int x)
{
    return [&x]{ return 2 * x; }; // 버그 발생
}
```

C++20 19.5.7 람다 표현식을 비평가 문맥에서 사용하기

C++20부터 람다 표현식을 **비평가 문맥**unevaluated context에서 사용할 수 있다. 예를 들어 decltype()으로 전달할 인수는 컴파일 시간에만 사용할 수 있고 평가되지는 않는다. 따라서 C++17에서는 다음과 같이 작성할 수 없었지만 C++20부터는 가능해졌다.

```
using LambdaType = decltype([](int a, int b) { return a + b; });
```

C++20 19.5.8 디폴트 생성, 복제, 대입

C++20부터 람다 표현식을 생성하거나 복제하거나 대입할 때 디폴트로 상태 없는stateless 람다 표현식으로 만든다. 예를 들면 다음과 같다.

```
auto lambda { [](int a, int b) { return a + b; } }; // 상태 없는 람다
decltype(lambda) lambda2; // 디폴트 생성
auto copy { lambda };      // 복제 생성
copy = lambda2;            // 복제 대입
```

람다 표현식을 비평가 문맥에서 사용하면 다음과 같이 작성할 수 있다.

```
using LambdaType = decltype([](int a, int b) { return a + b; }); // 평가되지 않는다.
LambdaType getLambda()
{
    return LambdaType{}; // 디폴트 생성
}
```

19.6 std::invoke()

<functional>에 정의된 std::invoke()를 사용하면 모든 종류의 콜러블 객체에 대해 일련의 매개변수를 지정해서 호출할 수 있다. 다음 코드는 invoke()를 세 번 사용한다. 한 번은 일반 함수를, 한 번은 람다 표현식을, 나머지 한 번은 string 인스턴스의 멤버 함수를 호출한다.

```
void printMessage(string_view message) { cout << message << endl; }

int main()
{
    invoke(printMessage, "Hello invoke.");
    invoke([](const auto& msg) { cout << msg << endl; }, "Hello invoke.");
    string msg { "Hello invoke." };
    cout << invoke(&string::size, msg) << endl;
}
```

invoke()의 기능 자체만 보면 그리 유용하지 않아 보일 수 있다. 그냥 함수나 람다 표현식을 직접 호출해도 되기 때문이다. 하지만 임의의 콜러블을 호출하는 템플릿 코드를 작성할 때는 굉장히 유용하다.

19.7 정리

이 장에서는 다른 함수에 인수로 전달되어 동작을 커스터마이즈하는 데 사용되는 콜백에 대해 설명했다. 이런 콜백은 함수 포인터나 함수 객체, 람다 표현식 등으로 만들 수 있다. 또한 람다 표현식을 사용하면 함수 객체와 어댑터 함수 객체를 이용하여 연산을 구성하는 것보다 코드를 훨씬 이해하기 쉽게 작성할 수 있다. 제대로 작동하는 코드를 작성하는 것만큼 이해하기 쉬운 코드를 작성하는 것도 중요하다는 것을 명심하기 바란다. 람다 표현식을 사용하면 어댑터 함수 객체를 사용할 때보다 코드가 좀 더 길어진다 해도 람다 표현식을 이용하는 코드가 훨씬 이해하기 쉽고 관리하기도 좋다.

이제 콜백에 대해 충분히 배웠으니 표준 라이브러리의 진정한 파워가 담긴 제네릭 알고리즘을 알아보기로 하자.

19.8 연습 문제

이 장에서 소개한 내용을 직접 써보기 위해 다음 연습 문제를 풀어보자. 연습 문제에 대한 정답은 이 책의 웹사이트(www.wiley.com/go/proc++5e)에서 다운로드할 수 있다. 문제를 풀다가 막히면 정답부터 찾지 말고 먼저 앞에서 설명한 부분을 다시 읽고 직접 답을 찾아보려고 애쓰기 바란다.

연습 문제 19-1 이 장에서 소개한 IsLargerThan 함수 객체를 람다 표현식을 사용하여 다시 작성해보자. 정답은 이 책의 예제 소스(c19_code/04_FuntionObjects/01_IsLargerThan.cpp)에 나와 있다.

연습 문제 19-2 bind()를 설명하면서 소개한 예제 코드를 람다 표현식을 사용하여 다시 작성해보자. 정답은 이 책의 예제 소스(c19_code/04_FuntionObjects/07_bind.cpp)에 나와 있다.

연습 문제 19-3 클래스 메서드인 Handler::handleMatch()를 바인딩하는 예제를 람다 표현식을 사용하여 다시 작성해보자. 정답은 이 책의 예제 소스(c19_code/04_FuntionObjects/10_FindMatchesWithMethodPointer.cpp)에 나와 있다.

연습 문제 19-4 18장에서 주어진 프레디케이트가 true를 리턴하는 컨테이너 원소를 제거하는 std::erase_if() 함수를 배운 적 있다. 이 장을 통해 콜백에 대해 알게 되었으니 정수 vector

를 생성하고, erase_if()로 이 벡터에서 홀수 원소를 모두 제거하게 만들어보자. erase_if()로 전달할 프레디케이트는 값 하나를 받아서 부울값을 리턴한다.

연습 문제 19-5 Processor란 클래스를 구현해보자. 생성자는 정수 하나를 받아서 정수 하나를 리턴하는 콜백을 인수로 받는다. 이 콜백을 클래스의 데이터 멤버에 저장한다. 그러고 나서 정수 하나를 받아서 정수 하나를 리턴하도록 함수 호출 연산자를 오버로드한다. 실제 작업은 저장된 콜백이 처리하도록 단순히 전달하기만 한다. 이렇게 작성한 클래스를 다양한 콜백에 대해 테스트해보자.

CHAPTER 20

표준 라이브러리 알고리즘 완전 정복

이 장의 내용

- 알고리즘
- 표준 라이브러리 알고리즘 심층 분석

18장에서는 표준 라이브러리에서 다양하게 제공하는 뛰어난 범용 데이터 구조를 둘러봤다. 다른 라이브러리는 대부분 이 정도만 제공한다. 하지만 표준 라이브러리는 여기서 그치지 않고 거의 모든 컨테이너에 적용할 수 있는 제네릭 알고리즘을 다양하게 제공한다. 이러한 알고리즘을 활용하면 컨테이너에 담긴 원소를 검색하고, 정렬하고, 가공하는 등 다양한 연산을 수행할 수 있다. 표준 라이브러리 알고리즘의 가장 큰 장점은 각 원소의 타입뿐만 아니라 이를 다루는 컨테이너의 타입에도 독립적이라는 점이다. 또한 17장에서 설명했듯이 모든 작업을 반복자 인터페이스만으로 처리한다.

16장에서는 표준 라이브러리 알고리즘에 대해 하이레벨 관점에서 개략적으로 둘러보고 코드 예제를 통해 자세히 보진 않았다. 이 장에서는 표준 라이브러리 알고리즘을 실전에서 사용하는 방법을 알아보자.

20.1 알고리즘 개요

표준 라이브러리 알고리즘의 강력함은 컨테이너를 직접 다루지 않고 반복자라는 매개체로 작동하는 데 있다. 그러므로 특정 컨테이너에 종속되지 않는다. 표준 라이브러리 알고리즘은 모두 함수 템플릿으로 구현되었고 템플릿 타입 매개변수도 대부분 반복자로 되어 있다. 반복자 자체는 함수의 인수로 지정한다. 함수 템플릿은 대부분 함수에 전달된 인수를 보고 템플릿 타입을 유추하기 때문에 알고리즘이 템플릿이 아닌 일반 함수인 것처럼 호출할 수 있다.

반복자 인수는 주로 반복자 범위로 표현한다. 앞 장에서 설명했듯이 대다수의 컨테이너는 반복자 범위를 표현할 때 첫 번째 원소는 포함하고 마지막 원소는 제외한 반개방[half-open] 범위로 받는다. 끝 반복자[end iterator]는 실제로 '마지막 항목의 바로 다음' 지점을 가리킨다.

알고리즘에 전달할 반복자는 일정한 요건을 갖춰야 한다. 예를 들어 원소를 끝에서부터 처음 순으로 복제하는 copy_backward()는 양방향 반복자를 지정해야 한다. 원소를 정렬하되 중복 원소의 순서는 그대로 유지하는 stable_sort()는 랜덤 액세스 반복자를 지정해야 한다. 다시 말해 컨테이너의 반복자가 알고리즘의 요건에 맞지 않으면 작동할 수 없다. 예를 들어 forward_list는 정방향 반복자만 제공하고, 양방향이나 랜덤 액세스 반복자는 제공하지 않는다. 따라서 forward_list를 copy_backward()와 stable_sort()에 적용할 수 없다.

표준 라이브러리 알고리즘은 대부분 <algorithm>에 정의되어 있다. 일부 수치 연산 관련 알고리즘은 <numeric>에 정의되어 있다. 모두 std 네임스페이스에 속해 있다.

C++20부터 대다수의 알고리즘은 constexpr다. 즉, constexpr 함수의 구현에 사용할 수 있다. 정확히 어느 알고리즘이 constexpr인지 알고 싶으면 표준 라이브러리 레퍼런스를 참고하기 바란다.

알고리즘을 익히기 위한 가장 좋은 방법은 예제를 살펴보는 것이다. 몇 가지 알고리즘이 실제 작동하는 과정을 살펴보면 다른 알고리즘도 쉽게 이해할 수 있다. 이 절에서는 find(), find_if(), accumulate() 알고리즘을 집중적으로 살펴본다. 그리고 이어지는 절에서 알고리즘 종류마다 대표적인 예제를 살펴본다.

20.1.1 find()와 find_if() 알고리즘

find()는 주어진 반복자 범위에서 특정한 원소를 검색하며, 모든 종류의 컨테이너에 대해 사용할 수 있다. find()는 원소를 찾으면 그 원소를 참조하는 반복자를 리턴하고, 원소를 찾지 못하면 주어진 범위의 끝 반복자end iterator를 리턴한다. 참고로 find()를 호출할 때 컨테이너의 모든 원소를 범위에 담지 않아도 된다. 다시 말해 부분 집합만 지정해도 된다.

> **CAUTION_** find()에서 원소를 찾지 못하면 내부 컨테이너의 끝 반복자가 아닌 함수를 호출할 때 지정한 끝 반복자를 리턴한다.

std::find()를 사용하는 예를 살펴보자. 이 예제에서는 사용자가 항상 올바른 숫자만 입력한다고 가정한다. 따라서 사용자 입력에 대해 에러 검사는 생략한다. 스트림 입력에 대해 에러 검사를 수행하는 방법은 13장을 참조한다.

```
import <algorithm>;
import <vector>;
import <iostream>;
using namespace std;

int main()
{
    vector<int> myVector;
    while (true) {
        cout << "Enter a number to add (0 to stop): ";
        int number;
        cin >> number;
        if (number == 0) { break; }
```

```
        myVector.push_back(number);
    }

    while (true) {
        cout << "Enter a number to lookup (0 to stop): ";
        int number;
        cin >> number;
        if (number == 0) { break; }
        auto endIt { cend(myVector) };
        auto it { find(cbegin(myVector), endIt, number) };
        if (it == endIt) {
            cout << "Could not find " << number << endl;
        } else {
            cout << "Found " << *it << endl;
        }
    }
}
```

여기에서는 vector에 있는 원소를 모두 검색하기 위해 find()를 호출할 때 cbegin(myVector)와 endIt을 반복자 인수로 지정했다. endIt은 cend(myVector)로 정의한다. 일부분만 검색하려면 이 두 반복자를 적절히 변경한다.

앞에서 작성한 코드를 실행한 결과는 다음과 같다.

```
Enter a number to add (0 to stop): 3
Enter a number to add (0 to stop): 4
Enter a number to add (0 to stop): 5
Enter a number to add (0 to stop): 6
Enter a number to add (0 to stop): 0
Enter a number to lookup (0 to stop): 5
Found 5
Enter a number to lookup (0 to stop): 8
Could not find 8
Enter a number to lookup (0 to stop): 0
```

C++17부터 추가된 if 문의 초기자를 적용하면 find()를 호출하고 결과를 검사하는 작업을 다음과 같이 한 문장으로 표현할 수 있다.

```
if (auto it { find(cbegin(myVector), endIt, number) }; it == endIt) {
    cout << "Could not find " << number << endl;
```

```
    } else {
        cout << "Found " << *it << endl;
    }
```

참고로 map과 set을 비롯한 일부 컨테이너는 find( )를 자체적으로 정의한 클래스 메서드로 제공한다. 18장에서 이런 컨테이너에 대해 설명할 때 예제를 사용한 적 있다.

> **CAUTION_** 제네릭 알고리즘과 동일한 기능을 제공하는 메서드가 컨테이너에 있다면 제네릭 알고리즘보다 컨테이너 메서드를 사용하는 것이 좋다. 훨씬 빠르기 때문이다. 예를 들어 제네릭 알고리즘인 find( )는 map을 처리하는 속도가 선형 시간인 반면 map에서 제공하는 find( ) 메서드는 로그 시간에 수행한다.

find_if( )는 인수로 검색할 원소가 아닌 **프레디케이트 함수 콜백**predicate function callback을 받는다는 점을 제외하면 find( )와 같다. 프레디케이트는 true나 false를 리턴한다. find_if( ) 알고리즘은 지정한 범위 안에 있는 원소에 대해 인수로 지정한 프레디케이트가 true를 리턴할 때까지 계속 호출한다. 프레디케이트가 true를 리턴하면 find_if( )는 그 원소를 가리키는 반복자를 리턴한다. 다음 예제는 사용자로부터 시험 점수를 입력받아서 만점이 있는지 검사한다. 여기서 만점이란 점수가 100 이상인 것을 말한다. 이 예제는 앞에서 본 것과 거의 비슷하며, 크게 다른 부분만 굵게 표시했다.

```
bool perfectScore(int num) { return (num >= 100); }

int main()
{
    vector<int> myVector;
    while (true) {
        cout << "Enter a number to add (0 to stop): ";
        int score;
        cin >> score;
        if (score == 0) { break; }
        myVector.push_back(score);
    }

    auto endIt { cend(myVector) };
    auto it { find_if(cbegin(myVector), endIt, perfectScore) };
    if (it == endIt) {
        cout << "No perfect scores" << endl;
```

```
        } else {
            cout << "Found a \"perfect\" score of " << *it << endl;
        }
    }
```

이 프로그램은 perfectScore() 함수에 대한 포인터를 find_if()의 인수로 전달한다. 그러면 find_if() 알고리즘은 perfectScore()가 true를 리턴할 때까지 모든 원소에 대해 이 함수를 호출한다.

find_if()에서 다음과 같이 19장에서 설명한 람다 표현식을 지정해도 된다. 이렇게 하면 perfectScore()란 함수를 따로 정의할 필요 없다.

```
auto it { find_if(cbegin(myVector), endIt, [](int i){ return i >= 100; }) };
```

20.1.2 accumulate() 알고리즘

프로그램에서 컨테이너에 있는 원소를 모두 더하는 것처럼 산술 연산을 적용해야 할 때가 많다. 이를 위해 accumulate() 함수를 제공한다. 이 함수는 <algorithm>이 아닌 <numeric>에 정의되어 있다. 가장 기본적인 사용법은 지정한 범위에 있는 원소의 합을 구하는 것이다. 예를 들어 다음에 나온 함수는 vector에 담긴 정수에 대한 산술 평균을 구한다. 여기서 산술 평균arithmetic mean이란 단순히 원소를 모두 더한 값을 원소의 개수로 나눈 것이다.

```
double arithmeticMean(span<const int> values)
{
    double sum { accumulate(cbegin(values), cend(values), 0.0) };
    return sum / values.size();
}
```

accumulate() 알고리즘은 세 번째 인수로 합에 대한 초깃값을 받는다. 여기에서는 처음부터 새로 구하도록 (덧셈의 항등원인) 0.0을 지정했다.

accumulate()의 두 번째 형태는 디폴트 연산인 덧셈 대신 다른 연산을 직접 지정할 수 있다. 이때 연산을 이진(인수가 두 개인) 콜백 함수binary callback로 표현한다. 예를 들어 주어진 원소에 대한 기하 평균geometric mean(전체 원소를 곱한 뒤 '1/원소의 개수'에 대한 거듭제곱을 구한 것)으로 지정할 수 있다. accumulate()는 덧셈 대신 곱셈 연산을 수행한다. 코드로 표현하면 다음과 같다.

```
int product(int value1, int value2) { return value1 * value2; }

double geometricMean(span<const int> values)
{
    int mult { accumulate(cbegin(values), cend(values), 1, product) };
    return pow(mult, 1.0 / values.size()); // pow()는 <cmath>에 정의됨
}
```

여기서 product() 함수를 accumulate()의 콜백으로 전달하고, accumulate()의 초깃값을 곱셈의 항등원인 1로 지정했다.

여기서도 product() 대신 람다 표현식으로 지정할 수 있다.

```
double geometricMeanLambda(span<const int> values)
{
    double mult { accumulate(cbegin(values), cend(values), 1,
        [](int value1, int value2) { return value1 * value2; }) };
    return pow(mult, 1.0 / values.size());
}
```

또는 19장에서 설명한 투명 multiplies<> 함수 객체로 geometricMean() 함수를 구현할 수도 있다.

```
double geometricMeanFunctor(span<const int> values)
{
    int mult { accumulate(cbegin(values), cend(values), 1, multiplies<>{}) };
    return pow(mult, 1.0 / values.size());
}
```

20.1.3 알고리즘과 이동 의미론

표준 라이브러리의 컨테이너와 마찬가지로 알고리즘도 필요에 따라 이동 의미론을 적용해서 최적화할 수 있다. 20.2.2절의 '[7] remove'에서 소개할 remove()와 같은 알고리즘에 이동

의미론을 적용하면 속도를 크게 높일 수 있다. 그러므로 컨테이너에 들어갈 원소의 클래스를 직접 정의할 때는 가능하면 이동 의미론을 구현하는 것이 좋다. 이동 의미론을 구현하려면 클래스에 이동 생성자와 이동 대입 연산자를 구현하면 된다. 이때 둘 다 noexcept로 지정해야 한다. 예외를 던지면 표준 라이브러리 컨테이너와 알고리즘에서 사용하지 않게 된다. 클래스에 이동 의미론을 구현하는 방법은 9.2.4절의 '[2] 이동 의미론 구현 방법'을 참조한다.

20.1.4 알고리즘 콜백

CAUTION_ 알고리즘은 펑터나 람다 표현식 등으로 주어진 콜백에 대해 복제본을 여러 개 만들어서 다양한 원소에 대해 별도로 호출할 수 있다.

콜백의 복제본을 여러 개 만들 수 있다는 점은 부작용에 대한 강력한 제약 조건을 주게 된다. 기본적으로 콜백은 상태가 없어야 한다. 펑터의 경우 함수 호출 연산자가 const여야 한다는 것을 의미한다. 따라서 여러 호출 사이에 일관된 상태를 유지해야 하는 객체의 내부 상태를 기반으로 작동하는 펑터를 만들 수 없다. 람다 표현식도 마찬가지로 mutable로 지정할 수 없다.

하지만 몇 가지 예외가 있다. generate()와 generate_n() 알고리즘은 상태가 있는 콜백을 받을 수 있다. 심지어 이런 콜백의 복제본을 만들 수도 있다. 게다가 이런 복제본을 리턴하지 않는다. 그러므로 알고리즘이 끝나고 난 뒤에는 변경된 상태에 접근할 수 없다. 단, for_each()는 예외다. 이 구문은 주어진 프레디케이트에 대한 복제본을 하나 만들어서 for_each() 알고리즘으로 전달하면 작업이 끝난 후 그 복제본을 리턴한다. 이렇게 리턴된 값을 통해 변경된 상태에 접근할 수 있다.

콜백이 알고리즘에 의해 복제되지 않게 하려면 std::ref() 헬퍼 함수를 이용하여 콜백 레퍼런스를 전달하면 된다. 그러면 알고리즘에서 항상 동일한 콜백을 사용한다. 예를 들어 다음 코드는 앞에서 본 예제에서 isPerfectScore란 변수에 저장된 람다 표현식을 사용하도록 수정한 것이다. 이 람다 표현식은 호출 횟수를 센 결과를 표준 출력으로 보낸다. isPerfectScore는 find_if() 알고리즘으로 전달된다. 마지막 문장은 isPerfectScore를 한 번 더 호출한다.

```
auto isPerfectScore { [tally = 0] (int i) mutable {
    cout << ++tally << endl; return i >= 100; } };

auto endIt { cend(myVector) };
```

```
auto it { find_if(cbegin(myVector), endIt, isPerfectScore) };
if (it == endIt) { cout << "Found a \"perfect\" score of " << *it << endl; }
isPerfectScore(1);
```

실행 결과는 다음과 같다.

```
Enter a test score to add (0 to stop) : 1
Enter a test score to add (0 to stop) : 2
Enter a test score to add (0 to stop) : 3
Enter a test score to add (0 to stop) : 0
1
2
3
1
```

결과를 보면 find_if() 알고리즘이 isPerfectScore를 세 번 호출해서 1, 2, 3이란 값이 출력되는 것을 알 수 있다. 마지막 줄은 isPerfectScore를 별도로 호출한 결과로서, 1부터 시작하도록 설정된 이전과는 다른 isPerfectScore 인스턴스다.

여기서 find_if()를 다음과 같이 수정하면 isPerfectScore의 복제본이 만들어지지 않아서 1, 2, 3, 4란 결과가 나오게 된다.

```
auto it { find_if(cbegin(myVector), endIt, ref(isPerfectScore)) };
```

20.2 표준 라이브러리 알고리즘 심층 분석

16장에서는 표준 라이브러리에서 제공하는 알고리즘을 유형별로 훑어봤다. 이런 알고리즘은 간혹 <numeric>과 <utility>에 정의된 것도 있지만 대부분 <algorithm>에 정의되어 있고 모두 std 네임스페이스에 속한다. 이 장에서 모든 알고리즘을 다룰 수 없으므로 각 항목마다 대표적인 알고리즘을 골라서 예제와 함께 살펴본다. 여기서 소개하는 알고리즘만 잘 익혀두면 다른 알고리즘도 쉽게 사용할 수 있다. 표준 라이브러리 알고리즘 전체를 자세히 알고 싶은 독자는 부록 B에서 소개하는 표준 라이브러리 레퍼런스를 참고하기 바란다.

20.2.1 불변형 순차 알고리즘

불변형 순차 알고리즘non-modifying sequence algorithm이란 주어진 범위에서 원소를 검색하거나 두 범위를 서로 비교하는 함수를 말한다. 또한 개수를 세는 집계counting 알고리즘도 여기에 속한다.

1 탐색 알고리즘

탐색 알고리즘search algorithm(검색 알고리즘)은 find()와 find_if()를 통해 이미 사용해봤다. 표준 라이브러리는 순차적으로 나열된 원소를 처리하는 기본 find() 알고리즘과 이를 토대로 다양하게 변형한 버전을 제공한다. 표준 라이브러리에서 제공하는 탐색 알고리즘의 종류와 복잡도는 848쪽 '탐색 알고리즘'에서 소개했다.

표준 라이브러리 알고리즘은 모두 operator==이나 operator<를 디폴트 연산자로 사용하지만 다른 연산으로 비교하도록 콜백을 직접 지정할 수 있는 오버로딩 버전도 제공한다.

탐색 알고리즘에 대한 몇 가지 예를 살펴보자.

```
// 탐색할 원소 목록
vector myVector { 5, 6, 9, 8, 8, 3 };
auto beginIter { cbegin(myVector) };
auto endIter { cend(myVector) };

// 주어진 람다 표현식을 만족하지 않는 첫 번째 원소를 찾는다.
auto it { find_if_not(beginIter, endIter, [](int i){ return i < 8; }) };
if (it != endIter) {
    cout << "First element not < 8 is " << *it << endl;
}

// 같은 값이 연속된 첫 번째 원소 쌍을 찾는다.
it = adjacent_find(beginIter, endIter);
if (it != endIter) {
    cout << "Found two consecutive equal elements with value " << *it << endl;
}

// 두 값 중 첫 번째 값을 찾는다.
vector targets { 8, 9 };
it = find_first_of(beginIter, endIter, cbegin(targets), cend(targets));
if (it != endIter) {
    cout << "Found one of 8 or 9: " << *it << endl;
}
```

```
// 첫 번째 부분열을 찾는다.
vector sub { 8, 3 };
it = search(beginIter, endIter, cbegin(sub), cend(sub));
if (it != endIter) {
    cout << "Found subsequence {8,3}" << endl;
} else {
    cout << "Unable to find subsequence {8,3}" << endl;
}

// 마지막 부분열을 찾는다(예제에서는 첫 번째 부분열과 같다).
auto it2 { find_end(beginIter, endIter, cbegin(sub), cend(sub)) };
if (it != it2) {
    cout << "Error: search and find_end found different subsequences "
         << "even though there is only one match." << endl;
}

// 8이 두 번 연속된 첫 번째 부분열을 찾는다.
it = search_n(beginIter, endIter, 2, 8);
if (it != endIter) {
    cout << "Found two consecutive 8s" << endl;
} else {
    cout << "Unable to find two consecutive 8s" << endl;
}
```

이 코드를 실행한 결과는 다음과 같다.

```
First element not < 8 is 9
Found two consecutive equal elements with value 8
Found one of 8 or 9: 9
Found subsequence {8,3}
Found two consecutive 8s
```

NOTE_ 제네릭 알고리즘과 똑같은 메서드를 제공하는 컨테이너도 있다. 그런 컨테이너를 사용할 때는 제네릭 알고리즘 대신 컨테이너에서 제공하는 메서드를 사용하는 것이 좋다. 컨테이너에서 직접 제공하는 메서드의 성능이 훨씬 좋다.

2 특수 탐색 알고리즘

C++17부터 search( ) 알고리즘에 원하는 탐색 알고리즘을 옵션으로 지정할 수 있도록 매개변수가 추가되었다. 이러한 옵션은 크게 세 가지(default_searcher, boyer_moore_searcher, boyer_moore_horspool_searcher)가 있으며 모두 <functional>에 정의되어 있다. 두 번째와 세 번째 옵션은 각각 유명한 보이어-무어Boyer-Moore 탐색 알고리즘과 보이어-무어-호스풀 Boyer-Moore-Horsepool 탐색 알고리즘을 구현한 것이다. 모두 성능이 뛰어나며 방대한 텍스트에서 부분 문자열(서브스트링substring)을 검색하는 데 주로 사용된다. 보이어-무어 탐색 알고리즘의 성능은 다음과 같다(여기서 N은 탐색할 대상의 크기를, M은 그 안에서 찾으려는 패턴의 크기를 의미한다).

- 패턴을 찾지 못한 경우 : 최악의 복잡도는 $O(N+M)$
- 패턴을 찾은 경우 : 최악의 복잡도는 $O(N*M)$

각각의 이론상 최악의 복잡도는 위와 같다. 그런데 실전에서 이런 특수 탐색 알고리즘을 사용해 보면 $O(N)$보다 뛰어난 준선형sublinear 시간이 나온다. 다시 말해 기본 탐색 알고리즘보다 훨씬 빠르다. 이렇게 준선형 시간에 실행할 수 있는 이유는 탐색 범위에 있는 문자를 모두 검사하지 않고 중간에 건너뛸 수 있기 때문이다. 또한 탐색할 패턴이 길수록 성능이 높아진다. 탐색 대상에서 건너뛸 문자가 많아지기 때문이다. 보이어-무어와 달리 보이어-무어-호스풀 알고리즘은 초기화와 루프를 한 바퀴 도는 데 걸리는 오버헤드가 적다. 하지만 최악의 복잡도는 보이어-무어 알고리즘보다 훨씬 크다. 따라서 둘 중 어느 것을 적용할지는 주어진 작업의 성격에 맞게 판단한다.

보이어-무어 탐색 알고리즘을 사용하는 예는 다음과 같다.

```
string text { "This is the haystack to search a needle in." };
string toSearchFor { "needle" };
boyer_moore_searcher searcher { cbegin(toSearchFor), cend(toSearchFor) };
auto result { search(cbegin(text), cend(text), searcher) };
if (result != cend(text)) {
    cout << "Found the needle." << endl;
} else {
    cout << "Needle not found." << endl;
}
```

3 비교 알고리즘

주어진 범위의 원소를 비교할 때 equal(), mismatch(), lexicographical_compare()라는 세 가지 알고리즘 중 하나를 적용할 수 있다. 이 알고리즘은 비교할 범위가 속한 컨테이너가 달라도 적용할 수 있다는 장점이 있다. 예를 들어 vector의 원소와 list의 원소를 비교할 수 있다. 일반적으로 비교 알고리즘comparison algorithm은 순차 컨테이너에 적용할 때 성능이 가장 뛰어나며, 각 컬렉션에서 동일한 위치에 있는 값끼리 비교하는 방식으로 실행된다. 각 알고리즘의 작동 방식은 다음과 같다.

- equal(): 주어진 원소가 모두 같으면 true를 리턴한다. 이전 버전에서 equal()은 세 가지 반복자(첫 번째 범위에 대한 시작과 끝 반복자, 두 번째 범위에 대한 시작 반복자)만 인수로 받을 수 있었다. 이 버전은 비교할 범위에 속한 원소의 개수가 일치해야 한다. 그런데 C++14부터 네 가지 반복자(첫 번째 범위에 대한 시작과 끝 반복자, 두 번째 범위에 대한 시작과 끝 반복자)를 받도록 오버로딩된 버전이 추가되었다. 이 버전은 서로 크기가 다른 범위를 비교할 수 있다. 네 가지 반복자를 받는 버전이 훨씬 안전하기 때문에 항상 이 버전을 사용하는 것이 좋다.
- mismatch(): 주어진 범위에서 일치하지 않는 범위를 가리키는 반복자를 리턴한다. equal()과 마찬가지로 세 가지 반복자를 받는 버전과 네 가지 반복자를 받는 버전이 있다. mismatch()도 마찬가지로 네 가지 반복자를 받는 버전이 훨씬 안전하므로 이 버전을 사용하기 바란다.
- lexicographical_compare(): 제공된 두 범위에서 동일한 위치에 있는 원소를 서로 비교한다(순차적으로). 첫 번째로 일치하지 않는 양쪽 범위의 원소 중에서 첫 번째 범위의 원소가 두 번째 범위의 원소보다 작거나, 첫 번째 범위의 원소 개수가 두 번째 범위의 원소 개수보다 적으면서 첫 번째 범위의 원소가 모두 두 번째 범위의 앞부분과 일치하면 true를 리턴한다. lexicographical_compare란 이름이 붙은 이유는 스트링을 나열하는 방식이 사전과 비슷하기 때문이다. 이 알고리즘은 모든 타입의 객체를 다룰 수 있도록 규칙을 확장했다.
- lexicographical_compare_three_way(): C++20부터 도입된 3방향 비교 연산을 사용하고, 부울 타입 대신 비교 카테고리 타입(1장에서 소개한 strong_ordering, weak_ordering, partial_ordering)을 리턴한다는 점을 제외하면 lexicographical_compare와 같다.

NOTE_ 타입이 서로 같은 두 개의 컨테이너 원소를 비교할 때는 equal()이나 lexicographical_compare()보다는 operator==이나 operator<를 사용하는 게 좋다. 표준 라이브러리 알고리즘은 서로 타입이 다른 컨테이너의 부분 범위나 C 스타일 배열을 비교하는 데 적합하다.

비교 알고리즘을 사용하는 예는 다음과 같다.

```
// int 타입 컨테이너에 원소를 채우는 함수 템플릿
// 이때 컨테이너는 반드시 push_back()을 제공해야 한다.
template<typename Container>
void populateContainer(Container& cont)
{
```

```
    while (true) {
        cout << "Enter a number (0 to quit): ";
        int value;
        cin >> value;
        if (value == 0) { break; }
        cont.push_back(value);
    }
}

int main()
{
    vector<int> myVector;
    list<int> myList;

    cout << "Populate the vector:" << endl;
    populateContainer(myVector);
    cout << "Populate the list:" << endl;
    populateContainer(myList);

    // 두 컨테이너를 비교한다.
    if (equal(cbegin(myVector), cend(myVector),
              cbegin(myList), cend(myList))) {
        cout << "The two containers have equal elements" << endl;
    } else {
        // 두 컨테이너가 다르면 그 이유를 알아낸다.
        auto miss { mismatch(cbegin(myVector), cend(myVector),
                             cbegin(myList), cend(myList)) };
        cout << "The following initial elements are the same in "
             << "the vector and the list:" << endl;
        for (auto i { cbegin(myVector) }; i != miss.first; ++i) {
            cout << *i << '\t';
        }
        cout << endl;
    }

    // 순서를 비교한다.
    if (lexicographical_compare(cbegin(myVector), cend(myVector),
                                cbegin(myList), cend(myList))) {
        cout << "The vector is lexicographically first." << endl;
    } else {
        cout << "The list is lexicographically first." << endl;
    }
}
```

이 코드를 실행한 결과는 다음과 같다.

```
Populate the vector:
Enter a number (0 to quit): 5
Enter a number (0 to quit): 6
Enter a number (0 to quit): 7
Enter a number (0 to quit): 0
Populate the list:
Enter a number (0 to quit): 5
Enter a number (0 to quit): 6
Enter a number (0 to quit): 9
Enter a number (0 to quit): 8
Enter a number (0 to quit): 0
The following initial elements are the same in the vector and the list:
5	6
The vector is lexicographically first.
```

4 집계 알고리즘

불변형 집계 알고리즘non-modifying counting algorithm에는 all_of( ), any_of( ), none_of( ), count( ), count_if( )가 있다. 다음은 처음 세 알고리즘을 사용하는 예제다.

```
// all_of()
vector vec2 { 1, 1, 1, 1 };
if (all_of(cbegin(vec2), cend(vec2), [](int i){ return i == 1; })) {
    cout << "All elements are == 1" << endl;
} else {
    cout << "Not all elements are == 1" << endl;
}

// any_of()
vector vec3 { 0, 0, 1, 0 };
if (any_of(cbegin(vec3), cend(vec3), [](int i){ return i == 1; })) {
    cout << "At least one element == 1" << endl;
} else {
    cout << "No elements are == 1" << endl;
}

// none_of()
vector vec4 { 0, 0, 0, 0 };
if (none_of(cbegin(vec4), cend(vec4), [](int i){ return i == 1; })) {
    cout << "All elements are != 1" << endl;
```

```
} else {
    cout << "Some elements are == 1" << endl;
}
```

이 코드를 실행한 결과는 다음과 같다.

```
All elements are == 1
At least one element == 1
All elements are != 1
```

다음 코드는 주어진 vector에서 일정한 조건을 만족하는 원소의 개수를 count_if() 알고리즘으로 세는 예를 보여준다. 여기에서는 조건을 람다 표현식으로 지정한다. 그러므로 스코프에 있는 value란 변수를 값으로 캡처한다.

```
vector values { 1, 2, 3, 4, 5, 6, 7, 8, 9 };
int value { 3 };
auto tally { count_if(cbegin(values), cend(values),
    [value](int i){ return i > value; }) };
cout << format("Found {} values > {}.", tally, value) << endl;
```

이 코드를 실행한 결과는 다음과 같다.

```
Found 6 values > 3
```

이 예제를 레퍼런스로 변수를 캡처하도록 확장하면 다음과 같다. 여기서 람다 표현식은 상위 스코프에 있는 변수를 레퍼런스로 캡처해서 그 값을 증가시키는 방식으로 원소의 개수를 센다.

```
vector values { 1, 2, 3, 4, 5, 6, 7, 8, 9 };
int value { 3 };
int callCounter { 0 };
auto tally { count_if(cbegin(values), cend(values),
    [value, &callCounter](int i){ ++callCounter; return i > value; }) };
cout << "The lambda expression was called " << callCounter
     << " times." << endl;
cout << format("Found {} values > {}.", tally, value) << endl;
```

이 코드를 실행한 결과는 다음과 같다.

```
The lambda expression was called 9 times.
Found 6 values > 3
```

20.2.2 가변형 순차 알고리즘

표준 라이브러리는 **가변형 순차 알고리즘**modifying sequence algorithm도 다양하게 제공한다. 예를 들어 한 범위에 있는 원소를 다른 범위로 복제하거나, 원소를 삭제하거나, 주어진 범위의 원소 순서를 반대로 바꿀 수 있다.

가변형 알고리즘 중 일부는 **원본**source과 **대상**destination 범위를 모두 지정한다. 원본 범위에 있는 원소를 읽어서 변경한 내용을 대상 범위에 저장한다. 대표적인 예로 copy()가 있다.

CAUTION_ 가변형 알고리즘은 대상 범위에 원소를 추가(insert)할 수는 없다. 대상 범위에 있는 원소를 수정(modify)하거나 덮어쓰기(overwrite)할 수만 있다. 17장에서는 반복자 어댑터를 이용하면 대상 범위에 원소를 추가하게 만드는 방법을 소개한다.

NOTE_ 가변형 알고리즘의 대상 범위를 map과 multimap의 범위로 지정할 수 없다. 가변형 알고리즘에 map을 적용하면 키/값 쌍으로 구성된 원소를 모두 덮어쓰기 때문이다. 그런데 map과 multimap은 키를 const로 지정하기 때문에 다른 값을 대입할 수 없다. set과 multiset도 마찬가지다. 따라서 map이나 set 류의 컨테이너에 가변형 알고리즘을 적용하려면 17장에서 소개하는 추가 반복자(insert iterator)로 처리해야 한다.

표준 라이브러리에서 제공하는 가변형 알고리즘의 종류는 16.2.21절의 '[2] 가변형 순차 알고리즘'에서 소개했다. 이 절에서는 그중 몇 가지에 대한 예를 소개한다. 여기서 익힌 알고리즘 사용법은 다른 알고리즘에 대해서도 똑같이 적용할 수 있다.

1 generate

generate() 알고리즘은 반복자 범위를 인수로 받아서 그 범위에 있는 값을 세 번째 인수로 지정한 함수의 리턴값으로 교체한다. 다음 코드는 generate() 알고리즘에서 람다 표현식을 이용하여 2, 4, 8, 16 등과 같은 값을 vector에 집어넣도록 구현했다.

```
vector<int> values(10); // 원소 10개로 구성된 벡터를 생성한다.
int value { 1 };
generate(begin(values), end(values), [&value]{ value *= 2; return value; });
for (const auto& i : values) { cout << i << " "; }
```

이 코드를 실행한 결과는 다음과 같다.

```
2 4 8 16 32 64 128 256 512 1024
```

2 transform

transform() 알고리즘은 여러 오버로드가 있다. 그중 첫 번째 버전은 주어진 범위에 있는 모든 원소마다 콜백을 적용해서 새 원소를 생성한다. 이렇게 생성된 원소는 인수로 지정한 대상 범위에 저장된다. transform()이 작동 중일 때는 원본과 대상 범위가 같을 수 있다. 매개변수는 원본에 대한 시작과 끝 반복자, 대상에 대한 시작 반복자 그리고 콜백으로 구성된다. 예를 들어 다음 코드는 vector의 각 원소에 100을 더한다. 여기 나온 populateContainer() 함수는 이 장 앞에서 작성한 것과 같다.

```
vector<int> myVector;
populateContainer(myVector);

cout << "The vector contains:" << endl;
for (const auto& i : myVector) { cout << i << " "; }
cout << endl;

transform(begin(myVector), end(myVector), begin(myVector),
    [](int i){ return i + 100; });

cout << "The vector contains:" << endl;
for (const auto& i : myVector) { cout << i << " "; }
```

transform()의 또 다른 버전은 주어진 범위의 원소 쌍에 대해 이항 함수를 호출한다. 그러므로 첫 번째 범위에 대한 시작과 끝 반복자, 두 번째 범위에 대한 시작 반복자, 대상 범위에 대한 시작 반복자를 인수로 지정해야 한다. 다음 예제는 vector를 두 개 생성해서 transform()으로 두 vector에서 같은 위치의 원소끼리 더한 결과를 첫 번째 vector에 저장하는 방법을 보여주고 있다.

```
vector<int> vec1, vec2;
cout << "Vector1:" << endl; populateContainer(vec1);
cout << "Vector2:" << endl; populateContainer(vec2);

if (vec2.size() < vec1.size())
{
    cout << "Vector2 should be at least the same size as vector1." << endl;
    return 1;
}

// 컨테이너의 내용을 출력하는 람다 표현식을 만든다.
auto printContainer { [](const auto& container) {
    for (auto& i : container) { cout << i << " "; }
    cout << endl;
};

cout << "Vector1: "; printContainer(vec1);
cout << "Vector2: "; printContainer(vec2);

transform(begin(vec1), end(vec1), begin(vec2), begin(vec1),
    [](int a, int b){return a + b;});

cout << "Vector1: "; printContainer(vec1);
cout << "Vector2: "; printContainer(vec2);
```

이 코드를 실행한 결과는 다음과 같다.

```
Vector1:
Enter a number (0 to quit): 1
Enter a number (0 to quit): 2
Enter a number (0 to quit): 0
Vector2:
Enter a number (0 to quit): 11
Enter a number (0 to quit): 22
Enter a number (0 to quit): 33
Enter a number (0 to quit): 0
Vector1: 1 2
Vector2: 11 22 33
Vector1: 12 24
Vector2: 11 22 33
```

> **NOTE_** transform()을 비롯한 가변형 알고리즘 중에는 대상 범위의 마지막 바로 다음 번째 항목을 가리키는 반복자를 리턴하는 것이 많다. 이 책에 나온 예제는 대부분 리턴값을 무시한다.

3 copy

copy() 알고리즘은 주어진 범위에 있는 원소를 다른 범위로 복제한다. 이때 원본 범위의 첫 번째 원소부터 시작해서 마지막 원소까지 순차적으로 처리한다. 원본과 대상 범위는 반드시 달라야 하지만 일정한 제약사항을 만족한다면(예를 들어 copy(b, e, d)에서 d가 b보다 앞에 나온다면) 중첩될 수 있다. 하지만 d가 [b, e) 범위 안에 있으면 어떤 결과가 나올지 알 수 없다. 다른 가변형 알고리즘과 마찬가지로 copy()도 대상 범위에 원소를 추가할 수 없다. 기존에 있던 원소를 그냥 덮어쓰기만 한다. copy()를 이용하여 컨테이너나 스트림에 원소를 추가하도록 반복자 어댑터를 사용하는 방법은 17장에서 소개한다.

여기에서는 copy()를 사용하는 간단한 예제를 소개한다. 여기서 copy()는 대상 컨테이너에 공간이 충분한지 확인하는 작업을 vector의 resize() 메서드로 처리한다. 그런 다음 vec1의 원소를 모두 vec2로 복제한다.

```
vector<int> vec1, vec2;
populateContainer(vec1);
vec2.resize(size(vec1));
copy(cbegin(vec1), cend(vec1), begin(vec2));
for (const auto& i : vec2) { cout << i << " "; }
```

copy_backward()란 알고리즘도 있다. 이 알고리즘은 원본의 마지막 원소부터 시작 원소 순으로 복제한다. 다시 말해 원본의 마지막 원소를 복제해서 대상의 마지막 원소에 저장하고, 그다음에는 마지막 바로 전 원소를 처리하는 식으로 거슬러 올라가며 복제한다. copy_backward()도 원본과 대상 범위가 서로 달라야 하며, 일정한 제약 조건을 만족하면 중첩해도 된다. 제약 조건도 copy()와 비슷하다. copy_backward(b, e, d)가 있을 때 d가 e보다 뒤에 나오면 중첩해도 된다. 하지만 d가 (b, e]에 포함될 때는 결과를 예측할 수 없다. 앞에 나온 예제를 copy()가 아닌 copy_backward()로 복제하도록 수정하면 다음과 같다. 여기서 세 번째 인수를 begin(vec2)가 아닌 end(vec2)로 지정한 점에 주목한다. 실행 결과는 copy() 예제와 같다.

```
copy_backward(cbegin(vec1), cend(vec1), end(vec2));
```

copy_if() 알고리즘은 반복자 두 개로 지정한 입력 범위, 반복자 하나로 지정한 출력 대상 범위 그리고 프레디케이트(예: 함수 또는 람다 표현식)를 인수로 받아 처리한다. 이 알고리즘은 지정한 프레디케이트를 만족하는 원소를 모두 대상 범위로 복제한다. 단, 복제 과정에서 컨테이너를 생성하거나 확장하지는 않는다. 기존 원소를 바꾸기만 한다. 따라서 대상 범위는 복제할 원소를 모두 담을 수 있도록 충분히 커야 한다. 원소를 복제한 뒤에는 마지막 원소를 복제한 지점 이후의 공간은 삭제하는 것이 좋다. 이를 위해 copy_if()는 대상 범위에 마지막으로 복제한 원소의 바로 다음 지점을 가리키는 반복자를 리턴한다. 다음 코드는 짝수만 vec2에 복제하는 예를 보여주고 있다.

```
vector<int> vec1, vec2;
populateContainer(vec1);
vec2.resize(size(vec1));
auto endIterator { copy_if(cbegin(vec1), cend(vec1),
        begin(vec2), [](int i){ return i % 2 == 0; }) };
vec2.erase(endIterator, end(vec2));
for (const auto& i : vec2) { cout << i << " "; }
```

copy_n() 알고리즘은 원본 원소 n개를 대상으로 복제한다. copy_n()의 첫 번째 매개변수는 시작 반복자, 두 번째 매개변수는 복제할 원소의 개수를 지정하는 정수, 세 번째 매개변수는 대상 반복자다. copy_n() 알고리즘은 경곗값 검사를 하지 않는다. 따라서 시작 반복자부터 원소의 개수만큼 위칫값을 하나씩 증가하면서 복제해도 end()를 초과하지 않도록 검사하는 코드를 직접 작성해야 한다. 그렇지 않으면 예상치 못한 결과가 나올 수 있다. 예를 들면 다음과 같다.

```
vector<int> vec1, vec2;
populateContainer(vec1);
size_t tally { 0 };
cout << "Enter number of elements you want to copy: ";
cin >> tally;
tally = min(tally, size(vec1));
vec2.resize(tally);
copy_n(cbegin(vec1), tally, begin(vec2));
for (const auto& i : vec2) { cout << i << " "; }
```

4 move

표준 라이브러리는 move()와 move_backward()라는 두 가지 이동 알고리즘을 제공한다. 둘 다 9장에서 설명한 이동 의미론을 사용한다. 그러므로 이 알고리즘에 적용할 컨테이너의 원소 타입을 직접 정의하려면 원소 타입에 대한 클래스에 반드시 이동 대입 연산자를 구현해야 한다. 구체적인 방법은 다음 코드와 같다. 여기서 main() 함수는 먼저 MyClass 객체를 세 개 담은 vector를 생성한다. 그리고 인수를 하나만 받는 버전의 move() 함수로 좌측값[lvalue]을 우측값[rvalue]으로 변환한다. 이 함수는 <utility>에 정의되어 있다. 반면 인수를 세 개 받는 표준 라이브러리의 move() 알고리즘은 컨테이너 사이에 원소를 이동시킨다. 이동 대입 연산자를 구현하고 인수를 하나만 받는 버전의 std::move()를 사용하는 방법은 9장에서 자세히 설명했다.

```
class MyClass
{
    public:
        MyClass() = default;
        MyClass(const MyClass& src) = default;
        MyClass(string str) : m_str { move(str) } {}
        virtual ~MyClass() = default;

        // 이동 대입 연산자
        MyClass& operator=(MyClass&& rhs) noexcept {
            if (this == &rhs) { return *this; }
            m_str = move(rhs.m_str);
            cout << format("Move operator= (m_str={})", m_Str) << endl;
            return *this;
        }

        void setString(string str) { m_str = move(str); }
        const string& getString() const { return m_str; }
    private:
        string m_str;
};

int main()
{
    vector<MyClass> vecSrc { MyClass { "a" }, MyClass { "b" }, MyClass { "c" } };
    vector<MyClass> vecDst(vecSrc.size());
    move(begin(vecSrc), end(vecSrc), begin(vecDst));
    for (const auto& c : vecDst) { cout << c.getString() << " "; }
}
```

이 코드를 실행한 결과는 다음과 같다.

```
Move operator= (m_str=a)
Move operator= (m_str=b)
Move operator= (m_str=c)
a b c
```

NOTE_ 9장에서 설명했듯이 move 연산을 수행하는 동안에는 원본 객체 중 일부는 유효한 상태에 있고 나머지는 불확실한 상태에 있게 된다. 앞에서 본 예제에 vecSrc에 대해 move 연산을 수행한 뒤에는 여기 담긴 모든 원소를 확실한 상태로 만들지 않았다면 그 원소를 사용하면 안 된다. 예를 들어 아무런 사전 조건 없이 그 객체에 대해 setString()과 같은 메서드를 호출하면 안 된다.

move_backward() 알고리즘의 작동 방식도 move()와 비슷하다. 단, 마지막 원소부터 첫 번째 원소 순으로 원소를 이동시킨다는 점이 다르다. move()와 move_backward()는 일정 요건을 만족한다면 원본과 대상 범위가 겹쳐도 된다. 이는 copy()와 copy_backward()의 조건과 같다.

5 replace

replace()와 replace_if() 알고리즘은 주어진 범위에서 값이나 프레디케이트로 지정한 조건에 일치하는 원소를 새 값으로 교체한다. 예를 들어 replace_if()는 첫 번째와 두 번째 매개변수로 컨테이너의 원소 범위를 지정한다. 세 번째 매개변수는 true나 false를 리턴하는 함수나 람다 표현식이다. 여기서 true가 리턴되면 컨테이너의 값을 네 번째 매개변수로 지정한 값으로 교체하고, false가 리턴되면 원래대로 놔둔다.

다음과 같이 컨테이너에서 홀수값을 가진 원소를 모두 0으로 교체하는 코드를 살펴보자.

```
vector<int> values;
popopulateContainer(values);
replace_if(begin(values), end(values), [](int i){ return i % 2 != 0; }, 0);
for (const auto& i : values) { cout << i << " "; }
```

replace()와 replace_if()를 변형한 replace_copy()와 replace_copy_if()도 있다. 이 알고리즘은 다른 대상 범위에 교체 결과를 복제한다. 새 원소를 충분히 담을 정도로 대상 범위가 커야 한다는 점에서 copy()와 비슷하다.

C++20 6 erase

18장에서 설명했듯이 C++20부터 추가된 std::erase()와 std::erase_if()는 거의 모든 표준 라이브러리 컨테이너를 지원한다. 이 연산의 공식 명칭은 **유니폼 컨테이너 이레이저** uniform container erasure다. erase() 함수는 인자로 지정한 값과 일치하는 컨테이너 원소를 모두 삭제하고, erase_if()는 인수로 지정한 프레디케이트를 만족하는 원소를 모두 삭제한다. 이 알고리즘은 반복자 범위 대신 컨테이너에 대한 레퍼런스를 사용한다. C++20부터는 컨테이너에서 원소를 삭제할 때 이 함수를 사용하는 것이 좋다.

예를 들어 다음에 나오는 removeEmptyStrings() 함수는 string 벡터에 담긴 공백 스트링을 모두 제거한다. erase_if()를 이용하기 때문에 한 줄로 간단히 작성할 수 있다.

```
void removeEmptyStrings(vector<string>& strings)
{
    erase_if(strings, [](const strings& str){ return str.empty(); });
}

int main()
{
    vector<string> myVector { "", "one", "", "two", "three", "four" };
    for (auto& str : myVector) { cout << "\"" << str << "\" "; }
    cout << endl;
    removeEmptyStrings(myVector);
    for (auto& str : myVector) { cout << "\"" << str << "\" "; }
    cout << endl;
}
```

실행 결과는 다음과 같다.

```
"" "one" "" "two" "three" "four"
"one" "two" "three" "four"
```

NOTE_ std::erase()는 정렬 연관 컨테이너와 비정렬 컨테이너에 대해 사용할 수 없다. 이 컨테이너는 std::erase()보다 훨씬 성능이 뛰어난 erase(key) 메서드를 갖고 있어서 이를 사용하는 것이 좋다. 반면 erase_if() 함수는 모든 컨테이너에 대해 사용할 수 있다.

7 remove

사용하는 컴파일러가 앞에서 설명한 C++20의 erase()와 erase_if() 알고리즘을 지원하지 않는다면 다른 방법을 찾아야 한다. 한 가지 방법은 컨테이너에서 제공하는 erase() 메서드를 사용하는 것이다. 단, 해당 컨테이너가 이 메서드를 제공해야 한다. 지원되는 컨테이너라면 모든 원소에 대해 반복문을 돌면서 조건에 일치하는 원소에 대해 erase()를 호출한다. erase() 메서드를 제공하는 컨테이너의 예로 vector가 있다. 하지만 vector 컨테이너를 이렇게 처리하면 굉장히 비효율적이다. vector에서 메모리를 연속적으로 사용하기 위해 메모리 연산이 상당히 많이 발생하기 때문에 성능이 제곱 복잡도로 좋지 않은데다 에러가 발생하기도 쉽다. erase()를 호출하고 나서 반복자를 올바른 상태로 유지하도록 신경 써야 하기 때문이다. 표준 라이브러리 알고리즘을 사용하지 않고서 vector에 담긴 string 원소 중에서 공백 string을 제거하는 함수를 구현하려면 다음과 같이 할 수 있다. 여기서 for 루프 안의 iter를 굉장히 조심해서 다뤄야 한다.

```
void removeEmptyremoveEmptyStringsWithoutAlgorithms(vector<string>& strings)
{
    for (auto iter { begin(strings) }; iter != end(strings); ) {
        if (iter->empty()) {
            iter = strings.erase(iter);
        } else {
            ++iter;
        }
    }
}
```

NOTE_ 제곱 복잡도는 실행 시간이 입력 크기의 체곱인 $O(n^2)$의 함수임을 의미한다.

이렇게 구현하면 성능이 상당히 떨어지기 때문에 바람직하지 않다. 이 문제는 소위 **제거 후 삭제 패턴**remove-erase idiom으로 구현하는 것이 좋다. 그러면 선형 시간으로 처리할 수 있다.

remove() 알고리즘은 컨테이너가 아닌 반복자 추상화만 접근한다. 따라서 내부 컨테이너에서 원소를 실제로 지우는 것은 아니다. 대신 프레디케이트를 만족하는 원소를 그렇지 않은 다음 원소로 교체한다. 이 작업은 이동 대입 연산으로 처리한다. 그 결과 유지될 원소는 모두 주어진 범위의 앞으로 이동한다. 이처럼 주어진 범위가 유지할 원소 집합과 삭제할 원소 집합으로 나뉜다. remove()가 리턴하는 반복자는 삭제할 범위의 첫 번째 원소를 가리킨다. 그 원소를 컨테이너에서 실제로 삭제하려면 먼저 remove()나 remove_if() 알고리즘을 실행한 뒤 컨테이너에 대해 erase()를 호출하여 remove()/remove_if()가 리턴한 반복자가 가리키는 원소부터 범위의 끝까지 해당되는 원소를 모두 지우면 된다. 이것이 바로 **제거 후 삭제 패턴**이다. 이 패턴을 적용하여 removeEmptyStrings() 함수를 구현하면 다음과 같다.

```
void removeEmptyStrings(vector<string>& strings)
{
    auto it { remove_if(begin(strings), end(strings),
        [](const string& str){ return str.empty(); }) };
    // 제거된 원소를 모두 지운다.
    strings.erase(it, end(strings));
}
```

CAUTION_ 제거 후 삭제 패턴으로 구현할 때는 반드시 erase()의 두 번째 인수를 지정해야 한다. 깜박 잊고 erase()에 두 번째 인수를 지정하지 않으면 컨테이너에서 원소 하나만 삭제한다. 즉, 첫 번째 인수로 전달한 반복자가 가리키는 원소만 삭제된다.

remove()와 remove_if()를 변형한 remove_copy()와 remove_copy_if()란 알고리즘도 있다. 이 알고리즘은 원본 범위를 변경하지 않고, 원소를 모두 다른 대상 범위에 복제한다. 대상 범위에 새 원소를 추가할 만큼 공간이 충분해야 한다는 점에서 copy()와 비슷하다.

NOTE_ remove() 계열의 함수는 원소를 제거하는 과정에서 컨테이너에 남아 있는 원소의 순서를 그대로 유지한다는 점에서 안정적이다.

NOTE_ 제거 후 삭제 패턴이나 루프문으로 구현하기 보다는 C++20부터 추가된 std::erase_if()나 std::erase() 알고리즘(연관 컨테이너라면 자체 제공되는 erase(key) 메서드)을 사용하는 것이 바람직하다.

8 unique

unique() 알고리즘은 remove()의 특수한 버전으로서, 같은 원소가 연달아 나오는 부분을 모두 삭제한다. list 컨테이너는 이 알고리즘과 똑같은 메서드(list::unique())를 제공한다. unique()는 주로 정렬 컨테이너에 대해 사용하지만 비정렬 컨테이너에도 적용할 수 있다.

unique()의 기본 버전은 그 자리에서 직접 원소를 처리하지만 새로운 대상 범위에 결과를 복제하는 unique_copy()도 있다.

list::unique() 알고리즘 사용법은 18.2.4절의 '[6] list 활용 예제: 학적 관리 프로그램'에서 소개했으므로 여기에서는 이에 대한 예제를 생략한다.

9 shuffle

shuffle() 알고리즘은 주어진 범위의 원소를 무작위 순으로 재정렬하며 시간 복잡도는 선형이다. 이 알고리즘은 카드 섞기와 같은 작업에 유용하다. shuffle()은 재정렬할 범위를 나타내는 시작과 끝 반복자와 무작위수를 생성하는 방법을 지정하는 균등 분포 무작위수 생성기uniform random number generator를 인수로 받는다. 예를 들면 다음과 같다(무작위수 생성 엔진 사용법과 '시드'를 지정하는 방식은 23장에서 자세히 설명한다).

```
vector values { 1, 2, 3, 4, 5, 6, 7, 8, 9, 10 };

random_device seeder;
const auto seed { seeder.entropy() ? seeder() : time(nullptr) };
default_random_engine engine {
    static_cast<default_random_engine::result_type>(seed) };

for (int i { 0 }; i < 6; ++i) {
    shuffle(begin(values), end(values), engine);
    for (const auto& value : values) { cout << value << " "; }
    cout << endl;
}
```

실행 결과는 다음과 같다.

```
2 5 6 9 7 8 4 3 10 1
8 5 6 4 3 1 2 9 7 10
10 8 3 9 7 2 1 6 4 5
7 3 2 10 4 5 9 8 6 1
1 5 9 6 8 10 7 4 2 3
3 6 8 9 4 7 1 2 5 10
```

10 sample

sample( ) 알고리즘은 인수로 지정한 원본 범위의 원소를 무작위로 n개 골라서 리턴하고, 이를 대상 범위에 저장한다. 이 알고리즘은 다섯 가지 매개변수를 받는다.

- 샘플링할 범위를 나타내는 시작과 끝 반복자
- 무작위로 고른 원소를 저장할 대상 범위의 시작 반복자
- 고를 원소의 수
- 무작위수 생성 엔진

예를 들면 다음과 같다(무작위수 생성 엔진 사용법과 '시드'를 지정하는 방식은 23장에서 자세히 설명한다).

```
vector values { 1,2,3,4,5,6,7,8,9,10 };
const size_t numberOfSamples { 5 };
vector<int> samples(numberOfSamples);

random_device seeder;
const auto seed { seeder.entropy() ? seeder() : time(nullptr) };
default_random_engine engine {
    static_cast<default_random_engine::result_type>(seed) };

for (int i { 0 }; i < 6; ++i) {
    sample(cbegin(values), cend(values), begin(samples), numberOfSamples, engine);
    for (const auto& sample : samples) { cout << sample << " "; }
    cout << endl;
}
```

이 코드의 실행 결과는 다음과 같다.

```
1 2 5 8 10
1 2 4 5 7
5 6 8 9 10
2 3 4 6 7
2 5 7 8 10
1 2 5 6 7
```

11 reverse

reverse( ) 알고리즘은 주어진 범위에 있는 원소의 순서를 반대로 바꾼다. 범위의 첫 번째 원

소를 마지막 원소와 바꾸고, 두 번째 원소를 끝에서 두 번째 원소와 바꾸는 식으로 진행한다.

reverse()의 기본 버전은 원본을 바로 수정하며 범위를 표현하는 시작 반복자와 끝 반복자를 인수로 받는다. 이와 달리 reverse_copy()는 결과를 대상 범위에 복제하며 원본 범위에 대한 시작과 끝 반복자와 대상 범위에 대한 시작 반복자를 인수로 받는다. 여기서 대상 범위는 반드시 새 원소를 담을 만큼 공간이 충분해야 한다.

다음은 reverse()를 사용한 예다.

```
vector<int> values;
populateContainer(values);
reverse(begin(values), end(values));
for (const auto& i : values) { cout << i << " "; }
```

C++20 12 shift

C++20부터 주어진 범위의 원소를 새로운 위치로 이동시키는 방식으로 시프트하는 shift_left()와 shift_right() 알고리즘이 추가되었다. 주어진 범위의 끝을 넘어서는 원소는 제거된다. shift_left()는 새로운 범위의 끝을 가리키는 반복자를 리턴하는 반면 shift_right()는 새로운 범위의 시작점을 가리키는 반복자를 리턴한다. 예를 들면 다음과 같다.

```
vector values { 11, 22, 33, 44, 55 };
for (const auto& value : values) { cout << value << " "; }
cout << endl;

// 원소를 왼쪽으로 두 칸 시프트한다.
auto newEnd { shift_left(begin(values), end(values), 2) };
// 벡터의 크기를 적절히 조정한다.
values.erase(newEnd, end(values));
for (const auto& value : values) { cout << value << " "; }
cout << endl;

// 원소를 오른쪽으로 두 칸 시프트한다.
auto newBegin { shift_right(begin(values), end(values), 2) };
// 벡터의 크기를 적절히 조정한다.
values.erase(begin(values), newBegin);
for (const auto& value : values) { cout << value << " "; }
cout << endl;
```

실행 결과는 다음과 같다.

```
11 22 33 44 55
33 44 55
33
```

20.2.3 연산 알고리즘

표준 라이브러리에서 제공하는 연산 알고리즘은 for_each()와 for_each_n()뿐이다. for_each() 알고리즘은 주어진 범위에 있는 원소마다 콜백을 실행하고, for_each_n() 알고리즘은 주어진 범위에 있는 원소 중에서 첫 번째부터 *n*번째 원소까지 콜백을 실행한다. 이때 콜백은 주어진 반복자 타입이 비 const이면 범위에 있는 원소를 수정할 수 있다. 여기에서는 이런 알고리즘도 있다고 알려주기 위해 소개했다. 실전에서는 범위 기반 for 루프문을 사용하는 것이 구현도 쉽고 가독성도 높다.

1 for_each

다음 예제는 범용 람다 표현식으로 map에 있는 원소를 화면에 출력한다.

```
map<int, int> myMap { { 4, 40 }, { 5, 50 }, { 6, 60 } };
for_each(cbegin(myMap), cend(myMap), [](const auto& p)
    { cout << p.first << "->" << p.second << endl; });
```

p의 타입은 const pair<int, int>&다. 이 코드를 실행한 결과는 다음과 같다.

```
4->40
5->50
6->60
```

다음 예제는 for_each() 알고리즘과 람다 표현식을 사용하여 주어진 범위의 원소의 합과 곱을 동시에 계산하는 방법을 보여주고 있다. 여기서 사용하는 람다 표현식은 필요한 변수를 명시적으로 캡처했다. 이때 레퍼런스로 캡처했는데, 그렇지 않으면 람다 표현식 안에서 변경한 sum과 product의 결과를 람다 표현식 밖에서 볼 수 없기 때문이다.

```
vector<int> myVector;
populateContainer(myVector);

int sum { 0 };
int product { 1 };
for_each(cbegin(myVector), cend(myVector),
    [&sum, &product](int i) {
        sum += i;
        product *= i;
});
cout << "The sum is " << sum << endl;
cout << "The product is " << product << endl;
```

이 코드를 다음과 같이 펑터로 구현해도 된다. 여기에서는 for_each( )로 각 원소에 대한 작업을 끝낼 때마다 결과를 누적시켰다. 예를 들어 원소의 합과 곱을 동시에 추적하도록 SumAndProduct 펑터를 작성하면 두 값을 한 번에 계산할 수 있다.

```
class SumAndProduct
{
    public:
        void operator()(int value)
        {
            m_sum += value;
            m_product *= value;
        }
        int getSum() const { return m_sum; }
        int getProduct() const { return m_product; }
    private:
        int m_sum { 0 };
        int m_product { 1 };
};

int main()
{
    vector<int> myVector;
    populateContainer(myVector);

    SumAndProduct calculator;
    calculator = for_each(cbegin(myVector), cend(myVector), calculator);
    cout << "The sum is " << calculator.getSum() << endl;
    cout << "The product is " << calculator.getProduct() << endl;
}
```

여기서 for_each()의 리턴값을 따로 저장하지 않았다가 나중에 func 호출이 끝나고 나서 정보를 읽고 싶을 수도 있다. 하지만 이런 식으로는 처리할 수 없다. for_each()로 이 펑터의 복제본이 전달되었다가 호출이 끝나면 그 복제본이 리턴되기 때문이다. 따라서 제대로 작동하게 하려면 반드시 리턴값을 캡처해야 한다.

for_each()와 다음 절에서 설명할 for_each_n()에 대해 마지막으로 한 가지 더 설명하면 콜백에 비 const 대상에 대한 레퍼런스를 매개변수로 받아서 그 내용을 수정할 수 있다. 그러면 반복자 범위에 있는 값을 변경하는 효과를 얻을 수 있다. 예를 들면 다음과 같다.

```
vector values { 11, 22, 33, 44, 55 };
// values 벡터에 있는 값을 두 배로 만든다.
for_each(begin(values), end(values), [](auto& value) { value *= 2; });
// values 벡터의 원소를 모두 출력한다.
for_each(cbegin(values), cend(values),
    [] (const auto& value) { cout << value << endl; });
```

2 for_each_n

for_each_n() 알고리즘은 주어진 범위의 시작 반복자, 반복할 원소의 개수 그리고 함수 콜백을 인수로 받아서 '시작 지점 + *n*' 위치를 가리키는 반복자를 리턴한다. 이 알고리즘도 경곗값을 검사하지 않는다. 예를 들어 map의 첫 번째와 두 번째 원소에 대해서만 반복하려면 다음과 같이 작성한다.

```
map<int, int> myMap { { 4, 40 }, { 5, 50 }, { 6, 60 } };
for_each_n(cbegin(myMap), 2, [](const auto& p)
    { cout << p.first << "->" << p.second << endl; });
```

20.2.4 분할 알고리즘

partition_copy()는 원본에 있는 원소를 복제해서 서로 다른 두 대상으로 분할[partition]한다. 이때 둘 중 어느 대상에 원소를 보낼지는 프레디케이트의 실행 결과가 true인지 false인지에 따라 달라진다. partition_copy()는 반복자 쌍을 리턴한다. 그중 하나는 첫 번째 대상 범위에서 마지막으로 복제한 원소의 바로 다음 지점을 가리키는 반복자고, 다른 하나는 두 번째 대상에서 마지막으로 복제한 원소의 바로 다음 지점을 가리키는 반복자다. 이렇게 리턴된 반복자를 erase()와 함께 사용해서 두 대상 범위에서 초과된 원소를 삭제하게 만들 수 있다. 구체적인 방법은 앞에서 본 copy_if() 예제와 같다. 다음 코드는 사용자로부터 정수의 개수를 입력받아서 대상 범위를 짝수에 대한 vector와 홀수에 대한 vector로 분할한다.

```
vector<int> vec1, vecOdd, vecEven;
populateContainer(vec1);
vecOdd.resize(size(vec1));
vecEven.resize(size(vec1));

auto pairIters { partition_copy(cbegin(vec1), cend(vec1),
    begin(vecEven), begin(vecOdd),
    [](int i){ return i % 2 == 0; }) };

vecEven.erase(pairIters.first, end(vecEven));
vecOdd.erase(pairIters.second, end(vecOdd));

cout << "Even numbers: ";
for (const auto& i : vecEven) { cout << i << " "; }
cout << endl << "Odd numbers: ";
for (const auto& i : vecOdd) { cout << i << " "; }
```

이 코드의 실행 결과는 다음과 같다.

```
Enter a number (0 to quit): 11
Enter a number (0 to quit): 22
Enter a number (0 to quit): 33
Enter a number (0 to quit): 44
Enter a number (0 to quit): 0
Even numbers: 22 44
Odd numbers: 11 33
```

partition() 알고리즘은 프레디케이트에서 true를 리턴하는 원소가 false를 리턴하는 원소보다 앞에 나오도록 정렬한다. 이때 두 개로 분할된 범위 내에서는 원래 순서가 유지되지 않는다. 다음 코드는 vector에 있는 원소 중 짝수를 모두 홀수 앞에 나오도록 분할하는 예를 보여주고 있다.

```
vector<int> values;
populateContainer(values);
partition(begin(values), end(values), [](int i){ return i % 2 == 0; });
cout << "Partitioned result: ";
for (const auto& i : values) { cout << i << " "; }
```

이 코드를 실행한 결과는 다음과 같다.

```
Enter a number (0 to quit): 55
Enter a number (0 to quit): 44
Enter a number (0 to quit): 33
Enter a number (0 to quit): 22
Enter a number (0 to quit): 11
Enter a number (0 to quit): 0
Partitioned result: 22 44 33 55 11
```

그 밖에 다른 분할 알고리즘도 제공한다(16장 표 참조).

20.2.5 정렬 알고리즘

표준 라이브러리는 여러 가지 종류의 정렬 알고리즘을 제공한다. **정렬 알고리즘**sorting algorithm은 컨테이너에 담긴 원소가 특정한 조건을 기준으로 순서에 맞게 유지하도록 재배치한다. 그러므로 순차 컨테이너에만 정렬 알고리즘을 적용할 수 있다. 항상 원소를 정렬된 상태로 유지하는 정렬 연관 컨테이너에는 적용할 수 없다. 비정렬 연관 컨테이너에도 적용할 수 없다. 원래부터 정렬을 하지 않기 때문이다. list나 forward_list와 같은 일부 컨테이너는 자체적으로 정렬 메서드를 제공한다. 그러므로 범용 정렬 알고리즘보다 자체 메서드로 구현하는 것이 훨씬 효율적이다. 범용 정렬 알고리즘은 주로 vector, deque, array, C 스타일 배열에 적합하다.

sort() 알고리즘은 주어진 범위에 있는 원소를 $O(N \log N)$ 시간에 정렬한다. sort()는 기본적으로 operator<를 이용해서 주어진 범위를 오름차순으로(낮은 것부터 높은 것 순으로) 정렬한다. 순서를 바꾸고 싶다면 greater와 같은 다른 비교자comparator를 지정하면 된다.

sort()를 변형한 stable_sort()란 알고리즘도 있다. 이 알고리즘은 주어진 범위에서 같은 원소에 대해서는 원본에 나온 순서를 그대로 유지한다. 그러므로 sort() 알고리즘보다 성능이 좀 떨어진다.

다음은 sort()에 투명 비교자인 greater<>를 이용하는 예를 보여준다.

```
vector<int> values;
populateContainer(values);
sort(begin(values), end(values), greater<>{});
```

또한 표준 라이브러리는 is_sorted( ), is_sorted_until( )도 제공한다. is_sorted( )는 주어진 범위가 정렬된 상태면 true를 리턴하고, is_sorted_until( )은 반복자를 리턴하는데, 이 반복자 앞에 나온 원소까지는 모두 정렬된 상태다.

선택 알고리즘selection algorithm인 nth_element( )는 상당히 강력한 기능을 제공한다. 원소에 대한 범위와 그 범위에 있는 n번째 원소에 대한 반복자를 받아서 반복자가 가리키는 n번째 위치에 있는 원소가 전체 범위를 정렬한 후 그 위치에 있도록 주어진 범위를 재정렬한다. 또한 n번째 원소 앞에 있는 원소는 모두 새로운 n번째 원소보다 작고, 그보다 뒤에 있는 원소는 새로운 n번째 원소보다 크도록 재정렬한다. 이 알고리즘에서 흥미로운 점은 모든 작업을 선형 시간($O(n)$)에 처리한다는 것이다. nth_element( )를 사용하지 않고, 전체 범위를 그냥 정렬한 다음 원하는 데이터를 조회할 수도 있지만 그러면 성능이 선형 로그 시간($O(n \log n)$)으로 떨어진다.

말로만 설명하면 복잡하게 느낄 수 있으므로 실제 사용 예를 보자. 첫 번째 예에서는 주어진 범위에서 세 번째로 큰 원소를 찾는다. 이때 사용자가 값을 최소 세 개 입력했다고 가정한다.

```
vector<int> values;
populateContainer(values);
// 세 번째로 큰 값을 찾는다.
nth_element(begin(values), begin(values) + 2, end(values), greater<>{});
cout << "3rd largest value: " << values[2] << endl;
```

두 번째 예는 정렬된 범위에서 큰 순서로 원소 다섯 개를 가져온다. 여기서도 사용자가 값을 최소한 다섯 개 이상 입력했다고 가정한다.

```
vector<int> values;
populateContainer(values);
// 가장 큰 값부터 세 번째로 큰 값을 정렬된 순서로 찾는다.
nth_element(begin(values), begin(values) + 4, end(values), greater<>{});
// nth_element()로 원소를 분할했다. 이제 두 범위 중 첫 번째를 정렬한다.
sort(begin(values), begin(values) + 5);
// 마지막으로 정렬된 범위를 출력한다.
for_each_n(begin(values), 5, [](const auto& element) { cout << element << " "; });
```

20.2.6 이진 탐색 알고리즘

탐색 알고리즘 중에는 정렬된 시퀀스만 적용하거나, 검색 대상을 기준으로 분할된 시퀀스만 적용하는 이진 탐색 알고리즘binary search algorithm이 있다. 이러한 알고리즘에는 binary_search(), lower_bound(), upper_bound(), equal_range() 등이 있다. 참고로 map과 set 컨테이너는 이 알고리즘과 동일한 기능을 자체 메서드인 lower_bound()와 upper_bound(), equal_range()으로도 제공한다. 각 컨테이너에서 제공하는 이들 메서드를 사용하는 방법은 18장을 참조한다.

lower_bound() 알고리즘은 정렬된 범위에서 주어진 값보다 작지 않은(크거나 같은) 원소 중에서 첫 번째를 찾는다. 이 알고리즘은 주로 정렬된 vector에 새 값을 추가해도 계속 정렬된 상태를 유지할 수 있는 적절한 추가 지점을 찾을 때 사용한다. 예를 들면 다음과 같다.

```
vector<int> values;
populateContainer(values);

// 컨테이너를 정렬한다.
sort(begin(values), end(values));

cout << "Sorted vector: ";
for (const auto& i : values) { cout << i << " "; }
cout << endl;

while (true) {
    int number;
    cout << "Enter a number to insert (0 to quit): ";
    cin >> number;
    if (number == 0) { break; }

    auto iter { lower_bound(begin(values), end(values), number) };
    values.insert(iter, number);

    cout << "New vector: ";
    for (const auto& i : values) { cout << i << " "; }
    cout << endl;
}
```

binary_search() 알고리즘의 탐색 속도는 선형 시간보다 빠른 로그 시간이다. 이 알고리즘은 탐색할 범위를 지정하는 시작과 끝 반복자, 탐색할 값 그리고 옵션으로 비교 콜백을 인수로 받는다. 주어진 범위에서 값을 찾으면 true를 리턴하고, 그렇지 않으면 false를 리턴한다. 이진 탐색을 하려면 범위를 정렬해야 한다. 그리고 그 범위의 중간값부터 비교한다. 이 중간값이 탐색할 값보다 작은지 아니면 큰지에 따라 범위의 왼쪽 중간값과 비교할지, 아니면 범위의 오른쪽 중간값과 비교할지 결정한다. 이런 식으로 원하는 원소를 찾을 때까지 진행한다. 매번 반복할 때마다 주어진 범위가 반으로 줄어든다. 그러므로 로그 복잡도가 나오는 것이다. binary_search()의 사용법은 다음과 같다.

```
vector<int> values;
populateContainer(values);

// 컨테이너를 정렬한다.
sort(begin(values), end(values));

while (true) {
    int number;
    cout << "Enter a number to find (0 to quit): ";
    cin >> number;
    if (num == 0) { break; }
    if (binary_search(cbegin(values), cend(values), number)) {
        cout << "That number is in the vector." << endl;
    } else {
        cout << "That number is not in the vector." << endl;
    }
}
```

20.2.7 집합 알고리즘

집합 알고리즘set algorithm은 모든 정렬된 범위에 적용할 수 있다. includes() 알고리즘은 부분집합을 판별하는 표준 함수로서, 인수로 주어진 두 (정렬된) 범위 중에서 한쪽의 원소가 다른 쪽 범위에 모두 포함되는지 검사한다. 포함 관계를 판단할 때는 순서를 고려하지 않는다.

set_union(), set_intersection(), set_difference(), set_symmetric_difference() 알고리즘은 각각 수학의 집합에서 말하는 합집합union, 교집합intersection, 차집합difference, 대칭 차집합symmetric difference을 구현한 것이다. 집합론에서 합집합 연산은 주어진 집합의 원소를 모두 합쳐서 새로운 집합을 만든다. 교집합은 주어진 집합에서 공통적으로 가지는 원소를 모아서 집합을 만든다. 차집합은 첫 번째 집합에 속한 원소에서 두 번째 집합에 속한 원소를 제외한 나머지 원소로 구성된 집합을 만든다. 대칭 차집합은 주어진 집합에서 XORexclusive or 연산을 적용한 결과로 집합을 만든다. 다시 말해 모든 원소가 주어진 집합 중에서 어느 한쪽에만 있고, 둘 다에 속한 원소는 없다.

CAUTION_ 집합 연산을 수행할 때 연산의 결과를 담을 범위는 연산 결과로 나온 원소를 모두 담을 만큼 충분히 크게 지정해야 한다. set_union()과 set_symmetric_difference()의 결과를 담으려면 적어도 입력한 두 범위의 크기를 더한 만큼의 공간을 확보해야 한다. set_intersection()의 결과를 담으려면 두 입력 범위의 크기 중 작은 것만큼, set_difference()의 결과를 담으려면 첫 번째 입력 범위의 크기만큼 확보해야 한다.

CAUTION_ set과 같은 연관 컨테이너에서 구한 반복자 범위에 결과를 저장할 수는 없다. 연관 컨테이너는 키를 변경할 수 없기 때문이다.

집합 알고리즘의 사용법을 알아보자. 먼저 주어진 범위의 원소를 표준 출력 스트림에 쓰는 DumpRange()라는 헬퍼 함수 템플릿을 다음과 같이 정의한다.

```
template <typename Iterator>
void DumpRange(string_view message, Iterator begin, Iterator end)
{
    cout << message;
    for_each(begin, end, [](const auto& element) { cout << element << " "; });
    cout << endl;
}
```

이렇게 정의한 헬퍼 함수를 이용하여 집합 알고리즘을 사용하는 방법은 다음과 같다.

```
vector<int> vec1, vec2, result;
cout << "Enter elements for set 1:" << endl;
populateContainer(vec1);
cout << "Enter elements for set 2:" << endl;
populateContainer(vec2);

// 정렬된 범위에 집합 알고리즘 적용하기
sort(begin(vec1), end(vec1));
sort(begin(vec2), end(vec2));

DumpRange("Set 1: ", cbegin(vec1), cend(vec1));
DumpRange("Set 2: ", cbegin(vec2), cend(vec2));

if (includes(cbegin(vec1), cend(vec1), cbegin(vec2), cend(vec2))) {
    cout << "The second set is a subset of the first." << endl;
```

```
}
if (includes(cbegin(vec2), cend(vec2), cbegin(vec1), cend(vec1))) {
    cout << "The first set is a subset of the second" << endl;
}

result.resize(size(vec1) + size(vec2));
auto newEnd { set_union(cbegin(vec1), cend(vec1), cbegin(vec2),
    cend(vec2), begin(result)) };
DumpRange("The union is: ", begin(result), newEnd);

newEnd = set_intersection(cbegin(vec1), cend(vec1), cbegin(vec2),
    cend(vec2), begin(result));
DumpRange("The intersection is: ", begin(result), newEnd);

newEnd = set_difference(cbegin(vec1), cend(vec1), cbegin(vec2),
    cend(vec2), begin(result));
DumpRange("The difference between set 1 and 2 is: ", begin(result), newEnd);

newEnd = set_symmetric_difference(cbegin(vec1), cend(vec1),
    cbegin(vec2), cend(vec2), begin(result));
DumpRange("The symmetric difference is: ", begin(result), newEnd);
```

위 코드를 실행한 결과는 다음과 같다.

```
Enter elements for set 1:
Enter a number (0 to quit): 5
Enter a number (0 to quit): 6
Enter a number (0 to quit): 7
Enter a number (0 to quit): 8
Enter a number (0 to quit): 0
Enter elements for set 2:
Enter a number (0 to quit): 8
Enter a number (0 to quit): 9
Enter a number (0 to quit): 10
Enter a number (0 to quit): 0
Set 1: 5 6 7 8
Set 2: 8 9 10
The union is: 5 6 7 8 9 10
The intersection is: 8
The difference between set 1 and set 2 is: 5 6 7
The symmetric difference is: 5 6 7 9 10
```

merge() 알고리즘을 사용하면 정렬된 두 범위를 하나로 합칠 수 있다. 이때 정렬 순서는 그대로 유지된다. 그 결과로 두 범위에 있던 원소를 모두 담은 정렬된 범위가 리턴되며, 선형 시간에 처리된다. 이 알고리즘은 다음과 같은 매개변수를 받는다.

- 첫 번째 원본 범위에 대한 시작과 끝 반복자
- 두 번째 원본 범위에 대한 시작과 끝 반복자
- 대상 범위에 대한 시작 반복자
- 비교 연산을 수행하는 콜백(옵션)

merge()를 사용하지 않고 두 범위를 하나로 합친 결과를 sort()로 정렬해도 똑같은 효과를 낼 수 있지만 성능이 $O(N \log N)$이므로 선형 복잡도를 갖는 merge()에 비해 성능이 떨어진다.

CAUTION_ merge()의 결과를 담을 수 있을 정도로 대상 범위의 공간을 넉넉히 확보한다.

merge()를 사용하는 예는 다음과 같다.

```
vector<int> vectorOne, vectorTwo, vectorMerged;
cout << "Enter values for first vector:" << endl;
populateContainer(vectorOne);
cout << "Enter values for second vector:" << endl;
populateContainer(vectorTwo);

// 두 컨테이너를 정렬한다.
sort(begin(vectorOne), end(vectorOne));
sort(begin(vectorTwo), end(vectorTwo));

// 두 원본 vector 합친 값을 모두 담을 정도로 대상 vector의 크기를 넉넉히 확보한다.
vectorMerged.resize(size(vectorOne) + size(vectorTwo));

merge(cbegin(vectorOne), cend(vectorOne),
      cbegin(vectorTwo), cend(vectorTwo), begin(vectorMerged));

DumpRange("Merged vector: ", cbegin(vectorMerged), cend(vectorMerged));
```

20.2.8 최대/최소 알고리즘

min()과 max() 알고리즘은 모든 타입의 원소를 operator< 또는 사용자가 정의한 이항 프레디

케이트로 비교해서 각각 최소 원소와 최대 원소에 대한 const 레퍼런스를 리턴한다. minmax() 알고리즘은 두 개 이상의 원소 중에서 최솟값과 최댓값을 쌍으로 묶어서 리턴한다. 이러한 최대/최소 알고리즘은 반복자 범위에 대해서는 처리하지 않는다.

반면 min_element(), max_element()는 반복자로 지정한 범위에 대해 처리할 수 있다. minmax_element()도 반복자 범위에 대해 처리할 수 있으며 범위의 최소 원소와 최대 원소를 가리키는 반복자 쌍을 리턴한다.

구체적인 예를 살펴보자.

```
int x { 4 }, y { 5 };
cout << format("x is {} and y is {}", x, y) << endl;
cout << "Max is " << max(x, y) << endl;
cout << "Min is " << min(x, y) << endl;

// 두 개 이상의 값에 대해 max()와 min()을 구하는 예
int x1 { 2 }, x2 { 9 }, x3 { 3 }, x4 { 12 };
cout << "Max of 4 elements is " << max({ x1, x2, x3, x4 }) << endl;
cout << "Min of 4 elements is " << min({ x1, x2, x3, x4 }) << endl;

// minmax()를 구하는 예
auto p2 { minmax({ x1, x2, x3, x4 }) }; // p2는 <int, int> 쌍 타입이다.
cout << format("Minmax of 4 elements is <{}, {}>", p2.first, p2.second) << endl;

// minmax()와 C++17부터 지원하는 구조적 바인딩을 적용하는 예
auto[min1, max1] { minmax({ x1, x2, x3, x4 }) };
cout << format("Minmax of 4 elements is <{}, {}>", min1, max1) << endl;

// minmax_element()와 C++17부터 지원하는 구조적 바인딩을 적용하는 예
vector values { 11, 33, 22 };
auto[min2, max2] { minmax_element(cbegin(values), cend(values)) };
cout << format("minmax_element() result: <{}, {}>", *min2, *max2) << endl;
```

이 코드를 실행한 결과는 다음과 같다.

```
x is 4 and y is 5
Max is 5
Min is 4
Max of 4 elements is 12
Min of 4 elements is 2
```

```
Minmax of 4 elements is <2,12>
Minmax of 4 elements is <2,12>
minmax_element() result: <11,33>
```

NOTE_ 때로는 비표준 매크로로 최솟값이나 최댓값을 구하는 코드를 볼 때가 있다. 예를 들어 GNU C 라이브러리(glibc)는 `MIN()`과 `MAX()`라는 매크로를 제공하고, 윈도우에서도 `Windows.h` 헤더 파일에 `min()`과 `max()`란 이름의 매크로를 제공한다. 이들은 모두 매크로이기 때문에 주어진 인수를 두 번 평가할 가능성이 있는 반면 `std::min()`과 `std::max()`는 주어진 인수를 단 한 번만 평가한다. 항상 C++ 버전의 `std::min()`과 `std::max()`를 사용하기 바란다.

간혹 `std::min()`과 `std::max()`을 사용한다고 작성한 코드를 매크로 버전의 `min()`과 `max()`로 해석할 때가 있다. 이럴 때는 다음과 같이 소괄호를 명시적으로 지정하면 해결할 수 있다.

```
auto maxValue { (std::max)(1, 2) };
```

윈도우에서 프로그래밍할 때 `min()`과 `max()` 매크로를 사용하지 않게 하려면 `Windows.h` 앞에 `#define NOMINMAX`를 추가하면 된다.

`std::clamp()`는 `<algorithm>`에 정의된 간단한 헬퍼 함수로서, 주어진 값(v)이 최솟값(lo)과 최댓값(hi) 사이에 있는지 검사한다. $v < lo$면 lo에 대한 레퍼런스를 리턴하고, $v > hi$면 hi에 대한 레퍼런스를 리턴한다. 나머지 경우는 v에 대한 레퍼런스를 리턴한다. 예를 들면 다음과 같다.

```
cout << clamp(-3, 1, 10) << endl;
cout << clamp(3, 1, 10) << endl;
cout << clamp(22, 1, 10) << endl;
```

이 코드의 실행 결과는 다음과 같다.

```
1
3
10
```

20.2.9 병렬 알고리즘

C++에서는 성능 향상을 위한 병렬 처리 알고리즘도 60개 이상 제공한다. 대표적인 예로

for_each(), all_of(), copy(), count_if(), find(), replace(), search(), sort(), transform() 등이 있다.

병렬 실행을 지원하는 알고리즘은 소위 **실행 정책** execution policy 이라 부르는 옵션을 첫 번째 매개변수로 받는다. 이러한 실행 정책을 이용해서 주어진 알고리즘을 병렬로 실행할지 아니면 벡터 방식으로 순차적으로 처리할지 결정한다. 컴파일러가 코드를 벡터화하면 여러 CPU 인스트럭션을 **벡터 CPU 인스트럭션** vector CPU instruction 하나로 교체한다. 벡터 인스트럭션은 여러 데이터 조각에 대해 연산을 하드웨어 인스트럭션 하나로 처리한다. 이를 **SIMD** single instruction multiple data 인스트럭션이라고도 부른다. 실행 정책은 크게 네 가지가 있으며, 각 타입마다 글로벌 인스턴스도 있다. 모두 <execution>의 std::execution 네임스페이스 아래에 정의되어 있다.

실행 정책 타입	전역 인스턴스	설명
sequenced_policy	seq	병렬로 실행하지 않는다.
parallel_policy	par	병렬로 실행한다.
parallel_unsequenced_policy	par_unseq	병렬 실행과 벡터 실행 모두 가능하다. 또한 스레드 사이에 실행을 이어서 할 수 있다.
C++20 unsequenced_policy	unseq	벡터 실행은 가능하지만 병렬 실행은 할 수 없다.

표준 라이브러리 구현마다 실행 정책을 얼마든지 추가할 수 있다.

알고리즘에 실행 정책을 지정하는 방법은 다음과 같다. 여기에서는 병렬 정책을 지정해서 vector의 원소를 정렬한다.

```
sort(execution::par, begin(myVector), end(myVector));
```

CAUTION_ 병렬 알고리즘에 전달된 콜백은 탐지되지 않은 익셉션을 던질 수 없다. 이렇게 하면 std::terminate()가 호출되어 애플리케이션이 종료된다.

여기서 parallel_unsequenced_policy나 unsequenced_policy로 알고리즘을 실행하는 경우에 대해 좀 더 설명할 필요가 있다. 콜백을 호출하는 함수 호출은 순차식으로 실행되지 않고 교차 실행interleaved될 수 있다. 그러므로 컴파일러가 코드를 벡터화하는 데 도움이 된다. 하지만 함수 콜백에서 할 수 있는 일에 제약사항이 많아진다. 예를 들어 메모리를 할당하거나 해제할 수 없고, 뮤텍스mutex를 획득할 수 없고, 잠금에 제약 없는 std::atomic(27장 참조)을 사용할 수 없다. 나머지 정책은 함수 호출을 순차적으로 실행할 수 있지만 정확한 순서는 보장할 수 없다. 이러한 정책은 함수 콜백에서 할 수 있는 일에 대해 제약사항을 두지 않는다.

병렬 알고리즘은 데이터 경쟁data race이나 데드락deadlock(교착 상태)에 대한 대비책을 따로 제공하지 않기 때문에 알고리즘을 병렬로 실행할 때 이러한 상황에 직접 대처해야 한다. 데이터 경쟁이나 데드락을 방지하는 방법은 27장에서 자세히 설명한다.

설사 비병렬 버전이 constexpr이더라도 병렬 버전의 알고리즘은 constexpr이 아니다.

일부 알고리즘은 리턴 타입은 병렬 버전과 비병렬 버전이 다르다. 예를 들어 비병렬 버전 for_each()는 전달했던 콜백을 리턴하지만, 병렬 버전은 아무 것도 리턴하지 않는다. 병렬 버전과 비병렬 버전의 매개변수와 리턴 타입을 비롯한 알고리즘에 대한 구체적인 사항은 표준 라이브러리 레퍼런스를 참고하기 바란다.

NOTE_ 방대한 데이터셋을 다루거나, 데이터셋에 있는 개별 원소마다 처리할 일이 아주 많을 때는 병렬 버전 알고리즘을 사용하는 것이 성능을 높일 수 있다.

C++20 20.2.10 제한 버전 알고리즘

대부분의 알고리즘은 std::ranges 네임스페이스에 제한 버전 알고리즘constrained algorithm도 가지고 있다. 이 버전도 <algorithm>에 정의되어 있다. 하지만 std 네임스페이스에 있는 동일한 알고리즘과 달리 제한된 버전은 12장에서 설명한 콘셉트concept를 사용하여 템플릿 타입 매개변수를 제한한다. 즉, 잘못된 인수를 전달하면 컴파일러가 에러 메시지를 구체적으로 출력한다. 예를 들어 sort() 알고리즘은 랜덤 액세스 반복자를 받는다. std::list 반복자 쌍을 sort()의 인수로 전달하면 알 수 없는 에러 메시지가 쏟아진다. 반면 제한된 버전의 sort() 알고리즘을 사용하면 전달된 반복자가 랜덤 액세스를 지원하지 않는다는 메시지를 출력한다.

제한 버전 알고리즘을 사용하면 원소 시퀀스를 **begin/end 반복자 쌍**으로 지정할 수도 있고 **범위**로도 지정할 수도 있는 장점도 있다. 또한 프로젝션도 지원할 수 있다. 범위와 프로젝션은 17장에서 설명한다.

예를 들어 std::ranges::find() 알고리즘은 std::find()처럼 반복자 쌍을 인수로 전달해서 호출할 수 있다.

```
vector values { 1, 2, 3 };
auto result { ranges::find(cbegin(values), cend(values), 2) };
if (result != cend(values)) { cout << *result << endl; }
```

그런데 알고리즘을 컨테이너의 **모든 원소**에 대해 적용하는 경우가 많은데, 이때 매번 begin/end 반복자 쌍으로 시퀀스를 지정하려면 번거롭다. 다행히 범위를 지원하기 때문에 범위를 나타내는 인수 하나로 지정할 수 있다. 앞에 나온 find()를 다음과 같이 작성하면 가독성도 좋아지고 에러 발생 가능성도 낮아진다.

```
auto result { ranges::find(values, 2) };
```

제한 버전 알고리즘은 병렬 실행을 지원하지 않는다. 따라서 병렬 실행 정책을 인수로 지정할 수 없다.

20.2.11 수치 처리 알고리즘

수치 처리 알고리즘numerical processing algorithm 중 accumulate()는 이미 앞에서 살펴봤다. 이 절에서는 몇 가지 수치 알고리즘의 예를 소개한다.

1 iota

iota() 알고리즘은 <numeric>에 정의되어 있으며 주어진 범위에서 지정한 값부터 시작해서 operator++로 값을 순차적으로 생성한다. 다음 코드는 이 알고리즘을 정수 타입 원소에 대한 vector에 적용하는 예를 보여준다. 참고로 정수가 아닌 다른 타입에 대해서도 operator++만 구현되어 있으면 얼마든지 적용할 수 있다.

```
vector<int> values(10);
iota(begin(values), end(values), 5);
for (auto& i : values) { cout << i < " "; }
```

이 코드를 실행한 결과는 다음과 같다.

```
5 6 7 8 9 10 11 12 13 14
```

2 리듀스 알고리즘

리듀스 알고리즘reduce algorithm은 크게 네 종류(accumulate(), reduce(), inner_product(), transform_reduce())가 제공된다. 모두 <numeric>에 정의되어 있다. accumulate() 알고리즘은 앞에서 설명한 적 있다. 모든 리듀스 알고리즘은 주어진 범위 또는 두 개 범위에 있는 원소를 결합하는 연산을 값 하나만 남을 때까지 반복한다. 리듀스 알고리즘을 다른 말로 **누적**accumulate, **합계**aggregate, **압축**compress, **주입**inject, **폴드**fold 알고리즘이라고도 부른다.

reduce

std::accumulate() 알고리즘은 표준 라이브러리 알고리즘 중에서 병렬 실행을 지원하지 않는 몇 안 되는 것 중 하나다. 하지만 새로 추가된 std::reduce() 알고리즘에 병렬 실행 옵션을 지정해서 주어진 값의 합을 구할 수 있다.

예를 들어 다음에 나온 두 줄 모두 벡터의 합을 구하지만, 한 번은 accumulate()로 구하고, 다른 한 번은 reduce()로 구한다. reduce()는 병렬 및 벡터 버전으로 구동하여 accumulate()보다 훨씬 빠르다. 특히 입력 범위가 클수록 성능 향상 폭이 두드러진다.

```
vector values { 1, 3, 6, 4, 6, 9 };
double result1 { accumulate(cbegin(values), cend(values), 0.0) };
double result2 { reduce(execution::par_unseq, cbegin(values), cend(values)) };
```

accumulate()와 reduce() 둘 다 초깃값이 *Init*이고, 이항 연산자 Θ가 주어졌을 때 다음 수식에 따라 $[x_0, x_n)$ 범위에 있는 원소의 합을 구한다.

$$\text{Init}\ \Theta\ x_0\ \Theta\ x_1\ \Theta\ \ldots\ \Theta\ x_{n-1}$$

기본적으로 accumulate()에 대한 이항 연산자는 operator+고, reduce()에 대한 이항 연산자는 std::plus다.

inner_product

inner_product()는 <numeric>에 정의되어 있으며 두 시퀀스(벡터)의 내적inner product을 구한다. 예를 들어 다음 코드는 (1*9)+(2*8)+(3*7)+(4*6)을 계산한다. 결과는 70이다.

```
vector v1 { 1, 2, 3, 4 };
vector v2 { 9, 8, 7, 6 };
cout << inner_product(cbegin(v1), cend(v1), cbegin(v2), 0) << endl;
```

inner_product()는 기본적으로 이항 연산자를 두 개(각각 operator+와 operator*)를 지정해야 한다.

inner_product()도 병렬 실행을 지원하지 않는다. 병렬 실행이 필요하면 다음 절에서 설명하는 transform_reduce()를 사용한다.

transform_reduce

transform_reduce()는 병렬 실행을 지원하며 범위 하나 또는 두 개에 대해 실행할 수 있다. transform_reduce()는 초깃값이 *Init*이고, 단항 함수 f와 이항 연산자 Θ(디폴트는 std::plus)가 주어졌을 때 다음 수식에 따라 $[x_0, x_n)$ 범위에 있는 원소의 합을 구한다.

$$\text{Init}\ \Theta\ f(x_0)\ \Theta\ f(x_1)\ \Theta\ \ldots\ \Theta\ f(x_{n-1})$$

두 범위에 대해 실행하면 디폴트 이항 연산자로 operator+와 operator* 대신 std::plus와 std::multiplies를 사용한다는 점만 빼면 inner_product()와 똑같다.

3 스캔 알고리즘

스캔 알고리즘scan algorithm은 **선행합**prefix sum, **누적합**cumulative sum, **부분합**partial sum **알고리즘**이라고도 부른다. 주어진 범위에 대해 적용된 알고리즘의 결과는 원본 범위의 원소에 대한 합을 담은 또 다른 범위가 된다.

표준 라이브러리는 다섯 가지 스캔 알고리즘(exclusive_scan(), inclusive_scan()/partial_sum(), transform_exclusive_scan(), transform_inclusive_scan())을 제공하며 모두 <numeric>에 정의되어 있다.

다음 표는 $[x_0, x_n)$ 범위에 있는 원소에 대해 초깃값으로 *Init*(partial_sum()에 대해서는 0)을, 연산자로 Θ를 지정했을 때 $[y_0, y_n)$ 범위에 있는 원소의 합을 exclcusive_scan()으로 구하는 과정과 inclusive_scan()/partial_sum()으로 구하는 과정을 보여주고 있다.

exclusive_scan()	inclusive_scan()/partial_sum()
$y_0 = \text{Init}$	$y_0 = \text{Init}\ \Theta\ x_0$
$y_1 = \text{Init}\ \Theta\ x_0$	$y_1 = \text{Init}\ \Theta\ x_0\ \Theta\ x_1$
$y_2 = \text{Init}\ \Theta\ x_0\ \Theta\ x_1$	...
...	$y_{n-1} = \text{Init}\ \Theta\ x_0\ \Theta\ x_1 \ldots \Theta\ x_{n-1}$
$y_{n-1} = \text{Init}\ \Theta\ x_0\ \Theta\ x_1 \ldots \Theta\ x_{n-2}$	

transform_exclusive_scan()과 transform_inclusive_scan()은 합을 구하기 전에 원소에 단항 함수를 적용한다. 이는 transform_reduce()가 리듀스 연산을 적용하기 전에 원소마다 단항 함수를 적용하는 것과 비슷하다.

참고로 partial_sum()을 제외한 스캔 함수는 병렬 실행 옵션을 지정할 수 있다. 각 알고리즘의 평가 순서는 정확히 알 수 없다(비결정적non-deterministic이다). 반면 partial_sum()과 accumulate()는 왼쪽에서 오른쪽 순으로 평가된다. 바로 이런 이유 때문에 partial_sum()과 accumulate()를 병렬로 실행할 수 없다.

20.3 정리

이 장에서는 표준 라이브러리의 주요 알고리즘에 대해 코드 예제와 함께 살펴봤다. 또한 람다 표현식을 적용해서 가독성 높은 세련된 코드를 작성하는 방법도 소개했다. 19장의 내용과 함께 표준 라이브러리의 컨테이너와 알고리즘의 강력함을 제대로 느꼈을 것이다.

다음 장부터는 C++ 표준 라이브러리의 다른 측면을 소개한다. 21장에서는 정규 표현식을, 22장에서는 날짜와 시간 관련 유틸리티 라이브러리를, 23장에서는 무작위수 생성 방법을, 24장에서는 다양한 유틸리티를 소개한다. 25장에서는 할당자나 표준 라이브러리 호환 알고리즘 및 컨테이너 작성법과 같은 고급 기능을 소개한다.

20.4 연습 문제

이 장에서 소개한 내용을 직접 써보기 위해 다음 연습 문제를 풀어보자. 연습 문제에 대한 정답은 이 책의 웹사이트(www.wiley.com/go/proc++5e)에서 다운로드할 수 있다. 문제를 풀다가 막히면 정답부터 찾지 말고 먼저 앞에서 설명한 부분을 다시 읽고 직접 답을 찾아보려고 애쓰기 바란다.

연습 문제 20-1 적절한 표준 라이브러리 레퍼런스를 구해서 fill() 알고리즘의 매개변수에 대한 정보를 찾아본다. 그러고 나서 사용자로부터 입력받은 숫자 10개로 구성된 vector를 fill()로 만드는 프로그램을 작성한다. 이 vector의 내용을 표준 출력에 보내서 제대로 만들어졌는지 확인한다.

연습 문제 20-2 16.2.21절의 '[12] 순열 알고리즘'에 나오는 매개변수에 대한 정보를 표준 라이브러리 레퍼런스에서 찾아본다. 그러고 나서 사용자로부터 입력받은 숫자 몇 개에 대한 모든 순열을 라이브러리의 순열 알고리즘 중 하나를 이용하여 계산한 후 화면에 출력하는 프로그램을 작성한다.

연습 문제 20-3 주어진 스트링의 시작과 끝의 공백을 모두 제거해서 결과를 리턴하는 `trim()` 함수를 구현한다. 팁: 문자 c가 공백 문자인지 확인하려면 <cctype>에 정의된 `std::isspace(c)`를 호출하면 된다. 이 함수는 c가 공백 문자가 아니면 0이 아닌 값을 리턴하고, 공백 문자면 0을 리턴한다. 구현한 `trim()`을 `main()`에서 스트링 몇 개를 넣어보고 제대로 작동하는지 확인한다.

연습 문제 20-4 알고리즘을 이용하여 1부터 100까지 숫자를 담은 vector를 생성한다. 그러고 나서 하나의 알고리즘을 이용하여 짝수와 홀수를 각각 evens와 odds라는 이름의 컨테이너로 복제한다. 이때 컨테이너에 공간을 예약하는 작업은 하지 않는다. 또한 짝수는 오름차순으로 정렬하고, 홀수는 내림차순으로 정렬한다. 이 작업도 알고리즘 한 번 호출만으로 처리한다. evens와 odds로 사용할 컨테이너 종류를 신중하게 선정한다. 힌트: 17장에서 소개한 것 중 하나를 사용하면 된다.

CHAPTER 21

스트링 현지화와 정규 표현식

이 장의 내용

- 전 세계 사용자를 위해 애플리케이션을 현지화하는 방법
- 정규 표현식을 이용한 막강한 패턴 매칭 구현 방법

이 장에서는 먼저 전 세계의 다양한 지역에서 소프트웨어를 사용할 수 있도록 현지화하는 방법을 소개한다. 이어서 스트링에 대한 패턴 매칭 기능을 제공하는 **정규 표현식 라이브러리**regular expression library를 살펴본다. 이 라이브러리를 사용하면 주어진 패턴에 매칭되는 서브스트링을 검색할 수 있을 뿐만 아니라 스트링을 검증하고 파싱하고 변환할 수 있다. 정규 표현식은 정말 강력하다. 그러므로 스트링을 처리하는 코드를 직접 구현하기보다는 정규 표현식을 활용하기 바란다.

21.1 현지화

C나 C++ 프로그래밍을 배울 때 각각의 문자를 아스키(ASCII) 코드를 표현하는 바이트로 취급했다. 아스키 코드는 7비트로 구성되었으며 주로 8비트 `char` 타입으로 표현한다. 정말 좋은 프로그램은 전 세계적으로 사용된다. 그러므로 프로그램을 작성할 때는 당장 전 세계 사용자를 대상으로 삼지 않더라도 **현지화**localization(**로컬라이제이션**)를 지원하거나 나중에라도 **로케일**locale을 인식하도록 처리할 수 있게 설계하는 것이 좋다.

> **NOTE_** 이 장은 현지화, 다양한 문자 인코딩 방식, 스트링 코드 이식성에 대한 주제를 소개한다. 하지만 이러한 주제를 깊이 있게 다루지는 않는다. 각각에 대해 책 한 권 분량이 나오기 때문이다.

21.1.1 확장 문자

문자를 바이트로 볼 때 문제는 모든 언어 또는 **문자 집합**(**문자셋**character set)을 8비트 또는 1바이트로 완전히 표현할 수 없다는 것이다. C++는 **확장 문자**wide character(**와이드 캐릭터**) 타입인 `wchar_t`를 기본으로 제공한다. 한국어나 아랍어처럼 아스키(미국) 문자를 사용하지 않는 언어를 C++에서 표현하려면 `wchar_t` 타입을 사용하면 된다. 그런데 C++ 표준에는 `wchar_t`의 크기가 명확히 정의되어 있지 않다. 그러므로 어떤 컴파일러는 16비트를 사용하고, 또 어떤 컴파일러는 32비트를 사용한다. 그러므로 크로스 플랫폼을 지원하도록 코드를 작성할 때 `wchar_t`의 크기가 일정하다고 가정하면 위험하다.

영어권이 아닌 사용자를 대상으로 하는 프로그램을 작성한다면 처음부터 `wchar_t` 타입으로 작성하는 것이 좋다. 스트링이나 문자 리터럴 앞에 `L`을 붙여서 확장 문자로 인코딩한다고 지정하면 `wchar_t` 타입으로 다룰 수 있다. 예를 들어 `wchar_t` 타입 문자를 `m`으로 초기화하려면 다음과 같이 작성한다.

```
wchar_t myWideCharacter { L'm' };
```

자주 사용하는 타입이나 클래스는 대부분 확장 문자 버전이 제공된다. 예를 들어 string 클래스의 확장 문자 버전은 wstring이다. 스트림에 대해서도 이렇게 w라는 접두어를 이용한 명명 규칙이 적용된다. 예를 들어 확장 문자 버전의 파일 출력 스트림으로 wofstream이 있고 입력 스트림은 wifstream이다. 이처럼 현지화를 지원하도록 스트링이나 스트림에 w가 붙은 버전의 클래스 이름은 나름 재미있다(예: wofstream=워프스트림, wifstream=위프스트림). 스트림은 13장에서 자세히 설명한다.

cout, cin, cerr, clog도 wcout, wcin, wcerr, wclog라는 확장 문자 버전이 있다. 사용법은 일반 버전과 같다.

```
wcout << L"I am a wide-character string literal." << endl;
```

21.1.2 스트링 리터럴 현지화하기

현지화의 중요한 원칙 중 하나는 소스 코드에 특정 언어로 된 스트링을 절대로 넣으면 안 된다는 것이다. 단, 개발자가 개발 과정에서 임시로 사용하는 디버그 스트링은 예외다. 마이크로소프트 윈도우 애플리케이션 개발 환경에서는 현지화에 관련된 스트링을 STRINGTABLE이란 리소스로 따로 빼둔다. 다른 플랫폼도 이러한 장치가 마련되어 있다. 그러므로 애플리케이션을 다른 언어에 맞게 변환해야 할 경우 소스 코드는 건드릴 필요 없이 이 리소스에 담긴 내용만 번역하면 된다. 그리고 이러한 번역 작업을 도와주는 도구도 많이 나와 있다.

소스 코드를 현지화할 수 있도록 구성하려면 각 스트링을 현지화할 수 있더라도 스트링 리터럴을 조합하는 방식으로 문장을 만들면 안 된다. 예를 들면 다음과 같다.

```
size_t n { 5 };
wstring filename { L"file1.txt" };
cout << L"Read " << n << L" bytes from " << filename << endl;
```

문장을 이렇게 구성하면 중국어처럼 어순이 전혀 다른 언어로 현지화하기 힘들다. 중국어로 표현하려면 다음과 같이 작성한다(중국 문자를 제대로 표시하려면 시스템을 적절히 설정한다).

```
wcout << L"从" << filename << L"中读取" << n << L"个字节" << endl;
```

이 스트링을 제대로 현지화할 수 있게 구성하려면 다음과 같이 작성한다.

```
cout << format(loadResource(IDS_TRANSFERRED), n, filename) << endl;
```

여기서 IDS_TRANSFERRED는 스트링 리소스 테이블에 담긴 항목 중 하나다. 영어 버전에서는 IDS_TRANSFERRED를 "Read {0} bytes from {1}"로 정의할 수 있지만, 중국어 버전에서는 "从{1}中读取{0}个字节"이라고 정의한다. loadResource() 함수는 주어진 이름으로 스트링 리소스를 불러온다. format()은 {0}을 n 값으로 교체하고, {1}을 filename 값으로 교체한다.

21.1.3 비영어권 문자 집합

확장 문자를 도입한 것만으로도 현지화에 큰 도움이 된다. 한 문자에 필요한 공간의 크기를 원하는 대로 정할 수 있기 때문이다. 문자가 차지하는 공간을 결정했다면 아스키 코드처럼 각 문자를 **코드 포인트**code point라 부르는 숫자 형태로 표현할 수 있다. 이렇게 직접 정의한 문자 집합이 아스키 코드와 다른 점은 8비트로 제한되지 않는다는 것뿐이다. 이때 프로그래머의 모국어를 포함한 다른 언어를 포괄해야 하기 때문에 문자와 코드 포인트 사이의 대응 관계는 얼마든지 달라질 수 있다.

유니버설 문자 집합Universal Character Set(UCS)은 ISO 10646이라는 국제 표준이고, 유니코드Unicode도 국제 표준 문자 집합이다. 둘 다 십만 개 이상의 문자를 담고 있으며, 각 문자마다 고유 이름과 코드 포인트가 정해져 있다. 두 표준에서 공통적으로 사용하는 문자와 코드 포인트도 있고, 두 표준 모두 **인코딩**encoding 방식을 따로 정해두고 있다. 예를 들어 유니코드는 한 문자를 4바이트(8비트×4)로 인코딩하는 UTF-8 방식, 한 문자를 최대 2개의 16비트값으로 인코딩하는 UTF-16 방식, 유니코드 문자를 정확히 32비트로 인코딩하는 UTF-32 방식이 있다.

애플리케이션마다 사용하는 인코딩 방식이 얼마든지 다를 수 있다. 아쉽게도 C++ 표준은 확장 문자(wchar_t)의 크기를 구체적으로 정해두지 않았다. 윈도우 환경에서는 16비트인 반면 32비트로 표현하는 플랫폼도 있다. 따라서 확장 문자로 인코딩하는 프로그램에서 크로스 플랫폼을 지원하게 하려면 이러한 점을 반드시 고려해야 한다. 참고로 C++에서는 이런 문제를 해소하기 위해 char8_t, char16_t, char32_t와 같은 타입도 제공한다. 현재 C++에서 지원하는 문자 타입을 정리하면 다음과 같다.

- **char** : 8비트값을 담는다. 주로 아스키 문자나 한 문자를 1~4개의 char로 인코딩하는 UTF-8 방식의 유니코드 문자를 저장하는 데 활용된다.
- **char*x*_t** : 최소 *x*비트를 저장한다. *x* 자리에는 8(C++20부터 추가), 16, 32가 들어갈 수 있다. 이 타입은 UTF-*x* 인코딩을 적용한 유니코드 문자의 기본 구성 요소로 사용된다. 유니코드 문자 하나를 인코딩하는 데 char8_t 네 개 이하, char16_t 두 개 이하, char32_t 하나 이하를 사용한다.
- **wchar_t** : 확장 문자를 표현하는 타입으로, 구체적인 크기와 인코딩 방식은 컴파일러마다 다르다.

wchar_t보다 char*x*_t가 좋은 점은 char*x*_t의 최소 크기를 컴파일러에 관계없이 표준에서 보장한다는 점이다. wchar_t에는 이러한 최소 기준이 없다.

스트링 리터럴 앞에 특정한 접두어를 붙여서 타입을 지정할 수 있다. C++에서 제공하는 스트링 접두어는 다음과 같다.

- **u8** : UTF-8 인코딩을 적용한 char(C++20부터 char8_t) 스트링
- **u** : UTF-16을 적용한 char16_t 스트링 리터럴(C++20부터 보장됨)
- **U** : UTF-32를 적용한 char32_t 스트링 리터럴(C++20부터 보장됨)
- **L** : wchar_t 스트링 리터럴을 표현하며, 인코딩 방식은 컴파일러마다 다르다.

이러한 스트링 리터럴은 모두 로 스트링 리터럴 접두어인 R과 조합할 수 있다. 이에 대해서는 2장에서 소개했다. 예를 들면 다음과 같다.

```
const char8_t* s1 { u8R"(Raw UTF-8 encoded string literal)" };
const wchar_t* s2 { LR"(Raw wide string literal)" };
const char16_t* s3 { uR"(Raw char16_t string literal)" };
const char32_t* s4 { UR"(Raw char32_t string literal)" };
```

유니코드 인코딩을 사용하는 로 스트링이 아닌 리터럴에서 \uABCD 표기법을 이용하여 특정한 유니코드 포인트를 직접 추가할 수 있다. 예를 들어 다음과 같이 파이(π)를 표현하는 \u03C0와 제곱(^{2})을 표현하는 \u00B2를 이용하여 πr^2이란 수식을 표현할 수 있다.

```
const char8_t* formula { u8"\u03C0 r\u00B2" };
```

마찬가지로 문자 리터럴 앞에도 이러한 접두어를 붙여서 타입을 구체적으로 지정할 수 있다. C++는 문자 리터럴에 대해 u8, u, U, L 접두어도 지원한다. 예를 들면 u'a', U'a', L'a', u8'a'와 같다.

C++는 std::string 클래스 외에도 wstring, u16string, u32string도 제공한다. C++20부터는 u8string도 추가되었다. 각각 다음과 같이 정의되어 있다.

- `using string = basic_string<char>;`
- `using wstring = basic_string<wchar_t>;`
- `using u8string = basic_string<char8_t>;`
- `using u16string = basic_string<char16_t>;`
- `using u32string = basic_string<char32_t>;`

마찬가지로 표준 라이브러리에서는 std::string_view, wstring_view, u8string_view(C++20부터 지원), u16string_view, u32string_view도 지원한다. 이들 모두 basic_string_view를 토대로 만든 것이다.

멀티바이트 스트링[multibyte string]이란 로케일에 종속적인 인코딩을 적용하여 여러 바이트로 구성된 문자를 말한다. 로케일[locale]에 대해서는 이 장 뒤에서 설명한다. 멀티바이트 스트링은 유니코드 인코딩 또는 Shift-JIS, EUC-KR 등과 같은 다양한 인코딩을 사용할 수 있다. char8_t/char16_t/char32_t와 멀티바이트 스트링을 변환하는 함수인 mbrtoc8(), c8rtomb()(C++20부터 추가), mbrtoc16(), c16rtomb(), mbrtoc32(), c32rtomb() 등도 제공한다.

하지만 아쉽게도 char8_t, char16_t와 char32_t에 대한 지원은 여기까지다. 다음 절에서 소개하는 변환 클래스가 몇 가지 더 있지만 cout이나 cin에 대해 이런 문자 타입을 지원하는 버전은 없다. 그러므로 이런 문자로 구성된 스트링을 콘솔에 출력하거나 사용자로부터 입력받기 상당히 까다롭다. 이런 스트링에 대한 고급 기능을 원한다면 서드파티 라이브러리를 찾아보는 수밖에 없다. 참고로 유니코드와 세계화[globalization]를 지원하는 대표적인 라이브러리로 ICU[International Components for Unicode]가 있다(icu-project.org 참고).

21.1.4 로케일과 패싯

문자 집합 외에도 나라마다 표현 방식이 다른 다양한 데이터가 있다. 영국과 미국처럼 사용하는 문자가 거의 같은 나라마저도 날짜나 화폐를 표현하는 방식이 다르다.

이렇게 특정한 데이터를 문화적 배경에 따라 그룹으로 묶는 방식을 C++에서는 **로케일**[locale]이라 부른다. 로케일은 날짜 포맷, 시간 포맷, 숫자 포맷 등으로 구성되는데, 이러한 요소를 **패싯**[facet]이라 부른다. 로케일의 예로 US English가 있고, 패싯의 예로 날짜 포맷이 있다. C++는 다양한 패싯을 기본으로 제공할 뿐만 아니라 이를 커스터마이즈하거나 새로운 패싯을 추가하는 기능도 제공한다.

로케일을 쉽게 다룰 수 있는 서드파티 라이브러리도 많이 나와 있다. 대표적인 예가 바로 boost.locale(boost.org)이다. 이 라이브러리는 ICU를 기반으로 구축한 것으로 대조collation와 변환conversion을 지원하고, 스트링 전체를 (개별 문자 단위로 변환하지 않고) 한 번에 대문자로 변환하는 기능도 제공한다.

1 로케일 사용법

I/O 스트림을 사용할 때 데이터 포맷은 특정한 로케일에 맞춰져 있다. <locale>에 정의된 로케일은 일종의 객체로서 스트림에 붙일 수 있다. 로케일 이름은 구현마다 다르다. POSIX 표준에서는 언어와 지역을 두 글자로 표현하고 그 뒤에 옵션으로 인코딩 방식을 붙여서 표현한다. 예를 들어 영어권 중에서 미국에 대한 로케일은 en_US로 표현하고, 영국에 대해서는 en_GB로 표기한다. 한국어는 ko_KR에 유닉스 확장 완성형 인코딩은 euc_KR, UTF-8은 utf8을 옵션으로 붙여서 표기한다.

윈도우 환경에서는 다음 두 가지 포맷으로 로케일 이름을 표현한다. 바람직한 방식은 POSIX 포맷에서 언더스코어 대신 대시를 사용하는 것이다. 다른 포맷은 다음과 같이 표현하는 옛날 방식이다. 여기서 꺽쇠괄호는 생략해도 된다.

```
lang[_country_region[.code_page]]
```

POSIX, 윈도우의 바람직한 방식, 옛날 윈도우 방식에 대한 예를 들면 다음 표와 같다.

언어	POSIX	윈도우	예전 윈도우
미국식 영어	en_US	en-US	English_United States
영국식 영어	en_GB	en-GB	English_Great Britain

대부분의 운영체제는 사용자가 정의한 로케일로 설정하는 메커니즘을 제공한다. C++에서는 std::locale의 생성자에 공백 스트링을 인수로 전달하면 사용자 환경 맞는 locale을 생성한다. 이렇게 생성한 로케일 객체에 대해 조회한 정보에 따라 분기하도록 코드를 작성할 수 있다. 다음 코드는 스트림의 imbue() 메서드를 이용하여 사용자 환경에 설정된 로케일을 사용하도록 설정한다. 이 코드를 실행하면 wcout에 보낸 데이터가 모두 시스템에 설정된 포맷으로 표현된다.

```
wcout.imbue(locale { "" });
wcout << 32767 << endl;
```

현재 시스템에 설정된 로케일이 미국식 영어일 때 32767을 전달하면 숫자가 32,767로 출력된다. 그런데 시스템 로케일이 네덜란드 벨기에로 지정되어 있다면 이 값이 32.767로 출력된다.

디폴트 로케일은 사용자 로케일이 아니라 **클래식/뉴트럴**classic/neutral 로케일이다. 클래식 로케일은 ANSI C 관례를 따르며 C로 표기한다. 이러한 클래식 로케일 C는 미국식 영어에 대한 로케일과 거의 같지만 약간 차이가 있다. 예를 들어 숫자에 구두점을 붙이지 않는다.

```
wcout.imbue(locale { "C" });
wcout << 32767 << endl;
```

이 코드를 실행하면 다음과 같이 출력된다.

```
32767
```

다음 코드는 미국식 영어에 대한 로케일을 명시적으로 지정했다. 그러므로 32767이란 숫자가 시스템 로케일과 관계없이 미국식 표기법을 적용하여 쉼표가 붙어서 출력된다.

```
wcout.imbue(locale { "en-US" }); // POSIX는 "en_US"
wcout << 32767 << endl;
```

이 코드를 실행한 결과는 다음과 같다.

```
32,767
```

locale 객체에서 로케일 정보를 조회할 수 있다. 예를 들어 다음 코드는 사용자 시스템에 설정된 로케일에 대한 locale 객체를 생성한 뒤 name() 메서드를 이용하여 이 로케일을 표현하는 C++ string을 구한다. 이 string 객체에 대해 find() 메서드를 호출하면 인수로 지정한 서브스트링을 검색할 수 있다. 지정한 서브스트링을 찾지 못하면 string::npos를 리턴한다. 이 코드는 윈도우 이름과 POSIX 이름을 모두 검사한다. 현재 로케일이 미국 영어인지 여부에 따라 둘 중 한 메시지가 출력된다.

```
locale loc { "" };
if (loc.name().find("en_US") == string::npos &&
    loc.name().find("en-US") == string::npos) {
    wcout << L"Welcome non-US English speaker!" << endl;
} else {
    wcout << L"Welcome US English speaker!" << endl;
}
```

NOTE_ 나중에 프로그램에서 다시 읽을 데이터를 파일에 쓸 때는 클래식 로케일인 "C"를 지정하는 것이 좋다. 그렇지 않으면 파싱하기 힘들어진다. 반면 사용자 인터페이스에 데이터를 출력할 때는 사용자 로케일 " "를 지정하는 것이 좋다.

2 글로벌 로케일

std::locale::global() 함수를 사용하면 현재 애플리케이션의 글로벌 C++ 로케일을 인수로 지정한 로케일로 교체한다. std::locale의 디폴트 생성자는 이 글로벌 로케일의 복제본을 리턴한다. 그런데 로케일을 사용하는 C++ 표준 라이브러리 객체(예: cout과 같은 스트림)는 글로벌 로케일의 복제본을 생성 시간에 저장한다. 이 글로벌 로케일을 나중에 바꿔도 그전에 생성된 객체에는 아무런 영향을 미치지 않는다. 생성 후에 로케일을 변경하고 싶다면 스트림의 imbue() 메서드를 이용한다.

다음 코드는 숫자를 디폴트 로케일로 출력하는 예를 보여준다. 여기서 글로벌 로케일을 US English로 바꾼 뒤 같은 숫자를 다시 출력한다.

```
void print()
{
    stringstream stream;
    stream << 32767;
    cout << stream.str() << endl;
}

int main()
{
    print();
    locale::global(locale { "en-US" }); // POSIX는 "en_US"
    print();
}
```

실행 결과는 다음과 같다.

```
32767
32,767
```

3 문자 분류

<locale>을 보면 std::isspace(), isblank(), iscntrl(), isupper(), islower(), isalpha(), isdigit(), ispunct(), isxdigit(), isalnum(), isprint(), isgraph() 등과 같은 문자 분류character classification 함수가 정의되어 있다. 이 함수는 (분류할 문자와 분류에 적용할 로케일에 대한) 매개변수 두 개를 받는다. 다양한 문자 클래스의 구체적인 의미는 뒤에서 정규 표현식을 설명할 때 소개한다. 예를 들어 프랑스 로케일에서 isupper()를 호출하는 방법은 다음과 같다.

```
bool result { isupper('É', locale { "fr-FR" }) }; // result = true
```

4 문자 변환

<locale> 헤더에는 std::toupper()와 std::tolower()라는 문자 변환 함수도 정의되어 있다. 이 함수는 두 개의 매개변수(변환할 문자와 변환에 적용할 로케일)를 받는다. 예를 들면 다음과 같다.

```
auto upper { toupper('é', locale { "fr-FR" }) }; // É
```

5 패싯 사용법

std::use_facet() 함수 템플릿을 이용하면 특정한 로케일의 패싯을 구할 수 있다. 이때 템플릿 타입 인수로 원하는 패싯을 지정하고, 함수 인수로 패싯을 가져올 로케일을 지정한다. 예를 들어 다음 문장은 POSIX 방식으로 영국식 영어 로케일을 지정했을 때 화폐 금액에 대한 표준 구두법을 조회한다.

```
use_facet<moneypunct<wchar_t>>(locale { "en_GB" });
```

여기서 가장 안쪽에 있는 템플릿 타입은 사용할 문자 타입을 지정한다. 템플릿 클래스가 중첩되어서 좀 복잡하지만 영국식 화폐 금액 구두법에 대한 모든 정보를 담은 객체를 구할 수 있다. 표준 패싯에서 제공하는 데이터는 모두 <locale>에 정의되어 있다. 다음 표는 C++ 표준에서 정한 패싯의 범주를 보여준다. 각 패싯에 대한 자세한 사항은 표준 라이브러리 레퍼런스를 참고하기 바란다.

패싯	설명
ctype	문자 분류 패싯
codecvt	패싯 변환 ('[6] 변환' 참조)
collate	스트링을 사전 순으로 비교한다.
time_get	날짜와 시간을 파싱한다.
time_put	날짜와 시간을 포매팅한다.
num_get	숫잣값을 파싱한다.
num_put	숫잣값을 포매팅한다.
numpunct	숫잣값에 대한 포매팅 매개변수를 정의한다.
money_get	화폐 금액을 파싱한다.
money_put	화폐 금액을 포매팅한다.
moneypunct	화폐 금액에 대한 포매팅 매개변수를 정의한다.

다음 프로그램은 미국식 영어와 영국식 영어에 대한 로케일과 패싯으로 두 나라의 화폐 기호를 출력하는 예를 보여준다. 여기서 주의할 점은 이 코드를 실행하는 환경에 따라 미국 또는 영국 화폐 기호가 물음표나 박스로 표기되거나 아무 것도 나타나지 않을 수 있다는 것이다. 시스템의 로케일 설정을 영국식 영어로 설정하면 영국 파운드 기호가 출력된다.

```
locale locUSEng { "en-US" };    // POSIX에서는 "en_US"
locale locBritEng { "en-GB" }; // POSIX에서는 "en_GB"

wstring dollars { use_facet<moneypunct<wchar_t>>(locUSEng).curr_symbol() };
wstring pounds { use_facet<moneypunct<wchar_t>>(locBritEng).curr_symbol() };

wcout << L"In the US, the currency symbol is " << dollars << endl;
wcout << L"In Great Britain, the currency symbol is " << pounds << endl;
```

6 변환

C++ 표준에서는 다양한 방식으로 인코딩된 문자를 쉽게 변환하도록 codecvt라는 클래스 템플릿을 제공한다. <locale>을 보면 다음과 같이 네 가지 인코딩 변환 클래스가 정의되어 있다.

클래스	설명
codecvt<char,char,mbstate_t>	항등 변환, 즉 같은 것끼리 변환해서 실질적으로 변환이 일어나지 않는다.
codecvt<char16_t,char,mbstate_t> codecvt<char16_t,char8_t,mbstate_t>	UTF-16과 UTF-8을 변환한다.
codecvt<char32_t,char,mbstate_t> codecvt<char32_t,char8_t,mbstate_t>	UTF-32와 UTF-8을 변환한다.
codecvt<wchar_t,char,mbstate_t>	(구현마다 달리 정의한) 확장 문자와 좁은(narrow) 문자 인코딩 사이를 변환한다.

아쉽게도 이 패싯은 사용법이 다소 복잡하다. 예를 들어 다음 코드는 좁은 스트링[narrow string]을 확장 스트링으로 변환한다.

```
auto& facet { use_facet<codecvt<wchar_t, char, mbstate_t>>(locale { "" }) };
string narrowString { "Hello" };
mbstate_t mb { };
wstring wideString(narrowString.size(), '\0');
const char* fromNext { nullptr };
wchar_t* toNext { nullptr };
facet.in(mb,
    narrowString.data(), narrowString.data() + narrowString.size(), fromNext,
    wideString.data(), wideString.data() + wideString.size(), toNext);
wideString.resize(toNext - wideString.data());
wcout << wideString << endl;
```

C++17 이전에는 <codecvt>에 codecvt_utf8, codecvt_utf16, codecvt_utf8_utf16이라는 세 가지 코드 변환 패싯이 정의되어 있었다. 이들 패싯을 두 가지 변환 인터페이스(wstring_convert와 wbuffer_convert)와 함께 사용했다. 그런데 C++17부터 이러한 세 가지 변환 패싯을 비롯한 <codecvt>라는 헤더 파일 전체와 두 가지 변환 인터페이스가 폐기되었다. 따라서 이 책에서는 이에 대해 자세히 설명하지 않는다. C++ 표준 위원회는 이러한 것들이 에러 처리에 불리하다는 이유로 폐기하도록 결정했다. 잘못된 유니코드 스트링으로 인해 보안 위험이 발생할 수 있으며, 실제로 시스템 보안 침투를 위한 공격 벡터로 활용된 사례도 있었기 때문이다. 또한 API마저도 복잡하고 이해하기 힘들게 구성되어 있다. 따라서 C++ 표준 위원회에서 보다 적합하고 안전하고 사용하기 쉬운 대안을 마련할 때까지는 ICU와 같은 서드파티 라이브러리를 사용하길 추천한다.

21.2 정규 표현식

정규 표현식regular expression은 표준 라이브러리에서 제공하는 강력한 기능 중 하나로 <regex>에 정의되어 있다. 스트링 처리에 특화된 작은 언어라고 볼 수 있는데, 처음 보면 상당히 복잡하지만 일단 익숙해지면 스트링을 간편하게 다룰 수 있다. 정규 표현식은 다음과 같이 다양한 스트링 연산에 활용된다.

- **검증(validation)**: 입력 스트링이 형식을 제대로 갖췄는지 확인한다.
  예: 입력된 스트링이 전화번호 포맷에 맞는지 확인한다.
- **판단(decision)**: 주어진 입력이 표현하는 대상을 확인한다.
  예: 입력 스트링이 JPEG 또는 PNG 파일 이름인지 확인한다.
- **파싱(parsing)**: 입력 스트링에서 정보를 추출한다.
  예: 입력받은 파일 이름에서 경로와 확장자를 제외한 순수 이름만 뽑아낸다.
- **변환(transformation)**: 주어진 서브스트링을 검색해서 다른 스트링으로 교체한다.
  예: 스트링에서 'C++20'이란 부분을 모두 찾아서 'C++'로 교체한다.
- **반복(iteration)**: 주어진 서브스트링이 나온 부분을 모두 찾는다.
  예: 입력 스트링에서 전화번호에 해당하는 부분을 모두 찾는다.
- **토큰화(tokenization)**: 정해진 구분자를 기준으로 스트링을 나눈다.
  예: 공백, 쉼표, 마침표 등을 기준으로 스트링을 단어 단위로 나눈다.

물론 주어진 스트링에 대해 위에서 소개한 연산을 수행하는 코드를 직접 구현해도 된다. 하지만 정규 표현식을 활용하는 방식을 추천한다. 스트링을 처리하는 코드를 정확하고 안전하게 작성하기 쉽지 않을 수 있기 때문이다.

정규 표현식에 대해 본격적으로 설명하기 전에 몇 가지 용어를 반드시 알아둘 필요가 있다. 다음에 나온 용어는 이 책 전반에 걸쳐 등장한다.

- **패턴(pattern)**: 정규 표현식은 스트링을 표현하는 패턴이다.
- **매치(match)**: 주어진 정규 표현식과 주어진 범위 [first, last) 사이에 일치하는 문자가 있는지 검사한다.
- **탐색(search)**: 주어진 범위 [first, last) 안에 주어진 정규 표현식에 매치되는 서브스트링이 있는지 검사한다
- **치환(replace, 교체)**: 주어진 범위에서 서브스트링을 찾아서 치환 패턴(substitution pattern, 교체 패턴)에 일치하는 서브스트링으로 교체한다.

정규 표현식에 대한 문법은 다양하다. C++에서 지원하는 문법은 다음과 같다.

- **ECMAScript**: ECMAScript 표준 기반의 문법이다. ECMAScript는 ECMA-262 규격으로 표준화된 스크립트 언어다. JavaScript, ActionScript, Jscript 등은 모두 ECMAScript 표준을 기반으로 만든 언어다.
- **basic**: 기본 POSIX 문법
- **extended**: 확장된 POSIX 문법
- **awk**: POSIX awk 유틸리티에서 사용하는 문법
- **grep**: POSIX grep 유틸리티에서 사용하는 문법
- **egrep**: POSIX grep 유틸리티에서 `-E` 매개변수를 지정했을 때 사용하는 문법

위에서 소개한 문법 중에서 잘 알고 있는 것이 있다면 정규 표현식 라이브러리의 `syntax_option_type` 옵션에 원하는 문법을 지정해서 정규 표현식을 작성하면 된다. C++의 디폴트는 ECMAScript 문법이다. 다음 절에서 자세히 살펴보겠지만 기능이 풍부하다. 이에 비해 다른 문법은 기능이 부족하다. 따라서 ECMAScript를 추천한다. 나머지 문법은 이 책에서 소개하지 않는다.

NOTE_ 정규 표현식을 처음 접한다면 기본 문법인 ECMAScript를 사용한다.

21.2.1 ECMAScript 문법

정규 표현식 패턴은 매치할 문자를 표현한다. 정규 표현식에서 다음과 같은 특수 문자를 제외한 나머지 문자는 표현식에 명시된 그대로 매치한다.

```
^ $ \ . * + ? ( ) [ ] { } |
```

이 절에서는 이러한 특수 문자를 하나씩 소개한다. 특수 문자에 대해 매치할 때는 그 문자 앞에 백슬래시(\)를 붙여 이스케이프escape(특수 문자로 해석되지 않고 매치할 문자로 해석하도록 탈출)시킨다. 예를 들면 다음과 같다.

```
\[ 또는 \. 또는 \* 또는 \\
```

1 앵커

특수 문자 중에서 ^와 $를 **앵커**anchor라 부른다. ^는 줄끝을 표현하는 문자의 바로 다음 지점을 가리키고, $는 줄끝을 표현하는 바로 그 지점을 표현한다. 기본적으로 ^와 $는 스트링의 시작과 끝을 표현하는데, 이 동작은 끌 수도 있다.

예를 들어 ^test$는 test란 스트링만 매치하고, 1test, test2, test abc 등과 같이 문장에 담긴 test는 매치하지 않는다.

2 와일드카드

와일드카드wildcard 문자인 .은 줄바꿈newline(개행) 문자를 제외한 모든 문자를 매치한다. 예를 들어 정규 표현식 a.c는 abc, a5c 등을 매치하는 반면 ab5c, ac 등은 매치하지 않는다.

3 선택 매치

|는 '또는' 관계를 표현한다. 예를 들어 a|b는 a나 b를 매치한다.

4 그룹화

소괄호 ( )는 **부분 표현식**subexpression 또는 **캡처 그룹**capture group을 표현한다. 캡처 그룹은 다음 목적으로 사용된다.

- 캡처 그룹은 원본 스트링에서 부분 시퀀스를 찾을 때 사용되며 캡처 그룹에 해당하는 부분 표현식을 리턴한다. 예를 들어 (.)(ab|cd)(.)와 같은 정규 표현식을 생각해보자. 여기에서는 캡처 그룹이 세 개인데, 1cd4란 스트링에 regex_search()로 이 정규 표현식을 적용하면 네 항목이 매치된다. 첫 번째 항목은 1cd4라는 스트링 전체고, 나머지 세 항목은 세 개의 캡처 그룹에 해당하는 1, cd, 4가 된다.
- 매치하는 동안 백 레퍼런스를 위해 캡처 그룹을 활용하기도 한다('[9] 백 레퍼런스'에서 설명).
- 치환 작업에서 특정한 항목을 찾을 때도 캡처 그룹을 활용한다(21.2.7절 'regex_replace()'에서 설명).

5 반복

다음과 같은 **반복 문자**repetition를 활용하면 정규 표현식의 일부분을 반복 적용할 수 있다.

- *는 그 앞에 나온 패턴을 **0번 이상** 매치한다. 예를 들어 a*b 패턴은 b, ab, aab, aaaab 등을 매치한다.
- +는 그 앞에 나온 패턴을 **한 번 이상** 매치한다. 예를 들어 a+b 패턴은 ab, aab, aaaab 등을 매치하고 (*와 달리) b는 매치하지 않는다.
- ?는 그 앞에 나온 패턴을 **0번 또는 한 번**만 매치한다. 예를 들어 a?b 패턴은 b, ab만 매치하고 다른 것은 매치하지 않는다.

- {...}는 **반복 횟수가 제한**(bounded repeat)되었다는 것을 표현한다. a{n}은 a를 **정확히 *n*번** 반복한 것을 매치한다. a{n,}는 a를 ***n*번 이상** 반복한 것을 매치한다. a{n, m}은 a를 ***n*번 이상, *m*번 이하**로 반복한 것을 매치한다. 예를 들어 a{3, 4}는 aaa, aaaa는 매치하지만 a, aa, aaaaa 등은 매치하지 않는다.

앞에서 소개한 반복 문자는 주어진 문장에서 정규 표현식에 매치된 항목 중에서도 가장 긴 것을 찾는 **그리디**greedy **방식**이 적용된다. 이와 반대로 **비 그리디**non-greedy(그리디하지 않은) 방식을 적용하려면 반복 문자 뒤에 ?를 붙이면 된다. 예를 들면 *?, +?, ??, {...}? 등과 같다. 그리디하지 않은 방식으로 작동할 때는 반복 횟수를 최소화하는 방식으로 매치한다.

다음 표는 주어진 정규 표현식을 aaabbb란 스트링에 대해 그리디 방식과 그리디하지 않은 방식으로 매치하는 예를 보여준다.

정규 표현식	매치 결과
그리디 방식: (a+)(ab)*(b+)	"aaa" "" "bbb"
그리디하지 않은 방식: (a+?)(ab)*(b+)	"aa" "ab" "bb"

6 연산 우선순위

수학 연산처럼 정규 표현식에 대해서도 연산 우선순위가 정해져 있다. 높은 순서부터 나열하면 다음과 같다.

- **원소(element):** a와 같은 기본 구성 요소를 말한다.
- **한정자(quantifier):** +, *, ?, {...} 등은 왼쪽에 나온 원소에 우선 적용된다(예: b+).
- **연결(concatenation):** 한정자보다 우선순위가 낮다(예: ab+c).
- **선택(alternation):** 우선순위가 가장 낮다(예: |).

예를 들어 ab+c|d란 정규 표현식에 매치되는 스트링은 abc, abbc, abbbc 등이 있다. 또한 d도 매치된다. 소괄호를 어떻게 묶느냐에 따라 우선순위를 바꿀 수 있다. 예를 들어 ab+(c|d)와 같이 작성하면 abc, abbc, abbbc뿐만 아니라 abd, abbd, abbbd도 매치한다. 하지만 소괄호로 묶으면 그 부분이 캡처 그룹이 된다. 그러므로 캡처 그룹을 생성하지 않으면서 우선순위를 변경하려면 (?:...)로 묶어야 한다. 예를 들어 ab+(?:c|d)는 앞에 나온 ab+(c|d)와 매치하는 대상이 같지만 캡처 그룹은 생성되지 않는다.

7 문자 집합 매치

알파벳을 매치하고 싶을 때 (a|b|c|...|z)와 같이 문자를 일일이 명시하면 굉장히 번거로울 뿐만 아니라 캡처 그룹이 생성된다. 이럴 때는 일정한 구간 또는 집합의 문자를 지정하는 특수 문법

을 사용하는 것이 좋다. 또한 매치 대상에 부정 연산not을 적용할 수도 있다. **문자 집합**character set (**문자셋**)은 [c_1, c_2, ..., c_n]처럼 대괄호로 묶어서 지정한다. 그러면 c_1, c_2, ... , c_n 중에서 일치하는 문자를 찾는다. 예를 들어 [abc]라고 적으면 a, b 또는 c와 매치하는 것을 찾는다. 여기서 맨 앞에 ^를 적으면 부정 연산이 적용되어 ^ 뒤에 나온 문자를 제외한 나머지를 찾는다. 예를 들면 다음과 같다.

- ab[cde] : abc, abd, abe 등에 매치
- ab[^cde] : abf, abp 등은 매치하지만 abc, abd, abe는 매치하지 않는다.

^, [,]와 같은 특수 문자 자체를 매치하고 싶으면 이스케이프시켜야 한다. 예를 들어 [\[\^\]]라고 적으면 [, ^ 또는]를 매치할 수 있다.

[abcdefghijklmnopqrstuvwxyzABCDEFGHIJKLMNOPQRSTUVWXYZ]처럼 문자를 일일이 나열하는 방식으로 문자 집합을 지정해도 된다. 하지만 이렇게 작성하면 상당히 번거로울 뿐만 아니라 이런 표현이 여러 차례 나오면 코드가 이상하게 보일 수 있다. 게다가 오타로 인해 원하는 문자를 빠뜨릴 위험도 있다. 이럴 때는 다음의 두 가지 방법 중 하나를 사용한다.

첫 번째 방법은 대괄호를 이용한 **범위 지정**range specification 표기법을 사용하여 [a-zA-Z]과 같이 작성한다. 이 표현식은 a부터 z, 그리고 A부터 Z 사이에 나오는 문자를 모두 매치한다. 하이픈(-)을 매치하려면 반드시 이스케이프시켜야 한다. 예를 들어 [a-zA-Z\-]+와 같이 적어야 하이픈이 담긴 단어도 매치한다.

두 번째 방법은 **문자 클래스**character class를 지정하는 것이다. 이렇게 하면 특정한 종류의 문자만 지정할 수 있다. 문법은 [:name:]과 같다. 사용할 수 있는 문자 클래스의 종류는 로케일마다 다르지만 모든 로케일에서 공통적으로 인식할 수 있는 것을 정리하면 다음 표와 같다. 각 문자 클래스의 구체적인 의미도 로케일마다 다르다. 이 표는 표준 C 로케일을 기준으로 작성했다.

문자 클래스	설명
digit	숫자
d	digit과 같다.
xdigit	숫자(digit)와 16진수를 표현하는 데 사용되는 문자(a, b, c, d, e, f, A, B, C, D, E, F)
alpha	알파벳 문자. 표준 C 로케일에서는 소문자와 대문자를 모두 포함한다
alnum	alpha 클래스와 digit 클래스를 합친 것
w	alnum과 같다.
lower	소문자(로케일에서 지원하는 경우)

문자 클래스	설명
upper	대문자(로케일에서 지원하는 경우)
blank	일종의 공백 문자로서 문장에서 단어끼리 구분하는 데 사용된다. 표준 C 로케일에서는 공백(' ')과 탭(\t)이 여기에 해당한다.
space	공백 문자. 표준 C 로케일에서는 공백(' '), \t, \n, \r, \v, \f 등이 여기에 해당한다.
s	space와 같다.
print	출력할 수 있는 문자로서 출력 대상(예: 모니터 화면)에서 일정한 공간을 차지한다. 이 문자는 제어 문자(cntrl)와 반대다. 예를 들어 소문자, 대문자, 숫자, 구두점 문자, 공백 문자 등이 있다.
cntrl	제어 문자. 출력할 수 있는 문자(print)와 반대로 화면과 같은 출력 대상에서 공간을 차지하지 않는다. 표준 C 로케일에서 여기에 해당하는 문자로는 \f(다음 페이지, form feed), \n(줄바꿈, new line), \r(맨 앞으로 이동, 캐리지 리턴, carriage return) 등이 있다.
graph	그래픽 표현 문자. 출력할 수 있는 문자(print)에서 공백(' ')을 제외한 문자.
punct	구두점 문자. 표준 C 로케일에서는 graph에 속한 문자에서 alnum을 제외한 문자가 여기에 해당한다. 예를 들면 !, #, @, } 등이 있다.

문자 클래스는 문자 집합 안에서 사용한다. 예를 들어 [[:alpha:]]*는 영어권 로케일에서 [a-zA-Z]*와 같다.

숫자를 비롯한 몇몇 매치 작업은 자주 수행하기 때문에 축약 표현을 제공한다. 예를 들어 [:digit:]을 간단히 [:d:]로 표기할 수 있다. 이는 [0-9]와 같다. 일부 문자 클래스는 이스케이프 표기법(\)으로 더 줄여서 표현한다. 예를 들어 [:digit:]을 \d로 표기해도 된다. 따라서 숫자가 한 개 이상 나오는 스트링을 매치하는 패턴을 다음과 같이 표현할 수 있다.

- [0-9]+
- [[:digit:]]+
- [[:d:]]+
- \d+

다음 표는 여러 가지 문자 클래스에 대한 이스케이프 표기법을 보여주고 있다.

이스케이프 표기법	일반 표현
\d	[[:d:]]
\D	[^[:d:]]
\s	[[:s:]]
\S	[^[:s:]]
\w	[_[:w:]]
\W	[^_[:w:]]

몇 가지 예를 들면 다음과 같다.

- Test[5-8]은 Test5, Test6, Test7, Test8을 매치한다.
- [[:lower:]]는 a, b 등은 매치하지만 A, B 등은 매치하지 않는다.
- [^[:lower:]]는 a, b 등과 같은 소문자를 제외한 모든 문자를 매치한다.
- [[:lower:]5-7]은 a, b 등과 같은 소문자와 숫자 5, 6, 7 중 하나를 매치한다.

8 단어 경계

단어 경계word boundary는 다음 조건을 만족한다.

- 첫 문자가 문자, 숫자, 언더스코어와 같은 단어용 문자(word character)로 시작하면 스트링의 시작이다. 표준 C 로케일에서는 [A-Za-z0-9_]에 해당한다.
- 원본 스트링의 첫 문자가 단어용 문자 중 하나라면 원본 스트링의 시작이다. 디폴트 설정은 원본 스트링의 시작을 매칭하지만, 원하면 끌 수 있다(regex_constants::match_not_bow). 여기서 bow는 단어의 시작(beginning-of-word)을 의미한다.
- 원본 스트링의 끝 문자가 단어용 문자 중 하나라면 원본 스트링의 끝이다. 디폴트 설정은 원본 스트링의 끝을 매칭하지만, 원하면 끌 수 있다(regex_constants::match_not_eow). 여기서 bow는 단어의 끝(end-of-word)을 의미한다.
- 단어의 끝 문자는 단어용 문자가 아니지만, 그 앞에 나온 문자는 단어용 문자다.

이러한 단어 경계를 매치하려면 \b를 지정한다. 반대로 단어 경계를 제외한 나머지를 매치하려면 \B를 지정한다.

9 백 레퍼런스

백 레퍼런스back reference를 이용하면 정규 표현식 안에 있는 캡처 그룹을 참조할 수 있다. *n*번째 캡처 그룹을 가리키려면 \n으로 표기한다. 이때 n > 0이다. 예를 들어 (\d+)-.*-\1은 다음과 같은 포맷의 스트링을 매치한다.

- 캡처 그룹 (\d+)에 캡처된 한 개 이상의 숫자가 나온다.
- 그 뒤에 대시(-)가 나온다.
- 그 뒤에 0개 이상의 문자(.*)가 나온다.
- 그 뒤에 다시 대시(-)가 나온다.
- 마지막으로 첫 번째 캡처 그룹(\1)에 캡처된 것과 똑같은 숫자가 나온다.

이 정규 표현식은 123-abc-123, 1234-a-1234 등을 매치하지만 123-abc-1234, 123-abc-321 등은 매치하지 않는다.

10 미리보기

정규 표현식은 ?= 패턴으로 표기하는 **양의 미리보기**positive lookahead와 ?! 패턴으로 표기하는 **음의 미리보기**negative lookahead를 지원한다. 양의 미리보기라면 지정한 패턴이 반드시 나와야 하고, 음의 미리보기라면 그 패턴이 나오지 않아야 한다. 이때 미리보기 패턴에 매치된 문자는 정규 표현식 매치 결과에 포함되지 않는다.

예를 들어 a(?!b)란 패턴은 음의 미리보기를 지정하여 a란 문자 뒤에 b가 나오지 않는 것을 매치한다. a(?=b) 패턴은 양의 미리보기로서 a 뒤에 b가 나오지만 b는 매치 결과에 포함되지 않는다.

좀 더 복잡한 예를 살펴보자. 다음 정규 표현식은 입력 스트링 중에 소문자와 대문자가 하나 이상 있고, 구두점도 하나 이상 있으며, 길이가 최소 여덟 글자 이상인 것을 매치한다. 예를 들어 패스워드가 일정한 기준에 만족하는지 검사할 때 다음과 같이 패턴을 정의한다.

```
(?=.*[[:lower:]])(?=.*[[:upper:]])(?=.*[[:punct:]]).{8,}
```

이 장의 끝에 나오는 연습 문제에서 방금 소개한 패스워드를 검증하는 정규 표현식을 응용해볼 것이다.

11 정규 표현식과 로 스트링 리터럴

지금까지 본 것처럼 정규 표현식은 특수 문자를 많이 사용한다. C++ 스트링 리터럴에서 이스케이프 문자로 표기하는 것들이다. 예를 들어 정규 표현식에 \d를 쓰면 숫자를 매치한다. 그런데 \는 C++에서 특수 문자라서 정규 표현식을 스트링 리터럴에 담을 때는 \\d와 같이 이스케이프해야 한다. 그렇지 않으면 C++ 컴파일러가 그냥 \d란 문자로 해석해버린다. 여기에 백슬래시(\) 문자를 매치하는 구문을 추가하려면 정규 표현식이 더욱 복잡해진다. \는 정규 표현식 문법 안에서도 특수 문자이기 때문에 \\와 같이 이스케이프시켜야 한다. 게다가 \ 문자는 C++ 스트링 리터럴에서도 특수 문자다. 따라서 백슬래시를 매치하는 정규 표현식을 C++ 스트링 리터럴에 담을 때는 \\\\로 표기해야 한다.

로raw 스트링 리터럴을 사용하면 복잡한 정규 표현식을 C++ 코드에서 보다 읽기 쉽게 표현할 수 있다(로 스트링 리터럴은 2장에서 설명했다). 예를 들어 다음과 같이 작성된 정규 표현식을 살펴보자.

```
"( |\\n|\\r|\\\\ )"
```

이 표현식은 공백과 줄바꿈, 맨 앞으로 이동(캐리지 리턴), 백슬래시를 매치한다. 표현식을 보면 이스케이프 문자가 상당히 많이 나온다. 그런데 로 스트링 리터럴로 표현하면 다음과 같이 훨씬 보기 좋게 바꿀 수 있다.

```
R"(( |\n|\r|\\ ))"
```

로 스트링 리터럴은 R"(로 시작해서)"로 끝난다. 그 사이 나온 내용은 모두 정규 표현식이다. 물론 마지막 백슬래시는 여전히 두 개를 써야 한다. 백슬래시는 정규 표현식 안에서도 이스케이프해야 할 특수 문자이기 때문이다.

12 자주 쓰는 정규 표현식

정규 표현식을 쓰다보면 실수하기 쉽다. 패스워드나 전화번호, 주민번호, IP 주소, 이메일 주소, 신용카드 번호, 날짜 등과 같이 흔히 사용하는 패턴에 대한 정규 표현식은 새로 만들 필요 없이 웹에서 검색하면 쉽게 찾을 수 있다. 'regular expressions online'으로 검색하면 미리 작성된 정규 표현식을 제공하는 웹사이트가 나온다. 몇 가지 예를 들면 regexr.com, regex101.com, regextester.com 등이 있다. 이렇게 자주 쓰는 패턴을 테스트할 수 있는 사이트도 꽤 많다. 심지어 자신이 직접 만든 패턴을 테스트하는 기능을 제공하는 곳도 있다. 여러분이 직접 만든 정규 표현식을 코드에 넣기 전에 이런 곳에서 미리 검사해보면 도움이 된다.

지금까지 ECMAScript 문법을 간략히 살펴봤다. 다음 절부터는 C++ 코드 안에서 정규 표현식을 실제로 활용하는 방법을 소개한다.

21.2.2 regex 라이브러리

정규 표현식 라이브러리에 관련된 모든 내용은 <regex>의 std 네임스페이스에 정의되어 있다. 정규 표현식 라이브러리에서 기본으로 제공하는 템플릿 타입은 다음과 같다.

- **basic_regex**: 특정한 정규 표현식을 표현하는 객체
- **match_results**: 정규 표현식에 매치된 서브스트링으로서 캡처 그룹을 모두 포함한다. sub_match의 묶음인 셈이다.

- **sub_match**: 반복자와 입력 시퀀스에 대한 쌍을 담은 객체다. 여기 나온 반복자는 매치된 캡처 그룹을 표현한다. 쌍에는 매치된 캡처 그룹에서 첫 번째 문자를 가리키는 반복자와 매치된 캡처 그룹에서 마지막 바로 다음 번째 지점을 가리키는 반복자가 담겨 있다. 이 객체는 매치된 캡처 그룹을 스트링으로 리턴하는 str() 메서드도 제공한다.

이 라이브러리는 regex_match(), regex_search(), regex_replace()라는 세 가지 핵심 알고리즘을 제공한다. 각각 원본 스트링을 string, C 스타일 스트링 또는 시작/끝 반복자 쌍으로 입력받는 버전이 존재한다. 반복자 타입은 다음 중 하나다.

- const char*
- const wchar_t*
- string::const_iterator
- wstring::const_iterator

참고로 양방향 반복자로 작동하는 반복자라면 어떤 것도 사용할 수 있다. 반복자는 17장에서 자세히 설명했다.

regex 라이브러리는 다음과 같이 **정규 표현식 반복자**regular expression iterator에 대해 두 가지 타입을 정의하고 있다. 원본 스트링에서 주어진 패턴에 매치되는 문자를 모두 찾고 싶다면 이 타입을 잘 알아둘 필요가 있다.

- **regex_iterator**: 원본 스트링에서 패턴에 매치되는 모든 항목에 대해 반복한다.
- **regex_token_iterator**: 원본 스트링에서 패턴에 매치되는 모든 캡처 그룹에 대해 반복한다.

C++ 표준은 이 라이브러리를 보다 쉽게 사용할 수 있도록 방금 소개한 템플릿에 대해 다음과 같이 타입 앨리어스를 정의하고 있다.

```
using regex  = basic_regex<char>;
using wregex = basic_regex<wchar_t>;

using csub_match  = sub_match<const char*>;
using wcsub_match = sub_match<const wchar_t*>;
using ssub_match  = sub_match<string::const_iterator>;
using wssub_match = sub_match<wstring::const_iterator>;

using cmatch  = match_results<const char*>;
using wcmatch = match_results<const wchar_t*>;
using smatch  = match_results<string::const_iterator>;
```

```
using wsmatch = match_results<wstring::const_iterator>;

using cregex_iterator  = regex_iterator<const char*>;
using wcregex_iterator = regex_iterator<const wchar_t*>;
using sregex_iterator  = regex_iterator<string::const_iterator>;
using wsregex_iterator = regex_iterator<wstring::const_iterator>;

using cregex_token_iterator  = regex_token_iterator<const char*>;
using wcregex_token_iterator = regex_token_iterator<const wchar_t*>;
using sregex_token_iterator  = regex_token_iterator<string::const_iterator>;
using wsregex_token_iterator = regex_token_iterator<wstring::const_iterator>;
```

regex 라이브러리의 핵심 알고리즘인 regex_match(), regex_search(), regex_replace()와 regex_iterator, regex_token_iterator 클래스는 이어지는 절에서 하나씩 소개한다.

21.2.3 regex_match()

regex_match() 알고리즘은 주어진 원본 스트링을 주어진 정규 표현식 패턴으로 비교한다. 주어진 원본 스트링 전체가 이 패턴에 매치되면 true를, 그렇지 않으면 false를 리턴한다. 사용법은 아주 간단하다. regex_match() 알고리즘은 모두 여섯 가지 버전이 제공되는데, 각 버전마다 인수의 타입은 다르지만 모두 다음과 같은 형식을 따른다.

```
template<...>
bool regex_match(InputSequence[, MatchResults], RegEx[, Flags]);
```

InputSequence는 다음 중 하나로 표현한다.

- 원본 스트링에 대한 시작과 끝 반복자
- std::string
- C 스타일 스트링

옵션으로 MatchResults란 매개변수도 지정할 수 있다. 이 값은 match_results에 대한 레퍼런스로서 매치 결과를 여기서 받을 수 있다. regex_match()가 false를 리턴하면 match_results::empty()나 match_results::size()만 호출할 수 있다. 다른 메서드의 호출 결과는 정확히 알 수 없다. regex_match()가 true를 리턴하면 매치되는 결과가 있다는 뜻이므로 match_results 객체를 이용하여 정확히 매치된 결과를 살펴볼 수 있다. 이에 대한 자세한 사항은 이어지는 절에서 예제와 함께 설명한다.

RegEx 매개변수는 매치의 기준이 될 정규 표현식이다. 옵션으로 Flags 매개변수도 지정할 수 있다. 이 값은 매치 알고리즘에 대한 옵션을 지정하는데, 대부분 디폴트값으로만 사용한다. 이들 매개변수에 대한 자세한 사항은 부록 B에서 소개하는 표준 라이브러리 레퍼런스를 참고하기 바란다.

1 regex_match() 예제

사용자에게 날짜를 연/월/일 형식으로 물어보는 프로그램을 작성한다고 하자. 이때 연도는 네 자리 숫자로 표현하고, 월은 1에서 12 사이의 숫자로 표현하고, 일은 1에서 31 사이의 숫자로 표현한다. 정규 표현식과 regex_match() 알고리즘을 이용하면 다음과 같이 사용자가 입력한 값을 검사하는 기능을 구현할 수 있다. 여기 나온 정규 표현식 세부사항은 코드 뒤에 자세히 설명되어 있다.

```
regex r { "\\d{4}/(?:0?[1-9]|1[0-2])/(?:0?[1-9]|[1-2][0-9]|3[0-1])" };
while (true) {
    cout << "Enter a date (year/month/day) (q=quit): ";
    string str;
    if (!getline(cin, str) || str == "q") { break; }

    if (regex_match(str, r)) { cout << " Valid date." << endl; }
    else { cout << " Invalid date!" << endl; }
}
```

첫 번째 문장은 정규 표현식을 생성한다. 이 표현식은 슬래시(/)를 기준으로 세 부분으로 나뉜다. 첫째는 연도를 표현하고, 둘째는 월을 표현하고, 셋째는 일을 표현한다. 각 부분은 다음과 같다.

- **\d{4}**: 네 자리 숫자를 매치한다. 예를 들면 1234, 2010 등을 매치한다.
- **(?:0?[1-9]|1[0-2])**: 이 표현식은 우선순위를 명확히 표현하기 위해 소괄호로 묶었다. 캡처 그룹을 사용할 필요가 없기 때문에 (?:...)로 표현했다. 내부에 나온 두 표현식은 | 문자로 선택하도록 구성했다.
  - **0?[1-9]**: 1부터 9 사이의 숫자를 매치하며, 맨 앞에 0이 나올 수도 있다. 예를 들어 1, 2, 9, 03, 04 등은 매치한다. 반면 0, 10, 11 등은 매치하지 않는다.
  - **1[0-2]**: 10, 11, 12만 매치한다.
- **(?:0?[1-9]|[1-2][0-9]|3[0-1])**: 여기서도 캡처 그룹이 아닌 표현식을 소괄호로 묶고, 세 가지 부분 표현식 중 하나를 선택하도록 구성했다.

- **0?[1-9]** : 1부터 9 사이의 숫자를 매치하며, 맨 앞에 0이 나올 수도 있다. 예를 들어 1, 2, 9, 03, 04 등은 매치한다. 반면 0, 10, 11 등은 매치하지 않는다.
- **[1-2][0-9]** : 10과 29 사이의 숫자만 매치한다.
- **3[0-1]** : 30과 31만 매치한다.

그런 다음 예제 코드는 사용자에게 날짜를 입력받는 무한 루프를 실행한다. 날짜가 입력될 때마다 regex_match() 알고리즘을 실행한다. regex_match()가 true를 리턴했다면 앞서 정의한 날짜에 대한 정규 표현식에 맞는 날짜를 사용자가 입력했다는 뜻이다.

이 예제에서 regex_match() 알고리즘이 캡처된 부분 표현식을 results 객체로 리턴하도록 확장할 수 있다. 그러기 위해서는 먼저 캡처 그룹이 뭔지 알아야 한다. smatch와 같은 match_results 객체를 regex_match()를 호출할 때 지정하면 매치 결과로 나온 항목들이 match_results 객체에 채워진다. 이 항목을 가져오려면 반드시 캡처 그룹을 소괄호로 생성해야 한다.

match_results 객체의 첫 번째 원소인 [0]은 패턴 전체에 매치되는 스트링이 담긴다. regex_match()로 매치되는 결과가 있다면 이 원소는 입력된 스트링 전체다. regex_search()는 다음 절에서 설명하겠지만 원본 스트링 중에서 주어진 정규 표현식에 매치되는 부분 스트링이 결과로 나온다. 원소 [1]은 첫 번째 캡처 그룹에 매치된 부분 스트링이고, 원소 [2]는 두 번째 캡처 그룹에 매치된 부분 스트링이다. 이렇게 그룹의 순서마다 해당 인덱스로 접근할 수 있다. 캡처 그룹을 표현한 스트링을 구하려면 다음 코드처럼 m[i] 또는 m[i].str()로 작성한다. 여기서 i는 캡처 그룹의 인덱스고, m은 match_results 객체다.

다음 코드는 연, 월, 일에 해당하는 숫자를 각각 별도의 정수 변수에 담는다. 여기 나온 정규 표현식은 앞서 본 버전을 약간 수정한 것이다. 이 표현식에서는 연도를 매치하는 첫 번째 부분을 캡처 그룹으로 묶었다. 반면 캡처 그룹으로 묶지 않았던 이전 예제와 달리 이번에는 월과 일 부분에 대한 표현식도 캡처 그룹으로 만들었다. regex_match()를 호출할 때 smatch 매개변수를 지정했다. 그러므로 매치된 캡처 그룹을 이 변수로 참조할 수 있다. 이렇게 수정한 코드는 다음과 같다.

```
regex r { "(\\d{4})/(0?[1-9]|1[0-2])/(0?[1-9]|[1-2][0-9]|3[0-1])" };
while (true) {
    cout << "Enter a date (year/month/day) (q=quit): ";
    string str;
    if (!getline(cin, str) || str == "q") { break; }
```

```
        if (smatch m; regex_match(str, m, r)) {
            int year { stoi(m[1]) };
            int month { stoi(m[2]) };
            int day { stoi(m[3]) };
            cout << format(" Valid date: Year={}, month={}, day={}",
                year, month, day) << endl;
        } else {
            cout << " Invalid date!" << endl;
        }
    }
```

예제에서 smatch라는 results 객체는 다음 네 가지 원소를 가지고 있다.

- [0] : 정규 표현식 전체에 매치되는 스트링. 예제에서는 전체 날짜값에 해당한다.
- [1] : 연도
- [2] : 월
- [3] : 일

예제 코드를 실행한 결과는 다음과 같다.

```
Enter a date (year/month/day) (q=quit): 2011/12/01
  Valid date: Year=2011, month=12, day=1
Enter a date (year/month/day) (q=quit): 11/12/01
  Invalid date!
```

NOTE_ 지금까지 살펴본 날짜 매치 예제는 입력된 날짜값이 네 자리 숫자인 연도와 1-12 사이의 월, 1-31 사이의 일로 구성되었는지만 검사한다. 그 달이 30일까지 있는지, 입력한 해가 윤년인지 등은 검사하지 않는다. 이러한 사항까지 검사하려면 regex_match( )로 추출한 연도와 월과 일의 값을 모두 고려해서 검사해야 한다. 그러기 위해서는 연도를 네 자리 숫자로만 매치하고, 월과 일은 하나 또는 두 자리 숫자로만 매치하도록 간략하게 표현한다.

```
regex r { "(\\d{4})/(\\d{1,2})/(\\d{1,2})" };
```

21.2.4 regex_search()

앞 절에서 살펴본 regex_match( ) 알고리즘은 원본 스트링 전체가 정규 표현식에 매치될 때만 true를 리턴하고, 나머지 경우는 false를 리턴한다. 그러므로 일부분만 매치되는 경우는 찾을 수 없다. 만약 부분 스트링(서브스트링substring)도 찾고 싶다면 regex_search() 알고리즘을 사용해야 한다. 이 알고리즘은 원본 스트링 중에서 주어진 패턴에 일치하는 일부분을 탐색한다. regex_search() 알고리즘은 여섯 가지 버전이 있는데, 모두 다음과 같은 형식을 따른다.

```
template<...>
bool regex_search(InputSequence[, MatchResults], RegEx[, Flags]);
```

각 버전은 입력 스트링에서 매치된 결과가 한 부분이라도 있으면 true를 리턴하고, 그렇지 않으면 false를 리턴한다. 매개변수는 regex_match()의 매개변수와 비슷하다.

regex_search() 알고리즘의 두 버전은 탐색할 입력 스트링에 대한 시작과 끝 반복자를 매개변수로 받는다. 이 버전을 이용하여 루프를 돌며 regex_search()를 호출할 때마다 시작과 끝 반복자를 조작하는 방식으로 주어진 원본 스트링에서 패턴에 매치되는 모든 항목을 찾도록 코드를 작성하는 경우가 있는데, 절대로 이렇게 하면 안 된다. 이렇게 작성하면 정규 표현식에 앵커(^나 $)나 단어 경계 등을 사용할 때 문제가 발생할 수 있다. 또한 공백도 매치되는 바람에 무한 루프에 빠질 수 있다. 이렇게 원본 스트링에 매치되는 모든 항목을 찾고 싶다면 뒤에서 소개할 regex_iterator나 regex_token_iterator를 사용한다.

> **CAUTION_** 주어진 원본 스트링에 매치되는 결과를 모두 찾기 위해 루프 안에서 regex_search()를 호출하는 방식으로 구현하면 절대 안 된다. 그 대신 regex_iterator나 regex_token_iterator를 사용한다.

1 regex_search() 예제

regex_search() 알고리즘은 입력 스트링에서 패턴에 매치하는 부분 스트링을 추출하는 데 사용된다. 다음 예제는 입력된 문장에서 주석에 해당하는 부분을 추출한다. 이를 위해 //로 시작하고, 옵션으로 공백이 나올 수 있고(\s*), 그 뒤에 캡처 그룹에 캡처된 문자가 하나 이상 나오는(.+) 문장을 매치하도록 정규 표현식을 정의했다. 여기서 캡처 그룹은 주석에 대한 서브스트링만 캡처한다. 매치된 결과는 smatch 객체인 m으로 받는다. 검색된 결과는 m[1]에 담겨 있다. m[1].first와 m[1].second 반복자를 이용하면 원본 스트링에서 검색된 주석 부분이 정확히 어디에 나오는지 확인할 수 있다.

```
regex r { "//\\s*(.+)$" };
while (true) {
    cout << "Enter a string with optional code comments (q=quit): ";
    string str;
    if (!getline(cin, str) || str == "q") { break; }

    if (smatch m; regex_search(str, m, r)) {
        cout << format(" Found comment '{}'", m[1].str()) << endl;
    } else {
        cout << " No comment found!" << endl;
    }
}
```

이 코드를 실행한 결과는 다음과 같다.

```
Enter a string (q=quit): std::string str;   // Our source string
  Found comment 'Our source string'
Enter a string (q=quit): int a; // A comment with // in the middle
  Found comment 'A comment with // in the middle'
Enter a string (q=quit): float f; // A comment with a       (tab) character
  Found comment 'A comment with a       (tab) character'
```

match_results 객체는 prefix()와 suffix() 메서드도 제공한다. 각각 매치 결과의 앞과 뒤에 나오는 스트링을 리턴한다.

21.2.5 regex_iterator

앞 절에서 설명했듯이 원본 스트링에서 패턴에 매치하는 모든 항목을 추출하기 위해 루프 안에서 regex_search()를 호출하면 안 된다. 그 대신 regex_iterator나 regex_token_iterator를 사용해야 한다. 둘 다 표준 라이브러리 컨테이너에 대한 반복자와 비슷하게 작동한다.

1 regex_iterator 예제

다음 예제는 사용자로부터 원본 스트링을 입력받아서 그 안에 나온 단어를 모두 찾은 다음 각각을 따옴표로 묶어서 화면에 출력한다. 이를 위해 단어를 한 개 이상 검색하는 [\w]+란 정규 표현식을 정의했다. 이 예제는 원본 스트링을 std::string 타입으로 받기 때문에 sregex_iterator를 반복자로 사용했다. 표준 반복자 루프 패턴으로 작성했지만 끝 반복자를 기존 표준 라이브러리 컨테이너와 약간 다르게 사용했다. 일반적으로 특정한 컨테이너에 맞는 끝 반복자를 지정하지만 regex_iterator에는 끝 반복자가 하나뿐이다. 이러한 끝 반복자는 regex_iterator 타입을 선언할 때 디폴트 생성자로 구할 수 있다.

for 문은 먼저 iter라는 시작 반복자를 생성한다. 이 반복자는 원본 스트링에 대한 시작과 끝 반복자와 패턴을 표현하는 정규 표현식을 인수로 받는다. 매치되는 결과가 나올 때마다 루프의 본문이 호출되는데, 예제에서는 한 단어 단위로 호출된다. 매치된 모든 결과에 대해 반복하는 구문은 sregex_iterator로 구현했다. sregex_iterator를 역참조하면 smatch 객체를 구할 수 있다. 이 smatch 객체의 첫 번째 원소인 [0]을 접근하면 매치된 부분 스트링을 구할 수 있다.

```
regex reg { "[\\w]+" };
while (true) {
    cout << "Enter a string to split (q=quit): ";
    string str;
    if (!getline(cin, str) || str == "q") { break; }

    const sregex_iterator end;
    for (sregex_iterator iter { cbegin(str), cend(str), reg };
        iter != end; ++iter) {
        cout << format("\"{}\"", (*iter)[0].str()) << endl;
    }
}
```

이 코드를 실행한 결과는 다음과 같다.

```
Enter a string to split (q=quit): This, is    a test.
"This"
"is"
"a"
"test"
```

이처럼 아주 간단한 정규 표현식으로도 상당히 강력한 스트링 조작 기능을 구현할 수 있다.

참고로 regex_iterator와 regex_token_iterator는 내부적으로 정규 표현식에 대한 포인터를 갖고 있다. 둘 다 우측값 정규 표현식을 인수로 받는 생성자를 명시적으로 삭제하기 때문에 임시 regex 객체를 생성할 수 없다. 예를 들어 다음과 같이 작성하면 컴파일 에러가 발생한다.

```
for (sregex_iterator iter { cbegin(str), cend(str), regex { "[\\w]+" } };
    iter != end; ++iter) { ... }
```

21.2.6 regex_token_iterator

앞 절에서는 패턴에 매치된 모든 결과에 대해 반복하는 regex_iterator를 살펴봤다. 루프를 한 번 돌 때마다 이 반복자로부터 match_results 객체를 받는데, 이를 통해 캡처 그룹으로 매치된 부분 표현식을 추출할 수 있다.

regex_token_iterator를 이용하면 매치된 결과 중에서 캡처 그룹 전체 또는 그중에서 선택된 캡처 그룹에 대해서만 루프를 돌 수 있다. 이 반복자에는 네 가지 버전의 생성자가 있는데, 모두 다음과 같은 형식을 따른다.

```
regex_token_iterator(BidirectionalIterator a,
                     BidirectionalIterator b,
                     const regex_type& re
                     [, SubMatches
                     [, Flags]]);
```

네 버전 모두 입력 시퀀스를 시작과 끝 반복자로 지정한다. 옵션으로 SubMatches 매개변수를 지정할 수 있다. 이 값은 반복의 기준이 되는 캡처 그룹을 지정한다. SubMatches는 다음 네 가지 방식 중 하나로 지정한다.

- 반복하려는 캡처 그룹의 인덱스를 표현하는 정숫값 하나로 지정한다.
- 반복하려는 캡처 그룹의 인덱스를 표현하는 정숫값을 vector에 담아 지정한다.
- 캡처 그룹 인덱스에 대한 initializer_list로 지정한다.
- 캡처 그룹 인덱스에 대한 C 스타일 배열로 지정한다.

SubMatches 매개변수를 지정하지 않거나 그 값을 0으로 지정하면 인덱스가 0인 캡처 그룹을 모두 반복하는 반복자를 받게 된다. 다시 말해 정규 표현식 전체에 매치되는 서브스트링에 대해 반복하게 된다. 옵션으로 매치 알고리즘을 선택하는 Flags 매개변수도 지정할 수 있지만 대부분 디폴트값을 그대로 사용한다. 자세한 사항은 표준 라이브러리 레퍼런스를 참고한다.

1 regex_token_iterator 예제

앞에서 본 regex_iterator 예제에서 regex_token_iterator를 사용하도록 수정하면 다음과 같다. regex_iterator 예제에서는 (*iter)[0].str() 대신 iter->str()라고 표현했는데, regex_token_iterator는 디폴트 submatch 인덱스가 0이면 인덱스가 0인 모든 캡처 그룹에

대해 자동으로 반복하기 때문이다. 이 코드를 실행한 결과는 앞에서 본 regex_iterator 예제와 똑같다.

```
regex reg { "[\\w]+" };
while (true) {
    cout << "Enter a string to split (q=quit): ";
    string str;
    if (!getline(cin, str) || str == "q") { break; }

    const sregex_token_iterator end;
    for (sregex_token_iterator iter { cbegin(str), cend(str), reg };
        iter != end; ++iter) {
        cout << format("\"{}\"", iter->str()) << endl;
    }
}
```

다음 예제는 사용자로부터 날짜 정보를 입력받아서 regex_token_iterator로 두 번째와 세 번째 캡처 그룹(월과 일)에 대해 루프를 돈다. 이때 반복할 캡처 그룹의 인덱스를 정수에 대한 vector로 표현한다. 여기서 날짜에 대한 정규 표현식은 앞에서 이미 설명했다. 이번에는 원본 시퀀스 전체를 매치하기 때문에 ^와 $ 앵커를 추가했다는 점만 다르다. 앞에서는 굳이 이렇게 작성할 필요가 없었다. regex_match() 알고리즘은 원래 입력 스트링 전체에 대해서만 매치하기 때문이다.

```
regex reg { "^(\\d{4})/(0?[1-9]|1[0-2])/(0?[1-9]|[1-2][0-9]|3[0-1])$" };
while (true) {
    cout << "Enter a date (year/month/day) (q=quit): ";
    string str;
    if (!getline(cin, str) || str == "q") { break; }

    vector indices { 2, 3 };
    const sregex_token_iterator end;
    for (sregex_token_iterator iter { cbegin(str), cend(str), reg, indices };
        iter != end; ++iter) {
        cout << format("\"{}\"", iter->str()) << endl;
    }
}
```

이 코드는 주어진 날짜가 정확하다면 월과 일에 해당하는 값만 화면에 출력한다. 실행 결과는 다음과 같다.

```
Enter a date (year/month/day) (q=quit): 2011/1/13
"1"
"13"
Enter a date (year/month/day) (q=quit): 2011/1/32
Enter a date (year/month/day) (q=quit): 2011/12/5
"12"
"5"
```

regex_token_iterator는 소위 **필드 분할**field splitting (또는 **토큰화**tokenization) 작업에도 활용된다. 이는 C에서 물려받은 strtok() 함수를 사용하는 것보다 훨씬 안전하고 유연하다. regex_token_iterator 생성자에서 반복할 캡처 그룹 인덱스를 -1로 지정하면 토큰화 모드로 작동한다. 토큰화 모드로 실행될 때는 입력 시퀀스에서 주어진 정규 표현식에 대해 **매치되지 않은** 모든 서브스트링에 대해 반복한다. 다음 코드는 구분자를 ,와 ;로 사용하는 스트링을 토큰화하는 예를 보여준다. 여기서 구분자 앞이나 뒤에 공백이 한 칸 이상 나올 수 있다.

```
regex reg { R"(\s*[,;]\s*)" };
while (true) {
    cout << "Enter a string to split on ',' and ';' (q=quit): ";
    string str;
    if (!getline(cin, str) || str == "q") { break; }

    const sregex_token_iterator end;
    for (sregex_token_iterator iter { cbegin(str), cend(str), reg, -1 };
        iter != end; ++iter) {
        cout << format("\"{}\"", iter->str()) << endl;
    }
}
```

예제에서는 정규 표현식을 로 스트링 리터럴로 표현했다. 이 표현식은 다음과 같은 항목을 검색한다.

- 0개 이상의 공백 문자
- 뒤에 ,나 ;가 나오는 문자
- 뒤에 0개 이상의 공백이 나오는 문자

코드를 실행한 결과는 다음과 같다.

```
Enter a string to split on ',' and ';' (q=quit): This is,   a; test string.
"This is"
"a"
"test string."
```

결과를 보면 알 수 있듯이 스트링을 ,와 ;을 기준으로 잘랐다. ,와 ; 앞뒤에 있던 공백 문자는 모두 제거되었다. regex_token_iterator는 정규 표현식에 매치되지 않은 서브스트링에 대해 반복했고, 정규 표현식은 ,와 ;뿐만 아니라 이 구분자의 앞뒤에 있는 공백에 대해 매치했기 때문이다.

21.2.7 regex_replace()

regex_replace() 알고리즘은 정규 표현식과 매치된 서브스트링을 대체할 포맷 스트링 formatting string을 인수로 받는다. 포맷 스트링에서 다음 표에 나온 이스케이프 시퀀스를 이용하면 매치된 서브스트링의 일부분을 참조할 수 있다.

이스케이프 시퀀스	교체할 내용
$*n*	*n*번째 캡처 그룹에 매치되는 스트링. 예를 들어 $1은 첫 번째 캡처 그룹을, $2는 두 번째 캡처 그룹을 의미한다. 이때 *n*은 반드시 0보다 큰 수여야 한다.
$&	정규 표현식 전체에 매치되는 스트링
$`	정규 표현식에 매치된 서브스트링의 왼쪽에 나온 입력 시퀀스의 일부분
$´	정규 표현식에 매치된 서브스트링의 오른쪽에 나온 입력 시퀀스의 일부분
$$	달러 기호($)

regex_replace() 알고리즘은 여섯 가지 버전이 있다. 그중 네 가지 버전은 다음 형식을 따른다.

```
string regex_replace(InputSequence, RegEx, FormatString[, Flags]);
```

이 형식을 따르는 네 가지 버전은 교체 작업을 반영한 스트링을 리턴한다. InputSequence와 FormatString은 std::string이나 C 스타일 스트링으로 표현할 수 있다. RegEx 매개변수는 매치의 기준이 될 정규 표현식을 지정한다. 옵션으로 지정하는 Flags 매개변수는 적용할 교체 알고리즘을 지정한다.

regex_replace() 알고리즘 중 두 버전은 다음과 같은 형식을 따른다.

```
OutputIterator regex_replace(OutputIterator,
                             BidirectionalIterator first,
                             BidirectionalIterator last,
                             RegEx, FormatString[, Flags]);
```

이 두 가지 버전은 지정한 출력 반복자에 교체한 결과를 쓴 다음 그 출력 반복자를 리턴한다. 그리고 입력 시퀀스는 시작과 끝 반복자로 지정한다. 나머지 매개변수는 다른 버전과 같다.

1 regex_replace() 예제

첫 번째 예는 다음과 같이 HTML로 작성된 원본 스트링과 정규 표현식을 입력받는다.

```
<body><h1>Header</h1><p>Some text</p></body> // 원본 스트링
<h1>(.*)</h1><p>(.*)</p>                     // 정규 표현식
```

이러한 입력에 대해 교체될 대상을 표현하는 이스케이프 시퀀스는 다음 표와 같다.

이스케이프 시퀀스	교체 대상
$1	Header
$2	Some text
$&	<h1>Header</h1><p>Some text</p>
$`	<body>
$'	</body>

이 작업을 위해 regex_replace()를 사용하는 코드는 다음과 같다.

```
const string str { "<body><h1>Header</h1><p>Some text</p></body>" };
regex r { "<h1>(.*)</h1><p>(.*)</p>" };

const string replacement { "H1=$1 and P=$2" }; // 앞에 나온 표 참조
string result { regex_replace(str, r, replacement) };

cout << "Original string: '{}'", str) << endl;
cout << "New string     : '{}'", result) << endl;
```

이 코드를 실행한 결과는 다음과 같다.

```
Original string: '<body><h1>Header</h1><p>Some text</p></body>'
New string     : '<body>H1=Header and P=Some text</body>'
```

regex_replace() 알고리즘에 다양한 플래그를 인수로 지정해서 구체적인 작동 방식을 변경할 수 있다. 대표적인 플래그는 다음과 같다.

플래그	설명
format_default	디폴트 작동 방식으로, 패턴에 매치되는 항목을 모두 교체하고, 매치되지 않은 항목도 모두 출력에 복제한다.
format_no_copy	패턴에 매치되는 항목을 모두 교체하지만 매치되지 않는 부분은 출력에 복제하지 않는다.
format_first_only	패턴에 첫 번째로 매치되는 항목만 교체한다.

다음은 앞에 나온 예제의 regex_replace() 호출문을 format_no_copy 플래그를 사용하도록 수정한 코드다.

```
string result { regex_replace(str, r, replacement,
    regex_constants::format_no_copy) };
```

이 코드를 실행한 결과는 다음과 같다. 이전 예제와 결과를 비교해보기 바란다.

```
Original string: '<body><h1>Header</h1><p>Some text</p></body>'
New string     : 'H1=Header and P=Some text'
```

이번에는 스트링을 입력받고 단어 경계를 모두 줄바꿈 문자로 바꿔서 한 줄에 한 단어씩 출력해 보자. 다음 코드는 이를 구현하는 예를 보여준다. 여기에서는 입력 스트링을 루프로 처리하지 않는다. 이 코드는 가장 먼저 각 단어를 매치하는 정규 표현식을 생성하고, 이 표현식에 매치되는 결과마다 $1\n으로 교체한다. 여기서 $1 자리에는 매치된 단어가 들어간다. 여기서도 format_no_copy 플래그를 지정했다. 공백 또는 비단어 문자non-word character(단어가 아닌 문자)가 결과에 복제되지 않게 하기 위해서다.

```
regex reg { "([\\w]+)" };
const string replacement { "$1\n" };
while (true) {
    cout << "Enter a string to split over multiple lines (q=quit): ";
    string str;
```

```
        if (!getline(cin, str) || str == "q") { break; }

        cout << regex_replace(str, reg, replacement,
            regex_constants::format_no_copy) << endl;
    }
```

이 코드를 실행한 결과는 다음과 같다.

```
Enter a string to split over multiple lines (q=quit):   This is   a test.
This
is
a
test
```

21.3 정리

이 장에서는 당장은 아니지만 나중에 현지화할 수 있도록 코드를 작성하는 방법을 소개했다. 현지화 작업을 해본 개발자라면 누구나 스트링을 유니코드 문자로 표현하거나 로케일을 인식하도록 작성하는 방식 등으로 프로그램의 초기 개발 단계부터 새 언어나 로케일을 추가할 수 있는 토대를 마련해두면 나중에 현지화 작업을 할 때 훨씬 쉽게 처리할 수 있다는 데 동의할 것이다.

두 번째로 정규 표현식 라이브러리를 살펴봤다. 정규 표현식 문법을 한 번 익혀두면 스트링 처리와 관련된 작업을 훨씬 쉽게 구현할 수 있다. 정규 표현식은 스트링의 형식을 검사하거나, 주어진 입력 시퀀스에서 특정한 부분을 검색하거나, 찾기 및 바꾸기 연산을 구현하는 데 유용하다. 정규 표현식의 사용법은 반드시 익혀두는 것이 좋다. 또한 스트링 처리 작업을 직접 구현하지 말고 정규 표현식을 최대한 활용하면 훨씬 쉽게 구현할 수 있다.

21.4 연습 문제

이 장에서 소개한 내용을 직접 써보기 위해 다음 연습 문제를 풀어보자. 연습 문제에 대한 정답은 이 책의 웹사이트(www.wiley.com/go/proc++5e)에서 다운로드할 수 있다. 문제를 풀다가 막히면 정답부터 찾지 말고 먼저 앞에서 설명한 부분을 다시 읽고 직접 답을 찾아보려고 애쓰기 바란다.

연습 문제 21-1 적절한 패싯을 이용하여 사용자 환경에 맞게 숫자 포맷을 정하는 십진 구분자를 찾아보자. 결정한 패싯의 메서드를 정확히 알기 위해 표준 라이브러리 레퍼런스를 참고한다.

연습 문제 21-2 미국 형식의 전화번호(예: 202-555-0108)를 입력받는 애플리케이션을 작성해보자. 이렇게 받은 값을 정규 표현식으로 검증하는 코드를 작성한다. 즉, 숫자 세 개 뒤에 대시가 나오고, 다시 숫자 세 개 뒤에 대시가 나오고, 마지막으로 숫자 네 개가 나오는 형식을 따라야 한다. 올바른 전화번호면 대시로 구분된 세 부분을 별도 라인으로 출력한다. 예를 들어 202-555-0108을 입력했을 때 다음과 같이 출력된다.

```
202
555
0108
```

연습 문제 21-3 다음과 같은 애플리케이션을 만들어보자. 먼저 사용자로부터 코드를 입력받는다. 이때 코드는 여러 줄로 구성되고 // 스타일 주석도 담을 수 있다. 입력의 끝은 @와 같은 특수 문자로 표시한다. `std::getline()`에서 @를 구분자로 사용하면 여러 줄에 담긴 텍스트를 표준 입력 콘솔에서 읽을 수 있다. 마지막으로 입력받은 코드에서 주석 부분을 제거하는 기능을 정규 표현식으로 구현한다. 작성한 코드는 다음과 같은 코드를 제대로 처리해야 한다.

```
string str; // 주석 // 추가 주석
```

실행 결과는 다음과 같아야 한다.

```
string str;
```

연습 문제 21-4 21.2.1절의 '[10] 미리보기'에서 소개한 패스워드 검증용 정규 표현식을 테스트하는 프로그램을 작성하자. 사용자로부터 패스워드를 입력받아서 검증한다. 이 정규 표현식이 제대로 작동하는지 확인했으면 패스워드가 숫자 두 개 이상으로 구성되어야 한다는 유효성 검사 규칙을 하나 더 추가해보자.

CHAPTER 22

날짜와 시간 유틸리티

이 장의 내용

- 컴파일 시간 유리수 사용법
- 시간 관련 연산
- 날짜와 캘린더 다루는 방법
- 서로 다른 타임존의 시각을 변환하는 방법

이 장에서는 C++ 표준 라이브러리에서 제공하는 시간 관련 기능인 **크로노 라이브러리**chrono library를 소개한다. 이 라이브러리는 시간과 날짜에 관련된 클래스와 기능으로서 다음과 같은 컴포넌트로 구성되어 있다.

- 기간(duration)
- 클럭(clock)
- 시점(time_point)
- 날짜(date, C++20부터 추가)
- 타임존(time zone, C++20부터 추가)

`<chrono>`에 정의된 것들은 모두 `std::chrono` 네임스페이스에 속한다. 그런데 크로노 라이브러리의 개별 구성 요소를 살펴보기 전에 먼저 C++에서 제공하는 컴파일 시간 유리수를 살펴볼 필요가 있다.

22.1 컴파일 시간 유리수

Ratio 라이브러리를 이용하면 유한 유리수finite rational number를 컴파일 시간에 정확히 표현할 수 있다. 이 라이브러리에 관련된 내용은 모두 `<ratio>` 헤더에 `std` 네임스페이스로 정의되어 있다. 유리수를 구성하는 분자와 분모는 `std::intmax_t` 타입의 컴파일 시간 상수로 표현한다. 이 타입은 부호 있는 정수 타입으로 최댓값은 컴파일러마다 다르다. 여기서 제공하는 유리수는 컴파일 시간에 결정되기 때문에 다른 타입에 비해 사용법이 다소 복잡해보일 수 있다. `ratio` 객체를 정의하는 방식은 일반 객체와 다르다. 메서드를 호출할 수 없으며 타입 앨리어스처럼 사용해야 한다. 예를 들어 1/60이라는 유리수(분수)를 컴파일 시간 상수로 선언하면 다음과 같다.

```
using r1 = ratio<1, 60>;
```

`r1` 유리수의 분자(num)와 분모(den)는 컴파일 시간 상수이며, 다음과 같이 접근한다.

```
intmax_t num { r1::num };
intmax_t den { r1::den };
```

다시 한 번 강조하면 ratio는 **컴파일 시간 상수**compile-time constant다. 이는 분자와 분모가 컴파일 시간에 결정된다는 뜻이다. 그러므로 다음과 같이 작성하면 컴파일 에러가 발생한다.

```
intmax_t n { 1 };          // 분자
intmax_t d { 60 };         // 분모
using r1 = ratio<n, d>;    // 에러
```

에러가 발생하지 않게 하려면 n과 d를 상수로 만든다.

```
const intmax_t n { 1 };    // 분자
const intmax_t d { 60 };   // 분모
using r1 = ratio<n, d>;    // OK
```

유리수는 항상 정규화normalized(약분)된 상태로 표현된다. 유리수 ratio<n, d>에 대해 최대공약수가 gcd일 때 분자 num과 분모 den은 다음과 같이 결정된다.

- num = sign(n)*sign(d)*abs(n)/gcd
- den = abs(d)/gcd

ratio 라이브러리는 유리수의 덧셈, 뺄셈, 곱셈, 나눗셈을 지원한다. 이러한 모든 작업은 컴파일 시간에 처리되므로 표준 산술 연산을 적용할 수 없고, 타입 앨리어스를 이용한 특수 템플릿으로 처리해야 한다. 이러한 용도로 제공되는 산술 ratio 템플릿으로는 ratio_add, ratio_subtract, ratio_multiply, ratio_divide가 있다. 각각 덧셈, 뺄셈, 곱셈, 나눗셈을 수행한다. 이 템플릿은 계산 결과를 새로운 ratio 타입으로 표현한다. 이 타입은 C++에 정의된 type이라는 타입 앨리어스로 접근한다. 예를 들어 다음 코드는 1/60과 1/30에 대한 ratio 값을 정의한다. 그런 다음 ratio_add 템플릿으로 두 유리수를 더해서 result란 유리수를 구하는데, 그 값은 합한 결과를 약분한 1/20이다.

```
using r1 = ratio<1, 60>;
using r2 = ratio<1, 30>;
using result = ratio_add<r1, r2>::type;
```

C++ 표준은 ratio 비교 연산 템플릿 ratio_equal, ratio_not_equal, ratio_less, ratio_less_equal, ratio_greater, ratio_greater_equal도 제공한다. 산술 ratio 템플릿과 마

찬가지로 ratio 비교 연산 템플릿도 컴파일 시간에 처리된다. 이러한 비교 연산 템플릿은 결과를 표현하는 std::bool_constant란 타입을 새로 정의한다. bool_constant는 타입과 컴파일 시간 상숫값을 저장하는 struct 템플릿인 std::integral_constant 중 하나다. 예를 들어 integral_constant<int, 15>는 15라는 정숫값을 저장한다. bool_constant는 bool 타입에 대한 integral_constant다. 예를 들어 bool_constant<true>는 true라는 부울 타입 값을 저장하는 integral_constant<bool, true>다. ratio 비교 연산 템플릿의 결과는 bool_constant<true>나 bool_constant<false> 중 하나가 된다. bool_constant나 integral_constant에 대한 값은 value라는 데이터 멤버로 접근할 수 있다. 다음 예는 ratio_less를 사용하는 방법을 보여준다.

```
using r1 = ratio<1, 60>;
using r2 = ratio<1, 30>;
using res = ratio_less<r2, r1>;
cout << res::value << endl;
```

지금까지 설명한 내용을 모두 합치면 다음과 같다. 여기서 ratio는 컴파일 시간 상수이기 때문에 cout << r1;과 같이 작성할 수 없고, 분자와 분모를 따로 구해서 하나씩 출력해야 한다.

```
// 컴파일 시간 유리수 정의
using r1 = ratio<1, 60>;

// 분자와 분모를 구한다.
intmax_t num = r1::num;
intmax_t den = r1::den;
cout << format("1) r1 = {}/{}", num, den) << endl;

// 두 유리수를 더한다.
using r2 = ratio<1, 30>;
cout << format("2) r2 = {}/{}", r2::num, r2::den) << endl;
using result = ratio_add<r1, r2>::type;
cout << format("3) sum = {}/{}", result::num, result::den) << endl;

// 두 유리수를 비교한다.
using res = ratio_less<r2, r1>;
cout << format("4) r2 < r1: {}", << res::value) << endl;
```

이 코드를 실행한 결과는 다음과 같다.

```
1) r1 = 1/60
2) r2 = 1/60
3) sum = 1/20
4) r2 < r1: false
```

이 라이브러리는 편의를 위해 다음과 같은 **SI** Systéme International (**국제 단위계**) 타입 앨리어스도 제공한다.

```
using yocto = ratio<1, 1'000'000'000'000'000'000'000'000>; // *
using zepto = ratio<1, 1'000'000'000'000'000'000'000>;     // *
using atto = ratio<1, 1'000'000'000'000'000'000>;
using femto = ratio<1, 1'000'000'000'000'000>;
using pico = ratio<1, 1'000'000'000'000>;
using nano = ratio<1, 1'000'000'000>;
using micro = ratio<1, 1'000'000>;
using milli = ratio<1, 1'000>;
using centi = ratio<1, 100>;
using deci = ratio<1, 10>;
using deca = ratio<10, 1>;
using hecto = ratio<100, 1>;
using kilo = ratio<1'000, 1>;
using mega = ratio<1'000'000, 1>;
using giga = ratio<1'000'000'000, 1>;
using tera = ratio<1'000'000'000'000, 1>;
using peta = ratio<1'000'000'000'000'000, 1>;
using exa = ratio<1'000'000'000'000'000'000, 1>;
using zetta = ratio<1'000'000'000'000'000'000'000, 1>;     // *
using yotta = ratio<1'000'000'000'000'000'000'000'000, 1>; // *
```

여기 나온 SI 단위 중 끝에 별표(*)가 붙은 것은 해당 타입 앨리어스에 대한 상수 분자와 상수 분모를 intmax_t 타입으로 표현하는 컴파일러에만 정의되어 있다. 이렇게 정의된 SI 단위를 사용하는 방법은 다음 절에서 소개한다.

22.2 duration

duration(기간)은 두 시점 사이의 시간 간격interval을 표현하는 클래스 템플릿으로서 **틱**tick과

틱 주기tick period 값을 저장한다. 틱 주기란 두 틱 사이의 초 단위 간격이며 컴파일 시간 상수 ratio로 표현한다. 따라서 초를 분수로 표현한 것이라고 볼 수 있다. 유리수(분수)에 대해서는 앞 절에서 설명했다. duration 템플릿은 다음 두 가지 매개변수를 받도록 정의되어 있다.

```
template <class Rep, class Period = ratio<1>> class duration {...}
```

첫 번째 템플릿 매개변수인 Rep은 틱의 개수를 저장하는 변수 타입이며, 반드시 산술 타입(예: long, double 등)으로 표현한다. 두 번째 템플릿 매개변수인 Period는 유리수 상수로서 틱의 주기를 표현한다. 틱의 주기를 지정하지 않으면 1초에 해당하는 디폴트값인 ratio<1>이 적용된다.

생성자는 디폴트 생성자, 틱의 개수에 대한 값 하나를 인수로 받는 생성자, 다른 duration을 인수로 받는 생성자 등 세 가지 버전이 있다. 세 번째 생성자는 어떤 duration을 다른 duration으로 변환하는 데 사용한다. 예를 들어 분 단위로 표현한 duration을 초 단위로 변환하는 데 활용한다. 구체적인 예는 뒤에서 소개한다.

duration은 +, -, *, /, %, ++, --, +=, *=, /=, %=과 같은 산술 연산과 비교 연산을 제공한다. 이 클래스는 다음 표에 나온 메서드도 제공한다.

메서드	설명
Rep count() const	틱의 개수를 표현하는 duration 값을 리턴한다. 리턴 타입은 duration 템플릿의 매개변수로 지정된 것을 사용한다.
static duration zero()	0에 해당하는 duration을 리턴한다.
static duration min() static duration max()	최소/최대 duration을 duration 템플릿의 매개변수로 지정한 타입의 값으로 리턴한다.

이 라이브러리는 floor(), ceil(), round(), abs() 연산도 지원한다. 작동 방식은 산술 연산과 같다.

그럼 duration을 실제로 사용하는 방법을 살펴보자. 한 틱이 1초가 되도록 duration을 정의하면 다음과 같다.

```
duration<long> d1;
```

디폴트 틱 주기가 ratio<1>이므로 위 문장은 다음과 같다.

```
duration<long, ratio<1>> d1;
```

틱 주기를 1분(60초)으로 정의하려면 다음과 같이 작성한다.

```
duration<long, ratio<60>> d2;
```

틱 주기가 1/60초인 duration은 다음과 같이 정의한다.

```
duration<double, ratio<1, 60>> d3;
```

앞에서 설명했듯이 <ratio>는 SI 유리수 상수도 다양하게 정의하고 있다. 이렇게 미리 정의된 상수를 사용하면 틱 주기를 간편하게 정의할 수 있다. 예를 들어 다음 코드는 틱 주기가 1ms인 duration을 정의한다.

```
duration<long long, milli> d4;
```

다음 예는 duration을 정의하고, 다른 주기의 duration으로 변환하고, duration에 대한 산술 연산을 수행하는 방법을 보여주고 있다.

```
// 한 틱이 60초인 duration을 정의한다.
duration<long, ratio<60>> d1 { 123 };
cout << d1.count() << endl;

// 한 틱이 1초이고, 최대 duration을 할당할 수 있는
// double 값으로 표현하는 duration을 정의한다.
auto d2 { duration<double>::max() };
cout << d2.count() << endl;

// 두 가지 duration을 정의한다.
// 하나는 한 틱이 1분이고, 다른 하나는 한 틱이 1초다.
duration<long, ratio<60>> d3 { 10 }; // = 10분
duration<long, ratio<1>> d4 { 14 };  // = 14초
```

```
// 두 duration을 비교한다.
if (d3 > d4) { cout << "d3 > d4" << endl; }
else { cout << "d3 <= d4" << endl; }

// d4를 1만큼 증가시켜 15초로 만든다.
++d4;

// d4에 2를 곱해 30초로 만든다.
d4 *= 2;

// 두 duration을 더해서 분 단위 duration에 저장한다.
duration<double, ratio<60>> d5 { d3 + d4 };

// 두 duration을 더해서 초 단위 duration에 저장한다.
duration<long, ratio<1>> d6 { d3 + d4 };
cout << format("{} minutes + {} seconds = {} minutes or {} seconds",
    d3.count(), d4.count(), d5.count(), d6.count()) << endl;

// 30초 duration을 생성한다.
duration<long> d7 { 30 };

// 초 단위인 d7을 분 단위로 변환한다.
duration<double, ratio<60>> d8 { d7 };
cout << format("{} seconds = {} minutes", d7.count(), d8.count()) << endl;
```

이 코드를 실행한 결과는 다음과 같다.

```
123
1.79769e+308
d3 > d4
10 minutes + 30 seconds = 10.5 minutes or 630 seconds
30 seconds = 0.5 minutes
```

NOTE_ 실행 결과의 두 번째 줄은 double 타입의 duration의 최댓값이다. 이 값은 컴파일러마다 달라질 수 있다.

앞에 나온 코드 중 다음 두 문장을 좀 더 자세히 살펴보자.

```
duration<double, ratio<60>> d5 { d3 + d4 };
duration<long, ratio<1>> d6 { d3 + d4 };
```

둘 다 d3 + d4를 구하지만, 첫 번째 문장은 결과를 분 단위 값을 표현하는 부동소수점수로 저장했고, 두 번째 줄은 초 단위 값을 표현하는 정수로 저장했다. 분 단위와 초 단위에 대한 상호 변환은 자동으로 처리된다.

앞에 나온 코드 중에서 다음 두 줄은 서로 단위가 다른 duration을 변환하는 방법을 보여준다.

```
duration<long> d7 { 30 };                // 초 단위
duration<double, ratio<60>> d8 { d7 }; // 분 단위
```

첫 번째 줄은 30초에 대한 duration을 정의한다. 두 번째 줄은 30초를 분 단위로 변환한다. 결과는 0.5분이다. 초 단위를 분 단위로 변환하면 결과가 정수가 아닌 값으로 표현된다. 그러므로 부동소수점 타입을 표현하는 duration을 사용해야 한다. 그렇지 않으면 컴파일 에러가 발생하는데 에러 메시지의 내용이 불분명할 수 있다. 다음 문장은 컴파일 에러가 발생한다. d8이 부동소수점수가 아닌 long 타입 값을 표현하기 때문이다.

```
duration<long> d7 { 30 };              // 초 단위
duration<long, ratio<60>> d8 { d7 }; // 분 단위, 에러!
```

그런데 duration_cast( )를 활용하면 타입을 강제로 변환시킬 수 있다.

```
duration<long> d7 { 30 };                                     // 초 단위
auto d8 { duration_cast<duration<long, ratio<60>>>(d7) }; // 분 단위
```

이때 d8은 0분이 된다. 30초를 분 단위로 변환할 때 정수 나눗셈이 적용되었기 때문이다.

분 단위를 초 단위로 변환할 때는 원본 타입이 정수라면 부동소수점 타입으로 지정하지 않아도 된다. 정수로 표현된 분 단위 값을 초 단위로 변환할 때는 항상 결과가 정수이기 때문이다. 예를 들어 다음 코드는 10분을 초 단위로 변환한다. 둘 다 정수 타입인 long으로 지정했다.

```
duration<long, ratio<60>> d9 { 10 }; // 분 단위
duration<long> d10 { d9 };            // 초 단위
```

duration 라이브러리는 std::chrono 네임스페이스 아래에 다음과 같은 표준 duration 타입도 제공한다.

```
using nanoseconds  = duration<X 64 bits, nano>;
using microseconds = duration<X 55 bits, micro>;
using milliseconds = duration<X 45 bits, milli>;
using seconds      = duration<X 35 bits>;
using minutes      = duration<X 29 bits, ratio<60>>;
using hours        = duration<X 23 bits, ratio<3'600>>;
```

C++20 C++20부터 다음 타입이 추가되었다.

```
using days   = duration<X 25 bits, ratio_multiply<ratio<24>, hours::period>>;
using weeks  = duration<X 22 bits, ratio_multiply<ratio<7>, days::period>>;
using years  = duration<X 17 bits,
               ratio_multiply<ratio<146'097, 400>, days::period>>;
using months = duration<X 20 bits, ratio_divide<years::period, ratio<12>>>;
```

여기서 *X*에 대한 구체적인 타입은 컴파일러마다 다르지만 C++ 표준에 따르면 여기에 명시된 최소 크기를 담을 수 있는 부호 있는 정수로 지정해야 한다. 이러한 타입 앨리어스는 앞 절에서 소개한 SI ratio 타입 앨리어스를 활용할 수 있다. 예를 들어 다음 문장은

```
duration<long, ratio<60>> d9 { 10 }; // 분
```

다음과 같이 간단히 표현할 수 있다.

```
minutes d9 { 10 };                    // 분
```

미리 정의된 duration을 사용하는 다른 예를 살펴보자. 이 코드에서는 먼저 t라는 변수를 정의하는데, 여기에 1시간 + 23분 + 45초의 결과를 저장한다. auto 키워드를 붙였기 때문에 t의 구체적인 타입은 컴파일러가 결정한다. 두 번째 문장은 seconds라는 duration의 생성자를 호출하여 t 값을 초 단위로 변환한 뒤 그 결과를 콘솔에 출력한다.

```
auto t { hours { 1 } + minutes { 23 } + seconds { 45 } };
cout << << format("{} seconds", seconds { t }.count()) << endl;
```

표준에 따르면 이렇게 기본 제공되는 duration이 정수 타입을 사용하기 때문에 변환된 결과를

정수로 표현할 수 없으면 컴파일 에러가 발생할 수 있다. 정수 나눗셈의 결과로 발생한 나머지는 대부분 버리지만 ratio 타입으로 구현된 duration에 대해서는 0이 아닌 나머지가 나올 여지가 조금이라도 있는 연산을 컴파일 에러로 처리한다. 예를 들어 다음과 같이 작성하면 컴파일 에러가 발생한다. 90초를 분 단위로 변환하면 1.5분이 되기 때문이다.

```
seconds s { 90 };
minutes m { s };
```

그런데 다음과 같이 60초가 정확히 1분으로 나누어떨어지더라도 컴파일 에러가 발생한다. 초 단위를 분 단위로 변환하는 과정에서 원칙적으로 정수가 아닌 결과가 나올 가능성이 있기 때문이다.

```
seconds s { 60 };
minutes m { s };
```

다른 방향으로도 얼마든지 변환할 수 있다. minutes는 정수 타입을 사용하므로 이를 seconds로 변환하면 항상 정숫값이 나오기 때문이다.

```
minutes m { 2 };
seconds s { m };
```

duration을 생성할 때 표준 사용자 정의 리터럴인 h, min, s, ms, us, ns 등을 붙일 수 있다. 이러한 리터럴은 엄밀히 말해 std::literals::chrono_literals 네임스페이스에 정의되어 있지만 2장에서 설명한 표준 사용자 정의 스트링 리터럴처럼 chrono_literals 네임스페이스는 인라인 네임스페이스다. 따라서 다음 문장 중 하나로 지정할 수 있다.

```
using namespace std;
using namespace std::literals;
using namespace std::chrono_literals;
using namespace std::literals::chrono_literals;
```

또한 리터럴은 using namespace std::chrono로 접근할 수도 있다. 예를 들면 다음과 같다.

```
using namespace std::chrono;
// ...
auto myDuration { 42min };    // 42분
```

C++20 C++20부터 chrono 라이브러리에 hh_mm_ss 클래스 템플릿이 추가되었다. 이 클래스 템플릿의 생성자는 Duration을 하나 받아서 시, 분, 초, 부분초로 쪼갠다. 이 클래스 템플릿은 hours(), minutes(), seconds(), subseconds()라는 게터도 제공하며 항상 음이 아닌 값을 리턴한다. is_negative() 메서드는 주어진 duration이 음수면 true를, 아니면 false를 리턴한다. 이 장의 연습 문제에서 이 클래스 템플릿을 활용해본다.

22.3 clock

clock은 time_point와 duration으로 구성된 클래스다. time_point 타입은 다음 절에서 소개하는데, 여기에서는 자세히 몰라도 clock의 작동 방식을 이해하는 데 문제없다. 하지만 time_point가 clock에 의존하기 때문에 clock의 세부사항은 알아둘 필요가 있다.

C++ 표준은 clock을 다양하게 정의하는데, 그중 가장 중요한 세 가지는 system_clock, steady_clock, high_resolution_clock이다. system_clock은 시스템의 실시간 클럭을 표현한다. steady_clock은 time_point가 절대로 감소하지 않도록 보장해준다. 참고로 system_clock은 언제든지 조정할 수 있기 때문에 time_point가 감소될 가능성이 얼마든지 있다. high_resolution_clock은 최소 틱 주기를 가진다. 현재 사용하는 컴파일러의 종류에 따라 high_resolution_clock이 steady_clock이나 system_clock과 같을 수 있다.

C++20 **NOTE_** C++20부터 utc_clock, tai_clock, gps_clock, file_clock 등이 추가되었다. 고급 기능에 해당하며 이 책에서는 다루지 않는다.

각 버전의 clock마다 now()란 static 메서드가 있다. 이 메서드는 현재 시각을 time_point로 리턴한다. system_clock은 time_point와 time_t 타입의 C 스타일 시간을 상호 변환하는 static 헬퍼 함수도 두 개 제공한다. 하나는 to_time_t()로서 인수로 전달한 time_point를 time_t 값으로 변환하고, 다른 하나는 from_time_t()로서 인수로 전달한 time_t 값으로 초기화한 time_point를 리턴한다. time_t 타입은 <ctime> 헤더 파일에 정의되어 있다.

다음 예제는 시스템에서 현재 시각을 알아내서 사람이 읽기 쉬운 형태로 변환해서 콘솔에 출력하는 과정을 보여준다. 여기서 localtime() 함수는 time_t 값을 현지 시각(tm)으로 변환한다. 이 함수는 <ctime> 헤더 파일에 정의되어 있다. put_time() 스트림 매니퓰레이터stream manipulator는 <iomanip> 헤더에 정의되어 있으며, 이에 대해서는 13장에서 설명했다.

```
// 현재 시각을 time_point 타입으로 구한다.
system_clock::time_point tpoint { system_clock::now() };
// time_t 값으로 변환한다.
time_t tt { system_clock::to_time_t(tpoint) };
// 현지 시각으로 변환한다.
tm* t { localtime(&tt) };
// 최종 결과를 콘솔에 출력한다.
cout << put_time(t, "%H:%M:%S") << endl;
```

시간을 스트링으로 변환하려면 <ctime>에 정의된 C 스타일 strftime() 함수나 std::stringstream을 사용한다. strftime() 함수를 사용하려면 주어진 시간을 사람이 읽기 좋은 포맷으로 변환한 결과를 충분히 담을 정도로 버퍼를 크게 지정해야 한다.

```
// 사람이 읽기 좋은 포맷으로 변환한다.
stringstream ss;
cout << put_time(t, "%H:%M:%S"); // t는 tm*
string stringTime { ss.str() };
cout << stringTime << endl;

// 또는 다음과 같이 작성한다.
char buffer[80] = { 0 };
strftime(buffer, sizeof(buffer), "%H:%M:%S", t); // t는 tm*
cout << buffer << endl;
```

NOTE_ 방금 소개한 예제에서 localtime()을 호출할 때 보안 에러나 경고 메시지가 발생할 수 있다. 마이크로소프트 비주얼 C++를 사용할 때는 반드시 안전한 버전인 localtime_s()를 사용하기 바란다. 참고로 리눅스에서 제공하는 안전한 버전은 localtime_r()이다.

high_resolution_clock은 특정한 코드 영역을 실행하는 데 걸리는 시간을 측정하는 데 사용할 수 있다. 사용법은 다음 예제와 같다. 여기서 start와 end에 대한 구체적인 타입은 high_resolution_clock::time_point고, diff의 타입은 duration이다.

```
// 시작 시간을 구한다.
auto start { high_resolution_clock::now() };
// 시간을 측정할 코드를 실행한다.
double d { 0 };
for (int i { 0 }; i < 1'000'000; ++i) {
    d += sqrt(sin(i) * cos(i));
}
// 끝 시간을 구해서 시작 시간과의 차를 구한다.
auto end  { high_resolution_clock::now() };
auto diff { end - start };
// 구한 시간차를 ms 단위로 변환해서 콘솔에 출력한다.
cout << duration<double, milli> { diff }.count() << "ms" << endl;
```

여기에서는 측정할 코드 안에 있는 sqrt(), sin(), cos()와 같은 몇 가지 산술 연산이 금방 끝나버리지 않도록 루프문으로 작성했다. 이 코드를 실행하는 시스템에서 ms(밀리초) 단위의 시간차가 너무 작으면 정확도가 떨어진다. 이럴 때는 실행 시간이 길어지도록 루프의 반복 횟수를 늘려야 한다. 이렇게 시간 간격이 짧을 때 정확도가 떨어지는 이유는 대다수의 OS가 밀리초 단위를 지원하기는 하지만 갱신 주기가 10ms나 15ms 정도로 다소 길기 때문이다. 그러므로 타이머의 한 틱보다 짧은 단위로 발생한 이벤트가 0 단위 시간으로 보이고, 1에서 2틱 사이에 발생한 이벤트가 1 단위 시간으로 보이는 **게이팅 에러**gating error가 발생한다. 예를 들어 15ms 주기로 타이머를 갱신하는 시스템에서 44ms가 걸리는 루프의 실행 시간은 30ms로 나온다. 이런 타이머로 시간을 측정할 때는 반드시 대상 연산의 실행 시간을 타이머의 최소 틱 단위보다 크게 구성해야 오차를 최소화할 수 있다.

22.4 time_point

time_point는 특정한 시점을 표현하는 클래스로서, 시간의 시작점을 표현하는 **에포크**epoch를 기준으로 측정한 기간(duration)으로 저장한다. time_point는 항상 특정한 클럭(clock)과 연계되며, 에포크는 이 클럭의 시작점이다. 예를 들어 기존 유닉스/리눅스 시간에 대한 에포크는 1970년 1월 1일이고, 기간은 초 단위로 측정한다. 윈도우 시스템의 에포크는 1601년 1월 1일이고, 기간은 100나노초nanosecond(ns) 단위로 측정한다. 에포크 날짜와 기간은 OS마다 다를 수 있다.

time_point 클래스는 time_since_epoch()란 함수를 제공한다. 이 함수는 시점에 연계된 clock의 에포크와 현재 저장된 시점 사이의 duration을 리턴한다.

time_point와 이에 따른 duration에 대한 산술 연산도 제공된다. 다음 표는 이러한 산술 연산의 종류를 보여주고 있다. 여기서 tp는 time_point 값이고, d는 duration 값이다.

tp + d = tp	tp - d = tp
d + tp = tp	tp - tp = d
tp += d	tp -= d

tp + tp 연산은 지원하지 않는다.

두 시점을 비교하는 비교 연산자도 제공한다. 이를 위해 최소 시점을 리턴하는 min()과 최대 시점을 리턴하는 max()라는 static 메서드가 정의되어 있다.

time_point 클래스 생성자는 세 가지 버전이 있다.

- **time_point():** duration::zero()로 초기화한 time_point를 생성한다. 결과로 나오는 time_point는 기준이 되는 clock의 에포크를 표현한다.
- **time_point(const duration& d):** 인수로 지정한 duration으로 초기화한 time_point를 생성한다. 이 결과로 나오는 time_point는 epoch + d다.
- **template<class Duration2> time_point(const time_point<clock, Duration2>& t):** t.time_since_epoch()로 초기화된 time_point를 생성한다.

time_point은 반드시 clock과 연계되어야 한다. 그러므로 time_point를 생성할 때 템플릿 매개변수에 clock을 지정한다.

```
time_point<steady_clock> tp1;
```

각 clock마다 time_point 타입도 알 수 있다. 그러므로 다음과 같이 작성해도 된다.

```
steady_clock::time_point tp1;
```

time_point 클래스를 사용하는 예는 다음과 같다.

```
// 연계된 steady_clock에 대한 에포크를 표현하는 time_point를 생성한다.
time_point<steady_clock> tp1;
// 이 time_point에 10분을 더한다.
tp1 += minutes { 10 };
```

```cpp
// 에포크와 time_point 사이의 duration을 저장한다.
auto d1 { tp1.time_since_epoch() };
// duration을 초 단위로 변환해서 결과를 콘솔에 출력한다.
duration<double> d2 { d1 };
cout << d2.count() << " seconds" << endl;
```

이 코드를 실행한 결과는 다음과 같다.

```
600 seconds
```

time_point를 변환하는 작업은 duration처럼 명시적으로 할 수도 있고 자동으로 처리할 수도 있다. 자동으로 변환하는 예는 다음과 같다. 이 코드의 실행 결과는 42000ms다.

```cpp
time_point<steady_clock, seconds> tpSeconds { 42s };
// 자동으로 초 단위를 밀리초 단위로 변환한다.
time_point<steady_clock, milliseconds> tpMilliseconds { tpSeconds };
cout << tpMilliseconds.time_since_epoch().count() << "ms" << endl;
```

자동 변환으로 인해 데이터 손실이 발생하면 time_point_cast()로 명시적으로 변환한다. duration을 duration_cast()로 변환했던 것과 비슷하다. 다음 코드는 42424ms로 시작했지만 42000ms란 결과를 출력한다.

```cpp
time_point<steady_clock, milliseconds> tpMilliseconds { 42'424ms };
// 밀리초 단위를 초 단위로 명시적으로 변환한다.
time_point<steady_clock, seconds> tpSeconds {
    time_point_cast<seconds>(tpMilliseconds) };
// 또는 다음과 같이 작성한다.
// auto tpSeconds { time_point_cast<seconds>(tpMilliseconds) };

// 초 단위를 다시 밀리초 단위로 변환한 뒤 결과를 출력한다.
milliseconds ms { tpSeconds.time_since_epoch() };
cout << ms.count() << "ms" << endl;
```

표준 라이브러리는 time_point에 대한 floor(), ceil(), round() 연산도 제공한다. 작동 방식은 기존 숫자 연산과 같다.

C++20 22.5 날짜

C++20부터 달력 날짜를 다룰 수 있는 기능이 표준 라이브러리 추가되었다. 현재 그레고리력 Gregorian calendar만 지원하지만 필요하다면 콥트력Coptic calendar이나 율리우스력Julian calendar처럼 다른 <chrono> 기능과 연동되는 달력을 직접 정의할 수 있다.

표준 라이브러리는 날짜(와 다음 절에서 소개하는 타임존)를 다루는 클래스와 함수를 다양하게 제공한다. 이 절에서는 그중에서도 가장 중요한 클래스와 함수를 소개한다. 다른 클래스나 함수는 표준 라이브러리 레퍼런스를 참고한다.

다음은 연, 월, 일, 주에 대한 클래스로서 모두 std::chrono에 정의되어 있다.

클래스	설명
year	[-32767, 32767] 범위의 연도를 표현한다. year는 is_leap() 메서드를 제공한다. 이 메서드는 주어진 연도가 윤년이면 true를, 그렇지 않으면 false를 리턴한다. 또한 static 메서드인 min()과 max()도 제공한다. 각각 최소/최대 연도를 리턴한다.
month	[1, 12] 범위의 월을 표현한다. 이름 있는 상수도 제공한다(예: std::chrono::January).
day	[1, 31] 범위의 일을 표현한다.
weekday	[0, 6] 범위의 요일을 표현한다. 0은 일요일을 가리킨다. 또한 각 요일에 대한 이름 있는 상수 여섯 개도 제공한다(예: std::chrono::Sunday).
weekday_indexed	어떤 달의 *n*번째 평일을 표현한다(*n*의 범위는 [1,5]). 예를 들어 어느 달의 두 번째 월요일은 Monday[2]로 표기한다.
weekday_last	어느 달의 마지막 평일을 표현한다.
month_day	특정 월, 일을 표현한다.
month_day_last	특정 월의 마지막 날을 표현한다.
month_weekday	특정 월의 *n*번째 평일을 표현한다.
month_weekday_last	특정 월의 마지막 평일을 표현한다.
year_month	연, 월을 표현한다.
year_month_day	연, 월, 일을 표현한다.
year_month_day_last	특정 연, 월의 마지막 일을 표현한다.
year_month_weekday	특정 연, 월의 *n*번째 평일을 표현한다.
year_month_weekday_last	특정 연, 월의 마지막 평일을 표현한다.

여기 나온 클래스는 모두 주어진 객체가 유효 범위에 포함되면 true를, 아니면 false를 리턴하는 ok() 메서드를 제공한다. 또한 표준 사용자 정의 리터럴인 std::literals::chrono_literals:y와 std::literals::chrono_literals:d도 추가되었다. 각각 연, 일을 생성한다.

연, 월, 일을 operator/로 구분해서 생성할 수 있다. 형식은 Y/M/D, M/D/Y, D/M/Y 세 가지를 따를 수 있다. 날짜를 생성하는 예를 몇 가지 살펴보면 다음과 같다.

```
year y1 { 2020 };
auto y2 { 2020y };

month m1 { 6 };
auto m2 { June };

day d1 { 22 };
auto d2 { 22d };

// 2020-06-22의 날짜 생성
year_month_day fulldate1 { 2020y, June, 22d };
auto fulldate2 { 2020y / June / 22d };
auto fulldate3 { 22d / June / 2020y };

// 2020년 6월 세 번째 월요일의 날짜 생성
year_month_day fulldate4 { Monday[3] / June / 2020 };

// 6월 22일의 month_day 생성. 연도는 지정하지 않음
auto june22 { June / 22d };
// 2020년 6월 22일의 year_month_day 생성
auto june22_2020 { 2020y / june22 };

// 6월의 마지막 날의 month_day_last 생성. 연도는 지정하지 않음
auto lastDayOfAJune { June / last };
// 2020년 6월의 마지막 날의 year_month_last 생성
auto lastDayOfJune2020 { 2020y / lastDayOfAJune };

// 2020년 6월 마지막 월요일의 year_month_weekday_last 생성
auto lastMondayOfJune2020 { 2020y / June / Monday[last] };
```

특정한 기간에 대한 system_clock의 time_point를 나타내는 타입 앨리어스인 sys_time도 새롭게 추가되었다. 정의는 다음과 같다.

```
template <typename Duration>
using sys_time = std::chrono::time_point<std::chrono::system_clock, Duration>;
```

sys_time 타입 앨리어스를 바탕으로 정의한 타입 앨리어스도 다음과 같이 두 가지가 있다. 첫 번째는 정밀도를 초 단위로 나타내고, 두 번째는 일 단위로 나타낸다.

```
using sys_seconds = sys_time<std::chrono::seconds>;
using sys_days = sys_time<std::chrono::days>;
```

예를 들어 sys_days는 system_clock 에포크 이후로 경과한 날을 표현한다. 따라서 에포크 이후로 경과한 날을 표시하는 숫자 하나만 표현하는 타입이다. 반면 year_month_day 같은 경우에는 연, 월, 일을 별도 필드에 담는다. 날짜에 대한 연산을 수행할 일이 많다면 이러한 필드 기반 타입보다는 숫자 타입serial-based type이 성능에 유리하다.

로컬 타입local time(지역 시간)에 대한 타입 앨리어스인 local_time, local_seconds, local_days도 있다. 이에 대해서는 타임존time zone(시간대)에 대해 설명하는 다음 절에서 살펴본다.

오늘을 표현하는 sys_days는 다음과 같이 생성할 수 있다. 여기서 날짜를 정확히 표현하기 위해 floor()를 사용하여 time_point 값을 적절히 잘랐다.

```
auto today { floor<days>(system_clock::now()) };
```

sys_days는 year_month_day를 time_point로 변환하는 데 사용할 수도 있다. 예를 들면 다음과 같다.

```
system_clock::time_point t1 { sys_days { 2020y / June / 22d } };
```

반대로 time_point를 year_month_day로 변환하려면 다음과 같이 year_month_day 생성자를 사용하면 된다.

```
year_month_day yearmonthday { floor<days>(t1) };
year_month_day today2 { floor<days>(system_clock::now()) };
```

시간까지 포함한 완전한 형태의 날짜도 만들 수 있다. 예를 들면 다음과 같다.

```
// 2020-06-22 09:35:10 UTC
auto t2 { sys_days { 2020y / June / 22d } + 9h + 35min + 10s };
```

날짜에 대한 연산은 다음과 같이 수행할 수 있다.

```
// t2에 5일을 더한다.
auto t3 { t2 + days { 5 } };
// t3에 1년을 더한다.
auto t4 { t3 + years { 1 } };
```

다음과 같이 추가 연산를 이용하여 날짜를 스트림에 쓸 수 있다.

```
cout << yearmonthday << endl;
```

날짜가 잘못되었다면 스트림에 추가하는 과정에서 에러가 발생한다. 예를 들어 year_month_day에 'is not a valid date'란 스트링이 추가된다.

C++20 22.6 타임존

C++ 표준 라이브러리는 타임존을 다룰 수 있도록 IANA[Internet Assigned Numbers Authority] 타임존 데이터베이스(www.iana.org/time-zones)의 복제본을 제공한다. std::chrono::get_tzdb() 를 통해 이 데이터베이스에 접근할 수 있다. 이 함수를 호출하면 std::chrono::tzdb 타입 인스턴스에 대한 const 레퍼런스를 리턴한다. 이 데이터베이스는 zones란 이름의 public 벡터를 통해 현재 알려진 모든 타임존에 접근할 수 있게 해준다. 이 벡터에 담긴 각 항목은 time_zone 인스턴스이며, 이름에 접근하는 name(), 지역 시간을 sys_time으로 변환하는 to_sys()와 그 반대로 변환하는 to_local() 메서드를 제공한다.

예를 들어 다음 코드는 현재 지원하는 타임존을 모두 보여준다.

```
const auto& database { get_tzdb() };
for (const auto& timezone : database.zones) {
    cout << timezone.name() << endl;
}
```

std::chrono::locate_zone() 함수를 사용하면 주어진 이름에 해당하는 time_zone을 가져올 수 있다. 이때 요청한 타임존을 데이터베이스에서 찾을 수 없으면 runtime_error 익셉션을 던진다. current_zone() 함수를 이용하면 현재 타임존을 가져올 수 있다. 예를 들면 다음과 같다.

```
auto* brussels { locate_zone("Europe/Brussels") };
auto* gmt { locate_zone("GMT") };
auto* current { current_zone() };
```

time_zone 인스턴스는 타임존 사이를 변환하는 데 사용할 수 있다. 예를 들면 다음과 같다.

```
// 현재 시스템 시간을 GMT로 변환한다.
gmt->to_local(system_clock::now());

// UTC 시간을 생성한다(2020-06-22 09:35:10 UTC).
auto t { sys_days { 2020y / June / 22d } + 9h + 35min + 10s };
// UTC 시간을 브뤼셀 지역 시간으로 변환한다.
brussels->to_local(t);
```

zoned_time 클래스는 특정 time_zone의 time_point를 표현하는 데 사용한다. 예를 들어 다음 코드는 브뤼셀 지역 시간으로 특정 시각을 만들어서 뉴욕 시간으로 변환한다.

```
// 브뤼셀 타임존의 지역 시간을 생성한다.
zoned_time<hours> brusselsTime{ brussels, local_days { 2020y / June / 22d } + 9h };
// 이를 뉴욕 시간으로 변환한다.
zoned_time<hours> newYorkTime { "America/New_York", brusselsTime };
```

22.7 정리

이 장에서는 ratio 템플릿으로 컴파일 시간 유리수를 정의하는 방법, chrono 라이브러리에서 제공하는 기능으로 기간, 클럭, 시점, 날짜, 타임존 등을 다루는 방법에 대해 배웠다.

다음 장에서는 표준 라이브러리에서 제공하는 무작위수 생성 방법을 소개한다.

22.8 연습 문제

이 장에서 소개한 내용을 직접 써보기 위해 다음 연습 문제를 풀어보자. 연습 문제에 대한 정답은 이 책의 웹사이트(www.wiley.com/go/proc++5e)에서 다운로드할 수 있다. 문제를 풀다가 막히면 정답부터 찾지 말고 먼저 앞에서 설명한 부분을 다시 읽고 직접 답을 찾아보려고 애쓰기 바란다.

연습 문제 22-1 기간[duration]을 다루는 연습을 해보자. d1이란 기간을 초단위로 생성하고 42초로 초기화한다. 또한 d2란 기간을 생성하고 1.5분으로 초기화한다. 그러고 나서 d1과 d2를 더해서 결과를 표준 출력에 쓴다. 한 번은 초 단위로, 또 한 번은 분 단위로 출력한다.

연습 문제 22-2 사용자로부터 날짜를 yyyy-mm-dd 형식으로 받는다(예: 2020-06-22). 21장에서 설명하는 정규 표현식을 이용하여 연, 월, 일을 추출한 후 year_month_day를 이용하여 값이 올바른지 검사한다.

연습 문제 22-3 주어진 두 날짜 사이의 날 수를 계산하는 getNumberOfDaysBetweenDates() 함수를 정의한다. 작성한 함수를 main()에서 테스트한다.

연습 문제 22-4 2020년 6월 22일의 요일을 출력하는 프로그램을 작성한다.

연습 문제 22-5 UTC 시간을 생성하고, 이를 일본 도쿄 시간으로 변환한다. 그러고 나서 다시 뉴욕 시간으로 변환하고, 마지막으로 GMT로 변환한다. 원본 UTC 시간과 최종 GMT 시간이 같은지 검사한다. 힌트: 도쿄 타임존의 식별자는 Asia/Tokyo이고, 뉴욕 타임존의 식별자는 America/New_York, GMT의 식별자는 GMT다.

연습 문제 22-6 자정과 현재 시각 사이의 기간을 리턴하는 getDurationSinceMidnight() 함수를 작성한다. 힌트: <ctime>에 정의된 mktime()를 활용해도 좋다. 이 함수는 tm*을 인수로 받아서 time_t 값을 리턴한다. 실질적으로 localtime()의 반대다. 작성한 함수를 이용하여 자정부터 지금까지 경과한 초 단위 시간을 표준 출력 콘솔에 출력한다. 마지막으로 hh_mm_ss 클래스를 이용하여 getDurationSinceMidnight()이 리턴한 기간을 시, 분, 초로 변환해서 표준 출력에 쓴다.

CHAPTER 23

무작위수 기능

이 장의 내용

- 무작위수 엔진과 엔진 어댑터의 개념
- 무작위수 생성 방법
- 무작위수 분포 바꾸기

이 장에는 C++에서 무작위수random number(난수)를 생성하는 방법을 소개한다. 무작위수를 소프트웨어로 제대로 생성하기란 상당히 어렵다. 여기에서는 진정한 무작위수를 생성하기 위한 복잡한 수학 공식은 다루지 않고, 표준 라이브러리에서 제공하는 기능으로 무작위수를 생성하는 방법을 위주로 설명한다.

C++의 무작위수 생성 관련 라이브러리는 이에 관련된 다양한 알고리즘을 제공한다. 이 라이브러리는 `<random>`에 `std` 네임스페이스로 정의되어 있으며, 크게 세 가지 구성 요소(엔진, 엔진 어댑터, 분포)로 이루어져 있다. **무작위수 엔진**random number engine은 진정한 무작위수 생성과 후속 무작위수 생성을 위한 상태 저장을 담당한다. **무작위수 분포**random number distribution는 생성된 무작위수의 범위와 그 범위에서 무작위수의 수학적 분포 방식을 결정한다. **무작위수 엔진 어댑터**random number engine adapter는 담당 무작위수 엔진의 결과를 수정한다.

C++의 무작위수 생성 라이브러리를 살펴보기 전에 기존 C 스타일의 무작위수 생성 방법과 문제점을 간략히 살펴보자.

23.1 C 스타일 무작위수 생성

C++11 이전에는 C 스타일 함수인 `srand()`와 `rand()`만으로 무작위수를 생성할 수밖에 없었다. 애플리케이션에서 `srand()` 함수를 한 번 호출한 뒤 무작위수 생성기를 **시드**seed로 초기화해야 했다(이를 **시딩**seeding이라 부른다). 시드값은 주로 현재 시스템 시각을 사용한다.

> **CAUTION_** 소프트웨어로 무작위수를 생성하려면 시드값을 잘 정해야 한다. 무작위수 생성기를 초기화할 때마다 같은 시드를 사용하면 매번 동일한 무작위수가 생성된다. 그러므로 현재 시스템 시각을 시드값으로 많이 사용하는 것이다.

무작위수 생성기를 초기화했다면 `rand()` 함수로 무작위수를 생성할 수 있다. 다음 코드는 `srand()`와 `rand()`를 사용하는 방법을 보여준다. 여기서 `<ctime>`에 정의된 `time()`은 현재 시스템 시각을 리턴하며, 대부분 시스템의 에포크 이후로 경과한 초 단위 숫자로 인코딩되어 있다. 에포크는 시간의 시작점을 나타낸다.

```
srand(static_cast<unsigned int>(time(nullptr)));
cout << rand() << endl;
```

다음 함수를 사용하여 일정한 범위 안에 있는 무작위수를 생성할 수 있다.

```
int getRandom(int min, int max)
{
    return static_cast<int>(rand() % (max + 1UL - min)) + min;
}
```

기존 C 스타일 rand( ) 함수는 0과 RAND_MAX 사이의 무작위수를 생성한다. RAND_MAX는 표준에서 최소 32,767 이상이라고 정의했다. 이 값보다 큰 무작위수는 생성할 수 없다. 예를 들어 GCC와 같은 일부 시스템에서 RAND_MAX는 부호 있는 정수의 최댓값과 같은 2,147,483,647이다. 그러므로 getRandom( )에서 값을 계산하는 공식에서 오버플로가 발생하지 않도록 max 값에 부호 없는 long 값인 1UL을 더한 것이다.

또한 비트 수가 적을 때의 rand( ) 결과는 무작위적이지 않다. 이는 앞에서 정의한 getRandom( ) 함수로 1부터 6 사이와 같은 좁은 범위에서 무작위수를 생성하면 결과가 그다지 무작위적이지 않다는 것을 의미한다.

NOTE_ 소프트웨어 기반 무작위수 생성기는 진정한 의미의 무작위수를 생성할 수 없다. 그러므로 **유사 무작위수 생성기**(pseudo random number generator, PRNG)라고도 부른다. 무작위인 것처럼 보이게 만드는 수학 공식에 따라 생성하기 때문이다.

기존 srand( )와 rand( ) 함수는 무작위 수준이 떨어질 뿐만 아니라 유연성도 나쁘다. 예를 들어 무작위수의 분포를 변경할 수 없다. 따라서 기존 srand( )와 rand( )는 더 이상 사용하지 말고 <random>에서 제공하는 클래스를 사용하기 바란다.

23.2 무작위수 엔진

C++의 무작위수 생성 라이브러리에서 가장 먼저 살펴볼 컴포넌트는 진정한 무작위수 생성을 담당하는 **무작위수 엔진**random number engine이다. 앞에서 설명했듯이 모두 <random>에 정의되어 있다.

- `random_device`
- `linear_congruential_engine`
- `mersenne_twister_engine`
- `subtract_with_carry_engine`

random_device 엔진은 소프트웨어 기반 생성기가 아니다. 컴퓨터에 특수 하드웨어가 장착되어 있어야 쓸 수 있는 진정한 비결정적non-deterministic 무작위수 발생기다. 예를 들어 일정한 시간 간격 동안 발생한 알파 입자의 수를 세는 방사성 동위 원소의 자연 붕괴 속도 측정 기법이 있다. 컴퓨터에서 방사능이 누출될까봐 꺼림칙하다면 역바이어스 다이오드reverse-biased diode에서 발생하는 노이즈를 측정하는 방식처럼 다른 물리 법칙 기반의 무작위수 생성기를 사용해도 된다. 이러한 기법에 대한 자세한 사항은 이 책에서 다루지 않는다.

random_device의 규격을 보면 현재 사용하는 컴퓨터에 특수 하드웨어가 없을 때는 소프트웨어 알고리즘 중 아무거나 적용하도록 정의되어 있다. 어떤 알고리즘을 적용할지는 라이브러리 설계자가 결정한다.

무작위수 발생기의 성능은 **엔트로피**entropy(**무질서도**)로 측정한다. random_device 클래스에서 제공하는 entropy() 메서드는 소프트웨어 기반 유사 무작위수 생성기를 사용할 때는 0.0을 리턴하고, 하드웨어 장치를 사용할 때는 0이 아닌 값을 리턴한다. 이때 리턴하는 0이 아닌 값은 장착된 디바이스의 엔트로피에 대한 측정치로 결정된다.

random_device 엔진의 사용법은 다소 간단하다.

```
random_device rnd;
cout << "Entropy: " << rnd.entropy() << endl;
cout << "Min value: " << rnd.min()
     << ", Max value: " << rnd.max() << endl;
cout << "Random number: " << rnd() << endl;
```

이 코드를 실행하면 다음과 같은 형태로 결과가 출력된다.

```
Entropy: 32
Min value: 0, Max value: 4294967295
Random number: 3590924439
```

random_device는 대체로 유사 무작위수 생성 엔진보다 느리다. 그러므로 생성해야 할 무작위수가 아주 많다면 유사 무작위수 생성 엔진을 사용하고, random_device는 엔진의 시드를 생성하는 데만 사용하는 것이 좋다. 구체적인 방법은 23.5절 '무작위수 생성하기'에서 소개한다.

<random>은 random_device 외에도 다음 세 가지 유사 무작위수 생성 엔진을 제공한다.

- **선형 합동 엔진**(linear_congruential_engine): 상태 저장을 위한 메모리 사용량이 가장 적다. 여기에서는 상태를 최종 생성된 무작위수를 포함한 정수 또는 아직 무작위수를 생성한 적이 없다면 초기 시드값을 담은 정수 하나로 표현한다. 이 엔진의 주기는 알고리즘에 대한 매개변수에 따라 다르며, 최대 2^{64}까지 지정할 수 있지만 대체로 그보다 적은 수로 설정한다. 이러한 이유로 선형 합동 무작위수 엔진은 무작위수의 품질이 아주 높아야 할 때는 쓰지 않는 것이 좋다.
- **메르센 트위스터**(mersenne_twister_engine): 소프트웨어 기반 무작위수 생성기 중에서도 가장 품질이 좋다. 메르센 트위스터의 주기를 메르센 소수(Mersenne prime)라고 부른다. 이 값은 2^n-1인 소수다. 이 엔진의 주기는 선형 합동 엔진보다 훨씬 길다. 상태 저장에 필요한 메모리 사용량도 이 매개변수에 따라 결정되지만, 정수 하나로 표현하는 선형 합동 엔진보다는 훨씬 크다. 예를 들어 기본 정의된 메르센 트위스터 mt19937의 주기는 $2^{19937}-1$이고, 상태를 2.5KB 가량 차지하는 625개의 정수로 표현한다. 이 엔진도 속도가 빠르다고 손꼽힌다.
- **감산 자리내림 엔진**(subtract_with_carry_engine): 상태를 100byte 정도의 메모리에 저장하지만 무작위수 생성 속도와 품질은 메르센 트위스터보다 떨어진다.

무작위수 생성 엔진과 무작위수의 품질에 대한 수학적인 배경은 이 책에서 다루지 않는다. 이에 대해 궁금한 독자는 B.4절 '무작위수'에서 소개한 참고 자료를 읽어보기 바란다.

random_device 엔진 사용법은 간단하다. 매개변수를 지정할 필요도 없다. 하지만 앞서 소개한 세 가지 유사 무작위수 생성기 중 하나에 대한 인스턴스를 생성하려면 몇 가지 수학 매개변수를 지정해야 하는데, 이 값은 정하기 쉽지 않다. 어떤 매개변수를 지정하는가에 따라 생성된 무작위수의 품질이 크게 달라진다. 예를 들어 mersenne_twister_engine 클래스 템플릿은 다음과 같이 정의되어 있다.

```
template<class UIntType, size_t w, size_t n, size_t m, size_t r,
         UIntType a, size_t u, UIntType d, size_t s,
         UIntType b, size_t t, UIntType c, size_t l, UIntType f>
    class mersenne_twister_engine {...}
```

매개변수의 수가 무려 14개나 된다. linear_congruential_engine과 subtract_with_carry_engine 클래스도 수학 매개변수를 많이 지정해야 한다. 그러므로 표준에서는 몇 가지 엔진을 미리 정의해서 제공한다. 그중 하나가 mt19937이라는 mersenne_twister_engine이다. 이 엔진은 다음과 같이 정의되어 있다.

```
using mt19937 = mersenne_twister_engine<uint_fast32_t, 32, 624, 397, 31,
    0x9908b0df, 11, 0xffffffff, 7, 0x9d2c5680, 15, 0xefc60000, 18,
    1812433253>;
```

매개변수의 의미를 제대로 이해하려면 메르센 트위스터 알고리즘을 깊이 이해해야 한다. 일반적으로 유사 무작위수 생성 기법을 전공한 수학자가 아니라면 이러한 매개변숫값을 변경할 일은 없다. 따라서 mt19937처럼 C++에서 제공하는 타입 앨리어스를 사용하기 바란다. C++에서 기본으로 제공하는 엔진의 종류는 23.4절 '기본 제공 엔진과 엔진 어댑터'에서 소개한다.

23.3 무작위수 엔진 어댑터

무작위수 엔진 어댑터random number engine adaptor는 무작위수 생성에 사용하는 **베이스 엔진**base engine의 결과를 수정하는 데 사용하며, **어댑터 패턴**adaptor pattern(33장에서 설명)의 대표적인 예이기도 하다. C++ 라이브러리에 정의된 어댑터는 다음 세 가지다.

```
template<class Engine, size_t p, size_t r> class discard_block_engine {...}
template<class Engine, size_t w, class UIntType> class independent_bits_engine {...}
template<class Engine, size_t k> class shuffle_order_engine {...}
```

discard_block_engine 어댑터는 베이스 엔진에서 생성된 값 중에서 일부를 제거하는 방식으로 무작위수를 생성한다. 이 어댑터는 세 가지 매개변수를 받는다. 첫 번째는 연결할 엔진을 가리키고, 두 번째는 블록 크기인 p이고, 세 번째는 사용된 블록 크기인 r이다. 베이스 엔진은 p개의 무작위수를 생성하는 데 사용된다. 그러면 어댑터는 $p-r$개의 무작위수를 제거하고, 나머지 r개의 무작위수만 리턴한다.

independent_bits_engine 어댑터는 w로 지정된 비트 수로부터 베이스 엔진이 생성한 여러 가지 무작위수를 조합하는 방식으로 무작위수를 생성한다.

suffle_order_engine 어댑터는 베이스 엔진과 똑같은 무작위수를 생성하지만 리턴 순서는 다르다.

이러한 어댑터의 내부 작동 과정은 기반이 되는 수학 기법에 따라 다르며, 이 책에서는 다루지 않는다. 무작위수 엔진과 마찬가지로 C++ 라이브러리는 다양한 엔진 어댑터를 기본으로 제공한다. 다음 절에서는 이러한 기본 제공 엔진 및 엔진 어댑터를 전반적으로 소개한다.

23.4 기본 제공 엔진과 엔진 어댑터

앞서 설명했듯이 유사 무작위수 엔진과 엔진 어댑터의 매개변수는 건드리지 않는 것이 좋다. 그 대신 표준에서 정의해둔 엔진과 엔진 어댑터를 사용하는 것이 바람직하다. C++는 다음과 같은 엔진과 엔진 어댑터를 기본으로 제공한다. 모두 <random>에 정의되어 있으며, 템플릿 인수가 좀 복잡하게 구성되어 있다. 물론 이러한 인수의 의미를 몰라도 엔진과 엔진 어댑터를 사용하는 데는 문제가 없다.

이름	템플릿
minstd_rand0	linear_congruential_engine
minstd_rand	linear_congruential_engine
mt19937	mersenne_twister_engine
mt19937_64	mersenne_twister_engine
ranlux24_base	subtract_with_carry_engine
ranlux48_base	subtract_with_carry_engine
ranlux24	discard_block_engine
ranlux48	discard_block_engine
knuth_b	suffle_order_engine
default_random_engine	구현마다 다름

여기서 default_random_engine은 컴파일러마다 다르다.

이러한 기본 제공 엔진의 사용 방법은 다음 절에서 자세히 소개한다.

23.5 무작위수 생성하기

무작위수를 생성하기 전에 먼저 엔진 인스턴스부터 생성해야 한다. 소프트웨어 기반 엔진을 사용할 때는 분포도 지정해야 한다. 여기서 분포distribution란 주어진 범위 안에서 숫자가 분포되는 방식을 표현하는 수학 공식이다. 추천하는 엔진 생성 방법은 앞 절에서 소개한 기본 제공 엔진 중 하나를 그냥 사용하는 것이다.

다음 코드는 기본 제공 엔진이자 소프트웨어 기반 무작위수 생성기인 mt19937이란 메르센 트위스터 엔진을 사용하는 예를 보여준다. 기존 rand() 생성기를 사용할 때와 마찬가지로 소프트웨어 기반 엔진도 시드로 초기화해야 한다. srand()에서는 주로 현재 시스템 시간을 시드로 사용했다. 최신 C++에서는 random_device로 시드를 생성하거나, random_device에 엔트로피가 없다면 차선책으로 시스템 시간에 기반한 시드를 사용하도록 권장한다.

```
random_device seeder;
const auto seed { seeder.entropy() ? seeder() : time(nullptr) };
mt19937 engine { static_cast<mt19937::result_type>(seed) };
```

다음으로 분포를 지정한다. 이 예제에서는 1부터 99 사이의 범위에 대해 균등 정수 분포uniform integer distribution로 지정한다. 분포에 대한 자세한 사항은 다음 절에서 소개하기로 하고, 여기에서는 다음과 같은 방식으로 균등 분포를 사용한다는 정도만 알아두자.

```
uniform_int_distribution<int> distribution { 1, 99 };
```

엔진과 분포를 정의한 뒤 분포에 대한 함수 호출 연산자에 엔진을 인수로 지정해서 호출하면 무작위수가 생성된다. 예를 들면 다음과 같다.

```
cout << distribution(engine) << endl;
```

이 코드에서 볼 수 있듯이 소프트웨어 기반 엔진으로 무작위수를 생성하기 위해서는 항상 엔진과 분포를 지정해야 한다. 19장에서 소개한 <functional>에 정의된 std::bind() 유틸리티를 사용하면 분포와 엔진을 지정하지 않고도 무작위수를 생성할 수 있다. 다음 코드는 앞에서와 마찬가지로 mt19937 엔진과 균등 분포를 적용한 다음 std::bind()로 distribution()의 첫 번째 매개변수를 engine에 바인딩하는 방식으로 generator를 정의한다. 이렇게 하면 무작위수를 생성할 때마다 인수를 지정하지 않고 generator()만 호출할 수 있다. 이렇게 한 다음 generator()를 generate() 알고리즘과 함께 조합해서 무작위수 열 개로 구성된 vector를 만든다. generate() 알고리즘은 20장에서 소개하며 <algorithm>에 정의되어 있다.

```
auto generator { bind(distribution, engine) };

vector<int> values(10);
generate(begin(values), end(values), generator);

for (auto i : values) { cout << i << " "; }
```

NOTE_ generate() 알고리즘은 새 원소를 추가하지 않고 기존 원소를 덮어쓴다. 그러므로 vector가 원소를 충분히 담을 수 있도록 크기를 넉넉히 지정한 뒤 generate() 알고리즘을 호출해야 한다. 앞에 나온 예제는 vector의 크기를 생성자의 인수로 지정했다.

generator의 타입을 정확히 몰라도 generator를 (무작위수 생성기를 사용하려는) 다른 함수에 인수로 전달할 수 있다. 이때 두 가지 옵션이 있다. 하나는 std::function<int()> 타입으로 매개변수를 지정하는 것이고, 다른 하나는 함수 템플릿으로 지정하는 것이다. 앞의 예제를 다음의 fillVector() 함수에서 무작위수를 생성하는 데 활용해도 된다. 이 코드는 std::function으로 구현했다.

```
void fillVector(vector<int>& values, const std::function<int()>& generator)
{
    generate(begin(values), end(values), generator);
}
```

함수 템플릿 버전은 다음과 같다.

```
template <typename T>
void fillVector(vector<int>& values, const T& generator)
{
    generate(begin(values), end(values), generator);
}
```

C++20부터 제공하는 축약 함수 템플릿 문법을 이용하면 다음과 같이 간단하게 작성할 수 있다.

```
void fillVector(vector<int>& values, const auto& generator)
{
    generate(begin(values), end(values), generator);
}
```

이렇게 작성한 함수는 다음과 같이 사용할 수 있다.

```
vector<int> values(10);
fillVector(values, generator);
```

23.6 무작위수 분포

분포[distribution]란 일정한 범위에 있는 숫자의 분포 방식을 표현하는 수학 공식이다. 무작위수 생성기 라이브러리는 유사 무작위수 엔진에서 사용할 수 있도록 다음과 같이 다양하게 정의된 분포를 함께 제공한다. 여기에서는 실제보다 간략히 표현했다. 각 분포의 첫 줄은 클래스 이름과 클래스 템플릿 매개변수고, 그다음 줄에는 해당 분포의 생성자를 적었다. 클래스의 개략적인 형태를 보여주기 위해 분포마다 생성자를 하나씩만 소개했다. 각 분포에서 제공하는 생성자와 메서드를 모두 보고 싶다면 부록 B에서 소개하는 표준 라이브러리 레퍼런스 관련 문헌을 참고하기 바란다.

라이브러리에서 제공하는 균등 분포는 다음과 같다.

```
template<class IntType = int> class uniform_int_distribution
    uniform_int_distribution(IntType a = 0,
                             IntType b = numeric_limits<IntType>::max());
template<class RealType = double> class uniform_real_distribution
    uniform_real_distribution(RealType a = 0.0, RealType b = 1.0);
```

(이산 확률 분포에 따라 부울값을 무작위로 생성하는) 베르누이 분포는 다음과 같다.

```
class bernoulli_distribution
    bernoulli_distribution(double p = 0.5);
template<class IntType = int> class binomial_distribution
    binomial_distribution(IntType t = 1, double p = 0.5);
template<class IntType = int> class geometric_distribution
    geometric_distribution(double p = 0.5);
template<class IntType = int> class negative_binomial_distribution
    negative_binomial_distribution(IntType k = 1, double p = 0.5);
```

(이산 확률 분포에 따라 음이 아닌 정수를 무작위로 생성하는) 푸아송 분포는 다음과 같다.

```
template<class IntType = int> class poisson_distribution
    poisson_distribution(double mean = 1.0);
template<class RealType = double> class exponential_distribution
    exponential_distribution(RealType lambda = 1.0);
template<class RealType = double> class gamma_distribution
    gamma_distribution(RealType alpha = 1.0, RealType beta = 1.0);
template<class RealType = double> class weibull_distribution
    weibull_distribution(RealType a = 1.0, RealType b = 1.0);
template<class RealType = double> class extreme_value_distribution
    extreme_value_distribution(RealType a = 0.0, RealType b = 1.0);
```

정규 분포는 다음과 같다.

```
template<class RealType = double> class normal_distribution
    normal_distribution(RealType mean = 0.0, RealType stddev = 1.0);
template<class RealType = double> class lognormal_distribution
    lognormal_distribution(RealType m = 0.0, RealType s = 1.0);
template<class RealType = double> class chi_squared_distribution
    chi_squared_distribution(RealType n = 1);
template<class RealType = double> class cauchy_distribution
    cauchy_distribution(RealType a = 0.0, RealType b = 1.0);
template<class RealType = double> class fisher_f_distribution
    fisher_f_distribution(RealType m = 1, RealType n = 1);
template<class RealType = double> class student_t_distribution
    student_t_distribution(RealType n = 1);
```

표본 분포는 다음과 같다.

```
template<class IntType = int> class discrete_distribution
    discrete_distribution(initializer_list<double> wl);
template<class RealType = double> class piecewise_constant_distribution
    template<class UnaryOperation>
        piecewise_constant_distribution(initializer_list<RealType> bl,
            UnaryOperation fw);
template<class RealType = double> class piecewise_linear_distribution
    template<class UnaryOperation>
        piecewise_linear_distribution(initializer_list<RealType> bl,
            UnaryOperation fw);
```

각 분포마다 정의된 매개변수를 지정해야 한다. 이러한 매개변수를 설명하려면 수학적 배경을 깊이 있게 설명해야 하므로 이 책에서는 다루지 않고, 대신 무작위수를 생성하는 데 각 분포가 미치는 영향을 보여주는 예제만 소개한다.

각 분포의 특성은 그래프로 보면 가장 이해하기 쉽다. 예를 들어 다음 코드는 1과 99 사이에서 백만 개의 무작위수를 생성하는데, 그중에서 특정한 숫자가 무작위로 선택된 횟수를 센다. 이렇게 센 결과를 map에 저장하는데, 키는 1과 99 사이의 수고, 값은 해당 키가 무작위로 선택된 횟수다. 코드에서 루프를 수행한 후 나온 최종 결과를 CSV[Comma-Separated Values] 파일에 저장한다. 이 파일은 다른 스프레드시트 애플리케이션에서 열어볼 수 있다.

```
const unsigned int Start { 1 };
const unsigned int End { 99 };
const unsigned int Iterations { 1'000'000 };

// 균등 메르센 트위스터
random_device seeder;
const auto seed { seeder.entropy() ? seeder() : time(nullptr) };
mt19937 engine { static_cast<mt19937::result_type>(seed) };
uniform_int_distribution<int> distribution { Start, End };
auto generator { bind(distribution, engine) };
map<int, int> histogram;
for (unsigned int i { 0 }; i < Iterations; ++i) {
    int randomNumber { generator() };
    // map에서 key = randomNumber인 항목을 찾는다.
    // 발견하면 그 키의 값에 1을 더하고, 없으면 map에 저장하고 값을 1로 지정한다.
    ++(histogram[randomNumber]);
}

// CSV 파일에 쓴다.
ofstream of { "res.csv" };
for (unsigned int i { Start }; i <= End; ++i) {
    of << i << "," << histogram[i] << endl;
}
```

이렇게 나온 결과로 그래프를 만들 수 있다. [그림 23-1]은 위 코드에 나온 균등 메르센 트위스터를 그래프로 표현한 것이다.

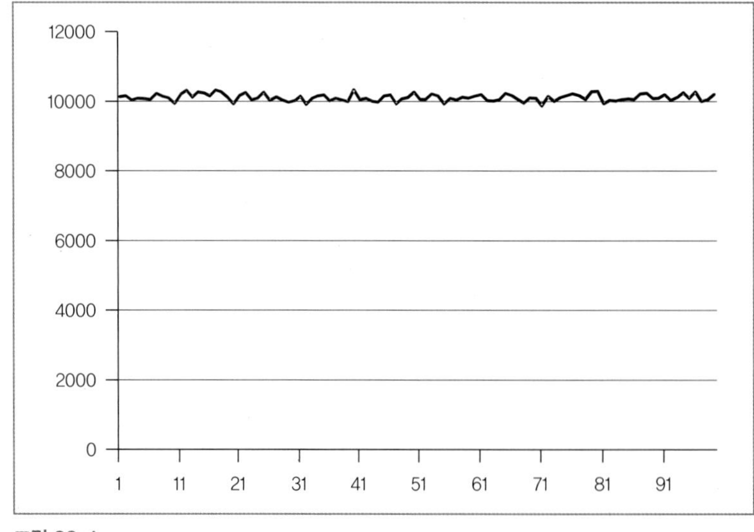

그림 23-1

가로축은 무작위로 생성된 숫자의 범위를 나타낸다. 그래프를 보면 1과 99 사이에 있는 각 숫자마다 무작위로 선택된 횟수는 대략 10,000번으로 모든 수가 고르게 선택되었음을 알 수 있다.

이 예제에서 균등 분포 대신 정규 분포를 적용해서 무작위수를 생성하도록 수정할 수 있다. 코드에서 두 부분만 살짝 바꾸면 된다. 첫째는 분포를 생성하는 문장으로 다음과 같이 바꾼다.

```
normal_distribution<double> distribution { 50, 10 };
```

정규 분포는 정수가 아닌 double 타입을 사용하므로 generator()을 호출하는 부분도 수정해야 한다.

```
int randomNumber { static_cast<int>(generator()) };
```

[그림 23-2]는 이렇게 생성한 정규 분포에 따라 무작위수를 생성한 결과를 그래프로 표현한 것이다.

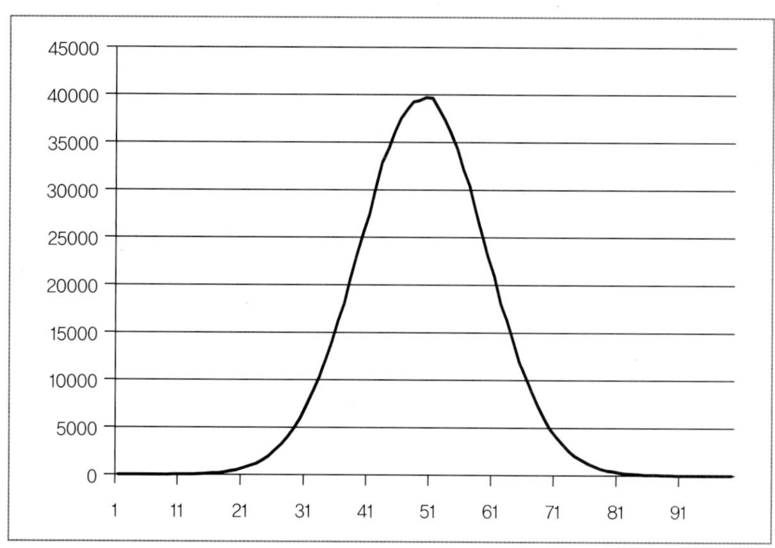

그림 23-2

이 그래프를 보면 생성된 무작위수는 대부분 주어진 범위의 가운뎃부분에 있는 수라는 것을 알 수 있다. 이 예제에서 50이 무작위로 선택된 횟수는 대략 40,000번이고, 20과 80이 선택된 횟수는 대략 500번 정도다.

23.7 정리

이 장에서는 표준 라이브러리에서 제공하는 C++ 무작위수 생성 라이브러리를 이용하여 품질 좋은 무작위수를 생성하는 방법을 살펴봤다. 또한 주어진 범위에서 생성된 무작위수의 분포를 변경하는 방법도 배웠다.

3부의 마지막 장인 다음 장에서는 알아두면 좋을 몇 가지 표준 라이브러리 기능을 소개한다.

23.8 연습 문제

이 장에서 소개한 내용을 직접 써보기 위해 다음 연습 문제를 풀어보자. 연습 문제에 대한 정답은 이 책의 웹사이트(www.wiley.com/go/proc++5e)에서 다운로드할 수 있다. 문제를 풀다가 막히면 정답부터 찾지 말고 먼저 앞에서 설명한 부분을 다시 읽고 직접 답을 찾아보려고 애쓰기 바란다.

연습 문제 23-1 사용자에게 주사위를 던질 것인지 물어보는 루프를 생성한다. 사용자가 yes라고 입력하면 균등 분포를 적용하여 주사위를 두 번 던져서 나온 숫자 두 개를 콘솔에 출력한다. no라고 입력하면 프로그램을 중단한다. 이때 표준 mt19937 메르센 트위스터 엔진을 사용한다.

연습 문제 23-2 [연습 문제 23-1]에서 작성한 코드를 메르센 트위스터 엔진 대신 ranlux48을 사용하도록 수정한다.

연습 문제 23-3 [연습 문제 23-1]에서 작성한 코드를 mt19937 메르센 트위스터 엔진 대신 shuffle_order_engine 어댑터를 적용하도록 수정해보자.

연습 문제 23-4 [연습 문제 23-1]에서 작성한 코드에서 균등 분포를 적용하지 말고 negative_binomial_distribution을 사용하도록 수정해보자.

연습 문제 23-5 이 장에서 히스토그램을 생성하여 분포 그래프를 그리고 몇 가지 분포를 실험하도록 작성했던 소스 코드를 바탕으로 분포의 효과를 볼 수 있도록 스프레드시트 프로그램에서 그래프를 그려보자. 소스 코드는 이 책에서 제공하는 코드 중에서 c23_code/01_Random 폴더에 담겨 있다. 06_uniform_int_distribution.cpp나 07_normal_distribution.cpp 중에서 분포가 정수인지 아니면 더블인지에 따라 적절히 선택한다.

CHAPTER 24

기타 라이브러리 유틸리티

이 장의 내용

- variant와 any 타입 사용법
- 튜플의 정의와 사용법

이 장에서는 C++ 표준 라이브러리 중에서 알아두면 좋은 몇 가지 라이브러리 기능을 소개한다. 먼저 16장에서 논의한 어휘 타입을 보완하는 두 가기 어휘 타입인 variant와 any로 시작해서 pair를 일반화한 튜플도 설명한다.

24.1 어휘 타입

이 장에서는 variant와 any라는 두 가지 어휘 타입vocabulary type을 알아보자.

24.1.1 variant

std::variant는 주어진 타입 집합 중에서 어느 한 타입의 값을 가지며, <variant>에 정의되어 있다. variant를 정의하려면 여기에 담길 수 있는 타입들을 반드시 지정해야 한다. 예를 들어 정수, 스트링, 부동소수점수 중 하나를 담을 수 있는 variant를 정의하려면 다음과 같이 정의한다.

```
variant<int, string, float> v;
```

이렇게 별도로 초기화하지 않고 선언된 variant는 디폴트값을 첫 번째 타입인 int로 설정한다. 이렇게 variant를 디폴트로 생성하려면 반드시 여기에 지정한 첫 번째 타입이 디폴트 생성을 지원해야 한다. 예를 들어 다음 코드에서 Foo는 디폴트 생성할 수 없기 때문에 컴파일 에러가 발생한다.

```
class Foo { public: Foo() = delete; Foo(int) {} };
class Bar { public: Bar() = delete; Bar(int) {} };
...
    variant<Foo, Bar> v;
...
```

이 코드에서 Foo와 Bar 모두 디폴트 생성을 할 수 없다. 그래도 디폴트 생성을 하고 싶다면 variant의 첫 번째 타입을 std::monostate로 지정한다.

```
variant<monostate, Foo, Bar> v;
```

다음과 같이 대입 연산자를 이용하면 variant에 특정한 값을 저장할 수 있다.

```
variant<int, string, float> v;
v = 12;
v = 12.5f;
v = "An std::string"s;
```

variant는 언제나 값 하나만 가질 수 있다. 그러므로 위 세 가지 대입문에서 첫 문장으로 인해 정수 12가 저장되지만, 그다음 문장에서 값이 부동소수점수로 변경되고, 마지막에는 string으로 바뀐다.

variant에 현재 저장된 값의 타입에 대한 인덱스를 알고 싶다면 index()를 호출하면 된다. std::holds_alternative() 함수 템플릿을 이용하면 variant가 인수로 지정한 타입의 값을 담고 있는지 확인할 수 있다.

```
cout << "Type index: " << v.index() << endl;
cout << "Contains an int: " << holds_alternative<int>(v) << endl;
```

이 코드를 실행한 결과는 다음과 같다.

```
Type index: 1
Contains an int: 0
```

std::get<*index*>()나 std::get<*T*>()를 이용하면 variant에 담긴 값을 가져올 수 있다. 여기서 *index*는 검색할 유형의 0 기반 인덱스이고, *T*는 검색할 유형이다. 이 함수를 호출할 때 가져오려는 값의 타입이나 인덱스를 잘못 지정하면 bad_variant_access 익셉션을 던진다.

```
cout << get<string>(v) << endl;
try {
    cout << get<0>(v) << endl;
} catch (const bad_variant_access& ex) {
    cout << "Exception: " << ex.what() << endl;
}
```

이 코드를 실행한 결과는 다음과 같다.

```
An std::string
Exception: bad variant access
```

이 익셉션이 발생하지 않게 하려면 std::get_if<*index*>()나 std::get_if<*T*>() 헬퍼 함수를 사용한다. 이 함수는 variant에 대한 포인터를 인수로 받아서 요청한 값에 대한 포인터를 리턴한다. 에러가 발생하면 nullptr을 리턴한다.

```
string* theString { get_if<string>(&v) };
int* theInt { get_if<int>(&v) };
cout << "retrieved string: " << (theString ? *theString : "null") << endl;
cout << "retrieved int: " << (theInt ? *theInt : 0) << endl;
```

이 코드를 실행한 결과는 다음과 같다.

```
retrieved string: An std::string
retrieved int: 0
```

std::visit() 헬퍼 함수도 있는데, variant에 대한 **비지터 패턴**visitor pattern(**방문자 패턴**)을 적용할 때 사용한다. 이때 비지터는 variant에 저장할 수 있는 모든 타입을 받는 콜러블이어야 한다. 예를 들어 다음과 같이 클래스에 함수 호출 연산자가 다양한 버전으로 오버로딩되어 있을 때 각 타입을 variant로 표현할 수 있다.

```
class MyVisitor
{
    public:
        void operator()(int i) { cout << "int " << i << endl; }
        void operator()(const string& s) { cout << "string " << s << endl; }
        void operator()(float f) { cout << "float " << f << endl; }
};
```

이렇게 정의된 클래스를 다음과 같이 std::visit()로 호출할 수 있다.

```
visit(MyVisitor(), v);
```

이렇게 하면 오버로딩된 함수 호출 연산자 중에서 현재 variant에 저장된 값에 적합한 것이 호출된다. 이 코드를 실행한 결과는 다음과 같다.

```
string An std::string
```

variant는 배열을 저장할 수 없다. 16장에서 소개한 optional과 마찬가지로 레퍼런스를 직접 저장할 수 없기 때문이다. 포인터를 저장하거나, reference_wrapper<T> 또는 reference_wrapper<const T>의 인스턴스로 저장해야 한다.

24.1.2 any

std::any는 값 하나를 모든 타입으로 저장할 수 있는 클래스로서 <any>에 정의되어 있다. any 인스턴스는 any 생성자나 std::make_any() 헬퍼 함수로 생성할 수 있다. 이렇게 생성한 인스턴스에 대해 값을 담고 있는지, 그 값의 타입은 무엇인지 조회할 수 있다. any에 담긴 값을 구하려면 any_cast()를 사용해야 한다. 오류가 발생하면 bad_any_cast 익셉션을 던진다. 예를 들면 다음과 같다.

```
any empty;
any anInt { 3 };
any aString { "An std::string."s };

cout << "empty.has_value = " << empty.has_value() << endl;
cout << "anInt.has_value = " << anInt.has_value() << endl << endl;

cout << "anInt wrapped type = " << anInt.type().name() << endl;
cout << "aString wrapped type = " << aString.type().name() << endl << endl;

int theInt { any_cast<int>(anInt) };
cout << theInt << endl;
try {
    int test { any_cast<int>(aString) };
    cout << test << endl;
} catch (const bad_any_cast& ex) {
    cout << "Exception: " << ex.what() << endl;
}
```

이 코드를 실행하면 다음과 같이 결과가 나온다. 참고로 aString을 감싸는 타입은 컴파일러마다 다르다.

```
empty.has_value = 0
anInt.has_value = 1

anInt wrapped type = int
aString wrapped type = class std::basic_string<char,struct std::char_
traits<char>,class std::allocator<char> >

3
Exception: Bad any_cast
```

any 인스턴스에 새 값을 대입할 수도 있고, 다른 타입의 값을 대입할 수도 있다.

```
any something { 3 };            // 이렇게 하면 정숫값을 가진다.
something = "An std::string"s; // 이렇게 하면 같은 인스턴스에 스트링이 담긴다.
```

any의 인스턴스를 표준 라이브러리 컨테이너에 저장할 수도 있다. 이렇게 하면 한 컨테이너에 다양한 타입의 데이터를 저장할 수 있다. 한 가지 단점은 특정한 값을 가져올 때마다 명시적으로 any_cast를 적용해야 한다는 것이다. 예를 들면 다음과 같다.

```
vector<any> v;
v.push_back(42);
v.push_back("An std::string"s);

cout << any_cast<string>(v[1]) << endl;
```

optional이나 variant와 마찬가지로 any 인스턴스에도 레퍼런스를 직접 담을 수 없다. 포인터로 저장하거나, reference_wrapper<T>나 reference_wrapper<const T>의 인스턴스로 저장해야 한다.

24.2 tuple

1장에서 설명했듯이 std::pair는 <utility>에 정의된 클래스로서 단 두 값만 저장하며 각각의 타입은 달라도 된다. 값의 타입은 컴파일 시간에 결정할 수 있어야 한다. 간단히 예를 들면 다음과 같다.

```
pair<int, string> p1 { 16, "Hello World" };
pair p2 { true, 0.123f }; // CTAD 적용
cout << format("p1 = ({}, {})", p1.first, p1.second) << endl;
cout << format("p2 = ({}, {})", p2.first, p2.second) << endl;
```

이 코드를 실행한 결과는 다음과 같다.

```
p1 = (16, Hello World)
p2 = (1, 0.123)
```

std::tuple은 pair를 일반화한 클래스로서 <tuple>에 정의되어 있다. tuple은 여러 수를 하나로 묶어서 저장할 수 있고, 각각의 타입도 따로 지정할 수 있다. pair와 마찬가지로 tuple도 크기와 값의 타입이 고정되어 있으며 컴파일 시간에 결정된다.

tuple은 tuple 생성자로 만든다. 이때 템플릿 타입과 실제 값을 모두 지정한다. 다음 코드는 첫 번째 원소가 정수고, 두 번째 원소가 string이고, 마지막 원소가 부울값인 tuple을 생성하는 예를 보여주고 있다.

```
using MyTuple = tuple<int, string, bool>;
MyTuple t1 { 16, "Test", true };
```

std::get<*i*>()는 tuple의 *i*번째 원소를 가져온다. 여기서 *i*는 0부터 시작하는 인덱스값으로, <0>은 첫 번째 원소를, <1>은 두 번째 원소를 가리킨다. 리턴된 값은 주어진 인덱스에 대한 타입으로 표현된다.

```
cout << format("t1 = ({}, {}, {})", get<0>(t1), get<1>(t1), get<2>(t1)) << endl;
// 출력 결과: t1 = (16, Test, 1)
```

get<*i*>()가 정확한 타입을 리턴했는지 확인하려면 <typeinfo>에 정의된 typeid()를 호출하면 된다. 다음 코드의 출력 결과를 보면 get<1>(t1)이 리턴한 값은 std::string 타입임을 알 수 있다.

```
cout << "Type of get<1>(t1) = " << typeid(get<1>(t1)).name() << endl;
// 출력 결과: Type of get<1>(t1) = class std::basic_string<char,
//           struct std::char_traits<char>,class std::allocator<char> >
```

std::tuple_element 클래스 템플릿으로 컴파일 시간에 원소의 인덱스를 토대로 원소 타입을 가져올 수 있다. tuple_element를 사용하려면 t1과 같은 실제 tuple 인스턴스가 아니라 tuple 타입(예제에서는 MyTuple)을 지정해야 한다. 예를 들면 다음과 같다.

```
cout << "Type of element with index 2 = "
     << typeid(tuple_element<2, MyTuple>::type).name() << endl;
// 출력 결과: Type of element with index 2 = bool
```

또한 튜플의 원소를 가져올 때 인덱스를 지정하지 않고, std::get<*T*>()에 조회할 원소의 타입(*T*)을 지정하는 방식으로 튜플의 원소를 가져올 수도 있다. 이때 요청한 타입으로 된 원소가 여러 개라면 컴파일 에러가 발생한다. 예를 들어 t1에서 string 타입 원소를 가져오려면 다음과 같이 작성한다.

```
cout << "String = " << get<string>(t1) << endl;
// 출력 결과: String = Test
```

아쉽게도 tuple에 담긴 값에 대해 반복하기는 쉽지 않다. i의 값이 컴파일 시간에 확정되어야 하기 때문에 간단히 루프문 안에서 get<i>(mytuple)만 호출하는 식으로 구현할 수 없다. 이럴 때는 템플릿 메타프로그래밍으로 구현하면 된다. 템플릿 메타프로그래밍과 tuple의 값을 출력하는 예제는 26장에서 소개한다.

tuple의 크기는 std::tuple_size 템플릿으로 알아낼 수 있다. tuple_element와 마찬가지로 tuple_size를 이용하려면 실제 tuple의 인스턴스(t1)가 아니라 tuple의 타입(예제에서는 MyTuple)을 지정해야 한다.

```
cout << "Tuple Size = " << tuple_size<MyTuple>::value << endl;
// 출력 결과: Tuple Size = 3
```

tuple의 타입을 정확히 모르면 다음과 같이 decltype()으로 알아낼 수 있다.

```
cout << "Tuple Size = " << tuple_size<decltype(t1)>::value << endl;
// 출력 결과: Tuple Size = 3
```

CTAD(클래스 템플릿 인수 추론)를 이용하면 tuple을 생성할 때 템플릿 타입 매개변수를 생략할 수 있다. 그러면 컴파일러는 생성자로 넘겨준 인수의 타입을 보고 알아서 추론한다. 예를 들어 다음과 같이 작성해도 t1이라는 tuple을 앞에서와 마찬가지로 정수와 string과 부울 타입으로 구성하도록 정의할 수 있다. 이때 std::string 타입임을 정확히 표현하기 위해 "Test"s 라고 적었다.

```
tuple t1 { 16, "Test"s, true };
```

타입 추론 기능이 적용되기 때문에 &로 레퍼런스를 지정할 수 없다. 레퍼런스나 const 레퍼런스를 담은 tuple을 템플릿 인수 추론 기능을 적용해서 생성하려면 다음 코드와 같이 ref()나 cref()를 사용해야 한다. 유틸리티 함수인 ref()와 cref()는 <functional> 헤더 파일에 정의되어 있다. 다음 코드는 tuple<int, double&, const double&, string&> 타입의 tuple 을 생성하는 예를 보여준다.

```
double d { 3.14 };
string str1 { "Test" };
tuple t2 { 16, ref(d), cref(d), ref(str1) };
```

다음 코드는 이렇게 생성한 t2 튜플에서 double 타입의 레퍼런스를 테스트해보기 위해 먼저 double 변수의 값을 콘솔에 쓴다. get<1>(t2)라고 호출하면 d에 대한 레퍼런스를 리턴한다. tuple에서 (인덱스가 1인) 두 번째 원소를 ref(d)로 지정했기 때문이다. 두 번째 줄에서는 참조한 변수의 값을 변경한다. 그리고 마지막 줄은 tuple에 저장된 레퍼런스로 d의 값이 실제로 변경된 것을 보여준다. 그런데 주석 처리된 세 번째 문장처럼 작성하면 컴파일 에러가 발생한다. tuple의 세 번째 원소에 대해 cref(d)를 호출해서 d에 대한 const 레퍼런스로 만들었기 때문이다.

```
cout << "d = " << d << endl;
get<1>(t2) *= 2;
//get<2>(t2) *= 2;  // cref()로 지정했기 때문에 에러가 발생한다.
cout << "d = " << d << endl;
// 출력 결과: d = 3.14
//           d = 6.28
```

클래스 템플릿 인수 추론 기능을 사용하지 않고도 std::make_tuple()이란 유틸리티 함수로 tuple을 생성할 수 있다. 이 헬퍼 함수 템플릿도 실제 값을 지정하는 방식으로 tuple을 생성할 수 있다. 타입은 컴파일 시간에 자동으로 결정된다. 예를 들면 다음과 같다.

```
auto t2 { make_tuple(16, ref(d), cref(d), ref(str1)) };
```

24.2.1 tuple 분리하기

tuple을 개별 원소로 **분리**하는 방법은 두 가지다. 하나는 구조적 바인딩을 사용하는 것이고, 다른 하나는 std::tie()를 사용하는 것이다.

1 구조적 바인딩

C++17부터 추가된 구조적 바인딩structured binding을 사용하면 tuple을 개별 원소에 대한 변수로 쉽게 분리할 수 있다. 예를 들어 다음 코드는 정수, string, 부울값으로 구성된 tuple을 생성한 다음 구조적 바인딩으로 세 원소를 별도의 변수로 분리한다.

```
tuple t1 { 16, "Test"s, true };
auto [i, str, b] { t1 };
cout << format("Decomposed: i = {}, str = \"{}\", b = {}", i, str, b) << endl;
```

tuple을 레퍼런스로 분리할 수도 있다. 그러면 이들 레퍼런스를 통해 tuple의 내용을 수정할 수 있다. 예를 들면 다음과 같다.

```
auto& [i2, str2, b2] { t1 };
i2 *= 2;
str2 = "Hello World";
b2 = !b2;
```

구조적 바인딩으로 tuple을 분리할 때는 개별 원소를 생략할 수 없다. tuple에 담긴 원소가 세 개라면 구조적 바인딩에 지정하는 변수도 세 개여야 한다. 원소를 생략하고 싶다면 다음 절에서 소개하는 tie()를 사용한다.

2 tie

구조적 바인딩을 적용하지 않고 tuple을 분리하려면 std::tie()라는 유틸리티 함수를 활용하면 된다. 이 함수는 레퍼런스로 구성된 tuple을 생성한다. 다음 코드를 보면 가장 먼저 정수, string, 부울값으로 구성된 tuple을 생성한다. 그런 다음 각 타입에 대한 변수를 하나씩 생성하고, 여기에 담긴 값을 콘솔에 출력한다. tie(i, str, b)라고 호출하면 i, str, b에 대한 레퍼런스로 구성된 tuple이 생성된다. 여기에서는 대입 연산자를 이용하여 tuple t1을 tie()의 결과에 대입했다. tie()의 결과는 레퍼런스 원소에 대한 tuple이므로 이렇게 대입하면 세 변수의 값이 실제로 변경된다. 대입문을 실행한 다음 변수의 값을 출력해보면 이를 확인할 수 있다.

```
tuple t1 { 16, "Test"s, true };
int i { 0 };
string str;
bool b { false };
cout << format("Before: i = {}, str = \"{}\", b = {}", i, str, b) << endl;
tie(i, str, b) = t1;
cout << format("After: i = {}, str = \"{}\", b = {}", i, str, b) << endl;
```

이 코드를 실행한 결과는 다음과 같다.

```
Before: i = 0, str = "", b = false
After: i = 16, str = "Test", b = true
```

tie()를 이용하면 분리하고 싶지 않은 원소를 생략할 수 있다. 함수를 호출할 때 분리하고 싶지 않은 원소의 자리에 std::ignore 값을 적으면 된다. 앞의 코드에서 tuple인 t1에 있는 string 타입 원소를 생략하도록 tie()를 호출하려면 다음과 같이 수정한다.

```
tie(i, ignore, b) = t1;
```

24.2.2 연결

std::tuple_cat()을 이용하면 두 tuple을 하나로 연결할 수 있다. 다음 코드에서 t3의 타입은 tuple<int, string, bool, double, string>이 된다.

```
tuple t1 { 16, "Test"s, true };
tuple t2 { 3.14, "string 2"s };
auto t3 { tuple_cat(t1, t2) };
```

24.2.3 비교

튜플은 ==, !=, <, >, <=, >=과 같은 비교 연산자도 지원한다. 이러한 비교 연산자로 tuple끼리 비교하려면 그 tuple에 있는 원소의 타입도 이 연산자를 지원해야 한다. 예를 들면 다음과 같다.

```
tuple t1 { 123, "def"s };
tuple t2 { 123, "abc"s };
if (t1 < t2) {
    cout << "t1 < t2" << endl;
} else {
    cout << "t1 >= t2" << endl;
}
```

코드 실행 결과는 다음과 같다.

```
t1 >= t2
```

다양한 데이터 멤버로 구성된 커스텀 타입을 사전나열 순으로 비교하는 기능을 구현할 때 튜플 비교 기능을 활용하면 편하다. 예를 들어 다음과 같이 데이터 멤버가 세 개인 구조체를 살펴보자.

```
class Foo
{
    public:
        Foo(int i, string s, bool b) : m_int { i }, m_str { move(s) }, m_bool { b }
        {
        }
    private:
        int m_int;
        string m_str;
        bool m_bool;
};
```

Foo에 대해 모든 operator<를 구현하는 작업은 간단하지 않다. 하지만 std::tie()와 C++20부터 추가된 3방향 비교 연산자(operator<=>)를 이용하면 다음과 같이 단 한 줄로 구현할 수 있다. Foo 클래스에 대한 operator<=>의 구현 코드는 다음과 같다.

```
auto operator<=>(const Foo& rhs)
{
```

```
    return tie(m_int, m_str, m_bool) <=>
           tie(rhs.m_int, rhs.m_str, rhs.m_bool);
}
```

이 연산자를 사용하는 예는 다음과 같다.

```
Foo f1 { 42, "Hello", false };
Foo f2 { 42, "World", false };
cout << (f1 < f2) << endl; // 1
cout << (f2 < f1) << endl; // 1
```

24.2.4 make_from_tuple

std::make_from_tuple<T>(tuple)은 T 타입의 생성자에 tuple의 원소를 인수로 전달해서 T 객체를 만든다. 예를 들어 다음과 같은 클래스가 있다고 하자.

```
class Foo
{
    public:
        Foo(string str, int i) : m_str { move(str) }, m_int { i } {}
    private:
        string m_str;
        int m_int;
};
```

이때 make_from_tuple()을 다음과 같이 호출할 수 있다.

```
tuple myTuple { "Hello world.", 42 };
auto foo { make_from_tuple<Foo>(myTuple) };
```

make_from_tuple()에 전달하는 인수가 반드시 tuple일 필요는 없지만 최소한 std::get<>()과 std:tuple_size를 지원해야 한다. 이를 만족하는 예로 std::array와 std::pair가 있다.

이 함수를 실제로 사용할 일은 많지 않다. 하지만 템플릿을 이용한 메타프로그래밍을 하면서 코드를 범용으로 구성할 때 굉장히 유용하다.

24.2.5 apply

std::apply()는 콜러블(예: 함수, 람다 표현식, 함수 객체 등)을 호출하는데, 이때 지정한 tuple의 원소를 인수로 전달한다. 예를 들면 다음과 같다.

```
int add(int a, int b) { return a + b; }
...
cout << apply(add, tuple { 39, 3 }) << endl;
```

make_from_tuple()과 마찬가지로 실전에서 자주 사용하지 않고 이 함수도 템플릿 메타프로그래밍에서 제네릭 코드를 구현하는 데 유용하다.

24.3 정리

이 장에서는 C++ 표준 라이브러리에서 제공하는 부가 기능을 개략적으로 살펴봤다. optional 어휘 타입을 보완하는 variant와 any 어휘 타입에 대해 배웠고, pair를 일반화한 tuple에 대해서도 배웠다.

이제 3부가 끝났다. 4부에서는 고급 주제를 다룬다. 먼저 표준 라이브러리와 호환되는 알고리즘과 데이터 구조를 직접 구현하는 방식으로 C++ 표준 라이브러리에서 제공하는 기능을 커스터마이즈하고 확장하는 방법을 소개한다.

24.4 연습 문제

이 장에서 소개한 내용을 직접 써보기 위해 다음 연습 문제를 풀어보자. 연습 문제에 대한 정답은 이 책의 웹사이트(www.wiley.com/go/proc++5e)에서 다운로드할 수 있다. 문제를 풀다가 막히면 정답부터 찾지 말고 먼저 앞에서 설명한 부분을 다시 읽고 직접 답을 찾아보려고 애쓰기 바란다.

연습 문제 24-1 14장에서 C++의 에러 처리 방법과 두 가지 옵션(에러 코드 다루기와 익셉션 사용하기)을 소개했다. 필자는 익셉션으로 에러를 처리하는 방식을 권장하지만 이 연습 문제에서만은 에러 코드를 사용해보자. 먼저 메시지 하나를 저장하기만 하는 Error 클래스를 하나 작성한다. 메시지를 설정하는 생성자를 하나 만들고, 이 메시지를 가져오는 게터도 하나 만든다.

그러고 나서 fail이란 매개변수 하나만 받는 getData() 함수를 작성한다. fail 값이 false면 이 함수는 데이터에 대한 vector를 리턴한다. 그렇지 않으면 Error 인스턴스를 리턴한다. 비 const 레퍼런스로 매개변수를 출력할 수는 없다. 작성한 코드를 main() 함수에서 테스트해보자.

연습 문제 24-2 커맨드라인 애플리케이션은 대부분 커맨드라인 매개변수를 받는다. 모두 그런 것은 아니지만 이 책에 나온 예제 코드는 대부분 메인 함수를 main()으로 구성했다. 하지만 main(int argc, char** argv)와 같이 매개변수를 받게 만들 수 있다. 여기서 argc는 커맨드라인 매개변수의 개수고, argv는 스트링 배열로서 각 매개변수를 나타내는 하나의 스트링이다. 이 예제에서는 name=value 형식의 커맨드라인 매개변수를 사용한다고 가정한다. 이렇게 받은 매개변수 하나를 파싱해서 이름과 값으로 구성된 pair를 리턴하는 함수를 작성하자. 여기서 값은 variant로 만든다. 그러므로 값이 부울 타입(true 또는 false)으로 파싱되면 부울 값을 담고, 정수로 파싱되면 정수로, 나머지 경우는 스트링으로 담는다. name=string 스트링을 분리하려면 21장에서 설명하는 정규 표현식을 활용한다. 정수를 파싱하려면 2장에서 소개한 함수 중 하나를 활용한다. 그러고 나서 main() 함수에서 루프를 돌면서 커맨드라인 매개변수를 받고 이를 파싱해서 holds_alternative()로 표준 출력에 출력한다.

연습 문제 24-3 [연습 문제 24-2]에서 작성한 코드를 holds_alternative() 대신 비지터를 사용하여 파싱한 결과를 표준 출력으로 보내도록 수정하자.

연습 문제 24-4 [연습 문제 24-3]에서 작성한 코드를 pair 대신 tuple을 사용하도록 수정하자.

Part IV

C++ 고급 기능 마스터하기

C++를 최대한 활용하는 방법을 제시한다. C++에서 잘 알려지지 않은 기능을 소개하고, 고급 수준에 해당하는 기능을 사용하는 방법을 설명한다. 필요에 따라 C++ 표준 라이브러리를 커스터마이즈하고 확장하는 방법, 템플릿 메타프로그래밍 같은 템플릿 프로그래밍의 고급 기법, 멀티프로세서 및 멀티코어 시스템을 최대한 활용하기 위한 멀티스레드 프로그래밍 방법도 다룬다.

Part IV

C++ 고급 기능 마스터하기

CHAPTER 25

표준 라이브러리 커스터마이즈 및 확장 방법

이 장의 내용

- 할당자의 개념
- 커스텀 알고리즘, 커스텀 컨테이너, 커스텀 반복자를 통한 표준 라이브러리 확장 방법

16, 18, 20장에서는 표준 라이브러리에서 제공하는 막강한 제네릭 컨테이너와 알고리즘을 살펴봤다. 지금까지 배운 내용만으로도 애플리케이션을 충분히 구현할 수 있다. 하지만 라이브러리에서 기본으로 제공하는 것 이상의 기능이 필요할 때도 있다. 표준 라이브러리는 개발자가 원하는 형태로 얼마든지 커스터마이즈하거나 확장하도록 지원한다. 예를 들어 기존 표준 라이브러리 기능과 호환되는 컨테이너나 알고리즘, 반복자를 만들 수 있다. 심지어 사용할 컨테이너에 적용할 메모리 할당 방식도 정의할 수 있다. 이 장에서는 directed_graph 컨테이너를 개발하는 과정을 통해 이러한 고급 기능을 살펴본다.

> **NOTE_** 표준 라이브러리를 커스터마이즈하고 확장할 일은 드물다. 기존에 제공되는 컨테이너나 알고리즘만으로 충분하다고 생각한다면 이 장을 건너뛰어도 좋다. 하지만 표준 라이브러리를 단순히 사용하는 데 그치지 않고 깊이 있게 이해하고 싶다면 이 장을 한 번 읽어보기 바란다. 여기서 설명하는 내용을 제대로 이해하려면 15장에서 소개한 연산자 오버로딩을 정확히 이해하고 있어야 한다. 또한 템플릿도 상당히 많이 활용하기 때문에 이 장을 읽기 전에 먼저 12장에서 설명한 템플릿 개념을 확실히 다지기 바란다.

25.1 할당자

표준 라이브러리 컨테이너마다 Allocator 타입을 템플릿 매개변수로 받는다. 대부분 이 매개변수의 기본값만 사용해도 충분하다. 예를 들어 vector 템플릿은 다음과 같이 정의되어 있다.

```
template <class T, class Allocator = allocator<T>> class vector;
```

이렇게 선언하면 컨테이너 생성자에서 Allocator 객체를 지정할 수 있다. 그러면 컨테이너에 메모리를 할당하는 방식을 변경할 수 있다. 컨테이너가 메모리를 할당할 때마다 Allocator 객체에서 제공하는 allocate( ) 메서드를 호출한다. 반대로 메모리를 해제할 때는 Allocator 객체의 deallocator( ) 메서드를 호출한다. 표준 라이브러리는 std::allocator라는 이름의 기본 Allocator 클래스를 제공한다. 이 클래스는 allocate( )와 deallocator( )를 각각 operator new와 operator delete에 대한 래퍼wrapper로 구현한다.

여기서 명심할 점은 allocate( )는 초기화되지 않은 메모리 블록을 넉넉한 크기로 할당하기만 하고 객체 생성자는 전혀 호출하지 않는다는 것이다. 마찬가지로 deallocate( )도 메모리 블록을 해제하기만 할 뿐 소멸자를 호출하지 않는다. 메모리 블록이 할당되고 나면 15장에서 설명한 배치 new 연산자를 이용하여 그 지점에 객체를 생성할 수 있다. 다음 코드는 이에 대한 간략한 예를 보여준다. 보다 현실적인 예를 보려면 객체 풀 구현을 위한 할당자 사용법을 소개하는 29장을 참조한다.

```
class MyClass {};
int main()
{
    // 사용할 할당자를 생성한다.
    allocator<MyClass> alloc;
    // MyClass 인스턴스 한 개에 대한 초기화되지 않은 메모리 블록을 할당한다.
    auto* memory { alloc.allocate(1) };
    // new 연산자를 이용하여 방금 생성한 블록에 MyClass 객체를 생성한다.
    new(memory) MyClass{};
    // MyClass 인스턴스를 제거한다.
    destroy_at(memory);
    // 메모리 블록을 해제한다.
    alloc.deallocate(memory, 1);
    memory = nullptr;
}
```

프로그램에서 사용할 컨테이너의 메모리 할당 및 해제 방식을 직접 정의하고 싶다면 Allocator 클래스를 작성해야 한다. 이렇게 할당자를 커스터마이즈하는 이유는 다양하다. 내부적으로 제공되는 할당자의 성능이 만족스럽지 않을 수도 있고, 여러 차례 할당과 해제를 반복하면서 군데군데 사용하지 않고 남은 부분이 발생하는 메모리 파편화memory fragmentation(메모리 단편화)로 인해 문제가 발생할 수 있기 때문일 수도 있다. 메모리 파편화 문제는 한 가지 타입 객체로만 구성되는 메모리 풀memory pool을 제공하는 방식으로 해결할 수 있다. 또한 커스텀 할당자를 이용하면 표준 라이브러리 컨테이너에 공유 메모리 세그먼트와 같은 OS에 특화된 메모리를 할당할 수도 있다. 커스텀 할당자를 사용하는 방법은 복잡할 뿐만 아니라 자칫 심각한 문제가 발생할 수도 있다. 따라서 구현에 각별히 주의를 기울여야 한다.

allocate()와 deallocate()를 비롯한 필수 메서드와 타입 앨리어스를 제공하는 클래스라면 모두 기본 allocator 클래스 대신 사용할 수 있다.

C++17부터 **다형 메모리 할당자**polymorphic memory allocator라는 개념이 추가되었다. 컨테이너의 할당자에 템플릿 타입 매개변수를 지정하는 과정에서 문제가 발생하는 근본 이유는 서로 비슷한 두 컨테이너의 할당자 타입이 서로 다르기 때문이다. 예를 들어 두 vector<int> 컨테이너의 Allocator 템플릿 타입 매개변수가 서로 다르면 상호 대입할 수 없다.

<memory_resource>의 std::pmr 네임스페이스 아래에 정의된 다형 메모리 할당자를 활용하면 이 문제를 해결할 수 있다. std::pmr::polymorphic_allocator 클래스는 Allocator 타입으로 사용할 수 있다. allocator( )와 deallocator( )를 비롯한 기본 요건을 모두 갖추고 있기 때문이다. polymorphic_allocator의 할당 동작은 템플릿 타입 매개변수가 아닌 생성 당시의 memory_resource에 따라 달라진다. 따라서 각기 다른 polymorphic_allocator는 타입이 똑같더라도 각각 메모리를 할당하고 해제하는 방식이 완전히 다를 수 있다. 표준에서는 다형 메모리 할당자를 초기화하는 용도로 synchronized_pool_resource, unsynchronized_pool_resource, monotonic_buffer_resource를 비롯하여 몇 가지 메모리 리소스를 기본으로 제공한다.

하지만 필자의 경험에 비춰볼 때 커스텀 할당자와 다형 메모리 할당자는 다소 고급 기능에 속하고 실제로 쓸 일도 별로 없다. 개인적으로 이 기능을 사용해본 적이 한 번도 없다. 따라서 이 책에서는 이에 대해 더 이상 설명하지 않는다. 좀 더 알고 싶은 독자는 부록 B에서 소개하는 표준 라이브러리 레퍼런스 관련 문헌을 참조하기 바란다.

25.2 표준 라이브러리 확장하기

표준 라이브러리는 애플리케이션 개발에 유용한 컨테이너, 알고리즘, 반복자를 다양하게 제공한다. 하지만 개발자에게 필요한 모든 기능을 한 라이브러리에 담을 수는 없다. 그러므로 뛰어난 라이브러리는 개발자가 원하는 요소를 직접 추가하는 확장 기능을 제공한다. C++ 표준 라이브러리도 마찬가지다. 데이터에 대한 기본 구조와 이를 조작하는 알고리즘을 엄격히 분리하도록 설계되었기 때문에 확장할 수 있다. 컨테이너를 직접 정의하고 여기에 반복자를 표준 라이브러리의 가이드라인에 따라 구현하면 그 컨테이너를 표준 라이브러리 알고리즘에 그대로 적용할 수 있다. 마찬가지로 직접 정의한 알고리즘도 표준 라이브러리 컨테이너의 반복자에 맞게 작성하면 표준 라이브러리 컨테이너에 그대로 적용할 수 있다. 이때 직접 정의한 컨테이너나 알고리즘은 std 네임스페이스로 지정할 수 없다.

NOTE_ 이 책에서는 함수나 메서드 이름에 언더스코어를 사용하지 않는다. 또한 getIndex( )처럼 첫 단어를 제외한 모든 단어의 첫 글자를 대문자로 표기한다. 하지만 이 장은 표준 라이브러리의 확장법을 설명하는 만큼 표준 라이브러리의 명명 규칙을 따른다. 다시 말해 함수와 메서드 이름을 모두 소문자로 표기하고, 각 단어는 언더스코어로 구분한다(예: get_index( )). 클래스 이름도 표준 라이브러리의 관례를 따른다.

25.2.1 표준 라이브러리를 확장하는 이유

C++로 컨테이너나 알고리즘을 구현할 때는 표준 라이브러리의 관례를 따르지 않아도 된다. 구현할 컨테이너나 알고리즘이 간단하다면 굳이 표준 라이브러리에 맞게 작성할 필요가 없다. 하지만 재사용할 코드의 양이 많거나 활용 빈도가 높으면 표준 라이브러리의 인터페이스 규칙에 맞게 구현하는 것이 훨씬 좋다. 잘 정립된 인터페이스 가이드라인을 따르기 때문에 다른 C++ 프로그래머가 이해하기 쉬울 뿐만 아니라 직접 정의한 컨테이너나 알고리즘을 표준 라이브러리의 알고리즘이나 컨테이너에서 특별히 연결하는 꼼수를 사용하거나 어댑터를 이용하지 않고 곧바로 연동할 수 있기 때문이다. 게다가 코드를 훨씬 견고하게 만들 수 있다는 장점도 있다.

25.2.2 표준 라이브러리 알고리즘 만들기

16장과 20장에서 봤듯이 표준 라이브러리는 강력한 알고리즘을 다양하게 제공한다. 하지만 자신의 요구사항에 딱 맞는 알고리즘이 없을 수도 있다. 적절한 알고리즘이 없다면 표준 라이브러리에 있는 알고리즘처럼 표준 라이브러리의 반복자 인터페이스에 맞게 알고리즘을 직접 구현하면 된다. 생각보다 어렵지 않다.

1 find_all()

인수로 주어진 프레디케이트를 만족하는 원소를 주어진 범위에서 모두 찾는 알고리즘을 구현한다고 하자. 표준 라이브러리의 `find()`와 `find_if()` 알고리즘을 활용해도 되지만 둘 다 한 원소만 가리키는 반복자를 리턴한다. `copy_if()`를 이용하면 주어진 프레디케이트를 만족하는 원소를 모두 찾을 수 있지만 검색한 원소의 복제본을 출력한다는 문제가 있다. 쓸데없는 복제 연산을 피하려면 `vector<reference_wrapper<T>>`에 `back_insert_iterator`(17장에서 설명)를 적용해서 `copy_if()`를 호출하면 되지만 검색한 원소의 위치를 알 수 없다는 문제가 발생한다. 실제로 표준 라이브러리 알고리즘 중에서 프레디케이트를 만족하는 모든 원소에 대한 반복자를 제공하는 것은 없다. 이럴 때는 해당 기능을 제공하는 `find_all()`이란 알고리즘을 직접 구현하면 된다.

가장 먼저 함수 프로토타입부터 정의한다. `copy_if()`에 적용된 모델을 그대로 따르면 된다. 다시 말해 입력 반복자 타입, 출력 반복자 타입 그리고 프레디케이트 타입이라는 세 가지 템플릿 타입 매개변수를 받는 함수 템플릿을 선언한다. 이 함수는 입력 시퀀스의 시작과 끝 반복자, 출력 시퀀스의 시작 반복자, 프레디케이트 객체를 인수로 받도록 정의한다. `copy_if()`와 마찬가지로 `find_all()` 알고리즘도 출력 시퀀스의 마지막 원소 바로 다음 지점을 가리키는 반복자를 리턴한다. 이렇게 작성한 프로토타입은 다음과 같다.

```
template <typename InputIterator, typename OutputIterator, typename Predicate>
OutputIterator find_all(InputIterator first, InputIterator last,
                        OutputIterator dest, Predicate pred);
```

여기서 출력 반복자를 생략하고, 입력 시퀀스에서 프레디케이트를 만족하는 모든 원소에 대해 반복하는 반복자를 리턴하도록 정의해도 된다. 이렇게 하려면 반복자 클래스를 직접 정의해야 한다. 구체적인 방법은 뒤에서 소개한다.

다음으로 할 일은 이 함수의 구현 코드를 작성하는 것이다. find_all() 알고리즘은 입력 시퀀스에 담긴 모든 원소에 대해 반복한다. 그러므로 각 원소마다 프레디케이트를 호출한 뒤 이를 만족하는 원소가 있으면 이에 대한 반복자를 출력 시퀀스에 저장한다. 구현 코드는 다음과 같다.

```
template <typename InputIterator, typename OutputIterator, typename Predicate>
OutputIterator find_all(InputIterator first, InputIterator last,
                        OutputIterator dest, Predicate pred)
{
    while (first != last) {
        if (pred(*first)) {
            *dest = first;
            ++dest;
        }
        ++first;
    }
    return dest;
}
```

copy_if()와 마찬가지로 이 알고리즘도 출력 시퀀스에서 기존 원소를 덮어쓰기만 한다. 그러므로 결과를 출력 시퀀스에 모두 담을 수 있도록 공간을 충분히 확보해야 한다. 아니면 다음 코드와 같이 back_insert_iterator와 같은 반복자 어댑터를 사용하도록 구현한다. 조건에 맞는 원소를 모두 찾았다면 최종 결과로 나온 원소 수(matches에 있는 반복자 수)를 센 다음 matches에 대해 루프를 돌며 원소를 하나씩 콘솔에 출력한다.

```
vector<int> vec { 3, 4, 5, 4, 5, 6, 5, 8 };
vector<vector<int>::iterator> matches;
```

```
find_all(begin(vec), end(vec), back_inserter(matches),
    [](int i){ return i == 5; });

cout << format("Found {} matching elements: ", matches.size()) << endl;
for (const auto& it : matches) {
    cout << format("{} at position {}", *it, distance(begin(vec), it)) << endl;
}
```

이 코드의 실행 결과는 다음과 같다.

```
Found 3 matching elements:
5 at position 2
5 at position 4
5 at position 6
```

25.2.3 표준 라이브러리 컨테이너 만들기

C++ 표준은 커스텀 컨테이너를 표준 라이브러리 컨테이너로 사용하기 위해 반드시 만족해야 할 조건을 명시하고 있다. 그리고 추가할 컨테이너가 순차 컨테이너(vector와 같은)이거나, 연관 컨테이너(map과 같은)이거나, 비정렬 연관 컨테이너(unordered_map과 같은)라면 몇 가지 조건을 추가로 만족해야 한다.

컨테이너를 새로 정의할 때 필자가 추천하는 방식은 표준 라이브러리 규칙의 세부사항에 너무 얽매이지 말고, 기본적인 원칙(예: 클래스 템플릿으로 만들기)에 따라 컨테이너의 기본 골격부터 먼저 작성하라는 것이다. 이렇게 기본 버전을 구현하고 나서 표준 라이브러리 규격에 맞게 반복자를 추가한다. 그러고 나서 메서드와 타입 앨리어스를 추가하여 기본 컨테이너의 요구사항을 모두 충족시킨 후 마지막으로 다른 컨테이너 요구사항도 충족시킨다. 이 장에서는 **방향 그래프**directed graph, digraph를 만드는 과정을 소개한다.

1 간단한 방향 그래프

C++ 표준 라이브러리 컨테이너 중 일부는 그래프로 구현한 것이 있다. 하지만 표준에서는 그래프와 같은 데이터 구조를 사용자에게 직접 제공하지 않는다. 따라서 그래프 구현 방법은 표준 라이브러리에 호환되는 커스텀 컨테이너의 예로 딱 알맞다.

코드 작성에 들어가기 전에 먼저 방향 그래프가 무엇인지, 메모리에 어떻게 표현하는지부터 알아보자. [그림 25-1]은 방향 그래프를 그림으로 표현한 것이다. 기본적으로 노드node 또는 정점[vertex]이 엣지[edge](간선)로 연결되어 있다. 또한 각 엣지는 방향이 있는 화살표로 표시한다. 그래서 방향 그래프라고 부른다.

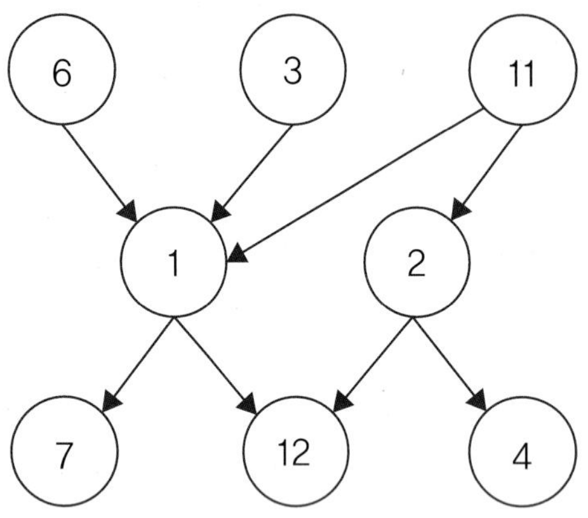

그림 25-1

이런 데이터 구조를 메모리에 저장하는 방법은 다양하다. 엣지 리스트로 저장할 수도 있고, 인접 행렬[adjacent matrix] 또는 인접 리스트[adjacent list]로 구현할 수도 있다. 여기에서는 인접 리스트로 구현한다. 노드는 `vector`에 저장하고, 각 노드마다 이웃 노드를 가리키는 인접 리스트를 갖고 있다. 그림 예제를 구체적으로 살펴보자. 여기서 사용하는 방향 그래프는 [그림 25-2]와 같이 정의한다.

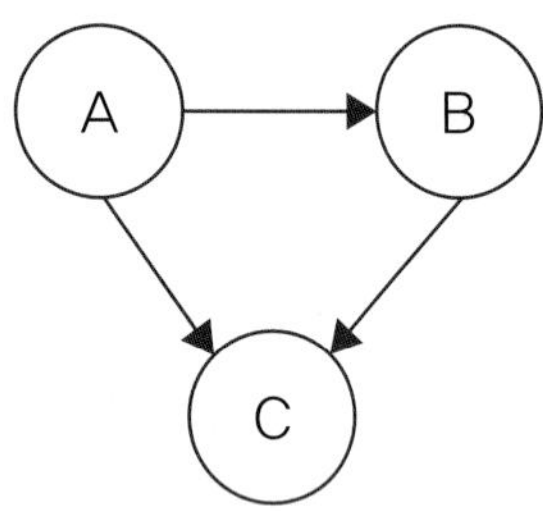

그림 25-2

이 그래프를 인접 리스트로 표현하면 다음과 같다.

노드	인접 리스트
A	B, C
B	C
C	

이 리스트를 vector에 저장할 수 있다. 이때 각 원소는 테이블의 한 행을 나타낸다. 다시 말해 vector의 각 원소는 노드 하나와 이에 대한 인접 리스트로 구성된다. 그럼 표준 라이브러리와의 호환성에 대한 신경은 잠시 접어두고 기본 기능부터 구현해보자. 먼저 directed_graph부터 구현한다. 간단하지만 기능은 모두 다 갖췄다. 여기서 구현하는 방향 그래프는 성능이 좀 떨어질 수 있다. 하지만 이 장에서는 성능 최적화에 관심 있는 것이 아니라, 표준 라이브러리 철학에 맞게 데이터 구조를 직접 만드는 전반적인 과정을 살펴보는 것이 주제다.

graph_node 클래스 템플릿

directed_graph는 노드 개념을 이용하여 구현한다. 따라서 그래프의 노드 하나를 표현하는 데이터 구조부터 구현해보자. 노드는 값 하나와 인접 노드 리스트를 갖는다. 이 리스트는 인접 노드에 대한 인덱스 집합을 set으로 저장한다. 이렇게 set을 사용해서 중복된 인접 인덱스가 리스트에 저장되지 않게 한다. 이 클래스는 주어진 값에 대한 graph_node를 새로 만드는 생성자, 노드의 값을 조회하는 value() 메서드, 동치[equality] 연산 등을 제공한다. 이 클래스는 details 네임스페이스 아래에 directed_graph::node 모듈 구현 분할 파일인 graph_node.cpp에 있다. directed_graph 사용자가 graph_node를 직접 사용하면 안 되므로 모듈로 익스포트되지 않는다. directed_graph 클래스 템플릿은 인접 노드 리스트에 접근해야 한다. 따라서 graph_node의 프렌드로 만든다. graph_node의 인터페이스는 다음과 같다. 여기서 1장에서 소개한 [[nodiscard]] 어트리뷰트를 사용했다.

```
module directed_graph::node;
...
namespace details
{
    template <typename T>
    class graph_node
    {
        public:
            // 주어진 값에 대한 graph_node를 생성한다.
            graph_node(directed_graph* graph, const T& t);
            graph_node(directed_graph* graph, T&& t);

            // 저장된 값에 대한 레퍼런스를 리턴한다.
            [[nodiscard]] T& value() noexcept;
            [[nodiscard]] const T& value() const noexcept;
```

```
        // C++20에서 디폴트로 지정된 operator==
        bool operator==(const graph_node&) const = default;

    private:
        friend class directed_graph<T>;

        // 이 노드가 속한 그래프에 대한 포인터
        directed_graph<T>* m_graph;

        // 인접 리스트를 저장하는 데 사용된 컨테이너 타입에 대한 타입 앨리어스
        using adjacency_list_type = std::set<size_t>;

        // 인접 리스트에 대한 레퍼런스를 리턴한다.
        [[nodiscard]] adjacency_list_type& get_adjacent_nodes_indices();
        [[nodiscard]] const adjacency_list_type&
            get_adjacent_nodes_indices() const;

        T m_data;
        adjacency_list_type m_adjacentNodeIndices;
    };
}
```

메서드는 다음과 같이 쉽게 구현할 수 있다.

```
namespace details
{
    template <typename T>
    graph_node<T>::graph_node(directed_graph<T>* graph, const T& t)
        : m_graph { graph }, m_data { t } { }

    template <typename T>
    graph_node<T>::graph_node(directed_graph<T>* graph, T&& t)
        : m_graph { graph }, m_data { std::move(t) } { }

    template <typename T>
    T& graph_node<T>::value() noexcept { return m_data; }

    template <typename T>
    const T& graph_node<T>::value() const noexcept { return m_data; }

    template <typename T>
    typename graph_node<T>::adjacency_list_type&
        graph_node<T>::get_adjacent_nodes_indices()
```

```
    {
        return m_adjacentNodeIndices;
    }

    template <typename T>
    const typename graph_node<T>::adjacency_list_type&
        graph_node<T>::get_adjacent_nodes_indices() const
    {
        return m_adjacentNodeIndices;
    }
}
```

여기서 m_graph 데이터 멤버는 포인터다. 이를 레퍼런스로 구현해도 된다. 그러면 복제/이동 생성자와 복제/이동 대입 연산자도 구현해야 한다. 레퍼런스 데이터 멤버가 있다면 이러한 생성자와 대입 연산자에 대해 컴파일러가 생성한 코드는 자동으로 삭제되기 때문이다.

여기서는 operator==를 명시적으로 디폴트로 지정했다. 그러면 자동으로 operator!=도 디폴트로 지정된다. C++20부터 이런 기능이 추가되었다. 현재 사용하는 컴파일러에서 이 기능을 제공하지 않는다면 모든 데이터 멤버를 비교하는 연산자 두 개를 직접 구현해야 한다.

이제 graph_node를 구현했으니 directed_graph를 살펴보자.

directed_graph 인터페이스

directed_graph는 세 가지 기본 연산인 추가[insert], 삭제[delete], 조회[lookup]를 제공한다. 게다가 맞바꾸기[swap]도 지원한다. 정의는 directed_graph 모듈에 있다. directed_graph 클래스 템플릿의 public 부분은 다음과 같다.

```
export module directed_graph;
...
export template <typename T>
class directed_graph
{
    public:
        // 제대로 추가되려면 그래프에 없는 값을 지정해야 한다.
        // 주어진 값에 대해 노드가 새로 추가되면 true를
        // 이미 그래프에 있는 값이면 false를 리턴한다.
        bool insert(const T& node_value);
        bool insert(T&& node_value);
```

```
        // 주어진 노드값이 삭제되면 true를, 그렇지 않으면 false를 리턴한다.
        bool erase(const T& node_value);

        // 엣지가 정상적으로 생성되면 true를, 그렇지 않으면 false를 리턴한다.
        bool insert_edge(const T& from_node_value, const T& to_node_value);

        // 주어진 엣지가 삭제되면 true를, 그렇지 않으면 false를 리턴한다.
        bool erase_edge(const T& from_node_value, const T& to_node_value);

        // 그래프의 모든 노드를 삭제한다.
        void clear() noexcept;

        // 주어진 인덱스에 해당하는 노드의 레퍼런스를 리턴한다.
        // 경곗값 검사는 하지 않는다.
        T& operator[](size_t index);
        const T& operator[](size_t index) const;

        // 방향 그래프는 노드와 엣지가 모두 같으면 같다.
        // 노드와 엣지를 추가한 순서는 동등 여부에 영향받지 않는다.
        bool operator==(const directed_graph& rhs) const;
        bool operator!=(const directed_graph& rhs) const;

        // 현재 그래프와 주어진 그래프의 노드를 모두 맞바꾼다.
        void swap(directed_graph& other_graph) noexcept;

        // 현재 그래프의 노드 수를 리턴한다.
        [[nodiscard]] size_t size() const noexcept;

        // 주어진 노드의 인접 노드 집합을 리턴한다.
        // 주어진 노드가 존재하지 않으면 공집합을 리턴한다.
        [[nodiscard]] std::set<T> get_adjacent_nodes_values(
            const T& node_value) const;
    private:
        // 구현 코드 생략
};
```

여기서 볼 수 있듯이 값 타입은 표준 라이브러리의 vector 컨테이너처럼 템플릿 타입 매개변수로 되어 있다. 인터페이스가 직관적이어서 이해하기 쉽다. 참고로 여기에서는 사용자 정의 복제 및 이동 생성자와 복제 및 이동 대입 연산자와 소멸자를 정의하지 않았다. 다시 말해 이 클래스는 9장에서 설명한 영의 규칙을 따른다.

그럼 public 메서드의 구현 코드를 살펴보자.

구현

directed_graph 인터페이스를 마무리했다면 구현 모델을 선정해야 한다. 앞에서 설명했듯이 방향 그래프를 노드 리스트로 저장한다. 각 노드는 값과 인접 노드 인덱스 집합을 갖고 있다. 인접 노드 리스트에는 다른 노드에 대한 인덱스를 갖고 있기 때문에 인덱스를 기반으로 노드에 접근할 수 있어야 한다. 따라서 노드를 저장하는 데 vector가 가장 적합하다. 각 노드는 graph_node 인스턴스로 표현한다. 최적 구조는 graph_node에 대한 vector다. directed_graph 클래스의 첫 번째 private 멤버는 다음과 같다.

```
private:
    using nodes_container_type = std::vector<details::graph_node<T>>;
    nodes_container_type m_nodes;
```

노드 탐색

그래프의 추가와 삭제 연산을 지원하려면 주어진 노드값으로 원소를 찾는 기능이 필요하다. 따라서 이 작업을 수행하는 private 헬퍼 메서드를 만들면 편하다. const 버전과 비 const 버전을 모두 제공한다.

```
// 주어진 노드에 대한 반복자를 리턴하는 헬퍼 메서드
// 그래프에 해당 노드가 없다면 끝 반복자를 리턴한다.
typename nodes_container_type::iterator findNode(const T& node_value);
typename nodes_container_type::const_iterator findNode(const T& node_value) const;
```

비 const 버전은 다음과 같이 구현한다.

```
template <typename T>
typename directed_graph<T>::nodes_container_type::iterator
    directed_graph<T>::findNode(const T& node_value)
{
    return std::find_if(std::begin(m_nodes), std::end(m_nodes),
        [&node_value](const auto& node) { return node.value() == node_value; });
}
```

메서드 바디는 그리 복잡하지 않은 편이다. 20장에서 소개한 표준 라이브러리의 find_if() 알고리즘을 이용하여 현재 그래프의 모든 노드를 탐색하면서 값이 node_value 매개변수와 같은 노드를 찾는다. 그래프에 원하는 노드가 있다면 그 노드에 대한 반복자를 리턴하고, 없으면 끝 반복자를 리턴한다.

이 메서드의 함수 헤더에 적용되는 문법이 좀 헷갈릴 수 있다. 특히 typename 키워드를 사용하는 부분이 그렇다. 템플릿 매개변수에 의존하는 타입을 사용할 때마다 반드시 typename 키워드를 적어야 한다. 특히 vector<details::graph_node<T>>::iterator인 nodes_container_type::iterator는 템플릿 매개변수 T에 의존한다.

메서드의 const 버전은 코드 중복을 피하기 위해 비 const 버전으로 포워딩하기만 한다.

```
template <typename T>
typename directed_graph<T>::nodes_container_type::const_iterator
    directed_graph<T>::findNode(const T& node_value) const
{
    return const_cast<directed_graph<T>*>(this)->findNode(node_value);
}
```

노드 추가

insert()는 가장 먼저 주어진 값을 가진 노드가 이미 그래프에 있는지 확인부터 해야 한다. 아직 없다면 주어진 값에 대한 노드를 새로 만든다. insert에 대한 public 인터페이스는 const 레퍼런스를 받는 버전과 우측값 레퍼런스를 받는 오버로드 버전을 모두 제공한다. const 레퍼런스를 리턴하는 버전은 우측값 레퍼런스를 받도록 오버로드한 버전으로 포워드한다. emplace_back()을 호출하면 directed_graph에 대한 포인터를 전달하고, 노드값을 graph_node 생성자에 전달해서 graph_node를 생성한다.

```
template <typename T>
bool directed_graph<T>::insert(T&& node_value)
{
    auto iter { findNode(node_value) };
    if (iter != std::end(m_nodes)) {
        // 값이 이미 그래프에 존재한다. false를 리턴한다.
        return false;
    }
```

```
    m_nodes.emplace_back(this, std::move(node_value));
    // 값이 그래프에 정상적으로 추가되었다. true를 리턴한다.
    return true;
}

template <typename T>
bool directed_graph<T>::insert(const T& node_value)
{
    T copy { node_value };
    return insert(std::move(copy));
}
```

엣지 추가

그래프에 노드를 추가했다면 이를 연결하는 엣지를 추가하여 방향 그래프를 확장할 수 있다. 이를 위해 insert_edge( ) 메서드를 제공한다. 이 메서드는 매개변수를 두 개 받는다. 하나는 엣지가 시작하는 노드의 값이고, 다른 하나는 엣지가 끝나는 노드의 값이다. 이 메서드가 가장 먼저 하는 일은 그래프에서 시작 노드와 끝 노드를 탐색하는 것이다. 둘 중 어느 하나라도 그래프에 없다면 false를 리턴한다. 둘 다 있다면 private 헬퍼 함수인 get_index_of_node( )를 호출해서 to_node_value가 담긴 노드의 인덱스를 계산한다. 이렇게 구한 인덱스를 from_node_value를 담은 노드의 인접 리스트에 추가한다. 18장에서 배웠듯이 set에 대한 insert( ) 메서드는 pair<iterator, bool>을 리턴한다. 여기서 부울값은 정상적으로 추가되었는지 여부를 가리킨다. 그러므로 return 문에서 insert( )의 결과에 .second를 사용했다.

```
template <typename T>
bool directed_graph<T>::insert_edge(const T& from_node_value,
    const T& to_node_value)
{
    const auto from { findNode(from_node_value) };
    const auto to { findNode(to_node_value) };
    if (from == std::end(m_nodes) || to == std::end(m_nodes)) {
        return false;
    }
    const size_t to_index { get_index_of_node(to) };
    return from->get_adjacent_nodes_indices().insert(to_index).second;
}
```

헬퍼 메서드인 get_index_of_node( )는 다음과 같이 작성한다.

```
template <typename T>
size_t directed_graph<T>::get_index_of_node(
    const typename nodes_container_type::const_iterator& node) const noexcept
{
    const auto index { std::distance(std::cbegin(m_nodes), node) };
    return static_cast<size_t>(index);
}
```

노드 삭제

erase()는 insert()와 비슷한 패턴으로 작성한다. 먼저 findNode()를 호출해서 주어진 노드를 찾는다. 노드가 그래프에 있다면 삭제한다. 그렇지 않으면 아무 일도 안 한다. 그래프에 있는 노드를 삭제하는 작업은 두 단계로 구성한다.

1 삭제할 노드를 나머지 모든 노드의 인접 리스트에서 제거한다.
2 삭제할 노드 자체를 노드 리스트에서 제거한다.

첫 번째 작업을 위해 private 헬퍼 메서드인 remove_all_links_to()를 제공한다. 이 메서드는 그래프에서 해당 노드를 삭제했다는 것을 보장하기 위해 모든 노드의 인접 노드 인덱스를 업데이트한다. 먼저 노드 벡터에서 주어진 노드에 해당하는 인덱스인 node_index를 계산한다. 그러고 나서 모든 노드의 인접 리스트에 대해 루프를 돌면서 각 리스트에서 node_index를 제거하고 인덱스를 재정리하도록 인덱스를 업데이트한다. 여기서 인접 리스트가 set이기 때문에 작업이 좀 까다롭다. set은 값의 수정 작업을 지원하지 않기 때문이다. 그러므로 두 번째 작업을 위해 set을 vector로 변환한 뒤 for_each() 알고리즘으로 업데이트가 필요한 인덱스를 모두 갱신한다. 마지막으로 set을 초기화한 뒤 업데이트된 인덱스를 추가한다. 여기서도 마찬가지로 성능을 최적화하지 않았다. 앞에서 말했듯이 지금은 최적화가 목적이 아니므로 일단 주어진 기능에 집중하자.

```
template <typename T>
void directed_graph<T>::remove_all_links_to(
    typename nodes_container_type::const_iterator node_iter)
{
    const size_t node_index { get_index_of_node(node_iter) };
    // 모든 노드의 모든 인접 리스트에 대해 반복한다.
    for (auto&& node : m_nodes) {
        auto& adjacencyIndices { node.get_adjacent_nodes_indices() };
```

```
            // 첫째, 삭제될 노드에 대한 레퍼런스를 제거한다.
            adjacencyIndices.erase(node_index);
            // 둘째, 제거된 노드에 맞게 모든 인접 인덱스를 수정한다.
            std::vector<size_t> indices(std::begin(adjacencyIndices),
                std::end(adjacencyIndices));
            std::for_each(std::begin(indices), std::end(indices),
                [node_index](size_t& index) {
                    if (index > node_index) { --index; }
                });
            adjacencyIndices.clear();
            adjacencyIndices.insert(std::begin(indices), std::end(indices));
        }
    }
```

이렇게 헬퍼 메서드를 마련하면 실제 erase() 메서드 구현이 쉬워진다.

```
template <typename T>
bool directed_graph<T>::erase(const T& node_value)
{
    auto iter { findNode(node_value) };
    if (iter == std::end(m_nodes)) {
        return false;
    }
    remove_all_links_to(iter);
    m_nodes.erase(iter);
    return true;
}
```

엣지 삭제

엣지를 삭제하는 과정은 추가할 때와 비슷하다. 삭제할 엣지나 위치를 찾을 수 없다면 아무 일도 일어나지 않는다. 그렇지 않으면 to_node_value 값을 가지는 노드 인덱스를 from_node_value 값을 가진 노드의 인접 리스트에서 제거한다.

```
template <typename T>
bool directed_graph<T>::erase_edge(const T& from_node_value,
    const T& to_node_value)
{
    const auto from { findNode(from_node_value) };
    const auto to { findNode(to_node_value) };
```

```
    if (from == std::end(m_nodes) || to == std::end(m_nodes)) {
        return false; // 삭제할 일이 없는 경우
    }
    const size_t to_index { get_index_of_node(to) };
    from->get_adjacent_nodes_indices().erase(to_index);
    return true;
}
```

모든 원소 삭제

clear()는 그래프 전체를 삭제한다.

```
template <typename T>
void directed_graph<T>::clear() noexcept
{
    m_nodes.clear();
}
```

그래프 맞바꾸기

directed_graph에는 데이터 멤버가 vector 컨테이너 하나뿐이다. 따라서 두 directed_graph를 맞바꾼다는 말은 이 데이터 멤버를 맞바꾼다는 뜻이다.

```
template <typename T>
void directed_graph<T>::swap(directed_graph& other_graph) noexcept
{
    m_nodes.swap(other_graph.m_nodes);
}
```

다음과 같이 독립적으로 익스포트된 swap() 함수도 제공한다. 이 함수는 실제 작업을 public swap() 메서드에 맡긴다.

```
export template <typename T>
void swap(directed_graph<T>& first, directed_graph<T>& second)
{
    first.swap(second);
}
```

노드 접근

directed_graph의 public 인터페이스는 operator[]를 오버로딩한 버전으로 인덱스를 지정해서 노드에 접근하는 기능을 제공한다. 구현은 간단하다. vector와 마찬가지로 operator[]를 오버로딩한 버전도 주어진 인덱스가 경계를 벗어났는지 검사하지 않는다.

```
template <typename T>
T& directed_graph<T>::operator[](size_t index)
{
    return m_nodes[index].value();
}

template <typename T>
const T& directed_graph<T>::operator[](size_t index) const
{
    return m_nodes[index].value();
}
```

그래프 비교

두 directed_graph에 담긴 노드 집합이 같고, 모든 노드 사이를 연결하는 엣지 집합이 서로 같으면 두 directed_graph는 서로 같다. 그런데 두 directed_graph가 노드를 추가하는 방식으로 생성되었는데 순서만 약간 다른 경우에는 문제가 좀 복잡해진다. 이럴 때는 m_nodes 데이터 멤버를 단순히 비교만 할 수 없고 몇 가지 작업을 더 해야 한다.

먼저 두 directed_graph의 크기를 검사한다. 만약 크기가 서로 다르면 두 그래프는 같을 수 없다. 크기가 같다면 어느 한 그래프의 모든 노드에 대해 루프를 돈다. 각 노드마다 상대방 그래프에 동일한 노드가 있는지 찾는다. 만약 동일한 노드를 찾을 수 없다면 두 그래프는 같지 않다. 동일한 노드가 있다면 get_adjacent_nodes_values() 헬퍼 메서드를 이용하여 인접 노드 인덱스를 인접 노드값으로 변환한 뒤 그 값으로 동등 여부를 판단한다.

```
template <typename T>
bool directed_graph<T>::operator==(const directed_graph& rhs) const
{
    if (m_nodes.size() != rhs.m_nodes.size()) { return false; }

    for (auto&& node : m_nodes) {
        const auto rhsNodeIter { rhs.findNode(node.value()) };
```

```
        if (rhsNodeIter == std::end(rhs.m_nodes)) { return false; }

        const auto adjacent_values_lhs {
            get_adjacent_nodes_values(node.get_adjacent_nodes_indices()) };
        const auto adjacent_values_rhs {rhs.get_adjacent_nodes_values(
            rhsNodeIter->get_adjacent_nodes_indices()) };
        if (adjacent_values_lhs != adjacent_values_rhs) { return false; }
    }
    return true;
}

template <typename T>
std::set<T> directed_graph<T>::get_adjacent_nodes_values(
    const typename details::graph_node<T>::adjacency_list_type& indices) const
{
    std::set<T> values;
    for (auto&& index : indices) { values.insert(m_nodes[index].value()); }
    return values;
}
```

operator!=은 작업을 operator==로 처리하는 식으로 구현한다.

```
template <typename T>
bool directed_graph<T>::operator!=(const directed_graph& rhs) const
{
    return !(*this == rhs);
}
```

인접 노드 구하기

public 인터페이스는 const 레퍼런스 타입인 node_value를 매개변수로 받는 get_adjacent_nodes_values() 메서드를 제공한다. 이 메서드는 주어진 노드에 인접한 노드의 값을 담은 set을 리턴한다. 주어진 노드가 없으면 빈 set을 리턴한다. 구현 코드에서는 앞에서 작성했던 인덱스 리스트를 인수로 받는 버전을 사용한다.

```
template <typename T>
std::set<T> directed_graph<T>::get_adjacent_nodes_values(const T& node_value) const
{
    auto iter { findNode(node_value) };
    if (iter == std::end(m_nodes)) { return std::set<T>{}; }
```

```
    return get_adjacent_nodes_values(iter->get_adjacent_nodes_indices());
}
```

그래프 크기 조회

마지막으로 size() 메서드는 그래프에 있는 노드의 수를 리턴한다.

```
template <typename T>
size_t directed_graph<T>::size() const noexcept
{
    return m_nodes.size();
}
```

그래프 출력

그래프는 그래프 표현 언어[graph description language]인 **DOT** 표준 포맷으로 출력할 수 있다. DOT 포맷 그래프를 입력받아서 그래프 표현으로 변환하는 도구가 다양하게 나와 있다. directed_graph 코드를 쉽게 테스트하기 위해 다음과 같은 to_dot() 변환 함수를 사용한다. 이를 사용하는 방법은 다음 절에서 소개한다.

```
// 주어진 그래프를 DOT 포맷으로 리턴한다.
export template <typename T>
std::wstring to_dot(const directed_graph<T>& graph, std::wstring_view graph_name)
{
    std::wstringstream wss;
    wss << format(L"digraph {} {{", graph_name.data()) << std::endl;
    for (size_t index { 0 }; index < graph.size(); ++index) {
        const auto& node_value { graph[index] };
        const auto adjacent_nodes { graph.get_adjacent_nodes_values(node_value) };
        if (adjacent_nodes.empty()) {
            wss << node_value << std::endl;
        } else {
            for (auto&& node : adjacent_nodes) {
                wss << format(L"{} -> {}", node_value, node) << std::endl;
            }
        }
    }
    wss << "}" << std::endl;
    return wss.str();
}
```

기본 방향 그래프 사용법

이제 기본 방향 그래프 클래스를 모두 구현했으니 한 번 테스트해보자. 기본 directed_graph 클래스 템플릿을 사용하는 예는 다음과 같다.

```
directed_graph<int> graph;
// 노드와 엣지를 추가한다.
graph.insert(11);
graph.insert(22);
graph.insert(33);
graph.insert(44);
graph.insert(55);
graph.insert_edge(11, 33);
graph.insert_edge(22, 33);
graph.insert_edge(22, 44);
graph.insert_edge(22, 55);
graph.insert_edge(33, 44);
graph.insert_edge(44, 55);
wcout << to_dot(graph, L"Graph1");

// 엣지와 노드를 하나씩 제거한다.
graph.erase_edge(22, 44);
graph.erase(44);
wcout << to_dot(graph, L"Graph1");

// 그래프 크기를 출력한다.
cout << "Size: " << graph.size() << endl;
```

실행 결과는 다음과 같다.

```
digraph Graph1 {
11 -> 33
22 -> 33
22 -> 44
22 -> 55
33 -> 44
44 -> 55
55
}
digraph Graph1 {
11 -> 33
22 -> 33
```

```
22 -> 55
33
55
}
Size: 4
```

2 directed_graph를 표준 라이브러리 컨테이너로 만들기

앞 절에서 구현한 기본 directed_graph는 표준 라이브러리의 정신을 따르지만 직접 활용하지는 않았다. 대부분의 경우에는 이 정도로 구현해도 충분하다. 하지만 이렇게 만든 directed_graph를 표준 라이브러리 알고리즘에서 사용하고 싶다면 몇 가지 작업을 더 해야 한다. C++ 표준에서는 정식 표준 라이브러리 컨테이너가 되기 위해 데이터 구조에서 제공해야 할 메서드와 타입 앨리어스를 정의하고 있다.

필수 타입 앨리어스

C++ 표준에서는 표준 라이브러리 컨테이너가 반드시 제공해야 할 public 타입 앨리어스를 다음과 같이 정의하고 있다.

타입 이름	설명
value_type	컨테이너에 저장할 원소 타입
reference	컨테이너에 저장할 원소 타입에 대한 레퍼런스
const_reference	컨테이너에 저장할 원소 타입에 대한 const 레퍼런스
iterator	컨테이너의 원소를 기준으로 반복문을 수행하는 용도의 반복자 타입
const_iterator	컨테이너의 const 원소를 기준으로 반복문을 수행하는 용도의 반복자 타입
size_type	컨테이너의 원소 수를 표현하는 타입. 대부분 (<cstddef> 헤더에 정의된) size_t를 사용한다.
difference_type	컨테이너에 대한 두 iterator 사이의 차이(간격)를 표현하는 타입. 대부분 (<cstddef>에 정의된) ptrdiff_t를 사용한다.

directed_graph 클래스 템플릿에 대해 정의된 타입 앨리어스(iterator와 const_iterator는 제외)는 다음과 같다. 반복자를 작성하는 방법은 뒤에서 자세히 소개한다.

```
export template <typename T>
class directed_graph
{
    public:
        using value_type = T;
```

```
        using reference = value_type&;
        using const_reference = const value_type&;
        using size_type = size_t;
        using difference_type = ptrdiff_t;
        // 클래스 정의에 대한 나머지 코드는 생략
};
```

이러한 타입 앨리어스를 이용하여 일부 메서드를 수정할 수 있다. 앞서 정의했던 operator[]는 다음과 같다.

```
T& operator[](size_t index);
const T& operator[](size_t index) const;
```

새로 정의한 타입 앨리어스를 이용하면 다음과 같이 작성할 수 있다.

```
reference operator[](size_type index);
const_reference operator[](size_type index) const;
```

필수 메서드

표준 라이브러리 컨테이너는 앞에서 설명한 타입 앨리어스뿐만 아니라 다음과 같은 메서드도 제공해야 한다.

메서드	설명	최악의 복잡도
디폴트 생성자	빈 컨테이너를 생성한다.	상수
복제 생성자	컨테이너를 깊은 복제(deep copy)로 생성한다.	선형
이동 생성자	이동 의미론에 따라 컨테이너를 생성한다.	상수
복제 대입 연산자	컨테이너를 깊은 복제로 대입한다.	선형
이동 대입 연산자	이동 의미론에 따라 컨테이너를 대입한다.	상수
소멸자	동적으로 할당한 메모리를 해제한다. 이 과정에서 컨테이너에 남아 있던 원소마다 소멸자를 호출한다.	선형
iterator begin(); const_iterator begin() const;	컨테이너의 첫 번째 원소를 가리키는 반복자를 리턴한다.	상수
iterator end(); const_iterator end() const;	컨테이너의 마지막 원소의 바로 다음 지점을 가리키는 반복자를 리턴한다.	상수

메서드	설명	최악의 복잡도
const_iterator cbegin() const;	컨테이너의 첫 번째 원소를 가리키는 const 반복자를 리턴한다.	상수
const_iterator cend() const;	컨테이너의 마지막 원소의 바로 다음 지점을 가리키는 const 반복자를 리턴한다.	상수
operator== operator!=	두 컨테이너를 원소 단위로 비교하는 연산자	선형
void swap(Container&) noexcept;	이 메서드의 인수로 전달된 컨테이너의 내용을 이 메서드가 속한 객체의 내용과 맞바꾼다.	상수
size_type size() const;	컨테이너에 담긴 원소 수를 리턴한다.	상수
size_type max_size() const;	이 컨테이너가 가질 수 있는 최대 원소 수를 리턴한다.	상수
bool empty() const;	이 컨테이너에 원소가 하나라도 있는지 여부를 리턴한다.	상수

앞에서 설명했듯이 directed_graph는 영의 규칙(9장 참조)을 따라 구현했다. 다시 말해 명시적인 복제/이동 생성자와 복제/이동 대입 연산자 또는 소멸자가 필요 없다.

다음 코드는 size(), max_size(), empty() 메서드의 선언문을 보여주고 있다. 반복에 관련된 메서드인 begin(), end(), cbegin(), cend() 등은 반복자 작성을 설명하는 다음 절에서 소개한다.

```
export template <typename T>
class directed_graph
{
    public:
        [[nodiscard]] size_type size() const noexcept;
        [[nodiscard]] size_type max_size() const noexcept;
        [[nodiscard]] bool empty() const noexcept;
        // 나머지 메서드 생략
};
```

여기 나온 세 메서드는 쉽게 구현할 수 있다. 모두 m_nodes 컨테이너에 있는 비슷한 이름의 메서드로 단순 전달만 한다. 여기서 size_type은 이 클래스 템플릿에서 정의한 타입 앨리어스 중 하나다. 클래스 템플릿 멤버이므로 구현에서 이런 리턴 타입은 반드시 typename directed_graph<T>와 같이 정식 이름으로 표기해야 한다.

```
template <typename T>
typename directed_graph<T>::size_type directed_graph<T>::size() const noexcept
```

```
{
    return m_nodes.size();
}

template <typename T>
typename directed_graph<T>::size_type directed_graph<T>::max_size() const noexcept
{
    return m_nodes.max_size();
}

template <typename T>
bool directed_graph<T>::empty() const noexcept
{
    return m_nodes.empty();
}
```

directed_graph의 현재 구현 코드에는 인덱스를 기반으로 노드에 접근하는 operator[]가 있다. 이 연산자는 vector의 operator[]와 마찬가지로 경계 검사를 하지 않는다. 그러므로 경계를 벗어난 인덱스를 전달하면 애플리케이션이 갑자기 뻗어버릴 수 있다. vector와 마찬가지로 directed_graph도 경계 검사를 해서 벗어난 경우 std::out_of_range 익셉션을 던지는 at() 메서드를 추가할 수 있다. 정의는 다음과 같다.

```
reference at(size_type index);
const_reference at(size_type index) const;
```

현재 구현에서는 m_nodes vector로 단순히 전달한다.

```
template <typename T>
typename directed_graph<T>::reference
    directed_graph<T>::at(size_type index)
{
    return m_nodes.at(index).value();
}

template <typename T>
typename directed_graph<T>::const_reference
    directed_graph<T>::at(size_type index) const
{
    return m_nodes.at(index).value();
}
```

반복자 작성하기

표준 라이브러리 컨테이너에서 제시하는 조건 중에서 반복자가 가장 중요하다. 표준 라이브러리의 제네릭 알고리즘에 컨테이너를 적용하려면 반드시 컨테이너의 원소에 접근하기 위한 반복자를 제공해야 한다. 반복자는 반드시 operator*와 operator->를 오버로딩하고, 구체적인 동작에 따라 몇 가지 연산을 추가로 제공해야 한다. 반복자가 기본 반복 연산을 제공하기만 하면 아무 문제될 것 없다.

첫 번째로 결정할 사항은 반복자의 종류(정방향, 양방향, 임의 접근)다. directed_graph 반복자에는 양방향 반복자가 적합해 보인다. 다시 말해 operator++, operator--, operator==, operator!=을 반드시 구현해야 한다. 또 다른 방법은 directed_graph에 대해 임의 접근 반복자를 구현하는 것이다. 그러기 위해서는 +, -, +=, -=, <, >, <=, >=, []를 구현해야 한다. 이러한 반복자는 연습 삼아 작성해보기 바란다. 반복자마다 만족해야 할 구체적인 조건은 17장을 참조하기 바란다.

두 번째로 결정할 사항은 컨테이너에 담길 원소의 정렬 방법이다. directed_graph는 비정렬 컨테이너이므로 정렬 순서로 반복하기에는 효율적이지 않다. 대신 그래프에 추가된 순서대로 노드를 하나씩 순회할 수는 있다.

세 번째로 결정할 사항은 반복자의 내부에서 표현하는 방식이다. 반복자의 구현 방식은 컨테이너의 내부 구현 방식에 크게 영향을 받는다. 반복자의 핵심 용도는 컨테이너의 한 원소를 가리키는 데 있다. directed_graph의 경우 원소가 m_nodes 벡터에 담겨 있기 때문에 directed_graph 반복자는 대상 원소를 가리키는 vector 반복자를 감싸는 래퍼가 될 수 있다.

구현 방식을 다 결정했다면 끝 반복자를 일관성 있게 표현하는 방식을 결정해야 한다. 앞서 설명했듯이 끝 반복자는 반드시 '마지막 원소의 바로 다음 지점'을 가리켜야 한다. 그러므로 반복자에 ++ 연산을 적용해서 컨테이너의 마지막 원소에 도달할 수 있어야 한다. directed_graph 반복자는 m_nodes 벡터의 끝 반복자로 사용할 수 있다.

마지막으로 컨테이너는 반드시 const 반복자와 비 const 반복자를 모두 제공해야 한다. 이때 비 const 반복자를 const 버전으로 변환할 수 있어야 한다. directed_graph 구현 코드에서는 directed_graph_iterator를 상속하는 방식으로 const_directed_graph_iterator 클래스 템플릿을 정의했다.

const_directed_graph_iterator 클래스 템플릿

앞 절에서 결정한 대로 const_directed_graph_iterator 클래스를 정의해보자. 여기서 주의할 점은 const_directed_graph_iterator 객체는 directed_graph의 특정 인스턴스에 대한 반복자라는 점이다. 이렇게 일대일 대응 관계를 제공하려면 const_directed_graph_iterator도 반드시 템플릿 타입 매개변수가 DirectedGraph인 클래스 템플릿이어야 한다.

이 클래스를 정의할 때 해결해야 할 가장 중요한 문제는 양방향 반복자 조건을 어떻게 만족시킬 것인가다. 앞서 설명했듯이 반복자처럼 작동하기만 하면 된다. 양방향 반복자 조건을 만족하기 위해 굳이 다른 클래스를 상속할 필요는 없다. 하지만 제네릭 알고리즘 함수에 사용할 반복자를 정의할 때는 반드시 iterator_traits를 지정해야 한다. 17장에서 설명했듯이 iterator_traits는 각 반복자 타입마다 다섯 가지 타입 앨리어스(value_type, difference_type, iterator_category, pointer, reference)를 정의하는 클래스 템플릿이다. 원한다면 iterator_traits 클래스 템플릿을 새로운 반복자 타입에 대해 부분 특수화할 수 있다. 아니면 iterator_traits 클래스 템플릿의 디폴트 구현을 이용해서 반복자 클래스에 정의된 다섯 가지 타입 앨리어스를 그냥 가져오는 방법도 있다. 그러면 이러한 타입 앨리어스를 구현할 반복자 클래스에 곧바로 정의할 수 있다. const_directed_graph_iterator는 양방향 반복자이므로 반복자 타입[iterator category]을 bidirectional_iterator_tag으로 지정해야 한다. 참고로 bidirectional_iterator_tag 외에도 input_iterator_tag, output_iterator_tag, forward_iterator_tag, random_access_iterator_tag, contiguous_iterator_tag(C++20) 등이 있다. 연속 반복자(contiguous_iterator_tag)는 인접한 원소가 메모리에 인접해 있는 임의 접근 반복자다. const_directed_graph_iterator에서 원소의 타입(value_type)은 typename DirectedGraph::value_type이다.

> **NOTE_** 예전에는 <iterator>에 정의된 std::iterator 클래스 템플릿으로부터 커스텀 반복자를 유도하는 방식을 권장했다. 이 클래스 템플릿은 폐기되었기 때문에 더 이상 사용하면 안 된다.

const_directed_graph_iterator 클래스 템플릿은 다음과 같이 정의한다.

```
template <typename DirectedGraph>
class const_directed_graph_iterator
{
```

```
    public:
        using value_type = typename DirectedGraph::value_type;
        using difference_type = ptrdiff_t;
        using iterator_category = std::bidirectional_iterator_tag;
        using pointer = const value_type*;
        using reference = const value_type&;
        using iterator_type =
            typename DirectedGraph::nodes_container_type::const_iterator;

        // 양방향 반복자는 반드시 디폴트 생성자를 제공해야 한다.
        // 이 디폴트 생성자로 만든 반복자를 사용하는 것은 정의되어 있지 않다.
        // 따라서 초기화 방식은 무관하다.
        const_directed_graph_iterator() = default;

        // 그래프 소유권 전달 없음
        const_directed_graph_iterator(iterator_type it,
            const DirectedGraph* graph);

        reference operator*() const;

        // 리턴 타입은 ->가 적용될 수 있는 것이어야 한다.
        // 따라서 포인터를 리턴한다.
        pointer operator->() const;

        const_directed_graph_iterator& operator++();
        const_directed_graph_iterator operator++(int);

        const_directed_graph_iterator& operator--();
        const_directed_graph_iterator operator--(int);

        // C++20 디폴트 operator==
        bool operator==(const const_directed_graph_iterator&) const = default;

    protected:
        friend class directed_graph<value_type>;

        iterator_type m_nodeIterator;
        const DirectedGraph* m_graph { nullptr };

        // operator++와 operator--에 대한 헬퍼 메서드
        void increment();
        void decrement();
};
```

여기 나온 정의와 뒤에 나올 구현에서 연산자를 오버로딩한 부분이 잘 이해가지 않으면 15장의 연산자 오버로딩 부분을 읽어보기 바란다. const_directed_graph_iterator는 디폴트 동작만으로 충분하므로 복제/이동 생성자와 복제/이동 대입 연산자가 필요 없다. 또한 이 클래스는 명시적 소멸자도 필요 없다. m_graph를 삭제하지 않는 디폴트 동작만으로 충분하기 때문이다. 따라서 이 클래스 역시 영의 규칙을 따른다.

const_directed_graph_iterator 메서드 구현

const_directed_graph_iterator 생성자는 다음과 같이 두 데이터 멤버를 초기화한다.

```
template <typename DirectedGraph>
const_directed_graph_iterator<DirectedGraph>::const_directed_graph_iterator(
    iterator_type it, const DirectedGraph* graph)
    : m_nodeIterator { it }, m_graph { graph } { }
```

이 디폴트 생성자는 클라이언트가 const_directed_graph_iterator 변수를 초기화하지 않고 선언할 수 있도록 디폴트로 지정되어 있다. 디폴트 생성자로 만든 반복자는 값을 가리킬 필요가 없고, 이에 대한 모든 연산은 정의되지 않은 결과를 가질 수 있다.

역참조 연산자[dereferencing operator] 구현은 간결하지만 좀 복잡해 보인다. 15장에서 설명한 바에 따르면 operator*와 operator->는 비대칭[asymmetric]이다.

- operator*는 실제 내부 값에 대한 레퍼런스를 리턴한다. 이 값은 반복자가 가리키는 원소다.
- operator->는 화살표 연산자를 다시 적용할 수 있는 대상을 리턴해야 한다. 따라서 그 원소에 대한 포인터를 리턴한다. 그러면 컴파일러는 그 포인터에 대해 ->를 적용한다. 이 포인터로 원소의 필드나 메서드에 접근한다.

```
// 실제 원소에 대한 레퍼런스를 리턴한다.
template <typename DirectedGraph>
typename const_directed_graph_iterator<DirectedGraph>::reference
    const_directed_graph_iterator<DirectedGraph>::operator*() const
{
    return m_nodeIterator->value();
}

// 실제 원소에 대한 포인터를 리턴한다.
// 따라서 컴파일러는 ->를 적용하여 실제 원하는 필드에 접근한다.
template <typename DirectedGraph>
```

```
typename const_directed_graph_iterator<DirectedGraph>::pointer
    const_directed_graph_iterator<DirectedGraph>::operator->() const
{
    return &(m_nodeIterator->value());
}
```

증가 연산자increment operator는 다음과 같이 구현한다. 실제 증가시키는 작업은 increment() 헬퍼 메서드에 맡긴다. 감소 연산자decrement operator도 비슷하게 구현하므로 설명은 생략한다.

```
// 구체적인 작업은 increment() 헬퍼 메서드에 넘긴다.
template <typename DirectedGraph>
const_directed_graph_iterator<DirectedGraph>&
    const_directed_graph_iterator<DirectedGraph>::operator++()
{
    increment();
    return *this;
}

// 구체적인 작업은 increment() 헬퍼 메서드에 넘긴다.
template <typename DirectedGraph>
const_directed_graph_iterator<DirectedGraph>
    const_directed_graph_iterator<DirectedGraph>::operator++(int)
{
    auto oldIt { *this };
    increment();
    return oldIt;
}
```

const_directed_graph_iterator를 증가시키면 컨테이너의 다음 원소를 가리키게 만들고, 감소시키면 이전 원소를 가리키게 한다. directed_graph는 노드를 vector에 저장하도록 구현했기 때문에 증가와 감소가 쉽다.

```
// m_nodeIterator가 이미 끝 원소 다음을 가리킨다면 정의되지 않은 동작이고,
// 그렇지 않으면 유효하지 않다.
template <typename DirectedGraph>
void const_directed_graph_iterator<DirectedGraph>::increment()
{
    ++m_nodeIterator;
}
```

```
// m_nodeIterator가 이미 첫 번째 원소를 가리킨다면 정의되지 않은 동작이고,
// 그렇지 않으면 유효하지 않다.
template <typename DirectedGraph>
void const_directed_graph_iterator<DirectedGraph>::decrement()
{
    --m_nodeIterator;
}
```

반복자는 일반 포인터raw pointer보다 안전할 필요는 없다. 따라서 반복자를 증가시킬 때 이미 끝을 가리키고 있는지와 같은 에러 검사는 필요 없다.

C++20부터 추가된 명시적 디폴트 operator==을 지원하지 않는 컴파일러를 사용한다면 operator==과 operator!=을 다음과 같이 직접 구현하면 된다. 여기에서는 두 데이터 멤버를 단순히 비교할 뿐이다.

```
template <typename DirectedGraph>
bool const_directed_graph_iterator::operator==(
    const const_directed_graph_iterator& rhs) const
{
    // 반복자가 가리키는 directed_graph를 비롯한 모든 필드는 반드시 같아야 한다.
    return (m_graph == rhs.m_graph && m_nodeIterator == rhs.m_nodeIterator);
}

template <typename DirectedGraph>
bool const_directed_graph_iterator<DirectedGraph>::operator!=(
    const const_directed_graph_iterator<DirectedGraph>& rhs) const
{
    return !(*this == rhs);
}
```

여기서 const_directed_graph_iterator의 iterator_type 타입 앨리어스는 directed_graph의 private 타입 앨리어스인 nodes_container_type을 사용한다. 따라서 directed_graph 클래스 템플릿은 반드시 const_directed_graph_iterator를 friend로 선언해야 한다.

```
export template <typename T>
class directed_graph
{
    // 다른 메서드는 생략
```

```
    private:
        friend class const_directed_graph_iterator<directed_graph>;
};
```

directed_graph_iterator 클래스 템플릿

directed_graph_iterator 클래스 템플릿은 const_directed_graph_iterator를 상속한다. operator==, increment( ), decrement( )는 베이스 클래스 버전만으로 충분하므로 오버라이드할 필요 없다. directed_graph_iterator는 다음과 같이 정의한다. 주석은 베이스 클래스와 같으므로 생략한다. const_directed_graph_iterator와의 주요 차이점은 다음과 같다.

- pointer, reference, iterator_type 타입 앨리어스는 비 const다.
- operator*와 operator->는 const로 지정하지 않는다.
- ++와 -- 연산자의 리턴 타입이 서로 다르다.

```
template <typename DirectedGraph>
class directed_graph_iterator : public const_directed_graph_iterator<DirectedGraph>
{
    public:
        using value_type = typename DirectedGraph::value_type;
        using difference_type = ptrdiff_t;
        using iterator_category = std::bidirectional_iterator_tag;
        using pointer = value_type*;
        using reference = value_type&;
        using iterator_type =
            typename DirectedGraph::nodes_container_type::iterator;

        directed_graph_iterator() = default;
        directed_graph_iterator(iterator_type it, const DirectedGraph* graph);

        reference operator*();
        pointer operator->();

        directed_graph_iterator& operator++();
        directed_graph_iterator operator++(int);

        directed_graph_iterator& operator--();
        directed_graph_iterator operator--(int);
};
```

directed_graph_iterator 메서드 구현

directed_graph_iterator 메서드의 구현 코드는 직관적인 편이다. 생성자는 베이스 클래스 템플릿 생성자를 그냥 호출하기만 한다. operator*와 operator->는 const_cast를 이용하여 비 const 타입을 리턴한다. operator++와 operator--는 베이스 클래스 템플릿의 increment()와 decrement()를 그냥 사용하기만 한다. 단, const_directed_graph_iterator가 아닌 directed_graph_iterator를 리턴한다. 주의할 점은 의외로 C++ 네임룩업 규칙에 따르면 베이스 클래스 템플릿의 데이터 멤버와 메서드를 가리킬 때 this->나 const_directed_graph_iterator<DirectedGraph>::를 이용해야 한다.

```
template <typename DirectedGraph>
directed_graph_iterator<DirectedGraph>::directed_graph_iterator(
    iterator_type it, const DirectedGraph* graph)
    : const_directed_graph_iterator<DirectedGraph> { it, graph } { }

// 실제 원소에 대한 레퍼런스를 리턴한다.
template <typename DirectedGraph>
typename directed_graph_iterator<DirectedGraph>::reference
    directed_graph_iterator<DirectedGraph>::operator*()
{
    return const_cast<reference>(this->m_nodeIterator->value());
}

// 실제 원소에 대한 포인터를 리턴한다.
// 따라서 컴파일러는 여기에 ->를 적용하여 원하는 필드에 접근할 수 있다.
template <typename DirectedGraph>
typename directed_graph_iterator<DirectedGraph>::pointer
    directed_graph_iterator<DirectedGraph>::operator->()
{
    return const_cast<pointer>(&(this->m_nodeIterator->value()));
}

// 세부사항은 베이스 클래스의 increment() 헬퍼에 맡긴다.
template <typename DirectedGraph>
directed_graph_iterator<DirectedGraph>&
    directed_graph_iterator<DirectedGraph>::operator++()
{
    this->increment();
    return *this;
}
```

```
// 세부사항은 베이스 클래스의 increment() 헬퍼에 맡긴다.
template <typename DirectedGraph>
directed_graph_iterator<DirectedGraph>
    directed_graph_iterator<DirectedGraph>::operator++(int)
{
    auto oldIt { *this };
    this->increment();
    return oldIt;
}
// operator-- 구현은 operator++와 유사하므로 생략한다.
```

const_directed_graph_iterator와 마찬가지로 directed_graph 클래스 템플릿도 반드시 directed_graph_iterator를 friend로 선언해야 한다.

반복자 타입 앨리어스와 접근 메서드

directed_graph에 대해 반복자를 지원하기 위해 마지막으로 할 일은 directed_graph 클래스 템플릿에 필요한 타입 앨리어스를 제공하고 begin(), end(), cbegin(), cend() 메서드를 구현하는 것이다. 타입 앨리어스와 메서드 프로토타입은 다음과 같다.

```
export template <typename T>
class directed_graph
{
    public:
        // 이전 코드 생략
        using iterator = const_directed_graph_iterator<directed_graph>;
        using const_iterator = const_directed_graph_iterator<directed_graph>;

        // 반복자 메서드
        iterator begin() noexcept;
        iterator end() noexcept;
        const_iterator begin() const noexcept;
        const_iterator end() const noexcept;
        const_iterator cbegin() const noexcept;
        const_iterator cend() const noexcept;
        // 나머지 코드 생략
};
```

여기서 주목할 점은 iterator와 const_iterator는 둘 다 const_directed_graph_iterator에 대한 타입 앨리어스라는 것이다. 다시 말해 사용자는 directed_graph 반복자가 가리키는 값을 수정할 수 없다. 이는 std::set과 같은 원칙을 따른다. std::set에서도 원소를 수정할 수 없다. 인접 리스트에서 인덱스로 사용하기 때문에 현재 directed_graph 구현을 위해 이렇게 해야 한다. 만약 노드를 수정할 수 있도록 구현을 수정한다면 iterator 타입 앨리어스도 directed_graph_iterator가 될 수 있다.

directed_graph 클래스 템플릿은 vector의 모든 노드를 저장한다. 따라서 begin()과 end()는 처리할 작업을 동일한 이름의 vector 메서드로 전달한다. 이 메서드에서 리턴한 값은 const_directed_graph_iterator의 타입 앨리어스인 iterator로 감싼다.

```
template <typename T>
typename directed_graph<T>::iterator
    directed_graph<T>::begin() noexcept
{
    return iterator { std::begin(m_nodes), this };
}

template <typename T>
typename directed_graph<T>::iterator
    directed_graph<T>::end() noexcept
{
    return iterator { std::end(m_nodes), this };
}
```

const 버전의 begin()과 end()는 스콧 메이어스의 const_cast() 패턴(9장 참조)을 따라 비 const 버전을 호출하도록 구현했다.

```
template <typename T>
typename directed_graph<T>::const_iterator
    directed_graph<T>::begin() const noexcept
{
    return const_cast<directed_graph*>(this)->begin();
}
template <typename T>
typename directed_graph<T>::const_iterator
    directed_graph<T>::end() const noexcept
{
    return const_cast<directed_graph*>(this)->end();
}
```

cbegin()과 cend() 메서드는 주어진 요청을 const 버전의 begin()과 end()에 전달한다.

```
template <typename T>
typename directed_graph<T>::const_iterator
    directed_graph<T>::cbegin() const noexcept { return begin(); }

template <typename T>
typename directed_graph<T>::const_iterator
    directed_graph<T>::cend() const noexcept { return end(); }
```

다른 메서드도 반복자를 사용하도록 수정하기

이제 directed_graph에 반복자 지원 기능을 추가했으니, 다른 메서드도 표준 라이브러리 가이드라인에 맞게 반복자를 사용하도록 살짝 변경할 수 있다. 이번에는 insert() 메서드부터 살펴보자. 앞에서 구현한 기본 버전은 다음과 같이 정의했다.

```
// insert가 성공적으로 실행되려면 값이 그래프에 있으면 안 된다.
// 주어진 값에 대한 새 노드가 그래프에 추가되면 true를
// 그 값에 대한 노드가 이미 있다면 false를 리턴한다.
bool insert(const T& node_value);
bool insert(T&& node_value);
```

표준 라이브러리 스타일에 좀 더 확실하게 따르기 위해서는 여기서 std::pair<iterator, bool>를 리턴하게 수정한다. 여기서 bool 값은 원소가 그래프에 추가되었다면 true를, 이미 그래프에 있다면 false를 갖는다. pair의 반복자는 새로 추가된 원소 또는 그래프에 이미 있는 원소를 가리킨다.

```
std::pair<iterator, bool> insert(const T& node_value);
std::pair<iterator, bool> insert(T&& node_value);
```

구현 코드는 다음과 같다. 단순히 bool 값을 리턴하는 버전과 달라진 부분은 굵게 표시했다.

```
template <typename T>
std::pair<typename directed_graph<T>::iterator, bool>
    directed_graph<T>::insert(const T& node_value)
{
```

```
    T copy { node_value };
    return insert(std::move(copy));
}

template <typename T>
std::pair<typename directed_graph<T>::iterator, bool>
    directed_graph<T>::insert(T&& node_value)
{
    auto iter { findNode(node_value) };
    if (iter != std::end(m_nodes)) {
        // 그래프에 이미 있는 값이다.
        return { iterator { iter, this }, false };
    }
    m_nodes.emplace_back(this, std::move(node_value));
    // 그래프에 값이 성공적으로 추가되었다.
    return { iterator { --std::end(m_nodes), this }, true };
}
```

또한 insert()의 오버로딩 버전은 반복자 힌트를 받도록 제공한다. 이 힌트는 directed_graph에는 필요 없지만 다른 표준 라이브러리 컨테이너(예: std::set)과와의 통일성을 위해 작성한다. 이 힌트를 무시하면 힌트 없는 insert() 버전을 호출한다.

```
template <typename T>
typename directed_graph<T>::iterator
    directed_graph<T>::insert(const_iterator hint, const T& node_value)
{
    // 힌트를 무시하고 그냥 다른 insert()로 전달한다.
    return insert(node_value).first;
}

template <typename T>
typename directed_graph<T>::iterator
    directed_graph<T>::insert(const_iterator hint, T&& node_value)
{
    // 힌트를 무시하고 그냥 다른 insert()로 전달한다.
    return insert(std::move(node_value)).first;
}
```

마지막으로 작성할 insert() 버전은 반복자 범위를 인수로 받는다. 이 버전은 메서드 템플릿이기 때문에 directed_graph뿐만 아니라 모든 컨테이너로부터 반복자 범위를 받을 수 있다.

실제 구현은 17장에 나온 것처럼 insert_iterator를 사용한다.

```
template <typename T>
template <typename Iter>
void directed_graph<T>::insert(Iter first, Iter last)
{
    // 주어진 범위에 있는 각 원소를 insert_iterator 어댑터로 복제한다.
    // begin()는 더미 위치다(insert는 이를 무시한다).
    std::copy(first, last, std::insert_iterator { *this, begin() });
}
```

erase( ) 메서드도 반복자를 사용하도록 수정한다. 이전 정의는 노드값을 받아서 bool을 리턴한다.

```
// 주어진 노드값이 삭제되었다면 true를, 그렇지 않으면 false를 리턴한다.
bool erase(const T& node_value);
```

표준 라이브러리 원칙에 따르도록 directed_graph에서 erase( ) 메서드 두 개를 제공하도록 수정한다. 하나는 반복자가 가리키는 노드를 삭제하고, 다른 하나는 반복자 범위로 주어진 노드 범위를 삭제한다. 둘 다 마지막으로 삭제된 노드 다음의 노드에 대한 반복자를 리턴한다.

```
// 마지막으로 삭제한 원소 다음 원소에 대한 반복자를 리턴한다.
iterator erase(const_iterator pos);
iterator erase(const_iterator first, const_iterator last);-
```

구현 코드는 다음과 같다.

```
template <typename T>
typename directed_graph<T>::iterator
    directed_graph<T>::erase(const_iterator pos)
{
    if (pos.m_nodeIterator == std::end(m_nodes)) {
        return iterator { std::end(m_nodes), this };
    }
    remove_all_links_to(pos.m_nodeIterator);
    return iterator { m_nodes.erase(pos.m_nodeIterator), this };
}
```

```
template <typename T>
typename directed_graph<T>::iterator
    directed_graph<T>::erase(const_iterator first, const_iterator last)
{
    for (auto iter { first }; iter != last; ++iter) {
        if (iter.m_nodeIterator != std::end(m_nodes)) {
            remove_all_links_to(iter.m_nodeIterator);
        }
    }
    return iterator {
        m_nodes.erase(first.m_nodeIterator, last.m_nodeIterator), this };
}
```

마지막으로 public 메서드인 find( ) 두 개도 반복자를 리턴하도록 구현한다. 구체적인 코드는 연습 문제로 남겨둔다.

```
iterator find(const T& node_value);
const_iterator find(const T& node_value) const;
```

directed_graph 반복자 사용법

이제 directed_graph에 반복자를 지원하게 만들었으니, 원소에 대해 반복하는 코드를 기존 표준 라이브러리 컨테이너처럼 작성할 수 있고, 메서드나 함수에 반복자를 전달할 수 있다. 예를 들면 다음과 같다.

```
// 중복 추가해본다. 결과는 구조적 바인딩을 적용한다.
auto [iter22, inserted] { graph.insert(22) };
if (!inserted) { std::cout << "Duplicate element.\n"; }

// for 루프와 반복자로 노드를 출력한다.
for (auto iter { graph.cbegin() }; iter != graph.cend(); ++iter) {
    std::cout << *iter << " ";
}
std::cout << std::endl;

// 비 멤버 함수인 std::cbegin과 std::cend()로 가져온 반복자와 for 루프로
// 노드를 출력한다.
for (auto iter { std::cbegin(graph) }; iter != std::cend(graph); ++iter) {
    std::cout << *iter << " ";
}
```

```
std::cout << std::endl;

// 범위 기반 for 루프로 노드를 출력한다.
for (auto& node : graph) { std::cout << node << std::endl; }
std::cout << std::endl;

// 표준 라이브러리 알고리즘인 std::find()로 노드를 탐색한다.
auto result { std::find(std::begin(graph), std::end(graph), 22) };
if (result != std::end(graph)) {
    std::cout << "Node 22 found." << std::endl;
} else {
    std::cout << "Node 22 NOT found." << std::endl;
}

// 값이 22보다 큰 노드 수를 센다.
auto count { std::count_if(std::begin(graph), std::end(graph),
    [](const auto& node) { return node > 22; }) };

// 반복자 기반 erase() 메서드에 std::find()를 사용한다.
graph.erase(std::find(std::begin(graph), std::end(graph), 44));
```

이 코드를 보면 반복자 지원 덕분에 directed_graph를 표준 라이브러리 알고리즘에서 사용할 수 있게 된 것을 확인할 수 있다. 하지만 directed_graph는 const 반복자만 지원하기 때문에 표준 라이브러리 알고리즘 중에서도 비수정[non-modifying] 알고리즘(예: std::set)만 사용할 수 있다. 예를 들어 다음 코드처럼 제거 후 삭제 패턴으로 작성하면 컴파일 에러가 발생한다.

```
graph.erase(std::remove_if(std::begin(graph), std::end(graph),
    [](const auto& node) { return node > 22; }), std::end(graph));
```

역방향 반복자 지원 추가하기

컨테이너에서 양방향 반복자나 임의 접근 반복자를 제공한다면 역방향을 지원한다고 볼 수 있다. 역방향 컨테이너[reversible container]는 다음 두 가지 타입 앨리어스를 추가로 제공해야 한다.

타입 이름	설명
reverse_iterator	컨테이너의 원소를 역방향으로 반복하는 타입
const_reverse_iterator	컨테이너의 const 원소를 역방향으로 반복하는 타입의 reverse_iterator

이때 컨테이너는 begin()과 end()에 대응하는 rbegin()과 rend()를 제공해야 한다. 또한 cbegin()과 cend()에 대응하는 crbegin()과 crend()도 제공해야 한다.

directed_graph 반복자는 양방향이다. 다시 말해 역방향 반복을 지원해야 한다. 다음 코드는 이를 위해 기존 코드에서 수정할 부분을 보여주고 있다. 두 가지 새로운 타입 앨리어스는 표준 라이브러리에서 제공하는 std::reverse_iterator 어댑터를 사용하고 있다. 또한 이 directed_graph 반복자가 역방향 반복자처럼 작동하게 변환하는 방법은 17장에서 설명했다.

```
export template <typename T>
class directed_graph
{
    public:
        // 다른 타입 앨리어스 생략
        using reverse_iterator = std::reverse_iterator<iterator>;
        using const_reverse_iterator = std::reverse_iterator<const_iterator>;

        // 역방향 반복자 메서드
        reverse_iterator rbegin() noexcept;
        reverse_iterator rend() noexcept;
        const_reverse_iterator rbegin() const noexcept;
        const_reverse_iterator rend() const noexcept;
        const_reverse_iterator crbegin() const noexcept;
        const_reverse_iterator crend() const noexcept;
        // 나머지 클래스 정의 코드 생략
};
```

여기 나온 역방향 반복자의 구현 코드는 다음과 같다. 여기서 reverse_iterator 어댑터를 사용한 부분에 주목한다.

```
template <typename T>
typename directed_graph<T>::reverse_iterator
    directed_graph<T>::rbegin() noexcept { return reverse_iterator { end() }; }

template <typename T>
typename directed_graph<T>::reverse_iterator
    directed_graph<T>::rend() noexcept { return reverse_iterator { begin() }; }

template <typename T>
```

```
typename directed_graph<T>::const_reverse_iterator
    directed_graph<T>::rbegin() const noexcept
{ return const_reverse_iterator { end() }; }

template <typename T>
typename directed_graph<T>::const_reverse_iterator
    directed_graph<T>::rend() const noexcept
{ return const_reverse_iterator { begin() }; }

template <typename T>
typename directed_graph<T>::const_reverse_iterator
    directed_graph<T>::crbegin() const noexcept { return rbegin(); }

template <typename T>
typename directed_graph<T>::const_reverse_iterator
    directed_graph<T>::crend() const noexcept { return rend(); }
```

다음 코드는 그래프에 있는 모든 노드를 역방향으로 출력하는 예를 보여준다.

```
for (auto iter { graph.rbegin() }; iter != graph.rend(); ++iter) {
    std::cout << *iter << " ";
}
```

인접 노드에 대해 반복하기

directed_graph는 노드에 대한 vector를 관리한다. 여기서 각 노드는 노드의 값과 인접 노드 리스트를 담고 있다. 이번에는 지정한 노드의 주변 노드에 대해 반복하도록 directed_graph 인터페이스를 개선해보자. 가장 먼저 const_adjacent_nodes_iterator와 adjacent_nodes_iterator 클래스 템플릿을 추가한다. 두 템플릿 역시 const_directed_graph_iterator와 directed_graph_iterator 템플릿 클래스에 적용한 원칙을 그대로 적용한다. 따라서 코드는 생략한다. 확인하고 싶다면 이 책에서 제공하는 예제 소스를 참고한다.

다음으로 directed_graph 인터페이스에 인접 노드의 반복자에 접근하기 위한 새로운 타입 앨리어스 두 개와 메서드를 추가한다.

```
export template <typename T>
class directed_graph
{
    public:
    // 다른 타입 앨리어스 코드 생략
    using iterator_adjacent_nodes = adjacent_nodes_iterator<directed_graph>;
    using const_iterator_adjacent_nodes =
        const_adjacent_nodes_iterator<directed_graph>;
    using reverse_iterator_adjacent_nodes =
        std::reverse_iterator<iterator_adjacent_nodes>;
    using const_reverse_iterator_adjacent_nodes =
        std::reverse_iterator<const_iterator_adjacent_nodes>;

    // 지정한 노드의 인접 노드 리스트에 대한 반복자를 리턴한다.
    // 값을 찾을 수 없으면 디폴트로 생성한 반복자를 끝 반복자로 리턴한다.
    iterator_adjacent_nodes begin(const T& node_value) noexcept;
    iterator_adjacent_nodes end(const T& node_value) noexcept;
    const_iterator_adjacent_nodes begin(const T& node_value) const noexcept;
    const_iterator_adjacent_nodes end(const T& node_value) const noexcept;
    const_iterator_adjacent_nodes cbegin(const T& node_value) const noexcept;
    const_iterator_adjacent_nodes cend(const T& node_value) const noexcept;

    // 지정한 노드의 인접 노드 리스트에 대한 반복자를 리턴한다.
    // 값을 찾을 수 없으면 디폴트로 생성한 반복자를 끝 반복자로 리턴한다.
    reverse_iterator_adjacent_nodes rbegin(const T& node_value) noexcept;
    reverse_iterator_adjacent_nodes rend(const T& node_value) noexcept;
    const_reverse_iterator_adjacent_nodes rbegin(const T& node_value)
        const noexcept;
    const_reverse_iterator_adjacent_nodes rend(const T& node_value)
        const noexcept;
    const_reverse_iterator_adjacent_nodes crbegin(const T& node_value)
        const noexcept;
    const_reverse_iterator_adjacent_nodes crend(const T& node_value)
        const noexcept;
    // 나머지 코드 생략
};
```

begin(const T&) 메서드의 구현 코드는 다음과 같다.

```
template <typename T>
typename directed_graph<T>::iterator_adjacent_nodes
    directed_graph<T>::begin(const T& node_value) noexcept
```

```
{
    auto iter { findNode(node_value) };
    if (iter == std::end(m_nodes)) {
        // 디폴트로 생성된 끝 반복자를 리턴한다.
        return iterator_adjacent_nodes {};
    }
    return iterator_adjacent_nodes {
        std::begin(iter->get_adjacent_nodes_indices()), this };
}
```

인접 노드 반복자와 관련된 다른 메서드의 구현 코드도 앞에 나온 begin(const T&)와 비슷하거나 실제 작업을 다른 메서드로 전달한다. 구체적인 코드는 이 책에서 제공하는 예제 소스를 참조하기 바란다.

지금까지 살펴본 인접 노드 반복자를 추가하면 지정한 노드의 모든 인접 노드에 접근하는 작업을 아주 쉽게 처리할 수 있다. 예를 들어 값이 22인 노드의 인접 노드를 모두 출력하려면 다음과 같이 한다. 여기서 디폴트로 생성한 인접 노드 반복자를 끝 반복자로 사용한 점을 주목한다.

```
std::cout << "Adjacency list for node 22: ";

auto iterBegin { graph.cbegin(22) };
auto iterEnd { graph.cend(22) };

if (iterBegin == directed_graph<int>::const_iterator_adjacent_nodes{}) {
    std::cout << "Value 22 not found." << std::endl;
} else {
    for (auto iter { iterBegin }; iter != iterEnd; ++iter) {
        std::cout << *iter << " ";
    }
}
```

그래프 출력

이제 directed_graph에 노드 자신과 인접 노드에 대한 반복자를 지원하도록 추가했으니 그래프를 출력하는 to_dot() 헬퍼 함수 템플릿도 반복자를 사용하도록 수정해보자.

```
export template <typename T>
std::wstring to_dot(const directed_graph<T>& graph, std::wstring_view graph_name)
{
```

```
    std::wstringstream wss;
    wss << format(L"digraph {} {{", graph_name.data()) << std::endl;
    for (auto&& node : graph) {
        const auto b { graph.cbegin(node) };
        const auto e { graph.cend(node) };
        if (b == e) {
            wss << node << std::endl;
        } else {
            for (auto iter { b }; iter != e; ++iter) {
                wss << format(L"{} -> {}", node, *iter) << std::endl;
            }
        }
    }
    wss << "}" << std::endl;
    return wss.str();
}
```

3 할당자에 대한 지원 추가하기

이 장의 앞에서 설명했듯이 표준 라이브러리 컨테이너는 모두 커스텀 메모리 할당자를 지정하는 기능을 제공한다. 마찬가지로 올바른 directed_graph 구현이라면 이와 같이 제공해야 한다. 그럼 커스텀 할당자를 지원하기 위해 어떻게 수정해야 하는지 살펴보자. 할당자 지원을 위한 작업은 크게 두 단계로 나눠서 진행한다. 먼저 초기 버전을 만들어보고 올바른 최종 버전을 만든다.

graph_node 변경

가장 먼저 수정할 클래스 템플릿은 graph_node다. 수정 사항은 다음과 같다.

- 두 번째 템플릿 타입 매개변수로 사용할 할당자 타입을 지정하게 만든다.
- 특정 할당자에 전달할 두 가지 새로운 생성자
- 복제/이동 생성자와 복제/이동 대입 연산자(디폴트 버전은 커스텀 할당자에 맞지 않다.)
- 지정한 할당자로 노드를 할당하도록 생성자를 수정한다.
- 지정한 할당자로 노드에 대한 메모리를 해제하도록 소멸자를 수정한다.
- 할당자를 저장하는 데이터 멤버
- m_data는 값이 아닌 포인터를 가져야 한다.
- operator==은 더 이상 디폴트가 될 수 없다. 따라서 operator==과 operator!=을 명시적으로 구현해야 한다.

다음은 graph_node 클래스 템플릿이다(수정한 부분은 굵게 표시했다).

```
template <typename T , typename A = std::allocator<T>>
class graph_node
{
    public:
        // 지정한 값에 대한 graph_node를 생성한다.
        graph_node(directed_graph<T, A >* graph, const T& t);
        graph_node(directed_graph<T, A >* graph, T&& t);

        // 지정한 값과 지정한 할당자에 대한 graph_node를 생성한다.
        graph_node(directed_graph<T, A>* graph, const T& t, const A& allocator);
        graph_node(directed_graph<T, A>* graph, T&& t, const A& allocator);

        ~graph_node();

        // 복제 및 이동 생성자
        graph_node(const graph_node& src);
        graph_node(graph_node&& src) noexcept;

        // 복제 및 이동 대입 연산자
        graph_node& operator=(const graph_node& rhs);
        graph_node& operator=(graph_node&& rhs) noexcept;

        // 나머지 public 코드 생략
    private:
        friend class directed_graph<T, A>;

        // 현재 노드가 속한 그래프에 대한 포인터
        directed_graph<T, A>* m_graph;
        // 수정하지 않은 부분 생략
        A m_allocator;
        T* m_data{ nullptr };
        adjacency_list_type m_adjacentNodeIndices;
};
```

여기서 생성자는 인수로 받은 할당자를 이용하여 allocate( )를 호출하여 새로운 노드에 필요한 메모리를 할당한다. 이때 T 타입 인스턴스 하나를 담을 정도의 메모리를 할당하기만할 뿐 T를 생성하는 것은 아니다. T는 배치 new 연산자로 생성된다. 812쪽에서 설명했듯이 배치 new 연산자를 이용하면 미리 할당된 메모리 블록을 이용하여 객체를 생성할 수 있다.

```
template <typename T, typename A>
graph_node<T, A>::graph_node(directed_graph<T, A>* graph, const T& t,
    const A& allocator) : m_graph { graph }, m_allocator { allocator }
{
    m_data = m_allocator.allocate(1);
    new(m_data) T { t };
}

template <typename T, typename A>
graph_node<T, A>::graph_node(directed_graph<T, A>* graph, T&& t,
    const A& allocator) : m_graph { graph }, m_allocator { allocator }
{
    m_data = m_allocator.allocate(1);
    new(m_data) T { std::move(t) };
}
```

할당자 매개변수가 없는 생성자는 할당자 매개변수가 있는 생성자에 디폴트로 생성된 할당자를 지정해서 호출하는 방식으로 작업을 전달한다.

```
template <typename T, typename A>
graph_node<T, A>::graph_node(directed_graph<T, A>* graph, const T& t)
    : graph_node<T, A> { graph, t, A{} } { }

template <typename T, typename A>
graph_node<T, A>::graph_node(directed_graph<T, A>* graph, T&& t)
    : graph_node<T, A> { graph, std::move(t), A{} } { }
```

소멸자는 T의 소멸자를 명시적으로 호출해서 T 인스턴스를 소멸시킨 뒤 할당자를 이용하여 메모리 블록을 해제한다.

```
template <typename T, typename A>
graph_node<T, A>::~graph_node()
{
    if (m_data) {
        m_data->~T();
        m_allocator.deallocate(m_data, 1);
        m_data = nullptr;
    }
}
```

복제/이동 생성자와 복제/이동 대입 연산자의 구현 코드는 연습 문제로 남긴다. 정답은 이 책의 예제 소스를 참조한다.

마지막으로 value() 메서드와 operator==은 m_data를 역참조해야 한다. 이제부터는 포인터로 변경되었기 때문이다.

directed_graph 변경

directed_graph 클래스 템플릿 정의 부분에 다음과 같은 항목을 추가한다.

- 두 번째 템플릿 타입 매개변수로 사용할 할당자 타입
- allocator_type 타입 앨리어스
- 디폴트 생성자와 사용할 할당자를 인수로 받는 생성자
- 할당자를 저장할 멤버

수정된 정의는 다음과 같다. 기존 정의에서 수정한 부분은 굵게 표시했다.

```
export template <typename T, typename A = std::allocator<T>>
class directed_graph
{
    public:
        using allocator_type = A;

        directed_graph() noexcept(noexcept(A{})) = default;
        explicit directed_graph(const A& allocator) noexcept;
        // 기존과 같은 부분은 생략
    private:
        friend class details::graph_node<T, A>;

        using nodes_container_type = std::vector<details::graph_node<T, A>>;
        nodes_container_type m_nodes;
        A m_allocator;
        // 기존과 같은 부분은 생략
        [[nodiscard]] std::set<T, std::less<>, A> get_adjacent_nodes_values(
            const typename details::graph_node<T, A>::adjacency_list_type&
                indices) const;
};
```

디폴트 생성자를 디폴트로 지정했다. 이 구문은 좀 복잡하다. 이렇게 하면 디폴트 생성자가 noexcept로 지정되는데, 할당자에 대한 디폴트 생성자가 noexcept일 때만 그렇다.

메서드 구현은 모두 template<typename T> 대신 template<typename T, typename A>를, <T> 대신 <T, A>를 사용해야 한다.

새로운 생성자는 다음과 같이 직관적이다.

```
template <typename T, typename A>
directed_graph<T, A>::directed_graph(const A& allocator) noexcept
    : m_nodes { allocator }, m_allocator { allocator } { }
```

insert(T&&)에서 emplace_back()을 호출하는 부분을 다음과 같이 수정해야 한다.

```
m_nodes.emplace_back(this, std::move(node_value), m_allocator );
```

get_adjacent_nodes_values() 메서드에서 values 변수 정의는 다음과 같이 수정해야 한다. 아쉽게도 이 할당자는 세 번째 템플릿 타입 매개변수이기 때문에 std::less<>를 명시적으로 적어야 한다.

```
std::set<T, std::less<>, A> values (m_allocator);
```

swap() 메서드는 다음과 같이 수정한다.

```
template <typename T, typename A>
void directed_graph<T, A>::swap(directed_graph& other_graph) noexcept
{
    using std::swap;
    m_nodes.swap(other_graph.m_nodes);
    swap(m_allocator, other_graph.m_allocator);
}
```

directed_graph 클래스에서 수정할 부분은 여기까지다.

익셉션 안전성

아쉽게도 앞에서 본 초기 버전에는 문제가 있다. 다음에 나온 graph_node 생성자 코드를 자세히 살펴보자.

```
template <typename T, typename A>
graph_node<T, A>::graph_node(directed_graph<T, A>* graph, const T& t,
    const A& allocator) : m_graph { graph }, m_allocator { allocator }
{
    m_data = m_allocator.allocate(1);
    new(m_data) T { t };
}
```

이 코드에서 무엇이 잘못되었을까? 찾기 힘들 수 있겠지만 이 코드는 익셉션에 안전하지 않다. m_data가 제대로 할당되었지만 T의 생성자가 익셉션을 던지면 graph_node 소멸자는 영원히 호출되지 않게 된다. 따라서 m_data에 누수가 발생한다.

이러한 익셉션 안전성을 해결하기 위한 한 가지 방법은 할당 작업은 베이스 클래스에서 하고, 생성 작업은 파생 클래스에서 처리하게 만드는 것이다. 베이스 클래스인 graph_node_allocator는 T의 인스턴스를 담을 메모리를 할당하는 작업만 담당한다. 원본 graph_node의 m_allocator와 m_data 멤버는 이렇게 새로 만든 베이스 클래스에 넣는다. 이 베이스 클래스는 복제 생성자와 복제 및 이동 대입 연산자가 필요 없으므로 삭제한다. 베이스 클래스에 대한 전체 코드는 다음과 같다. 중요한 부분(메모리 할당과 해제에 관련된 부분)은 굵게 표시했다. 여기서 이동 생성자 안에서 m_data를 이동시키는 데 std::exchange()를 사용한 부분도 주목한다.

```
template <typename T, typename A = std::allocator<T>>
class graph_node_allocator
{
    protected:
    explicit graph_node_allocator(const A& allocator);

        // 복제 및 이동 생성자
        graph_node_allocator(const graph_node_allocator&) = delete;
        graph_node_allocator(graph_node_allocator&& src) noexcept;

        // 복제 및 이동 대입 연산자
        graph_node_allocator& operator=(const graph_node_allocator&) = delete;
        graph_node_allocator& operator=(graph_node_allocator&&) noexcept = delete;

        ~graph_node_allocator();

        A m_allocator;
        T* m_data{ nullptr };
};
```

```
template <typename T, typename A>
graph_node_allocator<T, A>::graph_node_allocator(const A& allocator)
    : m_allocator { allocator }
{ m _data = m_allocator.allocate(1); }

template <typename T, typename A>
graph_node_allocator<T, A>::graph_node_allocator(graph_node_allocator&& src)
    noexcept
    : m_allocator { std::move(src.m_allocator) }
    , m_data { std::exchange(src.m_data, nullptr) } { }

template <typename T, typename A>
graph_node_allocator<T, A>::~graph_node_allocator()
{
    m_allocator.deallocate(m_data, 1);
    m_data = nullptr;
}
```

다음으로 graph_node 클래스 템플릿은 graph_node_allocator로부터 private으로 파생시키도록 수정한다.

```
template <typename T, typename A = std::allocator<T>>
class graph_node : private graph_node_allocator<T, A> { /* ... */ };
```

이 외에도 m_allocator와 m_data 멤버는 반드시 삭제해야 한다. 두 멤버를 베이스 클래스로 옮겼기 때문이다. graph_node의 생성자는 베이스 클래스의 생성자를 제대로 호출하도록 수정해야 한다. 예를 들면 다음과 같다.

```
template <typename T, typename A>
graph_node<T, A>::graph_node(directed_graph<T, A>* graph, const T& t,
    const A& allocator)
    : m_graph { graph }, graph_node_allocator<T, A> { allocator }
{ new(this->m_data) T { t }; }
```

이번에는 베이스 클래스에서 제대로 할당되었지만 graph_node 생성자에서 호출한 T의 생성자에서 익셉션을 던진 경우를 생각해보자. 방금 새로 만든 버전에서는 정상적으로 해제된다. C++에서는 완전히 생성된 객체(이 예제의 경우 베이스 클래스 객체)에 대해서는 항상 소멸자가 호출되도록 보장하기 때문이다.

T&&를 인수로 받는 버전의 생성자와 복제 및 이동 생성자도 이와 비슷하게 수정해야 한다. 코드는 생략한다.

마지막으로 소멸자도 수정해야 한다. 실제 해제 작업은 베이스 클래스 소멸자에서 처리하기 때문이다. 따라서 graph_node 소멸자는 m_data를 소멸시키기만 해야 한다. 할당 해제 작업은 하지 않는다.

```
template <typename T, typename A>
graph_node<T, A>::~graph_node()
{
    if (this->m_data) { this->m_data->~T(); }
}
```

4 graph_node 개선

이 장 앞에서 설명했듯이 현재 구현한 graph_node는 m_graph 데이터 멤버에 대한 포인터를 사용한다. 이 부분을 레퍼런스로 바꿀 수 있지만 앞에서 언급했던 것처럼 복제/이동 생성자와 복제/이동 대입 연산자를 추가해야 한다. 컴파일러에서 생성되는 버전은 클래스에 레퍼런스 데이터 멤버가 있으면 자동으로 삭제되기 때문이다. 다행인 것은 커스텀 할당자를 지원하는 버전의 graph_node에 이미 복제/이동 생성자와 복제/이동 대입 연산자가 있다는 것이다. 다시 말해 m_graph를 레퍼런스로 변경하는 작업이 그리 힘들지 않다. graph_node 인터페이스에서 변경할 부분은 다음과 같다.

```
template <typename T, typename A = std::allocator<T>>
class graph_node : private graph_node_allocator<T, A>
{
    public:
        // 주어진 값에 대한 graph_node를 생성한다.
        graph_node(directed_graph<T, A>& graph, const T& t);
        graph_node(directed_graph<T, A>& graph, T&& t);

        // 주어진 값과 할당자에 대한 graph_node를 생성한다.
        graph_node(directed_graph<T, A>& graph, const T& t, const A& allocator);
        graph_node(directed_graph<T, A>& graph, T&& t, const A& allocator);
        // 수정하지 않은 나머지 코드 생략
    private:
        // 현재 노드가 속한 그래프에 대한 레퍼런스
        directed_graph<T, A>& m_graph;
```

```
        // 수정하지 않은 나머지 코드 생략
};
```

이들 네 가지 생성자, 복제/이동 생성자 그리고 복제/이동 대입 연산자의 구현 코드를 살짝 고쳐야 한다. 이 부분은 쉽게 할 수 있으므로 자세한 설명은 생략한다. 구체적인 코드는 이 책에서 제공하는 예제 소스를 참고한다.

directed_graph 클래스 템플릿에서 살짝 고쳐야 할 메서드가 하나 더 있다. 바로 insert(T&&)다. 기존에는 다음과 같이 작성했다.

```
m_nodes.emplace_back(this, std::move(node_value), m_allocator);
```

이 부분을 다음과 같이 수정한다.

```
m_nodes.emplace_back(*this, std::move(node_value), m_allocator);
```

5 표준 라이브러리와 비슷한 기능

directed_graph 클래스 템플릿에 표준 라이브러리와 비슷한 기능을 몇 가지 더 추가할 수 있다. 첫째, vector에 있는 것과 비슷한 assign() 메서드를 추가한다. 반복자 범위를 인수로 받는 이 assign() 메서드 역시 메서드 템플릿이다. 앞에서 본 반복자 기반 insert()와 같다.

```
template <typename Iter>
void assign(Iter first, Iter last);

void assign(std::initializer_list<T> init);
```

이렇게 하면 주어진 initializer_list나 반복자 범위의 모든 원소를 directed_graph에 대입할 수 있다. 여기서 대입한다는 말은 현재 그래프를 지운 뒤 새 노드를 추가한다는 말이다. 구문은 복잡하지만 구현은 쉽다.

```
template <typename T, typename A>
template <typename Iter>
void directed_graph<T, A>::assign(Iter first, Iter last)
{
```

```
    clear();
    for (auto iter { first }; iter != last; ++iter) { insert(*iter); }
}

template <typename T, typename A>
void directed_graph<T, A>::assign(std::initializer_list<T> init)
{
    assign(std::begin(init), std::end(init));
}
```

insert()를 initializer_list로 오버로드한 버전도 다음과 같이 추가한다.

```
template <typename T, typename A>
void directed_graph<T, A>::insert(std::initializer_list<T> init)
{
    insert(std::begin(init), std::end(init));
}
```

이렇게 오버로드한 버전을 이용하면 노드를 다음과 같이 추가할 수 있다.

```
graph.insert({ 66, 77, 88 });
```

다음으로 initializer_list 생성자와 대입 연산자도 추가한다.

```
template <typename T, typename A>
directed_graph<T, A>::directed_graph(std::initializer_list<T> init,
    const A& allocator) : m_allocator { allocator }
{
    assign(std::begin(init), std::end(init));
}

template <typename T, typename A>
directed_graph<T, A>& directed_graph<T, A>::operator=(
    std::initializer_list<T> init)
{
    // 복제 후 맞바꾸기와 유사한 알고리즘을 이용하여 익셉션 안전성을 확실히 보장한다.
    // 작업은 모두 임시 인스턴스로 처리한다.
    directed_graph new_graph { init };
    swap(new_graph); // 익셉션을 던지지 않는 연산으로만 작업을 처리한다.
```

```
    return *this;
}
```

이렇게 하고 나면 directed_graph를 다음과 같이 균일 초기화로 생성할 수 있다.

```
directed_graph<int> graph { 11, 22, 33 };
```

그러므로 다음과 같이 하지 않아도 된다.

```
directed_graph<int> graph;
graph.insert(11);
graph.insert(22);
graph.insert(33);
```

또한 그래프에 값을 대입하는 작업도 다음과 같이 처리할 수 있다.

```
graph = { 66, 77, 88 };
```

initializer_list 생성자와 CTAD(클래스 템플릿 인수 추론) 덕분에 directed_graph를 생성할 때 vector에서 하듯이 원소 타입을 생략할 수 있다.

```
directed_graph graph { 11, 22, 33 };
```

원소에 대한 반복자 범위를 받는 생성자도 추가할 수 있다. 이 버전 역시 반복자 범위를 받는 assign() 메서드처럼 메서드 템플릿이다. 구현은 다음과 같이 assign()에 작업을 전달하기만 하면 된다.

```
template <typename T, typename A>
template <typename Iter>
directed_graph<T, A>::directed_graph(Iter first, Iter last, const A& allocator)
    : m_allocator { allocator }
{
    assign(first, last);
}
```

마지막으로 노드값을 인수로 받는 버전의 erase( )도 오버로드할 수 있다. std::set과 마찬가지로 삭제된 노드 개수를 리턴한다. directed_graph의 경우 이 값은 항상 0이나 1이다.

```
template <typename T, typename A>
typename directed_graph<T, A>::size_type directed_graph<T, A>::erase(
    const T& node_value)
{
    const auto iter { findNode(node_value) };
    if (iter != std::end(m_nodes)) {
        remove_all_links_to(iter);
        m_nodes.erase(iter);
        return 1;
    }
    return 0;
}
```

임플레이스 연산

객체를 그 자리에서 생성하는 임플레이스[emplace] 연산은 18장에서 설명한 적 있다. directed_graph에 대한 emplace 메서드는 다음과 같이 정의한다.

```
template <typename... Args>
std::pair<iterator, bool> emplace(Args&&... args);

template <typename... Args>
iterator emplace_hint(const_iterator hint, Args&&... args);
```

여기 나온 ...는 오타가 아니다. 이를 가변 인수 함수 템플릿[variadic function template]이라 부른다. 템플릿 타입 매개변수 개수와 함수 매개변수 개수가 일정하지 않은(가변적인) 함수 템플릿이다. 가변 인수 템플릿은 26장에서 자세히 설명한다. directed_graph 구현 코드에는 emplace 연산을 생략했다.

6 추가 개선점

directed_graph 클래스 템플릿에 추가로 개선할 부분은 다음과 같다.

- 현재 구현은 노드 변경을 허용하지 않는다. 인접 리스트에서 노드 인덱스를 사용하기 때문이다. 이를 허용하도록 코드를 변경할 수 있다. 그러면 directed_graph<T>::iterator 타입 앨리어스는 비 const 반복자가 될 수 있다.

- 현재 버전은 그래프에 사이클이 존재하는지 검사하지 않는다. 이러한 검사 기능을 추가하면 DAG (directed acyclic graph)로 만들 수 있다.
- 양방향 반복자 지원 대신 임의 접근 반복자를 지원하도록 수정할 수 있다.
- C++17부터 표준 라이브러리 연관 컨테이너에 추가된 노드 관련 기능을 활용할 수 있다(18장 참조). directed_graph 클래스 템플릿에 node_type 타입 앨리어스와 extract() 같은 메서드를 추가하도록 개선할 수 있다.

7 다른 컨테이너 타입

directed_graph 클래스 템플릿은 기본적으로 순차 컨테이너다. 하지만 그래프 속성상 연관 컨테이너에 관련된 기능(예: insert() 메서드의 리턴 타입)을 구현하고 있다.

순수 순차 컨테이너, 비정렬 연관 컨테이너 또는 정렬 연관 컨테이너 등으로 만들 수도 있다. 그럴 경우 표준 라이브러리에서 지정한 요구사항을 모두 따라야 한다. 구체적으로 설명하기보다는 deque 컨테이너를 참고하는 것이 간편하다. 앞서 말한 순차 컨테이너 요구사항을 거의 모두 따르고 있다. 유일한 차이점은 표준에서 요구하지 않은 resize() 메서드를 추가로 제공하는 것뿐이다. 정렬 연관 컨테이너의 예로 map이 있다. 이 컨테이너를 참고하여 정렬 연관 컨테이너를 직접 정의할 수 있다. 마찬가지로 비정렬 연관 컨테이너를 구현하는 데 unordered_map를 참고한다.

25.3 정리

이 장에서는 컨테이너에 대한 메모리 할당과 해제를 커스터마이즈하는 할당자를 알아봤다. 또한 표준 라이브러리 컨테이너의 데이터를 다룰 수 있는 알고리즘을 직접 정의하는 방법도 소개했다. 마지막으로 directed_graph란 컨테이너를 표준 라이브러리에 호환되도록 구현하는 전체 과정을 살펴봤다. 반복자 지원 기능을 이용하면 표준 라이브러리 알고리즘에 호환되게 directed_graph를 구현할 수 있다.

이 장을 통해 컨테이너의 개발 과정을 깊이 이해했을 것이다. 표준 라이브러리 알고리즘이나 컨테이너를 직접 구현할 일이 없더라도 표준 라이브러리의 메커니즘과 강력함을 깊이 있게 이해하면 단순히 사용하는 데도 도움이 된다.

이 장을 마지막으로 표준 라이브러리의 설명을 마친다. 상당히 자세히 설명했지만 여전히 빠진 부분이 많다. 여기서 자세히 설명하지 않은 부분이 궁금하다면 부록 B에서 소개하는 참고 문헌을 읽어보기 바란다. 여기서 설명한 기능을 반드시 모두 사용할 필요는 없다. 실제로 필요 없는데도 사용하면 코드만 복잡해질 뿐이다. 하지만 작성한 코드를 언제든지 표준 라이브러리에 적용할 수 있다는 점을 염두에 두고 개발하는 것이 좋다. 컨테이너부터 시작해서 알고리즘도 하나둘씩 적용하다 보면 어느새 능숙하게 다루고 있을 것이다.

25.4 연습 문제

이 장에서 소개한 내용을 직접 써보기 위해 다음 연습 문제를 풀어보자. 연습 문제에 대한 정답은 이 책의 웹사이트(www.wiley.com/go/proc++5e)에서 다운로드할 수 있다. 문제를 풀다가 막히면 정답부터 찾지 말고 먼저 앞에서 설명한 부분을 다시 읽고 직접 답을 찾아보려고 애쓰기 바란다.

연습 문제 25-1 표준 라이브러리의 transform()(20장 참조)과 비슷한 transform_if() 알고리즘을 구현해보자. transform()과 다른 점은 transform_if()는 프레디케이트를 추가로 받아서 이 프레디케이트가 true인 원소만 변환한다. 나머지 원소는 그대로 둔다. 정수 vector를 만든 뒤, 홀수값에 대해서만 2를 곱하는 코드를 이용해서 작성한 알고리즘을 테스트한다.

연습 문제 25-2 generate_fibonacci()란 알고리즘을 만들어보자. 이 알고리즘은 주어진 범위를 피보나치 수열[1]로 채운다. 피보나치 수열은 0과 1로 시작해서 이전 두 수를 더한 값으로 이어나간다. 예를 들면 0, 1, 1, 2, 3, 5, 8, 13, 21, 34, 55, 89 등과 같이 이어진다. 구현할 때 모든 경우를 담은 반복문을 만들거나 재귀 알고리즘을 사용하지 말고, 표준 라이브러리의 generate() 알고리즘으로 대부분의 작업을 처리한다.

연습 문제 25-3 directed_graph 클래스 템플릿에 find(const T&) 메서드의 const 버전과 비const 버전을 구현해보자.

연습 문제 25-4 C++20부터 모든 연관 컨테이너에 contains() 메서드가 추가되었다. 이 메서드는 주어진 원소가 컨테이너에 있으면 true를, 아니면 false를 리턴한다. 이 메서드는 directed_graph 예제에서 유용하므로 구현해보자.

1 연속된 피보나치 수 두 개의 비율이 바로 황금률(golden ratio)인 1.618034다. 피보나치 수와 황금률은 자연에서 쉽게 볼 수 있다. 예를 들어 나무의 가지와 아티초크 개화, 꽃잎 수, 조개껍질 등에서 볼 수 있다. 황금률은 사람의 미적 기준이 되기에 건축물의 방을 설계하거나 정원의 식물을 배치할 때 등에 흔히 적용한다.

CHAPTER 26

고급 템플릿

이 장의 내용

- 템플릿 매개변수의 종류
- 부분 특수화 사용법
- 재귀 템플릿 작성 방법
- 가변 인수 템플릿 개념
- 가변 인수 템플릿을 이용한 타입 안전 가변 인수 함수 작성법
- constexpr if 문
- 폴드 표현식 사용법
- 메타프로그래밍의 개념과 방법
- 타입 트레이트의 용도

12장에서는 클래스와 함수 템플릿을 널리 사용하는 기능 위주로 살펴봤다. 표준 라이브러리의 내부 작동 방식을 파악할 수 있거나 간단한 클래스를 직접 정의하는 수준으로만 템플릿을 이해하고 싶은 독자는 고급 템플릿을 소개하는 이 장은 건너뛰어도 좋다. 하지만 템플릿의 세부사항과 한계를 알고 싶다면 이 장에서 소개하는 좀 어렵지만 매력적인 내용이 도움이 될 것이다.

26.1 템플릿 매개변수에 대한 심화 학습

템플릿 매개변수는 타입, 비타입, 템플릿 템플릿(오타가 아니다. 정식 명칭이다.)의 세 가지 종류가 있다. 지금까지 나온 예제는 12장에서 설명한 타입 템플릿 매개변수와 비타입[non-type] 템플릿 매개변수만 사용했다. 템플릿 템플릿 매개변수는 사용한 적이 없다. 또한 타입과 비타입 템플릿 매개변수에 대해 12장에서 설명하지 않은 주의사항이 몇 가지 있다. 이 절에서는 세 가지 템플릿 매개변수를 좀 더 깊이 있게 살펴본다.

26.1.1 템플릿 타입 매개변수에 대한 심화 학습

템플릿을 사용하는 주 목적은 타입 매개변수를 사용하는 데 있다. 타입 매개변수는 원하는 만큼 얼마든지 많이 선언할 수 있다. 예를 들어 12장에서 소개한 Grid 템플릿에 두 번째 매개변수로 다른 클래스 템플릿 컨테이너에 대한 타입 매개변수를 추가해서 그 컨테이너로 그리드를 만들 수 있게 수정할 수 있다. 표준 라이브러리는 vector와 deque을 비롯한 다양한 클래스 템플릿 컨테이너를 제공한다. 12장에서 정의한 Grid 클래스는 그리드의 원소를 저장하기 위해 vector에 대한 vector를 사용했다. 그런데 그리드를 deque에 대한 vector로 구현하고 싶을 수도 있다. 이럴 때는 템플릿 타입 매개변수를 추가하는 방식으로 사용자가 내부 컨테이너로 vector를 사용할지 아니면 deque을 사용할지 선택하게 만들 수 있다. 구현 코드에서는 컨테이너의 resize() 메서드와 컨테이너의 value_type 타입 앨리어스를 이용한다. 따라서 12장에서 소개한 콘셉트를 이용하여 주어진 컨테이너 타입이 이를 지원하게 만든다. 이렇게 템플릿 타입 매개변수를 추가한 클래스 템플릿 정의와 콘셉트는 다음과 같다. 바뀐 부분을 굵게 표시했다.

```
template <typename Container>
concept ContainerType = requires(Container c)
{
    c.resize(1);
```

```
    typename Container::value_type;
};

export template <typename T, ContainerType Container>
class Grid
{
    public:
        explicit Grid(size_t width = DefaultWidth, size_t height = DefaultHeight);
        virtual ~Grid() = default;

        // 복제 생성자와 대입 연산자를 명시적으로 디폴트로 지정한다.
        Grid(const Grid& src) = default;
        Grid& operator=(const Grid& rhs) = default;

        // 이동 생성자와 대입 연산자를 명시적으로 디폴트로 지정한다.
        Grid(Grid&& src) = default;
        Grid& operator=(Grid&& rhs) = default;

        typename Container::value_type& at(size_t x, size_t y);
        const typename Container::value_type& at(size_t x, size_t y) const;

        size_t getHeight() const { return m_height; }
        size_t getWidth() const { return m_width; }

        static const size_t DefaultWidth { 10 };
        static const size_t DefaultHeight { 10 };

    private:
        void verifyCoordinate(size_t x, size_t y) const;

        std::vector<Container> m_cells;
        size_t m_width { 0 }, m_height { 0 };
};
```

이렇게 하면 T와 Container라는 템플릿 매개변수를 갖게 된다. 따라서 이전에 Grid<T>로 작성했던 부분을 두 템플릿 매개변수를 지정하기 위해 Grid<T, Container>를 사용해야 한다. 또한 m_cells를 vector의 vector가 아닌 Container의 vector로 수정한다. at() 메서드의 리턴 타입은 주어진 컨테이너 타입에 저장된 원소의 타입이다. 이 타입은 typename Container::value_type으로 접근할 수 있다.

생성자를 정의하는 코드는 다음과 같다.

```
template <typename T, ContainerType Container>
Grid<T, Container>::Grid(size_t width, size_t height)
    : m_width { width }, m_height { height }
{
    m_cells.resize(m_width);
    for (auto& column : m_cells) {
        column.resize(m_height);
    }
}
```

나머지 메서드에 대한 구현 코드는 다음과 같다.

```
template <typename T, ContainerType Container>
void Grid<T, Container>::verifyCoordinate(size_t x, size_t y) const
{
    if (x >= m_width) {
        throw std::out_of_range {
            std::format("{} must be less than {}.", x, m_width) };
    }
    if  (y >= m_height) {
        throw std::out_of_range {
            std::format("{} must be less than {}.", y, m_height) };
    }
}

template <typename T, ContainerType Container>
const typename Container::value_type&
    Grid<T, Container>::at(size_t x, size_t y) const
{
    verifyCoordinate(x, y);
    return m_cells[x][y];
}

template <typename T, ContainerType Container>
typename Container::value_type&
    Grid<T, Container>::at(size_t x, size_t y)
{
    return const_cast<typename Container::value_type&>(
        std::as_const(*this).at(x, y));
}
```

그러면 다음과 같이 Grid 객체를 생성할 수 있다.

```
Grid<int, vector<optional<int>>> myIntVectorGrid;
Grid<int, deque<optional<int>>> myIntDequeGrid;

myIntVectorGrid.at(3, 4) = 5;
cout << myIntVectorGrid.at(3, 4).value_or(0) << endl;

myIntDequeGrid.at(1, 2) = 3;
cout << myIntDequeGrid.at(1, 2).value_or(0) << endl;

Grid<int, vector<optional<int>>> grid2 { myIntVectorGrid };
grid2 = myIntVectorGrid;
```

Container 템플릿 타입 매개변수를 double로 지정해서 Grid 클래스 템플릿을 인스턴스화할 수 있다.

```
Grid<int, double> test; // 컴파일 에러 발생
```

그런데 이렇게 하면 컴파일 에러가 발생한다. 에러 메시지를 보면 double 타입이 Container 템플릿 타입 매개변수에 대한 콘셉트의 제약 조건을 만족하지 않는다고 나온다.

함수 매개변수와 마찬가지로 템플릿 매개변수에도 디폴트값을 지정할 수 있다. 예를 들어 다음과 같이 클래스 템플릿을 정의하면 Grid의 기본 컨테이너를 vector로 지정할 수 있다.

```
export template <typename T,
    ContainerType Container = std::vector<std::optional<T>>>
class Grid
{
    // 나머지 코드는 이전과 같다.
};
```

첫 번째 템플릿 매개변수인 T 타입을 두 번째 템플릿 매개변수의 기본값을 지정하는 optional 템플릿의 인수로 사용할 수 있다. 참고로 클래스 템플릿과 달리 메서드를 정의하는 템플릿 헤더 문장에서는 기본값을 반복하면 안 된다. 이렇게 클래스 템플릿의 매개변수에 기본값을 지정하면 컨테이너 타입을 지정하지 않아도 Grid 인스턴스를 만들 수 있고, 다른 컨테이너를 원한다면 옵션으로 지정할 수 있다.

```
Grid<int, deque<optional<int>>> myDequeGrid;
Grid<int, vector<optional<int>>> myVectorGrid;
Grid<int> myVectorGrid2 { myVectorGrid };
```

표준 라이브러리가 이런 식으로 작성되어 있다. stack, queue, priority_queue 클래스 템플릿은 모두 템플릿 타입 매개변수를 인수로 받고, 내부 컨테이너에 대한 기본값도 정해져 있다.

26.1.2 템플릿 템플릿 매개변수

앞에서 본 Container 매개변수에 한 가지 문제가 있다. Grid 클래스 템플릿을 인스턴스화할 때는 일반적으로 다음과 같이 작성한다.

```
Grid<int, vector<optional<int>>> myIntGrid;
```

이 코드를 보면 int 타입이 두 번 나왔다. 반드시 Grid의 원소 타입과 vector 안에 있는 optional의 원소 타입을 모두 int라고 명시해야 한다. 만약 이렇게 하지 않고 다음과 같이 작성하면 어떻게 될까?

```
Grid<int, vector<optional<SpreadsheetCell>>> myIntGrid;
```

그러면 문제가 생길 수 있다. 이를 방지하려면 다음과 같이 작성하는 것이 좋다.

```
Grid<int, vector> myIntGrid;
```

Grid 클래스는 optional<int>에 대한 vector라는 것을 알 수 있어야 한다. 하지만 컴파일러는 이런 인수를 일반 타입 매개변수로 전달하는 것을 허용하지 않는다. vector 자체는 타입이 아니라 템플릿이기 때문이다.

이렇게 템플릿 매개변수에서 템플릿을 받으려면 **템플릿 템플릿 매개변수**template template parameter라는 특수 매개변수를 사용해야 한다. 템플릿 템플릿 매개변수를 지정하는 방식은 일반 함수의 매개변수에 함수 포인터를 지정하는 방식과 비슷하다. 함수 포인터 타입은 함수의 리턴 타입과 매개변수 타입으로 표현한다. 마찬가지로 템플릿 템플릿 매개변수를 지정할 때도 그 템플릿에 대한 매개변수를 포함한 전체 항목을 지정해야 한다.

예를 들어 vector나 deque과 같은 컨테이너는 다음과 같이 템플릿 매개변수 리스트 형태로 지정한다. 여기서 매개변수 E는 원소의 타입을 가리킨다. Allocator 매개변수는 25장에서 설명한다.

```
template <typename E, typename Allocator = std::allocator<E>>
class vector { /* 벡터 정의 */ };
```

이렇게 정의한 컨테이너를 템플릿 템플릿 매개변수로 전달하려면 그 자리에 클래스 템플릿의 선언부(template <typename E, typename Allocator = std::allocator<E>> class vector)를 복사해서 붙여 넣고 클래스 이름(vector)을 매개변수 이름(Container)로 바꾼 다음 단순 타입 이름 대신 이 값(Grid)을 다른 템플릿의 템플릿 템플릿 매개변수로 지정한다. 앞에 나온 템플릿 코드가 주어졌을 때 Grid 클래스에 대한 클래스 템플릿 정의에서 두 번째 템플릿 매개변수로 컨테이너 템플릿을 받게 하려면 다음과 같이 작성한다.

```
export template <typename T,
  template <typename E, typename Allocator = std::allocator<E>> class Container
    = std::vector>
class Grid
{
    public:
        // 이전 코드는 달라지지 않았으므로 생략
        std::optional<T>& at(size_t x, size_t y);
        const std::optional<T>& at(size_t x, size_t y) const;
        // 이후 코드도 똑같으므로 생략
    private:
        void verifyCoordinate(size_t x, size_t y) const;

        std::vector<Container<std::optional<T>>> m_cells;
        size_t m_width { 0 }, m_height { 0 };
};
```

이 코드를 하나씩 살펴보자. 첫 번째 템플릿 매개변수는 이전과 같이 원소 타입인 T다. 두 번째 템플릿 매개변수는 이전과 다르게 vector나 deque과 같은 컨테이너 템플릿을 지정한다. 앞에서 설명했듯이 이렇게 새로 작성한 템플릿 타입은 매개변수를 두 개(원소 타입인 E와 할당자 타입) 받는다. 여기서 중첩된 템플릿 매개변수 리스트 뒤에 나온 코드에서 class란 단어가 두 번 나왔다. Grid 템플릿에서 이 매개변수의 이름은 (이전과 마찬가지로) Container다. 기본

값은 vector<T>가 아닌 vector로 지정했는데, 수정된 코드에서는 Container 매개변수가 실제 타입이 아니라 템플릿이기 때문이다.

템플릿 템플릿 매개변수의 문법을 개략적으로 표현하면 다음과 같다.

```
template <..., template <TemplateTypeParams> class ParameterName, ...>
```

NOTE_ C++17부터 class 대신 다음과 같이 typename 키워드를 사용할 수 있다.

```
template <..., template <Params> typename ParameterName, ...>
```

코드에서 컨테이너 타입을 지정할 때는 Container 대신 Container<std::optional<T>>와 같이 표현해야 한다. 예를 들어 m_cells를 다음과 같이 선언한다.

```
std::vector<Container<std::optional<T>>> m_cells;
```

메서드 정의에서 다음과 같이 템플릿을 표현하는 문장을 제외하면 바뀐 부분은 없다.

```
template <typename T,
  template <typename E, typename Allocator = std::allocator<E>> class Container>
void Grid<T, Container>::verifyCoordinate(size_t x, size_t y) const
{
    // 이전 코드와 동일
}
```

이렇게 정의한 Grid 템플릿을 사용하는 방법은 다음과 같다.

```
Grid<int, vector> myGrid;
myGrid.at(1, 2) = 3;
cout << myGrid.at(1, 2).value_or(0) << endl;
Grid<int, vector> myGrid2 { myGrid };
Grid<int, deque> myDequeGrid;
```

C++는 유연성을 극대화하려다 보니 문법이 굉장히 복잡하다. 문법이 난해하다고 겁먹지 말고 핵심 개념, 즉 템플릿을 다른 템플릿의 매개변수로 전달할 수 있다는 사실만 명심하기 바란다.

26.1.3 비타입 템플릿 매개변수에 대한 고급 기능

Grid의 셀을 초기화할 때 적용할 기본 원소를 사용자가 지정하게 만들 수도 있다. 구현 방법은 다음과 같다. 여기에서는 영 초기화 문법(T{})을 사용하여 두 번째 템플릿 매개변수의 기본값으로 지정한다.

```
export template <typename T, const T DEFAULT = T{}>
class Grid
{
    // 내용은 이전과 같다.
};
```

이렇게 첫 번째 매개변수로 지정한 T를 두 번째 매개변수의 타입으로 지정하고, 함수 매개변수처럼 비타입 매개변수를 const로 지정해도 된다. 그러면 그리드의 셀을 T의 초깃값으로 초기화할 수 있다.

```
template <typename T, const T DEFAULT>
Grid<T, DEFAULT>::Grid(size_t width, size_t height)
    : m_width { width }, m_height { height }
{
    m_cells.resize(m_width);
    for (auto& column : m_cells) {
        column.resize(m_height);
        for (auto& element : column) {
            element = DEFAULT;
        }
    }
}
```

다른 메서드도 비슷하게 정의한다. 템플릿 선언문에 두 번째 템플릿 매개변수를 반드시 추가해야 한다는 점과 Grid<T>의 인스턴스는 모두 Grid<T, DEFAULT>가 된다는 점만 다르다. 이렇게 코드를 수정하면 다음과 같이 그리드를 인스턴스화할 때 모든 원소가 초깃값을 갖게 된다.

```
Grid<int> myIntGrid;         // 초깃값은 0
Grid<int, 10> myIntGrid2; // 초깃값은 10
```

초깃값은 원하는 아무 정숫값으로 지정해도 된다. 그러나 다음과 같이 SpreadsheetCellGrid를 생성할 때는 주의해야 한다.

```
SpreadsheetCell defaultCell;
Grid<SpreadsheetCell, defaultCell> mySpreadsheet; // 컴파일 에러
```

비타입 매개변수에 객체를 전달할 수 없기 때문에 이렇게 작성하면 컴파일 에러가 발생한다.

> **CAUTION_** C++20 이전에는 비타입 매개변수에 객체를 전달할 수 없고, double이나 float로도 지정할 수 없었다. 반드시 정수 계열의 타입과 enum, 포인터, 레퍼런스로만 지정해야 했다. C++20부터는 이런 제약 조건을 좀 더 완화하여 부동소수점 타입에 대한 비타입 템플릿 매개변수를 사용할 수 있고, 일부 클래스 타입도 지정할 수 있게 되었다. 하지만 이런 클래스 타입에는 제약 조건이 상당히 많다. 이에 대해서는 이 책에서 설명하지 않는다. 일단 SpreadsheetCell 클래스는 이런 제약 조건을 따르지 않는다는 정도만 알고 넘어가자.

이 예제를 보면 클래스 템플릿이 상당히 괴팍하다는 것을 알 수 있다. 어떤 타입에 대해서는 잘 작동하고, 또 어떤 타입에 대해서는 컴파일 에러를 발생시킨다.

그리드 원소에 대한 초깃값을 사용자가 지정하기 위한 좀 더 쉬운 방법으로 T에 대한 레퍼런스를 비타입 템플릿 매개변수로 사용하는 방법이 있다. 예를 들면 다음과 같다.

```
export template <typename T, const T& DEFAULT>
class Grid
{
    // 나머지 코드는 이전과 같다.
};
```

이렇게 하면 클래스 템플릿을 모든 타입에 대해 인스턴스화할 수 있다. 하지만 두 번째 템플릿 인수로 전달하는 레퍼런스는 반드시 외부 또는 내부 링크가 있어야 한다. 다음 코드는 int와 SpreadsheetCell 타입 그리드에 대한 초깃값을 지정하는 예를 보여주고 있다. 여기서는 초깃값을 내부 링크로 정의했다.

```
namespace {
    int defaultInt { 11 };
    SpreadsheetCell defaultCell { 1.2 };
```

```
}

int main()
{
    Grid<int, defaultInt> myIntGrid;
    Grid<SpreadsheetCell, defaultCell> mySpreadhsheet;
}
```

26.2 클래스 템플릿 부분 특수화

12장에서 Grid 클래스 템플릿을 const char*에 대해 특수화할 때는 모든 템플릿 매개변수에 대해 특수화했다. 이를 **클래스 템플릿 완전 특수화**full class template specialization라고 한다. 이렇게 특수화할 때는 템플릿 매개변수를 하나도 남겨두지 않는다. 물론 다른 방법도 있다. 템플릿 매개변수 중에서 일부에 대해서만 특수화해도 된다. 이를 **클래스 템플릿 부분 특수화**partial class template specialization라고 부른다. 구체적인 예를 보기 위해 비타입 매개변수로 너비와 높이를 받는 Grid 템플릿의 기본 버전을 다시 보자.

```
export template <typename T, size_t WIDTH, size_t HEIGHT>
class Grid
{
    public:
        Grid() = default;
        virtual ~Grid() = default;

        // 복제 생성자와 대입 연산자를 명시적으로 디폴트로 지정한다.
        Grid(const Grid& src) = default;
        Grid& operator=(const Grid& rhs) = default;

        std::optional<T>& at(size_t x, size_t y);
        const std::optional<T>& at(size_t x, size_t y) const;

        size_t getHeight() const { return HEIGHT; }
        size_t getWidth() const { return WIDTH; }
    private:
        void verifyCoordinate(size_t x, size_t y) const;

        std::optional<T> m_cells[WIDTH][HEIGHT];
};
```

이 클래스 템플릿을 const char* 타입의 C 스타일 스트링에 대해 특수화하려면 다음과 같이 작성한다.

```
export template <size_t WIDTH, size_t HEIGHT>
class Grid<const char*, WIDTH, HEIGHT>
{
    public:
        Grid() = default;
        virtual ~Grid() = default;

        // 복제 생성자와 대입 연산자를 명시적으로 디폴트로 지정한다.
        Grid(const Grid& src) = default;
        Grid& operator=(const Grid& rhs) = default;

        std::optional<std::string>& at(size_t x, size_t y);
        const std::optional<std::string>& at(size_t x, size_t y) const;

        size_t getHeight() const { return HEIGHT; }
        size_t getWidth() const { return WIDTH; }
    private:
        void verifyCoordinate(size_t x, size_t y) const;

        std::optional<std::string> m_cells[WIDTH][HEIGHT];
};
```

코드를 보면 모든 템플릿 매개변수에 대해 특수화하지 않았다. 그러므로 템플릿을 선언하는 첫 부분을 다음과 같이 작성했다.

```
export template <size_t WIDTH, size_t HEIGHT>
class Grid<const char*, WIDTH, HEIGHT>
```

이 템플릿에는 매개변수가 WIDTH와 HEIGHT 두 개만 있다. 그런데 T, WIDTH, HEIGHT라는 세 가지 인수를 받는 Grid 클래스를 작성하려고 한다. 따라서 템플릿 매개변수 리스트에는 매개변수가 두 개고, 명시적으로 선언한 Grid<const char*, WIDTH, HEIGHT>에는 인수가 세 개다. 이 템플릿을 인스턴스화할 때는 반드시 매개변수를 세 개 지정해야 한다. 높이와 너비에 대한 매개변수만으로는 이 템플릿을 인스턴스화할 수 없다.

```
Grid<int, 2, 2> myIntGrid;            // 원본 Grid를 사용한다.
Grid<const char*, 2, 2> myStringGrid; // 부분 특수화를 적용한다.
Grid<2, 3> test;                      // 타입을 지정하지 않아서 컴파일 에러가 발생한다.
```

이처럼 문법이 굉장히 복잡하다. 게다가 완전 특수화와 달리 부분 특수화를 할 때는 다음과 같이 항상 메서드 정의 앞에 템플릿 선언문을 적어야 한다.

```
template <size_t WIDTH, size_t HEIGHT>
const std::optional<std::string>&
    Grid<const char*, WIDTH, HEIGHT>::at(size_t x, size_t y) const
{
    verifyCoordinate(x, y);
    return m_cells[x][y];
}
```

항상 템플릿 선언문을 적어서 이 메서드가 템플릿 선언문에 지정한 두 매개변수를 사용한다고 표시해야 한다. 전체 클래스 이름은 반드시 `Grid<const char*, WIDTH, HEIGHT>`라고 표현해야 한다.

이 예제만으로 부분 특수화의 강력함을 제대로 느끼기 힘들다. 개별 타입에 대해 특수화하지 않고, 특수화 대상이 되는 타입들의 집합에 대해 특수화하도록 구현할 수도 있다. 예를 들어 모든 종류의 포인터 타입에 대해 Grid 클래스 템플릿을 특수화하도록 구현할 수 있다. 이때 복제 생성자와 대입 연산자는 포인터가 가리키는 객체에 대해 얕은 복제shallow copy 대신 깊은 복제deep copy를 수행하도록 구현할 수 있다.

이렇게 정의한 클래스 코드는 다음과 같다. 여기에서는 매개변수가 하나뿐인 Grid의 초기 버전을 특수화한다고 가정한다. 이렇게 구현하면 Grid가 데이터 소유자이므로 필요할 때마다 메모리를 자동으로 해제한다. 복제 생성자와 복제 대입 연산자도 필요하다. 복제 대입 연산자는 9장에서 설명한 복제 후 맞바꾸기 구문으로 작성한다. 이를 위해 noexcept swap() 메서드가 필요하다.

```
export template <typename T>
class Grid<T*>
{
    public:
```

```
        explicit Grid(size_t width = DefaultWidth, size_t height = DefaultHeight);
        virtual ~Grid() = default;

        // 복제 생성자와 복제 대입 연산자
        Grid(const Grid& src);
        Grid& operator=(const Grid& rhs);

        // 이동 생성자와 대입 연산자를 명시적으로 디폴트로 지정한다.
        Grid(Grid&& src) = default;
        Grid& operator=(Grid&& rhs) = default;

        void swap(Grid& other) noexcept;

        std::unique_ptr<T>& at(size_t x, size_t y);
        const std::unique_ptr<T>& at(size_t x, size_t y) const;

        size_t getHeight() const { return m_height; }
        size_t getWidth() const { return m_width; }

        static const size_t DefaultWidth { 10 };
        static const size_t DefaultHeight { 10 };

private:
        void verifyCoordinate(size_t x, size_t y) const;

        std::vector<std::vector<std::unique_ptr<T>>> m_cells;
        size_t m_width { 0 }, m_height { 0 };
};
```

이전 코드와 마찬가지로 여기서 핵심은 다음 두 문장에 있다.

```
export template <typename T>
class Grid<T*>
```

이렇게 적으면 모든 포인터 타입에 대해 Grid 템플릿을 특수화한다는 뜻이다. 따라서 T가 포인터 타입일 때만 구현하면 된다. 참고로 Grid<int*> myIntGrid처럼 Grid를 인스턴스화하면 T는 int*가 아닌 int가 된다. 어떻게 보면 직관에 반하는 표현이지만 아쉽게도 문법이 원래 그렇기 때문에 어쩔 수 없다. 이렇게 부분 특수화한 클래스를 사용하는 방법은 다음과 같다.

```
Grid<int> myIntGrid;          // 특수화하지 않은 Grid를 사용한다.
Grid<int*> psGrid { 2, 2 }; // 포인터 타입에 대해 부분 특수화한 버전을 사용한다.

psGrid.at(0, 0) = make_unique<int>(1);
psGrid.at(0, 1) = make_unique<int>(2);
psGrid.at(1, 0) = make_unique<int>(3);

Grid<int*> psGrid2 { psGrid };
Grid<int*> psGrid3;
psGrid3 = psGrid2;

auto& element { psGrid2.at(1, 0) };
if (element) {
    cout << *element << endl;
    *element = 6;
}
cout << *psGrid.at(1, 0) << endl;  // psGrid는 수정되지 않는다.
cout << *psGrid2.at(1, 0) << endl; // psGrid2는 수정된다.
```

이 코드의 실행 결과는 다음과 같다.

```
3
3
6
```

복제 생성자에서 개별 원소에 대해 깊은 복제를 수행하도록 작성하는 부분을 제외하면 메서드를 구현하는 방법은 간단하다.

```
template <typename T>
Grid<T*>::Grid(const Grid& src)
    : Grid { src.m_width, src.m_height }
{
    // 이 생성자의 ctor-initializer는 먼저 적절한 메모리 공간을 할당하는 작업을
    // 비복제 생성자에 위임한다.

    // 그러고 나서 데이터를 복제한다.
    for (size_t i { 0 }; i < m_width; i++) {
        for (size_t j { 0 }; j < m_height; j++) {
            // 복제 생성자로 원소에 대해 깊은 복제를 수행한다.
            if (src.m_cells[i][j]) {
```

```
                m_cells[i][j].reset(new T { *(src.m_cells[i][j]) });
            }
        }
    }
}
```

26.3 오버로딩으로 함수 템플릿 부분 특수화 흉내내기

함수에 대해서는 템플릿 부분 특수화를 적용할 수 없다. 하지만 다른 템플릿으로 함수를 오버로딩해서 비슷한 효과를 낼 수는 있다. 물론 본질적인 차이는 있다. 예를 들어 12장에서 소개한 Find() 함수 템플릿을 특수화한다고 생각해보자. 이 템플릿은 포인터가 가리키는 객체에 operator== 연산을 직접 적용하도록 포인터를 역참조한다. 이때 다음과 같이 클래스 템플릿에 대한 부분 특수화 문법을 그대로 적용하는 실수를 저지르기 쉽다.

```
template <typename T>
size_t Find(T* value, T* const* arr, size_t size)
{
    for (size_t i { 0 }; i < size; i++) {
        if (*arr[i] == *value) {
            return i; // 값을 찾았다면 인덱스를 리턴한다.
        }
    }
    return NOT_FOUND; // 값을 찾지 못했다면 NOT_FOUND를 리턴한다.
}
```

한 프로그램 안에서 원본 Find() 템플릿, 포인터 타입에 대한 Find()의 오버로드 버전, const char*만을 위한 Find()의 오버로드 버전을 모두 정의할 수 있다. 그러면 컴파일러는 추론 규칙에 따라 적합한 버전을 선택한다.

> **NOTE_** 여러 오버로드 버전 중에서 컴파일러는 항상 가장 구체적인 것을 골라서 호출한다. 비 템플릿(non-template) 버전과 함수 템플릿 인스턴스의 구체화 수준이 비슷하다면 비 템플릿 버전을 선택한다.

다음 코드는 Find( )를 여러 번 호출한다. 어느 버전이 호출되는지는 주석에 표시했다.

```
size_t res { NOT_FOUND };

int myInt { 3 }, intArray[] { 1, 2, 3, 4 };
size_t sizeArray { size(intArray) };
res = Find(myInt, intArray, sizeArray);       // 추론에 의해 Find<int>를 호출한다.
res = Find<int>(myInt, intArray, sizeArray); // 명시적으로 Find<int>를 호출한다.

double myDouble { 5.6 }, doubleArray[] { 1.2, 3.4, 5.7, 7.5 };
sizeArray = size(doubleArray);
// 추론에 의해 Find<double>를 호출한다.
res = Find(myDouble, doubleArray, sizeArray);
// 명시적으로 Find<double>를 호출한다.
res = Find<double>(myDouble, doubleArray, sizeArray);

const char* word { "two" };
const char* words[] { "one", "two", "three", "four" };
sizeArray = size(words);
// const char*s에 대한 템플릿 특수화 버전을 호출한다.
res = Find<const char*>(word, words, sizeArray);
// const char*s에 대한 오버로딩 버전을 호출한다.
res = Find(word, words, sizeArray);

int *intPointer { &myInt }, *pointerArray[] { &myInt, &myInt };
sizeArray = size(pointerArray);
// 포인터에 대한 오버로딩 버전을 호출한다.
res = Find(intPointer, pointerArray, sizeArray);

SpreadsheetCell cell1 { 10 };
SpreadsheetCell cellArray[] { SpreadsheetCell { 4 }, SpreadsheetCell { 10 } };
sizeArray = size(cellArray);
// 추론에 의해 Find<SpreadsheetCell>를 호출한다.
res = Find(cell1, cellArray, sizeArray);
// 명시적으로 Find<SpreadsheetCell>를 호출한다.
res = Find<SpreadsheetCell>(cell1, cellArray, sizeArray);

SpreadsheetCell *cellPointer { &cell1 };
SpreadsheetCell *cellPointerArray[] { &cell1, &cell1 };
sizeArray = size(cellPointerArray);
// 포인터에 대한 오버로딩 버전을 호출한다.
res = Find(cellPointer, cellPointerArray, sizeArray);
```

26.4 템플릿 재귀

C++의 템플릿은 이 장과 12장에서 본 것처럼 단순히 클래스나 함수를 정의하는 것보다 많은 일을 할 수 있다. 그중 하나가 바로 **템플릿 재귀**template recursion다. 템플릿 재귀는 함수 재귀와 비슷하다. 다시 말해 주어진 문제에 대해 함수가 그보다 쉬운 버전으로 자기 자신을 호출하도록 정의하는 것처럼 템플릿을 정의하는 것을 말한다. 구체적인 구현 방법을 살펴보기 전에 먼저 템플릿 재귀가 필요한 이유를 알아보자.

26.4.1 *N*차원 Grid: 첫 번째 시도

지금까지 본 Grid 템플릿은 2차원까지만 지원해서 활용 범위가 제한되었다. 예를 들어 3D 틱택토나 4차원 행렬을 계산하는 수학 프로그램은 구현할 수 없다. 물론 원하는 차원마다 템플릿이나 클래스를 새로 만들면 된다. 하지만 그렇게 하면 코드가 중복될 수 있다. 또 다른 방법은 일차원 Grid만 만들어두고, 이 Grid를 원소의 타입으로 사용하여 Grid를 인스턴스화하는 방식으로 원하는 차원에 대한 Grid를 만들 수도 있다. 이때 상위 Grid의 원소로 사용하는 일차원 Grid는 실제 원소의 타입으로 인스턴스화한다. 다음 코드는 OneDGrid 클래스 템플릿의 구현 코드를 보여주고 있다. 이 템플릿은 앞에서 본 예제를 일차원 버전으로 만들고, resize() 메서드를 추가하고, at()에 대한 operator[]를 교체했다. vector를 비롯한 다른 표준 라이브러리 컨테이너처럼 여기서 구현한 operator[]도 경계 검사를 수행하지 않는다. 또한 이 예제에서는 m_elements에 std::optional<T>가 아닌 T의 인스턴스를 저장하도록 수정했다.

```
export template <typename T>
class OneDGrid
{
    public:
        explicit OneDGrid(size_t size = DefaultSize) { resize(size); }
        virtual ~OneDGrid() = default;

        T& operator[](size_t x) { return m_elements[x]; }
        const T& operator[](size_t x) const { return m_elements[x]; }

        void resize(size_t newSize) { m_elements.resize(newSize); }
        size_t getSize() const { return m_elements.size(); }

        static const size_t DefaultSize { 10 };
    private:
```

```
        std::vector<T> m_elements;
};
```

이렇게 구현한 OneDGrid를 이용하여 다음과 같이 다차원 그리드를 만들 수 있다.

```
OneDGrid<int> singleDGrid;
OneDGrid<OneDGrid<int>> twoDGrid;
OneDGrid<OneDGrid<OneDGrid<int>>> threeDGrid;
singleDGrid[3] = 5;
twoDGrid[3][3] = 5;
threeDGrid[3][3][3] = 5;
```

이렇게 해도 사용하는 데 문제는 없지만 선언하는 부분이 좀 지저분하다. 다음 절에서 좀 더 개선해보자.

26.4.2 진정한 *N*차원 Grid

템플릿 재귀를 활용하면 진정한 *N*차원 그리드를 구현할 수 있다. 다음 선언문에서 보듯이 그리드의 차원은 본질적으로 재귀적인 속성이 있기 때문이다.

```
OneDGrid<OneDGrid<OneDGrid<int>>> threeDGrid;
```

여기서 각각의 OneDGrid를 재귀의 한 단계로 볼 수 있다. int에 대한 OneDGrid는 재귀의 베이스 케이스base case (바닥 조건, 기저 상태) 역할을 한다. 다시 말해 3차원 그리드는 int에 대한 일차원 그리드에 대한 일차원 그리드에 대한 일차원 그리드다. 이때 재귀 문장을 길게 나열할 필요 없이 다음과 같이 작성하면 알아서 *N*차원 그리드로 풀어서 써 준다.

```
NDGrid<int, 1> singleDGrid;
NDGrid<int, 2> twoDGrid;
NDGrid<int, 3> threeDGrid;
```

여기 나온 NDGrid 클래스 템플릿은 원소의 타입과 차원을 지정하는 정수를 인수로 받는다. 여기서 핵심은 NDGrid의 원소 타입이 템플릿 매개변수 리스트에 지정된 원소 타입이 아니라 현재 Grid보다 한 차원 낮은 NDGrid라는 데 있다. 다시 말해 3차원 그리드는 2차원 그리드의 벡터고, 2차원 그리드는 1차원 그리드의 벡터다.

이렇게 재귀적으로 구성하려면 베이스 케이스를 지정해야 한다. 1차원으로 NDGrid를 부분 특수화하고, 원소를 NDGrid가 아닌 템플릿 매개변수로 지정한 타입으로 지정해야 한다.

이렇게 일반화한 NDGrid 템플릿은 다음과 같이 정의한다. 앞 절에서 본 OneDGrid와 다른 부분은 굵게 표시했다. 템플릿 재귀를 제외한 까다로운 부분은 그리드의 각 차원의 크기를 적절히 정하는 것이다. 이 구현은 각 차원의 크기가 같은 *N*차원 Grid를 생성한다. 차원마다 크기를 다르게 구현하는 방법은 이보다 훨씬 복잡하다. 하지만 이렇게 단순한 경우에도 여전히 문제가 남아 있다. 예를 들어 사용자가 지정한 크기(예: 20이나 50)로 배열을 생성해야 한다. 그러기 위해서는 생성자에 정수 크기를 받는 매개변수가 있어야 한다. 그런데 하위 그리드의 vector 크기를 동적으로 변경할 때 이 크기값을 하위 그리드 원소로 전달할 수 없다. vector는 디폴트 생성자로 객체를 만들기 때문이다. 따라서 vector에 있는 각 그리드 원소마다 resize()를 일일이 호출해야 한다. 여기서 m_elements는 NDGrid<T, N-1>의 vector로서 재귀 단계에 해당한다. 또한 operator[]는 원소 타입에 대한 레퍼런스를 리턴한다. 이것 역시 T가 아닌 NDGrid<T, N-1>이다.

```
export template <typename T, size_t N>
class NDGrid
{
    public:
        explicit NDGrid(size_t size = DefaultSize) { resize(size); }
        virtual ~NDGrid() = default;

        NDGrid<T, N-1>& operator[](size_t x) { return m_elements[x]; }
        const NDGrid<T, N-1>& operator[](size_t x) const { return m_elements[x]; }

        void resize(size_t newSize)
        {
            m_elements.resize(newSize);
            // vector에 대해 resize()를 호출하면 NDGrid<T, N-1> 원소에 대한 0-인수
            // 생성자를 호출해서 디폴트 크기로 원소가 생성된다.
            // 따라서 각 원소마다 명시적으로 resize()를 재귀 호출하는 방식으로
            // 중첩된 Grid 원소의 크기를 조정한다.
            for (auto& element : m_elements) {
                element.resize(newSize);
            }
        }
```

```
        size_t getSize() const { return m_elements.size(); }

        static const size_t DefaultSize { 10 };
    private:
        std::vector<NDGrid<T, N-1>> m_elements;
};
```

베이스 케이스에 대한 템플릿 정의 코드는 다음과 같이 차원이 1인 부분 특수화로 작성한다. 특수화를 구현하는 코드를 하나도 상속하지 않기 때문에 다시 작성해야 할 부분이 많다. 특수화하지 않은 버전의 NDGrid와 다른 부분을 굵게 표시했다.

```
export template <typename T>
class NDGrid<T, 1>
{
    public:
        explicit NDGrid(size_t size = DefaultSize) { resize(size); }
        virtual ~NDGrid() = default;

        T& operator[](size_t x) { return m_elements[x]; }
        const T& operator[](size_t x) const { return m_elements[x]; }

        void resize(size_t newSize) { m_elements.resize(newSize); }
        size_t getSize() const { return m_elements.size(); }

        static const size_t DefaultSize { 10 };
    private:
        std::vector<T> m_elements;
};
```

여기서 재귀 단계가 끝난다. 원소 타입은 다른 템플릿의 인스턴스가 아닌 T다.

이렇게 작성한 코드를 사용하는 방법은 다음과 같다.

```
NDGrid<int, 3> my3DGrid { 4 };
my3DGrid[2][1][2] = 5;
my3DGrid[1][1][1] = 5;
cout << my3DGrid[2][1][2] << endl;
```

26.5 가변 인수 템플릿

일반적으로 템플릿 매개변수의 개수는 정해져 있다. 하지만 **가변 인수 템플릿** variadic template 은 템플릿 매개변수의 개수가 고정되어 있지 않다. 예를 들어 다음과 같이 템플릿 매개변수의 개수를 지정하지 않게 정의할 수 있다. 이때 Types라는 **매개변수 팩** parameter pack 을 사용한다.

```
template <typename... Types>
class MyVariadicTemplate { };
```

NOTE_ typename 뒤에 붙은 ...은 오자가 아니라 가변 인수 템플릿에 대한 매개변수 팩을 정의하는 구문이다. 매개변수 팩은 다양한 수의 인수를 받을 수 있다. 점 세 개의 앞이나 뒤에 공백을 넣어도 된다.

예를 들어 다음과 같이 MyVariadicTemplate에 타입을 원하는 만큼 지정해서 인스턴스화할 수 있다.

```
MyVariadictemplate<int> instance1;
MyVariadictemplate<string, double, list<int>> instance2;
```

심지어 인수 없이 템플릿을 인스턴스화할 수도 있다.

```
MyVariadictemplate<> instance3;
```

가변 인수 템플릿에서 인수 없이 인스턴스화할 수 없게 하려면 다음과 같이 정의한다.

```
template <typename T1, typename... Types>
class MyVariadicTemplate { };
```

이 정의를 사용하여 템플릿 인수가 0인 MyVariadicTemplate을 인스턴스화하려 하면 컴파일 에러가 발생한다.

가변 인수 템플릿에 인수를 지정하는 구문을 반복문으로 작성할 수는 없다. 이렇게 하려면 템플릿 재귀나 폴드 표현식을 활용하는 수밖에 없다. 두 방법에 대해서는 이어지는 절에서 소개한다.

26.5.1 타입에 안전한 가변 길이 인수 리스트

가변 템플릿variadic template을 사용하면 **타입 안전 가변 길이**type-safe variable-length 인수 리스트를 만들 수 있다. 다음 예제는 processValues()라는 가변 템플릿을 정의한 것이다. 이 템플릿은 인수의 타입과 개수가 일정하지 않더라도 타입에 안전하게 처리한다. processValues() 함수는 가변 길이 인수 리스트로 주어진 각각의 인수마다 handleValue()를 호출한다. 그러므로 처리하려는 타입마다 handleValue() 함수를 구현해야 한다. 이 예제에서는 int, double, string 타입을 사용한다.

```
void handleValue(int value) { cout << "Integer: " << value << endl; }
void handleValue(double value) { cout << "Double: " << value << endl; }
void handleValue(string_view value) { cout << "String: " << value << endl; }

void processValues() { /* 재귀를 끝내는 베이스 케이스. 특별히 하는 일은 없다. */ }

template <typename T1, typename... Tn>
void processValues(T1 arg1, Tn... args)
{
    handleValue(arg1);
    processValues(args...);
}
```

이 예제를 보면 점 세 개(...) 연산자가 세 번 나오는데, 두 가지 용도로 사용했다. 첫 번째 용도는 템플릿 매개변수 리스트의 typename 뒤와 함수 매개변수 리스트의 Tn 타입 뒤에 적은 것처럼 **매개변수 팩**을 표현하는 것이다. 매개변수 팩은 가변 인수를 받는다.

두 번째 용도는 함수 바디에서 매개변수 이름인 args 뒤에 붙여서 **매개변수 팩 풀기**parameter pack expansion 연산을 하는 것이다. 다시 말해 매개변수 **팩을 풀어서**unpack/expand 개별 인수로 분리한다. 기본적으로 이 연산자는 좌변을 인수로 받아서 팩에 있는 템플릿 매개변수가 나올 때마다 반복하면서 각 인수를 콤마로 구분해서 하나씩 대입한다. 예를 들어 다음 코드를 보자.

```
processValues(args...);
```

이렇게 하면 args 매개변수 팩을 개별 인수로 풀고, 각각을 콤마로 구분한다. 그리고 나서 펼쳐진 인수 리스트로 processValues() 함수를 호출한다. 이 템플릿은 최소한 T1이라는 템플릿 매개변수를 받는다. processValues()를 args...에 대해 재귀적으로 호출하면 매 단계마다 매개변수를 하나씩 줄이면서 재귀적으로 호출한다.

processValues() 함수를 재귀적으로 구현했기 때문에 재귀 호출이 종료하는 조건을 반드시 지정해야 한다. 여기에서는 인수를 받지 않는 processValues() 함수를 구현하는 방식으로 지정했다.

이렇게 작성한 processValues() 가변 인수 템플릿을 다음과 같이 테스트할 수 있다.

```
processValues(1, 2, 3.56, "test", 1.1f);
```

이때 재귀 호출되는 과정은 다음과 같다.

```
processValues(1, 2, 3.56, "test", 1.1f);
  handleValue(1);
  processValues(2, 3.56, "test", 1.1f);
    handleValue(2);
    processValues(3.56, "test", 1.1f);
      handleValue(3.56);
      processValues("test", 1.1f);
        handleValue("test");
        processValues(1.1f);
          handleValue(1.1f);
          processValues();
```

여기서 명심할 부분은 이 메서드의 가변 길이 인수 리스트는 타입에 안전하다는 점이다. processValues() 함수는 실제 타입에 맞게 오버로드된 handleValue()를 알아서 호출한다. C++의 다른 코드처럼 자동 캐스팅할 수 있다. 예를 들어 앞에 나온 예제에서 1.1f를 자동으로 float로 캐스팅한다. processValues() 함수는 handleValue(double value)를 호출하는데, float를 double로 변환해도 손실이 발생하지 않기 때문이다. 하지만 processValues()를 호출할 때 handleValue()를 지원하지 않는 타입으로 인수를 지정하면 컴파일 에러가 발생한다.

앞서 구현한 코드에 한 가지 문제가 있다. 재귀적으로 호출했기 때문에 매번 processValues()를 호출할 때마다 매개변수가 복제된다. 인수의 타입에 따라 오버헤드가 커질 수 있다. processValues()에 값이 아닌 레퍼런스로 전달하면 복제를 줄일 수 있을 거라고 생각하기 쉽지만 아쉽게도 그렇게 하면 리터럴에 대해 processValues()를 호출할 수 없게 된다. const 레퍼런스를 제외하면 리터럴값에 대해서는 레퍼런스를 쓸 수 없기 때문이다.

비 const 레퍼런스를 사용하면서 리터럴값을 사용하게 하려면 **포워드 레퍼런스**forward reference를 사용하면 된다. 다음 코드는 포워드 레퍼런스인 T&&와 모든 매개변수에 대해 **퍼펙트 포워딩**perfect forwarding을 적용하도록 std::forward()를 사용했다. 퍼펙트 포워딩이란 processValues()에 우측값rvalue이 전달되면 우측값 레퍼런스로 포워드forward(전달)되고, 좌측값lvalue이나 좌측값 레퍼런스가 전달되면 좌측값 레퍼런스로 포워드된다는 뜻이다.

```
void processValues() { /* 재귀를 끝내는 베이스 케이스. 특별히 하는 일은 없다. */ }

template <typename T1, typename... Tn>
void processValues(T1&& arg1, Tn&&... args)
{
    handleValue(forward<T1>(arg1));
    processValues(forward<Tn>(args)...);
}
```

다음 문장에 대해서는 보충 설명이 필요하다.

```
processValues(forward<Tn>(args)...);
```

... 연산자는 매개변수 팩을 풀 때unpack 사용한다. 이 연산자는 매개변수 팩에 있는 각 인수를 std::forward()로 호출하고, 그들을 콤마로 구분해서 분리한다. 예를 들어 args란 매개변수 팩이 A1, A2, A3의 타입으로 된 a1, a2, a3라는 인수로 구성되었다고 하자. 이 팩을 풀려면 다음과 같이 호출한다.

```
processValues(forward<A1>(a1),
              forward<A2>(a2),
              forward<A3>(a3));
```

매개변수 팩을 사용하는 함수의 바디 안에서 이 팩에 담긴 인수의 개수를 알아내는 방법은 다음과 같다.

```
int numOfArgs { sizeof...(args) };
```

가변 인수 템플릿을 실제로 활용하는 예로 보안과 타입에 안전한 printf()와 비슷한 함수를 구현하는 경우를 들 수 있다. 연습 삼아 직접 구현해보기 바란다.

NOTE_ T&&는 템플릿 매개변수 중 하나로 T를 사용하는 함수 템플릿이나 메서드 템플릿에서 매개변수로 사용될 때만 포워딩 레퍼런스다. 클래스 메서드에 T&& 매개변수가 있지만 이 클래스의 템플릿 매개변수로 T를 사용하고 메서드 자체는 그렇지 않다면, 이 T&&는 포워딩 레퍼런스가 아니라 그냥 우측값 레퍼런스다. 컴파일러가 T&& 매개변수를 받는 메서드를 처리하기 시작하는 시점에는 클래스 템플릿 매개변수 T는 이미 int와 같은 구체적인 타입으로 결정되어 있고, 메서드 매개변수도 이미 int&&와 같이 교체된 상태이기 때문이다.

26.5.2 가변 개수의 믹스인 클래스

매개변수 팩은 거의 모든 곳에서 사용할 수 있다. 예를 들어 다음 코드는 매개변수 팩을 이용하여 MyClass에 대한 가변 개수의 믹스인mixin(첨가) 클래스를 정의한다. 믹스인 클래스의 기본 개념은 5장에서 설명했다.

```
class Mixin1
{
    public:
        Mixin1(int i) : m_value { i } {}
        virtual void Mixin1Func() { cout << "Mixin1: " << m_value << endl; }
    private:
        int m_value;
};

class Mixin2
{
    public:
        Mixin2(int i) : m_value { i } {}
        virtual void Mixin2Func() { cout << "Mixin2: " << m_value << endl; }
    private:
        int m_value;
};

template <typename... Mixins>
class MyClass : public Mixins...
{
    public:
        MyClass(const Mixins&... mixins) : Mixins { mixins }... {}
        virtual ~MyClass() = default;
};
```

이 코드는 먼저 믹스인 클래스 두 개(Mixin1과 Mixin2)를 정의한다. 여기에서는 간단히 정의했다. 각 클래스마다 정수를 인수로 받아서 저장하는 생성자와 각 인스턴스의 정보를 화면에 출력하는 함수를 하나씩 정의했다. 가변 인수 템플릿인 MyClass는 매개변수 팩인 typename... Mixins를 사용하여 믹스인 클래스를 가변 개수로 받는다. 이 클래스는 이렇게 전달된 모든 믹스인 클래스를 상속하고, 생성자에서도 같은 수의 인수를 받아서 각자 상속한 믹스인 클래스를 초기화한다. 여기서 ... 연산자는 기본적으로 좌변의 내용을 인수로 받아서 팩에 있는 템플릿 매개변수에 대해 루프를 돌면서 콤마로 구분하면서 푼다. 이렇게 정의한 클래스는 다음과 같이 사용한다.

```
MyClass<Mixin1, Mixin2> a { Mixin1 { 11 }, Mixin2 { 22 } };
a.Mixin1Func();
a.Mixin2Func();

MyClass<Mixin1> b { Mixin1 { 33 } };
b.Mixin1Func();
//b.Mixin2Func(); // 컴파일 에러

MyClass<> c;
//c.Mixin1Func(); // 컴파일 에러
//c.Mixin2Func(); // 컴파일 에러
```

b에 대해 mixin2Func()를 호출하면 컴파일 에러가 발생한다. b는 Mixin2 클래스를 상속하지 않았기 때문이다. 이 코드의 실행 결과는 다음과 같다.

```
Mixin1: 11
Mixin2: 22
Mixin1: 33
```

26.5.3 폴딩 표현식

C++에서 제공하는 **폴딩 표현식**folding expression을 활용하면 가변 인수 템플릿에서 매개변수 팩을 보다 쉽게 다룰 수 있다. 다음 표는 C++에서 지원하는 네 가지 종류의 폴딩 표현식을 보여주고 있다. 여기서 Θ 자리에 나올 수 있는 연산자는 + - * / % ^ & | << >> += -= *= /= %= ^= &= |= <<= >>= = == != < > <= >= && || , .* ->* 등이 있다.

이름	표현식	펼친 형태
단항 우측 폴드	(pack Θ ...)	$pack_0$ Θ(... Θ ($pack_{n-1}$ Θ $pack_n$))
단항 좌측 폴드	(... Θ pack)	(($pack_0$ Θ $pack_1$) Θ ...) Θ $pack_n$
이항 우측 폴드	(pack Θ ... Θ Init)	$pack_0$ Θ (... Θ ($pack_{n-1}$ Θ ($pack_n$ Θ Init)))
이항 좌측 폴드	(Init Θ ... Θ pack)	(((Init Θ $pack_0$) Θ $pack_1$) Θ ...) Θ $pack_n$

몇 가지 예제를 살펴보자. 앞에서 본 processValue() 함수 템플릿은 다음과 같이 재귀적으로 정의했다.

```
void processValues() { /* 재귀를 끝내는 베이스 케이스. 특별히 하는 일은 없다. */ }

template <typename T1, typename... Tn>
void processValues(T1 arg1, Tn... args)
{
    handleValue(arg1);
    processValues(args...);
}
```

재귀적으로 정의했기 때문에 재귀를 멈출 베이스 케이스를 지정해야 한다. 폴딩 표현식을 사용하면 단항 우측 폴드를 이용한 함수 템플릿 하나로 구현할 수 있다. 그러므로 베이스 케이스를 따로 지정하지 않아도 된다.

```
template <typename... Tn>
void processValues(const Tn&... args)
{
    (handleValue(args), ...);
}
```

함수 본문에 있는 점 세 개(...) 구문으로 폴딩한다. 이 문장이 펼쳐지면서 매개변수 팩에 있는 인수마다 handleValue()를 호출하며 결과가 콤마로 구분되어 담긴다. 예를 들어 args가 a1, a2, a3라는 세 인수로 구성된 매개변수 팩에 대해 단항 우측 폴드가 다음과 같이 펼쳐진다.

```
(handleValue(a1), (handleValue(a2), handleValue(a3)));
```

또 다른 예를 살펴보자. printValues() 함수 템플릿은 주어진 인수를 각각 한 줄씩 구분해서 콘솔에 출력한다.

```
template <typename... Values>
void printValues(const Values&... values)
{
    ((cout << values << endl), ...);
}
```

여기서 values가 v1, v2, v3라는 세 인수로 구성된 매개변수 팩이라면 단항 우측 폴드로 인해 다음과 같이 펼쳐진다.

```
((cout << v1 << endl), ((cout << v2 << endl), (cout << v3 << endl)));
```

printValues( )에 원하는 수만큼 인수를 얼마든지 지정해서 호출할 수 있다.

```
printValues(1, "test", 2.34);
```

이 예제에서는 폴딩에 콤마 연산자를 사용했지만 거의 모든 연산자와 함께 사용할 수 있다. 예를 들어 다음 코드는 주어진 값을 모두 더한 결과를 구하는 가변 인수 함수 템플릿을 이항 좌측 폴드로 정의하고 있다. 이항 좌측 폴드에는 반드시 *Init* 값을 지정해야 한다(앞서 소개한 표 참조). 따라서 sumValues( )의 템플릿 타입 매개변수는 *Init*의 타입을 지정하는 일반 매개변수와 0개 이상의 인수를 받을 수 있는 매개변수 팩으로 구성된다.

```
template <typename T, typename... Values>
double sumValues(const T& init, const Values&... values)
{
    return (init + ... + values);
}
```

만약 values가 v1, v2, v3라는 세 인수로 구성된 매개변수 팩이라면 이항 좌측 폴드를 펼친 결과는 다음과 같다.

```
return (((init + v1) + v2) + v3);
```

이렇게 만든 sumValues( ) 함수 템플릿을 사용하는 방법은 다음과 같다.

```
cout << sumValues(1, 2, 3.3) << endl;
cout << sumValues(1) << endl;
```

이렇게 템플릿을 정의하면 인수를 최소 한 개 이상 지정해야 한다. 따라서 다음과 같이 작성하면 컴파일 에러가 발생한다.

```
cout << sumValues() << endl;
```

sumValues() 함수 템플릿은 다음과 같이 단항 좌측 폴드로도 정의할 수 있다. 여기서도 마찬가지로 sumValues()를 호출할 때 인수를 최소 하나 이상 지정해야 한다.

```
template <typename... Values>
double allTrue(const Values&... values) { return (... + values); }
```

길이가 0인 매개변수 팩은 단항 폴드를 할 수 있지만 논리 AND(&&), 논리 OR(||), 콤마(,) 연산자 등과 함께 사용할 때만 가능하다. 예를 들면 다음과 같다.

```
template <typename... Values>
double allTrue(const Values&... values) { return (... && values); }

template <typename... Values>
double anyTrue(const Values&... values) { return (... || values); }

int main()
{
    cout << allTrue(1, 1, 0) << allTrue(1, 1) << allTrue() << endl; // 011
    cout << allTrue(1, 1, 0) << anyTrue(0, 0) << anyTrue() << endl; // 100
}
```

26.6 메타프로그래밍

템플릿 메타프로그래밍template metaprogramming은 간단히 소개만 한다. 메타프로그래밍은 책 한 권을 쓸 정도로 상당히 방대한 주제며, 이에 대해 자세히 소개하는 책도 많이 나와 있다. 이 책에서는 그 정도로 자세히 설명할 여유가 없기 때문에 핵심 개념과 몇 가지 예제만 소개한다.

템플릿 메타프로그래밍은 실행 시간이 아닌 컴파일 시간에 연산을 수행하는 목적으로 사용한다. 기본적으로 C++ 위에 정의된 프로그래밍 언어다. 다음 절에서는 주어진 수의 팩토리얼을 컴파일 시간에 계산해서 실행 시간에 그 결과를 상수로 사용하는 간단한 예제를 소개한다.

26.6.1 컴파일 시간에 팩토리얼 계산하기

템플릿 메타프로그래밍을 이용하면 실행 시간이 아닌 컴파일 시간에 계산을 수행할 수 있다. 다음 코드는 어떤 수의 팩토리얼을 컴파일 시간에 계산하는 예를 보여준다. 여기에서는 앞에서 소개한 템플릿 재귀로 코드를 구현했다. 그러므로 재귀 템플릿과 재귀를 멈추기 위한 베이스 템플릿을 작성해야 한다. 팩토리얼의 수학 정의에 따르면 0 팩토리얼은 1이다. 따라서 이 값을 베이스 케이스로 지정한다.

```
template <unsigned char f>
class Factorial
{
    public:
        static const unsigned long long val { f * Factorial<f - 1>::val };
};

template <>
class Factorial<0>
{
    public:
        static const unsigned long long value { 1 };
};

int main()
{
    cout << Factorial<6>::value << endl;
}
```

이 코드는 6 팩토리얼을 계산한다. 수학 기호로 6!이라고 표현하며, 1×2×3×4×5×6인 720이 된다.

NOTE_ 팩토리얼 계산이 수행되는 시점은 컴파일 시간이라는 점을 명심한다. 컴파일 시간에 계산된 결과는 실행 시간에서 볼 때 정적 상숫값이므로 `::value`로 접근한다.

이렇게 컴파일 시간에 특정한 수의 팩토리얼을 구하는 작업은 굳이 템플릿 메타프로그래밍으로 구현할 필요 없다. 템플릿 구현이 여전히 재귀 템플릿을 구현하는 방법을 보여주는 좋은 예지만 C++20부터 도입된 consteval을 이용하면 다음과 같이 템플릿을 쓰지 않고도 구현할 수 있다.

```
consteval unsigned long long factorial(unsigned char f)
{
    if (f == 0) { return 1; }
    else { return f * factorial(f - 1); }
}
```

factorial()을 일반 함수처럼 호출할 수도 있다. consteval 함수는 컴파일 실행 시간에 처리된다는 점만 차이가 있을 뿐이다.

26.6.2 루프 언롤링

템플릿 메타프로그래밍의 두 번째 예로 반복문을 실행 시간에 처리하지 않고, 컴파일 시간에 일렬로 펼쳐놓는 방식으로 처리하는 **루프 언롤링**loop unrolling이란 기법이 있다. 참고로 루프 언롤링은 꼭 필요할 때만 사용하는 게 좋다. 굳이 언롤링하도록 작성하지 않아도 컴파일러의 판단에 따라 자동으로 언롤링하기 때문이다.

이번 예제도 템플릿 재귀로 작성한다. 컴파일 시간에 루프 안에서 작업을 처리해야 하기 때문이다. 각 재귀 단계마다 Loop 템플릿이 i-1에 대해 인스턴스화된다. 0에 도달하면 재귀가 종료된다.

```
template <int i>
class Loop
{
    public:
        template <typename FuncType>
        static inline void run(FuncType func) {
            Loop<i - 1>::run(func);
            func(i);
        }
};

template <>
class Loop<0>
```

```
{
    public:
        template <typename FuncType>
        static inline void run(FuncType /* func */) { }
};
```

이렇게 작성한 Loop를 사용하는 방법은 다음과 같다.

```
void doWork(int i) { cout << "doWork(" << i << ")" << endl; }

int main()
{
    Loop<3>::run(doWork);
}
```

이렇게 작성하면 컴파일러는 doWork() 함수를 세 번 연속 호출하는 문장으로 루프를 펼친다. 이 코드를 실행한 결과는 다음과 같다.

```
doWork(1)
doWork(2)
doWork(3)
```

26.6.3 tuple 출력하기

이번에는 std::tuple에 있는 각 원소를 화면에 출력하는 기능을 템플릿 메타프로그래밍으로 구현해보자. 튜플은 24장에서 설명했다. 튜플은 타입이 별도로 지정된 값을 원하는 만큼 담을 수 있다. tuple의 크기와 값의 타입은 컴파일 시간에 결정된다. 하지만 튜플은 원소에 대해 반복하는 메커니즘을 기본으로 제공하지 않는다. 다음 코드는 템플릿 메타프로그래밍으로 tuple의 원소에 대해 컴파일 시간에 루프를 돌 수 있도록 구현하는 예를 보여주고 있다.

다른 템플릿 메타프로그래밍 예제와 마찬가지로 이번에도 템플릿 재귀를 사용한다. TuplePrint 클래스 템플릿은 템플릿 매개변수를 두 개 받는다. 하나는 tuple 타입이고, 다른 하나는 초기화할 때 설정할 튜플의 크기를 나타내는 정수다. 생성자에서 이 템플릿을 재귀적으로 인스턴스화하고 매번 호출될 때마다 정숫값을 하나씩 감소시킨다. 이 정숫값이 0에 도달하면 재귀를 멈추도록 TuplePrint를 부분 특수화한다. main() 함수는 이렇게 정의한 TuplePrint 클래스 템플릿을 사용하는 방법을 보여주고 있다.

```
template <typename TupleType, int n>
class TuplePrint
{
    public:
        TuplePrint(const TupleType& t) {
            TuplePrint<TupleType, n - 1> tp { t };
            cout << get<n - 1>(t) << endl;
        }
};

template <typename TupleType>
class TuplePrint<TupleType, 0>
{
    public:
        TuplePrint(const TupleType&) { }
};

int main()
{
    using MyTuple = tuple<int, string, bool>;
    MyTuple t1 { 16, "Test", true };
    TuplePrint<MyTuple, tuple_size<MyTuple>::value> tp { t1 };
}
```

main() 함수의 코드를 보면 TuplePrint 템플릿을 사용하는 문장이 다소 복잡하게 표현되어 있다. tuple의 정확한 타입과 tuple의 크기를 템플릿 매개변수로 지정하기 때문이다. 템플릿 매개변수를 자동으로 추론하는 헬퍼 함수 템플릿을 사용하면 이 부분을 좀 더 간결하게 표현할 수 있다. 예를 들면 다음과 같다.

```
template <typename TupleType, int n>
class TuplePrintHelper
{
    public:
        TuplePrintHelper(const TupleType& t) {
            TuplePrintHelper<TupleType, n - 1> tp { t };
            cout << get<n - 1>(t) << endl;
        }
};

template <typename TupleType>
```

```
class TuplePrintHelper<TupleType, 0>
{
    public:
        TuplePrintHelper(const TupleType&) { }
};

template <typename T>
void tuplePrint(const T& t)
{
    TuplePrintHelper<T, tuple_size<T>::value> tph { t };
}

int main()
{
    tuple t1 { 167, "Testing", false, 2.3 };
    tuplePrint(t1);
}
```

가장 먼저 TuplePrint 클래스 템플릿을 적은 부분을 TuplePrintHelper로 바꿨다. 그런 다음 tuplePrint()라는 간단한 함수 템플릿을 구현했다. 이 템플릿은 tuple의 타입을 템플릿 타입 매개변수로 받으며, tuple 자체에 대한 레퍼런스를 함수 매개변수로 받는다. 이 함수 템플릿의 본문에서는 TuplePrintHelper 클래스 템플릿을 인스턴스화한다. main() 함수는 이렇게 간략하게 수정한 버전을 사용하는 방법을 보여주고 있다. 함수 템플릿 매개변수는 직접 지정할 필요가 없다. 인수를 보고 컴파일러가 추론하기 때문이다.

1 constexpr if

C++17부터 constexpr if가 추가되었다. constexpr if는 실행 시간이 아닌 컴파일 시간에 수행된다. constexpr if의 조건을 만족하지 않으면 컴파일되지 않는다. 이 구문을 사용하면 템플릿 메타프로그래밍 코드를 훨씬 간결하게 작성할 수 있다. 예를 들어 앞에서 작성했던 코드에서 tuple의 원소를 출력하는 부분을 constexpr if로 간소화할 수 있다. 그러면 템플릿 재귀의 베이스 케이스를 더 이상 지정하지 않아도 된다. constexpr if에서 재귀가 멈추기 때문이다.

```
template <typename TupleType, int n>
class TuplePrintHelper
{
    public:
        TuplePrintHelper(const TupleType& t) {
```

```
            if constexpr (n > 1) {
                TuplePrintHelper<TupleType, n - 1> tp { t };
            }
            cout << get<n - 1>(t) << endl;
        }
};

template <typename T>
void tuplePrint(const T& t)
{
    TuplePrintHelper<T, tuple_size<T>::value> tph { t };
}
```

이제 클래스 템플릿 자체를 제거하고, 그 자리에 다음과 같이 tuplePrintHelper()라는 함수 템플릿을 간단히 구현해도 된다.

```
template <typename TupleType, int n>
void tuplePrintHelper(const TupleType& t) {
    if constexpr (n > 1) {
        tuplePrintHelper<TupleType, n - 1>(t);
    }
    cout << get<n - 1>(t) << endl;
}

template <typename T>
void tuplePrint(const T& t)
{
    tuplePrintHelper<T, tuple_size<T>::value>(t);
}
```

이 코드에 나온 두 메서드를 하나로 합쳐서 다음과 같이 좀 더 간결하게 표현할 수 있다.

```
template <typename TupleType, int n = tuple_size<TupleType>::value>
void tuplePrint(const TupleType& t) {
    if constexpr (n > 1) {
        tuplePrint<TupleType, n - 1>(t);
    }
    cout << get<n - 1>(t) << endl;
}
```

이렇게 바꿔도 이전과 같은 방식으로 호출할 수 있다.

```
tuple t1 { 167, "Testing", false, 2.3 };
tuplePrint(t1);
```

2 폴딩으로 컴파일 시간 정수 시퀀스 사용하기

C++는 <utility>에 정의된 std::integer_sequence를 이용한 컴파일 시간 정수 시퀀스를 제공한다. 이 기능은 템플릿 메타프로그래밍에서 인덱스의 시퀀스, 즉 size_t 타입에 대한 정수 시퀀스를 컴파일 시간에 생성하는 데 주로 사용된다. 이를 위해 std::index_sequence도 제공한다. 주어진 매개변수 팩과 같은 길이의 인덱스 시퀀스를 생성할 때는 std::index_sequence_for()를 사용하면 된다.

튜플을 출력하는 코드를 다음과 같이 가변 인수 템플릿, 컴파일 시간 인덱스 시퀀스, 폴딩 표현식으로 구현할 수 있다.

```
template <typename Tuple, size_t... Indices>
void tuplePrintHelper(const Tuple& t, index_sequence<Indices...>)
{
    ((cout << get<Indices>(t) << endl), ...);
}

template <typename... Args>
void tuplePrint(const tuple<Args...>& t)
{
    tuplePrintHelper(t, index_sequence_for<Args...>());
}
```

다음과 같이 작성해도 이전과 똑같은 방식으로 호출할 수 있다.

```
tuple t1 { 167, "Testing", false, 2.3 };
tuplePrint(t1);
```

이렇게 호출하면 tuplePrintHelper() 함수 템플릿에 있는 단항 우측 폴드 표현식이 다음과 같이 펼쳐진다.

```
(((cout << get<0>(t) << endl),
 ((cout << get<1>(t) << endl),
 ((cout << get<2>(t) << endl),
  (cout << get<3>(t) << endl)))));
```

26.6.4 타입 트레이트

타입 트레이트type traits를 이용하면 타입에 따라 분기하는 동작을 컴파일 시간에 처리할 수 있다. 예를 들어 특정한 타입을 상속하는 타입, 특정한 타입으로 변환할 수 있는 타입 그리고 정수 계열의 타입을 요구하는 템플릿 등을 작성할 수 있다. C++ 표준에서는 이를 위해 다양한 타입 트레이트를 제공한다. 타입 트레이트에 관련된 기능은 모두 <type_traits>에 정의되어 있다. 타입 트레이트는 몇 가지 범주로 나눌 수 있다. 다음 표는 각 범주마다 제공하는 타입에 대한 예를 보여주고 있다. 전체 목록은 부록 B에서 소개하는 표준 라이브러리 레퍼런스 관련 문헌을 참고하기 바란다.

- **기본 타입**
  - is_void
  - is_integral
  - is_floating_point
  - is_pointer
  - is_function
  - ...
- **타입 속성**
  - is_const
  - is_polymorphic
  - is_unsigned
  - is_constructible
  - is_copy_constructible
  - is_move_constructible
  - is_assignable
  - is_trivially_copyable
  - is_swappable
  - is_nothrow_swappable
  - has_virtual_destructor
  - has_unique_object_representations
  - ...
- **속성 질의**
  - alignment_of
  - rank
  - extent
- **레퍼런스 변경**
  - remove_reference
  - add_lvalue_reference
  - add_rvalue_reference
- **포인터 변경**
  - remove_pointer
  - add_pointer
- **상수 평가 컨텍스트**
  - is_constant_evaluated*
- **복합 타입**
  - is_reference
  - is_object
  - is_scalar
  - ...
- **타입 관계**
  - is_same
  - is_base_of
  - is_convertible
  - is_invocable
  - is_nothrow_invocable
  - ...
- **const-volatile 변경**
  - remove_const
  - add_const
  - ...

• **부호 변경** – make_signed – make_unsigned • **배열 변경** – remove_extent – remove_all_extents • **논리 연산자 트레이트** – conjuction – disjunction – negation	• **다른 변환** – enable_if – conditional – invoke_result – type_identity* – remove_cvref* – common_reference* – ...

*가 붙은 타입 트레이트는 C++20부터 지원한다.

타입 트레이트는 C++에서도 상당히 고급 기능에 속한다. 앞에 나온 목록은 C++ 표준에 나온 것 중에서도 일부분이지만 이것마저 일일이 설명하기 힘들다. 이 절에서는 타입 트레이트의 몇 가지 활용 사례만 소개한다.

1 타입 범주에 속한 타입 트레이트

타입 트레이트를 사용하는 템플릿의 예를 보기 전에 먼저 is_integral과 같은 클래스의 작동 방식을 좀 더 살펴볼 필요가 있다. C++ 표준에서는 다음과 같이 integral_constant 클래스를 정의하고 있다.

```
template <class T, T v>
struct integral_constant {
    static constexpr T value { v };
    using value_type = T;
    using type = integral_constant<T, v>;
    constexpr operator value_type() const noexcept { return value; }
    constexpr value_type operator()() const noexcept { return value; }
};
```

또한 bool_constant, true_type, false_type과 같은 타입 앨리어스도 정의하고 있다.

```
template <bool B>
using bool_constant = integral_constant<bool, B>;

using true_type = bool_constant<true>;
using false_type = bool_constant<false>;
```

이 코드는 true_type과 false_type이라는 두 가지 타입을 정의한다. true_type::value로 접근하면 true란 값을 구하고, false_type::value로 접근하면 false란 값을 구할 수 있다. 또한 true_type::type으로 접근하면 true_type이란 타입을 구할 수 있다. false_type도 마찬가지로 적용할 수 있다. is_integral이나 is_class와 같은 클래스는 true_type이나 false_type을 상속한다. 예를 들어 is_integral을 다음과 같이 bool 타입에 대해 특수화할 수 있다.

```
template <> struct is_integral<bool> : public true_type { };
```

이렇게 하면 is_integral<bool>::value란 문장으로 true란 값을 구할 수 있다. 특수화하는 코드는 직접 작성하지 않아도 된다. 표준 라이브러리에서 기본으로 제공하기 때문이다.

타입 범주를 사용하는 가장 간단한 예를 제시하면 다음과 같다.

```
if (is_integral<int>::value) { cout << "int is integral" << endl; }
else { cout << "int is not integral" << endl; }

if (is_class<string>::value) { cout << "string is a class" << endl; }
else { cout << "string is not a class" << endl; }
```

이 코드를 실행한 결과는 다음과 같다.

```
int is integral
string is a class
```

value 멤버가 있는 트레이트마다 트레이트 이름 뒤에 _v가 붙은 가변 템플릿이 추가되었다. 그러므로 some_trait<T>::value라고 적지 않고, some_trait_v<T>와 같은 형태로(예: is_integral_v<T>, is_const_v<T>) 표현할 수 있다. 앞에 나온 코드를 이러한 헬퍼를 사용하도록 수정하면 다음과 같다.

```
if (is_integral_v<int>) { cout << "int is integral" << endl; }
else { cout << "int is not integral" << endl; }

if (is_class_v<string>) { cout << "string is a class" << endl; }
else { cout << "string is not a class" << endl; }
```

물론 타입 트레이트를 이렇게 활용할 일은 거의 없다. 그보다는 타입의 특정한 속성을 기준으로 코드를 생성하기 위해 템플릿과 함께 사용할 때 유용하다. 다음에 나온 템플릿 함수가 바로 이러한 예를 보여주고 있다. 이 코드는 타입을 템플릿 매개변수로 받는 processHelper( ) 함수 템플릿을 두 가지 방식으로 오버로딩하도록 정의한다. 첫 번째 매개변수는 값이고, 두 번째 매개변수는 true_type이나 false_type 중 한 인스턴스다. process( ) 함수 템플릿은 매개변수를 하나만 받아서 processHelper( )를 호출한다.

```
template <typename T>
void processHelper(const T& t, true_type)
{
    cout << t << " is an integral type." << endl;
}

template <typename T>
void processHelper(const T& t, false_type)
{
    cout << t << " is a non-integral type." << endl;
}

template <typename T>
void process(const T& t)
{
    processHelper(t, typename is_integral<T>::type{});
}
```

processHelper( )를 호출할 때 두 번째 인수를 다음과 같이 지정했다.

```
typename is_integral<T>::type{}
```

이 인수는 is_integral을 이용하여 T가 정수 계열 타입인지 검사한다. 그 결과로 나오는 integral_constant 타입을 ::type으로 접근하면 true_type이나 false_type 중 하나가 나온다.

processHelper( ) 함수는 true_type이나 false_type 중 한 인스턴스를 두 번째 매개변수로 받는다. 그러므로 ::type 뒤에 빈 소괄호를 붙였다. 여기서 processHelper( )에 대한 두 가지 오버로드 버전은 true_type과 false_type이란 타입에 대해 이름 없는 매개변수를 받는다. 이렇게 이름이 없는 이유는 함수 본문에서 이 매개변수를 사용하지 않기 때문이다. 이 매개변수는 여러 가지 오버로딩 버전 중 하나를 결정하는 데만 사용된다.

이렇게 작성한 코드를 사용하는 방법은 다음과 같다.

```
process(123);
process(2.2);
process("Test"s);
```

그러면 다음과 같은 결과가 나온다.

```
123 is an integral type.
2.2 is a non-integral type.
Test is a non-integral type.
```

앞에 나온 예제를 다음과 같이 함수 템플릿 하나만으로 표현할 수도 있다. 하지만 이렇게 작성하면 타입 트레이트로 주어진 타입에 맞는 오버로딩 버전을 결정하는 예를 볼 수 없다.

```
template <typename T>
void process(const T& t)
{
    if constexpr (is_integral_v<T>) {
        cout << t << " is an integral type." << endl;
    } else {
        cout << t << " is a non-integral type." << endl;
    }
}
```

2 타입 관계 활용 방법

타입 관계에 대한 예로 is_same, is_base_of, is_convertible 등이 있다. 여기에서는 is_same을 사용하는 방법에 대한 예제만 소개한다. 나머지 타입 관계도 사용법은 비슷하다.

다음 코드에 나온 same() 함수 템플릿은 is_same 타입 트레이트를 이용하여 주어진 두 인수의 타입이 서로 같은지 검사한 뒤 결과에 따라 메시지를 출력한다.

```cpp
template <typename T1, typename T2>
void same(const T1& t1, const T2& t2)
{
    bool areTypesTheSame { is_same_v<T1, T2> };
    cout << format("'{}' and '{}' are {} types.", t1, t2,
        (areTypesTheSame ? "the same types." : "different types.")) << endl;
}

int main()
{
    same(1, 32);
    same(1, 3.01);
    same(3.01, "Test"s);
}
```

이 코드를 실행하면 다음과 같이 결과가 나온다.

```
'1' and '32' are the same types.
'1' and '3.01' are different types
'3.01' and 'Test' are different types
```

3 조건부 타입 트레이트 사용법

18장에서 표준 라이브러리 헬퍼 함수 템플릿인 std::move_if_noexcept( )를 설명했다. 이 템플릿은 이동 생성자나 복제 생성자를 호출할 때 noexcept의 지정 여부에 따라 조건부로 호출할 수 있다. 표준 라이브러리는 이동 대입 연산자나 복제 대입 연산자를 쉽게 호출할 수 있는 헬퍼 함수 템플릿을 제공하지 않는다. 이제 템플릿 메타프로그래밍과 타입 트레이트에 대해 배웠으니 move_assign_if_noexcept( )를 구현하는 방법을 알아보자.

18장에서 설명했듯이 move_if_noexcept( )는 이동 생성자에 noexcept가 표시되어 있으면 주어진 레퍼런스를 우측값 레퍼런스로 변환하고, 그렇지 않으면 const 레퍼런스로 변환한다.

move_assign_if_noexcept( )도 이와 비슷한 일을 해야 한다. 이동 대입 연산자에 noexcept가 표시되어 있으면 주어진 레퍼런스를 우측값 레퍼런스로 변환하고, 그렇지 않으면 const 레퍼런스로 변환한다.

std::conditional 타입 트레이트는 이 조건을 구현하는 데 사용할 수 있다. is_nothrow_move_assignable 타입 트레이트는 특정 타입에 noexcept가 지정된 이동 대입 연산자가 있는지 확인하는 데 사용할 수 있다. conditional 타입 트레이트는 세 가지 템플릿 매개변수(부울값, 부울값이 true일 때의 타입, 부울값이 false일 때의 타입)로 구성된다. 이 함수 템플릿은 다음과 같이 생겼다.

```
template <typename T>
constexpr conditional<is_nothrow_move_assignable_v<T>, T&&, const T&>::type
    move_assign_if_noexcept(T& t) noexcept
{
    return move(t);
}
```

C++ 표준은 conditional과 같은 type 멤버를 가진 트레이트에 대한 앨리어스 템플릿을 정의하고 있다. 이런 템플릿은 트레이트와 이름이 같지만 _t가 붙는다. 예를 들어 다음과 같이 작성하는 대신,

```
conditional<is_nothrow_move_assignable_t<T>, T&&, const T&>::type
```

다음과 같이 작성할 수 있다.

```
conditional_t<is_nothrow_move_assignable_t<T>, T&&, const T&>
```

move_assign_if_noexcept() 함수 템플릿은 다음과 같이 테스트할 수 있다.

```
class MoveAssignable
{
    public:
        MoveAssignable& operator=(const MoveAssignable&) {
            cout << "copy assign" << endl; return *this; }
        MoveAssignable& operator=(MoveAssignable&&) {
            cout << "move assign" << endl; return *this; }
};

class MoveAssignableNoexcept
{
    public:
        MoveAssignableNoexcept& operator=(const MoveAssignableNoexcept&) {
            cout << "copy assign" << endl; return *this; }
```

```
        MoveAssignableNoexcept& operator=(MoveAssignableNoexcept&&) noexcept {
            cout << "move assign" << endl; return *this; }
};

int main()
{
    MoveAssignable a, b;
    a = move_assign_if_noexcept(b);
    MoveAssignableNoexcept c, d;
    c = move_assign_if_noexcept(d);
}
```

실행 결과는 다음과 같다.

```
copy assign
move assign
```

4 enable_if 사용법

enable_if는 C++의 난해한 특성 중 하나인 **SFINAE** substitution failure is not an error (**치환 실패는 에러가 아니다**)에 기반을 두고 있다. 이 절에서는 SFINAE의 기본 개념만 소개한다.

오버로딩된 함수가 여러 개 있을 때 enable_if를 이용하여 특정한 타입 트레이트에 따라 오버로딩된 함수 중 일부를 끌 수 있다. enable_if 트레이트는 오버로딩 함수들에 대한 리턴 타입을 기준으로 분기할 때 주로 사용한다. enable_if는 템플릿 타입 매개변수를 두 개 받는다. 하나는 부울값이고, 다른 하나는 타입인데 디폴트값은 void다. 부울값을 true로 지정하면 enable_if는 중첩된 타입을 가지며, ::type으로 접근할 수 있다. 이렇게 중첩된 타입의 타입은 두 번째 템플릿 타입 매개변수로 지정한 타입이다. 부울값을 false로 지정하면 중첩된 타입이 생기지 않는다.

앞 절에서 본 same() 함수 템플릿을 다음과 같이 enable_if를 사용하여 오버로딩 버전인 checkType() 함수 템플릿으로 표현할 수 있다. 이때 checkType() 함수는 주어진 두 값의 타입이 같은지 여부에 따라 true나 false 중 하나를 리턴한다. checkType()에서 아무 것도 리턴하고 싶지 않다면 return 문을 삭제하고, enable_if 문의 두 번째 템플릿 타입 매개변수도 삭제하거나 void로 지정한다.

```
template <typename T1, typename T2>
enable_if_t<is_same_v<T1, T2>, bool>
    checkType(const T1& t1, const T2& t2)
{
    cout << format("'{}' and '{}' are the same types.", t1, t2) << endl;
    return true;
}

template <typename T1, typename T2>
enable_if_t<!is_same_v<T1, T2>, bool>
    checkType(const T1& t1, const T2& t2)
{
    cout << format("'{}' and '{}' are different types.", t1, t2) << endl;
    return false;
}

int main()
{
    checkType(1, 32);
    checkType(1, 3.01);
    checkType(3.01, "Test"s);
}
```

이 코드를 실행한 결과는 이전과 같다.

```
'1' and '32' are the same types.
'1' and '3.01' are different types.
'3.01' and 'Test' are different types.
```

이 코드는 checkType()을 두 가지 버전으로 정의한다. 두 버전의 리턴 타입은 모두 enable_if에 대한 중첩 타입인 bool이다. 먼저 is_same_v로 두 타입이 같은지 검사하고, 그 결과를 enable_if_t로 전달한다. enable_if_t의 첫 번째 인수가 true면 enable_if_t는 bool 타입을 갖고, 그렇지 않으면 타입이 없다. 바로 여기서 SFINAE가 적용된다.

main()의 첫 문장을 컴파일할 때 정숫값 두 개를 받는 checkType()이 있는지 찾는다. 먼저 소스 코드에 있는 첫 번째 checkType() 함수 템플릿을 보고 T1과 T2를 모두 정수로 만들어서 이 함수 템플릿의 인스턴스를 사용할 수 있다고 추론한다. 그런 다음 리턴 타입을 알아낸다. 두 인수 모두 정수라서 is_same_v<T1, T2>의 결과는 true가 된다. 그러므로 enable_if_t<true, bool>의 타입은 bool이 된다. 이렇게 인스턴스화하는 과정에서 아무런 문제가 발생하지 않으면 컴파일러는 이 버전의 checkType()을 적용한다.

그런데 main()의 두 번째 문장을 컴파일할 때도 적절한 checkType() 함수를 찾는 작업을 또 수행한다. 먼저 checkType()를 찾아서 T1을 int로, T2를 double로 설정해서 오버로딩하도록 처리한다. 그런 다음 리턴 타입을 결정하는데, 이번에는 T1과 T2가 서로 타입이 다르기 때문에 is_same_v<T1, T2>의 결과는 false가 된다. 그러므로 enable_if_t<false, bool>은 타입을 표현하지 않고, checkType() 함수의 리턴 타입도 지정하지 않는다. 컴파일러는 이 에러를 발견해도 SFINAE를 적용하기 때문에 실제로 컴파일 에러를 발생하지 않는다. 그 대신 지금까지 하던 작업을 조용히 역추적해서 다른 checkType() 함수를 찾는다. 이제 두 번째 checkType()이 !is_same_v<T1, T2>에 대해 true가 된다는 것을 발견하고, enable_if_t<true, bool>의 타입이 bool이 되어 정상적으로 인스턴스화된다.

enable_if를 여러 버전의 생성자에 사용할 때 리턴 타입에는 적용할 수 없다. 생성자는 원래 리턴 타입이 없기 때문이다. 이럴 때는 생성자에 디폴트값을 가진 매개변수를 하나 더 추가해서 enable_if를 적용하면 된다.

enable_if를 사용할 때는 조심해야 한다. 특수화나 부분 특수화와 같은 다른 기법으로는 도저히 적합한 오버로딩 버전을 찾기 힘들 때만 사용하는 것이 좋다. 예를 들어 잘못된 타입으로 템플릿을 사용할 때 그냥 컴파일 에러만 발생시키고 싶다면 SFINAE를 적용하지 말고 27장에서 설명하는 static_assert()를 사용한다. 물론 enable_if를 사용하는 것이 좋을 때도 있다. 예를 들어 vector와 비슷한 기능을 정의하는 커스텀 클래스에 복제 함수를 제공할 때 enable_if와 is_trivially_copyable 타입 트레이트를 활용하면 단순히 복제할 수 있는 타입은 비트 단위 복제로 처리하도록 특수화할 수 있다. 예를 들어 memcpy()를 사용하도록 복제 함수를 특수화할 수 있다.

CAUTION_ SFINAE를 적용하는 방법은 상당히 까다롭고 복잡하다. SFINAE와 enable_if를 적용할 때 여러 가지 오버로딩 버전 중 엉뚱한 버전을 비활성화하게 되면 알 수 없는 컴파일 에러가 발생하는데, 에러 메시지만 보고서는 문제의 원인을 찾기가 굉장히 힘들다.

5 constexpr if로 enable_if 간결하게 표현하기

앞 절의 예제에서 볼 수 있듯이 enable_if를 사용하면 코드가 굉장히 복잡해질 수 있다. C++17부터 추가된 constexpr if 기능을 활용하면 enable_if를 활용하는 코드를 훨씬 간결하게 표현할 수 있다.

예를 들어 다음과 같이 정의된 두 클래스를 살펴보자.

```
class IsDoable
{
    public:
        virtual void doit() const { cout << "IsDoable::doit()" << endl; }
};
class Derived : public IsDoable { };
```

doit( ) 메서드가 제공된다면 이를 호출하고, 그렇지 않다면 콘솔에 에러 메시지를 출력하는 callDoit( )이란 함수 템플릿을 만들어보자. 이때 enable_if를 이용해서 주어진 타입이 IsDoable을 상속했는지 확인할 수 있다.

```
template <typename T>
enable_if_t<is_base_of_v<IsDoable, T>, void> callDoit(const T& t)
{
    t.doit();
}

template <typename T>
enable_if_t<!is_base_of_v<IsDoable, T>, void> callDoit(const T&)
{
    cout << "Cannot call doit()!" << endl;
}
```

이 템플릿을 다음과 같이 사용할 수 있다.

```
Derived d;
callDoit(d);
callDoit(123);
```

그러면 다음과 같이 결과가 나온다.

```
IsDoable::doit()
Cannot call doit()!
```

constexpr if를 활용하면 이 코드를 다음과 같이 좀 더 간결하게 표현할 수 있다.

```
template <typename T>
void callDoit(const T& [[maybe_unused]] t)
{
    if constexpr(is_base_of_v<IsDoable, T>) {
        t.doit();
    } else {
        cout << "Cannot call doit()!" << endl;
    }
}
```

기존 if 문으로는 절대로 이렇게 할 수 없다. 일반 if 문은 모든 분기문이 반드시 컴파일되어야 하기 때문에 IsDoable을 상속하지 않은 타입을 T에 지정하면 에러가 발생한다. 이 예제는 t.doit()이 나오는 문장에서 컴파일 에러가 발생한다. 하지만 constexpr if 문을 사용하여 IsDoable을 상속하지 않은 타입을 지정하면 t.doit()이란 문장 자체를 아예 컴파일하지 않게 된다.

여기서 [[maybe_unused]] 어트리뷰트를 사용한 점도 주목한다. IsDoable을 상속하지 않은 타입으로 T를 지정하면 t.doit()이 컴파일되지 않기 때문에 callDoit()을 인스턴스화한 코드에서 매개변수 t가 사용되지 않는다. 대다수의 컴파일러는 이렇게 사용하지 않는 매개변수가 있을 때 경고 메시지나 에러 메시지를 출력한다. 이때 [[maybe_unused]] 속성을 지정하면 이러한 매개변수 t에 대해 경고나 에러가 발생하지 않는다.

is_base_of 타입 트레이트 대신 is_invocable 트레이트를 사용해도 된다. 이 트레이트는 함수가 주어진 인수 집합에 대해 호출되는지 검사한다. is_invocable 트레이트로 callDoit()을 구현하면 다음과 같다.

```
template <typename T>
void callDoit(const T& [[maybe_unused]] t)
{
    if constexpr(is_invocable_v<decltype(&IsDoable::doit), T>) {
        t.doit();
    } else {
        cout << "Cannot call doit()!" << endl;
    }
}
```

6 논리 연산자 트레이트

논리 연산자에 대해서도 세 가지 트레이트(conjunction, disjunction, negation)를 제공한다. _v로 끝나는 가변 템플릿도 제공한다. 이러한 트레이트는 가변 개수의 템플릿 타입 매개변수를 받으며, 타입 트레이트에 대해 논리 연산을 수행하는 데 활용할 수 있다. 예를 들면 다음과 같다.

```
cout << conjunction_v<is_integral<int>, is_integral<short>> << " ";
cout << conjunction_v<is_integral<int>, is_integral<double>> << " ";

cout << disjunction_v<is_integral<int>, is_integral<double>,
                      is_integral<short>> << " ";

cout << negation_v<is_integral<int>> << " ";
```

이 코드의 실행 결과는 다음과 같다.

```
1 0 1 0
```

7 static_assert()

static_assert( )를 이용하면 컴파일 시간에 특정한 조건을 어서션으로 적용할 수 있다. 어서션[assertion]이란 참이어야 하는 뭔가를 말한다. 어서션이 거짓이면 컴파일러는 에러를 발생시킨다. static_assert( )를 호출할 때 인수를 두 개 받는다. 하나는 컴파일 시간에 평가할 표현식이고, 다른 하나는 스트링이다. 주어진 표현식을 평가한 결과가 false면 컴파일러는 주어진 스트링을 포함한 에러 메시지를 출력한다. 예를 들어 64비트 컴파일러를 사용하는지 검사하는 어서션은 다음과 같다.

```
static_assert(sizeof(void*) == 8, "Requires 64-bit compilation.");
```

4바이트 포인터를 사용하는 32비트 컴파일러라면 다음과 같은 에러 메시지가 출력된다.

```
test.cpp(3): error C2338: Requires 64-bit compilation.
```

C++17부터 스트링 매개변수는 옵션이 되었다.

```
static_assert(sizeof(void*) == 8);
```

여기서 주어진 표현식이 false일 때 출력되는 에러 메시지는 컴파일러마다 다르다. 예를 들어 마이크로소프트 비주얼 C++는 다음과 같이 출력한다.

```
test.cpp(3): error C2607: static assertion failed
```

static_assert( )는 타입 트레이트와 결합할 수 있다. 예를 들면 다음과 같다.

```
template <typename T>
void foo(const T& t)
{
    static_assert(is_integral_v, "T should be an integral type.");
}
```

하지만 개인적으로 static_assert( )와 타입 트레이트를 조합하는 방법보다는 C++20부터 도입된 콘셉트(12장 참조)를 사용하는 방법을 추천한다. 예를 들면 다음과 같다.

```
template <integral T>
void foo(const T& t) { }
```

또는 C++20부터 도입된 축약 함수 템플릿 구문을 사용할 수도 있다.

```
void foo(const integral auto& t) { }
```

26.6.5 템플릿 메타프로그래밍 맺음말

지금까지 살펴본 것처럼 템플릿 메타프로그래밍은 굉장히 강력한 도구지만 코드가 상당히 난해해질 위험도 있다. 또한 모든 작업을 컴파일 시간에 처리하기 때문에 문제가 발생해도 디버거로 찾을 수 없다는 문제도 있다. 템플릿 메타프로그래밍으로 코드를 작성할 때는 반드시 주석에 메타프로그래밍을 사용하는 목적과 진행 과정을 명확히 밝히는 것이 좋다. 그렇지 않으면 다른 사람이 코드를 이해하기가 굉장히 어려워진다. 심지어 코드를 작성한 본인조차 나중에 다시 보면 무슨 뜻인지 알 수 없을 수도 있다.

26.7 정리

이 장에서는 12장에 이어서 템플릿을 좀 더 깊이 살펴봤다. 지금까지 설명한 내용을 바탕으로 템플릿으로 제네릭 프로그래밍을 하는 방법과 컴파일 시간에 연산을 처리하도록 템플릿 메타프로그래밍을 하는 방법을 이해했을 것이고, 이러한 기법이 얼마나 강력한지 느꼈을 뿐만 아니라 앞으로 코드를 작성할 때 어떻게 적용할지 감을 잡았을 것이다. 지금까지 설명한 내용을 한 번 읽고서 문법과 기능을 완벽히 파악할 수는 없다. 특히 처음 접할 때는 기본 개념조차 이해하기 쉽지 않고, 템플릿 작성에 대한 문법도 상당히 복잡하다. 따라서 템플릿을 활용하는 코드를 실제로 작성할 때는 이 장과 12장을 다시 참조해서 정확한 문법을 파악하고 접근하는 것이 좋다.

26.8 연습 문제

이 장에서 소개한 내용을 직접 써보기 위해 다음 연습 문제를 풀어보자. 연습 문제에 대한 정답은 이 책의 웹사이트(www.wiley.com/go/proc++5e)에서 다운로드할 수 있다. 문제를 풀다가 막히면 정답부터 찾지 말고 먼저 앞에서 설명한 부분을 다시 읽고 직접 답을 찾아보려고 애쓰기 바란다.

연습 문제 26-1 [연습 문제 12-2]에서 작성한 const char* 키와 값에 대한 KeyValuePair 클래스 템플릿의 완전 특수화 코드를 const char* 타입의 값에 대해서만 부분 특수화하도록 수정해보자.

연습 문제 26-2 템플릿 재귀를 이용하여 *n*번째 피보나치 수를 컴파일 시간에 계산해보자. 피보나치 수는 0과 1부터 시작하며, 이전 두 수의 합으로 이어진다(예: 0, 1, 1, 2, 3, 5, 8, 13, 21, 34, 55, 89).

연습 문제 26-3 [연습 문제 26-2]에서 작성한 코드를 바탕으로 계산은 계속해서 컴파일 시간에 수행하되 템플릿이나 함수 재귀 없이 계산하도록 수정해보자.

연습 문제 26-4 vector에 대한 레퍼런스와 가변 개수의 값을 받는 가변 인수 함수 템플릿인 push_back_values()를 구현해보자. 이 함수는 주어진 vector에 가변 개수의 값을 푸시하는 데 폴드 표현식을 사용해야 한다.

CHAPTER 27

C++ 멀티스레드 프로그래밍

이 장의 내용

- 멀티스레드 프로그래밍 개념
- 멀티스레드 구동 방법
- 스레드 취소 방법
- 여러 스레드로 실행한 결과를 수집하는 방법
- 데드락(교착 상태)과 레이스 컨디션(경쟁 상태)이란 무엇이고, 뮤텍스(상호 배제)로 이를 방지하는 방법
- 아토믹 타입과 연산 사용 방법
- 조건부 변수의 개념
- 세마포어, 래치, 배리어
- 스레드 통신에서 퓨처와 프로미스 사용하는 방법
- 스레드 풀
- 재개 가능한 함수, 코루틴의 개념

멀티스레드 프로그래밍multithreaded programming은 멀티프로세서가 장착된 컴퓨터 시스템에서 중요한 기법이다. 멀티스레드 프로그래밍을 이용하면 시스템에 있는 여러 프로세서 유닛을 병렬로 사용하는 프로그램을 작성할 수 있다. 시스템에 프로세서 유닛이 장착되는 방식은 다양하다. 독립적인 CPUCentral Processor Unit 프로세서 칩이 여러 개 달려 있을 수 있고, 한 프로세스 칩 안에 **코어**core라 부르는 독립 CPU가 여러 개 있을 수 있고, 또 어떤 시스템은 두 가지 방식이 혼합되기도 한다. 이렇게 프로세스 유닛이 여러 개 달린 프로세서를 흔히 **멀티코어 프로세서**multicore processor라 부른다. 사실 이렇게 프로세서가 여러 개 달린 시스템이 나온지 꽤 오래되었지만 일반 사용자 시스템에 도입된 것은 최근이다. 요즘 판매되는 CPU는 모두 멀티코어 프로세서다. 이제는 서버부터 개인용 컴퓨터, 심지어 스마트폰에 이르기까지 거의 모든 시스템이 멀티코어 프로세서를 사용한다. 이처럼 멀티코어 프로세서가 보편화되었기 때문에 멀티스레드 애플리케이션을 작성할 줄 아는 것이 중요하다. 전문 C++ 프로그래머라면 프로세서의 기능을 최대한 활용할 수 있도록 멀티스레드 코드를 정확하게 작성할 줄 알아야 한다. 멀티스레드 애플리케이션은 플랫폼이나 OS에서 제공하는 API에 상당히 의존한다. 그러므로 멀티스레드 코드를 플랫폼 독립적으로 작성하기가 힘들다. C++11부터 제공되는 표준 스레딩 라이브러리를 활용하면 이 문제를 어느 정도 해결할 수 있다.

멀티스레드 프로그래밍은 고급 주제에 속한다. 이 장에서는 표준 스레딩 라이브러리로 멀티스레드 프로그래밍을 하는 방법을 소개한다. 하지만 지면 관계상 모든 내용을 자세히 다룰 수는 없다. 멀티스레드 프로그래밍만 설명하는 책도 많이 나와 있다. 좀 더 자세히 알고 싶은 독자는 B.14절 '멀티스레드 프로그래밍'에서 소개하는 문헌을 참고하기 바란다.

멀티스레드 프로그래밍을 더욱 플랫폼 독립적으로 할 수 있게 해주는 서드파티 라이브러리(예: pthreads와 boost::thread)도 있다. 하지만 이들 라이브러리는 C++ 표준에 속하지 않기 때문에 이 책에서는 소개하지 않는다.

27.1 들어가며

멀티스레드 프로그래밍을 사용하면 여러 연산을 병렬로 처리할 수 있다. 그러므로 현재는 거의 모든 시스템에 장착된 멀티 프로세서를 최대한 활용할 수 있다. 20년 전만 해도 프로세서 제조사는 속도 경쟁에 열을 올렸다. 싱글스레드 애플리케이션의 성능을 높이기 위해서는 이 방법이 최선이기 때문이다. 그런데 22020년쯤에 전력 소모량과 발열 문제가 발생하면서 속도 경쟁의

한계에 부딪혔다. 그래서 듀얼 코어, 쿼드 코어 프로세스가 보편화되었고, 12, 16, 18 코어, 심지어 그보다 더 많은 코어를 장착한 프로세서가 등장하게 되었다.

CPU뿐만 아니라 GPU라 부르는 그래픽 카드용 프로세서도 자세히 들여다보면 상당히 병렬화되어 있다. 요즘 나오는 고성능 그래픽 카드는 코어를 무려 4,000개 이상 장착하고 있으며, 현재도 그 수는 계속 증가하고 있다. 이렇게 제작된 그래픽 카드는 단순히 게임용으로만 사용하지 않고, 수학 연산의 비중이 높은 작업을 처리하는 데도 활용된다. 몇 가지 예를 들면 이미지나 비디오 처리, 단백질 분석(주로 신약 개발 과정에 사용됨), 세티Search for Extra-Terrestrial Intelligence(SETI, 외계지적생명체탐사) 프로젝트에서 신호를 처리하는 작업 등에 활용된다.

C++98/03 버전은 멀티스레드 프로그래밍을 지원하지 않아서 서드파티 라이브러리나 타깃 시스템의 OS에서 제공하는 멀티스레드 API를 활용하는 수밖에 없었다. C++11부터 표준 멀티스레드 라이브러리가 추가되면서 크로스 플랫폼 멀티스레드 프로그램을 작성하기 한결 쉬워졌다. 현재 C++ 표준은 GPU를 제외한 CPU만을 대상으로 API를 정의하고 있지만 향후 GPU도 지원하도록 개선될 가능성이 있다.

멀티스레드 프로그래밍이 필요한 이유는 크게 두 가지다. 첫째, 주어진 연산 작업을 작은 조각으로 나눠서 각각을 멀티프로세서 시스템에서 병렬로 실행하면 전반적인 성능을 크게 높일 수 있다.

둘째, 연산을 다른 관점에서 모듈화할 수 있다. 예를 들어 연산을 UI 스레드에 종속적이지 않은 독립 스레드로 분리해서 구현하면 처리 시간이 긴 연산을 백그라운드로 실행시키는 방식으로 UI의 응답 속도를 높일 수 있다.

[그림 27-1]은 병렬 처리가 절대적으로 유리한 상황을 보여주고 있다. 예를 들어 이미지의 픽셀을 처리할 때 주변 픽셀 정보를 참조하지 않는 방식으로 구현한다고 생각해보자. 그러면 이미지를 크게 네 부분으로 나눠서 처리하도록 알고리즘을 구성할 수 있다. 싱글 코어single-core 프로세서에서는 모든 부분을 순차적으로 실행해야 하고, 듀얼 코어dual-core 프로세서에서는 두 부분씩 동시에 실행할 수 있고, 쿼드 코어quad-core 프로세서에서는 각 부분을 동시에 실행할 수 있다. 이처럼 성능이 코어 수에 정비례한다.

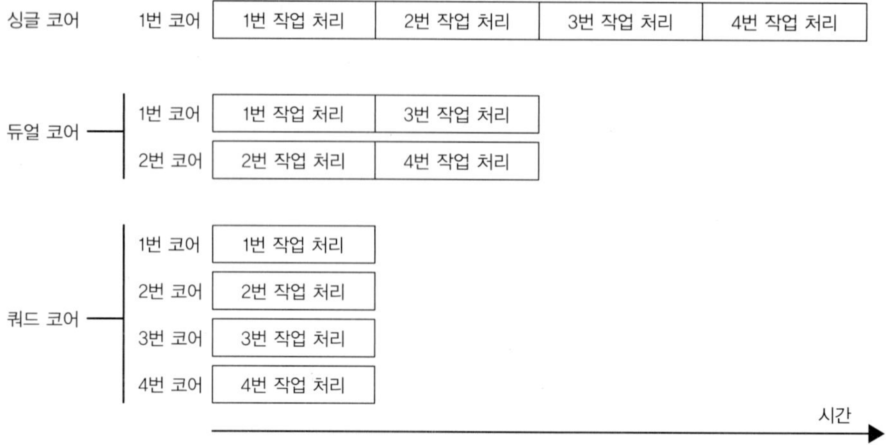

그림 27-1

물론 항상 이렇게 독립 작업으로 나눠서 병렬화할 수 있는 것은 아니다. 그래도 최소한 일부분만이라도 병렬화할 수 있다면 조금이라도 성능을 높일 수 있다. 멀티스레드 프로그래밍을 하는 데 어려운 부분은 병렬 알고리즘을 고안하는 것이다. 처리할 작업의 성격에 따라 구현 방식이 크게 달라지기 때문이다. 또한 경쟁 상태(레이스 컨디션race condition), 교착 상태(데드락deadlock), 테어링tearing, 잘못된 공유false-sharing 등과 같은 문제가 발생하지 않게 만들기도 쉽지 않다. 이어지는 절에서 이들을 하나씩 설명한다. 이런 문제는 주로 아토믹과 명시적인 동기화 메커니즘으로 해결하며 구체적인 방법은 뒤에서 소개한다.

> **NOTE_** 멀티스레드 관련 문제를 방지하려면 여러 스레드가 공유 메모리를 동시에 읽거나 쓰지 않도록 설계해야 한다. 아니면 동기화 기법(27.4절 '뮤텍스' 참조)이나 아토믹 연산(27.3절 '아토믹 연산 라이브러리' 참조)을 적용한다.

27.1.1 경쟁 상태

여러 스레드가 공유 리소스를 동시에 접근할 때 **경쟁 상태**가 발생할 수 있다. 그중에서도 공유 메모리에 대한 경쟁 상태를 흔히 **데이터 경쟁**data race이라 부른다. 데이터 경쟁은 여러 스레드가 공유 메모리에 동시에 접근할 수 있는 상태에서 최소 하나의 스레드가 그 메모리에 데이터를 쓸 때 발생한다. 예를 들어 공유 변수가 하나 있는데 어떤 스레드는 이 값을 증가시키고, 또 어떤 스레드는 이 값을 감소시키는 경우를 생각해보자. 값을 증가하거나 감소하려면 현잿값을 메모리에서 읽어서 증가나 감소 연산을 수행해야 한다. PDP-11이나 VAX와 같은 예전 아키텍처는 아토믹하게 실행되는(주어진 시점에 혼자서만 실행되는) INC와 같은 인스트럭션을 제공했다. 하지만 최신 x86 프로세서에서 제공하는 INC는 더 이상 아토믹하지 않다. 다시 말해 INC를 처리하는 도중에 다른 인스트럭션이 실행될 수 있기 때문에 결과가 얼마든지 달라질 수 있다.

다음 표는 초깃값이 1일 때 감소 연산이 실행되기 전에 증가 연산을 마치는 경우를 보여준다.

스레드 1(증가 연산)	스레드 2(감소 연산)
값을 불러온다. (값 = 1)	
값을 하나 증가시킨다. (값 = 2)	
값을 저장한다. (값 = 2)	
	값을 불러온다. (값 = 2)
	값을 하나 감소시킨다. (값 = 1)
	값을 저장한다. (값 = 1)

메모리에 기록되는 최종 결과는 1이다. 이와 반대로 다음 표와 같이 증가 연산을 수행하는 스레드가 시작하기 전에 감소 연산을 수행하는 스레드가 작업을 모두 마쳐도 최종 결과는 1이 된다.

스레드 1(증가 연산)	스레드 2(감소 연산)
	값을 불러온다. (값 = 1)
	값을 하나 감소시킨다. (값 = 0)
	값을 저장한다. (값 = 0)
값을 불러온다. (값 = 0)	
값을 하나 증가시킨다. (값 = 1)	
값을 저장한다. (값 = 1)	

그런데 두 작업이 다음 표와 같이 서로 교차 실행되면interleave 결과가 달라진다.

스레드 1(증가 연산)	스레드 2(감소 연산)
값을 불러온다. (값 = 1)	
값을 하나 증가시킨다. (값 = 2)	
	값을 불러온다. (값 = 1)
	값을 하나 감소시킨다. (값 = 0)
값을 저장한다. (값 = 2)	
	값을 저장한다. (값 = 0)

이렇게 하면 최종 결과는 0이 된다. 다시 말해 증가 연산의 효과가 사라진다. 이를 데이터 경쟁 상태라 부른다.

27.1.2 테어링

테어링tearing이란 데이터 경쟁의 특수한 경우이며, **읽기 테어링**torn read과 **쓰기 테어링**torn write의 두 가지가 있다. 어떤 스레드가 메모리에 데이터의 일부만 쓰고 나머지 부분을 미처 쓰지 못한 상태에서 다른 스레드가 이 데이터를 읽으면 두 스레드가 보는 값이 달라진다. 이를 읽기 테어링이라 부른다. 또한 두 스레드가 이 데이터에 동시에 쓸 때 한 스레드는 그 데이터의 한쪽 부분을 쓰고, 다른 스레드는 그 데이터의 다른 부분을 썼다면 각자 수행한 결과가 달라진다. 이를 쓰기 테어링이라 부른다.

27.1.3 데드락

경쟁 상태를 막기 위해 뮤텍스mutex(상호 배제mutual exclusion)와 같은 동기화 기법을 적용하다 보면 멀티스레드 프로그래밍에서 흔한 문제인 **데드락**deadlock(교착 상태)이 발생하기 쉽다. 데드락이란 여러 스레드가 서로 상대방 작업이 끝날 때까지 동시에 기다리는 상태를 말한다. 예를 들어 두 스레드가 공유 리소스를 서로 접근하려면 먼저 그 리소스에 대한 접근 권한 요청부터 해야 한다. 현재 둘 중 한 스레드가 그 리소스에 대한 접근 권한을 확보한 상태로 계속 머물러 있으면 그 리소스에 대한 접근 권한을 요청하는 다른 스레드도 무한히 기다려야 한다. 이때 공유 리소스에 대한 접근 권한을 얻기 위한 방법 중에서 27.4절 '뮤텍스'에서 설명할 뮤텍스(상호 배제)라는 것이 있다. 예를 들어 스레드가 두 개 있고 리소스도 두 개 있을 때 이를 A와 B라는 뮤텍스(상호 배제) 객체로 보호하고 있다고 생각해보자. 이때 두 스레드가 각 리소스에 대한 접근 권한을 얻을 수 있지만, 그 순서는 다음 표와 같이 서로 다른 경우를 생각해보자.

스레드 1	스레드 2
A 확보	B 확보
B 확보	A 확보
// 작업을 수행한다.	// 작업을 수행한다.
B 해제	A 해제
A 해제	B 해제

이 스레드가 실행되면 다음과 같이 진행될 수 있다.

- 스레드 1: A 확보
- 스레드 2: B 확보
- 스레드 1: B 확보(스레드 2가 B를 확보하고 있기 때문에 기다린다)
- 스레드 2: A 확보(스레드 1이 A를 확보하고 있기 때문에 기다린다)

그러면 두 스레드 모두 상대방을 무한정 기다리는 데드락이 발생한다. 이러한 데드락 상황을 그림으로 표현하면 [그림 27-2]와 같다. 스레드 1은 A 리소스에 대한 접근 권한을 확보한 상태에서 B 리소스의 접근 권한을 얻을 때까지 기다린다. 스레드 2는 B 리소스의 접근 권한을 확보한 상태에서 A 리소스의 접근 권한을 얻을 때까지 기다린다. 그림을 보면 데드락 상황이 순환 관계를 이루고 있다. 결국 두 스레드는 서로 상대방을 무한정 기다리게 된다.

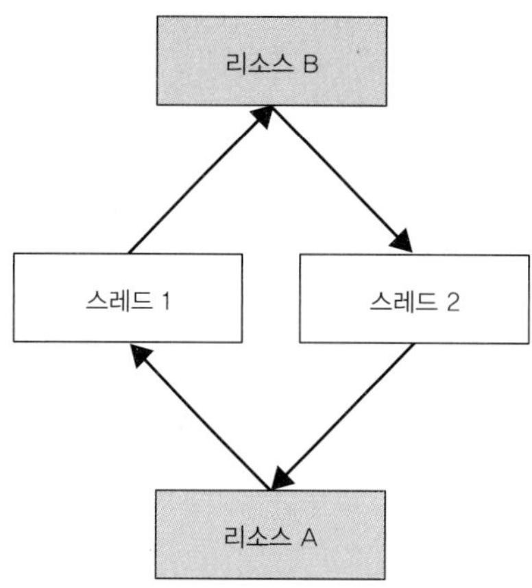

그림 27-2

이러한 데드락이 발생하지 않게 하려면 모든 스레드가 일정한 순서로 리소스를 획득해야 한다. 또한 데드락이 발생해도 빠져나올 수 있는 메커니즘도 함께 구현하면 좋다. 한 가지 방법은 리소스 접근 권한을 요청하는 작업에 시간제한을 걸어두는 것이다. 그러므로 주어진 시간 안에 리소스를 확보할 수 없으면 더 이상 기다리지 않고 현재 확보한 권한을 해제한다. 그러고 나서 일정 시간 동안 기다렸다가 리소스를 확보하는 작업을 다시 시도한다. 이렇게 하면 다른 스레드가 리소스에 접근할 기회를 줄 수 있다. 물론 이 기법만으로 문제를 해결할 수 있는지는 주어진 데드락 상황에 따라 다르다.

방금 소개한 우회 기법으로 해결하는 것보다는 데드락 상황 자체가 아예 발생하지 않게 만드는 것이 바람직하다. 여러 뮤텍스 객체로 보호받고 있는 리소스 집합에 대해 접근 권한을 얻을 때는 리소스마다 접근 권한을 개별적으로 요청하지 않고, 27.4절 '뮤텍스'에서 소개하는 `std::lock()`이나 `std::try_lock()`과 같은 함수를 활용하는 것이 좋다. 이 함수는 여러 리소스에 대한 권한을 한 번에 확보하거나 요청한다.

27.1.4 잘못된 공유

캐시cache는 **캐시 라인**cache line 단위로 처리된다. 최신 CPU는 흔히 64바이트 캐시 라인으로 구성된다. 캐시 라인에 데이터를 쓰려면 반드시 그 라인 전체에 락을 걸어야 한다. 멀티스레드 코드를 실행할 때 데이터 구조를 잘 만들지 않으면 캐시 라인에 락을 거는 과정에서 성능이 크게 떨어질 수 있다. 예를 들어 두 스레드가 두 가지 데이터 영역을 사용하는데, 데이터가 같은 캐시 라인에 걸쳐 있는 경우를 생각해보자. 이때 한 스레드가 데이터를 업데이트하면 캐시 라인 전체에 락을 걸어버리기 때문에 다른 스레드는 기다려야 한다. [그림 27-3]은 캐시 라인을 공유하는 동안 두 스레드가 두 개의 서로 다른 메모리 블록에 쓰는 상황을 보여준다.

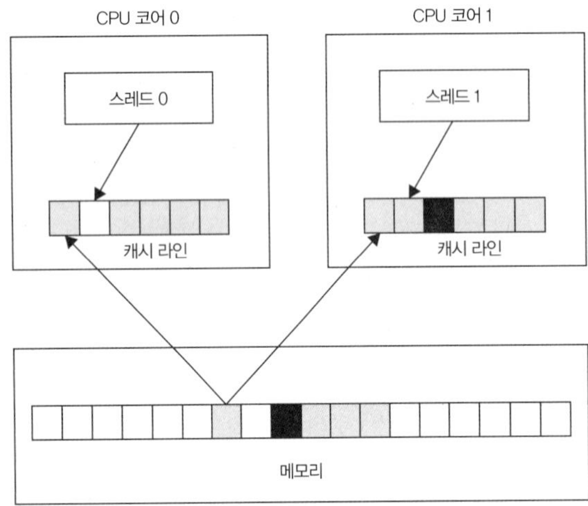

그림 27-3

캐시 라인에 걸쳐 있지 않도록 데이터 구조가 저장될 메모리 영역을 명시적으로 정렬하면 여러 스레드가 접근할 때 대기하지 않게 만들 수 있다. 이러한 코드를 이식하기 좋게 작성할 수 있도록 C++17부터 <new>에 `hardware_destructive_interference_size`란 상수가 추가되었다. 이 상수는 동시에 접근하는 두 객체가 캐시 라인을 공유하지 않도록 최소한의 오프셋을 제시해 준다. 이 값과 `alignas` 키워드를 데이터를 적절히 정렬하는 데 활용하면 된다.

27.2 스레드

<thread>에 정의된 C++ 스레드 라이브러리를 사용하면 스레드를 매우 간편하게 생성할 수 있다. 이때 새로 만든 스레드가 할 일을 지정하는 방식은 다양하다. 글로벌 함수로 표현하거나,

함수 객체의 operator()로 표현하거나, 람다 표현식으로 지정할 수 있으며, 특정 클래스의 인스턴스에 있는 멤버 함수로 지정할 수도 있다. 각 방법을 하나씩 살펴보자.

27.2.1 함수 포인터로 스레드 만들기

윈도우 시스템의 CreateThread(), _beginthread()와 같은 함수나 pthreads 라이브러리의 pthread_create()와 같은 스레드 함수는 매개변수를 하나만 받는다. 반면 C++ 표준에서 제공하는 std::thread 클래스에서 사용하는 함수는 매개변수를 원하는 개수만큼 받을 수 있다.

예를 들어 다음과 같이 정수 두 개를 인수로 받는 counter() 함수를 살펴보자. 첫 번째 인수는 ID를 표현하고, 두 번째 인수는 이 함수가 루프를 도는 횟수를 표현한다. 이 함수는 인수로 지정한 횟수만큼 표준 출력에 메시지를 보내는 문장을 반복한다.

```
void counter(int id, int numIterations)
{
    for (int i { 0 }; i < numIterations; ++i) {
        cout << "Counter " << id << " has value " << i << endl;
    }
}
```

std::thread를 이용하면 이 함수를 여러 스레드로 실행하게 만들 수 있다. 예를 들어 인수로 1과 6을 지정해서 counter()를 수행하는 스레드인 t1을 다음과 같이 생성한다.

```
thread t1 { counter, 1, 6 };
```

thread 클래스 생성자는 가변 인수 템플릿variadic template이기 때문에 인수를 원하는 수만큼 지정할 수 있다. 가변 인수 템플릿은 26장에서 자세히 설명한다. 첫 번째 인수는 새로 만들 스레드가 실행할 함수의 이름이다. 그 뒤에 나오는 인수는 스레드가 구동되면서 실행할 함수에 전달할 인수의 개수다.

현재 시스템에서 thread 객체가 실행 가능한 상태에 있을 때 **조인 가능**joinable하다고 표현한다. 이런 스레드는 실행을 마치고 나서도 조인 가능한 상태를 유지한다. 디폴트로 생성된 thread 객체는 **조인 불가능**unjoinable하다. 조인 가능한 thread 객체를 제거하려면 먼저 그 객체의 join()이나 detach()부터 호출해야 한다. join()을 호출하면 그 스레드는 블록된다. 다시 말해 그 스레드가 작업을 끝낼 때까지 기다린다. detach()를 호출하면 thread 객체를 OS 내부의 스레드와 분리한다. 그러므로 OS 스레드는 독립적으로 실행된다. 두 메서드 모두 스레드를 조인 불가능한 상태로 전환시킨다. 조인 가능 상태의 thread 객체를 제거하면 그 객체의 소멸자는 std::terminate()를 호출해서 모든 스레드뿐만 아니라 애플리케이션마저 종료시킨다.

다음 코드는 counter() 함수를 실행하는 스레드를 두 개 생성한다. main()에서 스레드를 생성하고 나서 곧바로 두 스레드에 대해 join()을 호출한다.

```
thread t1 { counter, 1, 6 };
thread t2 { counter, 2, 4 };
t1.join();
t2.join();
```

이 코드를 실행하면 다음과 비슷한 결과가 나온다.

```
Counter 2 has value 0
Counter 1 has value 0
Counter 1 has value 1
Counter 1 has value 2
Counter 1 has value 3
Counter 1 has value 4
Counter 1 has value 5
Counter 2 has value 1
Counter 2 has value 2
Counter 2 has value 3
```

이 결과는 코드를 실행하는 시스템마다 달라질 수 있고, 같은 시스템에서도 실행할 때마다 달라질 수 있다. 두 스레드가 counter() 함수를 동시에 실행하기 때문에 시스템에 장착된 코어 수와 OS의 스레드 스케줄링 방식에 따라 출력 형태가 달라지기 때문이다.

기본적으로 cout에 접근하는 작업은 스레드에 안전[thread-safe]해서 여러 스레드 사이에서 데이터 경쟁이 발생하지 않는다(출력이나 입력 연산 직전에 cout.sync_with_stdio(false)를 호출하면 않았을 경우). 그런데 데이터 경쟁이 발생하지 않더라도 스레드마다 출력한 결과는 여전히 겹쳐질 수 있다. 다시 말해 앞에서 본 코드의 실행 결과가 다음과 같이 뒤섞일 수 있다.

```
Counter Counter 2 has value 0
1 has value 0
Counter 1 has value 1
Counter 1 has value 2
...
```

동기화 기법을 적용하면 뒤섞이지 않게 만들 수 있다. 이에 대해서는 뒤에서 자세히 소개한다.

NOTE_ 스레드 함수에 전달한 인수는 항상 그 스레드의 내부 저장소에 복제된다. 인수를 레퍼런스로 전달하고 싶다면 `<functional>`에 정의된 `std::ref()`나 `cref()`를 사용한다.

27.2.2 함수 객체로 스레드 만들기

이번에는 함수 객체로 스레드를 실행시키는 방법을 알아보자. 앞 절에서 소개한 방법대로 함수 포인터로 스레드를 만들면 함수에 인수를 전달하는 방식으로만 스레드에 정보를 전달할 수 있다. 반면 함수 객체로 만들면 그 함수 객체의 클래스에 멤버 변수를 추가해서 원하는 방식으로 초기화해서 사용할 수 있다. 다음 예제는 먼저 Counter란 클래스를 정의한다. 이 클래스는 ID와 반복 횟수를 표현하는 멤버 변수를 가지고 있다. 두 변수 모두 생성자로 초기화한다. Counter 클래스를 함수 객체로 만들려면 19장에서 설명한 대로 operator()를 구현해야 한다. operator()를 구현하는 코드는 앞 절에서 본 counter()와 같다.

```
class Counter
{
    public:
        Counter(int id, int numIterations)
            : m_id { id }, m_numIterations { numIterations } { }

        void operator()() const
        {
            for (int i { 0 }; i < m_numIterations; ++i) {
                cout << "Counter " << m_id << " has value " << i << endl;
            }
        }
    private:
        int m_id;
        int m_numIterations;
};
```

다음 코드는 함수 객체로 만든 스레드를 초기화하는 두 가지 방법을 보여준다. 첫 번째 방법은 균일 초기화로 처리한다. Counter 생성자에 인수를 지정해서 인스턴스를 생성하면 그 값이 중괄호로 묶인 thread 생성자 인수로 전달된다. 두 번째 방법은 Counter 인스턴스를 일반 변수처럼 네임드 인스턴스로 정의해서 thread 클래스의 생성자로 전달한다.

```
// 균일 초기화를 사용하는 방법
thread t1 { Counter{ 1, 20 } };

// 일반 변수처럼 네임드 인스턴스로 초기화하는 방법
Counter c { 2, 12 };
thread t2 { c };

// 두 스레드가 모두 마칠 때까지 기다린다.
t1.join();
t2.join();
```

NOTE_ 함수 객체는 항상 스레드의 내부 저장소에 복제된다. 함수 객체의 인스턴스를 복제하지 않고 그 인스턴스에 대해 operator()를 호출하려면 <functional>에 정의된 std::ref()나 cref()를 사용해서 인스턴스를 레퍼런스로 전달한다. 예를 들면 다음과 같다.

```
Counter c { 2, 12 };
thread t2 { ref(c) };
```

27.2.3 람다 표현식으로 스레드 만들기

람다 표현식은 표준 C++ 스레드 라이브러리와 궁합이 잘 맞는다. 예를 들어 람다 표현식으로 정의한 작업을 실행하는 스레드를 생성하는 코드를 다음과 같이 작성할 수 있다.

```
int main()
{
    int id { 1 };
    int numIterations { 5 };
    thread t1 { [id, numIterations] {
        for (int i { 0 }; i < numIterations; ++i) {
            cout << "Counter " << id << " has value " << i << endl;
        }
    } };
    t1.join();
}
```

27.2.4 멤버 함수로 스레드 만들기

스레드에서 실행할 내용을 클래스의 멤버 함수로 지정할 수도 있다. 다음 코드는 기본 Request 클래스에 process( ) 메서드를 정의하고 있다. 그러고 나서 main( ) 함수에서 Request 클래스의 인스턴스를 생성하고, Request 인스턴스인 req의 process( ) 메서드를 실행하는 스레드를 생성한다.

```
class Request
{
    public:
        Request(int id) : m_id{ id } { }
        void process() { cout << "Processing request " << m_id << endl; }
    private:
        int m_id;
};

int main()
{
    Request req { 100 };
    thread t { &Request::process, &req };
    t.join();
}
```

이렇게 하면 특정한 객체에 있는 메서드를 스레드로 분리해서 실행할 수 있다. 똑같은 객체를 여러 스레드가 접근할 때 데이터 경쟁이 발생하지 않도록 스레드에 안전하게 작성해야 한다. 스레드에 안전하게 작성하는 방법 중 하나는 뒤에서 설명할 뮤텍스라는 동기화 기법을 활용하는 것이다.

27.2.5 스레드 로컬 저장소

C++ 표준은 **스레드 로컬 저장소**thread local storage란 개념을 제공한다. 원하는 변수에 thread_local이란 키워드를 지정해서 스레드 로컬 저장소로 제공하면 각 스레드마다 이 변수를 복제해서 스레드가 없어질 때까지 유지한다. 이 변수는 각 스레드에서 한 번만 초기화된다. 예를 들어 다음 코드에는 두 개의 글로벌 변수가 정의되어 있는데, 모든 스레드가 k의 복제본 하나를 공유하며, 각 스레드는 자신의 고유한 n의 복제본을 가진다.

```
int k;
thread_local int n;
```

다음 코드를 보면 확인할 수 있다. threadFunction()은 k와 n의 현재 값을 콘솔에 출력한 뒤 각각 값을 하나씩 증가시킨다. main() 함수는 첫 번째 스레드를 구동해서 기다리다가 끝나면 두 번째 스레드를 구동시킨다.

```
void threadFunction(int id)
{
    cout << format("Thread {}: k={}, n={}\n", id, k, n);
    ++n;
    ++k;
}

int main()
{
    thread t1 { threadFunction, 1 }; t1.join();
    thread t2 { threadFunction, 2 }; t2.join();
}
```

이 코드를 실행한 결과를 보면 k 인스턴스 하나를 모든 스레드가 공유하고, 각 스레드마다 n의 복제본을 갖고 있다는 것을 알 수 있다.

```
Thread 1: k=0, n=0
Thread 2: k=1, n=0
```

만약 thread_local 변수를 함수 스코프 안에 선언했다면 static으로 선언한 것처럼 작동한다. 단, 스레드에 대해 그 함수를 호출하는 횟수에 관계없이 각 스레드마다 고유한 복제본을 갖고, 스레드마다 단 한 번씩만 초기화된다.

27.2.6 스레드 취소하기

C++ 표준은 현재 실행 중인 스레드를 다른 스레드에서 중단시키는 메커니즘을 제공하지 않는다. 한 가지 방법은 C++20부터 제공하는 jthread 클래스를 사용하는 것이다. 이에 대해서는 다음 절에서 자세히 소개한다. 이 방법을 사용할 수 없다면 그다음으로 가장 좋은 방법은 여러 스레드가 공통으로 따르는 통신 메커니즘을 제공하는 것이다. 가장 간단한 방법은 공유 변수를 활용하는 것이다. 값을 전달받은 스레드는 이 값을 주기적으로 확인하면서 중단 여부를 결정한다. 나머지 스레드는 이러한 공유 변수를 이용해 이 스레드를 간접적으로 종료시킬 수 있다. 하

지만 이때 조심할 점이 있다. 여러 스레드가 공유 변수에 접근하기 때문에 최소한 한 스레드는 그 변수에 값을 쓸 수 있다. 따라서 이 변수를 아토믹이나 상태 변수로 만드는 것이 좋다. 구체적인 방법은 이 장 뒤에서 자세히 소개한다.

C++20 27.2.7 자동으로 스레드 조인하기

앞에서 설명했듯이 thread 인스턴스가 조인 가능한 상태에서 제거되면 C++ 런타임은 std::terminate()를 호출해서 애플리케이션을 종료시킨다. C++20부터 std::jthread가 추가되었다. 이것 역시 <thread>에 정의되어 있다. jthread는 다음과 같은 차이점을 제외하면 thread와 거의 같다.

- 소멸자에서 자동으로 조인한다.
- 협조적 취소를 지원한다.

협조적 취소cooperative cancellation라고 부르는 이유는 취소를 지원하는 스레드는 스스로 취소할지 여부를 주기적으로 검사해야 하기 때문이다. 예제를 살펴보기 전에 두 가지 핵심 클래스를 살펴보자. 둘 다 <stop_token>에 정의되어 있다.

- **std::stop_token**: 취소 요청을 적극적으로 지원한다. 취소 가능한 스레드는 작업을 중단할지 알아내기 위해 stop_token에 대해 stop_requested()를 주기적으로 호출할 필요가 있다. stop_token은 condition_variable_any와 함께 사용할 수 있다. 그러므로 멈춰야할 때 깨어날 수 있다.
- **std::stop_source**: 실행을 취소하도록 스레드에 요청하는 데 사용된다. stop_source에 대해 request_stop()을 호출하면 된다. stop_source로 취소 요청을 하면 그 요청은 stop_source와 stop_token에 관련된 모든 곳에서 볼 수 있다. stop_requested() 메서드는 멈춤 요청이 이미 들어왔는지 여부를 검사하는 데 사용된다.

그럼 예제를 살펴보자. 다음 코드는 jthread를 생성해서 주어진 람다 표현식을 실행한다. jthread에 전달한 콜러블은 첫 번째 매개변수로 stop_token을 받을 수 있다. 이 콜러블의 바디는 이렇게 주어진 stop_token을 이용하여 스스로 취소할 필요가 있는지 알아낸다.

```
jthread job { [](stop_token token) {
    while (!token.stop_requested()) {
        // ...
    }
} };
```

그러면 다음과 같이 다른 스레드에서 이 스레드에 스스로 취소하도록 요청할 수 있다.

```
job.request_stop();
```

jthread를 통해 stop_token과 stop_source에 직접 접근하고 싶다면 get_stop_token()과 get_stop_source() 메서드를 사용하면 된다.

27.2.8 스레드로 실행한 결과 얻기

앞에 나온 예제에서 볼 수 있듯이 스레드를 새로 만들기는 쉽다. 하지만 중요한 부분은 스레드로 처리한 결과다. 예를 들어 스레드로 수학 연산을 수행하면 모든 스레드가 종료한 뒤에 나오는 최종 결과를 구해야 한다. 한 가지 방법은 결과를 담을 변수 포인터나 레퍼런스를 스레드로 전달해서 스레드마다 결과를 저장하게 만드는 것이다. 또 다른 방법은 함수 객체의 클래스 멤버 변수에 처리 결과를 저장했다가 나중에 스레드가 종료할 때 그 값을 가져오는 것이다. 이렇게 하려면 반드시 std::ref()를 이용해서 함수 객체의 레퍼런스를 thread 생성자에 전달해야 한다.

그런데 이보다 더 쉬운 방법이 있다. 바로 퓨처future를 활용하는 것이다. 그러면 스레드 안에서 발생한 에러를 처리하기도 쉽다. 이에 대해서는 27.9절 '퓨처'에서 자세히 소개한다.

27.2.9 익셉션 복제해서 다시 던지기

스레드가 하나만 있을 때는 C++의 익셉션 메커니즘 관련 문제가 발생할 일이 없다. 그런데 스레드에서 던진 익셉션은 그 스레드 안에서 잡아야 한다. 던진 익셉션을 스레드 안에서 잡지 못하면 C++ 런타임은 std::terminate()를 호출해서 애플리케이션 전체를 종료시킨다. 한 스레드에서 던진 익셉션을 다른 스레드에서 잡을 수는 없다. 그러므로 멀티스레드 환경에서 익셉션을 처리하는 과정에 여러 가지 문제가 발생한다.

표준 스레드 라이브러리를 사용하지 않고도 스레드 사이에 발생한 익셉션을 처리할 수는 있지만 굉장히 힘들다. 이를 위해 표준 스레드 라이브러리는 다음과 같은 익셉션 관련 함수를 제공한다. 이 함수는 std::exception뿐만 아니라 int, string, 커스텀 익셉션 등에도 적용된다.

- exception_ptr current_exception() noexcept;

  이 함수는 catch 블록에서 호출하며, 현재 처리할 익셉션을 가리키는 exception_ptr 객체나 그 복사본을 리턴한다. 현재 처리하는 익셉션이 없으면 널 exception_ptr 객체를 리턴한다. 이때 참조하는 익셉션 객체는 exception_ptr 타입의 객체가 존재하는 한 유효하다. exception_ptr의 타입은

NullablePointer이기 때문에 간단히 if 문을 작성해서 테스트할 수 있다. 이에 대한 예제는 뒤에서 소개한다.

- [[noreturn]] void rethrow_exception(exception_ptr p);

  이 함수는 exception_ptr 매개변수가 참조하는 익셉션을 다시 던진다. 참조한 익셉션을 다시 던지는 작업을 반드시 그 익셉션이 처음 발생한 스레드 안에서만 해야 한다는 법은 없다. 그러므로 여러 스레드에서 발생한 익셉션을 처리하는 용도로 딱 맞다. [[noreturn]] 어트리뷰트는 이 함수가 정상적으로 리턴하지 않는다는 것을 선언한다.

- template<class E> exception_ptr make_exception_ptr(E e) noexcept;

  이 함수는 주어진 익셉션 객체의 복사본을 참조하는 exception_ptr 객체를 생성한다. 실질적으로 다음 코드의 축약 표현이다.

  ```
  try { throw e; }
  catch(...) { return current_exception(); }
  ```

그럼 이러한 함수로 스레드에서 발생한 익셉션을 처리하는 방법을 살펴보자. 다음 코드는 일정한 작업을 수행한 뒤 익셉션을 던지는 함수를 정의한다. 이 함수는 별도 스레드로 실행한다.

```
void doSomeWork()
{
    for (int i { 0 }; i < 5; ++i) {
        cout << i << endl;
    }
    cout << "Thread throwing a runtime_error exception..." << endl;
    throw runtime_error { "Exception from thread" };
}
```

다음 threadFunc() 함수는 doSomeWork()가 던진 익셉션을 모두 받도록 try/catch 블록으로 묶는다. threadFunc()는 exception_ptr& 타입 인수 하나만 받는다. 익셉션을 잡았다면 current_exception() 함수를 이용하여 처리할 익셉션에 대한 레퍼런스를 받아서 exception_ptr 매개변수에 대입한다. 그런 다음 스레드는 정상적으로 종료한다.

```
void threadFunc(exception_ptr& err)
{
    try {
        doSomeWork();
    } catch (...) {
        cout << "Thread caught exception, returning exception..." << endl;
```

```
        err = current_exception();
    }
}
```

다음 doWorkInThread() 함수는 메인 스레드에서 호출된다. 이 함수는 스레드를 생성해서 그 안에 담긴 threadFunc()의 실행을 시작하는 역할을 담당한다. threadFunc()의 인수로 exception_ptr 타입 객체에 대한 레퍼런스를 지정한다. 일단 스레드가 생성되면 doWorkInThread() 함수는 join() 메서드를 이용하여 이 스레드가 종료될 때까지 기다리고, 그 후 에러 객체가 발생하는지 검사한다. exception_ptr은 NullablePointer 타입이기 때문에 if 문으로 간단히 검사할 수 있다. 이 값이 널이 아니라면 현재 스레드에 그 익셉션을 다시 던진다. 이 예제에서는 메인 스레드가 현재 스레드다. 이 익셉션을 메인 스레드에서 다시 던지기 때문에 한 스레드에서 다른 스레드로 전달된다.

```
void doWorkInThread()
{
    exception_ptr error;
    // 스레드를 구동한다.
    thread t { threadFunc, ref(error) };
    // 스레드가 종료할 때까지 기다린다.
    t.join();
    // 스레드에 익셉션이 발생했는지 검사한다.
    if (error) {
        cout << "Main thread received exception, rethrowing it..." << endl;
        rethrow_exception(error);
    } else {
        cout << "Main thread did not receive any exception." << endl;
    }
}
```

main() 함수는 굉장히 간단하다. doWorkInThread()를 호출하고, doWorkInThread()에서 생성한 스레드가 던진 익셉션을 받도록 try/catch 블록을 작성한다.

```
int main()
{
    try {
        doWorkInThread();
    } catch (const exception& e) {
```

```
        cout << "Main function caught: '" << e.what() << "'" << endl;
    }
}
```

이 코드의 실행 결과는 다음과 같다.

```
0
1
2
3
4
Thread throwing a runtime_error exception...
Thread caught exception, returning exception...
Main thread received exception, rethrowing it...
Main function caught: 'Exception from thread'
```

이 장에서는 예제를 최대한 간결하게 구성하기 위해 main() 함수에서 join()을 호출해서 메인 스레드를 블록시키고 스레드가 모두 마칠 때까지 기다린다. 물론 실전에서는 이렇게 메인 스레드를 블록시키면 안 된다. 예를 들어 GUI 애플리케이션에서 메인 스레드를 블록시키면 UI가 반응하지 않게 된다. 이럴 때는 스레드끼리 메시지로 통신하는 기법을 사용한다. 예를 들어 앞에서 본 threadFunc() 함수는 current_exception() 결과의 복제본을 인자로 하여 UI 스레드로 메시지를 보낼 수 있다. 하지만 앞서 설명했듯이 이렇게 하더라도 생성된 스레드에 대해 join()이나 detach()를 호출해야 한다.

27.3 아토믹 연산 라이브러리

아토믹 타입atomic type을 사용하면 동기화 기법을 적용하지 않고 읽기와 쓰기를 동시에 처리하는 **아토믹 접근**atomic access이 가능하다. 아토믹 연산을 사용하지 않고 변수의 값을 증가시키면 스레드에 안전하지 않다. 컴파일러는 먼저 메모리에서 이 값을 읽고, 레지스터로 불러와서 값을 증가시킨 다음, 그 결과를 메모리에 다시 저장한다. 그런데 이 과정에서 같은 메모리 영역을 다른 스레드가 건드리면 데이터 경쟁이 발생한다. 예를 들어 다음 코드는 스레드에 안전하지 않게 작성되어 데이터 경쟁이 발생하는 상황을 보여준다. 이러한 데이터 경쟁 유형은 27.1.1절 '경쟁 상태'에서 설명했다.

```
int counter { 0 }; // 글로벌 변수
...
++counter;            // 여러 스레드에서 실행한다.
```

std::atomic 타입을 사용하면 명시적으로 동기화 기법을 사용하지 않고도 스레드에 안전하게 만들 수 있다. 다음은 아토믹 정수를 사용하는 동일한 코드다.

```
atomic<int> counter { 0 }; // 글로벌 변수
...
++counter;                     // 여러 스레드에서 실행한다.
```

아토믹 타입은 <atomic>에 정의되어 있다. C++ 표준은 언어에서 제공하는 모든 기본 타입마다 이름이 지정된 정수형 아토믹 타입named integral atomic type을 정의하고 있다. 그중 몇 가지만 소개하면 다음과 같다.

네임드 아토믹 타입	이와 동등한 std::atomic 타입
atomic_bool	atomic<bool>
atomic_char	atomic<char>
atomic_uchar	atomic<unsigned char>
atomic_int	atomic<int>
atomic_uint	atomic<unsigned int>
atomic_long	atomic<long>
atomic_ulong	atomic<unsigned long>
atomic_llong	atomic<long long>
atomic_ullong	atomic<unsigned long long>
atomic_wchar_t	atomic<wchar_t>
atomic_flag	(없음)

아토믹 타입을 사용할 때는 동기화 메커니즘을 명시적으로 쓰지 않아도 된다. 하지만 특정 타입에 대해 아토믹 연산으로 처리할 때는 뮤텍스와 같은 동기화 메커니즘을 내부적으로 사용하기도 한다. 예를 들어 연산을 아토믹 방식으로 처리하는 인스트럭션을 타깃 하드웨어에서 제공하지 않을 수 있다. 이럴 때는 is_lock_free( ) 메서드를 호출해서 주어진 아토믹 타입이 잠그지 않아도 되는 락-프리lock-free 타입인지, 즉 명시적으로 동기화 메커니즘을 사용하지 않고도 수행할 수 있는지 확인한다. 또한 atomic<T>::is_always_lock_free라는 static 상수도 있다. atomic<T>가 락-프리면 true를, 그렇지 않으면 false를 리턴한다.

std::atomic 클래스 템플릿은 정수 타입뿐만 아니라 다른 모든 타입에 대해서도 적용할 수 있다. 예를 들어 atomic<double>이나 atomic<MyType> 같이 쓸 수 있다. 단, MyType을 쉽게 복제할 수 있어야 한다. 지정한 타입의 크기에 따라 내부적으로 동기화 메커니즘을 사용해야 할 수도 있다. 다음 예제를 보면 Foo와 Bar를 쉽게 복제할 수 있다. 다시 말해 이 둘에 대해 std::is_trivially_copyable_v가 true다. 하지만 atomic<Foo>는 락-프리가 아니고, atomic<Bar>는 락-프리다.

```
class Foo { private: int m_array[123]; };
class Bar { private: int m_int; };

int main()
{
    atomic<Foo> f;
    // 결과: 1 0
    cout << is_trivially_copyable_v<Foo> << " " << f.is_lock_free() << endl;

    atomic<Bar> b;
    // 결과: 1 1
    cout << is_trivially_copyable_v<Bar> << " " << b.is_lock_free() << endl;
}
```

일정한 데이터를 여러 스레드가 동시에 접근할 때 아토믹을 사용하면 메모리 순서, 컴파일러 최적화 등과 같은 문제를 방지할 수 있다. 기본적으로 아토믹이나 동기화 메커니즘을 사용하지 않고서 동일한 데이터를 여러 스레드가 동시에 읽고 쓰는 것은 위험하다.

NOTE_ 메모리 순서(memory ordering)란 메모리에 접근하는 순서를 말한다. 아토믹이나 다른 동기화 기법이 제공되지 않으면 컴파일러와 하드웨어는 실행 결과에 영향을 미치지 않는 범위에서 메모리 접근 순서를 변경할 수 있다. 이를 as-if 규칙이라고도 부른다. 멀티스레드 환경에서는 이 때문에 문제가 발생할 수 있다.

atomic_flag는 C++ 표준에 정의된 아토믹 부울 타입으로서 항상 락 프리다. 값을 불러오거나 저장하는 메서드를 제공하지 않는다는 점에서 atomic<bool>과 다르다. atomic_flag를 사용하는 예는 27.4절 '뮤텍스'에서 스핀락 구현에 대해 설명하는 과정에서 소개한다.

27.3.1 아토믹 연산

C++ 표준에서는 여러 가지 아토믹 연산을 정의하고 있다. 이 절에서는 그중 몇 가지만 소개한다. C++에서 제공하는 연산을 모두 보고 싶다면 부록 B에서 소개하는 표준 라이브러리 레퍼런스를 참고하기 바란다.

아토믹 연산에 대한 첫 번째 예제는 다음과 같다.

```
bool atomic<T>::compare_exchange_strong(T& expected, T desired);
```

이 연산을 아토믹하게 수행하도록 구현하면 다음과 같다. 여기에서는 의사 코드로 표현했다.

```
if (*this == expected) {
    *this = desired;
    return true;
} else {
    expected = *this;
    return false;
}
```

얼핏 보면 좀 이상하지만 락을 사용하지 않고 데이터 구조를 동시에 접근하게 만들기 위한 핵심적인 연산이다. 이렇게 락-프리 동시성 데이터 구조lock-free concurrent data structure를 이용하면 이 데이터 구조에 대해 연산을 수행할 때 동기화 메커니즘을 따로 사용하지 않아도 된다. 하지만 이렇게 데이터 구조를 구현하는 기법은 고급 주제에 해당하며 이 책에서는 소개하지 않는다.

두 번째 예제는 정수 아토믹 타입에 적용되는 atomic<T>::fetch_add()를 사용하는 것이다. fetch_add()는 주어진 아토믹 타입의 현잿값을 가져와서 지정한 값만큼 증가시킨 다음, 증가시키기 전의 값을 리턴한다. 예를 들면 다음과 같다.

```
atomic<int> value { 10 };
cout << "Value = " << value << endl;
int fetched { value.fetch_add(4) };
cout << "Fetched = " << fetched << endl;
cout << "Value = " << value << endl;
```

fetched와 value 변수의 값을 건드리는 스레드가 없다면 결과가 다음과 같이 나온다.

```
Value = 10
Fetched = 10
Value = 14
```

정수형 아토믹 타입은 fetch_add(), fetch_sub(), fetch_and(), fetch_or(), fetch_xor(), ++, --, +=, -=, &=, ^=, |=과 같은 아토믹 연산을 지원한다. 아토믹 포인터 타입은 fetch_add(), fetch_sub(), ++, --, +=, -=을 지원한다.

C++20

NOTE_ C++20 이전에는 std::atomic에 부동소수점 타입을 지정하여(예: atomic<float>, atomic<double> 등) 아토믹 읽기 및 쓰기를 지원했지만 아토믹 산술 연산은 제공하지 않았다. C++20부터는 부동소수점 atomic 타입에 대한 fetch_add()와 fetch_sub()도 추가되었다.

아토믹 연산은 대부분 원하는 메모리 순서를 지정하는 매개변수를 추가로 받는다. 예를 들면 다음과 같다.

```
T atomic<T>::fetch_add(T value, memory_order = memory_order_seq_cst);
```

그러면 디폴트로 설정된 memory_order 값을 다른 값으로 변경할 수 있다. C++ 표준은 이를 위해 memory_order_relaxed, memory_order_consume, memory_order_acquire, memory_order_release, memory_order_acq_rel, memory_order_seq_cst를 제공한다. 모두 std 네임스페이스 아래에 정의되어 있다. 그런데 디폴트값이 아닌 다른 값을 지정할 일은 별로 없다. 디폴트보다 나은 성능을 보여주는 메모리 순서가 있긴 하지만 자칫 잘못하면 데이터 경쟁이 발생하거나 디버깅하기 힘든 스레드 관련 문제가 발생할 수 있다. 메모리 순서에 대해 좀 더 알고 싶은 독자는 B.14절 '멀티스레드 프로그래밍'에서 소개하는 자료를 참고하기 바란다.

C++20 27.3.2 아토믹 스마트 포인터

C++20부터 <memory>를 통해 atomic<std::shared_ptr<T>>를 사용할 수 있게 되었다. 이전 버전 C++ 표준에서는 그럴 수 없었다. shared_ptr을 복제하기가 간단하지 않았기 때문이다. 레퍼런스 카운트를 저장하는 shared_ptr의 제어 블록은 항상 스레드에 안전해서 가리키는 객체가 단 한 번만 제거되도록 보장했다. 하지만 shared_ptr의 나머지 요소는 스레드에 안전하지 않다. 같은 shared_ptr 인스턴스를 여러 스레드에서 동시에 사용하면 reset()과 같은 비

const 메서드를 그 shared_ptr 인스턴스에 대해 호출하면 데이터 경쟁이 발생한다. 반면 동일한 atomic<shared_ptr<T>> 인스턴스를 여러 스레드에서 사용하면 비 const shared_ptr 메서드를 호출하더라도 스레드에 안전하다. 참고로 shared_ptr이 가리키는 객체에 대해 비 const 메서드를 호출하는 것은 여전히 스레드에 안전하지 않아서 동기화 작업을 별도로 해줘야 한다.

C++20 27.3.3 아토믹 레퍼런스

C++20부터 std::atomic_ref도 추가되었다. 기본적으로 std::atomic과 같다. 심지어 인터페이스도 똑같다. 하지만 atomic은 항상 값에 대한 복제본을 만드는 반면 atomic_ref는 레퍼런스를 다룬다. atomic_ref 인스턴스 자체는 참조 대상 객체보다 수명이 짧다. atomic_ref는 복제 가능하며 동일한 객체를 참조하는 atomic_ref 인스턴스를 얼마든지 많이 만들 수 있다. 특정 객체를 가리키는 atomic_ref 인스턴스가 여러 개 있을 때 그중 한 인스턴스를 거치지 않고서는 객체를 조작할 수 없다. atomic_ref<T> 클래스 템플릿은 std::atomic처럼 쉽게 복제할 수 있는 모든 타입 T에 대해 사용할 수 있다. 또한 표준 라이브러리는 다음도 제공한다.

- fetch_add(), fetch_sub()를 지원하는 포인터 타입에 대한 부분 특수화
- fetch_add(), fetch_sub(), fetch_and(), fetch_or(), fetch_xor()을 지원하는 정수형 타입에 대한 완전 특수화
- fetch_add(), fetch_sub()를 지원하는 부동소수점 타입에 대한 완전 특수화

이어지는 절에서 atomic_ref를 사용하는 예를 살펴보자.

27.3.4 아토믹 타입 사용 예

이 절에서는 아토믹 타입을 사용하는 방법을 좀 더 자세히 살펴본다. 이를 위해 다음과 같이 정수 레퍼런스 매개변수를 루프 안에서 증가시키도록 구현된 increment() 함수를 살펴보자. 여기에서는 std::this_thread::sleep_for()로 루프를 한 바퀴 돌 때마다 일정한 시간을 지연시킨다. sleep_for()는 std::chrono::duration 타입의 인수를 하나 받는다. 이 타입은 22장에서 설명한다.

```
void increment(int& counter)
{
    for (int i { 0 }; i < 100; ++i) {
        ++counter;
```

```
        this_thread::sleep_for(1ms);
    }
}
```

이렇게 정의한 increment() 함수를 counter라는 공유 변수에 대해 여러 스레드로 처리하게 만들어보자. 아토믹이나 스레드 동기화 메커니즘을 사용하지 않고 단순하게 구현하면 데이터 경쟁이 발생한다. 다음 코드는 스레드 열 개를 생성해서 모두 작업이 끝날 때까지 기다리도록 각 스레드마다 join()을 호출한다.

```
int main()
{
    int counter { 0 };
    vector<thread> threads;
    for (int i { 0 }; i < 10; ++i) {
        threads.push_back(thread { increment, ref(counter) });
    }

    for (auto& t : threads) {
        t.join();
    }
    cout << "Result = " << counter <<endl;
}
```

increment() 함수는 인수로 전달된 정수를 100번 증가시킨다. 스레드 열 개를 실행했고, 각각 동일한 counter 공유 변수에 대해 increment()를 실행시키므로 예상 결과는 1,000이다. 그런데 이 프로그램을 여러 차례 실행시켜보면 다음과 같이 예상과 다른 결과가 나온다.

```
Result = 982
Result = 977
Result = 984
```

이 코드에서 데이터 경쟁이 발생한다는 것을 확실히 알 수 있다. 이를 해결하기 위해 다음과 같이 아토믹 타입을 사용하도록 수정해보자. 변경한 부분은 굵게 표시했다.

```
import <atomic>;

void increment(atomic<int>& counter)
{
    for (int i { 0 }; i < 100; ++i) {
        ++counter;
        this_thread::sleep_for(1ms);
    }
}

int main()
{
    atomic<int> counter { 0 };
    vector<thread> threads;
    for (int i { 0 }; i < 10; ++i) {
        threads.push_back(thread { increment, ref(counter) });
    }
    // 나머지 코드는 이전과 같으므로 생략했다.
}
```

이렇게 수정하려면 <atomic>을 임포트하고, 공유 변수인 counter의 타입을 int 대신 std::atomic<int>로 변경해야 한다. 이렇게 수정된 버전을 실행하면 다음과 같이 항상 1000이란 결과가 나온다.

```
Result = 1000
Result = 1000
Result = 1000
```

이처럼 코드에 동기화 메커니즘을 따로 추가하지 않고도 스레드에 안전하고 데이터 경쟁이 발생하지 않게 만들 수 있다. ++counter 연산을 수행하는 데 필요한 불러오기, 증가, 저장 작업을 하나의 아토믹 트랜잭션으로 처리해서 중간에 다른 스레드가 개입할 수 없기 때문이다.

C++20부터 추가된 atomic_ref를 사용하면 데이터 경쟁 문제를 다음과 같이 해결할 수 있다.

```
void increment(int& counter)
{
    atomic_ref<int> atomicCounter { counter };
    for (int i { 0 }; i < 100; ++i) {
        ++atomicCounter;
```

```
        this_thread::sleep_for(1ms);
    }
}

int main()
{
    int counter { 0 };
    vector<thread> threads;
    for (int i { 0 }; i < 10; ++i) {
        threads.push_back(thread { increment, ref(counter) });
    }
    // 나머지 코드는 이전과 같으므로 생략했다.
}
```

그런데 이렇게 수정하면 성능 문제가 발생한다. 아토믹이나 동기화 메커니즘을 사용할 때 동기화를 위한 작업으로 인해 성능이 떨어지기 때문에 이 부분을 처리하는 데 걸리는 시간을 최소화하도록 구성해야 한다. 앞에서 본 예제처럼 간단한 코드라면 increment()가 로컬 변수에 대해 결과를 계산하도록 만들고, 루프를 마친 후에 그 결과를 counter 레퍼런스로 추가하도록 작성하는 것이 가장 바람직하다. 이렇게 할 때도 여전히 아토믹 타입을 사용해야 한다. 여러 스레드가 counter 변수에 쓰는 작업을 수행한다는 점은 변하지 않기 때문이다.

```
void increment(atomic<int>& counter)
{
    int result { 0 };
    for (int i { 0 }; i < 100; ++i) {
        ++result;
        this_thread::sleep_for(1ms);
    }
    counter += result;
}
```

C++20 27.3.5 아토믹 변수 기다리기

C++20부터 std::atomic과 std::atomic_ref에 다음과 같은 메서드가 추가되었다. 이 메서드는 아토믹 변수가 수정되기 전까지 효율적으로 기다린다.

메서드	설명
wait(oldValue)	다른 스레드가 notify_one()이나 notify_all()을 호출하거나, 아토믹 변숫값이 변경될 때까지(즉, oldValue와 더 이상 같지 않게 될 때까지) 스레드를 멈추고 기다린다.
notify_one()	wait() 호출에서 차단 중인 스레드 하나를 깨운다.
notify_all()	wait() 호출에서 차단 중인 스레드를 모두 깨운다.

예를 들면 다음과 같다.

```
atomic<int> value { 0 };

thread job { [&value] {
    cout << "Thread starts waiting." << endl;
    value.wait(0);
    cout << "Thread wakes up, value = " << value << endl;
} };

this_thread::sleep_for(2s);

cout << "Main thread is going to change value to 1." << endl;
value = 1;
value.notify_all();

job.join();
```

실행 결과는 다음과 같다.

```
Thread starts waiting.
Main thread is going to change value to 1.
Thread wakes up, value = 1
```

27.4 뮤텍스

멀티스레드 프로그램을 작성할 때는 반드시 연산 순서를 잘 다뤄야 한다. 스레드에서 공유 데이터를 읽거나 쓴다면 문제가 발생할 수 있기 때문이다. 이러한 문제를 방지하기 위한 방법은 다양하다. 극단적으로 스레드끼리 데이터를 아예 공유하지 않게 만들 수도 있다. 하지만 공유를 막을 수 없다면 한 번에 한 스레드만 접근할 수 있도록 동기화 메커니즘을 제공해야 한다.

부울값이나 정숫값을 비롯한 스칼라값은 앞에서 소개한 아토믹 연산만으로도 충분히 동기화할 수 있다. 하지만 복잡하게 구성된 데이터를 여러 스레드가 동시에 접근할 때는 동기화 메커니즘을 사용해야 한다.

표준 라이브러리는 **mutex**와 **lock** 클래스를 통해 뮤텍스(상호 배제) 메커니즘을 제공한다. 이를 활용하면 여러 스레드를 동기화하도록 구현할 수 있다. 각각에 대해 살펴보자.

27.4.1 뮤텍스 클래스

뮤텍스mutex는 **상호 배제**를 뜻하는 mutual exclusion의 줄임말이다. 뮤텍스의 기본 사용법은 다음과 같다.

- 다른 스레드와 공유하는 (읽기/쓰기용) 메모리를 사용하려면 먼저 뮤텍스 객체에 락을 걸어야(잠금 요청을 해야) 한다. 다른 스레드가 먼저 락을 걸어뒀다면 그 락이 해제되거나 타임아웃으로 지정된 시간이 경과해야 쓸 수 있다.
- 스레드가 락을 걸었다면 공유 메모리를 마음껏 쓸 수 있다. 물론 공유 데이터를 사용하려는 스레드마다 뮤텍스에 대한 락을 걸고 해제하는 동작을 정확히 구현해야 한다.
- 공유 메모리에 대한 읽기/쓰기 작업이 끝나면 다른 스레드가 공유 메모리에 대한 락을 걸 수 있도록 락을 해제한다. 두 개 이상의 스레드가 락을 기다리고 있다면 어느 스레드가 먼저 락을 걸어 작업을 진행할지 알 수 없다.

C++ 표준은 **시간 제약이 없는 뮤텍스**non-timed mutex와 **시간 제약이 있는 뮤텍스**timed mutex 클래스를 제공한다. 둘 다 **재귀적**으로 그리고 **비재귀적**으로 사용할 수 있다. 두 가지 클래스를 살펴보기 전에 먼저 **스핀락**spinlock의 개념부터 알아보자.

1 스핀락

스핀락이란 스레드가 락을 얻기 위해 바쁘게 루프를 도는(비지 루프busy loop 또는 스핀spin) 데 사용하는 뮤텍스의 일종으로서, 주어진 작업을 수행한 후 락을 해제한다. 스핀을 하는 동안 스레드는 실행 상태에 있긴 하나 실질적인 작업은 수행하지 않는다. 스핀락은 특정한 상황에서 유용하게 사용할 수 있다. 코드 전체를 완전히 직접 구현할 수 있고 운영체제를 호출하거나 스레드 전환의 오버헤드가 없기 때문이다. 다음 코드는 atomic_flag라는 아토믹 타입으로 스핀락을 구현하는 예를 보여주고 있다. 여기서 스핀락에 관련된 부분은 굵게 표시했다

```
atomic_flag spinlock = ATOMIC_FLAG_INIT; // 균일 초기화를 적용할 수 없다.
static const size_t NumberOfThreads { 50 };
static const size_t LoopsPerThread { 100 };

void dowork(size_t threadNumber, vector<size_t>& data)
{
    for (size_t i { 0 }; i < LoopsPerThread; ++i) {
        while (spinlock.test_and_set()) { } // 락을 얻을 때까지 스핀한다.
        // 공유 데이터를 처리하기 위해 저장
        data.push_back(threadNumber);
        spinlock.clear();                   // 얻었던 락을 해제한다.
    }
}

int main()
{
    vector<size_t> data;
    vector<thread> threads;
    for (size_t i { 0 }; i < NumberOfThreads; ++i) {
        threads.push_back(thread { dowork, i, ref(data) });
    }
    for (auto& t : threads) {
        t.join();
    }
    cout << format("data contains {} elements, expected {}.\n", data.size(),
        NumberOfThreads * LoopsPerThread);
}
```

이 코드에서 각 스레드는 락을 얻을 때까지 atomic_flag에 대해 test_and_set()을 반복적으로 호출한다. 이를 비지 루프busy loop라고 부른다.

> **CAUTION_** 스핀락은 루프를 바쁘게 돌면서 기다리는 방식으로 실행되기 때문에 스레드에서 락을 가진 상태가 아주 짧은 경우에만 사용하는 것이 좋다.

이제 표준 라이브러리에서 제공하는 뮤텍스 클래스에 대해 알아보자.

2 시간 제약이 없는 뮤텍스 클래스

표준 라이브러리는 std::mutex, std::recursive_mutex, std::shared_mutex라는 세 종류의 시간 제약이 없는 뮤텍스 클래스를 제공한다. 그중 첫 번째와 두 번째 클래스는 <mutex>에 정의되어 있고, 세 번째 클래스는 <shared_mutex>에 정의되어 있다. 각 뮤텍스마다 다음과 같은 메서드를 제공한다.

- **lock()**: 호출하는 측의 스레드가 락을 완전히 걸 때까지 대기한다(블록된다). 이때 대기 시간에는 제한이 없다. 스레드가 블록되는 시간을 정하려면 다음 절에서 설명하는 시간 제약이 있는 뮤텍스를 사용한다.
- **try_lock()**: 호출하는 측의 스레드가 락을 걸도록 시도한다. 현재 다른 스레드가 락을 걸었다면 호출이 즉시 리턴된다. 락을 걸었다면 try_lock()은 true를 리턴하고 그렇지 않으면 false를 리턴한다.
- **unlock()**: 호출하는 측의 스레드가 현재 걸어둔 락을 해제한다. 그러면 다른 스레드가 락을 걸 수 있게 된다.

std::mutex는 소유권을 독점하는 기능을 제공하는 표준 뮤텍스 클래스다. 이 뮤텍스는 하나의 스레드만 가질 수 있다. 다른 스레드가 이 뮤텍스를 소유하려면 lock()을 호출하고 대기한다. try_lock()을 호출하면 락 걸기에 실패해 곧바로 리턴된다. 뮤텍스를 이미 확보한 스레드가 같은 뮤텍스에 대해 lock()이나 try_lock()을 또 호출하면 데드락이 발생하므로 조심해야 한다.

std::recursive_mutex는 mutex와 거의 비슷하지만 이미 recursive_mutex를 확보한 스레드가 동일한 recursive_mutex에 대해 lock()이나 try_lock()을 또 다시 호출할 수 있다. recursive_mutex에 대한 락을 해제하려면 lock()이나 try_lock()을 호출한 횟수만큼 unlock() 메서드를 호출해야 한다.

std::shared_mutex는 **공유 락 소유권**shared lock ownership 또는 **읽기-쓰기 락**reader-writer lock이란 개념을 구현한 것이다. 스레드는 락에 대한 **독점 소유권**exclusive ownership이나 **공유 소유권**shared ownership을 얻는다. 독점 소유권 또는 **쓰기 락**write lock은 다른 스레드가 독점 소유권이나 공유 소유권을 가지고 있지 않을 때만 얻을 수 있다. 공유 소유권 또는 **읽기 락**read lock은 다른 스레드가 독점 소유권을 가지고 있지 않거나 공유 소유권만 가지고 있을 때 얻을 수 있다. shared_mutex 클래스는 lock(), try_lock(), unlock() 메서드를 제공한다. 이 메서드는 독점 락을 얻거나 해제한다. 또한 lock_shared(), try_lock_shared(), unlock_shared()와 같은 공유 소유권 관련 메서드도 제공한다. 공유 소유권 버전의 메서드도 기존 메서드와 비슷하지만 획득하고 해제하는 대상이 공유 소유권이라는 점이 다르다.

shared_mutex에 이미 락을 건 스레드는 같은 뮤텍스에 대해 한 번 더 락을 걸 수 없다. 그러면 데드락이 발생하기 때문이다.

이러한 뮤텍스 클래스를 사용하는 방법을 살펴보기 전에 몇 가지 주제를 언급할 필요가 있다. 구체적인 예제는 27.10절 '멀티스레드 Logger 클래스 예제'에서 자세히 살펴보자.

> **CAUTION_** 앞에서 소개한 뮤텍스 클래스에 대한 락/언락 메서드를 직접 호출하면 안 된다. 뮤텍스 락은 일종의 리소스라서 거의 대부분 RAII(Resource Acquisition Is Initialization) 원칙에 따라 독점적으로 획득한다. RAII는 32장에서 자세히 설명한다. C++ 표준은 RAII 락 클래스를 다양하게 제공한다. 이에 대해서는 27.4.2절 'lock'에서 소개한다. 데드락을 방지하려면 반드시 락 클래스를 사용하는 것이 좋다. 락 객체가 스코프를 벗어나면 자동으로 뮤텍스를 언락해주기 때문에 unlock() 메서드를 일일이 정확한 시점에 호출하지 않아도 된다.

3 시간 제약이 있는 뮤텍스 클래스

앞에서 설명한 뮤텍스 클래스에 대해 lock()을 호출하면 락을 얻을 때까지 코드 실행을 멈추고 기다린다(호출문에서 블록된다). 반면 뮤텍스에 대해 try_lock()을 호출하면 락을 얻으려고 시도하다가 실패하면 곧바로 리턴한다. 뮤텍스 클래스에는 **시간 제약이 있는** 버전도 있다. 이 클래스는 일정 시간 내에 락을 얻지 못하면 곧바로 포기한다.

표준 라이브러리는 std::timed_mutex, recursive_timed_mutex, shared_timed_mutex라는 세 종류의 시간 제약이 있는 뮤텍스 클래스를 제공한다. 그중 첫 번째와 두 번째 클래스는 <mutex>에, 세 번째 클래스는 <shared_mutex>에 정의되어 있다. 세 가지 클래스 모두 lock(), try_lock(), unlock() 메서드를 제공하고, shared_timed_mutex는 lock_shared(), try_lock_shared(), unlock_shared()도 제공한다. 이러한 메서드의 동작은 모두 앞 절에서 설명한 방식과 같다. 여기에 추가로 다음 메서드도 제공한다.

- **try_lock_for(rel_time):** 호출하는 측의 스레드는 주어진 상대 시간 동안 락을 획득하려 시도한다. 주어진 타임아웃 시간 안에 락을 걸 수 없으면 호출은 실패하고 false를 리턴한다. 주어진 타임아웃 시간 안에 락을 걸었다면 호출은 성공하고 true를 리턴한다. 타임아웃은 22장에서 설명한 std::chrono::duration 타입으로 지정한다.
- **try_lock_until(abs_time):** 호출하는 측의 스레드는 인수로 지정한 절대 시간이 시스템 시간과 같거나 초과하기 전까지 락을 걸도록 시도한다. 그 시간 내에 락을 걸 수 있다면 true를 리턴한다. 지정된 시간이 경과하면 이 함수는 더 이상 락을 걸려는 시도를 멈추고 false를 리턴한다. 절대 시간은 22장에서 설명한 std::chrono::time_point 타입으로 지정한다.

std::shared_time_mutex는 try_lock_shared_for()와 try_lock_shared_until()도 제공한다.

timed_mutex나 shared_timed_mutex의 소유권을 이미 확보한 스레드는 같은 뮤텍스에 대해 락을 중복해서 걸지 못한다. 그러면 데드락이 발생하기 때문이다.

std::recursive_timed_mutex를 이용하면 스레드가 락을 중복해서 걸 수 있다. 사용법은 recursive_mutex와 같다.

27.4.2 lock

lock 클래스는 RAII 원칙이 적용되는 클래스로서 뮤텍스에 락을 정확히 걸거나 해제하는 작업을 쉽게 처리하게 해준다. lock 클래스의 소멸자는 확보했던 뮤텍스를 자동으로 해제시킨다. C++ 표준에서는 std::lock_guard, unique_lock, shared_lock, scoped_lock이라는 네 가지 타입의 락을 제공한다.

1 lock_guard

std:lock_guard는 <mutex>에 정의된 간단한 락으로서, 다음 두 가지 생성자를 제공한다.

- explicit lock_guard(mutex_type& m);

  뮤텍스에 대한 레퍼런스를 인수로 받는 생성자다. 이 생성자는 전달된 뮤텍스에 락을 걸기 위해 시도하고, 완전히 락이 걸릴 때까지 블록된다. 여기서 지정한 explicit 키워드는 8장에서 설명했다.

- lock_guard(mutex_type& m, adopt_lock_t);

  뮤텍스에 대한 레퍼런스와 std::adopt_lock_t의 인스턴스를 인수로 받는 생성자다. std::adopt_lock이라는 이름으로 미리 정의된 adopt_lock_t 인스턴스가 제공된다. 이때 호출하는 측의 스레드는 인수로 지정한 뮤텍스에 대한 락을 이미 건 상태에서 추가로 락을 건다. 락이 제거되면 뮤텍스도 자동으로 해제된다.

2 unique_lock

std::unique_lock은 <mutex>에 정의된 락으로서, 락을 선언하고 한참 뒤 실행될 때 락을 걸도록 지연시키는 고급 기능을 제공한다. 락이 제대로 걸렸는지 확인하려면 owns_lock() 메서드나 unique_lock에서 제공하는 bool 타입 변환 연산자를 사용한다. 이러한 변환 연산자를 사용하는 방법은 27.4.4절 '[2] 시간 제약이 있는 락 사용하기'에서 자세히 소개한다. unique_lock은 다음과 같은 버전의 생성자를 제공한다.

- explicit unique_lock(mutex_type& m);

  이 생성자는 뮤텍스에 대한 레퍼런스를 인수로 받아서 그 뮤텍스에 락을 걸기 위해 시도하고, 완전히 락이 걸릴 때까지 블록시킨다.

- unique_lock(mutex_type& m, defer_lock_t) noexcept;

  이 생성자는 뮤텍스에 대한 레퍼런스와 std::defer_lock_t의 인스턴스를 인수로 받는다. std::defer_lock이라는 이름으로 미리 정의된 defer_lock_t 인스턴스도 제공한다. unique_lock은 인수로 전달된 뮤텍스에 대한 레퍼런스를 저장하지만 곧바로 락을 걸지 않고 나중에 락을 걸도록 시도한다.

- unique_lock(mutex_type& m, try_to_lock_t);

  이 생성자는 뮤텍스에 대한 레퍼런스와 std::try_to_lock_t의 인스턴스를 인수로 받는다. std:;try_to_lock이라는 이름으로 미리 정의된 try_to_lock_t 인스턴스도 제공한다. 이 버전의 락은 레퍼런스가 가리키는 뮤텍스에 대해 락을 걸려고 시도한다. 실패할 경우에는 블록하지 않고 나중에 시도한다.

- unique_lock(mutex_type& m, adopt_lock_t);

  이 생성자는 뮤텍스에 대한 레퍼런스와 std::adopt_lock_t의 인스턴스(예: std::adopt_lock)를 인수로 받는다. 이 락은 호출하는 측의 스레드가 레퍼런스로 지정된 뮤텍스에 대해 이미 락을 건 상태라고 가정하고, 그 락에 여기서 지정된 뮤텍스를 추가한다. 락이 제거되면 뮤텍스도 자동으로 해제된다.

- unique_lock(mutex_type& m, const chrono::time_point<Clock, Duration>& abs_time);

  이 생성자는 뮤텍스에 대한 레퍼런스와 절대 시간에 대한 값을 인수로 받는다. 그러므로 지정된 절대 시간 안에 락을 걸기 위해 시도한다. chrono 라이브러리는 22장에서 자세히 설명한다.

- unique_lock(mutex_type& m, const chrono::duration<Rep, Period>& rel_time);

  이 생성자는 뮤텍스에 대한 레퍼런스와 상대 시간을 인수로 받아서 주어진 시간 안에 인수로 지정한 뮤텍스에 락을 걸기 위해 시도한다.

unique_lock 클래스는 lock(), try_lock(), try_lock_for(), try_lock_until(), unlock() 메서드를 제공한다. 각 동작은 27.4.1절 '[3] 시간 제약이 있는 뮤텍스 클래스'에서 설명한 것과 같다.

3 shared_lock

shared_lock 클래스는 <shared_mutex>에 정의되어 있으며, unique_lock과 똑같은 타입의 생성자와 메서드를 제공하고, 내부 공유 뮤텍스에 대해 공유 소유권에 관련된 메서드를 호출한다는 점이 다르다. 따라서 shared_lock 메서드는 lock(), try_lock()을 호출할 때 내부적으로 lock_shared(), try_lock_shared() 등과 같은 공유 뮤텍스에 대한 메서드를 호출한다. 이렇게 하는 이유는 shared_lock과 unique_lock의 인터페이스를 통일시키기 위해서다. 따라서 unique_lock을 사용하던 자리에 그대로 넣을 수 있다. 그러면 독점 락 대신 공유 락을 건다.

4 한 번에 여러 개의 락을 동시에 걸기

C++는 두 가지 제네릭 락 함수를 제공한다. 이 함수는 데드락이 발생할 걱정 없이 여러 개의

뮤텍스 객체를 한 번에 거는 데 사용된다. 두 함수 모두 std 네임스페이스에 정의되어 있으며, 26장에서 소개한 가변 인수 템플릿 함수로 정의했다.

첫 번째 함수인 lock()은 인수로 지정된 뮤텍스 객체를 데드락 발생 걱정 없이 한꺼번에 락을 건다. 이때 락을 거는 순서는 알 수 없다. 그중에서 어느 하나의 뮤텍스 락에 대해 익셉션이 발생하면 이미 확보한 락에 대해 unlock()을 호출한다. 이 함수의 프로토타입은 다음과 같다.

```
template <class L1, class L2, class... L3> void lock(L1&, L2&, L3&...);
```

try_lock()의 프로토타입도 이와 비슷하지만 주어진 모든 뮤텍스 객체에 대해 락을 걸 때 try_lock()을 순차적으로 호출한다. 모든 뮤텍스에 대해 try_lock()이 성공하면 -1을 리턴하고, 어느 하나라도 실패하면 이미 확보된 락에 대해 unlock()을 호출한다. 그러면 뮤텍스 매개변수의 위치를 가리키는 0 기준 인덱스값을 리턴한다.

다음 예제는 이러한 제네릭 lock() 함수를 사용하는 방법을 보여준다. process() 함수는 먼저 두 뮤텍스에 대한 락을 하나씩 생성하고, std::defer_lock_t 인스턴스를 unique_lock의 두 번째 인수로 지정해서 그 시간 안에 락을 걸지 않게 한다. 그런 다음 std::lock()을 호출해서 데드락이 발생할 걱정 없이 두 락을 모두 건다.

```
mutex mut1;
mutex mut2;

void process()
{
    unique_lock lock1 { mut1, defer_lock };
    unique_lock lock2 { mut2, defer_lock };
    lock(lock1, lock2);
    // 락을 건다.
} // 락이 자동으로 해제된다.
```

5 scoped_lock

std::scoped_lock은 <mutex>에 정의되어 있으며 lock_guard와 비슷하지만 뮤텍스를 지정하는 인수의 개수에 제한이 없다. scoped_lock을 사용하면 여러 락을 한 번에 거는 코드를 훨씬 간결하게 작성할 수 있다. 예를 들어 scoped_lock을 사용하면 앞 절에서 본 process() 함수를 다음과 같이 구현할 수 있다.

```
mutex mut1;
mutex mut2;

void process()
{
    scoped_lock locks { mut1, mut2 };
    // 락을 건다.
} // 락이 자동으로 해제된다.
```

NOTE_ scoped_lock은 여러 락을 얻을 때 순서에 신경 쓰지 않아도 되므로 훨씬 편할 뿐만 아니라 직접 락을 거는 것보다 훨씬 효율적이다.

27.4.3 std::call_once

std::call_once()와 std::once_flag를 함께 사용하면 같은 once_flag에 대해 여러 스레드가 call_once()를 호출하더라도 call_once()의 인수로 지정한 함수나 메서드가 단 한 번만 호출되게 할 수 있다. 하나의 call_once()만 실제로 주어진 함수나 메서드를 호출한다. 지정한 함수가 익셉션을 던지지 않을 때 이렇게 호출하는 것을 **이펙티브**effective call_once() 호출이라 부른다. 지정한 함수가 익셉션을 던지면 그 익셉션은 호출한 측으로 전달되며, 다른 호출자를 골라서 함수를 실행시킨다. 특정한 once_flag 인스턴스에 대한 이펙티브 호출은 동일한 once_flag에 대한 다른 call_once() 호출보다 먼저 끝난다. [그림 27-4]는 스레드 세 개로 이를 실행한 예를 보여준다. 스레드 1은 이펙티브 call_once() 호출을 수행하고, 스레드 2는 이러한 이펙티브 호출이 끝날 때까지 블록되고, 스레드 3은 스레드 1의 이펙티브 호출이 이미 끝났기 때문에 블록되지 않는다.

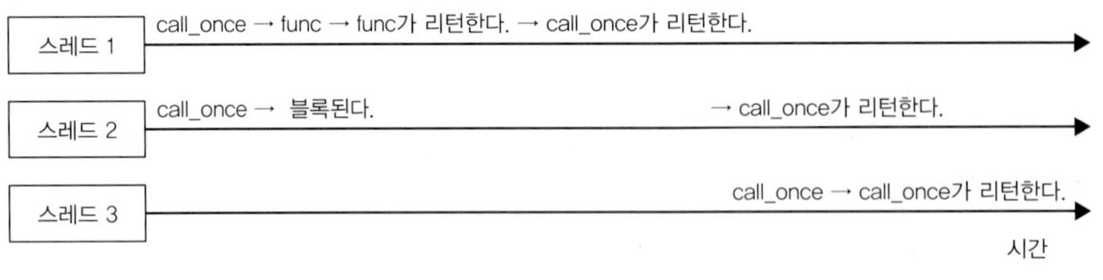

그림 27-4

다음 예제는 call_once()를 사용하는 방법을 보여준다. 이 예제에서는 공유 자원을 사용하는 processingFunction()을 실행하는 스레드 세 개를 구동한다. 여기서 공유하는 자원은 반드시 initializeSharedResources()로 단 한 번만 호출해서 초기화해야 한다. 이렇게 하려면 각 스레드마다 once_flag라는 글로벌 플래그에 대해 call_once()를 호출한다. 코드를 실행하면 단 하나의 스레드만 initializeSharedResources()를 정확히 한 번 실행한다. call_once() 호출이 진행되는 동안 다른 스레드는 initializeSharedResources()가 리턴할 때까지 블록된다.

```
once_flag g_onceFlag;
void initializeSharedResources()
{
    // 여러 스레드가 사용할 공유 리소스를 초기화한다.
    cout << "Shared resources initialized." << endl;
}

void processingFunction()
{
    // 공유 리소스를 반드시 초기화한다.
    call_once(gOnceFlag, initializeSharedResources);

    // 원하는 작업을 수행한다. 이때 공유 리소스를 사용한다.
    cout << "Processing" << endl;
}

int main()
{
    // 스레드 세 개를 구동시킨다.
    vector<thread> threads { 3 };
    for (auto& t : threads) {
        t = thread { processingFunction };
    }
    // 각 스레드에 대해 join()을 호출한다.
    for (auto& t : threads) {
        t.join();
    }
}
```

이 코드를 실행한 결과는 다음과 같다.

```
Shared resources initialized.
Processing
Processing
Processing
```

스레드 세 개를 구동하기 전에 main() 함수의 시작 부분에서 initializeSharedResources()를 한 번 호출하도록 구현해도 된다. 하지만 call_once()의 사용법을 보여주기 위해 일부러 이렇게 작성했다.

27.4.4 뮤텍스 객체 사용 방법

이 절에서는 뮤텍스 객체로 여러 스레드를 동기화하는 방법을 몇 가지 예제와 함께 소개한다.

1 스레드에 안전한 스트림 출력 기능 구현하기

27.2절 '스레드'에서 Counter 클래스 예제를 살펴보면서 C++ 스트림은 기본적으로 데이터 경쟁이 발생하지 않지만, 여러 스레드가 교차 실행되어 출력 결과가 뒤섞일 수 있다고 설명했다. 이렇게 결과가 뒤섞이는 문제를 해결하는 방법은 다음 두 가지다.

- C++20 **동기화 스트림**
- 뮤텍스 객체를 이용하여 한 번에 스레드 하나씩만 읽거나 쓰게 만든다.

C++20 ❙동기화된 스트림

C++20부터 char 스트림에 대한 osyncstream, wchar_t 스트림에 대한 wosyncstream 등 미리 정의된 타입 앨리어스를 지원하는 std::basic_osyncstream가 추가되었다. 클래스 이름에서 o는 출력output을 의미한다. 이 클래스는 자신을 거치는 출력이 동기화된 스트림이 제거되는 순간에 모두 최종 출력 스트림에 나타나도록 보장한다. 이는 출력이 다른 스레드의 출력과 뒤섞이지 않도록 만든다.

앞에서 봤던 Counter 클래스의 함수 호출 연산자에서 다음과 같이 osyncstream을 사용하여 출력이 뒤섞이지 않게 만들 수 있다.

```
class Counter
{
    public:
        Counter(int id, int numIterations)
            : m_id { id }, m_numIterations { numIterations } { }
```

```
        void operator()() const
        {
                for (int i { 0 }; i < m_numIterations; ++i) {
                    osyncstream { cout } << "Counter "
                        << m_id << " has value " << i << endl;
                }
        }
    private:
        int m_id;
        int m_numIterations;
};
```

또는 다음과 같이 작성할 수 있다.

```
void operator()() const
{
    for (int i { 0 }; i < m_numIterations; ++i) {
        osyncstream syncedCout { cout };
        syncedCout << "Counter " << m_id << " has value " << i << endl;
    }
}
```

뮤텍스 사용하기

동기화된 스트림을 사용할 수 없다면 뮤텍스를 사용하면 된다. 예를 들어 다음 코드는 모든 스레드가 Counter 클래스의 cout에 대한 접근을 동기화시키는 예를 보여주고 있다. 이를 위해 static mutex 객체를 추가했다. 여기서 반드시 static을 지정해야 이 클래스의 모든 인스턴스가 동일한 mutex 인스턴스를 사용할 수 있다. 그러고 나서 cout에 쓰기 전에 lock_guard로 이 mutex 객체에 락을 건다.

```
class Counter
{
    public:
        Counter(int id, int numIterations)
            : m_id { id }, m_numIterations { numIterations } { }

        void operator()() const
        {
            for (int i { 0 }; i < m_numIterations; ++i) {
```

```
                lock_guard lock { ms_mutex };
                cout << "Counter " << m_id << " has value " << i << endl;
            }
        }
    private:
        int m_id;
        int m_numIterations;
        inline static mutex ms_mutex;
};
```

여기에서는 for 문을 한 번 돌 때마다 lock_guard 인스턴스를 생성한다. 이때 락이 걸린 시간을 최소화하도록 지정해야 한다. 그렇지 않으면 다른 스레드를 너무 오래 블록시키게 된다. 예를 들어 lock_guard 인스턴스를 for 문 앞에서 한 번만 생성하면 여기서 구현한 멀티스레드 효과가 사라지게 된다. for 문 전체에 대해 하나의 스레드가 락을 걸기 때문에 다른 스레드는 이 락이 해제되기 전까지 기다려야 하기 때문이다.

2 시간 제약이 있는 락 사용하기

다음 예제는 시간 제약이 있는 뮤텍스를 사용하는 방법을 보여준다. 앞에서 본 Counter 클래스와 대체로 비슷하지만 이번에는 unique_lock과 timed_mutex를 조합해서 사용한다. unique_lock 생성자에 200ms란 상대 시간을 인수로 지정해서 그 시간 동안 락 걸기를 시도한다. 이 시간 안에 락을 걸지 못해도 unique_lock 생성자는 그냥 리턴한다. 실제로 락이 걸렸는지는 나중에 lock 변수에 대한 if 문으로 확인한다. unique_lock은 bool 타입 변환 연산자를 제공하기 때문에 이렇게 할 수 있다. 타임아웃 값은 22장에서 설명한 chrono 라이브러리로 지정한다.

```
class Counter
{
    public:
        Counter(int id, int numIterations)
            : m_id { id }, m_numIterations { numIterations } { }

        void operator()() const
        {
            for (int i { 0 }; i < m_numIterations; ++i) {
                unique_lock lock { ms_timedMutex, 200ms };
                if (lock) {
                    cout << "Counter " << m_id << " has value " << i << endl;
```

```
                } else {
                    // 200ms 안에 락을 걸지 못하면 아무것도 출력하지 않는다.
                }
            }
        }
    private:
        int m_id;
        int m_numIterations;
        inline static timed_mutex ms_timedMutex;
};
```

3 이중 검사 락

이중 검사 락 패턴double-checked locking pattern은 사실 안티패턴anti-pattern(나쁜 패턴)이라서 사용하지 않는 것이 좋다. 하지만 이렇게 작성된 코드가 많기 때문에 소개한다. 이중 검사 락 패턴은 기본적으로 뮤텍스 객체를 최대한 사용하지 않는다. 이는 뮤텍스 객체를 사용할 때보다 코드를 효율적으로 작성하려는 어설픈 시도로 나온 것이다. 예를 들어 뒤에서 소개할 예제보다 더 빠르게 실행되도록 atomic<bool> 대신 부울 타입을 곧바로 쓰는 것처럼 아토믹 연산의 제약을 줄일 때 문제가 발생하기 쉽다. 이 패턴에 따라 구현하면 데이터 경쟁이 발생하기 쉽고 이를 해결하기 어렵다. 아이러니하게도 call_once()를 사용하면 실제로 실행 속도가 빨라진다. 게다가 매직 스태틱magic static을 사용하면 더 빠르게 만들 수 있다.

CAUTION_ 이중 검사 락 패턴을 사용하지 말고 기본 락, 아토믹 변수, call_once(), 매직 스태틱 등을 사용한다.

NOTE_ 매직 스태틱은 함수 로컬 static 인스턴스를 일컫는 표현이다. C++는 이러한 로컬 static 인스턴스가 스레드에 안전하게 초기화되도록 보장하므로 스레드 동기화를 따로 해줄 필요가 없다. 매직 스태틱을 사용한 예는 33장에서 싱글턴 패턴을 설명할 때 소개한다.

이중 검사 락 패턴을 사용하면 리소스가 단 한 번만 초기화되도록 보장할 수 있다. 다음 예제는 이렇게 구현하는 방법을 보여준다. 이 코드에서 보는 것처럼 g_initialized 변수를 락을 걸기 전과 뒤에 두 번 검사하기 때문에 이중 검사 락 패턴이라 부른다. 첫 번째 검사는 필요 없을 때 락을 걸지 않도록 막아주고, 두 번째 검사는 이 변수를 한 번 검사한 뒤 락을 걸기 전까지 다른 스레드가 초기화를 수행하지 않도록 막아준다.

```cpp
void initializeSharedResources()
{
    // 여러 스레드가 사용할 공유 리소스를 초기화한다.
    cout << "Shared resources initialized." << endl;
}

atomic<bool> g_initialized { false };
mutex g_mutex;

void processingFunction()
{
    if (!g_initialized) {
        unique_lock lock { g_mutex };
        if (!g_initialized) {
            initializeSharedResources();
            g_initialized = true;
        }
    }
    cout << "OK" << endl;
}

int main()
{
    vector<thread> threads;
    for (int i { 0 }; i < 5; ++i) {
        threads.push_back(thread{ processingFunction });
    }
    for (auto& t : threads) {
        t.join();
    }
}
```

이 코드를 실행하면 다음과 같이 한 스레드만 공유 리소스를 초기화한다는 것을 알 수 있다.

```
Shared resources initialized.
OK
OK
OK
OK
OK
```

NOTE_ 이 예제는 이중 검사 락 대신 앞에서 설명한 `call_once()`로 구현하는 것이 바람직하다.

27.5 상태 변수

상태 변수condition variable를 이용하면 다른 스레드에 의해 특정한 상태에 도달하거나 특별히 지정한 시간이 경과될 때까지 스레드의 실행을 멈추고 기다리게 할 수 있다. 이를 통해 스레드 통신을 구현할 수 있다. Win32 API로 멀티스레드 프로그래밍을 해본 경험이 있다면 윈도우의 **이벤트 객체**event object와 비슷하다고 보면 된다.

C++는 두 가지 상태 변수를 제공한다. 둘 다 `<condition_variable>`에 정의되어 있다.

- **`std::condition_variable`**: `unique_lock<mutex>`만 기다리는 상태 변수로서, C++ 표준에 따르면 특정한 플랫폼에서 효율을 최대로 이끌어낼 수 있다.
- **`std::condition_variable_any`**: 커스텀 락 타입을 비롯한 모든 종류의 객체를 기다릴 수 있는 상태 변수다.

`condition_variable`은 다음과 같은 메서드를 제공한다.

- `notify_one();`

  상태 변수를 기다리는 스레드 중 하나를 깨운다. 윈도우의 자동 리셋 이벤트(auto-reset event)와 비슷하다.

- `notify_all();`

  상태 변수를 기다리는 스레드를 모두 깨운다.

- `wait(unique_lock<mutex>& lk);`

  `wait()`를 호출하는 스레드는 반드시 `lk`에 대한 락을 걸고 있어야 한다. `wait()`를 호출하면 `lk.unlock()`을 아토믹하게 호출해서 그 스레드를 블록시키고, 알림(notification)이 오길 기다린다. 다른 스레드에서 호출한 `notify_one()`이나 `notify_all()`로 인해 블록된 스레드가 해제되면 `lk.lock()`을 다시 호출해서 락을 완전히 걸 때까지 블록시킨 뒤 리턴한다.

- `wait_for(unique_lock<mutex>& lk, const chrono::duration<Rep, Period>& rel_time);`

  `wait()`와 비슷하지만 `notify_one()`이나 `notify_all()`이 호출되거나 지정된 시간이 만료하면 현재 스레드의 블록 상태를 해제한다.

- wait_until(unique_lock<mutex>& lk, const chrono::time_point<Clock, Duration>& abs_time);

  wait()와 비슷하지만 notify_one()이나 notify_all()이 호출되거나 시스템 시간이 절대 시간으로 지정한 시간을 경과하면 블록된 스레드가 해제된다.

프레디케이트 매개변수를 추가로 받는 버전의 wait(), wait_for(), wait_until()도 있다. 예를 들어 wait() 버전 중에는 다음과 같이 프레디케이트를 추가로 받는 것도 있다.

```
while (!predicate())
    wait(lk);
```

condition_variable_any 클래스에서 제공하는 메서드는 condition_variable과 비슷하지만 unique_lock<mutex> 외에 다른 모든 종류의 락 클래스를 인수로 받는다는 점이 다르다. 이렇게 받은 락 클래스는 반드시 lock()과 unlock() 메서드를 제공해야 한다.

27.5.1 비정상적으로 깨어나기

상태 변수를 기다리는 스레드는 다른 스레드가 notify_one()이나 notify_all()을 호출할 때까지 기다린다. 기다리는 시간은 상대 시간이나 절대 시간(특정한 시스템 시각)으로 지정한다. 그런데 이렇게 미리 지정된 시점에 다다르지 않았는데 **비정상적으로** 깨어날 수도 있다. 다시 말해 notify_one()이나 notify_all()을 호출한 스레드도 없고, 타임아웃도 발생하지 않았는데 스레드가 깨어나는 것이다. 그러므로 상태 변수를 기다리도록 설정했던 스레드가 그 이전에 깨어나면 그 이유를 검사해야 한다. 한 가지 방법은 프레디케이트를 인수로 받는 wait()를 사용하는 것이다. 다음 절에서 구체적인 예를 소개한다.

27.5.2 상태 변수 사용하기

예를 들어 큐에 담긴 원소를 백그라운드로 처리할 때 상태 변수를 활용한다고 생각해보자. 먼저 처리할 원소를 추가할 큐를 정의한다. 백그라운드 스레드는 큐에 원소가 들어올 때까지 기다렸다가 원소가 추가되면 스레드를 깨워서 그 원소를 처리하고 다음 원소가 들어올 때까지 다시 잠든 상태로 기다린다. 큐는 다음과 같이 선언한다.

```
queue<string> m_queue;
```

주어진 시점에 하나의 스레드만 이 큐를 수정해야 한다. 이를 구현하는 데 사용할 뮤텍스를 선언한다.

```
mutex m_mutex;
```

원소가 추가된 사실을 백그라운드 스레드에 알려주도록 다음과 같이 상태 변수를 선언한다.

```
condition_variable m_condVar;
```

큐에 원소를 추가하는 스레드는 먼저 앞에서 선언한 뮤텍스에 락부터 걸어야 한다. 그러고 나서 큐에 원소를 추가하고 백그라운드 스레드에 알려준다. 이때 실제로 락을 걸었는지에 관계없이 notify_one()이나 notify_all()을 호출한다. 둘 다 정상적으로 처리된다.

```
// 뮤텍스에 락을 걸고 큐에 원소를 추가한다.
unique_lock lock { m_mutex };
m_queue.push(entry);
// 스레드를 깨우도록 알림을 보낸다.
m_condVar.notify_all();
```

여기서 백그라운드 스레드는 무한 루프를 돌면서 알림이 오기를 기다린다. 구현 코드는 다음과 같다. 이때 프레디케이트를 인수로 받는 wait()를 이용하여 비정상적으로 깨어나지 않게 만든다. 이 프레디케이트로 큐에 실제로 원소가 추가되었는지 확인한다. wait()를 호출한 결과가 리턴되면 실제로 큐에 뭔가 추가되었다고 보장할 수 있다.

```
unique_lock lock { m_mutex };
while (true) {
    // 알림을 기다린다.
    m_condVar.wait(lock, [this]{ return !m_queue.empty(); });
    // 상태 변수를 통한 알림이 도착했다. 따라서 큐에 뭔가 추가되었다는 것을 알 수 있다.
    // 추가된 항목을 처리한다.
}
```

27.10절 '멀티스레드 Logger 클래스 예제'에서는 상태 변수로 다른 스레드에 알림을 보내는 구체적인 구현 방법을 소개한다.

C++ 표준은 std::notify_all_at_thread_exit(cond, lk)라는 헬퍼 함수도 제공한다. 여기서 cond는 상태 변수고, lk는 unique_lock<mutex> 인스턴스다. 이 함수를 호출하는 스레드는 lk라는 락을 이미 확보한 상태여야 한다. 이 스레드가 종료하면 다음 코드가 자동으로 실행된다.

```
lk.unlock();
cond.notify_all();
```

NOTE_ lk 락은 스레드가 종료될 때까지 잠긴 상태를 유지한다. 따라서 데드락이 발생하지 않도록 각별히 주의한다. 예를 들어 락 걸기 순서가 잘못되면 데드락이 발생할 수 있다. 데드락은 27.1.3절 '데드락'을 참조한다.

C++20 27.6 래치

래치latch란 단일 사용 스레드 조율 포인트single-use thread coordination point다. 여러 스레드가 래치 포인트에 블록된다. 주어진 수만큼의 스레드가 래치 포인트에 도달하면 모든 스레드에 대한 블록이 해제되면서 실행을 이어나간다. 기본적으로 스레드가 래치 포인트에 도달할 때마다 숫자를 감소시키는 카운터와 같다. 이 카운터가 0이 되면 래치는 계속해서 시그널 상태로 남게 되고 블록된 스레드는 모두 해제된다. 그 뒤에 래치 포인트에 도달한 스레드는 모두 멈추지 않고 실행을 이어나간다.

래치는 std::latch로 구현되었으며 <latch>에 정의되어 있다. 생성자는 래치 포인트에 도달할 스레드 개수를 인수로 받는다. 래치 포인트에 도달한 스레드는 arrive_and_wait()를 호출할 수 있다. 그러면 래치가 시그널된 상태가 되기 전까지 래치 카운터를 감소시키고 스레드를 블록시킨다. 스레드는 wait()를 호출해서 카운터 감소 없이 래치 포인트에 블록될 수도 있다. try_wait() 메서드는 카운터가 0에 도달했는지 검사하는 데 사용할 수 있다. 마지막으로 필요하다면 count_down()을 호출해서 카운터도 블록되지 않고 감소시킬 수 있다.

다음 코드는 래치 포인트를 사용하는 예를 보여준다. 여기서 일부 데이터를 메모리로 불러와서 (I/O 바운드) 여러 스레드로 병렬 처리한다. 스레드가 구동해서 데이터 처리를 시작하기 전에 CPU 바운드 초기화를 수행해야 한다고 가정하자. 스레드를 구동한 후 CPU-바운드 초기화를 수행하고, 데이터를 병렬로 불러오면(I/O 바운드) 성능이 향상된다. 이 코드는 latch 객체를 카운터 1로 초기화하고, 스레드 10개를 구동한다. 이 스레드는 모두 나름대로 초기화를 수행한 후 latch에서 블록된 후 래치 카운터가 0에 도달할 때까지 그 상태를 유지한다. 스레드 10개를 구동한 후에는 데이터를 디스크 등에서 불러오는 I/O 바운드 단계를 수행한다. 데이터를 모두 불러왔다면 래치 카운터를 0으로 감소시켜 블록된 상태로 기다리던 스레드 10개를 모두 해제한다.

```
latch startLatch { 1 };
vector<jthread> threads;

for (int i { 0 }; i < 10; ++i) {
    threads.push_back(jthread { [&startLatch] {
        // 초기화 작업을 수행한다(CPU 바운드).

        // 래치 카운터가 0에 도달할 때까지 기다린다.
        startLatch.wait();

        // 데이터를 처리한다.
    } });
}

// 데이터를 불러온다(I/O 바운드).

// 데이터를 모두 불러왔다면 래치 카운터를 감소시킨다.
// 카운터가 0에 도달하면 블록된 스레드를 모두 해제시킨다.
startLatch.count_down();
```

C++20 27.7 배리어

배리어barrier는 일련의 상태phase로 구성된 재사용 가능한 스레드 조율 메커니즘reusable thread coordination mechanism이다. 스레드는 배리어 포인트에 블록된다. 배리어에 도달한 스레드 수가 지정한 수를 넘어서면 상태 완료 콜백phase completion callback이 실행되면서 블록된 상태의 스레드를 모두 해제하고, 스레드 카운터를 리셋한 뒤 다음 상태를 시작한다. 각 상태마다 다음 상태에 대한 스레드 수를 조정할 수 있다. 배리어는 루프 사이에서 동기화하는 데 매우 뛰어나다. 예를 들어 여러 스레드로 루프에서 계산을 동시에 수행한다고 하자. 이때 각 계산이 끝나면 스레드가 다시 루프를 시작하기 전에 결과를 처리해야 한다. 이럴 때 배리어를 사용하기 좋다. 스레드를 모두 배리어에 블록시킬 수 있다. 모두 도착했다면 상태 완료 콜백을 통해 각 스레드의 결과를 처리한 후 블록을 해제해서 모든 스레드가 다음 회차 루프를 새로 시작하게 만들 수 있다.

배리어는 std::barrier로 구현되었으며 <barrier>에 정의되어 있다. barrier에서 가장 중요한 메서드는 arrive_and_wait()다. 이 메서드는 카운터를 감소시킨 뒤 현재 상태를 마칠 때까지 스레드를 블록시킨다. 다른 메서드에 대한 설명은 표준 라이브러리 레퍼런스를 참고하기 바란다.

다음 코드는 배리어 사용법을 보여준다. 먼저 루프를 통해 작업을 끊임없이 수행하는 스레드 네 개를 구동한다. 매번 루프를 돌 때마다 스레드를 모두 배리어로 동기화시킨다.

```
void completionFunction() noexcept { /* ... */ }

int main()
{
    const size_t numberOfThreads { 4 };
    barrier barrierPoint { numberOfThreads, completionFunction };
    vector<jthread> threads;

    for (int i { 0 }; i < numberOfThreads; ++i) {
        threads.push_back(jthread { [&barrierPoint] (stop_token token) {
            while (!token.stop_requested()) {
                // 계산을 수행한다.

                // 다른 스레드와 동기화한다.
                barrierPoint.arrive_and_wait();
            }
        } });
    }
}
```

C++20 27.8 세마포어

세마포어semaphore는 경량 동기화 프리미티브로서 뮤텍스, 래치, 배리어와 같은 다른 동기화 메커니즘의 구성 요소로 사용할 수 있다. 세마포어는 **슬롯** 개수를 표현하는 카운터와 같으며, 생성자에서 초기화된다. 슬롯을 하나 얻으면 카운터가 감소하고, 슬롯을 반납하면 카운터가 증가한다. <semaphore>에 두 가지 클래스가 정의되어 있다. 하나는 std::counting_semaphore고, 다른 하나는 std::binary_semaphore다. counting_semaphore는 리소스 개수에 대한 모델로서 음이 아닌 정수를 다룬다. binary_semaphore는 슬롯이 하나뿐이다. 따라서 슬롯이 빈 상태와 그렇지 않은 상태, 둘 중 하나라서 뮤텍스의 구성 요소로 적합하다. 두 클래스 모두 다음과 같은 메서드를 제공한다.

메서드	설명
acquire()	카운터를 감소시킨다. 카운터가 0이 되면 다시 증가할 때까지 블록된다.
try_acquire()	카운터 감소를 시도하지만 이미 0이면 블록시키지 않는다. 카운터를 감소할 수 있다면 true를, 그렇지 않으면 false를 리턴한다.
try_acquire_for()	지정한 시간 동안만 시도하는 점을 제외하면 try_acquire()와 같다.
try_acquire_until()	지정한 시스템 시각에 도달할 때까지만 시도하는 점을 제외하면 try_acquire()와 같다.
release()	지정한 수만큼 카운터를 증가시키고, acquire() 호출에 의해 블록된 스레드를 해제한다.

counting_semaphore를 이용하면 동시에 실행할 수 있는 스레드 개수를 정확히 제어할 수 있다. 예를 들어 다음 코드는 스레드를 최대 네 개까지 동시에 실행시킨다.

```
counting_semaphore semaphore { 4 };
vector<jthread> threads;
for (int i { 0 }; i < 10; ++i) {
    threads.push_back(jthread { [&semaphore] {
        semaphore.acquire();
        // 슬롯을 받은 상태(최대 네 스레드 동시 실행 가능)
        semaphore.release();
    } });
}
```

세마포어는 스레드에 대한 알림notification 메커니즘을 구현하는 데 활용할 수도 있다. 그러면 상태 변수를 대체할 수 있다. 예를 들어 생성자에서 세마포어 카운터를 0으로 초기화할 수 있다. 그 후 acquire()를 호출하는 스레드는 그 세마포어에 대해 release()를 호출하는 스레드가 나타날 때까지 블록된다.

27.9 퓨처

앞서 설명했듯이 어떤 값을 계산하는 스레드를 std::thread로 만들어서 실행하면 그 스레드가 종료된 후 최종 결과를 받기 쉽지 않다. 익셉션이나 여러 가지 에러를 처리하는 데도 문제가 발생한다. 스레드가 던진 익셉션을 그 스레드가 받지 않으면 C++ 런타임은 std::terminate()를 호출해서 애플리케이션 전체를 종료시킨다.

이때 **퓨처**future를 사용하면 스레드의 실행 결과를 쉽게 받아올 수 있을 뿐만 아니라 익셉션을 다른 스레드로 전달해서 원하는 방식으로 처리할 수 있다. 물론 익셉션이 발생한 스레드에서 벗어나지 않도록 항상 같은 스레드 안에서 익셉션을 처리하는 것이 바람직하다.

프로미스promise는 스레드의 실행 결과를 저장하는 곳이며, 퓨처는 프로미스에 저장된 결과에 접근하기 위해 사용된다. 채널에 비유하면 프로미스는 입력 포트고, 퓨처는 출력 포트인 셈이다. 같은 스레드나 다른 스레드에서 실행되는 함수가 계산해서 리턴한 값을 프로미스에 담으면 나중에 그 값을 퓨처에서 가져갈 수 있다. 일종의 스레드 통신 채널로 볼 수 있다.

C++는 std::future라는 표준 퓨처를 제공한다. std::future에 있는 결과를 가져오는 방법은 다음과 같다. 여기서 T는 계산된 결과에 대한 타입이다.

```
future<T> myFuture { ... }; // 이에 대한 설명은 뒤에서 한다.
T result { myFuture.get() };
```

여기서 get()을 호출해서 가져온 결과를 result 변수에 저장한다. 이때 get()을 호출한 부분은 계산이 끝날 때까지 블록된다. future 하나에 대해 get()을 한 번만 호출할 수 있다. 두 번 호출하는 경우는 표준에 따로 정해져 있지 않다.

코드가 블록되지 않게 하려면 다음과 같이 future를 검사해서 결과가 준비되었는지 확인부터 한다.

```
if (myFuture.wait_for(0)) { // 계산이 끝난 경우
    T result { myFuture.get() };
} else {                     // 계산이 아직 끝나지 않은 경우
    ...
}
```

27.9.1 std::promise와 std::future

C++는 프로미스 개념을 구현한 std::promise 클래스를 제공한다. promise에 대해 set_value()를 호출해서 결과를 저장하거나 set_exception()을 호출해서 익셉션을 promise에 저장할 수 있다. 참고로 특정 promise에 대해 set_value()나 set_exception()을 단 한 번만 호출할 수 있다. 여러 번 호출하면 std::future_error 익셉션이 발생한다.

A 스레드와 B 스레드가 있을 때 A 스레드가 어떤 계산을 B 스레드로 처리하기 위해 std::promise를 생성해서 B 스레드를 구동할 때 이 promise를 인수로 전달한다. 이때 promise는 복제될 수 없고, 이동만 가능하다. B 스레드는 이 promise에 값을 저장한다. A 스레드는 promise를 B 스레드로 이동하기 전에 생성된 promise에 get_future()를 호출한다. 그러면 B가 실행을 마친 후 나온 결과에 접근할 수 있다. 이를 코드로 구현하면 다음과 같다.

```
void doWork(promise<int> thePromise)
{
    // 원하는 작업을 한다.
    // 최종 결과를 promise에 저장한다.
    thePromise.set_value(42);
}

int main()
{
    // 스레드에 전달할 promise를 생성한다.
    promise<int> myPromise;
    // 이 promise에 대한 future를 가져온다.
    auto theFuture { myPromise.get_future() };
    // 스레드를 생성하고 앞에서 만든 promise를 인수로 전달한다.
    thread theThread { doWork, std::move(myPromise) };

    // 원하는 작업을 수행한다.

    // 최종 결과를 가져온다.
    int result { theFuture.get() };
    cout << "Result: " << result << endl;

    // 스레드를 join한다.
    theThread.join();
}
```

> **NOTE_** 이 코드는 단지 promise와 future의 사용법을 보여주기 위한 것이다. 먼저 스레드를 생성해서 계산을 수행한 뒤 future에 대해 get()을 호출한다. 그러면 최종 결과가 나올 때까지 블록된다. 하지만 이렇게 작성하면 성능이 크게 떨어진다. 실전에서는 (앞 절에서 소개한 wait_for()를 이용하여) future에 최종 결과가 나왔는지 주기적으로 검사하도록 구현하거나 상태 변수와 같은 동기화 기법을 사용하도록 구현한다. 그러면 결과가 나오기 전에 무조건 멈추고 기다리는 대신 다른 작업을 수행할 수 있다.

27.9.2 std::packaged_task

std::packaged_task를 이용하면 앞 절에서 소개한 std::promise를 명시적으로 사용하는 방법보다 쉽게 promise를 구현할 수 있다. 다음 코드는 이를 위한 구체적인 방법을 보여준다. 여기에서는 먼저 packaged_task를 생성해서 CalculateSum()을 실행한다. 이 packaged_task에 대해 get_future()를 호출해서 future를 가져온다. 스레드를 구동해서 이 packaged_task를 그곳으로 이동시킨다. 이때 packaged_task는 복제되지 않는다는 점에 주의한다. 스레드가 구동되고 나면 받아온 future에 대해 get()을 호출해서 결과를 가져온다. 이때 결과가 나오기 전까지 블록된다.

여기서 CalculateSum()은 promise에 저장하는 작업을 하지 않아도 된다. packaged_task가 promise를 자동으로 생성하고, 호출한 함수(여기에서는 CalculatedSum())의 결과를 그 promise에 알아서 저장해준다. 이때 발생한 익셉션도 promise에 함께 저장된다.

```
int CalculateSum(int a, int b) { return a + b; }

int main()
{
    // packaged_task를 생성해서 CalculateSum을 실행한다.
    packaged_task<int(int, int)> task { CalculateSum };
    // 생성한 packaged_task로부터 CalculatedSum의 결과를 담을 future를 받는다.
    auto theFuture { task.get_future() };
    // 스레드를 생성한 뒤 앞에서 만든 packaged_task를 이동시키고,
    // 인수를 적절히 전달해서 작업을 수행한다.
    thread theThread { move(task), 39, 3 };

    // 다른 작업을 수행한다.

    // 결과를 가져온다.
    int result { theFuture.get() };
    cout << result << endl;
```

```
    // 스레드를 조인한다.
    theThread.join();
}
```

27.9.3 std::async

계산 작업을 수행하는 스레드의 생성 여부를 C++ 런타임으로 좀 더 제어하고 싶다면 std::async()를 사용한다. std::async()는 실행할 함수를 인수로 받아서 그 결과를 담은 future를 리턴한다. 지정한 함수를 async()로 구동하는 방법은 두 가지다.

- 함수를 스레드로 만들어 비동기식으로 구동한다.
- 리턴된 future에 대해 get()을 호출하는 시점에 함수를 동기식으로 실행한다.

async()에 인수를 추가로 지정하지 않고 호출하면 런타임이 앞에 나온 두 가지 방법 중 하나를 적절히 고른다. 이때 시스템에 장착된 CPU의 코어 수나 동시에 수행되는 작업의 양에 따라 방식이 달라질 수 있다. 다음과 같이 정책을 나타내는 인수를 지정하면 이러한 선택 과정에 가이드라인을 제시할 수 있다.

- **launch::async**: 주어진 함수를 다른 스레드에서 실행시킨다.
- **launch::deferred**: get()을 호출할 때 주어진 함수를 현재 스레드와 동기식으로 실행시킨다.
- **launch::async | launch::deferred**: C++ 런타임이 결정한다(디폴트 동작).

async()를 사용하는 예는 다음과 같다.

```
int calculate() { return 123; }

int main()
{
    auto myFuture { async(calculate) };
    //auto myFuture { async(launch::async, calculate) };
    //auto myFuture { async(launch::deferred, calculate) };

    // 다른 작업을 수행한다.

    // 결과를 가져온다.
    int result { myFuture.get() };
    cout << result << endl;
}
```

이 예제에서 볼 수 있듯이 std::async()는 원하는 계산을 (다른 스레드에서) 비동기식으로 처리하거나 (현재 스레드에서) 동기식으로 처리해서 나중에 결과를 가져오도록 구현하는 가장 쉬운 방법이다.

> **CAUTION_** async()를 호출해서 리턴된 future는 실제 결과가 담길 때까지 소멸자에서 블록된다. 다시 말해 async()를 호출한 뒤 리턴된 future를 가져가지(캡처하지) 않으면 async()가 블록되는 효과가 발생한다. 예를 들어 다음 코드는 calculate()를 동기식으로 호출한다.
>
> ```
> async(calculate);
> ```
>
> 이 문장에서 async()는 future를 생성해서 리턴한다. 이렇게 리턴된 future를 캡처하지 않으면 임시 future 객체가 생성되므로 이 문장이 끝나기 전에 소멸자가 호출되면서 결과가 나올 때까지 블록된다.

27.9.4 익셉션 처리

퓨처의 가장 큰 장점은 스레드끼리 익셉션을 주고받는 데 활용할 수 있다는 것이다. future에 대해 get()을 호출해서 계산된 결과를 리턴하거나, 이 future에 연결된 promise에 저장된 익셉션을 다시 던질 수 있다. packaged_task나 async()를 사용하면 구동된 함수에서 던진 익셉션이 자동으로 promise에 저장된다. 이때 promise를 std::promise로 구현하면 set_exception()을 호출해서 거기에 익셉션을 저장한다. async()를 사용하는 예는 다음과 같다.

```
int calculate()
{
    throw runtime_error { "Exception thrown from calculate()." };
}

int main()
{
    // 강제로 비동기식으로 실행하도록 launch::async 정책을 지정한다.
    auto myFuture { async(launch::async, calculate) };

    // 다른 작업을 실행한다.

    // 결과를 가져온다.
    try {
        int result { myFuture.get() };
        cout << result << endl;
    } catch (const exception& ex) {
```

```
            cout << "Caught exception: " << ex.what() << endl;
        }
    }
```

27.9.5 std::shared_future

std::future<T>의 인수 T는 이동 생성할 수 있어야 한다. future<T>에 대해 get()을 호출하면 future로부터 결과가 이동되어 리턴된다. 그러므로 future<T>에 대해 get()을 한 번만 호출할 수 있다.

get()을 여러 스레드에 대해 여러 번 호출하고 싶다면 std::shared_future<T>를 사용한다. 이때 T는 복제 생성할 수 있어야 한다. shared_future는 std::future::share()로 생성하거나 shared_future 생성자에 future를 전달하는 방식으로 생성한다. 이때 future는 복제될 수 없다. 따라서 shared_future 생성자에 이동시켜야 한다.

shared_future는 여러 스레드를 동시에 깨울 때 사용한다. 예를 들어 다음 코드는 람다 표현식 두 개를 서로 다른 스레드에서 비동기식으로 실행한다. 각 람다 표현식은 가장 먼저 promise에 값을 설정해서 스레드가 구동되었다는 사실을 알리는 일부터 한다. 그런 다음 signalFuture에 대해 get()을 호출해서 블록시켰다가 future를 통해 매개변수가 설정되면 각 스레드를 실행한다. 각 람다 표현식은 promise를 레퍼런스로 캡처한다. signalFuture는 값으로 캡처한다. 따라서 두 표현식 모두 signalFuture의 복제본을 가지고 있다. 메인 스레드는 async()를 이용하여 두 람다 표현식을 서로 다른 스레드에서 비동기식으로 실행시킨다. 그러고 나서 두 스레드가 구동될 때까지 기다리다가 두 스레드 모두 깨우도록 signalPromise에 매개변수를 지정한다.

```
promise<void> thread1Started, thread2Started;

promise<int> signalPromise;
auto signalFuture { signalPromise.get_future().share() };
//shared_future<int> signalFuture { signalPromise.get_future() };

auto function1 { [&thread1Started, signalFuture] {
    thread1Started.set_value();
    // 매개변수가 설정될 때까지 기다린다.
    int parameter { signalFuture.get() };
    // ...
```

```
} };

auto function2 { [&thread2Started, signalFuture] {
    thread2Started.set_value();
    // 매개변수가 설정될 때까지 기다린다.
    int parameter { signalFuture.get() };
    // ...
} {;

// 두 람다 표현식을 비동기식으로 구동한다.
// async()에서 리턴한 future를 까먹지 말고 캡처한다.
auto result1 { async(launch::async, function1) };
auto result2 { async(launch::async, function2) };

// 두 스레드 모두 구동될 때까지 기다린다.
thread1Started.get_future().wait();
thread2Started.get_future().wait();

// 이제 두 스레드 모두 매개변수가 설정되기를 기다린다.
// 두 스레드를 깨우는 매개변수를 설정한다.
signalPromise.set_value(42);
```

27.10 멀티스레드 Logger 클래스 예제

이번에는 스레드, 뮤텍스 객체, 락, 상태 변수를 모두 활용해서 멀티스레드 기반의 Logger 클래스를 만들어보자. 이 클래스는 여러 스레드를 이용하여 큐에 로그 메시지를 기록한다. Logger 클래스는 이 큐를 백그라운드 스레드로 처리하며, 파일에 로그 메시지를 기록하는 작업을 순차적으로 처리한다. 이 클래스는 멀티스레드 코드를 작성할 때 발생하기 쉬운 문제를 보여주기 위해 두 가지 반복문을 사용하도록 구성했다.

C++ 표준에서 제공하는 큐는 스레드에 안전하지 않다. 그러므로 이렇게 여러 스레드가 큐를 쓸 때 동시에 읽고 쓰지 못하도록 동기화 메커니즘을 구현해야 한다. 이 예제는 뮤텍스 객체와 상태 변수를 사용하여 동기화한다. 이렇게 정의한 Logger 클래스는 다음과 같다.

```
export class Logger
{
    public:
```

```
        // 로그 항목을 파일에 저장하는 백그라운드 스레드를 구동한다.
        Logger();
        // 복제 생성자와 대입 연산자를 삭제한다.
        Logger(const Logger& src) = delete;
        Logger& operator=(const Logger& rhs) = delete;
        // 로그 항목을 큐에 저장하는 함수
        void log(std::string entry);
    private:
        // 백그라운드 스레드에서 실행할 함수
        void processEntries();
        // 큐를 처리하는 헬퍼 메서드
        void processEntriesHelper(std::queue<std::string>& queue,
            std::ofstream& ofs) const;
        // 큐 동기화에 사용할 뮤텍스와 상태 변수
        std::mutex m_mutex;
        std::condition_variable m_condVar;
        std::queue<std::string> m_queue;
        // 백그라운드 스레드
        std::thread m_thread;
};
```

이 클래스의 구현 코드는 다음과 같다. 그런데 앞에 나온 초기 디자인에 몇 가지 문제가 있다. 그러므로 이 코드를 실행하면 결과가 이상하게 나오거나 뻗어버릴 수 있다. 이를 해결하는 방법은 Logger 클래스의 두 번째 구현 버전에서 소개한다. processEntries() 안에 있는 while 반복문을 자세히 살펴볼 필요가 있다. 여기에서는 큐에 담긴 모든 메시지를 한 번에 하나씩 처리한다. 매번 반복할 때마다 락을 걸었다가 푸는 작업을 반복한다. 이렇게 하는 이유는 반복문에서 락을 너무 오래 잡아서 다른 스레드가 블록되지 않게 하기 위해서다.

```
Logger::Logger()
{
    // 백그라운드 스레드를 구동한다.
    m_thread = thread { &Logger::processEntries, this };
}

void Logger::log(string entry)
{
    // 뮤텍스에 락을 걸고 큐에 항목을 추가한다.
    unique_lock lock { m_mutex };
    m_queue.push(move(entry));
    // 상태 변수에 알림을 보내서 스레드를 깨운다.
    m_condVar.notify_all();
```

```
}

void Logger::processEntries()
{
    // 로그 파일을 연다.
    ofstream logFile { "log.txt" };
    if (logFile.fail()) {
        cerr << "Failed to open logfile." << endl;
        return;
    }

    // m_mutex에 대한 락을 생성한다. 아직 이에 대한 락을 얻지 않는다.
    unique_lock lock { m_mutex, defer_lock };
    // 큐를 처리하는 루프를 시작한다.
    while (true) {
        lock.lock();

        // 알림을 기다린다.
        m_condVar.wait(lock);

        // 상태 변수로 알림이 왔으며, 큐에 뭔가 들어 있다.

        // 락을 갖고 있는 동안 현재 큐의 내용을 스택의 빈 로컬 큐와 맞바꾼다.
        queue<string> localQueue;
        localQueue.swap(m_queue);

        // 현재 큐에 로컬 큐로 모든 항목을 옮겼다면
        // 락을 반납하고 다른 스레드를 해제시키고, 항목들에 대한 처리 작업을 수행한다.
        lock.unlock();

        // 스택에 있는 로컬 큐의 항목을 처리한다.
        // 락을 해제한 후에 진행하므로, 다른 스레드가 블록되지 않는다.
        processEntriesHelper(localQueue, logFile);
    }
}

void Logger::processEntriesHelper(queue<string>& queue, ofstream& ofs) const
{
    while (!queue.empty()) {
        ofs << queue.front() << endl;
        queue.pop();
    }
}
```

CAUTION_ 이 예제에서 알 수 있듯이 아무리 간단한 작업도 멀티스레드로 정확히 처리하기 쉽지 않다. 아쉽게도 현재 C++ 표준은 스레드, 아토믹, 뮤텍스 객체, 상태 변수, 퓨처만 제공한다. 아직까지는 동시성을 지원하는 데이터 구조가 없다. 물론 나중에 얼마든지 추가될 가능성은 있다.

방금 본 Logger 클래스는 C++에서 제공하는 멀티스레드 프로그래밍의 기본 방법을 보여주기 위한 예제일 뿐이다. 실전에서는 이렇게 데이터 구조를 직접 구현하지 말고 서드파티에서 제공하는 동시성 지원 데이터 구조를 활용하는 것이 좋다. 예를 들어 오픈소스인 부스트(boost) 라이브러리(www.boost.org)는 락을 사용하지 않는 큐를 제공한다. 그러므로 동기화 메커니즘을 별도로 구현하지 않아도 여러 스레드가 동시에 안전하게 사용할 수 있다.

Logger 클래스를 사용하는 방법은 다음과 같다. 먼저 동일한 Logger 인스턴스에 로그 메시지를 기록하는 스레드를 여러 개 생성한다.

```
void logSomeMessages(int id, Logger& logger)
{
    for (int i { 0 }; i < 10; ++i) {
        logger.log(format("Log entry {} from thread {}", i, id));
    }
}

int main()
{
    Logger logger;
    vector<thread> threads;
    // 스레드 몇 개를 생성한다. 모두 동일한 Logger 인스턴스를 다룬다.
    for (int i { 0 }; i < 10; ++i) {
        threads.emplace_back(logSomeMessages, i, ref(logger));
    }
    // 모든 스레드가 끝나길 기다린다.
    for (auto& t : threads) {
        t.join();
    }
}
```

이렇게 단순히 구현한 초기 버전을 빌드해서 실행시키면 프로그램이 갑자기 뻗어버린다. 그 이유는 백그라운드 스레드에 대해서는 join()이나 detach()를 호출하지 않기 때문이다. 앞에서 설명했듯이 thread 객체의 소멸자도 여전히 조인할 여지가 남아 있기 때문에, 즉 join()이나 detach()가 아직 호출되지 않았기 때문에 std::terminate()을 호출해서 현재 실행 중인

스레드뿐만 아니라 애플리케이션 자체도 종료시켜버린다. 그러므로 파일에 아직 기록되지 않은 메시지가 큐에 여전히 남아 있게 된다. 런타임 라이브러리에 따라 이렇게 애플리케이션이 갑자기 뻗어버리면 에러 메시지를 출력하거나 메모리 덤프를 생성한다. 따라서 백그라운드 스레드를 정상적으로 종료시키는 메커니즘을 추가하고, 애플리케이션을 종료할 때 백그라운드 스레드가 완전히 종료될 때까지 기다리게 구현해야 한다. 이렇게 하기 위해 다음과 같이 소멸자와 부울 타입 멤버 변수를 추가하도록 클래스 정의를 수정한다.

```
export class Logger
{
    public:
        // 백그라운드 스레드를 정상적으로 종료시킨다.
        virtual ~Logger();

        // 나머지 멤버는 생략한다.
    private:
        // 백그라운드 스레드의 종료 여부를 표시하는 부울 변수
        bool m_exit { false };
        // 나머지 멤버는 생략한다.
};
```

이 소멸자는 m_exit를 true로 설정해서 백그라운드 스레드를 깨운다. 그런 다음 이 스레드가 종료될 때까지 대기한다. 이 소멸자는 m_exit의 값을 true로 설정하기 전과 notify_all()을 호출하기 전에 먼저 m_mutex에 대해 락을 건다. 이는 processEntries()에서 데이터 경쟁이나 데드락이 발생하지 않게 하기 위해서다. processEntries()를 while 문의 시작 부분에 둘 수 있다. 이때 m_exit를 검사한 직후와 wait()를 호출하기 직전에 둔다. 바로 이때 메인 스레드가 Logger의 소멸자를 호출했는데 소멸자가 m_mutex에 대해 락을 걸 수 없다면 소멸자는 processEntries()가 m_exit를 확인한 후 상태 변수를 기다리기 전에 m_exit를 true로 설정하고 notify_all()을 호출하게 된다. 따라서 processEntries()는 m_exit에 새로 설정된 값을 볼 수 없고 알림을 놓치게 된다. 그러면 애플리케이션에 데드락이 발생한다. 소멸자는 join()이 호출될 때까지 기다리고, 백그라운드 스레드는 상태 변수에 알림이 오기를 기다리기 때문이다. 이때 소멸자는 반드시 join()을 호출하기 전에 먼저 m_mutex에 대한 락을 해제해야 하므로 중괄호 사이에 코드가 더 들어갔다.

```
Logger::~Logger()
{
    {
        unique_lock lock { m_mutex };
        // m_exit를 true로 설정하고 스레드에 알림을 보내서 스레드를 정상 종료시킨다.
        m_exit = true;
    }
    // 스레드를 깨우도록 상태 변수에 알림을 보낸다.
    m_condVar.notify_all();
    // 스레드가 종료될 때까지 기다린다. 이 부분은 앞에 나온 블록 밖에 둬야 한다.
    // join()을 호출하기 전에 반드시 락을 해제해야 하기 때문이다.
    m_thread.join();
}
```

processEntries() 메서드는 m_exit 부울 변수를 확인해서 그 값이 true면 루프를 종료시킨다.

```
void Logger::processEntries()
{
    // 앞부분 코드 생략

    // m_mutex에 대한 락을 생성한다. 아직 이에 대한 락을 얻지 않는다.
    unique_lock lock { m_mutex, defer_lock };
    // 큐를 처리하는 루프를 시작한다.
    while (true) {
        lock.lock();

        if (!m_exit) { // 종료할 필요가 없으면 알림을 기다린다.
            m_condVar.wait(lock);
        } else {
            // 종료해야 한다. 큐에 남은 항목을 처리한다.
            processEntriesHelper(m_queue, logFile);
            break;
        }

        // 상태 변수에 알림이 전달된다.
        // 큐에 뭔가 들어 있거나 이 스레드를 종료해야 한다는 것을 의미한다.

        // 나머지 코드 생략
    }
}
```

그런데 여기서 바깥쪽 while 문의 조건에서 m_exit를 검사하면 안 된다. m_exit가 true이어도 얼마든지 파일에 저장할 로그 항목이 큐에 남아 있을 수 있기 때문이다.

멀티스레드로 실행되는 코드에 특정한 동작을 발생시키기 위해 일정 부분의 실행을 일부러 지연시킬 수 있다. 이때 테스트 용도로만 지연시키고, 최종 버전에서는 지연 코드를 삭제한다. 예를 들어 소멸자에서 발생하던 데이터 경쟁 문제가 완전히 해결되었는지 확인하려면 메인 프로그램에서 log( )를 호출하는 부분을 모두 삭제해서 Logger 클래스의 소멸자를 곧바로 호출하고 그 뒤에 실행을 지연시키는 코드를 추가한다.

```
void Logger::processEntries()
{
    // 앞부분 코드 생략

    // m_mutex에 대한 락을 생성한다. 아직 이에 대한 락을 얻지 않는다.
    unique_lock lock { m_mutex, defer_lock };
    // 큐를 처리하는 루프를 시작한다.
    while (true) {
        lock.lock();

        if (!m_exit) { // 종료할 필요가 없으면 알림을 기다린다.
            this_thread::sleep_for(1000ms); // <chrono>를 임포트해야 한다.
            m_condVar.wait(lock);
        } else {
            // 종료해야 한다. 큐에 남은 항목을 처리한다.
            processEntriesHelper(m_queue, logFile);
            break;
        }
        // 나머지 코드 생략
    }
}
```

27.11 스레드 풀

프로그램을 구동할 때부터 종료할 때까지 스레드를 필요할 때마다 생성했다 삭제하는 식으로 구현하지 않고, 필요한 수만큼 스레드 풀thread pool을 구성하는 방법도 있다. 주로 스레드에서 특정한 종류의 이벤트를 처리할 때 이 기법을 적용한다. 일반적으로 프로세스 코어 수만큼 스레드를 생성하는 것이 적절하다. 스레드 수가 코어 수보다 많으면 다른 스레드가 실행되는 동안 기다려야 하는 스레드가 생겨서 오버헤드가 증가할 수 있다. 이상적인 스레드 수는 코어 수와 일치하는 경우지만, 어디까지나 I/O 연산처럼 중간에 블록되지 않고 계산 작업만 수행하는 경우에만 적용되는 기준이다. 스레드가 블록되면 코어 수보다 많은 스레드를 수용하게 된다. 최적의 스레드 수는 작업의 성격에 따라 다르며, 처리량을 정확히 측정해봐야 알 수 있다.

처리할 작업이 서로 다를 수도 있기 때문에 스레드 풀에서 가져온 스레드가 입력값으로 수행할 작업을 표현하는 함수 객체나 람다 표현식을 입력받게 만드는 경우가 흔하다.

스레드 풀에서 가져온 스레드는 이미 생성된 상태기 때문에 입력된 내용을 바탕으로 스레드를 새로 만들어서 구동할 때보다 OS 입장에서 훨씬 효율적으로 스케줄링할 수 있다. 게다가 스레드 풀을 사용하면 생성될 스레드 수를 플랫폼 상황에 따라 한 개부터 수천 개까지 유연하게 관리할 수 있다.

스레드 풀을 구현하는 라이브러리가 다양하게 나와 있다. 예를 들어 인텔의 스레드 빌딩 블록 Thread Building Block (TBB)과 마이크로소프트의 패러렐 패턴즈 라이브러리 Parallel Patterns Library (PPL)가 있다. 스레드 풀을 직접 구현하지 말고 이런 라이브러리를 활용하는 것이 바람직하다. 스레드 풀을 직접 구현하고 싶다면 객체 풀 object pool 과 비슷한 방식으로 만들면 된다. 구체적인 방법과 예제는 29장에서 소개한다.

C++20 27.12 코루틴

코루틴 coroutine 은 실행 중간에 일시 정지 suspend 했다가 나중 시점에 다시 실행을 이어나갈 수 있는 함수다. 바디에 다음 요소가 있는 함수는 모두 코루틴이다.

- **`co_await`**: 계산이 끝날 때까지 코루틴 실행을 일시 정지하고 기다린다. 계산이 끝나면 다시 실행을 이어나간다.
- **`co_return`**: 코루틴에서 리턴한다(코루틴에서는 그냥 `return` 문을 실행할 수 없다). 그 후 루틴은 실행을 재개할 수 없다.
- **`co_yield`**: 코루틴에서 호출한 측으로 값을 리턴하고 일시 정지한다. 이 코루틴을 나중에 다시 호출하면 멈췄던 지점에서 다시 실행을 이어나간다.

일반적으로 두 가지 코루틴이 있다. 하나는 **스택 기반 코루틴** stackfull coroutine 으로서 중첩된 호출 사이 어디에서나 일시 정지할 수 있다. 다른 하나는 **스택 없는 코루틴**stackless coroutine으로서 톱 스택 프레임에서만 일시 정지할 수 있다. 스택 없는 코루틴을 일시 정지하면 그 함수의 바디에서 스토리지 기간이 자동인 변수나 임시 개체만 저장되고, 콜스택은 저장되지 않는다. 따라서 스택 없는 코루틴은 메모리를 적게 사용하므로 수백만 또는 수십억 개의 코루틴을 동시에 실행시킬 수 있다. C++20에서는 스택 없는 버전만 지원한다.

코루틴은 동기식 프로그래밍 스타일로 비동기 연산을 구현하는 데 사용되기도 한다. 예를 들면 다음과 같다.

- 생성기(generator)
- 비동기 I/O
- 지연 계산(lazy computation)
- 이벤트 기반 애플리케이션

C++20 표준은 코루틴을 기본 요소만 제공한다. 즉, 언어에서 추가된 기능만 있다. C++20 표준 라이브러리는 표준 기반 하이레벨 코루틴(예: 생성기)은 제공하지 않는다. cppcoro 등과 같은 서드파티 라이브러리는 이러한 코루틴을 제공한다. 마이크로소프트 비주얼 C++ 2019도 std::experimental::generator와 같은 하이레벨 요소를 몇 가지 제공한다. 다음 코드는 마이크로소프트 비주얼 C++ 2019의 std::experimental::generator를 사용하는 예다.

```
experimental::generator<int> getSequenceGenerator(
    int startValue, int numberOfValues)
{
    for (int i { startValue }; i < startValue + numberOfValues; ++i) {
        // 로컬 시간을 표준 출력으로 표시한다. 22장 참조
        time_t tt { system_clock::to_time_t(system_clock::now()) };
        tm t;
        localtime_s(&t, &tt);
        cout << put_time(&t, "%H:%M:%S") << ": ";
        // 호출자에 값을 보내고 코루틴을 일시 정지한다.
        co_yield i;
    }
}

int main()
{
    auto gen { getSequenceGenerator(10, 5) };
```

```
    for (const auto& value : gen) {
        cout << value << " (Press enter for next value)";
        cin.ignore();
    }
}
```

이 코드를 실행하면 다음과 같이 출력된다.

```
16:35:42: 10 (Press enter for next value)
```

엔터키를 누르면 줄이 하나 더 추가된다.

```
16:35:42: 10 (Press enter for next value)
16:36:03: 11 (Press enter for next value)
```

엔터키를 또 누르면 줄이 더 추가된다.

```
16:35:42: 10 (Press enter for next value)
16:36:03: 11 (Press enter for next value)
16:36:21: 12 (Press enter for next value)
```

엔터키를 누를 때마다 생성기에 새 값을 요청한다. 그러면 코루틴 실행이 재개되며, 이는 로컬 시간을 출력하는 getSequenceGenerator()의 for 루프를 새로 돌면서 다음 값을 리턴한다. 값은 co_yield로 리턴한다. co_yield는 값을 리턴한 후 코루틴을 일시 정지시킨다. 값 자체는 main() 함수에서 출력된다. 이때 다음 값을 구하려면 엔터키를 누르라는 문구도 함께 출력된다. 출력 결과를 보면 코루틴이 일시 정지되었다가 다시 실행을 이어나가는 것을 확인할 수 있다.

아쉽게도 이 책에서는 코루틴에 대해 이 정도만 소개한다. experimental::generator와 같은 코루틴을 직접 만드는 것은 조금 복잡하고 상당히 고급 주제에 속하므로 이 책에서 다루기 힘들다. 여기에서는 일단 이런 개념이 있다는 정도만 소개한다. 어쩌면 향후 C++ 표준에 코루틴이 추가될 수도 있을 것이다.

27.13 바람직한 스레드 디자인과 구현을 위한 가이드라인

이 절에서는 멀티스레드 프로그래밍과 관련된 바람직한 디자인 및 구현 방법을 소개한다.

- 표준 라이브러리에서 제공하는 병렬 알고리즘 활용한다. 표준 라이브러리는 방대한 종류의 라이브러리를 제공한다. C++17부터는 그중 60개 이상이 병렬 실행을 지원한다. 멀티스레드 코드를 직접 구현하기보다는 가능하면 표준 라이브러리의 병렬 알고리즘을 사용하는 것이 좋다. 알고리즘이 병렬 모드로 실행되도록 옵션을 지정하는 방법은 20장에서 소개했다.
- 애플리케이션을 종료하기 전에 반드시 조인해야 할 thread 객체가 하나도 남지 않게 한다. 모든 thread 객체에 대해 join()이나 detach()를 호출했는지 확인한다. 조인할 예정인 thread 소멸자는 std::terminate()를 호출하게 된다. 그러면 모든 스레드와 애플리케이션이 갑자기 종료된다. C++20부터는 소멸자에서 자동으로 조인하는 jthread가 추가되었다.
- 동기화 메커니즘이 없는 동기화 방식이 최고다. 멀티스레드 프로그래밍을 할 때 공유 데이터를 다루는 스레드가 그 데이터를 읽기만 하고 쓰지 않게 또는 다른 스레드가 읽지 않은 부분만 쓰도록 구성하면 코드를 훨씬 쉽게 구현할 수 있다. 그러면 동기화 메커니즘을 따로 구현할 필요 없으며, 데이터 경쟁이나 데드락도 발생하지 않는다.
- 가능하다면 싱글 스레드 소유권 패턴을 적용한다. 다시 말해 데이터 블록을 한 번에 한 스레드만 소유하게 만든다. 데이터를 소유한다(데이터의 소유권을 갖는다)는 말은 다른 스레드가 그 데이터를 읽거나 쓸 수 없다는 뜻이다. 스레드가 데이터에 대한 작업을 마치면 그 데이터에 대한 소유권을 다른 스레드로 넘길 수 있다. 그러면 그 스레드만 데이터 소유권을 갖게 되어 동기화 메커니즘이 필요 없다.
- 아토믹 타입과 아토믹 연산을 최대한 많이 사용한다. 아토믹 타입과 아토믹 연산을 사용하면 데이터 경쟁과 데드락이 발생하지 않게 만들기 쉽다. 동기화 작업을 알아서 처리해주기 때문이다. 아토믹 타입과 연산을 제공하지 않는 환경에서 데이터를 공유해야 한다면 뮤텍스와 같은 동기화 메커니즘을 반드시 제공해서 적절히 동기화시켜야 한다.
- 변경될 수 있는 공유 데이터는 락으로 보호한다. 변경될 수 있는 공유 데이터는 여러 스레드가 동시에 쓸 수 있는데 아토믹 타입과 아토믹 연산을 사용할 수 없다면 반드시 락 메커니즘을 이용하여 여러 스레드의 읽기 및 쓰기 연산을 동기화시켜야 한다.
- 락을 거는 기간은 짧을수록 좋다. 공유 데이터를 락으로 보호할 때는 최대한 빨리 해제한다. 한 스레드가 락을 걸고 있으면 그 락을 기다리는 다른 스레드가 블록되어 전체 성능이 떨어질 수 있다.
- 여러 개의 락을 걸 때는 직접 구현하지 말고 std::lock()이나 std::try_lock()을 사용한다. 여러 스레드가 락을 여러 개 걸어야 한다면 반드시 모든 스레드를 똑같은 순서로 걸어야 한다. 그렇지 않으면 데드락이 발생할 수 있다. 이렇게 여러 개의 락을 걸 때는 제네릭 함수인 std::lock()이나 std::try_lock() 또는 scoped_lock 클래스를 사용한다.
- RAII 락 객체를 사용한다. 락이 제때 자동으로 해제되도록 lock_guard, unique_lock, shared_lock, scoped_lock과 같은 RAII 클래스를 사용한다.
- 멀티스레드를 지원하는 프로파일러를 활용한다. 그러면 멀티스레드로 구현한 애플리케이션에서 발생하는

성능 저하 지점뿐만 아니라 현재 생성된 스레드가 시스템의 처리량을 최대로 활용하고 있는지 쉽게 알아낼 수 있다. 멀티스레드를 지원하는 프로파일러의 예로 마이크로소프트웨어 비주얼 스튜디오에서 제공하는 프로파일러가 있다.

- 멀티스레드를 지원하는 디버거를 활용한다. 대부분의 디버거는 멀티스레드 애플리케이션을 디버깅하는 데 필요한 최소 기능을 제공한다. 적어도 애플리케이션에서 현재 구동하고 있는 스레드 목록을 조회하거나, 그 중 원하는 스레드의 콜 스택을 조회하는 기능은 갖추고 있어야 한다. 그러면 각각의 스레드가 현재 실행되는 현황을 정확히 볼 수 있기 때문에 데드락 검사와 같은 작업을 수행할 수 있다.
- 스레드가 많을 때는 필요할 때마다 생성했다가 삭제하지 말고 스레드 풀을 이용한다. 동적으로 생성했다 삭제하는 스레드 수가 많을수록 성능 저하 폭이 크다. 이럴 때는 스레드 풀을 이용하여 기존에 생성된 스레드를 최대한 재활용하는 것이 좋다.
- 하이레벨 멀티스레딩 라이브러리를 활용한다. 현재 시점에서 C++ 표준은 멀티스레드 코드를 작성하는 데 아주 기본적인 기능만 제공한다. 이러한 기능을 제대로 활용하기란 쉽지 않다. 따라서 스레드 관련 기능을 직접 구현하지 말고, 인텔 스레딩 빌딩 블록(TBB), 마이크로소프트 패러렐 패턴즈(PPL)와 같은 하이레벨 관점으로 멀티스레딩을 지원하는 라이브러리를 활용하는 것이 좋다. 멀티스레드 프로그램을 에러 없이 정확히 동작하게 만들기란 쉽지 않다. 또한 직접 구현한 것이 생각보다 유용하지 않을 수도 있다.

27.14 정리

이 장에서는 표준 C++ 스레드 라이브러리로 멀티스레드 프로그램을 작성하는 방법을 간략히 살펴봤다. `std::thread`로 스레드를 구동하는 방법과 C++20부터 추가된 `std::jthread`를 이용하여 취소 가능한 스레드를 쉽게 만들 수 있다는 것을 배웠다. 이 과정에서 동기화 메커니즘을 따로 구현하지 않고 아토믹 타입과 아토믹 연산만으로 공유 데이터를 다루는 방법을 살펴봤다. 이런 아토믹 타입과 연산을 제공하지 않는 환경에서 여러 스레드가 공유 데이터에 읽거나 쓰는 작업을 적절히 동기화시키도록 뮤텍스(상호 배제) 메커니즘을 구현하는 방법도 소개했다. 또한 C++20부터 추가된 래치, 세마포어, 배리어와 같은 동기화 기능도 살펴봤다. 프로미스와 퓨처를 이용하여 간단히 스레드 통신을 위한 채널을 구현하는 방법도 배웠다. 퓨처를 이용하면 스레드가 처리한 결과를 쉽게 가져올 수 있다. 마지막으로 멀티스레드 애플리케이션을 설계하는 데 참고할 만한 가이드라인도 소개했다.

서두에서 밝혔듯이 이 장은 표준 라이브러리에서 제공하는 멀티스레드의 기초만 가볍게 소개했다. 멀티스레드 프로그래밍을 자세히 다루기에는 이 책의 공간이 부족하다. 멀티스레드에 대해서만 다루는 책도 많이 나와 있다. 궁금한 독자는 부록 B에서 소개한 문헌을 참고하기 바란다.

27.15 연습 문제

이 장에서 소개한 내용을 직접 써보기 위해 다음 연습 문제를 풀어보자. 연습 문제에 대한 정답은 이 책의 웹사이트(www.wiley.com/go/proc++5e)에서 다운로드할 수 있다. 문제를 풀다가 막히면 정답부터 찾지 말고 먼저 앞에서 설명한 부분을 다시 읽고 직접 답을 찾아보려고 애쓰기 바란다.

연습 문제 27-1 3초마다 삐 소리를 내는 기능을 무한히 반복하는 애플리케이션을 작성한다. 힌트: 삐 소리를 내려면 표준 출력에 \a를 쓰면 된다.

연습 문제 27-2 [연습 문제 27-1]에서 작성한 코드에서 엔터키를 누르면 애플리케이션을 멈추도록 수정하자.

연습 문제 27-3 [연습 문제 27-1]에서 작성한 코드에서 사용자가 엔터키를 누를 때까지 삐 소리를 계속 내도록 수정한다. 엔터키를 누르면 삐 소리를 잠시 멈추고, 다시 엔터키를 누르면 삐 소리를 낸다. 사용자는 얼마든지 삐 소리를 멈추거나 재개할 수 있다.

연습 문제 27-4 피보나치 수 여러 개를 동시에 만드는 애플리케이션을 작성한다. 예를 들어 네 번째와 아홉 번째와 열 네번째와 열 일곱번째 피보나치 수를 병렬로 생성할 수 있다. 피보나치 수열은 0과 1로 시작해서 이전 두 값을 더한 값으로 이어진다. 예를 들면 0, 1, 1, 2, 3, 5, 8, 13, 21, 34, 55, 89 등으로 이어진다. 각 스레드의 계산이 끝나면 결과를 모두 표준 출력으로 보낸다. 마지막으로 이 값의 합을 표준 라이브러리 알고리즘으로 계산한다.

Part V

C++ 소프트웨어 공학

엔터프라이즈 수준의 소프트웨어를 작성하는 방법을 소개한다. 최근 소프트웨어 회사에서 흔히 사용하는 소프트웨어 공학 기법을 소개하고, 효율적인 C++ 코드를 작성하는 방법, 단위 테스트나 회귀 테스트를 비롯한 다양한 테스트 방법론, C++ 프로그램 디버깅 기법을 설명한다. 또한 디자인 기법, 프레임워크, 객체지향 패턴을 한데 엮는 방법을 설명하며, 크로스 언어 및 크로스 플랫폼을 위한 코드 작성 방법을 소개한다.

Part V

C++ 소프트웨어 공학

CHAPTER 28

소프트웨어 공학 기법

이 장의 내용

- 소프트웨어 라이프사이클 모델: 폭포수 모델, 사시미 모델, 나선형 모델, 애자일 방법론
- 소프트웨어 공학 방법론: UP, RUP, 스크럼, XP, 소프트웨어 트리아지
- 소스 코드 관리

C++ 소프트웨어 공학을 소개하는 5부의 첫 장인 28장에서는 효율적인 코드 작성법, 테스트 기법, 디버깅 방법, 설계 기법, 설계 패턴, 여러 플랫폼을 대상으로 애플리케이션을 개발하는 기법 등을 비롯한 여러 가지 소프트웨어 공학 기법을 살펴본다.

프로그래밍을 처음 배울 때는 일정을 마음대로 세울 수 있다. 주어진 시간에 원하는 일을 마음껏 할 수 있고, 구현 도중에 설계를 완전히 바꿀 수도 있다. 하지만 실전에서는 이런 자유를 누릴 기회가 거의 없다. 자유로운 영혼을 가진 관리자라도 최소한의 절차는 따른다. 그러므로 요즘은 프로그래밍 기법 못지않게 소프트웨어 공학 프로세스에 대한 이해가 중요하다.

이 장에서는 소프트웨어 공학에 관련된 다양한 접근 방법을 소개한다. 단, 깊이 있게 다루지는 않는다. 소프트웨어 공학 프로세스를 자세히 설명하는 책은 이미 많이 나와 있다. 이 장에서는 여러 가지 소프트웨어 개발 방법론을 폭넓게 훑어보고 각각의 장단점을 파악하는 데 주안점을 둔다. 특정 방법론을 특별히 추천하거나 비판하지는 않을 것이다. 그보다는 방법론의 트레이드오프 관계를 파악해서 현재 프로젝트에 적합한 프로세스를 선정하는 기준을 제시한다. 혼자서 프리랜서로 일하거나 전 세계에 있는 개발자 수백 명과 협업하는 팀에 속해 있거나 소프트웨어 개발 방법론을 폭넓게 알아두면 주어진 업무에 큰 도움이 될 것이다.

이 장의 마지막 주제로 소스 코드를 관리하고 진행 내역을 관리하기 위한 소스 코드 관리source code control 솔루션도 소개한다. 소스 코드 관리 솔루션은 회사든 개인 프로젝트든 소스 코드 유지 보수의 효율을 높이기 위해 반드시 갖춰야 할 도구다.

28.1 프로세스의 필요성

소프트웨어 개발의 역사는 수많은 실패 사례로 넘쳐난다. 예산을 초과한 사례나 마케팅이 뒷받침되지 못한 사례부터 과대 포장된 OS 개발 프로젝트에 이르기까지 거의 모든 소프트웨어 개발 프로젝트에서 이러한 실패 요인을 발견할 수 있다.

소프트웨어를 제대로 만들어서 고객에게 전달한 뒤에도 버그가 발생해서 끊임없이 소프트웨어를 업데이트하고 버그 패치 작업을 해야 하는 경우도 많다. 심지어 소프트웨어에서 제공하는 기능이 사용자의 기대와 다르게 작동할 수도 있다. 이러한 사례들을 보면 소프트웨어를 개발한다는 것은 참으로 어려운 일임을 새삼 깨닫게 된다.

그렇다면 이런 문제가 다른 공학 분야에 비해 소프트웨어에서 두드러지게 나타나는 이유는 뭘까? 예를 들어 자동차는 (소프트웨어의 비중이 높음에도 불구하고) 달리던 중에 버퍼 오버플로로 인해 갑자기 멈추고 재부팅을 해야 하는 상황은 거의 볼 수 없다. TV도 완벽하지 않지만 6번 채널을 제대로 보기 위해 2.3 버전으로 업그레이드해야 하는 경우는 거의 없다.

그렇다면 다른 공학 분야에서 따르는 원칙이 소프트웨어 개발 기법보다 훨씬 앞서 있기 때문일까? 토목 공학자가 다리를 안전하게 건설하는 건 오랜 시간 동안 축적된 기술을 활용하기 때문일까? 화학 공학자가 혼합물을 성공적으로 제조할 수 있는 이유는 지금까지 발견된 버그를 모두 해결했기 때문일까? 소프트웨어 공학은 나온 지 얼마 되지 않았기 때문이거나 다른 공학 분야와 본질적인 성격이 달라서 버그가 많이 발생하고, 결과를 재사용하기 어려워서 프로젝트를 망치기 쉬운 것일까?

소프트웨어 분야와 다른 공학 분야의 차이점은 분명 존재한다. 무엇보다 컴퓨터 기술은 급격히 변해서 개발 과정에서 발생하는 불확실성이 높은 편이다. 프로젝트를 수행하는 동안 기존 기술을 뒤바꿀 수준으로 변하지는 않더라도 IT 기술의 발전 속도로 인해 분명히 발생하는 문제가 존재한다. 또한 소프트웨어 분야의 치열한 경쟁으로 인해 개발 기간을 앞당겨야 할 때도 많다.

소프트웨어는 개발 일정을 예측하기 힘들다. 일정을 정확히 맞추는 것은 거의 불가능에 가깝다. 이상한 버그 하나만으로 며칠에서 몇 주를 잡아먹을 수도 있다. 모든 일이 일정대로 순조롭게 진행되더라도 갑자기 목표와 요구사항이 변경되는 **피처 크리프**feature creep(**기능 변형**)가 발생하여 프로젝트 일정이 어긋나버릴 수도 있다.

소프트웨어는 복잡해지기 마련이다. 프로그램에 버그가 없다는 것을 정확히 증명하기도 쉽지 않다. 여러 차례 버전을 올리는 과정에서 발생하는 지저분하고 버그가 있는 코드가 소프트웨어에 끼치는 피해는 상당히 오래 간다. 담당자를 교체해야 할 상황에 소프트웨어 시스템이 너무 복잡하고 지저분해져서 그 업무를 맡고 싶어 하는 사람이 하나도 없을 수 있다. 그러다 보면 끝없이 패치하고, 꼼수나 임시방편으로 문제를 해결하는 악순환에 빠지게 된다.

물론 회사에서 흔히 겪는 문제도 소프트웨어 프로젝트에서 얼마든지 발생한다. 마케팅 팀의 입김이 거세거나 부서간의 소통이 원활하지 않는 문제가 생길 수 있다. 프로그래머는 대체로 회사 정치에 관여하지 않으려 하지만 개발팀과 영업팀 사이의 알력은 적지 않게 발생한다.

이처럼 소프트웨어 공학 제품에 악영향을 미치는 요인들을 감안하면 일정한 프로세스가 필요하다는 것을 알 수 있다. 소프트웨어 프로젝트는 규모가 크고, 복잡하고, 빠르게 진행된다. 프로젝트가 실패하지 않으려면 소프트웨어 팀 차원에서 이처럼 까다로운 프로세스를 제어할 수 있는 체계를 도입할 필요가 있다.

설계도 뛰어나고 코드도 깔끔하게 잘 관리되는 소프트웨어는 얼마든지 만들 수 있다. 하지만 팀원 모두의 지속적인 노력과 적절한 프로세스가 뒷받침되어야 한다.

28.2 소프트웨어 라이프 사이클 모델

소프트웨어가 복잡하다는 것은 이미 널리 알려진 사실이다. 일정한 형식을 갖춘 프로세스가 필요하다고 깨달은 지도 수십 년이 지났다. 초기 아이디어부터 최종 제품에 이르기까지 단계적으로 진행하도록 프로세스를 정의해서 무질서한 소프트웨어 개발을 체계화하는 **소프트웨어 라이프 사이클**software life cycle (**소프트웨어 수명 주기**) 모델도 다양하게 나와 있다. 이러한 모델은 수년에 걸쳐 개선되면서 오늘날 소프트웨어 개발의 길잡이 역할을 하고 있다.

28.1.1 폭포수 모델

전통적인 소프트웨어 라이프 사이클 모델 중에는 **폭포수 모델**waterfall model이 있다. 이 모델은 소프트웨어를 조리법과 같은 절차를 따르자는 생각에서 나왔다. 소프트웨어 구축에 필요한 단계를 제대로 정의해서 이를 충실히 따르면 원하는 결과가 나온다는 것이다. 이 모델은 [그림 28-1]에 나온 것처럼 각 단계를 마쳐야 다음 단계로 넘어가는 방식이다. 마치 여러 층으로 구성된 폭포처럼 아래쪽을 향해 한 단계씩 내려가는 식으로 진행한다.

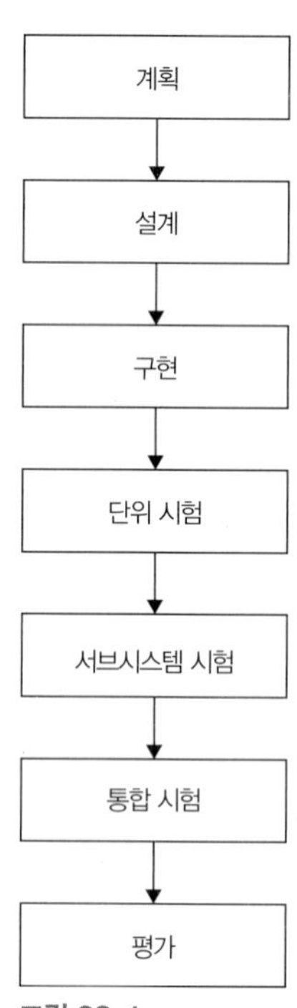

그림 28-1

이 모델은 계획을 수립하는 계획 단계로 시작한다. 이때 소프트웨어에 대한 요구사항을 모두 수집해서 최종 제품이 갖춰야 할 기능을 정의한다. 요구사항이 구체적일수록 프로젝트의 성공 가능성이 높아진다. 다음 단계로 소프트웨어를 상세하게 설계한다. 설계 단계도 요구사항 수집 단계와 마찬가지로 최대한 구체적일수록 성공 확률이 높아진다. 주요 설계 사항을 이 단계에서 결정한다. 이 과정은 유사 코드로 표현하기도 하고, 구현할 서브시스템을 구체적으로 정의하기도 한다. 서브시스템 개발을 담당하는 사람은 다른 서브시스템과 상호 작용하는 방식을 결정하고, 모든 팀원이 주어진 아키텍처의 세부사항을 협의한다. 이렇게 설계 단계를 완료하면 구현 단계로 넘어간다. 이전 단계에서 구체적으로 설계했기 때문에 작성할 코드는 이 설계를 엄격히 따라야 한다. 그렇지 않으면 각 모듈이 제대로 맞물려 돌 수 없다. 나머지 네 단계는 단위 시험, 서브시스템 시험, 통합 시험, 평가로 구성된다.

이러한 폭포수 모델의 가장 큰 단점은 실전에서는 다음 단계를 거치지 않고서는 현재 단계를 완벽하게 끝낼 수 없어서 그대로 적용하기 힘들다는 것이다. 코드를 조금이라도 구현해보지 않고서는 설계를 확정지을 수 없다. 게다가 구현 단계로 돌아갈 수 있는 방법을 제공하지 않으면 시험 단계는 의미가 없다.

그 동안 폭포수 모델을 다양한 방식으로 개선했다. 예를 들어 '타당성 검토' 단계를 추가해서 요구사항을 확정하기 전에 실제로 실험해보는 과정을 거치는 방식도 있다.

1 폭포수 모델의 장점

폭포수 모델의 장점은 간결함이다. 이런 모델이 있다는 것을 모르거나 공식 프로세스로 정하지 않더라도 개발자나 관리자는 본능적으로 이 방식을 따르는 경우가 많다. 폭포수 모델은 기본적으로 각 단계에서 최대한 모든 것을 정확하게 완료해야 다음 단계로 무난히 진행할 수 있다고 가정한다. 첫 단계에서 요구사항을 완벽히 수집했다면, 두 번째 단계에서 설계에 관련된 이슈와 결정사항을 모두 해결할 수 있고, 그러면 세 번째 구현 단계에서는 단순히 설계를 코드로 변환하기만 하면 된다.

이러한 폭포수 모델의 간결함으로 인해 이 모델로 프로젝트를 계획하면 관리하기 쉽다. 어떤 프로젝트가 주어지더라도 동일한 방식으로 시작하면 된다. 즉, 필요한 기능을 샅샅이 분석해서 나열하는 작업부터 시작하면 된다. 예를 들어 이 모델을 따르면 관리자는 설계 단계가 끝날 즈음에 각 서브시스템을 담당하는 개발자들이 정식 설계 문서나 기능 요구사항 명세서 형태로 작성한 설계사항을 수집하면 된다. 따라서 각 개발자가 요구사항과 설계를 충실히 도출했다면 프로젝트의 위험 요소를 최소화할 수 있다.

개발자 입장에서 폭포수 모델을 적용하려면 당장 중요한 이슈를 해결해야 한다는 부담이 있다. 모든 개발자가 프로젝트를 확실히 이해하고, 서브시스템에 대한 설계를 끝낸 후에야 본격적으로 코드를 작성할 수 있다. 이상적으로 진행된다면 코드를 여러 차례 수정하면서 이리저리 끼워 맞출 필요 없이 단 한 번만 작성하면 된다.

요구사항이 아주 구체적이고 규모가 작은 프로젝트라면 폭포수 모델이 효과적이다. 컨설팅하는 입장에서도 프로젝트 초반부터 성공 지표를 명확히 정의할 수 있다는 장점이 있다. 요구사항을 정식으로 도출하면 컨설턴트가 고객의 요구사항을 정확히 파악할 수 있고, 고객이 프로젝트의 목표에 좀 더 다가갈 수 있게 도와줄 수 있다.

2 폭포수 모델의 단점

많은 회사와 최신 소프트웨어 공학 이론에서는 폭포수 모델은 더 이상 적용하기 힘들다고 말한다. 폭포수 모델을 비판하는 사람들은 소프트웨어 개발 단계를 명확히 끊어서 순차적으로 진행한다는 기본 가정에 문제가 있다고 지적한다. 폭포수 모델에서는 단계를 거슬러 가는 것을 허용하지 않는다. 아쉽게도 현실은 개발 과정을 수행하는 동안에도 요구사항이 새로 추가되는 경우가 많다. 잠재 고객이 요구하는 기능이 제품 판매에 큰 영향을 미치거나, 경쟁 제품에 추가된 기능과 수준을 맞추기 위해 이런 일이 종종 발생한다.

NOTE_ 폭포수 모델은 요구사항을 초반부터 완벽히 정의해야 한다는 점에서 현실성이 떨어진다. 상황에 따라 유연하게 대처하기 힘들기 때문이다.

폭포수 모델의 또 다른 단점은 위험 요인을 최소화하기 위해 주요 결정사항을 최대한 초반에 확정하는 점이 오히려 위험 요인을 가려버린다는 것이다. 예를 들어 설계 단계에서 핵심 이슈를 발견하지 못하거나, 어물쩍 넘어가거나, 잊어버리거나, 고의로 무시해버릴 수 있다. 이러한 문제는 통합 시험 단계에 이르러서야 드러나는데, 그때는 이미 늦은 시점이라 피해를 복구하기 힘들다. 치명적인 설계 결함이 발견되었지만 폭포수 모델에 따르면 최종 제품을 완성하기까지 마지막 한 단계만 남겨둔 상태이기 때문이다. 폭포수 모델의 각 단계에서 저지른 실수는 프로세스를 모두 거친 후 프로젝트 실패라는 형태로 드러나기 쉽다. 이러한 문제를 초반에 발견하기란 쉽지도 않고, 실제로 그렇게 한 사례도 드물다. 따라서 폭포수 모델을 적용하려면 다른 기법을 참고해서 최대한 유연하게 구성해야 한다.

28.1.2 사시미 모델

그 동안 폭포수 모델의 단점을 보완하는 기법이 다양하게 나왔다. 그중 하나가 바로 **사시미 모델** sashimi model이다. 사시미 모델은 각 단계를 서로 겹치는 방식으로 폭포수 모델을 개선했다. 사시미는 우리말로 생선회를 뜻하며, 얇게 썬 생선살을 접시에 놓을 때 서로 살짝 겹치게 두는 모습과 비슷해서 사시미 모델이라 부른다. 이 모델도 여전히 계획, 설계, 구현, 시험과 같은 각 단계를 제대로 완료해야 하지만, 앞뒤 단계가 부분적으로 겹치는 점이 다르다. 사시미 모델을 표현한 [그림 28-2]를 보면 각 단계가 살짝 겹쳐 있다. 이렇게 겹쳐진 부분은 두 단계를 동시에 진행할 수 있다는 것을 의미한다. 이는 다음 단계를 조금이라도 보지 않고서는 현재 단계를 완료하기 힘들다는 사실을 반영한 결과다.

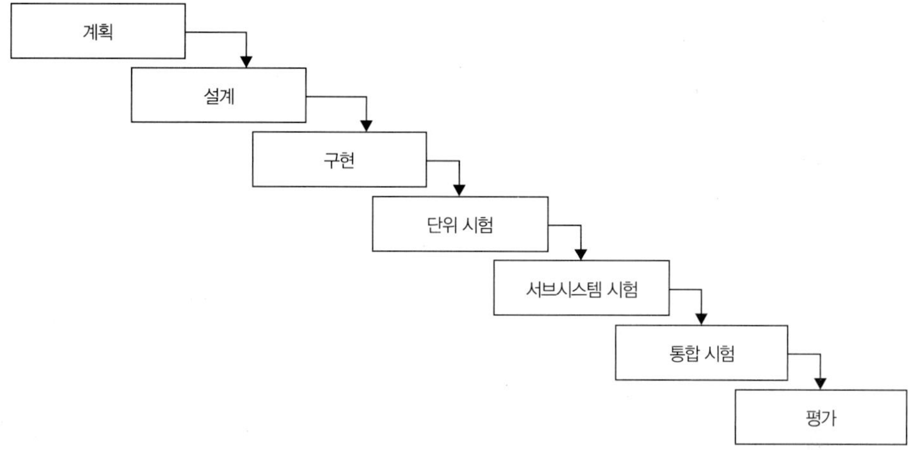

그림 28-2

28.1.3 나선형 모델

나선형 모델spiral model은 위험 중심 소프트웨어 개발 프로세스로서, 배리 보엄Barry W. Boehm이 1986년에 제안한 모델이다. 이 모델을 바탕으로 수많은 변종이 나왔는데, 이를 유사 나선형 모델spiral-like model이라 부르기도 한다. 이 모델은 **반복 프로세스**iterative process의 하나로 분류한다. 이 모델은 현재 단계에 문제가 있더라도 다음 단계에서 해결하면 된다는 생각에 바탕을 두고 있다. 나선형 모델의 한 주기는 [그림 28-3]과 같다.

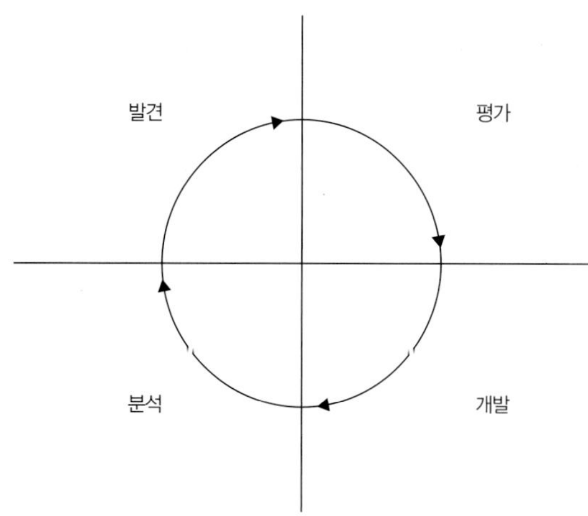

그림 28-3

이 모델을 구성하는 각 단계는 폭포수 모델과 비슷하다. 발견 단계는 요구사항을 찾고, 목표를 설정하고, (다른 설계 방안, 기존 설계 재활용, 서드파티 라이브러리 구매 등과 같은) 대안을 제시하고, 제약사항을 도출하는 과정으로 구성된다. 평가 단계에서는 여러 가지 구현 방안을 검토하고, 위험 요인을 분석하고, 프로토타입 구현 여부를 결정한다. 나선형 모델에서 특별히 신경쓸 부분은 바로 위험 요인을 분석하고 해결하는 평가 단계다. 위험 요인이 가장 많은 작업을 현재 주기의 개발 단계에 배치한다. 개발 단계에서 수행할 작업은 평가 단계에서 발견한 위험 요인에 따라 결정된다. 예를 들어 주어진 알고리즘을 실제로 구현하기 힘들다는 위험 요인을 평가 단계에서 발견했다면 현재 주기의 개발 단계에서 수행할 핵심 작업은 이 알고리즘을 설계하고 구현하고 테스트하는 것이다. 분석 단계에서는 현재 주기에서 수행한 결과를 분석하고, 다음 주기에서 수행할 계획을 수립한다.

[그림 28-4]는 나선형 모델에 따라 OS를 개발할 때 세 주기를 거친 예를 보여준다. 첫 번째 주기를 수행한 결과로 제품의 주요 요구사항을 비롯한 프로젝트 계획을 도출한다. 두 번째 주기를 거치고 나면 사용자 경험을 평가해볼 수 있는 프로토타입이 나온다. 세 번째 주기에서는 위험 요인이 크다고 판단된 컴포넌트를 구현한다.

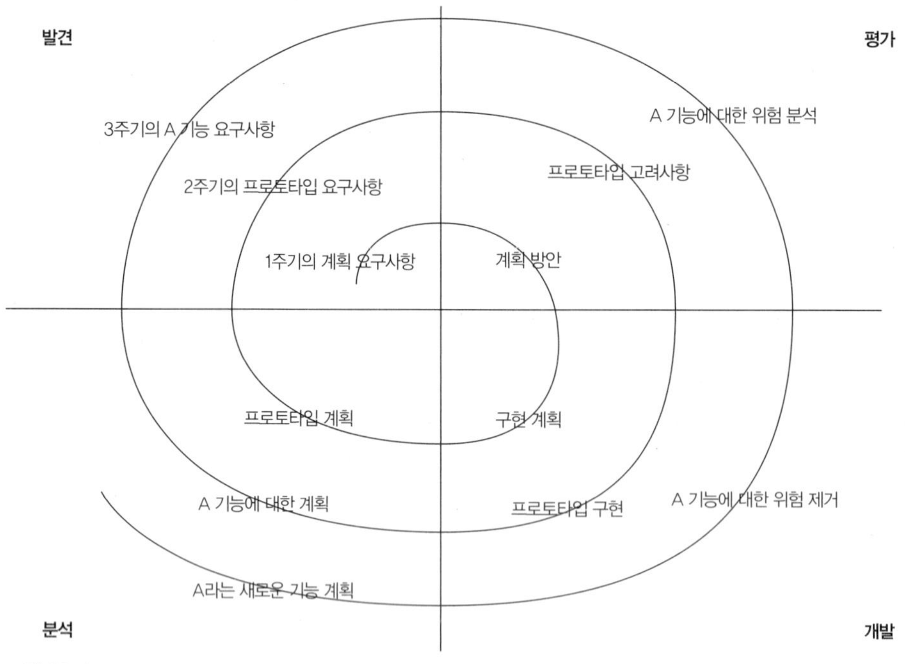

그림 28-4

1 나선형 모델의 장점

나선형 모델은 폭포수 모델의 장점에 반복 프로세스를 적용한 것이다. [그림 28-5]는 폭포수 모델의 프로세스를 주기 단위로 반복하도록 나선형 모델로 표현한 것이다. 폭포수 모델의 대표적인 단점인 위험 요인이 드러나지 않는 문제와 순차적 개발 과정으로 인한 문제를 이렇게 반복 주기를 적용함으로써 해결했다.

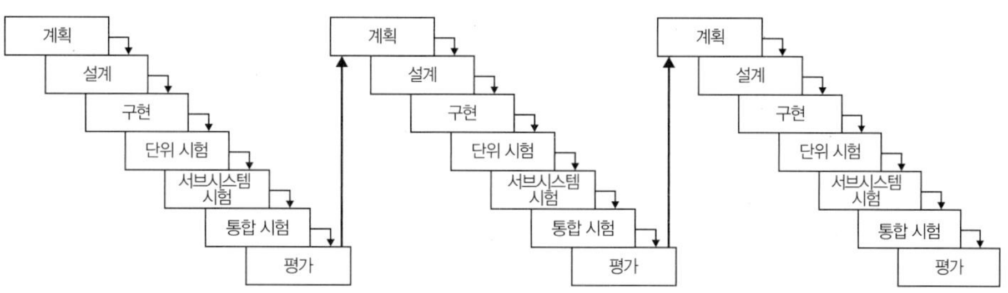

그림 28-5

가장 위험한 작업부터 수행한다는 점도 장점이다. 이렇게 언제든지 새로운 문제가 발생할 때마다 위험 요인을 전면에 드러내면 폭포수 모델처럼 마지막에 가서야 폭탄처럼 문제가 터지는 일을 막을 수 있다. 예상치 못한 문제가 발생하면 이전과 똑같이 네 단계를 적용해서 다음 주기를 수행하면 된다.

이렇게 반복적인 프로세스로 구성하면 테스터가 제공하는 피드백을 반영하기도 좋다. 예를 들어 제품의 초기 버전을 평가하도록 내부나 외부에 공개할 수 있다. 그러면 특정 기능이 빠졌거나, 기존 기능이 정상 작동하지 않은 것을 테스터가 발견할 수 있다. 나선형 모델은 근본적으로 이러한 사항을 프로세스에 반영할 수 있다.

이처럼 여러 주기에 걸쳐 반복적으로 분석하고 설계를 개선하면서 구현하는 과정을 진행하다 보면 기존의 '설계 후 구현 접근' 방식에서 발생하는 문제를 거의 모두 해결할 수 있다. 매 주기마다 시스템에 대한 이해가 깊어지면서 설계를 개선할 수 있기 때문이다.

2 나선형 모델의 단점

나선형 모델의 가장 큰 단점은 실제 효과를 극대화하기 위해 반복 주기를 최소화하기 힘들다는 것이다. 최악의 경우 나선형 모델의 한 주기가 너무 길어져서 기존 폭포수 모델처럼 되어버릴 수 있다. 아쉽게도 나선형 모델은 소프트웨어 라이프 사이클에 대한 모델만 제시한다. 하나의 반복

주기 안에서 프로젝트를 세분화하는 방법에 대해서는 아무 것도 제시하지 않는다. 구체적인 세분화 방식은 프로젝트마다 다르기 때문이다.

또 다른 단점은 각 주기마다 매번 네 단계를 반복 수행하여 오버헤드가 발생하고, 각 주기를 계획하기가 쉽지 않다는 것이다. 현실적으로 모든 팀원이 한 자리에 모여 설계 이슈를 논의하기란 쉽지 않다. 제품의 다른 부분을 담당하는 팀이 따로 있어서 여러 팀이 동시에 진행하다 보면 서로 작업이 어긋날 위험도 있다. 예를 들어 OS 개발 프로젝트에서 유저 인터페이스를 담당하는 팀은 윈도우 관리자에 대한 발견 단계까지 진행했는데, OS 코어 모듈을 담당하는 팀은 여전히 메모리 서브시스템에 대한 개발 단계에 머물러 있을 수 있다.

28.2.4 애자일 방법론

폭포수 모델의 단점을 보완하기 위해 나온 모델 중 하나로, 2001년에 **애자일 선언문**Agile Manifesto이란 형태로 등장한 **애자일 모델**Agile Model이 있다.

> **애자일 소프트웨어 방법론을 위한 선언문**
>
> http://agilemanifesto.org에서 가져온 전체 선언문은 다음과 같다.
>
> 소프트웨어를 직접 개발하면서 다른 사람을 돕는 방식으로 더 좋은 소프트웨어 개발 방법을 도출한다. 그러므로 다음과 같은 항목에 가치를 높게 둔다.
>
> - 프로세스와 도구보다는 **개인과 상호 작용**
> - 완벽한 문서보다는 **실제 작동하는 소프트웨어**
> - 고객과 협상하기보다는 **고객과 협력하기**
> - 계획을 따르기보다는 **변화에 대처하기**
>
> 정리하면, 왼쪽 항목도 나름 가치가 있지만 오른쪽 항목을 더 중시한다.

이 글에서는 **애자일**agile의 뜻이 추상적으로만 표현되어 있는데, 간단히 말하면 고객으로 인해 발생하는 변경사항을 프로젝트 개발 과정에 쉽게 반영하도록 프로세스를 유연하게 구성해야 한다는 뜻이다. 애자일 소프트웨어 개발 방법론에서는 흔히 스크럼Scrum 기법을 사용하는데, 이에 대해서는 28.3.3절 '스크럼'에서 소개한다.

28.3 소프트웨어 공학 방법론

소프트웨어 라이프 사이클 모델은 '다음 단계에 수행할 일'에 대한 정규 모델을 제공하지만 '그 일을 수행하는 방법'에 대해서는 뚜렷한 답을 주지 않는다. 이러한 '방법'을 제공하기 위해 실전 소프트웨어 개발 프로젝트에 적용할 수 있는 경험칙을 제시하는 수많은 방법론이 등장했다. 소프트웨어 방법론을 설명하는 책과 칼럼이 수없이 많지만 그중에서 특히 주목받는 것으로 UP, RUP, 스크럼, 익스트림 프로그래밍, 소프트웨어 트리아지가 손꼽힌다.

28.3.1 UP

UP Unified Process (**통합 프로세스**)는 인터랙티브하고 점진적인 방식의 소프트웨어 개발 프로세스다. UP는 구체적인 형태가 없다. 일종의 프레임워크로서 주어진 프로젝트마다 성격에 맞게 커스터마이즈해야 한다. UP는 프로젝트를 다음과 같이 크게 네 단계로 구성한다.

- **착수(inception):** 이 단계는 대체로 짧다. 타당성 분석(feasibility study), 비즈니스 사례 작성, 프로젝트를 인하우스(in-house) 방식으로(즉, 조직 내부에서 직접) 개발할지 또는 서드파티 벤더에서 판매하는 제품을 구매해서 적용할지 여부를 결정하고, 프로젝트의 비용과 일정, 범위를 개략적으로 정의하는 단계다.
- **상술(elaboration):** 요구사항을 모두 문서로 남긴다. 위험 요인을 고민하고, 시스템 아키텍처를 검토한다. 아키텍처를 검토하기 위해 아키텍처의 핵심 중 대부분을 실행 가능한 형태로 구현한다. 그러므로 아키텍처를 구현한 결과가 전체 시스템을 뒷받침할 수 있는지 확인한다.
- **구축(construction):** 앞 단계에서 구현한 실행 가능한 형태의 아키텍처를 바탕으로 요구사항을 모두 구현한다.
- **이행(transition):** 제품을 고객에게 전달한다. 고객으로부터 받은 피드백이 있다면 다음번 전달 단계에 반영한다.

상술, 구축, 이행 단계는 일정한 시간을 가진 **반복 주기** time-boxed iteration 로 나뉘며, 각 단계마다 실제 결과물이 나와야 한다. 매번 반복할 때마다 (비즈니스 모델링, 요구사항, 분석과 설계, 구현, 시험, 배치 등과 같은) 프로젝트 관련 **활동 영역** discipline 을 수행한다. 각각의 작업을 수행하는 양은 반복 주기마다 다르다. [그림 28-6]에서 보는 것처럼 각각의 작업이 서로 중첩되어 반복적으로 수행된다. 예제에서는 착수 단계는 한 번만 수행하고, 상술 단계는 두 번 반복하고, 구축 단계는 네 번 반복하고, 이행 단계는 두 번 반복한다.

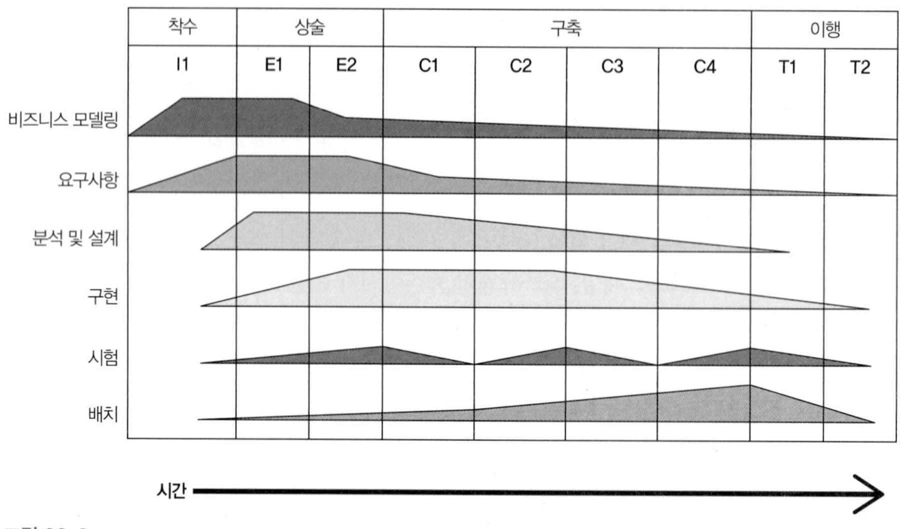

그림 28-6

28.3.2 RUP

RUPRational Unified Process(**래셔널 통합 프로세스**)는 UP를 개선한 방법론 중에서도 대표적으로 손꼽히는 프로세스다. RUP는 소프트웨어 개발 프로세스를 체계적이고 엄격하게 관리한다. RUP에서 가장 두드러진 특징은 나선형 모델이나 폭포수 모델과 달리 단순히 이론에 그치지 않고, IBM 산하의 래셔널 소프트웨어에서 실제로 만든 소프트웨어 제품이라는 것이다. 소프트웨어 개발 프로세스를 하나의 소프트웨어로 취급하기 때문에 다음과 같은 장점이 있다.

- 프로세스 자체도 소프트웨어 제품처럼 주기적으로 업데이트하고 개선한다.
- 단순히 개발 프레임워크만 제시하는 데 그치지 않고 프레임워크에서 사용할 소프트웨어 도구도 함께 제공한다.
- RUP 자체도 제품 형태로 개발 팀에 배포해서 모든 구성원이 똑같은 프로세스와 도구를 사용한다.
- 다른 소프트웨어 제품과 마찬가지로 RUP도 요구사항에 맞게 커스터마이즈한다.

1 제품으로 본 RUP

RUP도 일종의 제품으로서, 개발자들이 소프트웨어 개발 프로세스에 따라 작업하는 데 도움을 주는 소프트웨어 애플리케이션으로 구성된다. RUP를 시각화 도구인 래셔널 로즈Rational Rose나 형상 관리 도구인 래셔널 클리어케이스Rational ClearCase와 같은 다른 래셔널 제품에 특화된 형태로 만들어서 적용할 수도 있다. 개발자끼리 지식을 공유할 수 있도록 아이디어 마켓플레이스marketplace of ideas의 일부로서 그룹웨어 통신 도구도 함께 제공한다.

RUP의 기본 원칙 중 하나는 개발 주기를 매번 반복할 때마다 구체적인 결과가 나와야 한다는 것이다. RUP에 따라 개발을 진행하는 동안 수많은 설계 문서, 요구사항 문서, 보고서, 계획서가 나온다. RUP 소프트웨어는 이런 결과물을 생성하기 위한 시각화 및 개발 도구를 제공한다.

2 프로세스로 본 RUP

RUP의 핵심 원칙은 모델을 정확하게 정의하는 것이다. RUP에서 모델은 소프트웨어 개발 프로세스에서 발생하는 복잡한 구조와 관계를 쉽게 표현한다. RUP에서는 모델을 흔히 UML[Unified Modeling Language] 포맷(부록 D 참조)으로 표현한다.

RUP는 프로세스를 구성하는 각 부분을 하나의 **워크플로**[workflow]로 정의한다(앞 절에서 소개한 UP에서는 이를 **활동 영역**[discipline]이라 부른다). 워크플로는 그 단계의 책임자와 수행할 작업과 각 작업의 결과물과 작업을 진행하는 이벤트에 따라 각 단계를 표현한다. RUP의 거의 모든 부분을 커스터마이즈할 수 있지만 몇 가지 **코어 프로세스 워크플로**[core process workflow]는 건드릴 수 없도록 특별히 정의되어 있다.

코어 프로세스 워크플로는 폭포수 모델을 구성하는 여러 단계와 비슷하지만 각 단계마다 반복적으로 수행하고 좀 더 구체적이라는 점이 다르다. **비즈니스 모델링 워크플로**[business modeling workflow]는 말 그대로 비즈니스 프로세스를 모델링하는 절차로서, 대체로 소프트웨어 요구사항을 명확히 밝히는 것이 목적이다. **요구사항 워크플로**[requirement workflow]는 시스템에 대한 문제를 분석하고 이에 대한 가정을 반복적으로 검토하는 방식으로 요구사항을 정의한다. **분석 및 설계 워크플로**[analysis and design workflow]는 시스템 아키텍처와 서브시스템 설계를 다룬다. **구현 워크플로**[implementation workflow]는 모델링, 코딩, 소프트웨어 테스트 평가를 모델링한다. **테스팅 워크플로**[testing workflow]는 계획, 구현, 소프트웨어 품질 시험 평가를 모델링한다. **배치 워크플로**[deployment workflow]는 계획, 릴리스, 지원 그리고 테스팅 워크플로를 하이레벨 관점에서 전반적으로 관리한다. **형상 관리 워크플로**[configuration management workflow]는 프로젝트 구상 단계부터 반복과 최종 제품 시나리오에 이르는 과정을 관리한다. 마지막으로 **환경 워크플로**[environment workflow]는 개발 도구를 제작하고 유지 보수함으로써 엔지니어링 조직을 지원한다.

3 RUP 적용 방법

RUP의 주요 대상은 대규모 조직이며, 기존 라이프 사이클 모델보다 나은 점이 많다. 일단 RUP를 어느 정도 익히고 나면 공통 플랫폼을 통해 설계, 의사소통 그리고 구현을 수행할 수 있다. 팀의 입맛에 맞게 프로세스를 커스터마이즈할 수 있으며, 각 단계마다 수행한 결과를 담은 문서가 나온다.

RUP와 같은 도구를 적용하기에는 부담스러운 조직도 있다. 팀원마다 사용하는 개발 환경이 제각각이거나 예산이 빠듯하다면 RUP와 같은 소프트웨어 기반 개발 체계를 도입하기 쉽지 않다. 학습 부담도 도입을 꺼리게 하는 요인이다. RUP와 같은 프로세스 소프트웨어를 처음 접한 엔지니어는 사용법을 익히는 데 상당한 노력을 기울이는 동시에 당장 주어진 구현 업무를 일정에 맞게 수행해야 하는 부담이 있다.

28.3.3 스크럼

애자일 모델은 추상적인 원칙일 뿐 주어진 모델을 현실에 맞게 구현하는 방법은 구체적으로 제시하지 않는다. 바로 이렇게 빠진 부분을 채워주기 위해 **스크럼**Scrum이 등장했다. 스크럼은 애자일 방법론 중 하나로서 매일 수행할 작업 방식을 정확히 표현한다.

스크럼도 반복적인 프로세스로 구성되며 소프트웨어 개발 프로젝트를 관리하기 위한 수단으로 인기가 많다. 스크럼에서는 반복 주기를 **스프린트 사이클**sprint cycle이라 부르며, 스크럼 프로세스에서 가장 핵심적인 부분이다. 스프린트의 길이는 프로젝트를 시작할 때 정해야 하는데, 대체로 2주에서 4주 사이로 정한다. 스프린트가 끝날 때마다 고객의 요구사항 중 일부를 구현하고 테스트를 거쳐 제대로 작동하는 버전의 소프트웨어 형태로 결과물을 내야 한다. 스크럼은 개발 과정 중에도 고객의 마음이 언제든지 변할 수 있다는 것을 가정한다. 그러므로 각 스프린트가 끝나서 나온 결과물을 고객에게 제공한다. 고객은 매 주기마다 나온 버전의 소프트웨어를 직접 확인해서 개발팀에게 피드백을 제공할 수 있다.

1 역할

스크럼에서는 역할을 크게 세 가지로 구분한다. 첫 번째 역할인 **PO**product owner는 고객과 다른 사람을 연결한다. PO는 고객으로부터 요구사항을 수집해서 **사용자 스토리**user story를 하이레벨 관점으로 작성한 뒤 각 사용자 스토리마다 우선순위를 정해서 스크럼 프로덕트 백로그product backlog에 추가한다. 사실 모든 팀원이 이러한 하이레벨 관점의 사용자 스토리를 작성해서 프로덕트 백로그에 추가할 수 있지만, PO는 그중에서 채택하거나 제외할 스토리를 결정하는 권한을 갖는다.

두 번째 역할인 **SM**Scrum Master은 프로세스의 운영을 담당한다. 스크럼 팀은 기본적으로 모든 구성원이 자발적으로 추진하기 때문에 반드시 팀 리더가 이 역할을 맡을 필요는 없다. SM은 팀의 창구 역할을 담당하기 때문에 다른 팀원은 주어진 업무에만 집중할 수 있다. SM은 스크럼 프로세스가 제대로 진행되도록 관리한다. 예를 들어 일간 스크럼 미팅을 열기도 한다. 이에 대해서는 뒤에서 자세히 설명한다. SM과 PO 역할을 한 사람이 동시에 맡으면 안 된다.

마지막 세 번째 역할은 바로 **팀** 자체다. 팀은 소프트웨어 개발을 담당하고, 10명 이내의 작은 규모로 유지해야 한다.

2 프로세스

스크럼 프로세스는 **데일리 스크럼**Daily Scrum(**일일 스크럼**) 또는 **스탠드업**Standup이라 부르는 미팅을 반드시 매일 가진다. 데일리 스크럼을 할 때 스크럼 마스터와 함께 모든 팀원이 모인다. 스크럼 프로세스에 따르면 이 미팅을 매일 똑같은 시간에 똑같은 장소에서 개최해야 하며, 15분을 넘겨서는 안 된다. 미팅을 하는 동안 모든 팀원은 다음 세 가지 질문에 답해야 한다.

- 지난 데일리 스크럼 이후에 한 일
- 오늘 데일리 스크럼 이후에 할 일
- 목표 달성 과정에 발생한 문제

스크럼 마스터는 팀원이 겪고 있는 문제를 반드시 기록으로 남기고 데일리 스크럼 미팅이 끝나고 나서 이 문제들을 풀어야 한다.

새로운 스프린트 주기를 시작하기 전에 **스프린트 계획**sprint planning 미팅을 가진다. 여기서 팀원들은 이번 스프린트 동안 구현할 기능을 결정한다. 결정된 내용은 **스프린트 백로그**에 정식으로 남긴다. 이때 우선순위가 매겨진 사용자 스토리를 하이레벨 요구사항 형태로 담고 있는 **제품 백로그**product backlog에서 기능을 선택한다. 제품 백로그에 나온 사용자 스토리를 **작업 추정량**effort estimation을 기반으로 작은 단위의 작업으로 쪼개서 스프린트 백로그에 기록한다. 스프린트가 시작되면 스프린트 백로그를 확정하고 스프린트가 진행되는 동안에는 변경하지 않는다. 스프린트 계획 미팅에 소요되는 시간은 주어진 스프린트의 규모에 따라 달라진다. 일반적으로 스프린트 기간이 2주라면 스프린트 계획 미팅을 네 시간 정도 가진다. 스프린트 계획 미팅은 주로 두 부분으로 나눈다. 하나는 PO와 팀원이 제품 백로그의 항목에 대한 우선순위를 협의하는 미팅이고, 다른 하나는 팀원끼리만 모여서 스프린트 백로그를 확정하는 미팅이다.

할 일To Do, 진행 중In Progress, 완료Done로 구성된 세 컬럼은 유연하게 설정할 수 있다. 팀에서 얼마든지 필요한 단계를 추가하도록 컬럼을 만들 수 있다. 예를 들어 스크럼 보드를 다음과 같이 구성할 수 있다.

- **할 일(To Do):** 현재 스크린트에서 계획한 작업으로 아직 시작하지 않은 것
- **진행 중(In Progress):** 개발자가 개발 브랜치에서 현재 작업 중인 일 들(28.5절 '소스 코드 관리' 참조)
- **검토(In Review):** 현재 구현되어 팀원의 검토를 기다리는 작업. 코드 리뷰라고도 함
- **테스팅(In Testing):** 구현과 검토를 거쳐 QA(Quality Assurance) 팀의 테스트를 통과하길 기다리는 작업
- **통합(In Integration):** 코드 리뷰에서 지적된 사항을 반영하고 QA의 승인을 거치고 나서 개발 브랜치의 코드를 메인 코드 베이스에 통합하는 작업
- **완료(Done):** 구현과 검토, 테스트, 통합이 모두 완료된 작업

때로는 번다운 차트burn-down chart도 매일 만든다. 번다운 차트의 가로축에는 스프린트 날짜를 표시하고, 세로축에는 남은 개발 기간을 시간 단위로 표시한다. 그러면 작업의 진행 상황을 한눈에 볼 수 있고, 계획한 일을 스프린트 기간 중에 모두 끝낼 수 있을지 쉽게 판단할 수 있다.

스프린트 주기가 끝나면 **스프린트 리뷰**Sprint Review(**스프린트 검토**)와 **스프린트 회고**Sprint Retrospective 미팅을 가진다. 스프린트 리뷰 미팅의 기간은 스프린트 기간에 따라 달라지지만 대체로 2주짜리 스프린트에 2시간 정도 할당한다. 스프린트 리뷰 미팅을 하는 동안 이번 스프린트 주기에 끝낸 일과 그렇지 못한 일, 그 이유에 대해 토론한다. 스프린트 회고 미팅은 2주짜리 스프린트에 대략 1.5시간을 할애해서 모든 팀원이 지난 스프린트 주기의 실행 과정을 돌이켜본다. 이 과정에서 프로세스의 문제점을 찾아서 다음번 스프린트에 반영할 수도 있다. 그리고 '잘된 일', '개선할 점', '새로 할 일, 계속 할 일, 그만 할 일' 등을 생각해본다. 이 과정을 **지속적인 향상**continuous improvement이라 부른다. 다시 말해 스프린트가 끝날 때마다 프로세스를 검토해서 개선한다.

3 스크럼의 장점

스크럼은 개발 기간 동안 미처 예상하지 못한 문제에 대처하는 데 굉장히 뛰어나다. 문제가 발생하면 다음 스프린트에 곧바로 해결할 수 있다. 팀원이 프로젝트의 모든 단계에 참여하면서 PO와 함께 제품 백로그에 나온 사용자 스토리를 검토하고, 이를 세부적인 작업으로 나눠서 스프린트 백로그에 추가한다. 주어진 업무의 담당자는 스크럼 작업 보드를 이용하여 팀원이 자율적으로 결정한다. 이렇게 보드를 활용하면 각 작업을 누가 수행하는지 한눈에 보기 좋다. 마지막으로 데일리 스크럼 미팅을 통해 프로젝트 진행 상황을 모두 파악할 수 있다.

고객 입장에서 볼 때 가장 큰 장점은 스프린트가 끝날 때마다 데모를 통해 현재 버전의 실제 동작을 직접 확인할 수 있다는 것이다. 그러므로 고객은 프로젝트의 진행 상황을 쉽게 파악하고,

이 과정에서 새로운 요구사항이 발생해서 다음번 스프린트에 반영시킬 수도 있다.

4 스크럼의 단점

조직에 따라 업무를 담당해야 할 사람을 팀 내부에서 결정하기 힘들 수 있다. 하지만 스크럼에서는 관리자나 팀 리더가 업무를 할당하지 않고, 스크럼 작업 보드에 있는 작업 목록에서 팀원이 직접 고른다.

스크럼 마스터(SM)는 팀이 프로젝트를 제대로 수행하는 데 핵심적인 역할을 한다. SM은 반드시 팀원을 믿어야 한다. 팀원에게 너무 세부적으로 개입하면 스크럼 프로세스가 실패할 수 있다.

스크럼에서 **피처 크리프**feature creep 문제가 발생할 수도 있다. 스크럼을 진행하는 도중에 얼마든지 새로운 사용자 스토리가 제품 백로그에 추가될 수 있다. 그러므로 자칫 프로젝트 관리자가 제품 백로그에 끊임없이 기능을 추가할 위험이 있다. 이를 방지하려면 최종 릴리스 날짜나 마지막 스프린트 날짜를 확정한다.

28.3.4 익스트림 프로그래밍

필자의 친구가 몇 년 전에 집에 놀러와 내 아내에게 자기 회사에서 익스트림 프로그래밍 원칙을 도입하기로 했다고 말하자, 아내가 '보호 장비를 잘 갖춰야 겠다'고 농담한 적이 있다. 익스트림 스포츠를 연상시키는 **익스트림 프로그래밍**extreme programming(**XP**)은 소프트웨어 개발에 관련된 길잡이 중에서 가장 뛰어난 것들을 모은 내용에 새로운 원칙을 약간 추가한 것이다.

XP는 소프트웨어 개발에 관련된 대표적인 모범 사례를 최우선으로 적용해야 한다고 주장하는 켄트 벡Kent Beck의 저서인 『eXtreme Programming eXplained』(Addison-Wesley, 1999)를 통해 널리 알려졌다. 예를 들어 프로그래머라면 누구나 테스팅이 중요하다는 사실을 알고 있는데, XP에서는 이를 강조한 나머지 실제 코드를 작성하기 전에 테스트 코드부터 작성해야 한다고 주장한다.

1 XP 이론

익스트림 프로그래밍 방법론은 12가지 핵심 원칙을 네 범주로 나눠서 정의하고 있다. 이 원칙은 소프트웨어 개발 프로세스의 모든 단계에 대해 명시되어 있으며, 엔지니어가 매일 수행하는 업무에 직접적인 영향을 미친다.

구체적인 피드백

XP는 코딩, 계획, 테스팅에 대해 네 가지 구체적인 가이드라인을 제시한다.

페어 프로그래밍

XP는 모든 코드를 반드시 두 사람이 짝지어 함께 작성하도록 제안한다. 이를 **페어 프로그래밍** pair programming이라 부른다. 당연히 실제로 키보드를 잡는 사람은 한 사람이다. 다른 사람은 동료가 작성한 코드를 검토한다. 이때 하이레벨 관점에서 바라보면서 테스팅, 리팩터링 관련 이슈뿐만 아니라 프로젝트 모델을 전반적으로 검토한다.

예를 들어 애플리케이션의 특정한 기능에 대한 유저 인터페이스를 담당하는 사람은 그 기능을 처음 구현한 프로그래머와 나란히 앉아서 코드를 검토하면서 그 기능의 정확한 사용법을 물어보고, 자칫 저지르기 쉬운 실수에 대한 주의를 받고, 자신이 수행하는 전반적인 작업에 대한 하이레벨 관점의 도움을 받는다. 코드를 작성한 당자사의 도움을 받지 못하더라도 다른 팀원으로부터 비슷한 역할을 요청한다. 여기서 핵심은 두 사람이 짝을 지어 서로 지식을 주고받으면서 설계를 정확히 하고, 견제와 균형을 이루는 체계를 마련하는 데 있다.

진행하면서 계획하기

폭포수 모델에서는 프로세스 초반에 계획을 한 번만 수행한다. 나선형 모델에서는 반복 주기를 시작할 때마다 계획 단계를 거친다. XP에서는 계획이 하나의 단계가 아닌 지속적인 작업이다. XP를 수행하는 팀은 먼저 개발할 제품의 핵심을 담은 계획을 개략적으로 세운다. 그러고 나서 프로세스를 반복할 때마다 일명 **플래닝 게임**planning game(**계획 게임**) 미팅을 가진다. 개발 프로세스 전반에 걸쳐 계획을 보완하거나 수정한다. 이렇게 하는 이유는 상황은 지속적으로 변하고 항상 새로운 정보가 나오기 때문이다. 계획 프로세스는 크게 두 부분으로 나뉜다.

- **출시 계획(release planning)**: 개발자와 고객이 세우는 계획으로서 다음 릴리스에 추가할 요구사항을 결정한다.
- **반복 계획(iteration planning)**: 개발자끼리만 세우는 계획으로서 개발자가 실제로 수행할 작업을 계획한다.

XP에서 어떤 기능의 구현을 담당한 사람은 항상 그 기능에 대한 측정 작업을 수행해야 한다. 그러면 구현과 일정이 현실과 동떨어지는 것을 방지할 수 있다. 처음에는 특정 기능에 대한 주 단위 일정을 가늠하는 것처럼 개략적으로만 측정한다. 시간이 지날수록 측정치가 점차 구체화된다. 기능을 세부 작업으로 나눌 때 한 작업에 걸리는 시간이 5일을 넘지 않도록 구성한다.

지속적인 테스트

『eXtreme Programming eXplained』에 따르면 '자동화된 테스트를 거치지 않은 프로그램의 기능은 있을 수 없다.' XP는 테스팅을 엄청나게 강조한다. XP 엔지니어라면 누구나 자신이 구현한 코드에 대해 단위 테스트도 반드시 작성해야 한다. **단위 테스트**unit test란 기능 하나가 제대로 작동하는지 확인하는 작은 코드를 말한다. 예를 들어 파일 기반 객체 스토어에 대해 `testSaveObject`, `testLoadObject`, `testDeleteObject`와 같은 단위 테스트 코드를 작성할 수 있다.

XP는 단위 테스트를 단순히 적용하는 데서 한 걸음 더 나아가서 실제 코드를 작성하기 전에 단위 테스트부터 작성하도록 권장한다. 물론 코드가 없는 상태라서 테스트를 통과할 수는 없다. 하지만 테스트 코드를 구체적으로 작성하면 코드가 제대로 구현되었다는 기준을 사전에 파악할 수 있다. 이를 **테스트 주도 개발**Test-Driven Development(TDD)이라 부른다. 이는 익스트림이란 이름처럼 극단을 추구하는 대표적인 예다.

고객과 함께 진행

XP에 능숙한 개발 팀은 제품 일정을 끊임없이 개선해서 현재 꼭 필요한 것만 개발하기 때문에 이 과정에 고객의 참여가 굉장히 중요한 역할을 한다. 실제로 고객을 개발 현장에 직접 데려오기는 쉽지 않다. 핵심은 고객과 개발팀이 의견을 주고받는 데 있다. 고객은 특정 기능의 설계에 도움을 줄 뿐만 아니라 요구사항을 명확히 제시하기 때문에 작업의 우선순위를 정하는 데 도움이 된다.

지속적인 프로세스

XP는 서브시스템 사이에 발생하는 문제를 초반에 잡아내도록 지속적인 통합continuous integration을 추구한다. 또한 필요할 때마다 코드를 리팩터링해서 조금씩 빌드한 버전을 릴리스한다.

지속적인 통합

프로그래머라면 누구나 코드 통합이라는 지루한 작업을 해본 경험이 있을 것이다. 특히 자신이 생각했던 객체 스토어가 실제로 구현한 결과와 맞지 않을 때 반드시 수행해야 한다. 서브시스템을 모두 통합해보면 문제가 명확히 드러나기 때문이다. XP는 이러한 문제를 해결하기 위해 프로젝트 구현 과정에서 코드 통합 작업을 수시로 수행하도록 강조한다.

XP는 통합 방법을 구체적으로 제시한다. 코드를 함께 개발한 두 프로그래머가 '통합 작업을 수행할 장소'에 나란히 앉아서 코드를 합친다. 테스트를 100% 통과하지 않은 코드는 통합하지 않는다. 이렇게 한 곳에서 통합하면 서브시스템 사이에서 발생하는 충돌을 최소화할 수 있고, 코드를 리포지터리에 반영하기 전에 반드시 통합 작업을 수행하도록 명시할 수 있다.

개인이 수행하는 작업에도 같은 원칙을 적용할 수 있다. 코드를 리포지터리에 올리기 전에 개발자가 혼자서 또는 짝을 이룬 두 프로그래머가 함께 테스트를 수행한다. 별도 머신에 테스트 자동화 시스템을 갖추고 거기서 테스트 작업을 지속적으로 수행한다. 자동화된 테스트를 통과하지 못하면 발생한 문제와 최근 체크인한 항목을 모든 팀원에게 메일로 알려준다.

수시로 리팩터링하기

대부분의 프로그래머는 수시로 리팩터링한다. **리팩터링**refactoring이란 기존에 작업한 코드에서 새로운 사실을 반영하거나 구현 방식을 변경하는 프로세스다. 리팩터링 작업은 기존 소프트웨어 프로세스의 일정에 끼워 넣기가 힘들다. 새 기능을 구현할 때와 달리 리팩터링 결과가 명확하지 않기 때문이다. 하지만 유능한 관리자는 장기적인 코드 유지 보수를 위해 리팩터링이 중요하다는 것을 잘 알고 있다.

XP에서는 개발을 진행하는 과정에 리팩터링이 필요하다고 느끼면 곧바로 실행한다. 릴리스 초반에 설계를 변경할 부분을 결정하지 않고, 리팩터링이 필요하다는 징후를 개발 과정에 발견한다. 이렇게 하면 작업의 일정과 방향을 예측하기 힘들다는 문제가 있지만, 필요한 시점에 코드의 구조를 즉시 변경하면 나중에 수행할 개발 작업이 한결 쉬워진다.

조금씩 릴리스하기

XP의 원칙에 따르면 한 번에 많은 것을 구현하면 프로젝트가 위험해지고 관리하기도 힘들어진다. XP에서는 소프트웨어 릴리스 계획에 핵심 변경사항과 릴리스 노트를 너무 많이 담지 않고, 2개월 정도의 짧은 주기로 조금씩 릴리스하는 것을 추구한다. 이렇게 릴리스 주기가 짧으면 가장 중요한 기능만 제품에 반영시킬 수 있다. 이렇게 하려면 정말 중요한 기능이 무엇인지 개발팀과 마케팅팀이 합의할 수밖에 없다.

눈높이 맞추기

소프트웨어는 팀 단위로 개발한다. 작성된 코드의 소유권은 어느 개인이 갖지 않고 팀 전체가 공유한다. XP는 코드 공유에 관련된 지침도 몇 가지 제시한다.

코드 작성 규칙

XP는 코드를 공동으로 소유하고 페어 프로그래밍을 추구하기 때문에 개발자마다 따르는 명명 규칙이나 들여쓰기 규칙이 다르면 작업이 힘들어진다. XP에서 특별히 정해둔 스타일은 없다. 단지 코드를 보고 누가 작성했는지 명확히 드러난다면 코드 작성 규칙을 정해야 한다.

코딩 스타일은 3장을 참조하기 바란다.

코드 공유

기존 개발 환경은 대부분 코드 소유권을 명확히 정한다. 필자의 동료는 코드 변경사항을 체크인하는 작업을 본인만 하도록 정해둔 팀에서 일한 경험이 있다. XP은 이와 정반대로 접근한다. 다시 말해 모든 코드를 팀원이 공동으로 소유한다고 강조한다.

공동 소유권collective ownership의 장점은 다양하다. 관리자 입장에서 보면 개발자가 갑자기 그만두고 나가도 그 사람이 작성한 코드를 파악하고 있는 사람이 항상 있기 때문에 문제가 발생하지 않는다. 개발자 입장에서 보면 시스템의 작동 방식에 대한 생각을 일치할 수 있어서 좋다. 그러므로 설계 작업을 효율적으로 처리할 수 있고, 누구나 코드를 수정해서 전체 프로젝트에 기여할 수 있다.

공동 소유권에서 한 가지 주의할 점은 모든 프로그래머가 전체 코드를 완벽히 이해해야 한다는 뜻이 아니라 프로젝트를 팀 차원에서 함께 진행한다는 마음가짐을 갖고 자신만의 노하우를 꽁꽁 숨기지 않는다는 자세를 가져야 한다는 것이다.

간결한 설계

XP에 익숙한 개발자가 항상 강조하는 말이 있다. 바로 '성급한 일반화를 피하라'는 것이다. 이 원칙은 사실 프로그래머의 본능을 역행하는 것이다. 파일 기반 객체 스토어를 설계할 때 파일 기반 스토리지에 관련된 문제를 모두 한 번에 해결하려고 덤벼들기 쉽다. 그러다 보면 금세 여러 가지 언어와 객체 타입을 수용하는 형태로 발전한다. XP에서는 이러한 일반화의 반대 방향을 추구한다. 동료에게 칭찬받을 만한 이상적인 객체 스토어를 만들기보다는 주어진 작업을 확실히 끝낼 수 있도록 최대한 간단하게 구성해야 한다. 현재 요구사항을 확실히 이해해서 필요 이상으로 복잡하지 않게 코드를 작성해야 한다.

간결한 설계 원칙에 익숙해지기 쉽지 않을 수도 있다. 맡은 업무의 성격에 따라 자신이 작성한 코드가 수년 동안 유지되면서 예상치 못한 부분에서 그 코드를 활용할 수도 있다. 6장에서 설명했듯이 나중에 필요할지도 모르는 기능을 구현할 때 그 기능을 구체적으로 사용하는 사례를 확실히 알 수 없고 상상해야 한다는 문제가 발생한다. 이렇게 순전히 추측에 따르면 제대로 된 설계가 나올 수 없다. XP는 이와 반대로 당장 필요한 기능만 구현하고, 나중에 개선할 여지를 남겨두라고 강조한다.

공통 메타포

XP는 모든 팀원(고객과 관리자 포함)이 공유하는 시스템에 대한 하이레벨 관점의 개념을 **메타포**metaphor라 부른다. 이때 객체의 통신 방식이나 구현할 API의 세부사항은 다루지 않는다. 메타포는 시스템의 컴포넌트를 표현하는 멘탈 모델이자 이름이다. 누구나 이름만 보고 컴포넌트의 특징을 쉽게 떠올릴 수 있도록 이름을 지어야 한다. 팀원끼리 회의할 때는 이렇게 정한 메타포로 간편하게 의사소통할 수 있어야 한다.

프로그래머 복지

당연히 프로그래머의 복지도 중요하다. 그러므로 XP에서도 최적 작업 시간에 대한 원칙을 정하고 있다.

최적 작업 시간

XP는 개발자가 투입하는 시간에 대한 원칙도 몇 가지 제시한다. 프로그래머가 휴식을 충분히 취해야 본인도 행복하고 생산성도 높다는 것이다. XP는 주당 40시간을 넘지 않도록 권고한다. 2주 이상 연속해서 그 시간을 초과하면 경고를 보낸다.

물론 사람마다 적절한 휴식 시간은 다르다. 머리가 맑지 않은 상태로 자리에 앉아서 코드를 작성해봤자 XP 원칙에 어긋난 쓰레기 코드만 생산하기 때문에 이를 방지하자는 것이 근본 취지다.

2 XP 적용 방법

XP 순수주의자는 XP의 12가지 원칙이 서로 얽혀 있어서 그중 일부만 골라서 적용하면 방법론 자체가 망가진다고 주장한다. XP 원칙 중 페어 프로그래밍은 테스팅 작업에도 굉장히 중요하다. 코드의 특정 부분을 테스트하는 방법을 모를 때 동료가 도와줄 수 있기 때문이다. 또한 컨디션이 좋지 않아서 테스팅을 건너뛰고 싶은 유혹이 생겨도 동료 눈치를 봐서 참게 된다는 것이다.

그런데 XP 원칙 중 어떤 것은 실제로 적용하기가 쉽지 않다. 테스트 코드부터 작성한다는 것이 비현실적이라 생각하는 개발자도 있다. 그러므로 실제로 코드로 표현하지 않고 개략적인 테스트 설계만 해도 충분하다고 생각한다. XP 원칙은 대부분 엄격하게 표현하고 있는데, 밑바탕에 깔린 의도를 이해한다면 주어진 프로젝트에 맞는 현실적인 방법을 얼마든지 찾을 수 있다.

XP에서 협업을 강조하는 속성도 적용하기 힘들 수 있다. 페어 프로그래밍은 분명히 객관적인 장점이 있지만 관리자 입장에서 볼 때 팀원의 절반이 매일 코드 작성에 투입된다는 것을 납득하기 힘들 수 있다. 팀원 중에서 너무 긴밀하게 작업하는 것을 꺼리는 사람도 있을 수 있다. 다른 사람이 쳐다보면 코드 작성이 잘 안 되는 사람도 있을 수 있다. 또한 지리적으로 떨어져 있거나 원격 근무하는 개발자끼리 협업할 때는 페어 프로그래밍을 수행하기가 힘들다.

조직에 따라 XP가 너무 급진적인 방식일 수도 있다. 엄격한 규율이 정해진 대기업이라면 XP와 같은 방식을 도입하는 데 시간이 좀 걸린다. 하지만 XP를 정식으로 도입하기를 꺼리는 회사이더라도 XP에서 제시하는 이론을 충분히 공감하는 것만으로도 생산성을 크게 높일 수 있다.

28.3.5 소프트웨어 트리아지

에드워드 요든Edward Yourdon의 저서 『죽음의 행진Death March』(프렌티스 홀, 1997)을 보면 일정이 밀리고, 개발자가 부족하고, 예산을 초과하고, 설계가 잘못되는 등 소프트웨어 개발 과정에서 흔히 발생하는 끔찍한 상황을 다양하게 묘사하고 있다. 요든은 이 책에서 소프트웨어 프로젝트가 이렇게 최신 소프트웨어 개발 방법론으로도 해결할 수 없는 상태로 빠지게 되는 원인을 분석하고 있다. 이 장에서 설명했듯이 지금까지 나온 다양한 소프트웨어 개발 방법론은 문서화나 사용자 중심 설계 방법을 추구한다. 이미 죽음의 행진에 들어선 프로젝트는 이런 방법론을 적용하기에는 너무 늦었다.

소프트웨어 트리아지Software Triage란 프로젝트가 이미 상당히 망가진 상태에서는 리소스가 부족하다는 것에서 나온 개념이다. 이 상태에서는 시간도 부족하고, 개발자도 부족하고, 예산도 부족하다. 결정적으로 관리자와 개발자는 프로젝트 일정이 너무 지체된 나머지 주어진 시간에 요구사항을 모두 만족시킬 수 없다는 사실을 받아들이기 힘들겠지만, 현실을 인정하고 극복해야 한다. 그런 다음 남은 작업을 **필수**must-have, **권장**should-have, **옵션**nice-to-have 항목으로 분류한다.

소프트웨어 트리아지는 힘들면서도 주의를 기울여야 할 프로세스다. '죽음의 행진'에 빠져든 프로젝트에서 힘든 결정을 내리기 위해서는 노련한 리더십이 필요할 때가 많다. 개발자의 입장에서 가장 신경 쓸 부분은 상황에 따라 프로젝트 일정을 맞추기 위해 기존 절차와 코드를 과감히 버리라는 것이다.

28.4 나만의 프로세스와 방법론 만들기

자신이 수행하는 프로젝트나 자신이 속한 조직에 딱 맞는 이론은 찾기 힘들다. 그러므로 최대한 다양한 방법론을 익혀서 주어진 상황에 맞게 프로세스를 정의할 줄 알아야 한다. 다양한 방법론에서 제시하는 개념을 조합하기란 생각보다 쉽다. 예를 들어 RUP는 XP와 유사한 기법을 옵션으로 제공한다. 이 절에서는 나만의 소프트웨어 공학 프로세스를 직접 구축하는 방법을 소개한다.

28.4.1 새로운 개념 받아들이기

어떤 기법은 처음에는 황당하거나 효과가 없어 보인다. 새로 나온 소프트웨어 공학 방법론을 대할 때 기존 프로세스를 개선하는 수단이라는 관점에서 바라본다. 할 수 있는 부분은 직접 시도해본다. XP 방법론이 그럴듯해 보여도 현재 조직에 맞을지 확신이 들지 않으면 몇 가지 원칙을 조금씩 적용해보거나 간단한 파일럿 프로젝트에 실제로 적용해본다.

28.4.2 새로운 아이디어 적극적으로 제시하기

개발팀은 다양한 배경을 가진 멤버로 구성되는 경우가 많다. 스타트업에서 화려한 경력을 쌓은 사람도 있고, 컨설팅 업무를 오래한 사람도 있고, 최근에 학교를 졸업한 사람도 있고, 박사 학위를 가진 사람도 있을 수 있다. 소프트웨어 프로젝트를 성공하기 위한 각자의 생각과 경험한 바가 다를 것이다. 때로는 다양한 환경에서 흔히 사용하는 방법을 조합하는 방식이 바람직할 수도 있다.

28.4.3 효과 있는 것과 효과 없는 것 구분하기

프로젝트가 막바지에 이르면 팀원들이 모두 함께 프로세스를 평가하는 기회를 갖는다. 기왕이면 스크럼의 스프린트 회고 단계처럼 프로젝트 중간 시점이면 더 좋다. 간혹 모두 하던 일을 멈추고 고민하기 전까지는 아무도 발견하지 못한 문제가 드러날 수 있다. 아니면 모두 알고 있었지만 감히 드러낼 생각을 하지 못한 문제도 있을 수 있다.

항상 제대로 진행되지 않는 부분을 찾아서 문제를 해결할 방안을 모색해야 한다. 어떤 조직은 코드 리뷰 절차를 거친 후 코드를 체크인하도록 규칙을 정해두기도 한다. 코드 리뷰 기간이 너무 오래 걸리고 지루해서 제대로 진행되지 않는다면 코드 리뷰 방법 자체를 팀 차원에서 검토해야 한다.

또한 현재 제대로 진행되는 부분을 파악해서 이를 극대화하는 방안도 모색한다. 예를 들어 기능 구현 작업을 팀원이 모두 수정할 수 있게 웹사이트로 구축했더니 관리가 잘된다면 그 사이트를 좀 더 개선하는 데 투자하는 방안도 고려한다.

28.4.4 방법론 준수하기

현재 프로세스가 관리자의 지시로 만든 것이든 아니면 팀에서 자발적으로 구축한 것이든 상관없이 나름대로 의미가 있다. 프로세스에서 정식 설계 문서를 작성하도록 정해두었다면 반드시 따른다. 프로세스에 문제가 있거나 프로세스가 너무 복잡하면 관리자와 함께 프로세스를 검토한다. 그냥 무시하고 넘어가면 안 된다. 그러면 언젠가 발목 잡히는 일이 발생하게 된다.

28.5 소스 코드 관리

조직의 규모가 크든 작든, 심지어 프로젝트를 혼자서 수행할 때도 소스 코드를 관리하는 일은 굉장히 중요하다. **소스 코드 관리**source code control 소프트웨어를 사용하지 않고 모든 코드를 각자 개발자 머신에 두고 관리한다는 것은 말이 안 된다. 이렇게 하면 유지 보수에 심각한 문제가 발생한다. 모든 팀원이 코드의 최신 상태를 알 수 없기 때문이다. 소스 코드는 반드시 소스 코드 관리 소프트웨어로 관리해야 한다. 소스 코드 관리 소프트웨어는 크게 세 가지 방식으로 나뉜다.

- **로컬:** 모든 소스 코드와 변경 내역을 개발자의 로컬 머신에 저장한다. 팀 단위로 작업하기에는 적합하지 않다. 이 방식을 사용하는 소프트웨어는 대부분 7-80년대에 나온 것으로 현재는 거의 사용하지 않는다. 그러므로 이에 대해서는 더 이상 설명하지 않는다.
- **클라이언트/서버:** 이 방식을 따르는 소프트웨어는 클라이언트 부분과 서버 부분으로 구성된다. 개인 개발자는 클라이언트와 서버 부분을 한 머신에서 구동할 수 있지만, 언제든지 서버 부분을 전용 서버로 옮길 수 있다.
- **분산:** 클라이언트/서버 방식에서 한 단계 더 발전한 형태로, 모든 코드를 저장하는 중앙 저장소가 따로 없다. 개발자마다 파일의 복사본과 변경 내역을 가지고 있다. 클라이언트/서버 방식이 아닌 P2P 방식으로 통신하면서 각자 가지고 있는 코드에 대해 패치를 주고받는 방식으로 동기화한다.

클라이언트/서버 방식은 두 부분으로 구성된다. 하나는 중앙 서버에서 구동되는 서버 소프트웨어로서 전체 소스 코드에 대한 파일과 변경 내역을 한 곳에서 관리한다. 두 번째 부분은 클라이언트 소프트웨어로서 개발자 머신마다 설치한다. 이 소프트웨어는 서버와 통신하면서 최신 버전이나 예전 버전의 소프트웨어를 받아오거나, 각 개발자가 수정한 사항을 서버에 반영하거나, 변경한 사항을 예전 버전으로 되돌리는 등의 작업을 수행한다.

분산 방식 소프트웨어는 중앙 서버를 따로 두지 않고 클라이언트 소프트웨어끼리 P2P 통신을 하면서 코드 패치를 주고받아서 코드를 동기화한다. 변경사항을 반영하거나, 변경사항을 되돌리는 등의 주요 작업을 수행할 때 중앙 서버를 거치지 않기 때문에 작업 처리 속도가 빠르다. 이 방식의 단점은 클라이언트 머신에서 차지하는 공간이 많다는 것이다. 변경 내역을 포함한 모든 파일을 클라이언트마다 저장하기 때문이다.

소스 코드 관리 소프트웨어에 특화된 용어가 있는데, 아쉽게도 소프트웨어마다 명칭이 다르다. 그중 흔히 사용하는 용어를 몇 가지 정리하면 다음과 같다.

- **브랜치(branch)**: 소스 코드를 가지칠 수 있다. 다시 말해 다양한 버전을 병렬로 개발할 수 있다. 예를 들어 릴리스 버전이 나올 때마다 브랜치를 만들어서 그 버전에 대한 버그 픽스(bug fix, 버그 수정사항)를 여기에 구현할 수 있다. 반면 새로 추가할 기능은 기존 메인 브랜치에 반영한다. 이렇게 릴리스 버전마다 나온 버그 픽스를 모두 통합해서 메인 브랜치에 반영해도 된다.
- **체크아웃(check out)**: 개발자 머신에 로컬 복제본을 생성한다. 원본은 중앙 서버에 있는 것일 수도 있고, 동료 개발자의 코드를 가져온 것일 수도 있다.
- **체크인(check in), 커밋(commit), 머지(merge, 병합)**: 개발자가 작업한 내용은 반드시 로컬에 있는 소스 코드의 복사본에 반영해야 한다. 로컬 머신에서 작업한 내용에 문제가 없다면 중앙 서버로 체크인/커밋/머지하거나, 다른 클라이언트와 패치를 주고받아야 한다.
- **컨플릭트(conflict, 충돌)**: 같은 파일을 여러 개발자가 변경한 뒤 동시에 커밋하면 충돌이 발생할 수 있다. 소스 코드 관리 소프트웨어는 이러한 충돌을 알아서 처리하는데, 해결할 수 없는 부분은 사용자가 직접 처리하도록 알려준다.
- **레이블(label), 태그(tag)**: 레이블 또는 태그란 파일이나 특정 커밋마다 붙은 표시다. 레이블 또는 태그를 붙여두면 특정 시점의 버전으로 건너뛰기 좋다.
- **리포지터리(repository, 저장소)**: 소스 코드 관리 소프트웨어에서 관리하는 모든 파일을 저장해둔 곳이다. 여기에는 파일에 대한 메타데이터(커밋 주석과 같은)도 있다.
- **리졸브(resolve)**: 충돌(컨플릭트)이 발생할 때 이를 해결해야 커밋할 수 있다.
- **리비전(revision), 버전(version)**: 리비전 또는 버전이란 특정한 시점에서 본 파일 내용에 대한 스냅샷이다. 코드를 되돌리거나 비교할 때 리비전 또는 버전을 기준으로 삼는다.
- **업데이트(update), 동기화(sync, 싱크)**: 업데이트 또는 동기화란 개발자의 로컬 머신에 있는 내용을 중앙 서버나 다른 개발자 머신과 동기화한다는 뜻이다. 이 과정에서 머지(병합)를 수행해서 컨플릭트(충돌)를 해결해야 다음 단계로 넘어가게 할 수도 있다.
- **워킹 카피(working copy)**: 개발자 머신마다 로컬 저장된 복사본을 말한다.

현재 나와 있는 소스 코드 관리 소프트웨어는 다양하다. 어떤 것은 무료고, 어떤 것은 상용이다. 다음 표에 주요 소프트웨어를 정리했다.

	무료/오픈소스	상용
로컬 전용	SCCS, RCS	PVCS
클라이언트/서버	CVS, Subversion(서브버전)	IBM Rational ClearCase(IBM 래셔널 클리어케이스), Azure DevOps Server(애저 데브옵스 서버), Perforce(퍼포스)
분산	Git(깃), Mercurial(머큐리얼), Bazaar(바자)	TeamWare(팀웨어), BitKeeper(비트키퍼), Plastic SCM(플라스틱 에스씨엠)

NOTE_ 표에 나온 소프트웨어는 극히 일부에 불과하다. 어떤 제품이 가능한지 예를 들기 위해 일부 제품을 나열한 것이다.

이 책에서는 특정 솔루션을 추천하지 않는다. 현재 소프트웨어 회사라면 대부분 이러한 소스 코드 관리 솔루션을 하나씩 사용하고 있다. 현재 조직에서 이러한 솔루션을 사용하지 않는다면 어느 것이 적합한지 면밀히 조사한 뒤 그중에서 가장 적합한 제품을 선정한다. 소스 코드 관리 소프트웨어를 사용하지 않으면 유지 보수 작업이 상당히 힘들어진다. 혼자서 프로젝트를 진행하더라도 소스 코드 관리 소프트웨어가 필요하다. 마음에 드는 제품을 적용하면 작업이 한결 편해질 것이다. 버전 관리와 변경 내역을 자동으로 관리해주기 때문에 변경한 사항에 문제가 있으면 언제든지 예전 버전으로 돌아가기도 쉽다.

28.6 정리

이 장에서는 소프트웨어 개발 프로세스에 대한 다양한 모델과 방법론을 살펴봤다. 여기서 소개한 것 외에도 다양한 방법론이 나와 있고, 그중에서 어떤 것은 엄격한 형식과 절차를 갖춘 것도 있고 그렇지 않은 것도 있다. 모든 프로젝트와 팀에 적합한 방법론은 없다. 각자 상황과 성향에 맞는 것을 찾을 수는 있다. 가장 바람직한 방법은 현재 나온 방법론과 모델의 장점을 도입해서 동료와 서로 경험을 나누면서 프로세스를 반복적으로 적용하는 것이다. 프로세스 방법론을 평가하는 데 가장 중요한 기준은 팀의 코드 구현 활동에 얼마나 도움이 되는지다. 이 사실을 반드시 명심하기 바란다.

마지막으로 소스 코드 관리 소프트웨어도 살펴봤다. 규모에 관계없이 소프트웨어를 개발하는 회사라면 반드시 갖춰야 할 도구다. 혼자서 프로젝트를 진행하더라도 장점이 많다. 현재 다양한 소스 코드 관리 소프트웨어가 나와 있는데, 몇 가지 제품을 직접 써보고 나서 가장 적합한 것을 선정하기 바란다.

28.7 연습 문제

이 장에서 소개한 내용을 직접 써보기 위해 다음 연습 문제를 풀어보자. 연습 문제에 대한 정답은 이 책의 웹사이트(www.wiley.com/go/proc++5e)에서 다운로드할 수 있다. 문제를 풀다가 막히면 정답부터 찾지 말고 먼저 앞에서 설명한 부분을 다시 읽고 직접 답을 찾아보려고 애쓰기 바란다.

연습 문제 28-1 소프트웨어 라이프사이클 모델과 방법론에 대한 예를 몇 가지 들어보자.

연습 문제 28-2 XP의 지속적인 통합도 극단적인데, 최근 **지속적인 배치**continuous deployment라는 단계를 추가한 더 극단적인 방법론도 있다. 지속적인 배치의 의미를 조사해보자.

연습 문제 28-3 [연습 문제 28-2]에서 언급한 지속적인 배치뿐만 아니라 **지속적인 전달**continuous delivery이라는 것도 있다. 이를 조사해보고, 지속적인 배치와 뭐가 다른지 비교해보자.

연습 문제 28-4 **RAD**Rapid Application Development라는 용어에 대해 조사해보고, 이 장에서 소개하는 내용과 어떤 관련이 있는지 생각해보자.

CHAPTER 29

효율적인 C++ 코드 작성법

이 장의 내용

- 효율과 성능
- 언어 수준의 최적화 방법
- 설계 수준의 최적화 방법
- 프로파일링 도구

프로그램에서 효율은 응용 분야를 막론하고 중요하다. 속도는 시장에서 다른 제품보다 우위에 설 수 있는 대표적인 차별점이기도 하다. 느린 프로그램과 빠른 프로그램 중에서 어느 것을 선호할지는 명백하다. 세상에서 유일무이한 제품이 아닌 이상, 부팅하는 데 2주나 걸리는 OS를 사려는 사람은 없다. 판매 목적으로 만든 프로그램이 아니더라도 사용자는 있다. 무료라도 필요 이상의 시간을 잡아먹는 프로그램을 좋아할 사용자는 없다.

지금까지 전문가답게 C++ 프로그램을 설계하고 구현하는 방법을 배웠다. C++의 다소 난해하고 복잡한 기능도 살펴봤다. 이제는 프로그램의 성능을 높이는 방법을 알아볼 차례다. 프로그램을 효율적으로 구현하려면 설계 단계뿐만 아니라 구현 단계의 세부사항에서도 주의 깊게 고민해야 한다. 비록 이 주제를 이 책 후반부에서 다루고 있지만 실제 프로젝트를 시작할 때는 성능부터 고려하는 것이 좋다.

29.1 성능과 효율에 대하여

구체적으로 살펴보기 전에 먼저 이 책에서 말하는 성능과 효율의 뜻부터 알아보자. 프로그램에서 **성능**performance이란 속도, 메모리 사용량, 디스크 접근 횟수, 네트워크 사용량 등과 같이 문맥에 따라 가리키는 대상이 다르다. 이 장에서는 주로 속도를 의미한다. 한편 프로그램에서 **효율**efficiency이란 낭비 없이 실행된다는 것을 의미한다. 효율적인 프로그램은 주어진 상황에서 작업을 최대한 빠르게 처리한다. 물론 프로그램이 다루는 영역에 따라 빠르지 않고 효율적으로 만들 수도 있다.

NOTE_ 효율적이고 성능이 뛰어난 프로그램은 주어진 작업을 최대한 빠르게 처리한다.

이 장의 제목인 '효율적인 C++ 코드 작성법'은 프로그램을 작성하는 과정이 효율적이란 말이 아니라 작성한 프로그램이 효율적으로 실행된다는 뜻이다. 다시 말해 이 장에서 소개하는 내용은 개발자의 시간이 아닌 프로그램 사용자의 시간을 절약하는 기법이다.

29.1.1 효율을 확보하기 위한 두 가지 접근 방법

효율을 높이는 두 가지 방식이 있다. 하나는 **언어 수준 효율**language-level efficiency으로서 언어를 최대한 효율적으로 사용하는 것이다. 예를 들어 객체를 값이 아닌 레퍼런스로 전달하는 것이다. 하지만 여기에는 한계가 있다. 또 다른 접근 방식인 **설계 수준 효율**design-level efficiency을 적용하면 성능을 더욱 향상시킬 여지가 훨씬 많다. 예를 들어 효율적인 알고리즘을 선정하고, 불필요한 단계나 연산을 제거하고, 설계를 최적화하는 것이다. 흔히 비효율적인 알고리즘이나 데이터 구조를 더 나은 것으로 교체하는 방식으로 코드의 성능을 최적화한다.

29.1.2 두 가지 프로그램

앞에서 설명했듯이 애플리케이션이 다루는 영역에 관계없이 효율은 중요하다. 그중에서도 시스템 소프트웨어, 임베디드 소프트웨어, 연산 중심 애플리케이션, 실시간 게임 등과 같은 특정 분야의 프로그램은 효율을 극단적인 수준으로 높여야 한다. 다른 분야의 프로그램은 이 정도까지 강조하지 않는다. 이처럼 고성능 애플리케이션을 작성하지 않는다면 여러분이 작성하는 C++ 코드에서 한 단어까지 쥐어짜는 노력을 하지 않아도 된다. 고성능 스포츠카를 제작할 때와 일반 가정용 자동차를 제작할 때의 차이와 비슷하다. 어떤 종류의 자동차라도 어느 정도 효율을 갖춰야 하지만, 스포츠카는 성능의 한계까지 밀어붙인다. 시속 110km를 넘길 일이 거의 없는 일상 생활용 자동차를 만들면서 스포츠카 수준의 최적화 작업에 시간을 낭비하는 것은 바람직하지 않다.

29.1.3 C++는 비효율적인 언어인가?

C 프로그래머는 고성능 애플리케이션을 개발하는 데 C++ 사용을 꺼리는 성향이 있다. 절차형 언어인 C에 비해 C++는 비효율적이라는 이유에서다. C++에는 익셉션이나 `virtual` 메서드와 같은 하이레벨 개념이 담겨 있기 때문이다. 하지만 이러한 주장에는 몇 가지 오류가 있다.

언어의 효율을 따질 때는 반드시 언어 자체의 성능과 컴파일러의 최적화 효율을 구분해야 한다. 다시 말해 컴파일러의 효율을 무시하면 안 된다. 엄밀히 따지면 개발자가 작성한 C/C++ 코드와 컴퓨터에서 실제로 구동되는 코드는 다르다. 컴파일러는 개발자가 작성한 소스 코드를 기계어로 변환하는 과정에 최적화 작업을 수행한다. 그러므로 C 프로그램과 C++ 프로그램을 단순히 벤치마크 테스트하는 것만으로는 비교하기 힘들다. 언어를 비교하는 것이 아니라 그 언어의 컴파일러에서 제공하는 최적화 기능을 비교해야 한다. C++ 컴파일러는 C++에서 제공하는 여러 가지 하이레벨 구문을 최대한 기계어 코드에 가깝게 최적화한다. 간혹 같은 기능을 C 언어로 작성할 때보다 성능이 뛰어날 때도 있다. 최근에는 C 컴파일러보다 C++ 컴파일러의 최적화에 대한 연구가 훨씬 많다. 그러므로 C 코드보다 C++ 코드의 최적화가 더 잘되어서 실행 속도가 빠른 경우가 많다.

하지만 C++의 기능 중 최적화할 수 없는 부분이 여전히 남아 있다고 반박하는 사람도 있다. 예를 들어 10장에서 설명한 `virtual` 메서드를 구현하려면 vtable이 있어야 할 뿐만 아니라 실행 시간에 호출 단계가 늘어나기 때문에 비 `virtual` 함수를 호출할 때보다 실행 속도가 떨어질 수 있다. 하지만 좀 더 깊이 생각해보면 이 주장은 설득력이 떨어진다. `virtual` 메서드는 단순 함수 호출 이상의 기능을 제공한다. 예를 들어 실행 시간에 호출할 함수를 선택하는 기능도 제공한다. 이 기능을 `virtual`이 아니면서 비교 가능한comparable 함수로 구현하면 실제로 호출할 함수를 선택하는 조건문을 추가해야 한다. 선택 기능이 필요 없다면 비 `virtual` 방식으로 구현하면 된다. C++의 기본 설계 원칙은 '필요 없는 기능은 굳이 사용하지 않는다'는 것이다. `virtual` 메서드를 사용하지 않을 때는 오버헤드가 발생하지 않는다. 따라서 C++에서 비 `virtual` 함수를 사용하는 부분의 성능은 C에서 함수 호출을 구현한 코드와 같다. 하지만 `virtual` 함수를 사용함으로써 발생하는 오버헤드가 그리 크지 않기 때문에 `final` 클래스가 아니라면 모든 메서드(소멸자는 포함, 생성자는 제외)를 `virtual`로 구현하는 것이 좋다.

이보다 더 중요한 점이 있다. C++에서 제공하는 하이레벨 구문을 활용하면 설계 측면에서 훨씬 효율적이고, 가독성이 높고, 유지 보수하기도 좋고, 불필요한 부분이 없는 코드를 만들 수 있다.

C와 같은 절차형 언어를 사용할 때보다 C++ 언어를 사용하면 개발 과정, 성능, 유지 보수 측면에서 훨씬 유리하다.

C#이나 자바와 같은 다른 하이레벨 객체지향 언어도 있다. 두 언어 모두 가상 머신에서 구동하는 반면 C++로 작성한 코드는 CPU에서 곧바로 구동된다. 코드를 실행하는 데 가상 머신 같은 중간 단계를 거치지 않는다. 그러므로 C++ 프로그램은 거의 하드웨어 수준으로 실행된다. 다시 말해 C#이나 자바보다 훨씬 실행 속도가 빠를 때가 많다.

29.2 언어 수준의 효율

언어 수준 최적화를 과도하게 강조하는 책이나 블로그가 많다. 언어 수준의 최적화 기법은 분명 중요하고 경우에 따라 프로그램 성능도 크게 향상시킬 수 있다. 하지만 프로그램의 설계와 알고리즘이 성능에 미치는 영향이 훨씬 크다. 아무리 레퍼런스로 전달하더라도 쓸데없이 디스크를 접근하는 횟수가 많다면 효과가 없을 것이다. 레퍼런스나 포인터에 집착하다가 큰 그림을 놓치기 쉽다.

또한 언어 수준 최적화는 컴파일러에서 기본으로 제공하기도 한다. 따라서 뒤에서 설명할 프로파일러에서 찾아낸 문제가 아니라면 굳이 최적화하는 데 시간을 낭비할 필요가 없다.

물론 레퍼런스 전달 방식과 같은 일부 언어 수준 최적화 기법을 적용하면 코딩 스타일 측면에서 도움이 되기도 한다.

이 책은 이러한 상반된 관점 사이에서 최대한 균형을 유지하면서 설명한다. 그러므로 언어 수준 최적화 기법 중에서도 가장 유용한 것만 소개한다. 여기서 소개하는 것 외에도 다양한 기법이 있지만, 최적화된 코드를 작성하는 방법을 처음 익히는 입장에서는 이 정도로 충분하다. 한 가지 명심할 점은 이러한 언어 수준 기법뿐만 아니라 뒤에서 설명할 설계 수준 효율에 관련된 기법도 반드시 익히기 바란다.

> **CAUTION_** 언어 수준 최적화를 적용할 때 주의할 점이 있다. 반드시 간결하고 체계적으로 구성한 설계를 바탕으로 구현하고 나서 이 기법을 적용해야 한다. 그러고 나서 프로파일러를 이용하여 성능 측면에서 반드시 짚고 넘어갈 부분만 최적화에 시간을 투자한다.

29.2.1 객체를 효율적으로 다루는 방법

C++는 내부적으로 많은 일을 대신 해준다. 특히 객체에 관련된 작업을 이렇게 처리한다. 그러므로 코드를 작성할 때 항상 성능에 미치는 영향을 고려해야 한다. 여기에서 소개하는 가이드라인을 따르면 코드를 더욱 효율적으로 작성할 수 있다. 단, 여기에서는 객체에 관련된 기법만 소개하고, `bool`, `int`, `float`과 같은 기본 타입에 적용하는 방법은 다루지 않는다.

1 레퍼런스 전달과 값 전달

레퍼런스 전달 방식pass-by-reference과 값 전달 방식pass-by-value 중에서 적합한 것을 선택하는 방법은 1장과 9장에서 설명했다. 중요한 내용인 만큼 한 번 더 복습하고 넘어가자.

> **CAUTION_** 복제 기반으로 작동하는 함수의 매개변수는 값 전달 방식이 좋다. 하지만 매개변수 타입이 이동 의미론을 지원할 때만 그렇다. 나머지 경우에는 `const` 레퍼런스를 사용하는 것이 좋다.

값 전달 방식을 사용할 때 주의할 점이 몇 가지 있다. 베이스 클래스의 타입으로 지정된 함수 매개변수에 대해 파생 클래스의 객체를 인수로 전달하면 그 객체가 베이스 클래스 타입에 맞게 슬라이스되면서 일부 정보가 사라진다. 구체적인 사항은 10장을 참조한다. 또한 레퍼런스 전달 방식에서는 볼 수 없던 복제로 인한 오버헤드가 발생한다.

하지만 때에 따라 함수에 인수를 전달하는 과정에서 값 전달 방식이 훨씬 효율적인 경우가 있다. 예를 들어 다음과 같이 사람을 표현하는 클래스를 살펴보자.

```
class Person
{
    public:
        Person() = default;
        Person(string firstName, string lastName, int age)
            : m_firstName { move(firstName) }, m_lastName { move(lastName) }
            , m_age { age } { }
        virtual ~Person() = default;

        const string& getFirstName() const { return m_firstName; }
        const string& getLastName() const { return m_lastName; }
        int getAge() const { return m_age; }

    private:
        string m_firstName, m_lastName;
        int m_age { 0 };
};
```

앞서 말한 규칙에 따르면 Person 생성자는 firstName과 lastName을 값으로 받아서 m_firstName과 m_lastName으로 이동시킨다. 어차피 복제본이 만들어지기 때문이다. 이 구문에 대해서는 9장에서 자세히 설명한다.

다음으로 Person 객체를 값으로 받는 함수를 살펴보자.

```
void processPerson(Person p) { /* Person 타입 객체를 처리한다. */ }
```

이렇게 작성한 함수를 다음과 같이 호출할 수 있다.

```
Person me { "Marc", "Gregoire", 42 };
processPerson(me);
```

이 함수를 다음과 같이 정의해도 큰 차이는 없어 보인다.

```
void processPerson(const Person& p) { /* Person 타입 객체를 처리한다. */ }
```

이 함수를 호출하는 문장도 똑같다. 하지만 이 함수의 첫 번째 버전에서 값으로 전달하는 과정을 살펴보자. processPerson()의 p 매개변수를 초기화하려면 Person의 복제 생성자를 호출해서 me의 복제본을 만들어야 한다. Person 클래스에 복제 생성자를 직접 정의하지 않더라도 컴파일러가 데이터 멤버마다 복제 생성자를 만들어준다. 여기까지는 문제가 없다. 데이터 멤버가 세 개뿐이기 때문이다. 하지만 그중 두 개는 자체적으로 복제 생성자를 갖추고 있는 string 타입 객체다. 따라서 각 멤버의 복제 생성자도 호출된다. p를 레퍼런스로 받도록 정의한 버전의 processPerson()은 복제가 발생하지 않는다. 따라서 이 예제처럼 레퍼런스 전달 방식으로 구현하면 함수를 호출하는 과정에서 복제 생성자가 세 번 호출되는 것을 피할 수 있다.

그뿐만이 아니다. 첫 번째 버전의 processPerson()에서 매개변수 p는 그 함수의 로컬 변수다. 그러므로 함수 호출이 끝나면 제거된다. 이 과정에서 Person의 소멸자가 호출되면서 모든 데이터 멤버에 대한 소멸자를 호출한다. string 타입에 대해 소멸자가 있기 때문에 이 함수를 값 전달 방식으로 호출한 뒤 빠져나올 때 소멸자가 세 번 호출된다. Person 객체를 레퍼런스로 전달하면 이런 일이 발생하지 않는다.

NOTE_ 함수 안에서 객체를 수정해야 한다면 레퍼런스로 전달한다. 그렇지 않으면 앞에 나온 예제처럼 const 레퍼런스로 전달한다. 레퍼런스와 const에 대한 자세한 사항은 1장을 참조한다.

NOTE_ 포인터 전달 방식(pass-by-pointer)은 레퍼런스 전달 방식으로 대체하는 분위기다(설계 차원에서 nullptr을 전달하는 경우를 제외하면). C 언어를 연상시키는 방식이어서 C++와 어울리지도 않는다.

2 레퍼런스 리턴과 값 리턴

함수에 객체를 레퍼런스로 전달하듯이 함수에서 리턴할 때도 레퍼런스를 사용할 수 있다. 하지만 때로는 함수의 객체를 레퍼런스로 리턴할 수 없을 때가 있다. 예를 들어 operator+와 같은 연산자를 오버로딩했을 때가 그렇다. 또한 함수의 로컬 객체는 레퍼런스나 포인터로 리턴하면 안 된다. 로컬 객체는 함수 호출이 종료되면 사라지기 때문이다.

하지만 값으로 리턴하는 것은 대체로 문제없다. 그 이유는 (이름 있는) 리턴값 최적화와 이동 의미론 때문이다. 둘 다 객체를 값으로 리턴하는 과정을 최적화한다. 이에 대해서는 뒷 절에서 자세히 소개한다.

3 레퍼런스로 익셉션 잡기

14장에서 설명했듯이 슬라이싱과 불필요한 복제 연산을 피하려면 익셉션을 레퍼런스로 받는 것이 좋다. 익셉션을 던지는 과정은 다소 무거운 편이다. 따라서 이 과정에서 부담을 조금이라도 줄이는 것이 성능 향상에 도움이 된다.

4 이동 의미론 적용하기

클래스를 정의할 때 이동 생성자와 이동 대입 연산자를 추가하면 C++ 컴파일러가 그 클래스의 객체에 대해 이동 의미론을 적용한다. 영의 규칙(9장 참조)에 따르면 컴파일러가 생성한 복제 및 이동 생성자와 복제 및 이동 대입 연산자만으로도 충분하도록 클래스를 설계해야 한다. 컴파일러가 이런 생성자나 대입 연산자를 알아서 정의해주지 못한다면 명시적으로 디폴트로 설정한다. 이렇게 할 수도 없다면 직접 구현한다. 정의한 클래스의 객체에 이동 의미론을 적용하면 함수에서 그 객체를 값으로 리턴해도 복제 연산이 발생하지 않기 때문에 효율적으로 처리할 수 있다. 특히 표준 라이브러리 컨테이너와 알고리즘을 사용할 때 도움이 된다.

5 임시 객체 생성 피하기

컴파일러는 다양한 상황에서 이름 없는 임시 객체를 생성한다. 9장에서 설명했듯이 클래스에 대해 글로벌 operator+ 연산자를 정의하면 그 클래스 타입 객체를 다른 타입 객체에 더할 수 있다. 단, 해당 클래스 타입으로 변환할 수 있는 타입만 이렇게 할 수 있다. 예를 들어 9장에서 산술 연산자를 지원하도록 정의한 SpreadsheetCell 클래스를 살펴보자.

```
export class SpreadsheetCell
{
    public:
        // 다른 생성자는 생략했다.
        SpreadsheetCell(double initialValue);
        // 나머지 코드도 생략했다.
};

export SpreadsheetCell operator+(const SpreadsheetCell& lhs,
    const SpreadsheetCell& rhs);
```

double 타입 인수를 받는 생성자를 다음과 같이 사용할 수 있다.

```
SpreadsheetCell myCell { 4 }, aThirdCell;
aThirdCell = myCell + 5.6;
aThirdCell = myCell + 4;
```

여기서 두 번째 줄을 보면 5.6이란 인수에 대해 SpreadsheetCell 객체를 임시로 생성한다. 그러고 나서 myCell에 대해 operator+를 호출해서 방금 만든 임시 객체를 인수로 전달한다. 이렇게 호출한 결과를 aThirdCell에 저장한다. 세 번째 줄도 비슷하다. 이번에는 SpreadsheetCell의 double 타입 생성자를 호출하기 위해 4를 double 타입으로 강제 형변환한다.

이 예제에서 주목할 부분은 컴파일러가 여기 나온 두 덧셈 연산을 처리하기 위해 이름 없는 SpreadsheetCell 객체를 임시로 생성한다는 것이다. 이 객체를 생성하고 삭제하기 위해서는 SpreadsheetCell의 생성자와 소멸자를 반드시 호출해야 한다. 믿기 힘들다면 생성자와 소멸자에 cout으로 값을 출력하는 문장을 추가한 뒤 결과를 확인해보기 바란다.

일반적으로 컴파일러는 코드가 긴 표현식에서 사용하기 위해 변수의 타입을 변환하는 과정에서 임시 객체를 생성한다. 이 규칙은 대부분 함수 호출에 적용된다. 예를 들어 다음과 같이 정의된 함수가 있다고 하자.

```
void doSomething(const SpreadsheetCell& s);
```

이 함수를 호출하는 방법은 다음과 같다.

```
doSomething(5.56);
```

그러면 5.56이라고 전달된 인수에 대해 컴파일러가 SpreadsheetCell의 double 타입 생성자를 호출해서 임시 객체를 만든다. 이 객체를 다시 doSomething()으로 전달한다. 여기서 s 매개변수 앞에 const를 붙이지 않으면 더 이상 doSomething()에 상수를 인수로 지정할 수 없고 변수로 전달해야 한다.

일반적으로 컴파일러가 임시 객체를 생성하지 않도록 작성하는 것이 좋다. 일부 상황에서는 피할 수 없지만 적어도 이러한 '기능'의 존재를 알고 있어야 나중에 실행 성능이나 프로파일링 결과를 보고 놀라지 않는다.

컴파일러는 임시 객체를 보다 효율적으로 처리하기 위해 이동 의미론을 사용한다. 이러한 점을 고려하면 클래스를 정의할 때 이동 의미론을 지원하도록 하는 것이 좋다. 이동 의미론은 9장에서 자세히 설명했다.

6 리턴값 최적화

객체를 값으로 리턴하는 함수는 임시 객체를 생성한다. 앞에 나온 Person 클래스에 다음과 같이 함수를 정의한 경우를 생각해보자.

```
Person createPerson()
{
    Person newP { "Marc", "Gregoire", 42 };
    return newP;
}
```

이 함수를 다음과 같이 호출한다고 하자(여기서 Person 클래스에 operator<<가 구현되어 있다고 가정한다).

```
cout << createPerson();
```

이렇게 호출하면 createPerson()의 리턴값을 명시적으로 저장하지 않더라도 operator<<에 전달하기 위해 내부적으로 어딘가에 리턴값이 저장되어야 한다. 이 코드를 컴파일하면 createPerson()에서 리턴하는 Person 객체를 저장할 임시 변수가 내부적으로 생성된다.

이 함수의 결과를 사용하는 코드가 없더라도 컴파일러는 임시 객체를 생성한다. 예를 들어 다음과 같이 작성했다고 하자.

```
createPerson();
```

컴파일러는 이 문장을 컴파일할 때 이 함수의 리턴값을 사용하는 코드가 없더라도 임시 객체를 생성한다.

그런데 임시 객체에 대해 신경쓸 일이 그리 많지 않다. 컴파일러 최적화 과정에서 불필요한 복제나 이동 연산을 최소화하기 위해 임시 변수를 제거하기 때문이다. createPerson() 예제와 같은 경우에 수행하는 최적화를 **NRVO** named return value optimization(**이름 있는 반환값 최적화**)라 부른다. 이 함수의 리턴문에서 이름 있는 변수를 리턴하기 때문이다. 리턴문의 인수로 이름 없는 임싯값을 전달할 때 수행하는 최적화를 **RVO** return value optimization(**반환값 최적화**)라 부른다. 이러한 최적화 작업은 대부분 릴리스 모드로 빌드할 때만 수행한다. NRVO와 RVO 둘 다 일종의 복제 생략copy elision이며, 컴파일러는 함수에서 리턴하는 객체를 복제하거나 이동시키지 않는다. 그러므로 **영복제 값 전달 의미론** zero-copy pass-by-value semantics이라고 한다. NRVO를 적용하려면 리턴문의 인수로 로컬 변수 하나만 지정해야 한다. 예를 들어 다음과 같이 작성하면 NRVO를 수행하지 않는다.

```
Person createPerson()
{
    Person person1;
    Person person2;
    return someCondition() ? person1 : person2;
}
```

person1과 person2 중에서 어느 것이 리턴될지는 someCondition()을 호출한 결과에 따라 결정된다. return object; 형태가 아니기 때문에 NRVO가 적용되지 않는다. 게다가 이 표현식은 좌측값lvalue이다. 그러므로 우측값rvalue 표현식으로 취급하지 않게 된다. 한마디로 person1이나 person2가 복제되어버린다. 이 문제를 다음과 같은 방식으로 해결할 수 있을 거라 생각할 수 있다.

```
return someCondition() ? move(person1) : move(person2);
```

하지만 이렇게 하더라도 컴파일러가 RVO와 NRVO를 적용할 수 없기는 마찬가지이며, 실질적으로 이동 의미론을 강제하는 효과가 발생한다. 주어진 객체가 이동 의미론을 지원하지 않는다면 컴파일러는 결국 복제하게 된다.

복제나 이동이 발생하지 않도록 만드는 바람직한 방법은 std::move()를 사용하는 대신 다음과 같이 NRVO를 허용하도록 코드를 작성하는 것이다.

```
    if (someCondition()) {
        return person1;
    } else {
        return person2;
    }
```

NRVO와 RVO를 적용할 수 없다면 복제나 이동 연산이 발생한다. 함수에서 리턴할 객체가 이동 의미론을 지원한다면 복제가 아닌 이동 방식으로 전달된다.

29.2.2 미리 할당된 메모리

18장에서 설명했던 C++ 표준 라이브러리 컨테이너의 대표적인 장점은 메모리를 알아서 관리해준다는 것이다. 컨테이너에 원소를 추가하면 크기를 자동으로 조절한다. 하지만 이로 인해 성능 저하가 발생하기도 한다. 예를 들어 std::vector 컨테이너는 원소를 메모리 공간에 연달아 저장한다. 그러다 크기가 커져서 메모리가 부족하면 다시 전체 블록을 새로 할당해서 기존 원소를 모두 새 블록으로 이동하거나 복제한다. 이때 반복문 안에서 push_back()으로 vector에 추가되는 원소가 수백만 개나 된다면 성능이 눈에 띄게 떨어진다.

vector에 추가할 원소 수를 미리 알고 있거나 어느 정도 예측할 수 있다면 메모리 공간을 미리 할당한 뒤 원소를 추가하는 것이 좋다. vector에는 용량capacity과 크기size란 속성이 있는데, 용량은 재할당 없이 추가할 수 있는 원소 수를 의미하고, 크기는 컨테이너에 실제 담긴 원소 수를 의미한다. reserve() 메서드로 용량을 지정하면 메모리 공간을 미리 할당할 수 있다. vector의 크기는 resize() 메서드로 조절할 수 있다. 자세한 사항은 18장을 참조한다.

29.2.3 inline 메서드와 inline 함수 활용하기

9장에서 설명했듯이 컴파일할 때 inline 메서드나 inline 함수로 작성한 내용은 이를 호출하는 코드에 그대로 들어간다. 그러므로 함수 호출 오버헤드가 발생하지 않는다. 이런 식으로 처리하는 것이 유리한 함수나 메서드는 항상 inline으로 지정하는 것이 좋다. 하지만 이 기능을 남용하면 안 된다. 인터페이스와 구현을 반드시 구분해야 한다는 기본 설계 원칙에 어긋나기 때문이다. 다시 말해 인터페이스를 변경하지 않고도 구현 코드를 독립적으로 개선할 수 있어야 한다는 원칙에 위배된다. inline 키워드는 자주 사용하는 핵심 클래스에 적용하는 것이 좋다. 또한 컴파일러는 inline 키워드를 단순히 참고만 할 뿐 인라인으로 처리하지 않을 수도 있다.

때로는 컴파일러가 최적화 과정을 수행하는 동안에 `inline` 키워드를 지정하지 않은 함수나 메서드를 인라인으로 만들기도 한다. 심지어 그 함수가 헤더 파일이 아닌 소스 파일에 구현되어 있더라도 그렇게 한다. 따라서 함수를 인라인으로 만들기 전에 반드시 컴파일러 매뉴얼에 이런 기능을 제공하는지 확인하면 시간과 노력을 절약할 수 있다. 비주얼 C++의 경우 이 기능을 **LTCG**link-time code generation라 부르며 크로스 모듈 인라이닝cross-module inlining을 지원한다. GCC 컴파일러는 이를 **LTO**link time optimization라 부른다.

29.3 설계 수준 효율

프로그램의 설계 방식이 성능에 미치는 영향은 레퍼런스 전달 방식과 같은 언어 수준 영향보다 훨씬 크다. 예를 들어 애플리케이션에서 가장 핵심적인 작업을 성능이 $O(n)$인 알고리즘 대신 $O(n^2)$ 알고리즘으로 처리하면 작업 시간이 제곱으로 늘어난다. 좀 더 구체적으로 표현하면 $O(n^2)$ 알고리즘으로 처리할 때는 연산을 백만 번 수행하지만 $O(n)$ 알고리즘을 적용하면 천 번만 수행하면 된다. 언어 수준에서 아무리 최적화하더라도 연산을 백만 번 수행하는 알고리즘은 천 번 수행하는 알고리즘에 비해 확실히 효율이 떨어진다. 따라서 알고리즘을 신중하게 골라야 한다. 알고리즘 선택 기준과 빅오 표기법은 4장에서 자세히 설명했다.

알고리즘을 잘 골라야 한다는 원칙 외에도 설계 수준 효율에 관련된 기법이 다양하고 구체적으로 나와 있다. 데이터 구조나 알고리즘은 직접 구현하기보다는 C++ 표준 라이브러리나 부스트Boost 라이브러리에서 제공하는 것처럼 전문가가 잘 만들어둔 것을 활용하는 것이 좋다. 이런 라이브러리는 예전부터 지금까지 상당히 많이 사용하고 있기 때문에 버그도 대부분 잡힌 상태다. 또한 프로그램을 구동하는 시스템의 프로세서 파워를 최대한 활용할 수 있도록 멀티스레드로 구현하면 좋다. 이에 대해서는 27장에서 자세히 설명한다. 이 절에서는 프로그램을 최적화하기 위한 두 가지 설계 기법인 캐싱과 객체 풀을 소개한다.

29.3.1 최대한 캐싱하기

캐싱caching이란 자주 사용하는 항목을 매번 가져오거나 다시 계산하지 않도록 저장해두는 것을 말한다. 컴퓨터 하드웨어도 이 기법을 사용한다. 최신 컴퓨터 프로세서는 최근에 사용했거나 자주 사용하는 메모리 값을 저장하는 캐시 메모리를 갖추고 있어서 메인 메모리보다 빠르게 접근할 수 있다. 한 번 접근한 메모리는 조만간 다시 사용할 확률이 높다. 그러므로 하드웨어 캐시를 이용하면 연산 속도를 크게 높일 수 있다.

소프트웨어적으로 제공하는 캐시도 효과는 비슷하다. 처리하는 데 오래 걸리는 작업이 적을수록 좋다. 이런 작업을 수행한 결과를 메모리에 저장해두면 나중에 다시 활용할 때 시간을 절약할 수 있다. 처리하는 데 오래 걸리는 작업으로 다음과 같은 것들이 있다.

- **디스크 접근:** 프로그램에서 같은 파일을 여러 번 열거나 읽지 않도록 작성한다. 메모리가 넉넉하다면 자주 사용할 파일의 내용을 RAM에 저장해둔다.
- **네트워크 통신:** 네트워크로 통신하는 동안 발생하는 오버헤드는 예측할 수 없다. 네트워크 접근 연산도 파일 접근처럼 자주 사용하고 변하지 않는 내용은 최대한 캐시에 저장하는 것이 좋다.
- **수학 연산:** 매우 복잡한 연산을 수행한 결과를 여러 곳에서 사용한다면 계산은 한 번만 하고 그 결과를 공유하도록 구성한다. 하지만 계산이 그리 복잡하지 않다면 캐시에 넣어두고 쓰기보다는 그냥 그때그때 계산하는 게 나을 수 있다. 불분명하면 프로파일러로 확인해본다.
- **객체 할당:** 수명이 짧은 객체를 많이 생성해서 사용해야 한다면 뒤에서 설명하는 객체 풀을 활용하는 게 낫다.
- **스레드 생성:** 스레드 생성 과정은 오래 걸린다. 객체를 객체 풀에 캐싱하듯이 스레드도 스레드 풀(thread pool)에 캐싱하는 것이 좋다.

캐싱할 때 발생하는 대표적인 문제는 저장하는 데이터가 원본의 단순 복제본인 경우가 많다는 것이다. 캐시에 저장된 원본 데이터는 변경될 수 있다. 예를 들어 설정 파일의 내용을 매번 읽지 않도록 캐시에 저장할 수 있다. 그런데 프로그램을 구동하는 동안 사용자가 설정 파일을 얼마든지 변경할 수 있는데, 그러면 캐시에 담긴 내용이 무효가 된다. 이럴 때는 **캐시 무효화**cache invalidation 메커니즘을 적용해야 한다. 원본 데이터가 변경되면 캐시에 담긴 정보를 더 이상 사용하지 말거나 캐시 내용을 새로 업데이트해야 한다.

캐시 무효화를 구현하는 한 가지 방법은 데이터가 변경되었다는 사실을 원본 데이터를 관리하는 모듈이 프로그램에 알려주도록 요청하는 것이다. 이는 현재 프로그램이 캐시 관리자에 **콜백**을 등록해두면 된다. 아니면 캐시를 업데이트하는 이벤트를 주기적으로 보내게 할 수도 있다. 캐시 무효화 기법을 어떻게 구현하든 프로그램에서 캐시를 본격적으로 활용하기 전에 이러한 사항을 반드시 고려해야 한다.

NOTE_ 캐시를 관리하기 위해서는 코드, 메모리, 처리 시간이 소요된다는 점을 명심한다. 게다가 캐시로 인해 찾기 힘든 버그가 발생할 수도 있다. 프로파일러에서 성능 병목점이라고 지적한 부분만 캐시에 담아야 한다. 무엇보다도 코드를 간결하고 정확하게 작성한 뒤 프로파일러로 분석해서 필요한 부분만 최적화한다.

29.3.2 객체 풀 활용하기

객체 풀의 종류는 다양하다. 그중 하나는 큰 메모리 영역을 한 번에 할당한 다음 그 안에 조그만 객체를 담는 객체 풀을 구성하는 것이다. 그러므로 매번 객체를 할당하고 해제할 때마다 메모리 관리자를 일일이 호출할 필요 없이 객체 풀에 있는 객체를 프로그램에 제공하거나 다 쓴 객체를 재활용한다.

이 절에서 소개할 객체 풀 방식은 특히 거대한 데이터 멤버로 구성된 객체에 효과적이다. 이 방식이 정말 효과적인지는 해당 코드를 프로파일링해야 정확히 알 수 있다.

1 객체 풀 구현 방법

이 절에서는 프로그램에 객체 풀을 제공하는 데 사용할 객체 풀 클래스 템플릿을 구현한다. 여기에서는 T 타입 객체들로 구성된 vector를 관리한다. 또한 할당되지 않은 모든 객체에 대한 포인터를 가진 vector를 통해 미할당 객체 현황을 관리한다. 여기서 만들 객체 풀은 acquireObject() 메서드로 객체를 제공한다. acquireObject()를 호출했는데, 놀고 있는 객체가 하나도 없다면 객체를 새로 생성한다. acquireObject()는 커스텀 딜리터deleter(제거자)가 있는 shared_ptr 타입의 객체를 리턴한다. 여기에 있는 커스텀 딜리터는 실제로 메모리를 제거하지 않고, 객체를 다시 풀에 되돌려 놓기만 한다.

여기서 표준 라이브러리 컨테이너인 vector를 동기화 없이 사용하고 있다는 점에 주목한다. 즉, 스레드에 안전하지 않다. 멀티스레드 프로그래밍은 27장을 참조한다.

클래스를 정의하는 코드는 다음과 같다. 구체적인 설명은 주석으로 작성했다. 이 클래스 템플릿은 풀에 있는 객체의 클래스 타입을 매개변수로 받는다.

```
// 디폴트 생성자가 있는 모든 클래스에서 사용할 수 있는 객체 풀
//
// acquireObject()는 사용 가능 상태에 있는 객체를 리턴한다.
// 사용할 객체가 남아 있지 않다면 새 인스턴스를 생성한다.
// 풀은 커지기만 할 뿐 줄어들지 않는다.
// 다시 말해 풀이 제거되기 전에는 그 안에 있는 객체를 제거하지 않는다.
// acquireObject()는 커스텀 딜리터가 있는 std::shared_ptr 객체를 리턴한다.
// 그러므로 shared_ptr이 제거될 때 레퍼런스 카운트가 0에 도달하면 자동으로 풀에 반환된다.
//
// 풀에 있는 객체의 생성자와 소멸자는 객체를 사용할 때마다 호출되지 않고,
// 풀이 생성되어 제거될 때까지 단 한 번씩만 호출된다.
//
```

```cpp
export template <typename T, typename Allocator = std::allocator<T>>
class ObjectPool
{
    public:
        ObjectPool() = default;
        explicit ObjectPool(const Allocator& allocator);
        virtual ~ObjectPool();

        // 이동 생성 및 이동 대입을 허용한다.
        ObjectPool(ObjectPool&& src) noexcept = default;
        ObjectPool& operator=(ObjectPool&& rhs) noexcept = default;

        // 복제 생성과 복제 대입을 막는다.
        ObjectPool(const ObjectPool& src) = delete;
        ObjectPool& operator=(const ObjectPool& rhs) = delete;

        // 사용할 객체를 풀에 보관했다가 리턴한다.
        // 인수를 지정할 수 있으며 T 생성자로 그대로 전달된다.
        template<typename... Args>
        std::shared_ptr<T> acquireObject(Args... args);

    private:
        // T 인스턴스가 생성될 메모리 덩어리
        // 각 덩어리마다 첫 번째 객체에 대한 포인터가 저장된다.
        std::vector<T*> m_pool;
        // 풀에 있는 할당되지 않은 T 인스턴스에 대한 포인터
        std::vector<T*> m_freeObjects;
        // 첫 번째로 할당된 덩어리에 맞는 T 인스턴스 개수
        static const size_t ms_initialChunkSize { 5 };
        // 새로 할당된 덩어리에 맞는 T 인스턴스 개수
        // 덩어리가 새로 생성될 때마다 이 값은 두 배로 증가한다.
        size_t m_newChunkSize { ms_initialChunkSize };
        // 초기화되지 않은 메모리 블록을 새로 생성한다.
        // 크기는 T 인스턴스 m_newChunkSize개를 담을 정도로 커야 한다.
        void addChunk();
        // 덩어리 할당과 해제에 사용할 할당자
        Allocator m_allocator;
};
```

이렇게 정의한 객체 풀을 사용할 때는 반드시 객체 풀 자체의 수명이 그 안에 있는 객체보다 길어야 한다.

생성자 코드는 간단하다. 주어진 할당자를 데이터 멤버에 저장하기만 한다.

```
template <typename T, typename Allocator>
ObjectPool<T, Allocator>::ObjectPool(const Allocator& allocator)
    : m_allocator { allocator }
{
}
```

새로운 덩어리를 할당하는 addChunk( ) 메서드는 다음과 같이 구현한다. addChunk( )의 첫 부분은 새로운 덩어리를 실제로 할당하는 작업을 수행한다. 여기서 '덩어리chunk'란 초기화되지 않은 메모리 블록을 가리킨다. 그러므로 할당자allocator를 이용하여 T 타입 인스턴스 m_newChunkSize 개를 충분히 담을 만큼 할당한다. 객체를 담을 덩어리를 추가해도 객체가 생성되지 않는다. 다시 말해 객체 생성자가 호출되지 않는다. 나중에 인스턴스가 전달되는 acquireObject( )에서 처리한다. addChunk( )의 두 번째 부분은 새로 만든 T 인스턴스에 대한 포인터를 생성한다. 여기에서는 <numeric>에 정의된 iota( ) 알고리즘을 사용한다. 기억을 떠올리기 위해 간략히 설명하면 iota( )는 첫 번째와 두 번째 인수로 주어진 구간을 값으로 채운다. 이때 값은 세 번째 인수로 주어진 값부터 시작해서 하나씩 증가하는 식으로 채운다. T* 포인터를 다루기 때문에 T*를 하나씩 증가시키면 메모리 블록에서 다음 번째에 있는 T를 가리키게 된다. addChunk( )의 마지막 부분은 m_newChunkSize 값을 두 배로 만들어서 다음번에 추가할 블록 크기를 방금 추가한 블록 크기의 두 배로 만든다. 이렇게 하는 이유는 성능 때문이며, std::vector의 방식을 따른 것이다. 구현 코드는 다음과 같다.

```
template <typename T, typename Allocator>
void ObjectPool<T, Allocator>::addChunk()
{
    std::cout << "Allocating new chunk..." << std::endl;

    // 초기화되지 않은 메모리 덩어리 하나를
    // T 타입 인스턴스 m_newChunkSize개만큼 충분히 담을 수 있는 크기로 할당해서
    // 풀에 추가한다.
    auto* firstNewObject { m_allocator.allocate(m_newChunkSize) };
    m_pool.push_back(firstNewObject);

    // 새로 만든 덩어리에 있는 각 객체에 대한 포인터를 생성해서
    // 프리 객체 리스트에 저장한다.
    auto oldFreeObjectsSize{ m_freeObjects.size() };
    m_freeObjects.resize(oldFreeObjectsSize + m_newChunkSize);
    std::iota(begin(m_freeObjects) + oldFreeObjectsSize, end(m_freeObjects),
```

```
        firstNewObject);

    // 다음번 덩어리 크기를 두 배로 늘린다.
    m_newChunkSize *= 2;
}
```

가변 인수 메서드 템플릿인 acquireObject()는 풀에서 프리 객체 하나를 리턴한다. 이때 사용 가능한 프리 객체가 없으면 새로 할당한다. 앞에서 설명했듯이 새 덩어리를 추가하면 초기화되지 않은 메모리 블록 하나를 할당하기만 한다. T 인스턴스를 메모리의 적합한 지점에 생성하는 것은 acquireObject()에서 해야 한다. 이 작업은 new 연산자로 처리하면 된다. acquireObject()에 전달한 인수는 모두 T 생성자로 전달된다. 마지막으로 T* 포인터를 커스텀 삭제자deleter가 지정된 shared_ptr로 감싼다. 이 삭제자는 메모리를 할당하지 않고, std::destroy_at()을 이용하여 소멸자를 호출한 뒤 포인터를 가용 객체 리스트에 반납한다.

```
template <typename T, typename Allocator>
template <typename... Args>
std::shared_ptr<T> ObjectPool<T, Allocator>::acquireObject(Args... args)
{
    // 프리 객체가 없으면 새 덩어리를 할당한다.
    if (m_freeObjects.empty()) { addChunk(); }

    // 프리 객체를 하나 받는다.
    T* object{ m_freeObjects.back() };

    // 초기화되지 않은 메모리 블록에 있는 T 인스턴스를
    // placement new를 이용하여 초기화한다(생성자를 호출한다).
    // 이때 지정한 인수는 모두 생성자로 전달된다.
    new(object) T{ std::forward<Args>(args)... };

    // 지정한 객체를 프리 객체 리스트에서 제거한다.
    m_freeObjects.pop_back();

    // 초기화되지 않은 객체를 감싸서 리턴한다.
    return std::shared_ptr<T> { object, [this](T* object) {
        // 객체를 제거한다.
        std::destroy_at(object);
        // 지정한 객체를 프리 객체 리스트에 반납한다.
        m_freeObjects.push_back(object);
    }};
}
```

마지막으로 풀 소멸자는 주어진 할당자로 할당된 메모리를 모두 해제한다.

```
template <typename T, typename Allocator>
ObjectPool<T, Allocator>::~ObjectPool()
{
    // 노트: 이 코드는 이 풀이 소멸되기 전에 이 풀에서 전달된 모든 객체가
    //       풀에 리턴된다고 가정한다.
    //       다음 문장은 그렇지 않은 경우를 걸러낸다.
    assert(m_freeObjects.size() ==
        ms_initialChunkSize * (std::pow(2, m_pool.size()) - 1));

    // 할당된 메모리를 모두 해제한다.
    size_t chunkSize{ ms_initialChunkSize };
    for (auto* chunk : m_pool) {
        m_allocator.deallocate(chunk, chunkSize);
        chunkSize *= 2;
    }
    m_pool.clear();
}
```

2 객체 풀 사용 방법

수명이 짧고 생성자의 실행 부담이 큰 객체를 많이 사용하는 애플리케이션 예를 살펴보자. 여기서 사용할 ExpensiveObject 클래스를 다음과 같이 정의한다.

```
class ExpensiveObject
{
    public:
        ExpensiveObject() { /* ... */ }
        virtual ~ExpensiveObject() = default;
        // 객체에 특정한 정보를 담는 메서드
        // 객체 데이터를 가져오는 메서드
        // (코드는 생략)
    private:
        // 데이터 멤버
        array<double, 4 * 1024 * 1024> m_data;
        // 나머지 멤버 생략
};
```

이렇게 정의한 수많은 객체를 프로그램을 실행하는 과정에 수시로 생성과 삭제를 반복하지 말고, 앞 절에서 구현한 객체 풀을 활용하도록 다음과 같이 구현한다. 구현한 풀은 22장에서 소개한 chrono 라이브러리를 이용하여 벤치마크한다.

```
using MyPool = ObjectPool<ExpensiveObject>;

shared_ptr<ExpensiveObject> getExpensiveObject(MyPool& pool)
{
    // 풀에서 ExpensiveObject 객체 하나를 가져온다.
    auto object { pool.acquireObject() };
    // 객체를 채운다. (코드 생략)
    return object;
}

void processExpensiveObject(ExpensiveObject* object) { /* ... */ }

int main()
{
    const size_t NumberOfIterations { 500'000 };

    cout << "Starting loop using pool..." << endl;
    MyPool requestPool;
    auto start1{ chrono::steady_clock::now() };
    for (size_t i { 0 }; i < NumberOfIterations; ++i) {
        auto object { getExpensiveObject(requestPool) };
        processExpensiveObject(object.get());
    }
    auto end1 { chrono::steady_clock::now() };
    auto diff1 { end1 - start1 };
    cout << format("{}ms\n", chrono::duration<double, milli>(diff1).count());

    cout << "Starting loop using new/delete..." << endl;
    auto start2 { chrono::steady_clock::now() };
    for (size_t i { 0 }; i < NumberOfIterations; ++i) {
        auto object { new ExpensiveObject{} };
        processExpensiveObject(object);
        delete object; object = nullptr;
    }
    auto end2 { chrono::steady_clock::now() };
    auto diff2 { end2 - start2 };
    cout << format("{}ms\n", chrono::duration<double, milli>(diff2).count());
}
```

여기서 `main()` 함수의 앞부분은 풀의 성능을 간단히 벤치마크한다. 루프문을 통해 객체 500,000개를 풀에 요청한 뒤 받기까지 걸린 시간을 측정한다. 루프는 두 번 실행된다. 한 번은 앞서 만든 풀을 이용하고, 다른 한 번은 표준 `new`/`delete` 연산자를 이용한다. 필자가 사용한 머신에서 이 코드를 릴리스 버전으로 빌드해서 실행한 결과는 다음과 같다.

```
Starting loop using pool...
Allocating new chunk...
54.526ms
Starting loop using new/delete...
9463.2393ms
```

이 결과를 보면 객체 풀을 사용하는 것이 170배 정도 빠르다. 하지만 이 객체 풀은 거대한 데이터 멤버를 다루는 데 맞춰져 있다는 점을 명심해야 한다. 이 예제에서 사용한 `ExpensiveObject` 클래스는 4MB짜리 `array`를 데이터 멤버로 갖고 있다.

29.4 프로파일링

프로그램을 설계하고 구현할 때는 항상 효율을 고려해야 한다. 조금만 신경쓰거나 경험을 돌이켜보면 충분히 개선할 수 있는데도 굳이 비효율적으로 구현할 이유는 없다. 하지만 설계와 구현 단계에서 성능에 너무 집착하는 것은 바람직하지 않고, 프로파일러에서 성능 병목점이라고 지적한 부분만 최적화하는 것이 좋다. 이때 4장에서 소개한 '90/10' 법칙을 명심한다. 이 법칙에 따르면 프로그램은 실행 시간의 90%를 10%의 코드를 수행하는 데 소비한다.[1] 다시 말해 코드의 90%를 최적화해도 실행 시간의 10%만 향상시킬 뿐이다. 프로그램을 최적화할 때는 당연히 그 프로그램을 실행하는 데 비중이 가장 큰 영역을 공략해야 한다.

따라서 프로그램에서 최적화할 부분을 찾을 때 **프로파일링**profiling을 수행하면 좋다. 이렇게 성능에 대한 분석 자료를 제공하는 **프로파일링 도구**(**프로파일러**profiler)가 다양하게 나와 있다. 대부분 함수 단위로 수행 시간(또는 전체 실행 시간에서 차지하는 비율)을 명시하여 성능을 분석한다. 작성한 프로그램을 프로파일러로 분석해보면 어느 부분을 최적화해야 할지 금방 파악할 수 있다. 최적화하기 전과 후에 프로파일링을 수행해서 최적화 작업의 효과를 측정한다.

1 데이비드 패터슨, 존 헤네시 공저 『Computer Architecture: A Quantitative Approach, Fifth Edition』(Morgan Kaufmann, 2006). 번역서는 『컴퓨터 구조 및 설계』(비제이 퍼블릭, 2010)

마이크로소프트 비주얼 C++ 2019에서는 고성능 프로파일러를 기본으로 제공한다. 이에 대해서는 뒤에서 자세히 설명한다. 마이크로소프트는 학생, 오픈소스 개발자, 개인 개발자에게는 커뮤니티 에디션(visualstudio.microsoft.com)을 무료로 제공한다. 또한 구성원이 다섯 명 이하인 조직에서도 무료로 사용할 수 있다. 또 다른 프로파일러로 IBM 래셔널 퓨리파이플러스IBM Rational PurifyPlus(www.almtoolbox.com/purify.php)가 있다. 그 밖에도 다양한 무료 프로파일러가 나와 있다. 윈도우용 프로파일러로는 Very Sleepy(www.codersnotes.com/sleepy), Luke Stackwalker(lukestackwalker.sourceforge.net) 등이 있고, 유닉스/리눅스 시스템용으로는 밸그린드Valgrind(valgrind.org), gprof(GNU 프로파일러, sourceware.org/binutils/docs/gprof)가 있다. 이 절에서는 리눅스에서는 gprof를, 윈도우에서는 비주얼 C++ 2019에 있는 프로파일러를 사용한다.

29.4.1 gprof로 프로파일링하는 방법

프로파일링의 진가를 제대로 느끼려면 실제 코드 예제를 보는 것이 좋다. 사실 첫 번째 버전의 성능 문제는 프로파일러 없이도 쉽게 찾을 수 있다. 하지만 심각한 성능 문제는 이 예제보다 복잡하고 방대한 코드에서 주로 나타난다. 이런 코드는 책에 담기 힘들기에 부득이 예제를 간단히 구성했다.

인구 조사 기관에서 지난해 출생한 신생아 이름의 인기 순위를 보여주는 사이트를 제작한다고 하자. 이를 위해 이름을 조회하는 백엔드 프로그램이 필요하다. 이 프로그램은 연도별 신생아 이름이 담긴 파일을 입력받는다. 당연히 같은 이름이 여러 개 나올 것이다. 예를 들어 2003년에는 남자 이름 중에서 제이콥이 29,195개로 가장 많았다. 우리가 개발할 프로그램은 이러한 입력 파일을 읽어서 인메모리 데이터베이스를 구축한다. 그러므로 사용자는 신생아의 이름을 입력하면 그 이름을 가진 사람이 몇 명인지 알려주거나, 그 이름의 빈도가 상위 몇 위인지 알려준다.

1 첫 번째 버전

첫 번째 버전은 다음과 같이 public 메서드를 가진 NameDB 클래스로 설계한다.

```
export class NameDB
{
    public:
        // nameFile에 담긴 이름 목록을 읽어서 데이터베이스에 저장한다.
        // nameFile을 열 수 없거나 읽을 수 없으면 invalid_argument 익셉션을 던진다.
        NameDB(std::string_view nameFile);
```

```
        // 이름의 인기 순위를 리턴한다(1st, 2nd 등).
        // 주어진 이름이 데이터베이스에 없으면 -1을 리턴한다.
        int getNameRank(std::string_view name) const;

        // 주어진 이름을 가진 아기가 몇 명인지 리턴한다.
        // 입력한 이름을 가진 아기가 없으면 -1을 리턴한다.
        int getAbsoluteNumber(std::string_view name) const;

        // protected, private 멤버와 메서드는 생략한다.
};
```

이 프로그램에서는 인메모리 데이터베이스에 사용할 데이터 구조를 구현하는 부분이 가장 힘들다. 가장 먼저 이름/개수 쌍으로 구성된 vector를 떠올릴 수 있다. 이 vector에 담긴 항목마다 이름과 그 이름이 원본 데이터에 나온 개수를 담고 있다. 이렇게 정의한 클래스는 다음과 같다.

```
export class NameDB
{
    public:
        NameDB(std::string_view nameFile);
        int getNameRank(std::string_view name) const;
        int getAbsoluteNumber(std::string_view name) const;
    private:
        std::vector<std::pair<std::string, int>> m_names;

        // 헬퍼 메서드
        bool nameExists(std::string_view name) const;
        void incrementNameCount(std::string_view name);
        void addNewName(std::string_view name);
};
```

여기에서는 18장에서 소개한 표준 라이브러리의 vector와 pair 클래스를 사용했다. pair는 두 값을 하나로 묶는 유틸리티 클래스로서, 두 값의 타입이 서로 다를 수 있다.

이 클래스의 생성자와 헬퍼 메서드 중 nameExists( ), incrementNameCount( ), addNewName( )의 구현 코드는 다음과 같다. nameExists( )와 incrementNameCount( )에 나온 루프는 vector의 모든 원소에 대해 반복한다.

```
// 파일에서 읽은 이름을 데이터베이스에 저장한다.
// 데이터베이스는 이름/개수의 pair를 담는 vector로 구성한다.
// 각 항목마다 이름과 그 이름이 원본 데이터에 나온 개수를 담고 있다.
NameDB::NameDB(string_view nameFile)
{
    // 파일을 열고 에러가 발생했는지 확인한다.
    ifstream inputFile { nameFile.data() };
    if (!inputFile) {
        throw invalid_argument { "Unable to open file" };
    }

    // 이름을 한 번에 하나씩 읽는다.
    string name;
    while (inputFile >> name) {
        // 주어진 이름이 데이터베이스에 이미 있는지 확인한다.
        if (nameExists(name)) {
            // 주어진 이름이 데이터베이스에 있다면 개수만 증가한다.
            incrementNameCount(name);
        } else {
            // 데이터베이스에 이름이 없다면 새로 추가하고 개수를 1로 지정한다.
            addNewName(name);
        }
    }
}

// 데이터베이스에 이름이 있다면 true를 리턴하고, 그렇지 않으면 false를 리턴한다.
bool NameDB::nameExists(string_view name) const
{
    // 이름을 담은 vector에 대해 루프를 돌면서 주어진 이름을 검색한다.
    for (auto& entry : m_names) {
        if (entry.first == name) {
            return true;
        }
    }
    return false;
}

// 선행 조건(Precondition) : 이름을 담은 벡터에 주어진 이름이 존재해야 한다.
// 후행 조건(Postcondition) : 그 이름에 대한 개수를 하나 증가시킨다.
void NameDB::incrementNameCount(string_view name)
{
    for (auto& entry : m_names) {
        if (entry.first == name) {
            ++entry.second;
```

```
            return;
        }
    }
}

// 데이터베이스에 이름을 새로 추가한다.
void NameDB::addNewName(string_view name)
{
    m_names.push_back(make_pair(name.data(), 1));
}
```

nameExists()나 incrementNameCount()를 구현할 때 20장에서 소개한 std::find_if()와 같은 알고리즘을 사용해도 되지만 성능 문제를 부각시키기 위해 반복문으로 구현했다.

이 코드만 봐도 성능 문제가 눈에 띌 것이다. 이 프로그램에 입력된 이름이 수백 개에서 수천 개라면 어떤 일이 발생할까? 이렇게 항목이 많아질 때 선형 검색으로 처리하면 데이터베이스를 저장하는 작업이 상당히 느려질 것이다.

다음과 같은 두 가지 public 메서드를 구현하는 것으로 첫 번째 버전을 마무리한다.

```
// 이름의 순위를 리턴한다.
// 먼저 주어진 이름을 가진 신생아 수를 조회한다.
// 그러고 나서 모든 이름에 대해 반복문을 돌면서
// 주어진 이름보다 순위가 높은 이름의 개수를 세고 순위를 리턴한다.
int NameDB::getNameRank(string_view name) const
{
    // getAbsoluteNumber() 메서드로 처리한다.
    int num { getAbsoluteNumber(name) };

    // 이름을 찾았는지 확인한다.
    if (num == -1) {
        return -1;
    }

    // 주어진 이름보다 개수가 많은 이름을 벡터에서 모두 찾는다.
    // 주어진 이름보다 순위가 높은 이름이 없다면 그 이름을 1위로 만든다.
    // 주어진 이름보다 빈도가 낮은 이름의 순위를 1씩 감소한다.
    int rank { 1 };
    for (auto& entry : m_names) {
        if (entry.second > num) {
            ++rank;
```

```
        }
    }
    return rank;
}

// 주어진 이름의 개수를 리턴한다.
int NameDB::getAbsoluteNumber(string_view name) const
{
    for (auto& entry : m_names) {
        if (entry.first == name) {
            return entry.second;
        }
    }
    return -1;
}
```

2 첫 번째 버전의 프로파일링 결과

구현한 프로그램을 테스트하는 main( ) 함수를 다음과 같이 작성한다.

```
import name_db;
import <iostream>
using namespace std;

int main()
{
    NameDB boys { "boys_long.txt" };
    cout << boys.getNameRank("Daniel") << endl;
    cout << boys.getNameRank("Jacob") << endl;
    cout << boys.getNameRank("William") << endl;
}
```

이 main( ) 함수는 boys란 이름으로 NameDB 데이터베이스를 생성한 뒤 500,500명의 이름이 담긴 boys_long.txt 파일에 있는 내용을 채운다.

gprof를 다음 세 단계로 실행한다.

1. name_db 모듈을 컴파일한 후 실행 과정에 대한 정보를 로그에 남기는 특수 플래그를 설정해서 메인 프로그램을 컴파일한다. 예를 들어 GCC로 컴파일할 때는 다음과 같이 -pg 옵션을 추가한다.

```
> gcc -lstdc++ -std=c++2a -pg -o namedb NameDB.cpp NameDBTest.cpp
```

NOTE_ 현재 GCC 버전은 C++20 모듈을 완벽히 지원하지 않으므로 modules-ts를 통해서만 가능하다. GCC가 모듈을 완전히 지원하게 되면 해당 문서에서 모듈을 컴파일해서 사용하는 방법을 찾아보기 바란다.

또한 -std=c++2a를 지정해야 C++20 기능을 사용할 수 있다. 이 값은 나중에 -std=c++20으로 변경되고 -fmodules-ts도 -fmodules로 변경될 예정이다. 정확한 현황은 해당 문서를 참고한다.

2. 프로그램을 실행한다. 그러면 gmon.out이란 파일이 현재 디렉터리에 생성된다. 첫 번째 버전은 속도가 느리기 때문에 실행 과정을 차분히 기다린다.

3. 마지막으로 gprof 명령을 실행한다. 그러면 gmon.out이란 파일에 나온 프로파일링 정보를 분석해서 좀 더 읽기 쉬운 보고서를 만든다. gprof는 이 결과를 표준 출력으로 출력한다. 따라서 다음과 같이 결과를 파일로 리디렉션한다.

```
> gprof namedb gmon.out > gprof_analysis.out
```

이제 프로파일링 결과를 살펴보자. 아쉽게도 출력 파일은 암호처럼 복잡하게 기록되어 읽기 힘들다. 해석하는 방법을 터득하는 데 시간이 좀 걸릴 수 있다. gprof는 두 가지 정보를 제공한다. 하나는 프로그램에 있는 함수를 각각 수행했을 때 걸리는 시간을 요약해서 보여준다. 다른 하나는 이보다 유용한 정보인 각 함수와 그 함수로부터 **실행된 부분을 처리하는 데 걸린 시간**을 요약해서 보여준다. 이 정보를 **콜 그래프** call graph 라 부른다. gprof_analysis.out 파일의 일부를 소개하면 다음과 같다. 여기에서는 보기 좋도록 약간 꾸몄다. 참고로 여기 나온 숫자는 머신마다 다를 수 있다.

```
index  %time    self  children    called     name
[1]    100.0    0.00  14.06                  main [1]
                0.00  14.00        1/1           NameDB::NameDB [2]
                0.00   0.04        3/3           NameDB::getNameRank [25]
                0.00   0.01        1/1           NameDB::~NameDB [28]
```

각 열을 하나씩 살펴보자.

- **index**: 콜 그래프에서 이 항목을 가리키는 인덱스

- **%time**: 총 실행 시간에서 이 함수와 관련된 코드를 수행하는 데 걸린 시간의 비율
- **self**: 이 함수만 실행하는 데 걸린 시간(초 단위)
- **children**: 이 함수에서 호출한 코드를 실행하는 데 걸린 시간(초 단위)
- **called**: 이 함수가 호출된 수
- **name**: 함수 이름. 함수 이름 뒤에 나온 대괄호로 묶인 숫자는 콜 그래프상의 인덱스다.

이 정보를 보면 main()과 main()에서 호출한 코드가 총 실행 시간의 100%를 차지하며, 14.06초 걸린다는 것을 알 수 있다. 두 번째 줄은 NameDB 생성자를 실행하는 데 전체 14.06초 중 14.00초나 차지한다는 것을 보여준다. 따라서 이 부분이 성능 병목점이라는 것을 알 수 있다. 생성자 안에서 어느 부분이 특히 오래 걸리는지 알아내기 위해 콜 그래프 인덱스가 2인 부분으로 가본다. 마지막 열에 나온 이름 뒤에 대괄호로 묶인 숫자가 2이기 때문이다. 콜 그래프 인덱스가 2인 항목을 분석하면 다음과 같다.

```
[2]      99.6    0.00  14.00          1        NameDB::NameDB [2]
                 1.20   6.14   500500/500500      NameDB::nameExists [3]
                 1.24   5.24   499500/499500      NameDB::incrementNameCount [4]
                 0.00   0.18     1000/1000        NameDB::addNewName [19]
                 0.00   0.00        1/1           vector::vector [69]
```

NameDB::NameDB 아래에 나온 항목은 NameDB::NameDB에서 호출한 코드의 실행 시간을 보여준다. 여기서 nameExists()가 6.14초, incrementNameCount()가 5.24초 걸린 것을 확인할 수 있다. 이 시간은 각 함수를 호출한 시간을 모두 합한 것이다. 네 번째 열을 보면 각 함수의 호출 횟수를 알 수 있다(nameExists()를 500,500번, incrementNameCount()를 499,500번 호출했다). 다른 함수의 실행 시간은 두드러지지 않는다.

더 깊이 분석할 필요도 없이 다음 두 가지 사실을 알아낼 수 있다.

- 대략 500,000개 이름을 데이터베이스에 입력하는 데 14초나 걸려 상당히 느리다. 데이터 구조를 개선할 여지가 있다.
- nameExists()와 incrementNameCount()의 실행 시간과 호출 횟수는 거의 비슷하다. 애플리케이션 실행 과정을 생각해보면 그 이유를 쉽게 이해할 수 있다. 입력 파일에 담긴 이름 중 상당수가 중복되어 있다. 그러므로 nameExists()를 호출한 후 incrementNameCount()를 호출하는 횟수가 많을 수밖에 없다. 코드를 다시 들여다보면 함수 코드가 거의 비슷하다는 것을 알 수 있다. 어쩌면 하나로 합칠 수도 있다. 게다가 이 함수들은 대부분 vector를 검색하는 작업을 수행한다. 정렬을 지원하는 데이터 구조를 사용한다면 탐색 시간을 단축할 수 있을 것이다.

3 두 번째 버전

gprof의 분석 결과로 나온 두 가지 문제를 토대로 앞서 만든 프로그램을 수정해보자. 이번에는 vector 대신 map을 사용한다. 18장에서 설명했듯이 표준 라이브러리에서 제공하는 map은 정렬을 지원하며 탐색 성능이 $O(\log n)$이어서 $O(n)$의 탐색 성능을 가진 vector보다 낫다. 연습 삼아 std::unordered_map으로도 구현해보기 바란다. 이 맵은 탐색 성능이 $O(1)$이며, 프로파일러로 분석해보면 std::map보다 훨씬 빠르다는 것을 알 수 있다.

이번 버전은 nameExists()와 incrementNameCount()를 하나로 합쳐 nameExistsAndIncrement() 메서드로 만들었다.

수정한 클래스 코드는 다음과 같다.

```
export class NameDB
{
    public:
        NameDB(std::string_view nameFile);
        int getNameRank(std::string_view name) const;
        int getAbsoluteNumber(std::string_view name) const;
    private:
        std::map<std::string, int> m_names;
        bool nameExistsAndIncrement(std::string_view name);
        void addNewName(std::string_view name);
};
```

구현 코드는 다음과 같다.

```
// 파일에서 읽은 이름을 데이터베이스에 저장한다.
// 이 데이터베이스는 이름과 빈도에 대한 map으로 구성한다.
NameDB::NameDB(string_view nameFile)
{
    // 파일을 열고 에러가 발생했는지 확인한다.
    ifstream inputFile { nameFile.data() };
    if (!inputFile) {
        throw invalid_argument { "Unable to open file" };
    }

    // 이름을 한 번에 하나씩 읽는다.
    string name;
    while (inputFile >> name) {
```

```
        // 주어진 이름이 데이터베이스에 이미 있는지 확인한다.
        if (!nameExistsAndIncrement(name)) {
            // 주어진 이름이 데이터베이스에 이미 있다면 개수를 하나 증가시키고
            // 이 블록을 건너뛴다.
            // 이 블록에 들어왔다면 데이터베이스에 없는 이름이란 뜻이므로
            // 이름을 추가하고 개수를 하나 증가시킨다.
            addNewName(name);
        }
    }
}

// 데이터베이스에 있는 이름이면 true를, 아니면 false를 리턴한다.
// 데이터베이스에서 이름을 발견했을 때는 개수를 하나 증가시킨다.
bool NameDB::nameExistsAndIncrement(string_view name)
{
    // 주어진 이름을 map에서 찾는다.
    auto res { m_names.find(name.data() };
    if (res != end(m_names)) {
        res->second++;
        return true;
    }
    return false;
}

// 데이터베이스에 이름을 새로 추가한다.
void NameDB::addNewName(string_view name)
{
    m_names[name.data()] = 1;
}

int NameDB::getNameRank(string_view name) const
{
    // 구현 코드는 생략한다.
}

// 주어진 이름의 개수를 리턴한다.
int NameDB::getAbsoluteNumber(string_view name) const
{
    auto res { m_names.find(name.data()) };
    if (res != end(m_names)) {
        return res->second;
    }
    return -1;
}
```

4 두 번째 버전의 프로파일링 결과

이전과 같은 단계를 거쳐 gprof를 실행하면 다음과 같은 결과를 볼 수 있다. 결과를 보면 성능이 상당히 개선된 것을 알 수 있다.

```
index  %time  self  children    called         name
[1]    100.0  0.00    0.21                     main [1]
              0.02    0.18      1/1            NameDB::NameDB [2]
              0.00    0.01      1/1            NameDB::~NameDB [13]
              0.00    0.00      3/3            NameDB::getNameRank [28]
[2]     95.2  0.02    0.18      1              NameDB::NameDB [2]
              0.02    0.16 500500/500500       NameDB::nameExistsAndIncrement
[3]           0.00    0.00   1000/1000         NameDB::addNewName [24]
              0.00    0.00      1/1            map::map [87]
```

구체적인 수치는 gprof를 실행하는 머신에 따라 달라질 수 있다. 심지어 NameDB 메서드에 대한 데이터가 아예 안 나올 수도 있다. 두 번째 버전은 효율이 훨씬 높아졌기 때문에 실행 시간이 짧아서 NameDB 메서드에 대한 결과보다 map 메서드에 대한 결과가 더 많이 나올 수 있다.

필자의 시스템에서 테스트했을 때 main()의 실행 시간이 0.21초로 무려 67배 향상되었다. 물론 여기서 개선할 부분은 더 있다. 예를 들어 두 번째 버전의 생성자는 주어진 이름이 map에 이미 있는지 조회하는 작업을 수행한다. 그러므로 현재 없다면 map에 새로 추가한다. 이러한 두 가지 연산을 다음과 같이 단 한 줄로 표현할 수 있다.

```
++m_names[name];
```

주어진 이름이 map에 이미 있다면 이 문장은 카운터만 증가시킨다. map에 없는 이름이라면 주어진 이름을 키로 갖고 카운터는 0으로 초기화한 항목을 map에 추가한 뒤 카운터를 하나 증가시켜 1로 만든다.

이렇게 수정하면 nameExistsAndIncrement()와 addNewName() 메서드를 제거하고, 생성자를 다음과 같이 변경할 수 있다.

```
NameDB::NameDB(string_view nameFile)
{
    // 파일을 열고 에러가 발생했는지 확인한다.
    ifstream inputFile { nameFile.data() };
```

```
    if (!inputFile) {
        throw invalid_argument { "Unable to open file" };
    }

    // 이름을 한 번에 하나씩 읽는다.
    string name;
    while (inputFile >> name) {
        ++m_names[name];
    }
}
```

getNameRank()는 여전히 map의 모든 원소에 대해 루프를 돈다. getNameRank()에서 순차적으로 반복하지 않도록 새로운 데이터 구조를 찾아보기 바란다.

29.4.2 비주얼 C++ 2019를 이용한 프로파일링

마이크로소프트 비주얼 C++ 2019는 고성능 프로파일러를 기본으로 제공한다. VC++ 프로파일러는 그래픽 유저 인터페이스를 지원한다. 이 책에서는 특정 프로파일러가 특별히 더 좋다고 평가하지 않는다. 하지만 gprof와 같은 커맨드라인 기반 프로파일러와 VC++에서 제공하는 그래픽 기반 프로파일러의 장단점을 비교해보기 바란다.

비주얼 C++ 2019로 프로파일링하려면 먼저 비주얼 스튜디오에서 프로젝트를 열어야 한다. 이 예제에서는 앞에서 본 첫 번째 버전의 NameDB 코드를 분석해본다. 코드는 앞에 나왔기 때문에 여기에서는 생략한다. 비주얼 스튜디오에서 프로젝트를 연 다음 분석Analyze 메뉴를 클릭하고, 프로파일러Performance Profiler 메뉴를 클릭한다. 그러면 [그림 29-1]과 같이 새 창이 뜬다.

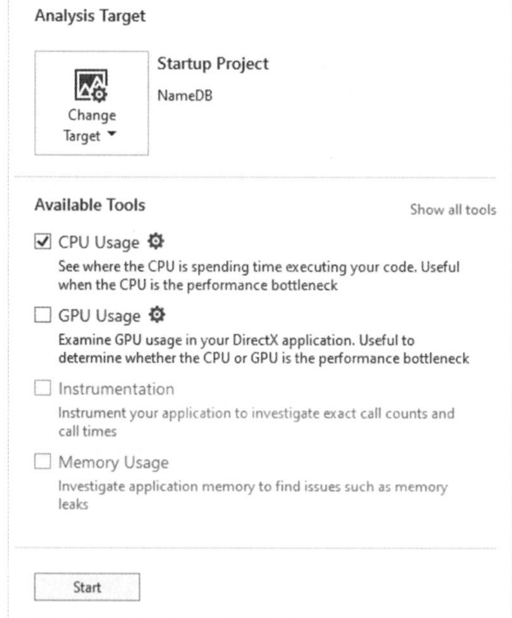

그림 29-1

현재 사용하는 VC++의 버전에 따라 제공하는 프로파일링 기능이 다를 수 있다. 그중 대표적인 두 가지를 꼽으면 다음과 같다.

- **CPU 사용량(CPU Usage)**: 최소한의 오버헤드로 프로그램을 모니터링한다. 애플리케이션을 실행하는 동안 프로파일링 작업으로 인해 발생하는 오버헤드가 적다.
- **계측(Instrumentation)**: 함수 호출 횟수와 각 함수의 실행 시간을 정확히 측정하는 코드를 애플리케이션에 추가한다. 하지만 이렇게 하면 애플리케이션 성능에 상당히 영향을 줄 수 있다. 먼저 CPU 샘플링부터 수행한 다음 주요 문제점을 찾기 바란다. 그래도 좀 더 분석할 필요가 있다면 이 기법을 적용한다.

이 예제에서는 CPU 사용량[CPU Usage] 기능이 기본으로 선택된 상태에서 시작[Start] 버튼을 클릭한다. 그러면 프로그램을 실행해서 CPU 사용량을 분석하기 시작한다. 프로그램 실행이 끝나면 비주얼 스튜디오가 알아서 프로파일링 리포트를 보여준다. [그림 29-2]는 `NameDB` 애플리케이션의 첫 번째 버전에 대한 프로파일링 보고서를 보여주고 있다.

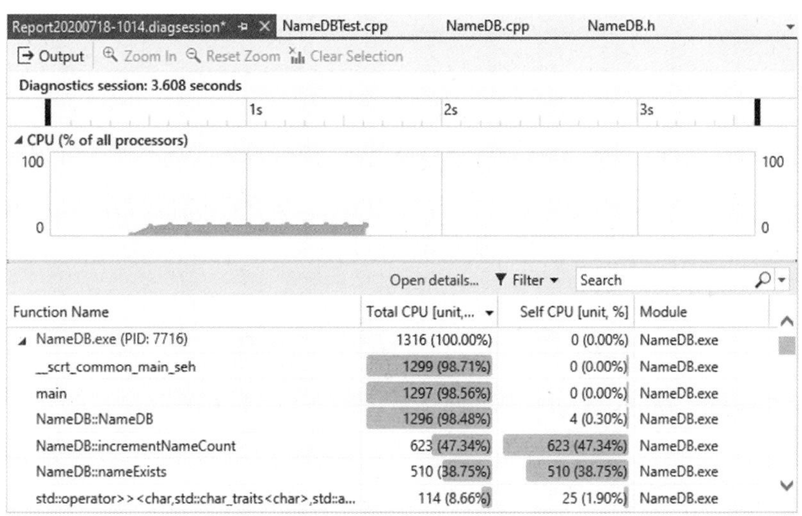

그림 29-2

이 보고서를 보면 병목점을 쉽게 찾을 수 있다. gprof로 분석할 때와 마찬가지로 여기서도 `NameDB` 생성자가 프로그램 실행 시간의 대부분을 잡아먹고, `incrementNameCount()`와 `nameExists()`가 동시에 실행되는 경우가 대부분이라고 나온다. 비주얼 스튜디오 프로파일링 보고서는 인터랙티브 방식으로 제공된다. 그러므로 `NameDB` 생성자를 클릭하면 [그림 29-3]처럼 이 생성자에 대한 상세 결과가 표시된다.

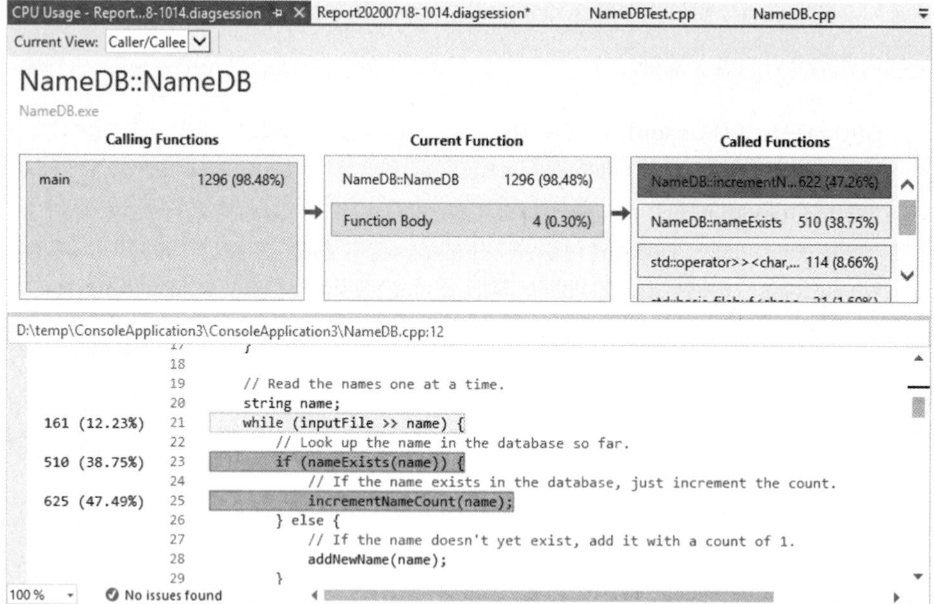

그림 29-3

이 화면을 보면 상단에 메서드 실행 과정을 그림으로 표현한 부분이 나오고, 그 아래에 이 메서드의 실제 코드가 나온다. 화면에서 퍼센트로 표현된 각 라인의 실행 시간을 확인할 수 있다. 실행 시간의 상당 부분을 차지하는 라인은 빨갛게 표시된다.

이 보고서의 상단을 보면 Current View라는 드롭다운 버튼이 있다. 여기서 Call Tree를 선택하면 코드의 병목점을 다르게 보여준다. Call Tree 뷰에서 Expand Hot Path 버튼을 클릭하면 코드 상의 병목 지점을 확인할 수 있다(그림 29-4).

CPU Usage - Report...8-1014.diagsession | Report20200718-1014.diagsession* | NameDBTest.cpp

Current View: Call Tree | Expand Hot Path | Show Hot Path | Search

Function Name	Total CPU [unit,...	Self CPU [unit, %]	Module
NameDB.exe (PID: 7716)	1316 (100.00%)	0 (0.00%)	Multiple modules
[External Code]	1316 (100.00%)	17 (1.29%)	Multiple modules
__scrt_common_main_seh	1299 (98.71%)	0 (0.00%)	NameDB.exe
main	1297 (98.56%)	0 (0.00%)	NameDB.exe
NameDB::NameDB	1296 (98.48%)	4 (0.30%)	NameDB.exe
NameDB::incrementNameCount	622 (47.26%)	622 (47.26%)	NameDB.exe
NameDB::nameExists	510 (38.75%)	510 (38.75%)	NameDB.exe
std::operator>><char,std::char_traits...	114 (8.66%)	25 (1.90%)	NameDB.exe

그림 29-4

여기서 main()이 NameDB 생성자를 호출하는 것도 볼 수 있다. 여기서 실행 시간 대부분을 잡아먹고 있다.

29.5 정리

이 장에서는 C++ 프로그램의 효율과 성능에 관련된 주요사항을 살펴봤다. 그리고 애플리케이션의 효율을 높이기 위한 설계와 구현 기법도 다양하게 소개했다. 이 장에서 성능의 중요성과 프로파일링 도구의 강력함을 제대로 이해했길 바란다.

이 장에서 반드시 기억해야 할 사항이 두 가지 있다. 첫 번째는 설계와 구현 과정에서 성능에 너무 집착하면 안 된다는 것이다. 먼저 설계와 구현에 오류가 없고 바람직하게 구성하는 데 집중하고 나서 프로파일러를 이용하여 성능 병목점으로 밝혀진 부분만 최적화한다.

두 번째는 설계 수준 최적화가 언어 수준 최적화보다 훨씬 중요하다는 것이다. 예를 들어 항상 성능이 좋은 알고리즘이나 데이터 구조를 사용해야 한다.

29.6 연습 문제

이 장에서 소개한 내용을 직접 써보기 위해 다음 연습 문제를 풀어보자. 연습 문제에 대한 정답은 이 책의 웹사이트(www.wiley.com/go/proc++5e)에서 다운로드할 수 있다. 문제를 풀다가 막히면 정답부터 찾지 말고 먼저 앞에서 설명한 부분을 다시 읽고 직접 답을 찾아보려고 애쓰기 바란다.

연습 문제 29-1 다음 코드에서 효율 관련 문제를 지적해보자.

```
class Bar { };

class Foo {
    public:
        explicit Foo(Bar b) {}
};

Foo getFoo(bool condition, Bar b1, Bar b2)
{
    return condition ? Foo { b1 } : Foo { b2 };
```

```
}

int main() {
    Bar b1, b2;
    auto foo { getFoo(true, b1, b2) };
}
```

연습 문제 29-2 이 장에서 기억해야 할 가장 중요한 사항 두 가지를 꼽아보자.

연습 문제 29-3 29.4절 '프로파일링'에 나온 마지막 NameDB 솔루션에서 map 대신 std::unordered_map을 사용하도록 수정해보자. 수정하기 전과 후의 프로파일링 결과를 비교해보자.

연습 문제 29-4 [연습 문제 29-3]의 프로파일링 결과에서 NameDB 생성자의 operator>> 연산자가 병목점으로 보인다. operator>>를 사용하지 않고 구현할 방법은 없을까? 입력 파일의 각 줄마다 이름이 하나만 있어서 이름을 한 줄 단위로 읽으면 더 빠를지도 모른다. 구현한 코드를 이렇게 고쳐서 전과 후의 프로파일링 결과를 비교해보자.

CHAPTER 30

테스트 숙달하기

이 장의 내용

- 소프트웨어 품질 관리와 버그 추적 방법
- 단위 테스트
- 비주얼 C++ 테스팅 프레임워크를 이용한 실전 단위 테스트
- 퍼징(퍼즈 테스팅)
- 통합 테스트, 시스템 테스트, 회귀(리그레션) 테스트

테스트는 소프트웨어 개발 프로세스의 핵심 단계라고 깨달았다면 프로그래머로서 일정 수준을 넘어선 것이다. 버그는 우연히 발생하는 것이 아니다. 규모가 어느 정도 되는 프로젝트라면 항상 나타난다. **QA 팀**Quality Assurance team(**품질 관리 팀**) 팀의 역할도 중요하지만 테스트를 전적으로 QA 팀에게 맡길 수 없다. 코드를 작성하는 사람이 프로그래머인 만큼 작성한 코드가 정확한지 증명하는 일도 프로그래머가 맡아야 한다.

흔히 테스트를 두 가지로 구분한다. 하나는 테스터가 프로그램의 내부 작동 과정을 알면서 테스트를 수행하는 **화이트박스 테스트**white-box testing고, 다른 하나는 테스터가 프로그램의 내부 구현에 대해 전혀 모른 채 기능만 테스트하는 **블랙박스 테스트**black-box testing다. 둘 다 실전 수준의 품질을 보장하는 데 핵심적인 테스트 방법이다. 특히 블랙박스 테스트는 사용자의 행위를 그대로 반영하기 때문에 가장 기본적인 기법이다. 예를 들어 블랙박스 테스트는 버튼과 같은 인터페이스 요소를 검사하는 데 사용한다. 예를 들어 테스터는 버튼을 클릭했을 때 아무런 반응이 없다면 버그가 있다고 판단한다.

모든 부분을 블랙박스 테스트만으로 검사할 수 없다. 요즘 나온 프로그램은 모든 입력과 명령 조합에 대해 버튼을 클릭하는 방식으로 테스트하는 것이 불가능할 정도로 방대하다. 그러므로 코드의 내용을 알고 있다면 화이트박스 테스트를 적용하여 객체나 서브시스템 수준으로 테스트를 수행하는 것이 프로그램의 모든 실행 경로를 빠짐없이 검사해서 **테스트 커버리지**test coverage(프로그램의 전체 동작 중에서 테스트로 검사한 범위)를 확보하는 데 유리하다. 화이트박스 테스트는 블랙박스 테스트에 비해 자동화하기 쉬운 편이다. 이 장에서는 주로 화이트박스 테스트 기법을 소개한다. 개발 단계에서 프로그래머가 적용할 수 있기 때문이다.

이 장은 먼저 품질 관리의 개념을 개략적으로 소개한다. 그러면서 버그를 발견하고 관리하기 위한 접근 방법을 몇 가지 소개한다. 다음 절에서는 테스트 기법 중에서도 가장 간단하면서도 유용한 단위 테스트를 소개한다. 단위 테스트의 이론과 적용 방법을 소개하고 실제로 단위 테스트를 수행하는 예제도 살펴본다. 그런 다음 통합 테스트, 시스템 테스트, 회귀(리그레션) 테스트와 같은 하이레벨 테스트를 소개한다. 마지막으로 성공적인 테스트 작업에 도움이 되는 여러 가지 팁을 제시한다.

30.1 품질 관리

규모가 큰 소프트웨어 프로젝트는 주어진 기능을 모두 구현함과 동시에 완료되는 경우가 거의 없다. 개발 단계를 수행하는 동안이나 그 후에도 버그를 찾고 수정하는 작업이 항상 뒤따르기 마련이다. 그러므로 그룹 단위로 수행하는 프로젝트의 성공을 이끌어내기 위해서는 품질 관리에 대한 책임을 구성원이 함께 지고, 버그의 수명 주기를 제대로 이해하는 것이 중요하다.

30.1.1 테스트 책임자

소프트웨어 개발 조직마다 다양한 방식으로 테스트를 수행한다. 규모가 작은 스타트업은 제품 테스트를 전담하는 조직을 갖추지 못한 경우가 많다. 그러므로 개발자가 테스트 업무를 맡거나 제품에서 문제점을 찾는 작업에 회사 구성원 전체가 동원되기도 한다. 규모가 큰 조직은 QA 전담 직원이 있어서 제품이 주어진 기준에 맞는지 테스트한 뒤 출시(릴리스release) 여부를 결정한다. 그래도 여전히 개발자는 어느 정도 수준의 테스트 업무를 담당해야 한다. 테스트 업무를 정식으로 맡지 않은 개발자라도 전반적인 품질 보증 프로세스 차원에서 어느 정도 책임이 있다는 점을 인식할 필요가 있다.

30.1.2 버그의 수명 주기

실력이 뛰어난 개발팀은 릴리스 전이나 후에 언제든지 버그가 발생한다는 것을 알고 있다. 이러한 상황에 대처하는 방법은 다양하다. [그림 30-1]은 공식 버그 프로세스를 플로 차트(순서도) 형태로 표현한 것이다.

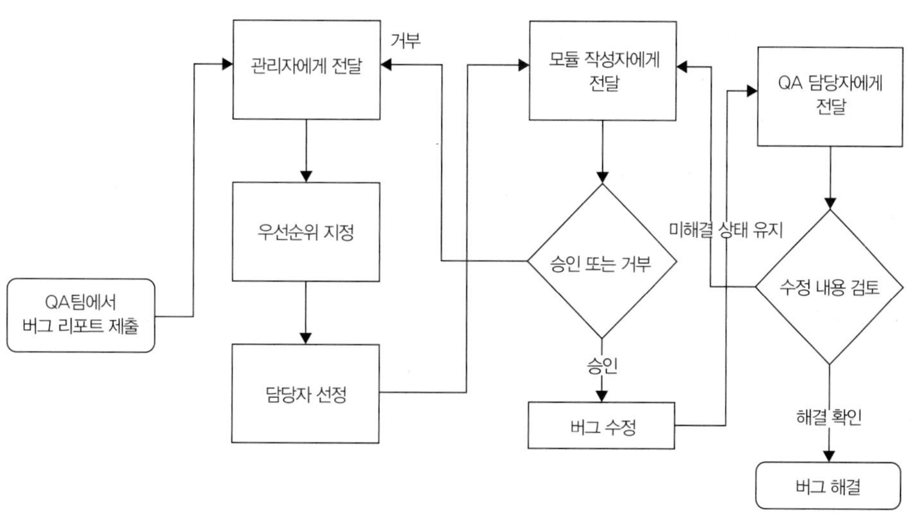

그림 30-1

이 프로세스에서 QA 팀원은 항상 버그에 대한 정보를 수집한다. 개발팀 관리자는 버그 리포팅 소프트웨어로부터 알아낸 버그 목록을 보고 우선순위를 매긴 다음 그 버그가 나온 코드를 담당한 개발자에게 알린다. 그러면 해당 개발자는 버그에 대한 책임이 자신에게 있다면 곧바로 해결하는 작업에 들어가고, 버그가 다른 모듈에서 나온 것이라면 담당자를 제대로 찾을 수 있도록 재빨리 관리자에게 알려야 한다.

자신이 담당한 코드에서 버그가 나왔다면 문제를 해결하고 나서 그 버그 항목에 '수정됨fixed'이라고 표시한다. 그러면 QA 담당자가 확인해서 정말 해결되었다면 '해결됨closed'이라고 표시하고, 여전히 버그가 발생한다면 미해결 상태로 남겨둔다.

[그림 30-2]는 이보다 간소화된 워크플로를 보여준다. 여기에서는 버그를 등록하고, 우선순위를 할당하고, 담당자를 선정하는 일을 누구나 할 수 있다. 모듈 담당자가 버그 리포트를 받으면 이를 수용하거나 다른 개발자에게 전달한다. 버그가 수정되었다면 '수정됨fixed'이라고 표시한다. 테스트 단계가 끝날 즈음 모든 개발자와 QA 담당자는 수정된 버그를 나눠 맡아서 현재 빌드 버전에서 더 이상 그 버그가 발생하지 않는지 확인한다. 모든 버그가 '해결됨'이라고 표시되었다면 릴리스한다.

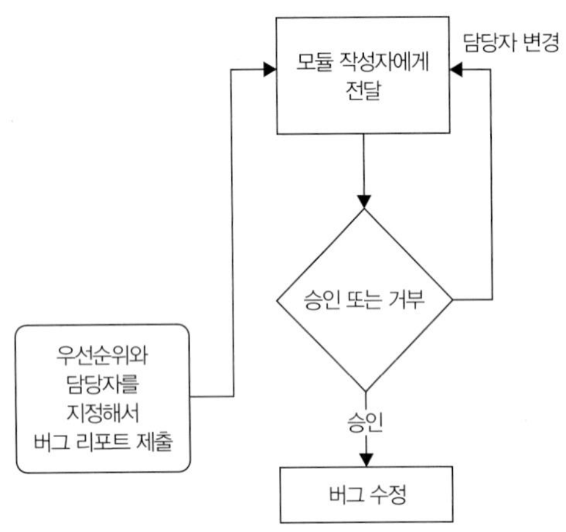

그림 30-2

30.1.3 버그 추적 도구

버그를 추적하는 방법은 다양하다. 스프레드시트 파일이나 이메일로 정리하는 단순한 방법부터 서드파티 버그 추적 소프트웨어bug-tracking software를 사용하는 방법도 있다. 어떤 방법이 적절한지는 조직의 규모, 소프트웨어의 속성, 버그 픽스 절차를 어느 수준으로 공식화할지에 따라 결정된다.

오픈소스 버그 추적 소프트웨어도 다양하게 나와 있다. 그중 대표적인 것으로 모질라 웹브라우저 개발자가 만든 **버그질라**Bugzilla(bugzilla.org)가 있다. 버그질라는 오픈소스 프로젝트로 시작해서 여러 가지 유용한 기능이 꾸준히 추가되면서 현재는 고가의 상용 버그 추적 소프트웨어와 맞먹는 수준에 이르렀다. 버그질라의 주요 기능을 몇 가지 소개하면 다음과 같다.

- 버그 설정(우선순위, 관련 컴포넌트, 상태 등)에 대한 커스터마이즈
- 새로 발생했거나 상태가 변경된 버그를 이메일로 알려주는 기능
- 버그와 해결 방법에 대한 의존성 추적
- 리포팅 및 검색 도구
- 버그를 수집하고 업데이트하기 위한 웹기반 인터페이스

[그림 30-3]은 이 책의 2판을 제작할 때 사용한 버그질라 프로젝트에 새로 발견한 버그를 입력하는 과정을 보여주고 있다. 필자는 이 책의 각 장을 버그질라 컴포넌트로 입력했다. 버그 보고자는 그 버그의 심각한 정도를 지정할 수 있다. 이 버그를 검색하거나 리포팅할 때 도움이 되는 요약과 설명도 입력한다.

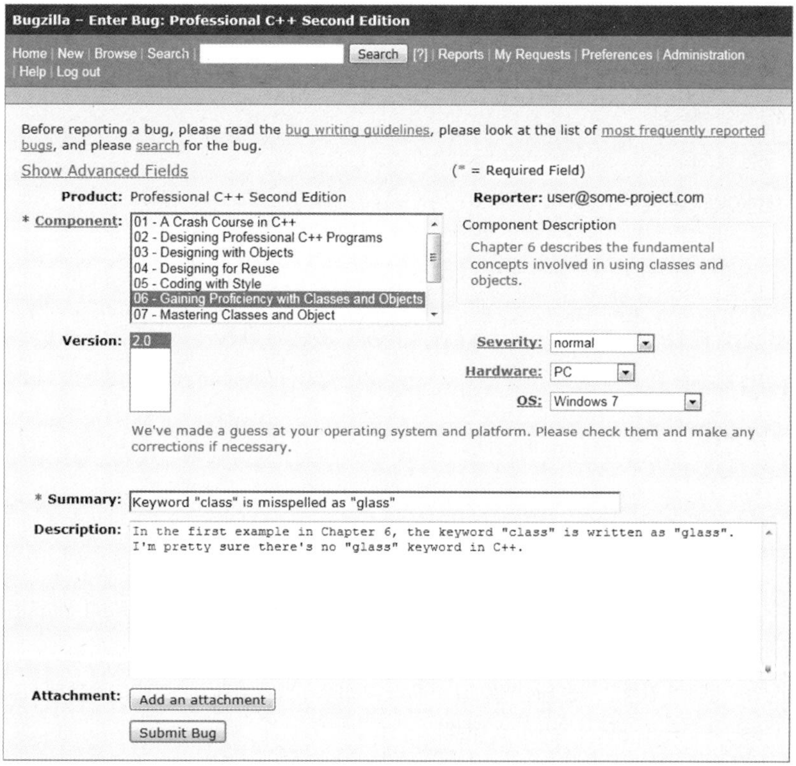

Bugzilla – Enter Bug: Professional C++ Second Edition

Home | New | Browse | Search | [Search] [?] | Reports | My Requests | Preferences | Administration | Help | Log out

Before reporting a bug, please read the bug writing guidelines, please look at the list of most frequently reported bugs, and please search for the bug.

Show Advanced Fields (* = Required Field)

Product: Professional C++ Second Edition **Reporter:** user@some-project.com

*** Component:**
01 - A Crash Course in C++
02 - Designing Professional C++ Programs
03 - Designing with Objects
04 - Designing for Reuse
05 - Coding with Style
06 - Gaining Proficiency with Classes and Objects
07 - Mastering Classes and Object

Component Description
Chapter 6 describes the fundamental concepts involved in using classes and objects.

Version: 2.0

Severity: normal
Hardware: PC
OS: Windows 7

We've made a guess at your operating system and platform. Please check them and make any corrections if necessary.

*** Summary:** Keyword "class" is misspelled as "glass"

Description: In the first example in Chapter 6, the keyword "class" is written as "glass". I'm pretty sure there's no "glass" keyword in C++.

Attachment: [Add an attachment]

[Submit Bug]

그림 30-3

버그질러와 같은 버그 추적 도구는 전문적인 소프트웨어 환경에서는 빠질 수 없는 요소다. 현재 발생한 버그 목록을 한 곳에서 관리할 수 있을 뿐만 아니라 예전에 발생한 버그와 수정 내역도 보관하기 때문이다. 예를 들어 고객 지원팀 직원이 현재 고객이 문의한 문제가 예전에도 발생한 적이 있는지 검색할 수 있다. 해결된 사례가 있다면 이를 해결한 버전으로 업데이트하거나 구체적인 해결 방법을 알려주는 방식으로 처리할 수 있다.

30.2 단위 테스트

버그는 테스트를 거쳐야 찾을 수 있다. 여러 가지 테스트 중에서도 개발자 입장에서 가장 중요한 것은 단위 테스트다. **단위 테스트**(**유닛 테스트**unit test)란 클래스나 서브시스템을 세부 기능 단위로 검사하는 것이다. 테스트 코드 중에서도 가장 구체적인 형태라고 볼 수 있다. 코드에서 수행하는 저수준의 작업마다 단위 테스트 코드를 최소 하나 이상 작성하는 것이 바람직하다. 예를 들어 덧셈과 곱셈 기능을 제공하는 수학 라이브러리를 작성한다고 하자. 그러면 단위 테스트를 다음과 같이 구성할 수 있다.

- 간단한 덧셈 테스트
- 큰 숫자에 대한 덧셈 테스트
- 음수에 대한 덧셈 테스트
- 0과 숫자에 대한 덧셈 테스트
- 덧셈의 교환 법칙 테스트
- 간단한 곱셈 테스트
- 큰 숫자에 대한 곱셈 테스트
- 음수에 대한 곱셈 테스트
- 0과 숫자에 대한 곱셈 테스트
- 곱셈의 교환 법칙 테스트

단위 테스트 코드를 제대로 작성했다면 다음과 같은 결과를 얻을 수 있다.

- 주어진 기능이 제대로 작동하는지 확인할 수 있다. 작성한 클래스를 사용하는 코드를 실행해보기 전까지는 제대로 작동하는지 알 수 없다.
- 최근 수정사항으로 문제가 발생한 것을 당장 알아낼 수 있다. 이러한 작업을 **회귀 테스트**(**리그레션 테스트**, regression test)라 부르며, 뒤에서 자세히 소개한다.

- 개발 프로세스에 적용할 때는 개발자가 작업을 시작할 때부터 반드시 문제를 해결하도록 절차를 마련해야 한다. 단위 테스트를 통과하지 못한 코드는 체크인하지 못하게 하면 문제를 즉시 해결하게 유도할 수 있다.
- 단위 테스트를 거치면 코드를 통합하기 전에 시험해볼 수 있다. 프로그램 전체를 다 만들고 난 뒤에 돌려봐도 되지만 실전에서 사용하는 프로그램은 규모가 방대해서 이렇게 접근하기 힘들다. 따라서 컴포넌트 단위로 나눠서 테스트해야 한다.
- 코드 활용 사례를 볼 수 있다는 점도 앞에 나온 항목에 못지않게 중요하다. 단위 테스트를 통해 다른 프로그래머가 코드를 쉽게 파악할 수 있다는 외부 효과도 있다. 예를 들어 다른 개발자가 작성한 수학 라이브러리로 행렬 곱셈을 수행하는 방법을 알고 싶을 때 이 기능에 대한 단위 테스트 코드를 보면 쉽게 파악할 수 있다.

30.2.1 단위 테스트 방법

단위 테스트를 하지 않거나 대충 작성하지 않는 한 단위 테스트 코드에서 문제가 발생할 일은 거의 없다. 대체로 테스트 코드가 많을수록 커버리지(적용 범위)도 넓어진다. 커버리지가 넓으면 버그를 발견할 가능성도 높아지고 상사나 고객에게 고개 들지 못할 일도 줄어든다.

효과적인 단위 테스트를 작성하는 방법은 다양하다. 28장에서 소개한 XP 방법론에서는 코드를 구현하기 전에 단위 테스트부터 작성하도록 강조한다.

테스트 코드부터 작성하면 구현할 컴포넌트에 대한 요구사항을 확실히 파악할 수 있을 뿐만 아니라 제대로 구현했는지 검토하는 기준으로 삼을 수 있다. 하지만 테스트부터 작성하기란 생각보다 쉽지 않다. 프로그래머도 굉장히 부지런해야 한다. 이렇게 하는 것이 자신의 코딩 스타일과 맞지 않다고 생각하는 프로그래머도 있다. 이보다 좀 더 느슨한 접근 방법은 테스트에 대한 **설계**만 하고, 실제 테스트 코드를 구현하는 작업은 뒤로 미루는 것이다. 이렇게 하는 것만으로도 프로그래머가 주어진 모듈의 요구사항을 확실히 파악할 수 있을 뿐만 아니라 아직 존재하지도 않는 클래스를 사용하도록 코드를 작성하는 부담도 피할 수 있다.

어떤 팀은 단위 테스트 코드를 반드시 모듈 작성자가 아닌 다른 사람이 작성하도록 정한다. 이렇게 하는 이유는 코드 구현자가 테스트 코드를 작성하면 무의식적으로 문제가 발생하는 부분을 피해가거나 코드에서 문제없는 부분만 테스트하는 경향이 있기 때문이다. 게다가 자신이 작성한 코드에서 버그를 찾는 작업을 진지하게 처리하지 않을 수도 있다. 단위 테스트 코드를 다른 개발자가 작성하려면 상당한 노력과 협조가 필요하다. 하지만 제대로 수행하면 테스트 효과를 극대화할 수 있다.

효과적인 단위 테스트를 작성하기 위한 또 다른 방법으로 코드의 모든 실행 영역을 최대한 검사하도록, 다시 말해 **코드 커버리지**code coverage를 극대화하도록 작성하는 것이 있다. gcov(gcc.gnu.org/onlinedocs/gcc/Gcov.html)와 같은 코드 커버리지 도구를 사용하면 단위 테스트로 확인할 수 있는 코드 영역을 퍼센트 단위로 파악할 수 있다. 이렇게 하면 구현한 코드에서 실행 가능한 모든 경로를 제대로 테스트하게 만들 수 있다.

30.2.2 단위 테스트 프로세스

단위 테스트는 실제로 구현물이 나오기 훨씬 전인 프로젝트 시작 단계부터 적용해야 한다. 설계 단계에도 단위 테스트 가능성을 염두에 두면 소프트웨어에 대한 설계 결정에 영향을 미칠 수 있다. XP처럼 코드를 구현하기 전에 단위 테스트부터 작성하는 수준까지는 아니더라도 최소한 테스트에 대한 개략적인 방안을 마련하는 것이 좋다. 구현이 아닌 설계 단계에서도 상당히 효과가 있다. 이렇게 하면 작업을 제대로 정의해서 세분화할 수 있고, 각각의 세부 작업마다 테스트 기준도 마련할 수 있다. 예를 들어 데이터베이스에 접근하는 클래스에서 데이터를 추가하는 기능부터 구현했다면 여러 가지 단위 테스트를 모두 통과하고 나서 데이터베이스 항목을 업데이트, 조회, 삭제하는 다른 기능을 구현한다. 이때 각 기능을 구현할 때마다 반드시 테스트를 거친다.

다음 절에서는 단위 테스트를 설계하고 구현하는 데 바람직하다고 알려진 접근 방법을 소개한다. 다른 프로그래밍 방법론과 마찬가지로 단위 테스트에 대한 프로세스도 최선의 결과를 도출하는 것이 가장 좋다. 다양한 방법론을 직접 적용해보고 가장 적합한 것을 선정해서 사용하기 바란다.

1 테스트 구체화 수준 정하기

단위 테스트를 작성하는 과정도 어쩔 수 없이 시간을 잡아먹는다. 소프트웨어 개발자는 항상 시간에 쫓긴다. 일정을 맞추기 위해 단위 테스트를 건너뛰는 경우도 많다. 그렇게 하는 것이 시간을 절약한다고 생각하기 쉬운데 큰 그림을 놓치게 된다. 단위 테스트를 건너뛰면 언젠가 그 대가를 치르게 된다. 버그를 발견하는 시점이 소프트웨어 개발 단계에서 앞 단계로 갈수록 비용이 적게 든다. 단위 테스트를 수행하는 과정에서 발견한 버그는 다른 사람에게 피해를 주기 전에 고칠 수 있다. QA 담당자가 검토하는 단계에서 발견한 버그는 해결 비용이 대체로 많이 든다. 이 단계에서 버그를 발견하면 일단 관리할 버그 항목이 늘고, 다시 개발 단계를 거슬러 올라가서 문제를 해결하는 작업을 수행하고, 이렇게 수정된 내용을 QA 담당자가 다시 검토해야 한다. QA 프로세스에서 미처 걸러내지 못한 버그가 고객에게 전달되면 비용은 더욱 증가한다.

테스트는 범위에 따라 **구체화 수준**granularity을 나눌 수 있다. 다음 표는 데이터베이스 클래스에 대한 단위 테스트 함수를 세 단계에 걸쳐 구체화하는 과정을 보여주고 있다.

개략적인 수준	중간 정도 수준	구체적인 수준
testConnection()	testConnectionDropped()	testConnectionThroughHTTP()
testInsert()	testInsertBadData()	testConnectionLocal()
testUpdate()	testInsertStrings()	testConnectionErrorBadHost()
testDelete()	testInsertIntegers()	testConnectionErrorServerBusy()
testSelect()	testUpdateStrings()	testInsertWideCharacters()
	testUpdateIntegers()	testInsertLargeData()
	testDeleteNonexistentRow()	testInsertMalformed()
	testSelectComplicated()	testUpdateWideCharacters()
	testSelectMalformed()	testUpdateLargeData()
		testUpdateMalformed()
		testDeleteWithoutPermissions()
		testDeleteThenUpdate()
		testSelectNested()
		testSelectWideCharacters()
		testSelectLargeData()

표에서 알 수 있듯이 왼쪽에서 오른쪽으로 갈수록 테스트 내용이 구체화된다. 테스트 수준이 구체화될수록 고려해야 할 에러 발생 조건, 입력 데이터 종류, 연산 종류도 구체화된다.

물론 어느 수준에서 시작할지 뚜렷이 정해진 규칙은 없다. 여기서 테스트하는 데이터베이스 클래스는 개념 검증용으로만 사용하고 실전에서는 활용하지 않을 가능성도 있다. 그렇다면 간단히 몇 가지 사항만 테스트해도 충분하다. 나중에 그 클래스의 활용도가 높아지면 그때 테스트를 더 추가하면 된다. 나중에 용도가 크게 달라질 수 있다. 예를 들어 데이터베이스 클래스를 처음 작성할 당시에는 다양한 언어를 사용할 계획이 없을 수도 있다. 그러다 나중에 여러 언어를 지원하기로 했다면 이 기능에 특화된 단위 테스트를 반드시 수행해야 한다.

단위 테스트를 기능 구현의 일부로 볼 수도 있다. 기능이 바뀌면 기존 테스트 코드를 살짝 수정해서 적용하지 말고, 테스트 코드를 새로 작성해서 기존 테스트와 비교해봐야 한다. 버그를 발견해서 해결했다면 수정된 버전에 맞게 단위 테스트를 새로 작성한다.

NOTE_ 단위 테스트는 테스트 대상이 되는 서브시스템의 일부다. 서브시스템을 점진적으로 개선하듯이 단위 테스트도 점진적으로 개선해야 한다.

2 개별 테스트에 대한 브레인스토밍

시간이 지날수록 코드에서 반드시 테스트할 메서드나 입력 등이 떠오를 것이다. 이러한 사항은 여러 차례 시행착오를 거치거나 다른 팀원이 작성한 단위 테스트를 보면서 생각날 수 있다. 이 과정에서 어느 프로그래머가 단위 테스트를 잘하는지도 드러난다. 이런 개발자가 작성한 테스트를 보면 구성이 체계적이고 수정 작업도 자주 하는 것을 알 수 있다.

단위 테스트를 본능적으로 수행할 경지에 이르기 전에는 브레인스토밍brainstorming을 통해 테스트를 구성하도록 접근하는 것이 좋다. 브레인스토밍 아이디어를 얻기 위해 다음과 같은 질문을 고려한다.

- 이 코드 조각이 하려는 일은 무엇인가?
- 메서드를 주로 어떤 방식으로 호출하는가?
- 메서드를 호출할 때 어기기 쉬운 선행 조건으로 어떤 것이 있나?
- 메서드를 잘못 사용할 경우로 어떤 것이 있나?
- 어떤 종류의 데이터가 입력된다고 가정하고 있나?
- 어떤 종류의 데이터가 입력되면 안 된다고 가정하는가?
- 특수한 경우나 예외 상황으로 어떤 것이 있나?

이러한 질문에 대해 공식적인 답변을 작성할 필요는 없지만(관리자가 이 책이나 특정한 테스트 방법론에 대한 열성적인 추종자가 아닌 경우), 이 과정을 거치면 단위 테스트에 대한 개략적인 아이디어를 얻기 쉽다. 앞에서 본 데이터베이스 클래스에 대한 테스트 함수는 이러한 질문에 대한 답변에 따라 정리한 것이다.

단위 테스트 항목을 개략적으로 도출했다면 각각을 항목별로 나눈 뒤 좀 더 세분화한다. 데이터베이스 클래스의 예에서는 테스트를 다음과 같이 분류할 수 있다.

- 기본 테스트
- 에러 테스트
- 현지화 테스트
- 잘못된 입력 테스트
- 복잡한 테스트

이렇게 테스트를 항목별로 구분하면 테스트 항목을 찾거나 보완하기 좋다. 또한 코드의 어떤 부분이 제대로 테스트되었는지, 또 어떤 부분을 좀 더 테스트해야 하는지 쉽게 파악할 수 있다.

> **CAUTION_** 간단한 테스트만 방대하게 나열하기 쉬운데, 복잡한 케이스도 빼먹지 않도록 주의한다.

3 샘플 데이터와 결과 마련하기

단위 테스트 코드를 작성하는 과정에서 코드의 동작을 검증하도록 작성하지 않고 코드의 동작에 테스트 코드를 끼워 맞추는 실수를 저지르기 쉽다. 데이터베이스에서 특정한 항목을 조회하는 기능을 검사하는 단위 테스트 코드를 작성할 때 구현 코드와 똑같이 조회 연산을 수행하면 구현 코드에 있는 문제를 제대로 걸러낼 수 없다. 구현 코드가 올바르다고 가정하고 테스트를 그에 맞게 수정하는 것이 더 쉬운 경우가 많다. 이 접근법은 대부분 잘못된 방향으로 빠지게 된다.

이런 실수를 저지르지 않게 하려면 테스트 코드에 제공할 입력을 잘 파악해서 실제로 테스트하기 전에 예상 결과를 미리 마련해야 한다. 생각보다 어렵지 않다. 예를 들어 주어진 키로 텍스트의 일정 영역을 암호화하는 코드를 작성한다고 하자. 이때 고정된 길이의 스트링을 입력받아서 암호화 모듈로 전달하도록 단위 테스트를 구성하면 무난하다. 그런 다음 제대로 암호화되었는지 결과를 검토하면 된다.

이렇게 테스트 코드를 작성할 때 암호화 모듈의 동작을 보고 나서 결과를 확인하는 식으로 처리하기 쉽다. 예를 들어 코드를 보니 동작에 문제가 없어 보여서 결괏값만 확인하는 방식으로 테스트를 구성하기 쉽다. 하지만 이렇게 하면 실질적으로 아무 것도 검사할 수 없다. 코드를 테스트하지 않고 리턴값이 같은지만 확인하기 때문이다. 때로는 테스트 코드를 작성하기 위해 실제로 어떤 작업을 수행해야 한다. 암호화 모듈의 결과가 정확한지 확인하려면 암호화 모듈과 별개로 텍스트를 암호화하는 작업을 실제로 해봐야 한다.

> **CAUTION_** 실제로 테스트를 수행하기 전에 정확한 출력값을 미리 정해둔다.

4 테스트 코드 작성하기

테스트 코드를 작성하는 방식은 현재 사용하는 테스트 프레임워크에 따라 달라진다. 이 장 뒷부분에서 테스트 프레임워크 중 하나인 마이크로소프트 비주얼 C++ 테스팅 프레임워크를 소개한다. 하지만 사용하는 프레임워크 종류에 관계없이 다음과 같은 가이드라인을 따르면 테스트를 효과적으로 구성하는 데 도움이 된다.

- 각 테스트에서 한 가지만 테스트해야 한다. 그래야 테스트를 통과하지 못할 때 문제가 있는 기능을 명확히 알 수 있다.
- 테스트 코드를 구체적으로 작성한다. 익셉션이 발생해서 통과하지 못했는지 아니면 리턴값이 잘못돼서 통과하지 못했는지 명확히 표현한다.
- 테스트 코드에서 로그를 상세히 남긴다. 테스트가 실패한 경우에 구체적으로 어떤 현상이 발생했는지 파악하는 데 도움이 된다.
- 다른 테스트에 의존하거나 여러 테스트가 얽히게 작성하면 안 된다. 테스트는 반드시 독립적이어야 한다.
- 테스트에서 다른 서브시스템을 사용할 때는 실제 서브시스템을 사용하지 말고, 그 동작을 흉내 내는 **스텁**(stub)이나 **목업**(mock)을 사용하는 것이 좋다. 이러한 스텁 또는 목업은 흉내 대상이 되는 서브시스템과 동일한 인터페이스로 만든다. 그러므로 실제 서브시스템 구현 자리에 대신 넣어서 사용할 수 있다. 예를 들어 단위 테스트 과정에서 사용하는 데이터베이스가 단위 테스트의 대상이 아니라면 그 데이터베이스 인터페이스에 대한 목업을 구현해서 실제 데이터베이스 대신 사용한다. 이런 식으로 단위 테스트를 수행할 때는 실제 데이터베이스에 연결하지 않아도 된다. 또한 테스트 대상이 아닌 서브시스템의 버그로 인해 테스트를 통과하지 못하는 일도 막을 수 있다.
- 단위 테스트 코드가 잘 작성되었는지 코드 리뷰어(검토자)의 검토를 받는다. 코드를 리뷰할 때는 빠진 부분이 없는지 동료 개발자에게 물어본다.

이 장 뒷부분에서 소개하겠지만 단위 테스트는 대체로 아주 작고 단순해야 한다. 간단한 단위 테스트 하나를 작성하는 데 대체로 몇 분 정도면 충분하기 때문에 시간 대비 효율이 가장 높다.

5 테스트 코드 실행하기

테스트 코드를 다 작성했다면 더 큰 피해가 발생하기 전에 당장 실행해본다. 화면에 단위 테스트를 통과했다는 문장이 하나씩 표시되는 것을 지켜보는 재미가 꽤 쏠쏠하다. 개발자가 코드의 정확성을 확인하는 방법 중에서 단위 테스트가 가장 쉽다.

코드를 구현하기 전에 테스트부터 작성하도록 정한 방법론을 적용할 때도 테스트 코드를 작성한 즉시 실행해야 한다. 그래야 테스트가 제대로 구성되었는지 조기에 확인할 수 있다. 물론 구체적인 데이터는 실제 구현 코드를 완성한 후에 얻을 수 있다.

한 번에 모든 테스트를 통과하기란 쉽지 않다. 이론적으로 코드를 구현하기 전에 테스트부터 작성하면 대부분 통과하지 못한다. 그중 하나가 통과되었다면 아직 만들지도 않은 코드가 마법처럼 나타나거나 테스트 코드 자체에 문제가 있다는 뜻이다. 코드 구현이 끝나고 나서도 테스트를 통과하지 못했다면 구현에 문제가 있거나 테스트 코드에 문제가 있는 것이다(참고로 테스트에 통과하지 못하면 코드 구현이 끝나지 않았다고 보는 사람도 있다).

단위 테스트는 반드시 자동화해야 한다. 방법은 여러 가지가 있다. 한 가지 방법은 지속적인 통합 빌드continuous integration build의 일부분으로 수행하는 것이다. 또는 매일 밤 일정한 시각에 모든 단위 테스트를 한 번씩 자동으로 수행하는 전용 시스템을 갖춰도 된다. 이런 시스템은 단위 테스트를 통과하지 못할 때마다 개발자에게 이메일로 알려준다. 또 다른 방법은 개발자가 코드를 컴파일할 때마다 단위 테스트를 수행하도록 로컬 개발 환경을 적절히 설정하는 것이다. 이렇게 하려면 단위 테스트를 최대한 작고 효율적으로 작성해야 한다. 수행하는 데 오래 걸리는 단위 테스트가 있다면 테스트 작업만 수행하는 시스템을 별도로 구축한다.

30.2.3 단위 테스트 실습하기

이제 단위 테스트에 대한 이론을 어느 정도 익혔으니 테스트 코드를 실제로 작성해보자. 다음 코드는 29장에서 소개한 객체 풀 예제에서 가져왔다. 간단히 복습하면 객체 풀은 과도한 객체 생성 작업을 방지하기 위해 만든 클래스다. 객체 풀은 이미 생성된 객체를 관리하면서 풀에 있는 객체와 특정 타입의 객체를 필요로 하는 코드 사이에서 브로커 역할을 한다.

ObjectPool 클래스의 인터페이스는 다음과 같다. 자세한 내용은 29장을 참조한다.

```
export template <typename T, typename Allocator = std::allocator<T>>
class ObjectPool
{
    public:
        ObjectPool() = default;
        explicit ObjectPool(const Allocator& allocator);
        virtual ~ObjectPool();

        // 이동 생성과 이동 대입을 허용한다.
        ObjectPool(ObjectPool&& src) noexcept = default;
        ObjectPool& operator=(ObjectPool&& rhs) noexcept = default;

        // 대입과 값 전달 방식을 취소한다.
        ObjectPool(const ObjectPool&& src) = delete;
        ObjectPool& operator=(const ObjectPool& rhs) = delete;

        // 사용할 객체를 예약하고 리턴한다. 인수를 지정할 수 있으며,
        // 주어진 인수는 모두 T의 생성자로 그대로 전달된다.
        template <typename... Args>
        std::shared_ptr<T> acquireObject(Args... args);
};
```

1 마이크로소프트 비주얼 C++ 테스팅 프레임워크

마이크로소프트 비주얼 C++는 테스트 프레임워크(비주얼 C++ 테스팅 프레임워크)를 기본으로 제공한다. 단위 테스팅 프레임워크를 활용하면 개발자는 테스트를 설정하고, 이 과정에 필요한 로직을 빌드하고, 결과를 수집하는 작업에 신경 쓸 필요 없이 테스트 작성에만 집중할 수 있다. 이 절에서는 비주얼 C++ 2019를 기준으로 설명한다.

> **NOTE_** 비주얼 C++이 없더라도 오픈소스로 제공되는 단위 테스트 프레임워크를 활용하면 된다. 예를 들면 **구글 테스트**(`github.com/google/googletest`)와 **부스트 테스트 라이브러리**(`www.boost.org/doc/libs/1_73_0/libs/test/`)도 있다. 둘 다 테스트 개발자에게 유용한 유틸리티를 다양하게 제공하고 있으며, 결과를 자동으로 출력하는 옵션을 다양하게 설정할 수 있다.

비주얼 C++ 테스팅 프레임워크를 시작하려면 먼저 프로젝트부터 만들어야 한다. 예를 들어 `ObjectPool` 클래스를 테스트하는 과정은 다음과 같다.

1 비주얼 C++를 구동하고 프로젝트를 새로 만든 다음 메뉴에서 네이티브 단위 테스트 프로젝트(Native Unit Test Project)를 선택한 뒤 Next를 클릭한다.

2 프로젝트 이름을 지정하고 Create를 클릭한다.

3 그러면 마법사가 실행되면서 새로운 테스트 프로젝트를 생성한다. 이때 〈앞서 지정한 프로젝트 이름〉`.cpp`란 파일이 생성되는데, 솔루션 탐색기에서 이 파일을 선택해서 삭제한다. 단위 테스트 파일을 직접 작성할 것이기 때문이다. 솔루션 탐색기 창이 안 보인다면 보기(View) → 솔루션 탐색기(Solution Explorer)를 클릭한다.

4 솔루션 탐색기 창에서 앞서 만든 프로젝트를 마우스 오른쪽 버튼 클릭하고 속성(Properties)을 선택한다. 설정 속성(Configuration Properties) → C/C++ → 미리 컴파일된 헤더(Precompiled Headers)를 클릭한다. 미리 컴파일된 헤더 옵션을 '미리 컴파일된 헤더 사용 안 함(Not Using Precompiled Headers)'으로 설정하고 OK를 클릭한다. 또한 솔루션 탐색기에서 pch.cpp와 pch.h 파일을 선택해서 삭제한다. 미리 컴파일된 헤더 사용 기능은 빌드 시간을 향상시키기 위해 비주얼 C++에서 제공하는 기능인데, 지금 살펴볼 예제에서는 사용하지 않는다.

5 새로 만든 테스트 프로젝트에서 `ObjectPoolTest.h`와 `ObjectPoolTest.cpp`란 이름의 빈 파일을 생성한다.

이제 단위 테스트 코드를 추가해보자.

가장 흔히 사용하는 방법은 단위 테스트 코드를 **테스트 클래스**test class라는 논리적인 그룹으로 나누는 것이다. 그러므로 `ObjectPoolTest`란 이름으로 테스트 클래스를 생성한다. `ObjectPoolTest.h`의 기본 골격은 다음과 같다.

```
#pragma once
#include <CppUnitTest.h>

TEST_CLASS(ObjectPoolTest)
{
    public:
};
```

이 코드는 ObejctPoolTest란 테스트 클래스를 정의한다. 그런데 표준 C++ 문법과 조금 다르게 작성했다. 이렇게 해야 비주얼 C++ 테스팅 프레임워크가 테스트 코드를 자동으로 찾아낼 수 있다.

테스트 클래스에 정의된 테스트를 실행하기 전에 수행해야 할 작업이 있다면 초기화initialize 메서드를 만들고, 테스트가 실행된 후 정리를 수행해야 하는 경우 클린업cleanup 메서드를 만든다.

```
TEST_CLASS(ObjectPoolTest)
{
    public:
        TEST_CLASS_INITIALIZE(setUp);
        TEST_CLASS_CLEANUP(tearDown);
};
```

ObjectPool을 테스트하는 과정이 비교적 간단하고 독립적이기 때문에 setUp()과 tearDown()의 정의를 이렇게만 적어도 충분하다. 또는 둘 다 그냥 삭제해도 된다. 이 메서드가 필요하다면 ObjectPoolTest.cpp 코드의 앞부분에 다음과 같이 선언한다.

```
#include "ObjectPoolTest.h"

void ObjectPoolTest::setUp() { }
void ObjectPoolTest::tearDown() { }
```

초기 코드를 모두 작성했으니 이제부터 단위 테스트를 작성해보자.

NOTE_ 실전에서는 테스트 코드와 테스트할 코드를 별도의 프로젝트로 구성한다. 여기에서는 예제를 간단히 구성하기 위해 한 프로젝트에 모두 담았다.

2 첫 번째 테스트 코드

비주얼 C++ 테스팅 프레임워크를 처음 써보거나 단위 테스트 자체를 처음 작성해보는 독자를 위해 첫 번째 예제는 0 < 1이 맞는지 확인하는 아주 간단한 테스트를 만들겠다.

단위 테스트 하나는 테스트 클래스의 메서드 하나로 표현한다. 이 테스트를 추가하려면 다음과 같이 ObjectPoolTest.h 파일에 선언문을 추가한다.

```
TEST_CLASS(ObjectPoolTest)
{
    public:
        TEST_CLASS_INITIALIZE(setUp);
        TEST_CLASS_CLEANUP(tearDown);

        TEST_METHOD(testSimple); // 첫 번째 테스트 예제
};
```

이 테스트를 실제로 수행하는 코드는 Microsoft::VisualStudio::CppUnitTestFramework 네임스페이스에 정의된 Assert::IsTrue()로 구현한다. Assert::IsTrue()는 주어진 표현식이 true를 리턴하는지 검사한다. 만약 false를 리턴한다면 테스트가 실패한다. Assert는 다양한 헬퍼 함수를 제공한다. 예를 들어 AreEqual(), IsNull(), Fail(), ExpectException() 등이 있다. testSimple에서는 0이 1보다 작은지 확인한다. ObjectPoolTest.cpp 파일을 다음과 같이 업데이트한다.

```
#include "ObjectPoolTest.h"

using namespace Microsoft::VisualStudio::CppUnitTestFramework;

void ObjectPoolTest::setUp() { }
void ObjectPoolTest::tearDown() { }

void ObjectPoolTest::testSimple()
{
    Assert::IsTrue(0 < 1);
}
```

이게 전부다. 물론 실전에서 작성하는 코드는 이보다 의미 있고 좀 더 복잡할 것이다. 여기서 보듯이 특정한 연산을 수행하고 나서 그 결과가 예상대로 나왔는지 확인하는 패턴으로 구성한다. 비주얼 C++ 테스팅 프레임워크를 활용하면 익셉션마저 신경 쓸 필요가 없다. 프레임워크가 알아서 익셉션을 잡아서 필요한 것을 알려준다.

3 테스트를 빌드해서 실행하기

빌드 → 솔루션 빌드를 클릭해서 방금 작성한 솔루션을 빌드한 다음 테스트 탐색기(테스트 → 창 → 테스트 탐색기)를 띄운다(그림 30-4).

솔루션을 빌드하고 나면 테스트 탐색기에 단위 테스트 항목이 자동으로 검색되어 표시된다. 이 예제에서는 `testSimple`이란 단위 테스트 항목이 나타난다. 이 창의 좌측 상단에 있는 '모두 실행[Run All]' 링크를 클릭하면 테스트를 실행할 수 있다. 이렇게 실행하면 테스트 탐색기에 각 테스트가 성공하거나 실패했는지 표시된다. 이 예제는 단위 테스트가 하나만 있고 무조건 성공하기 때문에 [그림 30-5]와 같이 결과가 나온다.

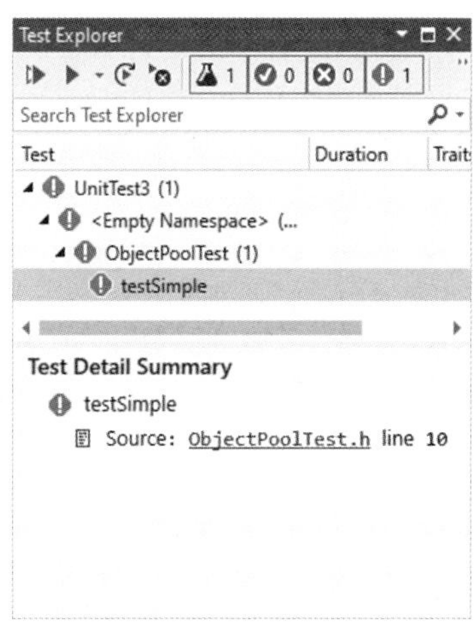

그림 30-4

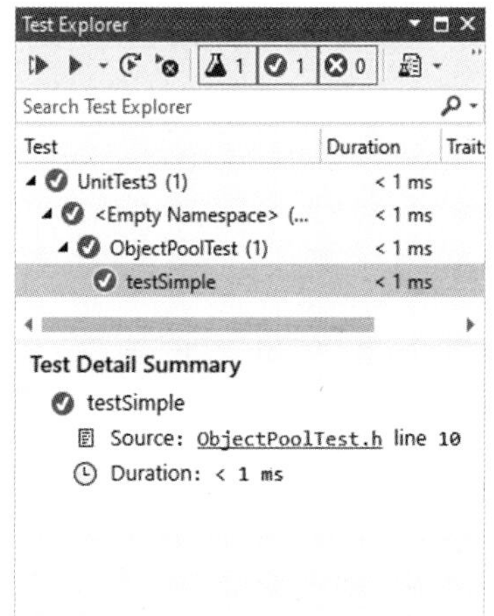

그림 30-5

테스트 코드에서 검사 조건을 1 < 0로 바꾸면 테스트가 항상 실패하게 된다. 그러면 [그림 30-6]처럼 테스트 탐색기에 실패했다고 표시된다.

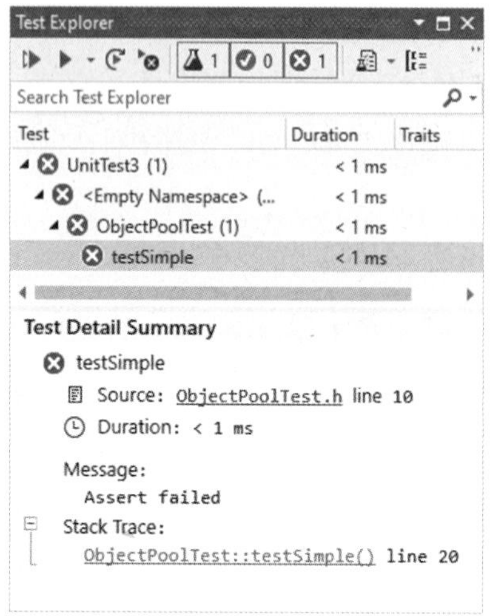

그림 30-6

테스트 탐색기의 아래쪽을 보면 선택한 단위 테스트에 대한 유용한 정보가 표시된다. 실패한 단위 테스트에 대해서는 어디서 실패했는지 보여준다. 예제에서는 1 < 0이란 어서션assertion에서 실패했다고 표시된다. 또한 실패할 당시의 스택 트레이스도 볼 수 있다. 해당 스택 트레이스에 대한 하이퍼링크를 클릭하면 문제가 발생한 지점으로 곧장 이동한다. 이 기능은 디버깅할 때 굉장히 유용하다.

4 네거티브 테스트

테스트가 **반드시 실패**하도록 **네거티브 테스트**negative test를 작성할 수도 있다. 예를 들어 특정한 메서드가 익셉션을 제대로 던지는지 확인할 때 네거티브 테스트를 활용한다. 비주얼 C++ 테스팅 프레임워크는 예상되는 익셉션을 처리하는 `Assert::ExpectException()` 함수를 제공한다. 예를 들어 다음에 나온 단위 테스트는 `ExpectException()`으로 `std::invalid_argument` 익셉션을 던지는 람다 표현식을 실행한다. `ExpectException()`의 템플릿 타입 매개변수에 원하는 익셉션 타입을 지정한다.

```
void ObjectPoolTest::testException()
{
    Assert::ExpectException<std::invalid_argument>(
        []{ throw std::invalid_argument { "Error" }; },
        L"Unknown exception caught.");
}
```

5 실제 테스트하기

이제 프레임워크를 설정하고 간단한 테스트를 통해 제대로 작동하는 것을 확인했으니 ObjectPool 클래스를 실제로 테스트하는 코드를 작성해보자. 다음에 나온 코드를 앞에서 본 예제처럼 ObjectPoolTest.h와 ObjectPoolTest.cpp에 추가한다.

먼저 방금 만든 ObjectPoolTest.h 다음에 ObjectPool.h 헤더 파일을 복사해 놓고 프로젝트에 추가한다.

테스트 코드를 작성하기 전에 먼저 ObjectPool 클래스에서 사용할 헬퍼 클래스를 만든다. ObjectPool은 특정한 타입의 객체를 생성해서 요청한 측에 전달한다. 테스트 코드를 작성할 때 여기서 전달한 객체가 이전에 전달한 객체와 같은지 확인해야 한다. 한 가지 방법은 일정하게 증가하는 일련번호를 객체마다 매겨서 객체 풀로 만드는 것이다. 다음 코드는 이런 클래스를 정의하는 Serial.cppm 모듈 인터페이스 파일 보여준다.

```
module;
#include <cstddef>  // size_t 때문에 추가

export module serial;

export class Serial
{
    public:
        // 새 객체는 다음번 일련번호를 받는다.
        Serial() : m_serialNumber{ ms_nextSerial++ } {}
        size_t getSerialNumber() const { return m_serialNumber; }
    private:
        static inline size_t ms_nextSerial{ 0 }; // 최초의 일련번호는 0
        size_t m_serialNumber;
};
```

이제 테스트 코드를 작성한다. 초기 검사를 위해 객체 풀을 생성하는 테스트를 작성할 수도 있다. 이 과정에서 익셉션이 하나라도 발생하면 비주얼 C++ 테스팅 프레임워크가 에러를 알려준다. 이 코드는 **AAA 원칙**AAA principle (Arrange, Act, Assert)에 따라 작성했다. 먼저 테스트를 구동하는 데 필요한 사항을 모두 설정한 뒤 원하는 작업을 수행한 다음 마지막으로 예상된 결과가 나오는지 확인한다. 이를 **if-when-then 원칙**이라고도 부른다. 이때 단위 테스트 코드의 주석 앞에 (IF), (WHEN), (THEN)을 추가해서 세 가지 단계가 명확히 드러나게 해주면 좋다.

```
void ObjectPoolTest::testCreation()
{
    // (IF) 아무 일 없음

    // (WHEN) 객체 풀 생성
    ObjectPool<Serial> myPool;

    // (THEN) 익셉션을 던지지 않음
}
```

TEST_METHOD(testCreation); 문장도 잊지 말고 헤더 파일에 추가한다. 그 후에 나온 모든 테스트에 이 문장이 적용된다. 또한 ObjectPoolTest.cpp 소스 파일에 object_pool과 serial 모듈을 임포트하는 문장도 추가한다.

```
import object_pool;
import serial;
```

두 번째 테스트인 testAcquire()는 ObjectPool에서 객체를 제공하는 기능을 검사한다. 이 예제에서는 검사할 항목이 그리 많지 않다. 결과로 나온 Serial 레퍼런스가 맞는지 검사하기 위해 테스트 코드에 다음과 같이 일련번호가 0보다 크거나 같은지 검사하도록 작성한다.

```
void ObjectPoolTest::testAcquire()
{
    // (IF) 시리얼 객체에 대한 객체 풀이 생성된 경우
    ObjectPool<Serial> myPool;
    // (WHEN) 객체를 가져온다
    auto serial { myPool.acquireObject() };
    // (THEN) 올바른 시리얼 객체를 가져온다.
    Assert::IsTrue(serial->getSerialNumber() >= 0);
}
```

다음에 작성할 테스트는 좀 더 흥미롭다. ObjectPool은 똑같은 Serial 객체를 두 번 이상 제공하면 안 된다. 이 테스트는 풀에 있는 객체를 조회하면서 ObjectPool에 중복이 발생하는지 검사한다. 조회한 객체가 for 문을 한 바퀴 돌 때마다 풀에 자동으로 회수되지 않도록 vector에 저장해둔다. 풀이 고유한 객체만 제공한다면 일련번호가 중복되는 일이 발생하지 않을 것이다.

여기에서는 표준 라이브러리에서 제공하는 vector와 set 컨테이너로 구현한다. 이 컨테이너에 대한 자세한 사항은 18장을 참조한다. 이 코드를 실행하려면 <memory>, <vector>, <set>을 임포트한다.

```
void ObjectPoolTest::testExclusivity()
{
    // (IF) 시리얼 객체에 대해 객체 풀이 생성됨
    ObjectPool<Serial> myPool;
    // (WHEN) 풀에서 객체를 여러 개 가져옴
    const size_t numberOfObjectsToRetrieve { 10 };
    vector<shared_ptr<Serial>> retrievedSerials;
    set<size_t> seenSerialNumbers;

    for (size_t i { 0 }; i < numberOfObjectsToRetrieve; i++) {
        auto nextSerial { myPool.acquireObject() };

        // 조회한 Serial이 사라지지 않도록 vector에 추가한다.
        // 일련번호는 set에 저장한다.
        retrievedSerials.push_back(nextSerial);
        seenSerialNumbers.insert(nextSerial->getSerialNumber());
    }

    // (THEN) 조회한 일련번호가 모두 다른지 확인
    Assert::AreEqual(numberOfObjectsToRetrieve, seenSerialNumbers.size());
}
```

마지막으로 해제 기능이 제대로 작동하는지 검사한다. 객체가 반환되면 ObjectPool은 이 객체를 나중에 다시 요청한 측에 제공할 수 있다. 객체 풀은 모든 객체를 재사용할 때까지 객체를 새로 만들면 안 된다.

이 테스트는 풀에서 Serial 객체를 열 개 가져와서 vector에 보관한 뒤 가져온 Serial에 일련번호를 기록한다. 그러고 나서 vector에 담긴 객체를 풀에 반환하고 vector를 비운다.

이 테스트의 두 번째 단계는 풀에서 Serial 객체 열 개를 다시 가져와서 vector에 보관한다. 조회한 객체는 첫 번째 단계에서 본 것처럼 일반 포인터를 갖고 있어야 한다. 이를 통해 객체가 풀에서 제대로 재사용되는지 검사할 수 있다. 구현 코드는 std::sort() 알고리즘을 사용하므로 <algorithm>을 임포트해야 한다.

```
void ObjectPoolTest::testRelease()
{
    // (IF) 일련번호에 대해 객체 풀 생성
    ObjectPool<Serial> myPool;
    // (AND) 풀에서 객체 10개를 가져온 뒤 반환함.
    //       각 포인터는 저장함
    const size_t numberOfObjectsToRetrieve { 10 };

    // 풀에서 받은 포인터를 모두 기록하는 벡터
    vector<Serial*> retrievedSerialPointers;
    vector<shared_ptr<Serial>> retrievedSerials;
    for (size_t i { 0 }; i < numberOfObjectsToRetrieve; i++) {
        auto object { myPool.acquireObject() };
        retrievedSerialPointers.push_back(object.get());
        // 조회한 Serial을 vector에 보관한다.
        retrievedSerials.push_back(object);
    }
    // 객체를 모두 풀에 반환한다.
    retrievedSerials.clear();

    // 앞에 나온 반복문에서 Serial 객체를 열 개 생성해서 일련번호가 0부터 9까지 생겼다.
    // 그런 다음 열 개의 Serial 객체를 모두 풀로 반환했다.

    // (WHEN) 다음 반복문은 먼저 Serial 객체를 다시 열 개 가져온다.
    //        각 포인터를 모두 저장한다.
    vector<Serial*> newlyRetrievedSerialPointers;
    for (size_t i { 0 }; i < numberOfObjectsToRetrieve; i++) {
        auto object { myPool.acquireObject() };
        newlyRetrievedSerialPointers.push_back(object.get());
        // 받은 일련번호를 벡터에 저장한다.
        retrievedSerials.push_back(object);
    }
    // 객체를 모두 풀에 반환한다.
    retrievedSerials.clear();

    // (THEN) 새로 받은 객체 10개에 대한 주소는 모두 객체 10개를 가져오는
    //        첫 번째 루프에서 본 것이어야 한다.
    //        그래야 객체가 풀에서 재사용되었는지 확인할 수 있다.
    sort(begin(retrievedSerialPointers), end(retrievedSerialPointers));
    sort(begin(newlyRetrievedSerialPointers), end(newlyRetrievedSerialPointers));
    Assert::IsTrue(retrievedSerialPointers == newlyRetrievedSerialPointers);
}
```

앞에 나온 테스트 코드를 모두 추가한 뒤 실행하면 [그림 30-7]처럼 테스트 탐색기에 결과가 표시된다. 테스트에서 하나라도 실패한 것이 있다면 단위 테스트의 근본 문제인 '문제가 테스트 코드에 있는지 테스트 대상에 있는지' 고민해야 한다.

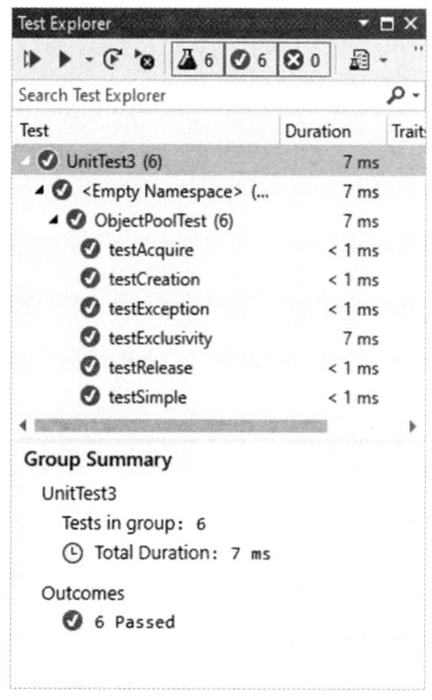

그림 30-7

6 테스트 코드 디버깅하기

비주얼 C++ 테스팅 프레임워크를 이용하면 실패한 단위 테스트를 디버깅하기 쉽다. 테스트 탐색기를 보면 실패 시점에 캡처된 스택 트레이스를 볼 수 있다. 여기에는 문제가 발생한 라인을 가리키는 하이퍼링크도 함께 제공된다.

그런데 간혹 단위 테스트를 디버거에서 직접 구동해서 변수의 값을 실행 시간에 살펴보거나, 코드를 한 줄씩 구동해보는 것이 도움이 될 때가 있다. 이렇게 하려면 단위 테스트 코드의 특정 지점에 중단점breakpoint(브레이크포인트)을 지정해야 한다. 그런 다음 테스트 탐색기에서 원하는 단위 테스트를 마우스 오른쪽 버튼으로 클릭해서 나온 메뉴에서 '디버그Debug'를 클릭한다. 그러면 선택한 테스트 항목을 디버거에서 구동해서 중단점에서 멈춘다. 그다음부터 코드를 원하는 방식으로 단계별로 실행하면 된다.

7 단위 테스트 결과를 최대한 활용하기

앞에서 소개한 내용은 실전에서 전문가 수준의 테스트 코드 작성법을 터득하기 위한 첫 걸음에 불과하다. 앞에 나온 예제를 통해 ObjectPool 클래스 템플릿에 대한 테스트 코드를 추가하는 방법을 어느 정도 감 잡았을 것이다.

예를 들어 전달된 객체 수와 메모리 덩어리를 새로 할당하지 않고도 사용 가능한 객체 수를 합한 값을 리턴하는 capacity() 메서드를 ObjectPool에 추가할 수 있다. 이 메서드는 vector에서 재할당 없이 저장 가능한 총 객체 수를 리턴하는 capacity() 메서드와 비슷하다. 이 메서드를 추가했다면 풀이 이전보다 두 배만큼 증가하는지 검사하는 테스트 코드를 추가할 수 있다.

주어진 코드에 대한 단위 테스트의 개수는 제한이 없다. 이 점이 바로 단위 테스트의 가장 큰 장점이다. 특정한 상황에서 코드가 어떻게 반응하는지 궁금하다면 단위 테스트를 해보면 된다. 서브시스템의 동작에 문제가 있는 부분에 대해 집중적으로 단위 테스트를 수행해볼 수도 있다. 클라이언트 입장에서 클래스의 동작을 확인하기 위한 가장 좋은 방법도 단위 테스트를 작성해보는 것이다.

30.3 퍼징

퍼징Fuzzing 또는 **퍼즈 테스팅**Fuzz Testing이란 **퍼저**Fuzzer에 의해 자동 생성된 무작위 입력을 테스트 대상 프로그램이나 컴포넌트에 입력해서 제대로 처리하지 못하는 경우를 찾아내는 기법이다. 일반적으로 입력 데이터의 구성 방식을 대상 프로그램의 입력으로 지정한다. 명백히 잘못 구성된 입력은 파서에 의해 거부된다. 그러면 퍼저는 명백히 잘못 구성되지 않은 입력 데이터를 생성하는데, 이를 프로그램이 당장 거부하지 않더라도 나중에 실행하다가 문제가 발생할 수 있다. 퍼저는 입력 데이터를 무작위로 생성하기 때문에 전체 입력 공간을 커버하기 위해서는 리소스가 상당히 많이 필요하다. 한 가지 방법은 클라우드 환경에서 퍼징을 수행하는 것이다. 퍼징을 구현하기 위한 라이브러리는 다양하게 나와 있다. 예를 들어 리브퍼저libFuzzer(llvm.org/docs/LibFuzzer.html)와 홍퍼즈honggfuzz(github.com/google/honggfuzz)가 있다.

30.4 하이레벨 테스트

단위 테스트는 버그 방지라는 전장의 최전선에서 싸우고 있지만 사실 전체 테스트 과정의 일부분일 뿐이다. 단위 테스트가 코드의 특정한 부분만 좁게 검사하는 데 반해 하이레벨 테스트는 제품의 각 부분이 제대로 맞물려 실행되는지 검사한다. 그러므로 하이레벨 테스트 코드를 작성하기가 더 어렵다. 테스트를 어떻게 구성해야 할지 명확하지 않기 때문이다. 그럼에도 불구하고 모든 부분이 제대로 맞물려 실행되는지 확인해야 프로그램이 제대로 작동하는지 판단할 수 있다.

30.4.1 통합 테스트

통합 테스트integration test는 컴포넌트들이 서로 마주치는 영역을 테스트한다. 클래스 단위를 다루는 단위 테스트와 달리 통합 테스트는 두 개 이상의 클래스가 맞물리는 영역을 다룬다. 통합 테스트는 여러 컴포넌트가 상호 작용하는 과정을 테스트하는 데 적합하다. 특히 각 컴포넌트를 서로 다른 프로그래머가 작성한 경우 진가를 발휘한다. 실제로 통합 테스트 코드를 작성하는 과정에 설계상의 문제점을 발견하는 경우도 많다.

1 통합 테스트의 예

통합 테스트를 작성하기 위한 정해진 규칙은 없다. 따라서 통합 테스트의 유용성을 맛보려면 몇 가지 예제를 살펴보는 것이 좋다. 이 절에서는 통합 테스트가 필요한 사례를 몇 가지 소개한다. 물론 이 예제 말고도 통합 테스트가 적합한 사례는 얼마든지 있다. 단위 테스트와 마찬가지로 통합 테스트도 경험이 쌓일수록 왜 필요한지 깊이 이해할 수 있다.

JSON 기반 파일 직렬화

특정한 종류의 객체를 디스크에 저장하거나 디스크에서 읽어오는 영속 계층persistence layer을 제공하는 경우를 생각해보자. 요즘은 데이터를 직렬화하는 데 JSON 포맷을 많이 사용한다. 따라서 커스텀 파일 API 위에 JSON 변환 계층을 두도록 컴포넌트를 논리적으로 구성한다. 두 컴포넌트는 각각 엄격한 단위 테스트를 거칠 수 있다. JSON 계층에 대해 단위 테스트를 할 때는 다양한 객체 타입이 JSON 포맷으로 제대로 변환되고, JSON으로 표현된 데이터가 각 타입에 맞게 객체로 변환되는지 확인하도록 구성한다. 파일 API에 대해 테스트할 때는 디스크에서 데이터를 읽거나, 디스크에 데이터를 쓰거나, 업데이트하거나, 삭제하는 기능이 제대로 수행되는지 검사한다.

컴포넌트가 서로 맞물려 돌아가는 부분은 통합 테스트로 검사한다. 적어도 JSON 계층을 통해 객체를 디스크에 저장한 뒤 그 데이터를 다시 읽어 들여 원본과 같은지 비교하는 통합 테스트를 해야 한다. 두 모듈의 작동을 모두 검사하기 때문에 통합 테스트에서 가장 기본적인 항목이라고 볼 수 있다.

공유 리소스에 대한 리더와 라이터

여러 컴포넌트가 공유하는 데이터 구조가 있다고 하자. 예를 들어 주식 거래 프로그램은 매수와 매도 요청을 보관하는 큐가 하나씩 있다. 주식 거래 요청을 받는 데 관련된 컴포넌트들은 이 큐에 거래 주문사항을 추가하고, 실제 주식 거래를 수행하는 컴포넌트는 이 큐에서 요청된 데이터를 하나씩 가져간다. 큐에 대한 클래스는 단위 테스트로 검사할 수 있지만, 이 큐를 여러 컴포넌트가 실제로 사용하는 동작을 검사하기 전까지는 설계 단계에서 생각했던 가정이 정말 맞는지 확신할 수 없다.

이런 상황에서 통합 테스트를 제대로 구성하려면 주식 거래의 요청을 처리하는 컴포넌트와 주식을 실제로 거래하는 컴포넌트를 큐 클래스의 클라이언트로 활용한다. 주문에 대한 예제를 몇 가지 만들어서 큐에 들어갔다가 나가는 과정이 클라이언트 컴포넌트를 통해 제대로 처리되는지 확인하도록 테스트 코드를 작성한다.

서드파티 라이브러리에 대한 래퍼

통합 테스트를 반드시 자신이 작성한 모듈끼리 만나는 지점에서만 할 필요는 없다. 의외로 자신이 작성한 코드와 서드파티 라이브러리가 상호 작용하는 부분에 대해 통합 테스트를 할 때가 많다.

예를 들어 데이터베이스 연결 라이브러리를 이용하여 관계형 데이터베이스 시스템을 다루는 경우가 있다. 편리한 인터페이스를 제공하거나 연결에 대한 캐싱 기능을 제공하기 위해 객체지향 래퍼를 제공할 수도 있을 것이다. 이럴 때는 반드시 통합 테스트를 거치는 것이 좋다. 래퍼가 아무리 데이터베이스에 대해 편리한 인터페이스를 제공해주더라도 원본 라이브러리를 잘못 사용할 가능성이 있기 때문이다.

다시 말해 래퍼를 제공하는 것 자체는 좋지만, 래퍼를 구현하는 과정에서 버그가 발생할 수 있는데 그러면 시스템 전체에 심각한 문제가 발생하게 된다.

2 통합 테스트 방법

실제로 통합 테스트를 수행하려 하면 통합 테스트와 단위 테스트 사이의 경계가 불분명할 때가 많다. 단위 테스트에서 다른 컴포넌트를 건드리도록 살짝 고치기만 하면 통합 테스트로 만들 수 있을까? 어떻게 보면 의미 없는 질문이다. 테스트만 제대로 할 수 있다면 테스트의 종류를 구분하는 것은 중요하지 않기 때문이다. 통합 테스트와 단위 테스트란 개념을 테스트에 대한 서로 다른 **접근 방식**으로 이해하는 것이 좋다. 테스트 유형을 분류하는 작업에 너무 얽매이지 않길 권장한다.

구현 관점에서 볼 때 흔히 단위 테스트 프레임워크에서 통합 테스트를 작성하는 경우가 많다. 그러면 두 테스트 사이의 경계가 더욱 불분명해진다. 실제로 수행해보면 단위 테스트 프레임워크는 yes/no를 판별하는 테스트를 작성해서 원하는 결과를 얻는 데는 굉장히 편하다. 프레임워크 관점에서 보면 특정한 기능만 다룰 때와 두 개 이상의 컴포넌트가 교체하는 부분을 다룰 때의 차이가 크지 않다.

하지만 성능이나 구성 관점에서 보면 단위 테스트와 통합 테스트를 구분하는 것이 좋다. 예를 들어 자신이 속한 팀은 새로 작성한 코드를 체크인하기 전에 통합 테스트는 반드시 거쳐야 하지만 관련 없는 단위 테스트에 대해서는 기준을 느슨하게 적용하도록 정할 수 있다. 두 가지 테스트를 별개로 취급하면 테스트 결과의 가치를 더욱 높일 수 있다. JSON 클래스에 대해서만 테스트하다가 실패하면 그 클래스와 파일 API가 상호 작용하는 과정이 아니라 그 클래스 안에서만 버그가 있다고 확신할 수 있다.

30.4.2 시스템 테스트

시스템 테스트system test는 통합 테스트보다 더 하이레벨 관점에서 테스트한다. 시스템 테스트를 할 때는 프로그램 전체를 대상으로 검사한다. 시스템 테스트를 수행할 때는 프로그램을 사용하는 사람을 흉내 내는 **가상 사용자**virtual user를 활용하는 경우가 많다. 물론 가상 사용자의 동작도 스크립트 형태로 만들어야 한다. 또 어떤 시스템 테스트는 예상되는 입력과 출력에 대한 값이나 스크립트를 미리 마련해놓고 그 값에 대해 테스트를 수행한다.

단위 테스트나 통합 테스트와 마찬가지로 시스템 테스트 역시 특정한 항목에 대해 수행한 결과가 원하는 값인지 확인하는 방식으로 구성한다. 시스템 테스트는 주로 여러 기능이 서로 얽혀 있는 경우를 검사할 때 수행한다.

이론적으로 시스템 테스트를 완벽하게 거치도록 구성하려면 각 기능에 대한 모든 조합에 대해 테스트를 수행해야 한다. 이렇게 접근하면 경우의 수가 순식간에 늘어나서 다루기 힘든 규모로 커지기가 쉽다. 그래도 최대한 많은 경우의 수를 다룰 수 있도록 최선을 다해 테스트를 구성해야 한다. 예를 들어 그래픽 프로그램에서 이미지를 가져와서 회전시키고 블러 필터를 적용한 뒤 흑백 이미지로 변환한 다음 저장하는 부분을 시스템 테스트로 검사할 수 있다. 이 기능을 테스트할 때는 저장된 이미지와 바람직한 결과를 표현한 파일을 서로 비교하는 방식으로 구성한다.

아쉽게도 시스템 테스트에 대해 뚜렷이 정해진 규칙이나 방법은 별로 없다. 구체적인 사항은 애플리케이션마다 크게 달라지기 때문이다. 사용자의 개입 없이 파일만 처리하는 프로그램에 대한 시스템 테스트는 단위 테스트나 통합 테스트와 큰 차이가 없다. 그래픽 프로그램의 경우 가상 사용자 방식으로 테스트를 구성하는 것이 가장 좋다. 서버 애플리케이션에 대해 시스템 테스트를 수행할 때는 네트워크 트래픽을 흉내 내는 스텁 클라이언트를 만드는 것이 좋다. 이때 명심할 점은 테스트하려는 대상은 프로그램의 일부분이 아닌 실제 사용 사례라는 것이다.

30.4.3 회귀 테스트

회귀 테스트(**리그레션 테스트**regression test)는 테스트 종류라기보다는 개념에 가깝다. 회귀 테스트가 나오게 된 배경은 개발자는 어떤 기능을 구현한 뒤 문제없을 것이라 가정하고 제쳐두기 쉽다는 데 있다. 실제로는 새로 추가한 기능이나 다른 코드 변경사항으로 인해 기존에 잘 돌던 기능에 얼마든지 문제가 발생할 수 있다.

회귀 테스트는 개발이 끝나고 나서 검사하거나, 이전에 제대로 작동하던 기능이 현재도 정상 상태를 유지하는지 검사하는 목적으로 주로 수행한다. 회귀 테스트를 제대로 작성했다면 코드 변경사항으로 인해 문제가 발생한 부분을 즉시 걸러낼 수 있다.

품질 보증 테스트 업무를 담당하는 인력이 풍부한 회사라면 회귀 테스트를 수동으로 수행하는 경우가 많다. 테스터는 이전 버전에서 제대로 작동했던 기능들을 사용자 입장에서 하나씩 검사한다. 제대로만 수행한다면 가장 완벽하게 검사할 수 있지만 확장성은 그리 뛰어나지 않다.

이와 반대로 가상 사용자를 활용하여 각 기능을 완전히 자동화된 방식으로 테스트할 수도 있다. 이렇게 하면 스크립트를 작성하는 것이 어려울 수도 있다. 물론 다양한 종류의 애플리케이션에 대해 스크립트를 작성하는 작업을 쉽게 도와주는 상용 또는 무료 패키지가 많이 나와 있다.

두 가지 방식을 절충한 것으로 **스모크 테스트**smoke testing란 것이 있다. 예를 들어 애플리케이션에서 가장 중요한 기능에 대해서만 테스트한다. 여기서 핵심은 문제가 있다면 즉시 발견하는 데 있다. **스모크 테스트**를 통과한 뒤에 좀 더 엄격한 수동 혹은 자동 테스트를 수행하도록 구성할 수도 있다. 스모크 테스트란 용어는 원래 전자공학 분야에서 오래전에 등장한 표현이다. 진공관이나 레지스터와 같은 다양한 부품을 이용하여 회로를 구성한 뒤 제대로 조립되었는지 확인하기 위해 '일단 전원을 연결하고 스위치를 켜서 연기가 나오는지 살펴보는' 방법을 사용한 데서 유래했다. 연기가 나오면 설계나 조립 과정에 문제가 있다는 뜻이다. 그리고 연기가 나는 부분을 보면 구체적인 원인을 찾을 수 있다.

어떤 버그는 원인이 잘 드러나지 않으면서 반복적으로 발생해서 개발자를 지치게 만들고 심각한 인력 낭비를 초래한다. 설령 현재 프로세스에서 회귀 테스트를 생략했더라도 버그를 수정하는 과정에서 여전히 회귀 테스트를 작성할 상황이 발생하게 된다.

버그 픽스를 테스트하는 코드를 작성할 때는 그 버그가 완전히 해결되었다는 것을 증명하는 코드뿐만 아니라 그 버그가 다시 등장하면(예를 들어 변경사항을 되돌리거나, 제대로 마무리하지 않거나, 두 브랜치가 메인 개발 브랜치로 제대로 통합되지 않았을 경우) 경고 메시지를 출력하는 코드도 작성해야 한다. 예전에 해결했던 버그에 대한 회귀 테스트가 실패하면 문제를 쉽게 해결할 수 있다. 회귀 테스트를 통해 원본 버그 번호를 알 수 있어서 당시 수정된 내역을 쉽게 알아낼 수 있기 때문이다.

30.5 성공적인 테스트를 위한 팁

소프트웨어 엔지니어 입장에서 테스트를 수행할 때는 기본적인 단위 테스트부터 자동화된 테스트 시스템 관리에 이르기까지 다양한 역할을 맡을 수 있다. 테스트에 대한 역할과 스타일이 굉장히 다양하기 때문에 필자의 경험에 비춰 다양한 상황에서 도움이 될 만한 팁을 몇 가지 소개한다.

- 시간을 충분히 투자해서 자동화된 테스트 시스템을 제대로 설계한다. 매일 일정한 주기로 테스트를 수행하는 시스템을 갖춰두면 문제를 금방 찾을 수 있다. 발생한 문제를 엔지니어에게 자동으로 이메일을 보내거나, 문제가 발생하면 소리가 쩌렁쩌렁 울리게 구성하면 문제점을 크게 부각시킬 수 있다.
- 스트레스 테스트(stress testing)도 반드시 수행한다. 데이터베이스에 접근하는 클래스가 단위 테스트를 모두 통과했더라도 수십 개의 스레드가 동시에 실행될 때 문제가 발생할 가능성이 있다. 테스트할 때는 반드시 실전에서 부딪힐 수 있는 가장 극한 상황을 재현해서 검사하기 바란다.
- 고객의 시스템과 유사한 플랫폼이나 다양한 종류의 플랫폼에서 테스트한다. 여러 OS에서 테스트하기 위한 한 가지 방법으로 가상 머신을 이용하는 방법이 있다. 그러면 물리 머신 한 대에서 여러 가지 OS를 동시에 구동해보기 편하다.
- 의도적으로 시스템에 문제를 주입하도록 테스트를 작성한다. 예를 들어 읽고 있는 파일을 갑자기 삭제하거나, 네트워크 폭주 상황이 발생하도록 테스트 코드를 작성한다.
- 버그와 테스트는 서로 밀접하게 엮여 있다. 버그 픽스는 반드시 회귀 테스트로 검증한다. 테스트 코드의 주석에 원래 버그 번호를 명시해두면 좋다.
- 실패한 테스트는 삭제하지 않는다. 버그 잡는 데 한창인 동료가 여러분이 테스트를 삭제한 사실을 발견하면 따지러 올지 모른다.

필자가 생각하기에 가장 중요한 점은 테스트도 엄연히 소프트웨어 개발 과정의 일부분이라고 인식하는 것이다. 이 점을 명확히 이해하고 코드를 작성하면 기능이 제대로 작동하는지 확인하는 일을 하기 전까지는 구현이 완전히 끝나지 않았다는 사실을 쉽게 받아들일 수 있다.

30.6 정리

이 장에서는 전문 프로그래머라면 누구나 알아야 할 테스트에 대해 기본적인 사항을 위주로 살펴봤다. 그중에서도 단위 테스트를 중점적으로 소개했다. 단위 테스트는 작성한 코드의 품질을 높이기 위한 가장 쉬우면서도 효과적인 방법이다. 하이레벨 테스트를 통해 다양한 활용 사례를 검증할 수 있고, 여러 모듈이 잘 맞물리는지 검사할 수도 있고, 버전이 올라갈 때마다 예전에 잘 작동하던 기능이 여전히 잘 작동하도록 보장할 수도 있다. 이 장에서 설명한 내용을 제대로 이해했다면 테스트와 관련하여 어떤 역할을 맡든지 테스트를 설계하고 구현하고 검토할 때 반드시 다양한 수준에서 접근할 수 있을 것이다.

이제 버그를 찾는 방법을 알았으니, 버그를 해결하는 방법을 알아볼 차례다. 다음 장에서는 효과적인 디버깅 기법과 전략을 소개한다.

30.7 연습 문제

이 장에서 소개한 내용을 직접 써보기 위해 다음 연습 문제를 풀어보자. 연습 문제에 대한 정답은 이 책의 웹사이트(www.wiley.com/go/proc++5e)에서 다운로드할 수 있다. 문제를 풀다가 막히면 정답부터 찾지 말고 먼저 앞에서 설명한 부분을 다시 읽고 직접 답을 찾아보려고 애쓰기 바란다.

연습 문제 30-1 테스트의 세 가지 타입을 설명해보자.

연습 문제 30-2 다음 코드에 대해 작성할 수 있는 단위 테스트 목록을 만들어보자.

```
export class Foo
{
    public:
        // Foo를 생성한다. a>=b면 invalid_argument를 던진다.
        Foo(int a, int b) : m_a { a }, m_b { b }
```

```
        {
            if (a >= b) {
                throw std::invalid_argument { "a should be less than b." };
            }
        }

        int getA() const { return m_a; }
        int getB() const { return m_b; }

    private:
        int m_a, m_b;
};
```

연습 문제 30-3 비주얼 C++를 사용한다면 [연습 문제 30-2]에서 나열한 목록에 대한 단위 테스트를 비주얼 C++ 테스팅 프레임워크를 이용하여 작성해보자.

연습 문제 30-4 주어진 수의 팩토리얼을 구하는 함수를 작성했다고 하자. n 팩토리얼(n!)은 1부터 n까지의 수를 모두 곱한 것이다(예: 3! = 1 × 2 × 3). 이 장에서 권고한 원칙에 따라 단위 테스트를 작성하기 위해 5!에 대해 함수를 실행한 뒤 결과가 제대로 나왔는지 확인하는 단위 테스트를 작성했다고 하자. 이 단위 테스트는 적합한가?

CHAPTER 31

디버깅 완전 정복

이 장의 내용

- 디버깅의 기본 원칙과 버그 분류
- 버그 방지 요령
- 버그 대응 계획
- 메모리 에러 종류
- 디버거로 버그 원인 찾는 방법

코드를 작성하다 보면 버그가 생기기 마련이다. 전문 프로그래머라면 누구나 버그 없는 코드를 만들고 싶지만 실현하기는 쉽지 않다. 소프트웨어를 사용해본 경험이 있다면 버그는 고질병 수준임을 잘 알 것이다. 소프트웨어를 개발하는 입장에서도 마찬가지다. 따라서 나 대신 버그를 잡아 줄 사람을 고용하지 않는 한 직접 디버깅할 줄 알아야 진정한 C++ 프로그래머가 될 수 있다. 디버깅 실력은 노련한 프로그래머와 초보 프로그래머를 구분하는 대표적인 잣대이기도 하다.

디버깅이 중요하다는 사실은 누구나 알고 있지만 이를 집중적으로 소개하는 책이나 강좌는 별로 없다. 누구나 디버깅 기술을 익히고 싶어 하지만 제대로 가르쳐줄 수 있는 사람도 적다. 이 장에서는 실제로 도움이 되는 디버깅 기술과 가이드라인을 소개한다.

이 장은 먼저 디버깅의 기본 원칙과 버그 분류부터 소개하고 버그를 방지하기 위한 요령을 살펴본다. 버그에 대비하는 기법으로 에러 로깅, 디버그 트레이스, 어서션, 크래시 덤프 등이 있다. 버그 재현 기법, 재현 가능한 버그를 디버깅하는 방법, 재현 불가능한 버그를 디버깅하는 방법, 메모리 에러 디버깅 방법, 멀티스레드 프로그램 디버깅 방법과 같은 구체적인 기법도 소개한다. 마지막으로 실제 예제를 이용하여 단계별로 디버깅해본다.

31.1 디버깅 기본 원칙

디버깅의 첫 번째 원칙은 내가 작성하는 코드에 버그가 발생한다고 솔직히 인정하는 것이다. 이렇게 현실을 냉정하게 받아들이면 버그 발생 가능성을 최소화할 수 있을 뿐만 아니라 구현하려는 기능을 최대한 디버깅하기 쉽게 작성할 수 있다.

CAUTION_ 디버깅의 기본 원칙은 코드 작성 과정에서 버그가 발생하지 않도록 최선을 다하는 동시에 나중에 발생할 버그에 대비해야 한다는 것이다.

31.2 버그 분류

버그bug란 컴퓨터 프로그램이 실행 시간에 의도와 다르게 작동하는 것을 말한다. 이는 구체적으로 **치명적인 버그**catastropic bug와 **비치명적인 버그**noncatastrophic bug로 나눌 수 있다. 치명적인 버그의 예로 프로그램이 뻗어버리거나, 데이터가 손상되거나, OS가 뻗어버리는 것처럼 심각한 결과를 초래하는 경우를 들 수 있다. 치명적인 버그는 소프트웨어 자체나 소프트웨어를 구동하는 컴퓨터 시스템의 동작에 상당한 영향을 미친다. 예를 들어 의료용 소프트웨어에 버그가 발생하면 환자에게 방사능을 과다 노출시킬 수 있다. 반면 비치명적인 버그는 프로그램의 동작으로는 잘 드러나지 않는 문제를 발생시킨다. 예를 들어 웹 브라우저에서 잘못된 웹 페이지를 보여주거나, 스프레드시트 프로그램이 표준편차를 잘못 계산하는 경우를 예로 들 수 있다.

또한 프로그램 작동에는 문제없지만 시각적으로 문제를 일으키는 **미관상 버그**cosmetic bug도 있다. 예를 들어 사용자 인터페이스의 버튼이 실제로는 제대로 작동하지만 화면에 표시될 때는 계속 눌린 상태로 표시되는 경우가 있다. 연산에도 문제없고 프로그램이 뻗어버리지도 않고 단지 보기에 좋지 않을 뿐이다.

비정상적인 동작을 유발시키는 버그의 **근본 원인**은 코드를 작성하는 과정에 저지른 실수에 있다. 프로그램을 디버깅하려면 버그의 근본 원인을 찾는 것뿐만 아니라 그 버그가 다시는 발생하지 않도록 확실히 수정해야 한다.

31.3 버그 방지

버그가 하나도 없는 코드를 작성하는 것은 불가능하다. 그러므로 디버깅 기술이 중요하다. 하지만 버그 발생을 최소화하는 몇 가지 요령이 있다.

- **이 책을 처음부터 끝까지 정독한다.** C++를 제대로 익힌다. 특히 포인터와 메모리 관리 부분을 주의 깊게 본다. 또한 다른 동료들도 버그를 방지할 수 있도록 이 책을 읽도록 권장한다.
- **코드 작성에 들어가기 전에 먼저 설계부터 한다.** 설계와 동시에 코드를 작성하면 설계가 지저분해지기 쉽다. 이로 인해 코드를 이해하기 어려워져서 에러 발생 가능성도 높아진다. 또한 특수한 경우나 에러 상황에 빠질 가능성도 더 높아진다.
- **코드 검토를 거친다.** 동료 검토 과정을 통해 코드를 샅샅이 검토한다. 그러면 새로운 관점으로 바라볼 수 있어서 문제가 눈에 띄기 쉽다.
- **테스트하고, 테스트하고, 또 테스트한다.** 작성한 코드를 자신뿐만 아니라 다른 사람도 엄격하게 테스트한다. 다른 사람이 테스트하면 자신이 미처 생각하지도 못한 버그를 찾아낼 가능성이 높다.
- **자동화된 단위 테스트를 작성한다.** 특정한 기능만 집중적으로 검사하도록 단위 테스트를 구성한다. 구현된 기능에 대해 빠짐없이 단위 테스트를 작성한다. 이렇게 구성한 단위 테스트를 지속적인 통합(continuous integration) 과정에 포함시켜 자동화하거나, 로컬에서 컴파일할 때마다 자동으로 수행하도록 설정한다. 단위 테스트는 30장에서 자세히 설명했다.
- **에러 발생 상황을 예측해서 적절히 대비한다.** 특히 파일을 다루는 과정에서 에러가 발생하기 쉽다. 자세한 사항은 13장과 14장을 참조한다.

- **메모리 누수를 방지하도록 스마트 포인터를 사용한다.** 스마트 포인터는 더 이상 필요 없게 되면 자동으로 해제된다.
- **컴파일 경고 메시지를 확인한다.** 경고 메시지를 최대한 많이 출력하도록 컴파일러를 설정하고, 출력된 메시지를 그냥 지나치지 않는다. 기왕이면 경고를 에러로 취급하도록 설정하는 것이 좋다. 그러면 모든 경고 메시지를 반드시 해결하고 넘어가게 만들 수 있다. GCC의 경우 `-Werror` 옵션을 지정해서 경고를 모두 에러 취급하게 만든다. 비주얼 C++에서는 프로젝트 속성 창을 열고 '구성 속성(Configuration Properties) → C/C++ → 일반(General)'으로 가서 '경고를 오류로 처리(Treat Warnings As Errors)'로 설정한다.
- **정적 코드 분석 도구를 활용한다.** 정적 코드 분석 도구(static code analyzer)를 활용하면 코드를 자동으로 분석해서 문제가 있는 부분을 찾아낼 수 있다. 가장 좋은 방법은 IDE에서 코드를 작성하는 동시에 오류를 검사하도록 설정해서 최대한 이른 단계에 발견하는 것이다. 또한 빌드 프로세스에 정적 분석을 자동으로 수행하도록 구성하면 좋다. 인터넷에 검색해보면 상용과 무료 정적 분석 도구가 다양하게 나와 있는 것을 볼 수 있다.
- **바람직한 코딩 스타일을 적용한다.** 가독성과 명료함을 추구한다. 의미 있는 이름을 짓고, 줄임말 사용을 자제한다(인터페이스뿐만 아니라 다른 부분에 대해서도). 최대한 주석을 단다. `override` 키워드를 사용한다. 그러면 다른 사람이 코드를 쉽게 이해할 수 있다.

31.4 버그 대비

프로그램을 작성할 때 버그 발생은 피할 수 없다. 따라서 디버깅을 쉽게 할 수 있는 기능을 반드시 제공해야 한다. 이 절에서는 실전에서 곧바로 적용할 수 있는 디버깅 지원 기능의 종류와 구현 방법을 예제와 함께 살펴본다.

31.4.1 에러 로깅

회사 대표 제품의 새 버전을 최근에 출시했는데, 초기 사용자로부터 프로그램이 멈춘다는 피드백을 받았다. 무슨 기능에서 갑자기 멈추는지 알고 싶어 그 사용자에게 문제가 발생한 상황을 좀 더 자세히 물어봤다. 하지만 사용자는 구체적으로 어떤 작업을 하다가 문제가 발생했는지, 또 그 시점에 어떤 에러 메시지가 출력되었는지 기억하지 못하고 있다. 이럴 때는 어떻게 디버깅해야 할까?

다행히 사용자의 컴퓨터에 에러 로그가 남아 있었다. 로그를 살펴보고 'Error: unable to open config.xml file'이란 메시지를 발견했다. 그래서 이 메시지를 출력하는 코드를 살펴보니 파일을 읽을 때 제대로 열렸는지 검사하는 부분이 빠졌다는 사실을 알아냈다. 버그의 근본 원인을 찾은 것이다.

에러 로깅error logging은 애플리케이션이나 컴퓨터 시스템이 실행되는 동안에 발생한 에러 메시지를 영속적인 저장 장치에 기록하는 프로세스다. 앞에서 이와 관련된 사례를 설명했지만 과연 이 방법이 정말 효과적인지 의심스러울 수 있다. 에러가 발생하는 것을 프로그램 동작만 보고도 알아낼 수 있거나, 사용자가 금세 발견할거라고 생각하기 쉽다. 하지만 앞에 나온 사례에서 본 것처럼 사용자로부터 얻은 정보만으로는 부족할 때가 많다. 게다가 OS 커널이나 유닉스의 inetd, syslogd처럼 장기간 구동되는 데몬은 사용자도 모르게 내부적으로 실행된다. 이런 프로그램의 동작은 에러 로그 형태로만 볼 수 있다. 때로는 프로그램이 자체적으로 에러를 복구하기도 한다. 그러면 더더욱 에러 발생 사실을 발견하기 힘들다. 하지만 시스템에 기록된 에러 로그가 있어서 이를 잘 활용하면 프로그램의 안정성을 높이는 작업에 크게 도움이 된다.

따라서 에러가 발생할 때마다 항상 로그에 기록하는 기능을 구현해야 한다. 그러므로 사용자로부터 버그가 발생했다는 사실을 전달받으면 사용자 머신에 저장된 로그 파일을 보고 프로그램에 문제가 발생한 상황을 파악할 수 있다. 아쉽게도 에러 로그를 기록하는 구체적인 방식은 플랫폼마다 다르다. C++는 표준 로깅 메커니즘을 따로 제공하지 않는다. 플랫폼에 특화된 로깅 메커니즘으로 유닉스의 syslog, 윈도우의 이벤트 리포팅 API 등이 있다. 구체적인 사항은 해당 플랫폼의 개발 관련 문서를 참고한다. 참고로 오픈소스로 구현된 크로스 플랫폼 로깅 프레임워크도 몇 가지 나와 있다. 그중 두 가지만 예를 들면 다음과 같다.

- **log4cpp**: http://log4cpp.sourceforge.net/
- **Boost.Log**: http://www.boost.org/

프로그램을 구현할 때 로그에 단순한 메시지만 기록하는 데 그치지 않고, 버그가 발생할 당시의 실행 경로를 쉽게 추적할 수 있는 정보를 출력하게 만들 수도 있다. 이런 유형의 로그 메시지를 **트레이스**trace라 부른다.

하지만 이런 트레이스를 로그 파일에 저장하는 것은 바람직하지 않다. 그 이유는 크게 두 가지다. 첫째, 영속 저장 장치에 기록하는 동작은 오래 걸린다. 로그를 비동기식으로 기록하는 시스템이더라도 로그에 이렇게 많은 내용을 남기면 프로그램이 느려질 수밖에 없다. 둘째, 트레이스에 제공하는 정보는 대부분 최종 사용자에게 보여주기에 적합하지 않고 사용자를 혼란스럽게 할 뿐이다. 이런 메시지를 출력하면 오히려 서비스 문의 전화만 늘어난다. 그럼에도 불구하고 트레이스를 제대로만 활용한다면 디버깅에 상당히 도움이 된다. 자세한 사항은 다음 절에서 설명한다.

프로그램에서 로그에 남겨야 할 에러의 유형은 다음과 같다.

- 복구할 수 없는 에러. 예를 들면 시스템 콜에 갑작스런 문제가 발생한 경우
- 관리자의 대응이 필요한 에러. 예를 들면 메모리 부족, 데이터 파일의 포맷 오류, 디스크 쓰기 에러, 네트워크 연결 끊김 등
- 의도하지 않은 경로로 실행되거나 변수에 비정상적인 값이 담겨 발생하는 에러. 참고로 코드를 작성할 때는 사용자가 언제든지 잘못된 값을 입력할 수 있다는 사실을 염두에 두고 이에 대처하는 자세를 가져야 한다. 이런 에러가 발생했다는 것은 프로그램에 버그가 있다는 뜻이다.
- 보안 위험 발생 요인. 예를 들면 허용하지 않는 주소에서 네트워크 접속을 시도하는 경우나 DoS(Denial of Service, 서비스 거부) 공격처럼 네트워크 연결 요청이 너무 많이 들어오는 경우

경고 메시지나 복구 가능한 에러도 로그에 남기면 좋다. 그러면 나중에 이런 문제를 방지하는 방법을 마련하는 데 도움이 된다.

로깅 API는 대부분 **로그 수준**log level 또는 **에러 수준**error level을 에러error, 경고warning, 참고info 등으로 지정하는 기능을 제공한다. '에러'보다 낮은 로그 수준으로 지정하면 에러가 아닌 상황도 로그에 남길 수 있다. 예를 들어 애플리케이션의 상태가 크게 변하는 시점을 로그에 남기거나, 프로그램이 구동하거나 종료할 때를 로그에 남길 수도 있다. 또한 프로그램의 로그 수준을 실행 시간에 사용자가 직접 조절하는 기능을 제공할 수도 있다. 그러면 로그 기록량을 사용자가 원하는 만큼 조절할 수 있다.

31.4.2 디버그 트레이스

복잡한 문제를 디버깅할 때는 프로그램이 출력한 에러 메시지만으로 부족할 때가 있다. 실행 경로를 완벽히 분석하거나, 버그가 발생하기 직전의 변숫값을 모두 추적해야 해결할 수 있는 경우가 많다. 버그 트레이스에 기본 출력 메시지뿐만 아니라 다음과 같은 정보도 함께 제공하면 도움이 된다.

- 멀티스레드 프로그램이라면 스레드 ID
- 해당 트레이스를 생성한 함수 이름
- 트레이스를 생성한 코드의 파일 이름

이러한 트레이스 정보를 프로그램에 추가하는 방법으로 **디버그 모드**debug mode와 **링 버퍼**ring buffer가 있다. 이들을 하나씩 살펴보자. 참고로 멀티스레드 프로그램에서 로그에 트레이스 정보를 남길 때는 반드시 스레드에 안전하게 작성해야 한다. 멀티스레드 프로그래밍은 27장에서 자세히 설명했다.

CAUTION_ 트레이스 파일은 텍스트 포맷으로 작성해도 된다. 이때 너무 자세히 적어서 로그 파일에 지적 재산권에 관련된 사항이 유출되지 않도록 주의한다. 이런 정보는 개발자만 읽을 수 있는 바이너리 포맷으로 기록하는 방법도 있다.

1 디버그 모드

디버그 트레이스를 추가하기 위한 한 가지 방법은 프로그램에 디버그 모드debug mode를 제공하는 것이다. 디버그 모드에서 프로그램을 실행하면 트레이스 출력을 표준 에러나 파일로 보낼 수 있다. 또한 실행 과정에 더 많은 검사 작업을 수행할 수 있다. 프로그램에 디버그 모드를 구현하는 방법은 다양하다. 참고로 여기서 소개하는 예제는 트레이스를 모두 텍스트 포맷에 저장한다.

시작 시간 디버그 모드

시작 시간 디버그 모드start-time debug mode란 커맨드라인 인수로 디버그 모드를 켜거나 끌 수 있게 만든 것이다. 이렇게 하면 릴리스 버전에 디버그 모드를 추가할 수 있다. 그러면 고객 사이트에서 디버그 모드로 실행해볼 수 있다. 하지만 이렇게 하려면 프로그램을 다시 실행해야 한다. 이로 인해 특정 버그에 필요한 정보를 놓칠 가능성이 있다.

다음 코드는 시작 시간 디버그 모드를 구현하는 간단한 예다. 이 프로그램이 하는 일은 거의 없고, 단지 디버그 모드 구현 방법만 보여준다.

로깅 기능을 모두 Logger 클래스에 담았다. 이 클래스는 static 데이터 멤버가 두 개다. 하나는 로그 파일의 이름을 저장하고, 다른 하나는 로깅 기능이 켜졌는지 아니면 꺼졌는지 표시하는 부울 타입 값을 담는다. 이 클래스에는 static public log() 가변 인수 템플릿 메서드가 하나 있다. 가변 인수 템플릿은 26장에서 설명했다. 참고로 log()를 호출할 때마다 로그 파일을 열고 비우고 닫는다. 이렇게 하면 성능은 좀 떨어지지만 로깅은 확실히 처리할 수 있다. 정확성은 성능보다 훨씬 중요하다.

```
class Logger
{
    public:
        static void enableLogging(bool enable) { ms_loggingEnabled = enable; }
        static bool isLoggingEnabled() { return ms_loggingEnabled; }

        template<typename... Args>
        static void log(const Args&... args)
```

```
    {
        if (!ms_loggingEnabled) { return; }

        ofstream logfile { ms_debugFileName, ios_base::app };
        if (logfile.fail()) {
            cerr << "Unable to open debug file!" << endl;
            return;
        }
        // C++17 단항 우측 폴드를 적용한다(26장 참조).
        ((logfile << args),...);
        logfile << endl;
    }
private:
    static const string ms_debugFileName { "debugfile.out" };
    static bool ms_loggingEnabled { false };
};
```

로그 남기는 작업을 쉽게 처리하도록 다음과 같이 헬퍼 매크로를 정의한다. 여기에서는 현재 함수 이름을 담는 C++ 표준에 기본으로 정의된 __func__를 사용한다.

```
#define log(...) Logger::log(__func__, "(): ", __VA_ARGS__)
```

이 매크로는 log()를 호출하는 부분을 Logger::log() 호출 문장으로 바꾼다. 이 매크로는 Logger::log()의 첫 번째 인수에 함수 이름을 자동으로 넣어준다. 예를 들어 이 매크로를 다음과 같이 호출했다고 하자.

```
log("The value is: ", value);
```

그러면 위 문장이 다음과 같이 바뀐다.

```
Logger::log(__func__, "(): ", "The value is: ", value);
```

시작 시간 디버그 모드는 커맨드라인 인수를 보고 디버그 모드가 켜졌는지 알아낸다. 아쉽게도 C++ 표준에는 커맨드라인 인수를 파싱하는 방법이 일정하게 정해져 있지 않다. 이 프로그램은 isDebugSet() 함수를 간단히 구현해서 커맨드라인 인수에서 디버그 옵션만 검사한다. 실전에서 커맨드라인 인수를 처리할 때는 당연히 이보다 더 정교하게 구현해야 한다.

```
bool isDebugSet(int argc, char* argv[])
{
    for (int i { 0 }; i < argc; i++) {
        if (strcmp(argv[i], "-d") == 0) {
            return true;
        }
    }
    return false;
}
```

이 예제에서 디버그 모드를 실행시켜보기 위해 간단히 테스트 코드를 작성한다. 이를 위해 ComplicatedClass와 UserCommand 클래스를 정의한다. 둘 다 operator<<를 정의해서 각 클래스의 인스턴스를 스트림에 쓴다. Logger 클래스는 이 연산자로 객체를 로그 파일에 기록한다.

```
class ComplicatedClass { /* ... */ };
ostream& operator<<(ostream& ostr, const ComplicatedClass& src)
{
    ostr << "ComplicatedClass";
    return ostr;
}

class UserCommand { /* ... */ };
ostream& operator<<(ostream& ostr, const UserCommand& src)
{
    ostr << "UserCommand";
    return ostr;
}
```

log()를 여러 번 호출할 때 적용할 테스트 코드는 다음과 같다.

```
UserCommand getNextCommand(ComplicatedClass* obj)
{
    UserCommand cmd;
    return cmd;
}

void processUserCommand(UserCommand& cmd)
{
    // 코드 생략
}
```

```
void trickyFunction(ComplicatedClass* obj)
{
    log("given argument: ", *obj);

    for (size_t i { 0 }; i < 100; ++i) {
        UserCommand cmd { getNextCommand(obj) };
        log("retrieved cmd ", i, ": ", cmd);

        try {
            processUserCommand(cmd);
        } catch (const exception& e) {
            log("exception from processUserCommand(): ", e.what());
        }
    }
}

int main(int argc, char* argv[])
{
    Logger::enableLogging(isDebugSet(argc, argv));

    if (Logger::isLoggingEnabled()) {
        // 트레이스에 대한 커맨드라인 인수를 출력한다.
        for (int i { 0 }; i < argc; i++) {
            log("Argument: ", argv[i]);
        }
    }

    ComplicatedClass obj;
    trickyFunction(&obj);

    // 나머지 코드 생략
}
```

이 프로그램은 다음과 같이 두 가지 방식으로 실행시킬 수 있다.

```
> STDebug
> STDebug -d
```

커맨드라인에 -d 인수를 지정할 때만 디버그 모드로 실행된다.

CAUTION_ C++에서는 가급적 매크로를 자제해야 한다. 매크로가 있으면 디버깅하기 힘들어지기 때문이다. 하지만 로깅할 때는 간단히 매크로를 작성해서 활용하면 좋다. 코드를 간결하게 할 수 있기 때문이다. 하지만 C++20부터 추가된 std::source_location 클래스를 사용하면 매크로를 사용하지 않게 만들 수 있다. 이에 대해서는 이 장 마지막에 나오는 연습 문제에서 다룬다.

컴파일 시간 디버그 모드

디버그 모드를 커맨드라인 인수로 켜거나 끄지 말고, DEBUG_MODE와 #ifdef와 같은 전처리 기호를 이용하여 컴파일할 때 디버그 코드를 포함시킬지 결정할 수도 있다. 프로그램을 디버그 버전으로 컴파일하려면 DEBUG_MODE 기호를 정의한 뒤 컴파일한다. 컴파일러는 이런 기호를 정의하는 기능을 제공한다. 구체적인 방법은 컴파일러 문서를 참고한다. 예를 들어 GCC는 -Dsymbol이란 커맨드라인 인수로 기호를 정의할 수 있다. 마이크로소프트 VC++는 비주얼 스튜디오 IDE에서 이 기능에 대한 메뉴를 제공한다. VC++를 커맨드라인에서 실행할 때는 /D symbol 옵션을 지정하면 된다. 비주얼 C++에서 디버그 모드로 빌드하면 _DEBUG 기호를 자동으로 정의해주기도 한다. 하지만 이 기호는 비주얼 C++에서만 사용하기 때문에 이 절의 예제에서는 DEBUG_MODE란 기호를 새로 정의했다.

이 기법의 가장 큰 장점은 릴리스 버전을 만들 때 디버그 코드를 제외할 수 있다는 것이다. 따라서 릴리스 버전의 크기를 줄일 수 있다. 단점은 고객 사이트에서 테스트하거나 버그를 잡기 위해 디버그 모드를 켤 수 없다는 것이다.

이 기법을 적용한 예제는 이 책의 예제 코드 중 CTDebug.cpp 파일에 있다. 여기서 주목할 점은 log() 매크로를 정의한 부분이다.

```
#ifdef DEBUG_MODE
    #define log(...) Logger::log(__func__, "(): ", __VA_ARGS__)
#else
    #define log(...)
#endif
```

다시 말해 DEBUG_MODE가 정의되어 있지 않다면 log()를 호출하는 문장이 아무 일도 하지 않는 **no-ops**로 표현된다.

CAUTION_ 프로그램의 정상적인 실행에 관련된 코드를 `log()` 호출문 안에 넣지 않도록 주의한다. 예를 들어 다음과 같이 작성하면 문제가 발생할 수 있다.

```
log("Result: ", myFunctionCall());
```

`DEBUG_MODE`가 정의되어 있지 않다면 전처리기는 `log()`를 호출하는 부분을 모두 no-ops로 변환해서 `myFunctionCall()`을 호출하는 부분마저 제거해버린다.

실행 시간 디버그 모드

디버그 모드를 가장 유연하게 제어하는 방법은 실행 시간에 켜거나 끄게 하는 것이다. 이를 위한 한 가지 방법은 디버그 모드를 동적으로 제어하는 비동기 인터페이스를 제공하는 것이다. 이 인터페이스는 애플리케이션에 대한 프로세스 간 호출interprocess call(예를 들면 소켓, 시그널, RPC(원격 프로시저 호출) 등)을 실행하는 비동기식 커맨드로 만들 수 있다. 또는 사용자 인터페이스에 메뉴 커맨드 형태로 제공할 수도 있다. C++는 인터프로세스 통신에 대한 표준을 정해두지 않았다. 따라서 구체적인 방법은 여기서 소개하지 않는다.

2 링 버퍼

디버그 모드는 재현 가능한 문제를 디버깅하거나 테스트를 수행하는 데 유용하다. 하지만 프로그램을 디버그 모드가 아닌 상태로 실행하거나, 고객이나 개발자가 디버그 모드를 켤 때 버그가 나타나는 경우도 많은데, 버그에 대한 정보를 얻기에는 너무 늦은 시점이다. 이런 문제를 해결하기 위한 한 가지 방법은 항상 프로그램의 트레이스를 기록하는 것이다. 프로그램을 디버깅할 때 가장 최근에 나온 트레이스만 있어도 되는 경우가 대부분이다. 따라서 프로그램을 실행할 때 최근 트레이스만 저장해둔다. 이렇게 구현하기 위한 대표적인 방법은 로그 파일을 순환시키는 것이다.

그런데 성능이 떨어지지 않게 하려면 트레이스를 디스크보다는 메모리에 저장하고, 모든 트레이스 메시지를 표준 출력에 보내거나 필요할 때만 로그 파일에 저장하는 것이 좋다.

이를 구현하기 위해 흔히 사용하는 기법으로 **링 버퍼**ring buffer(또는 **순환 버퍼**circular buffer)가 있다. 링 버퍼는 메시지 개수가 정해져 있거나, 크기가 일정한 메모리 공간에 메시지를 저장한다. 버퍼가 차면 버퍼의 시작점으로 돌아가서 메시지를 기록한다. 따라서 예전 메시지를 덮어 쓴다. 이 과정을 무한 반복한다. 이 절에서는 링 버퍼를 구현하는 방법과 이를 여러분이 작성한 프로그램에 적용하는 방법을 소개한다.

링 버퍼 인터페이스

여기서 소개하는 RingBuffer 클래스는 디버깅에 사용할 링 버퍼를 간단히 정의한 것이다. 클라이언트는 이 클래스의 생성자에 항목 수를 지정한다. 메시지는 addEntry() 메서드로 추가한다. 항목 수가 허용 범위를 벗어나면 다음번 항목이 기존 항목이 있던 자리를 덮어 쓴다. 이 버퍼는 항목이 버퍼에 추가될 때 스트림에 출력하는 옵션도 제공한다. 클라이언트는 RingBuffer의 생성자에 출력 스트림을 지정할 수 있고, 스트림을 setOutput() 메서드로 리셋할 수도 있다. 마지막으로 operator<<로 버퍼 전체를 출력 스트림으로 내보낸다. 여기에서는 가변 인수 템플릿 인수로 구현했다. 가변 인수 템플릿은 26장에서 자세히 설명했다.

```
export class RingBuffer
{
    public:
        // numEntries에 지정한 공간만큼 링 버퍼를 생성한다.
        // 항목은 *ostr에 큐처럼 추가한다(옵션).
        explicit RingBuffer(size_t numEntries = DefaultNumEntries,
            std::ostream* ostr = nullptr);
        virtual ~RingBuffer() = default;

        // 링 버퍼에 항목을 추가한다. 버퍼가 차면 기존 항목을 덮어쓴다.
        template<typename... Args>
        void addEntry(const Args&... args)
        {
            std::ostringstream os;
            // C++17에 추가된 단항 우측 폴드로 구현한다(26장 참조).
            ((os << args), ...);
            addStringEntry(os.str());
        }

        // 버퍼에 있는 항목을 ostr 스트림에 줄 단위로 내보낸다.
        friend std::ostream& operator<<(std::ostream& ostr, RingBuffer& rb);

        // 항목을 지정한 스트림에 추가할 때마다 스트림으로 내보낸다.
        // 이 기능을 끄려면 nullptr을 지정한다.
        // 이 메서드는 예전에 지정했던 출력 스트림을 리턴한다.
        std::ostream* setOutput(std::ostream* newOstr);

    private:
        std::vector<std::string> m_entries;
        std::vector<std::string>::iterator m_next;
```

```
        std::ostream* m_ostr { nullptr };
        bool m_wrapped { false };

        static const size_t DefaultNumEntries { 500 };

        void addStringEntry(std::string&& entry);
};
```

링 버퍼 구현

여기에서는 앞에서 정의한 링 버퍼를 고정된 개수의 string 객체로 구현한다. 이 방식은 그리 효율적이지 않다. 버퍼로 사용할 메모리 영역을 일정한 바이트만큼 할당하는 방식으로 구현해도 된다. 하지만 여기에서는 고성능 애플리케이션을 구현하는 것이 목적이 아니기 때문에 이렇게만 구현해도 충분하다.

멀티스레드 프로그램에서는 각 트레이스 항목마다 타임스탬프와 스레드 ID도 함께 출력하면 좋다. 물론 멀티스레드 프로그램에서 사용하려면 링 버퍼도 스레드에 안전하게 구현해야 한다. 멀티스레드 프로그래밍은 27장에서 자세히 설명했다.

구현 코드는 다음과 같다.

```
// 정확히 numEntries에 지정된 개수만큼만 담도록 vector를 초기화한다.
// vector의 크기는 객체를 생성할 때부터 소멸될 때까지 변하지 않는다.
// 다른 멤버도 초기화한다.
RingBuffer::RingBuffer(size_t numEntries, ostream* ostr)
    : m_entries { numEntries }, m_ostr { ostr }, m_wrapped { false }
{
    if (numEntries == 0) {
        throw invalid_argument { "Number of entries must be > 0." };
    }
    m_next = begin(m_entries);
}

// addStringEntry에 적용된 알고리즘은 간단하다. 주어진 항목을 다음번째 빈 자리에 넣고,
// mNext가 그다음번째 빈 자리를 가리키도록 리셋한다.
// mNext가 vector의 끝에 도달하면 0부터 다시 시작한다.
//
// 이 버퍼는 래핑 여부를 알아야 한다.
// 그래야 operator<<에서 m_next 다음번 항목을 출력할지 결정할 수 있다.
void RingBuffer::addStringEntry(string&& entry)
```

```
{
    // ostream에 문제가 없으면 여기에 주어진 항목을 쓴다.
    if (m_ostr) { *m_ostr << entry << endl; }

    // 주어진 항목을 다음번째 빈 자리로 이동시킨다.
    // 그런 다음 m_next를 하나 증가시켜 그다음 빈 자리를 가리키게 만든다.
    *m_next = move(entry);
    ++m_next;

    // 버퍼의 끝에 도달했는지 확인한다. 그렇다면 다시 한 바퀴 돈다고 표시한다.
    if (m_next == end(m_entries)) {
        m_next = begin(m_entries);
        m_wrapped = true;
    }
}

// 출력 스트림을 지정한다.
ostream* RingBuffer::setOutput(ostream* newOstr)
{
    return std::exchange(m_ostr, newOstr);
}

// operator<<는 ostream_iterator를 이용해서
// 항목들을 vector에서 출력 스트림으로 직접 복제한다.
//
// operator<<는 반드시 항목을 순서대로 출력해야 한다.
// 버퍼가 한 바퀴 돌았다면 가장 먼저 저장된 항목이
// 가장 최근 항목(m_next가 가리키는 항목)의 바로 다음에 나온다.
// 따라서 먼저 m_next 항목부터 끝까지 출력한다.
//
// 그러고 나서 (버퍼가 한 바퀴 돌지 않더라도) 시작부터 m_next-1까지 출력한다.
ostream& operator<<(ostream& ostr, RingBuffer& rb)
{
    if (rb.m_wrapped) {
        // 버퍼가 한 바퀴 돌았다면 가장 오래된 항목부터 끝까지 출력한다.
        copy(rb.m_next, end(rb.m_entries), ostream_iterator<string>{ ostr, "\n" });
    }

    // 이제 가장 최근 항목까지 출력한다.
    // m_next까지 거슬러 올라간다. 이 범위는 오른쪽 항목을 포함하지 않기 때문이다.
    copy(begin(rb.m_entries), rb.m_next, ostream_iterator<string>{ ostr, "\n" });

    return ostr;
}
```

링 버퍼 사용

이렇게 구현한 링 버퍼를 사용하려면 먼저 RingBuffer 인스턴스를 생성해서 여기에 메시지를 추가해야 한다. 버퍼의 내용을 화면에 출력하려면 operator<<로 원하는 ostream에 버퍼를 보내기만 하면 된다. 여기에서는 앞에서 작성한 시작 시간 디버그 모드 예제를 링 버퍼를 사용하도록 수정했다. 변경한 부분은 굵게 표시했다. ComplicatedClass와 UserCommand 클래스의 정의, 그리고 getNextCommand(), processUserCommand(), trickyFunction() 함수에 대한 정의 코드는 이전 예제와 똑같기 때문에 여기에서는 생략한다.

```
RingBuffer debugBuffer;

#define log(...) debugBuffer.addEntry(__func__, "(): ", __VA_ARGS__)

int main(int argc, char* argv[])
{
    // 커맨드라인 인수를 로그에 남긴다.
    for (int i { 0 }; i < argc; i++) {
        log("Argument: ", argv[i]);
    }

    ComplicatedClass obj;
    trickyFunction(&obj);

    // 현재 디버그 버퍼에 담긴 내용을 cout으로 출력한다.
    cout << debugBuffer;
}
```

링 버퍼 내용 출력

이제 트레이스 메시지를 메모리에 저장하는 기능을 갖추게 되었다. 그런데 이 기능을 제대로 활용하려면 디버깅할 때 이러한 트레이스 정보에 쉽게 접근할 수 있어야 한다.

프로그램에 이런 메시지를 내보낼 수 있는 인터페이스를 마련할 필요가 있다. 이 인터페이스는 디버그 모드를 실행 시간에 켜는 인터페이스와 비슷하게 만들어도 된다. 또한 프로그램에 심각한 에러가 발생해서 종료되면 그전에 링 버퍼에 담긴 내용을 자동으로 로그 파일로 내보낼 수도 있다.

저장된 메시지를 가져오는 또 다른 방법은 프로그램의 메모리 덤프를 받는 것이다. 플랫폼마다 메모리 덤프를 처리하는 방식이 다르다. 따라서 구체적인 방법은 해당 플랫폼의 전문가나 레퍼런스를 참고하기 바란다.

31.4.3 어서션

<cassert> 헤더는 assert( )란 매크로를 정의하고 있다. 이 매크로는 부울 표현식을 인수로 받아서 그 표현식의 값이 false면 에러 메시지를 출력하고 프로그램을 종료시킨다. true면 아무것도 하지 않는다.

> **CAUTION_** 일반적으로 프로그램을 종료시키는 라이브러리 함수나 매크로는 사용하지 않는 것이 좋다. 단, assert 매크로는 예외다. 어서션이 작동한다는 말은 가정이 잘못되었거나, 뭔가 치명적인 일이 발생했거나, 복구할 수 없을 정도로 잘못 실행되었기 때문에 애플리케이션을 즉시 중단할 수밖에 없다는 것을 의미한다.

어서션assertion을 활용하면 프로그램에서 버그가 발생하는 시점에 즉시 그 사실을 알려주게 할 수 있다. 이런 지점에 assert를 추가하지 않았다면 문제가 발생한 상황에서도 프로그램을 그대로 진행하기 때문에 한참 지나고 나서야 버그를 발견할 수 있다. 따라서 어서션을 활용하면 버그를 조기에 발견할 수 있다.

> **NOTE_** 표준 assert 매크로는 전처리 기호인 NDEBUG를 기반으로 작동한다. 이 기호가 정의되어 있지 않다면 어서션을 적용하고, 그렇지 않으면 어서션을 무시한다. 컴파일러는 대부분 릴리스 버전으로 빌드할 때 이 기호를 자동으로 정의해준다. 릴리스 버전에도 어서션을 그대로 남겨두고 싶다면 컴파일러 설정을 변경하거나 NDEBUG 값에 관계없이 작동하는 버전의 assert( )를 직접 구현한다.

변수의 상태에 대해 암묵적으로 가정한 부분마다 항상 어서션을 사용하는 것이 좋다. 예를 들어 포인터를 리턴하는 라이브러리 함수를 호출할 때 nullptr이 절대 리턴되지 않는다고 가정했다면 함수 호출 뒤에 결과가 nullptr이 아닌지 검사하는 assert( ) 문을 작성한다.

참고로 이러한 암묵적 가정은 최소화하는 것이 좋다. 예를 들어 라이브러리 함수를 작성할 때 매개변수가 정상적인지 확인하는 작업을 assert로 표현하지 말고, 매개변숫값을 검사한 뒤 문제가 있다면 에러 코드를 리턴하거나 익셉션을 던지도록 구현한다.

어서션은 심각한 문제가 발생할 가능성이 있는 부분에서만 사용해야 한다. 개발 과정에 어서션이 발생하면 무시하지 말고 즉시 문제를 해결한다.

assert() 사용법에 대한 예제 몇 가지를 살펴보자. 여기서 process() 함수는 전달받은 vector에 원소가 세 개 있어야 한다.

```
void process(const vector<int>& coordinate)
{
    assert(coordinate.size() == 3);
    // ...
}
```

이 process() 함수에 원소가 세 개보다 적거나 많은 벡터를 전달해서 호출하면 어서션 실패가 발생해서 다음과 같은 메시지가 출력된다(정확한 메시지는 사용하는 컴파일러마다 다를 수 있다).

```
Assertion failed: coordinate.size() == 3, file D:\test\test.cpp, line 12
```

에러 메시지를 커스터마이즈하고 싶다면 다음과 같이 콤마 연산자와 소괄호를 이용하면 된다.

```
assert(("A custom message...", coordinate.size() == 3));
```

그러면 다음과 같이 출력된다.

```
Assertion failed: ("A custom message...", coordinate.size() == 3), file D:\test\
test.cpp, line 106
```

코드의 특정 지점에서 어서션이 항상 실패해서 일정한 메시지를 출력하게 만들고 싶다면 다음과 같이 작성한다.

```
assert(!"This should never happen.");
```

CAUTION_ 프로그램의 정상적인 동작을 어서션 안에 넣지 않도록 주의한다. 예를 들어 다음과 같이 작성하면 문제가 발생할 수 있다.

```
assert(myFunctionCall() != nullptr);
```

릴리스 모드로 빌드하면 이 부분이 모두 삭제되기 때문에 myFunctionCall()을 호출하는 부분도 삭제된다.

31.4.4 크래시 덤프

흔히 **메모리 덤프**memory dump 또는 **코어 덤프**core dump라 부르는 **크래시 덤프**crash dump를 반드시 생성하도록 프로그램을 작성한다. 크래시 덤프란 일종의 덤프 파일로서 애플리케이션이 갑자기 뻗어버릴 때 생성된다. 여기에는 충돌 당시 실행된 스레드 정보, 모든 스레드에 대한 콜 스택 정보 등이 담겨 있다. 덤프가 생성되는 방식은 플랫폼마다 다르다. 따라서 구체적인 사항은 해당 플랫폼에 대한 문서나 이를 처리해주는 서드파티 라이브러리를 활용한다. 대표적인 예로 브레이크패드Breakpad(`github.com/google/breakpad/`)라는 오픈소스 크로스 플랫폼 라이브러리가 있다.

심벌 서버symbol server와 **소스 코드 서버**source code server도 반드시 구축한다. 심벌 서버는 릴리스 버전의 소프트웨어에 대한 디버깅 기호를 저장하는 데 사용된다. 이러한 기호는 나중에 고객이 소프트웨어를 사용하다가 발생한 크래시 덤프를 해석하는 데 활용된다. 소스 코드 서버는 소스 코드의 수정 내역을 모두 저장하고 있다. 이에 대해서는 28장에서 자세히 설명했다. 크래시 덤프를 디버깅할 때는 소스 코드 서버에서 크래시 덤프를 생성한 버전의 코드를 받아서 분석한다.

크래시 덤프를 분석하는 구체적인 방법은 플랫폼이나 컴파일러마다 다르다. 자세한 사항은 해당 문서를 참고한다.

개인 경험에 비춰보면 수천 건의 버그 리포트보다 크래시 덤프 하나가 유용할 때가 많았다.

31.5 디버깅 테크닉

디버깅은 상당히 고된 작업이다. 하지만 체계적으로 접근한다면 훨씬 쉽게 할 수 있다. 디버깅할 때 가장 먼저 할 일은 버그를 재현하는 것이다. 버그의 재현 여부에 따라 디버깅 작업의 성격이 크게 달라진다. 이어지는 절에서는 버그를 재현하는 방법, 재현 가능한 버그를 디버깅하는 방법, 재현 불가능한 버그를 디버깅하는 방법, 회귀 디버깅 방법을 차례대로 소개한다. 추가로 메모리 관련 에러를 디버깅하는 방법과 멀티스레드 프로그램을 디버깅하는 방법도 살펴본다.

31.5.1 버그 재현

버그를 항상 재현할 수 있다면 근본 원인을 찾기가 훨씬 쉽다. 재현할 수 없는 버그의 근본 원인을 찾는 것은 불가능하지 않더라도 그 과정은 상당히 힘들다.

버그를 재현하기 위해 가장 먼저 할 일은 버그가 처음 등장할 때와 똑같이 입력해서 프로그램을 구동하는 것이다. 이때 프로그램을 구동할 때부터 버그가 발생할 때까지 입력된 내용을 빠짐없이 넣어야 한다. 흔히 버그가 나타나기 바로 직전의 동작만 재현하는 실수를 많이 저지른다. 이렇게 하면 여러 동작이 순차적으로 연결되는 과정에서 발생하는 버그를 재현할 수 없다.

예를 들어 어떤 웹 페이지를 요청했더니 웹 브라우저가 뻗어버리는 경우를 생각해보자. 이렇게 뻗어버리는 원인은 특정한 네트워크 주소로 요청을 했더니 메모리가 손상되었기 때문일 수 있다. 아니면 요청을 큐에 백만 개까지 담을 수 있는 웹 브라우저에서 백만 한 번째 요청이 들어올 때 에러가 발생할 수도 있다. 이럴 때 요청을 하나만 보내면 아무리 반복해도 버그를 재현할 수 없다.

때로는 버그가 발생할 때까지 일어난 이벤트들을 완벽히 재현할 수 없을 수도 있다. 버그를 리포팅한 사용자가 정확히 어떤 상황에서 어떤 동작을 수행했는지 기억하지 못했기 때문일 수도 있고, 모든 입력을 반영하기에는 프로그램 구동 시간이 너무 오래 걸리기 때문일 수도 있다. 이럴 때는 최선을 다해 버그를 재현하는 수밖에 없다. 최대한 추측해서 작업해야 하므로 시간이 굉장히 오래 걸릴 수 있다. 하지만 이렇게라도 노력하면 전반적인 디버깅 과정을 크게 단축시킬 수 있다. 이와 관련된 몇 가지 테크닉을 소개하면 다음과 같다.

- 버그 리포팅한 상황과 비슷한 입력값을 버그가 발생할 때와 똑같은 환경에서 최대한 많이 시도해본다.
- 버그에 관련된 코드를 짧게 검토한다. 운 좋게 문제를 재현하는 방법을 찾을 수 있다.
- 비슷한 기능을 자동화된 테스트로 검사한다. 자동화된 테스트는 버그 재현에 유리하다는 장점이 있다. 24시간 동안 테스트해야 버그가 나타난다면 사람이 직접 24시간 동안 버그를 재현하는 데 매달리지 말고 자동화된 시스템을 활용하는 것이 훨씬 낫다.
- 버그 재현에 동원할 하드웨어가 충분하다면 다양한 버전을 여러 머신에서 병렬로 테스트해서 시간을 절약한다.
- 스트레스 테스트를 수행한다. 예를 들어 특정한 페이지를 요청하면 뻗어버리는 웹 서버 프로그램을 디버깅할 때 브라우저를 최대한 많이 띄워서 요청을 동시에 보내본다.

버그를 안정적으로 재현할 수 있게 되었다면 버그를 유발시키는 동작을 최소화하는 방법을 찾는다. 먼저 간단한 동작부터 시작해서 프로그램을 구동할 때부터 버그가 발생할 때까지 필요한 모든 동작을 나열할 때까지 동작을 하나씩 늘려본다. 그러면 버그를 재현하는 데 가장 간단하면서 효율적인 테스트 케이스를 찾을 수 있다. 이렇게 최소화된 케이스를 확보하면 문제의 근본 원인을 찾기도 쉽고, 문제의 해결 방안이 맞는지 확인하기도 쉽다.

31.5.2 재현 가능한 버그 디버깅

버그를 항상 효율적으로 재현하는 방법을 찾았다면 버그 발생 원인을 찾아야 한다. 이 단계에서는 문제를 발생시키는 코드의 위치를 정확히 찾아야 한다. 이때 두 가지 방식으로 접근할 수 있다.

- **디버그 메시지 로깅 :** 프로그램에 디버그 메시지를 충분히 추가해서 버그를 재현하는 과정에서 출력되는 내용을 확인한다. 그러면 코드의 어느 지점에 버그가 발생하는지 정확히 알아낼 수 있다. 디버거가 있다면 굳이 디버그 메시지를 직접 추가할 필요가 없다. 프로그램에 디버그 메시지를 추가하도록 수정하는 작업은 시간이 오래 걸리기 때문이다. 하지만 앞에서 설명한 방법에 따라 디버그 메시지를 출력하도록 프로그램을 이미 구성한 상태라면 디버그 모드로 실행해서 버그를 재현하면서 버그의 근본 원인을 찾을 수 있다. 이때 버그는 로깅 기능을 켰다는 이유만으로 사라져버릴 수 있다. 로깅을 켜면 프로그램의 실행 시간이 달라지기 때문이다.
- **디버거 활용 :** 디버거를 활용하면 프로그램을 한 단계씩 실행시키면서 원하는 시점의 메모리와 변수의 상태를 관찰할 수 있다. 버그의 근본 원인을 찾는 데 필수 도구이기도 하다. 소스 코드에 접근할 수 있다면 **심벌릭 디버거**(symbolic debugger)를 활용한다. 심벌릭 디버거란 변수 이름과 클래스 이름을 비롯한 코드에 나온 여러 가지 기호를 활용할 수 있는 디버거다. 심벌릭 디버거를 사용하려면 반드시 컴파일할 때 디버그 심벌을 생성하도록 옵션을 설정해야 한다. 구체적인 방법은 현재 사용하는 컴파일러에 대한 문서를 참조한다.

이 장 뒤에서 소개할 디버깅 예제는 두 가지 방법을 모두 사용한다.

31.5.3 재현 불가능한 버그 디버깅

재현할 수 있는 버그보다 재현할 수 없는 버그를 해결하기가 훨씬 힘들다. 버그 관련 정보가 상당히 부족하거나 추측에 의존해야 할 경우도 많기 때문이다. 그럼에도 불구하고 다음과 같은 방식으로 접근하면 도움이 된다.

- 재현 불가능한 버그를 재현 가능한 버그로 전환할 수 있는지 살펴본다. 최대한 합리적으로 추측하면 버그가 발생하는 지점에 최대한 가까운 영역을 찾을 수 있다. 버그를 재현하려는 노력 자체도 의미가 있다. 버그를 재현할 수 있게 만들었다면 앞서 소개한 테크닉을 동원해서 근본 원인을 알아낸다.
- 에러 로그를 분석한다. 에러 로그 생성 기능이 있다면 이 작업을 쉽게 처리할 수 있다. 이렇게 수집한 정보를 잘 걸러내는 것이 중요하다. 버그가 발생하기 직전에 로그에 기록된 에러는 버그와 밀접한 관련을 갖는 경우가 많기 때문이다. 운이 좋다면(아니면 프로그램을 잘 작성했다면) 주어진 버그에 직접적인 원인만 로그에 남길 것이다
- 트레이스 정보를 구해서 분석한다. 이 작업도 마찬가지로 프로그램에서 트레이스 출력을 하도록 구성했다면(예를 들면 앞 절에서 소개한 링 버퍼를 구현) 좀 더 쉽게 처리할 수 있다. 버그가 발생한 시점의 트레이스 데이터를 구하면 버그가 발생한 지점을 쉽게 찾을 수 있다.

- **크래시 덤프**(**메모리 덤프**) 파일이 있다면 분석한다. 프로그램이 비정상적으로 종료되면 메모리 덤프 파일을 출력해주는 플랫폼도 있다. 유닉스나 리눅스는 이러한 메모리 덤프를 **코어 파일**(core file)이라 부른다. 각 플랫폼마다 메모리 덤프를 분석하는 도구를 제공한다. 예를 들어 애플리케이션의 스택 트레이스를 생성하거나 애플리케이션이 뻗어버리기 직전의 메모리 상태를 보여주는 도구도 있다.
- 코드를 검토한다. 아쉽게도 이 방법이 재현 불가능한 버그의 근본 원인을 찾는 유일한 방법일 때가 많다. 하지만 의외로 상당히 효과적이다. 자신이 직접 작성한 코드라도 버그를 발생시키는 관점에서 코드를 검토하다 보면 이전에는 보지 못했던 실수가 눈에 띄는 경우가 많다. 코드를 분석하느라 시간을 낭비하지 않기 바란다. 하지만 코드 실행 경로를 직접 추적하다 보면 문제를 발견할 때가 많다.
- 31.5.5절 '메모리 문제 디버깅'에서 소개할 메모리 와치 도구를 활용한다. 이 도구를 활용하면 코드가 잘못 작동하는 데 직접적인 원인은 아니지만 버그 생성에 어느 정도 영향을 주는 메모리 에러를 쉽게 찾을 수 있다.
- 버그 리포트를 기록하고 업데이트한다. 버그의 근본 원인을 당장 찾지 못하더라도 나중에 같은 문제를 다시 만났을 때 예전에 시도한 내용을 볼 수 있기 때문에 디버깅에 도움이 된다.
- 버그의 근본 원인을 찾을 수 없다면 로그나 트레이스를 남기는 코드를 더 추가한다. 그러면 다음번에 버그를 재현할 확률을 높일 수 있다.

재현 불가능한 버그의 근본 원인을 찾았다면 재현 가능한 테스트 케이스로 만들어서 '재현 가능한 버그' 항목으로 이동시킨다. 문제를 해결하기 전에 버그를 재현할 수 있다는 사실은 굉장히 중요하다. 재현할 수 없다면 수정한 코드가 맞는지 확인할 수 없기 때문이다. 재현 불가능한 버그를 디버깅할 때 흔히 저지르는 실수 중 하나는 엉뚱한 문제를 해결하는 것이다. 버그를 재현할 수 없기 때문에 정말 문제가 해결되었는지 확인할 수 없다. 그러므로 몇 달이 지나서 같은 버그가 또 등장할 수 있다.

31.5.4 회귀 디버깅

회귀 버그regression bug는 예전에 문제없던 기능이 제대로 작동하지 않게 만드는 버그를 말한다.

회귀 버그를 분석하는 좋은 방법은 최근 변경 내역을 살펴보는 것이다. 기능에 문제가 생긴 시각을 알면 그 시점 이전까지 기록된 변경 로그change log를 모두 살펴본다. 뭔가 의심스런 부분이 눈에 띈다면 근본 원인의 실마리를 발견할 수 있다.

회귀 디버깅 시간을 단축하기 위한 또 다른 방법은 이전 버전들 중에서 문제가 발생하기 이전과 이후의 버전을 이진 탐색 방식으로 찾아나가는 것이다. 예전 버전이 실행 파일로 있다면 곧바로 사용하고, 소스 코드만 있다면 실행 파일로 변환한다. 문제가 발생한 시점을 알아냈다면 변경 로그를 보고 당시 어떤 것들을 수정했는지 살펴본다. 이 방식은 재현 가능한 버그에 대해서만 적용할 수 있다.

31.5.5 메모리 문제 디버깅

애플리케이션이 뻗을 정도로 치명적인 버그의 원인은 대부분 메모리 에러 때문이다. 물론 그 정도로 치명적이지 않은 버그도 메모리 에러로부터 발생하기도 한다. 어떤 메모리 버그는 명확히 드러난다. 예를 들어 프로그램에서 `nullptr` 포인터를 역참조할 때의 기본 동작은 프로그램을 종료시키는 것이다. 그런데 거의 모든 플랫폼에서 이러한 치명적인 에러에 대해 응급조치를 취할 수 있는 기능을 제공한다. 최종 사용자 입장에서 이러한 대처 기능이 얼마나 중요한지에 따라 이 기능의 구현에 투입할 시간을 결정한다. 예를 들어 텍스트 에디터는 최근 수정된 버퍼의 내용을 저장하는 기능이 굉장히 중요하다(흔히 복구 문서와 같은 이름으로 저장한다). 반면 어떤 프로그램은 버퍼를 사용하지 않더라도 좀 아쉬울 뿐 그럭저럭 쓸 만하다고 여길 수도 있다.

어떤 메모리 버그는 눈에 띄지 않게 악영향을 미친다. C++ 코드에서 배열의 끝을 지나친 지점에 쓰기 연산을 수행하면 프로그램이 즉시 뻗어버린다. 반면 배열이 스택에 있다면 다른 변수나 배열을 덮어써서 값이 바뀌는데, 프로그램 실행 후 뒤늦게 이 사실을 발견하게 되는 경우가 있다. 또한 배열이 프리스토어에 있다면 프리스토어 영역을 손상시킬 수 있다. 이로 인한 에러는 나중에 메모리를 동적으로 할당하거나 해제할 때가 되서야 발생한다.

코드를 작성할 때 흔히 발생하는 메모리 에러는 7장에서 설명했다. 이 절에서는 코드의 버그에 관련된 문제를 찾는 관점에서 메모리 에러를 살펴본다. 이 절을 읽기 전에 7장에서 설명한 내용을 반드시 이해할 필요가 있다.

> **CAUTION_** 항상 그런 것은 아니지만 메모리 문제 중 대부분은 일반 포인터 대신 스마트 포인터를 사용하는 것만으로도 방지할 수 있다.

1 메모리 에러 분류

메모리 문제를 디버깅하려면 발생할 수 있는 에러의 종류를 잘 알아둘 필요가 있다. 이 절에서는 메모리 에러의 대표적인 유형을 살펴본다. 각 유형마다 다양한 종류의 메모리 에러가 있다. 각 유형마다 간단한 예제 코드와 관찰할 수 있는 증상도 소개한다. 참고로 증상과 버그를 분명히 구분해야 한다. **증상**symptom은 버그로 인해 발생하는 관찰 가능한 동작이다.

메모리 해제 에러

다음 표는 메모리 해제에 관련된 다섯 가지 주요 에러를 정리한 것이다.

에러 종류	증상	예제

메모리 누수	프로세스의 메모리 사용량이 시간이 지날수록 증가한다.
	
	시간이 지날수록 프로세스의 실행 속도가 떨어진다.
	
	OS의 종류에 따라 메모리 부족으로 인해 연산이나 시스템 콜이 제대로 작동하지 않을 수 있다.
		void memoryLeak()
		{
		  int* p { new int[1000] };
		  return; // 버그: p를 해제하지 않음
		}

할당 연산과 해제 연산이 일치하지 않음	프로그램이 즉시 뻗어버리지 않는 경우가 많다.
	
	이러한 종류의 에러는 플랫폼에 따라 메모리를 손상시키기도 한다. 그러므로 나중에 가서야 프로그램이 뻗어버릴 수 있다.
	
	어떤 경우에는 메모리 누수를 발생시키기도 한다.
		void mismatchedFree()
		{
		  int* p1 { (int*)malloc(sizeof(int)) };
		  int* p2 { new int };
		  int* p3 { new int[1000] };
		  delete p1; // 버그! free()를 사용해야 한다.
		  delete[] p2; // 버그! delete를 사용해야 한다.
		  free(p3); // 버그! delete[]를 사용해야 한다.
		}

메모리를 한 번 이상 해제	두 개의 delete 호출문 사이에서 해제한 메모리를 다른 곳에 할당해 버리면 프로그램이 뻗어버린다.	void doubleFree()
		{
		  int* p1 { new int[1000] };
		  delete[] p1;
		  int* p2 { new int[1000] };
		  delete[] p1; // 버그! p1을 두 번 해제했다.
		} // 버그! p2의 메모리에 누수가 발생함

할당받지 않은 메모리 해제	대부분 프로그램이 뻗어버린다.	void freeUnallocated()
		{
		  int* p { reinterpret_cast<int*>(10000) };
		  delete p; // 버그! p가 유효한 포인터가 아니다.
		}

스택 메모리 해제	엄밀히 말하면 할당받지 않은 메모리를 해제하는 에러의 특수한 경우다. 이때도 대체로 프로그램이 뻗어버린다.	void freeStack()
		{
		  int x;
		  int* p { &x };
		  delete p; // 버그! 스택 메모리 해제
		}

이 표에서 말하는 프로그램이 뻗어버리는 현상은 플랫폼마다 다르게 나타날 수 있다. 플랫폼에 따라 세그먼테이션 폴트segmentation fault, 버스 에러bus error, 접근 권한 문제access violation라고 표시한다.

여기서 볼 수 있듯이 어떤 에러는 발생하는 즉시 프로그램이 중단되지 않는다. 이런 버그는 눈에 잘 띄지 않아서 나중에 프로그램을 실행하는 과정에 문제를 발생한다.

메모리 접근 에러

메모리 에러의 또 다른 유형은 메모리에 실제로 읽거나 쓰는 과정에서 발생한다.

에러 종류	증상	예제

엉뚱한 메모리에 접근	거의 대부분 프로그램이 즉시 뻗어버린다.	`void accessInvalid()`
		`{`
		`  int* p { reinterpret_cast<int*>(10000) };`
		`  *p = 5; // 버그! p는 잘못된 포인터다.`
		`}`

해제된 메모리에 접근	당장 프로그램이 뻗지 않을 때가 많다.
	해제한 메모리가 다른 곳에서 다시 할당되면 갑자기 이상한 값이 담기는 에러가 발생한다.
		`void accessFreed()`
		`{`
		`  int* p1 { new int };`
		`  delete p1;`
		`  int* p2 { new int };`
		`  *p1 = 5; // 버그!`
		`  // p1이 가리키는 메모리가 이미 해제되었다.`
		`}`

다른 곳에서 할당한 메모리에 접근	즉시 뻗어버리지 않는 경우가 많다.
	이러한 종류의 에러는 나중에 갑자기 나타나서 심각한 문제를 발생시킬 수 있다.
		`void accessElsewhere()`
		`{`
		`  int x, y[10], z;`
		`  x = 0;`
		`  z = 0;`
		`  for (int i { 0 }; i <= 10; i++) {`
		`    y[i] = 5; // 버그!`
		`    // i==10일 때 배열의 경계를 벗어난다.`
		`  }`
		`}`

초기화되지 않은 메모리 읽기	초기화되지 않은 값을 (옆에 나온 예제처럼) 포인터로 역참조하지 않는 한 즉시 뻗지 않는다. 심지어 역참조해도 뻗지 않을 수 있다.	`void readUninitialized()`
		`{`
		`  int* p;`
		`  cout << *p; // 버그! p를 초기화하지 않았다.`
		`}`

메모리 접근 에러가 발생했다고 해서 프로그램이 항상 뻗는 것은 아니다. 그보다는 눈에 띄지 않게 에러가 발생하는 경우가 많다. 그러므로 프로그램이 곧바로 뻗지 않고 잘못된 결과를 생성한다. 이렇게 잘못 생성된 결과가 외부 장치(로봇 팔이나 X선 기계, 방사선 치료 기기, 생명 유지 장치 등)를 제어하는 시스템에서 발생하면 치명적인 결과를 초래한다.

여기서 메모리 해제 에러와 메모리 접근 에러에서 소개한 증상은 프로그램을 릴리스 모드로 빌드할 때 드러나는 증상이다. 디버그 모드로 빌드하면 증상이 다르게 나타날 수 있다. 프로그램을 디버거로 구동하면 문제가 발생한 지점으로 곧바로 진입할 수도 있다.

2 메모리 에러 디버깅 관련 팁

메모리 관련 버그가 발생하는 시점이나 위치는 코드를 실행할 때마다 달라질 수 있다. 특히 프리스토어 메모리가 손상될 때 이런 현상이 두드러진다. 손상된 프리스토어 메모리는 시한폭탄과 같다. 해제나 할당 과정에서 갑자기 문제가 터질 수 있다. 재현할 수 있지만 발생 지점이 약간씩 달라지는 버그는 메모리 손상부터 의심한다.

메모리 버그임을 확인하기 위한 가장 좋은 방법은 C++용 메모리 검사 도구를 활용하는 것이다. 메모리 에러를 검사하면서 프로그램 구동 옵션을 제공하는 디버거가 많다. 예를 들어 마이크로소프트 비주얼 C++ 디버거로 프로그램을 실행하면 앞 절에서 소개한 유형의 에러를 거의 대부분 잡을 수 있다. 또한 서드파티 소프트웨어 중에서도 래셔널 소프트웨어Rational Software(현재는 IBM에 소속)의 퓨리파이Purify나 리눅스용 밸그린드(7장 참조)처럼 뛰어난 도구도 있다. 마이크로소프트는 **애플리케이션 베리파이어**Application Verifier(윈도우 10 SDK의 일부, `developer.microsoft.com/windows/downloads/windows-10-sdk`)라는 도구도 무료로 제공한다. 이 도구는 윈도우 환경에서 릴리스 모드로 빌드한 애플리케이션에 적용할 수 있다. 일종의 실행 시간 검증 도구로서 앞 절에서 소개한 메모리 에러처럼 눈에 잘 띄지 않는 프로그래밍 에러를 쉽게 찾아준다. 이러한 디버거나 도구는 할당되지 않은 메모리를 해제하거나, 할당되지 않은 메모리를 역참조하거나, 배열의 경계를 벗어난 지점에 쓰기 연산을 수행하는 것처럼 동적 메모리를 잘못 사용하는 부분을 검사할 때 자체적으로 제공하는 메모리 할당 및 해제 루틴을 활용한다.

당장 사용할 만한 메모리 검사 도구가 없고 기존 디버깅 방법으로 해결하기 힘들다면 직접 소스 코드를 분석하는 수밖에 없다. 먼저 버그가 있을 만한 영역을 좁힌다. 그러고 나서 일반 포인터를 사용하는 부분을 샅샅이 훑어본다. 현재 디버깅하는 코드의 품질이 평균 이상이라면 대부분 스마트 포인터를 사용할 것이다. 그런데 일반 포인터를 사용한 부분이 있다면 주의 깊게 살펴본다. 에러의 원인이 이런 부분에 있는 경우가 많기 때문이다. 그밖에 코드에서 주의 깊게 살펴볼 부분으로 다음과 같은 것들이 있다.

객체와 클래스 관련 에러

- 작성한 클래스에서 메모리를 동적으로 할당한다면 객체의 소멸자에서 더도 말고 덜도 말고 정확히 할당한 만큼만 해제하는지 검증한다.
- 작성한 클래스에 있는 복제 생성자와 대입 연산자(9장 참조)가 복제와 대입 연산을 정확히 수행하는지 검사한다. 또한 소멸자에서 원본 객체의 포인터를 해제하지 않도록 이동 생성자와 이동 대입 연산자에서 원본 객체의 포인터를 `nullptr`로 설정하는지 반드시 확인한다.

- 타입 캐스팅 과정에 문제가 없는지 확인한다. 객체 포인터를 형변환할 때 정확하게 처리하는지 살펴본다. 가능하면 dynamic_cast를 사용한다.

> **CAUTION_** 리소스의 소유권을 일반 포인터로 다루는 부분이 있다면 최대한 스마트 포인터로 교체하는 것이 좋다. 그리고 작성한 클래스가 영의 규칙을 따르도록 리팩터링한다(9장 참조). 그러면 앞에 나온 첫 번째와 두 번째 유형의 에러를 방지할 수 있다.

일반 메모리 에러

- new와 delete가 짝이 맞는지 확인한다. 마찬가지로 malloc, alloc, calloc 호출문에 대해서도 free를 정확한 수만큼 호출하고, new[]를 호출하는 문장만큼 delete[]를 호출하는지도 확인한다. 이미 해제된 메모리를 계속 사용하거나 다시 해제하는 실수를 방지하려면 메모리를 해제한 직후에 항상 nullptr로 설정하는 것이 좋다. 물론 일반 포인터로 리소스의 소유권을 다루는 부분을 모두 스마트 포인터로 바꾸는 것이 가장 좋다.
- 버퍼 오버런(buffer overrun)이 발생하지 않는지 확인한다. 배열에 대해 반복하거나 C 스타일 스트링에 대해 읽기나 쓰기 연산을 수행할 때마다 메모리나 스트링 경계를 벗어난 지점을 접근하지 않는지 검사한다. 표준 라이브러리에서 제공하는 컨테이너나 스트링을 활용하면 이런 문제를 방지할 수 있다.
- 엉뚱한 포인터를 역참조하지 않는지 검사한다.
- 스택에 포인터를 선언할 때는 반드시 초기화도 한다. 예를 들어 T* p;처럼 선언만하지 말고 반드시 T* p {nullptr};이나 T* p {new T};처럼 초기화와 동시에 선언한다. 더 좋은 방법은 스마트 포인터를 사용하는 것이다.
- 포인터와 마찬가지로 클래스에 있는 포인터 타입 데이터 멤버도 클래스 내부의 초기화 구문이나 생성자로 반드시 초기화한다. 이때 생성자에서 메모리를 할당하거나 포인터의 값을 nullptr로 설정한다. 여기서도 마찬가지로 스마트 포인터를 사용하는 것이 가장 좋다.

31.5.6 멀티스레드 프로그램 디버깅

C++는 스레드 구동과 동기화 메커니즘을 제공하는 스레드 지원 라이브러리threading support library도 제공한다. 스레드 지원 라이브러리는 27장에서 자세히 설명했다. C++ 프로그램에서 멀티스레드를 사용하는 경우는 흔하다. 그러므로 멀티스레드 프로그램을 디버깅하는 방법을 잘 알아두어야 한다. 멀티스레드 프로그램에서 발생하는 버그는 OS 스케줄링의 타이밍 변화에서 비롯되는 경우가 많다. 이런 버그는 재현하기가 굉장히 힘들다. 따라서 멀티스레드 프로그램을 디버깅하려면 특별한 기법을 동원해야 한다.

- **디버거 사용하기:** 디버거를 사용하면 데드락처럼 특정한 종류의 멀티스레드 문제를 진단하기 쉽다. 데드락이 발생하면 디버거를 띄워서 여러 스레드의 실행 상태를 살펴본다. 어느 스레드들이 블록되었고, 코드의 어느 라인에서 스레드들이 블록되었는지 살펴볼 수 있다. 이와 동시에 트레이스 로그도 살펴보면 데드락이 발생하게 된 경로를 추적할 수 있다. 이 과정에서 문제 해결의 실마리를 찾을 수 있다.
- **로그 기반 디버깅:** 멀티스레드 프로그램을 디버깅할 때 로그 기반 디버깅 기법을 활용하는 것이 디버거만 사용할 때보다 훨씬 효과적인 경우가 있다. 크리티컬 섹션(critical section)(임계 영역)에 진입하기 전과 후, 잠금을 걸거나 해제하기 전과 후에 로그를 남기는 문장을 추가한다. 로그 기반 디버깅은 특히 경쟁 상태를 분석하는 데 굉장히 유용하다. 하지만 로그를 남기는 코드를 추가하기 때문에 실행 시간의 타이밍이 약간 달라질 수 있다. 이로 인해 버그가 드러나지 않을 가능성도 있다.
- **강제로 잠재우거나 문맥을 전환하는 문장 추가하기:** 문제를 안정적으로 재현하기 힘들거나 근본 원인이라고 생각하는 부분을 정확히 검증하고 싶다면 스레드 스케줄링 동작을 조절해서 스레드를 일정한 시간 동안 재울 수 있다. <thread> 헤더 파일을 보면 `std::this_thread` 네임스페이스 아래에 `sleep_until()`과 `sleep_for()`가 정의되어 있다. 각각에 대해 잠자는 시간은 `std::time_point`와 `std::duration`으로 지정한다. 둘 다 22장에서 소개한 chrono 라이브러리에서 제공한다. 잠금을 해제하기 바로 직전, 상태 변수에 시그널을 보내기 바로 직전, 공유 데이터에 접근하기 바로 직전에 몇 초 동안 잠들면 그냥 실행할 때는 볼 수 없었던 경쟁 상태가 드러난다. 이 기법으로 근본 원인을 찾았다면 바로 수정한다. 그래야 강제로 잠재우고 문맥을 전환하는 구문을 삭제한 뒤에도 제대로 작동하게 된다. 강제로 잠재우거나 문맥을 전환하는 코드를 절대 남겨두면 안 된다. 그러면 문제를 제대로 해결할 수 없게 된다.
- **코드 리뷰하기:** 직접 작성한 스레드 동기화 코드를 검토하면 경쟁 상태를 해결하는 데 도움이 될 때가 많다. 구체적으로 확인하기 전까지는 경쟁 조건이 발생하지 않는지 반복해서 확인한다. 이렇게 확인한 사항을 코드에 주석으로 다는 데 주저할 필요가 없다. 또한 동료와 함께 디버깅한다. 그러면 미처 보지 못한 문제를 발견할 수 있다.

31.5.7 디버깅 예제: 논문 인용

이 절에서는 버그가 있는 프로그램을 디버깅하는 과정을 살펴본다.

특정한 연구 논문을 인용한 논문을 검색하는 웹 페이지를 구현한다고 하자. 이런 서비스는 자신과 비슷한 연구를 수행한 논문을 검색하려는 사람에게 유용하다. 비슷한 연구 사례가 담긴 논문을 찾았다면 그 논문을 인용한 다른 연구 결과를 검색할 수 있다.

이 프로젝트에서 해야 할 일은 텍스트 파일로부터 인용 정보를 추출하는 기능을 구현하는 것이다. 예제를 간단히 구성하도록 논문에 대한 인용 정보는 해당 논문 파일에 있다고 가정한다. 또한 각 파일의 첫 줄에 저자, 제목, 게재 정보가 나와 있다고 가정한다. 두 번째 줄은 항상 비어 있고, 나머지 줄에는 해당 논문에 대한 인용 정보가 각각 한 줄씩 나열되어 있다고 가정한다. 예를 들어 전산학에서 가장 중요한 논문에 대한 인용 정보는 다음과 같이 표현할 수 있다.

```
Alan Turing, "On Computable Numbers, with an Application to the
Entscheidungsproblem", Proceedings of the London Mathematical Society, Series 2,
Vol.42 (1936-37), 230-265.

Gödel, "Über formal unentscheidbare Sätze der Principia Mathematica und
verwandter Systeme, I", Monatshefte Math. Phys., 38 (1931), 173-198.
Alonzo Church. "An unsolvable problem of elementary number theory", American J. of
Math., 58 (1936), 345-363.
Alonzo Church. "A note on the Entscheidungsproblem", J. of Symbolic Logic, 1 (1936),
40-41.
E.W. Hobson, "Theory of functions of a real variable (2nd ed., 1921)", 87-88.
```
[1]

1 ArticleCitations 클래스: 버그 있는 버전

파일을 읽어서 논문 인용 정보를 저장하는 ArticleCitations란 클래스를 구현한다. 이 클래스는 첫 줄에 나온 논문 정보와 그 뒤에 나오는 인용 정보를 스트링 타입의 C 스타일 배열에 저장한다.

> **CAUTION_** C 스타일 배열을 사용하는 것은 바람직하지 않다. 인용 정보는 표준 라이브러리의 컨테이너에 저장하는 것이 좋다. 하지만 여기에서는 메모리 문제를 보여주기 위해 일부러 이렇게 구현했다. 이것 말고도 문제가 되는 부분이 더 있다. 예를 들어 size_t를 사용하지 않고 int를 사용한 점, 복제 후 맞바꾸기 구문(9장 참조)을 사용하지 않고 대입 연산자를 구현한 점은 문제의 소지가 있다. 그래도 디버깅 과정을 소개하기 위한 용도로는 충분하다.

ArticleCitations 클래스의 정의는 다음과 같다.

```
export class ArticleCitations
{
    public:
        ArticleCitations(std::string_view fileName);
        virtual ~ArticleCitations();
        ArticleCitations(const ArticleCitations& src);
```

---

1 옮긴이_ 앨런 튜링 "계산 가능한 수와 결정문제의 응용에 관하여", 런던 수학 학회 초록, 시리즈 2, Vol.42 (1936-37), 230-265.
괴델, "형식적으로 결정 불가능한 수학적 가정과 그에 연관된 시스템, I", 수학과 물리학 월보, 38 (1931), 173-198.
알론조 처치, "기초 정수론의 해결 불가능한 문제", 미국 수학 저널, 58 (1936), 345-363
알론조 처치, "결정문제에 대한 고찰", 기호 논리 저널, 1 (1930), 40-41.
E.W. 홉슨, "실변수 함수에 대한 이론 (2판, 1921)", 87-88.

```
        ArticleCitations& operator=(const ArticleCitations& rhs);

        const std::string& getArticle() const;
        int getNumCitations() const;
        const std::string& getCitation(int i) const;
    private:
        void readFile(std::string_view fileName);
        void copy(const ArticleCitations& src);

        std::string m_article;
        std::string* m_citations;
        int m_numCitations;
};
```

구현 코드는 다음과 같다. 참고로 이 프로그램에는 버그가 있다. 여기 나온 그대로 사용하거나 이를 모델로 삼으면 안 된다.

```
ArticleCitations::ArticleCitations(string_view fileName)
{
    // 여기에서는 파일을 읽기만 한다.
    readFile(fileName);
}

ArticleCitations::ArticleCitations(const ArticleCitations& src)
{
    copy(src);
}

ArticleCitations& ArticleCitations::operator=(const ArticleCitations& rhs)
{
    // 자기 자신을 대입하는지 검사한다.
    if (this == &rhs) {
        return *this;
    }
    // 예전에 할당된 메모리를 해제한다.
    delete [] m_citations;
    // 데이터를 복제한다.
    copy(rhs);
    return *this;
}

void ArticleCitations::copy(const ArticleCitations& src)
```

```
{
    // 논문 제목, 저자 등을 복제한다.
    m_article = src.m_article;
    // 인용 횟수를 복제한다.
    m_numCitations = src.m_numCitations;
    // 정확한 크기만큼 배열을 할당한다.
    m_citations = new string[m_numCitations];
    // 배열의 각 원소를 복제한다.
    for (int i { 0 }; i < m_numCitations; i++) {
        m_citations[i] = src.m_citations[i];
    }
}

ArticleCitations::~ArticleCitations()
{
    delete [] m_citations;
}

void ArticleCitations::readFile(string_view fileName)
{
    // 파일을 연다. 그 과정에서 오류가 발생했는지 확인한다.
    ifstream inputFile { fileName.data() };
    if (inputFile.fail()) {
        throw invalid_argument { "Unable to open file" };
    }
    // 논문 저자, 제목 등이 담긴 줄을 읽는다.
    getline(inputFile, m_article);

    // 인용 정보 앞에 나온 공백은 건너뛴다.
    inputFile >> ws;

    int count { 0 };
    // 현재 위치를 저장한다. 그래야 나중에 리턴할 수 있다.
    streampos citationsStart { inputFile.tellg() };
    // 인용 논문 수를 센다.
    while (!inputFile.eof()) {
        // 다음 항목 앞에 나온 공백은 건너뛴다.
        inputFile >> ws;
        string temp;
        getline(inputFile, temp);
        if (!temp.empty()) {
            count++;
        }
    }
```

```
    if (count != 0) {
        // 인용 정보를 담을 스트링 배열을 할당한다.
        m_citations = new string[count];
        m_numCitations = count;
        // 인용 정보의 첫 항목으로 돌아간다.
        inputFile.seekg(citationsStart);
        // 인용 정보를 하나씩 읽어 배열에 저장한다.
        for (count = 0; count < m_numCitations; count++) {
            string temp;
            getline(inputFile, temp);
            if (!temp.empty()) {
                m_citations[count] = temp;
            }
        }
    } else {
        m_numCitations = -1;
    }
}

const string& ArticleCitations::getArticle() const { return m_article; }

int ArticleCitations::getNumCitations() const { return m_numCitations; }

const string& ArticleCitations::getCitation(int i) const { return m_citations[i]; }
```

2 ArticleCitations 클래스 테스트

다음 프로그램은 사용자에게 파일 이름을 입력받아서 그 파일에 대한 ArticleCitations 인스턴스를 생성한다. 이렇게 생성한 인스턴스를 processCitations() 함수에 값으로 전달해서 정보를 모두 화면에 출력한다.

```
void processCitations(ArticleCitations cit)
{
    cout << cit.getArticle() << endl;
    for (int i { 0 }; i < cit.getNumCitations(); i++) {
        cout << cit.getCitation(i) << endl;
    }
}

int main()
{
```

```
    while (true) {
        cout << "Enter a file name (\"STOP\" to stop): ";
        string fileName;
        cin >> fileName;
        if (fileName == "STOP") { break; }

        ArticleCitations cit { fileName };
        processCitations(cit);
    }
}
```

튜링의 논문(paper1.txt)을 입력해서 프로그램을 테스트해보자. 실행 결과는 다음과 같다.

```
Enter a file name ("STOP" to stop): paper1.txt
Alan Turing, "On Computable Numbers, with an Application to the
Entscheidungsproblem", Proceedings of the London Mathematical Society, Series 2,
Vol.42 (1936-37), 230-265.
[ 공백 네 줄은 생략함 ]
Enter a file name ("STOP" to stop): STOP
```

뭔가 이상하다. 인용 정보가 네 건 있는데 빈 줄만 네 번 출력되었다.

메시지 기반 디버깅

이 버그를 로그 기반 디버깅 기법으로 해결해보자. 프로그램을 콘솔 애플리케이션으로 구현했기 때문에 cout으로 메시지를 출력하면 된다. 먼저 파일로부터 인용 정보를 읽는 함수부터 검토한다. 여기에 문제가 있다면 인용 정보를 담는 객체가 비어 있게 될 것이기 때문이다. readFile() 함수를 다음과 같이 수정한다.

```
void ArticleCitations::readFile(string_view fileName)
{
    // 앞부분 생략

    // 인용 논문 수를 센다.
    cout << "readFile(): counting number of citations" << endl;
    while (!inputFile.eof()) {
        // 다음 항목 앞에 나온 공백은 건너뛴다.
        inputFile >> ws;
        string temp;
        getline(inputFile, temp);
```

```
        if (!temp.empty()) {
            cout << "Citation " << count << ": " << temp << endl;
            ++count;
        }
    }

    cout << "Found " << count << " citations" << endl;
    cout << "readFile(): reading citations" << endl;
    if (count != 0) {
        // 인용 정보를 담을 스트링 배열을 할당한다.
        m_citations = new string[count];
        m_numCitations = count;
        // 인용 정보의 첫 항목으로 돌아간다.
        inputFile.seekg(citationsStart);
        // 인용 정보를 하나씩 읽어 배열에 저장한다.
        for (count = 0; count < m_numCitations; ++count) {
            string temp;
            getline(inputFile, temp);
            if (!temp.empty()) {
                cout << temp << endl;
                m_citations[count] = temp;
            }
        }
    } else {
        m_numCitations = -1;
    }
    cout << "readFile(): finished" << endl;
}
```

이전과 똑같이 입력해서 다시 테스트해보면 다음과 같이 결과가 나온다.

```
Enter a file name ("STOP" to stop): paper1.txt
readFile(): counting number of citations
Citation 0: G del, " ber formal unentscheidbare S tze der Principia Mathematica
und verwandter Systeme, I", Monatshefte Math. Phys., 38 (1931), 173-198.
Citation 1: Alonzo Church. "An unsolvable problem of elementary number theory",
American J. of Math., 58 (1936), 345-363.
Citation 2: Alonzo Church. "A note on the Entscheidungsproblem", J. of Symbolic
Logic, 1 (1936), 40-41.
Citation 3: E.W. Hobson, "Theory of functions of a real variable (2nd ed., 1921)",
87-88.
Found 4 citations
readFile(): reading citations
```

```
readFile(): finished
Alan Turing, "On Computable Numbers, with an Application to the
Entscheidungsproblem", Proceedings of the London Mathematical Society, Series 2,
Vol.42 (1936-37), 230-265.
[ 공백 네 줄은 생략함 ]
Enter a file name ("STOP" to stop): STOP
```

결과를 보면 이 프로그램은 먼저 파일로부터 인용 정보를 제대로 읽었는지 확인하기 위해 인용 항목 수를 센다. 그런데 두 번째에서는 제대로 읽지 못하고 'readFile(): reading citations'와 'readFile(): finished'라고만 출력된다. 왜 이렇게 나올까? 문제를 파고들기 위한 한 가지 방법은 매번 인용 정보를 읽고 난 후 파일 스트림의 상태를 검사하는 디버깅 코드를 추가하는 것이다.

```
void printStreamState(const istream& inputStream)
{
    if (inputStream.good()) { cout << "stream state is good" << endl; }
    if (inputStream.bad()) { cout << "stream state is bad" << endl; }
    if (inputStream.fail()) { cout << "stream state is fail" << endl; }
    if (inputStream.eof()) { cout << "stream state is eof" << endl; }
}

void ArticleCitations::readFile(string_view fileName)
{
    // 앞부분 생략

    // 인용 논문 수를 센다.
    cout << "readFile(): counting number of citations" << endl;
    while (!inputFile.eof()) {
        // 다음 항목 앞에 나온 공백은 건너뛴다.
        inputFile >> ws;
        printStreamState(inputFile);
        string temp;
        getline(inputFile, temp);
        printStreamState(inputFile);
        if (!temp.empty()) {
            cout << "Citation " << count << ": " << temp << endl;
            ++count;
        }
    }
```

```
    cout << "Found " << count << " citations" << endl;
    cout << "readFile(): reading citations" << endl;
    if (count != 0) {
        // 인용 정보를 담을 스트링 배열을 할당한다.
        m_citations = new string[count];
        m_numCitations = count;
        // 인용 정보의 첫 항목으로 돌아간다.
        inputFile.seekg(citationsStart);
        // 인용 정보를 하나씩 읽어 배열에 저장한다.
        for (count = 0; count < m_numCitations; ++count) {
            string temp;
            getline(inputFile, temp);
            printStreamState(inputFile);
            if (!temp.empty()) {
                cout << temp << endl;
                m_citations[count] = temp;
            }
        }
    } else {
        m_numCitations = -1;
    }
    cout << "readFile(): finished" << endl;
}
```

이렇게 수정한 버전을 다시 실행시켜보면 다음과 같이 몇 가지 유용한 정보를 볼 수 있다.

```
Enter a file name ("STOP" to stop): paper1.txt
readFile(): counting number of citations
stream state is good
stream state is good
Citation 0: G del, " ber formal unentscheidbare S tze der Principia Mathematica
und verwandter Systeme, I", Monatshefte Math. Phys., 38 (1931), 173-198.
stream state is good
stream state is good
Citation 1: Alonzo Church. "An unsolvable problem of elementary number theory",
American J. of Math., 58 (1936), 345-363.
stream state is good
stream state is good
Citation 2: Alonzo Church. "A note on the Entscheidungsproblem", J. of Symbolic
Logic, 1 (1936), 40-41.
stream state is good
stream state is good
Citation 3: E.W. Hobson, "Theory of functions of a real variable (2nd ed., 1921)",
```

```
87-88.
stream state is eof
stream state is fail
stream state is eof
Found 4 citations
readFile(): reading citations
stream state is fail
stream state is fail
stream state is fail
stream state is fail
readFile(): finished
Alan Turing, "On Computable Numbers, with an Application to the
Entscheidungsproblem", Proceedings of the London Mathematical Society, Series 2,
Vol.42 (1936-37), 230-265.
[ 공백 네 줄은 생략함 ]
Enter a file name ("STOP" to stop): STOP
```

마지막 인용 정보를 처음 읽을 때는 스트림 상태가 좋았다. 그런데 paper1.txt 파일 끝에 빈 줄이 들어 있어서 마지막 인용 항목을 읽고 난 후 while 문이 한 번 더 실행된다. 이때 inputFile >> ws란 문장은 마지막에 있는 공백을 읽기 때문에 스트림 상태가 eof가 되었다. 그러고 나서 다시 getline()으로 한 줄을 읽기 때문에 스트림 상태가 fail과 eof로 변했다. 여기까지는 예상된 결과다. 이 스트림의 상태가 인용 정보를 두 번째 읽고 나서도 계속 fail 상태라는 점은 앞에서 미처 생각하지 못했다. 얼핏 보면 말이 안 된다고 생각할 수 있다. 두 번째 읽기 전에 seekg()로 인용 정보의 시작점으로 되돌아가기 때문이다.

하지만 13장에서 설명했듯이 스트림을 명시적으로 클리어(초기화)하기 전까지 에러 상태가 그대로 남게 된다. seekg()는 fail 상태를 자동으로 클리어해주지 않는다. 에러 상태에 있다면 스트림은 데이터를 제대로 읽을 수 없다. 그러므로 인용 정보를 두 번째 읽고 나서도 fail 상태가 되는 것이다. 이 부분을 자세히 들여다보면 파일 끝에 도달한 뒤에는 istream에 대해 clear()를 호출하지 않는 것을 발견할 수 있다. 여기에 clear()를 호출하는 문장을 추가하면 인용 정보를 제대로 읽게 된다.

수정된 버전의 readFile() 메서드는 다음과 같다. 이번에는 디버깅용 cout 문장을 제거했다.

```
void ArticleCitations::readFile(string_view fileName)
{
    // 앞부분 생략
```

```
    if (count != 0) {
        // 인용 정보를 담을 스트링 배열을 할당한다.
        m_citations = new string[count];
        m_numCitations = count;
        // 스트림 상태를 클리어한다.
        inputFile.clear();
        // 인용 정보의 첫 항목으로 돌아간다.
        inputFile.seekg(citationsStart);
        // 인용 정보를 하나씩 읽어 배열에 저장한다.
        for (count = 0; count < m_numCitations; count++) {
            string temp;
            getline(inputFile, temp);
            if (!temp.empty()) {
                m_citations[count] = temp;
            }
        }
    } else {
        m_numCitations = -1;
    }
}
```

다시 paper1.txt에 대해 실행시켜보면 정확히 네 건의 인용 정보가 출력되는 것을 확인할 수 있다.

리눅스 GDB 디버거 사용법

이제 ArticleCitations 클래스가 인용 정보 파일을 제대로 처리한다는 것을 확인했다. 여세를 몰아 특수한 경우도 잘 처리하는지 확인해보자. 먼저 인용 정보가 하나도 없는 파일도 제대로 처리하는지 확인해보자. paper2.txt란 이름의 파일은 다음과 같은 내용을 담고 있다.

```
Author with no citations
```

리눅스에서 앞에서 만든 프로그램이 이 파일을 처리하도록 실행하면 다음과 같이 문제가 발생한다. 구체적인 출력 형태는 리눅스 버전과 컴파일러 버전에 따라 달라질 수 있다.

```
Enter a file name ("STOP" to stop): paper2.txt
terminate called after throwing an instance of 'std::bad_alloc'
  what(): std::bad_alloc
Aborted (core dumped)
```

'core dumped'란 메시지는 프로그램이 뻗었다는 것을 의미한다. 이번에는 디버거를 이용해서 문제를 해결해보자. 리눅스와 유닉스 플랫폼에서 널리 사용되는 GDB GNU Debugger를 이용한다. 먼저 프로그램에 디버깅 정보가 담기도록 옵션(g++에서는 -g)을 지정해서 컴파일한다. 그러고 나서 프로그램을 GDB로 구동한다. 예를 들어 GDB로 근본 원인을 찾는 과정은 다음과 같다. 여기에서는 실행 파일의 이름이 buggyprogram이라고 가정한다. 직접 입력하는 내용은 굵게 표시했다.

```
> gdb buggyprogram
[ 구동하면 나타나는 메시지는 생략함 ]
Reading symbols from /home/marc/c++/gdb/buggyprogram...done.
(gdb) run
Starting program: buggyprogram
Enter a file name ("STOP" to stop): paper2.txt
terminate called after throwing an instance of 'std::bad_alloc'
  what(): std::bad_alloc
Program received signal SIGABRT, Aborted.
0x00007ffff7535c39 in raise () from /lib64/libc.so.6
(gdb)
```

프로그램이 뻗으면 디버거는 실행을 멈추고, 그 시점의 프로그램 상태를 볼 수 있게 해준다. backtrace 또는 bt 커맨드를 실행하면 현재 스택 트레이스를 볼 수 있다. 가장 마지막에 실행한 연산이 가장 위(프레임 번호 0, #0)에 나온다.

```
(gdb) bt
#0  0x00007ffff7535c39 in raise () from /lib64/libc.so.6
#1  0x00007ffff7537348 in abort () from /lib64/libc.so.6
#2  0x00007ffff7b35f85 in __gnu_cxx::__verbose_terminate_handler() () from /lib64/
libstdc++.so.6
#3  0x00007ffff7b33ee6 in ?? () from /lib64/libstdc++.so.6
#4  0x00007ffff7b33f13 in std::terminate() () from /lib64/libstdc++.so.6
#5  0x00007ffff7b3413f in __cxa_throw () from /lib64/libstdc++.so.6
#6  0x00007ffff7b346cd in operator new(unsigned long) () from /lib64/libstdc++.
so.6
#7  0x00007ffff7b34769 in operator new[](unsigned long) () from
/lib64/libstdc++.so.6
#8  0x00000000004016ea in ArticleCitations::copy (this=0x7fffffffe090, src=...) at
ArticleCitations.cpp:40
#9  0x00000000004015b5 in ArticleCitations::ArticleCitations
```

```
(this=0x7fffffffe090, src=...)
    at ArticleCitations.cpp:16
#10 0x0000000000401d0c in main () at ArticleCitationsTest.cpp:20
```

이렇게 출력한 스택 트레이스를 얻었을 때 자신이 직접 작성한 코드에서 제일 위에 있는 스택 프레임부터 찾아야 한다. 이 예제에서는 #8번 프레임이 여기에 해당한다. 이 프레임을 살펴보면 ArticleCitations의 copy() 메서드에 뭔가 문제가 있다는 것을 알 수 있다. 이 메서드는 main()에서 processCitations()를 호출해서 인수를 값으로 전달하는 과정에 copy()를 호출하는 복제 생성자를 호출하면서 실행된다. 물론 릴리스 버전에서는 인수를 const 레퍼런스로 전달해야 하지만, 여기에서는 값 전달 방식을 사용했다. frame 커맨드에 원하는 프레임 인덱스인 8을 입력해서 #8번 스택 프레임으로 이동한다.

```
(gdb) frame 8
#8  0x00000000004016ea in ArticleCitations::copy (this=0x7fffffffe090, src=...) at
ArticleCitations.cpp:40
40      m_citations = new string[m_numCitations];
```

그러면 다음 문장에서 문제가 발생했다는 것을 알 수 있다.

```
m_citations = new string[m_numCitations];
```

list 커맨드를 실행하면 현재 스택 프레임에서 문제가 발생한 줄의 주변에 있는 코드를 살펴볼 수 있다.

```
(gdb) list
35      // 논문 제목, 저자 등을 복제한다.
36      m_article = src.m_article;
37      // 인용 횟수를 복제한다.
38      m_numCitations = src.m_numCitations;
39      // 정확한 크기만큼 배열을 할당한다.
40      m_citations = new string[m_numCitations];
41      // 배열의 각 원소를 복제한다.
42      for (int i { 0 }; i < m_numCitations; i++) {
43          m_citations[i] = src.mCitations[i];
44      }
```

GDB는 현재 스코프에 있는 값을 출력할 수 있도록 print 커맨드를 제공한다. 문제의 근본 원인을 찾으려면 변숫값을 직접 확인해볼 필요가 있다. copy() 메서드 안에서 에러가 발생했기 때문에 src 매개변수의 값부터 확인해보자.

```
(gdb) print src
$1 = (const ArticleCitations &) @0x7fffffffe060: {
  _vptr.ArticleCitations = 0x401fb0 <vtable for ArticleCitations+16>,
  m_article = "Author with no citations", m_citations = 0x7fffffffe080,
  m_numCitations = -1}
```

문제를 찾았다. 입력값에는 인용 정보가 하나도 없다. 그런데도 m_numCitations의 값이 -1이라는 이상한 값으로 설정되었다. 이렇게 인용 정보가 하나도 없을 때 readFile()의 코드도 살펴보자. 여기서도 m_numCitations 값이 -1로 설정되었다. 문제는 쉽게 해결할 수 있다. 인용 정보가 하나도 없을 때는 m_numCitations의 값을 -1이 아닌 0으로 초기화시키면 된다. readFile()에는 또 다른 문제가 발생한다. 같은 ArticleCitations 객체에 대해 readFile()이 여러 번 호출된다는 것이다. 따라서 예전에 할당된 m_citations 배열도 반드시 해제할 필요가 있다. 이렇게 수정한 코드는 다음과 같다.

```
void ArticleCitations::readFile(string_view fileName)
{
    // 앞부분 생략

    delete [] m_citations;  // 예전에 할당된 인용 정보를 해제한다.
    m_citations = nullptr;
    m_numCitations = 0;
    if (count != 0) {
        // 인용 정보를 담을 스트링 배열을 할당한다.
        m_citations = new string[count];
        m_numCitations = count;
        // 스트림 상태를 클리어한다.
        inputFile.clear();
        // 인용 정보의 첫 항목으로 돌아간다.
        inputFile.seekg(citationsStart);

        // 나머지 코드 생략
    }
}
```

이 예제에서 볼 수 있듯이 버그는 얼마든지 드러나지 않을 수 있다. 디버거를 이용하고 인내심을 발휘해서 끝까지 찾아내야 할 때가 많다.

비주얼 C++ 2019 디버거 사용법

이 절에서는 앞에서 살펴본 디버깅 과정을 GDB가 아닌 마이크로소프트 비주얼 C++ 2019에서 제공하는 디버거로 해결해보자.

먼저 프로젝트부터 생성한다. VC++를 띄우고 상단 메뉴에서 파일File → 새로 만들기New → 프로젝트Project를 선택한다. 그래서 나온 화면의 왼쪽에 있는 프로젝트 템플릿 트리에서 비주얼 C++ → Win32(또는 Windows 데스크톱)을 선택한다. 그런 다음 창 중앙에 나온 목록에서 'Win32 콘솔 응용 프로그램(또는 Windows 콘솔 응용 프로그램)' 템플릿을 선택한다. 창 하단에 프로젝트 이름과 프로젝트 저장 위치를 지정한다. 이름은 ArticleCitations로 정하고, 프로젝트를 저장할 폴더를 지정한 다음 OK를 클릭한다. 프로젝트가 생성되었다면 솔루션 탐색기에 프로젝트 파일이 표시된다. 이 창이 보이지 않으면 보기View → 솔루션 탐색기Solution Explorer를 선택해서 솔루션 탐색기를 띄운다. 프로젝트에는 `ArticleCitations.cpp` 파일이 포함되어 있을 것이다. 솔루션 탐색기에서 이 파일을 선택해서 지우고 여러분 파일을 추가한다.

솔루션 탐색기에서 ArticleCitations 프로젝트 항목을 마우스 오른쪽 버튼으로 클릭한 뒤 추가Add → 기존 항목Existing Item을 클릭해서 이 책의 예제 소스 코드 중에서 `06_ArticleCitations\06_VisualStudio` 폴더에 있는 파일을 모두 추가한다. 그러면 솔루션 탐색기에 [그림 31-1]과 같이 표시될 것이다.

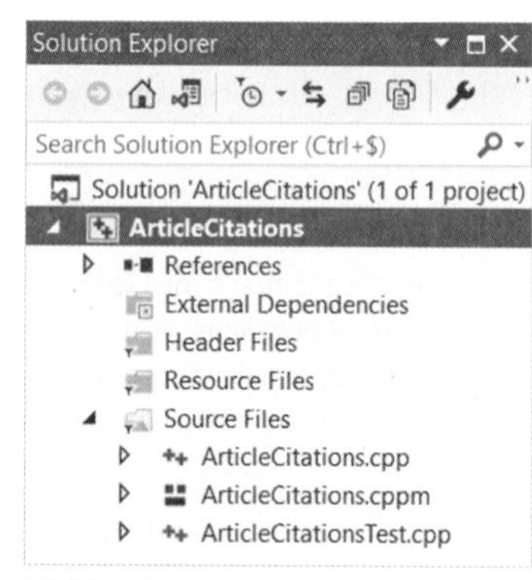

그림 31-1

VC++ 2019에서 C++20 기능을 사용하려면 옵션을 설정해야 한다. 솔루션 탐색기 창에서 `ArticleCitations` 프로젝트를 마우스 오른쪽 버튼으로 클릭한 뒤 속성Properties을 클릭한다. 그러면 속성 창이 뜨는데, 구성 속성Configuration Properties → C/C++ → 언어Language로 가서 'C++ 언어 표준C++ Language Standard' 옵션의 값을 'ISO C++20 표준ISO C++20 Standard'이나 'ISO C++ 최신 초안 표준Preview-Features From the Latest C++ Working Draft' 중 현재 사용하는 VC++에서 제공하는 값으로 지정한다.

현재 릴리스Release가 아닌 디버그Debug로 설정되어 있는지 확인한 뒤 전체 프로그램을 컴파일한다. 메뉴에서 빌드Build → 솔루션 빌드Build Solution를 클릭하면 된다. 그런 다음 paper1.txt와 paper2.txt 파일을 ArticleCitations.vcxproj 파일이 있는 ArticleCitations 프로젝트 폴더로 복사한다.

메뉴에서 디버그Debug → 디버깅 시작Start Debugging을 선택해서 프로그램을 실행한다. 먼저 paper1.txt 파일을 테스트한다. 그러면 이 파일을 읽어서 콘솔에 결과를 출력할 것이다. 그러고 나서 paper2.txt 파일을 테스트한다. 문제가 발생하면 [그림 31-2]처럼 메시지를 출력하면서 실행을 중단한다.

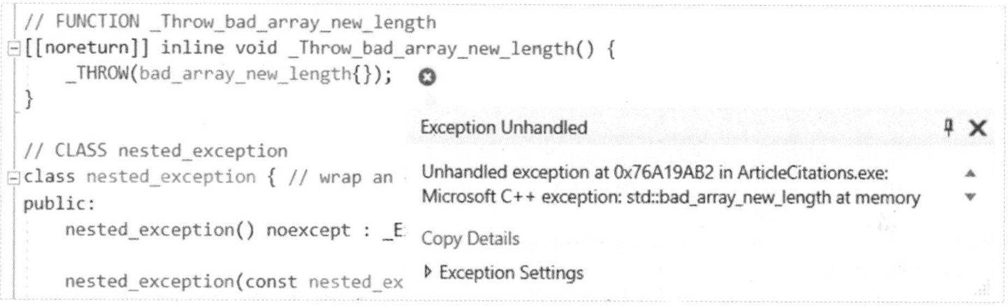

```
// FUNCTION _Throw_bad_array_new_length
[[noreturn]] inline void _Throw_bad_array_new_length() {
    _THROW(bad_array_new_length{});
}

// CLASS nested_exception
class nested_exception { // wrap an
public:
    nested_exception() noexcept : _E

    nested_exception(const nested_ex
```

Exception Unhandled

Unhandled exception at 0x76A19AB2 in ArticleCitations.exe:
Microsoft C++ exception: std::bad_array_new_length at memory

Copy Details

Exception Settings

그림 31-2

이 메시지를 보면 std::bad_array_new_length 익셉션이 던져진 것을 알 수 있다. 하지만 이 코드는 여러분이 직접 작성한 것이 아니다. 이 익셉션이 발생하게 된 원인이 되는 부분은 콜 스택 윈도우에서 확인할 수 있다(메뉴에서 디버그Debug → Windows → 호출 스택Call Stack을 선택한다). 그러고 나서 직접 작성한 코드의 첫 번째 줄에 해당하는 항목을 찾는다(그림 31-3).

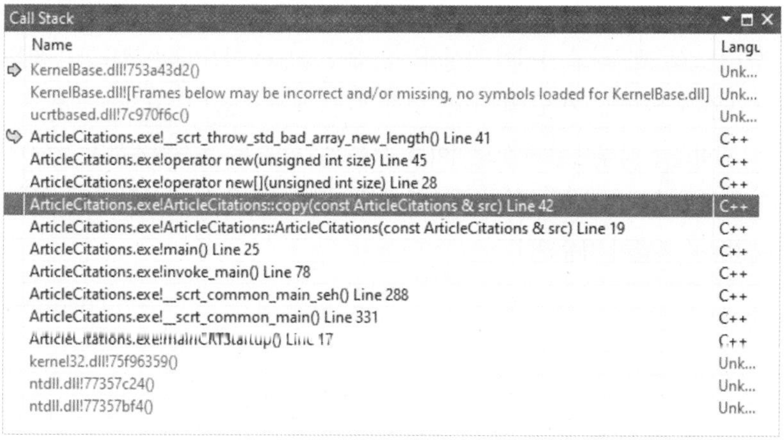

Call Stack

Name	Langu
KernelBase.dll!753a43d2()	Unk...
KernelBase.dll![Frames below may be incorrect and/or missing, no symbols loaded for KernelBase.dll]	Unk...
ucrtbased.dll!7c970f6c()	Unk...
ArticleCitations.exe!__scrt_throw_std_bad_array_new_length() Line 41	C++
ArticleCitations.exe!operator new(unsigned int size) Line 45	C++
ArticleCitations.exe!operator new[](unsigned int size) Line 28	C++
ArticleCitations.exe!ArticleCitations::copy(const ArticleCitations & src) Line 42	C++
ArticleCitations.exe!ArticleCitations::ArticleCitations(const ArticleCitations & src) Line 19	C++
ArticleCitations.exe!main() Line 25	C++
ArticleCitations.exe!invoke_main() Line 78	C++
ArticleCitations.exe!__scrt_common_main_seh() Line 288	C++
ArticleCitations.exe!__scrt_common_main() Line 331	C++
ArticleCitations.exe!mainCRTStartup() Line 17	C++
kernel32.dll!75f96359()	Unk...
ntdll.dll!77357c24()	Unk...
ntdll.dll!77357bf4()	Unk...

그림 31-3

GDB 예제와 마찬가지로 문제는 copy()에서 발생한다. 콜 스택 창에서 해당 항목을 더블 클릭해서 코드의 해당 지점으로 이동한다.

이번에는 변수 위에 마우스 포인터를 올려두면hover 값을 볼 수 있다. src 위에 마우스 포인터를 올려두면 m_numCitations 값이 -1이라는 것을 알 수 있다. 이 부분이 문제가 되는 이유와 수정 방법은 앞 절과 같다.

변수 위에 마우스 포인터를 올려두는 방식으로 값을 살펴보는 대신 메뉴에서 디버그Debug → Windows → 자동Autos을 실행하면 뜨는 창에서 변수 목록을 확인하는 방법도 있다. [그림 31-4]는 src의 데이터 멤버를 모두 펼친 화면을 보여주고 있다. 이 창에서 m_numCitations의 값이 -1이라는 것을 발견할 수 있다.

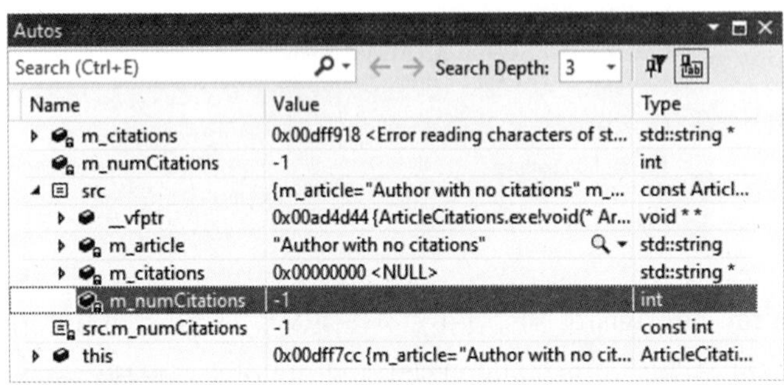

그림 31-4

31.5.8 논문 인용 예제의 교훈

지금까지 살펴본 예제는 너무 단순해서 실전 디버깅 기법을 익히기에 부족하다고 생각할 수도 있다. 하지만 규모가 큰 프로젝트라도 자신이 작성하는 클래스 코드는 여기 나온 코드만큼 짧은 경우가 많다. 여기 나온 예제에 버그가 있는데 이를 엄격히 테스트하지 않고 프로젝트에 통합한 뒤 문제가 발생해서 한참을 분석해서 문제의 원인이 이 부분에 있었다는 것을 발견하면 작성 당사자뿐만 아니라 동료들까지 상당한 시간을 낭비하게 된다. 여기서 소개한 디버깅 기법은 규모가 크든 작든 모든 경우에 똑같이 적용된다.

31.6 정리

이 장에서 핵심은 '**코드를 작성하는 동안 버그가 발생하지 않도록 최선을 다하되, 나중에 발생**

할 버그에 미리 대비한다'는 디버깅 기본 원칙이다. 버그 발생을 피하는 것은 현실적으로 불가능하다. 프로그램을 작성할 때 에러 로깅, 버그 트레이스, 어서션 등을 동원하여 버그가 발생할 것을 대비해두면 나중에 디버깅할 때 훨씬 쉽게 처리할 수 있다.

이 장에서는 기본적인 디버깅 기법뿐만 아니라 디버깅 방법론도 살펴봤다. 실제로 디버깅할 때 가장 중요한 규칙은 문제를 재현하는 것이다. 그러고 나서 심벌릭 디버거나 로그 기반 디버깅 기법을 이용하여 근본 원인을 찾아나간다. 메모리 에러는 해결하기가 특히 까다롭다. 레거시 C++ 코드에서 발생하는 버그는 대부분 메모리 에러에서 비롯된다. 이 장에서는 다양한 메모리 버그 유형과 증상을 설명했고, 프로그램에서 에러를 디버깅하는 예제도 살펴봤다.

디버깅 기술은 익히기 쉽지 않다. 전문가 수준의 C++ 실력을 갖추기 위해서는 수많은 디버깅 연습을 거쳐야 한다.

31.7 연습 문제

이 장에서 소개한 내용을 직접 써보기 위해 다음 연습 문제를 풀어보자. 연습 문제에 대한 정답은 이 책의 웹사이트(www.wiley.com/go/proc++5e)에서 다운로드할 수 있다. 문제를 풀다가 막히면 정답부터 찾지 말고 먼저 앞에서 설명한 부분을 다시 읽고 직접 답을 찾아보려고 애쓰기 바란다.

연습 문제 31-1 디버깅의 기본 원칙은?

연습 문제 31-2 다음 코드에서 문제가 되는 부분을 찾아보자.

```
import <iostream>;
using namespace std;

int* getData(int value) { return new int { value * 2 }; }
int main()
{
    int* data { getData(21) };
    cout << *data << endl;

    data = getData(42);
    cout << *data << endl;
}
```

연습 문제 31-3 다음과 같은 코드가 주어졌다고 하자.

```
import <iostream>;
using namespace std;

int sum(int* values, int count)
{
    int total { 0 };
    for (int i { 0 }; i <= count; ++i) { total += values[i]; }
    return total;
}

int main()
{
    int values[] { 1, 2, 3 };
    int total { sum(values, size(values)) };
    cout << total << endl;
}
```

이 프로그램은 주어진 값들을 단순히 더한다. 1, 2, 3이 주어졌다면 6이란 결과가 나와야 한다. 하지만 이 코드를 내 머신에서 디버깅 모드로 실행하면 -858993454란 값이 나온다. 뭐가 문제일까? 심벌릭 디버거를 이용하여 단계별 실행 모드step-by-step execution mode로 실행하면서 근본 원인을 찾아보자. 코드를 한 줄씩 실행하는 방법은 사용하는 디버거의 문서에서 찾는다.

연습 문제 31-4 (고급) 이 장 앞에서 본 시작 시간 디버깅 모드 예제에서 C++20 std::source_location 클래스(14장 참고)를 사용하고, 기존 방식인 log() 매크로는 제거해보자. 이 작업은 생각보다 까다롭다. 문제는 Logger::log()가 가변 인수 함수 템플릿이기 때문에 가변인수 매개변수 팩 뒤에 source_location 매개변수를 그냥 추가하는 방식으로는 안 된다는 것이다. 이럴 때는 Log와 같은 헬퍼 클래스를 사용한다. 생성자에서 가변 인수 매개변수 팩과 source_location을 받아서 실제 작업은 Logger::log()에 넘긴다. 마지막으로 다음과 같은 추론 규칙을 활용한다(12장 참조).

```
template <typename... Ts>
log(Ts&&...) -> log<Ts...>;
```

CHAPTER 32

설계 기법과 프레임워크

이 장의 내용

- 흔히 사용하지만 까먹기 쉬운 C++ 문법
- RAII 개념 소개와 RAII가 강력한 이유
- 더블 디스패치 기법과 사용법
- 믹스인 클래스 사용법
- 프레임워크 개념
- 모델-뷰-컨트롤러 패러다임

이 책의 주요 목표 중 하나는 재활용 가능한 기법과 패턴을 도입하는 데 있다. 프로그래밍을 하다 보면 비슷한 문제를 여러 차례 마주칠 때가 있다. 다양한 방법론을 익혀두면 주어진 문제에 적합한 기법을 적용해서 개발 시간을 단축할 수 있다.

설계 기법design technique이란 C++로 주어진 문제를 해결하는 표준 방법론을 말한다. 설계 기법의 목적은 C++에는 없는 기능을 보완하거나 C++의 불편한 점을 극복하는 데 있다. 또한 C++ 프로그래밍에서 흔히 마주치는 문제를 템플릿 형태로 만들어서 다양한 프로그램에 적용하기도 한다.

이 장에서는 여러 가지 설계 기법 중에서도 특히 자주 사용하면서도 C++에서 제공하지 않는 것들을 소개한다. 이 장 전반부에서 흔히 사용하는 C++ 기능 중에서 까먹기 쉬운 문법을 살펴본다. 여기에서는 간략히 소개하는 형식으로 설명하지만 당장 떠오르지 않는 문법을 참조하는 레퍼런스로 삼기에 좋다. 여기에서는 다음과 같은 주제를 다룬다.

- 클래스를 처음부터 새로 만들기
- 기존에 작성된 클래스를 상속해서 확장하기
- 람다 표현식 작성법
- 복제 후 맞바꾸기 구문 구현 방법
- 익셉션 던지고 받기
- 파일 읽기
- 파일 쓰기
- 템플릿 클래스 정의하기

이 장 후반부에서는 C++ 언어의 기능을 활용한 하이레벨 기법을 소개한다. 이러한 기법을 활용하면 일상적으로 수행하는 프로그래밍 작업을 한결 쉽게 처리할 수 있다. 여기에서는 다음 주제를 다룬다.

- RAII
- 더블 디스패치
- 믹스인 클래스

마지막으로 프레임워크를 소개하고 대규모 애플리케이션을 쉽게 개발하는 데 도움이 되는 코딩 기법을 살펴보는 것으로 이 장을 마무리한다.

32.1 흔히 사용하지만 까먹기 쉬운 문법

1장에서 C 표준과 C++ 표준의 양을 비교한 적이 있다. C 언어의 문법과 기능은 완전히 암기할 수 있다. 키워드도 많지 않고 언어에서 제공하는 기능의 수도 적은데다 각각의 동작도 명확히 정의되어 있다. 하지만 C++는 이렇게 하는 것이 불가능하다. C++ 전문가조차 레퍼런스 없이 작업할 수 없다. 이 절에서는 이러한 사실을 염두에 두면서 C++ 프로그램에서 흔히 사용하는 코딩 기법을 소개한다. 구체적인 문법을 완전히 기억하지 못하더라도 핵심 개념만 이해해도 충분하다. 언제든지 이 절을 다시 들춰보면 된다.

32.1.1 클래스 새로 만들기

클래스를 만드는 방법이 갑자기 떠오르지 않는 독자를 위해 클래스를 정의하는 C++20 모듈 인터페이스 파일을 소개하면 다음과 같다.

```
export module simple;

// 클래스 정의 문법을 보여주기 위해 간단히 작성한 클래스
export class Simple
{
    public:
        Simple();                       // 생성자
        virtual ~Simple() = default; // 디폴트로 지정한 가상 소멸자

        // 대입과 값 전달 방식 허용하지 않기
        Simple(const Simple& src) = delete;
        Simple& operator=(const Simple& rhs) = delete;

        // 이동 생성자와 이동 대입 연산자를 명시적으로 디폴트로 지정하기
        Simple(Simple&& src) noexcept = default;
        Simple& operator=(Simple&& rhs) noexcept = default;

        virtual void publicMethod();          // public 메서드
        int m_publicInteger;                  // public 데이터 멤버

    protected:
        virtual void protectedMethod();       // protected 메서드
        int m_protectedInteger { 41 };        // protected 데이터 멤버

    private:
        virtual void privateMethod();         // private 메서드
```

```
        int m_privateInteger { 42 };          // private 데이터 멤버
        static const int Constant { 2 };      // private 상수
        static inline int ms_staticInt { 3 }; // private static 데이터 멤버
};
```

NOTE_ 이 코드를 보면 클래스를 정의할 때 할 수 있는 일을 모두 알 수 있다. 그런데 클래스를 직접 정의할 때는 가능하면 데이터 멤버를 public이나 protected로 선언하지 말고 모두 private으로 만들어서 이를 접근하는 작업은 public 또는 protected 게터(접근자)나 세터(설정자)로 처리하도록 구성하는 것이 좋다.

10장에서 설명했듯이 자신이 정의한 클래스를 다른 사람이 상속해서 쓸 수 있으므로 소멸자만이라도 virtual로 선언하는 것이 좋다. 클래스를 final로 선언해서 다른 클래스에서 상속할 일이 없을 때만 소멸자를 비 virtual 상태로 놔둔다. 소멸자를 virtual로 선언했지만 그 안에 코드를 구현할 필요가 없다면 앞에 나온 Simple 클래스 예제 코드처럼 명시적으로 디폴트로 지정한다.

이 예제는 특수한 멤버 함수를 delete하거나 default로 지정하는 방법도 보여준다. 복제 생성자와 복제 대입 연산자를 delete로 지정하면 대입과 값 전달 방식을 막을 수 있다. 한편 이동 생성자와 이동 대입 연산자를 default로 지정할 수 있다.

이 클래스를 구현하는 코드를 살펴보자.

```
module simple;

Simple::Simple() : m_publicInteger { 40 }
{
    // 생성자 구현 코드
}
void Simple::publicMethod() { /* public 메서드 구현 코드 */ }
void Simple::protectedMethod() { /* protected 메서드 구현 코드 */ }
void Simple::privateMethod() { /* private 메서드 구현 코드 */ }
```

NOTE_ 클래스 메서드 정의는 다음 절에 나온 것처럼 모듈 인터페이스 파일에 곧바로 적어도 된다. 클래스를 모듈 인터페이스 파일과 모듈 구현 파일로 나누지 않아도 된다.

클래스를 직접 작성하는 방법은 8장과 9장에서 자세히 설명했다.

32.1.2 클래스 확장하기

기존 클래스를 확장하고 싶다면 이를 상속하는 클래스를 새로 정의한다. 예를 들어 다음과 같이 Simple 클래스를 상속하는 DerivedSimple 클래스를 derived_simple 모듈로 정의할 수 있다.

```
export module derived_simple;

export import simple;

// Simple 클래스를 상속하는 클래스
export class DerivedSimple : public Simple
{
    public:
        DerivedSimple() : Simple{} // 생성자
        { /* 생성자 구현 코드 */ }

        void publicMethod() override // 오버라이드한 메서드
        {
            // 오버라이드한 메서드의 구현 코드
            Simple::publicMethod(); // 베이스 클래스 구현에 접근 가능
        }

        virtual void anotherMethod() // 새로 추가한 메서드
        { /* 새로운 메서드 구현 코드 */ }
};
```

상속은 10장에서 자세히 설명한다.

32.1.3 람다 표현식

람다 표현식을 이용하면 간단한 익명 인라인 함수를 만들 수 있다. 람다 표현식은 특히 C++ 표준 라이브러리 알고리즘과 함께 사용할 때 강력함을 발휘한다. 예를 들면 다음 코드와 같다. 여기서 count_if() 알고리즘과 람다 표현식을 이용하여 vector에 담긴 짝숫값의 개수를 센다. 이 람다 표현식은 callCount 변수를 상위 스코프로부터 레퍼런스로 캡처해서 호출 횟수를 추적한다.

```
vector values { 1, 2, 3, 4, 5, 6, 7, 8, 9 };
int callCount { 0 };
auto count { count_if(begin(values), end(values),
    [&callCount](int value) {
        ++callCount;
        return value % 2 == 0;
    })
};
cout << format("There are {} even elements in the vector.", count) << endl;
cout << format("Lambda was called {} times.", callCount) << endl;
```

람다 표현식은 19장에서 자세히 설명한다.

32.1.4 복제 후 맞바꾸기 구문

9장에서 복제 후 맞바꾸기 구문copy-and-swap idiom을 자세히 살펴본 적이 있다. 이 패턴을 이용하면 객체에 익셉션을 던지는 연산에 대해 익셉션 안전성을 엄격하게 보장할 수 있다. 즉, 제대로 던지거나 아예 안 던지게 만들 수 있다. 객체의 복제본을 만들고 그 복제본을 (익셉션을 던질 가능성이 있는 복잡한 알고리즘 등으로) 수정한 뒤, 그 사이에 익셉션이 발생하지 않았다면 복제본을 원본 객체와 맞바꾸는 식으로 구현한다. 복제 후 맞바꾸기 구문에 적합한 대상의 대표적인 예로 대입 연산자가 있다. 대입 연산자는 먼저 원본 객체의 복제본을 로컬에 만든다. 그러고 나서 익셉션을 던지지 않는 버전의 swap()으로 이 복제본을 현재 객체와 맞바꾼다.

복제 대입 연산자를 복제 후 맞바꾸기 구문으로 간단히 구현하는 예를 살펴보자. 이 클래스는 복제 생성자, 복제 대입 연산자, 그리고 noexcept와 friend로 선언한 swap() 함수를 정의한다.

```
export module copy_and_swap;

export class CopyAndSwap
{
    public:
        CopyAndSwap() = default;
        virtual ~CopyAndSwap();                          // 가상 소멸자

        CopyAndSwap(const CopyAndSwap& src);             // 복제 생성자
        CopyAndSwap& operator=(const CopyAndSwap& rhs); // 대입 연산자

        void swap(CopyAndSwap& other) noexcept;          // noexcept swap()
```

```
    private:
        // private 데이터 멤버
};
// 독립 함수인 noexcept swap()
export void swap(CopyAndSwap& first, CopyAndSwap& second) noexcept;
```

이 클래스의 구현 코드는 다음과 같다.

```
CopyAndSwap::~CopyAndSwap() { /* 소멸자의 구현 코드 */ }

CopyAndSwap::CopyAndSwap(const CopyAndSwap& src)
{
    // 이 복제 생성자는 먼저 필요한 리소스 할당 작업을 비복제 생성자에 위임한다.
    // 자세한 사항은 9장의 Spreadsheet 구현 코드를 참조한다.

    // 데이터 멤버를 모두 복제한다.
}

void swap(CopyAndSwap& first, CopyAndSwap& second) noexcept
{
    first.swap(second);
}

void CopyAndSwap::swap(CopyAndSwap& other) noexcept
{
    using std::swap; // <utility> 헤더 파일을 인클루드해야 한다.

    // 데이터 멤버를 모두 맞바꾼다. 예를 들면 다음과 같이 구현한다.
    // swap(m_data, other.m_data);
}

CopyAndSwap& CopyAndSwap::operator=(const CopyAndSwap& rhs)
{
    // 복제 후 맞바꾸기 구문
    auto copy { rhs }; // 모든 작업을 임시 인스턴스에서 처리한다.
    swap(copy);        // 익셉션을 던지지 않는 연산으로만 작업 결과를 반영한다.
    return *this;
}
```

자세한 사항은 9장을 참조한다.

32.1.5 익셉션 던지고 받기

(바람직하지 않게도) 익셉션을 사용하지 않는 팀에서 일하거나, 자바 언어 스타일의 익셉션만 익숙하다면 C++ 구문이 어색할 수 있다. C++에서 기본으로 제공하는 익셉션 클래스인 std::runtime_error를 사용하는 방법을 간단히 복습해보자. 규모가 어느 정도 큰 프로그램이라면 익셉션 클래스를 직접 정의할 일이 있기 마련이다.

```
import <stdexcept>;
import <iostream>;

using namespace std;

void throwIf(bool throwIt)
{
    if (throwIt) {
        throw runtime_error { "Here's my exception" };
    }
}

int main()
{
    try {
        throwIf(false); // 익셉션을 던지지 않는다.
        throwIf(true);  // 익셉션을 던진다.
    } catch (const runtime_error& e) {
        cerr << "Caught exception: " << e.what() << endl;
        return 1;
    }
}
```

자세한 사항은 14장을 참조한다.

32.1.6 파일 쓰기

파일에 메시지를 출력한 뒤 나중에 그 파일을 다시 열어서 다른 메시지를 추가하는 예를 살펴보자. 파일 출력에 대한 자세한 사항은 13장에서 설명했다.

```
import <iostream>;
import <fstream>;

using namespace std;
```

```
int main()
{
    ofstream outputFile { "FileWrite.out" };
    if (outputFile.fail()) {
        cerr << "Unable to open file for writing." << endl;
        return 1;
    }
    outputFile << "Hello!" << endl;
    outputFile.close();

    ofstream appendFile { "FileWrite.out", ios_base::app };
    if (appendFile.fail()) {
        cerr << "Unable to open file for appending." << endl;
        return 2;
    }
    appendFile << "World!" << endl;
}
```

32.1.7 파일 읽기

다음 프로그램은 파일을 읽는 기본 방법을 보여준다. 앞 절의 프로그램에서 작성한 파일을 열어서 토큰을 한 번에 하나씩 출력한다. 파일 입력에 대한 자세한 사항은 13장을 참조한다.

```
import <iostream>;
import <fstream>;
import <string>;

using namespace std;

int main()
{
    ifstream inputFile { "FileWrite.out" };
    if (inputFile.fail()) {
        cerr << "Unable to open file for reading." << endl;
        return 1;
    }

    string nextToken;
    while (inputFile >> nextToken) {
        cout << "Token: " << nextToken << endl;
    }
}
```

32.1.8 클래스 템플릿 작성하기

템플릿 구문은 상당히 복잡해질 수 있다. 특히 클래스 템플릿을 사용하는 코드에서 메서드 구현과 클래스 템플릿 정의를 함께 볼 수 있게 만드는 부분이 그렇다. 함수 템플릿도 마찬가지다. 한 가지 방법은 클래스 메서드 구현을 클래스 템플릿 정의가 있는 인터페이스 파일에 직접 집어넣는 것이다. 다음 코드는 이러한 예를 보여준다. 여기에서는 객체에 대한 레퍼런스를 감싸서 게터를 제공하는 클래스 템플릿을 구현한다. 이에 대한 모듈 인터페이스 파일은 다음과 같다.

```
export module simple_wrapper;

export template <typename T>
class SimpleWrapper
{
    public:
        SimpleWrapper(T& object) : m_object { object } { }
        T& get() { return m_object; }
    private:
        T& m_object;
};
```

이렇게 정의한 템플릿을 사용하는 방법은 다음과 같다.

```
import simple_wrapper;
import <iostream>;
import <string>;

using namespace std;

int main()
{
    // 정수를 감싼다.
    int i { 7 };
    SimpleWrapper intWrapper { i }; // CTAD를 사용한다.
    // 또는 CTAD를 사용하지 않는다.
    // SimpleWrapper<int> intWrapper { i };
    i = 2;
    cout << "wrapped value is " << intWrapper.get() << endl;

    // 스트링을 감싼다.
    string str { "test" };
```

```
    SimpleWrapper stringWrapper { str };
    str += "!";
    cout << "wrapped value is " << stringWrapper.get() << endl;
}
```

템플릿에 대한 자세한 사항은 12장과 26장을 참조한다.

C++20 32.1.9 템플릿 매개변수 제한하기

C++20부터 도입된 콘셉트를 이용하면 클래스나 함수 템플릿의 매개변수에 제약사항을 걸 수 있다. 예를 들어 다음 코드는 앞 절에서 본 SimpleWrapper 클래스 템플릿의 템플릿 타입 매개변수 T가 부동소수점 타입이거나 정수 타입만 가능하도록 제한한다. 이에 어긋나게 T 타입을 지정하면 컴파일 에러가 발생한다.

```
import <concepts>;

export template <typename T> requires std::floating_point<T> || std::integral<T>
class SimpleWrapper
{
    public:
        SimpleWrapper(T& object) : m_object { object } { }
        T& get() { return m_object; }
    private:
        T& m_object;
};
```

32.2 고급 기법

이 글을 읽는 지금 이 순간에도 전 세계의 수많은 C++ 프로그래머들은 이미 해결된 문제를 공략하는 데 시간을 허비하고 있다. 예를 들어 책상 앞에 앉아서 레퍼런스 카운트 기능을 사용하는 스마트 포인터를 새로 만들려고 끙끙대는 프로그래머가 있는 반면, 믹스인 클래스를 최대한 활용하여 클래스 계층도를 설계하는 프로그래머도 있을 것이다.

전문 C++ 프로그래머라면 이미 있는 것을 새로 만드는 데(바퀴 다시 발명하기reinventing the wheel) 시간을 낭비하지 말고, 그 시간에 재활용 가능한 개념을 새로운 방식으로 적용할 방안을 고민하는 것이 낫다. 이 절에서는 현재 작성하는 프로그램에 당장 적용하거나 원하는 형태로 커스터마이즈하는 데 적용할 수 있는 일반적인 접근 방식을 소개한다.

32.2.1 RAII

RAIIResource Acquisition Is Initialization는 간단하지만 상당히 막강한 개념으로서, 어떤 리소스의 소유권을 획득했다가 RAII 인스턴스가 스코프를 벗어나면 할당했던 리소스를 자동으로 해제하는 데 활용된다. 이렇게 동작하는 시점은 미리 정해져 있다. 기본적으로 새로운 RAII 인스턴스의 생성자가 특정한 리소스에 대한 **소유권을 획득**해서 그 리소스에 대한 **인스턴스를 초기화**하는 것이다. 그러므로 **리소스 획득이 곧 초기화**Resource Acquisition Is Initialization라고 부른다. RAII 인스턴스가 사라지면 소멸자는 획득했던 리소스를 자동으로 해제한다.

예를 들어 C 스타일 파일 핸들(`std::FILE`)을 안전하게 감싸는 `File`이란 RAII 클래스를 살펴보자. 이 클래스의 인스턴스가 스코프를 벗어나면 자동으로 해당 파일을 닫는다. 이 클래스는 또한 `get()`, `release()`, `reset()` 메서드도 제공한다. 각각의 동작은 `std::unique_ptr`과 같은 표준 라이브러리 클래스에서 제공하는 것과 비슷하다. RAII 클래스는 일반적으로 복제 생성과 복제 대입을 허용하지 않는다. 따라서 이에 대한 멤버를 명시적으로 삭제하도록 구현한다.

```
#include <cstdio>

class File final
{
    public:
        explicit File(std::FILE* file) : m_file { file } { }
        ~File() { reset(); }

        // 복제 생성자와 복제 대입을 허용하지 않는다.
        File(const File& src) = delete;
        File& operator=(const File& rhs) = delete;

        // 이동 생성자와 이동 대입을 허용한다.
        File(File&& src) noexcept = default;
        File& operator=(File&& rhs) noexcept = default;

        // get(), release(), reset()
        std::FILE* get() const noexcept { return m_file; }

        [[nodiscard]] std::FILE* release() noexcept
```

```
        {
            std::FILE* file { m_file };
            m_file = nullptr;
            return file;
        }

        void reset(std::FILE* file = nullptr) noexcept
        {
            if (m_file) { fclose(m_file); }
            m_file = file;
        }

    private:
        std::FILE* m_file { nullptr };
};
```

이렇게 정의한 File을 다음과 같이 사용한다.

```
File myFile { fopen("input.txt", "r") };
```

myFile 인스턴스가 스코프를 벗어나면 즉시 소멸자가 호출되면서 해당 파일이 자동으로 닫힌다.

RAII 클래스를 사용할 때 흔히 저지르는 실수가 있는데 잘 알아둘 필요가 있다. 특정한 스코프 안에서 RAII 인스턴스를 제대로 생성했다고 생각하는 코드 행을 실수로 작성하여, 실제로는 임시 객체를 생성해서 그 줄이 끝나면 곧바로 제거되는 경우가 있다. 이 문제는 표준 라이브러리의 RAII 클래스인 std::unique_lock(27장 참조)을 사용해보면 확실히 드러난다. unique_lock의 정상적인 사용법은 다음과 같다.

```
class Foo
{
    public:
        void setData()
        {
            unique_lock<mutex> lock(m_mutex);
            // ...
        }
    private:
        mutex m_mutex;
};
```

setData() 메서드는 RAII인 unique_lock의 객체를 이용하여 m_mutex 데이터 멤버에 락을 걸었다가 메서드가 끝날 즈음 자동으로 락을 해제하는 로컬 lock 객체를 생성한다.

그런데 이 lock 객체를 정의한 뒤 직접 사용하지 않기 때문에 다음과 같은 실수를 저지르기 쉽다.

```
unique_lock<mutex>(m_mutex);
```

이 코드를 보면 깜박 잊고 unique_lock에 이름을 짓지 않았다. 이렇게 해도 컴파일은 되지만 의도와 다르게 실행된다. 이렇게 하면 m_mutex란 로컬 변수를 선언하고(그러므로 m_mutex 데이터 멤버를 가리며) unique_lock의 디폴트 생성자를 호출해서 이 변수를 초기화한다. 따라서 데이터 멤버인 m_mutex에 대해 락이 걸리지 않는다. 이에 대해 컴파일러가 경고 메시지를 출력하지만 경고 수준을 충분히 높여야 볼 수 있다. 예를 들면 다음과 같다.

```
warning C4458: declaration of 'm_mutex' hides class member
```

다음과 같이 균일 초기화 구문을 적용하면 컴파일러는 경고 메시지를 출력하지 않을 뿐만 아니라 의도와 다르게 작동한다. 다음 코드는 m_mutex에 대한 임시 락을 생성하지만 어디까지나 임시이기 때문에 이 문장이 끝나자마자 락이 해제되어버린다.

```
unique_lock<mutex> { m_mutex };
```

게다가 인수로 전달한 이름에 오타가 발생할 수 있다. 예를 들면 다음과 같다.

```
unique_lock<mutex>(m);
```

여기에서는 깜박하고 락에 대한 이름을 정하지 않았다. 게다가 인수 이름도 잘못 적었다. 그러면 m이라는 로컬 변수를 선언해서 unique_lock의 디폴트 생성자로 초기화하는 코드가 되어버리고 만다. 이에 대해 컴파일러는 m이 참조되지 않은 로컬 변수라는 경고가 없는 한 경고조차 하지 않는다. 이럴 때는 다음과 같이 균일 초기화 구문을 적용하면 선언한 적 없는 m이란 식별자에 대해 컴파일 에러를 발생시킬 수는 있다.

```
unique_lock<mutex> { m };
```

> **CAUTION_** RAII 인스턴스는 반드시 이름을 지정한다. 또한 RAII 클래스에 절대로 디폴트 생성자를 두지 않는다. 그러면 방금 말한 문제를 막을 수 있다.

32.2.2 더블 디스패치

더블 디스패치double dispatch(**이중 디스패치**)란 다형성polymorphism에 또 다른 기준을 추가하는 기법이다. 5장에서 설명했듯이 다형성을 이용하면 실행 시간에 타입에 따라 동작을 결정하게 구현할 수 있다. 예를 들어 `move()` 메서드를 가진 `Animal` 클래스가 있다고 하자. 그런데 `Animal`의 종류마다 `move()`를 수행하는 방식이 다를 수 있다. `move()` 메서드를 `Animal`의 파생 클래스마다 따로 정의해두면 컴파일 시간에 `Animal` 객체의 구체적인 타입을 몰라도 실행 시간에 주어진 타입에 맞는 메서드를 호출(디스패치)할 수 있다. 실행 시간 다형성을 구현하기 위해 가상 메서드를 사용하는 방법은 10장에서 자세히 설명한다.

그런데 간혹 객체 하나가 아닌 두 개에 대한 실행 시간 타입을 기준으로 메서드를 결정해야 할 때가 있다. 예를 들어 육식 동물이면 `true`를 리턴하고, 그렇지 않으면 `false`를 리턴하는 메서드를 `Animal` 클래스에 추가한다고 하자. 이때 두 가지 요인에 따라 결정을 내린다. 하나는 먹는 입장에 있는 동물의 종류고, 다른 하나는 먹히는 입장에 있는 동물의 종류다. 아쉽게도 C++는 동작을 결정하는 데 실행 시간 타입을 참조하는 객체가 두 개 이상일 때를 처리하는 기능이 없다. 가상 메서드만으로는 이러한 동작을 표현할 수 없다. 전달받은 객체에 대해서만 실행 시간 타입을 보고 메서드나 동작을 결정하기 때문이다.

객체가 두 개 이상일 때도 실행 시간 타입에 따라 메서드를 실행 시간에 결정하는 기능을 갖춘 언어도 있다. 이런 기능을 **멀티메서드**multi-method라 부른다. 하지만 C++는 멀티메서드를 제공하지 않는다. 대신 **더블 디스패치** 기법을 적용하면 함수에 적용할 객체가 두 개 이상이더라도 가상 함수로 만들 수 있다.

> **NOTE_** 더블 디스패치는 객체가 두 개 이상일 때 실행 시간 타입에 따라 동작을 결정하는 다중 디스패치(multiple dispatch)의 특수한 경우다. 실전에서는 실행 시간 타입에 따라 동작을 결정하는 객체가 단 두 개만 있어도 충분할 때가 많다.

1 첫 번째 시도: 무작위 구현

두 객체의 실행 시간 타입에 따라 동작을 결정하는 메서드를 구현하는 가장 단순한 방법은 둘 중 하나를 기준으로 삼아서 if/else 구문으로 나머지 모든 타입에 대해 검사하는 것이다. 예를 들어 Animal을 상속한 클래스에 다른 타입을 매개변수로 받는 eats()란 메서드를 구현한다고 하자. 베이스 클래스에서는 이 메서드를 순수 가상 메서드로 선언한다.

```
class Animal
{
    public:
        virtual bool eats(const Animal& prey) const = 0;
};
```

파생 클래스마다 eats() 메서드가 매개변수의 타입에 따라 적절한 값을 리턴하도록 구현한다. 파생 클래스마다 eats()를 구현하는 예는 다음과 같다. 이 중에서 TRex는 아무거나 먹기 때문에(필자가 알기론) if/else 구문을 사용하지 않았다.

```
bool Bear::eats(const Animal& prey) const
{
    if (typeid(prey) == typeid(Bear)) {
        return false;
    } else if (typeid(prey) == typeid(Fish)) {
        return true;
    } else if (typeid(prey) == typeid(TRex)) {
        return false;
    }
    return false;
}

bool Fish::eats(const Animal& prey) const
{
    if (typeid(prey) == typeid(Bear)) {
        return false;
    } else if (typeid(prey) == typeid(Fish)) {
        return true;
    } else if (typeid(prey) == typeid(TRex)) {
        return false;
    }
    return false;
}

bool TRex::eats(const Animal& prey) const
{
```

```
    return true;
}
```

구현 방식은 좀 단순하지만 원하는 동작을 표현하는 데는 문제없다. 클래스 수가 적을 때는 이 방법이 가장 간편하다. 하지만 다음과 같은 이유로 이렇게 하면 안 된다.

- 객체지향 프로그래밍(OOP) 순수주의자들은 객체의 타입을 명시적으로 조회하는 것을 꺼린다. 설계에 객체지향 구조를 제대로 반영하지 않았다는 뜻이기 때문이다.
- 타입의 종류가 늘어나면 코드가 지저분해지고 중복된 문장이 늘어난다.
- 파생 클래스가 새로운 타입을 받아들일 여지가 없다. 예를 들어 Donkey란 클래스를 추가했을 때 Bear 클래스를 컴파일하는 데는 문제없지만 Donkey를 먹어도 false를 리턴하게 된다. 상식적으로 곰이 당나귀를 먹을 수 있음에도 불구하고 말이다.

2 두 번째 시도: 오버로딩을 이용한 단방향 다형성

오버로딩을 이용하면 앞에서 본 것처럼 if/else 구문을 장황하지 않게 구현할 수 있다. 각 클래스마다 Animal 레퍼런스를 받는 eats( ) 메서드를 구현하지 말고, Animal의 파생 클래스에서 이 메서드를 오버로딩한다. 이를 위해 베이스 클래스를 다음과 같이 정의한다.

```
class Animal
{
    public:
        virtual bool eats(const Bear&) const = 0;
        virtual bool eats(const Fish&) const = 0;
        virtual bool eats(const TRex&) const = 0;
};
```

베이스 클래스에서 메서드를 모두 순수 가상 메서드로 정의했기 때문에 각 파생 클래스는 다른 모든 타입의 Animal에 대해 동작을 구현해야 한다. 예를 들어 Bear 클래스를 다음과 같이 정의할 수 있다.

```
class Bear : public Animal
{
    public:
        virtual bool eats(const Bear&) const override { return false; }
        virtual bool eats(const Fish&) const override { return true; }
        virtual bool eats(const TRex&) const override { return false; }
};
```

얼핏 보면 괜찮은 방법 같지만 문제의 절반만 해결한 셈이다. Animal에 대해 eats()를 호출할 때 적합한 버전을 선택하려면 먹히는 동물의 타입을 컴파일 시간에 알아야 한다. 다음과 같이 호출하면 먹는 입장의 동물과 먹히는 입장의 동물에 대한 타입을 컴파일 시간에 알 수 있기 때문에 문제없이 작동한다.

```
Bear myBear;
Fish myFish;
cout << myBear.eats(myFish) << endl;
```

하지만 다형성이 한 방향으로만 작동한다는 문제가 남는다. Animal 레퍼런스를 통해 myBear에 접근하면 적합한 메서드를 호출할 수 있다.

```
Bear myBear;
Fish myFish;
Animal& animalRef { myBear };
cout << animalRef.eats(myFish) << endl;
```

하지만 그 반대는 불가능하다. eats() 메서드에 Animal 레퍼런스를 전달하면 컴파일 에러가 발생한다. Animal 타입을 인수로 받는 eats() 메서드가 하나도 없기 때문이다. 컴파일러는 어느 버전의 메서드를 호출할지 알 수 없다. 따라서 다음과 같이 작성하면 컴파일 에러가 발생한다.

```
Bear myBear;
Fish myFish;
Animal& animalRef { myFish };
cout << myBear.eats(animalRef) << endl; // 버그! Bear::eats(Animal&)
```

컴파일러는 컴파일 시간에 오버로딩한 eats() 메서드 중에서 어느 버전을 호출할 것인지 알아야 한다. 그러므로 이렇게 하면 다형성을 제대로 구현할 수 없다. 예를 들어 Animal 레퍼런스 타입의 배열에 대해 루프를 돌면서 eats()를 호출할 수 없다.

3 세 번째 시도: 더블 디스패치

더블 디스패치 double dispatch 기법을 활용하면 다중 타입 문제를 진정한 다형성 방식으로 구현할 수 있다. C++는 파생 클래스에서 메서드를 오버라이드하는 방식으로 다형성을 구현한다. 그러면 실행 시간에 객체의 실제 타입에 맞는 메서드가 호출된다. 앞에서 본 단방향 다형성 버전은 메서드를 호출할 클래스를 결정하는 과정이 아닌 오버로딩한 메서드 중에 호출할 버전을 결정하는 데만 다형성을 활용했기 때문에 문제가 있었다.

먼저 파생 클래스 중에서 Bear 클래스 하나만 살펴보자. 이 클래스는 다음과 같이 선언한 메서드가 필요하다.

```
bool eats(const Animal& prey) const override;
```

더블 디스패치의 핵심은 메서드를 호출할 때 전달한 인수에 따라 결과를 결정하는 데 있다. 예를 들어 Animal 클래스에 Animal 레퍼런스를 인수로 받는 eatenBy()란 메서드가 있다고 하자. 이 메서드는 자신(prey)이 인수로 전달한 Animal(*this, 즉 Bear)에게 잡아먹힌다면 true를 리턴한다. 이 메서드를 이용하면 eats()를 굉장히 간단히 정의할 수 있다.

```
bool Bear::eats(const Animal& prey) const
{
    return prey.eatenBy(*this);
}
```

얼핏 보면 단방향 다형성 메서드에 메서드 호출 계층이 하나 더 늘어난 것처럼 보인다. 파생 클래스마다 Animal의 모든 파생 클래스에 대해 eatenBy()를 구현해야 한다는 사실은 변하지 않기 때문이다. 하지만 분명한 차이점이 있다. 다형성이 두 번 작동한다는 것이다. Animal에 대해 eats() 메서드를 호출하면 다형성을 통해 Bear::eats()를 호출할지, Fish::eats()를 호출할지, 아니면 다른 타입의 eats()를 호출할지 결정된다. eatenBy()를 호출할 때도 마찬가지로 다형성을 통해 메서드가 속한 클래스가 결정된다. 즉, prey 객체의 실행 시간 타입에 따라 eatenBy()가 호출된다. 단, 여기 나온 *this의 실행 시간 타입은 항상 컴파일 시간 타입과 같다는 점에 주의한다. 그러므로 컴파일러는 오버로딩된 eatenBy() 중에서 인수(여기에서는 Bear)에 적합한 버전을 호출한다.

더블 디스패치를 이용하여 Animal 계층의 클래스를 정의한 코드는 다음과 같다. 이때 반드시 전방 클래스 선언forward class declaration을 해주어야 한다. 베이스 클래스가 파생 클래스 타입의 레퍼런스를 사용하기 때문이다. Animal의 파생 클래스마다 eats() 메서드를 구현한 방식은 똑같다. 하지만 이 코드를 베이스 클래스에 묶어둘 수는 없다. 그렇게 하면 *this의 타입이 특정 파생 클래스가 아닌 Animal 타입이 되어버려서 컴파일러는 오버로딩된 eatenBy() 메서드 중에서 어느 버전을 호출해야 할지 모르게 된다. 오버로드한 메서드를 결정하는 기준은 객체의 실행 시간 타입이 아닌 컴파일 시간 타입이기 때문이다.

```
// 전방 선언
class Fish;
class Bear;
class TRex;

class Animal
{
    public:
        virtual bool eats(const Animal& prey) const = 0;

        virtual bool eatenBy(const Bear&) const = 0;
        virtual bool eatenBy(const Fish&) const = 0;
        virtual bool eatenBy(const TRex&) const = 0;
};

class Bear : public Animal
{
    public:
        bool eats(const Animal& prey) const override{ return prey.eatenBy(*this); }

        bool eatenBy(const Bear&) const override { return false; }
        bool eatenBy(const Fish&) const override { return false; }
        bool eatenBy(const TRex&) const override { return true; }
};

class Fish : public Animal
{
    public:
        bool eats(const Animal& prey) const override{ return prey.eatenBy(*this); }

        bool eatenBy(const Bear&) const override { return true; }
        bool eatenBy(const Fish&) const override { return true; }
        bool eatenBy(const TRex&) const override { return true; }
};

class TRex : public Animal
{
```

```
    public:
        bool eats(const Animal& prey) const override{ return prey.eatenBy(*this); }

        bool eatenBy(const Bear&) const override { return false; }
        bool eatenBy(const Fish&) const override { return false; }
        bool eatenBy(const TRex&) const override { return true; }
};
```

더블 디스패치 기법을 완전히 익히는 데 시간이 좀 걸릴 수 있다. 이 기법의 원리와 구현 방법을 완전히 익힐 때까지 여기 나온 코드를 다양하게 수정해서 실행해보기 바란다.

32.2.3 믹스인 클래스

5장과 6장에서 다중 상속을 활용하여 믹스인 클래스mixin class(첨가 클래스)를 구현하는 방법을 소개했다. 믹스인 클래스란 클래스 계층을 그대로 유지한 채 원하는 동작만 추가하는 클래스다. 믹스인 클래스는 이름만 봐도 쉽게 알 수 있다. Clickable, Drawable, Printable, Lovable처럼 이름 끝에 '-able'이 붙기 때문이다. C++에서 믹스인 클래스를 구현하는 방법은 크게 두 가지다. 이어지는 절에서 하나씩 살펴보자.

- 다중 상속을 이용하는 방법
- 클래스 템플릿을 이용하는 방법

1 다중 상속을 이용하는 방법

이 절에서는 다중 상속을 이용하여 믹스인 클래스를 설계하고, 구현하고, 사용하는 방법을 알아보자.

믹스인 클래스 설계

믹스인 클래스는 다른 클래스에서 재활용할 수 있는 코드를 담고 있다. 믹스인 클래스만으로 완전한 기능을 구현한다. 예를 들어 Playable이란 믹스인 클래스를 정의해서 특정한 타입의 미디어 객체에 추가할 수 있게 만들 수 있다. 예를 들어 컴퓨터의 사운드 카드 드라이버와 통신하는 기능을 믹스인 클래스에 담을 수 있다. 이렇게 정의한 믹스인 클래스를 미디어 객체가 활용하면 필요한 기능을 공짜로 사용할 수 있다.

믹스인 클래스를 설계하기 전에 먼저 추가할 기능을 잘 따져보고 이 클래스를 객체 계층에 넣을지 아니면 별도 클래스로 분리할지 결정한다. 앞에서 본 예제에서 미디어 클래스가 모두 재생 가능하다면 파생 클래스에 Playable 클래스를 추가하지 말고, 베이스 클래스에서 Playable을 상속하는 게 낫다. 미디어 클래스 중에서 특정 타입만 재생할 수 있고 이런 타입이 클래스 계층에 일정한 기준 없이 흩어져 있다면 믹스인 클래스로 만드는 게 낫다.

믹스인 클래스가 특히 효과적인 경우는 클래스 계층을 구성하는 기준이 여러 개일 때다. 예를 들어 격자 공간에서 실행되는 전쟁 시뮬레이션 게임을 생각해보자. 격자의 각 지점마다 공격과 방어 기능을 비롯한 다양한 특성을 가진 Item이 하나씩 있다. Castle과 같은 아이템은 위치가 고정되어 있고, Knight나 FloatingCastle과 같은 아이템은 격자에서 이동할 수 있다. 객체 계층을 처음 설계할 때는 [그림 32-1]과 같이 공격과 방어를 기준으로 클래스를 구성했다고 하자.

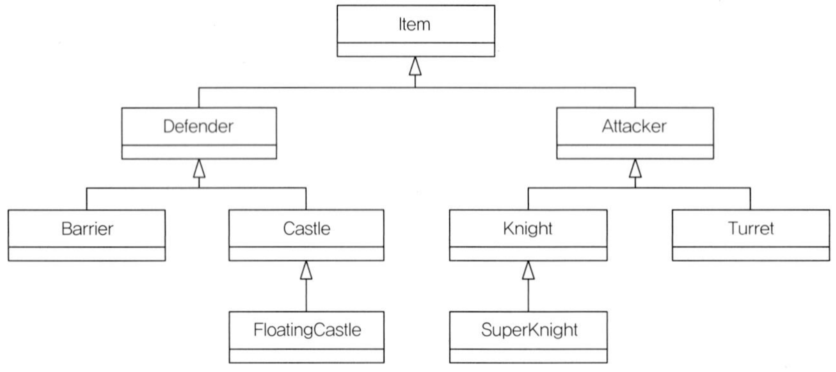

그림 32-1

하지만 [그림 32-1]과 같이 계층을 구성하면 이동 기능이 있는 클래스를 구분할 수 없다. 이동 기능을 중심으로 다시 분류하면 [그림 32-2]처럼 구성하게 된다.

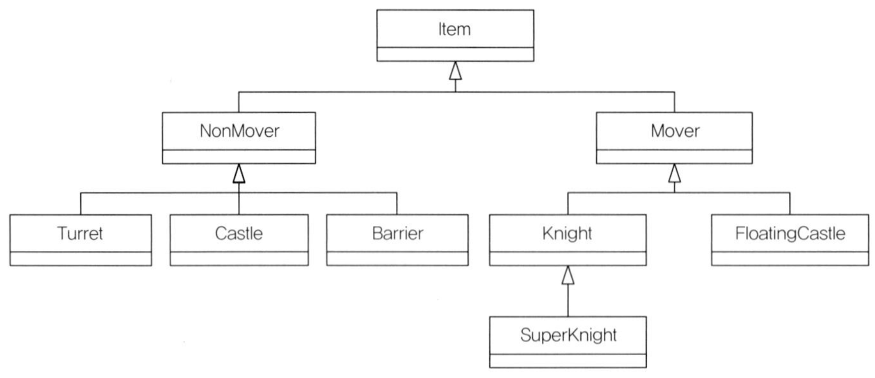

그림 32-2

당연히 [그림 32-2]와 같이 설계하면 [그림 32-1]의 구조는 사라진다. 실력 있는 객체지향 프로그래머라면 이 문제를 어떻게 풀까?

크게 두 가지 방법을 생각할 수 있다. 첫 번째 구조에 따라 공격과 방어를 중심으로 구성하면 이동을 다룰 수 있는 방법을 마련해야 한다. 한 가지 방법은 모든 파생 클래스에 적용되지 않더라도 `move()` 메서드를 `Item` 베이스 클래스에 추가하는 것이다. 디폴트 구현은 아무것도 하지 않게 만든다. 그리고 파생 클래스 중에서 실제로 격자 상의 위치를 변경하는 것은 `move()` 메서드를 오버라이드한다.

또 다른 방법은 `Movable`이란 믹스인 클래스를 구현하는 것이다. [그림 32-1]과 같은 구조를 그대로 유지하고 이동할 수 있는 클래스는 원래 부모 클래스와 함께 `Movable`도 상속한다. 이를 그림으로 표현하면 [그림 32-3]과 같다.

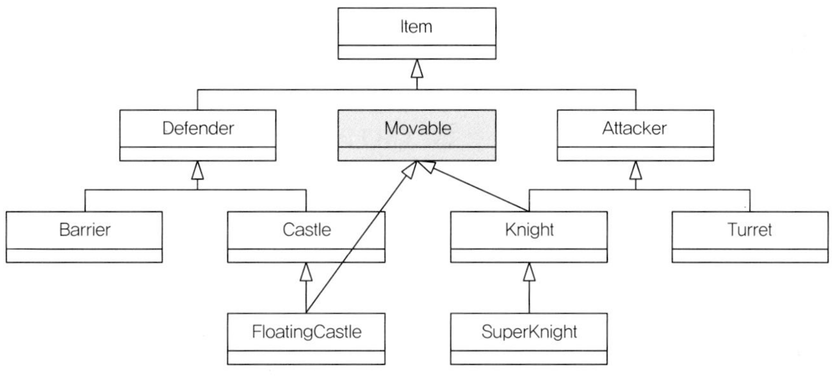

그림 32-3

▌믹스인 클래스 구현

믹스인 클래스를 작성하는 방법은 일반 클래스와 똑같다. 오히려 더 간단할 때가 많다. 앞에서 본 전쟁 시뮬레이션 게임에 대해 `Movable` 믹스인 클래스를 다음과 같이 정의한다.

```
class Movable
{
    public:
        virtual void move() { /* 아이템을 이동시키는 구현 코드 */ }
};
```

Movable 믹스인 클래스는 격자에서 아이템을 이동하는 동작을 구현한다. 또한 이동할 수 있는 Item 타입도 제공한다. 이렇게 하면 Item의 파생 클래스 타입을 정확히 몰라도 이동 가능한 아이템에 대한 배열을 만들 수 있다.

믹스인 클래스 사용

믹스인 클래스를 사용하는 방법은 다중 상속과 같다. 계층도에 있는 부모 클래스뿐만 아니라 믹스인 클래스도 상속하도록 작성하면 된다.

```
class FloatingCastle : public Castle, public Movable { /* ... */ };
```

이렇게 하면 Movable이란 믹스인 클래스의 기능을 FloatingCastle 클래스에 추가할 수 있다. 이렇게 하면 계층도의 구조를 그대로 유지하는 동시에 계층도에서 직접 연결되지 않는 다른 객체와 공통된 부분을 공유할 수 있다.

2 클래스 템플릿을 이용하는 방법

C++에서 믹스인 클래스를 구현하는 두 번째 방법은 **CRTP** curiously recurring template pattern를 이용하는 것이다.

믹스인 클래스 자체는 템플릿 타입 매개변수를 받는 클래스 템플릿으로서, 이렇게 주어진 타입을 상속한다. 그러므로 재귀 또는 되풀이를 의미하는 'recurring'이라는 단어가 들어간 것이다.

6장에서 자율주행 자동차와 트럭을 생성하는 데 사용할 수 있는 SelfDrivable 믹스인 클래스 템플릿을 구현하는 방법을 설명했다. 12장과 26장을 통해 클래스 템플릿을 자유자재로 다룰 수 있게 되었다면 6장의 SelfDrivable 믹스인 코드를 쉽게 이해할 수 있을 것이다. 이 클래스는 다음과 같이 정의한다.

```
template <typename T>
class SelfDrivable : public T { /* ... */ };
```

그러면 다음과 같이 Car와 Truck 클래스를 정의해서 자율주행 자동차와 트럭을 쉽게 정의할 수 있다.

```
SelfDrivable<Car> selfDrivingCar;
SelfDrivable<Truck> selfDrivingTruck;
```

이런 식으로 Car와 Truck 같은 기존 클래스를 전혀 수정하지 않고도 기능을 추가할 수 있다.

32.3 객체지향 프레임워크

그래픽 기반 OS가 처음 등장한 1980년대에는 절차형 프로그래밍procedural programming이 대세였다. 당시에는 GUI 애플리케이션을 구현하는 데 사용하는 데이터 구조가 복잡할 뿐만 아니라 이를 OS에서 제공하는 함수로 전달해야 했다. 예를 들어 창에 직사각형을 그리려면 Window 구조체에 필요한 정보를 설정하고 drawRect() 함수로 전달해야 했다.

객체지향 프로그래밍(OOP)이 인기를 얻게 되면서 GUI 개발에 OOP 패러다임을 적용하는 방법이 나오기 시작했다. 그 결과로 나온 것이 바로 **객체지향 프레임워크**object-oriented framework다. 일반적으로 프레임워크란 객체지향 인터페이스를 통해 내부 기능을 제공하는 클래스들을 모아둔 것이다. 프로그래머들은 흔히 프레임워크를 범용 애플리케이션 개발에 사용되는 거대한 클래스 라이브러리로 생각하는 경향이 있다. 하지만 프레임워크에서 제공하는 기능의 규모에 대해서는 특별히 정해진 기준이 없다. 극단적인 예로 개인적으로 만든 애플리케이션에 대한 데이터베이스 클래스만 모아둔 것도 프레임워크라 볼 수 있다.

32.3.1 프레임워크 다루기

프레임워크의 가장 두드러진 특징은 자체적인 접근 방식과 패턴이 있다는 것이다. 프레임워크를 사용하려면 적응하는 데 시간이 걸린다. 프레임워크마다 밑바탕이 되는 모델이 다르기 때문이다. MFCMicrosoft Foundation Classes와 같은 거대한 애플리케이션 프레임워크를 다루기 위해서는 먼저 MFC가 세상을 바라보는 관점부터 이해해야 한다.

프레임워크마다 사용하는 기본 모델과 구현 방식이 굉장히 다양하다. 예전에 절차형으로 작성된 API를 바탕으로 새롭게 구축한 것도 많은데, 그러다 보면 절차형 특성이 설계에 드러나기도 한다. 어떤 프레임워크는 처음부터 객체지향 설계 방식으로 구현된 것도 있다. 또한 C++ 언어의 특정한 면을 의도적으로 거부하려는 의도가 두드러진 프레임워크도 있다. 예를 들어 다중 상속을 의도적으로 제외한 프레임워크도 있다.

처음 보는 프레임워크를 다루기 위해 가장 먼저 할 일은 프레임워크를 다루는 방법을 익히는 것이다. 그 프레임워크가 따르는 설계 원칙, 프레임워크 개발자가 기본적으로 가지고 있는 멘탈 모델, 프레임워크에서 집중적으로 사용하고 있는 언어의 특성 등을 파악해야 한다. 흔히 듣는 당연한 말이지만 실제로 프레임워크를 이해하는 데 굉장히 중요하다. 프레임워크의 설계, 모델, 언어 특성을 제대로 이해하지 못하면 프레임워크에서 다루는 범위를 벗어나기 십상이다.

프레임워크의 설계를 제대로 이해하면 프레임워크를 확장할 수도 있다. 예를 들어 사용하는 프레임워크에 빠진 기능(예: 프린터 지원)을 발견했다면 프레임워크와 동일한 모델로 해당 기능을 제공하는 클래스를 직접 구현할 수 있다. 이렇게 하면 애플리케이션의 모델을 일관성 있게 유지할 수 있을 뿐만 아니라 다른 애플리케이션에서 그 코드를 재활용할 수도 있다.

프레임워크마다 자체적으로 데이터 타입을 정의하기도 한다. 예를 들어 MFC 프레임워크는 표준 라이브러리의 `std::string` 클래스 대신 `CString`이란 데이터 타입으로 스트링을 표현한다. 그렇다고 해서 현재 코드에서 사용하는 데이터 타입을 모두 프레임워크 타입으로 교체할 필요는 없다. 프레임워크 코드와 나머지 코드의 경계에 있는 데이터 타입만 변환하는 것으로도 충분하다.

32.3.2 MVC 패러다임

앞서 설명했듯이 프레임워크마다 객체지향 설계에 대한 접근 방식이 다르다. 그중에서도 흔히 사용하는 패러다임은 **MVC**model-view-controller다. MVC는 여러 애플리케이션에서 흔히 다루는 데이터의 종류와 그러한 데이터를 표현하고 다루는 방식을 표현한 것이다.

MVC에서는 데이터 집합을 **모델**model이라 부른다. 레이싱카 시뮬레이터를 예로 들면 현재 자동차의 속도나 손상된 정도와 같은 다양한 통계 정보를 모델로 관리한다. 실전에서는 모델을 다양한 게터와 세터를 갖춘 클래스로 구현한다. 예를 들어 레이싱카 모델에 대한 클래스를 다음과 같이 정의할 수 있다.

```
class RaceCar
{
    public:
        RaceCar();
        virtual ~RaceCar() = default;

        virtual double getSpeed() const;
        virtual void setSpeed(double speed);

        virtual double getDamageLevel() const;
        virtual void setDamageLevel(double damage);
    private:
```

```
        double m_speed { 0.0 };
        double m_damageLevel { 0.0 };
};
```

뷰view는 모델의 특정한 부분을 시각적으로 표현한 것이다. 예를 들어 앞에서 정의한 RaceCar에는 두 가지 뷰가 있을 수 있다. 하나는 자동차를 그래픽으로 표현하는 뷰고, 다른 하나는 시간에 따른 자동차의 손상 정도를 표현하는 그래프다. 여기서 핵심은 두 뷰가 모두 동일한 데이터를 기반으로 작동한다는 데 있다. 동일한 정보를 서로 다른 방식으로 바라볼 뿐이다. 바로 이 점이 MVC 패러다임의 대표적인 장점 중 하나다. 데이터와 표현 영역을 서로 분리함으로써 코드를 보다 체계적으로 구성할 수 있고 언제든지 뷰를 쉽게 추가할 수 있다.

컨트롤러controller는 특정한 이벤트에 따라 모델을 변경하는 코드다. 예를 들어 레이싱카가 콘크리트 벽에 부딪히면 컨트롤러는 자동차의 손상 정도와 속도에 맞게 모델을 변경한다. 컨트롤러는 뷰도 조작할 수 있다. 예를 들어 사용자가 UI에서 스크롤바를 움직이면 컨트롤러는 뷰에 맞게 내용을 이동시킨다.

MVC를 구성하는 세 가지 컴포넌트는 피드백 루프 형태로 상호 작용한다. 동작은 모델과 뷰를 제어하는 컨트롤러가 수행한다. 모델이 변경되면 업데이트하라고 뷰에 알려준다. 이러한 상호 작용을 그림으로 표현하면 [그림 32-4]와 같다.

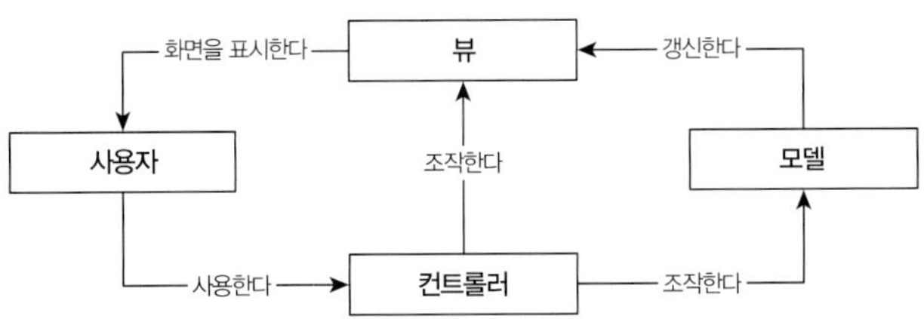

그림 32-4

상당히 많은 유명한 프레임워크에서 모델-뷰-컨트롤러(MVC) 패러다임을 적용하고 있다. 심지어 웹 애플리케이션처럼 전통적이지 않은 애플리케이션도 MVC 방식을 채택하는 추세다. 데이터 간의 명확한 분리, 데이터 조작, 데이터 표시를 강제하기 때문이다.

MVC 패턴은 다양한 형태로 진화해왔다. 예를 들어 MVPmodel-view-presenter, MVAmodel-view-adapter, MVVMmodel-view-viewmodel 등이 있다.

32.4 정리

이 장에서는 전문 C++ 프로그래머가 흔히 사용하는 몇 가지 기법을 살펴봤다. 소프트웨어 개발자로 실력을 쌓아나가다 보면 재활용할 수 있는 클래스와 라이브러리를 나름대로 갖추게 된다. 여러 가지 설계 기법을 익히면 하이레벨의 재활용 가능한 요소인 **패턴**을 개발하고 사용할 수 있다. 이어지는 33장에서는 다양한 패턴을 응용하는 방법을 소개한다.

32.5 연습 문제

이 장에서 소개한 내용을 직접 써보기 위해 다음 연습 문제를 풀어보자. 연습 문제에 대한 정답은 이 책의 웹사이트(www.wiley.com/go/proc++5e)에서 다운로드할 수 있다. 문제를 풀다가 막히면 정답부터 찾지 말고 먼저 앞에서 설명한 부분을 다시 읽고 직접 답을 찾아보려고 애쓰기 바란다.

연습 문제 32-1 모든 타입의 객체에 대한 포인터를 저장하는 RAII 클래스 템플릿인 `Pointer`를 작성한다. RAII 인스턴스가 스코프를 벗어나면 해당 메모리를 자동으로 제거하게 만든다. `reset()`, `release()` 메서드를 제공하고 `operator*`를 오버로드한다.

연습 문제 32-2 [연습 문제 32-1]에서 만든 클래스 템플릿에서 생성자에 주어진 인수가 `nullptr`이면 익셉션을 던지도록 수정한다.

연습 문제 32-3 [연습 문제 32-2]에서 만든 코드에 `E` 타입 인수를 받아서 포인터가 가리키는 데이터에 대입하는 `assign()`이란 메서드 템플릿을 추가하자. 이 메서드 템플릿에 `E`가 반드시 `T` 타입으로 변환할 수 있어야 한다는 제약사항도 추가한다.

연습 문제 32-4 두 인수의 합을 리턴하는 람다 표현식을 작성하자. 이 람다 표현식은 모든 데이터 타입(예: 정수 타입, 부동소수점 타입)에 대해 작동할 수 있어야 한다. 그러고 나서 11과 22의 합과 1.1과 2.2의 합을 계산하도록 람다 표현식을 테스트해보자.

CHAPTER 33

디자인 패턴

이 장의 내용

- 패턴의 정의, 설계 기법과 다른 점
- 패턴 사용법
  - 의존성 주입
  - 추상 팩토리
  - 팩토리 메서드
  - 어댑터
  - 프록시
  - 반복자
  - 옵저버
  - 데코레이터
  - 책임 사슬
  - 싱글톤

디자인 패턴design pattern이란 다양한 문제를 해결하는 프로그램을 구성하는 표준화된 접근 방법론이다. C++는 객체지향 언어다. 따라서 C++ 프로그래머는 디자인 패턴 중에서도 특히 프로그램에 있는 객체들의 구성과 관계를 표현하는 데 특화된 객체지향 패턴에 관심이 많다. 이러한 패턴은 C++, C#, 자바, 스몰톡Smalltalk을 비롯한 객체지향 언어에 적합하다. 실제로 C#이나 자바 프로그래밍 경험이 있다면 이러한 패턴을 사용하는 것을 많이 봤을 것이다.

같은 패턴을 다르게 부르는 경우가 많다. 패턴 사이의 차이점이 불분명한 경우도 많고, 패턴을 표현하거나 분류하는 방식이 문헌마다 약간씩 다르고, 서로 다른 패턴이 같은 이름인 경우도 있다. 심지어 설계 방법론에서 패턴으로 분류하는 기준에 대한 의견도 엇갈린다. 이 책에서는 몇몇 예외를 제외하면 디자인 패턴의 바이블로 손꼽히는 에릭 감마 외 공저『Design Patterns: Elements of Reusable Object-Oriented Software』(Addison-wesley Professional, 1994)[1]에서 사용한 용어를 따르고, 필요에 따라 다른 이름이나 변형된 버전도 함께 소개한다.

디자인 패턴은 간단하면서도 강력한 개념이다. 프로그램에 자주 등장하는 객체지향 방식의 상호작용에 대해 적절한 패턴을 찾아서 구현하는 것만으로도 프로그램을 세련되게 만들 수 있다. 이 장에서는 여러 가지 디자인 패턴을 구현 예제와 함께 자세히 살펴본다.

설계의 어떤 측면도 프로그래머 사이에서 논쟁을 불러일으킬 수 있으며, 개인적으로는 바람직한 자세라고 생각한다. 여기서 소개하는 패턴을 그대로 받아들여서 주어진 작업을 처리하는 데 유일한 해결책이라고 단정하지 말고, 접근 방식과 아이디어를 활용하여 이러한 패턴을 개선하고 새로운 패턴을 만들 수 있다는 자세를 갖기 바란다.

33.1 의존성 주입

의존성 주입dependency injection은 **의존성 역전 원칙**Dependency Inversion Principle(**DIP**)을 지원하는 방법 중 하나다. 의존성 주입은 의존성 관계를 역전시키는 데 인터페이스를 활용한다. 인터페이스는 모든 서비스에 대해 만든다. 어떤 컴포넌트에 일련의 서비스가 필요하다면 각 서비스에 대한 인터페이스를 그 컴포넌트에 주입한다. 의존성 주입을 적용하면 단위 테스트를 쉽게 할 수 있다. 서비스에 대한 목업을 쉽게 만들 수 있기 때문이다. 이에 대한 예제로 의존성 주입으로 구현한 로깅 메커니즘을 살펴본다.

1 옮긴이_『GoF의 디자인 패턴: 재사용성을 지닌 객체지향 소프트웨어의 핵심 요소』(에릭 감마 외 공저, 프로텍미디어)

33.1.1 예제: 로깅 메커니즘

의존성 주입 로거 예제에서는 ILogger란 인터페이스를 이용한다. 로그를 사용하려는 코드는 항상 이 ILogger 인터페이스를 사용해야 한다. 따라서 로깅 기능을 사용하는 코드는 모두 이 인터페이스의 구현을 주입해야 한다. 이 패턴을 적용하면 예를 들어 단위 테스트에서 ILogger 인터페이스에 대한 특수 목업 구현을 주입해서 로그 정보가 제대로 기록되는지 검사할 수 있다. 또한 구현된 로거는 클라이언트 코드를 수정하지 않고도 쉽게 교체할 수 있다.

33.1.2 의존성 주입 로거 구현 방법

여기에서는 다음과 같은 기능을 갖춘 Logger 클래스를 구현한다.

- 단일 스트링을 로그로 남긴다.
- 각 로그 메시지마다 로그 수준을 지정할 수 있으며 로그 메시지 앞에 표시한다.
- 지정한 로그 수준의 메시지만 출력하는 기능을 제공한다.
- 로그에 남긴 메시지는 디스크로 보내서 파일에 곧바로 나타나게 만들 수 있다.

그럼 ILogger 인터페이스부터 정의해보자.

```
export class ILogger
{
    public:
        virtual ~ILogger() = default; // 가상 소멸자

        // 열거형으로 표현한 다양한 로그 수준
        enum class LogLevel {
            Error,
            Info,
            Debug
        };

        // 로그 수준 설정
        virtual void setLogLevel(LogLevel level) = 0;

        // 지정한 로그 수준으로 메시지 하나를 로그에 기록한다.
        virtual void log(std::string_view message, LogLevel logLevel) = 0;
};
```

Logger 클래스는 다음과 같이 구현한다.

```
export class Logger : public ILogger
{
    public:
        explicit Logger(std::string_view logFilename);
        virtual ~Logger();
        void setLogLevel(LogLevel level) override;
        void log(std::string_view message, LogLevel logLevel) override;
    private:
        // 로그 수준을 사람이 읽을 수 있는 스트링으로 변환한다.
        std::string_view getLogLevelString(LogLevel level) const;

        std::ofstream m_outputStream;
        LogLevel m_logLevel { LogLevel::Error };
};
```

이 Logger 클래스의 구현 과정은 직관적이다. 로그 파일을 열고, 메시지를 지정된 로그 수준으로 하나씩 쓴 뒤 그 내용을 디스크로 보낸다. 각 메서드는 다음과 같이 구현한다.

```
Logger::Logger(string_view logFilename)
{
    m_outputStream.open(logFilename.data(), ios_base::app);
    if (!m_outputStream.good()) {
        throw runtime_error { "Unable to initialize the Logger!" };
    }
}

Logger::~Logger()
{
    m_outputStream << "Logger shutting down." << endl;
    m_outputStream.close();
}

void Logger::setLogLevel(LogLevel level)
{
    m_logLevel = level;
}

string_view Logger::getLogLevelString(LogLevel level) const
{
```

```
    switch (level) {
        case LogLevel::Error: return "ERROR";
        case LogLevel::Info: return "INFO";
        case LogLevel::Debug: return "DEBUG";
    }
    throw runtime_error { "Invalid log level." };
}

void Logger::log(string_view message, LogLevel logLevel)
{
    if (m_logLevel < logLevel) { return; }

    m_outputStream << format("{}: {}", getLogLevelString(logLevel), message)
        << endl;
}
```

33.1.3 의존성 주입 로거 사용 방법

방금 구현한 로깅 기능을 Foo라는 클래스에서 사용한다고 하자. 의존성 주입 패턴에 의하면 ILogger 인스턴스를 이 클래스에 주입한다. 예를 들어 다음과 같이 생성자에서 처리할 수 있다.

```
class Foo
{
    public:
        explicit Foo(ILogger& logger) : m_logger { logger } { }
        void doSomething()
        {
            m_logger.log("Hello dependency injection!", ILogger::LogLevel::Info);
        }
    private:
        ILogger& m_logger;
};
```

Foo 인스턴스를 생성하면 그 안에 ILogger 인스턴스가 주입된다.

```
Logger concreteLogger { "log.out" };
concreteLogger.setLogLevel(ILogger::LogLevel::Debug);

Foo f { concreteLogger };
f.doSomething();
```

33.2 추상 팩토리 패턴

현실 세계의 팩토리factory (공장)는 테이블이나 자동차처럼 실제로 쓸 수 있는 물건을 제조한다. 마찬가지로 객체지향 프로그래밍 세계의 팩토리도 컴퓨터 세상의 물건인 객체를 만들어낸다. **팩토리 패턴**factory pattern은 객체를 생성할 때 그 객체의 생성자를 직접 호출하지 않고, 객체 생성을 담당하는 팩토리에 요청한다. 예를 들어 인테리어 설계 프로그램은 FurnitureFactory란 객체를 둘 수 있다. 코드에서 테이블과 같은 가구에 대한 인스턴스를 생성하려면 FurnitureFactory 객체에서 제공하는 createTable() 메서드를 호출하여 테이블에 대한 인스턴스를 생성할 수 있다.

얼핏 보면 팩토리 패턴은 뚜렷한 장점 없이 설계만 복잡해진다고 생각하기 쉽다. 프로그램에 계층 하나가 늘어나기 때문이다. 실제로 FurnitureFactory의 createTable()을 호출하지 않고 곧바로 Table 객체를 생성하는 것이 훨씬 간단하다. 하지만 막상 써보면 팩토리가 유용하다는 것을 깨닫게 된다. 클래스 타입을 정확히 몰라도 클래스 계층에 맞게 객체를 생성할 수 있기 때문이다. 뒤에 나올 예제에서 보겠지만 팩토리는 클래스 계층을 따른다. 그렇다고 해서 반드시 클래스 계층과 일치해야 한다는 것은 아니다. 구체적인 타입을 원하는 만큼 얼마든지 만들게 할 수도 있다.

팩토리의 또 다른 장점은 객체를 생성하는 기능을 프로그램의 이곳저곳에 산만하게 흩어두지 않고 한 곳에 모아둘 수 있다는 것이다. 각 영역에 적합한 객체를 생성할 때 해당 팩토리를 이용하게 만들면 된다.

팩토리 패턴의 또 다른 장점은 클라이언트 입장에서는 알 수 없는 팩토리에서 관리하는 특정한 정보나 상태, 리소스 등에 맞게 객체를 구성할 수 있다는 것이다. 일련의 복잡한 단계를 정확한 순서로 실행해 객체를 생성하거나, 생성된 객체를 다른 객체와 일정한 방식으로 연결해야 할 때도 팩토리를 사용하면 편하다.

팩토리 패턴의 가장 큰 장점은 객체 생성 과정을 추상화할 수 있다는 것이다. 의존성 주입 패턴을 적용해서 얼마든지 다른 팩토리로 교체할 수 있다. 객체를 생성할 때와 마찬가지로 팩토리에 대해서도 다형성을 적용할 수 있다. 구체적인 방법은 다음 절의 예제에서 소개한다.

객체지향 프로그래밍에서 팩토리와 관련된 패턴은 크게 두 가지다. 하나는 추상 팩토리 패턴abstract factory pattern이고, 다른 하나는 팩토리 메서드 패턴factory method pattern이다. 이 절에서는 추상 팩토리 패턴을 살펴보고, 팩토리 메서드 패턴은 다음 절에서 소개한다.

33.2.1 예제: 자동차 공장 시뮬레이션

자동차를 생상하는 공장을 생각해보자. 이 공장은 요청받은 타입의 자동차를 만든다. 이를 위해 무엇보다도 자동차 타입을 표현하는 계층이 필요하다. [그림 33-1]은 특정한 자동차에 대한 정보를 가져오는 `virtual` 메서드를 제공하는 `ICar` 인터페이스를 보여준다. `Toyota`와 `Ford`는 모두 `ICar`를 상속한 것으로서, 둘 다 세단과 SUV 모델이 있다.

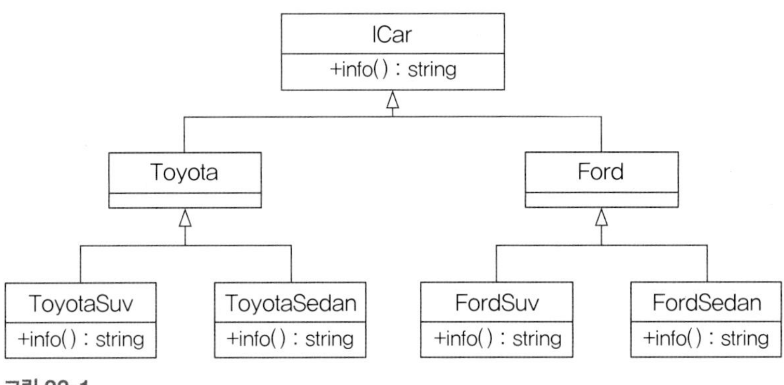

그림 33-1

자동차에 대한 계층뿐만 아니라, 공장에 대한 계층도 필요하다. 추상 팩토리는 특정 제조사에 관계없이 세단이나 SUV를 제작하는 인터페이스만 제공한다. [그림 33-2]는 이러한 계층을 보여준다.

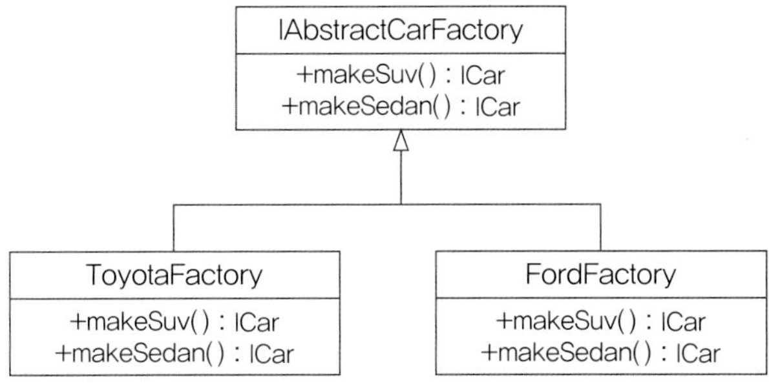

그림 33-2

33.2.2 추상 팩토리 구현 방법

자동차 계층을 구현하는 방법은 간단하다.

```
export class ICar
{
    public:
        virtual ~ICar() = default; // 항상 가상 소멸자여야 한다!
        virtual std::string info() const = 0;
};

export class Ford : public ICar { };

export class FordSedan : public Ford
{
    public:
        std::string info() const override { return "Ford Sedan"; }
};

export class FordSuv : public Ford
{
    public:
        std::string info() const override { return "Ford Suv"; }
};

export class Toyota : public ICar { };

export class ToyotaSedan : public Toyota
{
    public:
        std::string info() const override { return "Toyota Sedan"; }
};

export class ToyotaSuv : public Toyota
{
    public:
        std::string info() const override { return "Toyota Suv"; }
};
```

다음으로 IAbstractCarFactory 인터페이스를 만든다. 여기에서는 구체적인 팩토리나 자동차에 대한 정보 없이 세단이나 SUV를 생성하는 메서드만 노출시킨다.

```
export class IAbstractCarFactory
{
    public:
        virtual ~IAbstractCarFactory() = default; // 항상 가상 소멸자로
```

```
        virtual std::unique_ptr<ICar> makeSuv() = 0;
        virtual std::unique_ptr<ICar> makeSedan() = 0;
};
```

마지막으로 실제 자동차 모델을 생성하는 팩토리를 구현한다. 여기에서는 FordFactory만 보여주지만 ToyotaFactory도 이와 비슷하게 작성한다.

```
export class FordFactory : public IAbstractCarFactory
{
    public:
        std::unique_ptr<ICar> makeSuv() override {
            return std::make_unique<FordSuv>(); }
        std::unique_ptr<ICar> makeSedan() override {
            return std::make_unique<FordSedan>(); }
};
```

이 예제에서 적용한 패턴을 **추상 팩토리**abstract factory라 부른다. 생성된 객체 타입이 실제로 사용할 **구체적인** 팩토리에 따라 달라지기 때문이다.

33.2.3 추상 팩토리 사용 방법

다음 예제는 앞에서 구현한 팩토리를 사용하는 방법을 보여준다. 여기에 나오는 함수는 인수로 받은 추상 자동차 팩토리를 이용하여 세단 하나와 SUV 하나를 만들어서 각각에 대한 정보를 화면에 출력한다. 이 함수는 특정 팩토리나 자동차에 대한 정보는 모른다. 그저 인터페이스만 사용할 뿐이다. main() 함수는 포드 자동차에 대한 팩토리와 토요타 자동차에 대한 팩토리를 하나씩 만든 다음 createSomeCars() 함수를 호출하여 각 팩토리로부터 자동차를 생성한다.

```
void createSomeCars(IAbstractCarFactory& carFactory)
{
    auto sedan { carFactory.makeSedan() };
    auto suv { carFactory.makeSuv() };
    cout << format("Sedan: {}\n", sedan->info());
    cout << format("Suv: {}\n", suv->info());
}

int main()
{
```

```
    FordFactory fordFactory;
    ToyotaFactory toyotaFactory;
    createSomeCars(fordFactory);
    createSomeCars(toyotaFactory);
}
```

이 코드를 실행한 결과는 다음과 같다.

```
Sedan: Ford Sedan
Suv: Ford Suv
Sedan: Toyota Sedan
Suv: Toyota Suv
```

33.3 팩토리 메서드 패턴

또 다른 팩토리 패턴은 **팩토리 메서드 패턴**factory method pattern이다. 이 패턴은 생성할 객체 종류를 전적으로 구체적인 팩토리가 결정한다. 앞에서 본 추상 팩토리 예제에서는 IAbstractCarFactory에 SUV와 세단을 생성하는 메서드가 있었다. 팩토리 메서드 패턴에서는 팩토리에 자동차 하나를 만들어 달라고 요청만 하면 구체적인 팩토리가 만들 타입을 결정한다. 그럼 예제를 통해 자세히 살펴보자.

33.3.1 두 번째 자동차 팩토리 시뮬레이션

자동차를 운전하는 방법은 제조사에 관계없이 모두 같다. 새 차를 구매할 때 특정 브랜드를 지정할 수도 있고, 렌터카를 이용할 때처럼 브랜드에 관계없이 아무 차나 달라고 요청할 수도 있다. 후자의 경우 어디에 요청하느냐에 따라 차의 종류가 결정된다. 토요타 공장에 요청하면 토요타 자동차를 받게 될 것이고, 포드 공장에 요청하면 포드 자동차를 받게 될 것이다(물론 돈을 내야 한다).

C++ 프로그래밍에서도 이러한 방식으로 구성할 수 있다. 운전할 수 있는 범용 자동차는 5장에서 설명한 다형성으로 구현할 수 있다. ICar라는 추상 인터페이스에 drive( )라는 가상 메서드를 정의하면 된다. 그러고 나서 특정 브랜드의 차를 표현하는 Toyota나 Ford 클래스는 이렇게 정의된 Car 클래스를 상속하면 된다.

여러분이 작성한 프로그램은 실제로 토요타나 포드인지 알 필요 없이 자동차를 몰 수 있다. 하지만 표준 객체지향 프로그래밍에 따르면 자동차를 생성하는 시점에는 토요타인지 아니면 포드인지 지정할 필요가 있다. 이를 위해 해당 자동차에 맞는 생성자를 호출해야 한다. 그냥 '차 한 대가 필요하다'고 해서 생기는 것이 아니다. 만약 자동차 공장에 대한 클래스 계층 구조가 나란히 있다고 하자. CarFactory라는 베이스 클래스는 주어진 작업을 protected virtual 메서드인 createCart()에 전달하는 public 비 virtual 메서드인 requestCar()를 정의할 수 있다. 파생 클래스인 ToyotaFactory와 FordFactory는 createCar()를 오버라이드해서 Toyota나 Ford 자동차를 만들 수 있다. [그림 33-3]은 이러한 ICar와 CarFactory 계층 구조를 보여주고 있다.

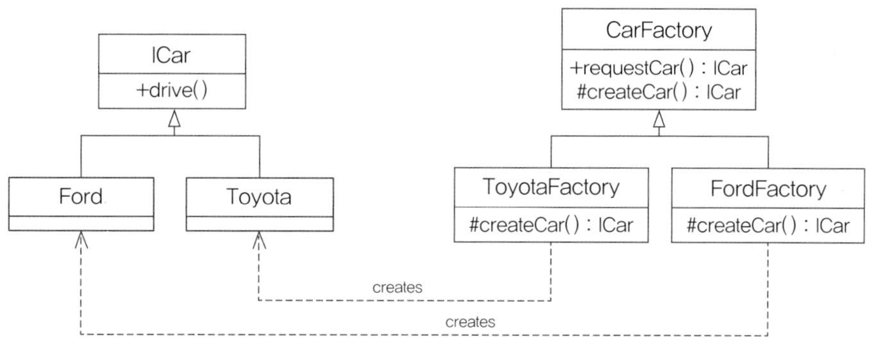

그림 33-3

이제 프로그램에 CarFactory 객체가 있다고 가정하자. 자동차 딜러 프로그램을 만들 때 새 차를 생성하는 부분은 CarFactory 객체의 requestCar()를 호출하기만 하면 된다. 사용하는 CarFactory의 구체적인 타입이 ToyotaFactory인지 아니면 FordFactory인지에 따라 Toyota나 Ford 객체 중 하나를 받게 된다. [그림 33-4]는 자동차 딜러 프로그램에서 ToyotaFactory를 사용해서 객체를 생성하는 예를 보여주고 있다.

그림 33-4

[그림 33-5]는 자동차 딜러 프로그램에서 ToyotaFactory 대신 FordFactory를 사용하는 예를 보여준다. CarDealer 객체와 CarFactory 계층의 관계는 변하지 않았다는 점에 주목한다.

그림 33-5

이 예제를 통해 팩토리에도 다형성을 적용할 수 있다는 것을 알 수 있다. 자동차에 대한 팩토리에 차 한 대를 요청할 때 그 팩토리의 타입이 토요타와 포드인지 정확히 몰라도 달릴 수 있는 자동차를 받을 수 있다. 이렇게 하면 프로그램을 확장하기가 굉장히 쉬워진다. 다루는 클래스나 객체가 달라져도 팩토리 인스턴스만 변경하면 되기 때문이다.

33.3.2 팩토리 구현 방법

생성하려는 객체의 타입이 상황에 따라 달라질 때 팩토리를 사용하면 편하다. 예를 들어 차 한 대를 요청할 때 구체적인 타입이 Toyota든 아니면 Ford든 상관없이 주문이 가장 적게 밀린 공장으로 요청을 보내고 싶을 수 있다. C++로 이 기능을 구현하는 방법을 살펴보자.

가장 먼저 자동차에 대한 클래스 계층을 정의한다. 예제를 최대한 간결하게 구성하기 위해 ICar 인터페이스가 단순히 자동차 정보를 리턴하는 추상 메서드만 갖도록 정의한다.

```
export class ICar
{
    public:
        virtual ~ICar() = default; // 항상 가상 소멸자로 정의한다.
        virtual std::string info() const = 0;
};

export class Ford : public ICar
{
    public:
        std::string info() const override { return "Ford"; }
};
```

```
export class Toyota : public ICar
{
    public:
        std::string info() const override { return "Toyota"; }
};
```

베이스 클래스인 CarFactory를 정의하는 방법은 좀 특이하다. 공장마다 제조한 자동차 수를 기록한다. public으로 선언한 requestCar() 메서드가 호출되면 그 공장에서 제조한 자동차 수를 하나 증가시킨 다음 실제로 자동차를 새로 만드는 순수 가상 메서드인 createCar()를 호출한다. 여기서 핵심은 공장마다 createCar()를 오버라이드해서 해당 타입에 맞는 자동차 객체를 리턴하는 데 있다. CarFactory에는 제조한 자동차 수를 업데이트하는 requestCar()만 구현한다. 또한 각 공장마다 제조된 자동차 수를 알려주는 public 메서드도 제공한다.

CarFactory 클래스와 이를 상속하는 클래스의 정의는 다음과 같다.

```
export class CarFactory
{
    public:
        virtual ~CarFactory() = default; // 항상 가상 소멸자로 정의한다.

        std::unique_ptr<ICar> requestCar()
        {
            // 제조된 자동차 수를 증가시키고 새 차를 리턴한다.
            ++m_numberOfCarsProduced;
            return createCar();
        }

        size_t getNumberOfCarsProduced() const { return m_numberOfCarsProduced; }
    protected:
        virtual std::unique_ptr<ICar> createCar() = 0;

    private:
        size_t m_numberOfCarsProduced { 0 };
};

export class FordFactory : public CarFactory
{
    protected:
        std::unique_ptr<ICar> createCar() override {
```

```
            return std::make_unique<Ford>(); }
};

export class ToyotaFactory : public CarFactory
{
    protected:
        std::unique_ptr<ICar> createCar() override {
            return std::make_unique<Toyota>(); }
};
```

이 코드에서 볼 수 있듯이 파생 클래스는 createCar() 메서드가 자신의 타입에 맞는 자동차 객체를 리턴하도록 오버라이드한다.

> **NOTE_** 팩토리 메서드는 여러 가지 타입의 객체를 생성하는 가상 생성자를 구현하는 여러 가지 방법 중 하나일 뿐이다. 예를 들어 requestCar() 메서드를 호출할 때 팩토리의 타입에 따라 Toyota와 Ford 객체를 모두 생성할 수 있게 구현할 수 있다.

33.3.3 팩토리 사용 방법

팩토리를 사용하는 가장 간단한 방법은 팩토리 인스턴스를 만들어서 적절한 메서드를 호출하는 것이다. 예를 들면 다음과 같다.

```
ToyotaFactory myFactory;
auto myCar { myFactory.requestCar() };
cout << myCar->info() << endl; // Toyota를 출력한다.
```

가상 생성자의 개념을 확실히 이해할 수 있도록 좀 더 흥미로운 예제를 보자. 현재 자동차를 가장 적게 생산한 공장에서 자동차를 만들도록 구현하는 것이다. 먼저 LeastBusyFactory란 팩토리를 새로 정의한다. 이 팩토리도 CarFactory를 상속하며 생성자에서 여러 CarFactory의 목록을 인수로 받도록 정의한다. 다른 CarFactory 클래스와 마찬가지로 LeastBusyFactory도 createCar() 메서드를 오버라이드한다. 이 팩토리를 구현할 때 생성자에 전달된 팩토리 리스트 중에서 가장 여유 있는 팩토리를 선택해서 그 팩토리에 자동차 객체를 요청한다. 구현 코드는 다음과 같다.

```
class LeastBusyFactory : public CarFactory
{
    public:
        // 여러 공장을 갖는 LeastBusyFactory 인스턴스를 생성한다.
        explicit LeastBusyFactory(vector<unique_ptr<CarFactory>>&& factories);
    protected:
        unique_ptr<ICar> createCar() override;
    private:
        vector<unique_ptr<CarFactory>> m_factories;
};

LeastBusyFactory::LeastBusyFactory(vector<unique_ptr<CarFactory>>&& factories)
    : m_factories { move(factories) }
{
    if (m_factories.empty()) {
        throw runtime_error { "No factories provided." };
    }
}

unique_ptr<ICar> LeastBusyFactory::createCar()
{
    CarFactory* bestSoFar { m_factories[0].get() };

    for (auto& factory : m_factories) {
        if (factory->getNumberOfCarsProduced() <
            bestSoFar->getNumberOfCarsProduced()) {
            bestSoFar = factory.get();
        }
    }

    return bestSoFar->requestCar();
}
```

다음 코드는 이 팩토리를 이용하여 자동차 10대를 제조하는 예를 보여준다. 이때 브랜드는 따지지 않고 제조한 자동차 수가 가장 적은 공장을 선택한다.

```
vector<unique_ptr<CarFactory>> factories;

// 포드 팩토리 3개와 토요타 팩토리 1개를 생성한다.
factories.push_back(make_unique<FordFactory>());
factories.push_back(make_unique<FordFactory>());
factories.push_back(make_unique<FordFactory>());
```

```
factories.push_back(make_unique<ToyotaFactory>());

// 그럴 듯한 결과를 얻도록 자동차 몇 대를 주문한다.
factories[0]->requestCar();
factories[0]->requestCar();
factories[1]->requestCar();
factories[3]->requestCar();

// 전달된 공장 목록 중에서 가장 여유 있는 공장을 알아서 선택하는
// 팩토리 객체를 생성한다.
LeastBusyFactory leastBusyFactory { move(factories) };

// 가장 여유 있는 공장에서 자동차 10대를 제조한다.
for (size_t i { 0 }; i < 10; i++) {
    auto theCar { leastBusyFactory.requestCar() };
    cout << theCar->info() << endl;
}
```

이 코드를 실행하면 다음과 같이 결과가 출력된다.

```
Ford
Ford
Ford
Toyota
Ford
Ford
Ford
Toyota
Ford
Ford
```

팩토리 목록을 라운드 로빈 방식으로 순서대로 돌아가면서 조회하기 때문에 결과를 어느 정도 예측할 수 있다. 하지만 수많은 딜러가 자동차를 주문하는 상황이라면 각 공장의 현재 상태를 예측하기 힘들게 된다.

33.3.4 팩토리의 다른 유형

팩토리를 클래스 계층이 아닌 단일 클래스로 구현할 수도 있다. 그러면 팩토리의 create() 메서드는 생성 작업을 서브클래스로 넘기는 방식으로 처리하지 않고, 인수로 받은 타입이나 스트링을 보고 생성할 객체의 종류를 결정한다.

33.3.5 팩토리 활용 사례

팩토리 패턴은 앞에서 본 것처럼 현실 세계의 공장을 모델링할 때뿐만 아니라 다양한 경우에 활용할 수 있다. 예를 들어 여러 가지 언어로 작성된 문서를 지원하는 워드 프로세스를 생각해볼 수 있다. 이때 문서마다 사용하는 언어는 한 가지로 정해야 한다. 문서의 언어를 선택하는 기능을 구현하려면 워드 프로세서의 다양한 측면을 고려해야 한다. 몇 가지만 예를 들면 문서에서 사용할 문자 집합(악센트 문자의 사용 여부), 맞춤법 검사, 동의어 사전, 문서 출력 방식 등이 있다. 이때 LanguageFactory란 추상 베이스 클래스를 정의하고, 각 언어마다 구체적인 타입의 팩토리를 만들면(EnglishLanguageFactory, FrenchLanguageFactory 등과 같이) 워드 프로세서 코드를 훨씬 깔끔하게 구성할 수 있다. 사용자가 문서에서 사용할 언어를 지정하면 워드 프로세서는 해당 언어에 대한 팩토리의 인스턴스를 생성해서 그 문서에 연결한다. 그러면 문서에서 사용하는 언어에 대한 구체적인 기능을 워드 프로세서에서 일일이 신경 쓰지 않아도 된다. 특정한 언어에 대한 기능이 필요하다면 LanguageFactory에 요청하기만 하면 된다. 예를 들어 맞춤법 검사 기능이 필요하다면 팩토리의 createSpellChecker() 메서드를 호출하기만 하면 해당 언어에 맞는 맞춤법 검사기를 리턴받을 수 있다.

팩토리 메서드 패턴은 9장에서 설명한 핌플 이디엄pimpl idiom 대신 사용할 수도 있다. 팩토리 메서드 패턴은 public 인터페이스와 실제 기능을 구현한 코드 사이에 장벽을 제공한다. 이렇게 팩토리 메서드 패턴을 활용하는 예는 다음과 같다. 먼저 public 인터페이스를 정의한다. 이는 공개적으로 노출되어 있다.

```
// public 인터페이스(나머지 프로그램 코드에 추가될 부분,
// 라이브러리로 공유, ...)
class Foo
{
    public:
        virtual ~Foo() = default; // 항상 가상 소멸자로 정의한다.
        static unique_ptr<Foo> create(); // 팩토리 메서드
        // public 기능
        virtual void bar() = 0;
    protected:
        Foo() = default; // protected 디폴트 생성자
};
```

그리고 나서 구현은 외부로부터 숨긴다.

```
// 구현
class FooImpl : public Foo
{
    public:
        void bar() override { /* ... */ }
};

unique_ptr<Foo> Foo::create()
{
    return make_unique<FooImpl>();
}
```

클라이언트 코드에서는 Foo 인스턴스를 다음과 같이 생성할 수 있다.

```
auto fooInstance { Foo::create() };
```

33.4 어댑터 패턴

간혹 클래스로 정의한 추상화가 현재 설계와 맞지 않지만 변경할 수 없을 때가 있다. 이럴 때는 **어댑터**adaptor 혹은 **래퍼**wrapper 클래스를 만들어서 해결한다. 어댑터는 어떤 기능의 구현 코드에 대한 바람직한 추상화를 제공하면서 그 기능의 사용자와 구현 코드를 연결해주는 역할을 한다. 대표적인 유스케이스는 다음과 같다.

- 기존 구현을 재활용하는 방식으로 특정 인터페이스를 구현하는 경우. 이때 어댑터는 주로 내부에서 구현의 인스턴스를 생성한다.
- 기존 기능을 새로운 인터페이스를 통해 사용할 수 있게 만드는 경우. 이때 어댑터의 생성자는 일반적으로 내부 객체의 인스턴스를 인수로 받는다.

18장에서 봤듯이 표준 라이브러리도 stack이나 queue와 같은 컨테이너를 deque이나 list와 같은 다른 컨테이너로 구현하는 어댑터 패턴을 이용하고 있다.

33.4.1 예제: Logger 클래스

어댑터 패턴 구현 방법을 보기 위해 Logger 클래스를 다음과 같이 간단히 정의해보자.

```
export class Logger
{
    public:
        enum class LogLevel {
            Error,
            Info,
            Debug
        };

        Logger();
        virtual ~Logger() = default; // 항상 가상 소멸자로 정의한다.
        void log(LogLevel level, const std::string& message);
    private:
        // 로그 수준을 사람이 읽을 수 있는 스트링 형태로 변환한다.
        std::string_view getLogLevelString(LogLevel level) const;
};
```

Logger 클래스에는 생성자가 하나 있다. 이 생성자는 텍스트 한 줄을 표준 콘솔에 출력한 다음 전달된 메시지를 지정된 로그 수준에 따라 콘솔에 출력하는 log() 메서드를 호출한다. Logger 이 클래스의 구현 코드는 다음과 같다.

```
Logger::Logger()
{
    cout << "Logger constructor" << endl;
}

void Logger::log(LogLevel level, const string& message)
{
    cout << format("{}: {}", getLogLevelString(level), message) << endl;
}

string_view Logger::getLogLevelString(LogLevel level) const
{
    // 앞에서 본 데이터 주입 Logger 클래스의 구현 코드와 같다.
}
```

Logger 클래스가 이처럼 간단함에도 불구하고 굳이 래퍼 클래스를 정의하는 이유는 인터페이스를 변경할 수 있게 만들기 위해서다. 로그 수준에는 관심 없고 log()에 실제 메시지에 대한 매개변수 하나만 지정해서 호출하고 싶을 수도 있다. 또는 log() 메서드에서 std::string 대신 std::string_view 타입의 매개변수를 받도록 인터페이스를 변경할 수도 있다.

33.4.2 어댑터 구현 방법

가장 먼저 할 일은 내부 기능에 대한 인터페이스를 새로 정의하는 것이다. 이 인터페이스를 INewLoggerInterface라 부르고 다음과 같이 작성한다.

```
export class INewLoggerInterface
{
    public:
        virtual ~INewLoggerInterface() = default; // 항상 가상 소멸자로 정의한다.
        virtual void log(std::string_view message) = 0;
};
```

이 클래스는 새로운 로거에 대한 인터페이스를 정의하는 추상 클래스다. 인터페이스는 하나의 추상 메서드, 즉 string_view 타입의 인수를 받는 log() 메서드만 정의한다.

그러고 나서 새로 정의할 로거 클래스인 NewLoggerAdaptor를 작성한다. 이 클래스는 앞에서 정의한 INewLoggerInterface 인터페이스를 구현한다. 코드를 작성할 때 합성composition을 이용하여 Logger를 감싼다.

```
export class NewLoggerAdapter : public INewLoggerInterface
{
    public:
        NewLoggerAdapter();
        void log(std::string_view message) override;
    private:
        Logger m_logger;
};
```

새 클래스의 생성자에는 생성자가 호출된 사실을 추적할 수 있도록 표준 출력에 한 문장을 출력하는 코드를 작성한다. 그러고 나서 INewLoggerInterface의 log() 메서드를 구현한다. 이 메서드는 요청된 호출을 다시 Logger 인스턴스의 log() 메서드에 전달한다. 이때 string_view를 string으로 변환하고, 로그 수준을 Info로 지정한다.

```
NewLoggerAdapter::NewLoggerAdapter()
{
    cout << "NewLoggerAdapter constructor" << endl;
}
```

```
void NewLoggerAdapter::log(string_view message)
{
    m_logger.log(Logger::LogLevel::Info, message.data());
}
```

33.4.3 어댑터 사용 방법

어댑터의 목적은 내부 기능에 좀 더 적합한 인터페이스를 제공하는 데 있으므로 구현한 어댑터는 사용하기 쉽고 다양한 용도에 잘 맞아야 한다. 앞에서 구현한 코드를 활용하면 Logger 클래스에 대한 인터페이스가 다음과 같이 간결해진다.

```
NewLoggerAdaptor logger;
logger.log("Testing the logger.");
```

이 코드를 실행하면 다음과 같이 결과가 나온다.

```
Logger constructor
NewLoggerAdaptor constructor
INFO: Testing the logger.
```

33.5 프록시 패턴

프록시 패턴proxy pattern은 클래스 추상화를 내부 표현과 분리하는 패턴이다. 프록시 객체는 영어 단어 proxy의 뜻처럼 실제 객체에 대한 대리인 역할을 한다. 객체를 직접 다룰 수 없거나 그렇게 하기엔 시간이 너무 걸릴 때 주로 프록시를 사용한다. 예를 들어 문서 편집기를 생각해보자. 문서는 이미지와 같은 거대한 객체들로 구성될 수 있다. 이런 문서를 열 때 그 안에 담긴 이미지를 직접 불러오지 않고, 각 이미지에 대한 프록시 객체만 불러올 수 있다. 프록시 객체는 실제 이미지를 곧바로 가져오지 않는다. 사용자가 문서를 스크롤해서 그 이미지를 화면에 표시할 때만 프록시 객체를 통해 이미지를 그리도록 요청한다. 그러면 프록시는 다시 실제 이미지를 표현하는 클래스에 화면에 표시할 작업을 위임한다.

프록시는 특정한 기능을 클라이언트로부터 보호하면서 이를 뚫을 수 없도록 보장하는 용도로도 사용된다.

33.5.1 예제: 네트워크 연결 문제 숨기기

네트워크 기반 게임에서 인터넷에 연결된 게임 사용자를 Player란 클래스로 표현한다고 하자. Player 클래스에서 제공하는 기능 중에는 즉석 메시지 기능처럼 네트워크에 연결해야 하는 것도 있다. 이때 사용자의 네트워크 연결 속도가 느려지거나 연결이 끊기면 그 사용자를 표현하는 Player 객체는 메시지를 받을 수 없게 된다.

네트워크 문제를 사용자에게 곧바로 드러내지 않게 하려면 Player에서 네트워크 연결을 다루는 부분을 다른 클래스로 분리해야 한다. 이렇게 분리한 부분을 PlayerProxy 객체로 만들어서 실제 Player 객체의 역할을 대신하게 만든다. 그러므로 이 클래스의 클라이언트가 실제 Player 클래스의 역할을 대신 수행하는 PlayerProxy만 사용하거나, Player를 사용할 수 없게 될 때만 PlayerProxy로 대체한다. 네트워크 장애가 발생하더라도 PlayerProxy 객체를 통해 사용자의 이름과 최신 상태를 화면에 표시해준다. 그러므로 Player 객체가 없더라도 하던 일을 계속하게 할 수 있다. 이처럼 프록시 클래스를 활용하면 내부에 있는 Player 클래스에서 발생하는 문제를 숨길 수 있다.

33.5.2 프록시 구현 방법

가장 먼저 Player에 대한 public 인터페이스를 제공하는 IPlayer를 정의한다.

```
class IPlayer
{
    public:
        virtual ~IPlayer() = default; // 항상 가상 소멸자로 정의한다.
        virtual string getName() const = 0;
        // 네트워크로 연결된 사용자에게 메시지를 보내고,
        // 상대방의 응답을 스트링으로 리턴한다.
        virtual string sendInstantMessage(string_view message) const = 0;
};
```

그러면 Player 클래스를 다음과 같이 정의할 수 있다. 여기서 sendInstantMessage() 메서드가 제대로 작동하려면 네트워크에 정상적으로 연결된 상태여야 한다. 만약 네트워크 연결이 끊기면 익셉션을 던진다.

```
class Player : public IPlayer
{
```

```
    public:
        string getName() const override;
        // 네트워크 연결이 필요하다.
        // 네트워크가 끊기면 익셉션을 던진다.
        string sendInstantMessage(string_view message) const override;
};
```

PlayerProxy 클래스도 IPlayer를 상속하고, 그 안에 IPlayer에 대한 다른 인스턴스(실제 Player)를 갖고 있다.

```
class PlayerProxy : public IPlayer
{
    public:
        // 전달받은 플레이어에 대한 소유권을 갖는 PlayerProxy를 생성한다.
        PlayerProxy(unique_ptr<IPlayer> player);
        string getName() const override;
        // 네트워크 연결은 선택사항이다.
        string sendInstantMessage(string_view message) const override;
    private:
        unique_ptr<IPlayer> m_player;
};
```

이 클래스의 생성자는 IPlayer의 소유권을 가진다.

```
PlayerProxy::PlayerProxy(unique_ptr<IPlayer> player)
    : m_player { move(player) }
{
}
```

getName() 메서드는 내부 플레이어에게 전달해주기만 한다.

```
string PlayerProxy::getName() const { return m_player->getName(); }
```

PlayerProxy의 sendInstantMessage() 메서드는 네트워크 연결 상태를 검사해서 디폴트 스트링을 리턴하거나 요청을 전달하도록 구현한다. 그러므로 네트워크 연결이 끊기면 내부 Player 객체에 대한 sendInstantMessage() 메서드에서 익셉션을 던진다는 사실을 숨긴다.

```
string PlayerProxy::sendInstantMessage(string_view message) const
{
    if (hasNetworkConnectivity()) { return m_player->sendInstantMessage(message); }
    else { return "The player has gone offline."; }
}
```

33.5.3 프록시 사용 방법

프록시를 제대로 정의했다면 다른 객체와 다름없이 사용할 수 있어야 한다. PlayerProxy 예제에서 프록시를 사용하는 코드는 프록시가 있다는 사실을 모를 수도 있다. 다음 함수는 Player가 이겼을 때 호출될 함수로서, 실제 Player와 PlayerProxy 중 아무거나 다룰 수 있도록 구현했다. 이렇게 하면 프록시가 제대로 된 결과를 생성해주기 때문에 어떤 경우든지 제대로 실행되게 만들 수 있다.

```
bool informWinner(const IPlayer& player)
{
    auto result { player.sendInstantMessage("You have won! Play again?") };
    if (result == "yes") {
        cout << player.getName() << " wants to play again." << endl;
        return true;
    } else {
        // 플레이어가 거절했거나 오프라인 상태다.
        cout << player.getName() << " does not want to play again." << endl;
        return false;
    }
}
```

33.6 반복자 패턴

반복자 패턴 iterator pattern 은 알고리즘이나 연산을 데이터와 분리하는 메커니즘을 제공한다. 얼핏 보면 데이터와 그 데이터를 다루는 동작을 객체 단위로 묶는 객체지향 프로그래밍 원칙과 반대라고 생각할 수 있다. 틀린 말은 아니지만 반복자 패턴의 핵심은 객체에서 동작을 빼내는 것이 아니다. 그보다는 데이터와 동작이 밀접히 엮이면서 발생하는 두 가지 문제를 해결하는 데 있다.

첫 번째 문제는 소속된 클래스 계층이 서로 다른 객체가 섞여 있을 때 제네릭 알고리즘을 적용할 수 없다는 것이다. 제네릭 알고리즘을 구현하려면 객체의 내용을 일정한 방식으로 접근하는 메커니즘이 필요하다.

두 번째 문제는 때에 따라 동작을 새로 추가하기 힘들다는 것이다. 최소한 데이터 객체의 소스코드에 접근해야 한다. 하지만 사용할 객체가 서드파티 프레임워크나 라이브러리에 속해 있어서 코드를 변경할 수 없다면 동작을 추가할 수 없다. 데이터를 표현하는 객체의 클래스 계층을 수정하지 않고도 그 데이터에 대한 알고리즘이나 연산을 추가할 수 있다면 좋을 것이다.

반복자 패턴은 앞 장에서 표준 라이브러리 예제를 소개하면서 이미 본 적이 있다. 기본적으로 **반복자**[iterator]는 시퀀스 형태로 데이터를 저장하는 컨테이너에 접근하는 알고리즘이나 연산 메커니즘을 제공한다. 반복자란 이름은 반복을 의미하는 영어의 iterate란 단어에서 따온 것으로, 새 원소에 도달하기 위해 순차적으로 이동하는 동작을 반복적으로 수행하기 때문에 붙여졌다. 표준 라이브러리의 제네릭 알고리즘은 컨테이너에 있는 원소에 접근할 때 반복자를 사용한다. 표준 라이브러리는 표준 반복자 인터페이스를 정의함으로써 적합한 인터페이스를 따르는 반복자를 제공하는 모든 컨테이너에 대해 제네릭 알고리즘을 적용할 수 있다. 따라서 반복자를 사용하면 데이터를 표현하는 클래스를 수정하지 않고도 제네릭 알고리즘을 구현할 수 있다. [그림 33-6]은 중간에서 반복자가 작업을 조율하는 과정을 표현한 것이다. 여기서 연산은 반복자에 의존하고, 데이터 객체는 반복자를 제공한다.

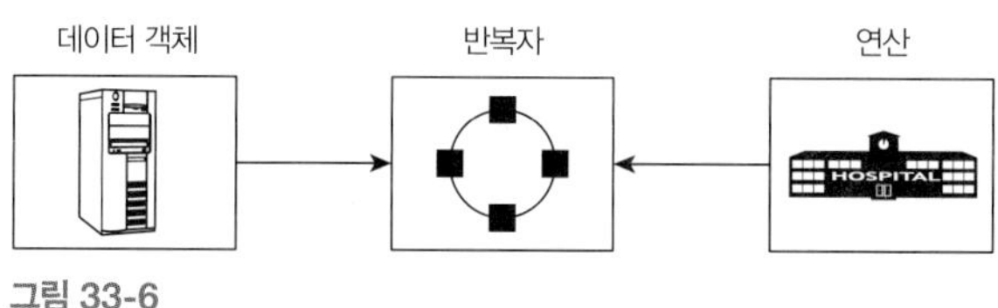

그림 33-6

클래스에 대한 반복자를 표준 라이브러리 요구사항에 맞게 구현하는 방법은 25장에서 자세히 설명했다. 즉, 이렇게 반복자를 만들어두면 표준 라이브러리에서 제공하는 제네릭 알고리즘에서 그대로 사용할 수 있다.

33.7 옵저버 패턴

옵저버 패턴[observer pattern](관찰자 패턴)은 관찰자 역할을 하는 객체(옵저버)가 관찰 대상 객체

(옵저버블observable)로부터 알림을 받도록 구현하는 데 사용한다. 옵저버 패턴을 적용하면 각 객체를 옵저버블 객체로 **등록**해야 한다. 옵저버블 객체의 상태가 변하면 현재 등록된 옵저버에 알림을 보낸다. 옵저버 패턴의 가장 큰 장점은 결합도coupling를 낮춘다는 것이다. 옵저버블 클래스는 자신을 관찰하는 옵저버의 구체적인 타입을 몰라도 된다. IObserver와 같은 기본 인터페이스만 알면 된다.

33.7.1 예제: 이벤트 노출하기

여기서 소개할 예제는 가변 인수를 받는 범용 이벤트로 구성한다. 관찰 대상 객체는 특정한 이벤트를 노출시킨다. 예를 들어 대상 객체가 가진 데이터가 수정될 때 발생하는 이벤트와 그 데이터가 삭제될 때 발생하는 이벤트 등이 있다.

33.7.2 옵저버블 구현 방법

우선 가변인수 클래스 템플릿variadic class template인 Event를 정의한다. 가변 인수 클래스 템플릿은 26장에서 설명했다. 이렇게 정의한 클래스는 가변 인수를 받는 function으로 구성된 map을 저장한다. 이 이벤트가 발생할 때 알림을 받을 function 형태로 새로운 옵저버를 등록할 수 있도록 operator+=을 오버로드한다. 이 연산자는 EventHandle을 리턴하는데, 이를 옵저버 등록을 해제하도록 오버로드한 operator-=로 전달한다. 이렇게 받은 EventHandle은 등록된 옵저버가 늘어날 때마다 증가하는 숫자에 불과하다. 마지막으로 raise() 메서드는 현재 이 이벤트를 받도록 등록된 모든 옵저버에 알림을 보낸다.

```
using EventHandle = size_t;

template <typename... Args>
class Event
{
    public:
        virtual ~Event() = default; // 항상 가상 소멸자로 정의한다.

        // 옵저버를 추가한다. 이 옵저버를 나중에 해제하는 데 사용되는 EventHandle을 리턴한다.
        [[nodiscard]] EventHandle operator+=(function<void(Args...)> observer)
        {
            auto number { ++m_counter };
            m_observers[number] = observer;
            return number;
        }
```

```
        // 주어진 핸들이 가리키는 옵저버의 등록을 해제한다.
        Event& operator-=(EventHandle handle)
        {
            m_observers.erase(handle);
            return *this;
        }

        // 이벤트를 발생시킨다. 현재 등록된 모든 객체에 알림을 보낸다.
        void raise(Args... args)
        {
            for (auto& observer : m_observers) { (observer.second)(args...); }
        }
    private:
        size_t m_counter { 0 };
        map<EventHandle, function<void(Args...)>> m_observers;
};
```

옵저버가 등록할 이벤트를 노출시키려는 객체는 가변 인수 클래스 템플릿인 Event의 인스턴스를 노출시키기만 하면 된다. Event 인스턴스가 가변 인수 클래스 템플릿으로 만든 덕분에 임의 개수의 매개변수로 생성할 수 있다. 그러므로 옵저버블 객체는 관련된 정보를 마음껏 옵저버에 전달할 수 있다. 예를 들면 다음과 같다.

```
class ObservableSubject
{
    public:
        auto& getEventDataModified() { return m_eventDataModified; }
        auto& getEventDataDeleted() { return m_eventDataDeleted; }

        void modifyData()
        {
            // ...
            getEventDataModified().raise(1, 2.3);
        }

        void deleteData()
        {
            // ...
            getEventDataDeleted().raise();
        }
    private:
        Event<int, double> m_eventDataModified;
```

```
        Event<> m_eventDataDeleted;
};
```

33.7.3 옵저버 사용 방법

앞에서 만든 옵저버 패턴을 사용하는 방법을 살펴보자. 수정 이벤트를 처리하는 글로벌 함수인 modified( )가 다음과 같이 정의되어 있다고 하자.

```
void modified(int, double) { cout << "modified" << endl; }
```

그리고 수정 이벤트를 처리할 수 있는 Observer 클래스도 다음과 같이 정의되어 있다고 하자.

```
class Observer
{
    public:
        Observer(ObservableSubject& subject) : m_subject { subject }
        {
            m_subjectModifiedHandle = m_subject.getEventDataModified() +=
                [this](int i, double d) { onSubjectModified(i, d); };
        }

        virtual ~Observer()
        {
            m_subject.getEventDataModified() -= m_subjectModifiedHandle;
        }
    private:
        void onSubjectModified(int, double)
        {
            cout << "Observer::onSubjectModified()" << endl;
        }
        ObservableSubject& m_subject;
        EventHandle m_subjectModifiedHandle;
};
```

그리고 나서 ObservableSubject 인스턴스를 만들어서 옵저버 몇 개를 등록해보자.

```
ObservableSubject subject;

auto handleModified { subject.getEventDataModified() += modified };
```

```
auto handleDeleted {
    subject.getEventDataDeleted() += [] { cout << "deleted" << endl; } };
Observer observer { subject };

subject.modifyData();
subject.deleteData();

cout << endl;

subject.getEventDataModified() -= handleModified;
subject.modifyData();
subject.deleteData();
```

그러면 다음과 같은 결과를 볼 수 있다.

```
modified
Observer::onSubjectModified()
deleted

Observer::onSubjectModified()
deleted
```

33.8 데코레이터 패턴

데코레이터 패턴decorator pattern은 영어 단어 'decoration'의 뜻 그대로 객체를 꾸미는 역할을 한다. 종종 **래퍼**wrapper라고도 부른다. 이 패턴은 객체의 동작을 실행 시간에 추가하거나 변경하는 데 사용된다. 데코레이터는 파생 클래스와 상당히 비슷하지만 그 효과가 일시적이라는 점이 다르다. 반면 데코레이터는 동작을 변경할 수 있는 방법이 파생 클래스에 비해 적다. 예를 들어 데코레이터는 특정한 헬퍼 메서드를 오버라이드할 수 없다. 반면 필요한 부분을 매번 파생 클래스로 만들지 않고 쉽게 구현할 수 있다.

예를 들어 이미지에 대한 데이터 스트림을 파싱할 때 스트림 객체를 잠시 이미지 파싱 기능을 갖춘 ImageStream이라는 객체로 변경할 수 있다. ImageStream의 생성자는 스트림 객체를 매개변수로 받도록 구성되었다고 가정한다. 이미지 파싱이 끝나면 다시 원본 객체로 돌아가서 나머지 스트림 작업을 계속해서 진행한다. 여기서 ImageStream이 바로 데코레이터다. 이미지 파싱이라는 새로운 기능을 기존 객체(스트림)에 잠시 추가하기 때문이다.

33.8.1 예제: 웹 페이지 스타일 정의

잘 알고 있듯이 웹 페이지는 HTML[HyperText Markup Language]이라는 텍스트 기반 구조체로 표현한다. HTML에서 굵게 표시하는 <B>와 </B>, 이탤릭체로 표시하는 <I>와 </I> 같은 스타일 관련 태그를 이용하면 태그 사이에 들어 있는 텍스트에 해당 스타일을 적용할 수 있다. 예를 들어 다음과 같이 HTML을 작성하면 메시지를 굵게 표시할 수 있다.

```
<B>A party? For me? Thanks!</B>
```

다음 문장은 메시지를 굵게 표시하는 동시에 이탤릭체로 표시한다.

```
<I><B>A party? For me? Thanks!</B></I>
```

또한 HTML에서는 단락[paragraph]을 <P>와 </P> 태그로 감싼다. 예를 들면 다음과 같다.

```
<P>This is a paragraph.</P>
```

HTML 편집기를 만든다고 생각해보자. 사용자가 여러 문단으로 구성된 텍스트를 입력해서 각 문단마다 다양한 스타일을 적용하게 구현하려고 한다. 이때 [그림 33-7]처럼 각 문단마다 파생 클래스를 따로 정의할 수도 있다. 하지만 이렇게 하면 설계가 복잡해지고 스타일이 추가될 때마다 코드의 양도 늘어나게 된다.

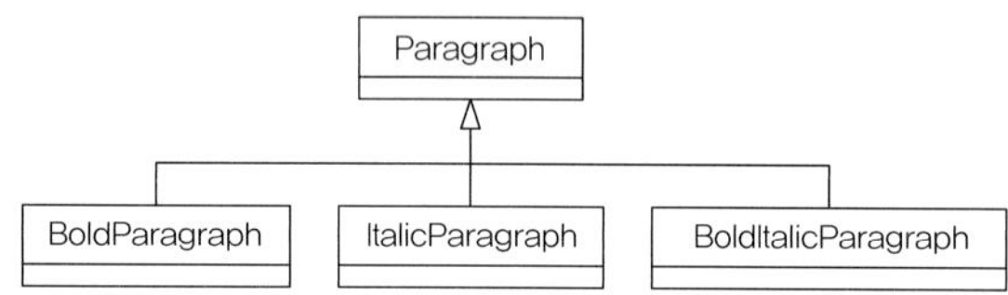

그림 33-7

이럴 때는 스타일이 있는 문단을 별도의 타입으로 정의하지 말고, 데코레이션을 적용하는 것이 좋다. 그러면 [그림 33-8]처럼 구성할 수 있다. 여기서 `ItalicParagraph`는 `BoldParagraph`에 적용되고, `BoldParagraph`는 다시 `Paragraph`에 적용된다. 이렇게 재귀적으로 객체를 데코레이션하면 HTML 코드에서 태그를 중첩하듯이 C++에서도 스타일을 중첩하는 방식으로 작성할 수 있다.

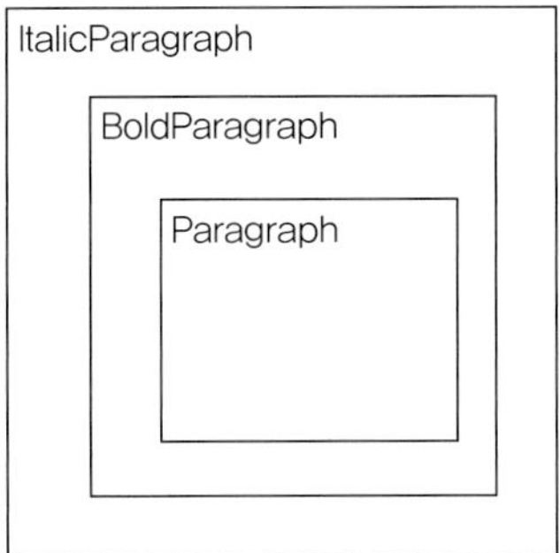

그림 33-8

33.8.2 데코레이터 구현 방법

먼저 IParagraph 인터페이스부터 정의한다.

```
class IParagraph
{
    public:
        virtual ~IParagraph() = default; // 항상 가상 소멸자로 선언한다.
        virtual std::string getHTML() const = 0;
};
```

Paragraph 클래스는 IParagraph 인터페이스를 구현한다.

```
class Paragraph : public IParagraph
{
    public:
        Paragraph(std::string text) : m_text { std::move(text) } {}
        std::string getHTML() const override { return "<P>" + m_text + "</P>"; }
    private:
        std::string m_text;
};
```

Paragraph에 스타일을 적용하려면 IParagraph 인터페이스를 구현하면서 원하는 스타일을 정의한 클래스가 있어야 한다. 이러한 스타일 클래스는 기존 IParagraph로부터 생성할 수 있다. 이런 식으로 Paragraph나 스타일이 적용된 IParagraph를 데코레이션할 수 있다. BoldParagraph 클래스는 IParagraph를 상속해서 getHTML() 메서드를 구현한다. 그런데

BoldParagraph를 데코레이터로만 사용하기 때문에 public과 비복제 방식으로 선언한 생성자가 IParagraph에 대한 const 레퍼런스 하나만 받도록 정의한다.

```
class BoldParagraph : public IParagraph
{
    public:
        BoldParagraph(const IParagraph& paragraph) : m_wrapped { paragraph } {}

        std::string getHTML() const override {
            return "<B>" + m_wrapped.getHTML() + "</B>"; }
    private:
        const IParagraph& m_wrapped;
};
```

ItalicParagraph 클래스의 구현 코드도 거의 같다.

```
class ItalicParagraph : public IParagraph
{
    public:
        ItalicParagraph(const IParagraph& paragraph) : m_wrapped { paragraph } {}

        std::string getHTML() const override {
            return "<I>" + m_wrapped.getHTML() + "</I>"; }
    private:
        const IParagraph& m_wrapped;
};
```

33.8.3 데코레이터 사용 방법

데코레이터 패턴은 사용자 입장에서 상당히 매력적이다. 적용 방법과 적용 후의 코드가 깔끔하기 때문이다. 데코레이터를 적용했다는 사실을 사용자가 굳이 알 필요는 없다. BoldParagraph는 Paragraph인 것처럼 작동한다.

예를 들어 문단을 생성해서 한 번은 굵게 표시하고, 그다음에는 굵고 이탤릭체로 표시하려면 다음과 같이 작성한다.

```
Paragraph p { "A party? For me? Thanks!" };
// 굵게
std::cout << BoldParagraph{p}.getHTML() << std::endl;
// 굵고 이탤릭체로
std::cout << ItalicParagraph{BoldParagraph{p}}.getHTML() << std::endl;
```

이 코드를 실행한 결과는 다음과 같다.

```
<B><P>A party? For me? Thanks!</P></B>
<I><B><P>A party? For me? Thanks!</P></B></I>
```

33.9 책임 사슬 패턴

책임 사슬 패턴chain of responsibility pattern은 특정한 동작을 여러 객체에 엮여서 처리할 때 사용한다. 이 기법은 다형성을 활용하여 가장 구체적인 클래스가 먼저 호출되어서 작업을 직접 처리하거나 이를 부모에게 전달하도록 구성한다. 호출을 전달받은 부모도 똑같은 과정을 거친다. 직접 처리하거나 다시 부모로 전달한다. 이러한 책임 사슬은 클래스 계층에 맞게 구성하지만 반드시 그렇게 구현하라는 법은 없다.

책임 사슬 패턴은 주로 이벤트 핸들러를 구현할 때 사용한다. 최신 애플리케이션, 그중에서도 특히 GUI 기반 애플리케이션은 여러 가지 이벤트에 대해 반응하는 방식으로 설계한다. 예를 들어 사용자가 '파일' 메뉴를 클릭한 뒤 '열기' 메뉴를 선택했다면 열기open 이벤트가 발생한다. 그림판과 같은 프로그램에서 그리기 영역 위에서 마우스를 움직이면 마우스 이동mouse move 이벤트가 끊임없이 발생한다. 사용자가 마우스 버튼을 누르면 마우스 클릭mouse down 이벤트가 발생한다. 그러면 프로그램은 마우스 버튼을 누르는 이벤트를 보고 그 버튼을 놓을 때까지 사용자가 원하는 대로 그릴 수 있게 해준다. 이러한 이벤트의 이름은 OS마다 다르지만 기본 동작은 비슷하다. 이벤트가 발생하면 그 사실이 프로그램에 전달되고, 프로그램은 적절한 동작을 수행한다.

잘 알고 있겠지만 C++는 GUI 프로그래밍에 관련된 기능을 직접 제공하지 않는다. 또한 이벤트란 개념뿐만 아니라 이벤트 전송, 이벤트 처리란 개념도 없다. 그러므로 다양한 이벤트를 여러 가지 객체로 처리하도록 구현하는 데 책임 사슬이 적합하다.

33.9.1 예제: 이벤트 처리

그림판 프로그램을 만드는 예를 살펴보자. 사용자는 애플리케이션 윈도우 위에서 마우스 버튼을 클릭하면 애플리케이션은 사용자가 도형 부분을 클릭했는지 확인한다. 만약 그렇다면 마우스 다운 이벤트를 처리한다. 만약 이 이벤트를 처리할 필요가 없다고 판단되면 윈도우에 이벤트를 전달한다. 이런 식으로 이벤트는 사슬을 타고 올라간다. 이 이벤트를 전달받은 윈도우 역시 관심 없다면 이벤트 사슬의 최종 목적지인 애플리케이션으로 전달해서 처리한다. 이처럼 각 핸들러마다 주어진 이벤트를 처리하거나 다음 핸들러로 넘기도록 일종의 사슬처럼 연결되어 있어서 **책임 사슬**chain of responsibility이라고 부른다.

33.9.2 책임 사슬 구현 방법

먼저 발생 가능한 이벤트가 모두 다음과 같이 enum class에 정의되어 있다고 하자.

```
enum class Event {
    LeftMouseButtonDown,
    LeftMouseButtonUp,
    RightMouseButtonDown,
    RightMouseButtonUp
};
```

다음으로 Handler라는 믹스인 클래스를 정의한다.

```
class Handler
{
    public:
        virtual ~Handler() = default;
        explicit Handler(Handler* nextHandler) : m_nextHandler { nextHandler } { }

        virtual void handleMessage(Event message)
        {
            if (m_nextHandler) { m_nextHandler->handleMessage(message); }
        }
    private:
        Handler* m_nextHandler;
};
```

다음으로 Application, Window, Shape 클래스에 대해 핸들러를 구체적으로 구현한다. 세 클래스 모두 Handler 클래스를 상속한다. 이 예제에서 Application은 RightMouseButtonDown 메시지만 처리하고, Window는 LeftMouseButtonUp 메시지만 처리하고, Shape는 LeftMouseButtonDown 메시지만 처리한다. 주어진 메시지를 현재 핸들러가 처리할 수 없으면 사슬상의 다음번 핸들러를 호출한다.

```
class Application : public Handler
{
    public:
        explicit Application(Handler* nextHandler) : Handler { nextHandler } { }

        void handleMessage(Event message) override
        {
            cout << "Application::handleMessage()" << endl;
            if (message == Event::RightMouseButtonDown) {
                cout << " Handling message RightMouseButtonDown" << endl;
            } else { Handler::handleMessage(message); }
        }
};

class Window : public Handler
{
    public:
        explicit Window(Handler* nextHandler) : Handler { nextHandler } { }

        void handleMessage(Event message) override
        {
            cout << "Window::handleMessage()" << endl;
            if (message == Event::LeftMouseButtonUp) {
                cout << " Handling message LeftMouseButtonUp" << endl;
            } else { Handler::handleMessage(message); }
        }
};

class Shape : public Handler
{
    public:
        explicit Shape(Handler* nextHandler) : Handler { nextHandler } { }

        void handleMessage(Event message) override
        {
            cout << "Shape::handleMessage()" << endl;
            if (message == Event::LeftMouseButtonDown) {
```

```
            cout << " Handling message LeftMouseButtonDown" << endl;
        } else { Handler::handleMessage(message); }
    }
};
```

33.9.3 책임 사슬 사용 방법

이렇게 만든 책임 사슬 예제를 테스트해보자.

```
Application application { nullptr };
Window window { &application };
Shape shape { &window };

shape.handleMessage(Event::LeftMouseButtonDown);
cout << endl;

shape.handleMessage(Event::LeftMouseButtonUp);
cout << endl;

shape.handleMessage(Event::RightMouseButtonDown);
cout << endl;

shape.handleMessage(Event::RightMouseButtonUp);
```

실행 결과는 다음과 같다.

```
Shape::handleMessage()
    Handling message LeftMouseButtonDown

Shape::handleMessage()
Window::handleMessage()
    Handling message LeftMouseButtonUp

Shape::handleMessage()
Window::handleMessage()
Application::handleMessage()
    Handling message RightMouseButtonDown

Shape::handleMessage()
Window::handleMessage()
Application::handleMessage()
```

물론 실전에서는 이벤트를 적절한 객체에 **전달**dispatch하는 역할을 하는 클래스가 따로 있어야 한다. 이 부분은 프레임워크나 플랫폼마다 다르기 때문에 여기에서는 마우스 버튼을 누르는 이벤트를 처리하는 부분을 플랫폼에 종속적인 C++ 코드 대신 의사 코드로 표현했다.

```
MouseLocation location { getMouseLocation() };
Shape* clickedShape { findShapeAtLocation(location) };
if (clickedShape) {
    clickedShape->handleMessage(Event::LeftMouseButtonDown);
} else {
    window.handleMessage(Event::LeftMouseButtonDown);
}
```

책임 사슬 패턴으로 구현하면 객체지향 계층 구조에 잘 맞아 떨어지면서도 굉장히 유연하게 코드를 구성할 수 있다. 이 패턴의 단점은 프로그래머가 할 일이 많다는 것이다. 파생 클래스에서 베이스 클래스 방향으로 이벤트를 전달하는 부분을 실수로 빼먹으면 이벤트가 중간에 사라져버린다. 더 심각한 문제는 엉뚱한 클래스에 전달해서 무한 루프에 빠져버릴 수 있다.

33.10 싱글턴 패턴

싱글턴 패턴singleton pattern은 디자인 패턴 중에서도 가장 간단하다. **싱글턴**singleton이란 단어는 '어떤 개체 하나'를 의미한다. 프로그래밍에서도 뜻은 같다. 싱글턴 패턴은 프로그램에서 클래스의 인스턴스가 딱 하나만 존재한다는 것을 표현한다. 클래스에 싱글턴 패턴을 적용하면 그 클래스의 인스턴스를 한 개만 만들 수 있다. 싱글턴 패턴은 객체 하나를 프로그램 전체에서 전역적으로 접근할 수 있다는 것도 표현한다. 싱글턴 패턴으로 구현한 클래스를 흔히 **싱글턴 클래스**singleton class라 부른다.

프로그램을 구현할 때 클래스의 인스턴스가 단 하나만 존재하게 만들려면 싱글턴 패턴을 적용하면 된다.

그런데 싱글턴 패턴에서 몇 가지 주의할 점이 있다. 싱글턴이 여러 개라면 프로그램을 구동할 때 원하는 순서로 초기화하도록 보장하기 힘들다. 또한 프로그램을 종료할 때도 싱글턴이 반드시 있도록 보장하는 것도 힘들다. 무엇보다도 싱글턴 클래스는 의존 관계를 가리기 때문에 결합도가 높아지고(타이트 커플링tight coupling) 단위 테스트가 복잡해진다. 예를 들어 단위 테스트를 수행할 때 네트워크나 데이터베이스에 접속하는 싱글턴의 스텁 버전stub version을 만들어야 하는데(30장 참조), 현재 싱글턴 구현의 특성상 그렇게 하기 힘들다. 이럴 때는 **의존성 주입 패턴**dependency injection pattern이 오히려 적합할 수 있다. 의존성 주입 패턴을 이용하면 프로그램에서 제공하는 서비스마다 인터페이스를 따로 만들어서 컴포넌트에 필요한 인터페이스를 해당 컴포넌트에 주입할 수 있다. 이처럼 스텁 버전(모킹mocking)을 만들면 나중에 여러 인스턴스를 도입하기도 쉽고, 싱글턴 생성 과정을 복잡하게 구성할 수도 있다. 그럼에도 불구하고 싱글턴 패턴은 접할 기회가 많기 때문에 여기서 자세히 살펴본다.

> **CAUTION_** 새로 만들 코드에서는 싱글턴 패턴을 적용하지 않는다. 여러 가지 문제를 발생시킬 수 있기 때문이다. 그 대신 의존성 주입과 같은 다른 패턴을 사용하기 바란다.

33.10.1 예제: 로깅 메커니즘

많은 애플리케이션에서는 상태 정보, 디버깅 데이터, 특정한 지점에서 발생한 에러를 기록하는 클래스인 로거logger를 사용하는 경우가 많다. 이러한 로거 클래스는 다음과 같은 점에서 싱글턴으로 구현하는 것이 좋다.

- 언제 어디서나 사용할 수 있어야 한다.
- 사용하기 쉬워야 한다.
- 인스턴스가 하나뿐이다.

싱글턴 패턴은 이러한 요구사항을 달성하기 위해 사용할 수 있다. 하지만 앞에서 말했듯이 새로 작성하는 코드에서는 싱글턴을 적용하지 않는 것이 좋다.

33.10.2 싱글턴 구현 방법

C++로 싱글턴을 구현하는 방법은 두 가지다. 하나는 `static` 메서드만 가지는 클래스로 구현하는 것이다. 이렇게 구현한 클래스는 인스턴스를 만들 수 없고 어디서나 사용할 수 있다. 하지만 생성과 삭제 기능이 부족하다는 단점이 있다. 하지만 `static` 메서드로만 구성된 클래스는 엄밀히 말해서 **싱글턴이 아니라 static 클래스**다. **싱글턴**이란 클래스의 인스턴스가 하나만 있다는 뜻이다. 메서드가 모두 `static`이고 근본적으로 인스턴스를 만들 수 없다면 싱글턴이란 표현이 맞지 않다. 따라서 이 절에서는 `static` 클래스에 대한 설명은 하지 않는다.

두 번째 구현 방법은 접근 제어 메커니즘을 이용하여 클래스의 인스턴스를 하나만 생성하고 접근하게 만드는 것이다. 이는 싱글턴의 의미를 제대로 살린 방식이므로 간단한 Logger 클래스 예제와 함께 자세히 살펴본다. 참고로 여기서 제공하는 기능은 앞에서 본 의존성 주입 Logger와 비슷하다.

C++로 싱글턴을 제대로 구현하려면 접근 제어 메커니즘뿐만 아니라 static 키워드를 활용해야 한다. Logger 객체는 실행 시간에 생성되며 Logger 클래스는 객체를 단 하나만 생성해야 한다. Logger 클래스의 클라이언트는 언제든지 static 메서드인 instance()를 호출해서 Logger 객체를 얻는다. Logger 클래스 정의 코드는 다음과 같다.

```
export class Logger final
{
    public:
        enum class LogLevel {
            Error,
            Info,
            Debug
        };

        // 로그 파일 이름을 설정한다.
        // 참고로 instance()를 최초로 호출하기 전에 먼저 호출해야 한다.
        static void setLogFilename(std::string_view logFilename);

        // 싱글턴 Logger 객체에 대한 레퍼런스를 리턴한다.
        static Logger& instance();

        // 복제와 이동 생성을 막는다.
        Logger(const Logger&) = delete;
        Logger(Logger&&) = delete;

        // 복제 대입과 이동 대입 연산을 막는다.
        Logger& operator=(const Logger&) = delete;
        Logger& operator=(Logger&&) = delete;

        // 로그 수준을 설정한다.
        void setLogLevel(LogLevel level);

        // 스트링으로 표현된 메시지 하나를 일시 지정된 로그 수준으로 남긴다.
        void log(std::string_view message, LogLevel logLevel);
```

```
private:
    // private 생성자와 소멸자
    Logger();
    ~Logger();

    // 로그 수준을 사람이 읽을 수 있는 스트링 형태로 변환한다.
    std::string_view getLogLevelString(LogLevel level) const;

    static std::string ms_logFilename;
    std::ofstream m_outputStream;
    LogLevel m_logLevel { LogLevel::Error };
};
```

여기에서는 스콧 메이어Scott Meyer가 제시한 싱글턴 패턴 방식에 따라 구현한다. 다시 말해 instance() 메서드 안에 Logger 클래스의 로컬 static 인스턴스를 둔다. C++는 이렇게 로컬에 둔 static 인스턴스가 스레드에 안전하게 초기화되도록 보장해준다. 이렇게 구현하면 스레드 동기화 메커니즘을 따로 구현하지 않아도 된다. 이를 흔히 **매직 스태틱**magic static이라 부른다. 단, 초기화할 때만 스레드에 안전하다는 점에 주의한다. Logger 클래스의 메서드를 여러 스레드가 호출할 때는 각 메서드를 스레드에 안전하게 구현해야 한다. 클래스를 스레드에 안전하게 구현하기 위한 동기화 메커니즘은 27장에서 자세히 설명했다.

Logger 클래스를 구현하는 방법은 간단하다. 로그 파일을 열고 지정된 로그 수준에 따라 로그 메시지들을 파일에 쓰면 된다. 생성자와 소멸자는 instance() 메서드에 있는 Logger 클래스의 static 인스턴스가 생성되고 소멸될 때 자동으로 호출된다. 생성자와 소멸자를 private으로 지정했기 때문에 외부에서 Logger 인스턴스를 생성하거나 제거할 수 없다.

setLogFilename()과 instance() 그리고 생성자의 구현 코드는 다음과 같다. 나머지 메서드는 의존성 주입 로거 예제와 같다.

```
void Logger::setLogFilename(string_view logFilename)
{
    ms_logFilename = logFilename.data();
}

Logger& Logger::instance()
{
    static Logger instance; // 매직 스태틱
    return instance;
}
```

```
Logger::Logger()
{
    m_outputStream.open(ms_logFileName, ios_base::app);
    if (!m_outputStream.good()) {
        throw runtime_error { "Unable to initialize the Logger!" };
    }
}
```

33.10.3 싱글턴 사용 방법

싱글턴으로 정의한 Logger 클래스를 사용하는 코드는 다음과 같다.

```
// instance()를 처음 호출하기 전에 먼저 로그 파일명부터 설정한다.
Logger::setLogFilename("log.out");
// 로그 수준을 디버그(Debug)로 설정한다.
Logger::instance().setLogLevel(Logger::LogLevel::Debug);
// 로그 메시지를 남긴다.
Logger::instance().log("test message", Logger::LogLevel::Debug);
// 로그 수준을 에러(Error)로 변경한다.
Logger::instance().setLogLevel(Logger::LogLevel::Error);
// 여기서부터 로그 수준이 Error로 바뀌므로
// Debug 수준으로 지정된 메시지는 무시한다.
Logger::instance().log("A debug message", Logger::LogLevel::Debug);
```

이 코드를 실행하면 log.out 파일에 다음과 같이 기록된다.

```
DEBUG: test message
Logger shutting down.
```

33.11 정리

이 장에서는 패턴을 적용하면 객체지향 개념을 하이레벨 디자인으로 만들기가 얼마나 쉬운지 살펴봤다. 위키피디아(https://en.wikipedia.org/wiki/Software_design_patterns)를 보면 지금까지 나온 디자인 패턴이 엄청나게 많다는 것을 알 수 있다. 패턴의 다양함에 흥분한 나머지 어느 패턴이 주어진 작업에 맞는지 일일이 확인하는 데 시간을 낭비하기 쉽다. 이렇게 여러 패턴의 차이점을 분석하는 데 집착하지 말고 그중에서 특별히 관심 있는 몇 가지 패턴에만 집중해서 핵심 원리를 터득하기 바란다. 디자인 패턴을 많이 알면 주어진 작업을 쉽게 처리할 수 있지만, 디자인 패턴을 만들 줄 알면 모든 작업을 쉽게 처리할 수 있기 때문이다.

33.12 연습 문제

이 장에서 소개한 내용을 직접 써보기 위해 다음 연습 문제를 풀어보자. 연습 문제에 대한 정답은 이 책의 웹사이트(`www.wiley.com/go/proc++5e`)에서 다운로드할 수 있다. 문제를 풀다가 막히면 정답부터 찾지 말고 먼저 앞에서 설명한 부분을 다시 읽고 직접 답을 찾아보려고 애쓰기 바란다.

연습 문제 33-1 이 장에서 다양한 패턴을 소개했지만 그보다 많은 패턴이 존재한다. 그중 하나가 **명령 패턴**command pattern이다. 이 패턴은 객체에 대한 연산을 캡슐화한다. 대표적인 유스케이스는 실행 불가능한 연산을 구현하는 것이다. 부록 B에 나온 패턴 관련 참고 문헌이나 위키피디아(`https://en.wikipedia.org/wiki/Software_design_patterns`)에서 커맨드 패턴을 조사해보자.

연습 문제 33-2 **전략 패턴**strategy pattern도 자주 사용한다. 이 패턴은 실행 중에 서로 교체 가능한 알고리즘을 정의한다. 이 패턴에 대해서도 자세히 찾아보자.

연습 문제 33-3 **프로토타입 패턴**prototype pattern은 생성될 객체 타입을 프로토타입 인스턴스로부터 결정되게 만든다. 프로토타입 인스턴스는 일반적으로 레지스트리 같은 곳에 등록한다. 그러면 클라이언트는 이 레지스트리에서 원하는 객체에 대한 프로토타입을 조회하고 나중에 사용하기 위해 클론(복제)을 만든다. 이 패턴에 대해서도 자세히 알아보자.

연습 문제 33-4 **중재자 패턴**mediator pattern은 여러 객체 사이의 상호 작용을 제어하는 용도로 사용된다. 연동되는 서브시스템 사이의 결합도를 낮추는 장점이 있다. 이 패턴에 대해서도 자세히 알아보자.

CHAPTER 34

크로스 플랫폼과 크로스 언어 애플리케이션 개발 방법

이 장의 내용

- 여러 플랫폼에서 실행할 수 있게 코드를 작성하는 방법
- 여러 프로그래밍 언어로 코드를 작성하는 방법

C++ 프로그램은 다양한 컴퓨팅 플랫폼에 맞게 컴파일해서 실행할 수 있으며, 언어의 정의도 한 프로그램을 여러 플랫폼에서 거의 똑같이 사용할 수 있도록 만들었다. 이렇게 언어 차원에서 표준화되었음에도 불구하고 실전에서 프로그램을 작성하다 보면 플랫폼마다 차이점이 드러나기 마련이다. 대상 플랫폼이 고정되더라도 컴파일러마다 다른 점으로 인해 작업이 굉장히 힘들어질 수 있다. 이 장에서는 여러 플랫폼과 여러 프로그래밍 언어를 사용하는 환경에서 C++ 프로그래밍을 하는 데 발생할 수 있는 이슈를 소개한다.

이 장 전반부는 C++ 프로그래머가 흔히 접하는 플랫폼 관련 이슈를 살펴본다. **플랫폼**platform 이란 개발 시스템 또는 런타임 시스템을 구성하는 모든 요소를 한데 묶은 것을 말한다. 예를 들어 인텔 코어 i7 프로세서가 장착된 머신에 윈도우 10을 설치한 환경에서 마이크로소프트 비주얼 C++ 2019 컴파일러로 개발하는 플랫폼이 있다. 또는 파워PC 프로세서가 장착된 리눅스 머신에서 GCC 10.1 컴파일러로 개발하는 플랫폼도 있다. 둘 다 C++ 프로그램을 컴파일해서 실행할 수 있지만 조금씩 차이가 있다.

이 장 후반부는 C++와 다른 프로그래밍 언어를 함께 사용하는 방법을 소개한다. C++는 제네릭 프로그래밍 언어지만 만능은 아니다. C++는 원하는 기능에 보다 적합한 언어로 작성한 코드와 함께 연동할 수 있는 메커니즘을 다양하게 제공한다.

34.1 크로스 플랫폼 개발

C++ 언어에서 플랫폼 이슈가 발생하는 데는 여러 가지 이유가 있다. C++는 하이레벨 언어라서 표준에 로우레벨 사항이 명시되지 않은 경우가 있다. 예를 들어 표준에는 객체를 메모리에 나열하는 방식에 대한 정의가 없어서 컴파일러마다 객체에 대한 메모리 레이아웃 처리 방식이 다르다. 또한 C++는 구현 방식에 대한 표준이 없는 상태에서 표준 언어와 표준 라이브러리를 제공해야 하는 부담이 있다. C++ 컴파일러와 라이브러리마다 표준을 해석하는 방식이 달라서 특정 시스템에 대해 개발된 코드를 다른 시스템에 그대로 적용하기 힘들 때가 있다. 마지막으로 C++는 기능을 표준에 포함시키는 데 보수적이다. 그러므로 C++나 표준 라이브러리에서 제공하지 않은 기능이 필요할 때가 종종 있다. 이러한 기능은 주로 서드파티 라이브러리나 플랫폼에서 제공하는 기능으로 처리하지만 종류와 형태가 제각각이다.

34.1.1 아키텍처 이슈

아키텍처architecture란 일반적으로 프로그램이 실행될 프로세서를 가리킨다. 윈도우나 리눅스를 구동하는 표준 PC는 대부분 x86이나 x64 아키텍처를 따른다. 일부 구형 맥OS 중에는 파워 PC 아키텍처를 따르는 것도 있다. C++는 하이레벨 언어이기 때문에 이러한 아키텍처 사이의 차이점을 가려준다. 예를 들어 코어 i7 프로세서에서 인스트럭션 하나로 처리하는 기능을 파워 PC에서는 여섯 개의 인스트럭션으로 처리할 수도 있다. C++ 프로그래머는 이러한 차이점에 대해 신경 쓸 필요가 없다. C++와 같은 하이레벨 언어의 장점 중 하나는 각 프로세서에 맞는 어셈블리 코드로 변환하는 작업을 컴파일러가 해준다는 것이다.

하지만 간혹 이러한 프로세서의 차이점이 C++ 코드 수준에 드러날 때가 있다. 대표적인 예로 정수의 크기가 있다. 다른 차이점들은 로우레벨 작업을 하지 않으면 보기 힘들지만, 이러한 점을 항상 염두에 둘 필요는 있다.

1 정수 크기

C++ 표준에서는 정수 타입의 크기를 정확히 정의하지 않고 그냥 다음과 같이 설명하고 있다.

> 부호 있는 정수에 대한 표준 타입은 `signed char`, `short int`, `int`, `long int`, `long long int`와 같은 다섯 가지가 있다. 각 타입이 차지하는 공간은 목록에서 앞서 나온 타입의 공간보다 작지 않아야 한다.

이 외에도 이 타입의 크기에 대한 몇 가지 힌트가 더 있지만 정확한 크기에 대한 언급은 없다. 실제 크기는 컴파일러마다 다르다. 따라서 크로스 플랫폼을 지원하도록 코드를 작성하려면 이 타입을 사용할 때 주의해야 한다. 이 장의 끝에 있는 연습 문제 중 하나는 이 문제를 추가로 조사할 것을 요청한다.

C++ 표준은 앞에서 본 표준 정수 타입 외에도 다른 타입의 크기를 `<cstdint>` 헤더 파일에서 구체적으로 정의하고 있다.

타입	설명

`int8_t`
`int16_t`
`int32_t`
`int64_t`
	크기가 정확히 8, 16, 32, 64비트인 부호 있는 정수. 이 타입은 대부분의 컴파일러에서 지원되긴 하지만 표준에는 선택사항(옵션)으로 정의되어 있다.

`int_fast8_t`
`int_fast16_t`
`int_fast32_t`
`int_fast64_t`
	크기가 최소 8, 16, 32, 64비트인 부호 있는 정수. 컴파일러는 이러한 요구사항을 만족하는 것 중에서 반드시 가장 빠른 정수 타입을 사용해야 한다.

타입	설명
int_least8_t int_least16_t int_least32_t int_least64_t	크기가 최소 8, 16, 32, 64비트인 부호 있는 정수. 컴파일러는 이러한 요구사항을 만족하는 것 중에서 반드시가장 작은 정수 타입을 사용해야 한다.
intmax_t	컴파일러에서 지원하는 정수 중에서 크기가 가장 큰 것
intptr_t	포인터를 저장하는 데 충분한 크기의 정수 타입. 이 타입도 표준에서 선택사항으로 정해두었지만 대다수의 컴파일러가 지원한다.

uint8_t, uint_fast8_t와 같이 부호 없는 버전도 지원한다.

NOTE_ 크로스 플랫폼을 지원하도록 코드를 작성하려면 기본 정수 타입 대신 `<cstdint>`에 정의된 타입을 사용하는 것이 좋다.

2 바이너리 호환성

이미 알고 있겠지만 코어 i7 프로세서에 맞게 작성해서 컴파일한 프로그램을 파워PC 기반 맥에서 그대로 실행할 수 없다. 두 프로세서는 서로 인스트럭션이 다르기 때문에 바이너리가 호환되지 않는다. C++ 소스 코드를 컴파일하면 해당 머신에서 실행할 수 있는 바이너리 인스트럭션으로 변환된다. 이때 적용되는 바이너리 포맷은 C++ 언어가 아닌 플랫폼에 따라 결정된다.

바이너리 수준의 호환성을 보장하지 않는 플랫폼을 지원하기 위한 한 가지 방법은 원하는 플랫폼 종류마다 바이너리를 따로 만드는 것이다.

또 다른 방법은 **크로스컴파일**cross-compile하는 것이다. 예를 들어 플랫폼 X에서 플랫폼 Y와 Z에서 실행할 수 있는 프로그램을 개발하려면 플랫폼 X에서 크로스컴파일해서 플랫폼 Y와 Z에 맞는 바이너리 코드로 생성하면 된다.

프로그램을 **오픈소스**open source로 만드는 방법도 있다. 최종 사용자에게 소스 코드를 제공하면 사용자는 자신의 시스템에 맞게 컴파일해서 실행할 수 있다. 4장에서 설명했듯이 오픈소스 소프트웨어는 갈수록 늘고 있다. 이렇게 하는 주요 이유 중 하나는 프로그래머들이 소프트웨어를 함께 개발할 수 있을 뿐만 아니라 프로그램을 실행할 환경도 늘릴 수 있기 때문이다.

3 주소 크기

아키텍처가 32비트란 말은 **주소 크기**가 32비트(4바이트)란 뜻이다. 일반적으로 주소 크기가 큰 시스템은 다룰 수 있는 메모리 단위가 커서 복잡한 연산을 빠르게 처리할 수 있다.

포인터는 메모리 주소이기 때문에 메모리 크기와 밀접한 관계가 있다. 포인터는 무조건 4바이트라고 잘못 알고 있는 프로그래머가 상당히 많다. 다음 코드를 실행시켜보면 포인터의 크기를 화면에 출력할 수 있다.

```
int *ptr { nullptr };
cout << "ptr size is " << sizeof(ptr) << " bytes" << endl;
```

이 코드를 32비트 x86 시스템에서 컴파일해서 실행시켜보면 다음과 같이 출력된다.

```
ptr size is 4 bytes
```

같은 코드를 64비트 시스템에서 컴파일해서 실행시켜 보면 다음과 같이 출력된다.

```
ptr size is 8 bytes
```

포인터 크기가 제각각이기 때문에 반드시 4바이트라고 생각하면 안 된다. 게다가 이러한 크기가 C++ 표준에 정해지지 않은 것도 많다. 표준에서는 short 정수의 크기는 long 정수보다 같거나 작아야 한다고만 알려주고 있다.

포인터 크기가 반드시 정수 크기와 같을 필요는 없다. 예를 들어 64비트 플랫폼에서는 포인터 크기가 64비트인데 정수는 32비트일 수 있다. 64비트 포인터를 32비트 포인터로 변환하면 32비트가 사라져버린다. 표준에서는 <cstdint> 헤더에 std::intptr_t란 정수 타입을 정의하고 있다. 이 타입의 크기는 포인터를 담는 데 충분해야 한다. 이 타입은 선택사항이지만 거의 모든 컴파일러가 지원하고 있다.

CAUTION_ 포인터가 항상 32비트나 4바이트라고 단정하면 안 된다. 또한 std::intptr_t를 사용할 때를 제외한 나머지 경우에는 포인터를 정수로 형변환(캐스팅)하면 절대로 안 된다.

4 바이트 순서

최신 컴퓨터는 숫자를 바이너리 상태로 저장한다. 그런데 같은 숫자라도 플랫폼에 따라 표현 방식이 다를 수 있다. 모순되는 말 같지만 서로 다른 플랫폼에서 숫자를 똑같이 읽게 만드는 두 가지 방법이 있다.

오늘날 대부분의 컴퓨터는 **바이트 주소 지정**이 가능하며, 컴퓨터 메모리의 한 칸은 한 바이트다. 따라서 메모리의 모든 바이트는 고유한 메모리 주소를 가지고 있다. C++에서 숫자를 표현하는 타입은 대체로 여러 바이트로 구성된다. 예를 들어 short는 2바이트를 사용한다. 프로그램에 다음과 같은 문장이 있다고 하자.

```
short myShort { 513 };
```

513이란 수를 이진수로 표현하면 0000 0010 0000 0001이다. 이 숫자는 0이나 1이 16개 나올 수 있는 공간, 즉 16비트를 차지한다. 1바이트는 8비트이므로 이 숫자를 저장하려면 2바이트가 필요하다. 메모리 주소는 1바이트 공간을 가리키기 때문에 이 숫자를 저장하려면 여러 칸으로 나눠야 한다. short가 2바이트인 머신에서는 두 칸에 나눠서 저장한다. 그중 높은 자리 숫자를 차지하는 칸을 **상위 바이트**high-order byte, 낮은 자리 숫자를 차지하는 칸을 **하위 바이트**low-order byte라 부른다.

2바이트를 사용한다는 것은 분명하지만 어느 바이트가 먼저 나오는지는 모호하다. 실제로 아키텍처마다 나열하는 순서가 다르다.

한 가지 방식은 이 숫자의 상위 바이트를 메모리에 먼저 쓰고 그다음에 하위 바이트를 쓰는 것이다. 이를 **빅엔디안**big-endian이라 부른다. 숫자에서 큰 부분이 먼저 나오기 때문이다. 파워PC나 스파크 프로세서가 빅엔디안 방식을 사용한다. x86과 같은 프로세서는 이와 반대로 낮은 바이트를 먼저 쓴다. 이를 **리틀엔디안**little-endian이라 부른다. 숫자에서 작은 부분이 먼저 나오기 때문이다. 아키텍처마다 둘 중 한 가지 방식을 채용하는 데 주로 하위 호환성을 보장하는 방향으로 결정한다. 참고로 '빅엔디안'과 '리틀엔디안'이란 용어는 컴퓨터가 등장하기 수백 년 전에 나온 말이다. 18세기 조나단 스위프트Jonathan Swift가 쓴 소설 『걸리버 여행기』를 보면 달걀을 깰 때 뾰족한 부분과 뭉툭한 부분 중 어느 쪽을 깨야 하는지에 대해 두 진영으로 갈라진 장면에서 이 표현이 처음 등장했다.

현재 플랫폼이 빅엔디안 방식을 사용하든 리틀엔디안을 사용하든 상관없이 프로그램에 나온 숫잣값은 일정하게 표현된다. 바이트 순서가 다른 플랫폼으로 데이터를 전달할 때만 신경 쓰면 된다. 예를 들어 바이너리 데이터를 네트워크를 통해 전달할 때는 다른 시스템에서 사용하는 바이트 순서를 고려해야 한다. 한 가지 방법은 표준 네트워크 바이트 순서인 빅엔디안을 따르는 것이다. 그러므로 바이너리 데이터를 네트워크로 전달하기 전에 빅엔디안으로 변환하고, 네트워크에서 데이터를 받을 때는 빅엔디안으로 된 것을 현재 시스템의 바이트 순서에 맞게 다시 변환하면 된다.

마찬가지로 바이너리 데이터를 파일에 쓸 때도 바이트 순서가 다른 시스템에서 그 파일을 열 경우를 고려해야 한다.

C++20 C++20 표준 라이브러리부터는 std::endian이라는 열거 타입이 추가되었으며 <bit>에 정의되어 있다. 이 타입은 현재 시스템이 빅엔디안인지 아니면 리틀 엔디안인지 알아내는 데 사용된다. 다음 코드는 현재 시스템의 바이트 순서를 출력한다.

```
switch (endian::native)
{
    case endian::little:
        cout << "Native ordering is little-endian." << endl;
        break;
    case endian::big:
        cout << "Native ordering is big-endian." << endl;
        break;
}
```

34.1.2 구현 이슈

C++ 컴파일러를 만드는 개발자는 최대한 C++ 표준을 준수하는 방향으로 설계한다. 아쉽게도 C++ 표준은 수천 페이지나 되며 말로 설명하는 부분, 언어 문법을 정의하는 부분, 예제 코드가 뒤섞여 있다. 같은 표준을 따르더라도 구현하는 사람마다 해석 방식이 다를 수 있다. 그러므로 컴파일러에는 버그가 있기 마련이다.

1 컴파일러마다 특이한 점과 확장한 부분

컴파일러의 버그를 찾거나 방지하는 방법을 일정한 규칙으로 명확하게 표현할 수는 없다. 그나마 할 수 있는 것은 컴파일러를 최대한 자주 업데이트하고, 사용하는 컴파일러에 대한 메일링 리스트나 뉴스그룹에 가입해서 항상 최신 정보에 귀 기울이는 수밖에 없다. 컴파일러에 버그가 있다는 생각이 들면 웹에서 에러 메시지나 에러 발생 상황을 검색해서 해결 방법이나 버그 패치가 있는지 찾는다.

컴파일러에서 문제가 많이 발생하는 부분은 최근에 표준에 추가된 사항에 대한 것이다. 메이저 컴파일러 제조사는 표준에 새로 추가된 기능을 상당히 빠르게 반영하고 있다.

프로그래머에게 명확히 알려주지 않고 컴파일러에서 자체적으로 확장한 기능도 주의해야 한다. 예를 들어 VLA variable-length stack-based array (가변 길이 스택 배열)는 C++가 아닌 C 언어에서 정의한 것이다. 몇몇 컴파일러는 C와 C++ 표준을 모두 지원해서 C++ 코드에 VLA를 사용할 수 있다. 대표적인 예로 g++가 있다. 다음 문장을 g++로 컴파일하면 문제없이 실행된다.

```
int i { 4 };
char myStackArray[i]; // 표준에 정의된 기능이 아니다.
```

컴파일러 자체적으로 확장한 기능이 유용할 때도 있다. 하지만 컴파일러를 바꾸면 예전에 사용했던 확장 기능을 더 이상 사용하지 못하는 경우도 있다. 예를 들어 앞에 나온 코드를 g++로 컴파일할 때 -pedantic 플래그를 지정하면 다음과 같이 경고 메시지가 뜬다.

```
warning: ISO C++ forbids variable length array 'myStackArray' [-Wvla]
```

C++ 표준에서는 #pragma 메커니즘으로 컴파일러에서 자체적으로 언어 기능을 확장하도록 허용하고 있다. #pragma는 컴파일러에서 구체적인 동작을 정의하는 전처리 지시자다. 현재 사용하는 컴파일러가 이 지시자를 처리할 수 없다면 그냥 무시한다. 예를 들어 #pragma 기능에 대한 경고 메시지를 출력하지 않도록 옵션을 제공하는 컴파일러도 있다.

2 라이브러리 구현

컴파일러는 대부분 C++ 표준 라이브러리를 제공한다. 표준 라이브러리도 C++로 작성되었기 때문에 반드시 컴파일러에서 기본으로 제공하는 버전을 사용하지 않아도 된다. 예를 들어 속도에 최적화된 서드파티 표준 라이브러리나 자신이 직접 구현한 표준 라이브러리를 사용해도 된다.

물론 표준 라이브러리를 구현할 때도 컴파일러와 마찬가지로 표준을 해석하는 방식에 차이가 발생한다. 게다가 어떤 것은 여러 가지 요구사항 중에서 특정한 부분에 중점을 둔 것도 있다. 예를 들어 어떤 구현은 속도 최적화에 주력하고, 또 어떤 구현은 컨테이너의 메모리 사용량을 최소화하는 데 주력한다.

서드파티 버전을 포함한 표준 라이브러리를 다룰 때는 라이브러리 개발자가 정한 설계 타협점을 잘 이해할 필요가 있다. 이러한 라이브러리 사용에 관련된 여러 가지 이슈는 4장에서 자세히 설명했다.

3 구현의 차이점에 대처하는 방법

앞 절에서 설명했듯이 컴파일러와 표준 라이브러리 구현마다 동작이 다른 부분이 존재할 수 있다. 특히 크로스 플랫폼 개발 과정에서는 이점을 명심해야 한다. 좀 더 구체적으로 설명하면 개발자는 특정 툴체인을 고수하는 성향이 강하다. 즉, 컴파일러 하나와 표준 라이브러리 하나만 사용한다. 그러므로 자신이 작성한 코드를 다른 툴체인으로 돌려보는 일이 드물다. 이를 해결하는 방법이 있다. 바로 **지속적인 통합**continuous integration과 **자동 테스트**automated testing다.

지속적인 통합 환경은 코드가 변경되면 이를 지원하는 모든 툴체인에서 자동으로 빌드한다. 어느 한 툴체인에서 빌드에 실패하면 어느 부분에 문제가 있는지 즉시 발견할 수 있다.

하지만 모든 소스 파일과 컴파일러 스위치 등에 대한 정보를 담는 프로젝트 파일은 개발 환경마다 다를 수 있다. 다양한 환경을 지원하려면 이러한 프로젝트 파일을 수동으로 관리해야 하는데 상당히 끔찍한 일이다. 그보다는 한 가지 프로젝트 파일이나 빌드 스크립트만으로 여러 가지 프로젝트 파일이나 특정 툴체인에 맞는 빌드 스크립트를 생성하게 만들면 좋다. 이런 기능을 제공하는 대표적인 예가 **cmake**다. 소스 파일 집합과 컴파일러 스위치, 소스에서 링크할 라이브러리 등을 cmake 설정 파일에 작성할 수 있다. cmake 설정 파일에서 스크립트를 작성할 수도 있다. 그러면 cmake 툴은 다양한 프로젝트 파일을 생성한다. 예를 들어 윈도우 시스템에서는 비주얼 C++ 프로젝트 파일을, 맥OS에서는 Xcode 프로젝트 파일을 만들 수 있다.

이렇게 구축한 지속적인 통합 환경의 빌드 과정에 자동 테스트를 적용할 수 있다. 그러면 빌드된 실행 파일에 대해 일련의 테스트 스크립트를 실행하면서 동작이 올바른지 검증한다. 또한 이 과정에서 발생한 문제를 개발자에게 자동으로 알려주는 기능도 제공할 수 있다.

34.1.3 플랫폼 종속적인 기능

C++는 범용성이 뛰어난 언어다. 표준 라이브러리가 추가되면서 언어 규격을 속속들이 알지 못하는 프로그래머도 다양한 기능을 구현하기 쉬워졌다. 하지만 상용 제품을 개발하다 보면 C++에서 제공하지 않는 기능이 필요할 때가 있다. 이 절에서는 C++ 언어나 표준 라이브러리가 아닌 플랫폼이나 서드파티 라이브러리에서 제공하는 기능 중에서 중요한 몇 가지를 소개한다.

- **GUI** : 현재 나온 상용 프로그램은 대부분 클릭할 수 있는 버튼, 이동할 수 있는 창, 계층형 메뉴 등을 포함하여 GUI를 지원하는 OS에서 구동된다. C++는 C 언어와 마찬가지로 GUI 요소를 언어 차원에서 제공하지 않는다. C++로 GUI 애플리케이션을 작성하려면 창을 그리거나 마우스 입력을 받는 것처럼 다양한 GUI 작업을 수행하는 플랫폼 종속적인 라이브러리를 사용해야 한다. 기왕이면 wxWidget(`wxwidgets.`

org)이나 Qt(qt.io), Uno(platform.uno) 같은 서드파티 라이브러리를 사용하면 좋다. GUI 애플리케이션 개발에 맞게 추상화 계층이 잘 정의되어 있기 때문이다. 이런 라이브러리는 여러 가지 플랫폼을 지원한다.

- **네트워킹 :** 인터넷의 등장으로 애플리케이션의 개발 방식이 많이 달라졌다. 요즘은 애플리케이션의 업데이트 사항을 웹으로 확인하는 경우가 많고, 게임도 네트워크로 연결된 여러 플레이어가 함께 참여할 수 있는 형태로 제공되고 있다. 표준 라이브러리가 다양하게 나와 있음에도 불구하고 C++는 네트워킹 기능도 기본으로 제공하지 않는다. 네트워킹 소프트웨어 개발에 가장 흔히 사용되는 추상화 요소로 **소켓**(socket)이 있다. 거의 모든 플랫폼에서 소켓 라이브러리를 구현하고 있으며, 간단한 절차에 따라 데이터를 네트워크로 주고받는 기능을 제공한다. 어떤 플랫폼은 C++의 I/O 스트림처럼 작동하는 스트림 기반 네트워킹 시스템을 제공한다. 네트워킹 추상화 계층을 제공하는 서드파티 네트워킹 라이브러리도 나와 있다. 이러한 라이브러리는 대체로 여러 플랫폼을 지원한다. IPv4의 다음 버전인 IPv6의 도입이 늘어나는 추세다. 따라서 기왕이면 IPv4만 지원하는 라이브러리보다 IP 버전에 독립적인 라이브러리를 고르는 게 좋다.
- **OS 이벤트와 애플리케이션 상호 작용 :** C++ 표준 기능은 OS나 다른 애플리케이션과 상호 작용할 방법을 거의 제공하지 않는다. 플랫폼 확장 기능이 없으면 커맨드라인 인수 말고는 소통할 수단이 없다. 예를 들어 복사나 붙여넣기와 같은 기능은 C++에서 직접 제공하지 않는다. 따라서 플랫폼에서 제공하는 라이브러리나 여러 플랫폼을 지원하는 서드파티 라이브러리를 사용해야 한다. 예를 들어 wxWidgets나 Qt는 여러 플랫폼에 대해 복사와 붙여넣기 연산을 추상화하고 있다.
- **로우레벨 파일 :** 13장에서 C++로 표준 I/O를 수행하는 방법(예: 파일 읽기 및 쓰기)을 살펴봤다. OS마다 자체적으로 파일 API를 제공하는데 C++ 표준 파일 클래스와 호환되지 않는 경우가 많다. 예를 들어 현재 사용자의 홈 디렉터리로 가는 기능을 OS에 종속적인 방식으로 제공한다.
- **스레드 :** 한 프로그램 안에서 여러 스레드를 동시에 실행시키는 기능은 C++03 버전 이전에는 없었다. 27장에서 설명했듯이 C++11에 이르러서야 스레드 기능이 표준 라이브러리에 추가되었고, 20장에서 설명했듯이 C++17부터 병렬 알고리즘이 추가되었다. 표준 라이브러리에서 제공하는 것보다 강력한 스레드 관련 기능이 필요하다면 서드파티 라이브러리를 사용한다. 대표적인 예로 TBB(Intel Threading Building Blocks)와 STEllAR 그룹의 HPX(High Performance ParallelX) 라이브러리가 있다.

NOTE_ 크로스 플랫폼을 지원하도록 개발하는 데 C++ 언어나 표준 라이브러리에서 제공하지 않는 기능이 필요하다면 원하는 기능을 제공하는 서드파티 크로스 플랫폼 라이브러리를 찾아봐야 한다. 플랫폼에 종속적인 API로 작성해버리면 나중에 크로스 플랫폼을 지원하게 만들기가 상당히 힘들어진다. 각 기능을 플랫폼마다 구현해야 하기 때문이다.

NOTE_ 서드파티 라이브러리를 사용할 때 가능하면 소스 코드를 자신이 사용하는 툴체인에 맞게 직접 빌드해서 사용하는 것이 좋다.

34.2 크로스 언어 개발

어떤 프로그램은 C++만으로는 부족할 수 있다. 예를 들어 유닉스 프로그램은 셸 환경과 상호 작용할 일이 상당히 많은데, 이럴 때는 C++보다는 그냥 셸 스크립트로 작성하는 것이 나을 수도 있다. 텍스트 처리 위주 프로그램은 펄 언어로 구현하는 것이 적합하다. 데이터베이스를 사용할 일이 많다면 C#이나 자바가 적합하다. 최신 GUI 기능을 구현하는 데는 C#과 WPF 프레임워크를 활용하는 편이 낫다. 이렇게 다른 언어를 사용하기로 결정했음에도 불구하고 C++ 코드를 호출해야 할 때가 있다. 예를 들어 수학 연산을 고속으로 처리해야 할 때가 있다. 다행히 다른 언어의 뛰어난 점과 C++의 강력함과 유연함을 조합할 수 있는 몇 가지 기법이 있다.

34.2.1 C와 C++ 섞어 쓰기

앞서 설명했듯이 C++는 C 언어를 확장한 것이다. 그러므로 거의 모든 C 코드를 C++ 컴파일러로 컴파일해서 실행할 수 있다. 물론 몇 가지 예외는 있다. C 언어의 기능 중에서 C++가 지원하지 않는 것도 있다. 예를 들어 C에서 제공하는 VLA는 C++에서 지원하지 않는다. 또한 지원하지 않는 예약어도 있다. 예를 들어 C에는 **class**란 예약어가 없기 때문에 다음 C 코드에서는 class를 변수 이름으로 사용했다.

```
int class = 1; // C 컴파일러와 달리 C++ 컴파일러에서는 에러가 발생한다.
printf("class is %d\n", class);
```

이 코드를 C 컴파일러로 컴파일해서 실행하면 문제없지만 C++ 컴파일러로 컴파일하면 에러가 발생한다. C 코드를 C++로 변환(**포팅**porting)할 때는 이러한 종류의 에러를 해결해야 한다. 다행히 해결 방법은 대부분 간단하다. 앞에 나온 코드의 경우 class란 변수 이름을 classID로 바꿔주면 된다. C++에서 지원하지 않는 C 언어 기능으로 인해 발생하는 에러도 있지만 드물다.

C++ 프로그램에서 C 코드를 연동하는 것은 쉽기 때문에 C로 구현된 유용한 라이브러리나 레거시 코드를 C++와 통합하는 것은 어렵지 않다. 이 책에서 여러 차례 설명했듯이 함수와 클래스는 서로 연동하기 쉽다. 클래스 메서드에서 함수를 호출할 수도 있고, 함수에서 객체를 사용할 수도 있다.

34.2.2 패러다임 전환하기

C와 C++를 섞어 쓸 때 위험한 점 중 하나는 작성한 프로그램에서 객체지향 특성이 사라질 수 있다는 것이다. 예를 들어 객체지향 웹 브라우저를 절차형 네트워킹 라이브러리로 구현하면 두 가지 패러다임이 서로 충돌하게 된다. 이런 애플리케이션에서는 네트워킹 작업이 차지하는 비중이 상당히 크기 때문에 절차형으로 구현된 네트워킹 라이브러리에 대해 **객체지향 방식의 래퍼**를 구현하는 것이 좋다. 이때 주로 **파사드**Façade란 디자인 패턴을 적용한다.

예를 들어 C++로 웹 브라우저를 구현하는 데 네트워킹 부분은 C 네트워킹 라이브러리를 사용하여 C 언어로 구현했다고 하자. 이 라이브러리에는 다음과 같이 선언된 함수가 정의되어 있다. 여기서 HostHandle과 ConnectionHandle이란 데이터 구조에 대한 코드는 생략했다.

```
// networklib.h
#include "HostHandle.h"
#include "ConnectionHandle.h"

// 호스트네임(즉, www.host.com)으로 지정한 인터넷 호스트의 호스트 레코드를 가져온다.
HostHandle* lookupHostByName(char* hostName);
// 지정한 HostHandle을 해제한다.
void freeHostHandle(HostHandle* host);

// 지정한 호스트에 연결한다.
ConnectionHandle* connectToHost(HostHandle* host);
// 지정한 연결을 끊는다.
void closeConnection(ConnectionHandle* connection);

// 현재 연결된 호스트에서 페이지를 가져온다.
char* retrieveWebPage(ConnectionHandle* connection, char* page);
// 페이지가 가리키는 메모리를 해제한다.
void freeWebPage(char* page);
```

netwrklib.h 인터페이스는 상당히 간단하고 직관적이다. 하지만 객체지향 방식으로 작성된 것이 아니기 때문에 C++ 프로그래머는 이 라이브러리를 사용하기가 다소 껄끄러울 수 있다. 이 라이브러리는 클래스 단위로 응집도 있게 구성되지 않았고 const도 제대로 사용하지 않고 있다. 물론 숙련된 C 프로그래머라면 인터페이스를 이보다 좋게 만들겠지만, 라이브러리 사용자 입장에서는 있는 그대로 사용할 수밖에 없다. 이럴 때는 래퍼를 이용하여 인터페이스를 커스터마이즈하면 된다.

이 라이브러리에 대한 객체지향 래퍼를 작성하기 전에 먼저 이 라이브러리를 실제로 사용하는 사례를 자세히 살펴보자. 다음 코드는 netwrklib 라이브러리를 사용하여 www.wrox.com/index.html 웹 페이지를 가져온다.

```
HostHandle* myHost { lookupHostByName("www.wrox.com") };
ConnectionHandle* myConnection { connectToHost(myHost) };
char* result { retrieveWebPage(myConnection, "/index.html") };

cout << "The result is " << result << endl;

freeWebPage(result); result = nullptr;
closeConnection(myConnection); myConnection = nullptr;
freeHostHandle(myHost); myHost = nullptr;
```

이 라이브러리를 좀 더 객체지향적으로 만들기 위한 한 가지 방법은 호스트를 조회하는 부분, 호스트에 연결하는 부분, 웹 페이지를 가져오는 부분에 대한 추상화 계층을 제공하는 것이다. 제대로 된 객체지향 래퍼라면 복잡한 HostHandle과 ConnectionHandle 타입이 드러나지 않아야 한다.

다음 코드는 5장과 6장에서 소개한 설계 원칙 중에서 '새 클래스는 라이브러리의 대표적인 활용 사례를 잘 반영해야 한다'는 원칙에 따라 구현했다. 앞에서 본 코드는 흔히 사용하는 패턴, 즉 호스트를 조회해서 거기에 연결한 뒤 페이지를 가져오는 방식으로 구현했다. 같은 호스트에서 다른 페이지를 계속 가져올 수도 있기 때문에 이러한 경우도 설계에 반영해야 한다.

먼저 HostRecord 클래스부터 작성한다. 이 클래스는 호스트를 조회하는 기능을 감싼다. 일종의 RAII 클래스로서 생성자는 lookupHostByName( )을 사용해서 조회 작업을 수행하고, 소멸자는 앞에서 받은 HostHandle을 자동으로 해제한다. 코드는 다음과 같다.

```
class HostRecord
{
    public:
        // 지정한 호스트에 대한 호스트 레코드를 조회한다.
        explicit HostRecord(std::string_view host)
            : m_hostHandle{ lookupHostByName(const_cast<char*>(host.data())) }
        { }
```

```
        // 호스트 레코드를 해제한다.
        virtual ~HostRecord() { if (m_hostHandle) freeHostHandle(m_hostHandle); }

        // 복제 생성과 복제 대입을 막는다.
        HostRecord(const HostRecord&) = delete;
        HostRecord& oeprator=(const HostRecord&) = delete;

        // 내부 핸들을 리턴한다.
        HostHandle* get() const noexcept { return m_hostHandle; }

    private:
        HostHandle* m_hostHandle { nullptr };
};
```

HostRecord 생성자는 C 스타일 스트링 대신 C++의 string_view를 사용한다. 그러므로 host의 data() 메서드로 const char*를 받아온 다음 const_cast()로 netwrklib의 미흡한 const 부분을 보완했다.

다음에는 앞에서 작성한 HostRecord 클래스를 사용하는 WebHost 클래스를 구현한다. WebHost 클래스는 지정한 호스트에 연결해서 웹 페이지를 가져오는 기능을 제공한다. 이 클래스도 RAII 클래스로 구현한다. WebHost 객체가 소멸되면 연결된 호스트가 자동으로 끊어진다. 코드는 다음과 같다.

```
class WebHost
{
    public:
        // 지정한 호스트에 연결한다.
        explicit WebHost(std::string_view host);
        // 연결된 호스트를 끊는다.
        virtual ~WebHost();
        // 복제 생성과 복제 대입을 막는다.
        WebHost(const WebHost&) = delete;
        WebHost& operator=(const WebHost&) = delete;
        // 현재 연결된 호스트에서 인수로 지정한 페이지를 가져온다.
        std::string getPage(std::string_view page);
    private:
        ConnectionHandle* m_connection { nullptr };
};

WebHost::WebHost(std::string_view host)
```

```
{
    HostRecord hostRecord { host };
    if (hostRecord.get()) { m_connection = connectToHost(hostRecord.get()); }
}

WebHost::~WebHost()
{
    if (m_connection) { closeConnection(m_connection); }
}

std::string WebHost::getPage(std::string_view page)
{
    std::string resultAsString;
    if (m_connection) {
        char* result { retrieveWebPage(m_connection,
            const_cast<char*>(page.data())) };
        resultAsString = result;
        freeWebPage(result);
    }
    return resultAsString;
}
```

WebHost 클래스는 호스트의 동작을 캡슐화해서 불필요한 호출과 데이터 구조 없이도 필요한 기능을 효과적으로 제공한다. WebHost 클래스를 구현할 때 netwrklib 라이브러리를 상당히 많이 사용하는데, 사용자에게 내부 과정을 드러내지 않는다. WebHost의 생성자는 특정한 호스트를 표현하는 HostRecord라는 RAII 객체를 사용한다. 그 결과로 나온 HostRecord는 호스트에 연결하는 데 활용된다. 이 정보는 나중에 활용할 수 있도록 m_connection이란 데이터 멤버에 저장해둔다. HostRecord 객체는 생성자가 끝날 때 자동으로 소멸된다. WebHost 소멸자는 호스트에 대한 연결을 자동으로 끊는다. getPage( ) 메서드는 retrieveWebPage( )를 사용해 웹 페이지를 가져와서 std::string으로 변환하고, freeWebPage( )로 메모리를 해제한 뒤 앞에서 변환한 std::string 값을 리턴한다.

WebHost 클래스는 클라이언트 프로그래머가 흔히 사용하는 패턴을 간결하게 표현해준다.

```
WebHost myHost { "www.wrox.com" };
string result { myHost.getPage("/index.html") };
cout << "The result is " << result << endl;
```

> **NOTE_** 네트워크 프로그래밍에 익숙한 독자라면 이 예제에서 아무런 제한 없이 호스트에 연결해두는 것과 HTTP 규격을 따르지 않는 것은 굉장히 나쁜 코드 작성법이라고 지적할 수 있다. 여기에서는 바람직한 작성법보다는 간결함에 주안점을 두고 구현했다.

여기에서 볼 수 있듯이 `WebHost` 클래스는 C 라이브러리에 대한 객체지향 래퍼를 제공한다. 이렇게 추상화 계층을 제공하면 클라이언트에 아무런 영향을 주지 않고도 내부 구현을 변경하거나 새로운 기능을 추가할 수 있다. 예를 들어 연결에 참조하는 횟수를 세거나, HTTP 규격에서 지정한 대로 일정한 시간이 지나면 자동으로 연결을 끊거나, 다음번 `getPage()` 호출에 대해 자동으로 다시 연결하는 기능을 추가할 수 있다. 래퍼를 작성하는 방법은 이 장의 연습 문제에서 좀 더 살펴본다.

34.2.3 C 코드와 링크하기

앞에서 본 예제는 C 코드와 연동한다고 가정했다. 이번 예제에서는 웬만한 C 코드는 C++ 컴파일로도 컴파일할 수 있다는 사실을 활용해본다. 컴파일된 C 코드를 라이브러리 형태로 마련했다면 C++ 프로그램에서 활용할 수 있다. 단, 몇 가지 추가 단계를 거쳐야 한다.

컴파일된 C 코드를 C++ 프로그램에서 활용하려면 가장 먼저 **네임 맹글링**name mangling(이름 다듬기)이란 개념부터 이해할 필요가 있다. 함수 오버로딩을 구현하려면 C++의 복잡한 네임스페이스를 풀어 써야flatten 한다. 예를 들어 주어진 C++ 프로그램을 다음과 같이 표현할 수 있다.

```
void myFunc(double);
void myFunc(int);
void myFunc(int, int);
```

그런데 이렇게 하면 `myFunc`를 호출하는 문장을 만날 때 어느 버전을 적용할지 알 수 없다. 따라서 C++ 컴파일러는 **네임 맹글링** 연산으로 다음과 같이 이름을 생성한다.

```
myFunc_double
myFunc_int
myFunc_int_int
```

앞에서 정의한 이름끼리 충돌하지 않도록 C++ 소스 코드에는 맞지 않지만 링커에는 알맞은 형태로 이름이 생성된다. 예를 들어 마이크로소프트 VC++는 이름을 다음과 같이 생성한다.

```
?myFunc@@YAXN@Z
?myFunc@@YAXH@Z
?myFunc@@YAXHH@Z
```

이러한 인코딩 방식은 복잡하며 벤더마다 다르다. C++ 표준은 특정한 플랫폼에서 함수 오버로딩을 구현하는 방식을 구체적으로 정의하지 않고 있다. 따라서 네임 맹글링 알고리즘에 대한 표준도 없다.

C 언어에서는 함수 오버로딩을 지원하지 않는다(C 컴파일러는 함수 정의가 중복되었다는 에러 메시지를 출력한다). 따라서 C 컴파일러가 생성한 이름은 _myFunc처럼 상당히 간단하다.

이제 간단히 작성한 프로그램을 C++ 컴파일러로 컴파일하면 이렇게 네임 맹글링을 거쳐 생성된 이름과 링크하는 요청이 생성된다. 프로그램에서 myFunc의 인스턴스를 단 하나만 사용할 때도 마찬가지다. 하지만 C 라이브러리와 링크하면 적합한 이름을 찾을 수 없다는 링커 에러가 발생한다. 따라서 그 이름에 대해 네임 맹글링을 적용하지 않도록 C++ 컴파일러에 지정해야 한다. extern "language"를 헤더 파일에 붙이고(클라이언트 코드에 연동할 언어에 맞는 이름을 생성하도록 알려주기 위해), 라이브러리 소스가 C++로 작성되었다면 정의 코드에도 붙여 준다(라이브러리 코드에 연동할 언어에 맞는 이름을 생성하도록 알려주기 위해).

extern "language"를 지정하는 구체적인 문법은 다음과 같다.

```
extern "language" declaration1();
extern "language" declaration2();
```

또는 다음과 같이 작성할 수도 있다.

```
extern "language" {
    declaration1();
    declaration2();
}
```

C++ 표준은 원칙적으로 모든 언어를 사용할 수 있다고 정의하고 있다. 따라서 컴파일러에서 다음과 같은 것도 지원할 수 있다.

```
extern "C" myFunc(int i);
extern "Fortran" matrixInvert(Matrix* M);
extern "Pascal" someLegacySubroutine(int n);
extern "Ada" aimMissileDefense(double angle);
```

하지만 실제로는 "C"만 지원하는 컴파일러가 대부분이다. 컴파일러 벤더마다 어떤 언어를 지원하는지 명시하고 있다.

예를 들어 다음 코드에 나온 함수 프로토타입은 cFunction()을 외부 C 함수로 지정한다.

```
extern "C" {
    void cFunction(int i);
}

int main()
{
    cFunction(8); // C 함수 호출
}
```

cFunction()의 실제 정의는 링크 단계를 거쳐서 제공되는 컴파일된 바이너리 파일에서 제공한다. 이 코드에 나온 extern 키워드는 링크 단계를 통해 추가된 코드가 C 언어로 작성된 것이라고 컴파일러에 알려준다.

이러한 extern 구문은 주로 헤더에서 많이 사용한다. 예를 들어 C 언어로 구현된 그래픽 라이브러리를 사용할 때 .h 파일도 함께 제공될 것이다. 원본을 extern 블록으로 묶어서 헤더에 있는 내용이 모두 C로 구현된 함수라는 사실을 지정하는 헤더 파일을 따로 작성할 수도 있다. 이렇게 작성한 래퍼는 .h 대신 .hpp란 확장자를 붙여서 C 버전의 헤더와 구분하기도 한다.

```
// graphicslib.hpp
extern "C" {
    #include "graphicslib.h"
}
```

또 다른 방법은 C나 C++ 중에서 컴파일러에 따라 언어를 결정하도록 헤더 파일을 직접 작성하는 것이다. C++ 컴파일러로 컴파일하면 __cplusplus란 기호가 자동으로 정의된다. C 컴파일러에서는 이 기호를 정의하지 않는다. 따라서 헤더 파일에서 다음과 같이 구성하는 사례를 종종 볼 수 있다.

```
#ifdef __cplusplus
    extern "C" {
#endif
        declaration1();
        declaration2();
#ifdef __cplusplus
    } // extern "C"를 닫는 괄호
#endif
```

이 문장은 declaration1()과 declaration2()는 C 컴파일러로 컴파일한 라이브러리에 있는 함수라는 것을 의미한다. 이렇게 하면 헤더 파일 하나를 C와 C++ 코드에서 동시에 사용할 수 있다.

C++ 프로그램에서 C 코드를 불러오거나 C 언어로 구현된 바이너리 버전의 라이브러리를 링크할 때 반드시 기억할 점은 C++가 C를 포괄하는 언어이긴 하지만 두 언어의 설계 목표는 엄연히 다르다는 것이다. C++ 코드에서 C 코드를 활용하는 사례는 꽤 많다. 이럴 때는 절차형으로 작성된 C 코드에 C++ 래퍼를 제공해서 객체지향 인터페이스를 제공하면 훨씬 좋다.

34.2.4 C#에서 C++ 코드 호출하기

이 책은 C++를 설명하고 있지만 C++가 가장 뛰어나다고 주장할 마음은 전혀 없다. C++ 못지않게 매력적인 언어로 C#이 있다. C#에서 제공하는 **인터롭 서비스**interop service를 활용하면 C# 애플리케이션에서 C++ 코드를 간편하게 호출할 수 있다. 예를 들어 애플리케이션 중 GUI 부분은 C#으로 구현하고, 성능에 민감하거나 수학 연산이 많은 부분은 C++로 구현한다고 하자. C#의 인터롭을 이용하려면 C++를 라이브러리로 만들어야 C#에서 호출할 수 있다. 윈도우 시스템에서는 라이브러리를 .DLL 파일로 만든다. 다음에 나온 C++ 코드는 라이브러리로 만들 functionInDLL() 함수를 정의한다. 이 함수는 유니코드 스트링을 한 개 받아서 정수 하나를 리턴한다. 이렇게 받은 스트링을 콘솔로 쓴 다음 호출한 측으로 42란 값을 리턴하도록 구현한다.

```
import <iostream>;

using namespace std;

extern "C"
{
    __declspec(dllexport) int functionInDLL(const wchar_t* p)
    {
        wcout << L"The following string was received by C++:\n '";
        wcout << p << L"'" << endl;
        return 42; // 값을 리턴한다.
    }
}
```

여기서 명심할 점은 함수를 프로그램이 아닌 라이브러리로 구현한다는 것이다. 그러므로 main() 함수를 구현할 필요가 없다. 구체적인 컴파일 방법은 개발 환경마다 다르다. 마이크로소프트 비주얼 C++를 사용한다면 프로젝트의 속성을 지정하는 메뉴로 가서 구성 타입을 '동적 라이브러리(.dll)'로 선택한다. 참고로 예제에서는 __decltype(dllexport)를 이용해서 이 함수를 반드시 라이브러리의 클라이언트에 제공하도록 링커를 설정했다. 마이크로소프트 비주얼 C++에서는 이렇게 처리한다. 다른 링커를 사용할 때는 그 링커에서 함수를 외부로 내보내는 기능을 제공하는 기법을 활용한다.

라이브러리 형태로 만들었다면 C#에서 인터롭 서비스를 사용해 여기에 있는 함수를 호출할 수 있다. 먼저 인터롭 네임스페이스를 추가한다.

```
using System.Runtime.InteropServices;
```

그런 다음 함수 프로토타입을 정의한다. 그러면 C# 컴파일러는 이 함수의 구현을 찾게 된다. 이 과정을 수행하는 코드는 다음과 같이 작성한다. 여기에서는 라이브러리를 HelloCpp.dll이란 이름으로 컴파일했다고 가정한다.

```
[DllImport("HelloCpp.dll", CharSet = CharSet.Unicode)]
public static extern int functionInDLL(String s);
```

첫 번째 문장은 C#이 이 함수를 HelloCpp.dll이란 라이브러리에서 가져온다는 것을 알려준다. 이때 반드시 유니코드Unicode 스트링으로 지정해야 한다. 두 번째 문장은 그 함수의 실제 프로토타입을 정의한다. 여기에서는 스트링 하나를 매개변수로 받아서 정수 하나를 리턴한다고 선언했다. 다음 코드는 C#에서 C++ 라이브러리를 사용하는 과정을 보여준다.

```
using System;
using System.Runtime.InteropServices;

namespace HelloCSharp
{
    class Program
    {
        [DllImport("HelloCpp.dll", CharSet = CharSet.Unicode)]
        public static extern int functionInDLL(String s);

        static void Main(string[] args)
        {
            Console.WriteLine("Written by C#.");
            int result = functionInDLL("Some string from C#.");
            Console.WriteLine("C++ returned the value " + result);
        }
    }
}
```

이 코드를 실행한 결과는 다음과 같다.

```
Written by C#.
The following string was received by C++:
    'Some string from C#.'
C++ returned the value 42
```

이 책에서는 C# 코드에 대한 자세한 설명은 하지 않지만, 코드만 봐도 어떤 일을 하는지 쉽게 알 수 있다.

이 절에서는 C#에서 C++ 함수를 호출하는 방법만 소개했고, C#에서 C++ 클래스를 사용하는 방법에 대해서는 언급하지 않았다. 다음 절에서 C++/CLI를 설명하면서 이 부분도 다루겠다.

34.2.5 C++/CLI: C++에서 C# 코드 사용하기와 C#에서 C++ 코드 사용하기

C++/CLI를 이용하면 C++에서 C# 코드를 사용할 수 있다. CLI는 Common Language

Infrastructure(공통 언어 기반)의 줄임말로서 C#, 비주얼 베이직 .NET 등을 비롯한 모든 .NET 언어의 핵심이다. C++/CLI는 2005년 마이크로소프트에서 CLI를 지원하는 C++ 버전을 만들기 위해 나왔다. 2005년 12월, C++/CLI는 ECMA-372 표준으로 제정되었다. C++/CLI에서 C++ 프로그램을 작성할 수 있고, CLI를 지원하는 다른 언어(예: C#)로 작성된 코드도 접근할 수 있다. 다만 C++/CLI는 최신 C++ 표준을 지원하지 못할 수 있다. 이 책은 순수 C++만 다루기 때문에 C++/CLI에 대한 자세한 내용은 소개하지 않고, 몇 가지 예만 소개하고 넘어간다.

다음과 같이 C# 라이브러리에 클래스가 정의되어 있다고 하자.

```
namespace MyLibrary
{
    public class MyClass
    {
        public double DoubleIt(double value) { return value * 2.0; }
    }
}
```

이 C# 라이브러리를 C++/CLI 코드에서 사용하는 방법은 다음과 같다. 여기서 중요한 부분은 굵게 표시했다. CLI 객체는 메모리가 더 이상 필요하지 않으면 자동으로 정리하는 메모리 가비지 컬렉터가 관리한다. 따라서 매니지드 객체를 단순히 표준 C++ `new` 연산자로 생성할 수 없다. 그 대신 `gcnew`(garbage collect new의 줄임말)를 사용해야 한다. 포인터도 기존 C++ 포인터 변수(예: `MyClass*`)나 스마트 포인터(예: `std::unique_ptr<MyClass>`)에 저장할 수 없고, **핸들**(예: `MyClass^`)에 저장해야 한다(`MyClass^`은 'MyClass 햇'이라고 읽음).

```
#include <iostream>

using namespace System;
using namespace MyLibrary;

int main(array<System::String^>^ args)
{
    MyClass^ instance { gcnew MyClass() };
    auto result { instance->DoubleIt(1.2) };
    std::cout << result;
}
```

C++/CLI는 반대 방향으로 이용할 수도 있다. 다시 말해 **매니지드 C++ 레프 클래스**managed C++ ref class를 작성하여 다른 CLI 언어로 된 코드에 접근할 수 있다.

```
#pragma once
using namespace System;

namespace MyCppLibrary
{
    public ref class MyCppRefClass
    {
        public:
            double TripleIt(double value) { return value * 3.0; }
    };
}
```

이렇게 작성한 C++/CLI 레프 클래스는 C#에서 다음과 같이 사용할 수 있다.

```
using MyCppLibrary;

namespace MyLibrary
{
    public class MyClass
    {
        public double TripleIt(double value)
        {
            // C++ 코드로 3배수를 구한다.
            MyCppRefClass cppRefClass = new MyCppRefClass();
            return cppRefClass.TripleIt(value);
        }
    }
}
```

여기서 볼 수 있듯이 기본 메커니즘은 복잡하지 않다. 다만 이 예제에서는 double과 같은 기본 타입만 사용할 때는 괜찮지만 스트링이나 벡터처럼 기본 타입이 아닌 타입을 사용하기 시작하면 복잡해진다. C#과 C++/CLI 사이에서 객체를 마샬링marshaling해야 하기 때문이다. 이에 대한 세부사항은 이 책에서 다루지 않는다.

34.2.6 JNI로 자바에서 C++ 코드 호출하기

JNIJava Native Interface(**자바 네이티브 인터페이스**)는 자바 코드에서 자바로 구현되지 않은 기능에 접근하도록 자바 언어에서 제공하는 기능이다. 자바는 원래 크로스 플랫폼 언어인 만큼 자바 프로그램에서 OS와 상호 작용하는 것이 JNI의 주 목적이다. 그런데 JNI를 이용하면 C++를 비롯한 다른 언어로 작성된 라이브러리를 사용할 수도 있다. 자바 프로그래머 입장에서 C++ 라이브러리에 접근하는 기능은 상당히 유용하다. 성능에 민감하거나 수학 연산이 많은 코드를 C++로 표현하거나 레거시 코드에 접근하는 데 활용할 수 있기 때문이다.

JNI는 C++ 프로그램에서 자바 코드를 실행시키는 기능도 제공한다. 물론 실제로 그렇게 쓰는 사례는 드물다. 이 책의 주제는 C++이기 때문에 자바 언어는 따로 설명하지 않는다. 자바를 잘 알고 있고 C++ 코드를 자바에서 쓰고 싶은 독자는 이 절에서 소개하는 내용을 잘 읽어보기 바란다.

자바와 연동하는 방법을 소개하기 위해 먼저 자바 프로그램부터 마련하자. 구체적인 방법을 파악하는 데는 다음과 같이 간단한 프로그램만으로도 충분하다.

```
public class HelloCpp
{
    public static void main(String[] args)
    {
        System.out.println("Hello from Java!");
    }
}
```

다음으로 다른 언어로 작성할 부분을 자바 메서드로 선언한다. 이 메서드에 `native` 키워드를 지정하고 구현 코드는 비워 둔다.

```
    // C++로 구현할 부분이다.
    public static native void callCpp();
```

C++ 코드는 결국 자바 프로그램에 동적으로 불러올 공유 라이브러리로 컴파일해야 한다. 자바 프로그램이 구동될 때 이 라이브러리를 사용할 수 있도록 자바의 정적static 블록으로 불러온다. 이 라이브러리의 이름은 마음대로 정해도 된다. 예를 들어 리눅스 시스템이라면 `hellocpp.so`로 정하고, 윈도우 시스템이라면 `hellocpp.dll`로 정한다.

```
    static { System.loadLibrary("hellocpp"); }
```

마지막으로 자바 프로그램에서 C++ 코드를 실제로 호출하는 부분을 작성한다. 자바 메서드인 callCpp()는 아직 구현하지 않은 C++ 코드를 담는 역할을 한다. 완성된 자바 프로그램은 다음과 같다.

```
public class HelloCpp
{
    static { System.loadLibrary("hellocpp"); }

    // 이 부분은 C++로 구현한다.
    public static native void callCpp();
    public static void main(String[] args)
    {
        System.out.println("Hello from Java!");
        callCpp();
    }
}
```

자바 코드는 다 작성했다. 이렇게 작성한 자바 프로그램을 다음과 같이 컴파일한다.

```
javac HelloCpp.java
```

이제 javah 프로그램을 이용하여 앞에서 작성한 native 메서드에 대한 헤더 파일을 생성한다(참고로 나는 javah를 자브-아[jav-AHH]라고 부른다).

```
javah HelloCpp
```

javah를 실행하면 HelloCpp.h란 파일이 생성된다. 이 파일은 이상하게 생겼지만 C/C++ 규격을 완벽히 따르는 헤더 파일이다. 이 헤더 파일을 보면 Java_HelloCpp_callCpp()란 이름의 C 함수가 정의된 것을 볼 수 있다. C++에서 구현할 부분이 바로 이 함수다. 이 함수의 프로토타입은 다음과 같다.

```
JNIEXPORT void JNICALL Java_HelloCpp_callCpp(JNIEnv*, jclass);
```

이 함수를 구현할 때는 C++ 언어의 기능을 최대한 활용할 수 있다. 여기에서는 텍스트를 화면에 출력하도록 구현한다. 먼저 javah로 생성한 HelloCpp.h 파일과 jni.h 헤더 파일을 인클루드한다. 그 밖에 C++ 코드에서 필요한 헤더 파일도 함께 추가한다.

```
#include <jni.h>
#include "HelloCpp.h"
#include <iostream>
```

이 함수는 기존 C++ 코드와 똑같은 방법으로 작성한다. 자바 환경이나 네이티브 코드(여기에서는 C++ 코드)를 호출하는 객체와 상호 작용할 때 이 함수의 매개변수를 활용한다. 구체적인 방법은 생략한다.

```
JNIEXPORT void JNICALL Java_HelloCpp_callCpp(JNIEnv*, jclass)
{
    std::cout << "Hello from C++!" << std::endl;
}
```

이 코드를 라이브러리로 만드는 방법은 개발 환경마다 다르지만 대부분 JNI 헤더를 추가하도록 컴파일러 옵션을 적절히 설정하는 방식으로 처리한다. 리눅스에서 GCC 컴파일러를 사용할 때는 다음과 같이 지정한다.

```
g++ -shared -I/usr/java/jdk/include/ -I/usr/java/jdk/include/linux \
HelloCpp.cpp -o hellocpp.so
```

이 컴파일러에서 출력된 결과가 바로 자바 프로그램에서 사용할 라이브러리다. 이렇게 만든 공유 라이브러리가 자바 클래스 경로에 있다면 다음과 같이 자바 프로그램처럼 실행할 수 있다.

```
java HelloCpp
```

그러면 다음과 같은 결과를 볼 수 있다.

```
Hello from Java!
Hello from C++!
```

물론 이 예제는 JNI의 방대한 기능 중에서 극히 일부다. OS나 하드웨어 드라이버에 종속적인 기능을 사용할 때도 JNI를 활용한다. JNI에 대한 자세한 사항은 자바 관련 문서를 참고하기 바란다.

34.2.7 C++ 코드에서 스크립트 호출하기

유닉스 OS에서 제공하는 C 라이브러리는 유닉스에서 흔히 처리하는 작업을 수행하기에는 다소 기능이 부족하다. 그러므로 유닉스 프로그래머는 애플리케이션에서 스크립트[script]를 따로 띄워서 API나 라이브러리가 제공하지 못한 작업을 처리하는 경향이 있다. 스크립트는 펄과 파이썬 같은 언어로 작성될 수 있지만, 배시[Bash]와 같은 셸에서 실행하기 위한 셸 스크립트일 수도 있다.

오늘날 유닉스 프로그래머는 스크립트를 서브루틴을 호출하듯이 사용하는 경향이 있다. 이러한 종류의 상호 운영성을 사용할 수 있도록 C++는 `<cstdlib>` 헤더 파일에 정의된 `std::system()` 함수를 제공한다. 이는 실행할 명령을 나타내는 문자열인 단일 인수만 필요하다. 다음은 몇 가지 예다.

```
system("python my_python_script.py"); // 파이썬 스크립트 실행
system("perl my_perl_script.pl");     // 펄 스크립트 실행
system("my_shell_script.sh");         // 셸 스크립트 실행
```

하지만 이 방식은 상당히 위험하다. 예를 들어 스크립트에 에러가 발생해도 호출한 측에서는 에러에 대한 정보를 구체적으로 얻을 수 없다. `system()` 호출은 상당히 무거운 편이다. 프로세스를 새로 만들어서 스크립트를 구동하기 때문이다. 따라서 이 부분이 애플리케이션 전체의 성능을 발목 잡을 수 있다.

`system()` 함수로 스크립트를 구동하는 방법은 자세히 설명하지 않는다. 일반적으로 C++ 라이브러리에서 제공하는 기능 중에서 이보다 나은 방법이 없는지 찾아보는 것이 좋다. 방대한 플랫폼 종속적인 라이브러리를 플랫폼 독립적인 형태로 감싸는 라이브러리가 많이 나와 있다. 예를 들어 Boost Asio 라이브러리는 소켓, 타이머, 시리얼 포트 등과 같은 이식 가능한 네트워크 기능과 여러 가지 로우레벨 I/O 기능을 제공한다. 파일시스템을 다룰 수 있도록 최근 C++17부터 플랫폼 독립적인 `<filesystem>` API가 추가되었다. 이에 대해서는 13장에서 자세히 설명했다. `system()`으로 펄 스크립트를 구동해서 텍스트 데이터를 처리하는 기법은 그리 바람

직하지 않다. 그보다는 21장에서 설명한 것처럼 C++에서 제공하는 정규 표현식 라이브러리를 활용하는 것이 훨씬 낫다.

34.2.8 스크립트에서 C++ 코드 호출하기

C++는 다른 언어 또는 환경과 상호 작용하기 위한 범용 메커니즘을 기본으로 제공한다. 이미 여러 차례 사용한 적 있지만 그 당시에는 크게 신경 쓰지 않았을 것이다. 바로 `main()` 함수에 전달하는 인수와 리턴받는 값이다.

C와 C++는 커맨드라인 인터페이스를 염두에 두고 설계된 언어다. `main()` 함수는 커맨드라인에서 인수를 받고, 호출한 측에서 해석할 수 있는 상태 코드를 리턴한다. 스크립트 환경에서 이 프로그램에 전달하는 인수나 이 프로그램이 리턴하는 상태 코드는 외부 환경과 프로그램이 상호 작용하는 데 굉장히 뛰어난 메커니즘이다.

1 실전 예제: 패스워드 암호화

나중에 검토 작업을 수행할 목적으로 사용자가 보고 입력하는 모든 내용을 파일에 저장하는 시스템이 있다고 하자. 이 파일은 시스템 관리자만 읽을 수 있게 만든다. 그러면 나중에 잘못된 일이 발생했을 때 관리자가 원인을 추적할 수 있다. 이 파일의 내용은 다음과 같이 기록한다.

```
Login: bucky-bo
Password: feldspar

bucky-bo> mail
bucky-bo has no mail
bucky-bo> exit
```

시스템 관리자는 사용자의 활동을 모두 로그 형태로 기록하고 싶지만 각 사용자의 패스워드는 해커가 볼 수 없도록 가리고 싶을 것이다. 그래서 로그 파일을 파싱해서 그 부분을 암호화하는 기능을 C++로 처리하는 스크립트를 작성한다고 하자. 이렇게 작성한 스크립트는 암호화 작업을 처리할 때 C++ 프로그램에서 호출한다.

다음 스크립트는 펄 언어로 작성했다. 물론 다른 스크립트 언어로도 얼마든지 똑같은 기능을 구현할 수 있다. 또한 요즘은 펄에도 암호화 기능이 추가되었다. 하지만 여기에서는 스크립트와 C++를 연동하는 방법을 보여주기 위해 암호화 기능을 C++로 작성한다고 가정한다. 펄 언어를 잘 몰라도 코드를 이해하는 데는 문제없다. 펄 문법 중에서도 이 코드에서 가장 중요한 부분은 `(역따옴표) 문자다. `는 펄 스크립트가 외부 커맨드를 셸에서 실행한다는 것을 의미한다. 이 예제에서는 encryptString이란 C++ 프로그램을 셸에서 실행한다.

NOTE_ 외부 프로세스를 구동하면 오버헤드가 상당히 커진다. 프로세스를 완전히 새로 생성해야 하기 때문이다. 외부 프로세스를 자주 호출해야 한다면 이렇게 처리하면 안 된다. 단, 여기에서 소개하는 예제는 로그 파일에 담긴 패스워드가 많지 않기 때문에 이렇게 처리해도 상관없다.

스크립트는 userlog.txt에 담긴 문장을 루프를 돌면서 한 줄씩 읽으면서 패스워드가 담긴 문장을 찾는다. 그러고 나서 userlog.out이란 파일을 새로 만들어서 원본 파일과 똑같이 적되, 패스워드 부분은 암호화해서 저장한다. 가장 먼저 입력 파일을 읽기 모드로 열고, 출력 파일을 쓰기 모드로 연다. 그러고 나서 파일에 담긴 모든 문장에 대해 루프를 돈다. 각 문장을 $line이란 변수에 담는다.

```
open (INPUT, "userlog.txt") or die "Couldn't open input file!";
open (OUTPUT, ">userlog.out") or die "Couldn't open output file!";
while ($line = <INPUT>) {
```

다음으로 현재 문장에 패스워드 프롬프트(Password:)가 있는지 **정규 표현식**으로 검사한다. 있다면 패스워드를 $1 변수에 저장한다.

```
    if ($line =~ m/^Password: (.*)/) {
```

패스워드 프롬프트를 발견하면 encryptString 프로그램을 호출해서 패스워드를 암호화한다. 이 프로그램의 결과를 $result 변수에 저장하고, 프로그램에서 리턴한 상태 코드는 $? 변수에 저장한다. 이 스크립트는 $?를 검사해서 문제가 발생했다면 즉시 종료한다. 문제없이 처리되었다면 패스워드 문장을 암호화된 형태로 바꿔서 출력 파일에 쓴다.

```
        $result = `./encryptString $1`;
        if ($? != 0) { exit(-1); }
        print OUTPUT "Password: $result\n";
    } else {
```

현재 문장에 패스워드 프롬프트가 없다면 원본 문장 그대로 출력 파일에 쓴다. 루프를 종료하면 두 파일을 모두 닫고 스크립트를 종료한다.

```
        print OUTPUT "$line";
    }
}
close (INPUT);
close (OUTPUT);
```

스크립트 작성이 끝났다. 이제 암호화를 수행하는 C++ 프로그램만 작성하면 된다. 암호화 알고리즘을 구현하는 방법은 여기서 소개하지 않는다. 암호화할 스트링을 main() 함수의 인수로 받기 때문에 main() 코드를 작성하는 방법만 소개한다.

main() 함수의 인수는 argv라는 C 스타일 스트링 배열에 저장된다. argv에 담긴 원소에 접근하기 전에 반드시 argc 매개변수를 보고 인수가 몇 개나 담겨 있는지 확인해야 한다. argc가 1이라면 인수는 하나만 있다는 뜻이므로 argv[0]만 접근할 수 있다. argv 배열의 0번째 원소는 일반적으로 프로그램 이름을 담고 있다. 따라서 매개변수는 argv[1]부터 시작한다.

다음 C++ 프로그램에서 main() 함수는 입력된 스트링을 암호화한다. 이 프로그램은 리눅스 표준에 따라 작업을 정상적으로 처리하면 0을, 문제가 발생하면 0이 아닌 값을 리턴한다.

```
int main(int argc, char* argv[])
{
    if (argc < 2) {
        cerr << "Usage: " << argv[0] << " string-to-be-encrypted" << endl;
        return -1;
    }
    cout << encrypt(argv[1]);
}
```

NOTE_ 이 코드에는 심각한 보안 허점이 있다. 암호화할 스트링이 C++의 커맨드라인 인수로 전달된다는 말은 다른 사람이 이 프로세스의 테이블을 보고 얼마든지 알 수 있다는 것을 의미한다. C++ 프로그램으로 정보를 좀 더 안전하게 보내려면 표준 입력을 활용하는 것이 좋다.

지금까지 설명을 통해 스크립트에 C++ 프로그램을 쉽게 추가할 수 있다는 것을 알 수 있었다.

이렇게 하면 프로젝트를 진행할 때 두 언어의 장점을 서로 결합할 수 있다. OS와 연동하거나 스크립트의 실행 흐름을 제어하는 작업은 스크립트로 작성하고, 복잡한 연산은 C++를 비롯한 기존 프로그래밍 언어를 활용하면 좋다.

NOTE_ 이 예제는 펄과 C++를 함께 사용하는 방법만 보여주었다. C++에서 제공하는 정규 표현식 라이브러리를 활용하면 예제에서 펄로 구현한 부분을 C++로 쉽게 대체할 수 있다. 이렇게 C++로만 처리하도록 구현하면 외부 프로그램을 호출하지 않기 때문에 실행 속도가 훨씬 빠르다. 정규 표현식 라이브러리는 21장에서 자세히 설명했다.

34.2.9 C++에서 어셈블리 코드 호출하기

C++는 다른 프로그래밍 언어에 비해 상당히 빠른 언어로 손꼽힌다. 그럼에도 불구하고 간혹 속도를 더욱 높이기 위해 어셈블리로 작성할 때가 있다. 컴파일러는 C++ 소스 파일로부터 어셈블리를 생성한다. 이렇게 생성된 어셈블리 코드는 거의 모든 작업을 빠르게 처리한다. 컴파일러와 링커(링크 시간 코드 생성을 지원할 경우)는 어셈블리 코드의 성능을 최대한 높이기 위해 최적화 알고리즘을 사용한다. 이러한 최적화는 MMX, SSE, AVX 같은 특수한 프로세서 인스트럭션을 활용하는 방식으로 더욱 강력하게 진화하고 있다. 이제는 컴파일러의 코드 생성기보다 효율적인 어셈블리 코드를 직접 작성하기가 상당히 힘들어졌다. 물론 최신 인스트럭션을 빠삭하게 알고 있다면 그보다 나은 어셈블리를 작성할 수도 있을 것이다.

그럼에도 불구하고 어셈블리 코드를 직접 사용해야 한다면 C++ 컴파일러에서 제공하는 `asm` 키워드를 이용하면 어셈블리 코드를 추가할 수 있다. 이 키워드는 C++ 표준에 정의되어 있지만 구현 방식은 컴파일러마다 다르다. 어떤 컴파일러는 C++ 코드 중간에 일정한 부분을 어셈블리 수준으로 낮추고 싶을 때 `asm`을 사용한다. 때로는 `asm` 키워드를 지원하는 방식이 타깃 아키텍처에 따라 달라질 수 있다. 예를 들어 마이크로소프트 VC++ 2017은 32비트 모드로 컴파일할 때는 `__asm` 키워드를 지원하지만 64비트 모드로 컴파일할 때는 지원하지 않는다.

일부 애플리케이션에서는 어셈블리 코드가 필요할 수 있지만 대부분은 그렇지 않다. 어셈블리 코드는 다음과 같은 이유로 가급적 사용하지 않는 것이 좋다.

- 특정 플랫폼에 맞게 작성된 어셈블리가 포함된 코드는 다른 프로세서에 이식하기 힘들다.
- 어셈블리 언어를 모르는 프로그래머가 많기 때문에 코드를 유지 보수하기 힘들다.

- 어셈블리 코드는 가독성이 떨어져서 코딩 스타일을 해칠 수 있다.
- 어셈블리가 필요한 경우가 거의 없다. 프로그램이 느리다면 알고리즘에 문제가 없는지 검토하거나 29장에서 소개한 성능 이슈를 검토하는 것이 좋다.

> **CAUTION_** 애플리케이션에 성능 문제가 발생했다면 프로파일러를 이용하여 성능의 발목을 잡는 지점을 찾거나 알고리즘 자체를 개선할 수 없는지 고민한다. 모든 경우를 다 검토해도 해결할 수 없을 때만 어셈블리 코드를 사용한다. 이때도 방금 소개한 어셈블리 코드로 인해 발생할 수 있는 단점에 주의한다.

실전에서는 연산이 집중되는 부분을 C++ 함수로 옮긴다. 29장을 참조하여 프로파일러로 성능을 분석해보니 이 부분이 성능의 발목을 잡는다면 더 이상 코드를 줄이거나 더 빠르게 만들 방법이 없다. 이럴 때는 어셈블리 코드를 보고 성능을 더 높일 수 있는지 검토한다.

이때 가장 먼저 할 일은 어셈블리로 표현할 함수를 `extern "C"`로 선언하는 것이다. 그래야 C++ 네임 맹글링이 적용되지 않는다. 그러고 나서 연산의 효율을 높이고 싶은 부분에 대한 어셈블리 코드를 별도 모듈로 구현한다. 이렇게 별도 모듈로 구현하면 C++로 작성한 플랫폼 독립적인 '레퍼런스 구현'을 보유하게 되고, 어셈블리 코드로 성능을 높인 플랫폼 종속적인 버전도 동시에 보유할 수 있다. `extern "C"`를 지정하면 어셈블리 코드에서 간단한 명명 규칙을 사용할 수 있다(이렇게 하지 않으면 컴파일러의 네임 맹글링 알고리즘을 해독해야 한다). 그런 다음 C++ 버전과 어셈블리 버전 중 원하는 것을 링크하면 된다.

이 모듈을 `asm` 키워드를 이용하여 C++ 코드 안에서 구현하지 않고, 별도 파일에 어셈블리 코드를 작성하고 어셈블러로 구동할 수도 있다. 유명한 x86 기반 64비트 컴파일러 중에서 `asm` 키워드를 제공하지 않는 것을 사용할 때 이렇게 많이 한다.

하지만 성능 향상의 폭이 클 때만 어셈블리를 사용해야 한다. 성능이 두 배 이상 높아진다면 어셈블리로 작성할 만하다. 10배라면 더할 나위 없다. 하지만 10% 정도만 높아진다면 굳이 어셈블리로 구현할 필요는 없다.

34.3 정리

이 장에서 소개한 내용 중에서 가장 중요한 사실은 C++는 유연한 언어라는 점이다. 특정 플랫폼에 너무 종속적이지도 않고, 너무 범용적이거나 하이레벨도 아닌 딱 적당한 지점에 있는 언어다. C++로 코드를 작성하더라도 그 언어에 종속될 걱정을 할 필요는 없다. 얼마든지 다른 언어나 플랫폼과 연동할 수 있고, 향후에도 지속적으로 지원될 수 있을 정도로 배경과 코드 베이스가 탄탄하기 때문이다.

5부에서는 소프트웨어 공학 기법, C++ 코드를 효율적으로 작성하는 방법, 테스팅과 디버깅 기법, 설계 기법과 디자인 패턴, 크로스 플랫폼과 크로스 언어 애플리케이션 개발 방법 등을 살펴봤다. 전문 C++ 프로그래머로 향하는 여정의 마지막 주제로 적합하다. 뛰어난 C++ 프로그래머가 위대한 C++ 프로그래머로 도약하는 데 필요하기 때문이다. 설계를 면밀히 검토하고, 객체지향 프로그래밍에 대한 다양한 접근 방법을 실험해보고, 새로 나온 기법을 자기 것으로 만들어 나가며, 테스팅과 디버깅 기법을 연마하면 C++ 실력을 전문가 수준으로 높일 수 있을 것이다.

34.4 연습 문제

이 장에서 소개한 내용을 직접 써보기 위해 다음 연습 문제를 풀어보자. 연습 문제에 대한 정답은 이 책의 웹사이트(www.wiley.com/go/proc++5e)에서 다운로드할 수 있다. 문제를 풀다가 막히면 정답부터 찾지 말고 먼저 앞에서 설명한 부분을 다시 읽고 직접 답을 찾아보려고 애쓰기 바란다.

연습 문제 34-1 모든 표준 C++ 정수 타입의 크기를 출력하는 프로그램을 작성한다. 가능하면 다양한 플랫폼과 컴파일러 조합에서 컴파일해서 실행해보자.

연습 문제 34-2 이 장에서는 정수 인코딩을 위한 두 가지 방식인 빅엔디안과 리틀엔디안을 소개했다. 또한 네트워크에서는 값을 항상 빅엔디안으로 인코딩하므로 자신의 머신에서는 적절히 변환해야 한다고도 설명했다. 이제 16비트 부호 없는 정수에 대해 빅엔디안과 리틀엔디안 사이를 변환하는 프로그램을 작성해보자. 사용하는 데이터 타입에 특별히 주의를 기울인다. 구현한 기능을 테스트하는 `main()` 함수도 작성한다.

보너스 연습 문제 32비트 정수에 대해서도 똑같이 할 수 있을까?

연습 문제 34-3 34.2.2절 '패러다임 전환하기'에 나오는 C와 C++를 혼용하는 방법에 대한 설명은 다소 추상적이었다. 그때 살펴본 예제에서 C 함수는 C나 C++ 표준 라이브러리 모두 제공하지 않는 네트워킹 코드를 사용해야 했기에 생략했었다. 이번에는 C++ 코드에서 활용할만한 조그만 C 라이브러리를 살펴보자. 이 C 라이브러리는 기본적으로 두 가지 기능(주어진 스트링을 역순으로 반전시켜 초기화하는 reverseString()과 이 함수에서 할당한 메모리를 해제하는 freeString())을 제공한다. 두 함수의 선언문과 설명은 다음과 같다.

```
/// <summary>
/// 스트링 하나를 새로 할당해서 역순으로 초기화한다.
/// </summary>
/// <param name="string">역순으로 만들 소스 스트링</param>
/// <returns>역순으로 채워서 새로 할당된 버퍼
/// 리턴된 메모리는 freeString()으로 해제한다.</returns>
char* reverseString(char* string);

/// <summary>주어진 스트링에 대해 할당된 메모리를 해제한다.</summary>
/// <param name="string">해제할 스트링</param>
void freeString(char* string);
```

C++ 코드에서 이 라이브러리를 사용하려면 어떻게 해야 할까?

연습 문제 34-4 이 장에서 소개한 C와 C++ 코드를 혼용하는 예제는 모두 C++에서 C를 호출하는 방식으로 구성했다. 물론 반대 방향도 가능하다. 대신 데이터 타입이 더 제한된다. 이번 연습 문제에서는 양방향 모두 사용해보자. 먼저 writeTextFromCpp(const char*)라는 C++ 함수를 호출하는 C 함수인 writeTextFromC(const char*)를 작성한다. writeTextFromCpp는 주어진 스트링을 cout을 이용하여 표준 출력에 보낸다. 구현한 코드를 테스트하도록 C 함수인 writeTextFromC()를 호출하는 main() 함수를 C++로 작성해보자.

Part VI

부록

Part VI

부록

APPENDIX A

C++ 면접 예상 질문

이 책을 다 읽었다면 C++ 프로그래머로서 본격적으로 활동하기 위한 기본기를 충분히 갖췄을 것이다. 그래도 개발자를 채용하는 입장에서 보면 정말 고액연봉을 주고 데려올 만한 실력이 있는지 확인하고 싶어 한다. 전반적인 면접 과정은 회사마다 다르지만, 기술 면접만큼은 어느 정도 예상할 수 있다. 기본적인 코딩 실력과 디버깅 실력, 설계와 스타일에 대한 기술, 문제 해결 능력 등을 확인하기 위해 심도 있게 인터뷰를 진행한다. 이 과정에서 나올 수 있는 질문은 굉장히 다양하다. 부록 A에서는 고급 C++ 프로그래머를 채용하는 과정에서 나올 만한 다양한 질문 유형을 소개한다.

이 책의 각 장별로 면접에 나올 만한 주제들을 훑어보며, 다양한 기술을 테스트하기 위한 예상 질문과 모범 답안을 소개한다.

1장: C++와 표준 라이브러리 초단기 속성 코스

기술 면접을 진행할 때 지원자가 이력서에 작성한 C++ 실력이 진짜인지 확인하기 위해 C++ 기초를 물어보는 경우가 많다. 이런 질문은 **전화 인터뷰** 단계에서 대면 면접 대상자를 걸러내는 과정에 많이 나온다. 물론 이메일 면접이나 대면 면접 과정에서도 얼마든지 이런 질문이 나올 수 있다. 이렇게 C++ 기초를 물어보는 목적은 어디까지나 여러분이 정말 C++를 잘 알고 실제로 써본 적이 있는지 확인하기 위해서다. 따라서 사소한 세부사항까지 자세히 설명할 필요는 없다. 그런다고 점수를 더 많이 받지 않는다.

기억할 사항

- 함수 사용법
- 균일 초기화
- 모듈 사용법(C++20)
- 표준 라이브러리 헤더(.h) 생략을 포함한 헤더 파일 문법
- 네임스페이스와 중첩 네임스페이스의 기본 사용법
- C++ 기초 : 범위 지정 for 문을 비롯한 반복문 작성 방법, 조건문, 조건 연산자, 변수 등
- 3방향 비교 연산자(C++20)
- 열거 타입
- 스택과 프리스토어의 차이
- 동적 할당 배열

- const 사용법
- 포인터와 레퍼런스의 개념과 차이점
- 레퍼런스를 선언할 때 변수에 바인딩하기
- 레퍼런스 전달이 값 전달보다 좋은 점
- auto 키워드
- std::array나 std::vector와 같은 표준 라이브러리 컨테이너의 기본 사용법
- 구조적 바인딩
- std::pair와 std::optional 사용법
- 타입 앨리어스와 typedef 작동 원리
- 어트리뷰트에 대한 기본 개념

질문 유형

C++의 기초에 대한 질문은 어휘력 테스트와 비슷하다. 면접관은 auto나 enum class와 같은 C++ 키워드의 정의에 대해 묻기도 한다. 교과서적인 답을 원할 수도 있지만 사용 예나 추가사항을 곁들여 답변하면 추가 점수를 얻을 수 있다. 예를 들어 auto 키워드의 정의를 물어봤다면 auto로 변수를 정의하는 경우뿐만 아니라 함수 리턴 타입 추론에도 사용하는 것을 함께 언급하면 추가 점수를 받을 수 있다.

또한 면접관 앞에서 간단한 프로그램을 직접 작성하는 방식으로 C++의 기본 실력을 확인하기도 한다. 면접관은 본격적인 질문에 들어가기 전에 긴장을 풀어주기 위해 C++로 'Hello, World'를 출력하는 프로그램을 작성하라고 물어볼 수 있다. 이렇게 쉬운 질문을 받더라도 네임스페이스를 능숙하게 사용하고 스트림을 사용하며 코드에 필요한 표준 헤더도 정확히 표기하면 단순히 printf()만으로 작성하는 것보다 좋게 평가할 것이다.

const로 정의할 대상에 대한 질문도 C++ 면접의 단골 주제다. 이 키워드 하나만으로 폭넓게 평가할 수 있다. 예를 들어 실력이 보통 수준이라면 const 변수 정도만 언급할 것이다. 실력이 괜찮다면 const 클래스 메서드와 const 데이터 멤버도 설명할 것이다. 매우 뛰어난 개발자라면 const 레퍼런스 전달 방식도 언급하면서 값 전달 방식보다 뛰어난 경우를 설명할 것이다.

이 장에서 다루는 주제와 관련하여 코드에서 버그를 찾아보라는 질문도 나올 수 있다. 특히 레퍼런스를 잘못 사용하는 경우를 잘 찾아본다. 예를 들어 데이터 멤버로 레퍼런스를 가진 클래스가 있다고 하자.

```
class Gwenyth
{
    private:
        int& m_caversham;
};
```

여기서 m_caversham은 레퍼런스이기 때문에 이 클래스가 생성될 때 변수에 바인딩해야 한다. 그러기 위해서는 생성자 초기자를 사용할 필요가 있다. 이 클래스는 생성자에 대한 매개변수로 참조할 수 있는 변수를 받게 만들 수 있다.

```
class Gwenyth
{
    public:
        Gwenyth(int& i) : m_caversham { i } { }
    private:
        int& m_caversham;
};
```

2장, 21장: 스트링과 스트링 뷰 다루기, 스트링 현지화와 정규 표현식

스트링은 굉장히 중요하다. 거의 모든 애플리케이션에서 스트링을 사용한다. 면접관은 C++에서 스트링에 대한 질문을 최소 하나는 던질 가능성이 높다.

기억할 사항

- std::string과 std::string_view 클래스
- 함수 리턴 타입으로 string_view보다는 const string&나 string 사용하기
- C++의 std::string 클래스와 C 스타일 스트링의 차이점, 그리고 C 스타일 스트링을 자제해야 하는 이유
- 스트링을 정수와 부동소수점수를 비롯한 숫자 타입과 상호 변환하는 방법
- std::format()을 이용한 스트링 포매팅(C++20)
- 로 스트링 리터럴
- 현지화의 중요성
- 유니코드의 기본 개념

- 로케일과 패싯의 개념
- 정규 표현식

질문 유형

스트링 두 개를 서로 연결하는 방법을 물어볼 수 있다. 이 질문을 통해 전문 C++ 프로그래머인지 아니면 C 프로그래머인지 알 수 있다. 이런 질문을 받으면 `std::string` 클래스를 이용하여 두 스트링을 연결하는 방법을 설명한다. 또한 `string` 클래스는 메모리를 알아서 관리해준다는 점에서 C 스타일 스트링과 다르다는 점을 강조하면 좋다.

현지화에 대해 상세하게 묻지 않더라도 답변할 때 `char` 대신 `wchar_t`를 사용해서 현지화에 대한 기본 개념을 갖췄다는 사실을 드러내면 좋다. 현지화 작업 경험에 대한 질문을 받으면 프로젝트의 시작 단계부터 현지화를 고려하는 것이 중요하다는 점을 강조한다.

로케일과 패싯에 대한 기본 개념도 물어볼 수 있다. 문법은 정확히 설명하지 못해도 괜찮다. 하지만 텍스트와 숫자를 대상 국가나 언어에 맞게 표현할 수 있게 해준다는 사실은 반드시 설명해야 한다.

유니코드에 대한 질문도 나올 수 있다. 이 질문의 의도는 세부적인 구현사항보다는 유니코드의 기본 개념과 배경을 물어보는 데 있다. 따라서 유니코드의 기본 개념을 확실히 이해하고 있음을 보여주고, 현지화 문맥에서 활용하는 관점에서 답변한다. 또한 유니코드 문자를 UTF-8과 UTF-16처럼 다양한 방식으로 인코딩할 수 있다는 점도 설명하면 좋다. 물론 세부사항까지 답변하지 않아도 괜찮다.

21장에서 설명했듯이 정규 표현식은 문법이 굉장히 복잡하다. 정규 표현식의 정확한 문법을 물어볼 가능성은 별로 없다. 하지만 정규 표현식의 기본 개념과 스트링을 다룰 때 정규 표현식으로 할 수 있는 일에 대해서는 답변할 수 있어야 한다.

3장: 코딩 스타일

전문 프로그래머라면 C++를 엉터리로 배운 동료 때문에 고생한 경험이 한 번쯤 있을 것이다. 코드를 지저분하게 작성하는 사람과 같이 일하고 싶은 사람은 없다. 그러므로 지원자의 코딩 스타일을 알아보는 질문을 던지기도 한다.

기억할 사항

- 스타일은 중요한 요소다. 면접 과정에서 스타일에 대해 직접 묻지 않더라도 항상 신경 쓴다.
- 코드를 제대로 작성했다면 주석을 달 일이 많지 않다.
- 주석은 주로 메타 정보를 담는 용도로 사용한다.
- 코드를 더 작은 단위로 쪼개는 분할 원칙
- 기존 코드를 깔끔하게 정리하기 위해 코드를 재구성하는 리팩터링 기법
- 명명 규칙도 중요하다. 변수나 클래스를 비롯한 대상의 이름을 신경써서 짓는다.

질문 유형

스타일에 대한 질문 유형은 다양하다. 필자의 친구는 꽤 복잡한 알고리즘을 구현하는 코드를 칠판에 적어보라는 질문을 받은 적이 있었다. 먼저 변수 이름을 적자 면접관이 통과했으니 그만해도 된다고 말했다고 한다. 질문의 의도는 알고리즘이 아니었던 것이다. 변수 이름을 얼마나 잘 짓는지 보기 위한 위장 질문이었던 것이다. 스타일에 대해 흔히 볼 수 있는 질문은 자신이 작성한 코드를 보여 달라거나 스타일에 대한 의견을 묻는 방식으로 진행한다.

면접관에게 코드를 제출할 때는 조심해야 할 점이 있다. 예전 직장에서 구현한 코드를 함부로 제출하면 법적인 문제가 발생할 수 있다. 또한 배경 지식과는 관련 없이 단순히 실력만 뽐내기 위한 코드는 자제해야 한다. 예를 들어 데이터베이스 관리자를 채용하는 자리에 고속 이미지 렌더링에 대한 석사 학위 논문을 내미는 것은 바람직하지 않다.

면접 과정에서 특정한 프로그램을 작성하라고 요청하면 이 책에서 배운 기술을 마음껏 뽐낼 절호의 기회다. 작성할 프로그램에 대해 구체적으로 명시하지 않더라도 지원할 회사에 제출할 만한 프로그램을 짧게나마 작성해두면 좋다. 예전에 작성했던 코드를 그대로 제출하기보다는 지원할 업무에 적합하면서 코딩 스타일도 뽐낼 수 있도록 처음부터 새로 작성하는 것이 좋다.

작성해둔 문서가 있고 공개해도 법적인 문제가 없는 것이라면 이런 문서도 코드와 함께 제출해서 **커뮤니케이션** 능력을 드러내면 추가 점수를 확보할 수 있다. 직접 구축하거나 관리한 웹사이트 또는 CodeGuru(`codeguru.com`)나 CodeProject(`codeproject.com`)와 같은 사이트에 올린 글도 보여주면 좋다. 그러면 여러분이 코드 작성 능력뿐만 아니라 다른 사람과 소통해서 코드를 효과적으로 활용할 수 있다는 능력도 갖췄다는 것을 알 수 있다. 물론 자기가 쓴 책이 있다면 금상첨화다.

깃허브(github.com)와 같은 오픈소스 프로젝트에 활발히 참여하고 있다면 추가 점수를 얻을 수 있다. 주도적으로 개발하는 오픈소스 프로젝트가 있다면 더 좋다. 코딩 스타일과 커뮤니케이션 능력을 뽐내기에 이보다 좋은 것은 없다. 깃허브와 같은 웹사이트에 나온 프로파일 페이지는 이력서처럼 사용할 수 있다.

4장: 전문가답게 C++ 프로그램 설계하기

면접관은 C++ 언어에 대한 지식뿐만 아니라 C++를 활용하는 능력도 알고 싶어 한다. 설계 능력에 대해 직접 질문하지 않더라도 다른 질문을 통해 설계 능력을 가늠하기도 한다.

또한 자신이 직접 작성하지 않은 코드도 잘 다룰 수 있는지 물어볼 수 있다. 그 동안 사용해본 라이브러리를 이력서에 구체적으로 나열했다면 여기에 대한 질문에 철저히 대비한다. 라이브러리를 구체적으로 명시하지 않았다면 라이브러리가 얼마나 중요한지 기본적으로 이해하고 있으면 된다.

기억할 사항

- 설계는 주관적이다. 면접 과정에서 여러분이 내린 설계 결정사항을 잘 설득할 수 있도록 준비한다.
- 예전에 자신이 한 설계에 대한 기억을 구체적으로 떠올려 뒀다가 면접 과정에 예제로 제시한다.
- 설계를 클래스 계층도 등을 이용하여 시각적으로 표현할 수 있도록 준비한다.
- 코드 재사용의 장점을 설명할 수 있도록 준비한다.
- 라이브러리의 개념을 이해한다.
- 처음부터 새로 만들 때와 기존 코드를 재사용할 때의 장단점을 파악한다.
- 빅오 표기법에 대해 이해한다. 최소한 $O(n \log n)$이 $O(n^2)$보다 좋다는 정도는 알고 있어야 한다.
- C++ 표준 라이브러리에서 제공하는 기능을 파악한다.
- 디자인 패턴에 대한 개략적인 개념을 파악한다.

질문 유형

면접관 입장에서 볼 때 설계에 대해 제대로 질문하기가 쉽지 않다. 면접 과정에서 설계하는 프로그램은 너무 간단해서 실전 설계 기법을 드러내기에 부족할 때가 많다. 설계에 대한 질문은 흔히 '프로그램을 제대로 설계하기 위한 단계에 대해 설명하라'든지 '추상화 원칙에 대해 설명하라'와 같이 두리뭉실하게 표현되기 쉽다. 또한 대상이 명확하지 않을 수도 있다. 예를 들어

'예전에 수행한 프로젝트의 설계에 대해 설명해 달라'고 질문할 수 있다. 이때 예전 직장의 지적 재산권을 침해하지 않도록 주의한다.

면접관이 특정 라이브러리에 대해 구체적으로 질문하면 세부사항보다는 상위 수준의 개념을 물어보려는 의도가 많다. 예를 들어 설계 관점에서 볼 때 표준 라이브러리의 장단점을 설명하라는 질문을 받을 수 있다. 이때는 표준 라이브러리에서 제공하는 기능의 방대함과 표준화의 장점을 설명하고, 간혹 사용하기 어렵다는 단점도 함께 제시하면 좋다.

얼핏 들으면 라이브러리와 관련 없는 질문을 통해 설계에 대한 질문을 받을 수 있다. 예를 들어 웹에서 MP3 음악을 다운로드해서 로컬 컴퓨터에서 재생하는 애플리케이션을 만드는 방법을 물어볼 수 있다. 라이브러리에 대해 직접적으로 물어보지 않았지만 사실 관련이 있다. 이 질문은 실제로 개발 과정을 물어보는 것이다.

이런 질문을 받으면 가장 먼저 요구사항을 수집하고 초기 프로토타입을 구현하는 방법부터 설명하면 좋다. 이 질문에서 언급한 두 가지 기술을 어떻게 다루는지도 살펴보려고 할 수 있다. 이때 라이브러리를 언급하면 좋다. 웹과 MP3 재생 기능을 직접 구현한다고 설명해도 문제가 되지 않지만, 기존에 있던 기능을 다시 만들어서 발생하는 시간과 비용이 가치가 있는지 다시 질문을 받을 수 있다.

더 좋은 답변은 웹과 MP3 기능에 관련된 기존 라이브러리를 조사해서 주어진 프로젝트에 적합한 것이 있는지 확인하겠다고 말하는 것이다. 리눅스에서 웹 기능을 제공하는 libcurl(`curl.haxx.se`)이나 윈도우에서 음악 파일을 재생하는 윈도우 미디어 라이브러리처럼 구체적인 라이브러리를 제시할 수 있다면 좋다.

무료 라이브러리를 제공하는 웹사이트나 그런 웹사이트에서 제공하는 것들을 언급한다면 추가 점수를 확보할 수 있다. 예를 들어 윈도우 라이브러리에 대해서는 `www.codeguru.com`과 `www.codeproject.com`이 있고, 플랫폼 독립적인 C++ 라이브러리는 `www.boost.org`나 `www.github.com`이 있다. GNU GPL General Public License이나 부스트 소프트웨어 라이선스 Boost Software Licence, 크리에이티브 커먼즈 Creative Commons 라이선스, 코드구루 CodeGuru 라이선스, OpenBSD 라이선스와 같이 오픈소스 소프트웨어에 적용되는 라이선스의 예도 제시하면 더 좋다.

5장: 객체지향 설계

객체지향 설계에 대한 질문은 C++의 객체지향 기능을 실제로 사용해본 프로그래머와 단순히 말로만 들어본 C 프로그래머를 가려내기 좋다. 면접관은 절대 이력서에 나온 내용을 그대로 믿지 않는다. 수년 동안 객체지향 언어를 사용했더라도 제대로 이해하고 있는지 확인하고 싶어 한다.

기억할 사항

- 절차형 패러다임과 객체지향 패러다임의 차이점
- 클래스와 객체의 차이점
- 컴포넌트, 속성, 동작 관점에서 클래스 표현하기
- is-a 관계와 has-a 관계
- 다중 상속의 장단점

질문 유형

객체지향 설계에 대한 질문은 크게 두 가지 방식으로 나올 수 있다. 하나는 객체지향 개념을 정의하는 것이고, 다른 하나는 객체지향 계층도를 직접 그려보는 것이다. 전자는 다소 쉬운 편이다. 구체적인 예제를 제시하면 추가 점수를 딸 수 있다.

객체지향 계층도에 대한 질문을 할 때는 카드게임과 같은 간단한 애플리케이션을 제시하면서 그 애플리케이션에 대한 클래스 계층도를 그려보라고 물어볼 수도 있다. 주로 게임 설계에 대한 질문을 많이 던진다. 아무래도 접해본 사람이 많고 데이터베이스 구현과 같은 질문보다는 무난하기 때문이다. 물론 답변으로 제시하는 계층도는 설계할 대상이 되는 게임이나 애플리케이션의 종류에 따라 크게 달라진다. 이때 다음과 같은 사항을 명심한다.

- 면접관은 여러분의 사고 과정을 보고 싶어 한다. 자신 있게 말하고, 브레인스토밍도 하고, 면접관과 적극적으로 토론한다. 잘못 답변해도 겁먹지 말고 즉시 수정해서 더 나은 방향을 제시한다.
- 면접관이 제시하는 예제 애플리케이션을 면접자가 잘 알고 있다고 생각할 수도 있다. 블랙잭과 같은 게임을 한 번도 해보지 않았는데 이를 설계하라는 질문을 받으면 다른 예를 제시해 달라고 부탁한다.
- 계층도의 표현 형식을 구체적으로 정해주지 않았다면 클래스 다이어그램을 트리 형태로 표현하는 것이 좋다. 여기에 각 클래스마다 데이터 멤버와 메서드를 개략적으로 표현한다.
- 제시한 설계가 좋다는 근거를 말해 달라는 질문을 하거나 어떤 요구사항이 추가되면 어떻게 수정할지 물어볼 수도 있다. 이렇게 질문한 이유가 여러분이 제시한 설계에서 면접관이 실제로 결함을 발견했기 때문인지 아니면 단순히 설득 능력을 보기 위해 공격하는 입장을 취한 것인지 잘 판단해서 대답한다.

6장: 재사용을 고려한 설계

아쉽게도 재사용을 고려한 코드를 설계하는 방법을 질문하는 경우는 드물다. 한 가지 용도의 코드만 구현할 줄 아는 개발자로만 구성된 팀은 개발 역량이 떨어지기 때문에 불행한 일이다. 간혹 코드 재사용에 대한 실력을 갖추고 있어서 면접 때 이를 질문을 하는 회사가 있다. 이런 질문을 하는 회사라면 괜찮은 회사다.

기억할 사항

- 추상화 원칙
- 서브시스템과 클래스 계층 생성 방법
- 인터페이스(구현에 대한 세부 정보가 없는 public 메서드로만 구성된 인터페이스)를 제대로 설계하기 위한 일반적인 규칙
- 템플릿이 필요한 경우와 상속이 필요한 경우

질문 유형

추상화의 원리와 이점을 설명하고 몇 가지 구체적인 예를 들어 보라고 할 수도 있다.

재사용에 대해 질문할 때 흔히 지원자가 예전에 참여한 프로젝트에 대해 물어본다. 예를 들어 일반 사용자와 전문가를 위한 비디오 편집 애플리케이션을 제작하는 회사에 다녔다면 두 가지 버전의 애플리케이션에서 공통되는 코드를 어떻게 관리했는지 물어볼 수 있다. 코드 재사용에 대해 직접적으로 묻지 않고 다른 질문에서 간접적으로 확인할 수도 있다. 예전에 작성했던 모듈에 대한 질문을 받았다면 그 모듈을 다른 프로젝트에서도 활용한 적이 있는지도 언급하기 바란다. 단순히 코딩에 대한 질문을 받더라도 항상 인터페이스에 대한 고려사항도 함께 언급하면 좋다. 이때도 마찬가지로 예전 회사의 지적재산권을 침해하지 않도록 주의한다.

7장: 메모리 관리

스마트 포인터의 개념과 메모리 관리에 대한 질문도 자주 나온다. 스마트 포인터보다 로우레벨의 메커니즘에 대해 질문할 수도 있다. 이러한 질문을 던지는 이유는 내부 구현사항은 모르고 C++의 객체지향 특성만 알고 있는지 확인하기 위해서다. 메모리 관리에 대한 질문이 나온다면 여러분이 가진 내공을 발휘하기 좋은 기회다.

기억할 사항

- 스택과 프리스토어를 그림으로 표현할 줄 알아야 한다. 내부 메커니즘을 이해하는 데 도움이 되기 때문이다.
- 로우레벨 메모리 할당 및 해제 함수의 사용을 자제한다. new, delete, new[], delete[], malloc(), free()와 같은 함수를 직접 호출하지 말고 스마트 포인터를 사용하는 것이 좋다.
- 스마트 포인터를 제대로 이해한다. std::unique_ptr을 기본으로 사용하고, 공유할 대상은 shared_ptr로 표현한다.
- std::unique_ptr은 std::make_unique()로 생성한다.
- std::shared_ptr은 std::make_shared()로 생성한다.
- 이미 폐기되었고 C++17부터는 완전히 삭제된 std::auto_ptr은 절대로 사용하지 않는다.
- 로우레벨 메모리 할당 함수를 굳이 사용해야 한다면 malloc()이나 free()보다는 new, delete, new[], delete[]를 사용한다.
- 객체를 가리키는 포인터 배열을 사용할 때는 각 원소에 있는 포인터마다 메모리를 할당하고 해제해야 한다. 배열 할당 구문은 포인터까지 처리해주지 않는다.
- 밸그린드와 같이 메모리 할당 문제를 검사하는 도구를 이용하면 메모리 문제를 쉽게 찾을 수 있다는 것도 알아둔다.

질문 유형

버그를 찾으라는 질문을 살펴보면 이중 삭제, new/delete/new[]/delete[]가 서로 대칭을 이루지 않는 문제, 메모리 누수 등과 같은 메모리 관련 질문이 함께 담겨 있는 경우가 많다. 포인터와 배열을 상당히 많이 사용하는 코드를 분석할 때는 메모리 상태를 그림으로 표현해서 코드가 실행되면서 상태가 변하는 과정을 추적한다.

지원자가 메모리에 대해 제대로 알고 있는지 확인하기 좋은 또 다른 방법은 포인터와 배열의 차이점을 묻는 것이다. 둘 사이의 차이점이 너무 미묘해서 갑작스레 질문을 받으면 당황할 수 있다. 명확히 이해하지 못하고 있다면 7장에서 포인터와 배열을 설명하는 부분을 다시 한 번 읽어보기 바란다.

메모리 할당에 관한 질문에 답변할 때는 스마트 포인터의 개념과 스마트 포인터를 사용하면 메모리를 비롯한 리소스를 자동으로 해제할 수 있다는 점을 반드시 언급하기 바란다. 또한 C 스타일 배열 대신 std::vector와 같은 표준 라이브러리 컨테이너를 사용하면 메모리를 알아서 관리해주기 때문에 훨씬 좋다는 점도 강조하기 바란다.

8장, 9장: 클래스와 객체 이해, 클래스와 객체 완전 정복

클래스와 객체에 대한 질문은 다양하게 나올 수 있다. 어떤 면접관은 문법에 집착해서 복잡한 코드를 던져놓고 물어볼 수 있다. 또 어떤 면접관은 코드보다는 설계 능력 위주로 물어보기도 한다.

기억할 사항

- 클래스 정의에 대한 기본 문법
- 메서드와 데이터 멤버에 대한 접근 지정자
- `this` 포인터 사용법
- 이름 결정 과정
- 스택과 프리스토어의 관점에서 본 객체 생성과 소멸 과정
- 컴파일러가 생성자를 만드는 경우
- 생성자 초기자
- 복제 생성자와 대입 연산자
- 생성자 위임
- `mutable` 키워드
- 메서드 오버로딩과 기본(디폴트) 매개변수
- `const` 멤버
- `friend` 클래스와 메서드
- 객체에서 동적으로 할당된 메모리를 관리하는 방법
- `static` 메서드와 데이터 멤버
- 인라인 메서드의 개념과 컴파일러는 `inline` 키워드를 참조만 할뿐 무시할 수도 있다는 사실
- 인터페이스와 구현 클래스를 분리하는 이유. 인터페이스는 `public` 메서드만 갖고 항상 일정한 형태로 유지하며, `private/protected` 메서드나 데이터 멤버는 없어야 구현이 변경되더라도 그대로 유지할 수 있다는 점
- 클래스 내부 멤버 초기자
- 명시적으로 디폴트로 지정하거나 삭제하는 특수 멤버 함수
- 우측값(rvalue)과 좌측값(lvalue)의 차이
- 우측값 레퍼런스
- 이동 생성자와 이동 대입 연산자를 이용한 이동 의미론
- 복제 후 맞바꾸기 구문의 개념과 용도

- 영의 규칙과 5의 법칙
- 클래스에 대한 3방향 비교 연산자(C++20)

질문 유형

mutable 키워드의 의미를 묻는 질문은 전화 면접에 적합하다. 면접자는 여러 가지 C++ 용어를 물어보고 얼마나 많이 아는지에 따라 다음 단계 면접으로 올라갈 지원자를 걸러낸다. 여기서 질문받은 용어를 다 맞추지 못해도 너무 신경쓸 필요 없다. 다른 지원자도 똑같은 수준으로 질문을 받을 뿐만 아니라 여러 가지 기준 중 하나에 불과하기 때문이다.

버그 찾기 유형의 질문은 면접자뿐만 아니라 코드 강좌에서도 흔히 볼 수 있다. 이상한 코드가 주어진 상태에서 문제점을 찾아보라고 질문할 수 있다. 이 과정에서 지원자의 실력을 최대한 정량적으로 측정하고 싶어 하는데, 그중 한 가지 방법은 버그 찾기 질문이다. 일반적으로 코드를 한 줄씩 읽고 문제점을 찾아서 자신 있게 말한다. 버그의 종류는 대략 다음과 같다.

- **문법 에러 :** 흔치 않지만 면접관은 여러분이 컴파일 과정에서 발생하는 에러를 찾을 것이라 믿고 있다.
- **메모리 문제 :** 여기에는 메모리 누수나 이중 삭제와 같은 문제가 포함된다.
- **바람직하지 않은 작성법 :** 기술적으로는 문제없지만 권장하지 않는 방식이 포함된 것을 찾는다. 예를 들어 C 스타일 문자 배열보다는 std::string을 사용해야 한다.
- **스타일 에러 :** 면접관이 버그로 보지 않더라도 주석이 빈약하거나 변수 이름이 이상한 점도 찾으면 좋다.

앞에서 말한 유형의 버그가 담긴 문제의 예를 직접 살펴보자.

```
class Buggy
{
        Buggy(int param);
        ~Buggy();
        double fjord(double val);
        int fjord(double val);
    protected:
        void turtle(int i = 7, int j);
        int param;
        double* m_graphicDimension;
};

Buggy::Buggy(int param)
{
    param = param;
```

```
    m_graphicDimension = new double;
}

Buggy::~Buggy()
{
}

double Buggy::fjord(double val)
{
    return val * param;
}

int Buggy::fjord(double val)
{
    return (int)fjord(val);
}

void Buggy::turtle(int i, int j)
{
    cout << "i is " << i << ", j is " << j << endl;
}
```

이 코드를 주의 깊게 살펴보고 다음과 같이 수정 사항을 제시한다.

```
import <iostream>; // 구현 코드에서 스트림을 사용했다.
import <memory>;   // std::unique_ptr을 사용하기 위해 추가한다.
import <format>;   // std::format()을 위해 추가한다.

class Buggy
{
    public: // 아래 항목은 대부분 public으로 선언한다.
        Buggy(int param);

        // 소멸자는 virtual로 선언하는 것이 좋다. 또한 소멸자를 명시적으로 디폴트로
        // 지정한다. 그래야 클래스 정의에서 소멸자 코드를 비워둘 수 ㅍ있다.
        virtual ~Buggy() = default;

        // 복제 생성자와 복제 대입 연산자를 허용하지 않는다.
        Buggy(const Buggy& src) = delete;
        Buggy& operator=(const Buggy& rhs) = delete;

        // 이동 생성자와 이동 대입 연산자를 명시적으로 디폴트로 지정한다.
        Buggy(Buggy&& src) noexcept = default;
```

```
        Buggy& operator=(Buggy&& rhs) noexcept = default;

        // int 버전으로 작성하면 컴파일 에러가 발생한다.
        // 리턴 타입만 다르도록 메서드를 오버로딩할 수 없다.
        double fjord(double val);
    private: // 기본적으로 private으로 선언한다.
        void turtle(int i, int j); // 마지막 매개변수만 기본값을 가진다.
        int m_param; // 데이터 멤버에 대한 명명 규칙을 따른다.
        std::unique_ptr<double> m_graphicDimension; // 스마트 포인터를 사용한다.
};

Buggy::Buggy(int param) // ctor 초기자를 적용하는 것이 더 좋다.
    : m_param { param }
    , m_graphicDimension { std::make_unique<double>() } // new 사용을 피한다.
{
}

double Buggy::fjord(double val)
{
    return val * m_param; // 변경된 데이터 멤버에 맞게 수정한다.
}

void Buggy::turtle(int i, int j)
{
    // 네임스페이스 지정 및 std::format() 사용
    std::cout << std::format("i is {}, j is {}", i, j) << std::endl;
}
```

소유권을 표현할 때 일반 포인터는 절대로 사용하지 말고 스마트 포인터를 사용해야 하는 이유를 반드시 제시한다. 또한 이동 생성자와 이동 대입 연산자를 명시적으로 디폴트로 지정하는 이유와 복제 생성자와 복제 대입 연산자를 삭제하는 것이 좋은 이유도 설명할 수 있어야 한다. 복제 생성자와 복제 대입 연산자를 구현해야 할 때 클래스에 어떤 영향을 미치는지도 설명한다.

10장: 상속 활용하기

상속에 대한 질문은 클래스에 대한 질문과 같은 방식으로 물어볼 수 있다. 또한 지원자가 클래스 계층을 구성하는 문제에 대해 답변하는 과정에서 책을 들춰보지 않고도 파생 클래스를 작성할 정도로 C++에 대한 경험이 풍부한지 살펴보기도 한다.

기억할 사항

- 파생 클래스 문법
- 파생 클래스 관점에서 본 private과 protected의 차이점
- 메서드 오버라이딩과 virtual
- 오버로딩과 오버라이딩의 차이점
- 소멸자를 반드시 virtual로 지정해야 하는 이유
- 생성자 체인
- 업캐스팅과 다운캐스팅의 세부사항
- C++의 다양한 캐스팅 타입
- 다형성의 원칙
- 순수 virtual 메서드와 추상 베이스 클래스
- 다중 상속
- 실행 시간 타입 정보(Run-Time Type Information, RTTI)
- 상속한 생성자
- 클래스에 대한 final 키워드
- 메서드에 대한 override와 final 키워드

질문 유형

상속에 대한 질문에 답변할 때 세부사항에서 실수하기 쉽다. 베이스 클래스를 작성할 때 반드시 메서드를 virtual로 선언해야 한다. 메서드를 모두 virtual로 지정했다면 왜 그렇게 했는지 이유를 댈 수 있어야 한다. 또한 virtual의 정의와 작동 과정을 설명할 수 있어야 한다. 그리고 파생 클래스를 정의하는 코드에서 부모 클래스 이름 앞에 public 키워드를 붙이는 것도 잊지 말기 바란다(예: class Derived : public Base). public이 아닌 상속에 대한 질문이 나올 가능성은 많지 않다.

상속에 대한 질문 중에서 어려운 부분은 베이스 클래스와 파생 클래스의 관계에 대한 것이다. 다양한 접근 권한의 작동 방식을 확실히 파악하고, private과 protected의 차이점도 알아둔다. 어떤 클래스를 캐스팅할 때 파생 클래스에 대한 세부 정보가 사라지는 슬라이싱 현상도 확실히 알아둔다.

11장: C++의 까다롭고 유별난 부분

특이한 부분을 집중적으로 물어보길 좋아하는 면접관도 많다. C++의 미묘한 부분을 극복한 숙련된 C++ 프로그래머인지 구분하기 쉽기 때문이다. 간혹 좋은 질문을 생각할 수 없어서 면접관이 볼 때도 C++에서 가장 난해한 부분을 질문하기도 한다.

기억할 사항

- static의 다양한 용도
- 모듈이란 무엇이고 헤더 파일보다 좋은 점(C++20)
- 전처리 매크로의 개념과 단점
- C 스타일 가변 길이 인수 리스트를 사용하면 안 되는 이유

질문 유형

static의 정의도 전형적인 C++ 면접 질문 중 하나다. static 키워드의 용도는 다양하기 때문에 지원자의 지식수준을 가늠하기 좋다. 최소한 static 메서드와 static 데이터 멤버에 대해 예제와 함께 설명할 수 있어야 한다. 함수의 static 변수와 static 링크까지 답변하면 추가 점수를 얻을 수 있다.

모듈은 코드를 재사용할 수 있게 만들고 책임을 명확히 구분하기 위한 뛰어난 수단이다. 모듈을 사용하는 방법과 기본 모듈을 작성하는 방법은 반드시 알아두자.

12장, 26장: 템플릿으로 제네릭 코드 만들기, 고급 템플릿

템플릿은 C++에서 가장 난해한 부분 중 하나다. 템플릿에 대해 물어보면 C++ 초보자인지 전문가인지 쉽게 구분할 수 있다. 템플릿에 대한 구체적인 문법을 정확히 기억하지 못하는 것은 이해할 수 있지만, 기본 개념은 확실히 알아두어야 한다.

기억할 사항

- 클래스 템플릿과 함수 템플릿 사용 방법
- 베이스 클래스와 함수 템플릿 작성 방법
- 축약 함수 템플릿 구문(C++20)

- 함수 템플릿 인수 추론
- 클래스 템플릿 인수 추론(CTAD)
- 앨리어스 템플릿의 개념과 typedef보다 나은 이유
- 콘셉트의 배경과 기본 사용법(C++20)
- 가변인수 템플릿과 폴드 표현식
- 메타프로그래밍의 개념과 배경
- 타입 트레이트의 정의와 용도

질문 유형

면접은 대체로 쉬운 질문으로 시작해서 점차 난이도를 높여가면서 진행한다. 때로는 어려운 문제를 잔뜩 마련해놓고 지원자가 어디까지 할 수 있는지 시험해보기도 한다. 예를 들어 일정한 개수의 int 값을 순차적으로 접근하는 클래스를 만들어보라는 질문으로 시작해서, 이 클래스가 임의의 크기를 가진 배열을 이용하도록 업그레이드하고, 그다음 단계에서는 임의의 데이터 타입을 받아들일 수 있게 만들라고 할 수도 있다. 이때 바로 템플릿이 등장한다. 여기서부터 질문을 여러 방향으로 진행할 수 있다. 배열과 같은 문법을 제공하도록 연산자 오버로딩을 사용하라고 요구하거나 일반적인 템플릿 사용법에 따라 기본 타입을 지정하도록 요구할 수도 있다.

템플릿에 대해 직접 물어보는 경우는 많지 않고 다른 문제를 해결하는 과정에서 살펴볼 때가 많다. 따라서 템플릿이 필요한 경우에 대비해서 기본 개념을 다시 한 번 다져두면 좋다. 그런데 면접관은 템플릿 문법이 복잡하다는 사실을 알고 있기 때문에 복잡한 템플릿을 사용하는 코드를 그 자리에서 작성하라고 요구하는 경우는 드물다.

메타프로그래밍을 이해하고 있는지 알아보기 위한 질문도 나올 수 있다. 이러한 질문에 답변할 때는 팩토리얼을 컴파일 시간에 계산하는 간단한 예제를 제시하면 좋다. 문법이 정확하지 않아도 너무 신경쓸 필요 없다. 기본 개념을 확실히 대답하는 것만으로도 충분하다.

13장: C++ I/O 심층 분석

GUI 애플리케이션을 개발하는 업무에 지원한다면 I/O 스트림에 대한 질문을 하는 경우는 별로 없다. GUI 애플리케이션은 I/O를 다른 메커니즘으로 처리하는 경우가 많기 때문이다. 하지만 스트림은 엄연히 C++ 표준이기 때문에 얼마든지 질문이 나올 수 있다.

기억할 사항

- 스트림의 정의
- 스트림을 이용한 기본적인 입출력 방법
- 매니퓰레이터의 개념
- 스트림의 종류(콘솔, 파일, 스트링 등)
- 에러 처리 기법
- 표준 파일시스템 API

질문 유형

I/O에 대한 질문은 다양한 문맥에서 등장할 수 있다. 예를 들어 파일에서 시험 점수를 읽어서 vector에 저장하는 방법을 물어볼 수 있다. 이 질문은 C++ 언어, 표준 라이브러리 그리고 I/O에 대한 기본 지식을 알아보기 위한 것이다. 주어진 문제를 해결하는 데 I/O가 차지하는 비중이 많지 않더라도 에러를 처리하는 부분을 빠뜨리지 않는 것이 좋다. 그렇지 않으면 괜히 답변에 지적사항만 늘어날 수 있다.

14장: 에러 처리

고액 연봉을 지급해야 할 중요한 업무에 학교를 갓 졸업한 사람이나 초보 프로그래머를 채용할 가능성은 별로 없다. 상용제품 수준의 코드를 작성하지 못할 것이라는 생각 때문이다. 이러한 면접관의 생각을 바꿔놓고 싶다면 코드에서 발생할 수 있는 다양한 에러에 잘 대처하는 기술을 보여주는 것이 좋다.

기억할 사항

- 익셉션 관련 문법
- const 레퍼런스로 익셉션 잡기
- 기본 익셉션 타입보다 익셉션 계층을 구성하는 것이 좋은 이유
- 익셉션이 발생했을 때 스택 풀기가 일어나는 과정
- 생성자와 소멸자에서 에러를 처리하는 방법
- 익셉션이 발생할 때 메모리 누수를 방지하도록 스마트 포인터를 사용하는 방법
- C 스타일 전처리 매크로 대신 std::source_location 클래스 사용하기(C++20)
- C++에서 setjmp()나 longjmp() 같은 C 함수를 절대로 사용하면 안 된다는 사실

질문 유형

면접관은 지원자가 에러를 얼마나 잘 처리하는지 주의 깊게 살펴본다. 코드를 작성하라는 질문을 받았다면 에러 처리를 확실히 한다.

익셉션이 발생했을 때 스택 풀기가 작동하는 과정을 구체적인 코드 없이 개념만 설명하라는 질문이 나올 수도 있다.

물론 프로그래머라고 해서 모두 익셉션 메커니즘을 제대로 이해하거나 꼭 필요하다고 생각하는 것은 아니다. 성능상의 이유로 익셉션 메커니즘을 전혀 사용하지 않는 사람도 있다. 만약 익셉션 메커니즘을 사용하지 말고 작성하라고 질문하면 예전에 사용하던 `nullptr`이나 에러 코드 검사 방식으로 구현한다. 이때 `nothrow new`를 알고 있다는 사실을 자랑해도 좋다.

`source_location` 클래스에 대한 지식과 주요 유스케이스에 대해 알고 있으면 추가 점수를 받을 수 있다.

면접관은 성능을 위해 익셉션을 사용하지 않겠냐는 질문도 던질 수 있다. 이에 대해 성능 저하로 인한 손해가 크다는 편견이 잘못된 이유에 대해 충분히 설명할 수 있어야 한다. 최신 컴파일러는 익셉션 처리 관련 코드 정도는 성능 저하 없이 처리할 수 있다.

15장: C++ 연산자 오버로딩

가능성은 낮지만 단순한 연산자 오버로딩보다 복잡한 오버로딩을 구현하는 질문이 나올 수도 있다. 어떤 면접관은 제대로 답변할 사람이 거의 없는 어려운 내용을 물어보기도 한다. 연산자 오버로딩은 이런 질문을 만들어내기 딱 좋다. 레퍼런스를 보지 않고서 문법에 맞게 코드를 작성할 수 있는 사람이 거의 없기 때문이다. 따라서 면접을 보기 전에 한 번 되짚어보기 좋은 주제다.

기억할 사항

- 스트림 연산자 오버로딩. 연산자 오버로딩 중에서도 가장 흔히 볼 수 있으면서도 개념이 독특하기 때문이다.
- 펑터(함수 객체)의 개념과 생성 방법
- 메서드 연산자와 글로벌 함수의 장단점
- 어떤 연산자를 다른 연산자로 표현하는 방법(예: `operator<=`을 `operator>`로 구현하는 방법)
- 사용자 정의 리터럴을 정의할 수 있다는 사실을 설명한다(세부 문법은 대답하지 못해도 괜찮다).

질문 유형

연산자 오버로딩의 고급 기법을 물어보는 것은 사실 가혹하다. 이런 질문을 던지는 사람조차 이 사실을 잘 알고 있기 때문에 제대로 답변한다면 오히려 면접관이 놀랄 것이다. 구체적으로 어떤 질문이 나올지 예상하기 힘들지만 연산자의 종류는 정해져 있다. 오버로딩에 적합한 연산자에 대한 예제를 본 경험만 있다면 충분히 답변할 수 있다.

연산자 오버로딩을 구현하는 질문과 함께 연산자 오버로딩의 개념을 물어볼 수도 있다. 버그 찾기 질문에 오버로딩이 적합하지 않는 연산자가 담겨 있을 수도 있다. 연산자 오버로딩의 문법뿐만 아니라 기본 개념과 활용 사례까지 잘 익혀두기 바란다.

16-20장, 25장: 표준 라이브러리

이 책에서 설명했듯이 표준 라이브러리에서 어떤 것은 다루기 쉽지 않다. 표준 라이브러리에 빠삭하다고 내세우지 않는 한 표준 라이브러리 클래스에 대해 세부사항까지 물어보는 사람은 별로 없다. 표준 라이브러리를 많이 써야 하는 업무에 지원한다면 면접에 들어가기 전에 기억을 되살리는 차원에서 표준 라이브러리를 사용하는 코드를 작성해보면 좋다. 그렇지 않은 자리에 지원한다면 표준 라이브러리의 설계에 대한 개념과 기본 사용법만 알고 있어도 된다.

기억할 사항

- 다양한 종류의 컨테이너와 각각에 대한 반복자
- 표준 라이브러리 클래스 중에서도 가장 많이 사용하는 vector 사용법
- span 클래스의 개념과 필요성(C++20)
- map과 같은 연관 컨테이너 사용법
- 연관 컨테이너와 비정렬 연관 컨테이너(예: unordered_map)의 차이점
- <bit>에서 제공하는 비트 연산(C++20)
- 함수 포인터, 함수 객체, 람다 표현식 사용법
- 표준 라이브러리 알고리즘의 용도와 몇 가지 기본 제공 알고리즘
- 표준 라이브러리 알고리즘에서 람다 표현식을 사용하는 방법과 사례
- 제거 후 삭제(remove-erase) 패턴
- 표준 라이브러리 알고리즘의 병렬 지원 기능
- 표준 라이브러리 확장 방법(세부사항까지 알 필요는 없음)

- 범위(ranges) 라이브러리의 표현력(C++20)
- 표준 라이브러리에 대한 의견

질문 유형

표준 라이브러리에 대해 물어보기로 작정한 면접관이 구체적으로 어떤 질문을 할지 예상하기 힘들다. 문법에 자신이 없다면 면접 과정에 솔직히 얘기하는 것이 좋다. 예를 들어 OO와 같이 작성할 것 같은데 정확한 것은 실제 업무를 할 때처럼 책을 찾아봐야 알 것 같다고 말하면 된다. 그러면 기본 개념만 정확히 알고 있는 이상 구체적인 세부사항에 대해서는 평가하지 않을 것이다.

표준 라이브러리의 세부사항을 묻지 않고도 하이레벨 관점의 질문만으로 지원자가 표준 라이브러리를 얼마나 사용해봤는지 알아볼 수도 있다. 예를 들어 표준 라이브러리를 어느 정도 사용해본 사람이라면 연관 컨테이너와 비연관 컨테이너에 대해 알고 있을 것이다. 경험이 풍부한 프로그래머라면 반복자를 정의하는 방법, 컨테이너에서 반복자를 사용하는 방법, remove-erase 패턴에 대해서도 알고 있을 것이다. 표준 라이브러리에 대한 하이레벨 관점의 질문 중에서 표준 라이브러리 알고리즘을 사용해본 경험이나 표준 라이브러리를 확장해본 경험을 물어볼 수도 있다. 또한 람다 표현식을 어느 수준까지 알고 있는지, 표준 라이브러리 알고리즘에 적용해본 경험은 있는지 물어보기도 한다.

C++20부터 추가된 ranges 라이브러리의 장점에 대한 질문도 나올 수 있다. 이 라이브러리를 이용하면 **과정**[how]이 아닌 **대상**[what]을 중심으로 프로그램을 작성할 수 있다.

22장: 날짜와 시간 유틸리티

C++ 표준 라이브러리의 크로노[chrono] 라이브러리를 이용하면 날짜와 시간을 다룰 수 있다. 이 기능에 대해 구체적인 질문이 나올 가능성은 적지만 대략 어느 정도 알고 있는지는 물어볼 수 있다.

기억할 사항

- 컴파일 시간 유리수
- 기간, 클럭, 시점을 다루는 방법
- 날짜와 달력(C++20)
- 날짜와 시간을 여러 타임존에 맞게 변환하기(C++20)

질문 유형

chrono 라이브러리에 대해 세부적인 사항은 묻지 않겠지만 날짜와 시간에 관련된 문제를 물어보고 이를 어떻게 해결할지 물어볼 수는 있다. 시간과 날짜 관련 클래스를 직접 정의하겠다고 대답한다면 그 이유에 대해 충분히 설명할 수 있어야 한다. 가장 좋은 답변은 chrono 라이브러리의 기능을 잘 활용하는 것이다. 명심할 것은 코드 재사용은 프로그래밍에서 중요한 패러다임이라는 것이다.

23장: 무작위수 기능

무작위수random number를 제대로 생성하기란 어려운 주제다. 면접관도 이 사실을 잘 알고 있다. 무작위수 생성에 관련된 세부 문법에 대한 질문은 나올 가능성이 적지만, C++ 표준 라이브러리에서 제공하는 <random>의 기본 사용법과 배경에 대해서는 알아두는 것이 좋다.

기억할 사항

- <random> 라이브러리로 무작위수 생성하는 방법
- 무작위수 엔진, 어댑터, 분포(distribution) 등을 이용하여 무작위수를 생성하는 방법
- 시딩(seeding)의 개념과 중요성

질문 유형

면접관이 C 함수인 rand()와 srand()로 무작위수를 생성하는 코드 일부분을 보여주고 의견을 묻는 질문을 던질 수 있다. 이럴 때는 C 함수를 사용하는 것은 바람직하지 않고 <random>에서 제공하는 기능을 사용해야 한다고 답한다.

무작위수와 관련된 질문에 대해 진정한 무작위수와 유사 무작위수의 차이점을 설명하면 좋다. 또한 random_device를 이용하면 유사 무작위수 생성기를 위한 진정한 무작위 시드를 생성할 수 있다는 대답도 하면 추가 점수를 얻을 수 있다.

24장: 기타 유틸리티 라이브러리

이 장에서는 C++ 표준 라이브러리에서 제공하는 부가 기능을 소개했다. 지원자가 표준 라이브러리에 대해 얼마나 폭넓게 알고 있는지 알아보기 위해 여기에 대해서도 물어볼 수 있다.

기억할 사항

- std::variant와 std::any 데이터 타입
- std::pair를 일반화한 std::tuple

질문 유형

이러한 주제를 자세히 물어볼 가능성은 별로 없다. 하지만 variant, any, tuple에 대한 질문은 나올 가능성은 있다. 여기에 대해 알고 있다면 보너스 점수를 딸 수 있다. variant나 any에 대해 답변할 때 1장에서 소개한 optional과 비교해서 설명하면 좋다.

27장: C++ 멀티스레드 프로그래밍

대형 서버부터 개인용 PC에 이르기까지 거의 모든 머신에서 멀티코어 프로세서를 사용하게 되면서 멀티스레드 프로그래밍의 중요성은 더욱 커지고 있다. 심지어 스마트폰마저 멀티코어 프로세스가 장착되어 있다. 따라서 면접 때 멀티스레드에 대한 질문은 충분히 나올 수 있다. 이를 위해 C++는 스레드 라이브러리를 표준으로 제공한다. 따라서 이 라이브러리에 대해 잘 알아두면 좋다.

기억할 사항

- 경쟁 상태와 데드락(교착 상태)의 개념과 방지 방법
- std::thread로 스레드 생성하는 방법
- std::jthread에서 제공하는 부가 기능(C++20)
- 아토믹 타입과 아토믹 연산
- 스레드 간 동기화를 제공하기 위해 서로 다른 뮤텍스 및 락 클래스를 사용하는 것을 포함한 뮤텍스(상호 배제) 개념
- 상태 변수의 개념과 이를 이용하여 다른 스레드에 시그널을 보내는 방법
- 세마포어, 래치, 배리어의 개념(C++20)
- future와 promise
- 여러 스레드에 걸쳐 익셉션을 복제하고 다시 던지는 방법

질문 유형

멀티스레드 프로그래밍은 상당히 복잡한 주제다. 그러므로 멀티스레딩 프로그래밍 능력이 굉장히 중요한 자리가 아니라면 자세히 물어볼 가능성이 적다.

구체적인 질문보다는 멀티스레드 코드를 작성하는 과정에서 흔히 마주치는 상황을 설명하라고 물어보기 쉽다. 대표적인 예로 경쟁 상태, 데드락, 테어링 등이 있다. 또한 아토믹 타입과 아토믹 연산에 대한 질문도 나올 수 있다. 멀티스레드 프로그래밍에 대한 기본 개념을 물어보기도 한다. 질문 범위가 상당히 넓지만 이 과정에서 지원자의 멀티스레드에 대한 수준을 가늠할 수 있다. 뮤텍스 객체, 세마포어, 래치, 배리어에 대해 설명하면 추가 점수를 받을 수 있다. 또한 표준 라이브러리 알고리즘의 병렬 실행 옵션을 이용하여 성능을 높일 수 있다는 설명도 추가하면 좋다.

28장: 소프트웨어 공학 기법

면접 과정에서 소프트웨어 공학에 대한 질문이 하나도 나오지 않는다면 그 회사에 개발 프로세스가 없거나 전혀 신경쓰지 않을지도 모른다. 아니면 그 회사의 프로세스가 너무 복잡해서 겁주지 않으려고 언급하지 않을 수도 있다. 개발 프로세스와 관련해서 중요한 주제 중 하나는 소스 코드 관리다.

면접 과정에서 지원한 회사에 대해 질문할 기회가 있기 마련이다. 이때 개발 프로세스와 소스 코드 관리 방법에 대해 물어보면 좋다.

기억할 사항

- 전통적인 소프트웨어 생명 주기 모델
- 여러 가지 모델의 장단점 비교
- XP의 기본 원칙
- 애자일 프로세스 중 하나인 스크럼
- 예전에 경험한 프로세스
- 소스 코드 관리 솔루션의 기본 원칙

질문 유형

가장 흔히 하는 질문 중 하나는 예전에 근무한 회사에서 적용한 프로세스에 대한 것이다. 이때 그 회사의 내부 기밀을 드러내지 않도록 주의한다. 이런 질문에 답변할 때는 프로세스에서 어떤 점이 좋았고 어떤 점은 효과 없었는지 언급하면 좋다. 단, 특정 방법론을 깎아내리지 않도록 조심한다. 지원하는 회사에서 그 방법론을 사용하고 있을지 모르기 때문이다.

최근에는 스크럼/애자일 기법을 이력서에 표기하는 지원자가 대부분이다. 면접 관이 스크럼에 대해 질문하면 단순히 교과서적인 답변을 듣기 위해서가 아니다. 여러분이 스크럼 책의 목차 정도는 훑어봤다고 생각하고 있다. 이럴 때는 스크럼의 여러 가지 개념 중에서도 특별히 마음에 드는 부분을 중심으로 답변한다. 이때 개인적인 의견도 함께 표현하면 좋다. 면접관과 토론하는 분위기를 조성하고 면접관의 반응에 따라 관심 있어 하는 부분을 중점적으로 얘기한다.

소스 코드 관리에 대한 질문은 대부분 개념 수준으로 물어본다. 소스 코드 관리 솔루션의 기본 원칙을 잘 설명할 수 있어야 하고, 이때 상용 및 오픈소스 솔루션도 몇 가지 언급하면 좋다. 이전 회사에서 소스 코드를 어떻게 관리했는지도 설명하면 좋다.

29장: 효율적인 C++ 코드 작성법

효율에 대한 질문은 면접 과정에서 흔히 나오는 주제다. 코드의 확장성에 관련된 문제에 시달리고 성능을 높이는 데 뛰어난 프로그래머가 부족한 회사가 많기 때문이다.

기억할 사항

- 언어 수준의 효율도 중요하지만 한계가 있다. 궁극적인 목표는 설계 수준의 효율을 높이는 것이다.
- 복잡도가 제곱 시간인 것처럼 성능이 낮은 알고리즘을 피한다.
- 매개변수를 복제 방식이 아닌 레퍼런스 방식으로 전달하는 것이 효율적이다.
- 객체 풀을 이용하면 객체 생성과 삭제 오버헤드를 줄일 수 있다.
- 코드에서 시간을 많이 잡아먹는 부분을 찾아내는 데 프로파일링은 굉장히 중요하다. 그래야 성능을 발목 잡지 않는 부분을 최적화하는 데 시간을 낭비하지 않는다.

질문 유형

간혹 지원한 회사 제품에 들어간 소스 코드를 보여주고 효율에 대한 질문을 할 수도 있다. 어떤 경우에는 예전 설계를 보여주면서 면접관이 직접 겪은 성능 문제를 물어보기도 한다. 어떤 방법으로 설계를 변경해서 문제를 피하는지 보려는 것이다. 하지만 아쉽게도 이런 질문에 제대로 대처하기란 쉽지 않다. 그 회사에서 실제로 해결한 방법과 똑같이 답변할 확률은 낮기 때문이다. 그러므로 답변으로 제시한 설계 방식을 잘 설명할 수 있어야 한다. 그 회사와 똑같은 해결 방법을 찾지 못하더라도 얼마든지 올바른 답을 제시할 수도 있고, 심지어 더 나은 설계를 제안할 가능성은 얼마든지 있다.

효율과 관련하여 어떤 알고리즘을 구현한 C++ 코드에서 성능을 높이는 기법을 물어보기도 한다. 예를 들어 쓸데없이 복제하는 일이 많거나 반복문이 효율적으로 작성되지 않은 코드를 제시하면서 문제점을 찾게 할 수 있다.

또한 프로파일러의 기본 개념과 장점을 질문할 수도 있다.

30장: 테스트 숙달하기

테스트 기술을 중시하는 회사가 많다. 이력서에 테스트 기술을 적지 않고 QA(품질 보증) 경험이 뚜렷이 드러나지 않는다면 테스트에 대한 질문이 나올 수 있다.

기억할 사항

- 블랙박스 테스트와 화이트박스 테스트의 차이
- 단위 테스트, 통합 테스트, 시스템 테스트, 회귀 테스트의 개념
- 하이레벨 테스트 기법
- 이전 회사에서 경험한 테스트와 QA 환경, 그리고 그들의 장단점

질문 유형

면접 과정에서 테스트 코드를 작성해보라고 요구할 수 있다. 물론 이때 주어진 프로그램에 실전 수준의 테스트 코드를 작성하기보다는 하이레벨 관점에서 물어보는 경우가 많다. 이전 회사에서 테스트를 수행한 방법을 설명할 수 있도록 준비한다. 그리고 당시 사용한 방법의 장단점도 설명한다. 이때도 이전 직장의 내부 기밀을 드러내지 않도록 주의한다. 테스트에 대한 질문에 답변하고 나면 그 회사에서 테스트 작업을 어떻게 하고 있는지 물어보기 바란다. 그러면 테스트에 대한 대화를 구체적으로 나눌 수도 있고 지원할 회사의 분위기도 살펴볼 수 있다.

31장: 디버깅 완전 정복

개발팀원을 충원할 때는 자신이 작성한 코드뿐만 아니라 처음 보는 코드를 디버깅할 줄 아는 사람을 뽑고 싶어 한다. 그러므로 기술 면접 과정에서 지원자가 디버깅을 얼마나 잘하는지 알아보는 경우가 많다.

기억할 사항

- 버그가 드러날 때만 디버깅하지 않는다. 버그가 나타나기 전부터 미리 대비하는 자세가 필요하다.
- 로그와 디버거는 디버깅의 핵심 도구다.
- 어서션 사용법도 반드시 알아둔다.
- 버그로 드러나는 증상이 근본 원인과 관련이 없을 수 있다.
- 디버깅할 때 객체 다이어그램이 도움이 될 때가 많다. 특히 면접 중이라면 더욱 그렇다.

질문 유형

면접 과정에서 난해한 디버깅 질문을 받을 수 있다. 이때 가장 중요한 것은 과정이라는 점을 명심한다. 질문한 사람도 아마 그렇게 생각하고 있을 것이다. 주어진 문제에서 버그를 제대로 찾지 못하더라도 어떤 과정을 거쳐 버그를 찾을지 분명히 제시하는 것이 중요하다. 실행하면 뻗어버리는 코드에서 버그를 제대로 찾지 못해도, 버그를 찾기 위한 과정을 구체적으로 설명할 수 있다면 버그를 찾는 것과 비슷한 점수를 받을 수 있다.

32장: 설계 기법과 프레임워크

32장에서 소개한 설계 기법도 면접 주제로 적합하다. 32장에서 이미 읽은 내용을 단순히 반복해서 읽지만 말고 기법을 제대로 이해한 다음 면접에 들어가기 바란다.

GUI 개발 업무에 지원한다면 MFC나 Qt 같은 프레임워크가 있다는 사실을 반드시 알고 있어야 한다.

33장: 디자인 패턴

디자인 패턴(설계 패턴)은 전문가들 사이에서 너무나도 유명하기 때문에 특정 패턴에 대해 설명하고, 그 패턴을 활용하는 사례와 구현 방법을 제시하라는 질문이 나올 수 있다. 실제로 디자인 패턴을 잘 안다고 이력서에 표기하는 지원자도 많다.

기억할 사항

- 재사용할 수 있는 객체지향 설계에 대한 기본 개념
- 이 책에서 소개한 패턴뿐만 아니라 직접 사용해본 경험이 있는 패턴
- 지원자와 면접관이 같은 패턴을 다르게 표현할 수도 있다. 이름이 다른 패턴만 수백 가지가 있기 때문이다.

질문 유형

면접관이 지금까지 등장한 디자인 패턴을 모두 빠삭하게 알고 있지 않는 한 대부분 가벼운 마음으로 물어본다. 다행히 지원자와 편하게 대화를 나누고 패턴에 대한 의견을 듣고 싶어서 물어보는 경우가 많다. 이 책을 비롯한 여러 자료에 나온 패턴을 단순히 암기하기보다는 기본 개념을 잘 파악해두는 것이 중요하다.

34장: 크로스 플랫폼과 크로스 언어 애플리케이션 개발 방법

이력서에 사용할 줄 아는 언어나 기술을 딱 하나만 적는 사람은 거의 없다. 그리고 규모가 어느 정도 되는 애플리케이션이라면 여러 언어와 기술로 구현된 경우가 많다. C++ 프로그래머를 뽑는 면접이라도 C++와 관련된 다른 언어에 대해 충분히 물어볼 수 있다.

기억할 사항

- 플랫폼마다 다른 점(아키텍처, 정수 크기 등)
- 크로스 플랫폼을 지원하는 기능을 직접 구현하지 않고 이러한 일을 해주는 크로스 플랫폼 라이브러리를 찾는 것이 좋다는 사실
- C++와 다른 언어를 연동하는 방법

질문 유형

크로스 언어와 관련된 대표적인 질문으로 여러 언어를 비교하는 것이 있다. 특정 언어가 무조건 좋거나 나쁘다고 답변하지 않도록 주의한다. 정말 그 언어를 좋아하거나 싫어하더라도 말이다. 면접관은 지원자의 선호도가 아닌 주어진 언어의 장단점을 객관적으로 판단해서 선택하는 능력을 보고 싶어 하기 때문이다.

크로스 플랫폼에 대한 질문은 예전에 경험한 일을 물어보는 과정에서 나올 때가 많다. 이력서에 커스텀 하드웨어 플랫폼 타깃의 C++ 애플리케이션 경험이 있다고 적었다면 당시 사용한 컴파일러와 플랫폼에 대한 질문에 대비한다.

APPENDIX B

참고 문헌

이 책을 집필하는 동안 참고했던 자료와 여기서 다룬 주제를 좀 더 깊이 알고 싶은 독자들이 참고할 만한 자료를 소개한다.

B.1 C++

B.1.1 프로그래밍 경험이 없는 독자를 위한 C++ 입문서

- Ivor Horton and Peter Van Weert, 『Beginning C++20, 6th ed』, Apress, 2020. ISBN: 978-1-4842-5883-5

  기초부터 시작해서 단계별로 올라가도록 구성된 예제를 통해 C++에 능숙한 프로그래머가 될 수 있다. C++20부터 추가된 새 기능을 다루고 있으며, 프로그래밍 경험이 없어도 읽을 수 있다.

- Bjarne Stroustrup, 『Programming: Principles and Practice Using C++, 2nd ed』, Addison-Wesley Professional, 2014. ISBN: 0-321-99278-4

  C++를 설계한 사람이 직접 쓴 C++ 프로그래밍 입문서. 프로그래밍 경험이 없는 이들을 위해 집필되었지만 C++ 프로그래머에게도 도움이 된다.

- Steve Oualline, 『Practical C++ Programming, 2nd ed』, O'Reilly Media, 2003. ISBN: 0-596-00419-2

  프로그래밍 경험이 전혀 없는 이들에게 C++를 소개하는 책

- Walter Savitch, 『Problem Solving with C++, 9th ed』, Pearson, 2014. ISBN: 0-133-59174-3

  이 책 역시 프로그래밍에 대한 경험이 없는 독자를 대상으로 한다. 프로그래밍 입문 수업의 교재로 많이 활용되는 책이다.

B.1.2 프로그래밍 경험이 있는 독자를 위한 C++ 입문서

- Bjarne Stroustrup, 『A Tour of C++』, Addison-Wesley Professional, 2013. ISBN: 0-321-95831-4

  C++나 다른 프로그래밍 경험이 있는 중고급 독자를 대상으로 C++ 언어와 표준 라이브러리의 전반적인 사항을 190쪽 정도 되는 가벼운 분량의 튜토리얼 형식 입문서다. 기준으로 삼는 버전은 C++11이다.

- Stanley B. Lippman, Josée Lajoie, Barbara E. Moo, 『C++ Primer, 5th ed』, Addison-Wesley Professional, 2012. ISBN: 0-321-71411-3

  C++ 언어의 거의 모든 사항을 굉장히 쉬우면서도 자세하게 다루는 입문서

- Andrew Koenig, Barbara E. Moo, 『Accelerated C++: Practical Programming by Example』, Addison-Wesley Professional, 2000. ISBN: 0-201-70353-X

C++ Primer와 다루는 내용은 비슷하지만 다른 언어를 사용해본 경험이 있는 독자를 대상으로 하기 때문에 분량은 훨씬 적다.

- Bruce Eckel, 『Thinking in C++, Volume 1: Introduction to Standard C++, 2nd ed』, Prentice Hall, 2000. ISBN: 0-139-79809-9

  C 언어를 아는 독자를 대상으로 한 뛰어난 C++ 프로그래밍 입문서

B.1.3 C++ 일반

- The C++ Programming Language, `www.isocpp.org`

  C++ 표준에 대한 홈페이지로서, 모든 컴파일러와 플랫폼에 대한 새소식, 현황, 토론을 다룬다.

- The C++ Super-FAQ, `isocpp.org/faq`

  C++에 대해 자주 묻는 질문을 상당히 많이 모아둔 곳

- Marius Bancila, 『Modern C++ Programming Cookbook, 2nd ed』, Packt, 2020. ISBN: 9781800208988

  C++ 개발자가 겪을 수 있는 다양한 문제에 대한 실용적인 해결 방법(레시피)을 중심으로 구성된 책이다. 2판부터는 C++20에 관련된 레시피 30개가 새로 추가되거나 업데이트되었다.

- Paul Deitel, Harvey Deitel, 『C++20 for Programmers, 3rd ed』, O'Reilly, 2020. ISBN: 9780136905776

  초급에서 중급 사이의 독자를 위해 튜토리얼 형식으로 최신 C++20 버전의 C++ 프로그래밍을 익힐 수 있도록 구성되었다.

- Scott Meyers, 『Effective Modern C++: 42 Specific Ways to Improve Your Use of C++11 and C++14』, O'Reilly, 2014. ISBN: 1-491-90399-6
- Scott Meyers, 『Effective C++: 55 Specific Ways to Improve Your Programs and Designs, 3rd ed』, Addison-Wesley Professional, 2005. ISBN: 0-321-33487-6
- Scott Meyers, 『More Effective C++: 35 New Ways to Improve Your Programs and Designs』, Addison-Wesley Professional, 1996. ISBN: 0-201-63371-X

  이 세 책은 C++의 기능 중에서도 잘못 사용하거나 오해하기 쉬운 부분에 대한 팁과 요령을 잘 설명하고 있다.

- Bjarne Stroustrup, 『The C++ Programming Language, 4th ed』, Addison-Wesley Professional, 2013. ISBN: 0-321-56384-0

  C++를 설계한 사람이 직접 쓴 C++ 바이블이다. C++ 프로그래머라면 한 권씩 갖고 있을 정도다. 단, 초보자가 보기에는 좀 어렵다.

- Herb Sutter, 『Exceptional C++: 47 Engineering Puzzles, Programming Problems, and Solutions』, Addison-Wesley Professional, 1999. ISBN: 0-201-61562-2

다양한 퍼즐로 구성되어 있으며, C++에서 RAII를 이용하여 리소스를 제대로 관리하고 예외를 안전하게 처리하는 방법을 가장 상세하게 설명한 책으로 손꼽힌다. PIMPL 패턴, 네임 룩업, 바람직한 클래스 설계 방법, C++ 메모리 모델을 비롯한 다양한 주제를 깊이 있게 다루고 있다.

- Herb Sutter, 『More Exceptional C++: 40 New Engineering Puzzles, Programming Problems, and Solutions』, Addison-Wesley Professional, 2001. ISBN: 0-201-70434-X

  앞에 나온 책 『Exceptional C++: 47 Engineering Puzzles, Programming Problems, and Solutions』에서 다루지 않은 예외 안전성에 관련된 주제를 소개한다. 또한 표준 라이브러리를 올바르게 사용하는 방법과 효과적인 객체지향 프로그래밍 방법도 다룬다.

- Herb Sutter, 『Exceptional C++ Style: 40 New Engineering Puzzles, Programming Problems, and Solutions』, Addison-Wesley Professional, 2004. ISBN: 0-201-76042-8

  제네릭 프로그래밍, 최적화, 리소스 관리를 잘 다루고 있다. 또한 비 멤버 함수(non-member function)와 단일 책임성 원칙에 따라 C++로 모듈화 프로그래밍을 하는 방법을 굉장히 잘 설명하고 있다.

- Stephen C. Dewhurst, 『C++ Gotchas: Avoiding Common Problems in Coding and Design』, Addison-Wesley Professional, 2002. ISBN: 0-321-12518-5

  C++ 프로그래밍에 관련된 99가지 팁을 상세하게 다룬다.

- Bruce Eckel, Chuck Allison, 『Thinking in C++, Volume 2: Practical Programming』, Prentice Hall, 2003. ISBN: 0-130-35313-2

  Eckel 책 시리즈의 2부로서 C++의 고급 주제를 다루고 있다.

- Ray Lischner, 『C++ in a Nutshell』, O'Reilly, 2009. ISBN: 0-596-00298-X

  C++의 기초부터 고급 주제를 모두 다루는 C++ 레퍼런스다.

- Stephen Prata, 『C++ Primer Plus, 6th ed』, Addison-Wesley Professional, 2011. ISBN: 0-321-77640-2

  C++를 가장 자세히 다루고 있는 책 중 하나다.

- The C++ Reference, `www.cppreference.com`

  C++98, C++03, C++11, C++14, C++17, C++20에 대한 뛰어난 레퍼런스다.

- The C++ Resources Network, `www.cplusplus.com`

  C++20에 대한 내용을 비롯한 C++ 언어에 대한 모든 정보를 방대하게 제공하는 웹사이트다.

B.1.4 I/O 스트림과 스트링

- Cameron Hughes, Tracey Hughes, 「Stream Manipulators and Iterators in C++」, `www.informit.com/articles/article.aspx?p=171014`

  C++의 커스텀 스트림 매니퓰레이터 정의에서 난해한 부분을 잘 설명한 글이다.

- Philip Romanik, Amy Muntz, 『Applied C++: Practical Techniques for Building Better Software』, Addison-Wesley Professional, 2003. ISBN: 0-321-10894-9

  소프트웨어 개발 방법에 대한 조언과 C++ 세부사항을 조화롭게 다루고 있을 뿐만 아니라 C++의 로케일과 유니코드 지원 부분을 굉장히 잘 설명하고 있다.

- Joel Spolsky, 「The Absolute Minimum Every Software Developer Absolutely, Positively Must Know About Unicode and Character Sets (No Excuses!)」, `www.joelonsoftware.com/articles/Unicode.html`

  현지화의 중요성에 대한 조엘 스폴스키(Joel Spolsky)의 컬럼. 이 글을 읽고 나면 그의 웹사이트(Joel on Software)에 올라온 다른 글도 읽고 싶어진다.

- The Unicode Consortium, 『The Unicode Standard 5.0, 5th ed』, Addison-Wesley Professional, 2006. ISBN: 0-321-48091-0.

  유니코드에 대해 완벽히 설명하고 있는 책으로서 유니코드 개발자라면 반드시 갖고 있어야 할 책이다.

- Unicode, Inc., 「Where is my Character?」, `www.unicode.org/standard/where`

  유니코드 문자, 차트, 테이블을 참조하기 좋은 사이트다.

- 위키피디아, 「Universal Coded Character Set」, `http://en.wikipedia.org/wiki/Universal_Character_Set`

  유니코드 표준뿐만 아니라 UCS(Universal Character Set)에 대한 설명이 잘 나와 있다.

B.1.5 C++ 표준 라이브러리

- Peter Van Weert, Marc Gregoire, 『C++17 Standard Library Quick Reference』, Apress, 2019. ISBN: 978-1-4842-4922-2

  C++17 표준 라이브러리에서 제공하는 핵심 데이터 구조, 알고리즘, 함수를 쉽게 찾아볼 수 있도록 간결하게 정리한 레퍼런스다.

- Rainer Grimm, 『The C++ Standard Library , 3rd ed』, Leanpub, 2020

  세 번째 판에서는 C++20도 다룬다. 이 책은 C++20 표준 라이브러리에 대한 레퍼런스를 300쪽이라는 짧은 분량으로 간결하게 제공하고 있다. C++에 대해 잘 안다고 가정하고 있다.

- Nicolai M. Josuttis, 『The C++ Standard Library: A Tutorial and Reference, 2nd ed』, Addison-Wesley Professional, 2012. ISBN: 0-321-62321-5

  I/O 스트림과 스트링부터 컨테이너와 알고리즘에 이르기까지 표준 라이브러리 전체를 다루고 있는 훌륭한 레퍼런스다.

- Scott Meyers, 『Effective STL: 50 Specific Ways to Improve Your Use of the Standard Template Library』, Addison-Wesley Professional, 2001. ISBN: 0-201-74962-9

저자의 이펙티브 C++ 시리즈와 비슷한 맥락으로 쓴 책으로서, 표준 라이브러리 사용에 대해 레퍼런스나 튜토리얼이 아닌 팁을 집중적으로 소개한다.

- Stephan T. Lavavej, 「Standard Template Library (STL)」, http://channel9.msdn.com/Shows/Going+Deep/C9-Lectures-Introduction-to-STL-with-Stephan-T-Lavavej

  C++ 표준 라이브러리에 대해 재미있게 설명하는 동영상 강의

- David R. Musser, Gillmer J. Derge, Atul Saini, 『STL Tutorial and Reference Guide: Programming with the Standard Template Library, 2nd ed』, Addison-Wesley Professional, 2001. ISBN: 0-321-70212-3

  앞의 Josuttis의 책과 비슷하지만 컨테이너와 알고리즘 등 표준 라이브러리의 일부분만 다루고 있다.

B.1.6 C++ 템플릿

- Herb Sutter, 「Sutter's Mill: Befriending Templates」, C/C++ User's Journal, http://drdobbs.com/cpp/184403853

  함수 템플릿을 클래스의 friend로 만드는 방법을 굉장히 잘 설명하고 있다.

- David Vandevoorde, Nicolai M. Josuttis, Douglas Gregor, 『C++ Templates: The Complete Guide, 2nd ed』, Addison-Wesley Professional, 2017. ISBN: 0-321-71412-1

  C++ 템플릿에 대해 알고 싶은(또는 알고 싶지 않은) 모든 사항을 설명한다. C++를 잘 아는 독자를 대상으로 한다.

- David Abrahams, Aleksey Gurtovoy, 『C++ Template Metaprogramming: Concepts, Tools, and Techniques from Boost and Beyond』, Addison-Wesley Professional, 2004. ISBN: 0-321-22725-5

  프로그래머들이 실전에서 많이 사용하는 메타프로그래밍 도구와 기법을 소개한다.

B.1.7 C++11/C++14/C++17/C++20

- C++ Standards Committee Papers, www.open-std.org/jtc1/sc22/wg21/docs/papers

  C++ 표준 위원회에서 작성한 다양한 문서를 제공한다.

- Nicolai M. Josuttis, 『C++17 – The Complete Guide』, NicoJosuttis, 2019. ISBN: 3-967-30017-X

  C++17 기능 전체를 다루는 책으로서 일상 프로그래밍에 미치는 영향과 여러 기능을 조합하면 어떤 효과가 있는지, 그리고 이를 통해 얻을 수 있는 장점 등을 중심으로 설명하고 있다.

- 위키피디아의 C++11 페이지, http://en.wikipedia.org/wiki/C%2B%2B11
- 위키피디아의 C++14 페이지, http://en.wikipedia.org/wiki/C%2B%2B14

- 위키피디아의 C++17 페이지, http://en.wikipedia.org/wiki/C%2B%2B17
- 위키피디아의 C++20 페이지, http://en.wikipedia.org/wiki/C%2B%2B20

  C++11, C++14, C++17, C++20에 새로 추가된 기능을 잘 설명하고 있는 위키피디아 페이지

- Scott Meyers, 「Presentation Materials: Overview of the New C++ (C++11/14)」, Artima, 2013. www.artima.com/shop/overview_of_the_new_cpp

  스콧 마이어스의 교육 코스에서 사용한 발표 자료다. C++11 전체와 C++14의 일부 기능을 참조하기 좋은 뛰어난 레퍼런스다.

- 「ECMAScript 2017 Language Specification」, www.ecma-international.org/publications/files/ECMA-ST/ECMA-262.pdf

  이 문서에 나왔듯이 C++의 정규 표현식 문법 중 일부는 ECMAScript의 정규 표현식과 같다.

B.2 UML

- Russ Miles, Kim Hamilton, 『Learning UML 2.0: A Pragmatic Introduction to UML』, O'Reilly Media, 2006. ISBN: 0-596-00982-8

  UML 2.0을 굉장히 쉽게 설명한 책이다. 여기 나온 예제는 자바로 작성되었지만 어렵지 않게 C++로 변환할 수 있다.

B.3 알고리즘과 데이터 구조

- Thomas H. Cormen, Charles E. Leiserson, Ronald L. Rivest, Clifford Stein, 『Introduction to Algorithms, 3rd ed』, The MIT Press, 2009. ISBN: 0-262-03384-4

  알고리즘 입문서 중에서도 가장 인기 있는 책으로 손꼽힌다. 흔히 사용되는 데이터 구조와 알고리즘을 거의 모두 다루고 있다.

- Donald E. Knuth, 『The Art of Computer Programming Volume 1: Fundamental Algorithms, 3rd ed』, Addison-Wesley Professional, 1997. ISBN: 0-201-89683-1
- Donald E. Knuth, 『The Art of Computer Programming Volume 2: Seminumerical Algorithms, 3rd ed』, Addison-Wesley Professional, 1997. ISBN: 0-201-89684-2
- Donald E. Knuth, 『The Art of Computer Programming Volume 3: Sorting and Searching, 2nd ed』, Addison-Wesley Professional. 1998. ISBN: 0-201-89685-0
- Donald E. Knuth, 『The Art of Computer Programming Volume 4A: Combinatorial Algorithms, Part 1』, Addison-Wesley Professional, 2011. ISBN: 0-201-03804-8

알고리즘과 데이터 구조에 대해 시리즈로 구성한 커누스 교수의 저서다. 수학적으로 엄밀하게 설명하는 글을 좋아하는 사람에게 최고의 책이다. 하지만 학부 수준의 수학과 전산 이론에 대한 지식이 없다면 읽기 힘들 수도 있다.

- Kyle Loudon, 『Mastering Algorithms with C: Useful Techniques from Sorting to Encryption』, O'Reilly Media, 1999. ISBN: 1-565-92453-3

  데이터 구조와 알고리즘을 쉽게 설명하는 참고서다.

B.4 무작위수

- Eric Bach, Jeffrey Shallit, 『Algorithmic Number Theory, Efficient Algorithms』, The MIT Press, 1996. ISBN: 0-262-02405-5
- Oded Goldreich, 『Modern Cryptography, Probabilistic Proofs and Pseudorandomness』, Springer, 2010. ISBN: 3-642-08432-X

  이 두 책은 컴퓨터로 의사 무작위수를 생성하는 방법에 대한 이론을 설명한다.

- 위키피디아, 「Mersenne Twister」, `http://en.wikipedia.org/wiki/Mersenne_twister`

  컴퓨터로 의사 무작위수를 생성하는 데 사용되는 메르센 트위스터(Mersenne Twister)를 수학적으로 설명한 책이다.

B.5 오픈소스 소프트웨어

- The Open Source Initiative, `www.opensource.org`
- The GNU Operating System-Free Software Foundation, `www.gnu.org`

  오픈소스의 대표적인 두 진영의 웹사이트로서, 각각의 철학과 오픈소스 소프트웨어를 사용하고 개발에 참여하는 방법을 소개한다.

- Boost C++ 라이브러리, `www.boost.org`

  많은 사람의 검증을 거쳐 무료로 제공되는 C++ 소스 라이브러리다. 이 사이트는 반드시 한 번 살펴보기 바란다.

- 깃허브(`www.github.com`)과 소스포지(`www.sourceforge.net`)

  수많은 오픈소스 프로젝트를 호스팅하는 대표적인 웹사이트다. 여기에서 유용한 오픈소스 프로젝트를 많이 찾아볼 수 있다.

- 코드구루(`www.codeguru.com`)와 코드프로젝트(`www.codeproject.com`)

  프로젝트를 진행하는 데 활용하기 좋은 무료 라이브러리가 많이 올라와 있다.

B.6 소프트웨어 공학 방법론

- Robert C. Martin, 『Agile Software Development, Principles, Patterns, and Practices』, Pearson, 2003. ISBN: 978-1292025940

  수렁에 빠진 소프트웨어 엔지니어를 위해 갈수록 복잡해지는 운영체제나 애플리케이션을 효과적으로 관리하는 데 도움이 되는 소프트웨어 개발 원칙, 패턴, 프로세스를 집중적으로 소개하는 책이다.

- Mike Cohn, 『Succeeding with Agile: Software Development Using Scrum』, Addison-Wesley Professional, 2009. ISBN: 0-321-57936-4

  스크럼 방법론을 처음 시작하는 이들을 위한 뛰어난 안내서다.

- David Thomas, Andrew Hunt, 『The Pragmatic Programmer, Your Journey To Mastery, 2nd ed』, Addison Wesley, 2019. ISBN: 978-0135957059

  소프트웨어 엔지니어라면 누구나 한 번쯤 읽어봐야 할 고전의 최신판이다. 20년이 지난 지금도 여전히 도움이 되는 조언이 많다. 사용자가 다루기도 쉽고 도움도 되는 소프트웨어를 개인이나 팀 단위로 개발할 때 현재 프로세스를 검토하는 데 참고할 만하다.

- Barry W. Boehm, TRW Defense Systems Group, 「A Spiral Model of Software Development and Enhancement」, IEEE Computer, 21(5): 61-72, 1988.

  당시 소프트웨어 개발 방법론의 현황을 제대로 진단하고 나선형 모델을 제한한 기념비적인 논문

- Kent Beck, Cynthia Andres, 『Extreme Programming Explained: Embrace Change, 2nd ed』, Addison-Wesley Professional, 2004. ISBN: 0-321-27865-8

  소프트웨어 개발 방법론의 새로운 접근 방식을 제시하며 대중화에 공헌한 익스트림 프로그래밍(XP) 시리즈 책 중 하나다.

- Robert T. Futrell, Donald F. Shafer, Linda Isabell Shafer, 『Quality Software Project Management』, Prentice Hall, 2002. ISBN: 0-130-91297-2

  소프트웨어 개발 프로세스를 관리하는 사람이라면 누구나 참고할 만한 책이다.

- Robert L. Glass, 『Facts and Fallacies of Software Engineering』, Addison-Wesley Professional, 2002. ISBN: 0-321-11742-5

  소프트웨어 개발 프로세스의 다양한 측면과 거기에 숨겨진 진실을 소개하는 책이다.

- Philippe Kruchten, 『The Rational Unified Process: An Introduction, 3rd ed』, Addison-Wesley Professional, 2003. ISBN: 0-321-19770-4

  RUP의 사명과 프로세스를 전반적으로 소개한다.

- Edward Yourdon, 『Death March, 2nd ed』, Prentice Hall, 2003. ISBN: 0-131-43635-X

  소프트웨어 개발에 관련된 정책과 현실을 적나라하게 보여주는 책이다.

- 위키피디아, 「Scrum」, http://en.wikipedia.org/wiki/Scrum_(software_development)

  스크럼 방법론을 상세하게 설명하고 있다.

- 「Manifesto for Agile Software Development」, http://agilemanifesto.org/

  애자일 소프트웨어 개발 선언문이다.

- 위키피디아, 「Version control」, https://en.wikipedia.org/wiki/Version_control

  버전 관리 시스템의 기본 개념과 현재 나와 있는 솔루션을 소개한다.

B.7 프로그래밍 스타일

- Bjarne Stroustrup, Herb Sutter, 「C++ Core Guidelines」, https://github.com/isocpp/CppCoreGuidelines/blob/master/CppCoreGuidelines.md

  C++를 제대로 사용하기 위한 가이드라인 모음이다. 이 문서는 사람들이 최신 C++ 규격에 맞게 제대로 코드를 작성하도록 하기 위해 제공한다.

- Martin Fowler, 『Refactoring: Improving the Design of Existing Code, 2nd ed』, Addison-Wesley Professional, 2018. ISBN: 0-201-48567-2

  잘못 작성된 코드를 찾아 개선하는 작업의 중요성을 주창하는 책으로서 이 분야의 고전이다. 번역서는 『리팩터링, 2판』(한빛 미디어, 2020)

- Herb Sutter, Andrei Alexandrescu, 『C++ Coding Standards: 101 Rules, Guidelines, and Best Practices』, Addison-Wesley Professional, 2004. ISBN: 0-321-11358-0

  C++ 설계와 코딩 스타일에 관련된 필독서다. 여기서 말하는 '코딩 표준'이란 코드를 들여쓰는 데 사용되는 스페이스의 개수 같은 것을 의미하지 않는다. 이 책에는 C++ 코드를 정확하고 이해하기 쉽고 효율적으로 실행되도록 작성하는 데 도움이 되는 101가지의 모범 작성 방법, 패턴, 흔히 저지르는 실수를 소개한다.

- Diomidis Spinellis, 『Code Reading: The Open Source Perspective』, Addison-Wesley Professional, 2003. ISBN: 0-201-79940-5

  뛰어난 프로그래머가 되기 위해서는 먼저 코드를 제대로 읽을 줄 알아야 한다고 강조하면서 프로그래밍 스타일에 대해 전혀 다른 시각으로 접근하는 독특한 책이다.

- Dimitri van Heesch, 「Doxygen」, www.stack.nl/~dimitri/doxygen/index.html

  소스 코드와 주석으로부터 문서를 생성해주는 프로그램으로서 설정 옵션을 굉장히 풍부하게 제공한다.

- John Aycock, 『Reading and Modifying Code』, John Aycock, 2008. ISBN 0-980-95550-5

  코드에 대해 가장 많이 수행하는 작업인 읽기, 수정, 테스팅, 디버깅, 작성에 대해 유용한 조언을 제공하는 얇은 책

- 위키피디아, 「Code refactoring」, http://en.wikipedia.org/wiki/Refactoring

  코드 리팩터링의 개념과 여러 가지 리팩터링 테크닉을 소개한다.

- Google, 「C++ Style Guide」, https://google.github.io/styleguide/cppguide.html

  구글에서 적용하는 C++ 코드 스타일에 대한 가이드라인이다.

B.8 컴퓨터 아키텍처

- David A. Patterson, John L. Hennessy, 『Computer Organization and Design: The Hardware/Software Interface, 4th ed』, Morgan Kaufmann, 2011. ISBN: 0-123-74493-8
- John L. Hennessy, David A. Patterson, 『Computer Architecture: A Quantitative Approach, 5th ed』, Morgan Kaufmann, 2011. ISBN: 0-123-83872-X

  이 두 책에는 소프트웨어 엔지니어가 컴퓨터 아키텍처에 대해 알아야 할 모든 지식이 담겨 있다.

B.9 효율/최적화

- Dov Bulka, David Mayhew, 『Efficient C++: Performance Programming Techniques』, Addison-Wesley Professional, 1999. ISBN: 0-201-37950-3

  효율적인 C++ 프로그래밍을 집중적으로 소개하는 몇 안 되는 책 중 하나다. 이 책은 언어 수준의 효율뿐만 아니라 설계 수준의 효율성도 함께 다루고 있다.

- GNU gprof, http://sourceware.org/binutils/docs/gprof/

  프로파일링 도구인 gprof의 홈페이지

B.10 테스팅

- Elfriede Dustin, 『Effective Software Testing: 50 Specific Ways to Improve Your Testing』, Addison-Wesley Professional, 2002. ISBN: 0-201-79429-2

  이 책은 QA(품질 관리) 전문가를 위한 책이지만, 소프트웨어 테스팅 프로세스에 대해서도 잘 다루고 있어서 소프트웨어 엔지니어도 참고하면 좋다.

B.11 디버깅

- Diomidis Spinellis, 『Effective Debugging: 66 Specific Ways to Debug Software and Systems』, Addison-Wesley Professional, 2016. ISBN: 978-0134394794.

숙련된 프로그래머가 디버깅 기법을 마스터할 수 있게 해주는 책이다. 대표적인 디버깅 기법과 전략, 도구 등을 자세히 소개하고 체계적으로 분류하고 있다.

- Microsoft Visual Studio Community Edition, http://microsoft.com/vs

  마이크로소프트 비주얼 스튜디오 커뮤니티 에디션은 학생, 오픈소스 개발자, 무료 및 상용 소프트웨어를 개발하는 개인 개발자에게 무료로 배포하는 버전이다. 또한 5인 이하의 소규모 조직도 무료로 사용할 수 있다. 그래픽 기반의 심벌릭 디버거도 함께 제공한다.

- The GNU Debugger(GDB), www.gnu.org/software/gdb/gdb.html

  대표적인 커맨드라인 기반의 심벌릭 디버거다.

- 밸그린드, http://valgrind.org/

  리눅스용 오픈소스 메모리 디버깅 도구다.

- Microsoft Application Verifier, https://docs.microsoft.com/en-us/windows-hardware/drivers/debugger/application-verifier

  C++ 코드를 위한 실행 시간 검증 도구로서, 일반적인 테스팅 기법만으로는 찾기 힘든 미묘한 에러나 보안 문제를 찾는 데 도움이 된다.

B.12 디자인 패턴

- Erich Gamma, Richard Helm, Ralph Johnson, John Vlissides, 『Design Patterns: Elements of Reusable Object-Oriented Software』, Addison-Wesley Professional, 1994. ISBN: 0-201-63361-2

  유명한 네 사람이 썼다고 해서 4인방 책(Gang of Four, GoF)이라 부르는 디자인 패턴의 고전이다.

- Andrei Alexandrescu, 『Modern C++ Design: Generic Programming and Design Patterns Applied』, Addison-Wesley Professional, 2001. ISBN: 0-201-70431-5

  코드 재활용도와 패턴을 활용한 C++ 프로그래밍 방법을 소개한다.

- John Vlissides, 『Pattern Hatching: Design Patterns Applied』, Addison-Wesley Professional, 1998. ISBN: 0-201-43293-5

  4인방 책의 자매 서적으로 실제로 패턴을 적용하는 방법을 소개한다.

- Eric Freeman, Bert Bates, Kathy Sierra, Elisabeth Robson, 『Head First Design Patterns』, O'Reilly Media, 2004. ISBN: 0-596-00712-4

  단순히 디자인 패턴을 나열하지 않고 패턴을 잘 적용한 예와 잘못 적용한 예를 제시할 뿐만 아니라 패턴의 밑바탕이 되는 원리도 소개한다.

- 위키피디아, 「Software design pattern」, http://en.wikipedia.org/wiki/Design_pattern_(computer_science)

  컴퓨터 프로그래밍에 활용되는 수많은 디자인 패턴을 소개한다.

B.13 OS

- Abraham Silberschatz, Peter B. Galvin, Greg Gagne, 『Operating System Concepts, 9th ed』, Wiley, 2012. ISBN: 1-118-06333-3

  운영체제(OS) 책 중에서도 고전으로, 데드락이나 경쟁 상태와 같은 멀티스레드 관련 주제도 다루고 있다.

B.14 멀티스레드 프로그래밍

- Anthony Williams, 『C++ Concurrency in Action: Practical Multithreading, 2nd ed』, Manning Publications, 2019. ISBN: 1-617-29469-1

  C++ 스레딩 라이브러리를 비롯한 실전 멀티스레드 프로그래밍 관련 주제를 잘 설명하는 책이다.

- Cameron Hughes, Tracey Hughes, 『Professional Multicore Programming: Design and Implementation for C++ Developers』, Wrox, 2008. ISBN: 0-470-28962-7

  다양한 수준의 개발자를 대상으로 멀티코어 프로그래밍을 소개하는 책이다.

- Maurice Herlihy, Nir Shavit, 『The Art of Multiprocessor Programming』, Morgan Kaufmann, 2012. ISBN: 0-123-97337-6

  멀티프로세스와 멀티코어 시스템 프로그래밍에 관한 훌륭한 책이다.

APPENDIX C

표준 라이브러리 헤더 파일

C++ 표준 라이브러리의 인터페이스는 총 98개의 헤더 파일로 구성되어 있다. 그중 21개는 C 표준 라이브러리에 대한 것이다. 코드를 작성하다 보면 어느 헤더 파일을 인클루드할지 기억나지 않을 때가 많다. 그래서 각 헤더 파일마다 담고 있는 내용을 다음과 같은 여덟 가지 범주로 나눠서 간략히 정리했다.

- C 표준 라이브러리
- 컨테이너
- 알고리즘, 반복자, 범위, 할당자
- 범용 유틸리티
- 수학 유틸리티
- 익셉션
- I/O 스트림
- 스레드 지원 라이브러리

C.1 C 표준 라이브러리

C++ 표준 라이브러리는 C 표준 라이브러리를 대부분 제공한다. 다음과 같은 두 가지 사항을 제외하면 C에서 사용하던 이름과 같다.

- 헤더 이름을 `<name.h>`이 아닌 `<cname>`과 같은 형식으로 표기한다.
- `<cname>` 헤더 파일에 담긴 항목은 모두 `std` 네임스페이스에 속한다.

> **NOTE_** 하위 호환성을 보장하도록 `<name.h>`와 같이 표기할 수 있다. 하지만 이렇게 하면 `std` 네임스페이스 아래가 아닌 글로벌 네임스페이스에 속하게 된다. 게다가 `<name.h>`라고 표기하는 방식은 폐기되었다. 따라서 이렇게 표기하지 않는 것이 좋다.

> **NOTE_** C 표준 라이브러리 헤더는 `import` 문으로 임포트하지 못할 수 있다. 따라서 `import <cstdio>;` 대신 `#include <cstdio>`와 같이 작성한다.

다음 표에 C 표준 라이브러리의 대표적인 기능을 정리했다. 가능하면 여기 나온 C 기능보다는 이와 비슷한 C++ 기능을 활용하기 바란다.

헤더 파일	내용
<cassert>	assert() 매크로
<cctype>	isspace()나 tolower()와 같은 문자 프레디케이트와 문자 조작 함수
<cerrno>	특정한 C 함수의 마지막 에러 번호를 구하는 매크로와 errno 표현식을 정의한다.
<cfenv>	부동소수점 예외, 반올림, 올림을 비롯한 부동소수점 관련 기능을 지원한다.
<cfloat>	FLT_MAX처럼 부동소수점 연산에 관련된 C 스타일 정의
<cinttypes>	printf(), scanf()와 같은 기능을 사용하도록 정의한 매크로와 intmax_t를 다루는 데 필요한 몇 가지 함수도 함께 제공한다.
<climits>	INT_MAX 같은 C 스타일 경곗값을 정의한다. 이 헤더보다는 C++의 <limits>를 사용하는 것이 좋다.
<clocale>	LC_ALL과 setlocale() 같은 현지화 관련 매크로나 함수가 정의되어 있다. C++에서 제공하는 <locale>도 참조한다.
<cmath>	삼각함수인 sqrt(), fabs()를 포함하여 수학 함수를 제공한다.
<csetjmp>	setjmp()와 longjmp()를 제공한다. C++에서는 절대 사용하지 말기 바란다.
<csignal>	signal()과 raise()를 제공한다. C++에서는 사용하지 않는 것이 좋다.
<cstdarg>	가변 길이 인수 목록을 처리하기 위한 매크로와 타입
<cstddef>	NULL과 같은 중요한 상수, size_t와 byte 같은 중요한 타입
<cstdint>	int8_t, int64_t와 같은 표준 정수 타입을 정의한다. 또한 이러한 타입의 최댓값과 최솟값을 지정하는 매크로도 제공한다.
<cstdio>	fopen(), fclose()와 같은 파일 연산, printf(), scanf()와 같은 포맷 지원 I/O, getc(), putc()와 같은 문자 I/O, fseek(), ftell()과 같은 파일 위치 이동 관련 함수를 제공한다. 여기 나온 것보다는 C++ 스트림을 사용하는 것이 좋다(C.7절 'I/O 스트림' 참조).
<cstdlib>	rand(), srand()와 같은 무작위수 관련 함수를 제공한다(C++14부터 폐기되었다. 따라서 C++의 <random>을 사용하기 바란다). 이 헤더는 abort()와 exit() 함수도 제공한다. 이 함수 역시 사용하지 않는 것이 좋다. C 스타일 메모리 할당 함수인 calloc(), malloc(), realloc(), free()도 제공한다. C 스타일 탐색 및 정렬 함수인 qsort(), bsearch()도 제공한다. 스트링을 숫자로 변환하는 atof(), atoi()와 멀티바이트/와이드 스트링 조작에 관련된 함수도 제공한다.
<cstring>	memcpy()와 memset()을 비롯한 로우레벨 메모리 관리 함수를 정의한다. 이 헤더는 strcpy()와 strcmp()와 같은 C 스타일 스트링 관련 함수도 제공한다.
<ctime>	time(), localtime() 같은 시간 관련 함수를 제공한다.
<cuchar>	mbrtoc16()과 같은 유니코드 관련 매크로와 함수를 다양하게 제공한다.
<cwchar>	와이드 문자를 위한 I/O, 메모리, 스트링 관련 함수를 제공한다.
<cwctype>	<cctype>에 정의된 함수의 와이드 문자 버전 함수를 제공한다(예: iswspace(), towlower()).

C++20 C++20부터 삭제된 C 표준 라이브러리는 다음과 같다.

헤더 파일	내용
<ccomplex>	<complex>에 해당하는 부분만 담겨 있다. C++17부터 폐기되었고 C++20부터 삭제되었다.
<ciso646>	C의 <iso646.h>에서 매크로로 정의한 and, or 등이 C++에서는 키워드로 포함되었다. 따라서 이 헤더는 비어 있다.

헤더 파일	내용
<cstdalign>	__alignas_is_defined와 같은 정렬 관련 매크로를 정의한다. C++17부터 폐기되었고 C++20부터 삭제되었다.
<cstdbool>	__bool_true_false_are_defined와 같은 부울 타입 관련 매크로를 정의한다. C++17부터 폐기되었고 C++20부터 삭제되었다.
<ctgmath>	<complex>와 <cmath>를 인클루드하기만 한다. 이 헤더는 C++17부터 폐기되었고 C++20부터 삭제되었다.

C.2 컨테이너

표준 라이브러리의 컨테이너 관련 헤더 파일은 13개다.

헤더 파일	내용
<array>	array 클래스 템플릿
<bitset>	bitset 클래스 템플릿
<deque>	deque 클래스 템플릿
<forward_list>	forward_list 클래스 템플릿
<list>	list 클래스 템플릿
<map>	map과 multimap 클래스 템플릿
<queue>	queue와 priority_queue 클래스 템플릿
<set>	set과 multiset 클래스 템플릿
C++20 <span>	span 클래스 템플릿(엄밀히 말해서 컨테이너가 아니라 어딘가 저장된 연속된 원소 시퀀스에 대한 뷰다.)
<stack>	stack 클래스 템플릿
<unordered_map>	unordered_map과 unordered_multimap 클래스 템플릿
<unordered_set>	unordered_set과 unordered_multiset 클래스 템플릿
<vector>	vector 클래스 템플릿과 vector<bool> 특수화

각 헤더 파일은 특정 컨테이너와 그 컨테이너에 대한 반복자를 사용하는 데 필요한 것들이 모두 정의되어 있다. 컨테이너는 18장에서 자세히 설명했다.

C.3 알고리즘, 반복자, 범위, 할당자

다음 헤더 파일은 표준 라이브러리에서 제공하는 알고리즘, 반복자, 할당자, 범위 라이브러리를 정의한다.

헤더 파일	내용
<algorithm>	표준 라이브러리에서 제공하는 알고리즘의 프로토타입과 min(), max(), minmax(), clamp()(20장 참조)
C++20 <bit>	endian 클래스 열거 타입을 정의한다(34장 참조). 이 헤더 파일은 비트 시퀀스에 대한 로우레벨 연산(예: bit_ceil(), rotl(), countl_zero() 등)을 수행한다(16장 참조).
<execution>	표준 라이브러리 알고리즘에 적용할 실행 정책을 정의한다(20장 참조).
<functional>	기본으로 제공하는 함수 객체, negator, binder, adaptor 등을 정의한다(19장 참조).
<iterator>	iterator_traits, 반복자 태그, iterator, reverse_iterator, 추가 반복자(예: back_insert_iterator), 스트림 반복자를 정의한다(17장 참조).
<memory>	7장에서 소개한 컨테이너, unique_ptr, shared_ptr, make_unique(), make_shared()에서 초기화되지 않은 메모리를 처리하기 위한 기본 할당자와 함수를 정의한다.
<memory_resource>	다형 메모리 할당자와 메모리 리소스를 정의한다(25장 참조).
<numeric>	accumulate(), inner_product(), partial_sum(), adjacent_difference(), gcd(), lcm()을 비롯한 몇 가지 수학 연산 관련 알고리즘의 프로토타입을 제공한다(20장 참조).
C++20 <ranges>	범위 라이브러리에 있는 모든 기능을 제공한다(17장 참조).
<scoped_allocator>	string에 대한 vector나 map에 대한 vector처럼 중첩된 컨테이너에 대해 사용할 할당자

C.4 범용 유틸리티

표준 라이브러리는 범용 유틸리티 관련 헤더 파일도 다양하게 제공한다.

헤더 파일	내용
<any>	any 클래스를 정의한다(24장 참조).
<charconv>	chars_format 열거 클래스, from_chars()와 to_chars() 함수, 그리고 이와 관련된 여러 가지 구조체를 정의한다(2장 참조).
<chrono>	chrono 라이브러리를 정의한다(20장 참조).
<codecvt>	다양한 문자 인코딩에 대한 코드 변환 패싯을 제공한다. C++17부터 폐기되었다.
C++20 <compare>	3방향 비교 연산을 지원하는 클래스와 함수(1장, 9장 참조).
C++20 <concepts>	same_as, convertible_to, integral, movable 등과 같은 표준 콘셉트를 제공한다(12장 참조).
<filesystem>	파일시스템을 다루는 데 필요한 클래스와 함수를 모두 정의한다(13장 참조).
C++20 <format>	format(), format_to() 등과 같은 포맷 라이브러리의 모든 기능을 제공한다(2장 참조).

헤더 파일	내용
<initializer_list>	initializer_list 클래스를 정의한다(1장 참조).
<limits>	numeric_limits 클래스 템플릿과 기본 제공 타입에 대한 특수화를 정의한다(1장 참조).
<locale>	locale 클래스, use_facet( )과 has_facet( ) 함수 템플릿, 다양한 패킷 관련 기능을 정의한다(21장 참조).
<new>	bad_alloc 예외와 set_new_handler( ) 함수를 정의한다. 이 헤더 파일은 operator new와 operator delete의 여섯 가지 버전에 대한 프로토타입도 정의한다(15장 참조).
<optional>	optional 클래스를 정의한다(1장 참조).
<random>	무작위수 생성 라이브러리를 정의한다(23장 참조).
<ratio>	컴파일 시간에 유리수를 다루는 ratio 라이브러리를 정의한다(22장 참조).
<regex>	정규 표현식 라이브러리를 정의한다(21장 참조).
C++20 <source_location>	source_location 클래스를 제공한다(14장 참조).
<string>	basic_string 클래스 템플릿과 string, wstring 타입 앨리어스를 정의한다(2장 참조).
<string_view>	basic_string_view 클래스 템플릿과 string_view, wstring_view 타입 앨리어스를 정의한다(2장 참조).
<system_error>	에러 범주와 에러 코드를 정의한다.
<tuple>	pair 클래스 템플릿을 일반화한 tuple 클래스 템플릿을 정의한다(24장 참조).
<type_traits>	템플릿 메타프로그래밍에 사용할 타입 트레이트를 정의한다(26장 참조).
<typeindex>	type_info에 대한 래퍼를 정의한다. type_info는 연관 컨테이너와 비정렬 연관 컨테이너에서 인덱스 타입으로 사용된다.
<typeinfo>	bad_cast와 bad_typeid 예외를 정의한다. typeid 연산자에서 리턴하는 객체인 type_info 클래스를 정의한다. typeid에 대한 자세한 내용은 10장을 참조한다.
<utility>	pair 클래스 템플릿과 make_pair( )를 정의한다(1장 참조). 이 헤더는 swap( ), exchange( ), move( ), as_const( )와 같은 유틸리티 함수도 정의한다.
<variant>	variant 클래스를 정의한다(24장 참조).
C++20 <version>	현재 사용하는 C++ 표준 라이브러리의 구현 종속적인 정보를 제공하고, 모든 표준 라이브러리 기능을 테스트하는 매크로를 노출시킨다(16장 참조).

C.5 수학 유틸리티

C++는 숫자 처리를 위한 몇 가지 기능을 제공한다. 이 책에서는 이에 대해 다루지 않았으므로 B.1.5절 'C++ 표준 라이브러리'에 나온 자료를 참조하기 바란다.

헤더 파일	내용
<complex>	복소수를 다루기 위한 complex 클래스 템플릿을 정의한다.
C++20 <numbers>	pi, phi, log2e 등과 같은 수학 상수를 제공한다.
<valarray>	수학 벡터와 행렬을 다루기 위한 valarray와 관련 클래스, 관련 클래스 템플릿을 정의한다.

C.6 익셉션

익셉션은 14장에서 자세히 설명했다. 익셉션에 관련된 주요 정의는 여기 나온 두 헤더 파일에 거의 담겨 있다. 단, 영역마다 헤더 파일에 관련 익셉션을 함께 정의한 경우도 있다.

헤더 파일	내용
<exception>	exception과 bad_exception 클래스, set_unexpected(), set_terminated(), uncaught_exception() 함수를 정의한다.
<stdexcept>	모든 분야에서 공통적으로 사용되는 것들 중에서 <exception>에 정의되지 않은 것을 제공한다.

C.7 I/O 스트림

다음 표에 C++의 I/O 스트림 관련 헤더 파일을 모두 정리했다. 하지만 대부분 <fstream>, <iomanip>, <iostream>, <istream>, <ostream>, <sstream> 정도면 충분하다. 자세한 사항은 13장을 참조한다.

헤더 파일	내용
<fstream>	basic_filebuf, basic_ifstream, basic_ofstream, basic_fstream 클래스를 정의한다. filebuf, wfilebuf, ifstream, wifstream, ofstream, wofstream, fstream, wfstream 타입 앨리어스도 선언하고 있다.
<iomanip>	다른 곳(주로 <ios>)에 선언되지 않은 I/O 매니퓰레이터를 선언한다.
<ios>	ios_base와 basic_ios 클래스를 정의한다. 이 헤더는 대부분의 스트림 매니퓰레이터를 선언한다. 이 헤더 파일을 직접 인클루드할 일은 거의 없다.
<iosfwd>	다른 I/O 스트림 헤더 파일에 있는 템플릿과 타입 앨리어스에 대한 전방 선언이 담겨 있다. 이 헤더 파일을 직접 인클루드할 일은 거의 없다.
<iostream>	cin, cout, cerr, clog와 각각에 대한 와이드문자 버전을 선언한다. 주의할 점은 이 파일은 <istream>과 <ostream>을 단순히 합친 것은 아니다.
<istream>	basic_istream과 basic_iostream 클래스를 정의한다. 이 헤더는 istream, wistream, iostream, wiostream 타입 앨리어스도 선언한다.
<ostream>	basic_ostream 클래스를 정의한다. 또한 ostream, wostream 타입 앨리어스도 선언한다.

헤더 파일	내용
<sstream>	basic_stringbuf, basic_istringstream, basic_ostringstream, basic_stringstream 클래스를 정의한다. 또한 stringbuf, wstringbuf, istringstream, wistringstream, ostringstream, wostringstream, stringstream, wstringstream 타입 앨리어스도 선언한다.
<streambuf>	basic_streambuf 클래스를 정의한다. 이 헤더는 streambuf와 wstreambuf 타입 앨리어스를 선언한다. 이 헤더 파일을 직접 인클루드할 일은 거의 없다.
<strstream>	폐기되었다.
C++20 <syncstream>	동기식 출력 스트림(예: osyncstream, wosyncstream)에 관련된 클래스를 모두 정의한다(27장 참조).

C.8 스레드 지원 라이브러리

C++는 스레드 지원 라이브러리도 제공한다. 이 라이브러리를 활용하면 플랫폼 독립적인 멀티스레드 애플리케이션을 작성할 수 있다. 자세한 사항은 27장에서 설명했다. 스레드 지원 라이브러리는 다음과 같은 헤더 파일로 구성된다.

헤더 파일	내용
<atomic>	아토믹 타입, atomic<T>, 아토믹 연산을 정의한다.
C++20 <barrier>	barrier 클래스를 정의한다.
<condition_variable>	condition_variable과 condition_variable_any 클래스를 정의한다.
C++20 <coroutine>	코루틴 작성에 관련된 모든 기능을 정의한다.
<future>	future, promise, packaged_task, async()를 정의한다.
C++20 <latch>	latch 클래스를 정의한다.
<mutex>	call_once()와 다양한 비공유 뮤텍스 및 락 클래스를 정의한다.
C++20 <semaphore>	counting_semaphore와 binary_semaphore 클래스를 정의한다.
<shared_mutex>	shared_mutex, shared_timed_mutex, shared_lock 클래스를 정의한다.
C++20 <stop_token>	stop_token, stop_source, stop_callback 클래스를 정의한다.
<thread>	thread, jthread 클래스와 yield(), get_id(), sleep_for(), sleep_until() 함수를 정의한다.

APPENDIX D

UML 기초

UML Unified Modeling Language (통합 모델링 언어)은 클래스 계층이나 서브시스템 사이의 관계, 시퀀스 다이어그램 등을 시각적으로 표현하는 다이어그램에 대한 산업 표준이다. 이 책에서는 클래스 다이어그램을 표현할 때 UML을 사용했다. UML 표준을 모두 소개하자면 책 한 권을 가득 채우고도 남는다. 따라서 여기에서는 UML 중에서도 이 책과 관련된 클래스 다이어그램에 대해서만 간략히 소개한다. UML 표준은 다양한 버전으로 나와 있다. 이 책은 UML 2를 따른다.

D.1 다이어그램의 종류

UML에서 제공하는 다이어그램의 종류는 다음과 같다.

- 구조에 대한 다이어그램
  - 클래스 다이어그램
  - 객체 다이어그램
  - 패키지 다이어그램
  - 컴포지트 구조 다이어그램
  - 컴포넌트 다이어그램
  - 디플로이먼트(배치) 다이어그램
  - 프로파일 다이어그램
- 동작에 대한 다이어그램
  - 유스 케이스 다이어그램
  - 액티비티(활동) 다이어그램
  - 스테이트(상태) 머신 다이어그램
  - 인터랙션(상호 작용) 다이어그램
    - 시퀀스 다이어그램
    - 커뮤니케이션 다이어그램
  - 타이밍 다이어그램
  - 인터랙션 오버뷰(상호 작용 개요) 다이어그램

여기에서는 이 책에서 다룬 적이 있는 클래스 다이어그램과 시퀀스 다이어그램만 소개한다.

D.2 클래스 다이어그램

클래스 다이어그램은 클래스의 구성(데이터 멤버와 멤버 함수)과 여러 클래스 사이의 관계를 시각적으로 표현한다.

D.2.1 클래스 표현

UML에서는 클래스를 최대 세 칸으로 나눠진 박스로 표현한다. 각 칸은 다음 요소를 표현한다.

- 클래스 이름
- 클래스의 데이터 멤버
- 클래스의 메서드

예를 들면 [그림 D-1]과 같다.

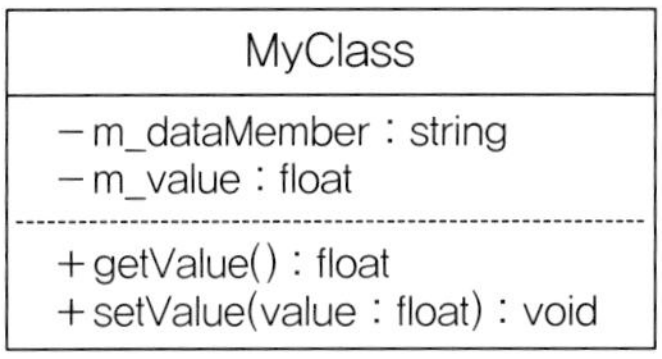

```
MyClass
-m_dataMember : string
-m_value : float
+getValue() : float
+setValue(value : float) : void
```

그림 D-1

여기서 MyClass는 데이터 멤버(string 타입과 float 타입)와 메서드가 각각 두 개씩 있다. 멤버 앞에 붙은 +와 - 기호는 가시성을 표현한다. 다음 표는 가시성에 대해 흔히 사용하는 기호를 정리한 것이다.

가시성	뜻
+	public 멤버
-	private 멤버
#	protected 멤버

클래스 다이어그램의 목적에 따라 [그림 D-2]처럼 멤버에 대한 세부사항을 생략하기도 한다. 예를 들어 개별 클래스의 멤버보다는 여러 클래스 사이의 관계만 표현할 때 이렇게 한다.

그림 D-2

D.2.2 관계 표현

UML 2는 클래스 사이의 관계를 여섯 가지 방식으로 표현할 수 있다. 각각을 하나씩 살펴보자.

1 상속 관계

상속 관계inheritance는 파생 클래스에서 출발해서 베이스 클래스에서 속이 빈 삼각형 화살표로 끝나는 선으로 is-a 관계를 표현한다. 예를 들면 [그림 D-3]과 같다.

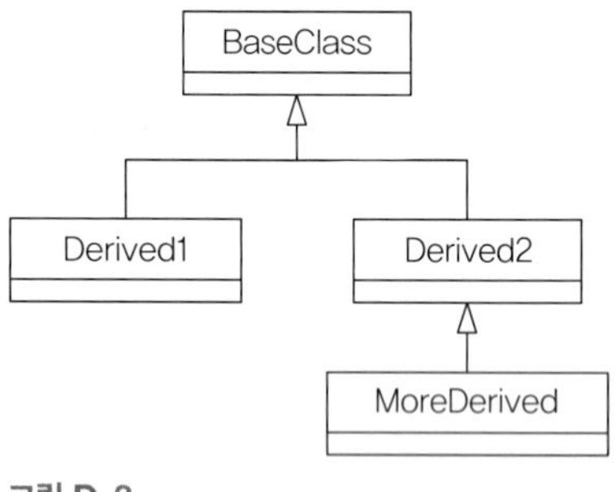

그림 D-3

2 구현 관계

클래스는 인터페이스를 상속으로 구현한다(is-a 관계). 하지만 상속과 인터페이스 구현을 엄밀히 구분하기 위해 [그림 D-4]처럼 상속은 실선으로, 인터페이스 구현은 점선으로 표현한다. 여기서 `ListBox` 클래스는 `UIElement`를 상속하고, `Clickable`과 `Scrollable` 인터페이스를 구현한다.

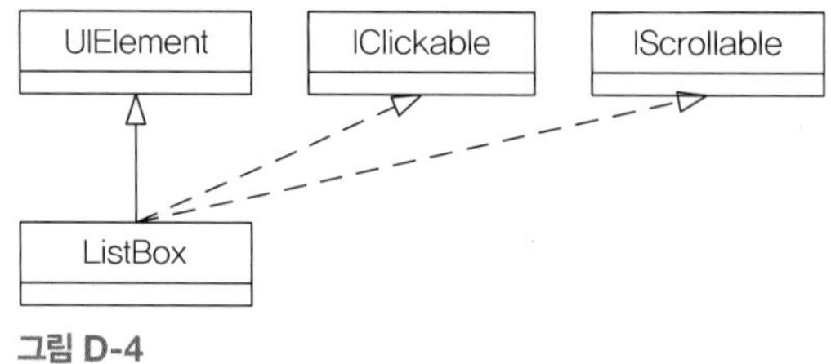

그림 D-4

3 집계 관계

집계 관계aggregation는 has-a 관계를 표현한다. 다이어그램에서 선을 그을 때는 인스턴스를 포함하는 클래스 쪽에 속이 빈 다이아몬드를 붙인다. 집계 관계를 구성하는 요소의 개수도 표기할 수 있다. [그림 D-5]처럼 선이 박스에 맞닿는 지점 위에 개수를 표기한다. 처음에는 좀 헷갈릴 수 있다. 이 그림에서는 Class에 Student가 한 개 이상 포함되어 있고, Student 입장에서는 0개 이상의 Class와 관계가 있다. 집계 관계에서 객체를 포함하는 대상이 삭제되더라도 소속된 객체는 계속 존재할 수 있다. 예를 들어 Class가 삭제되더라도 Student는 삭제되지 않는다.

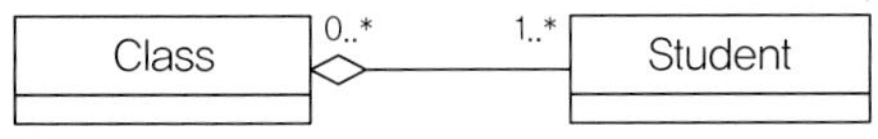

그림 D-5

개수를 표기하는 방법에 대한 예는 다음과 같다.

개수	의미
N	인스턴스가 딱 N개만 있다.
0..1	인스턴스가 없거나 1개만 있다.
0..*	인스턴스가 없거나 여러 개 있다.
N..*	인스턴스가 N개 있거나 그보다 많이 있다.

4 합성 관계

합성 관계composition는 속이 빈 다이아몬드 대신 속이 찬 다이아몬드를 사용한다는 점을 제외하면 집계 관계와 개념 및 표기법이 비슷하다. 합성 관계는 집계 관계와 달리 다른 클래스의 인스턴스를 포함하는 클래스가 삭제되면 소속 인스턴스도 함께 삭제된다. [그림 D-6]은 합성 관계의 예를 보여준다. 여기서 Window는 Button을 0개 이상 가질 수 있고, 각 Button은 정확히 한 Window에만 속한다. 이 Window가 삭제되면 그 안에 담긴 Button도 모두 삭제된다.

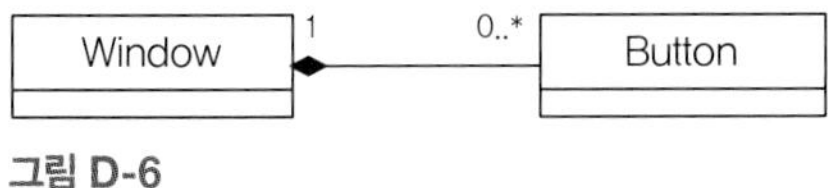

그림 D-6

5 연관 관계

연관 관계association는 집계 관계를 일반화한 것이다. 두 클래스를 연결하는 방식으로 표현하며 결합 관계와 달리 방향성은 표현하지 않는다. 이 선은 양방향을 가리킨다. 예를 들면 [그림 D-7]과 같다. 이 관계에 따르면 Book마다 저자가 있고, Author마다 쓴 책이 있다.

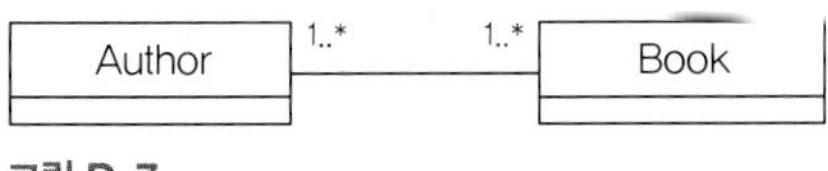

그림 D-7

6 의존 관계

의존 관계dependency는 한 클래스가 다른 클래스에 의존하는 관계를 점선으로 표현한다. 이때 의존하는 클래스와 맞닿는 지점에 화살표를 붙인다. 일반적으로 점선 위에 의존 관계를 표현하는 글을 적는다. 29장에서 소개한 자동차 공장 예제에서 `CarFactory`는 `Car`를 제조하기 때문에 `Car`에 의존한다. 이를 그림으로 표현하면 [그림 D-8]과 같다.

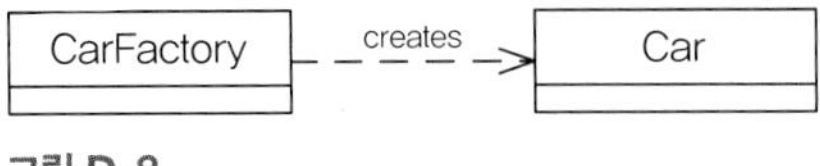

그림 D-8

D.3 인터랙션 다이어그램

UML 2는 시퀀스, 커뮤니케이션, 타이밍, 인터랙션 오버뷰 다이어그램이라는 네 가지 인터랙션(상호 작용) 다이어그램을 제공한다. 여기에서는 이 책에서 사용한 적이 있는 시퀀스 다이어그램만 소개한다.

D.3.1 시퀀스 다이어그램

시퀀스 다이어그램은 여러 객체가 주고받는 메시지를 순서에 따라 시각적으로 표현한다. 시퀀스 다이어그램은 다음과 같은 컴포넌트로 구성된다.

- **객체**: 상호 작용에 관여하는 객체 인스턴스
- **생명선**: 객체의 일생을 시각적으로 표현한다.
- **메시지**: 객체끼리 주고받는 메시지
- **응답**: 다른 객체로부터 받은 메시지에 대한 응답
- **셀프 메시지**: 자기 자신에게 보내는 메시지
- **대안**: 대안 흐름을 표현한다. `if-then-else`의 분기와 비슷하다.

[그림 D-9]는 시퀀스 다이어그램의 예를 보여준다. 이 그림은 4장에서 본 다이어그램을 간소화한 것이다. 여기에서는 다이어그램의 주요 컴포넌트에 대해 레이블을 달았다.

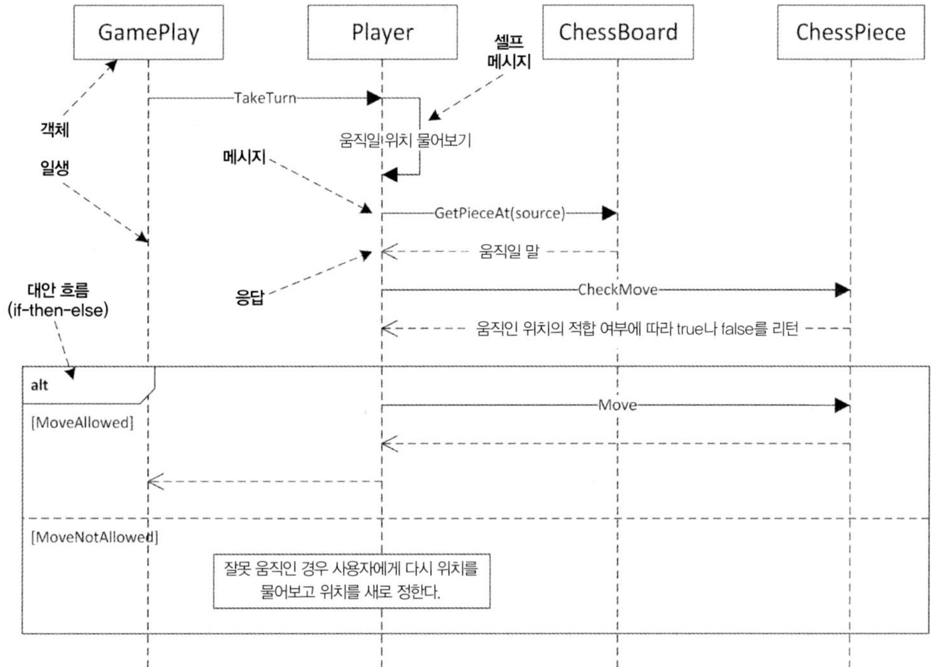
GamePlay
Player
ChessBoard
ChessPiece
셀프
메시지
TakeTurn
객체
움직일 위치 물어보기
메시지
일생
GetPieceAt(source)
움직일 말
대안 흐름
(if-then-else)
응답
CheckMove
움직인 위치의 적합 여부에 따라 true나 false를 리턴
alt
Move
[MoveAllowed]
[MoveNotAllowed]
잘못 움직인 경우 사용자에게 다시 위치를
물어보고 위치를 새로 정한다.

그림 D-9

INDEX

ㅁ

ㅅ

INDEX

INDEX

INDEX

E

G

INDEX

L

Q

R

INDEX

INDEX

INDEX

INDEX